IHRE VERBINDUNG ZUM STEUERRECHT

Sicher durch das Lohnsteuerjahr 2014
mit den „Best Practice“ Lösungen von Stollfuß

Lexika

Zugang zur Online-Datenbank:

http://www.stotax-portal.de/anmelden

Bitte folgenden Registrierungscode im Eingabefeld „Benutzername/Registrierungscode“ eingeben

12C4S94CF7

und mit „Enter“ bestätigen. Nach erfolgter Registrierung erhalten Sie für die Aktivierung Ihrer persönlichen Zugangsdaten eine E-Mail.

Stollfuß Medien GmbH & Co. KG

Erfolgsfaktoren im Bereich Betrieb & Personal

Komplexes Reisekostenrecht – Geschäftsreisen sicher abrechnen!

Stotax Reisekosten 2014

Das zeitsparende Programm Stotax Reisekosten unterstützt Sie im gesamten Prozess der Reisekostenabrechnung: Erstellung und Genehmigung eines Reiseantrags, Erfassung und Abrechnung von Reisekosten, Führung eines Fahrtenbuchs sowie die automatische Kontenverwaltung mit Übergabe in eine Finanzbuchhaltung.

Das Programm berücksichtigt sämtliche aktuellen steuerlichen Vorschriften und ermöglicht für beliebig viele Arbeitgeber und Arbeitnehmer die komplette Abrechnung von In- und Auslandsreisen.

Stotax Reisekosten 2014

CD-ROM, Preis ca. € 89,-
Einzellizenz
ISBN 978-3-08-112014-0

je Update zz. € 79,-
ISBN 978-3-08-112314-1

Mehrfachnutzung auf Anfrage

Stotax Fahrtenbuch 2014

CD-ROM, Preis ca. € 42,-
Einzellizenz
ISBN 978-3-08-118114-1

Mehrfachnutzung auf Anfrage

Stotax Fahrtenbuch 2014

Das Stotax Fahrtenbuch bietet Ihnen die komfortable Alternative zur manuellen, zeitaufwendigen Erfassung von Fahrtenbucheintragungen.

Das Programm nimmt Ihnen alle Auswertungsarbeiten ab und weist zutreffend und übersichtlich die wichtigsten Daten, für beliebig viele Fahrzeuge gleichzeitig, aus.

Für privat genutzte Dienstwagen führt das Programm automatisch einen steuerlichen Belastungsvergleich durch.

Reisekosten 2014

Ab 2014 sind die Neuregelungen zur Reform des steuerlichen Reisekostenrechts anzuwenden.

Der umfassende Ratgeber stellt Ihnen die neuen Regelungen vor und erleichtert Ihnen die Reisekostenabrechnung und Vorsteuerberechnung nach aktuellen Werten durch zahlreiche Beispiele, Übersichten sowie Hinweise auf wichtige BFH-Urteile und die formalen Anforderungen an Aufzeichnungen.

Er informiert Sie über die steuerliche Behandlung von Reisekosten, Bewirtungskosten, doppelter Haushaltsführung, Dienstwagengestellung, von betrieblich veranlassten Geschenken u.v.m. Die Neuauflage berücksichtigt die Reisekostenreform 2014, die geänderten Auslands-Reisekostensätze für 2014 sowie die Sachbezugswerte 2014.

Deck
Reisekosten 2014

Ratgeber, inkl. Zugang zur Online-Datenbank,
61. Aufl. 2014, kart., 208 Seiten.
Preis ca. € 44,80
ISBN 978-3-08-311014-0

Alternative:
Zugang zur Online-Datenbank ohne Print
Preis mtl. € 3,-
(Nutzungsdauer mind. 1 Jahr)
ISBN 978-3-08-181001-0

Mehrfachnutzung auf Anfrage

Die Entgeltabrechnungs-Software Stotax Gehalt und Lohn 2014

Stotax Gehalt und Lohn 2014

Mit dem zeitsparenden Programm Stotax Gehalt und Lohn können Sie komfortabel und schnell Löhne und Gehälter abrechnen. Sie erhalten zuverlässig die Abrechnungen für Ihre Arbeitnehmer sowie die gewünschten Anmeldungen und Auswertungen für die Finanzverwaltung, Sozialversicherung und Ihr Unternehmen.

Schwierige steuerliche und sozialversicherungsrechtliche Besonderheiten werden durch Stotax Gehalt und Lohn automatisch berücksichtigt.

Die Berechnungsergebnisse stehen für alle wichtigen Auswertungen zur Verfügung. Der elektronische DEÜV-Versand per SV-Kommunikationsserver wird unterstützt.

Stotax Gehalt und Lohn 2014

2014, CD-ROM
Preis € 114,50, Einzellizenz,
ISBN 978-3-08-111014-1

Jahresupdate
zz. Preis € 114,50
ISBN 978-3-08-111314-2

Mehrfachnutzung auf Anfrage

Stotax Gehalt und Lohn 2014 *plus*

Zum GKV-zertifizierten Entgeltabrechnungsprogramm bietet diese Version zusätzlich die Printausgabe Lohnsteuertabelle 2013 als Nachschlagewerk.

Stotax Gehalt und Lohn 2014 ***plus***

2014, CD-ROM mit Tabelle,
Preis € 124,50, Einzellizenz,
ISBN 978-3-08-111214-5

je Update zz. Preis € 114,50
ISBN 978-3-08-111414-9

Mehrfachnutzung auf Anfrage

Die Stollfuß Tabellen 2014

- Aktuelle Zahlen und Erläuterungen für 2014
- Mit **Stotax-Lohn 2014** für die centgenaue Berechnung von Steuerabzugsbeträgen und Sozialabgaben. Die Vielzahl vordefinierter Entgeltbestandteile macht das Programm effizient und benutzerfreundlich.

Nähere Informationen zu allen Stollfuß-Tabellen erhalten Sie unter **www.stollfuss-tabellen.de**

Lohnsteuer Monat 2014

Allgemeine Tabellen
Preis € 56,80
ISBN 978-3-08-332814-8

Das Standard-Lexikon im Lohnbereich

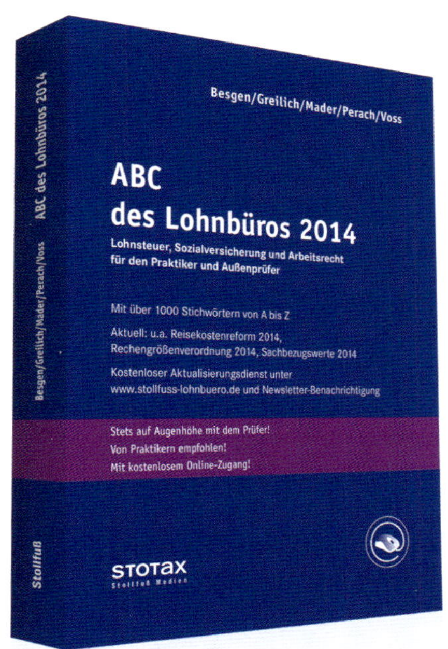

ABC des Lohnbüros 2014

Etwa 1000 Stichworte bieten den Einstieg zu ausführlichen Erläuterungen rund um Lohnsteuer und Sozialversicherung und stellen den Bezug zum Arbeitsrecht dar.

Aktuelle Rechtsänderungen zum 1.1.2014, insbesondere die Reform des steuerlichen Reisekostenrechts 2014, Sozialversicherungsrechengrößen 2014 und Sachbezugswerte 2014 sind in der Neuauflage berücksichtigt. Lösungsansätze zu Praxisfragen aus dem Lohnbüro werden anhand von Beispielen verdeutlicht. Die Aussagen sind „amtlich" belegt.

Über die Online-Datenbank haben Sie zudem Zugriff auf **Stotax-Lohn 2014** zur centgenauen Berechnung von Steuerabzugsbeträgen und Sozialabgaben.

Besgen | Greilich | Mader | Perach | Voss
ABC des Lohnbüros 2014

Printausgabe
Ratgeber, inkl. Zugang zur Online-Datenbank, kartoniert, 864 Seiten.
Preis € 74,80
ISBN 978-3-08-317814-9

Alternative: Zugang zur Online-Datenbank ohne Print
Preis mtl. € 6,–
(Nutzungsdauer mind. 1 Jahr)
ISBN 978-3-08-187800-3

Mehrfachnutzung auf Anfrage

Mini-Jobs, Aushilfen, Teilzeit 2014

Der Ratgeber beantwortet Ihre Fragen zur Entlohnung von geringfügig Beschäftigten, Teilzeitbeschäftigten, Rentnern, Schülern und Studenten. Praxisnah und umfassend sind die Gesetzes- und Verwaltungsregelungen zur Lohn- und Kirchensteuer, Vermögensbildung, Sozialversicherung und zum Arbeitsrecht erläutert.

Ein umfassendes Entscheidungsdiagramm erleichtert die Auswahl des optimalen Beschäftigungsverhältnisses.

Mit **Stotax-Lohn 2014** zur centgenauen Berechnung von Steuerabzugsbeträgen und Sozialabgaben.

Abels | Besgen | Deck | Rausch
Mini-Jobs, Aushilfen, Teilzeit 2014
Ratgeber, inkl. Zugang zur Online-Datenbank, 35. Auflage, kartoniert, 364 Seiten.
Preis € 42,80
ISBN 978-3-08-317614-5

Alternative: Zugang zur Online-Datenbank ohne Print
Preis mtl. € 3,–
(Nutzungsdauer mind. 1 Jahr)
ISBN 978-3-08-187600-9

Mehrfachnutzung auf Anfrage

Geiken/Greilich
Schnellübersicht Sozialversicherung 2014 Melderecht
Ratgeber, inkl. Zugang zur Online-Datenbank, 58. Auflage 2014, kartoniert, 300 Seiten.
Preis € 42,80
ISBN 978-3-08-314114-3

Alternative: Zugang zur Online-Datenbank ohne Print
Preis mtl. € 2,50
(Nutzungsdauer mind. 1 Jahr)
ISBN 978-3-08-184100-7
Mehrfachnutzung auf Anfrage

Geiken/Greilich
Schnellübersicht Sozialversicherung 2014 Beitragsrecht
Ratgeber, inkl. Zugang zur Online-Datenbank, 3. Auflage 2014, kartoniert, 262 Seiten.
Preis € 42,80
ISBN 978-3-08-314502-8

Alternative: Zugang zur Online-Datenbank ohne Print
Preis mtl. € 2,50
(Nutzungsdauer mind. 1 Jahr)
ISBN 978-3-08-184500-5
Mehrfachnutzung auf Anfrage

Schnellübersicht Sozialversicherung 2014

Melderecht

Mit detaillierten Auskünften über das Meldeverfahren und die Versicherungspflicht in den einzelnen Sozialversicherungszweigen strukturiert nach den Personenkreisen: Teilzeit-Beschäftigte, geringfügig Beschäftigte, Gesellschafter, Vorstandsmitglieder, beschäftigte Rentner, Schüler und Studenten u.v.m.

Beitragsrecht

Umfassende Zusammenstellung von Daten und Fakten zur Ermittlung und Abrechnung von Sozialversicherungsbeiträgen. Mit den aktuellen Beitragssätzen und Beitragsbemessungsgrenzen sowie Hinweisen auf Sonderfälle (z.B. Mehrfachbeschäftigung oder Studenten). Ausübung der erweiterten Krankenkassenwahlrechte.

Jeweils mit **Stotax-Lohn 2014** zur centgenauen Berechnung von Steuerabzugsbeträgen und Sozialabgaben.

Fallbeispiele mit Softwarelösungen

in
Stotax-Lohn

Auf den folgenden Seiten werden typische Sachverhalte aus der Praxis und deren Lösungen mithilfe des Programms **Stotax-Lohn** von Stollfuß Medien dargestellt.

Als Fallbeispiele stehen Ihnen zur Verfügung:

- Fallbeispiel 01: Regulärer Arbeitnehmer mit Lohnsteuerklasse I
- Fallbeispiel 02: Regulärer Arbeitnehmer mit steuerlichem Freibetrag
- Fallbeispiel 03: Regulärer Arbeitnehmer mit Lohnsteuerklasse IV und Faktor 1,000
- Fallbeispiel 04: Regulärer Arbeitnehmer mit Lohnsteuerklasse IV und Faktor 0,800
- Fallbeispiel 10: Einmalzahlung unterhalb der Beitragsbemessungsgrenze
- Fallbeispiel 11: Einmalzahlung oberhalb der Beitragsbemessungsgrenze (mit Vormonatsluft)
- Fallbeispiel 12: Einmalzahlung Märzklausel
- Fallbeispiel 13: Abfindung
- Fallbeispiel 20: Gleitzone
- Fallbeispiel 21: Steuerliche Jahresberechnung
- Fallbeispiel 22: Geringfügig Beschäftigter
- Fallbeispiel 23: Dienstwagen 1 %-Regelung
- Fallbeispiel 24: Barlohnumwandlung für Pensionskasse

In dem Programm **Stotax-Lohn** sind diese Fallbeispiele als vorausgefüllte Gehaltsauskünfte unter dem Menüpunkt „Berechnungsbeispiele" aufrufbar (siehe Abbildung):

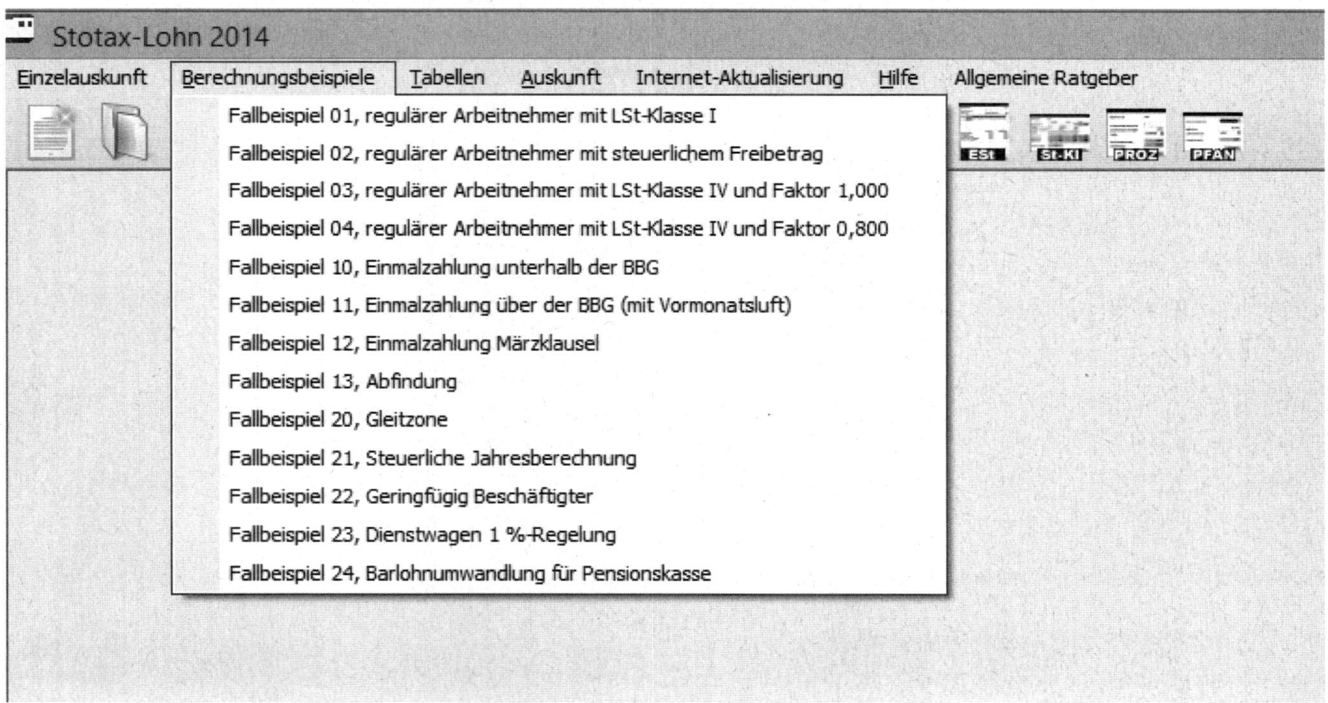

Fallbeispiel 01: Regulärer Arbeitnehmer mit Lohnsteuerklasse I

Sachverhalt

Der 28-jährige Arbeitnehmer A aus Köln mit Lohnsteuerklasse I hat eine Gehaltserhöhung bekommen und erhält zukünftig ein monatliches Bruttogehalt von 3500,– €. Er hat keine Kinder und ist kirchensteuerpflichtig. Sowohl in der gesetzlichen Renten- und Arbeitslosenversicherung als auch in der gesetzlichen Kranken- und Pflegeversicherung ist er pflichtversichert.

Arbeitnehmer A möchte von seinem Arbeitgeber (Lohnbüro) wissen, wie viel er zukünftig als Nettogehalt ausgezahlt bekommt.

Lösungsweg mithilfe der elektronischen Einzelauskunft

Der Arbeitgeber (Lohnbüro) hat diesen Sachverhalt wie nachfolgend dargestellt in der Eingabemaske der Einzelauskunft erfasst. Die Eingabewerte können gespeichert werden und jederzeit z. B. als Vorlage wieder aufgerufen werden.

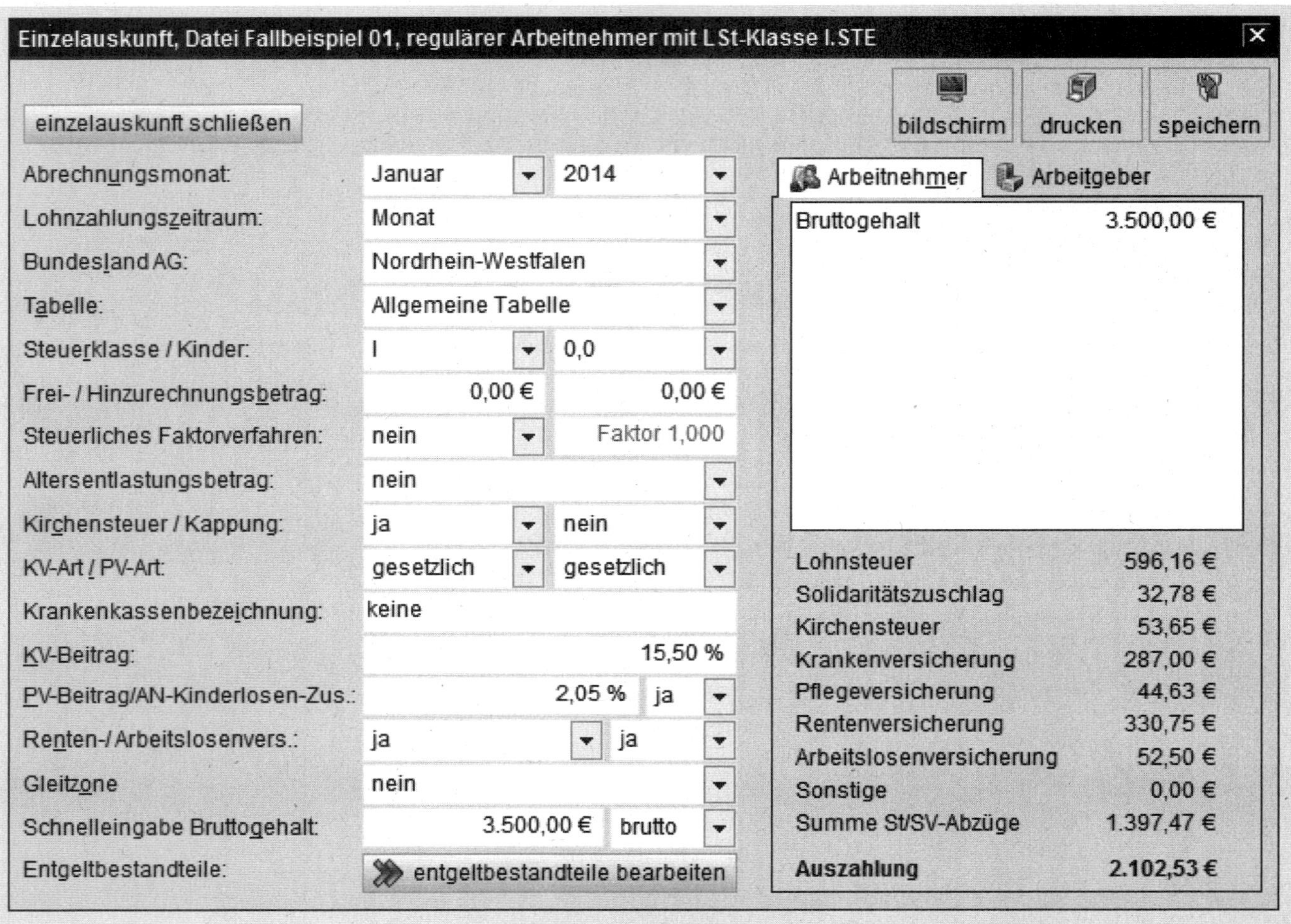

Bereits in der Schnellberechnung kann der Auszahlungsbetrag in Höhe von 2.102,53 € abgelesen werden.

Ansicht und Ausdruck der Einzelauskunft

Die einzelnen Besteuerungsmerkmale und Berechnungsergebnisse werden in der Einzelauskunft übersichtlich zusammengestellt und können direkt am Bildschirm angezeigt werden. Über die Druckfunktion kann dem Arbeitnehmer A ein Ausdruck der Berechnung zur Verfügung gestellt werden.

Einzelauskunft für den Monat Januar 2014

Lohnzahlungszeitraum: Monat

05.12.2013

		KV:	gesetzlich
Steuerklasse:	I	KV-Beitr.:	15,50 % inkl. AN-Z.
Kinderfreibetrag:	0,0	PV:	gesetzlich / ja
Freibetrag:		RV:	ja
Jahresfreibetrag:		AV:	ja
Hinzurech.betrag:			
Jahreshinzu.betr.:			
Kirchensteuer:	ja		
Vorsorgepausch.:	GKV/PVZ/RVW		

St-Tage	KV (L/E)*	RV (L/E)*	AV (L/E)*	PV (L/E)*
30	30/30	30/30	30/30	30/30

Brutto-Bezüge/Abzüge	St*	SV*	
003 Bruttogehalt	L	L	3.500,00 €
Gesamt-Verdienst			**3.500,00 €**

	Steuer-Brutto	Lohnsteuer	Kirchensteuer	SolZ	Kammerbeitrag	
L	3.500,00 €	596,16 €	53,65 €	32,78 €		682,59 €
S						
A						
P						

	KV/PV-Brutto	RV/AV-Brutto	KV-Beitrag	PV-Beitrag	RV-Beitrag	AV-Beitrag	
L	3.500,00 €	3.500,00 €	287,00 €	44,63 €	330,75 €	52,50 €	714,88 €
E/SF							
P							
V							

Netto-Verdienst/Auszahlungsbetrag **2.102,53 €**

*) St = steuerliche Behandlung, SV = sozialversicherungsrechtliche Behandlung, L = laufender Bezug, S = sonstiger Bezug, A = außerordentlicher Bezug, P = pauschale Versteuerung/Verbeitragung, PAG = pauschale Versteuerung/Verbeitragung Arbeitgeber, E = Einmalzahlung, F = frei, V = dem Vorjahr zuzuordnende Einmalzahlungen, GBr = Behandlung im Gesamtbrutto

Fallbeispiel 02: Regulärer Arbeitnehmer mit steuerlichem Freibetrag

Sachverhalt

Arbeitnehmer A aus dem Fallbeispiel 01 überlegt sich, ob er sich einen Freibetrag in Höhe von 200,– € auf der Lohnsteuerkarte eintragen lassen soll. Hierzu möchte er vorab wissen, wie sich dieser Freibetrag auf seine Gehaltsauszahlung auswirkt.

Lösungsweg mithilfe der elektronischen Einzelauskunft

Der Arbeitgeber (Lohnbüro) hat diesen Sachverhalt wie nachfolgend dargestellt in der Eingabemaske der Einzelauskunft zu erfassen. Die Eingabewerte können gespeichert werden und jederzeit z. B. als Vorlage wieder aufgerufen werden.

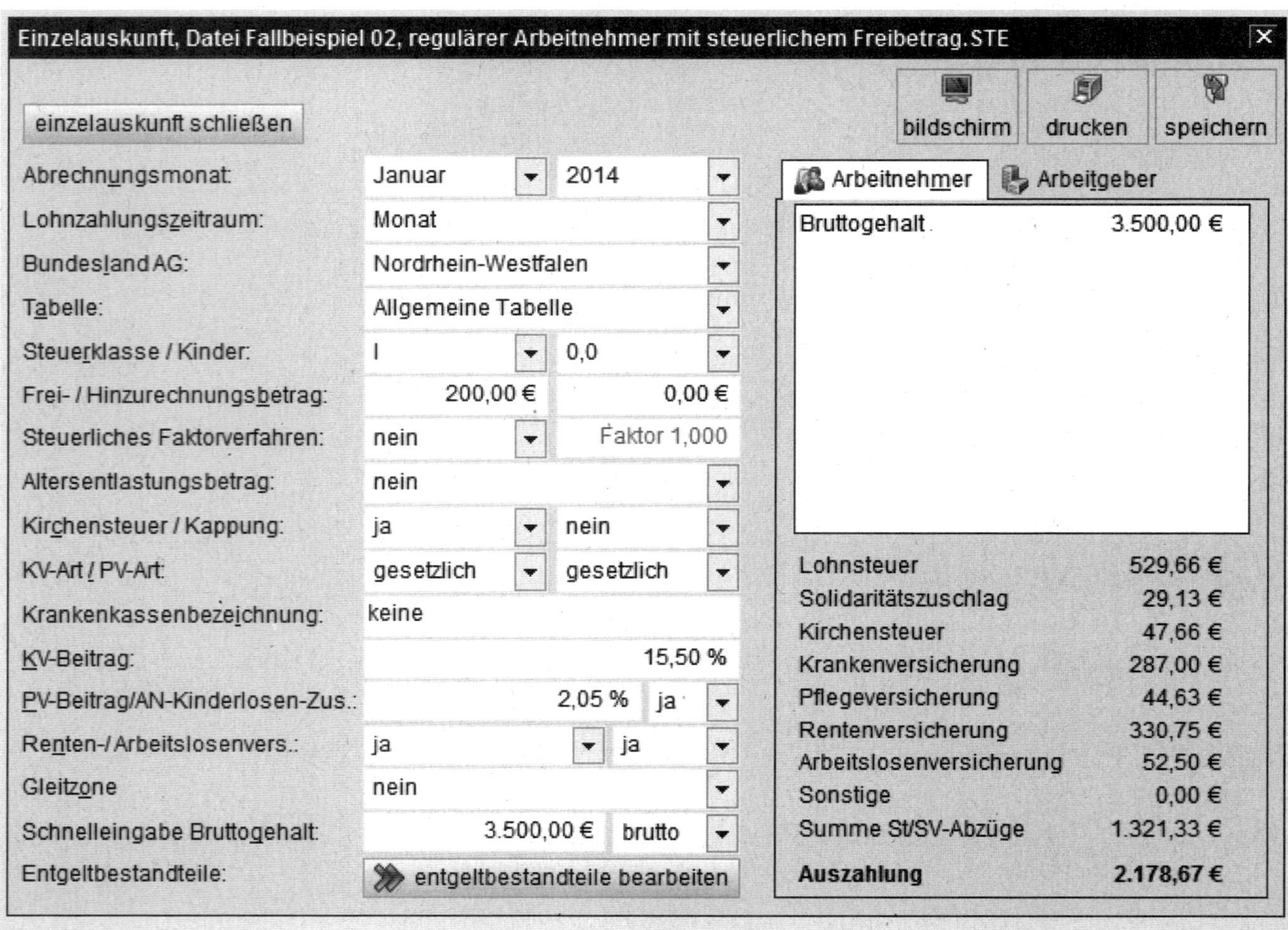

Einzelauskunft, Datei Fallbeispiel 02, regulärer Arbeitnehmer mit steuerlichem Freibetrag.STE

einzelauskunft schließen | bildschirm | drucken | speichern

Abrechnungsmonat:	Januar	2014
Lohnzahlungszeitraum:	Monat	
Bundesland AG:	Nordrhein-Westfalen	
Tabelle:	Allgemeine Tabelle	
Steuerklasse / Kinder:	I	0,0
Frei- / Hinzurechnungsbetrag:	200,00 €	0,00 €
Steuerliches Faktorverfahren:	nein	Faktor 1,000
Altersentlastungsbetrag:	nein	
Kirchensteuer / Kappung:	ja	nein
KV-Art / PV-Art:	gesetzlich	gesetzlich
Krankenkassenbezeichnung:	keine	
KV-Beitrag:	15,50 %	
PV-Beitrag/AN-Kinderlosen-Zus.:	2,05 %	ja
Renten-/Arbeitslosenvers.:	ja	ja
Gleitzone	nein	
Schnelleingabe Bruttogehalt:	3.500,00 €	brutto
Entgeltbestandteile:	entgeltbestandteile bearbeiten	

Arbeitnehmer | Arbeitgeber

Bruttogehalt	3.500,00 €
Lohnsteuer	529,66 €
Solidaritätszuschlag	29,13 €
Kirchensteuer	47,66 €
Krankenversicherung	287,00 €
Pflegeversicherung	44,63 €
Rentenversicherung	330,75 €
Arbeitslosenversicherung	52,50 €
Sonstige	0,00 €
Summe St/SV-Abzüge	1.321,33 €
Auszahlung	**2.178,67 €**

Die Schnellberechnung weist einen Auszahlungsbetrag in Höhe von 2.178,67 € aus. Gegenüber Fallbeispiel 01 verfügt Arbeitnehmer A bei Eintragung eines Freibetrags von 200,– € über 76,14 € Nettolohn mehr im Monat.

Ansicht und Ausdruck der Einzelauskunft

Die einzelnen Besteuerungsmerkmale und Berechnungsergebnisse werden in der Einzelauskunft übersichtlich zusammengestellt und können direkt am Bildschirm angezeigt werden. Über die Druckfunktion kann dem Arbeitnehmer A ein Ausdruck der Berechnung zur Verfügung gestellt werden.

Einzelauskunft für den Monat Januar 2014

Lohnzahlungszeitraum: Monat

05.12.2013

		KV:	gesetzlich
Steuerklasse:	I	KV-Beitr.:	15,50 % inkl. AN-Z.
Kinderfreibetrag:	0,0	PV:	gesetzlich / ja
Freibetrag:	200,00 €	RV:	ja
Jahresfreibetrag:		AV:	ja
Hinzurech.betrag:			
Jahreshinzu.betr.:			
Kirchensteuer:	ja		
Vorsorgepausch.:	GKV/PVZ/RVW		

St-Tage	KV (L/E)*	RV (L/E)*	AV (L/E)*	PV (L/E)*
30	30/30	30/30	30/30	30/30

Brutto-Bezüge/Abzüge	St*	SV*	
003 Bruttogehalt	L	L	3.500,00 €
Gesamt-Verdienst			**3.500,00 €**

	Steuer-Brutto	Lohnsteuer	Kirchensteuer	SolZ	Kammerbeitrag	
L	3.500,00 €	529,66 €	47,66 €	29,13 €		606,45 €
S						
A						
P						

	KV/PV-Brutto	RV/AV-Brutto	KV-Beitrag	PV-Beitrag	RV-Beitrag	AV-Beitrag	
L	3.500,00 €	3.500,00 €	287,00 €	44,63 €	330,75 €	52,50 €	714,88 €
E/SF							
P							
V							

Netto-Verdienst/Auszahlungsbetrag **2.178,67 €**

*) St = steuerliche Behandlung, SV = sozialversicherungsrechtliche Behandlung, L = laufender Bezug, S = sonstiger Bezug, A = außerordentlicher Bezug, P = pauschale Versteuerung/Verbeitragung, PAG = pauschale Versteuerung/Verbeitragung Arbeitgeber, E = Einmalzahlung, F = frei, V = dem Vorjahr zuzuordnende Einmalzahlungen, GBr = Behandlung im Gesamtbrutto

Fallbeispiel 03: Regulärer Arbeitnehmer mit Lohnsteuerklasse IV und Faktor 1,000 (Faktorverfahren)

Sachverhalt

Die Eheleute Treu aus Münster verfügen über weitestgehend identische Monatsgehälter. Sie entscheiden sich daher für die Steuerklassen IV mit dem Faktor 1. Da der Faktor 1 der Standardfall ist, ist er auf der Lohnsteuerkarte oft nicht zusätzlich zur Steuerklasse IV eingetragen. Die Ehegatten haben keine Kinder und sind beide kirchensteuerpflichtig. Sowohl in der gesetzlichen Renten- und Arbeitslosenversicherung als auch in der gesetzlichen Kranken- und Pflegeversicherung sind sie pflichtversichert. Das Bruttogehalt der Ehefrau beträgt 3 500,– €.

Lösungsweg mithilfe der elektronischen Einzelauskunft

Der Arbeitgeber (Lohnbüro) hat diesen Sachverhalt wie nachfolgend dargestellt in der Eingabemaske der Einzelauskunft zu erfassen. Die Eingabewerte können gespeichert werden und jederzeit z. B. als Vorlage wieder aufgerufen werden.

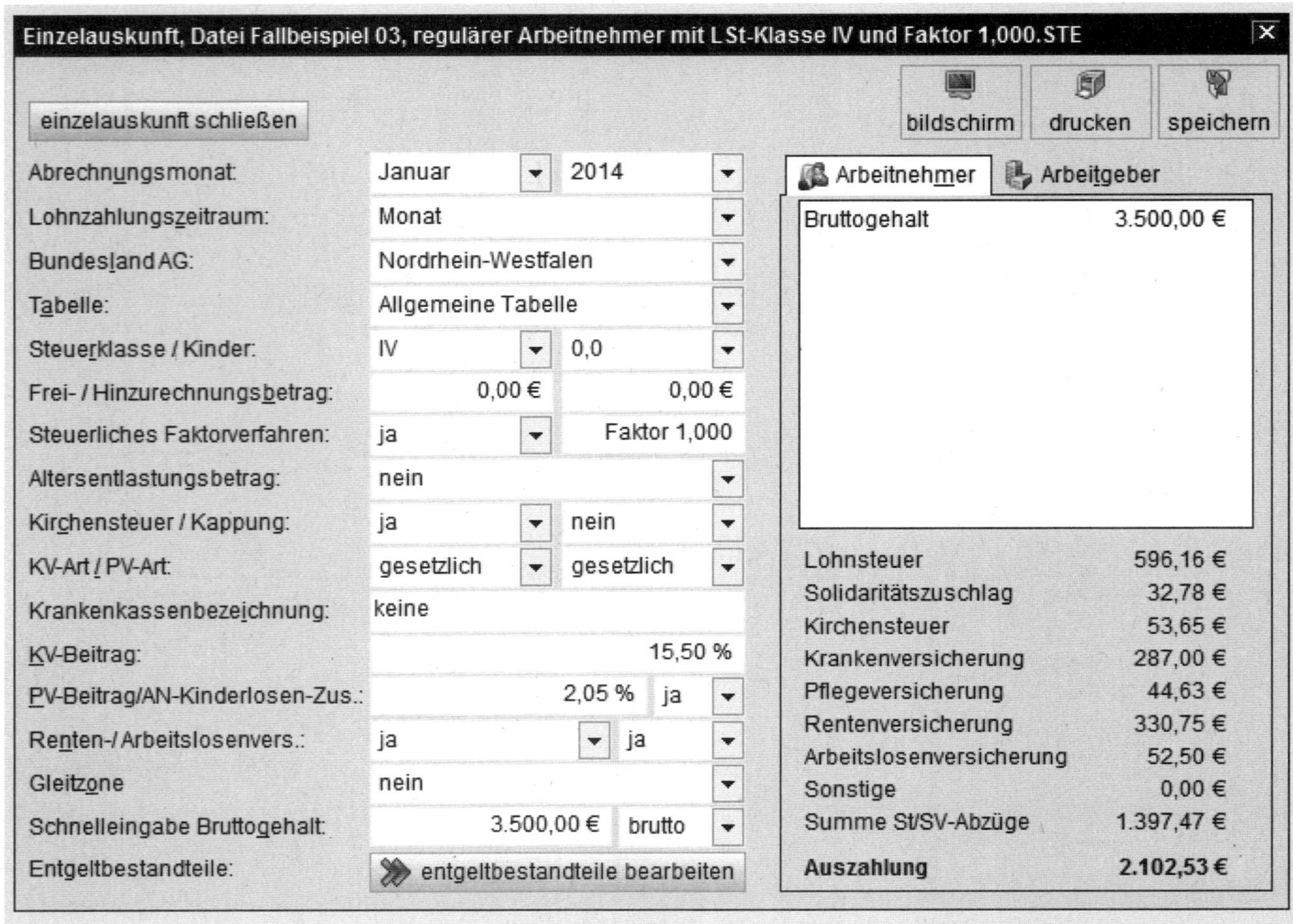

Die Schnellberechnung weist für die Ehefrau einen Auszahlungsbetrag in Höhe von 2.102,53 € aus. Sie erhält somit den gleichen Auszahlungsbetrag wie ein vergleichbarer Arbeitnehmer in der Steuerklasse I, siehe Fallbeispiel 01. Sofern im Hinblick auf die gemeinsame Veranlagung zunächst zu viel Lohnsteuer gezahlt wurde, wird diese im Rahmen der Veranlagung zur Einkommensteuer wieder erstattet.

Ansicht und Ausdruck der Einzelauskunft

Die einzelnen Besteuerungsmerkmale und Berechnungsergebnisse werden in der Einzelauskunft übersichtlich zusammengestellt und können direkt am Bildschirm angezeigt werden. Über die Druckfunktion kann dem Arbeitnehmer A ein Ausdruck der Berechnung zur Verfügung gestellt werden.

Einzelauskunft für den Monat Januar 2014

Lohnzahlungszeitraum: Monat

05.12.2013

		KV:	gesetzlich
Steuerklasse:	IV 1,000	KV-Beitr.:	15,50 % inkl. AN-Z.
Kinderfreibetrag:	0,0	PV:	gesetzlich / ja
Freibetrag:		RV:	ja
Jahresfreibetrag:		AV:	ja
Hinzurech.betrag:			
Jahreshinzu.betr.:			
Kirchensteuer:	ja		
Vorsorgepausch.:	GKV/PVZ/RVW		

St-Tage	KV (L/E)*	RV (L/E)*	AV (L/E)*	PV (L/E)*
30	30/30	30/30	30/30	30/30

Brutto-Bezüge/Abzüge	St*	SV*	
003 Bruttogehalt	L	L	3.500,00 €
Gesamt-Verdienst			**3.500,00 €**

	Steuer-Brutto	Lohnsteuer	Kirchensteuer	SolZ	Kammerbeitrag	
L	3.500,00 €	596,16 €	53,65 €	32,78 €		682,59 €
S						
A						
P						

	KV/PV-Brutto	RV/AV-Brutto	KV-Beitrag	PV-Beitrag	RV-Beitrag	AV-Beitrag	
L	3.500,00 €	3.500,00 €	287,00 €	44,63 €	330,75 €	52,50 €	714,88 €
E/SF							
P							
V							

Netto-Verdienst/Auszahlungsbetrag **2.102,53 €**

*) St = steuerliche Behandlung, SV = sozialversicherungsrechtliche Behandlung, L = laufender Bezug, S = sonstiger Bezug, A = außerordentlicher Bezug, P = pauschale Versteuerung/Verbeitragung, PAG = pauschale Versteuerung/Verbeitragung Arbeitgeber, E = Einmalzahlung, F = frei, V = dem Vorjahr zuzuordnende Einmalzahlungen, GBr = Behandlung im Gesamtbrutto

Fallbeispiel 04: Regulärer Arbeitnehmer mit Lohnsteuerklasse IV und Faktor 0,800 (Faktorverfahren)

Sachverhalt

Die Eheleute aus Fallbeispiel 03 verfügen über unterschiedliche Bruttogehälter. Die Eheleute wünschen sich eine den Bruttogehältern exakt entsprechende verhältnismäßige Besteuerung. Die Steuerklassenwahl III/V kommt deshalb nicht in Betracht. Sie beantragen daher beim zuständigen Finanzamt die Ermittlung eines Faktors und lassen sich diesen auf der Lohnsteuerkarte eintragen. Die Lohnsteuerkarte der Ehefrau weist die Steuerklasse IV mit einem Faktor 0,800 aus.

Lösungsweg mithilfe der elektronischen Einzelauskunft

Der Arbeitgeber (Lohnbüro) hat diesen Sachverhalt wie nachfolgend dargestellt in der Eingabemaske der Einzelauskunft zu erfassen. Die Eingabewerte können gespeichert werden und jederzeit z. B. als Vorlage wieder aufgerufen werden.

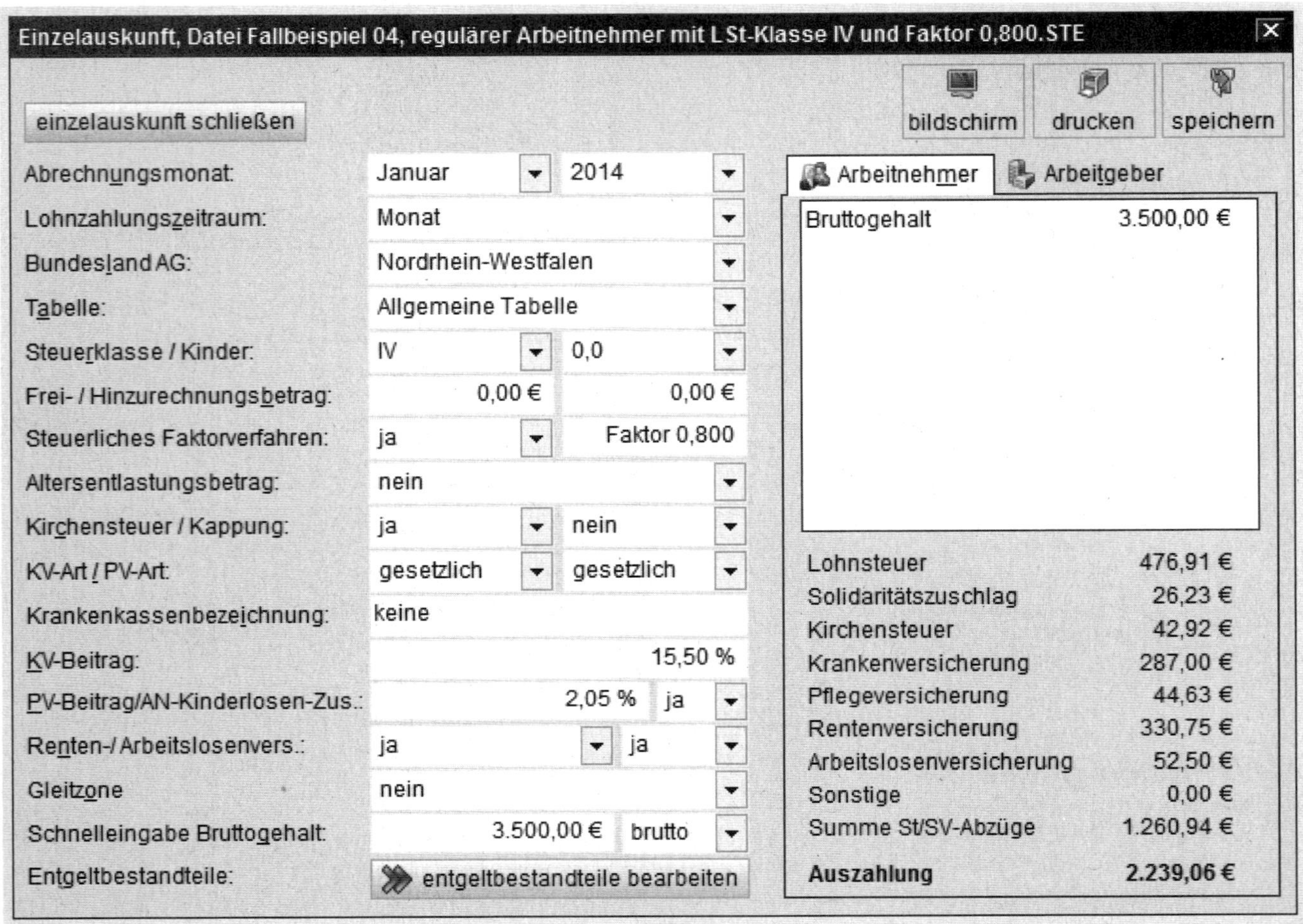
Einzelauskunft, Datei Fallbeispiel 04, regulärer Arbeitnehmer mit LSt-Klasse IV und Faktor 0,800.STE

einzelauskunft schließen | bildschirm | drucken | speichern

Feld	Eingabe	
Abrechnungsmonat:	Januar	2014
Lohnzahlungszeitraum:	Monat	
Bundesland AG:	Nordrhein-Westfalen	
Tabelle:	Allgemeine Tabelle	
Steuerklasse / Kinder:	IV	0,0
Frei- / Hinzurechnungsbetrag:	0,00 €	0,00 €
Steuerliches Faktorverfahren:	ja	Faktor 0,800
Altersentlastungsbetrag:	nein	
Kirchensteuer / Kappung:	ja	nein
KV-Art / PV-Art:	gesetzlich	gesetzlich
Krankenkassenbezeichnung:	keine	
KV-Beitrag:	15,50 %	
PV-Beitrag/AN-Kinderlosen-Zus.:	2,05 %	ja
Renten-/Arbeitslosenvers.:	ja	ja
Gleitzone	nein	
Schnelleingabe Bruttogehalt:	3.500,00 €	brutto
Entgeltbestandteile:	entgeltbestandteile bearbeiten	

Arbeitnehmer | Arbeitgeber

Bruttogehalt	3.500,00 €
Lohnsteuer	476,91 €
Solidaritätszuschlag	26,23 €
Kirchensteuer	42,92 €
Krankenversicherung	287,00 €
Pflegeversicherung	44,63 €
Rentenversicherung	330,75 €
Arbeitslosenversicherung	52,50 €
Sonstige	0,00 €
Summe St/SV-Abzüge	1.260,94 €
Auszahlung	**2.239,06 €**

Die Schnellberechnung weist für die Ehefrau einen Auszahlungsbetrag in Höhe von 2.239,06 € aus. Sie erhält somit aufgrund der niedrigeren Lohnsteuer einen höheren Auszahlungsbetrag als beim Faktor 1,000 (siehe Fallbeispiel 03).

Ansicht und Ausdruck der Einzelauskunft

Die einzelnen Besteuerungsmerkmale und Berechnungsergebnisse werden in der Einzelauskunft übersichtlich zusammengestellt und können direkt am Bildschirm angezeigt werden. Über die Druckfunktion kann dem Arbeitnehmer A ein Ausdruck der Berechnung zur Verfügung gestellt werden.

Einzelauskunft für den Monat Januar 2014

Lohnzahlungszeitraum: Monat

12.12.2013

		KV:	gesetzlich
Steuerklasse:	IV 0,800	KV-Beitr.:	15,50 % inkl. AN-Z.
Kinderfreibetrag:	0,0	PV:	gesetzlich / ja
Freibetrag:		RV:	ja
Jahresfreibetrag:		AV:	ja
Hinzurech.betrag:			
Jahreshinzu.betr.:			
Kirchensteuer:	ja		
Vorsorgepausch.:	GKV/PVZ/RVW		

St-Tage	KV (L/E)*	RV (L/E)*	AV (L/E)*	PV (L/E)*
30	30/30	30/30	30/30	30/30

Brutto-Bezüge/Abzüge	St*	SV*	
003 Bruttogehalt	L	L	3.500,00 €
Gesamt-Verdienst			**3.500,00 €**

	Steuer-Brutto	Lohnsteuer	Kirchensteuer	SolZ	Kammerbeitrag	
L	3.500,00 €	476,91 €	42,92 €	26,23 €		546,06 €
S						
A						
P						

	KV/PV-Brutto	RV/AV-Brutto	KV-Beitrag	PV-Beitrag	RV-Beitrag	AV-Beitrag	
L	3.500,00 €	3.500,00 €	287,00 €	44,63 €	330,75 €	52,50 €	714,88 €
E/SF							
P							
V							

Netto-Verdienst/Auszahlungsbetrag **2.239,06 €**

*) St = steuerliche Behandlung, SV = sozialversicherungsrechtliche Behandlung, L = laufender Bezug, S = sonstiger Bezug, A = außerordentlicher Bezug, P = pauschale Versteuerung/Verbeitragung, PAG = pauschale Versteuerung/Verbeitragung Arbeitgeber, E = Einmalzahlung, F = frei, V = dem Vorjahr zuzuordnende Einmalzahlungen, GBr = Behandlung im Gesamtbrutto

Fallbeispiel 10: Einmalzahlung unterhalb der Beitragsbemessungsgrenze

Sachverhalt

Mit dem 32-jährigen Arbeitnehmer A aus Bonn mit Lohnsteuerklasse I wurde ein Festgehalt von 3000,– € vereinbart. Im Monat Mai erhält er zusätzlich ein Urlaubsgeld in Höhe von 500,– €. Das in den Monaten Januar bis April (insgesamt 120 sozialversicherungspflichtige Tage) in der Sozialversicherung bereits verbeitragte Einkommen beträgt 12000,– €. Arbeitnehmer A hat keine Kinder und ist kirchensteuerpflichtig. Sowohl in der gesetzlichen Renten- und Arbeitslosenversicherung als auch in der gesetzlichen Kranken- und Pflegeversicherung ist er pflichtversichert.

Lösungsweg mithilfe der elektronischen Einzelauskunft

Der Arbeitgeber (Lohnbüro) hat diesen Sachverhalt wie nachfolgend dargestellt in der Eingabemaske der Einzelauskunft zu erfassen. Die Eingabewerte können gespeichert werden und jederzeit z. B. als Vorlage wieder aufgerufen werden.

In der Startmaske der Einzelauskunft hat der Arbeitgeber (Lohnbüro) zunächst die Besteuerungsmerkmale einzutragen. Für die weiteren Eingaben muss nun die Schaltfläche „Entgeltbestandteile bearbeiten" angeklickt werden.

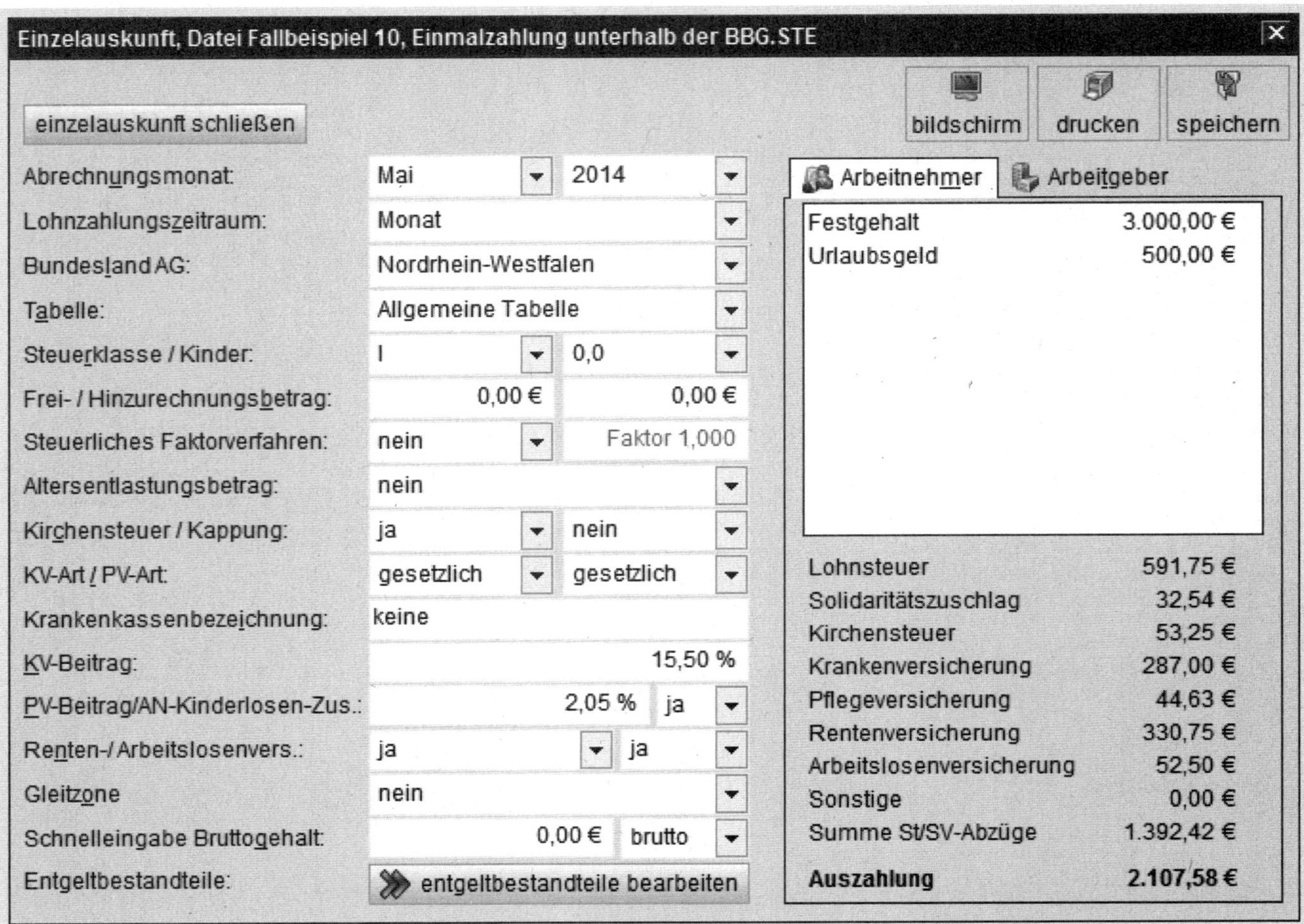
Einzelauskunft, Datei Fallbeispiel 10, Einmalzahlung unterhalb der BBG.STE

einzelauskunft schließen | bildschirm | drucken | speichern

Abrechnungsmonat:	Mai	2014
Lohnzahlungszeitraum:	Monat	
Bundesland AG:	Nordrhein-Westfalen	
Tabelle:	Allgemeine Tabelle	
Steuerklasse / Kinder:	I	0,0
Frei- / Hinzurechnungsbetrag:	0,00 €	0,00 €
Steuerliches Faktorverfahren:	nein	Faktor 1,000
Altersentlastungsbetrag:	nein	
Kirchensteuer / Kappung:	ja	nein
KV-Art / PV-Art:	gesetzlich	gesetzlich
Krankenkassenbezeichnung:	keine	
KV-Beitrag:	15,50 %	
PV-Beitrag/AN-Kinderlosen-Zus.:	2,05 %	ja
Renten-/Arbeitslosenvers.:	ja	ja
Gleitzone	nein	
Schnelleingabe Bruttogehalt:	0,00 €	brutto
Entgeltbestandteile:	entgeltbestandteile bearbeiten	

Arbeitnehmer | Arbeitgeber

Festgehalt	3.000,00 €
Urlaubsgeld	500,00 €

Lohnsteuer	591,75 €
Solidaritätszuschlag	32,54 €
Kirchensteuer	53,25 €
Krankenversicherung	287,00 €
Pflegeversicherung	44,63 €
Rentenversicherung	330,75 €
Arbeitslosenversicherung	52,50 €
Sonstige	0,00 €
Summe St/SV-Abzüge	1.392,42 €
Auszahlung	**2.107,58 €**

Es öffnet sich die Untermaske der Entgeltbestandteile. Hier sind zunächst die Angaben zum Festgehalt von 3000,– € und Urlaubsgeld von 500,– € einzutragen.

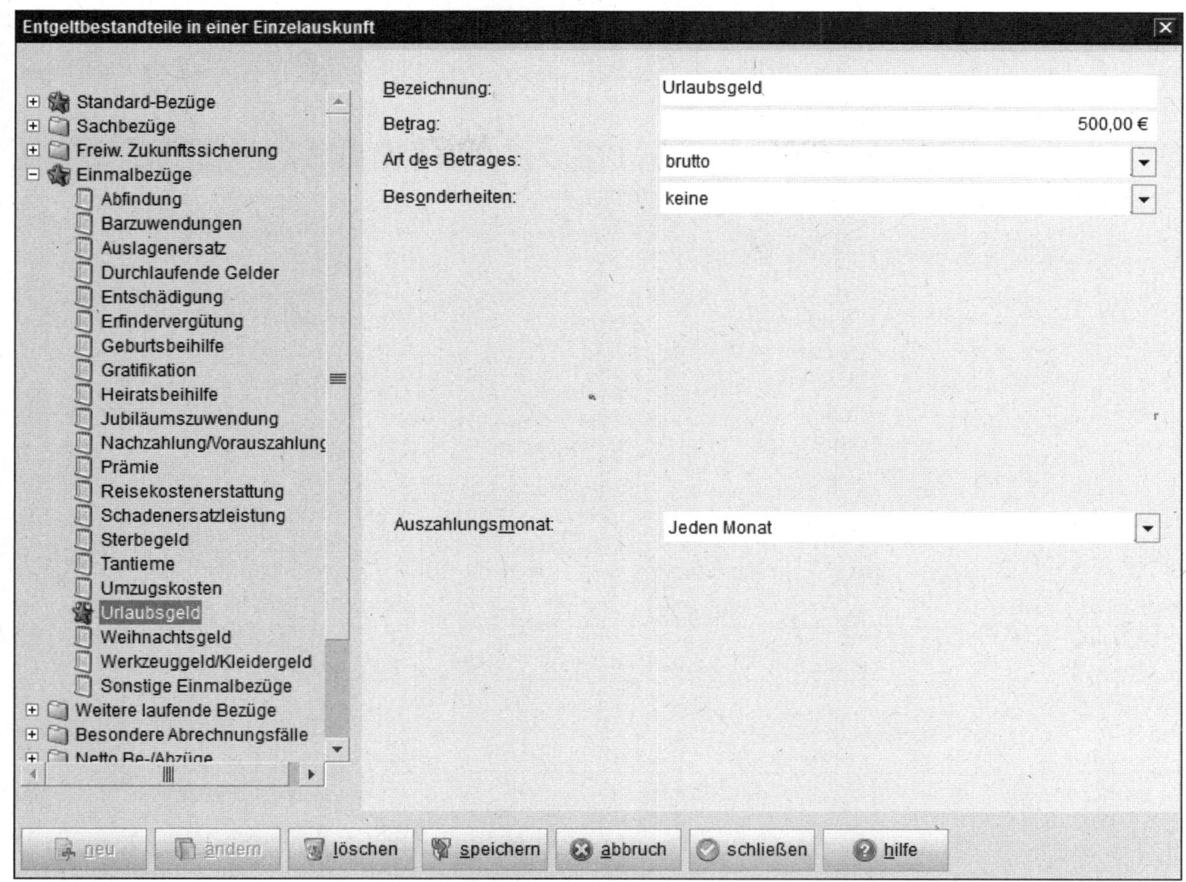

Zur korrekten Berechnung der Lohnsteuer für das Urlaubsgeld, das steuerrechtlich einen sonstigen Bezug darstellt, ist die Ermittlung des voraussichtlichen Jahreslohns notwendig. Die automatische Berechnung geht davon aus, dass die laufenden Bezüge (so z. B. das Festgehalt) monatlich gezahlt werden und ermittelt daher einen Jahreswert von 12 x 3 000,– € = 36 000,– €. Falls diese Hochrechnung z. B. aufgrund von früheren Gehaltserhöhungen unzutreffend wäre, muss der voraussichtliche Jahresarbeitslohn manuell berechnet und eingegeben werden.

Bei den SV-Angaben zum laufenden Jahr wurden die SV-Brutti und die SV-Tage der bereits abgerechneten Monate addiert eingegeben. Diese Werte sind für die korrekte Verbeitragung der Einmalzahlung notwendig.

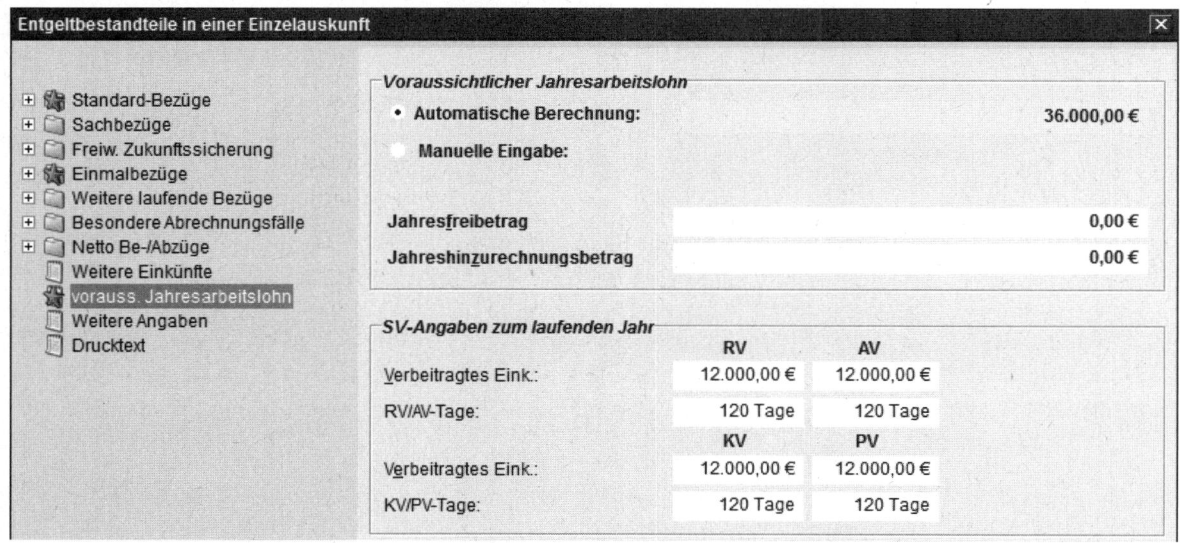

Ansicht und Ausdruck der Einzelauskunft

Die einzelnen Besteuerungsmerkmale und Berechnungsergebnisse werden in der Einzelauskunft übersichtlich zusammengestellt und können direkt am Bildschirm angezeigt werden. Über die Druckfunktion kann ein Ausdruck der Berechnung zur Verfügung gestellt werden.

Für den Monat Mai ergibt sich für Arbeitnehmer A unter Berücksichtigung der Einmalzahlung in Höhe von 500,– € folgende Abrechnung.

Einzelauskunft für den Monat Mai 2014

Lohnzahlungszeitraum: Monat

05.12.2013

		KV:	gesetzlich
Steuerklasse:	I	KV-Beitr.:	15,50 % inkl. AN-Z.
Kinderfreibetrag:	0,0	PV:	gesetzlich / ja
Freibetrag:		RV:	ja
Jahresfreibetrag:		AV:	ja
Hinzurech.betrag:			
Jahreshinzu.betr.:			
Kirchensteuer:	ja		
Vorsorgepausch.:	GKV/PVZ/RVW		

St-Tage	KV (L/E)*	RV (L/E)*	AV (L/E)*	PV (L/E)*
30	30/30	30/30	30/30	30/30

Brutto-Bezüge/Abzüge		St*	SV*	
002	Festgehalt	L	L	3.000,00 €
312	Urlaubsgeld	S	E	500,00 €
Gesamt-Verdienst				**3.500,00 €**

	Steuer-Brutto	Lohnsteuer	Kirchensteuer	SolZ	Kammerbeitrag	
L	3.000,00 €	456,75 €	41,10 €	25,12 €		522,97 €
S	500,00 €	135,00 €	12,15 €	7,42 €		154,57 €
A						
P						

	KV/PV-Brutto	RV/AV-Brutto	KV-Beitrag	PV-Beitrag	RV-Beitrag	AV-Beitrag	
L	3.000,00 €	3.000,00 €	246,00 €	38,25 €	283,50 €	45,00 €	612,75 €
E/SF	500,00 €	500,00 €	41,00 €	6,38 €	47,25 €	7,50 €	102,13 €
P							
V							

Netto-Verdienst/Auszahlungsbetrag **2.107,58 €**

*) St = steuerliche Behandlung, SV = sozialversicherungsrechtliche Behandlung, L = laufender Bezug, S = sonstiger Bezug, A = außerordentlicher Bezug, P = pauschale Versteuerung/Verbeitragung, PAG = pauschale Versteuerung/Verbeitragung Arbeitgeber, E = Einmalzahlung, F = frei, V = dem Vorjahr zuzuordnende Einmalzahlungen, GBr = Behandlung im Gesamtbrutto

Fallbeispiel 11: Einmalzahlung oberhalb der Beitragsbemessungsgrenze (mit Vormonatsluft)

Sachverhalt

Arbeitnehmer A aus Fallbeispiel 10 erhält im Monat November ein zusätzlich vereinbartes Weihnachtsgeld in Höhe von 3000,– €. Das in den Monaten Januar bis Oktober (insgesamt 300 sozialversicherungspflichtige Tage) in der Sozialversicherung bereits verbeitragte Einkommen beträgt 30500,– €.

Lösungsweg mithilfe der elektronischen Einzelauskunft

Der Arbeitgeber (Lohnbüro) hat diesen Sachverhalt wie nachfolgend dargestellt in der Eingabemaske der Einzelauskunft zu erfassen. Die Eingabewerte können gespeichert werden und jederzeit z. B. als Vorlage wieder aufgerufen werden.

In der Startmaske der Einzelauskunft hat der Arbeitgeber (Lohnbüro) zunächst die Besteuerungsmerkmale einzutragen. Für die weiteren Eingaben muss nun die Schaltfläche „Entgeltbestandteile bearbeiten" angeklickt werden.

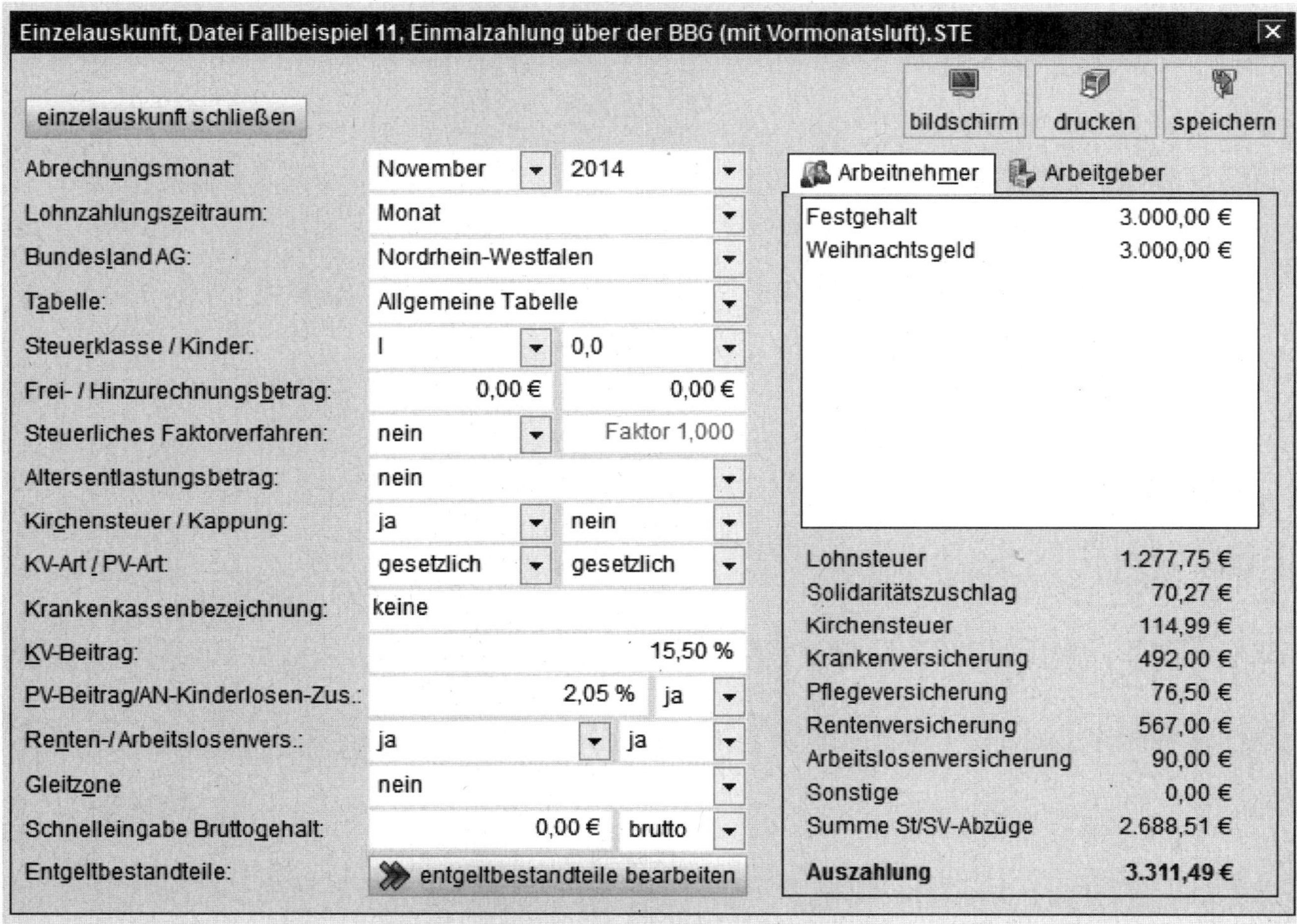

Einzelauskunft, Datei Fallbeispiel 11, Einmalzahlung über der BBG (mit Vormonatsluft).STE

einzelauskunft schließen | bildschirm | drucken | speichern

Abrechnungsmonat:	November	2014
Lohnzahlungszeitraum:	Monat	
Bundesland AG:	Nordrhein-Westfalen	
Tabelle:	Allgemeine Tabelle	
Steuerklasse / Kinder:	I	0,0
Frei- / Hinzurechnungsbetrag:	0,00 €	0,00 €
Steuerliches Faktorverfahren:	nein	Faktor 1,000
Altersentlastungsbetrag:	nein	
Kirchensteuer / Kappung:	ja	nein
KV-Art / PV-Art:	gesetzlich	gesetzlich
Krankenkassenbezeichnung:	keine	
KV-Beitrag:	15,50 %	
PV-Beitrag/AN-Kinderlosen-Zus.:	2,05 %	ja
Renten-/Arbeitslosenvers.:	ja	ja
Gleitzone	nein	
Schnelleingabe Bruttogehalt:	0,00 €	brutto
Entgeltbestandteile:	entgeltbestandteile bearbeiten	

Arbeitnehmer | Arbeitgeber

Festgehalt	3.000,00 €
Weihnachtsgeld	3.000,00 €

Lohnsteuer	1.277,75 €
Solidaritätszuschlag	70,27 €
Kirchensteuer	114,99 €
Krankenversicherung	492,00 €
Pflegeversicherung	76,50 €
Rentenversicherung	567,00 €
Arbeitslosenversicherung	90,00 €
Sonstige	0,00 €
Summe St/SV-Abzüge	2.688,51 €
Auszahlung	**3.311,49 €**

Es öffnet sich die Untermaske der Entgeltbestandteile. Hier sind wie in Fallbeispiel 10 die Angaben zum voraussichtlichen Jahresarbeitslohn einzugeben.

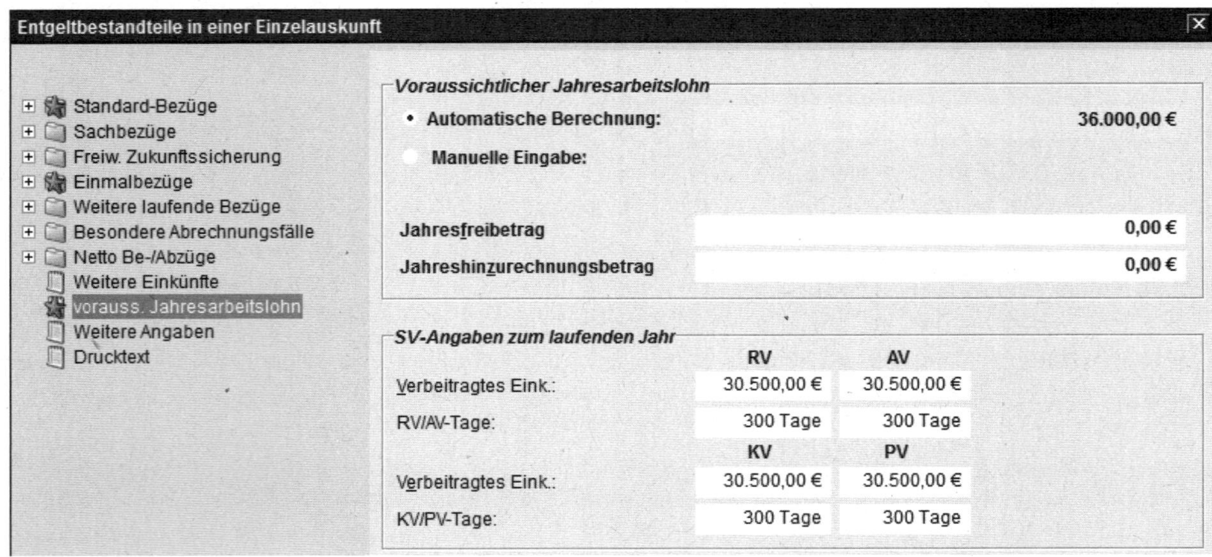

Die weiteren Angaben zu Weihnachtsgeld und Festgehalt sind in den entsprechenden Untermasken einzutragen.

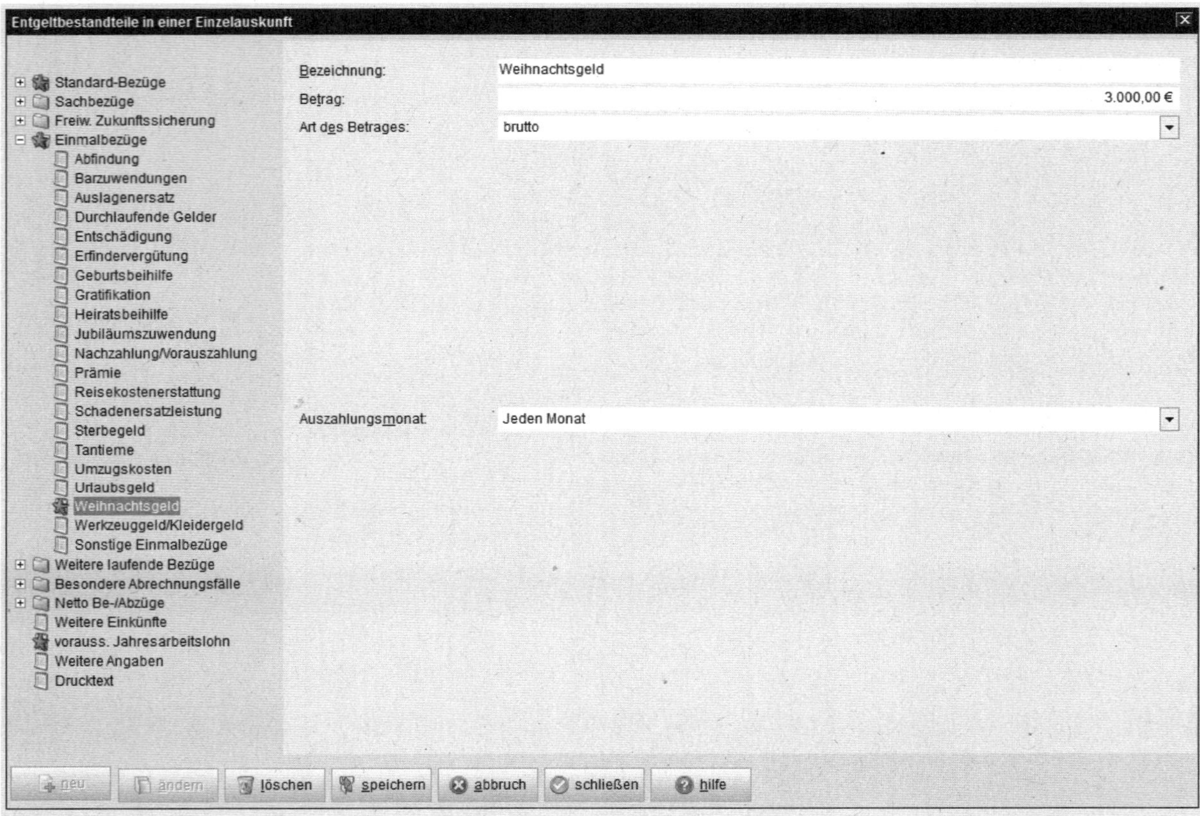

Ansicht und Ausdruck der Einzelauskunft

Die einzelnen Besteuerungsmerkmale und Berechnungsergebnisse werden in der Einzelauskunft übersichtlich zusammengestellt und können direkt am Bildschirm angezeigt werden. Über die Druckfunktion kann ein Ausdruck der Berechnung zur Verfügung gestellt werden.

Für den Monat November ergibt sich für Arbeitnehmer A unter Berücksichtigung der Einmalzahlung in Höhe von 3000,– € folgende Abrechnung. Obwohl das Weihnachtsgeld zusammen mit dem Festgehalt die monatliche Beitragsbemessungsgrenze übersteigt, wird es dennoch in voller Höhe verbeitragt, weil aufgrund der zuvor eingegebenen SV-Angaben zum laufenden Jahr noch „Vormonatsluft" existierte. Als Vormonatsluft wird die Differenz zwischen der anteiligen Beitragsbemessungsgrenze (SV-Tage * Jahres-Beitragsbemessungsgrenze / 360) und den tatsächlich verbeitragten SV-Brutti bezeichnet. Sie führt zu einer Verbeitragung von grundsätzlich sv-pflichtigen Einmalzahlungen, die ansonsten über der monatlichen Beitragsbemessungsgrenze lägen.

Einzelauskunft für den Monat November 2014

Lohnzahlungszeitraum: Monat 05.12.2013

		KV:	gesetzlich
Steuerklasse:	I	KV-Beitr.:	15,50 % inkl. AN-Z.
Kinderfreibetrag:	0,0	PV:	gesetzlich / ja
Freibetrag:		RV:	ja
Jahresfreibetrag:		AV:	ja
Hinzurech.betrag:			
Jahreshinzu.betr.:			
Kirchensteuer:	ja		
Vorsorgepausch.:	GKV/PVZ/RVW		

St-Tage	KV (L/E)*	RV (L/E)*	AV (L/E)*	PV (L/E)*
30	30/30	30/30	30/30	30/30

Brutto-Bezüge/Abzüge	St*	SV*	
002 Festgehalt	L	L	3.000,00 €
313 Weihnachtsgeld	S	E	3.000,00 €
Gesamt-Verdienst			**6.000,00 €**

	Steuer-Brutto	Lohnsteuer	Kirchensteuer	SolZ	Kammerbeitrag	
L	3.000,00 €	456,75 €	41,10 €	25,12 €		522,97 €
S	3.000,00 €	821,00 €	73,89 €	45,15 €		940,04 €
A						
P						

	KV/PV-Brutto	RV/AV-Brutto	KV-Beitrag	PV-Beitrag	RV-Beitrag	AV-Beitrag	
L	3.000,00 €	3.000,00 €	246,00 €	38,25 €	283,50 €	45,00 €	612,75 €
E/SF	3.000,00 €	3.000,00 €	246,00 €	38,25 €	283,50 €	45,00 €	612,75 €
P							
V							

Netto-Verdienst/Auszahlungsbetrag **3.311,49 €**

*) St = steuerliche Behandlung, SV = sozialversicherungsrechtliche Behandlung, L = laufender Bezug, S = sonstiger Bezug, A = außerordentlicher Bezug, P = pauschale Versteuerung/Verbeitragung, PAG = pauschale Versteuerung/Verbeitragung Arbeitgeber, E = Einmalzahlung, F = frei, V = dem Vorjahr zuzuordnende Einmalzahlungen, GBr = Behandlung im Gesamtbrutto

Fallbeispiel 12: Einmalzahlung Märzklausel

Sachverhalt

Mit dem 32-jährigen Arbeitnehmer A aus Bonn mit Lohnsteuerklasse I wurde ein Festgehalt von 3 000,– € vereinbart. Im Monat Februar erhält er als zusätzliche Vergütung eine Tantieme für seine Leistungen in den letzten beiden Jahren in Höhe von 6 000,– €. Das im Monat Januar (30 sozialversicherungspflichtige Tage) in der Sozialversicherung bereits verbeitragte Einkommen beträgt 3 000,– €. Im Vorjahr betrug dies 36 500,– € (360 sozialversicherungspflichtige Tage). Arbeitnehmer A hat keine Kinder und ist kirchensteuerpflichtig. Sowohl in der gesetzlichen Renten- und Arbeitslosenversicherung als auch in der gesetzlichen Kranken- und Pflegeversicherung ist er pflichtversichert.

Lösungsweg mithilfe der elektronischen Einzelauskunft

Der Arbeitgeber (Lohnbüro) hat diesen Sachverhalt wie nachfolgend dargestellt in der Eingabemaske der Einzelauskunft zu erfassen. Die Eingabewerte können gespeichert werden und jederzeit z. B. als Vorlage wieder aufgerufen werden.

In der Startmaske der Einzelauskunft hat der Arbeitgeber (Lohnbüro) zunächst die Besteuerungsmerkmale einzutragen. Für die weiteren Eingaben muss nun die Schaltfläche „Entgeltbestandteile bearbeiten“ angeklickt werden.

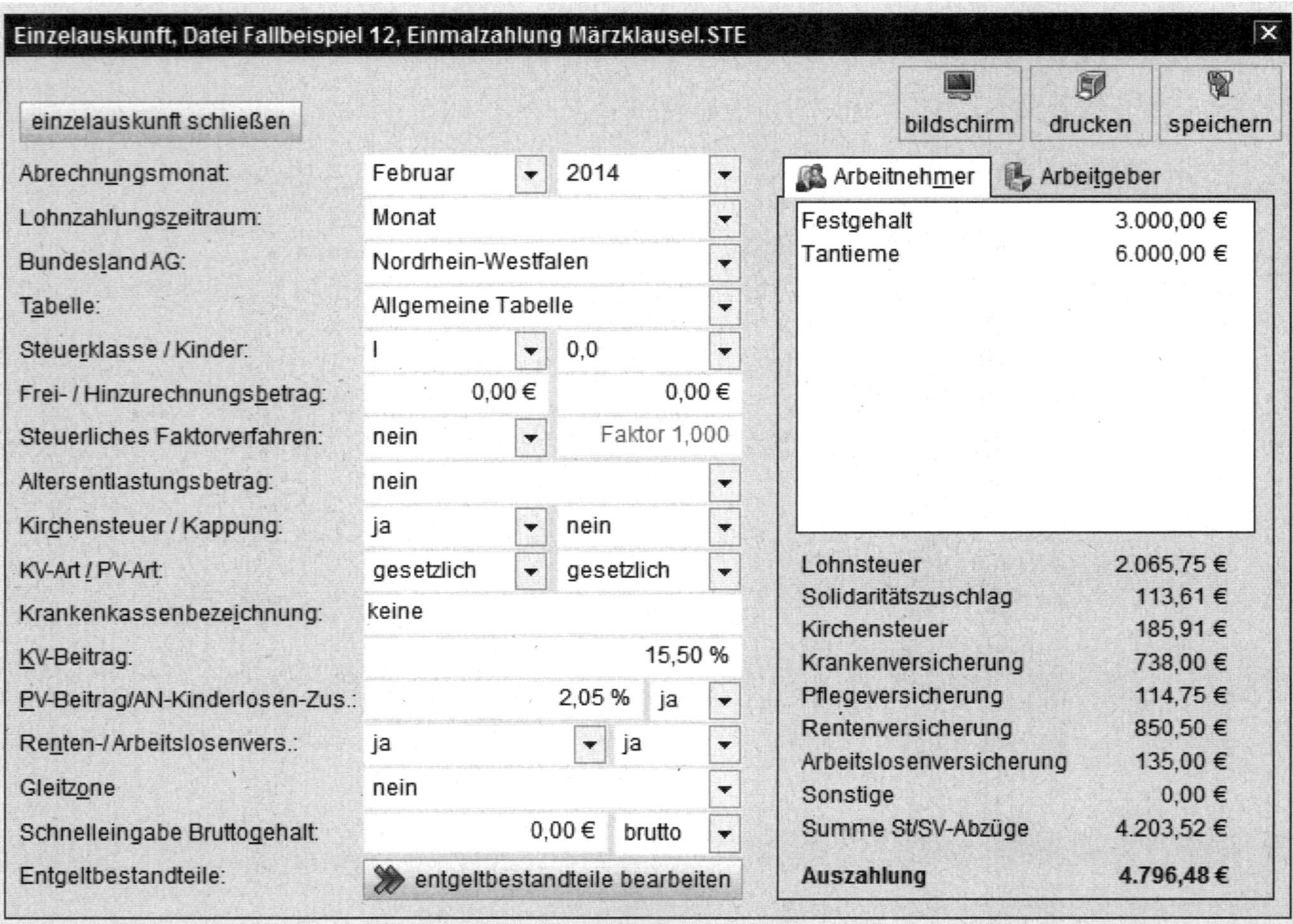

Neben den Angaben zum voraussichtlichen Jahresarbeitslohn des laufenden Jahres muss der Arbeitgeber für diesen besonderen Abrechnungsfall die Angaben des Vorjahres eingeben.

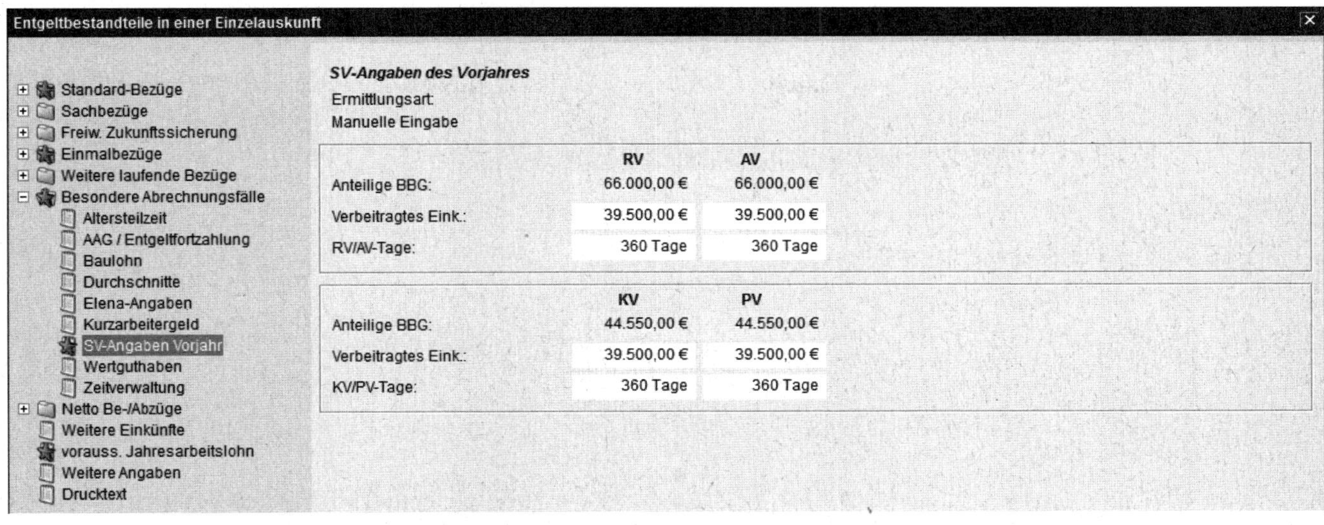

Die Tantieme selbst ist als Einmalbezug zu erfassen.

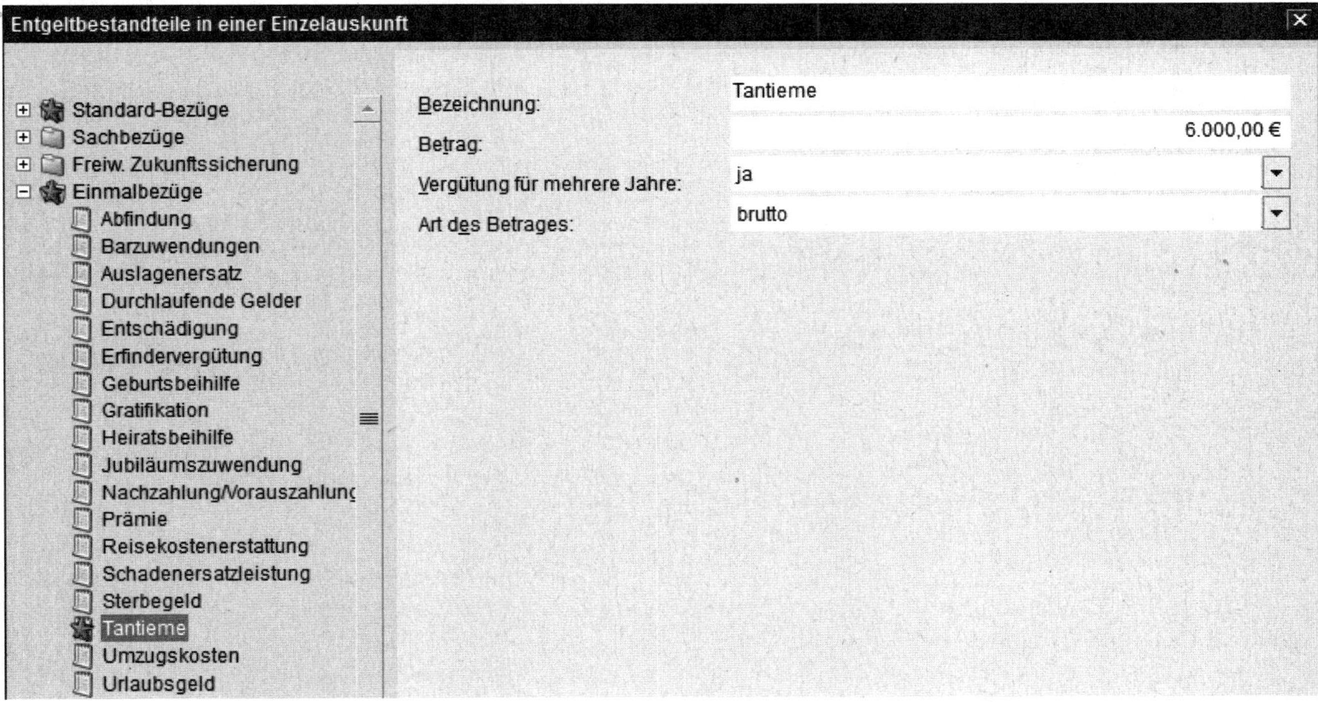

Ansicht und Ausdruck der Einzelauskunft

Die einzelnen Besteuerungsmerkmale und Berechnungsergebnisse werden in der Einzelauskunft übersichtlich zusammengestellt und können direkt am Bildschirm angezeigt werden. Über die Druckfunktion kann ein Ausdruck der Berechnung zur Verfügung gestellt werden.

Für den Monat Februar ergibt sich für Arbeitnehmer A unter Berücksichtigung der Einmalzahlung in Höhe von 6000,– € und der Märzklausel folgende Abrechnung. Auch hier übersteigt wie im vorherigen Fallbeispiel die Einmalzahlung zusammen mit dem Festgehalt die monatliche Beitragsbemessungsgrenze. In den Monaten Januar bis März führt dies abweichend von den übrigen Lohnzahlungsmonaten zu einer „Verbeitragung ins Vorjahr“, so dass hier die Vorjahresluft statt der Vormonatsluft zu einer Verbeitragung führt. Zur korrekten Berechnung werden die SV-Angaben des Vorjahres benötigt. Da in der Kranken- und Pflegeversicherung aufgrund der geringeren Beitragsbemessungsgrenze eine geringe Vorjahresluft zur Verfügung stand, wurde in diesen SV-Zweigen nicht die ganze Einmalzahlung verbeitragt.

Einzelauskunft für den Monat Februar 2014

Lohnzahlungszeitraum: Monat

05.12.2013

		KV:	gesetzlich
Steuerklasse:	I	KV-Beitr.:	15,50 % inkl. AN-Z.
Kinderfreibetrag:	0,0	PV:	gesetzlich / ja
Freibetrag:		RV:	ja
Jahresfreibetrag:		AV:	ja
Hinzurech.betrag:			
Jahreshinzu.betr.:			
Kirchensteuer:	ja		
Vorsorgepausch.:	GKV/PVZ/RVW		

St-Tage	KV (L/E)*	RV (L/E)*	AV (L/E)*	PV (L/E)*
30	30/30	30/30	30/30	30/30

Brutto-Bezüge/Abzüge	St*	SV*	
002 Festgehalt	L	L	3.000,00 €
307 Tantieme	A	V	6.000,00 €
Gesamt-Verdienst			**9.000,00 €**

	Steuer-Brutto	Lohnsteuer	Kirchensteuer	SolZ	Kammerbeitrag	
L	3.000,00 €	456,75 €	41,10 €	25,12 €		522,97 €
S						
A	6.000,00 €	1.609,00 €	144,81 €	88,49 €		1.842,30 €
P						

	KV/PV-Brutto	RV/AV-Brutto	KV-Beitrag	PV-Beitrag	RV-Beitrag	AV-Beitrag	
L	3.000,00 €	3.000,00 €	246,00 €	38,25 €	283,50 €	45,00 €	612,75 €
E/SF							
P							
V	6.000,00 €	6.000,00 €	492,00 €	76,50 €	567,00 €	90,00 €	1.225,50 €

Netto-Verdienst/Auszahlungsbetrag **4.796,48 €**

*) St = steuerliche Behandlung, SV = sozialversicherungsrechtliche Behandlung, L = laufender Bezug, S = sonstiger Bezug, A = außerordentlicher Bezug, P = pauschale Versteuerung/Verbeitragung, PAG = pauschale Versteuerung/Verbeitragung Arbeitgeber, E = Einmalzahlung, F = frei, V = dem Vorjahr zuzuordnende Einmalzahlungen, GBr = Behandlung im Gesamtbrutto

Fallbeispiel 13: Abfindung

Sachverhalt

Mit dem 32-jährigen Arbeitnehmer A aus Bonn mit Lohnsteuerklasse III wurde ein Festgehalt von 3000,– € vereinbart. Zum 1. Juli scheidet er aus dem Unternehmen aus. Die Abfindung in Höhe von 20000,– € wird ihm als sonstiger Bezug im Juni ausgezahlt. Das in den Monaten Januar bis Mai (150 sozialversicherungspflichtige Tage) in der Sozialversicherung bereits verbeitragte Einkommen beträgt 15500,– €. Arbeitnehmer A hat zwei Kinder und ist kirchensteuerpflichtig. Sowohl in der gesetzlichen Rentenversicherung als auch in der gesetzlichen Kranken- und Pflegeversicherung ist er pflichtversichert.

Lösungsweg mithilfe der elektronischen Einzelauskunft

Der Arbeitgeber (Lohnbüro) hat diesen Sachverhalt wie nachfolgend dargestellt in der Eingabemaske der Einzelauskunft zu erfassen. Die Eingabewerte können gespeichert werden und jederzeit z. B. als Vorlage wieder aufgerufen werden.

In der Startmaske der Einzelauskunft hat der Arbeitgeber (Lohnbüro) zunächst die Besteuerungsmerkmale einzutragen. Für die weiteren Eingaben muss nun die Schaltfläche „Entgeltbestandteile bearbeiten" angeklickt werden.

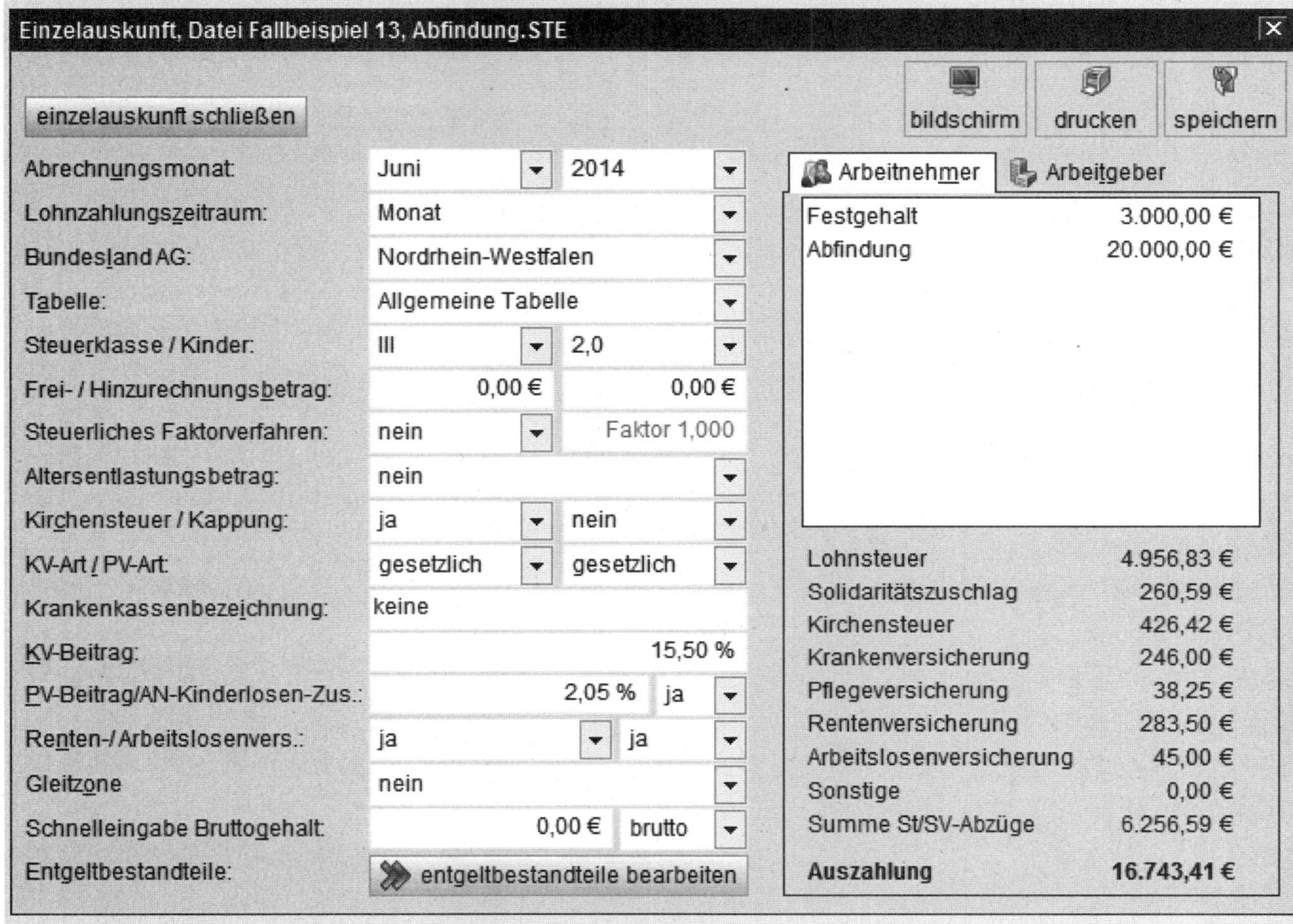

Neben den Angaben zum voraussichtlichen Jahresarbeitslohn des laufenden Jahres muss der Arbeitgeber für diesen besonderen Abrechnungsfall die Angaben des Vorjahres eingeben.

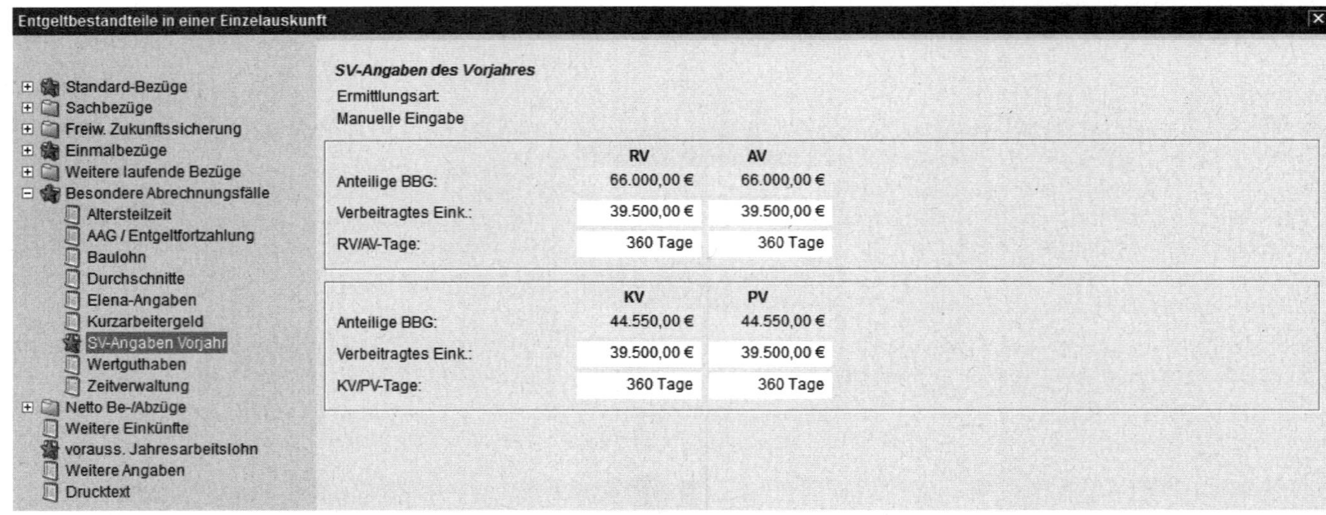

Die Abfindung ist bei den Einmalbezügen zu erfassen. Die Sozialversicherungspflicht bzw. -freiheit von Abfindungszahlungen i. w. S. ist in jedem Einzelfall aufgrund des Charakters der Zahlung zu prüfen.

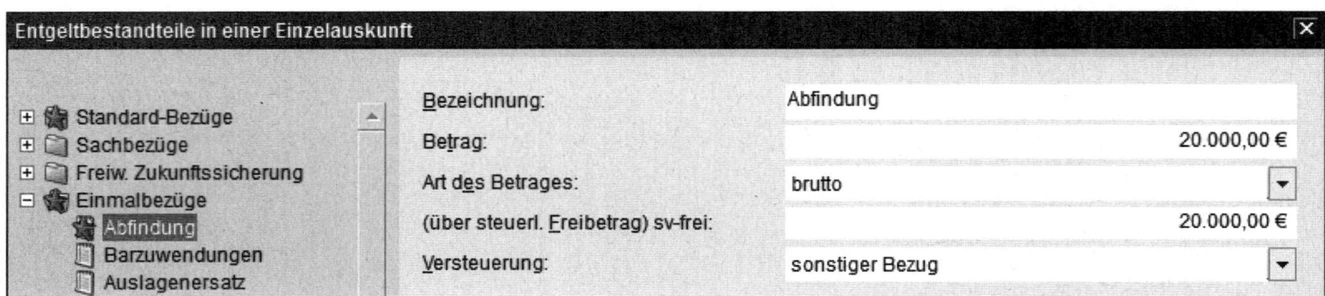

Ansicht und Ausdruck der Einzelauskunft

Die einzelnen Besteuerungsmerkmale und Berechnungsergebnisse werden in der Einzelauskunft übersichtlich zusammengestellt und können direkt am Bildschirm angezeigt werden. Über die Druckfunktion kann ein Ausdruck der Berechnung zur Verfügung gestellt werden.

Für den Monat Juni ergibt sich für Arbeitnehmer A unter Berücksichtigung der Abfindungszahlung in Höhe von 20000,– € folgende Abrechnung.

Einzelauskunft für den Monat Juni 2014

Lohnzahlungszeitraum: Monat

12.12.2013

		KV:	gesetzlich
Steuerklasse:	III	KV-Beitr.:	15,50 % inkl. AN-Z.
Kinderfreibetrag:	2,0	PV:	gesetzlich / ja
Freibetrag:		RV:	ja
Jahresfreibetrag:		AV:	ja
Hinzurech.betrag:			
Jahreshinzu.betr.:			
Kirchensteuer:	ja		
Vorsorgepausch.:	GKV/PVZ/RVW		

St-Tage	KV (L/E)*	RV (L/E)*	AV (L/E)*	PV (L/E)*
30	30/30	30/30	30/30	30/30

Brutto-Bezüge/Abzüge	St*	SV*	
002 Festgehalt	L	L	3.000,00 €
243 Abfindung	S	F	20.000,00 €
Gesamt-Verdienst			**23.000,00 €**

	Steuer-Brutto	Lohnsteuer	Kirchensteuer	SolZ	Kammerbeitrag	
L	3.000,00 €	218,83 €				218,83 €
S	20.000,00 €	4.738,00 €	426,42 €	260,59 €		5.425,01 €
A						
P						

	KV/PV-Brutto	RV/AV-Brutto	KV-Beitrag	PV-Beitrag	RV-Beitrag	AV-Beitrag	
L	3.000,00 €	3.000,00 €	246,00 €	38,25 €	283,50 €	45,00 €	612,75 €
E/SF							
P							
V							

Netto-Verdienst/Auszahlungsbetrag	**16.743,41 €**

*) St = steuerliche Behandlung, SV = sozialversicherungsrechtliche Behandlung, L = laufender Bezug, S = sonstiger Bezug, A = außerordentlicher Bezug, P = pauschale Versteuerung/Verbeitragung, PAG = pauschale Versteuerung/Verbeitragung Arbeitgeber, E = Einmalzahlung, F = frei, V = dem Vorjahr zuzuordnende Einmalzahlungen, GBr = Behandlung im Gesamtbrutto

Fallbeispiel 20: Gleitzone

Sachverhalt

Der 21-jährige Praktikant P aus Köln mit Lohnsteuerklasse I erhält für regelmäßige Büroarbeiten monatlich 550,– €. Er hat keine Kinder und ist kirchensteuerpflichtig. Sowohl in der gesetzlichen Renten- und Arbeitslosenversicherung als auch in der gesetzlichen Kranken- und Pflegeversicherung ist er pflichtversichert.

Lösungsweg mithilfe der elektronischen Einzelauskunft

Der Arbeitgeber (Lohnbüro) hat diesen Sachverhalt wie nachfolgend dargestellt in der Eingabemaske der Einzelauskunft zu erfassen. Die Eingabewerte können gespeichert werden und jederzeit z. B. als Vorlage wieder aufgerufen werden.

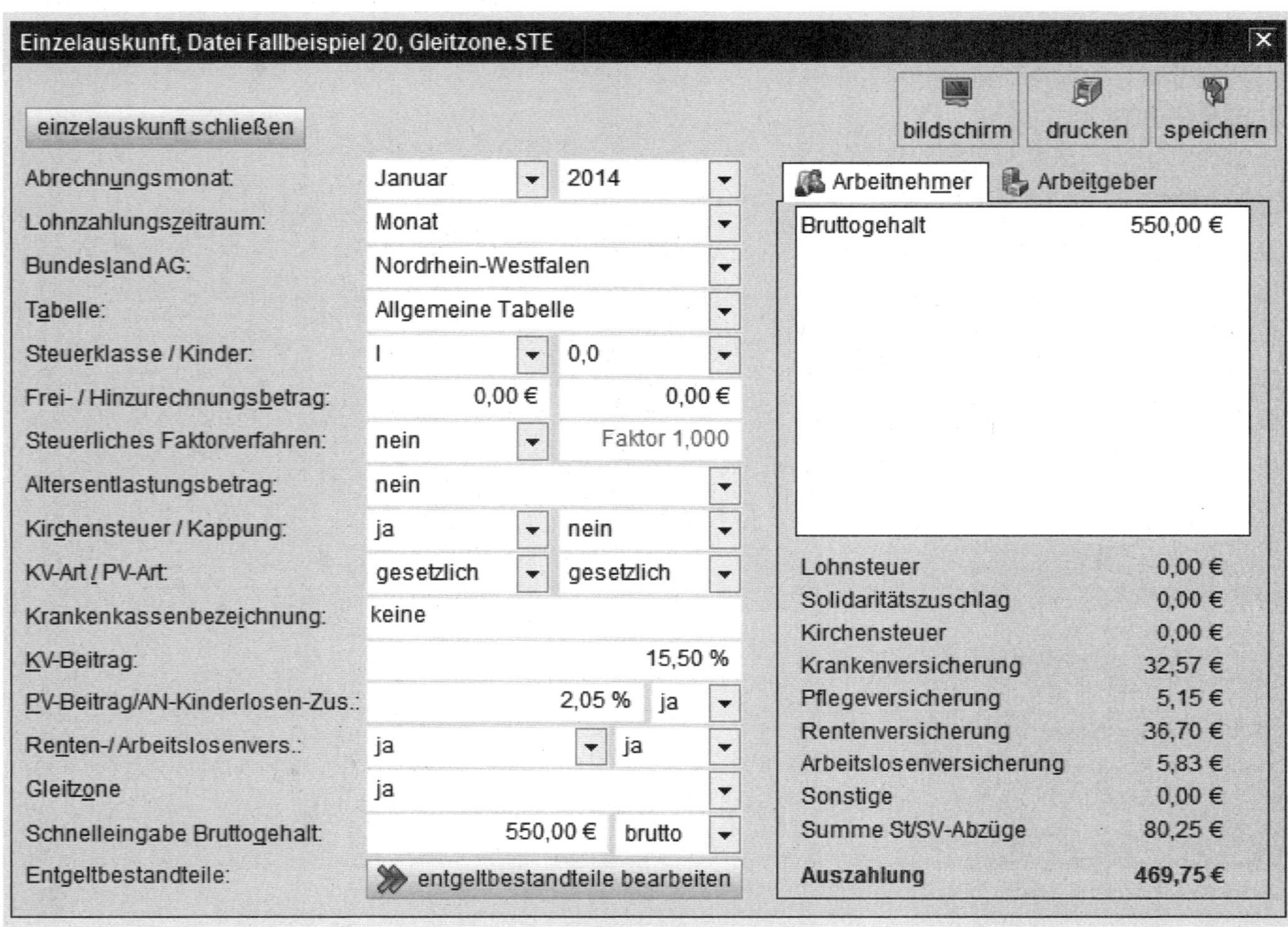

Der in der Gleitzone liegende Lohn in Höhe von 550,– € bleibt lohnsteuerfrei. Es werden Beiträge zur Sozialversicherung nach der Gleitzonenregelung berechnet. Der Praktikant P bekommt 469,75 € ausgezahlt.

Ansicht und Ausdruck der Einzelauskunft

Die einzelnen Besteuerungsmerkmale und Berechnungsergebnisse werden in der Einzelauskunft übersichtlich zusammengestellt und können direkt am Bildschirm angezeigt werden. Über die Druckfunktion kann ein Ausdruck der Berechnung zur Verfügung gestellt werden, auf dem auch das verminderte Gleitzonenbrutto in der Sozialversicherung ausgewiesen wird.

Einzelauskunft für den Monat Januar 2014

Lohnzahlungszeitraum: Monat 12.12.2013

		KV:	gesetzlich
Steuerklasse:	I	KV-Beitr.:	15,50 % inkl. AN-Z.
Kinderfreibetrag:	0,0	PV:	gesetzlich / ja
Freibetrag:		RV:	ja
Jahresfreibetrag:		AV:	ja
Hinzurech.betrag:			
Jahreshinzu.betr.:			
Kirchensteuer:	ja		
Vorsorgepausch.: GKV/PVZ/RVW			

St-Tage	KV (L/E)*	RV (L/E)*	AV (L/E)*	PV (L/E)*
30	30/30	30/30	30/30	30/30

Brutto-Bezüge/Abzüge	St*	SV*	
003 Bruttogehalt	L	L	550,00 €
Gesamt-Verdienst			**550,00 €**

	Steuer-Brutto	Lohnsteuer	Kirchensteuer	SolZ	Kammerbeitrag
L	550,00 €				
S					
A					
P					

	KV/PV-Brutto	RV/AV-Brutto	KV-Beitrag	PV-Beitrag	RV-Beitrag	AV-Beitrag	
L	469,17 €	469,17 €	32,57 €	5,15 €	36,70 €	5,83 €	80,25 €
E/SF							
P							
V							

Die Gleitzonenregelung wurde angewendet.

Netto-Verdienst/Auszahlungsbetrag **469,75 €**

*) St = steuerliche Behandlung, SV = sozialversicherungsrechtliche Behandlung, L = laufender Bezug, S = sonstiger Bezug, A = außerordentlicher Bezug, P = pauschale Versteuerung/Verbeitragung, PAG = pauschale Versteuerung/Verbeitragung Arbeitgeber, E = Einmalzahlung, F = frei, V = dem Vorjahr zuzuordnende Einmalzahlungen, GBr = Behandlung im Gesamtbrutto

Fallbeispiel 21: Steuerliche Jahresberechnung

Sachverhalt

Die 34-jährige Alleinerziehende S aus Dortmund mit Lohnsteuerklasse II erhält ein Bruttojahresgehalt in Höhe von 35 000,– €. Sie hat zwei Kinder, die auf der Lohnsteuerkarte eingetragen sind. S ist kirchensteuerpflichtig und sowohl in der gesetzlichen Renten- als auch in der gesetzlichen Kranken- und Pflegeversicherung pflichtversichert.

Lösungsweg mithilfe der elektronischen Einzelauskunft

Der Arbeitgeber (Lohnbüro) hat diesen Sachverhalt wie nachfolgend dargestellt in der Eingabemaske der Einzelauskunft zu erfassen. Die Eingabewerte können gespeichert werden und jederzeit z. B. als Vorlage wieder aufgerufen werden.

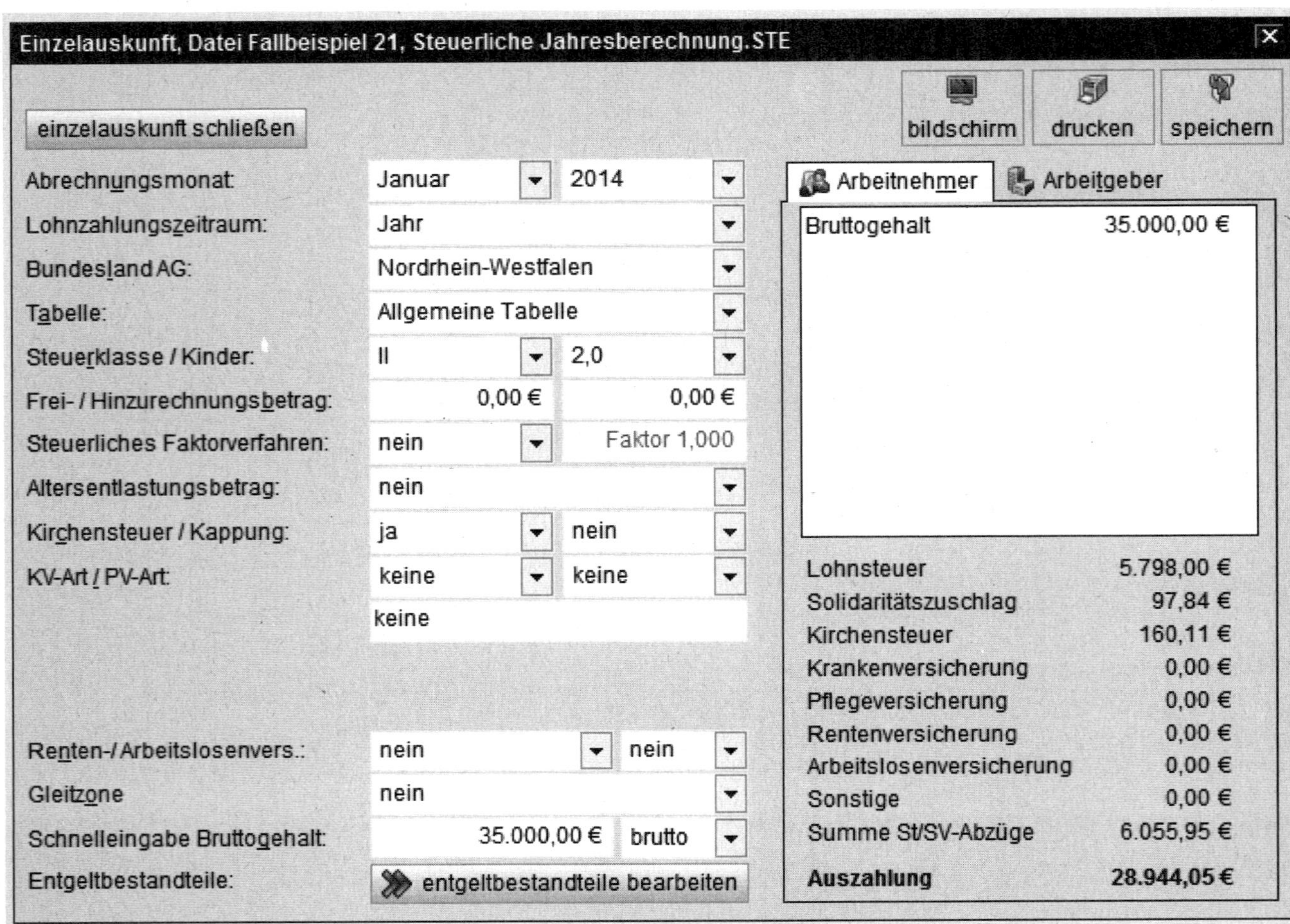

Ansicht und Ausdruck der Einzelauskunft

Die einzelnen Besteuerungsmerkmale und Berechnungsergebnisse werden in der Einzelauskunft übersichtlich zusammengestellt und können direkt am Bildschirm angezeigt werden. Über die Druckfunktion kann ein Ausdruck der Berechnung zur Verfügung gestellt werden.

Einzelauskunft für den Monat Januar 2014

Lohnzahlungszeitraum: Jahr

12.12.2013

		KV:	keine
Steuerklasse:	II	KV-Beitr.:	
Kinderfreibetrag:	2,0	PV:	keine / ja
Freibetrag:		RV:	nein
Jahresfreibetrag:		AV:	nein
Hinzurech.betrag:			
Jahreshinzu.betr.:			
Kirchensteuer:	ja		
Vorsorgepausch.:	PKV1		

St-Tage	KV (L/E)*	RV (L/E)*	AV (L/E)*	PV (L/E)*
360	0/0	0/0	0/0	0/0

Brutto-Bezüge/Abzüge	St*	SV*	
003 Bruttogehalt	L	L	35.000,00 €
Gesamt-Verdienst			**35.000,00 €**

	Steuer-Brutto	Lohnsteuer	Kirchensteuer	SolZ	Kammerbeitrag	
L	35.000,00 €	5.798,00 €	160,11 €	97,84 €		6.055,95 €
S						
A						
P						

	KV/PV-Brutto	RV/AV-Brutto	KV-Beitrag	PV-Beitrag	RV-Beitrag	AV-Beitrag
L						
E/SF						
P						
V						

Netto-Verdienst/Auszahlungsbetrag **28.944,05 €**

*) St = steuerliche Behandlung, SV = sozialversicherungsrechtliche Behandlung, L = laufender Bezug, S = sonstiger Bezug, A = außerordentlicher Bezug, P = pauschale Versteuerung/Verbeitragung, PAG = pauschale Versteuerung/Verbeitragung Arbeitgeber, E = Einmalzahlung, F = frei, V = dem Vorjahr zuzuordnende Einmalzahlungen, GBr = Behandlung im Gesamtbrutto

Fallbeispiel 22: Geringfügig Beschäftigter

Sachverhalt

Arbeitgeber A beabsichtigt für Lagerarbeiten einen geringfügig Beschäftigten mit monatlich 450,– € einzustellen. Die Beiträge für die gesetzliche Renten- und Krankenversicherung werden daher pauschaliert ermittelt. Der Arbeitnehmer hat einen Antrag auf Befreiung von der Rentenversicherungspflicht bei einer geringfügig entlohnten Beschäftigung nach § 6 Abs. 1b SGB VI gestellt. Für eine hausinterne Kalkulation möchte A die Arbeitgeber-Gesamtbelastung erfahren.

Lösungsweg mithilfe der elektronischen Einzelauskunft

Der Arbeitgeber (Lohnbüro) hat diesen Sachverhalt wie nachfolgend dargestellt in der Eingabemaske der Einzelauskunft zu erfassen. Die Eingabewerte können gespeichert werden und jederzeit z. B. als Vorlage wieder aufgerufen werden.

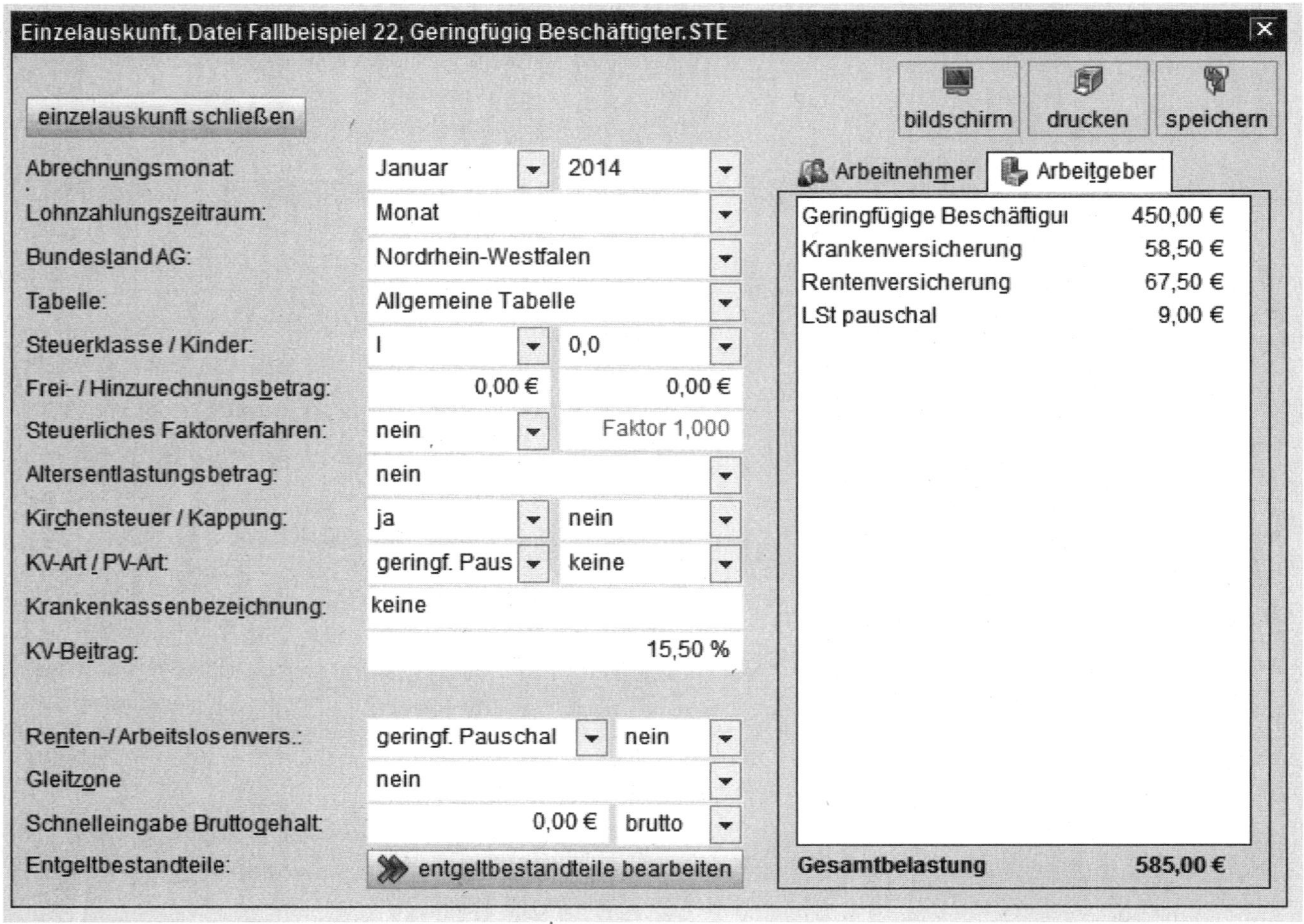

Einzelauskunft, Datei Fallbeispiel 22, Geringfügig Beschäftigter.STE

einzelauskunft schließen | bildschirm | drucken | speichern

Abrechnungsmonat:	Januar	2014
Lohnzahlungszeitraum:	Monat	
Bundesland AG:	Nordrhein-Westfalen	
Tabelle:	Allgemeine Tabelle	
Steuerklasse / Kinder:	I	0,0
Frei- / Hinzurechnungsbetrag:	0,00 €	0,00 €
Steuerliches Faktorverfahren:	nein	Faktor 1,000
Altersentlastungsbetrag:	nein	
Kirchensteuer / Kappung:	ja	nein
KV-Art / PV-Art:	geringf. Paus	keine
Krankenkassenbezeichnung:	keine	
KV-Beitrag:	15,50 %	
Renten-/Arbeitslosenvers.:	geringf. Pauschal	nein
Gleitzone	nein	
Schnelleingabe Bruttogehalt	0,00 €	brutto
Entgeltbestandteile:	entgeltbestandteile bearbeiten	

Arbeitnehmer | Arbeitgeber

Geringfügige Beschäftigu	450,00 €
Krankenversicherung	58,50 €
Rentenversicherung	67,50 €
LSt pauschal	9,00 €
Gesamtbelastung	**585,00 €**

Bereits in der Schnellberechnung kann die Gesamtbelastung für den Arbeitgeber (ohne die Umlagebeiträge) abgelesen werden. Sie beträgt 585,– €. Dem geringfügig Beschäftigten werden 450,– € ohne Abzug ausgezahlt.

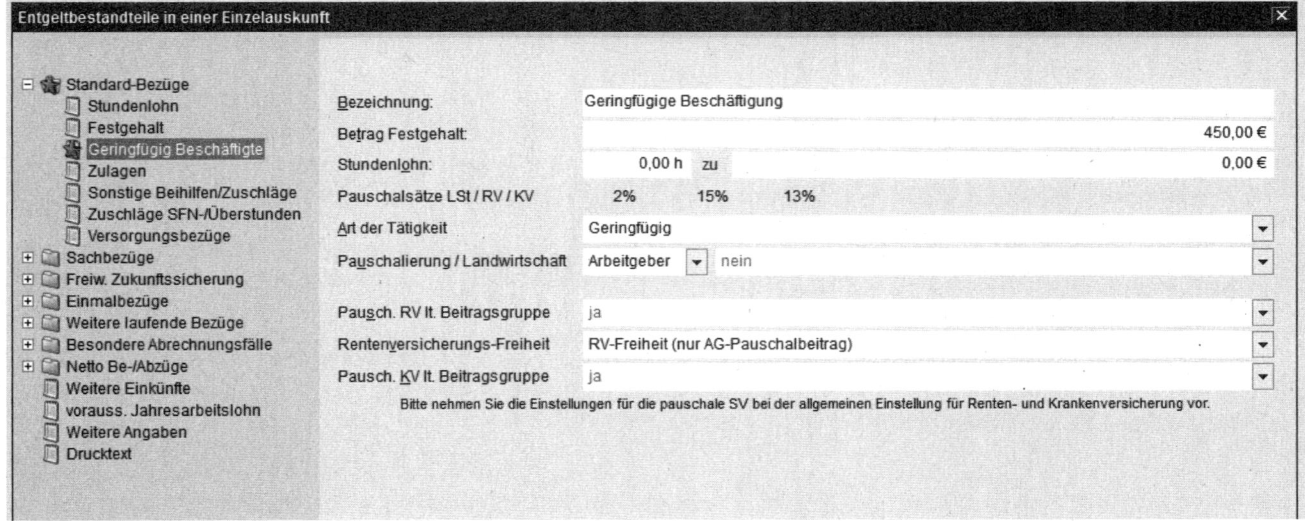
Entgeltbestandteile in einer Einzelauskunft

- Standard-Bezüge
  - Stundenlohn
  - Festgehalt
  - Geringfügig Beschäftigte
  - Zulagen
  - Sonstige Beihilfen/Zuschläge
  - Zuschläge SFN-/Überstunden
  - Versorgungsbezüge
- Sachbezüge
- Freiw. Zukunftssicherung
- Einmalbezüge
- Weitere laufende Bezüge
- Besondere Abrechnungsfälle
- Netto Be-/Abzüge
- Weitere Einkünfte
- vorauss. Jahresarbeitslohn
- Weitere Angaben
- Drucktext

Bezeichnung:	Geringfügige Beschäftigung		
Betrag Festgehalt:	450,00 €		
Stundenlohn:	0,00 h	zu	0,00 €
Pauschalsätze LSt / RV / KV	2%	15%	13%
Art der Tätigkeit	Geringfügig		
Pauschalierung / Landwirtschaft	Arbeitgeber	nein	
Pausch. RV lt. Beitragsgruppe	ja		
Rentenversicherungs-Freiheit	RV-Freiheit (nur AG-Pauschalbeitrag)		
Pausch. KV lt. Beitragsgruppe	ja		

Bitte nehmen Sie die Einstellungen für die pauschale SV bei der allgemeinen Einstellung für Renten- und Krankenversicherung vor.

Ansicht und Ausdruck der Einzelauskunft

Die einzelnen Besteuerungsmerkmale und Berechnungsergebnisse werden in der Einzelauskunft übersichtlich zusammenge- stellt und können direkt am Bildschirm angezeigt werden. Über die Druckfunktion kann ein Ausdruck der Berechnung zur Vertügung gestellt werden.

Arbeitgeberbelastung für den Monat Januar 2014

Lohnzahlungszeitraum: Monat 05.12.2013

		KV-Art:	g. pausch.
Steuerklasse:	I	KV-Beitr.:	
Kinderfreibetrag:	0,0	PV/Zusatz:	keine / ja
Pers. Freibetrag:		RV:	g. pausch.
Hinzurech.betrag:		AV:	nein
Kirchensteuer:	ja		

St-Tage	KV (L/E)	RV (L/E)	AV (L/E)	PV (L/E)
30	0/0	0/0	0/0	0/0

Bezeichnung	
Geringfügige Beschäftigung	450,00 €
Krankenversicherung	58,50 €
Rentenversicherung	67,50 €
LSt pauschal	9,00 €
Gesamt-Belastung	**585,00 €**

Seite 1

Fallbeispiel 23: Dienstwagen 1 %-Regelung

Sachverhalt

Der 38-jährige Arbeitnehmer A aus Köln mit Lohnsteuerklasse I hat keine Kinder und ist kirchensteuerpflichtig. Er ist in einer Versorgungskasse rentenversichert. In der Kranken- und Pflegeversicherung ist er freiwillig versichert. Die Versicherungsbeiträge betragen 575,44 € bzw. 81,68 €. Der Arbeitgeber zahlt einen Zuschuss in Höhe von 271,01 € bzw. 36,20 €. Neben seinem Festgehalt in Höhe von 4500,– € erhält A Kontoführungsgebühren in Höhe von 1,50 € monatlich als weiteren laufenden Bezug.

Arbeitnehmer A bekommt einen Dienstwagen gestellt, der nach der 1 %-Regelung versteuert wird. Der inländische Listenpreis des Dienstwagens beträgt 30000,– €, hinzu kamen Sonderaustattungen für 3000 €. Die Entfernung zwischen Wohnung und Arbeitsstätte beträgt 25 km. Es wird die Abwälzung der pauschalen Lohnsteuer auf den Arbeitnehmer vereinbart.

Lösungsweg mithilfe der elektronischen Einzelauskunft

Der Arbeitgeber (Lohnbüro) hat diesen Sachverhalt wie nachfolgend dargestellt in der Eingabemaske der Einzelauskunft zu erfassen. Die Eingabewerte können gespeichert werden und jederzeit z. B. als Vorlage wieder aufgerufen werden.

In der Startmaske der Einzelauskunft hat der Arbeitgeber (Lohnbüro) zunächst die Besteuerungsmerkmale einzutragen. Für die weiteren Eingaben muss nun die Schaltfläche „Entgeltbestandteile bearbeiten" angeklickt werden.

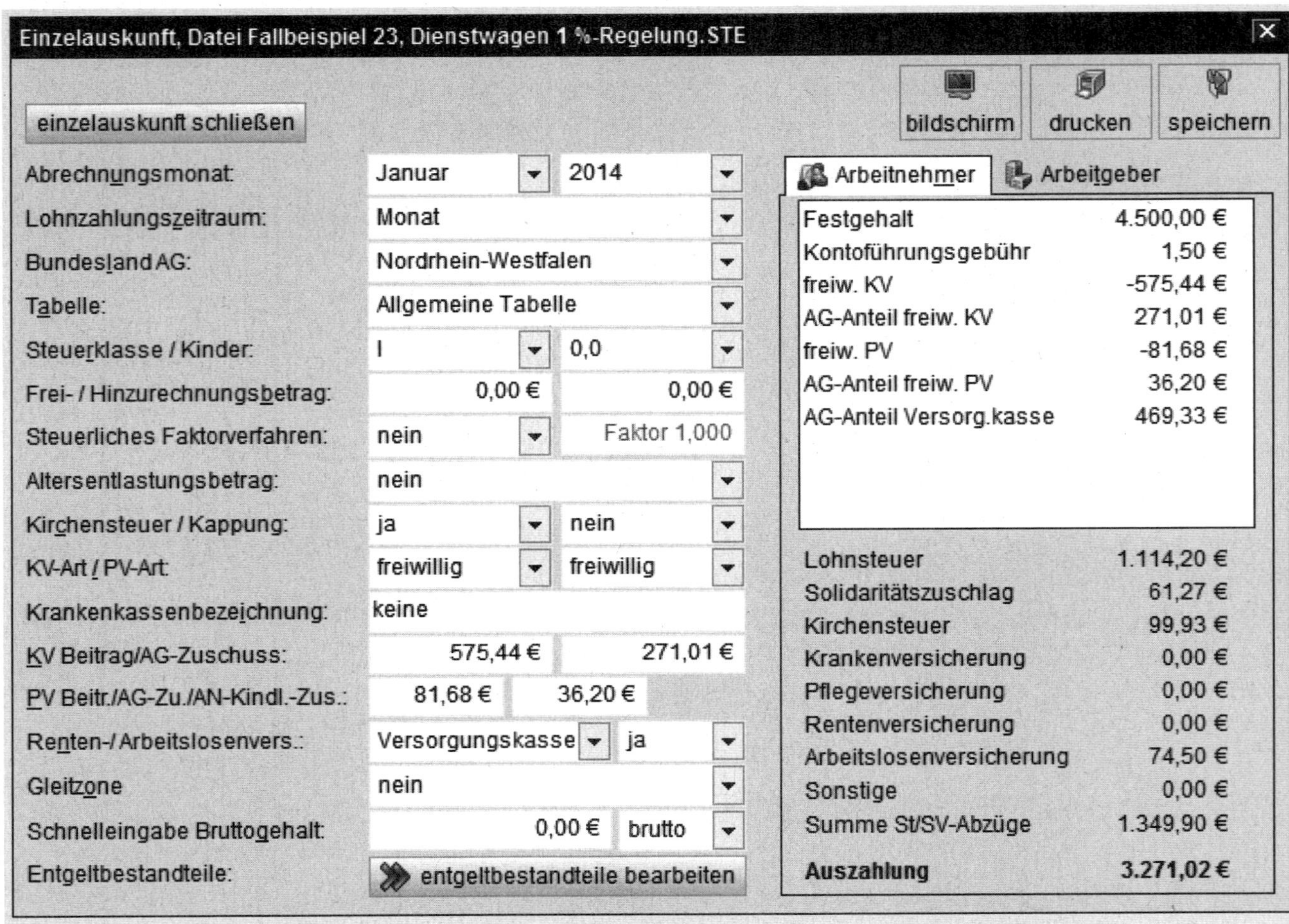

Neben dem Festgehalt (unter Standard-Bezüge) und den Kontoführungsgebühren (unter weitere laufende Bezüge) ist die Dienstwagengestellung als Sachbezug zu erfassen. Durch Eingabe der relevanten Angaben wird automatisch ein Sachbezugswert in Höhe von 577,50 € (465,00 € + 112,50 €) ermittelt.

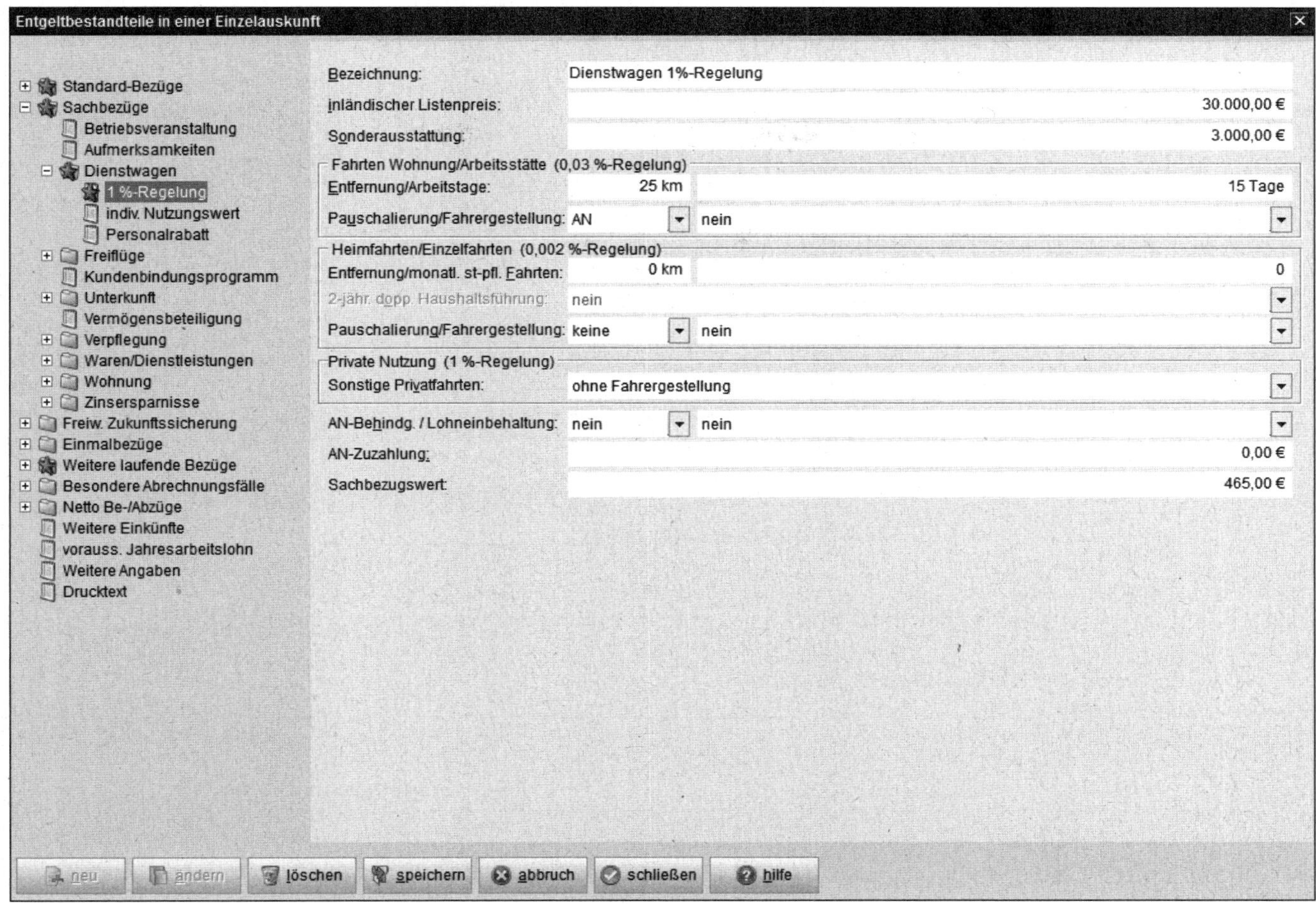

Ansicht und Ausdruck der Einzelauskunft

Die einzelnen Besteuerungsmerkmale und Berechnungsergebnisse werden in der Einzelauskunft übersichtlich zusammengestellt und können direkt am Bildschirm angezeigt werden. Über die Druckfunktion kann ein Ausdruck der Berechnung zur Verfügung gestellt werden.

Durch die Pauschalversteuerung der Fahrten zwischen Wohnung und Arbeitsstätte vermindert der Arbeitnehmer die Lohnsteuer- und SV-Beitragslast durch den Sachbezug.

Bei der Versorgungskasse berechnet die Einzelauskunft immer den Fall des Selbstzahlers, daher wird der Arbeitgeber-Zuschuss als Nettobezug aufgeführt. Den Gesamtbetrag würde dann der Arbeitnehmer selbst an die Versorgungskasse zahlen.

Einzelauskunft für den Monat Januar 2014

Lohnzahlungszeitraum: Monat

05.12.2013

		KV:	freiwillig
Steuerklasse:	I	KV-Beitr.:	
Kinderfreibetrag:	0,0	PV:	freiwillig / ja
Freibetrag:		RV:	Vers.kasse
Jahresfreibetrag:		AV:	ja
Hinzurech.betrag:			
Jahreshinzu.betr.:			
Kirchensteuer:	ja		
Vorsorgepausch.:	GKV/PVZ/RVW		

St-Tage	KV (L/E)*	RV (L/E)*	AV (L/E)*	PV (L/E)*
30	0/0	0/0	30/30	0/0

Brutto-Bezüge/Abzüge		St*	SV*	
002	Festgehalt	L	L	4.500,00 €
040	Dienstwagen 1%-Regelung	L	L	465,00 €
042	Dienstwagen 1%-Regelung Wohnung/Arbeitsstätte	P	F	112,50 €
316	Kontoführungsgebühr	L	L	1,50 €
Gesamt-Verdienst				**5.079,00 €**

	Steuer-Brutto	Lohnsteuer	Kirchensteuer	SolZ	Kammerbeitrag	
L	4.966,50 €	1.097,33 €	98,75 €	60,35 €		1.256,43 €
S						
A						
P	112,50 €	16,87 €	1,18 €	0,92 €		18,97 €

	KV/PV-Brutto	RV/AV-Brutto	KV-Beitrag	PV-Beitrag	RV-Beitrag	AV-Beitrag	
L		4.966,50 €				74,50 €	74,50 €
E/SF							
P							
V							

Netto-Verdienst		**3.729,10 €**
Netto-Bezüge/Abzüge		
046	Dienstwagen 1%-Regelung Wohnung/Arbeitsstätte	- 112,50 €
046	Dienstwagen 1%-Regelung	- 465,00 €
802	Arbeitgeberanteil zur freiwilligen Krankenversicherung	271,01 €
803	Arbeitgeberanteil zur freiwilligen Pflegeversicherung	36,20 €
804	Freiwillige Krankenversicherung	-575,44 €
805	Freiwillige Pflegeversicherung	-81,68 €
806	Arbeitgeberanteil zur Versorgungskasse	469,33 €
Auszahlungsbetrag		**3.271,02 €**

*) St = steuerliche Behandlung, SV = sozialversicherungsrechtliche Behandlung, L = laufender Bezug, S = sonstiger Bezug, A = außerordentlicher Bezug, P = pauschale Versteuerung/Verbeitragung, PAG = pauschale Versteuerung/Verbeitragung Arbeitgeber, E = Einmalzahlung, F = frei, V = dem Vorjahr zuzuordnende Einmalzahlungen, GBr = Behandlung im Gesamtbrutto

Fallbeispiel 24: Barlohnumwandlung für Pensionskasse

Sachverhalt

Der 38-jährige Arbeitnehmer A aus Köln mit Lohnsteuerklasse III mit zwei Kindern ist kirchensteuerpflichtig. Er ist sowohl in der gesetzlichen Renten- als auch in der gesetzlichen Kranken- und Pflegeversicherung pflichtversichert. Neben seinem Festgehalt in Höhe von 3 000,– € monatlich erhält A im Monat November ein Weihnachtsgeld in Höhe von 3 000,– €. Zusätzlich wurde eine Barlohnumwandlung in Höhe von 2 000,– € als Beitrag für eine Pensionskasse vereinbart. Da die 2 000,– € unterhalb des Freibetrags nach § 3 Nr. 63 EStG bleiben, führen sie zur Steuer- und SV-Beitragsfreiheit.

Lösungsweg mithilfe der elektronischen Einzelauskunft

Der Arbeitgeber (Lohnbüro) hat diesen Sachverhalt wie nachfolgend dargestellt in der Eingabemaske der Einzelauskunft zu erfassen. Die Eingabewerte können gespeichert werden und jederzeit z. B. als Vorlage wieder aufgerufen werden.

In der Startmaske der Einzelauskunft hat der Arbeitgeber (Lohnbüro) zunächst die Besteuerungsmerkmale einzutragen. Für die weiteren Eingaben muss nun die Schaltfläche „Entgeltbestandteile bearbeiten“ angeklickt werden.

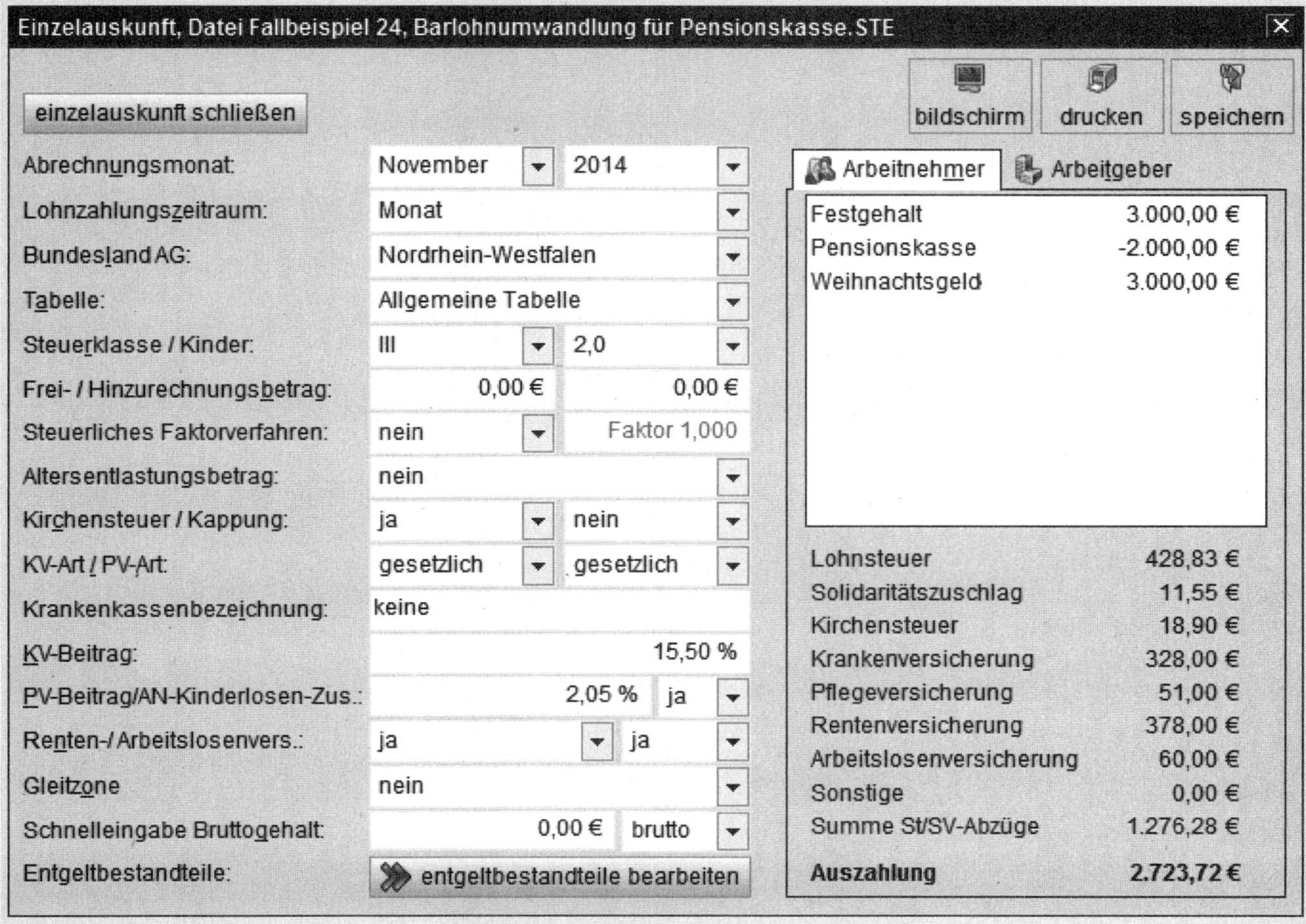

Einzelauskunft, Datei Fallbeispiel 24, Barlohnumwandlung für Pensionskasse.STE

einzelauskunft schließen | bildschirm | drucken | speichern

Abrechnungsmonat:	November	2014
Lohnzahlungszeitraum:	Monat	
Bundesland AG:	Nordrhein-Westfalen	
Tabelle:	Allgemeine Tabelle	
Steuerklasse / Kinder:	III	2,0
Frei- / Hinzurechnungsbetrag:	0,00 €	0,00 €
Steuerliches Faktorverfahren:	nein	Faktor 1,000
Altersentlastungsbetrag:	nein	
Kirchensteuer / Kappung:	ja	nein
KV-Art / PV-Art:	gesetzlich	gesetzlich
Krankenkassenbezeichnung:	keine	
KV-Beitrag:	15,50 %	
PV-Beitrag/AN-Kinderlosen-Zus.:	2,05 %	ja
Renten-/Arbeitslosenvers.:	ja	ja
Gleitzone	nein	
Schnelleingabe Bruttogehalt:	0,00 €	brutto
Entgeltbestandteile:	entgeltbestandteile bearbeiten	

Arbeitnehmer | Arbeitgeber

Festgehalt	3.000,00 €
Pensionskasse	-2.000,00 €
Weihnachtsgeld	3.000,00 €

Lohnsteuer	428,83 €
Solidaritätszuschlag	11,55 €
Kirchensteuer	18,90 €
Krankenversicherung	328,00 €
Pflegeversicherung	51,00 €
Rentenversicherung	378,00 €
Arbeitslosenversicherung	60,00 €
Sonstige	0,00 €
Summe St/SV-Abzüge	1.276,28 €
Auszahlung	**2.723,72 €**

Neben dem Festgehalt (unter Standard-Bezüge) und dem Weihnachtsgeld (unter Einmalbezüge) ist die Barlohnumwandlung unter dem Entgeltbestandteil Freiwillige Zukunftssicherung zu erfassen. Da ein Teil des Weihnachtsgelds umgewandelt werden soll, wird als Bezugsart der „sonstige Bezug“ ausgewählt. Für die Ermittlung der zutreffenden Abzugsbeträge reicht die Eingabe im Menüfeld „Beitrag“ aus.

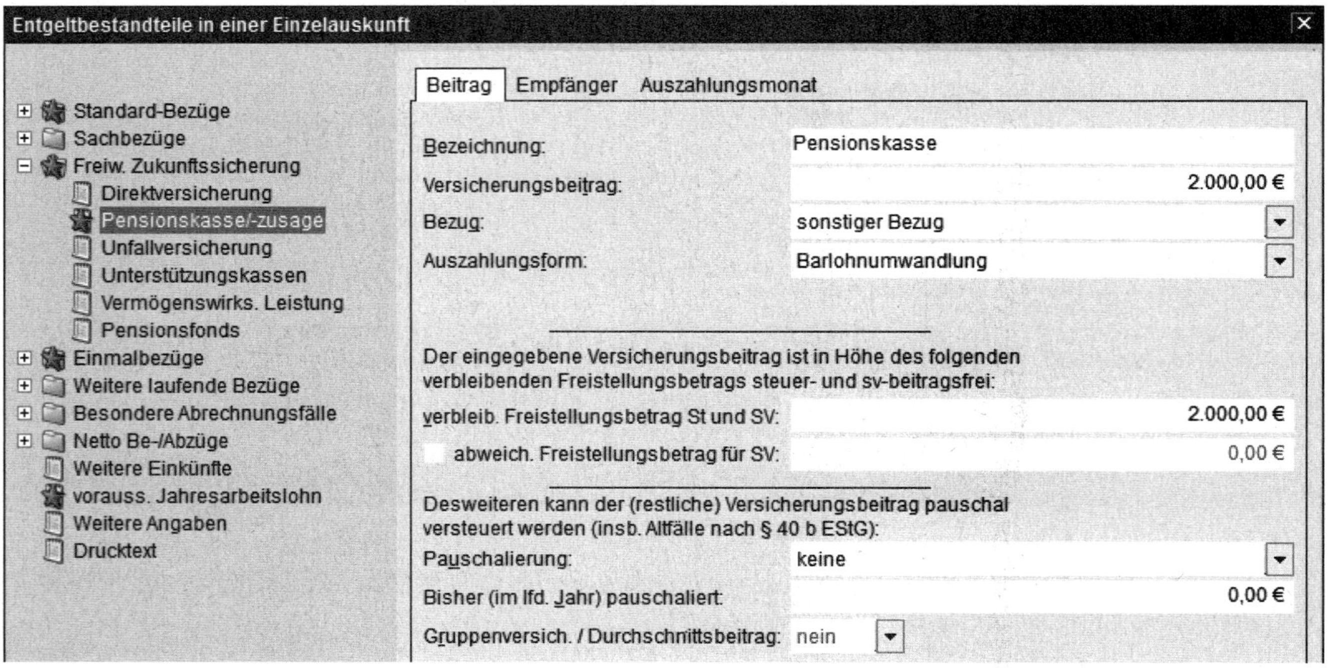

Entgeltbestandteile in einer Einzelauskunft

- Standard-Bezüge
- Sachbezüge
- Freiw. Zukunftssicherung
  - Direktversicherung
  - Pensionskasse/-zusage
  - Unfallversicherung
  - Unterstützungskassen
  - Vermögenswirks. Leistung
  - Pensionsfonds
- Einmalbezüge
- Weitere laufende Bezüge
- Besondere Abrechnungsfälle
- Netto Be-/Abzüge
- Weitere Einkünfte
- vorauss. Jahresarbeitslohn
- Weitere Angaben
- Drucktext

Beitrag | Empfänger | Auszahlungsmonat

Bezeichnung:	Pensionskasse
Versicherungsbeitrag:	2.000,00 €
Bezug:	sonstiger Bezug
Auszahlungsform:	Barlohnumwandlung

Der eingegebene Versicherungsbeitrag ist in Höhe des folgenden verbleibenden Freistellungsbetrags steuer- und sv-beitragsfrei:

verbleib. Freistellungsbetrag St und SV:	2.000,00 €
abweich. Freistellungsbetrag für SV:	0,00 €

Desweiteren kann der (restliche) Versicherungsbeitrag pauschal versteuert werden (insb. Altfälle nach § 40 b EStG):

Pauschalierung:	keine
Bisher (im lfd. Jahr) pauschaliert:	0,00 €
Gruppenversich. / Durchschnittsbeitrag:	nein

Ansicht und Ausdruck der Einzelauskunft

Die einzelnen Besteuerungsmerkmale und Berechnungsergebnisse werden in der Einzelauskunft übersichtlich zusammengestellt und können direkt am Bildschirm angezeigt werden. Über die Druckfunktion kann ein Ausdruck der Berechnung zur Verfügung gestellt werden. Die Auswirkungen der Barlohnumwandlung auf die Gehaltsabrechnung werden übersichtlich in der folgenden Einzelauskunft dargestellt.

Einzelauskunft für den Monat November 2014

Lohnzahlungszeitraum: Monat

12.12.2013

		KV:	gesetzlich
Steuerklasse:	III	KV-Beitr.:	15,50 % inkl. AN-Z.
Kinderfreibetrag:	2,0	PV:	gesetzlich / ja
Freibetrag:		RV:	ja
Jahresfreibetrag:		AV:	ja
Hinzurech.betrag:			
Jahreshinzu.betr.:			
Kirchensteuer:	ja		
Vorsorgepausch.:	GKV/PVZ/RVW		

St-Tage	KV (L/E)*	RV (L/E)*	AV (L/E)*	PV (L/E)*
30	30/30	30/30	30/30	30/30

Brutto-Bezüge/Abzüge		St*	SV*	
002	Festgehalt	L	L	3.000,00 €
170	Pensionskasse	F	F	-2.000,00 €
313	Weihnachtsgeld	S	E	3.000,00 €
Gesamt-Verdienst				**4.000,00 €**

	Steuer-Brutto	Lohnsteuer	Kirchensteuer	SolZ	Kammerbeitrag	
L	3.000,00 €	218,83 €				218,83 €
S	1.000,00 €	210,00 €	18,90 €	11,55 €		240,45 €
A						
P						

	KV/PV-Brutto	RV/AV-Brutto	KV-Beitrag	PV-Beitrag	RV-Beitrag	AV-Beitrag	
L	3.000,00 €	3.000,00 €	246,00 €	38,25 €	283,50 €	45,00 €	612,75 €
E/SF	1.000,00 €	1.000,00 €	82,00 €	12,75 €	94,50 €	15,00 €	204,25 €
P							
V							

Netto-Verdienst/Auszahlungsbetrag **2.723,72 €**

*) St = steuerliche Behandlung, SV = sozialversicherungsrechtliche Behandlung, L = laufender Bezug, S = sonstiger Bezug, A = außerordentlicher Bezug, P = pauschale Versteuerung/Verbeitragung, PAG = pauschale Versteuerung/Verbeitragung Arbeitgeber, E = Einmalzahlung, F = frei, V = dem Vorjahr zuzuordnende Einmalzahlungen, GBr = Behandlung im Gesamtbrutto

Lohnsteuer – Allgemeiner Tarif

MONAT

Lohnsteuer

Diese **Lohnsteuer-Tabelle** ist für Arbeitnehmer anzuwenden, die in der gesetzlichen Rentenversicherung pflichtversichert sind.

Bei Arbeitnehmern, die privat kranken- und pflegeversichert sind, ist vor Anwendung der Tabelle eine Nebenrechnung durchzuführen.

In den Erläuterungen und im Anhang zur Tabelle finden Sie nähere Informationen hierzu.

Solidaritätszuschlag

Neben der Lohnsteuer ist auch der Solidaritätszuschlag ausgewiesen.

In den Erläuterungen zur Tabelle finden Sie nähere Informationen hierzu.

Kirchensteuer

Diese Tabelle enthält die für alle Bundesländer maßgebenden Steuersätze von **8 %** und **9 %.**

8 % = Baden-Württemberg, Bayern

9 % = Berlin, Brandenburg, Bremen, Hamburg, Hessen, Mecklenburg-Vorpommern, Niedersachsen, Nordrhein-Westfalen, Rheinland-Pfalz, Saarland, Sachsen, Sachsen-Anhalt, Schleswig-Holstein, Thüringen

Zu beachten ist besonders die Mindestbetrags-Kirchensteuer in den einzelnen Bundesländern.

In den Erläuterungen zur Tabelle finden Sie nähere Informationen hierzu.

Lohn/ Gehalt bis €*		Lohnsteuer, Solidaritätszuschlag und Kirchensteuer in den Steuerklassen I – VI			
		LSt	SolZ	ohne Kinderfreibeträge 8%	9%
2,99	I,IV	—	—	—	—
	II	—	—	—	—
	III	—	—	—	—
	V	—	—	—	—
	VI	0,25	—	0,02	0,02
5,99	I,IV	—	—	—	—
	II	—	—	—	—
	III	—	—	—	—
	V	—	—	—	—
	VI	0,66	—	0,05	0,05
8,99	I,IV	—	—	—	—
	II	—	—	—	—
	III	—	—	—	—
	V	—	—	—	—
	VI	1,—	—	0,08	0,09
11,99	I,IV	—	—	—	—
	II	—	—	—	—
	III	—	—	—	—
	V	—	—	—	—
	VI	1,33	—	0,10	0,11
14,99	I,IV	—	—	—	—
	II	—	—	—	—
	III	—	—	—	—
	V	—	—	—	—
	VI	1,66	—	0,13	0,14
17,99	I,IV	—	—	—	—
	II	—	—	—	—
	III	—	—	—	—
	V	—	—	—	—
	VI	2,—	—	0,16	0,18
20,99	I,IV	—	—	—	—
	II	—	—	—	—
	III	—	—	—	—
	V	—	—	—	—
	VI	2,33	—	0,18	0,20
23,99	I,IV	—	—	—	—
	II	—	—	—	—
	III	—	—	—	—
	V	—	—	—	—
	VI	2,75	—	0,22	0,24
26,99	I,IV	—	—	—	—
	II	—	—	—	—
	III	—	—	—	—
	V	—	—	—	—
	VI	3,08	—	0,24	0,27
29,99	I,IV	—	—	—	—
	II	—	—	—	—
	III	—	—	—	—
	V	—	—	—	—
	VI	3,41	—	0,27	0,30
32,99	I,IV	—	—	—	—
	II	—	—	—	—
	III	—	—	—	—
	V	—	—	—	—
	VI	3,75	—	0,30	0,33
35,99	I,IV	—	—	—	—
	II	—	—	—	—
	III	—	—	—	—
	V	—	—	—	—
	VI	4,08	—	0,32	0,36
38,99	I,IV	—	—	—	—
	II	—	—	—	—
	III	—	—	—	—
	V	—	—	—	—
	VI	4,50	—	0,36	0,40
41,99	I,IV	—	—	—	—
	II	—	—	—	—
	III	—	—	—	—
	V	—	—	—	—
	VI	4,83	—	0,38	0,43
44,99	I,IV	—	—	—	—
	II	—	—	—	—
	III	—	—	—	—
	V	—	—	—	—
	VI	5,16	—	0,41	0,46
47,99	I,IV	—	—	—	—
	II	—	—	—	—
	III	—	—	—	—
	V	—	—	—	—
	VI	5,50	—	0,44	0,49
50,99	I,IV	—	—	—	—
	II	—	—	—	—
	III	—	—	—	—
	V	—	—	—	—
	VI	5,83	—	0,46	0,52
53,99	I,IV	—	—	—	—
	II	—	—	—	—
	III	—	—	—	—
	V	—	—	—	—
	VI	6,16	—	0,49	0,55
56,99	I,IV	—	—	—	—
	II	—	—	—	—
	III	—	—	—	—
	V	—	—	—	—
	VI	6,50	—	0,52	0,58
59,99	I,IV	—	—	—	—
	II	—	—	—	—
	III	—	—	—	—
	V	—	—	—	—
	VI	6,91	—	0,55	0,62
62,99	I,IV	—	—	—	—
	II	—	—	—	—
	III	—	—	—	—
	V	—	—	—	—
	VI	7,25	—	0,58	0,65
65,99	I,IV	—	—	—	—
	II	—	—	—	—
	III	—	—	—	—
	V	—	—	—	—
	VI	7,58	—	0,60	0,68
68,99	I,IV	—	—	—	—
	II	—	—	—	—
	III	—	—	—	—
	V	—	—	—	—
	VI	7,91	—	0,63	0,71
71,99	I,IV	—	—	—	—
	II	—	—	—	—
	III	—	—	—	—
	V	—	—	—	—
	VI	8,25	—	0,66	0,74
74,99	I,IV	—	—	—	—
	II	—	—	—	—
	III	—	—	—	—
	V	—	—	—	—
	VI	8,66	—	0,69	0,77
77,99	I,IV	—	—	—	—
	II	—	—	—	—
	III	—	—	—	—
	V	—	—	—	—
	VI	9,—	—	0,72	0,81
80,99	I,IV	—	—	—	—
	II	—	—	—	—
	III	—	—	—	—
	V	—	—	—	—
	VI	9,33	—	0,74	0,83
83,99	I,IV	—	—	—	—
	II	—	—	—	—
	III	—	—	—	—
	V	—	—	—	—
	VI	9,66	—	0,77	0,86
86,99	I,IV	—	—	—	—
	II	—	—	—	—
	III	—	—	—	—
	V	—	—	—	—
	VI	10,—	—	0,80	0,90
89,99	I,IV	—	—	—	—
	II	—	—	—	—
	III	—	—	—	—
	V	—	—	—	—
	VI	10,33	—	0,82	0,92
92,99	I,IV	—	—	—	—
	II	—	—	—	—
	III	—	—	—	—
	V	—	—	—	—
	VI	10,75	—	0,86	0,96
95,99	I,IV	—	—	—	—
	II	—	—	—	—
	III	—	—	—	—
	V	—	—	—	—
	VI	11,08	—	0,88	0,99
98,99	I,IV	—	—	—	—
	II	—	—	—	—
	III	—	—	—	—
	V	—	—	—	—
	VI	11,41	—	0,91	1,02
101,99	I,IV	—	—	—	—
	II	—	—	—	—
	III	—	—	—	—
	V	—	—	—	—
	VI	11,75	—	0,94	1,05
104,99	I,IV	—	—	—	—
	II	—	—	—	—
	III	—	—	—	—
	V	—	—	—	—
	VI	12,08	—	0,96	1,08
107,99	I,IV	—	—	—	—
	II	—	—	—	—
	III	—	—	—	—
	V	0,33	—	0,02	0,02
	VI	12,41	—	0,99	1,11
110,99	I,IV	—	—	—	—
	II	—	—	—	—
	III	—	—	—	—
	V	0,66	—	0,05	0,05
	VI	12,83	—	1,02	1,15
113,99	I,IV	—	—	—	—
	II	—	—	—	—
	III	—	—	—	—
	V	1,08	—	0,08	0,09
	VI	13,16	—	1,05	1,18
116,99	I,IV	—	—	—	—
	II	—	—	—	—
	III	—	—	—	—
	V	1,41	—	0,11	0,12
	VI	13,50	—	1,08	1,21
119,99	I,IV	—	—	—	—
	II	—	—	—	—
	III	—	—	—	—
	V	1,75	—	0,14	0,15
	VI	13,83	—	1,10	1,24
122,99	I,IV	—	—	—	—
	II	—	—	—	—
	III	—	—	—	—
	V	2,08	—	0,16	0,18
	VI	14,16	—	1,13	1,27
125,99	I,IV	—	—	—	—
	II	—	—	—	—
	III	—	—	—	—
	V	2,41	—	0,19	0,21
	VI	14,50	—	1,16	1,30
128,99	I,IV	—	—	—	—
	II	—	—	—	—
	III	—	—	—	—
	V	2,83	—	0,22	0,25
	VI	14,91	—	1,19	1,34
131,99	I,IV	—	—	—	—
	II	—	—	—	—
	III	—	—	—	—
	V	3,16	—	0,25	0,28
	VI	15,25	—	1,22	1,37
134,99	I,IV	—	—	—	—
	II	—	—	—	—
	III	—	—	—	—
	V	3,50	—	0,28	0,31
	VI	15,58	—	1,24	1,40
137,99	I,IV	—	—	—	—
	II	—	—	—	—
	III	—	—	—	—
	V	3,83	—	0,30	0,34
	VI	15,91	—	1,27	1,43
140,99	I,IV	—	—	—	—
	II	—	—	—	—
	III	—	—	—	—
	V	4,16	—	0,33	0,37
	VI	16,25	—	1,30	1,46
143,99	I,IV	—	—	—	—
	II	—	—	—	—
	III	—	—	—	—
	V	4,50	—	0,36	0,40
	VI	16,58	—	1,32	1,49
146,99	I,IV	—	—	—	—
	II	—	—	—	—
	III	—	—	—	—
	V	4,83	—	0,38	0,43
	VI	16,91	—	1,35	1,52
149,99	I,IV	—	—	—	—
	II	—	—	—	—
	III	—	—	—	—
	V	5,25	—	0,42	0,47
	VI	17,33	—	1,38	1,55
152,99	I,IV	—	—	—	—
	II	—	—	—	—
	III	—	—	—	—
	V	5,58	—	0,44	0,50
	VI	17,66	—	1,41	1,58

* Die ausgewiesenen Tabellenwerte sind amtlich. Siehe Erläuterungen auf der Umschlaginnenseite (U2).

Lohn/ Gehalt bis €*	Steuerklasse	LSt	SolZ	8%	9%
	Lohnsteuer, Solidaritätszuschlag und Kirchensteuer in den Steuerklassen I – VI		ohne Kinderfreibeträge		
155,99	I,IV	—	—	—	—
	II	—	—	—	—
	III	—	—	—	—
	V	5,91	—	0,47	0,53
	VI	18,—	—	1,44	1,62
158,99	I,IV	—	—	—	—
	II	—	—	—	—
	III	—	—	—	—
	V	6,25	—	0,50	0,56
	VI	18,33	—	1,46	1,64
161,99	I,IV	—	—	—	—
	II	—	—	—	—
	III	—	—	—	—
	V	6,58	—	0,52	0,59
	VI	18,66	—	1,49	1,67
164,99	I,IV	—	—	—	—
	II	—	—	—	—
	III	—	—	—	—
	V	7,—	—	0,56	0,63
	VI	19,08	—	1,52	1,71
167,99	I,IV	—	—	—	—
	II	—	—	—	—
	III	—	—	—	—
	V	7,33	—	0,58	0,65
	VI	19,41	—	1,55	1,74
170,99	I,IV	—	—	—	—
	II	—	—	—	—
	III	—	—	—	—
	V	7,66	—	0,61	0,68
	VI	19,75	—	1,58	1,77
173,99	I,IV	—	—	—	—
	II	—	—	—	—
	III	—	—	—	—
	V	8,—	—	0,64	0,72
	VI	20,08	—	1,60	1,80
176,99	I,IV	—	—	—	—
	II	—	—	—	—
	III	—	—	—	—
	V	8,33	—	0,66	0,74
	VI	20,41	—	1,63	1,83
179,99	I,IV	—	—	—	—
	II	—	—	—	—
	III	—	—	—	—
	V	8,66	—	0,69	0,77
	VI	20,75	—	1,66	1,86
182,99	I,IV	—	—	—	—
	II	—	—	—	—
	III	—	—	—	—
	V	9,08	—	0,72	0,81
	VI	21,16	—	1,69	1,90
185,99	I,IV	—	—	—	—
	II	—	—	—	—
	III	—	—	—	—
	V	9,41	—	0,75	0,84
	VI	21,50	—	1,72	1,93
188,99	I,IV	—	—	—	—
	II	—	—	—	—
	III	—	—	—	—
	V	9,75	—	0,78	0,87
	VI	21,83	—	1,74	1,96
191,99	I,IV	—	—	—	—
	II	—	—	—	—
	III	—	—	—	—
	V	10,08	—	0,80	0,90
	VI	22,16	—	1,77	1,99
194,99	I,IV	—	—	—	—
	II	—	—	—	—
	III	—	—	—	—
	V	10,41	—	0,83	0,93
	VI	22,50	—	1,80	2,02
197,99	I,IV	—	—	—	—
	II	—	—	—	—
	III	—	—	—	—
	V	10,75	—	0,86	0,96
	VI	22,83	—	1,82	2,05
200,99	I,IV	—	—	—	—
	II	—	—	—	—
	III	—	—	—	—
	V	11,08	—	0,88	0,99
	VI	23,25	—	1,86	2,09
203,99	I,IV	—	—	—	—
	II	—	—	—	—
	III	—	—	—	—
	V	11,50	—	0,92	1,03
	VI	23,58	—	1,88	2,12
206,99	I,IV	—	—	—	—
	II	—	—	—	—
	III	—	—	—	—
	V	11,83	—	0,94	1,06
	VI	23,91	—	1,91	2,15
209,99	I,IV	—	—	—	—
	II	—	—	—	—
	III	—	—	—	—
	V	12,16	—	0,97	1,09
	VI	24,25	—	1,94	2,18
212,99	I,IV	—	—	—	—
	II	—	—	—	—
	III	—	—	—	—
	V	12,50	—	1,—	1,12
	VI	24,58	—	1,96	2,21
215,99	I,IV	—	—	—	—
	II	—	—	—	—
	III	—	—	—	—
	V	12,83	—	1,02	1,15
	VI	24,91	—	1,99	2,24
218,99	I,IV	—	—	—	—
	II	—	—	—	—
	III	—	—	—	—
	V	13,25	—	1,06	1,19
	VI	25,33	—	2,02	2,27
221,99	I,IV	—	—	—	—
	II	—	—	—	—
	III	—	—	—	—
	V	13,58	—	1,08	1,22
	VI	25,66	—	2,05	2,30
224,99	I,IV	—	—	—	—
	II	—	—	—	—
	III	—	—	—	—
	V	13,91	—	1,11	1,25
	VI	26,—	—	2,08	2,34
227,99	I,IV	—	—	—	—
	II	—	—	—	—
	III	—	—	—	—
	V	14,25	—	1,14	1,28
	VI	26,33	—	2,10	2,36
230,99	I,IV	—	—	—	—
	II	—	—	—	—
	III	—	—	—	—
	V	14,58	—	1,16	1,31
	VI	26,66	—	2,13	2,39
233,99	I,IV	—	—	—	—
	II	—	—	—	—
	III	—	—	—	—
	V	14,91	—	1,19	1,34
	VI	27,—	—	2,16	2,43
236,99	I,IV	—	—	—	—
	II	—	—	—	—
	III	—	—	—	—
	V	15,33	—	1,22	1,37
	VI	27,41	—	2,19	2,46
239,99	I,IV	—	—	—	—
	II	—	—	—	—
	III	—	—	—	—
	V	15,66	—	1,25	1,40
	VI	27,75	—	2,22	2,49
242,99	I,IV	—	—	—	—
	II	—	—	—	—
	III	—	—	—	—
	V	16,—	—	1,28	1,44
	VI	28,08	—	2,24	2,52
245,99	I,IV	—	—	—	—
	II	—	—	—	—
	III	—	—	—	—
	V	16,33	—	1,30	1,46
	VI	28,41	—	2,27	2,55
248,99	I,IV	—	—	—	—
	II	—	—	—	—
	III	—	—	—	—
	V	16,66	—	1,33	1,49
	VI	28,75	—	2,30	2,58
251,99	I,IV	—	—	—	—
	II	—	—	—	—
	III	—	—	—	—
	V	17,—	—	1,36	1,53
	VI	29,16	—	2,33	2,62
254,99	I,IV	—	—	—	—
	II	—	—	—	—
	III	—	—	—	—
	V	17,41	—	1,39	1,56
	VI	29,50	—	2,36	2,65
257,99	I,IV	—	—	—	—
	II	—	—	—	—
	III	—	—	—	—
	V	17,75	—	1,42	1,59
	VI	29,83	—	2,38	2,68
260,99	I,IV	—	—	—	—
	II	—	—	—	—
	III	—	—	—	—
	V	18,08	—	1,44	1,62
	VI	30,16	—	2,41	2,71
263,99	I,IV	—	—	—	—
	II	—	—	—	—
	III	—	—	—	—
	V	18,41	—	1,47	1,65
	VI	30,50	—	2,44	2,74
266,99	I,IV	—	—	—	—
	II	—	—	—	—
	III	—	—	—	—
	V	18,75	—	1,50	1,68
	VI	30,83	—	2,46	2,77
269,99	I,IV	—	—	—	—
	II	—	—	—	—
	III	—	—	—	—
	V	19,08	—	1,52	1,71
	VI	31,16	—	2,49	2,80
272,99	I,IV	—	—	—	—
	II	—	—	—	—
	III	—	—	—	—
	V	19,50	—	1,56	1,75
	VI	31,58	—	2,52	2,84
275,99	I,IV	—	—	—	—
	II	—	—	—	—
	III	—	—	—	—
	V	19,83	—	1,58	1,78
	VI	31,91	—	2,55	2,87
278,99	I,IV	—	—	—	—
	II	—	—	—	—
	III	—	—	—	—
	V	20,16	—	1,61	1,81
	VI	32,25	—	2,58	2,90
281,99	I,IV	—	—	—	—
	II	—	—	—	—
	III	—	—	—	—
	V	20,50	—	1,64	1,84
	VI	32,58	—	2,60	2,93
284,99	I,IV	—	—	—	—
	II	—	—	—	—
	III	—	—	—	—
	V	20,83	—	1,66	1,87
	VI	32,91	—	2,63	2,96
287,99	I,IV	—	—	—	—
	II	—	—	—	—
	III	—	—	—	—
	V	21,16	—	1,69	1,90
	VI	33,25	—	2,66	2,99
290,99	I,IV	—	—	—	—
	II	—	—	—	—
	III	—	—	—	—
	V	21,58	—	1,72	1,94
	VI	33,66	—	2,69	3,02
293,99	I,IV	—	—	—	—
	II	—	—	—	—
	III	—	—	—	—
	V	21,91	—	1,75	1,97
	VI	34,—	—	2,72	3,06
296,99	I,IV	—	—	—	—
	II	—	—	—	—
	III	—	—	—	—
	V	22,25	—	1,78	2,—
	VI	34,33	—	2,74	3,08
299,99	I,IV	—	—	—	—
	II	—	—	—	—
	III	—	—	—	—
	V	22,58	—	1,80	2,03
	VI	34,66	—	2,77	3,11
302,99	I,IV	—	—	—	—
	II	—	—	—	—
	III	—	—	—	—
	V	22,91	—	1,83	2,06
	VI	35,—	—	2,80	3,15
305,99	I,IV	—	—	—	—
	II	—	—	—	—
	III	—	—	—	—
	V	23,33	—	1,86	2,09
	VI	35,41	—	2,83	3,18

* Die ausgewiesenen Tabellenwerte sind amtlich. Siehe Erläuterungen auf der Umschlaginnenseite (U2).

Lohn/ Gehalt bis €*	Steuerklasse	LSt	SolZ	8%	9%
		Lohnsteuer, Solidaritätszuschlag und Kirchensteuer in den Steuerklassen I – VI ohne Kinderfreibeträge			
308,99	I,IV	—	—	—	—
	II	—	—	—	—
	III	—	—	—	—
	V	23,66	—	1,89	2,12
	VI	35,75	—	2,86	3,21
311,99	I,IV	—	—	—	—
	II	—	—	—	—
	III	—	—	—	—
	V	24,—	—	1,92	2,16
	VI	36,08	—	2,88	3,24
314,99	I,IV	—	—	—	—
	II	—	—	—	—
	III	—	—	—	—
	V	24,33	—	1,94	2,18
	VI	36,41	—	2,91	3,27
317,99	I,IV	—	—	—	—
	II	—	—	—	—
	III	—	—	—	—
	V	24,66	—	1,97	2,21
	VI	36,75	—	2,94	3,30
320,99	I,IV	—	—	—	—
	II	—	—	—	—
	III	—	—	—	—
	V	25,—	—	2,—	2,25
	VI	37,08	—	2,96	3,33
323,99	I,IV	—	—	—	—
	II	—	—	—	—
	III	—	—	—	—
	V	25,33	—	2,02	2,27
	VI	37,41	—	2,99	3,36
326,99	I,IV	—	—	—	—
	II	—	—	—	—
	III	—	—	—	—
	V	25,75	—	2,06	2,31
	VI	37,83	—	3,02	3,40
329,99	I,IV	—	—	—	—
	II	—	—	—	—
	III	—	—	—	—
	V	26,08	—	2,08	2,34
	VI	38,16	—	3,05	3,43
332,99	I,IV	—	—	—	—
	II	—	—	—	—
	III	—	—	—	—
	V	26,41	—	2,11	2,37
	VI	38,50	—	3,08	3,46
335,99	I,IV	—	—	—	—
	II	—	—	—	—
	III	—	—	—	—
	V	26,75	—	2,14	2,40
	VI	38,83	—	3,10	3,49
338,99	I,IV	—	—	—	—
	II	—	—	—	—
	III	—	—	—	—
	V	27,08	—	2,16	2,43
	VI	39,16	—	3,13	3,52
341,99	I,IV	—	—	—	—
	II	—	—	—	—
	III	—	—	—	—
	V	27,41	—	2,19	2,46
	VI	39,58	—	3,16	3,56
344,99	I,IV	—	—	—	—
	II	—	—	—	—
	III	—	—	—	—
	V	27,83	—	2,22	2,50
	VI	39,91	—	3,19	3,59
347,99	I,IV	—	—	—	—
	II	—	—	—	—
	III	—	—	—	—
	V	28,16	—	2,25	2,53
	VI	40,25	—	3,22	3,62
350,99	I,IV	—	—	—	—
	II	—	—	—	—
	III	—	—	—	—
	V	28,50	—	2,28	2,56
	VI	40,58	—	3,24	3,65
353,99	I,IV	—	—	—	—
	II	—	—	—	—
	III	—	—	—	—
	V	28,83	—	2,30	2,59
	VI	40,91	—	3,27	3,68
356,99	I,IV	—	—	—	—
	II	—	—	—	—
	III	—	—	—	—
	V	29,16	—	2,33	2,62
	VI	41,25	—	3,30	3,71
359,99	I,IV	—	—	—	—
	II	—	—	—	—
	III	—	—	—	—
	V	29,58	—	2,36	2,66
	VI	41,66	—	3,33	3,74
362,99	I,IV	—	—	—	—
	II	—	—	—	—
	III	—	—	—	—
	V	29,91	—	2,39	2,69
	VI	42,—	—	3,36	3,78
365,99	I,IV	—	—	—	—
	II	—	—	—	—
	III	—	—	—	—
	V	30,25	—	2,42	2,72
	VI	42,33	—	3,38	3,80
368,99	I,IV	—	—	—	—
	II	—	—	—	—
	III	—	—	—	—
	V	30,58	—	2,44	2,75
	VI	42,66	—	3,41	3,83
371,99	I,IV	—	—	—	—
	II	—	—	—	—
	III	—	—	—	—
	V	30,91	—	2,47	2,78
	VI	43,—	—	3,44	3,87
374,99	I,IV	—	—	—	—
	II	—	—	—	—
	III	—	—	—	—
	V	31,25	—	2,50	2,81
	VI	43,33	—	3,46	3,89
377,99	I,IV	—	—	—	—
	II	—	—	—	—
	III	—	—	—	—
	V	31,58	—	2,52	2,84
	VI	43,75	—	3,50	3,93
380,99	I,IV	—	—	—	—
	II	—	—	—	—
	III	—	—	—	—
	V	32,—	—	2,56	2,88
	VI	44,08	—	3,52	3,96
383,99	I,IV	—	—	—	—
	II	—	—	—	—
	III	—	—	—	—
	V	32,33	—	2,58	2,90
	VI	44,41	—	3,55	3,99
386,99	I,IV	—	—	—	—
	II	—	—	—	—
	III	—	—	—	—
	V	32,66	—	2,61	2,93
	VI	44,75	—	3,58	4,02
389,99	I,IV	—	—	—	—
	II	—	—	—	—
	III	—	—	—	—
	V	33,—	—	2,64	2,97
	VI	45,08	—	3,60	4,05
392,99	I,IV	—	—	—	—
	II	—	—	—	—
	III	—	—	—	—
	V	33,33	—	2,66	2,99
	VI	45,41	—	3,63	4,08
395,99	I,IV	—	—	—	—
	II	—	—	—	—
	III	—	—	—	—
	V	33,75	—	2,70	3,03
	VI	45,83	—	3,66	4,12
398,99	I,IV	—	—	—	—
	II	—	—	—	—
	III	—	—	—	—
	V	34,08	—	2,72	3,06
	VI	46,16	—	3,69	4,15
401,99	I,IV	—	—	—	—
	II	—	—	—	—
	III	—	—	—	—
	V	34,41	—	2,75	3,09
	VI	46,50	—	3,72	4,18
404,99	I,IV	—	—	—	—
	II	—	—	—	—
	III	—	—	—	—
	V	34,75	—	2,78	3,12
	VI	46,83	—	3,74	4,21
407,99	I,IV	—	—	—	—
	II	—	—	—	—
	III	—	—	—	—
	V	35,08	—	2,80	3,15
	VI	47,16	—	3,77	4,24
410,99	I,IV	—	—	—	—
	II	—	—	—	—
	III	—	—	—	—
	V	35,41	—	2,83	3,18
	VI	47,50	—	3,80	4,27
413,99	I,IV	—	—	—	—
	II	—	—	—	—
	III	—	—	—	—
	V	35,75	—	2,86	3,21
	VI	47,83	—	3,82	4,30
416,99	I,IV	—	—	—	—
	II	—	—	—	—
	III	—	—	—	—
	V	36,16	—	2,89	3,25
	VI	48,25	—	3,86	4,34
419,99	I,IV	—	—	—	—
	II	—	—	—	—
	III	—	—	—	—
	V	36,50	—	2,92	3,28
	VI	48,58	—	3,88	4,37
422,99	I,IV	—	—	—	—
	II	—	—	—	—
	III	—	—	—	—
	V	36,83	—	2,94	3,31
	VI	48,91	—	3,91	4,40
425,99	I,IV	—	—	—	—
	II	—	—	—	—
	III	—	—	—	—
	V	37,16	—	2,97	3,34
	VI	49,25	—	3,94	4,43
428,99	I,IV	—	—	—	—
	II	—	—	—	—
	III	—	—	—	—
	V	37,50	—	3,—	3,37
	VI	49,58	—	3,96	4,46
431,99	I,IV	—	—	—	—
	II	—	—	—	—
	III	—	—	—	—
	V	37,91	—	3,03	3,41
	VI	50,—	—	4,—	4,50
434,99	I,IV	—	—	—	—
	II	—	—	—	—
	III	—	—	—	—
	V	38,25	—	3,06	3,44
	VI	50,33	—	4,02	4,52
437,99	I,IV	—	—	—	—
	II	—	—	—	—
	III	—	—	—	—
	V	38,58	—	3,08	3,47
	VI	50,66	—	4,05	4,55
440,99	I,IV	—	—	—	—
	II	—	—	—	—
	III	—	—	—	—
	V	38,91	—	3,11	3,50
	VI	51,—	—	4,08	4,59
443,99	I,IV	—	—	—	—
	II	—	—	—	—
	III	—	—	—	—
	V	39,25	—	3,14	3,53
	VI	51,33	—	4,10	4,61
446,99	I,IV	—	—	—	—
	II	—	—	—	—
	III	—	—	—	—
	V	39,58	—	3,16	3,56
	VI	51,66	—	4,13	4,64
449,99	I,IV	—	—	—	—
	II	—	—	—	—
	III	—	—	—	—
	V	40,—	—	3,20	3,60
	VI	52,08	—	4,16	4,68
452,99	I,IV	—	—	—	—
	II	—	—	—	—
	III	—	—	—	—
	V	40,33	—	3,22	3,62
	VI	52,41	—	4,19	4,71
455,99	I,IV	—	—	—	—
	II	—	—	—	—
	III	—	—	—	—
	V	40,66	—	3,25	3,65
	VI	52,75	—	4,22	4,74
458,99	I,IV	—	—	—	—
	II	—	—	—	—
	III	—	—	—	—
	V	41,—	—	3,28	3,69
	VI	53,08	—	4,24	4,77

* Die ausgewiesenen Tabellenwerte sind amtlich. Siehe Erläuterungen auf der Umschlaginnenseite (U2).

Lohn/Gehalt bis €*	Steuerklasse	Lohnsteuer, Solidaritätszuschlag und Kirchensteuer in den Steuerklassen I – VI: LSt	ohne Kinderfreibeträge: SolZ	8%	9%
461,99	I,IV	—	—	—	—
	II	—	—	—	—
	III	—	—	—	—
	V	41,33	—	3,30	3,71
	VI	53,41	—	4,27	4,80
464,99	I,IV	—	—	—	—
	II	—	—	—	—
	III	—	—	—	—
	V	41,66	—	3,33	3,74
	VI	53,75	—	4,30	4,83
467,99	I,IV	—	—	—	—
	II	—	—	—	—
	III	—	—	—	—
	V	42,—	—	3,36	3,78
	VI	54,16	—	4,33	4,87
470,99	I,IV	—	—	—	—
	II	—	—	—	—
	III	—	—	—	—
	V	42,41	—	3,39	3,81
	VI	54,50	—	4,36	4,90
473,99	I,IV	—	—	—	—
	II	—	—	—	—
	III	—	—	—	—
	V	42,75	—	3,42	3,84
	VI	54,83	—	4,38	4,93
476,99	I,IV	—	—	—	—
	II	—	—	—	—
	III	—	—	—	—
	V	43,08	—	3,44	3,87
	VI	55,16	—	4,41	4,96
479,99	I,IV	—	—	—	—
	II	—	—	—	—
	III	—	—	—	—
	V	43,41	—	3,47	3,90
	VI	55,50	—	4,44	4,99
482,99	I,IV	—	—	—	—
	II	—	—	—	—
	III	—	—	—	—
	V	43,75	—	3,50	3,93
	VI	55,83	—	4,46	5,02
485,99	I,IV	—	—	—	—
	II	—	—	—	—
	III	—	—	—	—
	V	44,16	—	3,53	3,97
	VI	56,25	—	4,50	5,06
488,99	I,IV	—	—	—	—
	II	—	—	—	—
	III	—	—	—	—
	V	44,50	—	3,56	4,—
	VI	56,58	—	4,52	5,09
491,99	I,IV	—	—	—	—
	II	—	—	—	—
	III	—	—	—	—
	V	44,83	—	3,58	4,03
	VI	56,91	—	4,55	5,12
494,99	I,IV	—	—	—	—
	II	—	—	—	—
	III	—	—	—	—
	V	45,16	—	3,61	4,06
	VI	57,25	—	4,58	5,15
497,99	I,IV	—	—	—	—
	II	—	—	—	—
	III	—	—	—	—
	V	45,50	—	3,64	4,09
	VI	57,58	—	4,60	5,18
500,99	I,IV	—	—	—	—
	II	—	—	—	—
	III	—	—	—	—
	V	45,83	—	3,66	4,12
	VI	57,91	—	4,63	5,21
503,99	I,IV	—	—	—	—
	II	—	—	—	—
	III	—	—	—	—
	V	46,25	—	3,70	4,16
	VI	58,33	—	4,66	5,24
506,99	I,IV	—	—	—	—
	II	—	—	—	—
	III	—	—	—	—
	V	46,58	—	3,72	4,19
	VI	58,66	—	4,69	5,27
509,99	I,IV	—	—	—	—
	II	—	—	—	—
	III	—	—	—	—
	V	46,91	—	3,75	4,22
	VI	59,—	—	4,72	5,31
512,99	I,IV	—	—	—	—
	II	—	—	—	—
	III	—	—	—	—
	V	47,25	—	3,78	4,25
	VI	59,33	—	4,74	5,33
515,99	I,IV	—	—	—	—
	II	—	—	—	—
	III	—	—	—	—
	V	47,58	—	3,80	4,28
	VI	59,66	—	4,77	5,36
518,99	I,IV	—	—	—	—
	II	—	—	—	—
	III	—	—	—	—
	V	47,91	—	3,83	4,31
	VI	60,08	—	4,80	5,40
521,99	I,IV	—	—	—	—
	II	—	—	—	—
	III	—	—	—	—
	V	48,33	—	3,86	4,34
	VI	60,41	—	4,83	5,43
524,99	I,IV	—	—	—	—
	II	—	—	—	—
	III	—	—	—	—
	V	48,66	—	3,89	4,37
	VI	60,75	—	4,86	5,46
527,99	I,IV	—	—	—	—
	II	—	—	—	—
	III	—	—	—	—
	V	49,—	—	3,92	4,41
	VI	61,08	—	4,88	5,49
530,99	I,IV	—	—	—	—
	II	—	—	—	—
	III	—	—	—	—
	V	49,33	—	3,94	4,43
	VI	61,41	—	4,91	5,52
533,99	I,IV	—	—	—	—
	II	—	—	—	—
	III	—	—	—	—
	V	49,66	—	3,97	4,46
	VI	61,75	—	4,94	5,55
536,99	I,IV	—	—	—	—
	II	—	—	—	—
	III	—	—	—	—
	V	50,—	—	4,—	4,50
	VI	62,08	—	4,96	5,58
539,99	I,IV	—	—	—	—
	II	—	—	—	—
	III	—	—	—	—
	V	50,41	—	4,03	4,53
	VI	62,50	—	5,—	5,62
542,99	I,IV	—	—	—	—
	II	—	—	—	—
	III	—	—	—	—
	V	50,75	—	4,06	4,56
	VI	62,83	—	5,02	5,65
545,99	I,IV	—	—	—	—
	II	—	—	—	—
	III	—	—	—	—
	V	51,08	—	4,08	4,59
	VI	63,16	—	5,05	5,68
548,99	I,IV	—	—	—	—
	II	—	—	—	—
	III	—	—	—	—
	V	51,41	—	4,11	4,62
	VI	63,50	—	5,08	5,71
551,99	I,IV	—	—	—	—
	II	—	—	—	—
	III	—	—	—	—
	V	51,75	—	4,14	4,65
	VI	63,83	—	5,10	5,74
554,99	I,IV	—	—	—	—
	II	—	—	—	—
	III	—	—	—	—
	V	52,08	—	4,16	4,68
	VI	64,16	—	5,13	5,77
557,99	I,IV	—	—	—	—
	II	—	—	—	—
	III	—	—	—	—
	V	52,50	—	4,20	4,72
	VI	64,58	—	5,16	5,81
560,99	I,IV	—	—	—	—
	II	—	—	—	—
	III	—	—	—	—
	V	52,83	—	4,22	4,75
	VI	64,91	—	5,19	5,84
563,99	I,IV	—	—	—	—
	II	—	—	—	—
	III	—	—	—	—
	V	53,16	—	4,25	4,78
	VI	65,25	—	5,22	5,87
566,99	I,IV	—	—	—	—
	II	—	—	—	—
	III	—	—	—	—
	V	53,50	—	4,28	4,81
	VI	65,58	—	5,24	5,90
569,99	I,IV	—	—	—	—
	II	—	—	—	—
	III	—	—	—	—
	V	53,83	—	4,30	4,84
	VI	65,91	—	5,27	5,93
572,99	I,IV	—	—	—	—
	II	—	—	—	—
	III	—	—	—	—
	V	54,25	—	4,34	4,88
	VI	66,33	—	5,30	5,96
575,99	I,IV	—	—	—	—
	II	—	—	—	—
	III	—	—	—	—
	V	54,58	—	4,36	4,91
	VI	66,66	—	5,33	5,99
578,99	I,IV	—	—	—	—
	II	—	—	—	—
	III	—	—	—	—
	V	54,91	—	4,39	4,94
	VI	67,—	—	5,36	6,03
581,99	I,IV	—	—	—	—
	II	—	—	—	—
	III	—	—	—	—
	V	55,25	—	4,42	4,97
	VI	67,33	—	5,38	6,05
584,99	I,IV	—	—	—	—
	II	—	—	—	—
	III	—	—	—	—
	V	55,58	—	4,44	5,—
	VI	67,66	—	5,41	6,08
587,99	I,IV	—	—	—	—
	II	—	—	—	—
	III	—	—	—	—
	V	55,91	—	4,47	5,03
	VI	68,—	—	5,44	6,12
590,99	I,IV	—	—	—	—
	II	—	—	—	—
	III	—	—	—	—
	V	56,25	—	4,50	5,06
	VI	68,33	—	5,46	6,14
593,99	I,IV	—	—	—	—
	II	—	—	—	—
	III	—	—	—	—
	V	56,66	—	4,53	5,09
	VI	68,75	—	5,50	6,18
596,99	I,IV	—	—	—	—
	II	—	—	—	—
	III	—	—	—	—
	V	57,—	—	4,56	5,13
	VI	69,08	—	5,52	6,21
599,99	I,IV	—	—	—	—
	II	—	—	—	—
	III	—	—	—	—
	V	57,33	—	4,58	5,15
	VI	69,41	—	5,55	6,24
602,99	I,IV	—	—	—	—
	II	—	—	—	—
	III	—	—	—	—
	V	57,66	—	4,61	5,18
	VI	69,75	—	5,58	6,27
605,99	I,IV	—	—	—	—
	II	—	—	—	—
	III	—	—	—	—
	V	58,—	—	4,64	5,22
	VI	70,08	—	5,60	6,30
608,99	I,IV	—	—	—	—
	II	—	—	—	—
	III	—	—	—	—
	V	58,33	—	4,66	5,24
	VI	70,50	—	5,64	6,34
611,99	I,IV	—	—	—	—
	II	—	—	—	—
	III	—	—	—	—
	V	58,75	—	4,70	5,28
	VI	70,83	—	5,66	6,37

* Die ausgewiesenen Tabellenwerte sind amtlich. Siehe Erläuterungen auf der Umschlaginnenseite (U2).

Lohn/ Gehalt bis €*	Steuerklasse	Lohnsteuer, Solidaritätszuschlag und Kirchensteuer in den Steuerklassen I – VI: LSt	ohne Kinderfreibeträge: SolZ	8%	9%
614,99	I,IV	—	—	—	—
	II	—	—	—	—
	III	—	—	—	—
	V	59,08	—	4,72	5,31
	VI	71,16	—	5,69	6,40
617,99	I,IV	—	—	—	—
	II	—	—	—	—
	III	—	—	—	—
	V	59,41	—	4,75	5,34
	VI	71,50	—	5,72	6,43
620,99	I,IV	—	—	—	—
	II	—	—	—	—
	III	—	—	—	—
	V	59,75	—	4,78	5,37
	VI	71,83	—	5,74	6,46
623,99	I,IV	—	—	—	—
	II	—	—	—	—
	III	—	—	—	—
	V	60,08	—	4,80	5,40
	VI	72,16	—	5,77	6,49
626,99	I,IV	—	—	—	—
	II	—	—	—	—
	III	—	—	—	—
	V	60,41	—	4,83	5,43
	VI	72,50	—	5,80	6,52
629,99	I,IV	—	—	—	—
	II	—	—	—	—
	III	—	—	—	—
	V	60,83	—	4,86	5,47
	VI	72,91	—	5,83	6,56
632,99	I,IV	—	—	—	—
	II	—	—	—	—
	III	—	—	—	—
	V	61,16	—	4,89	5,50
	VI	73,25	—	5,86	6,59
635,99	I,IV	—	—	—	—
	II	—	—	—	—
	III	—	—	—	—
	V	61,50	—	4,92	5,53
	VI	73,58	—	5,88	6,62
638,99	I,IV	—	—	—	—
	II	—	—	—	—
	III	—	—	—	—
	V	61,83	—	4,94	5,56
	VI	73,91	—	5,91	6,65
641,99	I,IV	—	—	—	—
	II	—	—	—	—
	III	—	—	—	—
	V	62,16	—	4,97	5,59
	VI	74,25	—	5,94	6,68
644,99	I,IV	—	—	—	—
	II	—	—	—	—
	III	—	—	—	—
	V	62,50	—	5,—	5,62
	VI	74,66	—	5,97	6,71
647,99	I,IV	—	—	—	—
	II	—	—	—	—
	III	—	—	—	—
	V	62,91	—	5,03	5,66
	VI	75,—	—	6,—	6,75
650,99	I,IV	—	—	—	—
	II	—	—	—	—
	III	—	—	—	—
	V	63,25	—	5,06	5,69
	VI	75,33	—	6,02	6,77
653,99	I,IV	—	—	—	—
	II	—	—	—	—
	III	—	—	—	—
	V	63,58	—	5,08	5,72
	VI	75,66	—	6,05	6,80
656,99	I,IV	—	—	—	—
	II	—	—	—	—
	III	—	—	—	—
	V	63,91	—	5,11	5,75
	VI	76,—	—	6,08	6,84
659,99	I,IV	—	—	—	—
	II	—	—	—	—
	III	—	—	—	—
	V	64,25	—	5,14	5,78
	VI	76,33	—	6,10	6,86
662,99	I,IV	—	—	—	—
	II	—	—	—	—
	III	—	—	—	—
	V	64,66	—	5,17	5,81
	VI	76,75	—	6,14	6,90
665,99	I,IV	—	—	—	—
	II	—	—	—	—
	III	—	—	—	—
	V	65,—	—	5,20	5,85
	VI	77,08	—	6,16	6,93
668,99	I,IV	—	—	—	—
	II	—	—	—	—
	III	—	—	—	—
	V	65,33	—	5,22	5,87
	VI	77,41	—	6,19	6,96
671,99	I,IV	—	—	—	—
	II	—	—	—	—
	III	—	—	—	—
	V	65,66	—	5,25	5,90
	VI	77,75	—	6,22	6,99
674,99	I,IV	—	—	—	—
	II	—	—	—	—
	III	—	—	—	—
	V	66,—	—	5,28	5,94
	VI	78,08	—	6,24	7,02
677,99	I,IV	—	—	—	—
	II	—	—	—	—
	III	—	—	—	—
	V	66,33	—	5,30	5,96
	VI	78,41	—	6,27	7,05
680,99	I,IV	—	—	—	—
	II	—	—	—	—
	III	—	—	—	—
	V	66,66	—	5,33	5,99
	VI	78,75	—	6,30	7,08
683,99	I,IV	—	—	—	—
	II	—	—	—	—
	III	—	—	—	—
	V	67,08	—	5,36	6,03
	VI	79,16	—	6,33	7,12
686,99	I,IV	—	—	—	—
	II	—	—	—	—
	III	—	—	—	—
	V	67,41	—	5,39	6,06
	VI	79,50	—	6,36	7,15
689,99	I,IV	—	—	—	—
	II	—	—	—	—
	III	—	—	—	—
	V	67,75	—	5,42	6,09
	VI	79,83	—	6,38	7,18
692,99	I,IV	—	—	—	—
	II	—	—	—	—
	III	—	—	—	—
	V	68,08	—	5,44	6,12
	VI	80,16	—	6,41	7,21
695,99	I,IV	—	—	—	—
	II	—	—	—	—
	III	—	—	—	—
	V	68,41	—	5,47	6,15
	VI	80,50	—	6,44	7,24
698,99	I,IV	—	—	—	—
	II	—	—	—	—
	III	—	—	—	—
	V	68,83	—	5,50	6,19
	VI	80,91	—	6,47	7,28
701,99	I,IV	—	—	—	—
	II	—	—	—	—
	III	—	—	—	—
	V	69,16	—	5,53	6,22
	VI	81,25	0,05	6,50	7,31
704,99	I,IV	—	—	—	—
	II	—	—	—	—
	III	—	—	—	—
	V	69,50	—	5,56	6,25
	VI	81,58	0,11	6,52	7,34
707,99	I,IV	—	—	—	—
	II	—	—	—	—
	III	—	—	—	—
	V	69,83	—	5,58	6,28
	VI	81,91	0,18	6,55	7,37
710,99	I,IV	—	—	—	—
	II	—	—	—	—
	III	—	—	—	—
	V	70,16	—	5,61	6,31
	VI	82,25	0,25	6,58	7,40
713,99	I,IV	—	—	—	—
	II	—	—	—	—
	III	—	—	—	—
	V	70,50	—	5,64	6,34
	VI	82,58	0,31	6,60	7,43
716,99	I,IV	—	—	—	—
	II	—	—	—	—
	III	—	—	—	—
	V	70,91	—	5,67	6,38
	VI	83,—	0,40	6,64	7,47
719,99	I,IV	—	—	—	—
	II	—	—	—	—
	III	—	—	—	—
	V	71,25	—	5,70	6,41
	VI	83,33	0,46	6,66	7,49
722,99	I,IV	—	—	—	—
	II	—	—	—	—
	III	—	—	—	—
	V	71,58	—	5,72	6,44
	VI	83,66	0,53	6,69	7,52
725,99	I,IV	—	—	—	—
	II	—	—	—	—
	III	—	—	—	—
	V	71,91	—	5,75	6,47
	VI	84,—	0,60	6,72	7,56
728,99	I,IV	—	—	—	—
	II	—	—	—	—
	III	—	—	—	—
	V	72,25	—	5,78	6,50
	VI	84,33	0,66	6,74	7,58
731,99	I,IV	—	—	—	—
	II	—	—	—	—
	III	—	—	—	—
	V	72,58	—	5,80	6,53
	VI	84,66	0,73	6,77	7,61
734,99	I,IV	—	—	—	—
	II	—	—	—	—
	III	—	—	—	—
	V	72,91	—	5,83	6,56
	VI	85,08	0,81	6,80	7,65
737,99	I,IV	—	—	—	—
	II	—	—	—	—
	III	—	—	—	—
	V	73,33	—	5,86	6,59
	VI	85,41	0,88	6,83	7,68
740,99	I,IV	—	—	—	—
	II	—	—	—	—
	III	—	—	—	—
	V	73,66	—	5,89	6,62
	VI	85,75	0,95	6,86	7,71
743,99	I,IV	—	—	—	—
	II	—	—	—	—
	III	—	—	—	—
	V	74,—	—	5,92	6,66
	VI	86,08	1,01	6,88	7,74
746,99	I,IV	—	—	—	—
	II	—	—	—	—
	III	—	—	—	—
	V	74,33	—	5,94	6,68
	VI	86,41	1,08	6,91	7,77
749,99	I,IV	—	—	—	—
	II	—	—	—	—
	III	—	—	—	—
	V	74,66	—	5,97	6,71
	VI	86,75	1,15	6,94	7,80
752,99	I,IV	—	—	—	—
	II	—	—	—	—
	III	—	—	—	—
	V	75,08	—	6,—	6,75
	VI	87,16	1,23	6,97	7,84
755,99	I,IV	—	—	—	—
	II	—	—	—	—
	III	—	—	—	—
	V	75,41	—	6,03	6,78
	VI	87,50	1,30	7,—	7,87
758,99	I,IV	—	—	—	—
	II	—	—	—	—
	III	—	—	—	—
	V	75,75	—	6,06	6,81
	VI	87,83	1,36	7,02	7,90
761,99	I,IV	—	—	—	—
	II	—	—	—	—
	III	—	—	—	—
	V	76,08	—	6,08	6,84
	VI	88,16	1,43	7,05	7,93
764,99	I,IV	—	—	—	—
	II	—	—	—	—
	III	—	—	—	—
	V	76,41	—	6,11	6,87
	VI	88,50	1,50	7,08	7,96

* Die ausgewiesenen Tabellenwerte sind amtlich. Siehe Erläuterungen auf der Umschlaginnenseite (U2).

Lohn/ Gehalt bis €*	Steuerklasse	Lohnsteuer, Solidaritätszuschlag und Kirchensteuer in den Steuerklassen I – VI: LSt	ohne Kinderfreibeträge: SolZ	8%	9%
767,99	I,IV	—	—	—	—
	II	—	—	—	—
	III	—	—	—	—
	V	76,75	—	6,14	6,90
	VI	88,83	1,56	7,10	7,99
770,99	I,IV	—	—	—	—
	II	—	—	—	—
	III	—	—	—	—
	V	77,16	—	6,17	6,94
	VI	89,25	1,65	7,14	8,03
773,99	I,IV	—	—	—	—
	II	—	—	—	—
	III	—	—	—	—
	V	77,50	—	6,20	6,97
	VI	89,58	1,71	7,16	8,06
776,99	I,IV	—	—	—	—
	II	—	—	—	—
	III	—	—	—	—
	V	77,83	—	6,22	7,—
	VI	89,91	1,78	7,19	8,09
779,99	I,IV	—	—	—	—
	II	—	—	—	—
	III	—	—	—	—
	V	78,16	—	6,25	7,03
	VI	90,25	1,85	7,22	8,12
782,99	I,IV	—	—	—	—
	II	—	—	—	—
	III	—	—	—	—
	V	78,50	—	6,28	7,06
	VI	90,58	1,91	7,24	8,15
785,99	I,IV	—	—	—	—
	II	—	—	—	—
	III	—	—	—	—
	V	78,83	—	6,30	7,09
	VI	91,—	2,—	7,28	8,19
788,99	I,IV	—	—	—	—
	II	—	—	—	—
	III	—	—	—	—
	V	79,25	—	6,34	7,13
	VI	91,33	2,06	7,30	8,21
791,99	I,IV	—	—	—	—
	II	—	—	—	—
	III	—	—	—	—
	V	79,58	—	6,36	7,16
	VI	91,66	2,13	7,33	8,24
794,99	I,IV	—	—	—	—
	II	—	—	—	—
	III	—	—	—	—
	V	79,91	—	6,39	7,19
	VI	92,—	2,20	7,36	8,28
797,99	I,IV	—	—	—	—
	II	—	—	—	—
	III	—	—	—	—
	V	80,25	—	6,42	7,22
	VI	92,33	2,26	7,38	8,30
800,99	I,IV	—	—	—	—
	II	—	—	—	—
	III	—	—	—	—
	V	80,58	—	6,44	7,25
	VI	92,66	2,33	7,41	8,33
803,99	I,IV	—	—	—	—
	II	—	—	—	—
	III	—	—	—	—
	V	80,91	—	6,47	7,28
	VI	93,—	2,40	7,44	8,37
806,99	I,IV	—	—	—	—
	II	—	—	—	—
	III	—	—	—	—
	V	81,33	0,06	6,50	7,31
	VI	93,41	2,48	7,47	8,40
809,99	I,IV	—	—	—	—
	II	—	—	—	—
	III	—	—	—	—
	V	81,66	0,13	6,53	7,34
	VI	93,75	2,55	7,50	8,43
812,99	I,IV	—	—	—	—
	II	—	—	—	—
	III	—	—	—	—
	V	82,—	0,20	6,56	7,38
	VI	94,08	2,61	7,52	8,46
815,99	I,IV	—	—	—	—
	II	—	—	—	—
	III	—	—	—	—
	V	82,33	0,26	6,58	7,40
	VI	94,41	2,68	7,55	8,49
818,99	I,IV	—	—	—	—
	II	—	—	—	—
	III	—	—	—	—
	V	82,66	0,33	6,61	7,43
	VI	94,75	2,75	7,58	8,52
821,99	I,IV	—	—	—	—
	II	—	—	—	—
	III	—	—	—	—
	V	83,—	0,40	6,64	7,47
	VI	95,08	2,81	7,60	8,55
824,99	I,IV	—	—	—	—
	II	—	—	—	—
	III	—	—	—	—
	V	83,41	0,48	6,67	7,50
	VI	95,50	2,90	7,64	8,59
827,99	I,IV	—	—	—	—
	II	—	—	—	—
	III	—	—	—	—
	V	83,75	0,55	6,70	7,53
	VI	95,83	2,96	7,66	8,62
830,99	I,IV	—	—	—	—
	II	—	—	—	—
	III	—	—	—	—
	V	84,08	0,61	6,72	7,56
	VI	96,16	3,03	7,69	8,65
833,99	I,IV	—	—	—	—
	II	—	—	—	—
	III	—	—	—	—
	V	84,41	0,68	6,75	7,59
	VI	96,50	3,10	7,72	8,68
836,99	I,IV	—	—	—	—
	II	—	—	—	—
	III	—	—	—	—
	V	84,75	0,75	6,78	7,62
	VI	96,83	3,16	7,74	8,71
839,99	I,IV	—	—	—	—
	II	—	—	—	—
	III	—	—	—	—
	V	85,08	0,81	6,80	7,65
	VI	97,16	3,23	7,77	8,74
842,99	I,IV	—	—	—	—
	II	—	—	—	—
	III	—	—	—	—
	V	85,50	0,90	6,84	7,69
	VI	97,58	3,31	7,80	8,78
845,99	I,IV	—	—	—	—
	II	—	—	—	—
	III	—	—	—	—
	V	85,83	0,96	6,86	7,72
	VI	97,91	3,38	7,83	8,81
848,99	I,IV	—	—	—	—
	II	—	—	—	—
	III	—	—	—	—
	V	86,16	1,03	6,89	7,75
	VI	98,25	3,45	7,86	8,84
851,99	I,IV	—	—	—	—
	II	—	—	—	—
	III	—	—	—	—
	V	86,50	1,10	6,92	7,78
	VI	98,58	3,51	7,88	8,87
854,99	I,IV	—	—	—	—
	II	—	—	—	—
	III	—	—	—	—
	V	86,83	1,16	6,94	7,81
	VI	98,91	3,58	7,91	8,90
857,99	I,IV	—	—	—	—
	II	—	—	—	—
	III	—	—	—	—
	V	87,16	1,23	6,97	7,84
	VI	99,25	3,65	7,94	8,93
860,99	I,IV	—	—	—	—
	II	—	—	—	—
	III	—	—	—	—
	V	87,58	1,31	7,—	7,88
	VI	99,66	3,73	7,97	8,96
863,99	I,IV	—	—	—	—
	II	—	—	—	—
	III	—	—	—	—
	V	87,91	1,38	7,03	7,91
	VI	100,—	3,80	8,—	9,—
866,99	I,IV	—	—	—	—
	II	—	—	—	—
	III	—	—	—	—
	V	88,25	1,45	7,06	7,94
	VI	100,33	3,86	8,02	9,02
869,99	I,IV	—	—	—	—
	II	—	—	—	—
	III	—	—	—	—
	V	88,58	1,51	7,08	7,97
	VI	100,66	3,93	8,05	9,05
872,99	I,IV	—	—	—	—
	II	—	—	—	—
	III	—	—	—	—
	V	88,91	1,58	7,11	8,—
	VI	101,—	4,—	8,08	9,09
875,99	I,IV	—	—	—	—
	II	—	—	—	—
	III	—	—	—	—
	V	89,25	1,65	7,14	8,03
	VI	101,41	4,08	8,11	9,12
878,99	I,IV	—	—	—	—
	II	—	—	—	—
	III	—	—	—	—
	V	89,66	1,73	7,17	8,06
	VI	101,75	4,15	8,14	9,15
881,99	I,IV	—	—	—	—
	II	—	—	—	—
	III	—	—	—	—
	V	90,—	1,80	7,20	8,10
	VI	102,08	4,21	8,16	9,18
884,99	I,IV	—	—	—	—
	II	—	—	—	—
	III	—	—	—	—
	V	90,33	1,86	7,22	8,12
	VI	102,41	4,28	8,19	9,21
887,99	I,IV	—	—	—	—
	II	—	—	—	—
	III	—	—	—	—
	V	90,66	1,93	7,25	8,15
	VI	102,75	4,35	8,22	9,24
890,99	I,IV	—	—	—	—
	II	—	—	—	—
	III	—	—	—	—
	V	91,—	2,—	7,28	8,19
	VI	103,08	4,41	8,24	9,27
893,99	I,IV	—	—	—	—
	II	—	—	—	—
	III	—	—	—	—
	V	91,33	2,06	7,30	8,21
	VI	103,41	4,48	8,27	9,30
896,99	I,IV	—	—	—	—
	II	—	—	—	—
	III	—	—	—	—
	V	91,75	2,15	7,34	8,25
	VI	103,83	4,56	8,30	9,34
899,99	I,IV	—	—	—	—
	II	—	—	—	—
	III	—	—	—	—
	V	92,08	2,21	7,36	8,28
	VI	104,16	4,63	8,33	9,37
902,99	I,IV	—	—	—	—
	II	—	—	—	—
	III	—	—	—	—
	V	92,41	2,28	7,39	8,31
	VI	104,50	4,70	8,36	9,40
905,99	I,IV	—	—	—	—
	II	—	—	—	—
	III	—	—	—	—
	V	92,75	2,35	7,42	8,34
	VI	104,83	4,76	8,38	9,43
908,99	I,IV	—	—	—	—
	II	—	—	—	—
	III	—	—	—	—
	V	93,08	2,41	7,44	8,37
	VI	105,16	4,83	8,41	9,46
911,99	I,IV	—	—	—	—
	II	—	—	—	—
	III	—	—	—	—
	V	93,41	2,48	7,47	8,40
	VI	105,58	4,91	8,44	9,50
914,99	I,IV	—	—	—	—
	II	—	—	—	—
	III	—	—	—	—
	V	93,83	2,56	7,50	8,44
	VI	105,91	4,98	8,47	9,53
917,99	I,IV	—	—	—	—
	II	—	—	—	—
	III	—	—	—	—
	V	94,16	2,63	7,53	8,47
	VI	106,25	5,05	8,50	9,56

* Die ausgewiesenen Tabellenwerte sind amtlich. Siehe Erläuterungen auf der Umschlaginnenseite (U2).

Lohn/ Gehalt bis €*	Steuerklasse	LSt	SolZ	8%	9%
		Lohnsteuer, Solidaritätszuschlag und Kirchensteuer in den Steuerklassen I – VI	ohne Kinderfreibeträge		
920,99	I,IV	—	—	—	—
	II	—	—	—	—
	III	—	—	—	—
	V	94,50	2,70	7,56	8,50
	VI	106,58	5,11	8,52	9,59
923,99	I,IV	—	—	—	—
	II	—	—	—	—
	III	—	—	—	—
	V	94,83	2,76	7,58	8,53
	VI	106,91	5,18	8,55	9,62
926,99	I,IV	—	—	—	—
	II	—	—	—	—
	III	—	—	—	—
	V	95,16	2,83	7,61	8,56
	VI	107,25	5,25	8,58	9,65
929,99	I,IV	—	—	—	—
	II	—	—	—	—
	III	—	—	—	—
	V	95,58	2,91	7,64	8,60
	VI	107,66	5,33	8,61	9,68
932,99	I,IV	—	—	—	—
	II	—	—	—	—
	III	—	—	—	—
	V	95,91	2,98	7,67	8,63
	VI	108,—	5,40	8,64	9,72
935,99	I,IV	—	—	—	—
	II	—	—	—	—
	III	—	—	—	—
	V	96,25	3,05	7,70	8,66
	VI	108,33	5,46	8,66	9,74
938,99	I,IV	—	—	—	—
	II	—	—	—	—
	III	—	—	—	—
	V	96,58	3,11	7,72	8,69
	VI	108,66	5,53	8,69	9,77
941,99	I,IV	—	—	—	—
	II	—	—	—	—
	III	—	—	—	—
	V	96,91	3,18	7,75	8,72
	VI	109,—	5,60	8,72	9,81
944,99	I,IV	—	—	—	—
	II	—	—	—	—
	III	—	—	—	—
	V	97,25	3,25	7,78	8,75
	VI	109,33	5,66	8,74	9,83
947,99	I,IV	0,16	—	0,01	0,01
	II	—	—	—	—
	III	—	—	—	—
	V	97,58	3,31	7,80	8,78
	VI	109,66	5,73	8,77	9,86
950,99	I,IV	0,50	—	0,04	0,04
	II	—	—	—	—
	III	—	—	—	—
	V	98,—	3,40	7,84	8,82
	VI	110,08	5,81	8,80	9,90
953,99	I,IV	0,83	—	0,06	0,07
	II	—	—	—	—
	III	—	—	—	—
	V	98,33	3,46	7,86	8,84
	VI	110,41	5,88	8,83	9,93
956,99	I,IV	1,25	—	0,10	0,11
	II	—	—	—	—
	III	—	—	—	—
	V	98,66	3,53	7,89	8,87
	VI	110,75	5,95	8,86	9,96
959,99	I,IV	1,58	—	0,12	0,14
	II	—	—	—	—
	III	—	—	—	—
	V	99,—	3,60	7,92	8,91
	VI	111,08	6,01	8,88	9,99
962,99	I,IV	1,91	—	0,15	0,17
	II	—	—	—	—
	III	—	—	—	—
	V	99,33	3,66	7,94	8,93
	VI	111,41	6,08	8,91	10,02
965,99	I,IV	2,25	—	0,18	0,20
	II	—	—	—	—
	III	—	—	—	—
	V	99,75	3,75	7,98	8,97
	VI	111,83	6,15	8,94	10,06
968,99	I,IV	2,66	—	0,21	0,23
	II	—	—	—	—
	III	—	—	—	—
	V	100,08	3,81	8,—	9,—
	VI	112,16	6,16	8,97	10,09

Lohn/ Gehalt bis €*	Steuerklasse	LSt	SolZ	8%	9%
		Lohnsteuer, Solidaritätszuschlag und Kirchensteuer in den Steuerklassen I – VI	ohne Kinderfreibeträge		
971,99	I,IV	3,—	—	0,24	0,27
	II	—	—	—	—
	III	—	—	—	—
	V	100,41	3,88	8,03	9,03
	VI	112,50	6,18	9,—	10,12
974,99	I,IV	3,33	—	0,26	0,29
	II	—	—	—	—
	III	—	—	—	—
	V	100,75	3,95	8,06	9,06
	VI	112,83	6,20	9,02	10,15
977,99	I,IV	3,75	—	0,30	0,33
	II	—	—	—	—
	III	—	—	—	—
	V	101,08	4,01	8,08	9,09
	VI	113,16	6,22	9,05	10,18
980,99	I,IV	4,08	—	0,32	0,36
	II	—	—	—	—
	III	—	—	—	—
	V	101,41	4,08	8,11	9,12
	VI	113,50	6,24	9,08	10,21
983,99	I,IV	4,41	—	0,35	0,39
	II	—	—	—	—
	III	—	—	—	—
	V	101,83	4,16	8,14	9,16
	VI	113,83	6,26	9,10	10,24
986,99	I,IV	4,83	—	0,38	0,43
	II	—	—	—	—
	III	—	—	—	—
	V	102,16	4,23	8,17	9,19
	VI	114,91	6,32	9,19	10,34
989,99	I,IV	5,16	—	0,41	0,46
	II	—	—	—	—
	III	—	—	—	—
	V	102,50	4,30	8,20	9,22
	VI	115,91	6,37	9,27	10,43
992,99	I,IV	5,58	—	0,44	0,50
	II	—	—	—	—
	III	—	—	—	—
	V	102,83	4,36	8,22	9,25
	VI	117,—	6,43	9,36	10,53
995,99	I,IV	5,91	—	0,47	0,53
	II	—	—	—	—
	III	—	—	—	—
	V	103,16	4,43	8,25	9,28
	VI	118,—	6,49	9,44	10,62
998,99	I,IV	6,33	—	0,50	0,56
	II	—	—	—	—
	III	—	—	—	—
	V	103,50	4,50	8,28	9,31
	VI	119,08	6,54	9,52	10,71
1 001,99	I,IV	6,66	—	0,53	0,59
	II	—	—	—	—
	III	—	—	—	—
	V	103,83	4,56	8,30	9,34
	VI	120,08	6,60	9,60	10,80
1 004,99	I,IV	7,—	—	0,56	0,63
	II	—	—	—	—
	III	—	—	—	—
	V	104,25	4,65	8,34	9,38
	VI	121,16	6,66	9,69	10,90
1 007,99	I,IV	7,41	—	0,59	0,66
	II	—	—	—	—
	III	—	—	—	—
	V	104,58	4,71	8,36	9,41
	VI	122,16	6,71	9,77	10,99
1 010,99	I,IV	7,83	—	0,62	0,70
	II	—	—	—	—
	III	—	—	—	—
	V	104,91	4,78	8,39	9,44
	VI	123,25	6,77	9,86	11,09
1 013,99	I,IV	8,16	—	0,65	0,73
	II	—	—	—	—
	III	—	—	—	—
	V	105,25	4,85	8,42	9,47
	VI	124,25	6,83	9,94	11,18
1 016,99	I,IV	8,58	—	0,68	0,77
	II	—	—	—	—
	III	—	—	—	—
	V	105,58	4,91	8,44	9,50
	VI	125,33	6,89	10,02	11,27
1 019,99	I,IV	8,91	—	0,71	0,80
	II	—	—	—	—
	III	—	—	—	—
	V	106,—	5,—	8,48	9,54
	VI	126,33	6,94	10,10	11,36

Lohn/ Gehalt bis €*	Steuerklasse	LSt	SolZ	8%	9%
		Lohnsteuer, Solidaritätszuschlag und Kirchensteuer in den Steuerklassen I – VI	ohne Kinderfreibeträge		
1 022,99	I,IV	9,33	—	0,74	0,83
	II	—	—	—	—
	III	—	—	—	—
	V	106,33	5,06	8,50	9,56
	VI	127,41	7,—	10,19	11,46
1 025,99	I,IV	9,66	—	0,77	0,86
	II	—	—	—	—
	III	—	—	—	—
	V	106,66	5,13	8,53	9,59
	VI	128,41	7,06	10,27	11,55
1 028,99	I,IV	10,08	—	0,80	0,90
	II	—	—	—	—
	III	—	—	—	—
	V	107,—	5,20	8,56	9,63
	VI	129,50	7,12	10,36	11,65
1 031,99	I,IV	10,50	—	0,84	0,94
	II	—	—	—	—
	III	—	—	—	—
	V	107,33	5,26	8,58	9,65
	VI	130,50	7,17	10,44	11,74
1 034,99	I,IV	10,83	—	0,86	0,97
	II	—	—	—	—
	III	—	—	—	—
	V	107,66	5,33	8,61	9,68
	VI	131,58	7,23	10,52	11,84
1 037,99	I,IV	11,25	—	0,90	1,01
	II	—	—	—	—
	III	—	—	—	—
	V	108,08	5,41	8,64	9,72
	VI	132,58	7,29	10,60	11,93
1 040,99	I,IV	11,66	—	0,93	1,04
	II	—	—	—	—
	III	—	—	—	—
	V	108,41	5,48	8,67	9,75
	VI	133,66	7,35	10,69	12,02
1 043,99	I,IV	12,—	—	0,96	1,08
	II	—	—	—	—
	III	—	—	—	—
	V	108,75	5,55	8,70	9,78
	VI	134,66	7,40	10,77	12,11
1 046,99	I,IV	12,41	—	0,99	1,11
	II	—	—	—	—
	III	—	—	—	—
	V	109,08	5,61	8,72	9,81
	VI	135,75	7,46	10,86	12,21
1 049,99	I,IV	12,83	—	1,02	1,15
	II	—	—	—	—
	III	—	—	—	—
	V	109,41	5,68	8,75	9,84
	VI	136,75	7,52	10,94	12,30
1 052,99	I,IV	13,25	—	1,06	1,19
	II	—	—	—	—
	III	—	—	—	—
	V	109,75	5,75	8,78	9,87
	VI	137,83	7,58	11,02	12,40
1 055,99	I,IV	13,66	—	1,09	1,22
	II	—	—	—	—
	III	—	—	—	—
	V	110,16	5,83	8,81	9,91
	VI	138,83	7,63	11,10	12,49
1 058,99	I,IV	14,—	—	1,12	1,26
	II	—	—	—	—
	III	—	—	—	—
	V	110,50	5,90	8,84	9,94
	VI	139,91	7,69	11,19	12,59
1 061,99	I,IV	14,41	—	1,15	1,29
	II	—	—	—	—
	III	—	—	—	—
	V	110,83	5,96	8,86	9,97
	VI	140,91	7,75	11,27	12,68
1 064,99	I,IV	14,83	—	1,18	1,33
	II	—	—	—	—
	III	—	—	—	—
	V	111,16	6,03	8,89	10,—
	VI	142,—	7,81	11,36	12,78
1 067,99	I,IV	15,25	—	1,22	1,37
	II	—	—	—	—
	III	—	—	—	—
	V	111,50	6,10	8,92	10,03
	VI	143,—	7,86	11,44	12,87
1 070,99	I,IV	15,66	—	1,25	1,40
	II	—	—	—	—
	III	—	—	—	—
	V	111,83	6,15	8,94	10,06
	VI	144,08	7,92	11,52	12,96

* Die ausgewiesenen Tabellenwerte sind amtlich. Siehe Erläuterungen auf der Umschlaginnenseite (U2).

Lohn/ Gehalt bis €*	Abzüge an Lohnsteuer, Solidaritätszuschlag (SolZ) und Kirchensteuer (8%, 9%) in den Steuerklassen																								
	I – VI					I, II, III, IV																			
			ohne Kinderfreibeträge					mit Zahl der Kinderfreibeträge . . .																	
								0,5			1			1,5			2			2,5			3		
		LSt	SolZ	8%	9%		LSt	SolZ	8%	9%	SolZ	8%	9%	SolZ	8%	9%	SolZ	8%	9%	SolZ	8%	9%	SolZ	8%	9%
1 073,99	I,IV	16,08	—	1,28	1,44	I	16,08	—	—	—	—	—	—	—	—	—	—	—	—	—	—	—	—	—	—
	II	—	—	—	—	II	—	—	—	—	—	—	—	—	—	—	—	—	—	—	—	—	—	—	—
	III	—	—	—	—	III	—	—	—	—	—	—	—	—	—	—	—	—	—	—	—	—	—	—	—
	V	112,25	6,17	8,98	10,10	IV	16,08	—	—	—	—	—	—	—	—	—	—	—	—	—	—	—	—	—	—
	VI	145,08	7,97	11,60	13,05																				
1 076,99	I,IV	16,50	—	1,32	1,48	I	16,50	—	—	—	—	—	—	—	—	—	—	—	—	—	—	—	—	—	—
	II	—	—	—	—	II	—	—	—	—	—	—	—	—	—	—	—	—	—	—	—	—	—	—	—
	III	—	—	—	—	III	—	—	—	—	—	—	—	—	—	—	—	—	—	—	—	—	—	—	—
	V	112,58	6,19	9,—	10,13	IV	16,50	—	—	—	—	—	—	—	—	—	—	—	—	—	—	—	—	—	—
	VI	146,16	8,03	11,69	13,15																				
1 079,99	I,IV	16,83	—	1,34	1,51	I	16,83	—	—	—	—	—	—	—	—	—	—	—	—	—	—	—	—	—	—
	II	0,16	—	0,01	0,01	II	0,16	—	—	—	—	—	—	—	—	—	—	—	—	—	—	—	—	—	—
	III	—	—	—	—	III	—	—	—	—	—	—	—	—	—	—	—	—	—	—	—	—	—	—	—
	V	112,91	6,21	9,03	10,16	IV	16,83	—	—	—	—	—	—	—	—	—	—	—	—	—	—	—	—	—	—
	VI	147,16	8,09	11,77	13,24																				
1 082,99	I,IV	17,25	—	1,38	1,55	I	17,25	—	—	—	—	—	—	—	—	—	—	—	—	—	—	—	—	—	—
	II	0,50	—	0,04	0,04	II	0,50	—	—	—	—	—	—	—	—	—	—	—	—	—	—	—	—	—	—
	III	—	—	—	—	III	—	—	—	—	—	—	—	—	—	—	—	—	—	—	—	—	—	—	—
	V	113,25	6,22	9,06	10,19	IV	17,25	—	—	—	—	—	—	—	—	—	—	—	—	—	—	—	—	—	—
	VI	148,25	8,15	11,86	13,34																				
1 085,99	I,IV	17,66	—	1,41	1,58	I	17,66	—	—	—	—	—	—	—	—	—	—	—	—	—	—	—	—	—	—
	II	0,91	—	0,07	0,08	II	0,91	—	—	—	—	—	—	—	—	—	—	—	—	—	—	—	—	—	—
	III	—	—	—	—	III	—	—	—	—	—	—	—	—	—	—	—	—	—	—	—	—	—	—	—
	V	113,58	6,24	9,08	10,22	IV	17,66	—	—	—	—	—	—	—	—	—	—	—	—	—	—	—	—	—	—
	VI	149,25	8,20	11,94	13,43																				
1 088,99	I,IV	18,08	—	1,44	1,62	I	18,08	—	—	—	—	—	—	—	—	—	—	—	—	—	—	—	—	—	—
	II	1,25	—	0,10	0,11	II	1,25	—	—	—	—	—	—	—	—	—	—	—	—	—	—	—	—	—	—
	III	—	—	—	—	III	—	—	—	—	—	—	—	—	—	—	—	—	—	—	—	—	—	—	—
	V	114,08	6,27	9,12	10,26	IV	18,08	—	—	—	—	—	—	—	—	—	—	—	—	—	—	—	—	—	—
	VI	150,33	8,26	12,02	13,52																				
1 091,99	I,IV	18,50	—	1,48	1,66	I	18,50	—	—	—	—	—	—	—	—	—	—	—	—	—	—	—	—	—	—
	II	1,58	—	0,12	0,14	II	1,58	—	—	—	—	—	—	—	—	—	—	—	—	—	—	—	—	—	—
	III	—	—	—	—	III	—	—	—	—	—	—	—	—	—	—	—	—	—	—	—	—	—	—	—
	V	115,08	6,32	9,20	10,35	IV	18,50	—	—	—	—	—	—	—	—	—	—	—	—	—	—	—	—	—	—
	VI	151,41	8,32	12,11	13,62																				
1 094,99	I,IV	18,91	—	1,51	1,70	I	18,91	—	—	—	—	—	—	—	—	—	—	—	—	—	—	—	—	—	—
	II	1,91	—	0,15	0,17	II	1,91	—	—	—	—	—	—	—	—	—	—	—	—	—	—	—	—	—	—
	III	—	—	—	—	III	—	—	—	—	—	—	—	—	—	—	—	—	—	—	—	—	—	—	—
	V	116,16	6,38	9,29	10,45	IV	18,91	—	—	—	—	—	—	—	—	—	—	—	—	—	—	—	—	—	—
	VI	152,41	8,38	12,19	13,71																				
1 097,99	I,IV	19,33	—	1,54	1,73	I	19,33	—	—	—	—	—	—	—	—	—	—	—	—	—	—	—	—	—	—
	II	2,33	—	0,18	0,20	II	2,33	—	—	—	—	—	—	—	—	—	—	—	—	—	—	—	—	—	—
	III	—	—	—	—	III	—	—	—	—	—	—	—	—	—	—	—	—	—	—	—	—	—	—	—
	V	117,16	6,44	9,37	10,54	IV	19,33	—	—	—	—	—	—	—	—	—	—	—	—	—	—	—	—	—	—
	VI	153,41	8,43	12,27	13,80																				
1 100,99	I,IV	19,83	—	1,58	1,78	I	19,83	—	—	—	—	—	—	—	—	—	—	—	—	—	—	—	—	—	—
	II	2,66	—	0,21	0,23	II	2,66	—	—	—	—	—	—	—	—	—	—	—	—	—	—	—	—	—	—
	III	—	—	—	—	III	—	—	—	—	—	—	—	—	—	—	—	—	—	—	—	—	—	—	—
	V	118,25	6,50	9,46	10,64	IV	19,83	—	—	—	—	—	—	—	—	—	—	—	—	—	—	—	—	—	—
	VI	154,50	8,49	12,36	13,90																				
1 103,99	I,IV	20,25	—	1,62	1,82	I	20,25	—	—	—	—	—	—	—	—	—	—	—	—	—	—	—	—	—	—
	II	3,—	—	0,24	0,27	II	3,—	—	—	—	—	—	—	—	—	—	—	—	—	—	—	—	—	—	—
	III	—	—	—	—	III	—	—	—	—	—	—	—	—	—	—	—	—	—	—	—	—	—	—	—
	V	119,25	6,55	9,54	10,73	IV	20,25	—	—	—	—	—	—	—	—	—	—	—	—	—	—	—	—	—	—
	VI	155,58	8,55	12,44	14,—																				
1 106,99	I,IV	20,66	—	1,65	1,85	I	20,66	—	—	—	—	—	—	—	—	—	—	—	—	—	—	—	—	—	—
	II	3,33	—	0,26	0,29	II	3,33	—	—	—	—	—	—	—	—	—	—	—	—	—	—	—	—	—	—
	III	—	—	—	—	III	—	—	—	—	—	—	—	—	—	—	—	—	—	—	—	—	—	—	—
	V	120,33	6,61	9,62	10,82	IV	20,66	—	—	—	—	—	—	—	—	—	—	—	—	—	—	—	—	—	—
	VI	156,58	8,61	12,52	14,09																				
1 109,99	I,IV	21,08	—	1,68	1,89	I	21,08	—	—	—	—	—	—	—	—	—	—	—	—	—	—	—	—	—	—
	II	3,75	—	0,30	0,33	II	3,75	—	—	—	—	—	—	—	—	—	—	—	—	—	—	—	—	—	—
	III	—	—	—	—	III	—	—	—	—	—	—	—	—	—	—	—	—	—	—	—	—	—	—	—
	V	121,33	6,67	9,70	10,91	IV	21,08	—	—	—	—	—	—	—	—	—	—	—	—	—	—	—	—	—	—
	VI	157,58	8,66	12,60	14,18																				
1 112,99	I,IV	21,50	—	1,72	1,93	I	21,50	—	—	—	—	—	—	—	—	—	—	—	—	—	—	—	—	—	—
	II	4,08	—	0,32	0,36	II	4,08	—	—	—	—	—	—	—	—	—	—	—	—	—	—	—	—	—	—
	III	—	—	—	—	III	—	—	—	—	—	—	—	—	—	—	—	—	—	—	—	—	—	—	—
	V	122,41	6,73	9,79	11,01	IV	21,50	—	—	—	—	—	—	—	—	—	—	—	—	—	—	—	—	—	—
	VI	158,66	8,72	12,69	14,27																				
1 115,99	I,IV	21,91	—	1,75	1,97	I	21,91	—	—	—	—	—	—	—	—	—	—	—	—	—	—	—	—	—	—
	II	4,50	—	0,36	0,40	II	4,50	—	—	—	—	—	—	—	—	—	—	—	—	—	—	—	—	—	—
	III	—	—	—	—	III	—	—	—	—	—	—	—	—	—	—	—	—	—	—	—	—	—	—	—
	V	123,41	6,78	9,87	11,10	IV	21,91	—	—	—	—	—	—	—	—	—	—	—	—	—	—	—	—	—	—
	VI	159,75	8,78	12,78	14,37																				
1 118,99	I,IV	22,33	—	1,78	2,—	I	22,33	—	—	—	—	—	—	—	—	—	—	—	—	—	—	—	—	—	—
	II	4,83	—	0,38	0,43	II	4,83	—	—	—	—	—	—	—	—	—	—	—	—	—	—	—	—	—	—
	III	—	—	—	—	III	—	—	—	—	—	—	—	—	—	—	—	—	—	—	—	—	—	—	—
	V	124,50	6,84	9,96	11,20	IV	22,33	—	—	—	—	—	—	—	—	—	—	—	—	—	—	—	—	—	—
	VI	160,75	8,84	12,86	14,46																				
1 121,99	I,IV	22,75	—	1,82	2,04	I	22,75	—	—	—	—	—	—	—	—	—	—	—	—	—	—	—	—	—	—
	II	5,16	—	0,41	0,46	II	5,16	—	—	—	—	—	—	—	—	—	—	—	—	—	—	—	—	—	—
	III	—	—	—	—	III	—	—	—	—	—	—	—	—	—	—	—	—	—	—	—	—	—	—	—
	V	125,50	6,90	10,04	11,29	IV	22,75	—	—	—	—	—	—	—	—	—	—	—	—	—	—	—	—	—	—
	VI	161,75	8,89	12,94	14,55																				

* Die ausgewiesenen Tabellenwerte sind amtlich. Siehe Erläuterungen auf der Umschlaginnenseite (U2).

MONAT 1 122,–*

Abzüge an Lohnsteuer, Solidaritätszuschlag (SolZ) und Kirchensteuer (8%, 9%) in den Steuerklassen

Lohn/ Gehalt bis €*	I – VI		ohne Kinderfreibeträge			I, II, III, IV		mit Zahl der Kinderfreibeträge . . . 0,5			1			1,5			2			2,5			3		
		LSt	SolZ	8%	9%		LSt	SolZ	8%	9%	SolZ	8%	9%	SolZ	8%	9%	SolZ	8%	9%	SolZ	8%	9%	SolZ	8%	9%
1 124,99	I,IV	23,25	—	1,86	2,09	I	23,25	—	—	—	—	—	—	—	—	—	—	—	—	—	—	—	—	—	—
	II	5,58	—	0,44	0,50	II	5,58	—	—	—	—	—	—	—	—	—	—	—	—	—	—	—	—	—	—
	III	—	—	—	—	III	—	—	—	—	—	—	—	—	—	—	—	—	—	—	—	—	—	—	—
	V	126,58	6,96	10,12	11,39	IV	23,25	—	0,02	0,02	—	—	—	—	—	—	—	—	—	—	—	—	—	—	—
	VI	162,83	8,95	13,02	14,65																				
1 127,99	I,IV	23,66	—	1,89	2,12	I	23,66	—	—	—	—	—	—	—	—	—	—	—	—	—	—	—	—	—	—
	II	5,91	—	0,47	0,53	II	5,91	—	—	—	—	—	—	—	—	—	—	—	—	—	—	—	—	—	—
	III	—	—	—	—	III	—	—	—	—	—	—	—	—	—	—	—	—	—	—	—	—	—	—	—
	V	127,58	7,01	10,20	11,48	IV	23,66	—	0,04	0,05	—	—	—	—	—	—	—	—	—	—	—	—	—	—	—
	VI	163,91	9,01	13,11	14,75																				
1 130,99	I,IV	24,08	—	1,92	2,16	I	24,08	—	—	—	—	—	—	—	—	—	—	—	—	—	—	—	—	—	—
	II	6,33	—	0,50	0,56	II	6,33	—	—	—	—	—	—	—	—	—	—	—	—	—	—	—	—	—	—
	III	—	—	—	—	III	—	—	—	—	—	—	—	—	—	—	—	—	—	—	—	—	—	—	—
	V	128,66	7,07	10,29	11,57	IV	24,08	—	0,07	0,08	—	—	—	—	—	—	—	—	—	—	—	—	—	—	—
	VI	164,91	9,07	13,19	14,84																				
1 133,99	I,IV	24,50	—	1,96	2,20	I	24,50	—	—	—	—	—	—	—	—	—	—	—	—	—	—	—	—	—	—
	II	6,66	—	0,53	0,59	II	6,66	—	—	—	—	—	—	—	—	—	—	—	—	—	—	—	—	—	—
	III	—	—	—	—	III	—	—	—	—	—	—	—	—	—	—	—	—	—	—	—	—	—	—	—
	V	129,66	7,13	10,37	11,66	IV	24,50	—	0,10	0,11	—	—	—	—	—	—	—	—	—	—	—	—	—	—	—
	VI	165,91	9,12	13,27	14,93																				
1 136,99	I,IV	24,91	—	1,99	2,24	I	24,91	—	—	—	—	—	—	—	—	—	—	—	—	—	—	—	—	—	—
	II	7,08	—	0,56	0,63	II	7,08	—	—	—	—	—	—	—	—	—	—	—	—	—	—	—	—	—	—
	III	—	—	—	—	III	—	—	—	—	—	—	—	—	—	—	—	—	—	—	—	—	—	—	—
	V	130,75	7,19	10,46	11,76	IV	24,91	—	0,12	0,14	—	—	—	—	—	—	—	—	—	—	—	—	—	—	—
	VI	167,—	9,18	13,36	15,03																				
1 139,99	I,IV	25,41	—	2,03	2,28	I	25,41	—	—	—	—	—	—	—	—	—	—	—	—	—	—	—	—	—	—
	II	7,41	—	0,59	0,66	II	7,41	—	—	—	—	—	—	—	—	—	—	—	—	—	—	—	—	—	—
	III	—	—	—	—	III	—	—	—	—	—	—	—	—	—	—	—	—	—	—	—	—	—	—	—
	V	131,75	7,24	10,54	11,85	IV	25,41	—	0,16	0,18	—	—	—	—	—	—	—	—	—	—	—	—	—	—	—
	VI	168,08	9,24	13,44	15,12																				
1 142,99	I,IV	25,83	—	2,06	2,32	I	25,83	—	—	—	—	—	—	—	—	—	—	—	—	—	—	—	—	—	—
	II	7,83	—	0,62	0,70	II	7,83	—	—	—	—	—	—	—	—	—	—	—	—	—	—	—	—	—	—
	III	—	—	—	—	III	—	—	—	—	—	—	—	—	—	—	—	—	—	—	—	—	—	—	—
	V	132,83	7,30	10,62	11,95	IV	25,83	—	0,18	0,20	—	—	—	—	—	—	—	—	—	—	—	—	—	—	—
	VI	169,08	9,29	13,52	15,21																				
1 145,99	I,IV	26,25	—	2,10	2,36	I	26,25	—	—	—	—	—	—	—	—	—	—	—	—	—	—	—	—	—	—
	II	8,16	—	0,65	0,73	II	8,16	—	—	—	—	—	—	—	—	—	—	—	—	—	—	—	—	—	—
	III	—	—	—	—	III	—	—	—	—	—	—	—	—	—	—	—	—	—	—	—	—	—	—	—
	V	133,91	7,36	10,71	12,05	IV	26,25	—	0,21	0,23	—	—	—	—	—	—	—	—	—	—	—	—	—	—	—
	VI	170,16	9,35	13,61	15,31																				
1 148,99	I,IV	26,75	—	2,14	2,40	I	26,75	—	—	—	—	—	—	—	—	—	—	—	—	—	—	—	—	—	—
	II	8,58	—	0,68	0,77	II	8,58	—	—	—	—	—	—	—	—	—	—	—	—	—	—	—	—	—	—
	III	—	—	—	—	III	—	—	—	—	—	—	—	—	—	—	—	—	—	—	—	—	—	—	—
	V	134,91	7,42	10,79	12,14	IV	26,75	—	0,24	0,27	—	—	—	—	—	—	—	—	—	—	—	—	—	—	—
	VI	171,16	9,41	13,69	15,40																				
1 151,99	I,IV	27,16	—	2,17	2,44	I	27,16	—	—	—	—	—	—	—	—	—	—	—	—	—	—	—	—	—	—
	II	9,—	—	0,72	0,81	II	9,—	—	—	—	—	—	—	—	—	—	—	—	—	—	—	—	—	—	—
	III	—	—	—	—	III	—	—	—	—	—	—	—	—	—	—	—	—	—	—	—	—	—	—	—
	V	135,91	7,47	10,87	12,23	IV	27,16	—	0,27	0,30	—	—	—	—	—	—	—	—	—	—	—	—	—	—	—
	VI	172,16	9,46	13,77	15,49																				
1 154,99	I,IV	27,58	—	2,20	2,48	I	27,58	—	—	—	—	—	—	—	—	—	—	—	—	—	—	—	—	—	—
	II	9,33	—	0,74	0,83	II	9,33	—	—	—	—	—	—	—	—	—	—	—	—	—	—	—	—	—	—
	III	—	—	—	—	III	—	—	—	—	—	—	—	—	—	—	—	—	—	—	—	—	—	—	—
	V	137,—	7,53	10,96	12,33	IV	27,58	—	0,30	0,33	—	—	—	—	—	—	—	—	—	—	—	—	—	—	—
	VI	173,25	9,52	13,86	15,59																				
1 157,99	I,IV	28,08	—	2,24	2,52	I	28,08	—	—	—	—	—	—	—	—	—	—	—	—	—	—	—	—	—	—
	II	9,75	—	0,78	0,87	II	9,75	—	—	—	—	—	—	—	—	—	—	—	—	—	—	—	—	—	—
	III	—	—	—	—	III	—	—	—	—	—	—	—	—	—	—	—	—	—	—	—	—	—	—	—
	V	138,08	7,59	11,04	12,42	IV	28,08	—	0,33	0,37	—	—	—	—	—	—	—	—	—	—	—	—	—	—	—
	VI	174,33	9,58	13,94	15,68																				
1 160,99	I,IV	28,50	—	2,28	2,56	I	28,50	—	—	—	—	—	—	—	—	—	—	—	—	—	—	—	—	—	—
	II	10,08	—	0,80	0,90	II	10,08	—	—	—	—	—	—	—	—	—	—	—	—	—	—	—	—	—	—
	III	—	—	—	—	III	—	—	—	—	—	—	—	—	—	—	—	—	—	—	—	—	—	—	—
	V	139,08	7,64	11,12	12,51	IV	28,50	—	0,36	0,40	—	—	—	—	—	—	—	—	—	—	—	—	—	—	—
	VI	175,33	9,64	14,02	15,77																				
1 163,99	I,IV	29,—	—	2,32	2,61	I	29,—	—	—	—	—	—	—	—	—	—	—	—	—	—	—	—	—	—	—
	II	10,50	—	0,84	0,94	II	10,50	—	—	—	—	—	—	—	—	—	—	—	—	—	—	—	—	—	—
	III	—	—	—	—	III	—	—	—	—	—	—	—	—	—	—	—	—	—	—	—	—	—	—	—
	V	140,08	7,70	11,20	12,60	IV	29,—	—	0,38	0,43	—	—	—	—	—	—	—	—	—	—	—	—	—	—	—
	VI	176,33	9,69	14,10	15,86																				
1 166,99	I,IV	29,41	—	2,35	2,64	I	29,41	—	—	—	—	—	—	—	—	—	—	—	—	—	—	—	—	—	—
	II	10,91	—	0,87	0,98	II	10,91	—	—	—	—	—	—	—	—	—	—	—	—	—	—	—	—	—	—
	III	—	—	—	—	III	—	—	—	—	—	—	—	—	—	—	—	—	—	—	—	—	—	—	—
	V	141,16	7,76	11,29	12,70	IV	29,41	—	0,42	0,47	—	—	—	—	—	—	—	—	—	—	—	—	—	—	—
	VI	177,41	9,75	14,19	15,96																				
1 169,99	I,IV	29,91	—	2,39	2,69	I	29,91	—	—	—	—	—	—	—	—	—	—	—	—	—	—	—	—	—	—
	II	11,25	—	0,90	1,01	II	11,25	—	—	—	—	—	—	—	—	—	—	—	—	—	—	—	—	—	—
	III	—	—	—	—	III	—	—	—	—	—	—	—	—	—	—	—	—	—	—	—	—	—	—	—
	V	142,25	7,82	11,38	12,80	IV	29,91	—	0,44	0,50	—	—	—	—	—	—	—	—	—	—	—	—	—	—	—
	VI	178,50	9,81	14,28	16,06																				
1 172,99	I,IV	30,33	—	2,42	2,72	I	30,33	—	—	—	—	—	—	—	—	—	—	—	—	—	—	—	—	—	—
	II	11,66	—	0,93	1,04	II	11,66	—	—	—	—	—	—	—	—	—	—	—	—	—	—	—	—	—	—
	III	—	—	—	—	III	—	—	—	—	—	—	—	—	—	—	—	—	—	—	—	—	—	—	—
	V	143,25	7,87	11,46	12,89	IV	30,33	—	0,48	0,54	—	—	—	—	—	—	—	—	—	—	—	—	—	—	—
	VI	179,50	9,87	14,36	16,15																				

* Die ausgewiesenen Tabellenwerte sind amtlich. Siehe Erläuterungen auf der Umschlaginnenseite (U2).

Lohn/ Gehalt bis €*		I – VI	ohne Kinderfreibeträge				I, II, III, IV mit Zahl der Kinderfreibeträge ...	0,5			1			1,5			2			2,5			3		
		LSt	SolZ	8%	9%		LSt	SolZ	8%	9%	SolZ	8%	9%	SolZ	8%	9%	SolZ	8%	9%	SolZ	8%	9%	SolZ	8%	9%
1 175,99	I,IV	30,75	—	2,46	2,76	I	30,75	—	—	—	—	—	—	—	—	—	—	—	—	—	—	—	—	—	—
	II	12,08	—	0,96	1,08	II	12,08	—	—	—	—	—	—	—	—	—	—	—	—	—	—	—	—	—	—
	III	—	—	—	—	III	—	—	—	—	—	—	—	—	—	—	—	—	—	—	—	—	—	—	—
	V	144,25	7,93	11,54	12,98	IV	30,75	—	0,50	0,56	—	—	—	—	—	—	—	—	—	—	—	—	—	—	—
	VI	180,50	9,92	14,44	16,24																				
1 178,99	I,IV	31,25	—	2,50	2,81	I	31,25	—	—	—	—	—	—	—	—	—	—	—	—	—	—	—	—	—	—
	II	12,50	—	1,—	1,12	II	12,50	—	—	—	—	—	—	—	—	—	—	—	—	—	—	—	—	—	—
	III	—	—	—	—	III	—	—	—	—	—	—	—	—	—	—	—	—	—	—	—	—	—	—	—
	V	145,33	7,99	11,62	13,07	IV	31,25	—	0,54	0,60	—	—	—	—	—	—	—	—	—	—	—	—	—	—	—
	VI	181,58	9,98	14,52	16,34																				
1 181,99	I,IV	31,66	—	2,53	2,84	I	31,66	—	—	—	—	—	—	—	—	—	—	—	—	—	—	—	—	—	—
	II	12,83	—	1,02	1,15	II	12,83	—	—	—	—	—	—	—	—	—	—	—	—	—	—	—	—	—	—
	III	—	—	—	—	III	—	—	—	—	—	—	—	—	—	—	—	—	—	—	—	—	—	—	—
	V	146,41	8,05	11,71	13,17	IV	31,66	—	0,56	0,63	—	—	—	—	—	—	—	—	—	—	—	—	—	—	—
	VI	182,66	10,04	14,61	16,43																				
1 184,99	I,IV	32,16	—	2,57	2,89	I	32,16	—	—	—	—	—	—	—	—	—	—	—	—	—	—	—	—	—	—
	II	13,25	—	1,06	1,19	II	13,25	—	—	—	—	—	—	—	—	—	—	—	—	—	—	—	—	—	—
	III	—	—	—	—	III	—	—	—	—	—	—	—	—	—	—	—	—	—	—	—	—	—	—	—
	V	147,41	8,10	11,79	13,26	IV	32,16	—	0,60	0,67	—	—	—	—	—	—	—	—	—	—	—	—	—	—	—
	VI	183,66	10,10	14,69	16,52																				
1 187,99	I,IV	32,58	—	2,60	2,93	I	32,58	—	—	—	—	—	—	—	—	—	—	—	—	—	—	—	—	—	—
	II	13,66	—	1,09	1,22	II	13,66	—	—	—	—	—	—	—	—	—	—	—	—	—	—	—	—	—	—
	III	—	—	—	—	III	—	—	—	—	—	—	—	—	—	—	—	—	—	—	—	—	—	—	—
	V	148,41	8,16	11,87	13,35	IV	32,58	—	0,62	0,70	—	—	—	—	—	—	—	—	—	—	—	—	—	—	—
	VI	184,66	10,15	14,77	16,61																				
1 190,99	I,IV	33,08	—	2,64	2,97	I	33,08	—	—	—	—	—	—	—	—	—	—	—	—	—	—	—	—	—	—
	II	14,08	—	1,12	1,26	II	14,08	—	—	—	—	—	—	—	—	—	—	—	—	—	—	—	—	—	—
	III	—	—	—	—	III	—	—	—	—	—	—	—	—	—	—	—	—	—	—	—	—	—	—	—
	V	149,50	8,22	11,96	13,45	IV	33,08	—	0,66	0,74	—	—	—	—	—	—	—	—	—	—	—	—	—	—	—
	VI	185,75	10,21	14,86	16,71																				
1 193,99	I,IV	33,58	—	2,68	3,02	I	33,58	—	—	—	—	—	—	—	—	—	—	—	—	—	—	—	—	—	—
	II	14,50	—	1,16	1,30	II	14,50	—	—	—	—	—	—	—	—	—	—	—	—	—	—	—	—	—	—
	III	—	—	—	—	III	—	—	—	—	—	—	—	—	—	—	—	—	—	—	—	—	—	—	—
	V	150,58	8,28	12,04	13,55	IV	33,58	—	0,68	0,77	—	—	—	—	—	—	—	—	—	—	—	—	—	—	—
	VI	186,83	10,27	14,94	16,81																				
1 196,99	I,IV	34,—	—	2,72	3,06	I	34,—	—	—	—	—	—	—	—	—	—	—	—	—	—	—	—	—	—	—
	II	14,83	—	1,18	1,33	II	14,83	—	—	—	—	—	—	—	—	—	—	—	—	—	—	—	—	—	—
	III	—	—	—	—	III	—	—	—	—	—	—	—	—	—	—	—	—	—	—	—	—	—	—	—
	V	151,58	8,33	12,12	13,64	IV	34,—	—	0,72	0,81	—	—	—	—	—	—	—	—	—	—	—	—	—	—	—
	VI	187,83	10,33	15,02	16,90																				
1 199,99	I,IV	34,50	—	2,76	3,10	I	34,50	—	—	—	—	—	—	—	—	—	—	—	—	—	—	—	—	—	—
	II	15,25	—	1,22	1,37	II	15,25	—	—	—	—	—	—	—	—	—	—	—	—	—	—	—	—	—	—
	III	—	—	—	—	III	—	—	—	—	—	—	—	—	—	—	—	—	—	—	—	—	—	—	—
	V	152,58	8,39	12,20	13,73	IV	34,50	—	0,74	0,83	—	—	—	—	—	—	—	—	—	—	—	—	—	—	—
	VI	188,83	10,38	15,10	16,99																				
1 202,99	I,IV	34,91	—	2,79	3,14	I	34,91	—	—	—	—	—	—	—	—	—	—	—	—	—	—	—	—	—	—
	II	15,66	—	1,25	1,40	II	15,66	—	—	—	—	—	—	—	—	—	—	—	—	—	—	—	—	—	—
	III	—	—	—	—	III	—	—	—	—	—	—	—	—	—	—	—	—	—	—	—	—	—	—	—
	V	153,66	8,45	12,29	13,82	IV	34,91	—	0,78	0,87	—	—	—	—	—	—	—	—	—	—	—	—	—	—	—
	VI	189,91	10,44	15,19	17,09																				
1 205,99	I,IV	35,41	—	2,83	3,18	I	35,41	—	—	—	—	—	—	—	—	—	—	—	—	—	—	—	—	—	—
	II	16,08	—	1,28	1,44	II	16,08	—	—	—	—	—	—	—	—	—	—	—	—	—	—	—	—	—	—
	III	—	—	—	—	III	—	—	—	—	—	—	—	—	—	—	—	—	—	—	—	—	—	—	—
	V	154,66	8,50	12,37	13,91	IV	35,41	—	0,81	0,91	—	—	—	—	—	—	—	—	—	—	—	—	—	—	—
	VI	191,—	10,50	15,28	17,19																				
1 208,99	I,IV	35,91	—	2,87	3,23	I	35,91	—	—	—	—	—	—	—	—	—	—	—	—	—	—	—	—	—	—
	II	16,50	—	1,32	1,48	II	16,50	—	—	—	—	—	—	—	—	—	—	—	—	—	—	—	—	—	—
	III	—	—	—	—	III	—	—	—	—	—	—	—	—	—	—	—	—	—	—	—	—	—	—	—
	V	155,75	8,56	12,46	14,01	IV	35,91	—	0,84	0,94	—	—	—	—	—	—	—	—	—	—	—	—	—	—	—
	VI	192,—	10,56	15,36	17,28																				
1 211,99	I,IV	36,41	—	2,91	3,27	I	36,41	—	—	—	—	—	—	—	—	—	—	—	—	—	—	—	—	—	—
	II	16,91	—	1,35	1,52	II	16,91	—	—	—	—	—	—	—	—	—	—	—	—	—	—	—	—	—	—
	III	—	—	—	—	III	—	—	—	—	—	—	—	—	—	—	—	—	—	—	—	—	—	—	—
	V	156,83	8,62	12,54	14,11	IV	36,41	—	0,87	0,98	—	—	—	—	—	—	—	—	—	—	—	—	—	—	—
	VI	193,08	10,61	15,44	17,37																				
1 214,99	I,IV	36,83	—	2,94	3,31	I	36,83	—	—	—	—	—	—	—	—	—	—	—	—	—	—	—	—	—	—
	II	17,33	—	1,38	1,55	II	17,33	—	—	—	—	—	—	—	—	—	—	—	—	—	—	—	—	—	—
	III	—	—	—	—	III	—	—	—	—	—	—	—	—	—	—	—	—	—	—	—	—	—	—	—
	V	157,83	8,68	12,62	14,20	IV	36,83	—	0,90	1,01	—	—	—	—	—	—	—	—	—	—	—	—	—	—	—
	VI	194,08	10,67	15,52	17,46																				
1 217,99	I,IV	37,33	—	2,98	3,35	I	37,33	—	—	—	—	—	—	—	—	—	—	—	—	—	—	—	—	—	—
	II	17,75	—	1,42	1,59	II	17,75	—	—	—	—	—	—	—	—	—	—	—	—	—	—	—	—	—	—
	III	—	—	—	—	III	—	—	—	—	—	—	—	—	—	—	—	—	—	—	—	—	—	—	—
	V	158,83	8,73	12,70	14,29	IV	37,33	—	0,94	1,05	—	—	—	—	—	—	—	—	—	—	—	—	—	—	—
	VI	195,16	10,73	15,61	17,56																				
1 220,99	I,IV	37,83	—	3,02	3,40	I	37,83	—	—	—	—	—	—	—	—	—	—	—	—	—	—	—	—	—	—
	II	18,16	—	1,45	1,63	II	18,16	—	—	—	—	—	—	—	—	—	—	—	—	—	—	—	—	—	—
	III	—	—	—	—	III	—	—	—	—	—	—	—	—	—	—	—	—	—	—	—	—	—	—	—
	V	159,91	8,79	12,79	14,39	IV	37,83	—	0,96	1,08	—	—	—	—	—	—	—	—	—	—	—	—	—	—	—
	VI	196,16	10,78	15,69	17,65																				
1 223,99	I,IV	38,33	—	3,06	3,44	I	38,33	—	—	—	—	—	—	—	—	—	—	—	—	—	—	—	—	—	—
	II	18,58	—	1,48	1,67	II	18,58	—	—	—	—	—	—	—	—	—	—	—	—	—	—	—	—	—	—
	III	—	—	—	—	III	—	—	—	—	—	—	—	—	—	—	—	—	—	—	—	—	—	—	—
	V	161,—	8,85	12,88	14,49	IV	38,33	—	1,—	1,12	—	—	—	—	—	—	—	—	—	—	—	—	—	—	—
	VI	197,25	10,84	15,78	17,75																				

Abzüge an Lohnsteuer, Solidaritätszuschlag (SolZ) und Kirchensteuer (8%, 9%) in den Steuerklassen

* Die ausgewiesenen Tabellenwerte sind amtlich. Siehe Erläuterungen auf der Umschlaginnenseite (U2).

MONAT 1 224,–*

Lohn/Gehalt bis €*		Abzüge an Lohnsteuer, Solidaritätszuschlag (SolZ) und Kirchensteuer (8%, 9%) in den Steuerklassen I – VI				I, II, III, IV		mit Zahl der Kinderfreibeträge . . .																	
			ohne Kinderfreibeträge					0,5			1			1,5			2			2,5			3		
		LSt	SolZ	8%	9%		LSt	SolZ	8%	9%	SolZ	8%	9%	SolZ	8%	9%	SolZ	8%	9%	SolZ	8%	9%	SolZ	8%	9%
1 226,99	I,IV	38,75	—	3,10	3,48	I	38,75	—	—	—	—	—	—	—	—	—	—	—	—	—	—	—	—	—	—
	II	19,—	—	1,52	1,71	II	19,—	—	—	—	—	—	—	—	—	—	—	—	—	—	—	—	—	—	—
	III	—	—	—	—	III	—	—	—	—	—	—	—	—	—	—	—	—	—	—	—	—	—	—	—
	V	162,—	8,91	12,96	14,58	IV	38,75	—	1,03	1,16	—	—	—	—	—	—	—	—	—	—	—	—	—	—	—
	VI	198,25	10,90	15,86	17,84																				
1 229,99	I,IV	39,25	—	3,14	3,53	I	39,25	—	—	—	—	—	—	—	—	—	—	—	—	—	—	—	—	—	—
	II	19,41	—	1,55	1,74	II	19,41	—	—	—	—	—	—	—	—	—	—	—	—	—	—	—	—	—	—
	III	—	—	—	—	III	—	—	—	—	—	—	—	—	—	—	—	—	—	—	—	—	—	—	—
	V	163,—	8,96	13,04	14,67	IV	39,25	—	1,06	1,19	—	—	—	—	—	—	—	—	—	—	—	—	—	—	—
	VI	199,33	10,96	15,94	17,93																				
1 232,99	I,IV	39,75	—	3,18	3,57	I	39,75	—	—	—	—	—	—	—	—	—	—	—	—	—	—	—	—	—	—
	II	19,83	—	1,58	1,78	II	19,83	—	—	—	—	—	—	—	—	—	—	—	—	—	—	—	—	—	—
	III	—	—	—	—	III	—	—	—	—	—	—	—	—	—	—	—	—	—	—	—	—	—	—	—
	V	164,08	9,02	13,12	14,76	IV	39,75	—	1,09	1,22	—	—	—	—	—	—	—	—	—	—	—	—	—	—	—
	VI	200,33	11,01	16,02	18,02																				
1 235,99	I,IV	40,25	—	3,22	3,62	I	40,25	—	—	—	—	—	—	—	—	—	—	—	—	—	—	—	—	—	—
	II	20,25	—	1,62	1,82	II	20,25	—	—	—	—	—	—	—	—	—	—	—	—	—	—	—	—	—	—
	III	—	—	—	—	III	—	—	—	—	—	—	—	—	—	—	—	—	—	—	—	—	—	—	—
	V	165,16	9,08	13,21	14,86	IV	40,25	—	1,12	1,26	—	—	—	—	—	—	—	—	—	—	—	—	—	—	—
	VI	201,41	11,07	16,11	18,12																				
1 238,99	I,IV	40,75	—	3,26	3,66	I	40,75	—	—	—	—	—	—	—	—	—	—	—	—	—	—	—	—	—	—
	II	20,66	—	1,65	1,85	II	20,66	—	—	—	—	—	—	—	—	—	—	—	—	—	—	—	—	—	—
	III	—	—	—	—	III	—	—	—	—	—	—	—	—	—	—	—	—	—	—	—	—	—	—	—
	V	166,16	9,13	13,29	14,95	IV	40,75	—	1,16	1,30	—	—	—	—	—	—	—	—	—	—	—	—	—	—	—
	VI	202,41	11,13	16,19	18,21																				
1 241,99	I,IV	41,16	—	3,29	3,70	I	41,16	—	—	—	—	—	—	—	—	—	—	—	—	—	—	—	—	—	—
	II	21,08	—	1,68	1,89	II	21,08	—	—	—	—	—	—	—	—	—	—	—	—	—	—	—	—	—	—
	III	—	—	—	—	III	—	—	—	—	—	—	—	—	—	—	—	—	—	—	—	—	—	—	—
	V	167,16	9,19	13,37	15,04	IV	41,16	—	1,19	1,34	—	—	—	—	—	—	—	—	—	—	—	—	—	—	—
	VI	203,50	11,19	16,28	18,31																				
1 244,99	I,IV	41,66	—	3,33	3,74	I	41,66	—	—	—	—	—	—	—	—	—	—	—	—	—	—	—	—	—	—
	II	21,50	—	1,72	1,93	II	21,50	—	—	—	—	—	—	—	—	—	—	—	—	—	—	—	—	—	—
	III	—	—	—	—	III	—	—	—	—	—	—	—	—	—	—	—	—	—	—	—	—	—	—	—
	V	168,25	9,25	13,46	15,14	IV	41,66	—	1,22	1,37	—	—	—	—	—	—	—	—	—	—	—	—	—	—	—
	VI	204,50	11,24	16,36	18,40																				
1 247,99	I,IV	42,16	—	3,37	3,79	I	42,16	—	—	—	—	—	—	—	—	—	—	—	—	—	—	—	—	—	—
	II	21,91	—	1,75	1,97	II	21,91	—	—	—	—	—	—	—	—	—	—	—	—	—	—	—	—	—	—
	III	—	—	—	—	III	—	—	—	—	—	—	—	—	—	—	—	—	—	—	—	—	—	—	—
	V	169,33	9,31	13,54	15,23	IV	42,16	—	1,26	1,41	—	—	—	—	—	—	—	—	—	—	—	—	—	—	—
	VI	205,58	11,30	16,44	18,50																				
1 250,99	I,IV	42,66	—	3,41	3,83	I	42,66	—	—	—	—	—	—	—	—	—	—	—	—	—	—	—	—	—	—
	II	22,41	—	1,79	2,01	II	22,41	—	—	—	—	—	—	—	—	—	—	—	—	—	—	—	—	—	—
	III	—	—	—	—	III	—	—	—	—	—	—	—	—	—	—	—	—	—	—	—	—	—	—	—
	V	170,33	9,36	13,62	15,32	IV	42,66	—	1,29	1,45	—	—	—	—	—	—	—	—	—	—	—	—	—	—	—
	VI	206,58	11,36	16,52	18,59																				
1 253,99	I,IV	43,16	—	3,45	3,88	I	43,16	—	—	—	—	—	—	—	—	—	—	—	—	—	—	—	—	—	—
	II	22,83	—	1,82	2,05	II	22,83	—	—	—	—	—	—	—	—	—	—	—	—	—	—	—	—	—	—
	III	—	—	—	—	III	—	—	—	—	—	—	—	—	—	—	—	—	—	—	—	—	—	—	—
	V	171,33	9,42	13,70	15,41	IV	43,16	—	1,32	1,48	—	—	—	—	—	—	—	—	—	—	—	—	—	—	—
	VI	207,66	11,42	16,61	18,68																				
1 256,99	I,IV	43,66	—	3,49	3,92	I	43,66	—	—	—	—	—	—	—	—	—	—	—	—	—	—	—	—	—	—
	II	23,25	—	1,86	2,09	II	23,25	—	—	—	—	—	—	—	—	—	—	—	—	—	—	—	—	—	—
	III	—	—	—	—	III	—	—	—	—	—	—	—	—	—	—	—	—	—	—	—	—	—	—	—
	V	172,41	9,48	13,79	15,51	IV	43,66	—	1,35	1,52	—	—	—	—	—	—	—	—	—	—	—	—	—	—	—
	VI	208,66	11,47	16,69	18,77																				
1 259,99	I,IV	44,16	—	3,53	3,97	I	44,16	—	—	—	—	—	—	—	—	—	—	—	—	—	—	—	—	—	—
	II	23,66	—	1,89	2,12	II	23,66	—	—	—	—	—	—	—	—	—	—	—	—	—	—	—	—	—	—
	III	—	—	—	—	III	—	—	—	—	—	—	—	—	—	—	—	—	—	—	—	—	—	—	—
	V	173,50	9,54	13,88	15,61	IV	44,16	—	1,38	1,55	—	—	—	—	—	—	—	—	—	—	—	—	—	—	—
	VI	209,75	11,53	16,78	18,87																				
1 262,99	I,IV	44,66	—	3,57	4,01	I	44,66	—	—	—	—	—	—	—	—	—	—	—	—	—	—	—	—	—	—
	II	24,08	—	1,92	2,16	II	24,08	—	—	—	—	—	—	—	—	—	—	—	—	—	—	—	—	—	—
	III	—	—	—	—	III	—	—	—	—	—	—	—	—	—	—	—	—	—	—	—	—	—	—	—
	V	174,50	9,59	13,96	15,70	IV	44,66	—	1,42	1,59	—	—	—	—	—	—	—	—	—	—	—	—	—	—	—
	VI	210,75	11,59	16,86	18,96																				
1 265,99	I,IV	45,16	—	3,61	4,06	I	45,16	—	—	—	—	—	—	—	—	—	—	—	—	—	—	—	—	—	—
	II	24,58	—	1,96	2,21	II	24,58	—	—	—	—	—	—	—	—	—	—	—	—	—	—	—	—	—	—
	III	—	—	—	—	III	—	—	—	—	—	—	—	—	—	—	—	—	—	—	—	—	—	—	—
	V	175,58	9,65	14,04	15,80	IV	45,16	—	1,45	1,63	—	—	—	—	—	—	—	—	—	—	—	—	—	—	—
	VI	211,83	11,65	16,94	19,06																				
1 268,99	I,IV	45,66	—	3,65	4,10	I	45,66	—	—	—	—	—	—	—	—	—	—	—	—	—	—	—	—	—	—
	II	25,—	—	2,—	2,25	II	25,—	—	—	—	—	—	—	—	—	—	—	—	—	—	—	—	—	—	—
	III	—	—	—	—	III	—	—	—	—	—	—	—	—	—	—	—	—	—	—	—	—	—	—	—
	V	176,58	9,71	14,12	15,89	IV	45,66	—	1,48	1,67	—	—	—	—	—	—	—	—	—	—	—	—	—	—	—
	VI	212,83	11,70	17,02	19,15																				
1 271,99	I,IV	46,16	—	3,69	4,15	I	46,16	—	—	—	—	—	—	—	—	—	—	—	—	—	—	—	—	—	—
	II	25,41	—	2,03	2,28	II	25,41	—	—	—	—	—	—	—	—	—	—	—	—	—	—	—	—	—	—
	III	—	—	—	—	III	—	—	—	—	—	—	—	—	—	—	—	—	—	—	—	—	—	—	—
	V	177,66	9,77	14,21	15,98	IV	46,16	—	1,52	1,71	—	—	—	—	—	—	—	—	—	—	—	—	—	—	—
	VI	213,91	11,76	17,11	19,25																				
1 274,99	I,IV	46,66	—	3,73	4,19	I	46,66	—	—	—	—	—	—	—	—	—	—	—	—	—	—	—	—	—	—
	II	25,83	—	2,06	2,32	II	25,83	—	—	—	—	—	—	—	—	—	—	—	—	—	—	—	—	—	—
	III	—	—	—	—	III	—	—	—	—	—	—	—	—	—	—	—	—	—	—	—	—	—	—	—
	V	178,66	9,82	14,29	16,07	IV	46,66	—	1,55	1,74	—	—	—	—	—	—	—	—	—	—	—	—	—	—	—
	VI	214,91	11,82	17,19	19,34																				

* Die ausgewiesenen Tabellenwerte sind amtlich. Siehe Erläuterungen auf der Umschlaginnenseite (U2).

Lohn/ Gehalt bis €*	Abzüge an Lohnsteuer, Solidaritätszuschlag (SolZ) und Kirchensteuer (8%, 9%) in den Steuerklassen I – VI					I, II, III, IV		mit Zahl der Kinderfreibeträge . . . 0,5			1			1,5			2			2,5			3		
		LSt	ohne Kinderfreibeträge SolZ	8%	9%		LSt	SolZ	8%	9%	SolZ	8%	9%	SolZ	8%	9%	SolZ	8%	9%	SolZ	8%	9%	SolZ	8%	9%
1 277,99	I,IV	47,16	—	3,77	4,24	I	47,16	—	—	—	—	—	—	—	—	—	—	—	—	—	—	—	—	—	—
	II	26,33	—	2,10	2,36	II	26,33	—	—	—	—	—	—	—	—	—	—	—	—	—	—	—	—	—	—
	III	—	—	—	—	III	—	—	—	—	—	—	—	—	—	—	—	—	—	—	—	—	—	—	—
	V	179,75	9,88	14,38	16,17	IV	47,16	—	1,58	1,78	—	—	—	—	—	—	—	—	—	—	—	—	—	—	—
	VI	216,—	11,88	17,28	19,44																				
1 280,99	I,IV	47,66	—	3,81	4,28	I	47,66	—	—	—	—	—	—	—	—	—	—	—	—	—	—	—	—	—	—
	II	26,75	—	2,14	2,40	II	26,75	—	—	—	—	—	—	—	—	—	—	—	—	—	—	—	—	—	—
	III	—	—	—	—	III	—	—	—	—	—	—	—	—	—	—	—	—	—	—	—	—	—	—	—
	V	180,75	9,94	14,46	16,26	IV	47,66	—	1,62	1,82	—	—	—	—	—	—	—	—	—	—	—	—	—	—	—
	VI	217,—	11,93	17,36	19,53																				
1 283,99	I,IV	48,16	—	3,85	4,33	I	48,16	—	—	—	—	—	—	—	—	—	—	—	—	—	—	—	—	—	—
	II	27,16	—	2,17	2,44	II	27,16	—	—	—	—	—	—	—	—	—	—	—	—	—	—	—	—	—	—
	III	—	—	—	—	III	—	—	—	—	—	—	—	—	—	—	—	—	—	—	—	—	—	—	—
	V	181,83	10,—	14,54	16,36	IV	48,16	—	1,65	1,85	—	—	—	—	—	—	—	—	—	—	—	—	—	—	—
	VI	218,08	11,99	17,44	19,62																				
1 286,99	I,IV	48,66	—	3,89	4,37	I	48,66	—	—	—	—	—	—	—	—	—	—	—	—	—	—	—	—	—	—
	II	27,66	—	2,21	2,48	II	27,66	—	—	—	—	—	—	—	—	—	—	—	—	—	—	—	—	—	—
	III	—	—	—	—	III	—	—	—	—	—	—	—	—	—	—	—	—	—	—	—	—	—	—	—
	V	182,83	10,05	14,62	16,45	IV	48,66	—	1,69	1,90	—	—	—	—	—	—	—	—	—	—	—	—	—	—	—
	VI	219,08	12,04	17,52	19,71																				
1 289,99	I,IV	49,25	—	3,94	4,43	I	49,25	—	—	—	—	—	—	—	—	—	—	—	—	—	—	—	—	—	—
	II	28,08	—	2,24	2,52	II	28,08	—	—	—	—	—	—	—	—	—	—	—	—	—	—	—	—	—	—
	III	—	—	—	—	III	—	—	—	—	—	—	—	—	—	—	—	—	—	—	—	—	—	—	—
	V	183,91	10,11	14,71	16,55	IV	49,25	—	1,72	1,94	—	—	—	—	—	—	—	—	—	—	—	—	—	—	—
	VI	220,16	12,10	17,61	19,81																				
1 292,99	I,IV	49,75	—	3,98	4,47	I	49,75	—	—	—	—	—	—	—	—	—	—	—	—	—	—	—	—	—	—
	II	28,50	—	2,28	2,56	II	28,50	—	—	—	—	—	—	—	—	—	—	—	—	—	—	—	—	—	—
	III	—	—	—	—	III	—	—	—	—	—	—	—	—	—	—	—	—	—	—	—	—	—	—	—
	V	184,91	10,17	14,79	16,64	IV	49,75	—	1,76	1,98	—	—	—	—	—	—	—	—	—	—	—	—	—	—	—
	VI	221,16	12,16	17,69	19,90																				
1 295,99	I,IV	50,25	—	4,02	4,52	I	50,25	—	—	—	—	—	—	—	—	—	—	—	—	—	—	—	—	—	—
	II	29,—	—	2,32	2,61	II	29,—	—	—	—	—	—	—	—	—	—	—	—	—	—	—	—	—	—	—
	III	—	—	—	—	III	—	—	—	—	—	—	—	—	—	—	—	—	—	—	—	—	—	—	—
	V	186,—	10,23	14,88	16,74	IV	50,25	—	1,79	2,01	—	—	—	—	—	—	—	—	—	—	—	—	—	—	—
	VI	222,25	12,22	17,78	20,—																				
1 298,99	I,IV	50,75	—	4,06	4,56	I	50,75	—	—	—	—	—	—	—	—	—	—	—	—	—	—	—	—	—	—
	II	29,41	—	2,35	2,64	II	29,41	—	—	—	—	—	—	—	—	—	—	—	—	—	—	—	—	—	—
	III	—	—	—	—	III	—	—	—	—	—	—	—	—	—	—	—	—	—	—	—	—	—	—	—
	V	187,—	10,28	14,96	16,83	IV	50,75	—	1,82	2,05	—	—	—	—	—	—	—	—	—	—	—	—	—	—	—
	VI	223,25	12,27	17,86	20,09																				
1 301,99	I,IV	51,25	—	4,10	4,61	I	51,25	—	0,02	0,02	—	—	—	—	—	—	—	—	—	—	—	—	—	—	—
	II	29,91	—	2,39	2,69	II	29,91	—	—	—	—	—	—	—	—	—	—	—	—	—	—	—	—	—	—
	III	—	—	—	—	III	—	—	—	—	—	—	—	—	—	—	—	—	—	—	—	—	—	—	—
	V	188,08	10,34	15,04	16,92	IV	51,25	—	1,86	2,09	—	0,02	0,02	—	—	—	—	—	—	—	—	—	—	—	—
	VI	224,33	12,33	17,94	20,18																				
1 304,99	I,IV	51,83	—	4,14	4,66	I	51,83	—	0,05	0,05	—	—	—	—	—	—	—	—	—	—	—	—	—	—	—
	II	30,33	—	2,42	2,72	II	30,33	—	—	—	—	—	—	—	—	—	—	—	—	—	—	—	—	—	—
	III	—	—	—	—	III	—	—	—	—	—	—	—	—	—	—	—	—	—	—	—	—	—	—	—
	V	189,08	10,39	15,12	17,01	IV	51,83	—	1,90	2,13	—	0,05	0,05	—	—	—	—	—	—	—	—	—	—	—	—
	VI	225,33	12,39	18,02	20,27																				
1 307,99	I,IV	52,33	—	4,18	4,70	I	52,33	—	0,08	0,09	—	—	—	—	—	—	—	—	—	—	—	—	—	—	—
	II	30,83	—	2,46	2,77	II	30,83	—	—	—	—	—	—	—	—	—	—	—	—	—	—	—	—	—	—
	III	—	—	—	—	III	—	—	—	—	—	—	—	—	—	—	—	—	—	—	—	—	—	—	—
	V	190,16	10,45	15,21	17,11	IV	52,33	—	1,93	2,17	—	0,08	0,09	—	—	—	—	—	—	—	—	—	—	—	—
	VI	226,41	12,45	18,11	20,37																				
1 310,99	I,IV	52,83	—	4,22	4,75	I	52,83	—	0,10	0,11	—	—	—	—	—	—	—	—	—	—	—	—	—	—	—
	II	31,25	—	2,50	2,81	II	31,25	—	—	—	—	—	—	—	—	—	—	—	—	—	—	—	—	—	—
	III	—	—	—	—	III	—	—	—	—	—	—	—	—	—	—	—	—	—	—	—	—	—	—	—
	V	191,16	10,51	15,29	17,20	IV	52,83	—	1,96	2,21	—	0,10	0,11	—	—	—	—	—	—	—	—	—	—	—	—
	VI	227,41	12,50	18,19	20,46																				
1 313,99	I,IV	53,33	—	4,26	4,79	I	53,33	—	0,13	0,14	—	—	—	—	—	—	—	—	—	—	—	—	—	—	—
	II	31,75	—	2,54	2,85	II	31,75	—	—	—	—	—	—	—	—	—	—	—	—	—	—	—	—	—	—
	III	—	—	—	—	III	—	—	—	—	—	—	—	—	—	—	—	—	—	—	—	—	—	—	—
	V	192,25	10,57	15,38	17,30	IV	53,33	—	2,—	2,25	—	0,13	0,14	—	—	—	—	—	—	—	—	—	—	—	—
	VI	228,50	12,56	18,28	20,56																				
1 316,99	I,IV	53,91	—	4,31	4,85	I	53,91	—	0,16	0,18	—	—	—	—	—	—	—	—	—	—	—	—	—	—	—
	II	32,16	—	2,57	2,89	II	32,16	—	—	—	—	—	—	—	—	—	—	—	—	—	—	—	—	—	—
	III	—	—	—	—	III	—	—	—	—	—	—	—	—	—	—	—	—	—	—	—	—	—	—	—
	V	193,25	10,62	15,46	17,39	IV	53,91	—	2,04	2,29	—	0,16	0,18	—	—	—	—	—	—	—	—	—	—	—	—
	VI	229,50	12,62	18,36	20,65																				
1 319,99	I,IV	54,41	—	4,35	4,89	I	54,41	—	0,19	0,21	—	—	—	—	—	—	—	—	—	—	—	—	—	—	—
	II	32,66	—	2,61	2,93	II	32,66	—	—	—	—	—	—	—	—	—	—	—	—	—	—	—	—	—	—
	III	—	—	—	—	III	—	—	—	—	—	—	—	—	—	—	—	—	—	—	—	—	—	—	—
	V	194,33	10,68	15,54	17,48	IV	54,41	—	2,07	2,33	—	0,19	0,21	—	—	—	—	—	—	—	—	—	—	—	—
	VI	230,58	12,68	18,44	20,75																				
1 322,99	I,IV	55,—	—	4,40	4,95	I	55,—	—	0,22	0,25	—	—	—	—	—	—	—	—	—	—	—	—	—	—	—
	II	33,16	—	2,65	2,98	II	33,16	—	—	—	—	—	—	—	—	—	—	—	—	—	—	—	—	—	—
	III	—	—	—	—	III	—	—	—	—	—	—	—	—	—	—	—	—	—	—	—	—	—	—	—
	V	195,50	10,75	15,64	17,59	IV	55,—	—	2,11	2,37	—	0,22	0,25	—	—	—	—	—	—	—	—	—	—	—	—
	VI	231,75	12,74	18,54	20,85																				
1 325,99	I,IV	55,66	—	4,45	5,—	I	55,66	—	0,26	0,29	—	—	—	—	—	—	—	—	—	—	—	—	—	—	—
	II	33,75	—	2,70	3,03	II	33,75	—	—	—	—	—	—	—	—	—	—	—	—	—	—	—	—	—	—
	III	—	—	—	—	III	—	—	—	—	—	—	—	—	—	—	—	—	—	—	—	—	—	—	—
	V	196,66	10,81	15,73	17,69	IV	55,66	—	2,15	2,42	—	0,26	0,29	—	—	—	—	—	—	—	—	—	—	—	—
	VI	233,—	12,81	18,64	20,97																				

* Die ausgewiesenen Tabellenwerte sind amtlich. Siehe Erläuterungen auf der Umschlaginnenseite (U2).

Lohn/ Gehalt bis €*	Abzüge an Lohnsteuer, Solidaritätszuschlag (SolZ) und Kirchensteuer (8%, 9%) in den Steuerklassen I – VI					I, II, III, IV		mit Zahl der Kinderfreibeträge . . . 0,5			1			1,5			2			2,5			3		
		LSt	ohne Kinderfreibeträge SolZ	8%	9%		LSt	SolZ	8%	9%	SolZ	8%	9%	SolZ	8%	9%	SolZ	8%	9%	SolZ	8%	9%	SolZ	8%	9%
1 328,99	I,IV	56,25	—	4,50	5,06	I	56,25	—	0,29	0,32	—	—	—	—	—	—	—	—	—	—	—	—	—	—	—
	II	34,25	—	2,74	3,08	II	34,25	—	—	—	—	—	—	—	—	—	—	—	—	—	—	—	—	—	—
	III	—	—	—	—	III	—	—	—	—	—	—	—	—	—	—	—	—	—	—	—	—	—	—	—
	V	197,91	10,88	15,83	17,81	IV	56,25	—	2,19	2,46	—	0,29	0,32	—	—	—	—	—	—	—	—	—	—	—	—
	VI	234,16	12,87	18,73	21,07																				
1 331,99	I,IV	56,83	—	4,54	5,11	I	56,83	—	0,32	0,36	—	—	—	—	—	—	—	—	—	—	—	—	—	—	—
	II	34,83	—	2,78	3,13	II	34,83	—	—	—	—	—	—	—	—	—	—	—	—	—	—	—	—	—	—
	III	—	—	—	—	III	—	—	—	—	—	—	—	—	—	—	—	—	—	—	—	—	—	—	—
	V	199,08	10,94	15,92	17,91	IV	56,83	—	2,24	2,52	—	0,32	0,36	—	—	—	—	—	—	—	—	—	—	—	—
	VI	235,41	12,94	18,83	21,18																				
1 334,99	I,IV	57,50	—	4,60	5,17	I	57,50	—	0,36	0,40	—	—	—	—	—	—	—	—	—	—	—	—	—	—	—
	II	35,33	—	2,82	3,17	II	35,33	—	—	—	—	—	—	—	—	—	—	—	—	—	—	—	—	—	—
	III	—	—	—	—	III	—	—	—	—	—	—	—	—	—	—	—	—	—	—	—	—	—	—	—
	V	200,33	11,01	16,02	18,02	IV	57,50	—	2,28	2,56	—	0,36	0,40	—	—	—	—	—	—	—	—	—	—	—	—
	VI	236,58	13,01	18,92	21,29																				
1 337,99	I,IV	58,08	—	4,64	5,22	I	58,08	—	0,39	0,44	—	—	—	—	—	—	—	—	—	—	—	—	—	—	—
	II	35,91	—	2,87	3,23	II	35,91	—	—	—	—	—	—	—	—	—	—	—	—	—	—	—	—	—	—
	III	—	—	—	—	III	—	—	—	—	—	—	—	—	—	—	—	—	—	—	—	—	—	—	—
	V	201,50	11,08	16,12	18,13	IV	58,08	—	2,32	2,61	—	0,39	0,44	—	—	—	—	—	—	—	—	—	—	—	—
	VI	237,75	13,07	19,02	21,39																				
1 340,99	I,IV	58,66	—	4,69	5,27	I	58,66	—	0,42	0,47	—	—	—	—	—	—	—	—	—	—	—	—	—	—	—
	II	36,41	—	2,91	3,27	II	36,41	—	—	—	—	—	—	—	—	—	—	—	—	—	—	—	—	—	—
	III	—	—	—	—	III	—	—	—	—	—	—	—	—	—	—	—	—	—	—	—	—	—	—	—
	V	202,66	11,14	16,21	18,23	IV	58,66	—	2,36	2,65	—	0,42	0,47	—	—	—	—	—	—	—	—	—	—	—	—
	VI	238,91	13,14	19,11	21,50																				
1 343,99	I,IV	59,33	—	4,74	5,33	I	59,33	—	0,46	0,51	—	—	—	—	—	—	—	—	—	—	—	—	—	—	—
	II	37,—	—	2,96	3,33	II	37,—	—	—	—	—	—	—	—	—	—	—	—	—	—	—	—	—	—	—
	III	—	—	—	—	III	—	—	—	—	—	—	—	—	—	—	—	—	—	—	—	—	—	—	—
	V	203,91	11,21	16,31	18,35	IV	59,33	—	2,40	2,70	—	0,46	0,51	—	—	—	—	—	—	—	—	—	—	—	—
	VI	240,16	13,20	19,21	21,61																				
1 346,99	I,IV	59,91	—	4,79	5,39	I	59,91	—	0,49	0,55	—	—	—	—	—	—	—	—	—	—	—	—	—	—	—
	II	37,50	—	3,—	3,37	II	37,50	—	—	—	—	—	—	—	—	—	—	—	—	—	—	—	—	—	—
	III	—	—	—	—	III	—	—	—	—	—	—	—	—	—	—	—	—	—	—	—	—	—	—	—
	V	205,08	11,27	16,40	18,45	IV	59,91	—	2,44	2,75	—	0,49	0,55	—	—	—	—	—	—	—	—	—	—	—	—
	VI	241,33	13,27	19,30	21,71																				
1 349,99	I,IV	60,58	—	4,84	5,45	I	60,58	—	0,52	0,59	—	—	—	—	—	—	—	—	—	—	—	—	—	—	—
	II	38,08	—	3,04	3,42	II	38,08	—	—	—	—	—	—	—	—	—	—	—	—	—	—	—	—	—	—
	III	—	—	—	—	III	—	—	—	—	—	—	—	—	—	—	—	—	—	—	—	—	—	—	—
	V	206,25	11,34	16,50	18,56	IV	60,58	—	2,48	2,79	—	0,52	0,59	—	—	—	—	—	—	—	—	—	—	—	—
	VI	242,50	13,33	19,40	21,82																				
1 352,99	I,IV	61,16	—	4,89	5,50	I	61,16	—	0,56	0,63	—	—	—	—	—	—	—	—	—	—	—	—	—	—	—
	II	38,58	—	3,08	3,47	II	38,58	—	—	—	—	—	—	—	—	—	—	—	—	—	—	—	—	—	—
	III	—	—	—	—	III	—	—	—	—	—	—	—	—	—	—	—	—	—	—	—	—	—	—	—
	V	207,41	11,40	16,59	18,66	IV	61,16	—	2,52	2,84	—	0,56	0,63	—	—	—	—	—	—	—	—	—	—	—	—
	VI	243,75	13,40	19,50	21,93																				
1 355,99	I,IV	61,83	—	4,94	5,56	I	61,83	—	0,59	0,66	—	—	—	—	—	—	—	—	—	—	—	—	—	—	—
	II	39,16	—	3,13	3,52	II	39,16	—	—	—	—	—	—	—	—	—	—	—	—	—	—	—	—	—	—
	III	—	—	—	—	III	—	—	—	—	—	—	—	—	—	—	—	—	—	—	—	—	—	—	—
	V	208,66	11,47	16,69	18,77	IV	61,83	—	2,56	2,88	—	0,59	0,66	—	—	—	—	—	—	—	—	—	—	—	—
	VI	244,91	13,47	19,59	22,04																				
1 358,99	I,IV	62,41	—	4,99	5,61	I	62,41	—	0,62	0,70	—	—	—	—	—	—	—	—	—	—	—	—	—	—	—
	II	39,75	—	3,18	3,57	II	39,75	—	—	—	—	—	—	—	—	—	—	—	—	—	—	—	—	—	—
	III	—	—	—	—	III	—	—	—	—	—	—	—	—	—	—	—	—	—	—	—	—	—	—	—
	V	209,83	11,54	16,78	18,88	IV	62,41	—	2,61	2,93	—	0,62	0,70	—	—	—	—	—	—	—	—	—	—	—	—
	VI	246,08	13,53	19,68	22,14																				
1 361,99	I,IV	63,08	—	5,04	5,67	I	63,08	—	0,66	0,74	—	—	—	—	—	—	—	—	—	—	—	—	—	—	—
	II	40,33	—	3,22	3,62	II	40,33	—	—	—	—	—	—	—	—	—	—	—	—	—	—	—	—	—	—
	III	—	—	—	—	III	—	—	—	—	—	—	—	—	—	—	—	—	—	—	—	—	—	—	—
	V	211,08	11,60	16,88	18,99	IV	63,08	—	2,65	2,98	—	0,66	0,74	—	—	—	—	—	—	—	—	—	—	—	—
	VI	247,33	13,60	19,78	22,25																				
1 364,99	I,IV	63,66	—	5,09	5,72	I	63,66	—	0,70	0,78	—	—	—	—	—	—	—	—	—	—	—	—	—	—	—
	II	40,83	—	3,26	3,67	II	40,83	—	—	—	—	—	—	—	—	—	—	—	—	—	—	—	—	—	—
	III	—	—	—	—	III	—	—	—	—	—	—	—	—	—	—	—	—	—	—	—	—	—	—	—
	V	212,25	11,67	16,98	19,10	IV	63,66	—	2,70	3,03	—	0,70	0,78	—	—	—	—	—	—	—	—	—	—	—	—
	VI	248,50	13,66	19,88	22,36																				
1 367,99	I,IV	64,33	—	5,14	5,78	I	64,33	—	0,73	0,82	—	—	—	—	—	—	—	—	—	—	—	—	—	—	—
	II	41,41	—	3,31	3,72	II	41,41	—	—	—	—	—	—	—	—	—	—	—	—	—	—	—	—	—	—
	III	—	—	—	—	III	—	—	—	—	—	—	—	—	—	—	—	—	—	—	—	—	—	—	—
	V	213,41	11,73	17,07	19,20	IV	64,33	—	2,74	3,08	—	0,73	0,82	—	—	—	—	—	—	—	—	—	—	—	—
	VI	249,66	13,73	19,97	22,46																				
1 370,99	I,IV	64,91	—	5,19	5,84	I	64,91	—	0,77	0,86	—	—	—	—	—	—	—	—	—	—	—	—	—	—	—
	II	42,—	—	3,36	3,78	II	42,—	—	—	—	—	—	—	—	—	—	—	—	—	—	—	—	—	—	—
	III	—	—	—	—	III	—	—	—	—	—	—	—	—	—	—	—	—	—	—	—	—	—	—	—
	V	214,66	11,80	17,17	19,31	IV	64,91	—	2,78	3,13	—	0,77	0,86	—	—	—	—	—	—	—	—	—	—	—	—
	VI	250,91	13,80	20,07	22,58																				
1 373,99	I,IV	65,58	—	5,24	5,90	I	65,58	—	0,80	0,90	—	—	—	—	—	—	—	—	—	—	—	—	—	—	—
	II	42,50	—	3,40	3,82	II	42,50	—	—	—	—	—	—	—	—	—	—	—	—	—	—	—	—	—	—
	III	—	—	—	—	III	—	—	—	—	—	—	—	—	—	—	—	—	—	—	—	—	—	—	—
	V	215,83	11,87	17,26	19,42	IV	65,58	—	2,82	3,17	—	0,80	0,90	—	—	—	—	—	—	—	—	—	—	—	—
	VI	252,08	13,86	20,16	22,68																				
1 376,99	I,IV	66,25	—	5,30	5,96	I	66,25	—	0,84	0,94	—	—	—	—	—	—	—	—	—	—	—	—	—	—	—
	II	43,08	—	3,44	3,87	II	43,08	—	—	—	—	—	—	—	—	—	—	—	—	—	—	—	—	—	—
	III	—	—	—	—	III	—	—	—	—	—	—	—	—	—	—	—	—	—	—	—	—	—	—	—
	V	217,—	11,93	17,36	19,53	IV	66,25	—	2,87	3,23	—	0,84	0,94	—	—	—	—	—	—	—	—	—	—	—	—
	VI	253,25	13,92	20,26	22,79																				

* Die ausgewiesenen Tabellenwerte sind amtlich. Siehe Erläuterungen auf der Umschlaginnenseite (U2).

Lohn/ Gehalt bis €*		Abzüge an Lohnsteuer, Solidaritätszuschlag (SolZ) und Kirchensteuer (8%, 9%) in den Steuerklassen I – VI ohne Kinderfreibeträge				I, II, III, IV		mit Zahl der Kinderfreibeträge . . . 0,5			1			1,5			2			2,5			3		
		LSt	SolZ	8%	9%		LSt	SolZ	8%	9%	SolZ	8%	9%	SolZ	8%	9%	SolZ	8%	9%	SolZ	8%	9%	SolZ	8%	9%
1 379,99	I,IV	66,83	—	5,34	6,01	I	66,83	—	0,88	0,99	—	—	—	—	—	—	—	—	—	—	—	—	—	—	—
	II	43,66	—	3,49	3,92	II	43,66	—	—	—	—	—	—	—	—	—	—	—	—	—	—	—	—	—	—
	III	—	—	—	—	III	—	—	—	—	—	—	—	—	—	—	—	—	—	—	—	—	—	—	—
	V	218,16	11,99	17,45	19,63	IV	66,83	—	2,91	3,27	—	0,88	0,99	—	—	—	—	—	—	—	—	—	—	—	—
	VI	254,41	13,99	20,35	22,89																				
1 382,99	I,IV	67,50	—	5,40	6,07	I	67,50	—	0,91	1,02	—	—	—	—	—	—	—	—	—	—	—	—	—	—	—
	II	44,25	—	3,54	3,98	II	44,25	—	—	—	—	—	—	—	—	—	—	—	—	—	—	—	—	—	—
	III	—	—	—	—	III	—	—	—	—	—	—	—	—	—	—	—	—	—	—	—	—	—	—	—
	V	219,41	12,06	17,55	19,74	IV	67,50	—	2,96	3,33	—	0,91	1,02	—	—	—	—	—	—	—	—	—	—	—	—
	VI	255,66	14,06	20,45	23,—																				
1 385,99	I,IV	68,16	—	5,45	6,13	I	68,16	—	0,94	1,06	—	—	—	—	—	—	—	—	—	—	—	—	—	—	—
	II	44,83	—	3,58	4,03	II	44,83	—	—	—	—	—	—	—	—	—	—	—	—	—	—	—	—	—	—
	III	—	—	—	—	III	—	—	—	—	—	—	—	—	—	—	—	—	—	—	—	—	—	—	—
	V	220,58	12,13	17,64	19,85	IV	68,16	—	3,—	3,37	—	0,94	1,06	—	—	—	—	—	—	—	—	—	—	—	—
	VI	256,83	14,12	20,54	23,11																				
1 388,99	I,IV	68,75	—	5,50	6,18	I	68,75	—	0,98	1,10	—	—	—	—	—	—	—	—	—	—	—	—	—	—	—
	II	45,33	—	3,62	4,07	II	45,33	—	—	—	—	—	—	—	—	—	—	—	—	—	—	—	—	—	—
	III	—	—	—	—	III	—	—	—	—	—	—	—	—	—	—	—	—	—	—	—	—	—	—	—
	V	221,75	12,19	17,74	19,95	IV	68,75	—	3,04	3,42	—	0,98	1,10	—	—	—	—	—	—	—	—	—	—	—	—
	VI	258,—	14,19	20,64	23,22																				
1 391,99	I,IV	69,41	—	5,55	6,24	I	69,41	—	1,02	1,14	—	—	—	—	—	—	—	—	—	—	—	—	—	—	—
	II	46,—	—	3,68	4,14	II	46,—	—	—	—	—	—	—	—	—	—	—	—	—	—	—	—	—	—	—
	III	—	—	—	—	III	—	—	—	—	—	—	—	—	—	—	—	—	—	—	—	—	—	—	—
	V	223,—	12,26	17,84	20,07	IV	69,41	—	3,08	3,47	—	1,02	1,14	—	—	—	—	—	—	—	—	—	—	—	—
	VI	259,25	14,25	20,74	23,33																				
1 394,99	I,IV	70,08	—	5,60	6,30	I	70,08	—	1,06	1,19	—	—	—	—	—	—	—	—	—	—	—	—	—	—	—
	II	46,50	—	3,72	4,18	II	46,50	—	—	—	—	—	—	—	—	—	—	—	—	—	—	—	—	—	—
	III	—	—	—	—	III	—	—	—	—	—	—	—	—	—	—	—	—	—	—	—	—	—	—	—
	V	224,16	12,32	17,93	20,17	IV	70,08	—	3,13	3,52	—	1,06	1,19	—	—	—	—	—	—	—	—	—	—	—	—
	VI	260,41	14,32	20,83	23,43																				
1 397,99	I,IV	70,75	—	5,66	6,36	I	70,75	—	1,09	1,22	—	—	—	—	—	—	—	—	—	—	—	—	—	—	—
	II	47,08	—	3,76	4,23	II	47,08	—	—	—	—	—	—	—	—	—	—	—	—	—	—	—	—	—	—
	III	—	—	—	—	III	—	—	—	—	—	—	—	—	—	—	—	—	—	—	—	—	—	—	—
	V	225,33	12,39	18,02	20,27	IV	70,75	—	3,18	3,57	—	1,09	1,22	—	—	—	—	—	—	—	—	—	—	—	—
	VI	261,66	14,39	20,93	23,54																				
1 400,99	I,IV	71,41	—	5,71	6,42	I	71,41	—	1,13	1,27	—	—	—	—	—	—	—	—	—	—	—	—	—	—	—
	II	47,66	—	3,81	4,28	II	47,66	—	—	—	—	—	—	—	—	—	—	—	—	—	—	—	—	—	—
	III	—	—	—	—	III	—	—	—	—	—	—	—	—	—	—	—	—	—	—	—	—	—	—	—
	V	226,58	12,46	18,12	20,39	IV	71,41	—	3,22	3,62	—	1,13	1,27	—	—	—	—	—	—	—	—	—	—	—	—
	VI	262,83	14,45	21,02	23,65																				
1 403,99	I,IV	72,08	—	5,76	6,48	I	72,08	—	1,16	1,31	—	—	—	—	—	—	—	—	—	—	—	—	—	—	—
	II	48,25	—	3,86	4,34	II	48,25	—	—	—	—	—	—	—	—	—	—	—	—	—	—	—	—	—	—
	III	—	—	—	—	III	—	—	—	—	—	—	—	—	—	—	—	—	—	—	—	—	—	—	—
	V	227,75	12,52	18,22	20,49	IV	72,08	—	3,26	3,67	—	1,16	1,31	—	—	—	—	—	—	—	—	—	—	—	—
	VI	264,—	14,52	21,12	23,76																				
1 406,99	I,IV	72,75	—	5,82	6,54	I	72,75	—	1,20	1,35	—	—	—	—	—	—	—	—	—	—	—	—	—	—	—
	II	48,83	—	3,90	4,39	II	48,83	—	—	—	—	—	—	—	—	—	—	—	—	—	—	—	—	—	—
	III	—	—	—	—	III	—	—	—	—	—	—	—	—	—	—	—	—	—	—	—	—	—	—	—
	V	228,91	12,59	18,31	20,60	IV	72,75	—	3,31	3,72	—	1,20	1,35	—	—	—	—	—	—	—	—	—	—	—	—
	VI	265,16	14,58	21,21	23,86																				
1 409,99	I,IV	73,33	—	5,86	6,59	I	73,33	—	1,24	1,39	—	—	—	—	—	—	—	—	—	—	—	—	—	—	—
	II	49,41	—	3,95	4,44	II	49,41	—	—	—	—	—	—	—	—	—	—	—	—	—	—	—	—	—	—
	III	—	—	—	—	III	—	—	—	—	—	—	—	—	—	—	—	—	—	—	—	—	—	—	—
	V	230,16	12,65	18,41	20,71	IV	73,33	—	3,35	3,77	—	1,24	1,39	—	—	—	—	—	—	—	—	—	—	—	—
	VI	266,41	14,65	21,31	23,97																				
1 412,99	I,IV	74,—	—	5,92	6,66	I	74,—	—	1,28	1,44	—	—	—	—	—	—	—	—	—	—	—	—	—	—	—
	II	50,—	—	4,—	4,50	II	50,—	—	—	—	—	—	—	—	—	—	—	—	—	—	—	—	—	—	—
	III	—	—	—	—	III	—	—	—	—	—	—	—	—	—	—	—	—	—	—	—	—	—	—	—
	V	231,33	12,72	18,50	20,81	IV	74,—	—	3,40	3,82	—	1,28	1,44	—	—	—	—	—	—	—	—	—	—	—	—
	VI	267,58	14,71	21,40	24,08																				
1 415,99	I,IV	74,66	—	5,97	6,71	I	74,66	—	1,31	1,47	—	—	—	—	—	—	—	—	—	—	—	—	—	—	—
	II	50,58	—	4,04	4,55	II	50,58	—	—	—	—	—	—	—	—	—	—	—	—	—	—	—	—	—	—
	III	—	—	—	—	III	—	—	—	—	—	—	—	—	—	—	—	—	—	—	—	—	—	—	—
	V	232,50	12,78	18,60	20,92	IV	74,66	—	3,44	3,87	—	1,31	1,47	—	—	—	—	—	—	—	—	—	—	—	—
	VI	268,75	14,78	21,50	24,18																				
1 418,99	I,IV	75,33	—	6,02	6,77	I	75,33	—	1,35	1,52	—	—	—	—	—	—	—	—	—	—	—	—	—	—	—
	II	51,25	—	4,10	4,61	II	51,25	—	0,02	0,02	—	—	—	—	—	—	—	—	—	—	—	—	—	—	—
	III	—	—	—	—	III	—	—	—	—	—	—	—	—	—	—	—	—	—	—	—	—	—	—	—
	V	233,66	12,85	18,69	21,02	IV	75,33	—	3,49	3,92	—	1,35	1,52	—	—	—	—	—	—	—	—	—	—	—	—
	VI	270,—	14,85	21,60	24,30																				
1 421,99	I,IV	76,—	—	6,08	6,84	I	76,—	—	1,39	1,56	—	—	—	—	—	—	—	—	—	—	—	—	—	—	—
	II	51,83	—	4,14	4,66	II	51,83	—	0,05	0,05	—	—	—	—	—	—	—	—	—	—	—	—	—	—	—
	III	—	—	—	—	III	—	—	—	—	—	—	—	—	—	—	—	—	—	—	—	—	—	—	—
	V	234,91	12,92	18,79	21,14	IV	76,—	—	3,54	3,98	—	1,39	1,56	—	—	—	—	—	—	—	—	—	—	—	—
	VI	271,16	14,91	21,69	24,40																				
1 424,99	I,IV	76,66	—	6,13	6,89	I	76,66	—	1,43	1,61	—	—	—	—	—	—	—	—	—	—	—	—	—	—	—
	II	52,41	—	4,19	4,71	II	52,41	—	0,08	0,09	—	—	—	—	—	—	—	—	—	—	—	—	—	—	—
	III	—	—	—	—	III	—	—	—	—	—	—	—	—	—	—	—	—	—	—	—	—	—	—	—
	V	236,08	12,98	18,88	21,24	IV	76,66	—	3,58	4,03	—	1,43	1,61	—	—	—	—	—	—	—	—	—	—	—	—
	VI	272,41	14,98	21,79	24,51																				
1 427,99	I,IV	77,33	—	6,18	6,95	I	77,33	—	1,46	1,64	—	—	—	—	—	—	—	—	—	—	—	—	—	—	—
	II	53,—	—	4,24	4,77	II	53,—	—	0,11	0,12	—	—	—	—	—	—	—	—	—	—	—	—	—	—	—
	III	—	—	—	—	III	—	—	—	—	—	—	—	—	—	—	—	—	—	—	—	—	—	—	—
	V	237,33	13,05	18,98	21,35	IV	77,33	—	3,62	4,07	—	1,46	1,64	—	—	—	—	—	—	—	—	—	—	—	—
	VI	273,58	15,04	21,88	24,62																				

* Die ausgewiesenen Tabellenwerte sind amtlich. Siehe Erläuterungen auf der Umschlaginnenseite (U2).

Abzüge an Lohnsteuer, Solidaritätszuschlag (SolZ) und Kirchensteuer (8%, 9%) in den Steuerklassen

Lohn/ Gehalt bis €*	I – VI	LSt	ohne Kinderfreibeträge			I, II, III, IV	LSt	mit Zahl der Kinderfreibeträge . . . 0,5			1			1,5			2			2,5			3		
			SolZ	8%	9%			SolZ	8%	9%	SolZ	8%	9%	SolZ	8%	9%	SolZ	8%	9%	SolZ	8%	9%	SolZ	8%	9%
1 430,99	I,IV	78,08	—	6,24	7,02	I	78,08	—	1,50	1,69	—	—	—	—	—	—	—	—	—	—	—	—	—	—	—
	II	53,58	—	4,28	4,82	II	53,58	—	0,14	0,16	—	—	—	—	—	—	—	—	—	—	—	—	—	—	—
	III	—	—	—	—	III	—	—	—	—	—	—	—	—	—	—	—	—	—	—	—	—	—	—	—
	V	238,50	13,11	19,08	21,46	IV	78,08	—	3,67	4,13	—	1,50	1,69	—	—	—	—	—	—	—	—	—	—	—	—
	VI	274,75	15,11	21,98	24,72																				
1 433,99	I,IV	78,75	—	6,30	7,08	I	78,75	—	1,54	1,73	—	—	—	—	—	—	—	—	—	—	—	—	—	—	—
	II	54,16	—	4,33	4,87	II	54,16	—	0,18	0,20	—	—	—	—	—	—	—	—	—	—	—	—	—	—	—
	III	—	—	—	—	III	—	—	—	—	—	—	—	—	—	—	—	—	—	—	—	—	—	—	—
	V	239,66	13,18	19,17	21,56	IV	78,75	—	3,72	4,18	—	1,54	1,73	—	—	—	—	—	—	—	—	—	—	—	—
	VI	275,91	15,17	22,07	24,83																				
1 436,99	I,IV	79,41	—	6,35	7,14	I	79,41	—	1,58	1,78	—	—	—	—	—	—	—	—	—	—	—	—	—	—	—
	II	54,83	—	4,38	4,93	II	54,83	—	0,21	0,23	—	—	—	—	—	—	—	—	—	—	—	—	—	—	—
	III	—	—	—	—	III	—	—	—	—	—	—	—	—	—	—	—	—	—	—	—	—	—	—	—
	V	240,91	13,25	19,27	21,68	IV	79,41	—	3,76	4,23	—	1,58	1,78	—	—	—	—	—	—	—	—	—	—	—	—
	VI	277,16	15,24	22,17	24,94																				
1 439,99	I,IV	80,08	—	6,40	7,20	I	80,08	—	1,62	1,82	—	—	—	—	—	—	—	—	—	—	—	—	—	—	—
	II	55,41	—	4,43	4,98	II	55,41	—	0,24	0,27	—	—	—	—	—	—	—	—	—	—	—	—	—	—	—
	III	—	—	—	—	III	—	—	—	—	—	—	—	—	—	—	—	—	—	—	—	—	—	—	—
	V	242,08	13,31	19,36	21,78	IV	80,08	—	3,81	4,28	—	1,62	1,82	—	—	—	—	—	—	—	—	—	—	—	—
	VI	278,33	15,30	22,26	25,04																				
1 442,99	I,IV	80,75	—	6,46	7,26	I	80,75	—	1,66	1,86	—	—	—	—	—	—	—	—	—	—	—	—	—	—	—
	II	56,—	—	4,48	5,04	II	56,—	—	0,28	0,31	—	—	—	—	—	—	—	—	—	—	—	—	—	—	—
	III	—	—	—	—	III	—	—	—	—	—	—	—	—	—	—	—	—	—	—	—	—	—	—	—
	V	243,25	13,37	19,46	21,89	IV	80,75	—	3,86	4,34	—	1,66	1,86	—	—	—	—	—	—	—	—	—	—	—	—
	VI	279,50	15,37	22,36	25,15																				
1 445,99	I,IV	81,41	0,08	6,51	7,32	I	81,41	—	1,70	1,91	—	—	—	—	—	—	—	—	—	—	—	—	—	—	—
	II	56,66	—	4,53	5,09	II	56,66	—	0,31	0,35	—	—	—	—	—	—	—	—	—	—	—	—	—	—	—
	III	—	—	—	—	III	—	—	—	—	—	—	—	—	—	—	—	—	—	—	—	—	—	—	—
	V	244,41	13,44	19,55	21,99	IV	81,41	—	3,90	4,39	—	1,70	1,91	—	—	—	—	—	—	—	—	—	—	—	—
	VI	280,66	15,43	22,45	25,25																				
1 448,99	I,IV	82,08	0,21	6,56	7,38	I	82,08	—	1,74	1,95	—	—	—	—	—	—	—	—	—	—	—	—	—	—	—
	II	57,25	—	4,58	5,15	II	57,25	—	0,34	0,38	—	—	—	—	—	—	—	—	—	—	—	—	—	—	—
	III	—	—	—	—	III	—	—	—	—	—	—	—	—	—	—	—	—	—	—	—	—	—	—	—
	V	245,66	13,51	19,65	22,10	IV	82,08	—	3,95	4,44	—	1,74	1,95	—	—	—	—	—	—	—	—	—	—	—	—
	VI	281,91	15,50	22,55	25,37																				
1 451,99	I,IV	82,75	0,35	6,62	7,44	I	82,75	—	1,78	2,—	—	—	—	—	—	—	—	—	—	—	—	—	—	—	—
	II	57,83	—	4,62	5,20	II	57,83	—	0,38	0,42	—	—	—	—	—	—	—	—	—	—	—	—	—	—	—
	III	—	—	—	—	III	—	—	—	—	—	—	—	—	—	—	—	—	—	—	—	—	—	—	—
	V	246,83	13,57	19,74	22,21	IV	82,75	—	4,—	4,50	—	1,78	2,—	—	—	—	—	—	—	—	—	—	—	—	—
	VI	283,08	15,56	22,64	25,47																				
1 454,99	I,IV	83,50	0,50	6,68	7,51	I	83,50	—	1,82	2,04	—	—	—	—	—	—	—	—	—	—	—	—	—	—	—
	II	58,50	—	4,68	5,26	II	58,50	—	0,41	0,46	—	—	—	—	—	—	—	—	—	—	—	—	—	—	—
	III	—	—	—	—	III	—	—	—	—	—	—	—	—	—	—	—	—	—	—	—	—	—	—	—
	V	248,08	13,64	19,84	22,32	IV	83,50	—	4,04	4,55	—	1,82	2,04	—	—	—	—	—	—	—	—	—	—	—	—
	VI	284,33	15,63	22,74	25,58																				
1 457,99	I,IV	84,16	0,63	6,73	7,57	I	84,16	—	1,86	2,09	—	—	—	—	—	—	—	—	—	—	—	—	—	—	—
	II	59,08	—	4,72	5,31	II	59,08	—	0,44	0,50	—	—	—	—	—	—	—	—	—	—	—	—	—	—	—
	III	—	—	—	—	III	—	—	—	—	—	—	—	—	—	—	—	—	—	—	—	—	—	—	—
	V	249,25	13,70	19,94	22,43	IV	84,16	—	4,10	4,61	—	1,86	2,09	—	0,02	0,02	—	—	—	—	—	—	—	—	—
	VI	285,50	15,70	22,84	25,69																				
1 460,99	I,IV	84,83	0,76	6,78	7,63	I	84,83	—	1,90	2,13	—	—	—	—	—	—	—	—	—	—	—	—	—	—	—
	II	59,75	—	4,78	5,37	II	59,75	—	0,48	0,54	—	—	—	—	—	—	—	—	—	—	—	—	—	—	—
	III	—	—	—	—	III	—	—	—	—	—	—	—	—	—	—	—	—	—	—	—	—	—	—	—
	V	250,41	13,77	20,03	22,53	IV	84,83	—	4,14	4,66	—	1,90	2,13	—	0,05	0,05	—	—	—	—	—	—	—	—	—
	VI	286,66	15,76	22,93	25,79																				
1 463,99	I,IV	85,50	0,90	6,84	7,69	I	85,50	—	1,94	2,18	—	—	—	—	—	—	—	—	—	—	—	—	—	—	—
	II	60,33	—	4,82	5,42	II	60,33	—	0,51	0,57	—	—	—	—	—	—	—	—	—	—	—	—	—	—	—
	III	—	—	—	—	III	—	—	—	—	—	—	—	—	—	—	—	—	—	—	—	—	—	—	—
	V	251,58	13,83	20,12	22,64	IV	85,50	—	4,19	4,71	—	1,94	2,18	—	0,08	0,09	—	—	—	—	—	—	—	—	—
	VI	287,91	15,83	23,03	25,91																				
1 466,99	I,IV	86,16	1,03	6,89	7,75	I	86,16	—	1,98	2,22	—	—	—	—	—	—	—	—	—	—	—	—	—	—	—
	II	60,91	—	4,87	5,48	II	60,91	—	0,54	0,61	—	—	—	—	—	—	—	—	—	—	—	—	—	—	—
	III	—	—	—	—	III	—	—	—	—	—	—	—	—	—	—	—	—	—	—	—	—	—	—	—
	V	252,83	13,90	20,22	22,75	IV	86,16	—	4,24	4,77	—	1,98	2,22	—	0,11	0,12	—	—	—	—	—	—	—	—	—
	VI	289,08	15,89	23,12	26,01																				
1 469,99	I,IV	86,91	1,18	6,95	7,82	I	86,91	—	2,02	2,27	—	—	—	—	—	—	—	—	—	—	—	—	—	—	—
	II	61,58	—	4,92	5,54	II	61,58	—	0,58	0,65	—	—	—	—	—	—	—	—	—	—	—	—	—	—	—
	III	—	—	—	—	III	—	—	—	—	—	—	—	—	—	—	—	—	—	—	—	—	—	—	—
	V	254,—	13,97	20,32	22,86	IV	86,91	—	4,28	4,82	—	2,02	2,27	—	0,14	0,16	—	—	—	—	—	—	—	—	—
	VI	290,25	15,96	23,22	26,12																				
1 472,99	I,IV	87,58	1,31	7,—	7,88	I	87,58	—	2,06	2,31	—	—	—	—	—	—	—	—	—	—	—	—	—	—	—
	II	62,16	—	4,97	5,59	II	62,16	—	0,62	0,69	—	—	—	—	—	—	—	—	—	—	—	—	—	—	—
	III	—	—	—	—	III	—	—	—	—	—	—	—	—	—	—	—	—	—	—	—	—	—	—	—
	V	255,16	14,03	20,41	22,96	IV	87,58	—	4,33	4,87	—	2,06	2,31	—	0,18	0,20	—	—	—	—	—	—	—	—	—
	VI	291,41	16,02	23,31	26,22																				
1 475,99	I,IV	88,25	1,45	7,06	7,94	I	88,25	—	2,10	2,36	—	—	—	—	—	—	—	—	—	—	—	—	—	—	—
	II	62,83	—	5,02	5,65	II	62,83	—	0,65	0,73	—	—	—	—	—	—	—	—	—	—	—	—	—	—	—
	III	—	—	—	—	III	—	—	—	—	—	—	—	—	—	—	—	—	—	—	—	—	—	—	—
	V	256,41	14,10	20,51	23,07	IV	88,25	—	4,38	4,93	—	2,10	2,36	—	0,21	0,23	—	—	—	—	—	—	—	—	—
	VI	292,66	16,09	23,41	26,33																				
1 478,99	I,IV	88,91	1,58	7,11	8,—	I	88,91	—	2,14	2,40	—	—	—	—	—	—	—	—	—	—	—	—	—	—	—
	II	63,41	—	5,07	5,70	II	63,41	—	0,68	0,77	—	—	—	—	—	—	—	—	—	—	—	—	—	—	—
	III	—	—	—	—	III	—	—	—	—	—	—	—	—	—	—	—	—	—	—	—	—	—	—	—
	V	257,58	14,16	20,60	23,18	IV	88,91	—	4,43	4,98	—	2,14	2,40	—	0,24	0,27	—	—	—	—	—	—	—	—	—
	VI	293,83	16,16	23,50	26,44																				

* Die ausgewiesenen Tabellenwerte sind amtlich. Siehe Erläuterungen auf der Umschlaginnenseite (U2).

Abzüge an Lohnsteuer, Solidaritätszuschlag (SolZ) und Kirchensteuer (8%, 9%) in den Steuerklassen

Lohn/ Gehalt bis €*		I – VI LSt	ohne Kinderfreibeträge SolZ	8%	9%		I, II, III, IV LSt	mit Zahl der Kinderfreibeträge . . . 0,5 SolZ	8%	9%	1 SolZ	8%	9%	1,5 SolZ	8%	9%	2 SolZ	8%	9%	2,5 SolZ	8%	9%	3 SolZ	8%	9%
1 481,99	I,IV	89,58	1,71	7,16	8,06	I	89,58	—	2,18	2,45	—	—	—	—	—	—	—	—	—	—	—	—	—	—	—
	II	64,08	—	5,12	5,76	II	64,08	—	0,72	0,81	—	—	—	—	—	—	—	—	—	—	—	—	—	—	—
	III	—	—	—	—	III	—	—	—	—	—	—	—	—	—	—	—	—	—	—	—	—	—	—	—
	V	258,75	14,23	20,70	23,28	IV	89,58	—	4,48	5,04	—	2,18	2,45	—	0,28	0,31	—	—	—	—	—	—	—	—	—
	VI	295,—	16,22	23,60	26,55																				
1 484,99	I,IV	90,33	1,86	7,22	8,12	I	90,33	—	2,22	2,49	—	—	—	—	—	—	—	—	—	—	—	—	—	—	—
	II	64,75	—	5,18	5,82	II	64,75	—	0,76	0,85	—	—	—	—	—	—	—	—	—	—	—	—	—	—	—
	III	—	—	—	—	III	—	—	—	—	—	—	—	—	—	—	—	—	—	—	—	—	—	—	—
	V	259,91	14,29	20,79	23,39	IV	90,33	—	4,52	5,09	—	2,22	2,49	—	0,31	0,35	—	—	—	—	—	—	—	—	—
	VI	296,25	16,29	23,70	26,66																				
1 487,99	I,IV	91,—	2,—	7,28	8,19	I	91,—	—	2,26	2,54	—	—	—	—	—	—	—	—	—	—	—	—	—	—	—
	II	65,33	—	5,22	5,87	II	65,33	—	0,79	0,89	—	—	—	—	—	—	—	—	—	—	—	—	—	—	—
	III	—	—	—	—	III	—	—	—	—	—	—	—	—	—	—	—	—	—	—	—	—	—	—	—
	V	261,16	14,36	20,89	23,50	IV	91,—	—	4,58	5,15	—	2,26	2,54	—	0,34	0,38	—	—	—	—	—	—	—	—	—
	VI	297,41	16,35	23,79	26,76																				
1 490,99	I,IV	91,66	2,13	7,33	8,24	I	91,66	—	2,30	2,59	—	—	—	—	—	—	—	—	—	—	—	—	—	—	—
	II	66,—	—	5,28	5,94	II	66,—	—	0,82	0,92	—	—	—	—	—	—	—	—	—	—	—	—	—	—	—
	III	—	—	—	—	III	—	—	—	—	—	—	—	—	—	—	—	—	—	—	—	—	—	—	—
	V	262,33	14,42	20,98	23,60	IV	91,66	—	4,62	5,20	—	2,30	2,59	—	0,38	0,42	—	—	—	—	—	—	—	—	—
	VI	298,66	16,42	23,89	26,87																				
1 493,99	I,IV	92,41	2,28	7,39	8,31	I	92,41	—	2,34	2,63	—	—	—	—	—	—	—	—	—	—	—	—	—	—	—
	II	66,66	—	5,33	5,99	II	66,66	—	0,86	0,97	—	—	—	—	—	—	—	—	—	—	—	—	—	—	—
	III	—	—	—	—	III	—	—	—	—	—	—	—	—	—	—	—	—	—	—	—	—	—	—	—
	V	263,58	14,49	21,08	23,72	IV	92,41	—	4,68	5,26	—	2,34	2,63	—	0,41	0,46	—	—	—	—	—	—	—	—	—
	VI	299,83	16,49	23,98	26,98																				
1 496,99	I,IV	93,08	2,41	7,44	8,37	I	93,08	—	2,38	2,68	—	—	—	—	—	—	—	—	—	—	—	—	—	—	—
	II	67,25	—	5,38	6,05	II	67,25	—	0,90	1,01	—	—	—	—	—	—	—	—	—	—	—	—	—	—	—
	III	—	—	—	—	III	—	—	—	—	—	—	—	—	—	—	—	—	—	—	—	—	—	—	—
	V	264,75	14,56	21,18	23,82	IV	93,08	—	4,72	5,31	—	2,38	2,68	—	0,44	0,50	—	—	—	—	—	—	—	—	—
	VI	301,—	16,55	24,08	27,09																				
1 499,99	I,IV	93,75	2,55	7,50	8,43	I	93,75	—	2,42	2,72	—	—	—	—	—	—	—	—	—	—	—	—	—	—	—
	II	67,91	—	5,43	6,11	II	67,91	—	0,93	1,04	—	—	—	—	—	—	—	—	—	—	—	—	—	—	—
	III	—	—	—	—	III	—	—	—	—	—	—	—	—	—	—	—	—	—	—	—	—	—	—	—
	V	265,91	14,62	21,27	23,93	IV	93,75	—	4,77	5,36	—	2,42	2,72	—	0,48	0,54	—	—	—	—	—	—	—	—	—
	VI	302,16	16,61	24,17	27,19																				
1 502,99	I,IV	94,41	2,68	7,55	8,49	I	94,41	—	2,46	2,77	—	—	—	—	—	—	—	—	—	—	—	—	—	—	—
	II	68,58	—	5,48	6,17	II	68,58	—	0,97	1,09	—	—	—	—	—	—	—	—	—	—	—	—	—	—	—
	III	—	—	—	—	III	—	—	—	—	—	—	—	—	—	—	—	—	—	—	—	—	—	—	—
	V	267,16	14,69	21,37	24,04	IV	94,41	—	4,82	5,42	—	2,46	2,77	—	0,51	0,57	—	—	—	—	—	—	—	—	—
	VI	303,41	16,68	24,27	27,30																				
1 505,99	I,IV	95,16	2,83	7,61	8,56	I	95,16	—	2,51	2,82	—	—	—	—	—	—	—	—	—	—	—	—	—	—	—
	II	69,16	—	5,53	6,22	II	69,16	—	1,—	1,13	—	—	—	—	—	—	—	—	—	—	—	—	—	—	—
	III	—	—	—	—	III	—	—	—	—	—	—	—	—	—	—	—	—	—	—	—	—	—	—	—
	V	268,33	14,75	21,46	24,14	IV	95,16	—	4,87	5,48	—	2,51	2,82	—	0,54	0,61	—	—	—	—	—	—	—	—	—
	VI	304,58	16,75	24,36	27,41																				
1 508,99	I,IV	95,83	2,96	7,66	8,62	I	95,83	—	2,55	2,87	—	—	—	—	—	—	—	—	—	—	—	—	—	—	—
	II	69,83	—	5,58	6,28	II	69,83	—	1,04	1,17	—	—	—	—	—	—	—	—	—	—	—	—	—	—	—
	III	—	—	—	—	III	—	—	—	—	—	—	—	—	—	—	—	—	—	—	—	—	—	—	—
	V	269,50	14,82	21,56	24,25	IV	95,83	—	4,92	5,54	—	2,55	2,87	—	0,58	0,65	—	—	—	—	—	—	—	—	—
	VI	305,75	16,81	24,46	27,51																				
1 511,99	I,IV	96,50	3,10	7,72	8,68	I	96,50	—	2,59	2,91	—	—	—	—	—	—	—	—	—	—	—	—	—	—	—
	II	70,50	—	5,64	6,34	II	70,50	—	1,08	1,21	—	—	—	—	—	—	—	—	—	—	—	—	—	—	—
	III	—	—	—	—	III	—	—	—	—	—	—	—	—	—	—	—	—	—	—	—	—	—	—	—
	V	270,66	14,88	21,65	24,35	IV	96,50	—	4,97	5,59	—	2,59	2,91	—	0,61	0,68	—	—	—	—	—	—	—	—	—
	VI	306,91	16,88	24,55	27,62																				
1 514,99	I,IV	97,16	3,23	7,77	8,74	I	97,16	—	2,64	2,97	—	—	—	—	—	—	—	—	—	—	—	—	—	—	—
	II	71,16	—	5,69	6,40	II	71,16	—	1,12	1,26	—	—	—	—	—	—	—	—	—	—	—	—	—	—	—
	III	—	—	—	—	III	—	—	—	—	—	—	—	—	—	—	—	—	—	—	—	—	—	—	—
	V	271,91	14,95	21,75	24,47	IV	97,16	—	5,02	5,65	—	2,64	2,97	—	0,65	0,73	—	—	—	—	—	—	—	—	—
	VI	308,16	16,94	24,65	27,73																				
1 517,99	I,IV	97,91	3,38	7,83	8,81	I	97,91	—	2,68	3,01	—	—	—	—	—	—	—	—	—	—	—	—	—	—	—
	II	71,83	—	5,74	6,46	II	71,83	—	1,15	1,29	—	—	—	—	—	—	—	—	—	—	—	—	—	—	—
	III	—	—	—	—	III	—	—	—	—	—	—	—	—	—	—	—	—	—	—	—	—	—	—	—
	V	273,08	15,01	21,84	24,57	IV	97,91	—	5,07	5,70	—	2,68	3,01	—	0,68	0,77	—	—	—	—	—	—	—	—	—
	VI	309,33	17,01	24,74	27,83																				
1 520,99	I,IV	98,58	3,51	7,88	8,87	I	98,58	—	2,72	3,06	—	—	—	—	—	—	—	—	—	—	—	—	—	—	—
	II	72,50	—	5,80	6,52	II	72,50	—	1,19	1,34	—	—	—	—	—	—	—	—	—	—	—	—	—	—	—
	III	—	—	—	—	III	—	—	—	—	—	—	—	—	—	—	—	—	—	—	—	—	—	—	—
	V	274,33	15,08	21,94	24,68	IV	98,58	—	5,12	5,76	—	2,72	3,06	—	0,72	0,81	—	—	—	—	—	—	—	—	—
	VI	310,58	17,08	24,84	27,95																				
1 523,99	I,IV	99,25	3,65	7,94	8,93	I	99,25	—	2,76	3,11	—	—	—	—	—	—	—	—	—	—	—	—	—	—	—
	II	73,16	—	5,85	6,58	II	73,16	—	1,22	1,37	—	—	—	—	—	—	—	—	—	—	—	—	—	—	—
	III	—	—	—	—	III	—	—	—	—	—	—	—	—	—	—	—	—	—	—	—	—	—	—	—
	V	275,50	15,15	22,04	24,79	IV	99,25	—	5,18	5,82	—	2,76	3,11	—	0,76	0,85	—	—	—	—	—	—	—	—	—
	VI	311,75	17,14	24,94	28,05																				
1 526,99	I,IV	100,—	3,80	8,—	9,—	I	100,—	—	2,81	3,16	—	—	—	—	—	—	—	—	—	—	—	—	—	—	—
	II	73,83	—	5,90	6,64	II	73,83	—	1,26	1,42	—	—	—	—	—	—	—	—	—	—	—	—	—	—	—
	III	—	—	—	—	III	—	—	—	—	—	—	—	—	—	—	—	—	—	—	—	—	—	—	—
	V	276,66	15,21	22,13	24,89	IV	100,—	—	5,22	5,87	—	2,81	3,16	—	0,79	0,89	—	—	—	—	—	—	—	—	—
	VI	312,91	17,21	25,03	28,16																				
1 529,99	I,IV	100,66	3,93	8,05	9,05	I	100,66	—	2,85	3,20	—	—	—	—	—	—	—	—	—	—	—	—	—	—	—
	II	74,41	—	5,95	6,69	II	74,41	—	1,30	1,46	—	—	—	—	—	—	—	—	—	—	—	—	—	—	—
	III	—	—	—	—	III	—	—	—	—	—	—	—	—	—	—	—	—	—	—	—	—	—	—	—
	V	277,83	15,28	22,22	25,—	IV	100,66	—	5,28	5,94	—	2,85	3,20	—	0,82	0,92	—	—	—	—	—	—	—	—	—
	VI	314,16	17,27	25,13	28,27																				

* Die ausgewiesenen Tabellenwerte sind amtlich. Siehe Erläuterungen auf der Umschlaginnenseite (U2).

MONAT 1 530,–*

Abzüge an Lohnsteuer, Solidaritätszuschlag (SolZ) und Kirchensteuer (8%, 9%) in den Steuerklassen

Lohn/ Gehalt bis €*	I – VI	LSt	ohne Kinderfreibeträge SolZ	8%	9%	I, II, III, IV	LSt	mit Zahl der Kinderfreibeträge . . . 0,5 SolZ	0,5 8%	0,5 9%	1 SolZ	1 8%	1 9%	1,5 SolZ	1,5 8%	1,5 9%	2 SolZ	2 8%	2 9%	2,5 SolZ	2,5 8%	2,5 9%	3 SolZ	3 8%	3 9%
1 532,99	I,IV	101,33	4,06	8,10	9,11	I	101,33	—	2,90	3,26	—	—	—	—	—	—	—	—	—	—	—	—	—	—	—
	II	75,08	—	6,—	6,75	II	75,08	—	1,34	1,50	—	—	—	—	—	—	—	—	—	—	—	—	—	—	—
	III	—	—	—	—	III	—	—	—	—	—	—	—	—	—	—	—	—	—	—	—	—	—	—	—
	V	279,08	15,34	22,32	25,11	IV	101,33	—	5,32	5,99	—	2,90	3,26	—	0,86	0,96	—	—	—	—	—	—	—	—	—
	VI	315,33	17,34	25,22	28,37																				
1 535,99	I,IV	102,08	4,21	8,16	9,18	I	102,08	—	2,94	3,30	—	—	—	—	—	—	—	—	—	—	—	—	—	—	—
	II	75,75	—	6,06	6,81	II	75,75	—	1,38	1,55	—	—	—	—	—	—	—	—	—	—	—	—	—	—	—
	III	—	—	—	—	III	—	—	—	—	—	—	—	—	—	—	—	—	—	—	—	—	—	—	—
	V	280,25	15,41	22,42	25,22	IV	102,08	—	5,38	6,05	—	2,94	3,30	—	0,90	1,01	—	—	—	—	—	—	—	—	—
	VI	316,50	17,40	25,32	28,48																				
1 538,99	I,IV	102,75	4,35	8,22	9,24	I	102,75	—	2,98	3,35	—	—	—	—	—	—	—	—	—	—	—	—	—	—	—
	II	76,41	—	6,11	6,87	II	76,41	—	1,41	1,58	—	—	—	—	—	—	—	—	—	—	—	—	—	—	—
	III	—	—	—	—	III	—	—	—	—	—	—	—	—	—	—	—	—	—	—	—	—	—	—	—
	V	281,41	15,47	22,51	25,32	IV	102,75	—	5,43	6,11	—	2,98	3,35	—	0,93	1,04	—	—	—	—	—	—	—	—	—
	VI	317,66	17,47	25,41	28,58																				
1 541,99	I,IV	103,41	4,48	8,27	9,30	I	103,41	—	3,02	3,40	—	—	—	—	—	—	—	—	—	—	—	—	—	—	—
	II	77,08	—	6,16	6,93	II	77,08	—	1,45	1,63	—	—	—	—	—	—	—	—	—	—	—	—	—	—	—
	III	—	—	—	—	III	—	—	—	—	—	—	—	—	—	—	—	—	—	—	—	—	—	—	—
	V	282,66	15,54	22,61	25,43	IV	103,41	—	5,48	6,17	—	3,02	3,40	—	0,97	1,09	—	—	—	—	—	—	—	—	—
	VI	318,91	17,54	25,51	28,70																				
1 544,99	I,IV	104,16	4,63	8,33	9,37	I	104,16	—	3,07	3,45	—	—	—	—	—	—	—	—	—	—	—	—	—	—	—
	II	77,75	—	6,22	6,99	II	77,75	—	1,49	1,67	—	—	—	—	—	—	—	—	—	—	—	—	—	—	—
	III	—	—	—	—	III	—	—	—	—	—	—	—	—	—	—	—	—	—	—	—	—	—	—	—
	V	283,83	15,61	22,70	25,54	IV	104,16	—	5,53	6,22	—	3,07	3,45	—	1,—	1,13	—	—	—	—	—	—	—	—	—
	VI	320,08	17,60	25,60	28,80																				
1 547,99	I,IV	104,83	4,76	8,38	9,43	I	104,83	—	3,11	3,50	—	—	—	—	—	—	—	—	—	—	—	—	—	—	—
	II	78,41	—	6,27	7,05	II	78,41	—	1,53	1,72	—	—	—	—	—	—	—	—	—	—	—	—	—	—	—
	III	—	—	—	—	III	—	—	—	—	—	—	—	—	—	—	—	—	—	—	—	—	—	—	—
	V	285,—	15,67	22,80	25,65	IV	104,83	—	5,58	6,28	—	3,11	3,50	—	1,04	1,17	—	—	—	—	—	—	—	—	—
	VI	321,25	17,66	25,70	28,91																				
1 550,99	I,IV	105,58	4,91	8,44	9,50	I	105,58	—	3,16	3,55	—	—	—	—	—	—	—	—	—	—	—	—	—	—	—
	II	79,16	—	6,33	7,12	II	79,16	—	1,56	1,76	—	—	—	—	—	—	—	—	—	—	—	—	—	—	—
	III	—	—	—	—	III	—	—	—	—	—	—	—	—	—	—	—	—	—	—	—	—	—	—	—
	V	286,25	15,74	22,90	25,76	IV	105,58	—	5,64	6,34	—	3,16	3,55	—	1,08	1,21	—	—	—	—	—	—	—	—	—
	VI	322,50	17,73	25,80	29,02																				
1 553,99	I,IV	106,25	5,05	8,50	9,56	I	106,25	—	3,20	3,60	—	—	—	—	—	—	—	—	—	—	—	—	—	—	—
	II	79,83	—	6,38	7,18	II	79,83	—	1,60	1,80	—	—	—	—	—	—	—	—	—	—	—	—	—	—	—
	III	—	—	—	—	III	—	—	—	—	—	—	—	—	—	—	—	—	—	—	—	—	—	—	—
	V	287,41	15,80	22,99	25,86	IV	106,25	—	5,69	6,40	—	3,20	3,60	—	1,12	1,26	—	—	—	—	—	—	—	—	—
	VI	323,66	17,80	25,89	29,12																				
1 556,99	I,IV	106,91	5,18	8,55	9,62	I	106,91	—	3,24	3,65	—	—	—	—	—	—	—	—	—	—	—	—	—	—	—
	II	80,50	—	6,44	7,24	II	80,50	—	1,64	1,85	—	—	—	—	—	—	—	—	—	—	—	—	—	—	—
	III	—	—	—	—	III	—	—	—	—	—	—	—	—	—	—	—	—	—	—	—	—	—	—	—
	V	288,58	15,87	23,08	25,97	IV	106,91	—	5,74	6,46	—	3,24	3,65	—	1,15	1,29	—	—	—	—	—	—	—	—	—
	VI	324,91	17,87	25,99	29,24																				
1 559,99	I,IV	107,66	5,33	8,61	9,68	I	107,66	—	3,29	3,70	—	—	—	—	—	—	—	—	—	—	—	—	—	—	—
	II	81,16	0,03	6,49	7,30	II	81,16	—	1,68	1,89	—	—	—	—	—	—	—	—	—	—	—	—	—	—	—
	III	—	—	—	—	III	—	—	—	—	—	—	—	—	—	—	—	—	—	—	—	—	—	—	—
	V	289,83	15,94	23,18	26,08	IV	107,66	—	5,80	6,52	—	3,29	3,70	—	1,19	1,34	—	—	—	—	—	—	—	—	—
	VI	326,08	17,93	26,08	29,34																				
1 562,99	I,IV	108,33	5,46	8,66	9,74	I	108,33	—	3,34	3,75	—	—	—	—	—	—	—	—	—	—	—	—	—	—	—
	II	81,83	0,16	6,54	7,36	II	81,83	—	1,72	1,94	—	—	—	—	—	—	—	—	—	—	—	—	—	—	—
	III	—	—	—	—	III	—	—	—	—	—	—	—	—	—	—	—	—	—	—	—	—	—	—	—
	V	291,—	16,—	23,28	26,19	IV	108,33	—	5,84	6,57	—	3,34	3,75	—	1,22	1,37	—	—	—	—	—	—	—	—	—
	VI	327,25	17,99	26,18	29,45																				
1 565,99	I,IV	109,—	5,60	8,72	9,81	I	109,—	—	3,38	3,80	—	—	—	—	—	—	—	—	—	—	—	—	—	—	—
	II	82,50	0,30	6,60	7,42	II	82,50	—	1,76	1,98	—	—	—	—	—	—	—	—	—	—	—	—	—	—	—
	III	—	—	—	—	III	—	—	—	—	—	—	—	—	—	—	—	—	—	—	—	—	—	—	—
	V	292,16	16,06	23,37	26,29	IV	109,—	—	5,90	6,63	—	3,38	3,80	—	1,26	1,42	—	—	—	—	—	—	—	—	—
	VI	328,41	18,06	26,27	29,55																				
1 568,99	I,IV	109,75	5,75	8,78	9,87	I	109,75	—	3,42	3,85	—	—	—	—	—	—	—	—	—	—	—	—	—	—	—
	II	83,25	0,45	6,66	7,49	II	83,25	—	1,80	2,03	—	—	—	—	—	—	—	—	—	—	—	—	—	—	—
	III	—	—	—	—	III	—	—	—	—	—	—	—	—	—	—	—	—	—	—	—	—	—	—	—
	V	293,41	16,13	23,47	26,40	IV	109,75	—	5,95	6,69	—	3,42	3,85	—	1,30	1,46	—	—	—	—	—	—	—	—	—
	VI	329,66	18,13	26,37	29,66																				
1 571,99	I,IV	110,41	5,88	8,83	9,93	I	110,41	—	3,47	3,90	—	—	—	—	—	—	—	—	—	—	—	—	—	—	—
	II	83,91	0,58	6,71	7,55	II	83,91	—	1,84	2,07	—	—	—	—	—	—	—	—	—	—	—	—	—	—	—
	III	—	—	—	—	III	—	—	—	—	—	—	—	—	—	—	—	—	—	—	—	—	—	—	—
	V	294,58	16,20	23,56	26,51	IV	110,41	—	6,—	6,75	—	3,47	3,90	—	1,34	1,50	—	—	—	—	—	—	—	—	—
	VI	330,83	18,19	26,46	29,77																				
1 574,99	I,IV	111,08	6,01	8,88	9,99	I	111,08	—	3,52	3,96	—	—	—	—	—	—	—	—	—	—	—	—	—	—	—
	II	84,58	0,71	6,76	7,61	II	84,58	—	1,88	2,11	—	—	—	—	—	—	—	—	—	—	—	—	—	—	—
	III	—	—	—	—	III	—	—	—	—	—	—	—	—	—	—	—	—	—	—	—	—	—	—	—
	V	295,75	16,26	23,66	26,61	IV	111,08	—	6,06	6,81	—	3,52	3,96	—	1,38	1,55	—	—	—	—	—	—	—	—	—
	VI	332,—	18,26	26,56	29,88																				
1 577,99	I,IV	111,83	6,15	8,94	10,06	I	111,83	—	3,56	4,01	—	—	—	—	—	—	—	—	—	—	—	—	—	—	—
	II	85,25	0,85	6,82	7,67	II	85,25	—	1,92	2,16	—	—	—	—	—	—	—	—	—	—	—	—	—	—	—
	III	—	—	—	—	III	—	—	—	—	—	—	—	—	—	—	—	—	—	—	—	—	—	—	—
	V	296,91	16,33	23,75	26,72	IV	111,83	—	6,11	6,87	—	3,56	4,01	—	1,41	1,58	—	—	—	—	—	—	—	—	—
	VI	333,16	18,32	26,65	29,98																				
1 580,99	I,IV	112,50	6,18	9,—	10,12	I	112,50	—	3,61	4,06	—	—	—	—	—	—	—	—	—	—	—	—	—	—	—
	II	86,—	1,—	6,88	7,74	II	86,—	—	1,96	2,20	—	—	—	—	—	—	—	—	—	—	—	—	—	—	—
	III	—	—	—	—	III	—	—	—	—	—	—	—	—	—	—	—	—	—	—	—	—	—	—	—
	V	298,16	16,39	23,85	26,83	IV	112,50	—	6,16	6,93	—	3,61	4,06	—	1,45	1,63	—	—	—	—	—	—	—	—	—
	VI	334,33	18,38	26,74	30,08																				

* Die ausgewiesenen Tabellenwerte sind amtlich. Siehe Erläuterungen auf der Umschlaginnenseite (U2).

Abzüge an Lohnsteuer, Solidaritätszuschlag (SolZ) und Kirchensteuer (8%, 9%) in den Steuerklassen

Lohn/ Gehalt bis €*		I – VI						I, II, III, IV																	
			ohne Kinderfreibeträge					mit Zahl der Kinderfreibeträge . . .																	
								0,5			1			1,5			2			2,5			3		
		LSt	SolZ	8%	9%		LSt	SolZ	8%	9%	SolZ	8%	9%	SolZ	8%	9%	SolZ	8%	9%	SolZ	8%	9%	SolZ	8%	9%
	I,IV	113,25	6,22	9,06	10,19	I	113,25	—	3,66	4,11	—	—	—	—	—	—	—	—	—	—	—	—	—	—	—
	II	86,66	1,13	6,93	7,79	II	86,66	—	2,—	2,25	—	—	—	—	—	—	—	—	—	—	—	—	—	—	—
1 583,99	III	—	—	—	—	III	—	—	—	—	—	—	—	—	—	—	—	—	—	—	—	—	—	—	—
	V	299,33	16,46	23,94	26,93	IV	113,25	—	6,22	6,99	—	3,66	4,11	—	1,49	1,67	—	—	—	—	—	—	—	—	—
	VI	335,33	18,44	26,82	30,17																				
	I,IV	113,91	6,26	9,11	10,25	I	113,91	—	3,70	4,16	—	—	—	—	—	—	—	—	—	—	—	—	—	—	—
	II	87,33	1,26	6,98	7,85	II	87,33	—	2,04	2,30	—	—	—	—	—	—	—	—	—	—	—	—	—	—	—
1 586,99	III	—	—	—	—	III	—	—	—	—	—	—	—	—	—	—	—	—	—	—	—	—	—	—	—
	V	300,58	16,53	24,04	27,05	IV	113,91	—	6,27	7,05	—	3,70	4,16	—	1,53	1,72	—	—	—	—	—	—	—	—	—
	VI	336,33	18,49	26,90	30,26																				
	I,IV	114,66	6,30	9,17	10,31	I	114,66	—	3,75	4,22	—	—	—	—	—	—	—	—	—	—	—	—	—	—	—
	II	88,—	1,40	7,04	7,92	II	88,—	—	2,08	2,34	—	—	—	—	—	—	—	—	—	—	—	—	—	—	—
1 589,99	III	—	—	—	—	III	—	—	—	—	—	—	—	—	—	—	—	—	—	—	—	—	—	—	—
	V	301,75	16,59	24,14	27,15	IV	114,66	—	6,33	7,12	—	3,75	4,22	—	1,56	1,76	—	—	—	—	—	—	—	—	—
	VI	337,50	18,56	27,—	30,37																				
	I,IV	115,33	6,34	9,22	10,37	I	115,33	—	3,79	4,26	—	—	—	—	—	—	—	—	—	—	—	—	—	—	—
	II	88,66	1,53	7,09	7,97	II	88,66	—	2,12	2,39	—	—	—	—	—	—	—	—	—	—	—	—	—	—	—
1 592,99	III	—	—	—	—	III	—	—	—	—	—	—	—	—	—	—	—	—	—	—	—	—	—	—	—
	V	302,91	16,66	24,23	27,26	IV	115,33	—	6,38	7,18	—	3,79	4,26	—	1,60	1,80	—	—	—	—	—	—	—	—	—
	VI	338,33	18,60	27,06	30,44																				
	I,IV	116,08	6,38	9,28	10,44	I	116,08	—	3,84	4,32	—	—	—	—	—	—	—	—	—	—	—	—	—	—	—
	II	89,41	1,68	7,15	8,04	II	89,41	—	2,16	2,43	—	—	—	—	—	—	—	—	—	—	—	—	—	—	—
1 595,99	III	—	—	—	—	III	—	—	—	—	—	—	—	—	—	—	—	—	—	—	—	—	—	—	—
	V	304,08	16,72	24,32	27,36	IV	116,08	—	6,44	7,24	—	3,84	4,32	—	1,64	1,85	—	—	—	—	—	—	—	—	—
	VI	339,50	18,67	27,16	30,55																				
	I,IV	116,75	6,42	9,34	10,50	I	116,75	—	3,88	4,37	—	—	—	—	—	—	—	—	—	—	—	—	—	—	—
	II	90,08	1,81	7,20	8,10	II	90,08	—	2,20	2,48	—	—	—	—	—	—	—	—	—	—	—	—	—	—	—
1 598,99	III	—	—	—	—	III	—	—	—	—	—	—	—	—	—	—	—	—	—	—	—	—	—	—	—
	V	305,33	16,79	24,42	27,47	IV	116,75	0,03	6,49	7,30	—	3,88	4,37	—	1,68	1,89	—	—	—	—	—	—	—	—	—
	VI	340,33	18,71	27,22	30,62																				
	I,IV	117,41	6,45	9,39	10,56	I	117,41	—	3,93	4,42	—	—	—	—	—	—	—	—	—	—	—	—	—	—	—
	II	90,75	1,95	7,26	8,16	II	90,75	—	2,24	2,52	—	—	—	—	—	—	—	—	—	—	—	—	—	—	—
1 601,99	III	—	—	—	—	III	—	—	—	—	—	—	—	—	—	—	—	—	—	—	—	—	—	—	—
	V	306,50	16,85	24,52	27,58	IV	117,41	0,16	6,54	7,36	—	3,93	4,42	—	1,72	1,94	—	—	—	—	—	—	—	—	—
	VI	341,50	18,78	27,32	30,73																				
	I,IV	118,16	6,49	9,45	10,63	I	118,16	—	3,98	4,47	—	—	—	—	—	—	—	—	—	—	—	—	—	—	—
	II	91,41	2,08	7,31	8,22	II	91,41	—	2,28	2,57	—	—	—	—	—	—	—	—	—	—	—	—	—	—	—
1 604,99	III	—	—	—	—	III	—	—	—	—	—	—	—	—	—	—	—	—	—	—	—	—	—	—	—
	V	307,66	16,92	24,61	27,68	IV	118,16	0,30	6,60	7,42	—	3,98	4,47	—	1,76	1,98	—	—	—	—	—	—	—	—	—
	VI	342,33	18,82	27,38	30,80																				
	I,IV	118,83	6,53	9,50	10,69	I	118,83	—	4,03	4,53	—	—	—	—	—	—	—	—	—	—	—	—	—	—	—
	II	92,08	2,21	7,36	8,28	II	92,08	—	2,32	2,61	—	—	—	—	—	—	—	—	—	—	—	—	—	—	—
1 607,99	III	—	—	—	—	III	—	—	—	—	—	—	—	—	—	—	—	—	—	—	—	—	—	—	—
	V	308,91	16,99	24,71	27,80	IV	118,83	0,43	6,65	7,48	—	4,03	4,53	—	1,80	2,02	—	—	—	—	—	—	—	—	—
	VI	343,50	18,89	27,48	30,91																				
	I,IV	119,58	6,57	9,56	10,76	I	119,58	—	4,08	4,59	—	—	—	—	—	—	—	—	—	—	—	—	—	—	—
	II	92,83	2,36	7,42	8,35	II	92,83	—	2,37	2,66	—	—	—	—	—	—	—	—	—	—	—	—	—	—	—
1 610,99	III	—	—	—	—	III	—	—	—	—	—	—	—	—	—	—	—	—	—	—	—	—	—	—	—
	V	310,08	17,05	24,80	27,90	IV	119,58	0,58	6,71	7,55	—	4,08	4,59	—	1,84	2,07	—	—	—	—	—	—	—	—	—
	VI	344,33	18,93	27,54	30,98																				
	I,IV	120,25	6,61	9,62	10,82	I	120,25	—	4,12	4,64	—	0,04	0,04	—	—	—	—	—	—	—	—	—	—	—	—
	II	93,50	2,50	7,48	8,41	II	93,50	—	2,41	2,71	—	—	—	—	—	—	—	—	—	—	—	—	—	—	—
1 613,99	III	—	—	—	—	III	—	—	—	—	—	—	—	—	—	—	—	—	—	—	—	—	—	—	—
	V	311,33	17,12	24,90	28,01	IV	120,25	0,71	6,76	7,61	—	4,12	4,64	—	1,88	2,11	—	0,04	0,04	—	—	—	—	—	—
	VI	345,33	18,99	27,62	31,07																				
	I,IV	121,—	6,65	9,68	10,89	I	121,—	—	4,17	4,69	—	0,06	0,07	—	—	—	—	—	—	—	—	—	—	—	—
	II	94,16	2,63	7,53	8,47	II	94,16	—	2,45	2,75	—	—	—	—	—	—	—	—	—	—	—	—	—	—	—
1 616,99	III	—	—	—	—	III	—	—	—	—	—	—	—	—	—	—	—	—	—	—	—	—	—	—	—
	V	312,50	17,18	25,—	28,12	IV	121,—	0,85	6,82	7,67	—	4,17	4,69	—	1,92	2,16	—	0,06	0,07	—	—	—	—	—	—
	VI	346,50	19,05	27,72	31,18																				
	I,IV	121,66	6,69	9,73	10,94	I	121,66	—	4,22	4,74	—	0,10	0,11	—	—	—	—	—	—	—	—	—	—	—	—
	II	94,91	2,78	7,59	8,54	II	94,91	—	2,50	2,81	—	—	—	—	—	—	—	—	—	—	—	—	—	—	—
1 619,99	III	—	—	—	—	III	—	—	—	—	—	—	—	—	—	—	—	—	—	—	—	—	—	—	—
	V	313,66	17,25	25,09	28,22	IV	121,66	0,98	6,87	7,73	—	4,22	4,74	—	1,96	2,20	—	0,10	0,11	—	—	—	—	—	—
	VI	347,33	19,10	27,78	31,25																				
	I,IV	122,41	6,73	9,79	11,01	I	122,41	—	4,26	4,79	—	0,13	0,14	—	—	—	—	—	—	—	—	—	—	—	—
	II	95,58	2,91	7,64	8,60	II	95,58	—	2,54	2,85	—	—	—	—	—	—	—	—	—	—	—	—	—	—	—
1 622,99	III	—	—	—	—	III	—	—	—	—	—	—	—	—	—	—	—	—	—	—	—	—	—	—	—
	V	314,83	17,31	25,18	28,33	IV	122,41	1,11	6,92	7,79	—	4,26	4,79	—	2,—	2,25	—	0,13	0,14	—	—	—	—	—	—
	VI	348,50	19,16	27,88	31,36																				
	I,IV	123,08	6,76	9,84	11,07	I	123,08	—	4,32	4,86	—	0,16	0,18	—	—	—	—	—	—	—	—	—	—	—	—
	II	96,25	3,05	7,70	8,66	II	96,25	—	2,58	2,90	—	—	—	—	—	—	—	—	—	—	—	—	—	—	—
1 625,99	III	—	—	—	—	III	—	—	—	—	—	—	—	—	—	—	—	—	—	—	—	—	—	—	—
	V	316,08	17,38	25,28	28,44	IV	123,08	1,26	6,98	7,85	—	4,32	4,86	—	2,04	2,29	—	0,16	0,18	—	—	—	—	—	—
	VI	349,50	19,22	27,96	31,45																				
	I,IV	123,83	6,81	9,90	11,14	I	123,83	—	4,36	4,91	—	0,20	0,22	—	—	—	—	—	—	—	—	—	—	—	—
	II	96,91	3,18	7,75	8,72	II	96,91	—	2,62	2,95	—	—	—	—	—	—	—	—	—	—	—	—	—	—	—
1 628,99	III	—	—	—	—	III	—	—	—	—	—	—	—	—	—	—	—	—	—	—	—	—	—	—	—
	V	317,25	17,44	25,38	28,55	IV	123,83	1,40	7,04	7,92	—	4,36	4,91	—	2,08	2,34	—	0,20	0,22	—	—	—	—	—	—
	VI	350,50	19,27	28,04	31,54																				
	I,IV	124,50	6,84	9,96	11,20	I	124,50	—	4,41	4,96	—	0,23	0,26	—	—	—	—	—	—	—	—	—	—	—	—
	II	97,66	3,33	7,81	8,78	II	97,66	—	2,66	2,99	—	—	—	—	—	—	—	—	—	—	—	—	—	—	—
1 631,99	III	—	—	—	—	III	—	—	—	—	—	—	—	—	—	—	—	—	—	—	—	—	—	—	—
	V	318,41	17,51	25,47	28,65	IV	124,50	1,53	7,09	7,97	—	4,41	4,96	—	2,12	2,38	—	0,23	0,26	—	—	—	—	—	—
	VI	351,33	19,33	28,12	31,63																				

* Die ausgewiesenen Tabellenwerte sind amtlich. Siehe Erläuterungen auf der Umschlaginnenseite (U2).

MONAT 1 632,–*

Lohn/ Gehalt bis €*		I – VI	ohne Kinderfreibeträge			I, II, III, IV		mit Zahl der Kinderfreibeträge . . . 0,5			1			1,5			2			2,5			3		
		LSt	SolZ	8%	9%		LSt	SolZ	8%	9%	SolZ	8%	9%	SolZ	8%	9%	SolZ	8%	9%	SolZ	8%	9%	SolZ	8%	9%
1 634,99	I,IV	125,25	6,88	10,02	11,27	I	125,25	—	4,46	5,01	—	0,26	0,29	—	—	—	—	—	—	—	—	—	—	—	—
	II	98,33	3,46	7,86	8,84	II	98,33	—	2,70	3,04	—	—	—	—	—	—	—	—	—	—	—	—	—	—	—
	III	—	—	—	—	III	—	—	—	—	—	—	—	—	—	—	—	—	—	—	—	—	—	—	—
	V	319,66	17,58	25,57	28,76	IV	125,25	1,66	7,14	8,03	—	4,46	5,01	—	2,16	2,43	—	0,26	0,29	—	—	—	—	—	—
	VI	352,33	19,37	28,18	31,70																				
1 637,99	I,IV	125,91	6,92	10,07	11,33	I	125,91	—	4,51	5,07	—	0,30	0,33	—	—	—	—	—	—	—	—	—	—	—	—
	II	99,—	3,60	7,92	8,91	II	99,—	—	2,75	3,09	—	—	—	—	—	—	—	—	—	—	—	—	—	—	—
	III	—	—	—	—	III	—	—	—	—	—	—	—	—	—	—	—	—	—	—	—	—	—	—	—
	V	320,83	17,64	25,66	28,87	IV	125,91	1,81	7,20	8,10	—	4,51	5,07	—	2,20	2,48	—	0,30	0,33	—	—	—	—	—	—
	VI	353,50	19,44	28,28	31,81																				
1 640,99	I,IV	126,66	6,96	10,13	11,39	I	126,66	—	4,56	5,13	—	0,33	0,37	—	—	—	—	—	—	—	—	—	—	—	—
	II	99,75	3,75	7,98	8,97	II	99,75	—	2,79	3,14	—	—	—	—	—	—	—	—	—	—	—	—	—	—	—
	III	—	—	—	—	III	—	—	—	—	—	—	—	—	—	—	—	—	—	—	—	—	—	—	—
	V	322,—	17,71	25,76	28,98	IV	126,66	1,95	7,26	8,16	—	4,56	5,13	—	2,24	2,52	—	0,33	0,37	—	—	—	—	—	—
	VI	354,50	19,49	28,36	31,90																				
1 643,99	I,IV	127,33	7,—	10,18	11,45	I	127,33	—	4,60	5,18	—	0,36	0,41	—	—	—	—	—	—	—	—	—	—	—	—
	II	100,41	3,88	8,03	9,03	II	100,41	—	2,84	3,19	—	—	—	—	—	—	—	—	—	—	—	—	—	—	—
	III	—	—	—	—	III	—	—	—	—	—	—	—	—	—	—	—	—	—	—	—	—	—	—	—
	V	323,25	17,77	25,86	29,09	IV	127,33	2,08	7,31	8,22	—	4,60	5,18	—	2,28	2,57	—	0,36	0,41	—	—	—	—	—	—
	VI	355,50	19,55	28,44	31,99																				
1 646,99	I,IV	128,08	7,04	10,24	11,52	I	128,08	—	4,66	5,24	—	0,40	0,45	—	—	—	—	—	—	—	—	—	—	—	—
	II	101,08	4,01	8,08	9,09	II	101,08	—	2,88	3,24	—	—	—	—	—	—	—	—	—	—	—	—	—	—	—
	III	—	—	—	—	III	—	—	—	—	—	—	—	—	—	—	—	—	—	—	—	—	—	—	—
	V	324,41	17,84	25,95	29,19	IV	128,08	2,21	7,36	8,28	—	4,66	5,24	—	2,32	2,61	—	0,40	0,45	—	—	—	—	—	—
	VI	356,50	19,60	28,52	32,08																				
1 649,99	I,IV	128,75	7,08	10,30	11,58	I	128,75	—	4,70	5,29	—	0,43	0,48	—	—	—	—	—	—	—	—	—	—	—	—
	II	101,83	4,16	8,14	9,16	II	101,83	—	2,92	3,29	—	—	—	—	—	—	—	—	—	—	—	—	—	—	—
	III	—	—	—	—	III	—	—	—	—	—	—	—	—	—	—	—	—	—	—	—	—	—	—	—
	V	325,58	17,90	26,04	29,30	IV	128,75	2,36	7,42	8,35	—	4,70	5,29	—	2,37	2,66	—	0,43	0,48	—	—	—	—	—	—
	VI	357,50	19,66	28,60	32,17																				
1 652,99	I,IV	129,50	7,12	10,36	11,65	I	129,50	—	4,75	5,34	—	0,46	0,52	—	—	—	—	—	—	—	—	—	—	—	—
	II	102,50	4,30	8,20	9,22	II	102,50	—	2,96	3,33	—	—	—	—	—	—	—	—	—	—	—	—	—	—	—
	III	—	—	—	—	III	—	—	—	—	—	—	—	—	—	—	—	—	—	—	—	—	—	—	—
	V	326,83	17,97	26,14	29,41	IV	129,50	2,50	7,48	8,41	—	4,75	5,34	—	2,41	2,71	—	0,46	0,52	—	—	—	—	—	—
	VI	358,50	19,71	28,68	32,26																				
1 655,99	I,IV	130,16	7,15	10,41	11,71	I	130,16	—	4,80	5,40	—	0,50	0,56	—	—	—	—	—	—	—	—	—	—	—	—
	II	103,16	4,43	8,25	9,28	II	103,16	—	3,01	3,38	—	—	—	—	—	—	—	—	—	—	—	—	—	—	—
	III	—	—	—	—	III	—	—	—	—	—	—	—	—	—	—	—	—	—	—	—	—	—	—	—
	V	328,—	18,04	26,24	29,52	IV	130,16	2,63	7,53	8,47	—	4,80	5,40	—	2,45	2,75	—	0,50	0,56	—	—	—	—	—	—
	VI	359,33	19,76	28,74	32,33																				
1 658,99	I,IV	130,91	7,20	10,47	11,78	I	130,91	—	4,85	5,45	—	0,53	0,59	—	—	—	—	—	—	—	—	—	—	—	—
	II	103,91	4,58	8,31	9,35	II	103,91	—	3,05	3,43	—	—	—	—	—	—	—	—	—	—	—	—	—	—	—
	III	—	—	—	—	III	—	—	—	—	—	—	—	—	—	—	—	—	—	—	—	—	—	—	—
	V	329,16	18,10	26,33	29,62	IV	130,91	2,76	7,58	8,53	—	4,85	5,45	—	2,49	2,80	—	0,53	0,59	—	—	—	—	—	—
	VI	360,50	19,82	28,84	32,44																				
1 661,99	I,IV	131,66	7,24	10,53	11,84	I	131,66	—	4,90	5,51	—	0,56	0,63	—	—	—	—	—	—	—	—	—	—	—	—
	II	104,58	4,71	8,36	9,41	II	104,58	—	3,10	3,48	—	—	—	—	—	—	—	—	—	—	—	—	—	—	—
	III	—	—	—	—	III	—	—	—	—	—	—	—	—	—	—	—	—	—	—	—	—	—	—	—
	V	330,33	18,16	26,42	29,72	IV	131,66	2,91	7,64	8,60	—	4,90	5,51	—	2,54	2,85	—	0,56	0,63	—	—	—	—	—	—
	VI	361,50	19,88	28,92	32,53																				
1 664,99	I,IV	132,33	7,27	10,58	11,90	I	132,33	—	4,95	5,57	—	0,60	0,68	—	—	—	—	—	—	—	—	—	—	—	—
	II	105,25	4,85	8,42	9,47	II	105,25	—	3,14	3,53	—	—	—	—	—	—	—	—	—	—	—	—	—	—	—
	III	—	—	—	—	III	—	—	—	—	—	—	—	—	—	—	—	—	—	—	—	—	—	—	—
	V	331,58	18,23	26,52	29,84	IV	132,33	3,05	7,70	8,66	—	4,95	5,57	—	2,58	2,90	—	0,60	0,68	—	—	—	—	—	—
	VI	362,33	19,92	28,98	32,60																				
1 667,99	I,IV	133,08	7,31	10,64	11,97	I	133,08	—	5,—	5,63	—	0,64	0,72	—	—	—	—	—	—	—	—	—	—	—	—
	II	106,—	5,—	8,48	9,54	II	106,—	—	3,18	3,58	—	—	—	—	—	—	—	—	—	—	—	—	—	—	—
	III	—	—	—	—	III	—	—	—	—	—	—	—	—	—	—	—	—	—	—	—	—	—	—	—
	V	332,75	18,30	26,62	29,94	IV	133,08	3,18	7,75	8,72	—	5,—	5,63	—	2,62	2,94	—	0,64	0,72	—	—	—	—	—	—
	VI	363,33	19,98	29,06	32,69																				
1 670,99	I,IV	133,75	7,35	10,70	12,03	I	133,75	—	5,05	5,68	—	0,67	0,75	—	—	—	—	—	—	—	—	—	—	—	—
	II	106,66	5,13	8,53	9,59	II	106,66	—	3,23	3,63	—	—	—	—	—	—	—	—	—	—	—	—	—	—	—
	III	—	—	—	—	III	—	—	—	—	—	—	—	—	—	—	—	—	—	—	—	—	—	—	—
	V	333,83	18,36	26,70	30,04	IV	133,75	3,33	7,81	8,78	—	5,05	5,68	—	2,66	2,99	—	0,67	0,75	—	—	—	—	—	—
	VI	364,50	20,04	29,16	32,80																				
1 673,99	I,IV	134,50	7,39	10,76	12,10	I	134,50	—	5,10	5,74	—	0,70	0,79	—	—	—	—	—	—	—	—	—	—	—	—
	II	107,33	5,26	8,58	9,65	II	107,33	—	3,28	3,69	—	—	—	—	—	—	—	—	—	—	—	—	—	—	—
	III	—	—	—	—	III	—	—	—	—	—	—	—	—	—	—	—	—	—	—	—	—	—	—	—
	V	335,—	18,42	26,80	30,15	IV	134,50	3,46	7,86	8,84	—	5,10	5,74	—	2,70	3,04	—	0,70	0,79	—	—	—	—	—	—
	VI	365,33	20,09	29,22	32,87																				
1 676,99	I,IV	135,25	7,43	10,82	12,17	I	135,25	—	5,16	5,80	—	0,74	0,83	—	—	—	—	—	—	—	—	—	—	—	—
	II	108,08	5,41	8,64	9,72	II	108,08	—	3,32	3,73	—	—	—	—	—	—	—	—	—	—	—	—	—	—	—
	III	—	—	—	—	III	—	—	—	—	—	—	—	—	—	—	—	—	—	—	—	—	—	—	—
	V	336,—	18,48	26,88	30,24	IV	135,25	3,60	7,92	8,91	—	5,16	5,80	—	2,75	3,09	—	0,74	0,83	—	—	—	—	—	—
	VI	366,50	20,15	29,32	32,98																				
1 679,99	I,IV	135,91	7,47	10,87	12,23	I	135,91	—	5,20	5,85	—	0,78	0,87	—	—	—	—	—	—	—	—	—	—	—	—
	II	108,75	5,55	8,70	9,78	II	108,75	—	3,36	3,78	—	—	—	—	—	—	—	—	—	—	—	—	—	—	—
	III	—	—	—	—	III	—	—	—	—	—	—	—	—	—	—	—	—	—	—	—	—	—	—	—
	V	337,—	18,53	26,96	30,33	IV	135,91	3,75	7,98	8,97	—	5,20	5,85	—	2,79	3,14	—	0,78	0,87	—	—	—	—	—	—
	VI	367,33	20,20	29,38	33,05																				
1 682,99	I,IV	136,66	7,51	10,93	12,29	I	136,66	—	5,26	5,91	—	0,81	0,91	—	—	—	—	—	—	—	—	—	—	—	—
	II	109,50	5,70	8,76	9,85	II	109,50	—	3,41	3,83	—	—	—	—	—	—	—	—	—	—	—	—	—	—	—
	III	—	—	—	—	III	—	—	—	—	—	—	—	—	—	—	—	—	—	—	—	—	—	—	—
	V	338,—	18,59	27,04	30,42	IV	136,66	3,88	8,03	9,03	—	5,26	5,91	—	2,84	3,19	—	0,81	0,91	—	—	—	—	—	—
	VI	368,33	20,25	29,46	33,14																				

Abzüge an Lohnsteuer, Solidaritätszuschlag (SolZ) und Kirchensteuer (8%, 9%) in den Steuerklassen

* Die ausgewiesenen Tabellenwerte sind amtlich. Siehe Erläuterungen auf der Umschlaginnenseite (U2).

Abzüge an Lohnsteuer, Solidaritätszuschlag (SolZ) und Kirchensteuer (8%, 9%) in den Steuerklassen

Lohn/ Gehalt bis €*	I – VI					I, II, III, IV		mit Zahl der Kinderfreibeträge . . . 0,5			1			1,5			2			2,5			3		
		LSt	ohne Kinderfreibeträge SolZ	8%	9%		LSt	SolZ	8%	9%	SolZ	8%	9%	SolZ	8%	9%	SolZ	8%	9%	SolZ	8%	9%	SolZ	8%	9%
1 685,99	I,IV	137,33	7,55	10,98	12,35	I	137,33	—	5,31	5,97	—	0,84	0,95	—	—	—	—	—	—	—	—	—	—	—	—
	II	110,16	5,83	8,81	9,91	II	110,16	—	3,46	3,89	—	—	—	—	—	—	—	—	—	—	—	—	—	—	—
	III	—	—	—	—	III	—	—	—	—	—	—	—	—	—	—	—	—	—	—	—	—	—	—	—
	V	339,—	18,64	27,12	30,51	IV	137,33	4,01	8,08	9,09	—	5,31	5,97	—	2,88	3,24	—	0,84	0,95	—	—	—	—	—	—
	VI	369,33	20,31	29,54	33,23																				
1 688,99	I,IV	138,08	7,59	11,04	12,42	I	138,08	—	5,36	6,03	—	0,88	0,99	—	—	—	—	—	—	—	—	—	—	—	—
	II	110,91	5,98	8,87	9,98	II	110,91	—	3,50	3,94	—	—	—	—	—	—	—	—	—	—	—	—	—	—	—
	III	—	—	—	—	III	—	—	—	—	—	—	—	—	—	—	—	—	—	—	—	—	—	—	—
	V	340,—	18,70	27,20	30,60	IV	138,08	4,16	8,14	9,16	—	5,36	6,03	—	2,92	3,29	—	0,88	0,99	—	—	—	—	—	—
	VI	370,33	20,36	29,62	33,32																				
1 691,99	I,IV	138,75	7,63	11,10	12,48	I	138,75	—	5,41	6,08	—	0,92	1,03	—	—	—	—	—	—	—	—	—	—	—	—
	II	111,58	6,11	8,92	10,04	II	111,58	—	3,54	3,98	—	—	—	—	—	—	—	—	—	—	—	—	—	—	—
	III	—	—	—	—	III	—	—	—	—	—	—	—	—	—	—	—	—	—	—	—	—	—	—	—
	V	341,—	18,75	27,28	30,69	IV	138,75	4,30	8,20	9,22	—	5,41	6,08	—	2,96	3,33	—	0,92	1,03	—	—	—	—	—	—
	VI	371,33	20,42	29,70	33,41																				
1 694,99	I,IV	139,50	7,67	11,16	12,55	I	139,50	—	5,46	6,14	—	0,96	1,08	—	—	—	—	—	—	—	—	—	—	—	—
	II	112,25	6,17	8,98	10,10	II	112,25	—	3,59	4,04	—	—	—	—	—	—	—	—	—	—	—	—	—	—	—
	III	—	—	—	—	III	—	—	—	—	—	—	—	—	—	—	—	—	—	—	—	—	—	—	—
	V	342,—	18,81	27,36	30,78	IV	139,50	4,43	8,25	9,28	—	5,46	6,14	—	3,01	3,38	—	0,96	1,08	—	—	—	—	—	—
	VI	372,33	20,47	29,78	33,50																				
1 697,99	I,IV	140,25	7,71	11,22	12,62	I	140,25	—	5,51	6,20	—	0,99	1,11	—	—	—	—	—	—	—	—	—	—	—	—
	II	113,—	6,21	9,04	10,17	II	113,—	—	3,64	4,09	—	—	—	—	—	—	—	—	—	—	—	—	—	—	—
	III	—	—	—	—	III	—	—	—	—	—	—	—	—	—	—	—	—	—	—	—	—	—	—	—
	V	343,—	18,86	27,44	30,87	IV	140,25	4,56	8,30	9,34	—	5,51	6,20	—	3,05	3,43	—	0,99	1,11	—	—	—	—	—	—
	VI	373,33	20,53	29,86	33,59																				
1 700,99	I,IV	140,91	7,75	11,27	12,68	I	140,91	—	5,56	6,26	—	1,02	1,15	—	—	—	—	—	—	—	—	—	—	—	—
	II	113,66	6,25	9,09	10,22	II	113,66	—	3,68	4,14	—	—	—	—	—	—	—	—	—	—	—	—	—	—	—
	III	—	—	—	—	III	—	—	—	—	—	—	—	—	—	—	—	—	—	—	—	—	—	—	—
	V	344,—	18,92	27,52	30,96	IV	140,91	4,71	8,36	9,41	—	5,56	6,26	—	3,10	3,48	—	1,02	1,15	—	—	—	—	—	—
	VI	374,33	20,58	29,94	33,68																				
1 703,99	I,IV	141,66	7,79	11,33	12,74	I	141,66	—	5,62	6,32	—	1,06	1,19	—	—	—	—	—	—	—	—	—	—	—	—
	II	114,33	6,28	9,14	10,28	II	114,33	—	3,73	4,19	—	—	—	—	—	—	—	—	—	—	—	—	—	—	—
	III	—	—	—	—	III	—	—	—	—	—	—	—	—	—	—	—	—	—	—	—	—	—	—	—
	V	345,—	18,97	27,60	31,05	IV	141,66	4,85	8,42	9,47	—	5,62	6,32	—	3,14	3,53	—	1,06	1,19	—	—	—	—	—	—
	VI	375,33	20,64	30,02	33,77																				
1 706,99	I,IV	142,33	7,82	11,38	12,80	I	142,33	—	5,67	6,38	—	1,10	1,23	—	—	—	—	—	—	—	—	—	—	—	—
	II	115,08	6,32	9,20	10,35	II	115,08	—	3,78	4,25	—	—	—	—	—	—	—	—	—	—	—	—	—	—	—
	III	—	—	—	—	III	—	—	—	—	—	—	—	—	—	—	—	—	—	—	—	—	—	—	—
	V	346,—	19,03	27,68	31,14	IV	142,33	4,98	8,47	9,53	—	5,67	6,38	—	3,18	3,58	—	1,10	1,23	—	—	—	—	—	—
	VI	376,16	20,68	30,09	33,85																				
1 709,99	I,IV	143,08	7,86	11,44	12,87	I	143,08	—	5,72	6,44	—	1,14	1,28	—	—	—	—	—	—	—	—	—	—	—	—
	II	115,83	6,37	9,26	10,42	II	115,83	—	3,82	4,30	—	—	—	—	—	—	—	—	—	—	—	—	—	—	—
	III	—	—	—	—	III	—	—	—	—	—	—	—	—	—	—	—	—	—	—	—	—	—	—	—
	V	347,—	19,08	27,76	31,23	IV	143,08	5,13	8,53	9,59	—	5,72	6,44	—	3,23	3,63	—	1,14	1,28	—	—	—	—	—	—
	VI	377,33	20,75	30,18	33,95																				
1 712,99	I,IV	143,83	7,91	11,50	12,94	I	143,83	—	5,78	6,50	—	1,17	1,31	—	—	—	—	—	—	—	—	—	—	—	—
	II	116,50	6,40	9,32	10,48	II	116,50	—	3,87	4,35	—	—	—	—	—	—	—	—	—	—	—	—	—	—	—
	III	—	—	—	—	III	—	—	—	—	—	—	—	—	—	—	—	—	—	—	—	—	—	—	—
	V	348,—	19,14	27,84	31,32	IV	143,83	5,26	8,58	9,65	—	5,78	6,50	—	3,28	3,69	—	1,17	1,31	—	—	—	—	—	—
	VI	378,16	20,79	30,25	34,03																				
1 715,99	I,IV	144,58	7,95	11,56	13,01	I	144,58	—	5,82	6,55	—	1,21	1,36	—	—	—	—	—	—	—	—	—	—	—	—
	II	117,16	6,44	9,37	10,54	II	117,16	—	3,92	4,41	—	—	—	—	—	—	—	—	—	—	—	—	—	—	—
	III	—	—	—	—	III	—	—	—	—	—	—	—	—	—	—	—	—	—	—	—	—	—	—	—
	V	349,—	19,19	27,92	31,41	IV	144,58	5,41	8,64	9,72	—	5,82	6,55	—	3,32	3,73	—	1,21	1,36	—	—	—	—	—	—
	VI	379,16	20,85	30,33	34,12																				
1 718,99	I,IV	145,25	7,98	11,62	13,07	I	145,25	—	5,88	6,61	—	1,25	1,40	—	—	—	—	—	—	—	—	—	—	—	—
	II	117,91	6,48	9,43	10,61	II	117,91	—	3,96	4,46	—	—	—	—	—	—	—	—	—	—	—	—	—	—	—
	III	—	—	—	—	III	—	—	—	—	—	—	—	—	—	—	—	—	—	—	—	—	—	—	—
	V	350,16	19,25	28,01	31,51	IV	145,25	5,55	8,70	9,78	—	5,88	6,61	—	3,36	3,78	—	1,25	1,40	—	—	—	—	—	—
	VI	380,16	20,90	30,41	34,21																				
1 721,99	I,IV	146,—	8,03	11,68	13,14	I	146,—	—	5,93	6,67	—	1,28	1,44	—	—	—	—	—	—	—	—	—	—	—	—
	II	118,58	6,52	9,48	10,67	II	118,58	—	4,01	4,51	—	—	—	—	—	—	—	—	—	—	—	—	—	—	—
	III	—	—	—	—	III	—	—	—	—	—	—	—	—	—	—	—	—	—	—	—	—	—	—	—
	V	351,—	19,30	28,08	31,59	IV	146,—	5,70	8,76	9,85	—	5,93	6,67	—	3,41	3,83	—	1,28	1,44	—	—	—	—	—	—
	VI	381,16	20,96	30,49	34,30																				
1 724,99	I,IV	146,66	8,06	11,73	13,19	I	146,66	—	5,98	6,73	—	1,32	1,49	—	—	—	—	—	—	—	—	—	—	—	—
	II	119,33	6,56	9,54	10,73	II	119,33	—	4,06	4,56	—	—	—	—	—	—	—	—	—	—	—	—	—	—	—
	III	—	—	—	—	III	—	—	—	—	—	—	—	—	—	—	—	—	—	—	—	—	—	—	—
	V	352,—	19,36	28,16	31,68	IV	146,66	5,83	8,81	9,91	—	5,98	6,73	—	3,46	3,89	—	1,32	1,49	—	—	—	—	—	—
	VI	382,16	21,01	30,57	34,39																				
1 727,99	I,IV	147,41	8,10	11,79	13,26	I	147,41	—	6,04	6,79	—	1,36	1,53	—	—	—	—	—	—	—	—	—	—	—	—
	II	120,—	6,60	9,60	10,80	II	120,—	—	4,10	4,61	—	0,02	0,02	—	—	—	—	—	—	—	—	—	—	—	—
	III	—	—	—	—	III	—	—	—	—	—	—	—	—	—	—	—	—	—	—	—	—	—	—	—
	V	353,16	19,42	28,25	31,78	IV	147,41	5,96	8,86	9,97	—	6,04	6,79	—	3,50	3,93	—	1,36	1,53	—	—	—	—	—	—
	VI	383,16	21,07	30,65	34,48																				
1 730,99	I,IV	148,16	8,14	11,85	13,33	I	148,16	—	6,09	6,85	—	1,40	1,57	—	—	—	—	—	—	—	—	—	—	—	—
	II	120,75	6,64	9,66	10,86	II	120,75	—	4,15	4,67	—	0,06	0,06	—	—	—	—	—	—	—	—	—	—	—	—
	III	—	—	—	—	III	—	—	—	—	—	—	—	—	—	—	—	—	—	—	—	—	—	—	—
	V	354,—	19,47	28,32	31,86	IV	148,16	6,11	8,92	10,04	—	6,09	6,85	—	3,54	3,98	—	1,40	1,57	—	—	—	—	—	—
	VI	384,16	21,12	30,73	34,57																				
1 733,99	I,IV	148,83	8,18	11,90	13,39	I	148,83	—	6,14	6,91	—	1,44	1,62	—	—	—	—	—	—	—	—	—	—	—	—
	II	121,41	6,67	9,71	10,92	II	121,41	—	4,20	4,72	—	0,08	0,09	—	—	—	—	—	—	—	—	—	—	—	—
	III	—	—	—	—	III	—	—	—	—	—	—	—	—	—	—	—	—	—	—	—	—	—	—	—
	V	355,16	19,53	28,41	31,96	IV	148,83	6,17	8,98	10,10	—	6,14	6,91	—	3,59	4,04	—	1,44	1,62	—	—	—	—	—	—
	VI	385,—	21,17	30,80	34,65																				

* Die ausgewiesenen Tabellenwerte sind amtlich. Siehe Erläuterungen auf der Umschlaginnenseite (U2).

MONAT 1 734,–*

Lohn/ Gehalt bis €*		Abzüge an Lohnsteuer, Solidaritätszuschlag (SolZ) und Kirchensteuer (8%, 9%) in den Steuerklassen I – VI				I, II, III, IV		mit Zahl der Kinderfreibeträge . . . 0,5			1			1,5			2			2,5			3		
		LSt	ohne Kinderfreibeträge SolZ	8%	9%		LSt	SolZ	8%	9%	SolZ	8%	9%	SolZ	8%	9%	SolZ	8%	9%	SolZ	8%	9%	SolZ	8%	9%
1 736,99	I,IV	149,58	8,22	11,96	13,46	I	149,58	—	6,20	6,97	—	1,47	1,65	—	—	—	—	—	—	—	—	—	—	—	—
	II	122,16	6,71	9,77	10,99	II	122,16	—	4,25	4,78	—	0,12	0,13	—	—	—	—	—	—	—	—	—	—	—	—
	III	—	—	—	—	III	—	—	—	—	—	—	—	—	—	—	—	—	—	—	—	—	—	—	—
	V	356,—	19,58	28,48	32,04	IV	149,58	6,21	9,03	10,16	—	6,20	6,97	—	3,64	4,09	—	1,47	1,65	—	—	—	—	—	—
	VI	386,—	21,23	30,88	34,74																				
1 739,99	I,IV	150,33	8,26	12,02	13,52	I	150,33	—	6,25	7,03	—	1,51	1,70	—	—	—	—	—	—	—	—	—	—	—	—
	II	122,83	6,75	9,82	11,05	II	122,83	—	4,30	4,83	—	0,15	0,17	—	—	—	—	—	—	—	—	—	—	—	—
	III	—	—	—	—	III	—	—	—	—	—	—	—	—	—	—	—	—	—	—	—	—	—	—	—
	V	357,—	19,63	28,56	32,13	IV	150,33	6,25	9,09	10,22	—	6,25	7,03	—	3,68	4,14	—	1,51	1,70	—	—	—	—	—	—
	VI	387,16	21,29	30,97	34,84																				
1 742,99	I,IV	151,08	8,30	12,08	13,59	I	151,08	—	6,30	7,09	—	1,55	1,74	—	—	—	—	—	—	—	—	—	—	—	—
	II	123,58	6,79	9,88	11,12	II	123,58	—	4,34	4,88	—	0,18	0,20	—	—	—	—	—	—	—	—	—	—	—	—
	III	—	—	—	—	III	—	—	—	—	—	—	—	—	—	—	—	—	—	—	—	—	—	—	—
	V	358,—	19,69	28,64	32,22	IV	151,08	6,28	9,14	10,28	—	6,30	7,09	—	3,73	4,19	—	1,55	1,74	—	—	—	—	—	—
	VI	388,16	21,34	31,05	34,93																				
1 745,99	I,IV	151,75	8,34	12,14	13,65	I	151,75	—	6,36	7,16	—	1,59	1,79	—	—	—	—	—	—	—	—	—	—	—	—
	II	124,25	6,83	9,94	11,18	II	124,25	—	4,39	4,94	—	0,22	0,24	—	—	—	—	—	—	—	—	—	—	—	—
	III	—	—	—	—	III	—	—	—	—	—	—	—	—	—	—	—	—	—	—	—	—	—	—	—
	V	359,16	19,75	28,73	32,32	IV	151,75	6,32	9,20	10,35	—	6,36	7,16	—	3,78	4,25	—	1,59	1,79	—	—	—	—	—	—
	VI	388,83	21,38	31,10	34,99																				
1 748,99	I,IV	152,50	8,38	12,20	13,72	I	152,50	—	6,42	7,22	—	1,63	1,83	—	—	—	—	—	—	—	—	—	—	—	—
	II	125,—	6,87	10,—	11,25	II	125,—	—	4,44	5,—	—	0,25	0,28	—	—	—	—	—	—	—	—	—	—	—	—
	III	—	—	—	—	III	—	—	—	—	—	—	—	—	—	—	—	—	—	—	—	—	—	—	—
	V	360,—	19,80	28,80	32,40	IV	152,50	6,36	9,26	10,41	—	6,42	7,22	—	3,82	4,30	—	1,63	1,83	—	—	—	—	—	—
	VI	389,83	21,44	31,18	35,08																				
1 751,99	I,IV	153,25	8,42	12,26	13,79	I	153,25	—	6,47	7,28	—	1,67	1,88	—	—	—	—	—	—	—	—	—	—	—	—
	II	125,66	6,91	10,05	11,30	II	125,66	—	4,49	5,05	—	0,28	0,32	—	—	—	—	—	—	—	—	—	—	—	—
	III	—	—	—	—	III	—	—	—	—	—	—	—	—	—	—	—	—	—	—	—	—	—	—	—
	V	361,—	19,85	28,88	32,49	IV	153,25	6,40	9,32	10,48	—	6,47	7,28	—	3,87	4,35	—	1,67	1,88	—	—	—	—	—	—
	VI	390,83	21,49	31,26	35,17																				
1 754,99	I,IV	153,91	8,46	12,31	13,85	I	153,91	0,11	6,52	7,34	—	1,70	1,91	—	—	—	—	—	—	—	—	—	—	—	—
	II	126,41	6,95	10,11	11,37	II	126,41	—	4,54	5,10	—	0,32	0,36	—	—	—	—	—	—	—	—	—	—	—	—
	III	—	—	—	—	III	—	—	—	—	—	—	—	—	—	—	—	—	—	—	—	—	—	—	—
	V	362,—	19,91	28,96	32,58	IV	153,91	6,44	9,37	10,54	0,11	6,52	7,34	—	3,92	4,41	—	1,70	1,91	—	—	—	—	—	—
	VI	391,83	21,55	31,34	35,26																				
1 757,99	I,IV	154,66	8,50	12,37	13,91	I	154,66	0,25	6,58	7,40	—	1,74	1,96	—	—	—	—	—	—	—	—	—	—	—	—
	II	127,08	6,98	10,16	11,43	II	127,08	—	4,59	5,16	—	0,35	0,39	—	—	—	—	—	—	—	—	—	—	—	—
	III	—	—	—	—	III	—	—	—	—	—	—	—	—	—	—	—	—	—	—	—	—	—	—	—
	V	363,16	19,97	29,05	32,68	IV	154,66	6,48	9,43	10,61	0,25	6,58	7,40	—	3,96	4,46	—	1,74	1,96	—	—	—	—	—	—
	VI	392,83	21,60	31,42	35,35																				
1 760,99	I,IV	155,41	8,54	12,43	13,98	I	155,41	0,38	6,63	7,46	—	1,78	2,—	—	—	—	—	—	—	—	—	—	—	—	—
	II	127,83	7,03	10,22	11,50	II	127,83	—	4,64	5,22	—	0,38	0,43	—	—	—	—	—	—	—	—	—	—	—	—
	III	—	—	—	—	III	—	—	—	—	—	—	—	—	—	—	—	—	—	—	—	—	—	—	—
	V	364,—	20,02	29,12	32,76	IV	155,41	6,52	9,48	10,67	0,38	6,63	7,46	—	4,01	4,51	—	1,78	2,—	—	—	—	—	—	—
	VI	393,83	21,66	31,50	35,44																				
1 763,99	I,IV	156,16	8,58	12,49	14,05	I	156,16	0,51	6,68	7,52	—	1,82	2,05	—	—	—	—	—	—	—	—	—	—	—	—
	II	128,50	7,06	10,28	11,56	II	128,50	—	4,68	5,27	—	0,42	0,47	—	—	—	—	—	—	—	—	—	—	—	—
	III	—	—	—	—	III	—	—	—	—	—	—	—	—	—	—	—	—	—	—	—	—	—	—	—
	V	365,—	20,07	29,20	32,85	IV	156,16	6,55	9,54	10,73	0,51	6,68	7,52	—	4,06	4,56	—	1,82	2,05	—	—	—	—	—	—
	VI	394,83	21,71	31,58	35,53																				
1 766,99	I,IV	156,83	8,62	12,54	14,11	I	156,83	0,66	6,74	7,58	—	1,86	2,09	—	—	—	—	—	—	—	—	—	—	—	—
	II	129,25	7,10	10,34	11,63	II	129,25	—	4,74	5,33	—	0,45	0,50	—	—	—	—	—	—	—	—	—	—	—	—
	III	—	—	—	—	III	—	—	—	—	—	—	—	—	—	—	—	—	—	—	—	—	—	—	—
	V	366,—	20,13	29,28	32,94	IV	156,83	6,60	9,60	10,80	0,66	6,74	7,58	—	4,10	4,61	—	1,86	2,09	—	0,02	0,02	—	—	—
	VI	395,83	21,77	31,66	35,62																				
1 769,99	I,IV	157,58	8,66	12,60	14,18	I	157,58	0,80	6,80	7,65	—	1,90	2,14	—	—	—	—	—	—	—	—	—	—	—	—
	II	129,91	7,14	10,39	11,69	II	129,91	—	4,78	5,38	—	0,48	0,54	—	—	—	—	—	—	—	—	—	—	—	—
	III	—	—	—	—	III	—	—	—	—	—	—	—	—	—	—	—	—	—	—	—	—	—	—	—
	V	366,83	20,17	29,34	33,01	IV	157,58	6,63	9,65	10,85	0,80	6,80	7,65	—	4,15	4,67	—	1,90	2,14	—	0,05	0,05	—	—	—
	VI	396,83	21,82	31,74	35,71																				
1 772,99	I,IV	158,33	8,70	12,66	14,24	I	158,33	0,93	6,85	7,70	—	1,94	2,18	—	—	—	—	—	—	—	—	—	—	—	—
	II	130,66	7,18	10,45	11,75	II	130,66	—	4,84	5,44	—	0,52	0,58	—	—	—	—	—	—	—	—	—	—	—	—
	III	—	—	—	—	III	—	—	—	—	—	—	—	—	—	—	—	—	—	—	—	—	—	—	—
	V	368,—	20,24	29,44	33,12	IV	158,33	6,67	9,71	10,92	0,93	6,85	7,70	—	4,20	4,72	—	1,94	2,18	—	0,08	0,09	—	—	—
	VI	397,66	21,87	31,81	35,78																				
1 775,99	I,IV	159,—	8,74	12,72	14,31	I	159,—	1,06	6,90	7,76	—	1,98	2,23	—	—	—	—	—	—	—	—	—	—	—	—
	II	131,33	7,22	10,50	11,81	II	131,33	—	4,88	5,49	—	0,55	0,62	—	—	—	—	—	—	—	—	—	—	—	—
	III	—	—	—	—	III	—	—	—	—	—	—	—	—	—	—	—	—	—	—	—	—	—	—	—
	V	369,—	20,29	29,52	33,21	IV	159,—	6,71	9,76	10,98	1,06	6,90	7,76	—	4,24	4,77	—	1,98	2,23	—	0,12	0,13	—	—	—
	VI	398,66	21,92	31,89	35,87																				
1 778,99	I,IV	159,66	8,78	12,77	14,36	I	159,66	1,18	6,95	7,82	—	2,02	2,27	—	—	—	—	—	—	—	—	—	—	—	—
	II	132,—	7,26	10,56	11,88	II	132,—	—	4,92	5,54	—	0,58	0,65	—	—	—	—	—	—	—	—	—	—	—	—
	III	—	—	—	—	III	—	—	—	—	—	—	—	—	—	—	—	—	—	—	—	—	—	—	—
	V	369,83	20,34	29,58	33,28	IV	159,66	6,74	9,81	11,03	1,18	6,95	7,82	—	4,29	4,82	—	2,02	2,27	—	0,14	0,16	—	—	—
	VI	399,50	21,97	31,96	35,95																				
1 781,99	I,IV	160,33	8,81	12,82	14,42	I	160,33	1,31	7,—	7,88	—	2,05	2,30	—	—	—	—	—	—	—	—	—	—	—	—
	II	132,58	7,29	10,60	11,93	II	132,58	—	4,97	5,59	—	0,61	0,68	—	—	—	—	—	—	—	—	—	—	—	—
	III	—	—	—	—	III	—	—	—	—	—	—	—	—	—	—	—	—	—	—	—	—	—	—	—
	V	370,66	20,38	29,65	33,35	IV	160,33	6,78	9,86	11,09	1,31	7,—	7,88	—	4,33	4,87	—	2,05	2,30	—	0,18	0,20	—	—	—
	VI	400,33	22,01	32,02	36,02																				
1 784,99	I,IV	161,—	8,85	12,88	14,49	I	161,—	1,43	7,05	7,93	—	2,09	2,35	—	—	—	—	—	—	—	—	—	—	—	—
	II	133,25	7,32	10,66	11,99	II	133,25	—	5,02	5,64	—	0,64	0,72	—	—	—	—	—	—	—	—	—	—	—	—
	III	—	—	—	—	III	—	—	—	—	—	—	—	—	—	—	—	—	—	—	—	—	—	—	—
	V	371,50	20,43	29,72	33,43	IV	161,—	6,82	9,92	11,16	1,43	7,05	7,93	—	4,38	4,92	—	2,09	2,35	—	0,20	0,23	—	—	—
	VI	401,33	22,07	32,10	36,11																				

* Die ausgewiesenen Tabellenwerte sind amtlich. Siehe Erläuterungen auf der Umschlaginnenseite (U2).

Lohn/ Gehalt bis €*		Abzüge an Lohnsteuer, Solidaritätszuschlag (SolZ) und Kirchensteuer (8%, 9%) in den Steuerklassen I – VI ohne Kinderfreibeträge LSt	SolZ	8%	9%	I, II, III, IV	LSt	mit Zahl der Kinderfreibeträge . . . 0,5 SolZ	8%	9%	1 SolZ	8%	9%	1,5 SolZ	8%	9%	2 SolZ	8%	9%	2,5 SolZ	8%	9%	3 SolZ	8%	9%
1 787,99	I,IV	161,66	8,89	12,93	14,54	I	161,66	1,56	7,10	7,99	—	2,13	2,39	—	—	—	—	—	—	—	—	—	—	—	—
	II	133,91	7,36	10,71	12,05	II	133,91	—	5,06	5,69	—	0,68	0,76	—	—	—	—	—	—	—	—	—	—	—	—
	III	—	—	—	—	III		—	—	—	—	—	—	—	—	—	—	—	—	—	—	—	—	—	—
	V	372,50	20,48	29,80	33,52	IV	161,66	6,85	9,97	11,21	1,56	7,10	7,99	—	4,42	4,97	—	2,13	2,39	—	0,24	0,27	—	—	—
	VI	402,16	22,11	32,17	36,19																				
1 790,99	I,IV	162,33	8,92	12,98	14,60	I	162,33	1,68	7,15	8,04	—	2,16	2,43	—	—	—	—	—	—	—	—	—	—	—	—
	II	134,58	7,40	10,76	12,11	II	134,58	—	5,11	5,75	—	0,71	0,80	—	—	—	—	—	—	—	—	—	—	—	—
	III	0,33	—	0,02	0,02	III	0,33	—	—	—	—	—	—	—	—	—	—	—	—	—	—	—	—	—	—
	V	373,33	20,53	29,86	33,59	IV	162,33	6,88	10,02	11,27	1,68	7,15	8,04	—	4,46	5,02	—	2,16	2,43	—	0,26	0,29	—	—	—
	VI	403,16	22,17	32,25	36,28																				
1 793,99	I,IV	163,—	8,96	13,04	14,67	I	163,—	1,81	7,20	8,10	—	2,20	2,48	—	—	—	—	—	—	—	—	—	—	—	—
	II	135,25	7,43	10,82	12,17	II	135,25	—	5,16	5,80	—	0,74	0,83	—	—	—	—	—	—	—	—	—	—	—	—
	III	0,66	—	0,05	0,05	III	0,66	—	—	—	—	—	—	—	—	—	—	—	—	—	—	—	—	—	—
	V	374,33	20,58	29,94	33,68	IV	163,—	6,92	10,07	11,33	1,81	7,20	8,10	—	4,51	5,07	—	2,20	2,48	—	0,30	0,33	—	—	—
	VI	404,—	22,22	32,32	36,36																				
1 796,99	I,IV	163,66	9,—	13,09	14,72	I	163,66	1,93	7,25	8,15	—	2,24	2,52	—	—	—	—	—	—	—	—	—	—	—	—
	II	135,83	7,47	10,86	12,22	II	135,83	—	5,20	5,85	—	0,77	0,86	—	—	—	—	—	—	—	—	—	—	—	—
	III	1,—	—	0,08	0,09	III	1,—	—	—	—	—	—	—	—	—	—	—	—	—	—	—	—	—	—	—
	V	375,16	20,63	30,01	33,76	IV	163,66	6,96	10,12	11,39	1,93	7,25	8,15	—	4,55	5,12	—	2,24	2,52	—	0,32	0,36	—	—	—
	VI	404,83	22,26	32,38	36,43																				
1 799,99	I,IV	164,33	9,03	13,14	14,78	I	164,33	2,06	7,30	8,21	—	2,28	2,56	—	—	—	—	—	—	—	—	—	—	—	—
	II	136,50	7,50	10,92	12,28	II	136,50	—	5,25	5,90	—	0,80	0,90	—	—	—	—	—	—	—	—	—	—	—	—
	III	1,33	—	0,10	0,11	III	1,33	—	—	—	—	—	—	—	—	—	—	—	—	—	—	—	—	—	—
	V	376,—	20,68	30,08	33,84	IV	164,33	6,99	10,18	11,45	2,06	7,30	8,21	—	4,60	5,17	—	2,28	2,56	—	0,36	0,40	—	—	—
	VI	405,83	22,32	32,46	36,52																				
1 802,99	I,IV	165,—	9,07	13,20	14,85	I	165,—	2,18	7,35	8,27	—	2,32	2,61	—	—	—	—	—	—	—	—	—	—	—	—
	II	137,16	7,54	10,97	12,34	II	137,16	—	5,29	5,95	—	0,84	0,94	—	—	—	—	—	—	—	—	—	—	—	—
	III	1,66	—	0,13	0,14	III	1,66	—	—	—	—	—	—	—	—	—	—	—	—	—	—	—	—	—	—
	V	377,—	20,73	30,16	33,93	IV	165,—	7,03	10,22	11,50	2,18	7,35	8,27	—	4,64	5,22	—	2,32	2,61	—	0,38	0,43	—	—	—
	VI	406,66	22,36	32,53	36,59																				
1 805,99	I,IV	165,66	9,11	13,25	14,90	I	165,66	2,30	7,40	8,32	—	2,35	2,64	—	—	—	—	—	—	—	—	—	—	—	—
	II	137,83	7,58	11,02	12,40	II	137,83	—	5,34	6,—	—	0,87	0,98	—	—	—	—	—	—	—	—	—	—	—	—
	III	2,—	—	0,16	0,18	III	2,—	—	—	—	—	—	—	—	—	—	—	—	—	—	—	—	—	—	—
	V	377,66	20,77	30,21	33,98	IV	165,66	7,06	10,28	11,56	2,30	7,40	8,32	—	4,68	5,27	—	2,35	2,64	—	0,42	0,47	—	—	—
	VI	407,66	22,42	32,61	36,68																				
1 808,99	I,IV	166,33	9,14	13,30	14,96	I	166,33	2,43	7,45	8,38	—	2,39	2,69	—	—	—	—	—	—	—	—	—	—	—	—
	II	138,41	7,61	11,07	12,45	II	138,41	—	5,38	6,05	—	0,90	1,01	—	—	—	—	—	—	—	—	—	—	—	—
	III	2,33	—	0,18	0,20	III	2,33	—	—	—	—	—	—	—	—	—	—	—	—	—	—	—	—	—	—
	V	378,66	20,82	30,29	34,07	IV	166,33	7,10	10,33	11,62	2,43	7,45	8,38	—	4,73	5,32	—	2,39	2,69	—	0,44	0,50	—	—	—
	VI	408,50	22,46	32,68	36,76																				
1 811,99	I,IV	167,—	9,18	13,36	15,03	I	167,—	2,55	7,50	8,43	—	2,42	2,72	—	—	—	—	—	—	—	—	—	—	—	—
	II	139,08	7,64	11,12	12,51	II	139,08	—	5,43	6,11	—	0,94	1,05	—	—	—	—	—	—	—	—	—	—	—	—
	III	2,66	—	0,21	0,23	III	2,66	—	—	—	—	—	—	—	—	—	—	—	—	—	—	—	—	—	—
	V	379,66	20,88	30,37	34,16	IV	167,—	7,13	10,38	11,67	2,55	7,50	8,43	—	4,78	5,37	—	2,42	2,72	—	0,48	0,54	—	—	—
	VI	409,33	22,51	32,74	36,83																				
1 814,99	I,IV	167,66	9,22	13,41	15,08	I	167,66	2,68	7,55	8,49	—	2,46	2,77	—	—	—	—	—	—	—	—	—	—	—	—
	II	139,75	7,68	11,18	12,57	II	139,75	—	5,48	6,16	—	0,96	1,08	—	—	—	—	—	—	—	—	—	—	—	—
	III	3,—	—	0,24	0,27	III	3,—	—	—	—	—	—	—	—	—	—	—	—	—	—	—	—	—	—	—
	V	380,50	20,92	30,44	34,24	IV	167,66	7,17	10,43	11,73	2,68	7,55	8,49	—	4,82	5,42	—	2,46	2,77	—	0,51	0,57	—	—	—
	VI	410,33	22,56	32,82	36,92																				
1 817,99	I,IV	168,33	9,25	13,46	15,14	I	168,33	2,80	7,60	8,55	—	2,50	2,81	—	—	—	—	—	—	—	—	—	—	—	—
	II	140,41	7,72	11,23	12,63	II	140,41	—	5,52	6,21	—	1,—	1,12	—	—	—	—	—	—	—	—	—	—	—	—
	III	3,50	—	0,28	0,31	III	3,50	—	—	—	—	—	—	—	—	—	—	—	—	—	—	—	—	—	—
	V	381,50	20,98	30,52	34,33	IV	168,33	7,20	10,48	11,79	2,80	7,60	8,55	—	4,86	5,47	—	2,50	2,81	—	0,54	0,60	—	—	—
	VI	411,16	22,61	32,89	37,—																				
1 820,99	I,IV	169,—	9,29	13,52	15,21	I	169,—	2,93	7,65	8,60	—	2,54	2,86	—	—	—	—	—	—	—	—	—	—	—	—
	II	141,08	7,75	11,28	12,69	II	141,08	—	5,57	6,26	—	1,03	1,16	—	—	—	—	—	—	—	—	—	—	—	—
	III	3,83	—	0,30	0,34	III	3,83	—	—	—	—	—	—	—	—	—	—	—	—	—	—	—	—	—	—
	V	382,33	21,02	30,58	34,40	IV	169,—	7,24	10,54	11,85	2,93	7,65	8,60	—	4,91	5,52	—	2,54	2,86	—	0,57	0,64	—	—	—
	VI	412,16	22,66	32,97	37,09																				
1 823,99	I,IV	169,66	9,33	13,57	15,26	I	169,66	3,05	7,70	8,66	—	2,58	2,90	—	—	—	—	—	—	—	—	—	—	—	—
	II	141,75	7,79	11,34	12,75	II	141,75	—	5,62	6,32	—	1,06	1,19	—	—	—	—	—	—	—	—	—	—	—	—
	III	4,16	—	0,33	0,37	III	4,16	—	—	—	—	—	—	—	—	—	—	—	—	—	—	—	—	—	—
	V	383,16	21,07	30,65	34,48	IV	169,66	7,28	10,59	11,91	3,05	7,70	8,66	—	4,96	5,58	—	2,58	2,90	—	0,60	0,68	—	—	—
	VI	413,—	22,71	33,04	37,17																				
1 826,99	I,IV	170,33	9,36	13,62	15,32	I	170,33	3,18	7,75	8,72	—	2,62	2,94	—	—	—	—	—	—	—	—	—	—	—	—
	II	142,33	7,82	11,38	12,80	II	142,33	—	5,67	6,38	—	1,10	1,23	—	—	—	—	—	—	—	—	—	—	—	—
	III	4,50	—	0,36	0,40	III	4,50	—	—	—	—	—	—	—	—	—	—	—	—	—	—	—	—	—	—
	V	384,—	21,12	30,72	34,56	IV	170,33	7,31	10,64	11,97	3,18	7,75	8,72	—	5,—	5,63	—	2,62	2,94	—	0,64	0,72	—	—	—
	VI	413,83	22,76	33,10	37,24																				
1 829,99	I,IV	171,—	9,40	13,68	15,39	I	171,—	3,30	7,80	8,77	—	2,66	2,99	—	—	—	—	—	—	—	—	—	—	—	—
	II	143,—	7,86	11,44	12,87	II	143,—	—	5,72	6,43	—	1,13	1,27	—	—	—	—	—	—	—	—	—	—	—	—
	III	4,83	—	0,38	0,43	III	4,83	—	—	—	—	—	—	—	—	—	—	—	—	—	—	—	—	—	—
	V	385,—	21,17	30,80	34,65	IV	171,—	7,35	10,69	12,02	3,30	7,80	8,77	—	5,04	5,67	—	2,66	2,99	—	0,66	0,74	—	—	—
	VI	414,83	22,81	33,18	37,33																				
1 832,99	I,IV	171,66	9,44	13,73	15,44	I	171,66	3,43	7,85	8,83	—	2,70	3,03	—	—	—	—	—	—	—	—	—	—	—	—
	II	143,66	7,90	11,49	12,92	II	143,66	—	5,76	6,48	—	1,16	1,31	—	—	—	—	—	—	—	—	—	—	—	—
	III	5,16	—	0,41	0,46	III	5,16	—	—	—	—	—	—	—	—	—	—	—	—	—	—	—	—	—	—
	V	385,83	21,22	30,86	34,72	IV	171,66	7,38	10,74	12,08	3,43	7,85	8,83	—	5,09	5,72	—	2,70	3,03	—	0,70	0,78	—	—	—
	VI	415,66	22,86	33,25	37,40																				
1 835,99	I,IV	172,33	9,47	13,78	15,50	I	172,33	3,55	7,90	8,88	—	2,73	3,07	—	—	—	—	—	—	—	—	—	—	—	—
	II	144,33	7,93	11,54	12,98	II	144,33	—	5,81	6,53	—	1,20	1,35	—	—	—	—	—	—	—	—	—	—	—	—
	III	5,50	—	0,44	0,49	III	5,50	—	—	—	—	—	—	—	—	—	—	—	—	—	—	—	—	—	—
	V	386,66	21,26	30,93	34,79	IV	172,33	7,42	10,80	12,15	3,55	7,90	8,88	—	5,14	5,78	—	2,73	3,07	—	0,73	0,82	—	—	—
	VI	416,50	22,90	33,32	37,48																				

*** Die ausgewiesenen Tabellenwerte sind amtlich. Siehe Erläuterungen auf der Umschlaginnenseite (U2).**

MONAT 1 836,–*

Lohn/ Gehalt bis €*	Abzüge an Lohnsteuer, Solidaritätszuschlag (SolZ) und Kirchensteuer (8%, 9%) in den Steuerklassen I – VI					I, II, III, IV		mit Zahl der Kinderfreibeträge . . . 0,5			1			1,5			2			2,5			3		
		LSt	ohne Kinderfreibeträge SolZ	8%	9%		LSt	SolZ	8%	9%	SolZ	8%	9%	SolZ	8%	9%	SolZ	8%	9%	SolZ	8%	9%	SolZ	8%	9%
1 838,99	I,IV	173,—	9,51	13,84	15,57	I	173,—	3,68	7,95	8,94	—	2,77	3,11	—	—	—	—	—	—	—	—	—	—	—	—
	II	145,—	7,97	11,60	13,05	II	145,—	—	5,86	6,59	—	1,23	1,38	—	—	—	—	—	—	—	—	—	—	—	—
	III	6,—	—	0,48	0,54	III	6,—	—	—	—	—	—	—	—	—	—	—	—	—	—	—	—	—	—	—
	V	387,50	21,31	31,—	34,87	IV	173,—	7,45	10,84	12,20	3,68	7,95	8,94	—	5,18	5,83	—	2,77	3,11	—	0,76	0,85	—	—	—
	VI	417,50	22,96	33,40	37,57																				
1 841,99	I,IV	173,66	9,55	13,89	15,62	I	173,66	3,81	8,—	9,—	—	2,81	3,16	—	—	—	—	—	—	—	—	—	—	—	—
	II	145,58	8,—	11,64	13,10	II	145,58	—	5,90	6,64	—	1,26	1,42	—	—	—	—	—	—	—	—	—	—	—	—
	III	6,33	—	0,50	0,56	III	6,33	—	—	—	—	—	—	—	—	—	—	—	—	—	—	—	—	—	—
	V	388,50	21,36	31,08	34,96	IV	173,66	7,49	10,90	12,26	3,81	8,—	9,—	—	5,23	5,88	—	2,81	3,16	—	0,79	0,89	—	—	—
	VI	418,33	23,—	33,46	37,64																				
1 844,99	I,IV	174,33	9,58	13,94	15,68	I	174,33	3,93	8,05	9,05	—	2,85	3,20	—	—	—	—	—	—	—	—	—	—	—	—
	II	146,25	8,04	11,70	13,16	II	146,25	—	5,95	6,69	—	1,30	1,46	—	—	—	—	—	—	—	—	—	—	—	—
	III	6,66	—	0,53	0,59	III	6,66	—	—	—	—	—	—	—	—	—	—	—	—	—	—	—	—	—	—
	V	389,33	21,41	31,14	35,03	IV	174,33	7,53	10,95	12,32	3,93	8,05	9,05	—	5,28	5,94	—	2,85	3,20	—	0,82	0,92	—	—	—
	VI	419,33	23,06	33,54	37,73																				
1 847,99	I,IV	175,—	9,62	14,—	15,75	I	175,—	4,06	8,10	9,11	—	2,89	3,25	—	—	—	—	—	—	—	—	—	—	—	—
	II	146,91	8,08	11,75	13,22	II	146,91	—	6,—	6,75	—	1,34	1,50	—	—	—	—	—	—	—	—	—	—	—	—
	III	7,—	—	0,56	0,63	III	7,—	—	—	—	—	—	—	—	—	—	—	—	—	—	—	—	—	—	—
	V	390,33	21,46	31,22	35,12	IV	175,—	7,56	11,—	12,38	4,06	8,10	9,11	—	5,32	5,99	—	2,89	3,25	—	0,86	0,96	—	—	—
	VI	420,33	23,11	33,62	37,82																				
1 850,99	I,IV	175,66	9,66	14,05	15,80	I	175,66	4,18	8,15	9,17	—	2,93	3,29	—	—	—	—	—	—	—	—	—	—	—	—
	II	147,58	8,11	11,80	13,28	II	147,58	—	6,05	6,80	—	1,37	1,54	—	—	—	—	—	—	—	—	—	—	—	—
	III	7,33	—	0,58	0,65	III	7,33	—	—	—	—	—	—	—	—	—	—	—	—	—	—	—	—	—	—
	V	391,16	21,51	31,29	35,20	IV	175,66	7,60	11,06	12,44	4,18	8,15	9,17	—	5,37	6,04	—	2,93	3,29	—	0,89	1,—	—	—	—
	VI	421,16	23,16	33,69	37,90																				
1 853,99	I,IV	176,33	9,69	14,10	15,86	I	176,33	4,31	8,20	9,23	—	2,97	3,34	—	—	—	—	—	—	—	—	—	—	—	—
	II	148,25	8,15	11,86	13,34	II	148,25	—	6,10	6,86	—	1,40	1,58	—	—	—	—	—	—	—	—	—	—	—	—
	III	7,66	—	0,61	0,68	III	7,66	—	—	—	—	—	—	—	—	—	—	—	—	—	—	—	—	—	—
	V	392,—	21,56	31,36	35,28	IV	176,33	7,63	11,10	12,49	4,31	8,20	9,23	—	5,42	6,09	—	2,97	3,34	—	0,92	1,04	—	—	—
	VI	422,16	23,21	33,77	37,99																				
1 856,99	I,IV	177,—	9,73	14,16	15,93	I	177,—	4,43	8,25	9,28	—	3,01	3,38	—	—	—	—	—	—	—	—	—	—	—	—
	II	148,91	8,19	11,91	13,40	II	148,91	—	6,14	6,91	—	1,44	1,62	—	—	—	—	—	—	—	—	—	—	—	—
	III	8,16	—	0,65	0,73	III	8,16	—	—	—	—	—	—	—	—	—	—	—	—	—	—	—	—	—	—
	V	392,83	21,60	31,42	35,35	IV	177,—	7,67	11,16	12,55	4,43	8,25	9,28	—	5,46	6,14	—	3,01	3,38	—	0,96	1,08	—	—	—
	VI	423,—	23,26	33,84	38,07																				
1 859,99	I,IV	177,66	9,77	14,21	15,98	I	177,66	4,56	8,30	9,34	—	3,05	3,43	—	—	—	—	—	—	—	—	—	—	—	—
	II	149,58	8,22	11,96	13,46	II	149,58	—	6,20	6,97	—	1,47	1,65	—	—	—	—	—	—	—	—	—	—	—	—
	III	8,50	—	0,68	0,76	III	8,50	—	—	—	—	—	—	—	—	—	—	—	—	—	—	—	—	—	—
	V	393,66	21,65	31,49	35,42	IV	177,66	7,70	11,21	12,61	4,56	8,30	9,34	—	5,51	6,20	—	3,05	3,43	—	0,98	1,10	—	—	—
	VI	423,83	23,31	33,90	38,14																				
1 862,99	I,IV	178,33	9,80	14,26	16,04	I	178,33	4,68	8,35	9,39	—	3,09	3,47	—	—	—	—	—	—	—	—	—	—	—	—
	II	150,16	8,25	12,01	13,51	II	150,16	—	6,24	7,02	—	1,50	1,69	—	—	—	—	—	—	—	—	—	—	—	—
	III	8,83	—	0,70	0,79	III	8,83	—	—	—	—	—	—	—	—	—	—	—	—	—	—	—	—	—	—
	V	394,66	21,70	31,57	35,51	IV	178,33	7,74	11,26	12,67	4,68	8,35	9,39	—	5,56	6,25	—	3,09	3,47	—	1,02	1,14	—	—	—
	VI	424,83	23,36	33,98	38,23																				
1 865,99	I,IV	179,—	9,84	14,32	16,11	I	179,—	4,81	8,40	9,45	—	3,13	3,52	—	—	—	—	—	—	—	—	—	—	—	—
	II	150,83	8,29	12,06	13,57	II	150,83	—	6,29	7,07	—	1,54	1,73	—	—	—	—	—	—	—	—	—	—	—	—
	III	9,16	—	0,73	0,82	III	9,16	—	—	—	—	—	—	—	—	—	—	—	—	—	—	—	—	—	—
	V	395,50	21,75	31,64	35,59	IV	179,—	7,78	11,32	12,73	4,81	8,40	9,45	—	5,60	6,30	—	3,13	3,52	—	1,05	1,18	—	—	—
	VI	425,66	23,41	34,05	38,30																				
1 868,99	I,IV	179,66	9,88	14,37	16,16	I	179,66	4,95	8,46	9,51	—	3,17	3,56	—	—	—	—	—	—	—	—	—	—	—	—
	II	151,50	8,33	12,12	13,63	II	151,50	—	6,34	7,13	—	1,58	1,77	—	—	—	—	—	—	—	—	—	—	—	—
	III	9,50	—	0,76	0,85	III	9,50	—	—	—	—	—	—	—	—	—	—	—	—	—	—	—	—	—	—
	V	396,50	21,80	31,72	35,68	IV	179,66	7,81	11,36	12,78	4,95	8,46	9,51	—	5,65	6,35	—	3,17	3,56	—	1,08	1,22	—	—	—
	VI	426,50	23,45	34,12	38,38																				
1 871,99	I,IV	180,33	9,91	14,42	16,22	I	180,33	5,06	8,50	9,56	—	3,21	3,61	—	—	—	—	—	—	—	—	—	—	—	—
	II	152,16	8,36	12,17	13,69	II	152,16	—	6,39	7,19	—	1,61	1,81	—	—	—	—	—	—	—	—	—	—	—	—
	III	10,—	—	0,80	0,90	III	10,—	—	—	—	—	—	—	—	—	—	—	—	—	—	—	—	—	—	—
	V	397,33	21,85	31,78	35,75	IV	180,33	7,85	11,42	12,84	5,06	8,50	9,56	—	5,70	6,41	—	3,21	3,61	—	1,12	1,26	—	—	—
	VI	427,50	23,51	34,20	38,47																				
1 874,99	I,IV	181,—	9,95	14,48	16,29	I	181,—	5,20	8,56	9,63	—	3,25	3,65	—	—	—	—	—	—	—	—	—	—	—	—
	II	152,83	8,40	12,22	13,75	II	152,83	—	6,44	7,25	—	1,64	1,85	—	—	—	—	—	—	—	—	—	—	—	—
	III	10,33	—	0,82	0,92	III	10,33	—	—	—	—	—	—	—	—	—	—	—	—	—	—	—	—	—	—
	V	398,16	21,89	31,85	35,83	IV	181,—	7,88	11,47	12,90	5,20	8,56	9,63	—	5,74	6,46	—	3,25	3,65	—	1,15	1,29	—	—	—
	VI	428,33	23,55	34,26	38,54																				
1 877,99	I,IV	181,75	9,99	14,54	16,35	I	181,75	5,31	8,60	9,68	—	3,29	3,70	—	—	—	—	—	—	—	—	—	—	—	—
	II	153,50	8,44	12,28	13,81	II	153,50	0,03	6,49	7,30	—	1,68	1,89	—	—	—	—	—	—	—	—	—	—	—	—
	III	10,66	—	0,85	0,95	III	10,66	—	—	—	—	—	—	—	—	—	—	—	—	—	—	—	—	—	—
	V	399,16	21,95	31,93	35,92	IV	181,75	7,92	11,52	12,96	5,31	8,60	9,68	—	5,79	6,51	—	3,29	3,70	—	1,18	1,33	—	—	—
	VI	429,33	23,61	34,34	38,63																				
1 880,99	I,IV	182,33	10,02	14,58	16,40	I	182,33	5,45	8,66	9,74	—	3,33	3,74	—	—	—	—	—	—	—	—	—	—	—	—
	II	154,16	8,47	12,33	13,87	II	154,16	0,15	6,54	7,35	—	1,72	1,93	—	—	—	—	—	—	—	—	—	—	—	—
	III	11,—	—	0,88	0,99	III	11,—	—	—	—	—	—	—	—	—	—	—	—	—	—	—	—	—	—	—
	V	399,83	21,99	31,98	35,98	IV	182,33	7,96	11,58	13,02	5,45	8,66	9,74	—	5,84	6,57	—	3,33	3,74	—	1,22	1,37	—	—	—
	VI	430,16	23,65	34,41	38,71																				
1 883,99	I,IV	183,08	10,06	14,64	16,47	I	183,08	5,56	8,70	9,79	—	3,37	3,79	—	—	—	—	—	—	—	—	—	—	—	—
	II	154,83	8,51	12,38	13,93	II	154,83	0,26	6,58	7,40	—	1,75	1,97	—	—	—	—	—	—	—	—	—	—	—	—
	III	11,33	—	0,90	1,01	III	11,33	—	—	—	—	—	—	—	—	—	—	—	—	—	—	—	—	—	—
	V	400,83	22,04	32,06	36,07	IV	183,08	7,99	11,62	13,07	5,56	8,70	9,79	—	5,88	6,62	—	3,37	3,79	—	1,25	1,40	—	—	—
	VI	431,16	23,71	34,49	38,80																				
1 886,99	I,IV	183,75	10,10	14,70	16,53	I	183,75	5,70	8,76	9,85	—	3,41	3,83	—	—	—	—	—	—	—	—	—	—	—	—
	II	155,50	8,55	12,44	13,99	II	155,50	0,40	6,64	7,47	—	1,79	2,01	—	—	—	—	—	—	—	—	—	—	—	—
	III	11,83	—	0,94	1,06	III	11,83	—	—	—	—	—	—	—	—	—	—	—	—	—	—	—	—	—	—
	V	401,66	22,09	32,13	36,14	IV	183,75	8,03	11,68	13,14	5,70	8,76	9,85	—	5,94	6,68	—	3,41	3,83	—	1,29	1,45	—	—	—
	VI	432,—	23,76	34,56	38,88																				

* Die ausgewiesenen Tabellenwerte sind amtlich. Siehe Erläuterungen auf der Umschlaginnenseite (U2).

Lohn/Gehalt bis €*	Abzüge an Lohnsteuer, Solidaritätszuschlag (SolZ) und Kirchensteuer (8%, 9%) in den Steuerklassen I – VI					I, II, III, IV		mit Zahl der Kinderfreibeträge . . . 0,5			1			1,5			2			2,5			3		
		LSt	ohne Kinderfreibeträge SolZ	8%	9%		LSt	SolZ	8%	9%	SolZ	8%	9%	SolZ	8%	9%	SolZ	8%	9%	SolZ	8%	9%	SolZ	8%	9%
1 889,99	I,IV	184,41	10,14	14,75	16,59	I	184,41	5,83	8,81	9,91	—	3,45	3,88	—	—	—	—	—	—	—	—	—	—	—	—
	II	156,16	8,58	12,49	14,05	II	156,16	0,51	6,68	7,52	—	1,82	2,05	—	—	—	—	—	—	—	—	—	—	—	—
	III	12,16	—	0,97	1,09	III	12,16	—	—	—	—	—	—	—	—	—	—	—	—	—	—	—	—	—	—
	V	402,66	22,14	32,21	36,23	IV	184,41	8,06	11,73	13,19	5,83	8,81	9,91	—	5,98	6,73	—	3,45	3,88	—	1,32	1,49	—	—	—
	VI	433,—	23,81	34,64	38,97																				
1 892,99	I,IV	185,08	10,17	14,80	16,65	I	185,08	5,95	8,86	9,96	—	3,50	3,93	—	—	—	—	—	—	—	—	—	—	—	—
	II	156,83	8,62	12,54	14,11	II	156,83	0,65	6,74	7,58	—	1,86	2,09	—	—	—	—	—	—	—	—	—	—	—	—
	III	12,50	—	1,—	1,12	III	12,50	—	—	—	—	—	—	—	—	—	—	—	—	—	—	—	—	—	—
	V	403,50	22,19	32,28	36,31	IV	185,08	8,10	11,78	13,25	5,95	8,86	9,96	—	6,03	6,78	—	3,50	3,93	—	1,36	1,53	—	—	—
	VI	433,83	23,86	34,70	39,04																				
1 895,99	I,IV	185,75	10,21	14,86	16,71	I	185,75	6,08	8,91	10,02	—	3,54	3,98	—	—	—	—	—	—	—	—	—	—	—	—
	II	157,41	8,65	12,59	14,16	II	157,41	0,76	6,78	7,63	—	1,90	2,13	—	—	—	—	—	—	—	—	—	—	—	—
	III	12,83	—	1,02	1,15	III	12,83	—	—	—	—	—	—	—	—	—	—	—	—	—	—	—	—	—	—
	V	404,33	22,23	32,34	36,38	IV	185,75	8,14	11,84	13,32	6,08	8,91	10,02	—	6,08	6,84	—	3,54	3,98	—	1,39	1,56	—	—	—
	VI	434,83	23,91	34,78	39,13																				
1 898,99	I,IV	186,41	10,25	14,91	16,77	I	186,41	6,16	8,96	10,08	—	3,58	4,02	—	—	—	—	—	—	—	—	—	—	—	—
	II	158,08	8,69	12,64	14,22	II	158,08	0,90	6,84	7,69	—	1,93	2,17	—	—	—	—	—	—	—	—	—	—	—	—
	III	13,33	—	1,06	1,19	III	13,33	—	—	—	—	—	—	—	—	—	—	—	—	—	—	—	—	—	—
	V	405,33	22,29	32,42	36,47	IV	186,41	8,17	11,89	13,37	6,16	8,96	10,08	—	6,13	6,89	—	3,58	4,02	—	1,42	1,60	—	—	—
	VI	435,83	23,97	34,86	39,22																				
1 901,99	I,IV	187,08	10,28	14,96	16,83	I	187,08	6,19	9,01	10,13	—	3,62	4,07	—	—	—	—	—	—	—	—	—	—	—	—
	II	158,75	8,73	12,70	14,28	II	158,75	1,01	6,88	7,74	—	1,97	2,21	—	—	—	—	—	—	—	—	—	—	—	—
	III	13,66	—	1,09	1,22	III	13,66	—	—	—	—	—	—	—	—	—	—	—	—	—	—	—	—	—	—
	V	406,16	22,33	32,49	36,55	IV	187,08	8,21	11,94	13,43	6,19	9,01	10,13	—	6,18	6,95	—	3,62	4,07	—	1,46	1,64	—	—	—
	VI	436,66	24,01	34,93	39,29																				
1 904,99	I,IV	187,83	10,33	15,02	16,90	I	187,83	6,23	9,06	10,19	—	3,66	4,12	—	—	—	—	—	—	—	—	—	—	—	—
	II	159,41	8,76	12,75	14,34	II	159,41	1,15	6,94	7,80	—	2,—	2,25	—	—	—	—	—	—	—	—	—	—	—	—
	III	14,—	—	1,12	1,26	III	14,—	—	—	—	—	—	—	—	—	—	—	—	—	—	—	—	—	—	—
	V	407,16	22,39	32,57	36,64	IV	187,83	8,25	12,—	13,50	6,23	9,06	10,19	—	6,22	7,—	—	3,66	4,12	—	1,50	1,68	—	—	—
	VI	437,50	24,06	35,—	39,37																				
1 907,99	I,IV	188,41	10,36	15,07	16,95	I	188,41	6,26	9,11	10,25	—	3,70	4,16	—	—	—	—	—	—	—	—	—	—	—	—
	II	160,08	8,80	12,80	14,40	II	160,08	1,26	6,98	7,85	—	2,04	2,30	—	—	—	—	—	—	—	—	—	—	—	—
	III	14,33	—	1,14	1,28	III	14,33	—	—	—	—	—	—	—	—	—	—	—	—	—	—	—	—	—	—
	V	408,—	22,44	32,64	36,72	IV	188,41	8,28	12,04	13,55	6,26	9,11	10,25	—	6,27	7,05	—	3,70	4,16	—	1,53	1,72	—	—	—
	VI	438,50	24,11	35,08	39,46																				
1 910,99	I,IV	189,16	10,40	15,13	17,02	I	189,16	6,30	9,16	10,31	—	3,74	4,21	—	—	—	—	—	—	—	—	—	—	—	—
	II	160,75	8,84	12,86	14,46	II	160,75	1,38	7,03	7,91	—	2,08	2,34	—	—	—	—	—	—	—	—	—	—	—	—
	III	14,83	—	1,18	1,33	III	14,83	—	—	—	—	—	—	—	—	—	—	—	—	—	—	—	—	—	—
	V	409,—	22,49	32,72	36,81	IV	189,16	8,31	12,10	13,61	6,30	9,16	10,31	—	6,32	7,11	—	3,74	4,21	—	1,56	1,76	—	—	—
	VI	439,33	24,16	35,14	39,53																				
1 913,99	I,IV	189,83	10,44	15,18	17,08	I	189,83	6,33	9,22	10,37	—	3,78	4,25	—	—	—	—	—	—	—	—	—	—	—	—
	II	161,41	8,87	12,91	14,52	II	161,41	1,51	7,08	7,97	—	2,12	2,38	—	—	—	—	—	—	—	—	—	—	—	—
	III	15,16	—	1,21	1,36	III	15,16	—	—	—	—	—	—	—	—	—	—	—	—	—	—	—	—	—	—
	V	409,83	22,54	32,78	36,88	IV	189,83	8,35	12,15	13,67	6,33	9,22	10,37	—	6,37	7,16	—	3,78	4,25	—	1,60	1,80	—	—	—
	VI	440,33	24,21	35,22	39,62																				
1 916,99	I,IV	190,50	10,47	15,24	17,14	I	190,50	6,37	9,26	10,42	—	3,83	4,31	—	—	—	—	—	—	—	—	—	—	—	—
	II	162,08	8,91	12,96	14,58	II	162,08	1,63	7,13	8,02	—	2,15	2,42	—	—	—	—	—	—	—	—	—	—	—	—
	III	15,50	—	1,24	1,39	III	15,50	—	—	—	—	—	—	—	—	—	—	—	—	—	—	—	—	—	—
	V	410,66	22,58	32,85	36,95	IV	190,50	8,39	12,20	13,73	6,37	9,26	10,42	—	6,42	7,22	—	3,83	4,31	—	1,63	1,83	—	—	—
	VI	441,33	24,27	35,30	39,71																				
1 919,99	I,IV	191,16	10,51	15,29	17,20	I	191,16	6,40	9,32	10,48	—	3,87	4,35	—	—	—	—	—	—	—	—	—	—	—	—
	II	162,75	8,95	13,02	14,64	II	162,75	1,76	7,18	8,08	—	2,19	2,46	—	—	—	—	—	—	—	—	—	—	—	—
	III	15,83	—	1,26	1,42	III	15,83	—	—	—	—	—	—	—	—	—	—	—	—	—	—	—	—	—	—
	V	411,66	22,64	32,93	37,04	IV	191,16	8,42	12,26	13,79	6,40	9,32	10,48	—	6,47	7,28	—	3,87	4,35	—	1,67	1,88	—	—	—
	VI	442,16	24,31	35,37	39,79																				
1 922,99	I,IV	191,83	10,55	15,34	17,26	I	191,83	6,44	9,37	10,54	—	3,91	4,40	—	—	—	—	—	—	—	—	—	—	—	—
	II	163,41	8,98	13,07	14,70	II	163,41	1,88	7,23	8,13	—	2,22	2,50	—	—	—	—	—	—	—	—	—	—	—	—
	III	16,33	—	1,30	1,46	III	16,33	—	—	—	—	—	—	—	—	—	—	—	—	—	—	—	—	—	—
	V	412,50	22,68	33,—	37,12	IV	191,83	8,46	12,31	13,85	6,44	9,37	10,54	0,10	6,52	7,33	—	3,91	4,40	—	1,70	1,91	—	—	—
	VI	443,—	24,36	35,44	39,87																				
1 925,99	I,IV	192,50	10,58	15,40	17,32	I	192,50	6,47	9,42	10,59	—	3,96	4,45	—	—	—	—	—	—	—	—	—	—	—	—
	II	164,08	9,02	13,12	14,76	II	164,08	2,01	7,28	8,19	—	2,26	2,54	—	—	—	—	—	—	—	—	—	—	—	—
	III	16,66	—	1,33	1,49	III	16,66	—	—	—	—	—	—	—	—	—	—	—	—	—	—	—	—	—	—
	V	413,33	22,73	33,06	37,19	IV	192,50	8,50	12,36	13,91	6,47	9,42	10,59	0,23	6,57	7,39	—	3,96	4,45	—	1,74	1,95	—	—	—
	VI	444,—	24,42	35,52	39,96																				
1 928,99	I,IV	193,25	10,62	15,46	17,39	I	193,25	6,51	9,47	10,65	—	4,—	4,50	—	—	—	—	—	—	—	—	—	—	—	—
	II	164,75	9,06	13,18	14,82	II	164,75	2,13	7,33	8,24	—	2,30	2,59	—	—	—	—	—	—	—	—	—	—	—	—
	III	17,—	—	1,36	1,53	III	17,—	—	—	—	—	—	—	—	—	—	—	—	—	—	—	—	—	—	—
	V	414,33	22,78	33,14	37,28	IV	193,25	8,53	12,42	13,97	6,51	9,47	10,65	0,35	6,62	7,44	—	4,—	4,50	—	1,78	2,—	—	—	—
	VI	445,—	24,47	35,60	40,05																				
1 931,99	I,IV	193,91	10,66	15,51	17,45	I	193,91	6,54	9,52	10,71	—	4,04	4,54	—	—	—	—	—	—	—	—	—	—	—	—
	II	165,41	9,09	13,23	14,88	II	165,41	2,26	7,38	8,30	—	2,34	2,63	—	—	—	—	—	—	—	—	—	—	—	—
	III	17,50	—	1,40	1,57	III	17,50	—	—	—	—	—	—	—	—	—	—	—	—	—	—	—	—	—	—
	V	415,16	22,83	33,21	37,36	IV	193,91	8,57	12,46	14,02	6,54	9,52	10,71	0,46	6,66	7,49	—	4,04	4,54	—	1,81	2,03	—	—	—
	VI	445,83	24,52	35,66	40,12																				
1 934,99	I,IV	194,58	10,70	15,56	17,51	I	194,58	6,58	9,57	10,76	—	4,08	4,59	—	0,01	0,01	—	—	—	—	—	—	—	—	—
	II	166,08	9,13	13,28	14,94	II	166,08	2,38	7,43	8,36	—	2,38	2,67	—	—	—	—	—	—	—	—	—	—	—	—
	III	17,83	—	1,42	1,60	III	17,83	—	—	—	—	—	—	—	—	—	—	—	—	—	—	—	—	—	—
	V	416,16	22,88	33,29	37,45	IV	194,58	8,60	12,52	14,08	6,58	9,57	10,76	0,60	6,72	7,56	—	4,08	4,59	—	1,84	2,07	—	0,01	0,01
	VI	446,83	24,57	35,74	40,21																				
1 937,99	I,IV	195,25	10,73	15,62	17,57	I	195,25	6,61	9,62	10,82	—	4,12	4,64	—	0,04	0,04	—	—	—	—	—	—	—	—	—
	II	166,75	9,17	13,34	15,—	II	166,75	2,51	7,48	8,42	—	2,41	2,71	—	—	—	—	—	—	—	—	—	—	—	—
	III	18,16	—	1,45	1,63	III	18,16	—	—	—	—	—	—	—	—	—	—	—	—	—	—	—	—	—	—
	V	417,—	22,93	33,36	37,53	IV	195,25	8,64	12,57	14,14	6,61	9,62	10,82	0,71	6,76	7,61	—	4,12	4,64	—	1,88	2,12	—	0,04	0,04
	VI	447,83	24,63	35,82	40,30																				

* Die ausgewiesenen Tabellenwerte sind amtlich. Siehe Erläuterungen auf der Umschlaginnenseite (U2).

MONAT 1 938,–*

Abzüge an Lohnsteuer, Solidaritätszuschlag (SolZ) und Kirchensteuer (8%, 9%) in den Steuerklassen

Lohn/ Gehalt bis €*	I – VI					I, II, III, IV		mit Zahl der Kinderfreibeträge . . . 0,5			1			1,5			2			2,5			3**		
		LSt	ohne Kinderfreibeträge SolZ	8%	9%		LSt	SolZ	8%	9%	SolZ	8%	9%	SolZ	8%	9%	SolZ	8%	9%	SolZ	8%	9%	SolZ	8%	9%
1 940,99	I,IV	195,91	10,77	15,67	17,63	I	195,91	6,65	9,68	10,89	—	4,17	4,69	—	0,06	0,07	—	—	—	—	—	—	—	—	—
	II	167,41	9,20	13,39	15,06	II	167,41	2,63	7,53	8,47	—	2,45	2,75	—	—	—	—	—	—	—	—	—	—	—	—
	III	18,50	—	1,48	1,66	III	18,50	—	—	—	—	—	—	—	—	—	—	—	—	—	—	—	—	—	—
	V	417,83	22,98	33,42	37,60	IV	195,91	8,68	12,62	14,20	6,65	9,68	10,89	0,85	6,82	7,67	—	4,17	4,69	—	1,92	2,16	—	0,06	0,07
	VI	448,66	24,67	35,89	40,37																				
1 943,99	I,IV	196,58	10,81	15,72	17,69	I	196,58	6,68	9,72	10,94	—	4,21	4,73	—	0,10	0,11	—	—	—	—	—	—	—	—	—
	II	168,08	9,24	13,44	15,12	II	168,08	2,76	7,58	8,53	—	2,49	2,80	—	—	—	—	—	—	—	—	—	—	—	—
	III	19,—	—	1,52	1,71	III	19,—	—	—	—	—	—	—	—	—	—	—	—	—	—	—	—	—	—	—
	V	418,83	23,03	33,50	37,69	IV	196,58	8,71	12,68	14,26	6,68	9,72	10,94	0,96	6,86	7,72	—	4,21	4,73	—	1,96	2,20	—	0,10	0,11
	VI	449,50	24,72	35,96	40,45																				
1 946,99	I,IV	197,33	10,85	15,78	17,75	I	197,33	6,72	9,78	11,—	—	4,26	4,79	—	0,12	0,14	—	—	—	—	—	—	—	—	—
	II	168,75	9,28	13,50	15,18	II	168,75	2,88	7,63	8,58	—	2,53	2,84	—	—	—	—	—	—	—	—	—	—	—	—
	III	19,33	—	1,54	1,73	III	19,33	—	—	—	—	—	—	—	—	—	—	—	—	—	—	—	—	—	—
	V	419,66	23,08	33,57	37,76	IV	197,33	8,75	12,73	14,32	6,72	9,78	11,—	1,10	6,92	7,78	—	4,26	4,79	—	1,99	2,24	—	0,12	0,14
	VI	450,66	24,78	36,05	40,55																				
1 949,99	I,IV	198,—	10,89	15,84	17,82	I	198,—	6,76	9,83	11,06	—	4,30	4,83	—	0,16	0,18	—	—	—	—	—	—	—	—	—
	II	169,41	9,31	13,55	15,24	II	169,41	3,01	7,68	8,64	—	2,56	2,88	—	—	—	—	—	—	—	—	—	—	—	—
	III	19,66	—	1,57	1,76	III	19,66	—	—	—	—	—	—	—	—	—	—	—	—	—	—	—	—	—	—
	V	420,66	23,13	33,65	37,85	IV	198,—	8,79	12,78	14,38	6,76	9,83	11,06	1,21	6,96	7,83	—	4,30	4,83	—	2,03	2,28	—	0,16	0,18
	VI	451,50	24,83	36,12	40,63																				
1 952,99	I,IV	198,66	10,92	15,89	17,87	I	198,66	6,79	9,88	11,11	—	4,34	4,88	—	0,18	0,20	—	—	—	—	—	—	—	—	—
	II	170,08	9,35	13,60	15,30	II	170,08	3,13	7,73	8,69	—	2,60	2,93	—	—	—	—	—	—	—	—	—	—	—	—
	III	20,16	—	1,61	1,81	III	20,16	—	—	—	—	—	—	—	—	—	—	—	—	—	—	—	—	—	—
	V	421,66	23,19	33,73	37,94	IV	198,66	8,82	12,84	14,44	6,79	9,88	11,11	1,35	7,02	7,89	—	4,34	4,88	—	2,06	2,32	—	0,18	0,20
	VI	452,33	24,87	36,18	40,70																				
1 955,99	I,IV	199,33	10,96	15,94	17,93	I	199,33	6,82	9,93	11,17	—	4,39	4,94	—	0,22	0,24	—	—	—	—	—	—	—	—	—
	II	170,75	9,39	13,66	15,36	II	170,75	3,26	7,78	8,75	—	2,64	2,97	—	—	—	—	—	—	—	—	—	—	—	—
	III	20,50	—	1,64	1,84	III	20,50	—	—	—	—	—	—	—	—	—	—	—	—	—	—	—	—	—	—
	V	422,50	23,23	33,80	38,02	IV	199,33	8,86	12,89	14,50	6,82	9,93	11,17	1,46	7,06	7,94	—	4,39	4,94	—	2,10	2,36	—	0,22	0,24
	VI	453,33	24,93	36,26	40,79																				
1 958,99	I,IV	200,—	11,—	16,—	18,—	I	200,—	6,86	9,98	11,23	—	4,43	4,98	—	0,24	0,27	—	—	—	—	—	—	—	—	—
	II	171,41	9,42	13,71	15,42	II	171,41	3,38	7,83	8,81	—	2,68	3,02	—	—	—	—	—	—	—	—	—	—	—	—
	III	20,83	—	1,66	1,87	III	20,83	—	—	—	—	—	—	—	—	—	—	—	—	—	—	—	—	—	—
	V	423,50	23,29	33,88	38,11	IV	200,—	8,90	12,94	14,56	6,86	9,98	11,23	1,58	7,11	8,—	—	4,43	4,98	—	2,14	2,40	—	0,24	0,27
	VI	454,33	24,98	36,34	40,88																				
1 961,99	I,IV	200,66	11,03	16,05	18,05	I	200,66	6,89	10,03	11,28	—	4,48	5,04	—	0,27	0,30	—	—	—	—	—	—	—	—	—
	II	172,08	9,46	13,76	15,48	II	172,08	3,51	7,88	8,87	—	2,72	3,06	—	—	—	—	—	—	—	—	—	—	—	—
	III	21,33	—	1,70	1,91	III	21,33	—	—	—	—	—	—	—	—	—	—	—	—	—	—	—	—	—	—
	V	424,33	23,33	33,94	38,18	IV	200,66	8,93	13,—	14,62	6,89	10,03	11,28	1,71	7,16	8,06	—	4,48	5,04	—	2,18	2,45	—	0,27	0,30
	VI	455,16	25,03	36,41	40,96																				
1 964,99	I,IV	201,41	11,07	16,11	18,12	I	201,41	6,93	10,08	11,34	—	4,52	5,08	—	0,30	0,34	—	—	—	—	—	—	—	—	—
	II	172,75	9,50	13,82	15,54	II	172,75	3,63	7,93	8,92	—	2,76	3,10	—	—	—	—	—	—	—	—	—	—	—	—
	III	21,66	—	1,73	1,94	III	21,66	—	—	—	—	—	—	—	—	—	—	—	—	—	—	—	—	—	—
	V	425,16	23,38	34,01	38,26	IV	201,41	8,97	13,05	14,68	6,93	10,08	11,34	1,83	7,21	8,11	—	4,52	5,08	—	2,21	2,48	—	0,30	0,34
	VI	456,—	25,08	36,48	41,04																				
1 967,99	I,IV	202,08	11,11	16,16	18,18	I	202,08	6,97	10,14	11,40	—	4,56	5,13	—	0,33	0,37	—	—	—	—	—	—	—	—	—
	II	173,41	9,53	13,87	15,60	II	173,41	3,76	7,98	8,98	—	2,80	3,15	—	—	—	—	—	—	—	—	—	—	—	—
	III	22,—	—	1,76	1,98	III	22,—	—	—	—	—	—	—	—	—	—	—	—	—	—	—	—	—	—	—
	V	426,16	23,43	34,09	38,35	IV	202,08	9,01	13,10	14,74	6,97	10,14	11,40	1,96	7,26	8,17	—	4,56	5,13	—	2,25	2,53	—	0,33	0,37
	VI	457,16	25,14	36,57	41,14																				
1 970,99	I,IV	202,75	11,15	16,22	18,24	I	202,75	7,—	10,19	11,46	—	4,61	5,18	—	0,36	0,41	—	—	—	—	—	—	—	—	—
	II	174,08	9,57	13,92	15,66	II	174,08	3,88	8,03	9,03	—	2,84	3,19	—	—	—	—	—	—	—	—	—	—	—	—
	III	22,50	—	1,80	2,02	III	22,50	—	—	—	—	—	—	—	—	—	—	—	—	—	—	—	—	—	—
	V	427,—	23,48	34,16	38,43	IV	202,75	9,04	13,16	14,80	7,—	10,19	11,46	2,08	7,31	8,22	—	4,61	5,18	—	2,28	2,57	—	0,36	0,41
	VI	458,—	25,19	36,64	41,22																				
1 973,99	I,IV	203,41	11,18	16,27	18,30	I	203,41	7,04	10,24	11,52	—	4,65	5,23	—	0,40	0,45	—	—	—	—	—	—	—	—	—
	II	174,75	9,61	13,98	15,72	II	174,75	4,01	8,08	9,09	—	2,88	3,24	—	—	—	—	—	—	—	—	—	—	—	—
	III	22,83	—	1,82	2,05	III	22,83	—	—	—	—	—	—	—	—	—	—	—	—	—	—	—	—	—	—
	V	427,83	23,53	34,22	38,50	IV	203,41	9,08	13,21	14,86	7,04	10,24	11,52	2,21	7,36	8,28	—	4,65	5,23	—	2,32	2,61	—	0,40	0,45
	VI	459,—	25,24	36,72	41,31																				
1 976,99	I,IV	204,16	11,22	16,33	18,37	I	204,16	7,07	10,29	11,57	—	4,70	5,28	—	0,42	0,47	—	—	—	—	—	—	—	—	—
	II	175,41	9,64	14,03	15,78	II	175,41	4,15	8,14	9,15	—	2,92	3,28	—	—	—	—	—	—	—	—	—	—	—	—
	III	23,16	—	1,85	2,08	III	23,16	—	—	—	—	—	—	—	—	—	—	—	—	—	—	—	—	—	—
	V	428,83	23,58	34,30	38,59	IV	204,16	9,12	13,26	14,92	7,07	10,29	11,57	2,33	7,41	8,33	—	4,70	5,28	—	2,36	2,66	—	0,42	0,47
	VI	459,83	25,29	36,78	41,38																				
1 979,99	I,IV	204,83	11,26	16,38	18,43	I	204,83	7,11	10,34	11,63	—	4,74	5,33	—	0,46	0,51	—	—	—	—	—	—	—	—	—
	II	176,08	9,68	14,08	15,84	II	176,08	4,26	8,18	9,20	—	2,96	3,33	—	—	—	—	—	—	—	—	—	—	—	—
	III	23,66	—	1,89	2,12	III	23,66	—	—	—	—	—	—	—	—	—	—	—	—	—	—	—	—	—	—
	V	429,83	23,64	34,38	38,68	IV	204,83	9,15	13,32	14,98	7,11	10,34	11,63	2,46	7,46	8,39	—	4,74	5,33	—	2,40	2,70	—	0,46	0,51
	VI	460,66	25,33	36,85	41,45																				
1 982,99	I,IV	205,50	11,30	16,44	18,49	I	205,50	7,14	10,39	11,69	—	4,78	5,38	—	0,48	0,54	—	—	—	—	—	—	—	—	—
	II	176,75	9,72	14,14	15,90	II	176,75	4,38	8,23	9,26	—	3,—	3,37	—	—	—	—	—	—	—	—	—	—	—	—
	III	24,—	—	1,92	2,16	III	24,—	—	—	—	—	—	—	—	—	—	—	—	—	—	—	—	—	—	—
	V	430,66	23,68	34,45	38,75	IV	205,50	9,19	13,37	15,04	7,14	10,39	11,69	2,58	7,51	8,45	—	4,78	5,38	—	2,44	2,74	—	0,48	0,54
	VI	461,66	25,39	36,93	41,54																				
1 985,99	I,IV	206,16	11,33	16,49	18,55	I	206,16	7,18	10,44	11,75	—	4,83	5,43	—	0,52	0,58	—	—	—	—	—	—	—	—	—
	II	177,41	9,75	14,19	15,96	II	177,41	4,51	8,28	9,32	—	3,03	3,41	—	—	—	—	—	—	—	—	—	—	—	—
	III	24,33	—	1,94	2,18	III	24,33	—	—	—	—	—	—	—	—	—	—	—	—	—	—	—	—	—	—
	V	431,66	23,74	34,53	38,84	IV	206,16	9,23	13,42	15,10	7,18	10,44	11,75	2,71	7,56	8,51	—	4,83	5,43	—	2,48	2,79	—	0,52	0,58
	VI	462,66	25,44	37,01	41,63																				
1 988,99	I,IV	206,83	11,37	16,54	18,61	I	206,83	7,21	10,50	11,81	—	4,88	5,49	—	0,55	0,62	—	—	—	—	—	—	—	—	—
	II	178,08	9,79	14,24	16,02	II	178,08	4,65	8,34	9,38	—	3,07	3,45	—	—	—	—	—	—	—	—	—	—	—	—
	III	24,83	—	1,98	2,23	III	24,83	—	—	—	—	—	—	—	—	—	—	—	—	—	—	—	—	—	—
	V	432,50	23,78	34,60	38,92	IV	206,83	9,26	13,48	15,16	7,21	10,50	11,81	2,83	7,61	8,56	—	4,88	5,49	—	2,51	2,82	—	0,55	0,62
	VI	463,50	25,49	37,08	41,71																				

* Die ausgewiesenen Tabellenwerte sind amtlich. Siehe Erläuterungen auf der Umschlaginnenseite (U2).
** Bei mehr als 3 Kinderfreibeträgen ist die „Ergänzungs-Tabelle 3,5 bis 6 Kinderfreibeträge" anzuwenden.

Abzüge an Lohnsteuer, Solidaritätszuschlag (SolZ) und Kirchensteuer (8%, 9%) in den Steuerklassen

Lohn/Gehalt bis €*	I – VI		ohne Kinderfreibeträge			I, II, III, IV		mit Zahl der Kinderfreibeträge . . . 0,5			1			1,5			2			2,5			3**		
		LSt	SolZ	8%	9%		LSt	SolZ	8%	9%	SolZ	8%	9%	SolZ	8%	9%	SolZ	8%	9%	SolZ	8%	9%	SolZ	8%	9%
1 991,99	I,IV	207,58	11,41	16,60	18,68	I	207,58	7,25	10,55	11,87	—	4,92	5,54	—	0,58	0,65	—	—	—	—	—	—	—	—	—
	II	178,75	9,83	14,30	16,08	II	178,75	4,76	8,38	9,43	—	3,12	3,51	—	—	—	—	—	—	—	—	—	—	—	—
	III	25,16	—	2,01	2,26	III	25,16	—	—	—	—	—	—	—	—	—	—	—	—	—	—	—	—	—	—
	V	433,33	23,83	34,66	38,99	IV	207,58	9,30	13,53	15,22	7,25	10,55	11,87	2,96	7,66	8,62	—	4,92	5,54	—	2,55	2,87	—	0,58	0,65
	VI	464,66	25,55	37,17	41,81																				
1 994,99	I,IV	208,25	11,45	16,66	18,74	I	208,25	7,29	10,60	11,93	—	4,96	5,58	—	0,61	0,68	—	—	—	—	—	—	—	—	—
	II	179,41	9,86	14,35	16,14	II	179,41	4,90	8,44	9,49	—	3,16	3,55	—	—	—	—	—	—	—	—	—	—	—	—
	III	25,66	—	2,05	2,30	III	25,66	—	—	—	—	—	—	—	—	—	—	—	—	—	—	—	—	—	—
	V	434,33	23,88	34,74	39,08	IV	208,25	9,34	13,58	15,28	7,29	10,60	11,93	3,08	7,71	8,67	—	4,96	5,58	—	2,59	2,91	—	0,61	0,68
	VI	465,50	25,60	37,24	41,89																				
1 997,99	I,IV	208,91	11,49	16,71	18,80	I	208,91	7,32	10,65	11,98	—	5,01	5,63	—	0,64	0,72	—	—	—	—	—	—	—	—	—
	II	180,08	9,90	14,40	16,20	II	180,08	5,01	8,48	9,54	—	3,20	3,60	—	—	—	—	—	—	—	—	—	—	—	—
	III	26,—	—	2,08	2,34	III	26,—	—	—	—	—	—	—	—	—	—	—	—	—	—	—	—	—	—	—
	V	435,33	23,94	34,82	39,17	IV	208,91	9,37	13,64	15,34	7,32	10,65	11,98	3,21	7,76	8,73	—	5,01	5,63	—	2,63	2,96	—	0,64	0,72
	VI	466,50	25,65	37,32	41,98																				
2 000,99	I,IV	209,66	11,53	16,77	18,86	I	209,66	7,36	10,70	12,04	—	5,06	5,69	—	0,68	0,76	—	—	—	—	—	—	—	—	—
	II	180,83	9,94	14,46	16,27	II	180,83	5,15	8,54	9,60	—	3,24	3,64	—	—	—	—	—	—	—	—	—	—	—	—
	III	26,33	—	2,10	2,36	III	26,33	—	—	—	—	—	—	—	—	—	—	—	—	—	—	—	—	—	—
	V	436,16	23,98	34,89	39,25	IV	209,66	9,41	13,69	15,40	7,36	10,70	12,04	3,33	7,81	8,78	—	5,06	5,69	—	2,66	2,99	—	0,68	0,76
	VI	467,33	25,70	37,38	42,05																				
2 003,99	I,IV	210,33	11,56	16,82	18,92	I	210,33	7,39	10,76	12,10	—	5,10	5,74	—	0,70	0,79	—	—	—	—	—	—	—	—	—
	II	181,50	9,98	14,52	16,33	II	181,50	5,28	8,59	9,66	—	3,28	3,69	—	—	—	—	—	—	—	—	—	—	—	—
	III	26,83	—	2,14	2,41	III	26,83	—	—	—	—	—	—	—	—	—	—	—	—	—	—	—	—	—	—
	V	437,—	24,03	34,96	39,33	IV	210,33	9,45	13,74	15,46	7,39	10,76	12,10	3,46	7,86	8,84	—	5,10	5,74	—	2,70	3,04	—	0,70	0,79
	VI	468,33	25,75	37,46	42,14																				
2 006,99	I,IV	211,—	11,60	16,88	18,99	I	211,—	7,43	10,81	12,16	—	5,15	5,79	—	0,74	0,83	—	—	—	—	—	—	—	—	—
	II	182,16	10,01	14,57	16,39	II	182,16	5,40	8,64	9,72	—	3,32	3,73	—	—	—	—	—	—	—	—	—	—	—	—
	III	27,16	—	2,17	2,44	III	27,16	—	—	—	—	—	—	—	—	—	—	—	—	—	—	—	—	—	—
	V	438,—	24,09	35,04	39,42	IV	211,—	9,48	13,80	15,52	7,43	10,81	12,16	3,58	7,91	8,90	—	5,15	5,79	—	2,74	3,08	—	0,74	0,83
	VI	469,33	25,81	37,54	42,23																				
2 009,99	I,IV	211,66	11,64	16,93	19,04	I	211,66	7,46	10,86	12,21	—	5,20	5,85	—	0,77	0,86	—	—	—	—	—	—	—	—	—
	II	182,83	10,05	14,62	16,45	II	182,83	5,53	8,69	9,77	—	3,36	3,78	—	—	—	—	—	—	—	—	—	—	—	—
	III	27,66	—	2,21	2,48	III	27,66	—	—	—	—	—	—	—	—	—	—	—	—	—	—	—	—	—	—
	V	438,83	24,13	35,10	39,49	IV	211,66	9,52	13,85	15,58	7,46	10,86	12,21	3,71	7,96	8,96	—	5,20	5,85	—	2,78	3,13	—	0,77	0,86
	VI	470,16	25,85	37,61	42,31																				
2 012,99	I,IV	212,41	11,68	16,99	19,11	I	212,41	7,50	10,91	12,27	—	5,24	5,90	—	0,80	0,90	—	—	—	—	—	—	—	—	—
	II	183,50	10,09	14,68	16,51	II	183,50	5,65	8,74	9,83	—	3,40	3,82	—	—	—	—	—	—	—	—	—	—	—	—
	III	28,—	—	2,24	2,52	III	28,—	—	—	—	—	—	—	—	—	—	—	—	—	—	—	—	—	—	—
	V	439,66	24,18	35,17	39,56	IV	212,41	9,56	13,90	15,64	7,50	10,91	12,27	3,83	8,01	9,01	—	5,24	5,90	—	2,82	3,17	—	0,80	0,90
	VI	471,16	25,91	37,69	42,40																				
2 015,99	I,IV	213,08	11,71	17,04	19,17	I	213,08	7,53	10,96	12,33	—	5,29	5,95	—	0,83	0,93	—	—	—	—	—	—	—	—	—
	II	184,16	10,12	14,73	16,57	II	184,16	5,78	8,79	9,89	—	3,44	3,87	—	—	—	—	—	—	—	—	—	—	—	—
	III	28,33	—	2,26	2,54	III	28,33	—	—	—	—	—	—	—	—	—	—	—	—	—	—	—	—	—	—
	V	440,83	24,24	35,26	39,67	IV	213,08	9,59	13,96	15,70	7,53	10,96	12,33	3,96	8,06	9,07	—	5,29	5,95	—	2,86	3,22	—	0,83	0,93
	VI	472,—	25,96	37,76	42,48																				
2 018,99	I,IV	213,75	11,75	17,10	19,23	I	213,75	7,57	11,02	12,39	—	5,34	6,—	—	0,86	0,97	—	—	—	—	—	—	—	—	—
	II	184,83	10,16	14,78	16,63	II	184,83	5,91	8,84	9,95	—	3,48	3,91	—	—	—	—	—	—	—	—	—	—	—	—
	III	28,83	—	2,30	2,59	III	28,83	—	—	—	—	—	—	—	—	—	—	—	—	—	—	—	—	—	—
	V	441,66	24,29	35,33	39,74	IV	213,75	9,63	14,01	15,76	7,57	11,02	12,39	4,10	8,12	9,13	—	5,34	6,—	—	2,90	3,26	—	0,86	0,97
	VI	473,16	26,02	37,85	42,58																				
2 021,99	I,IV	214,50	11,79	17,16	19,30	I	214,50	7,61	11,07	12,45	—	5,38	6,05	—	0,90	1,01	—	—	—	—	—	—	—	—	—
	II	185,50	10,20	14,84	16,69	II	185,50	6,03	8,89	10,—	—	3,52	3,96	—	—	—	—	—	—	—	—	—	—	—	—
	III	29,16	—	2,33	2,62	III	29,16	—	—	—	—	—	—	—	—	—	—	—	—	—	—	—	—	—	—
	V	442,50	24,33	35,40	39,82	IV	214,50	9,67	14,06	15,82	7,61	11,07	12,45	4,21	8,16	9,18	—	5,38	6,05	—	2,94	3,30	—	0,90	1,01
	VI	474,—	26,07	37,92	42,66																				
2 024,99	I,IV	215,16	11,83	17,21	19,36	I	215,16	7,64	11,12	12,51	—	5,43	6,11	—	0,93	1,04	—	—	—	—	—	—	—	—	—
	II	186,16	10,23	14,89	16,75	II	186,16	6,15	8,94	10,06	—	3,56	4,01	—	—	—	—	—	—	—	—	—	—	—	—
	III	29,66	—	2,37	2,66	III	29,66	—	—	—	—	—	—	—	—	—	—	—	—	—	—	—	—	—	—
	V	443,66	24,40	35,49	39,92	IV	215,16	9,70	14,12	15,88	7,64	11,12	12,51	4,35	8,22	9,24	—	5,43	6,11	—	2,98	3,35	—	0,93	1,04
	VI	475,—	26,12	38,—	42,75																				
2 027,99	I,IV	215,83	11,87	17,26	19,42	I	215,83	7,68	11,17	12,56	—	5,48	6,16	—	0,96	1,08	—	—	—	—	—	—	—	—	—
	II	186,83	10,27	14,94	16,81	II	186,83	6,18	9,—	10,12	—	3,60	4,05	—	—	—	—	—	—	—	—	—	—	—	—
	III	30,—	—	2,40	2,70	III	30,—	—	—	—	—	—	—	—	—	—	—	—	—	—	—	—	—	—	—
	V	444,50	24,44	35,56	40,—	IV	215,83	9,74	14,17	15,94	7,68	11,17	12,56	4,46	8,26	9,29	—	5,48	6,16	—	3,02	3,39	—	0,96	1,08
	VI	475,83	26,17	38,06	42,82																				
2 030,99	I,IV	216,58	11,91	17,32	19,49	I	216,58	7,71	11,22	12,62	—	5,52	6,21	—	1,—	1,12	—	—	—	—	—	—	—	—	—
	II	187,58	10,31	15,—	16,88	II	187,58	6,21	9,04	10,17	—	3,64	4,10	—	—	—	—	—	—	—	—	—	—	—	—
	III	30,50	—	2,44	2,74	III	30,50	—	—	—	—	—	—	—	—	—	—	—	—	—	—	—	—	—	—
	V	445,33	24,49	35,62	40,07	IV	216,58	9,78	14,22	16,—	7,71	11,22	12,62	4,60	8,32	9,36	—	5,52	6,21	—	3,06	3,44	—	1,—	1,12
	VI	476,83	26,22	38,14	42,91																				
2 033,99	I,IV	217,25	11,94	17,38	19,55	I	217,25	7,75	11,28	12,69	—	5,57	6,26	—	1,03	1,16	—	—	—	—	—	—	—	—	—
	II	188,25	10,35	15,06	16,94	II	188,25	6,25	9,10	10,23	—	3,68	4,14	—	—	—	—	—	—	—	—	—	—	—	—
	III	30,83	—	2,46	2,77	III	30,83	—	—	—	—	—	—	—	—	—	—	—	—	—	—	—	—	—	—
	V	446,33	24,54	35,70	40,16	IV	217,25	9,81	14,28	16,06	7,75	11,28	12,69	4,71	8,36	9,41	—	5,57	6,26	—	3,10	3,48	—	1,03	1,16
	VI	477,83	26,28	38,22	43,—																				
2 036,99	I,IV	217,91	11,98	17,43	19,61	I	217,91	7,79	11,33	12,74	—	5,62	6,32	—	1,06	1,19	—	—	—	—	—	—	—	—	—
	II	188,91	10,39	15,11	17,—	II	188,91	6,28	9,14	10,28	—	3,73	4,19	—	—	—	—	—	—	—	—	—	—	—	—
	III	31,16	—	2,49	2,80	III	31,16	—	—	—	—	—	—	—	—	—	—	—	—	—	—	—	—	—	—
	V	447,16	24,59	35,77	40,24	IV	217,91	9,85	14,33	16,12	7,79	11,33	12,74	4,85	8,42	9,47	—	5,62	6,32	—	3,14	3,53	—	1,06	1,19
	VI	478,66	26,32	38,29	43,07																				
2 039,99	I,IV	218,58	12,02	17,48	19,67	I	218,58	7,82	11,38	12,80	—	5,66	6,37	—	1,10	1,23	—	—	—	—	—	—	—	—	—
	II	189,58	10,42	15,16	17,06	II	189,58	6,32	9,20	10,35	—	3,77	4,24	—	—	—	—	—	—	—	—	—	—	—	—
	III	31,66	—	2,53	2,84	III	31,66	—	—	—	—	—	—	—	—	—	—	—	—	—	—	—	—	—	—
	V	448,16	24,64	35,85	40,33	IV	218,58	9,89	14,38	16,18	7,82	11,38	12,80	4,98	8,47	9,53	—	5,66	6,37	—	3,18	3,57	—	1,10	1,23
	VI	479,66	26,38	38,37	43,16																				

* Die ausgewiesenen Tabellenwerte sind amtlich. Siehe Erläuterungen auf der Umschlaginnenseite (U2).
** Bei mehr als 3 Kinderfreibeträgen ist die „Ergänzungs-Tabelle 3,5 bis 6 Kinderfreibeträge" anzuwenden.

Abzüge an Lohnsteuer, Solidaritätszuschlag (SolZ) und Kirchensteuer (8%, 9%) in den Steuerklassen

Lohn/ Gehalt bis €*	I – VI	LSt	ohne Kinderfreibeträge SolZ	8%	9%	I, II, III, IV	LSt	mit Zahl der Kinderfreibeträge . . . 0,5 SolZ	8%	9%	1 SolZ	8%	9%	1,5 SolZ	8%	9%	2 SolZ	8%	9%	2,5 SolZ	8%	9%	3** SolZ	8%	9%
2 042,99	I,IV	219,33	12,06	17,54	19,73	I	219,33	7,86	11,43	12,86	—	5,71	6,42	—	1,13	1,27	—	—	—	—	—	—	—	—	—
	II	190,25	10,46	15,22	17,12	II	190,25	6,36	9,25	10,40	—	3,81	4,28	—	—	—	—	—	—	—	—	—	—	—	—
	III	32,—	—	2,56	2,88	III	32,—	—	—	—	—	—	—	—	—	—	—	—	—	—	—	—	—	—	—
	V	449,—	24,69	35,92	40,41	IV	219,33	9,92	14,44	16,24	7,86	11,43	12,86	5,10	8,52	9,58	—	5,71	6,42	—	3,22	3,62	—	1,13	1,27
	VI	480,66	26,43	38,45	43,25																				
2 045,99	I,IV	220,—	12,10	17,60	19,80	I	220,—	7,89	11,48	12,92	—	5,76	6,48	—	1,16	1,31	—	—	—	—	—	—	—	—	—
	II	190,91	10,50	15,27	17,18	II	190,91	6,39	9,30	10,46	—	3,86	4,34	—	—	—	—	—	—	—	—	—	—	—	—
	III	32,50	—	2,60	2,92	III	32,50	—	—	—	—	—	—	—	—	—	—	—	—	—	—	—	—	—	—
	V	450,—	24,75	36,—	40,50	IV	220,—	9,96	14,50	16,31	7,89	11,48	12,92	5,23	8,57	9,64	—	5,76	6,48	—	3,26	3,66	—	1,16	1,31
	VI	481,66	26,49	38,53	43,34																				
2 048,99	I,IV	220,66	12,13	17,65	19,85	I	220,66	7,93	11,54	12,98	—	5,80	6,53	—	1,20	1,35	—	—	—	—	—	—	—	—	—
	II	191,58	10,53	15,32	17,24	II	191,58	6,43	9,35	10,52	—	3,90	4,38	—	—	—	—	—	—	—	—	—	—	—	—
	III	32,83	—	2,62	2,95	III	32,83	—	—	—	—	—	—	—	—	—	—	—	—	—	—	—	—	—	—
	V	451,—	24,80	36,08	40,59	IV	220,66	10,—	14,55	16,37	7,93	11,54	12,98	5,35	8,62	9,69	—	5,80	6,53	—	3,30	3,71	—	1,20	1,35
	VI	482,66	26,54	38,61	43,43																				
2 051,99	I,IV	221,41	12,17	17,71	19,92	I	221,41	7,97	11,59	13,04	—	5,85	6,58	—	1,23	1,38	—	—	—	—	—	—	—	—	—
	II	192,33	10,57	15,38	17,30	II	192,33	6,46	9,40	10,58	—	3,94	4,43	—	—	—	—	—	—	—	—	—	—	—	—
	III	33,33	—	2,66	2,99	III	33,33	—	—	—	—	—	—	—	—	—	—	—	—	—	—	—	—	—	—
	V	451,83	24,85	36,14	40,66	IV	221,41	10,04	14,60	16,43	7,97	11,59	13,04	5,48	8,67	9,75	—	5,85	6,58	—	3,34	3,76	—	1,23	1,38
	VI	483,50	26,59	38,68	43,51																				
2 054,99	I,IV	222,08	12,21	17,76	19,98	I	222,08	8,—	11,64	13,10	—	5,90	6,64	—	1,26	1,42	—	—	—	—	—	—	—	—	—
	II	193,—	10,61	15,44	17,37	II	193,—	6,49	9,45	10,63	—	3,98	4,48	—	—	—	—	—	—	—	—	—	—	—	—
	III	33,66	—	2,69	3,02	III	33,66	—	—	—	—	—	—	—	—	—	—	—	—	—	—	—	—	—	—
	V	452,66	24,89	36,21	40,73	IV	222,08	10,07	14,66	16,49	8,—	11,64	13,10	5,61	8,72	9,81	—	5,90	6,64	—	3,38	3,80	—	1,26	1,42
	VI	484,50	26,64	38,76	43,60																				
2 057,99	I,IV	222,75	12,25	17,82	20,04	I	222,75	8,03	11,69	13,15	—	5,95	6,69	—	1,30	1,46	—	—	—	—	—	—	—	—	—
	II	193,66	10,65	15,49	17,42	II	193,66	6,53	9,50	10,69	—	4,02	4,52	—	—	—	—	—	—	—	—	—	—	—	—
	III	34,16	—	2,73	3,07	III	34,16	—	—	—	—	—	—	—	—	—	—	—	—	—	—	—	—	—	—
	V	453,66	24,95	36,29	40,82	IV	222,75	10,11	14,71	16,55	8,03	11,69	13,15	5,73	8,77	9,86	—	5,95	6,69	—	3,42	3,85	—	1,30	1,46
	VI	485,33	26,69	38,82	43,67																				
2 060,99	I,IV	223,50	12,29	17,88	20,11	I	223,50	8,07	11,74	13,21	—	6,—	6,75	—	1,33	1,49	—	—	—	—	—	—	—	—	—
	II	194,33	10,68	15,54	17,48	II	194,33	6,56	9,55	10,74	—	4,07	4,58	—	—	—	—	—	—	—	—	—	—	—	—
	III	34,50	—	2,76	3,10	III	34,50	—	—	—	—	—	—	—	—	—	—	—	—	—	—	—	—	—	—
	V	454,66	25,—	36,37	40,91	IV	223,50	10,15	14,76	16,61	8,07	11,74	13,21	5,86	8,82	9,92	—	6,—	6,75	—	3,46	3,89	—	1,33	1,49
	VI	486,50	26,75	38,92	43,78																				
2 063,99	I,IV	224,16	12,32	17,93	20,17	I	224,16	8,11	11,80	13,27	—	6,04	6,80	—	1,36	1,53	—	—	—	—	—	—	—	—	—
	II	195,—	10,72	15,60	17,55	II	195,—	6,60	9,60	10,80	—	4,11	4,62	—	0,02	0,02	—	—	—	—	—	—	—	—	—
	III	35,—	—	2,80	3,15	III	35,—	—	—	—	—	—	—	—	—	—	—	—	—	—	—	—	—	—	—
	V	455,50	25,05	36,44	40,99	IV	224,16	10,18	14,82	16,67	8,11	11,80	13,27	5,98	8,87	9,98	—	6,04	6,80	—	3,50	3,94	—	1,36	1,53
	VI	487,33	26,80	38,98	43,85																				
2 066,99	I,IV	224,83	12,36	17,98	20,23	I	224,83	8,14	11,85	13,33	—	6,09	6,85	—	1,40	1,57	—	—	—	—	—	—	—	—	—
	II	195,66	10,76	15,65	17,60	II	195,66	6,64	9,66	10,86	—	4,16	4,68	—	0,06	0,06	—	—	—	—	—	—	—	—	—
	III	35,33	—	2,82	3,17	III	35,33	—	—	—	—	—	—	—	—	—	—	—	—	—	—	—	—	—	—
	V	456,66	25,11	36,53	41,09	IV	224,83	10,22	14,87	16,73	8,14	11,85	13,33	6,11	8,92	10,04	—	6,09	6,85	—	3,54	3,98	—	1,40	1,57
	VI	488,33	26,85	39,06	43,94																				
2 069,99	I,IV	225,58	12,40	18,04	20,30	I	225,58	8,18	11,90	13,39	—	6,14	6,91	—	1,43	1,61	—	—	—	—	—	—	—	—	—
	II	196,33	10,79	15,70	17,66	II	196,33	6,67	9,71	10,92	—	4,20	4,72	—	0,08	0,09	—	—	—	—	—	—	—	—	—
	III	35,66	—	2,85	3,20	III	35,66	—	—	—	—	—	—	—	—	—	—	—	—	—	—	—	—	—	—
	V	457,50	25,16	36,60	41,17	IV	225,58	10,26	14,92	16,79	8,18	11,90	13,39	6,17	8,98	10,10	—	6,14	6,91	—	3,59	4,04	—	1,43	1,61
	VI	489,33	26,91	39,14	44,03																				
2 072,99	I,IV	226,25	12,44	18,10	20,36	I	226,25	8,22	11,96	13,45	—	6,19	6,96	—	1,47	1,65	—	—	—	—	—	—	—	—	—
	II	197,08	10,83	15,76	17,73	II	197,08	6,71	9,76	10,98	—	4,24	4,77	—	0,12	0,13	—	—	—	—	—	—	—	—	—
	III	36,16	—	2,89	3,25	III	36,16	—	—	—	—	—	—	—	—	—	—	—	—	—	—	—	—	—	—
	V	458,33	25,20	36,66	41,24	IV	226,25	10,29	14,98	16,85	8,22	11,96	13,45	6,20	9,02	10,15	—	6,19	6,96	—	3,63	4,08	—	1,47	1,65
	VI	490,16	26,95	39,21	44,11																				
2 075,99	I,IV	227,—	12,48	18,16	20,43	I	227,—	8,25	12,01	13,51	—	6,24	7,02	—	1,50	1,69	—	—	—	—	—	—	—	—	—
	II	197,75	10,87	15,82	17,79	II	197,75	6,74	9,81	11,03	—	4,28	4,82	—	0,14	0,16	—	—	—	—	—	—	—	—	—
	III	36,50	—	2,92	3,28	III	36,50	—	—	—	—	—	—	—	—	—	—	—	—	—	—	—	—	—	—
	V	459,33	25,26	36,74	41,33	IV	227,—	10,34	15,04	16,92	8,25	12,01	13,51	6,24	9,08	10,21	—	6,24	7,02	—	3,67	4,13	—	1,50	1,69
	VI	491,16	27,01	39,29	44,20																				
2 078,99	I,IV	227,66	12,52	18,21	20,48	I	227,66	8,29	12,06	13,57	—	6,29	7,07	—	1,54	1,73	—	—	—	—	—	—	—	—	—
	II	198,41	10,91	15,87	17,85	II	198,41	6,78	9,86	11,09	—	4,33	4,87	—	0,17	0,19	—	—	—	—	—	—	—	—	—
	III	37,—	—	2,96	3,33	III	37,—	—	—	—	—	—	—	—	—	—	—	—	—	—	—	—	—	—	—
	V	460,33	25,31	36,82	41,42	IV	227,66	10,37	15,09	16,97	8,29	12,06	13,57	6,27	9,13	10,27	—	6,29	7,07	—	3,71	4,17	—	1,54	1,73
	VI	492,16	27,06	39,37	44,29																				
2 081,99	I,IV	228,33	12,55	18,26	20,54	I	228,33	8,33	12,12	13,63	—	6,34	7,13	—	1,57	1,76	—	—	—	—	—	—	—	—	—
	II	199,08	10,94	15,92	17,91	II	199,08	6,81	9,91	11,15	—	4,37	4,91	—	0,20	0,23	—	—	—	—	—	—	—	—	—
	III	37,50	—	3,—	3,37	III	37,50	—	—	—	—	—	—	—	—	—	—	—	—	—	—	—	—	—	—
	V	461,33	25,37	36,90	41,51	IV	228,33	10,41	15,14	17,03	8,33	12,12	13,63	6,31	9,18	10,32	—	6,34	7,13	—	3,76	4,23	—	1,57	1,76
	VI	493,16	27,12	39,45	44,38																				
2 084,99	I,IV	229,08	12,59	18,32	20,61	I	229,08	8,36	12,16	13,68	—	6,38	7,18	—	1,60	1,80	—	—	—	—	—	—	—	—	—
	II	199,75	10,98	15,98	17,97	II	199,75	6,85	9,96	11,21	—	4,42	4,97	—	0,23	0,26	—	—	—	—	—	—	—	—	—
	III	37,83	—	3,02	3,40	III	37,83	—	—	—	—	—	—	—	—	—	—	—	—	—	—	—	—	—	—
	V	462,16	25,41	36,97	41,59	IV	229,08	10,45	15,20	17,10	8,36	12,16	13,68	6,34	9,23	10,38	—	6,38	7,18	—	3,80	4,27	—	1,60	1,80
	VI	494,—	27,17	39,52	44,46																				
2 087,99	I,IV	229,75	12,63	18,38	20,67	I	229,75	8,40	12,22	13,74	—	6,44	7,24	—	1,64	1,85	—	—	—	—	—	—	—	—	—
	II	200,50	11,02	16,04	18,04	II	200,50	6,88	10,02	11,27	—	4,46	5,01	—	0,26	0,29	—	—	—	—	—	—	—	—	—
	III	38,33	—	3,06	3,44	III	38,33	—	—	—	—	—	—	—	—	—	—	—	—	—	—	—	—	—	—
	V	463,16	25,47	37,05	41,68	IV	229,75	10,48	15,25	17,15	8,40	12,22	13,74	6,38	9,28	10,44	—	6,44	7,24	—	3,84	4,32	—	1,64	1,85
	VI	495,—	27,22	39,60	44,55																				
2 090,99	I,IV	230,41	12,67	18,43	20,73	I	230,41	8,43	12,27	13,80	0,01	6,48	7,29	—	1,68	1,89	—	—	—	—	—	—	—	—	—
	II	201,16	11,06	16,09	18,10	II	201,16	6,92	10,06	11,32	—	4,50	5,06	—	0,29	0,32	—	—	—	—	—	—	—	—	—
	III	38,83	—	3,10	3,49	III	38,83	—	—	—	—	—	—	—	—	—	—	—	—	—	—	—	—	—	—
	V	464,16	25,52	37,13	41,77	IV	230,41	10,52	15,30	17,21	8,43	12,27	13,80	6,41	9,33	10,49	0,01	6,48	7,29	—	3,88	4,37	—	1,68	1,89
	VI	496,—	27,28	39,68	44,64																				

* Die ausgewiesenen Tabellenwerte sind amtlich. Siehe Erläuterungen auf der Umschlaginnenseite (U2).
** Bei mehr als 3 Kinderfreibeträgen ist die „Ergänzungs-Tabelle 3,5 bis 6 Kinderfreibeträge" anzuwenden.

Abzüge an Lohnsteuer, Solidaritätszuschlag (SolZ) und Kirchensteuer (8%, 9%) in den Steuerklassen

Lohn/ Gehalt bis €*	I – VI		ohne Kinderfreibeträge			I, II, III, IV		mit Zahl der Kinderfreibeträge . . . 0,5			1			1,5			2			2,5			3**		
		LSt	SolZ	8%	9%		LSt	SolZ	8%	9%	SolZ	8%	9%	SolZ	8%	9%	SolZ	8%	9%	SolZ	8%	9%	SolZ	8%	9%
2 093,99	I,IV	231,16	12,71	18,49	20,80	I	231,16	8,47	12,32	13,86	0,13	6,53	7,34	—	1,71	1,92	—	—	—	—	—	—	—	—	—
	II	201,83	11,10	16,14	18,16	II	201,83	6,95	10,12	11,38	—	4,55	5,12	—	0,32	0,36	—	—	—	—	—	—	—	—	—
	III	39,33	—	3,14	3,53	III	39,33	—	—	—	—	—	—	—	—	—	—	—	—	—	—	—	—	—	—
	V	465,—	25,57	37,20	41,85	IV	231,16	10,56	15,36	17,28	8,47	12,32	13,86	6,45	9,38	10,55	0,13	6,53	7,34	—	3,92	4,41	—	1,71	1,92
	VI	497,—	27,33	39,76	44,73																				
2 096,99	I,IV	231,83	12,75	18,54	20,86	I	231,83	8,51	12,38	13,92	0,26	6,58	7,40	—	1,75	1,97	—	—	—	—	—	—	—	—	—
	II	202,50	11,13	16,20	18,22	II	202,50	6,99	10,17	11,44	—	4,59	5,16	—	0,35	0,39	—	—	—	—	—	—	—	—	—
	III	39,83	—	3,18	3,58	III	39,83	—	—	—	—	—	—	—	—	—	—	—	—	—	—	—	—	—	—
	V	465,83	25,62	37,26	41,92	IV	231,83	10,60	15,42	17,34	8,51	12,38	13,92	6,48	9,43	10,61	0,26	6,58	7,40	—	3,96	4,46	—	1,75	1,97
	VI	498,—	27,39	39,84	44,82																				
2 099,99	I,IV	232,58	12,79	18,60	20,93	I	232,58	8,54	12,43	13,98	0,38	6,63	7,46	—	1,78	2,—	—	—	—	—	—	—	—	—	—
	II	203,25	11,17	16,26	18,29	II	203,25	7,03	10,22	11,50	—	4,64	5,22	—	0,38	0,43	—	—	—	—	—	—	—	—	—
	III	40,33	—	3,22	3,62	III	40,33	—	—	—	—	—	—	—	—	—	—	—	—	—	—	—	—	—	—
	V	466,83	25,67	37,34	42,01	IV	232,58	10,63	15,47	17,40	8,54	12,43	13,98	6,52	9,48	10,67	0,38	6,63	7,46	—	4,01	4,51	—	1,78	2,—
	VI	499,—	27,44	39,92	44,91																				
2 102,99	I,IV	233,25	12,82	18,66	20,99	I	233,25	8,58	12,48	14,04	0,51	6,68	7,52	—	1,82	2,04	—	—	—	—	—	—	—	—	—
	II	203,91	11,21	16,31	18,35	II	203,91	7,06	10,27	11,55	—	4,68	5,27	—	0,42	0,47	—	—	—	—	—	—	—	—	—
	III	40,83	—	3,26	3,67	III	40,83	—	—	—	—	—	—	—	—	—	—	—	—	—	—	—	—	—	—
	V	467,83	25,73	37,42	42,10	IV	233,25	10,67	15,52	17,46	8,58	12,48	14,04	6,55	9,54	10,73	0,51	6,68	7,52	—	4,05	4,55	—	1,82	2,04
	VI	499,83	27,49	39,98	44,98																				
2 105,99	I,IV	234,—	12,87	18,72	21,06	I	234,—	8,62	12,54	14,10	0,63	6,73	7,57	—	1,86	2,09	—	—	—	—	—	—	—	—	—
	II	204,58	11,25	16,36	18,41	II	204,58	7,09	10,32	11,61	—	4,72	5,31	—	0,44	0,50	—	—	—	—	—	—	—	—	—
	III	41,16	—	3,29	3,70	III	41,16	—	—	—	—	—	—	—	—	—	—	—	—	—	—	—	—	—	—
	V	468,83	25,78	37,50	42,19	IV	234,—	10,71	15,58	17,52	8,62	12,54	14,10	6,59	9,58	10,78	0,63	6,73	7,57	—	4,10	4,61	—	1,86	2,09
	VI	500,83	27,54	40,06	45,07																				
2 108,99	I,IV	234,66	12,90	18,77	21,11	I	234,66	8,65	12,58	14,15	0,75	6,78	7,62	—	1,89	2,12	—	—	—	—	—	—	—	—	—
	II	205,25	11,28	16,42	18,47	II	205,25	7,13	10,38	11,67	—	4,77	5,36	—	0,48	0,54	—	—	—	—	—	—	—	—	—
	III	41,66	—	3,33	3,74	III	41,66	—	—	—	—	—	—	—	—	—	—	—	—	—	—	—	—	—	—
	V	469,66	25,83	37,57	42,26	IV	234,66	10,74	15,63	17,58	8,65	12,58	14,15	6,62	9,64	10,84	0,75	6,78	7,62	—	4,14	4,65	—	1,89	2,12
	VI	501,66	27,59	40,13	45,14																				
2 111,99	I,IV	235,33	12,94	18,82	21,17	I	235,33	8,69	12,64	14,22	0,88	6,83	7,68	—	1,93	2,17	—	—	—	—	—	—	—	—	—
	II	205,91	11,32	16,47	18,53	II	205,91	7,16	10,42	11,72	—	4,82	5,42	—	0,50	0,56	—	—	—	—	—	—	—	—	—
	III	42,16	—	3,37	3,79	III	42,16	—	—	—	—	—	—	—	—	—	—	—	—	—	—	—	—	—	—
	V	470,50	25,87	37,64	42,34	IV	235,33	10,78	15,68	17,64	8,69	12,64	14,22	6,66	9,69	10,90	0,88	6,83	7,68	—	4,18	4,70	—	1,93	2,17
	VI	502,83	27,65	40,22	45,25																				
2 114,99	I,IV	236,08	12,98	18,88	21,24	I	236,08	8,72	12,69	14,27	1,—	6,88	7,74	—	1,96	2,21	—	—	—	—	—	—	—	—	—
	II	206,66	11,36	16,53	18,59	II	206,66	7,20	10,48	11,79	—	4,86	5,46	—	0,54	0,60	—	—	—	—	—	—	—	—	—
	III	42,66	—	3,41	3,83	III	42,66	—	—	—	—	—	—	—	—	—	—	—	—	—	—	—	—	—	—
	V	471,66	25,94	37,73	42,44	IV	236,08	10,82	15,74	17,70	8,72	12,69	14,27	6,69	9,74	10,95	1,—	6,88	7,74	—	4,22	4,75	—	1,96	2,21
	VI	503,83	27,71	40,30	45,34																				
2 117,99	I,IV	236,75	13,02	18,94	21,30	I	236,75	8,76	12,74	14,33	1,13	6,93	7,79	—	2,—	2,25	—	—	—	—	—	—	—	—	—
	II	207,33	11,40	16,58	18,65	II	207,33	7,24	10,53	11,84	—	4,90	5,51	—	0,57	0,64	—	—	—	—	—	—	—	—	—
	III	43,16	—	3,45	3,88	III	43,16	—	—	—	—	—	—	—	—	—	—	—	—	—	—	—	—	—	—
	V	472,50	25,98	37,80	42,52	IV	236,75	10,86	15,80	17,77	8,76	12,74	14,33	6,73	9,79	11,01	1,13	6,93	7,79	—	4,27	4,80	—	2,—	2,25
	VI	504,83	27,76	40,38	45,43																				
2 120,99	I,IV	237,50	13,06	19,—	21,37	I	237,50	8,80	12,80	14,40	1,25	6,98	7,85	—	2,04	2,29	—	—	—	—	—	—	—	—	—
	II	208,—	11,44	16,64	18,72	II	208,—	7,27	10,58	11,90	—	4,95	5,57	—	0,60	0,67	—	—	—	—	—	—	—	—	—
	III	43,66	—	3,49	3,92	III	43,66	—	—	—	—	—	—	—	—	—	—	—	—	—	—	—	—	—	—
	V	473,50	26,04	37,88	42,61	IV	237,50	10,89	15,85	17,83	8,80	12,80	14,40	6,76	9,84	11,07	1,25	6,98	7,85	—	4,31	4,85	—	2,04	2,29
	VI	505,66	27,81	40,45	45,50																				
2 123,99	I,IV	238,16	13,09	19,05	21,43	I	238,16	8,83	12,85	14,45	1,38	7,03	7,91	—	2,08	2,34	—	—	—	—	—	—	—	—	—
	II	208,66	11,47	16,69	18,77	II	208,66	7,31	10,64	11,97	—	5,—	5,62	—	0,63	0,71	—	—	—	—	—	—	—	—	—
	III	44,16	—	3,53	3,97	III	44,16	—	—	—	—	—	—	—	—	—	—	—	—	—	—	—	—	—	—
	V	474,33	26,08	37,94	42,68	IV	238,16	10,93	15,90	17,89	8,83	12,85	14,45	6,80	9,89	11,12	1,38	7,03	7,91	—	4,36	4,90	—	2,08	2,34
	VI	506,66	27,86	40,53	45,59																				
2 126,99	I,IV	238,91	13,14	19,11	21,50	I	238,91	8,87	12,90	14,51	1,50	7,08	7,96	—	2,11	2,37	—	—	—	—	—	—	—	—	—
	II	209,41	11,51	16,75	18,84	II	209,41	7,34	10,68	12,02	—	5,04	5,67	—	0,66	0,74	—	—	—	—	—	—	—	—	—
	III	44,66	—	3,57	4,01	III	44,66	—	—	—	—	—	—	—	—	—	—	—	—	—	—	—	—	—	—
	V	475,33	26,14	38,02	42,77	IV	238,91	10,97	15,96	17,95	8,87	12,90	14,51	6,83	9,94	11,18	1,50	7,08	7,96	—	4,40	4,95	—	2,11	2,37
	VI	507,66	27,92	40,61	45,68																				
2 129,99	I,IV	239,58	13,17	19,16	21,56	I	239,58	8,91	12,96	14,58	1,63	7,13	8,02	—	2,15	2,42	—	—	—	—	—	—	—	—	—
	II	210,08	11,55	16,80	18,90	II	210,08	7,38	10,74	12,08	—	5,09	5,72	—	0,70	0,78	—	—	—	—	—	—	—	—	—
	III	45,16	—	3,61	4,06	III	45,16	—	—	—	—	—	—	—	—	—	—	—	—	—	—	—	—	—	—
	V	476,33	26,19	38,10	42,86	IV	239,58	11,01	16,02	18,02	8,91	12,96	14,58	6,87	10,—	11,25	1,63	7,13	8,02	—	4,44	5,—	—	2,15	2,42
	VI	508,66	27,97	40,69	45,77																				
2 132,99	I,IV	240,25	13,21	19,22	21,62	I	240,25	8,94	13,01	14,63	1,75	7,18	8,07	—	2,18	2,45	—	—	—	—	—	—	—	—	—
	II	210,75	11,59	16,86	18,96	II	210,75	7,42	10,79	12,14	—	5,14	5,78	—	0,72	0,81	—	—	—	—	—	—	—	—	—
	III	45,66	—	3,65	4,10	III	45,66	—	—	—	—	—	—	—	—	—	—	—	—	—	—	—	—	—	—
	V	477,33	26,25	38,18	42,95	IV	240,25	11,05	16,07	18,08	8,94	13,01	14,63	6,91	10,05	11,30	1,75	7,18	8,07	—	4,49	5,05	—	2,18	2,45
	VI	509,50	28,02	40,76	45,85																				
2 135,99	I,IV	241,—	13,25	19,28	21,69	I	241,—	8,98	13,06	14,69	1,86	7,22	8,12	—	2,22	2,50	—	—	—	—	—	—	—	—	—
	II	211,41	11,62	16,91	19,02	II	211,41	7,45	10,84	12,20	—	5,18	5,82	—	0,76	0,85	—	—	—	—	—	—	—	—	—
	III	46,16	—	3,69	4,15	III	46,16	—	0,01	0,01	—	—	—	—	—	—	—	—	—	—	—	—	—	—	—
	V	478,16	26,29	38,25	43,03	IV	241,—	11,08	16,12	18,14	8,98	13,06	14,69	6,94	10,10	11,36	1,86	7,22	8,12	—	4,53	5,09	—	2,22	2,50
	VI	510,66	28,08	40,85	45,95																				
2 138,99	I,IV	241,66	13,29	19,33	21,74	I	241,66	9,02	13,12	14,76	2,—	7,28	8,19	—	2,26	2,54	—	—	—	—	—	—	—	—	—
	II	212,16	11,66	16,97	19,09	II	212,16	7,48	10,89	12,25	—	5,22	5,87	—	0,79	0,89	—	—	—	—	—	—	—	—	—
	III	46,66	—	3,73	4,19	III	46,66	—	0,05	0,05	—	—	—	—	—	—	—	—	—	—	—	—	—	—	—
	V	479,16	26,35	38,33	43,12	IV	241,66	11,12	16,18	18,20	9,02	13,12	14,76	6,98	10,15	11,42	2,—	7,28	8,19	—	4,58	5,15	—	2,26	2,54
	VI	511,66	28,14	40,93	46,04																				
2 141,99	I,IV	242,41	13,33	19,39	21,81	I	242,41	9,05	13,17	14,81	2,11	7,32	8,24	—	2,30	2,58	—	—	—	—	—	—	—	—	—
	II	212,83	11,70	17,02	19,15	II	212,83	7,52	10,94	12,31	—	5,27	5,93	—	0,82	0,92	—	—	—	—	—	—	—	—	—
	III	47,16	—	3,77	4,24	III	47,16	—	0,08	0,09	—	—	—	—	—	—	—	—	—	—	—	—	—	—	—
	V	480,16	26,40	38,41	43,21	IV	242,41	11,16	16,23	18,26	9,05	13,17	14,81	7,01	10,20	11,48	2,11	7,32	8,24	—	4,62	5,19	—	2,30	2,58
	VI	512,50	28,18	41,—	46,12																				

* Die ausgewiesenen Tabellenwerte sind amtlich. Siehe Erläuterungen auf der Umschlaginnenseite (U2).
** Bei mehr als 3 Kinderfreibeträgen ist die „Ergänzungs-Tabelle 3,5 bis 6 Kinderfreibeträge" anzuwenden.

MONAT 2 142,–*

Lohn/ Gehalt bis €*	Abzüge an Lohnsteuer, Solidaritätszuschlag (SolZ) und Kirchensteuer (8%, 9%) in den Steuerklassen I – VI					I, II, III, IV		mit Zahl der Kinderfreibeträge . . . 0,5			1			1,5			2			2,5			3**		
			ohne Kinderfreibeträge																						
		LSt	SolZ	8%	9%		LSt	SolZ	8%	9%	SolZ	8%	9%	SolZ	8%	9%	SolZ	8%	9%	SolZ	8%	9%	SolZ	8%	9%
2 144,99	I,IV	243,08	13,36	19,44	21,87	I	243,08	9,09	13,22	14,87	2,25	7,38	8,30	—	2,33	2,62	—	—	—	—	—	—	—	—	—
	II	213,50	11,74	17,08	19,21	II	213,50	7,56	11,—	12,37	—	5,32	5,98	—	0,86	0,96	—	—	—	—	—	—	—	—	—
	III	47,66	—	3,81	4,28	III	47,66	—	0,10	0,11	—	—	—	—	—	—	—	—	—	—	—	—	—	—	—
	V	481,16	26,46	38,49	43,30	IV	243,08	11,20	16,29	18,32	9,09	13,22	14,87	7,04	10,25	11,53	2,25	7,38	8,30	—	4,66	5,24	—	2,33	2,62
	VI	513,50	28,24	41,08	46,21																				
2 147,99	I,IV	243,83	13,41	19,50	21,94	I	243,83	9,13	13,28	14,94	2,36	7,42	8,35	—	2,37	2,66	—	—	—	—	—	—	—	—	—
	II	214,25	11,78	17,14	19,28	II	214,25	7,59	11,05	12,43	—	5,36	6,03	—	0,88	0,99	—	—	—	—	—	—	—	—	—
	III	48,16	—	3,85	4,33	III	48,16	—	0,14	0,16	—	—	—	—	—	—	—	—	—	—	—	—	—	—	—
	V	482,—	26,51	38,56	43,38	IV	243,83	11,23	16,34	18,38	9,13	13,28	14,94	7,08	10,30	11,59	2,36	7,42	8,35	—	4,71	5,30	—	2,37	2,66
	VI	514,50	28,29	41,16	46,30																				
2 150,99	I,IV	244,50	13,44	19,56	22,—	I	244,50	9,16	13,33	14,99	2,50	7,48	8,41	—	2,41	2,71	—	—	—	—	—	—	—	—	—
	II	214,91	11,82	17,19	19,34	II	214,91	7,63	11,10	12,49	—	5,41	6,08	—	0,92	1,03	—	—	—	—	—	—	—	—	—
	III	48,66	—	3,89	4,37	III	48,66	—	0,17	0,19	—	—	—	—	—	—	—	—	—	—	—	—	—	—	—
	V	483,—	26,56	38,64	43,47	IV	244,50	11,27	16,40	18,45	9,16	13,33	14,99	7,12	10,36	11,65	2,50	7,48	8,41	—	4,75	5,34	—	2,41	2,71
	VI	515,50	28,35	41,24	46,39																				
2 153,99	I,IV	245,25	13,48	19,62	22,07	I	245,25	9,20	13,38	15,05	2,61	7,52	8,46	—	2,45	2,75	—	—	—	—	—	—	—	—	—
	II	215,58	11,85	17,24	19,40	II	215,58	7,66	11,15	12,54	—	5,46	6,14	—	0,95	1,07	—	—	—	—	—	—	—	—	—
	III	49,16	—	3,93	4,42	III	49,16	—	0,21	0,23	—	—	—	—	—	—	—	—	—	—	—	—	—	—	—
	V	484,—	26,62	38,72	43,56	IV	245,25	11,31	16,45	18,50	9,20	13,38	15,05	7,15	10,41	11,71	2,61	7,52	8,46	—	4,80	5,40	—	2,45	2,75
	VI	516,33	28,39	41,30	46,46																				
2 156,99	I,IV	245,91	13,52	19,67	22,13	I	245,91	9,24	13,44	15,12	2,75	7,58	8,52	—	2,48	2,79	—	—	—	—	—	—	—	—	—
	II	216,33	11,89	17,30	19,46	II	216,33	7,70	11,20	12,60	—	5,50	6,19	—	0,98	1,10	—	—	—	—	—	—	—	—	—
	III	49,66	—	3,97	4,46	III	49,66	—	0,24	0,27	—	—	—	—	—	—	—	—	—	—	—	—	—	—	—
	V	484,83	26,66	38,78	43,63	IV	245,91	11,35	16,51	18,57	9,24	13,44	15,12	7,19	10,46	11,76	2,75	7,58	8,52	—	4,84	5,45	—	2,48	2,79
	VI	517,33	28,45	41,38	46,55																				
2 159,99	I,IV	246,66	13,56	19,73	22,19	I	246,66	9,27	13,49	15,17	2,86	7,62	8,57	—	2,52	2,84	—	—	—	—	—	—	—	—	—
	II	217,—	11,93	17,36	19,53	II	217,—	7,74	11,26	12,66	—	5,55	6,24	—	1,02	1,14	—	—	—	—	—	—	—	—	—
	III	50,16	—	4,01	4,51	III	50,16	—	0,28	0,31	—	—	—	—	—	—	—	—	—	—	—	—	—	—	—
	V	485,83	26,72	38,86	43,72	IV	246,66	11,38	16,56	18,63	9,27	13,49	15,17	7,22	10,51	11,82	2,86	7,62	8,57	—	4,89	5,50	—	2,52	2,84
	VI	518,50	28,51	41,48	46,66																				
2 162,99	I,IV	247,33	13,60	19,78	22,25	I	247,33	9,31	13,54	15,23	3,—	7,68	8,64	—	2,56	2,88	—	—	—	—	—	—	—	—	—
	II	217,66	11,97	17,41	19,58	II	217,66	7,77	11,31	12,72	—	5,60	6,30	—	1,05	1,18	—	—	—	—	—	—	—	—	—
	III	50,66	—	4,05	4,55	III	50,66	—	0,30	0,34	—	—	—	—	—	—	—	—	—	—	—	—	—	—	—
	V	486,83	26,77	38,94	43,81	IV	247,33	11,42	16,62	18,69	9,31	13,54	15,23	7,26	10,56	11,88	3,—	7,68	8,64	—	4,93	5,54	—	2,56	2,88
	VI	519,50	28,57	41,56	46,75																				
2 165,99	I,IV	248,08	13,64	19,84	22,32	I	248,08	9,35	13,60	15,30	3,11	7,72	8,69	—	2,60	2,92	—	—	—	—	—	—	—	—	—
	II	218,33	12,—	17,46	19,64	II	218,33	7,81	11,36	12,78	—	5,64	6,35	—	1,08	1,22	—	—	—	—	—	—	—	—	—
	III	51,16	—	4,09	4,60	III	51,16	—	0,33	0,37	—	—	—	—	—	—	—	—	—	—	—	—	—	—	—
	V	487,83	26,83	39,02	43,90	IV	248,08	11,46	16,67	18,75	9,35	13,60	15,30	7,30	10,62	11,94	3,11	7,72	8,69	—	4,98	5,60	—	2,60	2,92
	VI	520,33	28,61	41,62	46,82																				
2 168,99	I,IV	248,75	13,68	19,90	22,38	I	248,75	9,38	13,65	15,35	3,25	7,78	8,75	—	2,64	2,97	—	—	—	—	—	—	—	—	—
	II	219,08	12,04	17,52	19,71	II	219,08	7,84	11,41	12,83	—	5,69	6,40	—	1,12	1,26	—	—	—	—	—	—	—	—	—
	III	51,66	—	4,13	4,64	III	51,66	—	0,37	0,41	—	—	—	—	—	—	—	—	—	—	—	—	—	—	—
	V	488,66	26,87	39,09	43,97	IV	248,75	11,49	16,72	18,81	9,38	13,65	15,35	7,33	10,66	11,99	3,25	7,78	8,75	—	5,02	5,65	—	2,64	2,97
	VI	521,33	28,67	41,70	46,91																				
2 171,99	I,IV	249,50	13,72	19,96	22,45	I	249,50	9,42	13,70	15,41	3,36	7,82	8,80	—	2,68	3,01	—	—	—	—	—	—	—	—	—
	II	219,75	12,08	17,58	19,77	II	219,75	7,88	11,46	12,89	—	5,74	6,45	—	1,15	1,29	—	—	—	—	—	—	—	—	—
	III	52,16	—	4,17	4,69	III	52,16	—	0,40	0,45	—	—	—	—	—	—	—	—	—	—	—	—	—	—	—
	V	489,66	26,93	39,17	44,06	IV	249,50	11,54	16,78	18,88	9,42	13,70	15,41	7,37	10,72	12,06	3,36	7,82	8,80	—	5,07	5,70	—	2,68	3,01
	VI	522,33	28,72	41,78	47,—																				
2 174,99	I,IV	250,16	13,75	20,01	22,51	I	250,16	9,46	13,76	15,48	3,50	7,88	8,86	—	2,72	3,06	—	—	—	—	—	—	—	—	—
	II	220,41	12,12	17,63	19,83	II	220,41	7,92	11,52	12,96	—	5,79	6,51	—	1,18	1,33	—	—	—	—	—	—	—	—	—
	III	52,66	—	4,21	4,73	III	52,66	—	0,44	0,49	—	—	—	—	—	—	—	—	—	—	—	—	—	—	—
	V	490,66	26,98	39,25	44,15	IV	250,16	11,57	16,84	18,94	9,46	13,76	15,48	7,40	10,77	12,11	3,50	7,88	8,86	—	5,12	5,76	—	2,72	3,06
	VI	523,33	28,78	41,86	47,09																				
2 177,99	I,IV	250,91	13,80	20,07	22,58	I	250,91	9,49	13,81	15,53	3,63	7,93	8,92	—	2,76	3,10	—	—	—	—	—	—	—	—	—
	II	221,16	12,16	17,69	19,90	II	221,16	7,95	11,57	13,01	—	5,84	6,57	—	1,22	1,37	—	—	—	—	—	—	—	—	—
	III	53,16	—	4,25	4,78	III	53,16	—	0,46	0,52	—	—	—	—	—	—	—	—	—	—	—	—	—	—	—
	V	491,66	27,04	39,33	44,24	IV	250,91	11,61	16,89	19,—	9,49	13,81	15,53	7,44	10,82	12,17	3,63	7,93	8,92	—	5,16	5,81	—	2,76	3,10
	VI	524,33	28,83	41,94	47,18																				
2 180,99	I,IV	251,58	13,83	20,12	22,64	I	251,58	9,53	13,86	15,59	3,75	7,98	8,97	—	2,79	3,14	—	—	—	—	—	—	—	—	—
	II	221,83	12,20	17,74	19,96	II	221,83	7,99	11,62	13,07	—	5,88	6,62	—	1,25	1,40	—	—	—	—	—	—	—	—	—
	III	53,66	—	4,29	4,82	III	53,66	—	0,50	0,56	—	—	—	—	—	—	—	—	—	—	—	—	—	—	—
	V	492,66	27,09	39,41	44,33	IV	251,58	11,65	16,95	19,07	9,53	13,86	15,59	7,48	10,88	12,24	3,75	7,98	8,97	—	5,21	5,86	—	2,79	3,14
	VI	525,33	28,89	42,02	47,27																				
2 183,99	I,IV	252,33	13,87	20,18	22,70	I	252,33	9,57	13,92	15,66	3,88	8,03	9,03	—	2,83	3,18	—	—	—	—	—	—	—	—	—
	II	222,58	12,24	17,80	20,03	II	222,58	8,03	11,68	13,14	—	5,93	6,67	—	1,28	1,44	—	—	—	—	—	—	—	—	—
	III	54,16	—	4,33	4,87	III	54,16	—	0,53	0,59	—	—	—	—	—	—	—	—	—	—	—	—	—	—	—
	V	493,50	27,14	39,48	44,41	IV	252,33	11,69	17,—	19,13	9,57	13,92	15,66	7,51	10,92	12,29	3,88	8,03	9,03	—	5,26	5,91	—	2,83	3,18
	VI	526,33	28,94	42,10	47,36																				
2 186,99	I,IV	253,—	13,91	20,24	22,77	I	253,—	9,60	13,97	15,71	4,—	8,08	9,09	—	2,87	3,23	—	—	—	—	—	—	—	—	—
	II	223,25	12,27	17,86	20,09	II	223,25	8,06	11,72	13,19	—	5,98	6,72	—	1,32	1,48	—	—	—	—	—	—	—	—	—
	III	54,66	—	4,37	4,91	III	54,66	—	0,57	0,64	—	—	—	—	—	—	—	—	—	—	—	—	—	—	—
	V	494,50	27,19	39,56	44,50	IV	253,—	11,72	17,06	19,19	9,60	13,97	15,71	7,54	10,98	12,35	4,—	8,08	9,09	—	5,30	5,96	—	2,87	3,23
	VI	527,16	28,99	42,17	47,44																				
2 189,99	I,IV	253,75	13,95	20,30	22,83	I	253,75	9,64	14,02	15,77	4,13	8,13	9,14	—	2,91	3,27	—	—	—	—	—	—	—	—	—
	II	223,91	12,31	17,91	20,15	II	223,91	8,09	11,78	13,25	—	6,02	6,77	—	1,35	1,52	—	—	—	—	—	—	—	—	—
	III	55,16	—	4,41	4,96	III	55,16	—	0,60	0,67	—	—	—	—	—	—	—	—	—	—	—	—	—	—	—
	V	495,50	27,25	39,64	44,59	IV	253,75	11,76	17,11	19,25	9,64	14,02	15,77	7,58	11,03	12,41	4,13	8,13	9,14	—	5,34	6,01	—	2,91	3,27
	VI	528,33	29,05	42,26	47,54																				
2 192,99	I,IV	254,41	13,99	20,35	22,89	I	254,41	9,68	14,08	15,84	4,25	8,18	9,20	—	2,95	3,32	—	—	—	—	—	—	—	—	—
	II	224,58	12,35	17,96	20,21	II	224,58	8,13	11,83	13,31	—	6,08	6,84	—	1,38	1,55	—	—	—	—	—	—	—	—	—
	III	55,66	—	4,45	5,—	III	55,66	—	0,64	0,72	—	—	—	—	—	—	—	—	—	—	—	—	—	—	—
	V	496,50	27,30	39,72	44,68	IV	254,41	11,80	17,17	19,31	9,68	14,08	15,84	7,62	11,08	12,47	4,25	8,18	9,20	—	5,39	6,06	—	2,95	3,32
	VI	529,33	29,11	42,34	47,63																				

* Die ausgewiesenen Tabellenwerte sind amtlich. Siehe Erläuterungen auf der Umschlaginnenseite (U2).

** Bei mehr als 3 Kinderfreibeträgen ist die „Ergänzungs-Tabelle 3,5 bis 6 Kinderfreibeträge" anzuwenden.

Lohn/ Gehalt bis €*		Abzüge an Lohnsteuer, Solidaritätszuschlag (SolZ) und Kirchensteuer (8%, 9%) in den Steuerklassen I – VI	ohne Kinderfreibeträge			I, II, III, IV	mit Zahl der Kinderfreibeträge . . . 0,5			1			1,5			2			2,5			3**		
		LSt	SolZ	8%	9%		LSt	SolZ	8%	9%	SolZ	8%	9%	SolZ	8%	9%	SolZ	8%	9%	SolZ	8%	9%	SolZ	8%	9%
2 195,99	I,IV	255,16	14,03	20,41	22,96	I	255,16	9,71	14,13	15,89	4,38	8,23	9,26	—	2,99	3,36	—	—	—	—	—	—	—	—	—
	II	225,33	12,39	18,02	20,27	II	225,33	8,17	11,88	13,37	—	6,12	6,89	—	1,42	1,60	—	—	—	—	—	—	—	—	—
	III	56,33	—	4,50	5,06	III	56,33	—	0,66	0,74	—	—	—	—	—	—	—	—	—	—	—	—	—	—	—
	V	497,50	27,36	39,80	44,77	IV	255,16	11,84	17,22	19,37	9,71	14,13	15,89	7,65	11,13	12,52	4,38	8,23	9,26	—	5,44	6,12	—	2,99	3,36
	VI	530,33	29,16	42,42	47,72																				
2 198,99	I,IV	255,83	14,07	20,46	23,02	I	255,83	9,75	14,18	15,95	4,50	8,28	9,31	—	3,03	3,41	—	—	—	—	—	—	—	—	—
	II	226,—	12,43	18,08	20,34	II	226,—	8,20	11,94	13,43	—	6,17	6,94	—	1,46	1,64	—	—	—	—	—	—	—	—	—
	III	56,83	—	4,54	5,11	III	56,83	—	0,70	0,79	—	—	—	—	—	—	—	—	—	—	—	—	—	—	—
	V	498,33	27,40	39,86	44,84	IV	255,83	11,88	17,28	19,44	9,75	14,18	15,95	7,69	11,18	12,58	4,50	8,28	9,31	—	5,48	6,17	—	3,03	3,41
	VI	531,33	29,22	42,50	47,81																				
2 201,99	I,IV	256,58	14,11	20,52	23,09	I	256,58	9,79	14,24	16,02	4,63	8,33	9,37	—	3,07	3,45	—	—	—	—	—	—	—	—	—
	II	226,75	12,47	18,14	20,40	II	226,75	8,24	11,99	13,49	—	6,22	7,—	—	1,49	1,67	—	—	—	—	—	—	—	—	—
	III	57,33	—	4,58	5,15	III	57,33	—	0,73	0,82	—	—	—	—	—	—	—	—	—	—	—	—	—	—	—
	V	499,33	27,46	39,94	44,93	IV	256,58	11,92	17,34	19,50	9,79	14,24	16,02	7,72	11,24	12,64	4,63	8,33	9,37	—	5,53	6,22	—	3,07	3,45
	VI	532,33	29,27	42,58	47,90																				
2 204,99	I,IV	257,33	14,15	20,58	23,15	I	257,33	9,82	14,29	16,07	4,76	8,38	9,43	—	3,11	3,50	—	—	—	—	—	—	—	—	—
	II	227,41	12,50	18,19	20,46	II	227,41	8,28	12,04	13,55	—	6,27	7,05	—	1,52	1,71	—	—	—	—	—	—	—	—	—
	III	57,83	—	4,62	5,20	III	57,83	—	0,77	0,86	—	—	—	—	—	—	—	—	—	—	—	—	—	—	—
	V	500,33	27,51	40,02	45,02	IV	257,33	11,95	17,39	19,56	9,82	14,29	16,07	7,76	11,29	12,70	4,76	8,38	9,43	—	5,58	6,28	—	3,11	3,50
	VI	533,33	29,33	42,66	47,99																				
2 207,99	I,IV	258,—	14,19	20,64	23,22	I	258,—	9,86	14,35	16,14	4,88	8,43	9,48	—	3,15	3,54	—	—	—	—	—	—	—	—	—
	II	228,08	12,54	18,24	20,52	II	228,08	8,31	12,10	13,61	—	6,32	7,11	—	1,56	1,75	—	—	—	—	—	—	—	—	—
	III	58,33	—	4,66	5,24	III	58,33	—	0,80	0,90	—	—	—	—	—	—	—	—	—	—	—	—	—	—	—
	V	501,16	27,56	40,09	45,10	IV	258,—	11,99	17,44	19,62	9,86	14,35	16,14	7,80	11,34	12,76	4,88	8,43	9,48	—	5,63	6,33	—	3,15	3,54
	VI	534,16	29,37	42,73	48,07																				
2 210,99	I,IV	258,75	14,23	20,70	23,28	I	258,75	9,90	14,40	16,20	5,—	8,48	9,54	—	3,19	3,59	—	—	—	—	—	—	—	—	—
	II	228,83	12,58	18,30	20,59	II	228,83	8,35	12,14	13,66	—	6,37	7,16	—	1,60	1,80	—	—	—	—	—	—	—	—	—
	III	58,83	—	4,70	5,29	III	58,83	—	0,84	0,94	—	—	—	—	—	—	—	—	—	—	—	—	—	—	—
	V	502,33	27,62	40,18	45,20	IV	258,75	12,03	17,50	19,68	9,90	14,40	16,20	7,83	11,39	12,81	5,—	8,48	9,54	—	5,68	6,39	—	3,19	3,59
	VI	535,16	29,43	42,81	48,16																				
2 213,99	I,IV	259,41	14,26	20,75	23,34	I	259,41	9,94	14,46	16,26	5,13	8,53	9,59	—	3,23	3,63	—	—	—	—	—	—	—	—	—
	II	229,50	12,62	18,36	20,65	II	229,50	8,38	12,20	13,72	—	6,42	7,22	—	1,63	1,83	—	—	—	—	—	—	—	—	—
	III	59,33	—	4,74	5,33	III	59,33	—	0,86	0,97	—	—	—	—	—	—	—	—	—	—	—	—	—	—	—
	V	503,16	27,67	40,25	45,28	IV	259,41	12,07	17,56	19,75	9,94	14,46	16,26	7,86	11,44	12,87	5,13	8,53	9,59	—	5,72	6,44	—	3,23	3,63
	VI	536,16	29,48	42,89	48,25																				
2 216,99	I,IV	260,16	14,30	20,81	23,41	I	260,16	9,97	14,51	16,32	5,26	8,58	9,65	—	3,27	3,68	—	—	—	—	—	—	—	—	—
	II	230,16	12,65	18,41	20,71	II	230,16	8,42	12,25	13,78	—	6,46	7,27	—	1,66	1,87	—	—	—	—	—	—	—	—	—
	III	59,83	—	4,78	5,38	III	59,83	—	0,90	1,01	—	—	—	—	—	—	—	—	—	—	—	—	—	—	—
	V	504,16	27,72	40,33	45,37	IV	260,16	12,10	17,61	19,81	9,97	14,51	16,32	7,90	11,50	12,93	5,26	8,58	9,65	—	5,77	6,49	—	3,27	3,68
	VI	537,16	29,54	42,97	48,34																				
2 219,99	I,IV	260,83	14,34	20,86	23,47	I	260,83	10,01	14,56	16,38	5,38	8,63	9,71	—	3,31	3,72	—	—	—	—	—	—	—	—	—
	II	230,91	12,70	18,47	20,78	II	230,91	8,46	12,30	13,84	0,10	6,52	7,33	—	1,70	1,91	—	—	—	—	—	—	—	—	—
	III	60,33	—	4,82	5,42	III	60,33	—	0,93	1,04	—	—	—	—	—	—	—	—	—	—	—	—	—	—	—
	V	505,16	27,78	40,41	45,46	IV	260,83	12,15	17,67	19,88	10,01	14,56	16,38	7,94	11,55	12,99	5,38	8,63	9,71	—	5,82	6,54	—	3,31	3,72
	VI	538,16	29,59	43,05	48,43																				
2 222,99	I,IV	261,58	14,38	20,92	23,54	I	261,58	10,05	14,62	16,44	5,51	8,68	9,77	—	3,35	3,77	—	—	—	—	—	—	—	—	—
	II	231,58	12,73	18,52	20,84	II	231,58	8,49	12,36	13,90	0,21	6,56	7,38	—	1,74	1,95	—	—	—	—	—	—	—	—	—
	III	60,83	—	4,86	5,47	III	60,83	—	0,97	1,09	—	—	—	—	—	—	—	—	—	—	—	—	—	—	—
	V	506,16	27,83	40,49	45,55	IV	261,58	12,18	17,72	19,94	10,05	14,62	16,44	7,97	11,60	13,05	5,51	8,68	9,77	—	5,86	6,59	—	3,35	3,77
	VI	539,16	29,65	43,13	48,52																				
2 225,99	I,IV	262,33	14,42	20,98	23,60	I	262,33	10,08	14,67	16,50	5,65	8,74	9,83	—	3,39	3,81	—	—	—	—	—	—	—	—	—
	II	232,33	12,77	18,58	20,90	II	232,33	8,53	12,41	13,96	0,35	6,62	7,44	—	1,77	1,99	—	—	—	—	—	—	—	—	—
	III	61,50	—	4,92	5,53	III	61,50	—	1,01	1,13	—	—	—	—	—	—	—	—	—	—	—	—	—	—	—
	V	507,—	27,88	40,56	45,63	IV	262,33	12,22	17,78	20,—	10,08	14,67	16,50	8,01	11,66	13,11	5,65	8,74	9,83	—	5,91	6,65	—	3,39	3,81
	VI	540,16	29,70	43,21	48,61																				
2 228,99	I,IV	263,—	14,46	21,04	23,67	I	263,—	10,12	14,72	16,56	5,76	8,78	9,88	—	3,44	3,87	—	—	—	—	—	—	—	—	—
	II	233,—	12,81	18,64	20,97	II	233,—	8,57	12,46	14,02	0,46	6,66	7,49	—	1,81	2,03	—	—	—	—	—	—	—	—	—
	III	62,—	—	4,96	5,58	III	62,—	—	1,04	1,17	—	—	—	—	—	—	—	—	—	—	—	—	—	—	—
	V	508,—	27,94	40,64	45,72	IV	263,—	12,26	17,84	20,07	10,12	14,72	16,56	8,05	11,71	13,17	5,76	8,78	9,88	—	5,96	6,71	—	3,44	3,87
	VI	541,16	29,76	43,29	48,70																				
2 231,99	I,IV	263,75	14,50	21,10	23,73	I	263,75	10,16	14,78	16,62	5,90	8,84	9,94	—	3,48	3,91	—	—	—	—	—	—	—	—	—
	II	233,75	12,85	18,70	21,03	II	233,75	8,60	12,52	14,08	0,58	6,71	7,55	—	1,84	2,07	—	—	—	—	—	—	—	—	—
	III	62,50	—	5,—	5,62	III	62,50	—	1,08	1,21	—	—	—	—	—	—	—	—	—	—	—	—	—	—	—
	V	509,16	28,—	40,73	45,82	IV	263,75	12,30	17,89	20,12	10,16	14,78	16,62	8,08	11,76	13,23	5,90	8,84	9,94	—	6,01	6,76	—	3,48	3,91
	VI	542,16	29,81	43,37	48,79																				
2 234,99	I,IV	264,41	14,54	21,15	23,79	I	264,41	10,19	14,83	16,68	6,01	8,88	9,99	—	3,52	3,96	—	—	—	—	—	—	—	—	—
	II	234,41	12,89	18,75	21,09	II	234,41	8,64	12,57	14,14	0,71	6,76	7,61	—	1,88	2,11	—	—	—	—	—	—	—	—	—
	III	63,—	—	5,04	5,67	III	63,—	—	1,10	1,24	—	—	—	—	—	—	—	—	—	—	—	—	—	—	—
	V	510,16	28,05	40,81	45,91	IV	264,41	12,33	17,94	20,18	10,19	14,83	16,68	8,12	11,81	13,28	6,01	8,88	9,99	—	6,06	6,81	—	3,52	3,96
	VI	543,16	29,87	43,45	48,88																				
2 237,99	I,IV	265,16	14,58	21,21	23,86	I	265,16	10,23	14,88	16,74	6,14	8,94	10,05	—	3,56	4,—	—	—	—	—	—	—	—	—	—
	II	235,08	12,92	18,80	21,15	II	235,08	8,68	12,62	14,20	0,83	6,81	7,66	—	1,92	2,16	—	—	—	—	—	—	—	—	—
	III	63,50	—	5,08	5,71	III	63,50	—	1,14	1,28	—	—	—	—	—	—	—	—	—	—	—	—	—	—	—
	V	511,—	28,10	40,88	45,99	IV	265,16	12,37	18,—	20,25	10,23	14,88	16,74	8,15	11,86	13,34	6,14	8,94	10,05	—	6,10	6,86	—	3,56	4,—
	VI	544,16	29,92	43,53	48,97																				
2 240,99	I,IV	265,83	14,62	21,26	23,92	I	265,83	10,27	14,94	16,80	6,18	8,99	10,11	—	3,60	4,05	—	—	—	—	—	—	—	—	—
	II	235,83	12,97	18,86	21,22	II	235,83	8,71	12,68	14,26	0,96	6,86	7,72	—	1,95	2,19	—	—	—	—	—	—	—	—	—
	III	64,—	—	5,12	5,76	III	64,—	—	1,17	1,31	—	—	—	—	—	—	—	—	—	—	—	—	—	—	—
	V	512,—	28,16	40,96	46,08	IV	265,83	12,41	18,06	20,31	10,27	14,94	16,80	8,19	11,92	13,41	6,18	8,99	10,11	—	6,16	6,93	—	3,60	4,05
	VI	545,16	29,98	43,61	49,06																				
2 243,99	I,IV	266,58	14,66	21,32	23,99	I	266,58	10,31	15,—	16,87	6,21	9,04	10,17	—	3,64	4,09	—	—	—	—	—	—	—	—	—
	II	236,50	13,—	18,92	21,28	II	236,50	8,75	12,73	14,32	1,08	6,91	7,77	—	1,99	2,24	—	—	—	—	—	—	—	—	—
	III	64,66	—	5,17	5,81	III	64,66	—	1,21	1,36	—	—	—	—	—	—	—	—	—	—	—	—	—	—	—
	V	513,—	28,21	41,04	46,17	IV	266,58	12,45	18,11	20,37	10,31	15,—	16,87	8,23	11,97	13,46	6,21	9,04	10,17	—	6,20	6,98	—	3,64	4,09
	VI	546,16	30,03	43,69	49,15																				

* Die ausgewiesenen Tabellenwerte sind amtlich. Siehe Erläuterungen auf der Umschlaginnenseite (U2).
** Bei mehr als 3 Kinderfreibeträgen ist die „Ergänzungs-Tabelle 3,5 bis 6 Kinderfreibeträge" anzuwenden.

Lohn/ Gehalt bis €*		I – VI	ohne Kinderfreibeträge			I, II, III, IV		mit Zahl der Kinderfreibeträge . . . 0,5			1			1,5			2			2,5			3**		
		LSt	SolZ	8%	9%		LSt	SolZ	8%	9%	SolZ	8%	9%	SolZ	8%	9%	SolZ	8%	9%	SolZ	8%	9%	SolZ	8%	9%
2 246,99	I,IV	267,33	14,70	21,38	24,05	I	267,33	10,34	15,05	16,93	6,25	9,09	10,22	—	3,68	4,14	—	—	—	—	—	—	—	—	—
	II	237,25	13,04	18,98	21,35	II	237,25	8,78	12,78	14,37	1,21	6,96	7,83	—	2,02	2,27	—	—	—	—	—	—	—	—	—
	III	65,16	—	5,21	5,86	III	65,16	—	1,25	1,40	—	—	—	—	—	—	—	—	—	—	—	—	—	—	—
	V	513,83	28,26	41,10	46,24	IV	267,33	12,49	18,17	20,44	10,34	15,05	16,93	8,26	12,02	13,52	6,25	9,09	10,22	—	6,25	7,03	—	3,68	4,14
	VI	547,16	30,09	43,77	49,24																				
2 249,99	I,IV	268,—	14,74	21,44	24,12	I	268,—	10,38	15,10	16,99	6,28	9,14	10,28	—	3,72	4,19	—	—	—	—	—	—	—	—	—
	II	237,91	13,08	19,03	21,41	II	237,91	8,82	12,83	14,43	1,33	7,01	7,88	—	2,06	2,32	—	—	—	—	—	—	—	—	—
	III	65,66	—	5,25	5,90	III	65,66	—	1,28	1,44	—	—	—	—	—	—	—	—	—	—	—	—	—	—	—
	V	514,83	28,31	41,18	46,33	IV	268,—	12,53	18,22	20,50	10,38	15,10	16,99	8,30	12,08	13,59	6,28	9,14	10,28	—	6,30	7,09	—	3,72	4,19
	VI	548,16	30,14	43,85	49,33																				
2 252,99	I,IV	268,75	14,78	21,50	24,18	I	268,75	10,42	15,16	17,05	6,32	9,19	10,34	—	3,76	4,23	—	—	—	—	—	—	—	—	—
	II	238,66	13,12	19,09	21,47	II	238,66	8,85	12,88	14,49	1,46	7,06	7,94	—	2,10	2,36	—	—	—	—	—	—	—	—	—
	III	66,16	—	5,29	5,95	III	66,16	—	1,32	1,48	—	—	—	—	—	—	—	—	—	—	—	—	—	—	—
	V	515,83	28,37	41,26	46,42	IV	268,75	12,57	18,28	20,57	10,42	15,16	17,05	8,34	12,13	13,64	6,32	9,19	10,34	—	6,35	7,14	—	3,76	4,23
	VI	549,33	30,21	43,94	49,43																				
2 255,99	I,IV	269,50	14,82	21,56	24,25	I	269,50	10,45	15,21	17,11	6,35	9,24	10,40	—	3,81	4,28	—	—	—	—	—	—	—	—	—
	II	239,33	13,16	19,14	21,53	II	239,33	8,89	12,94	14,55	1,58	7,11	8,—	—	2,14	2,40	—	—	—	—	—	—	—	—	—
	III	66,66	—	5,33	5,99	III	66,66	—	1,36	1,53	—	—	—	—	—	—	—	—	—	—	—	—	—	—	—
	V	517,—	28,43	41,36	46,53	IV	269,50	12,60	18,34	20,63	10,45	15,21	17,11	8,37	12,18	13,70	6,35	9,24	10,40	—	6,40	7,20	—	3,81	4,28
	VI	550,33	30,26	44,02	49,52																				
2 258,99	I,IV	270,16	14,85	21,61	24,31	I	270,16	10,49	15,26	17,17	6,39	9,30	10,46	—	3,85	4,33	—	—	—	—	—	—	—	—	—
	II	240,—	13,20	19,20	21,60	II	240,—	8,93	12,99	14,61	1,70	7,16	8,05	—	2,17	2,44	—	—	—	—	—	—	—	—	—
	III	67,33	—	5,38	6,05	III	67,33	—	1,38	1,55	—	—	—	—	—	—	—	—	—	—	—	—	—	—	—
	V	518,—	28,49	41,44	46,62	IV	270,16	12,64	18,39	20,69	10,49	15,26	17,17	8,41	12,23	13,76	6,39	9,30	10,46	—	6,45	7,25	—	3,85	4,33
	VI	551,33	30,32	44,10	49,61																				
2 261,99	I,IV	270,91	14,90	21,67	24,38	I	270,91	10,53	15,32	17,23	6,42	9,34	10,51	—	3,89	4,37	—	—	—	—	—	—	—	—	—
	II	240,75	13,24	19,26	21,66	II	240,75	8,96	13,04	14,67	1,83	7,21	8,11	—	2,21	2,48	—	—	—	—	—	—	—	—	—
	III	67,83	—	5,42	6,10	III	67,83	—	1,42	1,60	—	—	—	—	—	—	—	—	—	—	—	—	—	—	—
	V	518,83	28,53	41,50	46,69	IV	270,91	12,68	18,45	20,75	10,53	15,32	17,23	8,44	12,28	13,82	6,42	9,34	10,51	0,05	6,50	7,31	—	3,89	4,37
	VI	552,16	30,36	44,17	49,69																				
2 264,99	I,IV	271,66	14,94	21,73	24,44	I	271,66	10,56	15,37	17,29	6,46	9,40	10,57	—	3,94	4,43	—	—	—	—	—	—	—	—	—
	II	241,41	13,27	19,31	21,72	II	241,41	9,—	13,10	14,73	1,95	7,26	8,16	—	2,24	2,52	—	—	—	—	—	—	—	—	—
	III	68,33	—	5,46	6,14	III	68,33	—	1,45	1,63	—	—	—	—	—	—	—	—	—	—	—	—	—	—	—
	V	519,83	28,59	41,58	46,78	IV	271,66	12,72	18,50	20,81	10,56	15,37	17,29	8,48	12,34	13,88	6,46	9,40	10,57	0,16	6,54	7,36	—	3,94	4,43
	VI	553,16	30,42	44,25	49,78																				
2 267,99	I,IV	272,33	14,97	21,78	24,50	I	272,33	10,61	15,43	17,36	6,49	9,44	10,62	—	3,98	4,47	—	—	—	—	—	—	—	—	—
	II	242,16	13,31	19,37	21,79	II	242,16	9,04	13,15	14,79	2,08	7,31	8,22	—	2,28	2,57	—	—	—	—	—	—	—	—	—
	III	68,83	—	5,50	6,19	III	68,83	—	1,49	1,67	—	—	—	—	—	—	—	—	—	—	—	—	—	—	—
	V	520,83	28,64	41,66	46,87	IV	272,33	12,76	18,56	20,88	10,61	15,43	17,36	8,52	12,39	13,94	6,49	9,44	10,62	0,30	6,60	7,42	—	3,98	4,47
	VI	554,16	30,47	44,33	49,87																				
2 270,99	I,IV	273,08	15,01	21,84	24,57	I	273,08	10,64	15,48	17,42	6,53	9,50	10,68	—	4,02	4,52	—	—	—	—	—	—	—	—	—
	II	242,83	13,35	19,42	21,85	II	242,83	9,07	13,20	14,85	2,20	7,36	8,28	—	2,32	2,61	—	—	—	—	—	—	—	—	—
	III	69,33	—	5,54	6,23	III	69,33	—	1,53	1,72	—	—	—	—	—	—	—	—	—	—	—	—	—	—	—
	V	521,83	28,70	41,74	46,96	IV	273,08	12,80	18,62	20,94	10,64	15,48	17,42	8,55	12,44	14,—	6,53	9,50	10,68	0,41	6,64	7,47	—	4,02	4,52
	VI	555,33	30,54	44,42	49,97																				
2 273,99	I,IV	273,83	15,06	21,90	24,64	I	273,83	10,68	15,54	17,48	6,56	9,55	10,74	—	4,06	4,57	—	—	—	—	—	—	—	—	—
	II	243,58	13,39	19,48	21,92	II	243,58	9,11	13,26	14,91	2,33	7,41	8,33	—	2,36	2,65	—	—	—	—	—	—	—	—	—
	III	70,—	—	5,60	6,30	III	70,—	—	1,56	1,75	—	—	—	—	—	—	—	—	—	—	—	—	—	—	—
	V	522,66	28,74	41,81	47,03	IV	273,83	12,83	18,67	21,—	10,68	15,54	17,48	8,59	12,50	14,06	6,56	9,55	10,74	0,55	6,70	7,53	—	4,06	4,57
	VI	556,33	30,59	44,50	50,06																				
2 276,99	I,IV	274,50	15,09	21,96	24,70	I	274,50	10,72	15,59	17,54	6,60	9,60	10,80	—	4,10	4,61	—	0,02	0,02	—	—	—	—	—	—
	II	244,25	13,43	19,54	21,98	II	244,25	9,15	13,31	14,97	2,45	7,46	8,39	—	2,40	2,70	—	—	—	—	—	—	—	—	—
	III	70,50	—	5,64	6,34	III	70,50	—	1,60	1,80	—	—	—	—	—	—	—	—	—	—	—	—	—	—	—
	V	523,66	28,80	41,89	47,12	IV	274,50	12,87	18,73	21,07	10,72	15,59	17,54	8,63	12,55	14,12	6,60	9,60	10,80	0,66	6,74	7,58	—	4,10	4,61
	VI	557,33	30,65	44,58	50,15																				
2 279,99	I,IV	275,25	15,13	22,02	24,77	I	275,25	10,75	15,64	17,60	6,63	9,65	10,85	—	4,15	4,67	—	0,05	0,05	—	—	—	—	—	—
	II	245,—	13,47	19,60	22,05	II	245,—	9,18	13,36	15,03	2,58	7,51	8,45	—	2,43	2,73	—	—	—	—	—	—	—	—	—
	III	71,—	—	5,68	6,39	III	71,—	—	1,64	1,84	—	—	—	—	—	—	—	—	—	—	—	—	—	—	—
	V	524,66	28,85	41,97	47,21	IV	275,25	12,91	18,78	21,13	10,75	15,64	17,60	8,66	12,60	14,18	6,63	9,65	10,85	0,78	6,79	7,64	—	4,15	4,67
	VI	558,33	30,70	44,66	50,24																				
2 282,99	I,IV	276,—	15,18	22,08	24,84	I	276,—	10,79	15,70	17,66	6,67	9,70	10,91	—	4,19	4,71	—	0,08	0,09	—	—	—	—	—	—
	II	245,66	13,51	19,65	22,10	II	245,66	9,22	13,42	15,09	2,70	7,56	8,50	—	2,47	2,78	—	—	—	—	—	—	—	—	—
	III	71,50	—	5,72	6,43	III	71,50	—	1,66	1,87	—	—	—	—	—	—	—	—	—	—	—	—	—	—	—
	V	525,66	28,91	42,05	47,30	IV	276,—	12,95	18,84	21,20	10,79	15,70	17,66	8,70	12,66	14,24	6,67	9,70	10,91	0,91	6,84	7,70	—	4,19	4,71
	VI	559,33	30,76	44,74	50,33																				
2 285,99	I,IV	276,66	15,21	22,13	24,89	I	276,66	10,83	15,76	17,73	6,71	9,76	10,98	—	4,24	4,77	—	0,11	0,12	—	—	—	—	—	—
	II	246,41	13,55	19,71	22,17	II	246,41	9,26	13,47	15,15	2,83	7,61	8,56	—	2,51	2,82	—	—	—	—	—	—	—	—	—
	III	72,16	—	5,77	6,49	III	72,16	—	1,70	1,91	—	—	—	—	—	—	—	—	—	—	—	—	—	—	—
	V	526,83	28,97	42,14	47,41	IV	276,66	12,99	18,90	21,26	10,83	15,76	17,73	8,74	12,71	14,30	6,71	9,76	10,98	1,03	6,89	7,75	—	4,24	4,77
	VI	560,33	30,81	44,82	50,42																				
2 288,99	I,IV	277,41	15,25	22,19	24,96	I	277,41	10,87	15,81	17,78	6,74	9,80	11,03	—	4,28	4,81	—	0,14	0,15	—	—	—	—	—	—
	II	247,08	13,58	19,76	22,23	II	247,08	9,29	13,52	15,21	2,95	7,66	8,61	—	2,55	2,87	—	—	—	—	—	—	—	—	—
	III	72,66	—	5,81	6,53	III	72,66	—	1,74	1,96	—	—	—	—	—	—	—	—	—	—	—	—	—	—	—
	V	527,66	29,02	42,21	47,48	IV	277,41	13,03	18,95	21,32	10,87	15,81	17,78	8,77	12,76	14,35	6,74	9,80	11,03	1,16	6,94	7,81	—	4,28	4,81
	VI	561,33	30,87	44,90	50,51																				
2 291,99	I,IV	278,16	15,29	22,25	25,03	I	278,16	10,90	15,86	17,84	6,77	9,86	11,09	—	4,32	4,86	—	0,17	0,19	—	—	—	—	—	—
	II	247,83	13,63	19,82	22,30	II	247,83	9,33	13,58	15,27	3,08	7,71	8,67	—	2,58	2,90	—	—	—	—	—	—	—	—	—
	III	73,16	—	5,85	6,58	III	73,16	—	1,77	1,99	—	—	—	—	—	—	—	—	—	—	—	—	—	—	—
	V	528,66	29,07	42,29	47,57	IV	278,16	13,07	19,01	21,38	10,90	15,86	17,84	8,80	12,81	14,41	6,77	9,86	11,09	1,28	6,99	7,86	—	4,32	4,86
	VI	562,33	30,92	44,98	50,60																				
2 294,99	I,IV	278,83	15,33	22,30	25,09	I	278,83	10,94	15,92	17,91	6,81	9,90	11,14	—	4,36	4,91	—	0,20	0,22	—	—	—	—	—	—
	II	248,50	13,66	19,88	22,36	II	248,50	9,37	13,63	15,33	3,20	7,76	8,73	—	2,62	2,95	—	—	—	—	—	—	—	—	—
	III	73,66	—	5,89	6,62	III	73,66	—	1,81	2,03	—	—	—	—	—	—	—	—	—	—	—	—	—	—	—
	V	529,66	29,13	42,37	47,66	IV	278,83	13,10	19,06	21,44	10,94	15,92	17,91	8,84	12,86	14,47	6,81	9,90	11,14	1,41	7,04	7,92	—	4,36	4,91
	VI	563,33	30,98	45,06	50,69																				

* Die ausgewiesenen Tabellenwerte sind amtlich. Siehe Erläuterungen auf der Umschlaginnenseite (U2).

** Bei mehr als 3 Kinderfreibeträgen ist die „Ergänzungs-Tabelle 3,5 bis 6 Kinderfreibeträge" anzuwenden.

Lohn/Gehalt bis €*	Abzüge an Lohnsteuer, Solidaritätszuschlag (SolZ) und Kirchensteuer (8%, 9%) in den Steuerklassen I – VI					I, II, III, IV																			
			ohne Kinderfreibeträge					mit Zahl der Kinderfreibeträge . . .																	
								0,5			1			1,5			2			2,5			3**		
		LSt	SolZ	8%	9%		LSt	SolZ	8%	9%	SolZ	8%	9%	SolZ	8%	9%	SolZ	8%	9%	SolZ	8%	9%	SolZ	8%	9%
2 297,99	I,IV	279,58	15,37	22,36	25,16	I	279,58	10,98	15,97	17,96	6,84	9,96	11,20	—	4,41	4,96	—	0,23	0,26	—	—	—	—	—	—
	II	249,25	13,70	19,94	22,43	II	249,25	9,40	13,68	15,39	3,33	7,81	8,78	—	2,66	2,99	—	—	—	—	—	—	—	—	—
	III	74,33	—	5,94	6,68	III	74,33	—	1,85	2,08	—	—	—	—	—	—	—	—	—	—	—	—	—	—	—
	V	530,66	29,18	42,45	47,75	IV	279,58	13,14	19,12	21,51	10,98	15,97	17,96	8,88	12,92	14,53	6,84	9,96	11,20	1,53	7,09	7,97	—	4,41	4,96
	VI	564,33	31,03	45,14	50,78																				
2 300,99	I,IV	280,33	15,41	22,42	25,22	I	280,33	11,02	16,03	18,03	6,88	10,01	11,26	—	4,46	5,01	—	0,26	0,29	—	—	—	—	—	—
	II	249,91	13,74	19,99	22,49	II	249,91	9,44	13,74	15,45	3,45	7,86	8,84	—	2,70	3,04	—	—	—	—	—	—	—	—	—
	III	74,83	—	5,98	6,73	III	74,83	—	1,88	2,11	—	—	—	—	—	—	—	—	—	—	—	—	—	—	—
	V	531,66	29,24	42,53	47,84	IV	280,33	13,18	19,18	21,57	11,02	16,03	18,03	8,91	12,97	14,59	6,88	10,01	11,26	1,66	7,14	8,03	—	4,46	5,01
	VI	565,33	31,09	45,22	50,87																				
2 303,99	I,IV	281,—	15,45	22,48	25,29	I	281,—	11,05	16,08	18,09	6,92	10,06	11,32	—	4,50	5,06	—	0,29	0,32	—	—	—	—	—	—
	II	250,66	13,78	20,05	22,55	II	250,66	9,48	13,79	15,51	3,58	7,91	8,90	—	2,74	3,08	—	—	—	—	—	—	—	—	—
	III	75,33	—	6,02	6,77	III	75,33	—	1,92	2,16	—	—	—	—	—	—	—	—	—	—	—	—	—	—	—
	V	532,66	29,29	42,61	47,93	IV	281,—	13,22	19,24	21,64	11,05	16,08	18,09	8,95	13,02	14,65	6,92	10,06	11,32	1,78	7,19	8,09	—	4,50	5,06
	VI	566,33	31,14	45,30	50,96																				
2 306,99	I,IV	281,75	15,49	22,54	25,35	I	281,75	11,09	16,14	18,15	6,95	10,11	11,37	—	4,54	5,11	—	0,32	0,36	—	—	—	—	—	—
	II	251,33	13,82	20,10	22,61	II	251,33	9,51	13,84	15,57	3,70	7,96	8,95	—	2,78	3,12	—	—	—	—	—	—	—	—	—
	III	75,83	—	6,06	6,82	III	75,83	—	1,96	2,20	—	—	—	—	—	—	—	—	—	—	—	—	—	—	—
	V	533,66	29,35	42,69	48,02	IV	281,75	13,26	19,29	21,70	11,09	16,14	18,15	8,99	13,08	14,71	6,95	10,11	11,37	1,91	7,24	8,15	—	4,54	5,11
	VI	567,50	31,21	45,40	51,07																				
2 309,99	I,IV	282,50	15,53	22,60	25,42	I	282,50	11,13	16,19	18,21	6,98	10,16	11,43	—	4,59	5,16	—	0,35	0,39	—	—	—	—	—	—
	II	252,08	13,86	20,16	22,68	II	252,08	9,55	13,90	15,63	3,83	8,01	9,01	—	2,82	3,17	—	—	—	—	—	—	—	—	—
	III	76,50	—	6,12	6,88	III	76,50	—	2,—	2,25	—	—	—	—	—	—	—	—	—	—	—	—	—	—	—
	V	534,66	29,40	42,77	48,11	IV	282,50	13,30	19,35	21,77	11,13	16,19	18,21	9,02	13,13	14,77	6,98	10,16	11,43	2,03	7,29	8,20	—	4,59	5,16
	VI	568,50	31,26	45,48	51,16																				
2 312,99	I,IV	283,16	15,57	22,65	25,48	I	283,16	11,16	16,24	18,27	7,02	10,22	11,49	—	4,63	5,21	—	0,38	0,42	—	—	—	—	—	—
	II	252,75	13,90	20,22	22,74	II	252,75	9,59	13,95	15,69	3,95	8,06	9,06	—	2,86	3,21	—	—	—	—	—	—	—	—	—
	III	77,—	—	6,16	6,93	III	77,—	—	2,02	2,27	—	—	—	—	—	—	—	—	—	—	—	—	—	—	—
	V	535,50	29,45	42,84	48,19	IV	283,16	13,34	19,40	21,83	11,16	16,24	18,27	9,06	13,18	14,83	7,02	10,22	11,49	2,15	7,34	8,25	—	4,63	5,21
	VI	569,50	31,32	45,56	51,25																				
2 315,99	I,IV	283,91	15,61	22,71	25,55	I	283,91	11,21	16,30	18,34	7,05	10,26	11,54	—	4,68	5,26	—	0,41	0,46	—	—	—	—	—	—
	II	253,50	13,94	20,28	22,81	II	253,50	9,62	14,—	15,75	4,08	8,11	9,12	—	2,90	3,26	—	—	—	—	—	—	—	—	—
	III	77,66	—	6,21	6,98	III	77,66	—	2,06	2,32	—	—	—	—	—	—	—	—	—	—	—	—	—	—	—
	V	536,50	29,50	42,92	48,28	IV	283,91	13,37	19,46	21,89	11,21	16,30	18,34	9,10	13,24	14,89	7,05	10,26	11,54	2,28	7,39	8,31	—	4,68	5,26
	VI	570,50	31,37	45,64	51,34																				
2 318,99	I,IV	284,66	15,65	22,77	25,61	I	284,66	11,24	16,36	18,40	7,09	10,32	11,61	—	4,72	5,31	—	0,44	0,50	—	—	—	—	—	—
	II	254,16	13,97	20,33	22,87	II	254,16	9,66	14,06	15,81	4,20	8,16	9,18	—	2,94	3,30	—	—	—	—	—	—	—	—	—
	III	78,16	—	6,25	7,03	III	78,16	—	2,10	2,36	—	—	—	—	—	—	—	—	—	—	—	—	—	—	—
	V	537,50	29,56	43,—	48,37	IV	284,66	13,42	19,52	21,96	11,24	16,36	18,40	9,13	13,29	14,95	7,09	10,32	11,61	2,40	7,44	8,37	—	4,72	5,31
	VI	571,50	31,43	45,72	51,43																				
2 321,99	I,IV	285,41	15,69	22,83	25,68	I	285,41	11,28	16,41	18,46	7,13	10,37	11,66	—	4,76	5,36	—	0,47	0,53	—	—	—	—	—	—
	II	254,91	14,02	20,39	22,94	II	254,91	9,70	14,11	15,87	4,33	8,21	9,23	—	2,98	3,35	—	—	—	—	—	—	—	—	—
	III	78,66	—	6,29	7,07	III	78,66	—	2,13	2,39	—	—	—	—	—	—	—	—	—	—	—	—	—	—	—
	V	538,50	29,61	43,08	48,46	IV	285,41	13,45	19,57	22,01	11,28	16,41	18,46	9,17	13,34	15,01	7,13	10,37	11,66	2,53	7,49	8,42	—	4,76	5,36
	VI	572,50	31,48	45,80	51,52																				
2 324,99	I,IV	286,08	15,73	22,88	25,74	I	286,08	11,32	16,46	18,52	7,16	10,42	11,72	—	4,81	5,41	—	0,50	0,56	—	—	—	—	—	—
	II	255,58	14,05	20,44	23,—	II	255,58	9,73	14,16	15,93	4,46	8,26	9,29	—	3,02	3,39	—	—	—	—	—	—	—	—	—
	III	79,33	—	6,34	7,13	III	79,33	—	2,17	2,44	—	—	—	—	—	—	—	—	—	—	—	—	—	—	—
	V	539,66	29,68	43,17	48,56	IV	286,08	13,49	19,63	22,08	11,32	16,46	18,52	9,21	13,40	15,07	7,16	10,42	11,72	2,65	7,54	8,48	—	4,81	5,41
	VI	573,50	31,54	45,88	51,61																				
2 327,99	I,IV	286,83	15,77	22,94	25,81	I	286,83	11,36	16,52	18,59	7,20	10,47	11,78	—	4,86	5,46	—	0,54	0,60	—	—	—	—	—	—
	II	256,33	14,09	20,50	23,06	II	256,33	9,78	14,22	16,—	4,58	8,31	9,35	—	3,06	3,44	—	—	—	—	—	—	—	—	—
	III	79,83	—	6,38	7,18	III	79,83	—	2,21	2,48	—	—	—	—	—	—	—	—	—	—	—	—	—	—	—
	V	540,66	29,73	43,25	48,65	IV	286,83	13,53	19,68	22,14	11,36	16,52	18,59	9,24	13,45	15,13	7,20	10,47	11,78	2,78	7,59	8,54	—	4,86	5,46
	VI	574,50	31,59	45,96	51,70																				
2 330,99	I,IV	287,58	15,81	23,—	25,88	I	287,58	11,39	16,58	18,65	7,23	10,52	11,84	—	4,90	5,51	—	0,56	0,63	—	—	—	—	—	—
	II	257,08	14,13	20,56	23,13	II	257,08	9,81	14,28	16,06	4,71	8,36	9,41	—	3,10	3,48	—	—	—	—	—	—	—	—	—
	III	80,33	—	6,42	7,22	III	80,33	—	2,25	2,53	—	—	—	—	—	—	—	—	—	—	—	—	—	—	—
	V	541,66	29,79	43,33	48,74	IV	287,58	13,57	19,74	22,21	11,39	16,58	18,65	9,28	13,50	15,19	7,23	10,52	11,84	2,90	7,64	8,59	—	4,90	5,51
	VI	575,66	31,66	46,05	51,80																				
2 333,99	I,IV	288,33	15,85	23,06	25,94	I	288,33	11,43	16,63	18,71	7,27	10,58	11,90	—	4,94	5,56	—	0,60	0,67	—	—	—	—	—	—
	II	257,75	14,17	20,62	23,19	II	257,75	9,85	14,33	16,12	4,83	8,41	9,46	—	3,14	3,53	—	—	—	—	—	—	—	—	—
	III	80,83	—	6,46	7,27	III	80,83	—	2,28	2,56	—	—	—	—	—	—	—	—	—	—	—	—	—	—	—
	V	542,66	29,84	43,41	48,83	IV	288,33	13,61	19,80	22,28	11,43	16,63	18,71	9,32	13,56	15,25	7,27	10,58	11,90	3,03	7,69	8,65	—	4,94	5,56
	VI	576,66	31,71	46,13	51,89																				
2 336,99	I,IV	289,08	15,89	23,12	26,01	I	289,08	11,47	16,69	18,77	7,31	10,63	11,96	—	4,99	5,61	—	0,63	0,71	—	—	—	—	—	—
	II	258,50	14,21	20,68	23,26	II	258,50	9,89	14,38	16,18	4,96	8,46	9,52	—	3,18	3,57	—	—	—	—	—	—	—	—	—
	III	81,50	—	6,52	7,33	III	81,50	—	2,32	2,61	—	—	—	—	—	—	—	—	—	—	—	—	—	—	—
	V	543,66	29,90	43,49	48,92	IV	289,08	13,65	19,86	22,34	11,47	16,69	18,77	9,35	13,61	15,31	7,31	10,63	11,96	3,16	7,74	8,71	—	4,99	5,61
	VI	577,66	31,77	46,21	51,98																				
2 339,99	I,IV	289,75	15,93	23,18	26,07	I	289,75	11,51	16,74	18,83	7,34	10,68	12,01	—	5,04	5,67	—	0,66	0,74	—	—	—	—	—	—
	II	259,16	14,25	20,73	23,32	II	259,16	9,92	14,44	16,24	5,08	8,51	9,57	—	3,22	3,62	—	—	—	—	—	—	—	—	—
	III	82,—	—	6,56	7,38	III	82,—	—	2,36	2,65	—	—	—	—	—	—	—	—	—	—	—	—	—	—	—
	V	544,66	29,95	43,57	49,01	IV	289,75	13,69	19,91	22,40	11,51	16,74	18,83	9,39	13,66	15,37	7,34	10,68	12,01	3,28	7,79	8,76	—	5,04	5,67
	VI	578,66	31,82	46,29	52,07																				
2 342,99	I,IV	290,50	15,97	23,24	26,14	I	290,50	11,55	16,80	18,90	7,37	10,73	12,07	—	5,08	5,72	—	0,69	0,77	—	—	—	—	—	—
	II	259,91	14,29	20,79	23,39	II	259,91	9,96	14,49	16,30	5,21	8,56	9,63	—	3,26	3,66	—	—	—	—	—	—	—	—	—
	III	82,66	—	6,61	7,43	III	82,66	—	2,40	2,70	—	—	—	—	—	—	—	—	—	—	—	—	—	—	—
	V	545,66	30,01	43,65	49,10	IV	290,50	13,73	19,97	22,46	11,55	16,80	18,90	9,43	13,72	15,43	7,37	10,73	12,07	3,40	7,84	8,82	—	5,08	5,72
	VI	579,66	31,88	46,37	52,16																				
2 345,99	I,IV	291,25	16,01	23,30	26,21	I	291,25	11,58	16,85	18,95	7,41	10,78	12,13	—	5,13	5,77	—	0,72	0,81	—	—	—	—	—	—
	II	260,58	14,33	20,84	23,45	II	260,58	10,—	14,54	16,36	5,35	8,62	9,69	—	3,30	3,71	—	—	—	—	—	—	—	—	—
	III	83,16	—	6,65	7,48	III	83,16	—	2,44	2,74	—	—	—	—	—	—	—	—	—	—	—	—	—	—	—
	V	546,66	30,06	43,73	49,19	IV	291,25	13,76	20,02	22,52	11,58	16,85	18,95	9,46	13,77	15,49	7,41	10,78	12,13	3,53	7,89	8,87	—	5,13	5,77
	VI	580,66	31,93	46,45	52,25																				

* Die ausgewiesenen Tabellenwerte sind amtlich. Siehe Erläuterungen auf der Umschlaginnenseite (U2).

** Bei mehr als 3 Kinderfreibeträgen ist die „Ergänzungs-Tabelle 3,5 bis 6 Kinderfreibeträge" anzuwenden.

Lohn/ Gehalt bis €*		Abzüge an Lohnsteuer, Solidaritätszuschlag (SolZ) und Kirchensteuer (8%, 9%) in den Steuerklassen I – VI ohne Kinderfreibeträge				I, II, III, IV		mit Zahl der Kinderfreibeträge . . . 0,5			1			1,5			2			2,5			3**		
		LSt	SolZ	8%	9%		LSt	SolZ	8%	9%	SolZ	8%	9%	SolZ	8%	9%	SolZ	8%	9%	SolZ	8%	9%	SolZ	8%	9%
2 348,99	I,IV	291,91	16,05	23,35	26,27	I	291,91	11,62	16,91	19,02	7,45	10,84	12,19	—	5,18	5,82	—	0,76	0,85	—	—	—	—	—	—
	II	261,33	14,37	20,90	23,51	II	261,33	10,03	14,60	16,42	5,46	8,66	9,74	—	3,34	3,75	—	—	—	—	—	—	—	—	—
	III	83,66	—	6,69	7,52	III	83,66	—	2,46	2,77	—	—	—	—	—	—	—	—	—	—	—	—	—	—	—
	V	547,66	30,12	43,81	49,28	IV	291,91	13,80	20,08	22,59	11,62	16,91	19,02	9,50	13,82	15,55	7,45	10,84	12,19	3,65	7,94	8,93	—	5,18	5,82
	VI	581,66	31,99	46,53	52,34																				
2 351,99	I,IV	292,66	16,09	23,41	26,33	I	292,66	11,66	16,96	19,08	7,48	10,89	12,25	—	5,22	5,87	—	0,78	0,88	—	—	—	—	—	—
	II	262,08	14,41	20,96	23,58	II	262,08	10,07	14,65	16,48	5,60	8,72	9,81	—	3,38	3,80	—	—	—	—	—	—	—	—	—
	III	84,33	—	6,74	7,58	III	84,33	—	2,50	2,81	—	—	—	—	—	—	—	—	—	—	—	—	—	—	—
	V	548,66	30,17	43,89	49,37	IV	292,66	13,85	20,14	22,66	11,66	16,96	19,08	9,54	13,88	15,61	7,48	10,89	12,25	3,78	7,99	8,99	—	5,22	5,87
	VI	582,66	32,04	46,61	52,43																				
2 354,99	I,IV	293,41	16,13	23,47	26,40	I	293,41	11,70	17,02	19,14	7,52	10,94	12,30	—	5,26	5,92	—	0,82	0,92	—	—	—	—	—	—
	II	262,75	14,45	21,02	23,64	II	262,75	10,11	14,70	16,54	5,71	8,76	9,86	—	3,42	3,84	—	—	—	—	—	—	—	—	—
	III	84,83	—	6,78	7,63	III	84,83	—	2,54	2,86	—	—	—	—	—	—	—	—	—	—	—	—	—	—	—
	V	549,66	30,23	43,97	49,46	IV	293,41	13,88	20,20	22,72	11,70	17,02	19,14	9,57	13,93	15,67	7,52	10,94	12,30	3,91	8,04	9,05	—	5,26	5,92
	VI	583,66	32,10	46,69	52,52																				
2 357,99	I,IV	294,16	16,17	23,53	26,47	I	294,16	11,73	17,07	19,20	7,55	10,99	12,36	—	5,31	5,97	—	0,85	0,95	—	—	—	—	—	—
	II	263,50	14,49	21,08	23,71	II	263,50	10,14	14,76	16,60	5,85	8,82	9,92	—	3,46	3,89	—	—	—	—	—	—	—	—	—
	III	85,33	—	6,82	7,67	III	85,33	—	2,58	2,90	—	—	—	—	—	—	—	—	—	—	—	—	—	—	—
	V	550,66	30,28	44,05	49,55	IV	294,16	13,92	20,26	22,79	11,73	17,07	19,20	9,61	13,98	15,73	7,55	10,99	12,36	4,03	8,09	9,10	—	5,31	5,97
	VI	584,83	32,16	46,78	52,63																				
2 360,99	I,IV	294,91	16,22	23,59	26,54	I	294,91	11,77	17,13	19,27	7,59	11,04	12,42	—	5,36	6,03	—	0,88	0,99	—	—	—	—	—	—
	II	264,16	14,52	21,13	23,77	II	264,16	10,18	14,82	16,67	5,98	8,87	9,98	—	3,50	3,94	—	—	—	—	—	—	—	—	—
	III	86,—	—	6,88	7,74	III	86,—	—	2,61	2,93	—	—	—	—	—	—	—	—	—	—	—	—	—	—	—
	V	551,66	30,34	44,13	49,64	IV	294,91	13,96	20,31	22,85	11,77	17,13	19,27	9,65	14,04	15,79	7,59	11,04	12,42	4,16	8,14	9,16	—	5,36	6,03
	VI	585,83	32,22	46,86	52,72																				
2 363,99	I,IV	295,58	16,25	23,64	26,60	I	295,58	11,81	17,18	19,33	7,63	11,10	12,48	—	5,40	6,08	—	0,92	1,03	—	—	—	—	—	—
	II	264,91	14,57	21,19	23,84	II	264,91	10,22	14,86	16,72	6,10	8,92	10,03	—	3,54	3,98	—	—	—	—	—	—	—	—	—
	III	86,50	—	6,92	7,78	III	86,50	—	2,65	2,98	—	—	—	—	—	—	—	—	—	—	—	—	—	—	—
	V	552,66	30,39	44,21	49,73	IV	295,58	14,—	20,37	22,91	11,81	17,18	19,33	9,68	14,09	15,85	7,63	11,10	12,48	4,28	8,19	9,21	—	5,40	6,08
	VI	586,83	32,27	46,94	52,81																				
2 366,99	I,IV	296,33	16,29	23,70	26,66	I	296,33	11,85	17,24	19,39	7,66	11,14	12,53	—	5,45	6,13	—	0,95	1,07	—	—	—	—	—	—
	II	265,58	14,60	21,24	23,90	II	265,58	10,26	14,92	16,79	6,16	8,97	10,09	—	3,58	4,03	—	—	—	—	—	—	—	—	—
	III	87,16	—	6,97	7,84	III	87,16	—	2,69	3,02	—	—	—	—	—	—	—	—	—	—	—	—	—	—	—
	V	553,66	30,45	44,29	49,82	IV	296,33	14,04	20,42	22,97	11,85	17,24	19,39	9,72	14,14	15,91	7,66	11,14	12,53	4,41	8,24	9,27	—	5,45	6,13
	VI	587,83	32,33	47,02	52,90																				
2 369,99	I,IV	297,08	16,33	23,76	26,73	I	297,08	11,89	17,30	19,46	7,70	11,20	12,60	—	5,50	6,18	—	0,98	1,10	—	—	—	—	—	—
	II	266,33	14,64	21,30	23,96	II	266,33	10,29	14,98	16,85	6,20	9,02	10,14	—	3,62	4,07	—	—	—	—	—	—	—	—	—
	III	87,66	—	7,01	7,88	III	87,66	—	2,73	3,07	—	—	—	—	—	—	—	—	—	—	—	—	—	—	—
	V	554,66	30,50	44,37	49,91	IV	297,08	14,08	20,48	23,04	11,89	17,30	19,46	9,76	14,20	15,97	7,70	11,20	12,60	4,53	8,29	9,32	—	5,50	6,18
	VI	588,83	32,38	47,10	52,99																				
2 372,99	I,IV	297,83	16,38	23,82	26,80	I	297,83	11,93	17,35	19,52	7,73	11,25	12,65	—	5,54	6,23	—	1,01	1,13	—	—	—	—	—	—
	II	267,08	14,68	21,36	24,03	II	267,08	10,33	15,03	16,91	6,23	9,07	10,20	—	3,67	4,13	—	—	—	—	—	—	—	—	—
	III	88,33	—	7,06	7,94	III	88,33	—	2,77	3,11	—	—	—	—	—	—	—	—	—	—	—	—	—	—	—
	V	555,66	30,56	44,45	50,—	IV	297,83	14,12	20,54	23,10	11,93	17,35	19,52	9,79	14,25	16,03	7,73	11,25	12,65	4,66	8,34	9,38	—	5,54	6,23
	VI	590,—	32,45	47,20	53,10																				
2 375,99	I,IV	298,58	16,42	23,88	26,87	I	298,58	11,96	17,40	19,58	7,77	11,30	12,71	—	5,59	6,29	—	1,04	1,17	—	—	—	—	—	—
	II	267,75	14,72	21,42	24,09	II	267,75	10,37	15,08	16,97	6,27	9,12	10,26	—	3,71	4,17	—	—	—	—	—	—	—	—	—
	III	88,83	—	7,10	7,99	III	88,83	—	2,81	3,16	—	—	—	—	—	—	—	—	—	—	—	—	—	—	—
	V	556,66	30,61	44,53	50,09	IV	298,58	14,16	20,60	23,17	11,96	17,40	19,58	9,84	14,31	16,10	7,77	11,30	12,71	4,78	8,39	9,44	—	5,59	6,29
	VI	591,—	32,50	47,28	53,19																				
2 378,99	I,IV	299,25	16,45	23,94	26,93	I	299,25	12,—	17,46	19,64	7,81	11,36	12,78	—	5,64	6,35	—	1,08	1,21	—	—	—	—	—	—
	II	268,50	14,76	21,48	24,16	II	268,50	10,40	15,14	17,03	6,30	9,17	10,31	—	3,75	4,22	—	—	—	—	—	—	—	—	—
	III	89,33	—	7,14	8,03	III	89,33	—	2,85	3,20	—	—	—	—	—	—	—	—	—	—	—	—	—	—	—
	V	557,66	30,67	44,61	50,18	IV	299,25	14,19	20,65	23,23	12,—	17,46	19,64	9,87	14,36	16,16	7,81	11,36	12,78	4,91	8,44	9,50	—	5,64	6,35
	VI	592,—	32,56	47,36	53,28																				
2 381,99	I,IV	300,—	16,50	24,—	27,—	I	300,—	12,04	17,52	19,71	7,84	11,41	12,83	—	5,69	6,40	—	1,11	1,25	—	—	—	—	—	—
	II	269,25	14,80	21,54	24,23	II	269,25	10,44	15,19	17,09	6,34	9,22	10,37	—	3,79	4,26	—	—	—	—	—	—	—	—	—
	III	90,—	—	7,20	8,10	III	90,—	—	2,88	3,24	—	—	—	—	—	—	—	—	—	—	—	—	—	—	—
	V	558,66	30,72	44,69	50,27	IV	300,—	14,24	20,71	23,30	12,04	17,52	19,71	9,91	14,42	16,22	7,84	11,41	12,83	5,05	8,50	9,56	—	5,69	6,40
	VI	593,16	32,62	47,45	53,38																				
2 384,99	I,IV	300,75	16,54	24,06	27,06	I	300,75	12,08	17,57	19,76	7,88	11,46	12,89	—	5,74	6,45	—	1,14	1,28	—	—	—	—	—	—
	II	269,91	14,84	21,59	24,29	II	269,91	10,48	15,24	17,15	6,38	9,28	10,44	—	3,84	4,32	—	—	—	—	—	—	—	—	—
	III	90,50	—	7,24	8,14	III	90,50	—	2,92	3,28	—	—	—	—	—	—	—	—	—	—	—	—	—	—	—
	V	559,66	30,78	44,77	50,36	IV	300,75	14,28	20,77	23,36	12,08	17,57	19,76	9,95	14,47	16,28	7,88	11,46	12,89	5,16	8,54	9,61	—	5,74	6,45
	VI	594,16	32,67	47,53	53,47																				
2 387,99	I,IV	301,50	16,58	24,12	27,13	I	301,50	12,11	17,62	19,82	7,91	11,51	12,95	—	5,78	6,50	—	1,18	1,32	—	—	—	—	—	—
	II	270,66	14,88	21,65	24,35	II	270,66	10,51	15,30	17,21	6,41	9,32	10,49	—	3,88	4,36	—	—	—	—	—	—	—	—	—
	III	91,16	—	7,29	8,20	III	91,16	—	2,96	3,33	—	—	—	—	—	—	—	—	—	—	—	—	—	—	—
	V	560,66	30,83	44,85	50,45	IV	301,50	14,31	20,82	23,42	12,11	17,62	19,82	9,98	14,52	16,34	7,91	11,51	12,95	5,30	8,60	9,67	—	5,78	6,50
	VI	595,16	32,73	47,61	53,56																				
2 390,99	I,IV	302,25	16,62	24,18	27,20	I	302,25	12,15	17,68	19,89	7,95	11,56	13,01	—	5,83	6,56	—	1,21	1,36	—	—	—	—	—	—
	II	271,33	14,92	21,70	24,41	II	271,33	10,56	15,36	17,28	6,44	9,38	10,55	—	3,92	4,41	—	—	—	—	—	—	—	—	—
	III	91,66	—	7,33	8,24	III	91,66	—	3,—	3,37	—	—	—	—	—	—	—	—	—	—	—	—	—	—	—
	V	561,66	30,89	44,93	50,54	IV	302,25	14,35	20,88	23,49	12,15	17,68	19,89	10,02	14,58	16,40	7,95	11,56	13,01	5,41	8,64	9,72	—	5,83	6,56
	VI	596,16	32,78	47,69	53,65																				
2 393,99	I,IV	302,91	16,66	24,23	27,26	I	302,91	12,19	17,74	19,95	7,98	11,62	13,07	—	5,88	6,61	—	1,24	1,40	—	—	—	—	—	—
	II	272,08	14,96	21,76	24,48	II	272,08	10,59	15,41	17,33	6,48	9,43	10,61	—	3,96	4,46	—	—	—	—	—	—	—	—	—
	III	92,33	—	7,38	8,30	III	92,33	—	3,04	3,42	—	—	—	—	—	—	—	—	—	—	—	—	—	—	—
	V	562,66	30,94	45,01	50,63	IV	302,91	14,39	20,94	23,55	12,19	17,74	19,95	10,06	14,63	16,46	7,98	11,62	13,07	5,55	8,70	9,78	—	5,88	6,61
	VI	597,33	32,85	47,78	53,75																				
2 396,99	I,IV	303,66	16,70	24,29	27,32	I	303,66	12,23	17,79	20,01	8,02	11,67	13,13	—	5,92	6,66	—	1,28	1,44	—	—	—	—	—	—
	II	272,83	15,—	21,82	24,55	II	272,83	10,63	15,46	17,39	6,51	9,48	10,66	—	4,—	4,50	—	—	—	—	—	—	—	—	—
	III	92,83	—	7,42	8,35	III	92,83	—	3,08	3,46	—	—	—	—	—	—	—	—	—	—	—	—	—	—	—
	V	563,66	31,—	45,09	50,72	IV	303,66	14,43	21,—	23,62	12,23	17,79	20,01	10,09	14,68	16,52	8,02	11,67	13,13	5,68	8,75	9,84	—	5,92	6,66
	VI	598,16	32,89	47,85	53,83																				

* Die ausgewiesenen Tabellenwerte sind amtlich. Siehe Erläuterungen auf der Umschlaginnenseite (U2).
** Bei mehr als 3 Kinderfreibeträgen ist die „Ergänzungs-Tabelle 3,5 bis 6 Kinderfreibeträge" anzuwenden.

Abzüge an Lohnsteuer, Solidaritätszuschlag (SolZ) und Kirchensteuer (8%, 9%) in den Steuerklassen

I – VI: ohne Kinderfreibeträge — I, II, III, IV: mit Zahl der Kinderfreibeträge . . .

Lohn/ Gehalt bis €*	I – VI					I, II, III, IV		0,5			1			1,5			2			2,5			3**		
		LSt	SolZ	8%	9%		LSt	SolZ	8%	9%	SolZ	8%	9%	SolZ	8%	9%	SolZ	8%	9%	SolZ	8%	9%	SolZ	8%	9%
2 399,99	I,IV	304,41	16,74	24,35	27,39	I	304,41	12,27	17,85	20,08	8,06	11,72	13,19	—	5,98	6,72	—	1,32	1,48	—	—	—	—	—	—
	II	273,50	15,04	21,88	24,61	II	273,50	10,67	15,52	17,46	6,55	9,53	10,72	—	4,05	4,55	—	—	—	—	—	—	—	—	—
	III	93,33	—	7,46	8,39	III	93,33	—	3,12	3,51	—	—	—	—	—	—	—	—	—	—	—	—	—	—	—
	V	564,83	31,06	45,18	50,83	IV	304,41	14,47	21,05	23,68	12,27	17,85	20,08	10,13	14,74	16,58	8,06	11,72	13,19	5,80	8,80	9,90	—	5,98	6,72
	VI	599,16	32,95	47,93	53,92																				
2 402,99	I,IV	305,16	16,78	24,41	27,46	I	305,16	12,31	17,90	20,14	8,09	11,78	13,25	—	6,02	6,77	—	1,35	1,52	—	—	—	—	—	—
	II	274,25	15,08	21,94	24,68	II	274,25	10,70	15,57	17,51	6,59	9,58	10,78	—	4,09	4,60	—	0,01	0,01	—	—	—	—	—	—
	III	94,—	—	7,52	8,46	III	94,—	—	3,16	3,55	—	—	—	—	—	—	—	—	—	—	—	—	—	—	—
	V	565,83	31,12	45,26	50,92	IV	305,16	14,51	21,11	23,75	12,31	17,90	20,14	10,17	14,79	16,64	8,09	11,78	13,25	5,93	8,85	9,95	—	6,02	6,77
	VI	600,33	33,01	48,02	54,02																				
2 405,99	I,IV	305,91	16,82	24,47	27,53	I	305,91	12,35	17,96	20,21	8,13	11,82	13,30	—	6,07	6,83	—	1,38	1,55	—	—	—	—	—	—
	II	275,—	15,12	22,—	24,75	II	275,—	10,74	15,63	17,58	6,62	9,63	10,83	—	4,14	4,65	—	0,04	0,05	—	—	—	—	—	—
	III	94,50	—	7,56	8,50	III	94,50	—	3,18	3,58	—	—	—	—	—	—	—	—	—	—	—	—	—	—	—
	V	566,83	31,17	45,34	51,01	IV	305,91	14,55	21,17	23,81	12,35	17,96	20,21	10,20	14,84	16,70	8,13	11,82	13,30	6,05	8,90	10,01	—	6,07	6,83
	VI	601,33	33,07	48,10	54,11																				
2 408,99	I,IV	306,66	16,86	24,53	27,59	I	306,66	12,38	18,02	20,27	8,16	11,88	13,36	—	6,12	6,88	—	1,42	1,59	—	—	—	—	—	—
	II	275,75	15,16	22,06	24,81	II	275,75	10,78	15,68	17,64	6,65	9,68	10,89	—	4,18	4,70	—	0,07	0,08	—	—	—	—	—	—
	III	95,16	—	7,61	8,56	III	95,16	—	3,22	3,62	—	—	—	—	—	—	—	—	—	—	—	—	—	—	—
	V	567,83	31,23	45,42	51,10	IV	306,66	14,59	21,22	23,87	12,38	18,02	20,27	10,24	14,90	16,76	8,16	11,88	13,36	6,15	8,95	10,07	—	6,12	6,88
	VI	602,33	33,12	48,18	54,20																				
2 411,99	I,IV	307,41	16,90	24,59	27,66	I	307,41	12,42	18,07	20,33	8,20	11,93	13,42	—	6,17	6,94	—	1,45	1,63	—	—	—	—	—	—
	II	276,41	15,20	22,11	24,87	II	276,41	10,82	15,74	17,70	6,69	9,74	10,95	—	4,22	4,75	—	0,10	0,11	—	—	—	—	—	—
	III	95,66	—	7,65	8,60	III	95,66	—	3,26	3,67	—	—	—	—	—	—	—	—	—	—	—	—	—	—	—
	V	568,83	31,28	45,50	51,19	IV	307,41	14,63	21,28	23,94	12,42	18,07	20,33	10,28	14,96	16,83	8,20	11,93	13,42	6,19	9,—	10,13	—	6,17	6,94
	VI	603,50	33,19	48,28	54,31																				
2 414,99	I,IV	308,08	16,94	24,64	27,72	I	308,08	12,46	18,13	20,39	8,24	11,98	13,48	—	6,22	6,99	—	1,48	1,67	—	—	—	—	—	—
	II	277,16	15,24	22,17	24,94	II	277,16	10,85	15,79	17,76	6,72	9,78	11,—	—	4,26	4,79	—	0,13	0,14	—	—	—	—	—	—
	III	96,33	—	7,70	8,66	III	96,33	—	3,30	3,71	—	—	—	—	—	—	—	—	—	—	—	—	—	—	—
	V	569,83	31,34	45,58	51,28	IV	308,08	14,67	21,34	24,—	12,46	18,13	20,39	10,32	15,01	16,88	8,24	11,98	13,48	6,22	9,05	10,18	—	6,22	6,99
	VI	604,50	33,24	48,36	54,40																				
2 417,99	I,IV	308,83	16,98	24,70	27,79	I	308,83	12,50	18,18	20,45	8,27	12,04	13,54	—	6,26	7,04	—	1,52	1,71	—	—	—	—	—	—
	II	277,83	15,28	22,22	25,—	II	277,83	10,89	15,84	17,82	6,76	9,84	11,07	—	4,30	4,84	—	0,16	0,18	—	—	—	—	—	—
	III	96,83	—	7,74	8,71	III	96,83	—	3,34	3,76	—	—	—	—	—	—	—	—	—	—	—	—	—	—	—
	V	570,83	31,39	45,66	51,37	IV	308,83	14,71	21,40	24,07	12,50	18,18	20,45	10,35	15,06	16,94	8,27	12,04	13,54	6,26	9,10	10,24	—	6,26	7,04
	VI	605,50	33,30	48,44	54,49																				
2 420,99	I,IV	309,58	17,02	24,76	27,86	I	309,58	12,54	18,24	20,52	8,31	12,09	13,60	—	6,31	7,10	—	1,56	1,75	—	—	—	—	—	—
	II	278,58	15,32	22,28	25,07	II	278,58	10,93	15,90	17,88	6,80	9,89	11,12	—	4,35	4,89	—	0,19	0,21	—	—	—	—	—	—
	III	97,50	—	7,80	8,77	III	97,50	—	3,38	3,80	—	—	—	—	—	—	—	—	—	—	—	—	—	—	—
	V	571,83	31,45	45,74	51,46	IV	309,58	14,75	21,46	24,14	12,54	18,24	20,52	10,39	15,12	17,01	8,31	12,09	13,60	6,29	9,15	10,29	—	6,31	7,10
	VI	606,66	33,36	48,53	54,59																				
2 423,99	I,IV	310,33	17,06	24,82	27,92	I	310,33	12,58	18,30	20,58	8,35	12,14	13,66	—	6,36	7,16	—	1,59	1,79	—	—	—	—	—	—
	II	279,33	15,36	22,34	25,13	II	279,33	10,97	15,96	17,95	6,83	9,94	11,18	—	4,40	4,95	—	0,22	0,24	—	—	—	—	—	—
	III	98,—	—	7,84	8,82	III	98,—	—	3,42	3,85	—	—	—	—	—	—	—	—	—	—	—	—	—	—	—
	V	573,—	31,51	45,84	51,57	IV	310,33	14,79	21,51	24,20	12,58	18,30	20,58	10,43	15,17	17,06	8,35	12,14	13,66	6,32	9,20	10,35	—	6,36	7,16
	VI	607,66	33,42	48,61	54,68																				
2 426,99	I,IV	311,08	17,10	24,88	27,99	I	311,08	12,61	18,35	20,64	8,38	12,20	13,72	—	6,41	7,21	—	1,62	1,82	—	—	—	—	—	—
	II	280,08	15,40	22,40	25,20	II	280,08	11,—	16,01	18,01	6,87	9,99	11,24	—	4,44	4,99	—	0,25	0,28	—	—	—	—	—	—
	III	98,66	—	7,89	8,87	III	98,66	—	3,46	3,89	—	—	—	—	—	—	—	—	—	—	—	—	—	—	—
	V	574,—	31,57	45,92	51,66	IV	311,08	14,83	21,57	24,26	12,61	18,35	20,64	10,46	15,22	17,12	8,38	12,20	13,72	6,36	9,26	10,41	—	6,41	7,21
	VI	608,66	33,47	48,69	54,77																				
2 429,99	I,IV	311,83	17,15	24,94	28,06	I	311,83	12,65	18,41	20,71	8,41	12,24	13,77	—	6,46	7,27	—	1,66	1,87	—	—	—	—	—	—
	II	280,75	15,44	22,46	25,26	II	280,75	11,04	16,06	18,07	6,90	10,04	11,30	—	4,48	5,04	—	0,28	0,31	—	—	—	—	—	—
	III	99,16	—	7,93	8,92	III	99,16	—	3,50	3,94	—	—	—	—	—	—	—	—	—	—	—	—	—	—	—
	V	575,—	31,62	46,—	51,75	IV	311,83	14,87	21,63	24,33	12,65	18,41	20,71	10,50	15,28	17,19	8,41	12,24	13,77	6,39	9,30	10,46	—	6,46	7,27
	VI	609,66	33,53	48,77	54,86																				
2 432,99	I,IV	312,58	17,19	25,—	28,13	I	312,58	12,69	18,46	20,77	8,45	12,30	13,83	0,08	6,51	7,32	—	1,70	1,91	—	—	—	—	—	—
	II	281,50	15,48	22,52	25,33	II	281,50	11,08	16,12	18,13	6,94	10,10	11,36	—	4,53	5,09	—	0,31	0,35	—	—	—	—	—	—
	III	99,83	—	7,98	8,98	III	99,83	—	3,54	3,98	—	—	—	—	—	—	—	—	—	—	—	—	—	—	—
	V	576,—	31,68	46,08	51,84	IV	312,58	14,90	21,68	24,39	12,69	18,46	20,77	10,54	15,34	17,25	8,45	12,30	13,83	6,43	9,36	10,53	0,08	6,51	7,32
	VI	610,66	33,58	48,85	54,95																				
2 435,99	I,IV	313,33	17,23	25,06	28,19	I	313,33	12,73	18,52	20,83	8,49	12,35	13,89	0,20	6,56	7,38	—	1,73	1,94	—	—	—	—	—	—
	II	282,25	15,52	22,58	25,40	II	282,25	11,12	16,18	18,20	6,97	10,14	11,41	—	4,57	5,14	—	0,34	0,38	—	—	—	—	—	—
	III	100,50	—	8,04	9,04	III	100,50	—	3,58	4,03	—	—	—	—	—	—	—	—	—	—	—	—	—	—	—
	V	577,—	31,73	46,16	51,93	IV	313,33	14,95	21,74	24,46	12,73	18,52	20,83	10,58	15,39	17,31	8,49	12,35	13,89	6,47	9,41	10,58	0,20	6,56	7,38
	VI	611,83	33,65	48,94	55,06																				
2 438,99	I,IV	314,—	17,27	25,12	28,26	I	314,—	12,77	18,58	20,90	8,52	12,40	13,95	0,33	6,61	7,43	—	1,76	1,98	—	—	—	—	—	—
	II	282,91	15,56	22,63	25,46	II	282,91	11,16	16,23	18,26	7,01	10,20	11,47	—	4,62	5,19	—	0,37	0,41	—	—	—	—	—	—
	III	101,—	—	8,08	9,09	III	101,—	—	3,62	4,07	—	—	—	—	—	—	—	—	—	—	—	—	—	—	—
	V	578,—	31,79	46,24	52,02	IV	314,—	14,98	21,80	24,52	12,77	18,58	20,90	10,61	15,44	17,37	8,52	12,40	13,95	6,50	9,46	10,64	0,33	6,61	7,43
	VI	612,83	33,70	49,02	55,15																				
2 441,99	I,IV	314,75	17,31	25,18	28,32	I	314,75	12,81	18,63	20,96	8,56	12,46	14,01	0,45	6,66	7,49	—	1,80	2,03	—	—	—	—	—	—
	II	283,66	15,60	22,69	25,52	II	283,66	11,19	16,28	18,32	7,04	10,25	11,53	—	4,66	5,24	—	0,40	0,45	—	—	—	—	—	—
	III	101,66	—	8,13	9,14	III	101,66	—	3,66	4,12	—	—	—	—	—	—	—	—	—	—	—	—	—	—	—
	V	579,16	31,85	46,33	52,12	IV	314,75	15,02	21,86	24,59	12,81	18,63	20,96	10,65	15,50	17,43	8,56	12,46	14,01	6,54	9,51	10,70	0,45	6,66	7,49
	VI	613,83	33,76	49,10	55,24																				
2 444,99	I,IV	315,50	17,35	25,24	28,39	I	315,50	12,84	18,68	21,02	8,60	12,51	14,07	0,58	6,71	7,55	—	1,84	2,07	—	—	—	—	—	—
	II	284,41	15,64	22,75	25,59	II	284,41	11,23	16,34	18,38	7,08	10,30	11,58	—	4,70	5,29	—	0,43	0,48	—	—	—	—	—	—
	III	102,16	—	8,17	9,19	III	102,16	—	3,70	4,16	—	0,02	0,02	—	—	—	—	—	—	—	—	—	—	—	—
	V	580,16	31,90	46,41	52,21	IV	315,50	15,07	21,92	24,66	12,84	18,68	21,02	10,69	15,55	17,49	8,60	12,51	14,07	6,57	9,56	10,76	0,58	6,71	7,55
	VI	615,—	33,82	49,20	55,35																				
2 447,99	I,IV	316,25	17,39	25,30	28,46	I	316,25	12,88	18,74	21,08	8,63	12,56	14,13	0,70	6,76	7,60	—	1,88	2,11	—	—	—	—	—	—
	II	285,16	15,68	22,81	25,66	II	285,16	11,27	16,39	18,44	7,11	10,35	11,64	—	4,75	5,34	—	0,46	0,52	—	—	—	—	—	—
	III	102,83	—	8,22	9,25	III	102,83	—	3,74	4,21	—	0,05	0,05	—	—	—	—	—	—	—	—	—	—	—	—
	V	581,16	31,96	46,49	52,30	IV	316,25	15,11	21,98	24,72	12,88	18,74	21,08	10,72	15,60	17,55	8,63	12,56	14,13	6,60	9,61	10,81	0,70	6,76	7,60
	VI	616,—	33,88	49,28	55,44																				

* Die ausgewiesenen Tabellenwerte sind amtlich. Siehe Erläuterungen auf der Umschlaginnenseite (U2).
** Bei mehr als 3 Kinderfreibeträgen ist die „Ergänzungs-Tabelle 3,5 bis 6 Kinderfreibeträge" anzuwenden.

MONAT 2 448,–*

Lohn/ Gehalt bis €*		I – VI	ohne Kinderfreibeträge			I, II, III, IV	mit Zahl der Kinderfreibeträge . . .																	
							0,5			1			1,5			2			2,5			3**		
		LSt	SolZ	8%	9%		LSt	SolZ	8%	9%	SolZ	8%	9%	SolZ	8%	9%	SolZ	8%	9%	SolZ	8%	9%	SolZ	8%	9%
2 450,99	I,IV	317,—	17,43	25,36	28,53	I	317,—	12,92	18,80	21,15	8,67	12,62	14,19	0,81	6,80	7,65	—	1,91	2,15	—	—	—	—	—	—
	II	285,83	15,72	22,86	25,72	II	285,83	11,31	16,45	18,50	7,15	10,40	11,70	—	4,80	5,40	—	0,49	0,55	—	—	—	—	—	—
	III	103,33	—	8,26	9,29	III	103,33	—	3,78	4,25	—	0,09	0,10	—	—	—	—	—	—	—	—	—	—	—	—
	V	582,16	32,01	46,57	52,39	IV	317,—	15,14	22,03	24,78	12,92	18,80	21,15	10,77	15,66	17,62	8,67	12,62	14,19	6,64	9,66	10,87	0,81	6,80	7,65
	VI	617,—	33,93	49,36	55,53																				
2 453,99	I,IV	317,75	17,47	25,42	28,59	I	317,75	12,96	18,86	21,21	8,71	12,67	14,25	0,95	6,86	7,71	—	1,95	2,19	—	—	—	—	—	—
	II	286,58	15,76	22,92	25,79	II	286,58	11,34	16,50	18,56	7,19	10,46	11,76	—	4,84	5,44	—	0,52	0,59	—	—	—	—	—	—
	III	104,—	—	8,32	9,36	III	104,—	—	3,82	4,30	—	0,12	0,13	—	—	—	—	—	—	—	—	—	—	—	—
	V	583,33	32,08	46,66	52,49	IV	317,75	15,18	22,09	24,85	12,96	18,86	21,21	10,80	15,72	17,68	8,71	12,67	14,25	6,68	9,72	10,93	0,95	6,86	7,71
	VI	618,—	33,99	49,44	55,62																				
2 456,99	I,IV	318,50	17,51	25,48	28,66	I	318,50	13,—	18,91	21,27	8,74	12,72	14,31	1,06	6,90	7,76	—	1,98	2,23	—	—	—	—	—	—
	II	287,33	15,80	22,98	25,85	II	287,33	11,38	16,56	18,63	7,22	10,51	11,82	—	4,88	5,49	—	0,56	0,63	—	—	—	—	—	—
	III	104,50	—	8,36	9,40	III	104,50	—	3,86	4,34	—	0,14	0,16	—	—	—	—	—	—	—	—	—	—	—	—
	V	584,33	32,13	46,74	52,58	IV	318,50	15,23	22,15	24,92	13,—	18,91	21,27	10,84	15,77	17,74	8,74	12,72	14,31	6,71	9,77	10,99	1,06	6,90	7,76
	VI	619,16	34,05	49,53	55,72																				
2 459,99	I,IV	319,25	17,55	25,54	28,73	I	319,25	13,04	18,97	21,34	8,78	12,78	14,37	1,20	6,96	7,83	—	2,02	2,27	—	—	—	—	—	—
	II	288,08	15,84	23,04	25,92	II	288,08	11,42	16,61	18,68	7,26	10,56	11,88	—	4,93	5,54	—	0,58	0,65	—	—	—	—	—	—
	III	105,16	—	8,41	9,46	III	105,16	—	3,90	4,39	—	0,18	0,20	—	—	—	—	—	—	—	—	—	—	—	—
	V	585,16	32,18	46,81	52,66	IV	319,25	15,26	22,20	24,98	13,04	18,97	21,34	10,88	15,82	17,80	8,78	12,78	14,37	6,75	9,82	11,04	1,20	6,96	7,83
	VI	620,16	34,10	49,61	55,81																				
2 462,99	I,IV	320,—	17,60	25,60	28,80	I	320,—	13,08	19,02	21,40	8,82	12,83	14,43	1,31	7,—	7,88	—	2,06	2,31	—	—	—	—	—	—
	II	288,75	15,88	23,10	25,98	II	288,75	11,46	16,67	18,75	7,29	10,61	11,93	—	4,98	5,60	—	0,62	0,69	—	—	—	—	—	—
	III	105,83	—	8,46	9,52	III	105,83	—	3,94	4,43	—	0,21	0,23	—	—	—	—	—	—	—	—	—	—	—	—
	V	586,16	32,23	46,89	52,75	IV	320,—	15,30	22,26	25,04	13,08	19,02	21,40	10,91	15,88	17,86	8,82	12,83	14,43	6,78	9,87	11,10	1,31	7,—	7,88
	VI	621,33	34,17	49,70	55,91																				
2 465,99	I,IV	320,75	17,64	25,66	28,86	I	320,75	13,11	19,08	21,46	8,85	12,88	14,49	1,45	7,06	7,94	—	2,09	2,35	—	—	—	—	—	—
	II	289,50	15,92	23,16	26,05	II	289,50	11,49	16,72	18,81	7,33	10,66	11,99	—	5,02	5,64	—	0,65	0,73	—	—	—	—	—	—
	III	106,33	—	8,50	9,56	III	106,33	—	3,98	4,48	—	0,25	0,28	—	—	—	—	—	—	—	—	—	—	—	—
	V	587,33	32,30	46,98	52,85	IV	320,75	15,34	22,32	25,11	13,11	19,08	21,46	10,95	15,93	17,92	8,85	12,88	14,49	6,82	9,92	11,16	1,45	7,06	7,94
	VI	622,33	34,22	49,78	56,—																				
2 468,99	I,IV	321,50	17,68	25,72	28,93	I	321,50	13,15	19,14	21,53	8,89	12,93	14,54	1,56	7,10	7,99	—	2,13	2,39	—	—	—	—	—	—
	II	290,25	15,96	23,22	26,12	II	290,25	11,53	16,78	18,87	7,36	10,71	12,05	—	5,06	5,69	—	0,68	0,76	—	—	—	—	—	—
	III	107,—	—	8,56	9,63	III	107,—	—	4,02	4,52	—	0,28	0,31	—	—	—	—	—	—	—	—	—	—	—	—
	V	588,33	32,35	47,06	52,94	IV	321,50	15,38	22,38	25,17	13,15	19,14	21,53	10,99	15,99	17,99	8,89	12,93	14,54	6,85	9,97	11,21	1,56	7,10	7,99
	VI	623,50	34,29	49,88	56,11																				
2 471,99	I,IV	322,25	17,72	25,78	29,—	I	322,25	13,19	19,19	21,59	8,92	12,98	14,60	1,70	7,16	8,05	—	2,16	2,43	—	—	—	—	—	—
	II	291,—	16,—	23,28	26,19	II	291,—	11,57	16,83	18,93	7,40	10,76	12,11	—	5,11	5,75	—	0,71	0,80	—	—	—	—	—	—
	III	107,50	—	8,60	9,67	III	107,50	—	4,06	4,57	—	0,32	0,36	—	—	—	—	—	—	—	—	—	—	—	—
	V	589,33	32,41	47,14	53,03	IV	322,25	15,42	22,44	25,24	13,19	19,19	21,59	11,03	16,04	18,05	8,92	12,98	14,60	6,89	10,02	11,27	1,70	7,16	8,05
	VI	624,50	34,34	49,96	56,20																				
2 474,99	I,IV	323,—	17,76	25,84	29,07	I	323,—	13,23	19,25	21,65	8,96	13,04	14,67	1,81	7,20	8,10	—	2,20	2,48	—	—	—	—	—	—
	II	291,66	16,04	23,33	26,24	II	291,66	11,61	16,89	19,—	7,43	10,82	12,17	—	5,16	5,80	—	0,74	0,83	—	—	—	—	—	—
	III	108,16	—	8,65	9,73	III	108,16	—	4,10	4,61	—	0,34	0,38	—	—	—	—	—	—	—	—	—	—	—	—
	V	590,33	32,46	47,22	53,12	IV	323,—	15,46	22,50	25,31	13,23	19,25	21,65	11,06	16,10	18,11	8,96	13,04	14,67	6,93	10,08	11,34	1,81	7,20	8,10
	VI	625,50	34,40	50,04	56,29																				
2 477,99	I,IV	323,75	17,80	25,90	29,13	I	323,75	13,27	19,30	21,71	9,—	13,09	14,72	1,95	7,26	8,16	—	2,24	2,52	—	—	—	—	—	—
	II	292,41	16,08	23,39	26,31	II	292,41	11,65	16,94	19,06	7,47	10,87	12,23	—	5,20	5,85	—	0,78	0,87	—	—	—	—	—	—
	III	108,83	—	8,70	9,79	III	108,83	—	4,14	4,66	—	0,37	0,41	—	—	—	—	—	—	—	—	—	—	—	—
	V	591,50	32,53	47,32	53,23	IV	323,75	15,50	22,55	25,37	13,27	19,30	21,71	11,10	16,15	18,17	9,—	13,09	14,72	6,96	10,12	11,39	1,95	7,26	8,16
	VI	626,50	34,45	50,12	56,38																				
2 480,99	I,IV	324,50	17,84	25,96	29,20	I	324,50	13,31	19,36	21,78	9,03	13,14	14,78	2,06	7,30	8,21	—	2,28	2,56	—	—	—	—	—	—
	II	293,16	16,12	23,45	26,38	II	293,16	11,68	17,—	19,12	7,51	10,92	12,29	—	5,25	5,90	—	0,80	0,90	—	—	—	—	—	—
	III	109,33	—	8,74	9,83	III	109,33	—	4,18	4,70	—	0,41	0,46	—	—	—	—	—	—	—	—	—	—	—	—
	V	592,50	32,58	47,40	53,32	IV	324,50	15,54	22,61	25,43	13,31	19,36	21,78	11,14	16,21	18,23	9,03	13,14	14,78	6,99	10,18	11,45	2,06	7,30	8,21
	VI	627,66	34,52	50,21	56,48																				
2 483,99	I,IV	325,25	17,88	26,02	29,27	I	325,25	13,35	19,42	21,84	9,07	13,20	14,85	2,20	7,36	8,28	—	2,32	2,61	—	—	—	—	—	—
	II	293,91	16,16	23,51	26,45	II	293,91	11,72	17,06	19,19	7,54	10,97	12,34	—	5,30	5,96	—	0,84	0,94	—	—	—	—	—	—
	III	110,—	—	8,80	9,90	III	110,—	—	4,22	4,75	—	0,44	0,49	—	—	—	—	—	—	—	—	—	—	—	—
	V	593,50	32,64	47,48	53,41	IV	325,25	15,58	22,67	25,50	13,35	19,42	21,84	11,18	16,26	18,29	9,07	13,20	14,85	7,03	10,23	11,51	2,20	7,36	8,28
	VI	628,66	34,57	50,29	56,57																				
2 486,99	I,IV	326,—	17,93	26,08	29,34	I	326,—	13,39	19,48	21,91	9,11	13,25	14,90	2,31	7,40	8,33	—	2,36	2,65	—	—	—	—	—	—
	II	294,66	16,20	23,57	26,51	II	294,66	11,76	17,11	19,25	7,58	11,02	12,40	—	5,34	6,01	—	0,87	0,98	—	—	—	—	—	—
	III	110,50	—	8,84	9,94	III	110,50	—	4,26	4,79	—	0,48	0,54	—	—	—	—	—	—	—	—	—	—	—	—
	V	594,66	32,70	47,57	53,51	IV	326,—	15,62	22,73	25,57	13,39	19,48	21,91	11,22	16,32	18,36	9,11	13,25	14,90	7,07	10,28	11,57	2,31	7,40	8,33
	VI	629,83	34,64	50,38	56,68																				
2 489,99	I,IV	326,66	17,96	26,13	29,39	I	326,66	13,42	19,53	21,97	9,14	13,30	14,96	2,43	7,45	8,38	—	2,39	2,69	—	—	—	—	—	—
	II	295,33	16,24	23,62	26,57	II	295,33	11,80	17,16	19,31	7,61	11,08	12,46	—	5,39	6,06	—	0,90	1,01	—	—	—	—	—	—
	III	111,16	—	8,89	10,—	III	111,16	—	4,30	4,84	—	0,50	0,56	—	—	—	—	—	—	—	—	—	—	—	—
	V	595,50	32,75	47,64	53,59	IV	326,66	15,66	22,78	25,63	13,42	19,53	21,97	11,25	16,37	18,41	9,14	13,30	14,96	7,10	10,33	11,62	2,43	7,45	8,38
	VI	630,83	34,69	50,46	56,77																				
2 492,99	I,IV	327,41	18,—	26,19	29,46	I	327,41	13,47	19,59	22,04	9,18	13,36	15,03	2,56	7,50	8,44	—	2,43	2,73	—	—	—	—	—	—
	II	296,08	16,28	23,68	26,64	II	296,08	11,83	17,22	19,37	7,65	11,13	12,52	—	5,44	6,12	—	0,94	1,05	—	—	—	—	—	—
	III	111,83	—	8,94	10,06	III	111,83	—	4,34	4,88	—	0,54	0,61	—	—	—	—	—	—	—	—	—	—	—	—
	V	596,66	32,81	47,73	53,69	IV	327,41	15,70	22,84	25,70	13,47	19,59	22,04	11,29	16,42	18,47	9,18	13,36	15,03	7,14	10,38	11,68	2,56	7,50	8,44
	VI	631,83	34,75	50,54	56,86																				
2 495,99	I,IV	328,16	18,04	26,25	29,53	I	328,16	13,50	19,64	22,10	9,22	13,41	15,08	2,68	7,55	8,49	—	2,46	2,77	—	—	—	—	—	—
	II	296,83	16,32	23,74	26,71	II	296,83	11,88	17,28	19,44	7,69	11,18	12,58	—	5,48	6,17	—	0,97	1,09	—	—	—	—	—	—
	III	112,33	—	8,98	10,10	III	112,33	—	4,38	4,93	—	0,57	0,64	—	—	—	—	—	—	—	—	—	—	—	—
	V	597,66	32,87	47,81	53,78	IV	328,16	15,74	22,90	25,76	13,50	19,64	22,10	11,33	16,48	18,54	9,22	13,41	15,08	7,17	10,44	11,74	2,68	7,55	8,49
	VI	632,83	34,80	50,62	56,95																				
2 498,99	I,IV	328,91	18,09	26,31	29,60	I	328,91	13,54	19,70	22,16	9,25	13,46	15,14	2,81	7,60	8,55	—	2,50	2,81	—	—	—	—	—	—
	II	297,58	16,36	23,80	26,78	II	297,58	11,91	17,33	19,49	7,72	11,23	12,63	—	5,53	6,22	—	1,—	1,13	—	—	—	—	—	—
	III	113,—	—	9,04	10,17	III	113,—	—	4,42	4,97	—	0,61	0,68	—	—	—	—	—	—	—	—	—	—	—	—
	V	598,83	32,93	47,90	53,89	IV	328,91	15,78	22,96	25,83	13,54	19,70	22,16	11,37	16,54	18,60	9,25	13,46	15,14	7,21	10,49	11,80	2,81	7,60	8,55
	VI	634,—	34,87	50,72	57,06																				

Abzüge an Lohnsteuer, Solidaritätszuschlag (SolZ) und Kirchensteuer (8%, 9%) in den Steuerklassen

* Die ausgewiesenen Tabellenwerte sind amtlich. Siehe Erläuterungen auf der Umschlaginnenseite (U2).
** Bei mehr als 3 Kinderfreibeträgen ist die „Ergänzungs-Tabelle 3,5 bis 6 Kinderfreibeträge" anzuwenden.

Lohn/Gehalt bis €*	Abzüge an Lohnsteuer, Solidaritätszuschlag (SolZ) und Kirchensteuer (8%, 9%) in den Steuerklassen I – VI					I, II, III, IV		mit Zahl der Kinderfreibeträge . . . 0,5			1			1,5			2			2,5			3**		
		LSt	ohne Kinderfreibeträge SolZ	8%	9%		LSt	SolZ	8%	9%	SolZ	8%	9%	SolZ	8%	9%	SolZ	8%	9%	SolZ	8%	9%	SolZ	8%	9%
2 501,99	I,IV	329,66	18,13	26,37	29,66	I	329,66	13,58	19,76	22,23	9,29	13,52	15,21	2,93	7,65	8,60	—	2,54	2,86	—	—	—	—	—	—
	II	298,25	16,40	23,86	26,84	II	298,25	11,95	17,38	19,55	7,75	11,28	12,69	—	5,58	6,27	—	1,04	1,17	—	—	—	—	—	—
	III	113,66	—	9,09	10,22	III	113,66	—	4,46	5,02	—	0,64	0,72	—	—	—	—	—	—	—	—	—	—	—	—
	V	599,83	32,99	47,98	53,98	IV	329,66	15,82	23,02	25,89	13,58	19,76	22,23	11,40	16,59	18,66	9,29	13,52	15,21	7,24	10,54	11,85	2,93	7,65	8,60
	VI	635,—	34,92	50,80	57,15																				
2 504,99	I,IV	330,41	18,17	26,43	29,73	I	330,41	13,62	19,82	22,29	9,33	13,57	15,26	3,06	7,70	8,66	—	2,58	2,90	—	—	—	—	—	—
	II	299,—	16,44	23,92	26,91	II	299,—	11,99	17,44	19,62	7,79	11,34	12,75	—	5,62	6,32	—	1,07	1,20	—	—	—	—	—	—
	III	114,33	—	9,14	10,28	III	114,33	—	4,50	5,06	—	0,68	0,76	—	—	—	—	—	—	—	—	—	—	—	—
	V	600,66	33,03	48,05	54,05	IV	330,41	15,86	23,08	25,96	13,62	19,82	22,29	11,44	16,64	18,72	9,33	13,57	15,26	7,28	10,59	11,91	3,06	7,70	8,66
	VI	636,16	34,98	50,89	57,25																				
2 507,99	I,IV	331,16	18,21	26,49	29,80	I	331,16	13,66	19,87	22,35	9,36	13,62	15,32	3,18	7,75	8,72	—	2,62	2,95	—	—	—	—	—	—
	II	299,75	16,48	23,98	26,97	II	299,75	12,03	17,50	19,68	7,83	11,39	12,81	—	5,67	6,38	—	1,10	1,24	—	—	—	—	—	—
	III	114,83	—	9,18	10,33	III	114,83	—	4,54	5,11	—	0,70	0,79	—	—	—	—	—	—	—	—	—	—	—	—
	V	601,83	33,10	48,14	54,16	IV	331,16	15,90	23,14	26,03	13,66	19,87	22,35	11,48	16,70	18,79	9,36	13,62	15,32	7,31	10,64	11,97	3,18	7,75	8,72
	VI	637,33	35,05	50,98	57,35																				
2 510,99	I,IV	331,91	18,25	26,55	29,87	I	331,91	13,70	19,93	22,42	9,40	13,68	15,39	3,31	7,80	8,78	—	2,66	2,99	—	—	—	—	—	—
	II	300,50	16,52	24,04	27,04	II	300,50	12,06	17,55	19,74	7,86	11,44	12,87	—	5,72	6,43	—	1,14	1,28	—	—	—	—	—	—
	III	115,50	—	9,24	10,39	III	115,50	—	4,58	5,15	—	0,74	0,83	—	—	—	—	—	—	—	—	—	—	—	—
	V	602,83	33,15	48,22	54,25	IV	331,91	15,95	23,20	26,10	13,70	19,93	22,42	11,52	16,76	18,85	9,40	13,68	15,39	7,35	10,70	12,03	3,31	7,80	8,78
	VI	638,16	35,09	51,05	57,43																				
2 513,99	I,IV	332,66	18,29	26,61	29,93	I	332,66	13,74	19,98	22,48	9,44	13,73	15,44	3,45	7,86	8,84	—	2,70	3,03	—	—	—	—	—	—
	II	301,25	16,56	24,10	27,11	II	301,25	12,10	17,61	19,81	7,90	11,50	12,93	—	5,76	6,48	—	1,17	1,31	—	—	—	—	—	—
	III	116,16	—	9,29	10,45	III	116,16	—	4,64	5,22	—	0,77	0,86	—	—	—	—	—	—	—	—	—	—	—	—
	V	603,83	33,21	48,30	54,34	IV	332,66	15,98	23,25	26,15	13,74	19,98	22,48	11,55	16,81	18,91	9,44	13,73	15,44	7,38	10,74	12,08	3,45	7,86	8,84
	VI	639,33	35,16	51,14	57,53																				
2 516,99	I,IV	333,41	18,33	26,67	30,—	I	333,41	13,78	20,04	22,55	9,47	13,78	15,50	3,56	7,90	8,89	—	2,74	3,08	—	—	—	—	—	—
	II	301,91	16,60	24,15	27,17	II	301,91	12,14	17,66	19,87	7,93	11,54	12,98	—	5,81	6,53	—	1,20	1,35	—	—	—	—	—	—
	III	116,66	—	9,33	10,49	III	116,66	—	4,68	5,26	—	0,81	0,91	—	—	—	—	—	—	—	—	—	—	—	—
	V	604,83	33,26	48,38	54,43	IV	333,41	16,02	23,31	26,22	13,78	20,04	22,55	11,59	16,86	18,97	9,47	13,78	15,50	7,42	10,80	12,15	3,56	7,90	8,89
	VI	640,33	35,21	51,22	57,62																				
2 519,99	I,IV	334,16	18,37	26,73	30,07	I	334,16	13,81	20,10	22,61	9,51	13,84	15,57	3,68	7,95	8,94	—	2,78	3,12	—	—	—	—	—	—
	II	302,66	16,64	24,21	27,23	II	302,66	12,18	17,72	19,93	7,97	11,60	13,05	—	5,86	6,59	—	1,24	1,39	—	—	—	—	—	—
	III	117,33	—	9,38	10,55	III	117,33	—	4,72	5,31	—	0,84	0,94	—	—	—	—	—	—	—	—	—	—	—	—
	V	606,—	33,33	48,48	54,54	IV	334,16	16,06	23,37	26,29	13,81	20,10	22,61	11,63	16,92	19,04	9,51	13,84	15,57	7,46	10,85	12,20	3,68	7,95	8,94
	VI	641,50	35,28	51,32	57,73																				
2 522,99	I,IV	334,91	18,42	26,79	30,14	I	334,91	13,86	20,16	22,68	9,55	13,89	15,62	3,81	8,—	9,—	—	2,82	3,17	—	—	—	—	—	—
	II	303,41	16,68	24,27	27,30	II	303,41	12,21	17,77	19,99	8,01	11,65	13,10	—	5,91	6,65	—	1,27	1,43	—	—	—	—	—	—
	III	118,—	—	9,44	10,62	III	118,—	—	4,76	5,35	—	0,88	0,99	—	—	—	—	—	—	—	—	—	—	—	—
	V	607,—	33,38	48,56	54,63	IV	334,91	16,11	23,43	26,36	13,86	20,16	22,68	11,67	16,98	19,10	9,55	13,89	15,62	7,49	10,90	12,26	3,81	8,—	9,—
	VI	642,50	35,33	51,40	57,82																				
2 525,99	I,IV	335,66	18,46	26,85	30,20	I	335,66	13,89	20,21	22,73	9,58	13,94	15,68	3,95	8,06	9,06	—	2,85	3,20	—	—	—	—	—	—
	II	304,16	16,72	24,33	27,37	II	304,16	12,26	17,83	20,06	8,04	11,70	13,16	—	5,96	6,70	—	1,30	1,46	—	—	—	—	—	—
	III	118,50	—	9,48	10,66	III	118,50	—	4,80	5,40	—	0,90	1,01	—	—	—	—	—	—	—	—	—	—	—	—
	V	608,16	33,44	48,65	54,73	IV	335,66	16,14	23,48	26,42	13,89	20,21	22,73	11,71	17,03	19,16	9,58	13,94	15,68	7,53	10,95	12,32	3,95	8,06	9,06
	VI	643,50	35,39	51,48	57,91																				
2 528,99	I,IV	336,41	18,50	26,91	30,27	I	336,41	13,93	20,27	22,80	9,62	14,—	15,75	4,06	8,10	9,11	—	2,89	3,25	—	—	—	—	—	—
	II	304,91	16,77	24,39	27,44	II	304,91	12,29	17,88	20,12	8,08	11,76	13,23	—	6,—	6,75	—	1,34	1,50	—	—	—	—	—	—
	III	119,16	—	9,53	10,72	III	119,16	—	4,84	5,44	—	0,94	1,06	—	—	—	—	—	—	—	—	—	—	—	—
	V	609,16	33,50	48,73	54,82	IV	336,41	16,18	23,54	26,48	13,93	20,27	22,80	11,75	17,09	19,22	9,62	14,—	15,75	7,56	11,—	12,38	4,06	8,10	9,11
	VI	644,66	35,45	51,57	58,01																				
2 531,99	I,IV	337,25	18,54	26,98	30,35	I	337,25	13,97	20,32	22,86	9,66	14,05	15,80	4,20	8,16	9,18	—	2,93	3,29	—	—	—	—	—	—
	II	305,66	16,81	24,45	27,50	II	305,66	12,33	17,94	20,18	8,12	11,81	13,28	—	6,05	6,80	—	1,37	1,54	—	—	—	—	—	—
	III	119,83	—	9,58	10,78	III	119,83	—	4,88	5,49	—	0,98	1,10	—	—	—	—	—	—	—	—	—	—	—	—
	V	610,33	33,56	48,82	54,92	IV	337,25	16,22	23,60	26,55	13,97	20,32	22,86	11,78	17,14	19,28	9,66	14,05	15,80	7,60	11,06	12,44	4,20	8,16	9,18
	VI	645,66	35,51	51,65	58,10																				
2 534,99	I,IV	338,—	18,59	27,04	30,42	I	338,—	14,01	20,38	22,93	9,70	14,11	15,87	4,31	8,20	9,23	—	2,97	3,34	—	—	—	—	—	—
	II	306,41	16,85	24,51	27,57	II	306,41	12,37	18,—	20,25	8,15	11,86	13,34	—	6,10	6,86	—	1,40	1,58	—	—	—	—	—	—
	III	120,33	—	9,62	10,82	III	120,33	—	4,92	5,53	—	1,01	1,13	—	—	—	—	—	—	—	—	—	—	—	—
	V	611,16	33,61	48,89	55,—	IV	338,—	16,27	23,66	26,62	14,01	20,38	22,93	11,82	17,20	19,35	9,70	14,11	15,87	7,64	11,11	12,50	4,31	8,20	9,23
	VI	646,83	35,57	51,74	58,21																				
2 537,99	I,IV	338,75	18,63	27,10	30,48	I	338,75	14,05	20,44	23,—	9,73	14,16	15,93	4,45	8,26	9,29	—	3,01	3,38	—	—	—	—	—	—
	II	307,16	16,89	24,57	27,64	II	307,16	12,41	18,05	20,30	8,19	11,91	13,40	—	6,15	6,92	—	1,44	1,62	—	—	—	—	—	—
	III	121,—	—	9,68	10,89	III	121,—	—	4,97	5,59	—	1,05	1,18	—	—	—	—	—	—	—	—	—	—	—	—
	V	612,33	33,67	48,98	55,10	IV	338,75	16,31	23,72	26,69	14,05	20,44	23,—	11,86	17,26	19,41	9,73	14,16	15,93	7,67	11,16	12,56	4,45	8,26	9,29
	VI	648,—	35,64	51,84	58,32																				
2 540,99	I,IV	339,41	18,66	27,15	30,54	I	339,41	14,09	20,50	23,06	9,77	14,21	15,98	4,56	8,30	9,34	—	3,05	3,43	—	—	—	—	—	—
	II	307,83	16,93	24,62	27,70	II	307,83	12,45	18,11	20,37	8,22	11,96	13,46	—	6,20	6,97	—	1,47	1,65	—	—	—	—	—	—
	III	121,66	—	9,73	10,94	III	121,66	—	5,01	5,63	—	1,08	1,21	—	—	—	—	—	—	—	—	—	—	—	—
	V	613,33	33,73	49,06	55,19	IV	339,41	16,34	23,78	26,75	14,09	20,50	23,06	11,90	17,31	19,47	9,77	14,21	15,98	7,70	11,21	12,61	4,56	8,30	9,34
	VI	649,—	35,69	51,92	58,41																				
2 543,99	I,IV	340,25	18,71	27,22	30,62	I	340,25	14,13	20,55	23,12	9,81	14,27	16,05	4,70	8,36	9,40	—	3,09	3,47	—	—	—	—	—	—
	II	308,58	16,97	24,68	27,77	II	308,58	12,48	18,16	20,43	8,26	12,02	13,52	—	6,24	7,02	—	1,51	1,70	—	—	—	—	—	—
	III	122,33	—	9,78	11,—	III	122,33	—	5,05	5,68	—	1,12	1,26	—	—	—	—	—	—	—	—	—	—	—	—
	V	614,33	33,78	49,14	55,28	IV	340,25	16,39	23,84	26,82	14,13	20,55	23,12	11,93	17,36	19,53	9,81	14,27	16,05	7,74	11,26	12,67	4,70	8,36	9,40
	VI	650,—	35,75	52,—	58,50																				
2 546,99	I,IV	341,—	18,75	27,28	30,69	I	341,—	14,17	20,61	23,18	9,84	14,32	16,11	4,81	8,40	9,45	—	3,13	3,52	—	—	—	—	—	—
	II	309,33	17,01	24,74	27,83	II	309,33	12,52	18,22	20,49	8,30	12,07	13,58	—	6,30	7,08	—	1,54	1,73	—	—	—	—	—	—
	III	122,83	—	9,82	11,05	III	122,83	—	5,09	5,72	—	1,14	1,28	—	—	—	—	—	—	—	—	—	—	—	—
	V	615,50	33,85	49,24	55,39	IV	341,—	16,43	23,90	26,88	14,17	20,61	23,18	11,97	17,42	19,59	9,84	14,32	16,11	7,78	11,32	12,73	4,81	8,40	9,45
	VI	651,—	35,80	52,08	58,59																				
2 549,99	I,IV	341,75	18,79	27,34	30,75	I	341,75	14,21	20,67	23,25	9,88	14,38	16,17	4,95	8,46	9,51	—	3,17	3,56	—	—	—	—	—	—
	II	310,08	17,05	24,80	27,90	II	310,08	12,56	18,28	20,56	8,33	12,12	13,64	—	6,34	7,13	—	1,58	1,77	—	—	—	—	—	—
	III	123,50	—	9,88	11,11	III	123,50	—	5,13	5,77	—	1,18	1,33	—	—	—	—	—	—	—	—	—	—	—	—
	V	616,50	33,90	49,32	55,48	IV	341,75	16,47	23,96	26,95	14,21	20,67	23,25	12,01	17,48	19,66	9,88	14,38	16,17	7,81	11,37	12,79	4,95	8,46	9,51
	VI	652,16	35,86	52,17	58,69																				

* Die ausgewiesenen Tabellenwerte sind amtlich. Siehe Erläuterungen auf der Umschlaginnenseite (U2).
** Bei mehr als 3 Kinderfreibeträgen ist die „Ergänzungs-Tabelle 3,5 bis 6 Kinderfreibeträge" anzuwenden.

Lohn/ Gehalt bis €*	Abzüge an Lohnsteuer, Solidaritätszuschlag (SolZ) und Kirchensteuer (8%, 9%) in den Steuerklassen I – VI					I, II, III, IV mit Zahl der Kinderfreibeträge . . .																			
			ohne Kinderfreibeträge					0,5			1			1,5			2			2,5			3**	
		LSt	SolZ	8%	9%		LSt	SolZ	8%	9%	SolZ	8%	9%	SolZ	8%	9%	SolZ	8%	9%	SolZ	8%	9%	SolZ	8%	9%
2 552,99	I,IV	342,50	18,83	27,40	30,82	I	342,50	14,24	20,72	23,31	9,92	14,43	16,23	5,08	8,51	9,57	—	3,21	3,61	—	—	—	—	—	—
	II	310,83	17,09	24,86	27,97	II	310,83	12,60	18,33	20,62	8,37	12,18	13,70	—	6,40	7,20	—	1,61	1,81	—	—	—	—	—	—
	III	124,16	—	9,93	11,17	III	124,16	—	5,17	5,81	—	1,22	1,37	—	—	—	—	—	—	—	—	—	—	—	—
	V	617,66	33,97	49,41	55,58	IV	342,50	16,51	24,02	27,02	14,24	20,72	23,31	12,05	17,53	19,72	9,92	14,43	16,23	7,85	11,42	12,85	5,08	8,51	9,57
	VI	653,33	35,93	52,26	58,79																				
2 555,99	I,IV	343,25	18,87	27,46	30,89	I	343,25	14,29	20,78	23,38	9,95	14,48	16,29	5,20	8,56	9,63	—	3,25	3,65	—	—	—	—	—	—
	II	311,58	17,13	24,92	28,04	II	311,58	12,64	18,39	20,69	8,41	12,23	13,76	—	6,44	7,25	—	1,65	1,85	—	—	—	—	—	—
	III	124,83	—	9,98	11,23	III	124,83	—	5,21	5,86	—	1,25	1,40	—	—	—	—	—	—	—	—	—	—	—	—
	V	618,66	34,02	49,49	55,67	IV	343,25	16,55	24,07	27,08	14,29	20,78	23,38	12,09	17,58	19,78	9,95	14,48	16,29	7,89	11,48	12,91	5,20	8,56	9,63
	VI	654,33	35,98	52,34	58,88																				
2 558,99	I,IV	344,—	18,92	27,52	30,96	I	344,—	14,32	20,84	23,44	9,99	14,54	16,35	5,33	8,61	9,68	—	3,29	3,70	—	—	—	—	—	—
	II	312,33	17,17	24,98	28,10	II	312,33	12,68	18,44	20,75	8,44	12,28	13,82	0,03	6,49	7,30	—	1,68	1,89	—	—	—	—	—	—
	III	125,33	—	10,02	11,27	III	125,33	—	5,26	5,92	—	1,29	1,45	—	—	—	—	—	—	—	—	—	—	—	—
	V	619,66	34,08	49,57	55,76	IV	344,—	16,59	24,13	27,14	14,32	20,84	23,44	12,13	17,64	19,85	9,99	14,54	16,35	7,92	11,52	12,96	5,33	8,61	9,68
	VI	655,33	36,04	52,42	58,97																				
2 561,99	I,IV	344,75	18,96	27,58	31,02	I	344,75	14,36	20,90	23,51	10,03	14,59	16,41	5,45	8,66	9,74	—	3,33	3,74	—	—	—	—	—	—
	II	313,08	17,21	25,04	28,17	II	313,08	12,71	18,50	20,81	8,48	12,34	13,88	0,16	6,54	7,36	—	1,72	1,93	—	—	—	—	—	—
	III	126,—	—	10,08	11,34	III	126,—	—	5,30	5,96	—	1,33	1,49	—	—	—	—	—	—	—	—	—	—	—	—
	V	620,66	34,13	49,65	55,85	IV	344,75	16,63	24,19	27,21	14,36	20,90	23,51	12,16	17,70	19,91	10,03	14,59	16,41	7,96	11,58	13,02	5,45	8,66	9,74
	VI	656,50	36,10	52,52	59,08																				
2 564,99	I,IV	345,50	19,—	27,64	31,09	I	345,50	14,41	20,96	23,58	10,06	14,64	16,47	5,58	8,71	9,80	—	3,38	3,80	—	—	—	—	—	—
	II	313,75	17,25	25,10	28,23	II	313,75	12,76	18,56	20,88	8,51	12,38	13,93	0,28	6,59	7,41	—	1,76	1,98	—	—	—	—	—	—
	III	126,66	—	10,13	11,39	III	126,66	—	5,34	6,01	—	1,36	1,53	—	—	—	—	—	—	—	—	—	—	—	—
	V	621,83	34,20	49,74	55,96	IV	345,50	16,67	24,25	27,28	14,41	20,96	23,58	12,20	17,75	19,97	10,06	14,64	16,47	7,99	11,63	13,08	5,58	8,71	9,80
	VI	657,66	36,17	52,61	59,18																				
2 567,99	I,IV	346,25	19,04	27,70	31,16	I	346,25	14,44	21,01	23,63	10,10	14,70	16,53	5,71	8,76	9,86	—	3,42	3,84	—	—	—	—	—	—
	II	314,50	17,29	25,16	28,30	II	314,50	12,79	18,61	20,93	8,55	12,44	13,99	0,40	6,64	7,47	—	1,79	2,01	—	—	—	—	—	—
	III	127,33	—	10,18	11,45	III	127,33	—	5,38	6,05	—	1,40	1,57	—	—	—	—	—	—	—	—	—	—	—	—
	V	622,83	34,25	49,82	56,05	IV	346,25	16,71	24,31	27,35	14,44	21,01	23,63	12,24	17,81	20,03	10,10	14,70	16,53	8,03	11,68	13,14	5,71	8,76	9,86
	VI	658,66	36,22	52,69	59,27																				
2 570,99	I,IV	347,—	19,08	27,76	31,23	I	347,—	14,48	21,07	23,70	10,14	14,75	16,59	5,83	8,81	9,91	—	3,46	3,89	—	—	—	—	—	—
	II	315,25	17,33	25,22	28,37	II	315,25	12,83	18,66	20,99	8,58	12,49	14,05	0,53	6,69	7,52	—	1,82	2,05	—	—	—	—	—	—
	III	128,—	—	10,24	11,52	III	128,—	—	5,44	6,12	—	1,42	1,60	—	—	—	—	—	—	—	—	—	—	—	—
	V	623,83	34,31	49,90	56,14	IV	347,—	16,75	24,36	27,41	14,48	21,07	23,70	12,28	17,86	20,09	10,14	14,75	16,59	8,07	11,74	13,20	5,83	8,81	9,91
	VI	659,75	36,28	52,78	59,37																				
2 573,99	I,IV	347,75	19,12	27,82	31,29	I	347,75	14,52	21,12	23,76	10,17	14,80	16,65	5,96	8,86	9,97	—	3,50	3,93	—	—	—	—	—	—
	II	316,—	17,38	25,28	28,44	II	316,—	12,87	18,72	21,06	8,62	12,54	14,11	0,65	6,74	7,58	—	1,86	2,09	—	—	—	—	—	—
	III	128,50	—	10,28	11,56	III	128,50	—	5,48	6,16	—	1,46	1,64	—	—	—	—	—	—	—	—	—	—	—	—
	V	625,—	34,37	50,—	56,25	IV	347,75	16,79	24,42	27,47	14,52	21,12	23,76	12,32	17,92	20,16	10,17	14,80	16,65	8,10	11,79	13,26	5,96	8,86	9,97
	VI	660,83	36,34	52,86	59,47																				
2 576,99	I,IV	348,50	19,16	27,88	31,36	I	348,50	14,56	21,18	23,83	10,22	14,86	16,72	6,08	8,91	10,02	—	3,54	3,98	—	—	—	—	—	—
	II	316,75	17,42	25,34	28,50	II	316,75	12,91	18,78	21,12	8,66	12,60	14,17	0,78	6,79	7,64	—	1,90	2,13	—	—	—	—	—	—
	III	129,16	—	10,33	11,62	III	129,16	—	5,52	6,21	—	1,50	1,69	—	—	—	—	—	—	—	—	—	—	—	—
	V	626,—	34,43	50,08	56,34	IV	348,50	16,83	24,48	27,54	14,56	21,18	23,83	12,36	17,98	20,22	10,22	14,86	16,72	8,14	11,84	13,32	6,08	8,91	10,02
	VI	661,91	36,40	52,95	59,57																				
2 579,99	I,IV	349,33	19,21	27,94	31,43	I	349,33	14,60	21,24	23,90	10,25	14,92	16,78	6,16	8,96	10,08	—	3,58	4,02	—	—	—	—	—	—
	II	317,50	17,46	25,40	28,57	II	317,50	12,95	18,84	21,19	8,69	12,65	14,23	0,90	6,84	7,69	—	1,94	2,18	—	—	—	—	—	—
	III	129,83	—	10,38	11,68	III	129,83	—	5,56	6,25	—	1,53	1,72	—	—	—	—	—	—	—	—	—	—	—	—
	V	627,—	34,48	50,16	56,43	IV	349,33	16,87	24,54	27,61	14,60	21,24	23,90	12,39	18,03	20,28	10,25	14,92	16,78	8,17	11,89	13,37	6,16	8,96	10,08
	VI	663,—	36,46	53,04	59,67																				
2 582,99	I,IV	350,08	19,25	28,—	31,50	I	350,08	14,64	21,30	23,96	10,29	14,97	16,84	6,20	9,02	10,14	—	3,62	4,07	—	—	—	—	—	—
	II	318,25	17,50	25,46	28,64	II	318,25	12,98	18,89	21,25	8,73	12,70	14,29	1,03	6,89	7,75	—	1,97	2,21	—	—	—	—	—	—
	III	130,50	—	10,44	11,74	III	130,50	—	5,60	6,30	—	1,57	1,76	—	—	—	—	—	—	—	—	—	—	—	—
	V	628,—	34,54	50,24	56,52	IV	350,08	16,91	24,60	27,68	14,64	21,30	23,96	12,43	18,09	20,35	10,29	14,97	16,84	8,21	11,94	13,43	6,20	9,02	10,14
	VI	664,08	36,52	53,12	59,76																				
2 585,99	I,IV	350,83	19,29	28,06	31,57	I	350,83	14,68	21,36	24,03	10,33	15,02	16,90	6,23	9,06	10,19	—	3,66	4,12	—	—	—	—	—	—
	II	319,—	17,54	25,52	28,71	II	319,—	13,03	18,95	21,32	8,77	12,76	14,35	1,15	6,94	7,80	—	2,01	2,26	—	—	—	—	—	—
	III	131,16	—	10,49	11,80	III	131,16	—	5,65	6,35	—	1,61	1,81	—	—	—	—	—	—	—	—	—	—	—	—
	V	629,16	34,60	50,33	56,62	IV	350,83	16,95	24,66	27,74	14,68	21,36	24,03	12,47	18,14	20,41	10,33	15,02	16,90	8,25	12,—	13,50	6,23	9,06	10,19
	VI	665,16	36,58	53,21	59,86																				
2 588,99	I,IV	351,58	19,33	28,12	31,64	I	351,58	14,72	21,42	24,09	10,36	15,08	16,96	6,27	9,12	10,26	—	3,70	4,16	—	—	—	—	—	—
	II	319,75	17,58	25,58	28,77	II	319,75	13,06	19,—	21,38	8,80	12,81	14,41	1,28	6,99	7,86	—	2,04	2,30	—	—	—	—	—	—
	III	131,66	—	10,53	11,84	III	131,66	—	5,69	6,40	—	1,64	1,84	—	—	—	—	—	—	—	—	—	—	—	—
	V	630,33	34,66	50,42	56,72	IV	351,58	16,99	24,72	27,81	14,72	21,42	24,09	12,51	18,20	20,47	10,36	15,08	16,96	8,28	12,05	13,55	6,27	9,12	10,26
	VI	666,25	36,64	53,30	59,96																				
2 591,99	I,IV	352,33	19,37	28,18	31,70	I	352,33	14,76	21,47	24,15	10,40	15,13	17,02	6,30	9,16	10,31	—	3,74	4,21	—	—	—	—	—	—
	II	320,41	17,62	25,63	28,83	II	320,41	13,10	19,06	21,44	8,84	12,86	14,47	1,40	7,04	7,92	—	2,08	2,34	—	—	—	—	—	—
	III	132,33	—	10,58	11,90	III	132,33	—	5,73	6,44	—	1,68	1,89	—	—	—	—	—	—	—	—	—	—	—	—
	V	631,33	34,72	50,50	56,81	IV	352,33	17,03	24,78	27,87	14,76	21,47	24,15	12,54	18,25	20,53	10,40	15,13	17,02	8,32	12,10	13,61	6,30	9,16	10,31
	VI	667,33	36,70	53,38	60,05																				
2 594,99	I,IV	353,08	19,41	28,24	31,77	I	353,08	14,80	21,53	24,22	10,44	15,18	17,08	6,33	9,22	10,37	—	3,79	4,26	—	—	—	—	—	—
	II	321,16	17,66	25,69	28,90	II	321,16	13,14	19,12	21,51	8,88	12,92	14,53	1,51	7,08	7,97	—	2,12	2,38	—	—	—	—	—	—
	III	133,—	—	10,64	11,97	III	133,—	—	5,77	6,49	—	1,72	1,93	—	—	—	—	—	—	—	—	—	—	—	—
	V	632,33	34,77	50,58	56,90	IV	353,08	17,07	24,84	27,94	14,80	21,53	24,22	12,59	18,31	20,60	10,44	15,18	17,08	8,36	12,16	13,68	6,33	9,22	10,37
	VI	668,41	36,76	53,47	60,15																				
2 597,99	I,IV	353,83	19,46	28,30	31,84	I	353,83	14,84	21,58	24,28	10,47	15,24	17,14	6,37	9,27	10,43	—	3,83	4,31	—	—	—	—	—	—
	II	321,91	17,70	25,75	28,97	II	321,91	13,18	19,17	21,56	8,91	12,97	14,59	1,65	7,14	8,03	—	2,16	2,43	—	—	—	—	—	—
	III	133,66	—	10,69	12,02	III	133,66	—	5,82	6,55	—	1,74	1,96	—	—	—	—	—	—	—	—	—	—	—	—
	V	633,33	34,83	50,66	56,99	IV	353,83	17,11	24,90	28,01	14,84	21,58	24,28	12,62	18,36	20,66	10,47	15,24	17,14	8,39	12,21	13,73	6,37	9,27	10,43
	VI	669,50	36,82	53,56	60,25																				
2 600,99	I,IV	354,58	19,50	28,36	31,91	I	354,58	14,88	21,64	24,35	10,51	15,30	17,21	6,40	9,32	10,48	—	3,87	4,35	—	—	—	—	—	—
	II	322,66	17,74	25,81	29,03	II	322,66	13,22	19,23	21,63	8,95	13,02	14,65	1,76	7,18	8,08	—	2,19	2,46	—	—	—	—	—	—
	III	134,33	—	10,74	12,08	III	134,33	—	5,86	6,59	—	1,78	2,—	—	—	—	—	—	—	—	—	—	—	—	—
	V	634,50	34,89	50,76	57,10	IV	354,58	17,16	24,96	28,08	14,88	21,64	24,35	12,66	18,42	20,72	10,51	15,30	17,21	8,43	12,26	13,79	6,40	9,32	10,48
	VI	670,58	36,88	53,64	60,35																				

* Die ausgewiesenen Tabellenwerte sind amtlich. Siehe Erläuterungen auf der Umschlaginnenseite (U2).

** Bei mehr als 3 Kinderfreibeträgen ist die „Ergänzungs-Tabelle 3,5 bis 6 Kinderfreibeträge" anzuwenden.

Lohn/Gehalt bis €*	Abzüge an Lohnsteuer, Solidaritätszuschlag (SolZ) und Kirchensteuer (8%, 9%) in den Steuerklassen I – VI	LSt	ohne Kinderfreibeträge SolZ	8%	9%	I, II, III, IV	LSt	mit Zahl der Kinderfreibeträge . . . 0,5 SolZ	0,5 8%	0,5 9%	1 SolZ	1 8%	1 9%	1,5 SolZ	1,5 8%	1,5 9%	2 SolZ	2 8%	2 9%	2,5 SolZ	2,5 8%	2,5 9%	3** SolZ	3** 8%	3** 9%
2 603,99	I,IV	355,41	19,54	28,43	31,98	I	355,41	14,92	21,70	24,41	10,55	15,35	17,27	6,44	9,37	10,54	—	3,92	4,41	—	—	—	—	—	—
	II	323,41	17,78	25,87	29,10	II	323,41	13,25	19,28	21,69	8,99	13,08	14,71	1,90	7,24	8,14	—	2,23	2,51	—	—	—	—	—	—
	III	135,—	—	10,80	12,15	III	135,—	—	5,90	6,64	—	1,82	2,05	—	—	—	—	—	—	—	—	—	—	—	—
	V	635,50	34,95	50,84	57,19	IV	355,41	17,20	25,02	28,14	14,92	21,70	24,41	12,70	18,48	20,79	10,55	15,35	17,27	8,46	12,31	13,85	6,44	9,37	10,54
	VI	671,66	36,94	53,73	60,44																				
2 606,99	I,IV	356,16	19,58	28,49	32,05	I	356,16	14,96	21,76	24,48	10,59	15,40	17,33	6,48	9,42	10,60	—	3,96	4,45	—	—	—	—	—	—
	II	324,16	17,82	25,93	29,17	II	324,16	13,30	19,34	21,76	9,02	13,13	14,77	2,01	7,28	8,19	—	2,26	2,54	—	—	—	—	—	—
	III	135,50	—	10,84	12,19	III	135,50	—	5,94	6,68	—	1,85	2,08	—	—	—	—	—	—	—	—	—	—	—	—
	V	636,66	35,01	50,93	57,29	IV	356,16	17,24	25,08	28,21	14,96	21,76	24,48	12,74	18,54	20,85	10,59	15,40	17,33	8,50	12,36	13,91	6,48	9,42	10,60
	VI	672,75	37,—	53,82	60,54																				
2 609,99	I,IV	356,91	19,63	28,55	32,12	I	356,91	15,—	21,82	24,54	10,62	15,46	17,39	6,51	9,48	10,66	—	4,—	4,50	—	—	—	—	—	—
	II	324,91	17,87	25,99	29,24	II	324,91	13,33	19,40	21,82	9,06	13,18	14,83	2,15	7,34	8,25	—	2,30	2,59	—	—	—	—	—	—
	III	136,16	—	10,89	12,25	III	136,16	—	6,—	6,75	—	1,89	2,12	—	—	—	—	—	—	—	—	—	—	—	—
	V	637,66	35,07	51,01	57,38	IV	356,91	17,28	25,14	28,28	15,—	21,82	24,54	12,78	18,59	20,91	10,62	15,46	17,39	8,53	12,42	13,97	6,51	9,48	10,66
	VI	673,83	37,06	53,90	60,64																				
2 612,99	I,IV	357,66	19,67	28,61	32,18	I	357,66	15,04	21,88	24,61	10,66	15,51	17,45	6,54	9,52	10,71	—	4,04	4,55	—	—	—	—	—	—
	II	325,66	17,91	26,05	29,30	II	325,66	13,37	19,46	21,89	9,10	13,24	14,89	2,26	7,38	8,30	—	2,34	2,63	—	—	—	—	—	—
	III	136,83	—	10,94	12,31	III	136,83	—	6,04	6,79	—	1,93	2,17	—	—	—	—	—	—	—	—	—	—	—	—
	V	638,83	35,13	51,10	57,49	IV	357,66	17,32	25,20	28,35	15,04	21,88	24,61	12,81	18,64	20,97	10,66	15,51	17,45	8,57	12,47	14,03	6,54	9,52	10,71
	VI	674,91	37,12	53,99	60,74																				
2 615,99	I,IV	358,41	19,71	28,67	32,25	I	358,41	15,07	21,93	24,67	10,70	15,57	17,51	6,58	9,58	10,77	—	4,08	4,59	—	0,01	0,01	—	—	—
	II	326,41	17,95	26,11	29,37	II	326,41	13,41	19,51	21,95	9,13	13,29	14,95	2,40	7,44	8,37	—	2,38	2,67	—	—	—	—	—	—
	III	137,50	—	11,—	12,37	III	137,50	—	6,08	6,84	—	1,96	2,20	—	—	—	—	—	—	—	—	—	—	—	—
	V	639,83	35,19	51,18	57,58	IV	358,41	17,36	25,26	28,41	15,07	21,93	24,67	12,86	18,70	21,04	10,70	15,57	17,51	8,61	12,52	14,09	6,58	9,58	10,77
	VI	676,—	37,18	54,08	60,84																				
2 618,99	I,IV	359,16	19,75	28,73	32,32	I	359,16	15,12	21,99	24,74	10,73	15,62	17,57	6,61	9,62	10,82	—	4,13	4,64	—	0,04	0,04	—	—	—
	II	327,16	17,99	26,17	29,44	II	327,16	13,45	19,57	22,01	9,17	13,34	15,—	2,51	7,48	8,42	—	2,42	2,72	—	—	—	—	—	—
	III	138,16	—	11,05	12,43	III	138,16	—	6,13	6,89	—	2,—	2,25	—	—	—	—	—	—	—	—	—	—	—	—
	V	640,83	35,24	51,26	57,67	IV	359,16	17,40	25,31	28,47	15,12	21,99	24,74	12,89	18,76	21,10	10,73	15,62	17,57	8,64	12,58	14,15	6,61	9,62	10,82
	VI	677,08	37,23	54,16	60,93																				
2 621,99	I,IV	359,91	19,79	28,79	32,39	I	359,91	15,15	22,04	24,80	10,78	15,68	17,64	6,65	9,68	10,89	—	4,17	4,69	—	0,07	0,08	—	—	—
	II	327,91	18,03	26,23	29,51	II	327,91	13,49	19,62	22,07	9,20	13,39	15,06	2,65	7,54	8,48	—	2,45	2,75	—	—	—	—	—	—
	III	138,83	—	11,10	12,49	III	138,83	—	6,17	6,94	—	2,04	2,29	—	—	—	—	—	—	—	—	—	—	—	—
	V	641,83	35,30	51,34	57,76	IV	359,91	17,44	25,37	28,54	15,15	22,04	24,80	12,93	18,82	21,17	10,78	15,68	17,64	8,68	12,63	14,21	6,65	9,68	10,89
	VI	678,16	37,29	54,25	61,03																				
2 624,99	I,IV	360,75	19,84	28,86	32,46	I	360,75	15,19	22,10	24,86	10,81	15,73	17,69	6,69	9,73	10,94	—	4,22	4,74	—	0,10	0,11	—	—	—
	II	328,66	18,07	26,29	29,57	II	328,66	13,53	19,68	22,14	9,24	13,44	15,12	2,76	7,58	8,53	—	2,49	2,80	—	—	—	—	—	—
	III	139,50	—	11,16	12,55	III	139,50	—	6,21	6,98	—	2,08	2,34	—	—	—	—	—	—	—	—	—	—	—	—
	V	643,—	35,36	51,44	57,87	IV	360,75	17,48	25,43	28,61	15,19	22,10	24,86	12,97	18,87	21,23	10,81	15,73	17,69	8,72	12,68	14,27	6,69	9,73	10,94
	VI	679,25	37,35	54,34	61,13																				
2 627,99	I,IV	361,50	19,88	28,92	32,53	I	361,50	15,23	22,16	24,93	10,85	15,78	17,75	6,72	9,78	11,—	—	4,26	4,79	—	0,12	0,14	—	—	—
	II	329,41	18,11	26,35	29,64	II	329,41	13,57	19,74	22,20	9,28	13,50	15,18	2,90	7,64	8,59	—	2,53	2,84	—	—	—	—	—	—
	III	140,16	—	11,21	12,61	III	140,16	—	6,26	7,04	—	2,10	2,36	—	—	—	—	—	—	—	—	—	—	—	—
	V	644,16	35,42	51,53	57,97	IV	361,50	17,52	25,49	28,67	15,23	22,16	24,93	13,01	18,92	21,29	10,85	15,78	17,75	8,75	12,74	14,33	6,72	9,78	11,—
	VI	680,33	37,41	54,42	61,22																				
2 630,99	I,IV	362,25	19,92	28,98	32,60	I	362,25	15,28	22,22	25,—	10,89	15,84	17,82	6,76	9,83	11,06	—	4,30	4,84	—	0,16	0,18	—	—	—
	II	330,16	18,15	26,41	29,71	II	330,16	13,61	19,80	22,27	9,31	13,55	15,24	3,01	7,68	8,64	—	2,57	2,89	—	—	—	—	—	—
	III	140,83	—	11,26	12,67	III	140,83	—	6,30	7,09	—	2,14	2,41	—	—	—	—	—	—	—	—	—	—	—	—
	V	645,—	35,47	51,60	58,05	IV	362,25	17,56	25,55	28,74	15,28	22,22	25,—	13,05	18,98	21,35	10,89	15,84	17,82	8,79	12,79	14,39	6,76	9,83	11,06
	VI	681,41	37,47	54,51	61,32																				
2 633,99	I,IV	363,—	19,96	29,04	32,67	I	363,—	15,31	22,28	25,06	10,93	15,90	17,88	6,79	9,88	11,12	—	4,34	4,88	—	0,18	0,20	—	—	—
	II	330,91	18,20	26,47	29,78	II	330,91	13,64	19,85	22,33	9,35	13,60	15,30	3,15	7,74	8,70	—	2,60	2,93	—	—	—	—	—	—
	III	141,50	—	11,32	12,73	III	141,50	—	6,34	7,13	—	2,18	2,45	—	—	—	—	—	—	—	—	—	—	—	—
	V	646,16	35,53	51,69	58,15	IV	363,—	17,60	25,61	28,81	15,31	22,28	25,06	13,09	19,04	21,42	10,93	15,90	17,88	8,83	12,84	14,45	6,79	9,88	11,12
	VI	682,50	37,53	54,60	61,42																				
2 636,99	I,IV	363,75	20,—	29,10	32,73	I	363,75	15,35	22,34	25,13	10,96	15,95	17,94	6,83	9,94	11,18	—	4,39	4,94	—	0,22	0,24	—	—	—
	II	331,66	18,24	26,53	29,84	II	331,66	13,69	19,91	22,40	9,39	13,66	15,36	3,26	7,78	8,75	—	2,64	2,97	—	—	—	—	—	—
	III	142,—	—	11,36	12,78	III	142,—	—	6,40	7,20	—	2,22	2,50	—	—	—	—	—	—	—	—	—	—	—	—
	V	647,33	35,60	51,78	58,25	IV	363,75	17,65	25,67	28,88	15,35	22,34	25,13	13,13	19,10	21,48	10,96	15,95	17,94	8,86	12,90	14,51	6,83	9,94	11,18
	VI	683,58	37,59	54,68	61,52																				
2 639,99	I,IV	364,58	20,05	29,16	32,81	I	364,58	15,40	22,40	25,20	11,—	16,—	18,—	6,86	9,98	11,23	—	4,44	4,99	—	0,24	0,27	—	—	—
	II	332,41	18,28	26,59	29,91	II	332,41	13,72	19,96	22,46	9,43	13,72	15,43	3,40	7,84	8,82	—	2,68	3,02	—	—	—	—	—	—
	III	142,66	—	11,41	12,83	III	142,66	—	6,44	7,24	—	2,25	2,53	—	—	—	—	—	—	—	—	—	—	—	—
	V	648,50	35,66	51,88	58,36	IV	364,58	17,69	25,73	28,94	15,40	22,40	25,20	13,16	19,15	21,54	11,—	16,—	18,—	8,90	12,95	14,57	6,86	9,98	11,23
	VI	684,66	37,65	54,77	61,61																				
2 642,99	I,IV	365,33	20,09	29,22	32,87	I	365,33	15,43	22,45	25,25	11,04	16,06	18,06	6,90	10,04	11,29	—	4,48	5,04	—	0,28	0,31	—	—	—
	II	333,16	18,32	26,65	29,98	II	333,16	13,76	20,02	22,52	9,46	13,76	15,48	3,51	7,88	8,87	—	2,72	3,06	—	—	—	—	—	—
	III	143,33	—	11,46	12,89	III	143,33	—	6,48	7,29	—	2,29	2,57	—	—	—	—	—	—	—	—	—	—	—	—
	V	649,50	35,72	51,96	58,45	IV	365,33	17,73	25,79	29,01	15,43	22,45	25,25	13,20	19,21	21,61	11,04	16,06	18,06	8,93	13,—	14,62	6,90	10,04	11,29
	VI	685,66	37,71	54,85	61,70																				
2 645,99	I,IV	366,08	20,13	29,28	32,94	I	366,08	15,47	22,51	25,32	11,07	16,11	18,12	6,93	10,09	11,35	—	4,52	5,09	—	0,30	0,34	—	—	—
	II	333,91	18,36	26,71	30,05	II	333,91	13,80	20,08	22,59	9,50	13,82	15,54	3,65	7,94	8,93	—	2,76	3,11	—	—	—	—	—	—
	III	144,—	—	11,52	12,96	III	144,—	—	6,53	7,34	—	2,33	2,62	—	—	—	—	—	—	—	—	—	—	—	—
	V	650,66	35,78	52,05	58,55	IV	366,08	17,77	25,85	29,08	15,47	22,51	25,32	13,24	19,26	21,67	11,07	16,11	18,12	8,97	13,05	14,68	6,93	10,09	11,35
	VI	686,75	37,77	54,94	61,80																				
2 648,99	I,IV	366,83	20,17	29,34	33,01	I	366,83	15,51	22,57	25,39	11,11	16,16	18,18	6,97	10,14	11,40	—	4,56	5,13	—	0,34	0,38	—	—	—
	II	334,66	18,40	26,77	30,11	II	334,66	13,84	20,14	22,65	9,53	13,87	15,60	3,76	7,98	8,98	—	2,80	3,15	—	—	—	—	—	—
	III	144,66	—	11,57	13,01	III	144,66	—	6,57	7,39	—	2,37	2,66	—	—	—	—	—	—	—	—	—	—	—	—
	V	651,50	35,83	52,12	58,63	IV	366,83	17,81	25,91	29,15	15,51	22,57	25,39	13,28	19,32	21,74	11,11	16,16	18,18	9,01	13,10	14,74	6,97	10,14	11,40
	VI	687,83	37,83	55,02	61,90																				

* Die ausgewiesenen Tabellenwerte sind amtlich. Siehe Erläuterungen auf der Umschlaginnenseite (U2).
** Bei mehr als 3 Kinderfreibeträgen ist die „Ergänzungs-Tabelle 3,5 bis 6 Kinderfreibeträge" anzuwenden.

MONAT 2 649,–*

Abzüge an Lohnsteuer, Solidaritätszuschlag (SolZ) und Kirchensteuer (8%, 9%) in den Steuerklassen

Lohn/ Gehalt bis €*	I – VI	LSt	ohne Kinderfreibeträge SolZ	8%	9%	I, II, III, IV	LSt	mit Zahl der Kinderfreibeträge . . . 0,5 SolZ	0,5 8%	0,5 9%	1 SolZ	1 8%	1 9%	1,5 SolZ	1,5 8%	1,5 9%	2 SolZ	2 8%	2 9%	2,5 SolZ	2,5 8%	2,5 9%	3** SolZ	3** 8%	3** 9%
2 651,99	I,IV	367,58	20,21	29,40	33,08	I	367,58	15,55	22,62	25,45	11,15	16,22	18,25	7,—	10,19	11,46	—	4,61	5,18	—	0,36	0,41	—	—	—
	II	335,41	18,44	26,83	30,18	II	335,41	13,88	20,19	22,71	9,57	13,92	15,66	3,90	8,04	9,04	—	2,84	3,19	—	—	—	—	—	—
	III	145,33	—	11,62	13,07	III	145,33	—	6,61	7,43	—	2,40	2,70	—	—	—	—	—	—	—	—	—	—	—	—
	V	652,66	35,89	52,21	58,73	IV	367,58	17,85	25,97	29,21	15,55	22,62	25,45	13,32	19,38	21,80	11,15	16,22	18,25	9,04	13,16	14,80	7,—	10,19	11,46
	VI	688,91	37,89	55,11	62,—																				
2 654,99	I,IV	368,41	20,26	29,47	33,15	I	368,41	15,59	22,68	25,52	11,19	16,28	18,31	7,04	10,24	11,52	—	4,66	5,24	—	0,40	0,45	—	—	—
	II	336,16	18,48	26,89	30,25	II	336,16	13,92	20,25	22,78	9,61	13,98	15,73	4,01	8,08	9,09	—	2,88	3,24	—	—	—	—	—	—
	III	146,—	—	11,68	13,14	III	146,—	—	6,66	7,49	—	2,44	2,74	—	—	—	—	—	—	—	—	—	—	—	—
	V	653,83	35,96	52,30	58,84	IV	368,41	17,89	26,03	29,28	15,59	22,68	25,52	13,36	19,44	21,87	11,19	16,28	18,31	9,08	13,21	14,86	7,04	10,24	11,52
	VI	690,—	37,95	55,20	62,10																				
2 657,99	I,IV	369,16	20,30	29,53	33,22	I	369,16	15,63	22,74	25,58	11,22	16,33	18,37	7,08	10,30	11,58	—	4,70	5,28	—	0,42	0,47	—	—	—
	II	336,91	18,53	26,95	30,32	II	336,91	13,96	20,30	22,84	9,65	14,04	15,79	4,15	8,14	9,15	—	2,92	3,28	—	—	—	—	—	—
	III	146,66	—	11,73	13,19	III	146,66	—	6,70	7,54	—	2,48	2,79	—	—	—	—	—	—	—	—	—	—	—	—
	V	654,83	36,01	52,38	58,93	IV	369,16	17,93	26,09	29,35	15,63	22,74	25,58	13,40	19,49	21,92	11,22	16,33	18,37	9,12	13,26	14,92	7,08	10,30	11,58
	VI	691,08	38,—	55,28	62,19																				
2 660,99	I,IV	369,91	20,34	29,59	33,29	I	369,91	15,67	22,80	25,65	11,26	16,38	18,43	7,11	10,34	11,63	—	4,74	5,33	—	0,46	0,51	—	—	—
	II	337,66	18,57	27,01	30,38	II	337,66	14,—	20,36	22,91	9,68	14,09	15,85	4,28	8,19	9,21	—	2,96	3,33	—	—	—	—	—	—
	III	147,33	—	11,78	13,25	III	147,33	—	6,74	7,58	—	2,52	2,83	—	—	—	—	—	—	—	—	—	—	—	—
	V	655,83	36,07	52,46	59,02	IV	369,91	17,98	26,15	29,42	15,67	22,80	25,65	13,44	19,55	21,99	11,26	16,38	18,43	9,15	13,32	14,98	7,11	10,34	11,63
	VI	692,25	38,07	55,38	62,30																				
2 663,99	I,IV	370,66	20,38	29,65	33,35	I	370,66	15,71	22,86	25,71	11,30	16,44	18,50	7,15	10,40	11,70	—	4,79	5,39	—	0,49	0,55	—	—	—
	II	338,41	18,61	27,07	30,45	II	338,41	14,04	20,42	22,97	9,72	14,14	15,91	4,40	8,24	9,27	—	3,—	3,37	—	—	—	—	—	—
	III	148,—	—	11,84	13,32	III	148,—	—	6,80	7,65	—	2,56	2,88	—	—	—	—	—	—	—	—	—	—	—	—
	V	657,—	36,13	52,56	59,13	IV	370,66	18,02	26,21	29,48	15,71	22,86	25,71	13,47	19,60	22,05	11,30	16,44	18,50	9,19	13,37	15,04	7,15	10,40	11,70
	VI	693,33	38,13	55,46	62,39																				
2 666,99	I,IV	371,50	20,43	29,72	33,43	I	371,50	15,75	22,92	25,78	11,34	16,50	18,56	7,18	10,45	11,75	—	4,84	5,44	—	0,52	0,58	—	—	—
	II	339,25	18,65	27,14	30,53	II	339,25	14,08	20,48	23,04	9,76	14,20	15,97	4,53	8,29	9,32	—	3,04	3,42	—	—	—	—	—	—
	III	148,66	—	11,89	13,37	III	148,66	—	6,84	7,69	—	2,58	2,90	—	—	—	—	—	—	—	—	—	—	—	—
	V	658,16	36,19	52,65	59,23	IV	371,50	18,06	26,27	29,55	15,75	22,92	25,78	13,52	19,66	22,12	11,34	16,50	18,56	9,23	13,42	15,10	7,18	10,45	11,75
	VI	694,41	38,19	55,55	62,49																				
2 669,99	I,IV	372,25	20,47	29,78	33,50	I	372,25	15,79	22,98	25,85	11,38	16,55	18,62	7,22	10,50	11,81	—	4,88	5,49	—	0,55	0,62	—	—	—
	II	339,91	18,69	27,19	30,59	II	339,91	14,11	20,53	23,09	9,79	14,25	16,03	4,65	8,34	9,38	—	3,08	3,46	—	—	—	—	—	—
	III	149,33	—	11,94	13,43	III	149,33	—	6,89	7,75	—	2,62	2,95	—	—	—	—	—	—	—	—	—	—	—	—
	V	659,16	36,25	52,73	59,32	IV	372,25	18,10	26,33	29,62	15,79	22,98	25,85	13,55	19,72	22,18	11,38	16,55	18,62	9,26	13,48	15,16	7,22	10,50	11,81
	VI	695,41	38,24	55,63	62,58																				
2 672,99	I,IV	373,—	20,51	29,84	33,57	I	373,—	15,84	23,04	25,92	11,41	16,60	18,68	7,25	10,55	11,87	—	4,92	5,54	—	0,58	0,65	—	—	—
	II	340,66	18,73	27,25	30,65	II	340,66	14,15	20,59	23,16	9,83	14,30	16,09	4,78	8,39	9,44	—	3,12	3,51	—	—	—	—	—	—
	III	150,—	—	12,—	13,50	III	150,—	—	6,93	7,79	—	2,66	2,99	—	—	—	—	—	—	—	—	—	—	—	—
	V	660,25	36,31	52,82	59,42	IV	373,—	18,14	26,39	29,69	15,84	23,04	25,92	13,59	19,77	22,24	11,41	16,60	18,68	9,30	13,53	15,22	7,25	10,55	11,87
	VI	696,50	38,30	55,72	62,68																				
2 675,99	I,IV	373,75	20,55	29,90	33,63	I	373,75	15,87	23,09	25,97	11,45	16,66	18,74	7,29	10,60	11,93	—	4,97	5,59	—	0,61	0,68	—	—	—
	II	341,41	18,77	27,31	30,72	II	341,41	14,19	20,65	23,23	9,87	14,36	16,15	4,90	8,44	9,49	—	3,16	3,55	—	—	—	—	—	—
	III	150,66	—	12,05	13,55	III	150,66	—	6,97	7,84	—	2,70	3,04	—	—	—	—	—	—	—	—	—	—	—	—
	V	661,33	36,37	52,90	59,51	IV	373,75	18,18	26,45	29,75	15,87	23,09	25,97	13,63	19,83	22,31	11,45	16,66	18,74	9,34	13,58	15,28	7,29	10,60	11,93
	VI	697,58	38,36	55,80	62,78																				
2 678,99	I,IV	374,50	20,59	29,96	33,70	I	374,50	15,91	23,15	26,04	11,49	16,72	18,81	7,32	10,66	11,99	—	5,02	5,64	—	0,64	0,72	—	—	—
	II	342,25	18,82	27,38	30,80	II	342,25	14,23	20,70	23,29	9,90	14,41	16,21	5,03	8,49	9,55	—	3,20	3,60	—	—	—	—	—	—
	III	151,33	—	12,10	13,61	III	151,33	—	7,02	7,90	—	2,74	3,08	—	—	—	—	—	—	—	—	—	—	—	—
	V	662,41	36,43	52,99	59,61	IV	374,50	18,22	26,51	29,82	15,91	23,15	26,04	13,67	19,88	22,37	11,49	16,72	18,81	9,37	13,64	15,34	7,32	10,66	11,99
	VI	698,66	38,42	55,89	62,87																				
2 681,99	I,IV	375,33	20,64	30,02	33,77	I	375,33	15,95	23,21	26,11	11,53	16,77	18,86	7,36	10,71	12,05	—	5,06	5,69	—	0,68	0,76	—	—	—
	II	343,—	18,86	27,44	30,87	II	343,—	14,27	20,76	23,36	9,94	14,46	16,27	5,16	8,54	9,61	—	3,24	3,64	—	—	—	—	—	—
	III	152,—	—	12,16	13,68	III	152,—	—	7,06	7,94	—	2,77	3,11	—	—	—	—	—	—	—	—	—	—	—	—
	V	663,50	36,49	53,08	59,71	IV	375,33	18,26	26,57	29,89	15,95	23,21	26,11	13,71	19,94	22,43	11,53	16,77	18,86	9,41	13,69	15,40	7,36	10,71	12,05
	VI	699,75	38,48	55,98	62,97																				
2 684,99	I,IV	376,08	20,68	30,08	33,84	I	376,08	16,—	23,27	26,18	11,56	16,82	18,92	7,39	10,76	12,10	—	5,11	5,75	—	0,71	0,80	—	—	—
	II	343,75	18,90	27,50	30,93	II	343,75	14,31	20,82	23,42	9,98	14,52	16,33	5,28	8,59	9,66	—	3,28	3,69	—	—	—	—	—	—
	III	152,66	—	12,21	13,73	III	152,66	—	7,12	8,01	—	2,81	3,16	—	—	—	—	—	—	—	—	—	—	—	—
	V	664,58	36,55	53,16	59,81	IV	376,08	18,31	26,63	29,96	16,—	23,27	26,18	13,75	20,—	22,50	11,56	16,82	18,92	9,45	13,74	15,46	7,39	10,76	12,10
	VI	700,83	38,54	56,06	63,07																				
2 687,99	I,IV	376,83	20,72	30,14	33,91	I	376,83	16,03	23,32	26,24	11,60	16,88	18,99	7,43	10,81	12,16	—	5,15	5,79	—	0,74	0,83	—	—	—
	II	344,50	18,94	27,56	31,—	II	344,50	14,35	20,88	23,49	10,01	14,57	16,39	5,41	8,64	9,72	—	3,32	3,73	—	—	—	—	—	—
	III	153,33	—	12,26	13,79	III	153,33	—	7,16	8,05	—	2,85	3,20	—	—	—	—	—	—	—	—	—	—	—	—
	V	665,66	36,61	53,25	59,90	IV	376,83	18,35	26,69	30,02	16,03	23,32	26,24	13,79	20,06	22,56	11,60	16,88	18,99	9,49	13,80	15,53	7,43	10,81	12,16
	VI	701,91	38,60	56,15	63,17																				
2 690,99	I,IV	377,66	20,77	30,21	33,98	I	377,66	16,07	23,38	26,30	11,64	16,94	19,05	7,47	10,86	12,22	—	5,20	5,85	—	0,77	0,86	—	—	—
	II	345,25	18,98	27,62	31,07	II	345,25	14,39	20,94	23,55	10,05	14,62	16,45	5,53	8,69	9,77	—	3,36	3,78	—	—	—	—	—	—
	III	154,—	—	12,32	13,86	III	154,—	—	7,21	8,11	—	2,89	3,25	—	—	—	—	—	—	—	—	—	—	—	—
	V	666,75	36,67	53,34	60,—	IV	377,66	18,39	26,75	30,09	16,07	23,38	26,30	13,83	20,12	22,63	11,64	16,94	19,05	9,52	13,86	15,59	7,47	10,86	12,22
	VI	703,—	38,66	56,24	63,27																				
2 693,99	I,IV	378,41	20,81	30,27	34,05	I	378,41	16,11	23,44	26,37	11,68	16,99	19,11	7,50	10,92	12,28	—	5,24	5,90	—	0,80	0,90	—	—	—
	II	346,—	19,03	27,68	31,14	II	346,—	14,43	20,99	23,61	10,09	14,68	16,51	5,66	8,74	9,83	—	3,40	3,82	—	—	—	—	—	—
	III	154,66	—	12,37	13,91	III	154,66	—	7,25	8,15	—	2,93	3,29	—	—	—	—	—	—	—	—	—	—	—	—
	V	667,83	36,73	53,42	60,10	IV	378,41	18,43	26,81	30,16	16,11	23,44	26,37	13,86	20,17	22,69	11,68	16,99	19,11	9,56	13,90	15,64	7,50	10,92	12,28
	VI	704,08	38,72	56,32	63,36																				
2 696,99	I,IV	379,16	20,85	30,33	34,12	I	379,16	16,16	23,50	26,44	11,71	17,04	19,17	7,53	10,96	12,33	—	5,29	5,95	—	0,84	0,94	—	—	—
	II	346,75	19,07	27,74	31,20	II	346,75	14,47	21,05	23,68	10,12	14,73	16,57	5,78	8,79	9,89	—	3,44	3,87	—	—	—	—	—	—
	III	155,33	—	12,42	13,97	III	155,33	—	7,29	8,20	—	2,97	3,34	—	—	—	—	—	—	—	—	—	—	—	—
	V	668,91	36,79	53,51	60,20	IV	379,16	18,47	26,87	30,23	16,16	23,50	26,44	13,90	20,22	22,75	11,71	17,04	19,17	9,59	13,96	15,70	7,53	10,96	12,33
	VI	705,16	38,78	56,41	63,46																				

* Die ausgewiesenen Tabellenwerte sind amtlich. Siehe Erläuterungen auf der Umschlaginnenseite (U2).
** Bei mehr als 3 Kinderfreibeträgen ist die „Ergänzungs-Tabelle 3,5 bis 6 Kinderfreibeträge" anzuwenden.

Abzüge an Lohnsteuer, Solidaritätszuschlag (SolZ) und Kirchensteuer (8%, 9%) in den Steuerklassen

Lohn/ Gehalt bis €*	I – VI					I, II, III, IV		mit Zahl der Kinderfreibeträge . . . 0,5			1			1,5			2			2,5			3**		
		LSt	ohne Kinderfreibeträge SolZ	8%	9%		LSt	SolZ	8%	9%	SolZ	8%	9%	SolZ	8%	9%	SolZ	8%	9%	SolZ	8%	9%	SolZ	8%	9%
2 699,99	I,IV	379,91	20,89	30,39	34,19	I	379,91	16,19	23,56	26,50	11,76	17,10	19,24	7,57	11,02	12,39	—	5,34	6,—	—	0,87	0,98	—	—	—
	II	347,50	19,11	27,80	31,27	II	347,50	14,51	21,10	23,74	10,17	14,79	16,64	5,91	8,84	9,95	—	3,48	3,92	—	—	—	—	—	—
	III	156,—	—	12,48	14,04	III	156,—	—	7,34	8,26	—	3,01	3,38	—	—	—	—	—	—	—	—	—	—	—	—
	V	670,—	36,85	53,60	60,30	IV	379,91	18,51	26,93	30,29	16,19	23,56	26,50	13,94	20,28	22,82	11,76	17,10	19,24	9,63	14,01	15,76	7,57	11,02	12,39
	VI	706,25	38,84	56,50	63,56																				
2 702,99	I,IV	380,75	20,94	30,46	34,26	I	380,75	16,23	23,62	26,57	11,79	17,16	19,30	7,61	11,07	12,45	—	5,38	6,05	—	0,90	1,01	—	—	—
	II	348,25	19,15	27,86	31,34	II	348,25	14,55	21,16	23,81	10,20	14,84	16,70	6,05	8,90	10,01	—	3,52	3,96	—	—	—	—	—	—
	III	156,66	—	12,53	14,09	III	156,66	—	7,38	8,30	—	3,05	3,43	—	—	—	—	—	—	—	—	—	—	—	—
	V	671,08	36,90	53,68	60,39	IV	380,75	18,55	26,99	30,36	16,23	23,62	26,57	13,98	20,34	22,88	11,79	17,16	19,30	9,67	14,07	15,83	7,61	11,07	12,45
	VI	707,33	38,90	56,58	63,65																				
2 705,99	I,IV	381,50	20,98	30,52	34,33	I	381,50	16,28	23,68	26,64	11,83	17,21	19,36	7,64	11,12	12,51	—	5,43	6,11	—	0,93	1,04	—	—	—
	II	349,—	19,19	27,92	31,41	II	349,—	14,59	21,22	23,87	10,24	14,90	16,76	6,15	8,94	10,06	—	3,56	4,01	—	—	—	—	—	—
	III	157,33	—	12,58	14,15	III	157,33	—	7,44	8,37	—	3,08	3,46	—	—	—	—	—	—	—	—	—	—	—	—
	V	672,16	36,96	53,77	60,49	IV	381,50	18,59	27,05	30,43	16,28	23,68	26,64	14,02	20,40	22,95	11,83	17,21	19,36	9,71	14,12	15,89	7,64	11,12	12,51
	VI	708,41	38,96	56,67	63,75																				
2 708,99	I,IV	382,25	21,02	30,58	34,40	I	382,25	16,32	23,74	26,70	11,87	17,27	19,43	7,68	11,18	12,57	—	5,48	6,16	—	0,96	1,08	—	—	—
	II	349,83	19,24	27,98	31,48	II	349,83	14,63	21,28	23,94	10,28	14,95	16,82	6,18	9,—	10,12	—	3,60	4,05	—	—	—	—	—	—
	III	158,—	—	12,64	14,22	III	158,—	—	7,48	8,41	—	3,12	3,51	—	—	—	—	—	—	—	—	—	—	—	—
	V	673,25	37,02	53,86	60,59	IV	382,25	18,64	27,11	30,50	16,32	23,74	26,70	14,06	20,46	23,01	11,87	17,27	19,43	9,74	14,18	15,95	7,68	11,18	12,57
	VI	709,50	39,02	56,76	63,85																				
2 711,99	I,IV	383,08	21,06	30,64	34,47	I	383,08	16,36	23,80	26,77	11,91	17,32	19,49	7,72	11,23	12,63	—	5,52	6,21	—	1,—	1,12	—	—	—
	II	350,58	19,28	28,04	31,55	II	350,58	14,67	21,34	24,—	10,31	15,—	16,88	6,22	9,05	10,18	—	3,65	4,10	—	—	—	—	—	—
	III	158,66	—	12,69	14,27	III	158,66	—	7,53	8,47	—	3,16	3,55	—	—	—	—	—	—	—	—	—	—	—	—
	V	674,33	37,08	53,94	60,68	IV	383,08	18,68	27,17	30,56	16,36	23,80	26,77	14,10	20,51	23,07	11,91	17,32	19,49	9,78	14,23	16,01	7,72	11,23	12,63
	VI	710,58	39,08	56,84	63,95																				
2 714,99	I,IV	383,83	21,11	30,70	34,54	I	383,83	16,40	23,86	26,84	11,94	17,38	19,55	7,75	11,28	12,69	—	5,57	6,26	—	1,03	1,16	—	—	—
	II	351,33	19,32	28,10	31,61	II	351,33	14,70	21,39	24,06	10,35	15,06	16,94	6,25	9,10	10,23	—	3,69	4,15	—	—	—	—	—	—
	III	159,33	—	12,74	14,33	III	159,33	—	7,57	8,51	—	3,20	3,60	—	—	—	—	—	—	—	—	—	—	—	—
	V	675,41	37,14	54,03	60,78	IV	383,83	18,72	27,23	30,63	16,40	23,86	26,84	14,14	20,57	23,14	11,94	17,38	19,55	9,82	14,28	16,07	7,75	11,28	12,69
	VI	711,66	39,14	56,93	64,04																				
2 717,99	I,IV	384,58	21,15	30,76	34,61	I	384,58	16,44	23,91	26,90	11,99	17,44	19,62	7,79	11,33	12,74	—	5,62	6,32	—	1,06	1,19	—	—	—
	II	352,08	19,36	28,16	31,68	II	352,08	14,74	21,45	24,13	10,39	15,11	17,—	6,29	9,15	10,29	—	3,73	4,19	—	—	—	—	—	—
	III	160,—	—	12,80	14,40	III	160,—	—	7,62	8,57	—	3,24	3,64	—	—	—	—	—	—	—	—	—	—	—	—
	V	676,50	37,20	54,12	60,88	IV	384,58	18,76	27,29	30,70	16,44	23,91	26,90	14,18	20,63	23,21	11,99	17,44	19,62	9,85	14,34	16,13	7,79	11,33	12,74
	VI	712,75	39,20	57,02	64,14																				
2 720,99	I,IV	385,33	21,19	30,82	34,67	I	385,33	16,48	23,97	26,96	12,02	17,49	19,67	7,82	11,38	12,80	—	5,66	6,37	—	1,10	1,23	—	—	—
	II	352,83	19,40	28,22	31,75	II	352,83	14,79	21,51	24,20	10,42	15,16	17,06	6,32	9,20	10,35	—	3,77	4,24	—	—	—	—	—	—
	III	160,66	—	12,85	14,45	III	160,66	—	7,66	8,62	—	3,28	3,69	—	—	—	—	—	—	—	—	—	—	—	—
	V	677,58	37,26	54,20	60,98	IV	385,33	18,80	27,35	30,77	16,48	23,97	26,96	14,22	20,68	23,27	12,02	17,49	19,67	9,89	14,39	16,19	7,82	11,38	12,80
	VI	713,83	39,26	57,10	64,24																				
2 723,99	I,IV	386,16	21,23	30,89	34,75	I	386,16	16,52	24,03	27,03	12,06	17,54	19,73	7,86	11,44	12,87	—	5,71	6,42	—	1,13	1,27	—	—	—
	II	353,58	19,44	28,28	31,82	II	353,58	14,82	21,56	24,26	10,46	15,22	17,12	6,36	9,25	10,40	—	3,82	4,29	—	—	—	—	—	—
	III	161,33	—	12,90	14,51	III	161,33	—	7,72	8,68	—	3,32	3,73	—	—	—	—	—	—	—	—	—	—	—	—
	V	678,66	37,32	54,29	61,07	IV	386,16	18,84	27,41	30,83	16,52	24,03	27,03	14,25	20,74	23,33	12,06	17,54	19,73	9,93	14,44	16,25	7,86	11,44	12,87
	VI	714,91	39,32	57,19	64,34																				
2 726,99	I,IV	386,91	21,28	30,95	34,82	I	386,91	16,56	24,09	27,10	12,10	17,60	19,80	7,90	11,49	12,92	—	5,76	6,48	—	1,16	1,31	—	—	—
	II	354,33	19,48	28,34	31,88	II	354,33	14,86	21,62	24,32	10,50	15,28	17,19	6,39	9,30	10,46	—	3,86	4,34	—	—	—	—	—	—
	III	162,—	—	12,96	14,58	III	162,—	—	7,76	8,73	—	3,36	3,78	—	—	—	—	—	—	—	—	—	—	—	—
	V	679,75	37,38	54,38	61,17	IV	386,91	18,88	27,47	30,90	16,56	24,09	27,10	14,30	20,80	23,40	12,10	17,60	19,80	9,96	14,50	16,31	7,90	11,49	12,92
	VI	716,—	39,38	57,28	64,44																				
2 729,99	I,IV	387,66	21,32	31,01	34,88	I	387,66	16,60	24,15	27,17	12,14	17,66	19,86	7,93	11,54	12,98	—	5,81	6,53	—	1,20	1,35	—	—	—
	II	355,08	19,52	28,40	31,95	II	355,08	14,90	21,68	24,39	10,54	15,33	17,24	6,43	9,35	10,52	—	3,90	4,38	—	—	—	—	—	—
	III	162,66	0,13	13,01	14,63	III	162,66	—	7,81	8,78	—	3,40	3,82	—	—	—	—	—	—	—	—	—	—	—	—
	V	680,83	37,44	54,46	61,27	IV	387,66	18,92	27,53	30,97	16,60	24,15	27,17	14,34	20,86	23,46	12,14	17,66	19,86	10,—	14,55	16,37	7,93	11,54	12,98
	VI	717,08	39,43	57,36	64,53																				
2 732,99	I,IV	388,50	21,36	31,08	34,96	I	388,50	16,64	24,20	27,23	12,17	17,71	19,92	7,97	11,59	13,04	—	5,86	6,59	—	1,23	1,38	—	—	—
	II	355,83	19,57	28,46	32,02	II	355,83	14,94	21,74	24,45	10,57	15,38	17,30	6,46	9,40	10,58	—	3,94	4,43	—	—	—	—	—	—
	III	163,50	0,30	13,08	14,71	III	163,50	—	7,85	8,83	—	3,44	3,87	—	—	—	—	—	—	—	—	—	—	—	—
	V	681,91	37,50	54,55	61,37	IV	388,50	18,97	27,59	31,04	16,64	24,20	27,23	14,37	20,91	23,52	12,17	17,71	19,92	10,04	14,60	16,43	7,97	11,59	13,04
	VI	718,16	39,49	57,45	64,63																				
2 735,99	I,IV	389,25	21,40	31,14	35,03	I	389,25	16,68	24,26	27,29	12,21	17,77	19,99	8,—	11,64	13,10	—	5,90	6,64	—	1,26	1,42	—	—	—
	II	356,66	19,61	28,53	32,09	II	356,66	14,98	21,80	24,52	10,61	15,44	17,37	6,50	9,46	10,64	—	3,98	4,48	—	—	—	—	—	—
	III	164,16	0,43	13,13	14,77	III	164,16	—	7,90	8,89	—	3,46	3,89	—	—	—	—	—	—	—	—	—	—	—	—
	V	683,—	37,56	54,64	61,47	IV	389,25	19,01	27,66	31,11	16,68	24,26	27,29	14,41	20,97	23,59	12,21	17,77	19,99	10,07	14,66	16,49	8,—	11,64	13,10
	VI	719,25	39,55	57,54	64,73																				
2 738,99	I,IV	390,—	21,45	31,20	35,10	I	390,—	16,72	24,32	27,36	12,25	17,82	20,05	8,04	11,70	13,16	—	5,95	6,69	—	1,30	1,46	—	—	—
	II	357,41	19,65	28,59	32,16	II	357,41	15,02	21,86	24,59	10,65	15,49	17,42	6,53	9,50	10,69	—	4,03	4,53	—	—	—	—	—	—
	III	164,83	0,56	13,18	14,83	III	164,83	—	7,94	8,93	—	3,50	3,94	—	—	—	—	—	—	—	—	—	—	—	—
	V	684,08	37,62	54,72	61,56	IV	390,—	19,05	27,72	31,18	16,72	24,32	27,36	14,46	21,03	23,66	12,25	17,82	20,05	10,12	14,72	16,56	8,04	11,70	13,16
	VI	720,33	39,61	57,62	64,82																				
2 741,99	I,IV	390,83	21,49	31,26	35,17	I	390,83	16,76	24,38	27,43	12,29	17,88	20,11	8,08	11,75	13,22	—	6,—	6,75	—	1,33	1,49	—	—	—
	II	358,16	19,69	28,65	32,23	II	358,16	15,06	21,91	24,65	10,69	15,55	17,49	6,57	9,56	10,75	—	4,07	4,58	—	—	—	—	—	—
	III	165,50	0,70	13,24	14,89	III	165,50	—	8,—	9,—	—	3,54	3,98	—	—	—	—	—	—	—	—	—	—	—	—
	V	685,16	37,68	54,81	61,66	IV	390,83	19,09	27,78	31,25	16,76	24,38	27,43	14,49	21,08	23,72	12,29	17,88	20,11	10,15	14,77	16,61	8,08	11,75	13,22
	VI	721,41	39,67	57,71	64,92																				
2 744,99	I,IV	391,58	21,53	31,32	35,24	I	391,58	16,80	24,44	27,50	12,33	17,94	20,18	8,11	11,80	13,28	—	6,05	6,80	—	1,36	1,53	—	—	—
	II	358,91	19,74	28,71	32,30	II	358,91	15,10	21,97	24,71	10,72	15,60	17,55	6,60	9,61	10,81	—	4,11	4,62	—	0,03	0,03	—	—	—
	III	166,16	0,83	13,29	14,95	III	166,16	—	8,04	9,04	—	3,58	4,03	—	—	—	—	—	—	—	—	—	—	—	—
	V	686,16	37,73	54,89	61,75	IV	391,58	19,14	27,84	31,32	16,80	24,44	27,50	14,53	21,14	23,78	12,33	17,94	20,18	10,19	14,82	16,67	8,11	11,80	13,28
	VI	722,41	39,73	57,79	65,01																				

* Die ausgewiesenen Tabellenwerte sind amtlich. Siehe Erläuterungen auf der Umschlaginnenseite (U2).
** Bei mehr als 3 Kinderfreibeträgen ist die „Ergänzungs-Tabelle 3,5 bis 6 Kinderfreibeträge" anzuwenden.

Abzüge an Lohnsteuer, Solidaritätszuschlag (SolZ) und Kirchensteuer (8%, 9%) in den Steuerklassen

Lohn/ Gehalt bis €*		I – VI				I, II, III, IV		mit Zahl der Kinderfreibeträge . . .																	
			ohne Kinderfreibeträge					0,5			1			1,5			2			2,5			3**		
		LSt	SolZ	8%	9%		LSt	SolZ	8%	9%	SolZ	8%	9%	SolZ	8%	9%	SolZ	8%	9%	SolZ	8%	9%	SolZ	8%	9%
2 747,99	I,IV	392,33	21,57	31,38	35,30	I	392,33	16,84	24,50	27,56	12,37	17,99	20,24	8,15	11,86	13,34	—	6,10	6,86	—	1,40	1,58	—	—	—
	II	359,66	19,78	28,77	32,36	II	359,66	15,14	22,02	24,77	10,76	15,66	17,61	6,64	9,66	10,86	—	4,16	4,68	—	0,06	0,06	—	—	—
	III	166,83	0,96	13,34	15,01	III	166,83	—	8,09	9,10	—	3,62	4,07	—	—	—	—	—	—	—	—	—	—	—	—
	V	687,25	37,79	54,98	61,85	IV	392,33	19,18	27,90	31,38	16,84	24,50	27,56	14,57	21,20	23,85	12,37	17,99	20,24	10,23	14,88	16,74	8,15	11,86	13,34
	VI	723,50	39,79	57,88	65,11																				
2 750,99	I,IV	393,16	21,62	31,45	35,38	I	393,16	16,88	24,56	27,63	12,40	18,04	20,30	8,18	11,90	13,39	—	6,14	6,91	—	1,44	1,62	—	—	—
	II	360,41	19,82	28,83	32,43	II	360,41	15,18	22,08	24,84	10,80	15,71	17,67	6,67	9,71	10,92	—	4,20	4,72	—	0,08	0,09	—	—	—
	III	167,50	1,10	13,40	15,07	III	167,50	—	8,14	9,16	—	3,66	4,12	—	—	—	—	—	—	—	—	—	—	—	—
	V	688,33	37,85	55,06	61,94	IV	393,16	19,22	27,96	31,45	16,88	24,56	27,63	14,61	21,26	23,91	12,40	18,04	20,30	10,26	14,93	16,79	8,18	11,90	13,39
	VI	724,58	39,85	57,96	65,21																				
2 753,99	I,IV	393,91	21,66	31,51	35,45	I	393,91	16,92	24,62	27,69	12,44	18,10	20,36	8,22	11,96	13,45	—	6,19	6,96	—	1,47	1,65	—	—	—
	II	361,25	19,86	28,90	32,51	II	361,25	15,22	22,14	24,91	10,83	15,76	17,73	6,71	9,76	10,98	—	4,24	4,77	—	0,12	0,13	—	—	—
	III	168,16	1,23	13,45	15,13	III	168,16	—	8,18	9,20	—	3,70	4,16	—	0,02	0,02	—	—	—	—	—	—	—	—	—
	V	689,41	37,91	55,15	62,04	IV	393,91	19,26	28,02	31,52	16,92	24,62	27,69	14,65	21,31	23,97	12,44	18,10	20,36	10,30	14,98	16,85	8,22	11,96	13,45
	VI	725,66	39,91	58,05	65,30																				
2 756,99	I,IV	394,66	21,70	31,57	35,51	I	394,66	16,96	24,68	27,76	12,48	18,16	20,43	8,25	12,01	13,51	—	6,24	7,02	—	1,50	1,69	—	—	—
	II	362,—	19,91	28,96	32,58	II	362,—	15,26	22,20	24,98	10,87	15,82	17,79	6,74	9,81	11,03	—	4,29	4,82	—	0,14	0,16	—	—	—
	III	168,83	1,36	13,50	15,19	III	168,83	—	8,24	9,27	—	3,74	4,21	—	0,06	0,07	—	—	—	—	—	—	—	—	—
	V	690,50	37,97	55,24	62,14	IV	394,66	19,30	28,08	31,59	16,96	24,68	27,76	14,69	21,37	24,04	12,48	18,16	20,43	10,34	15,04	16,92	8,25	12,01	13,51
	VI	726,75	39,97	58,14	65,40																				
2 759,99	I,IV	395,50	21,75	31,64	35,59	I	395,50	17,—	24,74	27,83	12,52	18,22	20,49	8,29	12,06	13,57	—	6,29	7,07	—	1,54	1,73	—	—	—
	II	362,75	19,95	29,02	32,64	II	362,75	15,30	22,26	25,04	10,91	15,88	17,86	6,78	9,86	11,09	—	4,33	4,87	—	0,18	0,20	—	—	—
	III	169,66	1,53	13,57	15,26	III	169,66	—	8,28	9,31	—	3,78	4,25	—	0,09	0,10	—	—	—	—	—	—	—	—	—
	V	691,58	38,03	55,32	62,24	IV	395,50	19,34	28,14	31,65	17,—	24,74	27,83	14,73	21,43	24,11	12,52	18,22	20,49	10,37	15,09	16,97	8,29	12,06	13,57
	VI	727,83	40,03	58,22	65,50																				
2 762,99	I,IV	396,25	21,79	31,70	35,66	I	396,25	17,05	24,80	27,90	12,56	18,27	20,55	8,33	12,12	13,63	—	6,34	7,13	—	1,58	1,77	—	—	—
	II	363,50	19,99	29,08	32,71	II	363,50	15,34	22,32	25,11	10,95	15,93	17,92	6,82	9,92	11,16	—	4,38	4,92	—	0,20	0,23	—	—	—
	III	170,33	1,66	13,62	15,32	III	170,33	—	8,33	9,37	—	3,82	4,30	—	0,13	0,14	—	—	—	—	—	—	—	—	—
	V	692,66	38,09	55,41	62,33	IV	396,25	19,39	28,20	31,73	17,05	24,80	27,90	14,77	21,48	24,17	12,56	18,27	20,55	10,41	15,14	17,03	8,33	12,12	13,63
	VI	729,—	40,09	58,32	65,61																				
2 765,99	I,IV	397,08	21,83	31,76	35,73	I	397,08	17,09	24,86	27,96	12,59	18,32	20,61	8,36	12,17	13,69	—	6,39	7,19	—	1,61	1,81	—	—	—
	II	364,25	20,03	29,14	32,78	II	364,25	15,38	22,38	25,17	10,99	15,98	17,98	6,85	9,97	11,21	—	4,42	4,97	—	0,24	0,27	—	—	—
	III	171,—	1,80	13,68	15,39	III	171,—	—	8,37	9,41	—	3,86	4,34	—	0,16	0,18	—	—	—	—	—	—	—	—	—
	V	693,75	38,15	55,50	62,43	IV	397,08	19,43	28,26	31,79	17,09	24,86	27,96	14,81	21,54	24,23	12,59	18,32	20,61	10,45	15,20	17,10	8,36	12,17	13,69
	VI	730,08	40,15	58,40	65,70																				
2 768,99	I,IV	397,83	21,88	31,82	35,80	I	397,83	17,13	24,92	28,03	12,63	18,38	20,67	8,40	12,22	13,75	—	6,44	7,24	—	1,64	1,85	—	—	—
	II	365,—	20,07	29,20	32,85	II	365,—	15,42	22,43	25,23	11,02	16,04	18,04	6,88	10,02	11,27	—	4,46	5,02	—	0,26	0,29	—	—	—
	III	171,66	1,93	13,73	15,44	III	171,66	—	8,42	9,47	—	3,90	4,39	—	0,18	0,20	—	—	—	—	—	—	—	—	—
	V	694,83	38,21	55,58	62,53	IV	397,83	19,47	28,32	31,86	17,13	24,92	28,03	14,85	21,60	24,30	12,63	18,38	20,67	10,49	15,26	17,16	8,40	12,22	13,75
	VI	731,08	40,20	58,48	65,79																				
2 771,99	I,IV	398,58	21,92	31,88	35,87	I	398,58	17,16	24,97	28,09	12,67	18,44	20,74	8,44	12,28	13,81	0,01	6,48	7,29	—	1,68	1,89	—	—	—
	II	365,83	20,12	29,26	32,92	II	365,83	15,46	22,49	25,30	11,06	16,09	18,10	6,92	10,07	11,33	—	4,50	5,06	—	0,30	0,33	—	—	—
	III	172,33	2,06	13,78	15,50	III	172,33	—	8,46	9,52	—	3,94	4,43	—	0,22	0,25	—	—	—	—	—	—	—	—	—
	V	695,91	38,27	55,67	62,63	IV	398,58	19,51	28,38	31,93	17,16	24,97	28,09	14,89	21,66	24,36	12,67	18,44	20,74	10,52	15,31	17,22	8,44	12,28	13,81
	VI	732,16	40,26	58,57	65,89																				
2 774,99	I,IV	399,41	21,96	31,95	35,94	I	399,41	17,21	25,03	28,16	12,71	18,49	20,80	8,47	12,32	13,86	0,15	6,54	7,35	—	1,72	1,93	—	—	—
	II	366,58	20,16	29,32	32,99	II	366,58	15,50	22,55	25,37	11,10	16,15	18,17	6,96	10,12	11,39	—	4,55	5,12	—	0,32	0,36	—	—	—
	III	173,—	2,20	13,84	15,57	III	173,—	—	8,52	9,58	—	3,98	4,48	—	0,25	0,28	—	—	—	—	—	—	—	—	—
	V	697,—	38,33	55,76	62,73	IV	399,41	19,55	28,44	32,—	17,21	25,03	28,16	14,93	21,72	24,43	12,71	18,49	20,80	10,56	15,36	17,28	8,47	12,32	13,86
	VI	733,25	40,32	58,66	65,99																				
2 777,99	I,IV	400,16	22,—	32,01	36,01	I	400,16	17,25	25,09	28,22	12,75	18,55	20,87	8,51	12,38	13,92	0,26	6,58	7,40	—	1,75	1,97	—	—	—
	II	367,33	20,20	29,38	33,05	II	367,33	15,54	22,60	25,43	11,14	16,20	18,23	6,99	10,17	11,44	—	4,60	5,17	—	0,36	0,40	—	—	—
	III	173,66	2,33	13,89	15,62	III	173,66	—	8,57	9,64	—	4,02	4,52	—	0,29	0,32	—	—	—	—	—	—	—	—	—
	V	698,08	38,39	55,84	62,82	IV	400,16	19,59	28,50	32,06	17,25	25,09	28,22	14,97	21,78	24,50	12,75	18,55	20,87	10,60	15,42	17,34	8,51	12,38	13,92
	VI	734,33	40,38	58,74	66,08																				
2 780,99	I,IV	400,91	22,05	32,07	36,08	I	400,91	17,29	25,15	28,29	12,79	18,60	20,93	8,54	12,43	13,98	0,40	6,64	7,47	—	1,78	2,—	—	—	—
	II	368,08	20,24	29,44	33,12	II	368,08	15,58	22,66	25,49	11,17	16,26	18,29	7,03	10,22	11,50	—	4,64	5,22	—	0,38	0,43	—	—	—
	III	174,33	2,46	13,94	15,68	III	174,33	—	8,61	9,68	—	4,06	4,57	—	0,32	0,36	—	—	—	—	—	—	—	—	—
	V	699,16	38,45	55,93	62,92	IV	400,91	19,63	28,56	32,13	17,29	25,15	28,29	15,01	21,83	24,56	12,79	18,60	20,93	10,63	15,47	17,40	8,54	12,43	13,98
	VI	735,41	40,44	58,83	66,18																				
2 783,99	I,IV	401,75	22,09	32,14	36,15	I	401,75	17,33	25,21	28,36	12,83	18,66	20,99	8,58	12,48	14,04	0,51	6,68	7,52	—	1,82	2,05	—	—	—
	II	368,91	20,29	29,51	33,20	II	368,91	15,62	22,72	25,56	11,21	16,31	18,35	7,06	10,28	11,56	—	4,68	5,27	—	0,42	0,47	—	—	—
	III	175,—	2,60	14,—	15,75	III	175,—	—	8,66	9,74	—	4,10	4,61	—	0,36	0,40	—	—	—	—	—	—	—	—	—
	V	700,25	38,51	56,02	63,02	IV	401,75	19,68	28,62	32,20	17,33	25,21	28,36	15,05	21,89	24,62	12,83	18,66	20,99	10,67	15,52	17,46	8,58	12,48	14,04
	VI	736,50	40,50	58,92	66,28																				
2 786,99	I,IV	402,50	22,13	32,20	36,22	I	402,50	17,37	25,27	28,43	12,87	18,72	21,06	8,62	12,54	14,10	0,65	6,74	7,58	—	1,86	2,09	—	—	—
	II	369,66	20,33	29,57	33,26	II	369,66	15,66	22,78	25,63	11,25	16,37	18,41	7,10	10,33	11,62	—	4,73	5,32	—	0,44	0,50	—	—	—
	III	175,66	2,73	14,05	15,80	III	175,66	—	8,70	9,79	—	4,14	4,66	—	0,38	0,43	—	—	—	—	—	—	—	—	—
	V	701,33	38,57	56,10	63,11	IV	402,50	19,72	28,69	32,27	17,37	25,27	28,43	15,09	21,95	24,69	12,87	18,72	21,06	10,71	15,58	17,53	8,62	12,54	14,10
	VI	737,58	40,56	59,—	66,38																				
2 789,99	I,IV	403,33	22,18	32,26	36,29	I	403,33	17,41	25,33	28,49	12,91	18,78	21,12	8,65	12,59	14,16	0,76	6,78	7,63	—	1,90	2,13	—	—	—
	II	370,41	20,37	29,63	33,33	II	370,41	15,70	22,84	25,69	11,29	16,42	18,47	7,13	10,38	11,67	—	4,78	5,37	—	0,48	0,54	—	—	—
	III	176,50	2,90	14,12	15,88	III	176,50	—	8,76	9,85	—	4,18	4,70	—	0,41	0,46	—	—	—	—	—	—	—	—	—
	V	702,41	38,63	56,19	63,21	IV	403,33	19,76	28,75	32,34	17,41	25,33	28,49	15,12	22,—	24,75	12,91	18,78	21,12	10,75	15,64	17,59	8,65	12,59	14,16
	VI	738,66	40,62	59,09	66,47																				
2 792,99	I,IV	404,08	22,22	32,32	36,36	I	404,08	17,45	25,39	28,56	12,94	18,83	21,18	8,69	12,64	14,22	0,90	6,84	7,69	—	1,93	2,17	—	—	—
	II	371,16	20,41	29,69	33,40	II	371,16	15,74	22,90	25,76	11,33	16,48	18,54	7,17	10,43	11,73	—	4,82	5,42	—	0,51	0,57	—	—	—
	III	177,16	3,03	14,17	15,94	III	177,16	—	8,81	9,91	—	4,22	4,75	—	0,45	0,50	—	—	—	—	—	—	—	—	—
	V	703,50	38,69	56,28	63,31	IV	404,08	19,80	28,81	32,41	17,45	25,39	28,56	15,17	22,06	24,82	12,94	18,83	21,18	10,78	15,69	17,65	8,69	12,64	14,22
	VI	739,75	40,68	59,18	66,57																				

* Die ausgewiesenen Tabellenwerte sind amtlich. Siehe Erläuterungen auf der Umschlaginnenseite (U2).

** Bei mehr als 3 Kinderfreibeträgen ist die „Ergänzungs-Tabelle 3,5 bis 6 Kinderfreibeträge" anzuwenden.

Lohn/ Gehalt bis €*		Abzüge an Lohnsteuer, Solidaritätszuschlag (SolZ) und Kirchensteuer (8%, 9%) in den Steuerklassen I – VI				I, II, III, IV		mit Zahl der Kinderfreibeträge . . . 0,5			1			1,5			2			2,5			3**		
		LSt	ohne Kinderfreibeträge SolZ	8%	9%		LSt	SolZ	8%	9%	SolZ	8%	9%	SolZ	8%	9%	SolZ	8%	9%	SolZ	8%	9%	SolZ	8%	9%
2 795,99	I,IV	404,83	22,26	32,38	36,43	I	404,83	17,49	25,45	28,63	12,98	18,88	21,24	8,73	12,70	14,28	1,01	6,88	7,74	—	1,96	2,21	—	—	—
	II	371,91	20,45	29,75	33,47	II	371,91	15,78	22,96	25,83	11,36	16,53	18,59	7,20	10,48	11,79	—	4,86	5,47	—	0,54	0,60	—	—	—
	III	177,83	3,16	14,22	16,—	III	177,83	—	8,85	9,95	—	4,26	4,79	—	0,48	0,54	—	—	—	—	—	—	—	—	—
	V	704,58	38,75	56,36	63,41	IV	404,83	19,85	28,87	32,48	17,49	25,45	28,63	15,20	22,12	24,88	12,98	18,88	21,24	10,82	15,74	17,71	8,73	12,70	14,28
	VI	740,83	40,74	59,26	66,67																				
2 798,99	I,IV	405,66	22,31	32,45	36,50	I	405,66	17,54	25,51	28,70	13,02	18,94	21,31	8,76	12,75	14,34	1,13	6,93	7,79	—	2,—	2,25	—	—	—
	II	372,75	20,50	29,82	33,54	II	372,75	15,82	23,01	25,88	11,40	16,58	18,65	7,24	10,54	11,85	—	4,91	5,52	—	0,57	0,64	—	—	—
	III	178,50	3,30	14,28	16,06	III	178,50	—	8,90	10,01	—	4,32	4,86	—	0,52	0,58	—	—	—	—	—	—	—	—	—
	V	705,66	38,81	56,45	63,50	IV	405,66	19,89	28,93	32,54	17,54	25,51	28,70	15,24	22,18	24,95	13,02	18,94	21,31	10,86	15,80	17,77	8,76	12,75	14,34
	VI	741,91	40,80	59,35	66,77																				
2 801,99	I,IV	406,41	22,35	32,51	36,57	I	406,41	17,58	25,57	28,76	13,06	19,—	21,37	8,80	12,80	14,40	1,26	6,98	7,85	—	2,04	2,29	—	—	—
	II	373,50	20,54	29,88	33,61	II	373,50	15,86	23,07	25,95	11,44	16,64	18,72	7,27	10,58	11,90	—	4,95	5,57	—	0,60	0,68	—	—	—
	III	179,16	3,43	14,33	16,12	III	179,16	—	8,96	10,08	—	4,36	4,90	—	0,54	0,61	—	—	—	—	—	—	—	—	—
	V	706,75	38,87	56,54	63,60	IV	406,41	19,93	28,99	32,61	17,58	25,57	28,76	15,29	22,24	25,02	13,06	19,—	21,37	10,89	15,85	17,83	8,80	12,80	14,40
	VI	743,—	40,86	59,44	66,87																				
2 804,99	I,IV	407,25	22,39	32,58	36,65	I	407,25	17,62	25,63	28,83	13,10	19,06	21,44	8,84	12,86	14,46	1,38	7,03	7,91	—	2,08	2,34	—	—	—
	II	374,25	20,58	29,94	33,68	II	374,25	15,90	23,13	26,02	11,48	16,70	18,78	7,31	10,64	11,97	—	5,—	5,62	—	0,63	0,71	—	—	—
	III	179,83	3,56	14,38	16,18	III	179,83	—	9,—	10,12	—	4,38	4,93	—	0,58	0,65	—	—	—	—	—	—	—	—	—
	V	707,83	38,93	56,62	63,70	IV	407,25	19,97	29,06	32,69	17,62	25,63	28,83	15,33	22,30	25,08	13,10	19,06	21,44	10,94	15,91	17,90	8,84	12,86	14,46
	VI	744,08	40,92	59,52	66,96																				
2 807,99	I,IV	408,—	22,44	32,64	36,72	I	408,—	17,66	25,69	28,90	13,14	19,11	21,50	8,87	12,91	14,52	1,51	7,08	7,97	—	2,11	2,37	—	—	—
	II	375,—	20,62	30,—	33,75	II	375,—	15,94	23,19	26,09	11,51	16,75	18,84	7,35	10,69	12,02	—	5,04	5,67	—	0,66	0,74	—	—	—
	III	180,33	3,66	14,42	16,22	III	180,33	—	9,04	10,17	—	4,42	4,97	—	0,61	0,68	—	—	—	—	—	—	—	—	—
	V	708,91	38,99	56,71	63,80	IV	408,—	20,02	29,12	32,76	17,66	25,69	28,90	15,36	22,35	25,14	13,14	19,11	21,50	10,97	15,96	17,96	8,87	12,91	14,52
	VI	745,16	40,98	59,61	67,06																				
2 810,99	I,IV	408,83	22,48	32,70	36,79	I	408,83	17,70	25,75	28,97	13,18	19,17	21,56	8,91	12,96	14,58	1,63	7,13	8,02	—	2,15	2,42	—	—	—
	II	375,83	20,67	30,06	33,82	II	375,83	15,98	23,25	26,15	11,55	16,81	18,91	7,38	10,74	12,08	—	5,09	5,72	—	0,70	0,78	—	—	—
	III	181,—	3,80	14,48	16,29	III	181,—	—	9,08	10,21	—	4,46	5,02	—	0,64	0,72	—	—	—	—	—	—	—	—	—
	V	710,—	39,05	56,80	63,90	IV	408,83	20,06	29,18	32,82	17,70	25,75	28,97	15,40	22,41	25,21	13,18	19,17	21,56	11,01	16,02	18,02	8,91	12,96	14,58
	VI	746,25	41,04	59,70	67,16																				
2 813,99	I,IV	409,58	22,52	32,76	36,86	I	409,58	17,74	25,81	29,03	13,21	19,22	21,62	8,95	13,02	14,64	1,76	7,18	8,08	—	2,19	2,46	—	—	—
	II	376,58	20,71	30,12	33,89	II	376,58	16,02	23,30	26,21	11,59	16,86	18,97	7,42	10,80	12,15	—	5,14	5,78	—	0,73	0,82	—	—	—
	III	181,66	3,93	14,53	16,34	III	181,66	—	9,13	10,27	—	4,50	5,06	—	0,66	0,74	—	—	—	—	—	—	—	—	—
	V	711,08	39,10	56,88	63,99	IV	409,58	20,10	29,24	32,89	17,74	25,81	29,03	15,45	22,47	25,28	13,21	19,22	21,62	11,05	16,07	18,08	8,95	13,02	14,64
	VI	747,33	41,10	59,78	67,25																				
2 816,99	I,IV	410,41	22,57	32,83	36,93	I	410,41	17,78	25,86	29,09	13,25	19,28	21,69	8,98	13,07	14,70	1,88	7,23	8,13	—	2,22	2,50	—	—	—
	II	377,33	20,75	30,18	33,95	II	377,33	16,06	23,36	26,28	11,63	16,92	19,03	7,45	10,84	12,20	—	5,18	5,83	—	0,76	0,85	—	—	—
	III	182,33	4,06	14,58	16,40	III	182,33	—	9,17	10,31	—	4,53	5,09	—	0,70	0,79	—	—	—	—	—	—	—	—	—
	V	712,16	39,16	56,97	64,09	IV	410,41	20,14	29,30	32,96	17,78	25,86	29,09	15,48	22,52	25,34	13,25	19,28	21,69	11,09	16,13	18,14	8,98	13,07	14,70
	VI	748,41	41,16	59,87	67,35																				
2 819,99	I,IV	411,16	22,61	32,89	37,—	I	411,16	17,82	25,92	29,16	13,29	19,34	21,75	9,02	13,12	14,76	2,—	7,28	8,19	—	2,26	2,54	—	—	—
	II	378,08	20,79	30,24	34,02	II	378,08	16,10	23,42	26,35	11,66	16,97	19,09	7,49	10,90	12,26	—	5,23	5,88	—	0,79	0,89	—	—	—
	III	182,83	4,16	14,62	16,45	III	182,83	—	9,21	10,36	—	4,57	5,14	—	0,73	0,82	—	—	—	—	—	—	—	—	—
	V	713,25	39,22	57,06	64,19	IV	411,16	20,18	29,36	33,03	17,82	25,92	29,16	15,52	22,58	25,40	13,29	19,34	21,75	11,12	16,18	18,20	9,02	13,12	14,76
	VI	749,50	41,22	59,96	67,45																				
2 822,99	I,IV	411,91	22,65	32,95	37,07	I	411,91	17,86	25,98	29,23	13,33	19,39	21,81	9,05	13,17	14,81	2,13	7,33	8,24	—	2,30	2,58	—	—	—
	II	378,91	20,84	30,31	34,10	II	378,91	16,14	23,48	26,41	11,70	17,02	19,15	7,53	10,95	12,32	—	5,28	5,94	—	0,82	0,92	—	—	—
	III	183,50	4,30	14,68	16,51	III	183,50	—	9,26	10,42	—	4,61	5,18	—	0,76	0,85	—	—	—	—	—	—	—	—	—
	V	714,33	39,28	57,14	64,28	IV	411,91	20,23	29,42	33,10	17,86	25,98	29,23	15,56	22,64	25,47	13,33	19,39	21,81	11,16	16,24	18,27	9,05	13,17	14,81
	VI	750,58	41,28	60,04	67,55																				
2 825,99	I,IV	412,75	22,70	33,02	37,14	I	412,75	17,90	26,04	29,30	13,37	19,45	21,88	9,09	13,22	14,87	2,25	7,38	8,30	—	2,34	2,63	—	—	—
	II	379,66	20,88	30,37	34,16	II	379,66	16,18	23,54	26,48	11,74	17,08	19,22	7,56	11,—	12,38	—	5,32	5,99	—	0,86	0,96	—	—	—
	III	184,16	4,43	14,73	16,57	III	184,16	—	9,30	10,46	—	4,65	5,23	—	0,78	0,88	—	—	—	—	—	—	—	—	—
	V	715,41	39,34	57,23	64,38	IV	412,75	20,27	29,48	33,17	17,90	26,04	29,30	15,60	22,70	25,53	13,37	19,45	21,88	11,20	16,29	18,32	9,09	13,22	14,87
	VI	751,66	41,34	60,13	67,64																				
2 828,99	I,IV	413,50	22,74	33,08	37,21	I	413,50	17,94	26,10	29,36	13,41	19,50	21,94	9,13	13,28	14,94	2,38	7,43	8,36	—	2,37	2,66	—	—	—
	II	380,41	20,92	30,43	34,23	II	380,41	16,22	23,60	26,55	11,78	17,14	19,28	7,59	11,05	12,43	—	5,37	6,04	—	0,89	1,—	—	—	—
	III	184,83	4,56	14,78	16,63	III	184,83	—	9,36	10,53	—	4,69	5,27	—	0,82	0,92	—	—	—	—	—	—	—	—	—
	V	716,50	39,40	57,32	64,48	IV	413,50	20,31	29,54	33,23	17,94	26,10	29,36	15,64	22,76	25,60	13,41	19,50	21,94	11,23	16,34	18,38	9,13	13,28	14,94
	VI	752,75	41,40	60,22	67,74																				
2 831,99	I,IV	414,33	22,78	33,14	37,28	I	414,33	17,98	26,16	29,43	13,45	19,56	22,01	9,17	13,34	15,—	2,50	7,48	8,41	—	2,41	2,71	—	—	—
	II	381,25	20,96	30,50	34,31	II	381,25	16,26	23,66	26,61	11,82	17,19	19,34	7,63	11,10	12,49	—	5,42	6,09	—	0,92	1,04	—	—	—
	III	185,33	4,66	14,82	16,67	III	185,33	—	9,40	10,57	—	4,72	5,31	—	0,85	0,95	—	—	—	—	—	—	—	—	—
	V	717,58	39,46	57,40	64,58	IV	414,33	20,35	29,60	33,30	17,98	26,16	29,43	15,68	22,82	25,67	13,45	19,56	22,01	11,27	16,40	18,45	9,17	13,34	15,—
	VI	753,83	41,46	60,30	67,84																				
2 834,99	I,IV	415,08	22,82	33,20	37,35	I	415,08	18,03	26,22	29,50	13,48	19,62	22,07	9,20	13,39	15,06	2,63	7,53	8,47	—	2,45	2,75	—	—	—
	II	382,—	21,01	30,56	34,38	II	382,—	16,30	23,72	26,68	11,86	17,25	19,40	7,67	11,16	12,55	—	5,46	6,14	—	0,96	1,08	—	—	—
	III	186,—	4,80	14,88	16,74	III	186,—	—	9,44	10,62	—	4,76	5,35	—	0,88	0,99	—	—	—	—	—	—	—	—	—
	V	718,66	39,52	57,49	64,67	IV	415,08	20,40	29,67	33,38	18,03	26,22	29,50	15,73	22,88	25,74	13,48	19,62	22,07	11,31	16,46	18,51	9,20	13,39	15,06
	VI	754,91	41,52	60,39	67,94																				
2 837,99	I,IV	415,91	22,87	33,27	37,43	I	415,91	18,07	26,28	29,57	13,53	19,68	22,14	9,24	13,44	15,12	2,75	7,58	8,52	—	2,49	2,80	—	—	—
	II	382,75	21,05	30,62	34,44	II	382,75	16,34	23,78	26,75	11,89	17,30	19,46	7,70	11,21	12,61	—	5,51	6,20	—	0,98	1,10	—	—	—
	III	186,66	4,93	14,93	16,79	III	186,66	—	9,49	10,67	—	4,80	5,40	—	0,92	1,03	—	—	—	—	—	—	—	—	—
	V	719,75	39,58	57,58	64,77	IV	415,91	20,44	29,73	33,44	18,07	26,28	29,57	15,77	22,94	25,80	13,53	19,68	22,14	11,35	16,51	18,57	9,24	13,44	15,12
	VI	756,—	41,58	60,48	68,04																				
2 840,99	I,IV	416,66	22,91	33,33	37,49	I	416,66	18,11	26,34	29,63	13,56	19,73	22,19	9,28	13,50	15,18	2,88	7,63	8,58	—	2,52	2,84	—	—	—
	II	383,58	21,09	30,68	34,52	II	383,58	16,38	23,83	26,81	11,93	17,36	19,53	7,74	11,26	12,67	—	5,56	6,25	—	1,02	1,14	—	—	—
	III	187,33	5,06	14,98	16,85	III	187,33	—	9,53	10,72	—	4,84	5,44	—	0,94	1,06	—	—	—	—	—	—	—	—	—
	V	720,83	39,64	57,66	64,87	IV	416,66	20,48	29,79	33,51	18,11	26,34	29,63	15,80	22,99	25,86	13,56	19,73	22,19	11,38	16,56	18,63	9,28	13,50	15,18
	VI	757,08	41,63	60,56	68,13																				

* Die ausgewiesenen Tabellenwerte sind amtlich. Siehe Erläuterungen auf der Umschlaginnenseite (U2).
** Bei mehr als 3 Kinderfreibeträgen ist die „Ergänzungs-Tabelle 3,5 bis 6 Kinderfreibeträge" anzuwenden.

MONAT **2 841,–***

Lohn/ Gehalt bis €*	Abzüge an Lohnsteuer, Solidaritätszuschlag (SolZ) und Kirchensteuer (8%, 9%) in den Steuerklassen I – VI		ohne Kinderfreibeträge			I, II, III, IV		mit Zahl der Kinderfreibeträge . . . 0,5			1			1,5			2			2,5			3**		
		LSt	SolZ	8%	9%		LSt	SolZ	8%	9%	SolZ	8%	9%	SolZ	8%	9%	SolZ	8%	9%	SolZ	8%	9%	SolZ	8%	9%
2 843,99	I,IV	417,50	22,96	33,40	37,57	I	417,50	18,15	26,40	29,70	13,60	19,79	22,26	9,31	13,55	15,24	3,01	7,68	8,64	—	2,56	2,88	—	—	—
	II	384,33	21,13	30,74	34,58	II	384,33	16,42	23,89	26,87	11,97	17,42	19,59	7,78	11,32	12,73	—	5,60	6,30	—	1,05	1,18	—	—	—
	III	187,83	5,16	15,02	16,90	III	187,83	—	9,57	10,76	—	4,88	5,49	—	0,97	1,09	—	—	—	—	—	—	—	—	—
	V	721,91	39,70	57,75	64,97	IV	417,50	20,52	29,86	33,59	18,15	26,40	29,70	15,84	23,05	25,93	13,60	19,79	22,26	11,43	16,62	18,70	9,31	13,55	15,24
	VI	758,16	41,69	60,65	68,23																				
2 846,99	I,IV	418,25	23,—	33,46	37,64	I	418,25	18,19	26,46	29,77	13,64	19,84	22,32	9,35	13,60	15,30	3,13	7,73	8,69	—	2,60	2,93	—	—	—
	II	385,08	21,17	30,80	34,65	II	385,08	16,46	23,95	26,94	12,01	17,47	19,65	7,81	11,36	12,78	—	5,65	6,35	—	1,08	1,22	—	—	—
	III	188,50	5,30	15,08	16,96	III	188,50	—	9,62	10,82	—	4,92	5,53	—	1,01	1,13	—	—	—	—	—	—	—	—	—
	V	722,91	39,76	57,83	65,06	IV	418,25	20,57	29,92	33,66	18,19	26,46	29,77	15,89	23,11	26,—	13,64	19,84	22,32	11,46	16,68	18,76	9,35	13,60	15,30
	VI	759,16	41,75	60,73	68,32																				
2 849,99	I,IV	419,08	23,04	33,52	37,71	I	419,08	18,23	26,52	29,84	13,68	19,90	22,39	9,38	13,65	15,35	3,25	7,78	8,75	—	2,64	2,97	—	—	—
	II	385,83	21,22	30,86	34,72	II	385,83	16,50	24,01	27,01	12,04	17,52	19,71	7,85	11,42	12,84	—	5,70	6,41	—	1,12	1,26	—	—	—
	III	189,16	5,43	15,13	17,02	III	189,16	—	9,66	10,87	—	4,96	5,58	—	1,04	1,17	—	—	—	—	—	—	—	—	—
	V	724,—	39,82	57,92	65,16	IV	419,08	20,61	29,98	33,72	18,23	26,52	29,84	15,92	23,16	26,06	13,68	19,90	22,39	11,50	16,73	18,82	9,38	13,65	15,35
	VI	760,25	41,81	60,82	68,42																				
2 852,99	I,IV	419,83	23,09	33,58	37,78	I	419,83	18,27	26,58	29,90	13,72	19,96	22,45	9,42	13,70	15,41	3,38	7,83	8,81	—	2,68	3,01	—	—	—
	II	386,66	21,26	30,93	34,79	II	386,66	16,55	24,07	27,08	12,09	17,58	19,78	7,88	11,47	12,90	—	5,74	6,46	—	1,15	1,29	—	—	—
	III	189,66	5,53	15,17	17,06	III	189,66	—	9,70	10,91	—	4,98	5,60	—	1,06	1,19	—	—	—	—	—	—	—	—	—
	V	725,08	39,87	58,—	65,25	IV	419,83	20,65	30,04	33,79	18,27	26,58	29,90	15,96	23,22	26,12	13,72	19,96	22,45	11,54	16,78	18,88	9,42	13,70	15,41
	VI	761,33	41,87	60,90	68,51																				
2 855,99	I,IV	420,66	23,13	33,65	37,85	I	420,66	18,31	26,64	29,97	13,76	20,02	22,52	9,46	13,76	15,48	3,50	7,88	8,86	—	2,72	3,06	—	—	—
	II	387,41	21,30	30,99	34,86	II	387,41	16,58	24,12	27,14	12,12	17,64	19,84	7,92	11,52	12,96	—	5,79	6,51	—	1,18	1,33	—	—	—
	III	190,33	5,66	15,22	17,12	III	190,33	—	9,76	10,98	—	5,02	5,65	—	1,10	1,24	—	—	—	—	—	—	—	—	—
	V	726,16	39,93	58,09	65,35	IV	420,66	20,69	30,10	33,86	18,31	26,64	29,97	16,—	23,28	26,19	13,76	20,02	22,52	11,58	16,84	18,95	9,46	13,76	15,48
	VI	762,41	41,93	60,99	68,61																				
2 858,99	I,IV	421,41	23,17	33,71	37,92	I	421,41	18,36	26,70	30,04	13,80	20,07	22,58	9,50	13,82	15,54	3,63	7,93	8,92	—	2,76	3,10	—	—	—
	II	388,16	21,34	31,05	34,93	II	388,16	16,62	24,18	27,20	12,16	17,69	19,90	7,96	11,58	13,02	—	5,84	6,57	—	1,22	1,37	—	—	—
	III	191,—	5,80	15,28	17,19	III	191,—	—	9,80	11,02	—	5,06	5,69	—	1,13	1,27	—	—	—	—	—	—	—	—	—
	V	727,25	39,99	58,18	65,45	IV	421,41	20,73	30,16	33,93	18,36	26,70	30,04	16,05	23,34	26,26	13,80	20,07	22,58	11,61	16,90	19,01	9,50	13,82	15,54
	VI	763,50	41,99	61,08	68,71																				
2 861,99	I,IV	422,25	23,22	33,78	38,—	I	422,25	18,40	26,76	30,11	13,84	20,13	22,64	9,53	13,87	15,60	3,76	7,98	8,98	—	2,80	3,15	—	—	—
	II	389,—	21,39	31,12	35,01	II	389,—	16,66	24,24	27,27	12,20	17,75	19,97	7,99	11,62	13,07	—	5,88	6,62	—	1,25	1,40	—	—	—
	III	191,66	5,93	15,33	17,24	III	191,66	—	9,85	11,08	—	5,10	5,74	—	1,16	1,30	—	—	—	—	—	—	—	—	—
	V	728,33	40,05	58,26	65,54	IV	422,25	20,78	30,22	34,—	18,40	26,76	30,11	16,09	23,40	26,33	13,84	20,13	22,64	11,65	16,95	19,07	9,53	13,87	15,60
	VI	764,58	42,05	61,16	68,81																				
2 864,99	I,IV	423,—	23,26	33,84	38,07	I	423,—	18,44	26,82	30,17	13,87	20,18	22,70	9,57	13,92	15,66	3,88	8,03	9,03	—	2,84	3,19	—	—	—
	II	389,75	21,43	31,18	35,07	II	389,75	16,71	24,30	27,34	12,24	17,80	20,03	8,03	11,68	13,14	—	5,94	6,68	—	1,29	1,45	—	—	—
	III	192,33	6,06	15,38	17,30	III	192,33	—	9,89	11,12	—	5,14	5,78	—	1,20	1,35	—	—	—	—	—	—	—	—	—
	V	729,41	40,11	58,35	65,64	IV	423,—	20,82	30,28	34,07	18,44	26,82	30,17	16,12	23,46	26,39	13,87	20,18	22,70	11,69	17,01	19,13	9,57	13,92	15,66
	VI	765,75	42,11	61,26	68,91																				
2 867,99	I,IV	423,83	23,31	33,90	38,14	I	423,83	18,48	26,88	30,24	13,91	20,24	22,77	9,61	13,98	15,72	4,01	8,08	9,09	—	2,88	3,24	—	—	—
	II	390,50	21,47	31,24	35,14	II	390,50	16,75	24,36	27,41	12,27	17,86	20,09	8,06	11,73	13,19	—	5,98	6,73	—	1,32	1,49	—	—	—
	III	192,83	6,16	15,42	17,35	III	192,83	—	9,93	11,17	—	5,18	5,83	—	1,22	1,37	—	—	—	—	—	—	—	—	—
	V	730,50	40,17	58,44	65,74	IV	423,83	20,86	30,35	34,14	18,48	26,88	30,24	16,17	23,52	26,46	13,91	20,24	22,77	11,73	17,06	19,19	9,61	13,98	15,72
	VI	766,83	42,17	61,34	69,01																				
2 870,99	I,IV	424,58	23,35	33,96	38,21	I	424,58	18,52	26,94	30,31	13,95	20,30	22,83	9,64	14,03	15,78	4,13	8,13	9,14	—	2,91	3,27	—	—	—
	II	391,33	21,52	31,30	35,21	II	391,33	16,78	24,42	27,47	12,32	17,92	20,16	8,10	11,78	13,25	—	6,03	6,78	—	1,36	1,53	—	—	—
	III	193,50	6,30	15,48	17,41	III	193,50	—	9,98	11,23	—	5,22	5,87	—	1,25	1,40	—	—	—	—	—	—	—	—	—
	V	731,58	40,23	58,52	65,84	IV	424,58	20,90	30,41	34,21	18,52	26,94	30,31	16,21	23,58	26,52	13,95	20,30	22,83	11,77	17,12	19,26	9,64	14,03	15,78
	VI	767,83	42,23	61,42	69,10																				
2 873,99	I,IV	425,41	23,39	34,03	38,28	I	425,41	18,56	27,—	30,38	13,99	20,36	22,90	9,68	14,08	15,84	4,26	8,18	9,20	—	2,95	3,32	—	—	—
	II	392,08	21,56	31,36	35,28	II	392,08	16,83	24,48	27,54	12,35	17,97	20,21	8,14	11,84	13,32	—	6,08	6,84	—	1,39	1,56	—	—	—
	III	194,16	6,43	15,53	17,47	III	194,16	—	10,02	11,27	—	5,25	5,90	—	1,29	1,45	—	—	—	—	—	—	—	—	—
	V	732,66	40,29	58,61	65,93	IV	425,41	20,95	30,47	34,28	18,56	27,—	30,38	16,25	23,64	26,59	13,99	20,36	22,90	11,80	17,17	19,31	9,68	14,08	15,84
	VI	768,91	42,29	61,51	69,20																				
2 876,99	I,IV	426,16	23,43	34,09	38,35	I	426,16	18,60	27,06	30,44	14,03	20,41	22,96	9,72	14,14	15,90	4,38	8,23	9,26	—	2,99	3,36	—	—	—
	II	392,83	21,60	31,42	35,35	II	392,83	16,87	24,54	27,60	12,39	18,02	20,27	8,17	11,89	13,37	—	6,12	6,89	—	1,42	1,60	—	—	—
	III	194,83	6,56	15,58	17,53	III	194,83	—	10,08	11,34	—	5,29	5,95	—	1,32	1,48	—	—	—	—	—	—	—	—	—
	V	733,75	40,35	58,70	66,03	IV	426,16	20,99	30,53	34,34	18,60	27,06	30,44	16,28	23,69	26,65	14,03	20,41	22,96	11,84	17,23	19,38	9,72	14,14	15,90
	VI	770,—	42,35	61,60	69,30																				
2 879,99	I,IV	427,—	23,48	34,16	38,43	I	427,—	18,64	27,12	30,51	14,07	20,47	23,03	9,75	14,19	15,96	4,51	8,28	9,32	—	3,03	3,41	—	—	—
	II	393,66	21,65	31,49	35,42	II	393,66	16,91	24,60	27,67	12,43	18,08	20,34	8,21	11,94	13,43	—	6,18	6,95	—	1,46	1,64	—	—	—
	III	195,33	6,66	15,62	17,57	III	195,33	—	10,12	11,38	—	5,33	5,99	—	1,34	1,51	—	—	—	—	—	—	—	—	—
	V	734,83	40,41	58,78	66,13	IV	427,—	21,03	30,60	34,42	18,64	27,12	30,51	16,33	23,75	26,72	14,07	20,47	23,03	11,88	17,28	19,44	9,75	14,19	15,96
	VI	771,08	42,40	61,68	69,39																				
2 882,99	I,IV	427,75	23,52	34,22	38,49	I	427,75	18,69	27,18	30,58	14,11	20,53	23,09	9,79	14,24	16,02	4,63	8,33	9,37	—	3,07	3,45	—	—	—
	II	394,41	21,69	31,55	35,49	II	394,41	16,95	24,66	27,74	12,47	18,14	20,40	8,24	11,99	13,49	—	6,22	7,—	—	1,49	1,67	—	—	—
	III	196,—	6,80	15,68	17,64	III	196,—	—	10,17	11,44	—	5,37	6,04	—	1,38	1,55	—	—	—	—	—	—	—	—	—
	V	735,91	40,47	58,87	66,23	IV	427,75	21,07	30,66	34,49	18,69	27,18	30,58	16,37	23,81	26,78	14,11	20,53	23,09	11,92	17,34	19,50	9,79	14,24	16,02
	VI	772,16	42,46	61,77	69,49																				
2 885,99	I,IV	428,58	23,57	34,28	38,57	I	428,58	18,73	27,25	30,65	14,15	20,58	23,15	9,83	14,30	16,08	4,76	8,38	9,43	—	3,11	3,50	—	—	—
	II	395,16	21,73	31,61	35,56	II	395,16	16,99	24,72	27,81	12,51	18,20	20,47	8,28	12,04	13,55	—	6,27	7,05	—	1,53	1,72	—	—	—
	III	196,66	6,93	15,73	17,69	III	196,66	—	10,21	11,48	—	5,41	6,08	—	1,41	1,58	—	—	—	—	—	—	—	—	—
	V	737,—	40,53	58,96	66,33	IV	428,58	21,12	30,72	34,56	18,73	27,25	30,65	16,41	23,87	26,85	14,15	20,58	23,15	11,96	17,40	19,57	9,83	14,30	16,08
	VI	773,25	42,52	61,86	69,59																				
2 888,99	I,IV	429,41	23,61	34,35	38,64	I	429,41	18,77	27,31	30,72	14,19	20,64	23,22	9,86	14,35	16,14	4,90	8,44	9,49	—	3,15	3,54	—	—	—
	II	396,—	21,78	31,68	35,64	II	396,—	17,03	24,78	27,87	12,54	18,25	20,53	8,31	12,10	13,61	—	6,32	7,11	—	1,56	1,76	—	—	—
	III	197,33	7,06	15,78	17,75	III	197,33	—	10,25	11,53	—	5,45	6,13	—	1,45	1,63	—	—	—	—	—	—	—	—	—
	V	738,08	40,59	59,04	66,42	IV	429,41	21,16	30,78	34,63	18,77	27,31	30,72	16,45	23,93	26,92	14,19	20,64	23,22	11,99	17,45	19,63	9,86	14,35	16,14
	VI	774,33	42,58	61,94	69,68																				

* Die ausgewiesenen Tabellenwerte sind amtlich. Siehe Erläuterungen auf der Umschlaginnenseite (U2).

** Bei mehr als 3 Kinderfreibeträgen ist die „Ergänzungs-Tabelle 3,5 bis 6 Kinderfreibeträge" anzuwenden.

Lohn/ Gehalt bis €*	Abzüge an Lohnsteuer, Solidaritätszuschlag (SolZ) und Kirchensteuer (8%, 9%) in den Steuerklassen I – VI		ohne Kinderfreibeträge			I, II, III, IV		mit Zahl der Kinderfreibeträge . . . 0,5			1			1,5			2			2,5			3**		
		LSt	SolZ	8%	9%		LSt	SolZ	8%	9%	SolZ	8%	9%	SolZ	8%	9%	SolZ	8%	9%	SolZ	8%	9%	SolZ	8%	9%
2 891,99	I,IV	430,16	23,65	34,41	38,71	I	430,16	18,81	27,37	30,79	14,23	20,70	23,28	9,90	14,40	16,20	5,01	8,48	9,54	—	3,19	3,59	—	—	—
	II	396,75	21,82	31,74	35,70	II	396,75	17,07	24,84	27,94	12,58	18,30	20,59	8,35	12,15	13,67	—	6,37	7,16	—	1,60	1,80	—	—	—
	III	197,83	7,16	15,82	17,80	III	197,83	—	10,30	11,59	—	5,49	6,17	—	1,48	1,66	—	—	—	—	—	—	—	—	—
	V	739,16	40,65	59,13	66,52	IV	430,16	21,20	30,84	34,70	18,81	27,37	30,79	16,49	23,99	26,99	14,23	20,70	23,28	12,03	17,50	19,69	9,90	14,40	16,20
	VI	775,41	42,64	62,03	69,78																				
2 894,99	I,IV	431,—	23,70	34,48	38,79	I	431,—	18,86	27,43	30,86	14,27	20,76	23,35	9,94	14,46	16,26	5,15	8,54	9,60	—	3,23	3,63	—	—	—
	II	397,58	21,86	31,80	35,78	II	397,58	17,11	24,90	28,01	12,62	18,36	20,66	8,39	12,20	13,73	—	6,42	7,22	—	1,63	1,83	—	—	—
	III	198,50	7,30	15,88	17,86	III	198,50	—	10,34	11,63	—	5,53	6,22	—	1,50	1,69	—	—	—	—	—	—	—	—	—
	V	740,25	40,71	59,22	66,62	IV	431,—	21,24	30,90	34,76	18,86	27,43	30,86	16,53	24,04	27,05	14,27	20,76	23,35	12,07	17,56	19,76	9,94	14,46	16,26
	VI	776,50	42,70	62,12	69,88																				
2 897,99	I,IV	431,75	23,74	34,54	38,85	I	431,75	18,90	27,49	30,92	14,30	20,81	23,41	9,97	14,51	16,32	5,26	8,58	9,65	—	3,27	3,68	—	—	—
	II	398,33	21,90	31,86	35,84	II	398,33	17,15	24,95	28,07	12,66	18,42	20,72	8,42	12,26	13,79	—	6,47	7,28	—	1,67	1,88	—	—	—
	III	199,16	7,43	15,93	17,92	III	199,16	—	10,40	11,70	—	5,57	6,26	—	1,54	1,73	—	—	—	—	—	—	—	—	—
	V	741,33	40,77	59,30	66,71	IV	431,75	21,28	30,96	34,83	18,90	27,49	30,92	16,57	24,10	27,11	14,30	20,81	23,41	12,11	17,62	19,82	9,97	14,51	16,32
	VI	777,58	42,76	62,20	69,98																				
2 900,99	I,IV	432,58	23,79	34,60	38,93	I	432,58	18,94	27,55	30,99	14,35	20,87	23,48	10,01	14,56	16,38	5,40	8,64	9,72	—	3,32	3,73	—	—	—
	II	399,08	21,94	31,92	35,91	II	399,08	17,19	25,01	28,13	12,70	18,47	20,78	8,46	12,31	13,85	0,10	6,52	7,33	—	1,70	1,91	—	—	—
	III	199,83	7,56	15,98	17,98	III	199,83	—	10,44	11,74	—	5,61	6,31	—	1,57	1,76	—	—	—	—	—	—	—	—	—
	V	742,41	40,83	59,39	66,81	IV	432,58	21,33	31,03	34,91	18,94	27,55	30,99	16,61	24,16	27,18	14,35	20,87	23,48	12,15	17,67	19,88	10,01	14,56	16,38
	VI	778,66	42,82	62,29	70,07																				
2 903,99	I,IV	433,33	23,83	34,66	38,99	I	433,33	18,98	27,61	31,06	14,39	20,93	23,54	10,05	14,62	16,44	5,51	8,68	9,77	—	3,36	3,78	—	—	—
	II	399,91	21,99	31,99	35,99	II	399,91	17,23	25,07	28,20	12,74	18,53	20,84	8,50	12,36	13,91	0,23	6,57	7,39	—	1,74	1,95	—	—	—
	III	200,33	7,66	16,02	18,02	III	200,33	—	10,49	11,80	—	5,65	6,35	—	1,61	1,81	—	—	—	—	—	—	—	—	—
	V	743,50	40,89	59,48	66,91	IV	433,33	21,37	31,09	34,97	18,98	27,61	31,06	16,65	24,22	27,25	14,39	20,93	23,54	12,18	17,72	19,94	10,05	14,62	16,44
	VI	779,75	42,88	62,38	70,17																				
2 906,99	I,IV	434,16	23,87	34,73	39,07	I	434,16	19,02	27,67	31,13	14,42	20,98	23,60	10,09	14,68	16,51	5,65	8,74	9,83	—	3,40	3,82	—	—	—
	II	400,66	22,03	32,05	36,05	II	400,66	17,27	25,13	28,27	12,77	18,58	20,90	8,53	12,42	13,97	0,35	6,62	7,44	—	1,78	2,—	—	—	—
	III	201,—	7,80	16,08	18,09	III	201,—	—	10,53	11,84	—	5,69	6,40	—	1,64	1,84	—	—	—	—	—	—	—	—	—
	V	744,58	40,95	59,56	67,01	IV	434,16	21,41	31,15	35,04	19,02	27,67	31,13	16,69	24,28	27,32	14,42	20,98	23,60	12,22	17,78	20,—	10,09	14,68	16,51
	VI	780,83	42,94	62,46	70,27																				
2 909,99	I,IV	435,—	23,92	34,80	39,15	I	435,—	19,06	27,73	31,19	14,46	21,04	23,67	10,12	14,73	16,57	5,78	8,79	9,89	—	3,44	3,87	—	—	—
	II	401,50	22,08	32,12	36,13	II	401,50	17,32	25,19	28,34	12,81	18,64	20,97	8,57	12,46	14,02	0,46	6,66	7,49	—	1,81	2,03	—	—	—
	III	201,66	7,93	16,13	18,14	III	201,66	—	10,58	11,90	—	5,73	6,44	—	1,66	1,87	—	—	—	—	—	—	—	—	—
	V	745,66	41,01	59,65	67,10	IV	435,—	21,46	31,22	35,12	19,06	27,73	31,19	16,73	24,34	27,38	14,46	21,04	23,67	12,26	17,84	20,07	10,12	14,73	16,57
	VI	781,91	43,—	62,55	70,37																				
2 912,99	I,IV	435,75	23,96	34,86	39,21	I	435,75	19,10	27,79	31,26	14,50	21,10	23,73	10,16	14,78	16,63	5,90	8,84	9,94	—	3,48	3,91	—	—	—
	II	402,25	22,12	32,18	36,20	II	402,25	17,36	25,25	28,40	12,85	18,70	21,03	8,60	12,52	14,08	0,60	6,72	7,56	—	1,84	2,07	—	—	—
	III	202,33	8,06	16,18	18,20	III	202,33	—	10,62	11,95	—	5,76	6,48	—	1,70	1,91	—	—	—	—	—	—	—	—	—
	V	746,75	41,07	59,74	67,20	IV	435,75	21,50	31,28	35,19	19,10	27,79	31,26	16,77	24,40	27,45	14,50	21,10	23,73	12,30	17,90	20,13	10,16	14,78	16,63
	VI	783,—	43,06	62,64	70,47																				
2 915,99	I,IV	436,58	24,01	34,92	39,29	I	436,58	19,14	27,85	31,33	14,54	21,16	23,80	10,20	14,84	16,69	6,03	8,89	10,—	—	3,52	3,96	—	—	—
	II	403,—	22,16	32,24	36,27	II	403,—	17,40	25,31	28,47	12,89	18,76	21,10	8,64	12,57	14,14	0,71	6,76	7,61	—	1,88	2,12	—	—	—
	III	203,—	8,20	16,24	18,27	III	203,—	—	10,68	12,01	—	5,80	6,52	—	1,73	1,94	—	—	—	—	—	—	—	—	—
	V	747,83	41,13	59,82	67,30	IV	436,58	21,55	31,34	35,26	19,14	27,85	31,33	16,81	24,46	27,51	14,54	21,16	23,80	12,34	17,95	20,19	10,20	14,84	16,69
	VI	784,08	43,12	62,72	70,56																				
2 918,99	I,IV	437,33	24,05	34,98	39,35	I	437,33	19,19	27,91	31,40	14,58	21,22	23,87	10,23	14,89	16,75	6,15	8,94	10,06	—	3,56	4,01	—	—	—
	II	403,83	22,21	32,30	36,34	II	403,83	17,44	25,37	28,54	12,93	18,81	21,16	8,68	12,62	14,20	0,85	6,82	7,67	—	1,92	2,16	—	—	—
	III	203,50	8,30	16,28	18,31	III	203,50	—	10,72	12,06	—	5,84	6,57	—	1,77	1,99	—	—	—	—	—	—	—	—	—
	V	748,91	41,19	59,91	67,40	IV	437,33	21,59	31,40	35,33	19,19	27,91	31,40	16,85	24,52	27,58	14,58	21,22	23,87	12,37	18,—	20,25	10,23	14,89	16,75
	VI	785,16	43,18	62,81	70,66																				
2 921,99	I,IV	438,16	24,09	35,05	39,43	I	438,16	19,23	27,97	31,46	14,62	21,27	23,93	10,27	14,94	16,81	6,18	8,99	10,11	—	3,60	4,05	—	—	—
	II	404,58	22,25	32,36	36,41	II	404,58	17,48	25,43	28,61	12,97	18,86	21,22	8,71	12,68	14,26	0,96	6,86	7,72	—	1,95	2,19	—	—	—
	III	204,16	8,43	16,33	18,37	III	204,16	—	10,76	12,10	—	5,88	6,61	—	1,80	2,02	—	—	—	—	—	—	—	—	—
	V	750,—	41,25	60,—	67,50	IV	438,16	21,63	31,46	35,39	19,23	27,97	31,46	16,89	24,58	27,65	14,62	21,27	23,93	12,41	18,06	20,31	10,27	14,94	16,81
	VI	786,25	43,24	62,90	70,76																				
2 924,99	I,IV	438,91	24,14	35,11	39,50	I	438,91	19,27	28,03	31,53	14,66	21,33	23,99	10,31	15,—	16,87	6,21	9,04	10,17	—	3,64	4,10	—	—	—
	II	405,33	22,29	32,42	36,47	II	405,33	17,52	25,48	28,67	13,01	18,92	21,29	8,75	12,73	14,32	1,10	6,92	7,78	—	1,99	2,24	—	—	—
	III	204,83	8,56	16,38	18,43	III	204,83	—	10,81	12,16	—	5,92	6,66	—	1,82	2,05	—	—	—	—	—	—	—	—	—
	V	751,08	41,30	60,08	67,59	IV	438,91	21,67	31,52	35,46	19,27	28,03	31,53	16,94	24,64	27,72	14,66	21,33	23,99	12,45	18,12	20,38	10,31	15,—	16,87
	VI	787,33	43,30	62,98	70,85																				
2 927,99	I,IV	439,75	24,18	35,18	39,57	I	439,75	19,31	28,10	31,61	14,70	21,38	24,05	10,34	15,05	16,93	6,25	9,09	10,22	—	3,68	4,14	—	—	—
	II	406,16	22,33	32,49	36,55	II	406,16	17,56	25,54	28,73	13,04	18,98	21,35	8,79	12,78	14,38	1,21	6,96	7,83	—	2,02	2,27	—	—	—
	III	205,50	8,70	16,44	18,49	III	205,50	—	10,85	12,20	—	5,96	6,70	—	1,86	2,09	—	—	—	—	—	—	—	—	—
	V	752,16	41,36	60,17	67,69	IV	439,75	21,72	31,59	35,54	19,31	28,10	31,61	16,97	24,69	27,77	14,70	21,38	24,05	12,49	18,17	20,44	10,34	15,05	16,93
	VI	788,41	43,36	63,07	70,95																				
2 930,99	I,IV	440,58	24,23	35,24	39,65	I	440,58	19,36	28,16	31,68	14,74	21,44	24,12	10,38	15,10	16,99	6,28	9,14	10,28	—	3,72	4,19	—	—	—
	II	406,91	22,38	32,55	36,62	II	406,91	17,60	25,60	28,80	13,09	19,04	21,42	8,82	12,84	14,44	1,35	7,02	7,89	—	2,06	2,32	—	—	—
	III	206,—	8,80	16,48	18,54	III	206,—	—	10,90	12,26	—	6,—	6,75	—	1,89	2,12	—	—	—	—	—	—	—	—	—
	V	753,25	41,42	60,26	67,79	IV	440,58	21,76	31,65	35,60	19,36	28,16	31,68	17,01	24,75	27,84	14,74	21,44	24,12	12,53	18,23	20,51	10,38	15,10	16,99
	VI	789,50	43,42	63,16	71,05																				
2 933,99	I,IV	441,33	24,27	35,30	39,71	I	441,33	19,40	28,22	31,74	14,78	21,50	24,19	10,42	15,16	17,06	6,32	9,20	10,35	—	3,77	4,24	—	—	—
	II	407,75	22,42	32,62	36,69	II	407,75	17,64	25,66	28,87	13,12	19,09	21,47	8,86	12,89	14,50	1,46	7,06	7,94	—	2,10	2,36	—	—	—
	III	206,66	8,93	16,53	18,59	III	206,66	—	10,94	12,31	—	6,04	6,79	—	1,93	2,17	—	—	—	—	—	—	—	—	—
	V	754,33	41,48	60,34	67,88	IV	441,33	21,80	31,72	35,68	19,40	28,22	31,74	17,05	24,81	27,91	14,78	21,50	24,19	12,57	18,28	20,57	10,42	15,16	17,06
	VI	790,58	43,48	63,24	71,15																				
2 936,99	I,IV	442,16	24,31	35,37	39,79	I	442,16	19,44	28,28	31,81	14,82	21,56	24,25	10,46	15,22	17,12	6,35	9,24	10,40	—	3,81	4,28	—	—	—
	II	408,50	22,46	32,68	36,76	II	408,50	17,68	25,72	28,94	13,16	19,15	21,54	8,90	12,94	14,56	1,58	7,11	8,—	—	2,14	2,40	—	—	—
	III	207,33	9,06	16,58	18,65	III	207,33	—	11,—	12,37	—	6,08	6,84	—	1,96	2,20	—	—	—	—	—	—	—	—	—
	V	755,41	41,54	60,43	67,98	IV	442,16	21,84	31,78	35,75	19,44	28,28	31,81	17,10	24,87	27,98	14,82	21,56	24,25	12,61	18,34	20,63	10,46	15,22	17,12
	VI	791,66	43,54	63,33	71,24																				

* Die ausgewiesenen Tabellenwerte sind amtlich. Siehe Erläuterungen auf der Umschlaginnenseite (U2).
** Bei mehr als 3 Kinderfreibeträgen ist die „Ergänzungs-Tabelle 3,5 bis 6 Kinderfreibeträge" anzuwenden.

MONAT 2 937,–*

Abzüge an Lohnsteuer, Solidaritätszuschlag (SolZ) und Kirchensteuer (8%, 9%) in den Steuerklassen

Lohn/ Gehalt bis €*	I – VI	ohne Kinderfreibeträge				I, II, III, IV	mit Zahl der Kinderfreibeträge . . . 0,5			1			1,5			2			2,5			3**		
		LSt	SolZ	8%	9%		LSt	SolZ	8%	9%	SolZ	8%	9%	SolZ	8%	9%	SolZ	8%	9%	SolZ	8%	9%	SolZ	8%	9%
2 939,99	I,IV	443,—	24,36	35,44	39,87	I	443,—	19,48	28,34	31,88	14,86	21,62	24,32	10,50	15,27	17,18	6,39	9,30	10,46	—	3,85	4,33	—	—	—
	II	409,33	22,51	32,74	36,83	II	409,33	17,72	25,78	29,—	13,20	19,20	21,60	8,93	13,—	14,62	1,71	7,16	8,06	—	2,18	2,45	—	—	—
	III	208,—	9,20	16,64	18,72	III	208,—	—	11,04	12,42	—	6,12	6,88	—	2,—	2,25	—	—	—	—	—	—	—	—	—
	V	756,50	41,60	60,52	68,08	IV	443,—	21,89	31,84	35,82	19,48	28,34	31,88	17,14	24,93	28,04	14,86	21,62	24,32	12,65	18,40	20,70	10,50	15,27	17,18
	VI	792,75	43,60	63,42	71,34																				
2 942,99	I,IV	443,75	24,40	35,50	39,93	I	443,75	19,52	28,40	31,95	14,90	21,68	24,39	10,53	15,32	17,24	6,43	9,35	10,52	—	3,90	4,38	—	—	—
	II	410,08	22,55	32,80	36,90	II	410,08	17,76	25,84	29,07	13,24	19,26	21,67	8,97	13,05	14,68	1,83	7,21	8,11	—	2,21	2,48	—	—	—
	III	208,66	9,33	16,69	18,77	III	208,66	—	11,09	12,47	—	6,16	6,93	—	2,02	2,27	—	—	—	—	—	—	—	—	—
	V	757,58	41,66	60,60	68,18	IV	443,75	21,93	31,90	35,89	19,52	28,40	31,95	17,18	24,99	28,11	14,90	21,68	24,39	12,68	18,45	20,75	10,53	15,32	17,24
	VI	793,83	43,66	63,50	71,44																				
2 945,99	I,IV	444,58	24,45	35,56	40,01	I	444,58	19,57	28,46	32,02	14,94	21,73	24,44	10,57	15,38	17,30	6,46	9,40	10,57	—	3,94	4,43	—	—	—
	II	410,91	22,60	32,87	36,98	II	410,91	17,81	25,90	29,14	13,28	19,32	21,73	9,01	13,10	14,74	1,96	7,26	8,17	—	2,25	2,53	—	—	—
	III	209,16	9,43	16,73	18,82	III	209,16	—	11,14	12,53	—	6,20	6,97	—	2,06	2,32	—	—	—	—	—	—	—	—	—
	V	758,66	41,72	60,69	68,27	IV	444,58	21,97	31,96	35,96	19,57	28,46	32,02	17,22	25,05	28,18	14,94	21,73	24,44	12,72	18,51	20,82	10,57	15,38	17,30
	VI	794,91	43,72	63,59	71,54																				
2 948,99	I,IV	445,33	24,49	35,62	40,07	I	445,33	19,60	28,52	32,08	14,98	21,79	24,51	10,61	15,43	17,36	6,49	9,45	10,63	—	3,98	4,47	—	—	—
	II	411,66	22,64	32,93	37,04	II	411,66	17,85	25,96	29,21	13,31	19,37	21,79	9,04	13,16	14,80	2,08	7,31	8,22	—	2,28	2,57	—	—	—
	III	209,83	9,56	16,78	18,88	III	209,83	—	11,18	12,58	—	6,24	7,02	—	2,09	2,35	—	—	—	—	—	—	—	—	—
	V	759,66	41,78	60,77	68,36	IV	445,33	22,01	32,02	36,02	19,60	28,52	32,08	17,26	25,11	28,25	14,98	21,79	24,51	12,76	18,56	20,88	10,61	15,43	17,36
	VI	795,91	43,77	63,67	71,63																				
2 951,99	I,IV	446,16	24,53	35,69	40,15	I	446,16	19,65	28,58	32,15	15,01	21,84	24,57	10,64	15,48	17,42	6,53	9,50	10,68	—	4,02	4,52	—	—	—
	II	412,41	22,68	32,99	37,11	II	412,41	17,89	26,02	29,27	13,36	19,43	21,86	9,08	13,21	14,86	2,21	7,36	8,28	—	2,32	2,61	—	—	—
	III	210,50	9,70	16,84	18,94	III	210,50	—	11,24	12,64	—	6,28	7,06	—	2,13	2,39	—	—	—	—	—	—	—	—	—
	V	760,75	41,84	60,86	68,46	IV	446,16	22,06	32,09	36,10	19,65	28,58	32,15	17,30	25,17	28,31	15,01	21,84	24,57	12,80	18,62	20,94	10,64	15,48	17,42
	VI	797,—	43,83	63,76	71,73																				
2 954,99	I,IV	447,—	24,58	35,76	40,23	I	447,—	19,69	28,64	32,22	15,06	21,90	24,64	10,68	15,54	17,48	6,56	9,55	10,74	—	4,06	4,57	—	—	—
	II	413,25	22,72	33,06	37,19	II	413,25	17,93	26,08	29,34	13,39	19,48	21,92	9,12	13,26	14,92	2,33	7,41	8,33	—	2,36	2,65	—	—	—
	III	211,16	9,83	16,89	19,—	III	211,16	—	11,28	12,69	—	6,32	7,11	—	2,16	2,43	—	—	—	—	—	—	—	—	—
	V	761,83	41,90	60,94	68,56	IV	447,—	22,10	32,15	36,17	19,69	28,64	32,22	17,34	25,22	28,37	15,06	21,90	24,64	12,84	18,68	21,01	10,68	15,54	17,48
	VI	798,08	43,89	63,84	71,82																				
2 957,99	I,IV	447,75	24,62	35,82	40,29	I	447,75	19,73	28,70	32,29	15,10	21,96	24,71	10,72	15,60	17,55	6,60	9,60	10,80	—	4,11	4,62	—	0,02	0,02
	II	414,—	22,77	33,12	37,26	II	414,—	17,97	26,14	29,41	13,43	19,54	21,98	9,15	13,32	14,98	2,46	7,46	8,39	—	2,40	2,70	—	—	—
	III	211,83	9,96	16,94	19,06	III	211,83	—	11,33	12,74	—	6,36	7,15	—	2,20	2,47	—	—	—	—	—	—	—	—	—
	V	762,91	41,96	61,03	68,66	IV	447,75	22,15	32,22	36,24	19,73	28,70	32,29	17,38	25,28	28,44	15,10	21,96	24,71	12,87	18,73	21,07	10,72	15,60	17,55
	VI	799,16	43,95	63,93	71,92																				
2 960,99	I,IV	448,58	24,67	35,88	40,37	I	448,58	19,77	28,76	32,36	15,14	22,02	24,77	10,76	15,65	17,60	6,64	9,66	10,86	—	4,15	4,67	—	0,06	0,06
	II	414,83	22,81	33,18	37,33	II	414,83	18,01	26,20	29,48	13,47	19,60	22,05	9,19	13,37	15,04	2,58	7,51	8,45	—	2,44	2,74	—	—	—
	III	212,33	10,06	16,98	19,10	III	212,33	—	11,37	12,79	—	6,40	7,20	—	2,22	2,50	—	—	—	—	—	—	—	—	—
	V	764,—	42,02	61,12	68,76	IV	448,58	22,19	32,28	36,31	19,77	28,76	32,36	17,42	25,34	28,51	15,14	22,02	24,77	12,92	18,79	21,14	10,76	15,65	17,60
	VI	800,25	44,01	64,02	72,02																				
2 963,99	I,IV	449,41	24,71	35,95	40,44	I	449,41	19,81	28,82	32,42	15,18	22,08	24,84	10,79	15,70	17,66	6,67	9,70	10,91	—	4,20	4,72	—	0,08	0,09
	II	415,58	22,85	33,24	37,40	II	415,58	18,05	26,26	29,54	13,51	19,66	22,11	9,23	13,42	15,10	2,71	7,56	8,51	—	2,48	2,79	—	—	—
	III	213,—	10,20	17,04	19,17	III	213,—	—	11,42	12,85	—	6,44	7,24	—	2,26	2,54	—	—	—	—	—	—	—	—	—
	V	765,08	42,07	61,20	68,85	IV	449,41	22,23	32,34	36,38	19,81	28,82	32,42	17,46	25,40	28,58	15,18	22,08	24,84	12,95	18,84	21,20	10,79	15,70	17,66
	VI	801,33	44,07	64,10	72,11																				
2 966,99	I,IV	450,25	24,76	36,02	40,52	I	450,25	19,86	28,89	32,50	15,22	22,14	24,90	10,83	15,76	17,73	6,71	9,76	10,98	—	4,24	4,77	—	0,11	0,12
	II	416,41	22,90	33,31	37,47	II	416,41	18,09	26,32	29,61	13,55	19,71	22,17	9,26	13,48	15,16	2,83	7,61	8,56	—	2,51	2,82	—	—	—
	III	213,66	10,33	17,09	19,22	III	213,66	—	11,46	12,89	—	6,48	7,29	—	2,29	2,57	—	—	—	—	—	—	—	—	—
	V	766,16	42,13	61,29	68,95	IV	450,25	22,27	32,40	36,45	19,86	28,89	32,50	17,50	25,46	28,64	15,22	22,14	24,90	12,99	18,90	21,26	10,83	15,76	17,73
	VI	802,50	44,13	64,20	72,22																				
2 969,99	I,IV	451,—	24,80	36,08	40,59	I	451,—	19,90	28,95	32,57	15,26	22,20	24,97	10,87	15,82	17,79	6,74	9,81	11,03	—	4,28	4,82	—	0,14	0,16
	II	417,16	22,94	33,37	37,54	II	417,16	18,14	26,38	29,68	13,59	19,77	22,24	9,30	13,53	15,22	2,96	7,66	8,62	—	2,55	2,87	—	—	—
	III	214,33	10,46	17,14	19,28	III	214,33	—	11,52	12,96	—	6,52	7,33	—	2,33	2,62	—	—	—	—	—	—	—	—	—
	V	767,25	42,19	61,38	69,05	IV	451,—	22,32	32,47	36,53	19,90	28,95	32,57	17,54	25,52	28,71	15,26	22,20	24,97	13,03	18,96	21,33	10,87	15,82	17,79
	VI	803,58	44,19	64,28	72,32																				
2 972,99	I,IV	451,83	24,85	36,14	40,66	I	451,83	19,94	29,01	32,63	15,29	22,25	25,03	10,91	15,87	17,85	6,77	9,86	11,09	—	4,32	4,86	—	0,17	0,19
	II	418,—	22,99	33,44	37,62	II	418,—	18,18	26,44	29,75	13,63	19,82	22,30	9,34	13,58	15,28	3,08	7,71	8,67	—	2,59	2,91	—	—	—
	III	214,83	10,56	17,18	19,33	III	214,83	—	11,56	13,—	—	6,56	7,38	—	2,36	2,65	—	—	—	—	—	—	—	—	—
	V	768,33	42,25	61,46	69,14	IV	451,83	22,36	32,53	36,59	19,94	29,01	32,63	17,59	25,58	28,78	15,29	22,25	25,03	13,07	19,01	21,38	10,91	15,87	17,85
	VI	804,58	44,25	64,36	72,41																				
2 975,99	I,IV	452,58	24,89	36,20	40,73	I	452,58	19,98	29,07	32,70	15,34	22,31	25,10	10,94	15,92	17,91	6,81	9,91	11,15	—	4,37	4,91	—	0,20	0,23
	II	418,75	23,03	33,50	37,68	II	418,75	18,22	26,50	29,81	13,67	19,88	22,37	9,37	13,64	15,34	3,21	7,76	8,73	—	2,62	2,95	—	—	—
	III	215,50	10,70	17,24	19,39	III	215,50	—	11,61	13,06	—	6,60	7,42	—	2,40	2,70	—	—	—	—	—	—	—	—	—
	V	769,41	42,31	61,55	69,24	IV	452,58	22,40	32,59	36,66	19,98	29,07	32,70	17,63	25,64	28,85	15,34	22,31	25,10	13,11	19,07	21,45	10,94	15,92	17,91
	VI	805,66	44,31	64,45	72,50																				
2 978,99	I,IV	453,41	24,93	36,27	40,80	I	453,41	20,02	29,13	32,77	15,38	22,37	25,16	10,98	15,98	17,97	6,85	9,96	11,21	—	4,41	4,96	—	0,23	0,26
	II	419,58	23,07	33,56	37,76	II	419,58	18,26	26,56	29,88	13,70	19,94	22,43	9,41	13,69	15,40	3,33	7,81	8,78	—	2,66	2,99	—	—	—
	III	216,16	10,83	17,29	19,45	III	216,16	—	11,66	13,12	—	6,64	7,47	—	2,42	2,72	—	—	—	—	—	—	—	—	—
	V	770,50	42,37	61,64	69,34	IV	453,41	22,45	32,66	36,74	20,02	29,13	32,77	17,67	25,70	28,91	15,38	22,37	25,16	13,14	19,12	21,51	10,98	15,98	17,97
	VI	806,75	44,37	64,54	72,60																				
2 981,99	I,IV	454,25	24,98	36,34	40,88	I	454,25	20,07	29,19	32,84	15,41	22,42	25,22	11,02	16,03	18,03	6,88	10,01	11,26	—	4,46	5,01	—	0,26	0,29
	II	420,33	23,11	33,62	37,82	II	420,33	18,30	26,62	29,95	13,75	20,—	22,50	9,45	13,74	15,46	3,46	7,86	8,84	—	2,70	3,04	—	—	—
	III	216,83	10,96	17,34	19,51	III	216,83	—	11,70	13,16	—	6,68	7,51	—	2,46	2,77	—	—	—	—	—	—	—	—	—
	V	771,58	42,43	61,72	69,44	IV	454,25	22,49	32,72	36,81	20,07	29,19	32,84	17,71	25,76	28,98	15,41	22,42	25,22	13,19	19,18	21,58	11,02	16,03	18,03
	VI	807,83	44,43	64,62	72,70																				
2 984,99	I,IV	455,08	25,02	36,40	40,95	I	455,08	20,11	29,26	32,91	15,45	22,48	25,29	11,05	16,08	18,09	6,92	10,06	11,32	—	4,50	5,06	—	0,29	0,32
	II	421,16	23,16	33,69	37,90	II	421,16	18,34	26,68	30,02	13,78	20,05	22,55	9,48	13,80	15,52	3,58	7,91	8,90	—	2,74	3,08	—	—	—
	III	217,50	11,10	17,40	19,57	III	217,50	—	11,76	13,23	—	6,73	7,57	—	2,49	2,80	—	—	—	—	—	—	—	—	—
	V	772,66	42,49	61,81	69,53	IV	455,08	22,54	32,78	36,88	20,11	29,26	32,91	17,75	25,82	29,05	15,45	22,48	25,29	13,22	19,24	21,64	11,05	16,08	18,09
	VI	808,91	44,49	64,71	72,80																				

* Die ausgewiesenen Tabellenwerte sind amtlich. Siehe Erläuterungen auf der Umschlaginnenseite (U2).
** Bei mehr als 3 Kinderfreibeträgen ist die „Ergänzungs-Tabelle 3,5 bis 6 Kinderfreibeträge" anzuwenden.

Lohn/ Gehalt bis €*	Abzüge an Lohnsteuer, Solidaritätszuschlag (SolZ) und Kirchensteuer (8%, 9%) in den Steuerklassen I – VI					I, II, III, IV		mit Zahl der Kinderfreibeträge . . . 0,5			1			1,5			2			2,5			3**		
		LSt	ohne Kinderfreibeträge SolZ	8%	9%		LSt	SolZ	8%	9%	SolZ	8%	9%	SolZ	8%	9%	SolZ	8%	9%	SolZ	8%	9%	SolZ	8%	9%
2 987,99	I,IV	455,83	25,07	36,46	41,02	I	455,83	20,15	29,32	32,98	15,50	22,54	25,36	11,10	16,14	18,16	6,95	10,12	11,38	—	4,54	5,11	—	0,32	0,36
	II	421,91	23,20	33,75	37,97	II	421,91	18,38	26,74	30,08	13,82	20,11	22,62	9,52	13,85	15,58	3,71	7,96	8,96	—	2,78	3,13	—	—	—
	III	218,—	11,20	17,44	19,62	III	218,—	—	11,80	13,27	—	6,77	7,61	—	2,53	2,84	—	—	—	—	—	—	—	—	—
	V	773,75	42,55	61,90	69,63	IV	455,83	22,58	32,84	36,95	20,15	29,32	32,98	17,79	25,88	29,12	15,50	22,54	25,36	13,26	19,30	21,71	11,10	16,14	18,16
	VI	810,—	44,55	64,80	72,90																				
2 990,99	I,IV	456,66	25,11	36,53	41,09	I	456,66	20,19	29,38	33,05	15,53	22,60	25,42	11,13	16,20	18,22	6,99	10,17	11,44	—	4,59	5,16	—	0,35	0,39
	II	422,75	23,25	33,82	38,04	II	422,75	18,42	26,80	30,15	13,86	20,16	22,68	9,56	13,90	15,64	3,83	8,01	9,01	—	2,82	3,17	—	—	—
	III	218,66	11,33	17,49	19,67	III	218,66	—	11,85	13,33	—	6,81	7,66	—	2,56	2,88	—	—	—	—	—	—	—	—	—
	V	774,83	42,61	61,98	69,73	IV	456,66	22,62	32,91	37,02	20,19	29,38	33,05	17,83	25,94	29,18	15,53	22,60	25,42	13,30	19,35	21,77	11,13	16,20	18,22
	VI	811,08	44,60	64,88	72,99																				
2 993,99	I,IV	457,50	25,16	36,60	41,17	I	457,50	20,24	29,44	33,12	15,57	22,66	25,49	11,17	16,25	18,28	7,02	10,22	11,49	—	4,64	5,22	—	0,38	0,43
	II	423,58	23,29	33,88	38,12	II	423,58	18,47	26,86	30,22	13,90	20,22	22,75	9,59	13,96	15,70	3,96	8,06	9,07	—	2,86	3,22	—	—	—
	III	219,33	11,46	17,54	19,73	III	219,33	—	11,90	13,39	—	6,85	7,70	—	2,60	2,92	—	—	—	—	—	—	—	—	—
	V	775,91	42,67	62,07	69,83	IV	457,50	22,66	32,97	37,09	20,24	29,44	33,12	17,87	26,—	29,25	15,57	22,66	25,49	13,34	19,41	21,83	11,17	16,25	18,28
	VI	812,16	44,66	64,97	73,09																				
2 996,99	I,IV	458,25	25,20	36,66	41,24	I	458,25	20,28	29,50	33,19	15,62	22,72	25,56	11,21	16,30	18,34	7,06	10,27	11,55	—	4,68	5,26	—	0,41	0,46
	II	424,33	23,33	33,94	38,18	II	424,33	18,51	26,92	30,29	13,94	20,28	22,82	9,63	14,01	15,76	4,10	8,12	9,13	—	2,90	3,26	—	—	—
	III	220,—	11,60	17,60	19,80	III	220,—	—	11,94	13,43	—	6,89	7,75	—	2,62	2,95	—	—	—	—	—	—	—	—	—
	V	777,—	42,73	62,16	69,93	IV	458,25	22,71	33,04	37,17	20,28	29,50	33,19	17,92	26,06	29,32	15,62	22,72	25,56	13,38	19,46	21,89	11,21	16,30	18,34
	VI	813,25	44,72	65,06	73,19																				
2 999,99	I,IV	459,08	25,24	36,72	41,31	I	459,08	20,32	29,56	33,26	15,65	22,77	25,61	11,24	16,36	18,40	7,09	10,32	11,61	—	4,72	5,31	—	0,44	0,50
	II	425,08	23,37	34,—	38,25	II	425,08	18,55	26,98	30,35	13,98	20,34	22,88	9,67	14,06	15,82	4,21	8,16	9,18	—	2,94	3,30	—	—	—
	III	220,66	11,73	17,65	19,85	III	220,66	—	12,—	13,50	—	6,93	7,79	—	2,66	2,99	—	—	—	—	—	—	—	—	—
	V	778,08	42,79	62,24	70,02	IV	459,08	22,75	33,10	37,23	20,32	29,56	33,26	17,96	26,12	29,39	15,65	22,77	25,61	13,42	19,52	21,96	11,24	16,36	18,40
	VI	814,33	44,78	65,14	73,28																				
3 002,99	I,IV	459,91	25,29	36,79	41,39	I	459,91	20,36	29,62	33,32	15,69	22,83	25,68	11,28	16,42	18,47	7,13	10,37	11,66	—	4,77	5,36	—	0,47	0,53
	II	425,91	23,42	34,07	38,33	II	425,91	18,59	27,04	30,42	14,02	20,39	22,94	9,70	14,12	15,88	4,35	8,22	9,24	—	2,98	3,35	—	—	—
	III	221,16	11,83	17,69	19,90	III	221,16	—	12,04	13,54	—	6,97	7,84	—	2,69	3,02	—	—	—	—	—	—	—	—	—
	V	779,16	42,85	62,33	70,12	IV	459,91	22,79	33,16	37,30	20,36	29,62	33,32	18,—	26,18	29,45	15,69	22,83	25,68	13,46	19,58	22,02	11,28	16,42	18,47
	VI	815,41	44,84	65,23	73,38																				
3 005,99	I,IV	460,66	25,33	36,85	41,45	I	460,66	20,40	29,68	33,39	15,73	22,89	25,75	11,32	16,47	18,53	7,16	10,42	11,72	—	4,81	5,41	—	0,50	0,56
	II	426,66	23,46	34,13	38,39	II	426,66	18,63	27,10	30,49	14,06	20,45	23,—	9,74	14,17	15,94	4,46	8,26	9,29	—	3,02	3,39	—	—	—
	III	221,83	11,96	17,74	19,96	III	221,83	—	12,09	13,60	—	7,01	7,88	—	2,73	3,07	—	—	—	—	—	—	—	—	—
	V	780,25	42,91	62,42	70,22	IV	460,66	22,84	33,22	37,37	20,40	29,68	33,39	18,04	26,24	29,52	15,73	22,89	25,75	13,49	19,63	22,08	11,32	16,47	18,53
	VI	816,50	44,90	65,32	73,48																				
3 008,99	I,IV	461,50	25,38	36,92	41,53	I	461,50	20,45	29,74	33,46	15,78	22,95	25,82	11,36	16,52	18,59	7,20	10,48	11,79	—	4,86	5,46	—	0,54	0,60
	II	427,50	23,51	34,20	38,47	II	427,50	18,67	27,16	30,56	14,10	20,51	23,07	9,78	14,22	16,—	4,60	8,32	9,36	—	3,06	3,44	—	—	—
	III	222,50	12,10	17,80	20,02	III	222,50	—	12,14	13,66	—	7,05	7,93	—	2,77	3,11	—	—	—	—	—	—	—	—	—
	V	781,33	42,97	62,50	70,31	IV	461,50	22,88	33,28	37,44	20,45	29,74	33,46	18,08	26,30	29,59	15,78	22,95	25,82	13,53	19,69	22,15	11,36	16,52	18,59
	VI	817,58	44,96	65,40	73,58																				
3 011,99	I,IV	462,33	25,42	36,98	41,60	I	462,33	20,49	29,81	33,53	15,82	23,01	25,88	11,40	16,58	18,65	7,24	10,53	11,84	—	4,90	5,51	—	0,56	0,63
	II	428,33	23,55	34,26	38,54	II	428,33	18,71	27,22	30,62	14,13	20,56	23,13	9,81	14,28	16,06	4,71	8,36	9,41	—	3,10	3,48	—	—	—
	III	223,16	12,23	17,85	20,08	III	223,16	—	12,18	13,70	—	7,09	7,97	—	2,80	3,15	—	—	—	—	—	—	—	—	—
	V	782,41	43,03	62,59	70,41	IV	462,33	22,93	33,35	37,52	20,49	29,81	33,53	18,12	26,36	29,66	15,82	23,01	25,88	13,58	19,75	22,22	11,40	16,58	18,65
	VI	818,66	45,02	65,49	73,67																				
3 014,99	I,IV	463,16	25,47	37,05	41,68	I	463,16	20,53	29,87	33,60	15,85	23,06	25,94	11,44	16,64	18,72	7,27	10,58	11,90	—	4,95	5,57	—	0,60	0,67
	II	429,08	23,59	34,32	38,61	II	429,08	18,75	27,28	30,69	14,18	20,62	23,20	9,85	14,33	16,12	4,85	8,42	9,47	—	3,14	3,53	—	—	—
	III	223,83	12,31	17,90	20,14	III	223,83	—	12,24	13,77	—	7,13	8,02	—	2,84	3,19	—	—	—	—	—	—	—	—	—
	V	783,50	43,09	62,68	70,51	IV	463,16	22,97	33,41	37,58	20,53	29,87	33,60	18,16	26,42	29,72	15,85	23,06	25,94	13,61	19,80	22,28	11,44	16,64	18,72
	VI	819,75	45,08	65,58	73,77																				
3 017,99	I,IV	464,—	25,52	37,12	41,76	I	464,—	20,57	29,93	33,67	15,89	23,12	26,01	11,47	16,69	18,77	7,31	10,63	11,96	—	5,—	5,62	—	0,63	0,71
	II	429,91	23,64	34,39	38,69	II	429,91	18,80	27,34	30,76	14,21	20,68	23,26	9,89	14,38	16,18	4,98	8,47	9,53	—	3,18	3,57	—	—	—
	III	224,50	12,34	17,96	20,20	III	224,50	—	12,29	13,82	—	7,18	8,08	—	2,86	3,22	—	—	—	—	—	—	—	—	—
	V	784,58	43,15	62,76	70,61	IV	464,—	23,01	33,48	37,66	20,57	29,93	33,67	18,20	26,48	29,79	15,89	23,12	26,01	13,65	19,86	22,34	11,47	16,69	18,77
	VI	820,83	45,14	65,66	73,87																				
3 020,99	I,IV	464,75	25,56	37,18	41,82	I	464,75	20,62	30,—	33,75	15,94	23,18	26,08	11,51	16,74	18,83	7,34	10,68	12,02	—	5,04	5,67	—	0,66	0,74
	II	430,66	23,68	34,45	38,75	II	430,66	18,84	27,41	30,83	14,25	20,74	23,33	9,92	14,44	16,24	5,10	8,52	9,58	—	3,22	3,62	—	—	—
	III	225,—	12,37	18,—	20,25	III	225,—	—	12,33	13,87	—	7,22	8,12	—	2,90	3,26	—	—	—	—	—	—	—	—	—
	V	785,66	43,21	62,85	70,70	IV	464,75	23,05	33,54	37,73	20,62	30,—	33,75	18,25	26,54	29,86	15,94	23,18	26,08	13,69	19,92	22,41	11,51	16,74	18,83
	VI	821,91	45,20	65,75	73,97																				
3 023,99	I,IV	465,58	25,60	37,24	41,90	I	465,58	20,66	30,06	33,81	15,97	23,24	26,14	11,55	16,80	18,90	7,38	10,74	12,08	—	5,08	5,72	—	0,69	0,77
	II	431,50	23,73	34,52	38,83	II	431,50	18,88	27,46	30,89	14,29	20,79	23,39	9,96	14,49	16,30	5,21	8,56	9,63	—	3,26	3,66	—	—	—
	III	225,66	12,41	18,05	20,30	III	225,66	—	12,38	13,93	—	7,26	8,17	—	2,93	3,29	—	—	—	—	—	—	—	—	—
	V	786,75	43,27	62,94	70,80	IV	465,58	23,10	33,60	37,80	20,66	30,06	33,81	18,28	26,60	29,92	15,97	23,24	26,14	13,73	19,97	22,46	11,55	16,80	18,90
	VI	823,—	45,26	65,84	74,07																				
3 026,99	I,IV	466,41	25,65	37,31	41,97	I	466,41	20,70	30,12	33,88	16,01	23,30	26,21	11,59	16,86	18,96	7,41	10,78	12,13	—	5,13	5,77	—	0,72	0,81
	II	432,25	23,77	34,58	38,90	II	432,25	18,92	27,53	30,97	14,33	20,85	23,45	10,—	14,54	16,36	5,35	8,62	9,69	—	3,30	3,71	—	—	—
	III	226,33	12,44	18,10	20,36	III	226,33	—	12,42	13,97	—	7,30	8,21	—	2,97	3,34	—	—	—	—	—	—	—	—	—
	V	787,83	43,33	63,02	70,90	IV	466,41	23,14	33,66	37,87	20,70	30,12	33,88	18,32	26,66	29,99	16,01	23,30	26,21	13,77	20,03	22,53	11,59	16,86	18,96
	VI	824,08	45,32	65,92	74,16																				
3 029,99	I,IV	467,16	25,69	37,37	42,04	I	467,16	20,74	30,18	33,95	16,06	23,36	26,28	11,62	16,91	19,02	7,45	10,84	12,19	—	5,18	5,82	—	0,76	0,85
	II	433,08	23,81	34,64	38,97	II	433,08	18,97	27,59	31,04	14,37	20,90	23,51	10,04	14,60	16,43	5,48	8,67	9,75	—	3,34	3,75	—	—	—
	III	227,—	12,48	18,16	20,43	III	227,—	—	12,48	14,04	—	7,34	8,26	—	3,01	3,38	—	—	—	—	—	—	—	—	—
	V	788,91	43,39	63,11	71,—	IV	467,16	23,19	33,73	37,94	20,74	30,18	33,95	18,37	26,72	30,06	16,06	23,36	26,28	13,81	20,09	22,60	11,62	16,91	19,02
	VI	825,16	45,38	66,01	74,26																				
3 032,99	I,IV	468,—	25,74	37,44	42,12	I	468,—	20,79	30,24	34,02	16,10	23,42	26,34	11,66	16,96	19,08	7,48	10,89	12,25	—	5,22	5,87	—	0,79	0,89
	II	433,91	23,86	34,71	39,05	II	433,91	19,01	27,65	31,10	14,41	20,96	23,58	10,07	14,66	16,49	5,60	8,72	9,81	—	3,38	3,80	—	—	—
	III	227,66	12,52	18,21	20,48	III	227,66	—	12,53	14,09	—	7,38	8,30	—	3,04	3,42	—	—	—	—	—	—	—	—	—
	V	790,—	43,45	63,20	71,10	IV	468,—	23,23	33,79	38,01	20,79	30,24	34,02	18,41	26,78	30,13	16,10	23,42	26,34	13,85	20,14	22,66	11,66	16,96	19,08
	VI	826,25	45,44	66,10	74,36																				

* Die ausgewiesenen Tabellenwerte sind amtlich. Siehe Erläuterungen auf der Umschlaginnenseite (U2).
** Bei mehr als 3 Kinderfreibeträgen ist die „Ergänzungs-Tabelle 3,5 bis 6 Kinderfreibeträge" anzuwenden.

MONAT 3 033,–*

Lohn/ Gehalt bis €*	Abzüge an Lohnsteuer, Solidaritätszuschlag (SolZ) und Kirchensteuer (8%, 9%) in den Steuerklassen I – VI					I, II, III, IV		mit Zahl der Kinderfreibeträge . . .																	
			ohne Kinderfreibeträge					0,5			1			1,5			2			2,5			3**		
		LSt	SolZ	8%	9%		LSt	SolZ	8%	9%	SolZ	8%	9%	SolZ	8%	9%	SolZ	8%	9%	SolZ	8%	9%	SolZ	8%	9%
3 035,99	I,IV	468,83	25,78	37,50	42,19	I	468,83	20,83	30,30	34,09	16,14	23,48	26,41	11,70	17,02	19,15	7,52	10,94	12,31	—	5,27	5,93	—	0,82	0,92
	II	434,66	23,90	34,77	39,11	II	434,66	19,05	27,71	31,17	14,45	21,02	23,65	10,11	14,71	16,55	5,73	8,77	9,86	—	3,42	3,85	—	—	—
	III	228,16	12,54	18,25	20,53	III	228,16	—	12,57	14,14	—	7,42	8,35	—	3,08	3,46	—	—	—	—	—	—	—	—	—
	V	791,08	43,50	63,28	71,19	IV	468,83	23,27	33,86	38,09	20,83	30,30	34,09	18,45	26,84	30,20	16,14	23,48	26,41	13,89	20,20	22,73	11,70	17,02	19,15
	VI	827,33	45,50	66,18	74,45																				
3 038,99	I,IV	469,66	25,83	37,57	42,26	I	469,66	20,87	30,36	34,16	16,17	23,53	26,47	11,74	17,08	19,21	7,56	11,—	12,37	—	5,32	5,98	—	0,85	0,95
	II	435,50	23,95	34,84	39,19	II	435,50	19,09	27,77	31,24	14,49	21,08	23,71	10,15	14,76	16,61	5,86	8,82	9,92	—	3,46	3,89	—	—	—
	III	228,83	12,58	18,30	20,59	III	228,83	—	12,62	14,20	—	7,46	8,39	—	3,12	3,51	—	—	—	—	—	—	—	—	—
	V	792,16	43,56	63,37	71,29	IV	469,66	23,32	33,92	38,16	20,87	30,36	34,16	18,49	26,90	30,26	16,17	23,53	26,47	13,92	20,26	22,79	11,74	17,08	19,21
	VI	828,41	45,56	66,27	74,55																				
3 041,99	I,IV	470,50	25,87	37,64	42,34	I	470,50	20,91	30,42	34,22	16,22	23,59	26,54	11,77	17,13	19,27	7,59	11,05	12,43	—	5,36	6,03	—	0,88	0,99
	II	436,25	23,99	34,90	39,26	II	436,25	19,13	27,83	31,31	14,53	21,14	23,78	10,18	14,82	16,67	5,98	8,87	9,98	—	3,50	3,94	—	—	—
	III	229,50	12,62	18,36	20,65	III	229,50	—	12,68	14,26	—	7,52	8,46	—	3,14	3,53	—	—	—	—	—	—	—	—	—
	V	793,25	43,62	63,46	71,39	IV	470,50	23,36	33,98	38,23	20,91	30,42	34,22	18,53	26,96	30,33	16,22	23,59	26,54	13,97	20,32	22,86	11,77	17,13	19,27
	VI	829,50	45,62	66,36	74,65																				
3 044,99	I,IV	471,25	25,91	37,70	42,41	I	471,25	20,96	30,49	34,30	16,26	23,65	26,60	11,82	17,19	19,34	7,63	11,10	12,48	—	5,41	6,08	—	0,92	1,03
	II	437,08	24,03	34,96	39,33	II	437,08	19,17	27,89	31,37	14,57	21,20	23,85	10,22	14,87	16,73	6,11	8,92	10,04	—	3,54	3,98	—	—	—
	III	230,16	12,65	18,41	20,71	III	230,16	—	12,73	14,32	—	7,56	8,50	—	3,18	3,58	—	—	—	—	—	—	—	—	—
	V	794,33	43,68	63,54	71,48	IV	471,25	23,41	34,05	38,30	20,96	30,49	34,30	18,58	27,02	30,40	16,26	23,65	26,60	14,—	20,37	22,91	11,82	17,19	19,34
	VI	830,58	45,68	66,44	74,75																				
3 047,99	I,IV	472,08	25,96	37,76	42,48	I	472,08	21,—	30,55	34,37	16,30	23,71	26,67	11,85	17,24	19,40	7,66	11,15	12,54	—	5,46	6,14	—	0,95	1,07
	II	437,91	24,08	35,03	39,41	II	437,91	19,21	27,95	31,44	14,61	21,25	23,90	10,26	14,92	16,79	6,17	8,98	10,10	—	3,59	4,04	—	—	—
	III	230,83	12,69	18,46	20,77	III	230,83	—	12,77	14,36	—	7,60	8,55	—	3,21	3,61	—	—	—	—	—	—	—	—	—
	V	795,41	43,74	63,63	71,58	IV	472,08	23,45	34,11	38,37	21,—	30,55	34,37	18,62	27,08	30,47	16,30	23,71	26,67	14,04	20,43	22,98	11,85	17,24	19,40
	VI	831,66	45,74	66,53	74,84																				
3 050,99	I,IV	472,91	26,01	37,83	42,56	I	472,91	21,04	30,61	34,43	16,33	23,76	26,73	11,89	17,30	19,46	7,70	11,20	12,60	—	5,50	6,19	—	0,98	1,10
	II	438,66	24,12	35,09	39,47	II	438,66	19,25	28,01	31,51	14,65	21,31	23,97	10,29	14,98	16,85	6,20	9,02	10,15	—	3,63	4,08	—	—	—
	III	231,33	12,72	18,50	20,81	III	231,33	—	12,82	14,42	—	7,64	8,59	—	3,25	3,65	—	—	—	—	—	—	—	—	—
	V	796,41	43,80	63,71	71,67	IV	472,91	23,49	34,17	38,44	21,04	30,61	34,43	18,66	27,14	30,53	16,33	23,76	26,73	14,08	20,48	23,04	11,89	17,30	19,46
	VI	832,66	45,79	66,61	74,93																				
3 053,99	I,IV	473,75	26,05	37,90	42,63	I	473,75	21,08	30,67	34,50	16,38	23,82	26,80	11,93	17,35	19,52	7,74	11,26	12,66	—	5,55	6,24	—	1,02	1,14
	II	439,50	24,17	35,16	39,55	II	439,50	19,30	28,07	31,58	14,68	21,36	24,03	10,33	15,03	16,91	6,24	9,08	10,21	—	3,67	4,13	—	—	—
	III	232,—	12,76	18,56	20,88	III	232,—	—	12,88	14,49	—	7,68	8,64	—	3,29	3,70	—	—	—	—	—	—	—	—	—
	V	797,50	43,86	63,80	71,77	IV	473,75	23,54	34,24	38,52	21,08	30,67	34,50	18,70	27,20	30,60	16,38	23,82	26,80	14,12	20,54	23,11	11,93	17,35	19,52
	VI	833,75	45,85	66,70	75,03																				
3 056,99	I,IV	474,50	26,09	37,96	42,70	I	474,50	21,13	30,74	34,58	16,42	23,88	26,87	11,97	17,41	19,58	7,77	11,31	12,72	—	5,60	6,30	—	1,05	1,18
	II	440,25	24,21	35,22	39,62	II	440,25	19,34	28,14	31,65	14,73	21,42	24,10	10,37	15,09	16,97	6,27	9,12	10,26	—	3,71	4,17	—	—	—
	III	232,66	12,79	18,61	20,93	III	232,66	—	12,92	14,53	—	7,72	8,68	—	3,32	3,73	—	—	—	—	—	—	—	—	—
	V	798,58	43,92	63,88	71,87	IV	474,50	23,58	34,30	38,59	21,13	30,74	34,58	18,74	27,26	30,67	16,42	23,88	26,87	14,16	20,60	23,17	11,97	17,41	19,58
	VI	834,83	45,91	66,78	75,13																				
3 059,99	I,IV	475,33	26,14	38,02	42,77	I	475,33	21,17	30,80	34,65	16,46	23,94	26,93	12,—	17,46	19,64	7,81	11,36	12,78	—	5,64	6,35	—	1,08	1,22
	II	441,08	24,25	35,28	39,69	II	441,08	19,38	28,20	31,72	14,77	21,48	24,17	10,41	15,14	17,03	6,31	9,18	10,32	—	3,76	4,23	—	—	—
	III	233,33	12,83	18,66	20,99	III	233,33	0,03	12,97	14,59	—	7,77	8,74	—	3,36	3,78	—	—	—	—	—	—	—	—	—
	V	799,66	43,98	63,97	71,96	IV	475,33	23,62	34,36	38,66	21,17	30,80	34,65	18,78	27,32	30,74	16,46	23,94	26,93	14,20	20,66	23,24	12,—	17,46	19,64
	VI	835,91	45,97	66,87	75,23																				
3 062,99	I,IV	476,16	26,18	38,09	42,85	I	476,16	21,21	30,86	34,71	16,50	24,—	27,—	12,04	17,52	19,71	7,84	11,41	12,83	—	5,69	6,40	—	1,12	1,26
	II	441,91	24,30	35,35	39,77	II	441,91	19,42	28,26	31,79	14,80	21,54	24,23	10,45	15,20	17,10	6,34	9,23	10,38	—	3,80	4,27	—	—	—
	III	234,—	12,87	18,72	21,06	III	234,—	0,13	13,01	14,63	—	7,81	8,78	—	3,40	3,82	—	—	—	—	—	—	—	—	—
	V	800,75	44,04	64,06	72,06	IV	476,16	23,67	34,43	38,73	21,21	30,86	34,71	18,82	27,38	30,80	16,50	24,—	27,—	14,24	20,72	23,31	12,04	17,52	19,71
	VI	837,—	46,03	66,96	75,33																				
3 065,99	I,IV	477,—	26,23	38,16	42,93	I	477,—	21,26	30,92	34,79	16,54	24,06	27,07	12,08	17,58	19,77	7,88	11,46	12,89	—	5,74	6,45	—	1,15	1,29
	II	442,66	24,34	35,41	39,83	II	442,66	19,47	28,32	31,86	14,85	21,60	24,30	10,48	15,25	17,15	6,38	9,28	10,44	—	3,84	4,32	—	—	—
	III	234,66	12,90	18,77	21,11	III	234,66	0,26	13,06	14,69	—	7,85	8,83	—	3,42	3,85	—	—	—	—	—	—	—	—	—
	V	801,83	44,10	64,14	72,16	IV	477,—	23,71	34,49	38,80	21,26	30,92	34,79	18,86	27,44	30,87	16,54	24,06	27,07	14,28	20,77	23,36	12,08	17,58	19,77
	VI	838,08	46,09	67,04	75,42																				
3 068,99	I,IV	477,83	26,28	38,22	43,—	I	477,83	21,30	30,98	34,85	16,58	24,12	27,14	12,12	17,63	19,83	7,92	11,52	12,96	—	5,78	6,50	—	1,18	1,33
	II	443,50	24,39	35,48	39,91	II	443,50	19,51	28,38	31,92	14,89	21,66	24,36	10,52	15,30	17,21	6,41	9,33	10,49	—	3,88	4,37	—	—	—
	III	235,16	12,93	18,81	21,16	III	235,16	0,40	13,12	14,76	—	7,89	8,87	—	3,46	3,89	—	—	—	—	—	—	—	—	—
	V	802,91	44,16	64,23	72,26	IV	477,83	23,76	34,56	38,88	21,30	30,98	34,85	18,91	27,50	30,94	16,58	24,12	27,14	14,32	20,83	23,43	12,12	17,63	19,83
	VI	839,25	46,15	67,14	75,53																				
3 071,99	I,IV	478,66	26,32	38,29	43,07	I	478,66	21,34	31,04	34,92	16,62	24,18	27,20	12,16	17,69	19,90	7,95	11,57	13,01	—	5,84	6,57	—	1,22	1,37
	II	444,33	24,43	35,54	39,98	II	444,33	19,55	28,44	31,99	14,92	21,71	24,42	10,56	15,36	17,28	6,45	9,38	10,55	—	3,92	4,41	—	—	—
	III	235,83	12,97	18,86	21,22	III	235,83	0,53	13,17	14,81	—	7,93	8,92	—	3,50	3,94	—	—	—	—	—	—	—	—	—
	V	804,—	44,22	64,32	72,36	IV	478,66	23,80	34,62	38,95	21,34	31,04	34,92	18,95	27,56	31,01	16,62	24,18	27,20	14,35	20,88	23,49	12,16	17,69	19,90
	VI	840,33	46,21	67,22	75,62																				
3 074,99	I,IV	479,41	26,36	38,35	43,14	I	479,41	21,38	31,10	34,99	16,66	24,24	27,27	12,20	17,74	19,96	7,98	11,62	13,07	—	5,88	6,62	—	1,25	1,40
	II	445,08	24,47	35,60	40,05	II	445,08	19,59	28,50	32,06	14,96	21,77	24,49	10,59	15,41	17,33	6,48	9,43	10,61	—	3,96	4,46	—	—	—
	III	236,50	13,—	18,92	21,28	III	236,50	0,63	13,21	14,86	—	7,97	8,96	—	3,53	3,97	—	—	—	—	—	—	—	—	—
	V	805,08	44,27	64,40	72,45	IV	479,41	23,84	34,68	39,02	21,38	31,10	34,99	18,99	27,62	31,07	16,66	24,24	27,27	14,40	20,94	23,56	12,20	17,74	19,96
	VI	841,33	46,27	67,30	75,71																				
3 077,99	I,IV	480,25	26,41	38,42	43,22	I	480,25	21,43	31,17	35,06	16,70	24,30	27,33	12,23	17,80	20,02	8,02	11,67	13,13	—	5,93	6,67	—	1,28	1,44
	II	445,91	24,52	35,67	40,13	II	445,91	19,63	28,56	32,13	15,—	21,82	24,55	10,63	15,46	17,39	6,52	9,48	10,67	—	4,01	4,51	—	—	—
	III	237,16	13,04	18,97	21,34	III	237,16	0,76	13,26	14,92	—	8,02	9,02	—	3,57	4,01	—	—	—	—	—	—	—	—	—
	V	806,16	44,33	64,49	72,55	IV	480,25	23,88	34,74	39,08	21,43	31,17	35,06	19,03	27,68	31,14	16,70	24,30	27,33	14,43	21,—	23,62	12,23	17,80	20,02
	VI	842,41	46,33	67,39	75,81																				
3 080,99	I,IV	481,08	26,45	38,48	43,29	I	481,08	21,47	31,23	35,13	16,74	24,36	27,40	12,27	17,85	20,08	8,06	11,72	13,19	—	5,98	6,72	—	1,32	1,48
	II	446,66	24,56	35,73	40,19	II	446,66	19,68	28,62	32,20	15,04	21,88	24,62	10,67	15,52	17,46	6,55	9,53	10,72	—	4,05	4,55	—	—	—
	III	237,83	13,08	19,02	21,40	III	237,83	0,90	13,32	14,98	—	8,06	9,07	—	3,61	4,06	—	—	—	—	—	—	—	—	—
	V	807,25	44,39	64,58	72,65	IV	481,08	23,93	34,81	39,16	21,47	31,23	35,13	19,07	27,74	31,21	16,74	24,36	27,40	14,47	21,06	23,69	12,27	17,85	20,08
	VI	843,50	46,39	67,48	75,91																				

* Die ausgewiesenen Tabellenwerte sind amtlich. Siehe Erläuterungen auf der Umschlaginnenseite (U2).
** Bei mehr als 3 Kinderfreibeträgen ist die „Ergänzungs-Tabelle 3,5 bis 6 Kinderfreibeträge" anzuwenden.

Lohn/ Gehalt bis €*		I – VI LSt	ohne Kinderfreibeträge SolZ	8%	9%		I, II, III, IV LSt	0,5 SolZ	8%	9%	1 SolZ	8%	9%	1,5 SolZ	8%	9%	2 SolZ	8%	9%	2,5 SolZ	8%	9%	3** SolZ	8%	9%
3 083,99	I,IV	481,91	26,50	38,55	43,37	I	481,91	21,51	31,30	35,21	16,78	24,42	27,47	12,31	17,91	20,15	8,09	11,78	13,25	—	6,02	6,77	—	1,35	1,52
	II	447,50	24,61	35,80	40,27	II	447,50	19,72	28,68	32,27	15,08	21,94	24,68	10,71	15,58	17,52	6,59	9,58	10,78	—	4,10	4,61	—	0,02	0,02
	III	238,33	13,10	19,06	21,44	III	238,33	1,—	13,36	15,03	—	8,10	9,11	—	3,64	4,09	—	—	—	—	—	—	—	—	—
	V	808,33	44,45	64,66	72,74	IV	481,91	23,98	34,88	39,24	21,51	31,30	35,21	19,12	27,81	31,28	16,78	24,42	27,47	14,52	21,12	23,76	12,31	17,91	20,15
	VI	844,58	46,45	67,56	76,01																				
3 086,99	I,IV	482,75	26,55	38,62	43,44	I	482,75	21,56	31,36	35,28	16,82	24,47	27,53	12,35	17,96	20,21	8,13	11,83	13,31	—	6,08	6,84	—	1,38	1,55
	II	448,33	24,65	35,86	40,34	II	448,33	19,76	28,74	32,33	15,12	22,—	24,75	10,74	15,63	17,58	6,62	9,64	10,84	—	4,14	4,65	—	0,04	0,05
	III	239,—	13,14	19,12	21,51	III	239,—	1,13	13,41	15,08	—	8,14	9,16	—	3,68	4,14	—	0,01	0,01	—	—	—	—	—	—
	V	809,41	44,51	64,75	72,84	IV	482,75	24,02	34,94	39,30	21,56	31,36	35,28	19,16	27,87	31,35	16,82	24,47	27,53	14,55	21,17	23,81	12,35	17,96	20,21
	VI	845,66	46,51	67,65	76,10																				
3 089,99	I,IV	483,58	26,59	38,68	43,52	I	483,58	21,60	31,42	35,34	16,86	24,53	27,59	12,39	18,02	20,27	8,17	11,88	13,37	—	6,12	6,89	—	1,42	1,59
	II	449,08	24,69	35,92	40,41	II	449,08	19,80	28,80	32,40	15,16	22,06	24,81	10,78	15,68	17,64	6,66	9,69	10,90	—	4,18	4,70	—	0,07	0,08
	III	239,66	13,18	19,17	21,56	III	239,66	1,26	13,46	15,14	—	8,20	9,22	—	3,72	4,18	—	0,04	0,04	—	—	—	—	—	—
	V	810,50	44,57	64,84	72,94	IV	483,58	24,06	35,—	39,38	21,60	31,42	35,34	19,20	27,93	31,42	16,86	24,53	27,59	14,59	21,23	23,88	12,39	18,02	20,27
	VI	846,75	46,57	67,74	76,20																				
3 092,99	I,IV	484,33	26,63	38,74	43,58	I	484,33	21,64	31,48	35,42	16,90	24,59	27,66	12,43	18,08	20,34	8,20	11,94	13,43	—	6,17	6,94	—	1,46	1,64
	II	449,91	24,74	35,99	40,49	II	449,91	19,84	28,86	32,47	15,20	22,12	24,88	10,82	15,74	17,70	6,69	9,74	10,95	—	4,22	4,75	—	0,10	0,11
	III	240,33	13,21	19,22	21,62	III	240,33	1,40	13,52	15,21	—	8,24	9,27	—	3,76	4,23	—	0,06	0,07	—	—	—	—	—	—
	V	811,58	44,63	64,92	73,04	IV	484,33	24,11	35,07	39,45	21,64	31,48	35,42	19,24	27,99	31,49	16,90	24,59	27,66	14,63	21,29	23,95	12,43	18,08	20,34
	VI	847,83	46,63	67,82	76,30																				
3 095,99	I,IV	485,16	26,68	38,81	43,66	I	485,16	21,68	31,54	35,48	16,94	24,65	27,73	12,46	18,13	20,39	8,24	11,99	13,49	—	6,22	6,99	—	1,49	1,67
	II	450,75	24,79	36,06	40,56	II	450,75	19,89	28,93	32,54	15,24	22,18	24,95	10,86	15,80	17,77	6,73	9,79	11,01	—	4,27	4,80	—	0,13	0,14
	III	241,—	13,25	19,28	21,69	III	241,—	1,50	13,56	15,25	—	8,28	9,31	—	3,78	4,25	—	0,09	0,10	—	—	—	—	—	—
	V	812,66	44,69	65,01	73,13	IV	485,16	24,15	35,13	39,52	21,68	31,54	35,48	19,28	28,05	31,55	16,94	24,65	27,73	14,67	21,34	24,01	12,46	18,13	20,39
	VI	848,91	46,69	67,91	76,40																				
3 098,99	I,IV	486,—	26,73	38,88	43,74	I	486,—	21,73	31,61	35,56	16,99	24,71	27,80	12,50	18,19	20,46	8,28	12,04	13,55	—	6,27	7,05	—	1,52	1,71
	II	451,58	24,83	36,12	40,64	II	451,58	19,93	28,99	32,61	15,28	22,23	25,01	10,89	15,85	17,83	6,76	9,84	11,07	—	4,31	4,85	—	0,16	0,18
	III	241,66	13,29	19,33	21,74	III	241,66	1,63	13,61	15,31	—	8,32	9,36	—	3,82	4,30	—	0,12	0,13	—	—	—	—	—	—
	V	813,75	44,75	65,10	73,23	IV	486,—	24,20	35,20	39,60	21,73	31,61	35,56	19,32	28,11	31,62	16,99	24,71	27,80	14,71	21,40	24,08	12,50	18,19	20,46
	VI	850,—	46,75	68,—	76,50																				
3 101,99	I,IV	486,83	26,77	38,94	43,81	I	486,83	21,77	31,67	35,63	17,03	24,77	27,86	12,54	18,24	20,52	8,31	12,09	13,60	—	6,32	7,11	—	1,56	1,75
	II	452,33	24,87	36,18	40,70	II	452,33	19,97	29,05	32,68	15,32	22,29	25,07	10,93	15,90	17,89	6,80	9,89	11,12	—	4,35	4,89	—	0,19	0,21
	III	242,33	13,32	19,38	21,80	III	242,33	1,76	13,66	15,37	—	8,36	9,40	—	3,86	4,34	—	0,14	0,16	—	—	—	—	—	—
	V	814,83	44,81	65,18	73,33	IV	486,83	24,24	35,26	39,66	21,77	31,67	35,63	19,36	28,17	31,69	17,03	24,77	27,86	14,75	21,46	24,14	12,54	18,24	20,52
	VI	851,08	46,80	68,08	76,59																				
3 104,99	I,IV	487,66	26,82	39,01	43,88	I	487,66	21,81	31,73	35,69	17,07	24,83	27,93	12,58	18,30	20,58	8,35	12,14	13,66	—	6,36	7,16	—	1,59	1,79
	II	453,16	24,92	36,25	40,78	II	453,16	20,01	29,11	32,75	15,36	22,34	25,13	10,97	15,96	17,95	6,83	9,94	11,18	—	4,40	4,95	—	0,22	0,25
	III	242,83	13,35	19,42	21,85	III	242,83	1,86	13,70	15,41	—	8,41	9,46	—	3,89	4,37	—	0,18	0,20	—	—	—	—	—	—
	V	815,91	44,87	65,27	73,43	IV	487,66	24,28	35,32	39,74	21,81	31,73	35,69	19,41	28,23	31,76	17,07	24,83	27,93	14,79	21,52	24,21	12,58	18,30	20,58
	VI	852,16	46,86	68,17	76,69																				
3 107,99	I,IV	488,50	26,86	39,08	43,96	I	488,50	21,85	31,79	35,76	17,10	24,88	27,99	12,62	18,36	20,65	8,38	12,20	13,72	—	6,42	7,22	—	1,63	1,83
	II	453,91	24,96	36,31	40,85	II	453,91	20,05	29,17	32,81	15,40	22,40	25,20	11,—	16,01	18,01	6,87	10,—	11,25	—	4,44	5,—	—	0,25	0,28
	III	243,50	13,39	19,48	21,91	III	243,50	2,—	13,76	15,48	—	8,45	9,50	—	3,93	4,42	—	0,21	0,23	—	—	—	—	—	—
	V	817,—	44,93	65,36	73,53	IV	488,50	24,33	35,39	39,81	21,85	31,79	35,76	19,45	28,29	31,82	17,10	24,88	27,99	14,83	21,58	24,27	12,62	18,36	20,65
	VI	853,25	46,92	68,26	76,79																				
3 110,99	I,IV	489,33	26,91	39,14	44,03	I	489,33	21,90	31,86	35,84	17,15	24,94	28,06	12,65	18,41	20,71	8,42	12,25	13,78	—	6,46	7,27	—	1,66	1,87
	II	454,75	25,01	36,38	40,92	II	454,75	20,09	29,23	32,88	15,44	22,46	25,27	11,05	16,07	18,08	6,90	10,04	11,30	—	4,48	5,04	—	0,28	0,32
	III	244,16	13,42	19,53	21,97	III	244,16	2,13	13,81	15,53	—	8,49	9,55	—	3,97	4,46	—	0,24	0,27	—	—	—	—	—	—
	V	818,08	44,99	65,44	73,62	IV	489,33	24,37	35,45	39,88	21,90	31,86	35,84	19,49	28,36	31,90	17,15	24,94	28,06	14,87	21,63	24,33	12,65	18,41	20,71
	VI	854,33	46,98	68,34	76,88																				
3 113,99	I,IV	490,08	26,95	39,20	44,10	I	490,08	21,94	31,92	35,91	17,19	25,—	28,13	12,70	18,47	20,78	8,46	12,30	13,84	0,08	6,51	7,32	—	1,70	1,91
	II	455,58	25,05	36,44	41,—	II	455,58	20,14	29,30	32,96	15,48	22,52	25,34	11,08	16,12	18,14	6,94	10,10	11,36	—	4,53	5,09	—	0,31	0,35
	III	244,83	13,46	19,58	22,03	III	244,83	2,26	13,86	15,59	—	8,54	9,61	—	4,01	4,51	—	0,26	0,29	—	—	—	—	—	—
	V	819,16	45,05	65,53	73,72	IV	490,08	24,42	35,52	39,96	21,94	31,92	35,91	19,53	28,42	31,97	17,19	25,—	28,13	14,91	21,69	24,40	12,70	18,47	20,78
	VI	855,41	47,04	68,43	76,98																				
3 116,99	I,IV	490,91	27,—	39,27	44,18	I	490,91	21,99	31,98	35,98	17,23	25,06	28,19	12,73	18,52	20,84	8,49	12,36	13,90	0,21	6,56	7,38	—	1,74	1,95
	II	456,41	25,10	36,51	41,07	II	456,41	20,18	29,36	33,03	15,52	22,58	25,40	11,12	16,18	18,20	6,98	10,15	11,42	—	4,58	5,15	—	0,34	0,38
	III	245,50	13,50	19,64	22,09	III	245,50	2,36	13,90	15,64	—	8,58	9,65	—	4,04	4,54	—	0,29	0,32	—	—	—	—	—	—
	V	820,25	45,11	65,62	73,82	IV	490,91	24,46	35,58	40,03	21,99	31,98	35,98	19,58	28,48	32,04	17,23	25,06	28,19	14,95	21,75	24,47	12,73	18,52	20,84
	VI	856,50	47,10	68,52	77,08																				
3 119,99	I,IV	491,75	27,04	39,34	44,25	I	491,75	22,03	32,04	36,05	17,27	25,12	28,26	12,77	18,58	20,90	8,53	12,41	13,96	0,33	6,61	7,43	—	1,77	1,99
	II	457,16	25,14	36,57	41,14	II	457,16	20,22	29,42	33,09	15,56	22,64	25,47	11,16	16,23	18,26	7,01	10,20	11,48	—	4,62	5,19	—	0,37	0,41
	III	246,16	13,53	19,69	22,15	III	246,16	2,50	13,96	15,70	—	8,62	9,70	—	4,08	4,59	—	0,33	0,37	—	—	—	—	—	—
	V	821,33	45,17	65,70	73,91	IV	491,75	24,50	35,64	40,10	22,03	32,04	36,05	19,62	28,54	32,10	17,27	25,12	28,26	14,99	21,80	24,53	12,77	18,58	20,90
	VI	857,58	47,16	68,60	77,18																				
3 122,99	I,IV	492,58	27,09	39,40	44,33	I	492,58	22,07	32,11	36,12	17,31	25,18	28,33	12,81	18,64	20,97	8,57	12,46	14,02	0,46	6,66	7,49	—	1,80	2,03
	II	458,—	25,19	36,64	41,22	II	458,—	20,26	29,48	33,16	15,60	22,70	25,53	11,20	16,29	18,32	7,04	10,25	11,53	—	4,66	5,24	—	0,40	0,45
	III	246,66	13,56	19,73	22,19	III	246,66	2,63	14,01	15,76	—	8,66	9,74	—	4,12	4,63	—	0,36	0,40	—	—	—	—	—	—
	V	822,41	45,23	65,79	74,01	IV	492,58	24,55	35,71	40,17	22,07	32,11	36,12	19,66	28,60	32,17	17,31	25,18	28,33	15,03	21,86	24,59	12,81	18,64	20,97
	VI	858,66	47,22	68,69	77,27																				
3 125,99	I,IV	493,41	27,13	39,47	44,40	I	493,41	22,11	32,17	36,19	17,35	25,24	28,40	12,85	18,69	21,02	8,60	12,51	14,07	0,58	6,71	7,55	—	1,84	2,07
	II	458,75	25,23	36,70	41,28	II	458,75	20,30	29,54	33,23	15,64	22,75	25,59	11,23	16,34	18,38	7,08	10,30	11,59	—	4,71	5,30	—	0,43	0,48
	III	247,33	13,60	19,78	22,25	III	247,33	2,73	14,05	15,80	—	8,70	9,79	—	4,14	4,66	—	0,38	0,43	—	—	—	—	—	—
	V	823,50	45,29	65,88	74,11	IV	493,41	24,59	35,77	40,24	22,11	32,17	36,19	19,70	28,66	32,24	17,35	25,24	28,40	15,07	21,92	24,66	12,85	18,69	21,02
	VI	859,75	47,28	68,78	77,37																				
3 128,99	I,IV	494,25	27,18	39,54	44,48	I	494,25	22,16	32,23	36,26	17,39	25,30	28,46	12,88	18,74	21,08	8,63	12,56	14,13	0,70	6,76	7,60	—	1,88	2,11
	II	459,58	25,27	36,76	41,36	II	459,58	20,35	29,60	33,30	15,68	22,81	25,66	11,27	16,40	18,45	7,12	10,36	11,65	—	4,75	5,34	—	0,46	0,52
	III	248,—	13,64	19,84	22,32	III	248,—	2,86	14,10	15,86	—	8,76	9,85	—	4,18	4,70	—	0,41	0,46	—	—	—	—	—	—
	V	824,58	45,35	65,96	74,21	IV	494,25	24,64	35,84	40,32	22,16	32,23	36,26	19,74	28,72	32,31	17,39	25,30	28,46	15,11	21,98	24,72	12,88	18,74	21,08
	VI	860,83	47,34	68,86	77,47																				

Table heading: Abzüge an Lohnsteuer, Solidaritätszuschlag (SolZ) und Kirchensteuer (8%, 9%) in den Steuerklassen; I, II, III, IV: mit Zahl der Kinderfreibeträge . . .

* Die ausgewiesenen Tabellenwerte sind amtlich. Siehe Erläuterungen auf der Umschlaginnenseite (U2).
** Bei mehr als 3 Kinderfreibeträgen ist die „Ergänzungs-Tabelle 3,5 bis 6 Kinderfreibeträge" anzuwenden.

MONAT 3 129,–*

Lohn/ Gehalt bis €*	Abzüge an Lohnsteuer, Solidaritätszuschlag (SolZ) und Kirchensteuer (8%, 9%) in den Steuerklassen I – VI	LSt	ohne Kinderfreibeträge SolZ	8%	9%	I, II, III, IV	LSt	mit Zahl der Kinderfreibeträge . . . 0,5 SolZ	8%	9%	1 SolZ	8%	9%	1,5 SolZ	8%	9%	2 SolZ	8%	9%	2,5 SolZ	8%	9%	3** SolZ	8%	9%
3 131,99	I,IV	495,08	27,22	39,60	44,55	I	495,08	22,20	32,30	36,33	17,43	25,36	28,53	12,92	18,80	21,15	8,67	12,62	14,19	0,83	6,81	7,66	—	1,91	2,15
	II	460,41	25,32	36,83	41,43	II	460,41	20,39	29,66	33,37	15,72	22,87	25,73	11,31	16,45	18,50	7,15	10,40	11,70	—	4,80	5,40	—	0,49	0,55
	III	248,66	13,67	19,89	22,37	III	248,66	3,—	14,16	15,93	—	8,80	9,90	—	4,22	4,75	—	0,45	0,50	—	—	—	—	—	—
	V	825,66	45,41	66,05	74,30	IV	495,08	24,68	35,90	40,39	22,20	32,30	36,33	19,79	28,78	32,38	17,43	25,36	28,53	15,15	22,04	24,79	12,92	18,80	21,15
	VI	861,91	47,40	68,95	77,57																				
3 134,99	I,IV	495,91	27,27	39,67	44,63	I	495,91	22,24	32,36	36,40	17,48	25,42	28,60	12,96	18,86	21,21	8,71	12,67	14,25	0,95	6,86	7,71	—	1,95	2,19
	II	461,25	25,36	36,90	41,51	II	461,25	20,43	29,72	33,44	15,76	22,93	25,79	11,34	16,50	18,56	7,19	10,46	11,76	—	4,84	5,45	—	0,52	0,59
	III	249,33	13,71	19,94	22,43	III	249,33	3,13	14,21	15,98	—	8,84	9,94	—	4,26	4,79	—	0,48	0,54	—	—	—	—	—	—
	V	826,75	45,47	66,14	74,40	IV	495,91	24,72	35,96	40,46	22,24	32,36	36,40	19,83	28,84	32,45	17,48	25,42	28,60	15,18	22,09	24,85	12,96	18,86	21,21
	VI	863,—	47,46	69,04	77,67																				
3 137,99	I,IV	496,75	27,32	39,74	44,70	I	496,75	22,29	32,42	36,47	17,52	25,48	28,67	13,—	18,92	21,28	8,74	12,72	14,31	1,08	6,91	7,77	—	1,98	2,23
	II	462,08	25,41	36,96	41,58	II	462,08	20,47	29,78	33,50	15,80	22,98	25,85	11,38	16,56	18,63	7,22	10,51	11,82	—	4,89	5,50	—	0,56	0,63
	III	250,—	13,75	20,—	22,50	III	250,—	3,23	14,25	16,03	—	8,89	10,—	—	4,29	4,82	—	0,50	0,56	—	—	—	—	—	—
	V	827,83	45,53	66,22	74,50	IV	496,75	24,77	36,03	40,53	22,29	32,42	36,47	19,87	28,90	32,51	17,52	25,48	28,67	15,23	22,15	24,92	13,—	18,92	21,28
	VI	864,08	47,52	69,12	77,76																				
3 140,99	I,IV	497,58	27,36	39,80	44,78	I	497,58	22,33	32,48	36,54	17,56	25,54	28,73	13,04	18,97	21,34	8,78	12,78	14,37	1,20	6,96	7,83	—	2,02	2,27
	II	462,83	25,45	37,02	41,65	II	462,83	20,52	29,85	33,58	15,84	23,04	25,92	11,42	16,62	18,69	7,26	10,56	11,88	—	4,93	5,54	—	0,59	0,66
	III	250,66	13,78	20,05	22,55	III	250,66	3,36	14,30	16,09	—	8,93	10,04	—	4,33	4,87	—	0,53	0,59	—	—	—	—	—	—
	V	828,91	45,59	66,31	74,60	IV	497,58	24,81	36,10	40,61	22,33	32,48	36,54	19,91	28,96	32,58	17,56	25,54	28,73	15,27	22,21	24,98	13,04	18,97	21,34
	VI	865,16	47,58	69,21	77,86																				
3 143,99	I,IV	498,41	27,41	39,87	44,85	I	498,41	22,37	32,54	36,61	17,60	25,60	28,80	13,08	19,03	21,41	8,82	12,83	14,43	1,33	7,01	7,88	—	2,06	2,31
	II	463,66	25,50	37,09	41,72	II	463,66	20,56	29,91	33,65	15,88	23,10	25,99	11,46	16,67	18,75	7,30	10,62	11,94	—	4,98	5,60	—	0,62	0,69
	III	251,16	13,81	20,09	22,60	III	251,16	3,50	14,36	16,15	—	8,97	10,09	—	4,37	4,91	—	0,57	0,64	—	—	—	—	—	—
	V	830,—	45,65	66,40	74,70	IV	498,41	24,86	36,16	40,68	22,37	32,54	36,61	19,95	29,02	32,65	17,60	25,60	28,80	15,31	22,27	25,05	13,08	19,03	21,41
	VI	866,25	47,64	69,30	77,96																				
3 146,99	I,IV	499,16	27,45	39,93	44,92	I	499,16	22,42	32,61	36,68	17,64	25,66	28,86	13,12	19,08	21,47	8,85	12,88	14,49	1,45	7,06	7,94	—	2,10	2,36
	II	464,50	25,54	37,16	41,80	II	464,50	20,60	29,97	33,71	15,92	23,16	26,06	11,49	16,72	18,81	7,33	10,66	11,99	—	5,02	5,65	—	0,65	0,73
	III	251,83	13,85	20,14	22,66	III	251,83	3,63	14,41	16,21	—	9,02	10,15	—	4,41	4,96	—	0,60	0,67	—	—	—	—	—	—
	V	831,08	45,70	66,48	74,79	IV	499,16	24,90	36,22	40,75	22,42	32,61	36,68	20,—	29,09	32,72	17,64	25,66	28,86	15,34	22,32	25,11	13,12	19,08	21,47
	VI	867,33	47,70	69,38	78,05																				
3 149,99	I,IV	500,—	27,50	40,—	45,—	I	500,—	22,46	32,67	36,75	17,68	25,72	28,93	13,15	19,14	21,53	8,89	12,94	14,55	1,58	7,11	8,—	—	2,13	2,39
	II	465,25	25,58	37,22	41,87	II	465,25	20,64	30,03	33,78	15,96	23,22	26,12	11,54	16,78	18,88	7,37	10,72	12,06	—	5,07	5,70	—	0,68	0,77
	III	252,50	13,88	20,20	22,72	III	252,50	3,73	14,45	16,25	—	9,06	10,19	—	4,45	5,—	—	0,62	0,70	—	—	—	—	—	—
	V	832,08	45,76	66,56	74,88	IV	500,—	24,95	36,29	40,82	22,46	32,67	36,75	20,04	29,15	32,79	17,68	25,72	28,93	15,39	22,38	25,18	13,15	19,14	21,53
	VI	868,33	47,75	69,46	78,14																				
3 152,99	I,IV	500,83	27,54	40,06	45,07	I	500,83	22,50	32,74	36,83	17,72	25,78	29,—	13,20	19,20	21,60	8,93	12,99	14,61	1,70	7,16	8,05	—	2,17	2,44
	II	466,08	25,63	37,28	41,94	II	466,08	20,68	30,09	33,85	16,—	23,28	26,19	11,57	16,84	18,94	7,40	10,77	12,11	—	5,12	5,76	—	0,71	0,80
	III	253,16	13,92	20,25	22,78	III	253,16	3,86	14,50	16,31	—	9,10	10,24	—	4,48	5,04	—	0,65	0,73	—	—	—	—	—	—
	V	833,16	45,82	66,65	74,98	IV	500,83	24,99	36,35	40,89	22,50	32,74	36,83	20,08	29,21	32,86	17,72	25,78	29,—	15,43	22,44	25,25	13,20	19,20	21,60
	VI	869,41	47,81	69,55	78,24																				
3 155,99	I,IV	501,66	27,59	40,13	45,14	I	501,66	22,55	32,80	36,90	17,76	25,84	29,07	13,23	19,25	21,65	8,96	13,04	14,67	1,81	7,20	8,10	—	2,20	2,48
	II	466,91	25,68	37,35	42,02	II	466,91	20,73	30,16	33,93	16,04	23,34	26,25	11,61	16,89	19,—	7,44	10,82	12,17	—	5,16	5,81	—	0,74	0,83
	III	253,83	13,96	20,30	22,84	III	253,83	4,—	14,56	16,38	—	9,16	10,30	—	4,52	5,08	—	0,69	0,77	—	—	—	—	—	—
	V	834,25	45,88	66,74	75,08	IV	501,66	25,03	36,42	40,97	22,55	32,80	36,90	20,12	29,27	32,93	17,76	25,84	29,07	15,46	22,50	25,31	13,23	19,25	21,65
	VI	870,50	47,87	69,64	78,34																				
3 158,99	I,IV	502,50	27,63	40,20	45,22	I	502,50	22,59	32,86	36,97	17,80	25,90	29,13	13,27	19,31	21,72	9,—	13,10	14,73	1,95	7,26	8,16	—	2,24	2,52
	II	467,75	25,72	37,42	42,09	II	467,75	20,77	30,22	33,99	16,08	23,40	26,32	11,65	16,94	19,06	7,47	10,87	12,23	—	5,20	5,85	—	0,78	0,87
	III	254,50	13,99	20,36	22,90	III	254,50	4,13	14,61	16,43	—	9,20	10,35	—	4,56	5,13	—	0,72	0,81	—	—	—	—	—	—
	V	835,33	45,94	66,82	75,17	IV	502,50	25,08	36,48	41,04	22,59	32,86	36,97	20,16	29,33	32,99	17,80	25,90	29,13	15,51	22,56	25,38	13,27	19,31	21,72
	VI	871,58	47,93	69,72	78,44																				
3 161,99	I,IV	503,33	27,68	40,26	45,29	I	503,33	22,63	32,92	37,04	17,84	25,96	29,20	13,31	19,36	21,78	9,04	13,15	14,79	2,06	7,30	8,21	—	2,28	2,57
	II	468,50	25,76	37,48	42,16	II	468,50	20,81	30,28	34,06	16,12	23,45	26,38	11,69	17,—	19,13	7,51	10,92	12,29	—	5,25	5,90	—	0,81	0,91
	III	255,16	14,03	20,41	22,96	III	255,16	4,23	14,65	16,48	—	9,24	10,39	—	4,60	5,17	—	0,74	0,83	—	—	—	—	—	—
	V	836,41	46,—	66,91	75,27	IV	503,33	25,13	36,55	41,12	22,63	32,92	37,04	20,21	29,40	33,07	17,84	25,96	29,20	15,55	22,62	25,44	13,31	19,36	21,78
	VI	872,66	47,99	69,81	78,53																				
3 164,99	I,IV	504,16	27,72	40,33	45,37	I	504,16	22,68	32,99	37,11	17,88	26,02	29,27	13,35	19,42	21,85	9,07	13,20	14,85	2,20	7,36	8,28	—	2,32	2,61
	II	469,33	25,81	37,54	42,23	II	469,33	20,86	30,34	34,13	16,16	23,51	26,45	11,72	17,06	19,19	7,54	10,98	12,35	—	5,30	5,96	—	0,84	0,95
	III	255,66	14,06	20,45	23,—	III	255,66	4,36	14,70	16,54	—	9,29	10,45	—	4,64	5,22	—	0,77	0,86	—	—	—	—	—	—
	V	837,50	46,06	67,—	75,37	IV	504,16	25,17	36,61	41,18	22,68	32,99	37,11	20,25	29,46	33,14	17,88	26,02	29,27	15,58	22,67	25,50	13,35	19,42	21,85
	VI	873,75	48,05	69,90	78,63																				
3 167,99	I,IV	505,—	27,77	40,40	45,45	I	505,—	22,72	33,05	37,18	17,93	26,08	29,34	13,39	19,48	21,91	9,11	13,26	14,91	2,33	7,41	8,33	—	2,36	2,65
	II	470,16	25,85	37,61	42,31	II	470,16	20,90	30,40	34,20	16,20	23,57	26,51	11,76	17,11	19,25	7,58	11,03	12,41	—	5,34	6,01	—	0,88	0,99
	III	256,33	14,09	20,50	23,06	III	256,33	4,50	14,76	16,60	—	9,33	10,49	—	4,66	5,24	—	0,81	0,91	—	—	—	—	—	—
	V	838,58	46,12	67,08	75,47	IV	505,—	25,21	36,68	41,26	22,72	33,05	37,18	20,29	29,52	33,21	17,93	26,08	29,34	15,62	22,73	25,57	13,39	19,48	21,91
	VI	874,83	48,11	69,98	78,73																				
3 170,99	I,IV	505,83	27,82	40,46	45,52	I	505,83	22,77	33,12	37,26	17,97	26,14	29,40	13,43	19,54	21,98	9,15	13,31	14,97	2,45	7,46	8,39	—	2,40	2,70
	II	471,—	25,90	37,68	42,39	II	471,—	20,94	30,46	34,27	16,24	23,63	26,58	11,80	17,17	19,31	7,62	11,08	12,47	—	5,39	6,06	—	0,90	1,01
	III	257,—	14,13	20,56	23,13	III	257,—	4,63	14,81	16,66	—	9,37	10,54	—	4,70	5,29	—	0,84	0,94	—	—	—	—	—	—
	V	839,66	46,18	67,17	75,56	IV	505,83	25,26	36,74	41,33	22,77	33,12	37,26	20,33	29,58	33,27	17,97	26,14	29,40	15,67	22,79	25,64	13,43	19,54	21,98
	VI	876,—	48,18	70,08	78,84																				
3 173,99	I,IV	506,66	27,86	40,53	45,59	I	506,66	22,81	33,18	37,32	18,01	26,20	29,47	13,47	19,59	22,04	9,18	13,36	15,03	2,58	7,51	8,45	—	2,43	2,73
	II	471,83	25,95	37,74	42,46	II	471,83	20,99	30,53	34,34	16,28	23,69	26,65	11,84	17,22	19,37	7,65	11,13	12,52	—	5,44	6,12	—	0,94	1,05
	III	257,66	14,17	20,61	23,18	III	257,66	4,73	14,85	16,70	—	9,42	10,60	—	4,74	5,33	—	0,86	0,97	—	—	—	—	—	—
	V	840,75	46,24	67,26	75,66	IV	506,66	25,30	36,81	41,41	22,81	33,18	37,32	20,38	29,64	33,35	18,01	26,20	29,47	15,71	22,85	25,70	13,47	19,59	22,04
	VI	877,08	48,23	70,16	78,93																				
3 176,99	I,IV	507,50	27,91	40,60	45,67	I	507,50	22,85	33,24	37,39	18,05	26,26	29,54	13,51	19,65	22,10	9,22	13,42	15,09	2,70	7,56	8,50	—	2,47	2,78
	II	472,58	25,99	37,80	42,53	II	472,58	21,03	30,59	34,41	16,32	23,74	26,71	11,88	17,28	19,44	7,69	11,18	12,58	—	5,48	6,17	—	0,97	1,09
	III	258,33	14,20	20,66	23,24	III	258,33	4,86	14,90	16,76	—	9,46	10,64	—	4,78	5,38	—	0,90	1,01	—	—	—	—	—	—
	V	841,83	46,30	67,34	75,76	IV	507,50	25,35	36,87	41,48	22,85	33,24	37,39	20,42	29,70	33,41	18,05	26,26	29,54	15,74	22,90	25,76	13,51	19,65	22,10
	VI	878,08	48,29	70,24	79,02																				

* Die ausgewiesenen Tabellenwerte sind amtlich. Siehe Erläuterungen auf der Umschlaginnenseite (U2).
** Bei mehr als 3 Kinderfreibeträgen ist die „Ergänzungs-Tabelle 3,5 bis 6 Kinderfreibeträge" anzuwenden.

Lohn/ Gehalt bis €*	Abzüge an Lohnsteuer, Solidaritätszuschlag (SolZ) und Kirchensteuer (8%, 9%) in den Steuerklassen I – VI					I, II, III, IV																			
			ohne Kinderfreibeträge					mit Zahl der Kinderfreibeträge . . .																	
								0,5			1			1,5			2			2,5			3**		
		LSt	SolZ	8%	9%		LSt	SolZ	8%	9%	SolZ	8%	9%	SolZ	8%	9%	SolZ	8%	9%	SolZ	8%	9%	SolZ	8%	9%
3 179,99	I,IV	508,33	27,95	40,66	45,74	I	508,33	22,89	33,30	37,46	18,09	26,32	29,61	13,54	19,70	22,16	9,26	13,47	15,15	2,81	7,60	8,55	—	2,51	2,82
	II	473,41	26,03	37,87	42,60	II	473,41	21,07	30,65	34,48	16,36	23,80	26,78	11,91	17,33	19,49	7,72	11,24	12,64	—	5,53	6,22	—	1,—	1,13
	III	259,—	14,24	20,72	23,31	III	259,—	5,—	14,96	16,83	—	9,50	10,69	—	4,82	5,42	—	0,93	1,04	—	—	—	—	—	—
	V	842,91	46,36	67,43	75,86	IV	508,33	25,39	36,94	41,55	22,89	33,30	37,46	20,46	29,76	33,48	18,09	26,32	29,61	15,78	22,96	25,83	13,54	19,70	22,16
	VI	879,16	48,35	70,33	79,12																				
3 182,99	I,IV	509,16	28,—	40,73	45,82	I	509,16	22,93	33,36	37,53	18,13	26,38	29,67	13,58	19,76	22,23	9,29	13,52	15,21	2,95	7,66	8,61	—	2,54	2,86
	II	474,25	26,08	37,94	42,68	II	474,25	21,11	30,71	34,55	16,40	23,86	26,84	11,95	17,39	19,56	7,76	11,29	12,70	—	5,58	6,27	—	1,04	1,17
	III	259,66	14,28	20,77	23,36	III	259,66	5,13	15,01	16,88	—	9,56	10,75	—	4,86	5,47	—	0,96	1,08	—	—	—	—	—	—
	V	844,—	46,42	67,52	75,96	IV	509,16	25,44	37,—	41,63	22,93	33,36	37,53	20,50	29,82	33,55	18,13	26,38	29,67	15,83	23,02	25,90	13,58	19,76	22,23
	VI	880,25	48,41	70,42	79,22																				
3 185,99	I,IV	510,—	28,05	40,80	45,90	I	510,—	22,98	33,43	37,61	18,17	26,44	29,74	13,62	19,82	22,29	9,33	13,58	15,27	3,06	7,70	8,66	—	2,58	2,90
	II	475,08	26,12	38,—	42,75	II	475,08	21,16	30,78	34,62	16,44	23,92	26,91	11,99	17,44	19,62	7,80	11,34	12,76	—	5,62	6,32	—	1,07	1,20
	III	260,16	14,30	20,81	23,41	III	260,16	5,23	15,05	16,93	—	9,60	10,80	—	4,89	5,50	—	0,98	1,10	—	—	—	—	—	—
	V	845,08	46,47	67,60	76,05	IV	510,—	25,48	37,06	41,69	22,98	33,43	37,61	20,54	29,88	33,62	18,17	26,44	29,74	15,87	23,08	25,97	13,62	19,82	22,29
	VI	881,33	48,47	70,50	79,31																				
3 188,99	I,IV	510,83	28,09	40,86	45,97	I	510,83	23,02	33,49	37,67	18,21	26,50	29,81	13,66	19,88	22,36	9,37	13,63	15,33	3,20	7,76	8,73	—	2,62	2,95
	II	475,91	26,17	38,07	42,83	II	475,91	21,20	30,84	34,69	16,49	23,98	26,98	12,03	17,50	19,68	7,83	11,39	12,81	—	5,68	6,39	—	1,10	1,24
	III	260,83	14,34	20,86	23,47	III	260,83	5,36	15,10	16,99	—	9,65	10,85	—	4,93	5,54	—	1,02	1,15	—	—	—	—	—	—
	V	846,16	46,53	67,69	76,15	IV	510,83	25,52	37,13	41,77	23,02	33,49	37,67	20,59	29,95	33,69	18,21	26,50	29,81	15,90	23,14	26,03	13,66	19,88	22,36
	VI	882,41	48,53	70,59	79,41																				
3 191,99	I,IV	511,66	28,14	40,93	46,04	I	511,66	23,07	33,56	37,75	18,26	26,56	29,88	13,70	19,93	22,42	9,40	13,68	15,39	3,33	7,81	8,78	—	2,66	2,99
	II	476,66	26,21	38,13	42,89	II	476,66	21,24	30,90	34,76	16,53	24,04	27,05	12,07	17,56	19,75	7,86	11,44	12,87	—	5,72	6,44	—	1,14	1,28
	III	261,50	14,38	20,92	23,53	III	261,50	5,50	15,16	17,05	—	9,69	10,90	—	4,97	5,59	—	1,05	1,18	—	—	—	—	—	—
	V	847,25	46,59	67,78	76,25	IV	511,66	25,57	37,20	41,85	23,07	33,56	37,75	20,63	30,01	33,76	18,26	26,56	29,88	15,95	23,20	26,10	13,70	19,93	22,42
	VI	883,50	48,59	70,68	79,51																				
3 194,99	I,IV	512,50	28,18	41,—	46,12	I	512,50	23,11	33,62	37,82	18,30	26,62	29,94	13,74	19,99	22,49	9,44	13,74	15,45	3,45	7,86	8,84	—	2,70	3,04
	II	477,50	26,26	38,20	42,97	II	477,50	21,28	30,96	34,83	16,56	24,10	27,11	12,10	17,61	19,81	7,90	11,50	12,93	—	5,77	6,49	—	1,17	1,31
	III	262,16	14,41	20,97	23,59	III	262,16	5,63	15,21	17,11	—	9,73	10,94	—	5,01	5,63	—	1,09	1,22	—	—	—	—	—	—
	V	848,33	46,65	67,86	76,34	IV	512,50	25,62	37,26	41,92	23,11	33,62	37,82	20,67	30,07	33,83	18,30	26,62	29,94	15,99	23,26	26,16	13,74	19,99	22,49
	VI	884,58	48,65	70,76	79,61																				
3 197,99	I,IV	513,33	28,23	41,06	46,19	I	513,33	23,15	33,68	37,89	18,34	26,68	30,01	13,78	20,04	22,55	9,48	13,79	15,51	3,58	7,91	8,90	—	2,74	3,08
	II	478,33	26,30	38,26	43,04	II	478,33	21,33	31,02	34,90	16,61	24,16	27,18	12,15	17,67	19,88	7,94	11,55	12,99	—	5,82	6,54	—	1,20	1,35
	III	262,83	14,45	21,02	23,65	III	262,83	5,73	15,25	17,15	—	9,78	11,—	—	5,05	5,68	—	1,12	1,26	—	—	—	—	—	—
	V	849,41	46,71	67,95	76,44	IV	513,33	25,66	37,32	41,99	23,15	33,68	37,89	20,71	30,13	33,89	18,34	26,68	30,01	16,03	23,32	26,23	13,78	20,04	22,55
	VI	885,66	48,71	70,85	79,70																				
3 200,99	I,IV	514,16	28,27	41,13	46,27	I	514,16	23,20	33,74	37,96	18,38	26,74	30,08	13,82	20,10	22,61	9,51	13,84	15,57	3,70	7,96	8,95	—	2,78	3,12
	II	479,16	26,35	38,33	43,12	II	479,16	21,37	31,08	34,97	16,65	24,22	27,24	12,18	17,72	19,94	7,97	11,60	13,05	—	5,86	6,59	—	1,24	1,39
	III	263,50	14,49	21,08	23,71	III	263,50	5,86	15,30	17,21	—	9,82	11,05	—	5,09	5,72	—	1,14	1,28	—	—	—	—	—	—
	V	850,50	46,77	68,04	76,54	IV	514,16	25,70	37,39	42,06	23,20	33,74	37,96	20,75	30,19	33,96	18,38	26,74	30,08	16,06	23,37	26,29	13,82	20,10	22,61
	VI	886,75	48,77	70,94	79,80																				
3 203,99	I,IV	515,—	28,32	41,20	46,35	I	515,—	23,24	33,81	38,03	18,42	26,80	30,15	13,86	20,16	22,68	9,55	13,90	15,63	3,81	8,—	9,—	—	2,82	3,17
	II	480,—	26,40	38,40	43,20	II	480,—	21,41	31,15	35,04	16,69	24,28	27,31	12,22	17,78	20,—	8,01	11,66	13,11	—	5,91	6,65	—	1,27	1,43
	III	264,16	14,52	21,13	23,77	III	264,16	6,—	15,36	17,28	—	9,86	11,09	—	5,13	5,77	—	1,18	1,33	—	—	—	—	—	—
	V	851,58	46,83	68,12	76,64	IV	515,—	25,75	37,46	42,14	23,24	33,81	38,03	20,80	30,26	34,04	18,42	26,80	30,15	16,11	23,43	26,36	13,86	20,16	22,68
	VI	887,83	48,83	71,02	79,90																				
3 206,99	I,IV	515,83	28,37	41,26	46,42	I	515,83	23,28	33,87	38,10	18,46	26,86	30,21	13,90	20,22	22,74	9,59	13,95	15,69	3,95	8,06	9,06	—	2,86	3,21
	II	480,75	26,44	38,46	43,26	II	480,75	21,45	31,21	35,11	16,73	24,34	27,38	12,26	17,83	20,06	8,04	11,70	13,16	—	5,96	6,70	—	1,30	1,46
	III	264,83	14,56	21,18	23,83	III	264,83	6,10	15,40	17,32	—	9,92	11,16	—	5,16	5,80	—	1,21	1,36	—	—	—	—	—	—
	V	852,66	46,89	68,21	76,73	IV	515,83	25,79	37,52	42,21	23,28	33,87	38,10	20,84	30,32	34,11	18,46	26,86	30,21	16,15	23,49	26,42	13,90	20,22	22,74
	VI	888,91	48,89	71,11	80,—																				
3 209,99	I,IV	516,66	28,41	41,33	46,49	I	516,66	23,33	33,94	38,18	18,50	26,92	30,28	13,93	20,27	22,80	9,62	14,—	15,75	4,08	8,11	9,12	—	2,90	3,26
	II	481,58	26,48	38,52	43,34	II	481,58	21,50	31,27	35,18	16,77	24,39	27,44	12,30	17,89	20,12	8,08	11,76	13,23	—	6,01	6,76	—	1,34	1,50
	III	265,50	14,60	21,24	23,89	III	265,50	6,23	15,45	17,38	—	9,96	11,20	—	5,20	5,85	—	1,24	1,39	—	—	—	—	—	—
	V	853,75	46,95	68,30	76,83	IV	516,66	25,84	37,58	42,28	23,33	33,94	38,18	20,88	30,38	34,17	18,50	26,92	30,28	16,19	23,55	26,49	13,93	20,27	22,80
	VI	890,—	48,95	71,20	80,10																				
3 212,99	I,IV	517,50	28,46	41,40	46,57	I	517,50	23,37	34,—	38,25	18,54	26,98	30,35	13,97	20,33	22,87	9,66	14,06	15,81	4,20	8,16	9,18	—	2,94	3,30
	II	482,41	26,53	38,59	43,41	II	482,41	21,54	31,34	35,25	16,81	24,45	27,50	12,33	17,94	20,18	8,12	11,81	13,28	—	6,06	6,81	—	1,37	1,54
	III	266,—	14,63	21,28	23,94	III	266,—	6,36	15,50	17,44	—	10,01	11,26	—	5,24	5,89	—	1,28	1,44	—	—	—	—	—	—
	V	854,83	47,01	68,38	76,93	IV	517,50	25,88	37,65	42,35	23,37	34,—	38,25	20,93	30,44	34,25	18,54	26,98	30,35	16,23	23,61	26,56	13,97	20,33	22,87
	VI	891,08	49,—	71,28	80,19																				
3 215,99	I,IV	518,33	28,50	41,46	46,64	I	518,33	23,42	34,06	38,32	18,59	27,04	30,42	14,02	20,39	22,94	9,70	14,11	15,87	4,33	8,21	9,23	—	2,98	3,35
	II	483,25	26,57	38,66	43,49	II	483,25	21,58	31,40	35,32	16,85	24,51	27,57	12,37	18,—	20,25	8,15	11,86	13,34	—	6,10	6,86	—	1,41	1,58
	III	266,66	14,66	21,33	23,99	III	266,66	6,50	15,56	17,50	—	10,05	11,30	—	5,28	5,94	—	1,30	1,46	—	—	—	—	—	—
	V	855,91	47,07	68,47	77,03	IV	518,33	25,93	37,72	42,43	23,42	34,06	38,32	20,97	30,50	34,31	18,59	27,04	30,42	16,27	23,66	26,62	14,02	20,39	22,94
	VI	892,16	49,06	71,37	80,29																				
3 218,99	I,IV	519,16	28,55	41,53	46,72	I	519,16	23,46	34,13	38,39	18,63	27,10	30,48	14,05	20,44	23,—	9,73	14,16	15,93	4,45	8,26	9,29	—	3,02	3,39
	II	484,08	26,62	38,72	43,56	II	484,08	21,62	31,46	35,39	16,89	24,57	27,64	12,41	18,06	20,31	8,19	11,92	13,41	—	6,16	6,93	—	1,44	1,62
	III	267,33	14,70	21,38	24,05	III	267,33	6,63	15,61	17,56	—	10,09	11,35	—	5,32	5,98	—	1,33	1,49	—	—	—	—	—	—
	V	857,—	47,13	68,56	77,13	IV	519,16	25,97	37,78	42,50	23,46	34,13	38,39	21,01	30,56	34,38	18,63	27,10	30,48	16,31	23,72	26,69	14,05	20,44	23,—
	VI	893,25	49,12	71,46	80,39																				
3 221,99	I,IV	520,—	28,60	41,60	46,80	I	520,—	23,50	34,19	38,46	18,67	27,16	30,55	14,09	20,50	23,06	9,77	14,22	15,99	4,58	8,31	9,35	—	3,06	3,44
	II	484,91	26,67	38,79	43,64	II	484,91	21,67	31,52	35,46	16,93	24,63	27,71	12,45	18,11	20,37	8,23	11,97	13,46	—	6,20	6,98	—	1,48	1,66
	III	268,—	14,74	21,44	24,12	III	268,—	6,73	15,65	17,60	—	10,14	11,41	—	5,36	6,03	—	1,37	1,54	—	—	—	—	—	—
	V	858,08	47,19	68,64	77,22	IV	520,—	26,02	37,85	42,58	23,50	34,19	38,46	21,06	30,63	34,46	18,67	27,16	30,55	16,35	23,78	26,75	14,09	20,50	23,06
	VI	894,33	49,18	71,54	80,48																				
3 224,99	I,IV	520,83	28,64	41,66	46,87	I	520,83	23,55	34,26	38,54	18,71	27,22	30,62	14,13	20,56	23,13	9,81	14,27	16,05	4,71	8,36	9,41	—	3,10	3,48
	II	485,75	26,71	38,86	43,71	II	485,75	21,71	31,58	35,53	16,97	24,69	27,77	12,49	18,17	20,44	8,26	12,02	13,52	—	6,25	7,03	—	1,51	1,70
	III	268,66	14,77	21,49	24,17	III	268,66	6,86	15,70	17,66	—	10,18	11,45	—	5,40	6,07	—	1,40	1,57	—	—	—	—	—	—
	V	859,16	47,25	68,73	77,32	IV	520,83	26,06	37,91	42,65	23,55	34,26	38,54	21,10	30,69	34,52	18,71	27,22	30,62	16,39	23,84	26,82	14,13	20,56	23,13
	VI	895,41	49,24	71,63	80,58																				

* Die ausgewiesenen Tabellenwerte sind amtlich. Siehe Erläuterungen auf der Umschlaginnenseite (U2).

** Bei mehr als 3 Kinderfreibeträgen ist die „Ergänzungs-Tabelle 3,5 bis 6 Kinderfreibeträge" anzuwenden.

MONAT 3 225,–*

Lohn/ Gehalt bis €*	Abzüge an Lohnsteuer, Solidaritätszuschlag (SolZ) und Kirchensteuer (8%, 9%) in den Steuerklassen I – VI					I, II, III, IV																			
			ohne Kinderfreibeträge					mit Zahl der Kinderfreibeträge . . .																
								0,5			1			1,5			2			2,5			3**		
		LSt	SolZ	8%	9%		LSt	SolZ	8%	9%	SolZ	8%	9%	SolZ	8%	9%	SolZ	8%	9%	SolZ	8%	9%	SolZ	8%	9%
3 227,99	I,IV	521,66	28,69	41,73	46,94	I	521,66	23,59	34,32	38,61	18,75	27,28	30,69	14,17	20,62	23,19	9,84	14,32	16,11	4,83	8,41	9,46	—	3,13	3,52
	II	486,50	26,75	38,92	43,78	II	486,50	21,75	31,64	35,60	17,01	24,75	27,84	12,53	18,22	20,50	8,30	12,07	13,58	—	6,30	7,08	—	1,54	1,73
	III	269,33	14,81	21,54	24,23	III	269,33	7,—	15,76	17,73	—	10,24	11,52	—	5,44	6,12	—	1,42	1,60	—	—	—	—	—	—
	V	860,25	47,31	68,82	77,42	IV	521,66	26,11	37,98	42,72	23,59	34,32	38,61	21,14	30,75	34,59	18,75	27,28	30,69	16,43	23,90	26,88	14,17	20,62	23,19
	VI	896,50	49,30	71,72	80,68																				
3 230,99	I,IV	522,50	28,73	41,80	47,02	I	522,50	23,64	34,38	38,68	18,79	27,34	30,75	14,21	20,67	23,25	9,88	14,38	16,17	4,96	8,46	9,52	—	3,17	3,56
	II	487,33	26,80	38,98	43,85	II	487,33	21,80	31,71	35,67	17,05	24,80	27,90	12,56	18,28	20,56	8,33	12,12	13,64	—	6,35	7,14	—	1,58	1,78
	III	270,—	14,85	21,60	24,30	III	270,—	7,13	15,81	17,78	—	10,28	11,56	—	5,48	6,16	—	1,46	1,64	—	—	—	—	—	—
	V	861,33	47,37	68,90	77,51	IV	522,50	26,15	38,04	42,80	23,64	34,38	38,68	21,18	30,81	34,66	18,79	27,34	30,75	16,47	23,96	26,95	14,21	20,67	23,25
	VI	897,58	49,36	71,80	80,78																				
3 233,99	I,IV	523,33	28,78	41,86	47,09	I	523,33	23,68	34,44	38,75	18,83	27,40	30,82	14,25	20,73	23,32	9,92	14,43	16,23	5,08	8,51	9,57	—	3,22	3,62
	II	488,16	26,84	39,05	43,93	II	488,16	21,84	31,77	35,74	17,09	24,86	27,97	12,60	18,34	20,63	8,37	12,18	13,70	—	6,40	7,20	—	1,62	1,82
	III	270,66	14,88	21,65	24,35	III	270,66	7,23	15,85	17,83	—	10,33	11,62	—	5,50	6,19	—	1,49	1,67	—	—	—	—	—	—
	V	862,41	47,43	68,99	77,61	IV	523,33	26,20	38,11	42,87	23,68	34,44	38,75	21,23	30,88	34,74	18,83	27,40	30,82	16,51	24,02	27,02	14,25	20,73	23,32
	VI	898,66	49,42	71,89	80,87																				
3 236,99	I,IV	524,16	28,82	41,93	47,17	I	524,16	23,72	34,51	38,82	18,88	27,46	30,89	14,29	20,78	23,38	9,96	14,49	16,30	5,21	8,56	9,63	—	3,26	3,66
	II	489,—	26,89	39,12	44,01	II	489,—	21,89	31,84	35,82	17,13	24,92	28,04	12,64	18,39	20,69	8,41	12,23	13,76	—	6,44	7,25	—	1,65	1,85
	III	271,33	14,92	21,70	24,41	III	271,33	7,36	15,90	17,89	—	10,37	11,66	—	5,54	6,23	—	1,53	1,72	—	—	—	—	—	—
	V	863,50	47,49	69,08	77,71	IV	524,16	26,24	38,17	42,94	23,72	34,51	38,82	21,27	30,94	34,80	18,88	27,46	30,89	16,55	24,08	27,09	14,29	20,78	23,38
	VI	899,75	49,48	71,98	80,97																				
3 239,99	I,IV	525,—	28,87	42,—	47,25	I	525,—	23,76	34,57	38,89	18,92	27,52	30,96	14,33	20,84	23,45	10,—	14,54	16,36	5,33	8,61	9,68	—	3,30	3,71
	II	489,83	26,94	39,18	44,08	II	489,83	21,93	31,90	35,88	17,17	24,98	28,10	12,68	18,45	20,75	8,44	12,28	13,82	0,05	6,50	7,31	—	1,68	1,89
	III	271,83	14,95	21,74	24,46	III	271,83	7,50	15,96	17,95	—	10,41	11,71	—	5,58	6,28	—	1,56	1,75	—	—	—	—	—	—
	V	864,58	47,55	69,16	77,81	IV	525,—	26,29	38,24	43,02	23,76	34,57	38,89	21,31	31,—	34,87	18,92	27,52	30,96	16,59	24,14	27,15	14,33	20,84	23,45
	VI	900,83	49,54	72,06	81,07																				
3 242,99	I,IV	525,83	28,92	42,06	47,32	I	525,83	23,81	34,64	38,97	18,96	27,58	31,03	14,37	20,90	23,51	10,03	14,60	16,42	5,46	8,66	9,74	—	3,34	3,75
	II	490,66	26,98	39,25	44,15	II	490,66	21,97	31,96	35,95	17,21	25,04	28,17	12,72	18,50	20,81	8,48	12,34	13,88	0,16	6,54	7,36	—	1,72	1,94
	III	272,50	14,98	21,80	24,52	III	272,50	7,63	16,01	18,01	—	10,46	11,77	—	5,62	6,32	—	1,58	1,78	—	—	—	—	—	—
	V	865,66	47,61	69,25	77,90	IV	525,83	26,33	38,30	43,09	23,81	34,64	38,97	21,35	31,06	34,94	18,96	27,58	31,03	16,63	24,20	27,22	14,37	20,90	23,51
	VI	901,91	49,60	72,15	81,17																				
3 245,99	I,IV	526,75	28,97	42,14	47,40	I	526,75	23,86	34,70	39,04	19,—	27,64	31,10	14,41	20,96	23,58	10,07	14,65	16,48	5,60	8,72	9,81	—	3,38	3,80
	II	491,50	27,03	39,32	44,23	II	491,50	22,01	32,02	36,02	17,26	25,10	28,24	12,76	18,56	20,88	8,52	12,39	13,94	0,30	6,60	7,42	—	1,76	1,98
	III	273,16	15,02	21,85	24,58	III	273,16	7,73	16,05	18,05	—	10,50	11,81	—	5,66	6,37	—	1,62	1,82	—	—	—	—	—	—
	V	866,75	47,67	69,34	78,—	IV	526,75	26,38	38,37	43,16	23,86	34,70	39,04	21,39	31,12	35,01	19,—	27,64	31,10	16,67	24,26	27,29	14,41	20,96	23,58
	VI	903,—	49,66	72,24	81,27																				
3 248,99	I,IV	527,58	29,01	42,20	47,48	I	527,58	23,90	34,76	39,11	19,04	27,70	31,16	14,45	21,02	23,64	10,11	14,70	16,54	5,71	8,76	9,86	—	3,42	3,84
	II	492,33	27,07	39,38	44,30	II	492,33	22,05	32,08	36,09	17,30	25,16	28,31	12,80	18,62	20,94	8,55	12,44	14,—	0,41	6,64	7,47	—	1,79	2,01
	III	273,83	15,06	21,90	24,64	III	273,83	7,86	16,10	18,11	—	10,56	11,88	—	5,70	6,41	—	1,65	1,85	—	—	—	—	—	—
	V	867,83	47,73	69,42	78,10	IV	527,58	26,42	38,44	43,24	23,90	34,76	39,11	21,44	31,19	35,09	19,04	27,70	31,16	16,71	24,31	27,35	14,45	21,02	23,64
	VI	904,08	49,72	72,32	81,36																				
3 251,99	I,IV	528,33	29,05	42,26	47,54	I	528,33	23,94	34,83	39,18	19,08	27,76	31,23	14,48	21,07	23,70	10,14	14,76	16,60	5,85	8,82	9,92	—	3,46	3,89
	II	493,08	27,11	39,44	44,37	II	493,08	22,10	32,14	36,16	17,34	25,22	28,37	12,83	18,67	21,—	8,59	12,50	14,06	0,53	6,69	7,52	—	1,83	2,06
	III	274,50	15,09	21,96	24,70	III	274,50	8,—	16,16	18,18	—	10,60	11,92	—	5,74	6,46	—	1,69	1,90	—	—	—	—	—	—
	V	868,83	47,78	69,50	78,19	IV	528,33	26,46	38,50	43,31	23,94	34,83	39,18	21,48	31,25	35,15	19,08	27,76	31,23	16,75	24,37	27,41	14,48	21,07	23,70
	VI	905,08	49,77	72,40	81,45																				
3 254,99	I,IV	529,25	29,10	42,34	47,63	I	529,25	23,98	34,89	39,25	19,13	27,82	31,30	14,52	21,13	23,77	10,18	14,81	16,66	5,96	8,86	9,97	—	3,50	3,93
	II	493,91	27,16	39,51	44,45	II	493,91	22,14	32,21	36,23	17,38	25,28	28,44	12,87	18,72	21,06	8,63	12,55	14,12	0,66	6,74	7,58	—	1,86	2,09
	III	275,16	15,13	22,01	24,76	III	275,16	8,13	16,21	18,23	—	10,65	11,98	—	5,78	6,50	—	1,72	1,93	—	—	—	—	—	—
	V	869,91	47,84	69,59	78,29	IV	529,25	26,51	38,56	43,38	23,98	34,89	39,25	21,52	31,31	35,22	19,13	27,82	31,30	16,79	24,43	27,48	14,52	21,13	23,77
	VI	906,16	49,83	72,49	81,55																				
3 257,99	I,IV	530,08	29,15	42,40	47,70	I	530,08	24,03	34,96	39,33	19,17	27,88	31,37	14,57	21,19	23,84	10,22	14,86	16,72	6,10	8,92	10,03	—	3,54	3,98
	II	494,75	27,21	39,58	44,52	II	494,75	22,18	32,27	36,30	17,42	25,34	28,51	12,91	18,78	21,13	8,66	12,60	14,18	0,78	6,79	7,64	—	1,90	2,14
	III	275,83	15,17	22,06	24,82	III	275,83	8,26	16,26	18,29	—	10,69	12,02	—	5,82	6,55	—	1,76	1,98	—	—	—	—	—	—
	V	871,—	47,90	69,68	78,39	IV	530,08	26,56	38,63	43,46	24,03	34,96	39,33	21,56	31,37	35,29	19,17	27,88	31,37	16,83	24,49	27,55	14,57	21,19	23,84
	VI	907,25	49,89	72,58	81,65																				
3 260,99	I,IV	530,91	29,20	42,47	47,78	I	530,91	24,07	35,02	39,39	19,21	27,94	31,43	14,60	21,24	23,90	10,25	14,92	16,78	6,16	8,97	10,09	—	3,58	4,03
	II	495,58	27,25	39,64	44,60	II	495,58	22,23	32,34	36,38	17,46	25,40	28,57	12,95	18,84	21,19	8,69	12,65	14,23	0,91	6,84	7,70	—	1,94	2,18
	III	276,50	15,20	22,12	24,88	III	276,50	8,36	16,30	18,34	—	10,74	12,08	—	5,86	6,59	—	1,78	2,—	—	—	—	—	—	—
	V	872,08	47,96	69,76	78,48	IV	530,91	26,60	38,70	43,53	24,07	35,02	39,39	21,61	31,44	35,37	19,21	27,94	31,43	16,88	24,55	27,62	14,60	21,24	23,90
	VI	908,33	49,95	72,66	81,74																				
3 263,99	I,IV	531,75	29,24	42,54	47,85	I	531,75	24,12	35,08	39,47	19,25	28,—	31,50	14,64	21,30	23,96	10,29	14,97	16,84	6,20	9,02	10,14	—	3,62	4,07
	II	496,41	27,30	39,71	44,67	II	496,41	22,27	32,40	36,45	17,50	25,46	28,64	12,99	18,90	21,26	8,73	12,70	14,29	1,03	6,89	7,75	—	1,97	2,21
	III	277,16	15,24	22,17	24,94	III	277,16	8,50	16,36	18,40	—	10,78	12,13	—	5,90	6,64	—	1,81	2,03	—	—	—	—	—	—
	V	873,16	48,02	69,85	78,58	IV	531,75	26,65	38,76	43,61	24,12	35,08	39,47	21,65	31,50	35,43	19,25	28,—	31,50	16,92	24,61	27,68	14,64	21,30	23,96
	VI	909,41	50,01	72,75	81,84																				
3 266,99	I,IV	532,58	29,29	42,60	47,93	I	532,58	24,16	35,15	39,54	19,29	28,06	31,57	14,68	21,36	24,03	10,33	15,03	16,91	6,23	9,07	10,20	—	3,66	4,12
	II	497,25	27,34	39,78	44,75	II	497,25	22,32	32,46	36,52	17,54	25,52	28,71	13,03	18,95	21,32	8,77	12,76	14,35	1,16	6,94	7,81	—	2,01	2,26
	III	277,66	15,27	22,21	24,98	III	277,66	8,63	16,41	18,46	—	10,84	12,19	—	5,94	6,68	—	1,85	2,08	—	—	—	—	—	—
	V	874,25	48,08	69,94	78,68	IV	532,58	26,69	38,83	43,68	24,16	35,15	39,54	21,70	31,56	35,51	19,29	28,06	31,57	16,95	24,66	27,74	14,68	21,36	24,03
	VI	910,50	50,07	72,84	81,94																				
3 269,99	I,IV	533,41	29,33	42,67	48,—	I	533,41	24,20	35,21	39,61	19,34	28,13	31,64	14,72	21,42	24,09	10,37	15,08	16,97	6,27	9,12	10,26	—	3,71	4,17
	II	498,08	27,39	39,84	44,82	II	498,08	22,36	32,52	36,59	17,58	25,58	28,77	13,07	19,01	21,38	8,80	12,81	14,41	1,28	6,99	7,86	—	2,04	2,30
	III	278,33	15,30	22,26	25,04	III	278,33	8,76	16,46	18,52	—	10,88	12,24	—	5,98	6,73	—	1,88	2,11	—	—	—	—	—	—
	V	875,33	48,14	70,02	78,77	IV	533,41	26,74	38,90	43,76	24,20	35,21	39,61	21,74	31,62	35,57	19,34	28,13	31,64	16,99	24,72	27,81	14,72	21,42	24,09
	VI	911,58	50,13	72,92	82,04																				
3 272,99	I,IV	534,25	29,38	42,74	48,08	I	534,25	24,25	35,28	39,69	19,38	28,19	31,71	14,76	21,48	24,16	10,40	15,14	17,03	6,30	9,17	10,31	—	3,75	4,22
	II	498,91	27,44	39,91	44,90	II	498,91	22,40	32,59	36,66	17,62	25,64	28,84	13,10	19,06	21,44	8,84	12,86	14,47	1,41	7,04	7,92	—	2,08	2,34
	III	279,—	15,34	22,32	25,11	III	279,—	8,86	16,50	18,56	—	10,93	12,29	—	6,02	6,77	—	1,92	2,16	—	—	—	—	—	—
	V	876,41	48,20	70,11	78,87	IV	534,25	26,78	38,96	43,83	24,25	35,28	39,69	21,78	31,68	35,64	19,38	28,19	31,71	17,04	24,78	27,88	14,76	21,48	24,16
	VI	912,75	50,20	73,02	82,14																				

* Die ausgewiesenen Tabellenwerte sind amtlich. Siehe Erläuterungen auf der Umschlaginnenseite (U2).

** Bei mehr als 3 Kinderfreibeträgen ist die „Ergänzungs-Tabelle 3,5 bis 6 Kinderfreibeträge" anzuwenden.

Lohn/ Gehalt bis €*	Abzüge an Lohnsteuer, Solidaritätszuschlag (SolZ) und Kirchensteuer (8%, 9%) in den Steuerklassen I – VI					I, II, III, IV																			
			ohne Kinderfreibeträge					mit Zahl der Kinderfreibeträge . . .																	
								0,5			1			1,5			2			2,5			3**		
		LSt	SolZ	8%	9%		LSt	SolZ	8%	9%	SolZ	8%	9%	SolZ	8%	9%	SolZ	8%	9%	SolZ	8%	9%	SolZ	8%	9%
3 275,99	I,IV	535,16	29,43	42,81	48,16	I	535,16	24,30	35,34	39,76	19,42	28,25	31,78	14,80	21,53	24,22	10,44	15,19	17,09	6,34	9,22	10,37	—	3,79	4,26
	II	499,75	27,48	39,98	44,97	II	499,75	22,44	32,65	36,73	17,66	25,70	28,91	13,14	19,12	21,51	8,88	12,92	14,53	1,53	7,09	7,97	—	2,12	2,38
	III	279,66	15,38	22,37	25,16	III	279,66	9,—	16,56	18,63	—	10,97	12,34	—	6,06	6,82	—	1,94	2,18	—	—	—	—	—	—
	V	877,50	48,26	70,20	78,97	IV	535,16	26,83	39,03	43,91	24,30	35,34	39,76	21,83	31,75	35,72	19,42	28,25	31,78	17,08	24,84	27,95	14,80	21,53	24,22
	VI	913,83	50,26	73,10	82,24																				
3 278,99	I,IV	535,91	29,47	42,87	48,23	I	535,91	24,34	35,40	39,83	19,46	28,31	31,85	14,84	21,59	24,29	10,48	15,24	17,15	6,37	9,27	10,43	—	3,83	4,31
	II	500,58	27,53	40,04	45,05	II	500,58	22,49	32,71	36,80	17,71	25,76	28,98	13,18	19,18	21,57	8,91	12,97	14,59	1,65	7,14	8,03	—	2,16	2,43
	III	280,33	15,41	22,42	25,22	III	280,33	9,13	16,61	18,68	—	11,02	12,40	—	6,10	6,86	—	1,98	2,23	—	—	—	—	—	—
	V	878,58	48,32	70,28	79,07	IV	535,91	26,87	39,09	43,97	24,34	35,40	39,83	21,87	31,81	35,78	19,46	28,31	31,85	17,12	24,90	28,01	14,84	21,59	24,29
	VI	914,83	50,31	73,18	82,33																				
3 281,99	I,IV	536,83	29,52	42,94	48,31	I	536,83	24,38	35,47	39,90	19,50	28,37	31,91	14,88	21,64	24,35	10,51	15,30	17,21	6,41	9,32	10,49	—	3,88	4,36
	II	501,41	27,57	40,11	45,12	II	501,41	22,53	32,78	36,87	17,75	25,82	29,04	13,22	19,23	21,63	8,95	13,02	14,65	1,78	7,19	8,09	—	2,19	2,46
	III	281,—	15,45	22,48	25,29	III	281,—	9,26	16,66	18,74	—	11,06	12,44	—	6,14	6,91	—	2,01	2,26	—	—	—	—	—	—
	V	879,66	48,38	70,37	79,16	IV	536,83	26,92	39,16	44,05	24,38	35,47	39,90	21,91	31,87	35,85	19,50	28,37	31,91	17,16	24,96	28,08	14,88	21,64	24,35
	VI	915,91	50,37	73,27	82,43																				
3 284,99	I,IV	537,66	29,57	43,01	48,38	I	537,66	24,42	35,53	39,97	19,54	28,43	31,98	14,92	21,70	24,41	10,55	15,35	17,27	6,44	9,38	10,55	—	3,92	4,41
	II	502,25	27,62	40,18	45,20	II	502,25	22,57	32,84	36,94	17,79	25,88	29,11	13,26	19,29	21,70	8,99	13,08	14,71	1,90	7,24	8,14	—	2,23	2,51
	III	281,66	15,49	22,53	25,34	III	281,66	9,40	16,72	18,81	—	11,12	12,51	—	6,18	6,95	—	2,05	2,30	—	—	—	—	—	—
	V	880,75	48,44	70,46	79,26	IV	537,66	26,96	39,22	44,12	24,42	35,53	39,97	21,95	31,94	35,93	19,54	28,43	31,98	17,20	25,02	28,15	14,92	21,70	24,41
	VI	917,—	50,43	73,36	82,53																				
3 287,99	I,IV	538,50	29,61	43,08	48,46	I	538,50	24,47	35,60	40,05	19,58	28,49	32,05	14,96	21,76	24,48	10,59	15,40	17,33	6,48	9,42	10,60	—	3,96	4,46
	II	503,08	27,66	40,24	45,27	II	503,08	22,62	32,90	37,01	17,83	25,94	29,18	13,30	19,34	21,76	9,02	13,13	14,77	2,03	7,29	8,20	—	2,27	2,55
	III	282,33	15,52	22,58	25,40	III	282,33	9,50	16,76	18,85	—	11,16	12,55	—	6,22	7,—	—	2,08	2,34	—	—	—	—	—	—
	V	881,83	48,50	70,54	79,36	IV	538,50	27,01	39,29	44,20	24,47	35,60	40,05	22,—	32,—	36,—	19,58	28,49	32,05	17,24	25,08	28,22	14,96	21,76	24,48
	VI	918,08	50,49	73,44	82,62																				
3 290,99	I,IV	539,33	29,66	43,14	48,53	I	539,33	24,52	35,66	40,12	19,63	28,56	32,13	15,—	21,82	24,55	10,63	15,46	17,39	6,51	9,48	10,66	—	4,—	4,50
	II	503,91	27,71	40,31	45,35	II	503,91	22,66	32,96	37,08	17,87	26,—	29,25	13,34	19,40	21,83	9,06	13,18	14,83	2,15	7,34	8,25	—	2,30	2,59
	III	283,—	15,56	22,64	25,47	III	283,—	9,63	16,81	18,91	—	11,21	12,61	—	6,26	7,04	—	2,12	2,38	—	—	—	—	—	—
	V	882,91	48,56	70,63	79,46	IV	539,33	27,06	39,36	44,28	24,52	35,66	40,12	22,04	32,06	36,07	19,63	28,56	32,13	17,28	25,14	28,28	15,—	21,82	24,55
	VI	919,16	50,55	73,53	82,72																				
3 293,99	I,IV	540,16	29,70	43,21	48,61	I	540,16	24,56	35,72	40,19	19,67	28,62	32,19	15,04	21,88	24,61	10,67	15,52	17,46	6,55	9,53	10,72	—	4,04	4,55
	II	504,75	27,76	40,38	45,42	II	504,75	22,71	33,03	37,16	17,91	26,06	29,31	13,37	19,46	21,89	9,10	13,24	14,89	2,28	7,39	8,31	—	2,34	2,63
	III	283,66	15,60	22,69	25,52	III	283,66	9,76	16,86	18,97	—	11,25	12,65	—	6,30	7,09	—	2,14	2,41	—	—	—	—	—	—
	V	884,—	48,62	70,72	79,56	IV	540,16	27,10	39,42	44,35	24,56	35,72	40,19	22,08	32,12	36,14	19,67	28,62	32,19	17,32	25,20	28,35	15,04	21,88	24,61
	VI	920,25	50,61	73,62	82,82																				
3 296,99	I,IV	541,—	29,75	43,28	48,69	I	541,—	24,60	35,79	40,26	19,71	28,68	32,26	15,08	21,94	24,68	10,70	15,57	17,51	6,58	9,58	10,77	—	4,09	4,60
	II	505,58	27,80	40,44	45,50	II	505,58	22,75	33,09	37,22	17,95	26,12	29,38	13,42	19,52	21,96	9,13	13,29	14,95	2,40	7,44	8,37	—	2,38	2,68
	III	284,33	15,63	22,74	25,58	III	284,33	9,90	16,92	19,03	—	11,30	12,71	—	6,34	7,13	—	2,18	2,45	—	—	—	—	—	—
	V	885,08	48,67	70,80	79,65	IV	541,—	27,15	39,49	44,42	24,60	35,79	40,26	22,12	32,18	36,20	19,71	28,68	32,26	17,36	25,26	28,41	15,08	21,94	24,68
	VI	921,33	50,67	73,70	82,91																				
3 299,99	I,IV	541,91	29,80	43,35	48,77	I	541,91	24,65	35,86	40,34	19,75	28,74	32,33	15,12	22,—	24,75	10,74	15,62	17,57	6,62	9,63	10,83	—	4,13	4,64
	II	506,41	27,85	40,51	45,57	II	506,41	22,79	33,16	37,30	17,99	26,18	29,45	13,45	19,57	22,01	9,17	13,34	15,01	2,53	7,49	8,42	—	2,42	2,72
	III	284,83	15,66	22,78	25,63	III	284,83	10,—	16,96	19,08	—	11,36	12,78	—	6,38	7,18	—	2,21	2,48	—	—	—	—	—	—
	V	886,16	48,73	70,89	79,75	IV	541,91	27,19	39,56	44,50	24,65	35,86	40,34	22,17	32,25	36,28	19,75	28,74	32,33	17,40	25,32	28,48	15,12	22,—	24,75
	VI	922,41	50,73	73,79	83,01																				
3 302,99	I,IV	542,66	29,84	43,41	48,83	I	542,66	24,69	35,92	40,41	19,80	28,80	32,40	15,16	22,05	24,80	10,78	15,68	17,64	6,65	9,68	10,89	—	4,18	4,70
	II	507,16	27,89	40,57	45,64	II	507,16	22,83	33,22	37,37	18,04	26,24	29,52	13,49	19,63	22,08	9,21	13,40	15,07	2,65	7,54	8,48	—	2,46	2,76
	III	285,50	15,70	22,84	25,69	III	285,50	10,13	17,01	19,13	—	11,40	12,82	—	6,42	7,22	—	2,24	2,52	—	—	—	—	—	—
	V	887,25	48,79	70,98	79,85	IV	542,66	27,23	39,62	44,57	24,69	35,92	40,41	22,21	32,31	36,35	19,80	28,80	32,40	17,44	25,38	28,55	15,16	22,05	24,80
	VI	923,50	50,79	73,88	83,11																				
3 305,99	I,IV	543,58	29,89	43,48	48,92	I	543,58	24,74	35,98	40,48	19,84	28,86	32,46	15,20	22,11	24,87	10,81	15,73	17,69	6,69	9,73	10,94	—	4,22	4,74
	II	508,—	27,94	40,64	45,72	II	508,—	22,88	33,28	37,44	18,08	26,30	29,58	13,53	19,68	22,14	9,24	13,45	15,13	2,78	7,59	8,54	—	2,50	2,81
	III	286,16	15,73	22,89	25,75	III	286,16	10,26	17,06	19,19	—	11,45	12,88	—	6,46	7,27	—	2,28	2,56	—	—	—	—	—	—
	V	888,33	48,85	71,06	79,94	IV	543,58	27,28	39,68	44,64	24,74	35,98	40,48	22,26	32,38	36,42	19,84	28,86	32,46	17,49	25,44	28,62	15,20	22,11	24,87
	VI	924,58	50,85	73,96	83,21																				
3 308,99	I,IV	544,41	29,94	43,55	48,99	I	544,41	24,78	36,05	40,55	19,88	28,92	32,53	15,23	22,16	24,93	10,85	15,79	17,76	6,72	9,78	11,—	—	4,26	4,79
	II	508,83	27,98	40,70	45,79	II	508,83	22,92	33,34	37,51	18,12	26,36	29,65	13,57	19,74	22,21	9,28	13,50	15,19	2,90	7,64	8,59	—	2,53	2,84
	III	286,83	15,77	22,94	25,81	III	286,83	10,40	17,12	19,26	—	11,49	12,92	—	6,50	7,31	—	2,30	2,59	—	—	—	—	—	—
	V	889,41	48,91	71,15	80,04	IV	544,41	27,33	39,75	44,72	24,78	36,05	40,55	22,30	32,44	36,49	19,88	28,92	32,53	17,53	25,50	28,68	15,23	22,16	24,93
	VI	925,66	50,91	74,05	83,30																				
3 311,99	I,IV	545,25	29,98	43,62	49,07	I	545,25	24,82	36,11	40,62	19,92	28,98	32,60	15,28	22,22	25,—	10,89	15,84	17,82	6,76	9,84	11,07	—	4,30	4,84
	II	509,66	28,03	40,77	45,86	II	509,66	22,96	33,40	37,58	18,16	26,42	29,72	13,61	19,80	22,27	9,32	13,56	15,25	3,03	7,69	8,65	—	2,57	2,89
	III	287,50	15,81	23,—	25,87	III	287,50	10,53	17,17	19,31	—	11,54	12,98	—	6,54	7,36	—	2,34	2,63	—	—	—	—	—	—
	V	890,50	48,97	71,24	80,14	IV	545,25	27,37	39,82	44,79	24,82	36,11	40,62	22,34	32,50	36,56	19,92	28,98	32,60	17,57	25,56	28,75	15,28	22,22	25,—
	VI	926,75	50,97	74,14	83,40																				
3 314,99	I,IV	546,08	30,03	43,68	49,14	I	546,08	24,87	36,18	40,70	19,96	29,04	32,67	15,32	22,28	25,07	10,93	15,90	17,88	6,79	9,88	11,12	—	4,35	4,89
	II	510,50	28,07	40,84	45,94	II	510,50	23,01	33,47	37,65	18,20	26,48	29,79	13,65	19,86	22,34	9,35	13,61	15,31	3,15	7,74	8,70	—	2,61	2,93
	III	288,16	15,84	23,05	25,93	III	288,16	10,63	17,21	19,36	—	11,58	13,03	—	6,58	7,40	—	2,37	2,66	—	—	—	—	—	—
	V	891,58	49,03	71,32	80,24	IV	546,08	27,42	39,88	44,87	24,87	36,18	40,70	22,38	32,56	36,63	19,96	29,04	32,67	17,61	25,62	28,82	15,32	22,28	25,07
	VI	927,83	51,03	74,22	83,50																				
3 317,99	I,IV	546,91	30,08	43,75	49,22	I	546,91	24,91	36,24	40,77	20,01	29,10	32,74	15,36	22,34	25,13	10,96	15,95	17,94	6,83	9,94	11,18	—	4,39	4,94
	II	511,33	28,12	40,90	46,01	II	511,33	23,05	33,53	37,72	18,24	26,54	29,85	13,69	19,91	22,40	9,39	13,66	15,37	3,28	7,79	8,76	—	2,65	2,98
	III	288,83	15,88	23,10	25,99	III	288,83	10,76	17,26	19,42	—	11,64	13,09	—	6,62	7,45	—	2,41	2,71	—	—	—	—	—	—
	V	892,66	49,09	71,41	80,33	IV	546,91	27,46	39,95	44,94	24,91	36,24	40,77	22,43	32,62	36,70	20,01	29,10	32,74	17,65	25,68	28,89	15,36	22,34	25,13
	VI	928,91	51,09	74,31	83,60																				
3 320,99	I,IV	547,83	30,13	43,82	49,30	I	547,83	24,96	36,30	40,84	20,05	29,16	32,81	15,40	22,40	25,20	11,—	16,01	18,01	6,87	9,99	11,24	—	4,44	4,99
	II	512,16	28,16	40,97	46,09	II	512,16	23,10	33,60	37,80	18,28	26,60	29,92	13,73	19,97	22,46	9,43	13,72	15,43	3,40	7,84	8,82	—	2,68	3,02
	III	289,50	15,92	23,16	26,05	III	289,50	10,90	17,32	19,48	—	11,68	13,14	—	6,66	7,49	—	2,44	2,74	—	—	—	—	—	—
	V	893,75	49,15	71,50	80,43	IV	547,83	27,51	40,02	45,02	24,96	36,30	40,84	22,47	32,69	36,77	20,05	29,16	32,81	17,69	25,74	28,95	15,40	22,40	25,20
	VI	930,—	51,15	74,40	83,70																				

* Die ausgewiesenen Tabellenwerte sind amtlich. Siehe Erläuterungen auf der Umschlaginnenseite (U2).
** Bei mehr als 3 Kinderfreibeträgen ist die „Ergänzungs-Tabelle 3,5 bis 6 Kinderfreibeträge" anzuwenden.

MONAT 3 321,–*

Lohn/ Gehalt bis €*	Abzüge an Lohnsteuer, Solidaritätszuschlag (SolZ) und Kirchensteuer (8%, 9%) in den Steuerklassen I – VI					I, II, III, IV		mit Zahl der Kinderfreibeträge . . . 0,5			1			1,5			2			2,5			3**		
		LSt	ohne Kinderfreibeträge SolZ	8%	9%		LSt	SolZ	8%	9%	SolZ	8%	9%	SolZ	8%	9%	SolZ	8%	9%	SolZ	8%	9%	SolZ	8%	9%
3 323,99	I,IV	548,66	30,17	43,89	49,37	I	548,66	25,—	36,37	40,91	20,09	29,23	32,88	15,44	22,46	25,26	11,04	16,06	18,07	6,90	10,04	11,30	—	4,48	5,04
	II	513,—	28,21	41,04	46,17	II	513,—	23,14	33,66	37,87	18,32	26,66	29,99	13,76	20,02	22,52	9,46	13,77	15,49	3,53	7,89	8,87	—	2,72	3,06
	III	290,16	15,95	23,21	26,11	III	290,16	11,03	17,37	19,54	—	11,73	13,19	—	6,70	7,54	—	2,48	2,79	—	—	—	—	—	—
	V	894,83	49,21	71,58	80,53	IV	548,66	27,55	40,08	45,09	25,—	36,37	40,91	22,51	32,75	36,84	20,09	29,23	32,88	17,73	25,80	29,02	15,44	22,46	25,26
	VI	931,08	51,20	74,48	83,79																				
3 326,99	I,IV	549,50	30,22	43,96	49,45	I	549,50	25,05	36,44	40,99	20,13	29,29	32,95	15,48	22,52	25,33	11,08	16,12	18,13	6,93	10,09	11,35	—	4,52	5,09
	II	513,83	28,26	41,10	46,24	II	513,83	23,18	33,72	37,94	18,37	26,72	30,06	13,80	20,08	22,59	9,50	13,82	15,55	3,65	7,94	8,93	—	2,76	3,11
	III	290,83	15,99	23,26	26,17	III	290,83	11,16	17,42	19,60	—	11,78	13,25	—	6,74	7,58	—	2,52	2,83	—	—	—	—	—	—
	V	895,91	49,27	71,67	80,63	IV	549,50	27,60	40,15	45,17	25,05	36,44	40,99	22,56	32,82	36,92	20,13	29,29	32,95	17,77	25,86	29,09	15,48	22,52	25,33
	VI	932,16	51,26	74,57	83,89																				
3 329,99	I,IV	550,33	30,26	44,02	49,52	I	550,33	25,09	36,50	41,06	20,18	29,35	33,02	15,51	22,57	25,39	11,11	16,17	18,19	6,97	10,14	11,41	—	4,57	5,14
	II	514,66	28,30	41,17	46,31	II	514,66	23,22	33,78	38,—	18,41	26,78	30,12	13,84	20,14	22,65	9,54	13,88	15,61	3,78	7,99	8,99	—	2,80	3,15
	III	291,50	16,03	23,32	26,23	III	291,50	11,26	17,46	19,64	—	11,82	13,30	—	6,78	7,63	—	2,54	2,86	—	—	—	—	—	—
	V	897,—	49,33	71,76	80,73	IV	550,33	27,65	40,22	45,24	25,09	36,50	41,06	22,60	32,88	36,99	20,18	29,35	33,02	17,81	25,91	29,15	15,51	22,57	25,39
	VI	933,25	51,32	74,66	83,99																				
3 332,99	I,IV	551,16	30,31	44,09	49,60	I	551,16	25,13	36,56	41,13	20,22	29,41	33,08	15,56	22,63	25,46	11,15	16,22	18,25	7,01	10,20	11,47	—	4,61	5,18
	II	515,50	28,35	41,24	46,39	II	515,50	23,27	33,85	38,08	18,45	26,84	30,19	13,88	20,20	22,72	9,57	13,93	15,67	3,90	8,04	9,04	—	2,84	3,20
	III	292,16	16,06	23,37	26,29	III	292,16	11,40	17,52	19,71	—	11,88	13,36	—	6,82	7,67	—	2,58	2,90	—	—	—	—	—	—
	V	898,08	49,39	71,84	80,82	IV	551,16	27,69	40,28	45,32	25,13	36,56	41,13	22,64	32,94	37,05	20,22	29,41	33,08	17,85	25,97	29,21	15,56	22,63	25,46
	VI	934,33	51,38	74,74	84,08																				
3 335,99	I,IV	552,08	30,36	44,16	49,68	I	552,08	25,18	36,63	41,21	20,26	29,47	33,15	15,60	22,69	25,52	11,19	16,28	18,32	7,04	10,24	11,52	—	4,66	5,24
	II	516,33	28,39	41,30	46,46	II	516,33	23,31	33,91	38,15	18,49	26,90	30,26	13,92	20,25	22,78	9,61	13,98	15,73	4,03	8,09	9,10	—	2,88	3,24
	III	292,66	16,09	23,41	26,33	III	292,66	11,53	17,57	19,76	—	11,92	13,41	—	6,86	7,72	—	2,61	2,93	—	—	—	—	—	—
	V	899,16	49,45	71,93	80,92	IV	552,08	27,74	40,35	45,39	25,18	36,63	41,21	22,69	33,—	37,13	20,26	29,47	33,15	17,89	26,03	29,28	15,60	22,69	25,52
	VI	935,41	51,44	74,83	84,18																				
3 338,99	I,IV	552,91	30,41	44,23	49,76	I	552,91	25,23	36,70	41,28	20,30	29,53	33,22	15,64	22,75	25,59	11,23	16,34	18,38	7,08	10,30	11,58	—	4,70	5,29
	II	517,16	28,44	41,37	46,54	II	517,16	23,36	33,98	38,22	18,53	26,96	30,33	13,96	20,31	22,85	9,65	14,04	15,79	4,16	8,14	9,16	—	2,92	3,29
	III	293,33	16,13	23,46	26,39	III	293,33	11,66	17,62	19,82	—	11,97	13,46	—	6,92	7,78	—	2,65	2,98	—	—	—	—	—	—
	V	900,25	49,51	72,02	81,02	IV	552,91	27,78	40,42	45,47	25,23	36,70	41,28	22,73	33,06	37,19	20,30	29,53	33,22	17,93	26,09	29,35	15,64	22,75	25,59
	VI	936,50	51,50	74,92	84,28																				
3 341,99	I,IV	553,75	30,45	44,30	49,83	I	553,75	25,27	36,76	41,35	20,35	29,60	33,30	15,67	22,80	25,65	11,27	16,39	18,44	7,11	10,35	11,64	—	4,75	5,34
	II	518,—	28,49	41,44	46,62	II	518,—	23,40	34,04	38,30	18,57	27,02	30,39	14,—	20,37	22,91	9,68	14,09	15,85	4,28	8,19	9,21	—	2,96	3,33
	III	294,—	16,17	23,52	26,46	III	294,—	11,80	17,68	19,89	—	12,02	13,52	—	6,96	7,83	—	2,68	3,01	—	—	—	—	—	—
	V	901,33	49,57	72,10	81,11	IV	553,75	27,83	40,48	45,54	25,27	36,76	41,35	22,77	33,13	37,27	20,35	29,60	33,30	17,98	26,15	29,42	15,67	22,80	25,65
	VI	937,58	51,56	75,—	84,38																				
3 344,99	I,IV	554,58	30,50	44,36	49,91	I	554,58	25,31	36,82	41,42	20,39	29,66	33,36	15,72	22,86	25,72	11,30	16,44	18,50	7,15	10,40	11,70	—	4,79	5,39
	II	518,83	28,53	41,50	46,69	II	518,83	23,44	34,10	38,36	18,61	27,08	30,46	14,04	20,42	22,97	9,72	14,14	15,91	4,41	8,24	9,27	—	3,—	3,37
	III	294,66	16,20	23,57	26,51	III	294,66	11,93	17,73	19,94	—	12,06	13,57	—	7,—	7,87	—	2,72	3,06	—	—	—	—	—	—
	V	902,41	49,63	72,19	81,21	IV	554,58	27,88	40,55	45,62	25,31	36,82	41,42	22,82	33,19	37,34	20,39	29,66	33,36	18,02	26,21	29,48	15,72	22,86	25,72
	VI	938,66	51,62	75,09	84,47																				
3 347,99	I,IV	555,50	30,55	44,44	49,99	I	555,50	25,36	36,89	41,50	20,43	29,72	33,43	15,76	22,92	25,79	11,34	16,50	18,56	7,18	10,45	11,75	—	4,84	5,44
	II	519,75	28,58	41,58	46,77	II	519,75	23,49	34,17	38,44	18,65	27,14	30,53	14,08	20,48	23,04	9,76	14,20	15,97	4,53	8,29	9,32	—	3,04	3,42
	III	295,33	16,24	23,62	26,57	III	295,33	12,03	17,77	19,99	—	12,12	13,63	—	7,04	7,92	—	2,74	3,08	—	—	—	—	—	—
	V	903,50	49,69	72,28	81,31	IV	555,50	27,92	40,62	45,69	25,36	36,89	41,50	22,86	33,26	37,41	20,43	29,72	33,43	18,06	26,27	29,55	15,76	22,92	25,79
	VI	939,75	51,68	75,18	84,57																				
3 350,99	I,IV	556,33	30,59	44,50	50,06	I	556,33	25,41	36,96	41,58	20,47	29,78	33,50	15,80	22,98	25,85	11,38	16,56	18,63	7,22	10,50	11,81	—	4,88	5,49
	II	520,58	28,63	41,64	46,85	II	520,58	23,53	34,23	38,51	18,70	27,20	30,60	14,12	20,54	23,10	9,79	14,25	16,03	4,66	8,34	9,38	—	3,08	3,46
	III	296,—	16,28	23,68	26,64	III	296,—	12,16	17,82	20,05	—	12,17	13,69	—	7,08	7,96	—	2,78	3,13	—	—	—	—	—	—
	V	904,58	49,75	72,36	81,41	IV	556,33	27,97	40,68	45,77	25,41	36,96	41,58	22,91	33,32	37,49	20,47	29,78	33,50	18,10	26,34	29,63	15,80	22,98	25,85
	VI	940,83	51,74	75,26	84,67																				
3 353,99	I,IV	557,16	30,64	44,57	50,14	I	557,16	25,45	37,02	41,64	20,51	29,84	33,57	15,84	23,04	25,92	11,42	16,61	18,68	7,26	10,56	11,88	—	4,93	5,54
	II	521,33	28,67	41,70	46,91	II	521,33	23,58	34,30	38,58	18,74	27,26	30,66	14,16	20,60	23,17	9,83	14,30	16,09	4,78	8,39	9,44	—	3,12	3,51
	III	296,66	16,31	23,73	26,69	III	296,66	12,29	17,88	20,11	—	12,21	13,73	—	7,12	8,01	—	2,82	3,17	—	—	—	—	—	—
	V	905,58	49,80	72,44	81,50	IV	557,16	28,01	40,74	45,83	25,45	37,02	41,64	22,95	33,38	37,55	20,51	29,84	33,57	18,14	26,39	29,69	15,84	23,04	25,92
	VI	941,83	51,80	75,34	84,76																				
3 356,99	I,IV	558,—	30,69	44,64	50,22	I	558,—	25,49	37,08	41,72	20,56	29,90	33,64	15,88	23,10	25,98	11,45	16,66	18,74	7,29	10,61	11,93	—	4,97	5,59
	II	522,16	28,71	41,77	46,99	II	522,16	23,62	34,36	38,65	18,78	27,32	30,73	14,19	20,65	23,23	9,87	14,36	16,15	4,91	8,44	9,50	—	3,16	3,55
	III	297,33	16,35	23,78	26,75	III	297,33	12,32	17,93	20,17	—	12,26	13,79	—	7,16	8,05	—	2,85	3,20	—	—	—	—	—	—
	V	906,66	49,86	72,53	81,59	IV	558,—	28,05	40,81	45,91	25,49	37,08	41,72	22,99	33,44	37,62	20,56	29,90	33,64	18,18	26,45	29,75	15,88	23,10	25,98
	VI	942,91	51,86	75,43	84,86																				
3 359,99	I,IV	558,83	30,73	44,70	50,29	I	558,83	25,54	37,15	41,79	20,60	29,96	33,71	15,92	23,16	26,05	11,49	16,72	18,81	7,32	10,66	11,99	—	5,02	5,64
	II	523,08	28,76	41,84	47,07	II	523,08	23,66	34,42	38,72	18,82	27,38	30,80	14,24	20,71	23,30	9,91	14,42	16,22	5,03	8,49	9,55	—	3,20	3,60
	III	298,—	16,39	23,84	26,82	III	298,—	12,36	17,98	20,23	—	12,32	13,86	—	7,20	8,10	—	2,89	3,25	—	—	—	—	—	—
	V	907,75	49,92	72,62	81,69	IV	558,83	28,10	40,88	45,99	25,54	37,15	41,79	23,04	33,51	37,70	20,60	29,96	33,71	18,22	26,51	29,82	15,92	23,16	26,05
	VI	944,—	51,92	75,52	84,96																				
3 362,99	I,IV	559,75	30,78	44,78	50,37	I	559,75	25,58	37,21	41,86	20,64	30,02	33,77	15,95	23,21	26,11	11,53	16,78	18,87	7,36	10,71	12,05	—	5,06	5,69
	II	523,91	28,81	41,91	47,15	II	523,91	23,70	34,48	38,79	18,86	27,44	30,87	14,27	20,76	23,36	9,95	14,47	16,28	5,16	8,54	9,61	—	3,24	3,64
	III	298,66	16,42	23,89	26,87	III	298,66	12,39	18,02	20,27	—	12,36	13,90	—	7,24	8,14	—	2,92	3,28	—	—	—	—	—	—
	V	908,83	49,98	72,70	81,79	IV	559,75	28,15	40,94	46,06	25,58	37,21	41,86	23,08	33,57	37,76	20,64	30,02	33,77	18,26	26,57	29,89	15,95	23,21	26,11
	VI	945,08	51,97	75,60	85,05																				
3 365,99	I,IV	560,58	30,83	44,84	50,45	I	560,58	25,63	37,28	41,94	20,68	30,09	33,85	16,—	23,27	26,18	11,57	16,83	18,93	7,40	10,76	12,11	—	5,11	5,75
	II	524,75	28,86	41,98	47,22	II	524,75	23,75	34,55	38,87	18,90	27,50	30,93	14,31	20,82	23,42	9,98	14,52	16,34	5,30	8,60	9,67	—	3,28	3,69
	III	299,33	16,46	23,94	26,93	III	299,33	12,43	18,08	20,34	—	12,41	13,96	—	7,28	8,19	—	2,96	3,33	—	—	—	—	—	—
	V	909,91	50,04	72,79	81,89	IV	560,58	28,19	41,01	46,13	25,63	37,28	41,94	23,12	33,64	37,84	20,68	30,09	33,85	18,31	26,63	29,96	16,—	23,27	26,18
	VI	946,16	52,03	75,69	85,15																				
3 368,99	I,IV	561,41	30,87	44,91	50,52	I	561,41	25,67	37,34	42,01	20,73	30,15	33,92	16,04	23,33	26,24	11,60	16,88	18,99	7,43	10,82	12,17	—	5,16	5,80
	II	525,58	28,90	42,04	47,30	II	525,58	23,80	34,62	38,94	18,94	27,56	31,—	14,35	20,88	23,49	10,02	14,58	16,40	5,41	8,64	9,72	—	3,32	3,74
	III	300,—	16,50	24,—	27,—	III	300,—	12,46	18,13	20,39	—	12,45	14,—	—	7,33	8,24	—	3,—	3,37	—	—	—	—	—	—
	V	911,—	50,10	72,88	81,99	IV	561,41	28,24	41,08	46,22	25,67	37,34	42,01	23,16	33,70	37,91	20,73	30,15	33,92	18,35	26,69	30,02	16,04	23,33	26,24
	VI	947,25	52,09	75,78	85,25																				

* Die ausgewiesenen Tabellenwerte sind amtlich. Siehe Erläuterungen auf der Umschlaginnenseite (U2).
** Bei mehr als 3 Kinderfreibeträgen ist die „Ergänzungs-Tabelle 3,5 bis 6 Kinderfreibeträge" anzuwenden.

Lohn/ Gehalt bis €*		I – VI				I, II, III, IV																			
			ohne Kinderfreibeträge					mit Zahl der Kinderfreibeträge . . .																	
								0,5			1			1,5			2			2,5			3**		
		LSt	SolZ	8%	9%		LSt	SolZ	8%	9%	SolZ	8%	9%	SolZ	8%	9%	SolZ	8%	9%	SolZ	8%	9%	SolZ	8%	9%
3 371,99	I,IV	562,25	30,92	44,98	50,60	I	562,25	25,72	37,41	42,08	20,77	30,21	33,98	16,08	23,39	26,31	11,65	16,94	19,06	7,47	10,87	12,23	—	5,20	5,85
	II	526,41	28,95	42,11	47,37	II	526,41	23,84	34,68	39,01	18,99	27,62	31,07	14,39	20,94	23,55	10,06	14,63	16,46	5,55	8,70	9,78	—	3,36	3,78
	III	300,66	16,53	24,05	27,05	III	300,66	12,50	18,18	20,45	—	12,50	14,06	—	7,37	8,29	—	3,02	3,40	—	—	—	—	—	—
	V	912,08	50,16	72,96	82,08	IV	562,25	28,29	41,15	46,29	25,72	37,41	42,08	23,21	33,76	37,98	20,77	30,21	33,98	18,39	26,75	30,09	16,08	23,39	26,31
	VI	948,33	52,15	75,86	85,34																				
3 374,99	I,IV	563,16	30,97	45,05	50,68	I	563,16	25,76	37,48	42,16	20,81	30,28	34,06	16,12	23,45	26,38	11,68	17,—	19,12	7,50	10,92	12,28	—	5,25	5,90
	II	527,25	28,99	42,18	47,45	II	527,25	23,88	34,74	39,08	19,03	27,68	31,14	14,43	21,—	23,62	10,09	14,68	16,52	5,68	8,75	9,84	—	3,40	3,83
	III	301,33	16,57	24,10	27,11	III	301,33	12,54	18,24	20,52	—	12,56	14,13	—	7,41	8,33	—	3,06	3,44	—	—	—	—	—	—
	V	913,16	50,22	73,05	82,18	IV	563,16	28,33	41,22	46,37	25,76	37,48	42,16	23,25	33,82	38,05	20,81	30,28	34,06	18,43	26,82	30,17	16,12	23,45	26,38
	VI	949,50	52,22	75,96	85,45																				
3 377,99	I,IV	564,—	31,02	45,12	50,76	I	564,—	25,80	37,54	42,23	20,85	30,34	34,13	16,16	23,50	26,44	11,72	17,05	19,18	7,54	10,97	12,34	—	5,30	5,96
	II	528,08	29,04	42,24	47,52	II	528,08	23,92	34,80	39,15	19,07	27,74	31,21	14,47	21,05	23,68	10,13	14,74	16,58	5,80	8,80	9,90	—	3,44	3,87
	III	302,—	16,61	24,16	27,18	III	302,—	12,56	18,28	20,56	—	12,61	14,18	—	7,45	8,38	—	3,09	3,47	—	—	—	—	—	—
	V	914,25	50,28	73,14	82,28	IV	564,—	28,38	41,28	46,44	25,80	37,54	42,23	23,30	33,89	38,12	20,85	30,34	34,13	18,48	26,88	30,24	16,16	23,50	26,44
	VI	950,58	52,28	76,04	85,55																				
3 380,99	I,IV	564,83	31,06	45,18	50,83	I	564,83	25,85	37,60	42,30	20,90	30,40	34,20	16,20	23,56	26,51	11,76	17,10	19,24	7,58	11,02	12,40	—	5,34	6,—
	II	528,91	29,09	42,31	47,60	II	528,91	23,97	34,87	39,23	19,11	27,80	31,28	14,51	21,11	23,75	10,17	14,79	16,64	5,93	8,85	9,95	—	3,48	3,92
	III	302,50	16,63	24,20	27,22	III	302,50	12,60	18,33	20,62	—	12,65	14,23	—	7,49	8,42	—	3,13	3,52	—	—	—	—	—	—
	V	915,33	50,34	73,22	82,37	IV	564,83	28,42	41,34	46,51	25,85	37,60	42,30	23,34	33,95	38,19	20,90	30,40	34,20	18,51	26,93	30,29	16,20	23,56	26,51
	VI	951,58	52,33	76,12	85,64																				
3 383,99	I,IV	565,66	31,11	45,25	50,90	I	565,66	25,90	37,67	42,38	20,94	30,46	34,26	16,24	23,62	26,57	11,80	17,16	19,31	7,61	11,08	12,46	—	5,38	6,05
	II	529,75	29,13	42,38	47,67	II	529,75	24,01	34,93	39,29	19,15	27,86	31,34	14,55	21,16	23,81	10,20	14,84	16,70	6,05	8,90	10,01	—	3,52	3,96
	III	303,16	16,67	24,25	27,28	III	303,16	12,64	18,38	20,68	—	12,70	14,29	—	7,53	8,47	—	3,17	3,56	—	—	—	—	—	—
	V	916,41	50,40	73,31	82,47	IV	565,66	28,47	41,41	46,58	25,90	37,67	42,38	23,38	34,02	38,27	20,94	30,46	34,26	18,55	26,99	30,36	16,24	23,62	26,57
	VI	952,66	52,39	76,21	85,73																				
3 386,99	I,IV	566,58	31,16	45,32	50,99	I	566,58	25,94	37,73	42,44	20,98	30,52	34,33	16,28	23,68	26,64	11,83	17,22	19,37	7,64	11,12	12,51	—	5,43	6,11
	II	530,58	29,18	42,44	47,75	II	530,58	24,06	35,—	39,37	19,19	27,92	31,41	14,59	21,22	23,87	10,24	14,90	16,76	6,15	8,95	10,07	—	3,57	4,01
	III	303,83	16,71	24,30	27,34	III	303,83	12,67	18,44	20,74	—	12,74	14,33	—	7,57	8,51	—	3,20	3,60	—	—	—	—	—	—
	V	917,50	50,46	73,40	82,57	IV	566,58	28,52	41,48	46,67	25,94	37,73	42,44	23,43	34,08	38,34	20,98	30,52	34,33	18,60	27,06	30,44	16,28	23,68	26,64
	VI	953,75	52,45	76,30	85,83																				
3 389,99	I,IV	567,41	31,20	45,39	51,06	I	567,41	25,98	37,80	42,52	21,02	30,58	34,40	16,32	23,74	26,70	11,87	17,27	19,43	7,68	11,18	12,57	—	5,48	6,17
	II	531,41	29,22	42,51	47,82	II	531,41	24,10	35,06	39,44	19,24	27,98	31,48	14,63	21,28	23,94	10,28	14,96	16,83	6,18	9,—	10,12	—	3,61	4,06
	III	304,50	16,74	24,36	27,40	III	304,50	12,71	18,49	20,80	—	12,80	14,40	—	7,62	8,57	—	3,24	3,64	—	—	—	—	—	—
	V	918,58	50,52	73,48	82,67	IV	567,41	28,56	41,55	46,74	25,98	37,80	42,52	23,47	34,14	38,41	21,02	30,58	34,40	18,64	27,12	30,51	16,32	23,74	26,70
	VI	954,83	52,51	76,38	85,93																				
3 392,99	I,IV	568,25	31,25	45,46	51,14	I	568,25	26,03	37,86	42,59	21,06	30,64	34,47	16,36	23,80	26,77	11,91	17,33	19,49	7,72	11,23	12,63	—	5,53	6,22
	II	532,25	29,27	42,58	47,90	II	532,25	24,14	35,12	39,51	19,28	28,04	31,55	14,67	21,34	24,—	10,32	15,01	16,88	6,22	9,05	10,18	—	3,65	4,10
	III	305,16	16,78	24,41	27,46	III	305,16	12,75	18,54	20,86	—	12,85	14,45	—	7,66	8,62	—	3,28	3,69	—	—	—	—	—	—
	V	919,66	50,58	73,57	82,76	IV	568,25	28,61	41,62	46,82	26,03	37,86	42,59	23,52	34,21	38,48	21,06	30,64	34,47	18,68	27,18	30,57	16,36	23,80	26,77
	VI	955,91	52,57	76,47	86,03																				
3 395,99	I,IV	569,16	31,30	45,53	51,22	I	569,16	26,07	37,93	42,67	21,11	30,70	34,54	16,40	23,86	26,84	11,95	17,38	19,55	7,75	11,28	12,69	—	5,58	6,27
	II	533,16	29,32	42,65	47,98	II	533,16	24,19	35,19	39,59	19,32	28,10	31,61	14,71	21,40	24,07	10,35	15,06	16,94	6,26	9,10	10,24	—	3,69	4,15
	III	305,83	16,82	24,46	27,52	III	305,83	12,77	18,58	20,90	—	12,89	14,50	—	7,70	8,66	—	3,30	3,71	—	—	—	—	—	—
	V	920,75	50,64	73,66	82,86	IV	569,16	28,65	41,68	46,89	26,07	37,93	42,67	23,56	34,27	38,55	21,11	30,70	34,54	18,72	27,24	30,64	16,40	23,86	26,84
	VI	957,—	52,63	76,56	86,13																				
3 398,99	I,IV	570,—	31,35	45,60	51,30	I	570,—	26,12	38,—	42,75	21,15	30,77	34,61	16,44	23,92	26,91	11,99	17,44	19,62	7,79	11,34	12,75	—	5,62	6,32
	II	534,—	29,37	42,72	48,06	II	534,—	24,24	35,26	39,66	19,36	28,17	31,69	14,75	21,46	24,14	10,39	15,12	17,01	6,29	9,15	10,29	—	3,74	4,20
	III	306,50	16,85	24,52	27,58	III	306,50	12,81	18,64	20,97	—	12,94	14,56	—	7,74	8,71	—	3,34	3,76	—	—	—	—	—	—
	V	921,83	50,70	73,74	82,96	IV	570,—	28,70	41,75	46,97	26,12	38,—	42,75	23,60	34,34	38,63	21,15	30,77	34,61	18,76	27,30	30,71	16,44	23,92	26,91
	VI	958,08	52,69	76,64	86,22																				
3 401,99	I,IV	570,83	31,39	45,66	51,37	I	570,83	26,17	38,06	42,82	21,19	30,83	34,68	16,48	23,98	26,97	12,03	17,50	19,68	7,83	11,39	12,81	—	5,67	6,38
	II	534,83	29,41	42,78	48,13	II	534,83	24,28	35,32	39,73	19,41	28,23	31,76	14,79	21,51	24,20	10,43	15,17	17,06	6,32	9,20	10,35	—	3,78	4,25
	III	307,16	16,89	24,57	27,64	III	307,16	12,85	18,69	21,02	0,10	13,—	14,62	—	7,78	8,75	—	3,37	3,79	—	—	—	—	—	—
	V	922,91	50,76	73,83	83,06	IV	570,83	28,75	41,82	47,04	26,17	38,06	42,82	23,65	34,40	38,70	21,19	30,83	34,68	18,81	27,36	30,78	16,48	23,98	26,97
	VI	959,16	52,75	76,73	86,32																				
3 404,99	I,IV	571,66	31,44	45,73	51,44	I	571,66	26,21	38,12	42,89	21,23	30,89	34,75	16,52	24,03	27,03	12,06	17,55	19,74	7,86	11,44	12,87	—	5,72	6,43
	II	535,66	29,46	42,85	48,20	II	535,66	24,32	35,38	39,80	19,45	28,29	31,82	14,83	21,57	24,26	10,46	15,22	17,12	6,36	9,26	10,41	—	3,82	4,29
	III	307,83	16,93	24,62	27,70	III	307,83	12,88	18,74	21,08	0,20	13,04	14,67	—	7,82	8,80	—	3,41	3,83	—	—	—	—	—	—
	V	924,—	50,82	73,92	83,16	IV	571,66	28,79	41,88	47,12	26,21	38,12	42,89	23,69	34,46	38,77	21,23	30,89	34,75	18,85	27,42	30,84	16,52	24,03	27,03
	VI	960,25	52,81	76,82	86,42																				
3 407,99	I,IV	572,58	31,49	45,80	51,53	I	572,58	26,25	38,19	42,96	21,28	30,96	34,83	16,56	24,09	27,10	12,10	17,60	19,80	7,90	11,49	12,92	—	5,76	6,48
	II	536,50	29,50	42,92	48,28	II	536,50	24,36	35,44	39,87	19,49	28,35	31,89	14,86	21,62	24,32	10,50	15,28	17,19	6,39	9,30	10,46	—	3,86	4,34
	III	308,50	16,96	24,68	27,76	III	308,50	12,92	18,80	21,15	0,33	13,09	14,72	—	7,88	8,86	—	3,45	3,88	—	—	—	—	—	—
	V	925,08	50,87	74,—	83,25	IV	572,58	28,84	41,95	47,19	26,25	38,19	42,96	23,73	34,52	38,84	21,28	30,96	34,83	18,89	27,48	30,91	16,56	24,09	27,10
	VI	961,33	52,87	76,90	86,51																				
3 410,99	I,IV	573,41	31,53	45,87	51,60	I	573,41	26,30	38,26	43,04	21,32	31,02	34,89	16,60	24,15	27,17	12,14	17,66	19,86	7,93	11,54	12,98	—	5,81	6,53
	II	537,33	29,55	42,98	48,35	II	537,33	24,41	35,51	39,95	19,53	28,41	31,96	14,90	21,68	24,39	10,54	15,33	17,24	6,43	9,36	10,53	—	3,90	4,39
	III	309,16	17,—	24,73	27,82	III	309,16	12,95	18,84	21,19	0,46	13,14	14,78	—	7,92	8,91	—	3,48	3,91	—	—	—	—	—	—
	V	926,16	50,93	74,09	83,35	IV	573,41	28,88	42,02	47,27	26,30	38,26	43,04	23,78	34,59	38,91	21,32	31,02	34,89	18,93	27,54	30,98	16,60	24,15	27,17
	VI	962,41	52,93	76,99	86,61																				
3 413,99	I,IV	574,25	31,58	45,94	51,68	I	574,25	26,34	38,32	43,11	21,36	31,08	34,96	16,64	24,21	27,23	12,18	17,72	19,93	7,97	11,60	13,05	—	5,86	6,59
	II	538,16	29,59	43,05	48,43	II	538,16	24,46	35,58	40,02	19,57	28,47	32,03	14,95	21,74	24,46	10,58	15,39	17,31	6,47	9,41	10,58	—	3,94	4,43
	III	309,83	17,04	24,78	27,88	III	309,83	12,98	18,89	21,25	0,60	13,20	14,85	—	7,96	8,95	—	3,52	3,96	—	—	—	—	—	—
	V	927,25	50,99	74,18	83,45	IV	574,25	28,93	42,08	47,34	26,34	38,32	43,11	23,82	34,65	38,98	21,36	31,08	34,96	18,97	27,60	31,05	16,64	24,21	27,23
	VI	963,50	52,99	77,08	86,71																				
3 416,99	I,IV	575,16	31,63	46,01	51,76	I	575,16	26,39	38,39	43,19	21,41	31,14	35,03	16,68	24,27	27,30	12,21	17,77	19,99	8,01	11,65	13,10	—	5,90	6,64
	II	539,—	29,64	43,12	48,51	II	539,—	24,50	35,64	40,09	19,61	28,53	32,09	14,98	21,80	24,52	10,61	15,44	17,37	6,50	9,46	10,64	—	3,99	4,49
	III	310,50	17,07	24,84	27,94	III	310,50	13,02	18,94	21,31	0,70	13,24	14,89	—	8,—	9,—	—	3,56	4,—	—	—	—	—	—	—
	V	928,33	51,05	74,26	83,54	IV	575,16	28,98	42,15	47,42	26,39	38,39	43,19	23,87	34,72	39,06	21,41	31,14	35,03	19,01	27,66	31,11	16,68	24,27	27,30
	VI	964,58	53,05	77,16	86,81																				

Abzüge an Lohnsteuer, Solidaritätszuschlag (SolZ) und Kirchensteuer (8%, 9%) in den Steuerklassen

* Die ausgewiesenen Tabellenwerte sind amtlich. Siehe Erläuterungen auf der Umschlaginnenseite (U2).
** Bei mehr als 3 Kinderfreibeträgen ist die „Ergänzungs-Tabelle 3,5 bis 6 Kinderfreibeträge" anzuwenden.

MONAT 3 417,–*

Lohn/ Gehalt bis €*	Abzüge an Lohnsteuer, Solidaritätszuschlag (SolZ) und Kirchensteuer (8%, 9%) in den Steuerklassen																								
	I – VI					I, II, III, IV																			
			ohne Kinderfreibeträge					mit Zahl der Kinderfreibeträge . . .																	
								0,5			1			1,5			2			2,5			3**		
		LSt	SolZ	8%	9%		LSt	SolZ	8%	9%	SolZ	8%	9%	SolZ	8%	9%	SolZ	8%	9%	SolZ	8%	9%	SolZ	8%	9%
3 419,99	I,IV	576,–	31,68	46,08	51,84	I	576,–	26,43	38,45	43,25	21,45	31,20	35,10	16,72	24,33	27,37	12,26	17,83	20,06	8,04	11,70	13,16	—	5,96	6,70
	II	539,91	29,69	43,19	48,59	II	539,91	24,54	35,70	40,16	19,65	28,59	32,16	15,02	21,86	24,59	10,65	15,50	17,43	6,54	9,51	10,70	—	4,03	4,53
	III	311,16	17,11	24,89	28,—	III	311,16	13,06	19,—	21,37	0,83	13,29	14,95	—	8,04	9,04	—	3,58	4,03	—	—	—	—	—	—
	V	929,41	51,11	74,35	83,64	IV	576,–	29,02	42,22	47,49	26,43	38,45	43,25	23,91	34,78	39,13	21,45	31,20	35,10	19,05	27,72	31,18	16,72	24,33	27,37
	VI	965,66	53,11	77,25	86,90																				
3 422,99	I,IV	576,83	31,72	46,14	51,91	I	576,83	26,48	38,52	43,33	21,49	31,26	35,17	16,77	24,39	27,44	12,29	17,88	20,12	8,08	11,76	13,23	—	6,—	6,75
	II	540,75	29,74	43,26	48,66	II	540,75	24,59	35,77	40,24	19,70	28,66	32,24	15,07	21,92	24,66	10,69	15,55	17,49	6,57	9,56	10,76	—	4,08	4,59
	III	311,83	17,15	24,94	28,06	III	311,83	13,09	19,05	21,43	0,96	13,34	15,01	—	8,09	9,10	—	3,62	4,07	—	—	—	—	—	—
	V	930,50	51,17	74,44	83,74	IV	576,83	29,07	42,28	47,57	26,48	38,52	43,33	23,95	34,84	39,20	21,49	31,26	35,17	19,09	27,78	31,25	16,77	24,39	27,44
	VI	966,75	53,17	77,34	87,—																				
3 425,99	I,IV	577,75	31,77	46,22	51,99	I	577,75	26,52	38,58	43,40	21,54	31,33	35,24	16,80	24,44	27,50	12,33	17,94	20,18	8,11	11,80	13,28	—	6,05	6,80
	II	541,58	29,78	43,32	48,74	II	541,58	24,63	35,83	40,31	19,74	28,72	32,31	15,11	21,98	24,72	10,72	15,60	17,55	6,60	9,61	10,81	—	4,12	4,63
	III	312,50	17,18	25,—	28,12	III	312,50	13,13	19,10	21,49	1,10	13,40	15,07	—	8,13	9,14	—	3,66	4,12	—	—	—	—	—	—
	V	931,58	51,23	74,52	83,84	IV	577,75	29,11	42,35	47,64	26,52	38,58	43,40	24,—	34,91	39,27	21,54	31,33	35,24	19,14	27,84	31,32	16,80	24,44	27,50
	VI	967,83	53,23	77,42	87,10																				
3 428,99	I,IV	578,58	31,82	46,28	52,07	I	578,58	26,57	38,65	43,48	21,58	31,39	35,31	16,84	24,50	27,56	12,37	18,—	20,25	8,15	11,86	13,34	—	6,10	6,86
	II	542,41	29,83	43,39	48,81	II	542,41	24,68	35,90	40,38	19,78	28,78	32,37	15,14	22,03	24,78	10,77	15,66	17,62	6,64	9,66	10,87	—	4,16	4,68
	III	313,16	17,22	25,05	28,18	III	313,16	13,16	19,14	21,53	1,20	13,44	15,12	—	8,17	9,19	—	3,69	4,15	—	0,02	0,02	—	—	—
	V	932,66	51,29	74,61	83,93	IV	578,58	29,16	42,42	47,72	26,57	38,65	43,48	24,04	34,98	39,35	21,58	31,39	35,31	19,18	27,90	31,39	16,84	24,50	27,56
	VI	968,91	53,29	77,51	87,20																				
3 431,99	I,IV	579,41	31,86	46,35	52,14	I	579,41	26,62	38,72	43,56	21,62	31,45	35,38	16,88	24,56	27,63	12,41	18,05	20,30	8,19	11,91	13,40	—	6,15	6,92
	II	543,25	29,87	43,46	48,89	II	543,25	24,72	35,96	40,45	19,82	28,84	32,44	15,18	22,09	24,85	10,80	15,72	17,68	6,68	9,72	10,93	—	4,20	4,73
	III	313,83	17,26	25,10	28,24	III	313,83	13,20	19,20	21,60	1,33	13,49	15,17	—	8,21	9,23	—	3,73	4,19	—	0,05	0,05	—	—	—
	V	933,75	51,35	74,70	84,03	IV	579,41	29,20	42,48	47,79	26,62	38,72	43,56	24,09	35,04	39,42	21,62	31,45	35,38	19,22	27,96	31,46	16,88	24,56	27,63
	VI	970,—	53,35	77,60	87,30																				
3 434,99	I,IV	580,33	31,91	46,42	52,22	I	580,33	26,66	38,78	43,63	21,67	31,52	35,46	16,93	24,62	27,70	12,44	18,10	20,36	8,22	11,96	13,46	—	6,20	6,97
	II	544,08	29,92	43,52	48,96	II	544,08	24,76	36,02	40,52	19,86	28,90	32,51	15,22	22,14	24,91	10,84	15,77	17,74	6,71	9,76	10,98	—	4,24	4,77
	III	314,50	17,29	25,16	28,30	III	314,50	13,23	19,25	21,65	1,46	13,54	15,23	—	8,26	9,29	—	3,77	4,24	—	0,08	0,09	—	—	—
	V	934,83	51,41	74,78	84,13	IV	580,33	29,26	42,56	47,88	26,66	38,78	43,63	24,13	35,10	39,49	21,67	31,52	35,46	19,26	28,02	31,52	16,93	24,62	27,70
	VI	971,08	53,40	77,68	87,39																				
3 437,99	I,IV	581,16	31,96	46,49	52,30	I	581,16	26,70	38,84	43,70	21,71	31,58	35,52	16,97	24,68	27,77	12,48	18,16	20,43	8,26	12,02	13,52	—	6,24	7,02
	II	544,91	29,97	43,59	49,04	II	544,91	24,81	36,09	40,60	19,91	28,96	32,58	15,26	22,20	24,98	10,88	15,82	17,80	6,75	9,82	11,04	—	4,29	4,82
	III	315,16	17,33	25,21	28,36	III	315,16	13,27	19,30	21,71	1,56	13,58	15,28	—	8,30	9,34	—	3,81	4,28	—	0,10	0,11	—	—	—
	V	935,91	51,47	74,87	84,23	IV	581,16	29,30	42,62	47,95	26,70	38,84	43,70	24,17	35,16	39,56	21,71	31,58	35,52	19,30	28,08	31,59	16,97	24,68	27,77
	VI	972,16	53,46	77,77	87,49																				
3 440,99	I,IV	582,—	32,01	46,56	52,38	I	582,—	26,75	38,91	43,77	21,75	31,64	35,59	17,01	24,74	27,83	12,52	18,22	20,49	8,30	12,07	13,58	—	6,30	7,08
	II	545,83	30,02	43,66	49,12	II	545,83	24,86	36,16	40,68	19,95	29,02	32,65	15,30	22,26	25,04	10,91	15,88	17,86	6,78	9,87	11,10	—	4,33	4,87
	III	315,83	17,37	25,26	28,42	III	315,83	13,31	19,36	21,78	1,70	13,64	15,34	—	8,34	9,38	—	3,84	4,32	—	0,13	0,14	—	—	—
	V	937,—	51,53	74,96	84,33	IV	582,—	29,35	42,69	48,02	26,75	38,91	43,77	24,22	35,23	39,63	21,75	31,64	35,59	19,35	28,14	31,66	17,01	24,74	27,83
	VI	973,25	53,52	77,86	87,59																				
3 443,99	I,IV	582,91	32,06	46,63	52,46	I	582,91	26,79	38,98	43,85	21,79	31,70	35,66	17,05	24,80	27,90	12,56	18,27	20,55	8,33	12,12	13,64	—	6,34	7,13
	II	546,66	30,06	43,73	49,19	II	546,66	24,90	36,22	40,74	19,99	29,08	32,72	15,34	22,32	25,11	10,95	15,93	17,92	6,82	9,92	11,16	—	4,38	4,92
	III	316,33	17,39	25,30	28,46	III	316,33	13,34	19,41	21,83	1,83	13,69	15,40	—	8,38	9,43	—	3,88	4,36	—	0,17	0,19	—	—	—
	V	938,08	51,59	75,04	84,42	IV	582,91	29,39	42,76	48,10	26,79	38,98	43,85	24,26	35,29	39,70	21,79	31,70	35,66	19,39	28,20	31,73	17,05	24,80	27,90
	VI	974,33	53,58	77,94	87,68																				
3 446,99	I,IV	583,75	32,10	46,70	52,53	I	583,75	26,84	39,04	43,92	21,83	31,76	35,73	17,09	24,86	27,96	12,60	18,33	20,62	8,36	12,17	13,69	—	6,39	7,19
	II	547,50	30,11	43,80	49,27	II	547,50	24,94	36,28	40,82	20,03	29,14	32,78	15,38	22,38	25,17	10,99	15,99	17,99	6,85	9,97	11,21	—	4,42	4,97
	III	317,16	17,44	25,37	28,54	III	317,16	13,38	19,46	21,89	1,96	13,74	15,46	—	8,44	9,49	—	3,92	4,41	—	0,20	0,22	—	—	—
	V	939,16	51,65	75,13	84,52	IV	583,75	29,44	42,82	48,17	26,84	39,04	43,92	24,31	35,36	39,78	21,83	31,76	35,73	19,43	28,26	31,79	17,09	24,86	27,96
	VI	975,41	53,64	78,03	87,78																				
3 449,99	I,IV	584,66	32,15	46,77	52,61	I	584,66	26,89	39,11	44,—	21,88	31,83	35,81	17,13	24,92	28,03	12,64	18,38	20,68	8,40	12,22	13,75	—	6,44	7,25
	II	548,33	30,15	43,86	49,34	II	548,33	24,99	36,35	40,89	20,07	29,20	32,85	15,42	22,44	25,24	11,03	16,04	18,05	6,89	10,02	11,27	—	4,46	5,02
	III	317,66	17,47	25,41	28,58	III	317,66	13,41	19,50	21,94	2,06	13,78	15,50	—	8,48	9,54	—	3,94	4,43	—	0,22	0,25	—	—	—
	V	940,25	51,71	75,22	84,62	IV	584,66	29,48	42,89	48,25	26,89	39,11	44,—	24,35	35,42	39,85	21,88	31,83	35,81	19,47	28,32	31,86	17,13	24,92	28,03
	VI	976,50	53,70	78,12	87,88																				
3 452,99	I,IV	585,50	32,20	46,84	52,69	I	585,50	26,93	39,18	44,07	21,92	31,89	35,87	17,17	24,98	28,10	12,68	18,44	20,75	8,44	12,28	13,81	0,03	6,49	7,30
	II	549,25	30,20	43,94	49,43	II	549,25	25,03	36,41	40,96	20,12	29,26	32,92	15,46	22,50	25,31	11,06	16,10	18,11	6,93	10,08	11,34	—	4,51	5,07
	III	318,50	17,51	25,48	28,66	III	318,50	13,44	19,56	22,—	2,20	13,84	15,57	—	8,52	9,58	—	3,98	4,48	—	0,25	0,28	—	—	—
	V	941,33	51,77	75,30	84,71	IV	585,50	29,53	42,96	48,33	26,93	39,18	44,07	24,39	35,48	39,92	21,92	31,89	35,87	19,52	28,39	31,94	17,17	24,98	28,10
	VI	977,58	53,76	78,20	87,98																				
3 455,99	I,IV	586,33	32,24	46,90	52,76	I	586,33	26,98	39,24	44,15	21,96	31,95	35,94	17,21	25,04	28,17	12,71	18,50	20,81	8,47	12,33	13,87	0,15	6,54	7,35
	II	550,—	30,25	44,—	49,50	II	550,—	25,08	36,48	41,04	20,16	29,32	32,99	15,50	22,55	25,37	11,10	16,15	18,17	6,96	10,12	11,39	—	4,55	5,12
	III	319,—	17,54	25,52	28,71	III	319,—	13,48	19,61	22,06	2,33	13,89	15,62	—	8,56	9,63	—	4,02	4,52	—	0,28	0,31	—	—	—
	V	942,33	51,82	75,38	84,80	IV	586,33	29,58	43,02	48,40	26,98	39,24	44,15	24,44	35,55	39,99	21,96	31,95	35,94	19,56	28,45	32,—	17,21	25,04	28,17
	VI	978,58	53,82	78,28	88,07																				
3 458,99	I,IV	587,25	32,29	46,98	52,85	I	587,25	27,02	39,30	44,21	22,01	32,02	36,02	17,25	25,10	28,23	12,75	18,55	20,87	8,51	12,38	13,93	0,28	6,59	7,41
	II	550,91	30,30	44,07	49,58	II	550,91	25,12	36,54	41,11	20,20	29,39	33,06	15,54	22,61	25,43	11,14	16,20	18,23	6,99	10,18	11,45	—	4,60	5,17
	III	319,66	17,58	25,57	28,76	III	319,66	13,52	19,66	22,12	2,43	13,93	15,67	—	8,60	9,67	—	4,06	4,57	—	0,32	0,36	—	—	—
	V	943,41	51,88	75,47	84,90	IV	587,25	29,62	43,09	48,47	27,02	39,30	44,21	24,48	35,62	40,07	22,01	32,02	36,02	19,60	28,51	32,07	17,25	25,10	28,23
	VI	979,66	53,88	78,37	88,16																				
3 461,99	I,IV	588,08	32,34	47,04	52,92	I	588,08	27,06	39,37	44,29	22,05	32,08	36,09	17,29	25,16	28,30	12,79	18,61	20,93	8,55	12,44	13,99	0,40	6,64	7,47
	II	551,75	30,34	44,14	49,65	II	551,75	25,16	36,60	41,18	20,24	29,45	33,13	15,58	22,67	25,50	11,18	16,26	18,29	7,03	10,23	11,51	—	4,64	5,22
	III	320,33	17,61	25,62	28,82	III	320,33	13,55	19,72	22,18	2,56	13,98	15,73	—	8,65	9,73	—	4,09	4,60	—	0,34	0,38	—	—	—
	V	944,50	51,94	75,56	85,—	IV	588,08	29,67	43,16	48,56	27,06	39,37	44,29	24,53	35,68	40,14	22,05	32,08	36,09	19,64	28,57	32,14	17,29	25,16	28,30
	VI	980,75	53,94	78,46	88,26																				
3 464,99	I,IV	588,91	32,39	47,11	53,—	I	588,91	27,11	39,44	44,37	22,09	32,14	36,15	17,33	25,22	28,37	12,83	18,66	20,99	8,58	12,49	14,05	0,53	6,69	7,52
	II	552,58	30,39	44,20	49,73	II	552,58	25,21	36,67	41,25	20,29	29,51	33,20	15,62	22,72	25,56	11,22	16,32	18,36	7,06	10,28	11,56	—	4,68	5,27
	III	321,—	17,65	25,68	28,89	III	321,—	13,58	19,76	22,23	2,70	14,04	15,79	—	8,69	9,77	—	4,13	4,64	—	0,37	0,41	—	—	—
	V	945,58	52,—	75,64	85,10	IV	588,91	29,72	43,23	48,63	27,11	39,44	44,37	24,57	35,74	40,21	22,09	32,14	36,15	19,68	28,63	32,21	17,33	25,22	28,37
	VI	981,83	54,—	78,54	88,36																				

* Die ausgewiesenen Tabellenwerte sind amtlich. Siehe Erläuterungen auf der Umschlaginnenseite (U2).

** Bei mehr als 3 Kinderfreibeträgen ist die „Ergänzungs-Tabelle 3,5 bis 6 Kinderfreibeträge" anzuwenden.

Lohn/ Gehalt bis €*		Abzüge an Lohnsteuer, Solidaritätszuschlag (SolZ) und Kirchensteuer (8%, 9%) in den Steuerklassen I – VI					I, II, III, IV																		
			ohne Kinderfreibeträge					mit Zahl der Kinderfreibeträge . . . 0,5			1			1,5			2			2,5			3**		
		LSt	SolZ	8%	9%		LSt	SolZ	8%	9%	SolZ	8%	9%	SolZ	8%	9%	SolZ	8%	9%	SolZ	8%	9%	SolZ	8%	9%
3 467,99	I,IV	589,83	32,44	47,18	53,08	I	589,83	27,16	39,50	44,44	22,14	32,20	36,23	17,38	25,28	28,44	12,87	18,72	21,06	8,62	12,54	14,11	0,65	6,74	7,58
	II	553,41	30,43	44,27	49,80	II	553,41	25,25	36,74	41,33	20,33	29,57	33,26	15,66	22,78	25,63	11,25	16,37	18,41	7,10	10,33	11,62	—	4,73	5,32
	III	321,66	17,69	25,73	28,94	III	321,66	13,62	19,81	22,28	2,83	14,09	15,85	—	8,73	9,82	—	4,17	4,69	—	0,40	0,45	—	—	—
	V	946,66	52,06	75,73	85,19	IV	589,83	29,76	43,30	48,71	27,16	39,50	44,44	24,62	35,81	40,28	22,14	32,20	36,23	19,72	28,69	32,27	17,38	25,28	28,44
	VI	982,91	54,06	78,63	88,46																				
3 470,99	I,IV	590,66	32,48	47,25	53,15	I	590,66	27,20	39,57	44,51	22,18	32,26	36,29	17,42	25,34	28,50	12,91	18,78	21,12	8,66	12,60	14,17	0,78	6,79	7,64
	II	554,33	30,48	44,34	49,88	II	554,33	25,30	36,80	41,40	20,37	29,64	33,34	15,70	22,84	25,70	11,29	16,42	18,47	7,14	10,38	11,68	—	4,78	5,37
	III	322,33	17,72	25,78	29,—	III	322,33	13,65	19,86	22,34	2,93	14,13	15,89	—	8,78	9,88	—	4,21	4,73	—	0,44	0,49	—	—	—
	V	947,75	52,12	75,82	85,29	IV	590,66	29,81	43,36	48,78	27,20	39,57	44,51	24,66	35,87	40,35	22,18	32,26	36,29	19,76	28,75	32,34	17,42	25,34	28,50
	VI	984,—	54,12	78,72	88,56																				
3 473,99	I,IV	591,58	32,53	47,32	53,24	I	591,58	27,25	39,64	44,59	22,22	32,33	36,37	17,46	25,40	28,57	12,95	18,84	21,19	8,69	12,65	14,23	0,90	6,84	7,69
	II	555,16	30,53	44,41	49,96	II	555,16	25,34	36,86	41,47	20,41	29,70	33,41	15,74	22,90	25,76	11,33	16,48	18,54	7,17	10,44	11,74	—	4,82	5,42
	III	323,—	17,76	25,84	29,07	III	323,—	13,69	19,92	22,41	3,06	14,18	15,95	—	8,82	9,92	—	4,24	4,77	—	0,46	0,52	—	—	—
	V	948,83	52,18	75,90	85,39	IV	591,58	29,86	43,43	48,86	27,25	39,64	44,59	24,70	35,94	40,43	22,22	32,33	36,37	19,81	28,82	32,42	17,46	25,40	28,57
	VI	985,08	54,17	78,80	88,65																				
3 476,99	I,IV	592,41	32,58	47,39	53,31	I	592,41	27,29	39,70	44,66	22,27	32,39	36,44	17,50	25,46	28,64	12,98	18,89	21,25	8,73	12,70	14,29	1,01	6,88	7,74
	II	556,—	30,58	44,48	50,04	II	556,—	25,39	36,93	41,54	20,46	29,76	33,48	15,78	22,96	25,83	11,37	16,54	18,60	7,21	10,49	11,80	—	4,87	5,48
	III	323,66	17,80	25,89	29,12	III	323,66	13,73	19,97	22,46	3,20	14,24	16,02	—	8,86	9,97	—	4,28	4,81	—	0,49	0,55	—	—	—
	V	949,91	52,24	75,99	85,49	IV	592,41	29,91	43,50	48,94	27,29	39,70	44,66	24,75	36,—	40,50	22,27	32,39	36,44	19,85	28,88	32,49	17,50	25,46	28,64
	VI	986,25	54,24	78,90	88,76																				
3 479,99	I,IV	593,33	32,63	47,46	53,39	I	593,33	27,34	39,77	44,74	22,31	32,46	36,51	17,54	25,52	28,71	13,02	18,94	21,31	8,77	12,76	14,35	1,15	6,94	7,80
	II	556,83	30,62	44,54	50,11	II	556,83	25,43	37,—	41,62	20,50	29,82	33,54	15,82	23,02	25,89	11,40	16,59	18,66	7,24	10,54	11,85	—	4,91	5,52
	III	324,33	17,83	25,94	29,18	III	324,33	13,76	20,02	22,52	3,33	14,29	16,07	—	8,92	10,03	—	4,32	4,86	—	0,52	0,58	—	—	—
	V	951,—	52,30	76,08	85,59	IV	593,33	29,95	43,57	49,01	27,34	39,77	44,74	24,79	36,06	40,57	22,31	32,46	36,51	19,89	28,94	32,55	17,54	25,52	28,71
	VI	987,33	54,30	78,98	88,85																				
3 482,99	I,IV	594,16	32,67	47,53	53,47	I	594,16	27,39	39,84	44,82	22,35	32,52	36,58	17,58	25,57	28,76	13,06	19,—	21,38	8,80	12,80	14,40	1,26	6,98	7,85
	II	557,66	30,67	44,61	50,18	II	557,66	25,47	37,06	41,69	20,54	29,88	33,61	15,86	23,08	25,96	11,44	16,64	18,72	7,28	10,59	11,91	—	4,96	5,58
	III	325,—	17,87	26,—	29,25	III	325,—	13,80	20,08	22,59	3,43	14,33	16,12	—	8,96	10,08	—	4,36	4,90	—	0,56	0,63	—	—	—
	V	952,08	52,36	76,16	85,68	IV	594,16	30,—	43,64	49,09	27,39	39,84	44,82	24,84	36,13	40,64	22,35	32,52	36,58	19,93	29,—	32,62	17,58	25,57	28,76
	VI	988,33	54,35	79,06	88,94																				
3 485,99	I,IV	595,—	32,72	47,60	53,55	I	595,—	27,43	39,90	44,89	22,39	32,58	36,65	17,62	25,63	28,83	13,10	19,06	21,44	8,84	12,86	14,46	1,40	7,04	7,92
	II	558,58	30,72	44,68	50,27	II	558,58	25,52	37,12	41,76	20,58	29,94	33,68	15,90	23,14	26,03	11,48	16,70	18,78	7,31	10,64	11,97	—	5,—	5,63
	III	325,66	17,91	26,05	29,30	III	325,66	13,83	20,12	22,63	3,56	14,38	16,18	—	9,—	10,12	—	4,38	4,93	—	0,58	0,65	—	—	—
	V	953,16	52,42	76,25	85,78	IV	595,—	30,04	43,70	49,16	27,43	39,90	44,89	24,88	36,19	40,71	22,39	32,58	36,65	19,97	29,06	32,69	17,62	25,63	28,83
	VI	989,41	54,41	79,15	89,04																				
3 488,99	I,IV	595,91	32,77	47,67	53,63	I	595,91	27,48	39,97	44,96	22,44	32,64	36,72	17,66	25,69	28,90	13,14	19,12	21,51	8,87	12,91	14,52	1,51	7,08	7,97
	II	559,41	30,76	44,75	50,34	II	559,41	25,57	37,19	41,84	20,62	30,—	33,75	15,94	23,19	26,09	11,52	16,76	18,85	7,35	10,69	12,02	—	5,05	5,68
	III	326,33	17,94	26,10	29,36	III	326,33	13,86	20,17	22,69	3,70	14,44	16,24	—	9,04	10,17	—	4,42	4,97	—	0,61	0,68	—	—	—
	V	954,25	52,48	76,34	85,88	IV	595,91	30,09	43,77	49,24	27,48	39,97	44,96	24,92	36,26	40,79	22,44	32,64	36,72	20,02	29,12	32,76	17,66	25,69	28,90
	VI	990,50	54,47	79,24	89,14																				
3 491,99	I,IV	596,75	32,82	47,74	53,70	I	596,75	27,52	40,04	45,04	22,48	32,70	36,79	17,70	25,75	28,97	13,18	19,17	21,56	8,91	12,96	14,58	1,65	7,14	8,03
	II	560,25	30,81	44,82	50,42	II	560,25	25,61	37,26	41,91	20,67	30,06	33,82	15,98	23,25	26,15	11,55	16,81	18,91	7,38	10,74	12,08	—	5,10	5,73
	III	327,—	17,98	26,16	29,43	III	327,—	13,90	20,22	22,75	3,80	14,48	16,29	—	9,09	10,22	—	4,46	5,02	—	0,64	0,72	—	—	—
	V	955,33	52,54	76,42	85,97	IV	596,75	30,14	43,84	49,32	27,52	40,04	45,04	24,97	36,32	40,86	22,48	32,70	36,79	20,06	29,18	32,83	17,70	25,75	28,97
	VI	991,58	54,53	79,32	89,24																				
3 494,99	I,IV	597,66	32,87	47,81	53,78	I	597,66	27,57	40,10	45,11	22,53	32,77	36,86	17,74	25,81	29,03	13,22	19,23	21,63	8,95	13,02	14,64	1,76	7,18	8,08
	II	561,16	30,86	44,89	50,50	II	561,16	25,65	37,32	41,98	20,71	30,13	33,89	16,02	23,31	26,22	11,59	16,86	18,97	7,42	10,80	12,15	—	5,14	5,78
	III	327,66	18,02	26,21	29,48	III	327,66	13,94	20,28	22,81	3,93	14,53	16,34	—	9,13	10,27	—	4,50	5,06	—	0,68	0,76	—	—	—
	V	956,41	52,60	76,51	86,07	IV	597,66	30,19	43,91	49,40	27,57	40,10	45,11	25,02	36,39	40,94	22,53	32,77	36,86	20,10	29,24	32,90	17,74	25,81	29,03
	VI	992,66	54,59	79,41	89,33																				
3 497,99	I,IV	598,50	32,91	47,88	53,86	I	598,50	27,61	40,17	45,19	22,57	32,83	36,93	17,78	25,87	29,10	13,25	19,28	21,69	8,98	13,07	14,70	1,90	7,24	8,14
	II	562,—	30,91	44,96	50,58	II	562,—	25,70	37,38	42,05	20,75	30,19	33,96	16,06	23,37	26,29	11,63	16,92	19,04	7,46	10,85	12,20	—	5,18	5,83
	III	328,33	18,05	26,26	29,54	III	328,33	13,97	20,33	22,87	4,06	14,58	16,40	—	9,17	10,31	—	4,54	5,11	—	0,70	0,79	—	—	—
	V	957,50	52,66	76,60	86,17	IV	598,50	30,23	43,98	49,47	27,61	40,17	45,19	25,06	36,45	41,—	22,57	32,83	36,93	20,14	29,30	32,96	17,78	25,87	29,10
	VI	993,75	54,65	79,50	89,43																				
3 500,99	I,IV	599,41	32,96	47,95	53,94	I	599,41	27,66	40,24	45,27	22,61	32,90	37,01	17,82	25,93	29,17	13,30	19,34	21,76	9,02	13,12	14,76	2,01	7,28	8,19
	II	562,83	30,95	45,02	50,65	II	562,83	25,74	37,45	42,13	20,79	30,25	34,03	16,11	23,43	26,36	11,67	16,98	19,10	7,49	10,90	12,26	—	5,23	5,88
	III	329,—	18,09	26,32	29,61	III	329,—	14,01	20,38	22,93	4,20	14,64	16,47	—	9,22	10,37	—	4,58	5,15	—	0,73	0,82	—	—	—
	V	958,58	52,72	76,68	86,27	IV	599,41	30,28	44,04	49,55	27,66	40,24	45,27	25,10	36,52	41,08	22,61	32,90	37,01	20,18	29,36	33,03	17,82	25,93	29,17
	VI	994,83	54,71	79,58	89,53																				
3 503,99	I,IV	600,25	33,01	48,02	54,02	I	600,25	27,71	40,30	45,34	22,66	32,96	37,08	17,87	25,99	29,24	13,33	19,40	21,82	9,06	13,18	14,82	2,15	7,34	8,25
	II	563,66	31,—	45,09	50,72	II	563,66	25,79	37,52	42,21	20,84	30,32	34,11	16,14	23,48	26,42	11,71	17,03	19,16	7,53	10,95	12,32	—	5,28	5,94
	III	329,66	18,13	26,37	29,66	III	329,66	14,05	20,44	22,99	4,30	14,68	16,51	—	9,26	10,42	—	4,61	5,18	—	0,76	0,85	—	—	—
	V	959,66	52,78	76,77	86,36	IV	600,25	30,32	44,11	49,62	27,71	40,30	45,34	25,15	36,58	41,15	22,66	32,96	37,08	20,23	29,43	33,11	17,87	25,99	29,24
	VI	995,91	54,77	79,67	89,63																				
3 506,99	I,IV	601,08	33,05	48,08	54,09	I	601,08	27,75	40,36	45,41	22,70	33,02	37,14	17,91	26,05	29,30	13,37	19,45	21,88	9,09	13,23	14,88	2,26	7,38	8,30
	II	564,50	31,04	45,16	50,80	II	564,50	25,83	37,58	42,27	20,88	30,38	34,17	16,18	23,54	26,48	11,74	17,08	19,22	7,56	11,—	12,38	—	5,32	5,99
	III	330,33	18,16	26,42	29,72	III	330,33	14,08	20,48	23,04	4,43	14,73	16,57	—	9,30	10,46	—	4,65	5,23	—	0,80	0,90	—	—	—
	V	960,75	52,84	76,86	86,46	IV	601,08	30,37	44,18	49,70	27,75	40,36	45,41	25,19	36,64	41,22	22,70	33,02	37,14	20,27	29,49	33,17	17,91	26,05	29,30
	VI	997,—	54,83	79,76	89,73																				
3 509,99	I,IV	602,—	33,11	48,16	54,18	I	602,—	27,79	40,43	45,48	22,74	33,08	37,22	17,95	26,11	29,37	13,41	19,51	21,95	9,13	13,28	14,94	2,38	7,43	8,36
	II	565,41	31,09	45,23	50,88	II	565,41	25,88	37,64	42,35	20,92	30,44	34,24	16,22	23,60	26,55	11,78	17,14	19,28	7,60	11,06	12,44	—	5,37	6,04
	III	331,—	18,20	26,48	29,79	III	331,—	14,11	20,53	23,09	4,56	14,78	16,63	—	9,36	10,53	—	4,69	5,27	—	0,82	0,92	—	—	—
	V	961,83	52,90	76,94	86,56	IV	602,—	30,41	44,24	49,77	27,79	40,43	45,48	25,24	36,71	41,30	22,74	33,08	37,22	20,31	29,55	33,24	17,95	26,11	29,37
	VI	998,08	54,89	79,84	89,82																				
3 512,99	I,IV	602,83	33,15	48,22	54,25	I	602,83	27,84	40,50	45,56	22,78	33,14	37,28	17,99	26,17	29,44	13,45	19,56	22,01	9,17	13,34	15,—	2,51	7,48	8,42
	II	566,25	31,14	45,30	50,96	II	566,25	25,92	37,71	42,42	20,96	30,50	34,31	16,26	23,66	26,61	11,82	17,20	19,35	7,64	11,11	12,50	—	5,42	6,09
	III	331,66	18,24	26,53	29,84	III	331,66	14,15	20,58	23,15	4,66	14,82	16,67	—	9,40	10,57	—	4,73	5,32	—	0,85	0,95	—	—	—
	V	962,91	52,96	77,03	86,66	IV	602,83	30,47	44,32	49,86	27,84	40,50	45,56	25,28	36,78	41,37	22,78	33,14	37,28	20,35	29,61	33,31	17,99	26,17	29,44
	VI	999,16	54,95	79,93	89,92																				

* Die ausgewiesenen Tabellenwerte sind amtlich. Siehe Erläuterungen auf der Umschlaginnenseite (U2).
** Bei mehr als 3 Kinderfreibeträgen ist die „Ergänzungs-Tabelle 3,5 bis 6 Kinderfreibeträge" anzuwenden.

MONAT 3 513,–*

Lohn/ Gehalt bis €*	Abzüge an Lohnsteuer, Solidaritätszuschlag (SolZ) und Kirchensteuer (8%, 9%) in den Steuerklassen																								
	I – VI					I, II, III, IV																			
			ohne Kinderfreibeträge					mit Zahl der Kinderfreibeträge . . .																	
								0,5			1			1,5			2			2,5			3**		
		LSt	SolZ	8%	9%		LSt	SolZ	8%	9%	SolZ	8%	9%	SolZ	8%	9%	SolZ	8%	9%	SolZ	8%	9%	SolZ	8%	9%
3 515,99	I,IV	603,75	33,20	48,30	54,33	I	603,75	27,88	40,56	45,63	22,83	33,21	37,36	18,03	26,23	29,51	13,49	19,62	22,07	9,20	13,39	15,06	2,63	7,53	8,47
	II	567,08	31,18	45,36	51,03	II	567,08	25,97	37,78	42,50	21,01	30,56	34,38	16,30	23,72	26,68	11,86	17,25	19,40	7,67	11,16	12,55	—	5,46	6,14
	III	332,33	18,27	26,58	29,90	III	332,33	14,19	20,64	23,22	4,80	14,88	16,74	—	9,44	10,62	—	4,77	5,36	—	0,89	1,—	—	—	—
	V	964,—	53,02	77,12	86,76	IV	603,75	30,51	44,38	49,93	27,88	40,56	45,63	25,33	36,84	41,45	22,83	33,21	37,36	20,40	29,67	33,38	18,03	26,23	29,51
	VI	1 000,25	55,01	80,02	90,02																				
3 518,99	I,IV	604,58	33,25	48,36	54,41	I	604,58	27,93	40,63	45,71	22,87	33,27	37,43	18,07	26,29	29,57	13,53	19,68	22,14	9,24	13,44	15,12	2,76	7,58	8,53
	II	568,—	31,24	45,44	51,12	II	568,—	26,01	37,84	42,57	21,05	30,62	34,45	16,34	23,78	26,75	11,90	17,31	19,47	7,70	11,21	12,61	—	5,51	6,20
	III	333,—	18,31	26,64	29,97	III	333,—	14,22	20,69	23,27	4,93	14,93	16,79	—	9,49	10,67	—	4,80	5,40	—	0,92	1,03	—	—	—
	V	965,08	53,07	77,20	86,85	IV	604,58	30,56	44,45	50,—	27,93	40,63	45,71	25,37	36,90	41,51	22,87	33,27	37,43	20,44	29,74	33,45	18,07	26,29	29,57
	VI	1 001,33	55,07	80,10	90,11																				
3 521,99	I,IV	605,50	33,30	48,44	54,49	I	605,50	27,98	40,70	45,78	22,92	33,34	37,50	18,11	26,35	29,64	13,57	19,74	22,20	9,28	13,50	15,18	2,88	7,63	8,58
	II	568,83	31,28	45,50	51,19	II	568,83	26,06	37,90	42,64	21,09	30,68	34,52	16,39	23,84	26,82	11,93	17,36	19,53	7,74	11,26	12,67	—	5,56	6,25
	III	333,66	18,35	26,69	30,02	III	333,66	14,26	20,74	23,33	5,06	14,98	16,85	—	9,53	10,72	—	4,84	5,44	—	0,94	1,06	—	—	—
	V	966,16	53,13	77,29	86,95	IV	605,50	30,60	44,52	50,08	27,98	40,70	45,78	25,41	36,97	41,59	22,92	33,34	37,50	20,48	29,80	33,52	18,11	26,35	29,64
	VI	1 002,41	55,13	80,19	90,21																				
3 524,99	I,IV	606,33	33,34	48,50	54,56	I	606,33	28,02	40,76	45,86	22,96	33,40	37,57	18,15	26,41	29,71	13,60	19,79	22,26	9,31	13,55	15,24	3,01	7,68	8,64
	II	569,66	31,33	45,57	51,26	II	569,66	26,10	37,97	42,71	21,13	30,74	34,58	16,43	23,90	26,88	11,97	17,42	19,59	7,78	11,32	12,73	—	5,60	6,30
	III	334,33	18,38	26,74	30,08	III	334,33	14,30	20,80	23,40	5,20	15,04	16,92	—	9,57	10,76	—	4,88	5,49	—	0,97	1,09	—	—	—
	V	967,25	53,19	77,38	87,05	IV	606,33	30,65	44,59	50,16	28,02	40,76	45,86	25,46	37,04	41,67	22,96	33,40	37,57	20,52	29,86	33,59	18,15	26,41	29,71
	VI	1 003,50	55,19	80,28	90,31																				
3 527,99	I,IV	607,25	33,39	48,58	54,65	I	607,25	28,07	40,83	45,93	23,—	33,46	37,64	18,20	26,47	29,78	13,64	19,85	22,33	9,35	13,60	15,30	3,15	7,74	8,70
	II	570,58	31,38	45,64	51,35	II	570,58	26,15	38,04	42,79	21,18	30,81	34,66	16,47	23,96	26,95	12,01	17,48	19,66	7,81	11,37	12,79	—	5,65	6,35
	III	335,—	18,42	26,80	30,15	III	335,—	14,33	20,85	23,45	5,30	15,08	16,96	—	9,62	10,82	—	4,92	5,53	—	1,01	1,13	—	—	—
	V	968,33	53,25	77,46	87,14	IV	607,25	30,70	44,66	50,24	28,07	40,83	45,93	25,51	37,10	41,74	23,—	33,46	37,64	20,57	29,92	33,66	18,20	26,47	29,78
	VI	1 004,58	55,25	80,36	90,41																				
3 530,99	I,IV	608,08	33,44	48,64	54,72	I	608,08	28,11	40,90	46,01	23,04	33,52	37,71	18,24	26,53	29,84	13,68	19,90	22,39	9,39	13,66	15,36	3,26	7,78	8,75
	II	571,41	31,42	45,71	51,42	II	571,41	26,19	38,10	42,86	21,22	30,87	34,73	16,50	24,01	27,01	12,05	17,53	19,72	7,85	11,42	12,84	—	5,70	6,41
	III	335,66	18,46	26,85	30,20	III	335,66	14,36	20,89	23,50	5,43	15,13	17,02	—	9,66	10,87	—	4,96	5,58	—	1,04	1,17	—	—	—
	V	969,33	53,31	77,54	87,23	IV	608,08	30,74	44,72	50,31	28,11	40,90	46,01	25,55	37,16	41,81	23,04	33,52	37,71	20,61	29,98	33,72	18,24	26,53	29,84
	VI	1 005,66	55,31	80,45	90,50																				
3 533,99	I,IV	608,91	33,49	48,71	54,80	I	608,91	28,16	40,96	46,08	23,09	33,59	37,79	18,28	26,59	29,91	13,72	19,96	22,46	9,42	13,71	15,42	3,38	7,83	8,81
	II	572,25	31,47	45,78	51,50	II	572,25	26,24	38,17	42,94	21,26	30,93	34,79	16,55	24,07	27,08	12,09	17,58	19,78	7,88	11,47	12,90	—	5,74	6,46
	III	336,33	18,49	26,90	30,26	III	336,33	14,40	20,94	23,56	5,56	15,18	17,08	—	9,72	10,93	—	5,—	5,62	—	1,06	1,19	—	—	—
	V	970,50	53,37	77,64	87,34	IV	608,91	30,79	44,79	50,39	28,16	40,96	46,08	25,59	37,23	41,88	23,09	33,59	37,79	20,65	30,04	33,80	18,28	26,59	29,91
	VI	1 006,75	55,37	80,54	90,60																				
3 536,99	I,IV	609,83	33,54	48,78	54,88	I	609,83	28,21	41,03	46,16	23,13	33,65	37,85	18,32	26,65	29,98	13,76	20,02	22,52	9,46	13,76	15,48	3,51	7,88	8,87
	II	573,08	31,51	45,84	51,57	II	573,08	26,28	38,23	43,01	21,31	31,—	34,87	16,59	24,13	27,14	12,12	17,64	19,84	7,92	11,52	12,96	—	5,80	6,52
	III	337,—	18,53	26,96	30,33	III	337,—	14,43	21,—	23,62	5,70	15,24	17,14	—	9,76	10,98	—	5,02	5,65	—	1,10	1,24	—	—	—
	V	971,58	53,43	77,72	87,44	IV	609,83	30,84	44,86	50,47	28,21	41,03	46,16	25,64	37,30	41,96	23,13	33,65	37,85	20,69	30,10	33,86	18,32	26,65	29,98
	VI	1 007,83	55,43	80,62	90,70																				
3 539,99	I,IV	610,75	33,59	48,86	54,96	I	610,75	28,25	41,10	46,23	23,18	33,72	37,93	18,36	26,71	30,05	13,80	20,08	22,59	9,50	13,82	15,54	3,65	7,94	8,93
	II	574,—	31,57	45,92	51,66	II	574,—	26,33	38,30	43,08	21,35	31,06	34,94	16,63	24,19	27,21	12,16	17,70	19,91	7,96	11,58	13,02	—	5,84	6,57
	III	337,66	18,57	27,01	30,38	III	337,66	14,47	21,05	23,68	5,80	15,28	17,19	—	9,80	11,02	—	5,06	5,69	—	1,13	1,27	—	—	—
	V	972,66	53,49	77,81	87,53	IV	610,75	30,89	44,93	50,54	28,25	41,10	46,23	25,68	37,36	42,03	23,18	33,72	37,93	20,73	30,16	33,93	18,36	26,71	30,05
	VI	1 008,91	55,49	80,71	90,80																				
3 542,99	I,IV	611,58	33,63	48,92	55,04	I	611,58	28,30	41,16	46,31	23,22	33,78	38,—	18,40	26,77	30,11	13,84	20,13	22,64	9,53	13,87	15,60	3,76	7,98	8,98
	II	574,83	31,61	45,98	51,73	II	574,83	26,37	38,36	43,16	21,39	31,12	35,01	16,67	24,25	27,28	12,20	17,75	19,97	7,99	11,63	13,08	—	5,89	6,62
	III	338,33	18,60	27,06	30,44	III	338,33	14,51	21,10	23,74	5,93	15,33	17,24	—	9,85	11,08	—	5,10	5,74	—	1,16	1,30	—	—	—
	V	973,75	53,55	77,90	87,63	IV	611,58	30,93	45,—	50,62	28,30	41,16	46,31	25,73	37,42	42,10	23,22	33,78	38,—	20,78	30,23	34,01	18,40	26,77	30,11
	VI	1 010,—	55,55	80,80	90,90																				
3 545,99	I,IV	612,50	33,68	49,—	55,12	I	612,50	28,34	41,23	46,38	23,26	33,84	38,07	18,44	26,83	30,18	13,88	20,19	22,71	9,57	13,92	15,66	3,90	8,04	9,04
	II	575,66	31,66	46,05	51,80	II	575,66	26,42	38,43	43,23	21,44	31,18	35,08	16,71	24,31	27,35	12,24	17,81	20,03	8,03	11,68	13,14	—	5,94	6,68
	III	339,—	18,64	27,12	30,51	III	339,—	14,54	21,16	23,80	6,06	15,38	17,30	—	9,89	11,12	—	5,14	5,78	—	1,20	1,35	—	—	—
	V	974,83	53,61	77,98	87,73	IV	612,50	30,98	45,06	50,69	28,34	41,23	46,38	25,77	37,49	42,17	23,26	33,84	38,07	20,82	30,29	34,07	18,44	26,83	30,18
	VI	1 011,08	55,60	80,88	90,99																				
3 548,99	I,IV	613,33	33,73	49,06	55,19	I	613,33	28,39	41,30	46,46	23,31	33,91	38,15	18,48	26,89	30,25	13,92	20,25	22,78	9,61	13,98	15,72	4,01	8,08	9,09
	II	576,58	31,71	46,12	51,89	II	576,58	26,46	38,50	43,31	21,48	31,24	35,15	16,75	24,36	27,41	12,28	17,86	20,09	8,07	11,74	13,20	—	5,98	6,73
	III	339,66	18,68	27,17	30,56	III	339,66	14,58	21,21	23,86	6,20	15,44	17,37	—	9,94	11,18	—	5,18	5,83	—	1,22	1,37	—	—	—
	V	975,91	53,67	78,07	87,83	IV	613,33	31,03	45,14	50,78	28,39	41,30	46,46	25,82	37,56	42,25	23,31	33,91	38,15	20,86	30,35	34,14	18,48	26,89	30,25
	VI	1 012,16	55,66	80,97	91,09																				
3 551,99	I,IV	614,25	33,78	49,14	55,28	I	614,25	28,43	41,36	46,53	23,35	33,97	38,21	18,53	26,95	30,32	13,96	20,30	22,84	9,64	14,03	15,78	4,15	8,14	9,15
	II	577,41	31,75	46,19	51,96	II	577,41	26,51	38,56	43,38	21,52	31,30	35,21	16,79	24,42	27,47	12,32	17,92	20,16	8,10	11,79	13,26	—	6,04	6,79
	III	340,33	18,71	27,22	30,62	III	340,33	14,62	21,26	23,92	6,30	15,48	17,41	—	9,98	11,23	—	5,22	5,87	—	1,25	1,40	—	—	—
	V	977,—	53,73	78,16	87,93	IV	614,25	31,07	45,20	50,85	28,43	41,36	46,53	25,86	37,62	42,32	23,35	33,97	38,21	20,91	30,42	34,22	18,53	26,95	30,32
	VI	1 013,25	55,72	81,06	91,19																				
3 554,99	I,IV	615,08	33,82	49,20	55,35	I	615,08	28,48	41,43	46,61	23,40	34,04	38,29	18,57	27,01	30,38	14,—	20,36	22,91	9,68	14,08	15,84	4,26	8,18	9,20
	II	578,33	31,80	46,26	52,04	II	578,33	26,56	38,63	43,46	21,56	31,37	35,29	16,83	24,48	27,54	12,36	17,98	20,22	8,14	11,84	13,32	—	6,08	6,84
	III	341,—	18,75	27,28	30,69	III	341,—	14,65	21,32	23,98	6,43	15,53	17,47	—	10,04	11,29	—	5,26	5,92	—	1,29	1,45	—	—	—
	V	978,08	53,79	78,24	88,02	IV	615,08	31,12	45,27	50,93	28,48	41,43	46,61	25,91	37,69	42,40	23,40	34,04	38,29	20,95	30,48	34,29	18,57	27,01	30,38
	VI	1 014,33	55,78	81,14	91,28																				
3 557,99	I,IV	616,—	33,88	49,28	55,44	I	616,—	28,53	41,50	46,68	23,44	34,10	38,36	18,61	27,07	30,45	14,03	20,42	22,97	9,72	14,14	15,90	4,40	8,24	9,27
	II	579,16	31,85	46,33	52,12	II	579,16	26,60	38,69	43,52	21,61	31,43	35,36	16,87	24,54	27,61	12,39	18,03	20,28	8,17	11,89	13,37	—	6,13	6,89
	III	341,66	18,79	27,33	30,74	III	341,66	14,68	21,36	24,03	6,56	15,58	17,53	—	10,08	11,34	—	5,30	5,96	—	1,32	1,48	—	—	—
	V	979,08	53,84	78,32	88,11	IV	616,—	31,17	45,34	51,—	28,53	41,50	46,68	25,95	37,75	42,47	23,44	34,10	38,36	20,99	30,54	34,35	18,61	27,07	30,45
	VI	1 015,33	55,84	81,22	91,37																				
3 560,99	I,IV	616,83	33,92	49,34	55,51	I	616,83	28,57	41,56	46,76	23,48	34,16	38,43	18,65	27,13	30,52	14,08	20,48	23,04	9,75	14,19	15,96	4,51	8,28	9,32
	II	580,—	31,90	46,40	52,20	II	580,—	26,64	38,76	43,60	21,65	31,49	35,42	16,91	24,60	27,68	12,43	18,08	20,34	8,21	11,94	13,43	—	6,18	6,95
	III	342,33	18,82	27,38	30,80	III	342,33	14,72	21,41	24,08	6,66	15,62	17,57	—	10,12	11,38	—	5,33	5,99	—	1,36	1,53	—	—	—
	V	980,16	53,90	78,41	88,21	IV	616,83	31,22	45,41	51,08	28,57	41,56	46,76	26,—	37,82	42,54	23,48	34,16	38,43	21,03	30,60	34,42	18,65	27,13	30,52
	VI	1 016,41	55,90	81,31	91,47																				

* Die ausgewiesenen Tabellenwerte sind amtlich. Siehe Erläuterungen auf der Umschlaginnenseite (U2).
** Bei mehr als 3 Kinderfreibeträgen ist die „Ergänzungs-Tabelle 3,5 bis 6 Kinderfreibeträge" anzuwenden.

Lohn/ Gehalt bis €*		I – VI					I, II, III, IV																		
			ohne Kinderfreibeträge					mit Zahl der Kinderfreibeträge . . .																	
								0,5			1			1,5			2			2,5			3**		
		LSt	SolZ	8%	9%		LSt	SolZ	8%	9%	SolZ	8%	9%	SolZ	8%	9%	SolZ	8%	9%	SolZ	8%	9%	SolZ	8%	9%
3 563,99	I,IV	617,75	33,97	49,42	55,59	I	617,75	28,62	41,63	46,83	23,53	34,22	38,50	18,69	27,19	30,59	14,11	20,53	23,09	9,79	14,24	16,02	4,65	8,34	9,38
	II	580,83	31,94	46,46	52,27	II	580,83	26,69	38,82	43,67	21,69	31,56	35,50	16,95	24,66	27,74	12,47	18,14	20,41	8,25	12,—	13,50	—	6,23	7,01
	III	343,—	18,86	27,44	30,87	III	343,—	14,75	21,46	24,14	6,80	15,68	17,64	—	10,17	11,44	—	5,37	6,04	—	1,38	1,55	—	—	—
	V	981,25	53,96	78,50	88,31	IV	617,75	31,26	45,48	51,16	28,62	41,63	46,83	26,04	37,88	42,62	23,53	34,22	38,50	21,08	30,66	34,49	18,69	27,19	30,59
	VI	1 017,50	55,96	81,40	91,57																				
3 566,99	I,IV	618,58	34,02	49,48	55,67	I	618,58	28,66	41,70	46,91	23,57	34,29	38,57	18,73	27,25	30,65	14,15	20,59	23,16	9,83	14,30	16,09	4,76	8,38	9,43
	II	581,75	31,99	46,54	52,35	II	581,75	26,73	38,89	43,75	21,73	31,62	35,57	16,99	24,72	27,81	12,51	18,20	20,47	8,28	12,05	13,55	—	6,28	7,06
	III	343,66	18,90	27,49	30,92	III	343,66	14,79	21,52	24,21	6,93	15,73	17,69	—	10,21	11,48	—	5,41	6,08	—	1,41	1,58	—	—	—
	V	982,33	54,02	78,58	88,40	IV	618,58	31,31	45,54	51,23	28,66	41,70	46,91	26,08	37,94	42,68	23,57	34,29	38,57	21,12	30,72	34,56	18,73	27,25	30,65
	VI	1 018,58	56,02	81,48	91,67																				
3 569,99	I,IV	619,50	34,07	49,56	55,75	I	619,50	28,71	41,76	46,98	23,61	34,35	38,64	18,77	27,31	30,72	14,19	20,64	23,22	9,87	14,36	16,15	4,90	8,44	9,49
	II	582,58	32,04	46,60	52,43	II	582,58	26,78	38,96	43,83	21,78	31,68	35,64	17,03	24,78	27,87	12,54	18,25	20,53	8,32	12,10	13,61	—	6,32	7,11
	III	344,33	18,93	27,54	30,98	III	344,33	14,83	21,57	24,26	7,06	15,78	17,75	—	10,26	11,54	—	5,45	6,13	—	1,45	1,63	—	—	—
	V	983,41	54,08	78,67	88,50	IV	619,50	31,36	45,62	51,32	28,71	41,76	46,98	26,13	38,01	42,76	23,61	34,35	38,64	21,16	30,78	34,63	18,77	27,31	30,72
	VI	1 019,66	56,08	81,57	91,76																				
3 572,99	I,IV	620,33	34,11	49,62	55,82	I	620,33	28,76	41,84	47,07	23,66	34,42	38,72	18,81	27,37	30,79	14,23	20,70	23,29	9,90	14,41	16,21	5,03	8,49	9,55
	II	583,50	32,09	46,68	52,51	II	583,50	26,83	39,02	43,90	21,82	31,74	35,71	17,07	24,84	27,94	12,59	18,31	20,60	8,36	12,16	13,68	—	6,38	7,17
	III	345,—	18,97	27,60	31,05	III	345,—	14,86	21,62	24,32	7,20	15,84	17,82	—	10,30	11,59	—	5,49	6,17	—	1,48	1,66	—	—	—
	V	984,50	54,14	78,76	88,60	IV	620,33	31,40	45,68	51,39	28,76	41,84	47,07	26,18	38,08	42,84	23,66	34,42	38,72	21,21	30,85	34,70	18,81	27,37	30,79
	VI	1 020,75	56,14	81,66	91,86																				
3 575,99	I,IV	621,25	34,16	49,70	55,91	I	621,25	28,81	41,90	47,14	23,70	34,48	38,79	18,86	27,43	30,86	14,27	20,76	23,36	9,94	14,46	16,27	5,15	8,54	9,60
	II	584,33	32,13	46,74	52,58	II	584,33	26,87	39,09	43,97	21,86	31,80	35,78	17,11	24,90	28,01	12,62	18,36	20,66	8,39	12,21	13,73	—	6,42	7,22
	III	345,66	19,01	27,65	31,10	III	345,66	14,90	21,68	24,39	7,30	15,88	17,86	—	10,36	11,65	—	5,53	6,22	—	1,52	1,71	—	—	—
	V	985,58	54,20	78,84	88,70	IV	621,25	31,45	45,75	51,47	28,81	41,90	47,14	26,22	38,14	42,91	23,70	34,48	38,79	21,25	30,91	34,77	18,86	27,43	30,86
	VI	1 021,83	56,20	81,74	91,96																				
3 578,99	I,IV	622,16	34,21	49,77	55,99	I	622,16	28,85	41,97	47,21	23,75	34,54	38,86	18,90	27,50	30,93	14,31	20,82	23,42	9,98	14,52	16,33	5,28	8,59	9,66
	II	585,16	32,18	46,81	52,66	II	585,16	26,91	39,15	44,04	21,91	31,87	35,85	17,16	24,96	28,08	12,66	18,42	20,72	8,43	12,26	13,79	—	6,47	7,28
	III	346,33	19,04	27,70	31,16	III	346,33	14,94	21,73	24,44	7,43	15,93	17,92	—	10,40	11,70	—	5,57	6,26	—	1,54	1,73	—	—	—
	V	986,66	54,26	78,93	88,79	IV	622,16	31,50	45,82	51,55	28,85	41,97	47,21	26,27	38,21	42,98	23,75	34,54	38,86	21,29	30,97	34,84	18,90	27,50	30,93
	VI	1 023,—	56,26	81,84	92,07																				
3 581,99	I,IV	623,—	34,26	49,84	56,07	I	623,—	28,90	42,04	47,29	23,79	34,60	38,93	18,94	27,55	30,99	14,35	20,87	23,48	10,01	14,57	16,39	5,40	8,64	9,72
	II	586,—	32,23	46,88	52,74	II	586,—	26,96	39,22	44,12	21,95	31,93	35,92	17,20	25,02	28,14	12,70	18,48	20,79	8,46	12,31	13,85	0,11	6,52	7,34
	III	347,—	19,08	27,76	31,23	III	347,—	14,96	21,77	24,49	7,56	15,98	17,98	—	10,44	11,74	—	5,61	6,31	—	1,57	1,76	—	—	—
	V	987,75	54,32	79,02	88,89	IV	623,—	31,55	45,89	51,62	28,90	42,04	47,29	26,31	38,27	43,05	23,79	34,60	38,93	21,33	31,03	34,91	18,94	27,55	30,99
	VI	1 024,—	56,32	81,92	92,16																				
3 584,99	I,IV	623,83	34,31	49,90	56,14	I	623,83	28,94	42,10	47,36	23,83	34,67	39,—	18,98	27,61	31,06	14,39	20,93	23,54	10,05	14,62	16,45	5,53	8,69	9,77
	II	586,91	32,28	46,95	52,82	II	586,91	27,—	39,28	44,19	21,99	31,99	35,99	17,24	25,08	28,21	12,74	18,53	20,84	8,50	12,36	13,91	0,23	6,57	7,39
	III	347,66	19,12	27,81	31,28	III	347,66	15,—	21,82	24,55	7,70	16,04	18,04	—	10,49	11,80	—	5,65	6,35	—	1,61	1,81	—	—	—
	V	988,83	54,38	79,10	88,99	IV	623,83	31,59	45,96	51,70	28,94	42,10	47,36	26,35	38,34	43,13	23,83	34,67	39,—	21,38	31,10	34,98	18,98	27,61	31,06
	VI	1 025,08	56,37	82,—	92,25																				
3 587,99	I,IV	624,75	34,36	49,98	56,22	I	624,75	28,99	42,17	47,44	23,88	34,74	39,08	19,03	27,68	31,14	14,43	20,99	23,61	10,09	14,68	16,51	5,66	8,74	9,83
	II	587,75	32,32	47,02	52,89	II	587,75	27,05	39,35	44,27	22,04	32,06	36,06	17,28	25,14	28,28	12,78	18,59	20,91	8,53	12,42	13,97	0,36	6,62	7,45
	III	348,33	19,15	27,86	31,34	III	348,33	15,04	21,88	24,61	7,80	16,08	18,09	—	10,53	11,84	—	5,69	6,40	—	1,64	1,84	—	—	—
	V	989,91	54,44	79,19	89,09	IV	624,75	31,64	46,02	51,77	28,99	42,17	47,44	26,40	38,40	43,20	23,88	34,74	39,08	21,42	31,16	35,05	19,03	27,68	31,14
	VI	1 026,16	56,43	82,09	92,35																				
3 590,99	I,IV	625,66	34,41	50,05	56,30	I	625,66	29,04	42,24	47,52	23,92	34,80	39,15	19,07	27,74	31,20	14,46	21,04	23,67	10,12	14,73	16,57	5,78	8,79	9,89
	II	588,66	32,37	47,09	52,97	II	588,66	27,10	39,42	44,34	22,08	32,12	36,13	17,32	25,20	28,35	12,81	18,64	20,97	8,57	12,47	14,03	0,48	6,67	7,50
	III	349,—	19,19	27,92	31,41	III	349,—	15,07	21,93	24,67	7,93	16,13	18,14	—	10,58	11,90	—	5,73	6,44	—	1,68	1,89	—	—	—
	V	991,—	54,50	79,28	89,19	IV	625,66	31,69	46,10	51,86	29,04	42,24	47,52	26,45	38,47	43,28	23,92	34,80	39,15	21,46	31,22	35,12	19,07	27,74	31,20
	VI	1 027,25	56,49	82,18	92,45																				
3 593,99	I,IV	626,50	34,45	50,12	56,38	I	626,50	29,08	42,30	47,59	23,97	34,86	39,22	19,11	27,80	31,27	14,51	21,10	23,74	10,16	14,78	16,63	5,91	8,84	9,95
	II	589,50	32,42	47,16	53,05	II	589,50	27,14	39,48	44,42	22,12	32,18	36,20	17,36	25,26	28,41	12,86	18,70	21,04	8,61	12,52	14,09	0,60	6,72	7,56
	III	349,66	19,23	27,97	31,46	III	349,66	15,11	21,98	24,73	8,06	16,18	18,20	—	10,62	11,95	—	5,77	6,49	—	1,70	1,91	—	—	—
	V	992,08	54,56	79,36	89,28	IV	626,50	31,73	46,16	51,93	29,08	42,30	47,59	26,49	38,54	43,35	23,97	34,86	39,22	21,50	31,28	35,19	19,11	27,80	31,27
	VI	1 028,33	56,55	82,26	92,54																				
3 596,99	I,IV	627,41	34,50	50,19	56,46	I	627,41	29,13	42,37	47,66	24,01	34,92	39,29	19,15	27,86	31,34	14,55	21,16	23,81	10,20	14,84	16,69	6,03	8,89	10,—
	II	590,41	32,47	47,23	53,13	II	590,41	27,19	39,55	44,49	22,16	32,24	36,27	17,40	25,31	28,47	12,89	18,76	21,10	8,64	12,58	14,15	0,73	6,77	7,61
	III	350,33	19,26	28,02	31,52	III	350,33	15,15	22,04	24,79	8,20	16,24	18,27	—	10,68	12,01	—	5,81	6,53	—	1,73	1,94	—	—	—
	V	993,16	54,62	79,45	89,38	IV	627,41	31,79	46,24	52,02	29,13	42,37	47,66	26,54	38,60	43,43	24,01	34,92	39,29	21,55	31,34	35,26	19,15	27,86	31,34
	VI	1 029,41	56,61	82,35	92,64																				
3 599,99	I,IV	628,33	34,55	50,26	56,54	I	628,33	29,17	42,44	47,74	24,05	34,99	39,36	19,19	27,92	31,41	14,58	21,22	23,87	10,24	14,90	16,76	6,15	8,94	10,06
	II	591,25	32,51	47,30	53,21	II	591,25	27,23	39,62	44,57	22,21	32,30	36,34	17,44	25,37	28,54	12,93	18,82	21,17	8,68	12,63	14,21	0,85	6,82	7,67
	III	351,—	19,30	28,08	31,59	III	351,—	15,18	22,09	24,85	8,33	16,29	18,32	—	10,72	12,06	—	5,85	6,58	—	1,77	1,99	—	—	—
	V	994,25	54,68	79,54	89,48	IV	628,33	31,83	46,30	52,09	29,17	42,44	47,74	26,58	38,67	43,50	24,05	34,99	39,36	21,59	31,41	35,33	19,19	27,92	31,41
	VI	1 030,50	56,67	82,44	92,74																				
3 602,99	I,IV	629,16	34,60	50,33	56,62	I	629,16	29,22	42,50	47,81	24,10	35,06	39,44	19,23	27,98	31,47	14,63	21,28	23,94	10,28	14,95	16,82	6,18	9,—	10,12
	II	592,08	32,56	47,36	53,28	II	592,08	27,28	39,68	44,64	22,25	32,37	36,41	17,48	25,43	28,61	12,97	18,87	21,23	8,72	12,68	14,27	0,98	6,87	7,73
	III	351,66	19,34	28,13	31,64	III	351,66	15,22	22,14	24,91	8,43	16,33	18,37	—	10,77	12,11	—	5,89	6,62	—	1,80	2,02	—	—	—
	V	995,33	54,74	79,62	89,57	IV	629,16	31,88	46,37	52,16	29,22	42,50	47,81	26,63	38,74	43,58	24,10	35,06	39,44	21,63	31,47	35,40	19,23	27,98	31,47
	VI	1 031,58	56,73	82,52	92,84																				
3 605,99	I,IV	630,08	34,65	50,40	56,70	I	630,08	29,27	42,58	47,90	24,14	35,12	39,51	19,27	28,04	31,54	14,67	21,34	24,—	10,31	15,—	16,88	6,21	9,04	10,17
	II	593,—	32,61	47,44	53,37	II	593,—	27,33	39,75	44,72	22,29	32,43	36,48	17,52	25,49	28,67	13,01	18,92	21,29	8,75	12,74	14,33	1,10	6,92	7,78
	III	352,33	19,37	28,18	31,70	III	352,33	15,26	22,20	24,97	8,56	16,38	18,43	—	10,81	12,16	—	5,93	6,67	—	1,84	2,07	—	—	—
	V	996,41	54,80	79,71	89,67	IV	630,08	31,93	46,44	52,25	29,27	42,58	47,90	26,67	38,80	43,65	24,14	35,12	39,51	21,67	31,53	35,47	19,27	28,04	31,54
	VI	1 032,66	56,79	82,61	92,93																				
3 608,99	I,IV	630,91	34,70	50,47	56,78	I	630,91	29,31	42,64	47,97	24,19	35,18	39,58	19,31	28,10	31,61	14,70	21,39	24,06	10,35	15,06	16,94	6,25	9,10	10,23
	II	593,83	32,66	47,50	53,44	II	593,83	27,37	39,81	44,78	22,34	32,50	36,56	17,56	25,55	28,74	13,05	18,98	21,35	8,79	12,79	14,39	1,23	6,97	7,84
	III	353,—	19,41	28,24	31,77	III	353,—	15,29	22,24	25,02	8,70	16,44	18,49	—	10,86	12,22	—	5,96	6,70	—	1,86	2,09	—	—	—
	V	997,50	54,86	79,80	89,77	IV	630,91	31,97	46,51	52,32	29,31	42,64	47,97	26,72	38,86	43,72	24,19	35,18	39,58	21,72	31,59	35,54	19,31	28,10	31,61
	VI	1 033,75	56,85	82,70	93,03																				

Abzüge an Lohnsteuer, Solidaritätszuschlag (SolZ) und Kirchensteuer (8%, 9%) in den Steuerklassen

* Die ausgewiesenen Tabellenwerte sind amtlich. Siehe Erläuterungen auf der Umschlaginnenseite (U2).
** Bei mehr als 3 Kinderfreibeträgen ist die „Ergänzungs-Tabelle 3,5 bis 6 Kinderfreibeträge" anzuwenden.

MONAT 3 609,–*

Lohn/ Gehalt bis €*	I – VI		ohne Kinderfreibeträge			I, II, III, IV		mit Zahl der Kinderfreibeträge . . . 0,5			1			1,5			2			2,5			3**		
		LSt	SolZ	8%	9%		LSt	SolZ	8%	9%	SolZ	8%	9%	SolZ	8%	9%	SolZ	8%	9%	SolZ	8%	9%	SolZ	8%	9%
3 611,99	I,IV	631,83	34,75	50,54	56,86	I	631,83	29,36	42,70	48,04	24,23	35,24	39,65	19,36	28,16	31,68	14,74	21,45	24,13	10,39	15,11	17,—	6,28	9,14	10,28
	II	594,66	32,70	47,57	53,51	II	594,66	27,41	39,88	44,86	22,38	32,56	36,63	17,60	25,61	28,81	13,09	19,04	21,42	8,82	12,84	14,44	1,35	7,02	7,89
	III	353,66	19,45	28,29	31,82	III	353,66	15,32	22,29	25,07	8,83	16,49	18,55	—	10,90	12,26	—	6,—	6,75	—	1,90	2,14	—	—	—
	V	998,58	54,92	79,88	89,87	IV	631,83	32,02	46,58	52,40	29,36	42,70	48,04	26,76	38,93	43,79	24,23	35,24	39,65	21,76	31,66	35,61	19,36	28,16	31,68
	VI	1 034,83	56,91	82,78	93,13																				
3 614,99	I,IV	632,66	34,79	50,61	56,93	I	632,66	29,41	42,78	48,12	24,27	35,31	39,72	19,40	28,22	31,75	14,78	21,50	24,19	10,42	15,16	17,06	6,32	9,20	10,35
	II	595,58	32,75	47,64	53,60	II	595,58	27,46	39,94	44,93	22,42	32,62	36,69	17,65	25,67	28,88	13,13	19,10	21,48	8,86	12,89	14,50	1,46	7,06	7,94
	III	354,33	19,48	28,34	31,88	III	354,33	15,36	22,34	25,13	8,93	16,53	18,59	—	10,96	12,33	—	6,04	6,79	—	1,93	2,17	—	—	—
	V	999,66	54,98	79,97	89,96	IV	632,66	32,07	46,65	52,48	29,41	42,78	48,12	26,81	39,—	43,87	24,27	35,31	39,72	21,80	31,72	35,68	19,40	28,22	31,75
	VI	1 035,91	56,97	82,87	93,23																				
3 617,99	I,IV	633,58	34,84	50,68	57,02	I	633,58	29,45	42,84	48,20	24,32	35,38	39,80	19,44	28,28	31,82	14,82	21,56	24,26	10,46	15,22	17,12	6,36	9,25	10,40
	II	596,41	32,80	47,71	53,67	II	596,41	27,50	40,01	45,01	22,47	32,68	36,77	17,69	25,73	28,94	13,16	19,15	21,54	8,90	12,94	14,56	1,60	7,12	8,01
	III	355,—	19,52	28,40	31,95	III	355,—	15,40	22,40	25,20	9,06	16,58	18,65	—	11,—	12,37	—	6,08	6,84	—	1,96	2,20	—	—	—
	V	1 000,75	55,04	80,06	90,06	IV	633,58	32,12	46,72	52,56	29,45	42,84	48,20	26,85	39,06	43,94	24,32	35,38	39,80	21,85	31,78	35,75	19,44	28,28	31,82
	VI	1 037,—	57,03	82,96	93,33																				
3 620,99	I,IV	634,50	34,89	50,76	57,10	I	634,50	29,50	42,91	48,27	24,36	35,44	39,87	19,48	28,34	31,88	14,86	21,62	24,32	10,50	15,27	17,18	6,39	9,30	10,46
	II	597,33	32,85	47,78	53,75	II	597,33	27,55	40,08	45,09	22,51	32,74	36,83	17,73	25,79	29,01	13,20	19,21	21,61	8,93	13,—	14,62	1,71	7,16	8,06
	III	355,66	19,56	28,45	32,—	III	355,66	15,43	22,45	25,25	9,20	16,64	18,72	—	11,05	12,43	—	6,12	6,88	—	2,—	2,25	—	—	—
	V	1 001,83	55,10	80,14	90,16	IV	634,50	32,16	46,78	52,63	29,50	42,91	48,27	26,90	39,13	44,02	24,36	35,44	39,87	21,89	31,84	35,82	19,48	28,34	31,88
	VI	1 038,08	57,09	83,04	93,42																				
3 623,99	I,IV	635,33	34,94	50,82	57,17	I	635,33	29,54	42,98	48,35	24,41	35,50	39,94	19,52	28,40	31,95	14,90	21,68	24,39	10,54	15,33	17,24	6,43	9,35	10,52
	II	598,16	32,89	47,85	53,83	II	598,16	27,60	40,14	45,16	22,55	32,81	36,91	17,77	25,85	29,08	13,24	19,26	21,67	8,97	13,05	14,68	1,85	7,22	8,12
	III	356,33	19,59	28,50	32,06	III	356,33	15,47	22,50	25,31	9,33	16,69	18,77	—	11,09	12,47	—	6,16	6,93	—	2,02	2,27	—	—	—
	V	1 002,91	55,16	80,23	90,26	IV	635,33	32,21	46,86	52,71	29,54	42,98	48,35	26,95	39,20	44,10	24,41	35,50	39,94	21,93	31,90	35,89	19,52	28,40	31,95
	VI	1 039,16	57,15	83,13	93,52																				
3 626,99	I,IV	636,25	34,99	50,90	57,26	I	636,25	29,59	43,04	48,42	24,45	35,57	40,01	19,57	28,46	32,02	14,94	21,74	24,45	10,57	15,38	17,30	6,46	9,40	10,58
	II	599,08	32,94	47,92	53,91	II	599,08	27,64	40,21	45,23	22,60	32,87	36,98	17,81	25,91	29,15	13,28	19,32	21,74	9,01	13,10	14,74	1,96	7,26	8,17
	III	357,—	19,63	28,56	32,13	III	357,—	15,51	22,56	25,38	9,46	16,74	18,83	—	11,14	12,53	—	6,20	6,97	—	2,06	2,32	—	—	—
	V	1 004,—	55,22	80,32	90,36	IV	636,25	32,26	46,92	52,79	29,59	43,04	48,42	26,99	39,26	44,16	24,45	35,57	40,01	21,98	31,97	35,96	19,57	28,46	32,02
	VI	1 040,25	57,21	83,22	93,62																				
3 629,99	I,IV	637,16	35,04	50,97	57,34	I	637,16	29,64	43,11	48,50	24,49	35,63	40,08	19,61	28,52	32,09	14,98	21,80	24,52	10,61	15,44	17,37	6,50	9,46	10,64
	II	599,91	32,99	47,99	53,99	II	599,91	27,69	40,28	45,31	22,64	32,94	37,05	17,85	25,97	29,21	13,32	19,38	21,80	9,04	13,16	14,80	2,10	7,32	8,23
	III	357,83	19,68	28,62	32,20	III	357,83	15,54	22,61	25,43	9,56	16,78	18,88	—	11,18	12,58	—	6,24	7,02	—	2,09	2,35	—	—	—
	V	1 005,08	55,27	80,40	90,45	IV	637,16	32,31	47,—	52,87	29,64	43,11	48,50	27,03	39,32	44,24	24,49	35,63	40,08	22,02	32,03	36,03	19,61	28,52	32,09
	VI	1 041,33	57,27	83,30	93,71																				
3 632,99	I,IV	638,—	35,09	51,04	57,42	I	638,—	29,68	43,18	48,57	24,54	35,70	40,16	19,65	28,58	32,15	15,02	21,85	24,58	10,65	15,49	17,42	6,53	9,50	10,69
	II	600,75	33,04	48,06	54,06	II	600,75	27,73	40,34	45,38	22,68	33,—	37,12	17,89	26,03	29,28	13,36	19,43	21,86	9,08	13,21	14,86	2,21	7,36	8,28
	III	358,33	19,70	28,66	32,24	III	358,33	15,58	22,66	25,49	9,70	16,84	18,94	—	11,24	12,64	—	6,28	7,06	—	2,13	2,39	—	—	—
	V	1 006,08	55,33	80,48	90,54	IV	638,—	32,35	47,06	52,94	29,68	43,18	48,57	27,08	39,39	44,31	24,54	35,70	40,16	22,06	32,09	36,10	19,65	28,58	32,15
	VI	1 042,41	57,33	83,39	93,81																				
3 635,99	I,IV	638,91	35,14	51,11	57,50	I	638,91	29,73	43,24	48,65	24,58	35,76	40,23	19,69	28,64	32,22	15,06	21,91	24,65	10,68	15,54	17,48	6,57	9,56	10,75
	II	601,66	33,09	48,13	54,14	II	601,66	27,78	40,41	45,46	22,73	33,06	37,19	17,93	26,09	29,35	13,40	19,49	21,92	9,12	13,26	14,92	2,35	7,42	8,34
	III	359,—	19,74	28,72	32,31	III	359,—	15,62	22,72	25,56	9,83	16,89	19,—	—	11,28	12,69	—	6,32	7,11	—	2,16	2,43	—	—	—
	V	1 007,25	55,39	80,58	90,65	IV	638,91	32,40	47,13	53,02	29,73	43,24	48,65	27,12	39,46	44,39	24,58	35,76	40,23	22,11	32,16	36,18	19,69	28,64	32,22
	VI	1 043,50	57,39	83,48	93,91																				
3 638,99	I,IV	639,75	35,18	51,18	57,57	I	639,75	29,78	43,32	48,73	24,63	35,82	40,30	19,74	28,71	32,30	15,10	21,96	24,71	10,72	15,60	17,55	6,60	9,60	10,80
	II	602,50	33,13	48,20	54,22	II	602,50	27,83	40,48	45,54	22,77	33,12	37,26	17,98	26,15	29,42	13,43	19,54	21,98	9,15	13,32	14,98	2,46	7,46	8,39
	III	359,83	19,79	28,78	32,38	III	359,83	15,65	22,77	25,61	9,96	16,94	19,06	—	11,33	12,74	—	6,36	7,15	—	2,20	2,47	—	—	—
	V	1 008,33	55,45	80,66	90,74	IV	639,75	32,45	47,20	53,10	29,78	43,32	48,73	27,17	39,52	44,46	24,63	35,82	40,30	22,15	32,22	36,24	19,74	28,71	32,30
	VI	1 044,58	57,45	83,56	94,01																				
3 641,99	I,IV	640,66	35,23	51,25	57,65	I	640,66	29,82	43,38	48,80	24,67	35,89	40,37	19,78	28,77	32,36	15,14	22,02	24,77	10,76	15,66	17,61	6,64	9,66	10,86
	II	603,41	33,18	48,27	54,30	II	603,41	27,87	40,54	45,61	22,82	33,19	37,34	18,02	26,21	29,48	13,47	19,60	22,05	9,19	13,37	15,04	2,60	7,52	8,46
	III	360,50	19,82	28,84	32,44	III	360,50	15,68	22,81	25,66	10,06	16,98	19,10	—	11,37	12,79	—	6,40	7,20	—	2,22	2,50	—	—	—
	V	1 009,41	55,51	80,75	90,84	IV	640,66	32,50	47,27	53,18	29,82	43,38	48,80	27,22	39,59	44,54	24,67	35,89	40,37	22,19	32,28	36,32	19,78	28,77	32,36
	VI	1 045,66	57,51	83,65	94,10																				
3 644,99	I,IV	641,58	35,28	51,32	57,74	I	641,58	29,87	43,45	48,88	24,71	35,95	40,44	19,82	28,83	32,43	15,18	22,08	24,84	10,80	15,71	17,67	6,67	9,71	10,92
	II	604,25	33,23	48,34	54,38	II	604,25	27,92	40,61	45,68	22,86	33,25	37,40	18,06	26,27	29,55	13,51	19,66	22,11	9,23	13,42	15,10	2,71	7,56	8,51
	III	361,16	19,86	28,89	32,50	III	361,16	15,73	22,88	25,74	10,20	17,04	19,17	—	11,42	12,85	—	6,45	7,25	—	2,26	2,54	—	—	—
	V	1 010,50	55,57	80,84	90,94	IV	641,58	32,54	47,34	53,25	29,87	43,45	48,88	27,26	39,66	44,61	24,71	35,95	40,44	22,23	32,34	36,38	19,82	28,83	32,43
	VI	1 046,75	57,57	83,74	94,20																				
3 647,99	I,IV	642,50	35,33	51,40	57,82	I	642,50	29,92	43,52	48,96	24,76	36,02	40,52	19,86	28,89	32,50	15,22	22,14	24,91	10,83	15,76	17,73	6,71	9,76	10,98
	II	605,16	33,28	48,41	54,46	II	605,16	27,96	40,68	45,76	22,90	33,32	37,48	18,10	26,33	29,62	13,55	19,72	22,18	9,26	13,48	15,16	2,85	7,62	8,57
	III	361,83	19,90	28,94	32,56	III	361,83	15,75	22,92	25,78	10,33	17,09	19,22	—	11,48	12,91	—	6,48	7,29	—	2,29	2,57	—	—	—
	V	1 011,58	55,63	80,92	91,04	IV	642,50	32,59	47,41	53,33	29,92	43,52	48,96	27,31	39,72	44,69	24,76	36,02	40,52	22,28	32,41	36,46	19,86	28,89	32,50
	VI	1 047,83	57,63	83,82	94,30																				
3 650,99	I,IV	643,33	35,38	51,46	57,89	I	643,33	29,96	43,58	49,03	24,80	36,08	40,59	19,90	28,95	32,57	15,26	22,20	24,97	10,87	15,82	17,79	6,74	9,81	11,03
	II	606,08	33,33	48,48	54,54	II	606,08	28,01	40,74	45,83	22,94	33,38	37,55	18,14	26,39	29,69	13,59	19,77	22,24	9,30	13,53	15,22	2,96	7,66	8,62
	III	362,50	19,93	29,—	32,62	III	362,50	15,79	22,97	25,84	10,46	17,14	19,28	—	11,52	12,96	—	6,53	7,34	—	2,33	2,62	—	—	—
	V	1 012,66	55,69	81,01	91,13	IV	643,33	32,64	47,48	53,41	29,96	43,58	49,03	27,35	39,79	44,76	24,80	36,08	40,59	22,32	32,47	36,53	19,90	28,95	32,57
	VI	1 048,91	57,69	83,91	94,40																				
3 653,99	I,IV	644,25	35,43	51,54	57,98	I	644,25	30,01	43,66	49,11	24,85	36,15	40,67	19,95	29,02	32,64	15,30	22,26	25,04	10,91	15,87	17,85	6,78	9,86	11,09
	II	606,91	33,38	48,55	54,62	II	606,91	28,05	40,81	45,91	22,99	33,44	37,62	18,18	26,45	29,75	13,63	19,83	22,31	9,34	13,58	15,28	3,10	7,72	8,68
	III	363,16	19,97	29,05	32,68	III	363,16	15,83	23,02	25,90	10,60	17,20	19,35	—	11,57	13,01	—	6,57	7,39	—	2,36	2,65	—	—	—
	V	1 013,75	55,75	81,10	91,23	IV	644,25	32,69	47,55	53,49	30,01	43,66	49,11	27,40	39,86	44,84	24,85	36,15	40,67	22,37	32,54	36,60	19,95	29,02	32,64
	VI	1 050,—	57,75	84,—	94,50																				
3 656,99	I,IV	645,16	35,48	51,61	58,06	I	645,16	30,06	43,72	49,19	24,89	36,21	40,73	19,99	29,08	32,71	15,34	22,32	25,11	10,95	15,93	17,92	6,82	9,92	11,16
	II	607,83	33,43	48,62	54,70	II	607,83	28,10	40,88	45,99	23,03	33,50	37,69	18,22	26,51	29,82	13,67	19,88	22,37	9,37	13,64	15,34	3,21	7,76	8,73
	III	363,83	20,01	29,10	32,74	III	363,83	15,86	23,08	25,96	10,73	17,25	19,40	—	11,61	13,06	—	6,61	7,43	—	2,40	2,70	—	—	—
	V	1 014,83	55,81	81,18	91,33	IV	645,16	32,73	47,62	53,57	30,06	43,72	49,19	27,44	39,92	44,91	24,89	36,21	40,73	22,41	32,60	36,67	19,99	29,08	32,71
	VI	1 051,08	57,80	84,08	94,59																				

Abzüge an Lohnsteuer, Solidaritätszuschlag (SolZ) und Kirchensteuer (8%, 9%) in den Steuerklassen

* Die ausgewiesenen Tabellenwerte sind amtlich. Siehe Erläuterungen auf der Umschlaginnenseite (U2).
** Bei mehr als 3 Kinderfreibeträgen ist die „Ergänzungs-Tabelle 3,5 bis 6 Kinderfreibeträge" anzuwenden.

Lohn/ Gehalt bis €*	Abzüge an Lohnsteuer, Solidaritätszuschlag (SolZ) und Kirchensteuer (8%, 9%) in den Steuerklassen I – VI					I, II, III, IV																			
			ohne Kinderfreibeträge					mit Zahl der Kinderfreibeträge . . .																	
								0,5			1			1,5			2			2,5			3**		
		LSt	SolZ	8%	9%		LSt	SolZ	8%	9%	SolZ	8%	9%	SolZ	8%	9%	SolZ	8%	9%	SolZ	8%	9%	SolZ	8%	9%
3 659,99	I,IV	646,—	35,53	51,68	58,14	I	646,—	30,10	43,79	49,26	24,94	36,28	40,81	20,03	29,14	32,78	15,38	22,37	25,16	10,99	15,98	17,98	6,85	9,96	11,21
	II	608,66	33,47	48,69	54,77	II	608,66	28,14	40,94	46,05	23,07	33,56	37,76	18,26	26,56	29,88	13,71	19,94	22,43	9,41	13,69	15,40	3,35	7,82	8,79
	III	364,50	20,04	29,16	32,80	III	364,50	15,90	23,13	26,02	10,83	17,29	19,45	—	11,66	13,12	—	6,65	7,48	—	2,42	2,72	—	—	—
	V	1 015,83	55,87	81,26	91,42	IV	646,—	32,78	47,68	53,64	30,10	43,79	49,26	27,49	39,98	44,98	24,94	36,28	40,81	22,45	32,66	36,74	20,03	29,14	32,78
	VI	1 052,08	57,86	84,16	94,68																				
3 662,99	I,IV	646,91	35,58	51,75	58,22	I	646,91	30,15	43,86	49,34	24,98	36,34	40,88	20,07	29,20	32,85	15,42	22,43	25,23	11,02	16,04	18,04	6,88	10,02	11,27
	II	609,50	33,52	48,76	54,85	II	609,50	28,19	41,01	46,13	23,12	33,63	37,83	18,31	26,63	29,96	13,75	20,—	22,50	9,45	13,74	15,46	3,46	7,86	8,84
	III	365,16	20,08	29,21	32,86	III	365,16	15,94	23,18	26,08	10,96	17,34	19,51	—	11,70	13,16	—	6,69	7,52	—	2,46	2,77	—	—	—
	V	1 016,91	55,93	81,35	91,52	IV	646,91	32,83	47,76	53,73	30,15	43,86	49,34	27,53	40,05	45,05	24,98	36,34	40,88	22,49	32,72	36,81	20,07	29,20	32,85
	VI	1 053,16	57,92	84,25	94,78																				
3 665,99	I,IV	647,75	35,62	51,82	58,29	I	647,75	30,19	43,92	49,41	25,02	36,40	40,95	20,11	29,26	32,91	15,46	22,49	25,30	11,06	16,09	18,10	6,92	10,07	11,33
	II	610,41	33,57	48,83	54,93	II	610,41	28,24	41,08	46,21	23,16	33,69	37,90	18,35	26,69	30,02	13,79	20,06	22,56	9,48	13,80	15,52	3,60	7,92	8,91
	III	365,83	20,12	29,26	32,92	III	365,83	15,97	23,24	26,14	11,10	17,40	19,57	—	11,76	13,23	—	6,73	7,57	—	2,49	2,80	—	—	—
	V	1 018,—	55,99	81,44	91,62	IV	647,75	32,88	47,82	53,80	30,19	43,92	49,41	27,58	40,12	45,13	25,02	36,40	40,95	22,54	32,78	36,88	20,11	29,26	32,91
	VI	1 054,25	57,98	84,34	94,88																				
3 668,99	I,IV	648,66	35,67	51,89	58,37	I	648,66	30,24	43,99	49,49	25,07	36,47	41,03	20,16	29,32	32,99	15,50	22,54	25,36	11,10	16,14	18,16	6,95	10,12	11,38
	II	611,25	33,61	48,90	55,01	II	611,25	28,28	41,14	46,28	23,21	33,76	37,98	18,39	26,75	30,09	13,82	20,11	22,62	9,52	13,85	15,58	3,71	7,96	8,96
	III	366,50	20,15	29,32	32,98	III	366,50	16,01	23,29	26,20	11,23	17,45	19,63	—	11,81	13,28	—	6,77	7,61	—	2,53	2,84	—	—	—
	V	1 019,08	56,04	81,52	91,71	IV	648,66	32,93	47,90	53,88	30,24	43,99	49,49	27,62	40,18	45,20	25,07	36,47	41,03	22,58	32,85	36,95	20,16	29,32	32,99
	VI	1 055,33	58,04	84,42	94,97																				
3 671,99	I,IV	649,58	35,72	51,96	58,46	I	649,58	30,29	44,06	49,57	25,12	36,54	41,10	20,20	29,38	33,05	15,54	22,60	25,43	11,14	16,20	18,23	6,99	10,17	11,44
	II	612,16	33,66	48,97	55,09	II	612,16	28,33	41,21	46,36	23,25	33,82	38,05	18,43	26,81	30,16	13,86	20,17	22,69	9,56	13,90	15,64	3,85	8,02	9,02
	III	367,16	20,19	29,37	33,04	III	367,16	16,05	23,34	26,26	11,36	17,50	19,69	—	11,85	13,33	—	6,81	7,66	—	2,57	2,89	—	—	—
	V	1 020,16	56,10	81,61	91,81	IV	649,58	32,97	47,96	53,96	30,29	44,06	49,57	27,67	40,25	45,28	25,12	36,54	41,10	22,62	32,91	37,02	20,20	29,38	33,05
	VI	1 056,41	58,10	84,51	95,07																				
3 674,99	I,IV	650,50	35,77	52,04	58,54	I	650,50	30,34	44,13	49,64	25,16	36,60	41,17	20,24	29,44	33,12	15,58	22,66	25,49	11,17	16,26	18,29	7,03	10,22	11,50
	II	613,—	33,71	49,04	55,17	II	613,—	28,38	41,28	46,44	23,29	33,88	38,12	18,47	26,87	30,23	13,90	20,22	22,75	9,59	13,96	15,70	3,98	8,07	9,08
	III	367,83	20,23	29,42	33,10	III	367,83	16,08	23,40	26,32	11,46	17,54	19,73	—	11,90	13,39	—	6,85	7,70	—	2,60	2,92	—	—	—
	V	1 021,25	56,16	81,70	91,91	IV	650,50	33,02	48,04	54,04	30,34	44,13	49,64	27,72	40,32	45,36	25,16	36,60	41,17	22,67	32,98	37,10	20,24	29,44	33,12
	VI	1 057,50	58,16	84,60	95,17																				
3 677,99	I,IV	651,33	35,82	52,10	58,61	I	651,33	30,38	44,20	49,72	25,20	36,66	41,24	20,28	29,50	33,19	15,62	22,72	25,56	11,21	16,31	18,35	7,06	10,28	11,56
	II	613,91	33,76	49,11	55,25	II	613,91	28,42	41,34	46,51	23,34	33,95	38,19	18,51	26,93	30,29	13,94	20,28	22,82	9,63	14,01	15,76	4,10	8,12	9,13
	III	368,50	20,26	29,48	33,16	III	368,50	16,12	23,45	26,38	11,60	17,60	19,80	—	11,96	13,45	—	6,89	7,75	—	2,64	2,97	—	—	—
	V	1 022,33	56,22	81,78	92,—	IV	651,33	33,07	48,10	54,11	30,38	44,20	49,72	27,76	40,38	45,43	25,20	36,66	41,24	22,71	33,04	37,17	20,28	29,50	33,19
	VI	1 058,58	58,22	84,68	95,27																				
3 680,99	I,IV	652,25	35,87	52,18	58,70	I	652,25	30,43	44,26	49,79	25,25	36,73	41,32	20,33	29,57	33,26	15,66	22,78	25,62	11,25	16,36	18,41	7,09	10,32	11,61
	II	614,83	33,81	49,18	55,33	II	614,83	28,47	41,41	46,58	23,38	34,01	38,26	18,55	26,99	30,36	13,98	20,34	22,88	9,67	14,07	15,83	4,23	8,17	9,19
	III	369,16	20,30	29,53	33,22	III	369,16	16,15	23,49	26,42	11,73	17,65	19,85	—	12,—	13,50	—	6,93	7,79	—	2,66	2,99	—	—	—
	V	1 023,41	56,28	81,87	92,10	IV	652,25	33,12	48,18	54,20	30,43	44,26	49,79	27,81	40,45	45,50	25,25	36,73	41,32	22,76	33,10	37,24	20,33	29,57	33,26
	VI	1 059,75	58,28	84,78	95,37																				
3 683,99	I,IV	653,16	35,92	52,25	58,78	I	653,16	30,47	44,33	49,87	25,29	36,79	41,39	20,36	29,62	33,32	15,70	22,84	25,69	11,28	16,42	18,47	7,13	10,38	11,67
	II	615,66	33,86	49,25	55,40	II	615,66	28,51	41,48	46,66	23,43	34,08	38,34	18,59	27,05	30,43	14,02	20,40	22,95	9,70	14,12	15,88	4,35	8,22	9,24
	III	369,83	20,34	29,58	33,28	III	369,83	16,18	23,54	26,48	11,86	17,70	19,91	—	12,05	13,55	—	6,97	7,84	—	2,70	3,04	—	—	—
	V	1 024,50	56,34	81,96	92,20	IV	653,16	33,16	48,24	54,27	30,47	44,33	49,87	27,85	40,52	45,58	25,29	36,79	41,39	22,80	33,16	37,31	20,36	29,62	33,32
	VI	1 060,75	58,34	84,86	95,46																				
3 686,99	I,IV	654,—	35,97	52,32	58,86	I	654,—	30,52	44,40	49,95	25,34	36,86	41,46	20,41	29,69	33,40	15,74	22,90	25,76	11,33	16,48	18,54	7,17	10,43	11,73
	II	616,50	33,90	49,32	55,48	II	616,50	28,56	41,54	46,73	23,47	34,14	38,40	18,64	27,11	30,50	14,06	20,46	23,01	9,74	14,17	15,94	4,48	8,27	9,30
	III	370,50	20,37	29,64	33,34	III	370,50	16,22	23,60	26,55	11,96	17,74	19,96	—	12,09	13,60	—	7,01	7,88	—	2,73	3,07	—	—	—
	V	1 025,58	56,40	82,04	92,30	IV	654,—	33,21	48,31	54,35	30,52	44,40	49,95	27,90	40,58	45,65	25,34	36,86	41,46	22,84	33,22	37,37	20,41	29,69	33,40
	VI	1 061,83	58,40	84,94	95,56																				
3 689,99	I,IV	654,91	36,02	52,39	58,94	I	654,91	30,57	44,47	50,03	25,38	36,92	41,54	20,45	29,75	33,47	15,78	22,95	25,82	11,36	16,53	18,59	7,20	10,48	11,79
	II	617,41	33,95	49,39	55,56	II	617,41	28,60	41,61	46,81	23,51	34,20	38,48	18,68	27,17	30,56	14,10	20,51	23,07	9,78	14,23	16,01	4,60	8,32	9,36
	III	371,16	20,41	29,69	33,40	III	371,16	16,26	23,65	26,60	12,10	17,80	20,02	—	12,14	13,66	—	7,05	7,93	—	2,77	3,11	—	—	—
	V	1 026,66	56,46	82,13	92,39	IV	654,91	33,26	48,38	54,43	30,57	44,47	50,03	27,94	40,65	45,73	25,38	36,92	41,54	22,88	33,29	37,45	20,45	29,75	33,47
	VI	1 062,91	58,46	85,03	95,66																				
3 692,99	I,IV	655,83	36,07	52,46	59,02	I	655,83	30,62	44,54	50,10	25,43	36,99	41,61	20,49	29,81	33,53	15,82	23,01	25,88	11,40	16,58	18,65	7,24	10,53	11,84
	II	618,33	34,—	49,46	55,64	II	618,33	28,65	41,68	46,89	23,55	34,26	38,54	18,72	27,23	30,63	14,14	20,57	23,14	9,82	14,28	16,07	4,73	8,37	9,41
	III	371,83	20,45	29,74	33,46	III	371,83	16,29	23,70	26,66	12,23	17,85	20,08	—	12,20	13,72	—	7,10	7,99	—	2,80	3,15	—	—	—
	V	1 027,75	56,52	82,22	92,49	IV	655,83	33,31	48,45	54,50	30,62	44,54	50,10	27,99	40,72	45,81	25,43	36,99	41,61	22,93	33,35	37,52	20,49	29,81	33,53
	VI	1 064,—	58,52	85,12	95,76																				
3 695,99	I,IV	656,75	36,12	52,54	59,10	I	656,75	30,66	44,60	50,18	25,47	37,05	41,68	20,54	29,88	33,61	15,86	23,07	25,95	11,44	16,64	18,72	7,27	10,58	11,90
	II	619,16	34,05	49,53	55,72	II	619,16	28,70	41,74	46,96	23,60	34,33	38,62	18,76	27,29	30,70	14,18	20,62	23,20	9,85	14,34	16,13	4,85	8,42	9,47
	III	372,50	20,48	29,80	33,52	III	372,50	16,33	23,76	26,73	12,31	17,90	20,14	—	12,24	13,77	—	7,14	8,03	—	2,84	3,19	—	—	—
	V	1 028,83	56,58	82,30	92,59	IV	656,75	33,36	48,52	54,59	30,66	44,60	50,18	28,04	40,78	45,88	25,47	37,05	41,68	22,97	33,42	37,59	20,54	29,88	33,61
	VI	1 065,08	58,57	85,20	95,85																				
3 698,99	I,IV	657,58	36,16	52,60	59,18	I	657,58	30,71	44,68	50,26	25,52	37,12	41,76	20,58	29,94	33,68	15,90	23,13	26,02	11,48	16,70	18,78	7,31	10,64	11,97
	II	620,08	34,10	49,60	55,80	II	620,08	28,74	41,81	47,03	23,64	34,39	38,69	18,80	27,35	30,77	14,22	20,68	23,27	9,89	14,39	16,19	4,98	8,47	9,53
	III	373,33	20,53	29,86	33,59	III	373,33	16,37	23,81	26,78	12,34	17,96	20,20	—	12,29	13,82	—	7,18	8,08	—	2,88	3,24	—	—	—
	V	1 029,91	56,64	82,39	92,69	IV	657,58	33,40	48,59	54,66	30,71	44,68	50,26	28,08	40,85	45,95	25,52	37,12	41,76	23,01	33,48	37,66	20,58	29,94	33,68
	VI	1 066,16	58,63	85,29	95,95																				
3 701,99	I,IV	658,50	36,21	52,68	59,26	I	658,50	30,76	44,74	50,33	25,56	37,18	41,83	20,62	30,—	33,75	15,94	23,18	26,08	11,51	16,75	18,84	7,35	10,69	12,02
	II	620,91	34,15	49,67	55,88	II	620,91	28,79	41,88	47,11	23,69	34,46	38,76	18,84	27,41	30,83	14,25	20,74	23,33	9,93	14,44	16,25	5,11	8,52	9,59
	III	374,—	20,57	29,92	33,66	III	374,—	16,40	23,86	26,84	12,37	18,—	20,25	—	12,33	13,87	—	7,22	8,12	—	2,90	3,26	—	—	—
	V	1 031,—	56,70	82,48	92,79	IV	658,50	33,45	48,66	54,74	30,76	44,74	50,33	28,13	40,92	46,03	25,56	37,18	41,83	23,06	33,54	37,73	20,62	30,—	33,75
	VI	1 067,25	58,69	85,38	96,05																				
3 704,99	I,IV	659,41	36,26	52,75	59,34	I	659,41	30,80	44,81	50,41	25,61	37,25	41,90	20,66	30,06	33,81	15,98	23,24	26,15	11,55	16,80	18,90	7,38	10,74	12,08
	II	621,83	34,20	49,74	55,96	II	621,83	28,83	41,94	47,18	23,73	34,52	38,84	18,88	27,47	30,90	14,30	20,80	23,40	9,96	14,50	16,31	5,23	8,57	9,64
	III	374,66	20,60	29,97	33,71	III	374,66	16,44	23,92	26,91	12,41	18,05	20,30	—	12,38	13,93	—	7,26	8,17	—	2,94	3,31	—	—	—
	V	1 032,08	56,76	82,56	92,88	IV	659,41	33,50	48,74	54,83	30,80	44,81	50,41	28,17	40,98	46,10	25,61	37,25	41,90	23,10	33,61	37,81	20,66	30,06	33,81
	VI	1 068,33	58,75	85,46	96,14																				

* Die ausgewiesenen Tabellenwerte sind amtlich. Siehe Erläuterungen auf der Umschlaginnenseite (U2).
** Bei mehr als 3 Kinderfreibeträgen ist die „Ergänzungs-Tabelle 3,5 bis 6 Kinderfreibeträge" anzuwenden.

MONAT 3 705,–*

Lohn/ Gehalt bis €*		I – VI					I, II, III, IV																		
			ohne Kinderfreibeträge					mit Zahl der Kinderfreibeträge . . .																	
								0,5			1			1,5			2			2,5			3**		
		LSt	SolZ	8%	9%		LSt	SolZ	8%	9%	SolZ	8%	9%	SolZ	8%	9%	SolZ	8%	9%	SolZ	8%	9%	SolZ	8%	9%
3 707,99	I,IV	660,33	36,31	52,82	59,42	I	660,33	30,85	44,88	50,49	25,65	37,32	41,98	20,71	30,12	33,89	16,02	23,30	26,21	11,59	16,86	18,97	7,42	10,79	12,14
	II	622,66	34,24	49,81	56,03	II	622,66	28,88	42,01	47,26	23,77	34,58	38,90	18,92	27,53	30,97	14,34	20,86	23,46	10,—	14,55	16,37	5,36	8,62	9,70
	III	375,33	20,64	30,02	33,77	III	375,33	16,48	23,97	26,96	12,44	18,10	20,36	—	12,44	13,99	—	7,30	8,21	—	2,97	3,34	—	—	—
	V	1 033,16	56,82	82,65	92,98	IV	660,33	33,55	48,80	54,90	30,85	44,88	50,49	28,22	41,05	46,18	25,65	37,32	41,98	23,15	33,67	37,88	20,71	30,12	33,89
	VI	1 069,41	58,81	85,55	96,24																				
3 710,99	I,IV	661,16	36,36	52,89	59,50	I	661,16	30,90	44,94	50,56	25,69	37,38	42,05	20,75	30,18	33,95	16,06	23,36	26,28	11,63	16,92	19,03	7,45	10,84	12,20
	II	623,58	34,29	49,88	56,12	II	623,58	28,93	42,08	47,34	23,82	34,65	38,98	18,97	27,59	31,04	14,37	20,91	23,52	10,04	14,60	16,43	5,48	8,67	9,75
	III	376,—	20,68	30,08	33,84	III	376,—	16,51	24,02	27,02	12,48	18,16	20,43	—	12,48	14,04	—	7,34	8,26	—	3,01	3,38	—	—	—
	V	1 034,25	56,88	82,74	93,08	IV	661,16	33,60	48,87	54,98	30,90	44,94	50,56	28,27	41,12	46,26	25,69	37,38	42,05	23,19	33,73	37,94	20,75	30,18	33,95
	VI	1 070,50	58,87	85,64	96,34																				
3 713,99	I,IV	662,08	36,41	52,96	59,58	I	662,08	30,95	45,02	50,64	25,74	37,44	42,12	20,79	30,24	34,02	16,10	23,42	26,34	11,66	16,97	19,09	7,49	10,90	12,26
	II	624,41	34,34	49,95	56,19	II	624,41	28,97	42,14	47,41	23,86	34,71	39,05	19,01	27,65	31,10	14,41	20,97	23,59	10,07	14,66	16,49	5,61	8,72	9,81
	III	376,66	20,71	30,13	33,89	III	376,66	16,55	24,08	27,09	12,52	18,21	20,48	—	12,53	14,09	—	7,38	8,30	—	3,05	3,43	—	—	—
	V	1 035,33	56,94	82,82	93,17	IV	662,08	33,65	48,94	55,06	30,95	45,02	50,64	28,31	41,18	46,33	25,74	37,44	42,12	23,23	33,80	38,02	20,79	30,24	34,02
	VI	1 071,58	58,93	85,72	96,44																				
3 716,99	I,IV	663,—	36,46	53,04	59,67	I	663,—	30,99	45,08	50,72	25,79	37,51	42,20	20,83	30,30	34,09	16,14	23,48	26,41	11,70	17,02	19,15	7,52	10,94	12,31
	II	625,33	34,39	50,02	56,27	II	625,33	29,02	42,21	47,48	23,91	34,78	39,12	19,05	27,71	31,17	14,45	21,02	23,65	10,11	14,71	16,55	5,73	8,77	9,86
	III	377,33	20,75	30,18	33,95	III	377,33	16,59	24,13	27,14	12,55	18,26	20,54	—	12,58	14,15	—	7,42	8,35	—	3,08	3,46	—	—	—
	V	1 036,41	57,—	82,91	93,27	IV	663,—	33,69	49,01	55,13	30,99	45,08	50,72	28,36	41,25	46,40	25,79	37,51	42,20	23,27	33,86	38,09	20,83	30,30	34,09
	VI	1 072,66	58,99	85,81	96,53																				
3 719,99	I,IV	663,91	36,51	53,11	59,75	I	663,91	31,04	45,15	50,79	25,83	37,57	42,26	20,88	30,37	34,16	16,18	23,54	26,48	11,74	17,08	19,22	7,56	11,—	12,37
	II	626,25	34,44	50,10	56,36	II	626,25	29,06	42,28	47,56	23,95	34,84	39,19	19,09	27,78	31,25	14,49	21,08	23,72	10,15	14,76	16,61	5,86	8,82	9,92
	III	378,—	20,79	30,24	34,02	III	378,—	16,62	24,18	27,20	12,58	18,30	20,59	—	12,62	14,20	—	7,48	8,41	—	3,12	3,51	—	—	—
	V	1 037,50	57,06	83,—	93,37	IV	663,91	33,74	49,08	55,22	31,04	45,15	50,79	28,40	41,32	46,48	25,83	37,57	42,26	23,32	33,92	38,16	20,88	30,37	34,16
	VI	1 073,75	59,05	85,90	96,63																				
3 722,99	I,IV	664,75	36,56	53,18	59,82	I	664,75	31,09	45,22	50,87	25,87	37,64	42,34	20,92	30,43	34,23	16,22	23,60	26,55	11,78	17,14	19,28	7,59	11,05	12,43
	II	627,08	34,48	50,16	56,43	II	627,08	29,11	42,35	47,64	23,99	34,90	39,26	19,14	27,84	31,32	14,53	21,14	23,78	10,19	14,82	16,67	6,—	8,88	9,99
	III	378,66	20,82	30,29	34,07	III	378,66	16,66	24,24	27,27	12,62	18,36	20,65	—	12,68	14,26	—	7,52	8,46	—	3,14	3,53	—	—	—
	V	1 038,58	57,12	83,08	93,47	IV	664,75	33,79	49,15	55,29	31,09	45,22	50,87	28,45	41,38	46,55	25,87	37,64	42,34	23,37	33,99	38,24	20,92	30,43	34,23
	VI	1 074,83	59,11	85,98	96,73																				
3 725,99	I,IV	665,66	36,61	53,25	59,90	I	665,66	31,13	45,29	50,95	25,92	37,70	42,41	20,96	30,49	34,30	16,26	23,66	26,61	11,82	17,19	19,34	7,63	11,10	12,49
	II	628,—	34,54	50,24	56,52	II	628,—	29,16	42,42	47,72	24,04	34,97	39,34	19,18	27,90	31,38	14,57	21,20	23,85	10,23	14,88	16,74	6,11	8,92	10,04
	III	379,33	20,86	30,34	34,13	III	379,33	16,70	24,29	27,32	12,65	18,41	20,71	—	12,73	14,32	—	7,56	8,50	—	3,18	3,58	—	—	—
	V	1 039,66	57,18	83,17	93,56	IV	665,66	33,84	49,22	55,37	31,13	45,29	50,95	28,49	41,45	46,63	25,92	37,70	42,41	23,41	34,05	38,30	20,96	30,49	34,30
	VI	1 075,91	59,17	86,07	96,83																				
3 728,99	I,IV	666,58	36,66	53,32	59,99	I	666,58	31,18	45,36	51,03	25,96	37,77	42,49	21,01	30,56	34,38	16,30	23,71	26,67	11,86	17,25	19,40	7,67	11,16	12,55
	II	628,83	34,58	50,30	56,59	II	628,83	29,20	42,48	47,79	24,08	35,03	39,41	19,22	27,96	31,45	14,61	21,26	23,91	10,26	14,93	16,79	6,17	8,98	10,10
	III	380,—	20,90	30,40	34,20	III	380,—	16,72	24,33	27,37	12,69	18,46	20,77	—	12,77	14,36	—	7,60	8,55	—	3,22	3,62	—	—	—
	V	1 040,75	57,24	83,26	93,66	IV	666,58	33,89	49,30	55,46	31,18	45,36	51,03	28,54	41,52	46,71	25,96	37,77	42,49	23,45	34,12	38,38	21,01	30,56	34,38
	VI	1 077,—	59,23	86,16	96,93																				
3 731,99	I,IV	667,50	36,71	53,40	60,07	I	667,50	31,23	45,43	51,11	26,01	37,84	42,57	21,05	30,62	34,44	16,34	23,77	26,74	11,89	17,30	19,46	7,70	11,21	12,61
	II	629,75	34,63	50,38	56,67	II	629,75	29,25	42,55	47,87	24,13	35,10	39,48	19,26	28,02	31,52	14,65	21,31	23,97	10,30	14,98	16,85	6,21	9,03	10,16
	III	380,66	20,93	30,45	34,25	III	380,66	16,77	24,40	27,45	12,73	18,52	20,83	—	12,82	14,42	—	7,64	8,59	—	3,25	3,65	—	—	—
	V	1 041,83	57,30	83,34	93,76	IV	667,50	33,93	49,36	55,53	31,23	45,43	51,11	28,59	41,58	46,78	26,01	37,84	42,57	23,49	34,18	38,45	21,05	30,62	34,44
	VI	1 078,08	59,29	86,24	97,02																				
3 734,99	I,IV	668,33	36,75	53,46	60,14	I	668,33	31,28	45,50	51,18	26,05	37,90	42,63	21,09	30,68	34,51	16,38	23,83	26,81	11,93	17,36	19,53	7,74	11,26	12,66
	II	630,58	34,68	50,44	56,75	II	630,58	29,30	42,62	47,94	24,17	35,16	39,55	19,30	28,08	31,59	14,69	21,37	24,04	10,34	15,04	16,92	6,24	9,08	10,21
	III	381,33	20,97	30,50	34,31	III	381,33	16,80	24,44	27,49	12,76	18,57	20,89	—	12,88	14,49	—	7,68	8,64	—	3,29	3,70	—	—	—
	V	1 042,83	57,35	83,42	93,85	IV	668,33	33,98	49,43	55,61	31,28	45,50	51,18	28,63	41,65	46,85	26,05	37,90	42,63	23,54	34,24	38,52	21,09	30,68	34,51
	VI	1 079,16	59,35	86,33	97,12																				
3 737,99	I,IV	669,25	36,80	53,54	60,23	I	669,25	31,32	45,56	51,26	26,10	37,96	42,71	21,13	30,74	34,58	16,42	23,89	26,87	11,97	17,41	19,58	7,77	11,31	12,72
	II	631,50	34,73	50,52	56,83	II	631,50	29,34	42,68	48,02	24,21	35,22	39,62	19,34	28,14	31,65	14,73	21,42	24,10	10,37	15,09	16,97	6,27	9,13	10,27
	III	382,—	21,01	30,56	34,38	III	382,—	16,83	24,49	27,55	12,79	18,61	20,93	—	12,92	14,53	—	7,73	8,69	—	3,32	3,73	—	—	—
	V	1 044,—	57,42	83,52	93,96	IV	669,25	34,03	49,50	55,69	31,32	45,56	51,26	28,68	41,72	46,93	26,10	37,96	42,71	23,58	34,30	38,59	21,13	30,74	34,58
	VI	1 080,25	59,41	86,42	97,22																				
3 740,99	I,IV	670,16	36,85	53,61	60,31	I	670,16	31,37	45,63	51,33	26,14	38,03	42,78	21,17	30,80	34,65	16,46	23,95	26,94	12,01	17,47	19,65	7,81	11,36	12,78
	II	632,41	34,78	50,59	56,91	II	632,41	29,39	42,75	48,09	24,26	35,29	39,70	19,38	28,20	31,72	14,77	21,48	24,17	10,41	15,14	17,03	6,31	9,18	10,32
	III	382,66	21,04	30,61	34,43	III	382,66	16,87	24,54	27,61	12,83	18,66	20,99	0,03	12,97	14,59	—	7,77	8,74	—	3,36	3,78	—	—	—
	V	1 045,08	57,47	83,60	94,05	IV	670,16	34,08	49,58	55,77	31,37	45,63	51,33	28,72	41,78	47,—	26,14	38,03	42,78	23,63	34,37	38,66	21,17	30,80	34,65
	VI	1 081,33	59,47	86,50	97,31																				
3 743,99	I,IV	671,08	36,90	53,68	60,39	I	671,08	31,42	45,70	51,41	26,19	38,10	42,86	21,22	30,86	34,72	16,50	24,—	27,—	12,04	17,52	19,71	7,85	11,42	12,84
	II	633,25	34,82	50,66	56,99	II	633,25	29,43	42,82	48,17	24,30	35,35	39,77	19,42	28,26	31,79	14,81	21,54	24,23	10,45	15,20	17,10	6,34	9,23	10,38
	III	383,33	21,08	30,66	34,49	III	383,33	16,91	24,60	27,67	12,87	18,72	21,06	0,16	13,02	14,65	—	7,81	8,78	—	3,40	3,82	—	—	—
	V	1 046,16	57,53	83,69	94,15	IV	671,08	34,13	49,64	55,85	31,42	45,70	51,41	28,77	41,85	47,08	26,19	38,10	42,86	23,67	34,43	38,73	21,22	30,86	34,72
	VI	1 082,41	59,53	86,59	97,41																				
3 746,99	I,IV	672,—	36,96	53,76	60,48	I	672,—	31,46	45,77	51,49	26,23	38,16	42,93	21,26	30,92	34,79	16,54	24,06	27,07	12,08	17,58	19,77	7,88	11,47	12,90
	II	634,16	34,87	50,73	57,07	II	634,16	29,48	42,88	48,24	24,35	35,42	39,84	19,47	28,32	31,86	14,85	21,60	24,30	10,49	15,26	17,16	6,38	9,28	10,44
	III	384,16	21,12	30,73	34,57	III	384,16	16,94	24,65	27,73	12,90	18,77	21,11	0,30	13,08	14,71	—	7,85	8,83	—	3,44	3,87	—	—	—
	V	1 047,25	57,59	83,78	94,25	IV	672,—	34,18	49,72	55,93	31,46	45,77	51,49	28,82	41,92	47,16	26,23	38,16	42,93	23,71	34,50	38,81	21,26	30,92	34,79
	VI	1 083,50	59,59	86,68	97,51																				
3 749,99	I,IV	672,83	37,—	53,82	60,55	I	672,83	31,51	45,84	51,57	26,28	38,22	43,—	21,30	30,99	34,86	16,58	24,12	27,14	12,12	17,64	19,84	7,92	11,52	12,96
	II	635,08	34,92	50,80	57,15	II	635,08	29,53	42,95	48,32	24,39	35,48	39,92	19,51	28,38	31,93	14,89	21,66	24,36	10,52	15,31	17,22	6,41	9,33	10,49
	III	384,83	21,16	30,78	34,63	III	384,83	16,98	24,70	27,79	12,94	18,82	21,17	0,40	13,12	14,76	—	7,89	8,87	—	3,46	3,89	—	—	—
	V	1 048,33	57,65	83,86	94,34	IV	672,83	34,22	49,78	56,—	31,51	45,84	51,57	28,86	41,98	47,23	26,28	38,22	43,—	23,76	34,56	38,88	21,30	30,99	34,86
	VI	1 084,58	59,65	86,76	97,61																				
3 752,99	I,IV	673,75	37,05	53,90	60,63	I	673,75	31,56	45,91	51,65	26,32	38,29	43,07	21,34	31,05	34,93	16,62	24,18	27,20	12,16	17,69	19,90	7,95	11,57	13,01
	II	635,91	34,97	50,87	57,23	II	635,91	29,58	43,02	48,40	24,43	35,54	39,98	19,55	28,44	32,—	14,93	21,72	24,43	10,56	15,36	17,28	6,45	9,38	10,55
	III	385,50	21,20	30,84	34,69	III	385,50	17,02	24,76	27,85	12,98	18,88	21,24	0,53	13,17	14,81	—	7,94	8,93	—	3,50	3,94	—	—	—
	V	1 049,41	57,71	83,95	94,44	IV	673,75	34,27	49,86	56,09	31,56	45,91	51,65	28,91	42,05	47,30	26,32	38,29	43,07	23,80	34,62	38,95	21,34	31,05	34,93
	VI	1 085,66	59,71	86,85	97,70																				

* Die ausgewiesenen Tabellenwerte sind amtlich. Siehe Erläuterungen auf der Umschlaginnenseite (U2).
** Bei mehr als 3 Kinderfreibeträgen ist die „Ergänzungs-Tabelle 3,5 bis 6 Kinderfreibeträge" anzuwenden.

Lohn/ Gehalt bis €*		Abzüge an Lohnsteuer, Solidaritätszuschlag (SolZ) und Kirchensteuer (8%, 9%) in den Steuerklassen I – VI				I, II, III, IV		mit Zahl der Kinderfreibeträge . . . 0,5			1			1,5			2			2,5			3**		
		LSt	ohne Kinderfreibeträge SolZ	8%	9%		LSt	SolZ	8%	9%	SolZ	8%	9%	SolZ	8%	9%	SolZ	8%	9%	SolZ	8%	9%	SolZ	8%	9%
3 755,99	I,IV	674,66	37,10	53,97	60,71	I	674,66	31,61	45,98	51,72	26,37	38,36	43,15	21,39	31,11	35,—	16,66	24,24	27,27	12,20	17,74	19,96	7,99	11,62	13,07
	II	636,83	35,02	50,94	57,31	II	636,83	29,62	43,09	48,47	24,48	35,61	40,06	19,59	28,50	32,06	14,97	21,78	24,50	10,60	15,42	17,34	6,49	9,44	10,62
	III	386,16	21,23	30,89	34,75	III	386,16	17,05	24,81	27,91	13,—	18,92	21,28	0,66	13,22	14,87	—	7,98	8,98	—	3,53	3,97	—	—	—
	V	1 050,50	57,77	84,04	94,54	IV	674,66	34,32	49,93	56,17	31,61	45,98	51,72	28,96	42,12	47,39	26,37	38,36	43,15	23,85	34,69	39,02	21,39	31,11	35,—
	VI	1 086,75	59,77	86,94	97,80																				
3 758,99	I,IV	675,58	37,15	54,04	60,80	I	675,58	31,65	46,04	51,80	26,41	38,42	43,22	21,43	31,18	35,07	16,71	24,30	27,34	12,24	17,80	20,03	8,03	11,68	13,14
	II	637,75	35,07	51,02	57,39	II	637,75	29,67	43,16	48,55	24,53	35,68	40,14	19,63	28,56	32,13	15,01	21,83	24,56	10,63	15,47	17,40	6,52	9,49	10,67
	III	386,83	21,27	30,94	34,81	III	386,83	17,09	24,86	27,97	13,04	18,97	21,34	0,76	13,26	14,92	—	8,02	9,02	—	3,57	4,01	—	—	—
	V	1 051,58	57,83	84,12	94,64	IV	675,58	34,37	50,—	56,25	31,65	46,04	51,80	29,—	42,19	47,46	26,41	38,42	43,22	23,89	34,75	39,09	21,43	31,18	35,07
	VI	1 087,83	59,83	87,02	97,90																				
3 761,99	I,IV	676,41	37,20	54,11	60,87	I	676,41	31,70	46,11	51,87	26,46	38,49	43,30	21,47	31,24	35,14	16,74	24,36	27,40	12,27	17,86	20,09	8,06	11,73	13,19
	II	638,58	35,12	51,08	57,47	II	638,58	29,71	43,22	48,62	24,57	35,74	40,20	19,68	28,62	32,20	15,05	21,89	24,62	10,67	15,52	17,46	6,55	9,54	10,73
	III	387,50	21,31	31,—	34,87	III	387,50	17,13	24,92	28,03	13,08	19,02	21,40	0,90	13,32	14,98	—	8,06	9,07	—	3,61	4,06	—	—	—
	V	1 052,58	57,89	84,20	94,73	IV	676,41	34,42	50,06	56,32	31,70	46,11	51,87	29,04	42,25	47,53	26,46	38,49	43,30	23,93	34,82	39,17	21,47	31,24	35,14
	VI	1 088,83	59,88	87,10	97,99																				
3 764,99	I,IV	677,33	37,25	54,18	60,95	I	677,33	31,75	46,18	51,95	26,50	38,55	43,37	21,51	31,30	35,21	16,78	24,42	27,47	12,31	17,91	20,15	8,10	11,78	13,25
	II	639,50	35,17	51,16	57,55	II	639,50	29,76	43,29	48,70	24,61	35,80	40,28	19,72	28,68	32,27	15,08	21,94	24,68	10,71	15,58	17,52	6,59	9,59	10,79
	III	388,16	21,34	31,05	34,93	III	388,16	17,16	24,97	28,09	13,11	19,08	21,46	1,03	13,37	15,04	—	8,10	9,11	—	3,64	4,09	—	—	—
	V	1 053,66	57,95	84,29	94,82	IV	677,33	34,47	50,14	56,40	31,75	46,18	51,95	29,09	42,32	47,61	26,50	38,55	43,37	23,98	34,88	39,24	21,51	31,30	35,21
	VI	1 089,91	59,94	87,19	98,09																				
3 767,99	I,IV	678,25	37,30	54,26	61,04	I	678,25	31,79	46,25	52,03	26,55	38,62	43,44	21,56	31,36	35,28	16,83	24,48	27,54	12,35	17,97	20,21	8,13	11,83	13,31
	II	640,33	35,21	51,22	57,62	II	640,33	29,81	43,36	48,78	24,65	35,86	40,34	19,76	28,75	32,34	15,12	22,—	24,75	10,75	15,64	17,59	6,62	9,64	10,84
	III	388,83	21,38	31,10	34,99	III	388,83	17,20	25,02	28,15	13,15	19,13	21,52	1,16	13,42	15,10	—	8,16	9,18	—	3,68	4,14	—	0,01	0,01
	V	1 054,75	58,01	84,38	94,92	IV	678,25	34,52	50,21	56,48	31,79	46,25	52,03	29,14	42,39	47,69	26,55	38,62	43,44	24,02	34,94	39,31	21,56	31,36	35,28
	VI	1 091,—	60,—	87,28	98,19																				
3 770,99	I,IV	679,16	37,35	54,33	61,12	I	679,16	31,84	46,32	52,11	26,59	38,68	43,52	21,60	31,42	35,35	16,87	24,54	27,60	12,39	18,02	20,27	8,17	11,88	13,37
	II	641,25	35,26	51,30	57,71	II	641,25	29,85	43,42	48,85	24,70	35,93	40,42	19,80	28,81	32,41	15,17	22,06	24,82	10,78	15,69	17,65	6,66	9,69	10,90
	III	389,50	21,42	31,16	35,05	III	389,50	17,24	25,08	28,21	13,18	19,17	21,56	1,26	13,46	15,14	—	8,20	9,22	—	3,72	4,18	—	0,04	0,04
	V	1 055,83	58,07	84,46	95,02	IV	679,16	34,56	50,28	56,56	31,84	46,32	52,11	29,19	42,46	47,76	26,59	38,68	43,52	24,07	35,01	39,38	21,60	31,42	35,35
	VI	1 092,08	60,06	87,36	98,28																				
3 773,99	I,IV	680,08	37,40	54,40	61,20	I	680,08	31,89	46,39	52,19	26,64	38,75	43,59	21,64	31,48	35,42	16,91	24,60	27,67	12,43	18,08	20,34	8,20	11,94	13,43
	II	642,16	35,31	51,37	57,79	II	642,16	29,90	43,50	48,93	24,75	36,—	40,50	19,85	28,87	32,48	15,20	22,12	24,88	10,82	15,74	17,71	6,70	9,74	10,96
	III	390,16	21,45	31,21	35,11	III	390,16	17,27	25,13	28,27	13,21	19,22	21,62	1,40	13,52	15,21	—	8,24	9,27	—	3,76	4,23	—	0,06	0,07
	V	1 056,91	58,13	84,55	95,12	IV	680,08	34,61	50,35	56,64	31,89	46,39	52,19	29,23	42,52	47,84	26,64	38,75	43,59	24,11	35,07	39,45	21,64	31,48	35,42
	VI	1 093,16	60,12	87,45	98,38																				
3 776,99	I,IV	681,—	37,45	54,48	61,29	I	681,—	31,94	46,46	52,26	26,68	38,82	43,67	21,69	31,55	35,49	16,95	24,66	27,74	12,47	18,14	20,40	8,24	11,99	13,49
	II	643,—	35,36	51,44	57,87	II	643,—	29,95	43,56	49,01	24,79	36,06	40,56	19,89	28,93	32,54	15,24	22,18	24,95	10,86	15,80	17,77	6,73	9,80	11,02
	III	390,83	21,49	31,26	35,17	III	390,83	17,31	25,18	28,33	13,25	19,28	21,69	1,53	13,57	15,26	—	8,28	9,31	—	3,78	4,25	—	0,09	0,10
	V	1 058,—	58,19	84,64	95,22	IV	681,—	34,66	50,42	56,72	31,94	46,46	52,26	29,28	42,59	47,91	26,68	38,82	43,67	24,15	35,14	39,53	21,69	31,55	35,49
	VI	1 094,25	60,18	87,54	98,48																				
3 779,99	I,IV	681,91	37,50	54,55	61,37	I	681,91	31,99	46,53	52,34	26,73	38,88	43,74	21,73	31,61	35,56	16,99	24,72	27,81	12,50	18,19	20,46	8,28	12,04	13,55
	II	643,91	35,41	51,51	57,95	II	643,91	29,99	43,63	49,08	24,83	36,12	40,64	19,93	28,99	32,61	15,29	22,24	25,02	10,89	15,85	17,83	6,76	9,84	11,07
	III	391,66	21,54	31,33	35,24	III	391,66	17,35	25,24	28,39	13,29	19,33	21,74	1,63	13,61	15,31	—	8,33	9,37	—	3,82	4,30	—	0,12	0,13
	V	1 059,08	58,24	84,72	95,31	IV	681,91	34,71	50,49	56,80	31,99	46,53	52,34	29,32	42,66	47,99	26,73	38,88	43,74	24,20	35,20	39,60	21,73	31,61	35,56
	VI	1 095,33	60,24	87,62	98,57																				
3 782,99	I,IV	682,83	37,55	54,62	61,45	I	682,83	32,03	46,60	52,42	26,78	38,95	43,82	21,78	31,68	35,64	17,03	24,78	27,87	12,54	18,25	20,53	8,31	12,10	13,61
	II	644,83	35,46	51,58	58,03	II	644,83	30,04	43,70	49,16	24,88	36,19	40,71	19,97	29,06	32,69	15,33	22,30	25,08	10,94	15,91	17,90	6,80	9,90	11,13
	III	392,33	21,57	31,38	35,30	III	392,33	17,38	25,29	28,45	13,32	19,38	21,80	1,76	13,66	15,37	—	8,37	9,41	—	3,86	4,34	—	0,16	0,18
	V	1 060,16	58,30	84,81	95,41	IV	682,83	34,76	50,56	56,88	32,03	46,60	52,42	29,37	42,72	48,06	26,78	38,95	43,82	24,24	35,26	39,67	21,78	31,68	35,64
	VI	1 096,50	60,30	87,72	98,68																				
3 785,99	I,IV	683,66	37,60	54,69	61,52	I	683,66	32,08	46,66	52,49	26,82	39,01	43,88	21,82	31,74	35,70	17,07	24,83	27,93	12,58	18,30	20,59	8,35	12,15	13,67
	II	645,66	35,51	51,65	58,10	II	645,66	30,08	43,76	49,23	24,92	36,25	40,78	20,02	29,12	32,76	15,36	22,35	25,14	10,97	15,96	17,96	6,83	9,94	11,18
	III	393,—	21,61	31,44	35,37	III	393,—	17,42	25,34	28,51	13,36	19,44	21,87	1,90	13,72	15,43	—	8,41	9,46	—	3,89	4,37	—	0,18	0,20
	V	1 061,25	58,36	84,90	95,51	IV	683,66	34,81	50,63	56,96	32,08	46,66	52,49	29,42	42,79	48,14	26,82	39,01	43,88	24,28	35,32	39,74	21,82	31,74	35,70
	VI	1 097,50	60,36	87,80	98,77																				
3 788,99	I,IV	684,58	37,65	54,76	61,61	I	684,58	32,13	46,74	52,58	26,86	39,08	43,96	21,86	31,80	35,77	17,11	24,89	28,—	12,62	18,36	20,65	8,39	12,20	13,73
	II	646,58	35,56	51,72	58,19	II	646,58	30,13	43,83	49,31	24,97	36,32	40,86	20,06	29,18	32,82	15,40	22,41	25,21	11,01	16,02	18,02	6,87	10,—	11,25
	III	393,66	21,65	31,49	35,42	III	393,66	17,46	25,40	28,57	13,40	19,49	21,92	2,—	13,76	15,48	—	8,45	9,50	—	3,93	4,42	—	0,21	0,23
	V	1 062,33	58,42	84,98	95,60	IV	684,58	34,86	50,70	57,04	32,13	46,74	52,58	29,46	42,86	48,21	26,86	39,08	43,96	24,33	35,39	39,81	21,86	31,80	35,77
	VI	1 098,58	60,42	87,88	98,87																				
3 791,99	I,IV	685,50	37,70	54,84	61,69	I	685,50	32,17	46,80	52,65	26,91	39,14	44,03	21,90	31,86	35,84	17,15	24,95	28,07	12,66	18,42	20,72	8,42	12,25	13,78
	II	647,50	35,61	51,80	58,27	II	647,50	30,18	43,90	49,39	25,01	36,38	40,93	20,10	29,24	32,89	15,44	22,46	25,27	11,05	16,07	18,08	6,91	10,05	11,30
	III	394,33	21,68	31,54	35,48	III	394,33	17,49	25,44	28,62	13,42	19,53	21,97	2,13	13,81	15,53	—	8,49	9,55	—	3,97	4,46	—	0,24	0,27
	V	1 063,41	58,48	85,07	95,70	IV	685,50	34,90	50,77	57,11	32,17	46,80	52,65	29,51	42,93	48,29	26,91	39,14	44,03	24,37	35,46	39,89	21,90	31,86	35,84
	VI	1 099,66	60,48	87,97	98,96																				
3 794,99	I,IV	686,41	37,75	54,91	61,77	I	686,41	32,22	46,87	52,73	26,95	39,21	44,11	21,94	31,92	35,91	17,19	25,01	28,13	12,70	18,47	20,78	8,46	12,30	13,84
	II	648,33	35,65	51,86	58,34	II	648,33	30,23	43,97	49,46	25,05	36,44	41,—	20,14	29,30	32,96	15,48	22,52	25,34	11,08	16,12	18,14	6,94	10,10	11,36
	III	395,—	21,72	31,60	35,55	III	395,—	17,53	25,50	28,69	13,46	19,58	22,03	2,26	13,86	15,59	—	8,54	9,61	—	4,01	4,51	—	0,26	0,29
	V	1 064,50	58,54	85,16	95,80	IV	686,41	34,95	50,84	57,20	32,22	46,87	52,73	29,56	43,—	48,37	26,95	39,21	44,11	24,42	35,52	39,96	21,94	31,92	35,91
	VI	1 100,75	60,54	88,06	99,06																				
3 797,99	I,IV	687,33	37,80	54,98	61,85	I	687,33	32,27	46,94	52,81	27,—	39,28	44,19	21,99	31,98	35,98	17,23	25,07	28,20	12,74	18,53	20,84	8,49	12,36	13,90
	II	649,25	35,70	51,94	58,43	II	649,25	30,27	44,04	49,54	25,10	36,51	41,07	20,18	29,36	33,03	15,52	22,58	25,40	11,12	16,18	18,20	6,98	10,15	11,42
	III	395,66	21,76	31,65	35,60	III	395,66	17,56	25,54	28,73	13,50	19,64	22,09	2,40	13,92	15,66	—	8,58	9,65	—	4,04	4,54	—	0,30	0,34
	V	1 065,58	58,60	85,24	95,90	IV	687,33	35,—	50,92	57,28	32,27	46,94	52,81	29,60	43,06	48,44	27,—	39,28	44,19	24,46	35,58	40,03	21,99	31,98	35,98
	VI	1 101,83	60,60	88,14	99,16																				
3 800,99	I,IV	688,25	37,85	55,06	61,94	I	688,25	32,32	47,01	52,88	27,05	39,34	44,26	22,03	32,05	36,05	17,27	25,13	28,27	12,77	18,58	20,90	8,53	12,41	13,96
	II	650,16	35,75	52,01	58,51	II	650,16	30,32	44,10	49,61	25,14	36,58	41,15	20,23	29,42	33,10	15,56	22,64	25,47	11,16	16,24	18,27	7,01	10,20	11,48
	III	396,33	21,79	31,70	35,66	III	396,33	17,60	25,61	28,81	13,53	19,69	22,15	2,50	13,96	15,70	—	8,62	9,70	—	4,08	4,59	—	0,33	0,37
	V	1 066,66	58,66	85,33	95,99	IV	688,25	35,05	50,98	57,35	32,32	47,01	52,88	29,65	43,13	48,52	27,05	39,34	44,26	24,51	35,65	40,10	22,03	32,05	36,05
	VI	1 102,91	60,66	88,23	99,26																				

* Die ausgewiesenen Tabellenwerte sind amtlich. Siehe Erläuterungen auf der Umschlaginnenseite (U2).

** Bei mehr als 3 Kinderfreibeträgen ist die „Ergänzungs-Tabelle 3,5 bis 6 Kinderfreibeträge" anzuwenden.

Lohn/ Gehalt bis €*	Abzüge an Lohnsteuer, Solidaritätszuschlag (SolZ) und Kirchensteuer (8%, 9%) in den Steuerklassen I – VI					I, II, III, IV		mit Zahl der Kinderfreibeträge . . . 0,5			1			1,5			2			2,5			3**		
		LSt	ohne Kinderfreibeträge SolZ	8%	9%		LSt	SolZ	8%	9%	SolZ	8%	9%	SolZ	8%	9%	SolZ	8%	9%	SolZ	8%	9%	SolZ	8%	9%
3 803,99	I,IV	689,16	37,90	55,13	62,02	I	689,16	32,37	47,08	52,97	27,09	39,41	44,33	22,07	32,11	36,12	17,32	25,19	28,34	12,81	18,64	20,97	8,57	12,46	14,02
	II	651,08	35,80	52,08	58,59	II	651,08	30,37	44,18	49,70	25,19	36,64	41,22	20,27	29,48	33,17	15,60	22,70	25,53	11,20	16,29	18,32	7,05	10,26	11,54
	III	397,—	21,83	31,76	35,73	III	397,—	17,63	25,65	28,85	13,57	19,74	22,21	2,63	14,01	15,76	—	8,66	9,74	—	4,12	4,63	—	0,36	0,40
	V	1 067,75	58,72	85,42	96,09	IV	689,16	35,10	51,06	57,44	32,37	47,08	52,97	29,70	43,20	48,60	27,09	39,41	44,33	24,55	35,72	40,18	22,07	32,11	36,12
	VI	1 104,—	60,72	88,32	99,36																				
3 806,99	I,IV	690,08	37,95	55,20	62,10	I	690,08	32,41	47,15	53,04	27,14	39,48	44,41	22,12	32,18	36,20	17,36	25,25	28,40	12,85	18,70	21,03	8,60	12,52	14,08
	II	651,91	35,85	52,15	58,67	II	651,91	30,41	44,24	49,77	25,23	36,70	41,29	20,31	29,54	33,23	15,64	22,76	25,60	11,23	16,34	18,38	7,09	10,31	11,60
	III	397,66	21,87	31,81	35,78	III	397,66	17,68	25,72	28,93	13,61	19,80	22,27	2,76	14,06	15,82	—	8,72	9,81	—	4,16	4,68	—	0,38	0,43
	V	1 068,83	58,78	85,50	96,19	IV	690,08	35,15	51,13	57,52	32,41	47,15	53,04	29,74	43,26	48,67	27,14	39,48	44,41	24,59	35,78	40,25	22,12	32,18	36,20
	VI	1 105,08	60,77	88,40	99,45																				
3 809,99	I,IV	691,—	38,—	55,28	62,19	I	691,—	32,46	47,22	53,12	27,18	39,54	44,48	22,16	32,24	36,27	17,40	25,31	28,47	12,89	18,75	21,09	8,64	12,57	14,14
	II	652,83	35,90	52,22	58,75	II	652,83	30,46	44,31	49,85	25,28	36,77	41,36	20,35	29,60	33,30	15,68	22,82	25,67	11,27	16,40	18,45	7,12	10,36	11,65
	III	398,33	21,90	31,86	35,84	III	398,33	17,71	25,76	28,98	13,64	19,84	22,32	2,90	14,12	15,88	—	8,76	9,85	—	4,18	4,70	—	0,41	0,46
	V	1 069,91	58,84	85,59	96,29	IV	691,—	35,20	51,20	57,60	32,46	47,22	53,12	29,79	43,34	48,75	27,18	39,54	44,48	24,64	35,84	40,32	22,16	32,24	36,27
	VI	1 106,16	60,83	88,49	99,55																				
3 812,99	I,IV	691,83	38,05	55,34	62,26	I	691,83	32,51	47,29	53,20	27,22	39,60	44,55	22,20	32,30	36,33	17,43	25,36	28,53	12,92	18,80	21,15	8,68	12,62	14,20
	II	653,66	35,95	52,29	58,82	II	653,66	30,51	44,38	49,92	25,32	36,84	41,44	20,39	29,66	33,37	15,72	22,87	25,73	11,31	16,46	18,51	7,15	10,41	11,71
	III	399,—	21,94	31,92	35,91	III	399,—	17,74	25,81	29,03	13,67	19,89	22,37	3,—	14,16	15,93	—	8,80	9,90	—	4,22	4,75	—	0,45	0,50
	V	1 071,—	58,90	85,68	96,39	IV	691,83	35,25	51,27	57,68	32,51	47,29	53,20	29,83	43,40	48,82	27,22	39,60	44,55	24,68	35,90	40,39	22,20	32,30	36,33
	VI	1 107,25	60,89	88,58	99,65																				
3 815,99	I,IV	692,75	38,10	55,42	62,34	I	692,75	32,56	47,36	53,28	27,27	39,67	44,63	22,25	32,36	36,41	17,48	25,42	28,60	12,97	18,86	21,22	8,71	12,68	14,26
	II	654,58	36,—	52,36	58,91	II	654,58	30,55	44,44	50,—	25,36	36,90	41,51	20,44	29,73	33,44	15,76	22,93	25,79	11,35	16,51	18,57	7,19	10,46	11,77
	III	399,83	21,99	31,98	35,98	III	399,83	17,78	25,86	29,09	13,71	19,94	22,43	3,13	14,21	15,98	—	8,85	9,95	—	4,26	4,79	—	0,48	0,54
	V	1 072,08	58,96	85,76	96,48	IV	692,75	35,30	51,34	57,76	32,56	47,36	53,28	29,88	43,47	48,90	27,27	39,67	44,63	24,73	35,97	40,46	22,25	32,36	36,41
	VI	1 108,33	60,95	88,66	99,74																				
3 818,99	I,IV	693,66	38,15	55,49	62,42	I	693,66	32,61	47,43	53,36	27,32	39,74	44,70	22,29	32,42	36,47	17,52	25,48	28,67	13,—	18,92	21,28	8,75	12,73	14,32
	II	655,50	36,05	52,44	58,99	II	655,50	30,60	44,51	50,07	25,41	36,96	41,58	20,48	29,79	33,51	15,80	22,99	25,86	11,38	16,56	18,63	7,23	10,52	11,83
	III	400,50	22,02	32,04	36,04	III	400,50	17,82	25,92	29,16	13,75	20,—	22,50	3,26	14,26	16,04	—	8,89	10,—	—	4,30	4,84	—	0,50	0,56
	V	1 073,16	59,02	85,85	96,58	IV	693,66	35,34	51,41	57,83	32,61	47,43	53,36	29,93	43,54	48,98	27,32	39,74	44,70	24,77	36,04	40,54	22,29	32,42	36,47
	VI	1 109,41	61,01	88,75	99,84																				
3 821,99	I,IV	694,58	38,20	55,56	62,51	I	694,58	32,65	47,50	53,43	27,36	39,80	44,78	22,33	32,49	36,55	17,56	25,54	28,73	13,04	18,98	21,35	8,79	12,78	14,38
	II	656,41	36,10	52,51	59,07	II	656,41	30,65	44,58	50,15	25,46	37,03	41,66	20,52	29,85	33,58	15,84	23,05	25,93	11,42	16,62	18,69	7,26	10,56	11,88
	III	401,16	22,06	32,09	36,10	III	401,16	17,85	25,97	29,21	13,78	20,05	22,55	3,40	14,32	16,11	—	8,93	10,04	—	4,33	4,87	—	0,53	0,59
	V	1 074,25	59,08	85,94	96,68	IV	694,58	35,39	51,48	57,92	32,65	47,50	53,43	29,97	43,60	49,05	27,36	39,80	44,78	24,81	36,10	40,61	22,33	32,49	36,55
	VI	1 110,50	61,07	88,84	99,94																				
3 824,99	I,IV	695,50	38,25	55,64	62,59	I	695,50	32,70	47,56	53,51	27,41	39,87	44,85	22,38	32,55	36,62	17,60	25,60	28,80	13,08	19,03	21,41	8,82	12,84	14,44
	II	657,33	36,15	52,58	59,15	II	657,33	30,69	44,65	50,23	25,50	37,10	41,73	20,57	29,92	33,66	15,89	23,11	26,—	11,46	16,68	18,76	7,30	10,62	11,94
	III	401,83	22,10	32,14	36,16	III	401,83	17,89	26,02	29,27	13,82	20,10	22,61	3,50	14,36	16,15	—	8,98	10,10	—	4,37	4,91	—	0,57	0,64
	V	1 075,33	59,14	86,02	96,77	IV	695,50	35,44	51,56	58,—	32,70	47,56	53,51	30,02	43,67	49,13	27,41	39,87	44,85	24,86	36,16	40,68	22,38	32,55	36,62
	VI	1 111,58	61,13	88,92	100,04																				
3 827,99	I,IV	696,41	38,30	55,71	62,67	I	696,41	32,75	47,64	53,59	27,45	39,94	44,93	22,42	32,62	36,69	17,64	25,66	28,87	13,12	19,09	21,47	8,86	12,89	14,50
	II	658,16	36,19	52,65	59,23	II	658,16	30,74	44,72	50,31	25,54	37,16	41,80	20,61	29,98	33,72	15,92	23,16	26,06	11,50	16,73	18,82	7,33	10,67	12,—
	III	402,50	22,13	32,20	36,22	III	402,50	17,93	26,08	29,34	13,86	20,16	22,68	3,63	14,41	16,21	—	9,02	10,15	—	4,41	4,96	—	0,60	0,67
	V	1 076,41	59,20	86,11	96,87	IV	696,41	35,49	51,62	58,07	32,75	47,64	53,59	30,07	43,74	49,21	27,45	39,94	44,93	24,91	36,23	40,76	22,42	32,62	36,69
	VI	1 112,66	61,19	89,01	100,13																				
3 830,99	I,IV	697,33	38,35	55,78	62,75	I	697,33	32,79	47,70	53,66	27,50	40,—	45,—	22,46	32,68	36,76	17,68	25,72	28,94	13,16	19,14	21,53	8,90	12,94	14,56
	II	659,08	36,24	52,72	59,31	II	659,08	30,79	44,79	50,39	25,59	37,22	41,87	20,65	30,04	33,79	15,96	23,22	26,12	11,54	16,78	18,88	7,37	10,72	12,06
	III	403,16	22,17	32,25	36,28	III	403,16	17,96	26,13	29,39	13,88	20,20	22,72	3,76	14,46	16,27	—	9,06	10,19	—	4,45	5,—	—	0,62	0,70
	V	1 077,50	59,26	86,20	96,97	IV	697,33	35,54	51,70	58,16	32,79	47,70	53,66	30,12	43,81	49,28	27,50	40,—	45,—	24,95	36,30	40,83	22,46	32,68	36,76
	VI	1 113,75	61,25	89,10	100,23																				
3 833,99	I,IV	698,25	38,40	55,86	62,84	I	698,25	32,84	47,78	53,75	27,55	40,07	45,08	22,50	32,74	36,83	17,72	25,78	29,—	13,20	19,20	21,60	8,93	13,—	14,62
	II	660,—	36,30	52,80	59,40	II	660,—	30,84	44,86	50,46	25,63	37,29	41,95	20,69	30,10	33,86	16,—	23,28	26,19	11,58	16,84	18,95	7,40	10,77	12,11
	III	403,83	22,21	32,30	36,34	III	403,83	18,—	26,18	29,45	13,92	20,25	22,78	3,90	14,52	16,33	—	9,12	10,26	—	4,49	5,05	—	0,66	0,74
	V	1 078,58	59,32	86,28	97,07	IV	698,25	35,59	51,77	58,24	32,84	47,78	53,75	30,16	43,88	49,36	27,55	40,07	45,08	24,99	36,36	40,90	22,50	32,74	36,83
	VI	1 114,83	61,31	89,18	100,33																				
3 836,99	I,IV	699,08	38,44	55,92	62,91	I	699,08	32,89	47,84	53,82	27,59	40,14	45,15	22,55	32,80	36,90	17,76	25,84	29,07	13,24	19,26	21,66	8,96	13,04	14,67
	II	660,83	36,34	52,86	59,47	II	660,83	30,88	44,92	50,54	25,68	37,36	42,03	20,73	30,16	33,93	16,04	23,34	26,25	11,61	16,90	19,01	7,44	10,82	12,17
	III	404,50	22,24	32,36	36,40	III	404,50	18,04	26,24	29,52	13,96	20,30	22,84	4,—	14,56	16,38	—	9,16	10,30	—	4,52	5,08	—	0,69	0,77
	V	1 079,58	59,37	86,36	97,16	IV	699,08	35,64	51,84	58,32	32,89	47,84	53,82	30,21	43,94	49,43	27,59	40,14	45,15	25,04	36,42	40,97	22,55	32,80	36,90
	VI	1 115,91	61,37	89,27	100,43																				
3 839,99	I,IV	700,—	38,50	56,—	63,—	I	700,—	32,94	47,91	53,90	27,64	40,20	45,23	22,59	32,86	36,97	17,81	25,90	29,14	13,27	19,31	21,72	9,—	13,10	14,73
	II	661,75	36,39	52,94	59,55	II	661,75	30,93	44,99	50,61	25,72	37,42	42,09	20,78	30,22	34,—	16,08	23,40	26,32	11,65	16,95	19,07	7,48	10,88	12,24
	III	405,16	22,28	32,41	36,46	III	405,16	18,07	26,29	29,57	13,99	20,36	22,90	4,13	14,61	16,43	—	9,20	10,35	—	4,56	5,13	—	0,72	0,81
	V	1 080,75	59,44	86,46	97,26	IV	700,—	35,69	51,91	58,40	32,94	47,91	53,90	30,25	44,01	49,51	27,64	40,20	45,23	25,08	36,48	41,04	22,59	32,86	36,97
	VI	1 117,—	61,43	89,36	100,53																				
3 842,99	I,IV	700,91	38,55	56,07	63,08	I	700,91	32,99	47,98	53,98	27,68	40,27	45,30	22,64	32,93	37,04	17,85	25,96	29,21	13,31	19,37	21,79	9,04	13,15	14,79
	II	662,66	36,44	53,01	59,63	II	662,66	30,97	45,06	50,69	25,77	37,48	42,17	20,82	30,28	34,07	16,12	23,46	26,39	11,69	17,—	19,13	7,51	10,93	12,29
	III	406,—	22,33	32,48	36,54	III	406,—	18,11	26,34	29,63	14,03	20,41	22,96	4,26	14,66	16,49	—	9,25	10,40	—	4,60	5,17	—	0,74	0,83
	V	1 081,83	59,50	86,54	97,36	IV	700,91	35,74	51,98	58,48	32,99	47,98	53,98	30,30	44,08	49,59	27,68	40,27	45,30	25,13	36,55	41,12	22,64	32,93	37,04
	VI	1 118,08	61,49	89,44	100,62																				
3 845,99	I,IV	701,83	38,60	56,14	63,16	I	701,83	33,03	48,05	54,05	27,73	40,34	45,38	22,68	32,99	37,11	17,89	26,02	29,27	13,35	19,42	21,85	9,07	13,20	14,85
	II	663,58	36,49	53,08	59,72	II	663,58	31,02	45,13	50,77	25,81	37,55	42,24	20,86	30,34	34,13	16,17	23,52	26,46	11,73	17,06	19,19	7,54	10,98	12,35
	III	406,66	22,36	32,53	36,59	III	406,66	18,15	26,40	29,70	14,07	20,46	23,02	4,36	14,70	16,54	—	9,29	10,45	—	4,64	5,22	—	0,78	0,88
	V	1 082,91	59,56	86,63	97,46	IV	701,83	35,78	52,05	58,55	33,03	48,05	54,05	30,35	44,15	49,67	27,73	40,34	45,38	25,17	36,62	41,19	22,68	32,99	37,11
	VI	1 119,16	61,55	89,53	100,72																				
3 848,99	I,IV	702,75	38,65	56,22	63,24	I	702,75	33,08	48,12	54,14	27,77	40,40	45,45	22,72	33,06	37,19	17,93	26,08	29,34	13,39	19,48	21,92	9,11	13,26	14,91
	II	664,41	36,54	53,15	59,79	II	664,41	31,07	45,20	50,85	25,86	37,62	42,32	20,90	30,41	34,21	16,21	23,58	26,52	11,77	17,12	19,26	7,58	11,03	12,41
	III	407,33	22,40	32,58	36,65	III	407,33	18,18	26,45	29,75	14,10	20,52	23,08	4,50	14,76	16,60	—	9,33	10,49	—	4,68	5,26	—	0,81	0,91
	V	1 084,—	59,62	86,72	97,56	IV	702,75	35,83	52,12	58,64	33,08	48,12	54,14	30,40	44,22	49,74	27,77	40,40	45,45	25,22	36,68	41,27	22,72	33,06	37,19
	VI	1 120,25	61,61	89,62	100,82																				

* Die ausgewiesenen Tabellenwerte sind amtlich. Siehe Erläuterungen auf der Umschlaginnenseite (U2).
** Bei mehr als 3 Kinderfreibeträgen ist die „Ergänzungs-Tabelle 3,5 bis 6 Kinderfreibeträge" anzuwenden.

Lohn/ Gehalt bis €*	Abzüge an Lohnsteuer, Solidaritätszuschlag (SolZ) und Kirchensteuer (8%, 9%) in den Steuerklassen I – VI					I, II, III, IV		mit Zahl der Kinderfreibeträge . . . 0,5			1			1,5			2			2,5			3**		
		LSt	ohne Kinderfreibeträge SolZ	8%	9%		LSt	SolZ	8%	9%	SolZ	8%	9%	SolZ	8%	9%	SolZ	8%	9%	SolZ	8%	9%	SolZ	8%	9%
3 851,99	I,IV	703,66	38,70	56,29	63,32	I	703,66	33,13	48,19	54,21	27,82	40,47	45,53	22,77	33,12	37,26	17,97	26,14	29,41	13,43	19,54	21,98	9,15	13,31	14,97
	II	665,33	36,59	53,22	59,87	II	665,33	31,12	45,26	50,92	25,90	37,68	42,39	20,95	30,47	34,28	16,25	23,64	26,59	11,80	17,17	19,31	7,62	11,08	12,47
	III	408,—	22,44	32,64	36,72	III	408,—	18,22	26,50	29,81	14,13	20,56	23,13	4,63	14,81	16,66	—	9,37	10,54	—	4,70	5,29	—	0,84	0,94
	V	1 085,08	59,67	86,80	97,65	IV	703,66	35,88	52,20	58,72	33,13	48,19	54,21	30,44	44,28	49,82	27,82	40,47	45,53	25,26	36,74	41,33	22,77	33,12	37,26
	VI	1 121,33	61,67	89,70	100,91																				
3 854,99	I,IV	704,58	38,75	56,36	63,41	I	704,58	33,18	48,26	54,29	27,87	40,54	45,60	22,81	33,18	37,33	18,01	26,20	29,48	13,47	19,60	22,05	9,18	13,36	15,03
	II	666,25	36,64	53,30	59,96	II	666,25	31,17	45,34	51,—	25,95	37,74	42,46	20,99	30,53	34,34	16,28	23,69	26,65	11,84	17,23	19,38	7,65	11,14	12,53
	III	408,66	22,47	32,69	36,77	III	408,66	18,26	26,56	29,88	14,17	20,61	23,18	4,76	14,86	16,72	—	9,42	10,60	—	4,74	5,33	—	0,88	0,99
	V	1 086,16	59,73	86,89	97,75	IV	704,58	35,93	52,27	58,80	33,18	48,26	54,29	30,49	44,35	49,89	27,87	40,54	45,60	25,30	36,81	41,41	22,81	33,18	37,33
	VI	1 122,41	61,73	89,79	101,01																				
3 857,99	I,IV	705,50	38,80	56,44	63,49	I	705,50	33,22	48,33	54,37	27,91	40,60	45,68	22,85	33,24	37,40	18,05	26,26	29,54	13,51	19,66	22,11	9,22	13,42	15,09
	II	667,16	36,69	53,37	60,04	II	667,16	31,21	45,40	51,08	25,99	37,81	42,53	21,03	30,60	34,42	16,33	23,75	26,72	11,88	17,28	19,44	7,69	11,19	12,59
	III	409,33	22,51	32,74	36,83	III	409,33	18,29	26,61	29,93	14,20	20,66	23,24	4,86	14,90	16,76	—	9,46	10,64	—	4,78	5,38	—	0,90	1,01
	V	1 087,25	59,79	86,98	97,85	IV	705,50	35,98	52,34	58,88	33,22	48,33	54,37	30,54	44,42	49,97	27,91	40,60	45,68	25,35	36,88	41,49	22,85	33,24	37,40
	VI	1 123,50	61,79	89,88	101,11																				
3 860,99	I,IV	706,41	38,85	56,51	63,57	I	706,41	33,27	48,40	54,45	27,95	40,66	45,74	22,89	33,30	37,46	18,09	26,32	29,61	13,55	19,71	22,17	9,26	13,47	15,15
	II	668,—	36,74	53,44	60,12	II	668,—	31,26	45,47	51,15	26,04	37,88	42,61	21,07	30,66	34,49	16,37	23,81	26,78	11,92	17,34	19,50	7,72	11,24	12,64
	III	410,—	22,55	32,80	36,90	III	410,—	18,33	26,66	29,99	14,24	20,72	23,31	5,—	14,96	16,83	—	9,50	10,69	—	4,82	5,42	—	0,93	1,04
	V	1 088,25	59,85	87,06	97,94	IV	706,41	36,03	52,41	58,96	33,27	48,40	54,45	30,58	44,48	50,04	27,95	40,66	45,74	25,39	36,94	41,55	22,89	33,30	37,46
	VI	1 124,50	61,84	89,96	101,20																				
3 863,99	I,IV	707,33	38,90	56,58	63,65	I	707,33	33,32	48,47	54,53	28,—	40,73	45,82	22,94	33,37	37,54	18,13	26,38	29,67	13,58	19,76	22,23	9,29	13,52	15,21
	II	668,91	36,79	53,51	60,20	II	668,91	31,30	45,54	51,23	26,08	37,94	42,68	21,12	30,72	34,56	16,41	23,87	26,85	11,95	17,39	19,56	7,76	11,29	12,70
	III	410,66	22,58	32,85	36,95	III	410,66	18,37	26,72	30,06	14,28	20,77	23,36	5,13	15,01	16,88	—	9,56	10,75	—	4,86	5,47	—	0,96	1,08
	V	1 089,33	59,91	87,14	98,03	IV	707,33	36,08	52,48	59,04	33,32	48,47	54,53	30,63	44,56	50,13	28,—	40,73	45,82	25,44	37,—	41,63	22,94	33,37	37,54
	VI	1 125,58	61,90	90,04	101,30																				
3 866,99	I,IV	708,25	38,95	56,66	63,74	I	708,25	33,37	48,54	54,61	28,05	40,80	45,90	22,98	33,43	37,61	18,18	26,44	29,75	13,63	19,82	22,30	9,33	13,58	15,27
	II	669,83	36,84	53,58	60,28	II	669,83	31,35	45,61	51,31	26,12	38,—	42,75	21,16	30,78	34,62	16,44	23,92	26,91	11,99	17,45	19,63	7,80	11,34	12,76
	III	411,33	22,62	32,90	37,01	III	411,33	18,40	26,77	30,11	14,31	20,82	23,42	5,23	15,05	16,93	—	9,60	10,80	—	4,90	5,51	—	1,—	1,12
	V	1 090,41	59,97	87,23	98,13	IV	708,25	36,13	52,55	59,12	33,37	48,54	54,61	30,68	44,62	50,20	28,05	40,80	45,90	25,48	37,07	41,70	22,98	33,43	37,61
	VI	1 126,66	61,96	90,13	101,39																				
3 869,99	I,IV	709,16	39,—	56,73	63,82	I	709,16	33,42	48,61	54,68	28,09	40,86	45,97	23,03	33,50	37,68	18,22	26,50	29,81	13,66	19,88	22,36	9,37	13,63	15,33
	II	670,75	36,89	53,66	60,36	II	670,75	31,40	45,68	51,39	26,17	38,07	42,83	21,20	30,84	34,70	16,49	23,98	26,98	12,03	17,50	19,69	7,83	11,40	12,82
	III	412,16	22,66	32,97	37,09	III	412,16	18,44	26,82	30,17	14,35	20,88	23,49	5,36	15,10	16,99	—	9,65	10,85	—	4,93	5,54	—	1,02	1,15
	V	1 091,50	60,03	87,32	98,23	IV	709,16	36,18	52,62	59,20	33,42	48,61	54,68	30,72	44,69	50,27	28,09	40,86	45,97	25,53	37,14	41,78	23,03	33,50	37,68
	VI	1 127,75	62,02	90,22	101,49																				
3 872,99	I,IV	710,08	39,05	56,80	63,90	I	710,08	33,47	48,68	54,77	28,14	40,94	46,05	23,07	33,56	37,75	18,26	26,56	29,88	13,70	19,94	22,43	9,40	13,68	15,39
	II	671,66	36,94	53,73	60,44	II	671,66	31,45	45,74	51,46	26,22	38,14	42,90	21,24	30,90	34,76	16,53	24,04	27,05	12,07	17,56	19,75	7,87	11,45	12,88
	III	412,83	22,70	33,02	37,15	III	412,83	18,48	26,88	30,24	14,38	20,92	23,53	5,50	15,16	17,05	—	9,69	10,90	—	4,97	5,59	—	1,05	1,18
	V	1 092,58	60,09	87,40	98,33	IV	710,08	36,23	52,70	59,28	33,47	48,68	54,77	30,77	44,76	50,36	28,14	40,94	46,05	25,57	37,20	41,85	23,07	33,56	37,75
	VI	1 128,83	62,08	90,30	101,59																				
3 875,99	I,IV	711,—	39,10	56,88	63,99	I	711,—	33,51	48,75	54,84	28,19	41,—	46,13	23,11	33,62	37,82	18,30	26,62	29,95	13,74	19,99	22,49	9,44	13,74	15,45
	II	672,58	36,99	53,80	60,53	II	672,58	31,50	45,82	51,54	26,26	38,20	42,98	21,28	30,96	34,83	16,57	24,10	27,11	12,11	17,62	19,82	7,91	11,50	12,94
	III	413,50	22,74	33,08	37,21	III	413,50	18,51	26,93	30,29	14,42	20,98	23,60	5,63	15,21	17,11	—	9,74	10,96	—	5,01	5,63	—	1,09	1,22
	V	1 093,66	60,15	87,49	98,42	IV	711,—	36,28	52,77	59,36	33,51	48,75	54,84	30,82	44,83	50,43	28,19	41,—	46,13	25,62	37,26	41,92	23,11	33,62	37,82
	VI	1 129,91	62,14	90,39	101,69																				
3 878,99	I,IV	711,91	39,15	56,95	64,07	I	711,91	33,56	48,82	54,92	28,23	41,07	46,20	23,16	33,69	37,90	18,34	26,68	30,02	13,78	20,05	22,55	9,48	13,79	15,51
	II	673,41	37,03	53,87	60,60	II	673,41	31,54	45,88	51,62	26,31	38,27	43,05	21,33	31,03	34,91	16,61	24,16	27,18	12,15	17,67	19,88	7,94	11,56	13,—
	III	414,16	22,77	33,13	37,27	III	414,16	18,55	26,98	30,35	14,45	21,02	23,65	5,76	15,26	17,17	—	9,78	11,—	—	5,05	5,68	—	1,12	1,26
	V	1 094,75	60,21	87,58	98,52	IV	711,91	36,32	52,84	59,44	33,56	48,82	54,92	30,86	44,90	50,51	28,23	41,07	46,20	25,66	37,33	41,99	23,16	33,69	37,90
	VI	1 131,—	62,20	90,48	101,79																				
3 881,99	I,IV	712,83	39,20	57,02	64,15	I	712,83	33,61	48,89	55,—	28,28	41,14	46,28	23,20	33,75	37,97	18,38	26,74	30,08	13,82	20,11	22,62	9,52	13,85	15,58
	II	674,33	37,08	53,94	60,68	II	674,33	31,59	45,95	51,69	26,35	38,34	43,13	21,37	31,09	34,97	16,65	24,22	27,25	12,18	17,72	19,94	7,97	11,60	13,05
	III	414,83	22,81	33,18	37,33	III	414,83	18,59	27,04	30,42	14,49	21,08	23,71	5,86	15,30	17,21	—	9,82	11,05	—	5,09	5,72	—	1,14	1,28
	V	1 095,83	60,27	87,66	98,62	IV	712,83	36,37	52,91	59,52	33,61	48,89	55,—	30,91	44,96	50,58	28,28	41,14	46,28	25,71	37,40	42,07	23,20	33,75	37,97
	VI	1 132,08	62,26	90,56	101,88																				
3 884,99	I,IV	713,75	39,25	57,10	64,23	I	713,75	33,66	48,96	55,08	28,32	41,20	46,35	23,25	33,82	38,04	18,42	26,80	30,15	13,86	20,16	22,68	9,56	13,90	15,64
	II	675,25	37,13	54,02	60,77	II	675,25	31,64	46,02	51,77	26,40	38,40	43,20	21,41	31,15	35,04	16,69	24,28	27,32	12,22	17,78	20,—	8,01	11,66	13,11
	III	415,50	22,85	33,24	37,39	III	415,50	18,62	27,09	30,47	14,52	21,13	23,77	6,—	15,36	17,28	—	9,88	11,11	—	5,13	5,77	—	1,18	1,33
	V	1 096,91	60,33	87,75	98,72	IV	713,75	36,42	52,98	59,60	33,66	48,96	55,08	30,96	45,04	50,67	28,32	41,20	46,35	25,75	37,46	42,14	23,25	33,82	38,04
	VI	1 133,25	62,32	90,66	101,99																				
3 887,99	I,IV	714,66	39,30	57,17	64,31	I	714,66	33,71	49,03	55,16	28,37	41,26	46,42	23,29	33,88	38,11	18,47	26,86	30,22	13,90	20,22	22,74	9,59	13,95	15,69
	II	676,16	37,18	54,09	60,85	II	676,16	31,68	46,09	51,85	26,44	38,46	43,27	21,46	31,22	35,12	16,73	24,34	27,38	12,26	17,84	20,07	8,05	11,71	13,17
	III	416,16	22,88	33,29	37,45	III	416,16	18,66	27,14	30,53	14,56	21,18	23,83	6,13	15,41	17,33	—	9,92	11,16	—	5,17	5,81	—	1,21	1,36
	V	1 098,—	60,39	87,84	98,82	IV	714,66	36,47	53,05	59,68	33,71	49,03	55,16	31,01	45,10	50,74	28,37	41,26	46,42	25,79	37,52	42,21	23,29	33,88	38,11
	VI	1 134,25	62,38	90,74	102,08																				
3 890,99	I,IV	715,58	39,35	57,24	64,40	I	715,58	33,76	49,10	55,24	28,41	41,33	46,49	23,33	33,94	38,18	18,51	26,92	30,29	13,94	20,28	22,81	9,62	14,—	15,75
	II	677,08	37,23	54,16	60,93	II	677,08	31,73	46,16	51,93	26,49	38,53	43,34	21,50	31,28	35,19	16,77	24,40	27,45	12,30	17,89	20,12	8,08	11,76	13,23
	III	416,83	22,92	33,34	37,51	III	416,83	18,70	27,20	30,60	14,60	21,24	23,89	6,26	15,46	17,39	—	9,96	11,20	—	5,21	5,86	—	1,24	1,39
	V	1 099,08	60,44	87,92	98,91	IV	715,58	36,52	53,12	59,76	33,76	49,10	55,24	31,05	45,17	50,81	28,41	41,33	46,49	25,84	37,59	42,29	23,33	33,94	38,18
	VI	1 135,33	62,44	90,82	102,17																				
3 893,99	I,IV	716,50	39,40	57,32	64,48	I	716,50	33,80	49,17	55,31	28,46	41,40	46,58	23,37	34,—	38,25	18,55	26,98	30,35	13,98	20,34	22,88	9,67	14,06	15,82
	II	677,91	37,28	54,23	61,01	II	677,91	31,78	46,22	52,—	26,53	38,60	43,42	21,54	31,34	35,25	16,81	24,46	27,51	12,34	17,95	20,19	8,12	11,82	13,29
	III	417,50	22,96	33,40	37,57	III	417,50	18,73	27,25	30,65	14,63	21,29	23,95	6,36	15,50	17,44	—	10,01	11,26	—	5,24	5,89	—	1,28	1,44
	V	1 100,16	60,50	88,01	99,01	IV	716,50	36,57	53,20	59,85	33,80	49,17	55,31	31,10	45,24	50,89	28,46	41,40	46,58	25,89	37,66	42,36	23,37	34,—	38,25
	VI	1 136,41	62,50	90,91	102,27																				
3 896,99	I,IV	717,41	39,45	57,39	64,56	I	717,41	33,85	49,24	55,40	28,51	41,47	46,65	23,42	34,07	38,33	18,59	27,04	30,42	14,02	20,39	22,94	9,70	14,12	15,88
	II	678,83	37,33	54,30	61,09	II	678,83	31,83	46,30	52,08	26,58	38,66	43,49	21,59	31,40	35,33	16,85	24,52	27,58	12,37	18,—	20,25	8,16	11,87	13,35
	III	418,33	23,—	33,46	37,64	III	418,33	18,77	27,30	30,71	14,67	21,34	24,01	6,50	15,56	17,50	—	10,05	11,30	—	5,28	5,94	—	1,30	1,46
	V	1 101,25	60,56	88,10	99,11	IV	717,41	36,62	53,27	59,93	33,85	49,24	55,40	31,15	45,31	50,97	28,51	41,47	46,65	25,93	37,72	42,44	23,42	34,07	38,33
	VI	1 137,50	62,56	91,—	102,37																				

* Die ausgewiesenen Tabellenwerte sind amtlich. Siehe Erläuterungen auf der Umschlaginnenseite (U2).
** Bei mehr als 3 Kinderfreibeträgen ist die „Ergänzungs-Tabelle 3,5 bis 6 Kinderfreibeträge" anzuwenden.

MONAT 3 897,–*

Abzüge an Lohnsteuer, Solidaritätszuschlag (SolZ) und Kirchensteuer (8%, 9%) in den Steuerklassen

Lohn/ Gehalt bis €*	I – VI					I, II, III, IV		mit Zahl der Kinderfreibeträge . . . 0,5			1			1,5			2			2,5			3**		
		LSt	ohne Kinder-freibeträge SolZ	8%	9%		LSt	SolZ	8%	9%	SolZ	8%	9%	SolZ	8%	9%	SolZ	8%	9%	SolZ	8%	9%	SolZ	8%	9%
3 899,99	I,IV	718,33	39,50	57,46	64,64	I	718,33	33,90	49,31	55,47	28,55	41,54	46,73	23,46	34,13	38,39	18,63	27,10	30,49	14,06	20,45	23,—	9,74	14,17	15,94
	II	679,75	37,38	54,38	61,17	II	679,75	31,87	46,36	52,16	26,62	38,73	43,57	21,63	31,46	35,39	16,89	24,58	27,65	12,41	18,06	20,31	8,19	11,92	13,41
	III	419,—	23,04	33,52	37,71	III	419,—	18,81	27,36	30,78	14,70	21,38	24,05	6,63	15,61	17,56	—	10,10	11,36	—	5,32	5,98	—	1,33	1,49
	V	1 102,33	60,62	88,18	99,20	IV	718,33	36,67	53,34	60,01	33,90	49,31	55,47	31,19	45,38	51,05	28,55	41,54	46,73	25,97	37,78	42,50	23,46	34,13	38,39
	VI	1 138,58	62,62	91,08	102,47																				
3 902,99	I,IV	719,25	39,55	57,54	64,73	I	719,25	33,95	49,38	55,55	28,60	41,60	46,80	23,51	34,20	38,47	18,67	27,16	30,56	14,09	20,50	23,06	9,78	14,22	16,—
	II	680,66	37,43	54,45	61,25	II	680,66	31,92	46,44	52,24	26,67	38,79	43,64	21,67	31,52	35,46	16,94	24,64	27,72	12,45	18,12	20,38	8,23	11,97	13,46
	III	419,66	23,08	33,57	37,76	III	419,66	18,84	27,41	30,83	14,74	21,44	24,12	6,76	15,66	17,62	—	10,14	11,41	—	5,36	6,03	—	1,37	1,54
	V	1 103,41	60,68	88,27	99,30	IV	719,25	36,72	53,42	60,09	33,95	49,38	55,55	31,24	45,44	51,12	28,60	41,60	46,80	26,02	37,85	42,58	23,51	34,20	38,47
	VI	1 139,66	62,68	91,17	102,56																				
3 905,99	I,IV	720,16	39,60	57,61	64,81	I	720,16	33,99	49,45	55,63	28,65	41,67	46,88	23,55	34,26	38,54	18,71	27,22	30,62	14,13	20,56	23,13	9,81	14,28	16,06
	II	681,58	37,48	54,52	61,34	II	681,58	31,97	46,50	52,31	26,71	38,86	43,71	21,72	31,59	35,54	16,97	24,69	27,77	12,49	18,17	20,44	8,26	12,02	13,52
	III	420,33	23,11	33,62	37,82	III	420,33	18,88	27,46	30,89	14,77	21,49	24,17	6,86	15,70	17,66	—	10,20	11,47	—	5,40	6,07	—	1,40	1,57
	V	1 104,50	60,74	88,36	99,40	IV	720,16	36,77	53,48	60,17	33,99	49,45	55,63	31,29	45,52	51,21	28,65	41,67	46,88	26,07	37,92	42,66	23,55	34,26	38,54
	VI	1 140,75	62,74	91,26	102,66																				
3 908,99	I,IV	721,08	39,65	57,68	64,89	I	721,08	34,04	49,52	55,71	28,69	41,74	46,95	23,59	34,32	38,61	18,75	27,28	30,69	14,17	20,62	23,19	9,85	14,33	16,12
	II	682,50	37,53	54,60	61,42	II	682,50	32,01	46,57	52,39	26,76	38,92	43,79	21,76	31,65	35,60	17,01	24,75	27,84	12,53	18,23	20,51	8,30	12,08	13,59
	III	421,—	23,15	33,68	37,89	III	421,—	18,92	27,52	30,96	14,81	21,54	24,23	7,—	15,76	17,73	—	10,24	11,52	—	5,44	6,12	—	1,44	1,62
	V	1 105,58	60,80	88,44	99,50	IV	721,08	36,82	53,56	60,25	34,04	49,52	55,71	31,34	45,58	51,28	28,69	41,74	46,95	26,11	37,98	42,73	23,59	34,32	38,61
	VI	1 141,83	62,80	91,34	102,76																				
3 911,99	I,IV	722,—	39,71	57,76	64,98	I	722,—	34,09	49,59	55,79	28,74	41,80	47,03	23,64	34,38	38,68	18,80	27,34	30,76	14,21	20,68	23,26	9,89	14,38	16,18
	II	683,33	37,58	54,66	61,49	II	683,33	32,06	46,64	52,47	26,80	38,99	43,86	21,80	31,71	35,67	17,05	24,81	27,91	12,57	18,28	20,57	8,34	12,13	13,64
	III	421,66	23,19	33,73	37,94	III	421,66	18,95	27,57	31,01	14,85	21,60	24,30	7,13	15,81	17,78	—	10,28	11,56	—	5,48	6,16	—	1,46	1,64
	V	1 106,66	60,86	88,53	99,59	IV	722,—	36,87	53,63	60,33	34,09	49,59	55,79	31,38	45,65	51,35	28,74	41,80	47,03	26,15	38,04	42,80	23,64	34,38	38,68
	VI	1 142,91	62,86	91,43	102,86																				
3 914,99	I,IV	722,91	39,76	57,83	65,06	I	722,91	34,14	49,66	55,87	28,78	41,87	47,10	23,68	34,45	38,75	18,84	27,40	30,83	14,25	20,73	23,32	9,92	14,44	16,24
	II	684,25	37,63	54,74	61,58	II	684,25	32,11	46,71	52,55	26,85	39,06	43,94	21,84	31,78	35,75	17,10	24,87	27,98	12,60	18,34	20,63	8,37	12,18	13,70
	III	422,33	23,22	33,78	38,—	III	422,33	18,99	27,62	31,07	14,88	21,65	24,35	7,26	15,86	17,84	—	10,33	11,62	—	5,52	6,21	—	1,49	1,67
	V	1 107,75	60,92	88,62	99,69	IV	722,91	36,92	53,70	60,41	34,14	49,66	55,87	31,43	45,72	51,43	28,78	41,87	47,10	26,20	38,11	42,87	23,68	34,45	38,75
	VI	1 144,—	62,92	91,52	102,96																				
3 917,99	I,IV	723,83	39,81	57,90	65,14	I	723,83	34,19	49,73	55,94	28,83	41,94	47,18	23,72	34,51	38,82	18,88	27,46	30,89	14,29	20,79	23,39	9,96	14,49	16,30
	II	685,16	37,68	54,81	61,66	II	685,16	32,16	46,78	52,62	26,89	39,12	44,01	21,89	31,84	35,82	17,14	24,93	28,04	12,65	18,40	20,70	8,41	12,24	13,77
	III	423,16	23,27	33,85	38,08	III	423,16	19,03	27,68	31,14	14,92	21,70	24,41	7,36	15,90	17,89	—	10,37	11,66	—	5,56	6,25	—	1,53	1,72
	V	1 108,83	60,98	88,70	99,79	IV	723,83	36,96	53,77	60,49	34,19	49,73	55,94	31,48	45,79	51,51	28,83	41,94	47,18	26,24	38,18	42,95	23,72	34,51	38,82
	VI	1 145,08	62,97	91,60	103,05																				
3 920,99	I,IV	724,75	39,86	57,98	65,22	I	724,75	34,24	49,80	56,03	28,87	42,—	47,25	23,77	34,58	38,90	18,92	27,52	30,96	14,33	20,85	23,45	10,—	14,54	16,36
	II	686,08	37,73	54,88	61,74	II	686,08	32,21	46,85	52,70	26,94	39,19	44,09	21,93	31,90	35,89	17,18	24,99	28,11	12,68	18,45	20,75	8,45	12,29	13,82
	III	423,83	23,31	33,90	38,14	III	423,83	19,06	27,73	31,19	14,96	21,76	24,48	7,50	15,96	17,95	—	10,42	11,72	—	5,58	6,28	—	1,56	1,75
	V	1 109,91	61,04	88,79	99,89	IV	724,75	37,01	53,84	60,57	34,24	49,80	56,03	31,52	45,86	51,59	28,87	42,—	47,25	26,29	38,24	43,02	23,77	34,58	38,90
	VI	1 146,16	63,03	91,69	103,15																				
3 923,99	I,IV	725,66	39,91	58,05	65,30	I	725,66	34,29	49,88	56,11	28,92	42,07	47,33	23,81	34,64	38,97	18,96	27,58	31,03	14,37	20,90	23,51	10,03	14,60	16,42
	II	687,—	37,78	54,96	61,83	II	687,—	32,25	46,92	52,78	26,98	39,25	44,15	21,97	31,96	35,96	17,22	25,05	28,18	12,72	18,51	20,82	8,48	12,34	13,88
	III	424,50	23,34	33,96	38,20	III	424,50	19,10	27,78	31,25	14,99	21,81	24,53	7,63	16,01	18,01	—	10,46	11,77	—	5,64	6,34	—	1,60	1,80
	V	1 111,—	61,10	88,88	99,99	IV	725,66	37,07	53,92	60,66	34,29	49,88	56,11	31,57	45,92	51,66	28,92	42,07	47,33	26,34	38,31	43,10	23,81	34,64	38,97
	VI	1 147,25	63,09	91,78	103,25																				
3 926,99	I,IV	726,66	39,96	58,13	65,39	I	726,66	34,33	49,94	56,18	28,97	42,14	47,40	23,86	34,70	39,04	19,—	27,64	31,10	14,41	20,96	23,58	10,07	14,65	16,48
	II	687,91	37,83	55,03	61,91	II	687,91	32,30	46,99	52,86	27,03	39,32	44,23	22,01	32,02	36,02	17,26	25,11	28,25	12,76	18,56	20,88	8,52	12,39	13,94
	III	425,16	23,38	34,01	38,26	III	425,16	19,14	27,84	31,32	15,02	21,85	24,58	7,76	16,06	18,07	—	10,52	11,83	—	5,66	6,37	—	1,62	1,82
	V	1 112,08	61,16	88,96	100,08	IV	726,66	37,12	53,99	60,74	34,33	49,94	56,18	31,62	46,—	51,75	28,97	42,14	47,40	26,38	38,38	43,17	23,86	34,70	39,04
	VI	1 148,33	63,15	91,86	103,34																				
3 929,99	I,IV	727,58	40,01	58,20	65,48	I	727,58	34,38	50,02	56,27	29,01	42,20	47,48	23,90	34,77	39,11	19,05	27,71	31,17	14,45	21,02	23,64	10,11	14,71	16,55
	II	688,83	37,88	55,10	61,99	II	688,83	32,35	47,06	52,94	27,07	39,38	44,30	22,06	32,09	36,10	17,30	25,17	28,31	12,80	18,62	20,94	8,55	12,44	14,—
	III	425,83	23,42	34,06	38,32	III	425,83	19,17	27,89	31,37	15,06	21,90	24,64	7,90	16,12	18,13	—	10,56	11,88	—	5,70	6,41	—	1,65	1,85
	V	1 113,16	61,22	89,05	100,18	IV	727,58	37,17	54,06	60,82	34,38	50,02	56,27	31,67	46,06	51,82	29,01	42,20	47,48	26,43	38,44	43,25	23,90	34,77	39,11
	VI	1 149,41	63,21	91,95	103,44																				
3 932,99	I,IV	728,50	40,06	58,28	65,56	I	728,50	34,43	50,09	56,35	29,06	42,27	47,55	23,94	34,83	39,18	19,09	27,77	31,24	14,49	21,08	23,71	10,15	14,76	16,61
	II	689,75	37,93	55,18	62,07	II	689,75	32,39	47,12	53,01	27,12	39,45	44,38	22,10	32,15	36,17	17,34	25,22	28,37	12,84	18,68	21,01	8,59	12,50	14,06
	III	426,50	23,45	34,12	38,38	III	426,50	19,21	27,94	31,43	15,09	21,96	24,70	8,—	16,16	18,18	—	10,61	11,93	—	5,74	6,46	—	1,69	1,90
	V	1 114,25	61,28	89,14	100,28	IV	728,50	37,22	54,14	60,90	34,43	50,09	56,35	31,71	46,13	51,89	29,06	42,27	47,55	26,47	38,50	43,31	23,94	34,83	39,18
	VI	1 150,50	63,27	92,04	103,54																				
3 935,99	I,IV	729,41	40,11	58,35	65,64	I	729,41	34,48	50,16	56,43	29,11	42,34	47,63	23,99	34,90	39,26	19,13	27,83	31,31	14,53	21,14	23,78	10,18	14,82	16,67
	II	690,66	37,98	55,25	62,15	II	690,66	32,45	47,20	53,10	27,17	39,52	44,46	22,15	32,22	36,24	17,38	25,28	28,44	12,87	18,73	21,07	8,63	12,55	14,12
	III	427,33	23,50	34,18	38,45	III	427,33	19,25	28,—	31,50	15,13	22,01	24,76	8,13	16,21	18,23	—	10,65	11,98	—	5,78	6,50	—	1,72	1,93
	V	1 115,33	61,34	89,22	100,37	IV	729,41	37,27	54,21	60,98	34,48	50,16	56,43	31,76	46,20	51,98	29,11	42,34	47,63	26,51	38,57	43,39	23,99	34,90	39,26
	VI	1 151,58	63,33	92,12	103,64																				
3 938,99	I,IV	730,33	40,16	58,42	65,72	I	730,33	34,53	50,22	56,50	29,15	42,40	47,70	24,03	34,96	39,33	19,17	27,89	31,37	14,57	21,19	23,84	10,22	14,87	16,73
	II	691,50	38,03	55,32	62,23	II	691,50	32,49	47,26	53,17	27,21	39,58	44,53	22,19	32,28	36,31	17,42	25,34	28,51	12,91	18,78	21,13	8,66	12,60	14,18
	III	428,—	23,54	34,24	38,52	III	428,—	19,28	28,05	31,55	15,17	22,06	24,82	8,26	16,26	18,29	—	10,70	12,04	—	5,82	6,55	—	1,76	1,98
	V	1 116,33	61,39	89,30	100,46	IV	730,33	37,31	54,28	61,06	34,53	50,22	56,50	31,81	46,27	52,05	29,15	42,40	47,70	26,56	38,64	43,47	24,03	34,96	39,33
	VI	1 152,66	63,39	92,21	103,73																				
3 941,99	I,IV	731,25	40,21	58,50	65,81	I	731,25	34,58	50,30	56,58	29,20	42,47	47,78	24,08	35,02	39,40	19,21	27,95	31,44	14,61	21,25	23,90	10,26	14,92	16,79
	II	692,41	38,08	55,39	62,31	II	692,41	32,54	47,33	53,24	27,26	39,65	44,60	22,23	32,34	36,38	17,46	25,40	28,58	12,95	18,84	21,20	8,70	12,66	14,24
	III	428,66	23,57	34,29	38,57	III	428,66	19,32	28,10	31,61	15,20	22,12	24,88	8,36	16,30	18,34	—	10,74	12,08	—	5,86	6,59	—	1,78	2,—
	V	1 117,50	61,46	89,40	100,57	IV	731,25	37,36	54,35	61,14	34,58	50,30	56,58	31,85	46,34	52,13	29,20	42,47	47,78	26,61	38,70	43,54	24,08	35,02	39,40
	VI	1 153,75	63,45	92,30	103,83																				
3 944,99	I,IV	732,16	40,26	58,57	65,89	I	732,16	34,63	50,37	56,66	29,25	42,54	47,86	24,12	35,09	39,47	19,25	28,01	31,51	14,64	21,30	23,96	10,29	14,98	16,85
	II	693,33	38,13	55,46	62,39	II	693,33	32,59	47,40	53,33	27,30	39,72	44,68	22,27	32,40	36,45	17,50	25,46	28,64	12,99	18,90	21,26	8,74	12,71	14,30
	III	429,33	23,61	34,34	38,63	III	429,33	19,36	28,16	31,68	15,24	22,17	24,94	8,50	16,36	18,40	—	10,80	12,15	—	5,90	6,64	—	1,82	2,05
	V	1 118,58	61,52	89,48	100,67	IV	732,16	37,41	54,42	61,22	34,63	50,37	56,66	31,90	46,41	52,21	29,25	42,54	47,86	26,65	38,77	43,61	24,12	35,09	39,47
	VI	1 154,83	63,51	92,38	103,93																				

* Die ausgewiesenen Tabellenwerte sind amtlich. Siehe Erläuterungen auf der Umschlaginnenseite (U2).

** Bei mehr als 3 Kinderfreibeträgen ist die „Ergänzungs-Tabelle 3,5 bis 6 Kinderfreibeträge" anzuwenden.

Abzüge an Lohnsteuer, Solidaritätszuschlag (SolZ) und Kirchensteuer (8%, 9%) in den Steuerklassen

Lohn/ Gehalt bis €*	I – VI					I, II, III, IV		mit Zahl der Kinderfreibeträge . . .																	
			ohne Kinder-freibeträge					0,5			1			1,5			2			2,5			3**		
		LSt	SolZ	8%	9%		LSt	SolZ	8%	9%	SolZ	8%	9%	SolZ	8%	9%	SolZ	8%	9%	SolZ	8%	9%	SolZ	8%	9%
3 947,99	I,IV	733,08	40,31	58,64	65,97	I	733,08	34,67	50,44	56,74	29,29	42,61	47,93	24,16	35,15	39,54	19,30	28,07	31,58	14,68	21,36	24,03	10,33	15,03	16,91
	II	694,25	38,18	55,54	62,48	II	694,25	32,63	47,47	53,40	27,35	39,78	44,75	22,32	32,46	36,52	17,54	25,52	28,71	13,03	18,96	21,33	8,77	12,76	14,36
	III	430,—	23,65	34,40	38,70	III	430,—	19,39	28,21	31,73	15,28	22,22	25,—	8,63	16,41	18,46	—	10,84	12,19	—	5,94	6,68	—	1,85	2,08
	V	1 119,66	61,58	89,57	100,76	IV	733,08	37,46	54,50	61,31	34,67	50,44	56,74	31,95	46,48	52,29	29,29	42,61	47,93	26,70	38,84	43,69	24,16	35,15	39,54
	VI	1 155,91	63,57	92,47	104,03																				
3 950,99	I,IV	734,—	40,37	58,72	66,06	I	734,—	34,72	50,51	56,82	29,34	42,68	48,01	24,21	35,22	39,62	19,34	28,13	31,64	14,73	21,42	24,10	10,37	15,08	16,97
	II	695,16	38,23	55,61	62,56	II	695,16	32,68	47,54	53,48	27,39	39,85	44,83	22,36	32,53	36,59	17,59	25,58	28,78	13,07	19,01	21,38	8,81	12,82	14,42
	III	430,66	23,68	34,45	38,75	III	430,66	19,43	28,26	31,79	15,31	22,28	25,06	8,76	16,46	18,52	—	10,89	12,25	—	5,98	6,73	—	1,88	2,11
	V	1 120,75	61,64	89,66	100,86	IV	734,—	37,51	54,57	61,39	34,72	50,51	56,82	32,—	46,54	52,36	29,34	42,68	48,01	26,74	38,90	43,76	24,21	35,22	39,62
	VI	1 157,—	63,63	92,56	104,13																				
3 953,99	I,IV	734,91	40,42	58,79	66,14	I	734,91	34,77	50,58	56,90	29,38	42,74	48,08	24,25	35,28	39,69	19,38	28,19	31,71	14,76	21,48	24,16	10,40	15,14	17,03
	II	696,08	38,28	55,68	62,64	II	696,08	32,73	47,61	53,56	27,44	39,92	44,91	22,40	32,59	36,66	17,63	25,64	28,85	13,11	19,07	21,45	8,85	12,87	14,48
	III	431,33	23,72	34,50	38,81	III	431,33	19,47	28,32	31,86	15,34	22,32	25,11	8,90	16,52	18,58	—	10,93	12,29	—	6,02	6,77	—	1,92	2,16
	V	1 121,83	61,70	89,74	100,96	IV	734,91	37,56	54,64	61,47	34,77	50,58	56,90	32,05	46,62	52,44	29,38	42,74	48,08	26,78	38,96	43,83	24,25	35,28	39,69
	VI	1 158,08	63,69	92,64	104,22																				
3 956,99	I,IV	735,91	40,47	58,87	66,23	I	735,91	34,82	50,65	56,98	29,43	42,81	48,16	24,30	35,34	39,76	19,42	28,26	31,79	14,80	21,54	24,23	10,45	15,20	17,10
	II	697,—	38,33	55,76	62,73	II	697,—	32,78	47,68	53,64	27,49	39,98	44,98	22,45	32,66	36,74	17,67	25,70	28,91	13,14	19,12	21,51	8,88	12,92	14,54
	III	432,16	23,76	34,57	38,89	III	432,16	19,51	28,38	31,93	15,39	22,38	25,18	9,03	16,57	18,64	—	10,98	12,35	—	6,06	6,82	—	1,94	2,18
	V	1 122,91	61,76	89,83	101,06	IV	735,91	37,61	54,71	61,55	34,82	50,65	56,98	32,09	46,68	52,52	29,43	42,81	48,16	26,83	39,03	43,91	24,30	35,34	39,76
	VI	1 159,16	63,75	92,73	104,32																				
3 959,99	I,IV	736,83	40,52	58,94	66,31	I	736,83	34,87	50,72	57,06	29,48	42,88	48,24	24,34	35,41	39,83	19,47	28,32	31,86	14,85	21,60	24,30	10,48	15,25	17,15
	II	697,91	38,38	55,83	62,81	II	697,91	32,83	47,75	53,72	27,53	40,05	45,05	22,49	32,72	36,81	17,71	25,76	28,98	13,19	19,18	21,58	8,92	12,98	14,60
	III	432,83	23,80	34,62	38,95	III	432,83	19,54	28,42	31,97	15,41	22,42	25,22	9,13	16,61	18,68	—	11,02	12,40	—	6,10	6,86	—	1,98	2,23
	V	1 124,—	61,82	89,92	101,16	IV	736,83	37,66	54,78	61,63	34,87	50,72	57,06	32,14	46,76	52,60	29,48	42,88	48,24	26,88	39,10	43,98	24,34	35,41	39,83
	VI	1 160,25	63,81	92,82	104,42																				
3 962,99	I,IV	737,66	40,57	59,01	66,38	I	737,66	34,92	50,79	57,14	29,52	42,94	48,31	24,38	35,47	39,90	19,51	28,38	31,92	14,88	21,65	24,35	10,52	15,30	17,21
	II	698,83	38,43	55,90	62,89	II	698,83	32,87	47,82	53,79	27,57	40,11	45,12	22,53	32,78	36,87	17,75	25,82	29,05	13,22	19,24	21,64	8,96	13,03	14,66
	III	433,50	23,84	34,68	39,01	III	433,50	19,58	28,48	32,04	15,45	22,48	25,29	9,26	16,66	18,74	—	11,06	12,44	—	6,14	6,91	—	2,01	2,26
	V	1 125,—	61,87	90,—	101,25	IV	737,66	37,71	54,86	61,71	34,92	50,79	57,14	32,19	46,82	52,67	29,52	42,94	48,31	26,92	39,16	44,06	24,38	35,47	39,90
	VI	1 161,25	63,86	92,90	104,51																				
3 965,99	I,IV	738,66	40,62	59,09	66,47	I	738,66	34,97	50,86	57,22	29,57	43,01	48,38	24,43	35,54	39,98	19,55	28,44	31,99	14,92	21,71	24,42	10,56	15,36	17,28
	II	699,75	38,48	55,98	62,97	II	699,75	32,92	47,89	53,87	27,62	40,18	45,20	22,58	32,84	36,95	17,79	25,88	29,12	13,26	19,29	21,70	8,99	13,08	14,72
	III	434,16	23,87	34,73	39,07	III	434,16	19,62	28,54	32,11	15,49	22,53	25,34	9,40	16,72	18,81	—	11,12	12,51	—	6,18	6,95	—	2,05	2,30
	V	1 126,08	61,93	90,08	101,34	IV	738,66	37,76	54,93	61,79	34,97	50,86	57,22	32,23	46,89	52,75	29,57	43,01	48,38	26,97	39,23	44,13	24,43	35,54	39,98
	VI	1 162,33	63,92	92,98	104,60																				
3 968,99	I,IV	739,58	40,67	59,16	66,56	I	739,58	35,02	50,94	57,30	29,62	43,08	48,47	24,47	35,60	40,05	19,59	28,50	32,06	14,96	21,76	24,48	10,59	15,41	17,33
	II	700,58	38,53	56,04	63,05	II	700,58	32,97	47,96	53,95	27,66	40,24	45,27	22,62	32,90	37,01	17,83	25,94	29,18	13,30	19,35	21,77	9,03	13,14	14,78
	III	434,83	23,91	34,78	39,13	III	434,83	19,65	28,58	32,15	15,52	22,58	25,40	9,53	16,77	18,86	—	11,17	12,56	—	6,22	7,—	—	2,08	2,34
	V	1 127,16	61,99	90,17	101,44	IV	739,58	37,81	55,—	61,88	35,02	50,94	57,30	32,28	46,96	52,83	29,62	43,08	48,47	27,01	39,30	44,21	24,47	35,60	40,05
	VI	1 163,41	63,98	93,07	104,70																				
3 971,99	I,IV	740,50	40,72	59,24	66,64	I	740,50	35,06	51,—	57,38	29,66	43,15	48,54	24,52	35,66	40,12	19,63	28,56	32,13	15,—	21,82	24,55	10,63	15,46	17,39
	II	701,50	38,58	56,12	63,13	II	701,50	33,02	48,03	54,03	27,71	40,31	45,35	22,66	32,97	37,09	17,87	26,—	29,25	13,34	19,40	21,83	9,07	13,19	14,84
	III	435,50	23,95	34,84	39,19	III	435,50	19,69	28,65	32,23	15,56	22,64	25,47	9,63	16,81	18,91	—	11,21	12,61	—	6,26	7,04	—	2,12	2,38
	V	1 128,25	62,05	90,26	101,54	IV	740,50	37,86	55,08	61,96	35,06	51,—	57,38	32,33	47,03	52,91	29,66	43,15	48,54	27,06	39,36	44,28	24,52	35,66	40,12
	VI	1 164,50	64,04	93,16	104,80																				
3 974,99	I,IV	741,41	40,77	59,31	66,72	I	741,41	35,11	51,08	57,46	29,71	43,22	48,62	24,56	35,73	40,19	19,67	28,62	32,19	15,04	21,88	24,62	10,67	15,52	17,46
	II	702,41	38,63	56,19	63,21	II	702,41	33,06	48,10	54,11	27,76	40,38	45,42	22,71	33,03	37,16	17,92	26,06	29,32	13,38	19,46	21,89	9,10	13,24	14,90
	III	436,16	23,98	34,89	39,25	III	436,16	19,73	28,70	32,29	15,60	22,69	25,52	9,76	16,86	18,97	—	11,26	12,67	—	6,30	7,09	—	2,14	2,41
	V	1 129,33	62,11	90,34	101,63	IV	741,41	37,91	55,15	62,04	35,11	51,08	57,46	32,38	47,10	52,98	29,71	43,22	48,62	27,10	39,42	44,35	24,56	35,73	40,19
	VI	1 165,58	64,10	93,24	104,90																				
3 977,99	I,IV	742,33	40,82	59,38	66,80	I	742,33	35,16	51,15	57,54	29,75	43,28	48,69	24,61	35,80	40,27	19,71	28,68	32,26	15,08	21,94	24,68	10,71	15,58	17,52
	II	703,33	38,68	56,26	63,29	II	703,33	33,11	48,17	54,19	27,80	40,44	45,50	22,75	33,10	37,23	17,96	26,12	29,39	13,42	19,52	21,96	9,14	13,30	14,96
	III	437,—	24,03	34,96	39,33	III	437,—	19,77	28,76	32,35	15,63	22,74	25,58	9,90	16,92	19,03	—	11,30	12,71	—	6,34	7,13	—	2,18	2,45
	V	1 130,41	62,17	90,43	101,73	IV	742,33	37,96	55,22	62,12	35,16	51,15	57,54	32,43	47,17	53,06	29,75	43,28	48,69	27,15	39,49	44,42	24,61	35,80	40,27
	VI	1 166,66	64,16	93,33	104,99																				
3 980,99	I,IV	743,25	40,87	59,46	66,89	I	743,25	35,21	51,22	57,62	29,80	43,35	48,77	24,65	35,86	40,34	19,76	28,74	32,33	15,12	22,—	24,75	10,74	15,63	17,58
	II	704,25	38,73	56,34	63,38	II	704,25	33,16	48,24	54,27	27,85	40,51	45,57	22,79	33,16	37,30	18,—	26,18	29,45	13,46	19,58	22,02	9,18	13,35	15,02
	III	437,66	24,07	35,01	39,38	III	437,66	19,80	28,81	32,41	15,67	22,80	25,65	10,03	16,97	19,09	—	11,36	12,78	—	6,38	7,18	—	2,21	2,48
	V	1 131,50	62,23	90,52	101,83	IV	743,25	38,01	55,29	62,20	35,21	51,22	57,62	32,47	47,24	53,14	29,80	43,35	48,77	27,19	39,56	44,50	24,65	35,86	40,34
	VI	1 167,75	64,22	93,42	105,09																				
3 983,99	I,IV	744,25	40,93	59,54	66,98	I	744,25	35,26	51,29	57,70	29,85	43,42	48,84	24,69	35,92	40,41	19,80	28,80	32,40	15,16	22,06	24,81	10,78	15,68	17,64
	II	705,16	38,78	56,41	63,46	II	705,16	33,21	48,31	54,35	27,89	40,58	45,65	22,84	33,22	37,37	18,04	26,24	29,52	13,49	19,63	22,08	9,21	13,40	15,08
	III	438,33	24,10	35,06	39,44	III	438,33	19,84	28,86	32,47	15,71	22,85	25,70	10,16	17,02	19,15	—	11,40	12,82	—	6,42	7,22	—	2,25	2,53
	V	1 132,58	62,29	90,60	101,93	IV	744,25	38,06	55,36	62,28	35,26	51,29	57,70	32,52	47,31	53,22	29,85	43,42	48,84	27,24	39,62	44,57	24,69	35,92	40,41
	VI	1 168,83	64,28	93,50	105,19																				
3 986,99	I,IV	745,16	40,98	59,61	67,06	I	745,16	35,31	51,36	57,78	29,90	43,49	48,92	24,74	35,99	40,49	19,84	28,86	32,47	15,20	22,12	24,88	10,82	15,74	17,70
	II	706,08	38,83	56,48	63,54	II	706,08	33,26	48,38	54,42	27,94	40,64	45,72	22,88	33,28	37,44	18,08	26,30	29,59	13,53	19,69	22,15	9,25	13,46	15,14
	III	439,—	24,14	35,12	39,51	III	439,—	19,88	28,92	32,53	15,74	22,90	25,76	10,26	17,06	19,19	—	11,45	12,88	—	6,46	7,27	—	2,28	2,56
	V	1 133,66	62,35	90,69	102,02	IV	745,16	38,11	55,44	62,37	35,31	51,36	57,78	32,57	47,38	53,30	29,90	43,49	48,92	27,28	39,69	44,65	24,74	35,99	40,49
	VI	1 170,—	64,35	93,60	105,30																				
3 989,99	I,IV	746,08	41,03	59,68	67,14	I	746,08	35,36	51,43	57,86	29,94	43,56	49,—	24,78	36,05	40,55	19,88	28,92	32,54	15,24	22,17	24,94	10,85	15,79	17,76
	II	707,—	38,88	56,56	63,63	II	707,—	33,30	48,44	54,50	27,99	40,71	45,80	22,92	33,34	37,51	18,12	26,36	29,65	13,57	19,74	22,21	9,28	13,50	15,19
	III	439,66	24,18	35,17	39,56	III	439,66	19,91	28,97	32,59	15,77	22,94	25,81	10,40	17,12	19,26	—	11,49	12,92	—	6,50	7,31	—	2,32	2,61
	V	1 134,75	62,41	90,78	102,12	IV	746,08	38,16	55,51	62,45	35,36	51,43	57,86	32,61	47,44	53,37	29,94	43,56	49,—	27,33	39,76	44,73	24,78	36,05	40,55
	VI	1 171,—	64,40	93,68	105,39																				
3 992,99	I,IV	747,—	41,08	59,76	67,23	I	747,—	35,41	51,50	57,94	29,99	43,62	49,07	24,83	36,12	40,63	19,92	28,98	32,60	15,28	22,23	25,01	10,89	15,84	17,82
	II	707,91	38,93	56,63	63,71	II	707,91	33,35	48,52	54,58	28,03	40,78	45,87	22,97	33,41	37,58	18,16	26,42	29,72	13,61	19,80	22,28	9,32	13,56	15,25
	III	440,33	24,21	35,22	39,62	III	440,33	19,95	29,02	32,65	15,81	23,—	25,87	10,53	17,17	19,31	—	11,54	12,98	—	6,54	7,36	—	2,34	2,63
	V	1 135,83	62,47	90,86	102,22	IV	747,—	38,21	55,58	62,53	35,41	51,50	57,94	32,67	47,52	53,46	29,99	43,62	49,07	27,38	39,82	44,80	24,83	36,12	40,63
	VI	1 172,08	64,46	93,76	105,48																				

* Die ausgewiesenen Tabellenwerte sind amtlich. Siehe Erläuterungen auf der Umschlaginnenseite (U2).
** Bei mehr als 3 Kinderfreibeträgen ist die „Ergänzungs-Tabelle 3,5 bis 6 Kinderfreibeträge" anzuwenden.

Lohn/ Gehalt bis €*		I – VI					I, II, III, IV																		
			ohne Kinderfreibeträge					mit Zahl der Kinderfreibeträge . . .																	
								0,5			1			1,5			2			2,5			3**		
		LSt	SolZ	8%	9%		LSt	SolZ	8%	9%	SolZ	8%	9%	SolZ	8%	9%	SolZ	8%	9%	SolZ	8%	9%	SolZ	8%	9%
3 995,99	I,IV	747,91	41,13	59,83	67,31	I	747,91	35,45	51,57	58,01	30,03	43,69	49,15	24,87	36,18	40,70	19,96	29,04	32,67	15,32	22,28	25,07	10,93	15,90	17,89
	II	708,83	38,98	56,70	63,79	II	708,83	33,40	48,58	54,65	28,08	40,84	45,95	23,01	33,48	37,66	18,20	26,48	29,79	13,65	19,86	22,34	9,35	13,61	15,31
	III	441,—	24,25	35,28	39,69	III	441,—	19,99	29,08	32,71	15,84	23,05	25,93	10,66	17,22	19,37	—	11,60	13,05	—	6,58	7,40	—	2,38	2,68
	V	1 136,91	62,53	90,95	102,32	IV	747,91	38,26	55,66	62,61	35,45	51,57	58,01	32,71	47,58	53,53	30,03	43,69	49,15	27,42	39,89	44,87	24,87	36,18	40,70
	VI	1 173,16	64,52	93,85	105,58																				
3 998,99	I,IV	748,83	41,18	59,90	67,39	I	748,83	35,50	51,64	58,10	30,08	43,76	49,23	24,91	36,24	40,77	20,01	29,11	32,75	15,36	22,34	25,13	10,97	15,96	17,95
	II	709,75	39,03	56,78	63,87	II	709,75	33,45	48,66	54,74	28,12	40,91	46,02	23,05	33,54	37,73	18,24	26,54	29,85	13,69	19,92	22,41	9,40	13,67	15,38
	III	441,83	24,30	35,34	39,76	III	441,83	20,02	29,13	32,77	15,88	23,10	25,99	10,80	17,28	19,44	—	11,64	13,09	—	6,62	7,45	—	2,41	2,71
	V	1 138,—	62,59	91,04	102,42	IV	748,83	38,31	55,73	62,69	35,50	51,64	58,10	32,76	47,66	53,61	30,08	43,76	49,23	27,47	39,96	44,95	24,91	36,24	40,77
	VI	1 174,25	64,58	93,94	105,68																				
4 001,99	I,IV	749,83	41,24	59,98	67,48	I	749,83	35,55	51,72	58,18	30,13	43,82	49,30	24,96	36,31	40,85	20,05	29,17	32,81	15,40	22,40	25,20	11,—	16,01	18,01
	II	710,66	39,08	56,85	63,95	II	710,66	33,50	48,73	54,82	28,17	40,98	46,10	23,10	33,60	37,80	18,28	26,60	29,92	13,73	19,97	22,46	9,43	13,72	15,44
	III	442,50	24,33	35,40	39,82	III	442,50	20,06	29,18	32,83	15,92	23,16	26,05	10,90	17,32	19,48	—	11,69	13,15	—	6,66	7,49	—	2,45	2,75
	V	1 139,08	62,64	91,12	102,51	IV	749,83	38,36	55,80	62,78	35,55	51,72	58,18	32,81	47,72	53,69	30,13	43,82	49,30	27,51	40,02	45,02	24,96	36,31	40,85
	VI	1 175,33	64,64	94,02	105,77																				
4 004,99	I,IV	750,75	41,29	60,06	67,56	I	750,75	35,60	51,79	58,26	30,18	43,90	49,38	25,01	36,38	40,92	20,09	29,23	32,88	15,44	22,46	25,27	11,04	16,06	18,07
	II	711,58	39,13	56,92	64,04	II	711,58	33,55	48,80	54,90	28,21	41,04	46,17	23,14	33,66	37,87	18,32	26,66	29,99	13,77	20,03	22,53	9,47	13,78	15,50
	III	443,16	24,37	35,45	39,88	III	443,16	20,10	29,24	32,89	15,95	23,21	26,11	11,03	17,37	19,54	—	11,73	13,19	—	6,70	7,54	—	2,48	2,79
	V	1 140,16	62,70	91,21	102,61	IV	750,75	38,41	55,88	62,86	35,60	51,79	58,26	32,86	47,80	53,77	30,18	43,90	49,38	27,56	40,09	45,10	25,01	36,38	40,92
	VI	1 176,41	64,70	94,11	105,87																				
4 007,99	I,IV	751,66	41,34	60,13	67,64	I	751,66	35,65	51,86	58,34	30,22	43,96	49,46	25,05	36,44	41,—	20,13	29,29	32,95	15,48	22,52	25,33	11,08	16,12	18,14
	II	712,50	39,18	57,—	64,12	II	712,50	33,60	48,87	54,98	28,26	41,11	46,25	23,19	33,73	37,94	18,37	26,72	30,06	13,81	20,09	22,60	9,51	13,83	15,56
	III	443,83	24,41	35,50	39,94	III	443,83	20,13	29,29	32,95	15,99	23,26	26,17	11,16	17,42	19,60	—	11,78	13,25	—	6,74	7,58	—	2,52	2,83
	V	1 141,25	62,76	91,30	102,71	IV	751,66	38,46	55,95	62,94	35,65	51,86	58,34	32,90	47,86	53,84	30,22	43,96	49,46	27,61	40,16	45,18	25,05	36,44	41,—
	VI	1 177,50	64,76	94,20	105,97																				
4 010,99	I,IV	752,58	41,39	60,20	67,73	I	752,58	35,70	51,93	58,42	30,27	44,03	49,53	25,09	36,50	41,06	20,18	29,36	33,03	15,52	22,58	25,40	11,12	16,18	18,20
	II	713,41	39,23	57,07	64,20	II	713,41	33,64	48,94	55,05	28,31	41,18	46,32	23,23	33,79	38,01	18,41	26,78	30,13	13,85	20,14	22,66	9,54	13,88	15,62
	III	444,66	24,45	35,57	40,01	III	444,66	20,17	29,34	33,01	16,03	23,32	26,23	11,30	17,48	19,66	—	11,84	13,32	—	6,80	7,65	—	2,54	2,86
	V	1 142,33	62,82	91,38	102,80	IV	752,58	38,51	56,02	63,02	35,70	51,93	58,42	32,95	47,94	53,93	30,27	44,03	49,53	27,65	40,22	45,25	25,09	36,50	41,06
	VI	1 178,58	64,82	94,28	106,07																				
4 013,99	I,IV	753,50	41,44	60,28	67,81	I	753,50	35,75	52,—	58,50	30,31	44,10	49,61	25,14	36,57	41,14	20,22	29,42	33,09	15,56	22,64	25,47	11,16	16,23	18,26
	II	714,33	39,28	57,14	64,28	II	714,33	33,69	49,—	55,13	28,35	41,24	46,40	23,27	33,86	38,09	18,45	26,84	30,19	13,88	20,20	22,72	9,58	13,94	15,68
	III	445,33	24,49	35,62	40,07	III	445,33	20,21	29,40	33,07	16,06	23,37	26,29	11,43	17,53	19,72	—	11,88	13,36	—	6,84	7,69	—	2,58	2,90
	V	1 143,41	62,88	91,47	102,90	IV	753,50	38,56	56,09	63,10	35,75	52,—	58,50	33,—	48,—	54,—	30,31	44,10	49,61	27,69	40,28	45,32	25,14	36,57	41,14
	VI	1 179,66	64,88	94,37	106,16																				
4 016,99	I,IV	754,41	41,49	60,35	67,89	I	754,41	35,80	52,07	58,58	30,36	44,16	49,68	25,18	36,63	41,21	20,26	29,48	33,16	15,60	22,69	25,52	11,19	16,28	18,32
	II	715,25	39,33	57,22	64,37	II	715,25	33,74	49,08	55,21	28,40	41,31	46,47	23,32	33,92	38,16	18,49	26,90	30,26	13,92	20,26	22,79	9,62	13,99	15,74
	III	446,—	24,53	35,68	40,14	III	446,—	20,24	29,45	33,13	16,10	23,42	26,35	11,53	17,57	19,76	—	11,93	13,42	—	6,88	7,74	—	2,61	2,93
	V	1 144,50	62,94	91,56	103,—	IV	754,41	38,61	56,16	63,18	35,80	52,07	58,58	33,05	48,07	54,08	30,36	44,16	49,68	27,74	40,35	45,39	25,18	36,63	41,21
	VI	1 180,75	64,94	94,46	106,26																				
4 019,99	I,IV	755,41	41,54	60,43	67,98	I	755,41	35,85	52,14	58,66	30,41	44,23	49,76	25,23	36,70	41,28	20,30	29,54	33,23	15,64	22,75	25,59	11,23	16,34	18,38
	II	716,16	39,38	57,29	64,45	II	716,16	33,78	49,14	55,28	28,44	41,38	46,55	23,36	33,98	38,23	18,53	26,96	30,33	13,96	20,31	22,85	9,65	14,04	15,80
	III	446,66	24,56	35,73	40,19	III	446,66	20,28	29,50	33,19	16,14	23,48	26,41	11,66	17,62	19,82	—	11,97	13,46	—	6,92	7,78	—	2,65	2,98
	V	1 145,58	63,—	91,64	103,10	IV	755,41	38,66	56,24	63,27	35,85	52,14	58,66	33,10	48,14	54,16	30,41	44,23	49,76	27,78	40,42	45,47	25,23	36,70	41,28
	VI	1 181,83	65,—	94,54	106,36																				
4 022,99	I,IV	756,33	41,59	60,50	68,06	I	756,33	35,90	52,22	58,74	30,46	44,30	49,84	25,27	36,76	41,36	20,35	29,60	33,30	15,68	22,81	25,66	11,27	16,40	18,45
	II	717,08	39,43	57,36	64,53	II	717,08	33,83	49,22	55,37	28,49	41,44	46,62	23,40	34,04	38,30	18,58	27,02	30,40	14,—	20,37	22,91	9,69	14,10	15,86
	III	447,33	24,60	35,78	40,25	III	447,33	20,32	29,56	33,25	16,17	23,53	26,47	11,80	17,68	19,89	—	12,02	13,52	—	6,96	7,83	—	2,68	3,01
	V	1 146,66	63,06	91,73	103,19	IV	756,33	38,71	56,31	63,35	35,90	52,22	58,74	33,14	48,21	54,23	30,46	44,30	49,84	27,83	40,48	45,54	25,27	36,76	41,36
	VI	1 182,91	65,06	94,63	106,46																				
4 025,99	I,IV	757,25	41,64	60,58	68,15	I	757,25	35,94	52,28	58,82	30,50	44,37	49,91	25,32	36,83	41,43	20,39	29,66	33,37	15,72	22,87	25,73	11,31	16,45	18,50
	II	718,—	39,49	57,44	64,62	II	718,—	33,88	49,29	55,45	28,54	41,51	46,70	23,45	34,11	38,37	18,62	27,08	30,47	14,04	20,43	22,98	9,73	14,15	15,92
	III	448,—	24,64	35,84	40,32	III	448,—	20,35	29,61	33,31	16,21	23,58	26,53	11,93	17,73	19,94	—	12,08	13,59	—	7,—	7,87	—	2,72	3,06
	V	1 147,75	63,12	91,82	103,29	IV	757,25	38,76	56,38	63,43	35,94	52,28	58,82	33,19	48,28	54,32	30,50	44,37	49,91	27,88	40,55	45,62	25,32	36,83	41,43
	VI	1 184,—	65,12	94,72	106,56																				
4 028,99	I,IV	758,16	41,69	60,65	68,23	I	758,16	35,99	52,36	58,90	30,55	44,44	49,99	25,36	36,89	41,50	20,43	29,72	33,44	15,76	22,92	25,79	11,34	16,50	18,56
	II	718,91	39,54	57,51	64,70	II	718,91	33,93	49,36	55,53	28,58	41,58	46,77	23,49	34,17	38,44	18,66	27,14	30,53	14,08	20,48	23,04	9,76	14,20	15,98
	III	448,66	24,67	35,89	40,37	III	448,66	20,39	29,66	33,37	16,24	23,62	26,57	12,03	17,77	19,99	—	12,12	13,63	—	7,04	7,92	—	2,76	3,10
	V	1 148,83	63,18	91,90	103,39	IV	758,16	38,81	56,46	63,51	35,99	52,36	58,90	33,24	48,35	54,39	30,55	44,44	49,99	27,92	40,62	45,69	25,36	36,89	41,50
	VI	1 185,08	65,17	94,80	106,65																				
4 031,99	I,IV	759,16	41,75	60,73	68,32	I	759,16	36,04	52,43	58,98	30,59	44,50	50,06	25,41	36,96	41,58	20,47	29,78	33,50	15,80	22,98	25,85	11,38	16,56	18,63
	II	719,83	39,59	57,58	64,78	II	719,83	33,98	49,43	55,61	28,63	41,64	46,85	23,54	34,24	38,52	18,70	27,20	30,60	14,12	20,54	23,11	9,80	14,26	16,04
	III	449,50	24,72	35,96	40,45	III	449,50	20,44	29,73	33,44	16,28	23,68	26,64	12,16	17,82	20,05	—	12,17	13,69	—	7,08	7,96	—	2,78	3,13
	V	1 149,91	63,24	91,99	103,49	IV	759,16	38,86	56,53	63,59	36,04	52,43	58,98	33,29	48,42	54,47	30,59	44,50	50,06	27,97	40,68	45,77	25,41	36,96	41,58
	VI	1 186,16	65,23	94,89	106,75																				
4 034,99	I,IV	760,08	41,80	60,80	68,40	I	760,08	36,09	52,50	59,06	30,64	44,58	50,15	25,45	37,02	41,65	20,51	29,84	33,57	15,84	23,04	25,92	11,42	16,62	18,69
	II	720,75	39,64	57,66	64,86	II	720,75	34,03	49,50	55,68	28,67	41,71	46,92	23,58	34,30	38,59	18,74	27,26	30,67	14,16	20,60	23,17	9,84	14,31	16,10
	III	450,16	24,75	36,01	40,51	III	450,16	20,47	29,78	33,50	16,31	23,73	26,69	12,29	17,88	20,11	—	12,21	13,73	—	7,12	8,01	—	2,82	3,17
	V	1 151,—	63,30	92,08	103,59	IV	760,08	38,91	56,60	63,68	36,09	52,50	59,06	33,33	48,49	54,55	30,64	44,58	50,15	28,01	40,75	45,84	25,45	37,02	41,65
	VI	1 187,25	65,29	94,98	106,85																				
4 037,99	I,IV	761,—	41,85	60,88	68,49	I	761,—	36,14	52,57	59,14	30,69	44,64	50,22	25,50	37,09	41,72	20,56	29,91	33,65	15,88	23,10	25,99	11,46	16,67	18,75
	II	721,75	39,69	57,74	64,95	II	721,75	34,08	49,57	55,76	28,72	41,78	47,—	23,62	34,36	38,66	18,78	27,32	30,74	14,20	20,66	23,24	9,87	14,36	16,16
	III	450,83	24,79	36,06	40,57	III	450,83	20,51	29,84	33,57	16,35	23,78	26,75	12,32	17,93	20,17	—	12,26	13,79	—	7,16	8,05	—	2,85	3,20
	V	1 152,08	63,36	92,16	103,68	IV	761,—	38,96	56,68	63,76	36,14	52,57	59,14	33,38	48,56	54,63	30,69	44,64	50,22	28,06	40,82	45,92	25,50	37,09	41,72
	VI	1 188,33	65,35	95,06	106,94																				
4 040,99	I,IV	761,91	41,90	60,95	68,57	I	761,91	36,19	52,64	59,22	30,74	44,71	50,30	25,54	37,15	41,79	20,60	29,97	33,71	15,92	23,16	26,05	11,49	16,72	18,81
	II	722,58	39,74	57,80	65,03	II	722,58	34,12	49,64	55,84	28,76	41,84	47,07	23,66	34,42	38,72	18,82	27,38	30,80	14,24	20,71	23,30	9,91	14,42	16,22
	III	451,50	24,83	36,12	40,63	III	451,50	20,55	29,89	33,62	16,39	23,84	26,82	12,36	17,98	20,23	—	12,32	13,86	—	7,20	8,10	—	2,89	3,25
	V	1 153,08	63,41	92,24	103,77	IV	761,91	39,01	56,75	63,84	36,19	52,64	59,22	33,43	48,63	54,71	30,74	44,71	50,30	28,10	40,88	45,99	25,54	37,15	41,79
	VI	1 189,41	65,41	95,15	107,04																				

Abzüge an Lohnsteuer, Solidaritätszuschlag (SolZ) und Kirchensteuer (8%, 9%) in den Steuerklassen

* Die ausgewiesenen Tabellenwerte sind amtlich. Siehe Erläuterungen auf der Umschlaginnenseite (U2).

** Bei mehr als 3 Kinderfreibeträgen ist die „Ergänzungs-Tabelle 3,5 bis 6 Kinderfreibeträge" anzuwenden.

Lohn/ Gehalt bis €*	Abzüge an Lohnsteuer, Solidaritätszuschlag (SolZ) und Kirchensteuer (8%, 9%) in den Steuerklassen I – VI					I, II, III, IV																			
			ohne Kinderfreibeträge					mit Zahl der Kinderfreibeträge . . .																	
								0,5			1			1,5			2			2,5			3**		
		LSt	SolZ	8%	9%		LSt	SolZ	8%	9%	SolZ	8%	9%	SolZ	8%	9%	SolZ	8%	9%	SolZ	8%	9%	SolZ	8%	9%
4 043,99	I,IV	762,83	41,95	61,02	68,65	I	762,83	36,24	52,72	59,31	30,78	44,78	50,37	25,58	37,22	41,87	20,64	30,03	33,78	15,96	23,22	26,12	11,53	16,78	18,87
	II	723,50	39,79	57,88	65,11	II	723,50	34,17	49,71	55,92	28,81	41,91	47,15	23,71	34,49	38,80	18,86	27,44	30,87	14,28	20,77	23,36	9,95	14,47	16,28
	III	452,16	24,86	36,17	40,69	III	452,16	20,58	29,94	33,68	16,42	23,89	26,87	12,39	18,02	20,27	—	12,36	13,90	—	7,24	8,14	—	2,92	3,28
	V	1 154,25	63,48	92,34	103,88	IV	762,83	39,06	56,82	63,92	36,24	52,72	59,31	33,48	48,70	54,78	30,78	44,78	50,37	28,15	40,95	46,07	25,58	37,22	41,87
	VI	1 190,50	65,47	95,24	107,14																				
4 046,99	I,IV	763,83	42,01	61,10	68,74	I	763,83	36,29	52,78	59,38	30,83	44,85	50,45	25,63	37,28	41,94	20,68	30,09	33,85	16,—	23,28	26,19	11,57	16,84	18,94
	II	724,41	39,84	57,95	65,19	II	724,41	34,22	49,78	56,—	28,86	41,98	47,22	23,76	34,56	38,88	18,91	27,50	30,94	14,32	20,83	23,43	9,98	14,52	16,34
	III	453,—	24,91	36,24	40,77	III	453,—	20,62	30,—	33,75	16,46	23,94	26,93	12,43	18,08	20,34	—	12,41	13,96	—	7,29	8,20	—	2,96	3,33
	V	1 155,33	63,54	92,42	103,97	IV	763,83	39,11	56,90	64,01	36,29	52,78	59,38	33,53	48,77	54,86	30,83	44,85	50,45	28,20	41,02	46,14	25,63	37,28	41,94
	VI	1 191,58	65,53	95,32	107,24																				
4 049,99	I,IV	764,75	42,06	61,18	68,82	I	764,75	36,34	52,86	59,46	30,88	44,92	50,53	25,68	37,35	42,02	20,73	30,15	33,92	16,04	23,34	26,25	11,61	16,89	19,—
	II	725,41	39,89	58,03	65,28	II	725,41	34,27	49,85	56,08	28,90	42,04	47,30	23,80	34,62	38,94	18,95	27,56	31,01	14,35	20,88	23,49	10,02	14,58	16,40
	III	453,66	24,95	36,29	40,82	III	453,66	20,66	30,05	33,80	16,50	24,—	27,—	12,46	18,13	20,39	—	12,46	14,02	—	7,33	8,24	—	3,—	3,37
	V	1 156,41	63,60	92,51	104,07	IV	764,75	39,16	56,97	64,09	36,34	52,86	59,46	33,58	48,84	54,95	30,88	44,92	50,53	28,24	41,08	46,22	25,68	37,35	42,02
	VI	1 192,66	65,59	95,41	107,33																				
4 052,99	I,IV	765,75	42,11	61,26	68,91	I	765,75	36,39	52,94	59,55	30,93	44,99	50,61	25,72	37,42	42,09	20,78	30,22	34,—	16,08	23,40	26,32	11,65	16,95	19,07
	II	726,41	39,95	58,11	65,37	II	726,41	34,32	49,93	56,17	28,96	42,12	47,39	23,85	34,69	39,02	18,99	27,63	31,08	14,40	20,95	23,57	10,06	14,64	16,47
	III	454,33	24,98	36,34	40,88	III	454,33	20,69	30,10	33,86	16,53	24,05	27,05	12,50	18,18	20,45	—	12,52	14,08	—	7,37	8,29	—	3,04	3,42
	V	1 157,58	63,66	92,60	104,18	IV	765,75	39,22	57,05	64,18	36,39	52,94	59,55	33,63	48,92	55,03	30,93	44,99	50,61	28,29	41,16	46,30	25,72	37,42	42,09
	VI	1 193,83	65,66	95,50	107,44																				
4 055,99	I,IV	766,83	42,17	61,34	69,01	I	766,83	36,45	53,02	59,64	30,98	45,06	50,69	25,77	37,49	42,17	20,82	30,29	34,07	16,13	23,46	26,39	11,69	17,01	19,13
	II	727,41	40,—	58,19	65,46	II	727,41	34,37	50,—	56,25	29,01	42,20	47,47	23,89	34,76	39,10	19,04	27,70	31,16	14,44	21,01	23,63	10,10	14,70	16,53
	III	455,16	25,03	36,41	40,96	III	455,16	20,74	30,17	33,94	16,58	24,12	27,13	12,54	18,25	20,53	—	12,57	14,14	—	7,42	8,35	—	3,06	3,44
	V	1 158,75	63,73	92,70	104,28	IV	766,83	39,27	57,13	64,27	36,45	53,02	59,64	33,68	49,—	55,12	30,98	45,06	50,69	28,34	41,23	46,38	25,77	37,49	42,17
	VI	1 195,—	65,72	95,60	107,55																				
4 058,99	I,IV	767,83	42,23	61,42	69,10	I	767,83	36,50	53,10	59,73	31,03	45,14	50,78	25,82	37,56	42,26	20,87	30,36	34,15	16,17	23,53	26,47	11,73	17,07	19,20
	II	728,41	40,06	58,27	65,55	II	728,41	34,43	50,08	56,34	29,06	42,27	47,55	23,94	34,83	39,18	19,08	27,76	31,23	14,49	21,08	23,71	10,14	14,76	16,60
	III	456,—	25,08	36,48	41,04	III	456,—	20,78	30,22	34,—	16,61	24,17	27,19	12,58	18,30	20,59	—	12,62	14,20	—	7,46	8,39	—	3,10	3,49
	V	1 159,91	63,79	92,79	104,39	IV	767,83	39,33	57,21	64,36	36,50	53,10	59,73	33,73	49,07	55,20	31,03	45,14	50,78	28,39	41,30	46,46	25,82	37,56	42,26
	VI	1 196,25	65,79	95,70	107,66																				
4 061,99	I,IV	768,83	42,28	61,50	69,19	I	768,83	36,56	53,18	59,82	31,08	45,22	50,87	25,87	37,64	42,34	20,91	30,42	34,22	16,22	23,59	26,54	11,77	17,13	19,27
	II	729,41	40,11	58,35	65,64	II	729,41	34,48	50,16	56,43	29,11	42,34	47,63	23,99	34,90	39,26	19,13	27,83	31,31	14,53	21,14	23,78	10,18	14,82	16,67
	III	456,66	25,11	36,53	41,09	III	456,66	20,82	30,29	34,07	16,65	24,22	27,25	12,62	18,36	20,65	—	12,68	14,26	—	7,52	8,46	—	3,14	3,53
	V	1 161,16	63,86	92,89	104,50	IV	768,83	39,38	57,29	64,45	36,56	53,18	59,82	33,79	49,15	55,29	31,08	45,22	50,87	28,44	41,38	46,55	25,87	37,64	42,34
	VI	1 197,41	65,85	95,79	107,76																				
4 064,99	I,IV	769,91	42,34	61,59	69,29	I	769,91	36,61	53,26	59,91	31,14	45,30	50,96	25,92	37,71	42,42	20,96	30,50	34,31	16,26	23,66	26,61	11,82	17,20	19,35
	II	730,50	40,17	58,44	65,74	II	730,50	34,54	50,24	56,52	29,16	42,42	47,72	24,04	34,97	39,34	19,18	27,90	31,38	14,57	21,20	23,85	10,23	14,88	16,74
	III	457,50	25,16	36,60	41,17	III	457,50	20,86	30,34	34,13	16,70	24,29	27,32	12,65	18,41	20,71	—	12,73	14,32	—	7,56	8,50	—	3,18	3,58
	V	1 162,33	63,92	92,98	104,60	IV	769,91	39,44	57,38	64,55	36,61	53,26	59,91	33,84	49,23	55,38	31,14	45,30	50,96	28,50	41,46	46,64	25,92	37,71	42,42
	VI	1 198,58	65,92	95,88	107,87																				
4 067,99	I,IV	771,—	42,40	61,68	69,39	I	771,—	36,67	53,34	60,—	31,19	45,37	51,04	25,97	37,78	42,50	21,01	30,56	34,38	16,31	23,72	26,69	11,86	17,26	19,41
	II	731,50	40,23	58,52	65,83	II	731,50	34,59	50,32	56,61	29,21	42,49	47,80	24,09	35,04	39,42	19,22	27,96	31,46	14,62	21,26	23,92	10,27	14,94	16,80
	III	458,33	25,20	36,66	41,24	III	458,33	20,90	30,41	34,21	16,73	24,34	27,38	12,70	18,48	20,79	—	12,78	14,38	—	7,61	8,56	—	3,22	3,62
	V	1 163,58	63,99	93,08	104,72	IV	771,—	39,50	57,46	64,64	36,67	53,34	60,—	33,89	49,30	55,46	31,19	45,37	51,04	28,55	41,53	46,72	25,97	37,78	42,50
	VI	1 199,83	65,99	95,98	107,98																				
4 070,99	I,IV	772,—	42,46	61,76	69,48	I	772,—	36,72	53,42	60,09	31,24	45,44	51,12	26,02	37,85	42,58	21,06	30,63	34,46	16,35	23,79	26,76	11,90	17,32	19,48
	II	732,50	40,28	58,60	65,92	II	732,50	34,65	50,40	56,70	29,26	42,57	47,89	24,14	35,11	39,50	19,27	28,03	31,53	14,66	21,33	23,99	10,31	15,—	16,87
	III	459,—	25,24	36,72	41,31	III	459,—	20,94	30,46	34,27	16,78	24,41	27,46	12,74	18,53	20,84	—	12,84	14,44	—	7,65	8,60	—	3,26	3,67
	V	1 164,75	64,06	93,18	104,82	IV	772,—	39,55	57,54	64,73	36,72	53,42	60,09	33,95	49,38	55,55	31,24	45,44	51,12	28,60	41,60	46,80	26,02	37,85	42,58
	VI	1 201,—	66,05	96,08	108,09																				
4 073,99	I,IV	773,—	42,51	61,84	69,57	I	773,—	36,77	53,49	60,17	31,29	45,52	51,21	26,07	37,92	42,66	21,11	30,70	34,54	16,39	23,85	26,83	11,94	17,38	19,55
	II	733,50	40,34	58,68	66,01	II	733,50	34,70	50,47	56,78	29,31	42,64	47,97	24,19	35,18	39,58	19,32	28,10	31,61	14,70	21,39	24,06	10,35	15,06	16,94
	III	459,83	25,29	36,78	41,38	III	459,83	20,99	30,53	34,34	16,82	24,46	27,52	12,77	18,58	20,90	—	12,89	14,50	—	7,70	8,66	—	3,30	3,71
	V	1 165,91	64,12	93,27	104,93	IV	773,—	39,61	57,62	64,82	36,77	53,49	60,17	34,—	49,46	55,64	31,29	45,52	51,21	28,65	41,68	46,89	26,07	37,92	42,66
	VI	1 202,16	66,11	96,17	108,19																				
4 076,99	I,IV	774,08	42,57	61,92	69,66	I	774,08	36,83	53,57	60,26	31,35	45,60	51,30	26,12	38,—	42,75	21,15	30,77	34,61	16,44	23,92	26,91	11,99	17,44	19,62
	II	734,58	40,40	58,76	66,11	II	734,58	34,75	50,55	56,87	29,37	42,72	48,06	24,24	35,26	39,66	19,36	28,17	31,69	14,75	21,46	24,14	10,39	15,12	17,01
	III	460,50	25,32	36,84	41,44	III	460,50	21,02	30,58	34,40	16,85	24,52	27,58	12,81	18,64	20,97	—	12,94	14,56	—	7,74	8,71	—	3,34	3,76
	V	1 167,08	64,18	93,36	105,03	IV	774,08	39,67	57,70	64,91	36,83	53,57	60,26	34,05	49,54	55,73	31,35	45,60	51,30	28,70	41,75	46,97	26,12	38,—	42,75
	VI	1 203,41	66,18	96,27	108,30																				
4 079,99	I,IV	775,08	42,62	62,—	69,75	I	775,08	36,88	53,65	60,35	31,40	45,67	51,38	26,17	38,07	42,83	21,20	30,84	34,69	16,49	23,98	26,98	12,03	17,50	19,68
	II	735,58	40,45	58,84	66,20	II	735,58	34,81	50,63	56,96	29,42	42,79	48,14	24,28	35,32	39,74	19,41	28,24	31,77	14,79	21,52	24,21	10,43	15,18	17,07
	III	461,33	25,37	36,90	41,51	III	461,33	21,07	30,65	34,48	16,90	24,58	27,65	12,85	18,69	21,02	0,10	13,—	14,62	—	7,80	8,77	—	3,38	3,80
	V	1 168,33	64,25	93,46	105,14	IV	775,08	39,72	57,78	65,—	36,88	53,65	60,35	34,11	49,62	55,82	31,40	45,67	51,38	28,75	41,82	47,05	26,17	38,07	42,83
	VI	1 204,58	66,25	96,36	108,41																				
4 082,99	I,IV	776,16	42,68	62,09	69,85	I	776,16	36,94	53,73	60,44	31,45	45,75	51,47	26,22	38,14	42,90	21,24	30,90	34,76	16,53	24,04	27,05	12,07	17,56	19,76
	II	736,58	40,51	58,92	66,29	II	736,58	34,86	50,71	57,05	29,47	42,86	48,22	24,33	35,40	39,82	19,46	28,30	31,84	14,84	21,58	24,28	10,47	15,24	17,14
	III	462,16	25,41	36,97	41,59	III	462,16	21,11	30,70	34,54	16,94	24,64	27,72	12,89	18,76	21,10	0,23	13,05	14,68	—	7,84	8,82	—	3,42	3,85
	V	1 169,50	64,32	93,56	105,25	IV	776,16	39,78	57,86	65,09	36,94	53,73	60,44	34,16	49,69	55,90	31,45	45,75	51,47	28,80	41,90	47,13	26,22	38,14	42,90
	VI	1 205,75	66,31	96,46	108,51																				
4 085,99	I,IV	777,16	42,74	62,17	69,94	I	777,16	36,99	53,81	60,53	31,50	45,82	51,55	26,27	38,21	42,98	21,29	30,98	34,85	16,57	24,11	27,12	12,11	17,62	19,82
	II	737,58	40,56	59,—	66,38	II	737,58	34,91	50,78	57,13	29,52	42,94	48,30	24,38	35,46	39,89	19,50	28,37	31,91	14,88	21,64	24,35	10,51	15,30	17,21
	III	462,83	25,45	37,02	41,65	III	462,83	21,15	30,77	34,61	16,97	24,69	27,77	12,93	18,81	21,16	0,36	13,10	14,74	—	7,89	8,87	—	3,46	3,89
	V	1 170,66	64,38	93,65	105,35	IV	777,16	39,83	57,94	65,18	36,99	53,81	60,53	34,21	49,77	55,99	31,50	45,82	51,55	28,85	41,97	47,21	26,27	38,21	42,98
	VI	1 206,91	66,38	96,55	108,62																				
4 088,99	I,IV	778,25	42,80	62,26	70,04	I	778,25	37,05	53,89	60,62	31,55	45,90	51,63	26,32	38,28	43,07	21,34	31,04	34,92	16,62	24,18	27,20	12,15	17,68	19,89
	II	738,66	40,62	59,09	66,47	II	738,66	34,97	50,86	57,22	29,57	43,01	48,38	24,43	35,54	39,98	19,55	28,44	31,99	14,92	21,71	24,42	10,56	15,36	17,28
	III	463,66	25,50	37,09	41,72	III	463,66	21,19	30,82	34,67	17,02	24,76	27,85	12,97	18,86	21,22	0,53	13,17	14,81	—	7,93	8,92	—	3,50	3,94
	V	1 171,91	64,45	93,75	105,47	IV	778,25	39,89	58,02	65,27	37,05	53,89	60,62	34,27	49,85	56,08	31,55	45,90	51,63	28,90	42,04	47,30	26,32	38,28	43,07
	VI	1 208,16	66,44	96,65	108,73																				

* Die ausgewiesenen Tabellenwerte sind amtlich. Siehe Erläuterungen auf der Umschlaginnenseite (U2).

** Bei mehr als 3 Kinderfreibeträgen ist die „Ergänzungs-Tabelle 3,5 bis 6 Kinderfreibeträge" anzuwenden.

MONAT 4 089,–*

Lohn/ Gehalt bis €*		I – VI LSt	ohne Kinderfreibeträge SolZ	8%	9%	I, II, III, IV	LSt	mit Zahl der Kinderfreibeträge . . . 0,5 SolZ	8%	9%	1 SolZ	8%	9%	1,5 SolZ	8%	9%	2 SolZ	8%	9%	2,5 SolZ	8%	9%	3** SolZ	8%	9%
4 091,99	I,IV	779,25	42,85	62,34	70,13	I	779,25	37,10	53,97	60,71	31,61	45,98	51,72	26,37	38,36	43,15	21,39	31,11	35,—	16,66	24,24	27,27	12,20	17,74	19,96
	II	739,66	40,68	59,17	66,56	II	739,66	35,02	50,94	57,31	29,62	43,09	48,47	24,48	35,61	40,06	19,59	28,50	32,06	14,96	21,77	24,49	10,60	15,42	17,34
	III	464,50	25,54	37,16	41,80	III	464,50	21,23	30,89	34,75	17,05	24,81	27,91	13,—	18,92	21,28	0,66	13,22	14,87	—	7,98	8,98	—	3,53	3,97
	V	1 173,08	64,51	93,84	105,57	IV	779,25	39,94	58,10	65,36	37,10	53,97	60,71	34,32	49,92	56,16	31,61	45,98	51,72	28,95	42,12	47,38	26,37	38,36	43,15
	VI	1 209,33	66,51	96,74	108,83																				
4 094,99	I,IV	780,25	42,91	62,42	70,22	I	780,25	37,16	54,05	60,80	31,66	46,05	51,80	26,42	38,43	43,23	21,43	31,18	35,07	16,71	24,30	27,34	12,24	17,80	20,03
	II	740,66	40,73	59,25	66,65	II	740,66	35,07	51,02	57,39	29,67	43,16	48,56	24,53	35,68	40,14	19,64	28,57	32,14	15,01	21,84	24,57	10,64	15,48	17,41
	III	465,16	25,58	37,21	41,86	III	465,16	21,27	30,94	34,81	17,09	24,86	27,97	13,05	18,98	21,35	0,80	13,28	14,94	—	8,02	9,02	—	3,57	4,01
	V	1 174,25	64,58	93,94	105,68	IV	780,25	40,—	58,19	65,46	37,16	54,05	60,80	34,37	50,—	56,25	31,66	46,05	51,80	29,—	42,19	47,46	26,42	38,43	43,23
	VI	1 210,50	66,57	96,84	108,94																				
4 097,99	I,IV	781,33	42,97	62,50	70,31	I	781,33	37,21	54,13	60,89	31,71	46,13	51,89	26,47	38,50	43,31	21,48	31,25	35,15	16,75	24,37	27,41	12,28	17,87	20,10
	II	741,75	40,79	59,34	66,75	II	741,75	35,13	51,10	57,48	29,72	43,24	48,64	24,58	35,75	40,22	19,69	28,64	32,22	15,06	21,90	24,64	10,68	15,54	17,48
	III	466,—	25,63	37,28	41,94	III	466,—	21,32	31,01	34,88	17,14	24,93	28,04	13,09	19,04	21,42	0,93	13,33	14,99	—	8,08	9,09	—	3,61	4,06
	V	1 175,50	64,65	94,04	105,79	IV	781,33	40,06	58,27	65,55	37,21	54,13	60,89	34,43	50,08	56,34	31,71	46,13	51,89	29,06	42,27	47,55	26,47	38,50	43,31
	VI	1 211,75	66,64	96,94	109,05																				
4 100,99	I,IV	782,41	43,03	62,59	70,41	I	782,41	37,27	54,21	60,98	31,76	46,20	51,98	26,52	38,58	43,40	21,53	31,32	35,23	16,80	24,44	27,49	12,32	17,93	20,17
	II	742,75	40,85	59,42	66,84	II	742,75	35,18	51,18	57,57	29,77	43,31	48,72	24,63	35,82	40,30	19,73	28,70	32,29	15,10	21,96	24,71	10,72	15,60	17,55
	III	466,66	25,66	37,33	41,99	III	466,66	21,35	31,06	34,94	17,17	24,98	28,10	13,12	19,09	21,47	1,06	13,38	15,05	—	8,12	9,13	—	3,65	4,10
	V	1 176,66	64,71	94,13	105,89	IV	782,41	40,11	58,35	65,64	37,27	54,21	60,98	34,48	50,16	56,43	31,76	46,20	51,98	29,11	42,34	47,63	26,52	38,58	43,40
	VI	1 212,91	66,71	97,03	109,16																				
4 103,99	I,IV	783,41	43,08	62,67	70,50	I	783,41	37,32	54,29	61,07	31,82	46,28	52,07	26,56	38,64	43,47	21,58	31,39	35,31	16,84	24,50	27,56	12,37	17,99	20,24
	II	743,75	40,90	59,50	66,93	II	743,75	35,24	51,26	57,66	29,83	43,39	48,81	24,67	35,89	40,37	19,78	28,77	32,36	15,14	22,03	24,78	10,76	15,66	17,61
	III	467,50	25,71	37,40	42,07	III	467,50	21,40	31,13	35,02	17,21	25,04	28,17	13,16	19,14	21,53	1,20	13,44	15,12	—	8,17	9,19	—	3,69	4,15
	V	1 177,83	64,78	94,22	106,—	IV	783,41	40,17	58,43	65,73	37,32	54,29	61,07	34,54	50,24	56,52	31,82	46,28	52,07	29,16	42,42	47,72	26,56	38,64	43,47
	VI	1 214,16	66,77	97,13	109,27																				
4 106,99	I,IV	784,50	43,14	62,76	70,60	I	784,50	37,38	54,37	61,16	31,87	46,36	52,15	26,62	38,72	43,56	21,62	31,46	35,39	16,89	24,57	27,64	12,41	18,05	20,30
	II	744,83	40,96	59,58	67,03	II	744,83	35,29	51,34	57,75	29,88	43,46	48,89	24,72	35,96	40,46	19,83	28,84	32,45	15,18	22,09	24,85	10,80	15,72	17,68
	III	468,33	25,75	37,46	42,14	III	468,33	21,44	31,18	35,08	17,26	25,10	28,24	13,20	19,20	21,60	1,33	13,49	15,17	—	8,21	9,23	—	3,73	4,19
	V	1 179,08	64,84	94,32	106,11	IV	784,50	40,23	58,52	65,83	37,38	54,37	61,16	34,59	50,32	56,61	31,87	46,36	52,15	29,21	42,49	47,80	26,62	38,72	43,56
	VI	1 215,33	66,84	97,22	109,37																				
4 109,99	I,IV	785,50	43,20	62,84	70,69	I	785,50	37,43	54,45	61,25	31,92	46,43	52,23	26,67	38,79	43,64	21,67	31,52	35,46	16,93	24,63	27,71	12,45	18,12	20,38
	II	745,83	41,02	59,66	67,12	II	745,83	35,34	51,41	57,83	29,93	43,54	48,98	24,77	36,04	40,54	19,87	28,91	32,52	15,23	22,16	24,93	10,84	15,78	17,75
	III	469,—	25,79	37,52	42,21	III	469,—	21,48	31,25	35,15	17,29	25,16	28,30	13,24	19,26	21,67	1,46	13,54	15,23	—	8,26	9,29	—	3,77	4,24
	V	1 180,25	64,91	94,42	106,22	IV	785,50	40,28	58,60	65,92	37,43	54,45	61,25	34,64	50,39	56,69	31,92	46,43	52,23	29,26	42,56	47,88	26,67	38,79	43,64
	VI	1 216,50	66,90	97,32	109,48																				
4 112,99	I,IV	786,58	43,26	62,92	70,79	I	786,58	37,49	54,53	61,34	31,97	46,51	52,32	26,72	38,86	43,72	21,72	31,59	35,54	16,98	24,70	27,78	12,49	18,18	20,45
	II	746,83	41,07	59,74	67,21	II	746,83	35,40	51,49	57,92	29,98	43,61	49,06	24,82	36,10	40,61	19,92	28,98	32,60	15,27	22,22	24,99	10,89	15,84	17,82
	III	469,83	25,84	37,58	42,28	III	469,83	21,52	31,30	35,21	17,34	25,22	28,37	13,28	19,32	21,73	1,60	13,60	15,30	—	8,32	9,36	—	3,81	4,28
	V	1 181,41	64,97	94,51	106,32	IV	786,58	40,34	58,68	66,01	37,49	54,53	61,34	34,70	50,47	56,78	31,97	46,51	52,32	29,31	42,64	47,97	26,72	38,86	43,72
	VI	1 217,66	66,97	97,41	109,58																				
4 115,99	I,IV	787,58	43,31	63,—	70,88	I	787,58	37,54	54,61	61,43	32,02	46,58	52,40	26,77	38,94	43,80	21,77	31,66	35,62	17,02	24,76	27,86	12,54	18,24	20,52
	II	747,83	41,13	59,82	67,30	II	747,83	35,45	51,57	58,01	30,03	43,68	49,14	24,87	36,18	40,70	19,96	29,04	32,67	15,32	22,28	25,07	10,93	15,90	17,88
	III	470,66	25,88	37,65	42,35	III	470,66	21,56	31,37	35,29	17,38	25,28	28,44	13,31	19,37	21,79	1,73	13,65	15,35	—	8,36	9,40	—	3,85	4,33
	V	1 182,66	65,04	94,61	106,43	IV	787,58	40,39	58,76	66,10	37,54	54,61	61,43	34,75	50,55	56,87	32,02	46,58	52,40	29,36	42,71	48,05	26,77	38,94	43,80
	VI	1 218,91	67,04	97,51	109,70																				
4 118,99	I,IV	788,66	43,37	63,09	70,97	I	788,66	37,60	54,69	61,52	32,08	46,66	52,49	26,82	39,01	43,88	21,81	31,73	35,69	17,07	24,83	27,93	12,58	18,30	20,58
	II	748,91	41,19	59,91	67,40	II	748,91	35,50	51,64	58,10	30,08	43,76	49,23	24,92	36,25	40,78	20,01	29,11	32,75	15,36	22,34	25,13	10,97	15,96	17,95
	III	471,33	25,92	37,70	42,41	III	471,33	21,60	31,42	35,35	17,41	25,33	28,49	13,35	19,42	21,85	1,86	13,70	15,41	—	8,41	9,46	—	3,89	4,37
	V	1 183,83	65,11	94,70	106,54	IV	788,66	40,45	58,84	66,20	37,60	54,69	61,52	34,80	50,62	56,95	32,08	46,66	52,49	29,42	42,79	48,14	26,82	39,01	43,88
	VI	1 220,08	67,10	97,60	109,80																				
4 121,99	I,IV	789,66	43,43	63,17	71,06	I	789,66	37,65	54,76	61,61	32,13	46,74	52,58	26,87	39,08	43,97	21,86	31,80	35,77	17,11	24,89	28,—	12,62	18,36	20,66
	II	749,91	41,24	59,99	67,49	II	749,91	35,56	51,72	58,19	30,14	43,84	49,32	24,97	36,32	40,86	20,06	29,18	32,82	15,40	22,41	25,21	11,01	16,02	18,02
	III	472,16	25,96	37,77	42,49	III	472,16	21,65	31,49	35,42	17,46	25,40	28,57	13,40	19,49	21,92	2,—	13,76	15,48	—	8,45	9,50	—	3,93	4,42
	V	1 185,—	65,17	94,80	106,65	IV	789,66	40,51	58,92	66,29	37,65	54,76	61,61	34,86	50,70	57,04	32,13	46,74	52,58	29,47	42,86	48,22	26,87	39,08	43,97
	VI	1 221,25	67,16	97,70	109,91																				
4 124,99	I,IV	790,75	43,49	63,26	71,16	I	790,75	37,70	54,84	61,70	32,18	46,81	52,66	26,91	39,15	44,04	21,91	31,87	35,85	17,16	24,96	28,08	12,66	18,42	20,72
	II	750,91	41,30	60,07	67,58	II	750,91	35,61	51,80	58,28	30,19	43,91	49,40	25,02	36,39	40,94	20,10	29,24	32,90	15,45	22,48	25,29	11,05	16,08	18,09
	III	473,—	26,01	37,84	42,57	III	473,—	21,68	31,54	35,48	17,49	25,45	28,63	13,43	19,54	21,98	2,16	13,82	15,55	—	8,50	9,56	—	3,97	4,46
	V	1 186,16	65,23	94,89	106,75	IV	790,75	40,56	59,—	66,38	37,70	54,84	61,70	34,91	50,78	57,13	32,18	46,81	52,66	29,52	42,94	48,30	26,91	39,15	44,04
	VI	1 222,50	67,23	97,80	110,02																				
4 127,99	I,IV	791,83	43,55	63,34	71,26	I	791,83	37,76	54,93	61,79	32,23	46,89	52,75	26,97	39,23	44,13	21,95	31,94	35,93	17,20	25,02	28,15	12,70	18,48	20,79
	II	752,—	41,36	60,16	67,68	II	752,—	35,67	51,88	58,37	30,24	43,98	49,48	25,07	36,46	41,02	20,15	29,32	32,98	15,49	22,54	25,35	11,09	16,14	18,15
	III	473,66	26,05	37,89	42,62	III	473,66	21,73	31,61	35,56	17,54	25,52	28,71	13,47	19,60	22,05	2,30	13,88	15,61	—	8,56	9,63	—	4,01	4,51
	V	1 187,41	65,30	94,99	106,86	IV	791,83	40,62	59,09	66,47	37,76	54,93	61,79	34,97	50,86	57,22	32,23	46,89	52,75	29,57	43,01	48,38	26,97	39,23	44,13
	VI	1 223,66	67,30	97,89	110,12																				
4 130,99	I,IV	792,83	43,60	63,42	71,35	I	792,83	37,82	55,01	61,88	32,29	46,97	52,84	27,02	39,30	44,21	22,—	32,01	36,01	17,25	25,09	28,22	12,75	18,55	20,87
	II	753,—	41,41	60,24	67,77	II	753,—	35,72	51,96	58,46	30,29	44,06	49,57	25,12	36,54	41,10	20,20	29,38	33,05	15,54	22,60	25,43	11,14	16,20	18,23
	III	474,50	26,09	37,96	42,70	III	474,50	21,78	31,68	35,64	17,58	25,57	28,76	13,51	19,65	22,10	2,43	13,93	15,67	—	8,60	9,67	—	4,05	4,55
	V	1 188,58	65,37	95,08	106,97	IV	792,83	40,68	59,17	66,56	37,82	55,01	61,88	35,02	50,94	57,31	32,29	46,97	52,84	29,62	43,09	48,47	27,02	39,30	44,21
	VI	1 224,83	67,36	97,98	110,23																				
4 133,99	I,IV	793,91	43,66	63,51	71,45	I	793,91	37,87	55,09	61,97	32,34	47,04	52,92	27,06	39,37	44,29	22,05	32,08	36,09	17,29	25,16	28,30	12,79	18,61	20,93
	II	754,08	41,47	60,32	67,86	II	754,08	35,78	52,04	58,55	30,34	44,14	49,65	25,16	36,60	41,18	20,24	29,45	33,13	15,58	22,67	25,50	11,18	16,26	18,29
	III	475,33	26,14	38,02	42,77	III	475,33	21,81	31,73	35,69	17,61	25,62	28,82	13,55	19,72	22,18	2,56	13,98	15,73	—	8,65	9,73	—	4,09	4,60
	V	1 189,83	65,44	95,18	107,08	IV	793,91	40,73	59,25	66,65	37,87	55,09	61,97	35,07	51,02	57,39	32,34	47,04	52,92	29,67	43,16	48,56	27,06	39,37	44,29
	VI	1 226,08	67,43	98,08	110,34																				
4 136,99	I,IV	794,91	43,72	63,59	71,54	I	794,91	37,93	55,17	62,06	32,39	47,12	53,01	27,11	39,44	44,37	22,10	32,14	36,16	17,34	25,22	28,37	12,83	18,67	21,—
	II	755,08	41,52	60,40	67,95	II	755,08	35,83	52,12	58,63	30,39	44,21	49,73	25,21	36,68	41,26	20,29	29,52	33,21	15,62	22,73	25,57	11,22	16,32	18,36
	III	476,—	26,18	38,08	42,84	III	476,—	21,86	31,80	35,77	17,66	25,69	28,90	13,59	19,77	22,24	2,70	14,04	15,79	—	8,69	9,77	—	4,13	4,64
	V	1 191,—	65,50	95,28	107,19	IV	794,91	40,79	59,33	66,74	37,93	55,17	62,06	35,13	51,10	57,48	32,39	47,12	53,01	29,72	43,24	48,64	27,11	39,44	44,37
	VI	1 227,25	67,49	98,18	110,45																				

Abzüge an Lohnsteuer, Solidaritätszuschlag (SolZ) und Kirchensteuer (8%, 9%) in den Steuerklassen

* Die ausgewiesenen Tabellenwerte sind amtlich. Siehe Erläuterungen auf der Umschlaginnenseite (U2).
** Bei mehr als 3 Kinderfreibeträgen ist die „Ergänzungs-Tabelle 3,5 bis 6 Kinderfreibeträge" anzuwenden.

Lohn/ Gehalt bis €*	Abzüge an Lohnsteuer, Solidaritätszuschlag (SolZ) und Kirchensteuer (8%, 9%) in den Steuerklassen																							
	I – VI					I, II, III, IV																		
			ohne Kinderfreibeträge					mit Zahl der Kinderfreibeträge . . .																
								0,5			1			1,5			2			2,5			3**	
		LSt	SolZ	8%	9%		LSt	SolZ	8%	9%	SolZ	8%	9%	SolZ	8%	9%	SolZ	8%	9%	SolZ	8%	9%	SolZ	8%	9%
4 139,99	I,IV	796,—	43,78	63,68	71,64	I	796,—	37,98	55,25	62,15	32,45	47,20	53,10	27,17	39,52	44,46	22,15	32,22	36,24	17,38	25,28	28,44	12,87	18,73	21,07
	II	756,08	41,58	60,48	68,04	II	756,08	35,88	52,20	58,72	30,44	44,28	49,82	25,26	36,75	41,34	20,34	29,58	33,28	15,67	22,80	25,65	11,26	16,38	18,43
	III	476,83	26,22	38,14	42,91	III	476,83	21,89	31,85	35,83	17,70	25,74	28,96	13,63	19,82	22,30	2,83	14,09	15,85	—	8,74	9,83	—	4,17	4,69
	V	1 192,16	65,56	95,37	107,29	IV	796,—	40,85	59,42	66,84	37,98	55,25	62,15	35,18	51,18	57,57	32,45	47,20	53,10	29,77	43,31	48,72	27,17	39,52	44,46
	VI	1 228,41	67,56	98,27	110,55																				
4 142,99	I,IV	797,—	43,83	63,76	71,73	I	797,—	38,04	55,33	62,24	32,50	47,27	53,18	27,22	39,59	44,54	22,19	32,28	36,32	17,43	25,35	28,52	12,92	18,80	21,15
	II	757,16	41,64	60,57	68,14	II	757,16	35,94	52,28	58,81	30,50	44,36	49,91	25,31	36,82	41,42	20,38	29,65	33,35	15,71	22,86	25,71	11,30	16,44	18,50
	III	477,66	26,27	38,21	42,98	III	477,66	21,94	31,92	35,91	17,73	25,80	29,02	13,66	19,88	22,36	2,96	14,14	15,91	—	8,80	9,90	—	4,22	4,75
	V	1 193,33	65,63	95,46	107,39	IV	797,—	40,90	59,50	66,93	38,04	55,33	62,24	35,23	51,25	57,65	32,50	47,27	53,18	29,82	43,38	48,80	27,22	39,59	44,54
	VI	1 229,66	67,63	98,37	110,66																				
4 145,99	I,IV	798,08	43,89	63,84	71,82	I	798,08	38,09	55,41	62,33	32,55	47,35	53,27	27,27	39,66	44,62	22,24	32,35	36,39	17,47	25,42	28,59	12,96	18,86	21,21
	II	758,16	41,69	60,65	68,23	II	758,16	35,99	52,36	58,90	30,55	44,44	49,99	25,36	36,89	41,50	20,43	29,72	33,44	15,76	22,92	25,79	11,34	16,50	18,56
	III	478,33	26,30	38,26	43,04	III	478,33	21,98	31,97	35,96	17,78	25,86	29,09	13,71	19,94	22,43	3,13	14,21	15,98	—	8,84	9,94	—	4,26	4,79
	V	1 194,58	65,70	95,56	107,51	IV	798,08	40,96	59,58	67,02	38,09	55,41	62,33	35,29	51,33	57,74	32,55	47,35	53,27	29,87	43,46	48,89	27,27	39,66	44,62
	VI	1 230,83	67,69	98,46	110,77																				
4 148,99	I,IV	799,08	43,94	63,92	71,91	I	799,08	38,15	55,49	62,42	32,60	47,42	53,35	27,32	39,74	44,70	22,29	32,42	36,47	17,52	25,48	28,67	13,—	18,92	21,28
	II	759,16	41,75	60,73	68,32	II	759,16	36,05	52,44	58,99	30,60	44,51	50,07	25,41	36,96	41,58	20,48	29,79	33,51	15,80	22,99	25,86	11,38	16,56	18,63
	III	479,16	26,35	38,33	43,12	III	479,16	22,02	32,04	36,04	17,82	25,92	29,16	13,75	20,—	22,50	3,26	14,26	16,04	—	8,89	10,—	—	4,30	4,84
	V	1 195,75	65,76	95,66	107,61	IV	799,08	41,01	59,66	67,11	38,15	55,49	62,42	35,34	51,41	57,83	32,60	47,42	53,35	29,93	43,54	48,98	27,32	39,74	44,70
	VI	1 232,—	67,76	98,56	110,88																				
4 151,99	I,IV	800,16	44,—	64,01	72,01	I	800,16	38,20	55,57	62,51	32,66	47,50	53,44	27,37	39,81	44,78	22,33	32,49	36,55	17,56	25,55	28,74	13,04	18,98	21,35
	II	760,25	41,81	60,82	68,42	II	760,25	36,10	52,51	59,07	30,65	44,58	50,15	25,46	37,04	41,67	20,52	29,86	33,59	15,84	23,05	25,93	11,43	16,62	18,70
	III	480,—	26,40	38,40	43,20	III	480,—	22,06	32,09	36,10	17,86	25,98	29,23	13,78	20,05	22,55	3,40	14,32	16,11	—	8,94	10,06	—	4,34	4,88
	V	1 196,91	65,83	95,75	107,72	IV	800,16	41,07	59,74	67,21	38,20	55,57	62,51	35,40	51,49	57,92	32,66	47,50	53,44	29,98	43,61	49,06	27,37	39,81	44,78
	VI	1 233,16	67,82	98,65	110,98																				
4 154,99	I,IV	801,16	44,06	64,09	72,10	I	801,16	38,26	55,65	62,60	32,71	47,58	53,52	27,42	39,88	44,87	22,38	32,56	36,63	17,61	25,62	28,82	13,09	19,04	21,42
	II	761,25	41,86	60,90	68,51	II	761,25	36,15	52,59	59,16	30,70	44,66	50,24	25,51	37,10	41,74	20,57	29,92	33,66	15,89	23,12	26,01	11,47	16,68	18,77
	III	480,66	26,43	38,45	43,25	III	480,66	22,11	32,16	36,18	17,90	26,04	29,29	13,82	20,10	22,61	3,53	14,37	16,16	—	8,98	10,10	—	4,38	4,93
	V	1 198,16	65,89	95,85	107,83	IV	801,16	41,13	59,82	67,30	38,26	55,65	62,60	35,45	51,56	58,01	32,71	47,58	53,52	30,03	43,68	49,14	27,42	39,88	44,87
	VI	1 234,41	67,89	98,75	111,09																				
4 157,99	I,IV	802,25	44,12	64,18	72,20	I	802,25	38,31	55,73	62,69	32,76	47,66	53,61	27,47	39,96	44,95	22,43	32,63	36,71	17,65	25,68	28,89	13,13	19,10	21,49
	II	762,25	41,92	60,98	68,60	II	762,25	36,21	52,67	59,25	30,75	44,74	50,33	25,56	37,18	41,82	20,62	29,99	33,74	15,94	23,18	26,08	11,51	16,74	18,83
	III	481,50	26,48	38,52	43,33	III	481,50	22,14	32,21	36,23	17,93	26,09	29,35	13,86	20,17	22,69	3,66	14,42	16,22	—	9,04	10,17	—	4,42	4,97
	V	1 199,33	65,96	95,94	107,93	IV	802,25	41,18	59,90	67,39	38,31	55,73	62,69	35,50	51,64	58,10	32,76	47,66	53,61	30,08	43,76	49,23	27,47	39,96	44,95
	VI	1 235,58	67,95	98,84	111,20																				
4 160,99	I,IV	803,33	44,18	64,26	72,29	I	803,33	38,37	55,81	62,78	32,81	47,73	53,69	27,52	40,03	45,03	22,48	32,70	36,79	17,70	25,75	28,97	13,18	19,17	21,56
	II	763,33	41,98	61,06	68,69	II	763,33	36,26	52,75	59,34	30,81	44,82	50,42	25,61	37,25	41,90	20,67	30,06	33,82	15,98	23,25	26,15	11,55	16,81	18,91
	III	482,33	26,52	38,58	43,40	III	482,33	22,19	32,28	36,31	17,98	26,16	29,43	13,90	20,22	22,75	3,80	14,48	16,29	—	9,08	10,21	—	4,46	5,02
	V	1 200,58	66,03	96,04	108,05	IV	803,33	41,24	59,99	67,49	38,37	55,81	62,78	35,56	51,72	58,19	32,81	47,73	53,69	30,14	43,84	49,32	27,52	40,03	45,03
	VI	1 236,83	68,02	98,94	111,31																				
4 163,99	I,IV	804,33	44,23	64,34	72,38	I	804,33	38,42	55,89	62,87	32,87	47,81	53,78	27,57	40,10	45,11	22,53	32,77	36,86	17,74	25,81	29,03	13,22	19,23	21,63
	II	764,33	42,03	61,14	68,78	II	764,33	36,32	52,83	59,43	30,86	44,89	50,50	25,66	37,32	41,99	20,71	30,13	33,89	16,02	23,31	26,22	11,60	16,87	18,98
	III	483,—	26,56	38,64	43,47	III	483,—	22,22	32,33	36,37	18,02	26,21	29,48	13,94	20,28	22,81	3,93	14,53	16,34	—	9,13	10,27	—	4,50	5,06
	V	1 201,75	66,09	96,14	108,15	IV	804,33	41,30	60,07	67,58	38,42	55,89	62,87	35,61	51,80	58,28	32,87	47,81	53,78	30,19	43,91	49,40	27,57	40,10	45,11
	VI	1 238,—	68,09	99,04	111,42																				
4 166,99	I,IV	805,41	44,29	64,43	72,48	I	805,41	38,48	55,97	62,96	32,92	47,88	53,87	27,62	40,18	45,20	22,57	32,84	36,94	17,79	25,88	29,11	13,26	19,29	21,70
	II	765,41	42,09	61,23	68,88	II	765,41	36,37	52,91	59,52	30,91	44,96	50,58	25,71	37,40	42,07	20,76	30,20	33,97	16,07	23,38	26,30	11,64	16,93	19,04
	III	483,83	26,61	38,70	43,54	III	483,83	22,27	32,40	36,45	18,06	26,28	29,56	13,97	20,33	22,87	4,06	14,58	16,40	—	9,18	10,33	—	4,54	5,11
	V	1 202,91	66,16	96,23	108,26	IV	805,41	41,36	60,16	67,68	38,48	55,97	62,96	35,67	51,88	58,37	32,92	47,88	53,87	30,24	43,98	49,48	27,62	40,18	45,20
	VI	1 239,16	68,15	99,13	111,52																				
4 169,99	I,IV	806,50	44,35	64,52	72,58	I	806,50	38,53	56,05	63,05	32,97	47,96	53,96	27,67	40,25	45,28	22,62	32,91	37,02	17,83	25,94	29,18	13,30	19,35	21,77
	II	766,41	42,15	61,31	68,97	II	766,41	36,43	52,99	59,61	30,96	45,04	50,67	25,75	37,46	42,14	20,80	30,26	34,04	16,11	23,44	26,37	11,68	16,99	19,11
	III	484,66	26,65	38,77	43,61	III	484,66	22,31	32,45	36,50	18,10	26,33	29,62	14,02	20,40	22,95	4,20	14,64	16,47	—	9,22	10,37	—	4,58	5,15
	V	1 204,08	66,22	96,32	108,36	IV	806,50	41,41	60,24	67,77	38,53	56,05	63,05	35,72	51,96	58,46	32,97	47,96	53,96	30,29	44,06	49,56	27,67	40,25	45,28
	VI	1 240,41	68,22	99,23	111,63																				
4 172,99	I,IV	807,50	44,41	64,60	72,67	I	807,50	38,59	56,13	63,14	33,02	48,04	54,04	27,72	40,32	45,36	22,67	32,98	37,10	17,88	26,01	29,26	13,35	19,42	21,84
	II	767,50	42,21	61,40	69,07	II	767,50	36,48	53,07	59,70	31,02	45,12	50,76	25,80	37,54	42,23	20,85	30,34	34,13	16,16	23,50	26,44	11,72	17,05	19,18
	III	485,33	26,69	38,82	43,67	III	485,33	22,35	32,52	36,58	18,14	26,38	29,68	14,06	20,45	23,—	4,36	14,70	16,54	—	9,28	10,44	—	4,62	5,20
	V	1 205,33	66,29	96,42	108,47	IV	807,50	41,47	60,32	67,86	38,59	56,13	63,14	35,77	52,04	58,54	33,02	48,04	54,04	30,34	44,14	49,65	27,72	40,32	45,36
	VI	1 241,58	68,28	99,32	111,74																				
4 175,99	I,IV	808,58	44,47	64,68	72,77	I	808,58	38,64	56,21	63,23	33,08	48,12	54,13	27,77	40,40	45,45	22,72	33,05	37,18	17,93	26,08	29,34	13,39	19,48	21,91
	II	768,50	42,26	61,48	69,16	II	768,50	36,53	53,14	59,78	31,07	45,19	50,84	25,85	37,61	42,31	20,90	30,40	34,20	16,20	23,57	26,51	11,76	17,11	19,25
	III	486,16	26,73	38,89	43,75	III	486,16	22,39	32,57	36,64	18,18	26,45	29,75	14,09	20,50	23,06	4,50	14,76	16,60	—	9,33	10,49	—	4,66	5,24
	V	1 206,50	66,35	96,52	108,58	IV	808,58	41,52	60,40	67,95	38,64	56,21	63,23	35,83	52,12	58,63	33,08	48,12	54,13	30,39	44,21	49,73	27,77	40,40	45,45
	VI	1 242,75	68,35	99,42	111,84																				
4 178,99	I,IV	809,58	44,52	64,76	72,86	I	809,58	38,70	56,29	63,32	33,13	48,19	54,21	27,82	40,47	45,53	22,77	33,12	37,26	17,97	26,14	29,41	13,43	19,54	21,98
	II	769,50	42,32	61,56	69,25	II	769,50	36,59	53,22	59,87	31,12	45,26	50,92	25,90	37,68	42,39	20,95	30,47	34,28	16,25	23,64	26,59	11,80	17,17	19,31
	III	487,—	26,78	38,96	43,83	III	487,—	22,44	32,64	36,72	18,22	26,50	29,81	14,13	20,56	23,13	4,63	14,81	16,66	—	9,37	10,54	—	4,70	5,29
	V	1 207,66	66,42	96,61	108,68	IV	809,58	41,58	60,48	68,04	38,70	56,29	63,32	35,88	52,20	58,72	33,13	48,19	54,21	30,44	44,28	49,82	27,82	40,47	45,53
	VI	1 243,91	68,41	99,51	111,95																				
4 181,99	I,IV	810,66	44,58	64,85	72,95	I	810,66	38,75	56,37	63,41	33,18	48,27	54,30	27,87	40,54	45,61	22,82	33,19	37,34	18,02	26,21	29,48	13,47	19,60	22,05
	II	770,58	42,38	61,64	69,35	II	770,58	36,64	53,30	59,96	31,17	45,34	51,01	25,95	37,75	42,47	20,99	30,54	34,35	16,29	23,70	26,66	11,84	17,23	19,38
	III	487,66	26,82	39,01	43,88	III	487,66	22,47	32,69	36,77	18,26	26,56	29,88	14,18	20,62	23,20	4,76	14,86	16,72	—	9,42	10,60	—	4,74	5,33
	V	1 208,91	66,49	96,71	108,80	IV	810,66	41,63	60,56	68,13	38,75	56,37	63,41	35,94	52,28	58,81	33,18	48,27	54,30	30,49	44,36	49,90	27,87	40,54	45,61
	VI	1 245,16	68,48	99,61	112,06																				
4 184,99	I,IV	811,75	44,64	64,94	73,05	I	811,75	38,81	56,46	63,51	33,23	48,34	54,38	27,92	40,62	45,69	22,86	33,26	37,41	18,06	26,27	29,55	13,52	19,66	22,12
	II	771,58	42,43	61,72	69,44	II	771,58	36,70	53,38	60,05	31,22	45,42	51,09	26,—	37,82	42,55	21,04	30,60	34,43	16,33	23,76	26,73	11,89	17,30	19,46
	III	488,50	26,86	39,08	43,96	III	488,50	22,52	32,76	36,85	18,30	26,62	29,95	14,21	20,68	23,26	4,90	14,92	16,78	—	9,48	10,66	—	4,80	5,40
	V	1 210,08	66,55	96,80	108,90	IV	811,75	41,69	60,65	68,23	38,81	56,46	63,51	35,99	52,35	58,89	33,23	48,34	54,38	30,55	44,44	49,99	27,92	40,62	45,69
	VI	1 246,33	68,54	99,70	112,16																				

* Die ausgewiesenen Tabellenwerte sind amtlich. Siehe Erläuterungen auf der Umschlaginnenseite (U2).
** Bei mehr als 3 Kinderfreibeträgen ist die „Ergänzungs-Tabelle 3,5 bis 6 Kinderfreibeträge" anzuwenden.

MONAT 4 185,–*

Abzüge an Lohnsteuer, Solidaritätszuschlag (SolZ) und Kirchensteuer (8%, 9%) in den Steuerklassen

Lohn/ Gehalt bis €*	I – VI					I, II, III, IV		mit Zahl der Kinderfreibeträge . . .																	
			ohne Kinderfreibeträge					0,5			1			1,5			2			2,5			3**		
		LSt	SolZ	8%	9%		LSt	SolZ	8%	9%	SolZ	8%	9%	SolZ	8%	9%	SolZ	8%	9%	SolZ	8%	9%	SolZ	8%	9%
4 187,99	I,IV	812,75	44,70	65,02	73,14	I	812,75	38,87	56,54	63,60	33,29	48,42	54,47	27,97	40,69	45,77	22,91	33,32	37,49	18,10	26,34	29,63	13,56	19,73	22,19
	II	772,66	42,49	61,81	69,53	II	772,66	36,75	53,46	60,14	31,27	45,49	51,17	26,05	37,90	42,63	21,09	30,68	34,51	16,38	23,83	26,81	11,93	17,36	19,53
	III	489,33	26,91	39,14	44,03	III	489,33	22,55	32,81	36,91	18,34	26,68	30,01	14,25	20,73	23,32	5,03	14,97	16,84	—	9,53	10,72	—	4,84	5,44
	V	1 211,25	66,61	96,90	109,01	IV	812,75	41,75	60,73	68,32	38,87	56,54	63,60	36,04	52,43	58,98	33,29	48,42	54,47	30,60	44,51	50,07	27,97	40,69	45,77
	VI	1 247,50	68,61	99,80	112,27																				
4 190,99	I,IV	813,83	44,76	65,10	73,24	I	813,83	38,92	56,62	63,69	33,34	48,50	54,56	28,02	40,76	45,86	22,96	33,40	37,57	18,15	26,41	29,71	13,60	19,79	22,26
	II	773,66	42,55	61,89	69,62	II	773,66	36,81	53,54	60,23	31,33	45,57	51,26	26,10	37,97	42,71	21,13	30,74	34,58	16,43	23,90	26,88	11,97	17,42	19,59
	III	490,16	26,95	39,21	44,11	III	490,16	22,60	32,88	36,99	18,38	26,74	30,08	14,30	20,80	23,40	5,20	15,04	16,92	—	9,57	10,76	—	4,88	5,49
	V	1 212,50	66,68	97,—	109,12	IV	813,83	41,81	60,82	68,42	38,92	56,62	63,69	36,10	52,51	59,07	33,34	48,50	54,56	30,65	44,58	50,15	28,02	40,76	45,86
	VI	1 248,75	68,68	99,90	112,38																				
4 193,99	I,IV	814,91	44,82	65,19	73,34	I	814,91	38,98	56,70	63,78	33,39	48,58	54,65	28,07	40,84	45,94	23,01	33,47	37,65	18,20	26,47	29,78	13,64	19,85	22,33
	II	774,75	42,61	61,98	69,72	II	774,75	36,86	53,62	60,32	31,38	45,64	51,35	26,15	38,04	42,80	21,18	30,81	34,66	16,47	23,96	26,95	12,01	17,48	19,66
	III	490,83	26,99	39,26	44,17	III	490,83	22,65	32,94	37,06	18,42	26,80	30,15	14,33	20,85	23,45	5,33	15,09	16,97	—	9,62	10,82	—	4,92	5,53
	V	1 213,66	66,75	97,09	109,22	IV	814,91	41,86	60,90	68,51	38,98	56,70	63,78	36,15	52,59	59,16	33,39	48,58	54,65	30,70	44,66	50,24	28,07	40,84	45,94
	VI	1 249,91	68,74	99,99	112,49																				
4 196,99	I,IV	816,—	44,88	65,28	73,44	I	816,—	39,03	56,78	63,87	33,45	48,66	54,74	28,12	40,91	46,02	23,05	33,54	37,73	18,24	26,54	29,85	13,69	19,92	22,41
	II	775,75	42,66	62,06	69,81	II	775,75	36,92	53,70	60,41	31,43	45,72	51,44	26,20	38,12	42,88	21,23	30,88	34,74	16,51	24,02	27,02	12,05	17,54	19,73
	III	491,66	27,04	39,33	44,24	III	491,66	22,68	33,—	37,12	18,47	26,86	30,22	14,37	20,90	23,51	5,46	15,14	17,03	—	9,68	10,89	—	4,96	5,58
	V	1 214,83	66,81	97,18	109,33	IV	816,—	41,92	60,98	68,60	39,03	56,78	63,87	36,21	52,67	59,25	33,45	48,66	54,74	30,75	44,74	50,33	28,12	40,91	46,02
	VI	1 251,08	68,80	100,08	112,59																				
4 199,99	I,IV	817,—	44,93	65,36	73,53	I	817,—	39,09	56,86	63,96	33,50	48,74	54,83	28,17	40,98	46,10	23,10	33,61	37,81	18,29	26,60	29,93	13,73	19,98	22,47
	II	776,83	42,72	62,14	69,91	II	776,83	36,97	53,78	60,50	31,48	45,80	51,52	26,25	38,18	42,95	21,28	30,95	34,82	16,56	24,09	27,10	12,10	17,60	19,80
	III	492,50	27,08	39,40	44,32	III	492,50	22,73	33,06	37,19	18,50	26,92	30,28	14,41	20,96	23,58	5,60	15,20	17,10	—	9,73	10,94	—	5,—	5,62
	V	1 216,08	66,88	97,28	109,44	IV	817,—	41,98	61,06	68,69	39,09	56,86	63,96	36,26	52,75	59,34	33,50	48,74	54,83	30,80	44,81	50,41	28,17	40,98	46,10
	VI	1 252,33	68,87	100,18	112,70																				
4 202,99	I,IV	818,08	44,99	65,44	73,62	I	818,08	39,14	56,94	64,05	33,55	48,81	54,91	28,22	41,06	46,19	23,15	33,68	37,89	18,33	26,67	30,—	13,78	20,04	22,55
	II	777,83	42,78	62,22	70,—	II	777,83	37,03	53,86	60,59	31,53	45,87	51,60	26,30	38,26	43,04	21,32	31,02	34,89	16,60	24,15	27,17	12,14	17,66	19,87
	III	493,16	27,12	39,45	44,38	III	493,16	22,77	33,12	37,26	18,55	26,98	30,35	14,45	21,02	23,65	5,73	15,25	17,15	—	9,77	10,99	—	5,05	5,68
	V	1 217,25	66,94	97,38	109,55	IV	818,08	42,03	61,14	68,78	39,14	56,94	64,05	36,32	52,83	59,43	33,55	48,81	54,91	30,86	44,89	50,50	28,22	41,06	46,19
	VI	1 253,50	68,94	100,28	112,81																				
4 205,99	I,IV	819,08	45,04	65,52	73,71	I	819,08	39,20	57,02	64,14	33,61	48,89	55,—	28,27	41,13	46,27	23,20	33,74	37,96	18,38	26,74	30,08	13,82	20,10	22,61
	II	778,91	42,84	62,31	70,10	II	778,91	37,08	53,94	60,68	31,59	45,95	51,69	26,35	38,33	43,12	21,37	31,08	34,97	16,65	24,22	27,24	12,18	17,72	19,94
	III	494,—	27,17	39,52	44,46	III	494,—	22,81	33,18	37,33	18,59	27,04	30,42	14,49	21,08	23,71	5,86	15,30	17,21	—	9,82	11,05	—	5,09	5,72
	V	1 218,41	67,01	97,47	109,65	IV	819,08	42,09	61,22	68,87	39,20	57,02	64,14	36,37	52,91	59,52	33,61	48,89	55,—	30,91	44,96	50,58	28,27	41,13	46,27
	VI	1 254,66	69,—	100,37	112,91																				
4 208,99	I,IV	820,16	45,10	65,61	73,81	I	820,16	39,26	57,10	64,24	33,66	48,96	55,08	28,32	41,20	46,35	23,25	33,82	38,04	18,42	26,80	30,15	13,86	20,16	22,68
	II	779,91	42,89	62,39	70,19	II	779,91	37,13	54,02	60,77	31,64	46,02	51,77	26,40	38,40	43,20	21,42	31,16	35,05	16,69	24,28	27,32	12,22	17,78	20,—
	III	494,83	27,21	39,58	44,53	III	494,83	22,85	33,24	37,39	18,62	27,09	30,47	14,52	21,13	23,77	6,—	15,36	17,28	—	9,88	11,11	—	5,13	5,77
	V	1 219,58	67,07	97,56	109,76	IV	820,16	42,15	61,31	68,97	39,26	57,10	64,24	36,42	52,98	59,60	33,66	48,96	55,08	30,96	45,04	50,67	28,32	41,20	46,35
	VI	1 255,91	69,07	100,47	113,03																				
4 211,99	I,IV	821,25	45,16	65,70	73,91	I	821,25	39,31	57,18	64,33	33,71	49,04	55,17	28,38	41,28	46,44	23,29	33,88	38,12	18,47	26,87	30,23	13,91	20,23	22,76
	II	781,—	42,95	62,48	70,29	II	781,—	37,19	54,10	60,86	31,69	46,10	51,86	26,45	38,48	43,29	21,46	31,22	35,12	16,74	24,35	27,39	12,26	17,84	20,07
	III	495,50	27,25	39,64	44,59	III	495,50	22,89	33,30	37,46	18,67	27,16	30,55	14,57	21,20	23,85	6,13	15,41	17,33	—	9,93	11,17	—	5,17	5,81
	V	1 220,83	67,14	97,66	109,87	IV	821,25	42,20	61,39	69,06	39,31	57,18	64,33	36,48	53,06	59,69	33,71	49,04	55,17	31,01	45,11	50,75	28,38	41,28	46,44
	VI	1 257,08	69,13	100,56	113,13																				
4 214,99	I,IV	822,25	45,22	65,78	74,—	I	822,25	39,37	57,26	64,42	33,77	49,12	55,26	28,43	41,35	46,52	23,34	33,96	38,20	18,52	26,94	30,30	13,95	20,29	22,82
	II	782,—	43,01	62,56	70,38	II	782,—	37,24	54,18	60,95	31,74	46,18	51,95	26,50	38,54	43,36	21,51	31,29	35,20	16,78	24,41	27,46	12,31	17,90	20,14
	III	496,33	27,29	39,70	44,66	III	496,33	22,94	33,37	37,54	18,70	27,21	30,61	14,61	21,25	23,90	6,30	15,48	17,41	—	9,97	11,21	—	5,21	5,86
	V	1 222,—	67,21	97,76	109,98	IV	822,25	42,26	61,48	69,16	39,37	57,26	64,42	36,53	53,14	59,78	33,77	49,12	55,26	31,07	45,19	50,84	28,43	41,35	46,52
	VI	1 258,25	69,20	100,66	113,24																				
4 217,99	I,IV	823,33	45,28	65,86	74,09	I	823,33	39,42	57,34	64,51	33,82	49,20	55,35	28,48	41,42	46,60	23,39	34,02	38,27	18,56	27,—	30,38	13,99	20,36	22,90
	II	783,—	43,06	62,64	70,47	II	783,—	37,30	54,26	61,04	31,79	46,25	52,03	26,55	38,62	43,44	21,56	31,36	35,28	16,83	24,48	27,54	12,35	17,97	20,21
	III	497,16	27,34	39,77	44,74	III	497,16	22,98	33,42	37,60	18,75	27,28	30,69	14,64	21,30	23,96	6,43	15,53	17,47	—	10,02	11,27	—	5,25	5,90
	V	1 223,16	67,27	97,85	110,08	IV	823,33	42,32	61,56	69,25	39,42	57,34	64,51	36,59	53,22	59,87	33,82	49,20	55,35	31,12	45,26	50,92	28,48	41,42	46,60
	VI	1 259,41	69,26	100,75	113,34																				
4 220,99	I,IV	824,41	45,34	65,95	74,19	I	824,41	39,48	57,42	64,60	33,88	49,28	55,44	28,53	41,50	46,68	23,44	34,10	38,36	18,61	27,07	30,45	14,03	20,42	22,97
	II	784,08	43,12	62,72	70,56	II	784,08	37,35	54,34	61,13	31,85	46,33	52,12	26,60	38,69	43,52	21,61	31,43	35,36	16,87	24,54	27,61	12,39	18,03	20,28
	III	497,83	27,38	39,82	44,80	III	497,83	23,02	33,49	37,67	18,79	27,33	30,74	14,68	21,36	24,03	6,56	15,58	17,53	—	10,08	11,34	—	5,30	5,96
	V	1 224,41	67,34	97,95	110,19	IV	824,41	42,37	61,64	69,34	39,48	57,42	64,60	36,64	53,30	59,96	33,88	49,28	55,44	31,17	45,34	51,—	28,53	41,50	46,68
	VI	1 260,66	69,33	100,85	113,45																				
4 223,99	I,IV	825,50	45,40	66,04	74,29	I	825,50	39,54	57,51	64,70	33,93	49,35	55,52	28,58	41,58	46,77	23,49	34,17	38,44	18,65	27,14	30,53	14,08	20,48	23,04
	II	785,16	43,18	62,81	70,66	II	785,16	37,41	54,42	61,22	31,90	46,40	52,20	26,65	38,76	43,61	21,65	31,50	35,43	16,92	24,61	27,68	12,43	18,09	20,35
	III	498,66	27,42	39,89	44,87	III	498,66	23,06	33,54	37,73	18,82	27,38	30,80	14,73	21,42	24,10	6,70	15,64	17,59	—	10,13	11,39	—	5,34	6,01
	V	1 225,58	67,40	98,04	110,30	IV	825,50	42,43	61,72	69,44	39,54	57,51	64,70	36,70	53,38	60,05	33,93	49,35	55,52	31,22	45,42	51,09	28,58	41,58	46,77
	VI	1 261,83	69,40	100,94	113,56																				
4 226,99	I,IV	826,58	45,46	66,12	74,39	I	826,58	39,59	57,59	64,79	33,98	49,43	55,61	28,63	41,65	46,85	23,54	34,24	38,52	18,70	27,20	30,60	14,12	20,54	23,11
	II	786,16	43,23	62,89	70,75	II	786,16	37,46	54,50	61,31	31,95	46,48	52,29	26,70	38,84	43,69	21,70	31,57	35,51	16,96	24,68	27,76	12,48	18,16	20,43
	III	499,50	27,47	39,96	44,95	III	499,50	23,10	33,61	37,81	18,87	27,45	30,88	14,76	21,48	24,16	6,83	15,69	17,65	—	10,17	11,44	—	5,38	6,05
	V	1 226,83	67,47	98,14	110,41	IV	826,58	42,49	61,81	69,53	39,59	57,59	64,79	36,75	53,46	60,14	33,98	49,43	55,61	31,27	45,49	51,17	28,63	41,65	46,85
	VI	1 263,08	69,46	101,04	113,67																				
4 229,99	I,IV	827,58	45,51	66,20	74,48	I	827,58	39,65	57,67	64,88	34,04	49,51	55,70	28,68	41,72	46,94	23,59	34,31	38,60	18,75	27,27	30,68	14,17	20,61	23,18
	II	787,25	43,29	62,98	70,85	II	787,25	37,52	54,58	61,40	32,01	46,56	52,38	26,75	38,91	43,77	21,75	31,64	35,59	17,—	24,74	27,83	12,52	18,22	20,49
	III	500,16	27,50	40,01	45,01	III	500,16	23,14	33,66	37,87	18,91	27,50	30,94	14,80	21,53	24,22	6,96	15,74	17,71	—	10,22	11,50	—	5,42	6,10
	V	1 228,—	67,54	98,24	110,52	IV	827,58	42,55	61,89	69,62	39,65	57,67	64,88	36,81	53,54	60,23	34,04	49,51	55,70	31,33	45,57	51,26	28,68	41,72	46,94
	VI	1 264,25	69,53	101,14	113,78																				
4 232,99	I,IV	828,66	45,57	66,29	74,57	I	828,66	39,70	57,75	64,97	34,09	49,58	55,78	28,73	41,80	47,02	23,63	34,38	38,67	18,79	27,34	30,75	14,21	20,67	23,25
	II	788,25	43,35	63,06	70,94	II	788,25	37,57	54,66	61,49	32,06	46,63	52,46	26,80	38,98	43,85	21,79	31,70	35,66	17,05	24,80	27,90	12,56	18,28	20,56
	III	501,—	27,55	40,08	45,09	III	501,—	23,19	33,73	37,94	18,95	27,57	31,01	14,85	21,60	24,30	7,10	15,80	17,77	—	10,28	11,56	—	5,46	6,14
	V	1 229,16	67,60	98,33	110,62	IV	828,66	42,60	61,97	69,71	39,70	57,75	64,97	36,86	53,62	60,32	34,09	49,58	55,78	31,38	45,64	51,35	28,73	41,80	47,02
	VI	1 265,41	69,59	101,23	113,88																				

* Die ausgewiesenen Tabellenwerte sind amtlich. Siehe Erläuterungen auf der Umschlaginnenseite (U2).
** Bei mehr als 3 Kinderfreibeträgen ist die „Ergänzungs-Tabelle 3,5 bis 6 Kinderfreibeträge" anzuwenden.

Abzüge an Lohnsteuer, Solidaritätszuschlag (SolZ) und Kirchensteuer (8%, 9%) in den Steuerklassen

Lohn/ Gehalt bis €*	I – VI	LSt	ohne Kinderfreibeträge SolZ	8%	9%	I, II, III, IV	LSt	mit Zahl der Kinderfreibeträge ... 0,5 SolZ	0,5 8%	0,5 9%	1 SolZ	1 8%	1 9%	1,5 SolZ	1,5 8%	1,5 9%	2 SolZ	2 8%	2 9%	2,5 SolZ	2,5 8%	2,5 9%	3** SolZ	3** 8%	3** 9%
4 235,99	I,IV	829,75	45,63	66,38	74,67	I	829,75	39,76	57,83	65,06	34,14	49,66	55,87	28,78	41,87	47,10	23,68	34,45	38,75	18,84	27,40	30,83	14,25	20,73	23,32
	II	789,33	43,41	63,14	71,03	II	789,33	37,63	54,74	61,58	32,11	46,71	52,55	26,85	39,06	43,94	21,84	31,78	35,75	17,10	24,87	27,98	12,60	18,34	20,63
	III	501,83	27,60	40,14	45,16	III	501,83	23,22	33,78	38,—	18,99	27,62	31,07	14,88	21,65	24,35	7,26	15,86	17,84	—	10,33	11,62	—	5,52	6,21
	V	1 230,33	67,66	98,42	110,72	IV	829,75	42,66	62,06	69,81	39,76	57,83	65,06	36,92	53,70	60,41	34,14	49,66	55,87	31,43	45,72	51,43	28,78	41,87	47,10
	VI	1 266,66	69,66	101,33	113,99																				
4 238,99	I,IV	830,75	45,69	66,46	74,76	I	830,75	39,81	57,91	65,15	34,20	49,74	55,96	28,83	41,94	47,18	23,73	34,52	38,83	18,88	27,47	30,90	14,30	20,80	23,40
	II	790,33	43,46	63,22	71,12	II	790,33	37,68	54,82	61,67	32,16	46,78	52,63	26,90	39,13	44,02	21,89	31,84	35,82	17,14	24,94	28,05	12,65	18,40	20,70
	III	502,50	27,63	40,20	45,22	III	502,50	23,27	33,85	38,08	19,03	27,68	31,14	14,92	21,70	24,41	7,40	15,92	17,91	—	10,38	11,68	—	5,56	6,25
	V	1 231,58	67,73	98,52	110,84	IV	830,75	42,72	62,14	69,90	39,81	57,91	65,15	36,97	53,78	60,50	34,20	49,74	55,96	31,48	45,80	51,52	28,83	41,94	47,18
	VI	1 267,83	69,73	101,42	114,10																				
4 241,99	I,IV	831,83	45,75	66,54	74,86	I	831,83	39,87	58,—	65,25	34,25	49,82	56,04	28,88	42,02	47,27	23,78	34,59	38,91	18,93	27,54	30,98	14,34	20,86	23,46
	II	791,41	43,52	63,31	71,22	II	791,41	37,74	54,90	61,76	32,22	46,86	52,72	26,95	39,20	44,10	21,94	31,91	35,90	17,18	25,—	28,12	12,69	18,46	20,77
	III	503,33	27,68	40,26	45,29	III	503,33	23,31	33,90	38,14	19,07	27,74	31,21	14,96	21,76	24,48	7,53	15,97	17,96	—	10,42	11,72	—	5,60	6,30
	V	1 232,75	67,80	98,62	110,94	IV	831,83	42,78	62,22	70,—	39,87	58,—	65,25	37,02	53,86	60,59	34,25	49,82	56,04	31,53	45,87	51,60	28,88	42,02	47,27
	VI	1 269,—	69,79	101,52	114,21																				
4 244,99	I,IV	832,91	45,81	66,63	74,96	I	832,91	39,93	58,08	65,34	34,30	49,90	56,13	28,93	42,09	47,35	23,82	34,66	38,99	18,97	27,60	31,05	14,38	20,92	23,54
	II	792,41	43,58	63,39	71,31	II	792,41	37,79	54,98	61,85	32,27	46,94	52,80	27,—	39,27	44,18	21,99	31,98	35,98	17,23	25,06	28,19	12,73	18,52	20,84
	III	504,16	27,72	40,33	45,37	III	504,16	23,35	33,97	38,21	19,11	27,80	31,27	15,—	21,82	24,55	7,66	16,02	18,02	—	10,48	11,79	—	5,64	6,34
	V	1 233,91	67,86	98,71	111,05	IV	832,91	42,83	62,30	70,09	39,93	58,08	65,34	37,08	53,94	60,68	34,30	49,90	56,13	31,58	45,94	51,68	28,93	42,09	47,35
	VI	1 270,16	69,85	101,61	114,31																				
4 247,99	I,IV	834,—	45,87	66,72	75,06	I	834,—	39,98	58,16	65,43	34,35	49,97	56,21	28,98	42,16	47,43	23,87	34,73	39,07	19,02	27,67	31,13	14,42	20,98	23,60
	II	793,50	43,64	63,48	71,41	II	793,50	37,85	55,06	61,94	32,32	47,02	52,89	27,05	39,34	44,26	22,03	32,05	36,05	17,27	25,13	28,27	12,77	18,58	20,90
	III	505,—	27,77	40,40	45,45	III	505,—	23,40	34,04	38,29	19,15	27,86	31,34	15,04	21,88	24,61	7,80	16,08	18,09	—	10,53	11,84	—	5,69	6,40
	V	1 235,16	67,93	98,81	111,16	IV	834,—	42,89	62,39	70,19	39,98	58,16	65,43	37,13	54,02	60,77	34,35	49,97	56,21	31,64	46,02	51,77	28,98	42,16	47,43
	VI	1 271,41	69,92	101,71	114,42																				
4 250,99	I,IV	835,—	45,92	66,80	75,15	I	835,—	40,04	58,24	65,52	34,41	50,05	56,30	29,04	42,24	47,52	23,92	34,80	39,15	19,07	27,74	31,20	14,47	21,05	23,68
	II	794,50	43,69	63,56	71,50	II	794,50	37,90	55,14	62,03	32,37	47,09	52,97	27,10	39,42	44,34	22,08	32,12	36,13	17,32	25,20	28,35	12,81	18,64	20,97
	III	505,66	27,81	40,45	45,50	III	505,66	23,43	34,09	38,35	19,19	27,92	31,41	15,07	21,93	24,67	7,93	16,13	18,14	—	10,58	11,90	—	5,73	6,44
	V	1 236,33	67,99	98,90	111,26	IV	835,—	42,95	62,47	70,28	40,04	58,24	65,52	37,19	54,10	60,86	34,41	50,05	56,30	31,69	46,10	51,86	29,04	42,24	47,52
	VI	1 272,58	69,99	101,80	114,53																				
4 253,99	I,IV	836,08	45,98	66,88	75,24	I	836,08	40,09	58,32	65,61	34,46	50,13	56,39	29,09	42,32	47,61	23,97	34,87	39,23	19,11	27,80	31,28	14,51	21,11	23,75
	II	795,58	43,75	63,64	71,60	II	795,58	37,96	55,22	62,12	32,43	47,17	53,06	27,15	39,49	44,42	22,13	32,19	36,21	17,37	25,26	28,42	12,86	18,71	21,05
	III	506,50	27,85	40,52	45,58	III	506,50	23,48	34,16	38,43	19,24	27,98	31,48	15,12	22,—	24,75	8,10	16,20	18,22	—	10,64	11,97	—	5,77	6,49
	V	1 237,58	68,06	99,—	111,38	IV	836,08	43,01	62,56	70,38	40,09	58,32	65,61	37,24	54,18	60,95	34,46	50,13	56,39	31,74	46,18	51,95	29,09	42,32	47,61
	VI	1 273,83	70,06	101,90	114,64																				
4 256,99	I,IV	837,16	46,04	66,97	75,34	I	837,16	40,15	58,40	65,70	34,52	50,21	56,48	29,14	42,39	47,69	24,02	34,94	39,31	19,16	27,87	31,35	14,56	21,18	23,82
	II	796,66	43,81	63,73	71,69	II	796,66	38,01	55,30	62,21	32,48	47,24	53,15	27,20	39,56	44,51	22,17	32,26	36,29	17,41	25,33	28,49	12,90	18,77	21,11
	III	507,33	27,90	40,58	45,65	III	507,33	23,53	34,22	38,50	19,27	28,04	31,54	15,16	22,05	24,80	8,23	16,25	18,28	—	10,69	12,02	—	5,81	6,53
	V	1 238,75	68,13	99,10	111,48	IV	837,16	43,06	62,64	70,47	40,15	58,40	65,70	37,30	54,26	61,04	34,52	50,21	56,48	31,79	46,25	52,03	29,14	42,39	47,69
	VI	1 275,—	70,12	102,—	114,75																				
4 259,99	I,IV	838,25	46,10	67,06	75,44	I	838,25	40,20	58,48	65,79	34,57	50,28	56,57	29,19	42,46	47,77	24,07	35,01	39,38	19,20	27,94	31,43	14,60	21,24	23,89
	II	797,66	43,87	63,81	71,78	II	797,66	38,07	55,38	62,30	32,53	47,32	53,24	27,25	39,64	44,59	22,22	32,33	36,37	17,46	25,40	28,57	12,95	18,84	21,19
	III	508,16	27,94	40,65	45,73	III	508,16	23,56	34,28	38,56	19,32	28,10	31,61	15,19	22,10	24,86	8,36	16,30	18,34	—	10,74	12,08	—	5,86	6,59
	V	1 239,91	68,19	99,19	111,59	IV	838,25	43,12	62,72	70,56	40,20	58,48	65,79	37,35	54,34	61,13	34,57	50,28	56,57	31,85	46,33	52,12	29,19	42,46	47,77
	VI	1 276,16	70,18	102,09	114,85																				
4 262,99	I,IV	839,33	46,16	67,14	75,53	I	839,33	40,26	58,56	65,88	34,62	50,36	56,66	29,24	42,54	47,85	24,12	35,08	39,47	19,25	28,—	31,50	14,64	21,30	23,96
	II	798,75	43,93	63,90	71,88	II	798,75	38,12	55,46	62,39	32,58	47,40	53,32	27,30	39,71	44,67	22,27	32,40	36,45	17,50	25,46	28,64	12,99	18,90	21,26
	III	508,83	27,98	40,70	45,79	III	508,83	23,61	34,34	38,63	19,36	28,16	31,68	15,24	22,17	24,94	8,50	16,36	18,40	—	10,78	12,13	—	5,90	6,64
	V	1 241,08	68,25	99,28	111,69	IV	839,33	43,17	62,80	70,65	40,26	58,56	65,88	37,41	54,42	61,22	34,62	50,36	56,66	31,90	46,40	52,20	29,24	42,54	47,85
	VI	1 277,33	70,25	102,18	114,95																				
4 265,99	I,IV	840,33	46,21	67,22	75,62	I	840,33	40,31	58,64	65,97	34,68	50,44	56,75	29,29	42,61	47,93	24,17	35,16	39,55	19,30	28,07	31,58	14,68	21,36	24,03
	II	799,75	43,98	63,98	71,97	II	799,75	38,18	55,54	62,48	32,64	47,48	53,41	27,35	39,78	44,75	22,32	32,47	36,53	17,54	25,52	28,71	13,03	18,96	21,33
	III	509,66	28,03	40,77	45,86	III	509,66	23,65	34,40	38,70	19,40	28,22	31,75	15,28	22,22	25,—	8,63	16,41	18,46	—	10,84	12,19	—	5,94	6,68
	V	1 242,33	68,32	99,38	111,80	IV	840,33	43,23	62,89	70,75	40,31	58,64	65,97	37,46	54,50	61,31	34,68	50,44	56,75	31,95	46,48	52,29	29,29	42,61	47,93
	VI	1 278,58	70,32	102,28	115,07																				
4 268,99	I,IV	841,41	46,27	67,31	75,72	I	841,41	40,37	58,73	66,07	34,73	50,52	56,83	29,34	42,68	48,02	24,21	35,22	39,62	19,34	28,14	31,65	14,73	21,43	24,11
	II	800,83	44,04	64,06	72,07	II	800,83	38,23	55,62	62,57	32,69	47,55	53,49	27,40	39,86	44,84	22,37	32,54	36,60	17,59	25,59	28,79	13,07	19,02	21,39
	III	510,50	28,07	40,84	45,94	III	510,50	23,69	34,46	38,77	19,44	28,28	31,81	15,31	22,28	25,06	8,76	16,46	18,52	—	10,89	12,25	—	6,—	6,75
	V	1 243,50	68,39	99,48	111,91	IV	841,41	43,29	62,97	70,84	40,37	58,73	66,07	37,52	54,58	61,40	34,73	50,52	56,83	32,01	46,56	52,38	29,34	42,68	48,02
	VI	1 279,75	70,38	102,38	115,17																				
4 271,99	I,IV	842,50	46,33	67,40	75,82	I	842,50	40,43	58,81	66,16	34,78	50,60	56,92	29,39	42,76	48,10	24,26	35,30	39,71	19,39	28,20	31,73	14,77	21,49	24,17
	II	801,91	44,10	64,15	72,17	II	801,91	38,29	55,70	62,66	32,74	47,63	53,58	27,45	39,93	44,92	22,41	32,60	36,68	17,64	25,66	28,86	13,12	19,08	21,47
	III	511,16	28,11	40,89	46,—	III	511,16	23,73	34,52	38,83	19,47	28,33	31,87	15,36	22,34	25,13	8,93	16,53	18,59	—	10,94	12,31	—	6,04	6,79
	V	1 244,66	68,45	99,57	112,01	IV	842,50	43,35	63,06	70,94	40,43	58,81	66,16	37,57	54,66	61,49	34,78	50,60	56,92	32,06	46,63	52,46	29,39	42,76	48,10
	VI	1 280,91	70,45	102,47	115,28																				
4 274,99	I,IV	843,58	46,39	67,48	75,92	I	843,58	40,48	58,89	66,25	34,84	50,68	57,01	29,44	42,83	48,18	24,31	35,36	39,78	19,44	28,28	31,81	14,82	21,56	24,25
	II	802,91	44,16	64,23	72,26	II	802,91	38,34	55,78	62,75	32,79	47,70	53,66	27,50	40,—	45,—	22,46	32,68	36,76	17,68	25,72	28,94	13,16	19,14	21,53
	III	512,—	28,16	40,96	46,08	III	512,—	23,77	34,58	38,90	19,52	28,40	31,95	15,40	22,40	25,20	9,06	16,58	18,65	—	11,—	12,37	—	6,08	6,84
	V	1 245,83	68,52	99,66	112,12	IV	843,58	43,40	63,14	71,03	40,48	58,89	66,25	37,63	54,74	61,58	34,84	50,68	57,01	32,11	46,71	52,55	29,44	42,83	48,18
	VI	1 282,16	70,51	102,57	115,39																				
4 277,99	I,IV	844,58	46,45	67,56	76,01	I	844,58	40,54	58,97	66,34	34,89	50,75	57,09	29,50	42,91	48,27	24,36	35,44	39,87	19,48	28,34	31,88	14,86	21,62	24,32
	II	804,—	44,22	64,32	72,36	II	804,—	38,40	55,86	62,84	32,85	47,78	53,75	27,55	40,08	45,09	22,51	32,74	36,83	17,73	25,79	29,01	13,20	19,20	21,60
	III	512,83	28,20	41,02	46,15	III	512,83	23,82	34,65	38,98	19,56	28,45	32,—	15,43	22,45	25,25	9,20	16,64	18,72	—	11,05	12,43	—	6,12	6,88
	V	1 247,08	68,58	99,76	112,23	IV	844,58	43,46	63,22	71,12	40,54	58,97	66,34	37,68	54,82	61,67	34,89	50,75	57,09	32,16	46,78	52,63	29,50	42,91	48,27
	VI	1 283,33	70,58	102,66	115,49																				
4 280,99	I,IV	845,66	46,51	67,65	76,10	I	845,66	40,60	59,06	66,44	34,94	50,83	57,18	29,55	42,98	48,35	24,41	35,51	39,95	19,53	28,41	31,96	14,90	21,68	24,39
	II	805,—	44,27	64,40	72,45	II	805,—	38,46	55,94	62,93	32,90	47,86	53,84	27,60	40,15	45,17	22,55	32,81	36,91	17,77	25,85	29,08	13,25	19,27	21,68
	III	513,66	28,25	41,09	46,22	III	513,66	23,86	34,70	39,04	19,60	28,52	32,08	15,47	22,50	25,31	9,33	16,69	18,77	—	11,10	12,49	—	6,17	6,94
	V	1 248,25	68,65	99,86	112,34	IV	845,66	43,52	63,30	71,21	40,60	59,06	66,44	37,74	54,90	61,76	34,94	50,83	57,18	32,21	46,86	52,71	29,55	42,98	48,35
	VI	1 284,50	70,64	102,76	115,60																				

* Die ausgewiesenen Tabellenwerte sind amtlich. Siehe Erläuterungen auf der Umschlaginnenseite (U2).

** Bei mehr als 3 Kinderfreibeträgen ist die „Ergänzungs-Tabelle 3,5 bis 6 Kinderfreibeträge" anzuwenden.

Abzüge an Lohnsteuer, Solidaritätszuschlag (SolZ) und Kirchensteuer (8%, 9%) in den Steuerklassen

Lohn/ Gehalt bis €*	I – VI		ohne Kinderfreibeträge			I, II, III, IV		mit Zahl der Kinderfreibeträge . . . 0,5			1			1,5			2			2,5			3**		
		LSt	SolZ	8%	9%		LSt	SolZ	8%	9%	SolZ	8%	9%	SolZ	8%	9%	SolZ	8%	9%	SolZ	8%	9%	SolZ	8%	9%
4 283,99	I,IV	846,75	46,57	67,74	76,20	I	846,75	40,65	59,14	66,53	35,—	50,91	57,27	29,60	43,06	48,44	24,46	35,58	40,02	19,58	28,48	32,04	14,95	21,74	24,46
	II	806,08	44,33	64,48	72,54	II	806,08	38,51	56,02	63,02	32,95	47,94	53,93	27,65	40,22	45,25	22,60	32,88	36,99	17,82	25,92	29,16	13,29	19,33	21,74
	III	514,33	28,28	41,14	46,28	III	514,33	23,90	34,77	39,11	19,64	28,57	32,14	15,51	22,57	25,39	9,46	16,74	18,83	—	11,14	12,53	—	6,21	6,98
	V	1 249,41	68,71	99,95	112,44	IV	846,75	43,58	63,39	71,31	40,65	59,14	66,53	37,79	54,98	61,85	35,—	50,91	57,27	32,27	46,94	52,80	29,60	43,06	48,44
	VI	1 285,66	70,71	102,85	115,70																				
4 286,99	I,IV	847,83	46,63	67,82	76,30	I	847,83	40,71	59,22	66,62	35,05	50,99	57,36	29,65	43,13	48,52	24,51	35,65	40,10	19,62	28,54	32,11	14,99	21,81	24,53
	II	807,16	44,39	64,57	72,64	II	807,16	38,57	56,10	63,11	33,—	48,01	54,01	27,70	40,30	45,33	22,66	32,96	37,08	17,86	25,98	29,23	13,33	19,40	21,82
	III	515,16	28,33	41,21	46,36	III	515,16	23,94	34,82	39,17	19,69	28,64	32,22	15,55	22,62	25,45	9,60	16,80	18,90	—	11,20	12,60	—	6,25	7,03
	V	1 250,66	68,78	100,05	112,55	IV	847,83	43,64	63,48	71,41	40,71	59,22	66,62	37,85	55,06	61,94	35,05	50,99	57,36	32,32	47,02	52,89	29,65	43,13	48,52
	VI	1 286,91	70,78	102,95	115,82																				
4 289,99	I,IV	848,91	46,69	67,91	76,40	I	848,91	40,77	59,30	66,71	35,11	51,07	57,45	29,70	43,21	48,61	24,56	35,72	40,19	19,67	28,61	32,18	15,04	21,88	24,61
	II	808,16	44,44	64,65	72,73	II	808,16	38,62	56,18	63,20	33,06	48,09	54,10	27,75	40,37	45,41	22,70	33,02	37,15	17,91	26,05	29,30	13,37	19,46	21,89
	III	516,—	28,38	41,28	46,44	III	516,—	23,98	34,89	39,25	19,72	28,69	32,27	15,59	22,68	25,51	9,76	16,86	18,97	—	11,25	12,65	—	6,30	7,09
	V	1 251,83	68,85	100,14	112,66	IV	848,91	43,69	63,56	71,50	40,77	59,30	66,71	37,90	55,14	62,03	35,11	51,07	57,45	32,37	47,09	52,97	29,70	43,21	48,61
	VI	1 288,08	70,84	103,04	115,92																				
4 292,99	I,IV	850,—	46,75	68,—	76,50	I	850,—	40,82	59,38	66,80	35,16	51,14	57,53	29,75	43,28	48,69	24,60	35,79	40,26	19,71	28,68	32,26	15,08	21,94	24,68
	II	809,25	44,50	64,74	72,83	II	809,25	38,68	56,26	63,29	33,11	48,16	54,18	27,80	40,44	45,50	22,75	33,09	37,22	17,95	26,12	29,38	13,42	19,52	21,96
	III	516,66	28,41	41,33	46,49	III	516,66	24,02	34,94	39,31	19,77	28,76	32,35	15,63	22,74	25,58	9,90	16,92	19,03	—	11,30	12,71	—	6,34	7,13
	V	1 253,08	68,91	100,24	112,77	IV	850,—	43,75	63,64	71,60	40,82	59,38	66,80	37,96	55,22	62,12	35,16	51,14	57,53	32,42	47,16	53,06	29,75	43,28	48,69
	VI	1 289,33	70,91	103,14	116,03																				
4 295,99	I,IV	851,08	46,80	68,08	76,59	I	851,08	40,88	59,46	66,89	35,21	51,22	57,62	29,81	43,36	48,78	24,65	35,86	40,34	19,76	28,74	32,33	15,12	22,—	24,75
	II	810,33	44,56	64,82	72,92	II	810,33	38,73	56,34	63,38	33,16	48,24	54,27	27,85	40,52	45,58	22,80	33,16	37,31	18,—	26,18	29,45	13,46	19,58	22,03
	III	517,50	28,46	41,40	46,57	III	517,50	24,07	35,01	39,38	19,80	28,81	32,41	15,67	22,80	25,65	10,03	16,97	19,09	—	11,36	12,78	—	6,38	7,18
	V	1 254,25	68,98	100,34	112,88	IV	851,08	43,81	63,72	71,69	40,88	59,46	66,89	38,01	55,30	62,21	35,21	51,22	57,62	32,48	47,24	53,15	29,81	43,36	48,78
	VI	1 290,50	70,97	103,24	116,14																				
4 298,99	I,IV	852,08	46,86	68,16	76,68	I	852,08	40,93	59,54	66,98	35,27	51,30	57,71	29,86	43,43	48,86	24,70	35,94	40,43	19,80	28,81	32,41	15,17	22,06	24,82
	II	811,33	44,62	64,90	73,01	II	811,33	38,79	56,42	63,47	33,22	48,32	54,36	27,90	40,59	45,66	22,84	33,23	37,38	18,04	26,25	29,53	13,50	19,64	22,10
	III	518,33	28,50	41,46	46,64	III	518,33	24,11	35,08	39,46	19,84	28,86	32,47	15,71	22,85	25,70	10,16	17,02	19,15	—	11,41	12,83	—	6,44	7,24
	V	1 255,41	69,04	100,43	112,98	IV	852,08	43,87	63,81	71,78	40,93	59,54	66,98	38,07	55,38	62,30	35,27	51,30	57,71	32,53	47,32	53,23	29,86	43,43	48,86
	VI	1 291,66	71,04	103,33	116,24																				
4 301,99	I,IV	853,16	46,92	68,25	76,78	I	853,16	40,99	59,63	67,08	35,32	51,38	57,80	29,91	43,50	48,94	24,75	36,—	40,50	19,85	28,88	32,49	15,21	22,13	24,89
	II	812,41	44,68	64,99	73,11	II	812,41	38,84	56,50	63,56	33,27	48,40	54,45	27,95	40,66	45,74	22,89	33,30	37,46	18,09	26,32	29,61	13,54	19,70	22,16
	III	519,16	28,55	41,53	46,72	III	519,16	24,15	35,13	39,52	19,89	28,93	32,54	15,75	22,92	25,78	10,30	17,08	19,21	—	11,46	12,89	—	6,48	7,29
	V	1 256,58	69,11	100,52	113,09	IV	853,16	43,92	63,89	71,87	40,99	59,63	67,08	38,12	55,46	62,39	35,32	51,38	57,80	32,58	47,40	53,32	29,91	43,50	48,94
	VI	1 292,91	71,11	103,43	116,36																				
4 304,99	I,IV	854,25	46,98	68,34	76,88	I	854,25	41,05	59,71	67,17	35,37	51,46	57,89	29,96	43,58	49,02	24,80	36,08	40,59	19,90	28,95	32,57	15,25	22,19	24,96
	II	813,41	44,73	65,07	73,20	II	813,41	38,90	56,58	63,65	33,32	48,47	54,53	28,—	40,74	45,83	22,94	33,37	37,54	18,14	26,38	29,68	13,59	19,77	22,24
	III	519,83	28,59	41,58	46,78	III	519,83	24,20	35,20	39,60	19,92	28,98	32,60	15,79	22,97	25,84	10,43	17,13	19,27	—	11,52	12,96	—	6,52	7,33
	V	1 257,83	69,18	100,62	113,20	IV	854,25	43,98	63,98	71,97	41,05	59,71	67,17	38,18	55,54	62,48	35,37	51,46	57,89	32,63	47,47	53,40	29,96	43,58	49,02
	VI	1 294,08	71,17	103,52	116,46																				
4 307,99	I,IV	855,33	47,04	68,42	76,97	I	855,33	41,10	59,79	67,26	35,43	51,54	57,98	30,01	43,66	49,11	24,85	36,15	40,67	19,95	29,02	32,64	15,30	22,26	25,04
	II	814,50	44,79	65,16	73,30	II	814,50	38,95	56,66	63,74	33,38	48,55	54,62	28,05	40,81	45,91	22,99	33,44	37,62	18,18	26,45	29,75	13,63	19,83	22,31
	III	520,66	28,63	41,65	46,85	III	520,66	24,23	35,25	39,65	19,97	29,05	32,68	15,83	23,02	25,90	10,60	17,20	19,35	—	11,57	13,01	—	6,57	7,39
	V	1 259,—	69,24	100,72	113,31	IV	855,33	44,04	64,06	72,07	41,10	59,79	67,26	38,23	55,62	62,57	35,43	51,54	57,98	32,69	47,55	53,49	30,01	43,66	49,11
	VI	1 295,25	71,23	103,62	116,57																				
4 310,99	I,IV	856,41	47,10	68,51	77,07	I	856,41	41,16	59,88	67,36	35,48	51,62	58,07	30,06	43,73	49,19	24,90	36,22	40,74	19,99	29,08	32,72	15,34	22,32	25,11
	II	815,58	44,85	65,24	73,40	II	815,58	39,01	56,75	63,84	33,43	48,63	54,71	28,10	40,88	45,99	23,04	33,51	37,70	18,23	26,52	29,83	13,67	19,89	22,37
	III	521,50	28,68	41,72	46,93	III	521,50	24,28	35,32	39,73	20,01	29,10	32,74	15,86	23,08	25,96	10,73	17,25	19,40	—	11,62	13,07	—	6,61	7,43
	V	1 260,16	69,30	100,81	113,41	IV	856,41	44,10	64,14	72,16	41,16	59,88	67,36	38,29	55,70	62,66	35,48	51,62	58,07	32,74	47,62	53,57	30,06	43,73	49,19
	VI	1 296,41	71,30	103,71	116,67																				
4 313,99	I,IV	857,50	47,16	68,60	77,17	I	857,50	41,22	59,96	67,45	35,53	51,69	58,15	30,11	43,80	49,28	24,95	36,29	40,82	20,04	29,15	32,79	15,39	22,38	25,18
	II	816,58	44,91	65,32	73,49	II	816,58	39,07	56,83	63,93	33,48	48,70	54,79	28,16	40,96	46,08	23,09	33,58	37,78	18,27	26,58	29,90	13,72	19,96	22,45
	III	522,16	28,71	41,77	46,99	III	522,16	24,32	35,38	39,80	20,05	29,17	32,81	15,91	23,14	26,03	10,86	17,30	19,46	—	11,68	13,14	—	6,65	7,48
	V	1 261,41	69,37	100,91	113,52	IV	857,50	44,16	64,23	72,26	41,22	59,96	67,45	38,34	55,78	62,75	35,53	51,69	58,15	32,79	47,70	53,66	30,11	43,80	49,28
	VI	1 297,66	71,37	103,81	116,78																				
4 316,99	I,IV	858,50	47,21	68,68	77,26	I	858,50	41,27	60,04	67,54	35,59	51,77	58,24	30,16	43,88	49,36	25,—	36,36	40,91	20,08	29,22	32,87	15,43	22,45	25,25
	II	817,66	44,97	65,41	73,58	II	817,66	39,12	56,91	64,02	33,54	48,78	54,88	28,21	41,03	46,16	23,13	33,65	37,85	18,31	26,64	29,97	13,76	20,02	22,52
	III	523,—	28,76	41,84	47,07	III	523,—	24,36	35,44	39,87	20,09	29,22	32,87	15,95	23,20	26,10	11,—	17,36	19,53	—	11,73	13,19	—	6,70	7,54
	V	1 262,58	69,44	101,—	113,63	IV	858,50	44,21	64,31	72,35	41,27	60,04	67,54	38,40	55,86	62,84	35,59	51,77	58,24	32,84	47,78	53,75	30,16	43,88	49,36
	VI	1 298,83	71,43	103,90	116,89																				
4 319,99	I,IV	859,66	47,28	68,77	77,36	I	859,66	41,33	60,12	67,64	35,64	51,85	58,33	30,22	43,96	49,45	25,05	36,44	40,99	20,13	29,28	32,94	15,48	22,52	25,33
	II	818,75	45,03	65,50	73,68	II	818,75	39,18	56,99	64,11	33,59	48,86	54,97	28,26	41,10	46,24	23,18	33,72	37,94	18,37	26,72	30,06	13,80	20,08	22,59
	III	523,83	28,81	41,90	47,14	III	523,83	24,41	35,50	39,94	20,13	29,29	32,95	15,99	23,26	26,17	11,16	17,42	19,60	—	11,78	13,25	—	6,74	7,58
	V	1 263,83	69,51	101,10	113,74	IV	859,66	44,27	64,40	72,45	41,33	60,12	67,64	38,46	55,94	62,93	35,64	51,85	58,33	32,90	47,86	53,84	30,22	43,96	49,45
	VI	1 300,08	71,50	104,—	117,—																				
4 322,99	I,IV	860,75	47,34	68,86	77,46	I	860,75	41,39	60,20	67,73	35,70	51,93	58,42	30,27	44,03	49,53	25,09	36,50	41,06	20,18	29,36	33,03	15,52	22,58	25,40
	II	819,83	45,09	65,58	73,78	II	819,83	39,23	57,07	64,20	33,64	48,94	55,05	28,31	41,18	46,32	23,23	33,79	38,01	18,41	26,78	30,13	13,85	20,14	22,66
	III	524,66	28,85	41,97	47,21	III	524,66	24,45	35,57	40,01	20,17	29,34	33,01	16,03	23,32	26,23	11,30	17,48	19,66	—	11,84	13,32	—	6,80	7,65
	V	1 265,—	69,57	101,20	113,85	IV	860,75	44,33	64,48	72,54	41,39	60,20	67,73	38,51	56,02	63,02	35,70	51,93	58,42	32,95	47,94	53,93	30,27	44,03	49,53
	VI	1 301,25	71,56	104,10	117,11																				
4 325,99	I,IV	861,75	47,39	68,94	77,55	I	861,75	41,45	60,29	67,82	35,75	52,01	58,51	30,32	44,10	49,61	25,14	36,58	41,15	20,23	29,42	33,10	15,56	22,64	25,47
	II	820,83	45,14	65,66	73,87	II	820,83	39,29	57,15	64,29	33,70	49,02	55,14	28,36	41,25	46,40	23,28	33,86	38,09	18,46	26,85	30,20	13,89	20,20	22,73
	III	525,50	28,90	42,04	47,29	III	525,50	24,49	35,62	40,07	20,22	29,41	33,08	16,06	23,37	26,29	11,43	17,53	19,72	—	11,89	13,37	—	6,84	7,69
	V	1 266,16	69,63	101,29	113,95	IV	861,75	44,38	64,56	72,63	41,45	60,29	67,82	38,57	56,10	63,11	35,75	52,01	58,51	33,—	48,01	54,01	30,32	44,10	49,61
	VI	1 302,41	71,63	104,19	117,21																				
4 328,99	I,IV	862,83	47,45	69,02	77,65	I	862,83	41,50	60,37	67,91	35,81	52,09	58,60	30,37	44,18	49,70	25,19	36,65	41,23	20,27	29,49	33,17	15,61	22,70	25,54
	II	821,91	45,20	65,75	73,97	II	821,91	39,35	57,24	64,39	33,75	49,09	55,22	28,41	41,32	46,49	23,32	33,93	38,17	18,50	26,91	30,27	13,93	20,27	22,80
	III	526,16	28,93	42,09	47,35	III	526,16	24,53	35,69	40,15	20,25	29,46	33,14	16,11	23,44	26,37	11,56	17,58	19,78	—	11,94	13,43	—	6,88	7,74
	V	1 267,33	69,70	101,38	114,05	IV	862,83	44,44	64,65	72,73	41,50	60,37	67,91	38,62	56,18	63,20	35,81	52,09	58,60	33,06	48,09	54,10	30,37	44,18	49,70
	VI	1 303,58	71,69	104,28	117,32																				

* Die ausgewiesenen Tabellenwerte sind amtlich. Siehe Erläuterungen auf der Umschlaginnenseite (U2).
** Bei mehr als 3 Kinderfreibeträgen ist die „Ergänzungs-Tabelle 3,5 bis 6 Kinderfreibeträge" anzuwenden.

Lohn/ Gehalt bis €*		Abzüge an Lohnsteuer, Solidaritätszuschlag (SolZ) und Kirchensteuer (8%, 9%) in den Steuerklassen																							
	I – VI		ohne Kinderfreibeträge			I, II, III, IV		mit Zahl der Kinderfreibeträge . . .																	
								0,5			1			1,5			2			2,5			3**		
		LSt	SolZ	8%	9%		LSt	SolZ	8%	9%	SolZ	8%	9%	SolZ	8%	9%	SolZ	8%	9%	SolZ	8%	9%	SolZ	8%	9%
4 331,99	I,IV	863,91	47,51	69,11	77,75	I	863,91	41,56	60,45	68,—	35,86	52,16	58,68	30,42	44,26	49,79	25,24	36,72	41,31	20,32	29,56	33,25	15,65	22,77	25,61
	II	823,—	45,26	65,84	74,07	II	823,—	39,40	57,32	64,48	33,80	49,17	55,31	28,46	41,40	46,57	23,37	34,—	38,25	18,54	26,98	30,35	13,97	20,33	22,87
	III	527,—	28,98	42,16	47,43	III	527,—	24,57	35,74	40,21	20,30	29,53	33,22	16,15	23,49	26,42	11,70	17,64	19,84	—	12,—	13,50	—	6,93	7,79
	V	1 268,58	69,77	101,48	114,17	IV	863,91	44,50	64,74	72,83	41,56	60,45	68,—	38,68	56,26	63,29	35,86	52,16	58,68	33,11	48,16	54,18	30,42	44,26	49,79
	VI	1 304,83	71,76	104,38	117,43																				
4 334,99	I,IV	865,—	47,57	69,20	77,85	I	865,—	41,62	60,54	68,10	35,91	52,24	58,77	30,47	44,33	49,87	25,29	36,79	41,39	20,36	29,62	33,32	15,70	22,84	25,69
	II	824,—	45,32	65,92	74,16	II	824,—	39,46	57,40	64,57	33,85	49,24	55,40	28,51	41,47	46,65	23,42	34,07	38,33	18,59	27,04	30,42	14,02	20,40	22,95
	III	527,83	29,03	42,22	47,50	III	527,83	24,62	35,81	40,28	20,34	29,58	33,28	16,18	23,54	26,48	11,86	17,70	19,91	—	12,05	13,55	—	6,97	7,84
	V	1 269,75	69,83	101,58	114,27	IV	865,—	44,56	64,82	72,92	41,62	60,54	68,10	38,73	56,34	63,38	35,91	52,24	58,77	33,16	48,24	54,27	30,47	44,33	49,87
	VI	1 306,—	71,83	104,48	117,54																				
4 337,99	I,IV	866,08	47,63	69,28	77,94	I	866,08	41,67	60,62	68,19	35,97	52,32	58,86	30,52	44,40	49,95	25,34	36,86	41,47	20,41	29,69	33,40	15,74	22,90	25,76
	II	825,08	45,37	66,—	74,25	II	825,08	39,51	57,48	64,66	33,91	49,32	55,49	28,56	41,54	46,73	23,47	34,14	38,41	18,64	27,11	30,50	14,06	20,46	23,01
	III	528,66	29,07	42,29	47,57	III	528,66	24,66	35,88	40,36	20,38	29,65	33,35	16,23	23,61	26,56	12,—	17,76	19,98	—	12,10	13,61	—	7,02	7,90
	V	1 270,91	69,90	101,67	114,38	IV	866,08	44,62	64,90	73,01	41,67	60,62	68,19	38,79	56,42	63,47	35,97	52,32	58,86	33,22	48,32	54,36	30,52	44,40	49,95
	VI	1 307,16	71,89	104,57	117,64																				
4 340,99	I,IV	867,16	47,69	69,37	78,04	I	867,16	41,73	60,70	68,28	36,02	52,40	58,95	30,58	44,48	50,04	25,39	36,93	41,54	20,46	29,76	33,48	15,78	22,96	25,83
	II	826,16	45,43	66,09	74,35	II	826,16	39,57	57,56	64,75	33,96	49,40	55,58	28,61	41,62	46,82	23,52	34,21	38,48	18,68	27,18	30,57	14,10	20,52	23,08
	III	529,33	29,11	42,34	47,63	III	529,33	24,70	35,93	40,42	20,42	29,70	33,41	16,27	23,66	26,62	12,13	17,81	20,03	—	12,16	13,68	—	7,06	7,94
	V	1 272,08	69,96	101,76	114,48	IV	867,16	44,67	64,98	73,10	41,73	60,70	68,28	38,84	56,50	63,56	36,02	52,40	58,95	33,27	48,40	54,45	30,58	44,48	50,04
	VI	1 308,41	71,96	104,67	117,75																				
4 343,99	I,IV	868,25	47,75	69,46	78,14	I	868,25	41,79	60,78	68,38	36,08	52,48	59,04	30,63	44,56	50,13	25,44	37,—	41,63	20,51	29,83	33,56	15,83	23,02	25,90
	II	827,16	45,49	66,17	74,44	II	827,16	39,62	57,64	64,84	34,01	49,48	55,66	28,66	41,69	46,90	23,57	34,28	38,57	18,73	27,24	30,65	14,15	20,58	23,15
	III	530,16	29,15	42,41	47,71	III	530,16	24,75	36,—	40,50	20,46	29,76	33,48	16,30	23,72	26,68	12,26	17,86	20,09	—	12,20	13,72	—	7,10	7,99
	V	1 273,33	70,03	101,86	114,59	IV	868,25	44,73	65,07	73,20	41,79	60,78	68,38	38,90	56,58	63,65	36,08	52,48	59,04	33,32	48,47	54,53	30,63	44,56	50,13
	VI	1 309,58	72,02	104,76	117,86																				
4 346,99	I,IV	869,33	47,81	69,54	78,23	I	869,33	41,84	60,86	68,47	36,13	52,56	59,13	30,68	44,63	50,21	25,49	37,08	41,71	20,55	29,90	33,63	15,87	23,09	25,97
	II	828,25	45,55	66,26	74,54	II	828,25	39,68	57,72	64,93	34,07	49,56	55,75	28,71	41,76	46,98	23,61	34,35	38,64	18,77	27,31	30,72	14,19	20,64	23,22
	III	531,—	29,20	42,48	47,79	III	531,—	24,78	36,05	40,55	20,50	29,82	33,55	16,35	23,78	26,75	12,32	17,92	20,16	—	12,25	13,78	—	7,16	8,05
	V	1 274,50	70,09	101,96	114,70	IV	869,33	44,79	65,16	73,30	41,84	60,86	68,47	38,95	56,66	63,74	36,13	52,56	59,13	33,38	48,55	54,62	30,68	44,63	50,21
	VI	1 310,75	72,09	104,86	117,96																				
4 349,99	I,IV	870,41	47,87	69,63	78,33	I	870,41	41,90	60,95	68,57	36,19	52,64	59,22	30,74	44,71	50,30	25,54	37,15	41,79	20,60	29,96	33,71	15,92	23,16	26,05
	II	829,33	45,61	66,34	74,63	II	829,33	39,74	57,80	65,03	34,12	49,64	55,84	28,76	41,84	47,07	23,66	34,42	38,72	18,82	27,38	30,80	14,24	20,71	23,30
	III	531,66	29,24	42,53	47,84	III	531,66	24,83	36,12	40,63	20,54	29,88	33,61	16,39	23,84	26,82	12,36	17,98	20,23	—	12,32	13,86	—	7,20	8,10
	V	1 275,75	70,16	102,06	114,81	IV	870,41	44,85	65,24	73,40	41,90	60,95	68,57	39,01	56,75	63,84	36,19	52,64	59,22	33,43	48,63	54,71	30,74	44,71	50,30
	VI	1 312,—	72,16	104,96	118,08																				
4 352,99	I,IV	871,50	47,93	69,72	78,43	I	871,50	41,96	61,03	68,66	36,24	52,72	59,31	30,79	44,78	50,38	25,59	37,22	41,87	20,65	30,04	33,79	15,96	23,22	26,12
	II	830,41	45,67	66,43	74,73	II	830,41	39,79	57,88	65,12	34,17	49,71	55,92	28,82	41,92	47,16	23,71	34,50	38,81	18,86	27,44	30,87	14,28	20,77	23,36
	III	532,50	29,28	42,60	47,92	III	532,50	24,87	36,18	40,70	20,58	29,94	33,68	16,42	23,89	26,87	12,40	18,04	20,29	—	12,37	13,91	—	7,25	8,15
	V	1 276,91	70,23	102,15	114,92	IV	871,50	44,91	65,32	73,49	41,96	61,03	68,66	39,07	56,83	63,93	36,24	52,72	59,31	33,48	48,70	54,79	30,79	44,78	50,38
	VI	1 313,16	72,22	105,05	118,18																				
4 355,99	I,IV	872,58	47,99	69,80	78,53	I	872,58	42,01	61,11	68,75	36,30	52,80	59,40	30,84	44,86	50,46	25,63	37,29	41,95	20,69	30,10	33,86	16,—	23,28	26,19
	II	831,50	45,73	66,52	74,83	II	831,50	39,85	57,96	65,21	34,23	49,79	56,01	28,87	41,99	47,24	23,76	34,56	38,88	18,91	27,51	30,95	14,32	20,84	23,44
	III	533,33	29,33	42,66	47,99	III	533,33	24,91	36,24	40,77	20,62	30,—	33,75	16,47	23,96	26,95	12,43	18,09	20,35	—	12,42	13,97	—	7,29	8,20
	V	1 278,08	70,29	102,24	115,02	IV	872,58	44,97	65,41	73,58	42,01	61,11	68,75	39,12	56,91	64,02	36,30	52,80	59,40	33,54	48,78	54,88	30,84	44,86	50,46
	VI	1 314,33	72,28	105,14	118,28																				
4 358,99	I,IV	873,66	48,05	69,89	78,62	I	873,66	42,07	61,20	68,85	36,35	52,88	59,49	30,89	44,93	50,54	25,68	37,36	42,03	20,74	30,17	33,94	16,05	23,35	26,27
	II	832,50	45,78	66,60	74,92	II	832,50	39,90	58,04	65,30	34,28	49,87	56,10	28,92	42,06	47,32	23,81	34,64	38,97	18,96	27,58	31,02	14,36	20,90	23,51
	III	534,16	29,37	42,73	48,07	III	534,16	24,96	36,30	40,84	20,67	30,06	33,82	16,50	24,01	27,01	12,47	18,14	20,41	—	12,48	14,04	—	7,34	8,26
	V	1 279,33	70,36	102,34	115,13	IV	873,66	45,03	65,50	73,68	42,07	61,20	68,85	39,18	56,99	64,11	36,35	52,88	59,49	33,59	48,86	54,96	30,89	44,93	50,54
	VI	1 315,58	72,35	105,24	118,40																				
4 361,99	I,IV	874,75	48,11	69,98	78,72	I	874,75	42,13	61,28	68,94	36,41	52,96	59,58	30,94	45,01	50,63	25,74	37,44	42,12	20,79	30,24	34,02	16,10	23,42	26,34
	II	833,58	45,84	66,68	75,02	II	833,58	39,96	58,13	65,39	34,33	49,94	56,18	28,97	42,14	47,40	23,86	34,70	39,04	19,—	27,64	31,10	14,41	20,96	23,58
	III	534,83	29,41	42,78	48,13	III	534,83	24,99	36,36	40,90	20,70	30,12	33,88	16,54	24,06	27,07	12,51	18,20	20,47	—	12,53	14,09	—	7,38	8,30
	V	1 280,50	70,42	102,44	115,24	IV	874,75	45,08	65,58	73,77	42,13	61,28	68,94	39,23	57,07	64,20	36,41	52,96	59,58	33,64	48,94	55,05	30,94	45,01	50,63
	VI	1 316,75	72,42	105,34	118,50																				
4 364,99	I,IV	875,75	48,16	70,06	78,81	I	875,75	42,18	61,36	69,03	36,46	53,04	59,67	30,99	45,08	50,72	25,79	37,51	42,20	20,83	30,30	34,09	16,14	23,48	26,41
	II	834,66	45,90	66,77	75,11	II	834,66	40,02	58,21	65,48	34,39	50,02	56,27	29,02	42,21	47,48	23,91	34,78	39,12	19,05	27,71	31,17	14,45	21,02	23,65
	III	535,66	29,46	42,85	48,20	III	535,66	25,04	36,42	40,97	20,75	30,18	33,95	16,59	24,13	27,14	12,55	18,26	20,54	—	12,58	14,15	—	7,42	8,35
	V	1 281,66	70,49	102,53	115,34	IV	875,75	45,14	65,66	73,87	42,18	61,36	69,03	39,29	57,15	64,29	36,46	53,04	59,67	33,69	49,01	55,13	30,99	45,08	50,72
	VI	1 317,91	72,48	105,43	118,61																				
4 367,99	I,IV	876,83	48,22	70,14	78,91	I	876,83	42,24	61,44	69,12	36,52	53,12	59,76	31,04	45,16	50,80	25,83	37,58	42,27	20,88	30,38	34,17	16,18	23,54	26,48
	II	835,75	45,96	66,86	75,21	II	835,75	40,07	58,29	65,57	34,44	50,10	56,36	29,07	42,28	47,57	23,95	34,84	39,20	19,09	27,78	31,25	14,50	21,09	23,72
	III	536,50	29,50	42,92	48,28	III	536,50	25,08	36,49	41,05	20,79	30,24	34,02	16,62	24,18	27,20	12,59	18,32	20,61	—	12,64	14,22	—	7,48	8,41
	V	1 282,83	70,55	102,62	115,45	IV	876,83	45,20	65,75	73,97	42,24	61,44	69,12	39,34	57,23	64,38	36,52	53,12	59,76	33,75	49,09	55,22	31,04	45,16	50,80
	VI	1 319,16	72,55	105,53	118,72																				
4 370,99	I,IV	877,91	48,28	70,23	79,01	I	877,91	42,29	61,52	69,21	36,57	53,19	59,84	31,10	45,24	50,89	25,88	37,65	42,35	20,93	30,44	34,25	16,23	23,61	26,56
	II	836,75	46,02	66,94	75,30	II	836,75	40,13	58,37	65,66	34,49	50,18	56,45	29,12	42,36	47,65	24,—	34,92	39,28	19,14	27,84	31,32	14,54	21,15	23,79
	III	537,33	29,55	42,98	48,35	III	537,33	25,12	36,54	41,11	20,83	30,30	34,09	16,66	24,24	27,27	12,63	18,37	20,66	—	12,69	14,27	—	7,52	8,46
	V	1 284,08	70,62	102,72	115,56	IV	877,91	45,26	65,83	74,06	42,29	61,52	69,21	39,40	57,31	64,47	36,57	53,19	59,84	33,80	49,17	55,31	31,10	45,24	50,89
	VI	1 320,33	72,61	105,62	118,82																				
4 373,99	I,IV	879,—	48,34	70,32	79,11	I	879,—	42,35	61,61	69,31	36,62	53,27	59,93	31,15	45,31	50,97	25,93	37,72	42,44	20,97	30,51	34,32	16,27	23,67	26,63
	II	837,83	46,08	67,02	75,40	II	837,83	40,18	58,45	65,75	34,55	50,26	56,54	29,17	42,44	47,74	24,05	34,98	39,35	19,19	27,91	31,40	14,58	21,22	23,87
	III	538,—	29,59	43,04	48,42	III	538,—	25,17	36,61	41,18	20,87	30,36	34,15	16,71	24,30	27,34	12,66	18,42	20,72	—	12,74	14,33	—	7,57	8,51
	V	1 285,25	70,68	102,82	115,67	IV	879,—	45,32	65,92	74,16	42,35	61,61	69,31	39,45	57,39	64,56	36,62	53,27	59,93	33,85	49,24	55,40	31,15	45,31	50,97
	VI	1 321,50	72,68	105,72	118,93																				
4 376,99	I,IV	880,08	48,40	70,40	79,20	I	880,08	42,41	61,69	69,40	36,68	53,35	60,02	31,20	45,38	51,05	25,98	37,80	42,52	21,02	30,58	34,40	16,32	23,74	26,70
	II	838,91	46,14	67,11	75,50	II	838,91	40,24	58,54	65,85	34,60	50,34	56,63	29,22	42,51	47,82	24,10	35,06	39,44	19,24	27,98	31,48	14,63	21,28	23,94
	III	538,83	29,63	43,10	48,49	III	538,83	25,20	36,66	41,24	20,91	30,42	34,22	16,74	24,36	27,40	12,70	18,48	20,79	—	12,80	14,40	—	7,61	8,56
	V	1 286,41	70,75	102,91	115,77	IV	880,08	45,37	66,—	74,25	42,41	61,69	69,40	39,51	57,48	64,66	36,68	53,35	60,02	33,91	49,32	55,49	31,20	45,38	51,05
	VI	1 322,66	72,74	105,81	119,03																				

*** Die ausgewiesenen Tabellenwerte sind amtlich. Siehe Erläuterungen auf der Umschlaginnenseite (U2).**
**** Bei mehr als 3 Kinderfreibeträgen ist die „Ergänzungs-Tabelle 3,5 bis 6 Kinderfreibeträge" anzuwenden.**

MONAT 4 377,–*

Abzüge an Lohnsteuer, Solidaritätszuschlag (SolZ) und Kirchensteuer (8%, 9%) in den Steuerklassen

Lohn/ Gehalt bis €*	I – VI					I, II, III, IV		mit Zahl der Kinderfreibeträge . . .																	
			ohne Kinder-freibeträge					0,5			1			1,5			2			2,5			3**		
		LSt	SolZ	8%	9%		LSt	SolZ	8%	9%	SolZ	8%	9%	SolZ	8%	9%	SolZ	8%	9%	SolZ	8%	9%	SolZ	8%	9%
4 379,99	I,IV	881,16	48,46	70,49	79,30	I	881,16	42,47	61,78	69,50	36,73	53,43	60,11	31,25	45,46	51,14	26,03	37,86	42,59	21,06	30,64	34,47	16,36	23,80	26,78
	II	840,—	46,20	67,20	75,60	II	840,—	40,30	58,62	65,94	34,65	50,41	56,71	29,27	42,58	47,90	24,15	35,13	39,52	19,28	28,05	31,55	14,67	21,34	24,01
	III	539,66	29,68	43,17	48,56	III	539,66	25,25	36,73	41,32	20,95	30,48	34,29	16,78	24,41	27,46	12,75	18,54	20,86	—	12,85	14,45	—	7,66	8,62
	V	1 287,66	70,82	103,01	115,88	IV	881,16	45,43	66,08	74,34	42,47	61,78	69,50	39,57	57,56	64,75	36,73	53,43	60,11	33,96	49,40	55,57	31,25	45,46	51,14
	VI	1 323,91	72,81	105,91	119,15																				
4 382,99	I,IV	882,33	48,52	70,58	79,40	I	882,33	42,52	61,86	69,59	36,79	53,51	60,20	31,30	45,54	51,23	26,08	37,94	42,68	21,12	30,72	34,56	16,41	23,87	26,85
	II	841,08	46,25	67,28	75,69	II	841,08	40,35	58,70	66,03	34,71	50,49	56,80	29,32	42,66	47,99	24,20	35,20	39,60	19,33	28,12	31,63	14,71	21,40	24,08
	III	540,50	29,72	43,24	48,64	III	540,50	25,30	36,80	41,40	21,—	30,54	34,36	16,83	24,48	27,54	12,78	18,60	20,92	—	12,90	14,51	—	7,70	8,66
	V	1 288,83	70,88	103,10	115,99	IV	882,33	45,49	66,17	74,44	42,52	61,86	69,59	39,62	57,64	64,84	36,79	53,51	60,20	34,01	49,48	55,66	31,30	45,54	51,23
	VI	1 325,08	72,87	106,—	119,25																				
4 385,99	I,IV	883,41	48,58	70,67	79,50	I	883,41	42,58	61,94	69,68	36,84	53,59	60,29	31,36	45,62	51,32	26,13	38,01	42,76	21,16	30,78	34,63	16,45	23,93	26,92
	II	842,08	46,31	67,36	75,78	II	842,08	40,41	58,78	66,13	34,76	50,57	56,89	29,37	42,73	48,07	24,25	35,27	39,68	19,37	28,18	31,70	14,76	21,47	24,15
	III	541,33	29,77	43,30	48,71	III	541,33	25,34	36,86	41,47	21,03	30,60	34,42	16,86	24,53	27,59	12,82	18,65	20,98	—	12,96	14,58	—	7,76	8,73
	V	1 290,08	70,95	103,20	116,10	IV	883,41	45,55	66,26	74,54	42,58	61,94	69,68	39,68	57,72	64,93	36,84	53,59	60,29	34,07	49,56	55,75	31,36	45,62	51,32
	VI	1 326,33	72,94	106,10	119,36																				
4 388,99	I,IV	884,50	48,64	70,76	79,60	I	884,50	42,64	62,02	69,77	36,90	53,67	60,38	31,41	45,69	51,40	26,18	38,08	42,84	21,21	30,85	34,70	16,50	24,—	27,—
	II	843,16	46,37	67,45	75,88	II	843,16	40,47	58,86	66,22	34,82	50,65	56,98	29,43	42,81	48,16	24,30	35,34	39,76	19,42	28,25	31,78	14,80	21,53	24,22
	III	542,16	29,81	43,37	48,79	III	542,16	25,38	36,92	41,53	21,08	30,66	34,49	16,91	24,60	27,67	12,86	18,70	21,04	0,13	13,01	14,63	—	7,80	8,77
	V	1 291,25	71,01	103,30	116,21	IV	884,50	45,61	66,34	74,63	42,64	62,02	69,77	39,74	57,80	65,03	36,90	53,67	60,38	34,12	49,63	55,83	31,41	45,69	51,40
	VI	1 327,50	73,01	106,20	119,47																				
4 391,99	I,IV	885,50	48,70	70,84	79,69	I	885,50	42,70	62,11	69,87	36,95	53,75	60,47	31,46	45,76	51,48	26,23	38,16	42,93	21,26	30,92	34,79	16,54	24,06	27,07
	II	844,25	46,43	67,54	75,98	II	844,25	40,52	58,94	66,31	34,87	50,72	57,06	29,48	42,88	48,24	24,34	35,41	39,83	19,47	28,32	31,86	14,85	21,60	24,30
	III	542,83	29,85	43,42	48,85	III	542,83	25,42	36,98	41,60	21,12	30,72	34,56	16,94	24,65	27,73	12,90	18,77	21,11	0,26	13,06	14,69	—	7,85	8,83
	V	1 292,41	71,08	103,39	116,31	IV	885,50	45,67	66,43	74,73	42,70	62,11	69,87	39,79	57,88	65,12	36,95	53,75	60,47	34,17	49,71	55,92	31,46	45,76	51,48
	VI	1 328,66	73,07	106,29	119,57																				
4 394,99	I,IV	886,58	48,76	70,92	79,79	I	886,58	42,75	62,19	69,96	37,01	53,83	60,56	31,51	45,84	51,57	26,28	38,23	43,01	21,30	30,99	34,86	16,58	24,12	27,14
	II	845,33	46,49	67,62	76,07	II	845,33	40,58	59,02	66,40	34,92	50,80	57,15	29,53	42,96	48,33	24,39	35,48	39,92	19,51	28,38	31,93	14,89	21,66	24,36
	III	543,66	29,90	43,49	48,92	III	543,66	25,46	37,04	41,67	21,16	30,78	34,63	16,98	24,70	27,79	12,94	18,82	21,17	0,40	13,12	14,76	—	7,89	8,87
	V	1 293,58	71,14	103,48	116,42	IV	886,58	45,72	66,51	74,82	42,75	62,19	69,96	39,85	57,96	65,21	37,01	53,83	60,56	34,23	49,79	56,01	31,51	45,84	51,57
	VI	1 329,83	73,14	106,38	119,68																				
4 397,99	I,IV	887,66	48,82	71,01	79,88	I	887,66	42,81	62,27	70,05	37,06	53,91	60,65	31,57	45,92	51,66	26,33	38,30	43,09	21,35	31,06	34,94	16,63	24,19	27,21
	II	846,41	46,55	67,71	76,17	II	846,41	40,64	59,11	66,50	34,98	50,88	57,24	29,58	43,03	48,41	24,44	35,55	39,99	19,56	28,45	32,—	14,93	21,72	24,44
	III	544,50	29,94	43,56	49,—	III	544,50	25,51	37,10	41,74	21,20	30,84	34,69	17,03	24,77	27,86	12,98	18,88	21,24	0,53	13,17	14,81	—	7,94	8,93
	V	1 294,83	71,21	103,58	116,53	IV	887,66	45,78	66,60	74,92	42,81	62,27	70,05	39,90	58,04	65,30	37,06	53,91	60,65	34,28	49,86	56,09	31,57	45,92	51,66
	VI	1 331,08	73,20	106,48	119,79																				
4 400,99	I,IV	888,75	48,88	71,10	79,98	I	888,75	42,87	62,36	70,15	37,12	53,99	60,74	31,62	45,99	51,74	26,38	38,37	43,16	21,40	31,13	35,02	16,67	24,26	27,29
	II	847,41	46,60	67,79	76,26	II	847,41	40,69	59,19	66,59	35,03	50,96	57,33	29,63	43,10	48,49	24,49	35,62	40,07	19,60	28,52	32,08	14,97	21,78	24,50
	III	545,33	29,99	43,62	49,07	III	545,33	25,55	37,17	41,81	21,24	30,90	34,76	17,06	24,82	27,92	13,01	18,93	21,29	0,70	13,24	14,89	—	8,—	9,—
	V	1 296,—	71,28	103,68	116,64	IV	888,75	45,84	66,68	75,02	42,87	62,36	70,15	39,96	58,12	65,39	37,12	53,99	60,74	34,33	49,94	56,18	31,62	45,99	51,74
	VI	1 332,25	73,27	106,58	119,90																				
4 403,99	I,IV	889,83	48,94	71,18	80,08	I	889,83	42,92	62,44	70,24	37,17	54,06	60,82	31,67	46,07	51,83	26,43	38,44	43,25	21,45	31,20	35,10	16,72	24,32	27,36
	II	848,50	46,66	67,88	76,36	II	848,50	40,75	59,27	66,68	35,09	51,04	57,42	29,68	43,18	48,57	24,54	35,70	40,16	19,65	28,58	32,15	15,02	21,85	24,58
	III	546,—	30,03	43,68	49,14	III	546,—	25,59	37,22	41,87	21,28	30,96	34,83	17,10	24,88	27,99	13,06	19,—	21,37	0,83	13,29	14,95	—	8,04	9,04
	V	1 297,16	71,34	103,77	116,74	IV	889,83	45,90	66,76	75,11	42,92	62,44	70,24	40,01	58,20	65,48	37,17	54,06	60,82	34,39	50,02	56,27	31,67	46,07	51,83
	VI	1 333,41	73,33	106,67	120,—																				
4 406,99	I,IV	890,91	49,—	71,27	80,18	I	890,91	42,98	62,52	70,34	37,22	54,14	60,91	31,72	46,14	51,91	26,48	38,52	43,33	21,49	31,26	35,17	16,76	24,38	27,43
	II	849,58	46,72	67,96	76,46	II	849,58	40,80	59,35	66,77	35,14	51,12	57,51	29,73	43,25	48,65	24,58	35,76	40,23	19,69	28,65	32,23	15,07	21,92	24,66
	III	546,83	30,07	43,74	49,21	III	546,83	25,63	37,29	41,95	21,33	31,02	34,90	17,15	24,94	28,06	13,09	19,05	21,43	0,96	13,34	15,01	—	8,09	9,10
	V	1 298,33	71,40	103,86	116,84	IV	890,91	45,96	66,85	75,20	42,98	62,52	70,34	40,07	58,29	65,57	37,22	54,14	60,91	34,44	50,10	56,36	31,72	46,14	51,91
	VI	1 334,66	73,40	106,77	120,11																				
4 409,99	I,IV	892,—	49,06	71,36	80,28	I	892,—	43,04	62,60	70,43	37,28	54,22	61,—	31,77	46,22	51,99	26,53	38,59	43,41	21,54	31,33	35,24	16,81	24,45	27,50
	II	850,66	46,78	68,05	76,55	II	850,66	40,86	59,44	66,87	35,19	51,19	57,59	29,79	43,33	48,74	24,64	35,84	40,32	19,74	28,72	32,31	15,11	21,98	24,72
	III	547,66	30,12	43,81	49,28	III	547,66	25,68	37,36	42,03	21,36	31,08	34,96	17,18	25,—	28,12	13,13	19,10	21,49	1,10	13,40	15,07	—	8,13	9,14
	V	1 299,58	71,47	103,96	116,96	IV	892,—	46,02	66,94	75,30	43,04	62,60	70,43	40,13	58,37	65,66	37,28	54,22	61,—	34,49	50,18	56,45	31,77	46,22	51,99
	VI	1 335,83	73,47	106,86	120,22																				
4 412,99	I,IV	893,16	49,12	71,45	80,38	I	893,16	43,10	62,69	70,52	37,34	54,31	61,10	31,83	46,30	52,08	26,58	38,66	43,49	21,59	31,40	35,33	16,85	24,52	27,58
	II	851,75	46,84	68,14	76,65	II	851,75	40,92	59,52	66,96	35,25	51,28	57,69	29,84	43,40	48,83	24,69	35,91	40,40	19,79	28,79	32,39	15,15	22,04	24,80
	III	548,50	30,16	43,88	49,36	III	548,50	25,72	37,41	42,08	21,41	31,14	35,03	17,22	25,05	28,18	13,17	19,16	21,55	1,23	13,45	15,13	—	8,18	9,20
	V	1 300,75	71,54	104,06	117,06	IV	893,16	46,08	67,02	75,40	43,10	62,69	70,52	40,18	58,45	65,75	37,34	54,31	61,10	34,55	50,26	56,54	31,83	46,30	52,08
	VI	1 337,08	73,53	106,96	120,33																				
4 415,99	I,IV	894,25	49,18	71,54	80,48	I	894,25	43,16	62,78	70,62	37,39	54,39	61,19	31,88	46,38	52,17	26,63	38,74	43,58	21,63	31,47	35,40	16,90	24,58	27,65
	II	852,83	46,90	68,22	76,75	II	852,83	40,97	59,60	67,05	35,30	51,35	57,77	29,89	43,48	48,91	24,74	35,98	40,48	19,84	28,86	32,46	15,19	22,10	24,86
	III	549,16	30,20	43,93	49,42	III	549,16	25,76	37,48	42,16	21,45	31,20	35,10	17,27	25,12	28,26	13,20	19,21	21,61	1,36	13,50	15,19	—	8,22	9,25
	V	1 302,—	71,61	104,16	117,18	IV	894,25	46,14	67,11	75,50	43,16	62,78	70,62	40,24	58,54	65,85	37,39	54,39	61,19	34,60	50,34	56,63	31,88	46,38	52,17
	VI	1 338,25	73,60	107,06	120,44																				
4 418,99	I,IV	895,33	49,24	71,62	80,57	I	895,33	43,21	62,86	70,71	37,44	54,46	61,27	31,93	46,45	52,25	26,68	38,81	43,66	21,68	31,54	35,48	16,94	24,65	27,73
	II	853,91	46,96	68,31	76,85	II	853,91	41,03	59,68	67,14	35,36	51,43	57,86	29,94	43,56	49,—	24,78	36,05	40,55	19,88	28,92	32,54	15,24	22,17	24,94
	III	550,—	30,25	44,—	49,50	III	550,—	25,80	37,53	42,22	21,49	31,26	35,17	17,30	25,17	28,31	13,25	19,28	21,69	1,50	13,56	15,25	—	8,28	9,31
	V	1 303,16	71,67	104,25	117,28	IV	895,33	46,20	67,20	75,60	43,21	62,86	70,71	40,30	58,62	65,94	37,44	54,46	61,27	34,65	50,41	56,71	31,93	46,45	52,25
	VI	1 339,41	73,66	107,15	120,54																				
4 421,99	I,IV	896,41	49,30	71,71	80,67	I	896,41	43,27	62,94	70,81	37,50	54,54	61,36	31,98	46,52	52,34	26,73	38,88	43,74	21,73	31,61	35,56	16,99	24,71	27,80
	II	854,91	47,02	68,39	76,94	II	854,91	41,08	59,76	67,23	35,41	51,51	57,95	29,99	43,63	49,08	24,83	36,12	40,64	19,93	28,99	32,61	15,29	22,24	25,02
	III	550,83	30,29	44,06	49,57	III	550,83	25,85	37,60	42,30	21,53	31,32	35,23	17,35	25,24	28,39	13,29	19,33	21,74	1,63	13,61	15,31	—	8,32	9,36
	V	1 304,33	71,73	104,34	117,38	IV	896,41	46,25	67,28	75,69	43,27	62,94	70,81	40,35	58,70	66,03	37,50	54,54	61,36	34,71	50,49	56,80	31,98	46,52	52,34
	VI	1 340,58	73,73	107,24	120,65																				
4 424,99	I,IV	897,50	49,36	71,80	80,77	I	897,50	43,33	63,02	70,90	37,55	54,62	61,45	32,04	46,60	52,43	26,78	38,95	43,82	21,78	31,68	35,64	17,03	24,78	27,87
	II	856,—	47,08	68,48	77,04	II	856,—	41,14	59,84	67,32	35,47	51,59	58,04	30,04	43,70	49,16	24,88	36,19	40,71	19,97	29,06	32,69	15,33	22,30	25,08
	III	551,66	30,34	44,13	49,64	III	551,66	25,89	37,66	42,37	21,57	31,38	35,30	17,38	25,29	28,45	13,32	19,38	21,80	1,76	13,66	15,37	—	8,37	9,41
	V	1 305,58	71,80	104,44	117,50	IV	897,50	46,31	67,36	75,78	43,33	63,02	70,90	40,41	58,78	66,12	37,55	54,62	61,45	34,76	50,57	56,89	32,04	46,60	52,43
	VI	1 341,83	73,80	107,34	120,76																				

*** Die ausgewiesenen Tabellenwerte sind amtlich. Siehe Erläuterungen auf der Umschlaginnenseite (U2).**
**** Bei mehr als 3 Kinderfreibeträgen ist die „Ergänzungs-Tabelle 3,5 bis 6 Kinderfreibeträge" anzuwenden.**

Abzüge an Lohnsteuer, Solidaritätszuschlag (SolZ) und Kirchensteuer (8%, 9%) in den Steuerklassen

Lohn/ Gehalt bis €*	I – VI	LSt	ohne Kinderfreibeträge SolZ	8%	9%	I, II, III, IV	LSt	mit Zahl der Kinderfreibeträge . . . 0,5 SolZ	0,5 8%	0,5 9%	1 SolZ	1 8%	1 9%	1,5 SolZ	1,5 8%	1,5 9%	2 SolZ	2 8%	2 9%	2,5 SolZ	2,5 8%	2,5 9%	3** SolZ	3** 8%	3** 9%
4 427,99	I,IV	898,58	49,42	71,88	80,87	I	898,58	43,39	63,11	71,—	37,61	54,70	61,54	32,09	46,68	52,51	26,83	39,02	43,90	21,82	31,74	35,71	17,08	24,84	27,95
	II	857,08	47,13	68,56	77,13	II	857,08	41,20	59,93	67,42	35,52	51,66	58,12	30,09	43,78	49,25	24,93	36,26	40,79	20,02	29,12	32,76	15,37	22,36	25,16
	III	552,33	30,37	44,18	49,70	III	552,33	25,93	37,72	42,43	21,61	31,44	35,37	17,42	25,34	28,51	13,36	19,44	21,87	1,90	13,72	15,43	—	8,41	9,46
	V	1 306,75	71,87	104,54	117,60	IV	898,58	46,37	67,45	75,88	43,39	63,11	71,—	40,46	58,86	66,21	37,61	54,70	61,54	34,81	50,64	56,97	32,09	46,68	52,51
	VI	1 343,—	73,86	107,44	120,87																				
4 430,99	I,IV	899,66	49,48	71,97	80,96	I	899,66	43,44	63,19	71,09	37,66	54,78	61,63	32,14	46,76	52,60	26,88	39,10	43,98	21,87	31,82	35,79	17,12	24,91	28,02
	II	858,16	47,19	68,65	77,23	II	858,16	41,25	60,01	67,51	35,57	51,74	58,21	30,14	43,85	49,33	24,98	36,34	40,88	20,07	29,19	32,84	15,41	22,42	25,22
	III	553,16	30,42	44,25	49,78	III	553,16	25,97	37,78	42,50	21,66	31,50	35,44	17,47	25,41	28,58	13,41	19,50	21,94	2,03	13,77	15,49	—	8,46	9,52
	V	1 307,91	71,93	104,63	117,71	IV	899,66	46,43	67,54	75,98	43,44	63,19	71,09	40,52	58,94	66,31	37,66	54,78	61,63	34,87	50,72	57,06	32,14	46,76	52,60
	VI	1 344,16	73,92	107,53	120,97																				
4 433,99	I,IV	900,75	49,54	72,06	81,06	I	900,75	43,50	63,28	71,19	37,72	54,86	61,72	32,19	46,83	52,68	26,93	39,17	44,06	21,92	31,88	35,87	17,16	24,97	28,09
	II	859,25	47,25	68,74	77,33	II	859,25	41,31	60,09	67,60	35,63	51,82	58,30	30,20	43,93	49,42	25,02	36,40	40,95	20,12	29,26	32,92	15,46	22,49	25,30
	III	554,—	30,47	44,32	49,86	III	554,—	26,02	37,85	42,58	21,69	31,56	35,50	17,50	25,46	28,64	13,44	19,56	22,—	2,20	13,84	15,57	—	8,52	9,58
	V	1 309,08	71,99	104,72	117,81	IV	900,75	46,48	67,62	76,07	43,50	63,28	71,19	40,58	59,02	66,40	37,72	54,86	61,72	34,92	50,80	57,15	32,19	46,83	52,68
	VI	1 345,41	73,99	107,63	121,08																				
4 436,99	I,IV	901,83	49,60	72,14	81,16	I	901,83	43,56	63,36	71,28	37,77	54,94	61,81	32,24	46,90	52,76	26,98	39,24	44,15	21,96	31,95	35,94	17,21	25,04	28,17
	II	860,33	47,31	68,82	77,42	II	860,33	41,36	60,17	67,69	35,68	51,90	58,39	30,25	44,—	49,50	25,08	36,48	41,04	20,16	29,33	32,99	15,50	22,55	25,37
	III	554,83	30,51	44,38	49,93	III	554,83	26,06	37,90	42,64	21,74	31,62	35,57	17,54	25,52	28,71	13,48	19,61	22,06	2,33	13,89	15,62	—	8,56	9,63
	V	1 310,33	72,06	104,82	117,92	IV	901,83	46,54	67,70	76,16	43,56	63,36	71,28	40,63	59,10	66,49	37,77	54,94	61,81	34,98	50,88	57,24	32,24	46,90	52,76
	VI	1 346,58	74,06	107,72	121,19																				
4 439,99	I,IV	902,91	49,66	72,23	81,26	I	902,91	43,61	63,44	71,37	37,83	55,02	61,90	32,30	46,98	52,85	27,03	39,32	44,23	22,01	32,02	36,02	17,26	25,10	28,24
	II	861,33	47,37	68,90	77,51	II	861,33	41,42	60,26	67,79	35,73	51,98	58,47	30,30	44,08	49,59	25,13	36,55	41,12	20,21	29,40	33,07	15,55	22,62	25,44
	III	555,66	30,56	44,45	50,—	III	555,66	26,10	37,97	42,71	21,78	31,68	35,64	17,59	25,58	28,78	13,52	19,66	22,12	2,46	13,94	15,68	—	8,61	9,68
	V	1 311,50	72,13	104,92	118,03	IV	902,91	46,60	67,79	76,26	43,61	63,44	71,37	40,69	59,18	66,58	37,83	55,02	61,90	35,03	50,96	57,33	32,30	46,98	52,85
	VI	1 347,75	74,12	107,82	121,29																				
4 442,99	I,IV	904,—	49,72	72,32	81,36	I	904,—	43,67	63,52	71,46	37,88	55,10	61,99	32,35	47,06	52,94	27,08	39,39	44,31	22,06	32,09	36,10	17,30	25,17	28,31
	II	862,41	47,43	68,99	77,61	II	862,41	41,48	60,34	67,88	35,79	52,06	58,56	30,35	44,15	49,67	25,18	36,62	41,20	20,25	29,46	33,14	15,59	22,68	25,52
	III	556,33	30,59	44,50	50,06	III	556,33	26,15	38,04	42,79	21,82	31,74	35,71	17,62	25,64	28,84	13,55	19,72	22,18	2,60	14,—	15,75	—	8,65	9,73
	V	1 312,66	72,19	105,01	118,13	IV	904,—	46,66	67,88	76,36	43,67	63,52	71,46	40,75	59,27	66,68	37,88	55,10	61,99	35,09	51,04	57,42	32,35	47,06	52,94
	VI	1 348,91	74,19	107,91	121,40																				
4 445,99	I,IV	905,16	49,78	72,41	81,46	I	905,16	43,73	63,61	71,56	37,94	55,18	62,08	32,40	47,14	53,03	27,13	39,46	44,39	22,11	32,16	36,18	17,35	25,24	28,39
	II	863,58	47,49	69,08	77,72	II	863,58	41,54	60,42	67,97	35,84	52,14	58,65	30,41	44,23	49,76	25,23	36,70	41,28	20,30	29,53	33,22	15,64	22,75	25,59
	III	557,16	30,64	44,57	50,14	III	557,16	26,19	38,10	42,86	21,87	31,81	35,78	17,67	25,70	28,91	13,60	19,78	22,25	2,73	14,05	15,80	—	8,70	9,79
	V	1 313,91	72,26	105,11	118,25	IV	905,16	46,72	67,96	76,46	43,73	63,61	71,56	40,80	59,35	66,77	37,94	55,18	62,08	35,14	51,12	57,51	32,40	47,14	53,03
	VI	1 350,16	74,25	108,01	121,51																				
4 448,99	I,IV	906,25	49,84	72,50	81,56	I	906,25	43,79	63,70	71,66	37,99	55,26	62,17	32,46	47,22	53,12	27,18	39,54	44,48	22,16	32,23	36,26	17,39	25,30	28,46
	II	864,58	47,55	69,16	77,81	II	864,58	41,59	60,50	68,06	35,90	52,22	58,74	30,46	44,30	49,84	25,27	36,76	41,36	20,35	29,60	33,30	15,68	22,81	25,66
	III	558,—	30,69	44,64	50,22	III	558,—	26,23	38,16	42,93	21,90	31,86	35,84	17,71	25,76	28,98	13,64	19,84	22,32	2,86	14,10	15,86	—	8,76	9,85
	V	1 315,08	72,32	105,20	118,35	IV	906,25	46,78	68,05	76,55	43,79	63,70	71,66	40,86	59,44	66,87	37,99	55,26	62,17	35,19	51,19	57,59	32,46	47,22	53,12
	VI	1 351,33	74,32	108,10	121,61																				
4 451,99	I,IV	907,33	49,90	72,58	81,65	I	907,33	43,84	63,78	71,75	38,05	55,34	62,26	32,51	47,29	53,20	27,23	39,61	44,56	22,21	32,30	36,34	17,44	25,37	28,54
	II	865,66	47,61	69,25	77,90	II	865,66	41,65	60,58	68,15	35,95	52,30	58,83	30,51	44,38	49,92	25,32	36,84	41,44	20,40	29,67	33,38	15,73	22,88	25,74
	III	558,83	30,73	44,70	50,29	III	558,83	26,28	38,22	43,—	21,95	31,93	35,92	17,75	25,82	29,05	13,67	19,89	22,37	3,—	14,16	15,93	—	8,80	9,90
	V	1 316,33	72,39	105,30	118,46	IV	907,33	46,84	68,14	76,65	43,84	63,78	71,75	40,92	59,52	66,96	38,05	55,34	62,26	35,25	51,27	57,68	32,51	47,29	53,20
	VI	1 352,58	74,39	108,20	121,73																				
4 454,99	I,IV	908,41	49,96	72,67	81,75	I	908,41	43,90	63,86	71,84	38,10	55,42	62,35	32,56	47,36	53,28	27,28	39,68	44,64	22,25	32,37	36,41	17,48	25,43	28,61
	II	866,75	47,67	69,34	78,—	II	866,75	41,71	60,67	68,25	36,01	52,38	58,92	30,56	44,46	50,01	25,37	36,91	41,52	20,44	29,74	33,45	15,77	22,94	25,80
	III	559,66	30,78	44,77	50,36	III	559,66	26,31	38,28	43,06	21,99	31,98	35,98	17,79	25,88	29,11	13,72	19,96	22,45	3,16	14,22	16,—	—	8,85	9,95
	V	1 317,50	72,46	105,40	118,57	IV	908,41	46,90	68,22	76,74	43,90	63,86	71,84	40,97	59,60	67,05	38,10	55,42	62,35	35,30	51,35	57,77	32,56	47,36	53,28
	VI	1 353,75	74,45	108,30	121,83																				
4 457,99	I,IV	909,50	50,02	72,76	81,85	I	909,50	43,96	63,94	71,93	38,16	55,50	62,44	32,61	47,44	53,37	27,33	39,76	44,73	22,30	32,44	36,49	17,53	25,50	28,68
	II	867,83	47,73	69,42	78,10	II	867,83	41,76	60,75	68,34	36,06	52,45	59,—	30,61	44,53	50,09	25,42	36,98	41,60	20,49	29,80	33,53	15,81	23,—	25,88
	III	560,50	30,82	44,84	50,44	III	560,50	26,36	38,34	43,13	22,03	32,05	36,05	17,82	25,93	29,17	13,75	20,01	22,51	3,30	14,28	16,06	—	8,90	10,01
	V	1 318,66	72,52	105,49	118,67	IV	909,50	46,96	68,30	76,84	43,96	63,94	71,93	41,03	59,68	67,14	38,16	55,50	62,44	35,36	51,43	57,86	32,61	47,44	53,37
	VI	1 354,91	74,52	108,39	121,94																				
4 460,99	I,IV	910,58	50,08	72,84	81,95	I	910,58	44,02	64,03	72,03	38,22	55,59	62,54	32,67	47,52	53,46	27,38	39,82	44,80	22,35	32,51	36,57	17,57	25,56	28,76
	II	868,91	47,79	69,51	78,20	II	868,91	41,82	60,84	68,44	36,11	52,53	59,09	30,66	44,60	50,18	25,47	37,05	41,68	20,53	29,87	33,60	15,86	23,07	25,95
	III	561,16	30,86	44,89	50,50	III	561,16	26,40	38,41	43,21	22,07	32,10	36,11	17,87	26,—	29,25	13,79	20,06	22,57	3,43	14,33	16,12	—	8,94	10,06
	V	1 319,83	72,59	105,58	118,78	IV	910,58	47,02	68,39	76,94	44,02	64,03	72,03	41,08	59,76	67,23	38,22	55,59	62,54	35,41	51,50	57,94	32,67	47,52	53,46
	VI	1 356,08	74,58	108,48	122,04																				
4 463,99	I,IV	911,66	50,14	72,93	82,04	I	911,66	44,07	64,11	72,12	38,27	55,67	62,63	32,72	47,60	53,55	27,43	39,90	44,88	22,39	32,58	36,65	17,62	25,63	28,83
	II	870,—	47,85	69,60	78,30	II	870,—	41,88	60,92	68,53	36,17	52,61	59,18	30,71	44,68	50,26	25,52	37,12	41,76	20,58	29,94	33,68	15,90	23,13	26,02
	III	562,—	30,91	44,96	50,58	III	562,—	26,44	38,46	43,27	22,11	32,17	36,19	17,91	26,05	29,30	13,83	20,12	22,63	3,56	14,38	16,18	—	9,—	10,12
	V	1 321,08	72,65	105,68	118,89	IV	911,66	47,08	68,48	77,04	44,07	64,11	72,12	41,14	59,84	67,32	38,27	55,67	62,63	35,46	51,58	58,03	32,72	47,60	53,55
	VI	1 357,33	74,65	108,58	122,15																				
4 466,99	I,IV	912,75	50,20	73,02	82,14	I	912,75	44,13	64,20	72,22	38,33	55,75	62,72	32,77	47,67	53,63	27,48	39,97	44,96	22,44	32,64	36,72	17,66	25,70	28,91
	II	871,08	47,90	69,68	78,39	II	871,08	41,93	61,—	68,62	36,22	52,69	59,27	30,77	44,76	50,35	25,57	37,20	41,85	20,63	30,01	33,76	15,95	23,20	26,10
	III	562,83	30,95	45,02	50,65	III	562,83	26,49	38,53	43,34	22,15	32,22	36,25	17,94	26,10	29,36	13,87	20,18	22,70	3,70	14,44	16,24	—	9,05	10,18
	V	1 322,25	72,72	105,78	119,—	IV	912,75	47,13	68,56	77,13	44,13	64,20	72,22	41,19	59,92	67,41	38,33	55,75	62,72	35,52	51,66	58,12	32,77	47,67	53,63
	VI	1 358,50	74,71	108,68	122,26																				
4 469,99	I,IV	913,91	50,26	73,11	82,25	I	913,91	44,19	64,28	72,32	38,38	55,83	62,81	32,83	47,75	53,72	27,53	40,04	45,05	22,49	32,72	36,81	17,71	25,76	28,98
	II	872,16	47,96	69,77	78,49	II	872,16	41,99	61,08	68,72	36,28	52,77	59,36	30,82	44,83	50,43	25,62	37,26	41,92	20,68	30,08	33,84	15,99	23,26	26,17
	III	563,66	31,—	45,09	50,72	III	563,66	26,53	38,60	43,42	22,20	32,29	36,32	17,99	26,17	29,44	13,91	20,24	22,77	3,83	14,49	16,30	—	9,09	10,22
	V	1 323,41	72,78	105,87	119,10	IV	913,91	47,19	68,65	77,23	44,19	64,28	72,32	41,25	60,01	67,51	38,38	55,83	62,81	35,57	51,74	58,21	32,83	47,75	53,72
	VI	1 359,66	74,78	108,77	122,36																				
4 472,99	I,IV	915,—	50,32	73,20	82,35	I	915,—	44,25	64,36	72,41	38,44	55,91	62,90	32,88	47,82	53,80	27,58	40,12	45,13	22,54	32,78	36,88	17,75	25,82	29,05
	II	873,25	48,02	69,86	78,59	II	873,25	42,05	61,16	68,81	36,33	52,84	59,45	30,87	44,90	50,51	25,67	37,34	42,—	20,72	30,14	33,91	16,03	23,32	26,24
	III	564,50	31,04	45,16	50,80	III	564,50	26,57	38,65	43,48	22,23	32,34	36,38	18,03	26,22	29,50	13,95	20,29	22,82	3,96	14,54	16,36	—	9,14	10,28
	V	1 324,58	72,85	105,96	119,21	IV	915,—	47,25	68,73	77,32	44,25	64,36	72,41	41,31	60,09	67,60	38,44	55,91	62,90	35,62	51,82	58,29	32,88	47,82	53,80
	VI	1 360,91	74,85	108,87	122,48																				

* Die ausgewiesenen Tabellenwerte sind amtlich. Siehe Erläuterungen auf der Umschlaginnenseite (U2).
** Bei mehr als 3 Kinderfreibeträgen ist die „Ergänzungs-Tabelle 3,5 bis 6 Kinderfreibeträge" anzuwenden.

MONAT 4 473,–*

Lohn/ Gehalt bis €*		Abzüge an Lohnsteuer, Solidaritätszuschlag (SolZ) und Kirchensteuer (8%, 9%) in den Steuerklassen																							
		I – VI					I, II, III, IV																		
			ohne Kinderfreibeträge					mit Zahl der Kinderfreibeträge . . .																	
								0,5			1			1,5			2			2,5			3**		
		LSt	SolZ	8%	9%		LSt	SolZ	8%	9%	SolZ	8%	9%	SolZ	8%	9%	SolZ	8%	9%	SolZ	8%	9%	SolZ	8%	9%
4 475,99	I,IV	916,08	50,38	73,28	82,44	I	916,08	44,31	64,45	72,50	38,49	55,99	62,99	32,93	47,90	53,89	27,63	40,19	45,21	22,59	32,86	36,96	17,80	25,90	29,13
	II	874,33	48,08	69,94	78,68	II	874,33	42,11	61,25	68,90	36,39	52,93	59,54	30,92	44,98	50,60	25,72	37,41	42,08	20,77	30,21	33,98	16,08	23,39	26,31
	III	565,16	31,08	45,21	50,86	III	565,16	26,62	38,72	43,56	22,28	32,41	36,46	18,07	26,29	29,57	13,98	20,34	22,88	4,10	14,60	16,42	—	9,20	10,35
	V	1 325,83	72,92	106,06	119,32	IV	916,08	47,31	68,82	77,42	44,31	64,45	72,50	41,36	60,17	67,69	38,49	55,99	62,99	35,68	51,90	58,39	32,93	47,90	53,89
	VI	1 362,08	74,91	108,96	122,58																				
4 478,99	I,IV	917,16	50,44	73,37	82,54	I	917,16	44,37	64,54	72,60	38,55	56,07	63,08	32,99	47,98	53,98	27,68	40,26	45,29	22,63	32,92	37,04	17,84	25,96	29,20
	II	875,41	48,14	70,03	78,78	II	875,41	42,16	61,33	68,99	36,44	53,01	59,63	30,97	45,06	50,69	25,77	37,48	42,17	20,82	30,28	34,07	16,12	23,46	26,39
	III	566,—	31,13	45,28	50,94	III	566,—	26,66	38,78	43,63	22,32	32,46	36,52	18,11	26,34	29,63	14,03	20,41	22,96	4,23	14,65	16,48	—	9,24	10,39
	V	1 327,—	72,98	106,16	119,43	IV	917,16	47,37	68,90	77,51	44,37	64,54	72,60	41,42	60,26	67,79	38,55	56,07	63,08	35,73	51,98	58,47	32,99	47,98	53,98
	VI	1 363,33	74,98	109,06	122,69																				
4 481,99	I,IV	918,33	50,50	73,46	82,64	I	918,33	44,42	64,62	72,69	38,60	56,15	63,17	33,04	48,06	54,06	27,73	40,34	45,38	22,68	33,—	37,12	17,89	26,02	29,27
	II	876,50	48,20	70,12	78,88	II	876,50	42,22	61,42	69,09	36,49	53,08	59,72	31,02	45,13	50,77	25,82	37,56	42,25	20,86	30,35	34,14	16,17	23,52	26,46
	III	566,83	31,17	45,34	51,01	III	566,83	26,70	38,84	43,69	22,36	32,53	36,59	18,15	26,40	29,70	14,07	20,46	23,02	4,40	14,72	16,56	—	9,29	10,45
	V	1 328,25	73,05	106,26	119,54	IV	918,33	47,43	68,99	77,61	44,42	64,62	72,69	41,48	60,34	67,88	38,60	56,15	63,17	35,79	52,06	58,56	33,04	48,06	54,06
	VI	1 364,50	75,04	109,16	122,80																				
4 484,99	I,IV	919,41	50,56	73,55	82,74	I	919,41	44,48	64,70	72,79	38,66	56,23	63,26	33,09	48,14	54,15	27,78	40,41	45,46	22,73	33,06	37,19	17,93	26,09	29,35
	II	877,58	48,26	70,20	78,98	II	877,58	42,28	61,50	69,18	36,55	53,16	59,81	31,08	45,21	50,86	25,86	37,62	42,32	20,91	30,42	34,22	16,21	23,58	26,53
	III	567,66	31,22	45,41	51,08	III	567,66	26,74	38,90	43,76	22,40	32,58	36,65	18,19	26,46	29,77	14,10	20,52	23,08	4,53	14,77	16,61	—	9,34	10,51
	V	1 329,41	73,11	106,35	119,64	IV	919,41	47,49	69,08	77,71	44,48	64,70	72,79	41,53	60,42	67,97	38,66	56,23	63,26	35,84	52,14	58,65	33,09	48,14	54,15
	VI	1 365,66	75,11	109,25	122,90																				
4 487,99	I,IV	920,50	50,62	73,64	82,84	I	920,50	44,54	64,78	72,88	38,71	56,31	63,35	33,14	48,21	54,23	27,83	40,48	45,54	22,78	33,14	37,28	17,98	26,16	29,43
	II	878,66	48,32	70,29	79,07	II	878,66	42,33	61,58	69,27	36,60	53,24	59,90	31,13	45,28	50,94	25,91	37,70	42,41	20,95	30,48	34,29	16,26	23,65	26,60
	III	568,50	31,26	45,48	51,16	III	568,50	26,79	38,97	43,84	22,44	32,65	36,73	18,23	26,52	29,83	14,14	20,57	23,14	4,66	14,82	16,67	—	9,38	10,55
	V	1 330,58	73,18	106,44	119,75	IV	920,50	47,55	69,16	77,81	44,54	64,78	72,88	41,59	60,50	68,06	38,71	56,31	63,35	35,90	52,22	58,74	33,14	48,21	54,23
	VI	1 366,83	75,17	109,34	123,01																				
4 490,99	I,IV	921,58	50,68	73,72	82,94	I	921,58	44,60	64,87	72,98	38,77	56,39	63,44	33,20	48,29	54,32	27,88	40,56	45,63	22,82	33,20	37,35	18,03	26,22	29,50
	II	879,75	48,38	70,38	79,17	II	879,75	42,39	61,66	69,37	36,66	53,32	59,99	31,18	45,36	51,03	25,96	37,77	42,49	21,01	30,56	34,38	16,30	23,71	26,67
	III	569,16	31,30	45,53	51,22	III	569,16	26,83	39,02	43,90	22,48	32,70	36,79	18,27	26,58	29,90	14,19	20,64	23,22	4,80	14,88	16,74	—	9,44	10,62
	V	1 331,83	73,25	106,54	119,86	IV	921,58	47,61	69,25	77,90	44,60	64,87	72,98	41,65	60,58	68,15	38,77	56,39	63,44	35,95	52,29	58,82	33,20	48,29	54,32
	VI	1 368,08	75,24	109,44	123,12																				
4 493,99	I,IV	922,66	50,74	73,81	83,03	I	922,66	44,66	64,96	73,08	38,82	56,47	63,53	33,25	48,36	54,41	27,93	40,63	45,71	22,87	33,27	37,43	18,07	26,29	29,57
	II	880,83	48,44	70,46	79,27	II	880,83	42,45	61,74	69,46	36,71	53,40	60,08	31,24	45,44	51,12	26,01	37,84	42,57	21,05	30,62	34,45	16,34	23,78	26,75
	III	570,—	31,35	45,60	51,30	III	570,—	26,87	39,09	43,97	22,53	32,77	36,86	18,31	26,64	29,97	14,22	20,69	23,27	4,93	14,93	16,79	—	9,49	10,67
	V	1 333,—	73,31	106,64	119,97	IV	922,66	47,67	69,34	78,—	44,66	64,96	73,08	41,70	60,66	68,24	38,82	56,47	63,53	36,—	52,37	58,91	33,25	48,36	54,41
	VI	1 369,25	75,30	109,54	123,23																				
4 496,99	I,IV	923,75	50,80	73,90	83,13	I	923,75	44,71	65,04	73,17	38,88	56,55	63,62	33,30	48,44	54,50	27,98	40,70	45,79	22,92	33,34	37,51	18,12	26,36	29,65
	II	881,91	48,50	70,55	79,37	II	881,91	42,51	61,83	69,56	36,77	53,48	60,17	31,29	45,51	51,20	26,06	37,91	42,65	21,10	30,69	34,52	16,39	23,84	26,82
	III	570,83	31,39	45,66	51,37	III	570,83	26,92	39,16	44,05	22,56	32,82	36,92	18,35	26,69	30,02	14,26	20,74	23,33	5,06	14,98	16,85	—	9,53	10,72
	V	1 334,16	73,37	106,73	120,07	IV	923,75	47,73	69,42	78,10	44,71	65,04	73,17	41,76	60,75	68,34	38,88	56,55	63,62	36,06	52,45	59,—	33,30	48,44	54,50
	VI	1 370,41	75,37	109,63	123,33																				
4 499,99	I,IV	924,83	50,86	73,98	83,23	I	924,83	44,77	65,12	73,26	38,93	56,63	63,71	33,35	48,52	54,58	28,03	40,78	45,87	22,97	33,41	37,58	18,16	26,42	29,72
	II	883,—	48,56	70,64	79,47	II	883,—	42,56	61,91	69,65	36,82	53,56	60,26	31,34	45,58	51,28	26,11	37,98	42,73	21,14	30,76	34,60	16,44	23,91	26,90
	III	571,66	31,44	45,73	51,44	III	571,66	26,95	39,21	44,11	22,61	32,89	37,—	18,39	26,76	30,10	14,30	20,80	23,40	5,20	15,04	16,92	—	9,58	10,78
	V	1 335,33	73,44	106,82	120,17	IV	924,83	47,79	69,51	78,20	44,77	65,12	73,26	41,82	60,83	68,43	38,93	56,63	63,71	36,11	52,53	59,09	33,35	48,52	54,58
	VI	1 371,66	75,44	109,73	123,44																				
4 502,99	I,IV	926,—	50,93	74,08	83,34	I	926,—	44,83	65,21	73,36	38,99	56,72	63,81	33,41	48,60	54,67	28,08	40,85	45,95	23,02	33,48	37,67	18,21	26,49	29,80
	II	884,08	48,62	70,72	79,56	II	884,08	42,62	61,99	69,74	36,87	53,64	60,34	31,39	45,66	51,37	26,16	38,06	42,81	21,19	30,83	34,68	16,48	23,97	26,96
	III	572,50	31,48	45,80	51,52	III	572,50	27,—	39,28	44,19	22,66	32,96	37,08	18,43	26,81	30,16	14,34	20,86	23,47	5,33	15,09	16,97	—	9,64	10,84
	V	1 336,58	73,51	106,92	120,29	IV	926,—	47,85	69,60	78,30	44,83	65,21	73,36	41,88	60,92	68,53	38,99	56,72	63,81	36,17	52,61	59,18	33,41	48,60	54,67
	VI	1 372,83	75,50	109,82	123,55																				
4 505,99	I,IV	927,08	50,98	74,16	83,43	I	927,08	44,88	65,29	73,45	39,05	56,80	63,90	33,46	48,67	54,75	28,13	40,92	46,04	23,06	33,55	37,74	18,25	26,55	29,87
	II	885,16	48,68	70,81	79,66	II	885,16	42,68	62,08	69,84	36,93	53,72	60,43	31,44	45,74	51,45	26,21	38,13	42,89	21,24	30,90	34,76	16,52	24,04	27,04
	III	573,16	31,52	45,85	51,58	III	573,16	27,05	39,34	44,26	22,69	33,01	37,13	18,48	26,88	30,24	14,38	20,92	23,53	5,46	15,14	17,03	—	9,69	10,90
	V	1 337,75	73,57	107,02	120,39	IV	927,08	47,90	69,68	78,39	44,88	65,29	73,45	41,93	61,—	68,62	39,05	56,80	63,90	36,22	52,68	59,27	33,46	48,67	54,75
	VI	1 374,—	75,57	109,92	123,66																				
4 508,99	I,IV	928,16	51,04	74,25	83,53	I	928,16	44,94	65,38	73,55	39,10	56,88	63,99	33,51	48,75	54,84	28,19	41,—	46,13	23,11	33,62	37,82	18,30	26,62	29,95
	II	886,25	48,74	70,90	79,76	II	886,25	42,73	62,16	69,93	36,99	53,80	60,53	31,50	45,82	51,54	26,26	38,20	42,98	21,28	30,96	34,83	16,57	24,10	27,11
	III	574,—	31,57	45,92	51,66	III	574,—	27,09	39,41	44,33	22,74	33,08	37,21	18,51	26,93	30,29	14,42	20,98	23,60	5,63	15,21	17,11	—	9,74	10,96
	V	1 339,—	73,64	107,12	120,51	IV	928,16	47,96	69,77	78,49	44,94	65,38	73,55	41,99	61,08	68,72	39,10	56,88	63,99	36,28	52,77	59,36	33,51	48,75	54,84
	VI	1 375,25	75,63	110,02	123,77																				
4 511,99	I,IV	929,33	51,11	74,34	83,63	I	929,33	45,—	65,46	73,64	39,16	56,96	64,08	33,57	48,83	54,93	28,24	41,08	46,21	23,16	33,69	37,90	18,35	26,69	30,02
	II	887,33	48,80	70,98	79,85	II	887,33	42,79	62,24	70,02	37,04	53,88	60,61	31,55	45,89	51,62	26,31	38,28	43,06	21,34	31,04	34,92	16,61	24,17	27,19
	III	574,83	31,61	45,98	51,73	III	574,83	27,13	39,46	44,39	22,77	33,13	37,27	18,56	27,—	30,37	14,46	21,04	23,67	5,76	15,26	17,17	—	9,78	11,—
	V	1 340,16	73,70	107,21	120,61	IV	929,33	48,02	69,86	78,59	45,—	65,46	73,64	42,05	61,16	68,81	39,16	56,96	64,08	36,33	52,84	59,45	33,57	48,83	54,93
	VI	1 376,41	75,70	110,11	123,87																				
4 514,99	I,IV	930,41	51,17	74,43	83,73	I	930,41	45,06	65,54	73,73	39,21	57,04	64,17	33,62	48,90	55,01	28,29	41,15	46,29	23,21	33,76	37,98	18,39	26,75	30,09
	II	888,41	48,86	71,07	79,95	II	888,41	42,85	62,33	70,12	37,09	53,96	60,70	31,60	45,96	51,71	26,36	38,35	43,14	21,38	31,10	34,99	16,66	24,23	27,26
	III	575,66	31,66	46,05	51,80	III	575,66	27,17	39,53	44,47	22,82	33,20	37,35	18,59	27,05	30,43	14,50	21,09	23,72	5,90	15,32	17,23	—	9,84	11,07
	V	1 341,33	73,77	107,30	120,71	IV	930,41	48,08	69,94	78,68	45,06	65,54	73,73	42,10	61,24	68,90	39,21	57,04	64,17	36,38	52,92	59,54	33,62	48,90	55,01
	VI	1 377,58	75,76	110,20	123,98																				
4 517,99	I,IV	931,50	51,23	74,52	83,83	I	931,50	45,12	65,63	73,83	39,27	57,12	64,26	33,67	48,98	55,10	28,34	41,22	46,37	23,26	33,83	38,06	18,43	26,82	30,17
	II	889,50	48,92	71,16	80,05	II	889,50	42,90	62,41	70,21	37,15	54,04	60,79	31,65	46,04	51,80	26,41	38,42	43,22	21,43	31,17	35,06	16,70	24,30	27,33
	III	576,50	31,70	46,12	51,88	III	576,50	27,22	39,60	44,55	22,87	33,26	37,42	18,63	27,10	30,49	14,53	21,14	23,78	6,03	15,37	17,29	—	9,89	11,12
	V	1 342,58	73,84	107,40	120,83	IV	931,50	48,14	70,03	78,78	45,12	65,63	73,83	42,16	61,33	68,99	39,27	57,12	64,26	36,44	53,—	59,63	33,67	48,98	55,10
	VI	1 378,83	75,83	110,30	124,09																				
4 520,99	I,IV	932,58	51,29	74,60	83,93	I	932,58	45,18	65,72	73,93	39,32	57,20	64,35	33,73	49,06	55,19	28,39	41,30	46,46	23,31	33,90	38,14	18,48	26,88	30,24
	II	890,58	48,98	71,24	80,15	II	890,58	42,96	62,49	70,30	37,20	54,12	60,88	31,70	46,12	51,88	26,46	38,49	43,30	21,47	31,24	35,14	16,75	24,36	27,41
	III	577,33	31,75	46,18	51,95	III	577,33	27,26	39,65	44,60	22,90	33,32	37,48	18,68	27,17	30,56	14,58	21,21	23,86	6,16	15,42	17,35	—	9,93	11,17
	V	1 343,75	73,90	107,50	120,93	IV	932,58	48,20	70,11	78,87	45,18	65,72	73,93	42,22	61,41	69,08	39,32	57,20	64,35	36,49	53,08	59,72	33,73	49,06	55,19
	VI	1 380,—	75,90	110,40	124,20																				

* Die ausgewiesenen Tabellenwerte sind amtlich. Siehe Erläuterungen auf der Umschlaginnenseite (U2).
** Bei mehr als 3 Kinderfreibeträgen ist die „Ergänzungs-Tabelle 3,5 bis 6 Kinderfreibeträge" anzuwenden.

Lohn/ Gehalt bis €*		Abzüge an Lohnsteuer, Solidaritätszuschlag (SolZ) und Kirchensteuer (8%, 9%) in den Steuerklassen I – VI				I, II, III, IV																			
			ohne Kinderfreibeträge					mit Zahl der Kinderfreibeträge . . . 0,5			1			1,5			2			2,5			3**		
		LSt	SolZ	8%	9%		LSt	SolZ	8%	9%	SolZ	8%	9%	SolZ	8%	9%	SolZ	8%	9%	SolZ	8%	9%	SolZ	8%	9%
4 523,99	I,IV	933,66	51,35	74,69	84,02	I	933,66	45,23	65,80	74,02	39,38	57,28	64,44	33,78	49,14	55,28	28,44	41,37	46,54	23,35	33,97	38,21	18,53	26,95	30,32
	II	891,66	49,04	71,33	80,24	II	891,66	43,02	62,58	70,40	37,26	54,20	60,97	31,75	46,19	51,96	26,51	38,56	43,38	21,52	31,31	35,22	16,79	24,43	27,48
	III	578,16	31,79	46,25	52,03	III	578,16	27,30	39,72	44,68	22,95	33,38	37,55	18,71	27,22	30,62	14,62	21,26	23,92	6,33	15,49	17,42	—	9,98	11,23
	V	1 344,91	73,97	107,59	121,04	IV	933,66	48,26	70,20	78,97	45,23	65,80	74,02	42,28	61,50	69,18	39,38	57,28	64,44	36,55	53,16	59,81	33,78	49,14	55,28
	VI	1 381,16	75,96	110,49	124,30																				
4 526,99	I,IV	934,83	51,41	74,78	84,13	I	934,83	45,29	65,88	74,12	39,43	57,36	64,53	33,83	49,22	55,37	28,49	41,44	46,62	23,40	34,04	38,30	18,57	27,02	30,39
	II	892,75	49,10	71,42	80,34	II	892,75	43,07	62,66	70,49	37,31	54,28	61,06	31,81	46,27	52,05	26,56	38,64	43,47	21,57	31,38	35,30	16,83	24,49	27,55
	III	578,83	31,83	46,30	52,09	III	578,83	27,35	39,78	44,75	22,99	33,44	37,62	18,76	27,29	30,70	14,65	21,32	23,98	6,46	15,54	17,48	—	10,04	11,29
	V	1 346,08	74,03	107,68	121,14	IV	934,83	48,32	70,28	79,07	45,29	65,88	74,12	42,33	61,58	69,27	39,43	57,36	64,53	36,60	53,24	59,90	33,83	49,22	55,37
	VI	1 382,33	76,02	110,58	124,40																				
4 529,99	I,IV	935,91	51,47	74,87	84,23	I	935,91	45,35	65,97	74,21	39,49	57,44	64,62	33,88	49,29	55,45	28,54	41,52	46,71	23,45	34,11	38,37	18,62	27,08	30,47
	II	893,83	49,16	71,50	80,44	II	893,83	43,13	62,74	70,58	37,37	54,36	61,15	31,86	46,34	52,13	26,61	38,71	43,55	21,61	31,44	35,37	16,88	24,56	27,63
	III	579,66	31,88	46,37	52,16	III	579,66	27,39	39,84	44,82	23,03	33,50	37,69	18,80	27,34	30,76	14,69	21,37	24,04	6,60	15,60	17,55	—	10,09	11,35
	V	1 347,33	74,10	107,78	121,25	IV	935,91	48,38	70,37	79,16	45,35	65,97	74,21	42,39	61,66	69,36	39,49	57,44	64,62	36,66	53,32	59,99	33,88	49,29	55,45
	VI	1 383,58	76,09	110,68	124,52																				
4 532,99	I,IV	937,—	51,53	74,96	84,33	I	937,—	45,41	66,05	74,30	39,54	57,52	64,71	33,94	49,37	55,54	28,59	41,59	46,79	23,50	34,18	38,45	18,66	27,15	30,54
	II	894,91	49,22	71,59	80,54	II	894,91	43,19	62,82	70,67	37,42	54,44	61,24	31,91	46,42	52,22	26,66	38,78	43,63	21,67	31,52	35,46	16,93	24,62	27,70
	III	580,50	31,92	46,44	52,24	III	580,50	27,43	39,90	44,89	23,07	33,56	37,75	18,83	27,40	30,82	14,74	21,44	24,12	6,73	15,65	17,60	—	10,14	11,41
	V	1 348,50	74,16	107,88	121,36	IV	937,—	48,44	70,46	79,26	45,41	66,05	74,30	42,45	61,74	69,46	39,54	57,52	64,71	36,71	53,40	60,07	33,94	49,37	55,54
	VI	1 384,75	76,16	110,78	124,62																				
4 535,99	I,IV	938,08	51,59	75,04	84,42	I	938,08	45,47	66,14	74,40	39,60	57,60	64,80	33,99	49,44	55,62	28,64	41,66	46,87	23,54	34,25	38,53	18,71	27,22	30,62
	II	896,—	49,28	71,68	80,64	II	896,—	43,25	62,91	70,77	37,48	54,52	61,33	31,96	46,50	52,31	26,71	38,85	43,70	21,71	31,58	35,53	16,97	24,69	27,77
	III	581,33	31,97	46,50	52,31	III	581,33	27,48	39,97	44,96	23,11	33,62	37,82	18,88	27,46	30,89	14,77	21,49	24,17	6,86	15,70	17,66	—	10,18	11,45
	V	1 349,66	74,23	107,97	121,46	IV	938,08	48,50	70,54	79,36	45,47	66,14	74,40	42,50	61,82	69,55	39,60	57,60	64,80	36,76	53,48	60,16	33,99	49,44	55,62
	VI	1 385,91	76,22	110,87	124,73																				
4 538,99	I,IV	939,25	51,65	75,14	84,53	I	939,25	45,53	66,22	74,50	39,66	57,69	64,90	34,04	49,52	55,71	28,69	41,74	46,95	23,59	34,32	38,61	18,75	27,28	30,69
	II	897,08	49,33	71,76	80,73	II	897,08	43,31	63,—	70,87	37,53	54,60	61,42	32,02	46,58	52,40	26,76	38,93	43,79	21,76	31,66	35,61	17,02	24,76	27,85
	III	582,16	32,01	46,57	52,39	III	582,16	27,51	40,02	45,02	23,15	33,68	37,89	18,92	27,52	30,96	14,81	21,54	24,23	7,—	15,76	17,73	—	10,24	11,52
	V	1 350,91	74,30	108,07	121,58	IV	939,25	48,56	70,64	79,47	45,53	66,22	74,50	42,56	61,91	69,65	39,66	57,69	64,90	36,82	53,56	60,26	34,04	49,52	55,71
	VI	1 387,16	76,29	110,97	124,84																				
4 541,99	I,IV	940,33	51,71	75,22	84,62	I	940,33	45,59	66,31	74,60	39,71	57,77	64,99	34,10	49,60	55,80	28,74	41,81	47,03	23,65	34,40	38,70	18,80	27,35	30,77
	II	898,16	49,39	71,85	80,83	II	898,16	43,36	63,08	70,96	37,59	54,68	61,51	32,07	46,65	52,48	26,81	39,—	43,87	21,81	31,72	35,69	17,06	24,82	27,92
	III	582,83	32,05	46,62	52,45	III	582,83	27,56	40,09	45,10	23,20	33,74	37,96	18,96	27,58	31,03	14,85	21,61	24,31	7,13	15,81	17,78	—	10,29	11,57
	V	1 352,08	74,36	108,16	121,68	IV	940,33	48,62	70,72	79,56	45,59	66,31	74,60	42,62	61,99	69,74	39,71	57,77	64,99	36,87	53,64	60,34	34,10	49,60	55,80
	VI	1 388,33	76,35	111,06	124,94																				
4 544,99	I,IV	941,41	51,77	75,31	84,72	I	941,41	45,65	66,40	74,70	39,77	57,85	65,08	34,15	49,68	55,89	28,79	41,88	47,12	23,69	34,46	38,77	18,85	27,42	30,84
	II	899,25	49,45	71,94	80,93	II	899,25	43,42	63,16	71,06	37,64	54,76	61,60	32,12	46,73	52,57	26,86	39,07	43,95	21,85	31,79	35,76	17,10	24,88	27,99
	III	583,66	32,10	46,69	52,52	III	583,66	27,61	40,16	45,18	23,23	33,80	38,02	19,—	27,64	31,09	14,89	21,66	24,37	7,30	15,88	17,86	—	10,34	11,63
	V	1 353,25	74,42	108,26	121,79	IV	941,41	48,68	70,81	79,66	45,65	66,40	74,70	42,68	62,08	69,84	39,77	57,85	65,08	36,93	53,72	60,43	34,15	49,68	55,89
	VI	1 389,58	76,42	111,16	125,06																				
4 547,99	I,IV	942,58	51,84	75,40	84,83	I	942,58	45,70	66,48	74,79	39,82	57,93	65,17	34,21	49,76	55,98	28,84	41,96	47,20	23,74	34,54	38,85	18,89	27,48	30,92
	II	900,41	49,52	72,03	81,03	II	900,41	43,48	63,24	71,15	37,70	54,84	61,69	32,17	46,80	52,65	26,91	39,14	44,03	21,90	31,86	35,84	17,15	24,95	28,07
	III	584,50	32,14	46,76	52,60	III	584,50	27,65	40,22	45,25	23,28	33,86	38,09	19,04	27,70	31,16	14,93	21,72	24,43	7,43	15,93	17,92	—	10,38	11,68
	V	1 354,50	74,49	108,36	121,90	IV	942,58	48,74	70,90	79,76	45,70	66,48	74,79	42,73	62,16	69,93	39,82	57,93	65,17	36,98	53,80	60,52	34,21	49,76	55,98
	VI	1 390,75	76,49	111,26	125,16																				
4 550,99	I,IV	943,66	51,90	75,49	84,92	I	943,66	45,76	66,56	74,88	39,88	58,01	65,26	34,26	49,84	56,07	28,90	42,04	47,29	23,79	34,60	38,93	18,94	27,55	30,99
	II	901,50	49,58	72,12	81,13	II	901,50	43,54	63,33	71,24	37,75	54,92	61,78	32,23	46,88	52,74	26,96	39,22	44,12	21,95	31,93	35,92	17,20	25,02	28,14
	III	585,33	32,19	46,82	52,67	III	585,33	27,69	40,28	45,31	23,32	33,93	38,17	19,08	27,76	31,23	14,96	21,77	24,49	7,56	15,98	17,98	—	10,44	11,74
	V	1 355,66	74,56	108,45	122,—	IV	943,66	48,79	70,98	79,85	45,76	66,56	74,88	42,79	62,24	70,02	39,88	58,01	65,26	37,04	53,88	60,61	34,26	49,84	56,07
	VI	1 391,91	76,55	111,35	125,27																				
4 553,99	I,IV	944,75	51,96	75,58	85,02	I	944,75	45,82	66,65	74,98	39,94	58,10	65,36	34,32	49,92	56,16	28,95	42,11	47,37	23,84	34,68	39,01	18,98	27,62	31,07
	II	902,58	49,64	72,20	81,23	II	902,58	43,59	63,41	71,33	37,81	55,—	61,87	32,28	46,96	52,83	27,01	39,29	44,20	22,—	32,—	36,—	17,24	25,08	28,22
	III	586,16	32,23	46,89	52,75	III	586,16	27,73	40,34	45,38	23,36	33,98	38,23	19,12	27,81	31,28	15,01	21,84	24,57	7,70	16,04	18,04	—	10,49	11,80
	V	1 356,83	74,62	108,54	122,11	IV	944,75	48,85	71,06	79,94	45,82	66,65	74,98	42,84	62,32	70,11	39,94	58,10	65,36	37,09	53,96	60,70	34,32	49,92	56,16
	VI	1 393,08	76,61	111,44	125,37																				
4 556,99	I,IV	945,83	52,02	75,66	85,12	I	945,83	45,88	66,74	75,08	39,99	58,18	65,45	34,37	49,99	56,24	29,—	42,18	47,45	23,88	34,74	39,08	19,03	27,68	31,14
	II	903,66	49,70	72,29	81,32	II	903,66	43,65	63,50	71,43	37,86	55,08	61,96	32,33	47,03	52,91	27,06	39,36	44,28	22,05	32,07	36,08	17,28	25,14	28,28
	III	587,—	32,28	46,96	52,83	III	587,—	27,78	40,41	45,46	23,41	34,05	38,30	19,16	27,88	31,36	15,05	21,89	24,62	7,83	16,09	18,10	—	10,54	11,86
	V	1 358,08	74,69	108,64	122,22	IV	945,83	48,91	71,15	80,04	45,88	66,74	75,08	42,90	62,41	70,21	39,99	58,18	65,45	37,15	54,04	60,79	34,37	49,99	56,24
	VI	1 394,33	76,68	111,54	125,48																				
4 559,99	I,IV	947,—	52,08	75,76	85,23	I	947,—	45,93	66,82	75,17	40,05	58,26	65,54	34,42	50,07	56,33	29,05	42,26	47,54	23,93	34,82	39,17	19,08	27,75	31,22
	II	904,75	49,76	72,38	81,42	II	904,75	43,71	63,58	71,52	37,92	55,16	62,05	32,39	47,11	53,—	27,11	39,44	44,37	22,09	32,14	36,15	17,33	25,21	28,36
	III	587,66	32,32	47,01	52,88	III	587,66	27,82	40,46	45,52	23,44	34,10	38,36	19,20	27,93	31,42	15,08	21,94	24,68	7,96	16,14	18,16	—	10,60	11,92
	V	1 359,25	74,75	108,74	122,33	IV	947,—	48,97	71,24	80,14	45,93	66,82	75,17	42,96	62,49	70,30	40,05	58,26	65,54	37,20	54,12	60,88	34,42	50,07	56,33
	VI	1 395,50	76,75	111,64	125,59																				
4 562,99	I,IV	948,08	52,14	75,84	85,32	I	948,08	45,99	66,90	75,26	40,10	58,34	65,63	34,47	50,14	56,41	29,10	42,33	47,62	23,98	34,89	39,25	19,12	27,82	31,29
	II	905,83	49,82	72,46	81,52	II	905,83	43,77	63,66	71,62	37,97	55,24	62,14	32,44	47,18	53,08	27,16	39,51	44,45	22,14	32,20	36,23	17,38	25,28	28,44
	III	588,50	32,36	47,08	52,96	III	588,50	27,86	40,53	45,59	23,49	34,17	38,44	19,25	28,—	31,50	15,13	22,01	24,76	8,10	16,20	18,22	—	10,65	11,98
	V	1 360,41	74,82	108,83	122,43	IV	948,08	49,04	71,33	80,24	45,99	66,90	75,26	43,02	62,58	70,40	40,10	58,34	65,63	37,26	54,20	60,97	34,47	50,14	56,41
	VI	1 396,66	76,81	111,73	125,69																				
4 565,99	I,IV	949,16	52,20	75,93	85,42	I	949,16	46,05	66,99	75,36	40,16	58,42	65,72	34,53	50,22	56,50	29,15	42,40	47,70	24,03	34,96	39,33	19,17	27,88	31,37
	II	906,91	49,88	72,55	81,62	II	906,91	43,82	63,74	71,71	38,03	55,32	62,23	32,49	47,26	53,17	27,21	39,58	44,53	22,19	32,28	36,31	17,42	25,34	28,51
	III	589,33	32,41	47,14	53,03	III	589,33	27,91	40,60	45,67	23,53	34,22	38,50	19,28	28,05	31,55	15,17	22,06	24,82	8,26	16,26	18,29	—	10,69	12,02
	V	1 361,58	74,88	108,92	122,54	IV	949,16	49,10	71,42	80,34	46,05	66,99	75,36	43,07	62,66	70,49	40,16	58,42	65,72	37,31	54,28	61,06	34,53	50,22	56,50
	VI	1 397,91	76,88	111,83	125,81																				
4 568,99	I,IV	950,33	52,26	76,02	85,52	I	950,33	46,11	67,07	75,45	40,22	58,50	65,81	34,58	50,30	56,59	29,20	42,48	47,79	24,08	35,03	39,41	19,21	27,95	31,44
	II	908,—	49,94	72,64	81,72	II	908,—	43,88	63,83	71,81	38,08	55,40	62,32	32,54	47,34	53,25	27,26	39,65	44,60	22,23	32,34	36,38	17,47	25,41	28,58
	III	590,16	32,45	47,21	53,11	III	590,16	27,94	40,65	45,73	23,57	34,29	38,57	19,32	28,10	31,61	15,20	22,12	24,88	8,40	16,32	18,36	—	10,74	12,08
	V	1 362,83	74,95	109,02	122,65	IV	950,33	49,16	71,50	80,44	46,11	67,07	75,45	43,13	62,74	70,58	40,22	58,50	65,81	37,37	54,36	61,15	34,58	50,30	56,59
	VI	1 399,08	76,94	111,92	125,91																				

* Die ausgewiesenen Tabellenwerte sind amtlich. Siehe Erläuterungen auf der Umschlaginnenseite (U2).

** Bei mehr als 3 Kinderfreibeträgen ist die „Ergänzungs-Tabelle 3,5 bis 6 Kinderfreibeträge" anzuwenden.

MONAT 4 569,–*

Abzüge an Lohnsteuer, Solidaritätszuschlag (SolZ) und Kirchensteuer (8%, 9%) in den Steuerklassen

Lohn/ Gehalt bis €*	I – VI		ohne Kinderfreibeträge			I, II, III, IV		mit Zahl der Kinderfreibeträge . . . 0,5			1			1,5			2			2,5			3**		
		LSt	SolZ	8%	9%		LSt	SolZ	8%	9%	SolZ	8%	9%	SolZ	8%	9%	SolZ	8%	9%	SolZ	8%	9%	SolZ	8%	9%
4 571,99	I,IV	951,41	52,32	76,11	85,62	I	951,41	46,17	67,16	75,56	40,27	58,58	65,90	34,64	50,38	56,68	29,26	42,56	47,88	24,13	35,10	39,49	19,26	28,02	31,52
	II	909,16	50,—	72,73	81,82	II	909,16	43,94	63,92	71,91	38,14	55,48	62,41	32,60	47,42	53,34	27,31	39,73	44,69	22,28	32,42	36,47	17,51	25,48	28,66
	III	591,—	32,50	47,28	53,19	III	591,—	27,99	40,72	45,81	23,62	34,36	38,65	19,36	28,17	31,69	15,25	22,18	24,95	8,53	16,37	18,41	—	10,80	12,15
	V	1 364,—	75,02	109,12	122,76	IV	951,41	49,22	71,59	80,54	46,17	67,16	75,56	43,19	62,82	70,67	40,27	58,58	65,90	37,42	54,44	61,24	34,64	50,38	56,68
	VI	1 400,33	77,01	112,02	126,02																				
4 574,99	I,IV	952,58	52,39	76,20	85,73	I	952,58	46,23	67,24	75,65	40,33	58,66	65,99	34,69	50,46	56,76	29,31	42,63	47,96	24,18	35,17	39,56	19,31	28,09	31,60
	II	910,25	50,06	72,82	81,92	II	910,25	44,—	64,—	72,—	38,19	55,56	62,50	32,65	47,49	53,42	27,36	39,80	44,78	22,33	32,48	36,54	17,56	25,54	28,73
	III	591,83	32,55	47,34	53,26	III	591,83	28,04	40,78	45,88	23,65	34,41	38,71	19,41	28,24	31,77	15,29	22,24	25,02	8,66	16,42	18,47	—	10,85	12,20
	V	1 365,25	75,08	109,22	122,87	IV	952,58	49,28	71,68	80,64	46,23	67,24	75,65	43,25	62,91	70,77	40,33	58,66	65,99	37,48	54,52	61,33	34,69	50,46	56,76
	VI	1 401,50	77,08	112,12	126,13																				
4 577,99	I,IV	953,66	52,45	76,29	85,82	I	953,66	46,29	67,33	75,74	40,39	58,75	66,09	34,74	50,54	56,85	29,36	42,70	48,04	24,23	35,24	39,65	19,36	28,16	31,68
	II	911,33	50,12	72,90	82,01	II	911,33	44,05	64,08	72,09	38,25	55,64	62,59	32,70	47,57	53,51	27,41	39,87	44,85	22,38	32,55	36,62	17,60	25,60	28,80
	III	592,66	32,59	47,41	53,33	III	592,66	28,08	40,85	45,95	23,70	34,48	38,79	19,45	28,29	31,82	15,32	22,29	25,07	8,80	16,48	18,54	—	10,90	12,26
	V	1 366,41	75,15	109,31	122,97	IV	953,66	49,33	71,76	80,73	46,29	67,33	75,74	43,30	62,99	70,86	40,39	58,75	66,09	37,53	54,60	61,42	34,74	50,54	56,85
	VI	1 402,66	77,14	112,21	126,23																				
4 580,99	I,IV	954,75	52,51	76,38	85,92	I	954,75	46,35	67,42	75,84	40,44	58,83	66,18	34,80	50,62	56,94	29,41	42,78	48,12	24,27	35,31	39,72	19,40	28,22	31,75
	II	912,41	50,18	72,99	82,11	II	912,41	44,11	64,16	72,18	38,30	55,72	62,68	32,75	47,64	53,60	27,46	39,94	44,93	22,43	32,62	36,70	17,65	25,67	28,88
	III	593,50	32,64	47,48	53,41	III	593,50	28,13	40,92	46,03	23,74	34,53	38,84	19,48	28,34	31,88	15,37	22,36	25,15	8,96	16,54	18,61	—	10,96	12,33
	V	1 367,58	75,21	109,40	123,08	IV	954,75	49,39	71,85	80,83	46,35	67,42	75,84	43,36	63,08	70,96	40,44	58,83	66,18	37,59	54,68	61,51	34,80	50,62	56,94
	VI	1 403,83	77,21	112,30	126,34																				
4 583,99	I,IV	955,91	52,57	76,47	86,03	I	955,91	46,41	67,50	75,94	40,50	58,91	66,27	34,85	50,69	57,02	29,46	42,85	48,20	24,32	35,38	39,80	19,45	28,29	31,82
	II	913,50	50,24	73,08	82,21	II	913,50	44,17	64,25	72,28	38,36	55,80	62,77	32,81	47,72	53,69	27,51	40,02	45,02	22,47	32,69	36,77	17,69	25,74	28,95
	III	594,16	32,67	47,53	53,47	III	594,16	28,16	40,97	46,09	23,78	34,60	38,92	19,53	28,41	31,96	15,40	22,41	25,21	9,10	16,60	18,67	—	11,01	12,38
	V	1 368,83	75,28	109,50	123,19	IV	955,91	49,45	71,94	80,93	46,41	67,50	75,94	43,42	63,16	71,05	40,50	58,91	66,27	37,64	54,76	61,60	34,85	50,69	57,02
	VI	1 405,08	77,27	112,40	126,45																				
4 586,99	I,IV	957,—	52,63	76,56	86,13	I	957,—	46,46	67,58	76,03	40,55	58,99	66,36	34,90	50,77	57,11	29,51	42,92	48,29	24,37	35,45	39,88	19,49	28,36	31,90
	II	914,58	50,30	73,16	82,31	II	914,58	44,23	64,34	72,38	38,41	55,88	62,86	32,86	47,80	53,77	27,56	40,09	45,10	22,52	32,76	36,86	17,74	25,80	29,03
	III	595,—	32,72	47,60	53,55	III	595,—	28,21	41,04	46,17	23,83	34,66	38,99	19,57	28,46	32,02	15,44	22,46	25,27	9,23	16,65	18,73	—	11,06	12,44
	V	1 370,—	75,35	109,60	123,30	IV	957,—	49,51	72,02	81,02	46,46	67,58	76,03	43,48	63,24	71,15	40,55	58,99	66,36	37,70	54,84	61,69	34,90	50,77	57,11
	VI	1 406,25	77,34	112,50	126,56																				
4 589,99	I,IV	958,08	52,69	76,64	86,22	I	958,08	46,52	67,67	76,13	40,61	59,07	66,45	34,96	50,85	57,20	29,56	43,—	48,37	24,42	35,52	39,96	19,54	28,42	31,97
	II	915,66	50,36	73,25	82,40	II	915,66	44,28	64,42	72,47	38,47	55,96	62,95	32,91	47,88	53,86	27,61	40,16	45,18	22,57	32,83	36,93	17,78	25,87	29,10
	III	595,83	32,77	47,66	53,62	III	595,83	28,26	41,10	46,24	23,87	34,72	39,06	19,61	28,53	32,09	15,48	22,52	25,33	9,36	16,70	18,79	—	11,10	12,49
	V	1 371,16	75,41	109,69	123,40	IV	958,08	49,57	72,11	81,12	46,52	67,67	76,13	43,53	63,32	71,24	40,61	59,07	66,45	37,75	54,92	61,78	34,96	50,85	57,20
	VI	1 407,41	77,40	112,59	126,66																				
4 592,99	I,IV	959,25	52,75	76,74	86,33	I	959,25	46,58	67,76	76,23	40,67	59,16	66,55	35,01	50,93	57,29	29,61	43,08	48,46	24,47	35,60	40,05	19,58	28,49	32,05
	II	916,75	50,42	73,34	82,50	II	916,75	44,34	64,50	72,56	38,52	56,04	63,04	32,96	47,95	53,94	27,66	40,24	45,27	22,61	32,90	37,01	17,83	25,94	29,18
	III	596,66	32,81	47,73	53,69	III	596,66	28,29	41,16	46,30	23,91	34,78	39,13	19,65	28,58	32,15	15,52	22,58	25,40	9,50	16,76	18,85	—	11,16	12,55
	V	1 372,33	75,47	109,78	123,50	IV	959,25	49,63	72,20	81,22	46,58	67,76	76,23	43,59	63,41	71,33	40,67	59,16	66,55	37,81	55,—	61,87	35,01	50,93	57,29
	VI	1 408,58	77,47	112,68	126,77																				
4 595,99	I,IV	960,33	52,81	76,82	86,42	I	960,33	46,64	67,84	76,32	40,72	59,24	66,64	35,06	51,—	57,38	29,66	43,15	48,54	24,52	35,66	40,12	19,63	28,56	32,13
	II	917,83	50,48	73,42	82,60	II	917,83	44,40	64,58	72,65	38,58	56,12	63,13	33,02	48,03	54,03	27,71	40,31	45,35	22,66	32,97	37,09	17,87	26,—	29,25
	III	597,50	32,86	47,80	53,77	III	597,50	28,34	41,22	46,37	23,95	34,84	39,19	19,69	28,65	32,23	15,56	22,64	25,47	9,63	16,81	18,91	—	11,21	12,61
	V	1 373,58	75,54	109,88	123,62	IV	960,33	49,69	72,28	81,32	46,64	67,84	76,32	43,65	63,49	71,42	40,72	59,24	66,64	37,86	55,08	61,96	35,06	51,—	57,38
	VI	1 409,83	77,54	112,78	126,88																				
4 598,99	I,IV	961,41	52,87	76,91	86,52	I	961,41	46,70	67,93	76,42	40,78	59,32	66,73	35,12	51,08	57,47	29,71	43,22	48,62	24,57	35,74	40,20	19,68	28,62	32,20
	II	919,—	50,54	73,52	82,71	II	919,—	44,46	64,67	72,75	38,64	56,20	63,23	33,07	48,10	54,11	27,76	40,38	45,43	22,71	33,04	37,17	17,92	26,06	29,32
	III	598,33	32,90	47,86	53,84	III	598,33	28,38	41,29	46,45	23,99	34,90	39,26	19,73	28,70	32,29	15,60	22,69	25,52	9,80	16,88	18,99	—	11,26	12,67
	V	1 374,75	75,61	109,98	123,72	IV	961,41	49,75	72,37	81,41	46,70	67,93	76,42	43,71	63,58	71,52	40,78	59,32	66,73	37,92	55,16	62,05	35,12	51,08	57,47
	VI	1 411,—	77,60	112,88	126,99																				
4 601,99	I,IV	962,58	52,94	77,—	86,63	I	962,58	46,76	68,02	76,52	40,84	59,40	66,83	35,17	51,16	57,56	29,76	43,30	48,71	24,62	35,81	40,28	19,73	28,70	32,28
	II	920,08	50,60	73,60	82,80	II	920,08	44,52	64,76	72,85	38,69	56,28	63,32	33,12	48,18	54,20	27,81	40,46	45,51	22,76	33,11	37,25	17,97	26,14	29,40
	III	599,16	32,95	47,93	53,92	III	599,16	28,42	41,34	46,51	24,03	34,96	39,33	19,78	28,77	32,36	15,64	22,76	25,60	9,93	16,93	19,04	—	11,32	12,73
	V	1 376,—	75,68	110,08	123,84	IV	962,58	49,82	72,46	81,52	46,76	68,02	76,52	43,77	63,66	71,62	40,84	59,40	66,83	37,97	55,24	62,14	35,17	51,16	57,56
	VI	1 412,25	77,67	112,98	127,10																				
4 604,99	I,IV	963,66	53,—	77,09	86,72	I	963,66	46,82	68,10	76,61	40,89	59,48	66,92	35,23	51,24	57,65	29,82	43,38	48,80	24,67	35,88	40,37	19,77	28,76	32,36
	II	921,16	50,66	73,69	82,90	II	921,16	44,58	64,84	72,95	38,75	56,36	63,41	33,18	48,26	54,29	27,86	40,53	45,59	22,81	33,18	37,32	18,01	26,20	29,47
	III	599,83	32,99	47,98	53,98	III	599,83	28,47	41,41	46,58	24,08	35,02	39,40	19,81	28,82	32,42	15,68	22,81	25,66	10,06	16,98	19,10	—	11,37	12,79
	V	1 377,16	75,74	110,17	123,94	IV	963,66	49,88	72,55	81,62	46,82	68,10	76,61	43,82	63,74	71,71	40,89	59,48	66,92	38,03	55,32	62,23	35,23	51,24	57,65
	VI	1 413,41	77,73	113,07	127,20																				
4 607,99	I,IV	964,83	53,06	77,18	86,83	I	964,83	46,87	68,18	76,70	40,95	59,56	67,01	35,28	51,32	57,73	29,87	43,45	48,88	24,71	35,95	40,44	19,82	28,83	32,43
	II	922,25	50,72	73,78	83,—	II	922,25	44,63	64,92	73,04	38,80	56,44	63,50	33,23	48,34	54,38	27,91	40,60	45,68	22,86	33,25	37,40	18,05	26,26	29,54
	III	600,66	33,03	48,05	54,05	III	600,66	28,51	41,48	46,66	24,12	35,09	39,47	19,85	28,88	32,49	15,72	22,86	25,72	10,20	17,04	19,17	—	11,42	12,85
	V	1 378,33	75,80	110,26	124,04	IV	964,83	49,94	72,64	81,72	46,87	68,18	76,70	43,88	63,83	71,81	40,95	59,56	67,01	38,08	55,40	62,32	35,28	51,32	57,73
	VI	1 414,58	77,80	113,16	127,31																				
4 610,99	I,IV	965,91	53,12	77,27	86,93	I	965,91	46,93	68,27	76,80	41,01	59,65	67,10	35,33	51,40	57,82	29,92	43,52	48,96	24,76	36,02	40,52	19,86	28,90	32,51
	II	923,41	50,78	73,87	83,10	II	923,41	44,69	65,01	73,13	38,86	56,52	63,59	33,28	48,42	54,47	27,96	40,68	45,76	22,90	33,32	37,48	18,10	26,33	29,62
	III	601,50	33,08	48,12	54,13	III	601,50	28,56	41,54	46,73	24,16	35,14	39,53	19,90	28,94	32,56	15,76	22,93	25,79	10,33	17,09	19,22	—	11,48	12,91
	V	1 379,50	75,87	110,36	124,15	IV	965,91	49,99	72,72	81,81	46,93	68,27	76,80	43,94	63,91	71,90	41,01	59,65	67,10	38,14	55,48	62,41	35,33	51,40	57,82
	VI	1 415,83	77,87	113,26	127,42																				
4 613,99	I,IV	967,—	53,18	77,36	87,03	I	967,—	46,99	68,36	76,90	41,06	59,73	67,19	35,39	51,48	57,91	29,97	43,60	49,05	24,81	36,09	40,60	19,91	28,96	32,58
	II	924,50	50,84	73,96	83,20	II	924,50	44,75	65,09	73,22	38,91	56,60	63,68	33,33	48,49	54,55	28,01	40,75	45,84	22,95	33,39	37,56	18,15	26,40	29,70
	III	602,33	33,12	48,18	54,20	III	602,33	28,60	41,60	46,80	24,20	35,21	39,61	19,93	29,—	32,62	15,80	22,98	25,85	10,46	17,14	19,28	—	11,53	12,97
	V	1 380,75	75,94	110,46	124,26	IV	967,—	50,05	72,81	81,91	46,99	68,36	76,90	44,—	64,—	72,—	41,06	59,73	67,19	38,19	55,56	62,50	35,39	51,48	57,91
	VI	1 417,—	77,93	113,36	127,53																				
4 616,99	I,IV	968,16	53,24	77,45	87,13	I	968,16	47,05	68,44	77,—	41,12	59,81	67,28	35,44	51,56	58,—	30,02	43,67	49,13	24,86	36,16	40,68	19,96	29,03	32,66
	II	925,58	50,90	74,04	83,30	II	925,58	44,81	65,18	73,32	38,97	56,68	63,77	33,39	48,57	54,64	28,06	40,82	45,92	23,—	33,46	37,64	18,19	26,46	29,77
	III	603,16	33,17	48,25	54,28	III	603,16	28,64	41,66	46,87	24,24	35,26	39,67	19,98	29,06	32,69	15,84	23,04	25,92	10,63	17,21	19,36	—	11,58	13,03
	V	1 381,91	76,—	110,55	124,37	IV	968,16	50,11	72,90	82,01	47,05	68,44	77,—	44,05	64,08	72,09	41,12	59,81	67,28	38,25	55,64	62,59	35,44	51,56	58,—
	VI	1 418,16	77,99	113,45	127,63																				

* **Die ausgewiesenen Tabellenwerte sind amtlich. Siehe Erläuterungen auf der Umschlaginnenseite (U2).**
** **Bei mehr als 3 Kinderfreibeträgen ist die „Ergänzungs-Tabelle 3,5 bis 6 Kinderfreibeträge" anzuwenden.**

Abzüge an Lohnsteuer, Solidaritätszuschlag (SolZ) und Kirchensteuer (8%, 9%) in den Steuerklassen

Lohn/ Gehalt bis €*	I – VI	ohne Kinderfreibeträge LSt	SolZ	8%	9%	I, II, III, IV	LSt	0,5 SolZ	0,5 8%	0,5 9%	1 SolZ	1 8%	1 9%	1,5 SolZ	1,5 8%	1,5 9%	2 SolZ	2 8%	2 9%	2,5 SolZ	2,5 8%	2,5 9%	3** SolZ	3** 8%	3** 9%
4 619,99	I,IV	969,25	53,30	77,54	87,23	I	969,25	47,11	68,53	77,09	41,18	59,90	67,38	35,49	51,63	58,08	30,08	43,75	49,22	24,91	36,24	40,77	20,—	29,10	32,73
	II	926,66	50,96	74,13	83,39	II	926,66	44,87	65,26	73,42	39,02	56,76	63,86	33,44	48,64	54,72	28,11	40,90	46,01	23,05	33,53	37,72	18,24	26,53	29,84
	III	604,—	33,22	48,32	54,36	III	604,—	28,69	41,73	46,94	24,29	35,33	39,74	20,02	29,12	32,76	15,88	23,10	25,99	10,76	17,26	19,42	—	11,64	13,09
	V	1 383,08	76,06	110,64	124,47	IV	969,25	50,17	72,98	82,10	47,11	68,53	77,09	44,11	64,16	72,18	41,18	59,90	67,38	38,30	55,72	62,68	35,49	51,63	58,08
	VI	1 419,33	78,06	113,54	127,73																				
4 622,99	I,IV	970,41	53,37	77,63	87,33	I	970,41	47,17	68,62	77,19	41,23	59,98	67,47	35,55	51,71	58,17	30,13	43,82	49,30	24,96	36,30	40,84	20,05	29,16	32,81
	II	927,75	51,02	74,22	83,49	II	927,75	44,92	65,34	73,51	39,08	56,85	63,95	33,49	48,72	54,81	28,16	40,97	46,09	23,10	33,60	37,80	18,28	26,60	29,92
	III	604,83	33,26	48,38	54,43	III	604,83	28,73	41,80	47,02	24,33	35,40	39,82	20,06	29,18	32,83	15,92	23,16	26,05	10,90	17,32	19,48	—	11,68	13,14
	V	1 384,33	76,13	110,74	124,58	IV	970,41	50,24	73,08	82,21	47,17	68,62	77,19	44,17	64,25	72,28	41,23	59,98	67,47	38,36	55,80	62,77	35,55	51,71	58,17
	VI	1 420,58	78,13	113,64	127,85																				
4 625,99	I,IV	971,50	53,43	77,72	87,43	I	971,50	47,23	68,70	77,28	41,29	60,06	67,56	35,60	51,79	58,26	30,18	43,90	49,38	25,01	36,38	40,92	20,09	29,23	32,88
	II	928,91	51,09	74,31	83,60	II	928,91	44,98	65,43	73,61	39,14	56,93	64,04	33,55	48,80	54,90	28,21	41,04	46,17	23,14	33,66	37,87	18,33	26,66	29,99
	III	605,50	33,30	48,44	54,49	III	605,50	28,77	41,85	47,08	24,37	35,45	39,88	20,10	29,24	32,89	15,95	23,21	26,11	11,03	17,37	19,54	—	11,73	13,19
	V	1 385,50	76,20	110,84	124,69	IV	971,50	50,30	73,16	82,31	47,23	68,70	77,28	44,22	64,33	72,37	41,29	60,06	67,56	38,41	55,88	62,86	35,60	51,79	58,26
	VI	1 421,75	78,19	113,74	127,95																				
4 628,99	I,IV	972,58	53,49	77,80	87,53	I	972,58	47,29	68,78	77,38	41,34	60,14	67,65	35,66	51,87	58,35	30,23	43,97	49,46	25,06	36,45	41,—	20,14	29,30	32,96
	II	930,—	51,15	74,40	83,70	II	930,—	45,04	65,52	73,71	39,19	57,01	64,13	33,60	48,88	54,99	28,27	41,12	46,26	23,19	33,74	37,95	18,37	26,73	30,07
	III	606,33	33,34	48,50	54,56	III	606,33	28,82	41,92	47,16	24,42	35,52	39,96	20,14	29,30	32,96	15,99	23,26	26,17	11,16	17,42	19,60	—	11,78	13,25
	V	1 386,66	76,26	110,93	124,79	IV	972,58	50,36	73,25	82,40	47,29	68,78	77,38	44,28	64,42	72,47	41,34	60,14	67,65	38,47	55,96	62,95	35,66	51,87	58,35
	VI	1 422,91	78,26	113,83	128,06																				
4 631,99	I,IV	973,75	53,55	77,90	87,63	I	973,75	47,35	68,87	77,48	41,40	60,22	67,75	35,71	51,94	58,43	30,28	44,04	49,55	25,10	36,52	41,08	20,19	29,37	33,04
	II	931,08	51,20	74,48	83,79	II	931,08	45,10	65,60	73,80	39,25	57,09	64,22	33,66	48,96	55,08	28,32	41,19	46,34	23,24	33,80	38,03	18,42	26,80	30,15
	III	607,16	33,39	48,57	54,64	III	607,16	28,86	41,98	47,23	24,45	35,57	40,01	20,18	29,36	33,03	16,04	23,33	26,24	11,33	17,49	19,67	—	11,84	13,32
	V	1 387,83	76,33	111,02	124,90	IV	973,75	50,42	73,34	82,50	47,35	68,87	77,48	44,34	64,50	72,56	41,40	60,22	67,75	38,52	56,04	63,04	35,71	51,94	58,43
	VI	1 424,16	78,32	113,93	128,17																				
4 634,99	I,IV	974,91	53,62	77,99	87,74	I	974,91	47,41	68,96	77,58	41,46	60,30	67,84	35,77	52,03	58,53	30,33	44,12	49,64	25,15	36,59	41,16	20,24	29,44	33,12
	II	932,25	51,27	74,58	83,90	II	932,25	45,15	65,68	73,89	39,30	57,17	64,31	33,71	49,03	55,16	28,37	41,27	46,43	23,29	33,88	38,11	18,47	26,86	30,22
	III	608,—	33,44	48,64	54,72	III	608,—	28,91	42,05	47,30	24,50	35,64	40,09	20,23	29,42	33,10	16,07	23,38	26,30	11,46	17,54	19,73	—	11,90	13,39
	V	1 389,08	76,39	111,12	125,01	IV	974,91	50,48	73,42	82,60	47,41	68,96	77,58	44,40	64,58	72,65	41,46	60,30	67,84	38,58	56,12	63,13	35,77	52,03	58,53
	VI	1 425,33	78,39	114,02	128,27																				
4 637,99	I,IV	976,—	53,68	78,08	87,84	I	976,—	47,46	69,04	77,67	41,52	60,39	67,94	35,82	52,10	58,61	30,38	44,20	49,72	25,20	36,66	41,24	20,28	29,50	33,19
	II	933,33	51,33	74,66	83,99	II	933,33	45,21	65,77	73,99	39,36	57,25	64,40	33,76	49,11	55,25	28,42	41,34	46,51	23,34	33,95	38,19	18,51	26,93	30,29
	III	608,83	33,48	48,70	54,79	III	608,83	28,94	42,10	47,36	24,54	35,70	40,16	20,26	29,48	33,16	16,12	23,45	26,38	11,60	17,60	19,80	—	11,96	13,45
	V	1 390,25	76,46	111,22	125,12	IV	976,—	50,54	73,52	82,71	47,46	69,04	77,67	44,46	64,67	72,75	41,52	60,39	67,94	38,64	56,20	63,23	35,82	52,10	58,61
	VI	1 426,58	78,46	114,12	128,39																				
4 640,99	I,IV	977,08	53,73	78,16	87,93	I	977,08	47,52	69,13	77,77	41,57	60,47	68,03	35,87	52,18	58,70	30,43	44,27	49,80	25,25	36,74	41,33	20,33	29,57	33,26
	II	934,41	51,39	74,75	84,09	II	934,41	45,27	65,86	74,09	39,42	57,34	64,50	33,82	49,19	55,34	28,47	41,42	46,59	23,38	34,02	38,27	18,56	27,—	30,37
	III	609,66	33,53	48,77	54,86	III	609,66	28,99	42,17	47,44	24,58	35,76	40,23	20,31	29,54	33,23	16,16	23,50	26,44	11,73	17,65	19,85	—	12,—	13,50
	V	1 391,50	76,53	111,32	125,23	IV	977,08	50,60	73,60	82,80	47,52	69,13	77,77	44,52	64,76	72,85	41,57	60,47	68,03	38,69	56,28	63,32	35,87	52,18	58,70
	VI	1 427,75	78,52	114,22	128,49																				
4 643,99	I,IV	978,25	53,80	78,26	88,04	I	978,25	47,58	69,22	77,87	41,63	60,55	68,12	35,93	52,26	58,79	30,49	44,35	49,89	25,30	36,81	41,41	20,38	29,64	33,35
	II	935,50	51,45	74,84	84,19	II	935,50	45,33	65,94	74,18	39,47	57,42	64,59	33,87	49,26	55,42	28,52	41,49	46,67	23,43	34,09	38,35	18,60	27,06	30,44
	III	610,50	33,57	48,84	54,94	III	610,50	29,04	42,24	47,52	24,63	35,82	40,30	20,35	29,60	33,30	16,19	23,56	26,50	11,90	17,72	19,93	—	12,05	13,55
	V	1 392,66	76,59	111,41	125,33	IV	978,25	50,66	73,69	82,90	47,58	69,22	77,87	44,57	64,84	72,94	41,63	60,55	68,12	38,75	56,36	63,41	35,93	52,26	58,79
	VI	1 428,91	78,59	114,31	128,60																				
4 646,99	I,IV	979,33	53,86	78,34	88,13	I	979,33	47,64	69,30	77,96	41,69	60,64	68,22	35,98	52,34	58,88	30,54	44,42	49,97	25,35	36,88	41,49	20,42	29,71	33,42
	II	936,58	51,51	74,92	84,29	II	936,58	45,39	66,02	74,27	39,53	57,50	64,68	33,92	49,34	55,51	28,57	41,56	46,76	23,48	34,16	38,43	18,65	27,13	30,52
	III	611,33	33,62	48,90	55,01	III	611,33	29,08	42,30	47,59	24,67	35,89	40,37	20,39	29,66	33,37	16,24	23,62	26,57	12,03	17,77	19,99	—	12,10	13,61
	V	1 393,83	76,66	111,50	125,44	IV	979,33	50,72	73,78	83,—	47,64	69,30	77,96	44,63	64,92	73,04	41,69	60,64	68,22	38,80	56,44	63,50	35,98	52,34	58,88
	VI	1 430,08	78,65	114,40	128,70																				
4 649,99	I,IV	980,50	53,92	78,44	88,24	I	980,50	47,70	69,39	78,06	41,74	60,72	68,31	36,04	52,42	58,97	30,59	44,50	50,06	25,40	36,95	41,57	20,47	29,78	33,50
	II	937,75	51,57	75,02	84,39	II	937,75	45,45	66,11	74,37	39,58	57,58	64,77	33,97	49,42	55,59	28,62	41,64	46,84	23,53	34,23	38,51	18,70	27,20	30,60
	III	612,16	33,66	48,97	55,09	III	612,16	29,12	42,36	47,65	24,71	35,94	40,43	20,43	29,72	33,43	16,28	23,68	26,64	12,16	17,82	20,05	—	12,16	13,68
	V	1 395,08	76,72	111,60	125,55	IV	980,50	50,78	73,86	83,09	47,70	69,39	78,06	44,69	65,—	73,13	41,74	60,72	68,31	38,86	56,52	63,59	36,04	52,42	58,97
	VI	1 431,33	78,72	114,50	128,81																				
4 652,99	I,IV	981,58	53,98	78,52	88,34	I	981,58	47,76	69,48	78,16	41,80	60,80	68,40	36,09	52,50	59,06	30,64	44,57	50,14	25,45	37,02	41,65	20,51	29,84	33,57
	II	938,83	51,63	75,10	84,49	II	938,83	45,50	66,19	74,46	39,64	57,66	64,86	34,03	49,50	55,68	28,67	41,71	46,92	23,58	34,30	38,58	18,74	27,26	30,67
	III	612,83	33,70	49,02	55,15	III	612,83	29,16	42,42	47,72	24,75	36,01	40,51	20,47	29,78	33,50	16,31	23,73	26,69	12,29	17,88	20,11	—	12,21	13,73
	V	1 396,25	76,79	111,70	125,66	IV	981,58	50,84	73,95	83,19	47,76	69,48	78,16	44,75	65,09	73,22	41,80	60,80	68,40	38,91	56,60	63,68	36,09	52,50	59,06
	VI	1 432,50	78,78	114,60	128,92																				
4 655,99	I,IV	982,75	54,05	78,62	88,44	I	982,75	47,82	69,56	78,26	41,85	60,88	68,49	36,14	52,58	59,15	30,69	44,65	50,23	25,50	37,09	41,72	20,56	29,91	33,65
	II	939,91	51,69	75,19	84,59	II	939,91	45,56	66,28	74,56	39,69	57,74	64,95	34,08	49,58	55,77	28,72	41,78	47,—	23,63	34,37	38,66	18,79	27,33	30,74
	III	613,66	33,75	49,09	55,22	III	613,66	29,21	42,49	47,80	24,79	36,06	40,57	20,51	29,84	33,57	16,36	23,80	26,77	12,32	17,93	20,17	—	12,26	13,79
	V	1 397,41	76,85	111,79	125,76	IV	982,75	50,90	74,04	83,30	47,82	69,56	78,26	44,81	65,18	73,32	41,85	60,88	68,49	38,97	56,68	63,77	36,14	52,58	59,15
	VI	1 433,66	78,85	114,69	129,02																				
4 658,99	I,IV	983,83	54,11	78,70	88,54	I	983,83	47,88	69,65	78,35	41,91	60,96	68,58	36,20	52,66	59,24	30,74	44,72	50,31	25,55	37,16	41,81	20,61	29,98	33,72
	II	941,—	51,75	75,28	84,69	II	941,—	45,62	66,36	74,66	39,75	57,82	65,04	34,13	49,65	55,85	28,77	41,86	47,09	23,67	34,44	38,74	18,83	27,40	30,82
	III	614,50	33,79	49,16	55,30	III	614,50	29,26	42,56	47,88	24,84	36,13	40,64	20,55	29,89	33,62	16,39	23,85	26,83	12,37	18,—	20,25	—	12,32	13,86
	V	1 398,58	76,92	111,88	125,87	IV	983,83	50,96	74,13	83,39	47,88	69,65	78,35	44,86	65,26	73,41	41,91	60,96	68,58	39,02	56,76	63,86	36,20	52,66	59,24
	VI	1 434,83	78,91	114,78	129,13																				
4 661,99	I,IV	985,—	54,17	78,80	88,65	I	985,—	47,94	69,73	78,44	41,97	61,05	68,68	36,25	52,74	59,33	30,80	44,80	50,40	25,60	37,24	41,89	20,66	30,05	33,80
	II	942,16	51,81	75,37	84,79	II	942,16	45,68	66,45	74,75	39,81	57,90	65,14	34,19	49,73	55,94	28,82	41,93	47,17	23,72	34,51	38,82	18,88	27,46	30,89
	III	615,33	33,84	49,22	55,37	III	615,33	29,29	42,61	47,93	24,88	36,20	40,72	20,59	29,96	33,70	16,43	23,90	26,89	12,41	18,05	20,30	—	12,37	13,91
	V	1 399,83	76,99	111,98	125,98	IV	985,—	51,02	74,22	83,49	47,94	69,73	78,44	44,92	65,34	73,51	41,97	61,05	68,68	39,08	56,84	63,95	36,25	52,74	59,33
	VI	1 436,08	78,98	114,88	129,24																				
4 664,99	I,IV	986,08	54,23	78,88	88,74	I	986,08	48,—	69,82	78,54	42,02	61,13	68,77	36,31	52,82	59,42	30,85	44,88	50,49	25,65	37,31	41,97	20,70	30,12	33,88
	II	943,25	51,87	75,46	84,89	II	943,25	45,74	66,53	74,84	39,86	57,98	65,23	34,24	49,80	56,03	28,87	42,—	47,25	23,77	34,58	38,90	18,92	27,53	30,97
	III	616,16	33,88	49,29	55,45	III	616,16	29,34	42,68	48,01	24,92	36,25	40,78	20,63	30,01	33,76	16,48	23,97	26,96	12,44	18,10	20,36	—	12,42	13,97
	V	1 401,—	77,05	112,08	126,09	IV	986,08	51,08	74,30	83,59	48,—	69,82	78,54	44,98	65,43	73,61	42,02	61,13	68,77	39,13	56,92	64,04	36,31	52,82	59,42
	VI	1 437,25	79,04	114,98	129,35																				

* Die ausgewiesenen Tabellenwerte sind amtlich. Siehe Erläuterungen auf der Umschlaginnenseite (U2).
** Bei mehr als 3 Kinderfreibeträgen ist die „Ergänzungs-Tabelle 3,5 bis 6 Kinderfreibeträge" anzuwenden.

MONAT 4 665,–*

Lohn/ Gehalt bis €*	Steuerklasse	I – VI LSt	ohne Kinderfreibeträge SolZ	8%	9%	Steuerklasse	I, II, III, IV LSt	0,5 SolZ	0,5 8%	0,5 9%	1 SolZ	1 8%	1 9%	1,5 SolZ	1,5 8%	1,5 9%	2 SolZ	2 8%	2 9%	2,5 SolZ	2,5 8%	2,5 9%	3** SolZ	3** 8%	3** 9%
4 667,99	I,IV	987,25	54,29	78,98	88,85	I	987,25	48,06	69,91	78,65	42,08	61,22	68,87	36,36	52,90	59,51	30,90	44,95	50,57	25,70	37,38	42,05	20,75	30,18	33,95
	II	944,41	51,94	75,55	84,99	II	944,41	45,80	66,62	74,94	39,92	58,06	65,32	34,29	49,88	56,12	28,93	42,08	47,34	23,82	34,65	38,98	18,97	27,60	31,05
	III	617,—	33,93	49,36	55,53	III	617,—	29,38	42,74	48,08	24,97	36,32	40,86	20,68	30,08	33,84	16,51	24,02	27,02	12,48	18,16	20,43	—	12,49	14,05
	V	1 402,25	77,12	112,18	126,20	IV	987,25	51,15	74,40	83,70	48,06	69,91	78,65	45,04	65,52	73,71	42,08	61,22	68,87	39,19	57,01	64,13	36,36	52,90	59,51
	VI	1 438,50	79,11	115,08	129,46																				
4 670,99	I,IV	988,33	54,35	79,06	88,94	I	988,33	48,12	70,—	78,75	42,14	61,30	68,96	36,42	52,98	59,60	30,95	45,02	50,65	25,74	37,45	42,13	20,79	30,25	34,03
	II	945,50	52,—	75,64	85,09	II	945,50	45,86	66,70	75,04	39,97	58,14	65,41	34,35	49,96	56,21	28,98	42,16	47,43	23,87	34,72	39,06	19,02	27,66	31,12
	III	617,83	33,98	49,42	55,60	III	617,83	29,43	42,81	48,16	25,—	36,37	40,91	20,71	30,13	33,89	16,55	24,08	27,09	12,52	18,21	20,48	—	12,54	14,11
	V	1 403,41	77,18	112,27	126,30	IV	988,33	51,20	74,48	83,79	48,12	70,—	78,75	45,10	65,60	73,80	42,14	61,30	68,96	39,25	57,09	64,22	36,42	52,98	59,60
	VI	1 439,66	79,18	115,17	129,56																				
4 673,99	I,IV	989,50	54,42	79,16	89,05	I	989,50	48,18	70,08	78,84	42,19	61,38	69,05	36,47	53,05	59,68	31,01	45,10	50,74	25,79	37,52	42,21	20,84	30,32	34,11
	II	946,58	52,06	75,72	85,19	II	946,58	45,92	66,79	75,14	40,03	58,23	65,51	34,40	50,04	56,30	29,03	42,23	47,51	23,92	34,79	39,14	19,06	27,73	31,19
	III	618,66	34,02	49,49	55,67	III	618,66	29,47	42,86	48,22	25,05	36,44	40,99	20,76	30,20	33,97	16,60	24,14	27,16	12,56	18,28	20,56	—	12,60	14,17
	V	1 404,58	77,25	112,36	126,41	IV	989,50	51,26	74,57	83,89	48,18	70,08	78,84	45,15	65,68	73,89	42,19	61,38	69,05	39,30	57,17	64,31	36,47	53,05	59,68
	VI	1 440,83	79,24	115,26	129,67																				
4 676,99	I,IV	990,58	54,48	79,24	89,15	I	990,58	48,23	70,16	78,93	42,25	61,46	69,14	36,52	53,13	59,77	31,06	45,18	50,82	25,85	37,60	42,30	20,89	30,39	34,19
	II	947,66	52,12	75,81	85,28	II	947,66	45,98	66,88	75,24	40,09	58,31	65,60	34,45	50,12	56,38	29,08	42,30	47,59	23,97	34,86	39,22	19,11	27,80	31,27
	III	619,50	34,07	49,56	55,75	III	619,50	29,51	42,93	48,29	25,09	36,50	41,06	20,79	30,25	34,03	16,63	24,20	27,22	12,60	18,33	20,62	—	12,65	14,23
	V	1 405,75	77,31	112,46	126,51	IV	990,58	51,32	74,66	83,99	48,23	70,16	78,93	45,21	65,77	73,99	42,25	61,46	69,14	39,36	57,25	64,40	36,52	53,13	59,77
	VI	1 442,08	79,31	115,36	129,78																				
4 679,99	I,IV	991,75	54,54	79,34	89,25	I	991,75	48,29	70,25	79,03	42,31	61,54	69,23	36,58	53,21	59,86	31,11	45,25	50,90	25,90	37,67	42,38	20,94	30,46	34,26
	II	948,83	52,18	75,90	85,39	II	948,83	46,03	66,96	75,33	40,14	58,39	65,69	34,51	50,20	56,47	29,13	42,38	47,67	24,01	34,93	39,29	19,15	27,86	31,34
	III	620,16	34,10	49,61	55,81	III	620,16	29,56	43,—	48,37	25,13	36,56	41,13	20,84	30,32	34,11	16,67	24,25	27,28	12,64	18,38	20,68	—	12,70	14,29
	V	1 407,—	77,38	112,56	126,63	IV	991,75	51,39	74,75	84,09	48,29	70,25	79,03	45,27	65,85	74,08	42,31	61,54	69,23	39,41	57,33	64,49	36,58	53,21	59,86
	VI	1 443,25	79,37	115,46	129,89																				
4 682,99	I,IV	992,83	54,60	79,42	89,35	I	992,83	48,35	70,34	79,13	42,37	61,63	69,33	36,63	53,29	59,95	31,16	45,33	50,99	25,94	37,74	42,45	20,98	30,52	34,34
	II	949,91	52,24	75,99	85,49	II	949,91	46,09	67,04	75,42	40,20	58,47	65,78	34,56	50,28	56,56	29,18	42,45	47,75	24,06	35,—	39,38	19,20	27,93	31,42
	III	621,—	34,15	49,68	55,89	III	621,—	29,60	43,06	48,44	25,18	36,62	41,20	20,88	30,37	34,16	16,72	24,32	27,36	12,67	18,44	20,74	—	12,76	14,35
	V	1 408,16	77,44	112,65	126,73	IV	992,83	51,45	74,84	84,19	48,35	70,34	79,13	45,33	65,94	74,18	42,37	61,63	69,33	39,47	57,41	64,58	36,63	53,29	59,95
	VI	1 444,41	79,44	115,55	129,99																				
4 685,99	I,IV	994,—	54,67	79,52	89,46	I	994,—	48,41	70,42	79,22	42,42	61,71	69,42	36,69	53,37	60,04	31,21	45,40	51,08	25,99	37,81	42,53	21,03	30,60	34,42
	II	951,—	52,30	76,08	85,59	II	951,—	46,15	67,13	75,52	40,25	58,55	65,87	34,61	50,35	56,64	29,23	42,52	47,84	24,11	35,08	39,46	19,25	28,—	31,50
	III	621,83	34,20	49,74	55,96	III	621,83	29,64	43,12	48,51	25,22	36,69	41,27	20,92	30,44	34,24	16,75	24,37	27,41	12,71	18,49	20,80	—	12,81	14,41
	V	1 409,33	77,51	112,74	126,83	IV	994,—	51,51	74,92	84,29	48,41	70,42	79,22	45,39	66,02	74,27	42,42	61,71	69,42	39,52	57,49	64,67	36,69	53,37	60,04
	VI	1 445,58	79,50	115,64	130,10																				
4 688,99	I,IV	995,08	54,72	79,60	89,55	I	995,08	48,47	70,51	79,32	42,48	61,79	69,51	36,74	53,45	60,13	31,26	45,48	51,16	26,04	37,88	42,62	21,08	30,66	34,49
	II	952,16	52,36	76,17	85,69	II	952,16	46,21	67,22	75,62	40,31	58,64	65,97	34,67	50,43	56,73	29,28	42,60	47,92	24,16	35,14	39,53	19,29	28,06	31,57
	III	622,66	34,24	49,81	56,03	III	622,66	29,69	43,18	48,58	25,26	36,74	41,33	20,96	30,49	34,30	16,79	24,42	27,47	12,76	18,56	20,88	—	12,86	14,47
	V	1 410,58	77,58	112,84	126,95	IV	995,08	51,57	75,01	84,38	48,47	70,51	79,32	45,44	66,10	74,36	42,48	61,79	69,51	39,58	57,58	64,77	36,74	53,45	60,13
	VI	1 446,83	79,57	115,74	130,21																				
4 691,99	I,IV	996,25	54,79	79,70	89,66	I	996,25	48,53	70,60	79,42	42,54	61,88	69,61	36,80	53,53	60,22	31,32	45,56	51,25	26,09	37,96	42,70	21,12	30,73	34,57
	II	953,25	52,42	76,26	85,79	II	953,25	46,26	67,30	75,71	40,37	58,72	66,06	34,72	50,51	56,82	29,34	42,68	48,01	24,21	35,22	39,62	19,34	28,13	31,64
	III	623,50	34,29	49,88	56,11	III	623,50	29,73	43,25	48,65	25,30	36,81	41,41	21,01	30,56	34,38	16,83	24,49	27,55	12,79	18,61	20,93	—	12,92	14,53
	V	1 411,75	77,64	112,94	127,05	IV	996,25	51,63	75,10	84,48	48,53	70,60	79,42	45,50	66,19	74,46	42,54	61,88	69,61	39,64	57,66	64,86	36,80	53,53	60,22
	VI	1 448,—	79,64	115,84	130,32																				
4 694,99	I,IV	997,33	54,85	79,78	89,75	I	997,33	48,59	70,68	79,52	42,59	61,96	69,70	36,85	53,61	60,31	31,37	45,63	51,33	26,14	38,03	42,78	21,17	30,80	34,65
	II	954,33	52,48	76,34	85,88	II	954,33	46,32	67,38	75,80	40,42	58,80	66,15	34,77	50,58	56,90	29,39	42,75	48,09	24,25	35,28	39,69	19,38	28,20	31,72
	III	624,33	34,33	49,94	56,18	III	624,33	29,78	43,32	48,73	25,34	36,86	41,47	21,04	30,61	34,43	16,87	24,54	27,61	12,83	18,66	20,99	0,03	12,97	14,59
	V	1 412,91	77,71	113,03	127,16	IV	997,33	51,69	75,19	84,59	48,59	70,68	79,52	45,56	66,28	74,56	42,59	61,96	69,70	39,69	57,74	64,95	36,85	53,61	60,31
	VI	1 449,16	79,70	115,93	130,42																				
4 697,99	I,IV	998,50	54,91	79,88	89,86	I	998,50	48,66	70,78	79,62	42,65	62,04	69,80	36,91	53,69	60,40	31,42	45,71	51,42	26,19	38,10	42,86	21,22	30,87	34,73
	II	955,50	52,55	76,44	85,99	II	955,50	46,38	67,47	75,90	40,48	58,88	66,24	34,83	50,66	56,99	29,44	42,82	48,17	24,31	35,36	39,78	19,43	28,26	31,79
	III	625,16	34,38	50,01	56,26	III	625,16	29,82	43,38	48,80	25,39	36,93	41,54	21,09	30,68	34,51	16,92	24,61	27,68	12,87	18,72	21,06	0,16	13,02	14,65
	V	1 414,16	77,77	113,13	127,27	IV	998,50	51,75	75,28	84,69	48,66	70,78	79,62	45,62	66,36	74,66	42,65	62,04	69,80	39,75	57,82	65,04	36,91	53,69	60,40
	VI	1 450,41	79,77	116,03	130,53																				
4 700,99	I,IV	999,66	54,98	79,97	89,96	I	999,66	48,72	70,86	79,72	42,71	62,13	69,89	36,96	53,77	60,49	31,47	45,78	51,50	26,24	38,17	42,94	21,27	30,94	34,80
	II	956,58	52,61	76,52	86,09	II	956,58	46,44	67,56	76,—	40,53	58,96	66,33	34,88	50,74	57,08	29,49	42,90	48,26	24,36	35,43	39,86	19,47	28,33	31,87
	III	626,—	34,43	50,08	56,34	III	626,—	29,86	43,44	48,87	25,43	37,—	41,62	21,12	30,73	34,57	16,95	24,66	27,74	12,91	18,78	21,13	0,30	13,08	14,71
	V	1 415,33	77,84	113,22	127,37	IV	999,66	51,81	75,37	84,79	48,72	70,86	79,72	45,68	66,45	74,75	42,71	62,13	69,89	39,81	57,90	65,14	36,96	53,77	60,49
	VI	1 451,58	79,83	116,12	130,64																				
4 703,99	I,IV	1 000,75	55,04	80,06	90,06	I	1 000,75	48,78	70,95	79,82	42,77	62,21	69,98	37,02	53,85	60,58	31,52	45,86	51,59	26,29	38,24	43,02	21,31	31,—	34,88
	II	957,75	52,67	76,62	86,19	II	957,75	46,50	67,64	76,10	40,59	59,04	66,42	34,94	50,82	57,17	29,54	42,97	48,34	24,40	35,50	39,93	19,52	28,40	31,95
	III	626,83	34,47	50,14	56,41	III	626,83	29,91	43,50	48,94	25,48	37,06	41,69	21,17	30,80	34,65	16,99	24,72	27,81	12,95	18,84	21,19	0,43	13,13	14,77
	V	1 416,50	77,90	113,32	127,48	IV	1 000,75	51,87	75,46	84,89	48,78	70,95	79,82	45,74	66,53	74,84	42,77	62,21	69,98	39,86	57,98	65,23	37,02	53,85	60,58
	VI	1 452,83	79,90	116,22	130,75																				
4 706,99	I,IV	1 001,91	55,10	80,15	90,17	I	1 001,91	48,84	71,04	79,92	42,82	62,29	70,07	37,07	53,92	60,66	31,58	45,94	51,68	26,34	38,32	43,11	21,36	31,08	34,96
	II	958,83	52,73	76,70	86,29	II	958,83	46,56	67,73	76,19	40,64	59,12	66,51	34,99	50,90	57,26	29,59	43,05	48,43	24,45	35,57	40,01	19,57	28,46	32,02
	III	627,66	34,52	50,21	56,48	III	627,66	29,95	43,57	49,01	25,52	37,12	41,76	21,21	30,85	34,70	17,04	24,78	27,88	12,98	18,89	21,25	0,56	13,18	14,83
	V	1 417,75	77,97	113,42	127,59	IV	1 001,91	51,93	75,54	84,98	48,84	71,04	79,92	45,80	66,62	74,94	42,82	62,29	70,07	39,92	58,06	65,32	37,07	53,92	60,66
	VI	1 454,—	79,97	116,32	130,86																				
4 709,99	I,IV	1 003,—	55,16	80,24	90,27	I	1 003,—	48,89	71,12	80,01	42,88	62,38	70,17	37,12	54,—	60,75	31,63	46,01	51,76	26,39	38,39	43,19	21,41	31,14	35,03
	II	959,91	52,79	76,79	86,39	II	959,91	46,62	67,81	76,28	40,70	59,21	66,61	35,04	50,98	57,35	29,64	43,12	48,51	24,50	35,64	40,10	19,62	28,54	32,10
	III	628,50	34,56	50,28	56,56	III	628,50	30,—	43,64	49,09	25,56	37,18	41,83	21,25	30,92	34,78	17,07	24,84	27,94	13,02	18,94	21,31	0,73	13,25	14,90
	V	1 418,91	78,04	113,51	127,70	IV	1 003,—	51,99	75,63	85,08	48,89	71,12	80,01	45,86	66,70	75,04	42,88	62,38	70,17	39,97	58,14	65,41	37,12	54,—	60,75
	VI	1 455,16	80,03	116,41	130,96																				
4 712,99	I,IV	1 004,16	55,22	80,33	90,37	I	1 004,16	48,95	71,21	80,11	42,94	62,46	70,26	37,18	54,08	60,84	31,68	46,08	51,84	26,44	38,46	43,27	21,45	31,21	35,11
	II	961,08	52,85	76,88	86,49	II	961,08	46,68	67,90	76,38	40,76	59,29	66,70	35,10	51,06	57,44	29,70	43,20	48,60	24,55	35,71	40,17	19,66	28,60	32,18
	III	629,33	34,61	50,34	56,63	III	629,33	30,03	43,69	49,15	25,60	37,24	41,89	21,29	30,97	34,84	17,11	24,89	28,—	13,06	19,—	21,37	0,86	13,30	14,96
	V	1 420,08	78,10	113,60	127,80	IV	1 004,16	52,06	75,72	85,19	48,95	71,21	80,11	45,91	66,78	75,13	42,94	62,46	70,26	40,03	58,22	65,50	37,18	54,08	60,84
	VI	1 456,33	80,09	116,50	131,06																				

Table heading: Abzüge an Lohnsteuer, Solidaritätszuschlag (SolZ) und Kirchensteuer (8%, 9%) in den Steuerklassen; I, II, III, IV mit Zahl der Kinderfreibeträge . . .

* Die ausgewiesenen Tabellenwerte sind amtlich. Siehe Erläuterungen auf der Umschlaginnenseite (U2).
** Bei mehr als 3 Kinderfreibeträgen ist die „Ergänzungs-Tabelle 3,5 bis 6 Kinderfreibeträge" anzuwenden.

Abzüge an Lohnsteuer, Solidaritätszuschlag (SolZ) und Kirchensteuer (8%, 9%) in den Steuerklassen

Lohn/ Gehalt bis €*	I – VI					I, II, III, IV		mit Zahl der Kinderfreibeträge . . . 0,5			1			1,5			2			2,5			3**		
		LSt	ohne Kinderfreibeträge SolZ	8%	9%		LSt	SolZ	8%	9%	SolZ	8%	9%	SolZ	8%	9%	SolZ	8%	9%	SolZ	8%	9%	SolZ	8%	9%
4 715,99	I,IV	1 005,25	55,28	80,42	90,47	I	1 005,25	49,01	71,30	80,21	43,—	62,54	70,36	37,23	54,16	60,93	31,73	46,16	51,93	26,49	38,54	43,35	21,50	31,28	35,19
	II	962,16	52,91	76,97	86,59	II	962,16	46,74	67,98	76,48	40,81	59,37	66,79	35,15	51,14	57,53	29,75	43,27	48,68	24,60	35,78	40,25	19,71	28,67	32,25
	III	630,—	34,65	50,40	56,70	III	630,—	30,08	43,76	49,23	25,64	37,30	41,96	21,34	31,04	34,92	17,16	24,96	28,08	13,10	19,06	21,44	1,—	13,36	15,03
	V	1 421,33	78,17	113,70	127,91	IV	1 005,25	52,12	75,81	85,28	49,01	71,30	80,21	45,97	66,87	75,23	43,—	62,54	70,36	40,08	58,30	65,59	37,23	54,16	60,93
	VI	1 457,58	80,16	116,60	131,18																				
4 718,99	I,IV	1 006,41	55,35	80,51	90,57	I	1 006,41	49,07	71,38	80,30	43,05	62,62	70,45	37,29	54,24	61,02	31,79	46,24	52,02	26,54	38,60	43,43	21,55	31,35	35,27
	II	963,25	52,97	77,06	86,69	II	963,25	46,80	68,07	76,58	40,87	59,45	66,88	35,20	51,21	57,61	29,80	43,34	48,76	24,64	35,85	40,33	19,75	28,74	32,33
	III	630,83	34,69	50,46	56,77	III	630,83	30,13	43,82	49,30	25,69	37,37	42,04	21,37	31,09	34,97	17,19	25,01	28,13	13,14	19,12	21,51	1,13	13,41	15,08
	V	1 422,50	78,23	113,80	128,02	IV	1 006,41	52,18	75,90	85,38	49,07	71,38	80,30	46,03	66,96	75,33	43,05	62,62	70,45	40,14	58,39	65,69	37,29	54,24	61,02
	VI	1 458,75	80,23	116,70	131,28																				
4 721,99	I,IV	1 007,58	55,41	80,60	90,68	I	1 007,58	49,13	71,47	80,40	43,11	62,71	70,55	37,34	54,32	61,11	31,84	46,32	52,11	26,59	38,68	43,51	21,60	31,42	35,34
	II	964,41	53,04	77,15	86,79	II	964,41	46,86	68,16	76,68	40,93	59,54	66,98	35,26	51,29	57,70	29,85	43,42	48,84	24,69	35,92	40,41	19,80	28,80	32,40
	III	631,66	34,74	50,53	56,84	III	631,66	30,17	43,89	49,37	25,73	37,42	42,10	21,42	31,16	35,05	17,23	25,06	28,19	13,18	19,17	21,56	1,26	13,46	15,14
	V	1 423,66	78,30	113,89	128,12	IV	1 007,58	52,24	75,99	85,49	49,13	71,47	80,40	46,09	67,04	75,42	43,11	62,71	70,55	40,20	58,47	65,78	37,34	54,32	61,11
	VI	1 459,91	80,29	116,79	131,39																				
4 724,99	I,IV	1 008,66	55,47	80,69	90,77	I	1 008,66	49,19	71,56	80,50	43,17	62,79	70,64	37,40	54,40	61,20	31,89	46,39	52,19	26,64	38,75	43,59	21,64	31,48	35,42
	II	965,50	53,10	77,24	86,89	II	965,50	46,91	68,24	76,77	40,98	59,62	67,07	35,31	51,37	57,79	29,90	43,50	48,93	24,75	36,—	40,50	19,85	28,87	32,48
	III	632,50	34,78	50,60	56,92	III	632,50	30,22	43,96	49,45	25,77	37,49	42,17	21,45	31,21	35,11	17,27	25,13	28,27	13,21	19,22	21,62	1,40	13,52	15,21
	V	1 424,83	78,36	113,98	128,23	IV	1 008,66	52,30	76,08	85,59	49,19	71,56	80,50	46,14	67,12	75,51	43,17	62,79	70,64	40,25	58,55	65,87	37,40	54,40	61,20
	VI	1 461,08	80,35	116,88	131,49																				
4 727,99	I,IV	1 009,83	55,54	80,78	90,88	I	1 009,83	49,25	71,64	80,60	43,23	62,88	70,74	37,45	54,48	61,29	31,94	46,46	52,27	26,69	38,82	43,67	21,69	31,56	35,50
	II	966,58	53,16	77,32	86,99	II	966,58	46,97	68,32	76,86	41,04	59,70	67,16	35,36	51,44	57,87	29,95	43,57	49,01	24,79	36,06	40,57	19,89	28,94	32,55
	III	633,33	34,83	50,66	56,99	III	633,33	30,25	44,01	49,51	25,82	37,56	42,25	21,50	31,28	35,19	17,31	25,18	28,33	13,26	19,29	21,70	1,53	13,57	15,26
	V	1 426,08	78,43	114,08	128,34	IV	1 009,83	52,36	76,16	85,68	49,25	71,64	80,60	46,20	67,21	75,61	43,23	62,88	70,74	40,31	58,63	65,96	37,45	54,48	61,29
	VI	1 462,33	80,42	116,98	131,60																				
4 730,99	I,IV	1 011,—	55,60	80,88	90,99	I	1 011,—	49,31	71,73	80,69	43,28	62,96	70,83	37,51	54,56	61,38	32,—	46,54	52,36	26,74	38,90	43,76	21,74	31,62	35,57
	II	967,75	53,22	77,42	87,09	II	967,75	47,03	68,41	76,96	41,10	59,78	67,25	35,42	51,53	57,97	30,—	43,64	49,10	24,84	36,14	40,65	19,94	29,—	32,63
	III	634,16	34,87	50,73	57,07	III	634,16	30,30	44,08	49,59	25,85	37,61	42,31	21,54	31,33	35,24	17,36	25,25	28,40	13,30	19,34	21,76	1,66	13,62	15,32
	V	1 427,25	78,49	114,18	128,45	IV	1 011,—	52,42	76,26	85,79	49,31	71,73	80,69	46,26	67,30	75,71	43,28	62,96	70,83	40,37	58,72	66,06	37,51	54,56	61,38
	VI	1 463,50	80,49	117,08	131,71																				
4 733,99	I,IV	1 012,08	55,66	80,96	91,08	I	1 012,08	49,37	71,82	80,79	43,34	63,04	70,92	37,56	54,64	61,47	32,05	46,62	52,44	26,79	38,97	43,84	21,79	31,70	35,66
	II	968,83	53,28	77,50	87,19	II	968,83	47,09	68,50	77,06	41,15	59,86	67,34	35,47	51,60	58,05	30,06	43,72	49,19	24,89	36,21	40,73	19,99	29,08	32,71
	III	635,—	34,92	50,80	57,15	III	635,—	30,35	44,14	49,66	25,90	37,68	42,39	21,58	31,40	35,32	17,39	25,30	28,46	13,33	19,40	21,82	1,80	13,68	15,39
	V	1 428,50	78,56	114,28	128,56	IV	1 012,08	52,48	76,34	85,88	49,37	71,82	80,79	46,32	67,38	75,80	43,34	63,04	70,92	40,42	58,80	66,15	37,56	54,64	61,47
	VI	1 464,75	80,56	117,18	131,82																				
4 736,99	I,IV	1 013,25	55,72	81,06	91,19	I	1 013,25	49,43	71,90	80,89	43,40	63,13	71,02	37,62	54,72	61,56	32,10	46,70	52,53	26,84	39,04	43,92	21,83	31,76	35,73
	II	970,—	53,35	77,60	87,30	II	970,—	47,15	68,58	77,15	41,21	59,94	67,43	35,53	51,68	58,14	30,11	43,80	49,27	24,94	36,28	40,82	20,03	29,14	32,78
	III	635,83	34,97	50,86	57,22	III	635,83	30,39	44,21	49,73	25,94	37,73	42,44	21,62	31,45	35,38	17,43	25,36	28,53	13,37	19,45	21,88	1,93	13,73	15,44
	V	1 429,66	78,63	114,37	128,66	IV	1 013,25	52,54	76,43	85,98	49,43	71,90	80,89	46,38	67,47	75,90	43,40	63,13	71,02	40,48	58,88	66,24	37,62	54,72	61,56
	VI	1 465,91	80,62	117,27	131,93																				
4 739,99	I,IV	1 014,33	55,78	81,14	91,28	I	1 014,33	49,49	71,99	80,99	43,45	63,21	71,11	37,67	54,80	61,65	32,15	46,77	52,61	26,89	39,12	44,01	21,88	31,83	35,81
	II	971,08	53,40	77,68	87,39	II	971,08	47,21	68,67	77,25	41,27	60,03	67,53	35,58	51,76	58,23	30,16	43,87	49,35	24,99	36,35	40,89	20,08	29,21	32,86
	III	636,66	35,01	50,93	57,29	III	636,66	30,43	44,26	49,79	25,98	37,80	42,52	21,67	31,52	35,46	17,48	25,42	28,60	13,42	19,52	21,96	2,06	13,78	15,50
	V	1 430,83	78,69	114,46	128,77	IV	1 014,33	52,61	76,52	86,09	49,49	71,99	80,99	46,44	67,56	76,—	43,45	63,21	71,11	40,53	58,96	66,33	37,67	54,80	61,65
	VI	1 467,08	80,68	117,36	132,03																				
4 742,99	I,IV	1 015,50	55,85	81,24	91,39	I	1 015,50	49,55	72,08	81,09	43,51	63,30	71,21	37,73	54,88	61,74	32,21	46,85	52,70	26,94	39,19	44,09	21,93	31,90	35,89
	II	972,25	53,47	77,78	87,50	II	972,25	47,27	68,76	77,35	41,32	60,11	67,62	35,64	51,84	58,32	30,21	43,94	49,43	25,04	36,42	40,97	20,13	29,28	32,94
	III	637,50	35,06	51,—	57,37	III	637,50	30,47	44,33	49,87	26,03	37,86	42,59	21,70	31,57	35,51	17,51	25,48	28,66	13,45	19,57	22,01	2,23	13,85	15,58
	V	1 432,—	78,76	114,56	128,88	IV	1 015,50	52,67	76,61	86,18	49,55	72,08	81,09	46,50	67,64	76,09	43,51	63,30	71,21	40,59	59,04	66,42	37,73	54,88	61,74
	VI	1 468,33	80,75	117,46	132,14																				
4 745,99	I,IV	1 016,66	55,91	81,33	91,49	I	1 016,66	49,61	72,16	81,18	43,57	63,38	71,30	37,78	54,96	61,83	32,26	46,92	52,79	26,99	39,26	44,16	21,98	31,97	35,96
	II	973,33	53,53	77,86	87,59	II	973,33	47,33	68,84	77,45	41,38	60,19	67,71	35,69	51,92	58,41	30,26	44,02	49,52	25,09	36,50	41,06	20,17	29,34	33,01
	III	638,33	35,10	51,06	57,44	III	638,33	30,52	44,40	49,95	26,07	37,92	42,66	21,75	31,64	35,59	17,55	25,53	28,72	13,49	19,62	22,07	2,36	13,90	15,64
	V	1 433,25	78,82	114,66	128,99	IV	1 016,66	52,73	76,70	86,28	49,61	72,16	81,18	46,56	67,72	76,19	43,57	63,38	71,30	40,64	59,12	66,51	37,78	54,96	61,83
	VI	1 469,50	80,82	117,56	132,25																				
4 748,99	I,IV	1 017,75	55,97	81,42	91,59	I	1 017,75	49,67	72,25	81,28	43,63	63,46	71,39	37,84	55,04	61,92	32,31	47,—	52,88	27,04	39,33	44,24	22,02	32,04	36,04
	II	974,41	53,59	77,95	87,69	II	974,41	47,39	68,93	77,54	41,44	60,28	67,81	35,75	52,—	58,50	30,31	44,10	49,61	25,13	36,56	41,13	20,22	29,41	33,08
	III	639,—	35,14	51,12	57,51	III	639,—	30,57	44,46	50,02	26,11	37,98	42,73	21,78	31,69	35,65	17,60	25,60	28,80	13,53	19,68	22,14	2,50	13,96	15,70
	V	1 434,41	78,89	114,75	129,09	IV	1 017,75	52,79	76,79	86,39	49,67	72,25	81,28	46,62	67,81	76,28	43,63	63,46	71,39	40,70	59,20	66,60	37,84	55,04	61,92
	VI	1 470,66	80,88	117,65	132,35																				
4 751,99	I,IV	1 018,91	56,04	81,51	91,70	I	1 018,91	49,73	72,34	81,38	43,68	63,54	71,48	37,89	55,12	62,01	32,36	47,08	52,96	27,09	39,40	44,33	22,07	32,11	36,12
	II	975,58	53,65	78,04	87,80	II	975,58	47,44	69,01	77,63	41,49	60,36	67,90	35,80	52,08	58,59	30,36	44,17	49,69	25,19	36,64	41,22	20,26	29,48	33,16
	III	639,83	35,19	51,18	57,58	III	639,83	30,61	44,53	50,09	26,16	38,05	42,80	21,83	31,76	35,73	17,63	25,65	28,85	13,56	19,73	22,19	2,63	14,01	15,76
	V	1 435,58	78,95	114,84	129,20	IV	1 018,91	52,85	76,88	86,49	49,73	72,34	81,38	46,68	67,90	76,38	43,68	63,54	71,48	40,76	59,29	66,70	37,89	55,12	62,01
	VI	1 471,83	80,95	117,74	132,46																				
4 754,99	I,IV	1 020,08	56,10	81,60	91,80	I	1 020,08	49,79	72,42	81,47	43,74	63,63	71,58	37,95	55,20	62,10	32,41	47,15	53,04	27,14	39,48	44,41	22,12	32,18	36,20
	II	976,66	53,71	78,13	87,89	II	976,66	47,50	69,10	77,73	41,55	60,44	67,99	35,86	52,16	58,68	30,41	44,24	49,77	25,24	36,71	41,30	20,31	29,55	33,24
	III	640,66	35,23	51,25	57,65	III	640,66	30,65	44,58	50,15	26,19	38,10	42,86	21,87	31,81	35,78	17,68	25,72	28,93	13,61	19,80	22,27	2,76	14,06	15,82
	V	1 436,83	79,02	114,94	129,31	IV	1 020,08	52,91	76,96	86,58	49,79	72,42	81,47	46,74	67,98	76,48	43,74	63,63	71,58	40,81	59,37	66,79	37,95	55,20	62,10
	VI	1 473,08	81,01	117,84	132,57																				
4 757,99	I,IV	1 021,16	56,16	81,69	91,90	I	1 021,16	49,85	72,52	81,58	43,80	63,71	71,67	38,—	55,28	62,19	32,47	47,23	53,13	27,19	39,55	44,49	22,16	32,24	36,27
	II	977,83	53,78	78,22	88,—	II	977,83	47,56	69,18	77,83	41,61	60,52	68,09	35,91	52,23	58,76	30,47	44,32	49,86	25,28	36,78	41,37	20,36	29,62	33,32
	III	641,50	35,28	51,32	57,73	III	641,50	30,69	44,65	50,23	26,24	38,17	42,94	21,91	31,88	35,86	17,71	25,77	28,99	13,64	19,85	22,33	2,90	14,12	15,88
	V	1 438,—	79,09	115,04	129,42	IV	1 021,16	52,97	77,06	86,69	49,85	72,52	81,58	46,79	68,06	76,57	43,80	63,71	71,67	40,87	59,45	66,88	38,—	55,28	62,19
	VI	1 474,25	81,08	117,94	132,68																				
4 760,99	I,IV	1 022,33	56,22	81,78	92,—	I	1 022,33	49,91	72,60	81,68	43,86	63,80	71,77	38,06	55,36	62,28	32,52	47,31	53,22	27,24	39,62	44,57	22,22	32,32	36,36
	II	979,—	53,84	78,32	88,11	II	979,—	47,62	69,27	77,93	41,66	60,60	68,18	35,97	52,32	58,86	30,52	44,40	49,95	25,33	36,85	41,45	20,40	29,68	33,39
	III	642,33	35,32	51,38	57,80	III	642,33	30,74	44,72	50,31	26,29	38,24	43,02	21,96	31,94	35,93	17,76	25,84	29,07	13,68	19,90	22,39	3,03	14,17	15,94
	V	1 439,25	79,15	115,14	129,53	IV	1 022,33	53,04	77,15	86,79	49,91	72,60	81,68	46,86	68,16	76,68	43,86	63,80	71,77	40,93	59,54	66,98	38,06	55,36	62,28
	VI	1 475,50	81,15	118,04	132,79																				

* Die ausgewiesenen Tabellenwerte sind amtlich. Siehe Erläuterungen auf der Umschlaginnenseite (U2).
** Bei mehr als 3 Kinderfreibeträgen ist die „Ergänzungs-Tabelle 3,5 bis 6 Kinderfreibeträge" anzuwenden.

MONAT 4 761,–*

Abzüge an Lohnsteuer, Solidaritätszuschlag (SolZ) und Kirchensteuer (8%, 9%) in den Steuerklassen

Lohn/ Gehalt bis €*	I – VI		ohne Kinderfreibeträge			I, II, III, IV		mit Zahl der Kinderfreibeträge . . . 0,5			1			1,5			2			2,5			3**		
		LSt	SolZ	8%	9%		LSt	SolZ	8%	9%	SolZ	8%	9%	SolZ	8%	9%	SolZ	8%	9%	SolZ	8%	9%	SolZ	8%	9%
4 763,99	I,IV	1 023,50	56,29	81,88	92,11	I	1 023,50	49,97	72,69	81,77	43,92	63,88	71,87	38,11	55,44	62,37	32,57	47,38	53,30	27,29	39,70	44,66	22,26	32,38	36,43
	II	980,08	53,90	78,40	88,20	II	980,08	47,68	69,36	78,03	41,72	60,69	68,27	36,02	52,39	58,94	30,57	44,47	50,03	25,38	36,92	41,54	20,45	29,75	33,47
	III	643,16	35,37	51,45	57,88	III	643,16	30,79	44,78	50,38	26,33	38,30	43,09	22,—	32,—	36,—	17,80	25,89	29,12	13,73	19,97	22,46	3,16	14,22	16,—
	V	1 440,41	79,22	115,23	129,63	IV	1 023,50	53,10	77,24	86,89	49,97	72,69	81,77	46,91	68,24	76,77	43,92	63,88	71,87	40,98	59,62	67,07	38,11	55,44	62,37
	VI	1 476,66	81,21	118,13	132,89																				
4 766,99	I,IV	1 024,58	56,35	81,96	92,21	I	1 024,58	50,03	72,78	81,87	43,97	63,96	71,96	38,17	55,52	62,46	32,63	47,46	53,39	27,34	39,77	44,74	22,31	32,46	36,51
	II	981,16	53,96	78,49	88,30	II	981,16	47,74	69,44	78,12	41,78	60,77	68,36	36,07	52,47	59,03	30,62	44,54	50,11	25,43	37,—	41,62	20,50	29,82	33,54
	III	644,—	35,42	51,52	57,96	III	644,—	30,83	44,85	50,45	26,37	38,36	43,15	22,04	32,06	36,07	17,83	25,94	29,18	13,76	20,02	22,52	3,33	14,29	16,07
	V	1 441,58	79,28	115,32	129,74	IV	1 024,58	53,16	77,32	86,99	50,03	72,78	81,87	46,97	68,32	76,86	43,97	63,96	71,96	41,04	59,70	67,16	38,17	55,52	62,46
	VI	1 477,83	81,28	118,22	133,—																				
4 769,99	I,IV	1 025,75	56,41	82,06	92,31	I	1 025,75	50,09	72,86	81,97	44,03	64,05	72,05	38,22	55,60	62,55	32,68	47,54	53,48	27,39	39,84	44,82	22,36	32,52	36,59
	II	982,33	54,02	78,58	88,40	II	982,33	47,80	69,53	78,22	41,83	60,85	68,45	36,13	52,55	59,12	30,68	44,62	50,20	25,48	37,07	41,70	20,55	29,89	33,62
	III	644,83	35,46	51,58	58,03	III	644,83	30,88	44,92	50,53	26,41	38,42	43,22	22,08	32,12	36,13	17,88	26,01	29,26	13,80	20,08	22,59	3,46	14,34	16,13
	V	1 442,75	79,35	115,42	129,84	IV	1 025,75	53,22	77,42	87,09	50,09	72,86	81,97	47,03	68,41	76,96	44,03	64,05	72,05	41,10	59,78	67,25	38,22	55,60	62,55
	VI	1 479,08	81,34	118,32	133,11																				
4 772,99	I,IV	1 026,91	56,48	82,15	92,42	I	1 026,91	50,15	72,95	82,07	44,09	64,13	72,14	38,28	55,68	62,64	32,73	47,62	53,57	27,44	39,92	44,91	22,40	32,59	36,66
	II	983,41	54,08	78,67	88,50	II	983,41	47,86	69,62	78,32	41,89	60,94	68,55	36,18	52,63	59,21	30,73	44,70	50,28	25,53	37,14	41,78	20,59	29,96	33,70
	III	645,66	35,51	51,65	58,10	III	645,66	30,91	44,97	50,59	26,46	38,49	43,30	22,12	32,18	36,20	17,92	26,06	29,32	13,84	20,13	22,64	3,60	14,40	16,20
	V	1 444,—	79,42	115,52	129,96	IV	1 026,91	53,28	77,50	87,19	50,15	72,95	82,07	47,09	68,50	77,06	44,09	64,13	72,14	41,15	59,86	67,34	38,28	55,68	62,64
	VI	1 480,25	81,41	118,42	133,22																				
4 775,99	I,IV	1 028,—	56,54	82,24	92,52	I	1 028,—	50,21	73,04	82,17	44,15	64,22	72,24	38,33	55,76	62,73	32,78	47,69	53,65	27,49	39,99	44,99	22,45	32,66	36,74
	II	984,58	54,15	78,76	88,61	II	984,58	47,92	69,70	78,41	41,95	61,02	68,64	36,24	52,71	59,30	30,78	44,77	50,36	25,58	37,21	41,86	20,64	30,02	33,77
	III	646,50	35,55	51,72	58,18	III	646,50	30,96	45,04	50,67	26,50	38,54	43,36	22,16	32,24	36,27	17,95	26,12	29,38	13,88	20,20	22,72	3,73	14,45	16,25
	V	1 445,16	79,48	115,61	130,06	IV	1 028,—	53,34	77,59	87,29	50,21	73,04	82,17	47,15	68,58	77,15	44,15	64,22	72,24	41,21	59,94	67,43	38,33	55,76	62,73
	VI	1 481,41	81,47	118,51	133,32																				
4 778,99	I,IV	1 029,16	56,60	82,33	92,62	I	1 029,16	50,27	73,13	82,27	44,20	64,30	72,33	38,39	55,84	62,82	32,84	47,77	53,74	27,54	40,06	45,07	22,50	32,73	36,82
	II	985,66	54,21	78,85	88,70	II	985,66	47,98	69,79	78,51	42,01	61,10	68,74	36,29	52,78	59,38	30,83	44,85	50,45	25,63	37,28	41,94	20,68	30,09	33,85
	III	647,33	35,60	51,78	58,25	III	647,33	31,01	45,10	50,74	26,54	38,61	43,43	22,21	32,30	36,34	18,—	26,18	29,45	13,92	20,25	22,78	3,86	14,50	16,31
	V	1 446,33	79,54	115,70	130,16	IV	1 029,16	53,40	77,68	87,39	50,27	73,13	82,27	47,21	68,67	77,25	44,20	64,30	72,33	41,26	60,02	67,52	38,39	55,84	62,82
	VI	1 482,58	81,54	118,60	133,43																				
4 781,99	I,IV	1 030,33	56,66	82,42	92,72	I	1 030,33	50,33	73,22	82,37	44,26	64,38	72,43	38,44	55,92	62,91	32,89	47,84	53,82	27,59	40,14	45,15	22,55	32,80	36,90
	II	986,83	54,27	78,94	88,81	II	986,83	48,04	69,88	78,61	42,06	61,18	68,83	36,34	52,86	59,47	30,88	44,92	50,54	25,68	37,36	42,03	20,73	30,16	33,93
	III	648,16	35,64	51,85	58,33	III	648,16	31,05	45,17	50,81	26,58	38,66	43,49	22,24	32,36	36,40	18,04	26,24	29,52	13,96	20,30	22,84	4,—	14,56	16,38
	V	1 447,58	79,61	115,80	130,28	IV	1 030,33	53,46	77,77	87,49	50,33	73,22	82,37	47,26	68,75	77,34	44,26	64,38	72,43	41,32	60,11	67,62	38,44	55,92	62,91
	VI	1 483,83	81,61	118,70	133,54																				
4 784,99	I,IV	1 031,41	56,72	82,51	92,82	I	1 031,41	50,39	73,30	82,46	44,32	64,47	72,53	38,50	56,—	63,—	32,94	47,92	53,91	27,64	40,21	45,23	22,60	32,87	36,98
	II	987,91	54,33	79,03	88,91	II	987,91	48,10	69,96	78,71	42,12	61,26	68,92	36,40	52,94	59,56	30,93	45,—	50,62	25,73	37,42	42,10	20,78	30,23	34,01
	III	649,—	35,69	51,92	58,41	III	649,—	31,09	45,22	50,87	26,62	38,73	43,57	22,29	32,42	36,47	18,08	26,30	29,59	13,99	20,36	22,90	4,13	14,61	16,43
	V	1 448,75	79,68	115,90	130,38	IV	1 031,41	53,53	77,86	87,59	50,39	73,30	82,46	47,32	68,84	77,44	44,32	64,47	72,53	41,38	60,19	67,71	38,50	56,—	63,—
	VI	1 485,—	81,67	118,80	133,65																				
4 787,99	I,IV	1 032,58	56,79	82,60	92,93	I	1 032,58	50,45	73,39	82,56	44,38	64,55	72,62	38,56	56,09	63,10	33,—	48,—	54,—	27,69	40,28	45,32	22,64	32,94	37,05
	II	989,08	54,39	79,12	89,01	II	989,08	48,16	70,05	78,80	42,18	61,35	69,02	36,45	53,02	59,65	30,98	45,07	50,70	25,78	37,50	42,18	20,83	30,30	34,08
	III	649,83	35,74	51,98	58,48	III	649,83	31,13	45,29	50,95	26,67	38,80	43,65	22,33	32,48	36,54	18,12	26,36	29,65	14,04	20,42	22,97	4,26	14,66	16,49
	V	1 449,91	79,74	115,99	130,49	IV	1 032,58	53,59	77,95	87,69	50,45	73,39	82,56	47,38	68,92	77,54	44,38	64,55	72,62	41,43	60,27	67,80	38,56	56,09	63,10
	VI	1 486,16	81,73	118,89	133,75																				
4 790,99	I,IV	1 033,75	56,85	82,70	93,03	I	1 033,75	50,51	73,48	82,66	44,44	64,64	72,72	38,61	56,17	63,19	33,05	48,08	54,09	27,74	40,36	45,40	22,69	33,01	37,13
	II	990,16	54,45	79,21	89,11	II	990,16	48,22	70,14	78,90	42,23	61,43	69,11	36,51	53,10	59,74	31,04	45,15	50,79	25,83	37,57	42,26	20,87	30,36	34,16
	III	650,66	35,78	52,05	58,55	III	650,66	31,18	45,36	51,03	26,71	38,85	43,70	22,37	32,54	36,61	18,15	26,41	29,71	14,08	20,48	23,04	4,40	14,72	16,56
	V	1 451,08	79,80	116,08	130,59	IV	1 033,75	53,65	78,04	87,79	50,51	73,48	82,66	47,44	69,01	77,63	44,44	64,64	72,72	41,49	60,36	67,90	38,61	56,17	63,19
	VI	1 487,33	81,80	118,98	133,85																				
4 793,99	I,IV	1 034,91	56,92	82,79	93,14	I	1 034,91	50,58	73,57	82,76	44,49	64,72	72,81	38,67	56,25	63,28	33,10	48,15	54,17	27,79	40,43	45,48	22,74	33,08	37,22
	II	991,33	54,52	79,30	89,21	II	991,33	48,28	70,22	79,—	42,29	61,52	69,21	36,56	53,18	59,83	31,09	45,22	50,87	25,88	37,64	42,35	20,92	30,44	34,24
	III	651,50	35,83	52,12	58,63	III	651,50	31,23	45,42	51,10	26,75	38,92	43,78	22,41	32,60	36,67	18,20	26,48	29,79	14,11	20,53	23,09	4,56	14,78	16,63
	V	1 452,33	79,87	116,18	130,70	IV	1 034,91	53,71	78,13	87,89	50,58	73,57	82,76	47,50	69,10	77,73	44,49	64,72	72,81	41,55	60,44	67,99	38,67	56,25	63,28
	VI	1 488,58	81,87	119,08	133,97																				
4 796,99	I,IV	1 036,08	56,98	82,88	93,24	I	1 036,08	50,64	73,66	82,86	44,55	64,80	72,90	38,72	56,33	63,37	33,16	48,23	54,26	27,84	40,50	45,56	22,79	33,15	37,29
	II	992,41	54,58	79,39	89,31	II	992,41	48,34	70,31	79,10	42,35	61,60	69,30	36,62	53,26	59,92	31,14	45,30	50,96	25,93	37,72	42,43	20,97	30,50	34,31
	III	652,33	35,87	52,18	58,70	III	652,33	31,27	45,49	51,17	26,80	38,98	43,85	22,45	32,66	36,74	18,24	26,53	29,84	14,15	20,58	23,15	4,70	14,84	16,69
	V	1 453,50	79,94	116,28	130,81	IV	1 036,08	53,78	78,22	88,—	50,64	73,66	82,86	47,56	69,18	77,83	44,55	64,80	72,90	41,61	60,52	68,09	38,72	56,33	63,37
	VI	1 489,75	81,93	119,18	134,07																				
4 799,99	I,IV	1 037,16	57,04	82,97	93,34	I	1 037,16	50,70	73,74	82,96	44,61	64,89	73,—	38,78	56,41	63,46	33,21	48,30	54,34	27,89	40,58	45,65	22,83	33,22	37,37
	II	993,58	54,64	79,48	89,42	II	993,58	48,40	70,40	79,20	42,40	61,68	69,39	36,67	53,34	60,01	31,19	45,38	51,05	25,97	37,78	42,50	21,01	30,57	34,39
	III	653,16	35,92	52,25	58,78	III	653,16	31,31	45,54	51,23	26,84	39,04	43,92	22,49	32,72	36,81	18,28	26,60	29,92	14,19	20,65	23,23	4,83	14,89	16,75
	V	1 454,75	80,01	116,38	130,92	IV	1 037,16	53,84	78,31	88,10	50,70	73,74	82,96	47,62	69,27	77,93	44,61	64,89	73,—	41,66	60,60	68,18	38,78	56,41	63,46
	VI	1 491,—	82,—	119,28	134,19																				
4 802,99	I,IV	1 038,33	57,10	83,06	93,44	I	1 038,33	50,76	73,83	83,06	44,67	64,98	73,10	38,83	56,49	63,55	33,26	48,38	54,43	27,94	40,65	45,73	22,88	33,29	37,45
	II	994,75	54,71	79,58	89,52	II	994,75	48,45	70,48	79,29	42,46	61,76	69,48	36,73	53,42	60,10	31,24	45,45	51,13	26,02	37,86	42,59	21,06	30,64	34,47
	III	653,83	35,96	52,30	58,84	III	653,83	31,35	45,61	51,31	26,88	39,10	43,99	22,54	32,78	36,88	18,32	26,65	29,98	14,23	20,70	23,29	4,96	14,94	16,81
	V	1 455,91	80,07	116,47	131,03	IV	1 038,33	53,90	78,40	88,20	50,76	73,83	83,06	47,68	69,36	78,03	44,67	64,98	73,10	41,72	60,68	68,27	38,83	56,49	63,55
	VI	1 492,16	82,06	119,37	134,29																				
4 805,99	I,IV	1 039,50	57,17	83,16	93,55	I	1 039,50	50,82	73,92	83,16	44,72	65,06	73,19	38,89	56,57	63,64	33,31	48,46	54,51	27,99	40,72	45,81	22,93	33,36	37,53
	II	995,83	54,77	79,66	89,62	II	995,83	48,51	70,57	79,39	42,51	61,84	69,57	36,78	53,50	60,18	31,30	45,53	51,22	26,07	37,93	42,67	21,11	30,70	34,54
	III	654,66	36,—	52,37	58,91	III	654,66	31,40	45,68	51,39	26,93	39,17	44,06	22,58	32,85	36,95	18,36	26,70	30,04	14,27	20,76	23,35	5,10	15,—	16,87
	V	1 457,08	80,13	116,56	131,13	IV	1 039,50	53,96	78,49	88,30	50,82	73,92	83,16	47,74	69,44	78,12	44,72	65,06	73,19	41,78	60,77	68,36	38,89	56,57	63,64
	VI	1 493,33	82,13	119,46	134,39																				
4 808,99	I,IV	1 040,58	57,23	83,24	93,65	I	1 040,58	50,88	74,01	83,26	44,78	65,14	73,28	38,94	56,65	63,73	33,37	48,54	54,60	28,05	40,80	45,90	22,98	33,43	37,61
	II	997,—	54,83	79,76	89,73	II	997,—	48,57	70,66	79,49	42,57	61,93	69,67	36,83	53,58	60,27	31,35	45,60	51,30	26,12	38,—	42,75	21,16	30,78	34,62
	III	655,50	36,05	52,44	58,99	III	655,50	31,45	45,74	51,46	26,96	39,22	44,12	22,62	32,90	37,01	18,40	26,77	30,11	14,30	20,81	23,41	5,23	15,05	16,93
	V	1 458,25	80,20	116,66	131,24	IV	1 040,58	54,02	78,58	88,40	50,88	74,01	83,26	47,80	69,53	78,22	44,78	65,14	73,28	41,83	60,85	68,45	38,94	56,65	63,73
	VI	1 494,58	82,20	119,56	134,51																				

*** Die ausgewiesenen Tabellenwerte sind amtlich. Siehe Erläuterungen auf der Umschlaginnenseite (U2).**
**** Bei mehr als 3 Kinderfreibeträgen ist die „Ergänzungs-Tabelle 3,5 bis 6 Kinderfreibeträge" anzuwenden.**

Abzüge an Lohnsteuer, Solidaritätszuschlag (SolZ) und Kirchensteuer (8%, 9%) in den Steuerklassen

Lohn/ Gehalt bis €*	I – VI		ohne Kinderfreibeträge			I, II, III, IV		mit Zahl der Kinderfreibeträge . . . 0,5			1			1,5			2			2,5			3**		
		LSt	SolZ	8%	9%		LSt	SolZ	8%	9%	SolZ	8%	9%	SolZ	8%	9%	SolZ	8%	9%	SolZ	8%	9%	SolZ	8%	9%
4 811,99	I,IV	1 041,75	57,29	83,34	93,75	I	1 041,75	50,94	74,10	83,36	44,84	65,22	73,37	39,—	56,73	63,82	33,42	48,62	54,69	28,10	40,87	45,98	23,03	33,50	37,68
	II	998,08	54,89	79,84	89,82	II	998,08	48,63	70,74	79,58	42,63	62,01	69,76	36,89	53,66	60,36	31,40	45,68	51,39	26,18	38,08	42,84	21,20	30,84	34,70
	III	656,33	36,09	52,50	59,06	III	656,33	31,49	45,81	51,53	27,01	39,29	44,20	22,66	32,97	37,09	18,44	26,82	30,17	14,35	20,88	23,49	5,36	15,10	16,99
	V	1 459,50	80,27	116,76	131,35	IV	1 041,75	54,08	78,67	88,50	50,94	74,10	83,36	47,86	69,62	78,32	44,84	65,22	73,37	41,89	60,93	68,54	39,—	56,73	63,82
	VI	1 495,75	82,26	119,66	134,61																				
4 814,99	I,IV	1 042,91	57,36	83,43	93,86	I	1 042,91	51,—	74,18	83,45	44,90	65,31	73,47	39,06	56,82	63,92	33,47	48,69	54,77	28,15	40,94	46,06	23,08	33,57	37,76
	II	999,25	54,95	79,94	89,93	II	999,25	48,69	70,83	79,68	42,69	62,10	69,86	36,94	53,74	60,45	31,46	45,76	51,48	26,22	38,14	42,91	21,25	30,91	34,77
	III	657,16	36,14	52,57	59,14	III	657,16	31,54	45,88	51,61	27,06	39,36	44,28	22,70	33,02	37,15	18,48	26,89	30,25	14,39	20,93	23,54	5,50	15,16	17,05
	V	1 460,66	80,33	116,85	131,45	IV	1 042,91	54,14	78,76	88,60	51,—	74,18	83,45	47,92	69,70	78,41	44,90	65,31	73,47	41,95	61,02	68,64	39,06	56,82	63,92
	VI	1 496,91	82,33	119,75	134,72																				
4 817,99	I,IV	1 044,08	57,42	83,52	93,96	I	1 044,08	51,06	74,27	83,55	44,96	65,40	73,57	39,11	56,90	64,01	33,53	48,77	54,86	28,20	41,02	46,14	23,12	33,64	37,84
	II	1 000,33	55,01	80,02	90,02	II	1 000,33	48,75	70,92	79,78	42,74	62,18	69,95	37,—	53,82	60,54	31,51	45,83	51,56	26,27	38,22	42,99	21,29	30,98	34,85
	III	658,—	36,19	52,64	59,22	III	658,—	31,57	45,93	51,67	27,09	39,41	44,33	22,75	33,09	37,22	18,52	26,94	30,31	14,42	20,98	23,60	5,66	15,22	17,12
	V	1 461,83	80,40	116,94	131,56	IV	1 044,08	54,21	78,85	88,70	51,06	74,27	83,55	47,97	69,78	78,50	44,96	65,40	73,57	42,—	61,10	68,73	39,11	56,90	64,01
	VI	1 498,08	82,39	119,84	134,82																				
4 820,99	I,IV	1 045,16	57,48	83,61	94,06	I	1 045,16	51,12	74,36	83,65	45,01	65,48	73,66	39,17	56,98	64,10	33,58	48,84	54,95	28,25	41,09	46,22	23,17	33,71	37,92
	II	1 001,50	55,08	80,12	90,13	II	1 001,50	48,81	71,—	79,88	42,80	62,26	70,04	37,05	53,90	60,63	31,56	45,90	51,64	26,32	38,29	43,07	21,34	31,05	34,93
	III	658,83	36,23	52,70	59,29	III	658,83	31,62	46,—	51,75	27,14	39,48	44,41	22,78	33,14	37,28	18,56	27,—	30,37	14,47	21,05	23,68	5,80	15,28	17,19
	V	1 463,08	80,46	117,04	131,67	IV	1 045,16	54,27	78,94	88,80	51,12	74,36	83,65	48,03	69,87	78,60	45,01	65,48	73,66	42,06	61,18	68,83	39,17	56,98	64,10
	VI	1 499,33	82,46	119,94	134,93																				
4 823,99	I,IV	1 046,33	57,54	83,70	94,16	I	1 046,33	51,18	74,45	83,75	45,07	65,56	73,76	39,22	57,06	64,19	33,63	48,92	55,04	28,30	41,16	46,31	23,22	33,78	38,—
	II	1 002,66	55,14	80,21	90,23	II	1 002,66	48,87	71,09	79,97	42,86	62,34	70,13	37,11	53,98	60,72	31,61	45,98	51,73	26,37	38,36	43,16	21,39	31,12	35,01
	III	659,66	36,28	52,77	59,36	III	659,66	31,67	46,06	51,82	27,18	39,54	44,48	22,83	33,21	37,36	18,60	27,06	30,44	14,51	21,10	23,74	5,93	15,33	17,24
	V	1 464,25	80,53	117,14	131,78	IV	1 046,33	54,33	79,03	88,91	51,18	74,45	83,75	48,10	69,96	78,71	45,07	65,56	73,76	42,12	61,26	68,92	39,22	57,06	64,19
	VI	1 500,50	82,52	120,04	135,04																				
4 826,99	I,IV	1 047,50	57,61	83,80	94,27	I	1 047,50	51,24	74,54	83,85	45,13	65,65	73,85	39,28	57,14	64,28	33,69	49,—	55,13	28,35	41,24	46,39	23,27	33,85	38,08
	II	1 003,75	55,20	80,30	90,33	II	1 003,75	48,93	71,18	80,07	42,92	62,43	70,23	37,16	54,06	60,81	31,66	46,06	51,81	26,42	38,44	43,24	21,44	31,19	35,09
	III	660,50	36,32	52,84	59,44	III	660,50	31,71	46,13	51,89	27,23	39,61	44,56	22,88	33,28	37,44	18,64	27,12	30,51	14,54	21,16	23,80	6,06	15,38	17,30
	V	1 465,50	80,60	117,24	131,89	IV	1 047,50	54,39	79,12	89,01	51,24	74,54	83,85	48,16	70,05	78,80	45,13	65,65	73,85	42,18	61,35	69,02	39,28	57,14	64,28
	VI	1 501,75	82,59	120,14	135,15																				
4 829,99	I,IV	1 048,66	57,67	83,89	94,37	I	1 048,66	51,30	74,62	83,95	45,19	65,74	73,95	39,33	57,22	64,37	33,74	49,08	55,21	28,40	41,31	46,47	23,32	33,92	38,16
	II	1 004,91	55,27	80,39	90,44	II	1 004,91	48,99	71,26	80,17	42,97	62,51	70,32	37,22	54,14	60,90	31,72	46,14	51,90	26,47	38,51	43,32	21,49	31,26	35,16
	III	661,33	36,37	52,90	59,51	III	661,33	31,76	46,20	51,97	27,27	39,66	44,62	22,91	33,33	37,49	18,69	27,18	30,58	14,59	21,22	23,87	6,20	15,44	17,37
	V	1 466,66	80,66	117,33	131,99	IV	1 048,66	54,45	79,21	89,11	51,30	74,62	83,95	48,22	70,14	78,90	45,19	65,74	73,95	42,23	61,43	69,11	39,33	57,22	64,37
	VI	1 502,91	82,66	120,23	135,26																				
4 832,99	I,IV	1 049,83	57,74	83,98	94,48	I	1 049,83	51,37	74,72	84,06	45,25	65,82	74,04	39,39	57,30	64,46	33,79	49,16	55,30	28,45	41,38	46,55	23,37	33,99	38,24
	II	1 006,—	55,33	80,48	90,54	II	1 006,—	49,05	71,35	80,27	43,03	62,60	70,42	37,27	54,22	60,99	31,77	46,21	51,98	26,52	38,58	43,40	21,53	31,32	35,24
	III	662,16	36,41	52,97	59,59	III	662,16	31,80	46,26	52,04	27,31	39,73	44,69	22,96	33,40	37,57	18,72	27,24	30,64	14,63	21,28	23,94	6,36	15,50	17,44
	V	1 467,83	80,73	117,42	132,10	IV	1 049,83	54,52	79,30	89,21	51,37	74,72	84,06	48,27	70,22	78,99	45,25	65,82	74,04	42,29	61,51	69,20	39,39	57,30	64,46
	VI	1 504,08	82,72	120,32	135,36																				
4 835,99	I,IV	1 051,—	57,80	84,08	94,59	I	1 051,—	51,42	74,80	84,15	45,31	65,90	74,14	39,45	57,38	64,55	33,84	49,23	55,38	28,50	41,46	46,64	23,41	34,06	38,31
	II	1 007,16	55,39	80,57	90,64	II	1 007,16	49,11	71,44	80,37	43,09	62,68	70,51	37,33	54,30	61,08	31,82	46,29	52,07	26,57	38,65	43,48	21,58	31,39	35,31
	III	663,—	36,46	53,04	59,67	III	663,—	31,84	46,32	52,11	27,36	39,80	44,77	22,99	33,45	37,63	18,77	27,30	30,71	14,66	21,33	23,99	6,50	15,56	17,50
	V	1 469,—	80,79	117,52	132,21	IV	1 051,—	54,58	79,39	89,31	51,42	74,80	84,15	48,33	70,30	79,09	45,31	65,90	74,14	42,35	61,60	69,30	39,45	57,38	64,55
	VI	1 505,33	82,79	120,42	135,47																				
4 838,99	I,IV	1 052,08	57,86	84,16	94,68	I	1 052,08	51,48	74,89	84,25	45,37	65,99	74,24	39,50	57,46	64,64	33,90	49,31	55,47	28,55	41,53	46,72	23,46	34,13	38,39
	II	1 008,25	55,45	80,66	90,74	II	1 008,25	49,17	71,52	80,46	43,15	62,76	70,61	37,38	54,38	61,17	31,87	46,36	52,16	26,62	38,72	43,56	21,63	31,46	35,39
	III	663,83	36,51	53,10	59,74	III	663,83	31,89	46,38	52,18	27,40	39,86	44,84	23,04	33,52	37,71	18,81	27,36	30,78	14,70	21,38	24,05	6,63	15,61	17,56
	V	1 470,25	80,86	117,62	132,32	IV	1 052,08	54,64	79,48	89,42	51,48	74,89	84,25	48,39	70,39	79,19	45,37	65,99	74,24	42,40	61,68	69,39	39,50	57,46	64,64
	VI	1 506,50	82,85	120,52	135,58																				
4 841,99	I,IV	1 053,25	57,92	84,26	94,79	I	1 053,25	51,54	74,98	84,35	45,42	66,07	74,33	39,56	57,54	64,73	33,95	49,39	55,56	28,60	41,60	46,80	23,51	34,20	38,47
	II	1 009,41	55,51	80,75	90,84	II	1 009,41	49,23	71,61	80,56	43,20	62,84	70,70	37,44	54,46	61,26	31,92	46,44	52,24	26,67	38,80	43,65	21,67	31,53	35,47
	III	664,66	36,55	53,17	59,81	III	664,66	31,93	46,45	52,25	27,44	39,92	44,91	23,08	33,57	37,76	18,84	27,41	30,83	14,74	21,45	24,13	6,76	15,66	17,62
	V	1 471,41	80,92	117,71	132,42	IV	1 053,25	54,70	79,57	89,51	51,54	74,98	84,35	48,45	70,48	79,29	45,42	66,07	74,33	42,46	61,76	69,48	39,56	57,54	64,73
	VI	1 507,66	82,92	120,61	135,68																				
4 844,99	I,IV	1 054,41	57,99	84,35	94,89	I	1 054,41	51,60	75,06	84,44	45,48	66,16	74,43	39,61	57,62	64,82	34,—	49,46	55,64	28,65	41,68	46,89	23,56	34,27	38,55
	II	1 010,50	55,57	80,84	90,94	II	1 010,50	49,29	71,70	80,66	43,26	62,93	70,79	37,49	54,54	61,35	31,98	46,52	52,33	26,72	38,87	43,73	21,72	31,60	35,55
	III	665,50	36,60	53,24	59,89	III	665,50	31,98	46,52	52,33	27,49	39,98	44,98	23,12	33,64	37,84	18,89	27,48	30,91	14,78	21,50	24,19	6,90	15,72	17,68
	V	1 472,58	80,99	117,80	132,53	IV	1 054,41	54,77	79,66	89,62	51,60	75,06	84,44	48,51	70,56	79,38	45,48	66,16	74,43	42,51	61,84	69,57	39,61	57,62	64,82
	VI	1 508,83	82,98	120,70	135,79																				
4 847,99	I,IV	1 055,58	58,05	84,44	95,—	I	1 055,58	51,67	75,16	84,55	45,54	66,24	74,52	39,67	57,70	64,91	34,06	49,54	55,73	28,71	41,76	46,98	23,60	34,34	38,63
	II	1 011,66	55,64	80,93	91,04	II	1 011,66	49,35	71,78	80,75	43,32	63,01	70,88	37,55	54,62	61,44	32,03	46,59	52,41	26,77	38,94	43,81	21,77	31,67	35,63
	III	666,33	36,64	53,30	59,96	III	666,33	32,02	46,58	52,40	27,53	40,05	45,05	23,16	33,69	37,90	18,92	27,53	30,97	14,82	21,56	24,25	7,03	15,77	17,74
	V	1 473,83	81,06	117,90	132,64	IV	1 055,58	54,83	79,75	89,72	51,67	75,16	84,55	48,57	70,65	79,48	45,54	66,24	74,52	42,57	61,93	69,67	39,67	57,70	64,91
	VI	1 510,08	83,05	120,80	135,90																				
4 850,99	I,IV	1 056,66	58,11	84,53	95,09	I	1 056,66	51,73	75,24	84,65	45,60	66,33	74,62	39,72	57,78	65,—	34,11	49,62	55,82	28,76	41,83	47,06	23,65	34,41	38,71
	II	1 012,83	55,70	81,02	91,15	II	1 012,83	49,41	71,87	80,85	43,38	63,10	70,98	37,60	54,70	61,53	32,08	46,67	52,50	26,82	39,02	43,89	21,82	31,74	35,70
	III	667,16	36,69	53,37	60,04	III	667,16	32,07	46,65	52,48	27,57	40,10	45,11	23,21	33,76	37,98	18,97	27,60	31,05	14,86	21,62	24,32	7,16	15,82	17,80
	V	1 475,—	81,12	118,—	132,75	IV	1 056,66	54,89	79,84	89,82	51,73	75,24	84,65	48,63	70,74	79,58	45,60	66,33	74,62	42,63	62,01	69,76	39,72	57,78	65,—
	VI	1 511,25	83,11	120,90	136,01																				
4 853,99	I,IV	1 057,83	58,18	84,62	95,20	I	1 057,83	51,79	75,33	84,74	45,65	66,41	74,71	39,78	57,87	65,10	34,16	49,70	55,91	28,81	41,90	47,14	23,70	34,48	38,79
	II	1 013,91	55,76	81,11	91,25	II	1 013,91	49,47	71,96	80,95	43,43	63,18	71,07	37,66	54,78	61,62	32,13	46,74	52,58	26,87	39,09	43,97	21,86	31,80	35,78
	III	668,—	36,74	53,44	60,12	III	668,—	32,11	46,70	52,54	27,61	40,17	45,19	23,25	33,82	38,05	19,01	27,65	31,10	14,90	21,68	24,39	7,30	15,88	17,86
	V	1 476,16	81,18	118,09	132,85	IV	1 057,83	54,95	79,93	89,92	51,79	75,33	84,74	48,69	70,82	79,67	45,65	66,41	74,71	42,68	62,09	69,85	39,78	57,87	65,10
	VI	1 512,41	83,18	120,99	136,11																				
4 856,99	I,IV	1 059,—	58,24	84,72	95,31	I	1 059,—	51,85	75,42	84,85	45,71	66,50	74,81	39,84	57,95	65,19	34,22	49,78	56,—	28,86	41,98	47,22	23,75	34,55	38,87
	II	1 015,08	55,82	81,20	91,35	II	1 015,08	49,53	72,05	81,05	43,49	63,26	71,17	37,71	54,86	61,71	32,19	46,82	52,67	26,92	39,16	44,06	21,91	31,88	35,86
	III	668,83	36,78	53,50	60,19	III	668,83	32,15	46,77	52,61	27,66	40,24	45,27	23,29	33,88	38,11	19,05	27,72	31,18	14,94	21,73	24,44	7,46	15,94	17,93
	V	1 477,41	81,25	118,19	132,96	IV	1 059,—	55,01	80,02	90,02	51,85	75,42	84,85	48,75	70,92	79,78	45,71	66,50	74,81	42,74	62,18	69,95	39,84	57,95	65,19
	VI	1 513,66	83,25	121,09	136,22																				

* Die ausgewiesenen Tabellenwerte sind amtlich. Siehe Erläuterungen auf der Umschlaginnenseite (U2).
** Bei mehr als 3 Kinderfreibeträgen ist die „Ergänzungs-Tabelle 3,5 bis 6 Kinderfreibeträge" anzuwenden.

MONAT 4 857,–*

Lohn/Gehalt bis €*	Stkl.	LSt	SolZ	8%	9%	Stkl.	LSt	0,5 SolZ	0,5 8%	0,5 9%	1 SolZ	1 8%	1 9%	1,5 SolZ	1,5 8%	1,5 9%	2 SolZ	2 8%	2 9%	2,5 SolZ	2,5 8%	2,5 9%	3** SolZ	3** 8%	3** 9%
		I – VI	ohne Kinderfreibeträge				**I, II, III, IV** mit Zahl der Kinderfreibeträge …																		
4 859,99	I,IV	1 060,16	58,30	84,81	95,41	I	1 060,16	51,91	75,51	84,95	45,77	66,58	74,90	39,89	58,03	65,28	34,27	49,86	56,09	28,91	42,05	47,30	23,80	34,62	38,95
	II	1 016,25	55,89	81,30	91,46	II	1 016,25	49,59	72,14	81,15	43,55	63,35	71,27	37,77	54,94	61,80	32,24	46,90	52,76	26,97	39,24	44,14	21,96	31,94	35,93
	III	669,66	36,83	53,57	60,26	III	669,66	32,20	46,84	52,69	27,70	40,29	45,32	23,33	33,94	38,18	19,09	27,77	31,24	14,97	21,78	24,50	7,60	16,—	18,—
	V	1 478,58	81,32	118,28	133,07	IV	1 060,16	55,08	80,12	90,13	51,91	75,51	84,95	48,81	71,—	79,88	45,77	66,58	74,90	42,80	62,26	70,04	39,89	58,03	65,28
	VI	1 514,83	83,31	121,18	136,33																				
4 862,99	I,IV	1 061,33	58,37	84,90	95,51	I	1 061,33	51,97	75,60	85,05	45,83	66,67	75,—	39,95	58,11	65,37	34,32	49,93	56,17	28,96	42,12	47,39	23,85	34,69	39,02
	II	1 017,33	55,95	81,38	91,55	II	1 017,33	49,65	72,22	81,25	43,61	63,43	71,36	37,82	55,02	61,89	32,29	46,98	52,85	27,02	39,30	44,21	22,01	32,02	36,02
	III	670,50	36,87	53,64	60,34	III	670,50	32,24	46,90	52,76	27,74	40,36	45,40	23,37	34,—	38,25	19,13	27,82	31,30	15,02	21,85	24,58	7,73	16,05	18,05
	V	1 479,75	81,38	118,38	133,17	IV	1 061,33	55,14	80,20	90,23	51,97	75,60	85,05	48,87	71,09	79,97	45,83	66,67	75,—	42,86	62,34	70,13	39,95	58,11	65,37
	VI	1 516,—	83,38	121,28	136,44																				
4 865,99	I,IV	1 062,50	58,43	85,—	95,62	I	1 062,50	52,03	75,69	85,15	45,89	66,76	75,10	40,01	58,20	65,47	34,38	50,01	56,26	29,01	42,20	47,47	23,90	34,76	39,11
	II	1 018,50	56,01	81,48	91,66	II	1 018,50	49,71	72,31	81,35	43,67	63,52	71,46	37,88	55,10	61,98	32,34	47,05	52,93	27,07	39,38	44,30	22,05	32,08	36,09
	III	671,33	36,92	53,70	60,41	III	671,33	32,29	46,97	52,84	27,79	40,42	45,47	23,42	34,06	38,32	19,17	27,89	31,37	15,06	21,90	24,64	7,86	16,10	18,11
	V	1 481,—	81,45	118,48	133,29	IV	1 062,50	55,20	80,30	90,33	52,03	75,69	85,15	48,93	71,18	80,07	45,89	66,76	75,10	42,92	62,43	70,23	40,01	58,20	65,47
	VI	1 517,25	83,44	121,38	136,55																				
4 868,99	I,IV	1 063,66	58,50	85,09	95,72	I	1 063,66	52,09	75,78	85,25	45,95	66,84	75,19	40,06	58,28	65,56	34,43	50,09	56,35	29,06	42,27	47,55	23,94	34,83	39,18
	II	1 019,66	56,08	81,57	91,76	II	1 019,66	49,77	72,40	81,45	43,72	63,60	71,55	37,93	55,18	62,07	32,39	47,12	53,01	27,12	39,45	44,38	22,10	32,15	36,17
	III	672,16	36,96	53,77	60,49	III	672,16	32,34	47,04	52,92	27,83	40,48	45,54	23,45	34,12	38,38	19,21	27,94	31,43	15,09	21,96	24,70	8,—	16,16	18,18
	V	1 482,16	81,51	118,57	133,39	IV	1 063,66	55,26	80,38	90,43	52,09	75,78	85,25	48,99	71,26	80,17	45,95	66,84	75,19	42,97	62,51	70,32	40,06	58,28	65,56
	VI	1 518,41	83,51	121,47	136,65																				
4 871,99	I,IV	1 064,83	58,56	85,18	95,83	I	1 064,83	52,15	75,86	85,34	46,01	66,92	75,29	40,12	58,36	65,65	34,48	50,16	56,43	29,11	42,35	47,64	23,99	34,90	39,26
	II	1 020,75	56,14	81,66	91,86	II	1 020,75	49,83	72,48	81,54	43,78	63,68	71,64	37,99	55,26	62,16	32,45	47,20	53,10	27,17	39,52	44,46	22,15	32,22	36,25
	III	673,—	37,01	53,84	60,57	III	673,—	32,37	47,09	52,97	27,87	40,54	45,61	23,50	34,18	38,45	19,25	28,01	31,51	15,14	22,02	24,77	8,13	16,21	18,23
	V	1 483,33	81,58	118,66	133,49	IV	1 064,83	55,33	80,48	90,54	52,15	75,86	85,34	49,05	71,35	80,27	46,01	66,92	75,29	43,03	62,59	70,41	40,12	58,36	65,65
	VI	1 519,58	83,57	121,56	136,76																				
4 874,99	I,IV	1 065,91	58,62	85,27	95,93	I	1 065,91	52,21	75,95	85,44	46,07	67,01	75,38	40,17	58,44	65,74	34,54	50,24	56,52	29,16	42,42	47,72	24,04	34,98	39,35
	II	1 021,91	56,20	81,75	91,97	II	1 021,91	49,89	72,57	81,64	43,83	63,76	71,73	38,04	55,34	62,25	32,50	47,28	53,19	27,22	39,60	44,55	22,20	32,29	36,32
	III	673,83	37,06	53,90	60,64	III	673,83	32,42	47,16	53,05	27,92	40,61	45,68	23,54	34,24	38,52	19,29	28,06	31,57	15,18	22,08	24,84	8,30	16,28	18,31
	V	1 484,50	81,64	118,76	133,60	IV	1 065,91	55,38	80,56	90,63	52,21	75,95	85,44	49,11	71,44	80,37	46,07	67,01	75,38	43,09	62,68	70,51	40,17	58,44	65,74
	VI	1 520,83	83,64	121,66	136,87																				
4 877,99	I,IV	1 067,08	58,68	85,36	96,03	I	1 067,08	52,28	76,04	85,55	46,12	67,09	75,47	40,23	58,52	65,83	34,59	50,32	56,61	29,21	42,50	47,81	24,09	35,04	39,42
	II	1 023,08	56,26	81,84	92,07	II	1 023,08	49,95	72,66	81,74	43,89	63,85	71,83	38,10	55,42	62,34	32,56	47,36	53,28	27,27	39,67	44,63	22,24	32,36	36,40
	III	674,66	37,10	53,97	60,71	III	674,66	32,46	47,22	53,12	27,96	40,68	45,76	23,58	34,30	38,59	19,34	28,13	31,64	15,21	22,13	24,89	8,43	16,33	18,37
	V	1 485,75	81,71	118,86	133,71	IV	1 067,08	55,45	80,66	90,74	52,28	76,04	85,55	49,17	71,52	80,46	46,12	67,09	75,47	43,14	62,76	70,60	40,23	58,52	65,83
	VI	1 522,—	83,71	121,76	136,98																				
4 880,99	I,IV	1 068,25	58,75	85,46	96,14	I	1 068,25	52,34	76,13	85,64	46,18	67,18	75,57	40,29	58,60	65,93	34,65	50,40	56,70	29,26	42,57	47,89	24,14	35,12	39,51
	II	1 024,16	56,32	81,93	92,17	II	1 024,16	50,01	72,74	81,83	43,95	63,93	71,92	38,15	55,50	62,43	32,61	47,43	53,36	27,32	39,74	44,71	22,29	32,43	36,48
	III	675,50	37,15	54,04	60,79	III	675,50	32,51	47,29	53,20	28,—	40,73	45,82	23,63	34,37	38,66	19,37	28,18	31,70	15,25	22,18	24,95	8,56	16,38	18,43
	V	1 486,91	81,78	118,95	133,82	IV	1 068,25	55,51	80,75	90,84	52,34	76,13	85,64	49,23	71,61	80,56	46,18	67,18	75,57	43,20	62,84	70,70	40,29	58,60	65,93
	VI	1 523,16	83,77	121,85	137,08																				
4 883,99	I,IV	1 069,41	58,81	85,55	96,24	I	1 069,41	52,40	76,22	85,74	46,24	67,26	75,67	40,34	58,68	66,02	34,70	50,48	56,79	29,31	42,64	47,97	24,19	35,18	39,58
	II	1 025,33	56,39	82,02	92,27	II	1 025,33	50,07	72,83	81,93	44,01	64,02	72,02	38,21	55,58	62,52	32,66	47,51	53,45	27,37	39,82	44,79	22,34	32,50	36,56
	III	676,33	37,19	54,10	60,86	III	676,33	32,56	47,36	53,28	28,05	40,80	45,90	23,66	34,42	38,72	19,41	28,24	31,77	15,29	22,25	25,03	8,70	16,44	18,49
	V	1 488,08	81,84	119,04	133,92	IV	1 069,41	55,57	80,84	90,94	52,40	76,22	85,74	49,29	71,70	80,66	46,24	67,26	75,67	43,26	62,92	70,79	40,34	58,68	66,02
	VI	1 524,33	83,83	121,94	137,18																				
4 886,99	I,IV	1 070,58	58,88	85,64	96,35	I	1 070,58	52,46	76,31	85,85	46,30	67,35	75,77	40,40	58,76	66,11	34,76	50,56	56,88	29,37	42,72	48,06	24,24	35,26	39,66
	II	1 026,50	56,45	82,12	92,38	II	1 026,50	50,13	72,92	82,04	44,07	64,10	72,11	38,26	55,66	62,61	32,72	47,59	53,54	27,42	39,89	44,87	22,39	32,57	36,64
	III	677,16	37,24	54,17	60,94	III	677,16	32,60	47,42	53,35	28,09	40,86	45,97	23,71	34,49	38,80	19,46	28,30	31,84	15,33	22,30	25,09	8,83	16,49	18,55
	V	1 489,33	81,91	119,14	134,03	IV	1 070,58	55,64	80,93	91,04	52,46	76,31	85,85	49,35	71,78	80,75	46,30	67,35	75,77	43,32	63,01	70,88	40,40	58,76	66,11
	VI	1 525,58	83,90	122,04	137,30																				
4 889,99	I,IV	1 071,75	58,94	85,74	96,45	I	1 071,75	52,52	76,40	85,95	46,36	67,44	75,87	40,46	58,85	66,20	34,81	50,64	56,97	29,42	42,80	48,15	24,29	35,33	39,74
	II	1 027,66	56,52	82,21	92,48	II	1 027,66	50,19	73,01	82,13	44,12	64,18	72,20	38,32	55,74	62,70	32,77	47,66	53,62	27,47	39,96	44,96	22,44	32,64	36,72
	III	678,—	37,29	54,24	61,02	III	678,—	32,65	47,49	53,42	28,14	40,93	46,04	23,76	34,56	38,88	19,50	28,37	31,91	15,38	22,37	25,16	9,—	16,56	18,63
	V	1 490,50	81,97	119,24	134,14	IV	1 071,75	55,70	81,02	91,15	52,52	76,40	85,95	49,41	71,87	80,85	46,36	67,44	75,87	43,38	63,10	70,98	40,46	58,85	66,20
	VI	1 526,75	83,97	122,14	137,40																				
4 892,99	I,IV	1 072,91	59,01	85,83	96,56	I	1 072,91	52,58	76,49	86,05	46,42	67,52	75,96	40,51	58,93	66,29	34,86	50,71	57,05	29,47	42,87	48,23	24,33	35,40	39,82
	II	1 028,75	56,58	82,30	92,58	II	1 028,75	50,25	73,10	82,23	44,18	64,27	72,30	38,37	55,82	62,79	32,82	47,74	53,70	27,52	40,04	45,04	22,49	32,71	36,80
	III	678,83	37,33	54,30	61,09	III	678,83	32,69	47,56	53,50	28,17	40,98	46,10	23,79	34,61	38,93	19,54	28,42	31,97	15,41	22,42	25,22	9,13	16,61	18,68
	V	1 491,75	82,04	119,34	134,25	IV	1 072,91	55,76	81,11	91,25	52,58	76,49	86,05	49,47	71,96	80,95	46,42	67,52	75,96	43,43	63,18	71,07	40,51	58,93	66,29
	VI	1 528,—	84,04	122,24	137,52																				
4 895,99	I,IV	1 074,08	59,07	85,92	96,66	I	1 074,08	52,64	76,58	86,15	46,47	67,60	76,05	40,57	59,01	66,38	34,92	50,79	57,14	29,52	42,94	48,31	24,38	35,47	39,90
	II	1 029,91	56,64	82,39	92,69	II	1 029,91	50,31	73,18	82,33	44,24	64,36	72,40	38,43	55,90	62,88	32,87	47,82	53,79	27,57	40,11	45,12	22,53	32,78	36,87
	III	679,66	37,38	54,37	61,16	III	679,66	32,73	47,61	53,56	28,22	41,05	46,18	23,84	34,68	39,01	19,58	28,48	32,04	15,45	22,48	25,29	9,26	16,66	18,74
	V	1 492,91	82,11	119,43	134,36	IV	1 074,08	55,82	81,20	91,35	52,64	76,58	86,15	49,53	72,04	81,05	46,47	67,60	76,05	43,49	63,26	71,17	40,57	59,01	66,38
	VI	1 529,16	84,10	122,33	137,62																				
4 898,99	I,IV	1 075,25	59,13	86,02	96,77	I	1 075,25	52,70	76,66	86,24	46,53	67,69	76,15	40,62	59,09	66,47	34,97	50,87	57,23	29,57	43,02	48,39	24,43	35,54	39,98
	II	1 031,08	56,70	82,48	92,79	II	1 031,08	50,37	73,27	82,43	44,30	64,44	72,49	38,48	55,98	62,97	32,92	47,89	53,87	27,62	40,18	45,20	22,58	32,84	36,95
	III	680,50	37,42	54,44	61,24	III	680,50	32,78	47,68	53,64	28,27	41,12	46,26	23,87	34,73	39,07	19,62	28,54	32,11	15,49	22,53	25,34	9,40	16,72	18,81
	V	1 494,08	82,17	119,52	134,46	IV	1 075,25	55,88	81,29	91,45	52,70	76,66	86,24	49,59	72,13	81,14	46,53	67,69	76,15	43,55	63,34	71,26	40,62	59,09	66,47
	VI	1 530,33	84,16	122,42	137,72																				
4 901,99	I,IV	1 076,33	59,19	86,10	96,86	I	1 076,33	52,77	76,76	86,35	46,59	67,78	76,25	40,68	59,18	66,57	35,02	50,94	57,31	29,62	43,09	48,47	24,48	35,61	40,06
	II	1 032,16	56,76	82,57	92,89	II	1 032,16	50,43	73,36	82,53	44,36	64,52	72,59	38,54	56,06	63,06	32,98	47,97	53,96	27,67	40,26	45,29	22,63	32,92	37,03
	III	681,33	37,47	54,50	61,31	III	681,33	32,82	47,74	53,71	28,30	41,17	46,31	23,92	34,80	39,15	19,66	28,60	32,17	15,53	22,60	25,42	9,53	16,77	18,86
	V	1 495,25	82,23	119,62	134,57	IV	1 076,33	55,95	81,38	91,55	52,77	76,76	86,35	49,65	72,22	81,24	46,59	67,78	76,25	43,61	63,43	71,36	40,68	59,18	66,57
	VI	1 531,58	84,23	122,52	137,84																				
4 904,99	I,IV	1 077,50	59,26	86,20	96,97	I	1 077,50	52,83	76,84	86,45	46,65	67,86	76,34	40,74	59,26	66,66	35,08	51,02	57,40	29,67	43,16	48,56	24,53	35,68	40,14
	II	1 033,33	56,83	82,66	92,99	II	1 033,33	50,49	73,45	82,63	44,41	64,60	72,68	38,59	56,14	63,15	33,03	48,04	54,05	27,72	40,33	45,37	22,67	32,98	37,10
	III	682,16	37,51	54,57	61,39	III	682,16	32,87	47,81	53,78	28,35	41,24	46,39	23,96	34,85	39,20	19,70	28,66	32,24	15,57	22,65	25,48	9,66	16,82	18,92
	V	1 496,50	82,30	119,72	134,68	IV	1 077,50	56,01	81,48	91,66	52,83	76,84	86,45	49,71	72,30	81,34	46,65	67,86	76,34	43,66	63,51	71,45	40,74	59,26	66,66
	VI	1 532,75	84,30	122,62	137,94																				

Abzüge an Lohnsteuer, Solidaritätszuschlag (SolZ) und Kirchensteuer (8%, 9%) in den Steuerklassen

*** Die ausgewiesenen Tabellenwerte sind amtlich. Siehe Erläuterungen auf der Umschlaginnenseite (U2).**
**** Bei mehr als 3 Kinderfreibeträgen ist die „Ergänzungs-Tabelle 3,5 bis 6 Kinderfreibeträge" anzuwenden.**

Lohn/ Gehalt bis €*		Abzüge an Lohnsteuer, Solidaritätszuschlag (SolZ) und Kirchensteuer (8%, 9%) in den Steuerklassen I – VI ohne Kinderfreibeträge LSt	SolZ	8%	9%	I, II, III, IV	LSt	mit Zahl der Kinderfreibeträge . . . 0,5 SolZ	8%	9%	1 SolZ	8%	9%	1,5 SolZ	8%	9%	2 SolZ	8%	9%	2,5 SolZ	8%	9%	3** SolZ	8%	9%
4 907,99	I,IV	1 078,66	59,32	86,29	97,07	I	1 078,66	52,89	76,93	86,54	46,71	67,95	76,44	40,79	59,34	66,75	35,13	51,10	57,49	29,72	43,24	48,64	24,58	35,75	40,22
	II	1 034,50	56,89	82,76	93,10	II	1 034,50	50,55	73,54	82,73	44,47	64,69	72,77	38,65	56,22	63,24	33,08	48,12	54,14	27,77	40,40	45,45	22,72	33,06	37,19
	III	683,—	37,56	54,64	61,47	III	683,—	32,91	47,88	53,86	28,39	41,30	46,46	24,—	34,92	39,28	19,74	28,72	32,31	15,61	22,70	25,54	9,83	16,89	19,—
	V	1 497,66	82,37	119,81	134,78	IV	1 078,66	56,07	81,56	91,76	52,89	76,93	86,54	49,77	72,39	81,44	46,71	67,95	76,44	43,72	63,60	71,55	40,79	59,34	66,75
	VI	1 533,91	84,36	122,71	138,05																				
4 910,99	I,IV	1 079,83	59,39	86,38	97,18	I	1 079,83	52,95	77,02	86,65	46,77	68,03	76,53	40,85	59,42	66,84	35,18	51,18	57,57	29,78	43,32	48,73	24,63	35,82	40,30
	II	1 035,58	56,95	82,84	93,20	II	1 035,58	50,61	73,62	82,82	44,53	64,78	72,87	38,70	56,30	63,33	33,13	48,20	54,22	27,83	40,48	45,54	22,77	33,12	37,26
	III	683,83	37,61	54,70	61,54	III	683,83	32,96	47,94	53,93	28,44	41,37	46,54	24,05	34,98	39,35	19,79	28,78	32,38	15,65	22,77	25,61	9,96	16,94	19,06
	V	1 498,83	82,43	119,90	134,89	IV	1 079,83	56,14	81,66	91,86	52,95	77,02	86,65	49,83	72,48	81,54	46,77	68,03	76,53	43,78	63,68	71,64	40,85	59,42	66,84
	VI	1 535,08	84,42	122,80	138,15																				
4 913,99	I,IV	1 081,—	59,45	86,48	97,29	I	1 081,—	53,01	77,11	86,75	46,83	68,12	76,63	40,91	59,50	66,94	35,24	51,26	57,66	29,83	43,39	48,81	24,68	35,90	40,38
	II	1 036,75	57,02	82,94	93,30	II	1 036,75	50,67	73,71	82,92	44,59	64,86	72,96	38,76	56,38	63,42	33,19	48,28	54,31	27,88	40,55	45,62	22,82	33,19	37,34
	III	684,66	37,65	54,77	61,61	III	684,66	33,—	48,01	54,01	28,48	41,42	46,60	24,09	35,04	39,42	19,82	28,84	32,44	15,69	22,82	25,67	10,10	17,—	19,12
	V	1 500,08	82,50	120,—	135,—	IV	1 081,—	56,20	81,75	91,97	53,01	77,11	86,75	49,89	72,57	81,64	46,83	68,12	76,63	43,83	63,76	71,73	40,91	59,50	66,94
	VI	1 536,33	84,49	122,90	138,26																				
4 916,99	I,IV	1 082,16	59,51	86,57	97,39	I	1 082,16	53,07	77,20	86,85	46,89	68,20	76,73	40,96	59,58	67,03	35,29	51,34	57,75	29,88	43,46	48,89	24,72	35,96	40,46
	II	1 037,91	57,08	83,03	93,41	II	1 037,91	50,73	73,80	83,02	44,65	64,94	73,06	38,82	56,46	63,52	33,24	48,36	54,40	27,93	40,62	45,70	22,87	33,26	37,42
	III	685,50	37,70	54,84	61,69	III	685,50	33,04	48,06	54,07	28,52	41,49	46,67	24,13	35,10	39,49	19,86	28,89	32,50	15,73	22,88	25,74	10,23	17,05	19,18
	V	1 501,25	82,56	120,10	135,11	IV	1 082,16	56,26	81,84	92,07	53,07	77,20	86,85	49,95	72,66	81,74	46,89	68,20	76,73	43,89	63,84	71,82	40,96	59,58	67,03
	VI	1 537,50	84,56	123,—	138,37																				
4 919,99	I,IV	1 083,33	59,58	86,66	97,49	I	1 083,33	53,13	77,29	86,95	46,95	68,29	76,82	41,02	59,67	67,13	35,35	51,42	57,84	29,93	43,54	48,98	24,77	36,04	40,54
	II	1 039,08	57,14	83,12	93,51	II	1 039,08	50,80	73,89	83,12	44,71	65,03	73,16	38,87	56,54	63,61	33,29	48,43	54,48	27,98	40,70	45,78	22,92	33,34	37,50
	III	686,33	37,74	54,90	61,76	III	686,33	33,09	48,13	54,14	28,57	41,56	46,75	24,17	35,16	39,55	19,91	28,96	32,58	15,77	22,94	25,81	10,36	17,10	19,24
	V	1 502,50	82,63	120,20	135,22	IV	1 083,33	56,32	81,93	92,17	53,13	77,29	86,95	50,01	72,74	81,83	46,95	68,29	76,82	43,95	63,93	71,92	41,02	59,67	67,13
	VI	1 538,75	84,63	123,10	138,48																				
4 922,99	I,IV	1 084,50	59,64	86,76	97,60	I	1 084,50	53,20	77,38	87,05	47,01	68,38	76,92	41,08	59,75	67,22	35,40	51,50	57,93	29,98	43,62	49,07	24,82	36,11	40,62
	II	1 040,25	57,21	83,22	93,62	II	1 040,25	50,86	73,98	83,22	44,76	65,11	73,25	38,93	56,62	63,70	33,35	48,51	54,57	28,03	40,77	45,86	22,96	33,40	37,58
	III	687,16	37,79	54,97	61,84	III	687,16	33,13	48,20	54,22	28,60	41,61	46,81	24,21	35,22	39,62	19,94	29,01	32,63	15,81	23,—	25,87	10,50	17,16	19,30
	V	1 503,66	82,70	120,29	135,32	IV	1 084,50	56,39	82,02	92,27	53,20	77,38	87,05	50,07	72,83	81,93	47,01	68,38	76,92	44,01	64,02	72,02	41,08	59,75	67,22
	VI	1 539,91	84,69	123,19	138,59																				
4 925,99	I,IV	1 085,66	59,71	86,85	97,70	I	1 085,66	53,26	77,47	87,15	47,07	68,46	77,02	41,13	59,83	67,31	35,45	51,57	58,01	30,03	43,69	49,15	24,87	36,18	40,70
	II	1 041,33	57,27	83,30	93,71	II	1 041,33	50,92	74,06	83,32	44,82	65,20	73,35	38,98	56,70	63,79	33,40	48,58	54,65	28,08	40,84	45,95	23,01	33,48	37,66
	III	688,—	37,84	55,04	61,92	III	688,—	33,18	48,26	54,29	28,65	41,68	46,89	24,25	35,28	39,69	19,99	29,08	32,71	15,84	23,05	25,93	10,66	17,22	19,37
	V	1 504,83	82,76	120,38	135,43	IV	1 085,66	56,45	82,12	92,38	53,26	77,47	87,15	50,13	72,92	82,03	47,07	68,46	77,02	44,07	64,10	72,11	41,13	59,83	67,31
	VI	1 541,08	84,75	123,28	138,69																				
4 928,99	I,IV	1 086,83	59,77	86,94	97,81	I	1 086,83	53,32	77,56	87,25	47,13	68,55	77,12	41,19	59,91	67,40	35,51	51,65	58,10	30,08	43,76	49,23	24,92	36,25	40,78
	II	1 042,50	57,33	83,40	93,82	II	1 042,50	50,98	74,15	83,42	44,88	65,28	73,44	39,04	56,78	63,88	33,45	48,66	54,74	28,13	40,92	46,03	23,06	33,54	37,73
	III	688,83	37,88	55,10	61,99	III	688,83	33,22	48,33	54,37	28,70	41,74	46,96	24,30	35,34	39,76	20,02	29,13	32,77	15,89	23,12	26,01	10,80	17,28	19,44
	V	1 506,—	82,83	120,48	135,54	IV	1 086,83	56,51	82,20	92,48	53,32	77,56	87,25	50,19	73,01	82,13	47,13	68,55	77,12	44,12	64,18	72,20	41,19	59,91	67,40
	VI	1 542,25	84,82	123,38	138,80																				
4 931,99	I,IV	1 088,—	59,84	87,04	97,92	I	1 088,—	53,38	77,65	87,35	47,19	68,64	77,22	41,25	60,—	67,50	35,56	51,73	58,19	30,14	43,84	49,32	24,97	36,32	40,86
	II	1 043,66	57,40	83,49	93,92	II	1 043,66	51,04	74,24	83,52	44,93	65,36	73,53	39,09	56,86	63,97	33,51	48,74	54,83	28,18	40,99	46,11	23,10	33,61	37,81
	III	689,66	37,93	55,17	62,06	III	689,66	33,27	48,40	54,45	28,74	41,81	47,03	24,34	35,41	39,83	20,07	29,20	32,85	15,93	23,17	26,06	10,93	17,33	19,49
	V	1 507,25	82,89	120,58	135,65	IV	1 088,—	56,58	82,30	92,58	53,38	77,65	87,35	50,25	73,10	82,23	47,19	68,64	77,22	44,18	64,27	72,30	41,25	60,—	67,50
	VI	1 543,50	84,89	123,48	138,91																				
4 934,99	I,IV	1 089,16	59,90	87,13	98,02	I	1 089,16	53,44	77,74	87,45	47,24	68,72	77,31	41,30	60,08	67,59	35,62	51,81	58,28	30,19	43,92	49,41	25,02	36,40	40,95
	II	1 044,75	57,46	83,58	94,02	II	1 044,75	51,10	74,33	83,62	44,99	65,45	73,63	39,15	56,94	64,06	33,56	48,82	54,92	28,23	41,06	46,19	23,15	33,68	37,89
	III	690,50	37,97	55,24	62,14	III	690,50	33,32	48,46	54,52	28,78	41,86	47,09	24,38	35,46	39,89	20,11	29,25	32,90	15,96	23,22	26,12	11,06	17,38	19,55
	V	1 508,41	82,96	120,67	135,75	IV	1 089,16	56,64	82,39	92,69	53,44	77,74	87,45	50,31	73,18	82,33	47,24	68,72	77,31	44,24	64,35	72,39	41,30	60,08	67,59
	VI	1 544,66	84,95	123,57	139,01																				
4 937,99	I,IV	1 090,33	59,96	87,22	98,12	I	1 090,33	53,51	77,83	87,56	47,30	68,80	77,40	41,36	60,16	67,68	35,67	51,88	58,37	30,24	43,99	49,49	25,07	36,46	41,02
	II	1 045,91	57,52	83,67	94,13	II	1 045,91	51,16	74,42	83,72	45,05	65,54	73,73	39,21	57,03	64,16	33,61	48,90	55,01	28,28	41,14	46,28	23,20	33,75	37,97
	III	691,33	38,02	55,30	62,21	III	691,33	33,35	48,52	54,58	28,82	41,93	47,17	24,42	35,53	39,97	20,15	29,32	32,98	16,—	23,28	26,19	11,20	17,44	19,62
	V	1 509,58	83,02	120,76	135,86	IV	1 090,33	56,70	82,48	92,79	53,51	77,83	87,56	50,37	73,27	82,43	47,30	68,80	77,40	44,30	64,44	72,49	41,36	60,16	67,68
	VI	1 545,83	85,02	123,66	139,12																				
4 940,99	I,IV	1 091,50	60,03	87,32	98,23	I	1 091,50	53,57	77,92	87,66	47,36	68,89	77,50	41,41	60,24	67,77	35,72	51,96	58,46	30,29	44,06	49,57	25,12	36,54	41,10
	II	1 047,08	57,58	83,76	94,23	II	1 047,08	51,22	74,50	83,81	45,11	65,62	73,82	39,26	57,11	64,25	33,66	48,97	55,09	28,33	41,21	46,36	23,25	33,82	38,05
	III	692,16	38,06	55,37	62,29	III	692,16	33,40	48,58	54,65	28,87	42,—	47,25	24,46	35,58	40,03	20,19	29,37	33,04	16,05	23,34	26,26	11,36	17,50	19,69
	V	1 510,75	83,09	120,86	135,96	IV	1 091,50	56,76	82,57	92,89	53,57	77,92	87,66	50,43	73,36	82,53	47,36	68,89	77,50	44,35	64,52	72,58	41,41	60,24	67,77
	VI	1 547,08	85,08	123,76	139,23																				
4 943,99	I,IV	1 092,66	60,09	87,41	98,33	I	1 092,66	53,62	78,—	87,75	47,42	68,98	77,60	41,47	60,32	67,86	35,78	52,04	58,55	30,34	44,14	49,65	25,17	36,61	41,18
	II	1 048,25	57,65	83,86	94,34	II	1 048,25	51,28	74,59	83,91	45,17	65,70	73,91	39,32	57,19	64,34	33,72	49,05	55,18	28,38	41,28	46,44	23,30	33,89	38,12
	III	693,—	38,11	55,44	62,37	III	693,—	33,44	48,65	54,73	28,92	42,06	47,32	24,51	35,65	40,10	20,24	29,44	33,12	16,08	23,40	26,32	11,50	17,56	19,75
	V	1 512,—	83,16	120,96	136,08	IV	1 092,66	56,83	82,66	92,99	53,62	78,—	87,75	50,49	73,44	82,62	47,42	68,98	77,60	44,41	64,60	72,68	41,47	60,32	67,86
	VI	1 548,25	85,15	123,86	139,34																				
4 946,99	I,IV	1 093,83	60,16	87,50	98,44	I	1 093,83	53,69	78,10	87,86	47,48	69,06	77,69	41,52	60,40	67,95	35,83	52,12	58,64	30,39	44,21	49,73	25,21	36,68	41,26
	II	1 049,33	57,71	83,94	94,43	II	1 049,33	51,34	74,68	84,01	45,23	65,79	74,01	39,37	57,27	64,43	33,77	49,12	55,26	28,43	41,36	46,53	23,35	33,96	38,21
	III	693,83	38,16	55,50	62,44	III	693,83	33,49	48,72	54,81	28,95	42,12	47,38	24,55	35,72	40,18	20,27	29,49	33,17	16,12	23,45	26,38	11,63	17,61	19,81
	V	1 513,16	83,22	121,05	136,18	IV	1 093,83	56,89	82,75	93,09	53,69	78,10	87,86	50,55	73,53	82,72	47,48	69,06	77,69	44,47	64,69	72,77	41,52	60,40	67,95
	VI	1 549,41	85,21	123,95	139,44																				
4 949,99	I,IV	1 095,—	60,22	87,60	98,55	I	1 095,—	53,75	78,19	87,96	47,54	69,15	77,79	41,58	60,49	68,05	35,89	52,20	58,73	30,45	44,29	49,82	25,26	36,75	41,34
	II	1 050,58	57,78	84,04	94,55	II	1 050,58	51,40	74,77	84,11	45,29	65,88	74,11	39,43	57,35	64,52	33,82	49,20	55,35	28,48	41,43	46,61	23,40	34,04	38,29
	III	694,66	38,20	55,57	62,51	III	694,66	33,54	48,78	54,88	29,—	42,18	47,45	24,59	35,77	40,24	20,32	29,56	33,25	16,17	23,52	26,46	11,76	17,66	19,87
	V	1 514,41	83,29	121,15	136,29	IV	1 095,—	56,95	82,84	93,20	53,75	78,19	87,96	50,61	73,62	82,82	47,54	69,15	77,79	44,53	64,78	72,87	41,58	60,49	68,05
	VI	1 550,66	85,28	124,05	139,55																				
4 952,99	I,IV	1 096,16	60,28	87,69	98,65	I	1 096,16	53,81	78,28	88,06	47,60	69,24	77,89	41,64	60,57	68,14	35,94	52,28	58,82	30,50	44,36	49,91	25,31	36,82	41,42
	II	1 051,66	57,84	84,13	94,64	II	1 051,66	51,46	74,86	84,21	45,34	65,96	74,20	39,49	57,44	64,62	33,88	49,28	55,44	28,53	41,50	46,69	23,44	34,10	38,36
	III	695,50	38,25	55,64	62,59	III	695,50	33,58	48,85	54,95	29,04	42,25	47,53	24,64	35,84	40,32	20,35	29,61	33,31	16,20	23,57	26,51	11,93	17,73	19,94
	V	1 515,58	83,35	121,24	136,40	IV	1 096,16	57,02	82,94	93,30	53,81	78,28	88,06	50,67	73,71	82,92	47,60	69,24	77,89	44,59	64,86	72,96	41,64	60,57	68,14
	VI	1 551,83	85,35	124,14	139,66																				

* Die ausgewiesenen Tabellenwerte sind amtlich. Siehe Erläuterungen auf der Umschlaginnenseite (U2).
** Bei mehr als 3 Kinderfreibeträgen ist die „Ergänzungs-Tabelle 3,5 bis 6 Kinderfreibeträge" anzuwenden.

MONAT 4 953,–*

Lohn/ Gehalt bis €*	Abzüge an Lohnsteuer, Solidaritätszuschlag (SolZ) und Kirchensteuer (8%, 9%) in den Steuerklassen I – VI					I, II, III, IV mit Zahl der Kinderfreibeträge . . .																			
			ohne Kinder-freibeträge					0,5			1			1,5			2			2,5			3**		
		LSt	SolZ	8%	9%		LSt	SolZ	8%	9%	SolZ	8%	9%	SolZ	8%	9%	SolZ	8%	9%	SolZ	8%	9%	SolZ	8%	9%
4 955,99	I,IV	1 097,33	60,35	87,78	98,75	I	1 097,33	53,87	78,36	88,16	47,66	69,32	77,99	41,70	60,66	68,24	36,—	52,36	58,91	30,55	44,44	50,—	25,36	36,90	41,51
	II	1 052,83	57,90	84,22	94,75	II	1 052,83	51,53	74,95	84,32	45,40	66,04	74,30	39,54	57,52	64,71	33,93	49,36	55,53	28,58	41,58	46,77	23,49	34,18	38,45
	III	696,33	38,29	55,70	62,66	III	696,33	33,63	48,92	55,03	29,09	42,32	47,61	24,68	35,90	40,39	20,40	29,68	33,39	16,25	23,64	26,59	12,06	17,78	20,—
	V	1 516,75	83,42	121,34	136,50	IV	1 097,33	57,08	83,03	93,41	53,87	78,36	88,16	50,73	73,80	83,02	47,66	69,32	77,99	44,65	64,94	73,06	41,70	60,66	68,24
	VI	1 553,—	85,41	124,24	139,77																				
4 958,99	I,IV	1 098,50	60,41	87,88	98,86	I	1 098,50	53,94	78,46	88,26	47,72	69,41	78,08	41,75	60,74	68,33	36,05	52,44	58,99	30,60	44,52	50,08	25,41	36,96	41,58
	II	1 054,—	57,97	84,32	94,86	II	1 054,—	51,59	75,04	84,42	45,46	66,13	74,39	39,60	57,60	64,80	33,99	49,44	55,62	28,64	41,66	46,86	23,54	34,24	38,52
	III	697,16	38,34	55,77	62,74	III	697,16	33,67	48,98	55,10	29,14	42,38	47,68	24,72	35,96	40,45	20,44	29,73	33,44	16,28	23,69	26,65	12,20	17,84	20,07
	V	1 518,—	83,49	121,44	136,62	IV	1 098,50	57,14	83,12	93,51	53,94	78,46	88,26	50,79	73,88	83,12	47,72	69,41	78,08	44,70	65,02	73,15	41,75	60,74	68,33
	VI	1 554,25	85,48	124,34	139,88																				
4 961,99	I,IV	1 099,66	60,48	87,97	98,96	I	1 099,66	54,—	78,54	88,36	47,78	69,50	78,18	41,81	60,82	68,42	36,10	52,52	59,08	30,65	44,59	50,16	25,46	37,04	41,67
	II	1 055,16	58,03	84,41	94,96	II	1 055,16	51,64	75,12	84,51	45,52	66,21	74,48	39,65	57,68	64,89	34,04	49,52	55,71	28,69	41,73	46,94	23,59	34,32	38,61
	III	698,—	38,39	55,84	62,82	III	698,—	33,72	49,05	55,18	29,17	42,44	47,74	24,76	36,02	40,52	20,48	29,80	33,52	16,32	23,74	26,71	12,30	17,89	20,12
	V	1 519,16	83,55	121,53	136,72	IV	1 099,66	57,20	83,21	93,61	54,—	78,54	88,36	50,86	73,98	83,22	47,78	69,50	78,18	44,76	65,11	73,25	41,81	60,82	68,42
	VI	1 555,41	85,54	124,43	139,98																				
4 964,99	I,IV	1 100,83	60,54	88,06	99,07	I	1 100,83	54,06	78,64	88,47	47,84	69,58	78,28	41,87	60,90	68,51	36,16	52,60	59,17	30,70	44,66	50,24	25,51	37,11	41,75
	II	1 056,33	58,09	84,50	95,06	II	1 056,33	51,70	75,21	84,61	45,58	66,30	74,58	39,71	57,76	64,98	34,09	49,59	55,79	28,74	41,80	47,03	23,64	34,38	38,68
	III	698,83	38,43	55,90	62,89	III	698,83	33,77	49,12	55,26	29,22	42,50	47,81	24,81	36,09	40,60	20,52	29,85	33,58	16,37	23,81	26,78	12,33	17,94	20,18
	V	1 520,33	83,61	121,62	136,82	IV	1 100,83	57,27	83,30	93,71	54,06	78,64	88,47	50,92	74,06	83,32	47,84	69,58	78,28	44,82	65,20	73,35	41,87	60,90	68,51
	VI	1 556,58	85,61	124,52	140,09																				
4 967,99	I,IV	1 102,—	60,61	88,16	99,18	I	1 102,—	54,12	78,72	88,56	47,90	69,67	78,38	41,92	60,98	68,60	36,21	52,68	59,26	30,76	44,74	50,33	25,56	37,18	41,83
	II	1 057,41	58,15	84,59	95,16	II	1 057,41	51,76	75,30	84,71	45,64	66,38	74,68	39,76	57,84	65,07	34,15	49,67	55,88	28,79	41,88	47,11	23,69	34,46	38,76
	III	699,66	38,48	55,97	62,96	III	699,66	33,80	49,17	55,31	29,26	42,57	47,89	24,85	36,14	40,66	20,57	29,92	33,66	16,40	23,86	26,84	12,37	18,—	20,25
	V	1 521,50	83,68	121,72	136,93	IV	1 102,—	57,33	83,40	93,82	54,12	78,72	88,56	50,98	74,15	83,42	47,90	69,67	78,38	44,88	65,28	73,44	41,92	60,98	68,60
	VI	1 557,83	85,68	124,62	140,20																				
4 970,99	I,IV	1 103,16	60,67	88,25	99,28	I	1 103,16	54,18	78,82	88,67	47,95	69,75	78,47	41,98	61,06	68,69	36,27	52,76	59,35	30,81	44,82	50,42	25,61	37,25	41,90
	II	1 058,58	58,22	84,68	95,27	II	1 058,58	51,83	75,39	84,81	45,70	66,47	74,78	39,82	57,92	65,16	34,20	49,75	55,97	28,84	41,95	47,19	23,73	34,52	38,84
	III	700,50	38,52	56,04	63,04	III	700,50	33,85	49,24	55,39	29,30	42,62	47,95	24,89	36,21	40,73	20,60	29,97	33,71	16,44	23,92	26,91	12,42	18,06	20,32
	V	1 522,75	83,75	121,82	137,04	IV	1 103,16	57,39	83,48	93,92	54,18	78,82	88,67	51,04	74,24	83,52	47,95	69,75	78,47	44,93	65,36	73,53	41,98	61,06	68,69
	VI	1 559,—	85,74	124,72	140,31																				
4 973,99	I,IV	1 104,33	60,73	88,34	99,38	I	1 104,33	54,24	78,90	88,76	48,01	69,84	78,57	42,04	61,15	68,79	36,32	52,83	59,43	30,86	44,89	50,50	25,66	37,32	41,99
	II	1 059,75	58,28	84,78	95,37	II	1 059,75	51,89	75,48	84,91	45,75	66,55	74,87	39,87	58,—	65,25	34,25	49,82	56,05	28,89	42,02	47,27	23,78	34,60	38,92
	III	701,33	38,57	56,10	63,11	III	701,33	33,89	49,30	55,46	29,35	42,69	48,02	24,93	36,26	40,79	20,64	30,02	33,77	16,49	23,98	26,98	12,45	18,12	20,38
	V	1 523,91	83,81	121,91	137,15	IV	1 104,33	57,46	83,58	94,02	54,24	78,90	88,76	51,09	74,32	83,61	48,01	69,84	78,57	44,99	65,45	73,63	42,04	61,15	68,79
	VI	1 560,16	85,80	124,81	140,41																				
4 976,99	I,IV	1 105,50	60,80	88,44	99,49	I	1 105,50	54,31	79,—	88,87	48,07	69,92	78,66	42,09	61,23	68,88	36,37	52,91	59,52	30,91	44,96	50,58	25,71	37,40	42,07
	II	1 060,91	58,35	84,87	95,48	II	1 060,91	51,95	75,56	85,01	45,81	66,64	74,97	39,93	58,08	65,34	34,31	49,90	56,14	28,94	42,10	47,36	23,83	34,66	38,99
	III	702,16	38,61	56,17	63,19	III	702,16	33,94	49,37	55,54	29,39	42,76	48,10	24,97	36,33	40,87	20,68	30,09	33,85	16,52	24,04	27,04	12,49	18,17	20,44
	V	1 525,08	83,87	122,—	137,25	IV	1 105,50	57,52	83,67	94,13	54,31	79,—	88,87	51,15	74,41	83,71	48,07	69,92	78,66	45,05	65,53	73,72	42,09	61,23	68,88
	VI	1 561,33	85,87	124,90	140,51																				
4 979,99	I,IV	1 106,66	60,86	88,53	99,59	I	1 106,66	54,37	79,08	88,97	48,13	70,01	78,76	42,15	61,32	68,98	36,43	52,99	59,61	30,96	45,04	50,67	25,76	37,47	42,15
	II	1 062,08	58,41	84,96	95,58	II	1 062,08	52,01	75,66	85,11	45,87	66,72	75,06	39,98	58,16	65,43	34,36	49,98	56,22	28,99	42,17	47,44	23,88	34,74	39,08
	III	703,—	38,66	56,24	63,27	III	703,—	33,99	49,44	55,62	29,44	42,82	48,17	25,02	36,40	40,95	20,72	30,14	33,91	16,56	24,09	27,10	12,53	18,22	20,50
	V	1 526,33	83,94	122,10	137,36	IV	1 106,66	57,58	83,76	94,23	54,37	79,08	88,97	51,22	74,50	83,81	48,13	70,01	78,76	45,11	65,62	73,82	42,15	61,32	68,98
	VI	1 562,58	85,94	125,—	140,63																				
4 982,99	I,IV	1 107,91	60,93	88,63	99,71	I	1 107,91	54,43	79,18	89,07	48,19	70,10	78,86	42,21	61,40	69,07	36,48	53,07	59,70	31,02	45,12	50,76	25,81	37,54	42,23
	II	1 063,25	58,47	85,06	95,69	II	1 063,25	52,07	75,74	85,21	45,93	66,81	75,16	40,04	58,25	65,53	34,41	50,06	56,31	29,04	42,24	47,52	23,93	34,81	39,16
	III	703,83	38,71	56,30	63,34	III	703,83	34,03	49,50	55,69	29,48	42,88	48,24	25,06	36,45	41,—	20,77	30,21	33,98	16,61	24,16	27,18	12,56	18,28	20,56
	V	1 527,50	84,01	122,20	137,47	IV	1 107,91	57,65	83,86	94,34	54,43	79,18	89,07	51,28	74,59	83,91	48,19	70,10	78,86	45,17	65,70	73,91	42,21	61,40	69,07
	VI	1 563,75	86,—	125,10	140,73																				
4 985,99	I,IV	1 109,08	60,99	88,72	99,81	I	1 109,08	54,49	79,26	89,17	48,25	70,19	78,96	42,27	61,48	69,17	36,54	53,15	59,79	31,07	45,20	50,85	25,85	37,61	42,31
	II	1 064,41	58,54	85,15	95,79	II	1 064,41	52,13	75,83	85,31	45,99	66,90	75,26	40,10	58,33	65,62	34,47	50,14	56,40	29,09	42,32	47,61	23,98	34,88	39,24
	III	704,66	38,75	56,37	63,41	III	704,66	34,08	49,57	55,76	29,52	42,94	48,31	25,10	36,52	41,08	20,80	30,26	34,04	16,64	24,21	27,23	12,61	18,34	20,63
	V	1 528,75	84,08	122,30	137,58	IV	1 109,08	57,71	83,94	94,43	54,49	79,26	89,17	51,34	74,68	84,01	48,25	70,19	78,96	45,23	65,79	74,01	42,27	61,48	69,17
	VI	1 565,—	86,07	125,20	140,85																				
4 988,99	I,IV	1 110,25	61,06	88,82	99,92	I	1 110,25	54,56	79,36	89,28	48,31	70,27	79,05	42,32	61,56	69,26	36,59	53,23	59,88	31,12	45,27	50,93	25,90	37,68	42,39
	II	1 065,50	58,60	85,24	95,89	II	1 065,50	52,19	75,92	85,41	46,04	66,98	75,35	40,15	58,41	65,71	34,52	50,22	56,49	29,15	42,40	47,70	24,03	34,95	39,32
	III	705,50	38,80	56,44	63,49	III	705,50	34,12	49,64	55,84	29,57	43,01	48,38	25,14	36,57	41,14	20,85	30,33	34,12	16,68	24,26	27,29	12,65	18,40	20,70
	V	1 529,91	84,14	122,39	137,69	IV	1 110,25	57,77	84,04	94,54	54,56	79,36	89,28	51,40	74,77	84,11	48,31	70,27	79,05	45,28	65,87	74,10	42,32	61,56	69,26
	VI	1 566,16	86,13	125,29	140,95																				
4 991,99	I,IV	1 111,41	61,12	88,91	100,02	I	1 111,41	54,61	79,44	89,37	48,37	70,36	79,15	42,38	61,65	69,35	36,65	53,31	59,97	31,17	45,34	51,01	25,96	37,76	42,48
	II	1 066,66	58,66	85,33	95,99	II	1 066,66	52,25	76,01	85,51	46,10	67,06	75,44	40,21	58,49	65,80	34,57	50,29	56,57	29,20	42,47	47,78	24,07	35,02	39,39
	III	706,33	38,84	56,50	63,56	III	706,33	34,16	49,69	55,90	29,61	43,08	48,46	25,19	36,64	41,22	20,89	30,38	34,18	16,72	24,33	27,37	12,68	18,45	20,75
	V	1 531,08	84,20	122,48	137,79	IV	1 111,41	57,84	84,13	94,64	54,61	79,44	89,37	51,46	74,86	84,21	48,37	70,36	79,15	45,34	65,96	74,20	42,38	61,65	69,35
	VI	1 567,33	86,20	125,38	141,05																				
4 994,99	I,IV	1 112,58	61,19	89,—	100,13	I	1 112,58	54,68	79,54	89,48	48,43	70,44	79,25	42,44	61,73	69,44	36,70	53,39	60,06	31,23	45,42	51,10	26,01	37,83	42,56
	II	1 067,83	58,73	85,42	96,10	II	1 067,83	52,31	76,10	85,61	46,16	67,15	75,54	40,26	58,57	65,89	34,63	50,37	56,66	29,25	42,54	47,86	24,12	35,09	39,47
	III	707,16	38,89	56,57	63,64	III	707,16	34,21	49,76	55,98	29,65	43,13	48,52	25,23	36,70	41,29	20,93	30,45	34,25	16,76	24,38	27,43	12,72	18,50	20,81
	V	1 532,25	84,27	122,58	137,90	IV	1 112,58	57,90	84,22	94,75	54,68	79,54	89,48	51,52	74,94	84,31	48,43	70,44	79,25	45,40	66,04	74,30	42,44	61,73	69,44
	VI	1 568,50	86,26	125,48	141,16																				
4 997,99	I,IV	1 113,75	61,25	89,10	100,23	I	1 113,75	54,74	79,62	89,57	48,49	70,53	79,34	42,49	61,81	69,53	36,76	53,47	60,15	31,28	45,50	51,18	26,06	37,90	42,64
	II	1 069,—	58,79	85,52	96,21	II	1 069,—	52,38	76,19	85,71	46,22	67,24	75,64	40,32	58,66	65,99	34,68	50,45	56,75	29,30	42,62	47,94	24,17	35,16	39,56
	III	708,—	38,94	56,64	63,72	III	708,—	34,25	49,82	56,05	29,70	43,20	48,60	25,27	36,76	41,35	20,97	30,50	34,31	16,80	24,44	27,49	12,76	18,57	20,89
	V	1 533,50	84,34	122,68	138,01	IV	1 113,75	57,97	84,32	94,86	54,74	79,62	89,57	51,58	75,03	84,41	48,49	70,53	79,34	45,46	66,12	74,39	42,49	61,81	69,53
	VI	1 569,75	86,33	125,58	141,27																				

Für höhere Löhne/Gehälter können die Abzugsbeträge mit Hilfe der bei Stollfuß Medien erhältlichen Tabelle „Höherer Monat" ermittelt werden.

* Die ausgewiesenen Tabellenwerte sind amtlich. Siehe Erläuterungen auf der Umschlaginnenseite (U2).
** Bei mehr als 3 Kinderfreibeträgen ist die „Ergänzungs-Tabelle 3,5 bis 6 Kinderfreibeträge" anzuwenden.

Lohnsteuer – Allgemeiner Tarif

TAG

Lohnsteuer

Diese **Lohnsteuer-Tabelle** ist für Arbeitnehmer anzuwenden, die in der gesetzlichen Rentenversicherung pflichtversichert sind.

Bei Arbeitnehmern, die privat kranken- und pflegeversichert sind, ist vor Anwendung der Tabelle eine Nebenrechnung durchzuführen.

Diese Tageslohnsteuer-Tabelle ist anzuwenden:

a) für Arbeitnehmer, deren Arbeitslohn täglich abgerechnet und gezahlt wird (Tagelöhner),

b) für Arbeitnehmer mit Lohnzahlungszeiträumen, die aus einem Mehrfachen von Tagen bestehen, ohne dass ein monatlicher, wöchentlicher oder mehrwöchiger Lohnzahlungszeitraum vorliegt.

In den Erläuterungen und im Anhang zur Tabelle finden Sie nähere Informationen hierzu.

Solidaritätszuschlag

Neben der Lohnsteuer ist auch der Solidaritätszuschlag ausgewiesen.

In den Erläuterungen zur Tabelle finden Sie nähere Informationen hierzu.

Kirchensteuer

Diese Tabelle enthält die für alle Bundesländer maßgebenden Steuersätze von **8 %** und **9 %.**

8 % = Baden-Württemberg, Bayern

9 % = Berlin, Brandenburg, Bremen, Hamburg, Hessen, Mecklenburg-Vorpommern, Niedersachsen, Nordrhein-Westfalen, Rheinland-Pfalz, Saarland, Sachsen, Sachsen-Anhalt, Schleswig-Holstein, Thüringen

Zu beachten ist besonders die Mindestbetrags-Kirchensteuer in den einzelnen Bundesländern.

In den Erläuterungen zur Tabelle finden Sie nähere Informationen hierzu.

TAG 0,01*

Lohn/Gehalt bis €*	Steuerklasse	LSt	SolZ	8%	9%
		Lohnsteuer, Solidaritätszuschlag und Kirchensteuer in den Steuerklassen I – VI	ohne Kinderfreibeträge		
0,09	I,IV	—	—	—	—
	II	—	—	—	—
	III	—	—	—	—
	V	—	—	—	—
	VI	—	—	—	—
0,19	I,IV	—	—	—	—
	II	—	—	—	—
	III	—	—	—	—
	V	—	—	—	—
	VI	0,02	—	—	—
0,29	I,IV	—	—	—	—
	II	—	—	—	—
	III	—	—	—	—
	V	—	—	—	—
	VI	0,03	—	—	—
0,39	I,IV	—	—	—	—
	II	—	—	—	—
	III	—	—	—	—
	V	—	—	—	—
	VI	0,04	—	—	—
0,49	I,IV	—	—	—	—
	II	—	—	—	—
	III	—	—	—	—
	V	—	—	—	—
	VI	0,05	—	—	—
0,59	I,IV	—	—	—	—
	II	—	—	—	—
	III	—	—	—	—
	V	—	—	—	—
	VI	0,06	—	—	—
0,69	I,IV	—	—	—	—
	II	—	—	—	—
	III	—	—	—	—
	V	—	—	—	—
	VI	0,07	—	—	—
0,79	I,IV	—	—	—	—
	II	—	—	—	—
	III	—	—	—	—
	V	—	—	—	—
	VI	0,09	—	—	—
0,89	I,IV	—	—	—	—
	II	—	—	—	—
	III	—	—	—	—
	V	—	—	—	—
	VI	0,10	—	—	—
0,99	I,IV	—	—	—	—
	II	—	—	—	—
	III	—	—	—	—
	V	—	—	—	—
	VI	0,11	—	—	—
1,09	I,IV	—	—	—	—
	II	—	—	—	—
	III	—	—	—	—
	V	—	—	—	—
	VI	0,12	—	—	0,01
1,19	I,IV	—	—	—	—
	II	—	—	—	—
	III	—	—	—	—
	V	—	—	—	—
	VI	0,13	—	0,01	0,01
1,29	I,IV	—	—	—	—
	II	—	—	—	—
	III	—	—	—	—
	V	—	—	—	—
	VI	0,15	—	0,01	0,01
1,39	I,IV	—	—	—	—
	II	—	—	—	—
	III	—	—	—	—
	V	—	—	—	—
	VI	0,16	—	0,01	0,01
1,49	I,IV	—	—	—	—
	II	—	—	—	—
	III	—	—	—	—
	V	—	—	—	—
	VI	0,17	—	0,01	0,01
1,59	I,IV	—	—	—	—
	II	—	—	—	—
	III	—	—	—	—
	V	—	—	—	—
	VI	0,18	—	0,01	0,01
1,69	I,IV	—	—	—	—
	II	—	—	—	—
	III	—	—	—	—
	V	—	—	—	—
	VI	0,19	—	0,01	0,01

Lohn/Gehalt bis €*	Steuerklasse	LSt	SolZ	8%	9%
		Lohnsteuer, Solidaritätszuschlag und Kirchensteuer in den Steuerklassen I – VI	ohne Kinderfreibeträge		
1,79	I,IV	—	—	—	—
	II	—	—	—	—
	III	—	—	—	—
	V	—	—	—	—
	VI	0,20	—	0,01	0,01
1,89	I,IV	—	—	—	—
	II	—	—	—	—
	III	—	—	—	—
	V	—	—	—	—
	VI	0,21	—	0,01	0,01
1,99	I,IV	—	—	—	—
	II	—	—	—	—
	III	—	—	—	—
	V	—	—	—	—
	VI	0,23	—	0,01	0,02
2,09	I,IV	—	—	—	—
	II	—	—	—	—
	III	—	—	—	—
	V	—	—	—	—
	VI	0,24	—	0,01	0,02
2,19	I,IV	—	—	—	—
	II	—	—	—	—
	III	—	—	—	—
	V	—	—	—	—
	VI	0,25	—	0,02	0,02
2,29	I,IV	—	—	—	—
	II	—	—	—	—
	III	—	—	—	—
	V	—	—	—	—
	VI	0,26	—	0,02	0,02
2,39	I,IV	—	—	—	—
	II	—	—	—	—
	III	—	—	—	—
	V	—	—	—	—
	VI	0,27	—	0,02	0,02
2,49	I,IV	—	—	—	—
	II	—	—	—	—
	III	—	—	—	—
	V	—	—	—	—
	VI	0,28	—	0,02	0,02
2,59	I,IV	—	—	—	—
	II	—	—	—	—
	III	—	—	—	—
	V	—	—	—	—
	VI	0,30	—	0,02	0,02
2,69	I,IV	—	—	—	—
	II	—	—	—	—
	III	—	—	—	—
	V	—	—	—	—
	VI	0,31	—	0,02	0,02
2,79	I,IV	—	—	—	—
	II	—	—	—	—
	III	—	—	—	—
	V	—	—	—	—
	VI	0,32	—	0,02	0,02
2,89	I,IV	—	—	—	—
	II	—	—	—	—
	III	—	—	—	—
	V	—	—	—	—
	VI	0,33	—	0,02	0,02
2,99	I,IV	—	—	—	—
	II	—	—	—	—
	III	—	—	—	—
	V	—	—	—	—
	VI	0,34	—	0,02	0,03
3,09	I,IV	—	—	—	—
	II	—	—	—	—
	III	—	—	—	—
	V	—	—	—	—
	VI	0,35	—	0,02	0,03
3,19	I,IV	—	—	—	—
	II	—	—	—	—
	III	—	—	—	—
	V	—	—	—	—
	VI	0,36	—	0,02	0,03
3,29	I,IV	—	—	—	—
	II	—	—	—	—
	III	—	—	—	—
	V	—	—	—	—
	VI	0,38	—	0,03	0,03
3,39	I,IV	—	—	—	—
	II	—	—	—	—
	III	—	—	—	—
	V	—	—	—	—
	VI	0,39	—	0,03	0,03

Lohn/Gehalt bis €*	Steuerklasse	LSt	SolZ	8%	9%
		Lohnsteuer, Solidaritätszuschlag und Kirchensteuer in den Steuerklassen I – VI	ohne Kinderfreibeträge		
3,49	I,IV	—	—	—	—
	II	—	—	—	—
	III	—	—	—	—
	V	—	—	—	—
	VI	0,40	—	0,03	0,03
3,59	I,IV	—	—	—	—
	II	—	—	—	—
	III	—	—	—	—
	V	0,01	—	—	—
	VI	0,41	—	0,03	0,03
3,69	I,IV	—	—	—	—
	II	—	—	—	—
	III	—	—	—	—
	V	0,02	—	—	—
	VI	0,42	—	0,03	0,03
3,79	I,IV	—	—	—	—
	II	—	—	—	—
	III	—	—	—	—
	V	0,03	—	—	—
	VI	0,43	—	0,03	0,03
3,89	I,IV	—	—	—	—
	II	—	—	—	—
	III	—	—	—	—
	V	0,04	—	—	—
	VI	0,45	—	0,03	0,04
3,99	I,IV	—	—	—	—
	II	—	—	—	—
	III	—	—	—	—
	V	0,05	—	—	—
	VI	0,46	—	0,03	0,04
4,09	I,IV	—	—	—	—
	II	—	—	—	—
	III	—	—	—	—
	V	0,06	—	—	—
	VI	0,47	—	0,03	0,04
4,19	I,IV	—	—	—	—
	II	—	—	—	—
	III	—	—	—	—
	V	0,08	—	—	—
	VI	0,48	—	0,03	0,04
4,29	I,IV	—	—	—	—
	II	—	—	—	—
	III	—	—	—	—
	V	0,09	—	—	—
	VI	0,49	—	0,03	0,04
4,39	I,IV	—	—	—	—
	II	—	—	—	—
	III	—	—	—	—
	V	0,10	—	—	—
	VI	0,50	—	0,04	0,04
4,49	I,IV	—	—	—	—
	II	—	—	—	—
	III	—	—	—	—
	V	0,11	—	—	—
	VI	0,51	—	0,04	0,04
4,59	I,IV	—	—	—	—
	II	—	—	—	—
	III	—	—	—	—
	V	0,12	—	—	0,01
	VI	0,53	—	0,04	0,04
4,69	I,IV	—	—	—	—
	II	—	—	—	—
	III	—	—	—	—
	V	0,13	—	0,01	0,01
	VI	0,54	—	0,04	0,04
4,79	I,IV	—	—	—	—
	II	—	—	—	—
	III	—	—	—	—
	V	0,15	—	0,01	0,01
	VI	0,55	—	0,04	0,04
4,89	I,IV	—	—	—	—
	II	—	—	—	—
	III	—	—	—	—
	V	0,16	—	0,01	0,01
	VI	0,56	—	0,04	0,05
4,99	I,IV	—	—	—	—
	II	—	—	—	—
	III	—	—	—	—
	V	0,17	—	0,01	0,01
	VI	0,57	—	0,04	0,05
5,09	I,IV	—	—	—	—
	II	—	—	—	—
	III	—	—	—	—
	V	0,18	—	0,01	0,01
	VI	0,58	—	0,04	0,05

* Die ausgewiesenen Tabellenwerte sind amtlich. Siehe Erläuterungen auf der Umschlaginnenseite (U2).

Lohn/Gehalt bis €*	Steuerklasse	LSt (I – VI)	SolZ	8%	9%
			ohne Kinderfreibeträge		
5,19	I,IV	—	—	—	—
	II	—	—	—	—
	III	—	—	—	—
	V	0,19	—	0,01	0,01
	VI	0,60	—	0,04	0,05
5,29	I,IV	—	—	—	—
	II	—	—	—	—
	III	—	—	—	—
	V	0,20	—	0,01	0,01
	VI	0,61	—	0,04	0,05
5,39	I,IV	—	—	—	—
	II	—	—	—	—
	III	—	—	—	—
	V	0,21	—	0,01	0,01
	VI	0,62	—	0,04	0,05
5,49	I,IV	—	—	—	—
	II	—	—	—	—
	III	—	—	—	—
	V	0,23	—	0,01	0,02
	VI	0,63	—	0,05	0,05
5,59	I,IV	—	—	—	—
	II	—	—	—	—
	III	—	—	—	—
	V	0,24	—	0,01	0,02
	VI	0,64	—	0,05	0,05
5,69	I,IV	—	—	—	—
	II	—	—	—	—
	III	—	—	—	—
	V	0,25	—	0,02	0,02
	VI	0,65	—	0,05	0,05
5,79	I,IV	—	—	—	—
	II	—	—	—	—
	III	—	—	—	—
	V	0,26	—	0,02	0,02
	VI	0,66	—	0,05	0,05
5,89	I,IV	—	—	—	—
	II	—	—	—	—
	III	—	—	—	—
	V	0,27	—	0,02	0,02
	VI	0,68	—	0,05	0,06
5,99	I,IV	—	—	—	—
	II	—	—	—	—
	III	—	—	—	—
	V	0,28	—	0,02	0,02
	VI	0,69	—	0,05	0,06
6,09	I,IV	—	—	—	—
	II	—	—	—	—
	III	—	—	—	—
	V	0,30	—	0,02	0,02
	VI	0,70	—	0,05	0,06
6,19	I,IV	—	—	—	—
	II	—	—	—	—
	III	—	—	—	—
	V	0,31	—	0,02	0,02
	VI	0,71	—	0,05	0,06
6,29	I,IV	—	—	—	—
	II	—	—	—	—
	III	—	—	—	—
	V	0,32	—	0,02	0,02
	VI	0,72	—	0,05	0,06
6,39	I,IV	—	—	—	—
	II	—	—	—	—
	III	—	—	—	—
	V	0,33	—	0,02	0,02
	VI	0,73	—	0,05	0,06
6,49	I,IV	—	—	—	—
	II	—	—	—	—
	III	—	—	—	—
	V	0,34	—	0,02	0,03
	VI	0,75	—	0,06	0,06
6,59	I,IV	—	—	—	—
	II	—	—	—	—
	III	—	—	—	—
	V	0,35	—	0,02	0,03
	VI	0,76	—	0,06	0,06
6,69	I,IV	—	—	—	—
	II	—	—	—	—
	III	—	—	—	—
	V	0,36	—	0,02	0,03
	VI	0,77	—	0,06	0,06
6,79	I,IV	—	—	—	—
	II	—	—	—	—
	III	—	—	—	—
	V	0,38	—	0,03	0,03
	VI	0,78	—	0,06	0,07
6,89	I,IV	—	—	—	—
	II	—	—	—	—
	III	—	—	—	—
	V	0,39	—	0,03	0,03
	VI	0,79	—	0,06	0,07
6,99	I,IV	—	—	—	—
	II	—	—	—	—
	III	—	—	—	—
	V	0,40	—	0,03	0,03
	VI	0,80	—	0,06	0,07
7,09	I,IV	—	—	—	—
	II	—	—	—	—
	III	—	—	—	—
	V	0,41	—	0,03	0,03
	VI	0,81	—	0,06	0,07
7,19	I,IV	—	—	—	—
	II	—	—	—	—
	III	—	—	—	—
	V	0,42	—	0,03	0,03
	VI	0,83	—	0,06	0,07
7,29	I,IV	—	—	—	—
	II	—	—	—	—
	III	—	—	—	—
	V	0,44	—	0,03	0,03
	VI	0,84	—	0,06	0,07
7,39	I,IV	—	—	—	—
	II	—	—	—	—
	III	—	—	—	—
	V	0,45	—	0,03	0,04
	VI	0,85	—	0,06	0,07
7,49	I,IV	—	—	—	—
	II	—	—	—	—
	III	—	—	—	—
	V	0,46	—	0,03	0,04
	VI	0,86	—	0,06	0,07
7,59	I,IV	—	—	—	—
	II	—	—	—	—
	III	—	—	—	—
	V	0,47	—	0,03	0,04
	VI	0,87	—	0,06	0,07
7,69	I,IV	—	—	—	—
	II	—	—	—	—
	III	—	—	—	—
	V	0,48	—	0,03	0,04
	VI	0,88	—	0,07	0,07
7,79	I,IV	—	—	—	—
	II	—	—	—	—
	III	—	—	—	—
	V	0,49	—	0,03	0,04
	VI	0,90	—	0,07	0,08
7,89	I,IV	—	—	—	—
	II	—	—	—	—
	III	—	—	—	—
	V	0,51	—	0,04	0,04
	VI	0,91	—	0,07	0,08
7,99	I,IV	—	—	—	—
	II	—	—	—	—
	III	—	—	—	—
	V	0,52	—	0,04	0,04
	VI	0,92	—	0,07	0,08
8,09	I,IV	—	—	—	—
	II	—	—	—	—
	III	—	—	—	—
	V	0,53	—	0,04	0,04
	VI	0,93	—	0,07	0,08
8,19	I,IV	—	—	—	—
	II	—	—	—	—
	III	—	—	—	—
	V	0,54	—	0,04	0,04
	VI	0,94	—	0,07	0,08
8,29	I,IV	—	—	—	—
	II	—	—	—	—
	III	—	—	—	—
	V	0,55	—	0,04	0,04
	VI	0,95	—	0,07	0,08
8,39	I,IV	—	—	—	—
	II	—	—	—	—
	III	—	—	—	—
	V	0,56	—	0,04	0,05
	VI	0,97	—	0,07	0,08
8,49	I,IV	—	—	—	—
	II	—	—	—	—
	III	—	—	—	—
	V	0,58	—	0,04	0,05
	VI	0,98	—	0,07	0,08
8,59	I,IV	—	—	—	—
	II	—	—	—	—
	III	—	—	—	—
	V	0,59	—	0,04	0,05
	VI	0,99	—	0,07	0,08
8,69	I,IV	—	—	—	—
	II	—	—	—	—
	III	—	—	—	—
	V	0,60	—	0,04	0,05
	VI	1,—	—	0,08	0,09
8,79	I,IV	—	—	—	—
	II	—	—	—	—
	III	—	—	—	—
	V	0,61	—	0,04	0,05
	VI	1,01	—	0,08	0,09
8,89	I,IV	—	—	—	—
	II	—	—	—	—
	III	—	—	—	—
	V	0,62	—	0,04	0,05
	VI	1,02	—	0,08	0,09
8,99	I,IV	—	—	—	—
	II	—	—	—	—
	III	—	—	—	—
	V	0,63	—	0,05	0,05
	VI	1,03	—	0,08	0,09
9,09	I,IV	—	—	—	—
	II	—	—	—	—
	III	—	—	—	—
	V	0,65	—	0,05	0,05
	VI	1,05	—	0,08	0,09
9,19	I,IV	—	—	—	—
	II	—	—	—	—
	III	—	—	—	—
	V	0,66	—	0,05	0,05
	VI	1,06	—	0,08	0,09
9,29	I,IV	—	—	—	—
	II	—	—	—	—
	III	—	—	—	—
	V	0,67	—	0,05	0,06
	VI	1,07	—	0,08	0,09
9,39	I,IV	—	—	—	—
	II	—	—	—	—
	III	—	—	—	—
	V	0,68	—	0,05	0,06
	VI	1,08	—	0,08	0,09
9,49	I,IV	—	—	—	—
	II	—	—	—	—
	III	—	—	—	—
	V	0,69	—	0,05	0,06
	VI	1,09	—	0,08	0,09
9,59	I,IV	—	—	—	—
	II	—	—	—	—
	III	—	—	—	—
	V	0,70	—	0,05	0,06
	VI	1,10	—	0,08	0,09
9,69	I,IV	—	—	—	—
	II	—	—	—	—
	III	—	—	—	—
	V	0,71	—	0,05	0,06
	VI	1,12	—	0,08	0,10
9,79	I,IV	—	—	—	—
	II	—	—	—	—
	III	—	—	—	—
	V	0,73	—	0,05	0,06
	VI	1,13	—	0,09	0,10
9,89	I,IV	—	—	—	—
	II	—	—	—	—
	III	—	—	—	—
	V	0,74	—	0,05	0,06
	VI	1,14	—	0,09	0,10
9,99	I,IV	—	—	—	—
	II	—	—	—	—
	III	—	—	—	—
	V	0,75	—	0,06	0,06
	VI	1,15	—	0,09	0,10
10,09	I,IV	—	—	—	—
	II	—	—	—	—
	III	—	—	—	—
	V	0,76	—	0,06	0,06
	VI	1,16	—	0,09	0,10
10,19	I,IV	—	—	—	—
	II	—	—	—	—
	III	—	—	—	—
	V	0,77	—	0,06	0,06
	VI	1,18	—	0,09	0,10

Lohnsteuer, Solidaritätszuschlag und Kirchensteuer in den Steuerklassen I – VI

* Die ausgewiesenen Tabellenwerte sind amtlich. Siehe Erläuterungen auf der Umschlaginnenseite (U2).

Lohn/ Gehalt bis €*	Steuerklasse	LSt	SolZ	8%	9%
		Lohnsteuer, Solidaritätszuschlag und Kirchensteuer in den Steuerklassen I – VI, ohne Kinderfreibeträge			
10,29	I,IV	—	—	—	—
	II	—	—	—	—
	III	—	—	—	—
	V	0,78	—	0,06	0,07
	VI	1,19	—	0,09	0,10
10,39	I,IV	—	—	—	—
	II	—	—	—	—
	III	—	—	—	—
	V	0,80	—	0,06	0,07
	VI	1,20	—	0,09	0,10
10,49	I,IV	—	—	—	—
	II	—	—	—	—
	III	—	—	—	—
	V	0,81	—	0,06	0,07
	VI	1,21	—	0,09	0,10
10,59	I,IV	—	—	—	—
	II	—	—	—	—
	III	—	—	—	—
	V	0,82	—	0,06	0,07
	VI	1,22	—	0,09	0,10
10,69	I,IV	—	—	—	—
	II	—	—	—	—
	III	—	—	—	—
	V	0,83	—	0,06	0,07
	VI	1,23	—	0,09	0,11
10,79	I,IV	—	—	—	—
	II	—	—	—	—
	III	—	—	—	—
	V	0,84	—	0,06	0,07
	VI	1,24	—	0,09	0,11
10,89	I,IV	—	—	—	—
	II	—	—	—	—
	III	—	—	—	—
	V	0,85	—	0,06	0,07
	VI	1,26	—	0,10	0,11
10,99	I,IV	—	—	—	—
	II	—	—	—	—
	III	—	—	—	—
	V	0,86	—	0,06	0,07
	VI	1,27	—	0,10	0,11
11,09	I,IV	—	—	—	—
	II	—	—	—	—
	III	—	—	—	—
	V	0,88	—	0,07	0,07
	VI	1,28	—	0,10	0,11
11,19	I,IV	—	—	—	—
	II	—	—	—	—
	III	—	—	—	—
	V	0,89	—	0,07	0,08
	VI	1,29	—	0,10	0,11
11,29	I,IV	—	—	—	—
	II	—	—	—	—
	III	—	—	—	—
	V	0,90	—	0,07	0,08
	VI	1,30	—	0,10	0,11
11,39	I,IV	—	—	—	—
	II	—	—	—	—
	III	—	—	—	—
	V	0,91	—	0,07	0,08
	VI	1,31	—	0,10	0,11
11,49	I,IV	—	—	—	—
	II	—	—	—	—
	III	—	—	—	—
	V	0,92	—	0,07	0,08
	VI	1,33	—	0,10	0,11
11,59	I,IV	—	—	—	—
	II	—	—	—	—
	III	—	—	—	—
	V	0,93	—	0,07	0,08
	VI	1,34	—	0,10	0,12
11,69	I,IV	—	—	—	—
	II	—	—	—	—
	III	—	—	—	—
	V	0,95	—	0,07	0,08
	VI	1,35	—	0,10	0,12
11,79	I,IV	—	—	—	—
	II	—	—	—	—
	III	—	—	—	—
	V	0,96	—	0,07	0,08
	VI	1,36	—	0,10	0,12
11,89	I,IV	—	—	—	—
	II	—	—	—	—
	III	—	—	—	—
	V	0,97	—	0,07	0,08
	VI	1,37	—	0,10	0,12
11,99	I,IV	—	—	—	—
	II	—	—	—	—
	III	—	—	—	—
	V	0,98	—	0,07	0,08
	VI	1,38	—	0,11	0,12
12,09	I,IV	—	—	—	—
	II	—	—	—	—
	III	—	—	—	—
	V	0,99	—	0,07	0,08
	VI	1,40	—	0,11	0,12
12,19	I,IV	—	—	—	—
	II	—	—	—	—
	III	—	—	—	—
	V	1,—	—	0,08	0,09
	VI	1,41	—	0,11	0,12
12,29	I,IV	—	—	—	—
	II	—	—	—	—
	III	—	—	—	—
	V	1,01	—	0,08	0,09
	VI	1,42	—	0,11	0,12
12,39	I,IV	—	—	—	—
	II	—	—	—	—
	III	—	—	—	—
	V	1,03	—	0,08	0,09
	VI	1,43	—	0,11	0,12
12,49	I,IV	—	—	—	—
	II	—	—	—	—
	III	—	—	—	—
	V	1,04	—	0,08	0,09
	VI	1,44	—	0,11	0,12
12,59	I,IV	—	—	—	—
	II	—	—	—	—
	III	—	—	—	—
	V	1,05	—	0,08	0,09
	VI	1,45	—	0,11	0,13
12,69	I,IV	—	—	—	—
	II	—	—	—	—
	III	—	—	—	—
	V	1,06	—	0,08	0,09
	VI	1,46	—	0,11	0,13
12,79	I,IV	—	—	—	—
	II	—	—	—	—
	III	—	—	—	—
	V	1,07	—	0,08	0,09
	VI	1,48	—	0,11	0,13
12,89	I,IV	—	—	—	—
	II	—	—	—	—
	III	—	—	—	—
	V	1,08	—	0,08	0,09
	VI	1,49	—	0,11	0,13
12,99	I,IV	—	—	—	—
	II	—	—	—	—
	III	—	—	—	—
	V	1,10	—	0,08	0,09
	VI	1,50	—	0,12	0,13
13,09	I,IV	—	—	—	—
	II	—	—	—	—
	III	—	—	—	—
	V	1,11	—	0,08	0,09
	VI	1,51	—	0,12	0,13
13,19	I,IV	—	—	—	—
	II	—	—	—	—
	III	—	—	—	—
	V	1,12	—	0,08	0,10
	VI	1,52	—	0,12	0,13
13,29	I,IV	—	—	—	—
	II	—	—	—	—
	III	—	—	—	—
	V	1,13	—	0,09	0,10
	VI	1,53	—	0,12	0,13
13,39	I,IV	—	—	—	—
	II	—	—	—	—
	III	—	—	—	—
	V	1,14	—	0,09	0,10
	VI	1,55	—	0,12	0,13
13,49	I,IV	—	—	—	—
	II	—	—	—	—
	III	—	—	—	—
	V	1,15	—	0,09	0,10
	VI	1,56	—	0,12	0,14
13,59	I,IV	—	—	—	—
	II	—	—	—	—
	III	—	—	—	—
	V	1,16	—	0,09	0,10
	VI	1,57	—	0,12	0,14
13,69	I,IV	—	—	—	—
	II	—	—	—	—
	III	—	—	—	—
	V	1,18	—	0,09	0,10
	VI	1,58	—	0,12	0,14
13,79	I,IV	—	—	—	—
	II	—	—	—	—
	III	—	—	—	—
	V	1,19	—	0,09	0,10
	VI	1,59	—	0,12	0,14
13,89	I,IV	—	—	—	—
	II	—	—	—	—
	III	—	—	—	—
	V	1,20	—	0,09	0,10
	VI	1,60	—	0,12	0,14
13,99	I,IV	—	—	—	—
	II	—	—	—	—
	III	—	—	—	—
	V	1,21	—	0,09	0,10
	VI	1,61	—	0,12	0,14
14,09	I,IV	—	—	—	—
	II	—	—	—	—
	III	—	—	—	—
	V	1,22	—	0,09	0,10
	VI	1,63	—	0,13	0,14
14,19	I,IV	—	—	—	—
	II	—	—	—	—
	III	—	—	—	—
	V	1,23	—	0,09	0,11
	VI	1,64	—	0,13	0,14
14,29	I,IV	—	—	—	—
	II	—	—	—	—
	III	—	—	—	—
	V	1,25	—	0,10	0,11
	VI	1,65	—	0,13	0,14
14,39	I,IV	—	—	—	—
	II	—	—	—	—
	III	—	—	—	—
	V	1,26	—	0,10	0,11
	VI	1,66	—	0,13	0,14
14,49	I,IV	—	—	—	—
	II	—	—	—	—
	III	—	—	—	—
	V	1,27	—	0,10	0,11
	VI	1,67	—	0,13	0,15
14,59	I,IV	—	—	—	—
	II	—	—	—	—
	III	—	—	—	—
	V	1,28	—	0,10	0,11
	VI	1,68	—	0,13	0,15
14,69	I,IV	—	—	—	—
	II	—	—	—	—
	III	—	—	—	—
	V	1,29	—	0,10	0,11
	VI	1,70	—	0,13	0,15
14,79	I,IV	—	—	—	—
	II	—	—	—	—
	III	—	—	—	—
	V	1,30	—	0,10	0,11
	VI	1,71	—	0,13	0,15
14,89	I,IV	—	—	—	—
	II	—	—	—	—
	III	—	—	—	—
	V	1,31	—	0,10	0,11
	VI	1,72	—	0,13	0,15
14,99	I,IV	—	—	—	—
	II	—	—	—	—
	III	—	—	—	—
	V	1,33	—	0,10	0,11
	VI	1,73	—	0,13	0,15
15,09	I,IV	—	—	—	—
	II	—	—	—	—
	III	—	—	—	—
	V	1,34	—	0,10	0,12
	VI	1,74	—	0,13	0,15
15,19	I,IV	—	—	—	—
	II	—	—	—	—
	III	—	—	—	—
	V	1,35	—	0,10	0,12
	VI	1,75	—	0,14	0,15
15,29	I,IV	—	—	—	—
	II	—	—	—	—
	III	—	—	—	—
	V	1,36	—	0,10	0,12
	VI	1,76	—	0,14	0,15

* Die ausgewiesenen Tabellenwerte sind amtlich. Siehe Erläuterungen auf der Umschlaginnenseite (U2).

Lohn/ Gehalt bis €*	Steuerklasse	Lohnsteuer, Solidaritätszuschlag und Kirchensteuer in den Steuerklassen I – VI: LSt	ohne Kinderfreibeträge: SolZ	8%	9%
15,39	I,IV	—	—	—	—
	II	—	—	—	—
	III	—	—	—	—
	V	1,37	—	0,10	0,12
	VI	1,78	—	0,14	0,16
15,49	I,IV	—	—	—	—
	II	—	—	—	—
	III	—	—	—	—
	V	1,38	—	0,11	0,12
	VI	1,79	—	0,14	0,16
15,59	I,IV	—	—	—	—
	II	—	—	—	—
	III	—	—	—	—
	V	1,40	—	0,11	0,12
	VI	1,80	—	0,14	0,16
15,69	I,IV	—	—	—	—
	II	—	—	—	—
	III	—	—	—	—
	V	1,41	—	0,11	0,12
	VI	1,81	—	0,14	0,16
15,79	I,IV	—	—	—	—
	II	—	—	—	—
	III	—	—	—	—
	V	1,42	—	0,11	0,12
	VI	1,82	—	0,14	0,16
15,89	I,IV	—	—	—	—
	II	—	—	—	—
	III	—	—	—	—
	V	1,43	—	0,11	0,12
	VI	1,83	—	0,14	0,16
15,99	I,IV	—	—	—	—
	II	—	—	—	—
	III	—	—	—	—
	V	1,44	—	0,11	0,12
	VI	1,85	—	0,14	0,16
16,09	I,IV	—	—	—	—
	II	—	—	—	—
	III	—	—	—	—
	V	1,45	—	0,11	0,13
	VI	1,86	—	0,14	0,16
16,19	I,IV	—	—	—	—
	II	—	—	—	—
	III	—	—	—	—
	V	1,47	—	0,11	0,13
	VI	1,87	—	0,14	0,16
16,29	I,IV	—	—	—	—
	II	—	—	—	—
	III	—	—	—	—
	V	1,48	—	0,11	0,13
	VI	1,88	—	0,15	0,16
16,39	I,IV	—	—	—	—
	II	—	—	—	—
	III	—	—	—	—
	V	1,49	—	0,11	0,13
	VI	1,89	—	0,15	0,17
16,49	I,IV	—	—	—	—
	II	—	—	—	—
	III	—	—	—	—
	V	1,50	—	0,12	0,13
	VI	1,90	—	0,15	0,17
16,59	I,IV	—	—	—	—
	II	—	—	—	—
	III	—	—	—	—
	V	1,51	—	0,12	0,13
	VI	1,91	—	0,15	0,17
16,69	I,IV	—	—	—	—
	II	—	—	—	—
	III	—	—	—	—
	V	1,52	—	0,12	0,13
	VI	1,93	—	0,15	0,17
16,79	I,IV	—	—	—	—
	II	—	—	—	—
	III	—	—	—	—
	V	1,54	—	0,12	0,13
	VI	1,94	—	0,15	0,17
16,89	I,IV	—	—	—	—
	II	—	—	—	—
	III	—	—	—	—
	V	1,55	—	0,12	0,13
	VI	1,95	—	0,15	0,17
16,99	I,IV	—	—	—	—
	II	—	—	—	—
	III	—	—	—	—
	V	1,56	—	0,12	0,14
	VI	1,96	—	0,15	0,17
17,09	I,IV	—	—	—	—
	II	—	—	—	—
	III	—	—	—	—
	V	1,57	—	0,12	0,14
	VI	1,97	—	0,15	0,17
17,19	I,IV	—	—	—	—
	II	—	—	—	—
	III	—	—	—	—
	V	1,58	—	0,12	0,14
	VI	1,98	—	0,15	0,17
17,29	I,IV	—	—	—	—
	II	—	—	—	—
	III	—	—	—	—
	V	1,59	—	0,12	0,14
	VI	2,—	—	0,16	0,18
17,39	I,IV	—	—	—	—
	II	—	—	—	—
	III	—	—	—	—
	V	1,61	—	0,12	0,14
	VI	2,01	—	0,16	0,18
17,49	I,IV	—	—	—	—
	II	—	—	—	—
	III	—	—	—	—
	V	1,62	—	0,12	0,14
	VI	2,02	—	0,16	0,18
17,59	I,IV	—	—	—	—
	II	—	—	—	—
	III	—	—	—	—
	V	1,63	—	0,13	0,14
	VI	2,03	—	0,16	0,18
17,69	I,IV	—	—	—	—
	II	—	—	—	—
	III	—	—	—	—
	V	1,64	—	0,13	0,14
	VI	2,04	—	0,16	0,18
17,79	I,IV	—	—	—	—
	II	—	—	—	—
	III	—	—	—	—
	V	1,65	—	0,13	0,14
	VI	2,05	—	0,16	0,18
17,89	I,IV	—	—	—	—
	II	—	—	—	—
	III	—	—	—	—
	V	1,66	—	0,13	0,14
	VI	2,06	—	0,16	0,18
17,99	I,IV	—	—	—	—
	II	—	—	—	—
	III	—	—	—	—
	V	1,68	—	0,13	0,15
	VI	2,08	—	0,16	0,18
18,09	I,IV	—	—	—	—
	II	—	—	—	—
	III	—	—	—	—
	V	1,69	—	0,13	0,15
	VI	2,09	—	0,16	0,18
18,19	I,IV	—	—	—	—
	II	—	—	—	—
	III	—	—	—	—
	V	1,70	—	0,13	0,15
	VI	2,10	—	0,16	0,18
18,29	I,IV	—	—	—	—
	II	—	—	—	—
	III	—	—	—	—
	V	1,71	—	0,13	0,15
	VI	2,11	—	0,16	0,18
18,39	I,IV	—	—	—	—
	II	—	—	—	—
	III	—	—	—	—
	V	1,72	—	0,13	0,15
	VI	2,12	—	0,16	0,19
18,49	I,IV	—	—	—	—
	II	—	—	—	—
	III	—	—	—	—
	V	1,73	—	0,13	0,15
	VI	2,13	—	0,17	0,19
18,59	I,IV	—	—	—	—
	II	—	—	—	—
	III	—	—	—	—
	V	1,75	—	0,14	0,15
	VI	2,15	—	0,17	0,19
18,69	I,IV	—	—	—	—
	II	—	—	—	—
	III	—	—	—	—
	V	1,76	—	0,14	0,15
	VI	2,16	—	0,17	0,19
18,79	I,IV	—	—	—	—
	II	—	—	—	—
	III	—	—	—	—
	V	1,77	—	0,14	0,15
	VI	2,17	—	0,17	0,19
18,89	I,IV	—	—	—	—
	II	—	—	—	—
	III	—	—	—	—
	V	1,78	—	0,14	0,16
	VI	2,18	—	0,17	0,19
18,99	I,IV	—	—	—	—
	II	—	—	—	—
	III	—	—	—	—
	V	1,79	—	0,14	0,16
	VI	2,19	—	0,17	0,19
19,09	I,IV	—	—	—	—
	II	—	—	—	—
	III	—	—	—	—
	V	1,80	—	0,14	0,16
	VI	2,21	—	0,17	0,19
19,19	I,IV	—	—	—	—
	II	—	—	—	—
	III	—	—	—	—
	V	1,81	—	0,14	0,16
	VI	2,22	—	0,17	0,19
19,29	I,IV	—	—	—	—
	II	—	—	—	—
	III	—	—	—	—
	V	1,83	—	0,14	0,16
	VI	2,23	—	0,17	0,20
19,39	I,IV	—	—	—	—
	II	—	—	—	—
	III	—	—	—	—
	V	1,84	—	0,14	0,16
	VI	2,24	—	0,17	0,20
19,49	I,IV	—	—	—	—
	II	—	—	—	—
	III	—	—	—	—
	V	1,85	—	0,14	0,16
	VI	2,25	—	0,18	0,20
19,59	I,IV	—	—	—	—
	II	—	—	—	—
	III	—	—	—	—
	V	1,86	—	0,14	0,16
	VI	2,26	—	0,18	0,20
19,69	I,IV	—	—	—	—
	II	—	—	—	—
	III	—	—	—	—
	V	1,87	—	0,14	0,16
	VI	2,27	—	0,18	0,20
19,79	I,IV	—	—	—	—
	II	—	—	—	—
	III	—	—	—	—
	V	1,88	—	0,15	0,16
	VI	2,29	—	0,18	0,20
19,89	I,IV	—	—	—	—
	II	—	—	—	—
	III	—	—	—	—
	V	1,90	—	0,15	0,17
	VI	2,30	—	0,18	0,20
19,99	I,IV	—	—	—	—
	II	—	—	—	—
	III	—	—	—	—
	V	1,91	—	0,15	0,17
	VI	2,31	—	0,18	0,20
20,09	I,IV	—	—	—	—
	II	—	—	—	—
	III	—	—	—	—
	V	1,92	—	0,15	0,17
	VI	2,32	—	0,18	0,20
20,19	I,IV	—	—	—	—
	II	—	—	—	—
	III	—	—	—	—
	V	1,93	—	0,15	0,17
	VI	2,33	—	0,18	0,20
20,29	I,IV	—	—	—	—
	II	—	—	—	—
	III	—	—	—	—
	V	1,94	—	0,15	0,17
	VI	2,35	—	0,18	0,21
20,39	I,IV	—	—	—	—
	II	—	—	—	—
	III	—	—	—	—
	V	1,95	—	0,15	0,17
	VI	2,36	—	0,18	0,21

* Die ausgewiesenen Tabellenwerte sind amtlich. Siehe Erläuterungen auf der Umschlaginnenseite (U2).

Lohn/Gehalt bis €*	Steuerklasse	LSt	SolZ	8%	9%
		Lohnsteuer, Solidaritätszuschlag und Kirchensteuer in den Steuerklassen I – VI	ohne Kinderfreibeträge		
20,49	I,IV	—	—	—	—
	II	—	—	—	—
	III	—	—	—	—
	V	1,96	—	0,15	0,17
	VI	2,37	—	0,18	0,21
20,59	I,IV	—	—	—	—
	II	—	—	—	—
	III	—	—	—	—
	V	1,98	—	0,15	0,17
	VI	2,38	—	0,19	0,21
20,69	I,IV	—	—	—	—
	II	—	—	—	—
	III	—	—	—	—
	V	1,99	—	0,15	0,17
	VI	2,39	—	0,19	0,21
20,79	I,IV	—	—	—	—
	II	—	—	—	—
	III	—	—	—	—
	V	2,—	—	0,16	0,18
	VI	2,40	—	0,19	0,21
20,89	I,IV	—	—	—	—
	II	—	—	—	—
	III	—	—	—	—
	V	2,01	—	0,16	0,18
	VI	2,41	—	0,19	0,21
20,99	I,IV	—	—	—	—
	II	—	—	—	—
	III	—	—	—	—
	V	2,02	—	0,16	0,18
	VI	2,43	—	0,19	0,21
21,09	I,IV	—	—	—	—
	II	—	—	—	—
	III	—	—	—	—
	V	2,03	—	0,16	0,18
	VI	2,44	—	0,19	0,21
21,19	I,IV	—	—	—	—
	II	—	—	—	—
	III	—	—	—	—
	V	2,05	—	0,16	0,18
	VI	2,45	—	0,19	0,22
21,29	I,IV	—	—	—	—
	II	—	—	—	—
	III	—	—	—	—
	V	2,06	—	0,16	0,18
	VI	2,46	—	0,19	0,22
21,39	I,IV	—	—	—	—
	II	—	—	—	—
	III	—	—	—	—
	V	2,07	—	0,16	0,18
	VI	2,47	—	0,19	0,22
21,49	I,IV	—	—	—	—
	II	—	—	—	—
	III	—	—	—	—
	V	2,08	—	0,16	0,18
	VI	2,48	—	0,19	0,22
21,59	I,IV	—	—	—	—
	II	—	—	—	—
	III	—	—	—	—
	V	2,09	—	0,16	0,18
	VI	2,50	—	0,20	0,22
21,69	I,IV	—	—	—	—
	II	—	—	—	—
	III	—	—	—	—
	V	2,10	—	0,16	0,18
	VI	2,51	—	0,20	0,22
21,79	I,IV	—	—	—	—
	II	—	—	—	—
	III	—	—	—	—
	V	2,11	—	0,16	0,18
	VI	2,52	—	0,20	0,22
21,89	I,IV	—	—	—	—
	II	—	—	—	—
	III	—	—	—	—
	V	2,13	—	0,17	0,19
	VI	2,53	—	0,20	0,22
21,99	I,IV	—	—	—	—
	II	—	—	—	—
	III	—	—	—	—
	V	2,14	—	0,17	0,19
	VI	2,54	—	0,20	0,22
22,09	I,IV	—	—	—	—
	II	—	—	—	—
	III	—	—	—	—
	V	2,15	—	0,17	0,19
	VI	2,55	—	0,20	0,22
22,19	I,IV	—	—	—	—
	II	—	—	—	—
	III	—	—	—	—
	V	2,16	—	0,17	0,19
	VI	2,56	—	0,20	0,23
22,29	I,IV	—	—	—	—
	II	—	—	—	—
	III	—	—	—	—
	V	2,17	—	0,17	0,19
	VI	2,58	—	0,20	0,23
22,39	I,IV	—	—	—	—
	II	—	—	—	—
	III	—	—	—	—
	V	2,18	—	0,17	0,19
	VI	2,59	—	0,20	0,23
22,49	I,IV	—	—	—	—
	II	—	—	—	—
	III	—	—	—	—
	V	2,20	—	0,17	0,19
	VI	2,60	—	0,20	0,23
22,59	I,IV	—	—	—	—
	II	—	—	—	—
	III	—	—	—	—
	V	2,21	—	0,17	0,19
	VI	2,61	—	0,20	0,23
22,69	I,IV	—	—	—	—
	II	—	—	—	—
	III	—	—	—	—
	V	2,22	—	0,17	0,19
	VI	2,62	—	0,20	0,23
22,79	I,IV	—	—	—	—
	II	—	—	—	—
	III	—	—	—	—
	V	2,23	—	0,17	0,20
	VI	2,63	—	0,21	0,23
22,89	I,IV	—	—	—	—
	II	—	—	—	—
	III	—	—	—	—
	V	2,24	—	0,17	0,20
	VI	2,65	—	0,21	0,23
22,99	I,IV	—	—	—	—
	II	—	—	—	—
	III	—	—	—	—
	V	2,25	—	0,18	0,20
	VI	2,66	—	0,21	0,23
23,09	I,IV	—	—	—	—
	II	—	—	—	—
	III	—	—	—	—
	V	2,26	—	0,18	0,20
	VI	2,67	—	0,21	0,24
23,19	I,IV	—	—	—	—
	II	—	—	—	—
	III	—	—	—	—
	V	2,28	—	0,18	0,20
	VI	2,68	—	0,21	0,24
23,29	I,IV	—	—	—	—
	II	—	—	—	—
	III	—	—	—	—
	V	2,29	—	0,18	0,20
	VI	2,69	—	0,21	0,24
23,39	I,IV	—	—	—	—
	II	—	—	—	—
	III	—	—	—	—
	V	2,30	—	0,18	0,20
	VI	2,70	—	0,21	0,24
23,49	I,IV	—	—	—	—
	II	—	—	—	—
	III	—	—	—	—
	V	2,31	—	0,18	0,20
	VI	2,71	—	0,21	0,24
23,59	I,IV	—	—	—	—
	II	—	—	—	—
	III	—	—	—	—
	V	2,32	—	0,18	0,20
	VI	2,73	—	0,21	0,24
23,69	I,IV	—	—	—	—
	II	—	—	—	—
	III	—	—	—	—
	V	2,33	—	0,18	0,20
	VI	2,74	—	0,21	0,24
23,79	I,IV	—	—	—	—
	II	—	—	—	—
	III	—	—	—	—
	V	2,35	—	0,18	0,21
	VI	2,75	0,01	0,22	0,24
23,89	I,IV	—	—	—	—
	II	—	—	—	—
	III	—	—	—	—
	V	2,36	—	0,18	0,21
	VI	2,76	0,01	0,22	0,24
23,99	I,IV	—	—	—	—
	II	—	—	—	—
	III	—	—	—	—
	V	2,37	—	0,18	0,21
	VI	2,77	0,01	0,22	0,24
24,09	I,IV	—	—	—	—
	II	—	—	—	—
	III	—	—	—	—
	V	2,38	—	0,19	0,21
	VI	2,78	0,01	0,22	0,25
24,19	I,IV	—	—	—	—
	II	—	—	—	—
	III	—	—	—	—
	V	2,39	—	0,19	0,21
	VI	2,80	0,02	0,22	0,25
24,29	I,IV	—	—	—	—
	II	—	—	—	—
	III	—	—	—	—
	V	2,40	—	0,19	0,21
	VI	2,81	0,02	0,22	0,25
24,39	I,IV	—	—	—	—
	II	—	—	—	—
	III	—	—	—	—
	V	2,41	—	0,19	0,21
	VI	2,82	0,02	0,22	0,25
24,49	I,IV	—	—	—	—
	II	—	—	—	—
	III	—	—	—	—
	V	2,43	—	0,19	0,21
	VI	2,83	0,02	0,22	0,25
24,59	I,IV	—	—	—	—
	II	—	—	—	—
	III	—	—	—	—
	V	2,44	—	0,19	0,21
	VI	2,84	0,02	0,22	0,25
24,69	I,IV	—	—	—	—
	II	—	—	—	—
	III	—	—	—	—
	V	2,45	—	0,19	0,22
	VI	2,85	0,03	0,22	0,25
24,79	I,IV	—	—	—	—
	II	—	—	—	—
	III	—	—	—	—
	V	2,46	—	0,19	0,22
	VI	2,86	0,03	0,22	0,25
24,89	I,IV	—	—	—	—
	II	—	—	—	—
	III	—	—	—	—
	V	2,47	—	0,19	0,22
	VI	2,88	0,03	0,23	0,25
24,99	I,IV	—	—	—	—
	II	—	—	—	—
	III	—	—	—	—
	V	2,48	—	0,19	0,22
	VI	2,89	0,03	0,23	0,26
25,09	I,IV	—	—	—	—
	II	—	—	—	—
	III	—	—	—	—
	V	2,50	—	0,20	0,22
	VI	2,90	0,04	0,23	0,26
25,19	I,IV	—	—	—	—
	II	—	—	—	—
	III	—	—	—	—
	V	2,51	—	0,20	0,22
	VI	2,91	0,04	0,23	0,26
25,29	I,IV	—	—	—	—
	II	—	—	—	—
	III	—	—	—	—
	V	2,52	—	0,20	0,22
	VI	2,92	0,04	0,23	0,26
25,39	I,IV	—	—	—	—
	II	—	—	—	—
	III	—	—	—	—
	V	2,53	—	0,20	0,22
	VI	2,93	0,04	0,23	0,26
25,49	I,IV	—	—	—	—
	II	—	—	—	—
	III	—	—	—	—
	V	2,54	—	0,20	0,22
	VI	2,95	0,05	0,23	0,26

* Die ausgewiesenen Tabellenwerte sind amtlich. Siehe Erläuterungen auf der Umschlaginnenseite (U2).

Lohn/ Gehalt bis €*	Steuerklasse	Lohnsteuer, Solidaritätszuschlag und Kirchensteuer in den Steuerklassen I – VI: LSt	ohne Kinderfreibeträge: SolZ	8%	9%
25,59	I,IV	—	—	—	—
	II	—	—	—	—
	III	—	—	—	—
	V	2,55	—	0,20	0,22
	VI	2,96	0,05	0,23	0,26
25,69	I,IV	—	—	—	—
	II	—	—	—	—
	III	—	—	—	—
	V	2,57	—	0,20	0,23
	VI	2,97	0,05	0,23	0,26
25,79	I,IV	—	—	—	—
	II	—	—	—	—
	III	—	—	—	—
	V	2,58	—	0,20	0,23
	VI	2,98	0,05	0,23	0,26
25,89	I,IV	—	—	—	—
	II	—	—	—	—
	III	—	—	—	—
	V	2,59	—	0,20	0,23
	VI	2,99	0,05	0,23	0,26
25,99	I,IV	—	—	—	—
	II	—	—	—	—
	III	—	—	—	—
	V	2,60	—	0,20	0,23
	VI	3,—	0,06	0,24	0,27
26,09	I,IV	—	—	—	—
	II	—	—	—	—
	III	—	—	—	—
	V	2,61	—	0,20	0,23
	VI	3,01	0,06	0,24	0,27
26,19	I,IV	—	—	—	—
	II	—	—	—	—
	III	—	—	—	—
	V	2,62	—	0,20	0,23
	VI	3,03	0,06	0,24	0,27
26,29	I,IV	—	—	—	—
	II	—	—	—	—
	III	—	—	—	—
	V	2,64	—	0,21	0,23
	VI	3,04	0,06	0,24	0,27
26,39	I,IV	—	—	—	—
	II	—	—	—	—
	III	—	—	—	—
	V	2,65	—	0,21	0,23
	VI	3,05	0,07	0,24	0,27
26,49	I,IV	—	—	—	—
	II	—	—	—	—
	III	—	—	—	—
	V	2,66	—	0,21	0,23
	VI	3,06	0,07	0,24	0,27
26,59	I,IV	—	—	—	—
	II	—	—	—	—
	III	—	—	—	—
	V	2,67	—	0,21	0,24
	VI	3,07	0,07	0,24	0,27
26,69	I,IV	—	—	—	—
	II	—	—	—	—
	III	—	—	—	—
	V	2,68	—	0,21	0,24
	VI	3,08	0,07	0,24	0,27
26,79	I,IV	—	—	—	—
	II	—	—	—	—
	III	—	—	—	—
	V	2,69	—	0,21	0,24
	VI	3,10	0,08	0,24	0,27
26,89	I,IV	—	—	—	—
	II	—	—	—	—
	III	—	—	—	—
	V	2,71	—	0,21	0,24
	VI	3,11	0,08	0,24	0,27
26,99	I,IV	—	—	—	—
	II	—	—	—	—
	III	—	—	—	—
	V	2,72	—	0,21	0,24
	VI	3,12	0,08	0,24	0,28
27,09	I,IV	—	—	—	—
	II	—	—	—	—
	III	—	—	—	—
	V	2,73	—	0,21	0,24
	VI	3,13	0,08	0,25	0,28
27,19	I,IV	—	—	—	—
	II	—	—	—	—
	III	—	—	—	—
	V	2,74	—	0,21	0,24
	VI	3,14	0,08	0,25	0,28
27,29	I,IV	—	—	—	—
	II	—	—	—	—
	III	—	—	—	—
	V	2,75	0,01	0,22	0,24
	VI	3,15	0,09	0,25	0,28
27,39	I,IV	—	—	—	—
	II	—	—	—	—
	III	—	—	—	—
	V	2,76	0,01	0,22	0,24
	VI	3,16	0,09	0,25	0,28
27,49	I,IV	—	—	—	—
	II	—	—	—	—
	III	—	—	—	—
	V	2,78	0,01	0,22	0,25
	VI	3,18	0,09	0,25	0,28
27,59	I,IV	—	—	—	—
	II	—	—	—	—
	III	—	—	—	—
	V	2,79	0,01	0,22	0,25
	VI	3,19	0,09	0,25	0,28
27,69	I,IV	—	—	—	—
	II	—	—	—	—
	III	—	—	—	—
	V	2,80	0,02	0,22	0,25
	VI	3,20	0,10	0,25	0,28
27,79	I,IV	—	—	—	—
	II	—	—	—	—
	III	—	—	—	—
	V	2,81	0,02	0,22	0,25
	VI	3,21	0,10	0,25	0,28
27,89	I,IV	—	—	—	—
	II	—	—	—	—
	III	—	—	—	—
	V	2,82	0,02	0,22	0,25
	VI	3,22	0,10	0,25	0,28
27,99	I,IV	—	—	—	—
	II	—	—	—	—
	III	—	—	—	—
	V	2,83	0,02	0,22	0,25
	VI	3,23	0,10	0,25	0,29
28,09	I,IV	—	—	—	—
	II	—	—	—	—
	III	—	—	—	—
	V	2,85	0,03	0,22	0,25
	VI	3,25	0,11	0,26	0,29
28,19	I,IV	—	—	—	—
	II	—	—	—	—
	III	—	—	—	—
	V	2,86	0,03	0,22	0,25
	VI	3,26	0,11	0,26	0,29
28,29	I,IV	—	—	—	—
	II	—	—	—	—
	III	—	—	—	—
	V	2,87	0,03	0,22	0,25
	VI	3,27	0,11	0,26	0,29
28,39	I,IV	—	—	—	—
	II	—	—	—	—
	III	—	—	—	—
	V	2,88	0,03	0,23	0,25
	VI	3,28	0,11	0,26	0,29
28,49	I,IV	—	—	—	—
	II	—	—	—	—
	III	—	—	—	—
	V	2,89	0,03	0,23	0,26
	VI	3,29	0,11	0,26	0,29
28,59	I,IV	—	—	—	—
	II	—	—	—	—
	III	—	—	—	—
	V	2,90	0,04	0,23	0,26
	VI	3,30	0,12	0,26	0,29
28,69	I,IV	—	—	—	—
	II	—	—	—	—
	III	—	—	—	—
	V	2,91	0,04	0,23	0,26
	VI	3,32	0,12	0,26	0,29
28,79	I,IV	—	—	—	—
	II	—	—	—	—
	III	—	—	—	—
	V	2,93	0,04	0,23	0,26
	VI	3,33	0,12	0,26	0,29
28,89	I,IV	—	—	—	—
	II	—	—	—	—
	III	—	—	—	—
	V	2,94	0,04	0,23	0,26
	VI	3,34	0,12	0,26	0,30
28,99	I,IV	—	—	—	—
	II	—	—	—	—
	III	—	—	—	—
	V	2,95	0,05	0,23	0,26
	VI	3,35	0,13	0,26	0,30
29,09	I,IV	—	—	—	—
	II	—	—	—	—
	III	—	—	—	—
	V	2,96	0,05	0,23	0,26
	VI	3,36	0,13	0,26	0,30
29,19	I,IV	—	—	—	—
	II	—	—	—	—
	III	—	—	—	—
	V	2,97	0,05	0,23	0,26
	VI	3,38	0,13	0,27	0,30
29,29	I,IV	—	—	—	—
	II	—	—	—	—
	III	—	—	—	—
	V	2,98	0,05	0,23	0,26
	VI	3,39	0,13	0,27	0,30
29,39	I,IV	—	—	—	—
	II	—	—	—	—
	III	—	—	—	—
	V	3,—	0,06	0,24	0,27
	VI	3,40	0,14	0,27	0,30
29,49	I,IV	—	—	—	—
	II	—	—	—	—
	III	—	—	—	—
	V	3,01	0,06	0,24	0,27
	VI	3,41	0,14	0,27	0,30
29,59	I,IV	—	—	—	—
	II	—	—	—	—
	III	—	—	—	—
	V	3,02	0,06	0,24	0,27
	VI	3,42	0,14	0,27	0,30
29,69	I,IV	—	—	—	—
	II	—	—	—	—
	III	—	—	—	—
	V	3,03	0,06	0,24	0,27
	VI	3,43	0,14	0,27	0,30
29,79	I,IV	—	—	—	—
	II	—	—	—	—
	III	—	—	—	—
	V	3,04	0,06	0,24	0,27
	VI	3,44	0,14	0,27	0,30
29,89	I,IV	—	—	—	—
	II	—	—	—	—
	III	—	—	—	—
	V	3,05	0,07	0,24	0,27
	VI	3,46	0,15	0,27	0,31
29,99	I,IV	—	—	—	—
	II	—	—	—	—
	III	—	—	—	—
	V	3,06	0,07	0,24	0,27
	VI	3,47	0,15	0,27	0,31
30,09	I,IV	—	—	—	—
	II	—	—	—	—
	III	—	—	—	—
	V	3,08	0,07	0,24	0,27
	VI	3,48	0,15	0,27	0,31
30,19	I,IV	—	—	—	—
	II	—	—	—	—
	III	—	—	—	—
	V	3,09	0,07	0,24	0,27
	VI	3,49	0,15	0,27	0,31
30,29	I,IV	—	—	—	—
	II	—	—	—	—
	III	—	—	—	—
	V	3,10	0,08	0,24	0,27
	VI	3,50	0,16	0,28	0,31
30,39	I,IV	—	—	—	—
	II	—	—	—	—
	III	—	—	—	—
	V	3,11	0,08	0,24	0,27
	VI	3,51	0,16	0,28	0,31
30,49	I,IV	—	—	—	—
	II	—	—	—	—
	III	—	—	—	—
	V	3,12	0,08	0,24	0,28
	VI	3,53	0,16	0,28	0,31
30,59	I,IV	—	—	—	—
	II	—	—	—	—
	III	—	—	—	—
	V	3,13	0,08	0,25	0,28
	VI	3,54	0,16	0,28	0,31

* Die ausgewiesenen Tabellenwerte sind amtlich. Siehe Erläuterungen auf der Umschlaginnenseite (U2).

Abzüge an Lohnsteuer, Solidaritätszuschlag (SolZ) und Kirchensteuer (8%, 9%) in den Steuerklassen

Lohn/ Gehalt bis €*	I – VI		ohne Kinderfreibeträge			I, II, III, IV		mit Zahl der Kinderfreibeträge . . . 0,5			1			1,5			2			2,5			3		
		LSt	SolZ	8%	9%		LSt	SolZ	8%	9%	SolZ	8%	9%	SolZ	8%	9%	SolZ	8%	9%	SolZ	8%	9%	SolZ	8%	9%
30,69	I,IV	—	—	—	—	I	—	—	—	—	—	—	—	—	—	—	—	—	—	—	—	—	—	—	—
	II	—	—	—	—	II	—	—	—	—	—	—	—	—	—	—	—	—	—	—	—	—	—	—	—
	III	—	—	—	—	III	—	—	—	—	—	—	—	—	—	—	—	—	—	—	—	—	—	—	—
	V	3,15	0,09	0,25	0,28	IV	—	—	—	—	—	—	—	—	—	—	—	—	—	—	—	—	—	—	—
	VI	3,55	0,17	0,28	0,31																				
30,79	I,IV	—	—	—	—	I	—	—	—	—	—	—	—	—	—	—	—	—	—	—	—	—	—	—	—
	II	—	—	—	—	II	—	—	—	—	—	—	—	—	—	—	—	—	—	—	—	—	—	—	—
	III	—	—	—	—	III	—	—	—	—	—	—	—	—	—	—	—	—	—	—	—	—	—	—	—
	V	3,16	0,09	0,25	0,28	IV	—	—	—	—	—	—	—	—	—	—	—	—	—	—	—	—	—	—	—
	VI	3,56	0,17	0,28	0,32																				
30,89	I,IV	—	—	—	—	I	—	—	—	—	—	—	—	—	—	—	—	—	—	—	—	—	—	—	—
	II	—	—	—	—	II	—	—	—	—	—	—	—	—	—	—	—	—	—	—	—	—	—	—	—
	III	—	—	—	—	III	—	—	—	—	—	—	—	—	—	—	—	—	—	—	—	—	—	—	—
	V	3,17	0,09	0,25	0,28	IV	—	—	—	—	—	—	—	—	—	—	—	—	—	—	—	—	—	—	—
	VI	3,57	0,17	0,28	0,32																				
30,99	I,IV	—	—	—	—	I	—	—	—	—	—	—	—	—	—	—	—	—	—	—	—	—	—	—	—
	II	—	—	—	—	II	—	—	—	—	—	—	—	—	—	—	—	—	—	—	—	—	—	—	—
	III	—	—	—	—	III	—	—	—	—	—	—	—	—	—	—	—	—	—	—	—	—	—	—	—
	V	3,18	0,09	0,25	0,28	IV	—	—	—	—	—	—	—	—	—	—	—	—	—	—	—	—	—	—	—
	VI	3,58	0,17	0,28	0,32																				
31,09	I,IV	—	—	—	—	I	—	—	—	—	—	—	—	—	—	—	—	—	—	—	—	—	—	—	—
	II	—	—	—	—	II	—	—	—	—	—	—	—	—	—	—	—	—	—	—	—	—	—	—	—
	III	—	—	—	—	III	—	—	—	—	—	—	—	—	—	—	—	—	—	—	—	—	—	—	—
	V	3,19	0,09	0,25	0,28	IV	—	—	—	—	—	—	—	—	—	—	—	—	—	—	—	—	—	—	—
	VI	3,60	0,18	0,28	0,32																				
31,19	I,IV	—	—	—	—	I	—	—	—	—	—	—	—	—	—	—	—	—	—	—	—	—	—	—	—
	II	—	—	—	—	II	—	—	—	—	—	—	—	—	—	—	—	—	—	—	—	—	—	—	—
	III	—	—	—	—	III	—	—	—	—	—	—	—	—	—	—	—	—	—	—	—	—	—	—	—
	V	3,20	0,10	0,25	0,28	IV	—	—	—	—	—	—	—	—	—	—	—	—	—	—	—	—	—	—	—
	VI	3,61	0,18	0,28	0,32																				
31,29	I,IV	—	—	—	—	I	—	—	—	—	—	—	—	—	—	—	—	—	—	—	—	—	—	—	—
	II	—	—	—	—	II	—	—	—	—	—	—	—	—	—	—	—	—	—	—	—	—	—	—	—
	III	—	—	—	—	III	—	—	—	—	—	—	—	—	—	—	—	—	—	—	—	—	—	—	—
	V	3,21	0,10	0,25	0,28	IV	—	—	—	—	—	—	—	—	—	—	—	—	—	—	—	—	—	—	—
	VI	3,62	0,18	0,28	0,32																				
31,39	I,IV	—	—	—	—	I	—	—	—	—	—	—	—	—	—	—	—	—	—	—	—	—	—	—	—
	II	—	—	—	—	II	—	—	—	—	—	—	—	—	—	—	—	—	—	—	—	—	—	—	—
	III	—	—	—	—	III	—	—	—	—	—	—	—	—	—	—	—	—	—	—	—	—	—	—	—
	V	3,23	0,10	0,25	0,29	IV	—	—	—	—	—	—	—	—	—	—	—	—	—	—	—	—	—	—	—
	VI	3,63	0,18	0,29	0,32																				
31,49	I,IV	—	—	—	—	I	—	—	—	—	—	—	—	—	—	—	—	—	—	—	—	—	—	—	—
	II	—	—	—	—	II	—	—	—	—	—	—	—	—	—	—	—	—	—	—	—	—	—	—	—
	III	—	—	—	—	III	—	—	—	—	—	—	—	—	—	—	—	—	—	—	—	—	—	—	—
	V	3,24	0,10	0,25	0,29	IV	—	—	—	—	—	—	—	—	—	—	—	—	—	—	—	—	—	—	—
	VI	3,64	0,18	0,29	0,32																				
31,59	I,IV	—	—	—	—	I	—	—	—	—	—	—	—	—	—	—	—	—	—	—	—	—	—	—	—
	II	—	—	—	—	II	—	—	—	—	—	—	—	—	—	—	—	—	—	—	—	—	—	—	—
	III	—	—	—	—	III	—	—	—	—	—	—	—	—	—	—	—	—	—	—	—	—	—	—	—
	V	3,25	0,11	0,26	0,29	IV	—	—	—	—	—	—	—	—	—	—	—	—	—	—	—	—	—	—	—
	VI	3,65	0,19	0,29	0,32																				
31,69	I,IV	0,01	—	—	—	I	0,01	—	—	—	—	—	—	—	—	—	—	—	—	—	—	—	—	—	—
	II	—	—	—	—	II	—	—	—	—	—	—	—	—	—	—	—	—	—	—	—	—	—	—	—
	III	—	—	—	—	III	—	—	—	—	—	—	—	—	—	—	—	—	—	—	—	—	—	—	—
	V	3,26	0,11	0,26	0,29	IV	0,01	—	—	—	—	—	—	—	—	—	—	—	—	—	—	—	—	—	—
	VI	3,66	0,19	0,29	0,32																				
31,79	I,IV	0,02	—	—	—	I	0,02	—	—	—	—	—	—	—	—	—	—	—	—	—	—	—	—	—	—
	II	—	—	—	—	II	—	—	—	—	—	—	—	—	—	—	—	—	—	—	—	—	—	—	—
	III	—	—	—	—	III	—	—	—	—	—	—	—	—	—	—	—	—	—	—	—	—	—	—	—
	V	3,27	0,11	0,26	0,29	IV	0,02	—	—	—	—	—	—	—	—	—	—	—	—	—	—	—	—	—	—
	VI	3,68	0,19	0,29	0,33																				
31,89	I,IV	0,04	—	—	—	I	0,04	—	—	—	—	—	—	—	—	—	—	—	—	—	—	—	—	—	—
	II	—	—	—	—	II	—	—	—	—	—	—	—	—	—	—	—	—	—	—	—	—	—	—	—
	III	—	—	—	—	III	—	—	—	—	—	—	—	—	—	—	—	—	—	—	—	—	—	—	—
	V	3,28	0,11	0,26	0,29	IV	0,04	—	—	—	—	—	—	—	—	—	—	—	—	—	—	—	—	—	—
	VI	3,69	0,19	0,29	0,33																				
31,99	I,IV	0,05	—	—	—	I	0,05	—	—	—	—	—	—	—	—	—	—	—	—	—	—	—	—	—	—
	II	—	—	—	—	II	—	—	—	—	—	—	—	—	—	—	—	—	—	—	—	—	—	—	—
	III	—	—	—	—	III	—	—	—	—	—	—	—	—	—	—	—	—	—	—	—	—	—	—	—
	V	3,30	0,12	0,26	0,29	IV	0,05	—	—	—	—	—	—	—	—	—	—	—	—	—	—	—	—	—	—
	VI	3,70	0,20	0,29	0,33																				
32,09	I,IV	0,06	—	—	—	I	0,06	—	—	—	—	—	—	—	—	—	—	—	—	—	—	—	—	—	—
	II	—	—	—	—	II	—	—	—	—	—	—	—	—	—	—	—	—	—	—	—	—	—	—	—
	III	—	—	—	—	III	—	—	—	—	—	—	—	—	—	—	—	—	—	—	—	—	—	—	—
	V	3,31	0,12	0,26	0,29	IV	0,06	—	—	—	—	—	—	—	—	—	—	—	—	—	—	—	—	—	—
	VI	3,71	0,20	0,29	0,33																				
32,19	I,IV	0,07	—	—	—	I	0,07	—	—	—	—	—	—	—	—	—	—	—	—	—	—	—	—	—	—
	II	—	—	—	—	II	—	—	—	—	—	—	—	—	—	—	—	—	—	—	—	—	—	—	—
	III	—	—	—	—	III	—	—	—	—	—	—	—	—	—	—	—	—	—	—	—	—	—	—	—
	V	3,32	0,12	0,26	0,29	IV	0,07	—	—	—	—	—	—	—	—	—	—	—	—	—	—	—	—	—	—
	VI	3,72	0,20	0,29	0,33																				
32,29	I,IV	0,08	—	—	—	I	0,08	—	—	—	—	—	—	—	—	—	—	—	—	—	—	—	—	—	—
	II	—	—	—	—	II	—	—	—	—	—	—	—	—	—	—	—	—	—	—	—	—	—	—	—
	III	—	—	—	—	III	—	—	—	—	—	—	—	—	—	—	—	—	—	—	—	—	—	—	—
	V	3,33	0,12	0,26	0,29	IV	0,08	—	—	—	—	—	—	—	—	—	—	—	—	—	—	—	—	—	—
	VI	3,73	0,20	0,29	0,33																				

* Die ausgewiesenen Tabellenwerte sind amtlich. Siehe Erläuterungen auf der Umschlaginnenseite (U2).

Lohn/ Gehalt bis €*	Abzüge an Lohnsteuer, Solidaritätszuschlag (SolZ) und Kirchensteuer (8%, 9%) in den Steuerklassen I – VI					I, II, III, IV		mit Zahl der Kinderfreibeträge . . . 0,5			1			1,5			2			2,5			3		
		LSt	ohne Kinderfreibeträge SolZ	8%	9%		LSt	SolZ	8%	9%	SolZ	8%	9%	SolZ	8%	9%	SolZ	8%	9%	SolZ	8%	9%	SolZ	8%	9%
32,39	I,IV	0,10	—	—	—	I	0,10	—	—	—	—	—	—	—	—	—	—	—	—	—	—	—	—	—	—
	II	—	—	—	—	II	—	—	—	—	—	—	—	—	—	—	—	—	—	—	—	—	—	—	—
	III	—	—	—	—	III	—	—	—	—	—	—	—	—	—	—	—	—	—	—	—	—	—	—	—
	V	3,34	0,12	0,26	0,30	IV	0,10	—	—	—	—	—	—	—	—	—	—	—	—	—	—	—	—	—	—
	VI	3,75	0,20	0,30	0,33																				
32,49	I,IV	0,11	—	—	—	I	0,11	—	—	—	—	—	—	—	—	—	—	—	—	—	—	—	—	—	—
	II	—	—	—	—	II	—	—	—	—	—	—	—	—	—	—	—	—	—	—	—	—	—	—	—
	III	—	—	—	—	III	—	—	—	—	—	—	—	—	—	—	—	—	—	—	—	—	—	—	—
	V	3,35	0,13	0,26	0,30	IV	0,11	—	—	—	—	—	—	—	—	—	—	—	—	—	—	—	—	—	—
	VI	3,76	0,20	0,30	0,33																				
32,59	I,IV	0,12	—	—	0,01	I	0,12	—	—	—	—	—	—	—	—	—	—	—	—	—	—	—	—	—	—
	II	—	—	—	—	II	—	—	—	—	—	—	—	—	—	—	—	—	—	—	—	—	—	—	—
	III	—	—	—	—	III	—	—	—	—	—	—	—	—	—	—	—	—	—	—	—	—	—	—	—
	V	3,36	0,13	0,26	0,30	IV	0,12	—	—	—	—	—	—	—	—	—	—	—	—	—	—	—	—	—	—
	VI	3,77	0,20	0,30	0,33																				
32,69	I,IV	0,13	—	0,01	0,01	I	0,13	—	—	—	—	—	—	—	—	—	—	—	—	—	—	—	—	—	—
	II	—	—	—	—	II	—	—	—	—	—	—	—	—	—	—	—	—	—	—	—	—	—	—	—
	III	—	—	—	—	III	—	—	—	—	—	—	—	—	—	—	—	—	—	—	—	—	—	—	—
	V	3,38	0,13	0,27	0,30	IV	0,13	—	—	—	—	—	—	—	—	—	—	—	—	—	—	—	—	—	—
	VI	3,78	0,20	0,30	0,34																				
32,79	I,IV	0,14	—	0,01	0,01	I	0,14	—	—	—	—	—	—	—	—	—	—	—	—	—	—	—	—	—	—
	II	—	—	—	—	II	—	—	—	—	—	—	—	—	—	—	—	—	—	—	—	—	—	—	—
	III	—	—	—	—	III	—	—	—	—	—	—	—	—	—	—	—	—	—	—	—	—	—	—	—
	V	3,39	0,13	0,27	0,30	IV	0,14	—	—	—	—	—	—	—	—	—	—	—	—	—	—	—	—	—	—
	VI	3,79	0,20	0,30	0,34																				
32,89	I,IV	0,16	—	0,01	0,01	I	0,16	—	—	—	—	—	—	—	—	—	—	—	—	—	—	—	—	—	—
	II	—	—	—	—	II	—	—	—	—	—	—	—	—	—	—	—	—	—	—	—	—	—	—	—
	III	—	—	—	—	III	—	—	—	—	—	—	—	—	—	—	—	—	—	—	—	—	—	—	—
	V	3,40	0,14	0,27	0,30	IV	0,16	—	—	—	—	—	—	—	—	—	—	—	—	—	—	—	—	—	—
	VI	3,83	0,21	0,30	0,34																				
32,99	I,IV	0,17	—	0,01	0,01	I	0,17	—	—	—	—	—	—	—	—	—	—	—	—	—	—	—	—	—	—
	II	—	—	—	—	II	—	—	—	—	—	—	—	—	—	—	—	—	—	—	—	—	—	—	—
	III	—	—	—	—	III	—	—	—	—	—	—	—	—	—	—	—	—	—	—	—	—	—	—	—
	V	3,41	0,14	0,27	0,30	IV	0,17	—	—	—	—	—	—	—	—	—	—	—	—	—	—	—	—	—	—
	VI	3,86	0,21	0,30	0,34																				
33,09	I,IV	0,18	—	0,01	0,01	I	0,18	—	—	—	—	—	—	—	—	—	—	—	—	—	—	—	—	—	—
	II	—	—	—	—	II	—	—	—	—	—	—	—	—	—	—	—	—	—	—	—	—	—	—	—
	III	—	—	—	—	III	—	—	—	—	—	—	—	—	—	—	—	—	—	—	—	—	—	—	—
	V	3,42	0,14	0,27	0,30	IV	0,18	—	—	—	—	—	—	—	—	—	—	—	—	—	—	—	—	—	—
	VI	3,90	0,21	0,31	0,35																				
33,19	I,IV	0,19	—	0,01	0,01	I	0,19	—	—	—	—	—	—	—	—	—	—	—	—	—	—	—	—	—	—
	II	—	—	—	—	II	—	—	—	—	—	—	—	—	—	—	—	—	—	—	—	—	—	—	—
	III	—	—	—	—	III	—	—	—	—	—	—	—	—	—	—	—	—	—	—	—	—	—	—	—
	V	3,43	0,14	0,27	0,30	IV	0,19	—	—	—	—	—	—	—	—	—	—	—	—	—	—	—	—	—	—
	VI	3,93	0,21	0,31	0,35																				
33,29	I,IV	0,21	—	0,01	0,01	I	0,21	—	—	—	—	—	—	—	—	—	—	—	—	—	—	—	—	—	—
	II	—	—	—	—	II	—	—	—	—	—	—	—	—	—	—	—	—	—	—	—	—	—	—	—
	III	—	—	—	—	III	—	—	—	—	—	—	—	—	—	—	—	—	—	—	—	—	—	—	—
	V	3,45	0,15	0,27	0,31	IV	0,21	—	—	—	—	—	—	—	—	—	—	—	—	—	—	—	—	—	—
	VI	3,96	0,21	0,31	0,35																				
33,39	I,IV	0,22	—	0,01	0,01	I	0,22	—	—	—	—	—	—	—	—	—	—	—	—	—	—	—	—	—	—
	II	—	—	—	—	II	—	—	—	—	—	—	—	—	—	—	—	—	—	—	—	—	—	—	—
	III	—	—	—	—	III	—	—	—	—	—	—	—	—	—	—	—	—	—	—	—	—	—	—	—
	V	3,46	0,15	0,27	0,31	IV	0,22	—	—	—	—	—	—	—	—	—	—	—	—	—	—	—	—	—	—
	VI	4,—	0,22	0,32	0,36																				
33,49	I,IV	0,23	—	0,01	0,02	I	0,23	—	—	—	—	—	—	—	—	—	—	—	—	—	—	—	—	—	—
	II	—	—	—	—	II	—	—	—	—	—	—	—	—	—	—	—	—	—	—	—	—	—	—	—
	III	—	—	—	—	III	—	—	—	—	—	—	—	—	—	—	—	—	—	—	—	—	—	—	—
	V	3,47	0,15	0,27	0,31	IV	0,23	—	—	—	—	—	—	—	—	—	—	—	—	—	—	—	—	—	—
	VI	4,03	0,22	0,32	0,36																				
33,59	I,IV	0,24	—	0,01	0,02	I	0,24	—	—	—	—	—	—	—	—	—	—	—	—	—	—	—	—	—	—
	II	—	—	—	—	II	—	—	—	—	—	—	—	—	—	—	—	—	—	—	—	—	—	—	—
	III	—	—	—	—	III	—	—	—	—	—	—	—	—	—	—	—	—	—	—	—	—	—	—	—
	V	3,48	0,15	0,27	0,31	IV	0,24	—	—	—	—	—	—	—	—	—	—	—	—	—	—	—	—	—	—
	VI	4,07	0,22	0,32	0,36																				
33,69	I,IV	0,26	—	0,02	0,02	I	0,26	—	—	—	—	—	—	—	—	—	—	—	—	—	—	—	—	—	—
	II	—	—	—	—	II	—	—	—	—	—	—	—	—	—	—	—	—	—	—	—	—	—	—	—
	III	—	—	—	—	III	—	—	—	—	—	—	—	—	—	—	—	—	—	—	—	—	—	—	—
	V	3,49	0,15	0,27	0,31	IV	0,26	—	—	—	—	—	—	—	—	—	—	—	—	—	—	—	—	—	—
	VI	4,10	0,22	0,32	0,36																				
33,79	I,IV	0,27	—	0,02	0,02	I	0,27	—	—	—	—	—	—	—	—	—	—	—	—	—	—	—	—	—	—
	II	—	—	—	—	II	—	—	—	—	—	—	—	—	—	—	—	—	—	—	—	—	—	—	—
	III	—	—	—	—	III	—	—	—	—	—	—	—	—	—	—	—	—	—	—	—	—	—	—	—
	V	3,50	0,16	0,28	0,31	IV	0,27	—	—	—	—	—	—	—	—	—	—	—	—	—	—	—	—	—	—
	VI	4,14	0,22	0,33	0,37																				
33,89	I,IV	0,28	—	0,02	0,02	I	0,28	—	—	—	—	—	—	—	—	—	—	—	—	—	—	—	—	—	—
	II	—	—	—	—	II	—	—	—	—	—	—	—	—	—	—	—	—	—	—	—	—	—	—	—
	III	—	—	—	—	III	—	—	—	—	—	—	—	—	—	—	—	—	—	—	—	—	—	—	—
	V	3,51	0,16	0,28	0,31	IV	0,28	—	—	—	—	—	—	—	—	—	—	—	—	—	—	—	—	—	—
	VI	4,17	0,22	0,33	0,37																				
33,99	I,IV	0,29	—	0,02	0,02	I	0,29	—	—	—	—	—	—	—	—	—	—	—	—	—	—	—	—	—	—
	II	—	—	—	—	II	—	—	—	—	—	—	—	—	—	—	—	—	—	—	—	—	—	—	—
	III	—	—	—	—	III	—	—	—	—	—	—	—	—	—	—	—	—	—	—	—	—	—	—	—
	V	3,53	0,16	0,28	0,31	IV	0,29	—	—	—	—	—	—	—	—	—	—	—	—	—	—	—	—	—	—
	VI	4,21	0,23	0,33	0,37																				

* Die ausgewiesenen Tabellenwerte sind amtlich. Siehe Erläuterungen auf der Umschlaginnenseite (U2).

Lohn/ Gehalt bis €*	Abzüge an Lohnsteuer, Solidaritätszuschlag (SolZ) und Kirchensteuer (8%, 9%) in den Steuerklassen I – VI					I, II, III, IV																			
			ohne Kinderfreibeträge					mit Zahl der Kinderfreibeträge . . .																	
								0,5			1			1,5			2			2,5			3		
		LSt	SolZ	8%	9%		LSt	SolZ	8%	9%	SolZ	8%	9%	SolZ	8%	9%	SolZ	8%	9%	SolZ	8%	9%	SolZ	8%	9%
34,09	I,IV	0,31	—	0,02	0,02	I	0,31	—	—	—	—	—	—	—	—	—	—	—	—	—	—	—	—	—	—
	II	—	—	—	—	II	—	—	—	—	—	—	—	—	—	—	—	—	—	—	—	—	—	—	—
	III	—	—	—	—	III	—	—	—	—	—	—	—	—	—	—	—	—	—	—	—	—	—	—	—
	V	3,54	0,16	0,28	0,31	IV	0,31	—	—	—	—	—	—	—	—	—	—	—	—	—	—	—	—	—	—
	VI	4,24	0,23	0,33	0,38																				
34,19	I,IV	0,32	—	0,02	0,02	I	0,32	—	—	—	—	—	—	—	—	—	—	—	—	—	—	—	—	—	—
	II	—	—	—	—	II	—	—	—	—	—	—	—	—	—	—	—	—	—	—	—	—	—	—	—
	III	—	—	—	—	III	—	—	—	—	—	—	—	—	—	—	—	—	—	—	—	—	—	—	—
	V	3,55	0,17	0,28	0,31	IV	0,32	—	—	—	—	—	—	—	—	—	—	—	—	—	—	—	—	—	—
	VI	4,28	0,23	0,34	0,38																				
34,29	I,IV	0,33	—	0,02	0,02	I	0,33	—	—	—	—	—	—	—	—	—	—	—	—	—	—	—	—	—	—
	II	—	—	—	—	II	—	—	—	—	—	—	—	—	—	—	—	—	—	—	—	—	—	—	—
	III	—	—	—	—	III	—	—	—	—	—	—	—	—	—	—	—	—	—	—	—	—	—	—	—
	V	3,56	0,17	0,28	0,32	IV	0,33	—	—	—	—	—	—	—	—	—	—	—	—	—	—	—	—	—	—
	VI	4,31	0,23	0,34	0,38																				
34,39	I,IV	0,35	—	0,02	0,03	I	0,35	—	—	—	—	—	—	—	—	—	—	—	—	—	—	—	—	—	—
	II	—	—	—	—	II	—	—	—	—	—	—	—	—	—	—	—	—	—	—	—	—	—	—	—
	III	—	—	—	—	III	—	—	—	—	—	—	—	—	—	—	—	—	—	—	—	—	—	—	—
	V	3,57	0,17	0,28	0,32	IV	0,35	—	—	—	—	—	—	—	—	—	—	—	—	—	—	—	—	—	—
	VI	4,35	0,23	0,34	0,39																				
34,49	I,IV	0,36	—	0,02	0,03	I	0,36	—	—	—	—	—	—	—	—	—	—	—	—	—	—	—	—	—	—
	II	—	—	—	—	II	—	—	—	—	—	—	—	—	—	—	—	—	—	—	—	—	—	—	—
	III	—	—	—	—	III	—	—	—	—	—	—	—	—	—	—	—	—	—	—	—	—	—	—	—
	V	3,58	0,17	0,28	0,32	IV	0,36	—	—	—	—	—	—	—	—	—	—	—	—	—	—	—	—	—	—
	VI	4,38	0,24	0,35	0,39																				
34,59	I,IV	0,37	—	0,02	0,03	I	0,37	—	—	—	—	—	—	—	—	—	—	—	—	—	—	—	—	—	—
	II	—	—	—	—	II	—	—	—	—	—	—	—	—	—	—	—	—	—	—	—	—	—	—	—
	III	—	—	—	—	III	—	—	—	—	—	—	—	—	—	—	—	—	—	—	—	—	—	—	—
	V	3,60	0,18	0,28	0,32	IV	0,37	—	—	—	—	—	—	—	—	—	—	—	—	—	—	—	—	—	—
	VI	4,41	0,24	0,35	0,39																				
34,69	I,IV	0,38	—	0,03	0,03	I	0,38	—	—	—	—	—	—	—	—	—	—	—	—	—	—	—	—	—	—
	II	—	—	—	—	II	—	—	—	—	—	—	—	—	—	—	—	—	—	—	—	—	—	—	—
	III	—	—	—	—	III	—	—	—	—	—	—	—	—	—	—	—	—	—	—	—	—	—	—	—
	V	3,61	0,18	0,28	0,32	IV	0,38	—	—	—	—	—	—	—	—	—	—	—	—	—	—	—	—	—	—
	VI	4,45	0,24	0,35	0,40																				
34,79	I,IV	0,40	—	0,03	0,03	I	0,40	—	—	—	—	—	—	—	—	—	—	—	—	—	—	—	—	—	—
	II	—	—	—	—	II	—	—	—	—	—	—	—	—	—	—	—	—	—	—	—	—	—	—	—
	III	—	—	—	—	III	—	—	—	—	—	—	—	—	—	—	—	—	—	—	—	—	—	—	—
	V	3,62	0,18	0,28	0,32	IV	0,40	—	—	—	—	—	—	—	—	—	—	—	—	—	—	—	—	—	—
	VI	4,48	0,24	0,35	0,40																				
34,89	I,IV	0,41	—	0,03	0,03	I	0,41	—	—	—	—	—	—	—	—	—	—	—	—	—	—	—	—	—	—
	II	—	—	—	—	II	—	—	—	—	—	—	—	—	—	—	—	—	—	—	—	—	—	—	—
	III	—	—	—	—	III	—	—	—	—	—	—	—	—	—	—	—	—	—	—	—	—	—	—	—
	V	3,63	0,18	0,29	0,32	IV	0,41	—	—	—	—	—	—	—	—	—	—	—	—	—	—	—	—	—	—
	VI	4,52	0,24	0,36	0,40																				
34,99	I,IV	0,42	—	0,03	0,03	I	0,42	—	—	—	—	—	—	—	—	—	—	—	—	—	—	—	—	—	—
	II	—	—	—	—	II	—	—	—	—	—	—	—	—	—	—	—	—	—	—	—	—	—	—	—
	III	—	—	—	—	III	—	—	—	—	—	—	—	—	—	—	—	—	—	—	—	—	—	—	—
	V	3,64	0,18	0,29	0,32	IV	0,42	—	—	—	—	—	—	—	—	—	—	—	—	—	—	—	—	—	—
	VI	4,55	0,25	0,36	0,40																				
35,09	I,IV	0,44	—	0,03	0,03	I	0,44	—	—	—	—	—	—	—	—	—	—	—	—	—	—	—	—	—	—
	II	—	—	—	—	II	—	—	—	—	—	—	—	—	—	—	—	—	—	—	—	—	—	—	—
	III	—	—	—	—	III	—	—	—	—	—	—	—	—	—	—	—	—	—	—	—	—	—	—	—
	V	3,65	0,19	0,29	0,32	IV	0,44	—	—	—	—	—	—	—	—	—	—	—	—	—	—	—	—	—	—
	VI	4,59	0,25	0,36	0,41																				
35,19	I,IV	0,45	—	0,03	0,04	I	0,45	—	—	—	—	—	—	—	—	—	—	—	—	—	—	—	—	—	—
	II	—	—	—	—	II	—	—	—	—	—	—	—	—	—	—	—	—	—	—	—	—	—	—	—
	III	—	—	—	—	III	—	—	—	—	—	—	—	—	—	—	—	—	—	—	—	—	—	—	—
	V	3,67	0,19	0,29	0,33	IV	0,45	—	—	—	—	—	—	—	—	—	—	—	—	—	—	—	—	—	—
	VI	4,62	0,25	0,36	0,41																				
35,29	I,IV	0,46	—	0,03	0,04	I	0,46	—	—	—	—	—	—	—	—	—	—	—	—	—	—	—	—	—	—
	II	—	—	—	—	II	—	—	—	—	—	—	—	—	—	—	—	—	—	—	—	—	—	—	—
	III	—	—	—	—	III	—	—	—	—	—	—	—	—	—	—	—	—	—	—	—	—	—	—	—
	V	3,68	0,19	0,29	0,33	IV	0,46	—	—	—	—	—	—	—	—	—	—	—	—	—	—	—	—	—	—
	VI	4,66	0,25	0,37	0,41																				
35,39	I,IV	0,48	—	0,03	0,04	I	0,48	—	—	—	—	—	—	—	—	—	—	—	—	—	—	—	—	—	—
	II	—	—	—	—	II	—	—	—	—	—	—	—	—	—	—	—	—	—	—	—	—	—	—	—
	III	—	—	—	—	III	—	—	—	—	—	—	—	—	—	—	—	—	—	—	—	—	—	—	—
	V	3,69	0,19	0,29	0,33	IV	0,48	—	—	—	—	—	—	—	—	—	—	—	—	—	—	—	—	—	—
	VI	4,69	0,25	0,37	0,42																				
35,49	I,IV	0,49	—	0,03	0,04	I	0,49	—	—	—	—	—	—	—	—	—	—	—	—	—	—	—	—	—	—
	II	—	—	—	—	II	—	—	—	—	—	—	—	—	—	—	—	—	—	—	—	—	—	—	—
	III	—	—	—	—	III	—	—	—	—	—	—	—	—	—	—	—	—	—	—	—	—	—	—	—
	V	3,70	0,20	0,29	0,33	IV	0,49	—	—	—	—	—	—	—	—	—	—	—	—	—	—	—	—	—	—
	VI	4,73	0,26	0,37	0,42																				
35,59	I,IV	0,50	—	0,04	0,04	I	0,50	—	—	—	—	—	—	—	—	—	—	—	—	—	—	—	—	—	—
	II	—	—	—	—	II	—	—	—	—	—	—	—	—	—	—	—	—	—	—	—	—	—	—	—
	III	—	—	—	—	III	—	—	—	—	—	—	—	—	—	—	—	—	—	—	—	—	—	—	—
	V	3,71	0,20	0,29	0,33	IV	0,50	—	—	—	—	—	—	—	—	—	—	—	—	—	—	—	—	—	—
	VI	4,76	0,26	0,38	0,42																				
35,69	I,IV	0,52	—	0,04	0,04	I	0,52	—	—	—	—	—	—	—	—	—	—	—	—	—	—	—	—	—	—
	II	—	—	—	—	II	—	—	—	—	—	—	—	—	—	—	—	—	—	—	—	—	—	—	—
	III	—	—	—	—	III	—	—	—	—	—	—	—	—	—	—	—	—	—	—	—	—	—	—	—
	V	3,72	0,20	0,29	0,33	IV	0,52	—	—	—	—	—	—	—	—	—	—	—	—	—	—	—	—	—	—
	VI	4,80	0,26	0,38	0,43																				

* Die ausgewiesenen Tabellenwerte sind amtlich. Siehe Erläuterungen auf der Umschlaginnenseite (U2).

Abzüge an Lohnsteuer, Solidaritätszuschlag (SolZ) und Kirchensteuer (8%, 9%) in den Steuerklassen

Lohn/ Gehalt bis €*	I – VI		ohne Kinderfreibeträge			I, II, III, IV		mit Zahl der Kinderfreibeträge . . . 0,5			1			1,5			2			2,5			3		
		LSt	SolZ	8%	9%		LSt	SolZ	8%	9%	SolZ	8%	9%	SolZ	8%	9%	SolZ	8%	9%	SolZ	8%	9%	SolZ	8%	9%
35,79	I,IV	0,53	—	0,04	0,04	I	0,53	—	—	—	—	—	—	—	—	—	—	—	—	—	—	—	—	—	—
	II	—	—	—	—	II	—	—	—	—	—	—	—	—	—	—	—	—	—	—	—	—	—	—	—
	III	—	—	—	—	III	—	—	—	—	—	—	—	—	—	—	—	—	—	—	—	—	—	—	—
	V	3,74	0,20	0,29	0,33	IV	0,53	—	—	—	—	—	—	—	—	—	—	—	—	—	—	—	—	—	—
	VI	4,83	0,26	0,38	0,43																				
35,89	I,IV	0,55	—	0,04	0,04	I	0,55	—	—	—	—	—	—	—	—	—	—	—	—	—	—	—	—	—	—
	II	—	—	—	—	II	—	—	—	—	—	—	—	—	—	—	—	—	—	—	—	—	—	—	—
	III	—	—	—	—	III	—	—	—	—	—	—	—	—	—	—	—	—	—	—	—	—	—	—	—
	V	3,75	0,20	0,30	0,33	IV	0,55	—	—	—	—	—	—	—	—	—	—	—	—	—	—	—	—	—	—
	VI	4,87	0,26	0,38	0,43																				
35,99	I,IV	0,56	—	0,04	0,05	I	0,56	—	—	—	—	—	—	—	—	—	—	—	—	—	—	—	—	—	—
	II	—	—	—	—	II	—	—	—	—	—	—	—	—	—	—	—	—	—	—	—	—	—	—	—
	III	—	—	—	—	III	—	—	—	—	—	—	—	—	—	—	—	—	—	—	—	—	—	—	—
	V	3,76	0,20	0,30	0,33	IV	0,56	—	—	—	—	—	—	—	—	—	—	—	—	—	—	—	—	—	—
	VI	4,90	0,26	0,39	0,44																				
36,09	I,IV	0,57	—	0,04	0,05	I	0,57	—	—	—	—	—	—	—	—	—	—	—	—	—	—	—	—	—	—
	II	0,01	—	—	—	II	0,01	—	—	—	—	—	—	—	—	—	—	—	—	—	—	—	—	—	—
	III	—	—	—	—	III	—	—	—	—	—	—	—	—	—	—	—	—	—	—	—	—	—	—	—
	V	3,77	0,20	0,30	0,33	IV	0,57	—	—	—	—	—	—	—	—	—	—	—	—	—	—	—	—	—	—
	VI	4,94	0,27	0,39	0,44																				
36,19	I,IV	0,58	—	0,04	0,05	I	0,58	—	—	—	—	—	—	—	—	—	—	—	—	—	—	—	—	—	—
	II	0,03	—	—	—	II	0,03	—	—	—	—	—	—	—	—	—	—	—	—	—	—	—	—	—	—
	III	—	—	—	—	III	—	—	—	—	—	—	—	—	—	—	—	—	—	—	—	—	—	—	—
	V	3,78	0,20	0,30	0,34	IV	0,58	—	—	—	—	—	—	—	—	—	—	—	—	—	—	—	—	—	—
	VI	4,97	0,27	0,39	0,44																				
36,29	I,IV	0,60	—	0,04	0,05	I	0,60	—	—	—	—	—	—	—	—	—	—	—	—	—	—	—	—	—	—
	II	0,04	—	—	—	II	0,04	—	—	—	—	—	—	—	—	—	—	—	—	—	—	—	—	—	—
	III	—	—	—	—	III	—	—	—	—	—	—	—	—	—	—	—	—	—	—	—	—	—	—	—
	V	3,80	0,20	0,30	0,34	IV	0,60	—	—	—	—	—	—	—	—	—	—	—	—	—	—	—	—	—	—
	VI	5,01	0,27	0,40	0,45																				
36,39	I,IV	0,61	—	0,04	0,05	I	0,61	—	—	—	—	—	—	—	—	—	—	—	—	—	—	—	—	—	—
	II	0,05	—	—	—	II	0,05	—	—	—	—	—	—	—	—	—	—	—	—	—	—	—	—	—	—
	III	—	—	—	—	III	—	—	—	—	—	—	—	—	—	—	—	—	—	—	—	—	—	—	—
	V	3,83	0,21	0,30	0,34	IV	0,61	—	—	—	—	—	—	—	—	—	—	—	—	—	—	—	—	—	—
	VI	5,04	0,27	0,40	0,45																				
36,49	I,IV	0,63	—	0,05	0,05	I	0,63	—	—	—	—	—	—	—	—	—	—	—	—	—	—	—	—	—	—
	II	0,06	—	—	—	II	0,06	—	—	—	—	—	—	—	—	—	—	—	—	—	—	—	—	—	—
	III	—	—	—	—	III	—	—	—	—	—	—	—	—	—	—	—	—	—	—	—	—	—	—	—
	V	3,87	0,21	0,30	0,34	IV	0,63	—	—	—	—	—	—	—	—	—	—	—	—	—	—	—	—	—	—
	VI	5,08	0,27	0,40	0,45																				
36,59	I,IV	0,64	—	0,05	0,05	I	0,64	—	—	—	—	—	—	—	—	—	—	—	—	—	—	—	—	—	—
	II	0,07	—	—	—	II	0,07	—	—	—	—	—	—	—	—	—	—	—	—	—	—	—	—	—	—
	III	—	—	—	—	III	—	—	—	—	—	—	—	—	—	—	—	—	—	—	—	—	—	—	—
	V	3,90	0,21	0,31	0,35	IV	0,64	—	—	—	—	—	—	—	—	—	—	—	—	—	—	—	—	—	—
	VI	5,11	0,28	0,40	0,45																				
36,69	I,IV	0,66	—	0,05	0,05	I	0,66	—	—	—	—	—	—	—	—	—	—	—	—	—	—	—	—	—	—
	II	0,08	—	—	—	II	0,08	—	—	—	—	—	—	—	—	—	—	—	—	—	—	—	—	—	—
	III	—	—	—	—	III	—	—	—	—	—	—	—	—	—	—	—	—	—	—	—	—	—	—	—
	V	3,94	0,21	0,31	0,35	IV	0,66	—	—	—	—	—	—	—	—	—	—	—	—	—	—	—	—	—	—
	VI	5,15	0,28	0,41	0,46																				
36,79	I,IV	0,67	—	0,05	0,06	I	0,67	—	—	—	—	—	—	—	—	—	—	—	—	—	—	—	—	—	—
	II	0,10	—	—	—	II	0,10	—	—	—	—	—	—	—	—	—	—	—	—	—	—	—	—	—	—
	III	—	—	—	—	III	—	—	—	—	—	—	—	—	—	—	—	—	—	—	—	—	—	—	—
	V	3,97	0,21	0,31	0,35	IV	0,67	—	—	—	—	—	—	—	—	—	—	—	—	—	—	—	—	—	—
	VI	5,18	0,28	0,41	0,46																				
36,89	I,IV	0,68	—	0,05	0,06	I	0,68	—	—	—	—	—	—	—	—	—	—	—	—	—	—	—	—	—	—
	II	0,11	—	—	—	II	0,11	—	—	—	—	—	—	—	—	—	—	—	—	—	—	—	—	—	—
	III	—	—	—	—	III	—	—	—	—	—	—	—	—	—	—	—	—	—	—	—	—	—	—	—
	V	4,01	0,22	0,32	0,36	IV	0,68	—	—	—	—	—	—	—	—	—	—	—	—	—	—	—	—	—	—
	VI	5,21	0,28	0,41	0,46																				
36,99	I,IV	0,70	—	0,05	0,06	I	0,70	—	—	—	—	—	—	—	—	—	—	—	—	—	—	—	—	—	—
	II	0,12	—	—	0,01	II	0,12	—	—	—	—	—	—	—	—	—	—	—	—	—	—	—	—	—	—
	III	—	—	—	—	III	—	—	—	—	—	—	—	—	—	—	—	—	—	—	—	—	—	—	—
	V	4,04	0,22	0,32	0,36	IV	0,70	—	—	—	—	—	—	—	—	—	—	—	—	—	—	—	—	—	—
	VI	5,25	0,28	0,42	0,47																				
37,09	I,IV	0,71	—	0,05	0,06	I	0,71	—	—	—	—	—	—	—	—	—	—	—	—	—	—	—	—	—	—
	II	0,13	—	0,01	0,01	II	0,13	—	—	—	—	—	—	—	—	—	—	—	—	—	—	—	—	—	—
	III	—	—	—	—	III	—	—	—	—	—	—	—	—	—	—	—	—	—	—	—	—	—	—	—
	V	4,08	0,22	0,32	0,36	IV	0,71	—	—	—	—	—	—	—	—	—	—	—	—	—	—	—	—	—	—
	VI	5,28	0,29	0,42	0,47																				
37,19	I,IV	0,73	—	0,05	0,06	I	0,73	—	—	—	—	—	—	—	—	—	—	—	—	—	—	—	—	—	—
	II	0,15	—	0,01	0,01	II	0,15	—	—	—	—	—	—	—	—	—	—	—	—	—	—	—	—	—	—
	III	—	—	—	—	III	—	—	—	—	—	—	—	—	—	—	—	—	—	—	—	—	—	—	—
	V	4,11	0,22	0,32	0,36	IV	0,73	—	—	—	—	—	—	—	—	—	—	—	—	—	—	—	—	—	—
	VI	5,32	0,29	0,42	0,47																				
37,29	I,IV	0,74	—	0,05	0,06	I	0,74	—	—	—	—	—	—	—	—	—	—	—	—	—	—	—	—	—	—
	II	0,16	—	0,01	0,01	II	0,16	—	—	—	—	—	—	—	—	—	—	—	—	—	—	—	—	—	—
	III	—	—	—	—	III	—	—	—	—	—	—	—	—	—	—	—	—	—	—	—	—	—	—	—
	V	4,15	0,22	0,33	0,37	IV	0,74	—	—	—	—	—	—	—	—	—	—	—	—	—	—	—	—	—	—
	VI	5,35	0,29	0,42	0,48																				
37,39	I,IV	0,75	—	0,06	0,06	I	0,75	—	—	—	—	—	—	—	—	—	—	—	—	—	—	—	—	—	—
	II	0,17	—	0,01	0,01	II	0,17	—	—	—	—	—	—	—	—	—	—	—	—	—	—	—	—	—	—
	III	—	—	—	—	III	—	—	—	—	—	—	—	—	—	—	—	—	—	—	—	—	—	—	—
	V	4,18	0,23	0,33	0,37	IV	0,75	—	—	—	—	—	—	—	—	—	—	—	—	—	—	—	—	—	—
	VI	5,39	0,29	0,43	0,48																				

* Die ausgewiesenen Tabellenwerte sind amtlich. Siehe Erläuterungen auf der Umschlaginnenseite (U2).

Abzüge an Lohnsteuer, Solidaritätszuschlag (SolZ) und Kirchensteuer (8%, 9%) in den Steuerklassen

Lohn/ Gehalt bis €*	I – VI		ohne Kinderfreibeträge			I, II, III, IV		mit Zahl der Kinderfreibeträge . . . 0,5			1			1,5			2			2,5			3		
		LSt	SolZ	8%	9%		LSt	SolZ	8%	9%	SolZ	8%	9%	SolZ	8%	9%	SolZ	8%	9%	SolZ	8%	9%	SolZ	8%	9%
37,49	I,IV	0,77	—	0,06	0,06	I	0,77	—	—	—	—	—	—	—	—	—	—	—	—	—	—	—	—	—	—
	II	0,18	—	0,01	0,01	II	0,18	—	—	—	—	—	—	—	—	—	—	—	—	—	—	—	—	—	—
	III	—	—	—	—	III	—	—	—	—	—	—	—	—	—	—	—	—	—	—	—	—	—	—	—
	V	4,21	0,23	0,33	0,37	IV	0,77	—	—	—	—	—	—	—	—	—	—	—	—	—	—	—	—	—	—
	VI	5,42	0,29	0,43	0,48																				
37,59	I,IV	0,78	—	0,06	0,07	I	0,78	—	—	—	—	—	—	—	—	—	—	—	—	—	—	—	—	—	—
	II	0,19	—	0,01	0,01	II	0,19	—	—	—	—	—	—	—	—	—	—	—	—	—	—	—	—	—	—
	III	—	—	—	—	III	—	—	—	—	—	—	—	—	—	—	—	—	—	—	—	—	—	—	—
	V	4,25	0,23	0,34	0,38	IV	0,78	—	—	—	—	—	—	—	—	—	—	—	—	—	—	—	—	—	—
	VI	5,46	0,30	0,43	0,49																				
37,69	I,IV	0,80	—	0,06	0,07	I	0,80	—	—	—	—	—	—	—	—	—	—	—	—	—	—	—	—	—	—
	II	0,21	—	0,01	0,01	II	0,21	—	—	—	—	—	—	—	—	—	—	—	—	—	—	—	—	—	—
	III	—	—	—	—	III	—	—	—	—	—	—	—	—	—	—	—	—	—	—	—	—	—	—	—
	V	4,28	0,23	0,34	0,38	IV	0,80	—	—	—	—	—	—	—	—	—	—	—	—	—	—	—	—	—	—
	VI	5,49	0,30	0,43	0,49																				
37,79	I,IV	0,81	—	0,06	0,07	I	0,81	—	—	—	—	—	—	—	—	—	—	—	—	—	—	—	—	—	—
	II	0,22	—	0,01	0,01	II	0,22	—	—	—	—	—	—	—	—	—	—	—	—	—	—	—	—	—	—
	III	—	—	—	—	III	—	—	—	—	—	—	—	—	—	—	—	—	—	—	—	—	—	—	—
	V	4,32	0,23	0,34	0,38	IV	0,81	—	—	—	—	—	—	—	—	—	—	—	—	—	—	—	—	—	—
	VI	5,53	0,30	0,44	0,49																				
37,89	I,IV	0,83	—	0,06	0,07	I	0,83	—	—	—	—	—	—	—	—	—	—	—	—	—	—	—	—	—	—
	II	0,23	—	0,01	0,02	II	0,23	—	—	—	—	—	—	—	—	—	—	—	—	—	—	—	—	—	—
	III	—	—	—	—	III	—	—	—	—	—	—	—	—	—	—	—	—	—	—	—	—	—	—	—
	V	4,35	0,23	0,34	0,39	IV	0,83	—	—	—	—	—	—	—	—	—	—	—	—	—	—	—	—	—	—
	VI	5,56	0,30	0,44	0,50																				
37,99	I,IV	0,84	—	0,06	0,07	I	0,84	—	—	—	—	—	—	—	—	—	—	—	—	—	—	—	—	—	—
	II	0,24	—	0,01	0,02	II	0,24	—	—	—	—	—	—	—	—	—	—	—	—	—	—	—	—	—	—
	III	—	—	—	—	III	—	—	—	—	—	—	—	—	—	—	—	—	—	—	—	—	—	—	—
	V	4,39	0,24	0,35	0,39	IV	0,84	—	—	—	—	—	—	—	—	—	—	—	—	—	—	—	—	—	—
	VI	5,60	0,30	0,44	0,50																				
38,09	I,IV	0,86	—	0,06	0,07	I	0,86	—	—	—	—	—	—	—	—	—	—	—	—	—	—	—	—	—	—
	II	0,26	—	0,02	0,02	II	0,26	—	—	—	—	—	—	—	—	—	—	—	—	—	—	—	—	—	—
	III	—	—	—	—	III	—	—	—	—	—	—	—	—	—	—	—	—	—	—	—	—	—	—	—
	V	4,42	0,24	0,35	0,39	IV	0,86	—	—	—	—	—	—	—	—	—	—	—	—	—	—	—	—	—	—
	VI	5,63	0,30	0,45	0,50																				
38,19	I,IV	0,87	—	0,06	0,07	I	0,87	—	—	—	—	—	—	—	—	—	—	—	—	—	—	—	—	—	—
	II	0,27	—	0,02	0,02	II	0,27	—	—	—	—	—	—	—	—	—	—	—	—	—	—	—	—	—	—
	III	—	—	—	—	III	—	—	—	—	—	—	—	—	—	—	—	—	—	—	—	—	—	—	—
	V	4,46	0,24	0,35	0,40	IV	0,87	—	—	—	—	—	—	—	—	—	—	—	—	—	—	—	—	—	—
	VI	5,67	0,31	0,45	0,51																				
38,29	I,IV	0,89	—	0,07	0,08	I	0,89	—	—	—	—	—	—	—	—	—	—	—	—	—	—	—	—	—	—
	II	0,28	—	0,02	0,02	II	0,28	—	—	—	—	—	—	—	—	—	—	—	—	—	—	—	—	—	—
	III	—	—	—	—	III	—	—	—	—	—	—	—	—	—	—	—	—	—	—	—	—	—	—	—
	V	4,49	0,24	0,35	0,40	IV	0,89	—	—	—	—	—	—	—	—	—	—	—	—	—	—	—	—	—	—
	VI	5,70	0,31	0,45	0,51																				
38,39	I,IV	0,90	—	0,07	0,08	I	0,90	—	—	—	—	—	—	—	—	—	—	—	—	—	—	—	—	—	—
	II	0,30	—	0,02	0,02	II	0,30	—	—	—	—	—	—	—	—	—	—	—	—	—	—	—	—	—	—
	III	—	—	—	—	III	—	—	—	—	—	—	—	—	—	—	—	—	—	—	—	—	—	—	—
	V	4,53	0,24	0,36	0,40	IV	0,90	—	—	—	—	—	—	—	—	—	—	—	—	—	—	—	—	—	—
	VI	5,73	0,31	0,45	0,51																				
38,49	I,IV	0,91	—	0,07	0,08	I	0,91	—	—	—	—	—	—	—	—	—	—	—	—	—	—	—	—	—	—
	II	0,31	—	0,02	0,02	II	0,31	—	—	—	—	—	—	—	—	—	—	—	—	—	—	—	—	—	—
	III	—	—	—	—	III	—	—	—	—	—	—	—	—	—	—	—	—	—	—	—	—	—	—	—
	V	4,56	0,25	0,36	0,41	IV	0,91	—	—	0,01	—	—	—	—	—	—	—	—	—	—	—	—	—	—	—
	VI	5,77	0,31	0,46	0,51																				
38,59	I,IV	0,93	—	0,07	0,08	I	0,93	—	—	—	—	—	—	—	—	—	—	—	—	—	—	—	—	—	—
	II	0,32	—	0,02	0,02	II	0,32	—	—	—	—	—	—	—	—	—	—	—	—	—	—	—	—	—	—
	III	—	—	—	—	III	—	—	—	—	—	—	—	—	—	—	—	—	—	—	—	—	—	—	—
	V	4,60	0,25	0,36	0,41	IV	0,93	—	0,01	0,01	—	—	—	—	—	—	—	—	—	—	—	—	—	—	—
	VI	5,81	0,31	0,46	0,52																				
38,69	I,IV	0,95	—	0,07	0,08	I	0,95	—	—	—	—	—	—	—	—	—	—	—	—	—	—	—	—	—	—
	II	0,33	—	0,02	0,02	II	0,33	—	—	—	—	—	—	—	—	—	—	—	—	—	—	—	—	—	—
	III	—	—	—	—	III	—	—	—	—	—	—	—	—	—	—	—	—	—	—	—	—	—	—	—
	V	4,63	0,25	0,37	0,41	IV	0,95	—	0,01	0,01	—	—	—	—	—	—	—	—	—	—	—	—	—	—	—
	VI	5,84	0,32	0,46	0,52																				
38,79	I,IV	0,96	—	0,07	0,08	I	0,96	—	—	—	—	—	—	—	—	—	—	—	—	—	—	—	—	—	—
	II	0,35	—	0,02	0,03	II	0,35	—	—	—	—	—	—	—	—	—	—	—	—	—	—	—	—	—	—
	III	—	—	—	—	III	—	—	—	—	—	—	—	—	—	—	—	—	—	—	—	—	—	—	—
	V	4,66	0,25	0,37	0,41	IV	0,96	—	0,01	0,01	—	—	—	—	—	—	—	—	—	—	—	—	—	—	—
	VI	5,87	0,32	0,46	0,52																				
38,89	I,IV	0,98	—	0,07	0,08	I	0,98	—	—	—	—	—	—	—	—	—	—	—	—	—	—	—	—	—	—
	II	0,36	—	0,02	0,03	II	0,36	—	—	—	—	—	—	—	—	—	—	—	—	—	—	—	—	—	—
	III	—	—	—	—	III	—	—	—	—	—	—	—	—	—	—	—	—	—	—	—	—	—	—	—
	V	4,70	0,25	0,37	0,42	IV	0,98	—	0,01	0,01	—	—	—	—	—	—	—	—	—	—	—	—	—	—	—
	VI	5,91	0,32	0,47	0,53																				
38,99	I,IV	0,99	—	0,07	0,08	I	0,99	—	—	—	—	—	—	—	—	—	—	—	—	—	—	—	—	—	—
	II	0,37	—	0,02	0,03	II	0,37	—	—	—	—	—	—	—	—	—	—	—	—	—	—	—	—	—	—
	III	—	—	—	—	III	—	—	—	—	—	—	—	—	—	—	—	—	—	—	—	—	—	—	—
	V	4,74	0,26	0,37	0,42	IV	0,99	—	0,01	0,01	—	—	—	—	—	—	—	—	—	—	—	—	—	—	—
	VI	5,95	0,32	0,47	0,53																				
39,09	I,IV	1,01	—	0,08	0,09	I	1,01	—	—	—	—	—	—	—	—	—	—	—	—	—	—	—	—	—	—
	II	0,38	—	0,03	0,03	II	0,38	—	—	—	—	—	—	—	—	—	—	—	—	—	—	—	—	—	—
	III	—	—	—	—	III	—	—	—	—	—	—	—	—	—	—	—	—	—	—	—	—	—	—	—
	V	4,77	0,26	0,38	0,42	IV	1,01	—	0,01	0,01	—	—	—	—	—	—	—	—	—	—	—	—	—	—	—
	VI	5,98	0,32	0,47	0,53																				

* Die ausgewiesenen Tabellenwerte sind amtlich. Siehe Erläuterungen auf der Umschlaginnenseite (U2).

Lohn/ Gehalt bis €*		I – VI				I, II, III, IV		mit Zahl der Kinderfreibeträge . . .																	
			ohne Kinderfreibeträge					0,5			1			1,5			2			2,5			3		
		LSt	SolZ	8%	9%		LSt	SolZ	8%	9%	SolZ	8%	9%	SolZ	8%	9%	SolZ	8%	9%	SolZ	8%	9%	SolZ	8%	9%
39,19	I,IV	1,02	—	0,08	0,09	I	1,02	—	—	—	—	—	—	—	—	—	—	—	—	—	—	—	—	—	—
	II	0,40	—	0,03	0,03	II	0,40	—	—	—	—	—	—	—	—	—	—	—	—	—	—	—	—	—	—
	III	—	—	—	—	III	—	—	—	—	—	—	—	—	—	—	—	—	—	—	—	—	—	—	—
	V	4,80	0,26	0,38	0,43	IV	1,02	—	0,01	0,01	—	—	—	—	—	—	—	—	—	—	—	—	—	—	—
	VI	6,01	0,33	0,48	0,54																				
39,29	I,IV	1,04	—	0,08	0,09	I	1,04	—	—	—	—	—	—	—	—	—	—	—	—	—	—	—	—	—	—
	II	0,41	—	0,03	0,03	II	0,41	—	—	—	—	—	—	—	—	—	—	—	—	—	—	—	—	—	—
	III	—	—	—	—	III	—	—	—	—	—	—	—	—	—	—	—	—	—	—	—	—	—	—	—
	V	4,84	0,26	0,38	0,43	IV	1,04	—	0,01	0,01	—	—	—	—	—	—	—	—	—	—	—	—	—	—	—
	VI	6,05	0,33	0,48	0,54																				
39,39	I,IV	1,05	—	0,08	0,09	I	1,05	—	—	—	—	—	—	—	—	—	—	—	—	—	—	—	—	—	—
	II	0,42	—	0,03	0,03	II	0,42	—	—	—	—	—	—	—	—	—	—	—	—	—	—	—	—	—	—
	III	—	—	—	—	III	—	—	—	—	—	—	—	—	—	—	—	—	—	—	—	—	—	—	—
	V	4,88	0,26	0,39	0,43	IV	1,05	—	0,01	0,02	—	—	—	—	—	—	—	—	—	—	—	—	—	—	—
	VI	6,08	0,33	0,48	0,54																				
39,49	I,IV	1,07	—	0,08	0,09	I	1,07	—	—	—	—	—	—	—	—	—	—	—	—	—	—	—	—	—	—
	II	0,44	—	0,03	0,03	II	0,44	—	—	—	—	—	—	—	—	—	—	—	—	—	—	—	—	—	—
	III	—	—	—	—	III	—	—	—	—	—	—	—	—	—	—	—	—	—	—	—	—	—	—	—
	V	4,91	0,27	0,39	0,44	IV	1,07	—	0,02	0,02	—	—	—	—	—	—	—	—	—	—	—	—	—	—	—
	VI	6,12	0,33	0,48	0,55																				
39,59	I,IV	1,08	—	0,08	0,09	I	1,08	—	—	—	—	—	—	—	—	—	—	—	—	—	—	—	—	—	—
	II	0,45	—	0,03	0,04	II	0,45	—	—	—	—	—	—	—	—	—	—	—	—	—	—	—	—	—	—
	III	—	—	—	—	III	—	—	—	—	—	—	—	—	—	—	—	—	—	—	—	—	—	—	—
	V	4,94	0,27	0,39	0,44	IV	1,08	—	0,02	0,02	—	—	—	—	—	—	—	—	—	—	—	—	—	—	—
	VI	6,15	0,33	0,49	0,55																				
39,69	I,IV	1,10	—	0,08	0,09	I	1,10	—	—	—	—	—	—	—	—	—	—	—	—	—	—	—	—	—	—
	II	0,46	—	0,03	0,04	II	0,46	—	—	—	—	—	—	—	—	—	—	—	—	—	—	—	—	—	—
	III	—	—	—	—	III	—	—	—	—	—	—	—	—	—	—	—	—	—	—	—	—	—	—	—
	V	4,98	0,27	0,39	0,44	IV	1,10	—	0,02	0,02	—	—	—	—	—	—	—	—	—	—	—	—	—	—	—
	VI	6,19	0,34	0,49	0,55																				
39,79	I,IV	1,11	—	0,08	0,09	I	1,11	—	—	—	—	—	—	—	—	—	—	—	—	—	—	—	—	—	—
	II	0,48	—	0,03	0,04	II	0,48	—	—	—	—	—	—	—	—	—	—	—	—	—	—	—	—	—	—
	III	—	—	—	—	III	—	—	—	—	—	—	—	—	—	—	—	—	—	—	—	—	—	—	—
	V	5,01	0,27	0,40	0,45	IV	1,11	—	0,02	0,02	—	—	—	—	—	—	—	—	—	—	—	—	—	—	—
	VI	6,22	0,34	0,49	0,55																				
39,89	I,IV	1,13	—	0,09	0,10	I	1,13	—	—	—	—	—	—	—	—	—	—	—	—	—	—	—	—	—	—
	II	0,49	—	0,03	0,04	II	0,49	—	—	—	—	—	—	—	—	—	—	—	—	—	—	—	—	—	—
	III	—	—	—	—	III	—	—	—	—	—	—	—	—	—	—	—	—	—	—	—	—	—	—	—
	V	5,05	0,27	0,40	0,45	IV	1,13	—	0,02	0,02	—	—	—	—	—	—	—	—	—	—	—	—	—	—	—
	VI	6,26	0,34	0,50	0,56																				
39,99	I,IV	1,15	—	0,09	0,10	I	1,15	—	—	—	—	—	—	—	—	—	—	—	—	—	—	—	—	—	—
	II	0,50	—	0,04	0,04	II	0,50	—	—	—	—	—	—	—	—	—	—	—	—	—	—	—	—	—	—
	III	—	—	—	—	III	—	—	—	—	—	—	—	—	—	—	—	—	—	—	—	—	—	—	—
	V	5,08	0,27	0,40	0,45	IV	1,15	—	0,02	0,02	—	—	—	—	—	—	—	—	—	—	—	—	—	—	—
	VI	6,29	0,34	0,50	0,56																				
40,09	I,IV	1,16	—	0,09	0,10	I	1,16	—	—	—	—	—	—	—	—	—	—	—	—	—	—	—	—	—	—
	II	0,52	—	0,04	0,04	II	0,52	—	—	—	—	—	—	—	—	—	—	—	—	—	—	—	—	—	—
	III	—	—	—	—	III	—	—	—	—	—	—	—	—	—	—	—	—	—	—	—	—	—	—	—
	V	5,12	0,28	0,40	0,46	IV	1,16	—	0,02	0,02	—	—	—	—	—	—	—	—	—	—	—	—	—	—	—
	VI	6,33	0,34	0,50	0,56																				
40,19	I,IV	1,18	—	0,09	0,10	I	1,18	—	—	—	—	—	—	—	—	—	—	—	—	—	—	—	—	—	—
	II	0,53	—	0,04	0,04	II	0,53	—	—	—	—	—	—	—	—	—	—	—	—	—	—	—	—	—	—
	III	—	—	—	—	III	—	—	—	—	—	—	—	—	—	—	—	—	—	—	—	—	—	—	—
	V	5,15	0,28	0,41	0,46	IV	1,18	—	0,02	0,02	—	—	—	—	—	—	—	—	—	—	—	—	—	—	—
	VI	6,36	0,35	0,50	0,57																				
40,29	I,IV	1,19	—	0,09	0,10	I	1,19	—	—	—	—	—	—	—	—	—	—	—	—	—	—	—	—	—	—
	II	0,55	—	0,04	0,04	II	0,55	—	—	—	—	—	—	—	—	—	—	—	—	—	—	—	—	—	—
	III	—	—	—	—	III	—	—	—	—	—	—	—	—	—	—	—	—	—	—	—	—	—	—	—
	V	5,19	0,28	0,41	0,46	IV	1,19	—	0,02	0,03	—	—	—	—	—	—	—	—	—	—	—	—	—	—	—
	VI	6,40	0,35	0,51	0,57																				
40,39	I,IV	1,21	—	0,09	0,10	I	1,21	—	—	—	—	—	—	—	—	—	—	—	—	—	—	—	—	—	—
	II	0,56	—	0,04	0,05	II	0,56	—	—	—	—	—	—	—	—	—	—	—	—	—	—	—	—	—	—
	III	—	—	—	—	III	—	—	—	—	—	—	—	—	—	—	—	—	—	—	—	—	—	—	—
	V	5,22	0,28	0,41	0,46	IV	1,21	—	0,02	0,03	—	—	—	—	—	—	—	—	—	—	—	—	—	—	—
	VI	6,43	0,35	0,51	0,57																				
40,49	I,IV	1,22	—	0,09	0,10	I	1,22	—	—	—	—	—	—	—	—	—	—	—	—	—	—	—	—	—	—
	II	0,57	—	0,04	0,05	II	0,57	—	—	—	—	—	—	—	—	—	—	—	—	—	—	—	—	—	—
	III	—	—	—	—	III	—	—	—	—	—	—	—	—	—	—	—	—	—	—	—	—	—	—	—
	V	5,26	0,28	0,42	0,47	IV	1,22	—	0,02	0,03	—	—	—	—	—	—	—	—	—	—	—	—	—	—	—
	VI	6,46	0,35	0,51	0,58																				
40,59	I,IV	1,24	—	0,09	0,11	I	1,24	—	—	—	—	—	—	—	—	—	—	—	—	—	—	—	—	—	—
	II	0,59	—	0,04	0,05	II	0,59	—	—	—	—	—	—	—	—	—	—	—	—	—	—	—	—	—	—
	III	—	—	—	—	III	—	—	—	—	—	—	—	—	—	—	—	—	—	—	—	—	—	—	—
	V	5,29	0,29	0,42	0,47	IV	1,24	—	0,03	0,03	—	—	—	—	—	—	—	—	—	—	—	—	—	—	—
	VI	6,50	0,35	0,52	0,58																				
40,69	I,IV	1,26	—	0,10	0,11	I	1,26	—	—	—	—	—	—	—	—	—	—	—	—	—	—	—	—	—	—
	II	0,60	—	0,04	0,05	II	0,60	—	—	—	—	—	—	—	—	—	—	—	—	—	—	—	—	—	—
	III	—	—	—	—	III	—	—	—	—	—	—	—	—	—	—	—	—	—	—	—	—	—	—	—
	V	5,33	0,29	0,42	0,47	IV	1,26	—	0,03	0,03	—	—	—	—	—	—	—	—	—	—	—	—	—	—	—
	VI	6,53	0,35	0,52	0,58																				
40,79	I,IV	1,27	—	0,10	0,11	I	1,27	—	—	—	—	—	—	—	—	—	—	—	—	—	—	—	—	—	—
	II	0,61	—	0,04	0,05	II	0,61	—	—	—	—	—	—	—	—	—	—	—	—	—	—	—	—	—	—
	III	—	—	—	—	III	—	—	—	—	—	—	—	—	—	—	—	—	—	—	—	—	—	—	—
	V	5,36	0,29	0,42	0,48	IV	1,27	—	0,03	0,03	—	—	—	—	—	—	—	—	—	—	—	—	—	—	—
	VI	6,57	0,36	0,52	0,59																				

Abzüge an Lohnsteuer, Solidaritätszuschlag (SolZ) und Kirchensteuer (8%, 9%) in den Steuerklassen

*** Die ausgewiesenen Tabellenwerte sind amtlich. Siehe Erläuterungen auf der Umschlaginnenseite (U2).**

Lohn/ Gehalt bis €*	Abzüge an Lohnsteuer, Solidaritätszuschlag (SolZ) und Kirchensteuer (8%, 9%) in den Steuerklassen I – VI					I, II, III, IV		mit Zahl der Kinderfreibeträge . . . 0,5			1			1,5			2			2,5			3		
		LSt	ohne Kinderfreibeträge SolZ	8%	9%		LSt	SolZ	8%	9%	SolZ	8%	9%	SolZ	8%	9%	SolZ	8%	9%	SolZ	8%	9%	SolZ	8%	9%
40,89	I,IV	1,29	—	0,10	0,11	I	1,29	—	—	—	—	—	—	—	—	—	—	—	—	—	—	—	—	—	—
	II	0,63	—	0,05	0,05	II	0,63	—	—	—	—	—	—	—	—	—	—	—	—	—	—	—	—	—	—
	III	—	—	—	—	III	—	—	—	—	—	—	—	—	—	—	—	—	—	—	—	—	—	—	—
	V	5,40	0,29	0,43	0,48	IV	1,29	—	0,03	0,03	—	—	—	—	—	—	—	—	—	—	—	—	—	—	—
	VI	6,60	0,36	0,52	0,59																				
40,99	I,IV	1,30	—	0,10	0,11	I	1,30	—	—	—	—	—	—	—	—	—	—	—	—	—	—	—	—	—	—
	II	0,64	—	0,05	0,05	II	0,64	—	—	—	—	—	—	—	—	—	—	—	—	—	—	—	—	—	—
	III	—	—	—	—	III	—	—	—	—	—	—	—	—	—	—	—	—	—	—	—	—	—	—	—
	V	5,43	0,29	0,43	0,48	IV	1,30	—	0,03	0,03	—	—	—	—	—	—	—	—	—	—	—	—	—	—	—
	VI	6,64	0,36	0,53	0,59																				
41,09	I,IV	1,32	—	0,10	0,11	I	1,32	—	—	—	—	—	—	—	—	—	—	—	—	—	—	—	—	—	—
	II	0,66	—	0,05	0,05	II	0,66	—	—	—	—	—	—	—	—	—	—	—	—	—	—	—	—	—	—
	III	—	—	—	—	III	—	—	—	—	—	—	—	—	—	—	—	—	—	—	—	—	—	—	—
	V	5,46	0,30	0,43	0,49	IV	1,32	—	0,03	0,04	—	—	—	—	—	—	—	—	—	—	—	—	—	—	—
	VI	6,67	0,36	0,53	0,60																				
41,19	I,IV	1,34	—	0,10	0,12	I	1,34	—	—	—	—	—	—	—	—	—	—	—	—	—	—	—	—	—	—
	II	0,67	—	0,05	0,06	II	0,67	—	—	—	—	—	—	—	—	—	—	—	—	—	—	—	—	—	—
	III	—	—	—	—	III	—	—	—	—	—	—	—	—	—	—	—	—	—	—	—	—	—	—	—
	V	5,50	0,30	0,44	0,49	IV	1,34	—	0,03	0,04	—	—	—	—	—	—	—	—	—	—	—	—	—	—	—
	VI	6,71	0,36	0,53	0,60																				
41,29	I,IV	1,35	—	0,10	0,12	I	1,35	—	—	—	—	—	—	—	—	—	—	—	—	—	—	—	—	—	—
	II	0,68	—	0,05	0,06	II	0,68	—	—	—	—	—	—	—	—	—	—	—	—	—	—	—	—	—	—
	III	—	—	—	—	III	—	—	—	—	—	—	—	—	—	—	—	—	—	—	—	—	—	—	—
	V	5,53	0,30	0,44	0,49	IV	1,35	—	0,03	0,04	—	—	—	—	—	—	—	—	—	—	—	—	—	—	—
	VI	6,74	0,37	0,53	0,60																				
41,39	I,IV	1,37	—	0,10	0,12	I	1,37	—	—	—	—	—	—	—	—	—	—	—	—	—	—	—	—	—	—
	II	0,70	—	0,05	0,06	II	0,70	—	—	—	—	—	—	—	—	—	—	—	—	—	—	—	—	—	—
	III	—	—	—	—	III	—	—	—	—	—	—	—	—	—	—	—	—	—	—	—	—	—	—	—
	V	5,57	0,30	0,44	0,50	IV	1,37	—	0,03	0,04	—	—	—	—	—	—	—	—	—	—	—	—	—	—	—
	VI	6,78	0,37	0,54	0,61																				
41,49	I,IV	1,38	—	0,11	0,12	I	1,38	—	—	—	—	—	—	—	—	—	—	—	—	—	—	—	—	—	—
	II	0,71	—	0,05	0,06	II	0,71	—	—	—	—	—	—	—	—	—	—	—	—	—	—	—	—	—	—
	III	—	—	—	—	III	—	—	—	—	—	—	—	—	—	—	—	—	—	—	—	—	—	—	—
	V	5,60	0,30	0,44	0,50	IV	1,38	—	0,04	0,04	—	—	—	—	—	—	—	—	—	—	—	—	—	—	—
	VI	6,81	0,37	0,54	0,61																				
41,59	I,IV	1,40	—	0,11	0,12	I	1,40	—	—	—	—	—	—	—	—	—	—	—	—	—	—	—	—	—	—
	II	0,73	—	0,05	0,06	II	0,73	—	—	—	—	—	—	—	—	—	—	—	—	—	—	—	—	—	—
	III	—	—	—	—	III	—	—	—	—	—	—	—	—	—	—	—	—	—	—	—	—	—	—	—
	V	5,64	0,31	0,45	0,50	IV	1,40	—	0,04	0,04	—	—	—	—	—	—	—	—	—	—	—	—	—	—	—
	VI	6,85	0,37	0,54	0,61																				
41,69	I,IV	1,42	—	0,11	0,12	I	1,42	—	—	—	—	—	—	—	—	—	—	—	—	—	—	—	—	—	—
	II	0,74	—	0,05	0,06	II	0,74	—	—	—	—	—	—	—	—	—	—	—	—	—	—	—	—	—	—
	III	—	—	—	—	III	—	—	—	—	—	—	—	—	—	—	—	—	—	—	—	—	—	—	—
	V	5,67	0,31	0,45	0,51	IV	1,42	—	0,04	0,04	—	—	—	—	—	—	—	—	—	—	—	—	—	—	—
	VI	6,88	0,37	0,55	0,61																				
41,79	I,IV	1,43	—	0,11	0,12	I	1,43	—	—	—	—	—	—	—	—	—	—	—	—	—	—	—	—	—	—
	II	0,76	—	0,06	0,06	II	0,76	—	—	—	—	—	—	—	—	—	—	—	—	—	—	—	—	—	—
	III	—	—	—	—	III	—	—	—	—	—	—	—	—	—	—	—	—	—	—	—	—	—	—	—
	V	5,71	0,31	0,45	0,51	IV	1,43	—	0,04	0,04	—	—	—	—	—	—	—	—	—	—	—	—	—	—	—
	VI	6,92	0,38	0,55	0,62																				
41,89	I,IV	1,45	—	0,11	0,13	I	1,45	—	—	—	—	—	—	—	—	—	—	—	—	—	—	—	—	—	—
	II	0,77	—	0,06	0,06	II	0,77	—	—	—	—	—	—	—	—	—	—	—	—	—	—	—	—	—	—
	III	—	—	—	—	III	—	—	—	—	—	—	—	—	—	—	—	—	—	—	—	—	—	—	—
	V	5,74	0,31	0,45	0,51	IV	1,45	—	0,04	0,05	—	—	—	—	—	—	—	—	—	—	—	—	—	—	—
	VI	6,95	0,38	0,55	0,62																				
41,99	I,IV	1,47	—	0,11	0,13	I	1,47	—	—	—	—	—	—	—	—	—	—	—	—	—	—	—	—	—	—
	II	0,78	—	0,06	0,07	II	0,78	—	—	—	—	—	—	—	—	—	—	—	—	—	—	—	—	—	—
	III	—	—	—	—	III	—	—	—	—	—	—	—	—	—	—	—	—	—	—	—	—	—	—	—
	V	5,78	0,31	0,46	0,52	IV	1,47	—	0,04	0,05	—	—	—	—	—	—	—	—	—	—	—	—	—	—	—
	VI	6,99	0,38	0,55	0,62																				
42,09	I,IV	1,48	—	0,11	0,13	I	1,48	—	—	—	—	—	—	—	—	—	—	—	—	—	—	—	—	—	—
	II	0,80	—	0,06	0,07	II	0,80	—	—	—	—	—	—	—	—	—	—	—	—	—	—	—	—	—	—
	III	—	—	—	—	III	—	—	—	—	—	—	—	—	—	—	—	—	—	—	—	—	—	—	—
	V	5,81	0,31	0,46	0,52	IV	1,48	—	0,04	0,05	—	—	—	—	—	—	—	—	—	—	—	—	—	—	—
	VI	7,02	0,38	0,56	0,63																				
42,19	I,IV	1,50	—	0,12	0,13	I	1,50	—	—	—	—	—	—	—	—	—	—	—	—	—	—	—	—	—	—
	II	0,81	—	0,06	0,07	II	0,81	—	—	—	—	—	—	—	—	—	—	—	—	—	—	—	—	—	—
	III	—	—	—	—	III	—	—	—	—	—	—	—	—	—	—	—	—	—	—	—	—	—	—	—
	V	5,85	0,32	0,46	0,52	IV	1,50	—	0,04	0,05	—	—	—	—	—	—	—	—	—	—	—	—	—	—	—
	VI	7,06	0,38	0,56	0,63																				
42,29	I,IV	1,52	—	0,12	0,13	I	1,52	—	—	—	—	—	—	—	—	—	—	—	—	—	—	—	—	—	—
	II	0,83	—	0,06	0,07	II	0,83	—	—	—	—	—	—	—	—	—	—	—	—	—	—	—	—	—	—
	III	—	—	—	—	III	—	—	—	—	—	—	—	—	—	—	—	—	—	—	—	—	—	—	—
	V	5,88	0,32	0,47	0,52	IV	1,52	—	0,04	0,05	—	—	—	—	—	—	—	—	—	—	—	—	—	—	—
	VI	7,09	0,39	0,56	0,63																				
42,39	I,IV	1,53	—	0,12	0,13	I	1,53	—	—	—	—	—	—	—	—	—	—	—	—	—	—	—	—	—	—
	II	0,84	—	0,06	0,07	II	0,84	—	—	—	—	—	—	—	—	—	—	—	—	—	—	—	—	—	—
	III	—	—	—	—	III	—	—	—	—	—	—	—	—	—	—	—	—	—	—	—	—	—	—	—
	V	5,92	0,32	0,47	0,53	IV	1,53	—	0,05	0,05	—	—	—	—	—	—	—	—	—	—	—	—	—	—	—
	VI	7,13	0,39	0,57	0,64																				
42,49	I,IV	1,55	—	0,12	0,13	I	1,55	—	—	—	—	—	—	—	—	—	—	—	—	—	—	—	—	—	—
	II	0,86	—	0,06	0,07	II	0,86	—	—	—	—	—	—	—	—	—	—	—	—	—	—	—	—	—	—
	III	—	—	—	—	III	—	—	—	—	—	—	—	—	—	—	—	—	—	—	—	—	—	—	—
	V	5,95	0,32	0,47	0,53	IV	1,55	—	0,05	0,05	—	—	—	—	—	—	—	—	—	—	—	—	—	—	—
	VI	7,16	0,39	0,57	0,64																				

* Die ausgewiesenen Tabellenwerte sind amtlich. Siehe Erläuterungen auf der Umschlaginnenseite (U2).

Abzüge an Lohnsteuer, Solidaritätszuschlag (SolZ) und Kirchensteuer (8%, 9%) in den Steuerklassen

Lohn/Gehalt bis €*		I – VI					I, II, III, IV																		
			ohne Kinderfreibeträge					mit Zahl der Kinderfreibeträge . . . 0,5			1			1,5			2			2,5			3		
		LSt	SolZ	8%	9%		LSt	SolZ	8%	9%	SolZ	8%	9%	SolZ	8%	9%	SolZ	8%	9%	SolZ	8%	9%	SolZ	8%	9%
42,59	I,IV	1,57	—	0,12	0,14	I	1,57	—	—	—	—	—	—	—	—	—	—	—	—	—	—	—	—	—	—
	II	0,87	—	0,06	0,07	II	0,87	—	—	—	—	—	—	—	—	—	—	—	—	—	—	—	—	—	—
	III	—	—	—	—	III	—	—	—	—	—	—	—	—	—	—	—	—	—	—	—	—	—	—	—
	V	5,99	0,32	0,47	0,53	IV	1,57	—	0,05	0,05	—	—	—	—	—	—	—	—	—	—	—	—	—	—	—
	VI	7,20	0,39	0,57	0,64																				
42,69	I,IV	1,58	—	0,12	0,14	I	1,58	—	—	—	—	—	—	—	—	—	—	—	—	—	—	—	—	—	—
	II	0,89	—	0,07	0,08	II	0,89	—	—	—	—	—	—	—	—	—	—	—	—	—	—	—	—	—	—
	III	—	—	—	—	III	—	—	—	—	—	—	—	—	—	—	—	—	—	—	—	—	—	—	—
	V	6,02	0,33	0,48	0,54	IV	1,58	—	0,05	0,06	—	—	—	—	—	—	—	—	—	—	—	—	—	—	—
	VI	7,23	0,39	0,57	0,65																				
42,79	I,IV	1,60	—	0,12	0,14	I	1,60	—	—	—	—	—	—	—	—	—	—	—	—	—	—	—	—	—	—
	II	0,90	—	0,07	0,08	II	0,90	—	—	—	—	—	—	—	—	—	—	—	—	—	—	—	—	—	—
	III	—	—	—	—	III	—	—	—	—	—	—	—	—	—	—	—	—	—	—	—	—	—	—	—
	V	6,06	0,33	0,48	0,54	IV	1,60	—	0,05	0,06	—	—	—	—	—	—	—	—	—	—	—	—	—	—	—
	VI	7,26	0,39	0,58	0,65																				
42,89	I,IV	1,62	—	0,12	0,14	I	1,62	—	—	—	—	—	—	—	—	—	—	—	—	—	—	—	—	—	—
	II	0,92	—	0,07	0,08	II	0,92	—	—	—	—	—	—	—	—	—	—	—	—	—	—	—	—	—	—
	III	—	—	—	—	III	—	—	—	—	—	—	—	—	—	—	—	—	—	—	—	—	—	—	—
	V	6,09	0,33	0,48	0,54	IV	1,62	—	0,05	0,06	—	—	—	—	—	—	—	—	—	—	—	—	—	—	—
	VI	7,30	0,40	0,58	0,65																				
42,99	I,IV	1,64	—	0,13	0,14	I	1,64	—	—	—	—	—	—	—	—	—	—	—	—	—	—	—	—	—	—
	II	0,93	—	0,07	0,08	II	0,93	—	—	—	—	—	—	—	—	—	—	—	—	—	—	—	—	—	—
	III	—	—	—	—	III	—	—	—	—	—	—	—	—	—	—	—	—	—	—	—	—	—	—	—
	V	6,13	0,33	0,49	0,55	IV	1,64	—	0,05	0,06	—	—	—	—	—	—	—	—	—	—	—	—	—	—	—
	VI	7,33	0,40	0,58	0,65																				
43,09	I,IV	1,65	—	0,13	0,14	I	1,65	—	—	—	—	—	—	—	—	—	—	—	—	—	—	—	—	—	—
	II	0,95	—	0,07	0,08	II	0,95	—	—	—	—	—	—	—	—	—	—	—	—	—	—	—	—	—	—
	III	—	—	—	—	III	—	—	—	—	—	—	—	—	—	—	—	—	—	—	—	—	—	—	—
	V	6,16	0,33	0,49	0,55	IV	1,65	—	0,05	0,06	—	—	—	—	—	—	—	—	—	—	—	—	—	—	—
	VI	7,37	0,40	0,58	0,66																				
43,19	I,IV	1,67	—	0,13	0,15	I	1,67	—	—	—	—	—	—	—	—	—	—	—	—	—	—	—	—	—	—
	II	0,96	—	0,07	0,08	II	0,96	—	—	—	—	—	—	—	—	—	—	—	—	—	—	—	—	—	—
	III	—	—	—	—	III	—	—	—	—	—	—	—	—	—	—	—	—	—	—	—	—	—	—	—
	V	6,20	0,34	0,49	0,55	IV	1,67	—	0,05	0,06	—	—	—	—	—	—	—	—	—	—	—	—	—	—	—
	VI	7,40	0,40	0,59	0,66																				
43,29	I,IV	1,69	—	0,13	0,15	I	1,69	—	—	—	—	—	—	—	—	—	—	—	—	—	—	—	—	—	—
	II	0,98	—	0,07	0,08	II	0,98	—	—	—	—	—	—	—	—	—	—	—	—	—	—	—	—	—	—
	III	—	—	—	—	III	—	—	—	—	—	—	—	—	—	—	—	—	—	—	—	—	—	—	—
	V	6,23	0,34	0,49	0,56	IV	1,69	—	0,06	0,06	—	—	—	—	—	—	—	—	—	—	—	—	—	—	—
	VI	7,44	0,40	0,59	0,66																				
43,39	I,IV	1,70	—	0,13	0,15	I	1,70	—	—	—	—	—	—	—	—	—	—	—	—	—	—	—	—	—	—
	II	0,99	—	0,07	0,08	II	0,99	—	—	—	—	—	—	—	—	—	—	—	—	—	—	—	—	—	—
	III	—	—	—	—	III	—	—	—	—	—	—	—	—	—	—	—	—	—	—	—	—	—	—	—
	V	6,26	0,34	0,50	0,56	IV	1,70	—	0,06	0,06	—	—	—	—	—	—	—	—	—	—	—	—	—	—	—
	VI	7,47	0,41	0,59	0,67																				
43,49	I,IV	1,72	—	0,13	0,15	I	1,72	—	—	—	—	—	—	—	—	—	—	—	—	—	—	—	—	—	—
	II	1,01	—	0,08	0,09	II	1,01	—	—	—	—	—	—	—	—	—	—	—	—	—	—	—	—	—	—
	III	—	—	—	—	III	—	—	—	—	—	—	—	—	—	—	—	—	—	—	—	—	—	—	—
	V	6,30	0,34	0,50	0,56	IV	1,72	—	0,06	0,07	—	—	—	—	—	—	—	—	—	—	—	—	—	—	—
	VI	7,51	0,41	0,60	0,67																				
43,59	I,IV	1,74	—	0,13	0,15	I	1,74	—	—	—	—	—	—	—	—	—	—	—	—	—	—	—	—	—	—
	II	1,02	—	0,08	0,09	II	1,02	—	—	—	—	—	—	—	—	—	—	—	—	—	—	—	—	—	—
	III	—	—	—	—	III	—	—	—	—	—	—	—	—	—	—	—	—	—	—	—	—	—	—	—
	V	6,33	0,34	0,50	0,56	IV	1,74	—	0,06	0,07	—	—	—	—	—	—	—	—	—	—	—	—	—	—	—
	VI	7,54	0,41	0,60	0,67																				
43,69	I,IV	1,76	—	0,14	0,15	I	1,76	—	—	—	—	—	—	—	—	—	—	—	—	—	—	—	—	—	—
	II	1,04	—	0,08	0,09	II	1,04	—	—	—	—	—	—	—	—	—	—	—	—	—	—	—	—	—	—
	III	—	—	—	—	III	—	—	—	—	—	—	—	—	—	—	—	—	—	—	—	—	—	—	—
	V	6,37	0,35	0,50	0,57	IV	1,76	—	0,06	0,07	—	—	—	—	—	—	—	—	—	—	—	—	—	—	—
	VI	7,58	0,41	0,60	0,68																				
43,79	I,IV	1,77	—	0,14	0,15	I	1,77	—	—	—	—	—	—	—	—	—	—	—	—	—	—	—	—	—	—
	II	1,05	—	0,08	0,09	II	1,05	—	—	—	—	—	—	—	—	—	—	—	—	—	—	—	—	—	—
	III	—	—	—	—	III	—	—	—	—	—	—	—	—	—	—	—	—	—	—	—	—	—	—	—
	V	6,40	0,35	0,51	0,57	IV	1,77	—	0,06	0,07	—	—	—	—	—	—	—	—	—	—	—	—	—	—	—
	VI	7,61	0,41	0,60	0,68																				
43,89	I,IV	1,79	—	0,14	0,16	I	1,79	—	—	—	—	—	—	—	—	—	—	—	—	—	—	—	—	—	—
	II	1,07	—	0,08	0,09	II	1,07	—	—	—	—	—	—	—	—	—	—	—	—	—	—	—	—	—	—
	III	—	—	—	—	III	—	—	—	—	—	—	—	—	—	—	—	—	—	—	—	—	—	—	—
	V	6,44	0,35	0,51	0,57	IV	1,79	—	0,06	0,07	—	—	—	—	—	—	—	—	—	—	—	—	—	—	—
	VI	7,65	0,42	0,61	0,68																				
43,99	I,IV	1,81	—	0,14	0,16	I	1,81	—	—	—	—	—	—	—	—	—	—	—	—	—	—	—	—	—	—
	II	1,08	—	0,08	0,09	II	1,08	—	—	—	—	—	—	—	—	—	—	—	—	—	—	—	—	—	—
	III	—	—	—	—	III	—	—	—	—	—	—	—	—	—	—	—	—	—	—	—	—	—	—	—
	V	6,47	0,35	0,51	0,58	IV	1,81	—	0,06	0,07	—	—	—	—	—	—	—	—	—	—	—	—	—	—	—
	VI	7,68	0,42	0,61	0,69																				
44,09	I,IV	1,83	—	0,14	0,16	I	1,83	—	—	—	—	—	—	—	—	—	—	—	—	—	—	—	—	—	—
	II	1,10	—	0,08	0,09	II	1,10	—	—	—	—	—	—	—	—	—	—	—	—	—	—	—	—	—	—
	III	—	—	—	—	III	—	—	—	—	—	—	—	—	—	—	—	—	—	—	—	—	—	—	—
	V	6,51	0,35	0,52	0,58	IV	1,83	—	0,07	0,07	—	—	—	—	—	—	—	—	—	—	—	—	—	—	—
	VI	7,72	0,42	0,61	0,69																				
44,19	I,IV	1,85	—	0,14	0,16	I	1,85	—	—	—	—	—	—	—	—	—	—	—	—	—	—	—	—	—	—
	II	1,12	—	0,08	0,10	II	1,12	—	—	—	—	—	—	—	—	—	—	—	—	—	—	—	—	—	—
	III	—	—	—	—	III	—	—	—	—	—	—	—	—	—	—	—	—	—	—	—	—	—	—	—
	V	6,55	0,36	0,52	0,58	IV	1,85	—	0,07	0,08	—	—	—	—	—	—	—	—	—	—	—	—	—	—	—
	VI	7,76	0,42	0,62	0,69																				

* Die ausgewiesenen Tabellenwerte sind amtlich. Siehe Erläuterungen auf der Umschlaginnenseite (U2).

Lohn/ Gehalt bis €*	Abzüge an Lohnsteuer, Solidaritätszuschlag (SolZ) und Kirchensteuer (8%, 9%) in den Steuerklassen I – VI					I, II, III, IV		mit Zahl der Kinderfreibeträge . . . 0,5			1			1,5			2			2,5			3		
		LSt	ohne Kinderfreibeträge SolZ	8%	9%		LSt	SolZ	8%	9%	SolZ	8%	9%	SolZ	8%	9%	SolZ	8%	9%	SolZ	8%	9%	SolZ	8%	9%
44,29	I,IV	1,87	—	0,14	0,16	I	1,87	—	—	0,01	—	—	—	—	—	—	—	—	—	—	—	—	—	—	—
	II	1,14	—	0,09	0,10	II	1,14	—	—	—	—	—	—	—	—	—	—	—	—	—	—	—	—	—	—
	III	—	—	—	—	III	—	—	—	—	—	—	—	—	—	—	—	—	—	—	—	—	—	—	—
	V	6,59	0,36	0,52	0,59	IV	1,87	—	0,07	0,08	—	—	0,01	—	—	—	—	—	—	—	—	—	—	—	—
	VI	7,80	0,42	0,62	0,70																				
44,39	I,IV	1,89	—	0,15	0,17	I	1,89	—	0,01	0,01	—	—	—	—	—	—	—	—	—	—	—	—	—	—	—
	II	1,16	—	0,09	0,10	II	1,16	—	—	—	—	—	—	—	—	—	—	—	—	—	—	—	—	—	—
	III	—	—	—	—	III	—	—	—	—	—	—	—	—	—	—	—	—	—	—	—	—	—	—	—
	V	6,63	0,36	0,53	0,59	IV	1,89	—	0,07	0,08	—	0,01	0,01	—	—	—	—	—	—	—	—	—	—	—	—
	VI	7,84	0,43	0,62	0,70																				
44,49	I,IV	1,91	—	0,15	0,17	I	1,91	—	0,01	0,01	—	—	—	—	—	—	—	—	—	—	—	—	—	—	—
	II	1,17	—	0,09	0,10	II	1,17	—	—	—	—	—	—	—	—	—	—	—	—	—	—	—	—	—	—
	III	—	—	—	—	III	—	—	—	—	—	—	—	—	—	—	—	—	—	—	—	—	—	—	—
	V	6,67	0,36	0,53	0,60	IV	1,91	—	0,07	0,08	—	0,01	0,01	—	—	—	—	—	—	—	—	—	—	—	—
	VI	7,88	0,43	0,63	0,70																				
44,59	I,IV	1,93	—	0,15	0,17	I	1,93	—	0,01	0,01	—	—	—	—	—	—	—	—	—	—	—	—	—	—	—
	II	1,19	—	0,09	0,10	II	1,19	—	—	—	—	—	—	—	—	—	—	—	—	—	—	—	—	—	—
	III	—	—	—	—	III	—	—	—	—	—	—	—	—	—	—	—	—	—	—	—	—	—	—	—
	V	6,71	0,36	0,53	0,60	IV	1,93	—	0,07	0,08	—	0,01	0,01	—	—	—	—	—	—	—	—	—	—	—	—
	VI	7,92	0,43	0,63	0,71																				
44,69	I,IV	1,95	—	0,15	0,17	I	1,95	—	0,01	0,01	—	—	—	—	—	—	—	—	—	—	—	—	—	—	—
	II	1,21	—	0,09	0,10	II	1,21	—	—	—	—	—	—	—	—	—	—	—	—	—	—	—	—	—	—
	III	—	—	—	—	III	—	—	—	—	—	—	—	—	—	—	—	—	—	—	—	—	—	—	—
	V	6,75	0,37	0,54	0,60	IV	1,95	—	0,07	0,08	—	0,01	0,01	—	—	—	—	—	—	—	—	—	—	—	—
	VI	7,96	0,43	0,63	0,71																				
44,79	I,IV	1,97	—	0,15	0,17	I	1,97	—	0,01	0,01	—	—	—	—	—	—	—	—	—	—	—	—	—	—	—
	II	1,23	—	0,09	0,11	II	1,23	—	—	—	—	—	—	—	—	—	—	—	—	—	—	—	—	—	—
	III	—	—	—	—	III	—	—	—	—	—	—	—	—	—	—	—	—	—	—	—	—	—	—	—
	V	6,79	0,37	0,54	0,61	IV	1,97	—	0,08	0,09	—	0,01	0,01	—	—	—	—	—	—	—	—	—	—	—	—
	VI	8,—	0,44	0,64	0,72																				
44,89	I,IV	1,99	—	0,15	0,17	I	1,99	—	0,01	0,01	—	—	—	—	—	—	—	—	—	—	—	—	—	—	—
	II	1,25	—	0,10	0,11	II	1,25	—	—	—	—	—	—	—	—	—	—	—	—	—	—	—	—	—	—
	III	—	—	—	—	III	—	—	—	—	—	—	—	—	—	—	—	—	—	—	—	—	—	—	—
	V	6,83	0,37	0,54	0,61	IV	1,99	—	0,08	0,09	—	0,01	0,01	—	—	—	—	—	—	—	—	—	—	—	—
	VI	8,04	0,44	0,64	0,72																				
44,99	I,IV	2,01	—	0,16	0,18	I	2,01	—	0,01	0,01	—	—	—	—	—	—	—	—	—	—	—	—	—	—	—
	II	1,26	—	0,10	0,11	II	1,26	—	—	—	—	—	—	—	—	—	—	—	—	—	—	—	—	—	—
	III	—	—	—	—	III	—	—	—	—	—	—	—	—	—	—	—	—	—	—	—	—	—	—	—
	V	6,87	0,37	0,54	0,61	IV	2,01	—	0,08	0,09	—	0,01	0,01	—	—	—	—	—	—	—	—	—	—	—	—
	VI	8,08	0,44	0,64	0,72																				
45,09	I,IV	2,03	—	0,16	0,18	I	2,03	—	0,01	0,02	—	—	—	—	—	—	—	—	—	—	—	—	—	—	—
	II	1,28	—	0,10	0,11	II	1,28	—	—	—	—	—	—	—	—	—	—	—	—	—	—	—	—	—	—
	III	—	—	—	—	III	—	—	—	—	—	—	—	—	—	—	—	—	—	—	—	—	—	—	—
	V	6,91	0,38	0,55	0,62	IV	2,03	—	0,08	0,09	—	0,01	0,02	—	—	—	—	—	—	—	—	—	—	—	—
	VI	8,12	0,44	0,64	0,73																				
45,19	I,IV	2,06	—	0,16	0,18	I	2,06	—	0,01	0,02	—	—	—	—	—	—	—	—	—	—	—	—	—	—	—
	II	1,30	—	0,10	0,11	II	1,30	—	—	—	—	—	—	—	—	—	—	—	—	—	—	—	—	—	—
	III	—	—	—	—	III	—	—	—	—	—	—	—	—	—	—	—	—	—	—	—	—	—	—	—
	V	6,95	0,38	0,55	0,62	IV	2,06	—	0,08	0,09	—	0,01	0,02	—	—	—	—	—	—	—	—	—	—	—	—
	VI	8,16	0,44	0,65	0,73																				
45,29	I,IV	2,08	—	0,16	0,18	I	2,08	—	0,02	0,02	—	—	—	—	—	—	—	—	—	—	—	—	—	—	—
	II	1,32	—	0,10	0,11	II	1,32	—	—	—	—	—	—	—	—	—	—	—	—	—	—	—	—	—	—
	III	—	—	—	—	III	—	—	—	—	—	—	—	—	—	—	—	—	—	—	—	—	—	—	—
	V	6,99	0,38	0,55	0,62	IV	2,08	—	0,08	0,09	—	0,02	0,02	—	—	—	—	—	—	—	—	—	—	—	—
	VI	8,20	0,45	0,65	0,73																				
45,39	I,IV	2,10	—	0,16	0,18	I	2,10	—	0,02	0,02	—	—	—	—	—	—	—	—	—	—	—	—	—	—	—
	II	1,34	—	0,10	0,12	II	1,34	—	—	—	—	—	—	—	—	—	—	—	—	—	—	—	—	—	—
	III	—	—	—	—	III	—	—	—	—	—	—	—	—	—	—	—	—	—	—	—	—	—	—	—
	V	7,03	0,38	0,56	0,63	IV	2,10	—	0,08	0,09	—	0,02	0,02	—	—	—	—	—	—	—	—	—	—	—	—
	VI	8,24	0,45	0,65	0,74																				
45,49	I,IV	2,12	—	0,16	0,19	I	2,12	—	0,02	0,02	—	—	—	—	—	—	—	—	—	—	—	—	—	—	—
	II	1,36	—	0,10	0,12	II	1,36	—	—	—	—	—	—	—	—	—	—	—	—	—	—	—	—	—	—
	III	—	—	—	—	III	—	—	—	—	—	—	—	—	—	—	—	—	—	—	—	—	—	—	—
	V	7,07	0,38	0,56	0,63	IV	2,12	—	0,08	0,10	—	0,02	0,02	—	—	—	—	—	—	—	—	—	—	—	—
	VI	8,28	0,45	0,66	0,74																				
45,59	I,IV	2,14	—	0,17	0,19	I	2,14	—	0,02	0,02	—	—	—	—	—	—	—	—	—	—	—	—	—	—	—
	II	1,38	—	0,11	0,12	II	1,38	—	—	—	—	—	—	—	—	—	—	—	—	—	—	—	—	—	—
	III	—	—	—	—	III	—	—	—	—	—	—	—	—	—	—	—	—	—	—	—	—	—	—	—
	V	7,11	0,39	0,56	0,63	IV	2,14	—	0,09	0,10	—	0,02	0,02	—	—	—	—	—	—	—	—	—	—	—	—
	VI	8,32	0,45	0,66	0,74																				
45,69	I,IV	2,16	—	0,17	0,19	I	2,16	—	0,02	0,02	—	—	—	—	—	—	—	—	—	—	—	—	—	—	—
	II	1,40	—	0,11	0,12	II	1,40	—	—	—	—	—	—	—	—	—	—	—	—	—	—	—	—	—	—
	III	—	—	—	—	III	—	—	—	—	—	—	—	—	—	—	—	—	—	—	—	—	—	—	—
	V	7,15	0,39	0,57	0,64	IV	2,16	—	0,09	0,10	—	0,02	0,02	—	—	—	—	—	—	—	—	—	—	—	—
	VI	8,36	0,46	0,66	0,75																				
45,79	I,IV	2,18	—	0,17	0,19	I	2,18	—	0,02	0,02	—	—	—	—	—	—	—	—	—	—	—	—	—	—	—
	II	1,41	—	0,11	0,12	II	1,41	—	—	—	—	—	—	—	—	—	—	—	—	—	—	—	—	—	—
	III	—	—	—	—	III	—	—	—	—	—	—	—	—	—	—	—	—	—	—	—	—	—	—	—
	V	7,19	0,39	0,57	0,64	IV	2,18	—	0,09	0,10	—	0,02	0,02	—	—	—	—	—	—	—	—	—	—	—	—
	VI	8,40	0,46	0,67	0,75																				
45,89	I,IV	2,20	—	0,17	0,19	I	2,20	—	0,02	0,03	—	—	—	—	—	—	—	—	—	—	—	—	—	—	—
	II	1,43	—	0,11	0,12	II	1,43	—	—	—	—	—	—	—	—	—	—	—	—	—	—	—	—	—	—
	III	—	—	—	—	III	—	—	—	—	—	—	—	—	—	—	—	—	—	—	—	—	—	—	—
	V	7,23	0,39	0,57	0,65	IV	2,20	—	0,09	0,10	—	0,02	0,03	—	—	—	—	—	—	—	—	—	—	—	—
	VI	8,44	0,46	0,67	0,75																				

* Die ausgewiesenen Tabellenwerte sind amtlich. Siehe Erläuterungen auf der Umschlaginnenseite (U2).

Abzüge an Lohnsteuer, Solidaritätszuschlag (SolZ) und Kirchensteuer (8%, 9%) in den Steuerklassen

Lohn/ Gehalt bis €*	I – VI					I, II, III, IV		mit Zahl der Kinderfreibeträge . . .																	
			ohne Kinderfreibeträge					0,5			1			1,5			2			2,5			3		
		LSt	SolZ	8%	9%		LSt	SolZ	8%	9%	SolZ	8%	9%	SolZ	8%	9%	SolZ	8%	9%	SolZ	8%	9%	SolZ	8%	9%
45,99	I,IV	2,22	—	0,17	0,19	I	2,22	—	0,02	0,03	—	—	—	—	—	—	—	—	—	—	—	—	—	—	—
	II	1,45	—	0,11	0,13	II	1,45	—	—	—	—	—	—	—	—	—	—	—	—	—	—	—	—	—	—
	III	—	—	—	—	III	—	—	—	—	—	—	—	—	—	—	—	—	—	—	—	—	—	—	—
	V	7,27	0,39	0,58	0,65	IV	2,22	—	0,09	0,10	—	0,02	0,03	—	—	—	—	—	—	—	—	—	—	—	—
	VI	8,48	0,46	0,67	0,76																				
46,09	I,IV	2,25	—	0,18	0,20	I	2,25	—	0,03	0,03	—	—	—	—	—	—	—	—	—	—	—	—	—	—	—
	II	1,47	—	0,11	0,13	II	1,47	—	—	—	—	—	—	—	—	—	—	—	—	—	—	—	—	—	—
	III	—	—	—	—	III	—	—	—	—	—	—	—	—	—	—	—	—	—	—	—	—	—	—	—
	V	7,31	0,40	0,58	0,65	IV	2,25	—	0,09	0,11	—	0,03	0,03	—	—	—	—	—	—	—	—	—	—	—	—
	VI	8,52	0,46	0,68	0,76																				
46,19	I,IV	2,27	—	0,18	0,20	I	2,27	—	0,03	0,03	—	—	—	—	—	—	—	—	—	—	—	—	—	—	—
	II	1,49	—	0,11	0,13	II	1,49	—	—	—	—	—	—	—	—	—	—	—	—	—	—	—	—	—	—
	III	—	—	—	—	III	—	—	—	—	—	—	—	—	—	—	—	—	—	—	—	—	—	—	—
	V	7,35	0,40	0,58	0,66	IV	2,27	—	0,10	0,11	—	0,03	0,03	—	—	—	—	—	—	—	—	—	—	—	—
	VI	8,56	0,47	0,68	0,77																				
46,29	I,IV	2,29	—	0,18	0,20	I	2,29	—	0,03	0,03	—	—	—	—	—	—	—	—	—	—	—	—	—	—	—
	II	1,51	—	0,12	0,13	II	1,51	—	—	—	—	—	—	—	—	—	—	—	—	—	—	—	—	—	—
	III	—	—	—	—	III	—	—	—	—	—	—	—	—	—	—	—	—	—	—	—	—	—	—	—
	V	7,39	0,40	0,59	0,66	IV	2,29	—	0,10	0,11	—	0,03	0,03	—	—	—	—	—	—	—	—	—	—	—	—
	VI	8,60	0,47	0,68	0,77																				
46,39	I,IV	2,31	—	0,18	0,20	I	2,31	—	0,03	0,03	—	—	—	—	—	—	—	—	—	—	—	—	—	—	—
	II	1,53	—	0,12	0,13	II	1,53	—	—	—	—	—	—	—	—	—	—	—	—	—	—	—	—	—	—
	III	—	—	—	—	III	—	—	—	—	—	—	—	—	—	—	—	—	—	—	—	—	—	—	—
	V	7,43	0,40	0,59	0,66	IV	2,31	—	0,10	0,11	—	0,03	0,03	—	—	—	—	—	—	—	—	—	—	—	—
	VI	8,64	0,47	0,69	0,77																				
46,49	I,IV	2,33	—	0,18	0,20	I	2,33	—	0,03	0,03	—	—	—	—	—	—	—	—	—	—	—	—	—	—	—
	II	1,55	—	0,12	0,13	II	1,55	—	—	—	—	—	—	—	—	—	—	—	—	—	—	—	—	—	—
	III	—	—	—	—	III	—	—	—	—	—	—	—	—	—	—	—	—	—	—	—	—	—	—	—
	V	7,47	0,41	0,59	0,67	IV	2,33	—	0,10	0,11	—	0,03	0,03	—	—	—	—	—	—	—	—	—	—	—	—
	VI	8,68	0,47	0,69	0,78																				
46,59	I,IV	2,35	—	0,18	0,21	I	2,35	—	0,03	0,04	—	—	—	—	—	—	—	—	—	—	—	—	—	—	—
	II	1,56	—	0,12	0,14	II	1,56	—	—	—	—	—	—	—	—	—	—	—	—	—	—	—	—	—	—
	III	—	—	—	—	III	—	—	—	—	—	—	—	—	—	—	—	—	—	—	—	—	—	—	—
	V	7,51	0,41	0,60	0,67	IV	2,35	—	0,10	0,11	—	0,03	0,04	—	—	—	—	—	—	—	—	—	—	—	—
	VI	8,72	0,47	0,69	0,78																				
46,69	I,IV	2,38	—	0,19	0,21	I	2,38	—	0,03	0,04	—	—	—	—	—	—	—	—	—	—	—	—	—	—	—
	II	1,58	—	0,12	0,14	II	1,58	—	—	—	—	—	—	—	—	—	—	—	—	—	—	—	—	—	—
	III	—	—	—	—	III	—	—	—	—	—	—	—	—	—	—	—	—	—	—	—	—	—	—	—
	V	7,55	0,41	0,60	0,67	IV	2,38	—	0,10	0,12	—	0,03	0,04	—	—	—	—	—	—	—	—	—	—	—	—
	VI	8,76	0,48	0,70	0,78																				
46,79	I,IV	2,40	—	0,19	0,21	I	2,40	—	0,03	0,04	—	—	—	—	—	—	—	—	—	—	—	—	—	—	—
	II	1,60	—	0,12	0,14	II	1,60	—	—	—	—	—	—	—	—	—	—	—	—	—	—	—	—	—	—
	III	—	—	—	—	III	—	—	—	—	—	—	—	—	—	—	—	—	—	—	—	—	—	—	—
	V	7,59	0,41	0,60	0,68	IV	2,40	—	0,10	0,12	—	0,03	0,04	—	—	—	—	—	—	—	—	—	—	—	—
	VI	8,80	0,48	0,70	0,79																				
46,89	I,IV	2,42	—	0,19	0,21	I	2,42	—	0,04	0,04	—	—	—	—	—	—	—	—	—	—	—	—	—	—	—
	II	1,62	—	0,12	0,14	II	1,62	—	—	—	—	—	—	—	—	—	—	—	—	—	—	—	—	—	—
	III	—	—	—	—	III	—	—	—	—	—	—	—	—	—	—	—	—	—	—	—	—	—	—	—
	V	7,63	0,41	0,61	0,68	IV	2,42	—	0,11	0,12	—	0,04	0,04	—	—	—	—	—	—	—	—	—	—	—	—
	VI	8,83	0,48	0,70	0,79																				
46,99	I,IV	2,44	—	0,19	0,21	I	2,44	—	0,04	0,04	—	—	—	—	—	—	—	—	—	—	—	—	—	—	—
	II	1,64	—	0,13	0,14	II	1,64	—	—	—	—	—	—	—	—	—	—	—	—	—	—	—	—	—	—
	III	—	—	—	—	III	—	—	—	—	—	—	—	—	—	—	—	—	—	—	—	—	—	—	—
	V	7,67	0,42	0,61	0,69	IV	2,44	—	0,11	0,12	—	0,04	0,04	—	—	—	—	—	—	—	—	—	—	—	—
	VI	8,88	0,48	0,71	0,79																				
47,09	I,IV	2,46	—	0,19	0,22	I	2,46	—	0,04	0,04	—	—	—	—	—	—	—	—	—	—	—	—	—	—	—
	II	1,66	—	0,13	0,14	II	1,66	—	—	—	—	—	—	—	—	—	—	—	—	—	—	—	—	—	—
	III	—	—	—	—	III	—	—	—	—	—	—	—	—	—	—	—	—	—	—	—	—	—	—	—
	V	7,71	0,42	0,61	0,69	IV	2,46	—	0,11	0,12	—	0,04	0,04	—	—	—	—	—	—	—	—	—	—	—	—
	VI	8,91	0,49	0,71	0,80																				
47,19	I,IV	2,48	—	0,19	0,22	I	2,48	—	0,04	0,04	—	—	—	—	—	—	—	—	—	—	—	—	—	—	—
	II	1,68	—	0,13	0,15	II	1,68	—	—	—	—	—	—	—	—	—	—	—	—	—	—	—	—	—	—
	III	—	—	—	—	III	—	—	—	—	—	—	—	—	—	—	—	—	—	—	—	—	—	—	—
	V	7,75	0,42	0,62	0,69	IV	2,48	—	0,11	0,12	—	0,04	0,04	—	—	—	—	—	—	—	—	—	—	—	—
	VI	8,95	0,49	0,71	0,80																				
47,29	I,IV	2,51	—	0,20	0,22	I	2,51	—	0,04	0,05	—	—	—	—	—	—	—	—	—	—	—	—	—	—	—
	II	1,70	—	0,13	0,15	II	1,70	—	—	—	—	—	—	—	—	—	—	—	—	—	—	—	—	—	—
	III	—	—	—	—	III	—	—	—	—	—	—	—	—	—	—	—	—	—	—	—	—	—	—	—
	V	7,78	0,42	0,62	0,70	IV	2,51	—	0,11	0,13	—	0,04	0,05	—	—	—	—	—	—	—	—	—	—	—	—
	VI	9,—	0,49	0,72	0,81																				
47,39	I,IV	2,53	—	0,20	0,22	I	2,53	—	0,04	0,05	—	—	—	—	—	—	—	—	—	—	—	—	—	—	—
	II	1,72	—	0,13	0,15	II	1,72	—	—	—	—	—	—	—	—	—	—	—	—	—	—	—	—	—	—
	III	—	—	—	—	III	—	—	—	—	—	—	—	—	—	—	—	—	—	—	—	—	—	—	—
	V	7,83	0,43	0,62	0,70	IV	2,53	—	0,11	0,13	—	0,04	0,05	—	—	—	—	—	—	—	—	—	—	—	—
	VI	9,03	0,49	0,72	0,81																				
47,49	I,IV	2,55	—	0,20	0,22	I	2,55	—	0,04	0,05	—	—	—	—	—	—	—	—	—	—	—	—	—	—	—
	II	1,74	—	0,13	0,15	II	1,74	—	—	—	—	—	—	—	—	—	—	—	—	—	—	—	—	—	—
	III	—	—	—	—	III	—	—	—	—	—	—	—	—	—	—	—	—	—	—	—	—	—	—	—
	V	7,86	0,43	0,62	0,70	IV	2,55	—	0,11	0,13	—	0,04	0,05	—	—	—	—	—	—	—	—	—	—	—	—
	VI	9,08	0,49	0,72	0,81																				
47,59	I,IV	2,57	—	0,20	0,23	I	2,57	—	0,04	0,05	—	—	—	—	—	—	—	—	—	—	—	—	—	—	—
	II	1,76	—	0,14	0,15	II	1,76	—	—	—	—	—	—	—	—	—	—	—	—	—	—	—	—	—	—
	III	—	—	—	—	III	—	—	—	—	—	—	—	—	—	—	—	—	—	—	—	—	—	—	—
	V	7,91	0,43	0,63	0,71	IV	2,57	—	0,12	0,13	—	0,04	0,05	—	—	—	—	—	—	—	—	—	—	—	—
	VI	9,11	0,50	0,72	0,81																				

* Die ausgewiesenen Tabellenwerte sind amtlich. Siehe Erläuterungen auf der Umschlaginnenseite (U2).

Lohn/ Gehalt bis €*		Abzüge an Lohnsteuer, Solidaritätszuschlag (SolZ) und Kirchensteuer (8%, 9%) in den Steuerklassen I – VI					I, II, III, IV																		
			ohne Kinderfreibeträge					mit Zahl der Kinderfreibeträge . . . 0,5			1			1,5			2			2,5			3		
		LSt	SolZ	8%	9%		LSt	SolZ	8%	9%	SolZ	8%	9%	SolZ	8%	9%	SolZ	8%	9%	SolZ	8%	9%	SolZ	8%	9%
47,69	I,IV	2,60	—	0,20	0,23	I	2,60	—	0,04	0,05	—	—	—	—	—	—	—	—	—	—	—	—	—	—	—
	II	1,78	—	0,14	0,16	II	1,78	—	—	—	—	—	—	—	—	—	—	—	—	—	—	—	—	—	—
	III	—	—	—	—	III	—	—	—	—	—	—	—	—	—	—	—	—	—	—	—	—	—	—	—
	V	7,95	0,43	0,63	0,71	IV	2,60	—	0,12	0,13	—	0,04	0,05	—	—	—	—	—	—	—	—	—	—	—	—
	VI	9,15	0,50	0,73	0,82																				
47,79	I,IV	2,62	—	0,20	0,23	I	2,62	—	0,05	0,05	—	—	—	—	—	—	—	—	—	—	—	—	—	—	—
	II	1,80	—	0,14	0,16	II	1,80	—	—	—	—	—	—	—	—	—	—	—	—	—	—	—	—	—	—
	III	—	—	—	—	III	—	—	—	—	—	—	—	—	—	—	—	—	—	—	—	—	—	—	—
	V	7,98	0,43	0,63	0,71	IV	2,62	—	0,12	0,13	—	0,05	0,05	—	—	—	—	—	—	—	—	—	—	—	—
	VI	9,19	0,50	0,73	0,82																				
47,89	I,IV	2,64	—	0,21	0,23	I	2,64	—	0,05	0,05	—	—	—	—	—	—	—	—	—	—	—	—	—	—	—
	II	1,82	—	0,14	0,16	II	1,82	—	—	—	—	—	—	—	—	—	—	—	—	—	—	—	—	—	—
	III	—	—	—	—	III	—	—	—	—	—	—	—	—	—	—	—	—	—	—	—	—	—	—	—
	V	8,03	0,44	0,64	0,72	IV	2,64	—	0,12	0,14	—	0,05	0,05	—	—	—	—	—	—	—	—	—	—	—	—
	VI	9,23	0,50	0,73	0,83																				
47,99	I,IV	2,66	—	0,21	0,23	I	2,66	—	0,05	0,06	—	—	—	—	—	—	—	—	—	—	—	—	—	—	—
	II	1,84	—	0,14	0,16	II	1,84	—	—	—	—	—	—	—	—	—	—	—	—	—	—	—	—	—	—
	III	—	—	—	—	III	—	—	—	—	—	—	—	—	—	—	—	—	—	—	—	—	—	—	—
	V	8,06	0,44	0,64	0,72	IV	2,66	—	0,12	0,14	—	0,05	0,06	—	—	—	—	—	—	—	—	—	—	—	—
	VI	9,27	0,51	0,74	0,83																				
48,09	I,IV	2,69	—	0,21	0,24	I	2,69	—	0,05	0,06	—	—	—	—	—	—	—	—	—	—	—	—	—	—	—
	II	1,86	—	0,14	0,16	II	1,86	—	—	—	—	—	—	—	—	—	—	—	—	—	—	—	—	—	—
	III	—	—	—	—	III	—	—	—	—	—	—	—	—	—	—	—	—	—	—	—	—	—	—	—
	V	8,10	0,44	0,64	0,72	IV	2,69	—	0,12	0,14	—	0,05	0,06	—	—	—	—	—	—	—	—	—	—	—	—
	VI	9,31	0,51	0,74	0,83																				
48,19	I,IV	2,71	—	0,21	0,24	I	2,71	—	0,05	0,06	—	—	—	—	—	—	—	—	—	—	—	—	—	—	—
	II	1,88	—	0,15	0,16	II	1,88	—	0,01	0,01	—	—	—	—	—	—	—	—	—	—	—	—	—	—	—
	III	—	—	—	—	III	—	—	—	—	—	—	—	—	—	—	—	—	—	—	—	—	—	—	—
	V	8,14	0,44	0,65	0,73	IV	2,71	—	0,12	0,14	—	0,05	0,06	—	—	—	—	—	—	—	—	—	—	—	—
	VI	9,35	0,51	0,74	0,84																				
48,29	I,IV	2,73	—	0,21	0,24	I	2,73	—	0,05	0,06	—	—	—	—	—	—	—	—	—	—	—	—	—	—	—
	II	1,90	—	0,15	0,17	II	1,90	—	0,01	0,01	—	—	—	—	—	—	—	—	—	—	—	—	—	—	—
	III	—	—	—	—	III	—	—	—	—	—	—	—	—	—	—	—	—	—	—	—	—	—	—	—
	V	8,18	0,45	0,65	0,73	IV	2,73	—	0,13	0,14	—	0,05	0,06	—	—	—	—	—	—	—	—	—	—	—	—
	VI	9,39	0,51	0,75	0,84																				
48,39	I,IV	2,75	0,01	0,22	0,24	I	2,75	—	0,05	0,06	—	—	—	—	—	—	—	—	—	—	—	—	—	—	—
	II	1,92	—	0,15	0,17	II	1,92	—	0,01	0,01	—	—	—	—	—	—	—	—	—	—	—	—	—	—	—
	III	—	—	—	—	III	—	—	—	—	—	—	—	—	—	—	—	—	—	—	—	—	—	—	—
	V	8,22	0,45	0,65	0,73	IV	2,75	—	0,13	0,14	—	0,05	0,06	—	—	—	—	—	—	—	—	—	—	—	—
	VI	9,43	0,51	0,75	0,84																				
48,49	I,IV	2,78	0,01	0,22	0,25	I	2,78	—	0,06	0,06	—	—	—	—	—	—	—	—	—	—	—	—	—	—	—
	II	1,95	—	0,15	0,17	II	1,95	—	0,01	0,01	—	—	—	—	—	—	—	—	—	—	—	—	—	—	—
	III	—	—	—	—	III	—	—	—	—	—	—	—	—	—	—	—	—	—	—	—	—	—	—	—
	V	8,26	0,45	0,66	0,74	IV	2,78	—	0,13	0,15	—	0,06	0,06	—	—	—	—	—	—	—	—	—	—	—	—
	VI	9,47	0,52	0,75	0,85																				
48,59	I,IV	2,80	0,02	0,22	0,25	I	2,80	—	0,06	0,06	—	—	—	—	—	—	—	—	—	—	—	—	—	—	—
	II	1,96	—	0,15	0,17	II	1,96	—	0,01	0,01	—	—	—	—	—	—	—	—	—	—	—	—	—	—	—
	III	—	—	—	—	III	—	—	—	—	—	—	—	—	—	—	—	—	—	—	—	—	—	—	—
	V	8,30	0,45	0,66	0,74	IV	2,80	—	0,13	0,15	—	0,06	0,06	—	—	—	—	—	—	—	—	—	—	—	—
	VI	9,51	0,52	0,76	0,85																				
48,69	I,IV	2,82	0,02	0,22	0,25	I	2,82	—	0,06	0,07	—	—	—	—	—	—	—	—	—	—	—	—	—	—	—
	II	1,99	—	0,15	0,17	II	1,99	—	0,01	0,01	—	—	—	—	—	—	—	—	—	—	—	—	—	—	—
	III	—	—	—	—	III	—	—	—	—	—	—	—	—	—	—	—	—	—	—	—	—	—	—	—
	V	8,34	0,45	0,66	0,75	IV	2,82	—	0,13	0,15	—	0,06	0,07	—	—	—	—	—	—	—	—	—	—	—	—
	VI	9,55	0,52	0,76	0,85																				
48,79	I,IV	2,85	0,03	0,22	0,25	I	2,85	—	0,06	0,07	—	—	—	—	—	—	—	—	—	—	—	—	—	—	—
	II	2,01	—	0,16	0,18	II	2,01	—	0,01	0,01	—	—	—	—	—	—	—	—	—	—	—	—	—	—	—
	III	—	—	—	—	III	—	—	—	—	—	—	—	—	—	—	—	—	—	—	—	—	—	—	—
	V	8,38	0,46	0,67	0,75	IV	2,85	—	0,13	0,15	—	0,06	0,07	—	—	—	—	—	—	—	—	—	—	—	—
	VI	9,59	0,52	0,76	0,86																				
48,89	I,IV	2,87	0,03	0,22	0,25	I	2,87	—	0,06	0,07	—	—	—	—	—	—	—	—	—	—	—	—	—	—	—
	II	2,03	—	0,16	0,18	II	2,03	—	0,01	0,01	—	—	—	—	—	—	—	—	—	—	—	—	—	—	—
	III	—	—	—	—	III	—	—	—	—	—	—	—	—	—	—	—	—	—	—	—	—	—	—	—
	V	8,42	0,46	0,67	0,75	IV	2,87	—	0,14	0,15	—	0,06	0,07	—	—	—	—	—	—	—	—	—	—	—	—
	VI	9,63	0,52	0,77	0,86																				
48,99	I,IV	2,89	0,03	0,23	0,26	I	2,89	—	0,06	0,07	—	—	—	—	—	—	—	—	—	—	—	—	—	—	—
	II	2,05	—	0,16	0,18	II	2,05	—	0,01	0,02	—	—	—	—	—	—	—	—	—	—	—	—	—	—	—
	III	—	—	—	—	III	—	—	—	—	—	—	—	—	—	—	—	—	—	—	—	—	—	—	—
	V	8,46	0,46	0,67	0,76	IV	2,89	—	0,14	0,16	—	0,06	0,07	—	—	—	—	—	—	—	—	—	—	—	—
	VI	9,67	0,53	0,77	0,87																				
49,09	I,IV	2,91	0,04	0,23	0,26	I	2,91	—	0,06	0,07	—	—	—	—	—	—	—	—	—	—	—	—	—	—	—
	II	2,07	—	0,16	0,18	II	2,07	—	0,02	0,02	—	—	—	—	—	—	—	—	—	—	—	—	—	—	—
	III	—	—	—	—	III	—	—	—	—	—	—	—	—	—	—	—	—	—	—	—	—	—	—	—
	V	8,50	0,46	0,68	0,76	IV	2,91	—	0,14	0,16	—	0,06	0,07	—	—	—	—	—	—	—	—	—	—	—	—
	VI	9,71	0,53	0,77	0,87																				
49,19	I,IV	2,94	0,04	0,23	0,26	I	2,94	—	0,06	0,07	—	—	—	—	—	—	—	—	—	—	—	—	—	—	—
	II	2,09	—	0,16	0,18	II	2,09	—	0,02	0,02	—	—	—	—	—	—	—	—	—	—	—	—	—	—	—
	III	—	—	—	—	III	—	—	—	—	—	—	—	—	—	—	—	—	—	—	—	—	—	—	—
	V	8,54	0,47	0,68	0,76	IV	2,94	—	0,14	0,16	—	0,06	0,07	—	—	—	—	—	—	—	—	—	—	—	—
	VI	9,75	0,53	0,78	0,87																				
49,29	I,IV	2,96	0,05	0,23	0,26	I	2,96	—	0,07	0,08	—	—	—	—	—	—	—	—	—	—	—	—	—	—	—
	II	2,11	—	0,16	0,18	II	2,11	—	0,02	0,02	—	—	—	—	—	—	—	—	—	—	—	—	—	—	—
	III	—	—	—	—	III	—	—	—	—	—	—	—	—	—	—	—	—	—	—	—	—	—	—	—
	V	8,58	0,47	0,68	0,77	IV	2,96	—	0,14	0,16	—	0,07	0,08	—	—	—	—	—	—	—	—	—	—	—	—
	VI	9,79	0,53	0,78	0,88																				

* Die ausgewiesenen Tabellenwerte sind amtlich. Siehe Erläuterungen auf der Umschlaginnenseite (U2).

Abzüge an Lohnsteuer, Solidaritätszuschlag (SolZ) und Kirchensteuer (8%, 9%) in den Steuerklassen

Lohn/ Gehalt bis €*	I – VI	ohne Kinderfreibeträge				I, II, III, IV		mit Zahl der Kinderfreibeträge . . . 0,5			1			1,5			2			2,5			3		
		LSt	SolZ	8%	9%		LSt	SolZ	8%	9%	SolZ	8%	9%	SolZ	8%	9%	SolZ	8%	9%	SolZ	8%	9%	SolZ	8%	9%
49,39	I,IV	2,98	0,05	0,23	0,26	I	2,98	—	0,07	0,08	—	—	—	—	—	—	—	—	—	—	—	—	—	—	—
	II	2,13	—	0,17	0,19	II	2,13	—	0,02	0,02	—	—	—	—	—	—	—	—	—	—	—	—	—	—	—
	III	—	—	—	—	III	—	—	—	—	—	—	—	—	—	—	—	—	—	—	—	—	—	—	—
	V	8,62	0,47	0,68	0,77	IV	2,98	—	0,14	0,16	—	0,07	0,08	—	—	—	—	—	—	—	—	—	—	—	—
	VI	9,83	0,54	0,78	0,88																				
49,49	I,IV	3,01	0,06	0,24	0,27	I	3,01	—	0,07	0,08	—	—	—	—	—	—	—	—	—	—	—	—	—	—	—
	II	2,15	—	0,17	0,19	II	2,15	—	0,02	0,02	—	—	—	—	—	—	—	—	—	—	—	—	—	—	—
	III	—	—	—	—	III	—	—	—	—	—	—	—	—	—	—	—	—	—	—	—	—	—	—	—
	V	8,66	0,47	0,69	0,77	IV	3,01	—	0,15	0,16	—	0,07	0,08	—	0,01	0,01	—	—	—	—	—	—	—	—	—
	VI	9,87	0,54	0,78	0,88																				
49,59	I,IV	3,03	0,06	0,24	0,27	I	3,03	—	0,07	0,08	—	—	—	—	—	—	—	—	—	—	—	—	—	—	—
	II	2,17	—	0,17	0,19	II	2,17	—	0,02	0,02	—	—	—	—	—	—	—	—	—	—	—	—	—	—	—
	III	—	—	—	—	III	—	—	—	—	—	—	—	—	—	—	—	—	—	—	—	—	—	—	—
	V	8,70	0,47	0,69	0,78	IV	3,03	—	0,15	0,17	—	0,07	0,08	—	0,01	0,01	—	—	—	—	—	—	—	—	—
	VI	9,91	0,54	0,79	0,89																				
49,69	I,IV	3,05	0,07	0,24	0,27	I	3,05	—	0,07	0,08	—	—	—	—	—	—	—	—	—	—	—	—	—	—	—
	II	2,20	—	0,17	0,19	II	2,20	—	0,02	0,03	—	—	—	—	—	—	—	—	—	—	—	—	—	—	—
	III	—	—	—	—	III	—	—	—	—	—	—	—	—	—	—	—	—	—	—	—	—	—	—	—
	V	8,74	0,48	0,69	0,78	IV	3,05	—	0,15	0,17	—	0,07	0,08	—	0,01	0,01	—	—	—	—	—	—	—	—	—
	VI	9,95	0,54	0,79	0,89																				
49,79	I,IV	3,08	0,07	0,24	0,27	I	3,08	—	0,07	0,08	—	—	—	—	—	—	—	—	—	—	—	—	—	—	—
	II	2,22	—	0,17	0,19	II	2,22	—	0,02	0,03	—	—	—	—	—	—	—	—	—	—	—	—	—	—	—
	III	—	—	—	—	III	—	—	—	—	—	—	—	—	—	—	—	—	—	—	—	—	—	—	—
	V	8,78	0,48	0,70	0,79	IV	3,08	—	0,15	0,17	—	0,07	0,08	—	0,01	0,01	—	—	—	—	—	—	—	—	—
	VI	9,99	0,54	0,79	0,89																				
49,89	I,IV	3,10	0,08	0,24	0,27	I	3,10	—	0,07	0,08	—	—	—	—	—	—	—	—	—	—	—	—	—	—	—
	II	2,24	—	0,17	0,20	II	2,24	—	0,02	0,03	—	—	—	—	—	—	—	—	—	—	—	—	—	—	—
	III	—	—	—	—	III	—	—	—	—	—	—	—	—	—	—	—	—	—	—	—	—	—	—	—
	V	8,82	0,48	0,70	0,79	IV	3,10	—	0,15	0,17	—	0,07	0,08	—	0,01	0,01	—	—	—	—	—	—	—	—	—
	VI	10,03	0,55	0,80	0,90																				
49,99	I,IV	3,12	0,08	0,24	0,28	I	3,12	—	0,08	0,09	—	—	—	—	—	—	—	—	—	—	—	—	—	—	—
	II	2,26	—	0,18	0,20	II	2,26	—	0,03	0,03	—	—	—	—	—	—	—	—	—	—	—	—	—	—	—
	III	—	—	—	—	III	—	—	—	—	—	—	—	—	—	—	—	—	—	—	—	—	—	—	—
	V	8,86	0,48	0,70	0,79	IV	3,12	—	0,15	0,17	—	0,08	0,09	—	0,01	0,01	—	—	—	—	—	—	—	—	—
	VI	10,07	0,55	0,80	0,90																				
50,09	I,IV	3,14	0,08	0,25	0,28	I	3,14	—	0,08	0,09	—	—	—	—	—	—	—	—	—	—	—	—	—	—	—
	II	2,28	—	0,18	0,20	II	2,28	—	0,03	0,03	—	—	—	—	—	—	—	—	—	—	—	—	—	—	—
	III	—	—	—	—	III	—	—	—	—	—	—	—	—	—	—	—	—	—	—	—	—	—	—	—
	V	8,90	0,48	0,71	0,80	IV	3,14	—	0,16	0,18	—	0,08	0,09	—	0,01	0,01	—	—	—	—	—	—	—	—	—
	VI	10,11	0,55	0,80	0,90																				
50,19	I,IV	3,17	0,09	0,25	0,28	I	3,17	—	0,08	0,09	—	—	—	—	—	—	—	—	—	—	—	—	—	—	—
	II	2,30	—	0,18	0,20	II	2,30	—	0,03	0,03	—	—	—	—	—	—	—	—	—	—	—	—	—	—	—
	III	—	—	—	—	III	—	—	—	—	—	—	—	—	—	—	—	—	—	—	—	—	—	—	—
	V	8,94	0,49	0,71	0,80	IV	3,17	—	0,16	0,18	—	0,08	0,09	—	0,01	0,01	—	—	—	—	—	—	—	—	—
	VI	10,15	0,55	0,81	0,91																				
50,29	I,IV	3,19	0,09	0,25	0,28	I	3,19	—	0,08	0,09	—	—	—	—	—	—	—	—	—	—	—	—	—	—	—
	II	2,32	—	0,18	0,20	II	2,32	—	0,03	0,03	—	—	—	—	—	—	—	—	—	—	—	—	—	—	—
	III	—	—	—	—	III	—	—	—	—	—	—	—	—	—	—	—	—	—	—	—	—	—	—	—
	V	8,98	0,49	0,71	0,80	IV	3,19	—	0,16	0,18	—	0,08	0,09	—	0,01	0,02	—	—	—	—	—	—	—	—	—
	VI	10,19	0,56	0,81	0,91																				
50,39	I,IV	3,21	0,10	0,25	0,28	I	3,21	—	0,08	0,09	—	—	—	—	—	—	—	—	—	—	—	—	—	—	—
	II	2,35	—	0,18	0,21	II	2,35	—	0,03	0,04	—	—	—	—	—	—	—	—	—	—	—	—	—	—	—
	III	—	—	—	—	III	—	—	—	—	—	—	—	—	—	—	—	—	—	—	—	—	—	—	—
	V	9,02	0,49	0,72	0,81	IV	3,21	—	0,16	0,18	—	0,08	0,09	—	0,02	0,02	—	—	—	—	—	—	—	—	—
	VI	10,23	0,56	0,81	0,92																				
50,49	I,IV	3,23	0,10	0,25	0,29	I	3,23	—	0,08	0,09	—	—	—	—	—	—	—	—	—	—	—	—	—	—	—
	II	2,37	—	0,18	0,21	II	2,37	—	0,03	0,04	—	—	—	—	—	—	—	—	—	—	—	—	—	—	—
	III	—	—	—	—	III	—	—	—	—	—	—	—	—	—	—	—	—	—	—	—	—	—	—	—
	V	9,06	0,49	0,72	0,81	IV	3,23	—	0,16	0,18	—	0,08	0,09	—	0,02	0,02	—	—	—	—	—	—	—	—	—
	VI	10,27	0,56	0,82	0,92																				
50,59	I,IV	3,26	0,11	0,26	0,29	I	3,26	—	0,08	0,09	—	—	—	—	—	—	—	—	—	—	—	—	—	—	—
	II	2,39	—	0,19	0,21	II	2,39	—	0,03	0,04	—	—	—	—	—	—	—	—	—	—	—	—	—	—	—
	III	—	—	—	—	III	—	—	—	—	—	—	—	—	—	—	—	—	—	—	—	—	—	—	—
	V	9,10	0,50	0,72	0,81	IV	3,26	—	0,16	0,18	—	0,08	0,09	—	0,02	0,02	—	—	—	—	—	—	—	—	—
	VI	10,31	0,56	0,82	0,92																				
50,69	I,IV	3,28	0,11	0,26	0,29	I	3,28	—	0,09	0,10	—	—	—	—	—	—	—	—	—	—	—	—	—	—	—
	II	2,41	—	0,19	0,21	II	2,41	—	0,03	0,04	—	—	—	—	—	—	—	—	—	—	—	—	—	—	—
	III	—	—	—	—	III	—	—	—	—	—	—	—	—	—	—	—	—	—	—	—	—	—	—	—
	V	9,14	0,50	0,73	0,82	IV	3,28	—	0,17	0,19	—	0,09	0,10	—	0,02	0,02	—	—	—	—	—	—	—	—	—
	VI	10,35	0,56	0,82	0,93																				
50,79	I,IV	3,30	0,12	0,26	0,29	I	3,30	—	0,09	0,10	—	—	—	—	—	—	—	—	—	—	—	—	—	—	—
	II	2,43	—	0,19	0,21	II	2,43	—	0,04	0,04	—	—	—	—	—	—	—	—	—	—	—	—	—	—	—
	III	—	—	—	—	III	—	—	—	—	—	—	—	—	—	—	—	—	—	—	—	—	—	—	—
	V	9,18	0,50	0,73	0,82	IV	3,30	—	0,17	0,19	—	0,09	0,10	—	0,02	0,02	—	—	—	—	—	—	—	—	—
	VI	10,39	0,57	0,83	0,93																				
50,89	I,IV	3,33	0,12	0,26	0,29	I	3,33	—	0,09	0,10	—	—	—	—	—	—	—	—	—	—	—	—	—	—	—
	II	2,46	—	0,19	0,22	II	2,46	—	0,04	0,04	—	—	—	—	—	—	—	—	—	—	—	—	—	—	—
	III	—	—	—	—	III	—	—	—	—	—	—	—	—	—	—	—	—	—	—	—	—	—	—	—
	V	9,22	0,50	0,73	0,82	IV	3,33	—	0,17	0,19	—	0,09	0,10	—	0,02	0,02	—	—	—	—	—	—	—	—	—
	VI	10,43	0,57	0,83	0,93																				
50,99	I,IV	3,35	0,13	0,26	0,30	I	3,35	—	0,09	0,10	—	—	—	—	—	—	—	—	—	—	—	—	—	—	—
	II	2,48	—	0,19	0,22	II	2,48	—	0,04	0,04	—	—	—	—	—	—	—	—	—	—	—	—	—	—	—
	III	—	—	—	—	III	—	—	—	—	—	—	—	—	—	—	—	—	—	—	—	—	—	—	—
	V	9,26	0,50	0,74	0,83	IV	3,35	—	0,17	0,19	—	0,09	0,10	—	0,02	0,03	—	—	—	—	—	—	—	—	—
	VI	10,47	0,57	0,83	0,94																				

* Die ausgewiesenen Tabellenwerte sind amtlich. Siehe Erläuterungen auf der Umschlaginnenseite (U2).

Abzüge an Lohnsteuer, Solidaritätszuschlag (SolZ) und Kirchensteuer (8%, 9%) in den Steuerklassen

Lohn/ Gehalt bis €*	I – VI	LSt	ohne Kinderfreibeträge SolZ	8%	9%	I, II, III, IV	LSt	mit Zahl der Kinderfreibeträge . . . 0,5 SolZ	0,5 8%	0,5 9%	1 SolZ	1 8%	1 9%	1,5 SolZ	1,5 8%	1,5 9%	2 SolZ	2 8%	2 9%	2,5 SolZ	2,5 8%	2,5 9%	3 SolZ	3 8%	3 9%
51,09	I,IV	3,37	0,13	0,26	0,30	I	3,37	—	0,09	0,10	—	—	—	—	—	—	—	—	—	—	—	—	—	—	—
	II	2,50	—	0,20	0,22	II	2,50	—	0,04	0,04	—	—	—	—	—	—	—	—	—	—	—	—	—	—	—
	III	—	—	—	—	III	—	—	—	—	—	—	—	—	—	—	—	—	—	—	—	—	—	—	—
	V	9,30	0,51	0,74	0,83	IV	3,37	—	0,17	0,19	—	0,09	0,10	—	0,02	0,03	—	—	—	—	—	—	—	—	—
	VI	10,51	0,57	0,84	0,94																				
51,19	I,IV	3,40	0,14	0,27	0,30	I	3,40	—	0,09	0,10	—	—	—	—	—	—	—	—	—	—	—	—	—	—	—
	II	2,52	—	0,20	0,22	II	2,52	—	0,04	0,05	—	—	—	—	—	—	—	—	—	—	—	—	—	—	—
	III	—	—	—	—	III	—	—	—	—	—	—	—	—	—	—	—	—	—	—	—	—	—	—	—
	V	9,34	0,51	0,74	0,84	IV	3,40	—	0,17	0,20	—	0,09	0,10	—	0,02	0,03	—	—	—	—	—	—	—	—	—
	VI	10,55	0,58	0,84	0,94																				
51,29	I,IV	3,42	0,14	0,27	0,30	I	3,42	—	0,09	0,11	—	—	—	—	—	—	—	—	—	—	—	—	—	—	—
	II	2,54	—	0,20	0,22	II	2,54	—	0,04	0,05	—	—	—	—	—	—	—	—	—	—	—	—	—	—	—
	III	—	—	—	—	III	—	—	—	—	—	—	—	—	—	—	—	—	—	—	—	—	—	—	—
	V	9,38	0,51	0,75	0,84	IV	3,42	—	0,18	0,20	—	0,09	0,11	—	0,03	0,03	—	—	—	—	—	—	—	—	—
	VI	10,58	0,58	0,84	0,95																				
51,39	I,IV	3,44	0,14	0,27	0,30	I	3,44	—	0,10	0,11	—	—	—	—	—	—	—	—	—	—	—	—	—	—	—
	II	2,56	—	0,20	0,23	II	2,56	—	0,04	0,05	—	—	—	—	—	—	—	—	—	—	—	—	—	—	—
	III	—	—	—	—	III	—	—	—	—	—	—	—	—	—	—	—	—	—	—	—	—	—	—	—
	V	9,42	0,51	0,75	0,84	IV	3,44	—	0,18	0,20	—	0,10	0,11	—	0,03	0,03	—	—	—	—	—	—	—	—	—
	VI	10,63	0,58	0,85	0,95																				
51,49	I,IV	3,47	0,15	0,27	0,31	I	3,47	—	0,10	0,11	—	—	—	—	—	—	—	—	—	—	—	—	—	—	—
	II	2,59	—	0,20	0,23	II	2,59	—	0,04	0,05	—	—	—	—	—	—	—	—	—	—	—	—	—	—	—
	III	—	—	—	—	III	—	—	—	—	—	—	—	—	—	—	—	—	—	—	—	—	—	—	—
	V	9,46	0,52	0,75	0,85	IV	3,47	—	0,18	0,20	—	0,10	0,11	—	0,03	0,03	—	—	—	—	—	—	—	—	—
	VI	10,66	0,58	0,85	0,95																				
51,59	I,IV	3,49	0,15	0,27	0,31	I	3,49	—	0,10	0,11	—	—	—	—	—	—	—	—	—	—	—	—	—	—	—
	II	2,61	—	0,20	0,23	II	2,61	—	0,05	0,05	—	—	—	—	—	—	—	—	—	—	—	—	—	—	—
	III	—	—	—	—	III	—	—	—	—	—	—	—	—	—	—	—	—	—	—	—	—	—	—	—
	V	9,50	0,52	0,76	0,85	IV	3,49	—	0,18	0,20	—	0,10	0,11	—	0,03	0,03	—	—	—	—	—	—	—	—	—
	VI	10,70	0,58	0,85	0,96																				
51,69	I,IV	3,51	0,16	0,28	0,31	I	3,51	—	0,10	0,11	—	—	—	—	—	—	—	—	—	—	—	—	—	—	—
	II	2,63	—	0,21	0,23	II	2,63	—	0,05	0,05	—	—	—	—	—	—	—	—	—	—	—	—	—	—	—
	III	—	—	—	—	III	—	—	—	—	—	—	—	—	—	—	—	—	—	—	—	—	—	—	—
	V	9,54	0,52	0,76	0,85	IV	3,51	—	0,18	0,21	—	0,10	0,11	—	0,03	0,04	—	—	—	—	—	—	—	—	—
	VI	10,75	0,59	0,86	0,96																				
51,79	I,IV	3,54	0,16	0,28	0,31	I	3,54	—	0,10	0,11	—	—	—	—	—	—	—	—	—	—	—	—	—	—	—
	II	2,66	—	0,21	0,23	II	2,66	—	0,05	0,05	—	—	—	—	—	—	—	—	—	—	—	—	—	—	—
	III	—	—	—	—	III	—	—	—	—	—	—	—	—	—	—	—	—	—	—	—	—	—	—	—
	V	9,58	0,52	0,76	0,86	IV	3,54	—	0,18	0,21	—	0,10	0,11	—	0,03	0,04	—	—	—	—	—	—	—	—	—
	VI	10,78	0,59	0,86	0,97																				
51,89	I,IV	3,56	0,17	0,28	0,32	I	3,56	—	0,10	0,12	—	—	—	—	—	—	—	—	—	—	—	—	—	—	—
	II	2,68	—	0,21	0,24	II	2,68	—	0,05	0,06	—	—	—	—	—	—	—	—	—	—	—	—	—	—	—
	III	—	—	—	—	III	—	—	—	—	—	—	—	—	—	—	—	—	—	—	—	—	—	—	—
	V	9,61	0,52	0,76	0,86	IV	3,56	—	0,19	0,21	—	0,10	0,12	—	0,03	0,04	—	—	—	—	—	—	—	—	—
	VI	10,83	0,59	0,86	0,97																				
51,99	I,IV	3,58	0,17	0,28	0,32	I	3,58	—	0,10	0,12	—	—	—	—	—	—	—	—	—	—	—	—	—	—	—
	II	2,70	—	0,21	0,24	II	2,70	—	0,05	0,06	—	—	—	—	—	—	—	—	—	—	—	—	—	—	—
	III	—	—	—	—	III	—	—	—	—	—	—	—	—	—	—	—	—	—	—	—	—	—	—	—
	V	9,66	0,53	0,77	0,86	IV	3,58	—	0,19	0,21	—	0,10	0,12	—	0,03	0,04	—	—	—	—	—	—	—	—	—
	VI	10,86	0,59	0,86	0,97																				
52,09	I,IV	3,61	0,18	0,28	0,32	I	3,61	—	0,11	0,12	—	—	—	—	—	—	—	—	—	—	—	—	—	—	—
	II	2,72	—	0,21	0,24	II	2,72	—	0,05	0,06	—	—	—	—	—	—	—	—	—	—	—	—	—	—	—
	III	—	—	—	—	III	—	—	—	—	—	—	—	—	—	—	—	—	—	—	—	—	—	—	—
	V	9,70	0,53	0,77	0,87	IV	3,61	—	0,19	0,21	—	0,11	0,12	—	0,04	0,04	—	—	—	—	—	—	—	—	—
	VI	10,90	0,59	0,87	0,98																				
52,19	I,IV	3,63	0,18	0,29	0,32	I	3,63	—	0,11	0,12	—	—	—	—	—	—	—	—	—	—	—	—	—	—	—
	II	2,75	0,01	0,22	0,24	II	2,75	—	0,05	0,06	—	—	—	—	—	—	—	—	—	—	—	—	—	—	—
	III	—	—	—	—	III	—	—	—	—	—	—	—	—	—	—	—	—	—	—	—	—	—	—	—
	V	9,73	0,53	0,77	0,87	IV	3,63	—	0,19	0,22	—	0,11	0,12	—	0,04	0,04	—	—	—	—	—	—	—	—	—
	VI	10,94	0,60	0,87	0,98																				
52,29	I,IV	3,65	0,19	0,29	0,32	I	3,65	—	0,11	0,12	—	—	—	—	—	—	—	—	—	—	—	—	—	—	—
	II	2,77	0,01	0,22	0,24	II	2,77	—	0,06	0,06	—	—	—	—	—	—	—	—	—	—	—	—	—	—	—
	III	—	—	—	—	III	—	—	—	—	—	—	—	—	—	—	—	—	—	—	—	—	—	—	—
	V	9,78	0,53	0,78	0,88	IV	3,65	—	0,19	0,22	—	0,11	0,12	—	0,04	0,04	—	—	—	—	—	—	—	—	—
	VI	10,98	0,60	0,87	0,98																				
52,39	I,IV	3,68	0,19	0,29	0,33	I	3,68	—	0,11	0,12	—	—	—	—	—	—	—	—	—	—	—	—	—	—	—
	II	2,79	0,01	0,22	0,25	II	2,79	—	0,06	0,06	—	—	—	—	—	—	—	—	—	—	—	—	—	—	—
	III	—	—	—	—	III	—	—	—	—	—	—	—	—	—	—	—	—	—	—	—	—	—	—	—
	V	9,81	0,54	0,78	0,88	IV	3,68	—	0,20	0,22	—	0,11	0,12	—	0,04	0,04	—	—	—	—	—	—	—	—	—
	VI	11,02	0,60	0,88	0,99																				
52,49	I,IV	3,70	0,20	0,29	0,33	I	3,70	—	0,11	0,13	—	—	—	—	—	—	—	—	—	—	—	—	—	—	—
	II	2,81	0,02	0,22	0,25	II	2,81	—	0,06	0,07	—	—	—	—	—	—	—	—	—	—	—	—	—	—	—
	III	—	—	—	—	III	—	—	—	—	—	—	—	—	—	—	—	—	—	—	—	—	—	—	—
	V	9,85	0,54	0,78	0,88	IV	3,70	—	0,20	0,22	—	0,11	0,13	—	0,04	0,05	—	—	—	—	—	—	—	—	—
	VI	11,06	0,60	0,88	0,99																				
52,59	I,IV	3,72	0,20	0,29	0,33	I	3,72	—	0,11	0,13	—	—	—	—	—	—	—	—	—	—	—	—	—	—	—
	II	2,84	0,02	0,22	0,25	II	2,84	—	0,06	0,07	—	—	—	—	—	—	—	—	—	—	—	—	—	—	—
	III	—	—	—	—	III	—	—	—	—	—	—	—	—	—	—	—	—	—	—	—	—	—	—	—
	V	9,89	0,54	0,79	0,89	IV	3,72	—	0,20	0,22	—	0,11	0,13	—	0,04	0,05	—	—	—	—	—	—	—	—	—
	VI	11,10	0,61	0,88	0,99																				
52,69	I,IV	3,75	0,20	0,30	0,33	I	3,75	—	0,12	0,13	—	—	—	—	—	—	—	—	—	—	—	—	—	—	—
	II	2,86	0,03	0,22	0,25	II	2,86	—	0,06	0,07	—	—	—	—	—	—	—	—	—	—	—	—	—	—	—
	III	—	—	—	—	III	—	—	—	—	—	—	—	—	—	—	—	—	—	—	—	—	—	—	—
	V	9,93	0,54	0,79	0,89	IV	3,75	—	0,20	0,23	—	0,12	0,13	—	0,04	0,05	—	—	—	—	—	—	—	—	—
	VI	11,14	0,61	0,89	1,—																				

* Die ausgewiesenen Tabellenwerte sind amtlich. Siehe Erläuterungen auf der Umschlaginnenseite (U2).

Abzüge an Lohnsteuer, Solidaritätszuschlag (SolZ) und Kirchensteuer (8%, 9%) in den Steuerklassen

Lohn/ Gehalt bis €*		I – VI	ohne Kinderfreibeträge				I, II, III, IV	mit Zahl der Kinderfreibeträge . . . 0,5			1			1,5			2			2,5			3		
		LSt	SolZ	8%	9%		LSt	SolZ	8%	9%	SolZ	8%	9%	SolZ	8%	9%	SolZ	8%	9%	SolZ	8%	9%	SolZ	8%	9%
52,79	I,IV	3,77	0,20	0,30	0,33	I	3,77	—	0,12	0,13	—	—	—	—	—	—	—	—	—	—	—	—	—	—	—
	II	2,88	0,03	0,23	0,25	II	2,88	—	0,06	0,07	—	—	—	—	—	—	—	—	—	—	—	—	—	—	—
	III	—	—	—	—	III	—	—	—	—	—	—	—	—	—	—	—	—	—	—	—	—	—	—	—
	V	9,97	0,54	0,79	0,89	IV	3,77	—	0,20	0,23	—	0,12	0,13	—	0,04	0,05	—	—	—	—	—	—	—	—	—
	VI	11,17	0,61	0,89	1,—																				
52,89	I,IV	3,79	0,20	0,30	0,34	I	3,79	—	0,12	0,13	—	—	—	—	—	—	—	—	—	—	—	—	—	—	—
	II	2,91	0,04	0,23	0,26	II	2,91	—	0,06	0,07	—	—	—	—	—	—	—	—	—	—	—	—	—	—	—
	III	—	—	—	—	III	—	—	—	—	—	—	—	—	—	—	—	—	—	—	—	—	—	—	—
	V	10,01	0,55	0,80	0,90	IV	3,79	—	0,20	0,23	—	0,12	0,13	—	0,05	0,05	—	—	—	—	—	—	—	—	—
	VI	11,21	0,61	0,89	1,—																				
52,99	I,IV	3,82	0,21	0,30	0,34	I	3,82	—	0,12	0,14	—	—	—	—	—	—	—	—	—	—	—	—	—	—	—
	II	2,93	0,04	0,23	0,26	II	2,93	—	0,06	0,07	—	—	—	—	—	—	—	—	—	—	—	—	—	—	—
	III	—	—	—	—	III	—	—	—	—	—	—	—	—	—	—	—	—	—	—	—	—	—	—	—
	V	10,05	0,55	0,80	0,90	IV	3,82	—	0,21	0,23	—	0,12	0,14	—	0,05	0,05	—	—	—	—	—	—	—	—	—
	VI	11,25	0,61	0,90	1,01																				
53,09	I,IV	3,84	0,21	0,30	0,34	I	3,84	—	0,12	0,14	—	—	—	—	—	—	—	—	—	—	—	—	—	—	—
	II	2,95	0,05	0,23	0,26	II	2,95	—	0,07	0,07	—	—	—	—	—	—	—	—	—	—	—	—	—	—	—
	III	—	—	—	—	III	—	—	—	—	—	—	—	—	—	—	—	—	—	—	—	—	—	—	—
	V	10,09	0,55	0,80	0,90	IV	3,84	—	0,21	0,23	—	0,12	0,14	—	0,05	0,05	—	—	—	—	—	—	—	—	—
	VI	11,27	0,62	0,90	1,01																				
53,19	I,IV	3,86	0,21	0,30	0,34	I	3,86	—	0,12	0,14	—	—	—	—	—	—	—	—	—	—	—	—	—	—	—
	II	2,98	0,05	0,23	0,26	II	2,98	—	0,07	0,08	—	—	—	—	—	—	—	—	—	—	—	—	—	—	—
	III	—	—	—	—	III	—	—	—	—	—	—	—	—	—	—	—	—	—	—	—	—	—	—	—
	V	10,13	0,55	0,81	0,91	IV	3,86	—	0,21	0,24	—	0,12	0,14	—	0,05	0,06	—	—	—	—	—	—	—	—	—
	VI	11,31	0,62	0,90	1,01																				
53,29	I,IV	3,89	0,21	0,31	0,35	I	3,89	—	0,12	0,14	—	—	—	—	—	—	—	—	—	—	—	—	—	—	—
	II	3,—	0,06	0,24	0,27	II	3,—	—	0,07	0,08	—	—	—	—	—	—	—	—	—	—	—	—	—	—	—
	III	—	—	—	—	III	—	—	—	—	—	—	—	—	—	—	—	—	—	—	—	—	—	—	—
	V	10,17	0,55	0,81	0,91	IV	3,89	—	0,21	0,24	—	0,12	0,14	—	0,05	0,06	—	—	—	—	—	—	—	—	—
	VI	11,34	0,62	0,90	1,02																				
53,39	I,IV	3,91	0,21	0,31	0,35	I	3,91	—	0,13	0,14	—	—	—	—	—	—	—	—	—	—	—	—	—	—	—
	II	3,02	0,06	0,24	0,27	II	3,02	—	0,07	0,08	—	—	—	—	—	—	—	—	—	—	—	—	—	—	—
	III	—	—	—	—	III	—	—	—	—	—	—	—	—	—	—	—	—	—	—	—	—	—	—	—
	V	10,21	0,56	0,81	0,91	IV	3,91	—	0,21	0,24	—	0,13	0,14	—	0,05	0,06	—	—	—	—	—	—	—	—	—
	VI	11,38	0,62	0,91	1,02																				
53,49	I,IV	3,93	0,21	0,31	0,35	I	3,93	—	0,13	0,14	—	—	—	—	—	—	—	—	—	—	—	—	—	—	—
	II	3,04	0,06	0,24	0,27	II	3,04	—	0,07	0,08	—	—	—	—	—	—	—	—	—	—	—	—	—	—	—
	III	—	—	—	—	III	—	—	—	—	—	—	—	—	—	—	—	—	—	—	—	—	—	—	—
	V	10,25	0,56	0,82	0,92	IV	3,93	0,01	0,22	0,24	—	0,13	0,14	—	0,05	0,06	—	—	—	—	—	—	—	—	—
	VI	11,41	0,62	0,91	1,02																				
53,59	I,IV	3,96	0,21	0,31	0,35	I	3,96	—	0,13	0,15	—	—	—	—	—	—	—	—	—	—	—	—	—	—	—
	II	3,06	0,07	0,24	0,27	II	3,06	—	0,07	0,08	—	—	—	—	—	—	—	—	—	—	—	—	—	—	—
	III	—	—	—	—	III	—	—	—	—	—	—	—	—	—	—	—	—	—	—	—	—	—	—	—
	V	10,29	0,56	0,82	0,92	IV	3,96	0,01	0,22	0,24	—	0,13	0,15	—	0,06	0,06	—	—	—	—	—	—	—	—	—
	VI	11,45	0,62	0,91	1,03																				
53,69	I,IV	3,98	0,21	0,31	0,35	I	3,98	—	0,13	0,15	—	—	—	—	—	—	—	—	—	—	—	—	—	—	—
	II	3,09	0,07	0,24	0,27	II	3,09	—	0,07	0,08	—	—	—	—	—	—	—	—	—	—	—	—	—	—	—
	III	—	—	—	—	III	—	—	—	—	—	—	—	—	—	—	—	—	—	—	—	—	—	—	—
	V	10,33	0,56	0,82	0,92	IV	3,98	0,01	0,22	0,25	—	0,13	0,15	—	0,06	0,06	—	—	—	—	—	—	—	—	—
	VI	11,47	0,63	0,91	1,03																				
53,79	I,IV	4,—	0,22	0,32	0,36	I	4,—	—	0,13	0,15	—	—	—	—	—	—	—	—	—	—	—	—	—	—	—
	II	3,11	0,08	0,24	0,27	II	3,11	—	0,08	0,09	—	—	—	—	—	—	—	—	—	—	—	—	—	—	—
	III	—	—	—	—	III	—	—	—	—	—	—	—	—	—	—	—	—	—	—	—	—	—	—	—
	V	10,37	0,57	0,82	0,93	IV	4,—	0,02	0,22	0,25	—	0,13	0,15	—	0,06	0,07	—	—	—	—	—	—	—	—	—
	VI	11,51	0,63	0,92	1,03																				
53,89	I,IV	4,03	0,22	0,32	0,36	I	4,03	—	0,13	0,15	—	—	—	—	—	—	—	—	—	—	—	—	—	—	—
	II	3,13	0,08	0,25	0,28	II	3,13	—	0,08	0,09	—	—	—	—	—	—	—	—	—	—	—	—	—	—	—
	III	—	—	—	—	III	—	—	—	—	—	—	—	—	—	—	—	—	—	—	—	—	—	—	—
	V	10,41	0,57	0,83	0,93	IV	4,03	0,02	0,22	0,25	—	0,13	0,15	—	0,06	0,07	—	—	—	—	—	—	—	—	—
	VI	11,55	0,63	0,92	1,03																				
53,99	I,IV	4,05	0,22	0,32	0,36	I	4,05	—	0,14	0,15	—	—	—	—	—	—	—	—	—	—	—	—	—	—	—
	II	3,16	0,09	0,25	0,28	II	3,16	—	0,08	0,09	—	—	—	—	—	—	—	—	—	—	—	—	—	—	—
	III	—	—	—	—	III	—	—	—	—	—	—	—	—	—	—	—	—	—	—	—	—	—	—	—
	V	10,45	0,57	0,83	0,94	IV	4,05	0,03	0,22	0,25	—	0,14	0,15	—	0,06	0,07	—	—	—	—	—	—	—	—	—
	VI	11,57	0,63	0,92	1,04																				
54,09	I,IV	4,08	0,22	0,32	0,36	I	4,08	—	0,14	0,15	—	—	—	—	—	—	—	—	—	—	—	—	—	—	—
	II	3,18	0,09	0,25	0,28	II	3,18	—	0,08	0,09	—	—	—	—	—	—	—	—	—	—	—	—	—	—	—
	III	—	—	—	—	III	—	—	—	—	—	—	—	—	—	—	—	—	—	—	—	—	—	—	—
	V	10,49	0,57	0,83	0,94	IV	4,08	0,03	0,23	0,25	—	0,14	0,15	—	0,06	0,07	—	—	—	—	—	—	—	—	—
	VI	11,61	0,63	0,92	1,04																				
54,19	I,IV	4,10	0,22	0,32	0,36	I	4,10	—	0,14	0,16	—	—	—	—	—	—	—	—	—	—	—	—	—	—	—
	II	3,20	0,10	0,25	0,28	II	3,20	—	0,08	0,09	—	—	—	—	—	—	—	—	—	—	—	—	—	—	—
	III	—	—	—	—	III	—	—	—	—	—	—	—	—	—	—	—	—	—	—	—	—	—	—	—
	V	10,53	0,57	0,84	0,94	IV	4,10	0,04	0,23	0,26	—	0,14	0,16	—	0,06	0,07	—	—	—	—	—	—	—	—	—
	VI	11,65	0,64	0,93	1,04																				
54,29	I,IV	4,12	0,22	0,32	0,37	I	4,12	—	0,14	0,16	—	—	—	—	—	—	—	—	—	—	—	—	—	—	—
	II	3,23	0,10	0,25	0,29	II	3,23	—	0,08	0,09	—	—	—	—	—	—	—	—	—	—	—	—	—	—	—
	III	—	—	—	—	III	—	—	—	—	—	—	—	—	—	—	—	—	—	—	—	—	—	—	—
	V	10,57	0,58	0,84	0,95	IV	4,12	0,04	0,23	0,26	—	0,14	0,16	—	0,06	0,07	—	—	—	—	—	—	—	—	—
	VI	11,68	0,64	0,93	1,05																				
54,39	I,IV	4,15	0,22	0,33	0,37	I	4,15	—	0,14	0,16	—	—	—	—	—	—	—	—	—	—	—	—	—	—	—
	II	3,25	0,11	0,26	0,29	II	3,25	—	0,08	0,09	—	—	—	—	—	—	—	—	—	—	—	—	—	—	—
	III	—	—	—	—	III	—	—	—	—	—	—	—	—	—	—	—	—	—	—	—	—	—	—	—
	V	10,61	0,58	0,84	0,95	IV	4,15	0,05	0,23	0,26	—	0,14	0,16	—	0,07	0,07	—	—	—	—	—	—	—	—	—
	VI	11,71	0,64	0,93	1,05																				

* Die ausgewiesenen Tabellenwerte sind amtlich. Siehe Erläuterungen auf der Umschlaginnenseite (U2).

Abzüge an Lohnsteuer, Solidaritätszuschlag (SolZ) und Kirchensteuer (8%, 9%) in den Steuerklassen

Lohn/ Gehalt bis €*	I – VI ohne Kinderfreibeträge					I, II, III, IV mit Zahl der Kinderfreibeträge . . .		0,5			1			1,5			2			2,5			3		
		LSt	SolZ	8%	9%		LSt	SolZ	8%	9%	SolZ	8%	9%	SolZ	8%	9%	SolZ	8%	9%	SolZ	8%	9%	SolZ	8%	9%
54,49	I,IV	4,17	0,22	0,33	0,37	I	4,17	—	0,14	0,16	—	—	—	—	—	—	—	—	—	—	—	—	—	—	—
	II	3,27	0,11	0,26	0,29	II	3,27	—	0,08	0,10	—	—	—	—	—	—	—	—	—	—	—	—	—	—	—
	III	—	—	—	—	III	—	—	—	—	—	—	—	—	—	—	—	—	—	—	—	—	—	—	—
	V	10,65	0,58	0,85	0,95	IV	4,17	0,05	0,23	0,26	—	0,14	0,16	—	0,07	0,08	—	—	—	—	—	—	—	—	—
	VI	11,74	0,64	0,93	1,05																				
54,59	I,IV	4,19	0,23	0,33	0,37	I	4,19	—	0,15	0,16	—	—	0,01	—	—	—	—	—	—	—	—	—	—	—	—
	II	3,30	0,12	0,26	0,29	II	3,30	—	0,09	0,10	—	—	—	—	—	—	—	—	—	—	—	—	—	—	—
	III	—	—	—	—	III	—	—	—	—	—	—	—	—	—	—	—	—	—	—	—	—	—	—	—
	V	10,69	0,58	0,85	0,96	IV	4,19	0,06	0,24	0,27	—	0,15	0,16	—	0,07	0,08	—	—	0,01	—	—	—	—	—	—
	VI	11,78	0,64	0,94	1,06																				
54,69	I,IV	4,22	0,23	0,33	0,37	I	4,22	—	0,15	0,17	—	0,01	0,01	—	—	—	—	—	—	—	—	—	—	—	—
	II	3,32	0,12	0,26	0,29	II	3,32	—	0,09	0,10	—	—	—	—	—	—	—	—	—	—	—	—	—	—	—
	III	—	—	—	—	III	—	—	—	—	—	—	—	—	—	—	—	—	—	—	—	—	—	—	—
	V	10,73	0,59	0,85	0,96	IV	4,22	0,06	0,24	0,27	—	0,15	0,17	—	0,07	0,08	—	0,01	0,01	—	—	—	—	—	—
	VI	11,81	0,64	0,94	1,06																				
54,79	I,IV	4,24	0,23	0,33	0,38	I	4,24	—	0,15	0,17	—	0,01	0,01	—	—	—	—	—	—	—	—	—	—	—	—
	II	3,34	0,12	0,26	0,30	II	3,34	—	0,09	0,10	—	—	—	—	—	—	—	—	—	—	—	—	—	—	—
	III	—	—	—	—	III	—	—	—	—	—	—	—	—	—	—	—	—	—	—	—	—	—	—	—
	V	10,77	0,59	0,86	0,96	IV	4,24	0,06	0,24	0,27	—	0,15	0,17	—	0,07	0,08	—	0,01	0,01	—	—	—	—	—	—
	VI	11,85	0,65	0,94	1,06																				
54,89	I,IV	4,26	0,23	0,34	0,38	I	4,26	—	0,15	0,17	—	0,01	0,01	—	—	—	—	—	—	—	—	—	—	—	—
	II	3,36	0,13	0,26	0,30	II	3,36	—	0,09	0,10	—	—	—	—	—	—	—	—	—	—	—	—	—	—	—
	III	—	—	—	—	III	—	—	—	—	—	—	—	—	—	—	—	—	—	—	—	—	—	—	—
	V	10,81	0,59	0,86	0,97	IV	4,26	0,07	0,24	0,27	—	0,15	0,17	—	0,07	0,08	—	0,01	0,01	—	—	—	—	—	—
	VI	11,88	0,65	0,95	1,06																				
54,99	I,IV	4,29	0,23	0,34	0,38	I	4,29	—	0,15	0,17	—	0,01	0,01	—	—	—	—	—	—	—	—	—	—	—	—
	II	3,39	0,13	0,27	0,30	II	3,39	—	0,09	0,10	—	—	—	—	—	—	—	—	—	—	—	—	—	—	—
	III	—	—	—	—	III	—	—	—	—	—	—	—	—	—	—	—	—	—	—	—	—	—	—	—
	V	10,85	0,59	0,86	0,97	IV	4,29	0,07	0,24	0,27	—	0,15	0,17	—	0,07	0,08	—	0,01	0,01	—	—	—	—	—	—
	VI	11,91	0,65	0,95	1,07																				
55,09	I,IV	4,31	0,23	0,34	0,38	I	4,31	—	0,15	0,17	—	0,01	0,01	—	—	—	—	—	—	—	—	—	—	—	—
	II	3,41	0,14	0,27	0,30	II	3,41	—	0,09	0,11	—	—	—	—	—	—	—	—	—	—	—	—	—	—	—
	III	—	—	—	—	III	—	—	—	—	—	—	—	—	—	—	—	—	—	—	—	—	—	—	—
	V	10,89	0,59	0,87	0,98	IV	4,31	0,08	0,24	0,27	—	0,15	0,17	—	0,08	0,09	—	0,01	0,01	—	—	—	—	—	—
	VI	11,95	0,65	0,95	1,07																				
55,19	I,IV	4,33	0,23	0,34	0,38	I	4,33	—	0,16	0,18	—	0,01	0,01	—	—	—	—	—	—	—	—	—	—	—	—
	II	3,43	0,14	0,27	0,30	II	3,43	—	0,10	0,11	—	—	—	—	—	—	—	—	—	—	—	—	—	—	—
	III	—	—	—	—	III	—	—	—	—	—	—	—	—	—	—	—	—	—	—	—	—	—	—	—
	V	10,93	0,60	0,87	0,98	IV	4,33	0,08	0,25	0,28	—	0,16	0,18	—	0,08	0,09	—	0,01	0,01	—	—	—	—	—	—
	VI	11,97	0,65	0,95	1,07																				
55,29	I,IV	4,36	0,24	0,34	0,39	I	4,36	—	0,16	0,18	—	0,01	0,01	—	—	—	—	—	—	—	—	—	—	—	—
	II	3,46	0,15	0,27	0,31	II	3,46	—	0,10	0,11	—	—	—	—	—	—	—	—	—	—	—	—	—	—	—
	III	—	—	—	—	III	—	—	—	—	—	—	—	—	—	—	—	—	—	—	—	—	—	—	—
	V	10,97	0,60	0,87	0,98	IV	4,36	0,09	0,25	0,28	—	0,16	0,18	—	0,08	0,09	—	0,01	0,01	—	—	—	—	—	—
	VI	12,01	0,66	0,96	1,08																				
55,39	I,IV	4,38	0,24	0,35	0,39	I	4,38	—	0,16	0,18	—	0,01	0,02	—	—	—	—	—	—	—	—	—	—	—	—
	II	3,48	0,15	0,27	0,31	II	3,48	—	0,10	0,11	—	—	—	—	—	—	—	—	—	—	—	—	—	—	—
	III	—	—	—	—	III	—	—	—	—	—	—	—	—	—	—	—	—	—	—	—	—	—	—	—
	V	11,01	0,60	0,88	0,99	IV	4,38	0,09	0,25	0,28	—	0,16	0,18	—	0,08	0,09	—	0,01	0,02	—	—	—	—	—	—
	VI	12,05	0,66	0,96	1,08																				
55,49	I,IV	4,41	0,24	0,35	0,39	I	4,41	—	0,16	0,18	—	0,02	0,02	—	—	—	—	—	—	—	—	—	—	—	—
	II	3,50	0,16	0,28	0,31	II	3,50	—	0,10	0,11	—	—	—	—	—	—	—	—	—	—	—	—	—	—	—
	III	—	—	—	—	III	—	—	—	—	—	—	—	—	—	—	—	—	—	—	—	—	—	—	—
	V	11,05	0,60	0,88	0,99	IV	4,41	0,10	0,25	0,28	—	0,16	0,18	—	0,08	0,09	—	0,02	0,02	—	—	—	—	—	—
	VI	12,07	0,66	0,96	1,08																				
55,59	I,IV	4,43	0,24	0,35	0,39	I	4,43	—	0,16	0,18	—	0,02	0,02	—	—	—	—	—	—	—	—	—	—	—	—
	II	3,53	0,16	0,28	0,31	II	3,53	—	0,10	0,11	—	—	—	—	—	—	—	—	—	—	—	—	—	—	—
	III	—	—	—	—	III	—	—	—	—	—	—	—	—	—	—	—	—	—	—	—	—	—	—	—
	V	11,09	0,61	0,88	0,99	IV	4,43	0,10	0,25	0,29	—	0,16	0,18	—	0,08	0,09	—	0,02	0,02	—	—	—	—	—	—
	VI	12,11	0,66	0,96	1,08																				
55,69	I,IV	4,45	0,24	0,35	0,40	I	4,45	—	0,16	0,18	—	0,02	0,02	—	—	—	—	—	—	—	—	—	—	—	—
	II	3,55	0,17	0,28	0,31	II	3,55	—	0,10	0,12	—	—	—	—	—	—	—	—	—	—	—	—	—	—	—
	III	—	—	—	—	III	—	—	—	—	—	—	—	—	—	—	—	—	—	—	—	—	—	—	—
	V	11,12	0,61	0,88	1,—	IV	4,45	0,11	0,26	0,29	—	0,16	0,18	—	0,08	0,09	—	0,02	0,02	—	—	—	—	—	—
	VI	12,15	0,66	0,97	1,09																				
55,79	I,IV	4,48	0,24	0,35	0,40	I	4,48	—	0,16	0,19	—	0,02	0,02	—	—	—	—	—	—	—	—	—	—	—	—
	II	3,57	0,17	0,28	0,32	II	3,57	—	0,10	0,12	—	—	—	—	—	—	—	—	—	—	—	—	—	—	—
	III	—	—	—	—	III	—	—	—	—	—	—	—	—	—	—	—	—	—	—	—	—	—	—	—
	V	11,16	0,61	0,89	1,—	IV	4,48	0,11	0,26	0,29	—	0,16	0,19	—	0,08	0,10	—	0,02	0,02	—	—	—	—	—	—
	VI	12,17	0,66	0,97	1,09																				
55,89	I,IV	4,50	0,24	0,36	0,40	I	4,50	—	0,17	0,19	—	0,02	0,02	—	—	—	—	—	—	—	—	—	—	—	—
	II	3,60	0,18	0,28	0,32	II	3,60	—	0,11	0,12	—	—	—	—	—	—	—	—	—	—	—	—	—	—	—
	III	—	—	—	—	III	—	—	—	—	—	—	—	—	—	—	—	—	—	—	—	—	—	—	—
	V	11,20	0,61	0,89	1,—	IV	4,50	0,12	0,26	0,29	—	0,17	0,19	—	0,09	0,10	—	0,02	0,02	—	—	—	—	—	—
	VI	12,21	0,67	0,97	1,09																				
55,99	I,IV	4,53	0,24	0,36	0,40	I	4,53	—	0,17	0,19	—	0,02	0,02	—	—	—	—	—	—	—	—	—	—	—	—
	II	3,62	0,18	0,28	0,32	II	3,62	—	0,11	0,12	—	—	—	—	—	—	—	—	—	—	—	—	—	—	—
	III	—	—	—	—	III	—	—	—	—	—	—	—	—	—	—	—	—	—	—	—	—	—	—	—
	V	11,23	0,61	0,89	1,01	IV	4,53	0,12	0,26	0,29	—	0,17	0,19	—	0,09	0,10	—	0,02	0,02	—	—	—	—	—	—
	VI	12,24	0,67	0,97	1,10																				
56,09	I,IV	4,55	0,25	0,36	0,40	I	4,55	—	0,17	0,19	—	0,02	0,02	—	—	—	—	—	—	—	—	—	—	—	—
	II	3,65	0,19	0,29	0,32	II	3,65	—	0,11	0,12	—	—	—	—	—	—	—	—	—	—	—	—	—	—	—
	III	—	—	—	—	III	—	—	—	—	—	—	—	—	—	—	—	—	—	—	—	—	—	—	—
	V	11,26	0,61	0,90	1,01	IV	4,55	0,12	0,26	0,30	—	0,17	0,19	—	0,09	0,10	—	0,02	0,02	—	—	—	—	—	—
	VI	12,27	0,67	0,98	1,10																				

* **Die ausgewiesenen Tabellenwerte sind amtlich. Siehe Erläuterungen auf der Umschlaginnenseite (U2).**

Abzüge an Lohnsteuer, Solidaritätszuschlag (SolZ) und Kirchensteuer (8%, 9%) in den Steuerklassen

Lohn/ Gehalt bis €*	I – VI					I, II, III, IV		mit Zahl der Kinderfreibeträge . . . 0,5			1			1,5			2			2,5			3		
		LSt	ohne Kinderfreibeträge SolZ	8%	9%		LSt	SolZ	8%	9%	SolZ	8%	9%	SolZ	8%	9%	SolZ	8%	9%	SolZ	8%	9%	SolZ	8%	9%
56,19	I,IV	4,57	0,25	0,36	0,41	I	4,57	—	0,17	0,19	—	0,02	0,03	—	—	—	—	—	—	—	—	—	—	—	—
	II	3,67	0,19	0,29	0,33	II	3,67	—	0,11	0,12	—	—	—	—	—	—	—	—	—	—	—	—	—	—	—
	III	—	—	—	—	III	—	—	—	—	—	—	—	—	—	—	—	—	—	—	—	—	—	—	—
	V	11,30	0,62	0,90	1,01	IV	4,57	0,13	0,26	0,30	—	0,17	0,19	—	0,09	0,10	—	0,02	0,03	—	—	—	—	—	—
	VI	12,31	0,67	0,98	1,10																				
56,29	I,IV	4,60	0,25	0,36	0,41	I	4,60	—	0,17	0,20	—	0,02	0,03	—	—	—	—	—	—	—	—	—	—	—	—
	II	3,69	0,19	0,29	0,33	II	3,69	—	0,11	0,13	—	—	—	—	—	—	—	—	—	—	—	—	—	—	—
	III	—	—	—	—	III	—	—	—	—	—	—	—	—	—	—	—	—	—	—	—	—	—	—	—
	V	11,33	0,62	0,90	1,01	IV	4,60	0,13	0,27	0,30	—	0,17	0,20	—	0,09	0,10	—	0,02	0,03	—	—	—	—	—	—
	VI	12,34	0,67	0,98	1,11																				
56,39	I,IV	4,62	0,25	0,36	0,41	I	4,62	—	0,18	0,20	—	0,03	0,03	—	—	—	—	—	—	—	—	—	—	—	—
	II	3,71	0,20	0,29	0,33	II	3,71	—	0,11	0,13	—	—	—	—	—	—	—	—	—	—	—	—	—	—	—
	III	—	—	—	—	III	—	—	—	—	—	—	—	—	—	—	—	—	—	—	—	—	—	—	—
	V	11,36	0,62	0,90	1,02	IV	4,62	0,14	0,27	0,30	—	0,18	0,20	—	0,09	0,11	—	0,03	0,03	—	—	—	—	—	—
	VI	12,37	0,68	0,98	1,11																				
56,49	I,IV	4,65	0,25	0,37	0,41	I	4,65	—	0,18	0,20	—	0,03	0,03	—	—	—	—	—	—	—	—	—	—	—	—
	II	3,74	0,20	0,29	0,33	II	3,74	—	0,11	0,13	—	—	—	—	—	—	—	—	—	—	—	—	—	—	—
	III	—	—	—	—	III	—	—	—	—	—	—	—	—	—	—	—	—	—	—	—	—	—	—	—
	V	11,40	0,62	0,91	1,02	IV	4,65	0,14	0,27	0,30	—	0,18	0,20	—	0,10	0,11	—	0,03	0,03	—	—	—	—	—	—
	VI	12,41	0,68	0,99	1,11																				
56,59	I,IV	4,67	0,25	0,37	0,42	I	4,67	—	0,18	0,20	—	0,03	0,03	—	—	—	—	—	—	—	—	—	—	—	—
	II	3,76	0,20	0,30	0,33	II	3,76	—	0,12	0,13	—	—	—	—	—	—	—	—	—	—	—	—	—	—	—
	III	—	—	—	—	III	—	—	—	—	—	—	—	—	—	—	—	—	—	—	—	—	—	—	—
	V	11,43	0,62	0,91	1,02	IV	4,67	0,15	0,27	0,31	—	0,18	0,20	—	0,10	0,11	—	0,03	0,03	—	—	—	—	—	—
	VI	12,44	0,68	0,99	1,10																				
56,69	I,IV	4,69	0,25	0,37	0,42	I	4,69	—	0,18	0,20	—	0,03	0,03	—	—	—	—	—	—	—	—	—	—	—	—
	II	3,78	0,20	0,30	0,34	II	3,78	—	0,12	0,13	—	—	—	—	—	—	—	—	—	—	—	—	—	—	—
	III	—	—	—	—	III	—	—	—	—	—	—	—	—	—	—	—	—	—	—	—	—	—	—	—
	V	11,46	0,63	0,91	1,03	IV	4,69	0,15	0,27	0,31	—	0,18	0,20	—	0,10	0,11	—	0,03	0,03	—	—	—	—	—	—
	VI	12,47	0,68	0,99	1,12																				
56,79	I,IV	4,72	0,25	0,37	0,42	I	4,72	—	0,18	0,21	—	0,03	0,03	—	—	—	—	—	—	—	—	—	—	—	—
	II	3,81	0,20	0,30	0,34	II	3,81	—	0,12	0,13	—	—	—	—	—	—	—	—	—	—	—	—	—	—	—
	III	—	—	—	—	III	—	—	—	—	—	—	—	—	—	—	—	—	—	—	—	—	—	—	—
	V	11,50	0,63	0,92	1,03	IV	4,72	0,16	0,28	0,31	—	0,18	0,21	—	0,10	0,11	—	0,03	0,03	—	—	—	—	—	—
	VI	12,51	0,68	1,—	1,12																				
56,89	I,IV	4,74	0,26	0,37	0,42	I	4,74	—	0,18	0,21	—	0,03	0,04	—	—	—	—	—	—	—	—	—	—	—	—
	II	3,83	0,21	0,30	0,34	II	3,83	—	0,12	0,14	—	—	—	—	—	—	—	—	—	—	—	—	—	—	—
	III	—	—	—	—	III	—	—	—	—	—	—	—	—	—	—	—	—	—	—	—	—	—	—	—
	V	11,53	0,63	0,92	1,03	IV	4,74	0,16	0,28	0,31	—	0,18	0,21	—	0,10	0,11	—	0,03	0,04	—	—	—	—	—	—
	VI	12,53	0,68	1,—	1,12																				
56,99	I,IV	4,76	0,26	0,38	0,42	I	4,76	—	0,19	0,21	—	0,03	0,04	—	—	—	—	—	—	—	—	—	—	—	—
	II	3,86	0,21	0,30	0,34	II	3,86	—	0,12	0,14	—	—	—	—	—	—	—	—	—	—	—	—	—	—	—
	III	—	—	—	—	III	—	—	—	—	—	—	—	—	—	—	—	—	—	—	—	—	—	—	—
	V	11,56	0,63	0,92	1,04	IV	4,76	0,17	0,28	0,31	—	0,19	0,21	—	0,10	0,12	—	0,03	0,04	—	—	—	—	—	—
	VI	12,57	0,69	1,—	1,13																				
57,09	I,IV	4,79	0,26	0,38	0,43	I	4,79	—	0,19	0,21	—	0,03	0,04	—	—	—	—	—	—	—	—	—	—	—	—
	II	3,88	0,21	0,31	0,34	II	3,88	—	0,12	0,14	—	—	—	—	—	—	—	—	—	—	—	—	—	—	—
	III	—	—	—	—	III	—	—	—	—	—	—	—	—	—	—	—	—	—	—	—	—	—	—	—
	V	11,60	0,63	0,92	1,04	IV	4,79	0,17	0,28	0,32	—	0,19	0,21	—	0,10	0,12	—	0,03	0,04	—	—	—	—	—	—
	VI	12,60	0,69	1,—	1,13																				
57,19	I,IV	4,81	0,26	0,38	0,43	I	4,81	—	0,19	0,21	—	0,04	0,04	—	—	—	—	—	—	—	—	—	—	—	—
	II	3,90	0,21	0,31	0,35	II	3,90	—	0,13	0,14	—	—	—	—	—	—	—	—	—	—	—	—	—	—	—
	III	—	—	—	—	III	—	—	—	—	—	—	—	—	—	—	—	—	—	—	—	—	—	—	—
	V	11,63	0,63	0,93	1,04	IV	4,81	0,18	0,28	0,32	—	0,19	0,21	—	0,11	0,12	—	0,04	0,04	—	—	—	—	—	—
	VI	12,63	0,69	1,01	1,13																				
57,29	I,IV	4,84	0,26	0,38	0,43	I	4,84	—	0,19	0,22	—	0,04	0,04	—	—	—	—	—	—	—	—	—	—	—	—
	II	3,93	0,21	0,31	0,35	II	3,93	—	0,13	0,14	—	—	—	—	—	—	—	—	—	—	—	—	—	—	—
	III	—	—	—	—	III	—	—	—	—	—	—	—	—	—	—	—	—	—	—	—	—	—	—	—
	V	11,67	0,64	0,93	1,05	IV	4,84	0,18	0,28	0,32	—	0,19	0,22	—	0,11	0,12	—	0,04	0,04	—	—	—	—	—	—
	VI	12,67	0,69	1,01	1,14																				
57,39	I,IV	4,86	0,26	0,38	0,43	I	4,86	—	0,19	0,22	—	0,04	0,04	—	—	—	—	—	—	—	—	—	—	—	—
	II	3,95	0,21	0,31	0,35	II	3,95	—	0,13	0,15	—	—	—	—	—	—	—	—	—	—	—	—	—	—	—
	III	—	—	—	—	III	—	—	—	—	—	—	—	—	—	—	—	—	—	—	—	—	—	—	—
	V	11,70	0,64	0,93	1,05	IV	4,86	0,19	0,29	0,32	—	0,19	0,22	—	0,11	0,12	—	0,04	0,04	—	—	—	—	—	—
	VI	12,70	0,69	1,01	1,14																				
57,49	I,IV	4,88	0,26	0,39	0,43	I	4,88	—	0,19	0,22	—	0,04	0,04	—	—	—	—	—	—	—	—	—	—	—	—
	II	3,97	0,21	0,31	0,35	II	3,97	—	0,13	0,15	—	—	—	—	—	—	—	—	—	—	—	—	—	—	—
	III	—	—	—	—	III	—	—	—	—	—	—	—	—	—	—	—	—	—	—	—	—	—	—	—
	V	11,73	0,64	0,93	1,05	IV	4,88	0,19	0,29	0,33	—	0,19	0,22	—	0,11	0,12	—	0,04	0,04	—	—	—	—	—	—
	VI	12,73	0,70	1,01	1,14																				
57,59	I,IV	4,91	0,27	0,39	0,44	I	4,91	—	0,20	0,22	—	0,04	0,05	—	—	—	—	—	—	—	—	—	—	—	—
	II	4,—	0,22	0,32	0,36	II	4,—	—	0,13	0,15	—	—	—	—	—	—	—	—	—	—	—	—	—	—	—
	III	—	—	—	—	III	—	—	—	—	—	—	—	—	—	—	—	—	—	—	—	—	—	—	—
	V	11,77	0,64	0,94	1,05	IV	4,91	0,19	0,29	0,33	—	0,20	0,22	—	0,11	0,13	—	0,04	0,05	—	—	—	—	—	—
	VI	12,77	0,70	1,02	1,14																				
57,69	I,IV	4,93	0,27	0,39	0,44	I	4,93	—	0,20	0,22	—	0,04	0,05	—	—	—	—	—	—	—	—	—	—	—	—
	II	4,02	0,22	0,32	0,36	II	4,02	—	0,13	0,15	—	—	—	—	—	—	—	—	—	—	—	—	—	—	—
	III	—	—	—	—	III	—	—	—	—	—	—	—	—	—	—	—	—	—	—	—	—	—	—	—
	V	11,80	0,64	0,94	1,06	IV	4,93	0,20	0,29	0,33	—	0,20	0,22	—	0,11	0,13	—	0,04	0,05	—	—	—	—	—	—
	VI	12,80	0,70	1,02	1,15																				
57,79	I,IV	4,96	0,27	0,39	0,44	I	4,96	—	0,20	0,23	—	0,04	0,05	—	—	—	—	—	—	—	—	—	—	—	—
	II	4,04	0,22	0,32	0,36	II	4,04	—	0,14	0,15	—	—	—	—	—	—	—	—	—	—	—	—	—	—	—
	III	—	—	—	—	III	—	—	—	—	—	—	—	—	—	—	—	—	—	—	—	—	—	—	—
	V	11,83	0,65	0,94	1,06	IV	4,96	0,20	0,29	0,33	—	0,20	0,23	—	0,11	0,13	—	0,04	0,05	—	—	—	—	—	—
	VI	12,83	0,70	1,02	1,15																				

* Die ausgewiesenen Tabellenwerte sind amtlich. Siehe Erläuterungen auf der Umschlaginnenseite (U2).

Abzüge an Lohnsteuer, Solidaritätszuschlag (SolZ) und Kirchensteuer (8%, 9%) in den Steuerklassen

Lohn/ Gehalt bis €*	I – VI	LSt	ohne Kinderfreibeträge SolZ	8%	9%	I, II, III, IV	LSt	mit Zahl der Kinderfreibeträge . . . 0,5 SolZ	0,5 8%	0,5 9%	1 SolZ	1 8%	1 9%	1,5 SolZ	1,5 8%	1,5 9%	2 SolZ	2 8%	2 9%	2,5 SolZ	2,5 8%	2,5 9%	3 SolZ	3 8%	3 9%
57,89	I,IV	4,98	0,27	0,39	0,44	I	4,98	—	0,20	0,23	—	0,04	0,05	—	—	—	—	—	—	—	—	—	—	—	—
	II	4,07	0,22	0,32	0,36	II	4,07	—	0,14	0,15	—	—	—	—	—	—	—	—	—	—	—	—	—	—	—
	III	—	—	—	—	III	—	—	—	—	—	—	—	—	—	—	—	—	—	—	—	—	—	—	—
	V	11,86	0,65	0,94	1,06	IV	4,98	0,20	0,30	0,33	—	0,20	0,23	—	0,12	0,13	—	0,04	0,05	—	—	—	—	—	—
	VI	12,86	0,70	1,02	1,15																				
57,99	I,IV	5,01	0,27	0,40	0,45	I	5,01	—	0,20	0,23	—	0,05	0,05	—	—	—	—	—	—	—	—	—	—	—	—
	II	4,09	0,22	0,32	0,36	II	4,09	—	0,14	0,16	—	—	—	—	—	—	—	—	—	—	—	—	—	—	—
	III	—	—	—	—	III	—	—	—	—	—	—	—	—	—	—	—	—	—	—	—	—	—	—	—
	V	11,90	0,65	0,95	1,07	IV	5,01	0,20	0,30	0,34	—	0,20	0,23	—	0,12	0,13	—	0,05	0,05	—	—	—	—	—	—
	VI	12,90	0,70	1,03	1,16																				
58,09	I,IV	5,03	0,27	0,40	0,45	I	5,03	—	0,20	0,23	—	0,05	0,05	—	—	—	—	—	—	—	—	—	—	—	—
	II	4,11	0,22	0,32	0,36	II	4,11	—	0,14	0,16	—	—	—	—	—	—	—	—	—	—	—	—	—	—	—
	III	—	—	—	—	III	—	—	—	—	—	—	—	—	—	—	—	—	—	—	—	—	—	—	—
	V	11,93	0,65	0,95	1,07	IV	5,03	0,20	0,30	0,34	—	0,20	0,23	—	0,12	0,13	—	0,05	0,05	—	—	—	—	—	—
	VI	12,93	0,71	1,03	1,16																				
58,19	I,IV	5,05	0,27	0,40	0,45	I	5,05	—	0,21	0,23	—	0,05	0,05	—	—	—	—	—	—	—	—	—	—	—	—
	II	4,14	0,22	0,33	0,37	II	4,14	—	0,14	0,16	—	—	—	—	—	—	—	—	—	—	—	—	—	—	—
	III	—	—	—	—	III	—	—	—	—	—	—	—	—	—	—	—	—	—	—	—	—	—	—	—
	V	11,97	0,65	0,95	1,07	IV	5,05	0,21	0,30	0,34	—	0,21	0,23	—	0,12	0,14	—	0,05	0,05	—	—	—	—	—	—
	VI	12,96	0,71	1,03	1,16																				
58,29	I,IV	5,08	0,27	0,40	0,45	I	5,08	—	0,21	0,24	—	0,05	0,06	—	—	—	—	—	—	—	—	—	—	—	—
	II	4,16	0,22	0,33	0,37	II	4,16	—	0,14	0,16	—	—	—	—	—	—	—	—	—	—	—	—	—	—	—
	III	—	—	—	—	III	—	—	—	—	—	—	—	—	—	—	—	—	—	—	—	—	—	—	—
	V	12,—	0,66	0,96	1,08	IV	5,08	0,21	0,30	0,34	—	0,21	0,24	—	0,12	0,14	—	0,05	0,06	—	—	—	—	—	—
	VI	12,99	0,71	1,03	1,16																				
58,39	I,IV	5,10	0,28	0,40	0,45	I	5,10	—	0,21	0,24	—	0,05	0,06	—	—	—	—	—	—	—	—	—	—	—	—
	II	4,18	0,23	0,33	0,37	II	4,18	—	0,14	0,16	—	—	—	—	—	—	—	—	—	—	—	—	—	—	—
	III	—	—	—	—	III	—	—	—	—	—	—	—	—	—	—	—	—	—	—	—	—	—	—	—
	V	12,03	0,66	0,96	1,08	IV	5,10	0,21	0,31	0,34	—	0,21	0,24	—	0,12	0,14	—	0,05	0,06	—	—	—	—	—	—
	VI	13,02	0,71	1,04	1,17																				
58,49	I,IV	5,13	0,28	0,41	0,46	I	5,13	—	0,21	0,24	—	0,05	0,06	—	—	—	—	—	—	—	—	—	—	—	—
	II	4,21	0,23	0,33	0,37	II	4,21	—	0,15	0,17	—	0,01	0,01	—	—	—	—	—	—	—	—	—	—	—	—
	III	—	—	—	—	III	—	—	—	—	—	—	—	—	—	—	—	—	—	—	—	—	—	—	—
	V	12,06	0,66	0,96	1,08	IV	5,13	0,21	0,31	0,35	—	0,21	0,24	—	0,13	0,14	—	0,05	0,06	—	—	—	—	—	—
	VI	13,06	0,71	1,04	1,17																				
58,59	I,IV	5,15	0,28	0,41	0,46	I	5,15	—	0,21	0,24	—	0,05	0,06	—	—	—	—	—	—	—	—	—	—	—	—
	II	4,23	0,23	0,33	0,38	II	4,23	—	0,15	0,17	—	0,01	0,01	—	—	—	—	—	—	—	—	—	—	—	—
	III	—	—	—	—	III	—	—	—	—	—	—	—	—	—	—	—	—	—	—	—	—	—	—	—
	V	12,10	0,66	0,96	1,08	IV	5,15	0,21	0,31	0,35	—	0,21	0,24	—	0,13	0,14	—	0,05	0,06	—	—	—	—	—	—
	VI	13,09	0,72	1,04	1,17																				
58,69	I,IV	5,18	0,28	0,41	0,46	I	5,18	0,01	0,22	0,24	—	0,05	0,06	—	—	—	—	—	—	—	—	—	—	—	—
	II	4,26	0,23	0,34	0,38	II	4,26	—	0,15	0,17	—	0,01	0,01	—	—	—	—	—	—	—	—	—	—	—	—
	III	—	—	—	—	III	—	—	—	—	—	—	—	—	—	—	—	—	—	—	—	—	—	—	—
	V	12,13	0,66	0,97	1,09	IV	5,18	0,21	0,31	0,35	0,01	0,22	0,24	—	0,13	0,15	—	0,05	0,06	—	—	—	—	—	—
	VI	13,12	0,72	1,04	1,18																				
58,79	I,IV	5,20	0,28	0,41	0,46	I	5,20	0,01	0,22	0,25	—	0,06	0,06	—	—	—	—	—	—	—	—	—	—	—	—
	II	4,28	0,23	0,34	0,38	II	4,28	—	0,15	0,17	—	0,01	0,01	—	—	—	—	—	—	—	—	—	—	—	—
	III	—	—	—	—	III	—	—	—	—	—	—	—	—	—	—	—	—	—	—	—	—	—	—	—
	V	12,16	0,66	0,97	1,09	IV	5,20	0,21	0,31	0,35	0,01	0,22	0,25	—	0,13	0,15	—	0,06	0,06	—	—	—	—	—	—
	VI	13,16	0,72	1,05	1,18																				
58,89	I,IV	5,22	0,28	0,41	0,46	I	5,22	0,02	0,22	0,25	—	0,06	0,06	—	—	—	—	—	—	—	—	—	—	—	—
	II	4,30	0,23	0,34	0,38	II	4,30	—	0,15	0,17	—	0,01	0,01	—	—	—	—	—	—	—	—	—	—	—	—
	III	—	—	—	—	III	—	—	—	—	—	—	—	—	—	—	—	—	—	—	—	—	—	—	—
	V	12,20	0,67	0,97	1,09	IV	5,22	0,22	0,32	0,36	0,02	0,22	0,25	—	0,13	0,15	—	0,06	0,06	—	—	—	—	—	—
	VI	13,19	0,72	1,05	1,18																				
58,99	I,IV	5,25	0,28	0,42	0,47	I	5,25	0,02	0,22	0,25	—	0,06	0,07	—	—	—	—	—	—	—	—	—	—	—	—
	II	4,33	0,23	0,34	0,38	II	4,33	—	0,15	0,17	—	0,01	0,01	—	—	—	—	—	—	—	—	—	—	—	—
	III	—	—	—	—	III	—	—	—	—	—	—	—	—	—	—	—	—	—	—	—	—	—	—	—
	V	12,22	0,67	0,97	1,09	IV	5,25	0,22	0,32	0,36	0,02	0,22	0,25	—	0,13	0,15	—	0,06	0,07	—	—	—	—	—	—
	VI	13,22	0,72	1,05	1,18																				
59,09	I,IV	5,27	0,29	0,42	0,47	I	5,27	0,03	0,22	0,25	—	0,06	0,07	—	—	—	—	—	—	—	—	—	—	—	—
	II	4,35	0,23	0,34	0,39	II	4,35	—	0,16	0,18	—	0,01	0,01	—	—	—	—	—	—	—	—	—	—	—	—
	III	—	—	—	—	III	—	—	—	—	—	—	—	—	—	—	—	—	—	—	—	—	—	—	—
	V	12,26	0,67	0,98	1,10	IV	5,27	0,22	0,32	0,36	0,03	0,22	0,25	—	0,14	0,15	—	0,06	0,07	—	—	—	—	—	—
	VI	13,25	0,72	1,06	1,19																				
59,19	I,IV	5,30	0,29	0,42	0,47	I	5,30	0,03	0,22	0,25	—	0,06	0,07	—	—	—	—	—	—	—	—	—	—	—	—
	II	4,37	0,24	0,34	0,39	II	4,37	—	0,16	0,18	—	0,01	0,02	—	—	—	—	—	—	—	—	—	—	—	—
	III	—	—	—	—	III	—	—	—	—	—	—	—	—	—	—	—	—	—	—	—	—	—	—	—
	V	12,30	0,67	0,98	1,10	IV	5,30	0,22	0,32	0,36	0,03	0,22	0,25	—	0,14	0,15	—	0,06	0,07	—	—	—	—	—	—
	VI	13,28	0,73	1,06	1,19																				
59,29	I,IV	5,32	0,29	0,42	0,47	I	5,32	0,03	0,23	0,26	—	0,06	0,07	—	—	—	—	—	—	—	—	—	—	—	—
	II	4,40	0,24	0,35	0,39	II	4,40	—	0,16	0,18	—	0,01	0,02	—	—	—	—	—	—	—	—	—	—	—	—
	III	—	—	—	—	III	—	—	—	—	—	—	—	—	—	—	—	—	—	—	—	—	—	—	—
	V	12,32	0,67	0,98	1,10	IV	5,32	0,22	0,32	0,36	0,03	0,23	0,26	—	0,14	0,16	—	0,06	0,07	—	—	—	—	—	—
	VI	13,31	0,73	1,06	1,19																				
59,39	I,IV	5,34	0,29	0,42	0,48	I	5,34	0,04	0,23	0,26	—	0,06	0,07	—	—	—	—	—	—	—	—	—	—	—	—
	II	4,41	0,24	0,35	0,39	II	4,41	—	0,16	0,18	—	0,02	0,02	—	—	—	—	—	—	—	—	—	—	—	—
	III	—	—	—	—	III	—	—	—	—	—	—	—	—	—	—	—	—	—	—	—	—	—	—	—
	V	12,35	0,67	0,98	1,11	IV	5,34	0,22	0,32	0,36	0,04	0,23	0,26	—	0,14	0,16	—	0,06	0,07	—	—	—	—	—	—
	VI	13,34	0,73	1,06	1,20																				
59,49	I,IV	5,36	0,29	0,42	0,48	I	5,36	0,04	0,23	0,26	—	0,06	0,07	—	—	—	—	—	—	—	—	—	—	—	—
	II	4,44	0,24	0,35	0,39	II	4,44	—	0,16	0,18	—	0,02	0,02	—	—	—	—	—	—	—	—	—	—	—	—
	III	—	—	—	—	III	—	—	—	—	—	—	—	—	—	—	—	—	—	—	—	—	—	—	—
	V	12,38	0,68	0,99	1,11	IV	5,36	0,22	0,33	0,37	0,04	0,23	0,26	—	0,14	0,16	—	0,06	0,07	—	—	—	—	—	—
	VI	13,37	0,73	1,06	1,20																				

* Die ausgewiesenen Tabellenwerte sind amtlich. Siehe Erläuterungen auf der Umschlaginnenseite (U2).

Lohn/ Gehalt bis €*	Abzüge an Lohnsteuer, Solidaritätszuschlag (SolZ) und Kirchensteuer (8%, 9%) in den Steuerklassen I – VI					I, II, III, IV																			
			ohne Kinder-freibeträge					mit Zahl der Kinderfreibeträge . . .																	
								0,5			1			1,5			2			2,5			3		
		LSt	SolZ	8%	9%		LSt	SolZ	8%	9%	SolZ	8%	9%	SolZ	8%	9%	SolZ	8%	9%	SolZ	8%	9%	SolZ	8%	9%
59,59	I,IV	5,38	0,29	0,43	0,48	I	5,38	0,05	0,23	0,26	—	0,07	0,07	—	—	—	—	—	—	—	—	—	—	—	—
	II	4,46	0,24	0,35	0,40	II	4,46	—	0,16	0,18	—	0,02	0,02	—	—	—	—	—	—	—	—	—	—	—	—
	III	—	—	—	—	III	—	—	—	—	—	—	—	—	—	—	—	—	—	—	—	—	—	—	—
	V	12,41	0,68	0,99	1,11	IV	5,38	0,22	0,33	0,37	0,05	0,23	0,26	—	0,14	0,16	—	0,07	0,07	—	—	—	—	—	—
	VI	13,40	0,73	1,07	1,20																				
59,69	I,IV	5,41	0,29	0,43	0,48	I	5,41	0,05	0,23	0,26	—	0,07	0,08	—	—	—	—	—	—	—	—	—	—	—	—
	II	4,48	0,24	0,35	0,40	II	4,48	—	0,17	0,19	—	0,02	0,02	—	—	—	—	—	—	—	—	—	—	—	—
	III	0,01	—	—	—	III	0,01	—	—	—	—	—	—	—	—	—	—	—	—	—	—	—	—	—	—
	V	12,44	0,68	0,99	1,11	IV	5,41	0,22	0,33	0,37	0,05	0,23	0,26	—	0,14	0,16	—	0,07	0,08	—	—	—	—	—	—
	VI	13,43	0,73	1,07	1,20																				
59,79	I,IV	5,43	0,29	0,43	0,48	I	5,43	0,06	0,24	0,27	—	0,07	0,08	—	—	—	—	—	—	—	—	—	—	—	—
	II	4,50	0,24	0,36	0,40	II	4,50	—	0,17	0,19	—	0,02	0,02	—	—	—	—	—	—	—	—	—	—	—	—
	III	0,02	—	—	—	III	0,02	—	—	—	—	—	—	—	—	—	—	—	—	—	—	—	—	—	—
	V	12,47	0,68	0,99	1,12	IV	5,43	0,23	0,33	0,37	0,06	0,24	0,27	—	0,15	0,16	—	0,07	0,08	—	—	0,01	—	—	—
	VI	13,46	0,74	1,07	1,21																				
59,89	I,IV	5,45	0,30	0,43	0,49	I	5,45	0,06	0,24	0,27	—	0,07	0,08	—	—	—	—	—	—	—	—	—	—	—	—
	II	4,52	0,24	0,36	0,40	II	4,52	—	0,17	0,19	—	0,02	0,02	—	—	—	—	—	—	—	—	—	—	—	—
	III	0,03	—	—	—	III	0,03	—	—	—	—	—	—	—	—	—	—	—	—	—	—	—	—	—	—
	V	12,50	0,68	1,—	1,12	IV	5,45	0,23	0,33	0,37	0,06	0,24	0,27	—	0,15	0,17	—	0,07	0,08	—	0,01	0,01	—	—	—
	VI	13,49	0,74	1,07	1,21																				
59,99	I,IV	5,47	0,30	0,43	0,49	I	5,47	0,06	0,24	0,27	—	0,07	0,08	—	—	—	—	—	—	—	—	—	—	—	—
	II	4,55	0,25	0,36	0,40	II	4,55	—	0,17	0,19	—	0,02	0,02	—	—	—	—	—	—	—	—	—	—	—	—
	III	0,04	—	—	—	III	0,04	—	—	—	—	—	—	—	—	—	—	—	—	—	—	—	—	—	—
	V	12,53	0,68	1,—	1,12	IV	5,47	0,23	0,33	0,38	0,06	0,24	0,27	—	0,15	0,17	—	0,07	0,08	—	0,01	0,01	—	—	—
	VI	13,52	0,74	1,08	1,21																				
60,09	I,IV	5,50	0,30	0,44	0,49	I	5,50	0,07	0,24	0,27	—	0,07	0,08	—	—	—	—	—	—	—	—	—	—	—	—
	II	4,57	0,25	0,36	0,41	II	4,57	—	0,17	0,19	—	0,02	0,03	—	—	—	—	—	—	—	—	—	—	—	—
	III	0,05	—	—	—	III	0,05	—	—	—	—	—	—	—	—	—	—	—	—	—	—	—	—	—	—
	V	12,56	0,69	1,—	1,13	IV	5,50	0,23	0,34	0,38	0,07	0,24	0,27	—	0,15	0,17	—	0,07	0,08	—	0,01	0,01	—	—	—
	VI	13,55	0,74	1,08	1,21																				
60,19	I,IV	5,52	0,30	0,44	0,49	I	5,52	0,07	0,24	0,27	—	0,07	0,08	—	—	—	—	—	—	—	—	—	—	—	—
	II	4,59	0,25	0,36	0,41	II	4,59	—	0,17	0,19	—	0,02	0,03	—	—	—	—	—	—	—	—	—	—	—	—
	III	0,06	—	—	—	III	0,06	—	—	—	—	—	—	—	—	—	—	—	—	—	—	—	—	—	—
	V	12,58	0,69	1,—	1,13	IV	5,52	0,23	0,34	0,38	0,07	0,24	0,27	—	0,15	0,17	—	0,07	0,08	—	0,01	0,01	—	—	—
	VI	13,58	0,74	1,08	1,22																				
60,29	I,IV	5,54	0,30	0,44	0,49	I	5,54	0,08	0,24	0,27	—	0,07	0,08	—	—	—	—	—	—	—	—	—	—	—	—
	II	4,61	0,25	0,36	0,41	II	4,61	—	0,17	0,20	—	0,02	0,03	—	—	—	—	—	—	—	—	—	—	—	—
	III	0,07	—	—	—	III	0,07	—	—	—	—	—	—	—	—	—	—	—	—	—	—	—	—	—	—
	V	12,62	0,69	1,—	1,13	IV	5,54	0,23	0,34	0,38	0,08	0,24	0,27	—	0,15	0,17	—	0,07	0,08	—	0,01	0,01	—	—	—
	VI	13,61	0,74	1,08	1,22																				
60,39	I,IV	5,56	0,30	0,44	0,50	I	5,56	0,08	0,24	0,28	—	0,08	0,09	—	—	—	—	—	—	—	—	—	—	—	—
	II	4,63	0,25	0,37	0,41	II	4,63	—	0,18	0,20	—	0,03	0,03	—	—	—	—	—	—	—	—	—	—	—	—
	III	0,08	—	—	—	III	0,08	—	—	—	—	—	—	—	—	—	—	—	—	—	—	—	—	—	—
	V	12,65	0,69	1,01	1,13	IV	5,56	0,23	0,34	0,38	0,08	0,24	0,28	—	0,15	0,17	—	0,08	0,09	—	0,01	0,01	—	—	—
	VI	13,64	0,75	1,09	1,22																				
60,49	I,IV	5,58	0,30	0,44	0,50	I	5,58	0,08	0,25	0,28	—	0,08	0,09	—	—	—	—	—	—	—	—	—	—	—	—
	II	4,65	0,25	0,37	0,41	II	4,65	—	0,18	0,20	—	0,03	0,03	—	—	—	—	—	—	—	—	—	—	—	—
	III	0,10	—	—	—	III	0,10	—	—	—	—	—	—	—	—	—	—	—	—	—	—	—	—	—	—
	V	12,68	0,69	1,01	1,14	IV	5,58	0,23	0,34	0,39	0,08	0,25	0,28	—	0,16	0,18	—	0,08	0,09	—	0,01	0,01	—	—	—
	VI	13,67	0,75	1,09	1,23																				
60,59	I,IV	5,61	0,30	0,44	0,50	I	5,61	0,09	0,25	0,28	—	0,08	0,09	—	—	—	—	—	—	—	—	—	—	—	—
	II	4,68	0,25	0,37	0,42	II	4,68	—	0,18	0,20	—	0,03	0,03	—	—	—	—	—	—	—	—	—	—	—	—
	III	0,11	—	—	—	III	0,11	—	—	—	—	—	—	—	—	—	—	—	—	—	—	—	—	—	—
	V	12,71	0,69	1,01	1,14	IV	5,61	0,24	0,34	0,39	0,09	0,25	0,28	—	0,16	0,18	—	0,08	0,09	—	0,01	0,01	—	—	—
	VI	13,70	0,75	1,09	1,23																				
60,69	I,IV	5,63	0,30	0,45	0,50	I	5,63	0,09	0,25	0,28	—	0,08	0,09	—	—	—	—	—	—	—	—	—	—	—	—
	II	4,70	0,25	0,37	0,42	II	4,70	—	0,18	0,20	—	0,03	0,03	—	—	—	—	—	—	—	—	—	—	—	—
	III	0,12	—	—	0,01	III	0,12	—	—	—	—	—	—	—	—	—	—	—	—	—	—	—	—	—	—
	V	12,74	0,70	1,01	1,14	IV	5,63	0,24	0,35	0,39	0,09	0,25	0,28	—	0,16	0,18	—	0,08	0,09	—	0,01	0,02	—	—	—
	VI	13,73	0,75	1,09	1,23																				
60,79	I,IV	5,65	0,31	0,45	0,50	I	5,65	0,10	0,25	0,28	—	0,08	0,09	—	—	—	—	—	—	—	—	—	—	—	—
	II	4,72	0,25	0,37	0,42	II	4,72	—	0,18	0,21	—	0,03	0,03	—	—	—	—	—	—	—	—	—	—	—	—
	III	0,13	—	0,01	0,01	III	0,13	—	—	—	—	—	—	—	—	—	—	—	—	—	—	—	—	—	—
	V	12,77	0,70	1,02	1,14	IV	5,65	0,24	0,35	0,39	0,10	0,25	0,28	—	0,16	0,18	—	0,08	0,09	—	0,02	0,02	—	—	—
	VI	13,76	0,75	1,10	1,23																				
60,89	I,IV	5,67	0,31	0,45	0,51	I	5,67	0,10	0,25	0,29	—	0,08	0,09	—	—	—	—	—	—	—	—	—	—	—	—
	II	4,74	0,26	0,37	0,42	II	4,74	—	0,18	0,21	—	0,03	0,04	—	—	—	—	—	—	—	—	—	—	—	—
	III	0,15	—	0,01	0,01	III	0,15	—	—	—	—	—	—	—	—	—	—	—	—	—	—	—	—	—	—
	V	12,80	0,70	1,02	1,15	IV	5,67	0,24	0,35	0,39	0,10	0,25	0,29	—	0,16	0,18	—	0,08	0,09	—	0,02	0,02	—	—	—
	VI	13,79	0,75	1,10	1,24																				
60,99	I,IV	5,70	0,31	0,45	0,51	I	5,70	0,11	0,26	0,29	—	0,08	0,09	—	—	—	—	—	—	—	—	—	—	—	—
	II	4,76	0,26	0,38	0,42	II	4,76	—	0,19	0,21	—	0,03	0,04	—	—	—	—	—	—	—	—	—	—	—	—
	III	0,16	—	0,01	0,01	III	0,16	—	—	—	—	—	—	—	—	—	—	—	—	—	—	—	—	—	—
	V	12,83	0,70	1,02	1,15	IV	5,70	0,24	0,35	0,40	0,11	0,26	0,29	—	0,16	0,18	—	0,08	0,09	—	0,02	0,02	—	—	—
	VI	13,82	0,76	1,10	1,24																				
61,09	I,IV	5,72	0,31	0,45	0,51	I	5,72	0,11	0,26	0,29	—	0,08	0,10	—	—	—	—	—	—	—	—	—	—	—	—
	II	4,78	0,26	0,38	0,43	II	4,78	—	0,19	0,21	—	0,03	0,04	—	—	—	—	—	—	—	—	—	—	—	—
	III	0,17	—	0,01	0,01	III	0,17	—	—	—	—	—	—	—	—	—	—	—	—	—	—	—	—	—	—
	V	12,86	0,70	1,02	1,15	IV	5,72	0,24	0,35	0,40	0,11	0,26	0,29	—	0,16	0,19	—	0,08	0,10	—	0,02	0,02	—	—	—
	VI	13,85	0,76	1,10	1,24																				
61,19	I,IV	5,74	0,31	0,45	0,51	I	5,74	0,11	0,26	0,29	—	0,09	0,10	—	—	—	—	—	—	—	—	—	—	—	—
	II	4,81	0,26	0,38	0,43	II	4,81	—	0,19	0,21	—	0,04	0,04	—	—	—	—	—	—	—	—	—	—	—	—
	III	0,18	—	0,01	0,01	III	0,18	—	—	—	—	—	—	—	—	—	—	—	—	—	—	—	—	—	—
	V	12,88	0,70	1,03	1,15	IV	5,74	0,24	0,36	0,40	0,11	0,26	0,29	—	0,17	0,19	—	0,09	0,10	—	0,02	0,02	—	—	—
	VI	13,88	0,76	1,11	1,24																				

* Die ausgewiesenen Tabellenwerte sind amtlich. Siehe Erläuterungen auf der Umschlaginnenseite (U2).

Abzüge an Lohnsteuer, Solidaritätszuschlag (SolZ) und Kirchensteuer (8%, 9%) in den Steuerklassen

Lohn/ Gehalt bis €*	I – VI		ohne Kinderfreibeträge			I, II, III, IV		mit Zahl der Kinderfreibeträge . . . 0,5			1			1,5			2			2,5			3		
		LSt	SolZ	8%	9%		LSt	SolZ	8%	9%	SolZ	8%	9%	SolZ	8%	9%	SolZ	8%	9%	SolZ	8%	9%	SolZ	8%	9%
61,29	I,IV	5,76	0,31	0,46	0,51	I	5,76	0,12	0,26	0,29	—	0,09	0,10	—	—	—	—	—	—	—	—	—	—	—	—
	II	4,83	0,26	0,38	0,43	II	4,83	—	0,19	0,21	—	0,04	0,04	—	—	—	—	—	—	—	—	—	—	—	—
	III	0,20	—	0,01	0,01	III	0,20	—	—	—	—	—	—	—	—	—	—	—	—	—	—	—	—	—	—
	V	12,91	0,71	1,03	1,16	IV	5,76	0,24	0,36	0,40	0,12	0,26	0,29	—	0,17	0,19	—	0,09	0,10	—	0,02	0,02	—	—	—
	VI	13,91	0,76	1,11	1,25																				
61,39	I,IV	5,78	0,31	0,46	0,52	I	5,78	0,12	0,26	0,29	—	0,09	0,10	—	—	—	—	—	—	—	—	—	—	—	—
	II	4,85	0,26	0,38	0,43	II	4,85	—	0,19	0,22	—	0,04	0,04	—	—	—	—	—	—	—	—	—	—	—	—
	III	0,21	—	0,01	0,01	III	0,21	—	—	—	—	—	—	—	—	—	—	—	—	—	—	—	—	—	—
	V	12,95	0,71	1,03	1,16	IV	5,78	0,24	0,36	0,40	0,12	0,26	0,29	—	0,17	0,19	—	0,09	0,10	—	0,02	0,02	—	—	—
	VI	13,94	0,76	1,11	1,25																				
61,49	I,IV	5,81	0,31	0,46	0,52	I	5,81	0,13	0,26	0,30	—	0,09	0,10	—	—	—	—	—	—	—	—	—	—	—	—
	II	4,87	0,26	0,38	0,43	II	4,87	—	0,19	0,22	—	0,04	0,04	—	—	—	—	—	—	—	—	—	—	—	—
	III	0,22	—	0,01	0,01	III	0,22	—	—	—	—	—	—	—	—	—	—	—	—	—	—	—	—	—	—
	V	12,97	0,71	1,03	1,16	IV	5,81	0,25	0,36	0,41	0,13	0,26	0,30	—	0,17	0,19	—	0,09	0,10	—	0,02	0,03	—	—	—
	VI	13,97	0,76	1,11	1,25																				
61,59	I,IV	5,83	0,32	0,46	0,52	I	5,83	0,13	0,26	0,30	—	0,09	0,10	—	—	—	—	—	—	—	—	—	—	—	—
	II	4,89	0,26	0,39	0,44	II	4,89	—	0,20	0,22	—	0,04	0,04	—	—	—	—	—	—	—	—	—	—	—	—
	III	0,23	—	0,01	0,02	III	0,23	—	—	—	—	—	—	—	—	—	—	—	—	—	—	—	—	—	—
	V	13,01	0,71	1,04	1,17	IV	5,83	0,25	0,36	0,41	0,13	0,26	0,30	—	0,17	0,19	—	0,09	0,10	—	0,02	0,03	—	—	—
	VI	14,01	0,77	1,12	1,26																				
61,69	I,IV	5,85	0,32	0,46	0,52	I	5,85	0,13	0,27	0,30	—	0,09	0,10	—	—	—	—	—	—	—	—	—	—	—	—
	II	4,91	0,27	0,39	0,44	II	4,91	—	0,20	0,22	—	0,04	0,05	—	—	—	—	—	—	—	—	—	—	—	—
	III	0,24	—	0,01	0,02	III	0,24	—	—	—	—	—	—	—	—	—	—	—	—	—	—	—	—	—	—
	V	13,03	0,71	1,04	1,17	IV	5,85	0,25	0,36	0,41	0,13	0,27	0,30	—	0,17	0,20	—	0,09	0,10	—	0,02	0,03	—	—	—
	VI	14,03	0,77	1,12	1,26																				
61,79	I,IV	5,87	0,32	0,46	0,52	I	5,87	0,14	0,27	0,30	—	0,09	0,11	—	—	—	—	—	—	—	—	—	—	—	—
	II	4,94	0,27	0,39	0,44	II	4,94	—	0,20	0,22	—	0,04	0,05	—	—	—	—	—	—	—	—	—	—	—	—
	III	0,25	—	0,02	0,02	III	0,25	—	—	—	—	—	—	—	—	—	—	—	—	—	—	—	—	—	—
	V	13,06	0,71	1,04	1,17	IV	5,87	0,25	0,36	0,41	0,14	0,27	0,30	—	0,18	0,20	—	0,09	0,11	—	0,03	0,03	—	—	—
	VI	14,07	0,77	1,12	1,26																				
61,89	I,IV	5,90	0,32	0,47	0,53	I	5,90	0,14	0,27	0,30	—	0,10	0,11	—	—	—	—	—	—	—	—	—	—	—	—
	II	4,96	0,27	0,39	0,44	II	4,96	—	0,20	0,23	—	0,04	0,05	—	—	—	—	—	—	—	—	—	—	—	—
	III	0,27	—	0,02	0,02	III	0,27	—	—	—	—	—	—	—	—	—	—	—	—	—	—	—	—	—	—
	V	13,09	0,72	1,04	1,17	IV	5,90	0,25	0,37	0,41	0,14	0,27	0,30	—	0,18	0,20	—	0,10	0,11	—	0,03	0,03	—	—	—
	VI	14,10	0,77	1,12	1,26																				
61,99	I,IV	5,92	0,32	0,47	0,53	I	5,92	0,15	0,27	0,31	—	0,10	0,11	—	—	—	—	—	—	—	—	—	—	—	—
	II	4,98	0,27	0,39	0,44	II	4,98	—	0,20	0,23	—	0,04	0,05	—	—	—	—	—	—	—	—	—	—	—	—
	III	0,28	—	0,02	0,02	III	0,28	—	—	—	—	—	—	—	—	—	—	—	—	—	—	—	—	—	—
	V	13,12	0,72	1,04	1,18	IV	5,92	0,25	0,37	0,42	0,15	0,27	0,31	—	0,18	0,20	—	0,10	0,11	—	0,03	0,03	—	—	—
	VI	14,12	0,77	1,12	1,27																				
62,09	I,IV	5,94	0,32	0,47	0,53	I	5,94	0,15	0,27	0,31	—	0,10	0,11	—	—	—	—	—	—	—	—	—	—	—	—
	II	5,—	0,27	0,40	0,45	II	5,—	—	0,20	0,23	—	0,04	0,05	—	—	—	—	—	—	—	—	—	—	—	—
	III	0,29	—	0,02	0,02	III	0,29	—	—	—	—	—	—	—	—	—	—	—	—	—	—	—	—	—	—
	V	13,15	0,72	1,05	1,18	IV	5,94	0,25	0,37	0,42	0,15	0,27	0,31	—	0,18	0,20	—	0,10	0,11	—	0,03	0,03	—	—	—
	VI	14,16	0,77	1,13	1,27																				
62,19	I,IV	5,96	0,32	0,47	0,53	I	5,96	0,16	0,28	0,31	—	0,10	0,11	—	—	—	—	—	—	—	—	—	—	—	—
	II	5,02	0,27	0,40	0,45	II	5,02	—	0,20	0,23	—	0,05	0,05	—	—	—	—	—	—	—	—	—	—	—	—
	III	0,30	—	0,02	0,02	III	0,30	—	—	—	—	—	—	—	—	—	—	—	—	—	—	—	—	—	—
	V	13,18	0,72	1,05	1,18	IV	5,96	0,25	0,37	0,42	0,16	0,28	0,31	—	0,18	0,20	—	0,10	0,11	—	0,03	0,03	—	—	—
	VI	14,18	0,78	1,13	1,27																				
62,29	I,IV	5,98	0,32	0,47	0,53	I	5,98	0,16	0,28	0,31	—	0,10	0,11	—	—	—	—	—	—	—	—	—	—	—	—
	II	5,05	0,27	0,40	0,45	II	5,05	—	0,21	0,23	—	0,05	0,05	—	—	—	—	—	—	—	—	—	—	—	—
	III	0,31	—	0,02	0,02	III	0,31	—	—	—	—	—	—	—	—	—	—	—	—	—	—	—	—	—	—
	V	13,21	0,72	1,05	1,18	IV	5,98	0,26	0,37	0,42	0,16	0,28	0,31	—	0,18	0,21	—	0,10	0,11	—	0,03	0,04	—	—	—
	VI	14,21	0,78	1,13	1,27																				
62,39	I,IV	6,01	0,33	0,48	0,54	I	6,01	0,16	0,28	0,31	—	0,10	0,11	—	—	—	—	—	—	—	—	—	—	—	—
	II	5,07	0,27	0,40	0,45	II	5,07	—	0,21	0,23	—	0,05	0,06	—	—	—	—	—	—	—	—	—	—	—	—
	III	0,33	—	0,02	0,02	III	0,33	—	—	—	—	—	—	—	—	—	—	—	—	—	—	—	—	—	—
	V	13,24	0,72	1,05	1,19	IV	6,01	0,26	0,38	0,42	0,16	0,28	0,31	—	0,18	0,21	—	0,10	0,11	—	0,03	0,04	—	—	—
	VI	14,25	0,78	1,14	1,28																				
62,49	I,IV	6,03	0,33	0,48	0,54	I	6,03	0,17	0,28	0,32	—	0,10	0,12	—	—	—	—	—	—	—	—	—	—	—	—
	II	5,09	0,28	0,40	0,45	II	5,09	—	0,21	0,24	—	0,05	0,06	—	—	—	—	—	—	—	—	—	—	—	—
	III	0,34	—	0,02	0,03	III	0,34	—	—	—	—	—	—	—	—	—	—	—	—	—	—	—	—	—	—
	V	13,27	0,72	1,06	1,19	IV	6,03	0,26	0,38	0,43	0,17	0,28	0,32	—	0,19	0,21	—	0,10	0,12	—	0,03	0,04	—	—	—
	VI	14,27	0,78	1,14	1,28																				
62,59	I,IV	6,05	0,33	0,48	0,54	I	6,05	0,17	0,28	0,32	—	0,10	0,12	—	—	—	—	—	—	—	—	—	—	—	—
	II	5,11	0,28	0,40	0,45	II	5,11	—	0,21	0,24	—	0,05	0,06	—	—	—	—	—	—	—	—	—	—	—	—
	III	0,35	—	0,02	0,03	III	0,35	—	—	—	—	—	—	—	—	—	—	—	—	—	—	—	—	—	—
	V	13,30	0,73	1,06	1,19	IV	6,05	0,26	0,38	0,43	0,17	0,28	0,32	—	0,19	0,21	—	0,10	0,12	—	0,03	0,04	—	—	—
	VI	14,31	0,78	1,14	1,28																				
62,69	I,IV	6,07	0,33	0,48	0,54	I	6,07	0,18	0,28	0,32	—	0,11	0,12	—	—	—	—	—	—	—	—	—	—	—	—
	II	5,13	0,28	0,41	0,46	II	5,13	—	0,21	0,24	—	0,05	0,06	—	—	—	—	—	—	—	—	—	—	—	—
	III	0,36	—	0,02	0,03	III	0,36	—	—	—	—	—	—	—	—	—	—	—	—	—	—	—	—	—	—
	V	13,32	0,73	1,06	1,19	IV	6,07	0,26	0,38	0,43	0,18	0,28	0,32	—	0,19	0,21	—	0,11	0,12	—	0,04	0,04	—	—	—
	VI	14,33	0,78	1,14	1,28																				
62,79	I,IV	6,10	0,33	0,48	0,54	I	6,10	0,18	0,28	0,32	—	0,11	0,12	—	—	—	—	—	—	—	—	—	—	—	—
	II	5,16	0,28	0,41	0,46	II	5,16	—	0,21	0,24	—	0,05	0,06	—	—	—	—	—	—	—	—	—	—	—	—
	III	0,37	—	0,02	0,03	III	0,37	—	—	—	—	—	—	—	—	—	—	—	—	—	—	—	—	—	—
	V	13,36	0,73	1,06	1,20	IV	6,10	0,26	0,38	0,43	0,18	0,28	0,32	—	0,19	0,22	—	0,11	0,12	—	0,04	0,04	—	—	—
	VI	14,37	0,79	1,14	1,29																				
62,89	I,IV	6,12	0,33	0,48	0,55	I	6,12	0,19	0,29	0,32	—	0,11	0,12	—	—	—	—	—	—	—	—	—	—	—	—
	II	5,18	0,28	0,41	0,46	II	5,18	0,01	0,22	0,24	—	0,05	0,06	—	—	—	—	—	—	—	—	—	—	—	—
	III	0,39	—	0,03	0,03	III	0,39	—	—	—	—	—	—	—	—	—	—	—	—	—	—	—	—	—	—
	V	13,38	0,73	1,07	1,20	IV	6,12	0,26	0,38	0,43	0,19	0,29	0,32	—	0,19	0,22	—	0,11	0,12	—	0,04	0,04	—	—	—
	VI	14,40	0,79	1,15	1,29																				

* Die ausgewiesenen Tabellenwerte sind amtlich. Siehe Erläuterungen auf der Umschlaginnenseite (U2).

Lohn/ Gehalt bis €*	Abzüge an Lohnsteuer, Solidaritätszuschlag (SolZ) und Kirchensteuer (8%, 9%) in den Steuerklassen I – VI		ohne Kinderfreibeträge			I, II, III, IV		mit Zahl der Kinderfreibeträge . . . 0,5			1			1,5			2			2,5			3		
		LSt	SolZ	8%	9%		LSt	SolZ	8%	9%	SolZ	8%	9%	SolZ	8%	9%	SolZ	8%	9%	SolZ	8%	9%	SolZ	8%	9%
62,99	I,IV	6,14	0,33	0,49	0,55	I	6,14	0,19	0,29	0,33	—	0,11	0,12	—	—	—	—	—	—	—	—	—	—	—	—
	II	5,20	0,28	0,41	0,46	II	5,20	0,01	0,22	0,25	—	0,06	0,06	—	—	—	—	—	—	—	—	—	—	—	—
	III	0,40	—	0,03	0,03	III	0,40	—	—	—	—	—	—	—	—	—	—	—	—	—	—	—	—	—	—
	V	13,42	0,73	1,07	1,20	IV	6,14	0,26	0,39	0,43	0,19	0,29	0,33	—	0,19	0,22	—	0,11	0,12	—	0,04	0,04	—	—	—
	VI	14,43	0,79	1,15	1,29																				
63,09	I,IV	6,16	0,33	0,49	0,55	I	6,16	0,19	0,29	0,33	—	0,11	0,13	—	—	—	—	—	—	—	—	—	—	—	—
	II	5,22	0,28	0,41	0,46	II	5,22	0,02	0,22	0,25	—	0,06	0,06	—	—	—	—	—	—	—	—	—	—	—	—
	III	0,41	—	0,03	0,03	III	0,41	—	—	—	—	—	—	—	—	—	—	—	—	—	—	—	—	—	—
	V	13,45	0,73	1,07	1,21	IV	6,16	0,27	0,39	0,44	0,19	0,29	0,33	—	0,20	0,22	—	0,11	0,13	—	0,04	0,05	—	—	—
	VI	14,46	0,79	1,15	1,30																				
63,19	I,IV	6,19	0,34	0,49	0,55	I	6,19	0,20	0,29	0,33	—	0,11	0,13	—	—	—	—	—	—	—	—	—	—	—	—
	II	5,24	0,28	0,41	0,47	II	5,24	0,02	0,22	0,25	—	0,06	0,07	—	—	—	—	—	—	—	—	—	—	—	—
	III	0,42	—	0,03	0,03	III	0,42	—	—	—	—	—	—	—	—	—	—	—	—	—	—	—	—	—	—
	V	13,47	0,74	1,07	1,21	IV	6,19	0,27	0,39	0,44	0,20	0,29	0,33	—	0,20	0,22	—	0,11	0,13	—	0,04	0,05	—	—	—
	VI	14,49	0,79	1,15	1,30																				
63,29	I,IV	6,21	0,34	0,49	0,55	I	6,21	0,20	0,29	0,33	—	0,11	0,13	—	—	—	—	—	—	—	—	—	—	—	—
	II	5,26	0,28	0,42	0,47	II	5,26	0,03	0,22	0,25	—	0,06	0,07	—	—	—	—	—	—	—	—	—	—	—	—
	III	0,44	—	0,03	0,03	III	0,44	—	—	—	—	—	—	—	—	—	—	—	—	—	—	—	—	—	—
	V	13,51	0,74	1,08	1,21	IV	6,21	0,27	0,39	0,44	0,20	0,29	0,33	—	0,20	0,22	—	0,11	0,13	—	0,04	0,05	—	—	—
	VI	14,52	0,79	1,16	1,30																				
63,39	I,IV	6,23	0,34	0,49	0,56	I	6,23	0,20	0,30	0,33	—	0,12	0,13	—	—	—	—	—	—	—	—	—	—	—	—
	II	5,29	0,29	0,42	0,47	II	5,29	0,03	0,22	0,25	—	0,06	0,07	—	—	—	—	—	—	—	—	—	—	—	—
	III	0,45	—	0,03	0,04	III	0,45	—	—	—	—	—	—	—	—	—	—	—	—	—	—	—	—	—	—
	V	13,53	0,74	1,08	1,21	IV	6,23	0,27	0,39	0,44	0,20	0,30	0,33	—	0,20	0,23	—	0,12	0,13	—	0,04	0,05	—	—	—
	VI	14,55	0,80	1,16	1,30																				
63,49	I,IV	6,26	0,34	0,50	0,56	I	6,26	0,20	0,30	0,33	—	0,12	0,13	—	—	—	—	—	—	—	—	—	—	—	—
	II	5,31	0,29	0,42	0,47	II	5,31	0,03	0,23	0,26	—	0,06	0,07	—	—	—	—	—	—	—	—	—	—	—	—
	III	0,46	—	0,03	0,04	III	0,46	—	—	—	—	—	—	—	—	—	—	—	—	—	—	—	—	—	—
	V	13,57	0,74	1,08	1,22	IV	6,26	0,27	0,40	0,45	0,20	0,30	0,33	—	0,20	0,23	—	0,12	0,13	—	0,04	0,05	—	—	—
	VI	14,58	0,80	1,16	1,31																				
63,59	I,IV	6,28	0,34	0,50	0,56	I	6,28	0,20	0,30	0,34	—	0,12	0,13	—	—	—	—	—	—	—	—	—	—	—	—
	II	5,33	0,29	0,42	0,47	II	5,33	0,04	0,23	0,26	—	0,06	0,07	—	—	—	—	—	—	—	—	—	—	—	—
	III	0,47	—	0,03	0,04	III	0,47	—	—	—	—	—	—	—	—	—	—	—	—	—	—	—	—	—	—
	V	13,60	0,74	1,08	1,22	IV	6,28	0,27	0,40	0,45	0,20	0,30	0,34	—	0,20	0,23	—	0,12	0,13	—	0,05	0,05	—	—	—
	VI	14,61	0,80	1,16	1,31																				
63,69	I,IV	6,30	0,34	0,50	0,56	I	6,30	0,21	0,30	0,34	—	0,12	0,14	—	—	—	—	—	—	—	—	—	—	—	—
	II	5,35	0,29	0,42	0,48	II	5,35	0,04	0,23	0,26	—	0,06	0,07	—	—	—	—	—	—	—	—	—	—	—	—
	III	0,49	—	0,03	0,04	III	0,49	—	—	—	—	—	—	—	—	—	—	—	—	—	—	—	—	—	—
	V	13,63	0,74	1,09	1,22	IV	6,30	0,27	0,40	0,45	0,21	0,30	0,34	—	0,21	0,23	—	0,12	0,14	—	0,05	0,05	—	—	—
	VI	14,64	0,80	1,17	1,31																				
63,79	I,IV	6,32	0,34	0,50	0,56	I	6,32	0,21	0,30	0,34	—	0,12	0,14	—	—	—	—	—	—	—	—	—	—	—	—
	II	5,38	0,29	0,43	0,48	II	5,38	0,05	0,23	0,26	—	0,07	0,07	—	—	—	—	—	—	—	—	—	—	—	—
	III	0,50	—	0,04	0,04	III	0,50	—	—	—	—	—	—	—	—	—	—	—	—	—	—	—	—	—	—
	V	13,66	0,75	1,09	1,22	IV	6,32	0,27	0,40	0,45	0,21	0,30	0,34	—	0,21	0,23	—	0,12	0,14	—	0,05	0,05	—	—	—
	VI	14,67	0,80	1,17	1,32																				
63,89	I,IV	6,35	0,34	0,50	0,57	I	6,35	0,21	0,30	0,34	—	0,12	0,14	—	—	—	—	—	—	—	—	—	—	—	—
	II	5,40	0,29	0,43	0,48	II	5,40	0,05	0,23	0,26	—	0,07	0,08	—	—	—	—	—	—	—	—	—	—	—	—
	III	0,51	—	0,04	0,04	III	0,51	—	—	—	—	—	—	—	—	—	—	—	—	—	—	—	—	—	—
	V	13,68	0,75	1,09	1,23	IV	6,35	0,27	0,40	0,45	0,21	0,30	0,34	—	0,21	0,24	—	0,12	0,14	—	0,05	0,06	—	—	—
	VI	14,71	0,80	1,17	1,32																				
63,99	I,IV	6,37	0,35	0,50	0,57	I	6,37	0,21	0,31	0,34	—	0,12	0,14	—	—	—	—	—	—	—	—	—	—	—	—
	II	5,42	0,29	0,43	0,48	II	5,42	0,05	0,23	0,26	—	0,07	0,08	—	—	—	—	—	—	—	—	—	—	—	—
	III	0,52	—	0,04	0,04	III	0,52	—	—	—	—	—	—	—	—	—	—	—	—	—	—	—	—	—	—
	V	13,72	0,75	1,09	1,23	IV	6,37	0,28	0,40	0,45	0,21	0,31	0,34	—	0,21	0,24	—	0,12	0,14	—	0,05	0,06	—	—	—
	VI	14,73	0,81	1,17	1,32																				
64,09	I,IV	6,39	0,35	0,51	0,57	I	6,39	0,21	0,31	0,35	—	0,13	0,14	—	—	—	—	—	—	—	—	—	—	—	—
	II	5,44	0,29	0,43	0,48	II	5,44	0,06	0,24	0,27	—	0,07	0,08	—	—	—	—	—	—	—	—	—	—	—	—
	III	0,54	—	0,04	0,04	III	0,54	—	—	—	—	—	—	—	—	—	—	—	—	—	—	—	—	—	—
	V	13,75	0,75	1,10	1,23	IV	6,39	0,28	0,41	0,46	0,21	0,31	0,35	—	0,21	0,24	—	0,13	0,14	—	0,05	0,06	—	—	—
	VI	14,76	0,81	1,18	1,32																				
64,19	I,IV	6,41	0,35	0,51	0,57	I	6,41	0,21	0,31	0,35	—	0,13	0,14	—	—	—	—	—	—	—	—	—	—	—	—
	II	5,46	0,30	0,43	0,49	II	5,46	0,06	0,24	0,27	—	0,07	0,08	—	—	—	—	—	—	—	—	—	—	—	—
	III	0,55	—	0,04	0,04	III	0,55	—	—	—	—	—	—	—	—	—	—	—	—	—	—	—	—	—	—
	V	13,77	0,75	1,10	1,23	IV	6,41	0,28	0,41	0,46	0,21	0,31	0,35	—	0,21	0,24	—	0,13	0,14	—	0,05	0,06	—	—	—
	VI	14,80	0,81	1,18	1,33																				
64,29	I,IV	6,44	0,35	0,51	0,57	I	6,44	0,21	0,31	0,35	—	0,13	0,14	—	—	—	—	—	—	—	—	—	—	—	—
	II	5,49	0,30	0,43	0,49	II	5,49	0,07	0,24	0,27	—	0,07	0,08	—	—	—	—	—	—	—	—	—	—	—	—
	III	0,56	—	0,04	0,05	III	0,56	—	—	—	—	—	—	—	—	—	—	—	—	—	—	—	—	—	—
	V	13,81	0,75	1,10	1,24	IV	6,44	0,28	0,41	0,46	0,21	0,31	0,35	0,01	0,22	0,24	—	0,13	0,14	—	0,05	0,06	—	—	—
	VI	14,83	0,81	1,18	1,33																				
64,39	I,IV	6,46	0,35	0,51	0,58	I	6,46	0,21	0,31	0,35	—	0,13	0,15	—	—	—	—	—	—	—	—	—	—	—	—
	II	5,51	0,30	0,44	0,49	II	5,51	0,07	0,24	0,27	—	0,07	0,08	—	—	—	—	—	—	—	—	—	—	—	—
	III	0,58	—	0,04	0,05	III	0,58	—	—	—	—	—	—	—	—	—	—	—	—	—	—	—	—	—	—
	V	13,83	0,76	1,10	1,24	IV	6,46	0,28	0,41	0,46	0,21	0,31	0,35	0,01	0,22	0,24	—	0,13	0,15	—	0,06	0,06	—	—	—
	VI	14,86	0,81	1,18	1,33																				
64,49	I,IV	6,48	0,35	0,51	0,58	I	6,48	0,21	0,31	0,35	—	0,13	0,15	—	—	—	—	—	—	—	—	—	—	—	—
	II	5,53	0,30	0,44	0,49	II	5,53	0,07	0,24	0,27	—	0,07	0,08	—	—	—	—	—	—	—	—	—	—	—	—
	III	0,59	—	0,04	0,05	III	0,59	—	—	—	—	—	—	—	—	—	—	—	—	—	—	—	—	—	—
	V	13,87	0,76	1,10	1,24	IV	6,48	0,28	0,41	0,46	0,21	0,31	0,35	0,02	0,22	0,25	—	0,13	0,15	—	0,06	0,06	—	—	—
	VI	14,89	0,81	1,19	1,34																				
64,59	I,IV	6,50	0,35	0,52	0,58	I	6,50	0,22	0,32	0,36	—	0,13	0,15	—	—	—	—	—	—	—	—	—	—	—	—
	II	5,55	0,30	0,44	0,49	II	5,55	0,08	0,24	0,27	—	0,08	0,09	—	—	—	—	—	—	—	—	—	—	—	—
	III	0,60	—	0,04	0,05	III	0,60	—	—	—	—	—	—	—	—	—	—	—	—	—	—	—	—	—	—
	V	13,90	0,76	1,11	1,25	IV	6,50	0,28	0,41	0,47	0,22	0,32	0,36	0,02	0,22	0,25	—	0,13	0,15	—	0,06	0,07	—	—	—
	VI	14,92	0,82	1,19	1,34																				

* Die ausgewiesenen Tabellenwerte sind amtlich. Siehe Erläuterungen auf der Umschlaginnenseite (U2).

Lohn/Gehalt bis €*		I – VI LSt	ohne Kinderfreibeträge SolZ	8%	9%	I, II, III, IV	LSt	0,5 SolZ	8%	9%	1 SolZ	8%	9%	1,5 SolZ	8%	9%	2 SolZ	8%	9%	2,5 SolZ	8%	9%	3 SolZ	8%	9%
64,69	I,IV	6,53	0,35	0,52	0,58	I	6,53	0,22	0,32	0,36	—	0,13	0,15	—	—	—	—	—	—	—	—	—	—	—	—
	II	5,58	0,30	0,44	0,50	II	5,58	0,08	0,25	0,28	—	0,08	0,09	—	—	—	—	—	—	—	—	—	—	—	—
	III	0,61	—	0,04	0,05	III	0,61	—	—	—	—	—	—	—	—	—	—	—	—	—	—	—	—	—	—
	V	13,92	0,76	1,11	1,25	IV	6,53	0,28	0,42	0,47	0,22	0,32	0,36	0,02	0,22	0,25	—	0,13	0,15	—	0,06	0,07	—	—	—
	VI	14,95	0,82	1,19	1,34																				
64,79	I,IV	6,55	0,36	0,52	0,58	I	6,55	0,22	0,32	0,36	—	0,14	0,15	—	—	—	—	—	—	—	—	—	—	—	—
	II	5,60	0,30	0,44	0,50	II	5,60	0,09	0,25	0,28	—	0,08	0,09	—	—	—	—	—	—	—	—	—	—	—	—
	III	0,63	—	0,05	0,05	III	0,63	—	—	—	—	—	—	—	—	—	—	—	—	—	—	—	—	—	—
	V	13,96	0,76	1,11	1,25	IV	6,55	0,29	0,42	0,47	0,22	0,32	0,36	0,03	0,22	0,25	—	0,14	0,15	—	0,06	0,07	—	—	—
	VI	14,98	0,82	1,19	1,34																				
64,89	I,IV	6,57	0,36	0,52	0,59	I	6,57	0,22	0,32	0,36	—	0,14	0,15	—	—	—	—	—	—	—	—	—	—	—	—
	II	5,62	0,30	0,44	0,50	II	5,62	0,09	0,25	0,28	—	0,08	0,09	—	—	—	—	—	—	—	—	—	—	—	—
	III	0,64	—	0,05	0,05	III	0,64	—	—	—	—	—	—	—	—	—	—	—	—	—	—	—	—	—	—
	V	13,98	0,76	1,11	1,25	IV	6,57	0,29	0,42	0,47	0,22	0,32	0,36	0,03	0,23	0,25	—	0,14	0,15	—	0,06	0,07	—	—	—
	VI	15,02	0,82	1,20	1,35																				
64,99	I,IV	6,60	0,36	0,52	0,59	I	6,60	0,22	0,32	0,36	—	0,14	0,16	—	—	—	—	—	—	—	—	—	—	—	—
	II	5,64	0,31	0,45	0,50	II	5,64	0,10	0,25	0,28	—	0,08	0,09	—	—	—	—	—	—	—	—	—	—	—	—
	III	0,65	—	0,05	0,05	III	0,65	—	—	—	—	—	—	—	—	—	—	—	—	—	—	—	—	—	—
	V	14,02	0,77	1,12	1,26	IV	6,60	0,29	0,42	0,47	0,22	0,32	0,36	0,04	0,23	0,26	—	0,14	0,16	—	0,06	0,07	—	—	—
	VI	15,05	0,82	1,20	1,35																				
65,09	I,IV	6,62	0,36	0,52	0,59	I	6,62	0,22	0,32	0,36	—	0,14	0,16	—	—	—	—	—	—	—	—	—	—	—	—
	II	5,66	0,31	0,45	0,50	II	5,66	0,10	0,25	0,28	—	0,08	0,09	—	—	—	—	—	—	—	—	—	—	—	—
	III	0,67	—	0,05	0,06	III	0,67	—	—	—	—	—	—	—	—	—	—	—	—	—	—	—	—	—	—
	V	14,05	0,77	1,12	1,26	IV	6,62	0,29	0,42	0,48	0,22	0,32	0,36	0,04	0,23	0,26	—	0,14	0,16	—	0,06	0,07	—	—	—
	VI	15,07	0,82	1,20	1,35																				
65,19	I,IV	6,64	0,36	0,53	0,59	I	6,64	0,22	0,33	0,37	—	0,14	0,16	—	—	—	—	—	—	—	—	—	—	—	—
	II	5,69	0,31	0,45	0,51	II	5,69	0,10	0,25	0,29	—	0,08	0,09	—	—	—	—	—	—	—	—	—	—	—	—
	III	0,68	—	0,05	0,06	III	0,68	—	—	—	—	—	—	—	—	—	—	—	—	—	—	—	—	—	—
	V	14,08	0,77	1,12	1,26	IV	6,64	0,29	0,42	0,48	0,22	0,33	0,37	0,04	0,23	0,26	—	0,14	0,16	—	0,06	0,07	—	—	—
	VI	15,11	0,83	1,20	1,35																				
65,29	I,IV	6,66	0,36	0,53	0,59	I	6,66	0,22	0,33	0,37	—	0,14	0,16	—	—	—	—	—	—	—	—	—	—	—	—
	II	5,71	0,31	0,45	0,51	II	5,71	0,11	0,26	0,29	—	0,08	0,09	—	—	—	—	—	—	—	—	—	—	—	—
	III	0,69	—	0,05	0,06	III	0,69	—	—	—	—	—	—	—	—	—	—	—	—	—	—	—	—	—	—
	V	14,11	0,77	1,12	1,26	IV	6,66	0,29	0,43	0,48	0,22	0,33	0,37	0,05	0,23	0,26	—	0,14	0,16	—	0,07	0,08	—	—	—
	VI	15,14	0,83	1,21	1,36																				
65,39	I,IV	6,68	0,36	0,53	0,60	I	6,68	0,22	0,33	0,37	—	0,14	0,16	—	—	—	—	—	—	—	—	—	—	—	—
	II	5,73	0,31	0,45	0,51	II	5,73	0,11	0,26	0,29	—	0,09	0,10	—	—	—	—	—	—	—	—	—	—	—	—
	III	0,71	—	0,05	0,06	III	0,71	—	—	—	—	—	—	—	—	—	—	—	—	—	—	—	—	—	—
	V	14,14	0,77	1,13	1,27	IV	6,68	0,29	0,43	0,48	0,22	0,33	0,37	0,05	0,23	0,26	—	0,14	0,16	—	0,07	0,08	—	—	—
	VI	15,17	0,83	1,21	1,36																				
65,49	I,IV	6,71	0,36	0,53	0,60	I	6,71	0,23	0,33	0,37	—	0,15	0,16	—	—	0,01	—	—	—	—	—	—	—	—	—
	II	5,75	0,31	0,46	0,51	II	5,75	0,12	0,26	0,29	—	0,09	0,10	—	—	—	—	—	—	—	—	—	—	—	—
	III	0,72	—	0,05	0,06	III	0,72	—	—	—	—	—	—	—	—	—	—	—	—	—	—	—	—	—	—
	V	14,17	0,77	1,13	1,27	IV	6,71	0,29	0,43	0,48	0,23	0,33	0,37	0,06	0,24	0,27	—	0,15	0,16	—	0,07	0,08	—	—	0,01
	VI	15,20	0,83	1,21	1,36																				
65,59	I,IV	6,73	0,37	0,53	0,60	I	6,73	0,23	0,33	0,37	—	0,15	0,17	—	0,01	0,01	—	—	—	—	—	—	—	—	—
	II	5,78	0,31	0,46	0,52	II	5,78	0,12	0,26	0,29	—	0,09	0,10	—	—	—	—	—	—	—	—	—	—	—	—
	III	0,73	—	0,05	0,06	III	0,73	—	—	—	—	—	—	—	—	—	—	—	—	—	—	—	—	—	—
	V	14,20	0,78	1,13	1,27	IV	6,73	0,30	0,43	0,49	0,23	0,33	0,37	0,06	0,24	0,27	—	0,15	0,17	—	0,07	0,08	—	0,01	0,01
	VI	15,23	0,83	1,21	1,37																				
65,69	I,IV	6,75	0,37	0,54	0,60	I	6,75	0,23	0,33	0,38	—	0,15	0,17	—	0,01	0,01	—	—	—	—	—	—	—	—	—
	II	5,80	0,31	0,46	0,52	II	5,80	0,12	0,26	0,30	—	0,09	0,10	—	—	—	—	—	—	—	—	—	—	—	—
	III	0,75	—	0,06	0,06	III	0,75	—	—	—	—	—	—	—	—	—	—	—	—	—	—	—	—	—	—
	V	14,23	0,78	1,13	1,28	IV	6,75	0,30	0,43	0,49	0,23	0,33	0,38	0,06	0,24	0,27	—	0,15	0,17	—	0,07	0,08	—	0,01	0,01
	VI	15,26	0,83	1,22	1,37																				
65,79	I,IV	6,78	0,37	0,54	0,61	I	6,78	0,23	0,34	0,38	—	0,15	0,17	—	0,01	0,01	—	—	—	—	—	—	—	—	—
	II	5,82	0,32	0,46	0,52	II	5,82	0,13	0,26	0,30	—	0,09	0,10	—	—	—	—	—	—	—	—	—	—	—	—
	III	0,76	—	0,06	0,06	III	0,76	—	—	—	—	—	—	—	—	—	—	—	—	—	—	—	—	—	—
	V	14,26	0,78	1,14	1,28	IV	6,78	0,30	0,44	0,49	0,23	0,34	0,38	0,07	0,24	0,27	—	0,15	0,17	—	0,07	0,08	—	0,01	0,01
	VI	15,30	0,84	1,22	1,37																				
65,89	I,IV	6,80	0,37	0,54	0,61	I	6,80	0,23	0,34	0,38	—	0,15	0,17	—	0,01	0,01	—	—	—	—	—	—	—	—	—
	II	5,84	0,32	0,46	0,52	II	5,84	0,13	0,27	0,30	—	0,09	0,10	—	—	—	—	—	—	—	—	—	—	—	—
	III	0,77	—	0,06	0,06	III	0,77	—	—	—	—	—	—	—	—	—	—	—	—	—	—	—	—	—	—
	V	14,29	0,78	1,14	1,28	IV	6,80	0,30	0,44	0,49	0,23	0,34	0,38	0,07	0,24	0,27	—	0,15	0,17	—	0,07	0,08	—	0,01	0,01
	VI	15,32	0,84	1,22	1,37																				
65,99	I,IV	6,82	0,37	0,54	0,61	I	6,82	0,23	0,34	0,38	—	0,15	0,17	—	0,01	0,01	—	—	—	—	—	—	—	—	—
	II	5,86	0,32	0,46	0,52	II	5,86	0,14	0,27	0,30	—	0,09	0,11	—	—	—	—	—	—	—	—	—	—	—	—
	III	0,78	—	0,06	0,07	III	0,78	—	—	—	—	—	—	—	—	—	—	—	—	—	—	—	—	—	—
	V	14,32	0,78	1,14	1,28	IV	6,82	0,30	0,44	0,49	0,23	0,34	0,38	0,08	0,24	0,27	—	0,15	0,17	—	0,08	0,09	—	0,01	0,01
	VI	15,35	0,84	1,22	1,38																				
66,09	I,IV	6,85	0,37	0,54	0,61	I	6,85	0,23	0,34	0,38	—	0,15	0,17	—	0,01	0,01	—	—	—	—	—	—	—	—	—
	II	5,89	0,32	0,47	0,53	II	5,89	0,14	0,27	0,30	—	0,10	0,11	—	—	—	—	—	—	—	—	—	—	—	—
	III	0,80	—	0,06	0,07	III	0,80	—	—	—	—	—	—	—	—	—	—	—	—	—	—	—	—	—	—
	V	14,35	0,78	1,14	1,29	IV	6,85	0,30	0,44	0,50	0,23	0,34	0,38	0,08	0,25	0,28	—	0,15	0,17	—	0,08	0,09	—	0,01	0,01
	VI	15,38	0,84	1,23	1,38																				
66,19	I,IV	6,87	0,37	0,54	0,61	I	6,87	0,23	0,34	0,39	—	0,16	0,18	—	0,01	0,01	—	—	—	—	—	—	—	—	—
	II	5,91	0,32	0,47	0,53	II	5,91	0,15	0,27	0,31	—	0,10	0,11	—	—	—	—	—	—	—	—	—	—	—	—
	III	0,81	—	0,06	0,07	III	0,81	—	—	—	—	—	—	—	—	—	—	—	—	—	—	—	—	—	—
	V	14,38	0,79	1,15	1,29	IV	6,87	0,30	0,44	0,50	0,23	0,34	0,39	0,09	0,25	0,28	—	0,16	0,18	—	0,08	0,09	—	0,01	0,01
	VI	15,42	0,84	1,23	1,38																				
66,29	I,IV	6,89	0,37	0,55	0,62	I	6,89	0,24	0,34	0,39	—	0,16	0,18	—	0,01	0,02	—	—	—	—	—	—	—	—	—
	II	5,93	0,32	0,47	0,53	II	5,93	0,15	0,27	0,31	—	0,10	0,11	—	—	—	—	—	—	—	—	—	—	—	—
	III	0,82	—	0,06	0,07	III	0,82	—	—	—	—	—	—	—	—	—	—	—	—	—	—	—	—	—	—
	V	14,41	0,79	1,15	1,29	IV	6,89	0,30	0,44	0,50	0,24	0,34	0,39	0,09	0,25	0,28	—	0,16	0,18	—	0,08	0,09	—	0,01	0,02
	VI	15,45	0,84	1,23	1,39																				

Table heading: Abzüge an Lohnsteuer, Solidaritätszuschlag (SolZ) und Kirchensteuer (8%, 9%) in den Steuerklassen I – VI (ohne Kinderfreibeträge) und I, II, III, IV (mit Zahl der Kinderfreibeträge . . .)

* Die ausgewiesenen Tabellenwerte sind amtlich. Siehe Erläuterungen auf der Umschlaginnenseite (U2).

Abzüge an Lohnsteuer, Solidaritätszuschlag (SolZ) und Kirchensteuer (8%, 9%) in den Steuerklassen

Lohn/ Gehalt bis €*	I – VI		ohne Kinderfreibeträge			I, II, III, IV		mit Zahl der Kinderfreibeträge . . . 0,5			1			1,5			2			2,5			3**		
		LSt	SolZ	8%	9%		LSt	SolZ	8%	9%	SolZ	8%	9%	SolZ	8%	9%	SolZ	8%	9%	SolZ	8%	9%	SolZ	8%	9%
66,39	I,IV	6,91	0,38	0,55	0,62	I	6,91	0,24	0,35	0,39	—	0,16	0,18	—	0,01	0,02	—	—	—	—	—	—	—	—	—
	II	5,95	0,32	0,47	0,53	II	5,95	0,15	0,27	0,31	—	0,10	0,11	—	—	—	—	—	—	—	—	—	—	—	—
	III	0,83	—	0,06	0,07	III	0,83	—	—	—	—	—	—	—	—	—	—	—	—	—	—	—	—	—	—
	V	14,44	0,79	1,15	1,29	IV	6,91	0,31	0,45	0,50	0,24	0,35	0,39	0,09	0,25	0,28	—	0,16	0,18	—	0,08	0,09	—	0,01	0,02
	VI	15,48	0,85	1,23	1,39																				
66,49	I,IV	6,94	0,38	0,55	0,62	I	6,94	0,24	0,35	0,39	—	0,16	0,18	—	0,02	0,02	—	—	—	—	—	—	—	—	—
	II	5,98	0,32	0,47	0,53	II	5,98	0,16	0,28	0,31	—	0,10	0,11	—	—	—	—	—	—	—	—	—	—	—	—
	III	0,85	—	0,06	0,07	III	0,85	—	—	—	—	—	—	—	—	—	—	—	—	—	—	—	—	—	—
	V	14,47	0,79	1,15	1,30	IV	6,94	0,31	0,45	0,50	0,24	0,35	0,39	0,10	0,25	0,28	—	0,16	0,18	—	0,08	0,09	—	0,02	0,02
	VI	15,51	0,85	1,24	1,39																				
66,59	I,IV	6,96	0,38	0,55	0,62	I	6,96	0,24	0,35	0,39	—	0,16	0,18	—	0,02	0,02	—	—	—	—	—	—	—	—	—
	II	6,—	0,33	0,48	0,54	II	6,—	0,16	0,28	0,31	—	0,10	0,11	—	—	—	—	—	—	—	—	—	—	—	—
	III	0,86	—	0,06	0,07	III	0,86	—	—	—	—	—	—	—	—	—	—	—	—	—	—	—	—	—	—
	V	14,51	0,79	1,16	1,30	IV	6,96	0,31	0,45	0,51	0,24	0,35	0,39	0,10	0,25	0,29	—	0,16	0,18	—	0,08	0,09	—	0,02	0,02
	VI	15,55	0,85	1,24	1,39																				
66,69	I,IV	6,98	0,38	0,55	0,62	I	6,98	0,24	0,35	0,40	—	0,16	0,18	—	0,02	0,02	—	—	—	—	—	—	—	—	—
	II	6,02	0,33	0,48	0,54	II	6,02	0,17	0,28	0,31	—	0,10	0,12	—	—	—	—	—	—	—	—	—	—	—	—
	III	0,87	—	0,06	0,07	III	0,87	—	—	—	—	—	—	—	—	—	—	—	—	—	—	—	—	—	—
	V	14,53	0,79	1,16	1,30	IV	6,98	0,31	0,45	0,51	0,24	0,35	0,40	0,11	0,26	0,29	—	0,16	0,18	—	0,08	0,09	—	0,02	0,02
	VI	15,57	0,85	1,24	1,40																				
66,79	I,IV	7,01	0,38	0,56	0,63	I	7,01	0,24	0,35	0,40	—	0,16	0,19	—	0,02	0,02	—	—	—	—	—	—	—	—	—
	II	6,05	0,33	0,48	0,54	II	6,05	0,17	0,28	0,32	—	0,10	0,12	—	—	—	—	—	—	—	—	—	—	—	—
	III	0,89	—	0,07	0,08	III	0,89	—	—	—	—	—	—	—	—	—	—	—	—	—	—	—	—	—	—
	V	14,56	0,80	1,16	1,31	IV	7,01	0,31	0,45	0,51	0,24	0,35	0,40	0,11	0,26	0,29	—	0,16	0,19	—	0,08	0,10	—	0,02	0,02
	VI	15,61	0,85	1,24	1,40																				
66,89	I,IV	7,03	0,38	0,56	0,63	I	7,03	0,24	0,36	0,40	—	0,17	0,19	—	0,02	0,02	—	—	—	—	—	—	—	—	—
	II	6,07	0,33	0,48	0,54	II	6,07	0,18	0,28	0,32	—	0,11	0,12	—	—	—	—	—	—	—	—	—	—	—	—
	III	0,90	—	0,07	0,08	III	0,90	—	—	—	—	—	—	—	—	—	—	—	—	—	—	—	—	—	—
	V	14,60	0,80	1,16	1,31	IV	7,03	0,31	0,46	0,51	0,24	0,36	0,40	0,11	0,26	0,29	—	0,17	0,19	—	0,09	0,10	—	0,02	0,02
	VI	15,64	0,86	1,25	1,40																				
66,99	I,IV	7,05	0,38	0,56	0,63	I	7,05	0,24	0,36	0,40	—	0,17	0,19	—	0,02	0,02	—	—	—	—	—	—	—	—	—
	II	6,09	0,33	0,48	0,54	II	6,09	0,18	0,28	0,32	—	0,11	0,12	—	—	—	—	—	—	—	—	—	—	—	—
	III	0,92	—	0,07	0,08	III	0,92	—	—	—	—	—	—	—	—	—	—	—	—	—	—	—	—	—	—
	V	14,62	0,80	1,16	1,31	IV	7,05	0,31	0,46	0,51	0,24	0,36	0,40	0,12	0,26	0,29	—	0,17	0,19	—	0,09	0,10	—	0,02	0,02
	VI	15,67	0,86	1,25	1,41																				
67,09	I,IV	7,08	0,38	0,56	0,63	I	7,08	0,25	0,36	0,40	—	0,17	0,19	—	0,02	0,02	—	—	—	—	—	—	—	—	—
	II	6,11	0,33	0,48	0,54	II	6,11	0,18	0,29	0,32	—	0,11	0,12	—	—	—	—	—	—	—	—	—	—	—	—
	III	0,93	—	0,07	0,08	III	0,93	—	—	—	—	—	—	—	—	—	—	—	—	—	—	—	—	—	—
	V	14,65	0,80	1,17	1,31	IV	7,08	0,31	0,46	0,52	0,25	0,36	0,40	0,12	0,26	0,29	—	0,17	0,19	—	0,09	0,10	—	0,02	0,02
	VI	15,70	0,86	1,25	1,41																				
67,19	I,IV	7,10	0,39	0,56	0,63	I	7,10	0,25	0,36	0,41	—	0,17	0,19	—	0,02	0,03	—	—	—	—	—	—	—	—	—
	II	6,13	0,33	0,49	0,55	II	6,13	0,19	0,29	0,32	—	0,11	0,12	—	—	—	—	—	—	—	—	—	—	—	—
	III	0,94	—	0,07	0,08	III	0,94	—	—	—	—	—	—	—	—	—	—	—	—	—	—	—	—	—	—
	V	14,69	0,80	1,17	1,32	IV	7,10	0,31	0,46	0,52	0,25	0,36	0,41	0,13	0,26	0,30	—	0,17	0,19	—	0,09	0,10	—	0,02	0,03
	VI	15,73	0,86	1,25	1,41																				
67,29	I,IV	7,12	0,39	0,56	0,64	I	7,12	0,25	0,36	0,41	—	0,17	0,19	—	0,02	0,03	—	—	—	—	—	—	—	—	—
	II	6,16	0,33	0,49	0,55	II	6,16	0,19	0,29	0,33	—	0,11	0,13	—	—	—	—	—	—	—	—	—	—	—	—
	III	0,96	—	0,07	0,08	III	0,96	—	—	—	—	—	—	—	—	—	—	—	—	—	—	—	—	—	—
	V	14,72	0,80	1,17	1,32	IV	7,12	0,32	0,46	0,52	0,25	0,36	0,41	0,13	0,27	0,30	—	0,17	0,19	—	0,09	0,10	—	0,02	0,03
	VI	15,77	0,86	1,26	1,41																				
67,39	I,IV	7,15	0,39	0,57	0,64	I	7,15	0,25	0,36	0,41	—	0,17	0,20	—	0,02	0,03	—	—	—	—	—	—	—	—	—
	II	6,18	0,34	0,49	0,55	II	6,18	0,20	0,29	0,33	—	0,11	0,13	—	—	—	—	—	—	—	—	—	—	—	—
	III	0,97	—	0,07	0,08	III	0,97	—	—	—	—	—	—	—	—	—	—	—	—	—	—	—	—	—	—
	V	14,75	0,81	1,18	1,32	IV	7,15	0,32	0,46	0,52	0,25	0,36	0,41	0,14	0,27	0,30	—	0,17	0,20	—	0,09	0,10	—	0,02	0,03
	VI	15,80	0,86	1,26	1,42																				
67,49	I,IV	7,17	0,39	0,57	0,64	I	7,17	0,25	0,37	0,41	—	0,18	0,20	—	0,03	0,03	—	—	—	—	—	—	—	—	—
	II	6,20	0,34	0,49	0,55	II	6,20	0,20	0,29	0,33	—	0,11	0,13	—	—	—	—	—	—	—	—	—	—	—	—
	III	0,98	—	0,07	0,08	III	0,98	—	—	—	—	—	—	—	—	—	—	—	—	—	—	—	—	—	—
	V	14,78	0,81	1,18	1,33	IV	7,17	0,32	0,47	0,52	0,25	0,37	0,41	0,14	0,27	0,30	—	0,18	0,20	—	0,09	0,11	—	0,03	0,03
	VI	15,83	0,87	1,26	1,42																				
67,59	I,IV	7,19	0,39	0,57	0,64	I	7,19	0,25	0,37	0,41	—	0,18	0,20	—	0,03	0,03	—	—	—	—	—	—	—	—	—
	II	6,22	0,34	0,49	0,55	II	6,22	0,20	0,30	0,33	—	0,12	0,13	—	—	—	—	—	—	—	—	—	—	—	—
	III	1,—	—	0,08	0,09	III	1,—	—	—	—	—	—	—	—	—	—	—	—	—	—	—	—	—	—	—
	V	14,81	0,81	1,18	1,33	IV	7,19	0,32	0,47	0,53	0,25	0,37	0,41	0,14	0,27	0,30	—	0,18	0,20	—	0,10	0,11	—	0,03	0,03
	VI	15,86	0,87	1,26	1,42																				
67,69	I,IV	7,21	0,39	0,57	0,64	I	7,21	0,25	0,37	0,42	—	0,18	0,20	—	0,03	0,03	—	—	—	—	—	—	—	—	—
	II	6,25	0,34	0,50	0,56	II	6,25	0,20	0,30	0,33	—	0,12	0,13	—	—	—	—	—	—	—	—	—	—	—	—
	III	1,01	—	0,08	0,09	III	1,01	—	—	—	—	—	—	—	—	—	—	—	—	—	—	—	—	—	—
	V	14,84	0,81	1,18	1,33	IV	7,21	0,32	0,47	0,53	0,25	0,37	0,42	0,15	0,27	0,31	—	0,18	0,20	—	0,10	0,11	—	0,03	0,03
	VI	15,89	0,87	1,27	1,43																				
67,79	I,IV	7,24	0,39	0,57	0,65	I	7,24	0,25	0,37	0,42	—	0,18	0,20	—	0,03	0,03	—	—	—	—	—	—	—	—	—
	II	6,27	0,34	0,50	0,56	II	6,27	0,20	0,30	0,34	—	0,12	0,13	—	—	—	—	—	—	—	—	—	—	—	—
	III	1,02	—	0,08	0,09	III	1,02	—	—	—	—	—	—	—	—	—	—	—	—	—	—	—	—	—	—
	V	14,87	0,81	1,18	1,33	IV	7,24	0,32	0,47	0,53	0,25	0,37	0,42	0,15	0,27	0,31	—	0,18	0,20	—	0,10	0,11	—	0,03	0,03
	VI	15,92	0,87	1,27	1,43																				
67,89	I,IV	7,26	0,39	0,58	0,65	I	7,26	0,25	0,37	0,42	—	0,18	0,21	—	0,03	0,03	—	—	—	—	—	—	—	—	—
	II	6,29	0,34	0,50	0,56	II	6,29	0,20	0,30	0,34	—	0,12	0,13	—	—	—	—	—	—	—	—	—	—	—	—
	III	1,03	—	0,08	0,09	III	1,03	—	—	—	—	—	—	—	—	—	—	—	—	—	—	—	—	—	—
	V	14,90	0,81	1,19	1,34	IV	7,26	0,32	0,47	0,53	0,25	0,37	0,42	0,16	0,28	0,31	—	0,18	0,21	—	0,10	0,11	—	0,03	0,03
	VI	15,95	0,87	1,27	1,43																				
67,99	I,IV	7,28	0,40	0,58	0,65	I	7,28	0,26	0,37	0,42	—	0,18	0,21	—	0,03	0,04	—	—	—	—	—	—	—	—	—
	II	6,31	0,34	0,50	0,56	II	6,31	0,21	0,30	0,34	—	0,12	0,14	—	—	—	—	—	—	—	—	—	—	—	—
	III	1,05	—	0,08	0,09	III	1,05	—	—	—	—	—	—	—	—	—	—	—	—	—	—	—	—	—	—
	V	14,93	0,82	1,19	1,34	IV	7,28	0,32	0,47	0,53	0,26	0,37	0,42	0,16	0,28	0,31	—	0,18	0,21	—	0,10	0,11	—	0,03	0,04
	VI	15,98	0,87	1,27	1,43																				

* **Die ausgewiesenen Tabellenwerte sind amtlich. Siehe Erläuterungen auf der Umschlaginnenseite (U2).**
** **Bei mehr als 3 Kinderfreibeträgen ist die „Ergänzungs-Tabelle 3,5 bis 6 Kinderfreibeträge" anzuwenden.**

TAG 68,–*

Abzüge an Lohnsteuer, Solidaritätszuschlag (SolZ) und Kirchensteuer (8%, 9%) in den Steuerklassen

Lohn/ Gehalt bis €*	I – VI	LSt	ohne Kinderfreibeträge SolZ	8%	9%	I, II, III, IV	LSt	0,5 SolZ	0,5 8%	0,5 9%	1 SolZ	1 8%	1 9%	1,5 SolZ	1,5 8%	1,5 9%	2 SolZ	2 8%	2 9%	2,5 SolZ	2,5 8%	2,5 9%	3** SolZ	3** 8%	3** 9%
68,09	I,IV	7,31	0,40	0,58	0,65	I	7,31	0,26	0,38	0,42	—	0,19	0,21	—	0,03	0,04	—	—	—	—	—	—	—	—	—
	II	6,34	0,34	0,50	0,57	II	6,34	0,21	0,30	0,34	—	0,12	0,14	—	—	—	—	—	—	—	—	—	—	—	—
	III	1,06	—	0,08	0,09	III	1,06	—	—	—	—	—	—	—	—	—	—	—	—	—	—	—	—	—	—
	V	14,96	0,82	1,19	1,34	IV	7,31	0,33	0,48	0,54	0,26	0,38	0,42	0,17	0,28	0,31	—	0,19	0,21	—	0,10	0,12	—	0,03	0,04
	VI	16,02	0,88	1,28	1,44																				
68,19	I,IV	7,33	0,40	0,58	0,65	I	7,33	0,26	0,38	0,43	—	0,19	0,21	—	0,03	0,04	—	—	—	—	—	—	—	—	—
	II	6,36	0,35	0,50	0,57	II	6,36	0,21	0,30	0,34	—	0,12	0,14	—	—	—	—	—	—	—	—	—	—	—	—
	III	1,08	—	0,08	0,09	III	1,08	—	—	—	—	—	—	—	—	—	—	—	—	—	—	—	—	—	—
	V	15,—	0,82	1,20	1,35	IV	7,33	0,33	0,48	0,54	0,26	0,38	0,43	0,17	0,28	0,32	—	0,19	0,21	—	0,10	0,12	—	0,03	0,04
	VI	16,05	0,88	1,28	1,44																				
68,29	I,IV	7,35	0,40	0,58	0,66	I	7,35	0,26	0,38	0,43	—	0,19	0,21	—	0,04	0,04	—	—	—	—	—	—	—	—	—
	II	6,38	0,35	0,51	0,57	II	6,38	0,21	0,31	0,35	—	0,12	0,14	—	—	—	—	—	—	—	—	—	—	—	—
	III	1,09	—	0,08	0,09	III	1,09	—	—	—	—	—	—	—	—	—	—	—	—	—	—	—	—	—	—
	V	15,03	0,82	1,20	1,35	IV	7,35	0,33	0,48	0,54	0,26	0,38	0,43	0,17	0,28	0,32	—	0,19	0,21	—	0,10	0,12	—	0,04	0,04
	VI	16,08	0,88	1,28	1,44																				
68,39	I,IV	7,38	0,40	0,59	0,66	I	7,38	0,26	0,38	0,43	—	0,19	0,21	—	0,04	0,04	—	—	—	—	—	—	—	—	—
	II	6,41	0,35	0,51	0,57	II	6,41	0,21	0,31	0,35	—	0,13	0,14	—	—	—	—	—	—	—	—	—	—	—	—
	III	1,11	—	0,08	0,09	III	1,11	—	—	—	—	—	—	—	—	—	—	—	—	—	—	—	—	—	—
	V	15,06	0,82	1,20	1,35	IV	7,38	0,33	0,48	0,54	0,26	0,38	0,43	0,18	0,28	0,32	—	0,19	0,21	—	0,11	0,12	—	0,04	0,04
	VI	16,11	0,88	1,28	1,44																				
68,49	I,IV	7,40	0,40	0,59	0,66	I	7,40	0,26	0,38	0,43	—	0,19	0,22	—	0,04	0,04	—	—	—	—	—	—	—	—	—
	II	6,43	0,35	0,51	0,57	II	6,43	0,21	0,31	0,35	—	0,13	0,14	—	—	—	—	—	—	—	—	—	—	—	—
	III	1,12	—	0,08	0,10	III	1,12	—	—	—	—	—	—	—	—	—	—	—	—	—	—	—	—	—	—
	V	15,08	0,82	1,20	1,35	IV	7,40	0,33	0,48	0,54	0,26	0,38	0,43	0,18	0,29	0,32	—	0,19	0,22	—	0,11	0,12	—	0,04	0,04
	VI	16,15	0,88	1,29	1,45																				
68,59	I,IV	7,42	0,40	0,59	0,66	I	7,42	0,26	0,38	0,43	—	0,19	0,22	—	0,04	0,04	—	—	—	—	—	—	—	—	—
	II	6,45	0,35	0,51	0,58	II	6,45	0,21	0,31	0,35	—	0,13	0,15	—	—	—	—	—	—	—	—	—	—	—	—
	III	1,13	—	0,09	0,10	III	1,13	—	—	—	—	—	—	—	—	—	—	—	—	—	—	—	—	—	—
	V	15,12	0,83	1,20	1,36	IV	7,42	0,33	0,49	0,55	0,26	0,38	0,43	0,19	0,29	0,32	—	0,19	0,22	—	0,11	0,12	—	0,04	0,04
	VI	16,17	0,88	1,29	1,45																				
68,69	I,IV	7,45	0,40	0,59	0,67	I	7,45	0,26	0,39	0,44	—	0,20	0,22	—	0,04	0,04	—	—	—	—	—	—	—	—	—
	II	6,47	0,35	0,51	0,58	II	6,47	0,21	0,31	0,35	—	0,13	0,15	—	—	—	—	—	—	—	—	—	—	—	—
	III	1,15	—	0,09	0,10	III	1,15	—	—	—	—	—	—	—	—	—	—	—	—	—	—	—	—	—	—
	V	15,15	0,83	1,21	1,36	IV	7,45	0,33	0,49	0,55	0,26	0,39	0,44	0,19	0,29	0,33	—	0,20	0,22	—	0,11	0,12	—	0,04	0,04
	VI	16,21	0,89	1,29	1,45																				
68,79	I,IV	7,47	0,41	0,59	0,67	I	7,47	0,27	0,39	0,44	—	0,20	0,22	—	0,04	0,05	—	—	—	—	—	—	—	—	—
	II	6,50	0,35	0,52	0,58	II	6,50	0,22	0,32	0,36	—	0,13	0,15	—	—	—	—	—	—	—	—	—	—	—	—
	III	1,16	—	0,09	0,10	III	1,16	—	—	—	—	—	—	—	—	—	—	—	—	—	—	—	—	—	—
	V	15,18	0,83	1,21	1,36	IV	7,47	0,33	0,49	0,55	0,27	0,39	0,44	0,19	0,29	0,33	—	0,20	0,22	—	0,11	0,13	—	0,04	0,05
	VI	16,24	0,89	1,29	1,46																				
68,89	I,IV	7,49	0,41	0,59	0,67	I	7,49	0,27	0,39	0,44	—	0,20	0,22	—	0,04	0,05	—	—	—	—	—	—	—	—	—
	II	6,52	0,35	0,52	0,58	II	6,52	0,22	0,32	0,36	—	0,13	0,15	—	—	—	—	—	—	—	—	—	—	—	—
	III	1,17	—	0,09	0,10	III	1,17	—	—	—	—	—	—	—	—	—	—	—	—	—	—	—	—	—	—
	V	15,22	0,83	1,21	1,36	IV	7,49	0,34	0,49	0,55	0,27	0,39	0,44	0,20	0,29	0,33	—	0,20	0,22	—	0,11	0,13	—	0,04	0,05
	VI	16,27	0,89	1,30	1,46																				
68,99	I,IV	7,51	0,41	0,60	0,67	I	7,51	0,27	0,39	0,44	—	0,20	0,23	—	0,04	0,05	—	—	—	—	—	—	—	—	—
	II	6,54	0,35	0,52	0,58	II	6,54	0,22	0,32	0,36	—	0,14	0,15	—	—	—	—	—	—	—	—	—	—	—	—
	III	1,18	—	0,09	0,10	III	1,18	—	—	—	—	—	—	—	—	—	—	—	—	—	—	—	—	—	—
	V	15,25	0,83	1,22	1,37	IV	7,51	0,34	0,49	0,55	0,27	0,39	0,44	0,20	0,29	0,33	—	0,20	0,23	—	0,11	0,13	—	0,04	0,05
	VI	16,31	0,89	1,30	1,46																				
69,09	I,IV	7,54	0,41	0,60	0,67	I	7,54	0,27	0,39	0,44	—	0,20	0,23	—	0,04	0,05	—	—	—	—	—	—	—	—	—
	II	6,56	0,36	0,52	0,59	II	6,56	0,22	0,32	0,36	—	0,14	0,15	—	—	—	—	—	—	—	—	—	—	—	—
	III	1,20	—	0,09	0,10	III	1,20	—	—	—	—	—	—	—	—	—	—	—	—	—	—	—	—	—	—
	V	15,27	0,84	1,22	1,37	IV	7,54	0,34	0,49	0,56	0,27	0,39	0,44	0,20	0,30	0,33	—	0,20	0,23	—	0,12	0,13	—	0,04	0,05
	VI	16,33	0,89	1,30	1,46																				
69,19	I,IV	7,56	0,41	0,60	0,68	I	7,56	0,27	0,40	0,45	—	0,20	0,23	—	0,04	0,05	—	—	—	—	—	—	—	—	—
	II	6,59	0,36	0,52	0,59	II	6,59	0,22	0,32	0,36	—	0,14	0,16	—	—	—	—	—	—	—	—	—	—	—	—
	III	1,21	—	0,09	0,10	III	1,21	—	—	—	—	—	—	—	—	—	—	—	—	—	—	—	—	—	—
	V	15,31	0,84	1,22	1,37	IV	7,56	0,34	0,50	0,56	0,27	0,40	0,45	0,20	0,30	0,34	—	0,20	0,23	—	0,12	0,13	—	0,04	0,05
	VI	16,37	0,90	1,30	1,47																				
69,29	I,IV	7,58	0,41	0,60	0,68	I	7,58	0,27	0,40	0,45	—	0,20	0,23	—	0,05	0,05	—	—	—	—	—	—	—	—	—
	II	6,61	0,36	0,52	0,59	II	6,61	0,22	0,32	0,36	—	0,14	0,16	—	—	—	—	—	—	—	—	—	—	—	—
	III	1,23	—	0,09	0,11	III	1,23	—	—	—	—	—	—	—	—	—	—	—	—	—	—	—	—	—	—
	V	15,34	0,84	1,22	1,38	IV	7,58	0,34	0,50	0,56	0,27	0,40	0,45	0,20	0,30	0,34	—	0,20	0,23	—	0,12	0,13	—	0,05	0,05
	VI	16,40	0,90	1,31	1,47																				
69,39	I,IV	7,61	0,41	0,60	0,68	I	7,61	0,27	0,40	0,45	—	0,21	0,23	—	0,05	0,05	—	—	—	—	—	—	—	—	—
	II	6,63	0,36	0,53	0,59	II	6,63	0,22	0,33	0,37	—	0,14	0,16	—	—	—	—	—	—	—	—	—	—	—	—
	III	1,25	—	0,10	0,11	III	1,25	—	—	—	—	—	—	—	—	—	—	—	—	—	—	—	—	—	—
	V	15,37	0,84	1,22	1,38	IV	7,61	0,34	0,50	0,56	0,27	0,40	0,45	0,21	0,30	0,34	—	0,21	0,23	—	0,12	0,14	—	0,05	0,05
	VI	16,43	0,90	1,31	1,47																				
69,49	I,IV	7,63	0,41	0,61	0,68	I	7,63	0,27	0,40	0,45	—	0,21	0,23	—	0,05	0,05	—	—	—	—	—	—	—	—	—
	II	6,65	0,36	0,53	0,59	II	6,65	0,22	0,33	0,37	—	0,14	0,16	—	—	—	—	—	—	—	—	—	—	—	—
	III	1,26	—	0,10	0,11	III	1,26	—	—	—	—	—	—	—	—	—	—	—	—	—	—	—	—	—	—
	V	15,40	0,84	1,23	1,38	IV	7,63	0,34	0,50	0,56	0,27	0,40	0,45	0,21	0,30	0,34	—	0,21	0,23	—	0,12	0,14	—	0,05	0,05
	VI	16,46	0,90	1,31	1,48																				
69,59	I,IV	7,65	0,42	0,61	0,68	I	7,65	0,28	0,40	0,45	—	0,21	0,24	—	0,05	0,06	—	—	—	—	—	—	—	—	—
	II	6,68	0,36	0,53	0,60	II	6,68	0,22	0,33	0,37	—	0,14	0,16	—	—	—	—	—	—	—	—	—	—	—	—
	III	1,27	—	0,10	0,11	III	1,27	—	—	—	—	—	—	—	—	—	—	—	—	—	—	—	—	—	—
	V	15,43	0,84	1,23	1,38	IV	7,65	0,34	0,50	0,57	0,28	0,40	0,45	0,21	0,30	0,34	—	0,21	0,24	—	0,12	0,14	—	0,05	0,06
	VI	16,50	0,90	1,32	1,48																				
69,69	I,IV	7,68	0,42	0,61	0,69	I	7,68	0,28	0,40	0,45	—	0,21	0,24	—	0,05	0,06	—	—	—	—	—	—	—	—	—
	II	6,70	0,36	0,53	0,60	II	6,70	0,23	0,33	0,37	—	0,14	0,16	—	—	0,01	—	—	—	—	—	—	—	—	—
	III	1,29	—	0,10	0,11	III	1,29	—	—	—	—	—	—	—	—	—	—	—	—	—	—	—	—	—	—
	V	15,47	0,85	1,23	1,39	IV	7,68	0,35	0,50	0,57	0,28	0,40	0,45	0,21	0,31	0,34	—	0,21	0,24	—	0,12	0,14	—	0,05	0,06
	VI	16,53	0,90	1,32	1,48																				

* Die ausgewiesenen Tabellenwerte sind amtlich. Siehe Erläuterungen auf der Umschlaginnenseite (U2).

** Bei mehr als 3 Kinderfreibeträgen ist die „Ergänzungs-Tabelle 3,5 bis 6 Kinderfreibeträge" anzuwenden.

Abzüge an Lohnsteuer, Solidaritätszuschlag (SolZ) und Kirchensteuer (8%, 9%) in den Steuerklassen

Lohn/ Gehalt bis €*	I – VI		ohne Kinderfreibeträge			I, II, III, IV		mit Zahl der Kinderfreibeträge . . . 0,5			1			1,5			2			2,5			3**		
		LSt	SolZ	8%	9%		LSt	SolZ	8%	9%	SolZ	8%	9%	SolZ	8%	9%	SolZ	8%	9%	SolZ	8%	9%	SolZ	8%	9%
69,79	I,IV	7,70	0,42	0,61	0,69	I	7,70	0,28	0,41	0,46	—	0,21	0,24	—	0,05	0,06	—	—	—	—	—	—	—	—	—
	II	6,72	0,37	0,53	0,60	II	6,72	0,23	0,33	0,37	—	0,15	0,17	—	0,01	0,01	—	—	—	—	—	—	—	—	—
	III	1,31	—	0,10	0,11	III	1,31	—	—	—	—	—	—	—	—	—	—	—	—	—	—	—	—	—	—
	V	15,50	0,85	1,24	1,39	IV	7,70	0,35	0,51	0,57	0,28	0,41	0,46	0,21	0,31	0,35	—	0,21	0,24	—	0,13	0,14	—	0,05	0,06
	VI	16,56	0,91	1,32	1,49																				
69,89	I,IV	7,72	0,42	0,61	0,69	I	7,72	0,28	0,41	0,46	—	0,21	0,24	—	0,05	0,06	—	—	—	—	—	—	—	—	—
	II	6,75	0,37	0,54	0,60	II	6,75	0,23	0,33	0,38	—	0,15	0,17	—	0,01	0,01	—	—	—	—	—	—	—	—	—
	III	1,32	—	0,10	0,11	III	1,32	—	—	—	—	—	—	—	—	—	—	—	—	—	—	—	—	—	—
	V	15,52	0,85	1,24	1,39	IV	7,72	0,35	0,51	0,57	0,28	0,41	0,46	0,21	0,31	0,35	—	0,21	0,24	—	0,13	0,14	—	0,05	0,06
	VI	16,60	0,91	1,32	1,49																				
69,99	I,IV	7,75	0,42	0,62	0,69	I	7,75	0,28	0,41	0,46	0,01	0,22	0,24	—	0,05	0,06	—	—	—	—	—	—	—	—	—
	II	6,77	0,37	0,54	0,60	II	6,77	0,23	0,34	0,38	—	0,15	0,17	—	0,01	0,01	—	—	—	—	—	—	—	—	—
	III	1,34	—	0,10	0,12	III	1,34	—	—	—	—	—	—	—	—	—	—	—	—	—	—	—	—	—	—
	V	15,56	0,85	1,24	1,40	IV	7,75	0,35	0,51	0,57	0,28	0,41	0,46	0,21	0,31	0,35	0,01	0,22	0,24	—	0,13	0,15	—	0,05	0,06
	VI	16,63	0,91	1,33	1,49																				
70,09	I,IV	7,77	0,42	0,62	0,69	I	7,77	0,28	0,41	0,46	0,01	0,22	0,25	—	0,06	0,06	—	—	—	—	—	—	—	—	—
	II	6,79	0,37	0,54	0,61	II	6,79	0,23	0,34	0,38	—	0,15	0,17	—	0,01	0,01	—	—	—	—	—	—	—	—	—
	III	1,36	—	0,10	0,12	III	1,36	—	—	—	—	—	—	—	—	—	—	—	—	—	—	—	—	—	—
	V	15,59	0,85	1,24	1,40	IV	7,77	0,35	0,51	0,58	0,28	0,41	0,46	0,21	0,31	0,35	0,01	0,22	0,25	—	0,13	0,15	—	0,06	0,06
	VI	16,66	0,91	1,33	1,49																				
70,19	I,IV	7,80	0,42	0,62	0,70	I	7,80	0,28	0,41	0,46	0,02	0,22	0,25	—	0,06	0,06	—	—	—	—	—	—	—	—	—
	II	6,81	0,37	0,54	0,61	II	6,81	0,23	0,34	0,38	—	0,15	0,17	—	0,01	0,01	—	—	—	—	—	—	—	—	—
	III	1,37	—	0,10	0,12	III	1,37	—	—	—	—	—	—	—	—	—	—	—	—	—	—	—	—	—	—
	V	15,62	0,85	1,24	1,40	IV	7,80	0,35	0,51	0,58	0,28	0,41	0,46	0,21	0,31	0,35	0,02	0,22	0,25	—	0,13	0,15	—	0,06	0,06
	VI	16,69	0,91	1,33	1,50																				
70,29	I,IV	7,82	0,43	0,62	0,70	I	7,82	0,28	0,41	0,47	0,02	0,22	0,25	—	0,06	0,07	—	—	—	—	—	—	—	—	—
	II	6,84	0,37	0,54	0,61	II	6,84	0,23	0,34	0,38	—	0,15	0,17	—	0,01	0,01	—	—	—	—	—	—	—	—	—
	III	1,38	—	0,11	0,12	III	1,38	—	—	—	—	—	—	—	—	—	—	—	—	—	—	—	—	—	—
	V	15,65	0,86	1,25	1,40	IV	7,82	0,35	0,52	0,58	0,28	0,41	0,47	0,22	0,32	0,36	0,02	0,22	0,25	—	0,13	0,15	—	0,06	0,07
	VI	16,72	0,91	1,33	1,50																				
70,39	I,IV	7,84	0,43	0,62	0,70	I	7,84	0,28	0,42	0,47	0,02	0,22	0,25	—	0,06	0,07	—	—	—	—	—	—	—	—	—
	II	6,86	0,37	0,54	0,61	II	6,86	0,23	0,34	0,39	—	0,16	0,18	—	0,01	0,01	—	—	—	—	—	—	—	—	—
	III	1,40	—	0,11	0,12	III	1,40	—	—	—	—	—	—	—	—	—	—	—	—	—	—	—	—	—	—
	V	15,68	0,86	1,25	1,41	IV	7,84	0,35	0,52	0,58	0,28	0,42	0,47	0,22	0,32	0,36	0,02	0,22	0,25	—	0,13	0,15	—	0,06	0,07
	VI	16,76	0,92	1,34	1,50																				
70,49	I,IV	7,86	0,43	0,62	0,70	I	7,86	0,29	0,42	0,47	0,03	0,22	0,25	—	0,06	0,07	—	—	—	—	—	—	—	—	—
	II	6,88	0,37	0,55	0,61	II	6,88	0,24	0,34	0,39	—	0,16	0,18	—	0,01	0,01	—	—	—	—	—	—	—	—	—
	III	1,42	—	0,11	0,12	III	1,42	—	—	—	—	—	—	—	—	—	—	—	—	—	—	—	—	—	—
	V	15,72	0,86	1,25	1,41	IV	7,86	0,36	0,52	0,58	0,29	0,42	0,47	0,22	0,32	0,36	0,03	0,22	0,25	—	0,14	0,15	—	0,06	0,07
	VI	16,79	0,92	1,34	1,51																				
70,59	I,IV	7,89	0,43	0,63	0,71	I	7,89	0,29	0,42	0,47	0,03	0,23	0,25	—	0,06	0,07	—	—	—	—	—	—	—	—	—
	II	6,91	0,38	0,55	0,62	II	6,91	0,24	0,35	0,39	—	0,16	0,18	—	0,01	0,02	—	—	—	—	—	—	—	—	—
	III	1,43	—	0,11	0,12	III	1,43	—	—	—	—	—	—	—	—	—	—	—	—	—	—	—	—	—	—
	V	15,75	0,86	1,26	1,41	IV	7,89	0,36	0,52	0,59	0,29	0,42	0,47	0,22	0,32	0,36	0,03	0,23	0,25	—	0,14	0,16	—	0,06	0,07
	VI	16,82	0,92	1,34	1,51																				
70,69	I,IV	7,91	0,43	0,63	0,71	I	7,91	0,29	0,42	0,47	0,04	0,23	0,26	—	0,06	0,07	—	—	—	—	—	—	—	—	—
	II	6,93	0,38	0,55	0,62	II	6,93	0,24	0,35	0,39	—	0,16	0,18	—	0,02	0,02	—	—	—	—	—	—	—	—	—
	III	1,45	—	0,11	0,13	III	1,45	—	—	—	—	—	—	—	—	—	—	—	—	—	—	—	—	—	—
	V	15,78	0,86	1,26	1,42	IV	7,91	0,36	0,52	0,59	0,29	0,42	0,47	0,22	0,32	0,36	0,04	0,23	0,26	—	0,14	0,16	—	0,06	0,07
	VI	16,85	0,92	1,34	1,51																				
70,79	I,IV	7,93	0,43	0,63	0,71	I	7,93	0,29	0,42	0,48	0,04	0,23	0,26	—	0,06	0,07	—	—	—	—	—	—	—	—	—
	II	6,95	0,38	0,55	0,62	II	6,95	0,24	0,35	0,39	—	0,16	0,18	—	0,02	0,02	—	—	—	—	—	—	—	—	—
	III	1,47	—	0,11	0,13	III	1,47	—	—	—	—	—	—	—	—	—	—	—	—	—	—	—	—	—	—
	V	15,81	0,86	1,26	1,42	IV	7,93	0,36	0,52	0,59	0,29	0,42	0,48	0,22	0,32	0,37	0,04	0,23	0,26	—	0,14	0,16	—	0,06	0,07
	VI	16,88	0,92	1,35	1,51																				
70,89	I,IV	7,96	0,43	0,63	0,71	I	7,96	0,29	0,42	0,48	0,05	0,23	0,26	—	0,07	0,07	—	—	—	—	—	—	—	—	—
	II	6,98	0,38	0,55	0,62	II	6,98	0,24	0,35	0,40	—	0,16	0,18	—	0,02	0,02	—	—	—	—	—	—	—	—	—
	III	1,48	—	0,11	0,13	III	1,48	—	—	—	—	—	—	—	—	—	—	—	—	—	—	—	—	—	—
	V	15,84	0,87	1,26	1,42	IV	7,96	0,36	0,53	0,59	0,29	0,42	0,48	0,22	0,33	0,37	0,05	0,23	0,26	—	0,14	0,16	—	0,07	0,07
	VI	16,92	0,93	1,35	1,52																				
70,99	I,IV	7,98	0,43	0,63	0,71	I	7,98	0,29	0,43	0,48	0,05	0,23	0,26	—	0,07	0,08	—	—	—	—	—	—	—	—	—
	II	7,—	0,38	0,56	0,63	II	7,—	0,24	0,35	0,40	—	0,16	0,19	—	0,02	0,02	—	—	—	—	—	—	—	—	—
	III	1,50	—	0,12	0,13	III	1,50	—	—	—	—	—	—	—	—	—	—	—	—	—	—	—	—	—	—
	V	15,87	0,87	1,26	1,42	IV	7,98	0,36	0,53	0,60	0,29	0,43	0,48	0,22	0,33	0,37	0,05	0,23	0,26	—	0,14	0,16	—	0,07	0,08
	VI	16,95	0,93	1,35	1,52																				
71,09	I,IV	8,—	0,44	0,64	0,72	I	8,—	0,29	0,43	0,48	0,05	0,23	0,26	—	0,07	0,08	—	—	—	—	—	—	—	—	—
	II	7,02	0,38	0,56	0,63	II	7,02	0,24	0,35	0,40	—	0,17	0,19	—	0,02	0,02	—	—	—	—	—	—	—	—	—
	III	1,52	—	0,12	0,13	III	1,52	—	—	—	—	—	—	—	—	—	—	—	—	—	—	—	—	—	—
	V	15,91	0,87	1,27	1,43	IV	8,—	0,36	0,53	0,60	0,29	0,43	0,48	0,23	0,33	0,37	0,05	0,23	0,26	—	0,14	0,16	—	0,07	0,08
	VI	16,98	0,93	1,35	1,52																				
71,19	I,IV	8,03	0,44	0,64	0,72	I	8,03	0,29	0,43	0,48	0,06	0,24	0,27	—	0,07	0,08	—	—	—	—	—	—	—	—	—
	II	7,04	0,38	0,56	0,63	II	7,04	0,24	0,36	0,40	—	0,17	0,19	—	0,02	0,02	—	—	—	—	—	—	—	—	—
	III	1,53	—	0,12	0,13	III	1,53	—	—	—	—	—	—	—	—	—	—	—	—	—	—	—	—	—	—
	V	15,93	0,87	1,27	1,43	IV	8,03	0,36	0,53	0,60	0,29	0,43	0,48	0,23	0,33	0,37	0,06	0,24	0,27	—	0,15	0,16	—	0,07	0,08
	VI	17,02	0,93	1,36	1,53																				
71,29	I,IV	8,05	0,44	0,64	0,72	I	8,05	0,30	0,43	0,49	0,06	0,24	0,27	—	0,07	0,08	—	—	—	—	—	—	—	—	—
	II	7,07	0,38	0,56	0,63	II	7,07	0,24	0,36	0,40	—	0,17	0,19	—	0,02	0,02	—	—	—	—	—	—	—	—	—
	III	1,55	—	0,12	0,13	III	1,55	—	—	—	—	—	—	—	—	—	—	—	—	—	—	—	—	—	—
	V	15,97	0,87	1,27	1,43	IV	8,05	0,37	0,53	0,60	0,30	0,43	0,49	0,23	0,33	0,38	0,06	0,24	0,27	—	0,15	0,17	—	0,07	0,08
	VI	17,05	0,93	1,36	1,53																				
71,39	I,IV	8,08	0,44	0,64	0,72	I	8,08	0,30	0,43	0,49	0,07	0,24	0,27	—	0,07	0,08	—	—	—	—	—	—	—	—	—
	II	7,09	0,39	0,56	0,63	II	7,09	0,25	0,36	0,41	—	0,17	0,19	—	0,02	0,03	—	—	—	—	—	—	—	—	—
	III	1,57	—	0,12	0,14	III	1,57	—	—	—	—	—	—	—	—	—	—	—	—	—	—	—	—	—	—
	V	16,—	0,88	1,28	1,44	IV	8,08	0,37	0,54	0,60	0,30	0,43	0,49	0,23	0,34	0,38	0,07	0,24	0,27	—	0,15	0,17	—	0,07	0,08
	VI	17,08	0,93	1,36	1,53																				

* Die ausgewiesenen Tabellenwerte sind amtlich. Siehe Erläuterungen auf der Umschlaginnenseite (U2).

** Bei mehr als 3 Kinderfreibeträgen ist die „Ergänzungs-Tabelle 3,5 bis 6 Kinderfreibeträge" anzuwenden.

Abzüge an Lohnsteuer, Solidaritätszuschlag (SolZ) und Kirchensteuer (8%, 9%) in den Steuerklassen

Lohn/ Gehalt bis €*	I – VI	LSt	ohne Kinderfreibeträge SolZ	8%	9%	I, II, III, IV	LSt	mit Zahl der Kinderfreibeträge . . . 0,5 SolZ	0,5 8%	0,5 9%	1 SolZ	1 8%	1 9%	1,5 SolZ	1,5 8%	1,5 9%	2 SolZ	2 8%	2 9%	2,5 SolZ	2,5 8%	2,5 9%	3** SolZ	3** 8%	3** 9%
71,49	I,IV	8,10	0,44	0,64	0,72	I	8,10	0,30	0,44	0,49	0,07	0,24	0,27	—	0,07	0,08	—	—	—	—	—	—	—	—	—
	II	7,11	0,39	0,56	0,63	II	7,11	0,25	0,36	0,41	—	0,17	0,19	—	0,02	0,03	—	—	—	—	—	—	—	—	—
	III	1,58	—	0,12	0,14	III	1,58	—	—	—	—	—	—	—	—	—	—	—	—	—	—	—	—	—	—
	V	16,03	0,88	1,28	1,44	IV	8,10	0,37	0,54	0,61	0,30	0,44	0,49	0,23	0,34	0,38	0,07	0,24	0,27	—	0,15	0,17	—	0,07	0,08
	VI	17,11	0,94	1,36	1,53																				
71,59	I,IV	8,12	0,44	0,64	0,73	I	8,12	0,30	0,44	0,49	0,07	0,24	0,27	—	0,07	0,08	—	—	—	—	—	—	—	—	—
	II	7,14	0,39	0,57	0,64	II	7,14	0,25	0,36	0,41	—	0,17	0,20	—	0,02	0,03	—	—	—	—	—	—	—	—	—
	III	1,60	—	0,12	0,14	III	1,60	—	—	—	—	—	—	—	—	—	—	—	—	—	—	—	—	—	—
	V	16,06	0,88	1,28	1,44	IV	8,12	0,37	0,54	0,61	0,30	0,44	0,49	0,23	0,34	0,38	0,07	0,24	0,27	—	0,15	0,17	—	0,07	0,08
	VI	17,15	0,94	1,37	1,54																				
71,69	I,IV	8,15	0,44	0,65	0,73	I	8,15	0,30	0,44	0,49	0,08	0,24	0,27	—	0,08	0,09	—	—	—	—	—	—	—	—	—
	II	7,16	0,39	0,57	0,64	II	7,16	0,25	0,36	0,41	—	0,18	0,20	—	0,03	0,03	—	—	—	—	—	—	—	—	—
	III	1,62	—	0,12	0,14	III	1,62	—	—	—	—	—	—	—	—	—	—	—	—	—	—	—	—	—	—
	V	16,10	0,88	1,28	1,44	IV	8,15	0,37	0,54	0,61	0,30	0,44	0,49	0,23	0,34	0,38	0,08	0,24	0,27	—	0,15	0,17	—	0,08	0,09
	VI	17,18	0,94	1,37	1,54																				
71,79	I,IV	8,17	0,44	0,65	0,73	I	8,17	0,30	0,44	0,50	0,08	0,25	0,28	—	0,08	0,09	—	—	—	—	—	—	—	—	—
	II	7,18	0,39	0,57	0,64	II	7,18	0,25	0,37	0,41	—	0,18	0,20	—	0,03	0,03	—	—	—	—	—	—	—	—	—
	III	1,63	—	0,13	0,14	III	1,63	—	—	—	—	—	—	—	—	—	—	—	—	—	—	—	—	—	—
	V	16,13	0,88	1,29	1,45	IV	8,17	0,37	0,54	0,61	0,30	0,44	0,50	0,23	0,34	0,38	0,08	0,25	0,28	—	0,16	0,18	—	0,08	0,09
	VI	17,21	0,94	1,37	1,54																				
71,89	I,IV	8,19	0,45	0,65	0,73	I	8,19	0,30	0,44	0,50	0,09	0,25	0,28	—	0,08	0,09	—	—	—	—	—	—	—	—	—
	II	7,21	0,39	0,57	0,64	II	7,21	0,25	0,37	0,41	—	0,18	0,20	—	0,03	0,03	—	—	—	—	—	—	—	—	—
	III	1,65	—	0,13	0,14	III	1,65	—	—	—	—	—	—	—	—	—	—	—	—	—	—	—	—	—	—
	V	16,16	0,88	1,29	1,45	IV	8,19	0,37	0,55	0,61	0,30	0,44	0,50	0,23	0,34	0,39	0,09	0,25	0,28	—	0,16	0,18	—	0,08	0,09
	VI	17,24	0,94	1,37	1,55																				
71,99	I,IV	8,22	0,45	0,65	0,73	I	8,22	0,30	0,44	0,50	0,09	0,25	0,28	—	0,08	0,09	—	—	—	—	—	—	—	—	—
	II	7,23	0,39	0,57	0,65	II	7,23	0,25	0,37	0,42	—	0,18	0,20	—	0,03	0,03	—	—	—	—	—	—	—	—	—
	III	1,67	—	0,13	0,15	III	1,67	—	—	—	—	—	—	—	—	—	—	—	—	—	—	—	—	—	—
	V	16,19	0,89	1,29	1,45	IV	8,22	0,37	0,55	0,62	0,30	0,44	0,50	0,24	0,35	0,39	0,09	0,25	0,28	—	0,16	0,18	—	0,08	0,09
	VI	17,28	0,95	1,38	1,55																				
72,09	I,IV	8,24	0,45	0,65	0,74	I	8,24	0,31	0,45	0,50	0,10	0,25	0,28	—	0,08	0,09	—	—	—	—	—	—	—	—	—
	II	7,25	0,39	0,58	0,65	II	7,25	0,25	0,37	0,42	—	0,18	0,20	—	0,03	0,03	—	—	—	—	—	—	—	—	—
	III	1,68	—	0,13	0,15	III	1,68	—	—	0,01	—	—	—	—	—	—	—	—	—	—	—	—	—	—	—
	V	16,22	0,89	1,29	1,45	IV	8,24	0,38	0,55	0,62	0,31	0,45	0,50	0,24	0,35	0,39	0,10	0,25	0,28	—	0,16	0,18	—	0,08	0,09
	VI	17,31	0,95	1,38	1,55																				
72,19	I,IV	8,26	0,45	0,66	0,74	I	8,26	0,31	0,45	0,50	0,10	0,25	0,28	—	0,08	0,09	—	—	—	—	—	—	—	—	—
	II	7,27	0,40	0,58	0,65	II	7,27	0,26	0,37	0,42	—	0,18	0,21	—	0,03	0,04	—	—	—	—	—	—	—	—	—
	III	1,70	—	0,13	0,15	III	1,70	—	0,01	0,01	—	—	—	—	—	—	—	—	—	—	—	—	—	—	—
	V	16,26	0,89	1,30	1,46	IV	8,26	0,38	0,55	0,62	0,31	0,45	0,50	0,24	0,35	0,39	0,10	0,25	0,28	—	0,16	0,18	—	0,08	0,09
	VI	17,34	0,95	1,38	1,56																				
72,29	I,IV	8,29	0,45	0,66	0,74	I	8,29	0,31	0,45	0,51	0,10	0,25	0,29	—	0,08	0,09	—	—	—	—	—	—	—	—	—
	II	7,30	0,40	0,58	0,65	II	7,30	0,26	0,38	0,42	—	0,18	0,21	—	0,03	0,04	—	—	—	—	—	—	—	—	—
	III	1,72	—	0,13	0,15	III	1,72	—	0,01	0,01	—	—	—	—	—	—	—	—	—	—	—	—	—	—	—
	V	16,28	0,89	1,30	1,46	IV	8,29	0,38	0,55	0,62	0,31	0,45	0,51	0,24	0,35	0,39	0,10	0,25	0,29	—	0,16	0,18	—	0,08	0,09
	VI	17,37	0,95	1,38	1,56																				
72,39	I,IV	8,31	0,45	0,66	0,74	I	8,31	0,31	0,45	0,51	0,11	0,26	0,29	—	0,08	0,09	—	—	—	—	—	—	—	—	—
	II	7,32	0,40	0,58	0,65	II	7,32	0,26	0,38	0,42	—	0,19	0,21	—	0,03	0,04	—	—	—	—	—	—	—	—	—
	III	1,73	—	0,13	0,15	III	1,73	—	0,01	0,01	—	—	—	—	—	—	—	—	—	—	—	—	—	—	—
	V	16,32	0,89	1,30	1,46	IV	8,31	0,38	0,55	0,62	0,31	0,45	0,51	0,24	0,35	0,40	0,11	0,26	0,29	—	0,16	0,18	—	0,08	0,09
	VI	17,41	0,95	1,39	1,56																				
72,49	I,IV	8,33	0,45	0,66	0,74	I	8,33	0,31	0,45	0,51	0,11	0,26	0,29	—	0,09	0,10	—	—	—	—	—	—	—	—	—
	II	7,34	0,40	0,58	0,66	II	7,34	0,26	0,38	0,43	—	0,19	0,21	—	0,03	0,04	—	—	—	—	—	—	—	—	—
	III	1,75	—	0,14	0,15	III	1,75	—	0,01	0,01	—	—	—	—	—	—	—	—	—	—	—	—	—	—	—
	V	16,35	0,89	1,30	1,47	IV	8,33	0,38	0,56	0,63	0,31	0,45	0,51	0,24	0,35	0,40	0,11	0,26	0,29	—	0,17	0,19	—	0,09	0,10
	VI	17,44	0,95	1,39	1,56																				
72,59	I,IV	8,36	0,46	0,66	0,75	I	8,36	0,31	0,46	0,51	0,12	0,26	0,29	—	0,09	0,10	—	—	—	—	—	—	—	—	—
	II	7,37	0,40	0,58	0,66	II	7,37	0,26	0,38	0,43	—	0,19	0,21	—	0,04	0,04	—	—	—	—	—	—	—	—	—
	III	1,77	—	0,14	0,15	III	1,77	—	0,01	0,01	—	—	—	—	—	—	—	—	—	—	—	—	—	—	—
	V	16,38	0,90	1,31	1,47	IV	8,36	0,38	0,56	0,63	0,31	0,46	0,51	0,24	0,36	0,40	0,12	0,26	0,29	—	0,17	0,19	—	0,09	0,10
	VI	17,47	0,96	1,39	1,57																				
72,69	I,IV	8,38	0,46	0,67	0,75	I	8,38	0,31	0,46	0,51	0,12	0,26	0,29	—	0,09	0,10	—	—	—	—	—	—	—	—	—
	II	7,39	0,40	0,59	0,66	II	7,39	0,26	0,38	0,43	—	0,19	0,22	—	0,04	0,04	—	—	—	—	—	—	—	—	—
	III	1,78	—	0,14	0,16	III	1,78	—	0,01	0,01	—	—	—	—	—	—	—	—	—	—	—	—	—	—	—
	V	16,42	0,90	1,31	1,47	IV	8,38	0,38	0,56	0,63	0,31	0,46	0,51	0,24	0,36	0,40	0,12	0,26	0,29	—	0,17	0,19	—	0,09	0,10
	VI	17,51	0,96	1,40	1,57																				
72,79	I,IV	8,41	0,46	0,67	0,75	I	8,41	0,31	0,46	0,52	0,12	0,26	0,30	—	0,09	0,10	—	—	—	—	—	—	—	—	—
	II	7,41	0,40	0,59	0,66	II	7,41	0,26	0,38	0,43	—	0,19	0,22	—	0,04	0,04	—	—	—	—	—	—	—	—	—
	III	1,80	—	0,14	0,16	III	1,80	—	0,01	0,01	—	—	—	—	—	—	—	—	—	—	—	—	—	—	—
	V	16,45	0,90	1,31	1,48	IV	8,41	0,38	0,56	0,63	0,31	0,46	0,52	0,25	0,36	0,40	0,12	0,26	0,30	—	0,17	0,19	—	0,09	0,10
	VI	17,54	0,96	1,40	1,57																				
72,89	I,IV	8,43	0,46	0,67	0,75	I	8,43	0,32	0,46	0,52	0,13	0,26	0,30	—	0,09	0,10	—	—	—	—	—	—	—	—	—
	II	7,44	0,40	0,59	0,66	II	7,44	0,26	0,39	0,43	—	0,19	0,22	—	0,04	0,04	—	—	—	—	—	—	—	—	—
	III	1,82	—	0,14	0,16	III	1,82	—	0,01	0,02	—	—	—	—	—	—	—	—	—	—	—	—	—	—	—
	V	16,48	0,90	1,31	1,48	IV	8,43	0,39	0,56	0,63	0,32	0,46	0,52	0,25	0,36	0,41	0,13	0,26	0,30	—	0,17	0,19	—	0,09	0,10
	VI	17,57	0,96	1,40	1,58																				
72,99	I,IV	8,45	0,46	0,67	0,76	I	8,45	0,32	0,46	0,52	0,13	0,27	0,30	—	0,09	0,10	—	—	—	—	—	—	—	—	—
	II	7,46	0,41	0,59	0,67	II	7,46	0,26	0,39	0,44	—	0,20	0,22	—	0,04	0,05	—	—	—	—	—	—	—	—	—
	III	1,83	—	0,14	0,16	III	1,83	—	0,02	0,02	—	—	—	—	—	—	—	—	—	—	—	—	—	—	—
	V	16,51	0,90	1,32	1,48	IV	8,45	0,39	0,57	0,64	0,32	0,46	0,52	0,25	0,36	0,41	0,13	0,27	0,30	—	0,17	0,19	—	0,09	0,10
	VI	17,61	0,96	1,40	1,58																				
73,09	I,IV	8,48	0,46	0,67	0,76	I	8,48	0,32	0,46	0,52	0,14	0,27	0,30	—	0,09	0,11	—	—	—	—	—	—	—	—	—
	II	7,48	0,41	0,59	0,67	II	7,48	0,27	0,39	0,44	—	0,20	0,22	—	0,04	0,05	—	—	—	—	—	—	—	—	—
	III	1,85	—	0,14	0,16	III	1,85	—	0,02	0,02	—	—	—	—	—	—	—	—	—	—	—	—	—	—	—
	V	16,55	0,91	1,32	1,48	IV	8,48	0,39	0,57	0,64	0,32	0,46	0,52	0,25	0,36	0,41	0,14	0,27	0,30	—	0,17	0,20	—	0,09	0,11
	VI	17,64	0,97	1,41	1,58																				

* Die ausgewiesenen Tabellenwerte sind amtlich. Siehe Erläuterungen auf der Umschlaginnenseite (U2).

** Bei mehr als 3 Kinderfreibeträgen ist die „Ergänzungs-Tabelle 3,5 bis 6 Kinderfreibeträge" anzuwenden.

Lohn/ Gehalt bis €*	Abzüge an Lohnsteuer, Solidaritätszuschlag (SolZ) und Kirchensteuer (8%, 9%) in den Steuerklassen I – VI					I, II, III, IV		mit Zahl der Kinderfreibeträge . . . 0,5			1			1,5			2			2,5			3**		
		LSt	ohne Kinderfreibeträge SolZ	8%	9%		LSt	SolZ	8%	9%	SolZ	8%	9%	SolZ	8%	9%	SolZ	8%	9%	SolZ	8%	9%	SolZ	8%	9%
73,19	I,IV	8,50	0,46	0,68	0,76	I	8,50	0,32	0,47	0,52	0,14	0,27	0,30	—	0,09	0,11	—	—	—	—	—	—	—	—	—
	II	7,51	0,41	0,60	0,67	II	7,51	0,27	0,39	0,44	—	0,20	0,22	—	0,04	0,05	—	—	—	—	—	—	—	—	—
	III	1,87	—	0,14	0,16	III	1,87	—	0,02	0,02	—	—	—	—	—	—	—	—	—	—	—	—	—	—	—
	V	16,58	0,91	1,32	1,49	IV	8,50	0,39	0,57	0,64	0,32	0,47	0,52	0,25	0,37	0,41	0,14	0,27	0,30	—	0,18	0,20	—	0,09	0,11
	VI	17,67	0,97	1,41	1,59																				
73,29	I,IV	8,52	0,46	0,68	0,76	I	8,52	0,32	0,47	0,53	0,15	0,27	0,31	—	0,10	0,11	—	—	—	—	—	—	—	—	—
	II	7,53	0,41	0,60	0,67	II	7,53	0,27	0,39	0,44	—	0,20	0,23	—	0,04	0,05	—	—	—	—	—	—	—	—	—
	III	1,89	—	0,15	0,17	III	1,89	—	0,02	0,02	—	—	—	—	—	—	—	—	—	—	—	—	—	—	—
	V	16,61	0,91	1,32	1,49	IV	8,52	0,39	0,57	0,64	0,32	0,47	0,53	0,25	0,37	0,41	0,15	0,27	0,31	—	0,18	0,20	—	0,10	0,11
	VI	17,71	0,97	1,41	1,59																				
73,39	I,IV	8,55	0,47	0,68	0,76	I	8,55	0,32	0,47	0,53	0,15	0,27	0,31	—	0,10	0,11	—	—	—	—	—	—	—	—	—
	II	7,55	0,41	0,60	0,67	II	7,55	0,27	0,39	0,44	—	0,20	0,23	—	0,04	0,05	—	—	—	—	—	—	—	—	—
	III	1,91	—	0,15	0,17	III	1,91	—	0,02	0,02	—	—	—	—	—	—	—	—	—	—	—	—	—	—	—
	V	16,64	0,91	1,33	1,49	IV	8,55	0,39	0,57	0,64	0,32	0,47	0,53	0,25	0,37	0,42	0,15	0,27	0,31	—	0,18	0,20	—	0,10	0,11
	VI	17,74	0,97	1,41	1,59																				
73,49	I,IV	8,57	0,47	0,68	0,77	I	8,57	0,32	0,47	0,53	0,15	0,27	0,31	—	0,10	0,11	—	—	—	—	—	—	—	—	—
	II	7,58	0,41	0,60	0,68	II	7,58	0,27	0,40	0,45	—	0,20	0,23	—	0,05	0,05	—	—	—	—	—	—	—	—	—
	III	1,92	—	0,15	0,17	III	1,92	—	0,02	0,02	—	—	—	—	—	—	—	—	—	—	—	—	—	—	—
	V	16,67	0,91	1,33	1,50	IV	8,57	0,39	0,57	0,65	0,32	0,47	0,53	0,25	0,37	0,42	0,15	0,27	0,31	—	0,18	0,20	—	0,10	0,11
	VI	17,77	0,97	1,42	1,59																				
73,59	I,IV	8,60	0,47	0,68	0,77	I	8,60	0,32	0,47	0,53	0,16	0,28	0,31	—	0,10	0,11	—	—	—	—	—	—	—	—	—
	II	7,60	0,41	0,60	0,68	II	7,60	0,27	0,40	0,45	—	0,21	0,23	—	0,05	0,05	—	—	—	—	—	—	—	—	—
	III	1,94	—	0,15	0,17	III	1,94	—	0,02	0,02	—	—	—	—	—	—	—	—	—	—	—	—	—	—	—
	V	16,70	0,91	1,33	1,50	IV	8,60	0,39	0,58	0,65	0,32	0,47	0,53	0,26	0,37	0,42	0,16	0,28	0,31	—	0,18	0,21	—	0,10	0,11
	VI	17,80	0,97	1,42	1,60																				
73,69	I,IV	8,62	0,47	0,68	0,77	I	8,62	0,33	0,48	0,54	0,16	0,28	0,31	—	0,10	0,11	—	—	—	—	—	—	—	—	—
	II	7,62	0,41	0,60	0,68	II	7,62	0,27	0,40	0,45	—	0,21	0,23	—	0,05	0,05	—	—	—	—	—	—	—	—	—
	III	1,96	—	0,15	0,17	III	1,96	—	0,02	0,03	—	—	—	—	—	—	—	—	—	—	—	—	—	—	—
	V	16,74	0,92	1,33	1,50	IV	8,62	0,40	0,58	0,65	0,33	0,48	0,54	0,26	0,37	0,42	0,16	0,28	0,31	—	0,18	0,21	—	0,10	0,11
	VI	17,83	0,98	1,42	1,60																				
73,79	I,IV	8,64	0,47	0,69	0,77	I	8,64	0,33	0,48	0,54	0,17	0,28	0,31	—	0,10	0,12	—	—	—	—	—	—	—	—	—
	II	7,65	0,42	0,61	0,68	II	7,65	0,27	0,40	0,45	—	0,21	0,24	—	0,05	0,06	—	—	—	—	—	—	—	—	—
	III	1,97	—	0,15	0,17	III	1,97	—	0,02	0,03	—	—	—	—	—	—	—	—	—	—	—	—	—	—	—
	V	16,77	0,92	1,34	1,50	IV	8,64	0,40	0,58	0,65	0,33	0,48	0,54	0,26	0,38	0,42	0,17	0,28	0,31	—	0,19	0,21	—	0,10	0,12
	VI	17,87	0,98	1,42	1,60																				
73,89	I,IV	8,67	0,47	0,69	0,78	I	8,67	0,33	0,48	0,54	0,17	0,28	0,32	—	0,10	0,12	—	—	—	—	—	—	—	—	—
	II	7,67	0,42	0,61	0,69	II	7,67	0,28	0,40	0,45	—	0,21	0,24	—	0,05	0,06	—	—	—	—	—	—	—	—	—
	III	1,99	—	0,15	0,17	III	1,99	—	0,02	0,03	—	—	—	—	—	—	—	—	—	—	—	—	—	—	—
	V	16,80	0,92	1,34	1,51	IV	8,67	0,40	0,58	0,65	0,33	0,48	0,54	0,26	0,38	0,43	0,17	0,28	0,32	—	0,19	0,21	—	0,10	0,12
	VI	17,90	0,98	1,43	1,61																				
73,99	I,IV	8,69	0,47	0,69	0,78	I	8,69	0,33	0,48	0,54	0,17	0,28	0,32	—	0,11	0,12	—	—	—	—	—	—	—	—	—
	II	7,69	0,42	0,61	0,69	II	7,69	0,28	0,40	0,46	—	0,21	0,24	—	0,05	0,06	—	—	—	—	—	—	—	—	—
	III	2,01	—	0,16	0,18	III	2,01	—	0,03	0,03	—	—	—	—	—	—	—	—	—	—	—	—	—	—	—
	V	16,83	0,92	1,34	1,51	IV	8,69	0,40	0,58	0,66	0,33	0,48	0,54	0,26	0,38	0,43	0,17	0,28	0,32	—	0,19	0,21	—	0,11	0,12
	VI	17,93	0,98	1,43	1,61																				
74,09	I,IV	8,71	0,47	0,69	0,78	I	8,71	0,33	0,48	0,54	0,18	0,28	0,32	—	0,11	0,12	—	—	—	—	—	—	—	—	—
	II	7,71	0,42	0,61	0,69	II	7,71	0,28	0,41	0,46	—	0,21	0,24	—	0,05	0,06	—	—	—	—	—	—	—	—	—
	III	2,02	—	0,16	0,18	III	2,02	—	0,03	0,03	—	—	—	—	—	—	—	—	—	—	—	—	—	—	—
	V	16,87	0,92	1,34	1,51	IV	8,71	0,40	0,59	0,66	0,33	0,48	0,54	0,26	0,38	0,43	0,18	0,28	0,32	—	0,19	0,21	—	0,11	0,12
	VI	17,97	0,98	1,43	1,61																				
74,19	I,IV	8,74	0,48	0,69	0,78	I	8,74	0,33	0,48	0,54	0,18	0,29	0,32	—	0,11	0,12	—	—	—	—	—	—	—	—	—
	II	7,74	0,42	0,61	0,69	II	7,74	0,28	0,41	0,46	0,01	0,22	0,24	—	0,05	0,06	—	—	—	—	—	—	—	—	—
	III	2,05	—	0,16	0,18	III	2,05	—	0,03	0,03	—	—	—	—	—	—	—	—	—	—	—	—	—	—	—
	V	16,90	0,92	1,35	1,52	IV	8,74	0,40	0,59	0,66	0,33	0,48	0,54	0,26	0,38	0,43	0,18	0,29	0,32	—	0,19	0,22	—	0,11	0,12
	VI	18,—	0,99	1,44	1,62																				
74,29	I,IV	8,76	0,48	0,70	0,78	I	8,76	0,33	0,49	0,55	0,19	0,29	0,32	—	0,11	0,12	—	—	—	—	—	—	—	—	—
	II	7,76	0,42	0,62	0,69	II	7,76	0,28	0,41	0,46	0,01	0,22	0,24	—	0,06	0,06	—	—	—	—	—	—	—	—	—
	III	2,06	—	0,16	0,18	III	2,06	—	0,03	0,03	—	—	—	—	—	—	—	—	—	—	—	—	—	—	—
	V	16,93	0,93	1,35	1,52	IV	8,76	0,40	0,59	0,66	0,33	0,49	0,55	0,26	0,39	0,43	0,19	0,29	0,32	—	0,19	0,22	—	0,11	0,12
	VI	18,03	0,99	1,44	1,62																				
74,39	I,IV	8,79	0,48	0,70	0,79	I	8,79	0,33	0,49	0,55	0,19	0,29	0,33	—	0,11	0,13	—	—	—	—	—	—	—	—	—
	II	7,79	0,42	0,62	0,70	II	7,79	0,28	0,41	0,46	0,01	0,22	0,25	—	0,06	0,06	—	—	—	—	—	—	—	—	—
	III	2,08	—	0,16	0,18	III	2,08	—	0,03	0,04	—	—	—	—	—	—	—	—	—	—	—	—	—	—	—
	V	16,97	0,93	1,35	1,52	IV	8,79	0,41	0,59	0,67	0,33	0,49	0,55	0,26	0,39	0,44	0,19	0,29	0,33	—	0,20	0,22	—	0,11	0,13
	VI	18,07	0,99	1,44	1,62																				
74,49	I,IV	8,81	0,48	0,70	0,79	I	8,81	0,33	0,49	0,55	0,20	0,29	0,33	—	0,11	0,13	—	—	—	—	—	—	—	—	—
	II	7,81	0,42	0,62	0,70	II	7,81	0,28	0,41	0,47	0,02	0,22	0,25	—	0,06	0,07	—	—	—	—	—	—	—	—	—
	III	2,10	—	0,16	0,18	III	2,10	—	0,03	0,04	—	—	—	—	—	—	—	—	—	—	—	—	—	—	—
	V	17,—	0,93	1,36	1,53	IV	8,81	0,41	0,59	0,67	0,33	0,49	0,55	0,27	0,39	0,44	0,20	0,29	0,33	—	0,20	0,22	—	0,11	0,13
	VI	18,10	0,99	1,44	1,62																				
74,59	I,IV	8,83	0,48	0,70	0,79	I	8,83	0,34	0,49	0,55	0,20	0,29	0,33	—	0,11	0,13	—	—	—	—	—	—	—	—	—
	II	7,83	0,43	0,62	0,70	II	7,83	0,28	0,42	0,47	0,02	0,22	0,25	—	0,06	0,07	—	—	—	—	—	—	—	—	—
	III	2,11	—	0,16	0,18	III	2,11	—	0,03	0,04	—	—	—	—	—	—	—	—	—	—	—	—	—	—	—
	V	17,03	0,93	1,36	1,53	IV	8,83	0,41	0,60	0,67	0,34	0,49	0,55	0,27	0,39	0,44	0,20	0,29	0,33	—	0,20	0,22	—	0,11	0,13
	VI	18,13	0,99	1,45	1,63																				
74,69	I,IV	8,86	0,48	0,70	0,79	I	8,86	0,34	0,49	0,55	0,20	0,29	0,33	—	0,12	0,13	—	—	—	—	—	—	—	—	—
	II	7,86	0,43	0,62	0,70	II	7,86	0,29	0,42	0,47	0,03	0,22	0,25	—	0,06	0,07	—	—	—	—	—	—	—	—	—
	III	2,13	—	0,17	0,19	III	2,13	—	0,03	0,04	—	—	—	—	—	—	—	—	—	—	—	—	—	—	—
	V	17,06	0,93	1,36	1,53	IV	8,86	0,41	0,60	0,67	0,34	0,49	0,55	0,27	0,39	0,44	0,20	0,29	0,33	—	0,20	0,23	—	0,12	0,13
	VI	18,17	0,99	1,45	1,63																				
74,79	I,IV	8,88	0,48	0,71	0,79	I	8,88	0,34	0,50	0,56	0,20	0,30	0,33	—	0,12	0,13	—	—	—	—	—	—	—	—	—
	II	7,88	0,43	0,63	0,70	II	7,88	0,29	0,42	0,47	0,03	0,23	0,25	—	0,06	0,07	—	—	—	—	—	—	—	—	—
	III	2,15	—	0,17	0,19	III	2,15	—	0,04	0,04	—	—	—	—	—	—	—	—	—	—	—	—	—	—	—
	V	17,10	0,94	1,36	1,53	IV	8,88	0,41	0,60	0,67	0,34	0,50	0,56	0,27	0,39	0,44	0,20	0,30	0,33	—	0,20	0,23	—	0,12	0,13
	VI	18,20	1,—	1,45	1,63																				

* Die ausgewiesenen Tabellenwerte sind amtlich. Siehe Erläuterungen auf der Umschlaginnenseite (U2).
** Bei mehr als 3 Kinderfreibeträgen ist die „Ergänzungs-Tabelle 3,5 bis 6 Kinderfreibeträge" anzuwenden.

Abzüge an Lohnsteuer, Solidaritätszuschlag (SolZ) und Kirchensteuer (8%, 9%) in den Steuerklassen

Lohn/ Gehalt bis €*	I – VI		ohne Kinderfreibeträge			I, II, III, IV		mit Zahl der Kinderfreibeträge . . . 0,5			1			1,5			2			2,5			3**		
		LSt	SolZ	8%	9%		LSt	SolZ	8%	9%	SolZ	8%	9%	SolZ	8%	9%	SolZ	8%	9%	SolZ	8%	9%	SolZ	8%	9%
74,89	I,IV	8,91	0,49	0,71	0,80	I	8,91	0,34	0,50	0,56	0,20	0,30	0,34	—	0,12	0,13	—	—	—	—	—	—	—	—	—
	II	7,90	0,43	0,63	0,71	II	7,90	0,29	0,42	0,47	0,04	0,23	0,26	—	0,06	0,07	—	—	—	—	—	—	—	—	—
	III	2,17	—	0,17	0,19	III	2,17	—	0,04	0,04	—	—	—	—	—	—	—	—	—	—	—	—	—	—	—
	V	17,12	0,94	1,36	1,54	IV	8,91	0,41	0,60	0,68	0,34	0,50	0,56	0,27	0,40	0,45	0,20	0,30	0,34	—	0,20	0,23	—	0,12	0,13
	VI	18,23	1,—	1,45	1,64																				
74,99	I,IV	8,93	0,49	0,71	0,80	I	8,93	0,34	0,50	0,56	0,20	0,30	0,34	—	0,12	0,13	—	—	—	—	—	—	—	—	—
	II	7,93	0,43	0,63	0,71	II	7,93	0,29	0,42	0,48	0,04	0,23	0,26	—	0,06	0,07	—	—	—	—	—	—	—	—	—
	III	2,18	—	0,17	0,19	III	2,18	—	0,04	0,04	—	—	—	—	—	—	—	—	—	—	—	—	—	—	—
	V	17,16	0,94	1,37	1,54	IV	8,93	0,41	0,60	0,68	0,34	0,50	0,56	0,27	0,40	0,45	0,20	0,30	0,34	—	0,20	0,23	—	0,12	0,13
	VI	18,27	1,—	1,46	1,64																				
75,09	I,IV	8,95	0,49	0,71	0,80	I	8,95	0,34	0,50	0,56	0,21	0,30	0,34	—	0,12	0,14	—	—	—	—	—	—	—	—	—
	II	7,95	0,43	0,63	0,71	II	7,95	0,29	0,42	0,48	0,04	0,23	0,26	—	0,06	0,07	—	—	—	—	—	—	—	—	—
	III	2,20	—	0,17	0,19	III	2,20	—	0,04	0,04	—	—	—	—	—	—	—	—	—	—	—	—	—	—	—
	V	17,19	0,94	1,37	1,54	IV	8,95	0,41	0,60	0,68	0,34	0,50	0,56	0,27	0,40	0,45	0,21	0,30	0,34	—	0,21	0,23	—	0,12	0,14
	VI	18,31	1,—	1,46	1,64																				
75,19	I,IV	8,98	0,49	0,71	0,80	I	8,98	0,34	0,50	0,56	0,21	0,30	0,34	—	0,12	0,14	—	—	—	—	—	—	—	—	—
	II	7,97	0,43	0,63	0,71	II	7,97	0,29	0,43	0,48	0,05	0,23	0,26	—	0,07	0,08	—	—	—	—	—	—	—	—	—
	III	2,22	—	0,17	0,19	III	2,22	—	0,04	0,05	—	—	—	—	—	—	—	—	—	—	—	—	—	—	—
	V	17,23	0,94	1,37	1,55	IV	8,98	0,42	0,61	0,68	0,34	0,50	0,56	0,27	0,40	0,45	0,21	0,30	0,34	—	0,21	0,23	—	0,12	0,14
	VI	18,34	1,—	1,46	1,65																				
75,29	I,IV	9,—	0,49	0,72	0,81	I	9,—	0,34	0,50	0,57	0,21	0,30	0,34	—	0,12	0,14	—	—	—	—	—	—	—	—	—
	II	8,—	0,44	0,64	0,72	II	8,—	0,29	0,43	0,48	0,05	0,23	0,26	—	0,07	0,08	—	—	—	—	—	—	—	—	—
	III	2,24	—	0,17	0,20	III	2,24	—	0,04	0,05	—	—	—	—	—	—	—	—	—	—	—	—	—	—	—
	V	17,26	0,94	1,38	1,55	IV	9,—	0,42	0,61	0,68	0,34	0,50	0,57	0,28	0,40	0,45	0,21	0,30	0,34	—	0,21	0,24	—	0,12	0,14
	VI	18,37	1,01	1,46	1,65																				
75,39	I,IV	9,03	0,49	0,72	0,81	I	9,03	0,35	0,51	0,57	0,21	0,31	0,35	—	0,12	0,14	—	—	—	—	—	—	—	—	—
	II	8,02	0,44	0,64	0,72	II	8,02	0,29	0,43	0,48	0,06	0,24	0,27	—	0,07	0,08	—	—	—	—	—	—	—	—	—
	III	2,26	—	0,18	0,20	III	2,26	—	0,04	0,05	—	—	—	—	—	—	—	—	—	—	—	—	—	—	—
	V	17,29	0,95	1,38	1,55	IV	9,03	0,42	0,61	0,69	0,35	0,51	0,57	0,28	0,40	0,45	0,21	0,31	0,35	—	0,21	0,24	—	0,12	0,14
	VI	18,40	1,01	1,47	1,65																				
75,49	I,IV	9,05	0,49	0,72	0,81	I	9,05	0,35	0,51	0,57	0,21	0,31	0,35	—	0,13	0,14	—	—	—	—	—	—	—	—	—
	II	8,04	0,44	0,64	0,72	II	8,04	0,30	0,43	0,49	0,06	0,24	0,27	—	0,07	0,08	—	—	—	—	—	—	—	—	—
	III	2,27	—	0,18	0,20	III	2,27	—	0,04	0,05	—	—	—	—	—	—	—	—	—	—	—	—	—	—	—
	V	17,32	0,95	1,38	1,55	IV	9,05	0,42	0,61	0,69	0,35	0,51	0,57	0,28	0,41	0,46	0,21	0,31	0,35	—	0,21	0,24	—	0,13	0,14
	VI	18,43	1,01	1,47	1,65																				
75,59	I,IV	9,07	0,49	0,72	0,81	I	9,07	0,35	0,51	0,57	0,21	0,31	0,35	—	0,13	0,14	—	—	—	—	—	—	—	—	—
	II	8,07	0,44	0,64	0,72	II	8,07	0,30	0,43	0,49	0,06	0,24	0,27	—	0,07	0,08	—	—	—	—	—	—	—	—	—
	III	2,29	—	0,18	0,20	III	2,29	—	0,04	0,05	—	—	—	—	—	—	—	—	—	—	—	—	—	—	—
	V	17,36	0,95	1,38	1,56	IV	9,07	0,42	0,61	0,69	0,35	0,51	0,57	0,28	0,41	0,46	0,21	0,31	0,35	0,01	0,22	0,24	—	0,13	0,14
	VI	18,47	1,01	1,47	1,66																				
75,69	I,IV	9,10	0,50	0,72	0,81	I	9,10	0,35	0,51	0,58	0,21	0,31	0,35	—	0,13	0,15	—	—	—	—	—	—	—	—	—
	II	8,09	0,44	0,64	0,72	II	8,09	0,30	0,44	0,49	0,07	0,24	0,27	—	0,07	0,08	—	—	—	—	—	—	—	—	—
	III	2,31	—	0,18	0,20	III	2,31	—	0,05	0,05	—	—	—	—	—	—	—	—	—	—	—	—	—	—	—
	V	17,39	0,95	1,39	1,56	IV	9,10	0,42	0,62	0,69	0,35	0,51	0,58	0,28	0,41	0,46	0,21	0,31	0,35	0,01	0,22	0,24	—	0,13	0,15
	VI	18,51	1,01	1,48	1,66																				
75,79	I,IV	9,12	0,50	0,72	0,82	I	9,12	0,35	0,51	0,58	0,21	0,31	0,35	—	0,13	0,15	—	—	—	—	—	—	—	—	—
	II	8,11	0,44	0,64	0,72	II	8,11	0,30	0,44	0,49	0,07	0,24	0,27	—	0,07	0,08	—	—	—	—	—	—	—	—	—
	III	2,33	—	0,18	0,20	III	2,33	—	0,05	0,05	—	—	—	—	—	—	—	—	—	—	—	—	—	—	—
	V	17,42	0,95	1,39	1,56	IV	9,12	0,42	0,62	0,70	0,35	0,51	0,58	0,28	0,41	0,46	0,21	0,31	0,35	0,01	0,22	0,25	—	0,13	0,15
	VI	18,54	1,01	1,48	1,66																				
75,89	I,IV	9,15	0,50	0,73	0,82	I	9,15	0,35	0,51	0,58	0,22	0,32	0,36	—	0,13	0,15	—	—	—	—	—	—	—	—	—
	II	8,14	0,44	0,65	0,73	II	8,14	0,30	0,44	0,49	0,08	0,24	0,27	—	0,08	0,09	—	—	—	—	—	—	—	—	—
	III	2,35	—	0,18	0,21	III	2,35	—	0,05	0,05	—	—	—	—	—	—	—	—	—	—	—	—	—	—	—
	V	17,45	0,96	1,39	1,57	IV	9,15	0,42	0,62	0,70	0,35	0,51	0,58	0,28	0,41	0,47	0,22	0,32	0,36	0,02	0,22	0,25	—	0,13	0,15
	VI	18,57	1,02	1,48	1,67																				
75,99	I,IV	9,17	0,50	0,73	0,82	I	9,17	0,35	0,52	0,58	0,22	0,32	0,36	—	0,13	0,15	—	—	—	—	—	—	—	—	—
	II	8,16	0,44	0,65	0,73	II	8,16	0,30	0,44	0,50	0,08	0,25	0,28	—	0,08	0,09	—	—	—	—	—	—	—	—	—
	III	2,36	—	0,18	0,21	III	2,36	—	0,05	0,06	—	—	—	—	—	—	—	—	—	—	—	—	—	—	—
	V	17,48	0,96	1,39	1,57	IV	9,17	0,43	0,62	0,70	0,35	0,52	0,58	0,28	0,42	0,47	0,22	0,32	0,36	0,02	0,22	0,25	—	0,13	0,15
	VI	18,61	1,02	1,48	1,67																				
76,09	I,IV	9,20	0,50	0,73	0,82	I	9,20	0,35	0,52	0,58	0,22	0,32	0,36	—	0,13	0,15	—	—	—	—	—	—	—	—	—
	II	8,18	0,45	0,65	0,73	II	8,18	0,30	0,44	0,50	0,09	0,25	0,28	—	0,08	0,09	—	—	—	—	—	—	—	—	—
	III	2,38	—	0,19	0,21	III	2,38	—	0,05	0,06	—	—	—	—	—	—	—	—	—	—	—	—	—	—	—
	V	17,52	0,96	1,40	1,57	IV	9,20	0,43	0,62	0,70	0,35	0,52	0,58	0,29	0,42	0,47	0,22	0,32	0,36	0,03	0,22	0,25	—	0,13	0,15
	VI	18,64	1,02	1,49	1,67																				
76,19	I,IV	9,22	0,50	0,73	0,82	I	9,22	0,36	0,52	0,59	0,22	0,32	0,36	—	0,14	0,15	—	—	—	—	—	—	—	—	—
	II	8,21	0,45	0,65	0,73	II	8,21	0,30	0,44	0,50	0,09	0,25	0,28	—	0,08	0,09	—	—	—	—	—	—	—	—	—
	III	2,40	—	0,19	0,21	III	2,40	—	0,05	0,06	—	—	—	—	—	—	—	—	—	—	—	—	—	—	—
	V	17,56	0,96	1,40	1,58	IV	9,22	0,43	0,62	0,70	0,36	0,52	0,59	0,29	0,42	0,47	0,22	0,32	0,36	0,03	0,22	0,25	—	0,14	0,15
	VI	18,67	1,02	1,49	1,68																				
76,29	I,IV	9,24	0,50	0,73	0,83	I	9,24	0,36	0,52	0,59	0,22	0,32	0,36	—	0,14	0,16	—	—	—	—	—	—	—	—	—
	II	8,23	0,45	0,65	0,74	II	8,23	0,30	0,45	0,50	0,09	0,25	0,28	—	0,08	0,09	—	—	—	—	—	—	—	—	—
	III	2,42	—	0,19	0,21	III	2,42	—	0,05	0,06	—	—	—	—	—	—	—	—	—	—	—	—	—	—	—
	V	17,58	0,96	1,40	1,58	IV	9,24	0,43	0,63	0,71	0,36	0,52	0,59	0,29	0,42	0,47	0,22	0,32	0,36	0,03	0,23	0,26	—	0,14	0,16
	VI	18,71	1,02	1,49	1,68																				
76,39	I,IV	9,27	0,50	0,74	0,83	I	9,27	0,36	0,52	0,59	0,22	0,32	0,36	—	0,14	0,16	—	—	—	—	—	—	—	—	—
	II	8,26	0,45	0,66	0,74	II	8,26	0,31	0,45	0,50	0,10	0,25	0,28	—	0,08	0,09	—	—	—	—	—	—	—	—	—
	III	2,43	—	0,19	0,21	III	2,43	—	0,05	0,06	—	—	—	—	—	—	—	—	—	—	—	—	—	—	—
	V	17,62	0,96	1,40	1,58	IV	9,27	0,43	0,63	0,71	0,36	0,52	0,59	0,29	0,42	0,47	0,22	0,32	0,36	0,04	0,23	0,26	—	0,14	0,16
	VI	18,74	1,03	1,49	1,68																				
76,49	I,IV	9,29	0,51	0,74	0,83	I	9,29	0,36	0,53	0,59	0,22	0,32	0,37	—	0,14	0,16	—	—	—	—	—	—	—	—	—
	II	8,28	0,45	0,66	0,74	II	8,28	0,31	0,45	0,51	0,10	0,25	0,29	—	0,08	0,09	—	—	—	—	—	—	—	—	—
	III	2,45	—	0,19	0,22	III	2,45	—	0,06	0,06	—	—	—	—	—	—	—	—	—	—	—	—	—	—	—
	V	17,65	0,97	1,41	1,58	IV	9,29	0,43	0,63	0,71	0,36	0,53	0,59	0,29	0,42	0,48	0,22	0,32	0,37	0,04	0,23	0,26	—	0,14	0,16
	VI	18,77	1,03	1,50	1,68																				

* Die ausgewiesenen Tabellenwerte sind amtlich. Siehe Erläuterungen auf der Umschlaginnenseite (U2).
** Bei mehr als 3 Kinderfreibeträgen ist die „Ergänzungs-Tabelle 3,5 bis 6 Kinderfreibeträge" anzuwenden.

Abzüge an Lohnsteuer, Solidaritätszuschlag (SolZ) und Kirchensteuer (8%, 9%) in den Steuerklassen

Lohn/ Gehalt bis €*	I – VI					I, II, III, IV																			
			ohne Kinder-freibeträge					**mit** Zahl der Kinderfreibeträge . . .																	
								0,5			1			1,5			2			2,5			3**		
		LSt	SolZ	8%	9%		LSt	SolZ	8%	9%	SolZ	8%	9%	SolZ	8%	9%	SolZ	8%	9%	SolZ	8%	9%	SolZ	8%	9%
76,59	I,IV	9,31	0,51	0,74	0,83	I	9,31	0,36	0,53	0,59	0,22	0,33	0,37	—	0,14	0,16	—	—	—	—	—	—	—	—	—
	II	8,30	0,45	0,66	0,74	II	8,30	0,31	0,45	0,51	0,11	0,26	0,29	—	0,08	0,09	—	—	—	—	—	—	—	—	—
	III	2,47	—	0,19	0,22	III	2,47	—	0,06	0,06	—	—	—	—	—	—	—	—	—	—	—	—	—	—	—
	V	17,68	0,97	1,41	1,59	IV	9,31	0,43	0,63	0,71	0,36	0,53	0,59	0,29	0,43	0,48	0,22	0,33	0,37	0,05	0,23	0,26	—	0,14	0,16
	VI	18,81	1,03	1,50	1,69																				
76,69	I,IV	9,34	0,51	0,74	0,84	I	9,34	0,36	0,53	0,60	0,22	0,33	0,37	—	0,14	0,16	—	—	—	—	—	—	—	—	—
	II	8,33	0,45	0,66	0,74	II	8,33	0,31	0,45	0,51	0,11	0,26	0,29	—	0,08	0,10	—	—	—	—	—	—	—	—	—
	III	2,49	—	0,19	0,22	III	2,49	—	0,06	0,07	—	—	—	—	—	—	—	—	—	—	—	—	—	—	—
	V	17,72	0,97	1,41	1,59	IV	9,34	0,43	0,63	0,71	0,36	0,53	0,60	0,29	0,43	0,48	0,22	0,33	0,37	0,05	0,23	0,26	—	0,14	0,16
	VI	18,84	1,03	1,50	1,69																				
76,79	I,IV	9,36	0,51	0,74	0,84	I	9,36	0,36	0,53	0,60	0,23	0,33	0,37	—	0,14	0,16	—	—	0,01	—	—	—	—	—	—
	II	8,35	0,45	0,66	0,75	II	8,35	0,31	0,45	0,51	0,11	0,26	0,29	—	0,09	0,10	—	—	—	—	—	—	—	—	—
	III	2,51	—	0,20	0,22	III	2,51	—	0,06	0,07	—	—	—	—	—	—	—	—	—	—	—	—	—	—	—
	V	17,75	0,97	1,42	1,59	IV	9,36	0,44	0,64	0,72	0,36	0,53	0,60	0,29	0,43	0,48	0,23	0,33	0,37	0,05	0,23	0,26	—	0,14	0,16
	VI	18,87	1,03	1,50	1,69																				
76,89	I,IV	9,39	0,51	0,75	0,84	I	9,39	0,36	0,53	0,60	0,23	0,33	0,37	—	0,15	0,17	—	0,01	0,01	—	—	—	—	—	—
	II	8,37	0,46	0,66	0,75	II	8,37	0,31	0,46	0,51	0,12	0,26	0,29	—	0,09	0,10	—	—	—	—	—	—	—	—	—
	III	2,52	—	0,20	0,22	III	2,52	—	0,06	0,07	—	—	—	—	—	—	—	—	—	—	—	—	—	—	—
	V	17,78	0,97	1,42	1,60	IV	9,39	0,44	0,64	0,72	0,36	0,53	0,60	0,29	0,43	0,49	0,23	0,33	0,37	0,06	0,24	0,27	—	0,15	0,17
	VI	18,91	1,04	1,51	1,70																				
76,99	I,IV	9,41	0,51	0,75	0,84	I	9,41	0,37	0,53	0,60	0,23	0,33	0,38	—	0,15	0,17	—	0,01	0,01	—	—	—	—	—	—
	II	8,40	0,46	0,67	0,75	II	8,40	0,31	0,46	0,52	0,12	0,26	0,29	—	0,09	0,10	—	—	—	—	—	—	—	—	—
	III	2,55	—	0,20	0,22	III	2,55	—	0,06	0,07	—	—	—	—	—	—	—	—	—	—	—	—	—	—	—
	V	17,82	0,98	1,42	1,60	IV	9,41	0,44	0,64	0,72	0,37	0,53	0,60	0,30	0,43	0,49	0,23	0,33	0,38	0,06	0,24	0,27	—	0,15	0,17
	VI	18,95	1,04	1,51	1,70																				
77,09	I,IV	9,43	0,51	0,75	0,84	I	9,43	0,37	0,54	0,60	0,23	0,34	0,38	—	0,15	0,17	—	0,01	0,01	—	—	—	—	—	—
	II	8,42	0,46	0,67	0,75	II	8,42	0,31	0,46	0,52	0,13	0,26	0,30	—	0,09	0,10	—	—	—	—	—	—	—	—	—
	III	2,56	—	0,20	0,23	III	2,56	—	0,06	0,07	—	—	—	—	—	—	—	—	—	—	—	—	—	—	—
	V	17,85	0,98	1,42	1,60	IV	9,43	0,44	0,64	0,72	0,37	0,54	0,60	0,30	0,43	0,49	0,23	0,34	0,38	0,07	0,24	0,27	—	0,15	0,17
	VI	18,98	1,04	1,51	1,70																				
77,19	I,IV	9,46	0,52	0,75	0,85	I	9,46	0,37	0,54	0,61	0,23	0,34	0,38	—	0,15	0,17	—	0,01	0,01	—	—	—	—	—	—
	II	8,45	0,46	0,67	0,76	II	8,45	0,32	0,46	0,52	0,13	0,27	0,30	—	0,09	0,10	—	—	—	—	—	—	—	—	—
	III	2,58	—	0,20	0,23	III	2,58	—	0,06	0,07	—	—	—	—	—	—	—	—	—	—	—	—	—	—	—
	V	17,88	0,98	1,43	1,60	IV	9,46	0,44	0,64	0,72	0,37	0,54	0,61	0,30	0,44	0,49	0,23	0,34	0,38	0,07	0,24	0,27	—	0,15	0,17
	VI	19,01	1,04	1,52	1,71																				
77,29	I,IV	9,48	0,52	0,75	0,85	I	9,48	0,37	0,54	0,61	0,23	0,34	0,38	—	0,15	0,17	—	0,01	0,01	—	—	—	—	—	—
	II	8,47	0,46	0,67	0,76	II	8,47	0,32	0,46	0,52	0,14	0,27	0,30	—	0,09	0,10	—	—	—	—	—	—	—	—	—
	III	2,60	—	0,20	0,23	III	2,60	—	0,06	0,07	—	—	—	—	—	—	—	—	—	—	—	—	—	—	—
	V	17,91	0,98	1,43	1,61	IV	9,48	0,44	0,65	0,73	0,37	0,54	0,61	0,30	0,44	0,49	0,23	0,34	0,38	0,08	0,24	0,27	—	0,15	0,17
	VI	19,05	1,04	1,52	1,71																				
77,39	I,IV	9,51	0,52	0,76	0,85	I	9,51	0,37	0,54	0,61	0,23	0,34	0,38	—	0,15	0,17	—	0,01	0,01	—	—	—	—	—	—
	II	8,49	0,46	0,67	0,76	II	8,49	0,32	0,47	0,52	0,14	0,27	0,30	—	0,09	0,11	—	—	—	—	—	—	—	—	—
	III	2,62	—	0,20	0,23	III	2,62	—	0,07	0,07	—	—	—	—	—	—	—	—	—	—	—	—	—	—	—
	V	17,95	0,98	1,43	1,61	IV	9,51	0,44	0,65	0,73	0,37	0,54	0,61	0,30	0,44	0,50	0,23	0,34	0,38	0,08	0,24	0,28	—	0,15	0,17
	VI	19,08	1,04	1,52	1,71																				
77,49	I,IV	9,53	0,52	0,76	0,85	I	9,53	0,37	0,54	0,61	0,23	0,34	0,39	—	0,16	0,18	—	0,01	0,01	—	—	—	—	—	—
	II	8,51	0,46	0,68	0,76	II	8,51	0,32	0,47	0,53	0,14	0,27	0,30	—	0,10	0,11	—	—	—	—	—	—	—	—	—
	III	2,64	—	0,21	0,23	III	2,64	—	0,07	0,08	—	—	—	—	—	—	—	—	—	—	—	—	—	—	—
	V	17,98	0,98	1,43	1,61	IV	9,53	0,44	0,65	0,73	0,37	0,54	0,61	0,30	0,44	0,50	0,23	0,34	0,39	0,08	0,25	0,28	—	0,16	0,18
	VI	19,11	1,05	1,52	1,71																				
77,59	I,IV	9,56	0,52	0,76	0,86	I	9,56	0,37	0,55	0,61	0,24	0,34	0,39	—	0,16	0,18	—	0,01	0,01	—	—	—	—	—	—
	II	8,54	0,46	0,68	0,76	II	8,54	0,32	0,47	0,53	0,15	0,27	0,31	—	0,10	0,11	—	—	—	—	—	—	—	—	—
	III	2,66	—	0,21	0,23	III	2,66	—	0,07	0,08	—	—	—	—	—	—	—	—	—	—	—	—	—	—	—
	V	18,02	0,99	1,44	1,62	IV	9,56	0,45	0,65	0,73	0,37	0,55	0,61	0,30	0,44	0,50	0,24	0,34	0,39	0,09	0,25	0,28	—	0,16	0,18
	VI	19,15	1,05	1,53	1,72																				
77,69	I,IV	9,58	0,52	0,76	0,86	I	9,58	0,37	0,55	0,62	0,24	0,35	0,39	—	0,16	0,18	—	0,01	0,02	—	—	—	—	—	—
	II	8,56	0,47	0,68	0,77	II	8,56	0,32	0,47	0,53	0,15	0,27	0,31	—	0,10	0,11	—	—	—	—	—	—	—	—	—
	III	2,67	—	0,21	0,24	III	2,67	—	0,07	0,08	—	—	—	—	—	—	—	—	—	—	—	—	—	—	—
	V	18,05	0,99	1,44	1,62	IV	9,58	0,45	0,65	0,73	0,37	0,55	0,62	0,30	0,44	0,50	0,24	0,35	0,39	0,09	0,25	0,28	—	0,16	0,18
	VI	19,18	1,05	1,53	1,72																				
77,79	I,IV	9,61	0,52	0,76	0,86	I	9,61	0,38	0,55	0,62	0,24	0,35	0,39	—	0,16	0,18	—	0,02	0,02	—	—	—	—	—	—
	II	8,59	0,47	0,68	0,77	II	8,59	0,32	0,47	0,53	0,16	0,28	0,31	—	0,10	0,11	—	—	—	—	—	—	—	—	—
	III	2,69	—	0,21	0,24	III	2,69	—	0,07	0,08	—	—	—	—	—	—	—	—	—	—	—	—	—	—	—
	V	18,08	0,99	1,44	1,62	IV	9,61	0,45	0,66	0,74	0,38	0,55	0,62	0,31	0,45	0,50	0,24	0,35	0,39	0,10	0,25	0,28	—	0,16	0,18
	VI	19,22	1,05	1,53	1,72																				
77,89	I,IV	9,63	0,52	0,77	0,86	I	9,63	0,38	0,55	0,62	0,24	0,35	0,39	—	0,16	0,18	—	0,02	0,02	—	—	—	—	—	—
	II	8,61	0,47	0,68	0,77	II	8,61	0,32	0,47	0,53	0,16	0,28	0,31	—	0,10	0,11	—	—	—	—	—	—	—	—	—
	III	2,71	—	0,21	0,24	III	2,71	—	0,07	0,08	—	—	—	—	—	—	—	—	—	—	—	—	—	—	—
	V	18,12	0,99	1,44	1,63	IV	9,63	0,45	0,66	0,74	0,38	0,55	0,62	0,31	0,45	0,51	0,24	0,35	0,39	0,10	0,25	0,28	—	0,16	0,18
	VI	19,25	1,05	1,54	1,73																				
77,99	I,IV	9,65	0,53	0,77	0,86	I	9,65	0,38	0,55	0,62	0,24	0,35	0,40	—	0,16	0,18	—	0,02	0,02	—	—	—	—	—	—
	II	8,63	0,47	0,69	0,77	II	8,63	0,33	0,48	0,54	0,16	0,28	0,31	—	0,10	0,12	—	—	—	—	—	—	—	—	—
	III	2,73	—	0,21	0,24	III	2,73	—	0,07	0,08	—	—	—	—	—	—	—	—	—	—	—	—	—	—	—
	V	18,15	0,99	1,45	1,63	IV	9,65	0,45	0,66	0,74	0,38	0,55	0,62	0,31	0,45	0,51	0,24	0,35	0,40	0,10	0,25	0,29	—	0,16	0,18
	VI	19,28	1,06	1,54	1,73																				
78,09	I,IV	9,68	0,53	0,77	0,87	I	9,68	0,38	0,56	0,63	0,24	0,35	0,40	—	0,16	0,18	—	0,02	0,02	—	—	—	—	—	—
	II	8,66	0,47	0,69	0,77	II	8,66	0,33	0,48	0,54	0,17	0,28	0,32	—	0,10	0,12	—	—	—	—	—	—	—	—	—
	III	2,75	—	0,22	0,24	III	2,75	—	0,08	0,09	—	—	—	—	—	—	—	—	—	—	—	—	—	—	—
	V	18,18	1,—	1,45	1,63	IV	9,68	0,45	0,66	0,74	0,38	0,56	0,63	0,31	0,45	0,51	0,24	0,35	0,40	0,11	0,26	0,29	—	0,16	0,18
	VI	19,32	1,06	1,54	1,73																				
78,19	I,IV	9,70	0,53	0,77	0,87	I	9,70	0,38	0,56	0,63	0,24	0,35	0,40	—	0,17	0,19	—	0,02	0,02	—	—	—	—	—	—
	II	8,68	0,47	0,69	0,78	II	8,68	0,33	0,48	0,54	0,17	0,28	0,32	—	0,10	0,12	—	—	—	—	—	—	—	—	—
	III	2,77	—	0,22	0,24	III	2,77	—	0,08	0,09	—	—	—	—	—	—	—	—	—	—	—	—	—	—	—
	V	18,22	1,—	1,45	1,63	IV	9,70	0,45	0,66	0,75	0,38	0,56	0,63	0,31	0,45	0,51	0,24	0,35	0,40	0,11	0,26	0,29	—	0,17	0,19
	VI	19,35	1,06	1,54	1,74																				

* Die ausgewiesenen Tabellenwerte sind amtlich. Siehe Erläuterungen auf der Umschlaginnenseite (U2).

** Bei mehr als 3 Kinderfreibeträgen ist die „Ergänzungs-Tabelle 3,5 bis 6 Kinderfreibeträge" anzuwenden.

Abzüge an Lohnsteuer, Solidaritätszuschlag (SolZ) und Kirchensteuer (8%, 9%) in den Steuerklassen

mit Zahl der Kinderfreibeträge . . .

Lohn/ Gehalt bis €*	I – VI		ohne Kinderfreibeträge			I, II, III, IV		0,5			1			1,5			2			2,5			3**		
		LSt	SolZ	8%	9%		LSt	SolZ	8%	9%	SolZ	8%	9%	SolZ	8%	9%	SolZ	8%	9%	SolZ	8%	9%	SolZ	8%	9%
78,29	I,IV	9,73	0,53	0,77	0,87	I	9,73	0,38	0,56	0,63	0,24	0,36	0,40	—	0,17	0,19	—	0,02	0,02	—	—	—	—	—	—
	II	8,71	0,47	0,69	0,78	II	8,71	0,33	0,48	0,54	0,18	0,28	0,32	—	0,11	0,12	—	—	—	—	—	—	—	—	—
	III	2,78	—	0,22	0,25	III	2,78	—	0,08	0,09	—	—	—	—	—	—	—	—	—	—	—	—	—	—	—
	V	18,25	1,—	1,46	1,64	IV	9,73	0,46	0,66	0,75	0,38	0,56	0,63	0,31	0,46	0,51	0,24	0,36	0,40	0,12	0,26	0,29	—	0,17	0,19
	VI	19,38	1,06	1,55	1,74																				
78,39	I,IV	9,75	0,53	0,78	0,87	I	9,75	0,38	0,56	0,63	0,24	0,36	0,40	—	0,17	0,19	—	0,02	0,02	—	—	—	—	—	—
	II	8,73	0,48	0,69	0,78	II	8,73	0,33	0,48	0,54	0,18	0,29	0,32	—	0,11	0,12	—	—	—	—	—	—	—	—	—
	III	2,81	—	0,22	0,25	III	2,81	—	0,08	0,09	—	—	—	—	—	—	—	—	—	—	—	—	—	—	—
	V	18,28	1,—	1,46	1,64	IV	9,75	0,46	0,67	0,75	0,38	0,56	0,63	0,31	0,46	0,52	0,24	0,36	0,40	0,12	0,26	0,29	—	0,17	0,19
	VI	19,42	1,06	1,55	1,74																				
78,49	I,IV	9,78	0,53	0,78	0,88	I	9,78	0,39	0,56	0,63	0,25	0,36	0,40	—	0,17	0,19	—	0,02	0,03	—	—	—	—	—	—
	II	8,75	0,48	0,70	0,78	II	8,75	0,33	0,48	0,55	0,19	0,29	0,32	—	0,11	0,12	—	—	—	—	—	—	—	—	—
	III	2,82	—	0,22	0,25	III	2,82	—	0,08	0,09	—	—	—	—	—	—	—	—	—	—	—	—	—	—	—
	V	18,32	1,—	1,46	1,64	IV	9,78	0,46	0,67	0,75	0,39	0,56	0,63	0,31	0,46	0,52	0,25	0,36	0,40	0,13	0,26	0,30	—	0,17	0,19
	VI	19,45	1,07	1,55	1,75																				
78,59	I,IV	9,80	0,53	0,78	0,88	I	9,80	0,39	0,56	0,63	0,25	0,36	0,41	—	0,17	0,19	—	0,02	0,03	—	—	—	—	—	—
	II	8,78	0,48	0,70	0,79	II	8,78	0,33	0,49	0,55	0,19	0,29	0,33	—	0,11	0,12	—	—	—	—	—	—	—	—	—
	III	2,84	—	0,22	0,25	III	2,84	—	0,08	0,09	—	—	—	—	—	—	—	—	—	—	—	—	—	—	—
	V	18,35	1,—	1,46	1,65	IV	9,80	0,46	0,67	0,75	0,39	0,56	0,63	0,32	0,46	0,52	0,25	0,36	0,41	0,13	0,26	0,30	—	0,17	0,19
	VI	19,49	1,07	1,55	1,75																				
78,69	I,IV	9,83	0,54	0,78	0,88	I	9,83	0,39	0,57	0,64	0,25	0,36	0,41	—	0,17	0,20	—	0,02	0,03	—	—	—	—	—	—
	II	8,80	0,48	0,70	0,79	II	8,80	0,33	0,49	0,55	0,19	0,29	0,33	—	0,11	0,13	—	—	—	—	—	—	—	—	—
	III	2,86	—	0,22	0,25	III	2,86	—	0,08	0,09	—	—	—	—	—	—	—	—	—	—	—	—	—	—	—
	V	18,38	1,01	1,47	1,65	IV	9,83	0,46	0,67	0,76	0,39	0,57	0,64	0,32	0,46	0,52	0,25	0,36	0,41	0,13	0,27	0,30	—	0,17	0,20
	VI	19,52	1,07	1,56	1,75																				
78,79	I,IV	9,85	0,54	0,78	0,88	I	9,85	0,39	0,57	0,64	0,25	0,36	0,41	—	0,18	0,20	—	0,03	0,03	—	—	—	—	—	—
	II	8,83	0,48	0,70	0,79	II	8,83	0,34	0,49	0,55	0,20	0,29	0,33	—	0,11	0,13	—	—	—	—	—	—	—	—	—
	III	2,88	—	0,23	0,25	III	2,88	—	0,08	0,09	—	—	—	—	—	—	—	—	—	—	—	—	—	—	—
	V	18,42	1,01	1,47	1,65	IV	9,85	0,46	0,67	0,76	0,39	0,57	0,64	0,32	0,46	0,52	0,25	0,36	0,41	0,14	0,27	0,30	—	0,18	0,20
	VI	19,56	1,07	1,56	1,76																				
78,89	I,IV	9,87	0,54	0,78	0,88	I	9,87	0,39	0,57	0,64	0,25	0,37	0,41	—	0,18	0,20	—	0,03	0,03	—	—	—	—	—	—
	II	8,85	0,48	0,70	0,79	II	8,85	0,34	0,49	0,55	0,20	0,29	0,33	—	0,11	0,13	—	—	—	—	—	—	—	—	—
	III	2,90	—	0,23	0,26	III	2,90	—	0,08	0,10	—	—	—	—	—	—	—	—	—	—	—	—	—	—	—
	V	18,45	1,01	1,47	1,66	IV	9,87	0,46	0,68	0,76	0,39	0,57	0,64	0,32	0,47	0,53	0,25	0,37	0,41	0,14	0,27	0,30	—	0,18	0,20
	VI	19,59	1,07	1,56	1,76																				
78,99	I,IV	9,90	0,54	0,79	0,89	I	9,90	0,39	0,57	0,64	0,25	0,37	0,41	—	0,18	0,20	—	0,03	0,03	—	—	—	—	—	—
	II	8,87	0,48	0,70	0,79	II	8,87	0,34	0,49	0,56	0,20	0,30	0,33	—	0,12	0,13	—	—	—	—	—	—	—	—	—
	III	2,92	—	0,23	0,26	III	2,92	—	0,09	0,10	—	—	—	—	—	—	—	—	—	—	—	—	—	—	—
	V	18,48	1,01	1,47	1,66	IV	9,90	0,46	0,68	0,76	0,39	0,57	0,64	0,32	0,47	0,53	0,25	0,37	0,41	0,15	0,27	0,31	—	0,18	0,20
	VI	19,62	1,07	1,56	1,76																				
79,09	I,IV	9,92	0,54	0,79	0,89	I	9,92	0,39	0,57	0,65	0,25	0,37	0,42	—	0,18	0,20	—	0,03	0,03	—	—	—	—	—	—
	II	8,90	0,48	0,71	0,80	II	8,90	0,34	0,50	0,56	0,20	0,30	0,34	—	0,12	0,13	—	—	—	—	—	—	—	—	—
	III	2,94	—	0,23	0,26	III	2,94	—	0,09	0,10	—	—	—	—	—	—	—	—	—	—	—	—	—	—	—
	V	18,52	1,01	1,48	1,66	IV	9,92	0,47	0,68	0,76	0,39	0,57	0,65	0,32	0,47	0,53	0,25	0,37	0,42	0,15	0,27	0,31	—	0,18	0,20
	VI	19,66	1,08	1,57	1,76																				
79,19	I,IV	9,95	0,54	0,79	0,89	I	9,95	0,39	0,58	0,65	0,25	0,37	0,42	—	0,18	0,20	—	0,03	0,03	—	—	—	—	—	—
	II	8,92	0,49	0,71	0,80	II	8,92	0,34	0,50	0,56	0,20	0,30	0,34	—	0,12	0,13	—	—	—	—	—	—	—	—	—
	III	2,96	—	0,23	0,26	III	2,96	—	0,09	0,10	—	—	—	—	—	—	—	—	—	—	—	—	—	—	—
	V	18,55	1,02	1,48	1,66	IV	9,95	0,47	0,68	0,77	0,39	0,58	0,65	0,32	0,47	0,53	0,25	0,37	0,42	0,15	0,27	0,31	—	0,18	0,20
	VI	19,70	1,08	1,57	1,77																				
79,29	I,IV	9,97	0,54	0,79	0,89	I	9,97	0,40	0,58	0,65	0,26	0,37	0,42	—	0,18	0,21	—	0,03	0,04	—	—	—	—	—	—
	II	8,95	0,49	0,71	0,80	II	8,95	0,34	0,50	0,56	0,21	0,30	0,34	—	0,12	0,14	—	—	—	—	—	—	—	—	—
	III	2,97	—	0,23	0,26	III	2,97	—	0,09	0,10	—	—	—	—	—	—	—	—	—	—	—	—	—	—	—
	V	18,58	1,02	1,48	1,67	IV	9,97	0,47	0,68	0,77	0,40	0,58	0,65	0,32	0,47	0,53	0,26	0,37	0,42	0,16	0,28	0,31	—	0,18	0,21
	VI	19,73	1,08	1,57	1,77																				
79,39	I,IV	10,—	0,55	0,80	0,90	I	10,—	0,40	0,58	0,65	0,26	0,38	0,42	—	0,18	0,21	—	0,03	0,04	—	—	—	—	—	—
	II	8,97	0,49	0,71	0,80	II	8,97	0,34	0,50	0,56	0,21	0,30	0,34	—	0,12	0,14	—	—	—	—	—	—	—	—	—
	III	3,—	—	0,24	0,27	III	3,—	—	0,09	0,10	—	—	—	—	—	—	—	—	—	—	—	—	—	—	—
	V	18,62	1,02	1,48	1,67	IV	10,—	0,47	0,69	0,77	0,40	0,58	0,65	0,33	0,48	0,54	0,26	0,38	0,42	0,16	0,28	0,31	—	0,18	0,21
	VI	19,77	1,08	1,58	1,77																				
79,49	I,IV	10,02	0,55	0,80	0,90	I	10,02	0,40	0,58	0,65	0,26	0,38	0,42	—	0,19	0,21	—	0,03	0,04	—	—	—	—	—	—
	II	8,99	0,49	0,71	0,80	II	8,99	0,34	0,50	0,57	0,21	0,30	0,34	—	0,12	0,14	—	—	—	—	—	—	—	—	—
	III	3,01	—	0,24	0,27	III	3,01	—	0,09	0,10	—	—	—	—	—	—	—	—	—	—	—	—	—	—	—
	V	18,65	1,02	1,49	1,67	IV	10,02	0,47	0,69	0,77	0,40	0,58	0,65	0,33	0,48	0,54	0,26	0,38	0,42	0,17	0,28	0,32	—	0,19	0,21
	VI	19,80	1,08	1,58	1,78																				
79,59	I,IV	10,05	0,55	0,80	0,90	I	10,05	0,40	0,58	0,66	0,26	0,38	0,43	—	0,19	0,21	—	0,03	0,04	—	—	—	—	—	—
	II	9,02	0,49	0,72	0,81	II	9,02	0,35	0,50	0,57	0,21	0,31	0,34	—	0,12	0,14	—	—	—	—	—	—	—	—	—
	III	3,03	—	0,24	0,27	III	3,03	—	0,09	0,11	—	—	—	—	—	—	—	—	—	—	—	—	—	—	—
	V	18,68	1,02	1,49	1,68	IV	10,05	0,47	0,69	0,78	0,40	0,58	0,66	0,33	0,48	0,54	0,26	0,38	0,43	0,17	0,28	0,32	—	0,19	0,21
	VI	19,83	1,09	1,58	1,78																				
79,69	I,IV	10,07	0,55	0,80	0,90	I	10,07	0,40	0,58	0,66	0,26	0,38	0,43	—	0,19	0,21	—	0,04	0,04	—	—	—	—	—	—
	II	9,04	0,49	0,72	0,81	II	9,04	0,35	0,51	0,57	0,21	0,31	0,35	—	0,13	0,14	—	—	—	—	—	—	—	—	—
	III	3,05	—	0,24	0,27	III	3,05	—	0,10	0,11	—	—	—	—	—	—	—	—	—	—	—	—	—	—	—
	V	18,72	1,02	1,49	1,68	IV	10,07	0,47	0,69	0,78	0,40	0,58	0,66	0,33	0,48	0,54	0,26	0,38	0,43	0,18	0,28	0,32	—	0,19	0,21
	VI	19,87	1,09	1,58	1,78																				
79,79	I,IV	10,09	0,55	0,80	0,90	I	10,09	0,40	0,59	0,66	0,26	0,38	0,43	—	0,19	0,22	—	0,04	0,04	—	—	—	—	—	—
	II	9,06	0,49	0,72	0,81	II	9,06	0,35	0,51	0,57	0,21	0,31	0,35	—	0,13	0,14	—	—	—	—	—	—	—	—	—
	III	3,07	—	0,24	0,27	III	3,07	—	0,10	0,11	—	—	—	—	—	—	—	—	—	—	—	—	—	—	—
	V	18,75	1,03	1,50	1,68	IV	10,09	0,47	0,69	0,78	0,40	0,59	0,66	0,33	0,48	0,54	0,26	0,38	0,43	0,18	0,28	0,32	—	0,19	0,22
	VI	19,91	1,09	1,59	1,79																				
79,89	I,IV	10,12	0,55	0,80	0,91	I	10,12	0,40	0,59	0,66	0,26	0,38	0,43	—	0,19	0,22	—	0,04	0,04	—	—	—	—	—	—
	II	9,09	0,50	0,72	0,81	II	9,09	0,35	0,51	0,57	0,21	0,31	0,35	—	0,13	0,14	—	—	—	—	—	—	—	—	—
	III	3,09	—	0,24	0,27	III	3,09	—	0,10	0,11	—	—	—	—	—	—	—	—	—	—	—	—	—	—	—
	V	18,78	1,03	1,50	1,69	IV	10,12	0,48	0,70	0,78	0,40	0,59	0,66	0,33	0,48	0,54	0,26	0,38	0,43	0,18	0,29	0,32	—	0,19	0,22
	VI	19,93	1,09	1,59	1,79																				

* Die ausgewiesenen Tabellenwerte sind amtlich. Siehe Erläuterungen auf der Umschlaginnenseite (U2).

** Bei mehr als 3 Kinderfreibeträgen ist die „Ergänzungs-Tabelle 3,5 bis 6 Kinderfreibeträge" anzuwenden.

Abzüge an Lohnsteuer, Solidaritätszuschlag (SolZ) und Kirchensteuer (8%, 9%) in den Steuerklassen

Lohn/ Gehalt bis €*	I – VI	ohne Kinderfreibeträge				I, II, III, IV	mit Zahl der Kinderfreibeträge . . . 0,5			1			1,5			2			2,5			3**			
		LSt	SolZ	8%	9%		LSt	SolZ	8%	9%	SolZ	8%	9%	SolZ	8%	9%	SolZ	8%	9%	SolZ	8%	9%	SolZ	8%	9%
79,99	I,IV	10,14	0,55	0,81	0,91	I	10,14	0,40	0,59	0,66	0,26	0,39	0,43	—	0,19	0,22	—	0,04	0,04	—	—	—	—	—	—
	II	9,11	0,50	0,72	0,81	II	9,11	0,35	0,51	0,58	0,21	0,31	0,35	—	0,13	0,15	—	—	—	—	—	—	—	—	—
	III	3,11	—	0,24	0,27	III	3,11	—	0,10	0,11	—	—	—	—	—	—	—	—	—	—	—	—	—	—	—
	V	18,82	1,03	1,50	1,69	IV	10,14	0,48	0,70	0,78	0,40	0,59	0,66	0,33	0,49	0,55	0,26	0,39	0,43	0,19	0,29	0,32	—	0,19	0,22
	VI	19,97	1,09	1,59	1,79																				
80,09	I,IV	10,17	0,55	0,81	0,91	I	10,17	0,41	0,59	0,67	0,26	0,39	0,44	—	0,20	0,22	—	0,04	0,05	—	—	—	—	—	—
	II	9,14	0,50	0,73	0,82	II	9,14	0,35	0,51	0,58	0,21	0,31	0,35	—	0,13	0,15	—	—	—	—	—	—	—	—	—
	III	3,13	—	0,25	0,28	III	3,13	—	0,10	0,11	—	—	—	—	—	—	—	—	—	—	—	—	—	—	—
	V	18,86	1,03	1,50	1,69	IV	10,17	0,48	0,70	0,79	0,41	0,59	0,67	0,33	0,49	0,55	0,26	0,39	0,44	0,19	0,29	0,33	—	0,20	0,22
	VI	20,01	1,10	1,60	1,80																				
80,19	I,IV	10,19	0,56	0,81	0,91	I	10,19	0,41	0,59	0,67	0,27	0,39	0,44	—	0,20	0,22	—	0,04	0,05	—	—	—	—	—	—
	II	9,16	0,50	0,73	0,82	II	9,16	0,35	0,52	0,58	0,22	0,32	0,36	—	0,13	0,15	—	—	—	—	—	—	—	—	—
	III	3,15	—	0,25	0,28	III	3,15	—	0,10	0,11	—	—	—	—	—	—	—	—	—	—	—	—	—	—	—
	V	18,89	1,03	1,51	1,70	IV	10,19	0,48	0,70	0,79	0,41	0,59	0,67	0,34	0,49	0,55	0,27	0,39	0,44	0,20	0,29	0,33	—	0,20	0,22
	VI	20,04	1,10	1,60	1,80																				
80,29	I,IV	10,22	0,56	0,81	0,91	I	10,22	0,41	0,60	0,67	0,27	0,39	0,44	—	0,20	0,22	—	0,04	0,05	—	—	—	—	—	—
	II	9,19	0,50	0,73	0,82	II	9,19	0,35	0,52	0,58	0,22	0,32	0,36	—	0,13	0,15	—	—	—	—	—	—	—	—	—
	III	3,17	—	0,25	0,28	III	3,17	—	0,10	0,12	—	—	—	—	—	—	—	—	—	—	—	—	—	—	—
	V	18,92	1,04	1,51	1,70	IV	10,22	0,48	0,70	0,79	0,41	0,60	0,67	0,34	0,49	0,55	0,27	0,39	0,44	0,20	0,29	0,33	—	0,20	0,22
	VI	20,07	1,10	1,60	1,80																				
80,39	I,IV	10,24	0,56	0,81	0,92	I	10,24	0,41	0,60	0,67	0,27	0,39	0,44	—	0,20	0,23	—	0,04	0,05	—	—	—	—	—	—
	II	9,21	0,50	0,73	0,82	II	9,21	0,36	0,52	0,58	0,22	0,32	0,36	—	0,14	0,15	—	—	—	—	—	—	—	—	—
	III	3,18	—	0,25	0,28	III	3,18	—	0,10	0,12	—	—	—	—	—	—	—	—	—	—	—	—	—	—	—
	V	18,96	1,04	1,51	1,70	IV	10,24	0,48	0,70	0,79	0,41	0,60	0,67	0,34	0,49	0,56	0,27	0,39	0,44	0,20	0,30	0,33	—	0,20	0,23
	VI	20,11	1,10	1,60	1,80																				
80,49	I,IV	10,26	0,56	0,82	0,92	I	10,26	0,41	0,60	0,67	0,27	0,39	0,44	—	0,20	0,23	—	0,04	0,05	—	—	—	—	—	—
	II	9,23	0,50	0,73	0,83	II	9,23	0,36	0,52	0,59	0,22	0,32	0,36	—	0,14	0,15	—	—	—	—	—	—	—	—	—
	III	3,21	—	0,25	0,28	III	3,21	—	0,10	0,12	—	—	—	—	—	—	—	—	—	—	—	—	—	—	—
	V	18,99	1,04	1,51	1,70	IV	10,26	0,48	0,71	0,80	0,41	0,60	0,67	0,34	0,50	0,56	0,27	0,39	0,44	0,20	0,30	0,33	—	0,20	0,23
	VI	20,15	1,10	1,61	1,81																				
80,59	I,IV	10,29	0,56	0,82	0,92	I	10,29	0,41	0,60	0,68	0,27	0,40	0,45	—	0,20	0,23	—	0,05	0,05	—	—	—	—	—	—
	II	9,26	0,50	0,74	0,83	II	9,26	0,36	0,52	0,59	0,22	0,32	0,36	—	0,14	0,16	—	—	—	—	—	—	—	—	—
	III	3,22	—	0,25	0,28	III	3,22	—	0,11	0,12	—	—	—	—	—	—	—	—	—	—	—	—	—	—	—
	V	19,02	1,04	1,52	1,71	IV	10,29	0,49	0,71	0,80	0,41	0,60	0,68	0,34	0,50	0,56	0,27	0,40	0,45	0,20	0,30	0,34	—	0,20	0,23
	VI	20,18	1,11	1,61	1,81																				
80,69	I,IV	10,31	0,56	0,82	0,92	I	10,31	0,41	0,60	0,68	0,27	0,40	0,45	—	0,21	0,23	—	0,05	0,05	—	—	—	—	—	—
	II	9,28	0,51	0,74	0,83	II	9,28	0,36	0,52	0,59	0,22	0,32	0,37	—	0,14	0,16	—	—	—	—	—	—	—	—	—
	III	3,25	—	0,26	0,29	III	3,25	—	0,11	0,12	—	—	—	—	—	—	—	—	—	—	—	—	—	—	—
	V	19,06	1,04	1,52	1,71	IV	10,31	0,49	0,71	0,80	0,41	0,60	0,68	0,34	0,50	0,56	0,27	0,40	0,45	0,20	0,30	0,34	—	0,21	0,23
	VI	20,22	1,11	1,61	1,81																				
80,79	I,IV	10,34	0,56	0,82	0,93	I	10,34	0,41	0,60	0,68	0,27	0,40	0,45	—	0,21	0,23	—	0,05	0,05	—	—	—	—	—	—
	II	9,31	0,51	0,74	0,83	II	9,31	0,36	0,53	0,59	0,22	0,33	0,37	—	0,14	0,16	—	—	—	—	—	—	—	—	—
	III	3,26	—	0,26	0,29	III	3,26	—	0,11	0,12	—	—	—	—	—	—	—	—	—	—	—	—	—	—	—
	V	19,10	1,05	1,52	1,71	IV	10,34	0,49	0,71	0,80	0,41	0,60	0,68	0,34	0,50	0,56	0,27	0,40	0,45	0,21	0,30	0,34	—	0,21	0,23
	VI	20,25	1,11	1,62	1,82																				
80,89	I,IV	10,36	0,57	0,82	0,93	I	10,36	0,42	0,61	0,68	0,27	0,40	0,45	—	0,21	0,24	—	0,05	0,06	—	—	—	—	—	—
	II	9,33	0,51	0,74	0,83	II	9,33	0,36	0,53	0,60	0,22	0,33	0,37	—	0,14	0,16	—	—	—	—	—	—	—	—	—
	III	3,28	—	0,26	0,29	III	3,28	—	0,11	0,12	—	—	—	—	—	—	—	—	—	—	—	—	—	—	—
	V	19,13	1,05	1,53	1,72	IV	10,36	0,49	0,71	0,80	0,42	0,61	0,68	0,34	0,50	0,57	0,27	0,40	0,45	0,21	0,30	0,34	—	0,21	0,24
	VI	20,28	1,11	1,62	1,82																				
80,99	I,IV	10,39	0,57	0,83	0,93	I	10,39	0,42	0,61	0,69	0,28	0,40	0,45	—	0,21	0,24	—	0,05	0,06	—	—	—	—	—	—
	II	9,35	0,51	0,74	0,84	II	9,35	0,36	0,53	0,60	0,23	0,33	0,37	—	0,14	0,16	—	—	—	—	—	—	—	—	—
	III	3,30	—	0,26	0,29	III	3,30	—	0,11	0,13	—	—	—	—	—	—	—	—	—	—	—	—	—	—	—
	V	19,16	1,05	1,53	1,72	IV	10,39	0,49	0,72	0,81	0,42	0,61	0,69	0,35	0,50	0,57	0,28	0,40	0,45	0,21	0,30	0,34	—	0,21	0,24
	VI	20,32	1,11	1,62	1,82																				
81,09	I,IV	10,41	0,57	0,83	0,93	I	10,41	0,42	0,61	0,69	0,28	0,40	0,46	—	0,21	0,24	—	0,05	0,06	—	—	—	—	—	—
	II	9,38	0,51	0,75	0,84	II	9,38	0,36	0,53	0,60	0,23	0,33	0,37	—	0,15	0,16	—	0,01	0,01	—	—	—	—	—	—
	III	3,32	—	0,26	0,29	III	3,32	—	0,11	0,13	—	—	—	—	—	—	—	—	—	—	—	—	—	—	—
	V	19,20	1,05	1,53	1,72	IV	10,41	0,49	0,72	0,81	0,42	0,61	0,69	0,35	0,51	0,57	0,28	0,40	0,46	0,21	0,31	0,35	—	0,21	0,24
	VI	20,35	1,11	1,62	1,83																				
81,19	I,IV	10,44	0,57	0,83	0,93	I	10,44	0,42	0,61	0,69	0,28	0,41	0,46	—	0,21	0,24	—	0,05	0,06	—	—	—	—	—	—
	II	9,40	0,51	0,75	0,84	II	9,40	0,37	0,53	0,60	0,23	0,33	0,37	—	0,15	0,17	—	0,01	0,01	—	—	—	—	—	—
	III	3,35	—	0,26	0,30	III	3,35	—	0,11	0,13	—	—	—	—	—	—	—	—	—	—	—	—	—	—	—
	V	19,23	1,05	1,53	1,73	IV	10,44	0,49	0,72	0,81	0,42	0,61	0,69	0,35	0,51	0,57	0,28	0,41	0,46	0,21	0,31	0,35	—	0,21	0,24
	VI	20,39	1,12	1,63	1,83																				
81,29	I,IV	10,46	0,57	0,83	0,94	I	10,46	0,42	0,61	0,69	0,28	0,41	0,46	0,01	0,22	0,24	—	0,05	0,06	—	—	—	—	—	—
	II	9,43	0,51	0,75	0,84	II	9,43	0,37	0,54	0,60	0,23	0,34	0,38	—	0,15	0,17	—	0,01	0,01	—	—	—	—	—	—
	III	3,36	—	0,26	0,30	III	3,36	—	0,12	0,13	—	—	—	—	—	—	—	—	—	—	—	—	—	—	—
	V	19,26	1,05	1,54	1,73	IV	10,46	0,49	0,72	0,81	0,42	0,61	0,69	0,35	0,51	0,57	0,28	0,41	0,46	0,21	0,31	0,35	0,01	0,22	0,24
	VI	20,42	1,12	1,63	1,83																				
81,39	I,IV	10,49	0,57	0,83	0,94	I	10,49	0,42	0,62	0,69	0,28	0,41	0,46	0,01	0,22	0,24	—	0,06	0,06	—	—	—	—	—	—
	II	9,45	0,52	0,75	0,85	II	9,45	0,37	0,54	0,61	0,23	0,34	0,38	—	0,15	0,17	—	0,01	0,01	—	—	—	—	—	—
	III	3,38	—	0,27	0,30	III	3,38	—	0,12	0,13	—	—	—	—	—	—	—	—	—	—	—	—	—	—	—
	V	19,30	1,06	1,54	1,73	IV	10,49	0,50	0,72	0,81	0,42	0,62	0,69	0,35	0,51	0,58	0,28	0,41	0,46	0,21	0,31	0,35	0,01	0,22	0,24
	VI	20,46	1,12	1,63	1,84																				
81,49	I,IV	10,51	0,57	0,84	0,94	I	10,51	0,42	0,62	0,70	0,28	0,41	0,46	0,01	0,22	0,25	—	0,06	0,06	—	—	—	—	—	—
	II	9,48	0,52	0,75	0,85	II	9,48	0,37	0,54	0,61	0,23	0,34	0,38	—	0,15	0,17	—	0,01	0,01	—	—	—	—	—	—
	III	3,40	—	0,27	0,30	III	3,40	—	0,12	0,13	—	—	—	—	—	—	—	—	—	—	—	—	—	—	—
	V	19,33	1,06	1,54	1,73	IV	10,51	0,50	0,73	0,82	0,42	0,62	0,70	0,35	0,51	0,58	0,28	0,41	0,46	0,21	0,31	0,35	0,01	0,22	0,25
	VI	20,50	1,12	1,64	1,84																				
81,59	I,IV	10,54	0,57	0,84	0,94	I	10,54	0,42	0,62	0,70	0,28	0,41	0,47	0,02	0,22	0,25	—	0,06	0,07	—	—	—	—	—	—
	II	9,50	0,52	0,76	0,85	II	9,50	0,37	0,54	0,61	0,23	0,34	0,38	—	0,15	0,17	—	0,01	0,01	—	—	—	—	—	—
	III	3,42	—	0,27	0,30	III	3,42	—	0,12	0,14	—	—	—	—	—	—	—	—	—	—	—	—	—	—	—
	V	19,37	1,06	1,54	1,74	IV	10,54	0,50	0,73	0,82	0,42	0,62	0,70	0,35	0,52	0,58	0,28	0,41	0,47	0,22	0,32	0,36	0,02	0,22	0,25
	VI	20,53	1,12	1,64	1,84																				

*** Die ausgewiesenen Tabellenwerte sind amtlich. Siehe Erläuterungen auf der Umschlaginnenseite (U2).**
**** Bei mehr als 3 Kinderfreibeträgen ist die „Ergänzungs-Tabelle 3,5 bis 6 Kinderfreibeträge" anzuwenden.**

TAG 81,60*

Lohn/ Gehalt bis €*	I – VI	LSt	ohne Kinderfreibeträge SolZ	8%	9%	I, II, III, IV	LSt	0,5 SolZ	8%	9%	1 SolZ	8%	9%	1,5 SolZ	8%	9%	2 SolZ	8%	9%	2,5 SolZ	8%	9%	3** SolZ	8%	9%
81,69	I,IV	10,56	0,58	0,84	0,95	I	10,56	0,43	0,62	0,70	0,28	0,42	0,47	0,02	0,22	0,25	—	0,06	0,07	—	—	—	—	—	—
	II	9,52	0,52	0,76	0,85	II	9,52	0,37	0,54	0,61	0,23	0,34	0,38	—	0,16	0,18	—	0,01	0,01	—	—	—	—	—	—
	III	3,44	—	0,27	0,30	III	3,44	—	0,12	0,14	—	—	—	—	—	—	—	—	—	—	—	—	—	—	—
	V	19,40	1,06	1,55	1,74	IV	10,56	0,50	0,73	0,82	0,43	0,62	0,70	0,35	0,52	0,58	0,28	0,42	0,47	0,22	0,32	0,36	0,02	0,22	0,25
	VI	20,56	1,13	1,64	1,85																				
81,79	I,IV	10,59	0,58	0,84	0,95	I	10,59	0,43	0,62	0,70	0,29	0,42	0,47	0,03	0,22	0,25	—	0,06	0,07	—	—	—	—	—	—
	II	9,55	0,52	0,76	0,85	II	9,55	0,37	0,54	0,61	0,23	0,34	0,39	—	0,16	0,18	—	0,01	0,01	—	—	—	—	—	—
	III	3,46	—	0,27	0,31	III	3,46	—	0,12	0,14	—	—	—	—	—	—	—	—	—	—	—	—	—	—	—
	V	19,44	1,06	1,55	1,74	IV	10,59	0,50	0,73	0,82	0,43	0,62	0,70	0,36	0,52	0,58	0,29	0,42	0,47	0,22	0,32	0,36	0,03	0,22	0,25
	VI	20,60	1,13	1,64	1,85																				
81,89	I,IV	10,61	0,58	0,84	0,95	I	10,61	0,43	0,63	0,70	0,29	0,42	0,47	0,03	0,22	0,25	—	0,06	0,07	—	—	—	—	—	—
	II	9,57	0,52	0,76	0,86	II	9,57	0,37	0,55	0,62	0,24	0,35	0,39	—	0,16	0,18	—	0,01	0,02	—	—	—	—	—	—
	III	3,48	—	0,27	0,31	III	3,48	—	0,12	0,14	—	—	—	—	—	—	—	—	—	—	—	—	—	—	—
	V	19,47	1,07	1,55	1,75	IV	10,61	0,50	0,73	0,83	0,43	0,63	0,70	0,36	0,52	0,59	0,29	0,42	0,47	0,22	0,32	0,36	0,03	0,22	0,25
	VI	20,63	1,13	1,65	1,85																				
81,99	I,IV	10,64	0,58	0,85	0,95	I	10,64	0,43	0,63	0,71	0,29	0,42	0,47	0,04	0,23	0,26	—	0,06	0,07	—	—	—	—	—	—
	II	9,60	0,52	0,76	0,86	II	9,60	0,38	0,55	0,62	0,24	0,35	0,39	—	0,16	0,18	—	0,01	0,02	—	—	—	—	—	—
	III	3,50	—	0,28	0,31	III	3,50	—	0,12	0,14	—	—	—	—	—	—	—	—	—	—	—	—	—	—	—
	V	19,50	1,07	1,56	1,75	IV	10,64	0,50	0,74	0,83	0,43	0,63	0,71	0,36	0,52	0,59	0,29	0,42	0,47	0,22	0,32	0,36	0,04	0,23	0,26
	VI	20,67	1,13	1,65	1,86																				
82,09	I,IV	10,66	0,58	0,85	0,95	I	10,66	0,43	0,63	0,71	0,29	0,42	0,48	0,04	0,23	0,26	—	0,06	0,07	—	—	—	—	—	—
	II	9,62	0,52	0,76	0,86	II	9,62	0,38	0,55	0,62	0,24	0,35	0,39	—	0,16	0,18	—	0,02	0,02	—	—	—	—	—	—
	III	3,52	—	0,28	0,31	III	3,52	—	0,13	0,14	—	—	—	—	—	—	—	—	—	—	—	—	—	—	—
	V	19,53	1,07	1,56	1,75	IV	10,66	0,51	0,74	0,83	0,43	0,63	0,71	0,36	0,52	0,59	0,29	0,42	0,48	0,22	0,32	0,36	0,04	0,23	0,26
	VI	20,71	1,13	1,65	1,86																				
82,19	I,IV	10,69	0,58	0,85	0,96	I	10,69	0,43	0,63	0,71	0,29	0,42	0,48	0,04	0,23	0,26	—	0,06	0,07	—	—	—	—	—	—
	II	9,65	0,53	0,77	0,86	II	9,65	0,38	0,55	0,62	0,24	0,35	0,39	—	0,16	0,18	—	0,02	0,02	—	—	—	—	—	—
	III	3,54	—	0,28	0,31	III	3,54	—	0,13	0,14	—	—	—	—	—	—	—	—	—	—	—	—	—	—	—
	V	19,57	1,07	1,56	1,76	IV	10,69	0,51	0,74	0,83	0,43	0,63	0,71	0,36	0,53	0,59	0,29	0,42	0,48	0,22	0,33	0,37	0,04	0,23	0,26
	VI	20,74	1,14	1,65	1,86																				
82,29	I,IV	10,71	0,58	0,85	0,96	I	10,71	0,43	0,63	0,71	0,29	0,43	0,48	0,05	0,23	0,26	—	0,07	0,07	—	—	—	—	—	—
	II	9,67	0,53	0,77	0,87	II	9,67	0,38	0,55	0,62	0,24	0,35	0,40	—	0,16	0,18	—	0,02	0,02	—	—	—	—	—	—
	III	3,56	—	0,28	0,32	III	3,56	—	0,13	0,15	—	—	—	—	—	—	—	—	—	—	—	—	—	—	—
	V	19,61	1,07	1,56	1,76	IV	10,71	0,51	0,74	0,83	0,43	0,63	0,71	0,36	0,53	0,59	0,29	0,43	0,48	0,22	0,33	0,37	0,05	0,23	0,26
	VI	20,78	1,14	1,66	1,87																				
82,39	I,IV	10,74	0,59	0,85	0,96	I	10,74	0,43	0,63	0,71	0,29	0,43	0,48	0,05	0,23	0,26	—	0,07	0,08	—	—	—	—	—	—
	II	9,70	0,53	0,77	0,87	II	9,70	0,38	0,56	0,63	0,24	0,35	0,40	—	0,17	0,19	—	0,02	0,02	—	—	—	—	—	—
	III	3,58	—	0,28	0,32	III	3,58	—	0,13	0,15	—	0,01	0,01	—	—	—	—	—	—	—	—	—	—	—	—
	V	19,64	1,08	1,57	1,76	IV	10,74	0,51	0,74	0,84	0,43	0,63	0,71	0,36	0,53	0,60	0,29	0,43	0,48	0,22	0,33	0,37	0,05	0,23	0,26
	VI	20,81	1,14	1,66	1,87																				
82,49	I,IV	10,76	0,59	0,86	0,96	I	10,76	0,44	0,64	0,72	0,29	0,43	0,48	0,06	0,24	0,27	—	0,07	0,08	—	—	—	—	—	—
	II	9,72	0,53	0,77	0,87	II	9,72	0,38	0,56	0,63	0,24	0,36	0,40	—	0,17	0,19	—	0,02	0,02	—	—	—	—	—	—
	III	3,60	—	0,28	0,32	III	3,60	—	0,13	0,15	—	0,01	0,01	—	—	—	—	—	—	—	—	—	—	—	—
	V	19,67	1,08	1,57	1,77	IV	10,76	0,51	0,74	0,84	0,44	0,64	0,72	0,36	0,53	0,60	0,29	0,43	0,48	0,23	0,33	0,37	0,06	0,24	0,27
	VI	20,85	1,14	1,66	1,87																				
82,59	I,IV	10,79	0,59	0,86	0,97	I	10,79	0,44	0,64	0,72	0,30	0,43	0,49	0,06	0,24	0,27	—	0,07	0,08	—	—	—	—	—	—
	II	9,74	0,53	0,77	0,87	II	9,74	0,38	0,56	0,63	0,24	0,36	0,40	—	0,17	0,19	—	0,02	0,02	—	—	—	—	—	—
	III	3,62	—	0,28	0,32	III	3,62	—	0,13	0,15	—	0,01	0,01	—	—	—	—	—	—	—	—	—	—	—	—
	V	19,71	1,08	1,57	1,77	IV	10,79	0,51	0,75	0,84	0,44	0,64	0,72	0,37	0,53	0,60	0,30	0,43	0,49	0,23	0,33	0,37	0,06	0,24	0,27
	VI	20,88	1,14	1,67	1,87																				
82,69	I,IV	10,81	0,59	0,86	0,97	I	10,81	0,44	0,64	0,72	0,30	0,43	0,49	0,06	0,24	0,27	—	0,07	0,08	—	—	—	—	—	—
	II	9,77	0,53	0,78	0,87	II	9,77	0,38	0,56	0,63	0,25	0,36	0,40	—	0,17	0,19	—	0,02	0,02	—	—	—	—	—	—
	III	3,64	—	0,29	0,32	III	3,64	—	0,13	0,15	—	0,01	0,01	—	—	—	—	—	—	—	—	—	—	—	—
	V	19,75	1,08	1,58	1,77	IV	10,81	0,51	0,75	0,84	0,44	0,64	0,72	0,37	0,54	0,60	0,30	0,43	0,49	0,23	0,33	0,38	0,06	0,24	0,27
	VI	20,92	1,15	1,67	1,88																				
82,79	I,IV	10,84	0,59	0,86	0,97	I	10,84	0,44	0,64	0,72	0,30	0,44	0,49	0,07	0,24	0,27	—	0,07	0,08	—	—	—	—	—	—
	II	9,79	0,53	0,78	0,88	II	9,79	0,39	0,56	0,63	0,25	0,36	0,41	—	0,17	0,19	—	0,02	0,03	—	—	—	—	—	—
	III	3,66	—	0,29	0,32	III	3,66	—	0,14	0,15	—	0,01	0,01	—	—	—	—	—	—	—	—	—	—	—	—
	V	19,78	1,08	1,58	1,78	IV	10,84	0,51	0,75	0,84	0,44	0,64	0,72	0,37	0,54	0,60	0,30	0,44	0,49	0,23	0,34	0,38	0,07	0,24	0,27
	VI	20,95	1,15	1,67	1,88																				
82,89	I,IV	10,86	0,59	0,86	0,97	I	10,86	0,44	0,64	0,72	0,30	0,44	0,49	0,07	0,24	0,27	—	0,07	0,08	—	—	—	—	—	—
	II	9,82	0,54	0,78	0,88	II	9,82	0,39	0,57	0,64	0,25	0,36	0,41	—	0,17	0,19	—	0,02	0,03	—	—	—	—	—	—
	III	3,68	—	0,29	0,33	III	3,68	—	0,14	0,15	—	0,01	0,01	—	—	—	—	—	—	—	—	—	—	—	—
	V	19,82	1,09	1,58	1,78	IV	10,86	0,52	0,75	0,85	0,44	0,64	0,72	0,37	0,54	0,61	0,30	0,44	0,49	0,23	0,34	0,38	0,07	0,24	0,27
	VI	20,99	1,15	1,67	1,88																				
82,99	I,IV	10,88	0,59	0,87	0,97	I	10,88	0,44	0,65	0,73	0,30	0,44	0,49	0,08	0,24	0,27	—	0,07	0,08	—	—	—	—	—	—
	II	9,84	0,54	0,78	0,88	II	9,84	0,39	0,57	0,64	0,25	0,36	0,41	—	0,17	0,20	—	0,02	0,03	—	—	—	—	—	—
	III	3,70	—	0,29	0,33	III	3,70	—	0,14	0,16	—	0,01	0,01	—	—	—	—	—	—	—	—	—	—	—	—
	V	19,85	1,09	1,58	1,78	IV	10,88	0,52	0,75	0,85	0,44	0,65	0,73	0,37	0,54	0,61	0,30	0,44	0,49	0,23	0,34	0,38	0,08	0,24	0,27
	VI	21,02	1,15	1,68	1,89																				
83,09	I,IV	10,91	0,60	0,87	0,98	I	10,91	0,44	0,65	0,73	0,30	0,44	0,50	0,08	0,24	0,28	—	0,08	0,09	—	—	—	—	—	—
	II	9,86	0,54	0,78	0,88	II	9,86	0,39	0,57	0,64	0,25	0,37	0,41	—	0,18	0,20	—	0,03	0,03	—	—	—	—	—	—
	III	3,72	—	0,29	0,33	III	3,72	—	0,14	0,16	—	0,01	0,01	—	—	—	—	—	—	—	—	—	—	—	—
	V	19,88	1,09	1,59	1,78	IV	10,91	0,52	0,76	0,85	0,44	0,65	0,73	0,37	0,54	0,61	0,30	0,44	0,50	0,23	0,34	0,38	0,08	0,24	0,28
	VI	21,06	1,15	1,68	1,89																				
83,19	I,IV	10,93	0,60	0,87	0,98	I	10,93	0,45	0,65	0,73	0,30	0,44	0,50	0,08	0,25	0,28	—	0,08	0,09	—	—	—	—	—	—
	II	9,89	0,54	0,79	0,89	II	9,89	0,39	0,57	0,64	0,25	0,37	0,41	—	0,18	0,20	—	0,03	0,03	—	—	—	—	—	—
	III	3,74	—	0,29	0,33	III	3,74	—	0,14	0,16	—	0,01	0,02	—	—	—	—	—	—	—	—	—	—	—	—
	V	19,92	1,09	1,59	1,79	IV	10,93	0,52	0,76	0,85	0,45	0,65	0,73	0,37	0,54	0,61	0,30	0,44	0,50	0,23	0,34	0,39	0,08	0,25	0,28
	VI	21,09	1,16	1,68	1,89																				
83,29	I,IV	10,96	0,60	0,87	0,98	I	10,96	0,45	0,65	0,73	0,30	0,44	0,50	0,09	0,25	0,28	—	0,08	0,09	—	—	—	—	—	—
	II	9,91	0,54	0,79	0,89	II	9,91	0,39	0,57	0,64	0,25	0,37	0,42	—	0,18	0,20	—	0,03	0,03	—	—	—	—	—	—
	III	3,76	—	0,30	0,33	III	3,76	—	0,14	0,16	—	0,02	0,02	—	—	—	—	—	—	—	—	—	—	—	—
	V	19,96	1,09	1,59	1,79	IV	10,96	0,52	0,76	0,86	0,45	0,65	0,73	0,37	0,55	0,62	0,30	0,44	0,50	0,24	0,34	0,39	0,09	0,25	0,28
	VI	21,13	1,16	1,69	1,90																				

Abzüge an Lohnsteuer, Solidaritätszuschlag (SolZ) und Kirchensteuer (8%, 9%) in den Steuerklassen; I, II, III, IV mit Zahl der Kinderfreibeträge . . .

* Die ausgewiesenen Tabellenwerte sind amtlich. Siehe Erläuterungen auf der Umschlaginnenseite (U2).
** Bei mehr als 3 Kinderfreibeträgen ist die „Ergänzungs-Tabelle 3,5 bis 6 Kinderfreibeträge" anzuwenden.

Abzüge an Lohnsteuer, Solidaritätszuschlag (SolZ) und Kirchensteuer (8%, 9%) in den Steuerklassen

Lohn/ Gehalt bis €*		I – VI				I, II, III, IV		mit Zahl der Kinderfreibeträge . . .																	
			ohne Kinder-freibeträge					0,5			1			1,5			2			2,5			3**		
		LSt	SolZ	8%	9%		LSt	SolZ	8%	9%	SolZ	8%	9%	SolZ	8%	9%	SolZ	8%	9%	SolZ	8%	9%	SolZ	8%	9%
83,39	I,IV	10,98	0,60	0,87	0,98	I	10,98	0,45	0,65	0,74	0,30	0,45	0,50	0,09	0,25	0,28	—	0,08	0,09	—	—	—	—	—	—
	II	9,94	0,54	0,79	0,89	II	9,94	0,39	0,57	0,65	0,25	0,37	0,42	—	0,18	0,20	—	0,03	0,03	—	—	—	—	—	—
	III	3,78	—	0,30	0,34	III	3,78	—	0,14	0,16	—	0,02	0,02	—	—	—	—	—	—	—	—	—	—	—	—
	V	19,99	1,09	1,59	1,79	IV	10,98	0,52	0,76	0,86	0,45	0,65	0,74	0,38	0,55	0,62	0,30	0,45	0,50	0,24	0,35	0,39	0,09	0,25	0,28
	VI	21,16	1,16	1,69	1,90																				
83,49	I,IV	11,01	0,60	0,88	0,99	I	11,01	0,45	0,66	0,74	0,31	0,45	0,50	0,10	0,25	0,28	—	0,08	0,09	—	—	—	—	—	—
	II	9,96	0,54	0,79	0,89	II	9,96	0,39	0,58	0,65	0,25	0,37	0,42	—	0,18	0,21	—	0,03	0,03	—	—	—	—	—	—
	III	3,81	—	0,30	0,34	III	3,81	—	0,14	0,16	—	0,02	0,02	—	—	—	—	—	—	—	—	—	—	—	—
	V	20,02	1,10	1,60	1,80	IV	11,01	0,52	0,76	0,86	0,45	0,66	0,74	0,38	0,55	0,62	0,31	0,45	0,50	0,24	0,35	0,39	0,10	0,25	0,28
	VI	21,20	1,16	1,69	1,90																				
83,59	I,IV	11,03	0,60	0,88	0,99	I	11,03	0,45	0,66	0,74	0,31	0,45	0,51	0,10	0,25	0,29	—	0,08	0,09	—	—	—	—	—	—
	II	9,99	0,54	0,79	0,89	II	9,99	0,40	0,58	0,65	0,26	0,37	0,42	—	0,18	0,21	—	0,03	0,04	—	—	—	—	—	—
	III	3,82	—	0,30	0,34	III	3,82	—	0,15	0,17	—	0,02	0,02	—	—	—	—	—	—	—	—	—	—	—	—
	V	20,06	1,10	1,60	1,80	IV	11,03	0,53	0,77	0,86	0,45	0,66	0,74	0,38	0,55	0,62	0,31	0,45	0,51	0,24	0,35	0,39	0,10	0,25	0,29
	VI	21,24	1,16	1,69	1,91																				
83,69	I,IV	11,06	0,60	0,88	0,99	I	11,06	0,45	0,66	0,74	0,31	0,45	0,51	0,11	0,26	0,29	—	0,08	0,09	—	—	—	—	—	—
	II	10,01	0,55	0,80	0,90	II	10,01	0,40	0,58	0,65	0,26	0,38	0,42	—	0,19	0,21	—	0,03	0,04	—	—	—	—	—	—
	III	3,85	—	0,30	0,34	III	3,85	—	0,15	0,17	—	0,02	0,02	—	—	—	—	—	—	—	—	—	—	—	—
	V	20,09	1,10	1,60	1,80	IV	11,06	0,53	0,77	0,86	0,45	0,66	0,74	0,38	0,55	0,62	0,31	0,45	0,51	0,24	0,35	0,40	0,11	0,26	0,29
	VI	21,27	1,16	1,70	1,91																				
83,79	I,IV	11,08	0,60	0,88	0,99	I	11,08	0,45	0,66	0,74	0,31	0,45	0,51	0,11	0,26	0,29	—	0,08	0,10	—	—	—	—	—	—
	II	10,04	0,55	0,80	0,90	II	10,04	0,40	0,58	0,65	0,26	0,38	0,43	—	0,19	0,21	—	0,03	0,04	—	—	—	—	—	—
	III	3,87	—	0,30	0,34	III	3,87	—	0,15	0,17	—	0,02	0,02	—	—	—	—	—	—	—	—	—	—	—	—
	V	20,12	1,10	1,60	1,81	IV	11,08	0,53	0,77	0,87	0,45	0,66	0,74	0,38	0,56	0,63	0,31	0,45	0,51	0,24	0,35	0,40	0,11	0,26	0,29
	VI	21,31	1,17	1,70	1,91																				
83,89	I,IV	11,11	0,61	0,88	0,99	I	11,11	0,45	0,66	0,75	0,31	0,45	0,51	0,11	0,26	0,29	—	0,09	0,10	—	—	—	—	—	—
	II	10,06	0,55	0,80	0,90	II	10,06	0,40	0,58	0,66	0,26	0,38	0,43	—	0,19	0,21	—	0,04	0,04	—	—	—	—	—	—
	III	3,88	—	0,31	0,34	III	3,88	—	0,15	0,17	—	0,02	0,02	—	—	—	—	—	—	—	—	—	—	—	—
	V	20,16	1,10	1,61	1,81	IV	11,11	0,53	0,77	0,87	0,45	0,66	0,75	0,38	0,56	0,63	0,31	0,45	0,51	0,24	0,36	0,40	0,11	0,26	0,29
	VI	21,34	1,17	1,70	1,92																				
83,99	I,IV	11,13	0,61	0,89	1,—	I	11,13	0,46	0,66	0,75	0,31	0,46	0,51	0,12	0,26	0,29	—	0,09	0,10	—	—	—	—	—	—
	II	10,08	0,55	0,80	0,90	II	10,08	0,40	0,59	0,66	0,26	0,38	0,43	—	0,19	0,21	—	0,04	0,04	—	—	—	—	—	—
	III	3,91	—	0,31	0,35	III	3,91	—	0,15	0,17	—	0,02	0,03	—	—	—	—	—	—	—	—	—	—	—	—
	V	20,20	1,11	1,61	1,81	IV	11,13	0,53	0,77	0,87	0,46	0,66	0,75	0,38	0,56	0,63	0,31	0,46	0,51	0,24	0,36	0,40	0,12	0,26	0,29
	VI	21,38	1,17	1,71	1,92																				
84,09	I,IV	11,16	0,61	0,89	1,—	I	11,16	0,46	0,67	0,75	0,31	0,46	0,52	0,12	0,26	0,29	—	0,09	0,10	—	—	—	—	—	—
	II	10,11	0,55	0,80	0,90	II	10,11	0,40	0,59	0,66	0,26	0,38	0,43	—	0,19	0,22	—	0,04	0,04	—	—	—	—	—	—
	III	3,93	—	0,31	0,35	III	3,93	—	0,15	0,17	—	0,02	0,03	—	—	—	—	—	—	—	—	—	—	—	—
	V	20,23	1,11	1,61	1,82	IV	11,16	0,53	0,78	0,87	0,46	0,67	0,75	0,38	0,56	0,63	0,31	0,46	0,52	0,24	0,36	0,40	0,12	0,26	0,29
	VI	21,41	1,17	1,71	1,92																				
84,19	I,IV	11,18	0,61	0,89	1,—	I	11,18	0,46	0,67	0,75	0,31	0,46	0,52	0,13	0,26	0,30	—	0,09	0,10	—	—	—	—	—	—
	II	10,13	0,55	0,81	0,91	II	10,13	0,40	0,59	0,66	0,26	0,38	0,43	—	0,19	0,22	—	0,04	0,04	—	—	—	—	—	—
	III	3,95	—	0,31	0,35	III	3,95	—	0,16	0,18	—	0,02	0,03	—	—	—	—	—	—	—	—	—	—	—	—
	V	20,27	1,11	1,62	1,82	IV	11,18	0,53	0,78	0,88	0,46	0,67	0,75	0,39	0,56	0,63	0,31	0,46	0,52	0,25	0,36	0,41	0,13	0,26	0,30
	VI	21,45	1,17	1,71	1,93																				
84,29	I,IV	11,21	0,61	0,89	1,—	I	11,21	0,46	0,67	0,75	0,32	0,46	0,52	0,13	0,26	0,30	—	0,09	0,10	—	—	—	—	—	—
	II	10,16	0,55	0,81	0,91	II	10,16	0,40	0,59	0,67	0,26	0,39	0,44	—	0,20	0,22	—	0,04	0,04	—	—	—	—	—	—
	III	3,97	—	0,31	0,35	III	3,97	—	0,16	0,18	—	0,03	0,03	—	—	—	—	—	—	—	—	—	—	—	—
	V	20,30	1,11	1,62	1,82	IV	11,21	0,53	0,78	0,88	0,46	0,67	0,75	0,39	0,56	0,64	0,32	0,46	0,52	0,25	0,36	0,41	0,13	0,26	0,30
	VI	21,48	1,18	1,71	1,93																				
84,39	I,IV	11,24	0,61	0,89	1,01	I	11,24	0,46	0,67	0,76	0,32	0,46	0,52	0,14	0,27	0,30	—	0,09	0,10	—	—	—	—	—	—
	II	10,18	0,56	0,81	0,91	II	10,18	0,41	0,59	0,67	0,27	0,39	0,44	—	0,20	0,22	—	0,04	0,05	—	—	—	—	—	—
	III	3,99	—	0,31	0,35	III	3,99	—	0,16	0,18	—	0,03	0,03	—	—	—	—	—	—	—	—	—	—	—	—
	V	20,34	1,11	1,62	1,83	IV	11,24	0,54	0,78	0,88	0,46	0,67	0,76	0,39	0,57	0,64	0,32	0,46	0,52	0,25	0,36	0,41	0,14	0,27	0,30
	VI	21,52	1,18	1,72	1,93																				
84,49	I,IV	11,26	0,61	0,90	1,01	I	11,26	0,46	0,67	0,76	0,32	0,47	0,52	0,14	0,27	0,30	—	0,09	0,11	—	—	—	—	—	—
	II	10,21	0,56	0,81	0,91	II	10,21	0,41	0,60	0,67	0,27	0,39	0,44	—	0,20	0,22	—	0,04	0,05	—	—	—	—	—	—
	III	4,01	—	0,32	0,36	III	4,01	—	0,16	0,18	—	0,03	0,03	—	—	—	—	—	—	—	—	—	—	—	—
	V	20,37	1,12	1,62	1,83	IV	11,26	0,54	0,78	0,88	0,46	0,67	0,76	0,39	0,57	0,64	0,32	0,47	0,52	0,25	0,37	0,41	0,14	0,27	0,30
	VI	21,56	1,18	1,72	1,94																				
84,59	I,IV	11,29	0,62	0,90	1,01	I	11,29	0,46	0,68	0,76	0,32	0,47	0,53	0,14	0,27	0,30	—	0,10	0,11	—	—	—	—	—	—
	II	10,23	0,56	0,81	0,92	II	10,23	0,41	0,60	0,67	0,27	0,39	0,44	—	0,20	0,23	—	0,04	0,05	—	—	—	—	—	—
	III	4,03	—	0,32	0,36	III	4,03	—	0,16	0,18	—	0,03	0,03	—	—	—	—	—	—	—	—	—	—	—	—
	V	20,41	1,12	1,63	1,83	IV	11,29	0,54	0,79	0,88	0,46	0,68	0,76	0,39	0,57	0,64	0,32	0,47	0,53	0,25	0,37	0,41	0,14	0,27	0,30
	VI	21,60	1,18	1,72	1,94																				
84,69	I,IV	11,31	0,62	0,90	1,01	I	11,31	0,46	0,68	0,76	0,32	0,47	0,53	0,15	0,27	0,31	—	0,10	0,11	—	—	—	—	—	—
	II	10,26	0,56	0,82	0,92	II	10,26	0,41	0,60	0,67	0,27	0,39	0,44	—	0,20	0,23	—	0,04	0,05	—	—	—	—	—	—
	III	4,05	—	0,32	0,36	III	4,05	—	0,16	0,18	—	0,03	0,04	—	—	—	—	—	—	—	—	—	—	—	—
	V	20,44	1,12	1,63	1,83	IV	11,31	0,54	0,79	0,89	0,46	0,68	0,76	0,39	0,57	0,64	0,32	0,47	0,53	0,25	0,37	0,42	0,15	0,27	0,31
	VI	21,63	1,18	1,73	1,94																				
84,79	I,IV	11,34	0,62	0,90	1,02	I	11,34	0,47	0,68	0,77	0,32	0,47	0,53	0,15	0,27	0,31	—	0,10	0,11	—	—	—	—	—	—
	II	10,28	0,56	0,82	0,92	II	10,28	0,41	0,60	0,68	0,27	0,40	0,45	—	0,20	0,23	—	0,05	0,05	—	—	—	—	—	—
	III	4,07	—	0,32	0,36	III	4,07	—	0,16	0,18	—	0,03	0,04	—	—	—	—	—	—	—	—	—	—	—	—
	V	20,47	1,12	1,63	1,84	IV	11,34	0,54	0,79	0,89	0,47	0,68	0,77	0,39	0,57	0,65	0,32	0,47	0,53	0,25	0,37	0,42	0,15	0,27	0,31
	VI	21,66	1,19	1,73	1,94																				
84,89	I,IV	11,36	0,62	0,90	1,02	I	11,36	0,47	0,68	0,77	0,32	0,47	0,53	0,16	0,28	0,31	—	0,10	0,11	—	—	—	—	—	—
	II	10,31	0,56	0,82	0,92	II	10,31	0,41	0,60	0,68	0,27	0,40	0,45	—	0,20	0,23	—	0,05	0,05	—	—	—	—	—	—
	III	4,09	—	0,32	0,36	III	4,09	—	0,16	0,19	—	0,03	0,04	—	—	—	—	—	—	—	—	—	—	—	—
	V	20,51	1,12	1,64	1,84	IV	11,36	0,54	0,79	0,89	0,47	0,68	0,77	0,39	0,58	0,65	0,32	0,47	0,53	0,25	0,37	0,42	0,16	0,28	0,31
	VI	21,70	1,19	1,73	1,95																				
84,99	I,IV	11,39	0,62	0,91	1,02	I	11,39	0,47	0,68	0,77	0,32	0,47	0,53	0,16	0,28	0,31	—	0,10	0,11	—	—	—	—	—	—
	II	10,33	0,56	0,82	0,92	II	10,33	0,41	0,60	0,68	0,27	0,40	0,45	—	0,21	0,23	—	0,05	0,05	—	—	—	—	—	—
	III	4,11	—	0,32	0,36	III	4,11	—	0,17	0,19	—	0,03	0,04	—	—	—	—	—	—	—	—	—	—	—	—
	V	20,55	1,13	1,64	1,84	IV	11,39	0,54	0,79	0,89	0,47	0,68	0,77	0,40	0,58	0,65	0,32	0,47	0,53	0,26	0,37	0,42	0,16	0,28	0,31
	VI	21,73	1,19	1,73	1,95																				

* Die ausgewiesenen Tabellenwerte sind amtlich. Siehe Erläuterungen auf der Umschlaginnenseite (U2).
** Bei mehr als 3 Kinderfreibeträgen ist die „Ergänzungs-Tabelle 3,5 bis 6 Kinderfreibeträge" anzuwenden.

Lohn/ Gehalt bis €*		Abzüge an Lohnsteuer, Solidaritätszuschlag (SolZ) und Kirchensteuer (8%, 9%) in den Steuerklassen I – VI LSt	ohne Kinderfreibeträge SolZ	8%	9%	I, II, III, IV	LSt	mit Zahl der Kinderfreibeträge . . . 0,5 SolZ	0,5 8%	0,5 9%	1 SolZ	1 8%	1 9%	1,5 SolZ	1,5 8%	1,5 9%	2 SolZ	2 8%	2 9%	2,5 SolZ	2,5 8%	2,5 9%	3** SolZ	3** 8%	3** 9%
85,09	I,IV	11,41	0,62	0,91	1,02	I	11,41	0,47	0,69	0,77	0,33	0,48	0,54	0,16	0,28	0,31	—	0,10	0,11	—	—	—	—	—	—
	II	10,36	0,56	0,82	0,93	II	10,36	0,42	0,61	0,68	0,27	0,40	0,45	—	0,21	0,23	—	0,05	0,06	—	—	—	—	—	—
	III	4,13	—	0,33	0,37	III	4,13	—	0,17	0,19	—	0,04	0,04	—	—	—	—	—	—	—	—	—	—	—	—
	V	20,58	1,13	1,64	1,85	IV	11,41	0,55	0,80	0,90	0,47	0,69	0,77	0,40	0,58	0,65	0,33	0,48	0,54	0,26	0,38	0,42	0,16	0,28	0,31
	VI	21,77	1,19	1,74	1,95																				
85,19	I,IV	11,44	0,62	0,91	1,02	I	11,44	0,47	0,69	0,77	0,33	0,48	0,54	0,17	0,28	0,32	—	0,10	0,12	—	—	—	—	—	—
	II	10,38	0,57	0,83	0,93	II	10,38	0,42	0,61	0,68	0,28	0,40	0,45	—	0,21	0,24	—	0,05	0,06	—	—	—	—	—	—
	III	4,16	—	0,33	0,37	III	4,16	—	0,17	0,19	—	0,04	0,04	—	—	—	—	—	—	—	—	—	—	—	—
	V	20,62	1,13	1,64	1,85	IV	11,44	0,55	0,80	0,90	0,47	0,69	0,77	0,40	0,58	0,65	0,33	0,48	0,54	0,26	0,38	0,43	0,17	0,28	0,32
	VI	21,81	1,19	1,74	1,96																				
85,29	I,IV	11,46	0,63	0,91	1,03	I	11,46	0,47	0,69	0,78	0,33	0,48	0,54	0,17	0,28	0,32	—	0,10	0,12	—	—	—	—	—	—
	II	10,41	0,57	0,83	0,93	II	10,41	0,42	0,61	0,69	0,28	0,40	0,45	—	0,21	0,24	—	0,05	0,06	—	—	—	—	—	—
	III	4,17	—	0,33	0,37	III	4,17	—	0,17	0,19	—	0,04	0,04	—	—	—	—	—	—	—	—	—	—	—	—
	V	20,65	1,13	1,65	1,85	IV	11,46	0,55	0,80	0,90	0,47	0,69	0,78	0,40	0,58	0,66	0,33	0,48	0,54	0,26	0,38	0,43	0,17	0,28	0,32
	VI	21,84	1,20	1,74	1,96																				
85,39	I,IV	11,49	0,63	0,91	1,03	I	11,49	0,47	0,69	0,78	0,33	0,48	0,54	0,18	0,28	0,32	—	0,11	0,12	—	—	—	—	—	—
	II	10,43	0,57	0,83	0,93	II	10,43	0,42	0,61	0,69	0,28	0,41	0,46	—	0,21	0,24	—	0,05	0,06	—	—	—	—	—	—
	III	4,20	—	0,33	0,37	III	4,20	—	0,17	0,19	—	0,04	0,04	—	—	—	—	—	—	—	—	—	—	—	—
	V	20,68	1,13	1,65	1,86	IV	11,49	0,55	0,80	0,90	0,47	0,69	0,78	0,40	0,58	0,66	0,33	0,48	0,54	0,26	0,38	0,43	0,18	0,28	0,32
	VI	21,88	1,20	1,75	1,96																				
85,49	I,IV	11,51	0,63	0,92	1,03	I	11,51	0,48	0,69	0,78	0,33	0,48	0,54	0,18	0,29	0,32	—	0,11	0,12	—	—	—	—	—	—
	II	10,45	0,57	0,83	0,94	II	10,45	0,42	0,61	0,69	0,28	0,41	0,46	—	0,21	0,24	—	0,05	0,06	—	—	—	—	—	—
	III	4,22	—	0,33	0,37	III	4,22	—	0,17	0,19	—	0,04	0,05	—	—	—	—	—	—	—	—	—	—	—	—
	V	20,72	1,14	1,65	1,86	IV	11,51	0,55	0,80	0,90	0,48	0,69	0,78	0,40	0,59	0,66	0,33	0,48	0,54	0,26	0,38	0,43	0,18	0,29	0,32
	VI	21,92	1,20	1,75	1,97																				
85,59	I,IV	11,54	0,63	0,92	1,03	I	11,54	0,48	0,70	0,78	0,33	0,48	0,55	0,19	0,29	0,32	—	0,11	0,12	—	—	—	—	—	—
	II	10,48	0,57	0,83	0,94	II	10,48	0,42	0,62	0,69	0,28	0,41	0,46	0,01	0,22	0,24	—	0,05	0,06	—	—	—	—	—	—
	III	4,24	—	0,33	0,38	III	4,24	—	0,17	0,20	—	0,04	0,05	—	—	—	—	—	—	—	—	—	—	—	—
	V	20,76	1,14	1,66	1,86	IV	11,54	0,55	0,81	0,91	0,48	0,70	0,78	0,40	0,59	0,66	0,33	0,48	0,55	0,26	0,38	0,43	0,19	0,29	0,32
	VI	21,95	1,20	1,75	1,97																				
85,69	I,IV	11,56	0,63	0,92	1,04	I	11,56	0,48	0,70	0,79	0,33	0,49	0,55	0,19	0,29	0,33	—	0,11	0,12	—	—	—	—	—	—
	II	10,50	0,57	0,84	0,94	II	10,50	0,42	0,62	0,69	0,28	0,41	0,46	0,01	0,22	0,25	—	0,06	0,06	—	—	—	—	—	—
	III	4,26	—	0,34	0,38	III	4,26	—	0,18	0,20	—	0,04	0,05	—	—	—	—	—	—	—	—	—	—	—	—
	V	20,79	1,14	1,66	1,87	IV	11,56	0,55	0,81	0,91	0,48	0,70	0,79	0,40	0,59	0,66	0,33	0,49	0,55	0,26	0,39	0,44	0,19	0,29	0,33
	VI	21,99	1,20	1,75	1,97																				
85,79	I,IV	11,59	0,63	0,92	1,04	I	11,59	0,48	0,70	0,79	0,33	0,49	0,55	0,19	0,29	0,33	—	0,11	0,13	—	—	—	—	—	—
	II	10,53	0,57	0,84	0,94	II	10,53	0,42	0,62	0,70	0,28	0,41	0,46	0,02	0,22	0,25	—	0,06	0,06	—	—	—	—	—	—
	III	4,28	—	0,34	0,38	III	4,28	—	0,18	0,20	—	0,04	0,05	—	—	—	—	—	—	—	—	—	—	—	—
	V	20,83	1,14	1,66	1,87	IV	11,59	0,55	0,81	0,91	0,48	0,70	0,79	0,41	0,59	0,67	0,33	0,49	0,55	0,27	0,39	0,44	0,19	0,29	0,33
	VI	22,02	1,21	1,76	1,98																				
85,89	I,IV	11,61	0,63	0,92	1,04	I	11,61	0,48	0,70	0,79	0,34	0,49	0,55	0,20	0,29	0,33	—	0,11	0,13	—	—	—	—	—	—
	II	10,55	0,58	0,84	0,94	II	10,55	0,43	0,62	0,70	0,28	0,42	0,47	0,02	0,22	0,25	—	0,06	0,07	—	—	—	—	—	—
	III	4,30	—	0,34	0,38	III	4,30	—	0,18	0,20	—	0,04	0,05	—	—	—	—	—	—	—	—	—	—	—	—
	V	20,86	1,14	1,66	1,87	IV	11,61	0,56	0,81	0,91	0,48	0,70	0,79	0,41	0,59	0,67	0,34	0,49	0,55	0,27	0,39	0,44	0,20	0,29	0,33
	VI	22,06	1,21	1,76	1,98																				
85,99	I,IV	11,64	0,64	0,93	1,04	I	11,64	0,48	0,70	0,79	0,34	0,49	0,55	0,20	0,29	0,33	—	0,11	0,13	—	—	—	—	—	—
	II	10,58	0,58	0,84	0,95	II	10,58	0,43	0,62	0,70	0,28	0,42	0,47	0,03	0,22	0,25	—	0,06	0,07	—	—	—	—	—	—
	III	4,32	—	0,34	0,38	III	4,32	—	0,18	0,20	—	0,05	0,05	—	—	—	—	—	—	—	—	—	—	—	—
	V	20,90	1,14	1,67	1,88	IV	11,64	0,56	0,81	0,91	0,48	0,70	0,79	0,41	0,60	0,67	0,34	0,49	0,55	0,27	0,39	0,44	0,20	0,29	0,33
	VI	22,10	1,21	1,76	1,98																				
86,09	I,IV	11,66	0,64	0,93	1,04	I	11,66	0,48	0,70	0,79	0,34	0,49	0,56	0,20	0,30	0,33	—	0,12	0,13	—	—	—	—	—	—
	II	10,60	0,58	0,84	0,95	II	10,60	0,43	0,62	0,70	0,29	0,42	0,47	0,03	0,22	0,25	—	0,06	0,07	—	—	—	—	—	—
	III	4,35	—	0,34	0,39	III	4,35	—	0,18	0,20	—	0,05	0,05	—	—	—	—	—	—	—	—	—	—	—	—
	V	20,93	1,15	1,67	1,88	IV	11,66	0,56	0,82	0,92	0,48	0,70	0,79	0,41	0,60	0,67	0,34	0,49	0,56	0,27	0,39	0,44	0,20	0,30	0,33
	VI	22,13	1,21	1,77	1,99																				
86,19	I,IV	11,69	0,64	0,93	1,05	I	11,69	0,48	0,71	0,80	0,34	0,50	0,56	0,20	0,30	0,33	—	0,12	0,13	—	—	—	—	—	—
	II	10,63	0,58	0,85	0,95	II	10,63	0,43	0,63	0,71	0,29	0,42	0,47	0,03	0,23	0,26	—	0,06	0,07	—	—	—	—	—	—
	III	4,37	—	0,34	0,39	III	4,37	—	0,18	0,21	—	0,05	0,06	—	—	—	—	—	—	—	—	—	—	—	—
	V	20,97	1,15	1,67	1,88	IV	11,69	0,56	0,82	0,92	0,48	0,71	0,80	0,41	0,60	0,68	0,34	0,50	0,56	0,27	0,40	0,45	0,20	0,30	0,33
	VI	22,17	1,21	1,77	1,99																				
86,29	I,IV	11,71	0,64	0,93	1,05	I	11,71	0,49	0,71	0,80	0,34	0,50	0,56	0,20	0,30	0,34	—	0,12	0,13	—	—	—	—	—	—
	II	10,65	0,58	0,85	0,95	II	10,65	0,43	0,63	0,71	0,29	0,42	0,47	0,04	0,23	0,26	—	0,06	0,07	—	—	—	—	—	—
	III	4,38	—	0,35	0,39	III	4,38	—	0,18	0,21	—	0,05	0,06	—	—	—	—	—	—	—	—	—	—	—	—
	V	21,01	1,15	1,68	1,89	IV	11,71	0,56	0,82	0,92	0,49	0,71	0,80	0,41	0,60	0,68	0,34	0,50	0,56	0,27	0,40	0,45	0,20	0,30	0,34
	VI	22,20	1,22	1,77	1,99																				
86,39	I,IV	11,74	0,64	0,93	1,05	I	11,74	0,49	0,71	0,80	0,34	0,50	0,56	0,21	0,30	0,34	—	0,12	0,14	—	—	—	—	—	—
	II	10,68	0,58	0,85	0,96	II	10,68	0,43	0,63	0,71	0,29	0,42	0,48	0,04	0,23	0,26	—	0,06	0,07	—	—	—	—	—	—
	III	4,41	—	0,35	0,39	III	4,41	—	0,19	0,21	—	0,05	0,06	—	—	—	—	—	—	—	—	—	—	—	—
	V	21,04	1,15	1,68	1,89	IV	11,74	0,56	0,82	0,92	0,49	0,71	0,80	0,41	0,60	0,68	0,34	0,50	0,56	0,27	0,40	0,45	0,21	0,30	0,34
	VI	22,24	1,22	1,77	2,—																				
86,49	I,IV	11,76	0,64	0,94	1,05	I	11,76	0,49	0,71	0,80	0,34	0,50	0,56	0,21	0,30	0,34	—	0,12	0,14	—	—	—	—	—	—
	II	10,70	0,58	0,85	0,96	II	10,70	0,43	0,63	0,71	0,29	0,43	0,48	0,05	0,23	0,26	—	0,07	0,07	—	—	—	—	—	—
	III	4,43	—	0,35	0,39	III	4,43	—	0,19	0,21	—	0,05	0,06	—	—	—	—	—	—	—	—	—	—	—	—
	V	21,07	1,15	1,68	1,89	IV	11,76	0,56	0,82	0,93	0,49	0,71	0,80	0,41	0,61	0,68	0,34	0,50	0,56	0,27	0,40	0,45	0,21	0,30	0,34
	VI	22,28	1,22	1,78	2,—																				
86,59	I,IV	11,79	0,64	0,94	1,06	I	11,79	0,49	0,71	0,80	0,34	0,50	0,57	0,21	0,30	0,34	—	0,12	0,14	—	—	—	—	—	—
	II	10,73	0,59	0,85	0,96	II	10,73	0,43	0,63	0,71	0,29	0,43	0,48	0,05	0,23	0,26	—	0,07	0,08	—	—	—	—	—	—
	III	4,45	—	0,35	0,40	III	4,45	—	0,19	0,21	—	0,05	0,06	—	—	—	—	—	—	—	—	—	—	—	—
	V	21,11	1,16	1,68	1,89	IV	11,79	0,57	0,82	0,93	0,49	0,71	0,80	0,42	0,61	0,68	0,34	0,50	0,57	0,27	0,40	0,45	0,21	0,30	0,34
	VI	22,31	1,22	1,78	2,—																				
86,69	I,IV	11,81	0,65	0,94	1,06	I	11,81	0,49	0,72	0,81	0,35	0,50	0,57	0,21	0,31	0,34	—	0,12	0,14	—	—	—	—	—	—
	II	10,75	0,59	0,86	0,96	II	10,75	0,44	0,64	0,72	0,29	0,43	0,48	0,05	0,23	0,26	—	0,07	0,08	—	—	—	—	—	—
	III	4,47	—	0,35	0,40	III	4,47	—	0,19	0,21	—	0,05	0,06	—	—	—	—	—	—	—	—	—	—	—	—
	V	21,15	1,16	1,69	1,90	IV	11,81	0,57	0,83	0,93	0,49	0,72	0,81	0,42	0,61	0,69	0,35	0,50	0,57	0,28	0,40	0,45	0,21	0,31	0,34
	VI	22,35	1,22	1,78	2,01																				

* Die ausgewiesenen Tabellenwerte sind amtlich. Siehe Erläuterungen auf der Umschlaginnenseite (U2).
** Bei mehr als 3 Kinderfreibeträgen ist die „Ergänzungs-Tabelle 3,5 bis 6 Kinderfreibeträge" anzuwenden.

Lohn/ Gehalt bis €*	Abzüge an Lohnsteuer, Solidaritätszuschlag (SolZ) und Kirchensteuer (8%, 9%) in den Steuerklassen I – VI					I, II, III, IV mit Zahl der Kinderfreibeträge . . .																			
			ohne Kinderfreibeträge					0,5			1			1,5			2			2,5			3**		
		LSt	SolZ	8%	9%		LSt	SolZ	8%	9%	SolZ	8%	9%	SolZ	8%	9%	SolZ	8%	9%	SolZ	8%	9%	SolZ	8%	9%
86,79	I,IV	11,84	0,65	0,94	1,06	I	11,84	0,49	0,72	0,81	0,35	0,51	0,57	0,21	0,31	0,35	—	0,13	0,14	—	—	—	—	—	—
	II	10,78	0,59	0,86	0,97	II	10,78	0,44	0,64	0,72	0,29	0,43	0,49	0,06	0,24	0,27	—	0,07	0,08	—	—	—	—	—	—
	III	4,50	—	0,36	0,40	III	4,50	—	0,19	0,22	—	0,06	0,06	—	—	—	—	—	—	—	—	—	—	—	—
	V	21,18	1,16	1,69	1,90	IV	11,84	0,57	0,83	0,93	0,49	0,72	0,81	0,42	0,61	0,69	0,35	0,51	0,57	0,28	0,41	0,46	0,21	0,31	0,35
	VI	22,38	1,23	1,79	2,01																				
86,89	I,IV	11,87	0,65	0,94	1,06	I	11,87	0,49	0,72	0,81	0,35	0,51	0,57	0,21	0,31	0,35	—	0,13	0,14	—	—	—	—	—	—
	II	10,80	0,59	0,86	0,97	II	10,80	0,44	0,64	0,72	0,30	0,43	0,49	0,06	0,24	0,27	—	0,07	0,08	—	—	—	—	—	—
	III	4,51	—	0,36	0,40	III	4,51	—	0,19	0,22	—	0,06	0,06	—	—	—	—	—	—	—	—	—	—	—	—
	V	21,22	1,16	1,69	1,90	IV	11,87	0,57	0,83	0,94	0,49	0,72	0,81	0,42	0,61	0,69	0,35	0,51	0,57	0,28	0,41	0,46	0,21	0,31	0,35
	VI	22,42	1,23	1,79	2,01																				
86,99	I,IV	11,89	0,65	0,95	1,07	I	11,89	0,50	0,72	0,81	0,35	0,51	0,57	0,21	0,31	0,35	—	0,13	0,14	—	—	—	—	—	—
	II	10,83	0,59	0,86	0,97	II	10,83	0,44	0,64	0,72	0,30	0,43	0,49	0,07	0,24	0,27	—	0,07	0,08	—	—	—	—	—	—
	III	4,53	—	0,36	0,40	III	4,53	—	0,20	0,22	—	0,06	0,07	—	—	—	—	—	—	—	—	—	—	—	—
	V	21,25	1,16	1,70	1,91	IV	11,89	0,57	0,83	0,94	0,50	0,72	0,81	0,42	0,61	0,69	0,35	0,51	0,57	0,28	0,41	0,46	0,21	0,31	0,35
	VI	22,46	1,23	1,79	2,02																				
87,09	I,IV	11,92	0,65	0,95	1,07	I	11,92	0,50	0,72	0,81	0,35	0,51	0,58	0,21	0,31	0,35	—	0,13	0,15	—	—	—	—	—	—
	II	10,85	0,59	0,86	0,97	II	10,85	0,44	0,64	0,72	0,30	0,44	0,49	0,07	0,24	0,27	—	0,07	0,08	—	—	—	—	—	—
	III	4,56	—	0,36	0,41	III	4,56	—	0,20	0,22	—	0,06	0,07	—	—	—	—	—	—	—	—	—	—	—	—
	V	21,29	1,17	1,70	1,91	IV	11,92	0,57	0,84	0,94	0,50	0,72	0,81	0,42	0,62	0,69	0,35	0,51	0,58	0,28	0,41	0,46	0,21	0,31	0,35
	VI	22,49	1,23	1,79	2,02																				
87,19	I,IV	11,94	0,65	0,95	1,07	I	11,94	0,50	0,73	0,82	0,35	0,51	0,58	0,21	0,31	0,35	—	0,13	0,15	—	—	—	—	—	—
	II	10,88	0,59	0,87	0,97	II	10,88	0,44	0,65	0,73	0,30	0,44	0,49	0,08	0,24	0,27	—	0,07	0,08	—	—	—	—	—	—
	III	4,58	—	0,36	0,41	III	4,58	—	0,20	0,22	—	0,06	0,07	—	—	—	—	—	—	—	—	—	—	—	—
	V	21,32	1,17	1,70	1,91	IV	11,94	0,57	0,84	0,94	0,50	0,73	0,82	0,42	0,62	0,70	0,35	0,51	0,58	0,28	0,41	0,46	0,21	0,31	0,35
	VI	22,53	1,23	1,80	2,02																				
87,29	I,IV	11,97	0,65	0,95	1,07	I	11,97	0,50	0,73	0,82	0,35	0,52	0,58	0,22	0,32	0,36	—	0,13	0,15	—	—	—	—	—	—
	II	10,90	0,59	0,87	0,98	II	10,90	0,44	0,65	0,73	0,30	0,44	0,49	0,08	0,24	0,27	—	0,08	0,09	—	—	—	—	—	—
	III	4,60	—	0,36	0,41	III	4,60	—	0,20	0,22	—	0,06	0,07	—	—	—	—	—	—	—	—	—	—	—	—
	V	21,36	1,17	1,70	1,92	IV	11,97	0,58	0,84	0,94	0,50	0,73	0,82	0,42	0,62	0,70	0,35	0,52	0,58	0,28	0,41	0,47	0,22	0,32	0,36
	VI	22,56	1,24	1,80	2,03																				
87,39	I,IV	11,99	0,65	0,95	1,07	I	11,99	0,50	0,73	0,82	0,35	0,52	0,58	0,22	0,32	0,36	—	0,13	0,15	—	—	—	—	—	—
	II	10,93	0,60	0,87	0,98	II	10,93	0,44	0,65	0,73	0,30	0,44	0,50	0,08	0,25	0,28	—	0,08	0,09	—	—	—	—	—	—
	III	4,62	—	0,36	0,41	III	4,62	—	0,20	0,23	—	0,06	0,07	—	—	—	—	—	—	—	—	—	—	—	—
	V	21,39	1,17	1,71	1,92	IV	11,99	0,58	0,84	0,95	0,50	0,73	0,82	0,43	0,62	0,70	0,35	0,52	0,58	0,28	0,42	0,47	0,22	0,32	0,36
	VI	22,60	1,24	1,80	2,03																				
87,49	I,IV	12,02	0,66	0,96	1,08	I	12,02	0,50	0,73	0,82	0,36	0,52	0,58	0,22	0,32	0,36	—	0,14	0,15	—	—	—	—	—	—
	II	10,95	0,60	0,87	0,98	II	10,95	0,45	0,65	0,73	0,30	0,44	0,50	0,09	0,25	0,28	—	0,08	0,09	—	—	—	—	—	—
	III	4,65	—	0,37	0,41	III	4,65	—	0,20	0,23	—	0,06	0,07	—	—	—	—	—	—	—	—	—	—	—	—
	V	21,43	1,17	1,71	1,92	IV	12,02	0,58	0,84	0,95	0,50	0,73	0,82	0,43	0,62	0,70	0,36	0,52	0,58	0,29	0,42	0,47	0,22	0,32	0,36
	VI	22,64	1,24	1,81	2,03																				
87,59	I,IV	12,05	0,66	0,96	1,08	I	12,05	0,50	0,73	0,83	0,36	0,52	0,59	0,22	0,32	0,36	—	0,14	0,15	—	—	—	—	—	—
	II	10,98	0,60	0,87	0,98	II	10,98	0,45	0,65	0,73	0,30	0,44	0,50	0,09	0,25	0,28	—	0,08	0,09	—	—	—	—	—	—
	III	4,67	—	0,37	0,42	III	4,67	—	0,20	0,23	—	0,06	0,07	—	—	—	—	—	—	—	—	—	—	—	—
	V	21,47	1,18	1,71	1,93	IV	12,05	0,58	0,84	0,95	0,50	0,73	0,83	0,43	0,63	0,70	0,36	0,52	0,59	0,29	0,42	0,47	0,22	0,32	0,36
	VI	22,67	1,24	1,81	2,04																				
87,69	I,IV	12,07	0,66	0,96	1,08	I	12,07	0,50	0,74	0,83	0,36	0,52	0,59	0,22	0,32	0,36	—	0,14	0,16	—	—	—	—	—	—
	II	11,—	0,60	0,88	0,99	II	11,—	0,45	0,66	0,74	0,31	0,45	0,50	0,10	0,25	0,28	—	0,08	0,09	—	—	—	—	—	—
	III	4,69	—	0,37	0,42	III	4,69	—	0,20	0,23	—	0,07	0,08	—	—	—	—	—	—	—	—	—	—	—	—
	V	21,50	1,18	1,72	1,93	IV	12,07	0,58	0,85	0,95	0,50	0,74	0,83	0,43	0,63	0,71	0,36	0,52	0,59	0,29	0,42	0,47	0,22	0,32	0,36
	VI	22,71	1,24	1,81	2,04																				
87,79	I,IV	12,10	0,66	0,96	1,08	I	12,10	0,51	0,74	0,83	0,36	0,52	0,59	0,22	0,32	0,36	—	0,14	0,16	—	—	—	—	—	—
	II	11,03	0,60	0,88	0,99	II	11,03	0,45	0,66	0,74	0,31	0,45	0,50	0,10	0,25	0,28	—	0,08	0,09	—	—	—	—	—	—
	III	4,71	—	0,37	0,42	III	4,71	—	0,21	0,23	—	0,07	0,08	—	—	—	—	—	—	—	—	—	—	—	—
	V	21,53	1,18	1,72	1,93	IV	12,10	0,58	0,85	0,96	0,51	0,74	0,83	0,43	0,63	0,71	0,36	0,52	0,59	0,29	0,42	0,48	0,22	0,32	0,36
	VI	22,75	1,25	1,82	2,04																				
87,89	I,IV	12,12	0,66	0,96	1,09	I	12,12	0,51	0,74	0,83	0,36	0,53	0,59	0,22	0,33	0,37	—	0,14	0,16	—	—	—	—	—	—
	II	11,05	0,60	0,88	0,99	II	11,05	0,45	0,66	0,74	0,31	0,45	0,51	0,10	0,25	0,29	—	0,08	0,09	—	—	—	—	—	—
	III	4,73	—	0,37	0,42	III	4,73	—	0,21	0,23	—	0,07	0,08	—	—	—	—	—	—	—	—	—	—	—	—
	V	21,57	1,18	1,72	1,94	IV	12,12	0,58	0,85	0,96	0,51	0,74	0,83	0,43	0,63	0,71	0,36	0,53	0,59	0,29	0,42	0,48	0,22	0,33	0,37
	VI	22,78	1,25	1,82	2,05																				
87,99	I,IV	12,15	0,66	0,97	1,09	I	12,15	0,51	0,74	0,83	0,36	0,53	0,59	0,22	0,33	0,37	—	0,14	0,16	—	—	—	—	—	—
	II	11,08	0,60	0,88	0,99	II	11,08	0,45	0,66	0,74	0,31	0,45	0,51	0,11	0,26	0,29	—	0,08	0,09	—	—	—	—	—	—
	III	4,75	—	0,38	0,42	III	4,75	—	0,21	0,24	—	0,07	0,08	—	—	—	—	—	—	—	—	—	—	—	—
	V	21,61	1,18	1,72	1,94	IV	12,15	0,58	0,85	0,96	0,51	0,74	0,83	0,43	0,63	0,71	0,36	0,53	0,59	0,29	0,43	0,48	0,22	0,33	0,37
	VI	22,82	1,25	1,82	2,05																				
88,09	I,IV	12,17	0,66	0,97	1,09	I	12,17	0,51	0,74	0,84	0,36	0,53	0,60	0,23	0,33	0,37	—	0,14	0,16	—	—	—	—	—	—
	II	11,10	0,61	0,88	0,99	II	11,10	0,45	0,66	0,75	0,31	0,45	0,51	0,11	0,26	0,29	—	0,09	0,10	—	—	—	—	—	—
	III	4,77	—	0,38	0,42	III	4,77	—	0,21	0,24	—	0,07	0,08	—	—	—	—	—	—	—	—	—	—	—	—
	V	21,65	1,19	1,73	1,94	IV	12,17	0,59	0,85	0,96	0,51	0,74	0,84	0,44	0,64	0,72	0,36	0,53	0,60	0,29	0,43	0,48	0,23	0,33	0,37
	VI	22,85	1,25	1,82	2,05																				
88,19	I,IV	12,20	0,67	0,97	1,09	I	12,20	0,51	0,75	0,84	0,36	0,53	0,60	0,23	0,33	0,37	—	0,15	0,16	—	—	0,01	—	—	—
	II	11,13	0,61	0,89	1,—	II	11,13	0,46	0,66	0,75	0,31	0,46	0,51	0,12	0,26	0,29	—	0,09	0,10	—	—	—	—	—	—
	III	4,80	—	0,38	0,43	III	4,80	—	0,21	0,24	—	0,07	0,08	—	—	—	—	—	—	—	—	—	—	—	—
	V	21,68	1,19	1,73	1,95	IV	12,20	0,59	0,86	0,96	0,51	0,75	0,84	0,44	0,64	0,72	0,36	0,53	0,60	0,29	0,43	0,48	0,23	0,33	0,37
	VI	22,89	1,25	1,83	2,06																				
88,29	I,IV	12,22	0,67	0,97	1,09	I	12,22	0,51	0,75	0,84	0,37	0,53	0,60	0,23	0,33	0,37	—	0,15	0,17	—	0,01	0,01	—	—	—
	II	11,15	0,61	0,89	1,—	II	11,15	0,46	0,67	0,75	0,31	0,46	0,52	0,12	0,26	0,29	—	0,09	0,10	—	—	—	—	—	—
	III	4,82	—	0,38	0,43	III	4,82	—	0,21	0,24	—	0,07	0,08	—	—	—	—	—	—	—	—	—	—	—	—
	V	21,71	1,19	1,73	1,95	IV	12,22	0,59	0,86	0,97	0,51	0,75	0,84	0,44	0,64	0,72	0,37	0,53	0,60	0,30	0,43	0,49	0,23	0,33	0,37
	VI	22,92	1,26	1,83	2,06																				
88,39	I,IV	12,25	0,67	0,98	1,10	I	12,25	0,51	0,75	0,84	0,37	0,54	0,60	0,23	0,33	0,38	—	0,15	0,17	—	0,01	0,01	—	—	—
	II	11,18	0,61	0,89	1,—	II	11,18	0,46	0,67	0,75	0,31	0,46	0,52	0,13	0,26	0,30	—	0,09	0,10	—	—	—	—	—	—
	III	4,84	—	0,38	0,43	III	4,84	—	0,22	0,24	—	0,08	0,09	—	—	—	—	—	—	—	—	—	—	—	—
	V	21,75	1,19	1,74	1,95	IV	12,25	0,59	0,86	0,97	0,51	0,75	0,84	0,44	0,64	0,72	0,37	0,54	0,60	0,30	0,43	0,49	0,23	0,33	0,38
	VI	22,96	1,26	1,83	2,06																				

* Die ausgewiesenen Tabellenwerte sind amtlich. Siehe Erläuterungen auf der Umschlaginnenseite (U2).
** Bei mehr als 3 Kinderfreibeträgen ist die „Ergänzungs-Tabelle 3,5 bis 6 Kinderfreibeträge" anzuwenden.

Lohn/ Gehalt bis €*	Abzüge an Lohnsteuer, Solidaritätszuschlag (SolZ) und Kirchensteuer (8%, 9%) in den Steuerklassen I – VI					I, II, III, IV																			
			ohne Kinderfreibeträge					mit Zahl der Kinderfreibeträge . . .																	
								0,5			1			1,5			2			2,5			3**		
		LSt	SolZ	8%	9%		LSt	SolZ	8%	9%	SolZ	8%	9%	SolZ	8%	9%	SolZ	8%	9%	SolZ	8%	9%	SolZ	8%	9%
88,49	I,IV	12,28	0,67	0,98	1,10	I	12,28	0,51	0,75	0,85	0,37	0,54	0,61	0,23	0,34	0,38	—	0,15	0,17	—	0,01	0,01	—	—	—
	II	11,20	0,61	0,89	1,—	II	11,20	0,46	0,67	0,75	0,32	0,46	0,52	0,13	0,26	0,30	—	0,09	0,10	—	—	—	—	—	—
	III	4,86	—	0,38	0,43	III	4,86	—	0,22	0,24	—	0,08	0,09	—	—	—	—	—	—	—	—	—	—	—	—
	V	21,79	1,19	1,74	1,96	IV	12,28	0,59	0,86	0,97	0,51	0,75	0,85	0,44	0,64	0,72	0,37	0,54	0,61	0,30	0,44	0,49	0,23	0,34	0,38
	VI	23,—	1,26	1,84	2,07																				
88,59	I,IV	12,30	0,67	0,98	1,10	I	12,30	0,52	0,75	0,85	0,37	0,54	0,61	0,23	0,34	0,38	—	0,15	0,17	—	0,01	0,01	—	—	—
	II	11,23	0,61	0,89	1,01	II	11,23	0,46	0,67	0,76	0,32	0,46	0,52	0,13	0,27	0,30	—	0,09	0,10	—	—	—	—	—	—
	III	4,88	—	0,39	0,43	III	4,88	—	0,22	0,25	—	0,08	0,09	—	—	—	—	—	—	—	—	—	—	—	—
	V	21,82	1,20	1,74	1,96	IV	12,30	0,59	0,86	0,97	0,52	0,75	0,85	0,44	0,64	0,73	0,37	0,54	0,61	0,30	0,44	0,49	0,23	0,34	0,38
	VI	23,03	1,26	1,84	2,07																				
88,69	I,IV	12,33	0,67	0,98	1,10	I	12,33	0,52	0,76	0,85	0,37	0,54	0,61	0,23	0,34	0,38	—	0,15	0,17	—	0,01	0,01	—	—	—
	II	11,25	0,61	0,90	1,01	II	11,25	0,46	0,67	0,76	0,32	0,46	0,52	0,14	0,27	0,30	—	0,09	0,11	—	—	—	—	—	—
	III	4,91	—	0,39	0,44	III	4,91	—	0,22	0,25	—	0,08	0,09	—	—	—	—	—	—	—	—	—	—	—	—
	V	21,86	1,20	1,74	1,96	IV	12,33	0,59	0,87	0,98	0,52	0,76	0,85	0,44	0,65	0,73	0,37	0,54	0,61	0,30	0,44	0,49	0,23	0,34	0,38
	VI	23,07	1,26	1,84	2,07																				
88,79	I,IV	12,35	0,67	0,98	1,11	I	12,35	0,52	0,76	0,85	0,37	0,54	0,61	0,23	0,34	0,38	—	0,15	0,17	—	0,01	0,01	—	—	—
	II	11,28	0,62	0,90	1,01	II	11,28	0,46	0,68	0,76	0,32	0,47	0,53	0,14	0,27	0,30	—	0,10	0,11	—	—	—	—	—	—
	III	4,93	—	0,39	0,44	III	4,93	—	0,22	0,25	—	0,08	0,09	—	—	—	—	—	—	—	—	—	—	—	—
	V	21,90	1,20	1,75	1,97	IV	12,35	0,60	0,87	0,98	0,52	0,76	0,85	0,44	0,65	0,73	0,37	0,54	0,61	0,30	0,44	0,50	0,23	0,34	0,38
	VI	23,11	1,27	1,84	2,07																				
88,89	I,IV	12,38	0,68	0,99	1,11	I	12,38	0,52	0,76	0,85	0,37	0,54	0,61	0,23	0,34	0,39	—	0,16	0,18	—	0,01	0,01	—	—	—
	II	11,30	0,62	0,90	1,01	II	11,30	0,46	0,68	0,76	0,32	0,47	0,53	0,15	0,27	0,31	—	0,10	0,11	—	—	—	—	—	—
	III	4,95	—	0,39	0,44	III	4,95	—	0,22	0,25	—	0,08	0,09	—	—	—	—	—	—	—	—	—	—	—	—
	V	21,93	1,20	1,75	1,97	IV	12,38	0,60	0,87	0,98	0,52	0,76	0,85	0,45	0,65	0,73	0,37	0,54	0,61	0,30	0,44	0,50	0,23	0,34	0,39
	VI	23,14	1,27	1,85	2,08																				
88,99	I,IV	12,40	0,68	0,99	1,11	I	12,40	0,52	0,76	0,86	0,37	0,55	0,62	0,24	0,34	0,39	—	0,16	0,18	—	0,01	0,02	—	—	—
	II	11,33	0,62	0,90	1,01	II	11,33	0,47	0,68	0,76	0,32	0,47	0,53	0,15	0,27	0,31	—	0,10	0,11	—	—	—	—	—	—
	III	4,97	—	0,39	0,44	III	4,97	—	0,22	0,25	—	0,08	0,09	—	—	—	—	—	—	—	—	—	—	—	—
	V	21,97	1,20	1,75	1,97	IV	12,40	0,60	0,87	0,98	0,52	0,76	0,86	0,45	0,65	0,73	0,37	0,55	0,62	0,30	0,44	0,50	0,24	0,34	0,39
	VI	23,18	1,27	1,85	2,08																				
89,09	I,IV	12,43	0,68	0,99	1,11	I	12,43	0,52	0,76	0,86	0,38	0,55	0,62	0,24	0,35	0,39	—	0,16	0,18	—	0,01	0,02	—	—	—
	II	11,35	0,62	0,90	1,02	II	11,35	0,47	0,68	0,77	0,32	0,47	0,53	0,15	0,27	0,31	—	0,10	0,11	—	—	—	—	—	—
	III	5,—	—	0,40	0,45	III	5,—	—	0,23	0,25	—	0,08	0,09	—	—	—	—	—	—	—	—	—	—	—	—
	V	22,—	1,21	1,76	1,98	IV	12,43	0,60	0,87	0,98	0,52	0,76	0,86	0,45	0,65	0,74	0,38	0,55	0,62	0,31	0,45	0,50	0,24	0,35	0,39
	VI	23,21	1,27	1,85	2,08																				
89,19	I,IV	12,45	0,68	0,99	1,12	I	12,45	0,52	0,76	0,86	0,38	0,55	0,62	0,24	0,35	0,39	—	0,16	0,18	—	0,02	0,02	—	—	—
	II	11,38	0,62	0,91	1,02	II	11,38	0,47	0,68	0,77	0,32	0,47	0,53	0,16	0,28	0,31	—	0,10	0,11	—	—	—	—	—	—
	III	5,02	—	0,40	0,45	III	5,02	—	0,23	0,26	—	0,08	0,10	—	—	—	—	—	—	—	—	—	—	—	—
	V	22,04	1,21	1,76	1,98	IV	12,45	0,60	0,88	0,99	0,52	0,76	0,86	0,45	0,66	0,74	0,38	0,55	0,62	0,31	0,45	0,50	0,24	0,35	0,39
	VI	23,25	1,27	1,86	2,09																				
89,29	I,IV	12,48	0,68	0,99	1,12	I	12,48	0,53	0,77	0,86	0,38	0,55	0,62	0,24	0,35	0,39	—	0,16	0,18	—	0,02	0,02	—	—	—
	II	11,40	0,62	0,91	1,02	II	11,40	0,47	0,68	0,77	0,33	0,48	0,54	0,16	0,28	0,31	—	0,10	0,11	—	—	—	—	—	—
	III	5,04	—	0,40	0,45	III	5,04	—	0,23	0,26	—	0,09	0,10	—	—	—	—	—	—	—	—	—	—	—	—
	V	22,08	1,21	1,76	1,98	IV	12,48	0,60	0,88	0,99	0,53	0,77	0,86	0,45	0,66	0,74	0,38	0,55	0,62	0,31	0,45	0,51	0,24	0,35	0,39
	VI	23,28	1,28	1,86	2,09																				
89,39	I,IV	12,51	0,68	1,—	1,12	I	12,51	0,53	0,77	0,87	0,38	0,55	0,62	0,24	0,35	0,40	—	0,16	0,18	—	0,02	0,02	—	—	—
	II	11,43	0,62	0,91	1,02	II	11,43	0,47	0,69	0,77	0,33	0,48	0,54	0,17	0,28	0,32	—	0,10	0,12	—	—	—	—	—	—
	III	5,06	—	0,40	0,45	III	5,06	—	0,23	0,26	—	0,09	0,10	—	—	—	—	—	—	—	—	—	—	—	—
	V	22,11	1,21	1,76	1,98	IV	12,51	0,60	0,88	0,99	0,53	0,77	0,87	0,45	0,66	0,74	0,38	0,55	0,62	0,31	0,45	0,51	0,24	0,35	0,40
	VI	23,32	1,28	1,86	2,09																				
89,49	I,IV	12,53	0,68	1,—	1,12	I	12,53	0,53	0,77	0,87	0,38	0,56	0,63	0,24	0,35	0,40	—	0,17	0,19	—	0,02	0,02	—	—	—
	II	11,45	0,63	0,91	1,03	II	11,45	0,47	0,69	0,78	0,33	0,48	0,54	0,17	0,28	0,32	—	0,10	0,12	—	—	—	—	—	—
	III	5,08	—	0,40	0,45	III	5,08	—	0,23	0,26	—	0,09	0,10	—	—	—	—	—	—	—	—	—	—	—	—
	V	22,15	1,21	1,77	1,99	IV	12,53	0,61	0,88	0,99	0,53	0,77	0,87	0,45	0,66	0,74	0,38	0,56	0,63	0,31	0,45	0,51	0,24	0,35	0,40
	VI	23,36	1,28	1,86	2,10																				
89,59	I,IV	12,56	0,69	1,—	1,13	I	12,56	0,53	0,77	0,87	0,38	0,56	0,63	0,24	0,36	0,40	—	0,17	0,19	—	0,02	0,02	—	—	—
	II	11,48	0,63	0,91	1,03	II	11,48	0,47	0,69	0,78	0,33	0,48	0,54	0,18	0,28	0,32	—	0,11	0,12	—	—	—	—	—	—
	III	5,11	—	0,40	0,45	III	5,11	—	0,23	0,26	—	0,09	0,10	—	—	—	—	—	—	—	—	—	—	—	—
	V	22,18	1,22	1,77	1,99	IV	12,56	0,61	0,88	1,—	0,53	0,77	0,87	0,45	0,66	0,75	0,38	0,56	0,63	0,31	0,46	0,51	0,24	0,36	0,40
	VI	23,39	1,28	1,87	2,10																				
89,69	I,IV	12,58	0,69	1,—	1,13	I	12,58	0,53	0,77	0,87	0,38	0,56	0,63	0,24	0,36	0,40	—	0,17	0,19	—	0,02	0,02	—	—	—
	II	11,50	0,63	0,92	1,03	II	11,50	0,47	0,69	0,78	0,33	0,48	0,54	0,18	0,28	0,32	—	0,11	0,12	—	—	—	—	—	—
	III	5,13	—	0,41	0,46	III	5,13	—	0,24	0,27	—	0,09	0,10	—	—	—	—	—	—	—	—	—	—	—	—
	V	22,22	1,22	1,77	1,99	IV	12,58	0,61	0,89	1,—	0,53	0,77	0,87	0,46	0,67	0,75	0,38	0,56	0,63	0,31	0,46	0,51	0,24	0,36	0,40
	VI	23,43	1,28	1,87	2,10																				
89,79	I,IV	12,61	0,69	1,—	1,13	I	12,61	0,53	0,78	0,87	0,38	0,56	0,63	0,25	0,36	0,40	—	0,17	0,19	—	0,02	0,02	—	—	—
	II	11,53	0,63	0,92	1,03	II	11,53	0,48	0,69	0,78	0,33	0,48	0,54	0,18	0,29	0,32	—	0,11	0,12	—	—	—	—	—	—
	III	5,15	—	0,41	0,46	III	5,15	—	0,24	0,27	—	0,09	0,10	—	—	—	—	—	—	—	—	—	—	—	—
	V	22,26	1,22	1,78	2,—	IV	12,61	0,61	0,89	1,—	0,53	0,78	0,87	0,46	0,67	0,75	0,38	0,56	0,63	0,31	0,46	0,52	0,25	0,36	0,40
	VI	23,46	1,29	1,87	2,11																				
89,89	I,IV	12,63	0,69	1,01	1,13	I	12,63	0,53	0,78	0,88	0,39	0,56	0,63	0,25	0,36	0,41	—	0,17	0,19	—	0,02	0,03	—	—	—
	II	11,55	0,63	0,92	1,03	II	11,55	0,48	0,70	0,78	0,33	0,49	0,55	0,19	0,29	0,32	—	0,11	0,12	—	—	—	—	—	—
	III	5,17	—	0,41	0,46	III	5,17	—	0,24	0,27	—	0,09	0,11	—	—	—	—	—	—	—	—	—	—	—	—
	V	22,29	1,22	1,78	2,—	IV	12,63	0,61	0,89	1,—	0,53	0,78	0,88	0,46	0,67	0,75	0,39	0,56	0,63	0,31	0,46	0,52	0,25	0,36	0,41
	VI	23,50	1,29	1,88	2,11																				
89,99	I,IV	12,66	0,69	1,01	1,13	I	12,66	0,53	0,78	0,88	0,39	0,56	0,64	0,25	0,36	0,41	—	0,17	0,19	—	0,02	0,03	—	—	—
	II	11,58	0,63	0,92	1,04	II	11,58	0,48	0,70	0,79	0,33	0,49	0,55	0,19	0,29	0,33	—	0,11	0,13	—	—	—	—	—	—
	III	5,20	—	0,41	0,46	III	5,20	—	0,24	0,27	—	0,10	0,11	—	—	—	—	—	—	—	—	—	—	—	—
	V	22,33	1,22	1,78	2,—	IV	12,66	0,61	0,89	1,—	0,53	0,78	0,88	0,46	0,67	0,76	0,39	0,56	0,64	0,32	0,46	0,52	0,25	0,36	0,41
	VI	23,54	1,29	1,88	2,11																				
90,09	I,IV	12,69	0,69	1,01	1,14	I	12,69	0,54	0,78	0,88	0,39	0,57	0,64	0,25	0,36	0,41	—	0,17	0,20	—	0,02	0,03	—	—	—
	II	11,60	0,63	0,92	1,04	II	11,60	0,48	0,70	0,79	0,34	0,49	0,55	0,20	0,29	0,33	—	0,11	0,13	—	—	—	—	—	—
	III	5,22	—	0,41	0,46	III	5,22	—	0,24	0,27	—	0,10	0,11	—	—	—	—	—	—	—	—	—	—	—	—
	V	22,36	1,23	1,78	2,01	IV	12,69	0,61	0,89	1,01	0,54	0,78	0,88	0,46	0,67	0,76	0,39	0,57	0,64	0,32	0,46	0,52	0,25	0,36	0,41
	VI	23,57	1,29	1,88	2,12																				

* Die ausgewiesenen Tabellenwerte sind amtlich. Siehe Erläuterungen auf der Umschlaginnenseite (U2).

** Bei mehr als 3 Kinderfreibeträgen ist die „Ergänzungs-Tabelle 3,5 bis 6 Kinderfreibeträge" anzuwenden.

Lohn/ Gehalt bis €*	Abzüge an Lohnsteuer, Solidaritätszuschlag (SolZ) und Kirchensteuer (8%, 9%) in den Steuerklassen I – VI					I, II, III, IV		mit Zahl der Kinderfreibeträge . . . 0,5			1			1,5			2			2,5			3**		
		LSt	ohne Kinderfreibeträge SolZ	8%	9%		LSt	SolZ	8%	9%	SolZ	8%	9%	SolZ	8%	9%	SolZ	8%	9%	SolZ	8%	9%	SolZ	8%	9%
90,19	I,IV	12,71	0,69	1,01	1,14	I	12,71	0,54	0,78	0,88	0,39	0,57	0,64	0,25	0,37	0,41	—	0,18	0,20	—	0,03	0,03	—	—	—
	II	11,63	0,63	0,93	1,04	II	11,63	0,48	0,70	0,79	0,34	0,49	0,55	0,20	0,29	0,33	—	0,11	0,13	—	—	—	—	—	—
	III	5,24	—	0,41	0,47	III	5,24	—	0,24	0,27	—	0,10	0,11	—	—	—	—	—	—	—	—	—	—	—	—
	V	22,40	1,23	1,79	2,01	IV	12,71	0,61	0,90	1,01	0,54	0,78	0,88	0,46	0,68	0,76	0,39	0,57	0,64	0,32	0,47	0,52	0,25	0,37	0,41
	VI	23,61	1,29	1,88	2,12																				
90,29	I,IV	12,74	0,70	1,01	1,14	I	12,74	0,54	0,79	0,89	0,39	0,57	0,64	0,25	0,37	0,41	—	0,18	0,20	—	0,03	0,03	—	—	—
	II	11,66	0,64	0,93	1,04	II	11,66	0,48	0,70	0,79	0,34	0,49	0,56	0,20	0,30	0,33	—	0,12	0,13	—	—	—	—	—	—
	III	5,26	—	0,42	0,47	III	5,26	—	0,24	0,27	—	0,10	0,11	—	—	—	—	—	—	—	—	—	—	—	—
	V	22,44	1,23	1,79	2,01	IV	12,74	0,62	0,90	1,01	0,54	0,79	0,89	0,46	0,68	0,76	0,39	0,57	0,64	0,32	0,47	0,53	0,25	0,37	0,41
	VI	23,65	1,30	1,89	2,12																				
90,39	I,IV	12,76	0,70	1,02	1,14	I	12,76	0,54	0,79	0,89	0,39	0,57	0,64	0,25	0,37	0,42	—	0,18	0,20	—	0,03	0,03	—	—	—
	II	11,68	0,64	0,93	1,05	II	11,68	0,48	0,71	0,80	0,34	0,50	0,56	0,20	0,30	0,33	—	0,12	0,13	—	—	—	—	—	—
	III	5,28	—	0,42	0,47	III	5,28	—	0,25	0,28	—	0,10	0,11	—	—	—	—	—	—	—	—	—	—	—	—
	V	22,47	1,23	1,79	2,02	IV	12,76	0,62	0,90	1,01	0,54	0,79	0,89	0,47	0,68	0,76	0,39	0,57	0,64	0,32	0,47	0,53	0,25	0,37	0,42
	VI	23,68	1,30	1,89	2,13																				
90,49	I,IV	12,79	0,70	1,02	1,15	I	12,79	0,54	0,79	0,89	0,39	0,57	0,65	0,25	0,37	0,42	—	0,18	0,20	—	0,03	0,03	—	—	—
	II	11,71	0,64	0,93	1,05	II	11,71	0,49	0,71	0,80	0,34	0,50	0,56	0,20	0,30	0,34	—	0,12	0,13	—	—	—	—	—	—
	III	5,31	—	0,42	0,47	III	5,31	—	0,25	0,28	—	0,10	0,11	—	—	—	—	—	—	—	—	—	—	—	—
	V	22,51	1,23	1,80	2,02	IV	12,79	0,62	0,90	1,02	0,54	0,79	0,89	0,47	0,68	0,77	0,39	0,57	0,65	0,32	0,47	0,53	0,25	0,37	0,42
	VI	23,72	1,30	1,89	2,13																				
90,59	I,IV	12,81	0,70	1,02	1,15	I	12,81	0,54	0,79	0,89	0,39	0,58	0,65	0,25	0,37	0,42	—	0,18	0,21	—	0,03	0,03	—	—	—
	II	11,73	0,64	0,93	1,05	II	11,73	0,49	0,71	0,80	0,34	0,50	0,56	0,20	0,30	0,34	—	0,12	0,13	—	—	—	—	—	—
	III	5,33	—	0,42	0,47	III	5,33	—	0,25	0,28	—	0,10	0,12	—	—	—	—	—	—	—	—	—	—	—	—
	V	22,55	1,24	1,80	2,02	IV	12,81	0,62	0,90	1,02	0,54	0,79	0,89	0,47	0,68	0,77	0,39	0,58	0,65	0,32	0,47	0,53	0,25	0,37	0,42
	VI	23,75	1,30	1,90	2,13																				
90,69	I,IV	12,84	0,70	1,02	1,15	I	12,84	0,54	0,79	0,89	0,40	0,58	0,65	0,26	0,37	0,42	—	0,18	0,21	—	0,03	0,04	—	—	—
	II	11,76	0,64	0,94	1,05	II	11,76	0,49	0,71	0,80	0,34	0,50	0,56	0,21	0,30	0,34	—	0,12	0,14	—	—	—	—	—	—
	III	5,35	—	0,42	0,48	III	5,35	—	0,25	0,28	—	0,10	0,12	—	—	—	—	—	—	—	—	—	—	—	—
	V	22,58	1,24	1,80	2,03	IV	12,84	0,62	0,91	1,02	0,54	0,79	0,89	0,47	0,68	0,77	0,40	0,58	0,65	0,32	0,47	0,53	0,26	0,37	0,42
	VI	23,79	1,30	1,90	2,14																				
90,79	I,IV	12,87	0,70	1,02	1,15	I	12,87	0,55	0,80	0,90	0,40	0,58	0,65	0,26	0,38	0,42	—	0,19	0,21	—	0,03	0,04	—	—	—
	II	11,78	0,64	0,94	1,06	II	11,78	0,49	0,71	0,80	0,34	0,50	0,57	0,21	0,30	0,34	—	0,12	0,14	—	—	—	—	—	—
	III	5,37	—	0,42	0,48	III	5,37	—	0,25	0,28	—	0,11	0,12	—	—	—	—	—	—	—	—	—	—	—	—
	V	22,62	1,24	1,80	2,03	IV	12,87	0,62	0,91	1,02	0,55	0,80	0,90	0,47	0,69	0,77	0,40	0,58	0,65	0,33	0,48	0,54	0,26	0,38	0,42
	VI	23,83	1,31	1,90	2,14																				
90,89	I,IV	12,89	0,70	1,03	1,16	I	12,89	0,55	0,80	0,90	0,40	0,58	0,65	0,26	0,38	0,43	—	0,19	0,21	—	0,03	0,04	—	—	—
	II	11,81	0,64	0,94	1,06	II	11,81	0,49	0,72	0,81	0,35	0,50	0,57	0,21	0,30	0,34	—	0,12	0,14	—	—	—	—	—	—
	III	5,40	—	0,43	0,48	III	5,40	—	0,25	0,29	—	0,11	0,12	—	—	—	—	—	—	—	—	—	—	—	—
	V	22,65	1,24	1,81	2,03	IV	12,89	0,62	0,91	1,02	0,55	0,80	0,90	0,47	0,69	0,77	0,40	0,58	0,65	0,33	0,48	0,54	0,26	0,38	0,43
	VI	23,86	1,31	1,90	2,14																				
90,99	I,IV	12,92	0,71	1,03	1,16	I	12,92	0,55	0,80	0,90	0,40	0,58	0,66	0,26	0,38	0,43	—	0,19	0,21	—	0,04	0,04	—	—	—
	II	11,83	0,65	0,94	1,06	II	11,83	0,49	0,72	0,81	0,35	0,51	0,57	0,21	0,31	0,35	—	0,12	0,14	—	—	—	—	—	—
	III	5,42	—	0,43	0,48	III	5,42	—	0,26	0,29	—	0,11	0,12	—	—	—	—	—	—	—	—	—	—	—	—
	V	22,69	1,24	1,81	2,04	IV	12,92	0,63	0,91	1,03	0,55	0,80	0,90	0,47	0,69	0,78	0,40	0,58	0,66	0,33	0,48	0,54	0,26	0,38	0,43
	VI	23,90	1,31	1,91	2,15																				
91,09	I,IV	12,95	0,71	1,03	1,16	I	12,95	0,55	0,80	0,90	0,40	0,59	0,66	0,26	0,38	0,43	—	0,19	0,21	—	0,04	0,04	—	—	—
	II	11,86	0,65	0,94	1,06	II	11,86	0,49	0,72	0,81	0,35	0,51	0,57	0,21	0,31	0,35	—	0,13	0,14	—	—	—	—	—	—
	III	5,45	0,01	0,43	0,49	III	5,45	—	0,26	0,29	—	0,11	0,12	—	—	—	—	—	—	—	—	—	—	—	—
	V	22,73	1,25	1,81	2,04	IV	12,95	0,63	0,91	1,03	0,55	0,80	0,90	0,47	0,69	0,78	0,40	0,59	0,66	0,33	0,48	0,54	0,26	0,38	0,43
	VI	23,93	1,31	1,91	2,15																				
91,19	I,IV	12,97	0,71	1,03	1,16	I	12,97	0,55	0,80	0,90	0,40	0,59	0,66	0,26	0,38	0,43	—	0,19	0,22	—	0,04	0,04	—	—	—
	II	11,88	0,65	0,95	1,06	II	11,88	0,49	0,72	0,81	0,35	0,51	0,57	0,21	0,31	0,35	—	0,13	0,14	—	—	—	—	—	—
	III	5,47	0,01	0,43	0,49	III	5,47	—	0,26	0,29	—	0,11	0,12	—	—	—	—	—	—	—	—	—	—	—	—
	V	22,76	1,25	1,82	2,04	IV	12,97	0,63	0,92	1,03	0,55	0,80	0,90	0,48	0,69	0,78	0,40	0,59	0,66	0,33	0,48	0,54	0,26	0,38	0,43
	VI	23,97	1,31	1,91	2,15																				
91,29	I,IV	13,—	0,71	1,04	1,17	I	13,—	0,55	0,81	0,91	0,40	0,59	0,66	0,26	0,38	0,43	—	0,19	0,22	—	0,04	0,04	—	—	—
	II	11,91	0,65	0,95	1,07	II	11,91	0,50	0,72	0,81	0,35	0,51	0,58	0,21	0,31	0,35	—	0,13	0,15	—	—	—	—	—	—
	III	5,49	0,01	0,43	0,49	III	5,49	—	0,26	0,29	—	0,11	0,13	—	—	—	—	—	—	—	—	—	—	—	—
	V	22,80	1,25	1,82	2,05	IV	13,—	0,63	0,92	1,03	0,55	0,81	0,91	0,48	0,70	0,78	0,40	0,59	0,66	0,33	0,49	0,55	0,26	0,38	0,43
	VI	24,01	1,32	1,92	2,16																				
91,39	I,IV	13,02	0,71	1,04	1,17	I	13,02	0,55	0,81	0,91	0,40	0,59	0,67	0,26	0,39	0,44	—	0,20	0,22	—	0,04	0,04	—	—	—
	II	11,93	0,65	0,95	1,07	II	11,93	0,50	0,73	0,82	0,35	0,51	0,58	0,21	0,31	0,35	—	0,13	0,15	—	—	—	—	—	—
	III	5,51	0,02	0,44	0,49	III	5,51	—	0,26	0,29	—	0,11	0,13	—	—	—	—	—	—	—	—	—	—	—	—
	V	22,83	1,25	1,82	2,05	IV	13,02	0,63	0,92	1,04	0,55	0,81	0,91	0,48	0,70	0,79	0,40	0,59	0,67	0,33	0,49	0,55	0,26	0,39	0,44
	VI	24,04	1,32	1,92	2,16																				
91,49	I,IV	13,05	0,71	1,04	1,17	I	13,05	0,56	0,81	0,91	0,41	0,59	0,67	0,27	0,39	0,44	—	0,20	0,22	—	0,04	0,05	—	—	—
	II	11,96	0,65	0,95	1,07	II	11,96	0,50	0,73	0,82	0,35	0,52	0,58	0,22	0,32	0,36	—	0,13	0,15	—	—	—	—	—	—
	III	5,53	0,02	0,44	0,49	III	5,53	—	0,26	0,30	—	0,11	0,13	—	—	—	—	—	—	—	—	—	—	—	—
	V	22,87	1,25	1,82	2,05	IV	13,05	0,63	0,92	1,04	0,56	0,81	0,91	0,48	0,70	0,79	0,41	0,59	0,67	0,33	0,49	0,55	0,27	0,39	0,44
	VI	24,08	1,32	1,92	2,16																				
91,59	I,IV	13,07	0,71	1,04	1,17	I	13,07	0,56	0,81	0,91	0,41	0,59	0,67	0,27	0,39	0,44	—	0,20	0,22	—	0,04	0,05	—	—	—
	II	11,98	0,65	0,95	1,07	II	11,98	0,50	0,73	0,82	0,35	0,52	0,58	0,22	0,32	0,36	—	0,13	0,15	—	—	—	—	—	—
	III	5,56	0,03	0,44	0,50	III	5,56	—	0,26	0,30	—	0,12	0,13	—	—	—	—	—	—	—	—	—	—	—	—
	V	22,90	1,25	1,83	2,06	IV	13,07	0,63	0,92	1,04	0,56	0,81	0,91	0,48	0,70	0,79	0,41	0,59	0,67	0,34	0,49	0,55	0,27	0,39	0,44
	VI	24,11	1,32	1,92	2,16																				
91,69	I,IV	13,10	0,72	1,04	1,17	I	13,10	0,56	0,81	0,92	0,41	0,60	0,67	0,27	0,39	0,44	—	0,20	0,23	—	0,04	0,05	—	—	—
	II	12,01	0,66	0,96	1,08	II	12,01	0,50	0,73	0,82	0,36	0,52	0,58	0,22	0,32	0,36	—	0,14	0,15	—	—	—	—	—	—
	III	5,58	0,03	0,44	0,50	III	5,58	—	0,27	0,30	—	0,12	0,13	—	—	—	—	—	—	—	—	—	—	—	—
	V	22,94	1,26	1,83	2,06	IV	13,10	0,64	0,93	1,04	0,56	0,81	0,92	0,48	0,70	0,79	0,41	0,60	0,67	0,34	0,49	0,55	0,27	0,39	0,44
	VI	24,15	1,32	1,93	2,17																				
91,79	I,IV	13,13	0,72	1,05	1,18	I	13,13	0,56	0,82	0,92	0,41	0,60	0,67	0,27	0,39	0,44	—	0,20	0,23	—	0,04	0,05	—	—	—
	II	12,04	0,66	0,96	1,08	II	12,04	0,50	0,73	0,82	0,36	0,52	0,59	0,22	0,32	0,36	—	0,14	0,15	—	—	—	—	—	—
	III	5,60	0,04	0,44	0,50	III	5,60	—	0,27	0,30	—	0,12	0,13	—	—	—	—	—	—	—	—	—	—	—	—
	V	22,98	1,26	1,83	2,06	IV	13,13	0,64	0,93	1,05	0,56	0,82	0,92	0,48	0,71	0,79	0,41	0,60	0,67	0,34	0,49	0,56	0,27	0,39	0,44
	VI	24,18	1,33	1,93	2,17																				

* Die ausgewiesenen Tabellenwerte sind amtlich. Siehe Erläuterungen auf der Umschlaginnenseite (U2).
** Bei mehr als 3 Kinderfreibeträgen ist die „Ergänzungs-Tabelle 3,5 bis 6 Kinderfreibeträge" anzuwenden.

Lohn/ Gehalt bis €*		I – VI				I, II, III, IV		mit Zahl der Kinderfreibeträge . . . 0,5			1			1,5			2			2,5			3**		
		LSt	ohne Kinderfreibeträge SolZ	8%	9%		LSt	SolZ	8%	9%	SolZ	8%	9%	SolZ	8%	9%	SolZ	8%	9%	SolZ	8%	9%	SolZ	8%	9%
91,89	I,IV	13,15	0,72	1,05	1,18	I	13,15	0,56	0,82	0,92	0,41	0,60	0,68	0,27	0,40	0,45	—	0,20	0,23	—	0,04	0,05	—	—	—
	II	12,06	0,66	0,96	1,08	II	12,06	0,50	0,74	0,83	0,36	0,52	0,59	0,22	0,32	0,36	—	0,14	0,16	—	—	—	—	—	—
	III	5,62	0,04	0,44	0,50	III	5,62	—	0,27	0,30	—	0,12	0,14	—	—	—	—	—	—	—	—	—	—	—	—
	V	23,01	1,26	1,84	2,07	IV	13,15	0,64	0,93	1,05	0,56	0,82	0,92	0,48	0,71	0,80	0,41	0,60	0,68	0,34	0,50	0,56	0,27	0,40	0,45
	VI	24,22	1,33	1,93	2,17																				
91,99	I,IV	13,18	0,72	1,05	1,18	I	13,18	0,56	0,82	0,92	0,41	0,60	0,68	0,27	0,40	0,45	—	0,20	0,23	—	0,05	0,05	—	—	—
	II	12,09	0,66	0,96	1,08	II	12,09	0,51	0,74	0,83	0,36	0,52	0,59	0,22	0,32	0,36	—	0,14	0,16	—	—	—	—	—	—
	III	5,65	0,05	0,45	0,50	III	5,65	—	0,27	0,31	—	0,12	0,14	—	—	—	—	—	—	—	—	—	—	—	—
	V	23,05	1,26	1,84	2,07	IV	13,18	0,64	0,93	1,05	0,56	0,82	0,92	0,49	0,71	0,80	0,41	0,60	0,68	0,34	0,50	0,56	0,27	0,40	0,45
	VI	24,26	1,33	1,94	2,18																				
92,09	I,IV	13,20	0,72	1,05	1,18	I	13,20	0,56	0,82	0,92	0,41	0,60	0,68	0,27	0,40	0,45	—	0,21	0,23	—	0,05	0,05	—	—	—
	II	12,11	0,66	0,96	1,08	II	12,11	0,51	0,74	0,83	0,36	0,53	0,59	0,22	0,33	0,37	—	0,14	0,16	—	—	—	—	—	—
	III	5,67	0,05	0,45	0,51	III	5,67	—	0,27	0,31	—	0,12	0,14	—	—	—	—	—	—	—	—	—	—	—	—
	V	23,08	1,26	1,84	2,07	IV	13,20	0,64	0,94	1,05	0,56	0,82	0,92	0,49	0,71	0,80	0,41	0,60	0,68	0,34	0,50	0,56	0,27	0,40	0,45
	VI	24,30	1,33	1,94	2,18																				
92,19	I,IV	13,23	0,72	1,05	1,19	I	13,23	0,56	0,82	0,93	0,41	0,61	0,68	0,27	0,40	0,45	—	0,21	0,23	—	0,05	0,06	—	—	—
	II	12,14	0,66	0,97	1,09	II	12,14	0,51	0,74	0,83	0,36	0,53	0,59	0,22	0,33	0,37	—	0,14	0,16	—	—	—	—	—	—
	III	5,70	0,06	0,45	0,51	III	5,70	—	0,27	0,31	—	0,12	0,14	—	—	—	—	—	—	—	—	—	—	—	—
	V	23,12	1,27	1,84	2,08	IV	13,23	0,64	0,94	1,05	0,56	0,82	0,93	0,49	0,71	0,80	0,41	0,61	0,68	0,34	0,50	0,56	0,27	0,40	0,45
	VI	24,33	1,33	1,94	2,18																				
92,29	I,IV	13,26	0,72	1,06	1,19	I	13,26	0,57	0,83	0,93	0,42	0,61	0,68	0,28	0,40	0,45	—	0,21	0,24	—	0,05	0,06	—	—	—
	II	12,16	0,66	0,97	1,09	II	12,16	0,51	0,74	0,84	0,36	0,53	0,60	0,22	0,33	0,37	—	0,14	0,16	—	—	—	—	—	—
	III	5,72	0,06	0,45	0,51	III	5,72	—	0,28	0,31	—	0,12	0,14	—	—	—	—	—	—	—	—	—	—	—	—
	V	23,16	1,27	1,85	2,08	IV	13,26	0,64	0,94	1,06	0,57	0,83	0,93	0,49	0,72	0,81	0,42	0,61	0,68	0,34	0,50	0,57	0,28	0,40	0,45
	VI	24,36	1,34	1,94	2,19																				
92,39	I,IV	13,28	0,73	1,06	1,19	I	13,28	0,57	0,83	0,93	0,42	0,61	0,69	0,28	0,40	0,45	—	0,21	0,24	—	0,05	0,06	—	—	—
	II	12,19	0,67	0,97	1,09	II	12,19	0,51	0,74	0,84	0,36	0,53	0,60	0,23	0,33	0,37	—	0,14	0,16	—	—	0,01	—	—	—
	III	5,74	0,06	0,45	0,51	III	5,74	—	0,28	0,31	—	0,13	0,14	—	—	—	—	—	—	—	—	—	—	—	—
	V	23,19	1,27	1,85	2,08	IV	13,28	0,65	0,94	1,06	0,57	0,83	0,93	0,49	0,72	0,81	0,42	0,61	0,69	0,35	0,51	0,57	0,28	0,40	0,45
	VI	24,40	1,34	1,95	2,19																				
92,49	I,IV	13,31	0,73	1,06	1,19	I	13,31	0,57	0,83	0,93	0,42	0,61	0,69	0,28	0,41	0,46	—	0,21	0,24	—	0,05	0,06	—	—	—
	II	12,21	0,67	0,97	1,09	II	12,21	0,51	0,75	0,84	0,37	0,53	0,60	0,23	0,33	0,37	—	0,15	0,17	—	0,01	0,01	—	—	—
	III	5,76	0,07	0,46	0,51	III	5,76	—	0,28	0,31	—	0,13	0,14	—	—	—	—	—	—	—	—	—	—	—	—
	V	23,23	1,27	1,85	2,09	IV	13,31	0,65	0,94	1,06	0,57	0,83	0,93	0,49	0,72	0,81	0,42	0,61	0,69	0,35	0,51	0,57	0,28	0,41	0,46
	VI	24,44	1,34	1,95	2,19																				
92,59	I,IV	13,33	0,73	1,06	1,19	I	13,33	0,57	0,83	0,94	0,42	0,61	0,69	0,28	0,41	0,46	—	0,21	0,24	—	0,05	0,06	—	—	—
	II	12,24	0,67	0,97	1,10	II	12,24	0,51	0,75	0,84	0,37	0,54	0,60	0,23	0,33	0,38	—	0,15	0,17	—	0,01	0,01	—	—	—
	III	5,78	0,07	0,46	0,52	III	5,78	—	0,28	0,32	—	0,13	0,15	—	—	0,01	—	—	—	—	—	—	—	—	—
	V	23,26	1,27	1,86	2,09	IV	13,33	0,65	0,94	1,06	0,57	0,83	0,94	0,49	0,72	0,81	0,42	0,61	0,69	0,35	0,51	0,57	0,28	0,41	0,46
	VI	24,47	1,34	1,95	2,20																				
92,69	I,IV	13,36	0,73	1,06	1,20	I	13,36	0,57	0,83	0,94	0,42	0,62	0,69	0,28	0,41	0,46	0,01	0,22	0,24	—	0,05	0,06	—	—	—
	II	12,26	0,67	0,98	1,10	II	12,26	0,51	0,75	0,84	0,37	0,54	0,60	0,23	0,34	0,38	—	0,15	0,17	—	0,01	0,01	—	—	—
	III	5,81	0,08	0,46	0,52	III	5,81	—	0,28	0,32	—	0,13	0,15	—	0,01	0,01	—	—	—	—	—	—	—	—	—
	V	23,30	1,28	1,86	2,09	IV	13,36	0,65	0,95	1,07	0,57	0,83	0,94	0,50	0,72	0,81	0,42	0,62	0,69	0,35	0,51	0,57	0,28	0,41	0,46
	VI	24,51	1,34	1,96	2,20																				
92,79	I,IV	13,39	0,73	1,07	1,20	I	13,39	0,57	0,84	0,94	0,42	0,62	0,69	0,28	0,41	0,46	0,01	0,22	0,25	—	0,06	0,06	—	—	—
	II	12,29	0,67	0,98	1,10	II	12,29	0,52	0,75	0,85	0,37	0,54	0,61	0,23	0,34	0,38	—	0,15	0,17	—	0,01	0,01	—	—	—
	III	5,83	0,08	0,46	0,52	III	5,83	—	0,28	0,32	—	0,13	0,15	—	0,01	0,01	—	—	—	—	—	—	—	—	—
	V	23,34	1,28	1,86	2,10	IV	13,39	0,65	0,95	1,07	0,57	0,84	0,94	0,50	0,72	0,82	0,42	0,62	0,69	0,35	0,51	0,58	0,28	0,41	0,46
	VI	24,55	1,35	1,96	2,20																				
92,89	I,IV	13,41	0,73	1,07	1,20	I	13,41	0,57	0,84	0,94	0,42	0,62	0,70	0,28	0,41	0,46	0,02	0,22	0,25	—	0,06	0,06	—	—	—
	II	12,32	0,67	0,98	1,10	II	12,32	0,52	0,75	0,85	0,37	0,54	0,61	0,23	0,34	0,38	—	0,15	0,17	—	0,01	0,01	—	—	—
	III	5,85	0,09	0,46	0,52	III	5,85	—	0,28	0,32	—	0,13	0,15	—	0,01	0,01	—	—	—	—	—	—	—	—	—
	V	23,37	1,28	1,86	2,10	IV	13,41	0,65	0,95	1,07	0,57	0,84	0,94	0,50	0,73	0,82	0,42	0,62	0,70	0,35	0,51	0,58	0,28	0,41	0,46
	VI	24,58	1,35	1,96	2,21																				
92,99	I,IV	13,44	0,73	1,07	1,20	I	13,44	0,58	0,84	0,94	0,43	0,62	0,70	0,28	0,41	0,47	0,02	0,22	0,25	—	0,06	0,07	—	—	—
	II	12,34	0,67	0,98	1,11	II	12,34	0,52	0,76	0,85	0,37	0,54	0,61	0,23	0,34	0,38	—	0,15	0,17	—	0,01	0,01	—	—	—
	III	5,88	0,09	0,47	0,52	III	5,88	—	0,29	0,32	—	0,13	0,15	—	0,01	0,01	—	—	—	—	—	—	—	—	—
	V	23,41	1,28	1,87	2,10	IV	13,44	0,65	0,95	1,07	0,58	0,84	0,94	0,50	0,73	0,82	0,43	0,62	0,70	0,35	0,52	0,58	0,28	0,41	0,47
	VI	24,62	1,35	1,96	2,21																				
93,09	I,IV	13,46	0,74	1,07	1,21	I	13,46	0,58	0,84	0,95	0,43	0,62	0,70	0,28	0,42	0,47	0,03	0,22	0,25	—	0,06	0,07	—	—	—
	II	12,37	0,68	0,98	1,11	II	12,37	0,52	0,76	0,85	0,37	0,54	0,61	0,23	0,34	0,39	—	0,16	0,18	—	0,01	0,01	—	—	—
	III	5,90	0,10	0,47	0,53	III	5,90	—	0,29	0,33	—	0,14	0,15	—	0,01	0,01	—	—	—	—	—	—	—	—	—
	V	23,45	1,28	1,87	2,11	IV	13,46	0,66	0,96	1,08	0,58	0,84	0,95	0,50	0,73	0,82	0,43	0,62	0,70	0,35	0,52	0,58	0,28	0,42	0,47
	VI	24,65	1,35	1,97	2,21																				
93,19	I,IV	13,49	0,74	1,07	1,21	I	13,49	0,58	0,84	0,95	0,43	0,62	0,70	0,29	0,42	0,47	0,03	0,22	0,25	—	0,06	0,07	—	—	—
	II	12,39	0,68	0,99	1,11	II	12,39	0,52	0,76	0,86	0,37	0,55	0,61	0,24	0,34	0,39	—	0,16	0,18	—	0,01	0,01	—	—	—
	III	5,92	0,10	0,47	0,53	III	5,92	—	0,29	0,33	—	0,14	0,15	—	0,01	0,01	—	—	—	—	—	—	—	—	—
	V	23,48	1,29	1,87	2,11	IV	13,49	0,66	0,96	1,08	0,58	0,84	0,95	0,50	0,73	0,82	0,43	0,62	0,70	0,36	0,52	0,59	0,29	0,42	0,47
	VI	24,69	1,35	1,97	2,22																				
93,29	I,IV	13,52	0,74	1,08	1,21	I	13,52	0,58	0,85	0,95	0,43	0,63	0,71	0,29	0,42	0,47	0,03	0,23	0,25	—	0,06	0,07	—	—	—
	II	12,42	0,68	0,99	1,11	II	12,42	0,52	0,76	0,86	0,38	0,55	0,62	0,24	0,35	0,39	—	0,16	0,18	—	0,01	0,02	—	—	—
	III	5,95	0,11	0,47	0,53	III	5,95	—	0,29	0,33	—	0,14	0,16	—	0,01	0,01	—	—	—	—	—	—	—	—	—
	V	23,52	1,29	1,88	2,11	IV	13,52	0,66	0,96	1,08	0,58	0,85	0,95	0,50	0,73	0,83	0,43	0,63	0,71	0,36	0,52	0,59	0,29	0,42	0,47
	VI	24,73	1,36	1,97	2,22																				
93,39	I,IV	13,54	0,74	1,08	1,21	I	13,54	0,58	0,85	0,95	0,43	0,63	0,71	0,29	0,42	0,47	0,04	0,23	0,26	—	0,06	0,07	—	—	—
	II	12,45	0,68	0,99	1,12	II	12,45	0,52	0,76	0,86	0,38	0,55	0,62	0,24	0,35	0,39	—	0,16	0,18	—	0,02	0,02	—	—	—
	III	5,97	0,11	0,47	0,53	III	5,97	—	0,29	0,33	—	0,14	0,16	—	0,01	0,01	—	—	—	—	—	—	—	—	—
	V	23,55	1,29	1,88	2,11	IV	13,54	0,66	0,96	1,08	0,58	0,85	0,95	0,50	0,74	0,83	0,43	0,63	0,71	0,36	0,52	0,59	0,29	0,42	0,47
	VI	24,76	1,36	1,98	2,22																				
93,49	I,IV	13,57	0,74	1,08	1,22	I	13,57	0,58	0,85	0,96	0,43	0,63	0,71	0,29	0,42	0,48	0,04	0,23	0,26	—	0,06	0,07	—	—	—
	II	12,47	0,68	0,99	1,12	II	12,47	0,53	0,77	0,86	0,38	0,55	0,62	0,24	0,35	0,39	—	0,16	0,18	—	0,02	0,02	—	—	—
	III	5,99	0,11	0,47	0,53	III	5,99	—	0,30	0,33	—	0,14	0,16	—	0,01	0,02	—	—	—	—	—	—	—	—	—
	V	23,59	1,29	1,88	2,12	IV	13,57	0,66	0,96	1,08	0,58	0,85	0,96	0,51	0,74	0,83	0,43	0,63	0,71	0,36	0,53	0,59	0,29	0,42	0,48
	VI	24,80	1,36	1,98	2,23																				

Abzüge an Lohnsteuer, Solidaritätszuschlag (SolZ) und Kirchensteuer (8%, 9%) in den Steuerklassen

* Die ausgewiesenen Tabellenwerte sind amtlich. Siehe Erläuterungen auf der Umschlaginnenseite (U2).
** Bei mehr als 3 Kinderfreibeträgen ist die „Ergänzungs-Tabelle 3,5 bis 6 Kinderfreibeträge" anzuwenden.

Abzüge an Lohnsteuer, Solidaritätszuschlag (SolZ) und Kirchensteuer (8%, 9%) in den Steuerklassen

Lohn/ Gehalt bis €*		I – VI	ohne Kinderfreibeträge			I, II, III, IV	mit Zahl der Kinderfreibeträge . . .																	
							0,5			1			1,5			2			2,5			3**		
		LSt	SolZ	8%	9%		LSt	SolZ	8%	9%	SolZ	8%	9%	SolZ	8%	9%	SolZ	8%	9%	SolZ	8%	9%	SolZ	8%	9%
93,59	I,IV	13,60	0,74	1,08	1,22	I	13,60	0,58	0,85	0,96	0,43	0,63	0,71	0,29	0,43	0,48	0,05	0,23	0,26	—	0,07	0,07	—	—	—
	II	12,50	0,68	1,—	1,12	II	12,50	0,53	0,77	0,86	0,38	0,55	0,62	0,24	0,35	0,40	—	0,16	0,18	—	0,02	0,02	—	—	—
	III	6,01	0,12	0,48	0,54	III	6,01	—	0,30	0,33	—	0,14	0,16	—	0,02	0,02	—	—	—	—	—	—	—	—	—
	V	23,63	1,29	1,89	2,12	IV	13,60	0,66	0,97	1,09	0,58	0,85	0,96	0,51	0,74	0,83	0,43	0,63	0,71	0,36	0,53	0,59	0,29	0,43	0,48
	VI	24,83	1,36	1,98	2,23																				
93,69	I,IV	13,62	0,74	1,08	1,22	I	13,62	0,59	0,85	0,96	0,43	0,63	0,71	0,29	0,43	0,48	0,05	0,23	0,26	—	0,07	0,08	—	—	—
	II	12,52	0,68	1,—	1,12	II	12,52	0,53	0,77	0,87	0,38	0,56	0,63	0,24	0,35	0,40	—	0,16	0,19	—	0,02	0,02	—	—	—
	III	6,03	0,12	0,48	0,54	III	6,03	—	0,30	0,34	—	0,14	0,16	—	0,02	0,02	—	—	—	—	—	—	—	—	—
	V	23,66	1,30	1,89	2,12	IV	13,62	0,66	0,97	1,09	0,59	0,85	0,96	0,51	0,74	0,83	0,43	0,63	0,71	0,36	0,53	0,60	0,29	0,43	0,48
	VI	24,87	1,36	1,98	2,23																				
93,79	I,IV	13,65	0,75	1,09	1,22	I	13,65	0,59	0,86	0,96	0,44	0,64	0,72	0,29	0,43	0,48	0,05	0,23	0,26	—	0,07	0,08	—	—	—
	II	12,55	0,69	1,—	1,12	II	12,55	0,53	0,77	0,87	0,38	0,56	0,63	0,24	0,36	0,40	—	0,17	0,19	—	0,02	0,02	—	—	—
	III	6,05	0,13	0,48	0,54	III	6,05	—	0,30	0,34	—	0,14	0,16	—	0,02	0,02	—	—	—	—	—	—	—	—	—
	V	23,70	1,30	1,89	2,13	IV	13,65	0,67	0,97	1,09	0,59	0,86	0,96	0,51	0,74	0,84	0,44	0,64	0,72	0,36	0,53	0,60	0,29	0,43	0,48
	VI	24,91	1,37	1,99	2,24																				
93,89	I,IV	13,68	0,75	1,09	1,23	I	13,68	0,59	0,86	0,96	0,44	0,64	0,72	0,29	0,43	0,48	0,06	0,24	0,27	—	0,07	0,08	—	—	—
	II	12,57	0,69	1,—	1,13	II	12,57	0,53	0,77	0,87	0,38	0,56	0,63	0,24	0,36	0,40	—	0,17	0,19	—	0,02	0,02	—	—	—
	III	6,07	0,13	0,48	0,54	III	6,07	—	0,30	0,34	—	0,15	0,16	—	0,02	0,02	—	—	—	—	—	—	—	—	—
	V	23,73	1,30	1,89	2,13	IV	13,68	0,67	0,97	1,09	0,59	0,86	0,96	0,51	0,75	0,84	0,44	0,64	0,72	0,36	0,53	0,60	0,29	0,43	0,48
	VI	24,94	1,37	1,99	2,24																				
93,99	I,IV	13,70	0,75	1,09	1,23	I	13,70	0,59	0,86	0,97	0,44	0,64	0,72	0,30	0,43	0,49	0,06	0,24	0,27	—	0,07	0,08	—	—	—
	II	12,60	0,69	1,—	1,13	II	12,60	0,53	0,78	0,87	0,38	0,56	0,63	0,24	0,36	0,40	—	0,17	0,19	—	0,02	0,02	—	—	—
	III	6,09	0,13	0,48	0,54	III	6,09	—	0,30	0,34	—	0,15	0,17	—	0,02	0,02	—	—	—	—	—	—	—	—	—
	V	23,77	1,30	1,90	2,13	IV	13,70	0,67	0,97	1,10	0,59	0,86	0,97	0,51	0,75	0,84	0,44	0,64	0,72	0,37	0,53	0,60	0,30	0,43	0,49
	VI	24,98	1,37	1,99	2,24																				
94,09	I,IV	13,73	0,75	1,09	1,23	I	13,73	0,59	0,86	0,97	0,44	0,64	0,72	0,30	0,43	0,49	0,07	0,24	0,27	—	0,07	0,08	—	—	—
	II	12,63	0,69	1,01	1,13	II	12,63	0,53	0,78	0,88	0,39	0,56	0,63	0,25	0,36	0,41	—	0,17	0,19	—	0,02	0,03	—	—	—
	III	6,11	0,14	0,48	0,54	III	6,11	—	0,30	0,34	—	0,15	0,17	—	0,02	0,02	—	—	—	—	—	—	—	—	—
	V	23,81	1,30	1,90	2,14	IV	13,73	0,67	0,98	1,10	0,59	0,86	0,97	0,51	0,75	0,84	0,44	0,64	0,72	0,37	0,54	0,60	0,30	0,43	0,49
	VI	25,01	1,37	2,—	2,25																				
94,19	I,IV	13,75	0,75	1,10	1,23	I	13,75	0,59	0,86	0,97	0,44	0,64	0,72	0,30	0,44	0,49	0,07	0,24	0,27	—	0,07	0,08	—	—	—
	II	12,65	0,69	1,01	1,13	II	12,65	0,53	0,78	0,88	0,39	0,56	0,63	0,25	0,36	0,41	—	0,17	0,19	—	0,02	0,03	—	—	—
	III	6,13	0,14	0,49	0,55	III	6,13	—	0,30	0,34	—	0,15	0,17	—	0,02	0,02	—	—	—	—	—	—	—	—	—
	V	23,84	1,31	1,90	2,14	IV	13,75	0,67	0,98	1,10	0,59	0,86	0,97	0,52	0,75	0,85	0,44	0,64	0,72	0,37	0,54	0,61	0,30	0,44	0,49
	VI	25,05	1,37	2,—	2,25																				
94,29	I,IV	13,78	0,75	1,10	1,24	I	13,78	0,59	0,86	0,97	0,44	0,64	0,73	0,30	0,44	0,49	0,07	0,24	0,27	—	0,07	0,08	—	—	—
	II	12,68	0,69	1,01	1,14	II	12,68	0,54	0,78	0,88	0,39	0,57	0,64	0,25	0,36	0,41	—	0,17	0,20	—	0,02	0,03	—	—	—
	III	6,16	0,15	0,49	0,55	III	6,16	—	0,31	0,35	—	0,15	0,17	—	0,02	0,03	—	—	—	—	—	—	—	—	—
	V	23,88	1,31	1,91	2,14	IV	13,78	0,67	0,98	1,10	0,59	0,86	0,97	0,52	0,75	0,85	0,44	0,64	0,73	0,37	0,54	0,61	0,30	0,44	0,49
	VI	25,09	1,38	2,—	2,25																				
94,39	I,IV	13,81	0,75	1,10	1,24	I	13,81	0,59	0,87	0,98	0,44	0,65	0,73	0,30	0,44	0,49	0,08	0,24	0,27	—	0,08	0,09	—	—	—
	II	12,70	0,69	1,01	1,14	II	12,70	0,54	0,78	0,88	0,39	0,57	0,64	0,25	0,36	0,41	—	0,18	0,20	—	0,03	0,03	—	—	—
	III	6,17	0,15	0,49	0,55	III	6,17	—	0,31	0,35	—	0,15	0,17	—	0,02	0,03	—	—	—	—	—	—	—	—	—
	V	23,91	1,31	1,91	2,15	IV	13,81	0,67	0,98	1,10	0,59	0,87	0,98	0,52	0,76	0,85	0,44	0,65	0,73	0,37	0,54	0,61	0,30	0,44	0,49
	VI	25,12	1,38	2,—	2,26																				
94,49	I,IV	13,83	0,76	1,10	1,24	I	13,83	0,60	0,87	0,98	0,44	0,65	0,73	0,30	0,44	0,50	0,08	0,25	0,28	—	0,08	0,09	—	—	—
	II	12,73	0,70	1,01	1,14	II	12,73	0,54	0,79	0,88	0,39	0,57	0,64	0,25	0,37	0,41	—	0,18	0,20	—	0,03	0,03	—	—	—
	III	6,20	0,16	0,49	0,55	III	6,20	—	0,31	0,35	—	0,15	0,17	—	0,02	0,03	—	—	—	—	—	—	—	—	—
	V	23,95	1,31	1,91	2,15	IV	13,83	0,68	0,98	1,11	0,60	0,87	0,98	0,52	0,76	0,85	0,44	0,65	0,73	0,37	0,54	0,61	0,30	0,44	0,50
	VI	25,16	1,38	2,01	2,26																				
94,59	I,IV	13,86	0,76	1,10	1,24	I	13,86	0,60	0,87	0,98	0,45	0,65	0,73	0,30	0,44	0,50	0,09	0,25	0,28	—	0,08	0,09	—	—	—
	II	12,75	0,70	1,02	1,14	II	12,75	0,54	0,79	0,89	0,39	0,57	0,64	0,25	0,37	0,42	—	0,18	0,20	—	0,03	0,03	—	—	—
	III	6,22	0,16	0,49	0,55	III	6,22	—	0,31	0,35	—	0,16	0,18	—	0,03	0,03	—	—	—	—	—	—	—	—	—
	V	23,99	1,31	1,91	2,15	IV	13,86	0,68	0,99	1,11	0,60	0,87	0,98	0,52	0,76	0,85	0,45	0,65	0,73	0,37	0,55	0,61	0,30	0,44	0,50
	VI	25,20	1,38	2,01	2,26																				
94,69	I,IV	13,88	0,76	1,11	1,24	I	13,88	0,60	0,87	0,98	0,45	0,65	0,73	0,30	0,44	0,50	0,09	0,25	0,28	—	0,08	0,09	—	—	—
	II	12,78	0,70	1,02	1,15	II	12,78	0,54	0,79	0,89	0,39	0,57	0,65	0,25	0,37	0,42	—	0,18	0,20	—	0,03	0,03	—	—	—
	III	6,24	0,16	0,49	0,56	III	6,24	—	0,31	0,35	—	0,16	0,18	—	0,03	0,03	—	—	—	—	—	—	—	—	—
	V	24,02	1,32	1,92	2,16	IV	13,88	0,68	0,99	1,11	0,60	0,87	0,98	0,52	0,76	0,86	0,45	0,65	0,73	0,37	0,55	0,62	0,30	0,44	0,50
	VI	25,23	1,38	2,01	2,27																				
94,79	I,IV	13,91	0,76	1,11	1,25	I	13,91	0,60	0,88	0,99	0,45	0,65	0,74	0,31	0,45	0,50	0,10	0,25	0,28	—	0,08	0,09	—	—	—
	II	12,81	0,70	1,02	1,15	II	12,81	0,54	0,79	0,89	0,39	0,58	0,65	0,25	0,37	0,42	—	0,18	0,20	—	0,03	0,03	—	—	—
	III	6,26	0,17	0,50	0,56	III	6,26	—	0,31	0,35	—	0,16	0,18	—	0,03	0,03	—	—	—	—	—	—	—	—	—
	V	24,06	1,32	1,92	2,16	IV	13,91	0,68	0,99	1,11	0,60	0,88	0,99	0,52	0,76	0,86	0,45	0,65	0,74	0,38	0,55	0,62	0,31	0,45	0,50
	VI	25,27	1,38	2,02	2,27																				
94,89	I,IV	13,94	0,76	1,11	1,25	I	13,94	0,60	0,88	0,99	0,45	0,66	0,74	0,31	0,45	0,50	0,10	0,25	0,28	—	0,08	0,09	—	—	—
	II	12,83	0,70	1,02	1,15	II	12,83	0,54	0,79	0,89	0,40	0,58	0,65	0,26	0,37	0,42	—	0,18	0,21	—	0,03	0,04	—	—	—
	III	6,28	0,17	0,50	0,56	III	6,28	—	0,32	0,36	—	0,16	0,18	—	0,03	0,03	—	—	—	—	—	—	—	—	—
	V	24,09	1,32	1,92	2,16	IV	13,94	0,68	0,99	1,12	0,60	0,88	0,99	0,52	0,77	0,86	0,45	0,66	0,74	0,38	0,55	0,62	0,31	0,45	0,50
	VI	25,30	1,39	2,02	2,27																				
94,99	I,IV	13,96	0,76	1,11	1,25	I	13,96	0,60	0,88	0,99	0,45	0,66	0,74	0,31	0,45	0,51	0,10	0,25	0,29	—	0,08	0,09	—	—	—
	II	12,86	0,70	1,02	1,15	II	12,86	0,55	0,80	0,90	0,40	0,58	0,65	0,26	0,38	0,42	—	0,18	0,21	—	0,03	0,04	—	—	—
	III	6,30	0,18	0,50	0,56	III	6,30	—	0,32	0,36	—	0,16	0,18	—	0,03	0,03	—	—	—	—	—	—	—	—	—
	V	24,13	1,32	1,93	2,17	IV	13,96	0,68	0,99	1,12	0,60	0,88	0,99	0,53	0,77	0,86	0,45	0,66	0,74	0,38	0,55	0,62	0,31	0,45	0,51
	VI	25,34	1,39	2,02	2,28																				
95,09	I,IV	13,99	0,76	1,11	1,25	I	13,99	0,60	0,88	0,99	0,45	0,66	0,74	0,31	0,45	0,51	0,11	0,26	0,29	—	0,08	0,09	—	—	—
	II	12,88	0,70	1,03	1,15	II	12,88	0,55	0,80	0,90	0,40	0,58	0,65	0,26	0,38	0,43	—	0,19	0,21	—	0,03	0,04	—	—	—
	III	6,32	0,18	0,50	0,56	III	6,32	—	0,32	0,36	—	0,16	0,18	—	0,03	0,03	—	—	—	—	—	—	—	—	—
	V	24,16	1,32	1,93	2,17	IV	13,99	0,68	1,—	1,12	0,60	0,88	0,99	0,53	0,77	0,87	0,45	0,66	0,74	0,38	0,55	0,62	0,31	0,45	0,51
	VI	25,37	1,39	2,02	2,28																				
95,19	I,IV	14,02	0,77	1,12	1,26	I	14,02	0,61	0,88	0,99	0,45	0,66	0,75	0,31	0,45	0,51	0,11	0,26	0,29	—	0,09	0,10	—	—	—
	II	12,91	0,71	1,03	1,16	II	12,91	0,55	0,80	0,90	0,40	0,58	0,66	0,26	0,38	0,43	—	0,19	0,21	—	0,03	0,04	—	—	—
	III	6,34	0,18	0,50	0,57	III	6,34	—	0,32	0,36	—	0,16	0,18	—	0,03	0,04	—	—	—	—	—	—	—	—	—
	V	24,20	1,33	1,93	2,17	IV	14,02	0,68	1,—	1,12	0,61	0,88	0,99	0,53	0,77	0,87	0,45	0,66	0,75	0,38	0,56	0,63	0,31	0,45	0,51
	VI	25,41	1,39	2,03	2,28																				

* Die ausgewiesenen Tabellenwerte sind amtlich. Siehe Erläuterungen auf der Umschlaginnenseite (U2).

** Bei mehr als 3 Kinderfreibeträgen ist die „Ergänzungs-Tabelle 3,5 bis 6 Kinderfreibeträge" anzuwenden.

Abzüge an Lohnsteuer, Solidaritätszuschlag (SolZ) und Kirchensteuer (8%, 9%) in den Steuerklassen

Lohn/ Gehalt bis €*	I – VI	LSt	ohne Kinderfreibeträge SolZ	8%	9%	I, II, III, IV	LSt	mit Zahl der Kinderfreibeträge . . . 0,5 SolZ	0,5 8%	0,5 9%	1 SolZ	1 8%	1 9%	1,5 SolZ	1,5 8%	1,5 9%	2 SolZ	2 8%	2 9%	2,5 SolZ	2,5 8%	2,5 9%	3** SolZ	3** 8%	3** 9%
95,29	I,IV	14,04	0,77	1,12	1,26	I	14,04	0,61	0,88	1,—	0,46	0,66	0,75	0,31	0,46	0,51	0,12	0,26	0,29	—	0,09	0,10	—	—	—
	II	12,93	0,71	1,03	1,16	II	12,93	0,55	0,80	0,90	0,40	0,58	0,66	0,26	0,38	0,43	—	0,19	0,21	—	0,04	0,04	—	—	—
	III	6,36	0,19	0,50	0,57	III	6,36	—	0,32	0,36	—	0,16	0,18	—	0,03	0,04	—	—	—	—	—	—	—	—	—
	V	24,24	1,33	1,93	2,18	IV	14,04	0,69	1,—	1,13	0,61	0,88	1,—	0,53	0,77	0,87	0,46	0,66	0,75	0,38	0,56	0,63	0,31	0,46	0,51
	VI	25,45	1,39	2,03	2,29																				
95,39	I,IV	14,07	0,77	1,12	1,26	I	14,07	0,61	0,89	1,—	0,46	0,67	0,75	0,31	0,46	0,52	0,12	0,26	0,29	—	0,09	0,10	—	—	—
	II	12,96	0,71	1,03	1,16	II	12,96	0,55	0,80	0,90	0,40	0,59	0,66	0,26	0,38	0,43	—	0,19	0,22	—	0,04	0,04	—	—	—
	III	6,38	0,19	0,51	0,57	III	6,38	—	0,32	0,36	—	0,16	0,19	—	0,03	0,04	—	—	—	—	—	—	—	—	—
	V	24,27	1,33	1,94	2,18	IV	14,07	0,69	1,—	1,13	0,61	0,89	1,—	0,53	0,78	0,87	0,46	0,67	0,75	0,38	0,56	0,63	0,31	0,46	0,52
	VI	25,48	1,40	2,03	2,29																				
95,49	I,IV	14,10	0,77	1,12	1,26	I	14,10	0,61	0,89	1,—	0,46	0,67	0,75	0,31	0,46	0,52	0,12	0,26	0,30	—	0,09	0,10	—	—	—
	II	12,99	0,71	1,03	1,16	II	12,99	0,55	0,80	0,91	0,40	0,59	0,66	0,26	0,38	0,43	—	0,19	0,22	—	0,04	0,04	—	—	—
	III	6,41	0,20	0,51	0,57	III	6,41	—	0,32	0,37	—	0,17	0,19	—	0,04	0,04	—	—	—	—	—	—	—	—	—
	V	24,31	1,33	1,94	2,18	IV	14,10	0,69	1,—	1,13	0,61	0,89	1,—	0,53	0,78	0,87	0,46	0,67	0,75	0,38	0,56	0,63	0,31	0,46	0,52
	VI	25,52	1,40	2,04	2,29																				
95,59	I,IV	14,12	0,77	1,12	1,27	I	14,12	0,61	0,89	1,—	0,46	0,67	0,75	0,32	0,46	0,52	0,13	0,26	0,30	—	0,09	0,10	—	—	—
	II	13,01	0,71	1,04	1,17	II	13,01	0,55	0,81	0,91	0,40	0,59	0,66	0,26	0,39	0,43	—	0,19	0,22	—	0,04	0,04	—	—	—
	III	6,42	0,20	0,51	0,57	III	6,42	—	0,33	0,37	—	0,17	0,19	—	0,04	0,04	—	—	—	—	—	—	—	—	—
	V	24,35	1,33	1,94	2,19	IV	14,12	0,69	1,01	1,13	0,61	0,89	1,—	0,53	0,78	0,88	0,46	0,67	0,75	0,39	0,56	0,63	0,32	0,46	0,52
	VI	25,56	1,40	2,04	2,30																				
95,69	I,IV	14,15	0,77	1,13	1,27	I	14,15	0,61	0,89	1,—	0,46	0,67	0,76	0,32	0,46	0,52	0,13	0,27	0,30	—	0,09	0,10	—	—	—
	II	13,04	0,71	1,04	1,17	II	13,04	0,55	0,81	0,91	0,41	0,59	0,67	0,27	0,39	0,44	—	0,20	0,22	—	0,04	0,05	—	—	—
	III	6,45	0,21	0,51	0,58	III	6,45	—	0,33	0,37	—	0,17	0,19	—	0,04	0,04	—	—	—	—	—	—	—	—	—
	V	24,38	1,34	1,95	2,19	IV	14,15	0,69	1,01	1,14	0,61	0,89	1,—	0,54	0,78	0,88	0,46	0,67	0,76	0,39	0,57	0,64	0,32	0,46	0,52
	VI	25,59	1,40	2,04	2,30																				
95,79	I,IV	14,18	0,77	1,13	1,27	I	14,18	0,61	0,90	1,01	0,46	0,67	0,76	0,32	0,46	0,52	0,14	0,27	0,30	—	0,09	0,11	—	—	—
	II	13,06	0,71	1,04	1,17	II	13,06	0,56	0,81	0,91	0,41	0,59	0,67	0,27	0,39	0,44	—	0,20	0,22	—	0,04	0,05	—	—	—
	III	6,47	0,21	0,51	0,58	III	6,47	—	0,33	0,37	—	0,17	0,19	—	0,04	0,04	—	—	—	—	—	—	—	—	—
	V	24,42	1,34	1,95	2,19	IV	14,18	0,69	1,01	1,14	0,61	0,90	1,01	0,54	0,78	0,88	0,46	0,67	0,76	0,39	0,57	0,64	0,32	0,46	0,52
	VI	25,63	1,40	2,05	2,30																				
95,89	I,IV	14,20	0,78	1,13	1,27	I	14,20	0,62	0,90	1,01	0,46	0,68	0,76	0,32	0,47	0,53	0,14	0,27	0,30	—	0,09	0,11	—	—	—
	II	13,09	0,72	1,04	1,17	II	13,09	0,56	0,81	0,91	0,41	0,60	0,67	0,27	0,39	0,44	—	0,20	0,22	—	0,04	0,05	—	—	—
	III	6,49	0,21	0,51	0,58	III	6,49	—	0,33	0,37	—	0,17	0,19	—	0,04	0,04	—	—	—	—	—	—	—	—	—
	V	24,45	1,34	1,95	2,20	IV	14,20	0,69	1,01	1,14	0,62	0,90	1,01	0,54	0,78	0,88	0,46	0,68	0,76	0,39	0,57	0,64	0,32	0,47	0,53
	VI	25,66	1,41	2,05	2,30																				
95,99	I,IV	14,23	0,78	1,13	1,28	I	14,23	0,62	0,90	1,01	0,46	0,68	0,76	0,32	0,47	0,53	0,15	0,27	0,31	—	0,10	0,11	—	—	—
	II	13,12	0,72	1,04	1,18	II	13,12	0,56	0,82	0,92	0,41	0,60	0,67	0,27	0,39	0,44	—	0,20	0,23	—	0,04	0,05	—	—	—
	III	6,51	0,22	0,52	0,58	III	6,51	—	0,33	0,37	—	0,17	0,19	—	0,04	0,05	—	—	—	—	—	—	—	—	—
	V	24,49	1,34	1,95	2,20	IV	14,23	0,70	1,02	1,14	0,62	0,90	1,01	0,54	0,79	0,89	0,46	0,68	0,76	0,39	0,57	0,64	0,32	0,47	0,53
	VI	25,70	1,41	2,05	2,31																				
96,09	I,IV	14,25	0,78	1,14	1,28	I	14,25	0,62	0,90	1,01	0,47	0,68	0,76	0,32	0,47	0,53	0,15	0,27	0,31	—	0,10	0,11	—	—	—
	II	13,14	0,72	1,05	1,18	II	13,14	0,56	0,82	0,92	0,41	0,60	0,67	0,27	0,39	0,44	—	0,20	0,23	—	0,04	0,05	—	—	—
	III	6,53	0,22	0,52	0,58	III	6,53	—	0,33	0,38	—	0,17	0,20	—	0,04	0,05	—	—	—	—	—	—	—	—	—
	V	24,53	1,34	1,96	2,20	IV	14,25	0,70	1,02	1,14	0,62	0,90	1,01	0,54	0,79	0,89	0,47	0,68	0,76	0,39	0,57	0,64	0,32	0,47	0,53
	VI	25,73	1,41	2,05	2,31																				
96,19	I,IV	14,28	0,78	1,14	1,28	I	14,28	0,62	0,90	1,02	0,47	0,68	0,77	0,32	0,47	0,53	0,15	0,27	0,31	—	0,10	0,11	—	—	—
	II	13,17	0,72	1,05	1,18	II	13,17	0,56	0,82	0,92	0,41	0,60	0,68	0,27	0,40	0,45	—	0,20	0,23	—	0,05	0,05	—	—	—
	III	6,55	0,23	0,52	0,58	III	6,55	—	0,34	0,38	—	0,18	0,20	—	0,04	0,05	—	—	—	—	—	—	—	—	—
	V	24,56	1,35	1,96	2,21	IV	14,28	0,70	1,02	1,15	0,62	0,90	1,02	0,54	0,79	0,89	0,47	0,68	0,77	0,39	0,58	0,65	0,32	0,47	0,53
	VI	25,77	1,41	2,06	2,31																				
96,29	I,IV	14,31	0,78	1,14	1,28	I	14,31	0,62	0,91	1,02	0,47	0,68	0,77	0,32	0,47	0,53	0,16	0,28	0,31	—	0,10	0,11	—	—	—
	II	13,20	0,72	1,05	1,18	II	13,20	0,56	0,82	0,92	0,41	0,60	0,68	0,27	0,40	0,45	—	0,21	0,23	—	0,05	0,05	—	—	—
	III	6,57	0,23	0,52	0,59	III	6,57	—	0,34	0,38	—	0,18	0,20	—	0,04	0,05	—	—	—	—	—	—	—	—	—
	V	24,60	1,35	1,96	2,21	IV	14,31	0,70	1,02	1,15	0,62	0,91	1,02	0,54	0,79	0,89	0,47	0,68	0,77	0,39	0,58	0,65	0,32	0,47	0,53
	VI	25,81	1,41	2,06	2,32																				
96,39	I,IV	14,33	0,78	1,14	1,28	I	14,33	0,62	0,91	1,02	0,47	0,68	0,77	0,33	0,48	0,54	0,16	0,28	0,31	—	0,10	0,11	—	—	—
	II	13,22	0,72	1,05	1,18	II	13,22	0,56	0,82	0,93	0,41	0,60	0,68	0,27	0,40	0,45	—	0,21	0,23	—	0,05	0,05	—	—	—
	III	6,59	0,23	0,52	0,59	III	6,59	—	0,34	0,38	—	0,18	0,20	—	0,04	0,05	—	—	—	—	—	—	—	—	—
	V	24,63	1,35	1,97	2,21	IV	14,33	0,70	1,02	1,15	0,62	0,91	1,02	0,54	0,79	0,89	0,47	0,68	0,77	0,40	0,58	0,65	0,33	0,48	0,54
	VI	25,84	1,42	2,06	2,32																				
96,49	I,IV	14,36	0,79	1,14	1,29	I	14,36	0,62	0,91	1,02	0,47	0,69	0,77	0,33	0,48	0,54	0,17	0,28	0,31	—	0,10	0,12	—	—	—
	II	13,25	0,72	1,06	1,19	II	13,25	0,57	0,82	0,93	0,42	0,61	0,68	0,27	0,40	0,45	—	0,21	0,24	—	0,05	0,06	—	—	—
	III	6,61	0,24	0,52	0,59	III	6,61	—	0,34	0,38	—	0,18	0,20	—	0,04	0,05	—	—	—	—	—	—	—	—	—
	V	24,67	1,35	1,97	2,22	IV	14,36	0,70	1,02	1,15	0,62	0,91	1,02	0,55	0,80	0,90	0,47	0,69	0,77	0,40	0,58	0,65	0,33	0,48	0,54
	VI	25,88	1,42	2,07	2,32																				
96,59	I,IV	14,39	0,79	1,15	1,29	I	14,39	0,63	0,91	1,03	0,47	0,69	0,78	0,33	0,48	0,54	0,17	0,28	0,32	—	0,10	0,12	—	—	—
	II	13,27	0,73	1,06	1,19	II	13,27	0,57	0,83	0,93	0,42	0,61	0,69	0,28	0,40	0,45	—	0,21	0,24	—	0,05	0,06	—	—	—
	III	6,63	0,24	0,53	0,59	III	6,63	—	0,34	0,38	—	0,18	0,20	—	0,05	0,05	—	—	—	—	—	—	—	—	—
	V	24,71	1,35	1,97	2,22	IV	14,39	0,70	1,03	1,16	0,63	0,91	1,03	0,55	0,80	0,90	0,47	0,69	0,78	0,40	0,58	0,66	0,33	0,48	0,54
	VI	25,91	1,42	2,07	2,33																				
96,69	I,IV	14,41	0,79	1,15	1,29	I	14,41	0,63	0,91	1,03	0,47	0,69	0,78	0,33	0,48	0,54	0,18	0,28	0,32	—	0,11	0,12	—	—	—
	II	13,30	0,73	1,06	1,19	II	13,30	0,57	0,83	0,93	0,42	0,61	0,69	0,28	0,41	0,46	—	0,21	0,24	—	0,05	0,06	—	—	—
	III	6,66	0,25	0,53	0,59	III	6,66	—	0,34	0,39	—	0,18	0,20	—	0,05	0,05	—	—	—	—	—	—	—	—	—
	V	24,74	1,36	1,97	2,22	IV	14,41	0,71	1,03	1,16	0,63	0,91	1,03	0,55	0,80	0,90	0,47	0,69	0,78	0,40	0,58	0,66	0,33	0,48	0,54
	VI	25,95	1,42	2,07	2,33																				
96,79	I,IV	14,44	0,79	1,15	1,29	I	14,44	0,63	0,92	1,03	0,47	0,69	0,78	0,33	0,48	0,54	0,18	0,28	0,32	—	0,11	0,12	—	—	—
	II	13,33	0,73	1,06	1,19	II	13,33	0,57	0,83	0,93	0,42	0,61	0,69	0,28	0,41	0,46	—	0,21	0,24	—	0,05	0,06	—	—	—
	III	6,67	0,25	0,53	0,60	III	6,67	—	0,34	0,39	—	0,18	0,21	—	0,05	0,06	—	—	—	—	—	—	—	—	—
	V	24,78	1,36	1,98	2,23	IV	14,44	0,71	1,03	1,16	0,63	0,92	1,03	0,55	0,80	0,90	0,47	0,69	0,78	0,40	0,59	0,66	0,33	0,48	0,54
	VI	25,99	1,42	2,07	2,33																				
96,89	I,IV	14,47	0,79	1,15	1,30	I	14,47	0,63	0,92	1,03	0,48	0,69	0,78	0,33	0,48	0,54	0,18	0,29	0,32	—	0,11	0,12	—	—	—
	II	13,35	0,73	1,06	1,20	II	13,35	0,57	0,83	0,94	0,42	0,61	0,69	0,28	0,41	0,46	0,01	0,22	0,24	—	0,05	0,06	—	—	—
	III	6,70	0,26	0,53	0,60	III	6,70	—	0,35	0,39	—	0,18	0,21	—	0,05	0,06	—	—	—	—	—	—	—	—	—
	V	24,81	1,36	1,98	2,23	IV	14,47	0,71	1,03	1,16	0,63	0,92	1,03	0,55	0,80	0,90	0,48	0,69	0,78	0,40	0,59	0,66	0,33	0,48	0,54
	VI	26,02	1,43	2,08	2,34																				

* Die ausgewiesenen Tabellenwerte sind amtlich. Siehe Erläuterungen auf der Umschlaginnenseite (U2).
** Bei mehr als 3 Kinderfreibeträgen ist die „Ergänzungs-Tabelle 3,5 bis 6 Kinderfreibeträge" anzuwenden.

Lohn/ Gehalt bis €*	Abzüge an Lohnsteuer, Solidaritätszuschlag (SolZ) und Kirchensteuer (8%, 9%) in den Steuerklassen I – VI					I, II, III, IV		mit Zahl der Kinderfreibeträge . . . 0,5			1			1,5			2			2,5			3**		
		LSt	ohne Kinderfreibeträge SolZ	8%	9%		LSt	SolZ	8%	9%	SolZ	8%	9%	SolZ	8%	9%	SolZ	8%	9%	SolZ	8%	9%	SolZ	8%	9%
96,99	I,IV	14,50	0,79	1,16	1,30	I	14,50	0,63	0,92	1,03	0,48	0,70	0,78	0,33	0,49	0,55	0,19	0,29	0,32	—	0,11	0,12	—	—	—
	II	13,38	0,73	1,07	1,20	II	13,38	0,57	0,83	0,94	0,42	0,62	0,69	0,28	0,41	0,46	0,01	0,22	0,24	—	0,06	0,06	—	—	—
	III	6,72	0,26	0,53	0,60	III	6,72	—	0,35	0,39	—	0,19	0,21	—	0,05	0,06	—	—	—	—	—	—	—	—	—
	V	24,85	1,36	1,98	2,23	IV	14,50	0,71	1,04	1,17	0,63	0,92	1,03	0,55	0,81	0,91	0,48	0,70	0,78	0,40	0,59	0,66	0,33	0,49	0,55
	VI	26,06	1,43	2,08	2,34																				
97,09	I,IV	14,52	0,79	1,16	1,30	I	14,52	0,63	0,92	1,04	0,48	0,70	0,79	0,33	0,49	0,55	0,19	0,29	0,33	—	0,11	0,13	—	—	—
	II	13,40	0,73	1,07	1,20	II	13,40	0,57	0,84	0,94	0,42	0,62	0,70	0,28	0,41	0,46	0,02	0,22	0,25	—	0,06	0,06	—	—	—
	III	6,74	0,26	0,53	0,60	III	6,74	—	0,35	0,39	—	0,19	0,21	—	0,05	0,06	—	—	—	—	—	—	—	—	—
	V	24,89	1,36	1,99	2,24	IV	14,52	0,71	1,04	1,17	0,63	0,92	1,04	0,55	0,81	0,91	0,48	0,70	0,79	0,41	0,59	0,67	0,33	0,49	0,55
	VI	26,10	1,43	2,08	2,34																				
97,19	I,IV	14,55	0,80	1,16	1,30	I	14,55	0,63	0,92	1,04	0,48	0,70	0,79	0,34	0,49	0,55	0,20	0,29	0,33	—	0,11	0,13	—	—	—
	II	13,43	0,73	1,07	1,20	II	13,43	0,58	0,84	0,94	0,42	0,62	0,70	0,28	0,41	0,47	0,02	0,22	0,25	—	0,06	0,07	—	—	—
	III	6,76	0,27	0,54	0,60	III	6,76	—	0,35	0,40	—	0,19	0,21	—	0,05	0,06	—	—	—	—	—	—	—	—	—
	V	24,92	1,37	1,99	2,24	IV	14,55	0,71	1,04	1,17	0,63	0,92	1,04	0,56	0,81	0,91	0,48	0,70	0,79	0,41	0,59	0,67	0,34	0,49	0,55
	VI	26,13	1,43	2,09	2,35																				
97,29	I,IV	14,57	0,80	1,16	1,31	I	14,57	0,63	0,93	1,04	0,48	0,70	0,79	0,34	0,49	0,55	0,20	0,29	0,33	—	0,11	0,13	—	—	—
	II	13,46	0,74	1,07	1,21	II	13,46	0,58	0,84	0,95	0,43	0,62	0,70	0,28	0,42	0,47	0,02	0,22	0,25	—	0,06	0,07	—	—	—
	III	6,78	0,27	0,54	0,61	III	6,78	—	0,35	0,40	—	0,19	0,21	—	0,05	0,06	—	—	—	—	—	—	—	—	—
	V	24,96	1,37	1,99	2,24	IV	14,57	0,71	1,04	1,17	0,63	0,93	1,04	0,56	0,81	0,91	0,48	0,70	0,79	0,41	0,60	0,67	0,34	0,49	0,55
	VI	26,17	1,43	2,09	2,35																				
97,39	I,IV	14,60	0,80	1,16	1,31	I	14,60	0,64	0,93	1,04	0,48	0,70	0,79	0,34	0,49	0,55	0,20	0,29	0,33	—	0,12	0,13	—	—	—
	II	13,48	0,74	1,07	1,21	II	13,48	0,58	0,84	0,95	0,43	0,62	0,70	0,29	0,42	0,47	0,03	0,22	0,25	—	0,06	0,07	—	—	—
	III	6,80	0,28	0,54	0,61	III	6,80	—	0,35	0,40	—	0,19	0,22	—	0,06	0,06	—	—	—	—	—	—	—	—	—
	V	25,—	1,37	2,—	2,25	IV	14,60	0,72	1,04	1,17	0,64	0,93	1,04	0,56	0,81	0,92	0,48	0,70	0,79	0,41	0,60	0,67	0,34	0,49	0,55
	VI	26,20	1,44	2,09	2,35																				
97,49	I,IV	14,63	0,80	1,17	1,31	I	14,63	0,64	0,93	1,05	0,48	0,71	0,79	0,34	0,50	0,56	0,20	0,30	0,33	—	0,12	0,13	—	—	—
	II	13,51	0,74	1,08	1,21	II	13,51	0,58	0,84	0,95	0,43	0,63	0,70	0,29	0,42	0,47	0,03	0,23	0,25	—	0,06	0,07	—	—	—
	III	6,82	0,28	0,54	0,61	III	6,82	—	0,36	0,40	—	0,19	0,22	—	0,06	0,06	—	—	—	—	—	—	—	—	—
	V	25,03	1,37	2,—	2,25	IV	14,63	0,72	1,05	1,18	0,64	0,93	1,05	0,56	0,82	0,92	0,48	0,71	0,79	0,41	0,60	0,67	0,34	0,50	0,56
	VI	26,24	1,44	2,09	2,36																				
97,59	I,IV	14,65	0,80	1,17	1,31	I	14,65	0,64	0,93	1,05	0,49	0,71	0,80	0,34	0,50	0,56	0,20	0,30	0,34	—	0,12	0,13	—	—	—
	II	13,53	0,74	1,08	1,21	II	13,53	0,58	0,85	0,95	0,43	0,63	0,71	0,29	0,42	0,47	0,04	0,23	0,26	—	0,06	0,07	—	—	—
	III	6,85	0,29	0,54	0,61	III	6,85	—	0,36	0,40	—	0,19	0,22	—	0,06	0,06	—	—	—	—	—	—	—	—	—
	V	25,07	1,37	2,—	2,25	IV	14,65	0,72	1,05	1,18	0,64	0,93	1,05	0,56	0,82	0,92	0,49	0,71	0,80	0,41	0,60	0,68	0,34	0,50	0,56
	VI	26,28	1,44	2,10	2,36																				
97,69	I,IV	14,68	0,80	1,17	1,32	I	14,68	0,64	0,93	1,05	0,49	0,71	0,80	0,34	0,50	0,56	0,20	0,30	0,34	—	0,12	0,13	—	—	—
	II	13,56	0,74	1,08	1,22	II	13,56	0,58	0,85	0,95	0,43	0,63	0,71	0,29	0,42	0,48	0,04	0,23	0,26	—	0,06	0,07	—	—	—
	III	6,86	0,29	0,54	0,61	III	6,86	—	0,36	0,40	—	0,20	0,22	—	0,06	0,07	—	—	—	—	—	—	—	—	—
	V	25,10	1,38	2,—	2,25	IV	14,68	0,72	1,05	1,18	0,64	0,93	1,05	0,56	0,82	0,92	0,49	0,71	0,80	0,41	0,60	0,68	0,34	0,50	0,56
	VI	26,31	1,44	2,10	2,36																				
97,79	I,IV	14,71	0,80	1,17	1,32	I	14,71	0,64	0,94	1,05	0,49	0,71	0,80	0,34	0,50	0,56	0,21	0,30	0,34	—	0,12	0,14	—	—	—
	II	13,59	0,74	1,08	1,22	II	13,59	0,58	0,85	0,96	0,43	0,63	0,71	0,29	0,42	0,48	0,04	0,23	0,26	—	0,06	0,07	—	—	—
	III	6,88	0,29	0,55	0,61	III	6,88	—	0,36	0,41	—	0,20	0,22	—	0,06	0,07	—	—	—	—	—	—	—	—	—
	V	25,14	1,38	2,01	2,26	IV	14,71	0,72	1,05	1,18	0,64	0,94	1,05	0,56	0,82	0,92	0,49	0,71	0,80	0,41	0,60	0,68	0,34	0,50	0,56
	VI	26,35	1,44	2,10	2,37																				
97,89	I,IV	14,73	0,81	1,17	1,32	I	14,73	0,64	0,94	1,06	0,49	0,71	0,80	0,34	0,50	0,57	0,21	0,30	0,34	—	0,12	0,14	—	—	—
	II	13,61	0,74	1,08	1,22	II	13,61	0,58	0,85	0,96	0,43	0,63	0,71	0,29	0,43	0,48	0,05	0,23	0,26	—	0,07	0,08	—	—	—
	III	6,91	0,30	0,55	0,62	III	6,91	—	0,36	0,41	—	0,20	0,22	—	0,06	0,07	—	—	—	—	—	—	—	—	—
	V	25,18	1,38	2,01	2,26	IV	14,73	0,72	1,05	1,19	0,64	0,94	1,06	0,57	0,82	0,93	0,49	0,71	0,80	0,42	0,61	0,68	0,34	0,50	0,57
	VI	26,38	1,45	2,11	2,37																				
97,99	I,IV	14,76	0,81	1,18	1,32	I	14,76	0,64	0,94	1,06	0,49	0,72	0,81	0,35	0,50	0,57	0,21	0,30	0,34	—	0,12	0,14	—	—	—
	II	13,64	0,75	1,09	1,22	II	13,64	0,59	0,85	0,96	0,44	0,64	0,72	0,29	0,43	0,48	0,05	0,23	0,26	—	0,07	0,08	—	—	—
	III	6,93	0,30	0,55	0,62	III	6,93	—	0,36	0,41	—	0,20	0,22	—	0,06	0,07	—	—	—	—	—	—	—	—	—
	V	25,21	1,38	2,01	2,26	IV	14,76	0,72	1,06	1,19	0,64	0,94	1,06	0,57	0,83	0,93	0,49	0,72	0,81	0,42	0,61	0,68	0,35	0,50	0,57
	VI	26,42	1,45	2,11	2,37																				
98,09	I,IV	14,79	0,81	1,18	1,33	I	14,79	0,65	0,94	1,06	0,49	0,72	0,81	0,35	0,51	0,57	0,21	0,31	0,35	—	0,12	0,14	—	—	—
	II	13,66	0,75	1,09	1,22	II	13,66	0,59	0,86	0,96	0,44	0,64	0,72	0,29	0,43	0,48	0,06	0,24	0,27	—	0,07	0,08	—	—	—
	III	6,95	0,31	0,55	0,62	III	6,95	—	0,36	0,41	—	0,20	0,23	—	0,06	0,07	—	—	—	—	—	—	—	—	—
	V	25,25	1,38	2,02	2,27	IV	14,79	0,73	1,06	1,19	0,65	0,94	1,06	0,57	0,83	0,93	0,49	0,72	0,81	0,42	0,61	0,69	0,35	0,51	0,57
	VI	26,46	1,45	2,11	2,38																				
98,19	I,IV	14,81	0,81	1,18	1,33	I	14,81	0,65	0,94	1,06	0,49	0,72	0,81	0,35	0,51	0,57	0,21	0,31	0,35	—	0,13	0,14	—	—	—
	II	13,69	0,75	1,09	1,23	II	13,69	0,59	0,86	0,97	0,44	0,64	0,72	0,30	0,43	0,49	0,06	0,24	0,27	—	0,07	0,08	—	—	—
	III	6,97	0,31	0,55	0,62	III	6,97	—	0,37	0,41	—	0,20	0,23	—	0,06	0,07	—	—	—	—	—	—	—	—	—
	V	25,28	1,39	2,02	2,27	IV	14,81	0,73	1,06	1,19	0,65	0,94	1,06	0,57	0,83	0,93	0,49	0,72	0,81	0,42	0,61	0,69	0,35	0,51	0,57
	VI	26,49	1,45	2,11	2,38																				
98,29	I,IV	14,84	0,81	1,18	1,33	I	14,84	0,65	0,95	1,06	0,49	0,72	0,81	0,35	0,51	0,57	0,21	0,31	0,35	—	0,13	0,14	—	—	—
	II	13,72	0,75	1,09	1,23	II	13,72	0,59	0,86	0,97	0,44	0,64	0,72	0,30	0,43	0,49	0,06	0,24	0,27	—	0,07	0,08	—	—	—
	III	6,99	0,31	0,55	0,62	III	6,99	—	0,37	0,41	—	0,20	0,23	—	0,06	0,07	—	—	—	—	—	—	—	—	—
	V	25,32	1,39	2,02	2,27	IV	14,84	0,73	1,06	1,20	0,65	0,95	1,06	0,57	0,83	0,94	0,49	0,72	0,81	0,42	0,61	0,69	0,35	0,51	0,57
	VI	26,53	1,45	2,12	2,38																				
98,39	I,IV	14,87	0,81	1,18	1,33	I	14,87	0,65	0,95	1,07	0,50	0,72	0,81	0,35	0,51	0,58	0,21	0,31	0,35	—	0,13	0,15	—	—	—
	II	13,74	0,75	1,09	1,23	II	13,74	0,59	0,86	0,97	0,44	0,64	0,72	0,30	0,44	0,49	0,07	0,24	0,27	—	0,07	0,08	—	—	—
	III	7,01	0,32	0,56	0,63	III	7,01	—	0,37	0,42	—	0,20	0,23	—	0,07	0,07	—	—	—	—	—	—	—	—	—
	V	25,35	1,39	2,02	2,28	IV	14,87	0,73	1,06	1,20	0,65	0,95	1,07	0,57	0,83	0,94	0,50	0,72	0,81	0,42	0,62	0,69	0,35	0,51	0,58
	VI	26,56	1,46	2,12	2,39																				
98,49	I,IV	14,90	0,81	1,19	1,34	I	14,90	0,65	0,95	1,07	0,50	0,72	0,82	0,35	0,51	0,58	0,21	0,31	0,35	—	0,13	0,15	—	—	—
	II	13,77	0,75	1,10	1,23	II	13,77	0,59	0,86	0,97	0,44	0,64	0,72	0,30	0,44	0,49	0,07	0,24	0,27	—	0,07	0,08	—	—	—
	III	7,03	0,32	0,56	0,63	III	7,03	—	0,37	0,42	—	0,21	0,23	—	0,07	0,08	—	—	—	—	—	—	—	—	—
	V	25,39	1,39	2,03	2,28	IV	14,90	0,73	1,07	1,20	0,65	0,95	1,07	0,57	0,84	0,94	0,50	0,72	0,82	0,42	0,62	0,70	0,35	0,51	0,58
	VI	26,60	1,46	2,12	2,39																				
98,59	I,IV	14,92	0,82	1,19	1,34	I	14,92	0,65	0,95	1,07	0,50	0,73	0,82	0,35	0,52	0,58	0,22	0,32	0,36	—	0,13	0,15	—	—	—
	II	13,80	0,75	1,10	1,24	II	13,80	0,59	0,87	0,98	0,44	0,65	0,73	0,30	0,44	0,49	0,08	0,24	0,27	—	0,08	0,09	—	—	—
	III	7,06	0,33	0,56	0,63	III	7,06	—	0,37	0,42	—	0,21	0,23	—	0,07	0,08	—	—	—	—	—	—	—	—	—
	V	25,43	1,39	2,03	2,28	IV	14,92	0,73	1,07	1,20	0,65	0,95	1,07	0,57	0,84	0,94	0,50	0,73	0,82	0,42	0,62	0,70	0,35	0,52	0,58
	VI	26,63	1,46	2,13	2,39																				

* Die ausgewiesenen Tabellenwerte sind amtlich. Siehe Erläuterungen auf der Umschlaginnenseite (U2).

** Bei mehr als 3 Kinderfreibeträgen ist die „Ergänzungs-Tabelle 3,5 bis 6 Kinderfreibeträge" anzuwenden.

Abzüge an Lohnsteuer, Solidaritätszuschlag (SolZ) und Kirchensteuer (8%, 9%) in den Steuerklassen

Lohn/ Gehalt bis €*	I – VI	LSt	ohne Kinderfreibeträge SolZ	8%	9%	I, II, III, IV	LSt	mit Zahl der Kinderfreibeträge . . . 0,5 SolZ	8%	9%	1 SolZ	8%	9%	1,5 SolZ	8%	9%	2 SolZ	8%	9%	2,5 SolZ	8%	9%	3** SolZ	8%	9%
98,69	I,IV	14,95	0,82	1,19	1,34	I	14,95	0,65	0,95	1,07	0,50	0,73	0,82	0,35	0,52	0,58	0,22	0,32	0,36	—	0,13	0,15	—	—	—
	II	13,82	0,76	1,10	1,24	II	13,82	0,60	0,87	0,98	0,44	0,65	0,73	0,30	0,44	0,50	0,08	0,25	0,28	—	0,08	0,09	—	—	—
	III	7,07	0,33	0,56	0,63	III	7,07	—	0,37	0,42	—	0,21	0,23	—	0,07	0,08	—	—	—	—	—	—	—	—	—
	V	25,46	1,40	2,03	2,29	IV	14,95	0,73	1,07	1,21	0,65	0,95	1,07	0,58	0,84	0,95	0,50	0,73	0,82	0,43	0,62	0,70	0,35	0,52	0,58
	VI	26,67	1,46	2,13	2,40																				
98,79	I,IV	14,98	0,82	1,19	1,34	I	14,98	0,66	0,96	1,08	0,50	0,73	0,82	0,35	0,52	0,58	0,22	0,32	0,36	—	0,14	0,15	—	—	—
	II	13,85	0,76	1,10	1,24	II	13,85	0,60	0,87	0,98	0,45	0,65	0,73	0,30	0,44	0,50	0,09	0,25	0,28	—	0,08	0,09	—	—	—
	III	7,10	0,34	0,56	0,63	III	7,10	—	0,38	0,42	—	0,21	0,24	—	0,07	0,08	—	—	—	—	—	—	—	—	—
	V	25,50	1,40	2,04	2,29	IV	14,98	0,74	1,07	1,21	0,66	0,96	1,08	0,58	0,84	0,95	0,50	0,73	0,82	0,43	0,62	0,70	0,35	0,52	0,58
	VI	26,71	1,46	2,13	2,40																				
98,89	I,IV	15,—	0,82	1,20	1,35	I	15,—	0,66	0,96	1,08	0,50	0,73	0,82	0,36	0,52	0,59	0,22	0,32	0,36	—	0,14	0,15	—	—	—
	II	13,88	0,76	1,11	1,24	II	13,88	0,60	0,87	0,98	0,45	0,65	0,73	0,30	0,44	0,50	0,09	0,25	0,28	—	0,08	0,09	—	—	—
	III	7,12	0,34	0,56	0,64	III	7,12	—	0,38	0,42	—	0,21	0,24	—	0,07	0,08	—	—	—	—	—	—	—	—	—
	V	25,53	1,40	2,04	2,29	IV	15,—	0,74	1,08	1,21	0,66	0,96	1,08	0,58	0,84	0,95	0,50	0,73	0,82	0,43	0,62	0,70	0,36	0,52	0,59
	VI	26,75	1,47	2,14	2,40																				
98,99	I,IV	15,03	0,82	1,20	1,35	I	15,03	0,66	0,96	1,08	0,50	0,74	0,83	0,36	0,52	0,59	0,22	0,32	0,36	—	0,14	0,16	—	—	—
	II	13,90	0,76	1,11	1,25	II	13,90	0,60	0,87	0,98	0,45	0,65	0,74	0,31	0,45	0,50	0,09	0,25	0,28	—	0,08	0,09	—	—	—
	III	7,14	0,34	0,57	0,64	III	7,14	—	0,38	0,43	—	0,21	0,24	—	0,07	0,08	—	—	—	—	—	—	—	—	—
	V	25,57	1,40	2,04	2,30	IV	15,03	0,74	1,08	1,21	0,66	0,96	1,08	0,58	0,85	0,95	0,50	0,74	0,83	0,43	0,63	0,71	0,36	0,52	0,59
	VI	26,78	1,47	2,14	2,41																				
99,09	I,IV	15,06	0,82	1,20	1,35	I	15,06	0,66	0,96	1,08	0,50	0,74	0,83	0,36	0,52	0,59	0,22	0,32	0,36	—	0,14	0,16	—	—	—
	II	13,93	0,76	1,11	1,25	II	13,93	0,60	0,88	0,99	0,45	0,66	0,74	0,31	0,45	0,50	0,10	0,25	0,28	—	0,08	0,09	—	—	—
	III	7,16	0,35	0,57	0,64	III	7,16	—	0,38	0,43	—	0,21	0,24	—	0,07	0,08	—	—	—	—	—	—	—	—	—
	V	25,61	1,40	2,04	2,30	IV	15,06	0,74	1,08	1,21	0,66	0,96	1,08	0,58	0,85	0,95	0,50	0,74	0,83	0,43	0,63	0,71	0,36	0,52	0,59
	VI	26,81	1,47	2,14	2,41																				
99,19	I,IV	15,08	0,82	1,20	1,35	I	15,08	0,66	0,96	1,08	0,51	0,74	0,83	0,36	0,53	0,59	0,22	0,33	0,37	—	0,14	0,16	—	—	—
	II	13,95	0,76	1,11	1,25	II	13,95	0,60	0,88	0,99	0,45	0,66	0,74	0,31	0,45	0,51	0,10	0,25	0,29	—	0,08	0,09	—	—	—
	III	7,18	0,35	0,57	0,64	III	7,18	—	0,38	0,43	—	0,22	0,24	—	0,08	0,09	—	—	—	—	—	—	—	—	—
	V	25,64	1,41	2,05	2,30	IV	15,08	0,74	1,08	1,22	0,66	0,96	1,08	0,58	0,85	0,96	0,51	0,74	0,83	0,43	0,63	0,71	0,36	0,53	0,59
	VI	26,85	1,47	2,14	2,41																				
99,29	I,IV	15,11	0,83	1,20	1,35	I	15,11	0,66	0,97	1,09	0,51	0,74	0,83	0,36	0,53	0,59	0,22	0,33	0,37	—	0,14	0,16	—	—	—
	II	13,98	0,76	1,11	1,25	II	13,98	0,60	0,88	0,99	0,45	0,66	0,74	0,31	0,45	0,51	0,11	0,26	0,29	—	0,08	0,09	—	—	—
	III	7,20	0,36	0,57	0,64	III	7,20	—	0,38	0,43	—	0,22	0,24	—	0,08	0,09	—	—	—	—	—	—	—	—	—
	V	25,68	1,41	2,05	2,31	IV	15,11	0,74	1,08	1,22	0,66	0,97	1,09	0,58	0,85	0,96	0,51	0,74	0,83	0,43	0,63	0,71	0,36	0,53	0,59
	VI	26,89	1,47	2,15	2,42																				
99,39	I,IV	15,14	0,83	1,21	1,36	I	15,14	0,66	0,97	1,09	0,51	0,74	0,84	0,36	0,53	0,60	0,22	0,33	0,37	—	0,14	0,16	—	—	—
	II	14,01	0,77	1,12	1,26	II	14,01	0,61	0,88	0,99	0,45	0,66	0,74	0,31	0,45	0,51	0,11	0,26	0,29	—	0,08	0,10	—	—	—
	III	7,22	0,36	0,57	0,64	III	7,22	—	0,38	0,43	—	0,22	0,25	—	0,08	0,09	—	—	—	—	—	—	—	—	—
	V	25,71	1,41	2,05	2,31	IV	15,14	0,74	1,09	1,22	0,66	0,97	1,09	0,59	0,85	0,96	0,51	0,74	0,84	0,43	0,63	0,71	0,36	0,53	0,60
	VI	26,92	1,48	2,15	2,42																				
99,49	I,IV	15,16	0,83	1,21	1,36	I	15,16	0,67	0,97	1,09	0,51	0,74	0,84	0,36	0,53	0,60	0,23	0,33	0,37	—	0,14	0,16	—	—	0,01
	II	14,03	0,77	1,12	1,26	II	14,03	0,61	0,88	0,99	0,45	0,66	0,75	0,31	0,46	0,51	0,11	0,26	0,29	—	0,09	0,10	—	—	—
	III	7,25	0,37	0,58	0,65	III	7,25	—	0,39	0,44	—	0,22	0,25	—	0,08	0,09	—	—	—	—	—	—	—	—	—
	V	25,75	1,41	2,06	2,31	IV	15,16	0,75	1,09	1,22	0,67	0,97	1,09	0,59	0,86	0,96	0,51	0,74	0,84	0,44	0,64	0,72	0,36	0,53	0,60
	VI	26,96	1,48	2,15	2,42																				
99,59	I,IV	15,19	0,83	1,21	1,36	I	15,19	0,67	0,97	1,09	0,51	0,75	0,84	0,37	0,53	0,60	0,23	0,33	0,37	—	0,15	0,17	—	0,01	0,01
	II	14,06	0,77	1,12	1,26	II	14,06	0,61	0,89	1,—	0,46	0,67	0,75	0,31	0,46	0,51	0,12	0,26	0,29	—	0,09	0,10	—	—	—
	III	7,26	0,37	0,58	0,65	III	7,26	—	0,39	0,44	—	0,22	0,25	—	0,08	0,09	—	—	—	—	—	—	—	—	—
	V	25,79	1,41	2,06	2,32	IV	15,19	0,75	1,09	1,23	0,67	0,97	1,09	0,59	0,86	0,97	0,51	0,75	0,84	0,44	0,64	0,72	0,37	0,53	0,60
	VI	27,—	1,48	2,16	2,43																				
99,69	I,IV	15,22	0,83	1,21	1,36	I	15,22	0,67	0,97	1,10	0,51	0,75	0,84	0,37	0,54	0,60	0,23	0,33	0,38	—	0,15	0,17	—	0,01	0,01
	II	14,09	0,77	1,12	1,26	II	14,09	0,61	0,89	1,—	0,46	0,67	0,75	0,31	0,46	0,52	0,12	0,26	0,29	—	0,09	0,10	—	—	—
	III	7,28	0,37	0,58	0,65	III	7,28	—	0,39	0,44	—	0,22	0,25	—	0,08	0,09	—	—	—	—	—	—	—	—	—
	V	25,82	1,42	2,06	2,32	IV	15,22	0,75	1,09	1,23	0,67	0,97	1,10	0,59	0,86	0,97	0,51	0,75	0,84	0,44	0,64	0,72	0,37	0,54	0,60
	VI	27,03	1,48	2,16	2,43																				
99,79	I,IV	15,25	0,83	1,22	1,37	I	15,25	0,67	0,98	1,10	0,51	0,75	0,84	0,37	0,54	0,60	0,23	0,34	0,38	—	0,15	0,17	—	0,01	0,01
	II	14,11	0,77	1,12	1,26	II	14,11	0,61	0,89	1,—	0,46	0,67	0,75	0,31	0,46	0,52	0,13	0,26	0,30	—	0,09	0,10	—	—	—
	III	7,31	0,38	0,58	0,65	III	7,31	—	0,39	0,44	—	0,22	0,25	—	0,08	0,09	—	—	—	—	—	—	—	—	—
	V	25,86	1,42	2,06	2,32	IV	15,25	0,75	1,09	1,23	0,67	0,98	1,10	0,59	0,86	0,97	0,51	0,75	0,84	0,44	0,64	0,72	0,37	0,54	0,60
	VI	27,07	1,48	2,16	2,43																				
99,89	I,IV	15,27	0,84	1,22	1,37	I	15,27	0,67	0,98	1,10	0,52	0,75	0,85	0,37	0,54	0,61	0,23	0,34	0,38	—	0,15	0,17	—	0,01	0,01
	II	14,14	0,77	1,13	1,27	II	14,14	0,61	0,89	1,—	0,46	0,67	0,76	0,32	0,46	0,52	0,13	0,27	0,30	—	0,09	0,10	—	—	—
	III	7,33	0,38	0,58	0,65	III	7,33	—	0,39	0,44	—	0,22	0,25	—	0,08	0,09	—	—	—	—	—	—	—	—	—
	V	25,90	1,42	2,07	2,33	IV	15,27	0,75	1,10	1,23	0,67	0,98	1,10	0,59	0,86	0,97	0,52	0,75	0,85	0,44	0,64	0,72	0,37	0,54	0,61
	VI	27,10	1,49	2,16	2,43																				
99,99	I,IV	15,30	0,84	1,22	1,37	I	15,30	0,67	0,98	1,10	0,52	0,75	0,85	0,37	0,54	0,61	0,23	0,34	0,38	—	0,15	0,17	—	0,01	0,01
	II	14,16	0,77	1,13	1,27	II	14,16	0,61	0,89	1,01	0,46	0,67	0,76	0,32	0,46	0,52	0,14	0,27	0,30	—	0,09	0,10	—	—	—
	III	7,35	0,39	0,58	0,66	III	7,35	—	0,40	0,45	—	0,23	0,25	—	0,08	0,09	—	—	—	—	—	—	—	—	—
	V	25,93	1,42	2,07	2,33	IV	15,30	0,75	1,10	1,24	0,67	0,98	1,10	0,59	0,87	0,97	0,52	0,75	0,85	0,44	0,65	0,73	0,37	0,54	0,61
	VI	27,14	1,49	2,17	2,44																				
100,09	I,IV	15,33	0,84	1,22	1,37	I	15,33	0,67	0,98	1,11	0,52	0,76	0,85	0,37	0,54	0,61	0,23	0,34	0,38	—	0,15	0,17	—	0,01	0,01
	II	14,19	0,78	1,13	1,27	II	14,19	0,61	0,90	1,01	0,46	0,67	0,76	0,32	0,47	0,52	0,14	0,27	0,30	—	0,09	0,11	—	—	—
	III	7,37	0,39	0,58	0,66	III	7,37	—	0,40	0,45	—	0,23	0,26	—	0,08	0,10	—	—	—	—	—	—	—	—	—
	V	25,97	1,42	2,07	2,33	IV	15,33	0,75	1,10	1,24	0,67	0,98	1,11	0,60	0,87	0,98	0,52	0,76	0,85	0,44	0,65	0,73	0,37	0,54	0,61
	VI	27,18	1,49	2,17	2,44																				
100,19	I,IV	15,35	0,84	1,22	1,38	I	15,35	0,68	0,98	1,11	0,52	0,76	0,85	0,37	0,54	0,61	0,23	0,34	0,39	—	0,16	0,18	—	0,01	0,01
	II	14,22	0,78	1,13	1,27	II	14,22	0,62	0,90	1,01	0,46	0,68	0,76	0,32	0,47	0,53	0,14	0,27	0,30	—	0,10	0,11	—	—	—
	III	7,39	0,39	0,59	0,66	III	7,39	—	0,40	0,45	—	0,23	0,26	—	0,09	0,10	—	—	—	—	—	—	—	—	—
	V	26,—	1,43	2,08	2,34	IV	15,35	0,76	1,10	1,24	0,68	0,98	1,11	0,60	0,87	0,98	0,52	0,76	0,85	0,44	0,65	0,73	0,37	0,54	0,61
	VI	27,21	1,49	2,17	2,44																				
100,29	I,IV	15,38	0,84	1,23	1,38	I	15,38	0,68	0,99	1,11	0,52	0,76	0,86	0,37	0,55	0,61	0,24	0,34	0,39	—	0,16	0,18	—	0,01	0,01
	II	14,25	0,78	1,14	1,28	II	14,25	0,62	0,90	1,01	0,47	0,68	0,76	0,32	0,47	0,53	0,15	0,27	0,31	—	0,10	0,11	—	—	—
	III	7,41	0,40	0,59	0,66	III	7,41	—	0,40	0,45	—	0,23	0,26	—	0,09	0,10	—	—	—	—	—	—	—	—	—
	V	26,04	1,43	2,08	2,34	IV	15,38	0,76	1,10	1,24	0,68	0,99	1,11	0,60	0,87	0,98	0,52	0,76	0,86	0,45	0,65	0,73	0,37	0,55	0,61
	VI	27,25	1,49	2,18	2,45																				

* Die ausgewiesenen Tabellenwerte sind amtlich. Siehe Erläuterungen auf der Umschlaginnenseite (U2).

** Bei mehr als 3 Kinderfreibeträgen ist die „Ergänzungs-Tabelle 3,5 bis 6 Kinderfreibeträge" anzuwenden.

Lohn/ Gehalt bis €*	Abzüge an Lohnsteuer, Solidaritätszuschlag (SolZ) und Kirchensteuer (8%, 9%) in den Steuerklassen I – VI					I, II, III, IV		mit Zahl der Kinderfreibeträge . . . 0,5			1			1,5			2			2,5			3**		
		LSt	ohne Kinderfreibeträge SolZ	8%	9%		LSt	SolZ	8%	9%	SolZ	8%	9%	SolZ	8%	9%	SolZ	8%	9%	SolZ	8%	9%	SolZ	8%	9%
100,39	I,IV	15,41	0,84	1,23	1,38	I	15,41	0,68	0,99	1,11	0,52	0,76	0,86	0,38	0,55	0,62	0,24	0,35	0,39	—	0,16	0,18	—	0,01	0,02
	II	14,27	0,78	1,14	1,28	II	14,27	0,62	0,90	1,02	0,47	0,68	0,77	0,32	0,47	0,53	0,15	0,27	0,31	—	0,10	0,11	—	—	—
	III	7,43	0,40	0,59	0,66	III	7,43	—	0,40	0,45	—	0,23	0,26	—	0,09	0,10	—	—	—	—	—	—	—	—	—
	V	26,08	1,43	2,08	2,34	IV	15,41	0,76	1,11	1,25	0,68	0,99	1,11	0,60	0,87	0,98	0,52	0,76	0,86	0,45	0,65	0,74	0,38	0,55	0,62
	VI	27,28	1,50	2,18	2,45																				
100,49	I,IV	15,43	0,84	1,23	1,38	I	15,43	0,68	0,99	1,11	0,52	0,76	0,86	0,38	0,55	0,62	0,24	0,35	0,39	—	0,16	0,18	—	0,02	0,02
	II	14,30	0,78	1,14	1,28	II	14,30	0,62	0,90	1,02	0,47	0,68	0,77	0,32	0,47	0,53	0,16	0,28	0,31	—	0,10	0,11	—	—	—
	III	7,46	0,41	0,59	0,67	III	7,46	—	0,40	0,45	—	0,23	0,26	—	0,09	0,10	—	—	—	—	—	—	—	—	—
	V	26,11	1,43	2,08	2,34	IV	15,43	0,76	1,11	1,25	0,68	0,99	1,11	0,60	0,88	0,99	0,52	0,76	0,86	0,45	0,66	0,74	0,38	0,55	0,62
	VI	27,32	1,50	2,18	2,45																				
100,59	I,IV	15,46	0,85	1,23	1,39	I	15,46	0,68	0,99	1,12	0,52	0,77	0,86	0,38	0,55	0,62	0,24	0,35	0,39	—	0,16	0,18	—	0,02	0,02
	II	14,33	0,78	1,14	1,28	II	14,33	0,62	0,91	1,02	0,47	0,68	0,77	0,32	0,47	0,53	0,16	0,28	0,31	—	0,10	0,11	—	—	—
	III	7,48	0,41	0,59	0,67	III	7,48	—	0,40	0,46	—	0,23	0,26	—	0,09	0,10	—	—	—	—	—	—	—	—	—
	V	26,15	1,43	2,09	2,35	IV	15,46	0,76	1,11	1,25	0,68	0,99	1,12	0,60	0,88	0,99	0,52	0,77	0,86	0,45	0,66	0,74	0,38	0,55	0,62
	VI	27,36	1,50	2,18	2,46																				
100,69	I,IV	15,49	0,85	1,23	1,39	I	15,49	0,68	1,—	1,12	0,53	0,77	0,86	0,38	0,55	0,62	0,24	0,35	0,40	—	0,16	0,18	—	0,02	0,02
	II	14,35	0,78	1,14	1,29	II	14,35	0,62	0,91	1,02	0,47	0,69	0,77	0,33	0,48	0,54	0,17	0,28	0,31	—	0,10	0,12	—	—	—
	III	7,50	0,41	0,60	0,67	III	7,50	—	0,41	0,46	—	0,24	0,27	—	0,09	0,10	—	—	—	—	—	—	—	—	—
	V	26,18	1,44	2,09	2,35	IV	15,49	0,76	1,11	1,25	0,68	1,—	1,12	0,60	0,88	0,99	0,53	0,77	0,86	0,45	0,66	0,74	0,38	0,55	0,62
	VI	27,39	1,50	2,19	2,46																				
100,79	I,IV	15,51	0,85	1,24	1,39	I	15,51	0,68	1,—	1,12	0,53	0,77	0,87	0,38	0,56	0,63	0,24	0,35	0,40	—	0,16	0,18	—	0,02	0,02
	II	14,38	0,79	1,15	1,29	II	14,38	0,62	0,91	1,02	0,47	0,69	0,77	0,33	0,48	0,54	0,17	0,28	0,32	—	0,10	0,12	—	—	—
	III	7,52	0,41	0,60	0,67	III	7,52	—	0,41	0,46	—	0,24	0,27	—	0,09	0,10	—	—	—	—	—	—	—	—	—
	V	26,22	1,44	2,09	2,35	IV	15,51	0,77	1,12	1,26	0,68	1,—	1,12	0,60	0,88	0,99	0,53	0,77	0,87	0,45	0,66	0,74	0,38	0,56	0,63
	VI	27,43	1,50	2,19	2,46																				
100,89	I,IV	15,54	0,85	1,24	1,39	I	15,54	0,69	1,—	1,12	0,53	0,77	0,87	0,38	0,56	0,63	0,24	0,35	0,40	—	0,17	0,19	—	0,02	0,02
	II	14,40	0,79	1,15	1,29	II	14,40	0,63	0,91	1,03	0,47	0,69	0,78	0,33	0,48	0,54	0,17	0,28	0,32	—	0,10	0,12	—	—	—
	III	7,54	0,41	0,60	0,67	III	7,54	—	0,41	0,46	—	0,24	0,27	—	0,09	0,11	—	—	—	—	—	—	—	—	—
	V	26,26	1,44	2,10	2,36	IV	15,54	0,77	1,12	1,26	0,69	1,—	1,12	0,61	0,88	0,99	0,53	0,77	0,87	0,45	0,66	0,75	0,38	0,56	0,63
	VI	27,46	1,51	2,19	2,47																				
100,99	I,IV	15,57	0,85	1,24	1,40	I	15,57	0,69	1,—	1,13	0,53	0,77	0,87	0,38	0,56	0,63	0,24	0,36	0,40	—	0,17	0,19	—	0,02	0,02
	II	14,43	0,79	1,15	1,29	II	14,43	0,63	0,91	1,03	0,47	0,69	0,78	0,33	0,48	0,54	0,18	0,28	0,32	—	0,11	0,12	—	—	—
	III	7,56	0,41	0,60	0,68	III	7,56	—	0,41	0,46	—	0,24	0,27	—	0,10	0,11	—	—	—	—	—	—	—	—	—
	V	26,29	1,44	2,10	2,36	IV	15,57	0,77	1,12	1,26	0,69	1,—	1,13	0,61	0,89	1,—	0,53	0,77	0,87	0,46	0,66	0,75	0,38	0,56	0,63
	VI	27,50	1,51	2,20	2,47																				
101,09	I,IV	15,60	0,85	1,24	1,40	I	15,60	0,69	1,—	1,13	0,53	0,78	0,87	0,38	0,56	0,63	0,24	0,36	0,40	—	0,17	0,19	—	0,02	0,02
	II	14,46	0,79	1,15	1,30	II	14,46	0,63	0,92	1,03	0,48	0,69	0,78	0,33	0,48	0,54	0,18	0,29	0,32	—	0,11	0,12	—	—	—
	III	7,58	0,41	0,60	0,68	III	7,58	—	0,41	0,46	—	0,24	0,27	—	0,10	0,11	—	—	—	—	—	—	—	—	—
	V	26,33	1,44	2,10	2,36	IV	15,60	0,77	1,12	1,26	0,69	1,—	1,13	0,61	0,89	1,—	0,53	0,78	0,87	0,46	0,67	0,75	0,38	0,56	0,63
	VI	27,54	1,51	2,20	2,47																				
101,19	I,IV	15,62	0,85	1,24	1,40	I	15,62	0,69	1,—	1,13	0,53	0,78	0,88	0,39	0,56	0,63	0,25	0,36	0,41	—	0,17	0,19	—	0,02	0,03
	II	14,48	0,79	1,15	1,30	II	14,48	0,63	0,92	1,03	0,48	0,70	0,78	0,33	0,49	0,55	0,19	0,29	0,32	—	0,11	0,12	—	—	—
	III	7,60	0,41	0,60	0,68	III	7,60	—	0,41	0,47	—	0,24	0,27	—	0,10	0,11	—	—	—	—	—	—	—	—	—
	V	26,36	1,45	2,10	2,37	IV	15,62	0,77	1,12	1,26	0,69	1,—	1,13	0,61	0,89	1,—	0,53	0,78	0,88	0,46	0,67	0,75	0,39	0,56	0,63
	VI	27,57	1,51	2,20	2,48																				
101,29	I,IV	15,65	0,86	1,25	1,40	I	15,65	0,69	1,01	1,13	0,53	0,78	0,88	0,39	0,56	0,63	0,25	0,36	0,41	—	0,17	0,19	—	0,02	0,03
	II	14,51	0,79	1,16	1,30	II	14,51	0,63	0,92	1,04	0,48	0,70	0,79	0,33	0,49	0,55	0,19	0,29	0,33	—	0,11	0,12	—	—	—
	III	7,62	0,41	0,60	0,68	III	7,62	—	0,42	0,47	—	0,24	0,27	—	0,10	0,11	—	—	—	—	—	—	—	—	—
	V	26,40	1,45	2,11	2,37	IV	15,65	0,77	1,13	1,27	0,69	1,01	1,13	0,61	0,89	1,—	0,53	0,78	0,88	0,46	0,67	0,75	0,39	0,56	0,63
	VI	27,61	1,51	2,20	2,48																				
101,39	I,IV	15,68	0,86	1,25	1,41	I	15,68	0,69	1,01	1,14	0,54	0,78	0,88	0,39	0,57	0,64	0,25	0,36	0,41	—	0,17	0,20	—	0,02	0,03
	II	14,54	0,79	1,16	1,30	II	14,54	0,63	0,92	1,04	0,48	0,70	0,79	0,33	0,49	0,55	0,19	0,29	0,33	—	0,11	0,13	—	—	—
	III	7,65	0,42	0,61	0,68	III	7,65	—	0,42	0,47	—	0,25	0,28	—	0,10	0,11	—	—	—	—	—	—	—	—	—
	V	26,44	1,45	2,11	2,37	IV	15,68	0,77	1,13	1,27	0,69	1,01	1,14	0,61	0,89	1,01	0,54	0,78	0,88	0,46	0,67	0,76	0,39	0,57	0,64
	VI	27,65	1,52	2,21	2,48																				
101,49	I,IV	15,70	0,86	1,25	1,41	I	15,70	0,69	1,01	1,14	0,54	0,78	0,88	0,39	0,57	0,64	0,25	0,36	0,41	—	0,18	0,20	—	0,03	0,03
	II	14,56	0,80	1,16	1,31	II	14,56	0,63	0,92	1,04	0,48	0,70	0,79	0,34	0,49	0,55	0,20	0,29	0,33	—	0,11	0,13	—	—	—
	III	7,67	0,42	0,61	0,69	III	7,67	—	0,42	0,47	—	0,25	0,28	—	0,10	0,11	—	—	—	—	—	—	—	—	—
	V	26,47	1,45	2,11	2,38	IV	15,70	0,78	1,13	1,27	0,69	1,01	1,14	0,61	0,90	1,01	0,54	0,78	0,88	0,46	0,67	0,76	0,39	0,57	0,64
	VI	27,68	1,52	2,21	2,49																				
101,59	I,IV	15,73	0,86	1,25	1,41	I	15,73	0,70	1,01	1,14	0,54	0,79	0,88	0,39	0,57	0,64	0,25	0,37	0,41	—	0,18	0,20	—	0,03	0,03
	II	14,59	0,80	1,16	1,31	II	14,59	0,64	0,93	1,04	0,48	0,70	0,79	0,34	0,49	0,55	0,20	0,29	0,33	—	0,11	0,13	—	—	—
	III	7,69	0,42	0,61	0,69	III	7,69	—	0,42	0,47	—	0,25	0,28	—	0,10	0,11	—	—	—	—	—	—	—	—	—
	V	26,51	1,45	2,12	2,38	IV	15,73	0,78	1,13	1,27	0,70	1,01	1,14	0,62	0,90	1,01	0,54	0,79	0,88	0,46	0,68	0,76	0,39	0,57	0,64
	VI	27,72	1,52	2,21	2,49																				
101,69	I,IV	15,76	0,86	1,26	1,41	I	15,76	0,70	1,02	1,14	0,54	0,79	0,89	0,39	0,57	0,64	0,25	0,37	0,41	—	0,18	0,20	—	0,03	0,03
	II	14,62	0,80	1,16	1,31	II	14,62	0,64	0,93	1,05	0,48	0,71	0,79	0,34	0,49	0,56	0,20	0,30	0,33	—	0,12	0,13	—	—	—
	III	7,71	0,42	0,61	0,69	III	7,71	—	0,42	0,48	—	0,25	0,28	—	0,10	0,12	—	—	—	—	—	—	—	—	—
	V	26,54	1,46	2,12	2,38	IV	15,76	0,78	1,13	1,28	0,70	1,02	1,14	0,62	0,90	1,01	0,54	0,79	0,89	0,46	0,68	0,76	0,39	0,57	0,64
	VI	27,75	1,52	2,22	2,49																				
101,79	I,IV	15,79	0,86	1,26	1,42	I	15,79	0,70	1,02	1,15	0,54	0,79	0,89	0,39	0,57	0,65	0,25	0,37	0,42	—	0,18	0,20	—	0,03	0,03
	II	14,65	0,80	1,17	1,31	II	14,65	0,64	0,93	1,05	0,48	0,71	0,80	0,34	0,50	0,56	0,20	0,30	0,34	—	0,12	0,13	—	—	—
	III	7,73	0,42	0,61	0,69	III	7,73	—	0,42	0,48	—	0,25	0,28	—	0,10	0,12	—	—	—	—	—	—	—	—	—
	V	26,58	1,46	2,12	2,39	IV	15,79	0,78	1,14	1,28	0,70	1,02	1,15	0,62	0,90	1,01	0,54	0,79	0,89	0,47	0,68	0,77	0,39	0,57	0,65
	VI	27,79	1,52	2,22	2,50																				
101,89	I,IV	15,81	0,86	1,26	1,42	I	15,81	0,70	1,02	1,15	0,54	0,79	0,89	0,39	0,58	0,65	0,25	0,37	0,42	—	0,18	0,20	—	0,03	0,03
	II	14,67	0,80	1,17	1,32	II	14,67	0,64	0,93	1,05	0,49	0,71	0,80	0,34	0,50	0,56	0,20	0,30	0,34	—	0,12	0,13	—	—	—
	III	7,75	0,42	0,62	0,69	III	7,75	—	0,43	0,48	—	0,25	0,28	—	0,11	0,12	—	—	—	—	—	—	—	—	—
	V	26,61	1,46	2,12	2,39	IV	15,81	0,78	1,14	1,28	0,70	1,02	1,15	0,62	0,90	1,02	0,54	0,79	0,89	0,47	0,68	0,77	0,39	0,58	0,65
	VI	27,82	1,53	2,22	2,50																				
101,99	I,IV	15,84	0,87	1,26	1,42	I	15,84	0,70	1,02	1,15	0,54	0,79	0,89	0,40	0,58	0,65	0,26	0,37	0,42	—	0,18	0,21	—	0,03	0,04
	II	14,70	0,80	1,17	1,32	II	14,70	0,64	0,94	1,05	0,49	0,71	0,80	0,34	0,50	0,56	0,21	0,30	0,34	—	0,12	0,14	—	—	—
	III	7,77	0,42	0,62	0,69	III	7,77	—	0,43	0,48	—	0,25	0,29	—	0,11	0,12	—	—	—	—	—	—	—	—	—
	V	26,65	1,46	2,13	2,39	IV	15,84	0,78	1,14	1,28	0,70	1,02	1,15	0,62	0,91	1,02	0,54	0,79	0,89	0,47	0,68	0,77	0,40	0,58	0,65
	VI	27,86	1,53	2,22	2,50																				

* Die ausgewiesenen Tabellenwerte sind amtlich. Siehe Erläuterungen auf der Umschlaginnenseite (U2).
** Bei mehr als 3 Kinderfreibeträgen ist die „Ergänzungs-Tabelle 3,5 bis 6 Kinderfreibeträge" anzuwenden.

Lohn/ Gehalt bis €*		Abzüge an Lohnsteuer, Solidaritätszuschlag (SolZ) und Kirchensteuer (8%, 9%) in den Steuerklassen I – VI				I, II, III, IV		mit Zahl der Kinderfreibeträge . . . 0,5			1			1,5			2			2,5			3**		
		LSt	ohne Kinderfreibeträge SolZ	8%	9%		LSt	SolZ	8%	9%	SolZ	8%	9%	SolZ	8%	9%	SolZ	8%	9%	SolZ	8%	9%	SolZ	8%	9%
102,09	I,IV	15,87	0,87	1,26	1,42	I	15,87	0,70	1,02	1,15	0,55	0,80	0,90	0,40	0,58	0,65	0,26	0,38	0,42	—	0,18	0,21	—	0,03	0,04
	II	14,73	0,81	1,17	1,32	II	14,73	0,64	0,94	1,05	0,49	0,71	0,80	0,34	0,50	0,56	0,21	0,30	0,34	—	0,12	0,14	—	—	—
	III	7,80	0,42	0,62	0,70	III	7,80	—	0,43	0,48	—	0,26	0,29	—	0,11	0,12	—	—	—	—	—	—	—	—	—
	V	26,69	1,46	2,13	2,40	IV	15,87	0,78	1,14	1,29	0,70	1,02	1,15	0,62	0,91	1,02	0,55	0,80	0,90	0,47	0,69	0,77	0,40	0,58	0,65
	VI	27,90	1,53	2,23	2,51																				
102,19	I,IV	15,90	0,87	1,27	1,43	I	15,90	0,70	1,03	1,15	0,55	0,80	0,90	0,40	0,58	0,65	0,26	0,38	0,42	—	0,19	0,21	—	0,03	0,04
	II	14,75	0,81	1,18	1,32	II	14,75	0,64	0,94	1,06	0,49	0,72	0,81	0,34	0,50	0,57	0,21	0,30	0,34	—	0,12	0,14	—	—	—
	III	7,82	0,43	0,62	0,70	III	7,82	—	0,43	0,48	—	0,26	0,29	—	0,11	0,12	—	—	—	—	—	—	—	—	—
	V	26,72	1,47	2,13	2,40	IV	15,90	0,79	1,14	1,29	0,70	1,03	1,15	0,62	0,91	1,02	0,55	0,80	0,90	0,47	0,69	0,77	0,40	0,58	0,65
	VI	27,93	1,53	2,23	2,51																				
102,29	I,IV	15,92	0,87	1,27	1,43	I	15,92	0,71	1,03	1,16	0,55	0,80	0,90	0,40	0,58	0,66	0,26	0,38	0,43	—	0,19	0,21	—	0,03	0,04
	II	14,78	0,81	1,18	1,33	II	14,78	0,65	0,94	1,06	0,49	0,72	0,81	0,35	0,50	0,57	0,21	0,31	0,34	—	0,12	0,14	—	—	—
	III	7,83	0,43	0,62	0,70	III	7,83	0,01	0,43	0,49	—	0,26	0,29	—	0,11	0,12	—	—	—	—	—	—	—	—	—
	V	26,76	1,47	2,14	2,40	IV	15,92	0,79	1,15	1,29	0,71	1,03	1,16	0,63	0,91	1,03	0,55	0,80	0,90	0,47	0,69	0,78	0,40	0,58	0,66
	VI	27,97	1,53	2,23	2,51																				
102,39	I,IV	15,95	0,87	1,27	1,43	I	15,95	0,71	1,03	1,16	0,55	0,80	0,90	0,40	0,58	0,66	0,26	0,38	0,43	—	0,19	0,21	—	0,04	0,04
	II	14,81	0,81	1,18	1,33	II	14,81	0,65	0,94	1,06	0,49	0,72	0,81	0,35	0,51	0,57	0,21	0,31	0,35	—	0,13	0,14	—	—	—
	III	7,86	0,43	0,62	0,70	III	7,86	0,01	0,43	0,49	—	0,26	0,29	—	0,11	0,13	—	—	—	—	—	—	—	—	—
	V	26,80	1,47	2,14	2,41	IV	15,95	0,79	1,15	1,29	0,71	1,03	1,16	0,63	0,91	1,03	0,55	0,80	0,90	0,47	0,69	0,78	0,40	0,58	0,66
	VI	28,01	1,54	2,24	2,52																				
102,49	I,IV	15,98	0,87	1,27	1,43	I	15,98	0,71	1,03	1,16	0,55	0,80	0,90	0,40	0,59	0,66	0,26	0,38	0,43	—	0,19	0,22	—	0,04	0,04
	II	14,83	0,81	1,18	1,33	II	14,83	0,65	0,94	1,06	0,49	0,72	0,81	0,35	0,51	0,57	0,21	0,31	0,35	—	0,13	0,14	—	—	—
	III	7,88	0,43	0,63	0,70	III	7,88	0,02	0,44	0,49	—	0,26	0,29	—	0,11	0,13	—	—	—	—	—	—	—	—	—
	V	26,83	1,47	2,14	2,41	IV	15,98	0,79	1,15	1,30	0,71	1,03	1,16	0,63	0,92	1,03	0,55	0,80	0,90	0,48	0,69	0,78	0,40	0,59	0,66
	VI	28,04	1,54	2,24	2,52																				
102,59	I,IV	16,—	0,88	1,28	1,44	I	16,—	0,71	1,03	1,16	0,55	0,80	0,91	0,40	0,59	0,66	0,26	0,38	0,43	—	0,19	0,22	—	0,04	0,04
	II	14,86	0,81	1,18	1,33	II	14,86	0,65	0,95	1,07	0,50	0,72	0,81	0,35	0,51	0,57	0,21	0,31	0,35	—	0,13	0,15	—	—	—
	III	7,90	0,43	0,63	0,71	III	7,90	0,02	0,44	0,49	—	0,26	0,30	—	0,11	0,13	—	—	—	—	—	—	—	—	—
	V	26,87	1,47	2,14	2,41	IV	16,—	0,79	1,15	1,30	0,71	1,03	1,16	0,63	0,92	1,03	0,55	0,80	0,91	0,48	0,70	0,78	0,40	0,59	0,66
	VI	28,08	1,54	2,24	2,52																				
102,69	I,IV	16,03	0,88	1,28	1,44	I	16,03	0,71	1,04	1,17	0,55	0,81	0,91	0,40	0,59	0,66	0,26	0,39	0,43	—	0,19	0,22	—	0,04	0,04
	II	14,88	0,81	1,19	1,33	II	14,88	0,65	0,95	1,07	0,50	0,72	0,81	0,35	0,51	0,58	0,21	0,31	0,35	—	0,13	0,15	—	—	—
	III	7,92	0,43	0,63	0,71	III	7,92	0,03	0,44	0,49	—	0,26	0,30	—	0,12	0,13	—	—	—	—	—	—	—	—	—
	V	26,90	1,47	2,15	2,42	IV	16,03	0,79	1,16	1,30	0,71	1,04	1,17	0,63	0,92	1,04	0,55	0,81	0,91	0,48	0,70	0,78	0,40	0,59	0,66
	VI	28,11	1,54	2,24	2,52																				
102,79	I,IV	16,06	0,88	1,28	1,44	I	16,06	0,71	1,04	1,17	0,55	0,81	0,91	0,41	0,59	0,67	0,26	0,39	0,44	—	0,20	0,22	—	0,04	0,05
	II	14,91	0,82	1,19	1,34	II	14,91	0,65	0,95	1,07	0,50	0,73	0,82	0,35	0,51	0,58	0,21	0,31	0,35	—	0,13	0,15	—	—	—
	III	7,94	0,43	0,63	0,71	III	7,94	0,03	0,44	0,50	—	0,26	0,30	—	0,12	0,13	—	—	—	—	—	—	—	—	—
	V	26,94	1,48	2,15	2,42	IV	16,06	0,79	1,16	1,30	0,71	1,04	1,17	0,63	0,92	1,04	0,55	0,81	0,91	0,48	0,70	0,79	0,41	0,59	0,67
	VI	28,15	1,54	2,25	2,53																				
102,89	I,IV	16,09	0,88	1,28	1,44	I	16,09	0,71	1,04	1,17	0,56	0,81	0,91	0,41	0,59	0,67	0,27	0,39	0,44	—	0,20	0,22	—	0,04	0,05
	II	14,94	0,82	1,19	1,34	II	14,94	0,65	0,95	1,07	0,50	0,73	0,82	0,35	0,52	0,58	0,22	0,32	0,36	—	0,13	0,15	—	—	—
	III	7,96	0,43	0,63	0,71	III	7,96	0,03	0,44	0,50	—	0,27	0,30	—	0,12	0,13	—	—	—	—	—	—	—	—	—
	V	26,98	1,48	2,15	2,42	IV	16,09	0,80	1,16	1,30	0,71	1,04	1,17	0,63	0,92	1,04	0,56	0,81	0,91	0,48	0,70	0,79	0,41	0,59	0,67
	VI	28,18	1,55	2,25	2,53																				
102,99	I,IV	16,11	0,88	1,28	1,44	I	16,11	0,72	1,04	1,17	0,56	0,81	0,91	0,41	0,60	0,67	0,27	0,39	0,44	—	0,20	0,22	—	0,04	0,05
	II	14,96	0,82	1,19	1,34	II	14,96	0,66	0,96	1,08	0,50	0,73	0,82	0,35	0,52	0,58	0,22	0,32	0,36	—	0,13	0,15	—	—	—
	III	7,98	0,43	0,63	0,71	III	7,98	0,04	0,44	0,50	—	0,27	0,30	—	0,12	0,13	—	—	—	—	—	—	—	—	—
	V	27,01	1,48	2,16	2,43	IV	16,11	0,80	1,16	1,31	0,72	1,04	1,17	0,64	0,93	1,04	0,56	0,81	0,91	0,48	0,70	0,79	0,41	0,60	0,67
	VI	28,22	1,55	2,25	2,53																				
103,09	I,IV	16,14	0,88	1,29	1,45	I	16,14	0,72	1,04	1,17	0,56	0,81	0,92	0,41	0,60	0,67	0,27	0,39	0,44	—	0,20	0,23	—	0,04	0,05
	II	14,99	0,82	1,19	1,34	II	14,99	0,66	0,96	1,08	0,50	0,73	0,82	0,36	0,52	0,58	0,22	0,32	0,36	—	0,14	0,15	—	—	—
	III	8,01	0,44	0,64	0,72	III	8,01	0,04	0,45	0,50	—	0,27	0,30	—	0,12	0,14	—	—	—	—	—	—	—	—	—
	V	27,05	1,48	2,16	2,43	IV	16,14	0,80	1,16	1,31	0,72	1,04	1,17	0,64	0,93	1,04	0,56	0,81	0,92	0,48	0,70	0,79	0,41	0,60	0,67
	VI	28,26	1,55	2,26	2,54																				
103,19	I,IV	16,17	0,88	1,29	1,45	I	16,17	0,72	1,05	1,18	0,56	0,82	0,92	0,41	0,60	0,67	0,27	0,39	0,44	—	0,20	0,23	—	0,04	0,05
	II	15,02	0,82	1,20	1,35	II	15,02	0,66	0,96	1,08	0,50	0,73	0,83	0,36	0,52	0,59	0,22	0,32	0,36	—	0,14	0,16	—	—	—
	III	8,03	0,44	0,64	0,72	III	8,03	0,05	0,45	0,50	—	0,27	0,31	—	0,12	0,14	—	—	—	—	—	—	—	—	—
	V	27,08	1,48	2,16	2,43	IV	16,17	0,80	1,17	1,31	0,72	1,05	1,18	0,64	0,93	1,05	0,56	0,82	0,92	0,48	0,71	0,80	0,41	0,60	0,67
	VI	28,29	1,55	2,26	2,54																				
103,29	I,IV	16,20	0,89	1,29	1,45	I	16,20	0,72	1,05	1,18	0,56	0,82	0,92	0,41	0,60	0,68	0,27	0,40	0,45	—	0,20	0,23	—	0,05	0,05
	II	15,05	0,82	1,20	1,35	II	15,05	0,66	0,96	1,08	0,50	0,74	0,83	0,36	0,52	0,59	0,22	0,32	0,36	—	0,14	0,16	—	—	—
	III	8,05	0,44	0,64	0,72	III	8,05	0,05	0,45	0,51	—	0,27	0,31	—	0,12	0,14	—	—	—	—	—	—	—	—	—
	V	27,12	1,49	2,16	2,44	IV	16,20	0,80	1,17	1,31	0,72	1,05	1,18	0,64	0,93	1,05	0,56	0,82	0,92	0,49	0,71	0,80	0,41	0,60	0,68
	VI	28,33	1,55	2,26	2,54																				
103,39	I,IV	16,22	0,89	1,29	1,45	I	16,22	0,72	1,05	1,18	0,56	0,82	0,92	0,41	0,60	0,68	0,27	0,40	0,45	—	0,21	0,23	—	0,05	0,05
	II	15,07	0,82	1,20	1,35	II	15,07	0,66	0,96	1,08	0,51	0,74	0,83	0,36	0,52	0,59	0,22	0,32	0,37	—	0,14	0,16	—	—	—
	III	8,07	0,44	0,64	0,72	III	8,07	0,05	0,45	0,51	—	0,27	0,31	—	0,12	0,14	—	—	—	—	—	—	—	—	—
	V	27,16	1,49	2,17	2,44	IV	16,22	0,80	1,17	1,32	0,72	1,05	1,18	0,64	0,93	1,05	0,56	0,82	0,92	0,49	0,71	0,80	0,41	0,60	0,68
	VI	28,36	1,56	2,26	2,55																				
103,49	I,IV	16,25	0,89	1,30	1,46	I	16,25	0,72	1,05	1,18	0,56	0,82	0,93	0,41	0,60	0,68	0,27	0,40	0,45	—	0,21	0,23	—	0,05	0,05
	II	15,10	0,83	1,20	1,35	II	15,10	0,66	0,97	1,09	0,51	0,74	0,83	0,36	0,53	0,59	0,22	0,33	0,37	—	0,14	0,16	—	—	—
	III	8,09	0,44	0,64	0,72	III	8,09	0,06	0,45	0,51	—	0,28	0,31	—	0,12	0,14	—	—	—	—	—	—	—	—	—
	V	27,19	1,49	2,17	2,44	IV	16,25	0,80	1,17	1,32	0,72	1,05	1,18	0,64	0,94	1,05	0,56	0,82	0,93	0,49	0,71	0,80	0,41	0,60	0,68
	VI	28,40	1,56	2,27	2,55																				
103,59	I,IV	16,28	0,89	1,30	1,46	I	16,28	0,72	1,05	1,19	0,57	0,82	0,93	0,42	0,61	0,68	0,27	0,40	0,45	—	0,21	0,24	—	0,05	0,06
	II	15,13	0,83	1,21	1,36	II	15,13	0,66	0,97	1,09	0,51	0,74	0,83	0,36	0,53	0,60	0,22	0,33	0,37	—	0,14	0,16	—	—	—
	III	8,11	0,44	0,64	0,72	III	8,11	0,06	0,45	0,51	—	0,28	0,31	—	0,13	0,14	—	—	—	—	—	—	—	—	—
	V	27,23	1,49	2,17	2,45	IV	16,28	0,81	1,17	1,32	0,72	1,05	1,19	0,64	0,94	1,06	0,57	0,82	0,93	0,49	0,71	0,80	0,42	0,61	0,68
	VI	28,44	1,56	2,27	2,55																				
103,69	I,IV	16,31	0,89	1,30	1,46	I	16,31	0,73	1,06	1,19	0,57	0,83	0,93	0,42	0,61	0,69	0,28	0,40	0,45	—	0,21	0,24	—	0,05	0,06
	II	15,15	0,83	1,21	1,36	II	15,15	0,66	0,97	1,09	0,51	0,74	0,84	0,36	0,53	0,60	0,23	0,33	0,37	—	0,14	0,16	—	—	—
	III	8,13	0,44	0,65	0,73	III	8,13	0,07	0,46	0,51	—	0,28	0,31	—	0,13	0,14	—	—	—	—	—	—	—	—	—
	V	27,26	1,49	2,18	2,45	IV	16,31	0,81	1,18	1,32	0,73	1,06	1,19	0,64	0,94	1,06	0,57	0,83	0,93	0,49	0,72	0,81	0,42	0,61	0,69
	VI	28,47	1,56	2,27	2,56																				

* Die ausgewiesenen Tabellenwerte sind amtlich. Siehe Erläuterungen auf der Umschlaginnenseite (U2).

** Bei mehr als 3 Kinderfreibeträgen ist die „Ergänzungs-Tabelle 3,5 bis 6 Kinderfreibeträge" anzuwenden.

Lohn/ Gehalt bis €*		Abzüge an Lohnsteuer, Solidaritätszuschlag (SolZ) und Kirchensteuer (8%, 9%) in den Steuerklassen I – VI: LSt	ohne Kinderfreibeträge SolZ	8%	9%	I, II, III, IV	LSt	mit Zahl der Kinderfreibeträge . . . 0,5 SolZ	0,5 8%	0,5 9%	1 SolZ	1 8%	1 9%	1,5 SolZ	1,5 8%	1,5 9%	2 SolZ	2 8%	2 9%	2,5 SolZ	2,5 8%	2,5 9%	3** SolZ	3** 8%	3** 9%
103,79	I,IV	16,33	0,89	1,30	1,46	I	16,33	0,73	1,06	1,19	0,57	0,83	0,93	0,42	0,61	0,69	0,28	0,40	0,46	—	0,21	0,24	—	0,05	0,06
	II	15,18	0,83	1,21	1,36	II	15,18	0,67	0,97	1,09	0,51	0,75	0,84	0,36	0,53	0,60	0,23	0,33	0,37	—	0,15	0,16	—	0,01	0,01
	III	8,16	0,44	0,65	0,73	III	8,16	0,07	0,46	0,51	—	0,28	0,32	—	0,13	0,15	—	—	—	—	—	—	—	—	—
	V	27,30	1,50	2,18	2,45	IV	16,33	0,81	1,18	1,33	0,73	1,06	1,19	0,65	0,94	1,06	0,57	0,83	0,93	0,49	0,72	0,81	0,42	0,61	0,69
	VI	28,51	1,56	2,28	2,56																				
103,89	I,IV	16,36	0,90	1,30	1,47	I	16,36	0,73	1,06	1,19	0,57	0,83	0,93	0,42	0,61	0,69	0,28	0,41	0,46	—	0,21	0,24	—	0,05	0,06
	II	15,21	0,83	1,21	1,36	II	15,21	0,67	0,97	1,10	0,51	0,75	0,84	0,37	0,53	0,60	0,23	0,33	0,38	—	0,15	0,17	—	0,01	0,01
	III	8,18	0,45	0,65	0,73	III	8,18	0,07	0,46	0,52	—	0,28	0,32	—	0,13	0,15	—	—	0,01	—	—	—	—	—	—
	V	27,34	1,50	2,18	2,46	IV	16,36	0,81	1,18	1,33	0,73	1,06	1,19	0,65	0,94	1,06	0,57	0,83	0,93	0,49	0,72	0,81	0,42	0,61	0,69
	VI	28,55	1,57	2,28	2,56																				
103,99	I,IV	16,39	0,90	1,31	1,47	I	16,39	0,73	1,06	1,20	0,57	0,83	0,94	0,42	0,61	0,69	0,28	0,41	0,46	0,01	0,22	0,24	—	0,05	0,06
	II	15,23	0,83	1,21	1,37	II	15,23	0,67	0,98	1,10	0,51	0,75	0,84	0,37	0,54	0,60	0,23	0,34	0,38	—	0,15	0,17	—	0,01	0,01
	III	8,20	0,45	0,65	0,73	III	8,20	0,08	0,46	0,52	—	0,28	0,32	—	0,13	0,15	—	0,01	0,01	—	—	—	—	—	—
	V	27,37	1,50	2,18	2,46	IV	16,39	0,81	1,18	1,33	0,73	1,06	1,20	0,65	0,95	1,07	0,57	0,83	0,94	0,49	0,72	0,81	0,42	0,61	0,69
	VI	28,58	1,57	2,28	2,57																				
104,09	I,IV	16,41	0,90	1,31	1,47	I	16,41	0,73	1,07	1,20	0,57	0,83	0,94	0,42	0,62	0,69	0,28	0,41	0,46	0,01	0,22	0,24	—	0,06	0,06
	II	15,26	0,83	1,22	1,37	II	15,26	0,67	0,98	1,10	0,52	0,75	0,85	0,37	0,54	0,61	0,23	0,34	0,38	—	0,15	0,17	—	0,01	0,01
	III	8,22	0,45	0,65	0,73	III	8,22	0,08	0,46	0,52	—	0,28	0,32	—	0,13	0,15	—	0,01	0,01	—	—	—	—	—	—
	V	27,41	1,50	2,19	2,46	IV	16,41	0,81	1,19	1,33	0,73	1,07	1,20	0,65	0,95	1,07	0,57	0,83	0,94	0,50	0,72	0,81	0,42	0,62	0,69
	VI	28,62	1,57	2,28	2,57																				
104,19	I,IV	16,44	0,90	1,31	1,47	I	16,44	0,73	1,07	1,20	0,57	0,84	0,94	0,42	0,62	0,70	0,28	0,41	0,46	0,01	0,22	0,25	—	0,06	0,06
	II	15,29	0,84	1,22	1,37	II	15,29	0,67	0,98	1,10	0,52	0,75	0,85	0,37	0,54	0,61	0,23	0,34	0,38	—	0,15	0,17	—	0,01	0,01
	III	8,24	0,45	0,65	0,74	III	8,24	0,09	0,46	0,52	—	0,28	0,32	—	0,13	0,15	—	0,01	0,01	—	—	—	—	—	—
	V	27,45	1,50	2,19	2,47	IV	16,44	0,81	1,19	1,34	0,73	1,07	1,20	0,65	0,95	1,07	0,57	0,84	0,94	0,50	0,73	0,82	0,42	0,62	0,70
	VI	28,65	1,57	2,29	2,57																				
104,29	I,IV	16,47	0,90	1,31	1,48	I	16,47	0,73	1,07	1,20	0,57	0,84	0,94	0,42	0,62	0,70	0,28	0,41	0,47	0,02	0,22	0,25	—	0,06	0,07
	II	15,31	0,84	1,22	1,37	II	15,31	0,67	0,98	1,10	0,52	0,76	0,85	0,37	0,54	0,61	0,23	0,34	0,38	—	0,15	0,17	—	0,01	0,01
	III	8,26	0,45	0,66	0,74	III	8,26	0,09	0,46	0,52	—	0,29	0,32	—	0,13	0,15	—	0,01	0,01	—	—	—	—	—	—
	V	27,48	1,51	2,19	2,47	IV	16,47	0,82	1,19	1,34	0,73	1,07	1,20	0,65	0,95	1,07	0,57	0,84	0,94	0,50	0,73	0,82	0,42	0,62	0,70
	VI	28,69	1,57	2,29	2,58																				
104,39	I,IV	16,50	0,90	1,32	1,48	I	16,50	0,74	1,07	1,21	0,58	0,84	0,95	0,43	0,62	0,70	0,28	0,42	0,47	0,02	0,22	0,25	—	0,06	0,07
	II	15,34	0,84	1,22	1,38	II	15,34	0,67	0,98	1,11	0,52	0,76	0,85	0,37	0,54	0,61	0,23	0,34	0,38	—	0,16	0,18	—	0,01	0,01
	III	8,28	0,45	0,66	0,74	III	8,28	0,10	0,47	0,53	—	0,29	0,32	—	0,14	0,15	—	0,01	0,01	—	—	—	—	—	—
	V	27,52	1,51	2,20	2,47	IV	16,50	0,82	1,19	1,34	0,74	1,07	1,21	0,65	0,95	1,07	0,58	0,84	0,95	0,50	0,73	0,82	0,43	0,62	0,70
	VI	28,73	1,58	2,29	2,58																				
104,49	I,IV	16,53	0,90	1,32	1,48	I	16,53	0,74	1,07	1,21	0,58	0,84	0,95	0,43	0,62	0,70	0,29	0,42	0,47	0,03	0,22	0,25	—	0,06	0,07
	II	15,37	0,84	1,22	1,38	II	15,37	0,68	0,99	1,11	0,52	0,76	0,85	0,37	0,54	0,61	0,23	0,34	0,39	—	0,16	0,18	—	0,01	0,01
	III	8,31	0,45	0,66	0,74	III	8,31	0,10	0,47	0,53	—	0,29	0,33	—	0,14	0,15	—	0,01	0,01	—	—	—	—	—	—
	V	27,55	1,51	2,20	2,47	IV	16,53	0,82	1,19	1,34	0,74	1,07	1,21	0,66	0,96	1,08	0,58	0,84	0,95	0,50	0,73	0,82	0,43	0,62	0,70
	VI	28,76	1,58	2,30	2,58																				
104,59	I,IV	16,55	0,91	1,32	1,48	I	16,55	0,74	1,08	1,21	0,58	0,84	0,95	0,43	0,63	0,70	0,29	0,42	0,47	0,03	0,23	0,25	—	0,06	0,07
	II	15,40	0,84	1,23	1,38	II	15,40	0,68	0,99	1,11	0,52	0,76	0,86	0,37	0,55	0,62	0,24	0,35	0,39	—	0,16	0,18	—	0,01	0,02
	III	8,33	0,45	0,66	0,74	III	8,33	0,10	0,47	0,53	—	0,29	0,33	—	0,14	0,16	—	0,01	0,01	—	—	—	—	—	—
	V	27,59	1,51	2,20	2,48	IV	16,55	0,82	1,20	1,35	0,74	1,08	1,21	0,66	0,96	1,08	0,58	0,84	0,95	0,50	0,73	0,83	0,43	0,63	0,70
	VI	28,80	1,58	2,30	2,59																				
104,69	I,IV	16,58	0,91	1,32	1,49	I	16,58	0,74	1,08	1,21	0,58	0,85	0,95	0,43	0,63	0,71	0,29	0,42	0,47	0,04	0,23	0,26	—	0,06	0,07
	II	15,42	0,84	1,23	1,38	II	15,42	0,68	0,99	1,11	0,52	0,76	0,86	0,38	0,55	0,62	0,24	0,35	0,39	—	0,16	0,18	—	0,01	0,02
	III	8,35	0,45	0,66	0,75	III	8,35	0,11	0,47	0,53	—	0,29	0,33	—	0,14	0,16	—	0,01	0,01	—	—	—	—	—	—
	V	27,63	1,51	2,21	2,48	IV	16,58	0,82	1,20	1,35	0,74	1,08	1,21	0,66	0,96	1,08	0,58	0,85	0,95	0,50	0,74	0,83	0,43	0,63	0,71
	VI	28,83	1,58	2,30	2,59																				
104,79	I,IV	16,61	0,91	1,32	1,49	I	16,61	0,74	1,08	1,22	0,58	0,85	0,95	0,43	0,63	0,71	0,29	0,42	0,48	0,04	0,23	0,26	—	0,06	0,07
	II	15,45	0,85	1,23	1,39	II	15,45	0,68	0,99	1,12	0,52	0,76	0,86	0,38	0,55	0,62	0,24	0,35	0,39	—	0,16	0,18	—	0,02	0,02
	III	8,37	0,46	0,66	0,75	III	8,37	0,11	0,47	0,53	—	0,29	0,33	—	0,14	0,16	—	0,01	0,02	—	—	—	—	—	—
	V	27,66	1,52	2,21	2,48	IV	16,61	0,82	1,20	1,35	0,74	1,08	1,22	0,66	0,96	1,08	0,58	0,85	0,95	0,51	0,74	0,83	0,43	0,63	0,71
	VI	28,87	1,58	2,30	2,59																				
104,89	I,IV	16,63	0,91	1,33	1,49	I	16,63	0,74	1,08	1,22	0,58	0,85	0,96	0,43	0,63	0,71	0,29	0,42	0,48	0,04	0,23	0,26	—	0,06	0,07
	II	15,48	0,85	1,23	1,39	II	15,48	0,68	0,99	1,12	0,53	0,77	0,86	0,38	0,55	0,62	0,24	0,35	0,39	—	0,16	0,18	—	0,02	0,02
	III	8,39	0,46	0,67	0,75	III	8,39	0,12	0,48	0,54	—	0,30	0,33	—	0,14	0,16	—	0,02	0,02	—	—	—	—	—	—
	V	27,70	1,52	2,21	2,49	IV	16,63	0,83	1,20	1,35	0,74	1,08	1,22	0,66	0,96	1,09	0,58	0,85	0,96	0,51	0,74	0,83	0,43	0,63	0,71
	VI	28,91	1,59	2,31	2,60																				
104,99	I,IV	16,66	0,91	1,33	1,49	I	16,66	0,74	1,08	1,22	0,58	0,85	0,96	0,43	0,63	0,71	0,29	0,43	0,48	0,05	0,23	0,26	—	0,07	0,07
	II	15,50	0,85	1,24	1,39	II	15,50	0,68	1,—	1,12	0,53	0,77	0,87	0,38	0,55	0,62	0,24	0,35	0,40	—	0,16	0,18	—	0,02	0,02
	III	8,41	0,46	0,67	0,75	III	8,41	0,12	0,48	0,54	—	0,30	0,33	—	0,14	0,16	—	0,02	0,02	—	—	—	—	—	—
	V	27,73	1,52	2,21	2,49	IV	16,66	0,83	1,20	1,36	0,74	1,08	1,22	0,66	0,97	1,09	0,58	0,85	0,96	0,51	0,74	0,83	0,43	0,63	0,71
	VI	28,94	1,59	2,31	2,60																				
105,09	I,IV	16,69	0,91	1,33	1,50	I	16,69	0,75	1,09	1,22	0,59	0,85	0,96	0,44	0,64	0,72	0,29	0,43	0,48	0,05	0,23	0,26	—	0,07	0,08
	II	15,53	0,85	1,24	1,39	II	15,53	0,68	1,—	1,12	0,53	0,77	0,87	0,38	0,56	0,63	0,24	0,35	0,40	—	0,17	0,19	—	0,02	0,02
	III	8,43	0,46	0,67	0,75	III	8,43	0,12	0,48	0,54	—	0,30	0,34	—	0,14	0,16	—	0,02	0,02	—	—	—	—	—	—
	V	27,77	1,52	2,22	2,49	IV	16,69	0,83	1,21	1,36	0,75	1,09	1,22	0,66	0,97	1,09	0,59	0,85	0,96	0,51	0,74	0,84	0,44	0,64	0,72
	VI	28,98	1,59	2,31	2,60																				
105,19	I,IV	16,72	0,91	1,33	1,50	I	16,72	0,75	1,09	1,22	0,59	0,86	0,96	0,44	0,64	0,72	0,29	0,43	0,48	0,06	0,24	0,27	—	0,07	0,08
	II	15,56	0,85	1,24	1,40	II	15,56	0,69	1,—	1,13	0,53	0,77	0,87	0,38	0,56	0,63	0,24	0,36	0,40	—	0,17	0,19	—	0,02	0,02
	III	8,46	0,46	0,67	0,76	III	8,46	0,13	0,48	0,54	—	0,30	0,34	—	0,15	0,16	—	0,02	0,02	—	—	—	—	—	—
	V	27,80	1,52	2,22	2,50	IV	16,72	0,83	1,21	1,36	0,75	1,09	1,22	0,67	0,97	1,09	0,59	0,86	0,96	0,51	0,74	0,84	0,44	0,64	0,72
	VI	29,01	1,59	2,32	2,61																				
105,29	I,IV	16,75	0,92	1,34	1,50	I	16,75	0,75	1,09	1,23	0,59	0,86	0,97	0,44	0,64	0,72	0,30	0,43	0,49	0,06	0,24	0,27	—	0,07	0,08
	II	15,59	0,85	1,24	1,40	II	15,59	0,69	1,—	1,13	0,53	0,78	0,87	0,38	0,56	0,63	0,24	0,36	0,40	—	0,17	0,19	—	0,02	0,02
	III	8,48	0,46	0,67	0,76	III	8,48	0,13	0,48	0,54	—	0,30	0,34	—	0,15	0,17	—	0,02	0,02	—	—	—	—	—	—
	V	27,84	1,53	2,22	2,50	IV	16,75	0,83	1,21	1,36	0,75	1,09	1,23	0,67	0,97	1,09	0,59	0,86	0,97	0,51	0,75	0,84	0,44	0,64	0,72
	VI	29,05	1,59	2,32	2,61																				
105,39	I,IV	16,77	0,92	1,34	1,50	I	16,77	0,75	1,09	1,23	0,59	0,86	0,97	0,44	0,64	0,72	0,30	0,43	0,49	0,06	0,24	0,27	—	0,07	0,08
	II	15,61	0,85	1,24	1,40	II	15,61	0,69	1,—	1,13	0,53	0,78	0,87	0,38	0,56	0,63	0,25	0,36	0,40	—	0,17	0,19	—	0,02	0,02
	III	8,50	0,46	0,68	0,76	III	8,50	0,14	0,48	0,54	—	0,30	0,34	—	0,15	0,17	—	0,02	0,02	—	—	—	—	—	—
	V	27,88	1,53	2,23	2,50	IV	16,77	0,83	1,21	1,37	0,75	1,09	1,23	0,67	0,98	1,10	0,59	0,86	0,97	0,51	0,75	0,84	0,44	0,64	0,72
	VI	29,08	1,59	2,32	2,61																				

* Die ausgewiesenen Tabellenwerte sind amtlich. Siehe Erläuterungen auf der Umschlaginnenseite (U2).
** Bei mehr als 3 Kinderfreibeträgen ist die „Ergänzungs-Tabelle 3,5 bis 6 Kinderfreibeträge" anzuwenden.

Abzüge an Lohnsteuer, Solidaritätszuschlag (SolZ) und Kirchensteuer (8%, 9%) in den Steuerklassen

Lohn/ Gehalt bis €*	I – VI		ohne Kinderfreibeträge			I, II, III, IV		mit Zahl der Kinderfreibeträge . . . 0,5			1			1,5			2			2,5			3**		
		LSt	SolZ	8%	9%		LSt	SolZ	8%	9%	SolZ	8%	9%	SolZ	8%	9%	SolZ	8%	9%	SolZ	8%	9%	SolZ	8%	9%
105,49	I,IV	16,80	0,92	1,34	1,51	I	16,80	0,75	1,09	1,23	0,59	0,86	0,97	0,44	0,64	0,72	0,30	0,44	0,49	0,07	0,24	0,27	—	0,07	0,08
	II	15,64	0,86	1,25	1,40	II	15,64	0,69	1,01	1,13	0,53	0,78	0,88	0,39	0,56	0,63	0,25	0,36	0,41	—	0,17	0,19	—	0,02	0,03
	III	8,52	0,46	0,68	0,76	III	8,52	0,14	0,48	0,55	—	0,30	0,34	—	0,15	0,17	—	0,02	0,02	—	—	—	—	—	—
	V	27,91	1,53	2,23	2,51	IV	16,80	0,83	1,22	1,37	0,75	1,09	1,23	0,67	0,98	1,10	0,59	0,86	0,97	0,51	0,75	0,84	0,44	0,64	0,72
	VI	29,12	1,60	2,32	2,62																				
105,59	I,IV	16,83	0,92	1,34	1,51	I	16,83	0,75	1,10	1,23	0,59	0,86	0,97	0,44	0,64	0,72	0,30	0,44	0,49	0,07	0,24	0,27	—	0,07	0,08
	II	15,67	0,86	1,25	1,41	II	15,67	0,69	1,01	1,13	0,54	0,78	0,88	0,39	0,57	0,64	0,25	0,36	0,41	—	0,17	0,19	—	0,02	0,03
	III	8,54	0,46	0,68	0,76	III	8,54	0,15	0,49	0,55	—	0,31	0,34	—	0,15	0,17	—	0,02	0,02	—	—	—	—	—	—
	V	27,95	1,53	2,23	2,51	IV	16,83	0,84	1,22	1,37	0,75	1,10	1,23	0,67	0,98	1,10	0,59	0,86	0,97	0,52	0,75	0,85	0,44	0,64	0,72
	VI	29,16	1,60	2,33	2,62																				
105,69	I,IV	16,86	0,92	1,34	1,51	I	16,86	0,75	1,10	1,24	0,59	0,87	0,98	0,44	0,65	0,73	0,30	0,44	0,49	0,08	0,24	0,27	—	0,08	0,09
	II	15,70	0,86	1,25	1,41	II	15,70	0,69	1,01	1,14	0,54	0,78	0,88	0,39	0,57	0,64	0,25	0,36	0,41	—	0,17	0,20	—	0,02	0,03
	III	8,56	0,47	0,68	0,77	III	8,56	0,15	0,49	0,55	—	0,31	0,35	—	0,15	0,17	—	0,02	0,03	—	—	—	—	—	—
	V	27,98	1,53	2,23	2,51	IV	16,86	0,84	1,22	1,37	0,75	1,10	1,24	0,67	0,98	1,10	0,59	0,87	0,98	0,52	0,75	0,85	0,44	0,65	0,73
	VI	29,20	1,60	2,33	2,62																				
105,79	I,IV	16,88	0,92	1,35	1,51	I	16,88	0,76	1,10	1,24	0,60	0,87	0,98	0,44	0,65	0,73	0,30	0,44	0,50	0,08	0,25	0,28	—	0,08	0,09
	II	15,72	0,86	1,25	1,41	II	15,72	0,69	1,01	1,14	0,54	0,78	0,88	0,39	0,57	0,64	0,25	0,37	0,41	—	0,18	0,20	—	0,03	0,03
	III	8,58	0,47	0,68	0,77	III	8,58	0,15	0,49	0,55	—	0,31	0,35	—	0,15	0,17	—	0,02	0,03	—	—	—	—	—	—
	V	28,02	1,54	2,24	2,52	IV	16,88	0,84	1,22	1,37	0,76	1,10	1,24	0,67	0,98	1,11	0,60	0,87	0,98	0,52	0,76	0,85	0,44	0,65	0,73
	VI	29,23	1,60	2,33	2,63																				
105,89	I,IV	16,91	0,93	1,35	1,52	I	16,91	0,76	1,10	1,24	0,60	0,87	0,98	0,45	0,65	0,73	0,30	0,44	0,50	0,09	0,25	0,28	—	0,08	0,09
	II	15,75	0,86	1,26	1,41	II	15,75	0,70	1,01	1,14	0,54	0,79	0,89	0,39	0,57	0,64	0,25	0,37	0,41	—	0,18	0,20	—	0,03	0,03
	III	8,61	0,47	0,68	0,77	III	8,61	0,16	0,49	0,55	—	0,31	0,35	—	0,15	0,17	—	0,02	0,03	—	—	—	—	—	—
	V	28,06	1,54	2,24	2,52	IV	16,91	0,84	1,22	1,38	0,76	1,10	1,24	0,68	0,98	1,11	0,60	0,87	0,98	0,52	0,76	0,85	0,45	0,65	0,73
	VI	29,26	1,60	2,34	2,63																				
105,99	I,IV	16,94	0,93	1,35	1,52	I	16,94	0,76	1,10	1,24	0,60	0,87	0,98	0,45	0,65	0,73	0,30	0,44	0,50	0,09	0,25	0,28	—	0,08	0,09
	II	15,78	0,86	1,26	1,42	II	15,78	0,70	1,02	1,14	0,54	0,79	0,89	0,39	0,57	0,64	0,25	0,37	0,42	—	0,18	0,20	—	0,03	0,03
	III	8,63	0,47	0,69	0,77	III	8,63	0,16	0,49	0,56	—	0,31	0,35	—	0,16	0,18	—	0,03	0,03	—	—	—	—	—	—
	V	28,09	1,54	2,24	2,52	IV	16,94	0,84	1,23	1,38	0,76	1,10	1,24	0,68	0,99	1,11	0,60	0,87	0,98	0,52	0,76	0,86	0,45	0,65	0,73
	VI	29,30	1,61	2,34	2,63																				
106,09	I,IV	16,97	0,93	1,35	1,52	I	16,97	0,76	1,11	1,25	0,60	0,87	0,98	0,45	0,65	0,74	0,30	0,45	0,50	0,09	0,25	0,28	—	0,08	0,09
	II	15,80	0,86	1,26	1,42	II	15,80	0,70	1,02	1,15	0,54	0,79	0,89	0,39	0,57	0,65	0,25	0,37	0,42	—	0,18	0,20	—	0,03	0,03
	III	8,65	0,47	0,69	0,77	III	8,65	0,17	0,50	0,56	—	0,31	0,35	—	0,16	0,18	—	0,03	0,03	—	—	—	—	—	—
	V	28,13	1,54	2,25	2,53	IV	16,97	0,84	1,23	1,38	0,76	1,11	1,25	0,68	0,99	1,11	0,60	0,87	0,98	0,52	0,76	0,86	0,45	0,65	0,74
	VI	29,34	1,61	2,34	2,64																				
106,19	I,IV	17,—	0,93	1,36	1,53	I	17,—	0,76	1,11	1,25	0,60	0,88	0,99	0,45	0,66	0,74	0,31	0,45	0,50	0,10	0,25	0,28	—	0,08	0,09
	II	15,83	0,87	1,26	1,42	II	15,83	0,70	1,02	1,15	0,54	0,79	0,89	0,39	0,58	0,65	0,26	0,37	0,42	—	0,18	0,21	—	0,03	0,03
	III	8,67	0,47	0,69	0,78	III	8,67	0,17	0,50	0,56	—	0,32	0,36	—	0,16	0,18	—	0,03	0,03	—	—	—	—	—	—
	V	28,16	1,54	2,25	2,53	IV	17,—	0,84	1,23	1,38	0,76	1,11	1,25	0,68	0,99	1,12	0,60	0,88	0,99	0,52	0,76	0,86	0,45	0,66	0,74
	VI	29,37	1,61	2,34	2,64																				
106,29	I,IV	17,02	0,93	1,36	1,53	I	17,02	0,76	1,11	1,25	0,60	0,88	0,99	0,45	0,66	0,74	0,31	0,45	0,51	0,10	0,25	0,29	—	0,08	0,09
	II	15,86	0,87	1,26	1,42	II	15,86	0,70	1,02	1,15	0,54	0,79	0,89	0,40	0,58	0,65	0,26	0,37	0,42	—	0,18	0,21	—	0,03	0,04
	III	8,69	0,47	0,69	0,78	III	8,69	0,17	0,50	0,56	—	0,32	0,36	—	0,16	0,18	—	0,03	0,03	—	—	—	—	—	—
	V	28,20	1,55	2,25	2,53	IV	17,02	0,85	1,23	1,39	0,76	1,11	1,25	0,68	0,99	1,12	0,60	0,88	0,99	0,53	0,77	0,86	0,45	0,66	0,74
	VI	29,41	1,61	2,35	2,64																				
106,39	I,IV	17,05	0,93	1,36	1,53	I	17,05	0,76	1,11	1,25	0,60	0,88	0,99	0,45	0,66	0,74	0,31	0,45	0,51	0,11	0,26	0,29	—	0,08	0,09
	II	15,88	0,87	1,27	1,42	II	15,88	0,70	1,02	1,15	0,55	0,80	0,90	0,40	0,58	0,65	0,26	0,38	0,42	—	0,19	0,21	—	0,03	0,04
	III	8,71	0,47	0,69	0,78	III	8,71	0,18	0,50	0,56	—	0,32	0,36	—	0,16	0,18	—	0,03	0,03	—	—	—	—	—	—
	V	28,24	1,55	2,25	2,54	IV	17,05	0,85	1,24	1,39	0,76	1,11	1,25	0,68	1,—	1,12	0,60	0,88	0,99	0,53	0,77	0,86	0,45	0,66	0,74
	VI	29,45	1,61	2,35	2,65																				
106,49	I,IV	17,08	0,93	1,36	1,53	I	17,08	0,77	1,12	1,26	0,61	0,88	0,99	0,45	0,66	0,74	0,31	0,45	0,51	0,11	0,26	0,29	—	0,08	0,10
	II	15,91	0,87	1,27	1,43	II	15,91	0,70	1,03	1,16	0,55	0,80	0,90	0,40	0,58	0,65	0,26	0,38	0,43	—	0,19	0,21	—	0,03	0,04
	III	8,73	0,48	0,69	0,78	III	8,73	0,18	0,50	0,56	—	0,32	0,36	—	0,16	0,18	—	0,03	0,04	—	—	—	—	—	—
	V	28,27	1,55	2,26	2,54	IV	17,08	0,85	1,24	1,39	0,77	1,12	1,26	0,68	1,—	1,12	0,61	0,88	0,99	0,53	0,77	0,87	0,45	0,66	0,74
	VI	29,48	1,62	2,35	2,65																				
106,59	I,IV	17,11	0,94	1,36	1,53	I	17,11	0,77	1,12	1,26	0,61	0,88	0,99	0,45	0,66	0,75	0,31	0,45	0,51	0,11	0,26	0,29	—	0,09	0,10
	II	15,94	0,87	1,27	1,43	II	15,94	0,71	1,03	1,16	0,55	0,80	0,90	0,40	0,58	0,66	0,26	0,38	0,43	—	0,19	0,21	—	0,04	0,04
	III	8,76	0,48	0,70	0,78	III	8,76	0,19	0,50	0,57	—	0,32	0,36	—	0,16	0,18	—	0,03	0,04	—	—	—	—	—	—
	V	28,31	1,55	2,26	2,54	IV	17,11	0,85	1,24	1,39	0,77	1,12	1,26	0,69	1,—	1,12	0,61	0,88	0,99	0,53	0,77	0,87	0,45	0,66	0,75
	VI	29,52	1,62	2,36	2,65																				
106,69	I,IV	17,13	0,94	1,37	1,54	I	17,13	0,77	1,12	1,26	0,61	0,89	1,—	0,46	0,66	0,75	0,31	0,46	0,51	0,12	0,26	0,29	—	0,09	0,10
	II	15,97	0,87	1,27	1,43	II	15,97	0,71	1,03	1,16	0,55	0,80	0,90	0,40	0,59	0,66	0,26	0,38	0,43	—	0,19	0,21	—	0,04	0,04
	III	8,78	0,48	0,70	0,79	III	8,78	0,19	0,50	0,57	—	0,32	0,36	—	0,16	0,19	—	0,03	0,04	—	—	—	—	—	—
	V	28,35	1,55	2,26	2,55	IV	17,13	0,85	1,24	1,40	0,77	1,12	1,26	0,69	1,—	1,13	0,61	0,89	1,—	0,53	0,77	0,87	0,46	0,66	0,75
	VI	29,55	1,62	2,36	2,65																				
106,79	I,IV	17,16	0,94	1,37	1,54	I	17,16	0,77	1,12	1,26	0,61	0,89	1,—	0,46	0,67	0,75	0,31	0,46	0,52	0,12	0,26	0,29	—	0,09	0,10
	II	16,—	0,88	1,28	1,44	II	16,—	0,71	1,03	1,16	0,55	0,80	0,90	0,40	0,59	0,66	0,26	0,38	0,43	—	0,19	0,22	—	0,04	0,04
	III	8,80	0,48	0,70	0,79	III	8,80	0,20	0,51	0,57	—	0,32	0,36	—	0,17	0,19	—	0,03	0,04	—	—	—	—	—	—
	V	28,38	1,56	2,27	2,55	IV	17,16	0,85	1,24	1,40	0,77	1,12	1,26	0,69	1,—	1,13	0,61	0,89	1,—	0,53	0,78	0,87	0,46	0,67	0,75
	VI	29,59	1,62	2,36	2,66																				
106,89	I,IV	17,19	0,94	1,37	1,54	I	17,19	0,77	1,12	1,26	0,61	0,89	1,—	0,46	0,67	0,75	0,31	0,46	0,52	0,13	0,26	0,30	—	0,09	0,10
	II	16,02	0,88	1,28	1,44	II	16,02	0,71	1,04	1,17	0,55	0,81	0,91	0,40	0,59	0,66	0,26	0,38	0,43	—	0,19	0,22	—	0,04	0,04
	III	8,82	0,48	0,70	0,79	III	8,82	0,20	0,51	0,57	—	0,33	0,37	—	0,17	0,19	—	0,04	0,04	—	—	—	—	—	—
	V	28,42	1,56	2,27	2,55	IV	17,19	0,85	1,25	1,40	0,77	1,12	1,26	0,69	1,01	1,13	0,61	0,89	1,—	0,53	0,78	0,88	0,46	0,67	0,75
	VI	29,63	1,62	2,37	2,66																				
106,99	I,IV	17,22	0,94	1,37	1,54	I	17,22	0,77	1,13	1,27	0,61	0,89	1,—	0,46	0,67	0,75	0,32	0,46	0,52	0,13	0,27	0,30	—	0,09	0,10
	II	16,05	0,88	1,28	1,44	II	16,05	0,71	1,04	1,17	0,55	0,81	0,91	0,41	0,59	0,67	0,26	0,39	0,44	—	0,20	0,22	—	0,04	0,04
	III	8,85	0,48	0,70	0,79	III	8,85	0,20	0,51	0,57	—	0,33	0,37	—	0,17	0,19	—	0,04	0,04	—	—	—	—	—	—
	V	28,45	1,56	2,27	2,56	IV	17,22	0,86	1,25	1,40	0,77	1,13	1,27	0,69	1,01	1,13	0,61	0,89	1,—	0,53	0,78	0,88	0,46	0,67	0,75
	VI	29,66	1,63	2,37	2,66																				
107,09	I,IV	17,25	0,94	1,38	1,55	I	17,25	0,77	1,13	1,27	0,61	0,89	1,01	0,46	0,67	0,76	0,32	0,46	0,52	0,14	0,27	0,30	—	0,09	0,10
	II	16,08	0,88	1,28	1,44	II	16,08	0,71	1,04	1,17	0,56	0,81	0,91	0,41	0,59	0,67	0,27	0,39	0,44	—	0,20	0,22	—	0,04	0,05
	III	8,86	0,48	0,70	0,79	III	8,86	0,21	0,51	0,58	—	0,33	0,37	—	0,17	0,19	—	0,04	0,04	—	—	—	—	—	—
	V	28,49	1,56	2,27	2,56	IV	17,25	0,86	1,25	1,41	0,77	1,13	1,27	0,69	1,01	1,14	0,61	0,89	1,01	0,54	0,78	0,88	0,46	0,67	0,76
	VI	29,70	1,63	2,37	2,67																				

* Die ausgewiesenen Tabellenwerte sind amtlich. Siehe Erläuterungen auf der Umschlaginnenseite (U2).

** Bei mehr als 3 Kinderfreibeträgen ist die „Ergänzungs-Tabelle 3,5 bis 6 Kinderfreibeträge" anzuwenden.

Abzüge an Lohnsteuer, Solidaritätszuschlag (SolZ) und Kirchensteuer (8%, 9%) in den Steuerklassen

Lohn/ Gehalt bis €*	I – VI					I, II, III, IV		mit Zahl der Kinderfreibeträge . . . 0,5			1			1,5			2			2,5			3**		
		LSt	ohne Kinderfreibeträge SolZ	8%	9%		LSt	SolZ	8%	9%	SolZ	8%	9%	SolZ	8%	9%	SolZ	8%	9%	SolZ	8%	9%	SolZ	8%	9%
107,19	I,IV	17,27	0,95	1,38	1,55	I	17,27	0,78	1,13	1,27	0,61	0,90	1,01	0,46	0,67	0,76	0,32	0,47	0,52	0,14	0,27	0,30	—	0,09	0,11
	II	16,10	0,88	1,28	1,44	II	16,10	0,71	1,04	1,17	0,56	0,81	0,91	0,41	0,60	0,67	0,27	0,39	0,44	—	0,20	0,22	—	0,04	0,05
	III	8,88	0,48	0,71	0,79	III	8,88	0,21	0,51	0,58	—	0,33	0,37	—	0,17	0,19	—	0,04	0,04	—	—	—	—	—	—
	V	28,53	1,56	2,28	2,56	IV	17,27	0,86	1,25	1,41	0,78	1,13	1,27	0,69	1,01	1,14	0,61	0,90	1,01	0,54	0,78	0,88	0,46	0,67	0,76
	VI	29,73	1,63	2,37	2,67																				
107,29	I,IV	17,30	0,95	1,38	1,55	I	17,30	0,78	1,13	1,27	0,62	0,90	1,01	0,46	0,68	0,76	0,32	0,47	0,53	0,14	0,27	0,30	—	0,10	0,11
	II	16,13	0,88	1,29	1,45	II	16,13	0,72	1,04	1,17	0,56	0,81	0,92	0,41	0,60	0,67	0,27	0,39	0,44	—	0,20	0,23	—	0,04	0,05
	III	8,91	0,49	0,71	0,80	III	8,91	0,22	0,52	0,58	—	0,33	0,37	—	0,17	0,19	—	0,04	0,04	—	—	—	—	—	—
	V	28,56	1,57	2,28	2,57	IV	17,30	0,86	1,25	1,41	0,78	1,13	1,27	0,70	1,01	1,14	0,62	0,90	1,01	0,54	0,79	0,88	0,46	0,68	0,76
	VI	29,77	1,63	2,38	2,67																				
107,39	I,IV	17,33	0,95	1,38	1,55	I	17,33	0,78	1,13	1,28	0,62	0,90	1,01	0,46	0,68	0,76	0,32	0,47	0,53	0,15	0,27	0,31	—	0,10	0,11
	II	16,16	0,88	1,29	1,45	II	16,16	0,72	1,05	1,18	0,56	0,82	0,92	0,41	0,60	0,67	0,27	0,39	0,44	—	0,20	0,23	—	0,04	0,05
	III	8,93	0,49	0,71	0,80	III	8,93	0,22	0,52	0,58	—	0,33	0,37	—	0,17	0,20	—	0,04	0,05	—	—	—	—	—	—
	V	28,60	1,57	2,28	2,57	IV	17,33	0,86	1,26	1,41	0,78	1,13	1,28	0,70	1,02	1,14	0,62	0,90	1,01	0,54	0,79	0,89	0,46	0,68	0,76
	VI	29,81	1,63	2,38	2,68																				
107,49	I,IV	17,36	0,95	1,38	1,56	I	17,36	0,78	1,14	1,28	0,62	0,90	1,02	0,47	0,68	0,77	0,32	0,47	0,53	0,15	0,27	0,31	—	0,10	0,11
	II	16,19	0,89	1,29	1,45	II	16,19	0,72	1,05	1,18	0,56	0,82	0,92	0,41	0,60	0,68	0,27	0,40	0,45	—	0,20	0,23	—	0,05	0,05
	III	8,95	0,49	0,71	0,80	III	8,95	0,22	0,52	0,58	—	0,33	0,38	—	0,18	0,20	—	0,04	0,05	—	—	—	—	—	—
	V	28,63	1,57	2,29	2,57	IV	17,36	0,86	1,26	1,42	0,78	1,14	1,28	0,70	1,02	1,15	0,62	0,90	1,02	0,54	0,79	0,89	0,47	0,68	0,77
	VI	29,84	1,64	2,38	2,68																				
107,59	I,IV	17,38	0,95	1,39	1,56	I	17,38	0,78	1,14	1,28	0,62	0,90	1,02	0,47	0,68	0,77	0,32	0,47	0,53	0,16	0,28	0,31	—	0,10	0,11
	II	16,21	0,89	1,29	1,45	II	16,21	0,72	1,05	1,18	0,56	0,82	0,92	0,41	0,60	0,68	0,27	0,40	0,45	—	0,20	0,23	—	0,05	0,05
	III	8,97	0,49	0,71	0,80	III	8,97	0,23	0,52	0,59	—	0,34	0,38	—	0,18	0,20	—	0,04	0,05	—	—	—	—	—	—
	V	28,67	1,57	2,29	2,58	IV	17,38	0,87	1,26	1,42	0,78	1,14	1,28	0,70	1,02	1,15	0,62	0,90	1,02	0,54	0,79	0,89	0,47	0,68	0,77
	VI	29,88	1,64	2,39	2,68																				
107,69	I,IV	17,41	0,95	1,39	1,56	I	17,41	0,78	1,14	1,28	0,62	0,91	1,02	0,47	0,68	0,77	0,32	0,47	0,53	0,16	0,28	0,31	—	0,10	0,11
	II	16,24	0,89	1,29	1,46	II	16,24	0,72	1,05	1,18	0,56	0,82	0,92	0,41	0,60	0,68	0,27	0,40	0,45	—	0,21	0,23	—	0,05	0,05
	III	9,—	0,49	0,72	0,81	III	9,—	0,23	0,52	0,59	—	0,34	0,38	—	0,18	0,20	—	0,04	0,05	—	—	—	—	—	—
	V	28,71	1,57	2,29	2,58	IV	17,41	0,87	1,26	1,42	0,78	1,14	1,28	0,70	1,02	1,15	0,62	0,91	1,02	0,54	0,79	0,89	0,47	0,68	0,77
	VI	29,91	1,64	2,39	2,69																				
107,79	I,IV	17,44	0,95	1,39	1,56	I	17,44	0,78	1,14	1,29	0,62	0,91	1,02	0,47	0,69	0,77	0,33	0,48	0,54	0,16	0,28	0,31	—	0,10	0,12
	II	16,27	0,89	1,30	1,46	II	16,27	0,72	1,05	1,19	0,56	0,82	0,93	0,42	0,61	0,68	0,27	0,40	0,45	—	0,21	0,23	—	0,05	0,06
	III	9,02	0,49	0,72	0,81	III	9,02	0,24	0,52	0,59	—	0,34	0,38	—	0,18	0,20	—	0,04	0,05	—	—	—	—	—	—
	V	28,74	1,58	2,29	2,58	IV	17,44	0,87	1,27	1,42	0,78	1,14	1,29	0,70	1,02	1,15	0,62	0,91	1,02	0,55	0,80	0,90	0,47	0,69	0,77
	VI	29,95	1,64	2,39	2,69																				
107,89	I,IV	17,47	0,96	1,39	1,57	I	17,47	0,79	1,15	1,29	0,62	0,91	1,02	0,47	0,69	0,77	0,33	0,48	0,54	0,17	0,28	0,32	—	0,10	0,12
	II	16,30	0,89	1,30	1,46	II	16,30	0,72	1,06	1,19	0,57	0,83	0,93	0,42	0,61	0,68	0,28	0,40	0,45	—	0,21	0,24	—	0,05	0,06
	III	9,04	0,49	0,72	0,81	III	9,04	0,24	0,52	0,59	—	0,34	0,38	—	0,18	0,20	—	0,05	0,05	—	—	—	—	—	—
	V	28,78	1,58	2,30	2,59	IV	17,47	0,87	1,27	1,43	0,79	1,15	1,29	0,70	1,03	1,16	0,62	0,91	1,02	0,55	0,80	0,90	0,47	0,69	0,77
	VI	29,99	1,64	2,39	2,69																				
107,99	I,IV	17,50	0,96	1,40	1,57	I	17,50	0,79	1,15	1,29	0,63	0,91	1,03	0,47	0,69	0,78	0,33	0,48	0,54	0,17	0,28	0,32	—	0,10	0,12
	II	16,32	0,89	1,30	1,46	II	16,32	0,73	1,06	1,19	0,57	0,83	0,93	0,42	0,61	0,69	0,28	0,40	0,45	—	0,21	0,24	—	0,05	0,06
	III	9,06	0,49	0,72	0,81	III	9,06	0,25	0,53	0,59	—	0,34	0,38	—	0,18	0,20	—	0,05	0,05	—	—	—	—	—	—
	V	28,81	1,58	2,30	2,59	IV	17,50	0,87	1,27	1,43	0,79	1,15	1,29	0,71	1,03	1,16	0,63	0,91	1,03	0,55	0,80	0,90	0,47	0,69	0,78
	VI	30,02	1,65	2,40	2,70																				
108,09	I,IV	17,52	0,96	1,40	1,57	I	17,52	0,79	1,15	1,29	0,63	0,91	1,03	0,47	0,69	0,78	0,33	0,48	0,54	0,18	0,28	0,32	—	0,11	0,12
	II	16,35	0,89	1,30	1,47	II	16,35	0,73	1,06	1,19	0,57	0,83	0,93	0,42	0,61	0,69	0,28	0,41	0,46	—	0,21	0,24	—	0,05	0,06
	III	9,08	0,49	0,72	0,81	III	9,08	0,25	0,53	0,60	—	0,34	0,39	—	0,18	0,21	—	0,05	0,05	—	—	—	—	—	—
	V	28,85	1,58	2,30	2,59	IV	17,52	0,87	1,27	1,43	0,79	1,15	1,29	0,71	1,03	1,16	0,63	0,91	1,03	0,55	0,80	0,90	0,47	0,69	0,78
	VI	30,06	1,65	2,40	2,70																				
108,19	I,IV	17,55	0,96	1,40	1,57	I	17,55	0,79	1,15	1,30	0,63	0,92	1,03	0,48	0,69	0,78	0,33	0,48	0,54	0,18	0,29	0,32	—	0,11	0,12
	II	16,38	0,90	1,31	1,47	II	16,38	0,73	1,06	1,20	0,57	0,83	0,94	0,42	0,61	0,69	0,28	0,41	0,46	0,01	0,22	0,24	—	0,05	0,06
	III	9,10	0,50	0,72	0,81	III	9,10	0,25	0,53	0,60	—	0,34	0,39	—	0,18	0,21	—	0,05	0,06	—	—	—	—	—	—
	V	28,89	1,58	2,31	2,60	IV	17,55	0,87	1,27	1,43	0,79	1,15	1,30	0,71	1,03	1,16	0,63	0,92	1,03	0,55	0,80	0,90	0,48	0,69	0,78
	VI	30,10	1,65	2,40	2,70																				
108,29	I,IV	17,58	0,96	1,40	1,58	I	17,58	0,79	1,15	1,30	0,63	0,92	1,03	0,48	0,70	0,78	0,33	0,48	0,55	0,19	0,29	0,32	—	0,11	0,12
	II	16,41	0,90	1,31	1,47	II	16,41	0,73	1,06	1,20	0,57	0,83	0,94	0,42	0,62	0,69	0,28	0,41	0,46	0,01	0,22	0,24	—	0,05	0,06
	III	9,12	0,50	0,72	0,82	III	9,12	0,26	0,53	0,60	—	0,35	0,39	—	0,18	0,21	—	0,05	0,06	—	—	—	—	—	—
	V	28,92	1,59	2,31	2,60	IV	17,58	0,88	1,28	1,44	0,79	1,15	1,30	0,71	1,03	1,16	0,63	0,92	1,03	0,55	0,81	0,91	0,48	0,70	0,78
	VI	30,13	1,65	2,41	2,71																				
108,39	I,IV	17,61	0,96	1,40	1,58	I	17,61	0,79	1,16	1,30	0,63	0,92	1,04	0,48	0,70	0,79	0,33	0,49	0,55	0,19	0,29	0,33	—	0,11	0,12
	II	16,43	0,90	1,31	1,47	II	16,43	0,73	1,07	1,20	0,57	0,84	0,94	0,42	0,62	0,70	0,28	0,41	0,46	0,01	0,22	0,25	—	0,06	0,06
	III	9,15	0,50	0,73	0,82	III	9,15	0,26	0,53	0,60	—	0,35	0,39	—	0,19	0,21	—	0,05	0,06	—	—	—	—	—	—
	V	28,96	1,59	2,31	2,60	IV	17,61	0,88	1,28	1,44	0,79	1,16	1,30	0,71	1,04	1,17	0,63	0,92	1,04	0,55	0,81	0,91	0,48	0,70	0,79
	VI	30,16	1,65	2,41	2,71																				
108,49	I,IV	17,64	0,97	1,41	1,58	I	17,64	0,79	1,16	1,30	0,63	0,92	1,04	0,48	0,70	0,79	0,33	0,49	0,55	0,19	0,29	0,33	—	0,11	0,13
	II	16,46	0,90	1,31	1,48	II	16,46	0,73	1,07	1,20	0,57	0,84	0,94	0,42	0,62	0,70	0,28	0,41	0,47	0,02	0,22	0,25	—	0,06	0,06
	III	9,17	0,50	0,73	0,82	III	9,17	0,27	0,54	0,60	—	0,35	0,39	—	0,19	0,21	—	0,05	0,06	—	—	—	—	—	—
	V	28,99	1,59	2,31	2,60	IV	17,64	0,88	1,28	1,44	0,79	1,16	1,30	0,71	1,04	1,17	0,63	0,92	1,04	0,55	0,81	0,91	0,48	0,70	0,79
	VI	30,20	1,66	2,41	2,71																				
108,59	I,IV	17,66	0,97	1,41	1,58	I	17,66	0,80	1,16	1,31	0,63	0,92	1,04	0,48	0,70	0,79	0,34	0,49	0,55	0,20	0,29	0,33	—	0,11	0,13
	II	16,49	0,90	1,31	1,48	II	16,49	0,73	1,07	1,20	0,58	0,84	0,95	0,43	0,62	0,70	0,28	0,42	0,47	0,02	0,22	0,25	—	0,06	0,07
	III	9,19	0,50	0,73	0,82	III	9,19	0,27	0,54	0,60	—	0,35	0,40	—	0,19	0,21	—	0,05	0,06	—	—	—	—	—	—
	V	29,03	1,59	2,32	2,61	IV	17,66	0,88	1,28	1,44	0,80	1,16	1,31	0,71	1,04	1,17	0,63	0,92	1,04	0,56	0,81	0,91	0,48	0,70	0,79
	VI	30,24	1,66	2,41	2,72																				
108,69	I,IV	17,69	0,97	1,41	1,59	I	17,69	0,80	1,16	1,31	0,64	0,93	1,04	0,48	0,70	0,79	0,34	0,49	0,55	0,20	0,29	0,33	—	0,11	0,13
	II	16,51	0,90	1,32	1,48	II	16,51	0,74	1,07	1,21	0,58	0,84	0,95	0,43	0,62	0,70	0,28	0,42	0,47	0,03	0,22	0,25	—	0,06	0,07
	III	9,21	0,50	0,73	0,82	III	9,21	0,27	0,54	0,61	—	0,35	0,40	—	0,19	0,21	—	0,05	0,06	—	—	—	—	—	—
	V	29,06	1,59	2,32	2,61	IV	17,69	0,88	1,28	1,45	0,80	1,16	1,31	0,72	1,04	1,17	0,64	0,93	1,04	0,56	0,81	0,92	0,48	0,70	0,79
	VI	30,27	1,66	2,42	2,72																				
108,79	I,IV	17,72	0,97	1,41	1,59	I	17,72	0,80	1,16	1,31	0,64	0,93	1,04	0,48	0,70	0,79	0,34	0,49	0,56	0,20	0,30	0,33	—	0,12	0,13
	II	16,54	0,91	1,32	1,48	II	16,54	0,74	1,08	1,21	0,58	0,84	0,95	0,43	0,62	0,70	0,29	0,42	0,47	0,03	0,22	0,25	—	0,06	0,07
	III	9,23	0,50	0,73	0,83	III	9,23	0,28	0,54	0,61	—	0,35	0,40	—	0,19	0,22	—	0,06	0,06	—	—	—	—	—	—
	V	29,10	1,60	2,32	2,61	IV	17,72	0,88	1,29	1,45	0,80	1,16	1,31	0,72	1,04	1,18	0,64	0,93	1,04	0,56	0,82	0,92	0,48	0,70	0,79
	VI	30,31	1,66	2,42	2,72																				

* Die ausgewiesenen Tabellenwerte sind amtlich. Siehe Erläuterungen auf der Umschlaginnenseite (U2).
** Bei mehr als 3 Kinderfreibeträgen ist die „Ergänzungs-Tabelle 3,5 bis 6 Kinderfreibeträge" anzuwenden.

Lohn/ Gehalt bis €*		I – VI	ohne Kinderfreibeträge			I, II, III, IV	mit Zahl der Kinderfreibeträge . . .																	
							0,5			1			1,5			2			2,5			3**		
		LSt	SolZ	8%	9%		LSt	SolZ	8%	9%	SolZ	8%	9%	SolZ	8%	9%	SolZ	8%	9%	SolZ	8%	9%	SolZ	8%	9%
108,89	I,IV	17,75	0,97	1,42	1,59	I	17,75	0,80	1,17	1,31	0,64	0,93	1,05	0,48	0,71	0,80	0,34	0,50	0,56	0,20	0,30	0,34	—	0,12	0,13
	II	16,57	0,91	1,32	1,49	II	16,57	0,74	1,08	1,21	0,58	0,85	0,95	0,43	0,63	0,71	0,29	0,42	0,47	0,03	0,23	0,26	—	0,06	0,07
	III	9,25	0,50	0,74	0,83	III	9,25	0,28	0,54	0,61	—	0,36	0,40	—	0,19	0,22	—	0,06	0,06	—	—	—	—	—	—
	V	29,14	1,60	2,33	2,62	IV	17,75	0,88	1,29	1,45	0,80	1,17	1,31	0,72	1,05	1,18	0,64	0,93	1,05	0,56	0,82	0,92	0,48	0,71	0,80
	VI	30,35	1,66	2,42	2,73																				
108,99	I,IV	17,78	0,97	1,42	1,60	I	17,78	0,80	1,17	1,32	0,64	0,93	1,05	0,49	0,71	0,80	0,34	0,50	0,56	0,20	0,30	0,34	—	0,12	0,13
	II	16,60	0,91	1,32	1,49	II	16,60	0,74	1,08	1,21	0,58	0,85	0,95	0,43	0,63	0,71	0,29	0,42	0,47	0,04	0,23	0,26	—	0,06	0,07
	III	9,27	0,51	0,74	0,83	III	9,27	0,29	0,54	0,61	—	0,36	0,40	—	0,19	0,22	—	0,06	0,07	—	—	—	—	—	—
	V	29,17	1,60	2,33	2,62	IV	17,78	0,89	1,29	1,45	0,80	1,17	1,32	0,72	1,05	1,18	0,64	0,93	1,05	0,56	0,82	0,92	0,49	0,71	0,80
	VI	30,38	1,67	2,43	2,73																				
109,09	I,IV	17,80	0,97	1,42	1,60	I	17,80	0,80	1,17	1,32	0,64	0,93	1,05	0,49	0,71	0,80	0,34	0,50	0,56	0,21	0,30	0,34	—	0,12	0,14
	II	16,63	0,91	1,33	1,49	II	16,63	0,74	1,08	1,22	0,58	0,85	0,96	0,43	0,63	0,71	0,29	0,42	0,48	0,04	0,23	0,26	—	0,06	0,07
	III	9,30	0,51	0,74	0,83	III	9,30	0,29	0,54	0,61	—	0,36	0,40	—	0,20	0,22	—	0,06	0,07	—	—	—	—	—	—
	V	29,21	1,60	2,33	2,62	IV	17,80	0,89	1,29	1,46	0,80	1,17	1,32	0,72	1,05	1,18	0,64	0,93	1,05	0,56	0,82	0,92	0,49	0,71	0,80
	VI	30,42	1,67	2,43	2,73																				
109,19	I,IV	17,83	0,98	1,42	1,60	I	17,83	0,81	1,17	1,32	0,64	0,94	1,05	0,49	0,71	0,80	0,34	0,50	0,56	0,21	0,30	0,34	—	0,12	0,14
	II	16,65	0,91	1,33	1,49	II	16,65	0,74	1,08	1,22	0,58	0,85	0,96	0,43	0,63	0,71	0,29	0,43	0,48	0,05	0,23	0,26	—	0,07	0,07
	III	9,32	0,51	0,74	0,83	III	9,32	0,30	0,55	0,62	—	0,36	0,41	—	0,20	0,22	—	0,06	0,07	—	—	—	—	—	—
	V	29,25	1,60	2,34	2,63	IV	17,83	0,89	1,30	1,46	0,81	1,17	1,32	0,72	1,05	1,19	0,64	0,94	1,05	0,56	0,82	0,93	0,49	0,71	0,80
	VI	30,46	1,67	2,43	2,74																				
109,29	I,IV	17,86	0,98	1,42	1,60	I	17,86	0,81	1,18	1,32	0,64	0,94	1,06	0,49	0,71	0,80	0,34	0,50	0,57	0,21	0,30	0,34	—	0,12	0,14
	II	16,68	0,91	1,33	1,50	II	16,68	0,74	1,09	1,22	0,59	0,85	0,96	0,43	0,63	0,71	0,29	0,43	0,48	0,05	0,23	0,26	—	0,07	0,08
	III	9,34	0,51	0,74	0,84	III	9,34	0,30	0,55	0,62	—	0,36	0,41	—	0,20	0,22	—	0,06	0,07	—	—	—	—	—	—
	V	29,28	1,61	2,34	2,63	IV	17,86	0,89	1,30	1,46	0,81	1,18	1,32	0,72	1,06	1,19	0,64	0,94	1,06	0,57	0,82	0,93	0,49	0,71	0,80
	VI	30,49	1,67	2,43	2,74																				
109,39	I,IV	17,89	0,98	1,43	1,61	I	17,89	0,81	1,18	1,33	0,65	0,94	1,06	0,49	0,72	0,81	0,35	0,50	0,57	0,21	0,31	0,34	—	0,12	0,14
	II	16,71	0,91	1,33	1,50	II	16,71	0,75	1,09	1,22	0,59	0,86	0,96	0,44	0,64	0,72	0,29	0,43	0,48	0,05	0,23	0,26	—	0,07	0,08
	III	9,36	0,51	0,74	0,84	III	9,36	0,30	0,55	0,62	—	0,36	0,41	—	0,20	0,23	—	0,06	0,07	—	—	—	—	—	—
	V	29,32	1,61	2,34	2,63	IV	17,89	0,89	1,30	1,46	0,81	1,18	1,33	0,73	1,06	1,19	0,65	0,94	1,06	0,57	0,83	0,93	0,49	0,72	0,81
	VI	30,53	1,67	2,44	2,74																				
109,49	I,IV	17,92	0,98	1,43	1,61	I	17,92	0,81	1,18	1,33	0,65	0,94	1,06	0,49	0,72	0,81	0,35	0,51	0,57	0,21	0,31	0,35	—	0,13	0,14
	II	16,74	0,92	1,33	1,50	II	16,74	0,75	1,09	1,23	0,59	0,86	0,97	0,44	0,64	0,72	0,29	0,43	0,49	0,06	0,24	0,27	—	0,07	0,08
	III	9,38	0,51	0,75	0,84	III	9,38	0,31	0,55	0,62	—	0,37	0,41	—	0,20	0,23	—	0,06	0,07	—	—	—	—	—	—
	V	29,35	1,61	2,34	2,64	IV	17,92	0,89	1,30	1,47	0,81	1,18	1,33	0,73	1,06	1,19	0,65	0,94	1,06	0,57	0,83	0,93	0,49	0,72	0,81
	VI	30,56	1,68	2,44	2,75																				
109,59	I,IV	17,95	0,98	1,43	1,61	I	17,95	0,81	1,18	1,33	0,65	0,94	1,06	0,49	0,72	0,81	0,35	0,51	0,57	0,21	0,31	0,35	—	0,13	0,14
	II	16,76	0,92	1,34	1,50	II	16,76	0,75	1,09	1,23	0,59	0,86	0,97	0,44	0,64	0,72	0,30	0,43	0,49	0,06	0,24	0,27	—	0,07	0,08
	III	9,41	0,51	0,75	0,84	III	9,41	0,31	0,55	0,62	—	0,37	0,41	—	0,20	0,23	—	0,06	0,07	—	—	—	—	—	—
	V	29,39	1,61	2,35	2,64	IV	17,95	0,90	1,30	1,47	0,81	1,18	1,33	0,73	1,06	1,19	0,65	0,94	1,06	0,57	0,83	0,94	0,49	0,72	0,81
	VI	30,60	1,68	2,44	2,75																				
109,69	I,IV	17,97	0,98	1,43	1,61	I	17,97	0,81	1,18	1,33	0,65	0,95	1,07	0,50	0,72	0,81	0,35	0,51	0,57	0,21	0,31	0,35	—	0,13	0,14
	II	16,79	0,92	1,34	1,51	II	16,79	0,75	1,09	1,23	0,59	0,86	0,97	0,44	0,64	0,72	0,30	0,43	0,49	0,07	0,24	0,27	—	0,07	0,08
	III	9,43	0,51	0,75	0,84	III	9,43	0,32	0,56	0,63	—	0,37	0,42	—	0,20	0,23	—	0,07	0,07	—	—	—	—	—	—
	V	29,43	1,61	2,35	2,64	IV	17,97	0,90	1,31	1,47	0,81	1,18	1,33	0,73	1,06	1,20	0,65	0,95	1,07	0,57	0,83	0,94	0,50	0,72	0,81
	VI	30,63	1,68	2,45	2,75																				
109,79	I,IV	18,—	0,99	1,44	1,62	I	18,—	0,81	1,19	1,33	0,65	0,95	1,07	0,50	0,72	0,81	0,35	0,51	0,58	0,21	0,31	0,35	—	0,13	0,15
	II	16,82	0,92	1,34	1,51	II	16,82	0,75	1,10	1,23	0,59	0,86	0,97	0,44	0,64	0,72	0,30	0,44	0,49	0,07	0,24	0,27	—	0,07	0,08
	III	9,45	0,52	0,75	0,85	III	9,45	0,32	0,56	0,63	—	0,37	0,42	—	0,20	0,23	—	0,07	0,08	—	—	—	—	—	—
	V	29,46	1,62	2,35	2,65	IV	18,—	0,90	1,31	1,47	0,81	1,19	1,33	0,73	1,07	1,20	0,65	0,95	1,07	0,57	0,84	0,94	0,50	0,72	0,81
	VI	30,67	1,68	2,45	2,76																				
109,89	I,IV	18,03	0,99	1,44	1,62	I	18,03	0,82	1,19	1,34	0,65	0,95	1,07	0,50	0,73	0,82	0,35	0,51	0,58	0,21	0,31	0,35	—	0,13	0,15
	II	16,85	0,92	1,34	1,51	II	16,85	0,75	1,10	1,24	0,59	0,87	0,97	0,44	0,65	0,73	0,30	0,44	0,49	0,08	0,24	0,27	—	0,07	0,08
	III	9,47	0,52	0,75	0,85	III	9,47	0,33	0,56	0,63	—	0,37	0,42	—	0,21	0,23	—	0,07	0,08	—	—	—	—	—	—
	V	29,50	1,62	2,36	2,65	IV	18,03	0,90	1,31	1,48	0,82	1,19	1,34	0,73	1,07	1,20	0,65	0,95	1,07	0,57	0,84	0,94	0,50	0,73	0,82
	VI	30,71	1,68	2,45	2,76																				
109,99	I,IV	18,06	0,99	1,44	1,62	I	18,06	0,82	1,19	1,34	0,65	0,95	1,07	0,50	0,73	0,82	0,35	0,52	0,58	0,22	0,32	0,36	—	0,13	0,15
	II	16,88	0,92	1,35	1,51	II	16,88	0,75	1,10	1,24	0,59	0,87	0,98	0,44	0,65	0,73	0,30	0,44	0,50	0,08	0,24	0,28	—	0,08	0,09
	III	9,49	0,52	0,75	0,85	III	9,49	0,33	0,56	0,63	—	0,37	0,42	—	0,21	0,23	—	0,07	0,08	—	—	—	—	—	—
	V	29,53	1,62	2,36	2,65	IV	18,06	0,90	1,31	1,48	0,82	1,19	1,34	0,73	1,07	1,20	0,65	0,95	1,07	0,58	0,84	0,94	0,50	0,73	0,82
	VI	30,74	1,69	2,45	2,76																				
110,09	I,IV	18,08	0,99	1,44	1,62	I	18,08	0,82	1,19	1,34	0,66	0,96	1,08	0,50	0,73	0,82	0,35	0,52	0,58	0,22	0,32	0,36	—	0,13	0,15
	II	16,90	0,92	1,35	1,52	II	16,90	0,76	1,10	1,24	0,60	0,87	0,98	0,44	0,65	0,73	0,30	0,44	0,50	0,08	0,25	0,28	—	0,08	0,09
	III	9,51	0,52	0,76	0,85	III	9,51	0,33	0,56	0,63	—	0,38	0,42	—	0,21	0,24	—	0,07	0,08	—	—	—	—	—	—
	V	29,57	1,62	2,36	2,66	IV	18,08	0,90	1,32	1,48	0,82	1,19	1,34	0,74	1,07	1,21	0,66	0,96	1,08	0,58	0,84	0,95	0,50	0,73	0,82
	VI	30,78	1,69	2,46	2,77																				
110,19	I,IV	18,11	0,99	1,44	1,62	I	18,11	0,82	1,19	1,34	0,66	0,96	1,08	0,50	0,73	0,82	0,36	0,52	0,58	0,22	0,32	0,36	—	0,14	0,15
	II	16,93	0,93	1,35	1,52	II	16,93	0,76	1,10	1,24	0,60	0,87	0,98	0,45	0,65	0,73	0,30	0,44	0,50	0,09	0,25	0,28	—	0,08	0,09
	III	9,53	0,52	0,76	0,85	III	9,53	0,34	0,56	0,63	—	0,38	0,42	—	0,21	0,24	—	0,07	0,08	—	—	—	—	—	—
	V	29,61	1,62	2,36	2,66	IV	18,11	0,90	1,32	1,48	0,82	1,19	1,34	0,74	1,07	1,21	0,66	0,96	1,08	0,58	0,84	0,95	0,50	0,73	0,82
	VI	30,81	1,69	2,46	2,77																				
110,29	I,IV	18,14	0,99	1,45	1,63	I	18,14	0,82	1,20	1,35	0,66	0,96	1,08	0,50	0,73	0,83	0,36	0,52	0,59	0,22	0,32	0,36	—	0,14	0,15
	II	16,96	0,93	1,35	1,52	II	16,96	0,76	1,11	1,25	0,60	0,87	0,98	0,45	0,65	0,73	0,30	0,44	0,50	0,09	0,25	0,28	—	0,08	0,09
	III	9,56	0,52	0,76	0,86	III	9,56	0,34	0,57	0,64	—	0,38	0,43	—	0,21	0,24	—	0,07	0,08	—	—	—	—	—	—
	V	29,64	1,63	2,37	2,66	IV	18,14	0,91	1,32	1,49	0,82	1,20	1,35	0,74	1,08	1,21	0,66	0,96	1,08	0,58	0,84	0,95	0,50	0,73	0,83
	VI	30,85	1,69	2,46	2,77																				
110,39	I,IV	18,17	0,99	1,45	1,63	I	18,17	0,82	1,20	1,35	0,66	0,96	1,08	0,50	0,74	0,83	0,36	0,52	0,59	0,22	0,32	0,36	—	0,14	0,16
	II	16,98	0,93	1,35	1,52	II	16,98	0,76	1,11	1,25	0,60	0,88	0,99	0,45	0,66	0,74	0,31	0,45	0,50	0,10	0,25	0,28	—	0,08	0,09
	III	9,58	0,52	0,76	0,86	III	9,58	0,35	0,57	0,64	—	0,38	0,43	—	0,21	0,24	—	0,07	0,08	—	—	—	—	—	—
	V	29,68	1,63	2,37	2,67	IV	18,17	0,91	1,32	1,49	0,82	1,20	1,35	0,74	1,08	1,21	0,66	0,96	1,08	0,58	0,85	0,95	0,50	0,74	0,83
	VI	30,89	1,69	2,47	2,78																				
110,49	I,IV	18,20	1,—	1,45	1,63	I	18,20	0,82	1,20	1,35	0,66	0,96	1,08	0,51	0,74	0,83	0,36	0,52	0,59	0,22	0,32	0,36	—	0,14	0,16
	II	17,01	0,93	1,36	1,53	II	17,01	0,76	1,11	1,25	0,60	0,88	0,99	0,45	0,66	0,74	0,31	0,45	0,51	0,10	0,25	0,28	—	0,08	0,09
	III	9,60	0,52	0,76	0,86	III	9,60	0,35	0,57	0,64	—	0,38	0,43	—	0,21	0,24	—	0,07	0,08	—	—	—	—	—	—
	V	29,71	1,63	2,37	2,67	IV	18,20	0,91	1,32	1,49	0,82	1,20	1,35	0,74	1,08	1,22	0,66	0,96	1,08	0,58	0,85	0,96	0,51	0,74	0,83
	VI	30,92	1,70	2,47	2,78																				

Abzüge an Lohnsteuer, Solidaritätszuschlag (SolZ) und Kirchensteuer (8%, 9%) in den Steuerklassen

* Die ausgewiesenen Tabellenwerte sind amtlich. Siehe Erläuterungen auf der Umschlaginnenseite (U2).
** Bei mehr als 3 Kinderfreibeträgen ist die „Ergänzungs-Tabelle 3,5 bis 6 Kinderfreibeträge" anzuwenden.

Lohn/ Gehalt bis €*	Abzüge an Lohnsteuer, Solidaritätszuschlag (SolZ) und Kirchensteuer (8%, 9%) in den Steuerklassen: I – VI					I, II, III, IV																			
		ohne Kinderfreibeträge						mit Zahl der Kinderfreibeträge . . .																	
								0,5			1			1,5			2			2,5			3**		
		LSt	SolZ	8%	9%		LSt	SolZ	8%	9%	SolZ	8%	9%	SolZ	8%	9%	SolZ	8%	9%	SolZ	8%	9%	SolZ	8%	9%
110,59	I,IV	18,23	1,—	1,45	1,64	I	18,23	0,83	1,20	1,35	0,66	0,96	1,09	0,51	0,74	0,83	0,36	0,53	0,59	0,22	0,33	0,37	—	0,14	0,16
	II	17,04	0,93	1,36	1,53	II	17,04	0,76	1,11	1,25	0,60	0,88	0,99	0,45	0,66	0,74	0,31	0,45	0,51	0,10	0,25	0,29	—	0,08	0,09
	III	9,62	0,52	0,76	0,86	III	9,62	0,35	0,57	0,64	—	0,38	0,43	—	0,22	0,24	—	0,08	0,09	—	—	—	—	—	—
	V	29,75	1,63	2,38	2,67	IV	18,23	0,91	1,33	1,49	0,83	1,20	1,35	0,74	1,08	1,22	0,66	0,96	1,09	0,58	0,85	0,96	0,51	0,74	0,83
	VI	30,96	1,70	2,47	2,78																				
110,69	I,IV	18,26	1,—	1,46	1,64	I	18,26	0,83	1,20	1,36	0,66	0,97	1,09	0,51	0,74	0,83	0,36	0,53	0,60	0,22	0,33	0,37	—	0,14	0,16
	II	17,07	0,93	1,36	1,53	II	17,07	0,77	1,12	1,26	0,60	0,88	0,99	0,45	0,66	0,74	0,31	0,45	0,51	0,11	0,26	0,29	—	0,08	0,09
	III	9,65	0,53	0,77	0,86	III	9,65	0,36	0,57	0,64	—	0,38	0,43	—	0,22	0,24	—	0,08	0,09	—	—	—	—	—	—
	V	29,79	1,63	2,38	2,68	IV	18,26	0,91	1,33	1,50	0,83	1,20	1,36	0,74	1,08	1,22	0,66	0,97	1,09	0,58	0,85	0,96	0,51	0,74	0,83
	VI	31,—	1,70	2,48	2,79																				
110,79	I,IV	18,28	1,—	1,46	1,64	I	18,28	0,83	1,21	1,36	0,66	0,97	1,09	0,51	0,74	0,84	0,36	0,53	0,60	0,23	0,33	0,37	—	0,14	0,16
	II	17,10	0,94	1,36	1,53	II	17,10	0,77	1,12	1,26	0,61	0,88	0,99	0,45	0,66	0,75	0,31	0,45	0,51	0,11	0,26	0,29	—	0,09	0,10
	III	9,67	0,53	0,77	0,87	III	9,67	0,36	0,57	0,65	—	0,39	0,43	—	0,22	0,25	—	0,08	0,09	—	—	—	—	—	—
	V	29,82	1,64	2,38	2,68	IV	18,28	0,91	1,33	1,50	0,83	1,21	1,36	0,75	1,09	1,22	0,66	0,97	1,09	0,59	0,86	0,96	0,51	0,74	0,84
	VI	31,03	1,70	2,48	2,79																				
110,89	I,IV	18,31	1,—	1,46	1,64	I	18,31	0,83	1,21	1,36	0,67	0,97	1,09	0,51	0,75	0,84	0,36	0,53	0,60	0,23	0,33	0,37	—	0,15	0,16
	II	17,12	0,94	1,36	1,54	II	17,12	0,77	1,12	1,26	0,61	0,89	1,—	0,46	0,66	0,75	0,31	0,46	0,51	0,12	0,26	0,29	—	0,09	0,10
	III	9,69	0,53	0,77	0,87	III	9,69	0,37	0,58	0,65	—	0,39	0,44	—	0,22	0,25	—	0,08	0,09	—	—	—	—	—	—
	V	29,86	1,64	2,38	2,68	IV	18,31	0,92	1,33	1,50	0,83	1,21	1,36	0,75	1,09	1,23	0,67	0,97	1,09	0,59	0,86	0,96	0,51	0,75	0,84
	VI	31,07	1,70	2,48	2,79																				
110,99	I,IV	18,34	1,—	1,46	1,65	I	18,34	0,83	1,21	1,36	0,67	0,97	1,10	0,51	0,75	0,84	0,37	0,53	0,60	0,23	0,33	0,37	—	0,15	0,17
	II	17,15	0,94	1,37	1,54	II	17,15	0,77	1,12	1,26	0,61	0,89	1,—	0,46	0,67	0,75	0,31	0,46	0,52	0,12	0,26	0,29	—	0,09	0,10
	III	9,71	0,53	0,77	0,87	III	9,71	0,37	0,58	0,65	—	0,39	0,44	—	0,22	0,25	—	0,08	0,09	—	—	—	—	—	—
	V	29,90	1,64	2,39	2,69	IV	18,34	0,92	1,34	1,50	0,83	1,21	1,36	0,75	1,09	1,23	0,67	0,97	1,10	0,59	0,86	0,97	0,51	0,75	0,84
	VI	31,10	1,71	2,48	2,79																				
111,09	I,IV	18,37	1,01	1,46	1,65	I	18,37	0,83	1,21	1,37	0,67	0,98	1,10	0,51	0,75	0,84	0,37	0,54	0,60	0,23	0,34	0,38	—	0,15	0,17
	II	17,18	0,94	1,37	1,54	II	17,18	0,77	1,12	1,26	0,61	0,89	1,—	0,46	0,67	0,75	0,31	0,46	0,52	0,13	0,26	0,30	—	0,09	0,10
	III	9,73	0,53	0,77	0,87	III	9,73	0,38	0,58	0,65	—	0,39	0,44	—	0,22	0,25	—	0,08	0,09	—	—	—	—	—	—
	V	29,93	1,64	2,39	2,69	IV	18,37	0,92	1,34	1,51	0,83	1,21	1,37	0,75	1,09	1,23	0,67	0,98	1,10	0,59	0,86	0,97	0,51	0,75	0,84
	VI	31,14	1,71	2,49	2,80																				
111,19	I,IV	18,40	1,01	1,47	1,65	I	18,40	0,83	1,22	1,37	0,67	0,98	1,10	0,52	0,75	0,85	0,37	0,54	0,61	0,23	0,34	0,38	—	0,15	0,17
	II	17,21	0,94	1,37	1,54	II	17,21	0,77	1,13	1,27	0,61	0,89	1,—	0,46	0,67	0,75	0,32	0,46	0,52	0,13	0,26	0,30	—	0,09	0,10
	III	9,75	0,53	0,78	0,87	III	9,75	0,38	0,58	0,65	—	0,39	0,44	—	0,22	0,25	—	0,08	0,09	—	—	—	—	—	—
	V	29,97	1,64	2,39	2,69	IV	18,40	0,92	1,34	1,51	0,83	1,22	1,37	0,75	1,10	1,23	0,67	0,98	1,10	0,59	0,86	0,97	0,52	0,75	0,85
	VI	31,18	1,71	2,49	2,80																				
111,29	I,IV	18,43	1,01	1,47	1,65	I	18,43	0,84	1,22	1,37	0,67	0,98	1,10	0,52	0,75	0,85	0,37	0,54	0,61	0,23	0,34	0,38	—	0,15	0,17
	II	17,23	0,94	1,37	1,55	II	17,23	0,77	1,13	1,27	0,61	0,89	1,01	0,46	0,67	0,76	0,32	0,46	0,52	0,13	0,27	0,30	—	0,09	0,10
	III	9,77	0,53	0,78	0,87	III	9,77	0,38	0,58	0,66	—	0,39	0,44	—	0,23	0,25	—	0,08	0,09	—	—	—	—	—	—
	V	30,—	1,65	2,40	2,70	IV	18,43	0,92	1,34	1,51	0,84	1,22	1,37	0,75	1,10	1,23	0,67	0,98	1,10	0,59	0,86	0,97	0,52	0,75	0,85
	VI	31,21	1,71	2,49	2,80																				
111,39	I,IV	18,45	1,01	1,47	1,66	I	18,45	0,84	1,22	1,37	0,67	0,98	1,10	0,52	0,76	0,85	0,37	0,54	0,61	0,23	0,34	0,38	—	0,15	0,17
	II	17,26	0,94	1,38	1,55	II	17,26	0,78	1,13	1,27	0,61	0,90	1,01	0,46	0,67	0,76	0,32	0,46	0,52	0,14	0,27	0,30	—	0,09	0,11
	III	9,80	0,53	0,78	0,88	III	9,80	0,39	0,58	0,66	—	0,40	0,45	—	0,23	0,26	—	0,08	0,09	—	—	—	—	—	—
	V	30,04	1,65	2,40	2,70	IV	18,45	0,92	1,34	1,51	0,84	1,22	1,37	0,75	1,10	1,24	0,67	0,98	1,10	0,59	0,87	0,98	0,52	0,76	0,85
	VI	31,25	1,71	2,50	2,81																				
111,49	I,IV	18,48	1,01	1,47	1,66	I	18,48	0,84	1,22	1,38	0,67	0,98	1,11	0,52	0,76	0,85	0,37	0,54	0,61	0,23	0,34	0,38	—	0,15	0,17
	II	17,29	0,95	1,38	1,55	II	17,29	0,78	1,13	1,27	0,62	0,90	1,01	0,46	0,68	0,76	0,32	0,47	0,53	0,14	0,27	0,30	—	0,10	0,11
	III	9,82	0,54	0,78	0,88	III	9,82	0,39	0,59	0,66	—	0,40	0,45	—	0,23	0,26	—	0,09	0,10	—	—	—	—	—	—
	V	30,08	1,65	2,40	2,70	IV	18,48	0,92	1,35	1,52	0,84	1,22	1,38	0,76	1,10	1,24	0,67	0,98	1,11	0,60	0,87	0,98	0,52	0,76	0,85
	VI	31,28	1,72	2,50	2,81																				
111,59	I,IV	18,51	1,01	1,48	1,66	I	18,51	0,84	1,22	1,38	0,68	0,99	1,11	0,52	0,76	0,85	0,37	0,54	0,61	0,23	0,34	0,39	—	0,16	0,18
	II	17,32	0,95	1,38	1,55	II	17,32	0,78	1,13	1,28	0,62	0,90	1,01	0,46	0,68	0,76	0,32	0,47	0,53	0,15	0,27	0,31	—	0,10	0,11
	III	9,84	0,54	0,78	0,88	III	9,84	0,40	0,59	0,66	—	0,40	0,45	—	0,23	0,26	—	0,09	0,10	—	—	—	—	—	—
	V	30,11	1,65	2,40	2,70	IV	18,51	0,93	1,35	1,52	0,84	1,22	1,38	0,76	1,10	1,24	0,68	0,99	1,11	0,60	0,87	0,98	0,52	0,76	0,85
	VI	31,32	1,72	2,50	2,81																				
111,69	I,IV	18,54	1,01	1,48	1,66	I	18,54	0,84	1,23	1,38	0,68	0,99	1,11	0,52	0,76	0,86	0,37	0,55	0,62	0,24	0,34	0,39	—	0,16	0,18
	II	17,35	0,95	1,38	1,56	II	17,35	0,78	1,14	1,28	0,62	0,90	1,01	0,47	0,68	0,76	0,32	0,47	0,53	0,15	0,27	0,31	—	0,10	0,11
	III	9,86	0,54	0,78	0,88	III	9,86	0,40	0,59	0,66	—	0,40	0,45	—	0,23	0,26	—	0,09	0,10	—	—	—	—	—	—
	V	30,15	1,65	2,41	2,71	IV	18,54	0,93	1,35	1,52	0,84	1,23	1,38	0,76	1,11	1,24	0,68	0,99	1,11	0,60	0,87	0,98	0,52	0,76	0,86
	VI	31,36	1,72	2,50	2,82																				
111,79	I,IV	18,57	1,02	1,48	1,67	I	18,57	0,84	1,23	1,38	0,68	0,99	1,11	0,52	0,76	0,86	0,38	0,55	0,62	0,24	0,35	0,39	—	0,16	0,18
	II	17,37	0,95	1,38	1,56	II	17,37	0,78	1,14	1,28	0,62	0,90	1,02	0,47	0,68	0,77	0,32	0,47	0,53	0,15	0,27	0,31	—	0,10	0,11
	III	9,88	0,54	0,79	0,88	III	9,88	0,40	0,59	0,67	—	0,40	0,45	—	0,23	0,26	—	0,09	0,10	—	—	—	—	—	—
	V	30,18	1,66	2,41	2,71	IV	18,57	0,93	1,35	1,52	0,84	1,23	1,38	0,76	1,11	1,25	0,68	0,99	1,11	0,60	0,87	0,98	0,52	0,76	0,86
	VI	31,39	1,72	2,51	2,82																				
111,89	I,IV	18,60	1,02	1,48	1,67	I	18,60	0,84	1,23	1,39	0,68	0,99	1,12	0,52	0,76	0,86	0,38	0,55	0,62	0,24	0,35	0,39	—	0,16	0,18
	II	17,40	0,95	1,39	1,56	II	17,40	0,78	1,14	1,28	0,62	0,91	1,02	0,47	0,68	0,77	0,32	0,47	0,53	0,16	0,28	0,31	—	0,10	0,11
	III	9,91	0,54	0,79	0,89	III	9,91	0,41	0,59	0,67	—	0,40	0,45	—	0,23	0,26	—	0,09	0,10	—	—	—	—	—	—
	V	30,22	1,66	2,41	2,71	IV	18,60	0,93	1,36	1,53	0,84	1,23	1,39	0,76	1,11	1,25	0,68	0,99	1,12	0,60	0,88	0,99	0,52	0,76	0,86
	VI	31,43	1,72	2,51	2,82																				
111,99	I,IV	18,62	1,02	1,48	1,67	I	18,62	0,85	1,23	1,39	0,68	0,99	1,12	0,53	0,77	0,86	0,38	0,55	0,62	0,24	0,35	0,39	—	0,16	0,18
	II	17,43	0,95	1,39	1,56	II	17,43	0,78	1,14	1,29	0,62	0,91	1,02	0,47	0,69	0,77	0,33	0,48	0,54	0,16	0,28	0,31	—	0,10	0,11
	III	9,93	0,54	0,79	0,89	III	9,93	0,41	0,59	0,67	—	0,41	0,46	—	0,24	0,27	—	0,09	0,10	—	—	—	—	—	—
	V	30,25	1,66	2,42	2,72	IV	18,62	0,93	1,36	1,53	0,85	1,23	1,39	0,76	1,11	1,25	0,68	0,99	1,12	0,60	0,88	0,99	0,53	0,77	0,86
	VI	31,46	1,73	2,51	2,83																				
112,09	I,IV	18,65	1,02	1,49	1,67	I	18,65	0,85	1,24	1,39	0,68	1,—	1,12	0,53	0,77	0,87	0,38	0,55	0,62	0,24	0,35	0,40	—	0,16	0,18
	II	17,46	0,96	1,39	1,57	II	17,46	0,79	1,14	1,29	0,62	0,91	1,02	0,47	0,69	0,77	0,33	0,48	0,54	0,17	0,28	0,32	—	0,10	0,12
	III	9,95	0,54	0,79	0,89	III	9,95	0,41	0,60	0,67	—	0,41	0,46	—	0,24	0,27	—	0,09	0,10	—	—	—	—	—	—
	V	30,29	1,66	2,42	2,72	IV	18,65	0,93	1,36	1,53	0,85	1,24	1,39	0,76	1,11	1,25	0,68	1,—	1,12	0,60	0,88	0,99	0,53	0,77	0,87
	VI	31,50	1,73	2,52	2,83																				
112,19	I,IV	18,68	1,02	1,49	1,68	I	18,68	0,85	1,24	1,39	0,68	1,—	1,12	0,53	0,77	0,87	0,38	0,56	0,63	0,24	0,35	0,40	—	0,17	0,19
	II	17,49	0,96	1,39	1,57	II	17,49	0,79	1,15	1,29	0,63	0,91	1,03	0,47	0,69	0,78	0,33	0,48	0,54	0,17	0,28	0,32	—	0,10	0,12
	III	9,97	0,54	0,79	0,89	III	9,97	0,41	0,60	0,67	—	0,41	0,46	—	0,24	0,27	—	0,09	0,11	—	—	—	—	—	—
	V	30,33	1,66	2,42	2,72	IV	18,68	0,93	1,36	1,53	0,85	1,24	1,39	0,77	1,12	1,26	0,68	1,—	1,12	0,61	0,88	0,99	0,53	0,77	0,87
	VI	31,53	1,73	2,52	2,83																				

* Die ausgewiesenen Tabellenwerte sind amtlich. Siehe Erläuterungen auf der Umschlaginnenseite (U2).
** Bei mehr als 3 Kinderfreibeträgen ist die „Ergänzungs-Tabelle 3,5 bis 6 Kinderfreibeträge" anzuwenden.

Lohn/ Gehalt bis €*	Abzüge an Lohnsteuer, Solidaritätszuschlag (SolZ) und Kirchensteuer (8%, 9%) in den Steuerklassen I – VI					I, II, III, IV		mit Zahl der Kinderfreibeträge . . . 0,5			1			1,5			2			2,5			3**		
		LSt	ohne Kinderfreibeträge SolZ	8%	9%		LSt	SolZ	8%	9%	SolZ	8%	9%	SolZ	8%	9%	SolZ	8%	9%	SolZ	8%	9%	SolZ	8%	9%
112,29	I,IV	18,71	1,02	1,49	1,68	I	18,71	0,85	1,24	1,40	0,69	1,—	1,13	0,53	0,77	0,87	0,38	0,56	0,63	0,24	0,36	0,40	—	0,17	0,19
	II	17,51	0,96	1,40	1,57	II	17,51	0,79	1,15	1,29	0,63	0,91	1,03	0,47	0,69	0,78	0,33	0,48	0,54	0,18	0,28	0,32	—	0,11	0,12
	III	10,—	0,55	0,80	0,90	III	10,—	0,41	0,60	0,67	—	0,41	0,46	—	0,24	0,27	—	0,10	0,11	—	—	—	—	—	—
	V	30,36	1,67	2,42	2,73	IV	18,71	0,94	1,36	1,53	0,85	1,24	1,40	0,77	1,12	1,26	0,69	1,—	1,13	0,61	0,88	1,—	0,53	0,77	0,87
	VI	31,57	1,73	2,52	2,84																				
112,39	I,IV	18,74	1,03	1,49	1,68	I	18,74	0,85	1,24	1,40	0,69	1,—	1,13	0,53	0,77	0,87	0,38	0,56	0,63	0,24	0,36	0,40	—	0,17	0,19
	II	17,54	0,96	1,40	1,57	II	17,54	0,79	1,15	1,30	0,63	0,92	1,03	0,47	0,69	0,78	0,33	0,48	0,54	0,18	0,28	0,32	—	0,11	0,12
	III	10,02	0,55	0,80	0,90	III	10,02	0,41	0,60	0,68	—	0,41	0,46	—	0,24	0,27	—	0,10	0,11	—	—	—	—	—	—
	V	30,40	1,67	2,43	2,73	IV	18,74	0,94	1,37	1,54	0,85	1,24	1,40	0,77	1,12	1,26	0,69	1,—	1,13	0,61	0,89	1,—	0,53	0,77	0,87
	VI	31,61	1,73	2,52	2,84																				
112,49	I,IV	18,77	1,03	1,50	1,68	I	18,77	0,85	1,24	1,40	0,69	1,—	1,13	0,53	0,78	0,87	0,38	0,56	0,63	0,25	0,36	0,40	—	0,17	0,19
	II	17,57	0,96	1,40	1,58	II	17,57	0,79	1,15	1,30	0,63	0,92	1,03	0,48	0,70	0,78	0,33	0,48	0,54	0,18	0,29	0,32	—	0,11	0,12
	III	10,04	0,55	0,80	0,90	III	10,04	0,41	0,60	0,68	—	0,41	0,47	—	0,24	0,27	—	0,10	0,11	—	—	—	—	—	—
	V	30,43	1,67	2,43	2,73	IV	18,77	0,94	1,37	1,54	0,85	1,24	1,40	0,77	1,12	1,26	0,69	1,—	1,13	0,61	0,89	1,—	0,53	0,78	0,87
	VI	31,65	1,74	2,53	2,84																				
112,59	I,IV	18,80	1,03	1,50	1,69	I	18,80	0,86	1,25	1,40	0,69	1,01	1,13	0,53	0,78	0,88	0,39	0,56	0,63	0,25	0,36	0,41	—	0,17	0,19
	II	17,60	0,96	1,40	1,58	II	17,60	0,79	1,16	1,30	0,63	0,92	1,04	0,48	0,70	0,78	0,33	0,49	0,55	0,19	0,29	0,32	—	0,11	0,12
	III	10,06	0,55	0,80	0,90	III	10,06	0,41	0,60	0,68	—	0,42	0,47	—	0,24	0,27	—	0,10	0,11	—	—	—	—	—	—
	V	30,47	1,67	2,43	2,74	IV	18,80	0,94	1,37	1,54	0,86	1,25	1,40	0,77	1,12	1,27	0,69	1,01	1,13	0,61	0,89	1,—	0,53	0,78	0,88
	VI	31,68	1,74	2,53	2,85																				
112,69	I,IV	18,82	1,03	1,50	1,69	I	18,82	0,86	1,25	1,40	0,69	1,01	1,13	0,54	0,78	0,88	0,39	0,56	0,64	0,25	0,36	0,41	—	0,17	0,19
	II	17,63	0,96	1,41	1,58	II	17,63	0,79	1,16	1,30	0,63	0,92	1,04	0,48	0,70	0,79	0,33	0,49	0,55	0,19	0,29	0,33	—	0,11	0,13
	III	10,08	0,55	0,80	0,90	III	10,08	0,42	0,61	0,68	—	0,42	0,47	—	0,24	0,28	—	0,10	0,11	—	—	—	—	—	—
	V	30,51	1,67	2,44	2,74	IV	18,82	0,94	1,37	1,54	0,86	1,25	1,40	0,77	1,13	1,27	0,69	1,01	1,13	0,61	0,89	1,—	0,54	0,78	0,88
	VI	31,71	1,74	2,53	2,85																				
112,79	I,IV	18,85	1,03	1,50	1,69	I	18,85	0,86	1,25	1,41	0,69	1,01	1,14	0,54	0,78	0,88	0,39	0,57	0,64	0,25	0,36	0,41	—	0,17	0,20
	II	17,65	0,97	1,41	1,58	II	17,65	0,80	1,16	1,30	0,63	0,92	1,04	0,48	0,70	0,79	0,34	0,49	0,55	0,20	0,29	0,33	—	0,11	0,13
	III	10,10	0,55	0,80	0,90	III	10,10	0,42	0,61	0,68	—	0,42	0,47	—	0,25	0,28	—	0,10	0,11	—	—	—	—	—	—
	V	30,54	1,68	2,44	2,74	IV	18,85	0,94	1,38	1,55	0,86	1,25	1,41	0,77	1,13	1,27	0,69	1,01	1,14	0,61	0,89	1,01	0,54	0,78	0,88
	VI	31,75	1,74	2,54	2,85																				
112,89	I,IV	18,88	1,03	1,51	1,69	I	18,88	0,86	1,25	1,41	0,69	1,01	1,14	0,54	0,78	0,88	0,39	0,57	0,64	0,25	0,37	0,41	—	0,18	0,20
	II	17,68	0,97	1,41	1,59	II	17,68	0,80	1,16	1,31	0,63	0,93	1,04	0,48	0,70	0,79	0,34	0,49	0,55	0,20	0,29	0,33	—	0,11	0,13
	III	10,12	0,55	0,80	0,91	III	10,12	0,42	0,61	0,69	—	0,42	0,47	—	0,25	0,28	—	0,10	0,11	—	—	—	—	—	—
	V	30,58	1,68	2,44	2,75	IV	18,88	0,95	1,38	1,55	0,86	1,25	1,41	0,78	1,13	1,27	0,69	1,01	1,14	0,62	0,90	1,01	0,54	0,78	0,88
	VI	31,79	1,74	2,54	2,86																				
112,99	I,IV	18,91	1,04	1,51	1,70	I	18,91	0,86	1,26	1,41	0,70	1,01	1,14	0,54	0,79	0,89	0,39	0,57	0,64	0,25	0,37	0,41	—	0,18	0,20
	II	17,71	0,97	1,41	1,59	II	17,71	0,80	1,16	1,31	0,64	0,93	1,04	0,48	0,70	0,79	0,34	0,49	0,56	0,20	0,30	0,33	—	0,12	0,13
	III	10,15	0,55	0,81	0,91	III	10,15	0,42	0,61	0,69	—	0,42	0,47	—	0,25	0,28	—	0,10	0,12	—	—	—	—	—	—
	V	30,61	1,68	2,44	2,75	IV	18,91	0,95	1,38	1,55	0,86	1,26	1,41	0,78	1,13	1,27	0,70	1,01	1,14	0,62	0,90	1,01	0,54	0,79	0,89
	VI	31,82	1,75	2,54	2,86																				
113,09	I,IV	18,94	1,04	1,51	1,70	I	18,94	0,86	1,26	1,41	0,70	1,02	1,14	0,54	0,79	0,89	0,39	0,57	0,64	0,25	0,37	0,42	—	0,18	0,20
	II	17,74	0,97	1,41	1,59	II	17,74	0,80	1,17	1,31	0,64	0,93	1,05	0,48	0,71	0,80	0,34	0,50	0,56	0,20	0,30	0,33	—	0,12	0,13
	III	10,17	0,55	0,81	0,91	III	10,17	0,42	0,61	0,69	—	0,42	0,48	—	0,25	0,28	—	0,10	0,12	—	—	—	—	—	—
	V	30,65	1,68	2,45	2,75	IV	18,94	0,95	1,38	1,56	0,86	1,26	1,41	0,78	1,14	1,28	0,70	1,02	1,14	0,62	0,90	1,01	0,54	0,79	0,89
	VI	31,86	1,75	2,54	2,86																				
113,19	I,IV	18,97	1,04	1,51	1,70	I	18,97	0,86	1,26	1,42	0,70	1,02	1,15	0,54	0,79	0,89	0,39	0,57	0,65	0,25	0,37	0,42	—	0,18	0,20
	II	17,77	0,97	1,42	1,59	II	17,77	0,80	1,17	1,31	0,64	0,93	1,05	0,49	0,71	0,80	0,34	0,50	0,56	0,20	0,30	0,34	—	0,12	0,13
	III	10,19	0,56	0,81	0,91	III	10,19	0,42	0,61	0,69	—	0,42	0,48	—	0,25	0,28	—	0,10	0,12	—	—	—	—	—	—
	V	30,69	1,68	2,45	2,76	IV	18,97	0,95	1,38	1,56	0,86	1,26	1,42	0,78	1,14	1,28	0,70	1,02	1,15	0,62	0,90	1,02	0,54	0,79	0,89
	VI	31,90	1,75	2,55	2,87																				
113,29	I,IV	19,—	1,04	1,52	1,71	I	19,—	0,87	1,26	1,42	0,70	1,02	1,15	0,54	0,79	0,89	0,39	0,58	0,65	0,25	0,37	0,42	—	0,18	0,21
	II	17,80	0,97	1,42	1,60	II	17,80	0,80	1,17	1,32	0,64	0,93	1,05	0,49	0,71	0,80	0,34	0,50	0,56	0,20	0,30	0,34	—	0,12	0,13
	III	10,21	0,56	0,81	0,91	III	10,21	0,42	0,62	0,69	—	0,43	0,48	—	0,25	0,28	—	0,11	0,12	—	—	—	—	—	—
	V	30,72	1,69	2,45	2,76	IV	19,—	0,95	1,39	1,56	0,87	1,26	1,42	0,78	1,14	1,28	0,70	1,02	1,15	0,62	0,90	1,02	0,54	0,79	0,89
	VI	31,93	1,75	2,55	2,87																				
113,39	I,IV	19,02	1,04	1,52	1,71	I	19,02	0,87	1,26	1,42	0,70	1,02	1,15	0,54	0,79	0,89	0,40	0,58	0,65	0,26	0,37	0,42	—	0,18	0,21
	II	17,82	0,98	1,42	1,60	II	17,82	0,80	1,17	1,32	0,64	0,94	1,05	0,49	0,71	0,80	0,34	0,50	0,56	0,21	0,30	0,34	—	0,12	0,14
	III	10,23	0,56	0,81	0,92	III	10,23	0,42	0,62	0,70	—	0,43	0,48	—	0,25	0,29	—	0,11	0,12	—	—	—	—	—	—
	V	30,76	1,69	2,46	2,76	IV	19,02	0,95	1,39	1,56	0,87	1,26	1,42	0,78	1,14	1,28	0,70	1,02	1,15	0,62	0,91	1,02	0,54	0,79	0,89
	VI	31,97	1,75	2,55	2,87																				
113,49	I,IV	19,05	1,04	1,52	1,71	I	19,05	0,87	1,27	1,42	0,70	1,02	1,15	0,55	0,80	0,90	0,40	0,58	0,65	0,26	0,38	0,42	—	0,19	0,21
	II	17,85	0,98	1,42	1,60	II	17,85	0,81	1,17	1,32	0,64	0,94	1,06	0,49	0,71	0,80	0,34	0,50	0,57	0,21	0,30	0,34	—	0,12	0,14
	III	10,26	0,56	0,82	0,92	III	10,26	0,42	0,62	0,70	—	0,43	0,48	—	0,26	0,29	—	0,11	0,12	—	—	—	—	—	—
	V	30,80	1,69	2,46	2,77	IV	19,05	0,95	1,39	1,57	0,87	1,27	1,42	0,78	1,14	1,29	0,70	1,02	1,15	0,62	0,91	1,02	0,55	0,80	0,90
	VI	32,—	1,76	2,56	2,88																				
113,59	I,IV	19,08	1,04	1,52	1,71	I	19,08	0,87	1,27	1,43	0,70	1,03	1,16	0,55	0,80	0,90	0,40	0,58	0,65	0,26	0,38	0,43	—	0,19	0,21
	II	17,88	0,98	1,43	1,60	II	17,88	0,81	1,18	1,32	0,64	0,94	1,06	0,49	0,72	0,81	0,35	0,50	0,57	0,21	0,30	0,34	—	0,12	0,14
	III	10,28	0,56	0,82	0,92	III	10,28	0,43	0,62	0,70	0,01	0,43	0,49	—	0,26	0,29	—	0,11	0,12	—	—	—	—	—	—
	V	30,83	1,69	2,46	2,77	IV	19,08	0,96	1,39	1,57	0,87	1,27	1,43	0,79	1,15	1,29	0,70	1,03	1,16	0,62	0,91	1,03	0,55	0,80	0,90
	VI	32,04	1,76	2,56	2,88																				
113,69	I,IV	19,11	1,05	1,52	1,71	I	19,11	0,87	1,27	1,43	0,71	1,03	1,16	0,55	0,80	0,90	0,40	0,58	0,66	0,26	0,38	0,43	—	0,19	0,21
	II	17,91	0,98	1,43	1,61	II	17,91	0,81	1,18	1,33	0,65	0,94	1,06	0,49	0,72	0,81	0,35	0,51	0,57	0,21	0,31	0,35	—	0,12	0,14
	III	10,30	0,56	0,82	0,92	III	10,30	0,43	0,62	0,70	0,01	0,43	0,49	—	0,26	0,29	—	0,11	0,13	—	—	—	—	—	—
	V	30,87	1,69	2,46	2,77	IV	19,11	0,96	1,40	1,57	0,87	1,27	1,43	0,79	1,15	1,29	0,71	1,03	1,16	0,63	0,91	1,03	0,55	0,80	0,90
	VI	32,08	1,76	2,56	2,88																				
113,79	I,IV	19,14	1,05	1,53	1,72	I	19,14	0,87	1,27	1,43	0,71	1,03	1,16	0,55	0,80	0,90	0,40	0,59	0,66	0,26	0,38	0,43	—	0,19	0,21
	II	17,93	0,98	1,43	1,61	II	17,93	0,81	1,18	1,33	0,65	0,94	1,06	0,49	0,72	0,81	0,35	0,51	0,57	0,21	0,31	0,35	—	0,13	0,14
	III	10,32	0,56	0,82	0,92	III	10,32	0,43	0,62	0,70	0,02	0,44	0,49	—	0,26	0,29	—	0,11	0,13	—	—	—	—	—	—
	V	30,90	1,69	2,47	2,78	IV	19,14	0,96	1,40	1,57	0,87	1,27	1,43	0,79	1,15	1,29	0,71	1,03	1,16	0,63	0,92	1,03	0,55	0,80	0,90
	VI	32,11	1,76	2,56	2,88																				
113,89	I,IV	19,17	1,05	1,53	1,72	I	19,17	0,87	1,27	1,43	0,71	1,03	1,16	0,55	0,80	0,90	0,40	0,59	0,66	0,26	0,38	0,43	—	0,19	0,22
	II	17,96	0,98	1,43	1,61	II	17,96	0,81	1,18	1,33	0,65	0,95	1,06	0,49	0,72	0,81	0,35	0,51	0,57	0,21	0,31	0,35	—	0,13	0,14
	III	10,35	0,56	0,82	0,93	III	10,35	0,43	0,63	0,71	0,02	0,44	0,49	—	0,26	0,29	—	0,11	0,13	—	—	—	—	—	—
	V	30,94	1,70	2,47	2,78	IV	19,17	0,96	1,40	1,58	0,87	1,27	1,43	0,79	1,15	1,30	0,71	1,03	1,16	0,63	0,92	1,03	0,55	0,80	0,90
	VI	32,15	1,76	2,57	2,89																				

* Die ausgewiesenen Tabellenwerte sind amtlich. Siehe Erläuterungen auf der Umschlaginnenseite (U2).

** Bei mehr als 3 Kinderfreibeträgen ist die „Ergänzungs-Tabelle 3,5 bis 6 Kinderfreibeträge" anzuwenden.

Lohn/ Gehalt bis €*		I – VI				I, II, III, IV																					
			ohne Kinderfreibeträge					mit Zahl der Kinderfreibeträge . . .																			
								0,5			1			1,5			2			2,5			3**				
		LSt	SolZ	8%	9%		LSt	SolZ	8%	9%	SolZ	8%	9%	SolZ	8%	9%	SolZ	8%	9%	SolZ	8%	9%	SolZ	8%	9%		
113,99	I,IV	19,20	1,05	1,53	1,72	I	19,20	0,88	1,28	1,44	0,71	1,04	1,17	0,55	0,81	0,91	0,40	0,59	0,66	0,26	0,38	0,43	—	0,19	0,22		
	II	17,99	0,98	1,43	1,61	II	17,99	0,81	1,18	1,33	0,65	0,95	1,07	0,50	0,72	0,81	0,35	0,51	0,58	0,21	0,31	0,35	—	0,13	0,15		
	III	10,37	0,57	0,82	0,93	III	10,37	0,43	0,63	0,71	0,02	0,44	0,49	—	0,26	0,30	—	0,11	0,13	—	—	—	—	—	—		
	V	30,98	1,70	2,47	2,78	IV	19,20	0,96	1,40	1,58	0,88	1,28	1,44	0,79	1,15	1,30	0,71	1,04	1,17	0,63	0,92	1,03	0,55	0,81	0,91		
	VI	32,18	1,77	2,57	2,89																						
114,09	I,IV	19,22	1,05	1,53	1,72	I	19,22	0,88	1,28	1,44	0,71	1,04	1,17	0,55	0,81	0,91	0,40	0,59	0,67	0,26	0,39	0,44	—	0,20	0,22		
	II	18,02	0,99	1,44	1,62	II	18,02	0,81	1,19	1,34	0,65	0,95	1,07	0,50	0,73	0,82	0,35	0,51	0,58	0,21	0,31	0,35	—	0,13	0,15		
	III	10,39	0,57	0,83	0,93	III	10,39	0,43	0,63	0,71	0,03	0,44	0,50	—	0,26	0,30	—	0,12	0,13	—	—	—	—	—	—		
	V	31,01	1,70	2,48	2,79	IV	19,22	0,96	1,40	1,58	0,88	1,28	1,44	0,79	1,16	1,30	0,71	1,04	1,17	0,63	0,92	1,04	0,55	0,81	0,91		
	VI	32,22	1,77	2,57	2,89																						
114,19	I,IV	19,25	1,05	1,54	1,73	I	19,25	0,88	1,28	1,44	0,71	1,04	1,17	0,56	0,81	0,91	0,41	0,59	0,67	0,27	0,39	0,44	—	0,20	0,22		
	II	18,05	0,99	1,44	1,62	II	18,05	0,82	1,19	1,34	0,65	0,95	1,07	0,50	0,73	0,82	0,35	0,52	0,58	0,22	0,32	0,36	—	0,13	0,15		
	III	10,41	0,57	0,83	0,93	III	10,41	0,43	0,63	0,71	0,03	0,44	0,50	—	0,27	0,30	—	0,12	0,13	—	—	—	—	—	—		
	V	31,05	1,70	2,48	2,79	IV	19,25	0,97	1,41	1,58	0,88	1,28	1,44	0,80	1,16	1,30	0,71	1,04	1,17	0,63	0,92	1,04	0,56	0,81	0,91		
	VI	32,26	1,77	2,58	2,90																						
114,29	I,IV	19,28	1,06	1,54	1,73	I	19,28	0,88	1,28	1,44	0,71	1,04	1,17	0,56	0,81	0,91	0,41	0,60	0,67	0,27	0,39	0,44	—	0,20	0,22		
	II	18,08	0,99	1,44	1,62	II	18,08	0,82	1,19	1,34	0,65	0,95	1,07	0,50	0,73	0,82	0,35	0,52	0,58	0,22	0,32	0,36	—	0,13	0,15		
	III	10,43	0,57	0,83	0,93	III	10,43	0,43	0,63	0,71	0,04	0,44	0,50	—	0,27	0,30	—	0,12	0,13	—	—	—	—	—	—		
	V	31,08	1,70	2,48	2,79	IV	19,28	0,97	1,41	1,59	0,88	1,28	1,44	0,80	1,16	1,31	0,71	1,04	1,17	0,63	0,92	1,04	0,56	0,81	0,91		
	VI	32,29	1,77	2,58	2,90																						
114,39	I,IV	19,31	1,06	1,54	1,73	I	19,31	0,88	1,29	1,45	0,72	1,04	1,17	0,56	0,81	0,92	0,41	0,60	0,67	0,27	0,39	0,44	—	0,20	0,23		
	II	18,10	0,99	1,44	1,62	II	18,10	0,82	1,19	1,34	0,66	0,96	1,08	0,50	0,73	0,82	0,36	0,52	0,58	0,22	0,32	0,36	—	0,14	0,15		
	III	10,46	0,57	0,83	0,94	III	10,46	0,44	0,64	0,72	0,04	0,44	0,50	—	0,27	0,30	—	0,12	0,13	—	—	—	—	—	—		
	V	31,12	1,71	2,48	2,80	IV	19,31	0,97	1,41	1,59	0,88	1,29	1,45	0,80	1,16	1,31	0,72	1,04	1,17	0,64	0,93	1,04	0,56	0,81	0,92		
	VI	32,33	1,77	2,58	2,90																						
114,49	I,IV	19,34	1,06	1,54	1,74	I	19,34	0,88	1,29	1,45	0,72	1,05	1,18	0,56	0,82	0,92	0,41	0,60	0,67	0,27	0,39	0,44	—	0,20	0,23		
	II	18,13	0,99	1,45	1,63	II	18,13	0,82	1,20	1,35	0,66	0,96	1,08	0,50	0,73	0,82	0,36	0,52	0,59	0,22	0,32	0,36	—	0,14	0,15		
	III	10,48	0,57	0,83	0,94	III	10,48	0,44	0,64	0,72	0,04	0,45	0,50	—	0,27	0,30	—	0,12	0,14	—	—	—	—	—	—		
	V	31,16	1,71	2,49	2,80	IV	19,34	0,97	1,41	1,59	0,88	1,29	1,45	0,80	1,16	1,31	0,72	1,05	1,18	0,64	0,93	1,05	0,56	0,82	0,92		
	VI	32,36	1,78	2,58	2,91																						
114,59	I,IV	19,37	1,06	1,54	1,74	I	19,37	0,89	1,29	1,45	0,72	1,05	1,18	0,56	0,82	0,92	0,41	0,60	0,68	0,27	0,40	0,45	—	0,20	0,23		
	II	18,16	0,99	1,45	1,63	II	18,16	0,82	1,20	1,35	0,66	0,96	1,08	0,50	0,74	0,83	0,36	0,52	0,59	0,22	0,32	0,36	—	0,14	0,16		
	III	10,50	0,57	0,84	0,94	III	10,50	0,44	0,64	0,72	0,05	0,45	0,50	—	0,27	0,31	—	0,12	0,14	—	—	—	—	—	—		
	V	31,19	1,71	2,49	2,80	IV	19,37	0,97	1,42	1,59	0,89	1,29	1,45	0,80	1,17	1,31	0,72	1,05	1,18	0,64	0,93	1,05	0,56	0,82	0,92		
	VI	32,40	1,78	2,59	2,91																						
114,69	I,IV	19,40	1,06	1,55	1,74	I	19,40	0,89	1,29	1,45	0,72	1,05	1,18	0,56	0,82	0,92	0,41	0,60	0,68	0,27	0,40	0,45	—	0,20	0,23		
	II	18,19	1,—	1,45	1,63	II	18,19	0,82	1,20	1,35	0,66	0,96	1,08	0,51	0,74	0,83	0,36	0,52	0,59	0,22	0,32	0,36	—	0,14	0,16		
	III	10,52	0,57	0,84	0,94	III	10,52	0,44	0,64	0,72	0,05	0,45	0,51	—	0,27	0,31	—	0,12	0,14	—	—	—	—	—	—		
	V	31,23	1,71	2,49	2,81	IV	19,40	0,97	1,42	1,60	0,89	1,29	1,45	0,80	1,17	1,32	0,72	1,05	1,18	0,64	0,93	1,05	0,56	0,82	0,92		
	VI	32,44	1,78	2,59	2,91																						
114,79	I,IV	19,43	1,06	1,55	1,74	I	19,43	0,89	1,29	1,46	0,72	1,05	1,18	0,56	0,82	0,92	0,41	0,60	0,68	0,27	0,40	0,45	—	0,21	0,23		
	II	18,22	1,—	1,45	1,63	II	18,22	0,83	1,20	1,35	0,66	0,96	1,08	0,51	0,74	0,83	0,36	0,53	0,59	0,22	0,33	0,37	—	0,14	0,16		
	III	10,54	0,57	0,84	0,94	III	10,54	0,44	0,64	0,72	0,06	0,45	0,51	—	0,27	0,31	—	0,12	0,14	—	—	—	—	—	—		
	V	31,26	1,71	2,50	2,81	IV	19,43	0,97	1,42	1,60	0,89	1,29	1,46	0,80	1,17	1,32	0,72	1,05	1,18	0,64	0,94	1,05	0,56	0,82	0,92		
	VI	32,47	1,78	2,59	2,92																						
114,89	I,IV	19,45	1,07	1,55	1,75	I	19,45	0,89	1,30	1,46	0,72	1,05	1,19	0,56	0,82	0,93	0,42	0,61	0,68	0,27	0,40	0,45	—	0,21	0,23		
	II	18,25	1,—	1,46	1,64	II	18,25	0,83	1,20	1,35	0,66	0,97	1,09	0,51	0,74	0,83	0,36	0,53	0,59	0,22	0,33	0,37	—	0,14	0,16		
	III	10,57	0,58	0,84	0,95	III	10,57	0,44	0,64	0,72	0,06	0,45	0,51	—	0,28	0,31	—	0,13	0,14	—	—	—	—	—	—		
	V	31,30	1,72	2,50	2,81	IV	19,45	0,98	1,42	1,60	0,89	1,30	1,46	0,81	1,17	1,32	0,72	1,05	1,19	0,64	0,94	1,05	0,56	0,82	0,93		
	VI	32,51	1,78	2,60	2,92																						
114,99	I,IV	19,48	1,07	1,55	1,75	I	19,48	0,89	1,30	1,46	0,72	1,06	1,19	0,57	0,83	0,93	0,42	0,61	0,68	0,28	0,40	0,45	—	0,21	0,24		
	II	18,27	1,—	1,46	1,64	II	18,27	0,83	1,21	1,36	0,66	0,97	1,09	0,51	0,74	0,84	0,36	0,53	0,60	0,22	0,33	0,37	—	0,14	0,16		
	III	10,58	0,58	0,84	0,95	III	10,58	0,44	0,64	0,73	0,06	0,45	0,51	—	0,28	0,31	—	0,13	0,14	—	—	—	—	—	—		
	V	31,34	1,72	2,50	2,82	IV	19,48	0,98	1,42	1,60	0,89	1,30	1,46	0,81	1,18	1,32	0,72	1,06	1,19	0,64	0,94	1,06	0,57	0,83	0,93		
	VI	32,55	1,79	2,60	2,92																						
115,09	I,IV	19,51	1,07	1,56	1,75	I	19,51	0,89	1,30	1,46	0,73	1,06	1,19	0,57	0,83	0,93	0,42	0,61	0,69	0,28	0,40	0,45	—	0,21	0,24		
	II	18,30	1,—	1,46	1,64	II	18,30	0,83	1,21	1,36	0,67	0,97	1,09	0,51	0,74	0,84	0,36	0,53	0,60	0,23	0,33	0,37	—	0,15	0,16		
	III	10,61	0,58	0,84	0,95	III	10,61	0,44	0,65	0,73	0,07	0,46	0,51	—	0,28	0,31	—	0,13	0,14	—	—	—	—	—	—		
	V	31,37	1,72	2,50	2,82	IV	19,51	0,98	1,43	1,61	0,89	1,30	1,46	0,81	1,18	1,33	0,73	1,06	1,19	0,65	0,94	1,06	0,57	0,83	0,93		
	VI	32,58	1,79	2,60	2,93																						
115,19	I,IV	19,54	1,07	1,56	1,75	I	19,54	0,89	1,30	1,47	0,73	1,06	1,19	0,57	0,83	0,93	0,42	0,61	0,69	0,28	0,41	0,46	—	0,21	0,24		
	II	18,33	1,—	1,46	1,64	II	18,33	0,83	1,21	1,36	0,67	0,97	1,09	0,51	0,75	0,84	0,37	0,53	0,60	0,23	0,33	0,37	—	0,15	0,17		
	III	10,63	0,58	0,85	0,95	III	10,63	0,44	0,65	0,73	0,07	0,46	0,52	—	0,28	0,32	—	0,13	0,15	—	—	—	—	—	—		
	V	31,41	1,72	2,51	2,82	IV	19,54	0,98	1,43	1,61	0,89	1,30	1,47	0,81	1,18	1,33	0,73	1,06	1,19	0,65	0,94	1,06	0,57	0,83	0,93		
	VI	32,61	1,79	2,60	2,93																						
115,29	I,IV	19,57	1,07	1,56	1,76	I	19,57	0,90	1,30	1,47	0,73	1,06	1,20	0,57	0,83	0,94	0,42	0,61	0,69	0,28	0,41	0,46	—	0,21	0,24		
	II	18,36	1,01	1,46	1,65	II	18,36	0,83	1,21	1,36	0,67	0,97	1,10	0,51	0,75	0,84	0,37	0,54	0,60	0,23	0,33	0,38	—	0,15	0,17		
	III	10,65	0,58	0,85	0,95	III	10,65	0,45	0,65	0,73	0,08	0,46	0,52	—	0,28	0,32	—	0,13	0,15	—	0,01	0,01	—	—	—		
	V	31,44	1,72	2,51	2,82	IV	19,57	0,98	1,43	1,61	0,90	1,30	1,47	0,81	1,18	1,33	0,73	1,06	1,20	0,65	0,95	1,06	0,57	0,83	0,94		
	VI	32,65	1,79	2,61	2,93																						
115,39	I,IV	19,60	1,07	1,56	1,76	I	19,60	0,90	1,31	1,47	0,73	1,06	1,20	0,57	0,83	0,94	0,42	0,62	0,69	0,28	0,41	0,46	0,01	0,22	0,24		
	II	18,39	1,01	1,47	1,65	II	18,39	0,83	1,22	1,37	0,67	0,98	1,10	0,51	0,75	0,84	0,37	0,54	0,60	0,23	0,34	0,38	—	0,15	0,17		
	III	10,67	0,58	0,85	0,96	III	10,67	0,45	0,65	0,73	0,08	0,46	0,52	—	0,28	0,32	—	0,13	0,15	—	0,01	0,01	—	—	—		
	V	31,48	1,73	2,51	2,83	IV	19,60	0,98	1,43	1,61	0,90	1,31	1,47	0,81	1,18	1,33	0,73	1,06	1,20	0,65	0,95	1,07	0,57	0,83	0,94		
	VI	32,69	1,79	2,61	2,94																						
115,49	I,IV	19,63	1,07	1,57	1,76	I	19,63	0,90	1,31	1,47	0,73	1,07	1,20	0,57	0,84	0,94	0,42	0,62	0,69	0,28	0,41	0,46	0,01	0,22	0,25		
	II	18,41	1,01	1,47	1,65	II	18,41	0,84	1,22	1,37	0,67	0,98	1,10	0,52	0,75	0,85	0,37	0,54	0,61	0,23	0,34	0,38	—	0,15	0,17		
	III	10,70	0,58	0,85	0,96	III	10,70	0,45	0,65	0,74	0,09	0,46	0,52	—	0,28	0,32	—	0,13	0,15	—	0,01	0,01	—	—	—		
	V	31,51	1,73	2,52	2,83	IV	19,63	0,99	1,44	1,62	0,90	1,31	1,47	0,81	1,19	1,34	0,73	1,07	1,20	0,65	0,95	1,07	0,57	0,84	0,94		
	VI	32,72	1,80	2,61	2,94																						
115,59	I,IV	19,66	1,08	1,57	1,76	I	19,66	0,90	1,31	1,48	0,73	1,07	1,20	0,57	0,84	0,94	0,42	0,62	0,70	0,28	0,41	0,46	0,02	0,22	0,25		
	II	18,44	1,01	1,47	1,65	II	18,44	0,84	1,22	1,37	0,67	0,98	1,10	0,52	0,75	0,85	0,37	0,54	0,61	0,23	0,34	0,38	—	0,15	0,17		
	III	10,72	0,58	0,85	0,96	III	10,72	0,45	0,66	0,74	0,09	0,46	0,52	—	0,29	0,32	—	0,13	0,15	—	0,01	0,01	—	—	—		
	V	31,55	1,73	2,52	2,83	IV	19,66	0,99	1,44	1,62	0,90	1,31	1,48	0,82	1,19	1,34	0,73	1,07	1,20	0,65	0,95	1,07	0,57	0,84	0,94		
	VI	32,76	1,80	2,62	2,94																						

Abzüge an Lohnsteuer, Solidaritätszuschlag (SolZ) und Kirchensteuer (8%, 9%) in den Steuerklassen

* Die ausgewiesenen Tabellenwerte sind amtlich. Siehe Erläuterungen auf der Umschlaginnenseite (U2).

** Bei mehr als 3 Kinderfreibeträgen ist die „Ergänzungs-Tabelle 3,5 bis 6 Kinderfreibeträge" anzuwenden.

Lohn/Gehalt bis €*	Abzüge an Lohnsteuer, Solidaritätszuschlag (SolZ) und Kirchensteuer (8%, 9%) in den Steuerklassen																								
	I – VI		ohne Kinderfreibeträge			I, II, III, IV		mit Zahl der Kinderfreibeträge . . .																	
								0,5			1			1,5			2			2,5			3**		
		LSt	SolZ	8%	9%		LSt	SolZ	8%	9%	SolZ	8%	9%	SolZ	8%	9%	SolZ	8%	9%	SolZ	8%	9%	SolZ	8%	9%
115,69	I,IV	19,68	1,08	1,57	1,77	I	19,68	0,90	1,31	1,48	0,73	1,07	1,20	0,58	0,84	0,94	0,43	0,62	0,70	0,28	0,42	0,47	0,02	0,22	0,25
	II	18,47	1,01	1,47	1,66	II	18,47	0,84	1,22	1,37	0,67	0,98	1,11	0,52	0,76	0,85	0,37	0,54	0,61	0,23	0,34	0,38	—	0,15	0,17
	III	10,74	0,59	0,85	0,96	III	10,74	0,45	0,66	0,74	0,09	0,47	0,52	—	0,29	0,32	—	0,14	0,15	—	0,01	0,01	—	—	—
	V	31,59	1,73	2,52	2,84	IV	19,68	0,99	1,44	1,62	0,90	1,31	1,48	0,82	1,19	1,34	0,73	1,07	1,20	0,65	0,95	1,07	0,58	0,84	0,94
	VI	32,80	1,80	2,62	2,95																				
115,79	I,IV	19,71	1,08	1,57	1,77	I	19,71	0,90	1,32	1,48	0,74	1,07	1,21	0,58	0,84	0,95	0,43	0,62	0,70	0,28	0,42	0,47	0,03	0,22	0,25
	II	18,50	1,01	1,48	1,66	II	18,50	0,84	1,22	1,38	0,68	0,98	1,11	0,52	0,76	0,85	0,37	0,54	0,61	0,23	0,34	0,39	—	0,16	0,18
	III	10,76	0,59	0,86	0,96	III	10,76	0,45	0,66	0,74	0,10	0,47	0,53	—	0,29	0,33	—	0,14	0,15	—	0,01	0,01	—	—	—
	V	31,62	1,73	2,52	2,84	IV	19,71	0,99	1,44	1,62	0,90	1,32	1,48	0,82	1,19	1,34	0,74	1,07	1,21	0,66	0,96	1,08	0,58	0,84	0,95
	VI	32,83	1,80	2,62	2,95																				
115,89	I,IV	19,74	1,08	1,57	1,77	I	19,74	0,90	1,32	1,48	0,74	1,07	1,21	0,58	0,84	0,95	0,43	0,62	0,70	0,29	0,42	0,47	0,03	0,22	0,25
	II	18,53	1,01	1,48	1,66	II	18,53	0,84	1,23	1,38	0,68	0,99	1,11	0,52	0,76	0,86	0,37	0,55	0,62	0,24	0,34	0,39	—	0,16	0,18
	III	10,78	0,59	0,86	0,97	III	10,78	0,45	0,66	0,74	0,10	0,47	0,53	—	0,29	0,33	—	0,14	0,16	—	0,01	0,01	—	—	—
	V	31,66	1,74	2,53	2,84	IV	19,74	0,99	1,44	1,63	0,90	1,32	1,48	0,82	1,20	1,35	0,74	1,07	1,21	0,66	0,96	1,08	0,58	0,84	0,95
	VI	32,87	1,80	2,62	2,95																				
115,99	I,IV	19,77	1,08	1,58	1,77	I	19,77	0,91	1,32	1,49	0,74	1,08	1,21	0,58	0,85	0,95	0,43	0,63	0,71	0,29	0,42	0,47	0,03	0,23	0,26
	II	18,56	1,02	1,48	1,67	II	18,56	0,84	1,23	1,38	0,68	0,99	1,11	0,52	0,76	0,86	0,38	0,55	0,62	0,24	0,35	0,39	—	0,16	0,18
	III	10,81	0,59	0,86	0,97	III	10,81	0,45	0,66	0,75	0,11	0,47	0,53	—	0,29	0,33	—	0,14	0,16	—	0,01	0,01	—	—	—
	V	31,70	1,74	2,53	2,85	IV	19,77	0,99	1,45	1,63	0,91	1,32	1,49	0,82	1,20	1,35	0,74	1,08	1,21	0,66	0,96	1,08	0,58	0,85	0,95
	VI	32,91	1,81	2,63	2,96																				
116,09	I,IV	19,80	1,08	1,58	1,78	I	19,80	0,91	1,32	1,49	0,74	1,08	1,21	0,58	0,85	0,95	0,43	0,63	0,71	0,29	0,42	0,47	0,04	0,23	0,26
	II	18,58	1,02	1,48	1,67	II	18,58	0,84	1,23	1,38	0,68	0,99	1,12	0,52	0,76	0,86	0,38	0,55	0,62	0,24	0,35	0,39	—	0,16	0,18
	III	10,83	0,59	0,86	0,97	III	10,83	0,46	0,66	0,75	0,11	0,47	0,53	—	0,29	0,33	—	0,14	0,16	—	0,01	0,02	—	—	—
	V	31,73	1,74	2,53	2,85	IV	19,80	1,—	1,45	1,63	0,91	1,32	1,49	0,82	1,20	1,35	0,74	1,08	1,21	0,66	0,96	1,08	0,58	0,85	0,95
	VI	32,94	1,81	2,63	2,96																				
116,19	I,IV	19,83	1,09	1,58	1,78	I	19,83	0,91	1,32	1,49	0,74	1,08	1,22	0,58	0,85	0,96	0,43	0,63	0,71	0,29	0,42	0,48	0,04	0,23	0,26
	II	18,61	1,02	1,48	1,67	II	18,61	0,85	1,23	1,39	0,68	0,99	1,12	0,53	0,77	0,86	0,38	0,55	0,62	0,24	0,35	0,39	—	0,16	0,18
	III	10,85	0,59	0,86	0,97	III	10,85	0,46	0,67	0,75	0,11	0,47	0,53	—	0,30	0,33	—	0,14	0,16	—	0,01	0,02	—	—	—
	V	31,77	1,74	2,54	2,85	IV	19,83	1,—	1,45	1,63	0,91	1,32	1,49	0,82	1,20	1,35	0,74	1,08	1,22	0,66	0,96	1,08	0,58	0,85	0,96
	VI	32,98	1,81	2,63	2,96																				
116,29	I,IV	19,86	1,09	1,58	1,78	I	19,86	0,91	1,33	1,49	0,74	1,08	1,22	0,58	0,85	0,96	0,43	0,63	0,71	0,29	0,43	0,48	0,05	0,23	0,26
	II	18,64	1,02	1,49	1,67	II	18,64	0,85	1,23	1,39	0,68	1,—	1,12	0,53	0,77	0,86	0,38	0,55	0,62	0,24	0,35	0,40	—	0,16	0,18
	III	10,87	0,59	0,86	0,97	III	10,87	0,46	0,67	0,75	0,12	0,48	0,54	—	0,30	0,33	—	0,14	0,16	—	0,02	0,02	—	—	—
	V	31,80	1,74	2,54	2,86	IV	19,86	1,—	1,45	1,64	0,91	1,33	1,49	0,83	1,20	1,35	0,74	1,08	1,22	0,66	0,97	1,09	0,58	0,85	0,96
	VI	33,01	1,81	2,64	2,97																				
116,39	I,IV	19,89	1,09	1,59	1,79	I	19,89	0,91	1,33	1,50	0,74	1,08	1,22	0,59	0,85	0,96	0,43	0,63	0,71	0,29	0,43	0,48	0,05	0,23	0,26
	II	18,67	1,02	1,49	1,68	II	18,67	0,85	1,24	1,39	0,68	1,—	1,12	0,53	0,77	0,87	0,38	0,56	0,63	0,24	0,35	0,40	—	0,16	0,19
	III	10,90	0,59	0,87	0,98	III	10,90	0,46	0,67	0,75	0,12	0,48	0,54	—	0,30	0,34	—	0,14	0,16	—	0,02	0,02	—	—	—
	V	31,84	1,75	2,54	2,86	IV	19,89	1,—	1,46	1,64	0,91	1,33	1,50	0,83	1,21	1,36	0,74	1,08	1,22	0,66	0,97	1,09	0,59	0,85	0,96
	VI	33,05	1,81	2,64	2,97																				
116,49	I,IV	19,92	1,09	1,59	1,79	I	19,92	0,91	1,33	1,50	0,75	1,09	1,22	0,59	0,86	0,96	0,44	0,64	0,72	0,29	0,43	0,48	0,05	0,23	0,26
	II	18,70	1,02	1,49	1,68	II	18,70	0,85	1,24	1,39	0,69	1,—	1,12	0,53	0,77	0,87	0,38	0,56	0,63	0,24	0,36	0,40	—	0,17	0,19
	III	10,92	0,60	0,87	0,98	III	10,92	0,46	0,67	0,76	0,13	0,48	0,54	—	0,30	0,34	—	0,14	0,16	—	0,02	0,02	—	—	—
	V	31,88	1,75	2,55	2,86	IV	19,92	1,—	1,46	1,64	0,91	1,33	1,50	0,83	1,21	1,36	0,75	1,09	1,22	0,67	0,97	1,09	0,59	0,86	0,96
	VI	33,08	1,81	2,64	2,97																				
116,59	I,IV	19,95	1,09	1,59	1,79	I	19,95	0,92	1,33	1,50	0,75	1,09	1,23	0,59	0,86	0,97	0,44	0,64	0,72	0,29	0,43	0,48	0,06	0,24	0,27
	II	18,73	1,03	1,49	1,68	II	18,73	0,85	1,24	1,40	0,69	1,—	1,13	0,53	0,77	0,87	0,38	0,56	0,63	0,24	0,36	0,40	—	0,17	0,19
	III	10,94	0,60	0,87	0,98	III	10,94	0,46	0,67	0,76	0,13	0,48	0,54	—	0,30	0,34	—	0,15	0,17	—	0,02	0,02	—	—	—
	V	31,91	1,75	2,55	2,87	IV	19,95	1,—	1,46	1,64	0,92	1,33	1,50	0,83	1,21	1,36	0,75	1,09	1,23	0,67	0,97	1,09	0,59	0,86	0,97
	VI	33,12	1,82	2,64	2,98																				
116,69	I,IV	19,98	1,09	1,59	1,79	I	19,98	0,92	1,34	1,50	0,75	1,09	1,23	0,59	0,86	0,97	0,44	0,64	0,72	0,30	0,43	0,49	0,06	0,24	0,27
	II	18,76	1,03	1,50	1,68	II	18,76	0,85	1,24	1,40	0,69	1,—	1,13	0,53	0,78	0,87	0,38	0,56	0,63	0,24	0,36	0,40	—	0,17	0,19
	III	10,96	0,60	0,87	0,98	III	10,96	0,46	0,67	0,76	0,14	0,48	0,54	—	0,30	0,34	—	0,15	0,17	—	0,02	0,02	—	—	—
	V	31,95	1,75	2,55	2,87	IV	19,98	1,—	1,46	1,65	0,92	1,34	1,50	0,83	1,21	1,36	0,75	1,09	1,23	0,67	0,97	1,10	0,59	0,86	0,97
	VI	33,16	1,82	2,65	2,98																				
116,79	I,IV	20,—	1,10	1,60	1,80	I	20,—	0,92	1,34	1,51	0,75	1,09	1,23	0,59	0,86	0,97	0,44	0,64	0,72	0,30	0,43	0,49	0,07	0,24	0,27
	II	18,78	1,03	1,50	1,69	II	18,78	0,85	1,25	1,40	0,69	1,01	1,13	0,53	0,78	0,88	0,39	0,56	0,63	0,25	0,36	0,41	—	0,17	0,19
	III	10,98	0,60	0,87	0,98	III	10,98	0,46	0,68	0,76	0,14	0,48	0,54	—	0,30	0,34	—	0,15	0,17	—	0,02	0,02	—	—	—
	V	31,98	1,75	2,55	2,87	IV	20,—	1,01	1,47	1,65	0,92	1,34	1,51	0,83	1,21	1,37	0,75	1,09	1,23	0,67	0,98	1,10	0,59	0,86	0,97
	VI	33,19	1,82	2,65	2,98																				
116,89	I,IV	20,03	1,10	1,60	1,80	I	20,03	0,92	1,34	1,51	0,75	1,10	1,23	0,59	0,86	0,97	0,44	0,64	0,72	0,30	0,44	0,49	0,07	0,24	0,27
	II	18,81	1,03	1,50	1,69	II	18,81	0,86	1,25	1,40	0,69	1,01	1,13	0,53	0,78	0,88	0,39	0,56	0,63	0,25	0,36	0,41	—	0,17	0,19
	III	11,01	0,60	0,88	0,99	III	11,01	0,46	0,68	0,76	0,14	0,49	0,55	—	0,30	0,34	—	0,15	0,17	—	0,02	0,02	—	—	—
	V	32,02	1,76	2,56	2,88	IV	20,03	1,01	1,47	1,65	0,92	1,34	1,51	0,83	1,22	1,37	0,75	1,10	1,23	0,67	0,98	1,10	0,59	0,86	0,97
	VI	33,23	1,82	2,65	2,99																				
116,99	I,IV	20,06	1,10	1,60	1,80	I	20,06	0,92	1,34	1,51	0,75	1,10	1,24	0,59	0,87	0,97	0,44	0,65	0,73	0,30	0,44	0,49	0,07	0,24	0,27
	II	18,84	1,03	1,50	1,69	II	18,84	0,86	1,25	1,41	0,69	1,01	1,14	0,54	0,78	0,88	0,39	0,57	0,64	0,25	0,36	0,41	—	0,17	0,20
	III	11,03	0,60	0,88	0,99	III	11,03	0,47	0,68	0,76	0,15	0,49	0,55	—	0,31	0,35	—	0,15	0,17	—	0,02	0,03	—	—	—
	V	32,06	1,76	2,56	2,88	IV	20,06	1,01	1,47	1,65	0,92	1,34	1,51	0,84	1,22	1,37	0,75	1,10	1,24	0,67	0,98	1,10	0,59	0,87	0,97
	VI	33,26	1,82	2,66	2,99																				
117,09	I,IV	20,09	1,10	1,60	1,80	I	20,09	0,92	1,34	1,51	0,75	1,10	1,24	0,59	0,87	0,98	0,44	0,65	0,73	0,30	0,44	0,49	0,08	0,24	0,27
	II	18,87	1,03	1,50	1,69	II	18,87	0,86	1,25	1,41	0,69	1,01	1,14	0,54	0,78	0,88	0,39	0,57	0,64	0,25	0,37	0,41	—	0,18	0,20
	III	11,05	0,60	0,88	0,99	III	11,05	0,47	0,68	0,77	0,15	0,49	0,55	—	0,31	0,35	—	0,15	0,17	—	0,02	0,03	—	—	—
	V	32,09	1,76	2,56	2,88	IV	20,09	1,01	1,47	1,66	0,92	1,34	1,51	0,84	1,22	1,37	0,75	1,10	1,24	0,67	0,98	1,10	0,59	0,87	0,98
	VI	33,30	1,83	2,66	2,99																				
117,19	I,IV	20,12	1,10	1,60	1,81	I	20,12	0,92	1,35	1,52	0,76	1,10	1,24	0,60	0,87	0,98	0,44	0,65	0,73	0,30	0,44	0,50	0,08	0,25	0,28
	II	18,90	1,03	1,51	1,70	II	18,90	0,86	1,25	1,41	0,70	1,01	1,14	0,54	0,79	0,88	0,39	0,57	0,64	0,25	0,37	0,41	—	0,18	0,20
	III	11,07	0,60	0,88	0,99	III	11,07	0,47	0,68	0,77	0,16	0,49	0,55	—	0,31	0,35	—	0,15	0,17	—	0,02	0,03	—	—	—
	V	32,13	1,76	2,57	2,89	IV	20,12	1,01	1,47	1,66	0,92	1,35	1,52	0,84	1,22	1,38	0,76	1,10	1,24	0,68	0,98	1,11	0,60	0,87	0,98
	VI	33,34	1,83	2,66	3,—																				
117,29	I,IV	20,15	1,10	1,61	1,81	I	20,15	0,93	1,35	1,52	0,76	1,10	1,24	0,60	0,87	0,98	0,45	0,65	0,73	0,30	0,44	0,50	0,09	0,25	0,28
	II	18,93	1,04	1,51	1,70	II	18,93	0,86	1,26	1,41	0,70	1,02	1,14	0,54	0,79	0,89	0,39	0,57	0,64	0,25	0,37	0,42	—	0,18	0,20
	III	11,10	0,61	0,88	0,99	III	11,10	0,47	0,68	0,77	0,16	0,49	0,55	—	0,31	0,35	—	0,16	0,18	—	0,03	0,03	—	—	—
	V	32,16	1,76	2,57	2,89	IV	20,15	1,01	1,48	1,66	0,93	1,35	1,52	0,84	1,22	1,38	0,76	1,10	1,24	0,68	0,99	1,11	0,60	0,87	0,98
	VI	33,37	1,83	2,66	3,—																				

* Die ausgewiesenen Tabellenwerte sind amtlich. Siehe Erläuterungen auf der Umschlaginnenseite (U2).
** Bei mehr als 3 Kinderfreibeträgen ist die „Ergänzungs-Tabelle 3,5 bis 6 Kinderfreibeträge" anzuwenden.

Abzüge an Lohnsteuer, Solidaritätszuschlag (SolZ) und Kirchensteuer (8%, 9%) in den Steuerklassen

Lohn/ Gehalt bis €*		I – VI					I, II, III, IV	mit Zahl der Kinderfreibeträge . . . 0,5			1			1,5			2			2,5			3**		
		LSt	ohne Kinderfreibeträge SolZ	8%	9%		LSt	SolZ	8%	9%	SolZ	8%	9%	SolZ	8%	9%	SolZ	8%	9%	SolZ	8%	9%	SolZ	8%	9%
117,39	I,IV	20,18	1,11	1,61	1,81	I	20,18	0,93	1,35	1,52	0,76	1,11	1,25	0,60	0,87	0,98	0,45	0,65	0,73	0,30	0,44	0,50	0,09	0,25	0,28
	II	18,96	1,04	1,51	1,70	II	18,96	0,86	1,26	1,42	0,70	1,02	1,15	0,54	0,79	0,89	0,39	0,57	0,65	0,25	0,37	0,42	—	0,18	0,20
	III	11,12	0,61	0,88	1,—	III	11,12	0,47	0,69	0,77	0,16	0,49	0,56	—	0,31	0,35	—	0,16	0,18	—	0,03	0,03	—	—	—
	V	32,20	1,77	2,57	2,89	IV	20,18	1,02	1,48	1,66	0,93	1,35	1,52	0,84	1,23	1,38	0,76	1,11	1,25	0,68	0,99	1,11	0,60	0,87	0,98
	VI	33,41	1,83	2,67	3,—																				
117,49	I,IV	20,21	1,11	1,61	1,81	I	20,21	0,93	1,35	1,52	0,76	1,11	1,25	0,60	0,88	0,99	0,45	0,65	0,74	0,31	0,45	0,50	0,10	0,25	0,28
	II	18,98	1,04	1,51	1,70	II	18,98	0,87	1,26	1,42	0,70	1,02	1,15	0,54	0,79	0,89	0,39	0,58	0,65	0,25	0,37	0,42	—	0,18	0,20
	III	11,14	0,61	0,89	1,—	III	11,14	0,47	0,69	0,77	0,17	0,50	0,56	—	0,31	0,35	—	0,16	0,18	—	0,03	0,03	—	—	—
	V	32,24	1,77	2,57	2,90	IV	20,21	1,02	1,48	1,67	0,93	1,35	1,52	0,84	1,23	1,38	0,76	1,11	1,25	0,68	0,99	1,11	0,60	0,88	0,99
	VI	33,45	1,83	2,67	3,01																				
117,59	I,IV	20,24	1,11	1,61	1,82	I	20,24	0,93	1,36	1,53	0,76	1,11	1,25	0,60	0,88	0,99	0,45	0,66	0,74	0,31	0,45	0,50	0,10	0,25	0,28
	II	19,01	1,04	1,52	1,71	II	19,01	0,87	1,26	1,42	0,70	1,02	1,15	0,54	0,79	0,89	0,40	0,58	0,65	0,26	0,37	0,42	—	0,18	0,21
	III	11,16	0,61	0,89	1,—	III	11,16	0,47	0,69	0,78	0,17	0,50	0,56	—	0,32	0,36	—	0,16	0,18	—	0,03	0,03	—	—	—
	V	32,27	1,77	2,58	2,90	IV	20,24	1,02	1,48	1,67	0,93	1,36	1,53	0,85	1,23	1,39	0,76	1,11	1,25	0,68	0,99	1,12	0,60	0,88	0,99
	VI	33,48	1,84	2,67	3,01																				
117,69	I,IV	20,26	1,11	1,62	1,82	I	20,26	0,93	1,36	1,53	0,76	1,11	1,25	0,60	0,88	0,99	0,45	0,66	0,74	0,31	0,45	0,51	0,10	0,25	0,29
	II	19,04	1,04	1,52	1,71	II	19,04	0,87	1,26	1,42	0,70	1,02	1,15	0,55	0,80	0,90	0,40	0,58	0,65	0,26	0,38	0,42	—	0,18	0,21
	III	11,18	0,61	0,89	1,—	III	11,18	0,47	0,69	0,78	0,18	0,50	0,56	—	0,32	0,36	—	0,16	0,18	—	0,03	0,03	—	—	—
	V	32,31	1,77	2,58	2,90	IV	20,26	1,02	1,49	1,67	0,93	1,36	1,53	0,85	1,23	1,39	0,76	1,11	1,25	0,68	0,99	1,12	0,60	0,88	0,99
	VI	33,52	1,84	2,68	3,01																				
117,79	I,IV	20,29	1,11	1,62	1,82	I	20,29	0,93	1,36	1,53	0,76	1,11	1,25	0,60	0,88	0,99	0,45	0,66	0,74	0,31	0,45	0,51	0,11	0,26	0,29
	II	19,07	1,04	1,52	1,71	II	19,07	0,87	1,27	1,43	0,70	1,03	1,15	0,55	0,80	0,90	0,40	0,58	0,65	0,26	0,38	0,43	—	0,19	0,21
	III	11,21	0,61	0,89	1,—	III	11,21	0,48	0,69	0,78	0,18	0,50	0,56	—	0,32	0,36	—	0,16	0,18	—	0,03	0,03	—	—	—
	V	32,35	1,77	2,58	2,91	IV	20,29	1,02	1,49	1,67	0,93	1,36	1,53	0,85	1,24	1,39	0,76	1,11	1,25	0,68	1,—	1,12	0,60	0,88	0,99
	VI	33,55	1,84	2,68	3,01																				
117,89	I,IV	20,32	1,11	1,62	1,82	I	20,32	0,94	1,36	1,53	0,77	1,12	1,26	0,61	0,88	0,99	0,45	0,66	0,75	0,31	0,45	0,51	0,11	0,26	0,29
	II	19,10	1,05	1,52	1,71	II	19,10	0,87	1,27	1,43	0,71	1,03	1,16	0,55	0,80	0,90	0,40	0,58	0,66	0,26	0,38	0,43	—	0,19	0,21
	III	11,23	0,61	0,89	1,01	III	11,23	0,48	0,70	0,78	0,19	0,50	0,57	—	0,32	0,36	—	0,16	0,18	—	0,03	0,04	—	—	—
	V	32,38	1,78	2,59	2,91	IV	20,32	1,02	1,49	1,68	0,94	1,36	1,53	0,85	1,24	1,39	0,77	1,12	1,26	0,68	1,—	1,12	0,61	0,88	0,99
	VI	33,59	1,84	2,68	3,02																				
117,99	I,IV	20,35	1,11	1,62	1,83	I	20,35	0,94	1,36	1,54	0,77	1,12	1,26	0,61	0,89	1,—	0,46	0,66	0,75	0,31	0,46	0,51	0,12	0,26	0,29
	II	19,13	1,05	1,53	1,72	II	19,13	0,87	1,27	1,43	0,71	1,03	1,16	0,55	0,80	0,90	0,40	0,58	0,66	0,26	0,38	0,43	—	0,19	0,21
	III	11,25	0,61	0,90	1,01	III	11,25	0,48	0,70	0,78	0,19	0,50	0,57	—	0,32	0,36	—	0,16	0,18	—	0,03	0,04	—	—	—
	V	32,42	1,78	2,59	2,91	IV	20,35	1,02	1,49	1,68	0,94	1,36	1,54	0,85	1,24	1,40	0,77	1,12	1,26	0,69	1,—	1,13	0,61	0,89	1,—
	VI	33,63	1,84	2,69	3,02																				
118,09	I,IV	20,38	1,12	1,63	1,83	I	20,38	0,94	1,37	1,54	0,77	1,12	1,26	0,61	0,89	1,—	0,46	0,67	0,75	0,31	0,46	0,52	0,12	0,26	0,29
	II	19,16	1,05	1,53	1,72	II	19,16	0,87	1,27	1,43	0,71	1,03	1,16	0,55	0,80	0,90	0,40	0,59	0,66	0,26	0,38	0,43	—	0,19	0,22
	III	11,27	0,62	0,90	1,01	III	11,27	0,48	0,70	0,79	0,19	0,51	0,57	—	0,32	0,36	—	0,16	0,19	—	0,03	0,04	—	—	—
	V	32,45	1,78	2,59	2,92	IV	20,38	1,03	1,50	1,68	0,94	1,37	1,54	0,85	1,24	1,40	0,77	1,12	1,26	0,69	1,—	1,13	0,61	0,89	1,—
	VI	33,66	1,85	2,69	3,02																				
118,19	I,IV	20,41	1,12	1,63	1,83	I	20,41	0,94	1,37	1,54	0,77	1,12	1,26	0,61	0,89	1,—	0,46	0,67	0,75	0,31	0,46	0,52	0,13	0,26	0,30
	II	19,18	1,05	1,53	1,72	II	19,18	0,88	1,28	1,44	0,71	1,03	1,16	0,55	0,81	0,91	0,40	0,59	0,66	0,26	0,38	0,43	—	0,19	0,22
	III	11,30	0,62	0,90	1,01	III	11,30	0,48	0,70	0,79	0,20	0,51	0,57	—	0,32	0,37	—	0,17	0,19	—	0,04	0,04	—	—	—
	V	32,49	1,78	2,59	2,92	IV	20,41	1,03	1,50	1,68	0,94	1,37	1,54	0,85	1,24	1,40	0,77	1,12	1,26	0,69	1,—	1,13	0,61	0,89	1,—
	VI	33,70	1,85	2,69	3,03																				
118,29	I,IV	20,44	1,12	1,63	1,83	I	20,44	0,94	1,37	1,54	0,77	1,13	1,27	0,61	0,89	1,—	0,46	0,67	0,75	0,32	0,46	0,52	0,13	0,26	0,30
	II	19,21	1,05	1,53	1,72	II	19,21	0,88	1,28	1,44	0,71	1,04	1,17	0,55	0,81	0,91	0,40	0,59	0,66	0,26	0,39	0,44	—	0,19	0,22
	III	11,32	0,62	0,90	1,01	III	11,32	0,48	0,70	0,79	0,20	0,51	0,57	—	0,33	0,37	—	0,17	0,19	—	0,04	0,04	—	—	—
	V	32,53	1,78	2,60	2,92	IV	20,44	1,03	1,50	1,69	0,94	1,37	1,54	0,86	1,25	1,40	0,77	1,13	1,27	0,69	1,01	1,13	0,61	0,89	1,—
	VI	33,73	1,85	2,69	3,03																				
118,39	I,IV	20,47	1,12	1,63	1,84	I	20,47	0,94	1,37	1,55	0,77	1,13	1,27	0,61	0,89	1,01	0,46	0,67	0,76	0,32	0,46	0,52	0,13	0,27	0,30
	II	19,24	1,05	1,53	1,73	II	19,24	0,88	1,28	1,44	0,71	1,04	1,17	0,55	0,81	0,91	0,41	0,59	0,67	0,27	0,39	0,44	—	0,20	0,22
	III	11,34	0,62	0,90	1,02	III	11,34	0,48	0,70	0,79	0,21	0,51	0,58	—	0,33	0,37	—	0,17	0,19	—	0,04	0,04	—	—	—
	V	32,56	1,79	2,60	2,93	IV	20,47	1,03	1,50	1,69	0,94	1,37	1,55	0,86	1,25	1,41	0,77	1,13	1,27	0,69	1,01	1,14	0,61	0,89	1,01
	VI	33,77	1,85	2,70	3,03																				
118,49	I,IV	20,50	1,12	1,64	1,84	I	20,50	0,94	1,38	1,55	0,78	1,13	1,27	0,61	0,90	1,01	0,46	0,67	0,76	0,32	0,46	0,52	0,14	0,27	0,30
	II	19,27	1,06	1,54	1,73	II	19,27	0,88	1,28	1,44	0,71	1,04	1,17	0,56	0,81	0,91	0,41	0,59	0,67	0,27	0,39	0,44	—	0,20	0,22
	III	11,36	0,62	0,90	1,02	III	11,36	0,48	0,71	0,79	0,21	0,51	0,58	—	0,33	0,37	—	0,17	0,19	—	0,04	0,04	—	—	—
	V	32,60	1,79	2,60	2,93	IV	20,50	1,03	1,50	1,69	0,94	1,38	1,55	0,86	1,25	1,41	0,78	1,13	1,27	0,69	1,01	1,14	0,61	0,90	1,01
	VI	33,81	1,85	2,70	3,04																				
118,59	I,IV	20,53	1,12	1,64	1,84	I	20,53	0,95	1,38	1,55	0,78	1,13	1,27	0,62	0,90	1,01	0,46	0,68	0,76	0,32	0,47	0,53	0,14	0,27	0,30
	II	19,30	1,06	1,54	1,73	II	19,30	0,88	1,28	1,45	0,72	1,04	1,17	0,56	0,81	0,91	0,41	0,60	0,67	0,27	0,39	0,44	—	0,20	0,22
	III	11,38	0,62	0,91	1,02	III	11,38	0,48	0,71	0,80	0,21	0,51	0,58	—	0,33	0,37	—	0,17	0,19	—	0,04	0,04	—	—	—
	V	32,63	1,79	2,61	2,93	IV	20,53	1,03	1,51	1,70	0,95	1,38	1,55	0,86	1,25	1,41	0,78	1,13	1,27	0,69	1,01	1,14	0,62	0,90	1,01
	VI	33,84	1,86	2,70	3,04																				
118,69	I,IV	20,56	1,13	1,64	1,85	I	20,56	0,95	1,38	1,55	0,78	1,13	1,28	0,62	0,90	1,01	0,46	0,68	0,76	0,32	0,47	0,53	0,15	0,27	0,31
	II	19,33	1,06	1,54	1,73	II	19,33	0,88	1,29	1,45	0,72	1,04	1,18	0,56	0,82	0,92	0,41	0,60	0,67	0,27	0,39	0,44	—	0,20	0,23
	III	11,41	0,62	0,91	1,02	III	11,41	0,49	0,71	0,80	0,22	0,52	0,58	—	0,33	0,37	—	0,17	0,19	—	0,04	0,05	—	—	—
	V	32,67	1,79	2,61	2,94	IV	20,56	1,04	1,51	1,70	0,95	1,38	1,55	0,86	1,26	1,41	0,78	1,13	1,28	0,70	1,02	1,14	0,62	0,90	1,01
	VI	33,88	1,86	2,71	3,04																				
118,79	I,IV	20,59	1,13	1,64	1,85	I	20,59	0,95	1,38	1,56	0,78	1,14	1,28	0,62	0,90	1,01	0,47	0,68	0,76	0,32	0,47	0,53	0,15	0,27	0,31
	II	19,36	1,06	1,54	1,74	II	19,36	0,88	1,29	1,45	0,72	1,05	1,18	0,56	0,82	0,92	0,41	0,60	0,68	0,27	0,40	0,45	—	0,20	0,23
	III	11,43	0,62	0,91	1,02	III	11,43	0,49	0,71	0,80	0,22	0,52	0,58	—	0,33	0,38	—	0,17	0,20	—	0,04	0,05	—	—	—
	V	32,70	1,79	2,61	2,94	IV	20,59	1,04	1,51	1,70	0,95	1,38	1,56	0,86	1,26	1,42	0,78	1,14	1,28	0,70	1,02	1,14	0,62	0,90	1,01
	VI	33,91	1,86	2,71	3,05																				
118,89	I,IV	20,61	1,13	1,64	1,85	I	20,61	0,95	1,38	1,56	0,78	1,14	1,28	0,62	0,90	1,02	0,47	0,68	0,77	0,32	0,47	0,53	0,15	0,27	0,31
	II	19,39	1,06	1,55	1,74	II	19,39	0,89	1,29	1,45	0,72	1,05	1,18	0,56	0,82	0,92	0,41	0,60	0,68	0,27	0,40	0,45	—	0,20	0,23
	III	11,45	0,63	0,91	1,03	III	11,45	0,49	0,71	0,80	0,23	0,52	0,58	—	0,34	0,38	—	0,18	0,20	—	0,04	0,05	—	—	—
	V	32,74	1,80	2,61	2,94	IV	20,61	1,04	1,51	1,70	0,95	1,38	1,56	0,86	1,26	1,42	0,78	1,14	1,28	0,70	1,02	1,15	0,62	0,90	1,02
	VI	33,95	1,86	2,71	3,05																				
118,99	I,IV	20,65	1,13	1,65	1,85	I	20,65	0,95	1,39	1,56	0,78	1,14	1,28	0,62	0,91	1,02	0,47	0,68	0,77	0,32	0,47	0,53	0,16	0,28	0,31
	II	19,41	1,06	1,55	1,74	II	19,41	0,89	1,29	1,46	0,72	1,05	1,18	0,56	0,82	0,92	0,41	0,60	0,68	0,27	0,40	0,45	—	0,21	0,23
	III	11,47	0,63	0,91	1,03	III	11,47	0,49	0,71	0,80	0,23	0,52	0,59	—	0,34	0,38	—	0,18	0,20	—	0,04	0,05	—	—	—
	V	32,78	1,80	2,62	2,95	IV	20,65	1,04	1,52	1,71	0,95	1,39	1,56	0,87	1,26	1,42	0,78	1,14	1,28	0,70	1,02	1,15	0,62	0,91	1,02
	VI	33,98	1,86	2,71	3,05																				

* Die ausgewiesenen Tabellenwerte sind amtlich. Siehe Erläuterungen auf der Umschlaginnenseite (U2).

** Bei mehr als 3 Kinderfreibeträgen ist die „Ergänzungs-Tabelle 3,5 bis 6 Kinderfreibeträge" anzuwenden.

TAG 119,–*

Abzüge an Lohnsteuer, Solidaritätszuschlag (SolZ) und Kirchensteuer (8%, 9%) in den Steuerklassen

Lohn/Gehalt bis €*	I – VI		ohne Kinderfreibeträge			I, II, III, IV		mit Zahl der Kinderfreibeträge . . . 0,5			1			1,5			2			2,5			3**		
		LSt	SolZ	8%	9%		LSt	SolZ	8%	9%	SolZ	8%	9%	SolZ	8%	9%	SolZ	8%	9%	SolZ	8%	9%	SolZ	8%	9%
119,09	I,IV	20,67	1,13	1,65	1,86	I	20,67	0,95	1,39	1,56	0,78	1,14	1,29	0,62	0,91	1,02	0,47	0,68	0,77	0,33	0,48	0,54	0,16	0,28	0,31
	II	19,45	1,06	1,55	1,75	II	19,45	0,89	1,30	1,46	0,72	1,05	1,18	0,56	0,82	0,93	0,41	0,61	0,68	0,27	0,40	0,45	—	0,21	0,23
	III	11,50	0,63	0,92	1,03	III	11,50	0,49	0,72	0,81	0,24	0,52	0,59	—	0,34	0,38	—	0,18	0,20	—	0,04	0,05	—	—	—
	V	32,81	1,80	2,62	2,95	IV	20,67	1,04	1,52	1,71	0,95	1,39	1,56	0,87	1,26	1,42	0,78	1,14	1,29	0,70	1,02	1,15	0,62	0,91	1,02
	VI	34,02	1,87	2,72	3,06																				
119,19	I,IV	20,70	1,13	1,65	1,86	I	20,70	0,96	1,39	1,57	0,79	1,14	1,29	0,62	0,91	1,02	0,47	0,69	0,77	0,33	0,48	0,54	0,17	0,28	0,31
	II	19,47	1,07	1,55	1,75	II	19,47	0,89	1,30	1,46	0,72	1,06	1,19	0,57	0,82	0,93	0,42	0,61	0,68	0,27	0,40	0,45	—	0,21	0,24
	III	11,52	0,63	0,92	1,03	III	11,52	0,49	0,72	0,81	0,24	0,52	0,59	—	0,34	0,38	—	0,18	0,20	—	0,05	0,05	—	—	—
	V	32,85	1,80	2,62	2,95	IV	20,70	1,04	1,52	1,71	0,96	1,39	1,57	0,87	1,27	1,43	0,79	1,14	1,29	0,70	1,03	1,15	0,62	0,91	1,02
	VI	34,06	1,87	2,72	3,06																				
119,29	I,IV	20,73	1,14	1,65	1,86	I	20,73	0,96	1,39	1,57	0,79	1,15	1,29	0,63	0,91	1,03	0,47	0,69	0,78	0,33	0,48	0,54	0,17	0,28	0,32
	II	19,50	1,07	1,56	1,75	II	19,50	0,89	1,30	1,46	0,73	1,06	1,19	0,57	0,83	0,93	0,42	0,61	0,69	0,28	0,40	0,45	—	0,21	0,24
	III	11,54	0,63	0,92	1,03	III	11,54	0,49	0,72	0,81	0,24	0,53	0,59	—	0,34	0,38	—	0,18	0,20	—	0,05	0,05	—	—	—
	V	32,88	1,80	2,63	2,95	IV	20,73	1,05	1,52	1,71	0,96	1,39	1,57	0,87	1,27	1,43	0,79	1,15	1,29	0,70	1,03	1,16	0,63	0,91	1,03
	VI	34,10	1,87	2,72	3,06																				
119,39	I,IV	20,76	1,14	1,66	1,86	I	20,76	0,96	1,40	1,57	0,79	1,15	1,29	0,63	0,91	1,03	0,47	0,69	0,78	0,33	0,48	0,54	0,18	0,28	0,32
	II	19,53	1,07	1,56	1,75	II	19,53	0,89	1,30	1,47	0,73	1,06	1,19	0,57	0,83	0,93	0,42	0,61	0,69	0,28	0,41	0,46	—	0,21	0,24
	III	11,56	0,63	0,92	1,04	III	11,56	0,49	0,72	0,81	0,25	0,53	0,59	—	0,34	0,39	—	0,18	0,20	—	0,05	0,05	—	—	—
	V	32,92	1,81	2,63	2,96	IV	20,76	1,05	1,52	1,72	0,96	1,40	1,57	0,87	1,27	1,43	0,79	1,15	1,29	0,71	1,03	1,16	0,63	0,91	1,03
	VI	34,13	1,87	2,73	3,07																				
119,49	I,IV	20,79	1,14	1,66	1,87	I	20,79	0,96	1,40	1,57	0,79	1,15	1,29	0,63	0,92	1,03	0,47	0,69	0,78	0,33	0,48	0,54	0,18	0,28	0,32
	II	19,56	1,07	1,56	1,76	II	19,56	0,90	1,30	1,47	0,73	1,06	1,19	0,57	0,83	0,94	0,42	0,61	0,69	0,28	0,41	0,46	—	0,21	0,24
	III	11,58	0,63	0,92	1,04	III	11,58	0,50	0,72	0,81	0,25	0,53	0,60	—	0,34	0,39	—	0,18	0,21	—	0,05	0,06	—	—	—
	V	32,96	1,81	2,63	2,96	IV	20,79	1,05	1,53	1,72	0,96	1,40	1,57	0,87	1,27	1,43	0,79	1,15	1,29	0,71	1,03	1,16	0,63	0,92	1,03
	VI	34,16	1,87	2,73	3,07																				
119,59	I,IV	20,82	1,14	1,66	1,87	I	20,82	0,96	1,40	1,58	0,79	1,15	1,30	0,63	0,92	1,03	0,48	0,69	0,78	0,33	0,48	0,54	0,18	0,29	0,32
	II	19,59	1,07	1,56	1,76	II	19,59	0,90	1,31	1,47	0,73	1,06	1,20	0,57	0,83	0,94	0,42	0,61	0,69	0,28	0,41	0,46	0,01	0,22	0,24
	III	11,61	0,63	0,92	1,04	III	11,61	0,50	0,72	0,81	0,26	0,53	0,60	—	0,35	0,39	—	0,18	0,21	—	0,05	0,06	—	—	—
	V	32,99	1,81	2,63	2,96	IV	20,82	1,05	1,53	1,72	0,96	1,40	1,58	0,88	1,28	1,44	0,79	1,15	1,30	0,71	1,03	1,16	0,63	0,92	1,03
	VI	34,20	1,88	2,73	3,07																				
119,69	I,IV	20,85	1,14	1,66	1,87	I	20,85	0,96	1,40	1,58	0,79	1,16	1,30	0,63	0,92	1,03	0,48	0,70	0,78	0,33	0,49	0,55	0,19	0,29	0,32
	II	19,62	1,07	1,56	1,76	II	19,62	0,90	1,31	1,47	0,73	1,07	1,20	0,57	0,84	0,94	0,42	0,62	0,69	0,28	0,41	0,46	0,01	0,22	0,25
	III	11,63	0,63	0,93	1,04	III	11,63	0,50	0,73	0,82	0,26	0,53	0,60	—	0,35	0,39	—	0,19	0,21	—	0,05	0,06	—	—	—
	V	33,03	1,81	2,64	2,97	IV	20,85	1,05	1,53	1,72	0,96	1,40	1,58	0,88	1,28	1,44	0,79	1,16	1,30	0,71	1,04	1,17	0,63	0,92	1,03
	VI	34,24	1,88	2,73	3,08																				
119,79	I,IV	20,88	1,14	1,67	1,87	I	20,88	0,96	1,40	1,58	0,79	1,16	1,30	0,63	0,92	1,04	0,48	0,70	0,79	0,33	0,49	0,55	0,19	0,29	0,33
	II	19,65	1,08	1,57	1,76	II	19,65	0,90	1,31	1,48	0,73	1,07	1,20	0,57	0,84	0,94	0,42	0,62	0,70	0,28	0,41	0,46	0,02	0,22	0,25
	III	11,65	0,64	0,93	1,04	III	11,65	0,50	0,73	0,82	0,26	0,53	0,60	—	0,35	0,39	—	0,19	0,21	—	0,05	0,06	—	—	—
	V	33,06	1,81	2,64	2,97	IV	20,88	1,05	1,53	1,73	0,96	1,40	1,58	0,88	1,28	1,44	0,79	1,16	1,30	0,71	1,04	1,17	0,63	0,92	1,04
	VI	34,27	1,88	2,74	3,08																				
119,89	I,IV	20,91	1,15	1,67	1,88	I	20,91	0,97	1,41	1,58	0,80	1,16	1,30	0,63	0,92	1,04	0,48	0,70	0,79	0,34	0,49	0,55	0,20	0,29	0,33
	II	19,68	1,08	1,57	1,77	II	19,68	0,90	1,31	1,48	0,73	1,07	1,20	0,58	0,84	0,94	0,42	0,62	0,70	0,28	0,41	0,47	0,02	0,22	0,25
	III	11,67	0,64	0,93	1,05	III	11,67	0,50	0,73	0,82	0,27	0,54	0,60	—	0,35	0,40	—	0,19	0,21	—	0,05	0,06	—	—	—
	V	33,10	1,82	2,64	2,97	IV	20,91	1,05	1,54	1,73	0,97	1,41	1,58	0,88	1,28	1,44	0,80	1,16	1,30	0,71	1,04	1,17	0,63	0,92	1,04
	VI	34,31	1,88	2,74	3,08																				
119,99	I,IV	20,94	1,15	1,67	1,88	I	20,94	0,97	1,41	1,59	0,80	1,16	1,31	0,63	0,93	1,04	0,48	0,70	0,79	0,34	0,49	0,55	0,20	0,29	0,33
	II	19,70	1,08	1,57	1,77	II	19,70	0,90	1,32	1,48	0,74	1,07	1,21	0,58	0,84	0,95	0,43	0,62	0,70	0,28	0,42	0,47	0,02	0,22	0,25
	III	11,70	0,64	0,93	1,05	III	11,70	0,50	0,73	0,82	0,27	0,54	0,61	—	0,35	0,40	—	0,19	0,21	—	0,05	0,06	—	—	—
	V	33,14	1,82	2,65	2,98	IV	20,94	1,06	1,54	1,73	0,97	1,41	1,59	0,88	1,28	1,44	0,80	1,16	1,31	0,71	1,04	1,17	0,63	0,93	1,04
	VI	34,35	1,88	2,74	3,09																				
120,09	I,IV	20,97	1,15	1,67	1,88	I	20,97	0,97	1,41	1,59	0,80	1,16	1,31	0,64	0,93	1,04	0,48	0,70	0,79	0,34	0,49	0,56	0,20	0,30	0,33
	II	19,73	1,08	1,57	1,77	II	19,73	0,90	1,32	1,48	0,74	1,07	1,21	0,58	0,84	0,95	0,43	0,62	0,70	0,29	0,42	0,47	0,03	0,22	0,25
	III	11,72	0,64	0,93	1,05	III	11,72	0,50	0,73	0,82	0,28	0,54	0,61	—	0,35	0,40	—	0,19	0,22	—	0,06	0,06	—	—	—
	V	33,17	1,82	2,65	2,98	IV	20,97	1,06	1,54	1,73	0,97	1,41	1,59	0,88	1,29	1,45	0,80	1,16	1,31	0,72	1,04	1,17	0,64	0,93	1,04
	VI	34,38	1,89	2,75	3,09																				
120,19	I,IV	21,—	1,15	1,68	1,89	I	21,—	0,97	1,41	1,59	0,80	1,17	1,31	0,64	0,93	1,05	0,48	0,71	0,80	0,34	0,50	0,56	0,20	0,30	0,33
	II	19,76	1,08	1,58	1,77	II	19,76	0,91	1,32	1,49	0,74	1,08	1,21	0,58	0,84	0,95	0,43	0,63	0,70	0,29	0,42	0,47	0,03	0,23	0,25
	III	11,74	0,64	0,93	1,05	III	11,74	0,50	0,74	0,83	0,28	0,54	0,61	—	0,36	0,40	—	0,19	0,22	—	0,06	0,06	—	—	—
	V	33,21	1,82	2,65	2,98	IV	21,—	1,06	1,54	1,74	0,97	1,41	1,59	0,88	1,29	1,45	0,80	1,17	1,31	0,72	1,05	1,18	0,64	0,93	1,05
	VI	34,42	1,89	2,75	3,09																				
120,29	I,IV	21,03	1,15	1,68	1,89	I	21,03	0,97	1,42	1,59	0,80	1,17	1,31	0,64	0,93	1,05	0,49	0,71	0,80	0,34	0,50	0,56	0,20	0,30	0,34
	II	19,79	1,08	1,58	1,78	II	19,79	0,91	1,32	1,49	0,74	1,08	1,21	0,58	0,85	0,95	0,43	0,63	0,71	0,29	0,42	0,47	0,04	0,23	0,26
	III	11,76	0,64	0,94	1,05	III	11,76	0,50	0,74	0,83	0,29	0,54	0,61	—	0,36	0,40	—	0,19	0,22	—	0,06	0,06	—	—	—
	V	33,25	1,82	2,66	2,99	IV	21,03	1,06	1,55	1,74	0,97	1,42	1,59	0,89	1,29	1,45	0,80	1,17	1,31	0,72	1,05	1,18	0,64	0,93	1,05
	VI	34,45	1,89	2,75	3,10																				
120,39	I,IV	21,06	1,15	1,68	1,89	I	21,06	0,97	1,42	1,60	0,80	1,17	1,32	0,64	0,93	1,05	0,49	0,71	0,80	0,34	0,50	0,56	0,20	0,30	0,34
	II	19,82	1,09	1,58	1,78	II	19,82	0,91	1,32	1,49	0,74	1,08	1,22	0,58	0,85	0,96	0,43	0,63	0,71	0,29	0,42	0,48	0,04	0,23	0,26
	III	11,78	0,64	0,94	1,06	III	11,78	0,51	0,74	0,83	0,29	0,54	0,61	—	0,36	0,40	—	0,20	0,22	—	0,06	0,07	—	—	—
	V	33,28	1,83	2,66	2,99	IV	21,06	1,06	1,55	1,74	0,97	1,42	1,60	0,89	1,29	1,45	0,80	1,17	1,32	0,72	1,05	1,18	0,64	0,93	1,05
	VI	34,49	1,89	2,75	3,10																				
120,49	I,IV	21,08	1,15	1,68	1,89	I	21,08	0,98	1,42	1,60	0,80	1,17	1,32	0,64	0,94	1,05	0,49	0,71	0,80	0,34	0,50	0,56	0,21	0,30	0,34
	II	19,85	1,09	1,58	1,78	II	19,85	0,91	1,33	1,49	0,74	1,08	1,22	0,58	0,85	0,96	0,43	0,63	0,71	0,29	0,42	0,48	0,04	0,23	0,26
	III	11,81	0,64	0,94	1,06	III	11,81	0,51	0,74	0,83	0,29	0,55	0,61	—	0,36	0,41	—	0,20	0,22	—	0,06	0,07	—	—	—
	V	33,32	1,83	2,66	2,99	IV	21,08	1,06	1,55	1,74	0,98	1,42	1,60	0,89	1,30	1,46	0,80	1,17	1,32	0,72	1,05	1,18	0,64	0,94	1,05
	VI	34,53	1,89	2,76	3,10																				
120,59	I,IV	21,11	1,16	1,68	1,89	I	21,11	0,98	1,42	1,60	0,81	1,17	1,32	0,64	0,94	1,06	0,49	0,71	0,80	0,34	0,50	0,57	0,21	0,30	0,34
	II	19,88	1,09	1,59	1,78	II	19,88	0,91	1,33	1,50	0,74	1,08	1,22	0,58	0,85	0,96	0,43	0,63	0,71	0,29	0,43	0,48	0,05	0,23	0,26
	III	11,83	0,65	0,94	1,06	III	11,83	0,51	0,74	0,83	0,30	0,55	0,62	—	0,36	0,41	—	0,20	0,22	—	0,06	0,07	—	—	—
	V	33,35	1,83	2,66	3,—	IV	21,11	1,07	1,55	1,75	0,98	1,42	1,60	0,89	1,30	1,46	0,81	1,17	1,32	0,72	1,05	1,19	0,64	0,94	1,06
	VI	34,56	1,90	2,76	3,11																				
120,69	I,IV	21,15	1,16	1,69	1,90	I	21,15	0,98	1,43	1,60	0,81	1,18	1,32	0,64	0,94	1,06	0,49	0,72	0,81	0,35	0,50	0,57	0,21	0,30	0,34
	II	19,91	1,09	1,59	1,79	II	19,91	0,91	1,33	1,50	0,75	1,09	1,22	0,59	0,85	0,96	0,44	0,64	0,72	0,29	0,43	0,48	0,05	0,23	0,26
	III	11,85	0,65	0,94	1,06	III	11,85	0,51	0,74	0,84	0,30	0,55	0,62	—	0,36	0,41	—	0,20	0,22	—	0,06	0,07	—	—	—
	V	33,39	1,83	2,67	3,—	IV	21,15	1,07	1,55	1,75	0,98	1,43	1,60	0,89	1,30	1,46	0,81	1,18	1,32	0,72	1,06	1,19	0,64	0,94	1,06
	VI	34,60	1,90	2,76	3,11																				

* Die ausgewiesenen Tabellenwerte sind amtlich. Siehe Erläuterungen auf der Umschlaginnenseite (U2).
** Bei mehr als 3 Kinderfreibeträgen ist die „Ergänzungs-Tabelle 3,5 bis 6 Kinderfreibeträge" anzuwenden.

Abzüge an Lohnsteuer, Solidaritätszuschlag (SolZ) und Kirchensteuer (8%, 9%) in den Steuerklassen

Lohn/ Gehalt bis €*	I – VI		ohne Kinder-freibeträge			I, II, III, IV		mit Zahl der Kinderfreibeträge . . . 0,5			1			1,5			2			2,5			3**		
		LSt	SolZ	8%	9%		LSt	SolZ	8%	9%	SolZ	8%	9%	SolZ	8%	9%	SolZ	8%	9%	SolZ	8%	9%	SolZ	8%	9%
120,79	I,IV	21,17	1,16	1,69	1,90	I	21,17	0,98	1,43	1,61	0,81	1,18	1,33	0,65	0,94	1,06	0,49	0,72	0,81	0,35	0,51	0,57	0,21	0,31	0,35
	II	19,93	1,09	1,59	1,79	II	19,93	0,92	1,33	1,50	0,75	1,09	1,23	0,59	0,86	0,96	0,44	0,64	0,72	0,29	0,43	0,48	0,06	0,24	0,27
	III	11,87	0,65	0,94	1,06	III	11,87	0,51	0,74	0,84	0,31	0,55	0,62	—	0,36	0,41	—	0,20	0,23	—	0,06	0,07	—	—	—
	V	33,43	1,83	2,67	3,—	IV	21,17	1,07	1,56	1,75	0,98	1,43	1,61	0,89	1,30	1,46	0,81	1,18	1,33	0,73	1,06	1,19	0,65	0,94	1,06
	VI	34,63	1,90	2,77	3,11																				
120,89	I,IV	21,20	1,16	1,69	1,90	I	21,20	0,98	1,43	1,61	0,81	1,18	1,33	0,65	0,94	1,06	0,49	0,72	0,81	0,35	0,51	0,57	0,21	0,31	0,35
	II	19,96	1,09	1,59	1,79	II	19,96	0,92	1,34	1,50	0,75	1,09	1,23	0,59	0,86	0,97	0,44	0,64	0,72	0,30	0,43	0,49	0,06	0,24	0,27
	III	11,90	0,65	0,95	1,07	III	11,90	0,51	0,75	0,84	0,31	0,55	0,62	—	0,37	0,41	—	0,20	0,23	—	0,06	0,07	—	—	—
	V	33,46	1,84	2,67	3,01	IV	21,20	1,07	1,56	1,75	0,98	1,43	1,61	0,89	1,30	1,47	0,81	1,18	1,33	0,73	1,06	1,19	0,65	0,94	1,06
	VI	34,67	1,90	2,77	3,12																				
120,99	I,IV	21,23	1,16	1,69	1,91	I	21,23	0,98	1,43	1,61	0,81	1,18	1,33	0,65	0,95	1,06	0,49	0,72	0,81	0,35	0,51	0,57	0,21	0,31	0,35
	II	19,99	1,09	1,59	1,79	II	19,99	0,92	1,34	1,51	0,75	1,09	1,23	0,59	0,86	0,97	0,44	0,64	0,72	0,30	0,43	0,49	0,07	0,24	0,27
	III	11,92	0,65	0,95	1,07	III	11,92	0,51	0,75	0,84	0,31	0,55	0,62	—	0,37	0,41	—	0,20	0,23	—	0,06	0,07	—	—	—
	V	33,50	1,84	2,68	3,01	IV	21,23	1,07	1,56	1,76	0,98	1,43	1,61	0,90	1,31	1,47	0,81	1,18	1,33	0,73	1,06	1,20	0,65	0,95	1,06
	VI	34,71	1,90	2,77	3,12																				
121,09	I,IV	21,26	1,16	1,70	1,91	I	21,26	0,98	1,43	1,61	0,81	1,18	1,33	0,65	0,95	1,07	0,50	0,72	0,81	0,35	0,51	0,58	0,21	0,31	0,35
	II	20,02	1,10	1,60	1,80	II	20,02	0,92	1,34	1,51	0,75	1,10	1,23	0,59	0,86	0,97	0,44	0,64	0,72	0,30	0,44	0,49	0,07	0,24	0,27
	III	11,94	0,65	0,95	1,07	III	11,94	0,51	0,75	0,84	0,32	0,56	0,63	—	0,37	0,42	—	0,20	0,23	—	0,07	0,07	—	—	—
	V	33,53	1,84	2,68	3,01	IV	21,26	1,07	1,56	1,76	0,98	1,43	1,61	0,90	1,31	1,47	0,81	1,18	1,33	0,73	1,06	1,20	0,65	0,95	1,07
	VI	34,74	1,91	2,77	3,12																				
121,19	I,IV	21,29	1,17	1,70	1,91	I	21,29	0,99	1,44	1,62	0,81	1,19	1,34	0,65	0,95	1,07	0,50	0,73	0,82	0,35	0,51	0,58	0,21	0,31	0,35
	II	20,05	1,10	1,60	1,80	II	20,05	0,92	1,34	1,51	0,75	1,10	1,23	0,59	0,86	0,97	0,44	0,64	0,73	0,30	0,44	0,49	0,07	0,24	0,27
	III	11,96	0,65	0,95	1,07	III	11,96	0,52	0,75	0,85	0,32	0,56	0,63	—	0,37	0,42	—	0,21	0,23	—	0,07	0,08	—	—	—
	V	33,57	1,84	2,68	3,02	IV	21,29	1,08	1,57	1,76	0,99	1,44	1,62	0,90	1,31	1,47	0,81	1,19	1,34	0,73	1,07	1,20	0,65	0,95	1,07
	VI	34,78	1,91	2,78	3,13																				
121,29	I,IV	21,32	1,17	1,70	1,91	I	21,32	0,99	1,44	1,62	0,82	1,19	1,34	0,65	0,95	1,07	0,50	0,73	0,82	0,35	0,52	0,58	0,22	0,32	0,36
	II	20,08	1,10	1,60	1,80	II	20,08	0,92	1,34	1,51	0,75	1,10	1,24	0,59	0,87	0,98	0,44	0,65	0,73	0,30	0,44	0,49	0,08	0,24	0,27
	III	11,99	0,65	0,95	1,07	III	11,99	0,52	0,75	0,85	0,33	0,56	0,63	—	0,37	0,42	—	0,21	0,23	—	0,07	0,08	—	—	—
	V	33,61	1,84	2,68	3,02	IV	21,32	1,08	1,57	1,76	0,99	1,44	1,62	0,90	1,31	1,48	0,82	1,19	1,34	0,73	1,07	1,20	0,65	0,95	1,07
	VI	34,81	1,91	2,78	3,13																				
121,39	I,IV	21,35	1,17	1,70	1,92	I	21,35	0,99	1,44	1,62	0,82	1,19	1,34	0,65	0,95	1,07	0,50	0,73	0,82	0,35	0,52	0,58	0,22	0,32	0,36
	II	20,11	1,10	1,60	1,80	II	20,11	0,92	1,35	1,52	0,76	1,10	1,24	0,60	0,87	0,98	0,44	0,65	0,73	0,30	0,44	0,50	0,08	0,25	0,28
	III	12,01	0,66	0,96	1,08	III	12,01	0,52	0,76	0,85	0,33	0,56	0,63	—	0,37	0,42	—	0,21	0,23	—	0,07	0,08	—	—	—
	V	33,64	1,85	2,69	3,02	IV	21,35	1,08	1,57	1,77	0,99	1,44	1,62	0,90	1,31	1,48	0,82	1,19	1,34	0,73	1,07	1,21	0,65	0,95	1,07
	VI	34,85	1,91	2,78	3,13																				
121,49	I,IV	21,38	1,17	1,71	1,92	I	21,38	0,99	1,44	1,62	0,82	1,19	1,34	0,66	0,96	1,08	0,50	0,73	0,82	0,36	0,52	0,58	0,22	0,32	0,36
	II	20,14	1,10	1,61	1,81	II	20,14	0,93	1,35	1,52	0,76	1,10	1,24	0,60	0,87	0,98	0,45	0,65	0,73	0,30	0,44	0,50	0,09	0,25	0,28
	III	12,03	0,66	0,96	1,08	III	12,03	0,52	0,76	0,85	0,34	0,56	0,63	—	0,38	0,42	—	0,21	0,24	—	0,07	0,08	—	—	—
	V	33,68	1,85	2,69	3,03	IV	21,38	1,08	1,57	1,77	0,99	1,44	1,62	0,90	1,32	1,48	0,82	1,19	1,34	0,74	1,07	1,21	0,66	0,96	1,08
	VI	34,89	1,91	2,79	3,14																				
121,59	I,IV	21,41	1,17	1,71	1,92	I	21,41	0,99	1,45	1,63	0,82	1,20	1,35	0,66	0,96	1,08	0,50	0,73	0,82	0,36	0,52	0,59	0,22	0,32	0,36
	II	20,17	1,10	1,61	1,81	II	20,17	0,93	1,35	1,52	0,76	1,11	1,24	0,60	0,87	0,98	0,45	0,65	0,73	0,30	0,44	0,50	0,09	0,25	0,28
	III	12,06	0,66	0,96	1,08	III	12,06	0,52	0,76	0,85	0,34	0,56	0,64	—	0,38	0,43	—	0,21	0,24	—	0,07	0,08	—	—	—
	V	33,71	1,85	2,69	3,03	IV	21,41	1,08	1,58	1,77	0,99	1,45	1,63	0,91	1,32	1,48	0,82	1,20	1,35	0,74	1,08	1,21	0,66	0,96	1,08
	VI	34,92	1,92	2,79	3,14																				
121,69	I,IV	21,44	1,17	1,71	1,92	I	21,44	0,99	1,45	1,63	0,82	1,20	1,35	0,66	0,96	1,08	0,50	0,74	0,83	0,36	0,52	0,59	0,22	0,32	0,36
	II	20,20	1,11	1,61	1,81	II	20,20	0,93	1,35	1,52	0,76	1,11	1,25	0,60	0,87	0,98	0,45	0,65	0,74	0,31	0,45	0,50	0,09	0,25	0,28
	III	12,08	0,66	0,96	1,08	III	12,08	0,52	0,76	0,86	0,34	0,57	0,64	—	0,38	0,43	—	0,21	0,24	—	0,07	0,08	—	—	—
	V	33,75	1,85	2,70	3,03	IV	21,44	1,08	1,58	1,78	0,99	1,45	1,63	0,91	1,32	1,49	0,82	1,20	1,35	0,74	1,08	1,21	0,66	0,96	1,08
	VI	34,96	1,92	2,79	3,14																				
121,79	I,IV	21,47	1,18	1,71	1,93	I	21,47	1,—	1,45	1,63	0,82	1,20	1,35	0,66	0,96	1,08	0,51	0,74	0,83	0,36	0,52	0,59	0,22	0,32	0,36
	II	20,23	1,11	1,61	1,82	II	20,23	0,93	1,36	1,53	0,76	1,11	1,25	0,60	0,88	0,99	0,45	0,66	0,74	0,31	0,45	0,50	0,10	0,25	0,28
	III	12,10	0,66	0,96	1,08	III	12,10	0,52	0,76	0,86	0,35	0,57	0,64	—	0,38	0,43	—	0,21	0,24	—	0,07	0,08	—	—	—
	V	33,79	1,85	2,70	3,04	IV	21,47	1,08	1,58	1,78	1,—	1,45	1,63	0,91	1,32	1,49	0,82	1,20	1,35	0,74	1,08	1,21	0,66	0,96	1,08
	VI	35,—	1,92	2,80	3,15																				
121,89	I,IV	21,50	1,18	1,72	1,93	I	21,50	1,—	1,45	1,63	0,82	1,20	1,35	0,66	0,96	1,08	0,51	0,74	0,83	0,36	0,53	0,59	0,22	0,33	0,37
	II	20,26	1,11	1,62	1,82	II	20,26	0,93	1,36	1,53	0,76	1,11	1,25	0,60	0,88	0,99	0,45	0,66	0,74	0,31	0,45	0,51	0,10	0,25	0,29
	III	12,12	0,66	0,96	1,09	III	12,12	0,52	0,76	0,86	0,35	0,57	0,64	—	0,38	0,43	—	0,22	0,24	—	0,08	0,09	—	—	—
	V	33,82	1,86	2,70	3,04	IV	21,50	1,09	1,58	1,78	1,—	1,45	1,63	0,91	1,33	1,49	0,82	1,20	1,35	0,74	1,08	1,22	0,66	0,96	1,08
	VI	35,03	1,92	2,80	3,15																				
121,99	I,IV	21,53	1,18	1,72	1,93	I	21,53	1,—	1,45	1,64	0,83	1,20	1,35	0,66	0,97	1,09	0,51	0,74	0,83	0,36	0,53	0,59	0,22	0,33	0,37
	II	20,28	1,11	1,62	1,82	II	20,28	0,93	1,36	1,53	0,76	1,11	1,25	0,60	0,88	0,99	0,45	0,66	0,74	0,31	0,45	0,51	0,11	0,26	0,29
	III	12,15	0,66	0,97	1,09	III	12,15	0,53	0,77	0,86	0,36	0,57	0,64	—	0,38	0,43	—	0,22	0,24	—	0,08	0,09	—	—	—
	V	33,86	1,86	2,70	3,04	IV	21,53	1,09	1,58	1,78	1,—	1,45	1,64	0,91	1,33	1,49	0,83	1,20	1,35	0,74	1,08	1,22	0,66	0,97	1,09
	VI	35,06	1,92	2,80	3,15																				
122,09	I,IV	21,56	1,18	1,72	1,94	I	21,56	1,—	1,46	1,64	0,83	1,21	1,36	0,66	0,97	1,09	0,51	0,74	0,84	0,36	0,53	0,60	0,22	0,33	0,37
	II	20,31	1,11	1,62	1,82	II	20,31	0,93	1,36	1,53	0,77	1,12	1,26	0,61	0,88	0,99	0,45	0,66	0,74	0,31	0,45	0,51	0,11	0,26	0,29
	III	12,17	0,66	0,97	1,09	III	12,17	0,53	0,77	0,86	0,36	0,57	0,64	—	0,38	0,43	—	0,22	0,25	—	0,08	0,09	—	—	—
	V	33,89	1,86	2,71	3,05	IV	21,56	1,09	1,59	1,79	1,—	1,46	1,64	0,91	1,33	1,50	0,83	1,21	1,36	0,74	1,09	1,22	0,66	0,97	1,09
	VI	35,10	1,93	2,80	3,15																				
122,19	I,IV	21,59	1,18	1,72	1,94	I	21,59	1,—	1,46	1,64	0,83	1,21	1,36	0,67	0,97	1,09	0,51	0,74	0,84	0,36	0,53	0,60	0,23	0,33	0,37
	II	20,34	1,11	1,62	1,83	II	20,34	0,94	1,36	1,53	0,77	1,12	1,26	0,61	0,88	1,—	0,45	0,66	0,75	0,31	0,46	0,51	0,12	0,26	0,29
	III	12,19	0,67	0,97	1,09	III	12,19	0,53	0,77	0,87	0,37	0,58	0,65	—	0,39	0,44	—	0,22	0,25	—	0,08	0,09	—	—	—
	V	33,93	1,86	2,71	3,05	IV	21,59	1,09	1,59	1,79	1,—	1,46	1,64	0,91	1,33	1,50	0,83	1,21	1,36	0,75	1,09	1,22	0,67	0,97	1,09
	VI	35,14	1,93	2,81	3,16																				
122,29	I,IV	21,62	1,18	1,72	1,94	I	21,62	1,—	1,46	1,64	0,83	1,21	1,36	0,67	0,97	1,09	0,51	0,75	0,84	0,37	0,53	0,60	0,23	0,33	0,37
	II	20,37	1,12	1,62	1,83	II	20,37	0,94	1,37	1,54	0,77	1,12	1,26	0,61	0,89	1,—	0,46	0,67	0,75	0,31	0,46	0,51	0,12	0,26	0,29
	III	12,21	0,67	0,97	1,09	III	12,21	0,53	0,77	0,87	0,37	0,58	0,65	—	0,39	0,44	—	0,22	0,25	—	0,08	0,09	—	—	—
	V	33,96	1,86	2,71	3,05	IV	21,62	1,09	1,59	1,79	1,—	1,46	1,64	0,92	1,33	1,50	0,83	1,21	1,36	0,75	1,09	1,23	0,67	0,97	1,09
	VI	35,17	1,93	2,81	3,16																				
122,39	I,IV	21,65	1,19	1,73	1,94	I	21,65	1,—	1,46	1,65	0,83	1,21	1,36	0,67	0,97	1,10	0,51	0,75	0,84	0,37	0,54	0,60	0,23	0,33	0,38
	II	20,40	1,12	1,63	1,83	II	20,40	0,94	1,37	1,54	0,77	1,12	1,26	0,61	0,89	1,—	0,46	0,67	0,75	0,31	0,46	0,52	0,12	0,26	0,30
	III	12,23	0,67	0,97	1,10	III	12,23	0,53	0,77	0,87	0,37	0,58	0,65	—	0,39	0,44	—	0,22	0,25	—	0,08	0,09	—	—	—
	V	34,—	1,87	2,72	3,06	IV	21,65	1,09	1,59	1,79	1,—	1,46	1,65	0,92	1,34	1,50	0,83	1,21	1,36	0,75	1,09	1,23	0,67	0,97	1,10
	VI	35,21	1,93	2,81	3,16																				

* Die ausgewiesenen Tabellenwerte sind amtlich. Siehe Erläuterungen auf der Umschlaginnenseite (U2).

** Bei mehr als 3 Kinderfreibeträgen ist die „Ergänzungs-Tabelle 3,5 bis 6 Kinderfreibeträge" anzuwenden.

Abzüge an Lohnsteuer, Solidaritätszuschlag (SolZ) und Kirchensteuer (8%, 9%) in den Steuerklassen

Lohn/Gehalt bis €*	I – VI		ohne Kinderfreibeträge			I, II, III, IV	mit Zahl der Kinderfreibeträge . . . 0,5			1			1,5			2			2,5			3**			
		LSt	SolZ	8%	9%		LSt	SolZ	8%	9%	SolZ	8%	9%	SolZ	8%	9%	SolZ	8%	9%	SolZ	8%	9%	SolZ	8%	9%
122,49	I,IV	21,68	1,19	1,73	1,95	I	21,68	1,01	1,47	1,65	0,83	1,22	1,37	0,67	0,98	1,10	0,51	0,75	0,84	0,37	0,54	0,60	0,23	0,34	0,38
	II	20,43	1,12	1,63	1,83	II	20,43	0,94	1,37	1,54	0,77	1,12	1,26	0,61	0,89	1,—	0,46	0,67	0,75	0,31	0,46	0,52	0,13	0,26	0,30
	III	12,26	0,67	0,98	1,10	III	12,26	0,53	0,78	0,87	0,38	0,58	0,65	—	0,39	0,44	—	0,22	0,25	—	0,08	0,09	—	—	—
	V	34,04	1,87	2,72	3,06	IV	21,68	1,10	1,60	1,80	1,01	1,47	1,65	0,92	1,34	1,51	0,83	1,22	1,37	0,75	1,09	1,23	0,67	0,98	1,10
	VI	35,25	1,93	2,82	3,17																				
122,59	I,IV	21,71	1,19	1,73	1,95	I	21,71	1,01	1,47	1,65	0,84	1,22	1,37	0,67	0,98	1,10	0,52	0,75	0,85	0,37	0,54	0,61	0,23	0,34	0,38
	II	20,46	1,12	1,63	1,84	II	20,46	0,94	1,37	1,54	0,77	1,13	1,27	0,61	0,89	1,—	0,46	0,67	0,76	0,32	0,46	0,52	0,13	0,27	0,30
	III	12,28	0,67	0,98	1,10	III	12,28	0,53	0,78	0,87	0,38	0,58	0,65	—	0,39	0,44	—	0,22	0,25	—	0,08	0,09	—	—	—
	V	34,07	1,87	2,72	3,06	IV	21,71	1,10	1,60	1,80	1,01	1,47	1,65	0,92	1,34	1,51	0,84	1,22	1,37	0,75	1,10	1,23	0,67	0,98	1,10
	VI	35,28	1,94	2,82	3,17																				
122,69	I,IV	21,74	1,19	1,73	1,95	I	21,74	1,01	1,47	1,65	0,84	1,22	1,37	0,67	0,98	1,10	0,52	0,75	0,85	0,37	0,54	0,61	0,23	0,34	0,38
	II	20,49	1,12	1,63	1,84	II	20,49	0,94	1,38	1,55	0,77	1,13	1,27	0,61	0,89	1,01	0,46	0,67	0,76	0,32	0,46	0,52	0,14	0,27	0,30
	III	12,30	0,67	0,98	1,10	III	12,30	0,53	0,78	0,88	0,39	0,58	0,66	—	0,40	0,45	—	0,23	0,25	—	0,08	0,09	—	—	—
	V	34,11	1,87	2,72	3,06	IV	21,74	1,10	1,60	1,80	1,01	1,47	1,65	0,92	1,34	1,51	0,84	1,22	1,37	0,75	1,10	1,24	0,67	0,98	1,10
	VI	35,32	1,94	2,82	3,17																				
122,79	I,IV	21,77	1,19	1,74	1,95	I	21,77	1,01	1,47	1,66	0,84	1,22	1,37	0,67	0,98	1,11	0,52	0,76	0,85	0,37	0,54	0,61	0,23	0,34	0,38
	II	20,52	1,12	1,64	1,84	II	20,52	0,95	1,38	1,55	0,78	1,13	1,27	0,61	0,90	1,01	0,46	0,68	0,76	0,32	0,47	0,52	0,14	0,27	0,30
	III	12,32	0,67	0,98	1,10	III	12,32	0,53	0,78	0,88	0,39	0,58	0,66	—	0,40	0,45	—	0,23	0,26	—	0,08	0,10	—	—	—
	V	34,15	1,87	2,73	3,07	IV	21,77	1,10	1,60	1,80	1,01	1,47	1,66	0,92	1,35	1,51	0,84	1,22	1,37	0,76	1,10	1,24	0,67	0,98	1,11
	VI	35,35	1,94	2,82	3,18																				
122,89	I,IV	21,80	1,19	1,74	1,96	I	21,80	1,01	1,48	1,66	0,84	1,22	1,38	0,68	0,98	1,11	0,52	0,76	0,85	0,37	0,54	0,61	0,23	0,34	0,39
	II	20,55	1,13	1,64	1,84	II	20,55	0,95	1,38	1,55	0,78	1,13	1,27	0,62	0,90	1,01	0,46	0,68	0,76	0,32	0,47	0,53	0,14	0,27	0,30
	III	12,35	0,67	0,98	1,11	III	12,35	0,54	0,78	0,88	0,39	0,59	0,66	—	0,40	0,45	—	0,23	0,26	—	0,09	0,10	—	—	—
	V	34,18	1,88	2,73	3,07	IV	21,80	1,10	1,61	1,81	1,01	1,48	1,66	0,93	1,35	1,52	0,84	1,22	1,38	0,76	1,10	1,24	0,68	0,98	1,11
	VI	35,39	1,94	2,83	3,18																				
122,99	I,IV	21,83	1,20	1,74	1,96	I	21,83	1,01	1,48	1,66	0,84	1,23	1,38	0,68	0,99	1,11	0,52	0,76	0,86	0,37	0,55	0,61	0,24	0,34	0,39
	II	20,58	1,13	1,64	1,85	II	20,58	0,95	1,38	1,55	0,78	1,14	1,28	0,62	0,90	1,01	0,47	0,68	0,76	0,32	0,47	0,53	0,15	0,27	0,31
	III	12,37	0,68	0,98	1,11	III	12,37	0,54	0,78	0,88	0,40	0,59	0,66	—	0,40	0,45	—	0,23	0,26	—	0,09	0,10	—	—	—
	V	34,22	1,88	2,73	3,07	IV	21,83	1,10	1,61	1,81	1,01	1,48	1,66	0,93	1,35	1,52	0,84	1,23	1,38	0,76	1,10	1,24	0,68	0,99	1,11
	VI	35,43	1,94	2,83	3,18																				
123,09	I,IV	21,86	1,20	1,74	1,96	I	21,86	1,02	1,48	1,66	0,84	1,23	1,38	0,68	0,99	1,11	0,52	0,76	0,86	0,38	0,55	0,62	0,24	0,35	0,39
	II	20,61	1,13	1,64	1,85	II	20,61	0,95	1,38	1,56	0,78	1,14	1,28	0,62	0,90	1,02	0,47	0,68	0,77	0,32	0,47	0,53	0,15	0,27	0,31
	III	12,39	0,68	0,99	1,11	III	12,39	0,54	0,78	0,88	0,40	0,59	0,66	—	0,40	0,45	—	0,23	0,26	—	0,09	0,10	—	—	—
	V	34,25	1,88	2,74	3,08	IV	21,86	1,11	1,61	1,81	1,02	1,48	1,66	0,93	1,35	1,52	0,84	1,23	1,38	0,76	1,11	1,25	0,68	0,99	1,11
	VI	35,46	1,95	2,83	3,19																				
123,19	I,IV	21,89	1,20	1,75	1,97	I	21,89	1,02	1,48	1,67	0,84	1,23	1,38	0,68	0,99	1,12	0,52	0,76	0,86	0,38	0,55	0,62	0,24	0,35	0,39
	II	20,63	1,13	1,65	1,85	II	20,63	0,95	1,39	1,56	0,78	1,14	1,28	0,62	0,90	1,02	0,47	0,68	0,77	0,32	0,47	0,53	0,16	0,28	0,31
	III	12,41	0,68	0,99	1,11	III	12,41	0,54	0,79	0,89	0,41	0,59	0,67	—	0,40	0,45	—	0,23	0,26	—	0,09	0,10	—	—	—
	V	34,29	1,88	2,74	3,08	IV	21,89	1,11	1,61	1,81	1,02	1,48	1,67	0,93	1,35	1,52	0,84	1,23	1,38	0,76	1,11	1,25	0,68	0,99	1,12
	VI	35,50	1,95	2,84	3,19																				
123,29	I,IV	21,91	1,20	1,75	1,97	I	21,91	1,02	1,48	1,67	0,85	1,23	1,39	0,68	0,99	1,12	0,53	0,77	0,86	0,38	0,55	0,62	0,24	0,35	0,39
	II	20,66	1,13	1,65	1,85	II	20,66	0,95	1,39	1,56	0,78	1,14	1,28	0,62	0,91	1,02	0,47	0,68	0,77	0,32	0,47	0,53	0,16	0,28	0,31
	III	12,44	0,68	0,99	1,11	III	12,44	0,54	0,79	0,89	0,41	0,59	0,67	—	0,40	0,46	—	0,23	0,26	—	0,09	0,10	—	—	—
	V	34,33	1,88	2,74	3,08	IV	21,91	1,11	1,61	1,82	1,02	1,48	1,67	0,93	1,36	1,53	0,85	1,23	1,39	0,76	1,11	1,25	0,68	0,99	1,12
	VI	35,53	1,95	2,84	3,19																				
123,39	I,IV	21,95	1,20	1,75	1,97	I	21,95	1,02	1,49	1,67	0,85	1,23	1,39	0,68	1,—	1,12	0,53	0,77	0,86	0,38	0,55	0,62	0,24	0,35	0,40
	II	20,69	1,13	1,65	1,86	II	20,69	0,95	1,39	1,57	0,78	1,14	1,29	0,62	0,91	1,02	0,47	0,69	0,77	0,33	0,48	0,54	0,17	0,28	0,31
	III	12,46	0,68	0,99	1,12	III	12,46	0,54	0,79	0,89	0,41	0,60	0,67	—	0,41	0,46	—	0,24	0,27	—	0,09	0,10	—	—	—
	V	34,36	1,89	2,74	3,09	IV	21,95	1,11	1,62	1,82	1,02	1,49	1,67	0,93	1,36	1,53	0,85	1,23	1,39	0,76	1,11	1,25	0,68	1,—	1,12
	VI	35,57	1,95	2,84	3,20																				
123,49	I,IV	21,98	1,20	1,75	1,97	I	21,98	1,02	1,49	1,68	0,85	1,24	1,39	0,68	1,—	1,12	0,53	0,77	0,87	0,38	0,56	0,63	0,24	0,35	0,40
	II	20,72	1,14	1,65	1,86	II	20,72	0,96	1,39	1,57	0,79	1,15	1,29	0,62	0,91	1,02	0,47	0,69	0,77	0,33	0,48	0,54	0,17	0,28	0,32
	III	12,48	0,68	0,99	1,12	III	12,48	0,54	0,79	0,89	0,41	0,60	0,67	—	0,41	0,46	—	0,24	0,27	—	0,09	0,10	—	—	—
	V	34,40	1,89	2,75	3,09	IV	21,98	1,11	1,62	1,82	1,02	1,49	1,68	0,93	1,36	1,53	0,85	1,24	1,39	0,77	1,12	1,26	0,68	1,—	1,12
	VI	35,61	1,95	2,84	3,20																				
123,59	I,IV	22,01	1,21	1,76	1,98	I	22,01	1,02	1,49	1,68	0,85	1,24	1,39	0,69	1,—	1,12	0,53	0,77	0,87	0,38	0,56	0,63	0,24	0,35	0,40
	II	20,75	1,14	1,66	1,86	II	20,75	0,96	1,40	1,57	0,79	1,15	1,29	0,63	0,91	1,03	0,47	0,69	0,78	0,33	0,48	0,54	0,17	0,28	0,32
	III	12,51	0,68	1,—	1,12	III	12,51	0,54	0,79	0,89	0,41	0,60	0,67	—	0,41	0,46	—	0,24	0,27	—	0,09	0,11	—	—	—
	V	34,43	1,89	2,75	3,09	IV	22,01	1,11	1,62	1,82	1,02	1,49	1,68	0,94	1,36	1,53	0,85	1,24	1,39	0,77	1,12	1,26	0,69	1,—	1,12
	VI	35,64	1,96	2,85	3,20																				
123,69	I,IV	22,03	1,21	1,76	1,98	I	22,03	1,03	1,49	1,68	0,85	1,24	1,40	0,69	1,—	1,13	0,53	0,77	0,87	0,38	0,56	0,63	0,24	0,36	0,40
	II	20,78	1,14	1,66	1,87	II	20,78	0,96	1,40	1,57	0,79	1,15	1,29	0,63	0,91	1,03	0,47	0,69	0,78	0,33	0,48	0,54	0,18	0,28	0,32
	III	12,53	0,68	1,—	1,12	III	12,53	0,55	0,80	0,90	0,41	0,60	0,68	—	0,41	0,46	—	0,24	0,27	—	0,10	0,11	—	—	—
	V	34,47	1,89	2,75	3,10	IV	22,03	1,12	1,62	1,83	1,03	1,49	1,68	0,94	1,37	1,54	0,85	1,24	1,40	0,77	1,12	1,26	0,69	1,—	1,13
	VI	35,68	1,96	2,85	3,21																				
123,79	I,IV	22,06	1,21	1,76	1,98	I	22,06	1,03	1,50	1,68	0,85	1,24	1,40	0,69	1,—	1,13	0,53	0,78	0,87	0,38	0,56	0,63	0,24	0,36	0,40
	II	20,81	1,14	1,66	1,87	II	20,81	0,96	1,40	1,58	0,79	1,15	1,30	0,63	0,92	1,03	0,48	0,69	0,78	0,33	0,48	0,54	0,18	0,29	0,32
	III	12,55	0,69	1,—	1,12	III	12,55	0,55	0,80	0,90	0,41	0,60	0,68	—	0,41	0,46	—	0,24	0,27	—	0,10	0,11	—	—	—
	V	34,51	1,89	2,76	3,10	IV	22,06	1,12	1,63	1,83	1,03	1,50	1,68	0,94	1,37	1,54	0,85	1,24	1,40	0,77	1,12	1,26	0,69	1,—	1,13
	VI	35,71	1,96	2,85	3,21																				
123,89	I,IV	22,10	1,21	1,76	1,98	I	22,10	1,03	1,50	1,69	0,85	1,25	1,40	0,69	1,—	1,13	0,53	0,78	0,88	0,39	0,56	0,63	0,25	0,36	0,41
	II	20,84	1,14	1,66	1,87	II	20,84	0,96	1,40	1,58	0,79	1,15	1,30	0,63	0,92	1,03	0,48	0,70	0,78	0,33	0,49	0,55	0,19	0,29	0,32
	III	12,57	0,69	1,—	1,13	III	12,57	0,55	0,80	0,90	0,41	0,60	0,68	—	0,41	0,47	—	0,24	0,27	—	0,10	0,11	—	—	—
	V	34,54	1,90	2,76	3,10	IV	22,10	1,12	1,63	1,83	1,03	1,50	1,69	0,94	1,37	1,54	0,85	1,25	1,40	0,77	1,12	1,26	0,69	1,—	1,13
	VI	35,75	1,96	2,86	3,21																				
123,99	I,IV	22,13	1,21	1,77	1,99	I	22,13	1,03	1,50	1,69	0,86	1,25	1,40	0,69	1,01	1,13	0,53	0,78	0,88	0,39	0,56	0,63	0,25	0,36	0,41
	II	20,87	1,14	1,66	1,87	II	20,87	0,96	1,40	1,58	0,79	1,16	1,30	0,63	0,92	1,04	0,48	0,70	0,79	0,33	0,49	0,55	0,19	0,29	0,33
	III	12,60	0,69	1,—	1,13	III	12,60	0,55	0,80	0,90	0,41	0,60	0,68	—	0,42	0,47	—	0,24	0,27	—	0,10	0,11	—	—	—
	V	34,58	1,90	2,76	3,11	IV	22,13	1,12	1,63	1,84	1,03	1,50	1,69	0,94	1,37	1,54	0,86	1,25	1,40	0,77	1,13	1,27	0,69	1,01	1,13
	VI	35,79	1,96	2,86	3,22																				
124,09	I,IV	22,15	1,21	1,77	1,99	I	22,15	1,03	1,50	1,69	0,86	1,25	1,41	0,69	1,01	1,14	0,54	0,78	0,88	0,39	0,57	0,64	0,25	0,36	0,41
	II	20,90	1,14	1,67	1,88	II	20,90	0,97	1,41	1,58	0,79	1,16	1,30	0,63	0,92	1,04	0,48	0,70	0,79	0,33	0,49	0,55	0,20	0,29	0,33
	III	12,62	0,69	1,—	1,13	III	12,62	0,55	0,80	0,90	0,42	0,61	0,68	—	0,42	0,47	—	0,25	0,28	—	0,10	0,11	—	—	—
	V	34,61	1,90	2,76	3,11	IV	22,15	1,12	1,63	1,84	1,03	1,50	1,69	0,94	1,37	1,55	0,86	1,25	1,41	0,77	1,13	1,27	0,69	1,01	1,14
	VI	35,82	1,97	2,86	3,22																				

* Die ausgewiesenen Tabellenwerte sind amtlich. Siehe Erläuterungen auf der Umschlaginnenseite (U2).
** Bei mehr als 3 Kinderfreibeträgen ist die „Ergänzungs-Tabelle 3,5 bis 6 Kinderfreibeträge" anzuwenden.

Lohn/ Gehalt bis €*	Abzüge an Lohnsteuer, Solidaritätszuschlag (SolZ) und Kirchensteuer (8%, 9%) in den Steuerklassen																								
	I – VI					I, II, III, IV																			
			ohne Kinderfreibeträge					mit Zahl der Kinderfreibeträge . . .																	
								0,5			1			1,5			2			2,5			3**		
		LSt	SolZ	8%	9%		LSt	SolZ	8%	9%	SolZ	8%	9%	SolZ	8%	9%	SolZ	8%	9%	SolZ	8%	9%	SolZ	8%	9%
124,19	I,IV	22,18	1,22	1,77	1,99	I	22,18	1,03	1,50	1,69	0,86	1,25	1,41	0,69	1,01	1,14	0,54	0,78	0,88	0,39	0,57	0,64	0,25	0,36	0,41
	II	20,93	1,15	1,67	1,88	II	20,93	0,97	1,41	1,59	0,80	1,16	1,31	0,63	0,92	1,04	0,48	0,70	0,79	0,34	0,49	0,55	0,20	0,29	0,33
	III	12,64	0,69	1,01	1,13	III	12,64	0,55	0,80	0,91	0,42	0,61	0,69	—	0,42	0,47	—	0,25	0,28	—	0,10	0,11	—	—	—
	V	34,65	1,90	2,77	3,11	IV	22,18	1,12	1,64	1,84	1,03	1,50	1,69	0,94	1,38	1,55	0,86	1,25	1,41	0,78	1,13	1,27	0,69	1,01	1,14
	VI	35,86	1,97	2,86	3,22																				
124,29	I,IV	22,21	1,22	1,77	1,99	I	22,21	1,03	1,51	1,70	0,86	1,25	1,41	0,70	1,01	1,14	0,54	0,79	0,88	0,39	0,57	0,64	0,25	0,37	0,41
	II	20,96	1,15	1,67	1,88	II	20,96	0,97	1,41	1,59	0,80	1,16	1,31	0,64	0,93	1,04	0,48	0,70	0,79	0,34	0,49	0,55	0,20	0,29	0,33
	III	12,66	0,69	1,01	1,13	III	12,66	0,55	0,81	0,91	0,42	0,61	0,69	—	0,42	0,47	—	0,25	0,28	—	0,10	0,12	—	—	—
	V	34,69	1,90	2,77	3,12	IV	22,21	1,12	1,64	1,84	1,03	1,51	1,70	0,95	1,38	1,55	0,86	1,25	1,41	0,78	1,13	1,27	0,70	1,01	1,14
	VI	35,90	1,97	2,87	3,23																				
124,39	I,IV	22,25	1,22	1,78	2,—	I	22,25	1,04	1,51	1,70	0,86	1,26	1,41	0,70	1,02	1,14	0,54	0,79	0,89	0,39	0,57	0,64	0,25	0,37	0,42
	II	20,99	1,15	1,67	1,88	II	20,99	0,97	1,41	1,59	0,80	1,16	1,31	0,64	0,93	1,05	0,48	0,71	0,79	0,34	0,49	0,56	0,20	0,30	0,33
	III	12,68	0,69	1,01	1,14	III	12,68	0,55	0,81	0,91	0,42	0,61	0,69	—	0,42	0,48	—	0,25	0,28	—	0,10	0,12	—	—	—
	V	34,72	1,91	2,77	3,12	IV	22,25	1,13	1,64	1,85	1,04	1,51	1,70	0,95	1,38	1,55	0,86	1,26	1,41	0,78	1,13	1,28	0,70	1,02	1,14
	VI	35,93	1,97	2,87	3,23																				
124,49	I,IV	22,27	1,22	1,78	2,—	I	22,27	1,04	1,51	1,70	0,86	1,26	1,42	0,70	1,02	1,15	0,54	0,79	0,89	0,39	0,57	0,65	0,25	0,37	0,42
	II	21,01	1,15	1,68	1,89	II	21,01	0,97	1,42	1,59	0,80	1,17	1,31	0,64	0,93	1,05	0,48	0,71	0,80	0,34	0,50	0,56	0,20	0,30	0,34
	III	12,71	0,69	1,01	1,14	III	12,71	0,56	0,81	0,91	0,42	0,61	0,69	—	0,42	0,48	—	0,25	0,28	—	0,10	0,12	—	—	—
	V	34,76	1,91	2,78	3,12	IV	22,27	1,13	1,64	1,85	1,04	1,51	1,70	0,95	1,38	1,56	0,86	1,26	1,42	0,78	1,14	1,28	0,70	1,02	1,15
	VI	35,97	1,97	2,87	3,23																				
124,59	I,IV	22,30	1,22	1,78	2,—	I	22,30	1,04	1,51	1,70	0,87	1,26	1,42	0,70	1,02	1,15	0,54	0,79	0,89	0,39	0,58	0,65	0,25	0,37	0,42
	II	21,05	1,15	1,68	1,89	II	21,05	0,97	1,42	1,60	0,80	1,17	1,32	0,64	0,93	1,05	0,49	0,71	0,80	0,34	0,50	0,56	0,20	0,30	0,34
	III	12,73	0,70	1,01	1,14	III	12,73	0,56	0,81	0,91	0,42	0,62	0,69	—	0,43	0,48	—	0,25	0,28	—	0,11	0,12	—	—	—
	V	34,80	1,91	2,78	3,13	IV	22,30	1,13	1,64	1,85	1,04	1,51	1,70	0,95	1,39	1,56	0,87	1,26	1,42	0,78	1,14	1,28	0,70	1,02	1,15
	VI	36,—	1,98	2,88	3,24																				
124,69	I,IV	22,33	1,22	1,78	2,—	I	22,33	1,04	1,52	1,71	0,87	1,26	1,42	0,70	1,02	1,15	0,54	0,79	0,89	0,40	0,58	0,65	0,26	0,37	0,42
	II	21,08	1,15	1,68	1,89	II	21,08	0,97	1,42	1,60	0,80	1,17	1,32	0,64	0,94	1,05	0,49	0,71	0,80	0,34	0,50	0,56	0,21	0,30	0,34
	III	12,75	0,70	1,02	1,14	III	12,75	0,56	0,81	0,91	0,42	0,62	0,69	—	0,43	0,48	—	0,25	0,29	—	0,11	0,12	—	—	—
	V	34,83	1,91	2,78	3,13	IV	22,33	1,13	1,65	1,85	1,04	1,52	1,71	0,95	1,39	1,56	0,87	1,26	1,42	0,78	1,14	1,28	0,70	1,02	1,15
	VI	36,04	1,98	2,88	3,24																				
124,79	I,IV	22,36	1,23	1,78	2,01	I	22,36	1,04	1,52	1,71	0,87	1,26	1,42	0,70	1,02	1,15	0,55	0,80	0,90	0,40	0,58	0,65	0,26	0,38	0,42
	II	21,10	1,16	1,68	1,89	II	21,10	0,98	1,42	1,60	0,81	1,17	1,32	0,64	0,94	1,05	0,49	0,71	0,80	0,34	0,50	0,56	0,21	0,30	0,34
	III	12,77	0,70	1,02	1,14	III	12,77	0,56	0,82	0,92	0,42	0,62	0,70	—	0,43	0,48	—	0,26	0,29	—	0,11	0,12	—	—	—
	V	34,87	1,91	2,78	3,13	IV	22,36	1,13	1,65	1,86	1,04	1,52	1,71	0,95	1,39	1,56	0,87	1,26	1,42	0,78	1,14	1,29	0,70	1,02	1,15
	VI	36,08	1,98	2,88	3,24																				
124,89	I,IV	22,40	1,23	1,79	2,01	I	22,40	1,04	1,52	1,71	0,87	1,27	1,43	0,70	1,03	1,15	0,55	0,80	0,90	0,40	0,58	0,65	0,26	0,38	0,43
	II	21,13	1,16	1,69	1,90	II	21,13	0,98	1,42	1,60	0,81	1,18	1,32	0,64	0,94	1,06	0,49	0,72	0,81	0,34	0,50	0,57	0,21	0,30	0,34
	III	12,80	0,70	1,02	1,15	III	12,80	0,56	0,82	0,92	0,43	0,62	0,70	0,01	0,43	0,49	—	0,26	0,29	—	0,11	0,12	—	—	—
	V	34,90	1,91	2,79	3,14	IV	22,40	1,13	1,65	1,86	1,04	1,52	1,71	0,96	1,39	1,57	0,87	1,27	1,43	0,79	1,14	1,29	0,70	1,03	1,15
	VI	36,11	1,98	2,88	3,24																				
124,99	I,IV	22,42	1,23	1,79	2,01	I	22,42	1,05	1,52	1,71	0,87	1,27	1,43	0,71	1,03	1,16	0,55	0,80	0,90	0,40	0,58	0,66	0,26	0,38	0,43
	II	21,16	1,16	1,69	1,90	II	21,16	0,98	1,43	1,61	0,81	1,18	1,33	0,65	0,94	1,06	0,49	0,72	0,81	0,35	0,51	0,57	0,21	0,31	0,34
	III	12,82	0,70	1,02	1,15	III	12,82	0,56	0,82	0,92	0,43	0,62	0,70	0,01	0,43	0,49	—	0,26	0,29	—	0,11	0,12	—	—	—
	V	34,94	1,92	2,79	3,14	IV	22,42	1,14	1,65	1,86	1,05	1,52	1,71	0,96	1,39	1,57	0,87	1,27	1,43	0,79	1,15	1,29	0,71	1,03	1,16
	VI	36,15	1,98	2,89	3,25																				
125,09	I,IV	22,45	1,23	1,79	2,02	I	22,45	1,05	1,53	1,72	0,87	1,27	1,43	0,71	1,03	1,16	0,55	0,80	0,90	0,40	0,58	0,66	0,26	0,38	0,43
	II	21,19	1,16	1,69	1,90	II	21,19	0,98	1,43	1,61	0,81	1,18	1,33	0,65	0,94	1,06	0,49	0,72	0,81	0,35	0,51	0,57	0,21	0,31	0,35
	III	12,85	0,70	1,02	1,15	III	12,85	0,56	0,82	0,92	0,43	0,62	0,70	0,01	0,43	0,49	—	0,26	0,29	—	0,11	0,13	—	—	—
	V	34,98	1,92	2,79	3,14	IV	22,45	1,14	1,66	1,86	1,05	1,53	1,72	0,96	1,40	1,57	0,87	1,27	1,43	0,79	1,15	1,29	0,71	1,03	1,16
	VI	36,18	1,99	2,89	3,25																				
125,19	I,IV	22,48	1,23	1,79	2,02	I	22,48	1,05	1,53	1,72	0,87	1,27	1,43	0,71	1,03	1,16	0,55	0,80	0,90	0,40	0,59	0,66	0,26	0,38	0,43
	II	21,22	1,16	1,69	1,90	II	21,22	0,98	1,43	1,61	0,81	1,18	1,33	0,65	0,94	1,06	0,49	0,72	0,81	0,35	0,51	0,57	0,21	0,31	0,35
	III	12,87	0,70	1,02	1,15	III	12,87	0,56	0,82	0,92	0,43	0,63	0,70	0,02	0,44	0,49	—	0,26	0,29	—	0,11	0,13	—	—	—
	V	35,01	1,92	2,80	3,15	IV	22,48	1,14	1,66	1,87	1,05	1,53	1,72	0,96	1,40	1,57	0,87	1,27	1,43	0,79	1,15	1,30	0,71	1,03	1,16
	VI	36,22	1,99	2,89	3,25																				
125,29	I,IV	22,51	1,23	1,80	2,02	I	22,51	1,05	1,53	1,72	0,88	1,28	1,44	0,71	1,03	1,16	0,55	0,80	0,91	0,40	0,59	0,66	0,26	0,38	0,43
	II	21,25	1,16	1,70	1,91	II	21,25	0,98	1,43	1,61	0,81	1,18	1,33	0,65	0,95	1,07	0,50	0,72	0,81	0,35	0,51	0,57	0,21	0,31	0,35
	III	12,89	0,70	1,03	1,16	III	12,89	0,56	0,82	0,93	0,43	0,63	0,71	0,02	0,44	0,49	—	0,26	0,30	—	0,11	0,13	—	—	—
	V	35,05	1,92	2,80	3,15	IV	22,51	1,14	1,66	1,87	1,05	1,53	1,72	0,96	1,40	1,58	0,88	1,28	1,44	0,79	1,15	1,30	0,71	1,03	1,16
	VI	36,26	1,99	2,90	3,26																				
125,39	I,IV	22,54	1,24	1,80	2,02	I	22,54	1,05	1,53	1,72	0,88	1,28	1,44	0,71	1,04	1,17	0,55	0,81	0,91	0,40	0,59	0,66	0,26	0,39	0,43
	II	21,28	1,17	1,70	1,91	II	21,28	0,99	1,44	1,62	0,81	1,19	1,34	0,65	0,95	1,07	0,50	0,72	0,82	0,35	0,51	0,58	0,21	0,31	0,35
	III	12,91	0,71	1,03	1,16	III	12,91	0,57	0,83	0,93	0,43	0,63	0,71	0,03	0,44	0,49	—	0,26	0,30	—	0,12	0,13	—	—	—
	V	35,08	1,92	2,80	3,15	IV	22,54	1,14	1,66	1,87	1,05	1,53	1,72	0,96	1,40	1,58	0,88	1,28	1,44	0,79	1,16	1,30	0,71	1,04	1,17
	VI	36,29	1,99	2,90	3,26																				
125,49	I,IV	22,57	1,24	1,80	2,03	I	22,57	1,05	1,53	1,73	0,88	1,28	1,44	0,71	1,04	1,17	0,55	0,81	0,91	0,41	0,59	0,67	0,27	0,39	0,44
	II	21,31	1,17	1,70	1,91	II	21,31	0,99	1,44	1,62	0,82	1,19	1,34	0,65	0,95	1,07	0,50	0,73	0,82	0,35	0,51	0,58	0,21	0,31	0,35
	III	12,93	0,71	1,03	1,16	III	12,93	0,57	0,83	0,93	0,43	0,63	0,71	0,03	0,44	0,50	—	0,26	0,30	—	0,12	0,13	—	—	—
	V	35,12	1,93	2,80	3,16	IV	22,57	1,14	1,67	1,88	1,05	1,53	1,73	0,96	1,41	1,58	0,88	1,28	1,44	0,79	1,16	1,30	0,71	1,04	1,17
	VI	36,33	1,99	2,90	3,26																				
125,59	I,IV	22,60	1,24	1,80	2,03	I	22,60	1,05	1,54	1,73	0,88	1,28	1,44	0,71	1,04	1,17	0,56	0,81	0,91	0,41	0,59	0,67	0,27	0,39	0,44
	II	21,34	1,17	1,70	1,92	II	21,34	0,99	1,44	1,62	0,82	1,19	1,34	0,65	0,95	1,07	0,50	0,73	0,82	0,35	0,52	0,58	0,22	0,32	0,36
	III	12,96	0,71	1,03	1,16	III	12,96	0,57	0,83	0,93	0,43	0,63	0,71	0,03	0,44	0,50	—	0,27	0,30	—	0,12	0,13	—	—	—
	V	35,15	1,93	2,81	3,16	IV	22,60	1,15	1,67	1,88	1,05	1,54	1,73	0,97	1,41	1,58	0,88	1,28	1,44	0,80	1,16	1,31	0,71	1,04	1,17
	VI	36,36	2,—	2,90	3,27																				
125,69	I,IV	22,63	1,24	1,81	2,03	I	22,63	1,06	1,54	1,73	0,88	1,28	1,44	0,72	1,04	1,17	0,56	0,81	0,91	0,41	0,60	0,67	0,27	0,39	0,44
	II	21,37	1,17	1,70	1,92	II	21,37	0,99	1,44	1,62	0,82	1,19	1,34	0,66	0,96	1,08	0,50	0,73	0,82	0,35	0,52	0,58	0,22	0,32	0,36
	III	12,98	0,71	1,03	1,16	III	12,98	0,57	0,83	0,94	0,43	0,63	0,71	0,04	0,44	0,50	—	0,27	0,30	—	0,12	0,13	—	—	—
	V	35,19	1,93	2,81	3,16	IV	22,63	1,15	1,67	1,88	1,06	1,54	1,73	0,97	1,41	1,59	0,88	1,28	1,44	0,80	1,16	1,31	0,72	1,04	1,17
	VI	36,40	2,—	2,91	3,27																				
125,79	I,IV	22,66	1,24	1,81	2,03	I	22,66	1,06	1,54	1,73	0,88	1,29	1,45	0,72	1,04	1,17	0,56	0,82	0,92	0,41	0,60	0,67	0,27	0,39	0,44
	II	21,40	1,17	1,71	1,92	II	21,40	0,99	1,44	1,63	0,82	1,20	1,35	0,66	0,96	1,08	0,50	0,73	0,82	0,36	0,52	0,59	0,22	0,32	0,36
	III	13,—	0,71	1,04	1,17	III	13,—	0,57	0,83	0,94	0,44	0,64	0,72	0,04	0,45	0,50	—	0,27	0,30	—	0,12	0,14	—	—	—
	V	35,23	1,93	2,81	3,17	IV	22,66	1,15	1,67	1,88	1,06	1,54	1,73	0,97	1,41	1,59	0,88	1,29	1,45	0,80	1,16	1,31	0,72	1,04	1,17
	VI	36,43	2,—	2,91	3,27																				

* Die ausgewiesenen Tabellenwerte sind amtlich. Siehe Erläuterungen auf der Umschlaginnenseite (U2).

** Bei mehr als 3 Kinderfreibeträgen ist die „Ergänzungs-Tabelle 3,5 bis 6 Kinderfreibeträge" anzuwenden.

Abzüge an Lohnsteuer, Solidaritätszuschlag (SolZ) und Kirchensteuer (8%, 9%) in den Steuerklassen

Lohn/ Gehalt bis €*	I – VI	LSt	ohne Kinderfreibeträge SolZ	8%	9%	I, II, III, IV	LSt	mit Zahl der Kinderfreibeträge . . . 0,5 SolZ	0,5 8%	0,5 9%	1 SolZ	1 8%	1 9%	1,5 SolZ	1,5 8%	1,5 9%	2 SolZ	2 8%	2 9%	2,5 SolZ	2,5 8%	2,5 9%	3** SolZ	3** 8%	3** 9%
125,89	I,IV	22,70	1,24	1,81	2,04	I	22,70	1,06	1,54	1,74	0,88	1,29	1,45	0,72	1,05	1,18	0,56	0,82	0,92	0,41	0,60	0,67	0,27	0,39	0,44
	II	21,43	1,17	1,71	1,92	II	21,43	0,99	1,45	1,63	0,82	1,20	1,35	0,66	0,96	1,08	0,50	0,73	0,83	0,36	0,52	0,59	0,22	0,32	0,36
	III	13,02	0,71	1,04	1,17	III	13,02	0,57	0,83	0,94	0,44	0,64	0,72	0,05	0,45	0,50	—	0,27	0,31	—	0,12	0,14	—	—	—
	V	35,26	1,93	2,82	3,17	IV	22,70	1,15	1,68	1,89	1,06	1,54	1,74	0,97	1,41	1,59	0,88	1,29	1,45	0,80	1,17	1,31	0,72	1,05	1,18
	VI	36,47	2,—	2,91	3,28																				
125,99	I,IV	22,73	1,25	1,81	2,04	I	22,73	1,06	1,55	1,74	0,89	1,29	1,45	0,72	1,05	1,18	0,56	0,82	0,92	0,41	0,60	0,68	0,27	0,40	0,45
	II	21,46	1,18	1,71	1,93	II	21,46	0,99	1,45	1,63	0,82	1,20	1,35	0,66	0,96	1,08	0,50	0,74	0,83	0,36	0,52	0,59	0,22	0,32	0,36
	III	13,05	0,71	1,04	1,17	III	13,05	0,57	0,84	0,94	0,44	0,64	0,72	0,05	0,45	0,51	—	0,27	0,31	—	0,12	0,14	—	—	—
	V	35,30	1,94	2,82	3,17	IV	22,73	1,15	1,68	1,89	1,06	1,55	1,74	0,97	1,42	1,59	0,89	1,29	1,45	0,80	1,17	1,31	0,72	1,05	1,18
	VI	36,51	2,—	2,92	3,28																				
126,09	I,IV	22,76	1,25	1,82	2,04	I	22,76	1,06	1,55	1,74	0,89	1,29	1,46	0,72	1,05	1,18	0,56	0,82	0,92	0,41	0,60	0,68	0,27	0,40	0,45
	II	21,49	1,18	1,71	1,93	II	21,49	1,—	1,45	1,63	0,82	1,20	1,35	0,66	0,96	1,08	0,51	0,74	0,83	0,36	0,53	0,59	0,22	0,32	0,37
	III	13,07	0,71	1,04	1,17	III	13,07	0,57	0,84	0,94	0,44	0,64	0,72	0,05	0,45	0,51	—	0,27	0,31	—	0,12	0,14	—	—	—
	V	35,33	1,94	2,82	3,17	IV	22,76	1,15	1,68	1,89	1,06	1,55	1,74	0,97	1,42	1,60	0,89	1,29	1,46	0,80	1,17	1,32	0,72	1,05	1,18
	VI	36,55	2,01	2,92	3,28																				
126,19	I,IV	22,78	1,25	1,82	2,05	I	22,78	1,06	1,55	1,74	0,89	1,30	1,46	0,72	1,05	1,18	0,56	0,82	0,93	0,41	0,60	0,68	0,27	0,40	0,45
	II	21,52	1,18	1,72	1,93	II	21,52	1,—	1,45	1,64	0,83	1,20	1,35	0,66	0,97	1,09	0,51	0,74	0,83	0,36	0,53	0,59	0,22	0,33	0,37
	III	13,10	0,72	1,04	1,17	III	13,10	0,58	0,84	0,95	0,44	0,64	0,72	0,06	0,45	0,51	—	0,28	0,31	—	0,12	0,14	—	—	—
	V	35,37	1,94	2,82	3,18	IV	22,78	1,16	1,68	1,89	1,06	1,55	1,74	0,98	1,42	1,60	0,89	1,30	1,46	0,80	1,17	1,32	0,72	1,05	1,18
	VI	36,58	2,01	2,92	3,29																				
126,29	I,IV	22,81	1,25	1,82	2,05	I	22,81	1,07	1,55	1,75	0,89	1,30	1,46	0,72	1,06	1,19	0,57	0,82	0,93	0,42	0,61	0,68	0,27	0,40	0,45
	II	21,55	1,18	1,72	1,93	II	21,55	1,—	1,46	1,64	0,83	1,21	1,36	0,66	0,97	1,09	0,51	0,74	0,83	0,36	0,53	0,60	0,22	0,33	0,37
	III	13,12	0,72	1,04	1,18	III	13,12	0,58	0,84	0,95	0,44	0,64	0,73	0,06	0,45	0,51	—	0,28	0,31	—	0,13	0,14	—	—	—
	V	35,41	1,94	2,83	3,18	IV	22,81	1,16	1,68	1,90	1,07	1,55	1,75	0,98	1,42	1,60	0,89	1,30	1,46	0,81	1,17	1,32	0,72	1,06	1,19
	VI	36,61	2,01	2,92	3,29																				
126,39	I,IV	22,85	1,25	1,82	2,05	I	22,85	1,07	1,56	1,75	0,89	1,30	1,46	0,73	1,06	1,19	0,57	0,83	0,93	0,42	0,61	0,69	0,28	0,40	0,45
	II	21,58	1,18	1,72	1,94	II	21,58	1,—	1,46	1,64	0,83	1,21	1,36	0,67	0,97	1,09	0,51	0,74	0,84	0,36	0,53	0,60	0,23	0,33	0,37
	III	13,14	0,72	1,05	1,18	III	13,14	0,58	0,84	0,95	0,44	0,65	0,73	0,07	0,46	0,51	—	0,28	0,31	—	0,13	0,14	—	—	—
	V	35,44	1,94	2,83	3,18	IV	22,85	1,16	1,69	1,90	1,07	1,56	1,75	0,98	1,43	1,60	0,89	1,30	1,46	0,81	1,18	1,32	0,73	1,06	1,19
	VI	36,65	2,01	2,93	3,29																				
126,49	I,IV	22,88	1,25	1,83	2,05	I	22,88	1,07	1,56	1,75	0,89	1,30	1,46	0,73	1,06	1,19	0,57	0,83	0,93	0,42	0,61	0,69	0,28	0,40	0,46
	II	21,61	1,18	1,72	1,94	II	21,61	1,—	1,46	1,64	0,83	1,21	1,36	0,67	0,97	1,09	0,51	0,75	0,84	0,36	0,53	0,60	0,23	0,33	0,37
	III	13,16	0,72	1,05	1,18	III	13,16	0,58	0,84	0,95	0,44	0,65	0,73	0,07	0,46	0,51	—	0,28	0,32	—	0,13	0,15	—	—	—
	V	35,48	1,95	2,83	3,19	IV	22,88	1,16	1,69	1,90	1,07	1,56	1,75	0,98	1,43	1,61	0,89	1,30	1,46	0,81	1,18	1,33	0,73	1,06	1,19
	VI	36,69	2,01	2,93	3,30																				
126,59	I,IV	22,91	1,26	1,83	2,06	I	22,91	1,07	1,56	1,76	0,90	1,30	1,47	0,73	1,06	1,19	0,57	0,83	0,93	0,42	0,61	0,69	0,28	0,41	0,46
	II	21,64	1,19	1,73	1,94	II	21,64	1,—	1,46	1,65	0,83	1,21	1,36	0,67	0,97	1,10	0,51	0,75	0,84	0,37	0,53	0,60	0,23	0,33	0,38
	III	13,18	0,72	1,05	1,18	III	13,18	0,58	0,85	0,95	0,45	0,65	0,73	0,08	0,46	0,52	—	0,28	0,32	—	0,13	0,15	—	—	0,01
	V	35,51	1,95	2,84	3,19	IV	22,91	1,16	1,69	1,90	1,07	1,56	1,76	0,98	1,43	1,61	0,90	1,30	1,47	0,81	1,18	1,33	0,73	1,06	1,19
	VI	36,72	2,02	2,93	3,30																				
126,69	I,IV	22,94	1,26	1,83	2,06	I	22,94	1,07	1,56	1,76	0,90	1,31	1,47	0,73	1,06	1,20	0,57	0,83	0,94	0,42	0,61	0,69	0,28	0,41	0,46
	II	21,67	1,19	1,73	1,95	II	21,67	1,01	1,46	1,65	0,83	1,21	1,37	0,67	0,98	1,10	0,51	0,75	0,84	0,37	0,54	0,60	0,23	0,34	0,38
	III	13,21	0,72	1,05	1,18	III	13,21	0,58	0,85	0,96	0,45	0,65	0,73	0,08	0,46	0,52	—	0,28	0,32	—	0,13	0,15	—	0,01	0,01
	V	35,55	1,95	2,84	3,19	IV	22,94	1,16	1,69	1,91	1,07	1,56	1,76	0,98	1,43	1,61	0,90	1,31	1,47	0,81	1,18	1,33	0,73	1,06	1,20
	VI	36,76	2,02	2,94	3,30																				
126,79	I,IV	22,97	1,26	1,83	2,06	I	22,97	1,07	1,56	1,76	0,90	1,31	1,47	0,73	1,07	1,20	0,57	0,83	0,94	0,42	0,62	0,69	0,28	0,41	0,46
	II	21,70	1,19	1,73	1,95	II	21,70	1,01	1,47	1,65	0,83	1,22	1,37	0,67	0,98	1,10	0,52	0,75	0,85	0,37	0,54	0,61	0,23	0,34	0,38
	III	13,23	0,72	1,05	1,19	III	13,23	0,58	0,85	0,96	0,45	0,65	0,73	0,08	0,46	0,52	—	0,28	0,32	—	0,13	0,15	—	0,01	0,01
	V	35,59	1,95	2,84	3,20	IV	22,97	1,17	1,70	1,91	1,07	1,56	1,76	0,99	1,44	1,62	0,90	1,31	1,47	0,81	1,19	1,33	0,73	1,07	1,20
	VI	36,80	2,02	2,94	3,31																				
126,89	I,IV	23,—	1,26	1,84	2,07	I	23,—	1,08	1,57	1,76	0,90	1,31	1,48	0,73	1,07	1,20	0,57	0,84	0,94	0,42	0,62	0,70	0,28	0,41	0,46
	II	21,73	1,19	1,73	1,95	II	21,73	1,01	1,47	1,65	0,84	1,22	1,37	0,67	0,98	1,10	0,52	0,75	0,85	0,37	0,54	0,61	0,23	0,34	0,38
	III	13,25	0,72	1,06	1,19	III	13,25	0,58	0,85	0,96	0,45	0,66	0,74	0,09	0,46	0,52	—	0,29	0,32	—	0,13	0,15	—	0,01	0,01
	V	35,62	1,95	2,84	3,20	IV	23,—	1,17	1,70	1,91	1,08	1,57	1,76	0,99	1,44	1,62	0,90	1,31	1,48	0,81	1,19	1,34	0,73	1,07	1,20
	VI	36,83	2,02	2,94	3,31																				
126,99	I,IV	23,03	1,26	1,84	2,07	I	23,03	1,08	1,57	1,77	0,90	1,31	1,48	0,73	1,07	1,20	0,58	0,84	0,94	0,42	0,62	0,70	0,28	0,41	0,47
	II	21,76	1,19	1,74	1,95	II	21,76	1,01	1,47	1,66	0,84	1,22	1,37	0,67	0,98	1,10	0,52	0,76	0,85	0,37	0,54	0,61	0,23	0,34	0,38
	III	13,27	0,73	1,06	1,19	III	13,27	0,59	0,85	0,96	0,45	0,66	0,74	0,09	0,47	0,52	—	0,29	0,32	—	0,13	0,15	—	0,01	0,01
	V	35,66	1,96	2,85	3,20	IV	23,03	1,17	1,70	1,91	1,08	1,57	1,77	0,99	1,44	1,62	0,90	1,31	1,48	0,82	1,19	1,34	0,73	1,07	1,20
	VI	36,87	2,02	2,94	3,31																				
127,09	I,IV	23,06	1,26	1,84	2,07	I	23,06	1,08	1,57	1,77	0,90	1,32	1,48	0,74	1,07	1,21	0,58	0,84	0,95	0,43	0,62	0,70	0,28	0,42	0,47
	II	21,78	1,19	1,74	1,96	II	21,78	1,01	1,47	1,66	0,84	1,22	1,38	0,67	0,98	1,11	0,52	0,76	0,85	0,37	0,54	0,61	0,23	0,34	0,38
	III	13,30	0,73	1,06	1,19	III	13,30	0,59	0,86	0,96	0,45	0,66	0,74	0,10	0,47	0,53	—	0,29	0,32	—	0,14	0,15	—	0,01	0,01
	V	35,70	1,96	2,85	3,21	IV	23,06	1,17	1,70	1,92	1,08	1,57	1,77	0,99	1,44	1,62	0,90	1,32	1,48	0,82	1,19	1,34	0,74	1,07	1,21
	VI	36,90	2,02	2,95	3,32																				
127,19	I,IV	23,09	1,27	1,84	2,07	I	23,09	1,08	1,57	1,77	0,90	1,32	1,48	0,74	1,07	1,21	0,58	0,84	0,95	0,43	0,62	0,70	0,29	0,42	0,47
	II	21,81	1,20	1,74	1,96	II	21,81	1,01	1,48	1,66	0,84	1,22	1,38	0,68	0,99	1,11	0,52	0,76	0,85	0,37	0,55	0,61	0,23	0,34	0,39
	III	13,32	0,73	1,06	1,19	III	13,32	0,59	0,86	0,96	0,45	0,66	0,74	0,10	0,47	0,53	—	0,29	0,33	—	0,14	0,15	—	0,01	0,01
	V	35,73	1,96	2,85	3,21	IV	23,09	1,17	1,71	1,92	1,08	1,57	1,77	0,99	1,44	1,62	0,90	1,32	1,48	0,82	1,19	1,34	0,74	1,07	1,21
	VI	36,94	2,03	2,95	3,32																				
127,29	I,IV	23,12	1,27	1,84	2,08	I	23,12	1,08	1,58	1,77	0,91	1,32	1,48	0,74	1,08	1,21	0,58	0,84	0,95	0,43	0,63	0,70	0,29	0,42	0,47
	II	21,85	1,20	1,74	1,96	II	21,85	1,02	1,48	1,66	0,84	1,23	1,38	0,68	0,99	1,11	0,52	0,76	0,86	0,37	0,55	0,62	0,24	0,35	0,39
	III	13,35	0,73	1,06	1,20	III	13,35	0,59	0,86	0,97	0,45	0,66	0,74	0,10	0,47	0,53	—	0,29	0,33	—	0,14	0,16	—	0,01	0,01
	V	35,77	1,96	2,86	3,21	IV	23,12	1,17	1,71	1,92	1,08	1,58	1,77	0,99	1,45	1,63	0,91	1,32	1,48	0,82	1,20	1,35	0,74	1,08	1,21
	VI	36,98	2,03	2,95	3,32																				
127,39	I,IV	23,15	1,27	1,85	2,08	I	23,15	1,08	1,58	1,78	0,91	1,32	1,49	0,74	1,08	1,21	0,58	0,85	0,95	0,43	0,63	0,71	0,29	0,42	0,47
	II	21,88	1,20	1,75	1,96	II	21,88	1,02	1,48	1,67	0,84	1,23	1,38	0,68	0,99	1,11	0,52	0,76	0,86	0,38	0,55	0,62	0,24	0,35	0,39
	III	13,37	0,73	1,06	1,20	III	13,37	0,59	0,86	0,97	0,45	0,66	0,75	0,11	0,47	0,53	—	0,29	0,33	—	0,14	0,16	—	0,01	0,01
	V	35,80	1,96	2,86	3,22	IV	23,15	1,17	1,71	1,93	1,08	1,58	1,78	0,99	1,45	1,63	0,91	1,32	1,49	0,82	1,20	1,35	0,74	1,08	1,21
	VI	37,01	2,03	2,96	3,33																				
127,49	I,IV	23,18	1,27	1,85	2,08	I	23,18	1,09	1,58	1,78	0,91	1,32	1,49	0,74	1,08	1,22	0,58	0,85	0,95	0,43	0,63	0,71	0,29	0,42	0,48
	II	21,91	1,20	1,75	1,97	II	21,91	1,02	1,48	1,67	0,85	1,23	1,39	0,68	0,99	1,12	0,52	0,77	0,86	0,38	0,55	0,62	0,24	0,35	0,39
	III	13,39	0,73	1,07	1,20	III	13,39	0,59	0,86	0,97	0,46	0,66	0,75	0,11	0,47	0,53	—	0,29	0,33	—	0,14	0,16	—	0,01	0,02
	V	35,84	1,97	2,86	3,22	IV	23,18	1,18	1,71	1,93	1,09	1,58	1,78	1,—	1,45	1,63	0,91	1,32	1,49	0,82	1,20	1,35	0,74	1,08	1,22
	VI	37,05	2,03	2,96	3,33																				

* Die ausgewiesenen Tabellenwerte sind amtlich. Siehe Erläuterungen auf der Umschlaginnenseite (U2).

** Bei mehr als 3 Kinderfreibeträgen ist die „Ergänzungs-Tabelle 3,5 bis 6 Kinderfreibeträge" anzuwenden.

Lohn/ Gehalt bis €*	Abzüge an Lohnsteuer, Solidaritätszuschlag (SolZ) und Kirchensteuer (8%, 9%) in den Steuerklassen I – VI	LSt	ohne Kinderfreibeträge SolZ	8%	9%	I, II, III, IV	LSt	mit Zahl der Kinderfreibeträge . . . 0,5 SolZ	8%	9%	1 SolZ	8%	9%	1,5 SolZ	8%	9%	2 SolZ	8%	9%	2,5 SolZ	8%	9%	3** SolZ	8%	9%
127,59	I,IV	23,21	1,27	1,85	2,08	I	23,21	1,09	1,58	1,78	0,91	1,33	1,49	0,74	1,08	1,22	0,58	0,85	0,96	0,43	0,63	0,71	0,29	0,42	0,48
	II	21,93	1,20	1,75	1,97	II	21,93	1,02	1,49	1,67	0,85	1,23	1,39	0,68	0,99	1,12	0,53	0,77	0,86	0,38	0,55	0,62	0,24	0,35	0,39
	III	13,41	0,73	1,07	1,20	III	13,41	0,59	0,86	0,97	0,46	0,67	0,75	0,12	0,48	0,54	—	0,30	0,33	—	0,14	0,16	—	0,02	0,02
	V	35,88	1,97	2,87	3,22	IV	23,21	1,18	1,72	1,93	1,09	1,58	1,78	1,—	1,45	1,63	0,91	1,33	1,49	0,83	1,20	1,35	0,74	1,08	1,22
	VI	37,08	2,03	2,96	3,33																				
127,69	I,IV	23,24	1,27	1,85	2,09	I	23,24	1,09	1,58	1,78	0,91	1,33	1,49	0,74	1,08	1,22	0,58	0,85	0,96	0,43	0,63	0,71	0,29	0,43	0,48
	II	21,96	1,20	1,75	1,97	II	21,96	1,02	1,49	1,67	0,85	1,24	1,39	0,68	1,—	1,12	0,53	0,77	0,87	0,38	0,55	0,62	0,24	0,35	0,40
	III	13,43	0,73	1,07	1,20	III	13,43	0,59	0,87	0,97	0,46	0,67	0,75	0,12	0,48	0,54	—	0,30	0,33	—	0,14	0,16	—	0,02	0,02
	V	35,91	1,97	2,87	3,23	IV	23,24	1,18	1,72	1,93	1,09	1,58	1,78	1,—	1,46	1,64	0,91	1,33	1,49	0,83	1,20	1,36	0,74	1,08	1,22
	VI	37,12	2,04	2,96	3,34																				
127,79	I,IV	23,27	1,28	1,86	2,09	I	23,27	1,09	1,59	1,79	0,91	1,33	1,50	0,75	1,09	1,22	0,59	0,85	0,96	0,44	0,64	0,72	0,29	0,43	0,48
	II	22,—	1,21	1,76	1,98	II	22,—	1,02	1,49	1,68	0,85	1,24	1,39	0,68	1,—	1,12	0,53	0,77	0,87	0,38	0,56	0,63	0,24	0,35	0,40
	III	13,46	0,74	1,07	1,21	III	13,46	0,60	0,87	0,98	0,46	0,67	0,75	0,13	0,48	0,54	—	0,30	0,34	—	0,14	0,16	—	0,02	0,02
	V	35,95	1,97	2,87	3,23	IV	23,27	1,18	1,72	1,94	1,09	1,59	1,79	1,—	1,46	1,64	0,91	1,33	1,50	0,83	1,21	1,36	0,75	1,09	1,22
	VI	37,16	2,04	2,97	3,34																				
127,89	I,IV	23,30	1,28	1,86	2,09	I	23,30	1,09	1,59	1,79	0,91	1,33	1,50	0,75	1,09	1,22	0,59	0,86	0,96	0,44	0,64	0,72	0,29	0,43	0,48
	II	22,02	1,21	1,76	1,98	II	22,02	1,02	1,49	1,68	0,85	1,24	1,40	0,69	1,—	1,13	0,53	0,77	0,87	0,38	0,56	0,63	0,24	0,36	0,40
	III	13,48	0,74	1,07	1,21	III	13,48	0,60	0,87	0,98	0,46	0,67	0,76	0,13	0,48	0,54	—	0,30	0,34	—	0,15	0,16	—	0,02	0,02
	V	35,98	1,97	2,87	3,23	IV	23,30	1,18	1,72	1,94	1,09	1,59	1,79	1,—	1,46	1,64	0,91	1,33	1,50	0,83	1,21	1,36	0,75	1,09	1,22
	VI	37,19	2,04	2,97	3,34																				
127,99	I,IV	23,33	1,28	1,86	2,09	I	23,33	1,09	1,59	1,79	0,92	1,34	1,50	0,75	1,09	1,23	0,59	0,86	0,97	0,44	0,64	0,72	0,30	0,43	0,49
	II	22,05	1,21	1,76	1,98	II	22,05	1,03	1,49	1,68	0,85	1,24	1,40	0,69	1,—	1,13	0,53	0,78	0,87	0,38	0,56	0,63	0,24	0,36	0,40
	III	13,50	0,74	1,08	1,21	III	13,50	0,60	0,87	0,98	0,46	0,67	0,76	0,13	0,48	0,54	—	0,30	0,34	—	0,15	0,17	—	0,02	0,02
	V	36,02	1,98	2,88	3,24	IV	23,33	1,18	1,73	1,94	1,09	1,59	1,79	1,—	1,46	1,64	0,92	1,34	1,50	0,83	1,21	1,36	0,75	1,09	1,23
	VI	37,23	2,04	2,97	3,35																				
128,09	I,IV	23,36	1,28	1,86	2,10	I	23,36	1,09	1,59	1,79	0,92	1,34	1,51	0,75	1,09	1,23	0,59	0,86	0,97	0,44	0,64	0,72	0,30	0,43	0,49
	II	22,08	1,21	1,76	1,98	II	22,08	1,03	1,50	1,68	0,85	1,24	1,40	0,69	1,—	1,13	0,53	0,78	0,87	0,38	0,56	0,63	0,25	0,36	0,40
	III	13,53	0,74	1,08	1,21	III	13,53	0,60	0,87	0,98	0,46	0,68	0,76	0,14	0,48	0,54	—	0,30	0,34	—	0,15	0,17	—	0,02	0,02
	V	36,06	1,98	2,88	3,24	IV	23,36	1,19	1,73	1,94	1,09	1,59	1,79	1,01	1,46	1,65	0,92	1,34	1,51	0,83	1,21	1,37	0,75	1,09	1,23
	VI	37,26	2,04	2,98	3,35																				
128,19	I,IV	23,39	1,28	1,87	2,10	I	23,39	1,10	1,60	1,80	0,92	1,34	1,51	0,75	1,09	1,23	0,59	0,86	0,97	0,44	0,64	0,72	0,30	0,44	0,49
	II	22,11	1,21	1,76	1,98	II	22,11	1,03	1,50	1,69	0,86	1,25	1,40	0,69	1,01	1,13	0,53	0,78	0,88	0,39	0,56	0,63	0,25	0,36	0,41
	III	13,55	0,74	1,08	1,21	III	13,55	0,60	0,88	0,99	0,46	0,68	0,76	0,14	0,48	0,55	—	0,30	0,34	—	0,15	0,17	—	0,02	0,02
	V	36,09	1,98	2,88	3,24	IV	23,39	1,19	1,73	1,95	1,10	1,60	1,80	1,01	1,47	1,65	0,92	1,34	1,51	0,83	1,22	1,37	0,75	1,09	1,23
	VI	37,30	2,05	2,98	3,35																				
128,29	I,IV	23,42	1,28	1,87	2,10	I	23,42	1,10	1,60	1,80	0,92	1,34	1,51	0,75	1,10	1,23	0,59	0,86	0,97	0,44	0,64	0,72	0,30	0,44	0,49
	II	22,14	1,21	1,77	1,99	II	22,14	1,03	1,50	1,69	0,86	1,25	1,41	0,69	1,01	1,14	0,54	0,78	0,88	0,39	0,57	0,64	0,25	0,36	0,41
	III	13,57	0,74	1,08	1,22	III	13,57	0,60	0,88	0,99	0,47	0,68	0,76	0,15	0,49	0,55	—	0,31	0,34	—	0,15	0,17	—	0,02	0,02
	V	36,13	1,98	2,89	3,25	IV	23,42	1,19	1,73	1,95	1,10	1,60	1,80	1,01	1,47	1,65	0,92	1,34	1,51	0,84	1,22	1,37	0,75	1,10	1,23
	VI	37,34	2,05	2,98	3,36																				
128,39	I,IV	23,45	1,29	1,87	2,11	I	23,45	1,10	1,60	1,80	0,92	1,34	1,51	0,75	1,10	1,24	0,59	0,87	0,98	0,44	0,65	0,73	0,30	0,44	0,49
	II	22,17	1,21	1,77	1,99	II	22,17	1,03	1,50	1,69	0,86	1,25	1,41	0,69	1,01	1,14	0,54	0,78	0,88	0,39	0,57	0,64	0,25	0,36	0,41
	III	13,60	0,74	1,08	1,22	III	13,60	0,60	0,88	0,99	0,47	0,68	0,77	0,15	0,49	0,55	—	0,31	0,35	—	0,15	0,17	—	0,02	0,03
	V	36,16	1,98	2,89	3,25	IV	23,45	1,19	1,74	1,95	1,10	1,60	1,80	1,01	1,47	1,66	0,92	1,34	1,51	0,84	1,22	1,37	0,75	1,10	1,24
	VI	37,37	2,05	2,98	3,36																				
128,49	I,IV	23,48	1,29	1,87	2,11	I	23,48	1,10	1,60	1,80	0,92	1,35	1,52	0,76	1,10	1,24	0,60	0,87	0,98	0,44	0,65	0,73	0,30	0,44	0,50
	II	22,20	1,22	1,77	1,99	II	22,20	1,03	1,51	1,70	0,86	1,25	1,41	0,69	1,01	1,14	0,54	0,78	0,88	0,39	0,57	0,64	0,25	0,37	0,41
	III	13,62	0,74	1,08	1,22	III	13,62	0,60	0,88	0,99	0,47	0,68	0,77	0,15	0,49	0,55	—	0,31	0,35	—	0,15	0,17	—	0,02	0,03
	V	36,20	1,99	2,89	3,25	IV	23,48	1,19	1,74	1,96	1,10	1,60	1,80	1,01	1,47	1,66	0,92	1,35	1,52	0,84	1,22	1,37	0,76	1,10	1,24
	VI	37,41	2,05	2,99	3,36																				
128,59	I,IV	23,51	1,29	1,88	2,11	I	23,51	1,10	1,61	1,81	0,93	1,35	1,52	0,76	1,10	1,24	0,60	0,87	0,98	0,45	0,65	0,73	0,30	0,44	0,50
	II	22,23	1,22	1,77	2,—	II	22,23	1,04	1,51	1,70	0,86	1,26	1,41	0,70	1,02	1,14	0,54	0,79	0,89	0,39	0,57	0,64	0,25	0,37	0,41
	III	13,64	0,75	1,09	1,22	III	13,64	0,60	0,88	0,99	0,47	0,68	0,77	0,16	0,49	0,55	—	0,31	0,35	—	0,15	0,17	—	0,02	0,03
	V	36,24	1,99	2,89	3,26	IV	23,51	1,19	1,74	1,96	1,10	1,61	1,81	1,01	1,48	1,66	0,93	1,35	1,52	0,84	1,22	1,38	0,76	1,10	1,24
	VI	37,45	2,05	2,99	3,37																				
128,69	I,IV	23,54	1,29	1,88	2,11	I	23,54	1,10	1,61	1,81	0,93	1,35	1,52	0,76	1,10	1,24	0,60	0,87	0,98	0,45	0,65	0,73	0,30	0,44	0,50
	II	22,26	1,22	1,78	2,—	II	22,26	1,04	1,51	1,70	0,86	1,26	1,42	0,70	1,02	1,14	0,54	0,79	0,89	0,39	0,57	0,64	0,25	0,37	0,42
	III	13,66	0,75	1,09	1,22	III	13,66	0,61	0,88	0,99	0,47	0,69	0,77	0,16	0,49	0,56	—	0,31	0,35	—	0,16	0,18	—	0,03	0,03
	V	36,27	1,99	2,90	3,26	IV	23,54	1,20	1,74	1,96	1,10	1,61	1,81	1,01	1,48	1,66	0,93	1,35	1,52	0,84	1,23	1,38	0,76	1,10	1,24
	VI	37,48	2,06	2,99	3,37																				
128,79	I,IV	23,57	1,29	1,88	2,12	I	23,57	1,11	1,61	1,81	0,93	1,35	1,52	0,76	1,11	1,25	0,60	0,87	0,98	0,45	0,65	0,74	0,30	0,45	0,50
	II	22,29	1,22	1,78	2,—	II	22,29	1,04	1,51	1,70	0,86	1,26	1,42	0,70	1,02	1,15	0,54	0,79	0,89	0,39	0,57	0,65	0,25	0,37	0,42
	III	13,68	0,75	1,09	1,23	III	13,68	0,61	0,89	1,—	0,47	0,69	0,77	0,17	0,50	0,56	—	0,31	0,35	—	0,16	0,18	—	0,03	0,03
	V	36,31	1,99	2,90	3,26	IV	23,57	1,20	1,74	1,96	1,11	1,61	1,81	1,02	1,48	1,67	0,93	1,35	1,52	0,84	1,23	1,38	0,76	1,11	1,25
	VI	37,51	2,06	3,—	3,37																				
128,89	I,IV	23,60	1,29	1,88	2,12	I	23,60	1,11	1,61	1,81	0,93	1,36	1,53	0,76	1,11	1,25	0,60	0,88	0,99	0,45	0,66	0,74	0,31	0,45	0,50
	II	22,32	1,22	1,78	2,—	II	22,32	1,04	1,52	1,71	0,87	1,26	1,42	0,70	1,02	1,15	0,54	0,79	0,89	0,39	0,58	0,65	0,26	0,37	0,42
	III	13,71	0,75	1,09	1,23	III	13,71	0,61	0,89	1,—	0,47	0,69	0,78	0,17	0,50	0,56	—	0,32	0,36	—	0,16	0,18	—	0,03	0,03
	V	36,34	1,99	2,90	3,27	IV	23,60	1,20	1,75	1,97	1,11	1,61	1,81	1,02	1,48	1,67	0,93	1,36	1,53	0,84	1,23	1,38	0,76	1,11	1,25
	VI	37,55	2,06	3,—	3,37																				
128,99	I,IV	23,63	1,30	1,89	2,12	I	23,63	1,11	1,62	1,82	0,93	1,36	1,53	0,76	1,11	1,25	0,60	0,88	0,99	0,45	0,66	0,74	0,31	0,45	0,51
	II	22,35	1,22	1,78	2,01	II	22,35	1,04	1,52	1,71	0,87	1,26	1,42	0,70	1,02	1,15	0,54	0,79	0,89	0,40	0,58	0,65	0,26	0,38	0,42
	III	13,73	0,75	1,09	1,23	III	13,73	0,61	0,89	1,—	0,47	0,69	0,78	0,17	0,50	0,56	—	0,32	0,36	—	0,16	0,18	—	0,03	0,03
	V	36,38	2,—	2,91	3,27	IV	23,63	1,20	1,75	1,97	1,11	1,62	1,82	1,02	1,48	1,67	0,93	1,36	1,53	0,85	1,23	1,39	0,76	1,11	1,25
	VI	37,59	2,06	3,—	3,38																				
129,09	I,IV	23,66	1,30	1,89	2,12	I	23,66	1,11	1,62	1,82	0,93	1,36	1,53	0,76	1,11	1,25	0,60	0,88	0,99	0,45	0,66	0,74	0,31	0,45	0,51
	II	22,38	1,23	1,79	2,01	II	22,38	1,04	1,52	1,71	0,87	1,27	1,43	0,70	1,02	1,15	0,55	0,80	0,90	0,40	0,58	0,65	0,26	0,38	0,42
	III	13,76	0,75	1,10	1,23	III	13,76	0,61	0,89	1,—	0,47	0,69	0,78	0,18	0,50	0,56	—	0,32	0,36	—	0,16	0,18	—	0,03	0,03
	V	36,41	2,—	2,91	3,27	IV	23,66	1,20	1,75	1,97	1,11	1,62	1,82	1,02	1,49	1,67	0,93	1,36	1,53	0,85	1,24	1,39	0,76	1,11	1,25
	VI	37,62	2,06	3,—	3,38																				
129,19	I,IV	23,70	1,30	1,89	2,13	I	23,70	1,11	1,62	1,82	0,93	1,36	1,53	0,77	1,12	1,26	0,61	0,88	0,99	0,45	0,66	0,74	0,31	0,45	0,51
	II	22,41	1,23	1,79	2,01	II	22,41	1,05	1,52	1,71	0,87	1,27	1,43	0,70	1,03	1,16	0,55	0,80	0,90	0,40	0,58	0,66	0,26	0,38	0,43
	III	13,78	0,75	1,10	1,24	III	13,78	0,61	0,89	1,—	0,48	0,69	0,78	0,18	0,50	0,56	—	0,32	0,36	—	0,16	0,18	—	0,03	0,04
	V	36,45	2,—	2,91	3,28	IV	23,70	1,20	1,75	1,97	1,11	1,62	1,82	1,02	1,49	1,68	0,93	1,36	1,53	0,85	1,24	1,39	0,77	1,12	1,26
	VI	37,66	2,07	3,01	3,38																				

* Die ausgewiesenen Tabellenwerte sind amtlich. Siehe Erläuterungen auf der Umschlaginnenseite (U2).
** Bei mehr als 3 Kinderfreibeträgen ist die „Ergänzungs-Tabelle 3,5 bis 6 Kinderfreibeträge" anzuwenden.

Lohn/ Gehalt bis €*		I – VI				I, II, III, IV																			
			ohne Kinderfreibeträge					mit Zahl der Kinderfreibeträge . . .																	
								0,5			1			1,5			2			2,5			3**		
		LSt	SolZ	8%	9%		LSt	SolZ	8%	9%	SolZ	8%	9%	SolZ	8%	9%	SolZ	8%	9%	SolZ	8%	9%	SolZ	8%	9%
129,29	I,IV	23,73	1,30	1,89	2,13	I	23,73	1,11	1,62	1,83	0,94	1,36	1,53	0,77	1,12	1,26	0,61	0,88	0,99	0,45	0,66	0,75	0,31	0,45	0,51
	II	22,44	1,23	1,79	2,01	II	22,44	1,05	1,52	1,71	0,87	1,27	1,43	0,71	1,03	1,16	0,55	0,80	0,90	0,40	0,58	0,66	0,26	0,38	0,43
	III	13,80	0,75	1,10	1,24	III	13,80	0,61	0,89	1,01	0,48	0,70	0,78	0,19	0,50	0,57	—	0,32	0,36	—	0,16	0,18	—	0,03	0,04
	V	36,49	2,—	2,91	3,28	IV	23,73	1,21	1,76	1,98	1,11	1,62	1,83	1,02	1,49	1,68	0,94	1,36	1,53	0,85	1,24	1,39	0,77	1,12	1,26
	VI	37,70	2,07	3,01	3,39																				
129,39	I,IV	23,76	1,30	1,90	2,13	I	23,76	1,12	1,62	1,83	0,94	1,37	1,54	0,77	1,12	1,26	0,61	0,89	1,—	0,46	0,67	0,75	0,31	0,46	0,51
	II	22,47	1,23	1,79	2,02	II	22,47	1,05	1,53	1,72	0,87	1,27	1,43	0,71	1,03	1,16	0,55	0,80	0,90	0,40	0,59	0,66	0,26	0,38	0,43
	III	13,82	0,76	1,10	1,24	III	13,82	0,61	0,90	1,01	0,48	0,70	0,79	0,19	0,50	0,57	—	0,32	0,36	—	0,16	0,19	—	0,03	0,04
	V	36,52	2,—	2,92	3,28	IV	23,76	1,21	1,76	1,98	1,12	1,62	1,83	1,03	1,49	1,68	0,94	1,37	1,54	0,85	1,24	1,40	0,77	1,12	1,26
	VI	37,73	2,07	3,01	3,39																				
129,49	I,IV	23,79	1,30	1,90	2,14	I	23,79	1,12	1,63	1,83	0,94	1,37	1,54	0,77	1,12	1,26	0,61	0,89	1,—	0,46	0,67	0,75	0,31	0,46	0,52
	II	22,50	1,23	1,80	2,02	II	22,50	1,05	1,53	1,72	0,88	1,28	1,44	0,71	1,03	1,16	0,55	0,80	0,90	0,40	0,59	0,66	0,26	0,38	0,43
	III	13,85	0,76	1,10	1,24	III	13,85	0,62	0,90	1,01	0,48	0,70	0,79	0,20	0,51	0,57	—	0,32	0,36	—	0,17	0,19	—	0,03	0,04
	V	36,56	2,01	2,92	3,29	IV	23,79	1,21	1,76	1,98	1,12	1,63	1,83	1,03	1,50	1,68	0,94	1,37	1,54	0,85	1,24	1,40	0,77	1,12	1,26
	VI	37,77	2,07	3,02	3,39																				
129,59	I,IV	23,82	1,31	1,90	2,14	I	23,82	1,12	1,63	1,83	0,94	1,37	1,54	0,77	1,12	1,26	0,61	0,89	1,—	0,46	0,67	0,75	0,31	0,46	0,52
	II	22,53	1,23	1,80	2,02	II	22,53	1,05	1,53	1,72	0,88	1,28	1,44	0,71	1,04	1,17	0,55	0,81	0,91	0,40	0,59	0,66	0,26	0,39	0,43
	III	13,87	0,76	1,10	1,24	III	13,87	0,62	0,90	1,01	0,48	0,70	0,79	0,20	0,51	0,57	—	0,33	0,37	—	0,17	0,19	—	0,04	0,04
	V	36,60	2,01	2,92	3,29	IV	23,82	1,21	1,76	1,98	1,12	1,63	1,83	1,03	1,50	1,69	0,94	1,37	1,54	0,85	1,25	1,40	0,77	1,12	1,26
	VI	37,80	2,07	3,02	3,40																				
129,69	I,IV	23,85	1,31	1,90	2,14	I	23,85	1,12	1,63	1,84	0,94	1,37	1,54	0,77	1,13	1,27	0,61	0,89	1,—	0,46	0,67	0,76	0,32	0,46	0,52
	II	22,56	1,24	1,80	2,03	II	22,56	1,05	1,53	1,73	0,88	1,28	1,44	0,71	1,04	1,17	0,55	0,81	0,91	0,41	0,59	0,67	0,26	0,39	0,44
	III	13,89	0,76	1,11	1,25	III	13,89	0,62	0,90	1,01	0,48	0,70	0,79	0,20	0,51	0,57	—	0,33	0,37	—	0,17	0,19	—	0,04	0,04
	V	36,63	2,01	2,93	3,29	IV	23,85	1,21	1,77	1,99	1,12	1,63	1,84	1,03	1,50	1,69	0,94	1,37	1,54	0,86	1,25	1,40	0,77	1,13	1,27
	VI	37,84	2,08	3,02	3,40																				
129,79	I,IV	23,88	1,31	1,91	2,14	I	23,88	1,12	1,63	1,84	0,94	1,38	1,55	0,77	1,13	1,27	0,61	0,89	1,01	0,46	0,67	0,76	0,32	0,46	0,52
	II	22,59	1,24	1,80	2,03	II	22,59	1,05	1,54	1,73	0,88	1,28	1,44	0,71	1,04	1,17	0,56	0,81	0,91	0,41	0,59	0,67	0,27	0,39	0,44
	III	13,91	0,76	1,11	1,25	III	13,91	0,62	0,90	1,02	0,48	0,70	0,79	0,21	0,51	0,58	—	0,33	0,37	—	0,17	0,19	—	0,04	0,04
	V	36,67	2,01	2,93	3,30	IV	23,88	1,21	1,77	1,99	1,12	1,63	1,84	1,03	1,50	1,69	0,94	1,38	1,55	0,86	1,25	1,41	0,77	1,13	1,27
	VI	37,88	2,08	3,03	3,40																				
129,89	I,IV	23,91	1,31	1,91	2,15	I	23,91	1,12	1,64	1,84	0,95	1,38	1,55	0,78	1,13	1,27	0,61	0,90	1,01	0,46	0,67	0,76	0,32	0,47	0,52
	II	22,62	1,24	1,80	2,03	II	22,62	1,06	1,54	1,73	0,88	1,28	1,44	0,71	1,04	1,17	0,56	0,81	0,91	0,41	0,60	0,67	0,27	0,39	0,44
	III	13,94	0,76	1,11	1,25	III	13,94	0,62	0,90	1,02	0,48	0,71	0,80	0,21	0,51	0,58	—	0,33	0,37	—	0,17	0,19	—	0,04	0,04
	V	36,70	2,01	2,93	3,30	IV	23,91	1,22	1,77	1,99	1,12	1,64	1,84	1,03	1,51	1,69	0,95	1,38	1,55	0,86	1,25	1,41	0,78	1,13	1,27
	VI	37,91	2,08	3,03	3,41																				
129,99	I,IV	23,94	1,31	1,91	2,15	I	23,94	1,13	1,64	1,84	0,95	1,38	1,55	0,78	1,13	1,27	0,62	0,90	1,01	0,46	0,68	0,76	0,32	0,47	0,53
	II	22,65	1,24	1,81	2,03	II	22,65	1,06	1,54	1,73	0,88	1,29	1,45	0,72	1,04	1,17	0,56	0,81	0,92	0,41	0,60	0,67	0,27	0,39	0,44
	III	13,96	0,76	1,11	1,25	III	13,96	0,62	0,91	1,02	0,49	0,71	0,80	0,22	0,52	0,58	—	0,33	0,37	—	0,17	0,19	—	0,04	0,04
	V	36,74	2,02	2,93	3,30	IV	23,94	1,22	1,77	1,99	1,13	1,64	1,84	1,03	1,51	1,70	0,95	1,38	1,55	0,86	1,25	1,41	0,78	1,13	1,27
	VI	37,95	2,08	3,03	3,41																				
130,09	I,IV	23,97	1,31	1,91	2,15	I	23,97	1,13	1,64	1,85	0,95	1,38	1,55	0,78	1,14	1,28	0,62	0,90	1,01	0,46	0,68	0,76	0,32	0,47	0,53
	II	22,68	1,24	1,81	2,04	II	22,68	1,06	1,54	1,74	0,88	1,29	1,45	0,72	1,05	1,18	0,56	0,82	0,92	0,41	0,60	0,67	0,27	0,39	0,44
	III	13,98	0,76	1,11	1,25	III	13,98	0,62	0,91	1,02	0,49	0,71	0,80	0,22	0,52	0,58	—	0,33	0,37	—	0,17	0,20	—	0,04	0,05
	V	36,78	2,02	2,94	3,31	IV	23,97	1,22	1,78	2,—	1,13	1,64	1,85	1,04	1,51	1,70	0,95	1,38	1,55	0,86	1,26	1,41	0,78	1,14	1,28
	VI	37,98	2,08	3,03	3,41																				
130,19	I,IV	24,—	1,32	1,92	2,16	I	24,—	1,13	1,64	1,85	0,95	1,38	1,56	0,78	1,14	1,28	0,62	0,90	1,02	0,47	0,68	0,77	0,32	0,47	0,53
	II	22,71	1,24	1,81	2,04	II	22,71	1,06	1,54	1,74	0,89	1,29	1,45	0,72	1,05	1,18	0,56	0,82	0,92	0,41	0,60	0,68	0,27	0,40	0,45
	III	14,01	0,77	1,12	1,26	III	14,01	0,62	0,91	1,02	0,49	0,71	0,80	0,22	0,52	0,58	—	0,34	0,38	—	0,18	0,20	—	0,04	0,05
	V	36,81	2,02	2,94	3,31	IV	24,—	1,22	1,78	2,—	1,13	1,64	1,85	1,04	1,51	1,70	0,95	1,38	1,56	0,86	1,26	1,42	0,78	1,14	1,28
	VI	38,02	2,09	3,04	3,42																				
130,29	I,IV	24,03	1,32	1,92	2,16	I	24,03	1,13	1,65	1,85	0,95	1,39	1,56	0,78	1,14	1,28	0,62	0,90	1,02	0,47	0,68	0,77	0,32	0,47	0,53
	II	22,75	1,25	1,82	2,04	II	22,75	1,06	1,55	1,74	0,89	1,29	1,45	0,72	1,05	1,18	0,56	0,82	0,92	0,41	0,60	0,68	0,27	0,40	0,45
	III	14,03	0,77	1,12	1,26	III	14,03	0,63	0,91	1,03	0,49	0,71	0,80	0,23	0,52	0,59	—	0,34	0,38	—	0,18	0,20	—	0,04	0,05
	V	36,85	2,02	2,94	3,31	IV	24,03	1,22	1,78	2,—	1,13	1,65	1,85	1,04	1,51	1,70	0,95	1,39	1,56	0,87	1,26	1,42	0,78	1,14	1,28
	VI	38,06	2,09	3,04	3,42																				
130,39	I,IV	24,06	1,32	1,92	2,16	I	24,06	1,13	1,65	1,85	0,95	1,39	1,56	0,78	1,14	1,28	0,62	0,91	1,02	0,47	0,68	0,77	0,32	0,47	0,53
	II	22,77	1,25	1,82	2,04	II	22,77	1,06	1,55	1,74	0,89	1,29	1,46	0,72	1,05	1,18	0,56	0,82	0,92	0,41	0,60	0,68	0,27	0,40	0,45
	III	14,05	0,77	1,12	1,26	III	14,05	0,63	0,91	1,03	0,49	0,72	0,81	0,23	0,52	0,59	—	0,34	0,38	—	0,18	0,20	—	0,04	0,05
	V	36,88	2,02	2,95	3,31	IV	24,06	1,22	1,78	2,01	1,13	1,65	1,85	1,04	1,52	1,71	0,95	1,39	1,56	0,87	1,26	1,42	0,78	1,14	1,28
	VI	38,09	2,09	3,04	3,42																				
130,49	I,IV	24,09	1,32	1,92	2,16	I	24,09	1,13	1,65	1,86	0,95	1,39	1,56	0,78	1,14	1,29	0,62	0,91	1,02	0,47	0,69	0,77	0,33	0,48	0,54
	II	22,80	1,25	1,82	2,05	II	22,80	1,07	1,55	1,75	0,89	1,30	1,46	0,72	1,05	1,19	0,57	0,82	0,93	0,42	0,61	0,68	0,27	0,40	0,45
	III	14,07	0,77	1,12	1,26	III	14,07	0,63	0,92	1,03	0,49	0,72	0,81	0,24	0,52	0,59	—	0,34	0,38	—	0,18	0,20	—	0,04	0,05
	V	36,92	2,03	2,95	3,32	IV	24,09	1,23	1,78	2,01	1,13	1,65	1,86	1,04	1,52	1,71	0,95	1,39	1,56	0,87	1,27	1,42	0,78	1,14	1,29
	VI	38,13	2,09	3,05	3,43																				
130,59	I,IV	24,12	1,32	1,92	2,17	I	24,12	1,13	1,65	1,86	0,96	1,39	1,57	0,79	1,15	1,29	0,62	0,91	1,02	0,47	0,69	0,77	0,33	0,48	0,54
	II	22,83	1,25	1,82	2,05	II	22,83	1,07	1,55	1,75	0,89	1,30	1,46	0,72	1,06	1,19	0,57	0,83	0,93	0,42	0,61	0,68	0,28	0,40	0,45
	III	14,10	0,77	1,12	1,26	III	14,10	0,63	0,92	1,03	0,49	0,72	0,81	0,24	0,52	0,59	—	0,34	0,38	—	0,18	0,20	—	0,05	0,05
	V	36,96	2,03	2,95	3,32	IV	24,12	1,23	1,79	2,01	1,13	1,65	1,86	1,04	1,52	1,71	0,96	1,39	1,57	0,87	1,27	1,43	0,79	1,15	1,29
	VI	38,16	2,09	3,05	3,43																				
130,69	I,IV	24,15	1,32	1,93	2,17	I	24,15	1,14	1,66	1,86	0,96	1,40	1,57	0,79	1,15	1,29	0,63	0,91	1,03	0,47	0,69	0,78	0,33	0,48	0,54
	II	22,86	1,25	1,82	2,05	II	22,86	1,07	1,56	1,75	0,89	1,30	1,46	0,73	1,06	1,19	0,57	0,83	0,93	0,42	0,61	0,69	0,28	0,40	0,46
	III	14,12	0,77	1,12	1,27	III	14,12	0,63	0,92	1,03	0,49	0,72	0,81	0,25	0,53	0,59	—	0,34	0,39	—	0,18	0,20	—	0,05	0,05
	V	36,99	2,03	2,95	3,32	IV	24,15	1,23	1,79	2,01	1,14	1,66	1,86	1,05	1,52	1,71	0,96	1,40	1,57	0,87	1,27	1,43	0,79	1,15	1,29
	VI	38,20	2,10	3,05	3,43																				
130,79	I,IV	24,18	1,33	1,93	2,17	I	24,18	1,14	1,66	1,87	0,96	1,40	1,57	0,79	1,15	1,29	0,63	0,91	1,03	0,47	0,69	0,78	0,33	0,48	0,54
	II	22,90	1,25	1,83	2,06	II	22,90	1,07	1,56	1,75	0,89	1,30	1,47	0,73	1,06	1,19	0,57	0,83	0,93	0,42	0,61	0,69	0,28	0,41	0,46
	III	14,15	0,77	1,13	1,27	III	14,15	0,63	0,92	1,04	0,49	0,72	0,81	0,25	0,53	0,60	—	0,34	0,39	—	0,18	0,21	—	0,05	0,05
	V	37,03	2,03	2,96	3,33	IV	24,18	1,23	1,79	2,02	1,14	1,66	1,87	1,05	1,53	1,72	0,96	1,40	1,57	0,87	1,27	1,43	0,79	1,15	1,29
	VI	38,24	2,10	3,05	3,44																				
130,89	I,IV	24,22	1,33	1,93	2,17	I	24,22	1,14	1,66	1,87	0,96	1,40	1,57	0,79	1,15	1,30	0,63	0,92	1,03	0,48	0,69	0,78	0,33	0,48	0,54
	II	22,93	1,26	1,83	2,06	II	22,93	1,07	1,56	1,76	0,90	1,31	1,47	0,73	1,06	1,20	0,57	0,83	0,94	0,42	0,61	0,69	0,28	0,41	0,46
	III	14,17	0,77	1,13	1,27	III	14,17	0,63	0,92	1,04	0,50	0,72	0,81	0,25	0,53	0,60	—	0,35	0,39	—	0,18	0,21	—	0,05	0,06
	V	37,06	2,03	2,96	3,33	IV	24,22	1,23	1,79	2,02	1,14	1,66	1,87	1,05	1,53	1,72	0,96	1,40	1,57	0,87	1,27	1,43	0,79	1,15	1,30
	VI	38,27	2,10	3,06	3,44																				

Abzüge an Lohnsteuer, Solidaritätszuschlag (SolZ) und Kirchensteuer (8%, 9%) in den Steuerklassen

* Die ausgewiesenen Tabellenwerte sind amtlich. Siehe Erläuterungen auf der Umschlaginnenseite (U2).

** Bei mehr als 3 Kinderfreibeträgen ist die „Ergänzungs-Tabelle 3,5 bis 6 Kinderfreibeträge" anzuwenden.

Abzüge an Lohnsteuer, Solidaritätszuschlag (SolZ) und Kirchensteuer (8%, 9%) in den Steuerklassen

Lohn/ Gehalt bis €*	I – VI		ohne Kinderfreibeträge			I, II, III, IV		mit Zahl der Kinderfreibeträge . . . 0,5			1			1,5			2			2,5			3**		
		LSt	SolZ	8%	9%		LSt	SolZ	8%	9%	SolZ	8%	9%	SolZ	8%	9%	SolZ	8%	9%	SolZ	8%	9%	SolZ	8%	9%
130,99	I,IV	24,25	1,33	1,94	2,18	I	24,25	1,14	1,66	1,87	0,96	1,40	1,58	0,79	1,15	1,30	0,63	0,92	1,03	0,48	0,70	0,78	0,33	0,49	0,55
	II	22,96	1,26	1,83	2,06	II	22,96	1,07	1,56	1,76	0,90	1,31	1,47	0,73	1,06	1,20	0,57	0,83	0,94	0,42	0,62	0,69	0,28	0,41	0,46
	III	14,19	0,78	1,13	1,27	III	14,19	0,63	0,92	1,04	0,50	0,72	0,82	0,26	0,53	0,60	—	0,35	0,39	—	0,18	0,21	—	0,05	0,06
	V	37,10	2,04	2,96	3,33	IV	24,25	1,23	1,80	2,02	1,14	1,66	1,87	1,05	1,53	1,72	0,96	1,40	1,58	0,88	1,28	1,44	0,79	1,15	1,30
	VI	38,31	2,10	3,06	3,44																				
131,09	I,IV	24,28	1,33	1,94	2,18	I	24,28	1,14	1,66	1,87	0,96	1,40	1,58	0,79	1,16	1,30	0,63	0,92	1,04	0,48	0,70	0,79	0,33	0,49	0,55
	II	22,99	1,26	1,83	2,06	II	22,99	1,07	1,57	1,76	0,90	1,31	1,47	0,73	1,07	1,20	0,57	0,84	0,94	0,42	0,62	0,70	0,28	0,41	0,46
	III	14,21	0,78	1,13	1,27	III	14,21	0,64	0,93	1,04	0,50	0,73	0,82	0,26	0,53	0,60	—	0,35	0,39	—	0,19	0,21	—	0,05	0,06
	V	37,14	2,04	2,97	3,34	IV	24,28	1,24	1,80	2,02	1,14	1,66	1,87	1,05	1,53	1,72	0,96	1,40	1,58	0,88	1,28	1,44	0,79	1,16	1,30
	VI	38,35	2,10	3,06	3,45																				
131,19	I,IV	24,31	1,33	1,94	2,18	I	24,31	1,14	1,67	1,88	0,97	1,41	1,58	0,79	1,16	1,30	0,63	0,92	1,04	0,48	0,70	0,79	0,33	0,49	0,55
	II	23,02	1,26	1,84	2,07	II	23,02	1,08	1,57	1,76	0,90	1,31	1,48	0,73	1,07	1,20	0,57	0,84	0,94	0,42	0,62	0,70	0,28	0,41	0,47
	III	14,24	0,78	1,13	1,28	III	14,24	0,64	0,93	1,04	0,50	0,73	0,82	0,27	0,54	0,60	—	0,35	0,39	—	0,19	0,21	—	0,05	0,06
	V	37,17	2,04	2,97	3,34	IV	24,31	1,24	1,80	2,03	1,14	1,67	1,88	1,05	1,54	1,73	0,97	1,41	1,58	0,88	1,28	1,44	0,79	1,16	1,30
	VI	38,38	2,11	3,07	3,45																				
131,29	I,IV	24,34	1,33	1,94	2,19	I	24,34	1,15	1,67	1,88	0,97	1,41	1,58	0,80	1,16	1,31	0,63	0,92	1,04	0,48	0,70	0,79	0,34	0,49	0,55
	II	23,05	1,26	1,84	2,07	II	23,05	1,08	1,57	1,77	0,90	1,31	1,48	0,73	1,07	1,21	0,58	0,84	0,95	0,43	0,62	0,70	0,28	0,42	0,47
	III	14,26	0,78	1,14	1,28	III	14,26	0,64	0,93	1,05	0,50	0,73	0,82	0,27	0,54	0,60	—	0,35	0,40	—	0,19	0,21	—	0,05	0,06
	V	37,21	2,04	2,97	3,34	IV	24,34	1,24	1,80	2,03	1,15	1,67	1,88	1,06	1,54	1,73	0,97	1,41	1,58	0,88	1,28	1,44	0,80	1,16	1,31
	VI	38,42	2,11	3,07	3,45																				
131,39	I,IV	24,37	1,34	1,94	2,19	I	24,37	1,15	1,67	1,88	0,97	1,41	1,59	0,80	1,16	1,31	0,64	0,93	1,04	0,48	0,70	0,79	0,34	0,49	0,55
	II	23,08	1,26	1,84	2,07	II	23,08	1,08	1,57	1,77	0,90	1,32	1,48	0,74	1,07	1,21	0,58	0,84	0,95	0,43	0,62	0,70	0,29	0,42	0,47
	III	14,28	0,78	1,14	1,28	III	14,28	0,64	0,93	1,05	0,50	0,73	0,82	0,27	0,54	0,61	—	0,35	0,40	—	0,19	0,21	—	0,05	0,06
	V	37,25	2,04	2,98	3,35	IV	24,37	1,24	1,81	2,03	1,15	1,67	1,88	1,06	1,54	1,73	0,97	1,41	1,59	0,88	1,28	1,45	0,80	1,16	1,31
	VI	38,45	2,11	3,07	3,46																				
131,49	I,IV	24,40	1,34	1,95	2,19	I	24,40	1,15	1,67	1,88	0,97	1,41	1,59	0,80	1,16	1,31	0,64	0,93	1,05	0,48	0,70	0,79	0,34	0,49	0,56
	II	23,11	1,27	1,84	2,07	II	23,11	1,08	1,58	1,77	0,91	1,32	1,48	0,74	1,08	1,21	0,58	0,84	0,95	0,43	0,62	0,70	0,29	0,42	0,47
	III	14,31	0,78	1,14	1,28	III	14,31	0,64	0,93	1,05	0,50	0,73	0,83	0,28	0,54	0,61	—	0,36	0,40	—	0,19	0,22	—	0,06	0,06
	V	37,28	2,05	2,98	3,35	IV	24,40	1,24	1,81	2,04	1,15	1,67	1,88	1,06	1,54	1,73	0,97	1,41	1,59	0,88	1,29	1,45	0,80	1,16	1,31
	VI	38,49	2,11	3,07	3,46																				
131,59	I,IV	24,43	1,34	1,95	2,19	I	24,43	1,15	1,68	1,89	0,97	1,42	1,59	0,80	1,17	1,31	0,64	0,93	1,05	0,48	0,71	0,80	0,34	0,50	0,56
	II	23,14	1,27	1,85	2,08	II	23,14	1,08	1,58	1,78	0,91	1,32	1,49	0,74	1,08	1,21	0,58	0,85	0,95	0,43	0,63	0,71	0,29	0,42	0,47
	III	14,33	0,78	1,14	1,28	III	14,33	0,64	0,94	1,05	0,50	0,74	0,83	0,28	0,54	0,61	—	0,36	0,40	—	0,19	0,22	—	0,06	0,06
	V	37,32	2,05	2,98	3,35	IV	24,43	1,24	1,81	2,04	1,15	1,68	1,89	1,06	1,54	1,74	0,97	1,42	1,59	0,89	1,29	1,45	0,80	1,17	1,31
	VI	38,53	2,11	3,08	3,46																				
131,69	I,IV	24,46	1,34	1,95	2,20	I	24,46	1,15	1,68	1,89	0,97	1,42	1,60	0,80	1,17	1,32	0,64	0,93	1,05	0,49	0,71	0,80	0,34	0,50	0,56
	II	23,17	1,27	1,85	2,08	II	23,17	1,08	1,58	1,78	0,91	1,32	1,49	0,74	1,08	1,21	0,58	0,85	0,95	0,43	0,63	0,71	0,29	0,42	0,48
	III	14,35	0,78	1,14	1,29	III	14,35	0,64	0,94	1,05	0,51	0,74	0,83	0,29	0,54	0,61	—	0,36	0,40	—	0,19	0,22	—	0,06	0,07
	V	37,35	2,05	2,98	3,36	IV	24,46	1,25	1,81	2,04	1,15	1,68	1,89	1,06	1,55	1,74	0,97	1,42	1,60	0,89	1,29	1,45	0,80	1,17	1,32
	VI	38,56	2,12	3,08	3,47																				
131,79	I,IV	24,49	1,34	1,95	2,20	I	24,49	1,15	1,68	1,89	0,97	1,42	1,60	0,80	1,17	1,32	0,64	0,93	1,05	0,49	0,71	0,80	0,34	0,50	0,56
	II	23,20	1,27	1,85	2,08	II	23,20	1,09	1,58	1,78	0,91	1,33	1,49	0,74	1,08	1,22	0,58	0,85	0,96	0,43	0,63	0,71	0,29	0,42	0,48
	III	14,37	0,79	1,14	1,29	III	14,37	0,64	0,94	1,06	0,51	0,74	0,83	0,29	0,55	0,61	—	0,36	0,40	—	0,20	0,22	—	0,06	0,07
	V	37,39	2,05	2,99	3,36	IV	24,49	1,25	1,82	2,04	1,15	1,68	1,89	1,06	1,55	1,74	0,97	1,42	1,60	0,89	1,29	1,46	0,80	1,17	1,32
	VI	38,60	2,12	3,08	3,47																				
131,89	I,IV	24,53	1,34	1,96	2,20	I	24,53	1,16	1,68	1,89	0,98	1,42	1,60	0,81	1,17	1,32	0,64	0,94	1,05	0,49	0,71	0,80	0,34	0,50	0,56
	II	23,23	1,27	1,85	2,09	II	23,23	1,09	1,58	1,78	0,91	1,33	1,49	0,74	1,08	1,22	0,58	0,85	0,96	0,43	0,63	0,71	0,29	0,43	0,48
	III	14,40	0,79	1,15	1,29	III	14,40	0,65	0,94	1,06	0,51	0,74	0,83	0,30	0,55	0,62	—	0,36	0,41	—	0,20	0,22	—	0,06	0,07
	V	37,43	2,05	2,99	3,36	IV	24,53	1,25	1,82	2,05	1,16	1,68	1,89	1,06	1,55	1,75	0,98	1,42	1,60	0,89	1,30	1,46	0,81	1,17	1,32
	VI	38,63	2,12	3,09	3,47																				
131,99	I,IV	24,56	1,35	1,96	2,21	I	24,56	1,16	1,69	1,90	0,98	1,42	1,60	0,81	1,18	1,32	0,64	0,94	1,06	0,49	0,72	0,81	0,34	0,50	0,57
	II	23,26	1,27	1,86	2,09	II	23,26	1,09	1,59	1,79	0,91	1,33	1,50	0,74	1,09	1,22	0,59	0,85	0,96	0,43	0,63	0,71	0,29	0,43	0,48
	III	14,42	0,79	1,15	1,29	III	14,42	0,65	0,94	1,06	0,51	0,74	0,84	0,30	0,55	0,62	—	0,36	0,41	—	0,20	0,22	—	0,06	0,07
	V	37,46	2,06	2,99	3,37	IV	24,56	1,25	1,82	2,05	1,16	1,69	1,90	1,07	1,55	1,75	0,98	1,42	1,60	0,89	1,30	1,46	0,81	1,18	1,32
	VI	38,67	2,12	3,09	3,48																				
132,09	I,IV	24,58	1,35	1,96	2,21	I	24,58	1,16	1,69	1,90	0,98	1,43	1,61	0,81	1,18	1,33	0,65	0,94	1,06	0,49	0,72	0,81	0,35	0,50	0,57
	II	23,29	1,28	1,86	2,09	II	23,29	1,09	1,59	1,79	0,91	1,33	1,50	0,75	1,09	1,22	0,59	0,86	0,96	0,44	0,64	0,72	0,29	0,43	0,48
	III	14,45	0,79	1,15	1,30	III	14,45	0,65	0,94	1,06	0,51	0,74	0,84	0,30	0,55	0,62	—	0,36	0,41	—	0,20	0,23	—	0,06	0,07
	V	37,50	2,06	3,—	3,37	IV	24,58	1,25	1,82	2,05	1,16	1,69	1,90	1,07	1,56	1,75	0,98	1,43	1,61	0,89	1,30	1,46	0,81	1,18	1,33
	VI	38,70	2,12	3,09	3,48																				
132,19	I,IV	24,62	1,35	1,96	2,21	I	24,62	1,16	1,69	1,90	0,98	1,43	1,61	0,81	1,18	1,33	0,65	0,94	1,06	0,49	0,72	0,81	0,35	0,51	0,57
	II	23,32	1,28	1,86	2,09	II	23,32	1,09	1,59	1,79	0,92	1,33	1,50	0,75	1,09	1,23	0,59	0,86	0,97	0,44	0,64	0,72	0,29	0,43	0,49
	III	14,47	0,79	1,15	1,30	III	14,47	0,65	0,95	1,07	0,51	0,75	0,84	0,31	0,55	0,62	—	0,37	0,41	—	0,20	0,23	—	0,06	0,07
	V	37,53	2,06	3,—	3,37	IV	24,62	1,25	1,83	2,05	1,16	1,69	1,90	1,07	1,56	1,75	0,98	1,43	1,61	0,89	1,30	1,47	0,81	1,18	1,33
	VI	38,74	2,13	3,09	3,48																				
132,29	I,IV	24,65	1,35	1,97	2,21	I	24,65	1,16	1,69	1,90	0,98	1,43	1,61	0,81	1,18	1,33	0,65	0,94	1,06	0,49	0,72	0,81	0,35	0,51	0,57
	II	23,35	1,28	1,86	2,10	II	23,35	1,09	1,59	1,79	0,92	1,34	1,50	0,75	1,09	1,23	0,59	0,86	0,97	0,44	0,64	0,72	0,30	0,43	0,49
	III	14,49	0,79	1,15	1,30	III	14,49	0,65	0,95	1,07	0,51	0,75	0,84	0,31	0,55	0,62	—	0,37	0,41	—	0,20	0,23	—	0,06	0,07
	V	37,57	2,06	3,—	3,38	IV	24,65	1,26	1,83	2,06	1,16	1,69	1,90	1,07	1,56	1,76	0,98	1,43	1,61	0,90	1,30	1,47	0,81	1,18	1,33
	VI	38,78	2,13	3,10	3,49																				
132,39	I,IV	24,68	1,35	1,97	2,22	I	24,68	1,16	1,70	1,91	0,98	1,43	1,61	0,81	1,18	1,33	0,65	0,95	1,07	0,50	0,72	0,81	0,35	0,51	0,57
	II	23,38	1,28	1,87	2,10	II	23,38	1,10	1,60	1,80	0,92	1,34	1,51	0,75	1,09	1,23	0,59	0,86	0,97	0,44	0,64	0,72	0,30	0,43	0,49
	III	14,51	0,79	1,16	1,30	III	14,51	0,65	0,95	1,07	0,51	0,75	0,84	0,32	0,56	0,63	—	0,37	0,42	—	0,20	0,23	—	0,07	0,07
	V	37,60	2,06	3,—	3,38	IV	24,68	1,26	1,83	2,06	1,16	1,70	1,91	1,07	1,56	1,76	0,98	1,43	1,61	0,90	1,31	1,47	0,81	1,18	1,33
	VI	38,81	2,13	3,10	3,49																				
132,49	I,IV	24,71	1,35	1,97	2,22	I	24,71	1,17	1,70	1,91	0,99	1,44	1,62	0,81	1,19	1,33	0,65	0,95	1,07	0,50	0,72	0,81	0,35	0,51	0,58
	II	23,41	1,28	1,87	2,10	II	23,41	1,10	1,60	1,80	0,92	1,34	1,51	0,75	1,10	1,23	0,59	0,86	0,97	0,44	0,64	0,72	0,30	0,44	0,49
	III	14,53	0,79	1,16	1,30	III	14,53	0,65	0,95	1,07	0,52	0,75	0,85	0,32	0,56	0,63	—	0,37	0,42	—	0,20	0,23	—	0,07	0,08
	V	37,64	2,07	3,01	3,38	IV	24,71	1,26	1,83	2,06	1,17	1,70	1,91	1,07	1,56	1,76	0,99	1,44	1,62	0,90	1,31	1,47	0,81	1,19	1,33
	VI	38,85	2,13	3,10	3,49																				
132,59	I,IV	24,74	1,36	1,97	2,22	I	24,74	1,17	1,70	1,91	0,99	1,44	1,62	0,82	1,19	1,34	0,65	0,95	1,07	0,50	0,73	0,82	0,35	0,51	0,58
	II	23,44	1,28	1,87	2,10	II	23,44	1,10	1,60	1,80	0,92	1,34	1,51	0,75	1,10	1,24	0,59	0,87	0,97	0,44	0,65	0,73	0,30	0,44	0,49
	III	14,56	0,80	1,16	1,31	III	14,56	0,65	0,95	1,07	0,52	0,75	0,85	0,33	0,56	0,63	—	0,37	0,42	—	0,21	0,23	—	0,07	0,08
	V	37,68	2,07	3,01	3,39	IV	24,74	1,26	1,84	2,07	1,17	1,70	1,91	1,08	1,57	1,76	0,99	1,44	1,62	0,90	1,31	1,48	0,82	1,19	1,34
	VI	38,88	2,13	3,11	3,49																				

* Die ausgewiesenen Tabellenwerte sind amtlich. Siehe Erläuterungen auf der Umschlaginnenseite (U2).
** Bei mehr als 3 Kinderfreibeträgen ist die „Ergänzungs-Tabelle 3,5 bis 6 Kinderfreibeträge" anzuwenden.

Lohn/ Gehalt bis €*		I – VI LSt	ohne Kinderfreibeträge SolZ	8%	9%		I, II, III, IV LSt	0,5 SolZ	8%	9%	1 SolZ	8%	9%	1,5 SolZ	8%	9%	2 SolZ	8%	9%	2,5 SolZ	8%	9%	3** SolZ	8%	9%
132,69	I,IV	24,77	1,36	1,98	2,22	I	24,77	1,17	1,70	1,92	0,99	1,44	1,62	0,82	1,19	1,34	0,65	0,95	1,07	0,50	0,73	0,82	0,35	0,52	0,58
	II	23,47	1,29	1,87	2,11	II	23,47	1,10	1,60	1,80	0,92	1,35	1,51	0,75	1,10	1,24	0,60	0,87	0,98	0,44	0,65	0,73	0,30	0,44	0,50
	III	14,58	0,80	1,16	1,31	III	14,58	0,66	0,96	1,08	0,52	0,76	0,85	0,33	0,56	0,63	—	0,37	0,42	—	0,21	0,23	—	0,07	0,08
	V	37,71	2,07	3,01	3,39	IV	24,77	1,26	1,84	2,07	1,17	1,70	1,92	1,08	1,57	1,77	0,99	1,44	1,62	0,90	1,31	1,48	0,82	1,19	1,34
	VI	38,92	2,14	3,11	3,50																				
132,79	I,IV	24,80	1,36	1,98	2,23	I	24,80	1,17	1,70	1,92	0,99	1,44	1,62	0,82	1,19	1,34	0,66	0,96	1,08	0,50	0,73	0,82	0,35	0,52	0,58
	II	23,50	1,29	1,88	2,11	II	23,50	1,10	1,61	1,81	0,92	1,35	1,52	0,76	1,10	1,24	0,60	0,87	0,98	0,44	0,65	0,73	0,30	0,44	0,50
	III	14,61	0,80	1,16	1,31	III	14,61	0,66	0,96	1,08	0,52	0,76	0,85	0,33	0,56	0,63	—	0,38	0,42	—	0,21	0,24	—	0,07	0,08
	V	37,75	2,07	3,02	3,39	IV	24,80	1,26	1,84	2,07	1,17	1,70	1,92	1,08	1,57	1,77	0,99	1,44	1,62	0,90	1,32	1,48	0,82	1,19	1,34
	VI	38,96	2,14	3,11	3,50																				
132,89	I,IV	24,83	1,36	1,98	2,23	I	24,83	1,17	1,71	1,92	0,99	1,44	1,63	0,82	1,19	1,34	0,66	0,96	1,08	0,50	0,73	0,82	0,36	0,52	0,58
	II	23,53	1,29	1,88	2,11	II	23,53	1,10	1,61	1,81	0,93	1,35	1,52	0,76	1,10	1,24	0,60	0,87	0,98	0,45	0,65	0,73	0,30	0,44	0,50
	III	14,63	0,80	1,17	1,31	III	14,63	0,66	0,96	1,08	0,52	0,76	0,85	0,34	0,56	0,63	—	0,38	0,42	—	0,21	0,24	—	0,07	0,08
	V	37,78	2,07	3,02	3,40	IV	24,83	1,27	1,84	2,07	1,17	1,71	1,92	1,08	1,57	1,77	0,99	1,44	1,63	0,90	1,32	1,48	0,82	1,19	1,34
	VI	39,—	2,14	3,12	3,51																				
132,99	I,IV	24,86	1,36	1,98	2,23	I	24,86	1,17	1,71	1,92	0,99	1,45	1,63	0,82	1,20	1,35	0,66	0,96	1,08	0,50	0,73	0,83	0,36	0,52	0,59
	II	23,56	1,29	1,88	2,12	II	23,56	1,11	1,61	1,81	0,93	1,35	1,52	0,76	1,11	1,25	0,60	0,87	0,98	0,45	0,65	0,73	0,30	0,44	0,50
	III	14,65	0,80	1,17	1,31	III	14,65	0,66	0,96	1,08	0,52	0,76	0,86	0,34	0,57	0,64	—	0,38	0,43	—	0,21	0,24	—	0,07	0,08
	V	37,82	2,08	3,02	3,40	IV	24,86	1,27	1,85	2,08	1,17	1,71	1,92	1,08	1,58	1,77	0,99	1,45	1,63	0,91	1,32	1,49	0,82	1,20	1,35
	VI	39,03	2,14	3,12	3,51																				
133,09	I,IV	24,90	1,36	1,99	2,24	I	24,90	1,18	1,71	1,93	0,99	1,45	1,63	0,82	1,20	1,35	0,66	0,96	1,08	0,50	0,74	0,83	0,36	0,52	0,59
	II	23,59	1,29	1,88	2,12	II	23,59	1,11	1,61	1,81	0,93	1,35	1,52	0,76	1,11	1,25	0,60	0,88	0,99	0,45	0,66	0,74	0,31	0,45	0,50
	III	14,67	0,80	1,17	1,32	III	14,67	0,66	0,96	1,08	0,52	0,76	0,86	0,35	0,57	0,64	—	0,38	0,43	—	0,21	0,24	—	0,07	0,08
	V	37,86	2,08	3,02	3,40	IV	24,90	1,27	1,85	2,08	1,18	1,71	1,93	1,08	1,58	1,78	0,99	1,45	1,63	0,91	1,32	1,49	0,82	1,20	1,35
	VI	39,06	2,14	3,12	3,51																				
133,19	I,IV	24,93	1,37	1,99	2,24	I	24,93	1,18	1,71	1,93	1,—	1,45	1,63	0,82	1,20	1,35	0,66	0,96	1,08	0,51	0,74	0,83	0,36	0,52	0,59
	II	23,62	1,29	1,88	2,12	II	23,62	1,11	1,61	1,82	0,93	1,36	1,53	0,76	1,11	1,25	0,60	0,88	0,99	0,45	0,66	0,74	0,31	0,45	0,51
	III	14,70	0,80	1,17	1,32	III	14,70	0,66	0,96	1,08	0,52	0,76	0,86	0,35	0,57	0,64	—	0,38	0,43	—	0,21	0,24	—	0,07	0,08
	V	37,89	2,08	3,03	3,41	IV	24,93	1,27	1,85	2,08	1,18	1,71	1,93	1,09	1,58	1,78	1,—	1,45	1,63	0,91	1,32	1,49	0,82	1,20	1,35
	VI	39,10	2,15	3,12	3,51																				
133,29	I,IV	24,96	1,37	1,99	2,24	I	24,96	1,18	1,72	1,93	1,—	1,45	1,64	0,83	1,20	1,35	0,66	0,97	1,09	0,51	0,74	0,83	0,36	0,53	0,59
	II	23,65	1,30	1,89	2,12	II	23,65	1,11	1,62	1,82	0,93	1,36	1,53	0,76	1,11	1,25	0,60	0,88	0,99	0,45	0,66	0,74	0,31	0,45	0,51
	III	14,72	0,81	1,17	1,32	III	14,72	0,66	0,97	1,09	0,52	0,76	0,86	0,36	0,57	0,64	—	0,38	0,43	—	0,22	0,24	—	0,08	0,09
	V	37,93	2,08	3,03	3,41	IV	24,96	1,27	1,85	2,08	1,18	1,72	1,93	1,09	1,58	1,78	1,—	1,45	1,64	0,91	1,33	1,49	0,83	1,20	1,35
	VI	39,14	2,15	3,13	3,52																				
133,39	I,IV	24,99	1,37	1,99	2,24	I	24,99	1,18	1,72	1,93	1,—	1,46	1,64	0,83	1,21	1,36	0,66	0,97	1,09	0,51	0,74	0,83	0,36	0,53	0,60
	II	23,68	1,30	1,89	2,13	II	23,68	1,11	1,62	1,82	0,93	1,36	1,53	0,77	1,12	1,26	0,60	0,88	0,99	0,45	0,66	0,74	0,31	0,45	0,51
	III	14,75	0,81	1,18	1,32	III	14,75	0,66	0,97	1,09	0,53	0,77	0,86	0,36	0,57	0,64	—	0,38	0,43	—	0,22	0,24	—	0,08	0,09
	V	37,96	2,08	3,03	3,41	IV	24,99	1,27	1,86	2,09	1,18	1,72	1,93	1,09	1,59	1,78	1,—	1,46	1,64	0,91	1,33	1,50	0,83	1,21	1,36
	VI	39,17	2,15	3,13	3,52																				
133,49	I,IV	25,02	1,37	2,—	2,25	I	25,02	1,18	1,72	1,94	1,—	1,46	1,64	0,83	1,21	1,36	0,66	0,97	1,09	0,51	0,74	0,84	0,36	0,53	0,60
	II	23,71	1,30	1,89	2,13	II	23,71	1,11	1,62	1,82	0,94	1,36	1,53	0,77	1,12	1,26	0,61	0,88	0,99	0,45	0,66	0,75	0,31	0,45	0,51
	III	14,77	0,81	1,18	1,32	III	14,77	0,67	0,97	1,09	0,53	0,77	0,87	0,36	0,57	0,65	—	0,39	0,43	—	0,22	0,25	—	0,08	0,09
	V	38,—	2,09	3,04	3,42	IV	25,02	1,28	1,86	2,09	1,18	1,72	1,94	1,09	1,59	1,79	1,—	1,46	1,64	0,91	1,33	1,50	0,83	1,21	1,36
	VI	39,21	2,15	3,13	3,52																				
133,59	I,IV	25,05	1,37	2,—	2,25	I	25,05	1,18	1,72	1,94	1,—	1,46	1,64	0,83	1,21	1,36	0,67	0,97	1,09	0,51	0,75	0,84	0,36	0,53	0,60
	II	23,75	1,30	1,90	2,13	II	23,75	1,12	1,62	1,83	0,94	1,37	1,54	0,77	1,12	1,26	0,61	0,89	1,—	0,46	0,66	0,75	0,31	0,46	0,51
	III	14,79	0,81	1,18	1,33	III	14,79	0,67	0,97	1,09	0,53	0,77	0,87	0,37	0,58	0,65	—	0,39	0,44	—	0,22	0,25	—	0,08	0,09
	V	38,04	2,09	3,04	3,42	IV	25,05	1,28	1,86	2,09	1,18	1,72	1,94	1,09	1,59	1,79	1,—	1,46	1,64	0,92	1,33	1,50	0,83	1,21	1,36
	VI	39,25	2,15	3,14	3,53																				
133,69	I,IV	25,08	1,37	2,—	2,25	I	25,08	1,19	1,73	1,94	1,—	1,46	1,65	0,83	1,21	1,36	0,67	0,97	1,10	0,51	0,75	0,84	0,37	0,53	0,60
	II	23,78	1,30	1,90	2,14	II	23,78	1,12	1,63	1,83	0,94	1,37	1,54	0,77	1,12	1,26	0,61	0,89	1,—	0,46	0,67	0,75	0,31	0,46	0,52
	III	14,82	0,81	1,18	1,33	III	14,82	0,67	0,97	1,09	0,53	0,77	0,87	0,37	0,58	0,65	—	0,39	0,44	—	0,22	0,25	—	0,08	0,09
	V	38,07	2,09	3,04	3,42	IV	25,08	1,28	1,86	2,10	1,19	1,73	1,94	1,09	1,59	1,79	1,—	1,46	1,65	0,92	1,34	1,50	0,83	1,21	1,36
	VI	39,28	2,16	3,14	3,53																				
133,79	I,IV	25,11	1,38	2,—	2,25	I	25,11	1,19	1,73	1,94	1,01	1,46	1,65	0,83	1,21	1,37	0,67	0,98	1,10	0,51	0,75	0,84	0,37	0,54	0,60
	II	23,81	1,30	1,90	2,14	II	23,81	1,12	1,63	1,83	0,94	1,37	1,54	0,77	1,12	1,26	0,61	0,89	1,—	0,46	0,67	0,75	0,31	0,46	0,52
	III	14,84	0,81	1,18	1,33	III	14,84	0,67	0,98	1,10	0,53	0,77	0,87	0,38	0,58	0,65	—	0,39	0,44	—	0,22	0,25	—	0,08	0,09
	V	38,11	2,09	3,04	3,42	IV	25,11	1,28	1,86	2,10	1,19	1,73	1,94	1,10	1,60	1,80	1,01	1,46	1,65	0,92	1,34	1,51	0,83	1,21	1,37
	VI	39,32	2,16	3,14	3,53																				
133,89	I,IV	25,14	1,38	2,01	2,26	I	25,14	1,19	1,73	1,95	1,01	1,47	1,65	0,83	1,22	1,37	0,67	0,98	1,10	0,52	0,75	0,85	0,37	0,54	0,61
	II	23,84	1,31	1,90	2,14	II	23,84	1,12	1,63	1,84	0,94	1,37	1,54	0,77	1,13	1,27	0,61	0,89	1,—	0,46	0,67	0,75	0,32	0,46	0,52
	III	14,86	0,81	1,18	1,33	III	14,86	0,67	0,98	1,10	0,53	0,78	0,87	0,38	0,58	0,65	—	0,39	0,44	—	0,22	0,25	—	0,08	0,09
	V	38,15	2,09	3,05	3,43	IV	25,14	1,28	1,87	2,10	1,19	1,73	1,95	1,10	1,60	1,80	1,01	1,47	1,65	0,92	1,34	1,51	0,83	1,22	1,37
	VI	39,35	2,16	3,14	3,54																				
133,99	I,IV	25,18	1,38	2,01	2,26	I	25,18	1,19	1,73	1,95	1,01	1,47	1,65	0,84	1,22	1,37	0,67	0,98	1,10	0,52	0,75	0,85	0,37	0,54	0,61
	II	23,87	1,31	1,90	2,14	II	23,87	1,12	1,63	1,84	0,94	1,37	1,55	0,77	1,13	1,27	0,61	0,89	1,01	0,46	0,67	0,76	0,32	0,46	0,52
	III	14,88	0,81	1,19	1,33	III	14,88	0,67	0,98	1,10	0,53	0,78	0,88	0,38	0,58	0,66	—	0,39	0,44	—	0,23	0,25	—	0,08	0,09
	V	38,18	2,10	3,05	3,43	IV	25,18	1,28	1,87	2,10	1,19	1,73	1,95	1,10	1,60	1,80	1,01	1,47	1,65	0,92	1,34	1,51	0,84	1,22	1,37
	VI	39,39	2,16	3,15	3,54																				
134,09	I,IV	25,21	1,38	2,01	2,26	I	25,21	1,19	1,74	1,95	1,01	1,47	1,66	0,84	1,22	1,37	0,67	0,98	1,10	0,52	0,76	0,85	0,37	0,54	0,61
	II	23,90	1,31	1,91	2,15	II	23,90	1,12	1,64	1,84	0,94	1,38	1,55	0,78	1,13	1,27	0,61	0,90	1,01	0,46	0,67	0,76	0,32	0,46	0,52
	III	14,91	0,82	1,19	1,34	III	14,91	0,67	0,98	1,10	0,53	0,78	0,88	0,39	0,58	0,66	—	0,40	0,45	—	0,23	0,26	—	0,08	0,09
	V	38,22	2,10	3,05	3,43	IV	25,21	1,29	1,87	2,11	1,19	1,74	1,95	1,10	1,60	1,80	1,01	1,47	1,66	0,92	1,34	1,51	0,84	1,22	1,37
	VI	39,43	2,16	3,15	3,54																				
134,19	I,IV	25,24	1,38	2,01	2,27	I	25,24	1,19	1,74	1,96	1,01	1,47	1,66	0,84	1,22	1,38	0,67	0,98	1,11	0,52	0,76	0,85	0,37	0,54	0,61
	II	23,93	1,31	1,91	2,15	II	23,93	1,12	1,64	1,84	0,95	1,38	1,55	0,78	1,13	1,27	0,62	0,90	1,01	0,46	0,68	0,76	0,32	0,47	0,53
	III	14,93	0,82	1,19	1,34	III	14,93	0,67	0,98	1,10	0,54	0,78	0,88	0,39	0,59	0,66	—	0,40	0,45	—	0,23	0,26	—	0,09	0,10
	V	38,25	2,10	3,06	3,44	IV	25,24	1,29	1,87	2,11	1,19	1,74	1,96	1,10	1,60	1,80	1,01	1,47	1,66	0,92	1,35	1,52	0,84	1,22	1,38
	VI	39,46	2,17	3,15	3,55																				
134,29	I,IV	25,27	1,38	2,02	2,27	I	25,27	1,19	1,74	1,96	1,01	1,48	1,66	0,84	1,22	1,38	0,68	0,99	1,11	0,52	0,76	0,85	0,37	0,54	0,61
	II	23,96	1,31	1,91	2,15	II	23,96	1,13	1,64	1,85	0,95	1,38	1,55	0,78	1,13	1,28	0,62	0,90	1,01	0,46	0,68	0,76	0,32	0,47	0,53
	III	14,95	0,82	1,19	1,34	III	14,95	0,67	0,98	1,11	0,54	0,78	0,88	0,40	0,59	0,66	—	0,40	0,45	—	0,23	0,26	—	0,09	0,10
	V	38,29	2,10	3,06	3,44	IV	25,27	1,29	1,88	2,11	1,19	1,74	1,96	1,10	1,61	1,81	1,01	1,48	1,66	0,93	1,35	1,52	0,84	1,22	1,38
	VI	39,50	2,17	3,16	3,55																				

Abzüge an Lohnsteuer, Solidaritätszuschlag (SolZ) und Kirchensteuer (8%, 9%) in den Steuerklassen; Spalten I, II, III, IV: mit Zahl der Kinderfreibeträge . . .

* Die ausgewiesenen Tabellenwerte sind amtlich. Siehe Erläuterungen auf der Umschlaginnenseite (U2).
** Bei mehr als 3 Kinderfreibeträgen ist die „Ergänzungs-Tabelle 3,5 bis 6 Kinderfreibeträge" anzuwenden.

Lohn/ Gehalt bis €*	Abzüge an Lohnsteuer, Solidaritätszuschlag (SolZ) und Kirchensteuer (8%, 9%) in den Steuerklassen I – VI					I, II, III, IV		mit Zahl der Kinderfreibeträge . . . 0,5			1			1,5			2			2,5			3**		
		LSt	ohne Kinderfreibeträge SolZ	8%	9%		LSt	SolZ	8%	9%	SolZ	8%	9%	SolZ	8%	9%	SolZ	8%	9%	SolZ	8%	9%	SolZ	8%	9%
134,39	I,IV	25,30	1,39	2,02	2,27	I	25,30	1,20	1,74	1,96	1,01	1,48	1,66	0,84	1,23	1,38	0,68	0,99	1,11	0,52	0,76	0,86	0,37	0,55	0,62
	II	23,99	1,31	1,91	2,15	II	23,99	1,13	1,64	1,85	0,95	1,38	1,56	0,78	1,14	1,28	0,62	0,90	1,01	0,47	0,68	0,77	0,32	0,47	0,53
	III	14,98	0,82	1,19	1,34	III	14,98	0,68	0,99	1,11	0,54	0,78	0,88	0,40	0,59	0,66	—	0,40	0,45	—	0,23	0,26	—	0,09	0,10
	V	38,33	2,10	3,06	3,44	IV	25,30	1,29	1,88	2,11	1,20	1,74	1,96	1,10	1,61	1,81	1,01	1,48	1,66	0,93	1,35	1,52	0,84	1,23	1,38
	VI	39,53	2,17	3,16	3,55																				
134,49	I,IV	25,33	1,39	2,02	2,27	I	25,33	1,20	1,74	1,96	1,02	1,48	1,67	0,84	1,23	1,38	0,68	0,99	1,11	0,52	0,76	0,86	0,38	0,55	0,62
	II	24,02	1,32	1,92	2,16	II	24,02	1,13	1,64	1,85	0,95	1,39	1,56	0,78	1,14	1,28	0,62	0,90	1,02	0,47	0,68	0,77	0,32	0,47	0,53
	III	15,—	0,82	1,20	1,35	III	15,—	0,68	0,99	1,11	0,54	0,79	0,88	0,40	0,59	0,67	—	0,40	0,45	—	0,23	0,26	—	0,09	0,10
	V	38,36	2,11	3,06	3,45	IV	25,33	1,29	1,88	2,12	1,20	1,74	1,96	1,11	1,61	1,81	1,02	1,48	1,67	0,93	1,35	1,52	0,84	1,23	1,38
	VI	39,57	2,17	3,16	3,56																				
134,59	I,IV	25,36	1,39	2,02	2,28	I	25,36	1,20	1,75	1,97	1,02	1,48	1,67	0,85	1,23	1,39	0,68	0,99	1,12	0,52	0,76	0,86	0,38	0,55	0,62
	II	24,05	1,32	1,92	2,16	II	24,05	1,13	1,65	1,85	0,95	1,39	1,56	0,78	1,14	1,28	0,62	0,91	1,02	0,47	0,68	0,77	0,32	0,47	0,53
	III	15,02	0,82	1,20	1,35	III	15,02	0,68	0,99	1,11	0,54	0,79	0,89	0,41	0,59	0,67	—	0,40	0,45	—	0,23	0,26	—	0,09	0,10
	V	38,40	2,11	3,07	3,45	IV	25,36	1,29	1,88	2,12	1,20	1,75	1,97	1,11	1,61	1,82	1,02	1,48	1,67	0,93	1,36	1,53	0,85	1,23	1,39
	VI	39,61	2,17	3,16	3,56																				
134,69	I,IV	25,39	1,39	2,03	2,28	I	25,39	1,20	1,75	1,97	1,02	1,49	1,67	0,85	1,23	1,39	0,68	0,99	1,12	0,53	0,77	0,86	0,38	0,55	0,62
	II	24,08	1,32	1,92	2,16	II	24,08	1,13	1,65	1,86	0,95	1,39	1,56	0,78	1,14	1,29	0,62	0,91	1,02	0,47	0,69	0,77	0,33	0,48	0,54
	III	15,05	0,82	1,20	1,35	III	15,05	0,68	0,99	1,12	0,54	0,79	0,89	0,41	0,59	0,67	—	0,41	0,46	—	0,24	0,27	—	0,09	0,10
	V	38,43	2,11	3,07	3,45	IV	25,39	1,30	1,89	2,12	1,20	1,75	1,97	1,11	1,62	1,82	1,02	1,49	1,67	0,93	1,36	1,53	0,85	1,23	1,39
	VI	39,64	2,18	3,17	3,56																				
134,79	I,IV	25,42	1,39	2,03	2,28	I	25,42	1,20	1,75	1,97	1,02	1,49	1,67	0,85	1,24	1,39	0,68	1,—	1,12	0,53	0,77	0,87	0,38	0,55	0,62
	II	24,11	1,32	1,92	2,16	II	24,11	1,13	1,65	1,86	0,96	1,39	1,57	0,79	1,14	1,29	0,62	0,91	1,02	0,47	0,69	0,77	0,33	0,48	0,54
	III	15,07	0,82	1,20	1,35	III	15,07	0,68	0,99	1,12	0,54	0,79	0,89	0,41	0,60	0,67	—	0,41	0,46	—	0,24	0,27	—	0,09	0,10
	V	38,47	2,11	3,07	3,46	IV	25,42	1,30	1,89	2,13	1,20	1,75	1,97	1,11	1,62	1,82	1,02	1,49	1,67	0,93	1,36	1,53	0,85	1,24	1,39
	VI	39,68	2,18	3,17	3,57																				
134,89	I,IV	25,46	1,40	2,03	2,29	I	25,46	1,20	1,75	1,97	1,02	1,49	1,68	0,85	1,24	1,39	0,68	1,—	1,12	0,53	0,77	0,87	0,38	0,56	0,63
	II	24,14	1,32	1,93	2,17	II	24,14	1,14	1,65	1,86	0,96	1,39	1,57	0,79	1,15	1,29	0,63	0,91	1,03	0,47	0,69	0,78	0,33	0,48	0,54
	III	15,10	0,83	1,20	1,35	III	15,10	0,68	1,—	1,12	0,54	0,79	0,89	0,41	0,60	0,67	—	0,41	0,46	—	0,24	0,27	—	0,09	0,11
	V	38,51	2,11	3,08	3,46	IV	25,46	1,30	1,89	2,13	1,20	1,75	1,97	1,11	1,62	1,82	1,02	1,49	1,68	0,94	1,36	1,53	0,85	1,24	1,39
	VI	39,71	2,18	3,17	3,57																				
134,99	I,IV	25,49	1,40	2,03	2,29	I	25,49	1,21	1,76	1,98	1,02	1,49	1,68	0,85	1,24	1,40	0,69	1,—	1,13	0,53	0,77	0,87	0,38	0,56	0,63
	II	24,18	1,32	1,93	2,17	II	24,18	1,14	1,66	1,86	0,96	1,40	1,57	0,79	1,15	1,29	0,63	0,91	1,03	0,47	0,69	0,78	0,33	0,48	0,54
	III	15,12	0,83	1,20	1,36	III	15,12	0,68	1,—	1,12	0,55	0,80	0,90	0,41	0,60	0,67	—	0,41	0,46	—	0,24	0,27	—	0,10	0,11
	V	38,54	2,12	3,08	3,46	IV	25,49	1,30	1,89	2,13	1,21	1,76	1,98	1,11	1,62	1,83	1,02	1,49	1,68	0,94	1,36	1,53	0,85	1,24	1,40
	VI	39,75	2,18	3,18	3,57																				
135,09	I,IV	25,52	1,40	2,04	2,29	I	25,52	1,21	1,76	1,98	1,03	1,49	1,68	0,85	1,24	1,40	0,69	1,—	1,13	0,53	0,78	0,87	0,38	0,56	0,63
	II	24,21	1,33	1,93	2,17	II	24,21	1,14	1,66	1,87	0,96	1,40	1,57	0,79	1,15	1,30	0,63	0,92	1,03	0,48	0,69	0,78	0,33	0,48	0,54
	III	15,14	0,83	1,21	1,36	III	15,14	0,68	1,—	1,12	0,55	0,80	0,90	0,41	0,60	0,68	—	0,41	0,46	—	0,24	0,27	—	0,10	0,11
	V	38,58	2,12	3,08	3,47	IV	25,52	1,30	1,90	2,13	1,21	1,76	1,98	1,12	1,63	1,83	1,03	1,49	1,68	0,94	1,37	1,54	0,85	1,24	1,40
	VI	39,79	2,18	3,18	3,58																				
135,19	I,IV	25,56	1,40	2,04	2,30	I	25,56	1,21	1,76	1,98	1,03	1,50	1,68	0,85	1,24	1,40	0,69	1,—	1,13	0,53	0,78	0,87	0,38	0,56	0,63
	II	24,24	1,33	1,93	2,18	II	24,24	1,14	1,66	1,87	0,96	1,40	1,58	0,79	1,15	1,30	0,63	0,92	1,03	0,48	0,70	0,78	0,33	0,48	0,55
	III	15,17	0,83	1,21	1,36	III	15,17	0,69	1,—	1,13	0,55	0,80	0,90	0,41	0,60	0,68	—	0,41	0,47	—	0,24	0,27	—	0,10	0,11
	V	38,62	2,12	3,08	3,47	IV	25,56	1,30	1,90	2,14	1,21	1,76	1,98	1,12	1,63	1,83	1,03	1,50	1,68	0,94	1,37	1,54	0,85	1,24	1,40
	VI	39,83	2,19	3,18	3,58																				
135,29	I,IV	25,59	1,40	2,04	2,30	I	25,59	1,21	1,76	1,99	1,03	1,50	1,69	0,86	1,25	1,40	0,69	1,01	1,13	0,53	0,78	0,88	0,39	0,56	0,63
	II	24,28	1,33	1,94	2,18	II	24,28	1,14	1,66	1,87	0,96	1,40	1,58	0,79	1,16	1,30	0,63	0,92	1,04	0,48	0,70	0,79	0,33	0,49	0,55
	III	15,20	0,83	1,21	1,36	III	15,20	0,69	1,—	1,13	0,55	0,80	0,90	0,41	0,60	0,68	—	0,42	0,47	—	0,24	0,27	—	0,10	0,11
	V	38,66	2,12	3,09	3,47	IV	25,59	1,31	1,90	2,14	1,21	1,76	1,99	1,12	1,63	1,83	1,03	1,50	1,69	0,94	1,37	1,54	0,86	1,25	1,40
	VI	39,87	2,19	3,18	3,58																				
135,39	I,IV	25,62	1,40	2,04	2,30	I	25,62	1,21	1,77	1,99	1,03	1,50	1,69	0,86	1,25	1,41	0,69	1,01	1,14	0,54	0,78	0,88	0,39	0,57	0,64
	II	24,31	1,33	1,94	2,18	II	24,31	1,14	1,67	1,88	0,97	1,41	1,58	0,79	1,16	1,30	0,63	0,92	1,04	0,48	0,70	0,79	0,33	0,49	0,55
	III	15,22	0,83	1,21	1,36	III	15,22	0,69	1,—	1,13	0,55	0,80	0,90	0,42	0,61	0,68	—	0,42	0,47	—	0,25	0,28	—	0,10	0,11
	V	38,70	2,12	3,09	3,48	IV	25,62	1,31	1,90	2,14	1,21	1,77	1,99	1,12	1,63	1,84	1,03	1,50	1,69	0,94	1,37	1,55	0,86	1,25	1,41
	VI	39,91	2,19	3,19	3,59																				
135,49	I,IV	25,66	1,41	2,05	2,30	I	25,66	1,22	1,77	1,99	1,03	1,50	1,69	0,86	1,25	1,41	0,69	1,01	1,14	0,54	0,78	0,88	0,39	0,57	0,64
	II	24,35	1,33	1,94	2,19	II	24,35	1,15	1,67	1,88	0,97	1,41	1,59	0,80	1,16	1,31	0,63	0,92	1,04	0,48	0,70	0,79	0,34	0,49	0,55
	III	15,25	0,83	1,22	1,37	III	15,25	0,69	1,01	1,13	0,55	0,80	0,91	0,42	0,61	0,69	—	0,42	0,47	—	0,25	0,28	—	0,10	0,11
	V	38,74	2,13	3,09	3,48	IV	25,66	1,31	1,91	2,15	1,22	1,77	1,99	1,12	1,64	1,84	1,03	1,50	1,69	0,95	1,38	1,55	0,86	1,25	1,41
	VI	39,95	2,19	3,19	3,59																				
135,59	I,IV	25,70	1,41	2,05	2,31	I	25,70	1,22	1,77	1,99	1,03	1,51	1,70	0,86	1,25	1,41	0,70	1,01	1,14	0,54	0,79	0,88	0,39	0,57	0,64
	II	24,38	1,34	1,95	2,19	II	24,38	1,15	1,67	1,88	0,97	1,41	1,59	0,80	1,16	1,31	0,64	0,93	1,04	0,48	0,70	0,79	0,34	0,49	0,55
	III	15,27	0,84	1,22	1,37	III	15,27	0,69	1,01	1,14	0,55	0,81	0,91	0,42	0,61	0,69	—	0,42	0,47	—	0,25	0,28	—	0,10	0,12
	V	38,78	2,13	3,10	3,49	IV	25,70	1,31	1,91	2,15	1,22	1,77	1,99	1,12	1,64	1,84	1,03	1,51	1,70	0,95	1,38	1,55	0,86	1,25	1,41
	VI	39,99	2,19	3,19	3,59																				
135,69	I,IV	25,73	1,41	2,05	2,31	I	25,73	1,22	1,78	2,—	1,04	1,51	1,70	0,86	1,26	1,41	0,70	1,02	1,14	0,54	0,79	0,89	0,39	0,57	0,64
	II	24,41	1,34	1,95	2,19	II	24,41	1,15	1,68	1,89	0,97	1,41	1,59	0,80	1,17	1,31	0,64	0,93	1,05	0,48	0,71	0,79	0,34	0,50	0,56
	III	15,30	0,84	1,22	1,37	III	15,30	0,69	1,01	1,14	0,55	0,81	0,91	0,42	0,61	0,69	—	0,42	0,48	—	0,25	0,28	—	0,10	0,12
	V	38,82	2,13	3,10	3,49	IV	25,73	1,31	1,91	2,15	1,22	1,78	2,—	1,13	1,64	1,85	1,04	1,51	1,70	0,95	1,38	1,55	0,86	1,26	1,41
	VI	40,03	2,20	3,20	3,60																				
135,79	I,IV	25,76	1,41	2,06	2,31	I	25,76	1,22	1,78	2,—	1,04	1,51	1,70	0,86	1,26	1,42	0,70	1,02	1,15	0,54	0,79	0,89	0,39	0,57	0,65
	II	24,45	1,34	1,95	2,20	II	24,45	1,15	1,68	1,89	0,97	1,42	1,59	0,80	1,17	1,31	0,64	0,93	1,05	0,49	0,71	0,80	0,34	0,50	0,56
	III	15,32	0,84	1,22	1,37	III	15,32	0,69	1,01	1,14	0,56	0,81	0,91	0,42	0,61	0,69	—	0,42	0,48	—	0,25	0,28	—	0,10	0,12
	V	38,86	2,13	3,10	3,49	IV	25,76	1,32	1,92	2,16	1,22	1,78	2,—	1,13	1,64	1,85	1,04	1,51	1,70	0,95	1,38	1,56	0,86	1,26	1,42
	VI	40,07	2,20	3,20	3,60																				
135,89	I,IV	25,80	1,41	2,06	2,32	I	25,80	1,22	1,78	2,—	1,04	1,52	1,71	0,87	1,26	1,42	0,70	1,02	1,15	0,54	0,79	0,89	0,39	0,58	0,65
	II	24,48	1,34	1,95	2,20	II	24,48	1,15	1,68	1,89	0,97	1,42	1,60	0,80	1,17	1,32	0,64	0,93	1,05	0,49	0,71	0,80	0,34	0,50	0,56
	III	15,35	0,84	1,22	1,38	III	15,35	0,70	1,01	1,14	0,56	0,81	0,91	0,42	0,62	0,69	—	0,43	0,48	—	0,25	0,28	—	0,11	0,12
	V	38,90	2,13	3,11	3,50	IV	25,80	1,32	1,92	2,16	1,22	1,78	2,—	1,13	1,65	1,85	1,04	1,52	1,71	0,95	1,39	1,56	0,87	1,26	1,42
	VI	40,11	2,20	3,20	3,60																				
135,99	I,IV	25,83	1,42	2,06	2,32	I	25,83	1,22	1,78	2,01	1,04	1,52	1,71	0,87	1,26	1,42	0,70	1,02	1,15	0,54	0,79	0,89	0,40	0,58	0,65
	II	24,51	1,34	1,96	2,20	II	24,51	1,16	1,68	1,89	0,98	1,42	1,60	0,80	1,17	1,32	0,64	0,94	1,05	0,49	0,71	0,80	0,34	0,50	0,56
	III	15,37	0,84	1,22	1,38	III	15,37	0,70	1,02	1,14	0,56	0,81	0,92	0,42	0,62	0,70	—	0,43	0,48	—	0,26	0,29	—	0,11	0,12
	V	38,94	2,14	3,11	3,50	IV	25,83	1,32	1,92	2,16	1,22	1,78	2,01	1,13	1,65	1,86	1,04	1,52	1,71	0,95	1,39	1,56	0,87	1,26	1,42
	VI	40,15	2,20	3,21	3,61																				

* Die ausgewiesenen Tabellenwerte sind amtlich. Siehe Erläuterungen auf der Umschlaginnenseite (U2).
** Bei mehr als 3 Kinderfreibeträgen ist die „Ergänzungs-Tabelle 3,5 bis 6 Kinderfreibeträge" anzuwenden.

Lohn/ Gehalt bis €*		I – VI					I, II, III, IV																		
			ohne Kinderfreibeträge					mit Zahl der Kinderfreibeträge . . .																	
								0,5			1			1,5			2			2,5			3**		
		LSt	SolZ	8%	9%		LSt	SolZ	8%	9%	SolZ	8%	9%	SolZ	8%	9%	SolZ	8%	9%	SolZ	8%	9%	SolZ	8%	9%
136,09	I,IV	25,87	1,42	2,06	2,32	I	25,87	1,23	1,79	2,01	1,04	1,52	1,71	0,87	1,27	1,43	0,70	1,02	1,15	0,55	0,80	0,90	0,40	0,58	0,65
	II	24,55	1,35	1,96	2,20	II	24,55	1,16	1,69	1,90	0,98	1,42	1,60	0,81	1,18	1,32	0,64	0,94	1,06	0,49	0,71	0,80	0,34	0,50	0,57
	III	15,40	0,84	1,23	1,38	III	15,40	0,70	1,02	1,15	0,56	0,82	0,92	0,42	0,62	0,70	—	0,43	0,48	—	0,26	0,29	—	0,11	0,12
	V	38,98	2,14	3,11	3,50	IV	25,87	1,32	1,92	2,16	1,23	1,79	2,01	1,13	1,65	1,86	1,04	1,52	1,71	0,96	1,39	1,57	0,87	1,27	1,43
	VI	40,19	2,21	3,21	3,61																				
136,19	I,IV	25,90	1,42	2,07	2,33	I	25,90	1,23	1,79	2,01	1,05	1,52	1,71	0,87	1,27	1,43	0,70	1,03	1,16	0,55	0,80	0,90	0,40	0,58	0,66
	II	24,58	1,35	1,96	2,21	II	24,58	1,16	1,69	1,90	0,98	1,43	1,61	0,81	1,18	1,32	0,65	0,94	1,06	0,49	0,72	0,81	0,35	0,50	0,57
	III	15,42	0,84	1,23	1,38	III	15,42	0,70	1,02	1,15	0,56	0,82	0,92	0,43	0,62	0,70	0,01	0,43	0,49	—	0,26	0,29	—	0,11	0,12
	V	39,02	2,14	3,12	3,51	IV	25,90	1,32	1,93	2,17	1,23	1,79	2,01	1,14	1,65	1,86	1,05	1,52	1,71	0,96	1,39	1,57	0,87	1,27	1,43
	VI	40,23	2,21	3,21	3,62																				
136,29	I,IV	25,94	1,42	2,07	2,33	I	25,94	1,23	1,79	2,02	1,05	1,52	1,72	0,87	1,27	1,43	0,71	1,03	1,16	0,55	0,80	0,90	0,40	0,58	0,66
	II	24,62	1,35	1,96	2,21	II	24,62	1,16	1,69	1,90	0,98	1,43	1,61	0,81	1,18	1,33	0,65	0,94	1,06	0,49	0,72	0,81	0,35	0,51	0,57
	III	15,45	0,85	1,23	1,39	III	15,45	0,70	1,02	1,15	0,56	0,82	0,92	0,43	0,62	0,70	0,01	0,43	0,49	—	0,26	0,29	—	0,11	0,13
	V	39,06	2,14	3,12	3,51	IV	25,94	1,32	1,93	2,17	1,23	1,79	2,02	1,14	1,66	1,86	1,05	1,52	1,72	0,96	1,40	1,57	0,87	1,27	1,43
	VI	40,27	2,21	3,22	3,62																				
136,39	I,IV	25,97	1,42	2,07	2,33	I	25,97	1,23	1,79	2,02	1,05	1,53	1,72	0,87	1,27	1,43	0,71	1,03	1,16	0,55	0,80	0,90	0,40	0,59	0,66
	II	24,65	1,35	1,97	2,21	II	24,65	1,16	1,69	1,90	0,98	1,43	1,61	0,81	1,18	1,33	0,65	0,94	1,06	0,49	0,72	0,81	0,35	0,51	0,57
	III	15,48	0,85	1,23	1,39	III	15,48	0,70	1,02	1,15	0,56	0,82	0,92	0,43	0,63	0,70	0,02	0,44	0,49	—	0,26	0,29	—	0,11	0,13
	V	39,10	2,15	3,12	3,51	IV	25,97	1,33	1,93	2,17	1,23	1,79	2,02	1,14	1,66	1,87	1,05	1,53	1,72	0,96	1,40	1,57	0,87	1,27	1,43
	VI	40,31	2,21	3,22	3,62																				
136,49	I,IV	26,—	1,43	2,08	2,34	I	26,—	1,23	1,80	2,02	1,05	1,53	1,72	0,88	1,28	1,44	0,71	1,03	1,16	0,55	0,80	0,91	0,40	0,59	0,66
	II	24,68	1,35	1,97	2,22	II	24,68	1,16	1,70	1,91	0,98	1,43	1,61	0,81	1,18	1,33	0,65	0,95	1,07	0,50	0,72	0,81	0,35	0,51	0,58
	III	15,50	0,85	1,24	1,39	III	15,50	0,70	1,03	1,16	0,56	0,82	0,93	0,43	0,63	0,71	0,02	0,44	0,49	—	0,26	0,30	—	0,11	0,13
	V	39,14	2,15	3,13	3,52	IV	26,—	1,33	1,93	2,18	1,23	1,80	2,02	1,14	1,66	1,87	1,05	1,53	1,72	0,96	1,40	1,58	0,88	1,28	1,44
	VI	40,35	2,21	3,22	3,63																				
136,59	I,IV	26,04	1,43	2,08	2,34	I	26,04	1,24	1,80	2,02	1,05	1,53	1,72	0,88	1,28	1,44	0,71	1,04	1,17	0,55	0,81	0,91	0,40	0,59	0,66
	II	24,72	1,35	1,97	2,22	II	24,72	1,17	1,70	1,91	0,99	1,44	1,62	0,81	1,19	1,34	0,65	0,95	1,07	0,50	0,72	0,82	0,35	0,51	0,58
	III	15,53	0,85	1,24	1,39	III	15,53	0,71	1,03	1,16	0,57	0,83	0,93	0,43	0,63	0,71	0,03	0,44	0,49	—	0,26	0,30	—	0,12	0,13
	V	39,18	2,15	3,13	3,52	IV	26,04	1,33	1,94	2,18	1,24	1,80	2,02	1,14	1,66	1,87	1,05	1,53	1,72	0,96	1,40	1,58	0,88	1,28	1,44
	VI	40,39	2,22	3,23	3,63																				
136,69	I,IV	26,08	1,43	2,08	2,34	I	26,08	1,24	1,80	2,03	1,05	1,54	1,73	0,88	1,28	1,44	0,71	1,04	1,17	0,56	0,81	0,91	0,41	0,59	0,67
	II	24,75	1,36	1,98	2,22	II	24,75	1,17	1,70	1,91	0,99	1,44	1,62	0,82	1,19	1,34	0,65	0,95	1,07	0,50	0,73	0,82	0,35	0,52	0,58
	III	15,55	0,85	1,24	1,39	III	15,55	0,71	1,03	1,16	0,57	0,83	0,93	0,43	0,63	0,71	0,03	0,44	0,50	—	0,27	0,30	—	0,12	0,13
	V	39,22	2,15	3,13	3,52	IV	26,08	1,33	1,94	2,18	1,24	1,80	2,03	1,14	1,67	1,88	1,05	1,54	1,73	0,97	1,41	1,58	0,88	1,28	1,44
	VI	40,43	2,22	3,23	3,63																				
136,79	I,IV	26,11	1,43	2,08	2,34	I	26,11	1,24	1,80	2,03	1,06	1,54	1,73	0,88	1,28	1,44	0,71	1,04	1,17	0,56	0,81	0,91	0,41	0,59	0,67
	II	24,79	1,36	1,98	2,23	II	24,79	1,17	1,70	1,92	0,99	1,44	1,62	0,82	1,19	1,34	0,65	0,95	1,07	0,50	0,73	0,82	0,35	0,52	0,58
	III	15,58	0,85	1,24	1,40	III	15,58	0,71	1,03	1,16	0,57	0,83	0,93	0,43	0,63	0,71	0,04	0,44	0,50	—	0,27	0,30	—	0,12	0,13
	V	39,26	2,15	3,14	3,53	IV	26,11	1,33	1,94	2,19	1,24	1,80	2,03	1,15	1,67	1,88	1,06	1,54	1,73	0,97	1,41	1,59	0,88	1,28	1,44
	VI	40,47	2,22	3,23	3,64																				
136,89	I,IV	26,15	1,43	2,09	2,35	I	26,15	1,24	1,81	2,03	1,06	1,54	1,73	0,88	1,29	1,45	0,72	1,04	1,17	0,56	0,81	0,92	0,41	0,60	0,67
	II	24,82	1,36	1,98	2,23	II	24,82	1,17	1,71	1,92	0,99	1,44	1,62	0,82	1,19	1,34	0,66	0,96	1,08	0,50	0,73	0,82	0,36	0,52	0,58
	III	15,61	0,85	1,24	1,40	III	15,61	0,71	1,03	1,16	0,57	0,83	0,94	0,44	0,64	0,72	0,04	0,44	0,50	—	0,27	0,30	—	0,12	0,13
	V	39,30	2,16	3,14	3,53	IV	26,15	1,34	1,95	2,19	1,24	1,81	2,03	1,15	1,67	1,88	1,06	1,54	1,73	0,97	1,41	1,59	0,88	1,29	1,45
	VI	40,51	2,22	3,24	3,64																				
136,99	I,IV	26,18	1,44	2,09	2,35	I	26,18	1,24	1,81	2,04	1,06	1,54	1,74	0,88	1,29	1,45	0,72	1,05	1,18	0,56	0,82	0,92	0,41	0,60	0,67
	II	24,86	1,36	1,98	2,23	II	24,86	1,17	1,71	1,92	0,99	1,45	1,63	0,82	1,20	1,35	0,66	0,96	1,08	0,50	0,73	0,83	0,36	0,52	0,59
	III	15,63	0,85	1,25	1,40	III	15,63	0,71	1,04	1,17	0,57	0,83	0,94	0,44	0,64	0,72	0,04	0,45	0,50	—	0,27	0,30	—	0,12	0,14
	V	39,34	2,16	3,14	3,54	IV	26,18	1,34	1,95	2,19	1,24	1,81	2,04	1,15	1,67	1,88	1,06	1,54	1,74	0,97	1,41	1,59	0,88	1,29	1,45
	VI	40,55	2,23	3,24	3,64																				
137,09	I,IV	26,21	1,44	2,09	2,35	I	26,21	1,24	1,81	2,04	1,06	1,55	1,74	0,89	1,29	1,45	0,72	1,05	1,18	0,56	0,82	0,92	0,41	0,60	0,68
	II	24,89	1,36	1,99	2,24	II	24,89	1,18	1,71	1,93	0,99	1,45	1,63	0,82	1,20	1,35	0,66	0,96	1,08	0,50	0,74	0,83	0,36	0,52	0,59
	III	15,66	0,86	1,25	1,40	III	15,66	0,71	1,04	1,17	0,57	0,84	0,94	0,44	0,64	0,72	0,05	0,45	0,50	—	0,27	0,31	—	0,12	0,14
	V	39,38	2,16	3,15	3,54	IV	26,21	1,34	1,95	2,20	1,24	1,81	2,04	1,15	1,68	1,89	1,06	1,55	1,74	0,97	1,42	1,59	0,89	1,29	1,45
	VI	40,58	2,23	3,24	3,65																				
137,19	I,IV	26,25	1,44	2,10	2,36	I	26,25	1,25	1,82	2,04	1,06	1,55	1,74	0,89	1,29	1,45	0,72	1,05	1,18	0,56	0,82	0,92	0,41	0,60	0,68
	II	24,92	1,37	1,99	2,24	II	24,92	1,18	1,71	1,93	1,—	1,45	1,63	0,82	1,20	1,35	0,66	0,96	1,08	0,51	0,74	0,83	0,36	0,52	0,59
	III	15,68	0,86	1,25	1,41	III	15,68	0,71	1,04	1,17	0,57	0,84	0,94	0,44	0,64	0,72	0,05	0,45	0,51	—	0,27	0,31	—	0,12	0,14
	V	39,42	2,16	3,15	3,54	IV	26,25	1,34	1,95	2,20	1,25	1,82	2,04	1,15	1,68	1,89	1,06	1,55	1,74	0,97	1,42	1,60	0,89	1,29	1,45
	VI	40,63	2,23	3,25	3,65																				
137,29	I,IV	26,28	1,44	2,10	2,36	I	26,28	1,25	1,82	2,05	1,06	1,55	1,74	0,89	1,30	1,46	0,72	1,05	1,18	0,56	0,82	0,93	0,41	0,60	0,68
	II	24,96	1,37	1,99	2,24	II	24,96	1,18	1,72	1,93	1,—	1,45	1,64	0,83	1,20	1,35	0,66	0,97	1,09	0,51	0,74	0,83	0,36	0,53	0,59
	III	15,71	0,86	1,25	1,41	III	15,71	0,72	1,04	1,17	0,58	0,84	0,94	0,44	0,64	0,72	0,06	0,45	0,51	—	0,28	0,31	—	0,12	0,14
	V	39,46	2,17	3,15	3,55	IV	26,28	1,34	1,96	2,20	1,25	1,82	2,05	1,16	1,68	1,89	1,06	1,55	1,74	0,98	1,42	1,60	0,89	1,30	1,46
	VI	40,66	2,23	3,25	3,65																				
137,39	I,IV	26,32	1,44	2,10	2,36	I	26,32	1,25	1,82	2,05	1,07	1,55	1,75	0,89	1,30	1,46	0,72	1,06	1,19	0,57	0,82	0,93	0,42	0,61	0,68
	II	24,99	1,37	1,99	2,24	II	24,99	1,18	1,72	1,93	1,—	1,46	1,64	0,83	1,21	1,36	0,66	0,97	1,09	0,51	0,74	0,83	0,36	0,53	0,60
	III	15,73	0,86	1,25	1,41	III	15,73	0,72	1,04	1,18	0,58	0,84	0,95	0,44	0,64	0,73	0,06	0,45	0,51	—	0,28	0,31	—	0,13	0,14
	V	39,50	2,17	3,16	3,55	IV	26,32	1,35	1,96	2,20	1,25	1,82	2,05	1,16	1,68	1,90	1,07	1,55	1,75	0,98	1,42	1,60	0,89	1,30	1,46
	VI	40,70	2,23	3,25	3,66																				
137,49	I,IV	26,35	1,44	2,10	2,37	I	26,35	1,25	1,82	2,05	1,07	1,56	1,75	0,89	1,30	1,46	0,73	1,06	1,19	0,57	0,83	0,93	0,42	0,61	0,69
	II	25,03	1,37	2,—	2,25	II	25,03	1,18	1,72	1,94	1,—	1,46	1,64	0,83	1,21	1,36	0,67	0,97	1,09	0,51	0,74	0,84	0,36	0,53	0,60
	III	15,76	0,86	1,26	1,41	III	15,76	0,72	1,05	1,18	0,58	0,84	0,95	0,44	0,65	0,73	0,07	0,46	0,51	—	0,28	0,31	—	0,13	0,14
	V	39,53	2,17	3,16	3,55	IV	26,35	1,35	1,96	2,21	1,25	1,82	2,05	1,16	1,69	1,90	1,07	1,56	1,75	0,98	1,43	1,61	0,89	1,30	1,46
	VI	40,75	2,24	3,26	3,66																				
137,59	I,IV	26,39	1,45	2,11	2,37	I	26,39	1,25	1,83	2,05	1,07	1,56	1,75	0,89	1,30	1,47	0,73	1,06	1,19	0,57	0,83	0,93	0,42	0,61	0,69
	II	25,06	1,37	2,—	2,25	II	25,06	1,18	1,72	1,94	1,—	1,46	1,64	0,83	1,21	1,36	0,67	0,97	1,09	0,51	0,75	0,84	0,36	0,53	0,60
	III	15,78	0,86	1,26	1,42	III	15,78	0,72	1,05	1,18	0,58	0,85	0,95	0,44	0,65	0,73	0,07	0,46	0,52	—	0,28	0,32	—	0,13	0,15
	V	39,58	2,17	3,16	3,56	IV	26,39	1,35	1,96	2,21	1,25	1,83	2,05	1,16	1,69	1,90	1,07	1,56	1,75	0,98	1,43	1,61	0,89	1,30	1,47
	VI	40,78	2,24	3,26	3,67																				
137,69	I,IV	26,42	1,45	2,11	2,37	I	26,42	1,26	1,83	2,06	1,07	1,56	1,76	0,90	1,30	1,47	0,73	1,06	1,19	0,57	0,83	0,94	0,42	0,61	0,69
	II	25,10	1,38	2,—	2,25	II	25,10	1,19	1,73	1,94	1,—	1,46	1,65	0,83	1,21	1,36	0,67	0,97	1,10	0,51	0,75	0,84	0,37	0,54	0,60
	III	15,81	0,86	1,26	1,42	III	15,81	0,72	1,05	1,18	0,58	0,85	0,95	0,45	0,65	0,73	0,08	0,46	0,52	—	0,28	0,32	—	0,13	0,15
	V	39,61	2,17	3,16	3,56	IV	26,42	1,35	1,97	2,21	1,26	1,83	2,06	1,16	1,69	1,90	1,07	1,56	1,76	0,98	1,43	1,61	0,90	1,30	1,47
	VI	40,82	2,24	3,26	3,67																				

Abzüge an Lohnsteuer, Solidaritätszuschlag (SolZ) und Kirchensteuer (8%, 9%) in den Steuerklassen

* Die ausgewiesenen Tabellenwerte sind amtlich. Siehe Erläuterungen auf der Umschlaginnenseite (U2).
** Bei mehr als 3 Kinderfreibeträgen ist die „Ergänzungs-Tabelle 3,5 bis 6 Kinderfreibeträge" anzuwenden.

Lohn/ Gehalt bis €*		I – VI LSt	ohne Kinderfreibeträge SolZ	8%	9%		I, II, III, IV LSt	0,5 SolZ	0,5 8%	0,5 9%	1 SolZ	1 8%	1 9%	1,5 SolZ	1,5 8%	1,5 9%	2 SolZ	2 8%	2 9%	2,5 SolZ	2,5 8%	2,5 9%	3** SolZ	3** 8%	3** 9%
137,79	I,IV	26,46	1,45	2,11	2,38	I	26,46	1,26	1,83	2,06	1,07	1,56	1,76	0,90	1,31	1,47	0,73	1,06	1,20	0,57	0,83	0,94	0,42	0,62	0,69
	II	25,13	1,38	2,01	2,26	II	25,13	1,19	1,73	1,95	1,01	1,47	1,65	0,83	1,22	1,37	0,67	0,98	1,10	0,51	0,75	0,84	0,37	0,54	0,60
	III	15,84	0,87	1,26	1,42	III	15,84	0,72	1,05	1,18	0,58	0,85	0,96	0,45	0,65	0,73	0,08	0,46	0,52	—	0,28	0,32	—	0,13	0,15
	V	39,66	2,18	3,17	3,56	IV	26,46	1,35	1,97	2,22	1,26	1,83	2,06	1,16	1,70	1,91	1,07	1,56	1,76	0,98	1,43	1,61	0,90	1,31	1,47
	VI	40,86	2,24	3,26	3,67																				
137,89	I,IV	26,49	1,45	2,11	2,38	I	26,49	1,26	1,83	2,06	1,07	1,57	1,76	0,90	1,31	1,47	0,73	1,07	1,20	0,57	0,84	0,94	0,42	0,62	0,70
	II	25,16	1,38	2,01	2,26	II	25,16	1,19	1,73	1,95	1,01	1,47	1,65	0,84	1,22	1,37	0,67	0,98	1,10	0,52	0,75	0,85	0,37	0,54	0,61
	III	15,86	0,87	1,26	1,42	III	15,86	0,72	1,06	1,19	0,58	0,85	0,96	0,45	0,65	0,74	0,09	0,46	0,52	—	0,28	0,32	—	0,13	0,15
	V	39,70	2,18	3,17	3,57	IV	26,49	1,35	1,97	2,22	1,26	1,83	2,06	1,17	1,70	1,91	1,07	1,57	1,76	0,99	1,44	1,62	0,90	1,31	1,47
	VI	40,90	2,24	3,27	3,68																				
137,99	I,IV	26,53	1,45	2,12	2,38	I	26,53	1,26	1,84	2,07	1,08	1,57	1,76	0,90	1,31	1,48	0,73	1,07	1,20	0,57	0,84	0,94	0,42	0,62	0,70
	II	25,20	1,38	2,01	2,26	II	25,20	1,19	1,74	1,95	1,01	1,47	1,66	0,84	1,22	1,37	0,67	0,98	1,10	0,52	0,76	0,85	0,37	0,54	0,61
	III	15,89	0,87	1,27	1,43	III	15,89	0,72	1,06	1,19	0,59	0,85	0,96	0,45	0,66	0,74	0,09	0,46	0,52	—	0,29	0,32	—	0,13	0,15
	V	39,73	2,18	3,17	3,57	IV	26,53	1,36	1,98	2,22	1,26	1,84	2,07	1,17	1,70	1,91	1,08	1,57	1,76	0,99	1,44	1,62	0,90	1,31	1,48
	VI	40,94	2,25	3,27	3,68																				
138,09	I,IV	26,56	1,46	2,12	2,39	I	26,56	1,26	1,84	2,07	1,08	1,57	1,77	0,90	1,31	1,48	0,73	1,07	1,21	0,58	0,84	0,95	0,43	0,62	0,70
	II	25,23	1,38	2,01	2,27	II	25,23	1,19	1,74	1,96	1,01	1,47	1,66	0,84	1,22	1,38	0,67	0,98	1,11	0,52	0,76	0,85	0,37	0,54	0,61
	III	15,92	0,87	1,27	1,43	III	15,92	0,73	1,06	1,19	0,59	0,86	0,96	0,45	0,66	0,74	0,09	0,47	0,53	—	0,29	0,32	—	0,14	0,15
	V	39,77	2,18	3,18	3,57	IV	26,56	1,36	1,98	2,23	1,26	1,84	2,07	1,17	1,70	1,92	1,08	1,57	1,77	0,99	1,44	1,62	0,90	1,31	1,48
	VI	40,98	2,25	3,27	3,68																				
138,19	I,IV	26,60	1,46	2,12	2,39	I	26,60	1,26	1,84	2,07	1,08	1,57	1,77	0,90	1,32	1,48	0,74	1,07	1,21	0,58	0,84	0,95	0,43	0,62	0,70
	II	25,27	1,38	2,02	2,27	II	25,27	1,19	1,74	1,96	1,01	1,48	1,66	0,84	1,22	1,38	0,68	0,99	1,11	0,52	0,76	0,85	0,37	0,54	0,61
	III	15,94	0,87	1,27	1,43	III	15,94	0,73	1,06	1,19	0,59	0,86	0,96	0,45	0,66	0,74	0,10	0,47	0,53	—	0,29	0,33	—	0,14	0,15
	V	39,81	2,19	3,18	3,58	IV	26,60	1,36	1,98	2,23	1,26	1,84	2,07	1,17	1,71	1,92	1,08	1,57	1,77	0,99	1,44	1,62	0,90	1,32	1,48
	VI	41,02	2,25	3,28	3,69																				
138,29	I,IV	26,63	1,46	2,13	2,39	I	26,63	1,27	1,84	2,08	1,08	1,58	1,77	0,91	1,32	1,48	0,74	1,08	1,21	0,58	0,84	0,95	0,43	0,63	0,70
	II	25,30	1,39	2,02	2,27	II	25,30	1,20	1,74	1,96	1,02	1,48	1,66	0,84	1,23	1,38	0,68	0,99	1,11	0,52	0,76	0,86	0,37	0,55	0,62
	III	15,97	0,87	1,27	1,43	III	15,97	0,73	1,06	1,20	0,59	0,86	0,97	0,45	0,66	0,74	0,10	0,47	0,53	—	0,29	0,33	—	0,14	0,16
	V	39,85	2,19	3,18	3,58	IV	26,63	1,36	1,98	2,23	1,27	1,84	2,08	1,17	1,71	1,92	1,08	1,58	1,77	0,99	1,45	1,63	0,91	1,32	1,48
	VI	41,06	2,25	3,28	3,69																				
138,39	I,IV	26,67	1,46	2,13	2,40	I	26,67	1,27	1,85	2,08	1,08	1,58	1,78	0,91	1,32	1,49	0,74	1,08	1,21	0,58	0,85	0,95	0,43	0,63	0,71
	II	25,34	1,39	2,02	2,28	II	25,34	1,20	1,75	1,96	1,02	1,48	1,67	0,84	1,23	1,38	0,68	0,99	1,11	0,52	0,76	0,86	0,38	0,55	0,62
	III	16,—	0,88	1,28	1,44	III	16,—	0,73	1,06	1,20	0,59	0,86	0,97	0,45	0,66	0,75	0,11	0,47	0,53	—	0,29	0,33	—	0,14	0,16
	V	39,89	2,19	3,19	3,59	IV	26,67	1,36	1,99	2,24	1,27	1,85	2,08	1,18	1,71	1,93	1,08	1,58	1,78	0,99	1,45	1,63	0,91	1,32	1,49
	VI	41,10	2,26	3,28	3,69																				
138,49	I,IV	26,70	1,46	2,13	2,40	I	26,70	1,27	1,85	2,08	1,09	1,58	1,78	0,91	1,32	1,49	0,74	1,08	1,22	0,58	0,85	0,96	0,43	0,63	0,71
	II	25,37	1,39	2,02	2,28	II	25,37	1,20	1,75	1,97	1,02	1,48	1,67	0,85	1,23	1,39	0,68	0,99	1,12	0,52	0,77	0,86	0,38	0,55	0,62
	III	16,02	0,88	1,28	1,44	III	16,02	0,73	1,07	1,20	0,59	0,86	0,97	0,46	0,66	0,75	0,11	0,47	0,53	—	0,29	0,33	—	0,14	0,16
	V	39,93	2,19	3,19	3,59	IV	26,70	1,37	1,99	2,24	1,27	1,85	2,08	1,18	1,71	1,93	1,09	1,58	1,78	1,—	1,45	1,63	0,91	1,32	1,49
	VI	41,14	2,26	3,29	3,70																				
138,59	I,IV	26,74	1,47	2,13	2,40	I	26,74	1,27	1,85	2,08	1,09	1,58	1,78	0,91	1,33	1,49	0,74	1,08	1,22	0,58	0,85	0,96	0,43	0,63	0,71
	II	25,40	1,39	2,03	2,28	II	25,40	1,20	1,75	1,97	1,02	1,49	1,67	0,85	1,23	1,39	0,68	0,99	1,12	0,53	0,77	0,86	0,38	0,55	0,62
	III	16,05	0,88	1,28	1,44	III	16,05	0,73	1,07	1,20	0,59	0,86	0,97	0,46	0,67	0,75	0,12	0,48	0,54	—	0,30	0,33	—	0,14	0,16
	V	39,97	2,19	3,19	3,59	IV	26,74	1,37	1,99	2,24	1,27	1,85	2,08	1,18	1,72	1,93	1,09	1,58	1,78	1,—	1,45	1,64	0,91	1,33	1,49
	VI	41,18	2,26	3,29	3,70																				
138,69	I,IV	26,77	1,47	2,14	2,40	I	26,77	1,27	1,86	2,09	1,09	1,59	1,78	0,91	1,33	1,50	0,74	1,08	1,22	0,59	0,85	0,96	0,43	0,63	0,71
	II	25,44	1,39	2,03	2,28	II	25,44	1,20	1,75	1,97	1,02	1,49	1,68	0,85	1,24	1,39	0,68	1,—	1,12	0,53	0,77	0,87	0,38	0,56	0,63
	III	16,07	0,88	1,28	1,44	III	16,07	0,73	1,07	1,21	0,59	0,87	0,98	0,46	0,67	0,75	0,12	0,48	0,54	—	0,30	0,34	—	0,14	0,16
	V	40,01	2,20	3,20	3,60	IV	26,77	1,37	1,99	2,24	1,27	1,86	2,09	1,18	1,72	1,93	1,09	1,59	1,78	1,—	1,46	1,64	0,91	1,33	1,50
	VI	41,22	2,26	3,29	3,70																				
138,79	I,IV	26,81	1,47	2,14	2,41	I	26,81	1,28	1,86	2,09	1,09	1,59	1,79	0,91	1,33	1,50	0,75	1,09	1,22	0,59	0,86	0,96	0,44	0,64	0,72
	II	25,47	1,40	2,03	2,29	II	25,47	1,21	1,76	1,98	1,02	1,49	1,68	0,85	1,24	1,39	0,69	1,—	1,12	0,53	0,77	0,87	0,38	0,56	0,63
	III	16,10	0,88	1,28	1,44	III	16,10	0,74	1,07	1,21	0,60	0,87	0,98	0,46	0,67	0,76	0,13	0,48	0,54	—	0,30	0,34	—	0,14	0,16
	V	40,05	2,20	3,20	3,60	IV	26,81	1,37	2,—	2,25	1,28	1,86	2,09	1,18	1,72	1,94	1,09	1,59	1,79	1,—	1,46	1,64	0,91	1,33	1,50
	VI	41,26	2,26	3,30	3,71																				
138,89	I,IV	26,84	1,47	2,14	2,41	I	26,84	1,28	1,86	2,09	1,09	1,59	1,79	0,92	1,33	1,50	0,75	1,09	1,23	0,59	0,86	0,97	0,44	0,64	0,72
	II	25,51	1,40	2,04	2,29	II	25,51	1,21	1,76	1,98	1,03	1,49	1,68	0,85	1,24	1,40	0,69	1,—	1,13	0,53	0,77	0,87	0,38	0,56	0,63
	III	16,12	0,88	1,28	1,45	III	16,12	0,74	1,08	1,21	0,60	0,87	0,98	0,46	0,67	0,76	0,13	0,48	0,54	—	0,30	0,34	—	0,15	0,17
	V	40,09	2,20	3,20	3,60	IV	26,84	1,37	2,—	2,25	1,28	1,86	2,09	1,18	1,72	1,94	1,09	1,59	1,79	1,—	1,46	1,64	0,92	1,33	1,50
	VI	41,30	2,27	3,30	3,71																				
138,99	I,IV	26,88	1,47	2,15	2,41	I	26,88	1,28	1,86	2,10	1,09	1,59	1,79	0,92	1,34	1,50	0,75	1,09	1,23	0,59	0,86	0,97	0,44	0,64	0,72
	II	25,54	1,40	2,04	2,29	II	25,54	1,21	1,76	1,98	1,03	1,50	1,68	0,85	1,24	1,40	0,69	1,—	1,13	0,53	0,78	0,87	0,38	0,56	0,63
	III	16,15	0,88	1,29	1,45	III	16,15	0,74	1,08	1,21	0,60	0,87	0,98	0,46	0,68	0,76	0,14	0,48	0,54	—	0,30	0,34	—	0,15	0,17
	V	40,13	2,20	3,21	3,61	IV	26,88	1,38	2,—	2,25	1,28	1,86	2,10	1,19	1,73	1,94	1,09	1,59	1,79	1,—	1,46	1,65	0,92	1,34	1,50
	VI	41,34	2,27	3,30	3,72																				
139,09	I,IV	26,91	1,48	2,15	2,42	I	26,91	1,28	1,87	2,10	1,10	1,60	1,80	0,92	1,34	1,51	0,75	1,09	1,23	0,59	0,86	0,97	0,44	0,64	0,72
	II	25,58	1,40	2,04	2,30	II	25,58	1,21	1,76	1,98	1,03	1,50	1,69	0,86	1,25	1,40	0,69	1,01	1,13	0,53	0,78	0,88	0,39	0,56	0,63
	III	16,17	0,88	1,29	1,45	III	16,17	0,74	1,08	1,21	0,60	0,87	0,98	0,46	0,68	0,76	0,14	0,48	0,55	—	0,30	0,34	—	0,15	0,17
	V	40,17	2,20	3,21	3,61	IV	26,91	1,38	2,01	2,26	1,28	1,87	2,10	1,19	1,73	1,95	1,10	1,60	1,80	1,01	1,47	1,65	0,92	1,34	1,51
	VI	41,38	2,27	3,31	3,72																				
139,19	I,IV	26,95	1,48	2,15	2,42	I	26,95	1,28	1,87	2,10	1,10	1,60	1,80	0,92	1,34	1,51	0,75	1,10	1,23	0,59	0,86	0,97	0,44	0,64	0,72
	II	25,61	1,40	2,04	2,30	II	25,61	1,21	1,77	1,99	1,03	1,50	1,69	0,86	1,25	1,41	0,69	1,01	1,13	0,54	0,78	0,88	0,39	0,57	0,64
	III	16,20	0,89	1,29	1,45	III	16,20	0,74	1,08	1,22	0,60	0,88	0,99	0,46	0,68	0,76	0,15	0,49	0,55	—	0,31	0,34	—	0,15	0,17
	V	40,21	2,21	3,21	3,61	IV	26,95	1,38	2,01	2,26	1,28	1,87	2,10	1,19	1,73	1,95	1,10	1,60	1,80	1,01	1,47	1,65	0,92	1,34	1,51
	VI	41,42	2,27	3,31	3,72																				
139,29	I,IV	26,98	1,48	2,15	2,42	I	26,98	1,29	1,87	2,11	1,10	1,60	1,80	0,92	1,34	1,51	0,75	1,10	1,24	0,59	0,87	0,98	0,44	0,65	0,73
	II	25,65	1,41	2,05	2,30	II	25,65	1,21	1,77	1,99	1,03	1,50	1,69	0,86	1,25	1,41	0,69	1,01	1,14	0,54	0,78	0,88	0,39	0,57	0,64
	III	16,23	0,89	1,29	1,46	III	16,23	0,74	1,08	1,22	0,60	0,88	0,99	0,47	0,68	0,77	0,15	0,49	0,55	—	0,31	0,35	—	0,15	0,17
	V	40,25	2,21	3,22	3,62	IV	26,98	1,38	2,01	2,26	1,29	1,87	2,11	1,19	1,74	1,95	1,10	1,60	1,80	1,01	1,47	1,66	0,92	1,34	1,51
	VI	41,46	2,28	3,31	3,73																				
139,39	I,IV	27,02	1,48	2,16	2,43	I	27,02	1,29	1,87	2,11	1,10	1,60	1,80	0,92	1,35	1,52	0,76	1,10	1,24	0,60	0,87	0,98	0,44	0,65	0,73
	II	25,68	1,41	2,05	2,31	II	25,68	1,22	1,77	1,99	1,03	1,51	1,70	0,86	1,25	1,41	0,69	1,01	1,14	0,54	0,78	0,88	0,39	0,57	0,64
	III	16,25	0,89	1,30	1,46	III	16,25	0,74	1,08	1,22	0,60	0,88	0,99	0,47	0,68	0,77	0,15	0,49	0,55	—	0,31	0,35	—	0,15	0,17
	V	40,29	2,21	3,22	3,62	IV	27,02	1,38	2,01	2,27	1,29	1,87	2,11	1,19	1,74	1,96	1,10	1,60	1,80	1,01	1,47	1,66	0,92	1,35	1,52
	VI	41,50	2,28	3,32	3,73																				

Table heading: Abzüge an Lohnsteuer, Solidaritätszuschlag (SolZ) und Kirchensteuer (8%, 9%) in den Steuerklassen I – VI (ohne Kinderfreibeträge) bzw. I, II, III, IV mit Zahl der Kinderfreibeträge . . .

* Die ausgewiesenen Tabellenwerte sind amtlich. Siehe Erläuterungen auf der Umschlaginnenseite (U2).
** Bei mehr als 3 Kinderfreibeträgen ist die „Ergänzungs-Tabelle 3,5 bis 6 Kinderfreibeträge" anzuwenden.

Lohn/ Gehalt bis €*	Abzüge an Lohnsteuer, Solidaritätszuschlag (SolZ) und Kirchensteuer (8%, 9%) in den Steuerklassen: I – VI					I, II, III, IV		mit Zahl der Kinderfreibeträge . . . 0,5			1			1,5			2			2,5			3**		
		LSt	ohne Kinderfreibeträge SolZ	8%	9%		LSt	SolZ	8%	9%	SolZ	8%	9%	SolZ	8%	9%	SolZ	8%	9%	SolZ	8%	9%	SolZ	8%	9%
139,49	I,IV	27,05	1,48	2,16	2,43	I	27,05	1,29	1,88	2,11	1,10	1,61	1,81	0,93	1,35	1,52	0,76	1,10	1,24	0,60	0,87	0,98	0,45	0,65	0,73
	II	25,71	1,41	2,05	2,31	II	25,71	1,22	1,77	2,—	1,04	1,51	1,70	0,86	1,26	1,41	0,70	1,02	1,14	0,54	0,79	0,89	0,39	0,57	0,64
	III	16,28	0,89	1,30	1,46	III	16,28	0,75	1,09	1,22	0,61	0,88	0,99	0,47	0,68	0,77	0,16	0,49	0,55	—	0,31	0,35	—	0,16	0,18
	V	40,33	2,21	3,22	3,62	IV	27,05	1,38	2,02	2,27	1,29	1,88	2,11	1,19	1,74	1,96	1,10	1,61	1,81	1,01	1,48	1,66	0,93	1,35	1,52
	VI	41,54	2,28	3,32	3,73																				
139,59	I,IV	27,09	1,49	2,16	2,43	I	27,09	1,29	1,88	2,11	1,10	1,61	1,81	0,93	1,35	1,52	0,76	1,11	1,24	0,60	0,87	0,98	0,45	0,65	0,73
	II	25,75	1,41	2,06	2,31	II	25,75	1,22	1,78	2,—	1,04	1,51	1,70	0,86	1,26	1,42	0,70	1,02	1,15	0,54	0,79	0,89	0,39	0,57	0,65
	III	16,31	0,89	1,30	1,46	III	16,31	0,75	1,09	1,23	0,61	0,88	0,99	0,47	0,69	0,77	0,16	0,49	0,56	—	0,31	0,35	—	0,16	0,18
	V	40,37	2,22	3,22	3,63	IV	27,09	1,39	2,02	2,27	1,29	1,88	2,11	1,20	1,74	1,96	1,10	1,61	1,81	1,02	1,48	1,66	0,93	1,35	1,52
	VI	41,58	2,28	3,32	3,74																				
139,69	I,IV	27,12	1,49	2,16	2,44	I	27,12	1,29	1,88	2,12	1,11	1,61	1,81	0,93	1,35	1,52	0,76	1,11	1,25	0,60	0,88	0,99	0,45	0,65	0,74
	II	25,78	1,41	2,06	2,32	II	25,78	1,22	1,78	2,—	1,04	1,51	1,70	0,87	1,26	1,42	0,70	1,02	1,15	0,54	0,79	0,89	0,39	0,58	0,65
	III	16,33	0,89	1,30	1,46	III	16,33	0,75	1,09	1,23	0,61	0,89	1,—	0,47	0,69	0,77	0,17	0,50	0,56	—	0,31	0,35	—	0,16	0,18
	V	40,41	2,22	3,23	3,63	IV	27,12	1,39	2,02	2,28	1,29	1,88	2,12	1,20	1,75	1,96	1,11	1,61	1,81	1,02	1,48	1,67	0,93	1,35	1,52
	VI	41,62	2,28	3,32	3,74																				
139,79	I,IV	27,16	1,49	2,17	2,44	I	27,16	1,29	1,88	2,12	1,11	1,61	1,82	0,93	1,36	1,53	0,76	1,11	1,25	0,60	0,88	0,99	0,45	0,66	0,74
	II	25,82	1,42	2,06	2,32	II	25,82	1,22	1,78	2,01	1,04	1,52	1,71	0,87	1,26	1,42	0,70	1,02	1,15	0,54	0,79	0,89	0,40	0,58	0,65
	III	16,36	0,89	1,30	1,47	III	16,36	0,75	1,09	1,23	0,61	0,89	1,—	0,47	0,69	0,78	0,17	0,50	0,56	—	0,32	0,36	—	0,16	0,18
	V	40,45	2,22	3,23	3,64	IV	27,16	1,39	2,02	2,28	1,29	1,88	2,12	1,20	1,75	1,97	1,11	1,61	1,82	1,02	1,48	1,67	0,93	1,36	1,53
	VI	41,66	2,29	3,33	3,74																				
139,89	I,IV	27,20	1,49	2,17	2,44	I	27,20	1,30	1,89	2,12	1,11	1,62	1,82	0,93	1,36	1,53	0,76	1,11	1,25	0,60	0,88	0,99	0,45	0,66	0,74
	II	25,85	1,42	2,06	2,32	II	25,85	1,23	1,78	2,01	1,04	1,52	1,71	0,87	1,27	1,42	0,70	1,02	1,15	0,55	0,80	0,90	0,40	0,58	0,65
	III	16,38	0,90	1,31	1,47	III	16,38	0,75	1,10	1,23	0,61	0,89	1,—	0,47	0,69	0,78	0,18	0,50	0,56	—	0,32	0,36	—	0,16	0,18
	V	40,49	2,22	3,23	3,64	IV	27,20	1,39	2,03	2,28	1,30	1,89	2,12	1,20	1,75	1,97	1,11	1,62	1,82	1,02	1,49	1,67	0,93	1,36	1,53
	VI	41,70	2,29	3,33	3,75																				
139,99	I,IV	27,23	1,49	2,17	2,45	I	27,23	1,30	1,89	2,13	1,11	1,62	1,82	0,93	1,36	1,53	0,77	1,12	1,26	0,60	0,88	0,99	0,45	0,66	0,74
	II	25,89	1,42	2,07	2,33	II	25,89	1,23	1,79	2,01	1,04	1,52	1,71	0,87	1,27	1,43	0,70	1,03	1,16	0,55	0,80	0,90	0,40	0,58	0,65
	III	16,41	0,90	1,31	1,47	III	16,41	0,75	1,10	1,23	0,61	0,89	1,—	0,48	0,69	0,78	0,18	0,50	0,56	—	0,32	0,36	—	0,16	0,18
	V	40,53	2,22	3,24	3,64	IV	27,23	1,39	2,03	2,28	1,30	1,89	2,13	1,20	1,75	1,97	1,11	1,62	1,82	1,02	1,49	1,68	0,93	1,36	1,53
	VI	41,74	2,29	3,33	3,75																				
140,09	I,IV	27,26	1,49	2,18	2,45	I	27,26	1,30	1,89	2,13	1,11	1,62	1,82	0,94	1,36	1,53	0,77	1,12	1,26	0,61	0,88	0,99	0,45	0,66	0,75
	II	25,92	1,42	2,07	2,33	II	25,92	1,23	1,79	2,01	1,05	1,52	1,71	0,87	1,27	1,43	0,71	1,03	1,16	0,55	0,80	0,90	0,40	0,58	0,66
	III	16,43	0,90	1,31	1,47	III	16,43	0,75	1,10	1,24	0,61	0,89	1,01	0,48	0,70	0,78	0,19	0,50	0,57	—	0,32	0,36	—	0,16	0,18
	V	40,57	2,23	3,24	3,65	IV	27,26	1,40	2,03	2,29	1,30	1,89	2,13	1,21	1,76	1,98	1,11	1,62	1,82	1,02	1,49	1,68	0,94	1,36	1,53
	VI	41,78	2,29	3,34	3,76																				
140,19	I,IV	27,30	1,50	2,18	2,45	I	27,30	1,30	1,90	2,13	1,12	1,62	1,83	0,94	1,37	1,54	0,77	1,12	1,26	0,61	0,89	1,—	0,46	0,66	0,75
	II	25,96	1,42	2,07	2,33	II	25,96	1,23	1,79	2,02	1,05	1,53	1,72	0,87	1,27	1,43	0,71	1,03	1,16	0,55	0,80	0,90	0,40	0,59	0,66
	III	16,46	0,90	1,31	1,48	III	16,46	0,76	1,10	1,24	0,61	0,90	1,01	0,48	0,70	0,79	0,19	0,50	0,57	—	0,32	0,36	—	0,16	0,19
	V	40,61	2,23	3,24	3,65	IV	27,30	1,40	2,04	2,29	1,30	1,90	2,13	1,21	1,76	1,98	1,12	1,62	1,83	1,03	1,49	1,68	0,94	1,37	1,54
	VI	41,82	2,30	3,34	3,76																				
140,29	I,IV	27,33	1,50	2,18	2,45	I	27,33	1,30	1,90	2,14	1,12	1,63	1,83	0,94	1,37	1,54	0,77	1,12	1,26	0,61	0,89	1,—	0,46	0,67	0,75
	II	25,99	1,42	2,07	2,33	II	25,99	1,23	1,80	2,02	1,05	1,53	1,72	0,88	1,28	1,44	0,71	1,03	1,16	0,55	0,80	0,90	0,40	0,59	0,66
	III	16,49	0,90	1,31	1,48	III	16,49	0,76	1,10	1,24	0,62	0,90	1,01	0,48	0,70	0,79	0,20	0,51	0,57	—	0,32	0,36	—	0,17	0,19
	V	40,65	2,23	3,25	3,65	IV	27,33	1,40	2,04	2,29	1,30	1,90	2,14	1,21	1,76	1,98	1,12	1,63	1,83	1,03	1,50	1,68	0,94	1,37	1,54
	VI	41,86	2,30	3,34	3,76																				
140,39	I,IV	27,37	1,50	2,18	2,46	I	27,37	1,31	1,90	2,14	1,12	1,63	1,83	0,94	1,37	1,54	0,77	1,12	1,26	0,61	0,89	1,—	0,46	0,67	0,75
	II	26,03	1,43	2,08	2,34	II	26,03	1,23	1,80	2,02	1,05	1,53	1,72	0,88	1,28	1,44	0,71	1,04	1,17	0,55	0,81	0,91	0,40	0,59	0,66
	III	16,51	0,90	1,32	1,48	III	16,51	0,76	1,10	1,24	0,62	0,90	1,01	0,48	0,70	0,79	0,20	0,51	0,57	—	0,33	0,37	—	0,17	0,19
	V	40,69	2,23	3,25	3,66	IV	27,37	1,40	2,04	2,30	1,31	1,90	2,14	1,21	1,76	1,98	1,12	1,63	1,83	1,03	1,50	1,69	0,94	1,37	1,54
	VI	41,90	2,30	3,35	3,77																				
140,49	I,IV	27,40	1,50	2,19	2,46	I	27,40	1,31	1,90	2,14	1,12	1,63	1,84	0,94	1,37	1,55	0,77	1,13	1,27	0,61	0,89	1,—	0,46	0,67	0,76
	II	26,06	1,43	2,08	2,34	II	26,06	1,24	1,80	2,03	1,05	1,53	1,73	0,88	1,28	1,44	0,71	1,04	1,17	0,55	0,81	0,91	0,41	0,59	0,67
	III	16,54	0,90	1,32	1,48	III	16,54	0,76	1,11	1,25	0,62	0,90	1,01	0,48	0,70	0,79	0,21	0,51	0,58	—	0,33	0,37	—	0,17	0,19
	V	40,73	2,24	3,25	3,66	IV	27,40	1,40	2,04	2,30	1,31	1,90	2,14	1,21	1,77	1,99	1,12	1,63	1,84	1,03	1,50	1,69	0,94	1,37	1,55
	VI	41,94	2,30	3,35	3,77																				
140,59	I,IV	27,44	1,50	2,19	2,46	I	27,44	1,31	1,91	2,15	1,12	1,64	1,84	0,94	1,38	1,55	0,77	1,13	1,27	0,61	0,90	1,01	0,46	0,67	0,76
	II	26,10	1,43	2,08	2,34	II	26,10	1,24	1,80	2,03	1,05	1,54	1,73	0,88	1,28	1,44	0,71	1,04	1,17	0,56	0,81	0,91	0,41	0,59	0,67
	III	16,57	0,91	1,32	1,49	III	16,57	0,76	1,11	1,25	0,62	0,90	1,02	0,48	0,70	0,79	0,21	0,51	0,58	—	0,33	0,37	—	0,17	0,19
	V	40,77	2,24	3,26	3,66	IV	27,44	1,41	2,05	2,30	1,31	1,91	2,15	1,21	1,77	1,99	1,12	1,64	1,84	1,03	1,50	1,69	0,94	1,38	1,55
	VI	41,98	2,30	3,35	3,77																				
140,69	I,IV	27,48	1,51	2,19	2,47	I	27,48	1,31	1,91	2,15	1,12	1,64	1,84	0,95	1,38	1,55	0,78	1,13	1,27	0,62	0,90	1,01	0,46	0,68	0,76
	II	26,13	1,43	2,09	2,35	II	26,13	1,24	1,81	2,03	1,06	1,54	1,73	0,88	1,28	1,45	0,72	1,04	1,17	0,56	0,81	0,91	0,41	0,60	0,67
	III	16,59	0,91	1,32	1,49	III	16,59	0,76	1,11	1,25	0,62	0,91	1,02	0,48	0,71	0,80	0,21	0,51	0,58	—	0,33	0,37	—	0,17	0,19
	V	40,81	2,24	3,26	3,67	IV	27,48	1,41	2,05	2,31	1,31	1,91	2,15	1,22	1,77	1,99	1,12	1,64	1,84	1,03	1,51	1,70	0,95	1,38	1,55
	VI	42,02	2,31	3,36	3,78																				
140,79	I,IV	27,51	1,51	2,20	2,47	I	27,51	1,31	1,91	2,15	1,13	1,64	1,85	0,95	1,38	1,55	0,78	1,13	1,28	0,62	0,90	1,01	0,46	0,68	0,76
	II	26,17	1,43	2,09	2,35	II	26,17	1,24	1,81	2,04	1,06	1,54	1,73	0,88	1,29	1,45	0,72	1,04	1,18	0,56	0,82	0,92	0,41	0,60	0,67
	III	16,62	0,91	1,32	1,49	III	16,62	0,76	1,11	1,25	0,62	0,91	1,02	0,49	0,71	0,80	0,22	0,52	0,58	—	0,33	0,37	—	0,17	0,19
	V	40,85	2,24	3,26	3,67	IV	27,51	1,41	2,05	2,31	1,31	1,91	2,15	1,22	1,77	2,—	1,13	1,64	1,85	1,04	1,51	1,70	0,95	1,38	1,55
	VI	42,06	2,31	3,36	3,78																				
140,89	I,IV	27,55	1,51	2,20	2,47	I	27,55	1,31	1,91	2,15	1,13	1,64	1,85	0,95	1,38	1,56	0,78	1,14	1,28	0,62	0,90	1,01	0,47	0,68	0,77
	II	26,20	1,44	2,09	2,35	II	26,20	1,24	1,81	2,04	1,06	1,54	1,74	0,89	1,29	1,45	0,72	1,05	1,18	0,56	0,82	0,92	0,41	0,60	0,68
	III	16,65	0,91	1,33	1,49	III	16,65	0,77	1,12	1,26	0,62	0,91	1,02	0,49	0,71	0,80	0,22	0,52	0,58	—	0,33	0,38	—	0,17	0,20
	V	40,89	2,24	3,27	3,68	IV	27,55	1,41	2,06	2,31	1,31	1,91	2,15	1,22	1,78	2,—	1,13	1,64	1,85	1,04	1,51	1,70	0,95	1,38	1,56
	VI	42,10	2,31	3,36	3,78																				
140,99	I,IV	27,58	1,51	2,20	2,48	I	27,58	1,32	1,92	2,16	1,13	1,65	1,85	0,95	1,39	1,56	0,78	1,14	1,28	0,62	0,90	1,02	0,47	0,68	0,77
	II	26,24	1,44	2,09	2,36	II	26,24	1,25	1,81	2,04	1,06	1,55	1,74	0,89	1,29	1,45	0,72	1,05	1,18	0,56	0,82	0,92	0,41	0,60	0,68
	III	16,67	0,91	1,33	1,50	III	16,67	0,77	1,12	1,26	0,63	0,91	1,03	0,49	0,71	0,80	0,23	0,52	0,59	—	0,34	0,38	—	0,18	0,20
	V	40,93	2,25	3,27	3,68	IV	27,58	1,41	2,06	2,32	1,32	1,92	2,16	1,22	1,78	2,—	1,13	1,65	1,85	1,04	1,51	1,70	0,95	1,39	1,56
	VI	42,14	2,31	3,37	3,79																				
141,09	I,IV	27,62	1,51	2,20	2,48	I	27,62	1,32	1,92	2,16	1,13	1,65	1,85	0,95	1,39	1,56	0,78	1,14	1,28	0,62	0,91	1,02	0,47	0,68	0,77
	II	26,27	1,44	2,10	2,36	II	26,27	1,25	1,82	2,04	1,06	1,55	1,74	0,89	1,29	1,46	0,72	1,05	1,18	0,56	0,82	0,92	0,41	0,60	0,68
	III	16,70	0,91	1,33	1,50	III	16,70	0,77	1,12	1,26	0,63	0,91	1,03	0,49	0,72	0,81	0,23	0,52	0,59	—	0,34	0,38	—	0,18	0,20
	V	40,97	2,25	3,27	3,68	IV	27,62	1,42	2,06	2,32	1,32	1,92	2,16	1,22	1,78	2,01	1,13	1,65	1,85	1,04	1,52	1,71	0,95	1,39	1,56
	VI	42,18	2,31	3,37	3,79																				

* Die ausgewiesenen Tabellenwerte sind amtlich. Siehe Erläuterungen auf der Umschlaginnenseite (U2).
** Bei mehr als 3 Kinderfreibeträgen ist die „Ergänzungs-Tabelle 3,5 bis 6 Kinderfreibeträge" anzuwenden.

Lohn/ Gehalt bis €*		Abzüge an Lohnsteuer, Solidaritätszuschlag (SolZ) und Kirchensteuer (8%, 9%) in den Steuerklassen I – VI					I, II, III, IV	mit Zahl der Kinderfreibeträge . . . 0,5			1			1,5			2			2,5			3**		
		LSt	ohne Kinderfreibeträge SolZ	8%	9%		LSt	SolZ	8%	9%	SolZ	8%	9%	SolZ	8%	9%	SolZ	8%	9%	SolZ	8%	9%	SolZ	8%	9%
141,19	I,IV	27,65	1,52	2,21	2,48	I	27,65	1,32	1,92	2,16	1,13	1,65	1,86	0,95	1,39	1,56	0,78	1,14	1,29	0,62	0,91	1,02	0,47	0,69	0,77
	II	26,31	1,44	2,10	2,36	II	26,31	1,25	1,82	2,05	1,07	1,55	1,75	0,89	1,30	1,46	0,72	1,05	1,19	0,57	0,82	0,93	0,42	0,61	0,68
	III	16,72	0,92	1,33	1,50	III	16,72	0,77	1,12	1,26	0,63	0,92	1,03	0,49	0,72	0,81	0,24	0,52	0,59	—	0,34	0,38	—	0,18	0,20
	V	41,01	2,25	3,28	3,69	IV	27,65	1,42	2,06	2,32	1,32	1,92	2,16	1,23	1,78	2,01	1,13	1,65	1,86	1,04	1,52	1,71	0,95	1,39	1,56
	VI	42,22	2,32	3,37	3,79																				
141,29	I,IV	27,69	1,52	2,21	2,49	I	27,69	1,32	1,93	2,17	1,14	1,65	1,86	0,96	1,39	1,57	0,79	1,15	1,29	0,62	0,91	1,02	0,47	0,69	0,77
	II	26,34	1,44	2,10	2,37	II	26,34	1,25	1,82	2,05	1,07	1,55	1,75	0,89	1,30	1,46	0,72	1,06	1,19	0,57	0,83	0,93	0,42	0,61	0,68
	III	16,75	0,92	1,34	1,50	III	16,75	0,77	1,12	1,26	0,63	0,92	1,03	0,49	0,72	0,81	0,24	0,53	0,59	—	0,34	0,38	—	0,18	0,20
	V	41,05	2,25	3,28	3,69	IV	27,69	1,42	2,07	2,33	1,32	1,93	2,17	1,23	1,79	2,01	1,14	1,65	1,86	1,04	1,52	1,71	0,96	1,39	1,57
	VI	42,26	2,32	3,38	3,80																				
141,39	I,IV	27,72	1,52	2,21	2,49	I	27,72	1,32	1,93	2,17	1,14	1,66	1,86	0,96	1,40	1,57	0,79	1,15	1,29	0,63	0,91	1,03	0,47	0,69	0,78
	II	26,38	1,45	2,11	2,37	II	26,38	1,25	1,82	2,05	1,07	1,56	1,75	0,89	1,30	1,46	0,73	1,06	1,19	0,57	0,83	0,93	0,42	0,61	0,69
	III	16,77	0,92	1,34	1,50	III	16,77	0,77	1,12	1,27	0,63	0,92	1,04	0,49	0,72	0,81	0,25	0,53	0,59	—	0,34	0,39	—	0,18	0,20
	V	41,09	2,26	3,28	3,69	IV	27,72	1,42	2,07	2,33	1,32	1,93	2,17	1,23	1,79	2,01	1,14	1,66	1,86	1,05	1,52	1,71	0,96	1,40	1,57
	VI	42,30	2,32	3,38	3,80																				
141,49	I,IV	27,76	1,52	2,22	2,49	I	27,76	1,33	1,93	2,17	1,14	1,66	1,87	0,96	1,40	1,57	0,79	1,15	1,29	0,63	0,92	1,03	0,47	0,69	0,78
	II	26,41	1,45	2,11	2,37	II	26,41	1,25	1,83	2,06	1,07	1,56	1,75	0,90	1,30	1,47	0,73	1,06	1,19	0,57	0,83	0,93	0,42	0,61	0,69
	III	16,80	0,92	1,34	1,51	III	16,80	0,77	1,13	1,27	0,63	0,92	1,04	0,50	0,72	0,81	0,25	0,53	0,60	—	0,34	0,39	—	0,18	0,21
	V	41,13	2,26	3,29	3,70	IV	27,76	1,42	2,07	2,33	1,33	1,93	2,17	1,23	1,79	2,02	1,14	1,66	1,87	1,05	1,53	1,72	0,96	1,40	1,57
	VI	42,33	2,32	3,38	3,80																				
141,59	I,IV	27,80	1,52	2,22	2,50	I	27,80	1,33	1,93	2,18	1,14	1,66	1,87	0,96	1,40	1,58	0,79	1,15	1,30	0,63	0,92	1,03	0,48	0,69	0,78
	II	26,45	1,45	2,11	2,38	II	26,45	1,26	1,83	2,06	1,07	1,56	1,76	0,90	1,31	1,47	0,73	1,06	1,20	0,57	0,83	0,94	0,42	0,61	0,69
	III	16,83	0,92	1,34	1,51	III	16,83	0,78	1,13	1,27	0,63	0,92	1,04	0,50	0,72	0,81	0,26	0,53	0,60	—	0,35	0,39	—	0,18	0,21
	V	41,17	2,26	3,29	3,70	IV	27,80	1,42	2,07	2,33	1,33	1,93	2,18	1,23	1,80	2,02	1,14	1,66	1,87	1,05	1,53	1,72	0,96	1,40	1,58
	VI	42,38	2,33	3,39	3,81																				
141,69	I,IV	27,83	1,53	2,22	2,50	I	27,83	1,33	1,94	2,18	1,14	1,66	1,87	0,96	1,40	1,58	0,79	1,16	1,30	0,63	0,92	1,03	0,48	0,70	0,78
	II	26,48	1,45	2,11	2,38	II	26,48	1,26	1,83	2,06	1,07	1,56	1,76	0,90	1,31	1,47	0,73	1,07	1,20	0,57	0,84	0,94	0,42	0,62	0,69
	III	16,85	0,92	1,34	1,51	III	16,85	0,78	1,13	1,27	0,63	0,93	1,04	0,50	0,73	0,82	0,26	0,53	0,60	—	0,35	0,39	—	0,19	0,21
	V	41,21	2,26	3,29	3,70	IV	27,83	1,43	2,08	2,34	1,33	1,94	2,18	1,23	1,80	2,02	1,14	1,66	1,87	1,05	1,53	1,72	0,96	1,40	1,58
	VI	42,41	2,33	3,39	3,81																				
141,79	I,IV	27,86	1,53	2,22	2,50	I	27,86	1,33	1,94	2,18	1,14	1,67	1,87	0,96	1,41	1,58	0,79	1,16	1,30	0,63	0,92	1,04	0,48	0,70	0,79
	II	26,51	1,45	2,12	2,38	II	26,51	1,26	1,84	2,07	1,08	1,57	1,76	0,90	1,31	1,48	0,73	1,07	1,20	0,57	0,84	0,94	0,42	0,62	0,70
	III	16,88	0,92	1,35	1,51	III	16,88	0,78	1,13	1,28	0,64	0,93	1,04	0,50	0,73	0,82	0,27	0,54	0,60	—	0,35	0,39	—	0,19	0,21
	V	41,25	2,26	3,30	3,71	IV	27,86	1,43	2,08	2,34	1,33	1,94	2,18	1,24	1,80	2,03	1,14	1,67	1,87	1,05	1,53	1,73	0,96	1,41	1,58
	VI	42,46	2,33	3,39	3,82																				
141,89	I,IV	27,90	1,53	2,23	2,51	I	27,90	1,33	1,94	2,18	1,15	1,67	1,88	0,97	1,41	1,58	0,80	1,16	1,31	0,63	0,92	1,04	0,48	0,70	0,79
	II	26,55	1,46	2,12	2,38	II	26,55	1,26	1,84	2,07	1,08	1,57	1,77	0,90	1,31	1,48	0,73	1,07	1,20	0,58	0,84	0,94	0,43	0,62	0,70
	III	16,91	0,93	1,35	1,52	III	16,91	0,78	1,14	1,28	0,64	0,93	1,05	0,50	0,73	0,82	0,27	0,54	0,60	—	0,35	0,40	—	0,19	0,21
	V	41,29	2,27	3,30	3,71	IV	27,90	1,43	2,08	2,34	1,33	1,94	2,18	1,24	1,80	2,03	1,15	1,67	1,88	1,05	1,54	1,73	0,97	1,41	1,58
	VI	42,50	2,33	3,40	3,82																				
141,99	I,IV	27,94	1,53	2,23	2,51	I	27,94	1,34	1,94	2,19	1,15	1,67	1,88	0,97	1,41	1,59	0,80	1,16	1,31	0,64	0,93	1,04	0,48	0,70	0,79
	II	26,58	1,46	2,12	2,39	II	26,58	1,26	1,84	2,07	1,08	1,57	1,77	0,90	1,32	1,48	0,74	1,07	1,21	0,58	0,84	0,95	0,43	0,62	0,70
	III	16,93	0,93	1,35	1,52	III	16,93	0,78	1,14	1,28	0,64	0,93	1,05	0,50	0,73	0,82	0,27	0,54	0,61	—	0,35	0,40	—	0,19	0,21
	V	41,33	2,27	3,30	3,71	IV	27,94	1,43	2,09	2,35	1,34	1,94	2,19	1,24	1,81	2,03	1,15	1,67	1,88	1,06	1,54	1,73	0,97	1,41	1,59
	VI	42,53	2,33	3,40	3,82																				
142,09	I,IV	27,97	1,53	2,23	2,51	I	27,97	1,34	1,95	2,19	1,15	1,67	1,88	0,97	1,41	1,59	0,80	1,16	1,31	0,64	0,93	1,04	0,48	0,70	0,79
	II	26,62	1,46	2,12	2,39	II	26,62	1,27	1,84	2,07	1,08	1,58	1,77	0,91	1,32	1,48	0,74	1,08	1,21	0,58	0,84	0,95	0,43	0,62	0,70
	III	16,96	0,93	1,35	1,52	III	16,96	0,78	1,14	1,28	0,64	0,93	1,05	0,50	0,73	0,83	0,28	0,54	0,61	—	0,35	0,40	—	0,19	0,22
	V	41,36	2,27	3,30	3,72	IV	27,97	1,43	2,09	2,35	1,34	1,95	2,19	1,24	1,81	2,04	1,15	1,67	1,88	1,06	1,54	1,73	0,97	1,41	1,59
	VI	42,57	2,34	3,40	3,83																				
142,19	I,IV	28,01	1,54	2,24	2,52	I	28,01	1,34	1,95	2,19	1,15	1,68	1,89	0,97	1,42	1,59	0,80	1,17	1,31	0,64	0,93	1,05	0,48	0,71	0,80
	II	26,65	1,46	2,13	2,39	II	26,65	1,27	1,85	2,08	1,08	1,58	1,78	0,91	1,32	1,49	0,74	1,08	1,21	0,58	0,85	0,95	0,43	0,63	0,71
	III	16,98	0,93	1,35	1,52	III	16,98	0,78	1,14	1,28	0,64	0,94	1,05	0,50	0,74	0,83	0,28	0,54	0,61	—	0,36	0,40	—	0,19	0,22
	V	41,41	2,27	3,31	3,72	IV	28,01	1,44	2,09	2,35	1,34	1,95	2,19	1,24	1,81	2,04	1,15	1,68	1,89	1,06	1,54	1,74	0,97	1,42	1,59
	VI	42,61	2,34	3,40	3,83																				
142,29	I,IV	28,04	1,54	2,24	2,52	I	28,04	1,34	1,95	2,20	1,15	1,68	1,89	0,97	1,42	1,60	0,80	1,17	1,32	0,64	0,93	1,05	0,49	0,71	0,80
	II	26,69	1,46	2,13	2,40	II	26,69	1,27	1,85	2,08	1,08	1,58	1,78	0,91	1,32	1,49	0,74	1,08	1,21	0,58	0,85	0,95	0,43	0,63	0,71
	III	17,01	0,93	1,36	1,53	III	17,01	0,78	1,14	1,29	0,64	0,94	1,06	0,51	0,74	0,83	0,29	0,54	0,61	—	0,36	0,40	—	0,20	0,22
	V	41,45	2,27	3,31	3,73	IV	28,04	1,44	2,09	2,36	1,34	1,95	2,20	1,25	1,81	2,04	1,15	1,68	1,89	1,06	1,55	1,74	0,97	1,42	1,60
	VI	42,65	2,34	3,41	3,83																				
142,39	I,IV	28,08	1,54	2,24	2,52	I	28,08	1,34	1,96	2,20	1,15	1,68	1,89	0,97	1,42	1,60	0,80	1,17	1,32	0,64	0,94	1,05	0,49	0,71	0,80
	II	26,73	1,47	2,13	2,40	II	26,73	1,27	1,85	2,08	1,09	1,58	1,78	0,91	1,33	1,49	0,74	1,08	1,22	0,58	0,85	0,96	0,43	0,63	0,71
	III	17,03	0,93	1,36	1,53	III	17,03	0,79	1,15	1,29	0,64	0,94	1,06	0,51	0,74	0,83	0,29	0,55	0,61	—	0,36	0,41	—	0,20	0,22
	V	41,48	2,28	3,31	3,73	IV	28,08	1,44	2,10	2,36	1,34	1,96	2,20	1,25	1,82	2,04	1,15	1,68	1,89	1,06	1,55	1,74	0,97	1,42	1,60
	VI	42,69	2,34	3,41	3,84																				
142,49	I,IV	28,11	1,54	2,24	2,52	I	28,11	1,34	1,96	2,20	1,16	1,68	1,89	0,98	1,42	1,60	0,81	1,17	1,32	0,64	0,94	1,06	0,49	0,71	0,80
	II	26,76	1,47	2,14	2,40	II	26,76	1,27	1,85	2,09	1,09	1,58	1,78	0,91	1,33	1,49	0,74	1,08	1,22	0,58	0,85	0,96	0,43	0,63	0,71
	III	17,06	0,93	1,36	1,53	III	17,06	0,79	1,15	1,29	0,65	0,94	1,06	0,51	0,74	0,83	0,30	0,55	0,62	—	0,36	0,41	—	0,20	0,22
	V	41,52	2,28	3,32	3,73	IV	28,11	1,44	2,10	2,36	1,34	1,96	2,20	1,25	1,82	2,05	1,16	1,68	1,89	1,07	1,55	1,75	0,98	1,42	1,60
	VI	42,73	2,35	3,41	3,84																				
142,59	I,IV	28,15	1,54	2,25	2,53	I	28,15	1,35	1,96	2,21	1,16	1,69	1,90	0,98	1,43	1,60	0,81	1,18	1,32	0,64	0,94	1,06	0,49	0,72	0,81
	II	26,80	1,47	2,14	2,41	II	26,80	1,28	1,86	2,09	1,09	1,59	1,79	0,91	1,33	1,50	0,75	1,09	1,22	0,59	0,85	0,96	0,44	0,64	0,72
	III	17,09	0,94	1,36	1,53	III	17,09	0,79	1,15	1,29	0,65	0,94	1,06	0,51	0,74	0,84	0,30	0,55	0,62	—	0,36	0,41	—	0,20	0,22
	V	41,56	2,28	3,32	3,74	IV	28,15	1,44	2,10	2,37	1,35	1,96	2,21	1,25	1,82	2,05	1,16	1,69	1,90	1,07	1,55	1,75	0,98	1,43	1,60
	VI	42,77	2,35	3,42	3,84																				
142,69	I,IV	28,18	1,55	2,25	2,53	I	28,18	1,35	1,96	2,21	1,16	1,69	1,90	0,98	1,43	1,61	0,81	1,18	1,33	0,65	0,94	1,06	0,49	0,72	0,81
	II	26,83	1,47	2,14	2,41	II	26,83	1,28	1,86	2,09	1,09	1,59	1,79	0,92	1,33	1,50	0,75	1,09	1,23	0,59	0,86	0,96	0,44	0,64	0,72
	III	17,12	0,94	1,36	1,54	III	17,12	0,79	1,15	1,30	0,65	0,95	1,06	0,51	0,74	0,84	0,31	0,55	0,62	—	0,36	0,41	—	0,20	0,23
	V	41,60	2,28	3,32	3,74	IV	28,18	1,45	2,10	2,37	1,35	1,96	2,21	1,25	1,82	2,05	1,16	1,69	1,90	1,07	1,56	1,75	0,98	1,43	1,61
	VI	42,81	2,35	3,42	3,85																				

* Die ausgewiesenen Tabellenwerte sind amtlich. Siehe Erläuterungen auf der Umschlaginnenseite (U2).
** Bei mehr als 3 Kinderfreibeträgen ist die „Ergänzungs-Tabelle 3,5 bis 6 Kinderfreibeträge" anzuwenden.

TAG 142,70*

Lohn/ Gehalt bis €*		I – VI				I, II, III, IV																			
			ohne Kinderfreibeträge					mit Zahl der Kinderfreibeträge . . .																	
								0,5			1			1,5			2			2,5			3**		
		LSt	SolZ	8%	9%		LSt	SolZ	8%	9%	SolZ	8%	9%	SolZ	8%	9%	SolZ	8%	9%	SolZ	8%	9%	SolZ	8%	9%
142,79	I,IV	28,22	1,55	**2,25**	2,53	I	28,22	1,35	**1,97**	2,21	1,16	**1,69**	1,90	0,98	**1,43**	1,61	0,81	**1,18**	1,33	0,65	**0,94**	1,06	0,49	**0,72**	0,81
	II	26,86	1,47	**2,14**	2,41	II	26,86	1,28	**1,86**	2,10	1,09	**1,59**	1,79	0,92	**1,34**	1,50	0,75	**1,09**	1,23	0,59	**0,86**	0,97	0,44	**0,64**	0,72
	III	17,14	0,94	**1,37**	1,54	III	17,14	0,79	**1,15**	1,30	0,65	**0,95**	1,07	0,51	**0,75**	0,84	0,31	**0,55**	0,62	—	**0,37**	0,41	—	**0,20**	0,23
	V	41,64	2,29	**3,33**	3,74	IV	28,22	1,45	**2,11**	2,37	1,35	**1,97**	2,21	1,25	**1,83**	2,06	1,16	**1,69**	1,90	1,07	**1,56**	1,75	0,98	**1,43**	1,61
	VI	42,85	2,35	**3,42**	3,85																				
142,89	I,IV	28,26	1,55	**2,26**	2,54	I	28,26	1,35	**1,97**	2,22	1,16	**1,69**	1,91	0,98	**1,43**	1,61	0,81	**1,18**	1,33	0,65	**0,95**	1,07	0,49	**0,72**	0,81
	II	26,90	1,47	**2,15**	2,42	II	26,90	1,28	**1,86**	2,10	1,10	**1,60**	1,80	0,92	**1,34**	1,51	0,75	**1,09**	1,23	0,59	**0,86**	0,97	0,44	**0,64**	0,72
	III	17,17	0,94	**1,37**	1,54	III	17,17	0,79	**1,16**	1,30	0,65	**0,95**	1,07	0,51	**0,75**	0,84	0,32	**0,56**	0,63	—	**0,37**	0,41	—	**0,20**	0,23
	V	41,68	2,29	**3,33**	3,75	IV	28,26	1,45	**2,11**	2,38	1,35	**1,97**	2,22	1,26	**1,83**	2,06	1,16	**1,69**	1,91	1,07	**1,56**	1,76	0,98	**1,43**	1,61
	VI	42,89	2,35	**3,43**	3,86																				
142,99	I,IV	28,29	1,55	**2,26**	2,54	I	28,29	1,35	**1,97**	2,22	1,17	**1,70**	1,91	0,99	**1,44**	1,62	0,81	**1,19**	1,33	0,65	**0,95**	1,07	0,50	**0,72**	0,81
	II	26,93	1,48	**2,15**	2,42	II	26,93	1,28	**1,87**	2,10	1,10	**1,60**	1,80	0,92	**1,34**	1,51	0,75	**1,10**	1,23	0,59	**0,86**	0,97	0,44	**0,64**	0,72
	III	17,20	0,94	**1,37**	1,54	III	17,20	0,79	**1,16**	1,30	0,65	**0,95**	1,07	0,51	**0,75**	0,85	0,32	**0,56**	0,63	—	**0,37**	0,42	—	**0,20**	0,23
	V	41,72	2,29	**3,33**	3,75	IV	28,29	1,45	**2,11**	2,38	1,35	**1,97**	2,22	1,26	**1,83**	2,06	1,17	**1,70**	1,91	1,07	**1,56**	1,76	0,99	**1,44**	1,62
	VI	42,93	2,36	**3,43**	3,86																				
143,09	I,IV	28,33	1,55	**2,26**	2,54	I	28,33	1,36	**1,97**	2,22	1,17	**1,70**	1,91	0,99	**1,44**	1,62	0,82	**1,19**	1,34	0,65	**0,95**	1,07	0,50	**0,73**	0,82
	II	26,97	1,48	**2,15**	2,42	II	26,97	1,28	**1,87**	2,10	1,10	**1,60**	1,80	0,92	**1,34**	1,51	0,75	**1,10**	1,24	0,59	**0,87**	0,97	0,44	**0,65**	0,73
	III	17,22	0,94	**1,37**	1,54	III	17,22	0,80	**1,16**	1,31	0,65	**0,95**	1,07	0,52	**0,75**	0,85	0,33	**0,56**	0,63	—	**0,37**	0,42	—	**0,21**	0,23
	V	41,76	2,29	**3,34**	3,75	IV	28,33	1,45	**2,12**	2,38	1,36	**1,97**	2,22	1,26	**1,84**	2,07	1,17	**1,70**	1,91	1,08	**1,57**	1,76	0,99	**1,44**	1,62
	VI	42,97	2,36	**3,43**	3,86																				
143,19	I,IV	28,36	1,56	**2,26**	2,55	I	28,36	1,36	**1,98**	2,22	1,17	**1,70**	1,92	0,99	**1,44**	1,62	0,82	**1,19**	1,34	0,65	**0,95**	1,07	0,50	**0,73**	0,82
	II	27,01	1,48	**2,16**	2,43	II	27,01	1,29	**1,87**	2,11	1,10	**1,60**	1,80	0,92	**1,35**	1,51	0,76	**1,10**	1,24	0,60	**0,87**	0,98	0,44	**0,65**	0,73
	III	17,25	0,94	**1,38**	1,55	III	17,25	0,80	**1,16**	1,31	0,66	**0,96**	1,08	0,52	**0,76**	0,85	0,33	**0,56**	0,63	—	**0,37**	0,42	—	**0,21**	0,23
	V	41,80	2,29	**3,34**	3,76	IV	28,36	1,46	**2,12**	2,38	1,36	**1,98**	2,22	1,26	**1,84**	2,07	1,17	**1,70**	1,92	1,08	**1,57**	1,77	0,99	**1,44**	1,62
	VI	43,01	2,36	**3,44**	3,87																				
143,29	I,IV	28,40	1,56	**2,27**	2,55	I	28,40	1,36	**1,98**	2,23	1,17	**1,70**	1,92	0,99	**1,44**	1,62	0,82	**1,19**	1,34	0,66	**0,96**	1,08	0,50	**0,73**	0,82
	II	27,04	1,48	**2,16**	2,43	II	27,04	1,29	**1,88**	2,11	1,10	**1,61**	1,81	0,93	**1,35**	1,52	0,76	**1,10**	1,24	0,60	**0,87**	0,98	0,45	**0,65**	0,73
	III	17,27	0,95	**1,38**	1,55	III	17,27	0,80	**1,16**	1,31	0,66	**0,96**	1,08	0,52	**0,76**	0,85	0,33	**0,56**	0,63	—	**0,38**	0,42	—	**0,21**	0,24
	V	41,84	2,30	**3,34**	3,76	IV	28,40	1,46	**2,12**	2,39	1,36	**1,98**	2,23	1,26	**1,84**	2,07	1,17	**1,70**	1,92	1,08	**1,57**	1,77	0,99	**1,44**	1,62
	VI	43,05	2,36	**3,44**	3,87																				
143,39	I,IV	28,43	1,56	**2,27**	2,55	I	28,43	1,36	**1,98**	2,23	1,17	**1,71**	1,92	0,99	**1,44**	1,63	0,82	**1,20**	1,35	0,66	**0,96**	1,08	0,50	**0,73**	0,82
	II	27,08	1,48	**2,16**	2,43	II	27,08	1,29	**1,88**	2,11	1,10	**1,61**	1,81	0,93	**1,35**	1,52	0,76	**1,10**	1,24	0,60	**0,87**	0,98	0,45	**0,65**	0,73
	III	17,30	0,95	**1,38**	1,55	III	17,30	0,80	**1,17**	1,31	0,66	**0,96**	1,08	0,52	**0,76**	0,85	0,34	**0,56**	0,63	—	**0,38**	0,42	—	**0,21**	0,24
	V	41,88	2,30	**3,35**	3,76	IV	28,43	1,46	**2,12**	2,39	1,36	**1,98**	2,23	1,27	**1,84**	2,07	1,17	**1,71**	1,92	1,08	**1,58**	1,77	0,99	**1,44**	1,63
	VI	43,09	2,37	**3,44**	3,87																				
143,49	I,IV	28,47	1,56	**2,27**	2,56	I	28,47	1,36	**1,99**	2,23	1,17	**1,71**	1,92	0,99	**1,45**	1,63	0,82	**1,20**	1,35	0,66	**0,96**	1,08	0,50	**0,73**	0,83
	II	27,11	1,49	**2,16**	2,43	II	27,11	1,29	**1,88**	2,12	1,11	**1,61**	1,81	0,93	**1,35**	1,52	0,76	**1,11**	1,25	0,60	**0,87**	0,98	0,45	**0,65**	0,74
	III	17,32	0,95	**1,38**	1,55	III	17,32	0,80	**1,17**	1,31	0,66	**0,96**	1,08	0,52	**0,76**	0,86	0,34	**0,57**	0,64	—	**0,38**	0,43	—	**0,21**	0,24
	V	41,92	2,30	**3,35**	3,77	IV	28,47	1,46	**2,13**	2,39	1,36	**1,99**	2,23	1,27	**1,85**	2,08	1,17	**1,71**	1,92	1,08	**1,58**	1,78	0,99	**1,45**	1,63
	VI	43,13	2,37	**3,45**	3,88																				
143,59	I,IV	28,51	1,56	**2,28**	2,56	I	28,51	1,37	**1,99**	2,24	1,18	**1,71**	1,93	1,—	**1,45**	1,63	0,82	**1,20**	1,35	0,66	**0,96**	1,08	0,51	**0,74**	0,83
	II	27,15	1,49	**2,17**	2,44	II	27,15	1,29	**1,88**	2,12	1,11	**1,61**	1,82	0,93	**1,36**	1,53	0,76	**1,11**	1,25	0,60	**0,88**	0,99	0,45	**0,66**	0,74
	III	17,35	0,95	**1,38**	1,56	III	17,35	0,80	**1,17**	1,32	0,66	**0,96**	1,08	0,52	**0,76**	0,86	0,35	**0,57**	0,64	—	**0,38**	0,43	—	**0,21**	0,24
	V	41,96	2,30	**3,35**	3,77	IV	28,51	1,46	**2,13**	2,40	1,37	**1,99**	2,24	1,27	**1,85**	2,08	1,18	**1,71**	1,93	1,08	**1,58**	1,78	1,—	**1,45**	1,63
	VI	43,17	2,37	**3,45**	3,88																				
143,69	I,IV	28,54	1,57	**2,28**	2,56	I	28,54	1,37	**1,99**	2,24	1,18	**1,72**	1,93	1,—	**1,45**	1,63	0,83	**1,20**	1,35	0,66	**0,96**	1,08	0,51	**0,74**	0,83
	II	27,18	1,49	**2,17**	2,44	II	27,18	1,30	**1,89**	2,12	1,11	**1,62**	1,82	0,93	**1,36**	1,53	0,76	**1,11**	1,25	0,60	**0,88**	0,99	0,45	**0,66**	0,74
	III	17,38	0,95	**1,39**	1,56	III	17,38	0,80	**1,17**	1,32	0,66	**0,96**	1,09	0,52	**0,76**	0,86	0,35	**0,57**	0,64	—	**0,38**	0,43	—	**0,22**	0,24
	V	42,—	2,31	**3,36**	3,78	IV	28,54	1,47	**2,13**	2,40	1,37	**1,99**	2,24	1,27	**1,85**	2,08	1,18	**1,72**	1,93	1,09	**1,58**	1,78	1,—	**1,45**	1,63
	VI	43,21	2,37	**3,45**	3,88																				
143,79	I,IV	28,58	1,57	**2,28**	2,57	I	28,58	1,37	**1,99**	2,24	1,18	**1,72**	1,93	1,—	**1,46**	1,64	0,83	**1,20**	1,36	0,66	**0,97**	1,09	0,51	**0,74**	0,83
	II	27,21	1,49	**2,17**	2,44	II	27,21	1,30	**1,89**	2,13	1,11	**1,62**	1,82	0,93	**1,36**	1,53	0,76	**1,11**	1,25	0,60	**0,88**	0,99	0,45	**0,66**	0,74
	III	17,40	0,95	**1,39**	1,56	III	17,40	0,81	**1,17**	1,32	0,66	**0,97**	1,09	0,53	**0,77**	0,86	0,36	**0,57**	0,64	—	**0,38**	0,43	—	**0,22**	0,24
	V	42,04	2,31	**3,36**	3,78	IV	28,58	1,47	**2,14**	2,40	1,37	**1,99**	2,24	1,27	**1,85**	2,09	1,18	**1,72**	1,93	1,09	**1,58**	1,78	1,—	**1,46**	1,64
	VI	43,25	2,37	**3,46**	3,89																				
143,89	I,IV	28,61	1,57	**2,28**	2,57	I	28,61	1,37	**2,—**	2,25	1,18	**1,72**	1,94	1,—	**1,46**	1,64	0,83	**1,21**	1,36	0,66	**0,97**	1,09	0,51	**0,74**	0,84
	II	27,25	1,49	**2,18**	2,45	II	27,25	1,30	**1,89**	2,13	1,11	**1,62**	1,82	0,94	**1,36**	1,53	0,77	**1,12**	1,26	0,61	**0,88**	0,99	0,45	**0,66**	0,75
	III	17,43	0,95	**1,39**	1,56	III	17,43	0,81	**1,18**	1,32	0,66	**0,97**	1,09	0,53	**0,77**	0,86	0,36	**0,57**	0,65	—	**0,39**	0,43	—	**0,22**	0,25
	V	42,08	2,31	**3,36**	3,78	IV	28,61	1,47	**2,14**	2,41	1,37	**2,—**	2,25	1,28	**1,86**	2,09	1,18	**1,72**	1,94	1,09	**1,59**	1,79	1,—	**1,46**	1,64
	VI	43,29	2,38	**3,46**	3,89																				
143,99	I,IV	28,65	1,57	**2,29**	2,57	I	28,65	1,37	**2,—**	2,25	1,18	**1,72**	1,94	1,—	**1,46**	1,64	0,83	**1,21**	1,36	0,67	**0,97**	1,09	0,51	**0,75**	0,84
	II	27,29	1,50	**2,18**	2,45	II	27,29	1,30	**1,89**	2,13	1,11	**1,62**	1,83	0,94	**1,36**	1,54	0,77	**1,12**	1,26	0,61	**0,89**	1,—	0,46	**0,66**	0,75
	III	17,46	0,96	**1,39**	1,57	III	17,46	0,81	**1,18**	1,33	0,67	**0,97**	1,09	0,53	**0,77**	0,87	0,37	**0,58**	0,65	—	**0,39**	0,44	—	**0,22**	0,25
	V	42,12	2,31	**3,36**	3,79	IV	28,65	1,47	**2,14**	2,41	1,37	**2,—**	2,25	1,28	**1,86**	2,09	1,18	**1,72**	1,94	1,09	**1,59**	1,79	1,—	**1,46**	1,64
	VI	43,33	2,38	**3,46**	3,89																				
144,09	I,IV	28,69	1,57	**2,29**	2,58	I	28,69	1,37	**2,—**	2,25	1,19	**1,73**	1,94	1,—	**1,46**	1,65	0,83	**1,21**	1,36	0,67	**0,97**	1,10	0,51	**0,75**	0,84
	II	27,32	1,50	**2,18**	2,45	II	27,32	1,30	**1,90**	2,14	1,12	**1,63**	1,83	0,94	**1,37**	1,54	0,77	**1,12**	1,26	0,61	**0,89**	1,—	0,46	**0,67**	0,75
	III	17,48	0,96	**1,39**	1,57	III	17,48	0,81	**1,18**	1,33	0,67	**0,97**	1,09	0,53	**0,77**	0,87	0,37	**0,58**	0,65	—	**0,39**	0,44	—	**0,22**	0,25
	V	42,16	2,31	**3,37**	3,79	IV	28,69	1,47	**2,14**	2,41	1,37	**2,—**	2,25	1,28	**1,86**	2,10	1,19	**1,73**	1,94	1,09	**1,59**	1,79	1,—	**1,46**	1,65
	VI	43,37	2,38	**3,46**	3,90																				
144,19	I,IV	28,72	1,57	**2,29**	2,58	I	28,72	1,38	**2,—**	2,26	1,19	**1,73**	1,95	1,01	**1,46**	1,65	0,83	**1,21**	1,37	0,67	**0,98**	1,10	0,51	**0,75**	0,84
	II	27,36	1,50	**2,18**	2,46	II	27,36	1,30	**1,90**	2,14	1,12	**1,63**	1,83	0,94	**1,37**	1,54	0,77	**1,12**	1,26	0,61	**0,89**	1,—	0,46	**0,67**	0,75
	III	17,51	0,96	**1,40**	1,57	III	17,51	0,81	**1,18**	1,33	0,67	**0,98**	1,10	0,53	**0,77**	0,87	0,38	**0,58**	0,65	—	**0,39**	0,44	—	**0,22**	0,25
	V	42,20	2,32	**3,37**	3,79	IV	28,72	1,47	**2,15**	2,42	1,38	**2,—**	2,26	1,28	**1,86**	2,10	1,19	**1,73**	1,95	1,10	**1,60**	1,80	1,01	**1,46**	1,65
	VI	43,41	2,38	**3,47**	3,90																				
144,29	I,IV	28,76	1,58	**2,30**	2,58	I	28,76	1,38	**2,01**	2,26	1,19	**1,73**	1,95	1,01	**1,47**	1,65	0,83	**1,22**	1,37	0,67	**0,98**	1,10	0,52	**0,75**	0,85
	II	27,39	1,50	**2,19**	2,46	II	27,39	1,31	**1,90**	2,14	1,12	**1,63**	1,84	0,94	**1,37**	1,54	0,77	**1,13**	1,27	0,61	**0,89**	1,—	0,46	**0,67**	0,75
	III	17,53	0,96	**1,40**	1,57	III	17,53	0,81	**1,18**	1,33	0,67	**0,98**	1,10	0,53	**0,78**	0,87	0,38	**0,58**	0,65	—	**0,39**	0,44	—	**0,22**	0,25
	V	42,24	2,32	**3,37**	3,80	IV	28,76	1,48	**2,15**	2,42	1,38	**2,01**	2,26	1,28	**1,87**	2,10	1,19	**1,73**	1,95	1,10	**1,60**	1,80	1,01	**1,47**	1,65
	VI	43,45	2,38	**3,47**	3,91																				

Abzüge an Lohnsteuer, Solidaritätszuschlag (SolZ) und Kirchensteuer (8%, 9%) in den Steuerklassen

* Die ausgewiesenen Tabellenwerte sind amtlich. Siehe Erläuterungen auf der Umschlaginnenseite (U2).

** Bei mehr als 3 Kinderfreibeträgen ist die „Ergänzungs-Tabelle 3,5 bis 6 Kinderfreibeträge" anzuwenden.

Lohn/ Gehalt bis €*		I – VI				I, II, III, IV																			
			ohne Kinderfreibeträge					mit Zahl der Kinderfreibeträge . . .																	
								0,5			1			1,5			2			2,5			3**		
		LSt	SolZ	8%	9%		LSt	SolZ	8%	9%	SolZ	8%	9%	SolZ	8%	9%	SolZ	8%	9%	SolZ	8%	9%	SolZ	8%	9%
144,39	I,IV	28,79	1,58	2,30	2,59	I	28,79	1,38	2,01	2,26	1,19	1,73	1,95	1,01	1,47	1,65	0,84	1,22	1,37	0,67	0,98	1,10	0,52	0,75	0,85
	II	27,43	1,50	2,19	2,46	II	27,43	1,31	1,91	2,14	1,12	1,63	1,84	0,94	1,38	1,55	0,77	1,13	1,27	0,61	0,89	1,01	0,46	0,67	0,76
	III	17,56	0,96	1,40	1,58	III	17,56	0,81	1,19	1,34	0,67	0,98	1,10	0,53	0,78	0,88	0,39	0,58	0,66	—	0,40	0,45	—	0,23	0,25
	V	42,28	2,32	3,38	3,80	IV	28,79	1,48	2,15	2,42	1,38	2,01	2,26	1,28	1,87	2,10	1,19	1,73	1,95	1,10	1,60	1,80	1,01	1,47	1,65
	VI	43,49	2,39	3,47	3,91																				
144,49	I,IV	28,83	1,58	2,30	2,59	I	28,83	1,38	2,01	2,26	1,19	1,74	1,95	1,01	1,47	1,66	0,84	1,22	1,37	0,67	0,98	1,11	0,52	0,76	0,85
	II	27,46	1,51	2,19	2,47	II	27,46	1,31	1,91	2,15	1,12	1,64	1,84	0,95	1,38	1,55	0,78	1,13	1,27	0,61	0,90	1,01	0,46	0,68	0,76
	III	17,59	0,96	1,40	1,58	III	17,59	0,82	1,19	1,34	0,67	0,98	1,10	0,53	0,78	0,88	0,39	0,58	0,66	—	0,40	0,45	—	0,23	0,26
	V	42,32	2,32	3,38	3,80	IV	28,83	1,48	2,16	2,43	1,38	2,01	2,26	1,29	1,87	2,11	1,19	1,74	1,95	1,10	1,60	1,80	1,01	1,47	1,66
	VI	43,53	2,39	3,48	3,91																				
144,59	I,IV	28,86	1,58	2,30	2,59	I	28,86	1,38	2,02	2,27	1,19	1,74	1,96	1,01	1,48	1,66	0,84	1,22	1,38	0,68	0,98	1,11	0,52	0,76	0,85
	II	27,50	1,51	2,20	2,47	II	27,50	1,31	1,91	2,15	1,13	1,64	1,84	0,95	1,38	1,55	0,78	1,13	1,27	0,62	0,90	1,01	0,46	0,68	0,76
	III	17,62	0,96	1,40	1,58	III	17,62	0,82	1,19	1,34	0,67	0,98	1,11	0,54	0,78	0,88	0,40	0,59	0,66	—	0,40	0,45	—	0,23	0,26
	V	42,36	2,33	3,38	3,81	IV	28,86	1,48	2,16	2,43	1,38	2,02	2,27	1,29	1,88	2,11	1,19	1,74	1,96	1,10	1,61	1,81	1,01	1,48	1,66
	VI	43,57	2,39	3,48	3,92																				
144,69	I,IV	28,90	1,58	2,31	2,60	I	28,90	1,39	2,02	2,27	1,20	1,74	1,96	1,01	1,48	1,66	0,84	1,23	1,38	0,68	0,99	1,11	0,52	0,76	0,86
	II	27,53	1,51	2,20	2,47	II	27,53	1,31	1,91	2,15	1,13	1,64	1,85	0,95	1,38	1,56	0,78	1,14	1,28	0,62	0,90	1,01	0,47	0,68	0,76
	III	17,64	0,97	1,41	1,58	III	17,64	0,82	1,19	1,34	0,68	0,98	1,11	0,54	0,78	0,88	0,40	0,59	0,66	—	0,40	0,45	—	0,23	0,26
	V	42,40	2,33	3,39	3,81	IV	28,90	1,48	2,16	2,43	1,39	2,02	2,27	1,29	1,88	2,11	1,20	1,74	1,96	1,10	1,61	1,81	1,01	1,48	1,66
	VI	43,61	2,39	3,48	3,92																				
144,79	I,IV	28,94	1,59	2,31	2,60	I	28,94	1,39	2,02	2,27	1,20	1,74	1,96	1,02	1,48	1,67	0,84	1,23	1,38	0,68	0,99	1,11	0,52	0,76	0,86
	II	27,57	1,51	2,20	2,48	II	27,57	1,32	1,92	2,16	1,13	1,64	1,85	0,95	1,38	1,56	0,78	1,14	1,28	0,62	0,90	1,02	0,47	0,68	0,77
	III	17,67	0,97	1,41	1,59	III	17,67	0,82	1,20	1,35	0,68	0,99	1,11	0,54	0,79	0,88	0,40	0,59	0,66	—	0,40	0,45	—	0,23	0,26
	V	42,44	2,33	3,39	3,81	IV	28,94	1,49	2,16	2,43	1,39	2,02	2,27	1,29	1,88	2,12	1,20	1,74	1,96	1,11	1,61	1,81	1,02	1,48	1,67
	VI	43,65	2,40	3,49	3,92																				
144,89	I,IV	28,97	1,59	2,31	2,60	I	28,97	1,39	2,02	2,28	1,20	1,75	1,97	1,02	1,48	1,67	0,84	1,23	1,39	0,68	0,99	1,12	0,52	0,76	0,86
	II	27,60	1,51	2,20	2,48	II	27,60	1,32	1,92	2,16	1,13	1,65	1,85	0,95	1,39	1,56	0,78	1,14	1,28	0,62	0,91	1,02	0,47	0,68	0,77
	III	17,70	0,97	1,41	1,59	III	17,70	0,82	1,20	1,35	0,68	0,99	1,11	0,54	0,79	0,89	0,41	0,59	0,67	—	0,40	0,45	—	0,23	0,26
	V	42,48	2,33	3,39	3,82	IV	28,97	1,49	2,17	2,44	1,39	2,02	2,28	1,29	1,88	2,12	1,20	1,75	1,97	1,11	1,61	1,82	1,02	1,48	1,67
	VI	43,69	2,40	3,49	3,93																				
144,99	I,IV	29,01	1,59	2,32	2,61	I	29,01	1,39	2,03	2,28	1,20	1,75	1,97	1,02	1,49	1,67	0,85	1,23	1,39	0,68	0,99	1,12	0,53	0,77	0,86
	II	27,64	1,52	2,21	2,48	II	27,64	1,32	1,92	2,16	1,13	1,65	1,86	0,95	1,39	1,56	0,78	1,14	1,29	0,62	0,91	1,02	0,47	0,69	0,77
	III	17,72	0,97	1,41	1,59	III	17,72	0,82	1,20	1,35	0,68	0,99	1,12	0,54	0,79	0,89	0,41	0,59	0,67	—	0,41	0,46	—	0,24	0,27
	V	42,52	2,33	3,40	3,82	IV	29,01	1,49	2,17	2,44	1,39	2,03	2,28	1,30	1,89	2,12	1,20	1,75	1,97	1,11	1,62	1,82	1,02	1,49	1,67
	VI	43,73	2,40	3,49	3,93																				
145,09	I,IV	29,05	1,59	2,32	2,61	I	29,05	1,39	2,03	2,28	1,20	1,75	1,97	1,02	1,49	1,67	0,85	1,24	1,39	0,68	1,—	1,12	0,53	0,77	0,87
	II	27,68	1,52	2,21	2,49	II	27,68	1,32	1,92	2,16	1,13	1,65	1,86	0,96	1,39	1,57	0,79	1,14	1,29	0,62	0,91	1,02	0,47	0,69	0,77
	III	17,75	0,97	1,42	1,59	III	17,75	0,82	1,20	1,35	0,68	0,99	1,12	0,54	0,79	0,89	0,41	0,60	0,67	—	0,41	0,46	—	0,24	0,27
	V	42,56	2,34	3,40	3,83	IV	29,05	1,49	2,17	2,44	1,39	2,03	2,28	1,30	1,89	2,13	1,20	1,75	1,97	1,11	1,62	1,82	1,02	1,49	1,67
	VI	43,77	2,40	3,50	3,93																				
145,19	I,IV	29,08	1,59	2,32	2,61	I	29,08	1,40	2,03	2,29	1,21	1,76	1,98	1,02	1,49	1,68	0,85	1,24	1,39	0,68	1,—	1,12	0,53	0,77	0,87
	II	27,71	1,52	2,21	2,49	II	27,71	1,32	1,93	2,17	1,14	1,65	1,86	0,96	1,39	1,57	0,79	1,15	1,29	0,63	0,91	1,03	0,47	0,69	0,78
	III	17,77	0,97	1,42	1,59	III	17,77	0,83	1,20	1,35	0,68	1,—	1,12	0,54	0,79	0,89	0,41	0,60	0,67	—	0,41	0,46	—	0,24	0,27
	V	42,60	2,34	3,40	3,83	IV	29,08	1,49	2,18	2,45	1,40	2,03	2,29	1,30	1,89	2,13	1,21	1,76	1,98	1,11	1,62	1,82	1,02	1,49	1,68
	VI	43,81	2,40	3,50	3,94																				
145,29	I,IV	29,12	1,60	2,32	2,62	I	29,12	1,40	2,04	2,29	1,21	1,76	1,98	1,02	1,49	1,68	0,85	1,24	1,40	0,69	1,—	1,13	0,53	0,77	0,87
	II	27,75	1,52	2,22	2,49	II	27,75	1,33	1,93	2,17	1,14	1,66	1,87	0,96	1,40	1,57	0,79	1,15	1,29	0,63	0,91	1,03	0,47	0,69	0,78
	III	17,80	0,97	1,42	1,60	III	17,80	0,83	1,20	1,36	0,68	1,—	1,12	0,55	0,80	0,90	0,41	0,60	0,68	—	0,41	0,46	—	0,24	0,27
	V	42,64	2,34	3,41	3,83	IV	29,12	1,50	2,18	2,45	1,40	2,04	2,29	1,30	1,89	2,13	1,21	1,76	1,98	1,11	1,62	1,83	1,02	1,49	1,68
	VI	43,85	2,41	3,50	3,94																				
145,39	I,IV	29,15	1,60	2,33	2,62	I	29,15	1,40	2,04	2,29	1,21	1,76	1,98	1,03	1,50	1,68	0,85	1,24	1,40	0,69	1,—	1,13	0,53	0,78	0,87
	II	27,78	1,52	2,22	2,50	II	27,78	1,33	1,93	2,17	1,14	1,66	1,87	0,96	1,40	1,57	0,79	1,15	1,30	0,63	0,92	1,03	0,48	0,69	0,78
	III	17,82	0,98	1,42	1,60	III	17,82	0,83	1,21	1,36	0,69	1,—	1,12	0,55	0,80	0,90	0,41	0,60	0,68	—	0,41	0,46	—	0,24	0,27
	V	42,68	2,34	3,41	3,84	IV	29,15	1,50	2,18	2,45	1,40	2,04	2,29	1,30	1,90	2,14	1,21	1,76	1,98	1,12	1,63	1,83	1,03	1,50	1,68
	VI	43,89	2,41	3,51	3,95																				
145,49	I,IV	29,19	1,60	2,33	2,62	I	29,19	1,40	2,04	2,30	1,21	1,76	1,98	1,03	1,50	1,69	0,85	1,25	1,40	0,69	1,—	1,13	0,53	0,78	0,88
	II	27,82	1,53	2,22	2,50	II	27,82	1,33	1,94	2,18	1,14	1,66	1,87	0,96	1,40	1,58	0,79	1,15	1,30	0,63	0,92	1,03	0,48	0,70	0,78
	III	17,85	0,98	1,42	1,60	III	17,85	0,83	1,21	1,36	0,69	1,—	1,13	0,55	0,80	0,90	0,41	0,60	0,68	—	0,41	0,47	—	0,24	0,27
	V	42,72	2,34	3,41	3,84	IV	29,19	1,50	2,18	2,46	1,40	2,04	2,30	1,30	1,90	2,14	1,21	1,76	1,98	1,12	1,63	1,83	1,03	1,50	1,69
	VI	43,93	2,41	3,51	3,95																				
145,59	I,IV	29,22	1,60	2,33	2,62	I	29,22	1,40	2,04	2,30	1,21	1,77	1,99	1,03	1,50	1,69	0,86	1,25	1,40	0,69	1,01	1,13	0,53	0,78	0,88
	II	27,85	1,53	2,22	2,50	II	27,85	1,33	1,94	2,18	1,14	1,66	1,87	0,96	1,40	1,58	0,79	1,16	1,30	0,63	0,92	1,04	0,48	0,70	0,79
	III	17,88	0,98	1,43	1,60	III	17,88	0,83	1,21	1,36	0,69	1,—	1,13	0,55	0,80	0,90	0,41	0,61	0,68	—	0,42	0,47	—	0,24	0,27
	V	42,76	2,35	3,42	3,84	IV	29,22	1,50	2,19	2,46	1,40	2,04	2,30	1,31	1,90	2,14	1,21	1,77	1,99	1,12	1,63	1,84	1,03	1,50	1,69
	VI	43,97	2,41	3,51	3,95																				
145,69	I,IV	29,26	1,60	2,34	2,63	I	29,26	1,40	2,05	2,30	1,21	1,77	1,99	1,03	1,50	1,69	0,86	1,25	1,41	0,69	1,01	1,14	0,54	0,78	0,88
	II	27,89	1,53	2,23	2,51	II	27,89	1,33	1,94	2,18	1,14	1,67	1,88	0,97	1,41	1,58	0,80	1,16	1,30	0,63	0,92	1,04	0,48	0,70	0,79
	III	17,91	0,98	1,43	1,61	III	17,91	0,83	1,21	1,36	0,69	1,—	1,13	0,55	0,80	0,90	0,42	0,61	0,68	—	0,42	0,47	—	0,25	0,28
	V	42,80	2,35	3,42	3,85	IV	29,26	1,50	2,19	2,46	1,40	2,05	2,30	1,31	1,91	2,14	1,21	1,77	1,99	1,12	1,63	1,84	1,03	1,50	1,69
	VI	44,01	2,42	3,52	3,96																				
145,79	I,IV	29,30	1,61	2,34	2,63	I	29,30	1,41	2,05	2,31	1,22	1,77	1,99	1,03	1,51	1,69	0,86	1,25	1,41	0,69	1,01	1,14	0,54	0,78	0,88
	II	27,92	1,53	2,23	2,51	II	27,92	1,33	1,94	2,19	1,15	1,67	1,88	0,97	1,41	1,59	0,80	1,16	1,31	0,63	0,93	1,04	0,48	0,70	0,79
	III	17,93	0,98	1,43	1,61	III	17,93	0,83	1,22	1,37	0,69	1,01	1,13	0,55	0,80	0,91	0,42	0,61	0,69	—	0,42	0,47	—	0,25	0,28
	V	42,84	2,35	3,42	3,85	IV	29,30	1,51	2,19	2,47	1,41	2,05	2,31	1,31	1,91	2,15	1,22	1,77	1,99	1,12	1,64	1,84	1,03	1,51	1,69
	VI	44,05	2,42	3,52	3,96																				
145,89	I,IV	29,33	1,61	2,34	2,63	I	29,33	1,41	2,05	2,31	1,22	1,77	2,—	1,04	1,51	1,70	0,86	1,26	1,41	0,70	1,01	1,14	0,54	0,79	0,89
	II	27,96	1,53	2,23	2,51	II	27,96	1,34	1,95	2,19	1,15	1,67	1,88	0,97	1,41	1,59	0,80	1,16	1,31	0,64	0,93	1,04	0,48	0,70	0,79
	III	17,96	0,98	1,43	1,61	III	17,96	0,84	1,22	1,37	0,69	1,01	1,14	0,55	0,81	0,91	0,42	0,61	0,69	—	0,42	0,47	—	0,25	0,28
	V	42,88	2,35	3,43	3,85	IV	29,33	1,51	2,20	2,47	1,41	2,05	2,31	1,31	1,91	2,15	1,22	1,77	2,—	1,13	1,64	1,84	1,04	1,51	1,70
	VI	44,08	2,42	3,52	3,96																				

Abzüge an Lohnsteuer, Solidaritätszuschlag (SolZ) und Kirchensteuer (8%, 9%) in den Steuerklassen

* Die ausgewiesenen Tabellenwerte sind amtlich. Siehe Erläuterungen auf der Umschlaginnenseite (U2).
** Bei mehr als 3 Kinderfreibeträgen ist die „Ergänzungs-Tabelle 3,5 bis 6 Kinderfreibeträge" anzuwenden.

TAG 145,90*

Lohn/ Gehalt bis €*		Abzüge an Lohnsteuer, Solidaritätszuschlag (SolZ) und Kirchensteuer (8%, 9%) in den Steuerklassen I – VI				I, II, III, IV		mit Zahl der Kinderfreibeträge . . . 0,5			1			1,5			2			2,5			3**		
		LSt	ohne Kinderfreibeträge SolZ	8%	9%		LSt	SolZ	8%	9%	SolZ	8%	9%	SolZ	8%	9%	SolZ	8%	9%	SolZ	8%	9%	SolZ	8%	9%
145,99	I,IV	29,37	1,61	2,34	2,64	I	29,37	1,41	2,05	2,31	1,22	1,78	2,—	1,04	1,51	1,70	0,86	1,26	1,41	0,70	1,02	1,14	0,54	0,79	0,89
	II	28,—	1,54	2,24	2,52	II	28,—	1,34	1,95	2,19	1,15	1,68	1,89	0,97	1,41	1,59	0,80	1,17	1,31	0,64	0,93	1,05	0,48	0,71	0,80
	III	17,98	0,98	1,43	1,61	III	17,98	0,84	1,22	1,37	0,69	1,01	1,14	0,55	0,81	0,91	0,42	0,61	0,69	—	0,42	0,48	—	0,25	0,28
	V	42,92	2,36	3,43	3,86	IV	29,37	1,51	2,20	2,47	1,41	2,05	2,31	1,31	1,91	2,15	1,22	1,78	2,—	1,13	1,64	1,85	1,04	1,51	1,70
	VI	44,13	2,42	3,53	3,97																				
146,09	I,IV	29,41	1,61	2,35	2,64	I	29,41	1,41	2,06	2,31	1,22	1,78	2,—	1,04	1,51	1,70	0,86	1,26	1,42	0,70	1,02	1,15	0,54	0,79	0,89
	II	28,03	1,54	2,24	2,52	II	28,03	1,34	1,95	2,20	1,15	1,68	1,89	0,97	1,42	1,59	0,80	1,17	1,31	0,64	0,93	1,05	0,49	0,71	0,80
	III	18,01	0,99	1,44	1,62	III	18,01	0,84	1,22	1,37	0,70	1,01	1,14	0,56	0,81	0,91	0,42	0,62	0,69	—	0,42	0,48	—	0,25	0,28
	V	42,96	2,36	3,43	3,86	IV	29,41	1,51	2,20	2,48	1,41	2,06	2,31	1,32	1,92	2,16	1,22	1,78	2,—	1,13	1,64	1,85	1,04	1,51	1,70
	VI	44,16	2,42	3,53	3,97																				
146,19	I,IV	29,44	1,61	2,35	2,64	I	29,44	1,41	2,06	2,32	1,22	1,78	2,—	1,04	1,52	1,71	0,87	1,26	1,42	0,70	1,02	1,15	0,54	0,79	0,89
	II	28,06	1,54	2,24	2,52	II	28,06	1,34	1,95	2,20	1,15	1,68	1,89	0,97	1,42	1,60	0,80	1,17	1,32	0,64	0,93	1,05	0,49	0,71	0,80
	III	18,04	0,99	1,44	1,62	III	18,04	0,84	1,22	1,38	0,70	1,02	1,14	0,56	0,81	0,91	0,42	0,62	0,69	—	0,43	0,48	—	0,25	0,29
	V	43,—	2,36	3,44	3,87	IV	29,44	1,51	2,20	2,48	1,41	2,06	2,32	1,32	1,92	2,16	1,22	1,78	2,—	1,13	1,65	1,85	1,04	1,52	1,71
	VI	44,21	2,43	3,53	3,97																				
146,29	I,IV	29,48	1,62	2,35	2,65	I	29,48	1,42	2,06	2,32	1,23	1,78	2,01	1,04	1,52	1,71	0,87	1,26	1,42	0,70	1,02	1,15	0,55	0,80	0,90
	II	28,10	1,54	2,24	2,52	II	28,10	1,34	1,96	2,20	1,16	1,68	1,89	0,98	1,42	1,60	0,81	1,17	1,32	0,64	0,94	1,05	0,49	0,71	0,80
	III	18,07	0,99	1,44	1,62	III	18,07	0,84	1,23	1,38	0,70	1,02	1,14	0,56	0,82	0,92	0,42	0,62	0,70	—	0,43	0,48	—	0,26	0,29
	V	43,04	2,36	3,44	3,87	IV	29,48	1,52	2,21	2,48	1,42	2,06	2,32	1,32	1,92	2,16	1,23	1,78	2,01	1,13	1,65	1,86	1,04	1,52	1,71
	VI	44,25	2,43	3,54	3,98																				
146,39	I,IV	29,51	1,62	2,36	2,65	I	29,51	1,42	2,07	2,32	1,23	1,79	2,01	1,04	1,52	1,71	0,87	1,27	1,43	0,70	1,03	1,15	0,55	0,80	0,90
	II	28,14	1,54	2,25	2,53	II	28,14	1,35	1,96	2,21	1,16	1,69	1,90	0,98	1,42	1,60	0,81	1,18	1,32	0,64	0,94	1,06	0,49	0,72	0,81
	III	18,09	0,99	1,44	1,62	III	18,09	0,84	1,23	1,38	0,70	1,02	1,15	0,56	0,82	0,92	0,43	0,62	0,70	—	0,43	0,48	—	0,26	0,29
	V	43,08	2,36	3,44	3,87	IV	29,51	1,52	2,21	2,49	1,42	2,07	2,32	1,32	1,92	2,16	1,23	1,79	2,01	1,13	1,65	1,86	1,04	1,52	1,71
	VI	44,28	2,43	3,54	3,98																				
146,49	I,IV	29,55	1,62	2,36	2,65	I	29,55	1,42	2,07	2,33	1,23	1,79	2,01	1,05	1,52	1,71	0,87	1,27	1,43	0,71	1,03	1,16	0,55	0,80	0,90
	II	28,17	1,54	2,25	2,53	II	28,17	1,35	1,96	2,21	1,16	1,69	1,90	0,98	1,43	1,61	0,81	1,18	1,33	0,65	0,94	1,06	0,49	0,72	0,81
	III	18,12	0,99	1,44	1,63	III	18,12	0,84	1,23	1,38	0,70	1,02	1,15	0,56	0,82	0,92	0,43	0,62	0,70	0,01	0,43	0,49	—	0,26	0,29
	V	43,11	2,37	3,44	3,87	IV	29,55	1,52	2,21	2,49	1,42	2,07	2,33	1,32	1,93	2,17	1,23	1,79	2,01	1,14	1,65	1,86	1,05	1,52	1,71
	VI	44,32	2,43	3,54	3,98																				
146,59	I,IV	29,58	1,62	2,36	2,66	I	29,58	1,42	2,07	2,33	1,23	1,79	2,02	1,05	1,53	1,72	0,87	1,27	1,43	0,71	1,03	1,16	0,55	0,80	0,90
	II	28,21	1,55	2,25	2,53	II	28,21	1,35	1,97	2,21	1,16	1,69	1,90	0,98	1,43	1,61	0,81	1,18	1,33	0,65	0,94	1,06	0,49	0,72	0,81
	III	18,15	0,99	1,45	1,63	III	18,15	0,85	1,23	1,39	0,70	1,02	1,15	0,56	0,82	0,92	0,43	0,62	0,70	0,01	0,43	0,49	—	0,26	0,29
	V	43,16	2,37	3,45	3,88	IV	29,58	1,52	2,22	2,49	1,42	2,07	2,33	1,33	1,93	2,17	1,23	1,79	2,02	1,14	1,66	1,86	1,05	1,53	1,72
	VI	44,36	2,44	3,54	3,99																				
146,69	I,IV	29,62	1,62	2,36	2,66	I	29,62	1,42	2,07	2,33	1,23	1,79	2,02	1,05	1,53	1,72	0,87	1,27	1,43	0,71	1,03	1,16	0,55	0,80	0,90
	II	28,24	1,55	2,25	2,54	II	28,24	1,35	1,97	2,21	1,16	1,69	1,91	0,98	1,43	1,61	0,81	1,18	1,33	0,65	0,95	1,06	0,49	0,72	0,81
	III	18,17	0,99	1,45	1,63	III	18,17	0,85	1,23	1,39	0,70	1,02	1,15	0,56	0,82	0,93	0,43	0,63	0,70	0,02	0,44	0,49	—	0,26	0,29
	V	43,20	2,37	3,45	3,88	IV	29,62	1,52	2,22	2,50	1,42	2,07	2,33	1,33	1,93	2,17	1,23	1,79	2,02	1,14	1,66	1,87	1,05	1,53	1,72
	VI	44,40	2,44	3,55	3,99																				
146,79	I,IV	29,66	1,63	2,37	2,66	I	29,66	1,43	2,08	2,34	1,23	1,80	2,02	1,05	1,53	1,72	0,88	1,28	1,44	0,71	1,04	1,17	0,55	0,81	0,91
	II	28,28	1,55	2,26	2,54	II	28,28	1,35	1,97	2,22	1,16	1,70	1,91	0,98	1,43	1,61	0,81	1,18	1,33	0,65	0,95	1,07	0,50	0,72	0,81
	III	18,20	1,—	1,45	1,63	III	18,20	0,85	1,24	1,39	0,70	1,03	1,16	0,57	0,82	0,93	0,43	0,63	0,71	0,02	0,44	0,49	—	0,26	0,30
	V	43,23	2,37	3,45	3,89	IV	29,66	1,53	2,22	2,50	1,43	2,08	2,34	1,33	1,94	2,18	1,23	1,80	2,02	1,14	1,66	1,87	1,05	1,53	1,72
	VI	44,44	2,44	3,55	3,99																				
146,89	I,IV	29,69	1,63	2,37	2,67	I	29,69	1,43	2,08	2,34	1,24	1,80	2,03	1,05	1,53	1,72	0,88	1,28	1,44	0,71	1,04	1,17	0,55	0,81	0,91
	II	28,31	1,55	2,26	2,54	II	28,31	1,36	1,97	2,22	1,17	1,70	1,91	0,99	1,44	1,62	0,81	1,19	1,34	0,65	0,95	1,07	0,50	0,73	0,82
	III	18,22	1,—	1,45	1,63	III	18,22	0,85	1,24	1,39	0,71	1,03	1,16	0,57	0,83	0,93	0,43	0,63	0,71	0,03	0,44	0,50	—	0,26	0,30
	V	43,27	2,38	3,46	3,89	IV	29,69	1,53	2,22	2,50	1,43	2,08	2,34	1,33	1,94	2,18	1,24	1,80	2,03	1,14	1,66	1,87	1,05	1,53	1,72
	VI	44,48	2,44	3,55	4,—																				
146,99	I,IV	29,73	1,63	2,37	2,67	I	29,73	1,43	2,08	2,34	1,24	1,80	2,03	1,05	1,54	1,73	0,88	1,28	1,44	0,71	1,04	1,17	0,56	0,81	0,91
	II	28,35	1,55	2,26	2,55	II	28,35	1,36	1,98	2,22	1,17	1,70	1,91	0,99	1,44	1,62	0,82	1,19	1,34	0,65	0,95	1,07	0,50	0,73	0,82
	III	18,25	1,—	1,46	1,64	III	18,25	0,85	1,24	1,40	0,71	1,03	1,16	0,57	0,83	0,93	0,43	0,63	0,71	0,03	0,44	0,50	—	0,27	0,30
	V	43,31	2,38	3,46	3,89	IV	29,73	1,53	2,23	2,51	1,43	2,08	2,34	1,33	1,94	2,18	1,24	1,80	2,03	1,14	1,67	1,88	1,05	1,54	1,73
	VI	44,52	2,44	3,56	4,—																				
147,09	I,IV	29,77	1,63	2,38	2,67	I	29,77	1,43	2,08	2,35	1,24	1,81	2,03	1,06	1,54	1,73	0,88	1,28	1,44	0,71	1,04	1,17	0,56	0,81	0,91
	II	28,39	1,56	2,27	2,55	II	28,39	1,36	1,98	2,23	1,17	1,70	1,92	0,99	1,44	1,62	0,82	1,19	1,34	0,65	0,95	1,07	0,50	0,73	0,82
	III	18,28	1,—	1,46	1,64	III	18,28	0,85	1,24	1,40	0,71	1,03	1,16	0,57	0,83	0,93	0,43	0,63	0,71	0,04	0,44	0,50	—	0,27	0,30
	V	43,35	2,38	3,46	3,90	IV	29,77	1,53	2,23	2,51	1,43	2,08	2,35	1,33	1,94	2,19	1,24	1,81	2,03	1,15	1,67	1,88	1,06	1,54	1,73
	VI	44,56	2,45	3,56	4,01																				
147,19	I,IV	29,80	1,63	2,38	2,68	I	29,80	1,43	2,09	2,35	1,24	1,81	2,03	1,06	1,54	1,73	0,88	1,29	1,45	0,72	1,04	1,17	0,56	0,81	0,92
	II	28,42	1,56	2,27	2,55	II	28,42	1,36	1,98	2,23	1,17	1,71	1,92	0,99	1,44	1,62	0,82	1,19	1,34	0,66	0,96	1,08	0,50	0,73	0,82
	III	18,30	1,—	1,46	1,64	III	18,30	0,85	1,24	1,40	0,71	1,04	1,17	0,57	0,83	0,94	0,44	0,64	0,72	0,04	0,44	0,50	—	0,27	0,30
	V	43,40	2,38	3,47	3,90	IV	29,80	1,53	2,23	2,51	1,43	2,09	2,35	1,34	1,95	2,19	1,24	1,81	2,03	1,15	1,67	1,88	1,06	1,54	1,73
	VI	44,60	2,45	3,56	4,01																				
147,29	I,IV	29,84	1,64	2,38	2,68	I	29,84	1,44	2,09	2,35	1,24	1,81	2,04	1,06	1,54	1,74	0,88	1,29	1,45	0,72	1,05	1,18	0,56	0,82	0,92
	II	28,46	1,56	2,27	2,56	II	28,46	1,36	1,98	2,23	1,17	1,71	1,92	0,99	1,45	1,63	0,82	1,20	1,35	0,66	0,96	1,08	0,50	0,73	0,83
	III	18,33	1,—	1,46	1,64	III	18,33	0,86	1,25	1,40	0,71	1,04	1,17	0,57	0,83	0,94	0,44	0,64	0,72	0,05	0,45	0,50	—	0,27	0,31
	V	43,43	2,38	3,47	3,90	IV	29,84	1,54	2,24	2,52	1,44	2,09	2,35	1,34	1,95	2,19	1,24	1,81	2,04	1,15	1,68	1,89	1,06	1,54	1,74
	VI	44,64	2,45	3,57	4,01																				
147,39	I,IV	29,88	1,64	2,39	2,68	I	29,88	1,44	2,09	2,35	1,25	1,81	2,04	1,06	1,55	1,74	0,89	1,29	1,45	0,72	1,05	1,18	0,56	0,82	0,92
	II	28,49	1,56	2,27	2,56	II	28,49	1,36	1,99	2,24	1,18	1,71	1,93	0,99	1,45	1,63	0,82	1,20	1,35	0,66	0,96	1,08	0,50	0,74	0,83
	III	18,36	1,—	1,46	1,65	III	18,36	0,86	1,25	1,40	0,71	1,04	1,17	0,57	0,84	0,94	0,44	0,64	0,72	0,05	0,45	0,51	—	0,27	0,31
	V	43,47	2,39	3,47	3,91	IV	29,88	1,54	2,24	2,52	1,44	2,09	2,35	1,34	1,95	2,20	1,25	1,81	2,04	1,15	1,68	1,89	1,06	1,55	1,74
	VI	44,68	2,45	3,57	4,02																				
147,49	I,IV	29,91	1,64	2,39	2,69	I	29,91	1,44	2,10	2,36	1,25	1,82	2,04	1,06	1,55	1,74	0,89	1,29	1,46	0,72	1,05	1,18	0,56	0,82	0,92
	II	28,53	1,56	2,28	2,56	II	28,53	1,37	1,99	2,24	1,18	1,71	1,93	1,—	1,45	1,63	0,82	1,20	1,35	0,66	0,96	1,08	0,51	0,74	0,83
	III	18,38	1,01	1,47	1,65	III	18,38	0,86	1,25	1,41	0,71	1,04	1,17	0,57	0,84	0,94	0,44	0,64	0,72	0,05	0,45	0,51	—	0,27	0,31
	V	43,51	2,39	3,48	3,91	IV	29,91	1,54	2,24	2,52	1,44	2,10	2,36	1,34	1,95	2,20	1,25	1,82	2,04	1,15	1,68	1,89	1,06	1,55	1,74
	VI	44,72	2,46	3,57	4,02																				

* Die ausgewiesenen Tabellenwerte sind amtlich. Siehe Erläuterungen auf der Umschlaginnenseite (U2).

** Bei mehr als 3 Kinderfreibeträgen ist die „Ergänzungs-Tabelle 3,5 bis 6 Kinderfreibeträge" anzuwenden.

Lohn/ Gehalt bis €*	Abzüge an Lohnsteuer, Solidaritätszuschlag (SolZ) und Kirchensteuer (8%, 9%) in den Steuerklassen I – VI					I, II, III, IV		mit Zahl der Kinderfreibeträge . . . 0,5			1			1,5			2			2,5			3**		
		LSt	ohne Kinder-freibeträge SolZ	8%	9%		LSt	SolZ	8%	9%	SolZ	8%	9%	SolZ	8%	9%	SolZ	8%	9%	SolZ	8%	9%	SolZ	8%	9%
147,59	I,IV	29,95	1,64	2,39	2,69	I	29,95	1,44	2,10	2,36	1,25	1,82	2,05	1,06	1,55	1,75	0,89	1,30	1,46	0,72	1,05	1,18	0,56	0,82	0,93
	II	28,56	1,57	2,28	2,57	II	28,56	1,37	1,99	2,24	1,18	1,72	1,93	1,—	1,45	1,64	0,83	1,20	1,35	0,66	0,97	1,09	0,51	0,74	0,83
	III	18,41	1,01	1,47	1,65	III	18,41	0,86	1,25	1,41	0,72	1,04	1,17	0,58	0,84	0,95	0,44	0,64	0,72	0,06	0,45	0,51	—	0,28	0,31
	V	43,55	2,39	3,48	3,91	IV	29,95	1,54	2,24	2,52	1,44	2,10	2,36	1,34	1,96	2,20	1,25	1,82	2,05	1,16	1,68	1,89	1,06	1,55	1,75
	VI	44,76	2,46	3,58	4,02																				
147,69	I,IV	29,98	1,64	2,39	2,69	I	29,98	1,44	2,10	2,36	1,25	1,82	2,05	1,07	1,55	1,75	0,89	1,30	1,46	0,72	1,06	1,19	0,57	0,83	0,93
	II	28,60	1,57	2,28	2,57	II	28,60	1,37	2,—	2,25	1,18	1,72	1,94	1,—	1,46	1,64	0,83	1,21	1,36	0,66	0,97	1,09	0,51	0,74	0,84
	III	18,43	1,01	1,47	1,65	III	18,43	0,86	1,25	1,41	0,72	1,04	1,18	0,58	0,84	0,95	0,44	0,64	0,73	0,06	0,45	0,51	—	0,28	0,31
	V	43,59	2,39	3,48	3,92	IV	29,98	1,54	2,25	2,53	1,44	2,10	2,36	1,35	1,96	2,21	1,25	1,82	2,05	1,16	1,69	1,90	1,07	1,55	1,75
	VI	44,80	2,46	3,58	4,03																				
147,79	I,IV	30,02	1,65	2,40	2,70	I	30,02	1,45	2,10	2,37	1,25	1,82	2,05	1,07	1,56	1,75	0,89	1,30	1,46	0,73	1,06	1,19	0,57	0,83	0,93
	II	28,64	1,57	2,29	2,57	II	28,64	1,37	2,—	2,25	1,18	1,72	1,94	1,—	1,46	1,64	0,83	1,21	1,36	0,67	0,97	1,09	0,51	0,74	0,84
	III	18,46	1,01	1,47	1,66	III	18,46	0,86	1,26	1,41	0,72	1,05	1,18	0,58	0,84	0,95	0,44	0,65	0,73	0,07	0,46	0,51	—	0,28	0,31
	V	43,63	2,39	3,49	3,92	IV	30,02	1,54	2,25	2,53	1,45	2,10	2,37	1,35	1,96	2,21	1,25	1,82	2,05	1,16	1,69	1,90	1,07	1,56	1,75
	VI	44,84	2,46	3,58	4,03																				
147,89	I,IV	30,06	1,65	2,40	2,70	I	30,06	1,45	2,11	2,37	1,25	1,83	2,06	1,07	1,56	1,75	0,89	1,30	1,47	0,73	1,06	1,19	0,57	0,83	0,93
	II	28,67	1,57	2,29	2,58	II	28,67	1,37	2,—	2,25	1,18	1,72	1,94	1,—	1,46	1,64	0,83	1,21	1,36	0,67	0,97	1,09	0,51	0,75	0,84
	III	18,49	1,01	1,47	1,66	III	18,49	0,86	1,26	1,42	0,72	1,05	1,18	0,58	0,85	0,95	0,44	0,65	0,73	0,07	0,46	0,52	—	0,28	0,32
	V	43,67	2,40	3,49	3,93	IV	30,06	1,55	2,25	2,53	1,45	2,11	2,37	1,35	1,96	2,21	1,25	1,83	2,06	1,16	1,69	1,90	1,07	1,56	1,75
	VI	44,88	2,46	3,59	4,03																				
147,99	I,IV	30,09	1,65	2,40	2,70	I	30,09	1,45	2,11	2,37	1,26	1,83	2,06	1,07	1,56	1,76	0,90	1,31	1,47	0,73	1,06	1,20	0,57	0,83	0,94
	II	28,71	1,57	2,29	2,58	II	28,71	1,38	2,—	2,25	1,19	1,73	1,94	1,01	1,46	1,65	0,83	1,21	1,37	0,67	0,98	1,10	0,51	0,75	0,84
	III	18,52	1,01	1,48	1,66	III	18,52	0,87	1,26	1,42	0,72	1,05	1,18	0,58	0,85	0,95	0,45	0,65	0,73	0,08	0,46	0,52	—	0,28	0,32
	V	43,71	2,40	3,49	3,93	IV	30,09	1,55	2,25	2,54	1,45	2,11	2,37	1,35	1,97	2,21	1,26	1,83	2,06	1,16	1,69	1,91	1,07	1,56	1,76
	VI	44,92	2,47	3,59	4,04																				
148,09	I,IV	30,13	1,65	2,41	2,71	I	30,13	1,45	2,11	2,38	1,26	1,83	2,06	1,07	1,56	1,76	0,90	1,31	1,47	0,73	1,06	1,20	0,57	0,83	0,94
	II	28,74	1,58	2,29	2,58	II	28,74	1,38	2,01	2,26	1,19	1,73	1,95	1,01	1,47	1,65	0,83	1,22	1,37	0,67	0,98	1,10	0,51	0,75	0,85
	III	18,54	1,01	1,48	1,66	III	18,54	0,87	1,26	1,42	0,72	1,05	1,18	0,58	0,85	0,96	0,45	0,65	0,73	0,08	0,46	0,52	—	0,28	0,32
	V	43,75	2,40	3,50	3,93	IV	30,13	1,55	2,26	2,54	1,45	2,11	2,38	1,35	1,97	2,22	1,26	1,83	2,06	1,16	1,70	1,91	1,07	1,56	1,76
	VI	44,96	2,47	3,59	4,04																				
148,19	I,IV	30,17	1,65	2,41	2,71	I	30,17	1,45	2,12	2,38	1,26	1,83	2,06	1,08	1,57	1,76	0,90	1,31	1,47	0,73	1,07	1,20	0,57	0,84	0,94
	II	28,78	1,58	2,30	2,59	II	28,78	1,38	2,01	2,26	1,19	1,73	1,95	1,01	1,47	1,65	0,84	1,22	1,37	0,67	0,98	1,10	0,52	0,75	0,85
	III	18,57	1,02	1,48	1,67	III	18,57	0,87	1,26	1,42	0,72	1,06	1,19	0,58	0,85	0,96	0,45	0,65	0,74	0,09	0,46	0,52	—	0,28	0,32
	V	43,79	2,40	3,50	3,94	IV	30,17	1,55	2,26	2,54	1,45	2,12	2,38	1,36	1,97	2,22	1,26	1,83	2,06	1,17	1,70	1,91	1,08	1,57	1,76
	VI	45,—	2,47	3,60	4,05																				
148,29	I,IV	30,20	1,66	2,41	2,71	I	30,20	1,45	2,12	2,38	1,26	1,84	2,07	1,08	1,57	1,77	0,90	1,31	1,48	0,73	1,07	1,20	0,57	0,84	0,94
	II	28,81	1,58	2,30	2,59	II	28,81	1,38	2,01	2,26	1,19	1,74	1,95	1,01	1,47	1,66	0,84	1,22	1,37	0,67	0,98	1,10	0,52	0,76	0,85
	III	18,60	1,02	1,48	1,67	III	18,60	0,87	1,27	1,43	0,73	1,06	1,19	0,59	0,85	0,96	0,45	0,66	0,74	0,09	0,46	0,52	—	0,29	0,32
	V	43,83	2,41	3,50	3,94	IV	30,20	1,55	2,26	2,55	1,45	2,12	2,38	1,36	1,98	2,22	1,26	1,84	2,07	1,17	1,70	1,91	1,08	1,57	1,77
	VI	45,04	2,47	3,60	4,05																				
148,39	I,IV	30,24	1,66	2,41	2,72	I	30,24	1,46	2,12	2,39	1,26	1,84	2,07	1,08	1,57	1,77	0,90	1,32	1,48	0,74	1,07	1,21	0,58	0,84	0,95
	II	28,85	1,58	2,30	2,59	II	28,85	1,38	2,01	2,27	1,19	1,74	1,96	1,01	1,47	1,66	0,84	1,22	1,38	0,68	0,98	1,11	0,52	0,76	0,85
	III	18,62	1,02	1,48	1,67	III	18,62	0,87	1,27	1,43	0,73	1,06	1,19	0,59	0,86	0,96	0,45	0,66	0,74	0,10	0,47	0,53	—	0,29	0,32
	V	43,87	2,41	3,50	3,94	IV	30,24	1,56	2,27	2,55	1,46	2,12	2,39	1,36	1,98	2,23	1,26	1,84	2,07	1,17	1,70	1,92	1,08	1,57	1,77
	VI	45,08	2,47	3,60	4,05																				
148,49	I,IV	30,28	1,66	2,42	2,72	I	30,28	1,46	2,12	2,39	1,27	1,84	2,07	1,08	1,57	1,77	0,90	1,32	1,48	0,74	1,07	1,21	0,58	0,84	0,95
	II	28,89	1,58	2,31	2,60	II	28,89	1,39	2,02	2,27	1,20	1,74	1,96	1,01	1,48	1,66	0,84	1,23	1,38	0,68	0,99	1,11	0,52	0,76	0,85
	III	18,65	1,02	1,49	1,67	III	18,65	0,87	1,27	1,43	0,73	1,06	1,19	0,59	0,86	0,97	0,45	0,66	0,74	0,10	0,47	0,53	—	0,29	0,33
	V	43,91	2,41	3,51	3,95	IV	30,28	1,56	2,27	2,55	1,46	2,12	2,39	1,36	1,98	2,23	1,27	1,84	2,07	1,17	1,71	1,92	1,08	1,57	1,77
	VI	45,12	2,48	3,60	4,06																				
148,59	I,IV	30,31	1,66	2,42	2,72	I	30,31	1,46	2,13	2,39	1,27	1,84	2,08	1,08	1,58	1,77	0,91	1,32	1,49	0,74	1,08	1,21	0,58	0,84	0,95
	II	28,92	1,59	2,31	2,60	II	28,92	1,39	2,02	2,27	1,20	1,74	1,96	1,02	1,48	1,66	0,84	1,23	1,38	0,68	0,99	1,11	0,52	0,76	0,86
	III	18,68	1,02	1,49	1,68	III	18,68	0,87	1,27	1,43	0,73	1,06	1,20	0,59	0,86	0,97	0,45	0,66	0,74	0,11	0,47	0,53	—	0,29	0,33
	V	43,95	2,41	3,51	3,95	IV	30,31	1,56	2,27	2,56	1,46	2,13	2,39	1,36	1,98	2,23	1,27	1,84	2,08	1,17	1,71	1,92	1,08	1,58	1,77
	VI	45,16	2,48	3,61	4,06																				
148,69	I,IV	30,35	1,66	2,42	2,73	I	30,35	1,46	2,13	2,40	1,27	1,85	2,08	1,08	1,58	1,78	0,91	1,32	1,49	0,74	1,08	1,21	0,58	0,85	0,95
	II	28,96	1,59	2,31	2,60	II	28,96	1,39	2,02	2,28	1,20	1,75	1,96	1,02	1,48	1,67	0,84	1,23	1,38	0,68	0,99	1,11	0,52	0,76	0,86
	III	18,70	1,02	1,49	1,68	III	18,70	0,88	1,28	1,44	0,73	1,06	1,20	0,59	0,86	0,97	0,45	0,66	0,75	0,11	0,47	0,53	—	0,29	0,33
	V	43,99	2,41	3,51	3,95	IV	30,35	1,56	2,27	2,56	1,46	2,13	2,40	1,36	1,99	2,24	1,27	1,85	2,08	1,18	1,71	1,93	1,08	1,58	1,78
	VI	45,20	2,48	3,61	4,06																				
148,79	I,IV	30,38	1,67	2,43	2,73	I	30,38	1,46	2,13	2,40	1,27	1,85	2,08	1,09	1,58	1,78	0,91	1,32	1,49	0,74	1,08	1,22	0,58	0,85	0,96
	II	29,—	1,59	2,32	2,61	II	29,—	1,39	2,03	2,28	1,20	1,75	1,97	1,02	1,48	1,67	0,85	1,23	1,39	0,68	0,99	1,12	0,53	0,77	0,86
	III	18,73	1,03	1,49	1,68	III	18,73	0,88	1,28	1,44	0,73	1,07	1,20	0,59	0,86	0,97	0,46	0,67	0,75	0,11	0,47	0,53	—	0,30	0,33
	V	44,03	2,42	3,52	3,96	IV	30,38	1,56	2,28	2,56	1,46	2,13	2,40	1,37	1,99	2,24	1,27	1,85	2,08	1,18	1,71	1,93	1,09	1,58	1,78
	VI	45,24	2,48	3,61	4,07																				
148,89	I,IV	30,42	1,67	2,43	2,73	I	30,42	1,47	2,14	2,40	1,27	1,85	2,09	1,09	1,58	1,78	0,91	1,33	1,49	0,74	1,08	1,22	0,58	0,85	0,96
	II	29,03	1,59	2,32	2,61	II	29,03	1,39	2,03	2,28	1,20	1,75	1,97	1,02	1,49	1,67	0,85	1,24	1,39	0,68	1,—	1,12	0,53	0,77	0,86
	III	18,76	1,03	1,50	1,68	III	18,76	0,88	1,28	1,44	0,73	1,07	1,20	0,59	0,86	0,97	0,46	0,67	0,75	0,12	0,48	0,54	—	0,30	0,33
	V	44,07	2,42	3,52	3,96	IV	30,42	1,57	2,28	2,57	1,47	2,14	2,40	1,37	1,99	2,24	1,27	1,85	2,09	1,18	1,72	1,93	1,09	1,58	1,78
	VI	45,28	2,49	3,62	4,07																				
148,99	I,IV	30,46	1,67	2,43	2,74	I	30,46	1,47	2,14	2,41	1,27	1,86	2,09	1,09	1,59	1,79	0,91	1,33	1,50	0,74	1,09	1,22	0,59	0,85	0,96
	II	29,07	1,59	2,32	2,61	II	29,07	1,39	2,03	2,29	1,20	1,75	1,97	1,02	1,49	1,68	0,85	1,24	1,39	0,68	1,—	1,12	0,53	0,77	0,87
	III	18,78	1,03	1,50	1,69	III	18,78	0,88	1,28	1,44	0,74	1,07	1,21	0,59	0,87	0,98	0,46	0,67	0,75	0,12	0,48	0,54	—	0,30	0,34
	V	44,11	2,42	3,52	3,96	IV	30,46	1,57	2,28	2,57	1,47	2,14	2,41	1,37	2,—	2,25	1,27	1,86	2,09	1,18	1,72	1,94	1,09	1,59	1,79
	VI	45,32	2,49	3,62	4,07																				
149,09	I,IV	30,50	1,67	2,44	2,74	I	30,50	1,47	2,14	2,41	1,28	1,86	2,09	1,09	1,59	1,79	0,91	1,33	1,50	0,75	1,09	1,22	0,59	0,86	0,96
	II	29,10	1,60	2,32	2,61	II	29,10	1,40	2,03	2,29	1,21	1,76	1,98	1,02	1,49	1,68	0,85	1,24	1,39	0,69	1,—	1,13	0,53	0,77	0,87
	III	18,81	1,03	1,50	1,69	III	18,81	0,88	1,28	1,44	0,74	1,07	1,21	0,60	0,87	0,98	0,46	0,67	0,76	0,13	0,48	0,54	—	0,30	0,34
	V	44,15	2,42	3,53	3,97	IV	30,50	1,57	2,29	2,57	1,47	2,14	2,41	1,37	2,—	2,25	1,28	1,86	2,09	1,18	1,72	1,94	1,09	1,59	1,79
	VI	45,36	2,49	3,62	4,08																				

* Die ausgewiesenen Tabellenwerte sind amtlich. Siehe Erläuterungen auf der Umschlaginnenseite (U2).
** Bei mehr als 3 Kinderfreibeträgen ist die „Ergänzungs-Tabelle 3,5 bis 6 Kinderfreibeträge" anzuwenden.

Lohn/ Gehalt bis €*	Abzüge an Lohnsteuer, Solidaritätszuschlag (SolZ) und Kirchensteuer (8%, 9%) in den Steuerklassen I – VI					I, II, III, IV		mit Zahl der Kinderfreibeträge . . . 0,5			1			1,5			2			2,5			3**		
		LSt	ohne Kinderfreibeträge SolZ	8%	9%		LSt	SolZ	8%	9%	SolZ	8%	9%	SolZ	8%	9%	SolZ	8%	9%	SolZ	8%	9%	SolZ	8%	9%
149,19	I,IV	30,53	1,67	2,44	2,74	I	30,53	1,47	2,14	2,41	1,28	1,86	2,09	1,09	1,59	1,79	0,92	1,33	1,50	0,75	1,09	1,23	0,59	0,86	0,97
	II	29,14	1,60	2,33	2,62	II	29,14	1,40	2,04	2,29	1,21	1,76	1,98	1,03	1,49	1,68	0,85	1,24	1,40	0,69	1,—	1,13	0,53	0,77	0,87
	III	18,83	1,03	1,50	1,69	III	18,83	0,88	1,29	1,45	0,74	1,08	1,21	0,60	0,87	0,98	0,46	0,67	0,76	0,13	0,48	0,54	—	0,30	0,34
	V	44,19	2,43	3,53	3,97	IV	30,53	1,57	2,29	2,58	1,47	2,14	2,41	1,37	2,—	2,25	1,28	1,86	2,09	1,18	1,72	1,94	1,09	1,59	1,79
	VI	45,40	2,49	3,63	4,08																				
149,29	I,IV	30,57	1,68	2,44	2,75	I	30,57	1,47	2,15	2,42	1,28	1,86	2,10	1,09	1,59	1,79	0,92	1,34	1,50	0,75	1,09	1,23	0,59	0,86	0,97
	II	29,18	1,60	2,33	2,62	II	29,18	1,40	2,04	2,29	1,21	1,76	1,98	1,03	1,50	1,68	0,85	1,24	1,40	0,69	1,—	1,13	0,53	0,78	0,87
	III	18,86	1,03	1,50	1,69	III	18,86	0,88	1,29	1,45	0,74	1,08	1,21	0,60	0,87	0,98	0,46	0,68	0,76	0,14	0,48	0,54	—	0,30	0,34
	V	44,23	2,43	3,53	3,98	IV	30,57	1,57	2,29	2,58	1,47	2,15	2,42	1,38	2,—	2,25	1,28	1,86	2,10	1,19	1,73	1,94	1,09	1,59	1,79
	VI	45,44	2,49	3,63	4,08																				
149,39	I,IV	30,61	1,68	2,44	2,75	I	30,61	1,48	2,15	2,42	1,28	1,87	2,10	1,10	1,60	1,80	0,92	1,34	1,51	0,75	1,10	1,23	0,59	0,86	0,97
	II	29,21	1,60	2,33	2,62	II	29,21	1,40	2,04	2,30	1,21	1,76	1,98	1,03	1,50	1,69	0,86	1,25	1,40	0,69	1,01	1,13	0,53	0,78	0,88
	III	18,89	1,03	1,51	1,70	III	18,89	0,89	1,29	1,45	0,74	1,08	1,21	0,60	0,88	0,99	0,46	0,68	0,76	0,14	0,49	0,55	—	0,30	0,34
	V	44,27	2,43	3,54	3,98	IV	30,61	1,58	2,29	2,58	1,48	2,15	2,42	1,38	2,01	2,26	1,28	1,87	2,10	1,19	1,73	1,95	1,10	1,60	1,80
	VI	45,48	2,50	3,63	4,09																				
149,49	I,IV	30,64	1,68	2,45	2,75	I	30,64	1,48	2,15	2,42	1,28	1,87	2,10	1,10	1,60	1,80	0,92	1,34	1,51	0,75	1,10	1,23	0,59	0,86	0,97
	II	29,25	1,60	2,34	2,63	II	29,25	1,40	2,04	2,30	1,21	1,77	1,99	1,03	1,50	1,69	0,86	1,25	1,41	0,69	1,01	1,14	0,54	0,78	0,88
	III	18,92	1,04	1,51	1,70	III	18,92	0,89	1,29	1,45	0,74	1,08	1,22	0,60	0,88	0,99	0,47	0,68	0,76	0,15	0,49	0,55	—	0,31	0,35
	V	44,31	2,43	3,54	3,98	IV	30,64	1,58	2,30	2,59	1,48	2,15	2,42	1,38	2,01	2,26	1,28	1,87	2,10	1,19	1,73	1,95	1,10	1,60	1,80
	VI	45,52	2,50	3,64	4,09																				
149,59	I,IV	30,68	1,68	2,45	2,76	I	30,68	1,48	2,15	2,42	1,29	1,87	2,11	1,10	1,60	1,80	0,92	1,34	1,51	0,75	1,10	1,24	0,59	0,87	0,98
	II	29,28	1,61	2,34	2,63	II	29,28	1,41	2,05	2,30	1,22	1,77	1,99	1,03	1,50	1,69	0,86	1,25	1,41	0,69	1,01	1,14	0,54	0,78	0,88
	III	18,95	1,04	1,51	1,70	III	18,95	0,89	1,29	1,46	0,74	1,08	1,22	0,60	0,88	0,99	0,47	0,68	0,77	0,15	0,49	0,55	—	0,31	0,35
	V	44,35	2,43	3,54	3,99	IV	30,68	1,58	2,30	2,59	1,48	2,15	2,42	1,38	2,01	2,26	1,29	1,87	2,11	1,19	1,74	1,95	1,10	1,60	1,80
	VI	45,56	2,50	3,64	4,10																				
149,69	I,IV	30,71	1,68	2,45	2,76	I	30,71	1,48	2,16	2,43	1,29	1,87	2,11	1,10	1,60	1,81	0,92	1,35	1,52	0,76	1,10	1,24	0,60	0,87	0,98
	II	29,32	1,61	2,34	2,63	II	29,32	1,41	2,05	2,31	1,22	1,77	1,99	1,03	1,51	1,70	0,86	1,25	1,41	0,70	1,01	1,14	0,54	0,79	0,88
	III	18,97	1,04	1,51	1,70	III	18,97	0,89	1,30	1,46	0,74	1,08	1,22	0,60	0,88	0,99	0,47	0,68	0,77	0,16	0,49	0,55	—	0,31	0,35
	V	44,39	2,44	3,55	3,99	IV	30,71	1,58	2,30	2,59	1,48	2,16	2,43	1,38	2,01	2,27	1,29	1,87	2,11	1,19	1,74	1,96	1,10	1,60	1,81
	VI	45,60	2,50	3,64	4,10																				
149,79	I,IV	30,75	1,69	2,46	2,76	I	30,75	1,48	2,16	2,43	1,29	1,88	2,11	1,10	1,61	1,81	0,93	1,35	1,52	0,76	1,10	1,24	0,60	0,87	0,98
	II	29,36	1,61	2,34	2,64	II	29,36	1,41	2,05	2,31	1,22	1,78	2,—	1,04	1,51	1,70	0,86	1,26	1,41	0,70	1,02	1,14	0,54	0,79	0,89
	III	19,—	1,04	1,52	1,71	III	19,—	0,89	1,30	1,46	0,75	1,09	1,22	0,61	0,88	0,99	0,47	0,68	0,77	0,16	0,49	0,55	—	0,31	0,35
	V	44,43	2,44	3,55	3,99	IV	30,75	1,58	2,31	2,60	1,48	2,16	2,43	1,39	2,02	2,27	1,29	1,88	2,11	1,20	1,74	1,96	1,10	1,61	1,81
	VI	45,64	2,51	3,65	4,10																				
149,89	I,IV	30,79	1,69	2,46	2,77	I	30,79	1,49	2,16	2,43	1,29	1,88	2,12	1,11	1,61	1,81	0,93	1,35	1,52	0,76	1,11	1,25	0,60	0,87	0,98
	II	29,39	1,61	2,35	2,64	II	29,39	1,41	2,06	2,31	1,22	1,78	2,—	1,04	1,51	1,70	0,86	1,26	1,42	0,70	1,02	1,15	0,54	0,79	0,89
	III	19,02	1,04	1,52	1,71	III	19,02	0,89	1,30	1,46	0,75	1,09	1,23	0,61	0,88	1,—	0,47	0,69	0,77	0,16	0,49	0,56	—	0,31	0,35
	V	44,47	2,44	3,55	4,—	IV	30,79	1,59	2,31	2,60	1,49	2,16	2,43	1,39	2,02	2,27	1,29	1,88	2,12	1,20	1,74	1,96	1,11	1,61	1,81
	VI	45,68	2,51	3,65	4,11																				
149,99	I,IV	30,82	1,69	2,46	2,77	I	30,82	1,49	2,17	2,44	1,29	1,88	2,12	1,11	1,61	1,81	0,93	1,35	1,52	0,76	1,11	1,25	0,60	0,88	0,99
	II	29,43	1,61	2,35	2,64	II	29,43	1,41	2,06	2,32	1,22	1,78	2,—	1,04	1,51	1,70	0,87	1,26	1,42	0,70	1,02	1,15	0,54	0,79	0,89
	III	19,05	1,04	1,52	1,71	III	19,05	0,89	1,30	1,46	0,75	1,09	1,23	0,61	0,89	1,—	0,47	0,69	0,77	0,17	0,50	0,56	—	0,31	0,35
	V	44,51	2,44	3,56	4,—	IV	30,82	1,59	2,31	2,60	1,49	2,17	2,44	1,39	2,02	2,28	1,29	1,88	2,12	1,20	1,75	1,96	1,11	1,61	1,81
	VI	45,72	2,51	3,65	4,11																				
150,09	I,IV	30,86	1,69	2,46	2,77	I	30,86	1,49	2,17	2,44	1,29	1,89	2,12	1,11	1,62	1,82	0,93	1,36	1,53	0,76	1,11	1,25	0,60	0,88	0,99
	II	29,46	1,62	2,35	2,65	II	29,46	1,42	2,06	2,32	1,22	1,78	2,01	1,04	1,52	1,71	0,87	1,26	1,42	0,70	1,02	1,15	0,54	0,79	0,89
	III	19,08	1,04	1,52	1,71	III	19,08	0,90	1,30	1,47	0,75	1,09	1,23	0,61	0,89	1,—	0,47	0,69	0,78	0,17	0,50	0,56	—	0,32	0,36
	V	44,55	2,45	3,56	4,—	IV	30,86	1,59	2,32	2,61	1,49	2,17	2,44	1,39	2,03	2,28	1,29	1,89	2,12	1,20	1,75	1,97	1,11	1,62	1,82
	VI	45,76	2,51	3,66	4,11																				
150,19	I,IV	30,90	1,69	2,47	2,78	I	30,90	1,49	2,17	2,44	1,30	1,89	2,12	1,11	1,62	1,82	0,93	1,36	1,53	0,76	1,11	1,25	0,60	0,88	0,99
	II	29,50	1,62	2,36	2,65	II	29,50	1,42	2,06	2,32	1,23	1,79	2,01	1,04	1,52	1,71	0,87	1,27	1,42	0,70	1,02	1,15	0,55	0,80	0,90
	III	19,10	1,05	1,52	1,71	III	19,10	0,90	1,31	1,47	0,75	1,10	1,23	0,61	0,89	1,—	0,47	0,69	0,78	0,18	0,50	0,56	—	0,32	0,36
	V	44,59	2,45	3,56	4,01	IV	30,90	1,59	2,32	2,61	1,49	2,17	2,44	1,39	2,03	2,28	1,30	1,89	2,12	1,20	1,75	1,97	1,11	1,62	1,82
	VI	45,80	2,51	3,66	4,12																				
150,29	I,IV	30,93	1,70	2,47	2,78	I	30,93	1,49	2,17	2,45	1,30	1,89	2,13	1,11	1,62	1,82	0,93	1,36	1,53	0,77	1,12	1,26	0,61	0,88	0,99
	II	29,54	1,62	2,36	2,65	II	29,54	1,42	2,07	2,33	1,23	1,79	2,01	1,05	1,52	1,71	0,87	1,27	1,43	0,70	1,03	1,16	0,55	0,80	0,90
	III	19,13	1,05	1,53	1,72	III	19,13	0,90	1,31	1,47	0,75	1,10	1,24	0,61	0,89	1,—	0,48	0,69	0,78	0,18	0,50	0,56	—	0,32	0,36
	V	44,63	2,45	3,57	4,01	IV	30,93	1,59	2,32	2,61	1,49	2,17	2,45	1,39	2,03	2,29	1,30	1,89	2,13	1,20	1,75	1,97	1,11	1,62	1,82
	VI	45,84	2,52	3,66	4,12																				
150,39	I,IV	30,97	1,70	2,47	2,78	I	30,97	1,50	2,18	2,45	1,30	1,89	2,13	1,11	1,62	1,83	0,94	1,36	1,53	0,77	1,12	1,26	0,61	0,88	1,—
	II	29,57	1,62	2,36	2,66	II	29,57	1,42	2,07	2,33	1,23	1,79	2,02	1,05	1,52	1,72	0,87	1,27	1,43	0,71	1,03	1,16	0,55	0,80	0,90
	III	19,16	1,05	1,53	1,72	III	19,16	0,90	1,31	1,47	0,75	1,10	1,24	0,61	0,90	1,01	0,48	0,70	0,78	0,19	0,50	0,57	—	0,32	0,36
	V	44,67	2,45	3,57	4,02	IV	30,97	1,60	2,32	2,61	1,50	2,18	2,45	1,40	2,03	2,29	1,30	1,89	2,13	1,21	1,76	1,98	1,11	1,62	1,83
	VI	45,88	2,52	3,67	4,12																				
150,49	I,IV	31,01	1,70	2,48	2,79	I	31,01	1,50	2,18	2,45	1,30	1,90	2,13	1,12	1,62	1,83	0,94	1,37	1,54	0,77	1,12	1,26	0,61	0,89	1,—
	II	29,61	1,62	2,36	2,66	II	29,61	1,42	2,07	2,33	1,23	1,79	2,02	1,05	1,53	1,72	0,87	1,27	1,43	0,71	1,03	1,16	0,55	0,80	0,90
	III	19,18	1,05	1,53	1,72	III	19,18	0,90	1,31	1,48	0,76	1,10	1,24	0,61	0,90	1,01	0,48	0,70	0,79	0,19	0,51	0,57	—	0,32	0,36
	V	44,71	2,45	3,57	4,02	IV	31,01	1,60	2,33	2,62	1,50	2,18	2,45	1,40	2,04	2,29	1,30	1,90	2,13	1,21	1,76	1,98	1,12	1,62	1,83
	VI	45,91	2,52	3,67	4,13																				
150,59	I,IV	31,05	1,70	2,48	2,79	I	31,05	1,50	2,18	2,46	1,30	1,90	2,14	1,12	1,63	1,83	0,94	1,37	1,54	0,77	1,12	1,26	0,61	0,89	1,—
	II	29,65	1,63	2,37	2,66	II	29,65	1,43	2,08	2,34	1,23	1,80	2,02	1,05	1,53	1,72	0,88	1,28	1,44	0,71	1,03	1,16	0,55	0,80	0,91
	III	19,21	1,05	1,53	1,72	III	19,21	0,90	1,32	1,48	0,76	1,10	1,24	0,62	0,90	1,01	0,48	0,70	0,79	0,20	0,51	0,57	—	0,32	0,37
	V	44,75	2,46	3,58	4,02	IV	31,05	1,60	2,33	2,62	1,50	2,18	2,46	1,40	2,04	2,29	1,30	1,90	2,14	1,21	1,76	1,98	1,12	1,63	1,83
	VI	45,96	2,52	3,67	4,13																				
150,69	I,IV	31,08	1,70	2,48	2,79	I	31,08	1,50	2,19	2,46	1,31	1,90	2,14	1,12	1,63	1,83	0,94	1,37	1,54	0,77	1,12	1,27	0,61	0,89	1,—
	II	29,68	1,63	2,37	2,67	II	29,68	1,43	2,08	2,34	1,24	1,80	2,02	1,05	1,53	1,72	0,88	1,28	1,44	0,71	1,04	1,17	0,55	0,81	0,91
	III	19,24	1,05	1,53	1,73	III	19,24	0,90	1,32	1,48	0,76	1,11	1,24	0,62	0,90	1,01	0,48	0,70	0,79	0,20	0,51	0,57	—	0,33	0,37
	V	44,79	2,46	3,58	4,03	IV	31,08	1,60	2,33	2,62	1,50	2,19	2,46	1,40	2,04	2,30	1,31	1,90	2,14	1,21	1,76	1,98	1,12	1,63	1,83
	VI	46,—	2,53	3,68	4,14																				

* Die ausgewiesenen Tabellenwerte sind amtlich. Siehe Erläuterungen auf der Umschlaginnenseite (U2).

** Bei mehr als 3 Kinderfreibeträgen ist die „Ergänzungs-Tabelle 3,5 bis 6 Kinderfreibeträge" anzuwenden.

Abzüge an Lohnsteuer, Solidaritätszuschlag (SolZ) und Kirchensteuer (8%, 9%) in den Steuerklassen

Lohn/ Gehalt bis €*	I – VI	LSt	ohne Kinderfreibeträge SolZ	8%	9%	I, II, III, IV	LSt	mit Zahl der Kinderfreibeträge … 0,5 SolZ	0,5 8%	0,5 9%	1 SolZ	1 8%	1 9%	1,5 SolZ	1,5 8%	1,5 9%	2 SolZ	2 8%	2 9%	2,5 SolZ	2,5 8%	2,5 9%	3** SolZ	3** 8%	3** 9%
150,79	I,IV	31,12	1,71	2,48	2,80	I	31,12	1,50	2,19	2,46	1,31	1,90	2,14	1,12	1,63	1,84	0,94	1,37	1,55	0,77	1,13	1,27	0,61	0,89	1,01
	II	29,72	1,63	2,37	2,67	II	29,72	1,43	2,08	2,34	1,24	1,80	2,03	1,05	1,53	1,73	0,88	1,28	1,44	0,71	1,04	1,17	0,55	0,81	0,91
	III	19,27	1,05	1,54	1,73	III	19,27	0,91	1,32	1,48	0,76	1,11	1,25	0,62	0,90	1,02	0,48	0,70	0,79	0,21	0,51	0,58	—	0,33	0,37
	V	44,83	2,46	3,58	4,03	IV	31,12	1,60	2,34	2,63	1,50	2,19	2,46	1,40	2,04	2,30	1,31	1,90	2,14	1,21	1,77	1,99	1,12	1,63	1,84
	VI	46,03	2,53	3,68	4,14																				
150,89	I,IV	31,16	1,71	2,49	2,80	I	31,16	1,50	2,19	2,47	1,31	1,91	2,15	1,12	1,64	1,84	0,94	1,38	1,55	0,78	1,13	1,27	0,61	0,90	1,01
	II	29,75	1,63	2,38	2,67	II	29,75	1,43	2,08	2,34	1,24	1,80	2,03	1,06	1,54	1,73	0,88	1,28	1,44	0,71	1,04	1,17	0,56	0,81	0,91
	III	19,29	1,06	1,54	1,73	III	19,29	0,91	1,32	1,49	0,76	1,11	1,25	0,62	0,90	1,02	0,48	0,71	0,79	0,21	0,51	0,58	—	0,33	0,37
	V	44,86	2,46	3,58	4,03	IV	31,16	1,61	2,34	2,63	1,50	2,19	2,47	1,41	2,05	2,30	1,31	1,91	2,15	1,22	1,77	1,99	1,12	1,64	1,84
	VI	46,07	2,53	3,68	4,14																				
150,99	I,IV	31,19	1,71	2,49	2,80	I	31,19	1,51	2,19	2,47	1,31	1,91	2,15	1,12	1,64	1,84	0,95	1,38	1,55	0,78	1,13	1,27	0,62	0,90	1,01
	II	29,79	1,63	2,38	2,68	II	29,79	1,43	2,09	2,35	1,24	1,81	2,03	1,06	1,54	1,73	0,88	1,29	1,45	0,72	1,04	1,17	0,56	0,81	0,92
	III	19,32	1,06	1,54	1,73	III	19,32	0,91	1,32	1,49	0,76	1,11	1,25	0,62	0,91	1,02	0,48	0,71	0,80	0,22	0,52	0,58	—	0,33	0,37
	V	44,91	2,47	3,59	4,04	IV	31,19	1,61	2,34	2,63	1,51	2,19	2,47	1,41	2,05	2,31	1,31	1,91	2,15	1,22	1,77	1,99	1,12	1,64	1,84
	VI	46,11	2,53	3,68	4,14																				
151,09	I,IV	31,23	1,71	2,49	2,81	I	31,23	1,51	2,20	2,47	1,31	1,91	2,15	1,13	1,64	1,85	0,95	1,38	1,55	0,78	1,13	1,28	0,62	0,90	1,01
	II	29,83	1,64	2,38	2,68	II	29,83	1,43	2,09	2,35	1,24	1,81	2,04	1,06	1,54	1,74	0,88	1,29	1,45	0,72	1,05	1,18	0,56	0,82	0,92
	III	19,35	1,06	1,54	1,74	III	19,35	0,91	1,32	1,49	0,76	1,11	1,25	0,62	0,91	1,02	0,49	0,71	0,80	0,22	0,52	0,58	—	0,33	0,37
	V	44,95	2,47	3,59	4,04	IV	31,23	1,61	2,34	2,64	1,51	2,20	2,47	1,41	2,05	2,31	1,31	1,91	2,15	1,22	1,78	2,—	1,13	1,64	1,85
	VI	46,15	2,53	3,69	4,15																				
151,19	I,IV	31,26	1,71	2,50	2,81	I	31,26	1,51	2,20	2,47	1,32	1,92	2,16	1,13	1,64	1,85	0,95	1,38	1,56	0,78	1,14	1,28	0,62	0,90	1,02
	II	29,86	1,64	2,38	2,68	II	29,86	1,44	2,09	2,35	1,24	1,81	2,04	1,06	1,54	1,74	0,89	1,29	1,45	0,72	1,05	1,18	0,56	0,82	0,92
	III	19,37	1,06	1,54	1,74	III	19,37	0,91	1,33	1,49	0,77	1,12	1,26	0,62	0,91	1,02	0,49	0,71	0,80	0,22	0,52	0,58	—	0,33	0,38
	V	44,98	2,47	3,59	4,04	IV	31,26	1,61	2,35	2,64	1,51	2,20	2,47	1,41	2,06	2,31	1,32	1,92	2,16	1,22	1,78	2,—	1,13	1,64	1,85
	VI	46,19	2,54	3,69	4,15																				
151,29	I,IV	31,30	1,72	2,50	2,81	I	31,30	1,51	2,20	2,48	1,32	1,92	2,16	1,13	1,65	1,85	0,95	1,39	1,56	0,78	1,14	1,28	0,62	0,90	1,02
	II	29,90	1,64	2,39	2,69	II	29,90	1,44	2,10	2,36	1,25	1,82	2,04	1,06	1,55	1,74	0,89	1,29	1,45	0,72	1,05	1,18	0,56	0,82	0,92
	III	19,40	1,06	1,55	1,74	III	19,40	0,91	1,33	1,50	0,77	1,12	1,26	0,63	0,91	1,03	0,49	0,71	0,80	0,23	0,52	0,59	—	0,34	0,38
	V	45,03	2,47	3,60	4,05	IV	31,30	1,61	2,35	2,64	1,51	2,20	2,48	1,41	2,06	2,32	1,32	1,92	2,16	1,22	1,78	2,—	1,13	1,65	1,85
	VI	46,23	2,54	3,69	4,16																				
151,39	I,IV	31,34	1,72	2,50	2,82	I	31,34	1,51	2,21	2,48	1,32	1,92	2,16	1,13	1,65	1,85	0,95	1,39	1,56	0,78	1,14	1,28	0,62	0,91	1,02
	II	29,93	1,64	2,39	2,69	II	29,93	1,44	2,10	2,36	1,25	1,82	2,05	1,06	1,55	1,74	0,89	1,30	1,46	0,72	1,05	1,18	0,56	0,82	0,93
	III	19,42	1,06	1,55	1,74	III	19,42	0,91	1,33	1,50	0,77	1,12	1,26	0,63	0,91	1,03	0,49	0,72	0,81	0,23	0,52	0,59	—	0,34	0,38
	V	45,06	2,47	3,60	4,05	IV	31,34	1,62	2,35	2,65	1,51	2,21	2,48	1,42	2,06	2,32	1,32	1,92	2,16	1,22	1,78	2,01	1,13	1,65	1,85
	VI	46,27	2,54	3,70	4,16																				
151,49	I,IV	31,38	1,72	2,51	2,82	I	31,38	1,52	2,21	2,48	1,32	1,92	2,16	1,13	1,65	1,86	0,95	1,39	1,57	0,78	1,14	1,29	0,62	0,91	1,02
	II	29,97	1,64	2,39	2,69	II	29,97	1,44	2,10	2,36	1,25	1,82	2,05	1,07	1,55	1,75	0,89	1,30	1,46	0,72	1,05	1,19	0,57	0,82	0,93
	III	19,45	1,07	1,55	1,75	III	19,45	0,92	1,33	1,50	0,77	1,12	1,26	0,63	0,92	1,03	0,49	0,72	0,81	0,24	0,52	0,59	—	0,34	0,38
	V	45,10	2,48	3,60	4,05	IV	31,38	1,62	2,36	2,65	1,52	2,21	2,48	1,42	2,06	2,32	1,32	1,92	2,16	1,23	1,79	2,01	1,13	1,65	1,86
	VI	46,31	2,54	3,70	4,16																				
151,59	I,IV	31,41	1,72	2,51	2,82	I	31,41	1,52	2,21	2,49	1,32	1,93	2,17	1,14	1,65	1,86	0,96	1,39	1,57	0,79	1,15	1,29	0,62	0,91	1,03
	II	30,01	1,65	2,40	2,70	II	30,01	1,44	2,10	2,37	1,25	1,82	2,05	1,07	1,56	1,75	0,89	1,30	1,46	0,73	1,06	1,19	0,57	0,83	0,93
	III	19,48	1,07	1,55	1,75	III	19,48	0,92	1,34	1,50	0,77	1,12	1,26	0,63	0,92	1,03	0,49	0,72	0,81	0,24	0,53	0,59	—	0,34	0,38
	V	45,15	2,48	3,61	4,06	IV	31,41	1,62	2,36	2,65	1,52	2,21	2,49	1,42	2,07	2,33	1,32	1,93	2,17	1,23	1,79	2,01	1,14	1,65	1,86
	VI	46,35	2,54	3,70	4,17																				
151,69	I,IV	31,45	1,73	2,51	2,83	I	31,45	1,52	2,21	2,49	1,32	1,93	2,17	1,14	1,66	1,86	0,96	1,40	1,57	0,79	1,15	1,29	0,63	0,91	1,03
	II	30,05	1,65	2,40	2,70	II	30,05	1,45	2,11	2,37	1,25	1,83	2,05	1,07	1,56	1,75	0,89	1,30	1,47	0,73	1,06	1,19	0,57	0,83	0,93
	III	19,51	1,07	1,56	1,75	III	19,51	0,92	1,34	1,51	0,77	1,13	1,27	0,63	0,92	1,04	0,49	0,72	0,81	0,25	0,53	0,59	—	0,34	0,39
	V	45,18	2,48	3,61	4,06	IV	31,45	1,62	2,36	2,66	1,52	2,21	2,49	1,42	2,07	2,33	1,32	1,93	2,17	1,23	1,79	2,02	1,14	1,66	1,86
	VI	46,39	2,55	3,71	4,17																				
151,79	I,IV	31,49	1,73	2,51	2,83	I	31,49	1,52	2,22	2,49	1,33	1,93	2,17	1,14	1,66	1,87	0,96	1,40	1,57	0,79	1,15	1,30	0,63	0,92	1,03
	II	30,08	1,65	2,40	2,70	II	30,08	1,45	2,11	2,37	1,26	1,83	2,06	1,07	1,56	1,76	0,90	1,30	1,47	0,73	1,06	1,19	0,57	0,83	0,94
	III	19,53	1,07	1,56	1,75	III	19,53	0,92	1,34	1,51	0,77	1,13	1,27	0,63	0,92	1,04	0,50	0,72	0,81	0,25	0,53	0,60	—	0,34	0,39
	V	45,22	2,48	3,61	4,06	IV	31,49	1,62	2,36	2,66	1,52	2,22	2,49	1,42	2,07	2,33	1,33	1,93	2,17	1,23	1,79	2,02	1,14	1,66	1,87
	VI	46,43	2,55	3,71	4,17																				
151,89	I,IV	31,52	1,73	2,52	2,83	I	31,52	1,52	2,22	2,50	1,33	1,93	2,18	1,14	1,66	1,87	0,96	1,40	1,58	0,79	1,15	1,30	0,63	0,92	1,03
	II	30,12	1,65	2,40	2,71	II	30,12	1,45	2,11	2,38	1,26	1,83	2,06	1,07	1,56	1,76	0,90	1,31	1,47	0,73	1,06	1,20	0,57	0,83	0,94
	III	19,56	1,07	1,56	1,76	III	19,56	0,92	1,34	1,51	0,78	1,13	1,27	0,63	0,92	1,04	0,50	0,72	0,82	0,26	0,53	0,60	—	0,35	0,39
	V	45,26	2,48	3,62	4,07	IV	31,52	1,63	2,37	2,66	1,52	2,22	2,50	1,43	2,08	2,34	1,33	1,93	2,18	1,23	1,80	2,02	1,14	1,66	1,87
	VI	46,47	2,55	3,71	4,18																				
151,99	I,IV	31,56	1,73	2,52	2,84	I	31,56	1,53	2,22	2,50	1,33	1,94	2,18	1,14	1,66	1,87	0,96	1,40	1,58	0,79	1,16	1,30	0,63	0,92	1,04
	II	30,15	1,65	2,41	2,71	II	30,15	1,45	2,11	2,38	1,26	1,83	2,06	1,07	1,57	1,76	0,90	1,31	1,47	0,73	1,07	1,20	0,57	0,84	0,94
	III	19,58	1,07	1,56	1,76	III	19,58	0,92	1,34	1,51	0,78	1,13	1,27	0,64	0,93	1,04	0,50	0,73	0,82	0,26	0,53	0,60	—	0,35	0,39
	V	45,30	2,49	3,62	4,07	IV	31,56	1,63	2,37	2,67	1,53	2,22	2,50	1,43	2,08	2,34	1,33	1,94	2,18	1,24	1,80	2,02	1,14	1,66	1,87
	VI	46,51	2,55	3,72	4,18																				
152,09	I,IV	31,60	1,73	2,52	2,84	I	31,60	1,53	2,22	2,50	1,33	1,94	2,18	1,14	1,67	1,88	0,97	1,41	1,58	0,79	1,16	1,30	0,63	0,92	1,04
	II	30,19	1,66	2,41	2,71	II	30,19	1,45	2,12	2,38	1,26	1,84	2,07	1,08	1,57	1,76	0,90	1,31	1,48	0,73	1,07	1,20	0,57	0,84	0,94
	III	19,61	1,07	1,56	1,76	III	19,61	0,92	1,35	1,51	0,78	1,13	1,28	0,64	0,93	1,04	0,50	0,73	0,82	0,27	0,54	0,60	—	0,35	0,39
	V	45,34	2,49	3,62	4,08	IV	31,60	1,63	2,37	2,67	1,53	2,22	2,50	1,43	2,08	2,34	1,33	1,94	2,18	1,24	1,80	2,03	1,14	1,67	1,88
	VI	46,55	2,56	3,72	4,18																				
152,19	I,IV	31,63	1,74	2,53	2,84	I	31,63	1,53	2,23	2,51	1,33	1,94	2,19	1,15	1,67	1,88	0,97	1,41	1,58	0,80	1,16	1,31	0,63	0,92	1,04
	II	30,23	1,66	2,41	2,72	II	30,23	1,46	2,12	2,39	1,26	1,84	2,07	1,08	1,57	1,77	0,90	1,31	1,48	0,73	1,07	1,21	0,58	0,84	0,95
	III	19,64	1,08	1,57	1,76	III	19,64	0,93	1,35	1,52	0,78	1,14	1,28	0,64	0,93	1,05	0,50	0,73	0,82	0,27	0,54	0,60	—	0,35	0,40
	V	45,38	2,49	3,63	4,08	IV	31,63	1,63	2,38	2,67	1,53	2,23	2,51	1,43	2,08	2,34	1,33	1,94	2,19	1,24	1,80	2,03	1,15	1,67	1,88
	VI	46,59	2,56	3,72	4,19																				
152,29	I,IV	31,67	1,74	2,53	2,85	I	31,67	1,53	2,23	2,51	1,34	1,94	2,19	1,15	1,67	1,88	0,97	1,41	1,59	0,80	1,16	1,31	0,64	0,93	1,04
	II	30,26	1,66	2,42	2,72	II	30,26	1,46	2,12	2,39	1,26	1,84	2,07	1,08	1,57	1,77	0,90	1,32	1,48	0,74	1,07	1,21	0,58	0,84	0,95
	III	19,67	1,08	1,57	1,77	III	19,67	0,93	1,35	1,52	0,78	1,14	1,28	0,64	0,93	1,05	0,50	0,73	0,82	0,28	0,54	0,61	—	0,35	0,40
	V	45,42	2,49	3,63	4,08	IV	31,67	1,63	2,38	2,68	1,53	2,23	2,51	1,43	2,09	2,35	1,34	1,94	2,19	1,24	1,81	2,03	1,15	1,67	1,88
	VI	46,63	2,56	3,73	4,19																				

* Die ausgewiesenen Tabellenwerte sind amtlich. Siehe Erläuterungen auf der Umschlaginnenseite (U2).
** Bei mehr als 3 Kinderfreibeträgen ist die „Ergänzungs-Tabelle 3,5 bis 6 Kinderfreibeträge" anzuwenden.

Abzüge an Lohnsteuer, Solidaritätszuschlag (SolZ) und Kirchensteuer (8%, 9%) in den Steuerklassen

Lohn/ Gehalt bis €*	I – VI					I, II, III, IV		mit Zahl der Kinderfreibeträge . . . 0,5			1			1,5			2			2,5			3**		
		LSt	ohne Kinderfreibeträge SolZ	8%	9%		LSt	SolZ	8%	9%	SolZ	8%	9%	SolZ	8%	9%	SolZ	8%	9%	SolZ	8%	9%	SolZ	8%	9%
152,39	I,IV	31,71	1,74	2,53	2,85	I	31,71	1,53	2,23	2,51	1,34	1,95	2,19	1,15	1,67	1,88	0,97	1,41	1,59	0,80	1,16	1,31	0,64	0,93	1,05
	II	30,30	1,66	2,42	2,72	II	30,30	1,46	2,13	2,39	1,27	1,84	2,07	1,08	1,58	1,77	0,91	1,32	1,48	0,74	1,08	1,21	0,58	0,84	0,95
	III	19,70	1,08	1,57	1,77	III	19,70	0,93	1,35	1,52	0,78	1,14	1,28	0,64	0,93	1,05	0,50	0,73	0,83	0,28	0,54	0,61	—	0,36	0,40
	V	45,46	2,50	3,63	4,09	IV	31,71	1,64	2,38	2,68	1,53	2,23	2,51	1,43	2,09	2,35	1,34	1,95	2,19	1,24	1,81	2,04	1,15	1,67	1,88
	VI	46,67	2,56	3,73	4,20																				
152,49	I,IV	31,75	1,74	2,54	2,85	I	31,75	1,54	2,24	2,52	1,34	1,95	2,19	1,15	1,68	1,89	0,97	1,42	1,59	0,80	1,17	1,31	0,64	0,93	1,05
	II	30,34	1,66	2,42	2,73	II	30,34	1,46	2,13	2,39	1,27	1,85	2,08	1,08	1,58	1,78	0,91	1,32	1,49	0,74	1,08	1,21	0,58	0,85	0,95
	III	19,72	1,08	1,57	1,77	III	19,72	0,93	1,35	1,52	0,78	1,14	1,28	0,64	0,94	1,05	0,50	0,74	0,83	0,28	0,54	0,61	—	0,36	0,40
	V	45,50	2,50	3,64	4,09	IV	31,75	1,64	2,38	2,68	1,54	2,24	2,52	1,44	2,09	2,35	1,34	1,95	2,19	1,24	1,81	2,04	1,15	1,68	1,89
	VI	46,71	2,56	3,73	4,20																				
152,59	I,IV	31,78	1,74	2,54	2,86	I	31,78	1,54	2,24	2,52	1,34	1,95	2,20	1,15	1,68	1,89	0,97	1,42	1,60	0,80	1,17	1,32	0,64	0,93	1,05
	II	30,37	1,67	2,42	2,73	II	30,37	1,46	2,13	2,40	1,27	1,85	2,08	1,09	1,58	1,78	0,91	1,32	1,49	0,74	1,08	1,22	0,58	0,85	0,95
	III	19,75	1,08	1,58	1,77	III	19,75	0,93	1,36	1,53	0,79	1,14	1,29	0,64	0,94	1,06	0,51	0,74	0,83	0,29	0,54	0,61	—	0,36	0,40
	V	45,54	2,50	3,64	4,09	IV	31,78	1,64	2,39	2,69	1,54	2,24	2,52	1,44	2,09	2,36	1,34	1,95	2,20	1,25	1,82	2,04	1,15	1,68	1,89
	VI	46,75	2,57	3,74	4,20																				
152,69	I,IV	31,82	1,75	2,54	2,86	I	31,82	1,54	2,24	2,52	1,34	1,96	2,20	1,16	1,68	1,89	0,98	1,42	1,60	0,80	1,17	1,32	0,64	0,94	1,05
	II	30,41	1,67	2,43	2,73	II	30,41	1,47	2,13	2,40	1,27	1,85	2,08	1,09	1,58	1,78	0,91	1,33	1,49	0,74	1,08	1,22	0,58	0,85	0,96
	III	19,78	1,08	1,58	1,78	III	19,78	0,93	1,36	1,53	0,79	1,15	1,29	0,64	0,94	1,06	0,51	0,74	0,83	0,29	0,55	0,62	—	0,36	0,41
	V	45,58	2,50	3,64	4,10	IV	31,82	1,64	2,39	2,69	1,54	2,24	2,52	1,44	2,10	2,36	1,34	1,96	2,20	1,25	1,82	2,05	1,16	1,68	1,89
	VI	46,79	2,57	3,74	4,21																				
152,79	I,IV	31,86	1,75	2,54	2,86	I	31,86	1,54	2,24	2,53	1,35	1,96	2,20	1,16	1,68	1,90	0,98	1,42	1,60	0,81	1,17	1,32	0,64	0,94	1,06
	II	30,45	1,67	2,43	2,74	II	30,45	1,47	2,14	2,40	1,27	1,86	2,09	1,09	1,59	1,78	0,91	1,33	1,50	0,74	1,08	1,22	0,58	0,85	0,96
	III	19,80	1,08	1,58	1,78	III	19,80	0,93	1,36	1,53	0,79	1,15	1,29	0,65	0,94	1,06	0,51	0,74	0,83	0,30	0,55	0,62	—	0,36	0,41
	V	45,62	2,50	3,64	4,10	IV	31,86	1,64	2,39	2,69	1,54	2,24	2,53	1,44	2,10	2,36	1,35	1,96	2,20	1,25	1,82	2,05	1,16	1,68	1,90
	VI	46,83	2,57	3,74	4,21																				
152,89	I,IV	31,90	1,75	2,55	2,87	I	31,90	1,54	2,25	2,53	1,35	1,96	2,21	1,16	1,69	1,90	0,98	1,43	1,60	0,81	1,18	1,32	0,64	0,94	1,06
	II	30,48	1,67	2,43	2,74	II	30,48	1,47	2,14	2,41	1,28	1,86	2,09	1,09	1,59	1,79	0,91	1,33	1,50	0,75	1,09	1,22	0,59	0,86	0,96
	III	19,83	1,09	1,58	1,78	III	19,83	0,94	1,36	1,53	0,79	1,15	1,29	0,65	0,94	1,06	0,51	0,74	0,84	0,30	0,55	0,62	—	0,36	0,41
	V	45,66	2,51	3,65	4,10	IV	31,90	1,65	2,40	2,70	1,54	2,25	2,53	1,44	2,10	2,37	1,35	1,96	2,21	1,25	1,82	2,05	1,16	1,69	1,90
	VI	46,87	2,57	3,74	4,21																				
152,99	I,IV	31,93	1,75	2,55	2,87	I	31,93	1,55	2,25	2,53	1,35	1,96	2,21	1,16	1,69	1,90	0,98	1,43	1,61	0,81	1,18	1,33	0,65	0,94	1,06
	II	30,52	1,67	2,44	2,74	II	30,52	1,47	2,14	2,41	1,28	1,86	2,09	1,09	1,59	1,79	0,92	1,33	1,50	0,75	1,09	1,23	0,59	0,86	0,97
	III	19,86	1,09	1,58	1,78	III	19,86	0,94	1,36	1,54	0,79	1,15	1,30	0,65	0,95	1,06	0,51	0,75	0,84	0,31	0,55	0,62	—	0,36	0,41
	V	45,70	2,51	3,65	4,11	IV	31,93	1,65	2,40	2,70	1,55	2,25	2,53	1,45	2,11	2,37	1,35	1,96	2,21	1,25	1,83	2,05	1,16	1,69	1,90
	VI	46,91	2,58	3,75	4,22																				
153,09	I,IV	31,97	1,75	2,55	2,87	I	31,97	1,55	2,25	2,54	1,35	1,97	2,21	1,16	1,69	1,90	0,98	1,43	1,61	0,81	1,18	1,33	0,65	0,94	1,06
	II	30,55	1,68	2,44	2,74	II	30,55	1,47	2,14	2,41	1,28	1,86	2,10	1,09	1,59	1,79	0,92	1,34	1,50	0,75	1,09	1,23	0,59	0,86	0,97
	III	19,88	1,09	1,59	1,78	III	19,88	0,94	1,37	1,54	0,79	1,15	1,30	0,65	0,95	1,07	0,51	0,75	0,84	0,31	0,55	0,62	—	0,37	0,41
	V	45,74	2,51	3,65	4,11	IV	31,97	1,65	2,40	2,70	1,55	2,25	2,54	1,45	2,11	2,37	1,35	1,97	2,21	1,26	1,83	2,06	1,16	1,69	1,90
	VI	46,95	2,58	3,75	4,22																				
153,19	I,IV	32,01	1,76	2,56	2,88	I	32,01	1,55	2,26	2,54	1,35	1,97	2,22	1,16	1,70	1,91	0,98	1,43	1,61	0,81	1,18	1,33	0,65	0,95	1,07
	II	30,59	1,68	2,44	2,75	II	30,59	1,48	2,15	2,42	1,28	1,87	2,10	1,10	1,60	1,80	0,92	1,34	1,51	0,75	1,09	1,23	0,59	0,86	0,97
	III	19,91	1,09	1,59	1,79	III	19,91	0,94	1,37	1,54	0,79	1,16	1,30	0,65	0,95	1,07	0,51	0,75	0,84	0,32	0,56	0,63	—	0,37	0,42
	V	45,78	2,51	3,66	4,12	IV	32,01	1,65	2,40	2,70	1,55	2,26	2,54	1,45	2,11	2,38	1,35	1,97	2,22	1,26	1,83	2,06	1,16	1,70	1,91
	VI	46,99	2,58	3,75	4,22																				
153,29	I,IV	32,04	1,76	2,56	2,88	I	32,04	1,55	2,26	2,54	1,35	1,97	2,22	1,17	1,70	1,91	0,99	1,44	1,62	0,81	1,19	1,34	0,65	0,95	1,07
	II	30,63	1,68	2,45	2,75	II	30,63	1,48	2,15	2,42	1,28	1,87	2,10	1,10	1,60	1,80	0,92	1,34	1,51	0,75	1,10	1,23	0,59	0,86	0,97
	III	19,94	1,09	1,59	1,79	III	19,94	0,94	1,37	1,54	0,79	1,16	1,30	0,65	0,95	1,07	0,52	0,75	0,85	0,32	0,56	0,63	—	0,37	0,42
	V	45,82	2,52	3,66	4,12	IV	32,04	1,65	2,41	2,71	1,55	2,26	2,54	1,45	2,11	2,38	1,35	1,97	2,22	1,26	1,83	2,06	1,17	1,70	1,91
	VI	47,03	2,58	3,76	4,23																				
153,39	I,IV	32,08	1,76	2,56	2,88	I	32,08	1,55	2,26	2,55	1,36	1,98	2,22	1,17	1,70	1,91	0,99	1,44	1,62	0,82	1,19	1,34	0,65	0,95	1,07
	II	30,66	1,68	2,45	2,75	II	30,66	1,48	2,15	2,42	1,28	1,87	2,11	1,10	1,60	1,80	0,92	1,34	1,51	0,75	1,10	1,24	0,59	0,87	0,98
	III	19,97	1,09	1,59	1,79	III	19,97	0,94	1,37	1,54	0,80	1,16	1,31	0,65	0,95	1,07	0,52	0,75	0,85	0,33	0,56	0,63	—	0,37	0,42
	V	45,86	2,52	3,66	4,12	IV	32,08	1,66	2,41	2,71	1,55	2,26	2,55	1,45	2,12	2,38	1,36	1,98	2,22	1,26	1,84	2,07	1,17	1,70	1,91
	VI	47,07	2,58	3,76	4,23																				
153,49	I,IV	32,12	1,76	2,56	2,89	I	32,12	1,56	2,26	2,55	1,36	1,98	2,23	1,17	1,70	1,92	0,99	1,44	1,62	0,82	1,19	1,34	0,65	0,95	1,07
	II	30,70	1,68	2,45	2,76	II	30,70	1,48	2,16	2,43	1,29	1,87	2,11	1,10	1,60	1,80	0,92	1,35	1,51	0,76	1,10	1,24	0,60	0,87	0,98
	III	19,99	1,09	1,59	1,79	III	19,99	0,94	1,38	1,55	0,80	1,16	1,31	0,66	0,96	1,08	0,52	0,76	0,85	0,33	0,56	0,63	—	0,37	0,42
	V	45,90	2,52	3,67	4,13	IV	32,12	1,66	2,41	2,72	1,56	2,26	2,55	1,46	2,12	2,39	1,36	1,98	2,23	1,26	1,84	2,07	1,17	1,70	1,92
	VI	47,11	2,59	3,76	4,23																				
153,59	I,IV	32,16	1,76	2,57	2,89	I	32,16	1,56	2,27	2,55	1,36	1,98	2,23	1,17	1,71	1,92	0,99	1,44	1,62	0,82	1,19	1,34	0,66	0,96	1,08
	II	30,74	1,69	2,45	2,76	II	30,74	1,48	2,16	2,43	1,29	1,88	2,11	1,10	1,61	1,81	0,93	1,35	1,52	0,76	1,10	1,24	0,60	0,87	0,98
	III	20,02	1,10	1,60	1,80	III	20,02	0,95	1,38	1,55	0,80	1,16	1,31	0,66	0,96	1,08	0,52	0,76	0,85	0,34	0,56	0,63	—	0,38	0,42
	V	45,94	2,52	3,67	4,13	IV	32,16	1,66	2,42	2,72	1,56	2,27	2,55	1,46	2,12	2,39	1,36	1,98	2,23	1,26	1,84	2,07	1,17	1,71	1,92
	VI	47,15	2,59	3,77	4,24																				
153,69	I,IV	32,19	1,77	2,57	2,89	I	32,19	1,56	2,27	2,55	1,36	1,98	2,23	1,17	1,71	1,92	0,99	1,45	1,63	0,82	1,20	1,35	0,66	0,96	1,08
	II	30,78	1,69	2,46	2,77	II	30,78	1,48	2,16	2,43	1,29	1,88	2,11	1,10	1,61	1,81	0,93	1,35	1,52	0,76	1,11	1,24	0,60	0,87	0,98
	III	20,05	1,10	1,60	1,80	III	20,05	0,95	1,38	1,55	0,80	1,17	1,31	0,66	0,96	1,08	0,52	0,76	0,85	0,34	0,56	0,64	—	0,38	0,43
	V	45,98	2,52	3,67	4,13	IV	32,19	1,66	2,42	2,72	1,56	2,27	2,55	1,46	2,13	2,39	1,36	1,98	2,23	1,27	1,84	2,07	1,17	1,71	1,92
	VI	47,19	2,59	3,77	4,24																				
153,79	I,IV	32,23	1,77	2,57	2,90	I	32,23	1,56	2,27	2,56	1,36	1,99	2,23	1,17	1,71	1,93	0,99	1,45	1,63	0,82	1,20	1,35	0,66	0,96	1,08
	II	30,81	1,69	2,46	2,77	II	30,81	1,49	2,16	2,44	1,29	1,88	2,12	1,11	1,61	1,81	0,93	1,35	1,52	0,76	1,11	1,25	0,60	0,88	0,99
	III	20,07	1,10	1,60	1,80	III	20,07	0,95	1,38	1,55	0,80	1,17	1,32	0,66	0,96	1,08	0,52	0,76	0,86	0,34	0,57	0,64	—	0,38	0,43
	V	46,02	2,53	3,68	4,14	IV	32,23	1,66	2,42	2,72	1,56	2,27	2,56	1,46	2,13	2,39	1,36	1,99	2,23	1,27	1,85	2,08	1,17	1,71	1,93
	VI	47,23	2,59	3,77	4,25																				
153,89	I,IV	32,27	1,77	2,58	2,90	I	32,27	1,56	2,28	2,56	1,37	1,99	2,24	1,18	1,71	1,93	1,—	1,45	1,63	0,82	1,20	1,35	0,66	0,96	1,08
	II	30,85	1,69	2,46	2,77	II	30,85	1,49	2,17	2,44	1,29	1,88	2,12	1,11	1,61	1,82	0,93	1,36	1,53	0,76	1,11	1,25	0,60	0,88	0,99
	III	20,10	1,10	1,60	1,80	III	20,10	0,95	1,38	1,56	0,80	1,17	1,32	0,66	0,96	1,08	0,52	0,76	0,86	0,35	0,57	0,64	—	0,38	0,43
	V	46,06	2,53	3,68	4,14	IV	32,27	1,67	2,42	2,73	1,56	2,28	2,56	1,46	2,13	2,40	1,37	1,99	2,24	1,27	1,85	2,08	1,18	1,71	1,93
	VI	47,27	2,59	3,78	4,25																				

* Die ausgewiesenen Tabellenwerte sind amtlich. Siehe Erläuterungen auf der Umschlaginnenseite (U2).
** Bei mehr als 3 Kinderfreibeträgen ist die „Ergänzungs-Tabelle 3,5 bis 6 Kinderfreibeträge" anzuwenden.

Lohn/ Gehalt bis €*	Abzüge an Lohnsteuer, Solidaritätszuschlag (SolZ) und Kirchensteuer (8%, 9%) in den Steuerklassen I – VI					I, II, III, IV																			
			ohne Kinderfreibeträge					mit Zahl der Kinderfreibeträge . . .																	
								0,5			1			1,5			2			2,5			3**		
		LSt	SolZ	8%	9%		LSt	SolZ	8%	9%	SolZ	8%	9%	SolZ	8%	9%	SolZ	8%	9%	SolZ	8%	9%	SolZ	8%	9%
153,99	I,IV	32,30	1,77	2,58	2,90	I	32,30	1,57	2,28	2,56	1,37	1,99	2,24	1,18	1,72	1,93	1,—	1,45	1,64	0,83	1,20	1,35	0,66	0,96	1,09
	II	30,88	1,69	2,47	2,77	II	30,88	1,49	2,17	2,44	1,30	1,89	2,12	1,11	1,62	1,82	0,93	1,36	1,53	0,76	1,11	1,25	0,60	0,88	0,99
	III	20,13	1,10	1,61	1,81	III	20,13	0,95	1,39	1,56	0,80	1,17	1,32	0,66	0,97	1,09	0,52	0,76	0,86	0,35	0,57	0,64	—	0,38	0,43
	V	46,10	2,53	3,68	4,14	IV	32,30	1,67	2,43	2,73	1,57	2,28	2,56	1,47	2,13	2,40	1,37	1,99	2,24	1,27	1,85	2,08	1,18	1,72	1,93
	VI	47,31	2,60	3,78	4,25																				
154,09	I,IV	32,34	1,77	2,58	2,91	I	32,34	1,57	2,28	2,57	1,37	1,99	2,24	1,18	1,72	1,93	1,—	1,46	1,64	0,83	1,20	1,36	0,66	0,97	1,09
	II	30,92	1,70	2,47	2,78	II	30,92	1,49	2,17	2,44	1,30	1,89	2,13	1,11	1,62	1,82	0,93	1,36	1,53	0,77	1,12	1,26	0,60	0,88	0,99
	III	20,16	1,10	1,61	1,81	III	20,16	0,95	1,39	1,56	0,81	1,18	1,32	0,66	0,97	1,09	0,53	0,77	0,86	0,36	0,57	0,64	—	0,38	0,43
	V	46,14	2,53	3,69	4,15	IV	32,34	1,67	2,43	2,74	1,57	2,28	2,57	1,47	2,14	2,40	1,37	1,99	2,24	1,27	1,86	2,09	1,18	1,72	1,93
	VI	47,35	2,60	3,78	4,26																				
154,19	I,IV	32,38	1,78	2,59	2,91	I	32,38	1,57	2,28	2,57	1,37	2,—	2,25	1,18	1,72	1,94	1,—	1,46	1,64	0,83	1,21	1,36	0,66	0,97	1,09
	II	30,96	1,70	2,47	2,78	II	30,96	1,49	2,18	2,45	1,30	1,89	2,13	1,11	1,62	1,82	0,94	1,36	1,53	0,77	1,12	1,26	0,61	0,88	0,99
	III	20,18	1,11	1,61	1,81	III	20,18	0,95	1,39	1,56	0,81	1,18	1,32	0,67	0,97	1,09	0,53	0,77	0,87	0,36	0,57	0,65	—	0,39	0,43
	V	46,18	2,54	3,69	4,15	IV	32,38	1,67	2,43	2,74	1,57	2,28	2,57	1,47	2,14	2,41	1,37	2,—	2,25	1,28	1,86	2,09	1,18	1,72	1,94
	VI	47,39	2,60	3,79	4,26																				
154,29	I,IV	32,41	1,78	2,59	2,91	I	32,41	1,57	2,29	2,57	1,37	2,—	2,25	1,18	1,72	1,94	1,—	1,46	1,64	0,83	1,21	1,36	0,67	0,97	1,09
	II	31,—	1,70	2,48	2,79	II	31,—	1,50	2,18	2,45	1,30	1,90	2,13	1,12	1,62	1,83	0,94	1,37	1,54	0,77	1,12	1,26	0,61	0,89	1,—
	III	20,21	1,11	1,61	1,81	III	20,21	0,96	1,39	1,57	0,81	1,18	1,33	0,67	0,97	1,09	0,53	0,77	0,87	0,37	0,58	0,65	—	0,39	0,44
	V	46,22	2,54	3,69	4,15	IV	32,41	1,67	2,44	2,74	1,57	2,29	2,57	1,47	2,14	2,41	1,37	2,—	2,25	1,28	1,86	2,09	1,18	1,72	1,94
	VI	47,43	2,60	3,79	4,26																				
154,39	I,IV	32,45	1,78	2,59	2,92	I	32,45	1,57	2,29	2,58	1,38	2,—	2,25	1,19	1,73	1,94	1,—	1,46	1,65	0,83	1,21	1,36	0,67	0,97	1,10
	II	31,03	1,70	2,48	2,79	II	31,03	1,50	2,18	2,45	1,30	1,90	2,14	1,12	1,63	1,83	0,94	1,37	1,54	0,77	1,12	1,26	0,61	0,89	1,—
	III	20,23	1,11	1,61	1,82	III	20,23	0,96	1,39	1,57	0,81	1,18	1,33	0,67	0,97	1,10	0,53	0,77	0,87	0,37	0,58	0,65	—	0,39	0,44
	V	46,26	2,54	3,70	4,16	IV	32,45	1,68	2,44	2,74	1,57	2,29	2,58	1,47	2,14	2,41	1,38	2,—	2,25	1,28	1,86	2,10	1,19	1,73	1,94
	VI	47,47	2,61	3,79	4,27																				
154,49	I,IV	32,49	1,78	2,59	2,92	I	32,49	1,58	2,29	2,58	1,38	2,—	2,26	1,19	1,73	1,95	1,01	1,47	1,65	0,83	1,21	1,37	0,67	0,98	1,10
	II	31,07	1,70	2,48	2,79	II	31,07	1,50	2,18	2,46	1,31	1,90	2,14	1,12	1,63	1,83	0,94	1,37	1,54	0,77	1,12	1,26	0,61	0,89	1,—
	III	20,26	1,11	1,62	1,82	III	20,26	0,96	1,40	1,57	0,81	1,18	1,33	0,67	0,98	1,10	0,53	0,77	0,87	0,38	0,58	0,65	—	0,39	0,44
	V	46,30	2,54	3,70	4,16	IV	32,49	1,68	2,44	2,75	1,58	2,29	2,58	1,48	2,15	2,42	1,38	2,—	2,26	1,28	1,87	2,10	1,19	1,73	1,95
	VI	47,51	2,61	3,80	4,27																				
154,59	I,IV	32,53	1,78	2,60	2,92	I	32,53	1,58	2,30	2,58	1,38	2,01	2,26	1,19	1,73	1,95	1,01	1,47	1,65	0,84	1,22	1,37	0,67	0,98	1,10
	II	31,11	1,71	2,48	2,79	II	31,11	1,50	2,19	2,46	1,31	1,90	2,14	1,12	1,63	1,84	0,94	1,37	1,54	0,77	1,13	1,27	0,61	0,89	1,—
	III	20,29	1,11	1,62	1,82	III	20,29	0,96	1,40	1,57	0,81	1,18	1,33	0,67	0,98	1,10	0,53	0,78	0,87	0,38	0,58	0,65	—	0,39	0,44
	V	46,34	2,54	3,70	4,17	IV	32,53	1,68	2,45	2,75	1,58	2,30	2,58	1,48	2,15	2,42	1,38	2,01	2,26	1,28	1,87	2,10	1,19	1,73	1,95
	VI	47,55	2,61	3,80	4,27																				
154,69	I,IV	32,56	1,79	2,60	2,93	I	32,56	1,58	2,30	2,59	1,38	2,01	2,26	1,19	1,73	1,95	1,01	1,47	1,65	0,84	1,22	1,37	0,67	0,98	1,10
	II	31,14	1,71	2,49	2,80	II	31,14	1,50	2,19	2,46	1,31	1,91	2,15	1,12	1,63	1,84	0,94	1,38	1,55	0,77	1,13	1,27	0,61	0,90	1,01
	III	20,32	1,11	1,62	1,82	III	20,32	0,96	1,40	1,58	0,81	1,19	1,34	0,67	0,98	1,10	0,53	0,78	0,88	0,39	0,58	0,66	—	0,40	0,45
	V	46,38	2,55	3,71	4,17	IV	32,56	1,68	2,45	2,75	1,58	2,30	2,59	1,48	2,15	2,42	1,38	2,01	2,26	1,28	1,87	2,11	1,19	1,73	1,95
	VI	47,59	2,61	3,80	4,28																				
154,79	I,IV	32,60	1,79	2,60	2,93	I	32,60	1,58	2,30	2,59	1,38	2,01	2,27	1,19	1,74	1,95	1,01	1,47	1,66	0,84	1,22	1,37	0,67	0,98	1,11
	II	31,18	1,71	2,49	2,80	II	31,18	1,51	2,19	2,47	1,31	1,91	2,15	1,12	1,64	1,84	0,95	1,38	1,55	0,78	1,13	1,27	0,62	0,90	1,01
	III	20,35	1,11	1,62	1,83	III	20,35	0,96	1,40	1,58	0,82	1,19	1,34	0,67	0,98	1,10	0,53	0,78	0,88	0,39	0,59	0,66	—	0,40	0,45
	V	46,42	2,55	3,71	4,17	IV	32,60	1,68	2,45	2,76	1,58	2,30	2,59	1,48	2,16	2,43	1,38	2,01	2,27	1,29	1,87	2,11	1,19	1,74	1,95
	VI	47,63	2,61	3,81	4,28																				
154,89	I,IV	32,64	1,79	2,61	2,93	I	32,64	1,58	2,30	2,59	1,38	2,02	2,27	1,19	1,74	1,96	1,01	1,48	1,66	0,84	1,22	1,38	0,68	0,99	1,11
	II	31,21	1,71	2,49	2,80	II	31,21	1,51	2,20	2,47	1,31	1,91	2,15	1,13	1,64	1,85	0,95	1,38	1,55	0,78	1,13	1,28	0,62	0,90	1,01
	III	20,37	1,12	1,62	1,83	III	20,37	0,96	1,40	1,58	0,82	1,19	1,34	0,67	0,98	1,11	0,54	0,78	0,88	0,40	0,59	0,66	—	0,40	0,45
	V	46,46	2,55	3,71	4,18	IV	32,64	1,69	2,45	2,76	1,58	2,30	2,59	1,48	2,16	2,43	1,38	2,02	2,27	1,29	1,88	2,11	1,19	1,74	1,96
	VI	47,66	2,62	3,81	4,28																				
154,99	I,IV	32,68	1,79	2,61	2,94	I	32,68	1,59	2,31	2,60	1,39	2,02	2,27	1,20	1,74	1,96	1,01	1,48	1,66	0,84	1,23	1,38	0,68	0,99	1,11
	II	31,25	1,71	2,50	2,81	II	31,25	1,51	2,20	2,47	1,31	1,91	2,15	1,13	1,64	1,85	0,95	1,38	1,56	0,78	1,14	1,28	0,62	0,90	1,01
	III	20,40	1,12	1,63	1,83	III	20,40	0,97	1,41	1,58	0,82	1,19	1,34	0,68	0,99	1,11	0,54	0,78	0,88	0,40	0,59	0,66	—	0,40	0,45
	V	46,50	2,55	3,72	4,18	IV	32,68	1,69	2,46	2,76	1,59	2,31	2,60	1,48	2,16	2,43	1,39	2,02	2,27	1,29	1,88	2,11	1,20	1,74	1,96
	VI	47,71	2,62	3,81	4,29																				
155,09	I,IV	32,71	1,79	2,61	2,94	I	32,71	1,59	2,31	2,60	1,39	2,02	2,27	1,20	1,74	1,96	1,02	1,48	1,67	0,84	1,23	1,38	0,68	0,99	1,11
	II	31,29	1,72	2,50	2,81	II	31,29	1,51	2,20	2,48	1,32	1,92	2,16	1,13	1,64	1,85	0,95	1,39	1,56	0,78	1,14	1,28	0,62	0,90	1,02
	III	20,42	1,12	1,63	1,83	III	20,42	0,97	1,41	1,59	0,82	1,20	1,35	0,68	0,99	1,11	0,54	0,79	0,88	0,40	0,59	0,67	—	0,40	0,45
	V	46,54	2,55	3,72	4,18	IV	32,71	1,69	2,46	2,77	1,59	2,31	2,60	1,49	2,16	2,44	1,39	2,02	2,27	1,29	1,88	2,12	1,20	1,74	1,96
	VI	47,75	2,62	3,82	4,29																				
155,19	I,IV	32,75	1,80	2,62	2,94	I	32,75	1,59	2,31	2,60	1,39	2,02	2,28	1,20	1,75	1,97	1,02	1,48	1,67	0,85	1,23	1,39	0,68	0,99	1,12
	II	31,33	1,72	2,50	2,81	II	31,33	1,51	2,20	2,48	1,32	1,92	2,16	1,13	1,65	1,85	0,95	1,39	1,56	0,78	1,14	1,28	0,62	0,91	1,02
	III	20,45	1,12	1,63	1,84	III	20,45	0,97	1,41	1,59	0,82	1,20	1,35	0,68	0,99	1,11	0,54	0,79	0,89	0,41	0,59	0,67	—	0,40	0,45
	V	46,58	2,56	3,72	4,19	IV	32,75	1,69	2,46	2,77	1,59	2,31	2,60	1,49	2,17	2,44	1,39	2,02	2,28	1,29	1,88	2,12	1,20	1,75	1,97
	VI	47,78	2,62	3,82	4,30																				
155,29	I,IV	32,79	1,80	2,62	2,95	I	32,79	1,59	2,32	2,61	1,39	2,03	2,28	1,20	1,75	1,97	1,02	1,49	1,67	0,85	1,23	1,39	0,68	0,99	1,12
	II	31,36	1,72	2,50	2,82	II	31,36	1,52	2,21	2,48	1,32	1,92	2,16	1,13	1,65	1,86	0,95	1,39	1,56	0,78	1,14	1,29	0,62	0,91	1,02
	III	20,48	1,12	1,63	1,84	III	20,48	0,97	1,41	1,59	0,82	1,20	1,35	0,68	0,99	1,12	0,54	0,79	0,89	0,41	0,60	0,67	—	0,41	0,46
	V	46,61	2,56	3,72	4,19	IV	32,79	1,69	2,47	2,77	1,59	2,32	2,61	1,49	2,17	2,44	1,39	2,03	2,28	1,30	1,89	2,12	1,20	1,75	1,97
	VI	47,82	2,63	3,82	4,30																				
155,39	I,IV	32,83	1,80	2,62	2,95	I	32,83	1,59	2,32	2,61	1,39	2,03	2,28	1,20	1,75	1,97	1,02	1,49	1,67	0,85	1,24	1,39	0,68	1,—	1,12
	II	31,40	1,72	2,51	2,82	II	31,40	1,52	2,21	2,49	1,32	1,92	2,17	1,13	1,65	1,86	0,96	1,39	1,57	0,79	1,15	1,29	0,62	0,91	1,02
	III	20,51	1,12	1,64	1,84	III	20,51	0,97	1,42	1,59	0,82	1,20	1,35	0,68	0,99	1,12	0,54	0,79	0,89	0,41	0,60	0,67	—	0,41	0,46
	V	46,66	2,56	3,73	4,19	IV	32,83	1,70	2,47	2,78	1,59	2,32	2,61	1,49	2,17	2,44	1,39	2,03	2,28	1,30	1,89	2,13	1,20	1,75	1,97
	VI	47,86	2,63	3,82	4,30																				
155,49	I,IV	32,86	1,80	2,62	2,95	I	32,86	1,60	2,32	2,61	1,40	2,03	2,29	1,21	1,76	1,98	1,02	1,49	1,68	0,85	1,24	1,39	0,69	1,—	1,12
	II	31,44	1,72	2,51	2,82	II	31,44	1,52	2,21	2,49	1,32	1,93	2,17	1,14	1,66	1,86	0,96	1,40	1,57	0,79	1,15	1,29	0,63	0,91	1,03
	III	20,53	1,12	1,64	1,84	III	20,53	0,97	1,42	1,60	0,83	1,20	1,35	0,68	1,—	1,12	0,54	0,79	0,89	0,41	0,60	0,67	—	0,41	0,46
	V	46,70	2,56	3,73	4,20	IV	32,86	1,70	2,47	2,78	1,60	2,32	2,61	1,49	2,18	2,45	1,40	2,03	2,29	1,30	1,89	2,13	1,21	1,76	1,98
	VI	47,90	2,63	3,83	4,31																				

* Die ausgewiesenen Tabellenwerte sind amtlich. Siehe Erläuterungen auf der Umschlaginnenseite (U2).
** Bei mehr als 3 Kinderfreibeträgen ist die „Ergänzungs-Tabelle 3,5 bis 6 Kinderfreibeträge" anzuwenden.

Abzüge an Lohnsteuer, Solidaritätszuschlag (SolZ) und Kirchensteuer (8%, 9%) in den Steuerklassen

Lohn/ Gehalt bis €*	I – VI	LSt	ohne Kinderfreibeträge SolZ	8%	9%	I, II, III, IV	LSt	mit Zahl der Kinderfreibeträge . . . 0,5 SolZ	8%	9%	1 SolZ	8%	9%	1,5 SolZ	8%	9%	2 SolZ	8%	9%	2,5 SolZ	8%	9%	3** SolZ	8%	9%
155,59	I,IV	32,90	1,80	2,63	2,96	I	32,90	1,60	2,33	2,62	1,40	2,04	2,29	1,21	1,76	1,98	1,03	1,49	1,68	0,85	1,24	1,40	0,69	1,—	1,13
	II	31,48	1,73	2,51	2,83	II	31,48	1,52	2,22	2,49	1,33	1,93	2,17	1,14	1,66	1,87	0,96	1,40	1,57	0,79	1,15	1,29	0,63	0,92	1,03
	III	20,56	1,13	1,64	1,85	III	20,56	0,97	1,42	1,60	0,83	1,21	1,36	0,68	1,—	1,12	0,55	0,80	0,90	0,41	0,60	0,68	—	0,41	0,46
	V	46,74	2,57	3,73	4,20	IV	32,90	1,70	2,48	2,79	1,60	2,33	2,62	1,50	2,18	2,45	1,40	2,04	2,29	1,30	1,90	2,13	1,21	1,76	1,98
	VI	47,95	2,63	3,83	4,31																				
155,69	I,IV	32,94	1,81	2,63	2,96	I	32,94	1,60	2,33	2,62	1,40	2,04	2,29	1,21	1,76	1,98	1,03	1,50	1,68	0,85	1,24	1,40	0,69	1,—	1,13
	II	31,51	1,73	2,52	2,83	II	31,51	1,52	2,22	2,50	1,33	1,93	2,17	1,14	1,66	1,87	0,96	1,40	1,58	0,79	1,15	1,30	0,63	0,92	1,03
	III	20,59	1,13	1,64	1,85	III	20,59	0,98	1,42	1,60	0,83	1,21	1,36	0,69	1,—	1,12	0,55	0,80	0,90	0,41	0,60	0,68	—	0,41	0,46
	V	46,78	2,57	3,74	4,21	IV	32,94	1,70	2,48	2,79	1,60	2,33	2,62	1,50	2,18	2,45	1,40	2,04	2,29	1,30	1,90	2,14	1,21	1,76	1,98
	VI	47,98	2,63	3,83	4,31																				
155,79	I,IV	32,98	1,81	2,63	2,96	I	32,98	1,60	2,33	2,62	1,40	2,04	2,30	1,21	1,76	1,98	1,03	1,50	1,69	0,85	1,25	1,40	0,69	1,01	1,13
	II	31,55	1,73	2,52	2,83	II	31,55	1,53	2,22	2,50	1,33	1,94	2,18	1,14	1,66	1,87	0,96	1,40	1,58	0,79	1,15	1,30	0,63	0,92	1,03
	III	20,62	1,13	1,64	1,85	III	20,62	0,98	1,42	1,60	0,83	1,21	1,36	0,69	1,—	1,13	0,55	0,80	0,90	0,41	0,60	0,68	—	0,42	0,47
	V	46,81	2,57	3,74	4,21	IV	32,98	1,70	2,48	2,79	1,60	2,33	2,62	1,50	2,18	2,46	1,40	2,04	2,30	1,31	1,90	2,14	1,21	1,76	1,98
	VI	48,02	2,64	3,84	4,32																				
155,89	I,IV	33,01	1,81	2,64	2,97	I	33,01	1,60	2,33	2,63	1,40	2,04	2,30	1,21	1,77	1,99	1,03	1,50	1,69	0,86	1,25	1,40	0,69	1,01	1,13
	II	31,58	1,73	2,52	2,84	II	31,58	1,53	2,22	2,50	1,33	1,94	2,18	1,14	1,67	1,87	0,96	1,40	1,58	0,79	1,16	1,30	0,63	0,92	1,04
	III	20,65	1,13	1,65	1,85	III	20,65	0,98	1,43	1,60	0,83	1,21	1,36	0,69	1,—	1,13	0,55	0,80	0,90	0,42	0,61	0,68	—	0,42	0,47
	V	46,85	2,57	3,74	4,21	IV	33,01	1,71	2,48	2,79	1,60	2,33	2,63	1,50	2,19	2,46	1,40	2,04	2,30	1,31	1,90	2,14	1,21	1,77	1,99
	VI	48,06	2,64	3,84	4,32																				
155,99	I,IV	33,05	1,81	2,64	2,97	I	33,05	1,60	2,34	2,63	1,41	2,05	2,30	1,21	1,77	1,99	1,03	1,50	1,69	0,86	1,25	1,41	0,69	1,01	1,14
	II	31,62	1,73	2,52	2,84	II	31,62	1,53	2,23	2,51	1,33	1,94	2,18	1,15	1,67	1,88	0,97	1,41	1,58	0,80	1,16	1,30	0,63	0,92	1,04
	III	20,67	1,13	1,65	1,86	III	20,67	0,98	1,43	1,61	0,83	1,21	1,37	0,69	1,01	1,13	0,55	0,80	0,90	0,42	0,61	0,68	—	0,42	0,47
	V	46,90	2,57	3,75	4,22	IV	33,05	1,71	2,49	2,80	1,60	2,34	2,63	1,50	2,19	2,46	1,41	2,05	2,30	1,31	1,91	2,14	1,21	1,77	1,99
	VI	48,10	2,64	3,84	4,32																				
156,09	I,IV	33,09	1,82	2,64	2,97	I	33,09	1,61	2,34	2,63	1,41	2,05	2,31	1,22	1,77	1,99	1,03	1,51	1,69	0,86	1,25	1,41	0,69	1,01	1,14
	II	31,66	1,74	2,53	2,84	II	31,66	1,53	2,23	2,51	1,34	1,94	2,19	1,15	1,67	1,88	0,97	1,41	1,59	0,80	1,16	1,31	0,64	0,93	1,04
	III	20,70	1,13	1,65	1,86	III	20,70	0,98	1,43	1,61	0,83	1,22	1,37	0,69	1,01	1,13	0,55	0,81	0,91	0,42	0,61	0,69	—	0,42	0,47
	V	46,93	2,58	3,75	4,22	IV	33,09	1,71	2,49	2,80	1,61	2,34	2,63	1,51	2,19	2,47	1,41	2,05	2,31	1,31	1,91	2,15	1,22	1,77	1,99
	VI	48,14	2,64	3,85	4,33																				
156,19	I,IV	33,13	1,82	2,65	2,98	I	33,13	1,61	2,34	2,64	1,41	2,05	2,31	1,22	1,77	2,—	1,04	1,51	1,70	0,86	1,26	1,41	0,70	1,02	1,14
	II	31,70	1,74	2,53	2,85	II	31,70	1,53	2,23	2,51	1,34	1,95	2,19	1,15	1,67	1,88	0,97	1,41	1,59	0,80	1,16	1,31	0,64	0,93	1,04
	III	20,72	1,14	1,65	1,86	III	20,72	0,98	1,43	1,61	0,84	1,22	1,37	0,69	1,01	1,14	0,55	0,81	0,91	0,42	0,61	0,69	—	0,42	0,47
	V	46,97	2,58	3,75	4,22	IV	33,13	1,71	2,49	2,80	1,61	2,34	2,64	1,51	2,20	2,47	1,41	2,05	2,31	1,31	1,91	2,15	1,22	1,77	2,—
	VI	48,18	2,65	3,85	4,33																				
156,29	I,IV	33,16	1,82	2,65	2,98	I	33,16	1,61	2,35	2,64	1,41	2,05	2,31	1,22	1,78	2,—	1,04	1,51	1,70	0,86	1,26	1,42	0,70	1,02	1,14
	II	31,73	1,74	2,53	2,85	II	31,73	1,54	2,24	2,52	1,34	1,95	2,19	1,15	1,68	1,89	0,97	1,42	1,59	0,80	1,17	1,31	0,64	0,93	1,05
	III	20,75	1,14	1,66	1,86	III	20,75	0,98	1,43	1,61	0,84	1,22	1,37	0,69	1,01	1,14	0,55	0,81	0,91	0,42	0,61	0,69	—	0,42	0,48
	V	47,01	2,58	3,76	4,23	IV	33,16	1,71	2,50	2,81	1,61	2,35	2,64	1,51	2,20	2,47	1,41	2,05	2,31	1,31	1,91	2,15	1,22	1,78	2,—
	VI	48,22	2,65	3,85	4,33																				
156,39	I,IV	33,20	1,82	2,65	2,98	I	33,20	1,61	2,35	2,64	1,41	2,06	2,32	1,22	1,78	2,—	1,04	1,51	1,70	0,86	1,26	1,42	0,70	1,02	1,15
	II	31,77	1,74	2,54	2,85	II	31,77	1,54	2,24	2,52	1,34	1,95	2,20	1,15	1,68	1,89	0,97	1,42	1,60	0,80	1,17	1,32	0,64	0,93	1,05
	III	20,78	1,14	1,66	1,87	III	20,78	0,99	1,44	1,62	0,84	1,22	1,37	0,70	1,01	1,14	0,56	0,81	0,91	0,42	0,62	0,69	—	0,43	0,48
	V	47,05	2,58	3,76	4,23	IV	33,20	1,72	2,50	2,81	1,61	2,35	2,64	1,51	2,20	2,48	1,41	2,06	2,32	1,32	1,92	2,16	1,22	1,78	2,—
	VI	48,26	2,65	3,86	4,34																				
156,49	I,IV	33,24	1,82	2,65	2,99	I	33,24	1,61	2,35	2,65	1,41	2,06	2,32	1,22	1,78	2,—	1,04	1,52	1,71	0,87	1,26	1,42	0,70	1,02	1,15
	II	31,81	1,74	2,54	2,86	II	31,81	1,54	2,24	2,52	1,34	1,96	2,20	1,15	1,68	1,89	0,97	1,42	1,60	0,80	1,17	1,32	0,64	0,94	1,05
	III	20,81	1,14	1,66	1,87	III	20,81	0,99	1,44	1,62	0,84	1,22	1,38	0,70	1,02	1,14	0,56	0,81	0,91	0,42	0,62	0,69	—	0,43	0,48
	V	47,09	2,59	3,76	4,23	IV	33,24	1,72	2,50	2,81	1,61	2,35	2,65	1,51	2,20	2,48	1,41	2,06	2,32	1,32	1,92	2,16	1,22	1,78	2,—
	VI	48,30	2,65	3,86	4,34																				
156,59	I,IV	33,28	1,83	2,66	2,99	I	33,28	1,62	2,35	2,65	1,42	2,06	2,32	1,23	1,78	2,01	1,04	1,52	1,71	0,87	1,26	1,42	0,70	1,02	1,15
	II	31,85	1,75	2,54	2,86	II	31,85	1,54	2,24	2,52	1,34	1,96	2,20	1,16	1,68	1,89	0,98	1,42	1,60	0,81	1,17	1,32	0,64	0,94	1,05
	III	20,83	1,14	1,66	1,87	III	20,83	0,99	1,44	1,62	0,84	1,23	1,38	0,70	1,02	1,15	0,56	0,82	0,92	0,42	0,62	0,70	—	0,43	0,48
	V	47,13	2,59	3,77	4,24	IV	33,28	1,72	2,50	2,82	1,62	2,35	2,65	1,52	2,21	2,48	1,42	2,06	2,32	1,32	1,92	2,16	1,23	1,78	2,01
	VI	48,34	2,65	3,86	4,35																				
156,69	I,IV	33,32	1,83	2,66	2,99	I	33,32	1,62	2,36	2,65	1,42	2,07	2,32	1,23	1,79	2,01	1,04	1,52	1,71	0,87	1,27	1,43	0,70	1,03	1,16
	II	31,88	1,75	2,55	2,86	II	31,88	1,54	2,25	2,53	1,35	1,96	2,21	1,16	1,69	1,90	0,98	1,42	1,60	0,81	1,18	1,32	0,64	0,94	1,06
	III	20,86	1,14	1,66	1,87	III	20,86	0,99	1,44	1,62	0,84	1,23	1,38	0,70	1,02	1,15	0,56	0,82	0,92	0,43	0,62	0,70	0,01	0,43	0,49
	V	47,17	2,59	3,77	4,24	IV	33,32	1,72	2,51	2,82	1,62	2,36	2,65	1,52	2,21	2,49	1,42	2,07	2,32	1,32	1,92	2,17	1,23	1,79	2,01
	VI	48,38	2,66	3,87	4,35																				
156,79	I,IV	33,35	1,83	2,66	3,—	I	33,35	1,62	2,36	2,66	1,42	2,07	2,33	1,23	1,79	2,01	1,05	1,52	1,71	0,87	1,27	1,43	0,71	1,03	1,16
	II	31,92	1,75	2,55	2,87	II	31,92	1,55	2,25	2,53	1,35	1,96	2,21	1,16	1,69	1,90	0,98	1,43	1,61	0,81	1,18	1,33	0,65	0,94	1,06
	III	20,89	1,14	1,67	1,88	III	20,89	0,99	1,44	1,63	0,84	1,23	1,38	0,70	1,02	1,15	0,56	0,82	0,92	0,43	0,62	0,70	0,01	0,43	0,49
	V	47,21	2,59	3,77	4,24	IV	33,35	1,72	2,51	2,82	1,62	2,36	2,66	1,52	2,21	2,49	1,42	2,07	2,33	1,32	1,93	2,17	1,23	1,79	2,01
	VI	48,42	2,66	3,87	4,35																				
156,89	I,IV	33,39	1,83	2,67	3,—	I	33,39	1,62	2,36	2,66	1,42	2,07	2,33	1,23	1,79	2,02	1,05	1,53	1,72	0,87	1,27	1,43	0,71	1,03	1,16
	II	31,96	1,75	2,55	2,87	II	31,96	1,55	2,25	2,53	1,35	1,97	2,21	1,16	1,69	1,90	0,98	1,43	1,61	0,81	1,18	1,33	0,65	0,94	1,06
	III	20,92	1,15	1,67	1,88	III	20,92	0,99	1,45	1,63	0,85	1,23	1,39	0,70	1,02	1,15	0,56	0,82	0,92	0,43	0,62	0,70	0,01	0,43	0,49
	V	47,25	2,59	3,78	4,25	IV	33,39	1,73	2,51	2,83	1,62	2,36	2,66	1,52	2,22	2,49	1,42	2,07	2,33	1,33	1,93	2,17	1,23	1,79	2,02
	VI	48,46	2,66	3,87	4,36																				
156,99	I,IV	33,43	1,83	2,67	3,—	I	33,43	1,62	2,37	2,66	1,42	2,07	2,33	1,23	1,80	2,02	1,05	1,53	1,72	0,87	1,27	1,43	0,71	1,03	1,16
	II	31,99	1,75	2,55	2,87	II	31,99	1,55	2,26	2,54	1,35	1,97	2,22	1,16	1,69	1,91	0,98	1,43	1,61	0,81	1,18	1,33	0,65	0,95	1,07
	III	20,95	1,15	1,67	1,88	III	20,95	1,—	1,45	1,63	0,85	1,23	1,39	0,70	1,03	1,15	0,56	0,82	0,93	0,43	0,63	0,71	0,02	0,44	0,49
	V	47,29	2,60	3,78	4,25	IV	33,43	1,73	2,52	2,83	1,62	2,37	2,66	1,52	2,22	2,50	1,42	2,07	2,33	1,33	1,93	2,17	1,23	1,80	2,02
	VI	48,50	2,66	3,88	4,36																				
157,09	I,IV	33,47	1,84	2,67	3,01	I	33,47	1,63	2,37	2,67	1,43	2,08	2,34	1,23	1,80	2,02	1,05	1,53	1,72	0,88	1,28	1,44	0,71	1,04	1,17
	II	32,03	1,76	2,56	2,88	II	32,03	1,55	2,26	2,54	1,35	1,97	2,22	1,17	1,70	1,91	0,99	1,44	1,62	0,81	1,19	1,33	0,65	0,95	1,07
	III	20,97	1,15	1,67	1,88	III	20,97	1,—	1,45	1,63	0,85	1,24	1,39	0,70	1,03	1,16	0,57	0,82	0,93	0,43	0,63	0,71	0,02	0,44	0,49
	V	47,33	2,60	3,78	4,25	IV	33,47	1,73	2,52	2,83	1,63	2,37	2,67	1,53	2,22	2,50	1,43	2,08	2,34	1,33	1,94	2,18	1,23	1,80	2,02
	VI	48,54	2,66	3,88	4,36																				

* Die ausgewiesenen Tabellenwerte sind amtlich. Siehe Erläuterungen auf der Umschlaginnenseite (U2).

** Bei mehr als 3 Kinderfreibeträgen ist die „Ergänzungs-Tabelle 3,5 bis 6 Kinderfreibeträge" anzuwenden.

Abzüge an Lohnsteuer, Solidaritätszuschlag (SolZ) und Kirchensteuer (8%, 9%) in den Steuerklassen

Lohn/ Gehalt bis €*	I – VI					I, II, III, IV		mit Zahl der Kinderfreibeträge . . . 0,5			1			1,5			2			2,5			3**		
		LSt	ohne Kinderfreibeträge SolZ	8%	9%		LSt	SolZ	8%	9%	SolZ	8%	9%	SolZ	8%	9%	SolZ	8%	9%	SolZ	8%	9%	SolZ	8%	9%
157,19	I,IV	33,50	1,84	2,68	3,01	I	33,50	1,63	2,37	2,67	1,43	2,08	2,34	1,24	1,80	2,03	1,05	1,53	1,73	0,88	1,28	1,44	0,71	1,04	1,17
	II	32,07	1,76	2,56	2,88	II	32,07	1,55	2,26	2,54	1,36	1,97	2,22	1,17	1,70	1,91	0,99	1,44	1,62	0,82	1,19	1,34	0,65	0,95	1,07
	III	21,—	1,15	1,68	1,89	III	21,—	1,—	1,45	1,64	0,85	1,24	1,39	0,71	1,03	1,16	0,57	0,83	0,93	0,43	0,63	0,71	0,03	0,44	0,50
	V	47,37	2,60	3,78	4,26	IV	33,50	1,73	2,52	2,84	1,63	2,37	2,67	1,53	2,22	2,50	1,43	2,08	2,34	1,33	1,94	2,18	1,24	1,80	2,03
	VI	48,58	2,67	3,88	4,37																				
157,29	I,IV	33,54	1,84	2,68	3,01	I	33,54	1,63	2,37	2,67	1,43	2,08	2,34	1,24	1,80	2,03	1,05	1,54	1,73	0,88	1,28	1,44	0,71	1,04	1,17
	II	32,10	1,76	2,56	2,88	II	32,10	1,56	2,26	2,55	1,36	1,98	2,22	1,17	1,70	1,91	0,99	1,44	1,62	0,82	1,19	1,34	0,65	0,95	1,07
	III	21,02	1,15	1,68	1,89	III	21,02	1,—	1,46	1,64	0,85	1,24	1,40	0,71	1,03	1,16	0,57	0,83	0,93	0,43	0,63	0,71	0,03	0,44	0,50
	V	47,41	2,60	3,79	4,26	IV	33,54	1,73	2,52	2,84	1,63	2,37	2,67	1,53	2,23	2,51	1,43	2,08	2,34	1,33	1,94	2,18	1,24	1,80	2,03
	VI	48,62	2,67	3,88	4,37																				
157,39	I,IV	33,58	1,84	2,68	3,02	I	33,58	1,63	2,38	2,68	1,43	2,09	2,35	1,24	1,81	2,03	1,06	1,54	1,73	0,88	1,28	1,44	0,72	1,04	1,17
	II	32,14	1,76	2,57	2,89	II	32,14	1,56	2,27	2,55	1,36	1,98	2,23	1,17	1,70	1,92	0,99	1,44	1,62	0,82	1,19	1,34	0,66	0,96	1,08
	III	21,05	1,15	1,68	1,89	III	21,05	1,—	1,46	1,64	0,85	1,24	1,40	0,71	1,03	1,16	0,57	0,83	0,93	0,43	0,63	0,71	0,04	0,44	0,50
	V	47,45	2,61	3,79	4,27	IV	33,58	1,74	2,53	2,84	1,63	2,38	2,68	1,53	2,23	2,51	1,43	2,09	2,35	1,34	1,94	2,19	1,24	1,81	2,03
	VI	48,66	2,67	3,89	4,37																				
157,49	I,IV	33,62	1,84	2,68	3,02	I	33,62	1,63	2,38	2,68	1,43	2,09	2,35	1,24	1,81	2,03	1,06	1,54	1,73	0,88	1,29	1,45	0,72	1,04	1,17
	II	32,18	1,77	2,57	2,89	II	32,18	1,56	2,27	2,55	1,36	1,98	2,23	1,17	1,71	1,92	0,99	1,44	1,63	0,82	1,20	1,35	0,66	0,96	1,08
	III	21,08	1,15	1,68	1,89	III	21,08	1,—	1,46	1,64	0,85	1,24	1,40	0,71	1,04	1,17	0,57	0,83	0,94	0,44	0,64	0,72	0,04	0,45	0,50
	V	47,49	2,61	3,79	4,27	IV	33,62	1,74	2,53	2,85	1,63	2,38	2,68	1,53	2,23	2,51	1,43	2,09	2,35	1,34	1,95	2,19	1,24	1,81	2,03
	VI	48,70	2,67	3,89	4,38																				
157,59	I,IV	33,66	1,85	2,69	3,02	I	33,66	1,64	2,38	2,68	1,44	2,09	2,35	1,24	1,81	2,04	1,06	1,54	1,74	0,88	1,29	1,45	0,72	1,05	1,18
	II	32,21	1,77	2,57	2,89	II	32,21	1,56	2,27	2,56	1,36	1,98	2,23	1,17	1,71	1,92	0,99	1,45	1,63	0,82	1,20	1,35	0,66	0,96	1,08
	III	21,11	1,16	1,68	1,89	III	21,11	1,—	1,46	1,64	0,86	1,25	1,40	0,71	1,04	1,17	0,57	0,83	0,94	0,44	0,64	0,72	0,05	0,45	0,50
	V	47,53	2,61	3,80	4,27	IV	33,66	1,74	2,53	2,85	1,64	2,38	2,68	1,54	2,24	2,52	1,44	2,09	2,35	1,34	1,95	2,19	1,24	1,81	2,04
	VI	48,74	2,68	3,89	4,38																				
157,69	I,IV	33,70	1,85	2,69	3,03	I	33,70	1,64	2,39	2,68	1,44	2,09	2,36	1,25	1,81	2,04	1,06	1,55	1,74	0,89	1,29	1,45	0,72	1,05	1,18
	II	32,25	1,77	2,58	2,90	II	32,25	1,56	2,28	2,56	1,37	1,99	2,24	1,18	1,71	1,93	1,—	1,45	1,63	0,82	1,20	1,35	0,66	0,96	1,08
	III	21,13	1,16	1,69	1,90	III	21,13	1,01	1,46	1,65	0,86	1,25	1,41	0,71	1,04	1,17	0,57	0,84	0,94	0,44	0,64	0,72	0,05	0,45	0,51
	V	47,57	2,61	3,80	4,28	IV	33,70	1,74	2,54	2,85	1,64	2,39	2,68	1,54	2,24	2,52	1,44	2,09	2,36	1,34	1,95	2,20	1,25	1,81	2,04
	VI	48,78	2,68	3,90	4,39																				
157,79	I,IV	33,73	1,85	2,69	3,03	I	33,73	1,64	2,39	2,69	1,44	2,10	2,36	1,25	1,82	2,04	1,06	1,55	1,74	0,89	1,29	1,46	0,72	1,05	1,18
	II	32,29	1,77	2,58	2,90	II	32,29	1,56	2,28	2,56	1,37	1,99	2,24	1,18	1,72	1,93	1,—	1,45	1,63	0,82	1,20	1,35	0,66	0,96	1,08
	III	21,16	1,16	1,69	1,90	III	21,16	1,01	1,47	1,65	0,86	1,25	1,41	0,71	1,04	1,17	0,57	0,84	0,94	0,44	0,64	0,72	0,06	0,45	0,51
	V	47,61	2,61	3,80	4,28	IV	33,73	1,74	2,54	2,86	1,64	2,39	2,69	1,54	2,24	2,52	1,44	2,10	2,36	1,34	1,96	2,20	1,25	1,82	2,04
	VI	48,82	2,68	3,90	4,39																				
157,89	I,IV	33,77	1,85	2,70	3,03	I	33,77	1,64	2,39	2,69	1,44	2,10	2,36	1,25	1,82	2,05	1,07	1,55	1,75	0,89	1,30	1,46	0,72	1,05	1,19
	II	32,33	1,77	2,58	2,90	II	32,33	1,57	2,28	2,57	1,37	1,99	2,24	1,18	1,72	1,93	1,—	1,46	1,64	0,83	1,20	1,35	0,66	0,97	1,09
	III	21,19	1,16	1,69	1,90	III	21,19	1,01	1,47	1,65	0,86	1,25	1,41	0,72	1,04	1,17	0,58	0,84	0,95	0,44	0,64	0,72	0,06	0,45	0,51
	V	47,65	2,62	3,81	4,28	IV	33,77	1,75	2,54	2,86	1,64	2,39	2,69	1,54	2,24	2,52	1,44	2,10	2,36	1,34	1,96	2,20	1,25	1,82	2,05
	VI	48,86	2,68	3,90	4,39																				
157,99	I,IV	33,81	1,85	2,70	3,04	I	33,81	1,64	2,39	2,69	1,44	2,10	2,36	1,25	1,82	2,05	1,07	1,55	1,75	0,89	1,30	1,46	0,72	1,06	1,19
	II	32,36	1,78	2,58	2,91	II	32,36	1,57	2,28	2,57	1,37	2,—	2,25	1,18	1,72	1,94	1,—	1,46	1,64	0,83	1,21	1,36	0,66	0,97	1,09
	III	21,22	1,16	1,69	1,90	III	21,22	1,01	1,47	1,65	0,86	1,26	1,41	0,72	1,05	1,18	0,58	0,84	0,95	0,44	0,65	0,73	0,06	0,45	0,51
	V	47,69	2,62	3,81	4,29	IV	33,81	1,75	2,55	2,86	1,64	2,39	2,69	1,54	2,25	2,53	1,44	2,10	2,36	1,35	1,96	2,21	1,25	1,82	2,05
	VI	48,90	2,68	3,91	4,40																				
158,09	I,IV	33,85	1,86	2,70	3,04	I	33,85	1,65	2,40	2,70	1,45	2,10	2,37	1,25	1,82	2,05	1,07	1,56	1,75	0,89	1,30	1,46	0,73	1,06	1,19
	II	32,40	1,78	2,59	2,91	II	32,40	1,57	2,29	2,57	1,37	2,—	2,25	1,18	1,72	1,94	1,—	1,46	1,64	0,83	1,21	1,36	0,67	0,97	1,09
	III	21,25	1,16	1,70	1,91	III	21,25	1,01	1,47	1,66	0,86	1,26	1,41	0,72	1,05	1,18	0,58	0,84	0,95	0,44	0,65	0,73	0,07	0,46	0,51
	V	47,73	2,62	3,81	4,29	IV	33,85	1,75	2,55	2,87	1,65	2,40	2,70	1,55	2,25	2,53	1,45	2,10	2,37	1,35	1,96	2,21	1,25	1,82	2,05
	VI	48,94	2,69	3,91	4,40																				
158,19	I,IV	33,88	1,86	2,71	3,04	I	33,88	1,65	2,40	2,70	1,45	2,11	2,37	1,25	1,83	2,06	1,07	1,56	1,75	0,89	1,30	1,47	0,73	1,06	1,19
	II	32,44	1,78	2,59	2,91	II	32,44	1,57	2,29	2,58	1,37	2,—	2,25	1,18	1,73	1,94	1,—	1,46	1,65	0,83	1,21	1,36	0,67	0,97	1,09
	III	21,27	1,17	1,70	1,91	III	21,27	1,01	1,48	1,66	0,86	1,26	1,42	0,72	1,05	1,18	0,58	0,85	0,95	0,44	0,65	0,73	0,07	0,46	0,52
	V	47,77	2,62	3,82	4,29	IV	33,88	1,75	2,55	2,87	1,65	2,40	2,70	1,55	2,25	2,53	1,45	2,11	2,37	1,35	1,97	2,21	1,25	1,83	2,06
	VI	48,98	2,69	3,91	4,40																				
158,29	I,IV	33,92	1,86	2,71	3,05	I	33,92	1,65	2,40	2,70	1,45	2,11	2,37	1,26	1,83	2,06	1,07	1,56	1,76	0,90	1,31	1,47	0,73	1,06	1,20
	II	32,48	1,78	2,59	2,92	II	32,48	1,57	2,29	2,58	1,38	2,—	2,25	1,19	1,73	1,94	1,01	1,46	1,65	0,83	1,21	1,37	0,67	0,98	1,10
	III	21,30	1,17	1,70	1,91	III	21,30	1,01	1,48	1,66	0,87	1,26	1,42	0,72	1,05	1,18	0,58	0,85	0,95	0,45	0,65	0,73	0,08	0,46	0,52
	V	47,81	2,62	3,82	4,30	IV	33,92	1,75	2,55	2,87	1,65	2,40	2,70	1,55	2,26	2,54	1,45	2,11	2,37	1,35	1,97	2,21	1,26	1,83	2,06
	VI	49,02	2,69	3,92	4,41																				
158,39	I,IV	33,96	1,86	2,71	3,05	I	33,96	1,65	2,41	2,71	1,45	2,11	2,38	1,26	1,83	2,06	1,07	1,56	1,76	0,90	1,31	1,47	0,73	1,07	1,20
	II	32,51	1,78	2,60	2,92	II	32,51	1,58	2,30	2,58	1,38	2,01	2,26	1,19	1,73	1,95	1,01	1,47	1,65	0,83	1,22	1,37	0,67	0,98	1,10
	III	21,32	1,17	1,70	1,91	III	21,32	1,02	1,48	1,66	0,87	1,26	1,42	0,72	1,05	1,19	0,58	0,85	0,96	0,45	0,65	0,73	0,08	0,46	0,52
	V	47,85	2,63	3,82	4,30	IV	33,96	1,76	2,56	2,88	1,65	2,41	2,71	1,55	2,26	2,54	1,45	2,11	2,38	1,35	1,97	2,22	1,26	1,83	2,06
	VI	49,06	2,69	3,92	4,41																				
158,49	I,IV	34,—	1,87	2,72	3,06	I	34,—	1,65	2,41	2,71	1,45	2,12	2,38	1,26	1,84	2,07	1,08	1,57	1,76	0,90	1,31	1,48	0,73	1,07	1,20
	II	32,55	1,79	2,60	2,92	II	32,55	1,58	2,30	2,59	1,38	2,01	2,26	1,19	1,73	1,95	1,01	1,47	1,65	0,84	1,22	1,37	0,67	0,98	1,10
	III	21,35	1,17	1,70	1,92	III	21,35	1,02	1,48	1,67	0,87	1,26	1,42	0,72	1,06	1,19	0,58	0,85	0,96	0,45	0,66	0,74	0,09	0,46	0,52
	V	47,89	2,63	3,83	4,31	IV	34,—	1,76	2,56	2,88	1,65	2,41	2,71	1,55	2,26	2,54	1,45	2,12	2,38	1,36	1,97	2,22	1,26	1,84	2,07
	VI	49,10	2,70	3,92	4,41																				
158,59	I,IV	34,03	1,87	2,72	3,06	I	34,03	1,66	2,41	2,71	1,46	2,12	2,38	1,26	1,84	2,07	1,08	1,57	1,77	0,90	1,31	1,48	0,73	1,07	1,20
	II	32,59	1,79	2,60	2,93	II	32,59	1,58	2,30	2,59	1,38	2,01	2,26	1,19	1,74	1,95	1,01	1,47	1,66	0,84	1,22	1,37	0,67	0,98	1,11
	III	21,38	1,17	1,71	1,92	III	21,38	1,02	1,48	1,67	0,87	1,27	1,43	0,73	1,06	1,19	0,59	0,85	0,96	0,45	0,66	0,74	0,09	0,47	0,52
	V	47,93	2,63	3,83	4,31	IV	34,03	1,76	2,56	2,88	1,66	2,41	2,71	1,55	2,26	2,55	1,46	2,12	2,38	1,36	1,98	2,22	1,26	1,84	2,07
	VI	49,14	2,70	3,93	4,42																				
158,69	I,IV	34,07	1,87	2,72	3,06	I	34,07	1,66	2,42	2,72	1,46	2,12	2,39	1,26	1,84	2,07	1,08	1,57	1,77	0,90	1,32	1,48	0,74	1,07	1,21
	II	32,63	1,79	2,61	2,93	II	32,63	1,58	2,30	2,59	1,38	2,02	2,27	1,19	1,74	1,96	1,01	1,48	1,66	0,84	1,22	1,38	0,68	0,98	1,11
	III	21,41	1,17	1,71	1,92	III	21,41	1,02	1,49	1,67	0,87	1,27	1,43	0,73	1,06	1,19	0,59	0,86	0,96	0,45	0,66	0,74	0,10	0,47	0,53
	V	47,97	2,63	3,83	4,31	IV	34,07	1,76	2,57	2,89	1,66	2,42	2,72	1,56	2,27	2,55	1,46	2,12	2,39	1,36	1,98	2,23	1,26	1,84	2,07
	VI	49,18	2,70	3,93	4,42																				

* Die ausgewiesenen Tabellenwerte sind amtlich. Siehe Erläuterungen auf der Umschlaginnenseite (U2).
** Bei mehr als 3 Kinderfreibeträgen ist die „Ergänzungs-Tabelle 3,5 bis 6 Kinderfreibeträge" anzuwenden.

Abzüge an Lohnsteuer, Solidaritätszuschlag (SolZ) und Kirchensteuer (8%, 9%) in den Steuerklassen

Lohn/ Gehalt bis €*	I – VI		ohne Kinderfreibeträge			I, II, III, IV		mit Zahl der Kinderfreibeträge ... 0,5			1			1,5			2			2,5			3**		
		LSt	SolZ	8%	9%		LSt	SolZ	8%	9%	SolZ	8%	9%	SolZ	8%	9%	SolZ	8%	9%	SolZ	8%	9%	SolZ	8%	9%
158,79	I,IV	34,11	1,87	2,72	3,06	I	34,11	1,66	2,42	2,72	1,46	2,12	2,39	1,27	1,84	2,07	1,08	1,57	1,77	0,90	1,32	1,48	0,74	1,07	1,21
	II	32,66	1,79	2,61	2,93	II	32,66	1,58	2,31	2,60	1,39	2,02	2,27	1,20	1,74	1,96	1,01	1,48	1,66	0,84	1,23	1,38	0,68	0,99	1,11
	III	21,43	1,17	1,71	1,92	III	21,43	1,02	1,49	1,67	0,87	1,27	1,43	0,73	1,06	1,19	0,59	0,86	0,97	0,45	0,66	0,74	0,10	0,47	0,53
	V	48,01	2,64	3,84	4,32	IV	34,11	1,77	2,57	2,89	1,66	2,42	2,72	1,56	2,27	2,55	1,46	2,12	2,39	1,36	1,98	2,23	1,27	1,84	2,07
	VI	49,22	2,70	3,93	4,42																				
158,89	I,IV	34,15	1,87	2,73	3,07	I	34,15	1,66	2,42	2,72	1,46	2,13	2,39	1,27	1,85	2,08	1,08	1,58	1,77	0,91	1,32	1,49	0,74	1,08	1,21
	II	32,70	1,79	2,61	2,94	II	32,70	1,59	2,31	2,60	1,39	2,02	2,27	1,20	1,74	1,96	1,02	1,48	1,67	0,84	1,23	1,38	0,68	0,99	1,11
	III	21,46	1,18	1,71	1,93	III	21,46	1,02	1,49	1,68	0,87	1,27	1,43	0,73	1,06	1,20	0,59	0,86	0,97	0,45	0,66	0,75	0,11	0,47	0,53
	V	48,05	2,64	3,84	4,32	IV	34,15	1,77	2,57	2,89	1,66	2,42	2,72	1,56	2,27	2,56	1,46	2,13	2,39	1,36	1,98	2,23	1,27	1,85	2,08
	VI	49,26	2,70	3,94	4,43																				
158,99	I,IV	34,19	1,88	2,73	3,07	I	34,19	1,66	2,42	2,73	1,46	2,13	2,40	1,27	1,85	2,08	1,08	1,58	1,78	0,91	1,32	1,49	0,74	1,08	1,21
	II	32,74	1,80	2,61	2,94	II	32,74	1,59	2,31	2,60	1,39	2,02	2,28	1,20	1,75	1,97	1,02	1,48	1,67	0,84	1,23	1,38	0,68	0,99	1,12
	III	21,49	1,18	1,71	1,93	III	21,49	1,02	1,49	1,68	0,88	1,28	1,44	0,73	1,07	1,20	0,59	0,86	0,97	0,46	0,66	0,75	0,11	0,47	0,53
	V	48,09	2,64	3,84	4,32	IV	34,19	1,77	2,58	2,90	1,66	2,42	2,73	1,56	2,28	2,56	1,46	2,13	2,40	1,37	1,99	2,24	1,27	1,85	2,08
	VI	49,30	2,71	3,94	4,43																				
159,09	I,IV	34,23	1,88	2,73	3,08	I	34,23	1,67	2,43	2,73	1,46	2,13	2,40	1,27	1,85	2,08	1,09	1,58	1,78	0,91	1,33	1,49	0,74	1,08	1,22
	II	32,78	1,80	2,62	2,95	II	32,78	1,59	2,32	2,61	1,39	2,03	2,28	1,20	1,75	1,97	1,02	1,48	1,67	0,85	1,23	1,39	0,68	0,99	1,12
	III	21,52	1,18	1,72	1,93	III	21,52	1,03	1,49	1,68	0,88	1,28	1,44	0,73	1,07	1,20	0,59	0,86	0,97	0,46	0,67	0,75	0,12	0,48	0,54
	V	48,13	2,64	3,85	4,33	IV	34,23	1,77	2,58	2,90	1,67	2,43	2,73	1,56	2,28	2,56	1,46	2,13	2,40	1,37	1,99	2,24	1,27	1,85	2,08
	VI	49,34	2,71	3,94	4,44																				
159,19	I,IV	34,26	1,88	2,74	3,08	I	34,26	1,67	2,43	2,73	1,47	2,14	2,40	1,27	1,85	2,09	1,09	1,58	1,78	0,91	1,33	1,49	0,74	1,08	1,22
	II	32,81	1,80	2,62	2,95	II	32,81	1,59	2,32	2,61	1,39	2,03	2,28	1,20	1,75	1,97	1,02	1,49	1,67	0,85	1,24	1,39	0,68	1,—	1,12
	III	21,55	1,18	1,72	1,93	III	21,55	1,03	1,50	1,68	0,88	1,28	1,44	0,73	1,07	1,20	0,59	0,87	0,97	0,46	0,67	0,75	0,12	0,48	0,54
	V	48,17	2,64	3,85	4,33	IV	34,26	1,77	2,58	2,90	1,67	2,43	2,73	1,57	2,28	2,57	1,47	2,14	2,40	1,37	1,99	2,24	1,27	1,85	2,09
	VI	49,38	2,71	3,95	4,44																				
159,29	I,IV	34,30	1,88	2,74	3,08	I	34,30	1,67	2,43	2,74	1,47	2,14	2,41	1,27	1,86	2,09	1,09	1,59	1,79	0,91	1,33	1,50	0,75	1,09	1,22
	II	32,85	1,80	2,62	2,95	II	32,85	1,59	2,32	2,61	1,40	2,03	2,29	1,20	1,75	1,97	1,02	1,49	1,68	0,85	1,24	1,39	0,68	1,—	1,12
	III	21,57	1,18	1,72	1,94	III	21,57	1,03	1,50	1,69	0,88	1,28	1,44	0,74	1,07	1,21	0,60	0,87	0,98	0,46	0,67	0,75	0,12	0,48	0,54
	V	48,21	2,65	3,85	4,33	IV	34,30	1,78	2,58	2,91	1,67	2,43	2,74	1,57	2,28	2,57	1,47	2,14	2,41	1,37	2,—	2,25	1,27	1,86	2,09
	VI	49,41	2,71	3,95	4,44																				
159,39	I,IV	34,34	1,88	2,74	3,09	I	34,34	1,67	2,44	2,74	1,47	2,14	2,41	1,28	1,86	2,09	1,09	1,59	1,79	0,91	1,33	1,50	0,75	1,09	1,22
	II	32,89	1,80	2,63	2,96	II	32,89	1,60	2,32	2,61	1,40	2,03	2,29	1,21	1,76	1,98	1,02	1,49	1,68	0,85	1,24	1,40	0,69	1,—	1,13
	III	21,60	1,18	1,72	1,94	III	21,60	1,03	1,50	1,69	0,88	1,28	1,44	0,74	1,07	1,21	0,60	0,87	0,98	0,46	0,67	0,76	0,13	0,48	0,54
	V	48,25	2,65	3,86	4,34	IV	34,34	1,78	2,59	2,91	1,67	2,44	2,74	1,57	2,29	2,57	1,47	2,14	2,41	1,37	2,—	2,25	1,28	1,86	2,09
	VI	49,46	2,72	3,95	4,45																				
159,49	I,IV	34,38	1,89	2,75	3,09	I	34,38	1,67	2,44	2,74	1,47	2,14	2,41	1,28	1,86	2,09	1,09	1,59	1,79	0,92	1,34	1,50	0,75	1,09	1,23
	II	32,93	1,81	2,63	2,96	II	32,93	1,60	2,33	2,62	1,40	2,04	2,29	1,21	1,76	1,98	1,03	1,50	1,68	0,85	1,24	1,40	0,69	1,—	1,13
	III	21,63	1,18	1,73	1,94	III	21,63	1,03	1,50	1,69	0,88	1,29	1,45	0,74	1,08	1,21	0,60	0,87	0,98	0,46	0,67	0,76	0,13	0,48	0,54
	V	48,29	2,65	3,86	4,34	IV	34,38	1,78	2,59	2,91	1,67	2,44	2,74	1,57	2,29	2,58	1,47	2,14	2,41	1,37	2,—	2,25	1,28	1,86	2,09
	VI	49,50	2,72	3,96	4,45																				
159,59	I,IV	34,41	1,89	2,75	3,09	I	34,41	1,68	2,44	2,75	1,47	2,15	2,42	1,28	1,86	2,10	1,10	1,60	1,80	0,92	1,34	1,51	0,75	1,09	1,23
	II	32,96	1,81	2,63	2,96	II	32,96	1,60	2,33	2,62	1,40	2,04	2,30	1,21	1,76	1,98	1,03	1,50	1,69	0,85	1,24	1,40	0,69	1,—	1,13
	III	21,66	1,19	1,73	1,94	III	21,66	1,03	1,50	1,69	0,88	1,29	1,45	0,74	1,08	1,21	0,60	0,87	0,98	0,46	0,68	0,76	0,14	0,48	0,54
	V	48,33	2,65	3,86	4,34	IV	34,41	1,78	2,59	2,92	1,68	2,44	2,75	1,57	2,29	2,58	1,47	2,15	2,42	1,38	2,—	2,25	1,28	1,86	2,10
	VI	49,53	2,72	3,96	4,45																				
159,69	I,IV	34,45	1,89	2,75	3,10	I	34,45	1,68	2,44	2,75	1,48	2,15	2,42	1,28	1,87	2,10	1,10	1,60	1,80	0,92	1,34	1,51	0,75	1,10	1,23
	II	33,—	1,81	2,64	2,97	II	33,—	1,60	2,33	2,62	1,40	2,04	2,30	1,21	1,76	1,99	1,03	1,50	1,69	0,86	1,25	1,40	0,69	1,01	1,13
	III	21,68	1,19	1,73	1,95	III	21,68	1,03	1,51	1,70	0,89	1,29	1,45	0,74	1,08	1,22	0,60	0,88	0,99	0,46	0,68	0,76	0,14	0,49	0,55
	V	48,36	2,66	3,86	4,35	IV	34,45	1,78	2,60	2,92	1,68	2,44	2,75	1,58	2,30	2,58	1,48	2,15	2,42	1,38	2,01	2,26	1,28	1,87	2,10
	VI	49,57	2,72	3,96	4,46																				
159,79	I,IV	34,49	1,89	2,75	3,10	I	34,49	1,68	2,45	2,75	1,48	2,15	2,42	1,28	1,87	2,10	1,10	1,60	1,80	0,92	1,34	1,51	0,75	1,10	1,24
	II	33,04	1,81	2,64	2,97	II	33,04	1,60	2,34	2,63	1,40	2,05	2,30	1,21	1,77	1,99	1,03	1,50	1,69	0,86	1,25	1,41	0,69	1,01	1,14
	III	21,71	1,19	1,73	1,95	III	21,71	1,04	1,51	1,70	0,89	1,29	1,45	0,74	1,08	1,22	0,60	0,88	0,99	0,47	0,68	0,76	0,15	0,49	0,55
	V	48,41	2,66	3,87	4,35	IV	34,49	1,79	2,60	2,92	1,68	2,45	2,75	1,58	2,30	2,59	1,48	2,15	2,42	1,38	2,01	2,26	1,28	1,87	2,10
	VI	49,61	2,72	3,96	4,46																				
159,89	I,IV	34,53	1,89	2,76	3,10	I	34,53	1,68	2,45	2,76	1,48	2,16	2,43	1,29	1,87	2,11	1,10	1,60	1,80	0,92	1,34	1,51	0,75	1,10	1,24
	II	33,08	1,81	2,64	2,97	II	33,08	1,61	2,34	2,63	1,41	2,05	2,30	1,22	1,77	1,99	1,03	1,50	1,69	0,86	1,25	1,41	0,69	1,01	1,14
	III	21,74	1,19	1,73	1,95	III	21,74	1,04	1,51	1,70	0,89	1,29	1,46	0,74	1,08	1,22	0,60	0,88	0,99	0,47	0,68	0,77	0,15	0,49	0,55
	V	48,45	2,66	3,87	4,36	IV	34,53	1,79	2,60	2,93	1,68	2,45	2,76	1,58	2,30	2,59	1,48	2,16	2,43	1,38	2,01	2,26	1,29	1,87	2,11
	VI	49,65	2,73	3,97	4,46																				
159,99	I,IV	34,57	1,90	2,76	3,11	I	34,57	1,69	2,45	2,76	1,48	2,16	2,43	1,29	1,88	2,11	1,10	1,60	1,81	0,92	1,35	1,52	0,76	1,10	1,24
	II	33,11	1,82	2,64	2,97	II	33,11	1,61	2,34	2,63	1,41	2,05	2,31	1,22	1,77	1,99	1,03	1,51	1,70	0,86	1,25	1,41	0,70	1,01	1,14
	III	21,77	1,19	1,74	1,95	III	21,77	1,04	1,51	1,70	0,89	1,30	1,46	0,74	1,09	1,22	0,60	0,88	0,99	0,47	0,68	0,77	0,16	0,49	0,55
	V	48,49	2,66	3,87	4,36	IV	34,57	1,79	2,61	2,93	1,69	2,45	2,76	1,58	2,30	2,59	1,48	2,16	2,43	1,38	2,02	2,27	1,29	1,88	2,11
	VI	49,70	2,73	3,97	4,47																				
160,09	I,IV	34,61	1,90	2,76	3,11	I	34,61	1,69	2,46	2,76	1,48	2,16	2,43	1,29	1,88	2,11	1,10	1,61	1,81	0,93	1,35	1,52	0,76	1,10	1,24
	II	33,15	1,82	2,65	2,98	II	33,15	1,61	2,34	2,64	1,41	2,05	2,31	1,22	1,78	2,—	1,04	1,51	1,70	0,86	1,26	1,41	0,70	1,02	1,14
	III	21,79	1,19	1,74	1,96	III	21,79	1,04	1,52	1,71	0,89	1,30	1,46	0,75	1,09	1,22	0,61	0,88	0,99	0,47	0,68	0,77	0,16	0,49	0,55
	V	48,53	2,66	3,88	4,36	IV	34,61	1,79	2,61	2,93	1,69	2,46	2,76	1,58	2,31	2,60	1,48	2,16	2,43	1,39	2,02	2,27	1,29	1,88	2,11
	VI	49,73	2,73	3,97	4,47																				
160,19	I,IV	34,65	1,90	2,77	3,11	I	34,65	1,69	2,46	2,77	1,49	2,16	2,43	1,29	1,88	2,12	1,11	1,61	1,81	0,93	1,35	1,52	0,76	1,11	1,25
	II	33,19	1,82	2,65	2,98	II	33,19	1,61	2,35	2,64	1,41	2,06	2,31	1,22	1,78	2,—	1,04	1,51	1,70	0,86	1,26	1,42	0,70	1,02	1,15
	III	21,82	1,20	1,74	1,96	III	21,82	1,04	1,52	1,71	0,89	1,30	1,46	0,75	1,09	1,23	0,61	0,88	1,—	0,47	0,69	0,77	0,17	0,50	0,56
	V	48,56	2,67	3,88	4,37	IV	34,65	1,79	2,61	2,94	1,69	2,46	2,77	1,59	2,31	2,60	1,49	2,16	2,43	1,39	2,02	2,27	1,29	1,88	2,12
	VI	49,77	2,73	3,98	4,47																				
160,29	I,IV	34,68	1,90	2,77	3,12	I	34,68	1,69	2,46	2,77	1,49	2,17	2,44	1,29	1,88	2,12	1,11	1,61	1,81	0,93	1,36	1,53	0,76	1,11	1,25
	II	33,23	1,82	2,65	2,99	II	33,23	1,61	2,35	2,64	1,41	2,06	2,32	1,22	1,78	2,—	1,04	1,52	1,71	0,87	1,26	1,42	0,70	1,02	1,15
	III	21,85	1,20	1,74	1,96	III	21,85	1,04	1,52	1,71	0,89	1,30	1,47	0,75	1,09	1,23	0,61	0,89	1,—	0,47	0,69	0,78	0,17	0,50	0,56
	V	48,60	2,67	3,88	4,37	IV	34,68	1,80	2,61	2,94	1,69	2,46	2,77	1,59	2,31	2,60	1,49	2,17	2,44	1,39	2,02	2,28	1,29	1,88	2,12
	VI	49,81	2,74	3,98	4,48																				

* Die ausgewiesenen Tabellenwerte sind amtlich. Siehe Erläuterungen auf der Umschlaginnenseite (U2).

** Bei mehr als 3 Kinderfreibeträgen ist die „Ergänzungs-Tabelle 3,5 bis 6 Kinderfreibeträge" anzuwenden.

Abzüge an Lohnsteuer, Solidaritätszuschlag (SolZ) und Kirchensteuer (8%, 9%) in den Steuerklassen

Lohn/ Gehalt bis €*		I – VI	ohne Kinderfreibeträge			I, II, III, IV	mit Zahl der Kinderfreibeträge . . .	0,5		1			1,5			2			2,5			3**		
		LSt	SolZ	8%	9%		LSt	SolZ	8%	9%	SolZ	8%	9%	SolZ	8%	9%	SolZ	8%	9%	SolZ	8%	9%	SolZ	8%	9%
160,39	I,IV	34,72	1,90	2,77	3,12	I	34,72	1,69	2,46	2,77	1,49	2,17	2,44	1,30	1,89	2,12	1,11	1,62	1,82	0,93	1,36	1,53	0,76	1,11	1,25
	II	33,26	1,82	2,66	2,99	II	33,26	1,62	2,35	2,65	1,42	2,06	2,32	1,22	1,78	2,01	1,04	1,52	1,71	0,87	1,26	1,42	0,70	1,02	1,15
	III	21,87	1,20	1,74	1,96	III	21,87	1,04	1,52	1,71	0,90	1,30	1,47	0,75	1,09	1,23	0,61	0,89	1,—	0,47	0,69	0,78	0,17	0,50	0,56
	V	48,65	2,67	3,89	4,37	IV	34,72	1,80	2,62	2,95	1,69	2,46	2,77	1,59	2,32	2,61	1,49	2,17	2,44	1,39	2,03	2,28	1,30	1,89	2,12
	VI	49,85	2,74	3,98	4,48																				
160,49	I,IV	34,76	1,91	2,78	3,12	I	34,76	1,70	2,47	2,78	1,49	2,17	2,44	1,30	1,89	2,13	1,11	1,62	1,82	0,93	1,36	1,53	0,76	1,11	1,25
	II	33,30	1,83	2,66	2,99	II	33,30	1,62	2,36	2,65	1,42	2,06	2,32	1,23	1,79	2,01	1,04	1,52	1,71	0,87	1,27	1,43	0,70	1,03	1,15
	III	21,90	1,20	1,75	1,97	III	21,90	1,05	1,52	1,71	0,90	1,31	1,47	0,75	1,10	1,23	0,61	0,89	1,—	0,47	0,69	0,78	0,18	0,50	0,56
	V	48,68	2,67	3,89	4,38	IV	34,76	1,80	2,62	2,95	1,70	2,47	2,78	1,59	2,32	2,61	1,49	2,17	2,44	1,39	2,03	2,28	1,30	1,89	2,13
	VI	49,89	2,74	3,99	4,49																				
160,59	I,IV	34,80	1,91	2,78	3,13	I	34,80	1,70	2,47	2,78	1,49	2,18	2,45	1,30	1,89	2,13	1,11	1,62	1,82	0,94	1,36	1,53	0,77	1,12	1,26
	II	33,34	1,83	2,66	3,—	II	33,34	1,62	2,36	2,65	1,42	2,07	2,33	1,23	1,79	2,01	1,05	1,52	1,71	0,87	1,27	1,43	0,70	1,03	1,16
	III	21,93	1,20	1,75	1,97	III	21,93	1,05	1,53	1,72	0,90	1,31	1,47	0,75	1,10	1,24	0,61	0,89	1,—	0,48	0,69	0,78	0,18	0,50	0,57
	V	48,72	2,68	3,89	4,38	IV	34,80	1,80	2,62	2,95	1,70	2,47	2,78	1,59	2,32	2,61	1,49	2,18	2,45	1,40	2,03	2,29	1,30	1,89	2,13
	VI	49,93	2,74	3,99	4,49																				
160,69	I,IV	34,83	1,91	2,78	3,13	I	34,83	1,70	2,47	2,78	1,50	2,18	2,45	1,30	1,89	2,13	1,11	1,62	1,83	0,94	1,36	1,54	0,77	1,12	1,26
	II	33,38	1,83	2,67	3,—	II	33,38	1,62	2,36	2,66	1,42	2,07	2,33	1,23	1,79	2,02	1,05	1,52	1,72	0,87	1,27	1,43	0,71	1,03	1,16
	III	21,96	1,20	1,75	1,97	III	21,96	1,05	1,53	1,72	0,90	1,31	1,48	0,75	1,10	1,24	0,61	0,90	1,01	0,48	0,70	0,78	0,19	0,50	0,57
	V	48,76	2,68	3,90	4,38	IV	34,83	1,80	2,63	2,96	1,70	2,47	2,78	1,60	2,32	2,61	1,50	2,18	2,45	1,40	2,03	2,29	1,30	1,89	2,13
	VI	49,97	2,74	3,99	4,49																				
160,79	I,IV	34,87	1,91	2,78	3,13	I	34,87	1,70	2,48	2,79	1,50	2,18	2,45	1,30	1,90	2,13	1,12	1,63	1,83	0,94	1,37	1,54	0,77	1,12	1,26
	II	33,42	1,83	2,67	3,—	II	33,42	1,62	2,36	2,66	1,42	2,07	2,33	1,23	1,79	2,02	1,05	1,53	1,72	0,87	1,27	1,43	0,71	1,03	1,16
	III	21,98	1,20	1,75	1,97	III	21,98	1,05	1,53	1,72	0,90	1,31	1,48	0,76	1,10	1,24	0,62	0,90	1,01	0,48	0,70	0,79	0,19	0,51	0,57
	V	48,80	2,68	3,90	4,39	IV	34,87	1,81	2,63	2,96	1,70	2,48	2,79	1,60	2,33	2,62	1,50	2,18	2,45	1,40	2,04	2,29	1,30	1,90	2,13
	VI	50,01	2,75	4,—	4,50																				
160,89	I,IV	34,91	1,92	2,79	3,14	I	34,91	1,70	2,48	2,79	1,50	2,18	2,46	1,30	1,90	2,14	1,12	1,63	1,83	0,94	1,37	1,54	0,77	1,12	1,26
	II	33,45	1,84	2,67	3,01	II	33,45	1,63	2,37	2,66	1,43	2,08	2,34	1,23	1,80	2,02	1,05	1,53	1,72	0,88	1,28	1,44	0,71	1,03	1,16
	III	22,01	1,21	1,76	1,98	III	22,01	1,05	1,53	1,72	0,90	1,32	1,48	0,76	1,10	1,24	0,62	0,90	1,01	0,48	0,70	0,79	0,20	0,51	0,57
	V	48,85	2,68	3,90	4,39	IV	34,91	1,81	2,63	2,96	1,70	2,48	2,79	1,60	2,33	2,62	1,50	2,18	2,46	1,40	2,04	2,30	1,30	1,90	2,14
	VI	50,05	2,75	4,—	4,50																				
160,99	I,IV	34,95	1,92	2,79	3,14	I	34,95	1,71	2,48	2,79	1,50	2,19	2,46	1,31	1,90	2,14	1,12	1,63	1,84	0,94	1,37	1,54	0,77	1,13	1,27
	II	33,49	1,84	2,67	3,01	II	33,49	1,63	2,37	2,67	1,43	2,08	2,34	1,24	1,80	2,02	1,05	1,53	1,72	0,88	1,28	1,44	0,71	1,04	1,17
	III	22,04	1,21	1,76	1,98	III	22,04	1,05	1,54	1,73	0,90	1,32	1,48	0,76	1,11	1,24	0,62	0,90	1,01	0,48	0,70	0,79	0,20	0,51	0,57
	V	48,88	2,68	3,91	4,39	IV	34,95	1,81	2,64	2,97	1,71	2,48	2,79	1,60	2,33	2,62	1,50	2,19	2,46	1,40	2,04	2,30	1,31	1,90	2,14
	VI	50,09	2,75	4,—	4,50																				
161,09	I,IV	34,99	1,92	2,79	3,14	I	34,99	1,71	2,49	2,80	1,50	2,19	2,46	1,31	1,90	2,14	1,12	1,63	1,84	0,94	1,37	1,55	0,77	1,13	1,27
	II	33,53	1,84	2,68	3,01	II	33,53	1,63	2,37	2,67	1,43	2,08	2,34	1,24	1,80	2,03	1,05	1,54	1,73	0,88	1,28	1,44	0,71	1,04	1,17
	III	22,07	1,21	1,76	1,98	III	22,07	1,06	1,54	1,73	0,91	1,32	1,48	0,76	1,11	1,25	0,62	0,90	1,02	0,48	0,70	0,79	0,21	0,51	0,58
	V	48,92	2,69	3,91	4,40	IV	34,99	1,81	2,64	2,97	1,71	2,49	2,80	1,60	2,34	2,63	1,50	2,19	2,46	1,40	2,05	2,30	1,31	1,90	2,14
	VI	50,13	2,75	4,01	4,51																				
161,19	I,IV	35,03	1,92	2,80	3,15	I	35,03	1,71	2,49	2,80	1,51	2,19	2,47	1,31	1,91	2,15	1,12	1,64	1,84	0,95	1,38	1,55	0,78	1,13	1,27
	II	33,57	1,84	2,68	3,02	II	33,57	1,63	2,38	2,67	1,43	2,08	2,34	1,24	1,80	2,03	1,06	1,54	1,73	0,88	1,28	1,44	0,71	1,04	1,17
	III	22,10	1,21	1,76	1,98	III	22,10	1,06	1,54	1,73	0,91	1,32	1,49	0,76	1,11	1,25	0,62	0,90	1,02	0,48	0,71	0,79	0,21	0,51	0,58
	V	48,96	2,69	3,91	4,40	IV	35,03	1,81	2,64	2,97	1,71	2,49	2,80	1,61	2,34	2,63	1,51	2,19	2,47	1,41	2,05	2,30	1,31	1,91	2,15
	VI	50,17	2,75	4,01	4,51																				
161,29	I,IV	35,06	1,92	2,80	3,15	I	35,06	1,71	2,49	2,80	1,51	2,19	2,47	1,31	1,91	2,15	1,13	1,64	1,84	0,95	1,38	1,55	0,78	1,13	1,27
	II	33,60	1,84	2,68	3,02	II	33,60	1,63	2,38	2,68	1,43	2,09	2,35	1,24	1,81	2,03	1,06	1,54	1,73	0,88	1,29	1,45	0,72	1,04	1,17
	III	22,12	1,21	1,76	1,99	III	22,12	1,06	1,54	1,73	0,91	1,32	1,49	0,76	1,11	1,25	0,62	0,91	1,02	0,49	0,71	0,80	0,22	0,52	0,58
	V	49,—	2,69	3,92	4,41	IV	35,06	1,82	2,64	2,97	1,71	2,49	2,80	1,61	2,34	2,63	1,51	2,19	2,47	1,41	2,05	2,31	1,31	1,91	2,15
	VI	50,21	2,76	4,01	4,51																				
161,39	I,IV	35,10	1,93	2,80	3,15	I	35,10	1,71	2,49	2,81	1,51	2,20	2,47	1,31	1,91	2,15	1,13	1,64	1,85	0,95	1,38	1,55	0,78	1,14	1,28
	II	33,64	1,85	2,69	3,02	II	33,64	1,64	2,38	2,68	1,44	2,09	2,35	1,24	1,81	2,04	1,06	1,54	1,74	0,88	1,29	1,45	0,72	1,05	1,18
	III	22,15	1,21	1,77	1,99	III	22,15	1,06	1,54	1,74	0,91	1,33	1,49	0,76	1,11	1,25	0,62	0,91	1,02	0,49	0,71	0,80	0,22	0,52	0,58
	V	49,04	2,69	3,92	4,41	IV	35,10	1,82	2,65	2,98	1,71	2,49	2,81	1,61	2,34	2,64	1,51	2,20	2,47	1,41	2,05	2,31	1,31	1,91	2,15
	VI	50,25	2,76	4,02	4,52																				
161,49	I,IV	35,14	1,93	2,81	3,16	I	35,14	1,72	2,50	2,81	1,51	2,20	2,48	1,32	1,92	2,16	1,13	1,64	1,85	0,95	1,38	1,56	0,78	1,14	1,28
	II	33,68	1,85	2,69	3,03	II	33,68	1,64	2,38	2,68	1,44	2,09	2,35	1,24	1,81	2,04	1,06	1,55	1,74	0,89	1,29	1,45	0,72	1,05	1,18
	III	22,18	1,22	1,77	1,99	III	22,18	1,06	1,55	1,74	0,91	1,33	1,49	0,77	1,12	1,26	0,62	0,91	1,03	0,49	0,71	0,80	0,23	0,52	0,58
	V	49,08	2,69	3,92	4,41	IV	35,14	1,82	2,65	2,98	1,72	2,50	2,81	1,61	2,35	2,64	1,51	2,20	2,48	1,41	2,06	2,31	1,32	1,92	2,16
	VI	50,29	2,76	4,02	4,52																				
161,59	I,IV	35,18	1,93	2,81	3,16	I	35,18	1,72	2,50	2,81	1,51	2,20	2,48	1,32	1,92	2,16	1,13	1,65	1,85	0,95	1,39	1,56	0,78	1,14	1,28
	II	33,72	1,85	2,69	3,03	II	33,72	1,64	2,39	2,69	1,44	2,10	2,36	1,25	1,82	2,04	1,06	1,55	1,74	0,89	1,29	1,45	0,72	1,05	1,18
	III	22,21	1,22	1,77	1,99	III	22,21	1,06	1,55	1,74	0,91	1,33	1,50	0,77	1,12	1,26	0,63	0,91	1,03	0,49	0,71	0,80	0,23	0,52	0,59
	V	49,12	2,70	3,92	4,42	IV	35,18	1,82	2,65	2,99	1,72	2,50	2,81	1,61	2,35	2,64	1,51	2,20	2,48	1,41	2,06	2,32	1,32	1,92	2,16
	VI	50,33	2,76	4,02	4,52																				
161,69	I,IV	35,22	1,93	2,81	3,16	I	35,22	1,72	2,50	2,82	1,52	2,21	2,48	1,32	1,92	2,16	1,13	1,65	1,86	0,95	1,39	1,56	0,78	1,14	1,28
	II	33,76	1,85	2,70	3,03	II	33,76	1,64	2,39	2,69	1,44	2,10	2,36	1,25	1,82	2,05	1,06	1,55	1,74	0,89	1,30	1,46	0,72	1,05	1,18
	III	22,23	1,22	1,77	2,—	III	22,23	1,06	1,55	1,74	0,91	1,33	1,50	0,77	1,12	1,26	0,63	0,92	1,03	0,49	0,72	0,81	0,23	0,52	0,59
	V	49,16	2,70	3,93	4,42	IV	35,22	1,82	2,66	2,99	1,72	2,50	2,82	1,62	2,35	2,65	1,52	2,21	2,48	1,42	2,06	2,32	1,32	1,92	2,16
	VI	50,37	2,77	4,02	4,53																				
161,79	I,IV	35,26	1,93	2,82	3,17	I	35,26	1,72	2,51	2,82	1,52	2,21	2,49	1,32	1,92	2,16	1,13	1,65	1,86	0,96	1,39	1,57	0,79	1,14	1,29
	II	33,79	1,85	2,70	3,04	II	33,79	1,64	2,39	2,69	1,44	2,10	2,36	1,25	1,82	2,05	1,07	1,55	1,75	0,89	1,30	1,46	0,72	1,06	1,19
	III	22,26	1,22	1,78	2,—	III	22,26	1,07	1,55	1,75	0,92	1,33	1,50	0,77	1,12	1,26	0,63	0,92	1,03	0,49	0,72	0,81	0,24	0,52	0,59
	V	49,20	2,70	3,93	4,42	IV	35,26	1,83	2,66	2,99	1,72	2,51	2,82	1,62	2,36	2,65	1,52	2,21	2,49	1,42	2,06	2,32	1,32	1,92	2,16
	VI	50,41	2,77	4,03	4,53																				
161,89	I,IV	35,30	1,94	2,82	3,17	I	35,30	1,72	2,51	2,82	1,52	2,21	2,49	1,32	1,93	2,17	1,14	1,65	1,86	0,96	1,39	1,57	0,79	1,15	1,29
	II	33,83	1,86	2,70	3,04	II	33,83	1,65	2,40	2,70	1,44	2,10	2,37	1,25	1,82	2,05	1,07	1,56	1,75	0,89	1,30	1,46	0,73	1,06	1,19
	III	22,29	1,22	1,78	2,—	III	22,29	1,07	1,55	1,75	0,92	1,34	1,50	0,77	1,12	1,26	0,63	0,92	1,03	0,49	0,72	0,81	0,24	0,53	0,59
	V	49,24	2,70	3,93	4,43	IV	35,30	1,83	2,66	3,—	1,72	2,51	2,82	1,62	2,36	2,65	1,52	2,21	2,49	1,42	2,07	2,33	1,32	1,93	2,17
	VI	50,45	2,77	4,03	4,54																				

* Die ausgewiesenen Tabellenwerte sind amtlich. Siehe Erläuterungen auf der Umschlaginnenseite (U2).
** Bei mehr als 3 Kinderfreibeträgen ist die „Ergänzungs-Tabelle 3,5 bis 6 Kinderfreibeträge" anzuwenden.

Lohn/ Gehalt bis €*	Abzüge an Lohnsteuer, Solidaritätszuschlag (SolZ) und Kirchensteuer (8%, 9%) in den Steuerklassen I – VI					I, II, III, IV																			
			ohne Kinderfreibeträge					mit Zahl der Kinderfreibeträge . . .																	
								0,5			1			1,5			2			2,5			3**		
		LSt	SolZ	8%	9%		LSt	SolZ	8%	9%	SolZ	8%	9%	SolZ	8%	9%	SolZ	8%	9%	SolZ	8%	9%	SolZ	8%	9%
161,99	I,IV	35,33	1,94	2,82	3,17	I	35,33	1,73	2,51	2,83	1,52	2,21	2,49	1,32	1,93	2,17	1,14	1,66	1,86	0,96	1,40	1,57	0,79	1,15	1,29
	II	33,87	1,86	2,70	3,04	II	33,87	1,65	2,40	2,70	1,45	2,11	2,37	1,25	1,83	2,06	1,07	1,56	1,75	0,89	1,30	1,47	0,73	1,06	1,19
	III	22,32	1,22	1,78	2,—	III	22,32	1,07	1,56	1,75	0,92	1,34	1,51	0,77	1,13	1,27	0,63	0,92	1,04	0,49	0,72	0,81	0,25	0,53	0,59
	V	49,28	2,71	3,94	4,43	IV	35,33	1,83	2,67	3,—	1,73	2,51	2,83	1,62	2,36	2,66	1,52	2,21	2,49	1,42	2,07	2,33	1,32	1,93	2,17
	VI	50,49	2,77	4,03	4,54																				
162,09	I,IV	35,37	1,94	2,82	3,18	I	35,37	1,73	2,52	2,83	1,52	2,22	2,50	1,33	1,93	2,17	1,14	1,66	1,87	0,96	1,40	1,57	0,79	1,15	1,30
	II	33,91	1,86	2,71	3,05	II	33,91	1,65	2,40	2,70	1,45	2,11	2,37	1,26	1,83	2,06	1,07	1,56	1,76	0,90	1,30	1,47	0,73	1,06	1,20
	III	22,35	1,22	1,78	2,01	III	22,35	1,07	1,56	1,75	0,92	1,34	1,51	0,77	1,13	1,27	0,63	0,92	1,04	0,50	0,72	0,81	0,25	0,53	0,60
	V	49,32	2,71	3,94	4,43	IV	35,37	1,83	2,67	3,—	1,73	2,52	2,83	1,62	2,36	2,66	1,52	2,22	2,50	1,42	2,07	2,33	1,33	1,93	2,17
	VI	50,53	2,77	4,04	4,54																				
162,19	I,IV	35,41	1,94	2,83	3,18	I	35,41	1,73	2,52	2,83	1,52	2,22	2,50	1,33	1,94	2,18	1,14	1,66	1,87	0,96	1,40	1,58	0,79	1,15	1,30
	II	33,95	1,86	2,71	3,05	II	33,95	1,65	2,41	2,71	1,45	2,11	2,38	1,26	1,83	2,06	1,07	1,56	1,76	0,90	1,31	1,47	0,73	1,06	1,20
	III	22,37	1,23	1,78	2,01	III	22,37	1,07	1,56	1,76	0,92	1,34	1,51	0,78	1,13	1,27	0,63	0,92	1,04	0,50	0,72	0,82	0,26	0,53	0,60
	V	49,36	2,71	3,94	4,44	IV	35,41	1,84	2,67	3,01	1,73	2,52	2,83	1,63	2,37	2,66	1,52	2,22	2,50	1,43	2,08	2,34	1,33	1,94	2,18
	VI	50,57	2,78	4,04	4,55																				
162,29	I,IV	35,45	1,95	2,83	3,19	I	35,45	1,73	2,52	2,84	1,53	2,22	2,50	1,33	1,94	2,18	1,14	1,66	1,87	0,96	1,40	1,58	0,79	1,16	1,30
	II	33,98	1,86	2,71	3,05	II	33,98	1,65	2,41	2,71	1,45	2,12	2,38	1,26	1,83	2,06	1,07	1,57	1,76	0,90	1,31	1,47	0,73	1,07	1,20
	III	22,40	1,23	1,79	2,01	III	22,40	1,07	1,56	1,76	0,92	1,34	1,51	0,78	1,13	1,27	0,64	0,93	1,04	0,50	0,73	0,82	0,26	0,53	0,60
	V	49,40	2,71	3,95	4,44	IV	35,45	1,84	2,67	3,01	1,73	2,52	2,84	1,63	2,37	2,67	1,53	2,22	2,50	1,43	2,08	2,34	1,33	1,94	2,18
	VI	50,61	2,78	4,04	4,55																				
162,39	I,IV	35,49	1,95	2,83	3,19	I	35,49	1,73	2,52	2,84	1,53	2,23	2,50	1,33	1,94	2,18	1,14	1,67	1,88	0,97	1,41	1,58	0,79	1,16	1,30
	II	34,02	1,87	2,72	3,06	II	34,02	1,66	2,41	2,71	1,45	2,12	2,38	1,26	1,84	2,07	1,08	1,57	1,76	0,90	1,31	1,48	0,73	1,07	1,20
	III	22,43	1,23	1,79	2,01	III	22,43	1,07	1,56	1,76	0,92	1,35	1,52	0,78	1,13	1,28	0,64	0,93	1,05	0,50	0,73	0,82	0,27	0,54	0,60
	V	49,44	2,71	3,95	4,44	IV	35,49	1,84	2,68	3,01	1,73	2,52	2,84	1,63	2,37	2,67	1,53	2,23	2,50	1,43	2,08	2,34	1,33	1,94	2,18
	VI	50,65	2,78	4,05	4,55																				
162,49	I,IV	35,53	1,95	2,84	3,19	I	35,53	1,74	2,53	2,84	1,53	2,23	2,51	1,33	1,94	2,19	1,15	1,67	1,88	0,97	1,41	1,59	0,80	1,16	1,31
	II	34,06	1,87	2,72	3,06	II	34,06	1,66	2,41	2,72	1,46	2,12	2,39	1,26	1,84	2,07	1,08	1,57	1,77	0,90	1,32	1,48	0,74	1,07	1,21
	III	22,46	1,23	1,79	2,02	III	22,46	1,08	1,57	1,76	0,93	1,35	1,52	0,78	1,14	1,28	0,64	0,93	1,05	0,50	0,73	0,82	0,27	0,54	0,61
	V	49,48	2,72	3,95	4,45	IV	35,53	1,84	2,68	3,02	1,74	2,53	2,84	1,63	2,38	2,67	1,53	2,23	2,51	1,43	2,08	2,34	1,33	1,94	2,19
	VI	50,69	2,78	4,05	4,56																				
162,59	I,IV	35,56	1,95	2,84	3,20	I	35,56	1,74	2,53	2,85	1,53	2,23	2,51	1,34	1,95	2,19	1,15	1,67	1,88	0,97	1,41	1,59	0,80	1,16	1,31
	II	34,10	1,87	2,72	3,06	II	34,10	1,66	2,42	2,72	1,46	2,12	2,39	1,27	1,84	2,07	1,08	1,57	1,77	0,90	1,32	1,48	0,74	1,07	1,21
	III	22,48	1,23	1,79	2,02	III	22,48	1,08	1,57	1,77	0,93	1,35	1,52	0,78	1,14	1,28	0,64	0,93	1,05	0,50	0,73	0,82	0,28	0,54	0,61
	V	49,52	2,72	3,96	4,45	IV	35,56	1,84	2,68	3,02	1,74	2,53	2,85	1,63	2,38	2,68	1,53	2,23	2,51	1,43	2,09	2,35	1,34	1,95	2,19
	VI	50,73	2,79	4,05	4,56																				
162,69	I,IV	35,60	1,95	2,84	3,20	I	35,60	1,74	2,53	2,85	1,53	2,23	2,51	1,34	1,95	2,19	1,15	1,68	1,89	0,97	1,41	1,59	0,80	1,17	1,31
	II	34,13	1,87	2,73	3,07	II	34,13	1,66	2,42	2,72	1,46	2,13	2,39	1,27	1,84	2,08	1,08	1,58	1,77	0,91	1,32	1,49	0,74	1,08	1,21
	III	22,51	1,23	1,80	2,02	III	22,51	1,08	1,57	1,77	0,93	1,35	1,52	0,78	1,14	1,28	0,64	0,93	1,05	0,50	0,73	0,83	0,28	0,54	0,61
	V	49,56	2,72	3,96	4,46	IV	35,60	1,85	2,69	3,02	1,74	2,53	2,85	1,64	2,38	2,68	1,53	2,23	2,51	1,44	2,09	2,35	1,34	1,95	2,19
	VI	50,77	2,79	4,06	4,56																				
162,79	I,IV	35,64	1,96	2,85	3,20	I	35,64	1,74	2,54	2,85	1,54	2,24	2,52	1,34	1,95	2,20	1,15	1,68	1,89	0,97	1,42	1,59	0,80	1,17	1,31
	II	34,17	1,87	2,73	3,07	II	34,17	1,66	2,42	2,73	1,46	2,13	2,40	1,27	1,85	2,08	1,08	1,58	1,78	0,91	1,32	1,49	0,74	1,08	1,21
	III	22,54	1,23	1,80	2,02	III	22,54	1,08	1,57	1,77	0,93	1,36	1,53	0,78	1,14	1,29	0,64	0,94	1,05	0,50	0,74	0,83	0,29	0,54	0,61
	V	49,60	2,72	3,96	4,46	IV	35,64	1,85	2,69	3,03	1,74	2,54	2,85	1,64	2,38	2,68	1,54	2,24	2,52	1,44	2,09	2,35	1,34	1,95	2,20
	VI	50,81	2,79	4,06	4,57																				
162,89	I,IV	35,68	1,96	2,85	3,21	I	35,68	1,74	2,54	2,86	1,54	2,24	2,52	1,34	1,95	2,20	1,15	1,68	1,89	0,97	1,42	1,60	0,80	1,17	1,32
	II	34,21	1,88	2,73	3,07	II	34,21	1,67	2,43	2,73	1,46	2,13	2,40	1,27	1,85	2,08	1,09	1,58	1,78	0,91	1,32	1,49	0,74	1,08	1,22
	III	22,57	1,24	1,80	2,03	III	22,57	1,08	1,58	1,77	0,93	1,36	1,53	0,79	1,14	1,29	0,64	0,94	1,06	0,51	0,74	0,83	0,29	0,54	0,61
	V	49,64	2,73	3,97	4,46	IV	35,68	1,85	2,69	3,03	1,74	2,54	2,86	1,64	2,39	2,69	1,54	2,24	2,52	1,44	2,10	2,36	1,34	1,95	2,20
	VI	50,85	2,79	4,06	4,57																				
162,99	I,IV	35,72	1,96	2,85	3,21	I	35,72	1,75	2,54	2,86	1,54	2,24	2,52	1,34	1,96	2,20	1,16	1,68	1,89	0,98	1,42	1,60	0,80	1,17	1,32
	II	34,25	1,88	2,74	3,08	II	34,25	1,67	2,43	2,73	1,47	2,13	2,40	1,27	1,85	2,08	1,09	1,58	1,78	0,91	1,33	1,49	0,74	1,08	1,22
	III	22,60	1,24	1,80	2,03	III	22,60	1,08	1,58	1,78	0,93	1,36	1,53	0,79	1,15	1,29	0,65	0,94	1,06	0,51	0,74	0,83	0,30	0,55	0,62
	V	49,68	2,73	3,97	4,47	IV	35,72	1,85	2,70	3,03	1,75	2,54	2,86	1,64	2,39	2,69	1,54	2,24	2,52	1,44	2,10	2,36	1,34	1,96	2,20
	VI	50,89	2,79	4,07	4,58																				
163,09	I,IV	35,76	1,96	2,86	3,21	I	35,76	1,75	2,54	2,86	1,54	2,25	2,53	1,35	1,96	2,20	1,16	1,69	1,90	0,98	1,42	1,60	0,81	1,18	1,32
	II	34,29	1,88	2,74	3,08	II	34,29	1,67	2,43	2,74	1,47	2,13	2,41	1,27	1,86	2,09	1,09	1,59	1,79	0,91	1,33	1,50	0,74	1,09	1,22
	III	22,62	1,24	1,80	2,03	III	22,62	1,08	1,58	1,78	0,93	1,36	1,53	0,79	1,15	1,29	0,65	0,94	1,06	0,51	0,74	0,84	0,30	0,55	0,62
	V	49,72	2,73	3,97	4,47	IV	35,76	1,85	2,70	3,04	1,75	2,54	2,86	1,64	2,39	2,69	1,54	2,25	2,53	1,44	2,10	2,36	1,35	1,96	2,20
	VI	50,93	2,80	4,07	4,58																				
163,19	I,IV	35,80	1,96	2,86	3,22	I	35,80	1,75	2,55	2,87	1,54	2,25	2,53	1,35	1,96	2,21	1,16	1,69	1,90	0,98	1,43	1,61	0,81	1,18	1,33
	II	34,33	1,88	2,74	3,08	II	34,33	1,67	2,43	2,74	1,47	2,14	2,41	1,28	1,86	2,09	1,09	1,59	1,79	0,91	1,33	1,50	0,75	1,09	1,22
	III	22,65	1,24	1,81	2,03	III	22,65	1,09	1,58	1,78	0,94	1,36	1,53	0,79	1,15	1,30	0,65	0,94	1,06	0,51	0,74	0,84	0,30	0,55	0,62
	V	49,76	2,73	3,98	4,47	IV	35,80	1,86	2,70	3,04	1,75	2,55	2,87	1,65	2,40	2,70	1,54	2,25	2,53	1,44	2,10	2,37	1,35	1,96	2,21
	VI	50,97	2,80	4,07	4,58																				
163,29	I,IV	35,84	1,97	2,86	3,22	I	35,84	1,75	2,55	2,87	1,55	2,25	2,53	1,35	1,96	2,21	1,16	1,69	1,90	0,98	1,43	1,61	0,81	1,18	1,33
	II	34,36	1,89	2,74	3,09	II	34,36	1,67	2,44	2,74	1,47	2,14	2,41	1,28	1,86	2,09	1,09	1,59	1,79	0,92	1,33	1,50	0,75	1,09	1,23
	III	22,68	1,24	1,81	2,04	III	22,68	1,09	1,58	1,78	0,94	1,37	1,54	0,79	1,15	1,30	0,65	0,95	1,07	0,51	0,75	0,84	0,31	0,55	0,62
	V	49,80	2,73	3,98	4,48	IV	35,84	1,86	2,70	3,04	1,75	2,55	2,87	1,65	2,40	2,70	1,55	2,25	2,53	1,45	2,11	2,37	1,35	1,96	2,21
	VI	51,01	2,80	4,08	4,59																				
163,39	I,IV	35,87	1,97	2,86	3,22	I	35,87	1,75	2,55	2,87	1,55	2,25	2,54	1,35	1,97	2,21	1,16	1,69	1,90	0,98	1,43	1,61	0,81	1,18	1,33
	II	34,40	1,89	2,75	3,09	II	34,40	1,68	2,44	2,75	1,47	2,15	2,41	1,28	1,86	2,10	1,09	1,59	1,79	0,92	1,34	1,50	0,75	1,09	1,23
	III	22,71	1,24	1,81	2,04	III	22,71	1,09	1,59	1,79	0,94	1,37	1,54	0,79	1,16	1,30	0,65	0,95	1,07	0,51	0,75	0,84	0,31	0,55	0,62
	V	49,84	2,74	3,98	4,48	IV	35,87	1,86	2,71	3,05	1,75	2,55	2,87	1,65	2,40	2,70	1,55	2,25	2,54	1,45	2,11	2,37	1,35	1,97	2,21
	VI	51,05	2,80	4,08	4,59																				
163,49	I,IV	35,91	1,97	2,87	3,23	I	35,91	1,76	2,56	2,88	1,55	2,26	2,54	1,35	1,97	2,22	1,16	1,70	1,91	0,98	1,43	1,61	0,81	1,18	1,33
	II	34,44	1,89	2,75	3,09	II	34,44	1,68	2,44	2,75	1,48	2,15	2,42	1,28	1,87	2,10	1,10	1,60	1,80	0,92	1,34	1,51	0,75	1,09	1,23
	III	22,73	1,25	1,81	2,04	III	22,73	1,09	1,59	1,79	0,94	1,37	1,54	0,79	1,16	1,30	0,65	0,95	1,07	0,51	0,75	0,84	0,32	0,56	0,63
	V	49,88	2,74	3,99	4,48	IV	35,91	1,86	2,71	3,05	1,76	2,56	2,88	1,65	2,40	2,71	1,55	2,26	2,54	1,45	2,11	2,38	1,35	1,97	2,22
	VI	51,09	2,81	4,08	4,59																				

* Die ausgewiesenen Tabellenwerte sind amtlich. Siehe Erläuterungen auf der Umschlaginnenseite (U2).

** Bei mehr als 3 Kinderfreibeträgen ist die „Ergänzungs-Tabelle 3,5 bis 6 Kinderfreibeträge" anzuwenden.

Lohn/ Gehalt bis €*	Abzüge an Lohnsteuer, Solidaritätszuschlag (SolZ) und Kirchensteuer (8%, 9%) in den Steuerklassen I – VI					I, II, III, IV		mit Zahl der Kinderfreibeträge . . . 0,5			1			1,5			2			2,5			3**		
		LSt	ohne Kinderfreibeträge SolZ	8%	9%		LSt	SolZ	8%	9%	SolZ	8%	9%	SolZ	8%	9%	SolZ	8%	9%	SolZ	8%	9%	SolZ	8%	9%
163,59	I,IV	35,95	1,97	2,87	3,23	I	35,95	1,76	2,56	2,88	1,55	2,26	2,54	1,35	1,97	2,22	1,17	1,70	1,91	0,99	1,44	1,62	0,81	1,19	1,34
	II	34,48	1,89	2,75	3,10	II	34,48	1,68	2,45	2,75	1,48	2,15	2,42	1,28	1,87	2,10	1,10	1,60	1,80	0,92	1,34	1,51	0,75	1,10	1,23
	III	22,76	1,25	1,82	2,04	III	22,76	1,09	1,59	1,79	0,94	1,37	1,54	0,80	1,16	1,30	0,65	0,95	1,07	0,52	0,75	0,85	0,32	0,56	0,63
	V	49,92	2,74	3,99	4,49	IV	35,95	1,86	2,71	3,05	1,76	2,56	2,88	1,65	2,41	2,71	1,55	2,26	2,54	1,45	2,12	2,38	1,35	1,97	2,22
	VI	51,13	2,81	4,09	4,60																				
163,69	I,IV	35,99	1,97	2,87	3,23	I	35,99	1,76	2,56	2,88	1,55	2,26	2,55	1,36	1,98	2,22	1,17	1,70	1,91	0,99	1,44	1,62	0,82	1,19	1,34
	II	34,51	1,89	2,76	3,10	II	34,51	1,68	2,45	2,76	1,48	2,15	2,42	1,29	1,87	2,11	1,10	1,60	1,80	0,92	1,34	1,51	0,75	1,10	1,24
	III	22,79	1,25	1,82	2,05	III	22,79	1,09	1,59	1,79	0,94	1,37	1,55	0,80	1,16	1,31	0,65	0,95	1,07	0,52	0,75	0,85	0,33	0,56	0,63
	V	49,96	2,74	3,99	4,49	IV	35,99	1,87	2,72	3,06	1,76	2,56	2,88	1,66	2,41	2,71	1,55	2,26	2,55	1,45	2,12	2,38	1,36	1,98	2,22
	VI	51,16	2,81	4,09	4,60																				
163,79	I,IV	36,03	1,98	2,88	3,24	I	36,03	1,76	2,57	2,89	1,56	2,27	2,55	1,36	1,98	2,23	1,17	1,70	1,92	0,99	1,44	1,62	0,82	1,19	1,34
	II	34,55	1,90	2,76	3,10	II	34,55	1,68	2,45	2,76	1,48	2,16	2,43	1,29	1,87	2,11	1,10	1,60	1,80	0,92	1,35	1,52	0,76	1,10	1,24
	III	22,82	1,25	1,82	2,05	III	22,82	1,10	1,60	1,80	0,94	1,38	1,55	0,80	1,16	1,31	0,66	0,96	1,08	0,52	0,76	0,85	0,33	0,56	0,63
	V	50,—	2,75	4,—	4,50	IV	36,03	1,87	2,72	3,06	1,76	2,57	2,89	1,66	2,41	2,72	1,56	2,27	2,55	1,46	2,12	2,39	1,36	1,98	2,23
	VI	51,21	2,81	4,09	4,60																				
163,89	I,IV	36,07	1,98	2,88	3,24	I	36,07	1,76	2,57	2,89	1,56	2,27	2,55	1,36	1,98	2,23	1,17	1,71	1,92	0,99	1,44	1,62	0,82	1,19	1,34
	II	34,59	1,90	2,76	3,11	II	34,59	1,69	2,46	2,76	1,48	2,16	2,43	1,29	1,88	2,11	1,10	1,61	1,81	0,93	1,35	1,52	0,76	1,10	1,24
	III	22,85	1,25	1,82	2,05	III	22,85	1,10	1,60	1,80	0,95	1,38	1,55	0,80	1,16	1,31	0,66	0,96	1,08	0,52	0,76	0,85	0,34	0,56	0,63
	V	50,04	2,75	4,—	4,50	IV	36,07	1,87	2,72	3,06	1,76	2,57	2,89	1,66	2,42	2,72	1,56	2,27	2,55	1,46	2,12	2,39	1,36	1,98	2,23
	VI	51,25	2,81	4,10	4,61																				
163,99	I,IV	36,11	1,98	2,88	3,24	I	36,11	1,77	2,57	2,89	1,56	2,27	2,56	1,36	1,98	2,23	1,17	1,71	1,92	0,99	1,45	1,63	0,82	1,20	1,35
	II	34,63	1,90	2,77	3,11	II	34,63	1,69	2,46	2,77	1,49	2,16	2,43	1,29	1,88	2,12	1,10	1,61	1,81	0,93	1,35	1,52	0,76	1,11	1,25
	III	22,87	1,25	1,82	2,05	III	22,87	1,10	1,60	1,80	0,95	1,38	1,55	0,80	1,17	1,31	0,66	0,96	1,08	0,52	0,76	0,86	0,34	0,56	0,64
	V	50,08	2,75	4,—	4,50	IV	36,11	1,87	2,73	3,07	1,77	2,57	2,89	1,66	2,42	2,72	1,56	2,27	2,56	1,46	2,13	2,39	1,36	1,98	2,23
	VI	51,29	2,82	4,10	4,61																				
164,09	I,IV	36,15	1,98	2,89	3,25	I	36,15	1,77	2,57	2,90	1,56	2,27	2,56	1,36	1,99	2,24	1,18	1,71	1,93	0,99	1,45	1,63	0,82	1,20	1,35
	II	34,67	1,90	2,77	3,12	II	34,67	1,69	2,46	2,77	1,49	2,17	2,44	1,29	1,88	2,12	1,11	1,61	1,81	0,93	1,35	1,52	0,76	1,11	1,25
	III	22,90	1,25	1,83	2,06	III	22,90	1,10	1,60	1,80	0,95	1,38	1,55	0,80	1,17	1,32	0,66	0,96	1,08	0,52	0,76	0,86	0,35	0,57	0,64
	V	50,12	2,75	4,—	4,51	IV	36,15	1,87	2,73	3,07	1,77	2,57	2,90	1,66	2,42	2,73	1,56	2,27	2,56	1,46	2,13	2,40	1,36	1,99	2,24
	VI	51,33	2,82	4,10	4,61																				
164,19	I,IV	36,18	1,99	2,89	3,25	I	36,18	1,77	2,58	2,90	1,56	2,28	2,56	1,37	1,99	2,24	1,18	1,71	1,93	1,—	1,45	1,63	0,82	1,20	1,35
	II	34,71	1,90	2,77	3,12	II	34,71	1,69	2,46	2,77	1,49	2,17	2,44	1,29	1,88	2,12	1,11	1,61	1,82	0,93	1,36	1,53	0,76	1,11	1,25
	III	22,93	1,26	1,83	2,06	III	22,93	1,10	1,60	1,80	0,95	1,38	1,56	0,80	1,17	1,32	0,66	0,96	1,08	0,52	0,76	0,86	0,35	0,57	0,64
	V	50,16	2,75	4,01	4,51	IV	36,18	1,88	2,73	3,07	1,77	2,58	2,90	1,67	2,43	2,73	1,56	2,28	2,56	1,46	2,13	2,40	1,37	1,99	2,24
	VI	51,36	2,82	4,10	4,62																				
164,29	I,IV	36,22	1,99	2,89	3,25	I	36,22	1,77	2,58	2,90	1,57	2,28	2,57	1,37	1,99	2,24	1,18	1,72	1,93	1,—	1,45	1,64	0,83	1,20	1,35
	II	34,75	1,91	2,78	3,12	II	34,75	1,69	2,47	2,78	1,49	2,17	2,44	1,30	1,89	2,12	1,11	1,62	1,82	0,93	1,36	1,53	0,76	1,11	1,25
	III	22,96	1,26	1,83	2,06	III	22,96	1,10	1,61	1,81	0,95	1,39	1,56	0,81	1,17	1,32	0,66	0,97	1,09	0,52	0,77	0,86	0,36	0,57	0,64
	V	50,20	2,76	4,01	4,51	IV	36,22	1,88	2,74	3,08	1,77	2,58	2,90	1,67	2,43	2,73	1,57	2,28	2,57	1,47	2,13	2,40	1,37	1,99	2,24
	VI	51,40	2,82	4,11	4,62																				
164,39	I,IV	36,26	1,99	2,90	3,26	I	36,26	1,77	2,58	2,91	1,57	2,28	2,57	1,37	2,—	2,25	1,18	1,72	1,93	1,—	1,46	1,64	0,83	1,21	1,36
	II	34,78	1,91	2,78	3,13	II	34,78	1,70	2,47	2,78	1,49	2,17	2,45	1,30	1,89	2,13	1,11	1,62	1,82	0,93	1,36	1,53	0,77	1,12	1,26
	III	22,98	1,26	1,83	2,06	III	22,98	1,10	1,61	1,81	0,95	1,39	1,56	0,81	1,18	1,32	0,66	0,97	1,09	0,53	0,77	0,86	0,36	0,57	0,64
	V	50,24	2,76	4,01	4,52	IV	36,26	1,88	2,74	3,08	1,77	2,58	2,91	1,67	2,43	2,74	1,57	2,28	2,57	1,47	2,14	2,41	1,37	2,—	2,25
	VI	51,45	2,82	4,11	4,63																				
164,49	I,IV	36,30	1,99	2,90	3,26	I	36,30	1,78	2,59	2,91	1,57	2,29	2,57	1,37	2,—	2,25	1,18	1,72	1,94	1,—	1,46	1,64	0,83	1,21	1,36
	II	34,82	1,91	2,78	3,13	II	34,82	1,70	2,47	2,78	1,49	2,18	2,45	1,30	1,89	2,13	1,11	1,62	1,83	0,94	1,36	1,53	0,77	1,12	1,26
	III	23,01	1,26	1,84	2,07	III	23,01	1,11	1,61	1,81	0,95	1,39	1,56	0,81	1,18	1,32	0,67	0,97	1,09	0,53	0,77	0,87	0,36	0,57	0,65
	V	50,28	2,76	4,02	4,52	IV	36,30	1,88	2,74	3,08	1,78	2,59	2,91	1,67	2,43	2,74	1,57	2,29	2,57	1,47	2,14	2,41	1,37	2,—	2,25
	VI	51,48	2,83	4,11	4,63																				
164,59	I,IV	36,34	1,99	2,90	3,27	I	36,34	1,78	2,59	2,91	1,57	2,29	2,57	1,37	2,—	2,25	1,18	1,72	1,94	1,—	1,46	1,64	0,83	1,21	1,36
	II	34,86	1,91	2,78	3,13	II	34,86	1,70	2,48	2,79	1,50	2,18	2,45	1,30	1,90	2,13	1,12	1,62	1,83	0,94	1,37	1,54	0,77	1,12	1,26
	III	23,04	1,26	1,84	2,07	III	23,04	1,11	1,61	1,81	0,96	1,39	1,57	0,81	1,18	1,33	0,67	0,97	1,09	0,53	0,77	0,87	0,37	0,58	0,65
	V	50,31	2,76	4,02	4,52	IV	36,34	1,89	2,74	3,09	1,78	2,59	2,91	1,67	2,44	2,74	1,57	2,29	2,57	1,47	2,14	2,41	1,37	2,—	2,25
	VI	51,52	2,83	4,12	4,63																				
164,69	I,IV	36,38	2,—	2,91	3,27	I	36,38	1,78	2,59	2,92	1,57	2,29	2,58	1,38	2,—	2,25	1,19	1,73	1,94	1,—	1,46	1,65	0,83	1,21	1,36
	II	34,90	1,91	2,79	3,14	II	34,90	1,70	2,48	2,79	1,50	2,18	2,46	1,30	1,90	2,14	1,12	1,63	1,83	0,94	1,37	1,54	0,77	1,12	1,26
	III	23,07	1,26	1,84	2,07	III	23,07	1,11	1,61	1,82	0,96	1,40	1,57	0,81	1,18	1,33	0,67	0,97	1,10	0,53	0,77	0,87	0,37	0,58	0,65
	V	50,35	2,76	4,02	4,53	IV	36,38	1,89	2,75	3,09	1,78	2,59	2,92	1,68	2,44	2,75	1,57	2,29	2,58	1,47	2,15	2,41	1,38	2,—	2,25
	VI	51,56	2,83	4,12	4,64																				
164,79	I,IV	36,42	2,—	2,91	3,27	I	36,42	1,78	2,60	2,92	1,58	2,29	2,58	1,38	2,01	2,26	1,19	1,73	1,95	1,01	1,47	1,65	0,83	1,22	1,37
	II	34,94	1,92	2,79	3,14	II	34,94	1,70	2,48	2,79	1,50	2,18	2,46	1,31	1,90	2,14	1,12	1,63	1,83	0,94	1,37	1,54	0,77	1,12	1,27
	III	23,10	1,27	1,84	2,07	III	23,10	1,11	1,62	1,82	0,96	1,40	1,57	0,81	1,18	1,33	0,67	0,98	1,10	0,53	0,78	0,87	0,38	0,58	0,65
	V	50,40	2,77	4,03	4,53	IV	36,42	1,89	2,75	3,09	1,78	2,60	2,92	1,68	2,44	2,75	1,58	2,29	2,58	1,48	2,15	2,42	1,38	2,01	2,26
	VI	51,60	2,83	4,12	4,64																				
164,89	I,IV	36,46	2,—	2,91	3,28	I	36,46	1,78	2,60	2,92	1,58	2,30	2,58	1,38	2,01	2,26	1,19	1,73	1,95	1,01	1,47	1,65	0,84	1,22	1,37
	II	34,97	1,92	2,79	3,14	II	34,97	1,71	2,48	2,79	1,50	2,19	2,46	1,31	1,90	2,14	1,12	1,63	1,84	0,94	1,37	1,55	0,77	1,13	1,27
	III	23,12	1,27	1,84	2,08	III	23,12	1,11	1,62	1,82	0,96	1,40	1,57	0,81	1,19	1,33	0,67	0,98	1,10	0,53	0,78	0,87	0,38	0,58	0,65
	V	50,43	2,77	4,03	4,53	IV	36,46	1,89	2,75	3,10	1,78	2,60	2,92	1,68	2,45	2,75	1,58	2,30	2,58	1,48	2,15	2,42	1,38	2,01	2,26
	VI	51,64	2,84	4,13	4,64																				
164,99	I,IV	36,50	2,—	2,92	3,28	I	36,50	1,79	2,60	2,93	1,58	2,30	2,59	1,38	2,01	2,26	1,19	1,74	1,95	1,01	1,47	1,66	0,84	1,22	1,37
	II	35,01	1,92	2,80	3,15	II	35,01	1,71	2,49	2,80	1,50	2,19	2,47	1,31	1,91	2,15	1,12	1,64	1,84	0,94	1,38	1,55	0,78	1,13	1,27
	III	23,15	1,27	1,85	2,08	III	23,15	1,11	1,62	1,82	0,96	1,40	1,58	0,81	1,19	1,34	0,67	0,98	1,10	0,53	0,78	0,88	0,39	0,58	0,66
	V	50,48	2,77	4,03	4,54	IV	36,50	1,89	2,76	3,10	1,79	2,60	2,93	1,68	2,45	2,76	1,58	2,30	2,59	1,48	2,15	2,42	1,38	2,01	2,26
	VI	51,68	2,84	4,13	4,65																				
165,09	I,IV	36,53	2,—	2,92	3,28	I	36,53	1,79	2,60	2,93	1,58	2,30	2,59	1,38	2,01	2,27	1,19	1,74	1,96	1,01	1,47	1,66	0,84	1,22	1,38
	II	35,05	1,92	2,80	3,15	II	35,05	1,71	2,49	2,80	1,51	2,19	2,47	1,31	1,91	2,15	1,12	1,64	1,84	0,95	1,38	1,55	0,78	1,13	1,27
	III	23,18	1,27	1,85	2,08	III	23,18	1,11	1,62	1,83	0,96	1,40	1,58	0,82	1,19	1,34	0,67	0,98	1,10	0,54	0,78	0,88	0,39	0,59	0,66
	V	50,51	2,77	4,04	4,54	IV	36,53	1,90	2,76	3,10	1,79	2,60	2,93	1,68	2,45	2,76	1,58	2,30	2,59	1,48	2,16	2,43	1,38	2,01	2,27
	VI	51,72	2,84	4,13	4,65																				

* Die ausgewiesenen Tabellenwerte sind amtlich. Siehe Erläuterungen auf der Umschlaginnenseite (U2).
** Bei mehr als 3 Kinderfreibeträgen ist die „Ergänzungs-Tabelle 3,5 bis 6 Kinderfreibeträge" anzuwenden.

Lohn/ Gehalt bis €*	Abzüge an Lohnsteuer, Solidaritätszuschlag (SolZ) und Kirchensteuer (8%, 9%) in den Steuerklassen I – VI					I, II, III, IV		mit Zahl der Kinderfreibeträge . . . 0,5			1			1,5			2			2,5			3**		
		LSt	ohne Kinderfreibeträge SolZ	8%	9%		LSt	SolZ	8%	9%	SolZ	8%	9%	SolZ	8%	9%	SolZ	8%	9%	SolZ	8%	9%	SolZ	8%	9%
165,19	I,IV	36,57	2,01	2,92	3,29	I	36,57	1,79	2,61	2,93	1,58	2,31	2,59	1,39	2,02	2,27	1,20	1,74	1,96	1,01	1,48	1,66	0,84	1,22	1,38
	II	35,09	1,93	2,80	3,15	II	35,09	1,71	2,49	2,81	1,51	2,20	2,47	1,31	1,91	2,15	1,13	1,64	1,85	0,95	1,38	1,55	0,78	1,13	1,28
	III	23,21	1,27	1,85	2,08	III	23,21	1,12	1,63	1,83	0,96	1,41	1,58	0,82	1,19	1,34	0,68	0,98	1,11	0,54	0,78	0,88	0,40	0,59	0,66
	V	50,55	2,78	4,04	4,54	IV	36,57	1,90	2,76	3,11	1,79	2,61	2,93	1,69	2,46	2,76	1,58	2,31	2,59	1,48	2,16	2,43	1,39	2,02	2,27
	VI	51,76	2,84	4,14	4,65																				
165,29	I,IV	36,61	2,01	2,92	3,29	I	36,61	1,79	2,61	2,94	1,59	2,31	2,60	1,39	2,02	2,27	1,20	1,74	1,96	1,02	1,48	1,66	0,84	1,23	1,38
	II	35,13	1,93	2,81	3,16	II	35,13	1,71	2,50	2,81	1,51	2,20	2,47	1,32	1,92	2,16	1,13	1,64	1,85	0,95	1,38	1,56	0,78	1,14	1,28
	III	23,23	1,27	1,85	2,09	III	23,23	1,12	1,63	1,83	0,97	1,41	1,58	0,82	1,19	1,34	0,68	0,99	1,11	0,54	0,78	0,88	0,40	0,59	0,66
	V	50,60	2,78	4,04	4,55	IV	36,61	1,90	2,77	3,11	1,79	2,61	2,94	1,69	2,46	2,77	1,59	2,31	2,60	1,49	2,16	2,43	1,39	2,02	2,27
	VI	51,80	2,84	4,14	4,66																				
165,39	I,IV	36,65	2,01	2,93	3,29	I	36,65	1,80	2,61	2,94	1,59	2,31	2,60	1,39	2,02	2,28	1,20	1,75	1,96	1,02	1,48	1,67	0,84	1,23	1,38
	II	35,17	1,93	2,81	3,16	II	35,17	1,72	2,50	2,81	1,51	2,20	2,48	1,32	1,92	2,16	1,13	1,65	1,85	0,95	1,39	1,56	0,78	1,14	1,28
	III	23,26	1,27	1,86	2,09	III	23,26	1,12	1,63	1,83	0,97	1,41	1,59	0,82	1,20	1,35	0,68	0,99	1,11	0,54	0,79	0,89	0,41	0,59	0,67
	V	50,63	2,78	4,05	4,55	IV	36,65	1,90	2,77	3,12	1,80	2,61	2,94	1,69	2,46	2,77	1,59	2,31	2,60	1,49	2,17	2,44	1,39	2,02	2,28
	VI	51,84	2,85	4,14	4,66																				
165,49	I,IV	36,69	2,01	2,93	3,30	I	36,69	1,80	2,62	2,94	1,59	2,31	2,60	1,39	2,02	2,28	1,20	1,75	1,97	1,02	1,48	1,67	0,85	1,23	1,39
	II	35,21	1,93	2,81	3,16	II	35,21	1,72	2,50	2,81	1,51	2,20	2,48	1,32	1,92	2,16	1,13	1,65	1,85	0,95	1,39	1,56	0,78	1,14	1,28
	III	23,29	1,28	1,86	2,09	III	23,29	1,12	1,63	1,84	0,97	1,41	1,59	0,82	1,20	1,35	0,68	0,99	1,11	0,54	0,79	0,89	0,41	0,59	0,67
	V	50,67	2,78	4,05	4,56	IV	36,69	1,90	2,77	3,12	1,80	2,62	2,94	1,69	2,46	2,77	1,59	2,31	2,60	1,49	2,17	2,44	1,39	2,02	2,28
	VI	51,88	2,85	4,15	4,66																				
165,59	I,IV	36,73	2,02	2,93	3,30	I	36,73	1,80	2,62	2,95	1,59	2,32	2,61	1,39	2,03	2,28	1,20	1,75	1,97	1,02	1,49	1,67	0,85	1,23	1,39
	II	35,24	1,93	2,81	3,17	II	35,24	1,72	2,50	2,82	1,52	2,21	2,48	1,32	1,92	2,16	1,13	1,65	1,86	0,95	1,39	1,57	0,78	1,14	1,29
	III	23,32	1,28	1,86	2,09	III	23,32	1,12	1,63	1,84	0,97	1,41	1,59	0,82	1,20	1,35	0,68	0,99	1,12	0,54	0,79	0,89	0,41	0,60	0,67
	V	50,71	2,78	4,05	4,56	IV	36,73	1,91	2,78	3,12	1,80	2,62	2,95	1,69	2,47	2,78	1,59	2,32	2,61	1,49	2,17	2,44	1,39	2,03	2,28
	VI	51,92	2,85	4,15	4,67																				
165,69	I,IV	36,77	2,02	2,94	3,30	I	36,77	1,80	2,62	2,95	1,59	2,32	2,61	1,39	2,03	2,28	1,20	1,75	1,97	1,02	1,49	1,68	0,85	1,24	1,39
	II	35,28	1,94	2,82	3,17	II	35,28	1,72	2,51	2,82	1,52	2,21	2,49	1,32	1,93	2,17	1,14	1,65	1,86	0,96	1,39	1,57	0,79	1,15	1,29
	III	23,35	1,28	1,86	2,10	III	23,35	1,12	1,64	1,84	0,97	1,42	1,59	0,82	1,20	1,35	0,68	0,99	1,12	0,54	0,79	0,89	0,41	0,60	0,67
	V	50,75	2,79	4,06	4,56	IV	36,77	1,91	2,78	3,13	1,80	2,62	2,95	1,70	2,47	2,78	1,59	2,32	2,61	1,49	2,17	2,45	1,39	2,03	2,28
	VI	51,96	2,85	4,15	4,67																				
165,79	I,IV	36,81	2,02	2,94	3,31	I	36,81	1,80	2,62	2,95	1,60	2,32	2,61	1,40	2,03	2,29	1,21	1,76	1,98	1,02	1,49	1,68	0,85	1,24	1,39
	II	35,32	1,94	2,82	3,17	II	35,32	1,72	2,51	2,83	1,52	2,21	2,49	1,32	1,93	2,17	1,14	1,66	1,86	0,96	1,40	1,57	0,79	1,15	1,29
	III	23,37	1,28	1,86	2,10	III	23,37	1,12	1,64	1,84	0,97	1,42	1,60	0,83	1,20	1,35	0,68	1,—	1,12	0,54	0,79	0,89	0,41	0,60	0,67
	V	50,79	2,79	4,06	4,57	IV	36,81	1,91	2,78	3,13	1,80	2,62	2,95	1,70	2,47	2,78	1,60	2,32	2,61	1,49	2,18	2,45	1,40	2,03	2,29
	VI	52,—	2,86	4,16	4,68																				
165,89	I,IV	36,85	2,02	2,94	3,31	I	36,85	1,81	2,63	2,96	1,60	2,33	2,62	1,40	2,04	2,29	1,21	1,76	1,98	1,03	1,49	1,68	0,85	1,24	1,40
	II	35,36	1,94	2,82	3,18	II	35,36	1,73	2,51	2,83	1,52	2,22	2,49	1,33	1,93	2,17	1,14	1,66	1,87	0,96	1,40	1,57	0,79	1,15	1,29
	III	23,40	1,28	1,87	2,10	III	23,40	1,13	1,64	1,85	0,97	1,42	1,60	0,83	1,21	1,36	0,68	1,—	1,12	0,55	0,80	0,90	0,41	0,60	0,68
	V	50,83	2,79	4,06	4,57	IV	36,85	1,91	2,78	3,13	1,81	2,63	2,96	1,70	2,48	2,79	1,60	2,33	2,62	1,50	2,18	2,45	1,40	2,04	2,29
	VI	52,04	2,86	4,16	4,68																				
165,99	I,IV	36,88	2,02	2,95	3,31	I	36,88	1,81	2,63	2,96	1,60	2,33	2,62	1,40	2,04	2,29	1,21	1,76	1,98	1,03	1,50	1,68	0,85	1,24	1,40
	II	35,40	1,94	2,83	3,18	II	35,40	1,73	2,52	2,83	1,52	2,22	2,50	1,33	1,93	2,18	1,14	1,66	1,87	0,96	1,40	1,58	0,79	1,15	1,30
	III	23,43	1,28	1,87	2,10	III	23,43	1,13	1,64	1,85	0,98	1,42	1,60	0,83	1,21	1,36	0,69	1,—	1,13	0,55	0,80	0,90	0,41	0,60	0,68
	V	50,87	2,79	4,06	4,57	IV	36,88	1,91	2,79	3,14	1,81	2,63	2,96	1,70	2,48	2,79	1,60	2,33	2,62	1,50	2,18	2,46	1,40	2,04	2,29
	VI	52,08	2,86	4,16	4,68																				
166,09	I,IV	36,93	2,03	2,95	3,32	I	36,93	1,81	2,63	2,96	1,60	2,33	2,62	1,40	2,04	2,30	1,21	1,76	1,98	1,03	1,50	1,69	0,86	1,25	1,40
	II	35,44	1,94	2,83	3,18	II	35,44	1,73	2,52	2,84	1,53	2,22	2,50	1,33	1,94	2,18	1,14	1,66	1,87	0,96	1,40	1,58	0,79	1,16	1,30
	III	23,46	1,29	1,87	2,11	III	23,46	1,13	1,64	1,85	0,98	1,42	1,60	0,83	1,21	1,36	0,69	1,—	1,13	0,55	0,80	0,90	0,41	0,60	0,68
	V	50,91	2,80	4,07	4,58	IV	36,93	1,92	2,79	3,14	1,81	2,63	2,96	1,70	2,48	2,79	1,60	2,33	2,62	1,50	2,18	2,46	1,40	2,04	2,30
	VI	52,12	2,86	4,16	4,69																				
166,19	I,IV	36,96	2,03	2,95	3,32	I	36,96	1,81	2,64	2,97	1,60	2,33	2,63	1,40	2,04	2,30	1,21	1,77	1,99	1,03	1,50	1,69	0,86	1,25	1,41
	II	35,48	1,95	2,83	3,19	II	35,48	1,73	2,52	2,84	1,53	2,22	2,50	1,33	1,94	2,18	1,14	1,67	1,88	0,96	1,41	1,58	0,79	1,16	1,30
	III	23,48	1,29	1,87	2,11	III	23,48	1,13	1,65	1,85	0,98	1,43	1,61	0,83	1,21	1,36	0,69	1,—	1,13	0,55	0,80	0,90	0,42	0,61	0,68
	V	50,95	2,80	4,07	4,58	IV	36,96	1,92	2,79	3,14	1,81	2,64	2,97	1,71	2,48	2,79	1,60	2,33	2,63	1,50	2,19	2,46	1,40	2,04	2,30
	VI	52,16	2,86	4,17	4,69																				
166,29	I,IV	37,—	2,03	2,96	3,33	I	37,—	1,81	2,64	2,97	1,61	2,34	2,63	1,41	2,05	2,30	1,21	1,77	1,99	1,03	1,50	1,69	0,86	1,25	1,41
	II	35,51	1,95	2,84	3,19	II	35,51	1,73	2,53	2,84	1,53	2,23	2,51	1,33	1,94	2,18	1,15	1,67	1,88	0,97	1,41	1,58	0,80	1,16	1,31
	III	23,51	1,29	1,88	2,11	III	23,51	1,13	1,65	1,86	0,98	1,43	1,61	0,83	1,21	1,37	0,69	1,01	1,13	0,55	0,80	0,90	0,42	0,61	0,68
	V	50,99	2,80	4,07	4,58	IV	37,—	1,92	2,80	3,15	1,81	2,64	2,97	1,71	2,49	2,80	1,61	2,34	2,63	1,50	2,19	2,46	1,41	2,05	2,30
	VI	52,20	2,87	4,17	4,69																				
166,39	I,IV	37,04	2,03	2,96	3,33	I	37,04	1,82	2,64	2,97	1,61	2,34	2,63	1,41	2,05	2,31	1,22	1,77	1,99	1,03	1,51	1,70	0,86	1,25	1,41
	II	35,55	1,95	2,84	3,19	II	35,55	1,74	2,53	2,85	1,53	2,23	2,51	1,34	1,94	2,19	1,15	1,67	1,88	0,97	1,41	1,59	0,80	1,16	1,31
	III	23,54	1,29	1,88	2,11	III	23,54	1,13	1,65	1,86	0,98	1,43	1,61	0,83	1,22	1,37	0,69	1,01	1,13	0,55	0,81	0,91	0,42	0,61	0,69
	V	51,03	2,80	4,08	4,59	IV	37,04	1,92	2,80	3,15	1,82	2,64	2,97	1,71	2,49	2,80	1,61	2,34	2,63	1,51	2,19	2,47	1,41	2,05	2,31
	VI	52,24	2,87	4,17	4,70																				
166,49	I,IV	37,08	2,03	2,96	3,33	I	37,08	1,82	2,65	2,98	1,61	2,34	2,64	1,41	2,05	2,31	1,22	1,77	2,—	1,04	1,51	1,70	0,86	1,26	1,41
	II	35,59	1,95	2,84	3,20	II	35,59	1,74	2,53	2,85	1,53	2,23	2,51	1,34	1,95	2,19	1,15	1,67	1,88	0,97	1,41	1,59	0,80	1,16	1,31
	III	23,57	1,29	1,88	2,12	III	23,57	1,14	1,65	1,86	0,98	1,43	1,61	0,84	1,22	1,37	0,69	1,01	1,14	0,55	0,81	0,91	0,42	0,61	0,69
	V	51,07	2,80	4,08	4,59	IV	37,08	1,93	2,80	3,15	1,82	2,65	2,98	1,71	2,49	2,80	1,61	2,34	2,64	1,51	2,20	2,47	1,41	2,05	2,31
	VI	52,28	2,87	4,18	4,70																				
166,59	I,IV	37,12	2,04	2,96	3,34	I	37,12	1,82	2,65	2,98	1,61	2,35	2,64	1,41	2,06	2,31	1,22	1,78	2,—	1,04	1,51	1,70	0,86	1,26	1,42
	II	35,63	1,95	2,85	3,20	II	35,63	1,74	2,53	2,85	1,54	2,24	2,52	1,34	1,95	2,19	1,15	1,68	1,89	0,97	1,42	1,59	0,80	1,17	1,31
	III	23,60	1,29	1,88	2,12	III	23,60	1,14	1,66	1,86	0,99	1,44	1,62	0,84	1,22	1,37	0,69	1,01	1,14	0,56	0,81	0,91	0,42	0,61	0,69
	V	51,11	2,81	4,08	4,59	IV	37,12	1,93	2,81	3,16	1,82	2,65	2,98	1,71	2,50	2,81	1,61	2,35	2,64	1,51	2,20	2,47	1,41	2,06	2,31
	VI	52,32	2,87	4,18	4,70																				

Für höhere Löhne/Gehälter können die Abzugsbeträge mit Hilfe der von Stollfuß Medien angebotenen Software „Stotax-Lohn" ermittelt werden.

* Die ausgewiesenen Tabellenwerte sind amtlich. Siehe Erläuterungen auf der Umschlaginnenseite (U2).
** Bei mehr als 3 Kinderfreibeträgen ist die „Ergänzungs-Tabelle 3,5 bis 6 Kinderfreibeträge" anzuwenden.

Hinweise zur Anwendung der Zusatztabelle zu den Allgemeinen Lohnsteuertabellen

Anwendung der Zusatztabelle

Warum gibt es die Zusatztabelle?

Wie bisher gilt die Allgemeine Lohnsteuertabelle für Arbeitnehmer, die **in allen Zweigen der gesetzlichen Sozialversicherung versichert** sind. Bei diesen Arbeitnehmern, die in der gesetzlichen Rentenversicherung sowie in der gesetzlichen Kranken- und Pflegeversicherung versichert sind, werden die Arbeitnehmerbeiträge beim Lohnsteuerabzug – unabhängig von den tatsächlich geleisteten Beiträgen – typisierend als Vorsorgeaufwendungen angesetzt und damit bei Anwendung der Allgemeinen Lohnsteuertabellen **automatisch** berücksichtigt.

Bei rentenversicherungspflichtigen Arbeitnehmern, die **privat kranken- und pflegeversichert** sind, dürfen hingegen im Lohnsteuerabzugsverfahren nach Steuerklasse I bis V die tatsächlichen Beiträge zur Basiskranken- und Pflegepflichtversicherung berücksichtigt werden, wenn der Arbeitnehmer seinem Arbeitgeber eine entsprechende **Beitragsbescheinigung** seines Versicherungsunternehmens vorgelegt hat. Diese besondere Beitragsmitteilung weist die zu berücksichtigenden Basiskranken- und Pflegepflichtbeiträge des Arbeitnehmers (ggf. seines mitversicherten Ehegatten und seiner mitversicherten Kinder) als **Monatsbetrag** aus. Die nachgewiesenen Beiträge werden dann im Lohnsteuerabzugsverfahren unter Berücksichtigung eines typisierten steuerfreien Arbeitgeberzuschusses angesetzt.

Legt der privat krankenversicherte Arbeitnehmer seinem Arbeitgeber die besondere Beitragsbescheinigung seines Versicherungsunternehmens **nicht** vor, darf beim Lohnsteuerabzug nur eine sog. **Mindestvorsorgepauschale** von 12 % des Arbeitslohns, höchstens 1 900 € im Jahr (158,33 € im Monat) bzw. bei Steuerklasse III von höchstens 3 000 € im Jahr (250 € im Monat) berücksichtigt werden. Diese Mindestvorsorgepauschale kommt auch zur Anwendung, wenn sie höher ist, als die nachgewiesenen Basiskranken- und Pflegepflichtversicherungsbeiträge.

Wie wird die Zusatztabelle angewandt?

Um die Allgemeine Lohnsteuertabelle auch für privat krankenversicherte Arbeitnehmer nutzen zu können, muss in einer Nebenberechnung der in der Allgemeinen Lohnsteuertabelle bereits berücksichtigte Teil der Vorsorgepauschale für Kranken- und Pflegeversicherungsbeiträge den nachgewiesenen Basiskranken- und Pflegepflichtversicherungsbeiträgen bzw. der Mindestvorsorgepauschale gegenübergestellt werden und der Arbeitslohn, bei dem die Steuerabzüge aus der Allgemeinen Lohnsteuertabelle abgelesen werden können, entsprechend „korrigiert" werden.

Zur Erleichterung dieser Nebenberechnung sind in der Zusatztabelle bis zu einem Monatslohn von 4 049,99 € (darüber hinaus verändern sich die Beträge wegen Erreichens der für das Jahr 2014 geltenden Beitragsbemessungsgrenze von 4 050 € nicht mehr) getrennt nach Steuerklasse III und nach Steuerklasse I, II, IV, V in Spalte 3 die in der Allgemeinen Lohnsteuertabelle als typisierter Arbeitnehmeranteil enthaltene Vorsorgepauschale für Kranken- und Pflegeversicherungsbeiträge (Teilvorsorgepauschale PV/KV) i.H.v. 8,925 % (= PV 1,025 % + KV 7,9 %) des Arbeitslohns und in Spalte 4 der entsprechende typisierte steuerfreie Arbeitgeberzuschuss i.H.v. 8,025 % (= PV 1,025 % + KV 7,0 %) des Arbeitslohns ausgewiesen. Bis zu einem Monatslohn von 1 772,99 € in Steuerklasse I, II, IV und V bzw. 2 801,99 € in Steuerklasse III ist der in Spalte 3 ausgewiesene Betrag die jeweilige Mindestvorsorgepauschale.

Beispiel 1:

Gesetzlich rentenversicherungspflichtiger Arbeitnehmer in Steuerklasse III mit einem Monatslohn von 3 500 € ist privat krankenversichert. Er legt seinem Arbeitgeber eine gesonderte Beitragsbescheinigung seiner privaten Krankenkasse vor, wonach die **tatsächlichen** Basiskranken- und Pflegepflichtversicherungsbeiträge **insgesamt monatlich 800** € betragen.

In der Allgemeinen Lohnsteuertabelle ist bei einem Monatslohn von 3 500 gemäß Spalte 3 der Zusatztabelle für Kranken- und Pflegeversicherungsbeiträge eine Teilvorsorgepauschale von 312,41 € eingearbeitet, zu dem der typisierte steuerfreie Arbeitgeberzuschuss nach Spalte 4 i.H.v. 280,91 € hinzutritt. Der privat versicherte Arbeitnehmer hat demgegenüber berücksichtigungsfähige Gesamtaufwendungen von monatlich 800 €. Um die nachgewiesenen Basiskranken- und Pflegepflichtversicherungsbeiträge auch bei Anwendung der Allgemeinen Lohnsteuertabelle berücksichtigen zu können, sind in einer Nebenberechnung die nachgewiesenen Beiträge um die nach der Allgemeinen Lohnsteuertabelle laut Spalte 3 bereits enthaltene Teilvorsorgepauschale und um den typisierten steuerfreien Arbeitgeberzuschuss gemäß Spalte 4 zu mindern (800 € ./. 312,41 € ./. 280,91 € = 206,68 €). Der verbleibende Restbetrag von 206,68 € ist dann wie ein zusätzlicher Freibetrag vom Monatsarbeitslohn von 3 500 € abzuziehen, so dass die Lohnsteuer in der Allgemeinen Lohnsteuertabelle bei 3 293,32 € und nicht bei 3 500 € abzulesen ist.

Beispiel 2:

Der Arbeitnehmer des Beispiels 1 ist ledig und hat anstelle von 800 € nur **nachgewiesene** Basiskranken- und Pflegepflichtversicherungsbeiträge in Höhe von **insgesamt 450 €** monatlich. Dieser Betrag ist größer als die Mindestvorsorgepauschale von 158,33 € in Steuerklasse I bei einem Monatslohn von 3 500 €. In der Allgemeinen Lohnsteuertabelle wird für diesen Monatslohn jedoch als typisierter Arbeitnehmeranteil ein Betrag von 312,41 € berücksichtigt, zu dem jetzt bei einem privat versicherten Arbeitnehmer noch ein typisierter steuerfreier Arbeitgeberzuschuss von 280,91 € hinzukommt.

Um die nachgewiesenen Basiskranken- und Pflegepflichtversicherungsbeiträge bei Anwendung der Allgemeinen Lohnsteuertabelle berücksichtigen zu können, sind in einer Nebenberechnung die nachgewiesenen Beiträge um die nach der Allgemeinen Lohnsteuertabelle laut Spalte 3 bereits enthaltene Teilvorsorgepauschale und um den typisierten steuerfreien Arbeitgeberzuschuss gemäß Spalte 4 zu mindern. Anders als im Beispiel 1 ergibt sich bei dieser Gegenüberstellung (450 € ./. 312,41 € ./. 280,91 € =) ein negativer Betrag von 143,32 €. Dies bedeutet, dass der Arbeitslohn von 3 500 € um den negativen Restbetrag von 143,32 € erhöht wird. Die Lohnsteuer kann dann aus der Allgemeinen Lohnsteuertabelle bei dem auf 3 643,32 € (= 3 500 € + 143,32 €) „korrigierten" Arbeitslohn abgelesen werden.

Beispiel 3:

Gesetzlich rentenversicherungspflichtiger Arbeitnehmer mit Steuerklasse I ist privat versichert und hat einen Monatsarbeitslohn von 5 500 €. Er hat seinem Arbeitgeber eine gesonderte **Beitragsbescheinigung** seiner Krankenversicherung über seine tatsächlichen Basiskranken- und Pflegepflichtversicherungsbeiträge **nicht vorgelegt**.

Im Lohnsteuerabzugsverfahren darf für den Arbeitnehmer nur die Mindestvorsorgepauschale von 158,33 € (Steuerklasse I) berücksichtigt werden. Nach Spalte 3 der Zusatztabelle der Allgemeinen Lohnsteuertabelle ist in der Allgemeinen Lohnsteuertabelle für einen Monatslohn ab 4 047 € jedoch für Kranken- und Pflegeversicherungsbeiträge bereits eine Teilvorsorgepauschale von 361,41 € enthalten. Der Arbeitslohn wird daher um 203,08 € (= 361,41 € ./. 158,33 €) erhöht. Für den so auf 5 703,08 € (= 5 500 € + 1 203,08 €) „korrigierten" Arbeitslohn kann dann die Lohnsteuer aus der Allgemeinen Lohnsteuertabelle abgelesen werden.

Tagestabelle

Wie erfolgt die Umrechnung bei Verwendung der Tagestabelle?

Die Lohnsteuerberechnung für den laufenden Arbeitslohn beruht auf einer Hochrechnung des im jeweiligen Lohnzahlungszeitraum zu zahlenden laufenden Arbeitslohns auf einen Jahresarbeitslohn. Die sich hierfür ergebende Jahreslohnsteuer ist dann für den Arbeitslohn eines monatlichen Lohnzahlungszeitraums mit einem 1/12 und für den eines täglichen Lohnzahlungszeitraums mit einem 1/360 zu multiplizieren. Die Zusatztabelle der Allgemeinen Lohnsteuertabellen enthält jedoch nur Monatswerte. Aus Vereinfachungsgründen wird es bezogen auf die Berücksichtigung der zutreffenden Teilvorsorgepauschale nicht beanstandet, wenn der Tageslohn mit 30 multipliziert wird, dann mit diesem Monatswert zunächst der Korrekturbetrag mit der Zusatzmonatstabelle errechnet wird und dann wieder mit 30 dividiert die Steuerabzüge für den so korrigierten Tageslohn aus der Allgemeinen Tageslohnsteuertabelle abgelesen werden.

Beispiel

Gesetzlich rentenversicherungspflichtiger Arbeitnehmer in Steuerklasse III beginnt sein Arbeitsverhältnis am 15.6. und ist privat krankenversichert. Zu seinen Kranken- und Pflegepflichtversicherungsbeiträgen erhält er von seinem Arbeitgeber einen steuerfreien Arbeitgeberzuschuss. Der Arbeitnehmer hat seinem Arbeitgeber eine gesonderte Beitragsbescheinigung seiner privaten Krankenversicherung vorgelegt, wonach seine **tatsächlichen** Basiskranken- und Pflegepflichtversicherungsbeiträge insgesamt **monatlich 800** € betragen. Der für Juni maßgebliche Tageslohn beträgt 140 €, was einem Monatslohn von 4 200 € entspricht.

Die Zusatztabelle der Allgemeinen Lohnsteuertabelle weist für einen Monatslohn die für Kranken- und Pflegeversicherungsbeiträge eingearbeitete Vorsorgepauschale in Spalte 3 mit einem Betrag von 361,41 € und in Spalte 4 den typisierten steuerfreien Arbeitgeberzuschuss mit 325 € aus. Der privat versicherte Arbeitnehmer hat demgegenüber berücksichtigungsfähige Gesamtaufwendungen von monatlich 800 €. Um die nachgewiesenen Basiskranken- und Pflegepflichtversicherungsbeiträge auch bei Anwendung der Allgemeinen Lohnsteuertabelle berücksichtigen zu können, sind in einer Nebenberechnung die nachgewiesenen Beiträge um die nach der Allgemeinen Lohnsteuertabelle laut Spalte 3 bereits enthaltene Teilvorsorgepauschale und um den typisierten steuerfreien Arbeitgeberzuschuss gemäß Spalte 4 zu mindern (800 € ./. 361,41 € ./. 325 € = 113,59 €). Der verbleibende Restbetrag von 113,59 € ist dann auf einen Tageswert von 3,79 € (= 113,59 € : 30) umzurechnen, der dann wie ein zusätzlicher Freibetrag vom Tagesarbeitslohn von 140 € abzuziehen ist, so dass die Lohnsteuer in der Allgemeinen Tageslohnsteuertabelle bei 136,21 € und nicht bei 140 € abzulesen ist.

Jahrestabelle

Wie erfolgt die Umrechnung bei Verwendung der Jahrestabelle?

Die Zusatztabelle der Allgemeinen Lohnsteuertabellen enthält nur Monatswerte. Aus Vereinfachungsgründen wird es bezogen auf die Berücksichtigung der zutreffenden Teilvorsorgepauschale nicht beanstandet, wenn der Jahreslohn durch 12 dividiert wird, dann mit diesem Monatswert zunächst der Korrekturbetrag mit der Zusatzmonatstabelle errechnet wird und dann wieder mit 12 multipliziert die Steuerabzüge für den so korrigierten Jahresarbeitslohn aus der Allgemeinen Jahreslohnsteuertabelle abgelesen werden.

Besondere Lohnsteuertabelle

Kann der Zusatzteil bei den Besonderen Lohnsteuertabellen angewandt werden?

In der Besonderen Lohnsteuertabelle, die bekanntlich nur für Arbeitnehmer gilt, für die kein Arbeitnehmeranteil zur gesetzlichen Rentenversicherung zu entrichten ist, ist als Vorsorgepauschale lediglich die Mindestvorsorgepauschale eingearbeitet. Der Personenkreis, für den die Besondere Lohnsteuertabelle zur Anwendung kommt, erhält regelmäßig zu seinen privaten Kranken- und Pflegepflichtversicherungsbeiträgen keinen steuerfreien Arbeitgeberzuschuss. Dementsprechend kann der Zusatzteil nicht auf Arbeitnehmer, für die die Besondere Lohnsteuertabelle gilt, automatisch übertragen werden. Bis zu einem Monatslohn von 1 772,99 € in Steuerklasse I, II, IV und V bzw. 2 801,99 € in Steuerklasse III ist aber der in Spalte 3 ausgewiesene Betrag als Mindestvorsorgepauschale mit der Mindestvorsorgepauschale der Besonderen Lohnsteuertabelle identisch, so dass insoweit eine hilfsweise Verwendung möglich ist.

Anmerkung:

Bei diesen in den Beispielen 1 bis 3 dargestellten Berechnungsmethoden, um die Allgemeine Lohnsteuertabelle nutzen zu können, können sich im Vergleich zur maschinellen Lohnsteuerberechnung Abweichungen ergeben, da bei der manuellen Lohnsteuerberechnung Frei- und Hinzurechnungsbeträge nur über die Kürzung bzw. Erhöhung des Bruttolohns erfolgen können, was sich auch auf die Teilvorsorgepauschale für die Rentenversicherung auswirken kann. Ansonsten kann die genaue Berechnung der Lohnsteuer mittels der beigelegten CD-ROM durchgeführt werden.

Lohn/Gehalt bis €	Abzugsbetrag bei privat Kranken- und Pflegeversicherten*	BVSP**	TAGZ***
2,99	I, II, IV, V	0,33	0,16
	III	0,33	0,16
5,99	I, II, IV, V	0,66	0,41
	III	0,66	0,41
8,99	I, II, IV, V	1,—	0,66
	III	1,—	0,66
11,99	I, II, IV, V	1,41	0,91
	III	1,41	0,91
14,99	I, II, IV, V	1,75	1,16
	III	1,75	1,16
17,99	I, II, IV, V	2,08	1,41
	III	2,08	1,41
20,99	I, II, IV, V	2,50	1,66
	III	2,50	1,66
23,99	I, II, IV, V	2,83	1,91
	III	2,83	1,91
26,99	I, II, IV, V	3,16	2,16
	III	3,16	2,16
29,99	I, II, IV, V	3,58	2,33
	III	3,58	2,33
32,99	I, II, IV, V	3,91	2,58
	III	3,91	2,58
35,99	I, II, IV, V	4,25	2,83
	III	4,25	2,83
38,99	I, II, IV, V	4,66	3,08
	III	4,66	3,08
41,99	I, II, IV, V	5,—	3,33
	III	5,—	3,33
44,99	I, II, IV, V	5,33	3,58
	III	5,33	3,58
47,99	I, II, IV, V	5,75	3,83
	III	5,75	3,83
50,99	I, II, IV, V	6,08	4,08
	III	6,08	4,08
53,99	I, II, IV, V	6,41	4,33
	III	6,41	4,33
56,99	I, II, IV, V	6,83	4,50
	III	6,83	4,50
59,99	I, II, IV, V	7,16	4,75
	III	7,16	4,75
62,99	I, II, IV, V	7,50	5,—
	III	7,50	5,—
65,99	I, II, IV, V	7,91	5,25
	III	7,91	5,25
68,99	I, II, IV, V	8,25	5,50
	III	8,25	5,50
71,99	I, II, IV, V	8,58	5,75
	III	8,58	5,75
74,99	I, II, IV, V	8,91	6,—
	III	8,91	6,—
77,99	I, II, IV, V	9,33	6,25
	III	9,33	6,25
80,99	I, II, IV, V	9,66	6,50
	III	9,66	6,50
83,99	I, II, IV, V	10,—	6,66
	III	10,—	6,66
86,99	I, II, IV, V	10,41	6,91
	III	10,41	6,91
89,99	I, II, IV, V	10,75	7,16
	III	10,75	7,16
92,99	I, II, IV, V	11,08	7,41
	III	11,08	7,41
95,99	I, II, IV, V	11,50	7,66
	III	11,50	7,66
98,99	I, II, IV, V	11,83	7,91
	III	11,83	7,91

Lohn/Gehalt bis €	Abzugsbetrag bei privat Kranken- und Pflegeversicherten*	BVSP**	TAGZ***
101,99	I, II, IV, V	12,16	8,16
	III	12,16	8,16
104,99	I, II, IV, V	12,58	8,41
	III	12,58	8,41
107,99	I, II, IV, V	12,91	8,66
	III	12,91	8,66
110,99	I, II, IV, V	13,25	8,83
	III	13,25	8,83
113,99	I, II, IV, V	13,66	9,08
	III	13,66	9,08
116,99	I, II, IV, V	14,—	9,33
	III	14,—	9,33
119,99	I, II, IV, V	14,33	9,58
	III	14,33	9,58
122,99	I, II, IV, V	14,75	9,83
	III	14,75	9,83
125,99	I, II, IV, V	15,08	10,08
	III	15,08	10,08
128,99	I, II, IV, V	15,41	10,33
	III	15,41	10,33
131,99	I, II, IV, V	15,83	10,58
	III	15,83	10,58
134,99	I, II, IV, V	16,16	10,83
	III	16,16	10,83
137,99	I, II, IV, V	16,50	11,—
	III	16,50	11,—
140,99	I, II, IV, V	16,91	11,25
	III	16,91	11,25
143,99	I, II, IV, V	17,25	11,50
	III	17,25	11,50
146,99	I, II, IV, V	17,58	11,75
	III	17,58	11,75
149,99	I, II, IV, V	17,91	12,—
	III	17,91	12,—
152,99	I, II, IV, V	18,33	12,25
	III	18,33	12,25
155,99	I, II, IV, V	18,66	12,50
	III	18,66	12,50
158,99	I, II, IV, V	19,—	12,75
	III	19,—	12,75
161,99	I, II, IV, V	19,41	13,—
	III	19,41	13,—
164,99	I, II, IV, V	19,75	13,16
	III	19,75	13,16
167,99	I, II, IV, V	20,08	13,41
	III	20,08	13,41
170,99	I, II, IV, V	20,50	13,66
	III	20,50	13,66
173,99	I, II, IV, V	20,83	13,91
	III	20,83	13,91
176,99	I, II, IV, V	21,16	14,16
	III	21,16	14,16
179,99	I, II, IV, V	21,58	14,41
	III	21,58	14,41
182,99	I, II, IV, V	21,91	14,66
	III	21,91	14,66
185,99	I, II, IV, V	22,25	14,91
	III	22,25	14,91
188,99	I, II, IV, V	22,66	15,16
	III	22,66	15,16
191,99	I, II, IV, V	23,—	15,33
	III	23,—	15,33
194,99	I, II, IV, V	23,33	15,58
	III	23,33	15,58
197,99	I, II, IV, V	23,75	15,83
	III	23,75	15,83

Lohn/Gehalt bis €	Abzugsbetrag bei privat Kranken- und Pflegeversicherten*	BVSP**	TAGZ***
200,99	I, II, IV, V	24,08	16,08
	III	24,08	16,08
203,99	I, II, IV, V	24,41	16,33
	III	24,41	16,33
206,99	I, II, IV, V	24,83	16,58
	III	24,83	16,58
209,99	I, II, IV, V	25,16	16,83
	III	25,16	16,83
212,99	I, II, IV, V	25,50	17,08
	III	25,50	17,08
215,99	I, II, IV, V	25,91	17,33
	III	25,91	17,33
218,99	I, II, IV, V	26,25	17,50
	III	26,25	17,50
221,99	I, II, IV, V	26,58	17,75
	III	26,58	17,75
224,99	I, II, IV, V	26,91	18,—
	III	26,91	18,—
227,99	I, II, IV, V	27,33	18,25
	III	27,33	18,25
230,99	I, II, IV, V	27,66	18,50
	III	27,66	18,50
233,99	I, II, IV, V	28,—	18,75
	III	28,—	18,75
236,99	I, II, IV, V	28,41	19,—
	III	28,41	19,—
239,99	I, II, IV, V	28,75	19,25
	III	28,75	19,25
242,99	I, II, IV, V	29,08	19,50
	III	29,08	19,50
245,99	I, II, IV, V	29,50	19,66
	III	29,50	19,66
248,99	I, II, IV, V	29,83	19,91
	III	29,83	19,91
251,99	I, II, IV, V	30,16	20,16
	III	30,16	20,16
254,99	I, II, IV, V	30,58	20,41
	III	30,58	20,41
257,99	I, II, IV, V	30,91	20,66
	III	30,91	20,66
260,99	I, II, IV, V	31,25	20,91
	III	31,25	20,91
263,99	I, II, IV, V	31,66	21,16
	III	31,66	21,16
266,99	I, II, IV, V	32,—	21,41
	III	32,—	21,41
269,99	I, II, IV, V	32,33	21,66
	III	32,33	21,66
272,99	I, II, IV, V	32,75	21,83
	III	32,75	21,83
275,99	I, II, IV, V	33,08	22,08
	III	33,08	22,08
278,99	I, II, IV, V	33,41	22,33
	III	33,41	22,33
281,99	I, II, IV, V	33,83	22,58
	III	33,83	22,58
284,99	I, II, IV, V	34,16	22,83
	III	34,16	22,83
287,99	I, II, IV, V	34,50	23,08
	III	34,50	23,08
290,99	I, II, IV, V	34,91	23,33
	III	34,91	23,33
293,99	I, II, IV, V	35,25	23,58
	III	35,25	23,58
296,99	I, II, IV, V	35,58	23,83
	III	35,58	23,83

* Arbeitnehmer, bei denen die Besondere Tabelle anzuwenden ist, beachten bitte die Hinweise auf Seite AP 2.
** BVSP = Mindestvorsorgepauschale für die Basiskranken- und Pflegeversicherungsbeiträge.
*** TAGZ = Typisierter Arbeitgeberzuschuss zur Kranken- und Pflegeversicherung.

MONAT **297,–**

Lohn/ Gehalt bis €	Abzugsbetrag bei privat Kranken- und Pflegeversicherten*	BVSP**	TAGZ***
299,99	I, II, IV, V	35,91	24,—
	III	35,91	24,—
302,99	I, II, IV, V	36,33	24,25
	III	36,33	24,25
305,99	I, II, IV, V	36,66	24,50
	III	36,66	24,50
308,99	I, II, IV, V	37,—	24,75
	III	37,—	24,75
311,99	I, II, IV, V	37,41	25,—
	III	37,41	25,—
314,99	I, II, IV, V	37,75	25,25
	III	37,75	25,25
317,99	I, II, IV, V	38,08	25,50
	III	38,08	25,50
320,99	I, II, IV, V	38,50	25,75
	III	38,50	25,75
323,99	I, II, IV, V	38,83	26,—
	III	38,83	26,—
326,99	I, II, IV, V	39,16	26,16
	III	39,16	26,16
329,99	I, II, IV, V	39,58	26,41
	III	39,58	26,41
332,99	I, II, IV, V	39,91	26,66
	III	39,91	26,66
335,99	I, II, IV, V	40,25	26,91
	III	40,25	26,91
338,99	I, II, IV, V	40,66	27,16
	III	40,66	27,16
341,99	I, II, IV, V	41,—	27,41
	III	41,—	27,41
344,99	I, II, IV, V	41,33	27,66
	III	41,33	27,66
347,99	I, II, IV, V	41,75	27,91
	III	41,75	27,91
350,99	I, II, IV, V	42,08	28,16
	III	42,08	28,16
353,99	I, II, IV, V	42,41	28,33
	III	42,41	28,33
356,99	I, II, IV, V	42,83	28,58
	III	42,83	28,58
359,99	I, II, IV, V	43,16	28,83
	III	43,16	28,83
362,99	I, II, IV, V	43,50	29,08
	III	43,50	29,08
365,99	I, II, IV, V	43,91	29,33
	III	43,91	29,33
368,99	I, II, IV, V	44,25	29,58
	III	44,25	29,58
371,99	I, II, IV, V	44,58	29,83
	III	44,58	29,83
374,99	I, II, IV, V	44,91	30,08
	III	44,91	30,08
377,99	I, II, IV, V	45,33	30,33
	III	45,33	30,33
380,99	I, II, IV, V	45,66	30,50
	III	45,66	30,50
383,99	I, II, IV, V	46,—	30,75
	III	46,—	30,75
386,99	I, II, IV, V	46,41	31,—
	III	46,41	31,—
389,99	I, II, IV, V	46,75	31,25
	III	46,75	31,25
392,99	I, II, IV, V	47,08	31,50
	III	47,08	31,50
395,99	I, II, IV, V	47,50	31,75
	III	47,50	31,75

Lohn/ Gehalt bis €	Abzugsbetrag bei privat Kranken- und Pflegeversicherten*	BVSP**	TAGZ***
398,99	I, II, IV, V	47,83	32,—
	III	47,83	32,—
401,99	I, II, IV, V	48,16	32,25
	III	48,16	32,25
404,99	I, II, IV, V	48,58	32,50
	III	48,58	32,50
407,99	I, II, IV, V	48,91	32,66
	III	48,91	32,66
410,99	I, II, IV, V	49,25	32,91
	III	49,25	32,91
413,99	I, II, IV, V	49,66	33,16
	III	49,66	33,16
416,99	I, II, IV, V	50,—	33,41
	III	50,—	33,41
419,99	I, II, IV, V	50,33	33,66
	III	50,33	33,66
422,99	I, II, IV, V	50,75	33,91
	III	50,75	33,91
425,99	I, II, IV, V	51,08	34,16
	III	51,08	34,16
428,99	I, II, IV, V	51,41	34,41
	III	51,41	34,41
431,99	I, II, IV, V	51,83	34,66
	III	51,83	34,66
434,99	I, II, IV, V	52,16	34,83
	III	52,16	34,83
437,99	I, II, IV, V	52,50	35,08
	III	52,50	35,08
440,99	I, II, IV, V	52,91	35,33
	III	52,91	35,33
443,99	I, II, IV, V	53,25	35,58
	III	53,25	35,58
446,99	I, II, IV, V	53,58	35,83
	III	53,58	35,83
449,99	I, II, IV, V	53,91	36,08
	III	53,91	36,08
452,99	I, II, IV, V	54,33	36,33
	III	54,33	36,33
455,99	I, II, IV, V	54,66	36,58
	III	54,66	36,58
458,99	I, II, IV, V	55,—	36,83
	III	55,—	36,83
461,99	I, II, IV, V	55,41	37,—
	III	55,41	37,—
464,99	I, II, IV, V	55,75	37,25
	III	55,75	37,25
467,99	I, II, IV, V	56,08	37,50
	III	56,08	37,50
470,99	I, II, IV, V	56,50	37,75
	III	56,50	37,75
473,99	I, II, IV, V	56,83	38,—
	III	56,83	38,—
476,99	I, II, IV, V	57,16	38,25
	III	57,16	38,25
479,99	I, II, IV, V	57,58	38,50
	III	57,58	38,50
482,99	I, II, IV, V	57,91	38,75
	III	57,91	38,75
485,99	I, II, IV, V	58,25	39,—
	III	58,25	39,—
488,99	I, II, IV, V	58,66	39,16
	III	58,66	39,16
491,99	I, II, IV, V	59,—	39,41
	III	59,—	39,41
494,99	I, II, IV, V	59,33	39,66
	III	59,33	39,66

Lohn/ Gehalt bis €	Abzugsbetrag bei privat Kranken- und Pflegeversicherten*	BVSP**	TAGZ***
497,99	I, II, IV, V	59,75	39,91
	III	59,75	39,91
500,99	I, II, IV, V	60,08	40,16
	III	60,08	40,16
503,99	I, II, IV, V	60,41	40,41
	III	60,41	40,41
506,99	I, II, IV, V	60,83	40,66
	III	60,83	40,66
509,99	I, II, IV, V	61,16	40,91
	III	61,16	40,91
512,99	I, II, IV, V	61,50	41,16
	III	61,50	41,16
515,99	I, II, IV, V	61,91	41,33
	III	61,91	41,33
518,99	I, II, IV, V	62,25	41,58
	III	62,25	41,58
521,99	I, II, IV, V	62,58	41,83
	III	62,58	41,83
524,99	I, II, IV, V	62,91	42,08
	III	62,91	42,08
527,99	I, II, IV, V	63,33	42,33
	III	63,33	42,33
530,99	I, II, IV, V	63,66	42,58
	III	63,66	42,58
533,99	I, II, IV, V	64,—	42,83
	III	64,—	42,83
536,99	I, II, IV, V	64,41	43,08
	III	64,41	43,08
539,99	I, II, IV, V	64,75	43,33
	III	64,75	43,33
542,99	I, II, IV, V	65,08	43,50
	III	65,08	43,50
545,99	I, II, IV, V	65,50	43,75
	III	65,50	43,75
548,99	I, II, IV, V	65,83	44,—
	III	65,83	44,—
551,99	I, II, IV, V	66,16	44,25
	III	66,16	44,25
554,99	I, II, IV, V	66,58	44,50
	III	66,58	44,50
557,99	I, II, IV, V	66,91	44,75
	III	66,91	44,75
560,99	I, II, IV, V	67,25	45,—
	III	67,25	45,—
563,99	I, II, IV, V	67,66	45,25
	III	67,66	45,25
566,99	I, II, IV, V	68,—	45,50
	III	68,—	45,50
569,99	I, II, IV, V	68,33	45,66
	III	68,33	45,66
572,99	I, II, IV, V	68,75	45,91
	III	68,75	45,91
575,99	I, II, IV, V	69,08	46,16
	III	69,08	46,16
578,99	I, II, IV, V	69,41	46,41
	III	69,41	46,41
581,99	I, II, IV, V	69,83	46,66
	III	69,83	46,66
584,99	I, II, IV, V	70,16	46,91
	III	70,16	46,91
587,99	I, II, IV, V	70,50	47,16
	III	70,50	47,16
590,99	I, II, IV, V	70,91	47,41
	III	70,91	47,41
593,99	I, II, IV, V	71,25	47,66
	III	71,25	47,66

* Arbeitnehmer, bei denen die Besondere Tabelle anzuwenden ist, beachten bitte die Hinweise auf Seite AP 2.
** BVSP = Mindestvorsorgepauschale für die Basiskranken- und Pflegeversicherungsbeiträge.
*** TAGZ = Typisierter Arbeitgeberzuschuss zur Kranken- und Pflegeversicherung.

Lohn/ Gehalt bis €	Abzugsbetrag bei privat Kranken- und Pflegeversicherten*		
		BVSP**	TAGZ***
596,99	I, II, IV, V	71,58	47,83
	III	71,58	47,83
599,99	I, II, IV, V	71,91	48,08
	III	71,91	48,08
602,99	I, II, IV, V	72,33	48,33
	III	72,33	48,33
605,99	I, II, IV, V	72,66	48,58
	III	72,66	48,58
608,99	I, II, IV, V	73,—	48,83
	III	73,—	48,83
611,99	I, II, IV, V	73,41	49,08
	III	73,41	49,08
614,99	I, II, IV, V	73,75	49,33
	III	73,75	49,33
617,99	I, II, IV, V	74,08	49,58
	III	74,08	49,58
620,99	I, II, IV, V	74,50	49,83
	III	74,50	49,83
623,99	I, II, IV, V	74,83	50,—
	III	74,83	50,—
626,99	I, II, IV, V	75,16	50,25
	III	75,16	50,25
629,99	I, II, IV, V	75,58	50,50
	III	75,58	50,50
632,99	I, II, IV, V	75,91	50,75
	III	75,91	50,75
635,99	I, II, IV, V	76,25	51,—
	III	76,25	51,—
638,99	I, II, IV, V	76,66	51,25
	III	76,66	51,25
641,99	I, II, IV, V	77,—	51,50
	III	77,—	51,50
644,99	I, II, IV, V	77,33	51,75
	III	77,33	51,75
647,99	I, II, IV, V	77,75	52,—
	III	77,75	52,—
650,99	I, II, IV, V	78,08	52,16
	III	78,08	52,16
653,99	I, II, IV, V	78,41	52,41
	III	78,41	52,41
656,99	I, II, IV, V	78,83	52,66
	III	78,83	52,66
659,99	I, II, IV, V	79,16	52,91
	III	79,16	52,91
662,99	I, II, IV, V	79,50	53,16
	III	79,50	53,16
665,99	I, II, IV, V	79,91	53,41
	III	79,91	53,41
668,99	I, II, IV, V	80,25	53,66
	III	80,25	53,66
671,99	I, II, IV, V	80,58	53,91
	III	80,58	53,91
674,99	I, II, IV, V	80,91	54,16
	III	80,91	54,16
677,99	I, II, IV, V	81,33	54,33
	III	81,33	54,33
680,99	I, II, IV, V	81,66	54,58
	III	81,66	54,58
683,99	I, II, IV, V	82,—	54,83
	III	82,—	54,83
686,99	I, II, IV, V	82,41	55,08
	III	82,41	55,08
689,99	I, II, IV, V	82,75	55,33
	III	82,75	55,33
692,99	I, II, IV, V	83,08	55,58
	III	83,08	55,58

Lohn/ Gehalt bis €	Abzugsbetrag bei privat Kranken- und Pflegeversicherten*		
		BVSP**	TAGZ***
695,99	I, II, IV, V	83,50	55,83
	III	83,50	55,83
698,99	I, II, IV, V	83,83	56,08
	III	83,83	56,08
701,99	I, II, IV, V	84,16	56,33
	III	84,16	56,33
704,99	I, II, IV, V	84,58	56,50
	III	84,58	56,50
707,99	I, II, IV, V	84,91	56,75
	III	84,91	56,75
710,99	I, II, IV, V	85,25	57,—
	III	85,25	57,—
713,99	I, II, IV, V	85,66	57,25
	III	85,66	57,25
716,99	I, II, IV, V	86,—	57,50
	III	86,—	57,50
719,99	I, II, IV, V	86,33	57,75
	III	86,33	57,75
722,99	I, II, IV, V	86,75	58,—
	III	86,75	58,—
725,99	I, II, IV, V	87,08	58,25
	III	87,08	58,25
728,99	I, II, IV, V	87,41	58,50
	III	87,41	58,50
731,99	I, II, IV, V	87,83	58,66
	III	87,83	58,66
734,99	I, II, IV, V	88,16	58,91
	III	88,16	58,91
737,99	I, II, IV, V	88,50	59,16
	III	88,50	59,16
740,99	I, II, IV, V	88,91	59,41
	III	88,91	59,41
743,99	I, II, IV, V	89,25	59,66
	III	89,25	59,66
746,99	I, II, IV, V	89,58	59,91
	III	89,58	59,91
749,99	I, II, IV, V	89,91	60,16
	III	89,91	60,16
752,99	I, II, IV, V	90,33	60,41
	III	90,33	60,41
755,99	I, II, IV, V	90,66	60,66
	III	90,66	60,66
758,99	I, II, IV, V	91,—	60,83
	III	91,—	60,83
761,99	I, II, IV, V	91,41	61,08
	III	91,41	61,08
764,99	I, II, IV, V	91,75	61,33
	III	91,75	61,33
767,99	I, II, IV, V	92,08	61,58
	III	92,08	61,58
770,99	I, II, IV, V	92,50	61,83
	III	92,50	61,83
773,99	I, II, IV, V	92,83	62,08
	III	92,83	62,08
776,99	I, II, IV, V	93,16	62,33
	III	93,16	62,33
779,99	I, II, IV, V	93,58	62,58
	III	93,58	62,58
782,99	I, II, IV, V	93,91	62,83
	III	93,91	62,83
785,99	I, II, IV, V	94,25	63,—
	III	94,25	63,—
788,99	I, II, IV, V	94,66	63,25
	III	94,66	63,25
791,99	I, II, IV, V	95,—	63,50
	III	95,—	63,50

Lohn/ Gehalt bis €	Abzugsbetrag bei privat Kranken- und Pflegeversicherten*		
		BVSP**	TAGZ***
794,99	I, II, IV, V	95,33	63,75
	III	95,33	63,75
797,99	I, II, IV, V	95,75	64,—
	III	95,75	64,—
800,99	I, II, IV, V	96,08	64,25
	III	96,08	64,25
803,99	I, II, IV, V	96,41	64,50
	III	96,41	64,50
806,99	I, II, IV, V	96,83	64,75
	III	96,83	64,75
809,99	I, II, IV, V	97,16	65,—
	III	97,16	65,—
812,99	I, II, IV, V	97,50	65,16
	III	97,50	65,16
815,99	I, II, IV, V	97,91	65,41
	III	97,91	65,41
818,99	I, II, IV, V	98,25	65,66
	III	98,25	65,66
821,99	I, II, IV, V	98,58	65,91
	III	98,58	65,91
824,99	I, II, IV, V	98,91	66,16
	III	98,91	66,16
827,99	I, II, IV, V	99,33	66,41
	III	99,33	66,41
830,99	I, II, IV, V	99,66	66,66
	III	99,66	66,66
833,99	I, II, IV, V	100,—	66,91
	III	100,—	66,91
836,99	I, II, IV, V	100,41	67,16
	III	100,41	67,16
839,99	I, II, IV, V	100,75	67,33
	III	100,75	67,33
842,99	I, II, IV, V	101,08	67,58
	III	101,08	67,58
845,99	I, II, IV, V	101,50	67,83
	III	101,50	67,83
848,99	I, II, IV, V	101,83	68,08
	III	101,83	68,08
851,99	I, II, IV, V	102,16	68,33
	III	102,16	68,33
854,99	I, II, IV, V	102,58	68,58
	III	102,58	68,58
857,99	I, II, IV, V	102,91	68,83
	III	102,91	68,83
860,99	I, II, IV, V	103,25	69,08
	III	103,25	69,08
863,99	I, II, IV, V	103,66	69,33
	III	103,66	69,33
866,99	I, II, IV, V	104,—	69,50
	III	104,—	69,50
869,99	I, II, IV, V	104,33	69,75
	III	104,33	69,75
872,99	I, II, IV, V	104,75	70,—
	III	104,75	70,—
875,99	I, II, IV, V	105,08	70,25
	III	105,08	70,25
878,99	I, II, IV, V	105,41	70,50
	III	105,41	70,50
881,99	I, II, IV, V	105,83	70,75
	III	105,83	70,75
884,99	I, II, IV, V	106,16	71,—
	III	106,16	71,—
887,99	I, II, IV, V	106,50	71,25
	III	106,50	71,25
890,99	I, II, IV, V	106,91	71,50
	III	106,91	71,50

* Arbeitnehmer, bei denen die Besondere Tabelle anzuwenden ist, beachten bitte die Hinweise auf Seite AP 2.
** BVSP = Mindestvorsorgepauschale für die Basiskranken- und Pflegeversicherungsbeiträge.
*** TAGZ = Typisierter Arbeitgeberzuschuss zur Kranken- und Pflegeversicherung.

MONAT 891,–

Lohn/ Gehalt bis €	Abzugsbetrag bei privat Kranken- und Pflegeversicherten*		
		BVSP**	TAGZ***
893,99	I, II, IV, V	107,25	71,66
	III	107,25	71,66
896,99	I, II, IV, V	107,58	71,91
	III	107,58	71,91
899,99	I, II, IV, V	107,91	72,16
	III	107,91	72,16
902,99	I, II, IV, V	108,33	72,41
	III	108,33	72,41
905,99	I, II, IV, V	108,66	72,66
	III	108,66	72,66
908,99	I, II, IV, V	109,—	72,91
	III	109,—	72,91
911,99	I, II, IV, V	109,41	73,16
	III	109,41	73,16
914,99	I, II, IV, V	109,75	73,41
	III	109,75	73,41
917,99	I, II, IV, V	110,08	73,66
	III	110,08	73,66
920,99	I, II, IV, V	110,50	73,83
	III	110,50	73,83
923,99	I, II, IV, V	110,83	74,08
	III	110,83	74,08
926,99	I, II, IV, V	111,16	74,33
	III	111,16	74,33
929,99	I, II, IV, V	111,58	74,58
	III	111,58	74,58
932,99	I, II, IV, V	111,91	74,83
	III	111,91	74,83
935,99	I, II, IV, V	112,25	75,08
	III	112,25	75,08
938,99	I, II, IV, V	112,66	75,33
	III	112,66	75,33
941,99	I, II, IV, V	113,—	75,58
	III	113,—	75,58
944,99	I, II, IV, V	113,33	75,83
	III	113,33	75,83
947,99	I, II, IV, V	113,75	76,—
	III	113,75	76,—
950,99	I, II, IV, V	114,08	76,25
	III	114,08	76,25
953,99	I, II, IV, V	114,41	76,50
	III	114,41	76,50
956,99	I, II, IV, V	114,83	76,75
	III	114,83	76,75
959,99	I, II, IV, V	115,16	77,—
	III	115,16	77,—
962,99	I, II, IV, V	115,50	77,25
	III	115,50	77,25
965,99	I, II, IV, V	115,91	77,50
	III	115,91	77,50
968,99	I, II, IV, V	116,25	77,75
	III	116,25	77,75
971,99	I, II, IV, V	116,58	78,—
	III	116,58	78,—
974,99	I, II, IV, V	116,91	78,16
	III	116,91	78,16
977,99	I, II, IV, V	117,33	78,41
	III	117,33	78,41
980,99	I, II, IV, V	117,66	78,66
	III	117,66	78,66
983,99	I, II, IV, V	118,—	78,91
	III	118,—	78,91
986,99	I, II, IV, V	118,41	79,16
	III	118,41	79,16
989,99	I, II, IV, V	118,75	79,41
	III	118,75	79,41

Lohn/ Gehalt bis €	Abzugsbetrag bei privat Kranken- und Pflegeversicherten*		
		BVSP**	TAGZ***
992,99	I, II, IV, V	119,08	79,66
	III	119,08	79,66
995,99	I, II, IV, V	119,50	79,91
	III	119,50	79,91
998,99	I, II, IV, V	119,83	80,16
	III	119,83	80,16
1 001,99	I, II, IV, V	120,16	80,33
	III	120,16	80,33
1 004,99	I, II, IV, V	120,58	80,58
	III	120,58	80,58
1 007,99	I, II, IV, V	120,91	80,83
	III	120,91	80,83
1 010,99	I, II, IV, V	121,25	81,08
	III	121,25	81,08
1 013,99	I, II, IV, V	121,66	81,33
	III	121,66	81,33
1 016,99	I, II, IV, V	122,—	81,58
	III	122,—	81,58
1 019,99	I, II, IV, V	122,33	81,83
	III	122,33	81,83
1 022,99	I, II, IV, V	122,75	82,08
	III	122,75	82,08
1 025,99	I, II, IV, V	123,08	82,33
	III	123,08	82,33
1 028,99	I, II, IV, V	123,41	82,50
	III	123,41	82,50
1 031,99	I, II, IV, V	123,83	82,75
	III	123,83	82,75
1 034,99	I, II, IV, V	124,16	83,—
	III	124,16	83,—
1 037,99	I, II, IV, V	124,50	83,25
	III	124,50	83,25
1 040,99	I, II, IV, V	124,91	83,50
	III	124,91	83,50
1 043,99	I, II, IV, V	125,25	83,75
	III	125,25	83,75
1 046,99	I, II, IV, V	125,58	84,—
	III	125,58	84,—
1 049,99	I, II, IV, V	125,91	84,25
	III	125,91	84,25
1 052,99	I, II, IV, V	126,33	84,50
	III	126,33	84,50
1 055,99	I, II, IV, V	126,66	84,66
	III	126,66	84,66
1 058,99	I, II, IV, V	127,—	84,91
	III	127,—	84,91
1 061,99	I, II, IV, V	127,41	85,16
	III	127,41	85,16
1 064,99	I, II, IV, V	127,75	85,41
	III	127,75	85,41
1 067,99	I, II, IV, V	128,08	85,66
	III	128,08	85,66
1 070,99	I, II, IV, V	128,50	85,91
	III	128,50	85,91
1 073,99	I, II, IV, V	128,83	86,16
	III	128,83	86,16
1 076,99	I, II, IV, V	129,16	86,41
	III	129,16	86,41
1 079,99	I, II, IV, V	129,58	86,66
	III	129,58	86,66
1 082,99	I, II, IV, V	129,91	86,83
	III	129,91	86,83
1 085,99	I, II, IV, V	130,25	87,08
	III	130,25	87,08
1 088,99	I, II, IV, V	130,66	87,33
	III	130,66	87,33

Lohn/ Gehalt bis €	Abzugsbetrag bei privat Kranken- und Pflegeversicherten*		
		BVSP**	TAGZ***
1 091,99	I, II, IV, V	131,—	87,58
	III	131,—	87,58
1 094,99	I, II, IV, V	131,33	87,83
	III	131,33	87,83
1 097,99	I, II, IV, V	131,75	88,08
	III	131,75	88,08
1 100,99	I, II, IV, V	132,08	88,33
	III	132,08	88,33
1 103,99	I, II, IV, V	132,41	88,58
	III	132,41	88,58
1 106,99	I, II, IV, V	132,83	88,83
	III	132,83	88,83
1 109,99	I, II, IV, V	133,16	89,—
	III	133,16	89,—
1 112,99	I, II, IV, V	133,50	89,25
	III	133,50	89,25
1 115,99	I, II, IV, V	133,91	89,50
	III	133,91	89,50
1 118,99	I, II, IV, V	134,25	89,75
	III	134,25	89,75
1 121,99	I, II, IV, V	134,58	90,—
	III	134,58	90,—
1 124,99	I, II, IV, V	134,91	90,25
	III	134,91	90,25
1 127,99	I, II, IV, V	135,33	90,50
	III	135,33	90,50
1 130,99	I, II, IV, V	135,66	90,75
	III	135,66	90,75
1 133,99	I, II, IV, V	136,—	91,—
	III	136,—	91,—
1 136,99	I, II, IV, V	136,41	91,16
	III	136,41	91,16
1 139,99	I, II, IV, V	136,75	91,41
	III	136,75	91,41
1 142,99	I, II, IV, V	137,08	91,66
	III	137,08	91,66
1 145,99	I, II, IV, V	137,50	91,91
	III	137,50	91,91
1 148,99	I, II, IV, V	137,83	92,16
	III	137,83	92,16
1 151,99	I, II, IV, V	138,16	92,41
	III	138,16	92,41
1 154,99	I, II, IV, V	138,58	92,66
	III	138,58	92,66
1 157,99	I, II, IV, V	138,91	92,91
	III	138,91	92,91
1 160,99	I, II, IV, V	139,25	93,16
	III	139,25	93,16
1 163,99	I, II, IV, V	139,66	93,33
	III	139,66	93,33
1 166,99	I, II, IV, V	140,—	93,58
	III	140,—	93,58
1 169,99	I, II, IV, V	140,33	93,83
	III	140,33	93,83
1 172,99	I, II, IV, V	140,75	94,08
	III	140,75	94,08
1 175,99	I, II, IV, V	141,08	94,33
	III	141,08	94,33
1 178,99	I, II, IV, V	141,41	94,58
	III	141,41	94,58
1 181,99	I, II, IV, V	141,83	94,83
	III	141,83	94,83
1 184,99	I, II, IV, V	142,16	95,08
	III	142,16	95,08
1 187,99	I, II, IV, V	142,50	95,33
	III	142,50	95,33

* Arbeitnehmer, bei denen die Besondere Tabelle anzuwenden ist, beachten bitte die Hinweise auf Seite AP 2.
** BVSP = Mindestvorsorgepauschale für die Basiskranken- und Pflegeversicherungsbeiträge.
*** TAGZ = Typisierter Arbeitgeberzuschuss zur Kranken- und Pflegeversicherung.

Lohn/ Gehalt bis €	Abzugsbetrag bei privat Kranken- und Pflegeversicherten*	BVSP**	TAGZ***
1 190,99	I, II, IV, V	142,91	95,50
	III	142,91	95,50
1 193,99	I, II, IV, V	143,25	95,75
	III	143,25	95,75
1 196,99	I, II, IV, V	143,58	96,—
	III	143,58	96,—
1 199,99	I, II, IV, V	143,91	96,25
	III	143,91	96,25
1 202,99	I, II, IV, V	144,33	96,50
	III	144,33	96,50
1 205,99	I, II, IV, V	144,66	96,75
	III	144,66	96,75
1 208,99	I, II, IV, V	145,—	97,—
	III	145,—	97,—
1 211,99	I, II, IV, V	145,41	97,25
	III	145,41	97,25
1 214,99	I, II, IV, V	145,75	97,50
	III	145,75	97,50
1 217,99	I, II, IV, V	146,08	97,66
	III	146,08	97,66
1 220,99	I, II, IV, V	146,50	97,91
	III	146,50	97,91
1 223,99	I, II, IV, V	146,83	98,16
	III	146,83	98,16
1 226,99	I, II, IV, V	147,16	98,41
	III	147,16	98,41
1 229,99	I, II, IV, V	147,58	98,66
	III	147,58	98,66
1 232,99	I, II, IV, V	147,91	98,91
	III	147,91	98,91
1 235,99	I, II, IV, V	148,25	99,16
	III	148,25	99,16
1 238,99	I, II, IV, V	148,66	99,41
	III	148,66	99,41
1 241,99	I, II, IV, V	149,—	99,66
	III	149,—	99,66
1 244,99	I, II, IV, V	149,33	99,83
	III	149,33	99,83
1 247,99	I, II, IV, V	149,75	100,08
	III	149,75	100,08
1 250,99	I, II, IV, V	150,08	100,33
	III	150,08	100,33
1 253,99	I, II, IV, V	150,41	100,58
	III	150,41	100,58
1 256,99	I, II, IV, V	150,83	100,83
	III	150,83	100,83
1 259,99	I, II, IV, V	151,16	101,08
	III	151,16	101,08
1 262,99	I, II, IV, V	151,50	101,33
	III	151,50	101,33
1 265,99	I, II, IV, V	151,91	101,58
	III	151,91	101,58
1 268,99	I, II, IV, V	152,25	101,83
	III	152,25	101,83
1 271,99	I, II, IV, V	152,58	102,—
	III	152,58	102,—
1 274,99	I, II, IV, V	152,91	102,25
	III	152,91	102,25
1 277,99	I, II, IV, V	153,33	102,50
	III	153,33	102,50
1 280,99	I, II, IV, V	153,66	102,75
	III	153,66	102,75
1 283,99	I, II, IV, V	154,—	103,—
	III	154,—	103,—
1 286,99	I, II, IV, V	154,41	103,25
	III	154,41	103,25

Lohn/ Gehalt bis €	Abzugsbetrag bei privat Kranken- und Pflegeversicherten*	BVSP**	TAGZ***
1 289,99	I, II, IV, V	154,75	103,50
	III	154,75	103,50
1 292,99	I, II, IV, V	155,08	103,75
	III	155,08	103,75
1 295,99	I, II, IV, V	155,50	104,—
	III	155,50	104,—
1 298,99	I, II, IV, V	155,83	104,16
	III	155,83	104,16
1 301,99	I, II, IV, V	156,16	104,41
	III	156,16	104,41
1 304,99	I, II, IV, V	156,58	104,66
	III	156,58	104,66
1 307,99	I, II, IV, V	156,91	104,91
	III	156,91	104,91
1 310,99	I, II, IV, V	157,25	105,16
	III	157,25	105,16
1 313,99	I, II, IV, V	157,66	105,41
	III	157,66	105,41
1 316,99	I, II, IV, V	158,—	105,66
	III	158,—	105,66
1 319,99	I, II, IV, V	158,33	105,91
	III	158,33	105,91
1 322,99	I, II, IV, V	158,33	106,16
	III	158,75	106,16
1 325,99	I, II, IV, V	158,33	106,33
	III	159,08	106,33
1 328,99	I, II, IV, V	158,33	106,58
	III	159,41	106,58
1 331,99	I, II, IV, V	158,33	106,83
	III	159,83	106,83
1 334,99	I, II, IV, V	158,33	107,08
	III	160,16	107,08
1 337,99	I, II, IV, V	158,33	107,33
	III	160,50	107,33
1 340,99	I, II, IV, V	158,33	107,58
	III	160,91	107,58
1 343,99	I, II, IV, V	158,33	107,83
	III	161,25	107,83
1 346,99	I, II, IV, V	158,33	108,08
	III	161,58	108,08
1 349,99	I, II, IV, V	158,33	108,33
	III	161,91	108,33
1 352,99	I, II, IV, V	158,33	108,50
	III	162,33	108,50
1 355,99	I, II, IV, V	158,33	108,75
	III	162,66	108,75
1 358,99	I, II, IV, V	158,33	109,—
	III	163,—	109,—
1 361,99	I, II, IV, V	158,33	109,25
	III	163,41	109,25
1 364,99	I, II, IV, V	158,33	109,50
	III	163,75	109,50
1 367,99	I, II, IV, V	158,33	109,75
	III	164,08	109,75
1 370,99	I, II, IV, V	158,33	110,—
	III	164,50	110,—
1 373,99	I, II, IV, V	158,33	110,25
	III	164,83	110,25
1 376,99	I, II, IV, V	158,33	110,50
	III	165,16	110,50
1 379,99	I, II, IV, V	158,33	110,66
	III	165,58	110,66
1 382,99	I, II, IV, V	158,33	110,91
	III	165,91	110,91
1 385,99	I, II, IV, V	158,33	111,16
	III	166,25	111,16

Lohn/ Gehalt bis €	Abzugsbetrag bei privat Kranken- und Pflegeversicherten*	BVSP**	TAGZ***
1 388,99	I, II, IV, V	158,33	111,41
	III	166,66	111,41
1 391,99	I, II, IV, V	158,33	111,66
	III	167,—	111,66
1 394,99	I, II, IV, V	158,33	111,91
	III	167,33	111,91
1 397,99	I, II, IV, V	158,33	112,16
	III	167,75	112,16
1 400,99	I, II, IV, V	158,33	112,41
	III	168,08	112,41
1 403,99	I, II, IV, V	158,33	112,66
	III	168,41	112,66
1 406,99	I, II, IV, V	158,33	112,83
	III	168,83	112,83
1 409,99	I, II, IV, V	158,33	113,08
	III	169,16	113,08
1 412,99	I, II, IV, V	158,33	113,33
	III	169,50	113,33
1 415,99	I, II, IV, V	158,33	113,58
	III	169,91	113,58
1 418,99	I, II, IV, V	158,33	113,83
	III	170,25	113,83
1 421,99	I, II, IV, V	158,33	114,08
	III	170,58	114,08
1 424,99	I, II, IV, V	158,33	114,33
	III	170,91	114,33
1 427,99	I, II, IV, V	158,33	114,58
	III	171,33	114,58
1 430,99	I, II, IV, V	158,33	114,83
	III	171,66	114,83
1 433,99	I, II, IV, V	158,33	115,—
	III	172,—	115,—
1 436,99	I, II, IV, V	158,33	115,25
	III	172,41	115,25
1 439,99	I, II, IV, V	158,33	115,50
	III	172,75	115,50
1 442,99	I, II, IV, V	158,33	115,75
	III	173,08	115,75
1 445,99	I, II, IV, V	158,33	116,—
	III	173,50	116,—
1 448,99	I, II, IV, V	158,33	116,25
	III	173,83	116,25
1 451,99	I, II, IV, V	158,33	116,50
	III	174,16	116,50
1 454,99	I, II, IV, V	158,33	116,75
	III	174,58	116,75
1 457,99	I, II, IV, V	158,33	117,—
	III	174,91	117,—
1 460,99	I, II, IV, V	158,33	117,16
	III	175,25	117,16
1 463,99	I, II, IV, V	158,33	117,41
	III	175,66	117,41
1 466,99	I, II, IV, V	158,33	117,66
	III	176,—	117,66
1 469,99	I, II, IV, V	158,33	117,91
	III	176,33	117,91
1 472,99	I, II, IV, V	158,33	118,16
	III	176,75	118,16
1 475,99	I, II, IV, V	158,33	118,41
	III	177,08	118,41
1 478,99	I, II, IV, V	158,33	118,66
	III	177,41	118,66
1 481,99	I, II, IV, V	158,33	118,91
	III	177,83	118,91
1 484,99	I, II, IV, V	158,33	119,16
	III	178,16	119,16

* Arbeitnehmer, bei denen die Besondere Tabelle anzuwenden ist, beachten bitte die Hinweise auf Seite AP 2.
** BVSP = Mindestvorsorgepauschale für die Basiskranken- und Pflegeversicherungsbeiträge.
*** TAGZ = Typisierter Arbeitgeberzuschuss zur Kranken- und Pflegeversicherung.

MONAT 1 485,–

Lohn/ Gehalt bis €	Abzugsbetrag bei privat Kranken- und Pflegeversicherten*	BVSP**	TAGZ***
1 487,99	I, II, IV, V	158,33	119,33
	III	178,50	119,33
1 490,99	I, II, IV, V	158,33	119,58
	III	178,91	119,58
1 493,99	I, II, IV, V	158,33	119,83
	III	179,25	119,83
1 496,99	I, II, IV, V	158,33	120,08
	III	179,58	120,08
1 499,99	I, II, IV, V	158,33	120,33
	III	179,91	120,33
1 502,99	I, II, IV, V	158,33	120,58
	III	180,33	120,58
1 505,99	I, II, IV, V	158,33	120,83
	III	180,66	120,83
1 508,99	I, II, IV, V	158,33	121,08
	III	181,—	121,08
1 511,99	I, II, IV, V	158,33	121,33
	III	181,41	121,33
1 514,99	I, II, IV, V	158,33	121,50
	III	181,75	121,50
1 517,99	I, II, IV, V	158,33	121,75
	III	182,08	121,75
1 520,99	I, II, IV, V	158,33	122,—
	III	182,50	122,—
1 523,99	I, II, IV, V	158,33	122,25
	III	182,83	122,25
1 526,99	I, II, IV, V	158,33	122,50
	III	183,16	122,50
1 529,99	I, II, IV, V	158,33	122,75
	III	183,58	122,75
1 532,99	I, II, IV, V	158,33	123,—
	III	183,91	123,—
1 535,99	I, II, IV, V	158,33	123,25
	III	184,25	123,25
1 538,99	I, II, IV, V	158,33	123,50
	III	184,66	123,50
1 541,99	I, II, IV, V	158,33	123,66
	III	185,—	123,66
1 544,99	I, II, IV, V	158,33	123,91
	III	185,33	123,91
1 547,99	I, II, IV, V	158,33	124,16
	III	185,75	124,16
1 550,99	I, II, IV, V	158,33	124,41
	III	186,08	124,41
1 553,99	I, II, IV, V	158,33	124,66
	III	186,41	124,66
1 556,99	I, II, IV, V	158,33	124,91
	III	186,83	124,91
1 559,99	I, II, IV, V	158,33	125,16
	III	187,16	125,16
1 562,99	I, II, IV, V	158,33	125,41
	III	187,50	125,41
1 565,99	I, II, IV, V	158,33	125,66
	III	187,91	125,66
1 568,99	I, II, IV, V	158,33	125,83
	III	188,25	125,83
1 571,99	I, II, IV, V	158,33	126,08
	III	188,58	126,08
1 574,99	I, II, IV, V	158,33	126,33
	III	188,91	126,33
1 577,99	I, II, IV, V	158,33	126,58
	III	189,33	126,58
1 580,99	I, II, IV, V	158,33	126,83
	III	189,66	126,83
1 583,99	I, II, IV, V	158,33	127,08
	III	190,—	127,08
1 586,99	I, II, IV, V	158,33	127,33
	III	190,41	127,33
1 589,99	I, II, IV, V	158,33	127,58
	III	190,75	127,58
1 592,99	I, II, IV, V	158,33	127,83
	III	191,08	127,83
1 595,99	I, II, IV, V	158,33	128,—
	III	191,50	128,—
1 598,99	I, II, IV, V	158,33	128,25
	III	191,83	128,25
1 601,99	I, II, IV, V	158,33	128,50
	III	192,16	128,50
1 604,99	I, II, IV, V	158,33	128,75
	III	192,58	128,75
1 607,99	I, II, IV, V	158,33	129,—
	III	192,91	129,—
1 610,99	I, II, IV, V	158,33	129,25
	III	193,25	129,25
1 613,99	I, II, IV, V	158,33	129,50
	III	193,66	129,50
1 616,99	I, II, IV, V	158,33	129,75
	III	194,—	129,75
1 619,99	I, II, IV, V	158,33	130,—
	III	194,33	130,—
1 622,99	I, II, IV, V	158,33	130,16
	III	194,75	130,16
1 625,99	I, II, IV, V	158,33	130,41
	III	195,08	130,41
1 628,99	I, II, IV, V	158,33	130,66
	III	195,41	130,66
1 631,99	I, II, IV, V	158,33	130,91
	III	195,83	130,91
1 634,99	I, II, IV, V	158,33	131,16
	III	196,16	131,16
1 637,99	I, II, IV, V	158,33	131,41
	III	196,50	131,41
1 640,99	I, II, IV, V	158,33	131,66
	III	196,91	131,66
1 643,99	I, II, IV, V	158,33	131,91
	III	197,25	131,91
1 646,99	I, II, IV, V	158,33	132,16
	III	197,58	132,16
1 649,99	I, II, IV, V	158,33	132,33
	III	197,91	132,33
1 652,99	I, II, IV, V	158,33	132,58
	III	198,33	132,58
1 655,99	I, II, IV, V	158,33	132,83
	III	198,66	132,83
1 658,99	I, II, IV, V	158,33	133,08
	III	199,—	133,08
1 661,99	I, II, IV, V	158,33	133,33
	III	199,41	133,33
1 664,99	I, II, IV, V	158,33	133,58
	III	199,75	133,58
1 667,99	I, II, IV, V	158,33	133,83
	III	200,08	133,83
1 670,99	I, II, IV, V	158,33	134,08
	III	200,50	134,08
1 673,99	I, II, IV, V	158,33	134,33
	III	200,83	134,33
1 676,99	I, II, IV, V	158,33	134,50
	III	201,16	134,50
1 679,99	I, II, IV, V	158,33	134,75
	III	201,58	134,75
1 682,99	I, II, IV, V	158,33	135,—
	III	201,91	135,—
1 685,99	I, II, IV, V	158,33	135,25
	III	202,25	135,25
1 688,99	I, II, IV, V	158,33	135,50
	III	202,66	135,50
1 691,99	I, II, IV, V	158,33	135,75
	III	203,—	135,75
1 694,99	I, II, IV, V	158,33	136,—
	III	203,33	136,—
1 697,99	I, II, IV, V	158,33	136,25
	III	203,75	136,25
1 700,99	I, II, IV, V	158,33	136,50
	III	204,08	136,50
1 703,99	I, II, IV, V	158,33	136,66
	III	204,41	136,66
1 706,99	I, II, IV, V	158,33	136,91
	III	204,83	136,91
1 709,99	I, II, IV, V	158,33	137,16
	III	205,16	137,16
1 712,99	I, II, IV, V	158,33	137,41
	III	205,50	137,41
1 715,99	I, II, IV, V	158,33	137,66
	III	205,91	137,66
1 718,99	I, II, IV, V	158,33	137,91
	III	206,25	137,91
1 721,99	I, II, IV, V	158,33	138,16
	III	206,58	138,16
1 724,99	I, II, IV, V	158,33	138,41
	III	206,91	138,41
1 727,99	I, II, IV, V	158,33	138,66
	III	207,33	138,66
1 730,99	I, II, IV, V	158,33	138,83
	III	207,66	138,83
1 733,99	I, II, IV, V	158,33	139,08
	III	208,—	139,08
1 736,99	I, II, IV, V	158,33	139,33
	III	208,41	139,33
1 739,99	I, II, IV, V	158,33	139,58
	III	208,75	139,58
1 742,99	I, II, IV, V	158,33	139,83
	III	209,08	139,83
1 745,99	I, II, IV, V	158,33	140,08
	III	209,50	140,08
1 748,99	I, II, IV, V	158,33	140,33
	III	209,83	140,33
1 751,99	I, II, IV, V	158,33	140,58
	III	210,16	140,58
1 754,99	I, II, IV, V	158,33	140,83
	III	210,58	140,83
1 757,99	I, II, IV, V	158,33	141,—
	III	210,91	141,—
1 760,99	I, II, IV, V	158,33	141,25
	III	211,25	141,25
1 763,99	I, II, IV, V	158,33	141,50
	III	211,66	141,50
1 766,99	I, II, IV, V	158,33	141,75
	III	212,—	141,75
1 769,99	I, II, IV, V	158,33	142,—
	III	212,33	142,—
1 772,99	I, II, IV, V	158,33	142,25
	III	212,75	142,25
1 775,99	I, II, IV, V	158,50	142,50
	III	213,08	142,50
1 778,99	I, II, IV, V	158,75	142,75
	III	213,41	142,75
1 781,99	I, II, IV, V	159,—	143,—
	III	213,83	143,—

* Arbeitnehmer, bei denen die Besondere Tabelle anzuwenden ist, beachten bitte die Hinweise auf Seite AP 2.
** BVSP = Mindestvorsorgepauschale für die Basiskranken- und Pflegeversicherungsbeiträge.
*** TAGZ = Typisierter Arbeitgeberzuschuss zur Kranken- und Pflegeversicherung.

Lohn/ Gehalt bis €	Abzugsbetrag bei privat Kranken- und Pflegeversicherten*		
		BVSP**	TAGZ***
1 784,99	I, II, IV, V	159,25	143,16
	III	214,16	143,16
1 787,99	I, II, IV, V	159,50	143,41
	III	214,50	143,41
1 790,99	I, II, IV, V	159,83	143,66
	III	214,91	143,66
1 793,99	I, II, IV, V	160,08	143,91
	III	215,25	143,91
1 796,99	I, II, IV, V	160,33	144,16
	III	215,58	144,16
1 799,99	I, II, IV, V	160,58	144,41
	III	215,91	144,41
1 802,99	I, II, IV, V	160,91	144,66
	III	216,33	144,66
1 805,99	I, II, IV, V	161,16	144,91
	III	216,66	144,91
1 808,99	I, II, IV, V	161,41	145,16
	III	217,—	145,16
1 811,99	I, II, IV, V	161,66	145,33
	III	217,41	145,33
1 814,99	I, II, IV, V	161,91	145,58
	III	217,75	145,58
1 817,99	I, II, IV, V	162,25	145,83
	III	218,08	145,83
1 820,99	I, II, IV, V	162,50	146,08
	III	218,50	146,08
1 823,99	I, II, IV, V	162,75	146,33
	III	218,83	146,33
1 826,99	I, II, IV, V	163,—	146,58
	III	219,16	146,58
1 829,99	I, II, IV, V	163,25	146,83
	III	219,58	146,83
1 832,99	I, II, IV, V	163,58	147,08
	III	219,91	147,08
1 835,99	I, II, IV, V	163,83	147,33
	III	220,25	147,33
1 838,99	I, II, IV, V	164,08	147,50
	III	220,66	147,50
1 841,99	I, II, IV, V	164,33	147,75
	III	221,—	147,75
1 844,99	I, II, IV, V	164,58	148,—
	III	221,33	148,—
1 847,99	I, II, IV, V	164,91	148,25
	III	221,75	148,25
1 850,99	I, II, IV, V	165,16	148,50
	III	222,08	148,50
1 853,99	I, II, IV, V	165,41	148,75
	III	222,41	148,75
1 856,99	I, II, IV, V	165,66	149,—
	III	222,83	149,—
1 859,99	I, II, IV, V	166,—	149,25
	III	223,16	149,25
1 862,99	I, II, IV, V	166,25	149,50
	III	223,50	149,50
1 865,99	I, II, IV, V	166,50	149,66
	III	223,91	149,66
1 868,99	I, II, IV, V	166,75	149,91
	III	224,25	149,91
1 871,99	I, II, IV, V	167,—	150,16
	III	224,58	150,16
1 874,99	I, II, IV, V	167,33	150,41
	III	224,91	150,41
1 877,99	I, II, IV, V	167,58	150,66
	III	225,33	150,66
1 880,99	I, II, IV, V	167,83	150,91
	III	225,66	150,91

Lohn/ Gehalt bis €	Abzugsbetrag bei privat Kranken- und Pflegeversicherten*		
		BVSP**	TAGZ***
1 883,99	I, II, IV, V	168,08	151,16
	III	226,—	151,16
1 886,99	I, II, IV, V	168,33	151,41
	III	226,41	151,41
1 889,99	I, II, IV, V	168,66	151,66
	III	226,75	151,66
1 892,99	I, II, IV, V	168,91	151,83
	III	227,08	151,83
1 895,99	I, II, IV, V	169,16	152,08
	III	227,50	152,08
1 898,99	I, II, IV, V	169,41	152,33
	III	227,83	152,33
1 901,99	I, II, IV, V	169,75	152,58
	III	228,16	152,58
1 904,99	I, II, IV, V	170,—	152,83
	III	228,58	152,83
1 907,99	I, II, IV, V	170,25	153,08
	III	228,91	153,08
1 910,99	I, II, IV, V	170,50	153,33
	III	229,25	153,33
1 913,99	I, II, IV, V	170,75	153,58
	III	229,66	153,58
1 916,99	I, II, IV, V	171,08	153,83
	III	230,—	153,83
1 919,99	I, II, IV, V	171,33	154,—
	III	230,33	154,—
1 922,99	I, II, IV, V	171,58	154,25
	III	230,75	154,25
1 925,99	I, II, IV, V	171,83	154,50
	III	231,08	154,50
1 928,99	I, II, IV, V	172,08	154,75
	III	231,41	154,75
1 931,99	I, II, IV, V	172,41	155,—
	III	231,83	155,—
1 934,99	I, II, IV, V	172,66	155,25
	III	232,16	155,25
1 937,99	I, II, IV, V	172,91	155,50
	III	232,50	155,50
1 940,99	I, II, IV, V	173,16	155,75
	III	232,91	155,75
1 943,99	I, II, IV, V	173,50	156,—
	III	233,25	156,—
1 946,99	I, II, IV, V	173,75	156,16
	III	233,58	156,16
1 949,99	I, II, IV, V	174,—	156,41
	III	233,91	156,41
1 952,99	I, II, IV, V	174,25	156,66
	III	234,33	156,66
1 955,99	I, II, IV, V	174,50	156,91
	III	234,66	156,91
1 958,99	I, II, IV, V	174,83	157,16
	III	235,—	157,16
1 961,99	I, II, IV, V	175,08	157,41
	III	235,41	157,41
1 964,99	I, II, IV, V	175,33	157,66
	III	235,75	157,66
1 967,99	I, II, IV, V	175,58	157,91
	III	236,08	157,91
1 970,99	I, II, IV, V	175,83	158,16
	III	236,50	158,16
1 973,99	I, II, IV, V	176,16	158,33
	III	236,83	158,33
1 976,99	I, II, IV, V	176,41	158,58
	III	237,16	158,58
1 979,99	I, II, IV, V	176,66	158,83
	III	237,58	158,83

Lohn/ Gehalt bis €	Abzugsbetrag bei privat Kranken- und Pflegeversicherten*		
		BVSP**	TAGZ***
1 982,99	I, II, IV, V	176,91	159,08
	III	237,91	159,08
1 985,99	I, II, IV, V	177,25	159,33
	III	238,25	159,33
1 988,99	I, II, IV, V	177,50	159,58
	III	238,66	159,58
1 991,99	I, II, IV, V	177,75	159,83
	III	239,—	159,83
1 994,99	I, II, IV, V	178,—	160,08
	III	239,33	160,08
1 997,99	I, II, IV, V	178,25	160,33
	III	239,75	160,33
2 000,99	I, II, IV, V	178,58	160,50
	III	240,08	160,50
2 003,99	I, II, IV, V	178,83	160,75
	III	240,41	160,75
2 006,99	I, II, IV, V	179,08	161,—
	III	240,83	161,—
2 009,99	I, II, IV, V	179,33	161,25
	III	241,16	161,25
2 012,99	I, II, IV, V	179,58	161,50
	III	241,50	161,50
2 015,99	I, II, IV, V	179,91	161,75
	III	241,91	161,75
2 018,99	I, II, IV, V	180,16	162,—
	III	242,25	162,—
2 021,99	I, II, IV, V	180,41	162,25
	III	242,58	162,25
2 024,99	I, II, IV, V	180,66	162,50
	III	242,91	162,50
2 027,99	I, II, IV, V	180,91	162,66
	III	243,33	162,66
2 030,99	I, II, IV, V	181,25	162,91
	III	243,66	162,91
2 033,99	I, II, IV, V	181,50	163,16
	III	244,—	163,16
2 036,99	I, II, IV, V	181,75	163,41
	III	244,41	163,41
2 039,99	I, II, IV, V	182,—	163,66
	III	244,75	163,66
2 042,99	I, II, IV, V	182,33	163,91
	III	245,08	163,91
2 045,99	I, II, IV, V	182,58	164,16
	III	245,50	164,16
2 048,99	I, II, IV, V	182,83	164,41
	III	245,83	164,41
2 051,99	I, II, IV, V	183,08	164,66
	III	246,16	164,66
2 054,99	I, II, IV, V	183,33	164,83
	III	246,58	164,83
2 057,99	I, II, IV, V	183,66	165,08
	III	246,91	165,08
2 060,99	I, II, IV, V	183,91	165,33
	III	247,25	165,33
2 063,99	I, II, IV, V	184,16	165,58
	III	247,66	165,58
2 066,99	I, II, IV, V	184,41	165,83
	III	248,—	165,83
2 069,99	I, II, IV, V	184,66	166,08
	III	248,33	166,08
2 072,99	I, II, IV, V	185,—	166,33
	III	248,75	166,33
2 075,99	I, II, IV, V	185,25	166,58
	III	249,08	166,58
2 078,99	I, II, IV, V	185,50	166,83
	III	249,41	166,83

* Arbeitnehmer, bei denen die Besondere Tabelle anzuwenden ist, beachten bitte die Hinweise auf Seite AP 2.
** BVSP = Mindestvorsorgepauschale für die Basiskranken- und Pflegeversicherungsbeiträge.
*** TAGZ = Typisierter Arbeitgeberzuschuss zur Kranken- und Pflegeversicherung.

MONAT **2 079,–**

Lohn/Gehalt bis €		Abzugsbetrag bei privat Kranken- und Pflegeversicherten* BVSP**	TAGZ***
2 081,99	I, II, IV, V	185,75	167,—
	III	249,83	167,—
2 084,99	I, II, IV, V	186,08	167,25
	III	250,—	167,25
2 087,99	I, II, IV, V	186,33	167,50
	III	250,—	167,50
2 090,99	I, II, IV, V	186,58	167,75
	III	250,—	167,75
2 093,99	I, II, IV, V	186,83	168,—
	III	250,—	168,—
2 096,99	I, II, IV, V	187,08	168,25
	III	250,—	168,25
2 099,99	I, II, IV, V	187,41	168,50
	III	250,—	168,50
2 102,99	I, II, IV, V	187,66	168,75
	III	250,—	168,75
2 105,99	I, II, IV, V	187,91	169,—
	III	250,—	169,—
2 108,99	I, II, IV, V	188,16	169,16
	III	250,—	169,16
2 111,99	I, II, IV, V	188,41	169,41
	III	250,—	169,41
2 114,99	I, II, IV, V	188,75	169,66
	III	250,—	169,66
2 117,99	I, II, IV, V	189,—	169,91
	III	250,—	169,91
2 120,99	I, II, IV, V	189,25	170,16
	III	250,—	170,16
2 123,99	I, II, IV, V	189,50	170,41
	III	250,—	170,41
2 126,99	I, II, IV, V	189,83	170,66
	III	250,—	170,66
2 129,99	I, II, IV, V	190,08	170,91
	III	250,—	170,91
2 132,99	I, II, IV, V	190,33	171,16
	III	250,—	171,16
2 135,99	I, II, IV, V	190,58	171,33
	III	250,—	171,33
2 138,99	I, II, IV, V	190,83	171,58
	III	250,—	171,58
2 141,99	I, II, IV, V	191,16	171,83
	III	250,—	171,83
2 144,99	I, II, IV, V	191,41	172,08
	III	250,—	172,08
2 147,99	I, II, IV, V	191,66	172,33
	III	250,—	172,33
2 150,99	I, II, IV, V	191,91	172,58
	III	250,—	172,58
2 153,99	I, II, IV, V	192,16	172,83
	III	250,—	172,83
2 156,99	I, II, IV, V	192,50	173,08
	III	250,—	173,08
2 159,99	I, II, IV, V	192,75	173,33
	III	250,—	173,33
2 162,99	I, II, IV, V	193,—	173,50
	III	250,—	173,50
2 165,99	I, II, IV, V	193,25	173,75
	III	250,—	173,75
2 168,99	I, II, IV, V	193,50	174,—
	III	250,—	174,—
2 171,99	I, II, IV, V	193,83	174,25
	III	250,—	174,25
2 174,99	I, II, IV, V	194,08	174,50
	III	250,—	174,50
2 177,99	I, II, IV, V	194,33	174,75
	III	250,—	174,75

Lohn/Gehalt bis €		Abzugsbetrag bei privat Kranken- und Pflegeversicherten* BVSP**	TAGZ***
2 180,99	I, II, IV, V	194,58	175,—
	III	250,—	175,—
2 183,99	I, II, IV, V	194,91	175,25
	III	250,—	175,25
2 186,99	I, II, IV, V	195,16	175,50
	III	250,—	175,50
2 189,99	I, II, IV, V	195,41	175,66
	III	250,—	175,66
2 192,99	I, II, IV, V	195,66	175,91
	III	250,—	175,91
2 195,99	I, II, IV, V	195,91	176,16
	III	250,—	176,16
2 198,99	I, II, IV, V	196,25	176,41
	III	250,—	176,41
2 201,99	I, II, IV, V	196,50	176,66
	III	250,—	176,66
2 204,99	I, II, IV, V	196,75	176,91
	III	250,—	176,91
2 207,99	I, II, IV, V	197,—	177,16
	III	250,—	177,16
2 210,99	I, II, IV, V	197,25	177,41
	III	250,—	177,41
2 213,99	I, II, IV, V	197,58	177,66
	III	250,—	177,66
2 216,99	I, II, IV, V	197,83	177,83
	III	250,—	177,83
2 219,99	I, II, IV, V	198,08	178,08
	III	250,—	178,08
2 222,99	I, II, IV, V	198,33	178,33
	III	250,—	178,33
2 225,99	I, II, IV, V	198,66	178,58
	III	250,—	178,58
2 228,99	I, II, IV, V	198,91	178,83
	III	250,—	178,83
2 231,99	I, II, IV, V	199,16	179,08
	III	250,—	179,08
2 234,99	I, II, IV, V	199,41	179,33
	III	250,—	179,33
2 237,99	I, II, IV, V	199,66	179,58
	III	250,—	179,58
2 240,99	I, II, IV, V	200,—	179,83
	III	250,—	179,83
2 243,99	I, II, IV, V	200,25	180,—
	III	250,—	180,—
2 246,99	I, II, IV, V	200,50	180,25
	III	250,—	180,25
2 249,99	I, II, IV, V	200,75	180,50
	III	250,—	180,50
2 252,99	I, II, IV, V	201,—	180,75
	III	250,—	180,75
2 255,99	I, II, IV, V	201,33	181,—
	III	250,—	181,—
2 258,99	I, II, IV, V	201,58	181,25
	III	250,—	181,25
2 261,99	I, II, IV, V	201,83	181,50
	III	250,—	181,50
2 264,99	I, II, IV, V	202,08	181,75
	III	250,—	181,75
2 267,99	I, II, IV, V	202,41	182,—
	III	250,—	182,—
2 270,99	I, II, IV, V	202,66	182,16
	III	250,—	182,16
2 273,99	I, II, IV, V	202,91	182,41
	III	250,—	182,41
2 276,99	I, II, IV, V	203,16	182,66
	III	250,—	182,66

Lohn/Gehalt bis €		Abzugsbetrag bei privat Kranken- und Pflegeversicherten* BVSP**	TAGZ***
2 279,99	I, II, IV, V	203,41	182,91
	III	250,—	182,91
2 282,99	I, II, IV, V	203,75	183,16
	III	250,—	183,16
2 285,99	I, II, IV, V	204,—	183,41
	III	250,—	183,41
2 288,99	I, II, IV, V	204,25	183,66
	III	250,—	183,66
2 291,99	I, II, IV, V	204,50	183,91
	III	250,—	183,91
2 294,99	I, II, IV, V	204,75	184,16
	III	250,—	184,16
2 297,99	I, II, IV, V	205,08	184,33
	III	250,—	184,33
2 300,99	I, II, IV, V	205,33	184,58
	III	250,—	184,58
2 303,99	I, II, IV, V	205,58	184,83
	III	250,—	184,83
2 306,99	I, II, IV, V	205,83	185,08
	III	250,—	185,08
2 309,99	I, II, IV, V	206,16	185,33
	III	250,—	185,33
2 312,99	I, II, IV, V	206,41	185,58
	III	250,—	185,58
2 315,99	I, II, IV, V	206,66	185,83
	III	250,—	185,83
2 318,99	I, II, IV, V	206,91	186,08
	III	250,—	186,08
2 321,99	I, II, IV, V	207,16	186,33
	III	250,—	186,33
2 324,99	I, II, IV, V	207,50	186,50
	III	250,—	186,50
2 327,99	I, II, IV, V	207,75	186,75
	III	250,—	186,75
2 330,99	I, II, IV, V	208,—	187,—
	III	250,—	187,—
2 333,99	I, II, IV, V	208,25	187,25
	III	250,—	187,25
2 336,99	I, II, IV, V	208,50	187,50
	III	250,—	187,50
2 339,99	I, II, IV, V	208,83	187,75
	III	250,—	187,75
2 342,99	I, II, IV, V	209,08	188,—
	III	250,—	188,—
2 345,99	I, II, IV, V	209,33	188,25
	III	250,—	188,25
2 348,99	I, II, IV, V	209,58	188,50
	III	250,—	188,50
2 351,99	I, II, IV, V	209,83	188,66
	III	250,—	188,66
2 354,99	I, II, IV, V	210,16	188,91
	III	250,—	188,91
2 357,99	I, II, IV, V	210,41	189,16
	III	250,—	189,16
2 360,99	I, II, IV, V	210,66	189,41
	III	250,—	189,41
2 363,99	I, II, IV, V	210,91	189,66
	III	250,—	189,66
2 366,99	I, II, IV, V	211,25	189,91
	III	250,—	189,91
2 369,99	I, II, IV, V	211,50	190,16
	III	250,—	190,16
2 372,99	I, II, IV, V	211,75	190,41
	III	250,—	190,41
2 375,99	I, II, IV, V	212,—	190,66
	III	250,—	190,66

* Arbeitnehmer, bei denen die Besondere Tabelle anzuwenden ist, beachten bitte die Hinweise auf Seite AP 2.
** BVSP = Mindestvorsorgepauschale für die Basiskranken- und Pflegeversicherungsbeiträge.
*** TAGZ = Typisierter Arbeitgeberzuschuss zur Kranken- und Pflegeversicherung.

Lohn/ Gehalt bis €	Abzugsbetrag bei privat Kranken- und Pflegeversicherten*	BVSP**	TAGZ***
2 378,99	I, II, IV, V III	212,25 250,—	190,83 190,83
2 381,99	I, II, IV, V III	212,58 250,—	191,08 191,08
2 384,99	I, II, IV, V III	212,83 250,—	191,33 191,33
2 387,99	I, II, IV, V III	213,08 250,—	191,58 191,58
2 390,99	I, II, IV, V III	213,33 250,—	191,83 191,83
2 393,99	I, II, IV, V III	213,58 250,—	192,08 192,08
2 396,99	I, II, IV, V III	213,91 250,—	192,33 192,33
2 399,99	I, II, IV, V III	214,16 250,—	192,58 192,58
2 402,99	I, II, IV, V III	214,41 250,—	192,83 192,83
2 405,99	I, II, IV, V III	214,66 250,—	193,— 193,—
2 408,99	I, II, IV, V III	215,— 250,—	193,25 193,25
2 411,99	I, II, IV, V III	215,25 250,—	193,50 193,50
2 414,99	I, II, IV, V III	215,50 250,—	193,75 193,75
2 417,99	I, II, IV, V III	215,75 250,—	194,— 194,—
2 420,99	I, II, IV, V III	216,— 250,—	194,25 194,25
2 423,99	I, II, IV, V III	216,33 250,—	194,50 194,50
2 426,99	I, II, IV, V III	216,58 250,—	194,75 194,75
2 429,99	I, II, IV, V III	216,83 250,—	195,— 195,—
2 432,99	I, II, IV, V III	217,08 250,—	195,16 195,16
2 435,99	I, II, IV, V III	217,33 250,—	195,41 195,41
2 438,99	I, II, IV, V III	217,66 250,—	195,66 195,66
2 441,99	I, II, IV, V III	217,91 250,—	195,91 195,91
2 444,99	I, II, IV, V III	218,16 250,—	196,16 196,16
2 447,99	I, II, IV, V III	218,41 250,—	196,41 196,41
2 450,99	I, II, IV, V III	218,75 250,—	196,66 196,66
2 453,99	I, II, IV, V III	219,— 250,—	196,91 196,91
2 456,99	I, II, IV, V III	219,25 250,—	197,16 197,16
2 459,99	I, II, IV, V III	219,50 250,—	197,33 197,33
2 462,99	I, II, IV, V III	219,75 250,—	197,58 197,58
2 465,99	I, II, IV, V III	220,08 250,—	197,83 197,83
2 468,99	I, II, IV, V III	220,33 250,—	198,08 198,08
2 471,99	I, II, IV, V III	220,58 250,—	198,33 198,33
2 474,99	I, II, IV, V III	220,83 250,—	198,58 198,58

Lohn/ Gehalt bis €	Abzugsbetrag bei privat Kranken- und Pflegeversicherten*	BVSP**	TAGZ***
2 477,99	I, II, IV, V III	221,08 250,—	198,83 198,83
2 480,99	I, II, IV, V III	221,41 250,—	199,08 199,08
2 483,99	I, II, IV, V III	221,66 250,—	199,33 199,33
2 486,99	I, II, IV, V III	221,91 250,—	199,50 199,50
2 489,99	I, II, IV, V III	222,16 250,—	199,75 199,75
2 492,99	I, II, IV, V III	222,50 250,—	200,— 200,—
2 495,99	I, II, IV, V III	222,75 250,—	200,25 200,25
2 498,99	I, II, IV, V III	223,— 250,—	200,50 200,50
2 501,99	I, II, IV, V III	223,25 250,—	200,75 200,75
2 504,99	I, II, IV, V III	223,50 250,—	201,— 201,—
2 507,99	I, II, IV, V III	223,83 250,—	201,25 201,25
2 510,99	I, II, IV, V III	224,08 250,—	201,50 201,50
2 513,99	I, II, IV, V III	224,33 250,—	201,66 201,66
2 516,99	I, II, IV, V III	224,58 250,—	201,91 201,91
2 519,99	I, II, IV, V III	224,83 250,—	202,16 202,16
2 522,99	I, II, IV, V III	225,16 250,—	202,41 202,41
2 525,99	I, II, IV, V III	225,41 250,—	202,66 202,66
2 528,99	I, II, IV, V III	225,66 250,—	202,91 202,91
2 531,99	I, II, IV, V III	225,91 250,—	203,16 203,16
2 534,99	I, II, IV, V III	226,16 250,—	203,41 203,41
2 537,99	I, II, IV, V III	226,50 250,—	203,66 203,66
2 540,99	I, II, IV, V III	226,75 250,—	203,83 203,83
2 543,99	I, II, IV, V III	227,— 250,—	204,08 204,08
2 546,99	I, II, IV, V III	227,25 250,—	204,33 204,33
2 549,99	I, II, IV, V III	227,58 250,—	204,58 204,58
2 552,99	I, II, IV, V III	227,83 250,—	204,83 204,83
2 555,99	I, II, IV, V III	228,08 250,—	205,08 205,08
2 558,99	I, II, IV, V III	228,33 250,—	205,33 205,33
2 561,99	I, II, IV, V III	228,58 250,—	205,58 205,58
2 564,99	I, II, IV, V III	228,91 250,—	205,83 205,83
2 567,99	I, II, IV, V III	229,16 250,—	206,— 206,—
2 570,99	I, II, IV, V III	229,41 250,—	206,25 206,25
2 573,99	I, II, IV, V III	229,66 250,—	206,50 206,50

Lohn/ Gehalt bis €	Abzugsbetrag bei privat Kranken- und Pflegeversicherten*	BVSP**	TAGZ***
2 576,99	I, II, IV, V III	229,91 250,—	206,75 206,75
2 579,99	I, II, IV, V III	230,25 250,—	207,— 207,—
2 582,99	I, II, IV, V III	230,50 250,—	207,25 207,25
2 585,99	I, II, IV, V III	230,75 250,—	207,50 207,50
2 588,99	I, II, IV, V III	231,— 250,—	207,75 207,75
2 591,99	I, II, IV, V III	231,33 250,—	208,— 208,—
2 594,99	I, II, IV, V III	231,58 250,—	208,16 208,16
2 597,99	I, II, IV, V III	231,83 250,—	208,41 208,41
2 600,99	I, II, IV, V III	232,08 250,—	208,66 208,66
2 603,99	I, II, IV, V III	232,33 250,—	208,91 208,91
2 606,99	I, II, IV, V III	232,66 250,—	209,16 209,16
2 609,99	I, II, IV, V III	232,91 250,—	209,41 209,41
2 612,99	I, II, IV, V III	233,16 250,—	209,66 209,66
2 615,99	I, II, IV, V III	233,41 250,—	209,91 209,91
2 618,99	I, II, IV, V III	233,66 250,—	210,16 210,16
2 621,99	I, II, IV, V III	234,— 250,—	210,33 210,33
2 624,99	I, II, IV, V III	234,25 250,—	210,58 210,58
2 627,99	I, II, IV, V III	234,50 250,—	210,83 210,83
2 630,99	I, II, IV, V III	234,75 250,—	211,08 211,08
2 633,99	I, II, IV, V III	235,08 250,—	211,33 211,33
2 636,99	I, II, IV, V III	235,33 250,—	211,58 211,58
2 639,99	I, II, IV, V III	235,58 250,—	211,83 211,83
2 642,99	I, II, IV, V III	235,83 250,—	212,08 212,08
2 645,99	I, II, IV, V III	236,08 250,—	212,33 212,33
2 648,99	I, II, IV, V III	236,41 250,—	212,50 212,50
2 651,99	I, II, IV, V III	236,66 250,—	212,75 212,75
2 654,99	I, II, IV, V III	236,91 250,—	213,— 213,—
2 657,99	I, II, IV, V III	237,16 250,—	213,25 213,25
2 660,99	I, II, IV, V III	237,41 250,—	213,50 213,50
2 663,99	I, II, IV, V III	237,75 250,—	213,75 213,75
2 666,99	I, II, IV, V III	238,— 250,—	214,— 214,—
2 669,99	I, II, IV, V III	238,25 250,—	214,25 214,25
2 672,99	I, II, IV, V III	238,50 250,—	214,50 214,50

* Arbeitnehmer, bei denen die Besondere Tabelle anzuwenden ist, beachten bitte die Hinweise auf Seite AP 2.
** BVSP = Mindestvorsorgepauschale für die Basiskranken- und Pflegeversicherungsbeiträge.
*** TAGZ = Typisierter Arbeitgeberzuschuss zur Kranken- und Pflegeversicherung.

MONAT 2 673,–

Lohn/ Gehalt bis €		Abzugsbetrag bei privat Kranken- und Pflegeversicherten* BVSP**	TAGZ***
2 675,99	I, II, IV, V III	238,75 250,—	214,66 214,66
2 678,99	I, II, IV, V III	239,08 250,—	214,91 214,91
2 681,99	I, II, IV, V III	239,33 250,—	215,16 215,16
2 684,99	I, II, IV, V III	239,58 250,—	215,41 215,41
2 687,99	I, II, IV, V III	239,83 250,—	215,66 215,66
2 690,99	I, II, IV, V III	240,16 250,—	215,91 215,91
2 693,99	I, II, IV, V III	240,41 250,—	216,16 216,16
2 696,99	I, II, IV, V III	240,66 250,—	216,41 216,41
2 699,99	I, II, IV, V III	240,91 250,—	216,66 216,66
2 702,99	I, II, IV, V III	241,16 250,—	216,83 216,83
2 705,99	I, II, IV, V III	241,50 250,—	217,08 217,08
2 708,99	I, II, IV, V III	241,75 250,—	217,33 217,33
2 711,99	I, II, IV, V III	242,— 250,—	217,58 217,58
2 714,99	I, II, IV, V III	242,25 250,—	217,83 217,83
2 717,99	I, II, IV, V III	242,50 250,—	218,08 218,08
2 720,99	I, II, IV, V III	242,83 250,—	218,33 218,33
2 723,99	I, II, IV, V III	243,08 250,—	218,58 218,58
2 726,99	I, II, IV, V III	243,33 250,—	218,83 218,83
2 729,99	I, II, IV, V III	243,58 250,—	219,— 219,—
2 732,99	I, II, IV, V III	243,91 250,—	219,25 219,25
2 735,99	I, II, IV, V III	244,16 250,—	219,50 219,50
2 738,99	I, II, IV, V III	244,41 250,—	219,75 219,75
2 741,99	I, II, IV, V III	244,66 250,—	220,— 220,—
2 744,99	I, II, IV, V III	244,91 250,—	220,25 220,25
2 747,99	I, II, IV, V III	245,25 250,—	220,50 220,50
2 750,99	I, II, IV, V III	245,50 250,—	220,75 220,75
2 753,99	I, II, IV, V III	245,75 250,—	221,— 221,—
2 756,99	I, II, IV, V III	246,— 250,—	221,16 221,16
2 759,99	I, II, IV, V III	246,25 250,—	221,41 221,41
2 762,99	I, II, IV, V III	246,58 250,—	221,66 221,66
2 765,99	I, II, IV, V III	246,83 250,—	221,91 221,91
2 768,99	I, II, IV, V III	247,08 250,—	222,16 222,16
2 771,99	I, II, IV, V III	247,33 250,—	222,41 222,41
2 774,99	I, II, IV, V III	247,66 250,—	222,66 222,66
2 777,99	I, II, IV, V III	247,91 250,—	222,91 222,91
2 780,99	I, II, IV, V III	248,16 250,—	223,16 223,16
2 783,99	I, II, IV, V III	248,41 250,—	223,33 223,33
2 786,99	I, II, IV, V III	248,66 250,—	223,58 223,58
2 789,99	I, II, IV, V III	249,— 250,—	223,83 223,83
2 792,99	I, II, IV, V III	249,25 250,—	224,08 224,08
2 795,99	I, II, IV, V III	249,50 250,—	224,33 224,33
2 798,99	I, II, IV, V III	249,75 250,—	224,58 224,58
2 801,99	I, II, IV, V III	250,— 250,—	224,83 224,83
2 804,99	I, II, IV, V III	250,33 250,33	225,08 225,08
2 807,99	I, II, IV, V III	250,58 250,58	225,33 225,33
2 810,99	I, II, IV, V III	250,83 250,83	225,50 225,50
2 813,99	I, II, IV, V III	251,08 251,08	225,75 225,75
2 816,99	I, II, IV, V III	251,41 251,41	226,— 226,—
2 819,99	I, II, IV, V III	251,66 251,66	226,25 226,25
2 822,99	I, II, IV, V III	251,91 251,91	226,50 226,50
2 825,99	I, II, IV, V III	252,16 252,16	226,75 226,75
2 828,99	I, II, IV, V III	252,41 252,41	227,— 227,—
2 831,99	I, II, IV, V III	252,75 252,75	227,25 227,25
2 834,99	I, II, IV, V III	253,— 253,—	227,50 227,50
2 837,99	I, II, IV, V III	253,25 253,25	227,66 227,66
2 840,99	I, II, IV, V III	253,50 253,50	227,91 227,91
2 843,99	I, II, IV, V III	253,75 253,75	228,16 228,16
2 846,99	I, II, IV, V III	254,08 254,08	228,41 228,41
2 849,99	I, II, IV, V III	254,33 254,33	228,66 228,66
2 852,99	I, II, IV, V III	254,58 254,58	228,91 228,91
2 855,99	I, II, IV, V III	254,83 254,83	229,16 229,16
2 858,99	I, II, IV, V III	255,08 255,08	229,41 229,41
2 861,99	I, II, IV, V III	255,41 255,41	229,66 229,66
2 864,99	I, II, IV, V III	255,66 255,66	229,83 229,83
2 867,99	I, II, IV, V III	255,91 255,91	230,08 230,08
2 870,99	I, II, IV, V III	256,16 256,16	230,33 230,33
2 873,99	I, II, IV, V III	256,50 256,50	230,58 230,58
2 876,99	I, II, IV, V III	256,75 256,75	230,83 230,83
2 879,99	I, II, IV, V III	257,— 257,—	231,08 231,08
2 882,99	I, II, IV, V III	257,25 257,25	231,33 231,33
2 885,99	I, II, IV, V III	257,50 257,50	231,58 231,58
2 888,99	I, II, IV, V III	257,83 257,83	231,83 231,83
2 891,99	I, II, IV, V III	258,08 258,08	232,— 232,—
2 894,99	I, II, IV, V III	258,33 258,33	232,25 232,25
2 897,99	I, II, IV, V III	258,58 258,58	232,50 232,50
2 900,99	I, II, IV, V III	258,83 258,83	232,75 232,75
2 903,99	I, II, IV, V III	259,16 259,16	233,— 233,—
2 906,99	I, II, IV, V III	259,41 259,41	233,25 233,25
2 909,99	I, II, IV, V III	259,66 259,66	233,50 233,50
2 912,99	I, II, IV, V III	259,91 259,91	233,75 233,75
2 915,99	I, II, IV, V III	260,25 260,25	234,— 234,—
2 918,99	I, II, IV, V III	260,50 260,50	234,16 234,16
2 921,99	I, II, IV, V III	260,75 260,75	234,41 234,41
2 924,99	I, II, IV, V III	261,— 261,—	234,66 234,66
2 927,99	I, II, IV, V III	261,25 261,25	234,91 234,91
2 930,99	I, II, IV, V III	261,58 261,58	235,16 235,16
2 933,99	I, II, IV, V III	261,83 261,83	235,41 235,41
2 936,99	I, II, IV, V III	262,08 262,08	235,66 235,66
2 939,99	I, II, IV, V III	262,33 262,33	235,91 235,91
2 942,99	I, II, IV, V III	262,58 262,58	236,16 236,16
2 945,99	I, II, IV, V III	262,91 262,91	236,33 236,33
2 948,99	I, II, IV, V III	263,16 263,16	236,58 236,58
2 951,99	I, II, IV, V III	263,41 263,41	236,83 236,83
2 954,99	I, II, IV, V III	263,66 263,66	237,08 237,08
2 957,99	I, II, IV, V III	264,— 264,—	237,33 237,33
2 960,99	I, II, IV, V III	264,25 264,25	237,58 237,58
2 963,99	I, II, IV, V III	264,50 264,50	237,83 237,83
2 966,99	I, II, IV, V III	264,75 264,75	238,08 238,08
2 969,99	I, II, IV, V III	265,— 265,—	238,33 238,33

* Arbeitnehmer, bei denen die Besondere Tabelle anzuwenden ist, beachten bitte die Hinweise auf Seite AP 2.
** BVSP = Mindestvorsorgepauschale für die Basiskranken- und Pflegeversicherungsbeiträge.
*** TAGZ = Typisierter Arbeitgeberzuschuss zur Kranken- und Pflegeversicherung.

Lohn/ Gehalt bis €		Abzugsbetrag bei privat Kranken- und Pflegeversicherten* BVSP**	TAGZ***
2 972,99	I, II, IV, V	265,33	238,50
	III	265,33	238,50
2 975,99	I, II, IV, V	265,58	238,75
	III	265,58	238,75
2 978,99	I, II, IV, V	265,83	239,—
	III	265,83	239,—
2 981,99	I, II, IV, V	266,08	239,25
	III	266,08	239,25
2 984,99	I, II, IV, V	266,33	239,50
	III	266,33	239,50
2 987,99	I, II, IV, V	266,66	239,75
	III	266,66	239,75
2 990,99	I, II, IV, V	266,91	240,—
	III	266,91	240,—
2 993,99	I, II, IV, V	267,16	240,25
	III	267,16	240,25
2 996,99	I, II, IV, V	267,41	240,50
	III	267,41	240,50
2 999,99	I, II, IV, V	267,66	240,66
	III	267,66	240,66
3 002,99	I, II, IV, V	268,—	240,91
	III	268,—	240,91
3 005,99	I, II, IV, V	268,25	241,16
	III	268,25	241,16
3 008,99	I, II, IV, V	268,50	241,41
	III	268,50	241,41
3 011,99	I, II, IV, V	268,75	241,66
	III	268,75	241,66
3 014,99	I, II, IV, V	269,08	241,91
	III	269,08	241,91
3 017,99	I, II, IV, V	269,33	242,16
	III	269,33	242,16
3 020,99	I, II, IV, V	269,58	242,41
	III	269,58	242,41
3 023,99	I, II, IV, V	269,83	242,66
	III	269,83	242,66
3 026,99	I, II, IV, V	270,08	242,91
	III	270,08	242,91
3 029,99	I, II, IV, V	270,41	243,08
	III	270,41	243,08
3 032,99	I, II, IV, V	270,66	243,33
	III	270,66	243,33
3 035,99	I, II, IV, V	270,91	243,58
	III	270,91	243,58
3 038,99	I, II, IV, V	271,16	243,83
	III	271,16	243,83
3 041,99	I, II, IV, V	271,41	244,08
	III	271,41	244,08
3 044,99	I, II, IV, V	271,75	244,33
	III	271,75	244,33
3 047,99	I, II, IV, V	272,—	244,58
	III	272,—	244,58
3 050,99	I, II, IV, V	272,25	244,83
	III	272,25	244,83
3 053,99	I, II, IV, V	272,50	245,08
	III	272,50	245,08
3 056,99	I, II, IV, V	272,83	245,25
	III	272,83	245,25
3 059,99	I, II, IV, V	273,08	245,50
	III	273,08	245,50
3 062,99	I, II, IV, V	273,33	245,75
	III	273,33	245,75
3 065,99	I, II, IV, V	273,58	246,—
	III	273,58	246,—
3 068,99	I, II, IV, V	273,83	246,25
	III	273,83	246,25
3 071,99	I, II, IV, V	274,16	246,50
	III	274,16	246,50
3 074,99	I, II, IV, V	274,41	246,75
	III	274,41	246,75
3 077,99	I, II, IV, V	274,66	247,—
	III	274,66	247,—
3 080,99	I, II, IV, V	274,91	247,25
	III	274,91	247,25
3 083,99	I, II, IV, V	275,16	247,41
	III	275,16	247,41
3 086,99	I, II, IV, V	275,50	247,66
	III	275,50	247,66
3 089,99	I, II, IV, V	275,75	247,91
	III	275,75	247,91
3 092,99	I, II, IV, V	276,—	248,16
	III	276,—	248,16
3 095,99	I, II, IV, V	276,25	248,41
	III	276,25	248,41
3 098,99	I, II, IV, V	276,58	248,66
	III	276,58	248,66
3 101,99	I, II, IV, V	276,83	248,91
	III	276,83	248,91
3 104,99	I, II, IV, V	277,08	249,16
	III	277,08	249,16
3 107,99	I, II, IV, V	277,33	249,41
	III	277,33	249,41
3 110,99	I, II, IV, V	277,58	249,58
	III	277,58	249,58
3 113,99	I, II, IV, V	277,91	249,83
	III	277,91	249,83
3 116,99	I, II, IV, V	278,16	250,08
	III	278,16	250,08
3 119,99	I, II, IV, V	278,41	250,33
	III	278,41	250,33
3 122,99	I, II, IV, V	278,66	250,58
	III	278,66	250,58
3 125,99	I, II, IV, V	278,91	250,83
	III	278,91	250,83
3 128,99	I, II, IV, V	279,25	251,08
	III	279,25	251,08
3 131,99	I, II, IV, V	279,50	251,33
	III	279,50	251,33
3 134,99	I, II, IV, V	279,75	251,58
	III	279,75	251,58
3 137,99	I, II, IV, V	280,—	251,75
	III	280,—	251,75
3 140,99	I, II, IV, V	280,33	252,—
	III	280,33	252,—
3 143,99	I, II, IV, V	280,58	252,25
	III	280,58	252,25
3 146,99	I, II, IV, V	280,83	252,50
	III	280,83	252,50
3 149,99	I, II, IV, V	281,08	252,75
	III	281,08	252,75
3 152,99	I, II, IV, V	281,33	253,—
	III	281,33	253,—
3 155,99	I, II, IV, V	281,66	253,25
	III	281,66	253,25
3 158,99	I, II, IV, V	281,91	253,50
	III	281,91	253,50
3 161,99	I, II, IV, V	282,16	253,75
	III	282,16	253,75
3 164,99	I, II, IV, V	282,41	253,91
	III	282,41	253,91
3 167,99	I, II, IV, V	282,66	254,16
	III	282,66	254,16
3 170,99	I, II, IV, V	283,—	254,41
	III	283,—	254,41
3 173,99	I, II, IV, V	283,25	254,66
	III	283,25	254,66
3 176,99	I, II, IV, V	283,50	254,91
	III	283,50	254,91
3 179,99	I, II, IV, V	283,75	255,16
	III	283,75	255,16
3 182,99	I, II, IV, V	284,—	255,41
	III	284,—	255,41
3 185,99	I, II, IV, V	284,33	255,66
	III	284,33	255,66
3 188,99	I, II, IV, V	284,58	255,91
	III	284,58	255,91
3 191,99	I, II, IV, V	284,83	256,08
	III	284,83	256,08
3 194,99	I, II, IV, V	285,08	256,33
	III	285,08	256,33
3 197,99	I, II, IV, V	285,41	256,58
	III	285,41	256,58
3 200,99	I, II, IV, V	285,66	256,83
	III	285,66	256,83
3 203,99	I, II, IV, V	285,91	257,08
	III	285,91	257,08
3 206,99	I, II, IV, V	286,16	257,33
	III	286,16	257,33
3 209,99	I, II, IV, V	286,41	257,58
	III	286,41	257,58
3 212,99	I, II, IV, V	286,75	257,83
	III	286,75	257,83
3 215,99	I, II, IV, V	287,—	258,08
	III	287,—	258,08
3 218,99	I, II, IV, V	287,25	258,25
	III	287,25	258,25
3 221,99	I, II, IV, V	287,50	258,50
	III	287,50	258,50
3 224,99	I, II, IV, V	287,75	258,75
	III	287,75	258,75
3 227,99	I, II, IV, V	288,08	259,—
	III	288,08	259,—
3 230,99	I, II, IV, V	288,33	259,25
	III	288,33	259,25
3 233,99	I, II, IV, V	288,58	259,50
	III	288,58	259,50
3 236,99	I, II, IV, V	288,83	259,75
	III	288,83	259,75
3 239,99	I, II, IV, V	289,16	260,—
	III	289,16	260,—
3 242,99	I, II, IV, V	289,41	260,25
	III	289,41	260,25
3 245,99	I, II, IV, V	289,66	260,41
	III	289,66	260,41
3 248,99	I, II, IV, V	289,91	260,66
	III	289,91	260,66
3 251,99	I, II, IV, V	290,16	260,91
	III	290,16	260,91
3 254,99	I, II, IV, V	290,50	261,16
	III	290,50	261,16
3 257,99	I, II, IV, V	290,75	261,41
	III	290,75	261,41
3 260,99	I, II, IV, V	291,—	261,66
	III	291,—	261,66
3 263,99	I, II, IV, V	291,25	261,91
	III	291,25	261,91
3 266,99	I, II, IV, V	291,50	262,16
	III	291,50	262,16

* Arbeitnehmer, bei denen die Besondere Tabelle anzuwenden ist, beachten bitte die Hinweise auf Seite AP 2.
** BVSP = Mindestvorsorgepauschale für die Basiskranken- und Pflegeversicherungsbeiträge.
*** TAGZ = Typisierter Arbeitgeberzuschuss zur Kranken- und Pflegeversicherung.

MONAT 3 267,–

Lohn/ Gehalt bis €	Abzugsbetrag bei privat Kranken- und Pflegeversicherten*	BVSP**	TAGZ***
3 269,99	I, II, IV, V	291,83	262,41
	III	291,83	262,41
3 272,99	I, II, IV, V	292,08	262,58
	III	292,08	262,58
3 275,99	I, II, IV, V	292,33	262,83
	III	292,33	262,83
3 278,99	I, II, IV, V	292,58	263,08
	III	292,58	263,08
3 281,99	I, II, IV, V	292,91	263,33
	III	292,91	263,33
3 284,99	I, II, IV, V	293,16	263,58
	III	293,16	263,58
3 287,99	I, II, IV, V	293,41	263,83
	III	293,41	263,83
3 290,99	I, II, IV, V	293,66	264,08
	III	293,66	264,08
3 293,99	I, II, IV, V	293,91	264,33
	III	293,91	264,33
3 296,99	I, II, IV, V	294,25	264,58
	III	294,25	264,58
3 299,99	I, II, IV, V	294,50	264,75
	III	294,50	264,75
3 302,99	I, II, IV, V	294,75	265,—
	III	294,75	265,—
3 305,99	I, II, IV, V	295,—	265,25
	III	295,—	265,25
3 308,99	I, II, IV, V	295,25	265,50
	III	295,25	265,50
3 311,99	I, II, IV, V	295,58	265,75
	III	295,58	265,75
3 314,99	I, II, IV, V	295,83	266,—
	III	295,83	266,—
3 317,99	I, II, IV, V	296,08	266,25
	III	296,08	266,25
3 320,99	I, II, IV, V	296,33	266,50
	III	296,33	266,50
3 323,99	I, II, IV, V	296,66	266,75
	III	296,66	266,75
3 326,99	I, II, IV, V	296,91	266,91
	III	296,91	266,91
3 329,99	I, II, IV, V	297,16	267,16
	III	297,16	267,16
3 332,99	I, II, IV, V	297,41	267,41
	III	297,41	267,41
3 335,99	I, II, IV, V	297,66	267,66
	III	297,66	267,66
3 338,99	I, II, IV, V	298,—	267,91
	III	298,—	267,91
3 341,99	I, II, IV, V	298,25	268,16
	III	298,25	268,16
3 344,99	I, II, IV, V	298,50	268,41
	III	298,50	268,41
3 347,99	I, II, IV, V	298,75	268,66
	III	298,75	268,66
3 350,99	I, II, IV, V	299,—	268,91
	III	299,—	268,91
3 353,99	I, II, IV, V	299,33	269,08
	III	299,33	269,08
3 356,99	I, II, IV, V	299,58	269,33
	III	299,58	269,33
3 359,99	I, II, IV, V	299,83	269,58
	III	299,83	269,58
3 362,99	I, II, IV, V	300,08	269,83
	III	300,08	269,83
3 365,99	I, II, IV, V	300,33	270,08
	III	300,33	270,08

Lohn/ Gehalt bis €	Abzugsbetrag bei privat Kranken- und Pflegeversicherten*	BVSP**	TAGZ***
3 368,99	I, II, IV, V	300,66	270,33
	III	300,66	270,33
3 371,99	I, II, IV, V	300,91	270,58
	III	300,91	270,58
3 374,99	I, II, IV, V	301,16	270,83
	III	301,16	270,83
3 377,99	I, II, IV, V	301,41	271,08
	III	301,41	271,08
3 380,99	I, II, IV, V	301,75	271,25
	III	301,75	271,25
3 383,99	I, II, IV, V	302,—	271,50
	III	302,—	271,50
3 386,99	I, II, IV, V	302,25	271,75
	III	302,25	271,75
3 389,99	I, II, IV, V	302,50	272,—
	III	302,50	272,—
3 392,99	I, II, IV, V	302,75	272,25
	III	302,75	272,25
3 395,99	I, II, IV, V	303,08	272,50
	III	303,08	272,50
3 398,99	I, II, IV, V	303,33	272,75
	III	303,33	272,75
3 401,99	I, II, IV, V	303,58	273,—
	III	303,58	273,—
3 404,99	I, II, IV, V	303,83	273,25
	III	303,83	273,25
3 407,99	I, II, IV, V	304,08	273,41
	III	304,08	273,41
3 410,99	I, II, IV, V	304,41	273,66
	III	304,41	273,66
3 413,99	I, II, IV, V	304,66	273,91
	III	304,66	273,91
3 416,99	I, II, IV, V	304,91	274,16
	III	304,91	274,16
3 419,99	I, II, IV, V	305,16	274,41
	III	305,16	274,41
3 422,99	I, II, IV, V	305,50	274,66
	III	305,50	274,66
3 425,99	I, II, IV, V	305,75	274,91
	III	305,75	274,91
3 428,99	I, II, IV, V	306,—	275,16
	III	306,—	275,16
3 431,99	I, II, IV, V	306,25	275,41
	III	306,25	275,41
3 434,99	I, II, IV, V	306,50	275,58
	III	306,50	275,58
3 437,99	I, II, IV, V	306,83	275,83
	III	306,83	275,83
3 440,99	I, II, IV, V	307,08	276,08
	III	307,08	276,08
3 443,99	I, II, IV, V	307,33	276,33
	III	307,33	276,33
3 446,99	I, II, IV, V	307,58	276,58
	III	307,58	276,58
3 449,99	I, II, IV, V	307,83	276,83
	III	307,83	276,83
3 452,99	I, II, IV, V	308,16	277,08
	III	308,16	277,08
3 455,99	I, II, IV, V	308,41	277,33
	III	308,41	277,33
3 458,99	I, II, IV, V	308,66	277,58
	III	308,66	277,58
3 461,99	I, II, IV, V	308,91	277,75
	III	308,91	277,75
3 464,99	I, II, IV, V	309,25	278,—
	III	309,25	278,—

Lohn/ Gehalt bis €	Abzugsbetrag bei privat Kranken- und Pflegeversicherten*	BVSP**	TAGZ***
3 467,99	I, II, IV, V	309,50	278,25
	III	309,50	278,25
3 470,99	I, II, IV, V	309,75	278,50
	III	309,75	278,50
3 473,99	I, II, IV, V	310,—	278,75
	III	310,—	278,75
3 476,99	I, II, IV, V	310,25	279,—
	III	310,25	279,—
3 479,99	I, II, IV, V	310,58	279,25
	III	310,58	279,25
3 482,99	I, II, IV, V	310,83	279,50
	III	310,83	279,50
3 485,99	I, II, IV, V	311,08	279,75
	III	311,08	279,75
3 488,99	I, II, IV, V	311,33	279,91
	III	311,33	279,91
3 491,99	I, II, IV, V	311,58	280,16
	III	311,58	280,16
3 494,99	I, II, IV, V	311,91	280,41
	III	311,91	280,41
3 497,99	I, II, IV, V	312,16	280,66
	III	312,16	280,66
3 500,99	I, II, IV, V	312,41	280,91
	III	312,41	280,91
3 503,99	I, II, IV, V	312,66	281,16
	III	312,66	281,16
3 506,99	I, II, IV, V	312,91	281,41
	III	312,91	281,41
3 509,99	I, II, IV, V	313,25	281,66
	III	313,25	281,66
3 512,99	I, II, IV, V	313,50	281,91
	III	313,50	281,91
3 515,99	I, II, IV, V	313,75	282,08
	III	313,75	282,08
3 518,99	I, II, IV, V	314,—	282,33
	III	314,—	282,33
3 521,99	I, II, IV, V	314,33	282,58
	III	314,33	282,58
3 524,99	I, II, IV, V	314,58	282,83
	III	314,58	282,83
3 527,99	I, II, IV, V	314,83	283,08
	III	314,83	283,08
3 530,99	I, II, IV, V	315,08	283,33
	III	315,08	283,33
3 533,99	I, II, IV, V	315,33	283,58
	III	315,33	283,58
3 536,99	I, II, IV, V	315,66	283,83
	III	315,66	283,83
3 539,99	I, II, IV, V	315,91	284,08
	III	315,91	284,08
3 542,99	I, II, IV, V	316,16	284,25
	III	316,16	284,25
3 545,99	I, II, IV, V	316,41	284,50
	III	316,41	284,50
3 548,99	I, II, IV, V	316,66	284,75
	III	316,66	284,75
3 551,99	I, II, IV, V	317,—	285,—
	III	317,—	285,—
3 554,99	I, II, IV, V	317,25	285,25
	III	317,25	285,25
3 557,99	I, II, IV, V	317,50	285,50
	III	317,50	285,50
3 560,99	I, II, IV, V	317,75	285,75
	III	317,75	285,75
3 563,99	I, II, IV, V	318,08	286,—
	III	318,08	286,—

* Arbeitnehmer, bei denen die Besondere Tabelle anzuwenden ist, beachten bitte die Hinweise auf Seite AP 2.
** BVSP = Mindestvorsorgepauschale für die Basiskranken- und Pflegeversicherungsbeiträge.
*** TAGZ = Typisierter Arbeitgeberzuschuss zur Kranken- und Pflegeversicherung.

Lohn/ Gehalt bis €		Abzugsbetrag bei privat Kranken- und Pflegeversicherten* BVSP**	TAGZ***
3 566,99	I, II, IV, V	318,33	286,25
	III	318,33	286,25
3 569,99	I, II, IV, V	318,58	286,41
	III	318,58	286,41
3 572,99	I, II, IV, V	318,83	286,66
	III	318,83	286,66
3 575,99	I, II, IV, V	319,08	286,91
	III	319,08	286,91
3 578,99	I, II, IV, V	319,41	287,16
	III	319,41	287,16
3 581,99	I, II, IV, V	319,66	287,41
	III	319,66	287,41
3 584,99	I, II, IV, V	319,91	287,66
	III	319,91	287,66
3 587,99	I, II, IV, V	320,16	287,91
	III	320,16	287,91
3 590,99	I, II, IV, V	320,41	288,16
	III	320,41	288,16
3 593,99	I, II, IV, V	320,75	288,41
	III	320,75	288,41
3 596,99	I, II, IV, V	321,—	288,58
	III	321,—	288,58
3 599,99	I, II, IV, V	321,25	288,83
	III	321,25	288,83
3 602,99	I, II, IV, V	321,50	289,08
	III	321,50	289,08
3 605,99	I, II, IV, V	321,83	289,33
	III	321,83	289,33
3 608,99	I, II, IV, V	322,08	289,58
	III	322,08	289,58
3 611,99	I, II, IV, V	322,33	289,83
	III	322,33	289,83
3 614,99	I, II, IV, V	322,58	290,08
	III	322,58	290,08
3 617,99	I, II, IV, V	322,83	290,33
	III	322,83	290,33
3 620,99	I, II, IV, V	323,16	290,58
	III	323,16	290,58
3 623,99	I, II, IV, V	323,41	290,75
	III	323,41	290,75
3 626,99	I, II, IV, V	323,66	291,—
	III	323,66	291,—
3 629,99	I, II, IV, V	323,91	291,25
	III	323,91	291,25
3 632,99	I, II, IV, V	324,16	291,50
	III	324,16	291,50
3 635,99	I, II, IV, V	324,50	291,75
	III	324,50	291,75
3 638,99	I, II, IV, V	324,75	292,—
	III	324,75	292,—
3 641,99	I, II, IV, V	325,—	292,25
	III	325,—	292,25
3 644,99	I, II, IV, V	325,25	292,50
	III	325,25	292,50
3 647,99	I, II, IV, V	325,58	292,75
	III	325,58	292,75
3 650,99	I, II, IV, V	325,83	292,91
	III	325,83	292,91
3 653,99	I, II, IV, V	326,08	293,16
	III	326,08	293,16
3 656,99	I, II, IV, V	326,33	293,41
	III	326,33	293,41
3 659,99	I, II, IV, V	326,58	293,66
	III	326,58	293,66
3 662,99	I, II, IV, V	326,91	293,91
	III	326,91	293,91

Lohn/ Gehalt bis €		Abzugsbetrag bei privat Kranken- und Pflegeversicherten* BVSP**	TAGZ***
3 665,99	I, II, IV, V	327,16	294,16
	III	327,16	294,16
3 668,99	I, II, IV, V	327,41	294,41
	III	327,41	294,41
3 671,99	I, II, IV, V	327,66	294,66
	III	327,66	294,66
3 674,99	I, II, IV, V	327,91	294,91
	III	327,91	294,91
3 677,99	I, II, IV, V	328,25	295,08
	III	328,25	295,08
3 680,99	I, II, IV, V	328,50	295,33
	III	328,50	295,33
3 683,99	I, II, IV, V	328,75	295,58
	III	328,75	295,58
3 686,99	I, II, IV, V	329,—	295,83
	III	329,—	295,83
3 689,99	I, II, IV, V	329,25	296,08
	III	329,25	296,08
3 692,99	I, II, IV, V	329,58	296,33
	III	329,58	296,33
3 695,99	I, II, IV, V	329,83	296,58
	III	329,83	296,58
3 698,99	I, II, IV, V	330,08	296,83
	III	330,08	296,83
3 701,99	I, II, IV, V	330,33	297,08
	III	330,33	297,08
3 704,99	I, II, IV, V	330,66	297,25
	III	330,66	297,25
3 707,99	I, II, IV, V	330,91	297,50
	III	330,91	297,50
3 710,99	I, II, IV, V	331,16	297,75
	III	331,16	297,75
3 713,99	I, II, IV, V	331,41	298,—
	III	331,41	298,—
3 716,99	I, II, IV, V	331,66	298,25
	III	331,66	298,25
3 719,99	I, II, IV, V	332,—	298,50
	III	332,—	298,50
3 722,99	I, II, IV, V	332,25	298,75
	III	332,25	298,75
3 725,99	I, II, IV, V	332,50	299,—
	III	332,50	299,—
3 728,99	I, II, IV, V	332,75	299,25
	III	332,75	299,25
3 731,99	I, II, IV, V	333,—	299,41
	III	333,—	299,41
3 734,99	I, II, IV, V	333,33	299,66
	III	333,33	299,66
3 737,99	I, II, IV, V	333,58	299,91
	III	333,58	299,91
3 740,99	I, II, IV, V	333,83	300,16
	III	333,83	300,16
3 743,99	I, II, IV, V	334,08	300,41
	III	334,08	300,41
3 746,99	I, II, IV, V	334,41	300,66
	III	334,41	300,66
3 749,99	I, II, IV, V	334,66	300,91
	III	334,66	300,91
3 752,99	I, II, IV, V	334,91	301,16
	III	334,91	301,16
3 755,99	I, II, IV, V	335,16	301,41
	III	335,16	301,41
3 758,99	I, II, IV, V	335,41	301,58
	III	335,41	301,58
3 761,99	I, II, IV, V	335,75	301,83
	III	335,75	301,83

Lohn/ Gehalt bis €		Abzugsbetrag bei privat Kranken- und Pflegeversicherten* BVSP**	TAGZ***
3 764,99	I, II, IV, V	336,—	302,08
	III	336,—	302,08
3 767,99	I, II, IV, V	336,25	302,33
	III	336,25	302,33
3 770,99	I, II, IV, V	336,50	302,58
	III	336,50	302,58
3 773,99	I, II, IV, V	336,75	302,83
	III	336,75	302,83
3 776,99	I, II, IV, V	337,08	303,08
	III	337,08	303,08
3 779,99	I, II, IV, V	337,33	303,33
	III	337,33	303,33
3 782,99	I, II, IV, V	337,58	303,58
	III	337,58	303,58
3 785,99	I, II, IV, V	337,83	303,75
	III	337,83	303,75
3 788,99	I, II, IV, V	338,16	304,—
	III	338,16	304,—
3 791,99	I, II, IV, V	338,41	304,25
	III	338,41	304,25
3 794,99	I, II, IV, V	338,66	304,50
	III	338,66	304,50
3 797,99	I, II, IV, V	338,91	304,75
	III	338,91	304,75
3 800,99	I, II, IV, V	339,16	305,—
	III	339,16	305,—
3 803,99	I, II, IV, V	339,50	305,25
	III	339,50	305,25
3 806,99	I, II, IV, V	339,75	305,50
	III	339,75	305,50
3 809,99	I, II, IV, V	340,—	305,75
	III	340,—	305,75
3 812,99	I, II, IV, V	340,25	305,91
	III	340,25	305,91
3 815,99	I, II, IV, V	340,50	306,16
	III	340,50	306,16
3 818,99	I, II, IV, V	340,83	306,41
	III	340,83	306,41
3 821,99	I, II, IV, V	341,08	306,66
	III	341,08	306,66
3 824,99	I, II, IV, V	341,33	306,91
	III	341,33	306,91
3 827,99	I, II, IV, V	341,58	307,16
	III	341,58	307,16
3 830,99	I, II, IV, V	341,91	307,41
	III	341,91	307,41
3 833,99	I, II, IV, V	342,16	307,66
	III	342,16	307,66
3 836,99	I, II, IV, V	342,41	307,91
	III	342,41	307,91
3 839,99	I, II, IV, V	342,66	308,08
	III	342,66	308,08
3 842,99	I, II, IV, V	342,91	308,33
	III	342,91	308,33
3 845,99	I, II, IV, V	343,25	308,58
	III	343,25	308,58
3 848,99	I, II, IV, V	343,50	308,83
	III	343,50	308,83
3 851,99	I, II, IV, V	343,75	309,08
	III	343,75	309,08
3 854,99	I, II, IV, V	344,—	309,33
	III	344,—	309,33
3 857,99	I, II, IV, V	344,25	309,58
	III	344,25	309,58
3 860,99	I, II, IV, V	344,58	309,83
	III	344,58	309,83

* Arbeitnehmer, bei denen die Besondere Tabelle anzuwenden ist, beachten bitte die Hinweise auf Seite AP 2.
** BVSP = Mindestvorsorgepauschale für die Basiskranken- und Pflegeversicherungsbeiträge.
*** TAGZ = Typisierter Arbeitgeberzuschuss zur Kranken- und Pflegeversicherung.

MONAT 3 861,–

Lohn/ Gehalt bis €	Abzugsbetrag bei privat Kranken- und Pflegeversicherten*	BVSP**	TAGZ***
3 863,99	I, II, IV, V	344,83	310,08
	III	344,83	310,08
3 866,99	I, II, IV, V	345,08	310,25
	III	345,08	310,25
3 869,99	I, II, IV, V	345,33	310,50
	III	345,33	310,50
3 872,99	I, II, IV, V	345,58	310,75
	III	345,58	310,75
3 875,99	I, II, IV, V	345,91	311,—
	III	345,91	311,—
3 878,99	I, II, IV, V	346,16	311,25
	III	346,16	311,25
3 881,99	I, II, IV, V	346,41	311,50
	III	346,41	311,50
3 884,99	I, II, IV, V	346,66	311,75
	III	346,66	311,75
3 887,99	I, II, IV, V	347,—	312,—
	III	347,—	312,—
3 890,99	I, II, IV, V	347,25	312,25
	III	347,25	312,25
3 893,99	I, II, IV, V	347,50	312,41
	III	347,50	312,41
3 896,99	I, II, IV, V	347,75	312,66
	III	347,75	312,66
3 899,99	I, II, IV, V	348,—	312,91
	III	348,—	312,91
3 902,99	I, II, IV, V	348,33	313,16
	III	348,33	313,16
3 905,99	I, II, IV, V	348,58	313,41
	III	348,58	313,41
3 908,99	I, II, IV, V	348,83	313,66
	III	348,83	313,66
3 911,99	I, II, IV, V	349,08	313,91
	III	349,08	313,91
3 914,99	I, II, IV, V	349,33	314,16
	III	349,33	314,16
3 917,99	I, II, IV, V	349,66	314,41
	III	349,66	314,41
3 920,99	I, II, IV, V	349,91	314,58
	III	349,91	314,58
3 923,99	I, II, IV, V	350,16	314,83
	III	350,16	314,83
3 926,99	I, II, IV, V	350,41	315,08
	III	350,41	315,08
3 929,99	I, II, IV, V	350,75	315,33
	III	350,75	315,33
3 932,99	I, II, IV, V	351,—	315,58
	III	351,—	315,58
3 935,99	I, II, IV, V	351,25	315,83
	III	351,25	315,83
3 938,99	I, II, IV, V	351,50	316,08
	III	351,50	316,08
3 941,99	I, II, IV, V	351,75	316,33
	III	351,75	316,33
3 944,99	I, II, IV, V	352,08	316,58
	III	352,08	316,58
3 947,99	I, II, IV, V	352,33	316,75
	III	352,33	316,75
3 950,99	I, II, IV, V	352,58	317,—
	III	352,58	317,—
3 953,99	I, II, IV, V	352,83	317,25
	III	352,83	317,25
3 956,99	I, II, IV, V	353,08	317,50
	III	353,08	317,50
3 959,99	I, II, IV, V	353,41	317,75
	III	353,41	317,75

Lohn/ Gehalt bis €	Abzugsbetrag bei privat Kranken- und Pflegeversicherten*	BVSP**	TAGZ***
3 962,99	I, II, IV, V	353,66	318,—
	III	353,66	318,—
3 965,99	I, II, IV, V	353,91	318,25
	III	353,91	318,25
3 968,99	I, II, IV, V	354,16	318,50
	III	354,16	318,50
3 971,99	I, II, IV, V	354,50	318,75
	III	354,50	318,75
3 974,99	I, II, IV, V	354,75	318,91
	III	354,75	318,91
3 977,99	I, II, IV, V	355,—	319,16
	III	355,—	319,16
3 980,99	I, II, IV, V	355,25	319,41
	III	355,25	319,41
3 983,99	I, II, IV, V	355,50	319,66
	III	355,50	319,66
3 986,99	I, II, IV, V	355,83	319,91
	III	355,83	319,91
3 989,99	I, II, IV, V	356,08	320,16
	III	356,08	320,16
3 992,99	I, II, IV, V	356,33	320,41
	III	356,33	320,41
3 995,99	I, II, IV, V	356,58	320,66
	III	356,58	320,66
3 998,99	I, II, IV, V	356,83	320,91
	III	356,83	320,91
4 001,99	I, II, IV, V	357,16	321,08
	III	357,16	321,08
4 004,99	I, II, IV, V	357,41	321,33
	III	357,41	321,33
4 007,99	I, II, IV, V	357,66	321,58
	III	357,66	321,58
4 010,99	I, II, IV, V	357,91	321,83
	III	357,91	321,83
4 013,99	I, II, IV, V	358,16	322,08
	III	358,16	322,08
4 016,99	I, II, IV, V	358,50	322,33
	III	358,50	322,33
4 019,99	I, II, IV, V	358,75	322,58
	III	358,75	322,58
4 022,99	I, II, IV, V	359,—	322,83
	III	359,—	322,83
4 025,99	I, II, IV, V	359,25	323,08
	III	359,25	323,08
4 028,99	I, II, IV, V	359,58	323,25
	III	359,58	323,25
4 031,99	I, II, IV, V	359,83	323,50
	III	359,83	323,50
4 034,99	I, II, IV, V	360,08	323,75
	III	360,08	323,75
4 037,99	I, II, IV, V	360,33	324,—
	III	360,33	324,—
4 040,99	I, II, IV, V	360,58	324,25
	III	360,58	324,25
4 043,99	I, II, IV, V	360,91	324,50
	III	360,91	324,50
4 046,99	I, II, IV, V	361,16	324,75
	III	361,16	324,75
4 049,99	I, II, IV, V	361,41	325,—
	III	361,41	325,—
4 052,99	I, II, IV, V	361,41	325,—
	III	361,41	325,—
4 055,99	I, II, IV, V	361,41	325,—
	III	361,41	325,—
4 058,99	I, II, IV, V	361,41	325,—
	III	361,41	325,—

Lohn/ Gehalt bis €	Abzugsbetrag bei privat Kranken- und Pflegeversicherten*	BVSP**	TAGZ***
4 061,99	I, II, IV, V	361,41	325,—
	III	361,41	325,—
4 064,99	I, II, IV, V	361,41	325,—
	III	361,41	325,—
4 067,99	I, II, IV, V	361,41	325,—
	III	361,41	325,—
4 070,99	I, II, IV, V	361,41	325,—
	III	361,41	325,—
4 073,99	I, II, IV, V	361,41	325,—
	III	361,41	325,—
4 076,99	I, II, IV, V	361,41	325,—
	III	361,41	325,—
4 079,99	I, II, IV, V	361,41	325,—
	III	361,41	325,—
4 082,99	I, II, IV, V	361,41	325,—
	III	361,41	325,—
4 085,99	I, II, IV, V	361,41	325,—
	III	361,41	325,—
4 088,99	I, II, IV, V	361,41	325,—
	III	361,41	325,—
4 091,99	I, II, IV, V	361,41	325,—
	III	361,41	325,—
4 094,99	I, II, IV, V	361,41	325,—
	III	361,41	325,—
4 097,99	I, II, IV, V	361,41	325,—
	III	361,41	325,—
4 100,99	I, II, IV, V	361,41	325,—
	III	361,41	325,—
4 103,99	I, II, IV, V	361,41	325,—
	III	361,41	325,—
4 106,99	I, II, IV, V	361,41	325,—
	III	361,41	325,—
4 109,99	I, II, IV, V	361,41	325,—
	III	361,41	325,—
4 112,99	I, II, IV, V	361,41	325,—
	III	361,41	325,—
4 115,99	I, II, IV, V	361,41	325,—
	III	361,41	325,—
4 118,99	I, II, IV, V	361,41	325,—
	III	361,41	325,—
4 121,99	I, II, IV, V	361,41	325,—
	III	361,41	325,—
4 124,99	I, II, IV, V	361,41	325,—
	III	361,41	325,—
4 127,99	I, II, IV, V	361,41	325,—
	III	361,41	325,—
4 130,99	I, II, IV, V	361,41	325,—
	III	361,41	325,—
4 133,99	I, II, IV, V	361,41	325,—
	III	361,41	325,—
4 136,99	I, II, IV, V	361,41	325,—
	III	361,41	325,—
4 139,99	I, II, IV, V	361,41	325,—
	III	361,41	325,—
4 142,99	I, II, IV, V	361,41	325,—
	III	361,41	325,—
4 145,99	I, II, IV, V	361,41	325,—
	III	361,41	325,—
4 148,99	I, II, IV, V	361,41	325,—
	III	361,41	325,—

Für höhere Löhne und Gehälter ändern sich die Abzugsbeträge nicht mehr. Die Werte können aus der letzten Lohnstufe abgelesen werden.

* Arbeitnehmer, bei denen die Besondere Tabelle anzuwenden ist, beachten bitte die Hinweise auf Seite AP 2.
** BVSP = Mindestvorsorgepauschale für die Basiskranken- und Pflegeversicherungsbeiträge.
*** TAGZ = Typisierter Arbeitgeberzuschuss zur Kranken- und Pflegeversicherung.

Inhaltsübersicht

(Redaktionsschluss: 6.12.2013)

Rechtsänderungen ab 1. 1. 2014 sind durch senkrechte Randstriche | kenntlich gemacht.

A. Allgemeines

I. Vorbemerkungen

1 In den nachfolgenden Erläuterungen wird durch Pictogramme auf das Online zugänglich Softwareprogramm Stotax-Lohn hingewiesen. Das Symbol ® verweist auf die Software Stotax-Lohn, die der centgenauen Berechnung der lohn- und sozialversicherungsrechtlichen Abzüge dient und als herunterladbare Arbeitshilfe in der Online-Datenbank enthalten ist. Die Zugangsdaten finden Sie vorne im Werk.

2 Wie hoch „die Steuer" ist, hier die Einkommen- oder Lohnsteuer, interessiert sowohl den, der sie zu tragen bzw. zu zahlen hat, als auch den, der sie zu ermitteln und abzuziehen hat. Die Höhe der Einkommen- oder Lohnsteuer lässt sich aber nicht einfach im Einkommensteuergesetz (EStG) ablesen. Sie ist dort zwar genau bestimmt, nämlich in der sog. **Tarifformel** (→ Rz. 22, 25), aber eben nicht betragsmäßig in Euro und Cent. Diese Tarifformel wird auf das „zu versteuernde Einkommen" eines Kalenderjahres angewandt und ergibt die festzusetzende tarifliche Einkommensteuer in Euro und Cent.

Primär ist die Einkommensteuer/Lohnsteuer seit 2001 nach der Tarifformel (elektronisch) zu errechnen. Dabei gab es für die Jahre 2001 bis 2003 noch gesetzliche Tarifstufen. Ab 2004 entfällt die Stufenbildung für die elektronische (Einkommen- und Lohn-) Steuerberechnung, so dass sich für jeden Euro grundsätzlich eine andere (Einkommen- und Lohn-) Steuer ergibt. Damit die Lohnsteuertabellen nicht einen unvertretbaren Umfang annehmen, ist für diese Zwecke aber weiterhin eine **Stufenbildung** von 36 € (für Jahrestabellen) für die manuelle Berechnung der Lohnsteuer vorgegeben. Seit 2004 ist die in den Tabellenstufen auszuweisende Lohnsteuer aus der Obergrenze der Tabellenstufe zu berechnen (vorher aus der Mitte) und stimmt folglich nur an der Obergrenze mit der maschinellen Lohnsteuer überein (unterhalb der Obergrenze ist die Tabellensteuer tendenziell geringfügig höher). Seit 2010 wird die Tabellensteuer nicht nur durch den Steuertarif (Grundfreibetrag und Tarifverlauf) sondern auch wegen der Auswirkung auf die Vorsorgepauschale durch Änderung von sozialversicherungsrechtlichen Werten (z.B. Beitragsbemessungsgrenzen oder Beitragssätze) beeinflusst, so dass sich in der Regel jährlich eine neue Tabellensteuer ergibt.

3 Die Umstellung auf eine **primäre elektronische Steuerberechnung** hat natürlich das Bedürfnis der Praxis unberührt gelassen, das Ergebnis der Steuerberechnung auch in Tabellen nachschlagen zu können. Diesen Zweck erfüllen die Stollfuß Tabellen. Sie sind handlich, dienen der schnellen Information, der Kontrolle der Software, sind hilfreich bei der Hochrechnung eines vereinbarten Nettolohns auf den Bruttolohn und notwendig für die **manuelle Steuerberechnung**. Der Steuerabzug beschränkt sich aber nicht auf die Lohnsteuer. Hinzu kommen der Solidaritätszuschlag und die Kirchensteuer (sowie die Sozialversicherung). Dies berücksichtigen die von Stollfuß angebotenen Tabellen im Interesse der Praxistauglichkeit.

4 Die Tabellen sind wesensgemäß für bestimmte Zwecke angelegt; sie liefern daher verständlicherweise **nur bei bestimmungsgemäßer Benutzung die zutreffenden Ergebnisse**. Weil die Lohnsteuer keine eigene Steuer ist, sondern nur eine Erhebungsform der Einkommensteuer (grundsätzlich vorläufiger Steuerabzug auf Arbeitslohn), können folglich die **Lohnsteuer-Tabellen** nur zum Steuerabzug vom (Brutto-) Arbeitslohn verwendet werden. Lohnsteuer-Tabellen bauen auf dem Bruttoarbeitslohn (des Jahres, des Monats etc.) auf. Dafür liefern sie zutreffende Ergebnisse, nicht aber für die Einkommensteuer. Für diese ist die **Einkommensteuer-Tabelle** zu verwenden, die auf dem zu versteuernden Einkommen (stets des Jahres) aufbaut. Das zu versteuernde Einkommen ist (begrifflich) stets niedriger als der (Brutto-) Arbeitslohn. Selbstverständlich beruhen aber die Lohnsteuer-Tabellen auf demselben **Einkommensteuertarif** wie die Einkommensteuer-Tabelle. Die Steuerbelastung ist nach beiden Tabellen gleich hoch. Für die Lohnsteuer-Tabellen ist das zu versteuernde Einkommen für die praktische Anwendung jedoch in Bruttoarbeitslohnbeträge umgerechnet (hochgerechnet), wobei bestimmte Pauschbeträge und entsprechend dem Familienstand in Betracht kommende Freibeträge eingearbeitet werden (**Tabellenfreibeträge,** → Rz. 16). Geringfügige Abweichungen der Tabellenlohnsteuer gegenüber der Formelsteuer (Einkommen-/maschinelle Lohnsteuer) ergeben sich jedoch seit 2004 unterhalb der Tabellenstufenobergrenze aus dem Wegfall der Stufenbildung bei der elektronischen Berechnung (→ Rz. 2), auf die aber aus praktischen Gründen bei den Lohnsteuer-Tabellen nicht verzichtet werden kann. Zu weiteren möglichen Abweichungen siehe → Rz. 17.

II. Allgemeine oder Besondere Tabelle

Hauptunterscheidung für den Lohnsteuerabzug ist die **Tabellenart**, also die Frage, ob die Allgemeine Tabelle oder die Besondere Tabelle anzuwenden ist. Diese Unterscheidung beruht darauf, dass in die Lohnsteuer-Tabellen als einer der Tabellenfreibeträge eine **Vorsorgepauschale** in unterschiedlicher Höhe eingearbeitet ist. Im Veranlagungsverfahren entfällt ab 2010 die Vorsorgepauschale für Vorsorgeaufwendungen (Renten-, Kranken-, Pflege-, Arbeitslosenversicherung); es werden die tatsächlich geleisteten Vorsorgeaufwendungen berücksichtigt. Beim Lohnsteuerabzug kann jedoch auf eine typisierende Vorsorgepauschale nicht verzichtet werden. Die Höhe der Vorsorgepauschale richtet sich ab 2010 hauptsächlich danach, ob der Arbeitnehmer sozialversicherungspflichtig ist oder nicht. Die **allgemeine Vorsorgepauschale** (bei Pflichtversicherung in der gesetzlichen Rentenversicherung, Versicherung in der gesetzlichen Krankenversicherung und der sozialen Pflegeversicherung) gilt folglich für sozialversicherungspflichtige Arbeitnehmer. Für diese Personengruppe ist die Allgemeine Tabelle (→ Rz. 7) zu verwenden. Die **besondere Vorsorgepauschale** gilt für nicht sozialversicherungspflichtige Arbeitnehmer (keine Rentenversicherungspflicht, keine Versicherung in der gesetzlichen Krankenversicherung und der sozialen Pflegeversicherung), folglich z.B. für Beamte und beherrschende Gesellschafter-Geschäftsführer. Für diese Personengruppe ist die Besondere Tabelle zu verwenden (→ Rz. 8). Darüber hinaus gibt es Vorsorgepauschalen, die **Elemente aus den beiden genannten Vorsorgepauschalen** enthalten (z.B. Pflichtversicherung in der gesetzlichen Rentenversicherung, aber keine Versicherung in der gesetzlichen Krankenversicherung und der sozialen Pflegeversicherung, oder keine Rentenversicherungspflicht, aber Versicherung in der gesetzlichen Krankenversicherung und der sozialen Pflegeversicherung). In diesen Fällen verwenden Sie bitte die Online zugängliche Soft- 5 ware ®; oder das bei Stollfuß Medien erhältliche Lohnabrechnungsprogramm „Stotax Gehalt und Lohn".

6 Sozialversicherungspflichtige Arbeitnehmer haben höhere gesetzliche Vorsorgeaufwendungen (Sozialversicherungsbeiträge in allen Versicherungszweigen). Sie erhalten daher beim Lohnsteuerabzug die höhere **allgemeine Vorsorgepauschale**. Sie setzt sich ab 2010 aus Teilbeträgen für Renten-, Kranken- und Pflegeversicherung gem. den gesetzlichen Beitragsregeln zusammen. Sie ist in der **Allgemeinen Tabelle** berücksichtigt.

Nicht sozialversicherungspflichtige Arbeitnehmer (insbesondere Beamte) haben grundsätzlich niedrigere Vorsorgeaufwendungen. Sie erhalten daher beim Lohnsteuerabzug die niedrigere **besondere Vorsorgepauschale** für Beiträge zur privaten Kranken- und Pflegeversicherung. Die privaten Kranken- und Pflegeversicherungsbeiträge sind unterschiedlich hoch und können daher beim Lohnsteuerabzug und insbesondere tabellarisch nur in Form der gesetzlichen **Mindestvorsorgepauschale** berücksichtigt werden. Die Mindestvorsorgepauschale i.H.v. 12 % des Arbeitslohns, höchstens 1 900 € im Kalenderjahr, in Steuerklasse III 3 000 €, ist in der **Besonderen Tabelle** berücksichtigt.

7 Die **Allgemeine Tabelle** ist anzuwenden für Arbeitnehmer, die in allen Zweigen der Sozialversicherung (Renten-, Kranken- und Pflegeversicherung) versichert sind. Die Arbeitslosenversicherung ist für die Bemessung der Vorsorgepauschale unerheblich. Die Teilbeträge der Vorsorgepauschale in den jeweiligen Versicherungszweigen richten sich nach dem Arbeitslohn i.V.m. den gesetzlichen Beitragssätzen und den Beitragsbemessungsgrenzen. Bei der Rentenversicherung sind die unterschiedlichen Beitragsbemessungsgrenzen Ost (2014: 60 000 € jährlich/5 000 € monatlich) und West (2014: 71 400 € jährlich/5 950 € monatlich) zu beachten. Bei Arbeitslöhnen über der Beitragsbemessungsgrenze der Rentenversicherung Ost ist folglich ein unterschiedlich hoher Teilbetrag der Vorsorgepauschale für die Rentenversicherung getrennt nach Ost und West in der Allgemeinen Tabelle berücksichtigt, und zwar in Höhe des gesetzlichen Arbeitnehmeranteils i.H.v. 9,45 % (Hälfte des Gesamtbeitragssatzes zur gesetzlichen Rentenversicherung 2014 i.H.v. (unverändert) 18,9 %), soweit er 2014 berücksichtigungsfähig ist (56 % des Arbeitnehmerbeitrags).

Die Teilbeträge der Vorsorgepauschale für die Kranken- und Pflegeversicherung sind in der Tabelle in Höhe der gesetzlichen **Mindestvorsorgepauschale** (12 % des Arbeitslohns, höchstens 1 900 €, in Steuerklasse III 3 000 €) berücksichtigt, soweit die Mindestvorsorgepauschale höher ist als die Summe der abziehbaren Teilbeträge der Vorsorgepauschale für die gesetzliche Kranken- und soziale Pflegeversicherung. Ist die Mindestvorsorgepauschale niedriger als die Summe der abziehbaren Teilbeträge der Vorsorgepauschale für die gesetzliche Kranken- und soziale Pflegeversicherung, so sind die höheren gesetzlichen Beiträge in der Tabelle berücksichtigt. Der Anwender muss diese **Vergleichsrechnung** daher nicht selbst vornehmen. Die Beitragsbemessungsgrenze für die Kranken- und Pflegeversicherung beträgt 2014 bundeseinheitlich 48 600 € jährlich/4 050 € monatlich.

Der Teilbetrag der Vorsorgepauschale für die gesetzliche Krankenversicherung ist mit dem Arbeitnehmeranteil am ermäßigten Beitragssatz zur gesetzlichen Krankenversicherung (also ohne den im allgemeinen Beitragssatz enthaltenen Beitragssatzanteil für das Krankengeld i.H.v. 0,6 %) i.H.v. 7,9 % berücksichtigt. (Berechnung: Der ermäßigte Beitragssatz zur Krankenversicherung beträgt 2014 (unverändert) 14,9 %; davon hat der Arbeitnehmer vorab 0,9 % zu tragen, hinzu kommt die Hälfte des paritätischen Beitragsanteils von 14,0 % = 7,0 %, ergibt 7,9 % Arbeitnehmeranteil.)

Der Teilbetrag der Vorsorgepauschale für die Pflegeversicherung ist mit dem Arbeitnehmeranteil i.H.v. 1,025 % berücksichtigt (Hälfte des gesetzlichen Gesamtbeitragssatzes zur Pflegeversicherung 2014 i.H.v. 2,05 % – unverändert). Der Beitragszuschlag des Arbeitnehmers in der Pflegeversicherung i.H.v. 0,25 % (§ 55 Abs. 3 SGB XI) ist in den Tabellen aus Vereinfachungsgründen nicht berücksichtigt. Dies kann zu einer geringfügig höheren Lohnsteuer als bei der maschinellen Lohnsteuerberechnung führen.

In **Sachsen** besteht bei der Pflegeversicherung die Besonderheit, dass der Arbeitnehmeranteil an der Pflegeversicherung mit 1,525 % (also um 0,5 %) höher ist als im übrigen Bundesgebiet. Diese Besonderheit ist in den Tabellen aus Vereinfachungsgründen ebenfalls nicht berücksichtigt. Auch dies führt zu einer höheren Lohnsteuer als bei der maschinellen Lohnsteuerberechnung. Zur maschinellen Berechnung verwenden Sie bitte die Online zugängliche Software ® oder das bei Stollfuß Medien erhältliche Lohnabrechnungsprogramm „Stotax Gehalt und Lohn".

Die **Besondere Tabelle** ist anzuwenden für Beamte, Richter, 8
Berufssoldaten, Soldaten auf Zeit und alle Arbeitnehmer, die keinen Beitragsanteil zur gesetzlichen Rentenversicherung sowie gesetzlichen Kranken- und sozialen Pflegeversicherung entrichten (also nicht z.B. für freiwillig gesetzlich krankenversicherte Beamte). Die Beiträge für die private Kranken- und Pflegeversicherung werden in den Tabellen mit der **Mindestvorsorgepauschale** (→ Rz. 6) berücksichtigt. Soweit der Arbeitnehmer höhere abziehbare Beiträge für private Kranken- und Pflegeversicherungsbeiträge nachweist (also dem Arbeitgeber eine Bescheinigung der Versicherungsgesellschaft vorgelegt hat), kann die Lohnsteuer anhand der Tabellen mit einem **Korrekturbetrag** (→ Rz. 14) annähernd ermittelt werden. Eine centgenaue Berechnung ist mit der Online zugänglichen Software ® oder dem bei Stollfuß Medien erhältlichen Lohnabrechnungsprogramm „Stotax Gehalt und Lohn" möglich.

Die Unterscheidung nach Allgemeiner und Besonderer Ta- 9
belle gibt es nur beim Lohnsteuerabzug. Bei der **Einkommensteuer-Tabelle** (→ Rz. 21) ist die Unterscheidung nicht erforderlich; diese geht vom zu versteuernden Einkommen aus, bei dessen Ermittlung die Sonderausgaben im Rahmen der Höchstbeträge und der Günstigerprüfung abgezogen werden.

III. Praxishinweise zur Anwendung

1. Lohnsteuer-Tabelle (Allgemeine und Besondere)

a) Allgemeine Hinweise

Die Lohnsteuer-Tabellen gehen vom steuerpflichtigen Brutto- 10
arbeitslohn aus. Diesen hat der Arbeitgeber zu ermitteln (→ Rz. 385 ff.). Dann hat er zu entscheiden, ob für den bestimmten Arbeitnehmer die Allgemeine oder die Besondere Tabelle anzuwenden ist (→ Rz. 5–8). Die danach zutreffende Lohnsteuer-Tabelle für den jeweiligen **Lohnzahlungszeitraum** (Monat-, Tagestabelle etc.) ist zu benutzen. Vor Anwendung dieser Lohnsteuer-Tabelle ist der jeweilige steuerpflichtige Bruttoarbeitslohn zu korrigieren:

Abzusetzen ist ggf.

- der auf der Lohnsteuerkarte eingetragene persönliche Freibetrag (→ Rz. 11),

- der Altersentlastungsbetrag (→ Rz. 12) und
- der Versorgungsfreibetrag und (ab 2005) der Zuschlag zum Versorgungsfreibetrag (→ Rz. 13).

Hinzuzurechnen ist ggf.

- der auf der Lohnsteuerkarte eingetragene Hinzurechnungsbetrag (→ Rz. 11).

b) Persönlicher Freibetrag, Hinzurechnungsbetrag

11 Der **persönliche Freibetrag** oder **Hinzurechnungsbetrag** wird vom Finanzamt auf Antrag ermittelt und mit den elektronischen Lohnsteuerabzugsmerkmalen (ELStAM) (→ Rz. 37 ff.) mitgeteilt oder ist der arbeitgeberbezogenen Bescheinigung zur Durchführung des Lohnsteuerabzugs zu entnehmen. Sollte der Freibetrag/Hinzurechnungsbetrag für den jeweiligen Lohnzahlungszeitraum nicht mitgeteilt sein, kann ihn der Arbeitgeber aus einem mitgeteilten Betrag ableiten. Der tägliche Betrag ist mit 1/30, der wöchentliche ist mit 7/30 des Monatsbetrags anzusetzen. Für die Ermittlung der Lohnabzugsbeträge ist der Freibetrag/Hinzurechnungsbetrag vom Bruttoarbeitslohn abzuziehen bzw. dem Bruttoarbeitslohn hinzuzurechnen. Für den so geminderten bzw. erhöhten Bruttoarbeitslohn ist dann die entsprechende Stufe in der Lohnsteuer-Tabelle aufzusuchen. Zu den möglichen Differenzen gegenüber der elektronisch ermittelten Lohnsteuer → Rz. 17.

c) Altersentlastungsbetrag

12 Der **Altersentlastungsbetrag** ist bei Arbeitnehmern zu berücksichtigen, die vor Beginn des Kalenderjahres das 64. Lebensjahr vollendet haben. Der Altersentlastungsbetrag (Freibetrag) wird ab 2006 sukzessive abgeschmolzen (auf 0 € im Jahr 2040). Der Prozentsatz und Höchstbetrag des **Erstjahres** (Erreichen der Altersgrenze: Vollendung des 64. Lebensjahrs im Vorjahr) bleiben dem Arbeitnehmer zeitlebens erhalten. Steuerbegünstigte Versorgungsbezüge bleiben bei der Berechnung außer Betracht. Der auf den Lohnzahlungszeitraum entfallende Anteil ist zu ermitteln mit einem Zwölftel für den Monat, mit 7/30 des Monatsbetrags für die Woche und mit 1/30 des Monatsbetrags für den Tag. Der dem Lohnzahlungszeitraum entsprechende anteilige Höchstbetrag darf auch dann nicht überschritten werden, wenn in den vorangegangenen Lohnzahlungszeiträumen desselben Jahres der Höchstbetrag nicht ausgeschöpft worden ist. Bei im Ausland ansässigen (beschränkt einkommensteuerpflichtigen) Arbeitnehmern ist ein Altersentlastungsbetrag ab 2009 abzuziehen. Die Beträge für die jeweiligen Erstjahre können der nachfolgenden Tabelle entnommen werden.

Altersentlastungsbetrag				**Abzugsbeträge höchstens**		
Vollendung 64. Lebensj.	**Erstjahr**	vom Arbeitslohn in %	Höchstbetrag Kalenderjahr in €	Monat 1/12 Kj. €	Woche 7/30 von Mt. €	Tag 1/30 von Mt. €
Bis 2004	2005	40,0	1 900	159,00	37,10	5,30
2005	2006	38,4	1 824	152,00	35,50	5,10
2006	2007	36,8	1 748	146,00	34,10	4,90
2007	2008	35,2	1 672	140,00	32,70	4,70
2008	2009	33,6	1 596	133,00	31,10	4,45
2009	2010	32,0	1 520	127,00	29,70	4,25
2010	2011	30,4	1 444	121,00	28,30	4,05
2011	2012	28,8	1 368	114,00	26,60	3,80
2012	2013	27,2	1 292	108,00	25,06	3,58
2013	**2014**	**25,2**	**1216**	**102,00**	**23,80**	**3,60**

Altersentlastungsbetrag § 24a EStG

d) Versorgungsfreibetrag

Der **Versorgungsfreibetrag** ist abzuziehen, wenn es sich bei einem Teil des Arbeitslohns oder insgesamt um Versorgungsbezüge handelt. Versorgungsbezüge sind auf früheren Dienstleistungen beruhende Bezüge und Vorteile (Altersbezüge wie Ruhegehalt, Witwen- oder Waisengeld, wegen Berufs- oder Erwerbsunfähigkeit). Bezüge, die wegen Erreichens einer Altersgrenze gezahlt werden, gelten erst dann als Versorgungsbezüge, wenn der Stpfl. das 63. Lebensjahr oder, wenn er Schwerbehinderter ist, das 60. Lebensjahr vollendet hat. Bemessungsgrundlage für den Versorgungsfreibetrag ist das Zwölffache des ersten vollen Monatsbezugs zuzüglich voraussichtlicher Sonderzahlungen. Die danach einmal berechnete Höhe der Freibeträge für Versorgungsbezüge gelten grundsätzlich für die gesamte Laufzeit des Versorgungsbezugs **(betragsmäßige Festschreibung)**. Regelmäßige Anpassungen führen also nicht zu einer Neuberechnung. Wegen dieser Komplizierungen wird auf die Darstellung der Versorgungsbezüge in den Tabellen verzichtet. Die Lohnsteuer kann jedoch mit den Tabellen annähernd ermittelt werden, wenn von dem Versorgungsbezug ein **Korrekturbetrag** für den Versorgungsfreibetrag und den Zuschlag zum Versorgungsfreibetrag abgezogen wird, der sich nach dem **Erstjahr** (begünstigter Versorgungsbeginn) richtet. 13

Der Versorgungsfreibetrag beträgt bei Versorgungsbeginn bis **2005** 40 % der Versorgungsbezüge, höchstens jedoch **3 000** € jährlich. Außerdem ist der **Zuschlag zum Versorgungsfreibetrag** dann i.H.v. **900** € abzuziehen. Der Zuschlag zum Versorgungsfreibetrag wurde 2005 eingeführt zum Ausgleich des auf 102 € jährlich abgesenkten **Werbungskostenpauschbetrags für Versorgungsbezüge** (der Arbeitnehmer-Pauschbetrag ist für sie nicht mehr anzuwenden). Der auf den Lohnzahlungszeitraum insgesamt entfallende Anteil dieser Freibeträge für Versorgungsbezüge ist zu ermitteln mit einem Zwölftel für den Monat, mit 7/30 des Monatsbetrags für die Woche und mit 1/30 des Monatsbetrags für den Tag. Da aber in den Lohnsteuer-Tabellen der Arbeitnehmer-Pauschbetrag von 1 000 € berücksichtigt ist, bei Versorgungsbezügen jedoch nur ein Werbungskostenpauschbetrag von 102 € abzuziehen ist, muss zum Ausgleich von den Freibeträgen für Versorgungsbezüge ein Betrag von 898 € jährlich (bzw. ein dem Lohnzahlungszeitraum entsprechender Bruchteil) abgezogen werden. Das ergibt insgesamt einen **Korrekturbetrag bei Versorgungsbezügen bei Versorgungsbeginn bis 2005** von (3 900 € – 898 € =) **3 002 € jährlich höchstens**. Die Beträge für die jeweiligen Erstjahre können der nachfolgenden Tabelle entnommen werden.

		Versorgungsfreibetrag (VB)		**Zuschlag zum VB**	*Summe*	**Korrekturbetrag** (= Summe VB + Zuschlag VB – 898 €)			
begünst. Versorgungsbeginn **Erstjahr**		vom Arbeitsl. in %	Höchstbetrag in €	in €	*VB + Zuschl. in €*	Kalenderjahr in €	Monat 1/12 Kj. €	Woche 7/30 von Mt. €	Tag 1/30 von Mt. €
Bis	2005	40,0	3 000	900	3 900	3 002	250,16	58,37	8,33
	2006	38,4	2 880	864	3 744	2 846	237,16	55,33	7,90
	2007	36,8	2 760	828	3 588	2 690	224,16	53,20	7,47
	2008	35,2	2 640	792	3 432	2 534	211,16	49,27	7,03
	2009	33,6	2 520	756	3 276	2 378	198,16	46,23	6,60
	2010	32,0	2 400	720	3 120	2 222	185,16	43,20	6,17
	2011	30,4	2 280	684	2 964	2 066	172,16	40,17	5,73
	2012	28,8	2 160	648	2 808	1 910	159,16	37,13	5,30
	2013	27,2	2 040	612	2 652	1 754	146,16	34,09	4,87
	2014	**25,6**	**1920**	**576**	**2496**	**1598**	**133,16**	**31,01**	**4,43**

Versorgungsfreibetrag (VB) § 19 Abs. 2 EStG

e) Nachweis höherer privater Kranken- und Pflegeversicherungsbeiträge

Die **Allgemeine Tabelle** unterstellt bei der Ermittlung die Versicherungspflicht in der gesetzlichen Kranken- und Pflege- 14 versicherung. Die **Besondere Tabelle** kann nur die gesetzliche Mindestvorsorgepauschale berücksichtigen (→ Rz. 6, 8). Der Arbeitgeber (ohne maschinelle Lohnabrechnung) kann jedoch die Lohnsteuer annähernd mit Hilfe eines Korrekturbetrages ermitteln, wenn ein Arbeitnehmer höhere abziehbare private Kranken- und Pflegeversicherungsbeiträge nachweist. Der **Korrekturbetrag** (ggf. anteilig für den jeweiligen Lohnzahlungszeitraum) ergibt sich aus dem **Jahresbetrag der privaten Kranken- und Pflegeversicherungsbeiträge** des Arbeitnehmers **abzüglich Mindestvorsorgepauschale für den Jahresarbeitslohn** und **abzüglich eines typisierten Arbeitgeberzuschusses zur privaten Kranken- und Pflegeversicherung für den Jahresarbeitslohn**, wenn der Arbeitgeber verpflichtet ist, einen Zuschuss zur Kranken- und Pflegeversicherung zu zahlen. Ist der verbleibende Betrag positiv, so wird der Korrekturbetrag vom Bruttolohn (ggf. anteilig für den jeweiligen Lohnzahlungszeitraum) abgezogen und die Lohnsteuer von dem geminderten Bruttolohn abgelesen. Sollte der Betrag negativ werden, so entfällt ein Korrekturbetrag (es bleibt bei der in der Besonderen Tabelle eingearbeiteten Mindestvorsorgepauschale).

Beispiel:

Ein Beamter, Steuerklasse III, erhält einen Jahresarbeitslohn von 40 000 €. Seine nachgewiesenen Basiskranken- und Pflegepflichtversicherungsbeiträge betragen jährlich 4 000 €. Er erhält keinen Zuschuss von seinem Arbeitgeber.

Der **Korrekturbetrag** berechnet sich aus **4 000 € abzüglich** Mindestvorsorgepauschale (12 % von 40 000 € = 4 800 €, höchstens 3 000 €, anzusetzen sind) **3 000 € = 1 000 € jährlich**. Die Jahreslohnsteuer ist bei (40 000 € – 1 000 € =) 39 000 € abzulesen. Die Monatslohnsteuer ist bei (3 333,33 € Monatsbezüge – [1/12 des jährlichen Korrekturbetrages von 1 000 €=] 83,33 € =) 3 250 € abzulesen.

Zur Ermittlung des Korrekturbetrages wird auf den **„Anhang für Arbeitnehmer, die privat kranken- und pflegeversichert sind"** im Anschluss an die Lohnsteuertabellen verwiesen. Die Online zugängliche Software oder das bei Stollfuß Medien erhältliche Lohnabrechnungsprogramm „Gehalt und Lohn" ermöglichen die centgenaue Berechnung.

f) Faktorverfahren

15 Arbeitnehmer-Ehegatten können seit 2010 das **Faktorverfahren** wählen (→ Rz. 27, 32, 324 ff.). Hat ein Arbeitnehmer Steuerklasse IV mit Faktor gewählt (elektronisches Lohnsteuerabzugsmerkmal – ELStAM), so multipliziert der Arbeitgeber den in der Allgemeinen oder Besonderen Tabelle abzulesenden Steuerabzugsbetrag für die Steuerklasse IV jeweils mit dem Faktor 0,... und erhält so die geminderte Lohnsteuer. Aus der geminderten Lohnsteuer sind die Lohnkirchensteuer und der Solidaritätszuschlag zu berechnen; zu den Besonderheiten beim Solidaritätszuschlag wegen der sog. Nullzone und der Milderungsregelung → Rz. 702. Vor Anwendung der Tabellen für Steuerklasse IV ist der Bruttoarbeitslohn ggf. zu korrigieren (Abzugsbetrag Altersentlastungsbetrag → Rz. 12, Korrekturbetrag bei Versorgungsbezug → Rz. 13, Korrekturbetrag höhere private Kranken- und Pflegeversicherungsbeiträge → Rz. 14).

2. Tabellenfreibeträge

16 Im Unterschied zur Einkommensteuer-Tabelle (→ Rz. 21), die vom zu versteuernden Einkommen ausgeht, beruht die Lohnsteuer-Tabelle auf dem steuerpflichtigen Bruttoarbeitslohn und unterscheidet zwischen den sechs Lohnsteuerklassen (→ Rz. 311–317). In der Lohnsteuer-Tabelle sind bestimmte Freibeträge und Pauschbeträge eingearbeitet, die auch bei der Ermittlung des zu versteuernden Einkommens bzw. in der Tarifformel berücksichtigt werden (sog. **Tabellenfreibeträge**). Dabei handelt es sich um

- den **Grundfreibetrag** (→ Rz. 25). Er beträgt im Jahr 2014 8 354 € (+ 224 €) und wird in den Steuerklassen I, II und IV berücksichtigt. In der Steuerklasse III wird er durch das Splittingverfahren doppelt berücksichtigt;
- den **Arbeitnehmer-Pauschbetrag** (→ Rz. 91) für Werbungskosten. Er beträgt ab dem Jahr 2011 jährlich 1 000 €. Der Arbeitnehmer-Pauschbetrag ist für Versorgungsbezüge ab 2005 nicht mehr anzuwenden (→ Rz. 13). Er steht einem Arbeitnehmer jährlich nur einmal zu und ist daher in den Steuerklassen I, II, III, IV und V eingearbeitet (nicht in Steuerklasse VI für weitere Dienstverhältnisse eines Arbeitnehmers);
- den **Sonderausgaben-Pauschbetrag** (→ Rz. 174) für Sonderausgaben (z.B. Kirchensteuer, Spenden), die nicht Vorsorgeaufwendungen sind. Er beträgt jährlich 36 € und ist in den Steuerklassen I, II, III, IV und V eingearbeitet. In Steuerklasse III wird er ab 2010 nicht mehr verdoppelt;
- die **Vorsorgepauschale** (→ Rz. 174) für Vorsorgeaufwendungen. Sie ist ab 2010 in alle Steuerklassen eingearbeitet, also in Steuerklasse I, II, III, IV, V und VI und wird in Steuerklasse III grundsätzlich nicht mehr erhöht (nur höhere Mindestvorsorgepauschale → Rz. 6, 8). Die Vorsorgepauschale ist durch das Bürgerentlastungsgesetz Krankenversicherung ab 2010 neu geregelt worden. Dies wird in der Allgemeinen bzw. Besonderen Lohnsteuer-Tabelle dargestellt (→ Rz. 7, 8);
- der **Entlastungsbetrag für Alleinerziehende** (→ Rz. 116) beträgt im Jahr 2014 (unverändert) 1 308 €. Der Entlastungsbetrag für Alleinerziehende ist in der Steuerklasse II eingearbeitet;
- die Freibeträge für Kinder, nämlich den **Kinderfreibetrag**(→ Rz. 111) und den **Freibetrag für den Betreuungs- und Erziehungs- oder Ausbildungsbedarf** (→ Rz. 111). Diese haben insofern eine Sonderstellung bei den Tabellenfreibeträgen, als sie sich nicht auf die Höhe der Lohnsteuer selbst auswirken (im laufenden Kalenderjahr wird dafür das Kindergeld als Steuervergütung monatlich bezahlt), sondern nur bei der Ermittlung (über eine rechnerische Kürzung der Lohnsteuer zur **Maßstabsteuer)** für die **Zuschlagsteuern**, nämlich den **Solidaritätszuschlag** und die **Kirchensteuer**, steuermindernd berücksichtigt werden. Das Ergebnis dieser Berechnung ist in den Verlagstabellen ausgewiesen.

3. Unterschiede zwischen Tabellensteuer und elektronisch ermittelter Steuer

Unterschiede zwischen Tabellensteuer und elektronisch ermittelter Lohnsteuer (und folglich von den davon abhängigen Zuschlagsteuern Solidaritätszuschlag und Kirchensteuer) können in folgenden Fällen vorkommen: 17

a) Persönlicher Freibetrag, Hinzurechnungsbetrag

In Freibetrags- oder Hinzurechnungsbetragsfällen (→ Rz. 11) 18
kann die Vorsorgepauschale bei elektronisch berechneter Lohnsteuer niedriger oder höher sein als die in der Tabellenstufe eingearbeitete Vorsorgepauschale. Bei der elektronischen Lohnsteuerberechnung wird (seit 2001) die Vorsorgepauschale wie bei der Einkommensteuerveranlagung berechnet, nämlich vom (Brutto-) Arbeitslohn; ein etwa auf der Lohnsteuerkarte eingetragener Freibetrag oder Hinzurechnungsbetrag ist in der Veranlagung ohne Bedeutung. In der Lohnsteuer-Tabelle kann die Vorsorgepauschale dagegen aus technischen Gründen nur nach dem Bruttolohn der je-

weiligen Tabellenstufe ermittelt werden. Ist auf der Lohnsteuerkarte ein persönlicher Freibetrag bzw. Hinzurechnungsbetrag eingetragen, so ist der Bruttolohn entsprechend zu korrigieren und die Lohnsteuer in einer niedrigeren bzw. höheren Lohnstufe abzulesen (→ Rz. 11). Folglich wird damit automatisch eine niedrigere oder höhere oder (im Höchstbetragsbereich) auch gleich hohe Vorsorgepauschale berücksichtigt.

b) Besonderheiten in der Pflegeversicherung

19 Ab 2010 tragen Besonderheiten bei der Pflegeversicherung (höherer Arbeitnehmeranteil in Sachsen, Arbeitnehmerzuschlag für Kinderlose) zu einer höheren Tabellensteuer bei, die tabellarisch nicht berücksichtigt werden.

c) Folgen der Unterschiede

20 In der Veranlagung des Arbeitnehmers werden die (ohnehin) geringfügigen Unterschiedsbeträge über die Anrechnung der Lohnsteuer spätestens ausgeglichen.

Hat ein Arbeitgeber die Lohnsteuer manuell nach der Tabelle berechnet und sollte diese (was kaum zu erwarten ist!) niedriger sein als bei elektronischer Lohnsteuerberechnung, so braucht er nicht zu befürchten, dass er bis zur Höhe der elektronischen Lohnsteuer haftet, z.B. bei einer Lohnsteuer-Außenprüfung. Die Lohnsteuer gemäß Tabelle ist der zutreffende Steuerabzug, wenn die Lohnsteuer nicht elektronisch berechnet wurde.

Mit der Online zugänglichen Software können alle Besonderheiten berücksichtigt werden und somit die elektronisch zutreffenden, centgenauen Abzugsbeträge ermittelt werden.

4. Einkommensteuer-Tabelle

21 Die **Einkommensteuer-Tabelle** weist die Einkommensteuer für das zu versteuernde Einkommen aus. Das **zu versteuernde Einkommen** wird in der Einkommensteuerveranlagung – auch für Arbeitnehmer – ermittelt (Kurzschema → Rz. 33). Bei der Einkommensteuer ist zwischen **Grundtabelle** (für nicht Verheiratete) und **Splittingtabelle** (für Zusammenveranlagung/Verheiratete) zu unterscheiden (→ Rz. 67). Die Tarifformel (→ Rz. 25) enthält ab 2004 keine Stufen (→ Rz. 2). Die Einkommensteuer-Tabelle wird jedoch aus Gründen des Umfangs weiter in Stufen von 36 € aufgestellt. Die Steuer wird dabei aus dem ausgewiesenen zu versteuernden Einkommen berechnet.

IV. Steuertarif

22 Der Steuertarif ist das Herzstück des Einkommensteuergesetzes. Dieses kennt nur eine einzige **Tarifformel**, die auf das zu versteuernde Einkommen allgemein und einheitlich angewandt wird. Dies ist deutlicher Ausdruck dafür, dass es nach dem der Einkommensteuer zu Grunde liegenden Grundsatz der Besteuerung nach der finanziellen Leistungsfähigkeit nicht darauf ankommt, wie mühsam oder leicht und in welcher Einkunftsart das Einkommen erzielt wurde. Sonderbelastungen und persönliche Verhältnisse des Stpfl. im Einzelfall sind zuvor zu berücksichtigen (Kurzschema zur Ermittlung des zu versteuernden Einkommens → Rz. 33).

23 Die einheitliche und allgemeine Tarifformel wird herkömmlich als **Grundtarif** bezeichnet, der in der **Einkommensteuer-Grundtabelle** dargestellt wird. Er gilt auch für Ehepaare, die getrennt zur Einkommensteuer veranlagt werden. Werden Ehegatten zusammen zur Einkommensteuer veranlagt, so wird für die Steuerberechnung das sog. Splitting-Verfahren angewandt. Die Steuerberechnung geschieht dabei in der Weise, dass das gemeinsame (zu versteuernde) Einkommen halbiert wird und die Einkommensteuer für das halbierte (zu versteuernde) Einkommen nach dem Grundtarif verdoppelt wird. Diese verdoppelte Einkommensteuer für das gemeinsame (zu versteuernde) Einkommen wird dargestellt in der **Einkommensteuer-Splittingtabelle**. Dieses Rechenergebnis wird vielfach auch kurz als **Splittingtarif** bezeichnet. Wie dargestellt handelt es sich aber nicht um eine besondere Tarifformel, sondern um ein Rechenverfahren (das Einkommensteuergesetz selbst verwendet daher auch den Ausdruck „**Splitting-Verfahren**") auf der Basis der einheitlichen und allgemeinen Tarifformel. Die doppelte Einkommensteuer für das hälftige gemeinsame (zu versteuernde) Einkommen ist die Splittingsteuer. Oder anders ausgedrückt: In der Splittingtabelle (im Splittingtarif) ist für den doppelten Betrag zu versteuerndes Einkommen die doppelte Einkommensteuer aus dem einfachen Betrag zu versteuerndes Einkommen im Grundtarif dargestellt.

Beispiel:

zu versteuerndes Einkommen	Tarif	Einkommensteuer
10 000 €	Grundtarif	256 €
20 000 €	Grundtarif	2 634 €
20 000 €	Splitting	512 €
40 000 €	Splitting	5 268 €

Dieses Splitting-Verfahren ist unabhängig davon, in welcher Verteilung die zusammenveranlagten Ehegatten das gemeinsame (zu versteuernde) Einkommen erzielt haben; ein Ehegatte kann also auch keine Einkünfte haben. Das Splitting-Verfahren führt zu einer Progressionsmilderung, und zwar umso höher, je weiter die jeweiligen Einkommen der Ehegatten auseinander liegen und je höher das gemeinsame zu versteuernde Einkommen ist (für 2014 bis zu 15 761 €). 24

Diese Progressionsmilderung ist Folge des Einkommensteuertarifs (der **Tarifformel**). Der Einkommensteuertarif setzt sich aus drei Tarifzonen zusammen: 25

- Die erste Tarifzone ist die sog. **Nullzone**. Das ist der **Grundfreibetrag**. Er beträgt im Jahr 2014 **8 354 € (+ 224 €)**. Für ein zu versteuerndes Einkommen bis zu diesem Grundfreibetrag beträgt die Einkommensteuer 0 €. Damit wird das sog. Existenzminimum für den privaten Verbrauch steuerunbelastet gestellt.
- Die zweite Tarifzone ist die sog. **Progressionszone**. Mit steigendem zu versteuernden Einkommen steigt in diesem Bereich auch der Steuersatz. Er beginnt im Jahr 2014 mit 14 % (unverändert) in der Eingangszone (**Eingangssteuersatz**) und steigt mathematisch linear bis zu einem **Knickpunkt** bei **13 469 €** auf etwa 24 % (unverändert). Von diesem Knickpunkt an steigt der Steuersatz weniger steil bis zum Ende der Progressionszone im Jahr 2014 bei **52 881 € auf 42,0 %** (unverändert).
- Als dritte Tarifzone folgt im Anschluss an die Progressionszone die sog. **obere Proportionalzone**. Darin unterliegt das zu versteuernde Einkommen ab **52 882 €** im Jahr einem gleich bleibenden Steuersatz von **42,0 %** (unverändert) (**Spitzensteuersatz**). Für ein zu versteuerndes Einkommen von **250 731 €** an beträgt der **Spitzensteuersatz 45,0 %** (unverändert).

Im Splitting-Verfahren gilt dies für den doppelten Betrag des zu versteuernden Einkommens.

Der Eingang- und Spitzensteuersatz darf nicht mit dem **Grenzsteuersatz** oder dem durchschnittlichen Einkommensteuersatz für ein bestimmtes zu versteuerndes Einkommen 26 verwechselt werden. Der durchschnittliche Einkommensteuersatz (die durchschnittliche **Einkommensteuerbelastung**) ergibt sich aus der absoluten Einkommensteuer für das gesamte zu versteuernde Einkommen (absolute tarifliche Einkommensteuer x 100: zu versteuerndes Einkommen). Er ist prozentual stets niedriger als der Grenzsteuersatz (oder ein durchschnittlicher Grenzsteuersatz), der die Steuerbelastung für einen bestimmten Euro (eine Stufe) im Verlauf des zu versteuernden Einkommens ausdrückt.

Beispiel:

zu versteuerndes Einkommen	Tarif	Einkommensteuer
10 000 €	Grundtarif	256 €
10 100 €	Grundtarif	274 €

Durchschnittlicher Einkommensteuersatz (für 10 100 €):

$$\frac{274\ € \times 100}{\text{zu versteuerndes Einkommen } 10\,100\ €} = 2{,}71\ \%$$

(Durchschnittlicher) Grenzsteuersatz (für Stufe 10 000 bis 10 100 €):

$$\frac{\text{Unterschiedsbetrag Steuer } 18 \times 100}{\text{Unterschiedsbetrag zu versteuerndes Einkommen } 100} = 18\ \%$$

V. Steuerklassenwahl-Tabelle

27 Beiderseits als Arbeitnehmer berufstätige Ehegatten stehen vor der Frage, ob sie die **Steuerklassenkombination III/V** (d.h. III für Ehegatten A und V für Ehegatten B) wählen sollen oder lieber die Steuerklassenkombination **IV/IV** (in der die Lohnsteuer dieselbe ist wie in Steuerklasse I). Das Einkommensteuergesetz ermöglicht diese Steuerklassenwahl, um typischen Einkommensunterschieden schon im laufenden Kalenderjahr beim Lohnsteuerabzug Rechnung tragen zu können, also mit der Summe beider Lohnsteuerabzüge möglichst schon die Jahressteuer zu treffen, die sich in der Zusammenveranlagung – ohne andere Einkünfte – ergeben wird. Sind die Bruttoarbeitslöhne beider Ehegatten etwa gleich hoch, dann trifft dies bei der Steuerklassenkombination IV/IV zu. Sind die Bruttoarbeitslöhne der Ehegatten nennenswert unterschiedlich, dann führt die Steuerklassenkombination III/V (III für den höher bezahlten Ehegatten und V für den niedriger bezahlten Ehegatten) in der Summe zu einer niedrigeren Lohnsteuer. Seit 2010 können die Arbeitnehmer-Ehegatten außerdem auch die Steuerklasse IV mit Faktor wählen (**Faktorverfahren** → Rz. 15, 32, 324 ff.). In der Veranlagung spielt die für das Abzugsverfahren gewählte Steuerklassenkombination keine Rolle.

28 Da die Steuerklassenkombination IV/IV in der Veranlagung i.d.R. nicht zu einer Nachzahlung führt, ist bei dieser Steuerklassenkombination keine Pflichtveranlagung vorgesehen. Dies gilt jedoch nicht, wenn die Lohnsteuer bei einem der Ehegatten für einen Teil des Jahres nach der Besonderen und für einen anderen Teil des Jahres nach der Allgemeinen Tabelle ermittelt wurde oder die Ehegatten aus anderen Gründen zur Einkommensteuer veranlagt werden müssen, z.B. weil sie neben ihrem Arbeitslohn noch andere Einkünfte hatten oder sie die Veranlagung beantragen.

29 Mit der Steuerklassenkombination III/V ist jedoch stets eine **Pflichtveranlagung** verbunden, weil der typisierende Lohnsteuerabzug i.d.R. nicht ganz der Jahressteuer entspricht. In der Veranlagung wird dann (ggf. unter Berücksichtigung anderer Einkünfte) zu wenig erhobene Steuer nachgefordert und zu viel erhobene Steuer erstattet.

30 Bei der Steuerklassenwahl sollte auch – außerhalb der Steuertechnik – ggf. beachtet werden, dass sich manche **Lohnersatzleistungen** am Nettoarbeitslohn orientieren (z.B. Arbeitslosengeld, Elterngeld, Mutterschaftsgeld) und sich die Steuerklassenwahl mittelbar darauf auswirken kann. Auch wenn die Leistungsgesetze an die gewählte Steuerklasse anknüpfen, kann die Rechtspraxis davon abweichen, wenn die gewählte Steuerklassenkombination wirtschaftlich nicht dem Verhältnis der Arbeitslöhne entspricht.

Die Steuerklassenwahl kann letztmals zum 30.11. eines Kalenderjahres durchgeführt werden. Die Anhebung des Arbeitnehmer-Pauschbetrags ist daher in der Steuerklassenwahl-Tabelle nicht berücksichtigt. In der nachfolgenden Tabelle ist der Monatslohn A des höher verdienenden Ehegatten und der Monatslohn B des geringer verdienenden Ehegatten – jeweils nach Abzug etwaiger Freibeträge – angegeben, der bei der Wahl der Steuerklasse III (für den höher Verdienenden) und V (für den geringer Verdienenden) nicht überschritten werden darf, wenn der geringste Lohnsteuerabzug erreicht werden soll. Die Tabelle gilt nicht bei (begünstigten) Versorgungsbezügen. 31

Übersteigt der Monatslohn B den nach der Tabelle in Betracht kommenden Betrag, so führt die Steuerklassenkombination IV/IV für die Ehegatten zu einem geringeren oder zumindest nicht höheren Lohnsteuerabzug als die Steuerklassenkombination III/V.

Wahl der Steuerklassen in 2014

Tabelle I: bei Sozialversicherungspflicht des höher verdienenden Ehegatten

Monatlicher Arbeitslohn A*) €	**Monatlicher Arbeitslohn B*)** in € bei … des geringer verdienenden Ehegatten		**Monatlicher Arbeitslohn A*)** €	**Monatlicher Arbeitslohn B*)** in € bei … des geringer verdienenden Ehegatten	
	Sozialversicherungspflicht	Sozialversicherungsfreiheit		Sozialversicherungspflicht	Sozialversicherungsfreiheit
1	2	3	4	5	6
1 250	471	443	3 300	2 362	2 184
1 300	544	511	3 350	2 397	2 216
1 350	627	589	3 400	2 432	2 244
1 400	718	675	3 450	2 468	2 275
1 450	815	766	3 500	2 503	2 306
1 500	914	859	3 550	2 540	2 337
1 550	1 134	1 066	3 600	2 575	2 367
1 600	1 193	1 122	3 650	2 609	2 395
1 650	1 257	1 181	3 700	2 645	2 426
1 700	1 323	1 244	3 750	2 680	2 457
1 750	1 387	1 313	3 800	2 717	2 489
1 800	1 445	1 368	3 850	2 753	2 520
1 850	1 475	1 397	3 900	2 792	2 554
1 900	1 506	1 426	3 950	2 831	2 587
1 950	1 537	1 455	4 000	2 872	2 622
2 000	1 565	1 482	4 050	2 914	2 658
2 050	1 594	1 510	4 100	2 962	2 699
2 100	1 621	1 535	4 150	3 010	2 740
2 150	1 643	1 556	4 200	3 061	2 784
2 200	1 663	1 575	4 250	3 115	2 831
2 250	1 694	1 602	4 300	3 172	2 879
2 300	1 726	1 632	4 350	3 227	2 927
2 350	1 758	1 666	4 400	3 288	2 980
2 400	1 791	1 693	4 450	3 351	3 033
2 450	1 825	1 724	4 500	3 417	3 089

Monatlicher Arbeitslohn A*) €	Monatlicher Arbeitslohn B*) in € bei … des geringer verdienenden Ehegatten		Monatlicher Arbeitslohn A*) €	Monatlicher Arbeitslohn B*) in € bei … des geringer verdienenden Ehegatten	
	Sozialversicherungspflicht	Sozialversicherungsfreiheit		Sozialversicherungspflicht	Sozialversicherungsfreiheit
1	2	3	4	5	6
2 500	1 856	1 750	4 550	3 486	3 148
2 550	1 889	1 778	4 600	3 560	3 211
2 600	1 917	1 802	4 650	3 635	3 277
2 650	1 943	1 825	4 700	3 719	3 349
2 700	1 968	1 844	4 750	3 806	3 424
2 750	1 987	1.863	4 800	3 900	3 505
2 800	2 009	1 882	4 850	4 002	3 590
2 850	2 045	1 911	4 900	4 111	3 689
2 900	2 078	1 941	4 950	4 231	3 804
2 950	2 116	1 972	5 000	4 364	3 932
3 000	2 149	2 002	5 050	4 531	4 088
3 050	2 186	2 034	5 100	4 772	4 314
3 100	2 221	2 064	5 150	–	–
3 150	2 257	2 092	5 200	–	–
3 200	2 290	2 123	5 250	–	–
3 250	2 327	2 155	5 300	–	–

*) Nach Abzug etwaiger Freibeträge

Tabelle II: Bei Sozialversicherungsfreiheit des höher verdienenden Ehegatten

Monatlicher Arbeitslohn A*) €	Monatlicher Arbeitslohn B*) in € bei … des geringer verdienenden Ehegatten		Monatlicher Arbeitslohn A*) €	Monatlicher Arbeitslohn B*) in € bei … des geringer verdienenden Ehegatten	
	Sozialversicherungspflicht	Sozialversicherungsfreiheit		Sozialversicherungspflicht	Sozialversicherungsfreiheit
1	2	3	4	5	6
1 250	589	554	3 150	2 728	2 498
1 300	672	632	3 200	2 769	2 533
1 350	767	721	3 250	2 812	2 571
1 400	871	819	3 300	2 855	2 608
1 450	1 112	1 045	3 350	2 901	2 647
1 500	1 174	1 103	3 400	2 949	2 688
1 550	1 240	1 165	3 450	2 998	2 730
1 600	1 309	1 230	3 500	3 050	2 774
1 650	1 377	1 302	3 550	3 102	2 819
1 700	1 436	1 360	3 600	3 158	2 868
1 750	1 475	1 396	3 650	3 214	2 915
1 800	1 513	1 433	3 700	3 275	2 968
1 850	1 552	1 469	3 750	3 337	3 021
1 900	1 590	1 506	3 800	3 402	3 077
1 950	1 628	1 542	3 850	3 472	3 136
2 000	1 666	1 578	3 900	3 547	3 201
2 050	1 727	1 635	3 950	3 624	3 266
2 100	1 793	1 697	4 000	3 704	3 336
2 150	1 856	1 751	4 050	3 794	3 412
2 200	1 923	1 807	4 100	3 890	3 495
2 250	1 980	1 858	4 150	3 995	3 584
2 300	2 036	1 906	4 200	4 102	3 683
2 350	2 090	1 950	4 250	4 222	3 795
2 400	2 138	1 991	4 300	–	3 924
2 450	2 183	2 032	4 350	–	4 086
2 500	2 228	2 067	4 400	–	4 320
2 550	2 267	2 104	4 450	–	–
2 600	2 305	2 136	4 500	–	–
2 650	2 343	2 168	4 550	–	–
2 700	2 381	2 200	4 600	–	–
2 750	2 417	2 233	4 650	–	–
2 800	2 458	2 266	4 700	–	–
2 850	2 494	2 298	4 750	–	–
2 900	2 535	2 332	4 800	–	–
2 950	2 572	2 364	4 850	–	–
3 000	2 610	2 399	4 900	–	–
3 050	2 649	2 431	4 950	–	–
3 100	2 687	2 463	5 000	–	–

*) Nach Abzug etwaiger Freibeträge

Beispiel 1:

Ein Arbeitnehmer-Ehepaar, beide in allen Zweigen sozialversichert, bezieht Monatslöhne (nach Abzug etwaiger Freibeträge) von 3 000 € und 1 700 €. Da der Monatslohn des geringer verdienenden Ehegatten den nach dem Monatslohn des höher verdienenden Ehegatten in der Spalte 2 der Tabelle I ausgewiesenen Betrag von 2 149 € nicht übersteigt, führt in diesem Falle die Steuerklassenkombination III/V zur geringsten Lohnsteuer.

Vergleich nach der Allgemeinen Monatslohnsteuer-Tabelle:

a) Lohnsteuer
Für 3 000 € nach Steuerklasse III 220,66 €
Für 1 700 € nach Steuerklasse V 343,66 €
insgesamt also 564,32 €

b) Lohnsteuer
Für 3 000 € nach Steuerklasse IV 459,08 €
Für 1 700 € nach Steuerklasse IV 140,75 €
insgesamt also 599,83 €

Beispiel 2:

Würde der Monatslohn des geringer verdienenden Ehegatten 2 500 € betragen, so würde die Steuerklassenkombination IV/IV insgesamt zur geringsten Lohnsteuer führen.

Vergleich nach der Allgemeinen Monatslohnsteuer-Tabelle:

a) Lohnsteuer
für 3 000 € nach Steuerklasse III 220,66 €
für 2 500 € nach Steuerklasse V 599,00 €
insgesamt also 819,66 €

b) Lohnsteuer
für 3 000 € nach Steuerklasse IV 459,08 €
für 2 500 € nach Steuerklasse IV 329,25 €
insgesamt also 788,33 €

VI. Faktorverfahren

Anstelle der Steuerklassenkombination III/V können Arbeit- 32
nehmer-Ehegatten seit dem Kalenderjahr 2010 auch die **Steuerklassenkombination IV/IV mit Faktor** wählen. Mit dem Faktor (0, …) wird die steuermindernde Wirkung des Splitting-Verfahrens beim Lohnsteuerabzug berücksichtigt. Der Antrag kann beim Finanzamt formlos oder i.V.m. dem förmlichen Antrag auf Eintragung eines Freibetrags gestellt werden. Dabei sind die voraussichtlichen Arbeitslöhne aus den ersten Dienstverhältnissen anzugeben. Das Finanzamt berechnet danach den Faktor als Lohnsteuerabzugsmerkmal (ELStAM) jeweils zur Steuerklasse IV. Der Faktor ergibt sich aus der voraussichtlichen Einkommensteuer im Splitting-Verfahren („Y") geteilt durch die Summe der Lohnsteuer für die Arbeitnehmer-Ehegatten gem. Steuerklasse IV („X"). Ein etwaiger Freibetrag wird im Faktorverfahren nicht als Lohnsteuerabzugsmerkmal gebildet, weil er bereits bei der Berech-

nung der voraussichtlichen Einkommensteuer im Splitting-Verfahren berücksichtigt ist.

Die Höhe der steuermindernden Wirkung des Splitting-Verfahrens hängt von der Höhe der Lohnunterschiede ab. Mit dem Faktorverfahren wird der Lohnsteuerabzug der voraussichtlichen Jahressteuerschuld sehr genau angenähert. Damit können höhere Nachzahlungen (und ggf. auch Einkommensteuer-Vorauszahlungen) vermieden werden, die bei der Steuerklassenkombination III/V auftreten. In solchen Fällen ist die Summe der Lohnsteuer im Faktorverfahren dann folgerichtig höher als bei der Steuerklassenkombination III/V. Grundsätzlich führt die Steuerklassenkombination IV/IV-Faktor zu einer **erheblich anderen Verteilung der Lohnsteuer zwischen den Arbeitnehmer-Ehegatten als die Steuerklassenkombination III/V**. Die Ehegatten sollten daher beim Faktorverfahren – ebenso wie bei der Steuerklassenkombination III/V – daran denken, dass dies die Höhe der Entgelt-/Lohnersatzleistungen beeinflussen kann.

Beispiel zur Ermittlung des Faktors (Fortführung Beispiel 1 aus → Rz. 31):

Arbeitnehmer-Ehegatte A: 36 000 € (3 000 € monatlich), Lohnsteuer Steuerklasse IV: (12 x 459,08 € =)	5 508,96 €
(im Vergleich bei III jährlich 12 x 220,66 = 2 647,92 €). Arbeitnehmer-Ehegatte B: 20 400 € (1 700 € monatlich), Lohnsteuer Steuerklasse IV: (12 x 140,75 =)	1 689,00 €
(im Vergleich bei V jährlich 12 x 343,66 = 4 123,92 €). Summe der Lohnsteuer für die Ehegatten A und B bei IV/IV („X") beträgt jährlich	7 197,96 €
(Im Vergleich: Summe Lohnsteuer A und B bei III/V beträgt 6 771,84 € jährlich.) Voraussichtliche Einkommensteuer im Splittingverfahren („Y") beträgt jährlich	6 990,00 €

Der Faktor ist Y / X, also 6 990,00 / 7 197,96 = 0,971 (der Faktor wird mit drei Nachkommastellen berechnet und nur eingetragen, wenn er kleiner als 1 ist).

Arbeitnehmer-Ehegatte A: Jahreslohnsteuer Steuerklasse IV = 459,08 € x 0,971 = 445,76 € x 12	5 349,12 €
Arbeitnehmer-Ehegatte B: Jahreslohnsteuer Steuerklasse IV = 140,75 € x 0,971 = 136,66 € x 12	1 639,92 €
Summe Lohnsteuer im Faktorverfahren	6 989,12 €

Wie die Wahl der Steuerklassenkombination III/V führt auch die Wahl des Faktorverfahrens zur **Pflichtveranlagung**.

VII. Kurzschema zur Ermittlung des zu versteuernden Einkommens

33 Die tarifliche Einkommensteuer bemisst sich nach dem **zu versteuernden Einkommen (Bemessungsgrundlage)**. Auf das zu versteuernde Einkommen ist also die **Tarifformel** (→ Rz. 25) anzuwenden. Es darf nicht verwechselt werden mit (Brutto-)Arbeitslohn, Einnahmen, Einkünften aus einzelnen Einkunftsarten u.a. Das zu versteuernde Einkommen ist wie folgt zu ermitteln (Kurzschema nach R 2 Abs. 1 EStR):

1		Summen der Einkünfte aus den Einkunftsarten
2	=	**Summe der Einkünfte**
3	./.	Altersentlastungsbetrag (§ 24a EStG)
4	./.	Entlastungsbetrag für Alleinerziehende (§ 24b EStG)
5	./.	Freibetrag für Land- und Forstwirte (§ 13 Abs. 3 EStG)
6	+	Hinzurechnungsbetrag (§ 52 Abs. 3 Satz 5 EStG sowie § 8 Abs. 5 Satz 2 AIG)
7	=	**Gesamtbetrag der Einkünfte** (§ 2 Abs. 3 EStG)
8	./.	Verlustabzug nach § 10d EStG
9	./.	Sonderausgaben (§§ 10, 10a, 10b, 10c EStG)
10	./.	außergewöhnliche Belastungen (§§ 33 bis 33b EStG)
11	./.	Steuerbegünstigung der zu Wohnzwecken genutzten Wohnungen, Gebäude und Baudenkmale sowie der schutzwürdigen Kulturgüter (§§ 10e bis 10i, § 52 Abs. 21 Satz 6 EStG i.d.F. v. 16.4.1997, BGBl. I 1997, 821, BStBl I 1997, 415, § 7 FördG)
12	+	Erstattungsüberhänge (§ 10 Abs. 4b Satz 3 EStG)
13	+	zuzurechnendes Einkommen gem. § 15 Abs. 1 AStG
14	=	**Einkommen** (§ 2 Abs. 4 EStG)
15	./.	Freibeträge für Kinder (§§ 31, 32 Abs. 6 EStG)
16	./.	Härteausgleich nach § 46 Abs. 3 EStG, § 70 EStDV
17	=	**zu versteuerndes Einkommen** (§ 2 Abs. 5 EStG).

Die **Summe der Einkünfte** (§ 2 Abs. 3 EStG), vermindert um den Altersentlastungsbetrag (→ Rz. 12), den Entlastungsbetrag für Alleinerziehende (→ Rz. 16) und den Freibetrag für Land- und Forstwirte, ist der **Gesamtbetrag der Einkünfte**. 34

Anschließend erfolgt der **Verlustabzug** (§ 10d EStG). Im Veranlagungszeitraum bei Ermittlung des Gesamtbetrags der Einkünfte nicht ausgeglichene negative Einkünfte können ab VZ 2013 bis zu 1 Mio. € (bei zusammenveranlagten Ehegatten bis zu 2 Mio. €) auf den vorangegangenen Veranlagungszeitraum zurückgetragen werden (**Verlustrücktrag**). Dann noch nicht ausgeglichene negative Einkünfte können (mit bestimmten Höchstgrenzen) in die folgenden Veranlagungszeiträume vorgetragen werden (**Verlustvortrag**). Private Veräußerungsverluste („Spekulationsverluste") können nur mit privaten Veräußerungsgewinnen ausgeglichen werden (auch jahresübergreifend; gesonderte Feststellung). 35

VIII. Kurzschema zur Ermittlung der festzusetzenden Einkommensteuer

Die **tarifliche Einkommensteuer** ergibt sich nicht stets, wenn die Tarifformel (→ Rz. 25) auf das zu versteuernde Einkommen (→ Rz. 33) angewandt wird, weil dabei z.B. der **Progressionsvorbehalt** für Lohnersatzleistungen oder Steuerbefreiungen nach Doppelbesteuerungsabkommen oder eine Tarifermäßigung für außerordentliche Einkünfte (Entlassungsentschädigungen) zu berücksichtigen sind. 36

Die **festzusetzende Einkommensteuer** ist wie folgt zu ermitteln (R 2 Abs. 2 EStR): 37

1		Steuerbetrag a) nach § 32a Abs. 1 und 5, § 50 Abs. 1 Satz 2 EStG oder b) nach dem bei Anwendung des Progressionsvorbehalts (§ 32b EStG) oder der Steuersatzbegrenzung sich ergebenden Steuersatz
2	+	Steuer auf Grund Berechnung nach den §§ 34, 34b EStG (z.B. Fünftelungsregelung)
3	+	Steuer auf Grund Berechnung nach § 34a Abs. 1, 4 bis 6 EStG
4	=	**tarifliche Einkommensteuer** (§ 32a Abs. 1 und 5 EStG)
5	./.	Minderungsbetrag nach Punkt 11 Ziffer 2 des Schlussprotokolls zu Art. 23 DBA Belgien in der durch Art. 2 des Zusatzabkommens v. 5.11.2002 geänderten Fassung (BGBl. II 2003, 1615)
6	./.	ausländische Steuern nach § 34c Abs. 1 und 6 EStG, § 12 AStG
7	./.	Steuerermäßigung nach § 35 EStG
8	./.	Steuerermäßigung für Stpfl. mit Kindern bei Inanspruchnahme erhöhter Absetzungen für Wohngebäude oder der Steuerbegünstigungen für eigengenutztes Wohneigentum (§ 34f Abs. 1 und 2 EStG)
9	./.	Steuerermäßigung bei Zuwendungen an politische Parteien und unabhängige Wählervereinigungen (§ 34g EStG)
10	./.	Steuerermäßigung nach § 34f Abs. 3 EStG
11	./.	Steuerermäßigung nach § 35a EStG
12	./.	Ermäßigung bei Belastung mit Erbschaftsteuer (§ 35b EStG)
13	+	Steuer auf Grund Berechnung nach § 32d Abs. 3 und 4 EStG
14	+	Steuern nach § 34c Abs. 5 EStG
15	+	Nachsteuer nach § 10 Abs. 5 EStG i.V.m. § 30 EStDV

16	+	Zuschlag nach § 3 Abs. 4 Satz 2 Forstschäden-Ausgleichsgesetz
17	+	Anspruch auf Zulage für Altersvorsorge, wenn Beiträge als Sonderausgaben abgezogen worden sind (§ 10a Abs. 2 EStG)
18	+	Anspruch auf Kindergeld oder vergleichbare Leistungen, soweit in den Fällen des § 31 EStG das Einkommen um Freibeträge für Kinder gemindert wurde
19	=	**festzusetzende Einkommensteuer** (§ 2 Abs. 6 EStG).

B. Einkommensteuer

I. Bedeutung der Einkommensteuer

38 Als **Einkommensteuer** wird in der Bundesrepublik Deutschland die auf das Jahreseinkommen natürlicher Personen erhobene Steuer bezeichnet. Die Einkommensteuer haben **natürliche Personen** (im Gegensatz zu juristischen Personen) entsprechend ihrem zu versteuernden Einkommen an den Fiskus abzuführen. Das **Aufkommen** dieser Steuerart erhalten der Bund und die Länder zu je 42,5 % und die Gemeinden zu 15 %. Die gesamten Steuereinnahmen in der Bundesrepublik Deutschland betrugen im Kalenderjahr 2012 ca. 551,8 Mrd. €; davon entfielen auf die Lohnsteuer ca. 189,98 Mrd. € (vor Verrechnung mit dem ausgezahlten Kindergeld), auf die Umsatzsteuer ca. 142,44 Mrd. € sowie auf die Einfuhrumsatzsteuer ca. 52,19 Mrd. €. Damit ist die Lohnsteuer neben der Umsatzsteuer die bedeutendste Einnahmequelle der öffentlichen Haushalte.

39 Das Einkommen **juristischer Personen** des privaten Rechts unterliegt nicht der Einkommensteuer, sondern der **Körperschaftsteuer**. Juristische Personen sind insbesondere Kapitalgesellschaften, z.B. AG und GmbH, Europäische Gesellschaft sowie andere Personenvereinigungen (z.B. Vereine), soweit diese nicht Mitunternehmerschaften i.S.d. Einkommensteuergesetzes sind, und Vermögensmassen (z.B. eine Stiftung). Der von einer Kapitalgesellschaft erwirtschaftete Gewinn unterliegt bei ihr der Körperschaftsteuer. Wird der Gewinn weiter an eine natürliche Person ausgeschüttet, unterliegt er auf Ebene des Gesellschafters der Einkommensteuer. Einkommensteuer und Körperschaftsteuer stehen nebeneinander.

Fließen natürlichen Personen aus ihren **Beteiligungen** an einer **Kapitalgesellschaft** (z.B. Aktien) Einnahmen zu (z.B. Dividenden), sind diese als Einnahmen aus Kapitalvermögen zu versteuern (§ 20 EStG, → Rz. 92). Um eine steuerliche Doppelbelastung der ausgeschütteten Gewinne (z.B. der Dividenden) zu vermeiden, unterliegen diese Einnahmen seit 2009 einem pauschalen Steuersatz i.H.v. 25 % (sog. Abgeltungsteuer) zzgl. Solidaritätszuschlag und ggf. Kirchensteuer (→ Rz. 45 f.).

Personengesellschaften und Gemeinschaften des bürgerlichen Rechts, sog. **BGB-Gesellschaften** sind rechtlich unselbständig und deshalb keine Steuersubjekte. Ihre Einkünfte werden zunächst weder von der Körperschaftsteuer noch von der Einkommensteuer erfasst. Steuerpflichtig sind jedoch die jeweiligen Gesellschafter oder Gemeinschafter, denen die Einkünfte (Gewinne) der Gesellschaft/Gemeinschaft durch eine gesonderte und einheitliche Feststellung anteilig zugerechnet und im Rahmen der Veranlagung zur Einkommensteuer oder Körperschaftsteuer angesetzt wird.

II. Rechtsgrundlagen

40 Die wesentlichen Vorschriften für die Einkommensbesteuerung enthält das Einkommensteuergesetz, das zuletzt i.d.F. v. 8.10.2009 (BGBl. I 2009, 3366, BStBl I 2009, 1346) neu bekannt gemacht worden ist, unter Berücksichtigung der nachfolgenden Änderungen (in 2013 zuletzt: Gesetz zur Umsetzung der Amtshilferichtlinie sowie zur Änderung steuerlicher Vorschriften (AmtshilfeRLUmsG) v. 26.6.2013 (BGBl. I 2013, 1809, BStBl I 2013, 802), Gesetz zur Änderung des Einkommensteuergesetzes in Umsetzung der Entscheidung des Bundesverfassungsgerichts vom 7. Mai 2013 vom 15.7.2013 (BGBl. I 2013, 2397, BStBl I 2013, 898), sowie des AIFM-Steuer-Anpassungsgesetzes[1]). Daneben sind die Einkommensteuer-Durchführungsverordnung 2000 v. 10.5.2000 (BGBl. I 2000, 717, BStBl I 2000, 596) sowie die Lohnsteuer-Durchführungsverordnung 1990 v. 10.10.1989 (BGBl. I 1989, 1848, BStBl I 1989, 405) unter Einbeziehung der zwischenzeitlichen Änderungen und der höchstrichterlichen Rechtsprechung zu beachten. Für eine einheitliche Anwendung des Einkommensteuer- und Lohnsteuerrechts enthalten die mit Zustimmung des Bundesrats erlassenen aktuellen Einkommensteuer-Richtlinien 2014[2] und die Lohnsteuer-Richtlinien 2013 sowie die maßgeblichen amtlichen Einkommensteuer- und Lohnsteuer-Hinweise 2014[3] Auslegungs- und Vereinfachungsregelungen sowie Weisungen an die Finanzämter. An diese allgemeinen Verwaltungsvorschriften sind die Finanzbehörden, nicht jedoch die (Finanz-)Gerichte gebunden. Letzteres gilt auch für die Stpfl., doch sollten die amtlichen Richtlinien/Hinweise als „Leitlinien" betrachtet werden.

III. Steuerpflicht

1. Persönliche/sachliche Steuerpflicht

Das Einkommensteuergesetz unterscheidet zwischen persönlicher und sachlicher Steuerpflicht. **Persönlich** steuer- 41
pflichtig ist jede einzelne natürliche Person unabhängig von einer tatsächlich entstandenen Einkommensteuerschuld (potentieller Einkommensteuerschuldner). Mit dem Begriff **natürliche Person** (§ 1 BGB) erfasst das Einkommensteuergesetz alle Menschen von der Geburt bis zum Tod. Ohne Bedeutung sind das Lebensalter, das Geschlecht, der Familienstand, die Staatsangehörigkeit, die Geschäftsfähigkeit oder Verfügungsbeschränkungen des Stpfl. Da die Steuerpflicht mit dem Tod erlischt, wird der Erbe eines verstorbenen Stpfl. Schuldner für dessen Einkommensteuer.

Die **sachliche Steuerpflicht** ergibt sich dann, wenn die im 42
Einkommensteuergesetz aufgezählten Einkünfte (→ Rz. 82 f.) bezogen werden und sich dadurch eine Einkommensteuerschuld ergibt. Für den Umfang der Steuerpflicht differenziert das Einkommensteuergesetz zwischen unbeschränkt und beschränkt steuerpflichtigen Personen (→ Rz. 49 ff.). Diese Unterscheidung ist wichtig für die Frage, welche Einkünfte für die Besteuerung heranzuziehen und welche Vorschriften des Einkommensteuergesetzes für die Ermittlung des zu ver-

1) Der Bundesrat hat dem Gesetz am 29.11.2013 zugestimmt. Das Gesetz war bei Redaktionsschluss noch nicht verkündet.

2) Diese Verwaltungsvorschriften waren bei Redaktionsschluss noch nicht veröffentlicht.

3) Die Einkommensteuer-Hinweise 2014 waren bei Redaktionsschluss noch nicht veröffentlicht.

steuernden Einkommens sowie der tariflichen Einkommensteuer anzuwenden sind. Unter welchen Voraussetzungen eine Einkommensteuererklärung abzugeben ist, regelt § 56 EStDV. Unabhängig von diesen Vorschriften kann das Finanzamt jeden Stpfl. zur Abgabe einer Einkommensteuererklärung auffordern, um die persönliche Steuersituation zu überprüfen.

43 Das steuerlich maßgebende **Einkommen** wird als Gesamtbetrag aus den im Einkommensteuergesetz aufgezählten sieben **Einkunftsarten** (→ Rz. 82 f.) ermittelt, wobei die **Einkünfteermittlung** nach verschiedenen Grundsätzen erfolgt (→ Rz. 84 ff.). Von den Einkünften können die folgenden nicht einkünftebezogenen Aufwendungen abgezogen werden: Sonderausgaben, z.B. Versicherungsbeiträge, gezahlte Kirchensteuern, Spenden (→ Rz. 171 ff.) und außergewöhnliche Belastungen, z.B. wegen Krankheit oder Behinderung (→ Rz. 205). Weil die für den Grundbedarf einer gewöhnlichen Lebensführung erforderlichen (Geld-)Mittel nicht besteuert werden dürfen, ist das steuerliche **Existenzminimum** – oder auch **Grundfreibetrag** genannt – als steuerfreier Bestandteil in den **Einkommensteuertarif** eingearbeitet (→ Rz. 25, 237).

44 Die **Einkommensbesteuerung** erfolgt nicht nur durch die Veranlagung zur Einkommensteuer. Von bestimmten Einkünften erhebt der Fiskus die Einkommensteuer im sog. **Quellenabzug**. Hierdurch werden die Einkünfte aus nichtselbständiger Arbeit und die Kapitalerträge erfasst. Deshalb hat der Arbeitgeber vom Bruttoarbeitslohn (Einkünfte aus nichtselbständiger Arbeit) die **Lohnsteuer** zu berechnen, sie einzubehalten und an das Finanzamt abzuführen (→ Rz. 362 ff.). Weil mit dem Lohnsteuereinbehalt die steuerlichen Pflichten des Arbeitnehmers grundsätzlich erfüllt sind, werden Arbeitnehmer nur unter bestimmten Voraussetzungen zur Einkommensteuer veranlagt (§ 46 EStG, → Rz. 58 ff.). Die Lohnsteuer ist lediglich eine besondere Erhebungsform der Einkommensteuer.

45 Seit 1.1.2009 unterliegen in Deutschland alle im Privatvermögen zufließende Kapitaleinkünfte der sog. **Abgeltungsteuer** (Quellensteuer). Dadurch werden Zinsen, Dividenden, Fondsausschüttungen sowie Kurs- und Währungsgewinne einheitlich mit 25 % zzgl. Solidaritätszuschlag und ggf. Kirchensteuer besteuert und sämtliche Zuflüsse beim steuerpflichtigen **Privatanleger** gleich behandelt. Die Abgeltungsteuer fällt an, wenn die Einkünfte den **Sparer-Pauschbetrag** von 801 € bei Ledigen bzw. 1 602 € für Verheiratete übersteigen (→ Rz. 260).

46 Der einzubehaltende **Körperschaftsteuersatz** beträgt für einbehaltene und ausgeschüttete Gewinne 15 %; eine Anrechnung auf die Einkommensteuerschuld des Anteilseigners ist nicht möglich.

Auf der Ebene eines Anteilseigners, der seine Anteile an einer Kapitalgesellschaft im Betriebsvermögen hält, wird die Vorbelastung ausgeschütteter Gewinne durch die Körperschaftsteuer dadurch berücksichtigt, dass die Dividenden nur zu 60 % in die Bemessungsgrundlage für die persönliche Einkommensteuer des Anteilseigners einbezogen werden (Teileinkünfteverfahren). Die bereits bei der Ausschüttung einbehaltene Kapitalertragsteuer i.H.v. 25 % wird bei der Veranlagung des Anteilseigners auf seine Einkommensteuerschuld angerechnet. (→ Rz. 45).

47 Knüpfen außersteuerliche Rechtsnormen an die Begriffe Einkünfte, Summe der Einkünfte sowie Gesamtbetrag der Einkünfte und deren Ermittlung an, mindern sich für deren Zwecke diese Beträge seit 2012 um die nunmehr ausschließlich als Sonderausgaben abziehbaren **Kinderbetreuungskosten** (§ 10 Abs. 1 Nr. 5 EStG). Diese Regelung in § 2 Abs. 5a EStG ist z.B. erforderlich, weil die Kinderbetreuungskosten nicht mehr wie Werbungskosten oder Betriebsausgaben abziehbar sind und doch gleichwohl das steuerliche Einkommen mindern sollen. Andernfalls würden sich die als Bemessungsgrundlage maßgebenden Einkommensbeträge für außersteuerliche Regelungen erhöhen, z.B. die Einkommens-/Verdienstgrenze für den Bezug von Wohngeld.

Seit dem Kalenderjahr 2002 haben Bauherren bzw. Empfän- 48
ger von bestimmten **Bauleistungen** (Unternehmer i.S.d. § 2 UStG) für Rechnung des Bauleistenden vom Rechnungsbetrag pauschal 15 % einzubehalten und dem Betriebsstättenfinanzamt des Leistenden (Auftragnehmers) anzumelden und dorthin abzuführen (sog. **Bauabzugsteuer**). Es soll dadurch sichergestellt werden, dass der leistende Unternehmer (Auftragnehmer) seinen Verpflichtungen zur Abführung der Lohnsteuer und der Zahlung von Einkommen- bzw. Körperschaftsteuer nachkommt. Die Bauabzugsteuer wird auf diese Beträge angerechnet. Der Steuerabzug ist nicht vorzunehmen, wenn der Leistende eine Freistellungsbescheinigung des Finanzamts vorlegt oder falls in bestimmten Fällen die Summe der in Rechnung gestellten Bruttobeträge (Gegenleistung) bei ausschließlich steuerfreien Umsätzen aus Vermietung und Verpachtung (§ 4 Nr. 12 Satz 1 UStG) 15 000 € oder in den übrigen Fällen 5 000 € im laufenden Kalenderjahr voraussichtlich nicht übersteigen wird.

2. Unbeschränkte/beschränkte Einkommensteuerpflicht

Unbeschränkt einkommensteuerpflichtig ist jede natürli- 49
che Person (→ Rz. 41), wenn sie im Inland einen Wohnsitz (→ Rz. 50) oder gewöhnlichen Aufenthalt (→ Rz. 51) hat. Diese Personen sind mit ihrem Welteinkommen in Deutschland steuerpflichtig, wobei eine Doppelbesteuerung der im Ausland erzielten Einkünfte durch Anrechnung der dort entrichteten Steuer auf die Einkommensteuerschuld oder durch Abzug bei der Ermittlung der Einkünfte vermieden wird. Die unbeschränkte Einkommensteuerpflicht beginnt mit der Geburt des Stpfl. im Inland oder mit der Begründung eines Wohnsitzes bzw. eines gewöhnlichen Aufenthalts im Inland. Behält ein Stpfl., der sich aus beruflichen Gründen im Ausland aufhält und dort einen zweiten Wohnsitz begründet hat, seine Familienwohnung im Inland bei, endet seine unbeschränkte Einkommensteuerpflicht im Inland nicht.

Einen **Wohnsitz** hat eine natürliche Person dort, wo sie eine 50
Wohnung innehat, die darauf schließen lässt, dass sie die Wohnung beibehalten und benutzen wird (§ 8 AO). Ob diese Voraussetzungen vorliegen, ist dabei grundsätzlich unter Berücksichtigung sämtlicher objektiver Umstände nach den tatsächlichen und wirtschaftlichen Gegebenheiten des Einzelfalls zu beurteilen. Der Begriff der **Wohnung** im steuerlichen Sinn ist weit auszulegen und umfasst solche Räumlichkeiten, die zum Wohnen auf Dauer geeignet sind. Dies sind z.B. Einfamilienhäuser, Eigentums- und Mietwohnungen, aber auch auf Dauer angemietete (möblierte) Zimmer, Hotelzimmer, Wohncontainer, Barackenunterkünfte sowie Wochenend- oder Ferienhäuser. Die Größe und Ausstattung der Wohnung sowie deren Möblierung mit eigenen oder fremden Möbeln sind in diesem Zusammenhang ohne Bedeutung. Maßgebendes Kriterium ist allein, dass der Stpfl. die Wohnung innehat, also eine dauerhafte Verfügbarkeit. Die polizeiliche Anmeldung ist für die Begründung eines Wohnsitzes regelmäßig nicht ausschlaggebend.

Der **gewöhnliche Aufenthalt** ist dort, wo der Stpfl. sich nicht 51
nur vorübergehend aufhält, unabhängig von einer Ortsgebun-

denheit. Dabei kommt es nicht auf den Willen oder die Absicht der natürlichen Person an, einen gewöhnlichen Aufenthalt auch zu begründen oder diesen gar zu vermeiden. Maßgebend ist allein der durch den Lebenssachverhalt begründete objektive Tatbestand im Gebiet der Bundesrepublik Deutschland. Ein gewöhnlicher Aufenthalt wird stets dann angenommen, wenn sich eine natürliche Person länger als sechs Monate (bzw. 183 Tage) im Inland aufhält, wobei kleine kurzfristige Unterbrechungen von bis zu zwei bis drei Wochen unberücksichtigt bleiben. Der Sechs-Monats-Zeitraum muss nicht in ein Kalenderjahr fallen. Diese Grundsätze gelten dann nicht, wenn der Aufenthalt in der Bundesrepublik Deutschland ausschließlich Besuchs-, Erholungs-, Kur- oder ähnlichen privaten Zwecken dient und nicht länger als ein Jahr dauert. Die **unbeschränkte** Einkommensteuerpflicht endet mit dem Tod des Stpfl. oder mit dem Tag, an dem der Wohnsitz oder der gewöhnliche Aufenthalt im Inland aufgegeben wird.

52 Für bestimmte Sonderfälle sind die zuvor genannten Grundsätze nicht anzuwenden. So begründet ein sog. **Grenzgänger**/-pendler im Tätigkeitsstaat regelmäßig keinen gewöhnlichen Aufenthalt, zudem sehen viele zwischenstaatliche Vereinbarungen, wie z.B. für **Bedienstete** der EU und Angehörige der (NATO-)Streitkräfte, abweichende steuerliche Regelungen vor.

53 Als weitere Variante kennt das Einkommensteuergesetz die **erweiterte unbeschränkte** Einkommensteuerpflicht. Zum einen werden hierdurch insbesondere deutsche Staatsangehörige im Ausland, die von einer inländischen Behörde beschäftigt werden (§ 1 Abs. 2 EStG), sowie deren Angehörige erfasst. Dies sind z.B. die von der Bundesrepublik Deutschland in das Ausland entsandten deutschen Staatsangehörigen, die Mitglied einer diplomatischen Mission oder einer konsularischen Vertretung sind, ggf. einschließlich der zu ihrem Haushalt gehörenden Angehörigen.

54 Zum anderen können beschränkt steuerpflichtige natürliche Personen und Staatsangehörige eines anderen EU-Mitgliedsstaates oder eines zum EWR gehörenden Staates (Island, Liechtenstein oder Norwegen), soweit sie inländische Einkünfte erzielen, auf Antrag in Deutschland als unbeschränkt einkommensteuerpflichtig behandelt werden (§§ 1 Abs. 3, 1a EStG). Voraussetzung hierfür ist, dass diese Personen ihr Einkommen ganz oder fast ausschließlich in Deutschland erzielen. Dies ist dann der Fall, wenn die im Kalenderjahr bezogenen Einkünfte mindestens zu 90 % der deutschen Einkommensteuer unterliegen oder falls die nicht der deutschen Einkommensteuer unterliegenden Einkünfte den Grundfreibetrag (→ Rz. 237) im Kalenderjahr nicht übersteigen. Für manche Staaten ist diese Einkunftsgrenze nach den Verhältnissen und der Kaufkraft des Wohnsitzstaates entsprechend der durch BMF-Schreiben bekannt gemachten steuerlichen Ländergruppeneinteilung zu kürzen. Diese erweiterte Steuerpflicht bewirkt, dass der betroffene Personenkreis auch steuerliche Regelungen (Vergünstigungen) beanspruchen kann, welche ansonsten die unbeschränkte Steuerpflicht voraussetzen.

55 **Beschränkt einkommensteuerpflichtig** sind natürliche Personen, die im Inland weder einen Wohnsitz (→ Rz. 50) noch einen gewöhnlichen Aufenthalt (→ Rz. 51) haben. Diese Personen sind nur mit bestimmten **inländischen** Einkünften steuerpflichtig (§ 49 EStG). Die beschränkte Einkommensteuerpflicht beginnt mit dem Bezug von inländischen Einkünften (i.S.v. § 49 EStG) oder mit Aufgabe des Wohnsitzes oder des gewöhnlichen Aufenthalts im Inland und dem damit verbundenen Wegfall der unbeschränkten Steuerpflicht, falls weiterhin inländische Einkünfte bezogen werden. Die beschränkte Einkommensteuerpflicht endet, wenn keine inländischen Einkünfte mehr bezogen werden, mit Zuzug ins Inland (unbeschränkte Einkommensteuerpflicht) oder durch den Tod des Stpfl. Wegen Besonderheiten bei der Abgrenzung zwischen unbeschränkter und beschränkter Steuerpflicht für **Arbeitgeber** und **Arbeitnehmer** wird auf → Rz. 270 ff., 278 f. verwiesen.

Seit 1972 können natürliche Personen, die als deutsche Staatsangehörige ihren Wohnsitz oder gewöhnlichen Aufenthalt in das **Ausland** verlegt haben, nach dem **Außensteuergesetz** weiterhin mit ihren inländischen Einkünften in Deutschland steuerpflichtig sein (sog. erweiterte unbeschränkte Steuerpflicht). Voraussetzung hierfür ist, dass diese Person ihren Wohnsitz in ein sog. **niedrig besteuerndes** Land („Gebiet") verlegt haben und nicht mehr unbeschränkt steuerpflichtig sind, bei Wegzug die **wesentlichen wirtschaftlichen** Interessen im Inland bestehen bleiben bzw. beibehalten werden. 56

Das ist dann der Fall, wenn der Steuerpflichtige zu Beginn des Zeitraums in Deutschland Unternehmer oder Mitunternehmer ist oder zu mehr als 25 % an einer Gesellschaft beteiligt ist oder die Inlandseinkünfte mehr als 30 % der gesamten Einkünfte oder mehr als 62 000 € betragen oder bestimmte Vermögensgrenzen überschritten sind. Ferner muss die unbeschränkte Steuerpflicht in den letzten zehn Jahren vor den Wegzug mindestens fünf Jahre bestanden haben. In der Regel umfasst diese erweiterte Steuerpflicht die im Inland erzielten Einkünfte für einen Zeitraum von zehn Jahren nach dem Wegzug ins Ausland unter Aufgabe der unbeschränkten Einkommensteuerpflicht.

Zusammenfassend sind folgende **Fallgruppen** der **unbeschränkten** und beschränkten **Einkommensteuerpflicht** zu unterscheiden: 57

1. Personen, die im Inland einen Wohnsitz oder gewöhnlichen Aufenthalt haben:
   unbeschränkte Steuerpflicht nach § 1 Abs. 1 EStG;
2. die an einem ausländischen Dienstort tätigen Deutschen im diplomatischen und konsularischen Dienst nebst Angehörigen:
   unbeschränkte Steuerpflicht nach § 1 Abs. 2 EStG;
3. verheiratete und unverheiratete Personen ohne EU-Staatsangehörigkeit oder unverheiratete Personen mit EU-Staatsangehörigkeit ohne Wohnsitz oder gewöhnlichen Aufenthalt im Inland, die ihr Einkommen ganz oder fast ausschließlich in Deutschland erzielen (sog. Grenzgänger/-pendler):
   auf Antrag unbeschränkte Einkommensteuerpflicht nach § 1 Abs. 3 EStG (kein Splittingtarif);
4. verheiratete Personen mit EU-/EWR-Staatsangehörigkeit, wenn der Ehegatte im EU-/EWR-Ausland wohnt und das gemeinsame Einkommen ganz oder fast ausschließlich in Deutschland erzielt wird:
   auf Antrag unbeschränkt steuerpflichtig nach § 1a Abs. 1 EStG (Splittingtarif);
5. verheiratete Angehörige des öffentlichen Dienstes, wenn sie aus dienstlichen Gründen im Nicht-EU-Ausland wohnen und das gemeinsame Einkommen ganz oder fast ausschließlich in Deutschland erzielt wird:
   auf Antrag unbeschränkt steuerpflichtig nach § 1a Abs. 2 EStG (Splittingtarif);
6. Personen ohne Wohnsitz oder gewöhnlichen Aufenthalt im Inland, die nicht von den Fallgruppen 2. bis 5. erfasst werden, falls sie inländische Einkünfte haben:

beschränkt steuerpflichtig nach § 1 Abs. 4 EStG (grundsätzlich keine personen- und familienbezogenen Abzüge und Entlastungen, kein Splittingtarif).

Die vorgenannten Regelungen gelten für Lebenspartnerschaften und Lebenspartner entsprechend.

IV. Veranlagungspflichten

1. Pflichtveranlagung nach § 46 EStG

58 Unter welchen Voraussetzungen **Arbeitnehmer** zur Einkommensteuer zu veranlagen sind, regelt § 46 EStG. Dort wird unterschieden zwischen einer Veranlagung von Amts wegen (Amtsveranlagung, § 46 Abs. 2 Nr. 1 bis 7 EStG) und einer Antragsveranlagung (§ 46 Abs. 2 Nr. 8 EStG). **Zwingend** vorgeschrieben ist eine **Einkommensteuerveranlagung** (Amtsveranlagung) für Arbeitnehmer, deren Arbeitslohn dem Lohnsteuerabzug unterlag, unter folgenden Voraussetzungen:

- die positiven Nebeneinkünfte, die nicht dem Lohnsteuerabzug unterlagen, betragen insgesamt mehr als 410 € im Kalenderjahr;
- die positive Summe der ausländischen Einkünfte und der Lohnersatzleistungen, die dem Progressionsvorbehalt unterliegen, beträgt mehr als 410 € im Kalenderjahr;
- der Arbeitnehmer hat nebeneinander aus mehreren Dienstverhältnissen Arbeitslohn bezogen, es sei denn, ein Dritter hat die von mehreren Arbeitgebern bezogenen Arbeitslöhne für den Lohnsteuerabzug zusammengefasst und abgerechnet;
- die beim Lohnsteuerabzug berücksichtigte Summe der Teilbeträge der Vorsorgepauschale für die gesetzliche und private Kranken- und Pflegeversicherung ist höher als die später bei der Einkommensteuerveranlagung als Sonderausgaben abziehbaren Vorsorgeaufwendungen. Hierzu gehören insbesondere Fälle, in denen die beim Lohnsteuerabzug berücksichtigte Mindestvorsorgepauschale höher ist als die bei der Veranlagung zur Einkommensteuer als Sonderausgaben abziehbaren (tatsächlichen) Vorsorgeaufwendungen. Dies betrifft einen Großteil der Arbeitnehmer mit geringem Arbeitslohn, Soldaten, sowie als Arbeitnehmer tätige Studenten und Auszubildende. Weil diese Regelung für den Arbeitnehmer wenig durchschaubar ist und oftmals den Aufwand für die Erstellung der Einkommensteuererklärung sowie zur Durchführung der Veranlagung usw. nicht gerechtfertigt hatte, wurde diese Verpflichtung an eine Arbeitslohngrenze gebunden. Ab 2014 besteht diese Veranlagungspflicht nur noch dann, wenn die Voraussetzungen für eine Veranlagung zur Einkommensteuer vorliegen **und** der im Kalenderjahr erzielte Jahresarbeitslohn 10 700 € bei Ledigen bzw. 20 200 € bei Ehegatten/Lebenspartnern übersteigt;
- bei Ehegatten/Lebenspartnern, die zusammen zur Einkommensteuer zu veranlagen sind und die beide Arbeitslohn bezogen haben, wenn einer von ihnen zumindest während eines Teils des Kalenderjahres nach der Steuerklasse V oder VI oder unter Anwendung des Faktors (→ Rz. 15) besteuert worden ist;
- das Finanzamt hat für den Arbeitnehmer einen persönlichen Freibetrag ermittelt, der beim Lohnsteuerabzug berücksichtigt worden ist, z.B. vom Arbeitgeber als elektronisches Lohnsteuerabzugsmerkmal abgerufen wurde oder vom Finanzamt auf einer Bescheinigung für den Lohnsteuerabzug eingetragen worden ist (z.B. ein Freibetrag zur Berücksichtigung der tatsächlichen Werbungskosten, Sonderausgaben oder außergewöhnlichen Belastungen). Weiter ist Voraussetzung, dass der im Kalenderjahr 2014 insgesamt erzielte Arbeitslohn eines Ledigen 10 700 € oder der von Ehegatten/Lebenspartnern insgesamt erzielte Arbeitslohn übersteigt 20 200 € (falls sie die Voraussetzungen für eine Zusammenveranlagung erfüllen) übersteigt. Diese Arbeitslohngrenzen gelten auch für die an ausländischen Dienstorten tätigen Deutschen im diplomatischen und konsularischen Dienst nebst Angehörigen sowie für einen beschränkt einkommensteuerpflichtigen Arbeitnehmer, wenn die zuvor genannten Freibeträge auf einer vom Finanzamt ausgestellten Bescheinigung für den Lohnsteuerabzug eingetragen wurden;
- der Arbeitnehmer hat Entlassungs- oder andere Entschädigungen oder Vergütungen für eine mehrjährige Tätigkeit erhalten, für die eine ermäßigte Lohnsteuer einbehalten wurde, oder ein Dritter hat unmittelbar gegen sich gerichtete tarifvertragliche Geldansprüche gezahlt (§ 38 Abs. 3a Satz 1 EStG, z.B. Sozialkassen des Baugewerbes) und diese mit 20 % pauschal versteuert (→ Rz. 417);
- der Arbeitgeber hat die Lohnsteuer für einen sonstigen Bezug ohne Kenntnis (Berücksichtigung) des beim früheren Arbeitgeber bezogenen Arbeitslohns berechnet (Großbuchstabe S; → Rz. 414);
- bei geschiedenen oder dauernd getrennt lebenden Eheleuten/Lebenspartnern oder bei Eltern eines nichtehelichen Kindes soll der Ausbildungsfreibetrag oder ein dem Kind zustehender Behinderten- oder Hinterbliebenen-Pauschbetrag abweichend vom Lohnsteuerabzugs-Verfahren (je zur Hälfte) berücksichtigt werden;
- die Ehe/Lebenspartnerschaft des Arbeitnehmers ist im Kalenderjahr aufgelöst worden und er oder sein Ehegatte/Lebenspartner aus der aufgelösten Ehe/Lebenspartnerschaft hat wieder geheiratet;
- beim Arbeitnehmer ist für den Lohnsteuerabzug (für die Wahl der Steuerklassen) der Ehepartner/Lebenspartner berücksichtigt worden, der außerhalb des Inlands in einem Mitgliedsstaat der EU oder den Staaten Island, Liechtenstein oder Norwegen ansässig ist;
- der Arbeitnehmer ist nicht im Inland ansässig, aber als unbeschränkt einkommensteuerpflichtig (§ 1 Abs. 3 EStG) behandelt worden.

Mit dem Amtshilferichtlinie-Umsetzungsgesetz sind diese Verpflichtungen durch eine besondere Regelung für den Zeitraum vor dem Start des Verfahrens der elektronischen Lohnsteuerabzugsmerkmale (ELStAM-Verfahren) **ergänzt** worden (§ 52b Abs. 9 EStG). Danach kann das Finanzamt einen unbeschränkt einkommensteuerpflichtigen Arbeitnehmer zur Abgabe einer Einkommensteuererklärung **auffordern**, wenn er in den Kalenderjahren 2010 bis 2013 seiner Verpflichtung zur Änderung der zu günstig bescheinigten Lohnsteuerabzugsmerkmale nicht nachgekommen ist. Dies sind z.B. Fälle, in denen der Arbeitnehmer ein Wegfall der Steuerklasse III oder II (→ Rz. 308) dem Finanzamt nicht mitgeteilt bzw. keinen Antrag auf Änderung der Steuerklasse gestellt hat.

2. Antrag auf Einkommensteuerveranlagung

Liegen die zuvor genannten Voraussetzungen für eine Pflichtveranlagung zur Einkommensteuer nicht vor, hat ein unbeschränkt einkommensteuerpflichtiger Arbeitnehmer dennoch die Möglichkeit und das Recht, eine Veranlagung zu beantragen. Dies gilt insbesondere zur Anrechnung der einbehaltenen Lohnsteuer auf die festzusetzende Einkommensteuer, um dadurch die Erstattung der zu viel einbehaltenen Lohnsteuer zu erreichen, oder um einen Verlust aus der Vermie- 59 tung einer Immobilie geltend zu machen (→ Rz. 93). Der Antrag auf Veranlagung muss seit 2007 bis zum Ablauf des auf den Veranlagungszeitraum folgenden vierten Kalenderjahres gestellt worden sein (Festsetzungsfrist).

60 Ein solcher Antrag auf Durchführung der Veranlagung kann bis zur Bestandskraft des Einkommensteuerbescheids grundsätzlich zurückgenommen werden. Die Antragsrücknahme muss folglich innerhalb der Rechtsbehelfsfrist entweder durch Einspruch oder mit Antrag auf schlichte Änderung erfolgen. Hierdurch kann der Arbeitnehmer eine Veranlagung, die zu einer Nachzahlung führt, verhindern, falls die Einkommensteuerveranlagung nicht zwingend vorgeschrieben ist (→ Rz. 58).

Beispiel:

Ein Arbeitnehmer hat die Einkommensteuerveranlagung beantragt, damit er Verluste aus einer vermieteten Eigentumswohnung abziehen kann. Das Finanzamt erkennt jedoch die geltend gemachten Werbungskosten nicht in vollem Umfang an und setzt neben den Einkünften aus nichtselbständiger Arbeit als Einkünfte aus Vermietung und Verpachtung 400 € an (daneben keine weiteren Einkünfte). Dies würde zu einer Einkommensteuernachzahlung i.H.v. 170 € führen.

Deshalb nimmt der Arbeitnehmer innerhalb der Rechtsbehelfsfrist seinen Antrag auf Veranlagung zurück. Das Finanzamt muss nun den Einkommensteuerbescheid aufheben, weil eine Pflichtveranlagung nach § 46 Abs. 2 EStG ausscheidet und die Antragsveranlagung nicht mehr durchgeführt werden kann.

61 Das Finanzamt kann unabhängig von einer Antragsveranlagung des Arbeitnehmers zu **wenig erhobene Lohnsteuer** vom Arbeitnehmer **nachfordern**. Dies ist z.B. dann möglich, wenn der Arbeitgeber vom Arbeitslohn versehentlich zu wenig Lohnsteuer einbehalten hat und das Betriebsstättenfinanzamt einen Lohnsteuer-Nachforderungsbescheid nach § 42d Abs. 3 Satz 4 Nr. 1 EStG erlässt.

V. Einkommensteuerveranlagung

62 Die Einkommensteuerveranlagung wird stets für ein ganzes Kalenderjahr, dem sog. **Veranlagungszeitraum**, durchgeführt. Dieses Kalenderjahrprinzip ist unabhängig davon, ob die beschränkte oder unbeschränkte persönliche Steuerpflicht das gesamte Kalenderjahr bestanden hat und ob die Einnahmen im Kalenderjahr einmalig oder laufend zugeflossen sind. Der Veranlagung wird das im Zeitraum der Steuerpflicht bezogene (erzielte) Einkommen zu Grunde gelegt.

63 Ist eine Person während des Kalenderjahres sowohl beschränkt als auch unbeschränkt einkommensteuerpflichtig, wird für dieses Kalenderjahr nur eine Veranlagung nach den Vorschriften für unbeschränkt steuerpflichtige Personen durchgeführt. Dabei werden die während der beschränkten Steuerpflicht erzielten inländischen Einkünfte den unbeschränkt einkommensteuerpflichtigen Einkünften hinzugerechnet. Die nicht der deutschen Einkommensteuer unterliegenden Einkünfte werden durch den Progressionsvorbehalt berücksichtigt (§ 32b Abs. 1 Satz 1 Nr. 2 und 3 sowie Abs. 1a EStG).

64 Der **Progressionsvorbehalt** (§ 32b EStG) lässt zwar die steuerfrei bezogenen Einkommensteile (z.B. die Aufstockungsbeträge für Altersteilzeit) steuerunbelastet; sie werden aber gleichwohl bei der Ermittlung des anzuwendenden Einkommensteuersatzes berücksichtigt, indem für die Berechnung des Einkommensteuersatzes die dem Progressionsvorbehalt unterliegenden Einnahmen bzw. Einkünfte dem zu versteuernden Einkommen hinzugerechnet werden. Für diesen erhöhten Betrag wird nun der fällige Einkommensteuersatz ermittelt. Weil der Einkommensteuertarif progressiv ansteigt (→ Rz. 25 f.), kann dies im Einzelfall einen recht hohen Steuersatz ergeben. Dieser erhöhte Steuersatz wird dann auf das zu versteuernde Einkommen (ohne steuerfreie Einkommensteile) angewandt, wodurch sich regelmäßig eine erhöhte Einkommensteuer ergibt.

Begründet wird der Progressionsvorbehalt mit dem Grundsatz der Besteuerung nach der wirtschaftlichen Leistungsfähigkeit. Zumindest bei Bezug von Lohnersatzleistungen scheint er jedoch vielmehr als Korrektiv eingesetzt werden zu müssen, um ganzjährig arbeitende Arbeitnehmer durch die Belastung mit Steuern und Sozialabgaben sowie den Aufwendungen für die Fahrten zur Arbeits-/Tätigkeitsstätte letztlich nicht schlechter zu stellen als solche Stpfl., die teilweise im Kalenderjahr sowohl Arbeitslohn beziehen als auch steuerfreie Bezüge bzw. Sozialleistungen erhalten. Ansonsten könnte ggf. durch steuerfreie Aufstockungsbeträge für Altersteilzeit oder durch Altersübergangsgeld und Sozialleistungen ein höheres Einkommen erzielt werden, als dem ganzjährig beschäftigten Arbeitnehmer letztlich nach den gesetzlichen Abzügen an Nettolohn verbliebe.

VI. Veranlagungsarten

1. Allgemeines

Grundsätzlich wird jede steuerpflichtige Person mit ihrem zu versteuernden Einkommen einzeln zur Einkommensteuer veranlagt (sog. **Einzelveranlagung**). Die Einkommensteuer wird nach dem Grundtarif, der sog. (Einkommensteuer-) **Grundtabelle**, berechnet (→ Rz. 23). 65

Mit dem Steuervereinfachungsgesetz 2011 wurde das Veranlagungswahlrecht für Ehegatten/Lebenspartner seit 2013 neu geordnet. Nunmehr können Ehegatten/Lebenspartner nur noch zwischen der **Einzelveranlagung** (§ 26a EStG) mit Anwendung des Grundtarifs und der Zusammenveranlagung (§ 26b EStG) zur Einkommensteuer (so die Regelung in § 26 Abs. 1 EStG) mit Anwendung des Splittingtarifs bzw. der sog. (Einkommensteuer-)**Splittingtabelle** (→ Rz. 23 f.) wählen. Die für das Heiratsjahr bis zum Jahr 2012 mögliche Wahl der sog. **besonderen Veranlagung** nach § 26c EStG (alt) wurde abgeschafft (→ Rz. 77 f.).Die Wahl wird für den jeweiligen Veranlagungszeitraum durch Auswahl bzw. Angabe i.R.d. Einkommensteuererklärung getroffen. Machen Ehegatten/Lebenspartner von ihrem Wahlrecht nicht oder nicht wirksam Gebrauch, so ist das Finanzamt verpflichtet, eine Zusammenveranlagung durchzuführen.

Hat ein Ehegatte in dem Veranlagungszeitraum, in dem seine zuvor bestehende Ehe aufgelöst worden ist, eine neue Ehe geschlossen und liegen bei ihm und dem neuen Ehegatten die Voraussetzungen für eine Zusammenveranlagung vor, wird die zuvor bestehende Ehe für die Anwendung der Veranlagungswahl nicht berücksichtigt. Diese Regelung gilt für Lebenspartnerschaften und Lebenspartner entsprechend.

2. Lebenspartner und Lebenspartnerschaften

Mit Beschluss v. 7.5.2013 (drei Verfahren) hat das BVerfG festgestellt, dass die Ungleichbehandlung von Verheirateten und eingetragenen Lebenspartnern in den Vorschriften zum Ehegattensplitting mit dem allgemeinen Gleichheitssatz des 66

Art. 3 Abs. 1 GG nicht vereinbar ist. Der besondere Schutz der Ehe rechtfertigt Besserstellungen der Ehe im Verhältnis zu einer rechtlich geordneten (eingetragenen) Lebensgemeinschaft nicht ohne Weiteres. Zu beachten ist, dass das BVerfG nicht das Splittingverfahren dem Grunde nach kritisiert hat, sondern den Ausschluss von eingetragenen Lebenspartnern/Lebenspartnerschaften.

Daraufhin hat der Gesetzgeber mit dem Gesetz zur Änderung des Einkommensteuergesetzes in Umsetzung der Entscheidung des Bundesverfassungsgerichts vom 7. Mai 2013 reagiert und die kritisierte Ungleichbehandlung von Verheirateten und Lebenspartnern beim steuerlichen Ehegattensplitting beendet.

Eine neue Generalnorm sieht die Gleichbehandlung von Ehegatten und Lebenspartnern für das gesamte Einkommensteuergesetz vor. Diese Regelung im neuen § 2 Abs. 8 EStG stellt sicher, dass Verheiratete/Ehegatten/Ehen und eingetragene Lebenspartner/Lebenspartnerschaften bei der Einkommensteuer gleich zu behandeln sind. Diese Vorschriften sind für alle noch nicht bestandskräftigen Einkommensteuerveranlagungen rückwirkend ab dem Jahr 2001 – dem Zeitpunkt des Inkrafttretens des Lebenspartnerschaftsgesetzes – anzuwenden.

Dieses steuerliche Gesetz ist allein auf die Umsetzung der Verfassungsgerichtsentscheidung im EStG beschränkt und enthält keine Anpassung derjenigen steuerrechtlichen Vorschriften, die in direktem Zusammenhang mit der Einkommensteuer stehen, auf die sich die Entscheidung des BVerfG übertragen lässt. Diese Anpassungen sind geplant.

Entsprechend der Ergänzung im EStG, wonach die Regelungen zu Ehegatten und Ehen auch auf Lebenspartner und Lebenspartnerschaften anzuwenden sind, weisen diese Erläuterungen nicht stets auf die sinngemäße Anwendung ehegattenbezogener Vorschriften für Lebenspartner und Lebenspartnerschaften hin. Hierdurch bleiben die bewährte Textform und Übersichtlichkeit erhalten.

67 Für im Inland ansässige Staatsangehörige eines Mitgliedsstaates der Europäischen Union oder der Staaten Island, Liechtenstein oder Norwegen gilt das Wahlrecht auch dann, wenn der Ehepartner/Lebenspartner in einem der genannten Staaten wohnt. Es ist nicht Voraussetzung, dass der Ehegatte/Lebenspartner ebenfalls Staatsangehöriger dieses Staates ist. Jedoch müssen die Einkünfte beider Eheleute/Lebenspartner zu mindestens 90 % der deutschen Einkommensteuer unterliegen oder ihre nicht der deutschen Einkommensteuer unterliegenden Einkünfte dürfen seit 2008 den doppelten Grundfreibetrag (ab 2014: 16 708 €, für 2013: 16 260 €) nicht übersteigen (§ 1a Abs. 1 Nr. 2 EStG, → Rz. 54). Diese Voraussetzungen sind auch zu beachten, wenn der Personenkreis auf Antrag nach § 1 Abs. 3 EStG in Deutschland als unbeschränkt einkommensteuerpflichtig erfasst werden soll (→ Rz. 57). Die nicht der deutschen Einkommensteuer unterliegenden Einkünfte sind jeweils durch eine Bescheinigung der zuständigen ausländischen Steuerbehörde nachzuweisen.

3. Zusammenveranlagung

68 Bei der Zusammenveranlagung zur Einkommensteuer werden die von den unbeschränkt einkommensteuerpflichtigen Ehegatten/Lebenspartnern erzielten Einkünfte zunächst getrennt ermittelt. Im Anschluss daran werden diese Einkünfte zusammengerechnet (nunmehr ein Betrag) und beide Eheleute/Lebenspartner als ein Stpfl. behandelt. Dies bedeutet, dass die vom Gesamtbetrag der Einkünfte abziehbaren Sonderausgaben und außergewöhnlichen Belastungen für beide Stpfl. einheitlich zu ermitteln sind, unabhängig davon, wer von ihnen die Aufwendungen tatsächlich getragen hat.

Die tarifliche Einkommensteuer beider Eheleute/Lebenspartner berechnet sich nach dem Splitting-Verfahren (§ 32a Abs. 5 EStG, Splittingtabelle → Rz. 23 f.). Dazu wird das gemeinsam zu versteuernde Einkommen beider Eheleute/Lebenspartner zunächst halbiert und die auf diesen Betrag entfallende Einkommensteuer nach der Grundtabelle ermittelt. Dieser Steuerbetrag wird anschließend verdoppelt. Das **Splitting-Verfahren** mildert so die Progressionswirkung des Einkommensteuertarifs und gewährleistet, dass Ehegatten/Lebenspartner nach ihrer Eheschließung/Verpartnerung grundsätzlich insgesamt keine höhere Einkommensteuer zu zahlen haben als vor ihrer Eheschließung/Verpartnerung. Sind die Einkommen beider Ehegatten/Lebenspartner gleich hoch, so ist die Einkommensteuer (Gesamtbelastung) vor und nach der Eheschließung/Verpartnerung die gleiche. 69

Eine gewisse Steuerentlastung durch das Splitting-Verfahren kann nur bei unterschiedlich hohen Einkünften der Eheleute/Lebenspartner eintreten. Haben beide unterschiedlich hohe Einkünfte, z.B. ein Hauptverdiener und ein Geringverdiener oder weil einer der beiden eine Ausbildung absolviert, ist der Splittingtarif günstiger. Je näher die Einkünfte der Partner beieinander liegen, desto geringer ist der Vorteil durch den Splittingtarif. Allgemein gilt: Für Eheleute/Lebenspartner ist die Zusammenveranlagung i.d.R. günstiger als die Einzelveranlagung. (→ Rz. 72).

Die Zusammenveranlagung berücksichtigt in typisierender Weise, dass in einer intakten Ehe jeder unbeschränkt steuerpflichtige Ehegatte an den Einkünften und Lasten des anderen zur Hälfte teilhat und deshalb – anders als bei getrennt lebenden unbeschränkt Stpfl. – Unterhaltsleistungen nicht abziehbar sind. Das Bundesverfassungsgericht betrachtet das Ehegattensplitting nicht als Steuervergünstigung, sondern hält es wegen der Teilhabe beider Ehegatten am Einkommen entsprechend dem für die Einkommensbesteuerung maßgebenden Grundsatz der Besteuerung nach der Leistungsfähigkeit für erforderlich. Nunmehr gelten diese Grundsätze auch für Lebenspartnerschaften und Lebenspartner. S. auch → Rz. 66. 70

In der vom Verlag herausgegeben **Einkommensteuer-Tabelle** ist für ausgewählte zu versteuernde Einkommen zusammenveranlagter Eheleute/Lebenspartner die **Einkommensteuer** nach der Splittingtabelle, die zu entrichtende **Kirchensteuer** (8 % oder 9 %) und der **Solidaritätszuschlag** sofort und unmittelbar ablesbar. Die komplizierte Berechnung über die Halbierung des zu versteuernden Einkommens und Verdopplung der nach der Grundtabelle ermittelten Einkommensteuer entfällt somit. 71

Beispiel:

Ein Ehepaar ohne Kinder erzielt im Kalenderjahr 2014 ein zu versteuerndes Einkommen von	44 528,– €
die abzulesende Einkommensteuer (Splittingtabelle) ergibt sich aus der Stufe „bei 44 528 €"	6 512,– €
die dafür zu entrichtenden weiteren Abgaben bzw. Steuerbeträge sind ebenfalls in der Tabelle aufgeführt und betragen:	
Solidaritätszuschlag 5,5 %	358,16 €
Kirchensteuer 8 % oder	520,96 €
Kirchensteuer 9 %	586,08 €

4. Einzelveranlagung

72 Die Eheleute/Lebenspartner werden seit 2013 – vergleichbar mit der bisherigen getrennten Veranlagung – einzeln zur Einkommensteuer veranlagt, wenn einer der Ehegatten/Lebenspartner diese Veranlagungsart beantragt (Einzelveranlagung). Die zur Ausübung der Wahl erforderlichen Erklärungen sind beim Finanzamt schriftlich (i.d.R. auf dem Hauptvordruck ESt 1 A der Einkommensteuererklärung) abzugeben.

Bei der Einzelveranlagung von Ehegatten sind jedem Ehegatten die von ihm bezogenen Einkünfte zuzurechnen. Einkünfte eines Ehegatten sind nicht allein deshalb zum Teil dem anderen Ehegatten zuzurechnen, weil dieser bei der Erzielung der Einkünfte mitgewirkt hat. **Sonderausgaben** (→ Rz. 171 ff.), **außergewöhnliche Belastungen** (→ Rz. 205) und die **Steuerermäßigung** für Aufwendungen für haushaltsnahe Beschäftigungsverhältnisse, haushaltsnahe Dienstleistungen und Handwerkerleistungen (→ Rz. 237) werden demjenigen Ehegatten zugerechnet, der die Aufwendungen wirtschaftlich getragen hat. Auf übereinstimmenden Antrag der Ehegatten werden sie jeweils zur Hälfte abgezogen. Der Antrag des Ehegatten, der die Aufwendungen wirtschaftlich getragen hat, ist in begründeten Einzelfällen ausreichend. Diese Grundsätze gelten für Lebenspartner entsprechend.

Für Verlustrück- oder -Vorträge gelten Sonderregelungen. Einzelheiten sind noch durch eine Rechtsverordnung zu regeln; Insbesondere Fälle des Übergangs von der Einzelveranlagung zur Zusammenveranlagung und von der Zusammenveranlagung zur Einzelveranlagung zwischen zwei Veranlagungszeiträumen, wenn bei beiden Ehegatten/Lebenspartner nicht ausgeglichene Verluste vorliegen. Die Höhe der Einkommensteuer bemisst sich bei einer Einzelveranlagung weiterhin jeweils nach der Einkommensteuer-Grundtabelle (→ Rz. 23).

73 Eheleute/Lebenspartner können mit der Wahl der Einzelveranlagung (vor 2013: getrennten Veranlagung) in bestimmten Fällen eine günstigere steuerliche Gesamtbelastung erzielen als durch die Zusammenveranlagung. Ein steuerlich **günstigeres Ergebnis** ergibt sich meist dann, wenn beide Ehegatten/Lebenspartner Einkünfte erzielen und die Entscheidung, ob bestimmte (Steuer-)Vorteile zu gewähren oder bestimmte Einkünfte in die Besteuerung einzubeziehen sind, von der Höhe der Einkünfte oder des Einkommens abhängig ist, z.B. für die Höhe des Verlustrücktrags nach § 10d EStG, die Anwendung des Progressionsvorbehalts, die Einbeziehung außerordentlicher Einkünfte und, falls beide Ehegatten/Lebenspartner als Arbeitnehmer neben dem Arbeitslohn noch andere Einkünfte (Nebeneinkünfte) beziehen, die zweimalige Inanspruchnahme der Freigrenze für Arbeitnehmer von 410 € und des sog. Härteausgleichs für andere Einkünfte nach § 46 Abs. 3 EStG (→ Rz. 237).

74 Mitunter wählen Eheleute/Lebenspartner ohne Rücksicht auf eine eventuell daraus folgende geringfügig höhere steuerliche Gesamtbelastung aus Gründen einer klaren wirtschaftlichen Abgrenzung ihrer steuerlichen Verpflichtungen oder aus anderen Motiven die Einzelveranlagung (vor 2013: getrennte Veranlagung) an Stelle der Zusammenveranlagung. Ein Hauptfall ist z.B., wenn ein Partner seine steuerlichen Verhältnisse dem anderen Partner gegenüber nicht offenlegen möchte.

75 Bei der Einzelveranlagung (vor 2013: getrennten Veranlagung) sind für jeden Ehegatten/Lebenspartner die Steuerbeträge nach der Grundtabelle aus der vom Verlag herausgegebenen Einkommensteuer-Tabelle für ausgewählte zu versteuernde Einkommen ablesbar.

5. Vergleich zwischen Zusammenveranlagung und Einzelveranlagung

Ein Vergleich zwischen dem steuerlichen Ergebnis einer Zusammenveranlagung (Splittingtabelle) und der Einzelveranlagung (Grundtabelle) ist mit der vom Verlag herausgegebenen Einkommensteuer-Tabelle mühelos durchzuführen. Zunächst lesen die Eheleute/Lebenspartner die auf ihr zu versteuerndes Gesamteinkommen entfallenden Steuerbeträge entsprechend der Stufe in der Spalte „Splittingtabelle" ab und danach die auf das Einkommen der Ehegatten/Lebenspartner entfallenden Steuerbeträge in der betreffenden Stufe der Spalte „Grundtabelle". Die Steuerbeträge nach der Grundtabelle sind zusammenzurechnen und dann mit der für die Zusammenveranlagung ermittelten Einkommensteuer zu vergleichen. Ebenso ist für den Solidaritätszuschlag und die Kirchensteuer zu verfahren. 76

Beispiel:

Ein verheiratetes Ehepaar ohne Kinder hat im Kalenderjahr 2014 folgendes zu versteuerndes Einkommen:

Einkommen des Ehemannes	30 920 €
Einkommen der Ehefrau	30 740 €
Einkommen der Ehegatten	61 660 €

1. Schritt: Berechnung der Steuerbeträge bei Zusammenveranlagung (Splittingtabelle)

in der Stufe „bei 61 664 €"	11 644,– €
Solidaritätszuschlag 5,5 %	640,42 €
Kirchensteuer 9 %	1 047,96 €

2. Schritt: Einzelveranlagung (Grundtabelle)

Ehemann	
abzulesende Einkommensteuer	
in der Stufe „bei 30 920 €"	5 850,– €
Solidaritätszuschlag 5,5 %	321,75 €
Kirchensteuer 9 %	526,50 €
Ehefrau	
abzulesende Einkommensteuer	
in der Stufe „bei 30 740 €"	5 793,– €
Solidaritätszuschlag 5,5 %	318,61 €
Kirchensteuer 9 %	521,37 €

3. Schritt: Vergleich

	Steuern bei Zusammenveranlagung (Splittingtabelle)	Steuern bei Einzelveranlagung (Grundtabelle)	
		Ehemann	Ehefrau
Einkommensteuer	11 644,– €	5 850,– €	5 793,– €
Solidaritätszuschlag	640,42 €	321,75 €	318,61 €
Kirchensteuer 9 %	1 047,96 €	526,50 €	521,37 €
		6 698,25 €	6 632,98 €
Summe	13 332,38 €	13 331,23 €	

Ergebnis:

Bei der Einzelveranlagung ergibt sich eine geringe steuerliche Ersparnis im Vergleich mit einer Zusammenveranlagung. Ehegatten können sich (weiterhin) aus steuerlichen oder außersteuerlichen Gründen für die Einzelbesteuerung/-veranlagung entscheiden.

Ein Steuerbescheid wird üblicherweise nach Ablauf der Rechtsbehelfsfrist bestandskräftig; rechtstechnisch ist er dann nicht mehr anfecht- und änderbar. Dennoch kann die von den Eheleuten/Lebenspartnern gewählte Veranlagungsart nach Eintritt der **Unanfechtbarkeit** des Steuerbescheids **geändert** werden, wenn

1. ein Steuerbescheid, der die Ehegatten/Lebenspartner betrifft, aufgehoben, geändert oder berichtigt wird und

2. die Änderung der Wahl der Veranlagungsart der zuständigen Finanzbehörde bis zum Eintritt der Unanfechtbarkeit des Änderungs- oder Berichtigungsbescheids schriftlich oder elektronisch mitgeteilt oder zur Niederschrift erklärt worden ist und
3. der Unterschiedsbetrag aus der Differenz der festgesetzten Einkommensteuer entsprechend der bisher gewählten Veranlagungsart und der festzusetzenden Einkommensteuer, die sich bei einer geänderten Ausübung der Wahl der Veranlagungsarten ergeben würde, positiv ist. Hierbei ist die Einkommensteuer der einzeln veranlagten Ehegatten/Lebenspartner zusammenzurechnen.

Diese Änderungsmöglichkeiten sind für jeden Veranlagungszeitraum (jedes Kalenderjahr) gesondert zu prüfen.

6. Veranlagung von Ehegatten/ Lebenspartner im Heiratsjahr

77 Unbeschränkt Stpfl., die im Veranlagungszeitraum geheiratet/sich verpartnert haben und nicht dauernd getrennt leben, konnten **vor 2013** – neben der Zusammenveranlagung (→ Rz. 68 ff.) und getrennten Veranlagung (→ Rz. 72 ff.) – die besondere Veranlagung (§ 26c EStG a.F.) wählen. Auch diese Veranlagungsart ist seit 2013 durch die Einzelveranlagung ersetzt worden.

78 Das bedeutet, dass jedem Ehegatten/Lebenspartner die von ihm bezogenen Einkünfte zugerechnet werden. Ebenso wird die Abzugsfähigkeit der Sonderausgaben (Vorsorgepauschale oder Höchstbetrag) und der außergewöhnlichen Belastungen nach den Grundsätzen für Unverheiratete ermittelt.

Ein Ansatz des Entlastungsbetrags für Alleinerziehende (Steuerklasse II) ist nicht möglich, da die Eheleute/Lebenspartner die Voraussetzungen für die Ehegattenveranlagung nach § 26 Abs. 1 EStG erfüllen (→ Rz. 116 ff.). Die Einkommensteuer wird nach der Splittingtabelle ermittelt.

7. Veranlagung von verwitweten, geschiedenen und allein erziehenden Personen

79 Für **verwitwete Personen** sieht das Einkommensteuergesetz weiterhin eine Sonderregelung vor, um den Übergang vom Splitting-Verfahren zur Besteuerung nach der Grundtabelle zu mildern. Danach ist die verwitwete Person in dem auf das Todesjahr des Ehepartners/Lebenspartners folgenden Veranlagungszeitraum (Kalenderjahr) nach dem Splitting-Verfahren (Splittingtabelle) zu besteuern (§ 32a Abs. 6 Satz 1 Nr. 1 EStG). Für spätere Veranlagungszeiträume ist diese Veranlagungsart jedoch nicht mehr möglich. Dann wird das zu versteuernde Einkommen nach der Grundtabelle besteuert.

Voraussetzung für die Anwendung des Splittingtarifs ist, dass in dem Todesjahr für das Ehepaar/die Lebenspartnerschaft die Voraussetzungen für eine Zusammenveranlagung vorgelegen haben (unbeschränkte Einkommensteuerpflicht, kein dauerndes Getrenntleben, → Rz. 68 ff.). Nicht entscheidend ist, welche Veranlagungsart für das Todesjahr gewählt worden ist.

80 War ein Stpfl. im Veranlagungszeitraum **zweimal verheiratet** bzw. verpartnert und lagen jeweils die Voraussetzungen für die Wahl des Splitting-Verfahrens vor, konnte der Stpfl. vor 2013 entscheiden, für welche Ehe diese Veranlagungsart gewählt werden soll. Dieses Wahlrecht für das Jahr der Ehescheidung ist entfallen. Der nicht wiederverheiratet Ehegatte/Lebenspartner wird für dieses Kalenderjahr allein veranlagt (Einzelveranlagung, Anwendung der Splittingtabelle).

Als Ausgleich für besondere Belastungen erhalten sog. echte **Alleinerziehende** seit dem Kalenderjahr 2004 den **Entlastungsbetrag** für Alleinerziehende (→ Rz. 116 ff.). Kommt ein Elternteil seinen Unterhaltsverpflichtungen nicht nach, kann auf Antrag des anderen Elternteils der Freibetrag für den Betreuungs- und Erziehungs- oder Ausbildungsbedarf des Kindes (Bedarfsfreibetrag) auf ihn übertragen werden (→ Rz. 111 ff.). Gleiches gilt, wenn das Kind in der Wohnung eines Elternteils nicht gemeldet ist (→ Rz. 114). 81

VII. Ermittlung des zu versteuernden Einkommens

1. Besteuerungsgrundlagen

Das Einkommensteuergesetz kennt nur die folgenden **sieben Einkunftsarten**, die der Einkommensteuer unterliegen: 82

1. Einkünfte aus Land- und Forstwirtschaft;
2. Einkünfte aus Gewerbebetrieb;
3. Einkünfte aus selbständiger Arbeit;
4. Einkünfte aus nichtselbständiger Arbeit;
5. Einkünfte aus Kapitalvermögen;
6. Einkünfte aus Vermietung und Verpachtung;
7. sonstige Einkünfte (z.B. Rente aus der gesetzlichen Rentenversicherung, der Ertragsanteil der Leistungen aus einer privaten Rentenversicherung, Unterhalts-/Versorgungsleistungen, Leistungen auf Grund eines schuldrechtlichen Versorgungsausgleichs, Leistungen aus Altersvorsorgeverträgen, bestimmte Leistungen der betrieblichen Altersversorgung oder Einkünfte aus privaten Veräußerungsgeschäften ab 600 €).

Außerhalb der gesetzlichen Einkunftsarten anfallende **Vermögensmehrungen** (Einnahmen/Erträge) werden von der Einkommensbesteuerung **nicht erfasst**. **Keine steuerbaren Einkünfte** sind u.a. Kapitalzuflüsse aus privaten Lebensversicherungen, die für die Dauer von mindestens zwölf Jahren und vor dem 1.1.2005 abgeschlossen wurden, Ehrenpreise, Spiel- und Wetteinnahmen, Schadensersatzleistungen für Schäden im privaten Bereich sowie Veräußerungserlöse von Grundstücken und Gegenständen des Privatvermögens, falls der Gesamtgewinn aus privaten Veräußerungsgeschäften innerhalb der sog. Spekulationsfrist (zehn Jahre bei Grundstücken, sonst ein Jahr) weniger als 600 € im Kalenderjahr beträgt oder wenn die Veräußerung nach Ablauf dieser Frist erfolgt. Gebäude, Eigentumswohnungen etc., die zu eigenen Wohnzwecken genutzt wurden, sind jedoch grds. von der Veräußerungsgewinnbesteuerung ausgenommen, auch wenn der Gewinn mehr als 600 € beträgt. Veräußerungen von Gegenständen des täglichen Gebrauchs (z.B. Gebrauchtfahrzeuge) werden steuerlich ebenfalls nicht erfasst. Private Verluste und Vermögensminderungen werden bei der Ermittlung der Einkünfte regelmäßig nicht berücksichtigt. 83

2. Ermittlung der Einkünfte

Die Einkünfte werden – je nach Einkunftsart – unterschiedlich ermittelt. Einkünfte nach dem Einkommensteuergesetz sind: 84

- bei Betrieben der Land- und Forstwirtschaft, Gewerbebetrieben oder bei selbständiger Arbeit: der **Gewinn** (sog.

Gewinneinkünfte). Wer nach Handels- oder Steuerrecht verpflichtet ist, Bücher zu führen und regelmäßig Abschlüsse zu machen, ermittelt den Gewinn auf Grund seiner Bilanzen durch den Betriebsvermögensvergleich. Die Inhalte der Bilanz sowie die dazugehörige Gewinn- und Verlustrechnung sind dabei für Wirtschaftsjahre, die nach dem 31.12.2011 beginnen, grds. durch Datenfernübertragung an die Finanzverwaltung zu übermitteln (sog. E-Bilanz); verpflichtend wird die elektronische Übermittlung von E-Bilanzen in den allermeisten Fällen aber erst für Wirtschaftsjahre ab 2013, also – zusammen mit den elektronischen Steuererklärungen – frühestens im Jahr 2014. Für das Wirtschaftsjahr 2012 oder 2012/2013 steht es den Unternehmen frei, die Bilanz noch auf Papier abzugeben oder bereits elektronisch. Gleiches gilt für Selbständige und Gewerbetreibende, die freiwillig Bücher führen und regelmäßige Abschlüsse machen.
Besteht keine Buchführungspflicht, ist der Gewinn durch die Gegenüberstellung der Betriebseinnahmen und der Betriebsausgaben zu ermitteln (sog. Einnahmenüberschussrechnung). Die Einnahmenüberschussrechnung ist grds. nach amtlich vorgeschriebenem Datensatz durch Datenfernübertragung zu übermitteln. Bei Betriebseinnahmen unter 17 500 € im Wirtschaftsjahr wird es nicht beanstandet, wenn der Steuererklärung anstelle des Vordrucks eine formlose Gewinnermittlung beigefügt wird. Insoweit wird auch auf die elektronische Übermittlung der Einnahmenüberschussrechnung nach amtlich vorgeschriebenem Datensatz durch Datenfernübertragung verzichtet.
Kleinbetriebe der Land- und Forstwirtschaft haben ein Wahlrecht; sie können den Gewinn auch nach sog. Durchschnittssätzen ermitteln.
Als Betriebseinnahmen sind alle Zugänge von Wirtschaftsgütern in Form von Geld oder Geldeswert, die durch den Betrieb oder die selbständige Tätigkeit veranlasst sind, zu erfassen. Betriebsausgaben sind Aufwendungen, die durch den Betrieb oder durch die selbständige Tätigkeit veranlasst sind;

- bei den übrigen Einkunftsarten: der **Überschuss der Einnahmen über die Werbungskosten** (sog. Überschusseinkünfte).
  Einnahmen sind Güter in Geld oder Geldeswert, die in einem wirtschaftlichen Zusammenhang mit einer bestimmten Einkunftsart zufließen. Werbungskosten sind Ausgaben in Geld oder Geldeswert zur Erwerbung, Sicherung und Erhaltung der Einnahmen (→ Rz. 119 bezüglich der Werbungskosten bei den Einkünften aus nichtselbständiger Arbeit).

85 **Vermögenszugänge oder Vermögensabgänge**, die nicht mit einer Einkunftserzielung zusammenhängen, werden steuerlich nicht berücksichtigt. Gleiches gilt für die **Kosten der Lebensführung** und wenn das Finanzamt keine Einkünfteerzielungsabsicht (Gewinnerzielungs-, Überschusserzielungsabsicht) unterstellt, bei sog. Liebhaberei (z.B. Pferdezucht); eine einkommensteuerrechtlich unbeachtliche Liebhaberei kann i.Ü. auch bei den Einkünften aus nichtselbständiger Arbeit vorliegen. Ausnahmen lässt das Einkommensteuergesetz nur bei Sonderausgaben (→ Rz. 171 ff.) und den außergewöhnlichen Belastungen (→ Rz. 205) zu. Deshalb stellen z.B. die Aufwendungen für Ernährung, Kleidung und Wohnung nicht abziehbare Lebenshaltungskosten dar und dürfen weder als Betriebsausgaben noch als Werbungskosten abgezogen werden. Dies gilt auch für Aufwendungen, die die wirtschaftliche oder gesellschaftliche Stellung des Stpfl. mit sich bringt, unabhängig davon, ob sie den Beruf oder die Tätigkeit fördern. **Gemischte Aufwendungen** können grundsätzlich in als Betriebsausgaben oder Werbungskosten abziehbare sowie in privat veranlasste und damit nicht abziehbare Teile aufgeteilt werden, soweit nicht gesetzlich etwas anderes geregelt ist oder es sich um Aufwandspositionen handelt, die durch das steuerliche Existenzminimum abgegolten oder als Sonderausgaben oder als außergewöhnliche Belastungen abziehbar sind (s. auch BMF-Schreiben vom 6.7.2010, IV C 3 – S 2227/07/10003 :002, BStBl I 2010, 614).

Der Ermittlung der Einkünfte wird **grundsätzlich ein Zwölf-Monats-Zeitraum** zu Grunde gelegt. Dies ist bei Einkünften aus Gewerbebetrieb unter bestimmten Voraussetzungen ein vom Kalenderjahr abweichendes Wirtschaftsjahr, bei Einkünften aus Land- und Forstwirtschaft i.d.R. der Zeitraum vom 1. Juli bis 30. Juni des Folgejahres und in allen anderen Fällen das Kalenderjahr. 86

3. Besonderheiten bei einzelnen Einkunftsarten

a) Land- und Forstwirtschaft

Einkünfte aus Land- und Forstwirtschaft werden bei der Ermittlung des Gesamtbetrags der Einkünfte nur berücksichtigt, soweit sie 670 € oder bei der Zusammenveranlagung von Ehegatten bzw. Lebenspartnern 1 340 € übersteigen. Der **Freibetrag** ist nicht betriebsbezogen; er steht dem Stpfl. nur einmal zu, auch wenn er an mehreren Betrieben der Land- und Forstwirtschaft beteiligt ist. Andererseits steht er jedem Beteiligten an einem land- und forstwirtschaftlichen Betrieb zu. Der Freibetrag wird ungeschmälert gewährt, auch wenn im Laufe eines Veranlagungszeitraums ein Betrieb der Land- und Forstwirtschaft übernommen, veräußert oder aufgegeben wird. Voraussetzung für die Anwendung des Freibetrags ist jedoch, dass die Summe der Einkünfte 30 700 € oder bei der Zusammenveranlagung von Ehegatten bzw. Lebenspartnern 61 400 € nicht übersteigt. Für einen Betrieb der Land- und Forstwirtschaft ist der **Gewinn nach Durchschnittssätzen** zu ermitteln, wenn 87

1. der Stpfl. nicht auf Grund gesetzlicher Vorschriften verpflichtet ist, Bücher zu führen und regelmäßig Abschlüsse zu machen, und
2. die selbstbewirtschaftete Fläche der landwirtschaftlichen Nutzung ohne Sonderkulturen nicht 20 Hektar überschreitet und
3. die Tierbestände insgesamt 50 Vieheinheiten nicht übersteigen und
4. der Wert der selbstbewirtschafteten Sondernutzung nicht mehr als 2 000 DM je Sondernutzung beträgt.

Der Durchschnittssatzgewinn selbst ermittelt sich insbesondere nach einem nach den Vorschriften des Bewertungsgesetzes zu ermittelnden Hektarwert der selbstbewirtschafteten Fläche und festgelegten Euro-Beträgen je Hektar der landwirtschaftlichen Nutzung.

Zu den Einkünften aus Land- und Forstwirtschaft gehören auch Gewinne, die bei der **Veräußerung** oder **Aufgabe** eines land- oder forstwirtschaftlichen Betriebs erzielt werden; bestimmte Freibeträge werden jedoch berücksichtigt.

b) Gewerbebetrieb

Bei bestimmten gewerblichen Tätigkeiten (u.a. gewerbliche Tierzucht oder Tierhaltung, bestimmte Termingeschäfte, Beteiligungen mit beschränkter Haftung und Beteiligungen an Steuerstundungsmodellen) gibt es **zusätzliche Verlustverrechnungsbeschränkungen**. Auch Gewinne aus der **Veräu-** 88

ßerung oder **Aufgabe** eines Gewerbebetriebs werden – in bestimmten Fällen unter Berücksichtigung eines einmaligen Freibetrags (max. 45 000 €) – erfasst. Werden **Anteile an Kapitalgesellschaften** (z.B. GmbH-Anteile) veräußert, können ebenfalls gewerbliche Einkünfte vorliegen, auch wenn die Anteile nicht im Betriebsvermögen gehalten werden.

c) Selbständige Arbeit

89 Bei der Ermittlung der Einkünfte aus selbständiger Arbeit kann bei hauptberuflicher selbständiger, schriftstellerischer oder journalistischer Tätigkeit, aus wissenschaftlicher, künstlerischer und schriftstellerischer Nebentätigkeit sowie aus nebenamtlicher Lehr- und Prüfungstätigkeit an Stelle der tatsächlichen Betriebsausgaben eine **Betriebsausgabenpauschale** abgezogen werden. Die Betriebsausgabenpauschale beträgt:

- bei hauptberuflicher selbständiger schriftstellerischer oder journalistischer Tätigkeit 30 % der Betriebseinnahmen aus dieser Tätigkeit, höchstens jedoch 2 455 € jährlich;
- bei wissenschaftlicher, künstlerischer und schriftstellerischer Nebentätigkeit (auch Vortrags- oder nebenberufliche Lehr- und Prüfungstätigkeit), soweit es sich nicht um eine Tätigkeit i.S.d. § 3 Nr. 26 EStG (→ Rz. 577 *Übungsleiterpauschale*) handelt, 25 % der Betriebseinnahmen aus dieser Tätigkeit, höchstens jedoch 614 € jährlich. Der Höchstbetrag von 614 € wird für alle Nebentätigkeiten, die unter die Vereinfachungsregelung fallen, nur einmal gewährt.

Höhere Betriebsausgaben können aber nachgewiesen werden.

90 Zu den Einkünften aus selbständiger Arbeit gehören auch Gewinne, die bei der **Veräußerung** des Vermögens, das der selbständigen Arbeit dient, oder der **Aufgabe** der selbständigen Tätigkeit entstehen; in bestimmten Fällen wird ein einmaliger Freibetrag i.H.v. max. 45 000 € berücksichtigt.

d) Nichtselbständige Arbeit

91 Bei der Ermittlung der Einkünfte aus nichtselbständiger Arbeit wird von den Einnahmen an Stelle der Werbungskosten ein **Arbeitnehmer-Pauschbetrag** von **1 000 €** jährlich abgezogen, wenn die tatsächlichen Werbungskosten diesen Pauschbetrag nicht übersteigen (→ Rz. 124 *Arbeitnehmer-Pauschbetrag*).

Handelt es sich bei den Einnahmen um **Versorgungsbezüge** (Beamtenpension, Werkspension etc.) bleiben ein nach einem Vomhundertsatz ermittelter, auf einen Höchstbetrag begrenzter **Versorgungsfreibetrag** (→ Rz. 256 *Versorgungsfreibetrag*) und ein **Zuschlag zum Versorgungsfreibetrag** steuerfrei. Der maßgebende Vomhundertsatz, der Höchstbetrag des Versorgungsfreibetrags und der Zuschlag zum Versorgungsfreibetrag sind einer **Tabelle** in § 19 Abs. 2 EStG zu entnehmen.

Außerdem wird von den Versorgungsbezügen an Stelle der Werbungskosten ein **Werbungskosten-Pauschbetrag** von 102 € abgezogen, wenn die tatsächlichen Aufwendungen diesen Pauschbetrag nicht übersteigen (→ Rz. 169 *Werbungskosten-Pauschbetrag bei Versorgungsbezügen*).

e) Kapitalvermögen

92 Seit 1.1.2009 gilt für Kapitaleinkünfte eine **Abgeltungsteuer** (Kapitalertragsteuer mit abgeltender Wirkung). Zu den Einzelheiten → Rz. 260.

Für bestimmte Anlagen gibt es hier **Bestandsschutzregelungen**. So bleiben z.B. Gewinne aus der Veräußerung von Kapitalanlagen, die **vor dem 31.12.2008 erworben** wurden, auch in Zukunft steuerfrei, wenn die Spekulationsfrist von einem Jahr (Haltedauer) eingehalten wurde. Für Wertpapiere, die ab dem 1.1.2009 gekauft werden, fällt aber Abgeltungsteuer an – unabhängig von der Haltedauer; dies gilt auch für Anteile, die im Rahmen von Fondssparplänen erworben wurden.

Auf Anlageformen, die ausschließlich der **privaten Altersvorsorge** dienen, wird **keine Abgeltungsteuer** erhoben; d.h., Riester-Fondssparpläne, sog. Rürup-Renten und die betriebliche Altersversorgung bleiben von der Abgeltungsteuer ausgenommen. Ebenfalls unberührt von der Abgeltungsteuer bleiben **private Renten- und Kapitallebensversicherungen**, sofern die Verträge **vor dem 1.1.2005 abgeschlossen** wurden und die Haltedauer mindestens zwölf Jahre beträgt. Bei einem Vertragsschluss **nach dem 31.12.2004** ist der Unterschiedsbetrag steuerpflichtig; bei zwölfjähriger Laufzeit und Vollendung des **60. Lebensjahrs** (bei Versicherungsverträgen, die nach dem 31.12.2011 abgeschlossen wurden, Vollendung des **62. Lebensjahres**) wird nur der hälftige Unterschiedsbetrag angesetzt. Es wird hier grundsätzlich die Abgeltungsteuer auf den Unterschiedsbetrag erhoben; der halbe Unterschiedsbetrag kann aber im Rahmen der Veranlagung berücksichtigt werden.

Bei den Einkünften aus Kapitalvermögen gibt es **Beschränkungen** bei der **Verlustverrechnung**; so dürfen Verluste aus Kapitalvermögen nicht mit Einkünften aus anderen Einkunftsarten ausgeglichen werden. Aber auch die Verrechnung von Verlusten aus Kapitaleinkünften, die dem gesonderter Steuertarif unterliegen, mit positiven Erträgen aus Kapitaleinkünften, die von dieser Besteuerung ausgenommen sind (z.B. bei einigen Kapitalüberlassungen an nahestehende Personen), ist ausgeschlossen.

f) Vermietung und Verpachtung

Bei den Einkünften aus Vermietung und Verpachtung ist die 93
Nutzungsüberlassung in einen entgeltlichen und einen unentgeltlichen Teil aufzuteilen, wenn das Entgelt für die Überlassung einer Wohnung weniger als **66 %** der ortsüblichen Marktmiete beträgt. Beträgt das Entgelt für die Überlassung einer Wohnung, d.h. die Kaltmiete zuzüglich der gezahlten Umlagen, mindestens 66 % der ortsüblichen Miete (ortsübliche Kaltmiete zuzüglich der nach der Betriebskostenverordnung umlagefähigen Kosten), können die auf die Wohnung entfallenden Werbungskosten in vollem Umfang abgezogen werden. Die vorgenannte Regelung hat insbesondere Bedeutung für die verbilligte Überlassung einer Wohnung an Angehörige. Sie dient der Vereinfachung, weil durch sie in der Mehrzahl der Fälle Streitigkeiten zwischen dem Finanzamt und dem Stpfl. über die Höhe der ortsüblichen Marktmiete vermieden werden.

Beispiel:

A vermietet im Jahr 2014 an seine Tochter eine Eigentumswohnung für einen Mietpreis von monatlich 320 € (inkl. Nebenkosten). Die ortsübliche Miete für diese Wohnung beträgt 500 € (inkl. umlagefähiger Nebenkosten). Bei A sind für die Wohnung im Jahr 2014 Werbungskosten (Wasser, Heizkosten, Müllabfuhr, Zinsen, Abschreibung etc.) i.H.v. 5 000 € angefallen.

Da das Entgelt für die Überlassung der Wohnung weniger als 66 % der ortsüblichen Miete beträgt, können die Aufwendungen nur in dem Verhältnis als Werbungskosten abgezogen werden, wie die Überlassung entgeltlich erfolgt ist. Der Anteil der abzugsfähigen Werbungskosten beträgt 64 % (320 € : 500 € x 100).

Einnahmen (12 Monate x 320 €)	3 840 €
Werbungskosten (5 000 € x 64 %)	./. 3 200 €
Einkünfte aus Vermietung und Verpachtung in 2014	640 €

Hätte die Miete z.B. 340 € betragen, wären die Aufwendungen als Werbungskosten voll abzugsfähig gewesen.

Einnahmen (12 Monate x 340 €)	4 000 €
Werbungskosten	./. 5 000 €
Einkünfte aus Vermietung und Verpachtung in 2014	./. 1 000 €

g) Sonstige Einkünfte

94 Leibrenten und andere Leistungen aus den **gesetzlichen Rentenversicherungen**, den **landwirtschaftlichen Alterskassen**, den **berufsständischen Versorgungseinrichtungen** und aus bestimmten anderen Rentenversicherungen unterliegen der sog. **Kohortenbesteuerung**. **Bemessungsgrundlage** für den der Besteuerung unterliegenden Anteil ist dabei der Jahresbetrag der Rente. Der der Besteuerung unterliegende Anteil ist nach dem **Jahr des Rentenbeginns** und dem in diesem Jahr **maßgebenden Vomhundertsatz** aus einer Tabelle in § 22 Nr. 1 Satz 3 Buchst. a Doppelbuchst. aa EStG zu entnehmen.

So beträgt z.B. der steuerbare Anteil bei einem Rentenbeginn im Jahr **2014 68 %** (in 2013: 66 %). Der **steuerbare Anteil** der Rente wird für jeden neu hinzukommenden Rentnerjahrgang (Kohorte) bis zum Jahre 2020 in Schritten von 2 %-Punkten auf 80 % und anschließend in Schritten von 1 %-Punkten **bis zum Jahre 2040 auf 100 % angehoben**. Der sich nach Maßgabe dieser Prozentsätze ergebende **steuerfrei bleibende Teil** der Jahresbruttorente wird grundsätzlich für jeden Rentnerjahrgang auf Dauer **festgeschrieben**.

Bei der Ermittlung der sonstigen Einkünfte werden **Leibrenten**, die **nicht** der **Kohortenbesteuerung** unterliegen (z.B. aus privaten Rentenversicherungen mit Beitragsrückgewähr), nicht in voller Höhe, sondern nur mit dem sog. **Ertragsanteil** als Einnahmen erfasst. Der Ertragsanteil ist nach dem Lebensalter bei Rentenbeginn festgelegt. Er beträgt z.B. für eine Rente, die nach Vollendung des 65. Lebensjahres beginnt, 18 % der Rente.

Soweit bei den sonstigen Einkünften wiederkehrende Bezüge, Unterhaltsleistungen – die vom Geber als Sonderausgaben abgezogen werden können – und Leistungen aus Altersvorsorgeverträgen, Pensionsfonds, Pensionskassen sowie Direktversicherungen erfasst werden, wird an Stelle der Werbungskosten ein **Werbungskosten-Pauschbetrag von 102 €** abgezogen, wenn die tatsächlichen Werbungskosten diesen Pauschbetrag nicht übersteigen (→ Rz. 257 *Werbungskosten-Pauschbetrag bei bestimmten sonstigen Einnahmen*). Der Pauschbetrag darf aber auch nur bis zur Höhe der Einnahmen berücksichtigt werden.

Zu den sonstigen Einkünften gehören im Übrigen auch die Einkünfte aus **privaten Veräußerungsgeschäften**; ausgenommen sind Veräußerungen von Gegenständen des täglichen Gebrauchs (z.B. Gebrauchtfahrzeuge). Zur 600 €-Freigrenze → Rz. 83.

4. Ermittlung des zu versteuernden Einkommens im Einzelnen

95 Bemessungsgrundlage für die tarifliche Einkommensteuer ist das zu versteuernde Einkommen. Als Vorstufen dazu nennt das Einkommensteuergesetz drei Zwischenergebnisse (Ermittlungsschema → Rz. 33):

a) Summe der Einkünfte

Bei der Ermittlung der Einkünfte werden auch die in den Einkunftsarten erzielten Verluste berücksichtigt, wobei insbesondere im Zusammenhang mit **Steuerstundungsmodellen** erwirtschaftete Verluste nur begrenzt berücksichtigt werden. 96

Negative Einkünfte, die nicht ausgeglichen werden, können bis zu einem Betrag von **1 Mio. €** (bei Ehegatten oder Lebenspartnern bis zu einem Betrag von 2 Mio. €) in den vorangegangenen Veranlagungszeitraum zurückgetragen werden. Nicht ausgeglichene negative Einkünfte können aber auch in den folgenden Veranlagungszeiträumen bis zu einem Gesamtbetrag der Einkünfte von **1 Mio. € (bei Ehegatten** oder **Lebenspartnern** , die zusammen veranlagt werden, bis zu **2 Mio. €)** unbeschränkt, darüber hinaus bis zu **60 %** des 1 Mio. € bzw. 2 Mio. € übersteigenden Gesamtbetrags der Einkünfte abgezogen werden (sog. Mindestbesteuerung; diese ist in ihrer Grundkonzeption einer zeitlichen Streckung des Verlustvortrags nach dem BFH-Urteil vom 22.8.2012 I R 9/11 , www.stotax-first.de, nicht verfassungswidrig). Der BFH hat hierzu jedoch mit Beschluss vom 26.8.2010, I B 49/10, BStBl II 2011, 826 entschieden, dass es ernstlich zweifelhaft ist, ob diese sog. Mindestbesteuerung **verfassungsrechtlichen Anforderungen** auch dann standhält, wenn eine **Verlustverrechnung** in späteren Veranlagungszeiträumen aus rechtlichen Gründen endgültig **ausgeschlossen** ist. 97

Die Verwaltung gewährt deshalb (z.B. bei der Beendigung der persönlichen Steuerpflicht „Tod einer natürlichen Person" bei fehlender Möglichkeit der „Verlustvererbung") **Aussetzung der Vollziehung**; s. auch BMF-Schreiben vom 19.10.2011, IV C 2 – S 2741/10/10002, BStBl I 2011, 974). 98

Private Veräußerungs-(Spekulations-)verluste können nur mit solchen Gewinnen ausgeglichen werden. Gleiches gilt für Verluste aus **gewerblicher Tierzucht, gewerblicher Tierhaltung**, Beteiligungen mit **beschränkter Haftung**, im Zusammenhang mit **Steuerstundungsmodellen** oder aus **Kapitalvermögen**. 99

Ein **Steuerstundungsmodell** liegt vor, wenn auf Grund einer modellhaften Gestaltung steuerliche Vorteile in Form negativer Einkünfte erzielt werden sollen. Dies ist der Fall, wenn auf Grund eines vorgefertigten Konzepts die Möglichkeit geboten werden soll, zumindest in der Anfangsphase der Investition Verluste mit übrigen Einkünften zu verrechnen. 100

b) Gesamtbetrag der Einkünfte

Der Gesamtbetrag der Einkünfte ergibt sich aus der Summe der Einkünfte abzüglich des Altersentlastungsbetrags (→ Rz. 238 *Altersentlastungsbetrag*), des Entlastungsbetrags für Alleinerziehende (→ Rz. 116) und des Freibetrags für Land- und Forstwirtschaft (→ Rz. 243 *Freibetrag für Land- und Forstwirtschaft*). 101

c) Einkommen

Aus dem Gesamtbetrag der Einkünfte ergibt sich nach Abzug der Sonderausgaben (→ Rz. 171 ff.), der außergewöhnlichen Belastungen (→ Rz. 205), der Steuerbegünstigung der zu Wohnzwecken genutzten Wohnungen, Gebäude und Baudenkmale sowie der schutzwürdigen Kulturgüter und des Verlustabzugs nach § 10d EStG (→ Rz. 199 *Verlustabzug*) und nach Hinzurechnung von Erstattungsüberhängen bei den Sonderausgaben (→ Rz. 174) und von Einkommen nach dem Außensteuergesetz das Einkommen. 102

d) Zu versteuerndes Einkommen

103 Zieht man vom Einkommen den Kinderfreibetrag und den Freibetrag für den Betreuungs- und Erziehungs- oder Ausbildungsbedarfs des Kindes (sog. Bedarfsfreibetrag → Rz. 111 ff.) sowie den Härteausgleich zur Milderung der Steuerbelastung von Nebeneinkünften (→ Rz. 247 *Härteausgleich*) ab, erhält man das zu versteuernde Einkommen, das die **Bemessungsgrundlage** für die **tarifliche Einkommensteuer** bildet. Die beiden Freibeträge für Kinder berücksichtigt das Finanzamt im Rahmen der Einkommensteuerveranlagung, vorausgesetzt, die Steuerersparnis durch den Ansatz dieser Freibeträge ist höher als das im Kalenderjahr zustehende Kindergeld (→ Rz. 110).

Auf das Kurzschema zur Ermittlung des zu versteuernden Einkommens (→ Rz. 33) wird verwiesen.

5. Kinder

a) Allgemeines

104 Die **steuerliche Freistellung** eines Einkommensbetrags in Höhe des Existenzminimums eines Kindes einschließlich des Bedarfs für Betreuung und Erziehung oder Ausbildung wird im gesamten Veranlagungszeitraum durch

- den Kinderfreibetrag und den Freibetrag für den Betreuungs- und Erziehungs- oder Ausbildungsbedarf (sog. Bedarfsfreibetrag) **oder**
- das Kindergeld

bewirkt.

105 Im laufenden Jahr wird immer nur Kindergeld gewährt. Erst bei der Einkommensteuerveranlagung prüft das Finanzamt, ob durch das Kindergeld das steuerliche Existenzminimum des Kindes einschließlich des Bedarfs für Betreuung und Erziehung oder Ausbildung steuerfrei belassen worden ist oder der Kinderfreibetrag sowie der Freibetrag für den Betreuungs- und Erziehungs- oder Ausbildungsbedarf des Kindes gewährt werden muss (sog. **Günstigerprüfung**), wobei auf den Anspruch auf Kindergeld und nicht auf das tatsächlich ausgezahlte Kindergeld abgestellt wird. Bei der Günstigerprüfung sind die im Kalenderjahr geleisteten und als Sonderausgaben berücksichtigungsfähigen Altersvorsorgebeiträge einschließlich der dafür zustehenden Altersvorsorgezulage (→ Rz. 175 *Altersvorsorgebeiträge*) abzuziehen.

Beispiel 1:

Ein zusammenveranlagtes Ehepaar hat im Kalenderjahr 2014 für ein zu berücksichtigendes Kind Kindergeld i.H.v. 2 068 € (12 x 184 €) erhalten. Das zu versteuernde Einkommen beträgt ohne Berücksichtigung des Kinderfreibetrags und des Freibetrags für den Betreuungs- und Erziehungs- oder Ausbildungsbedarf 80 000 €.

a)	zu versteuerndes Einkommen	80 000 €	
	ESt nach Splittingtarif (bei Tabellenstufe 80 024 €)		17 888 €
b)	zu versteuerndes Einkommen	80 000 €	
	abzüglich Kinderfreibetrag	./. 4 368 €	
	abzüglich Freibetrag für Betreuungs-/Erziehungs- oder Ausbildungsbedarf	./. 2 640 €	
	zu versteuerndes Einkommen unter Berücksichtigung der Freibeträge für Kinder	72 992 €	
	ESt nach Splittingtarif (bei Tabellenstufe 73 004 €)		15 410 €
Unterschiedsbetrag der Steuer zwischen a) und b)			2 478 €
Kindergeld			2 208 €

Die steuerliche Freistellung durch die Zahlung des Kindergelds ist nicht sichergestellt. Freibeträge für Kinder werden im Rahmen der Einkommensteuerveranlagung berücksichtigt.

Um eine Doppelberücksichtigung zu vermeiden, wird das Kindergeld der festgesetzten Einkommensteuer hinzugerechnet.

Beispiel 2:

Wie Beispiel 1, jedoch beträgt das zu versteuernde Einkommen 60 000 €.

a)	zu versteuerndes Einkommen	60 000 €	
	ESt nach Splittingtarif (bei Tabellenstufe 60 008 €)		11 118 €
b)	zu versteuerndes Einkommen	60 000 €	
	abzüglich Kinderfreibetrag	./. 4 368 €	
	abzüglich Freibetrag für Betreuungs-/Erziehungs- oder Ausbildungsbedarf	./. 2 640 €	
	zu versteuerndes Einkommen unter Berücksichtigung der Freibeträge für Kinder	52 992 €	
	ESt nach Splittingtarif (bei Tabellenstufe 53 024 €)		8 972 €
Unterschiedsbetrag der Steuer zwischen a) und b)			2 146 €
Kindergeld			2 208 €

Die steuerliche Freistellung durch die Zahlung des Kindergelds ist sichergestellt. Im Rahmen der Einkommensteuerveranlagung werden die Freibeträge für Kinder nicht berücksichtigt.

b) Berücksichtigungsfähige Kinder

Zu den **Kindern** zählen: 106

- leibliche Kinder (sofern das Verwandtschaftsverhältnis zu ihnen nicht durch Adoption erloschen ist);
- Adoptivkinder;
- Pflegekinder (dazu gehören nicht Kinder, die zu Erwerbszwecken in den Haushalt aufgenommen worden sind).

Folgende Altersgrenzen sind zu berücksichtigen: 107

- Kinder **unter 18 Jahren** werden ohne weitere Einschränkungen berücksichtigt.
- Kinder, die das **18. Lebensjahr vollendet** haben, werden berücksichtigt, wenn sie
  1. noch nicht das **21. Lebensjahr** vollendet haben, nicht in einem Beschäftigungsverhältnis stehen und bei einer Agentur für Arbeit im Inland als Arbeitssuchende gemeldet sind oder
  2. noch nicht das **25. Lebensjahr** vollendet haben und
     -- für einen Beruf ausgebildet werden – darunter ist auch die Schulausbildung zu verstehen – oder
     -- sich in einer **Übergangszeit** von höchstens vier Monaten befinden, die zwischen zwei Ausbildungsabschnitten oder zwischen einem Ausbildungsabschnitt und der Ableistung des gesetzlichen Wehr- oder Zivildienstes,[1] einer vom Wehr- oder Zivildienst befreienden Tätigkeit als Entwicklungshelfer oder als Dienstleistender im Ausland nach § 14b ZDG (Zivildienstgesetz) oder der Ableistung eines freiwilligen Dienstes (freiwilliges soziales oder ökologisches Jahr, europäischer Freiwilligendienst, anderer Dienst im Ausland i.S.v. § 5 des Bundesfreiwilligendienstgesetzes, entwicklungspolitischer Freiwilligendienst „weltwärts", Freiwilligendienst aller Generationen i.S.v. § 2 Abs. 1a SGB VII, Internationaler Ju-

1) Am 1.7.2011 ist das Wehrrechtsänderungsgesetz 2011 in Kraft getreten. Auf die Einberufung von Wehrpflichtigen wird danach derzeit verzichtet, wodurch auch keine Verpflichtung mehr zur Ableistung des Zivildienstes besteht.

gendfreiwilligendienst oder Bundesfreiwilligendienst i.S.d. Bundesfreiwilligendienstgesetzes) liegt, oder

-- eine Berufsausbildung mangels Ausbildungsplatzes nicht beginnen oder fortsetzen können oder

-- ein freiwilliges soziales oder ökologisches Jahr, den europäischen Freiwilligendienst, einen anderen Dienst im Ausland i.S.v. § 5 des Bundesfreiwilligendienstgesetzes, einen entwicklungspolitischen Freiwilligendienst „weltwärts", einen Freiwilligendienst aller Generationen i.S.v. § 2 Abs. 1a SGB VII, einen Internationalen Jugendfreiwilligendienst oder einen Bundesfreiwilligendienst i.S.d. Bundesfreiwilligendienstgesetzes leisten, oder

3. wegen körperlicher, geistiger oder seelischer Behinderung außer Stande sind, sich selbst zu unterhalten, wenn die Behinderung vor dem 25. (bzw. bei Altfällen vor dem 27.) Lebensjahr eingetreten ist. Hier kommen insbesondere Kinder in Betracht, deren Schwerbehinderung (§ 2 Abs. 2 SGB IX) festgestellt ist oder die einem schwer behinderten Menschen gleichgestellt sind (§ 2 Abs. 3 SGB IX).

108 Nach Abschluss einer erstmaligen Berufsausbildung oder eines Erststudiums wird in den in → Rz. 107 unter Nr. 2 genannten Fällen ein Kind jedoch nur berücksichtigt, wenn das Kind **keiner Erwerbstätigkeit** nachgeht. Eine Erwerbstätigkeit mit bis zu 20 Stunden regelmäßiger wöchentlicher Arbeitszeit, ein Ausbildungsdienstverhältnis oder ein geringfügiges Beschäftigungsverhältnis i.S.d. §§ 8 und 8a SGB IV sind unschädlich.

- Bei Kindern, die **Wehrdienst**[1] (auch freiwillig für nicht mehr als drei Jahre), **Zivildienst**[2] oder eine befreiende Tätigkeit als **Entwicklungshelfer** geleistet haben, verlängert sich der Zeitraum der Berücksichtigung des Kindes um eine der Dienstzeit entsprechende Zeitspanne, höchstens für die Dauer des gesetzlichen Grundwehr- oder Zivildienstes, und zwar

  -- über das 21. Lebensjahr hinaus bei Kindern, die nicht in einem Beschäftigungsverhältnis stehen und bei einer Agentur für Arbeit im Inland als **Arbeitssuchende gemeldet** sind, und

  -- über das 25. Lebensjahr hinaus bei Kindern in Berufsausbildung oder bei Kindern, die sich in einer **Übergangszeit** von höchstens vier Monaten befinden, die zwischen zwei Ausbildungsabschnitten oder zwischen einem Ausbildungsabschnitt und der Ableistung des gesetzlichen Wehr- oder Zivildienstes,[3] einer vom Wehr- oder Zivildienst befreienden Tätigkeit als Entwicklungshelfer oder als Dienstleistender im Ausland nach § 14b ZDG oder der Ableistung eines freiwilligen Dienstes (freiwilliges soziales oder ökologisches Jahr, europäischer Freiwilligendienst, anderer Dienst im Ausland i.S.v. § 5 des Bundesfreiwilligendienstgesetzes, entwicklungspolitischer Freiwilligendienst „weltwärts", Freiwilligendienst aller Generationen i.S.v. § 2 Abs. 1a SGB VII, Internationaler Jugendfreiwilligendienst oder Bundesfreiwilligendienst i.S.d. Bundesfreiwilligendienstgesetzes) liegt, befinden.

1) Am 1.7.2011 ist das Wehrrechtsänderungsgesetz 2011 in Kraft getreten. Auf die Einberufung von Wehrpflichtigen wird danach derzeit verzichtet.

2) Mit Aussetzung der Wehrpflicht besteht auch keine Verpflichtung mehr zur Ableistung des Zivildienstes.

3) Am 1.7.2011 ist das Wehrrechtsänderungsgesetz 2011 in Kraft getreten. Auf die Einberufung von Wehrpflichtigen wird danach derzeit verzichtet, wodurch auch keine Verpflichtung mehr zur Ableistung des Zivildienstes besteht.

Eine zu beachtende Einkünfte- und Bezügegrenze für volljährige Kinder gibt es seit 2012 nicht mehr. **Volljährige Kinder** werden **unabhängig von ihren Einkünften und Bezügen** bei der Gewährung von Kindergeld bzw. den steuerlichen Freibeträgen für Kinder **berücksichtigt**, wenn die sonstigen Voraussetzungen vorliegen (insbesondere keine Erwerbstätigkeit nach Abschluss einer erstmaligen Berufsausbildung oder und eines Erststudiums). 109

c) Kindergeld

Das Kindergeld beträgt für das erste und zweite Kind jeweils **184 €**, für das dritte Kind **190 €** und für das vierte und jedes weitere Kind jeweils **215 €** monatlich. Das Kindergeld erhalten die bei privaten Arbeitgebern beschäftigten Arbeitnehmer von der Familienkasse der Bundesagentur für Arbeit. Angehörige des öffentlichen Dienstes erhalten das Kindergeld von den Familienkassen des öffentlichen Dienstes (z.B. Bundesfamilienkasse im Bundesamt für zentrale Dienste und offene Vermögensfragen, Familienkasse im Landesamt für Besoldung und Versorgung NRW). 110

d) Freibeträge für Kinder

Der **Kinderfreibetrag** beträgt jährlich **2 184 €**. Zusätzlich wird für jedes zu berücksichtigende Kind ein Freibetrag für den Betreuungs- und Erziehungs- oder Ausbildungsbedarf (sog. **Bedarfsfreibetrag**) von **1 320 €** jährlich abgezogen. 111

Bei **Ehegatten**, die zusammen zur Einkommensteuer veranlagt werden, verdoppeln sich die Beträge auf **4 368 €** (Kinderfreibetrag) und **2 640 €** (Bedarfsfreibetrag).

Die verdoppelten Beträge kommen auch zum Abzug, wenn

- der andere Elternteil verstorben oder nicht unbeschränkt einkommensteuerpflichtig ist oder
- der Stpfl. allein das Kind angenommen hat oder das Kind nur zu ihm in einem Pflegekindschaftsverhältnis steht.

Lebt das Kind im **Ausland**, können sich der Kinderfreibetrag und der Bedarfsfreibetrag mindern (Berücksichtigung ausländischer Verhältnisse durch die Ländergruppeneinteilung; s. auch BMF-Schreiben v. 18.11.2013, IV C 4 – S 2285/07/0005 :013, BStBl I 2013, 1462. 112

Für jeden Monat, in dem die Voraussetzungen für den Kinderfreibetrag und den Bedarfsfreibetrag nicht vorliegen, ermäßigen sich die Jahresbeträge um je **ein Zwölftel**. 113

Bei einem unverheirateten oder dauernd getrennt lebenden Elternpaar kann auf Antrag eines Elternteils der dem anderen Elternteil zustehende **Kinderfreibetrag** auf ihn **übertragen** werden, wenn er, nicht jedoch der andere Elternteil seiner Unterhaltspflicht gegenüber dem Kind für das Kalenderjahr im Wesentlichen nachkommt oder der andere Elternteil mangels Leistungsfähigkeit nicht unterhaltspflichtig ist; eine Übertragung scheidet jedoch für Zeiträume aus, in denen Unterhaltsleistungen nach dem Unterhaltsvorschussgesetz gezahlt werden. 114

Bei minderjährigen Kindern wird der dem Elternteil, in dessen Wohnung das Kind nicht gemeldet ist, zustehende **Bedarfsfreibetrag** auf Antrag des anderen Elternteils auf diesen **übertragen**, wenn bei dem Elternpaar die Voraussetzungen der Zusammenveranlagung nicht vorliegen; eine entsprechende Übertragung scheidet aus, wenn der Übertragung widersprochen wird, weil der Elternteil, bei dem das Kind nicht gemeldet ist, Kinderbetreuungskosten trägt (z.B. ganz oder teilweises Aufkommen für einen sich aus Kindergartenbeiträgen ergebenden Mehrbedarf des Kindes) oder das Kind regelmäßig in einem nicht unwesentlichen Umfang betreut (z. B., wenn eine außergerichtliche Vereinbarung über einen regelmäßigen Umgang an Wochenenden und in den Ferien vorliegt). Die Voraussetzungen für die Übertragung werden monatsweise geprüft.

Die den Eltern zustehenden **Freibeträge für Kinder** (Kinderfreibetrag, Bedarfsfreibetrag) können auf Antrag auch auf einen **Stiefelternteil** oder **Großelternteil übertragen** werden, wenn dieser das Kind in seinen Haushalt aufgenommen hat oder dieser einer Unterhaltspflicht gegenüber dem Kind unterliegt; diese Übertragung kann auch mit Zustimmung des berechtigten Elternteils erfolgen, die nur für künftige Kalenderjahre widerrufen werden kann.

Zur Übertragung der Freibeträge für Kinder s. auch BMF-Schreiben vom 28.6.2013, IV C 4 – S 2282-a/10/10002, BStBl I 2013, 845.

115 Zur Berücksichtigung von Kindern im Lohnsteuerverfahren → Rz. 330 ff.

e) Entlastungsbetrag für Alleinerziehende

116 **Alleinstehende** können steuerlich einen Entlastungsbetrag i.H.v. **1 308 €** im Kalenderjahr abziehen, wenn zu ihrem Haushalt mindestens ein Kind gehört, für das ihnen ein **Freibetrag für Kinder** oder **Kindergeld** (→ Rz. 104 ff.) zusteht. Die Zugehörigkeit zum Haushalt wird angenommen, wenn das Kind in der Wohnung des Alleinlebenden mit **Haupt- oder Nebenwohnsitz** gemeldet ist. Ist das Kind bei mehreren Personen gemeldet, steht der Entlastungsbetrag demjenigen Alleinstehenden zu, der die Voraussetzungen auf Auszahlung des Kindergeldes erfüllt oder erfüllen würde in Fällen, in denen nur ein Anspruch auf einen Freibetrag für Kinder besteht (→ Rz. 105). **Allein stehend** sind Stpfl., die nicht die Voraussetzungen für die Anwendung des Splitting-Verfahrens erfüllen oder verwitwet sind und keine Haushaltsgemeinschaft mit einer anderen volljährigen Person bilden, es sei denn, für diese steht ihnen ein Freibetrag für Kinder oder Kindergeld zu oder es handelt sich um ein Kind, das den gesetzlichen Grundwehr- oder Zivildienst leistet,[1] sich freiwillig für die Dauer von nicht mehr als drei Jahren zum Wehrdienst verpflichtet hat oder eine Tätigkeit als Entwicklungshelfer ausübt. Ist die andere Person mit Haupt- oder Nebenwohnsitz in der Wohnung des Alleinstehenden gemeldet, wird vermutet, dass sie mit dem Arbeitnehmer gemeinsam wirtschaftet (**Haushaltsgemeinschaft**). Diese Vermutung ist jedoch widerlegbar, es sei denn, der Arbeitnehmer und die andere Person leben in einer **eheähnlichen Gemeinschaft** oder in einer **eingetragenen Lebenspartnerschaft**. Zu den weiteren Einzelheiten s. auch BMF-Schreiben vom 29.10.2004, IV C 4 – S 2281 – 0000/04, BStBl I 2004, 1042.

Für jeden vollen Kalendermonat, in dem die Voraussetzungen für den Abzug nicht vorgelegen haben, mindert sich der Entlastungsbetrag um **ein Zwölftel**. 117

Damit sich der Entlastungsbetrag für Alleinerziehende bereits im **Lohnsteuerabzugsverfahren** steuermindernd auswirkt, ist er in die **Steuerklasse II** eingearbeitet. **Verwitwete Arbeitnehmer** können vom Finanzamt im Todesjahr des Ehegatten oder Lebenspartners und im Folgejahr für den Entlastungsbetrag für Alleinerziehende als Lohnsteuerabzugsmerkmal einen lohnsteuermindernden Freibetrag ermitteln lassen, weil der Entlastungsbetrag für Alleinerziehende bei verwitweten Arbeitnehmern nicht über das Steuerklassensystem berücksichtigt werden kann (→ Rz. 313). 118

6. ABC der Werbungskosten (Einkünfte aus nichtselbständiger Arbeit)

119 Werbungskosten sind Aufwendungen für den Erwerb, zur Sicherung und zur Erhaltung der Einnahmen. Sie sind bei der Einkunftsart abzuziehen, bei der sie erwachsen sind. Ein Werbungskostenabzug kommt bei der Ermittlung der Einkünfte aus **nichtselbständiger Arbeit** und aus **Vermietung und Verpachtung** sowie der Ermittlung der **sonstigen Einkünfte** in Betracht. Bei der Ermittlung der **Einkünfte aus Kapitalvermögen** wird für Werbungskosten der Sparer-Pauschbetrag von 801 €, bei zusammen veranlagten Ehegatten bzw. Lebenspartnern von 1 602 € abgezogen; tatsächliche Werbungskosten werden hier nicht berücksichtigt.

Gemischte Aufwendungen können grundsätzlich in als Werbungskosten abziehbare sowie in privat veranlasste und damit nicht abziehbare Teile **aufgeteilt** werden, soweit nicht gesetzlich etwas anderes geregelt ist oder es sich um Aufwandspositionen handelt, die durch das steuerliche Existenzminimum abgegolten oder als Sonderausgaben (→ Rz. 171 ff.) oder als außergewöhnliche Belastungen (→ Rz. 205) abziehbar sind. Zu den diesbezüglichen Einzelheiten s. auch BMF-Schreiben vom 6.7.2010, IV C 3 – S 2227/07/10003:002, BStBl I 2010, 614.

Das folgende **ABC** bezieht sich **ausschließlich** auf Werbungskosten bei den Einkünften aus **nichtselbständiger Arbeit**.

Abschreibung

120 Die Nutzungsdauer beträgt z.B. für Computer 3 Jahre, Telefongeräte 5 Jahre, Faxgeräte 6 Jahre und Büromöbel 13 Jahre.

Abzugsverbot

121 Aufwendungen für Ernährung, Kleidung und Wohnung sowie Repräsentationsaufwendungen sind i.d.R. Aufwendungen für die Lebensführung und somit nicht als Werbungskosten abzugsfähig. Nicht abzugsfähig sind auch Aufwendungen für eine erstmalige Berufsausbildung und für ein Erststudium, das zugleich eine Erstausbildung vermittelt, wenn diese nicht im Rahmen eines Dienstverhältnisses stattfinden (→ Rz. 130 *Berufsausbildung* und → Rz. 176 *Berufsausbildung* zum Sonderausgabenabzug). Zur Aufteilung bei **gemischten Aufwendungen** s. auch Einleitung zu → Rz. 119.

Aktienoption

122 Räumt ein Arbeitgeber einem Arbeitnehmer Aktienoptionen als Ertrag der Arbeit ein, sind damit zusammenhängende Aufwendungen des Arbeitnehmers nicht im Jahr der Zahlung, sondern erst im Jahr der **Verschaffung der verbilligten** Aktien zu berücksichtigen. Verfällt das Optionsrecht, sind die Optionskosten im Jahr des Verfalls als vergebliche Werbungskosten abziehbar.

1) Am 1.7.2011 ist das Wehrrechtsänderungsgesetz 2011 in Kraft getreten. Auf die Einberufung von Wehrpflichtigen wird danach derzeit verzichtet. Mit Aussetzung der Wehrpflicht besteht auch keine Verpflichtung mehr zur Ableistung des Zivildienstes.

Angemessenheit

Als Werbungskosten können nur Aufwendungen geltend gemacht werden, soweit sie nach der allgemeinen Verkehrsauffassung nicht als unangemessen anzusehen sind. Nicht angemessen sind z.B. Aufwendungen für die Nutzung eines Privatflugzeugs bei Auswärtstätigkeiten. **123**

Arbeitnehmer-Pauschbetrag

Von den Einnahmen aus **nichtselbständiger Arbeit** wird ein Arbeitnehmer-Pauschbetrag i.H.v. **1 000 €** abgezogen, wenn nicht höhere Werbungskosten nachgewiesen werden. Der Arbeitnehmer-Pauschbetrag ist auch dann **nicht zu kürzen**, wenn feststeht, dass keine oder nur geringe Werbungskosten angefallen sind. **124**

Der Arbeitnehmer-Pauschbetrag darf nur **bis zur Höhe der Einnahmen** abgezogen werden. Bei **Versorgungsbezügen** wird der Arbeitnehmer-Pauschbetrag nicht berücksichtigt (→ Rz. 169 *Werbungskosten-Pauschbetrag bei Versorgungsbezügen*).

Bei **Ehegatten** oder **Lebenspartnern** , die beide Einnahmen aus nichtselbständiger Arbeit beziehen, wird für jeden Ehegatten oder Lebenspartnern der Arbeitnehmer-Pauschbetrag berücksichtigt.

Arbeitsgerichtlicher Vergleich

Aufwendungen des Arbeitnehmers für aus dem Arbeitsverhältnis folgende zivil- und arbeitsgerichtliche Streitigkeiten sind als Werbungskosten abziehbar. Dies gilt grundsätzlich auch, wenn sich Arbeitgeber und Arbeitnehmer über solche streitigen Ansprüche im Rahmen eines arbeitsgerichtlichen Vergleichs einigen. **125**

Arbeitsmittel

Aufwendungen (Anschaffungs-, Reinigungs- und Instandhaltungskosten) für Gegenstände, die ausschließlich oder fast überwiegend der Berufsausübung dienen (Arbeitsmittel), sind Werbungskosten (z.B. Werkzeug, typische Berufskleidung, Fachliteratur). **126**

Die Anschaffungs- oder Herstellungskosten von abnutzbaren beweglichen und selbständig nutzungsfähigen Arbeitsmitteln einschließlich Umsatzsteuer können im Jahr der Anschaffung oder Herstellung in voller Höhe als Werbungskosten abgesetzt werden, wenn sie ausschließlich der Umsatzsteuer für das einzelne Arbeitsmittel **410 €** nicht übersteigen (= geringwertige Wirtschaftsgüter). Anschaffungs- oder Herstellungskosten von mehr als 410 € sind auf die Kalenderjahre der voraussichtlichen Gesamtnutzungsdauer des Arbeitsmittels zu verteilen und in jedem dieser Jahre anteilig als Werbungskosten zu berücksichtigen (→ Rz. 120 *Abschreibung*). Im Jahr der Anschaffung oder Herstellung ist der Absetzungsbetrag um **jeweils ein Zwölftel** für jeden vollen Monat, der dem Monat der Anschaffung oder Herstellung vorangeht, zu mindern. Wird ein als Arbeitsmittel genutztes Wirtschaftsgut veräußert, ist ein sich eventuell ergebender Veräußerungserlös bei den Einkünften aus nichtselbständiger Arbeit nicht zu erfassen.

Arbeitszimmer

Ein häusliches Arbeitszimmer ist ein Raum, der seiner Lage, Funktion und Ausstattung nach in die **häusliche Sphäre** des Arbeitnehmers eingebunden ist, vorwiegend der Erledigung gedanklicher, schriftlicher, verwaltungstechnischer oder -organisatorischer Arbeiten dient und ausschließlich oder nahezu ausschließlich zu betrieblichen und/oder beruflichen Zwecken genutzt wird; eine untergeordnete **private Mitbenutzung (< 10 %)** ist **unschädlich**. Es muss sich aber nicht zwingend um Arbeiten büromäßiger Art handeln. **127**

Ein häusliches Arbeitszimmer muss von den privat genutzten Räumen **getrennt** sein.[1] Ein Zimmer wird im Übrigen nicht als Arbeitszimmer anerkannt, wenn ohne das Arbeitszimmer für das normale **Wohnbedürfnis** kein ausreichender Raum zur Verfügung steht oder wenn das Arbeitszimmer ständig **durchquert** werden muss, um andere privat genutzte Räume der Wohnung zu erreichen. Die private Mitbenutzung des Arbeitszimmers ist aber von **untergeordneter Bedeutung**, wenn es nur durchquert werden muss, um z.B. das Schlafzimmer zu erreichen.

Der Werbungskostenabzug in Bezug auf ein häusliches Arbeitszimmer sowie die Kosten der Ausstattung wird nur zugelassen, wenn für die betriebliche oder berufliche Tätigkeit **kein anderer Arbeitsplatz** zur Verfügung steht. Damit scheidet in der Mehrzahl der Arbeitnehmer-Fälle ein Werbungskostenabzug in Bezug auf die Aufwendungen für ein Arbeitszimmer aus, denn hier befindet sich der Betätigungsmittelpunkt i.d.R. in der Firma des Arbeitgebers. Die Beurteilung, ob für die betriebliche oder berufliche Tätigkeit kein anderer Arbeitsplatz zur Verfügung steht, ist jeweils **tätigkeitsbezogen** vorzunehmen. Übt ein Stpfl./Arbeitnehmer **mehrere** betriebliche oder berufliche **Tätigkeiten nebeneinander** aus, ist daher für jede Tätigkeit zu prüfen, ob ein anderer Arbeitsplatz zur Verfügung steht.

Liegt die Voraussetzung „kein anderer Arbeitsplatz" vor, ist gleichwohl die Höhe der abziehbaren Aufwendungen auf **1 250 €** begrenzt; die Beschränkung der Höhe nach gilt jedoch nicht, wenn das Arbeitszimmer den **Mittelpunkt** der gesamten betrieblichen und beruflichen Betätigung bildet. Übt ein Stpfl./Arbeitnehmer **mehrere** betriebliche und berufliche **Tätigkeiten nebeneinander** aus, ist nicht auf eine Einzelbetrachtung der jeweiligen Betätigung abzustellen; vielmehr sind alle Tätigkeiten in ihrer Gesamtheit zu erfassen.

Jeder Nutzende darf die Aufwendungen abziehen, die er getragen hat, wenn die Voraussetzungen in seiner Person vorliegen; dies gilt auch bei zusammenveranlagten Ehegatten bzw. Lebenspartnern (Problematik des sog. Drittaufwands). Steht allen Nutzenden jeweils dem Grunde nach nur ein Abzug in beschränkter Höhe zu, ist der **Höchstbetrag** dabei auf den jeweiligen Nutzenden nach seinem Nutzungsanteil **aufzuteilen**; er ist **nicht mehrfach** zu gewähren

1) Die Frage, ob ein Raum aufgeteilt werden kann (Stichwort „Arbeitsecke"), ist vor dem BFH anhängig (Az.: X R 32/11).

Beispiel:

Die verheirateten Arbeitnehmer M und F nutzen gemeinsam ein häusliches Arbeitszimmer jeweils zu 50 %. Die Gesamtaufwendungen betragen 4 000 €. Sowohl M als auch F steht für die im häuslichen Arbeitszimmer ausgeübte betriebliche oder berufliche Tätigkeit kein anderer Arbeitsplatz zur Verfügung. Sie können daher jeweils 625 € (50 % des begrenzten Abzugs) als Werbungskosten abziehen.

Vom Abzugsverbot bzw. von der Abzugsbeschränkung nicht betroffen sind Aufwendungen für **Arbeitsmittel** wie z.B. Schreibtisch, Bücherregal und PC (→ Rz. 126 *Arbeitsmittel*; s. auch BMF-Schreiben vom 2.3.2011, IV C 6 – S 2145/07/10002, BStBl I 2010, 195, Rz. 8). Diese Aufwendungen sind bei beruflicher Veranlassung neben den Aufwendungen für ein häusliches Arbeitszimmer als Werbungskosten zu berücksichtigen.

Zu den weiteren Einzelheiten s. auch BMF-Schreiben vom 2.3.2011, IV C 6 – S 2145/07/10002, BStBl I 2010, 195. Zum Werbungskostenabzug bei Telearbeit → Rz. 161 *Telearbeit*. Zum Werbungskostenabzug bei doppelter Haushaltsführung → Rz. 139 *Doppelte Haushaltsführung*. Auch → Rz. 141 *Erste Tätigkeitsstätte.*

Aufwendungen für die Wege zwischen Wohnung und erster Tätigkeitsstätte

128 Aufwendungen des Arbeitnehmers für die Wege zwischen Wohnung und erster Tätigkeitsstätte (→ Rz. 141 *Erste Tätigkeitsstätte*) sind Werbungskosten.

Zur Abgeltung dieser Aufwendungen wird für jeden Arbeitstag, an dem der Arbeitnehmer die erste Tätigkeitsstätte aufsucht, eine Entfernungspauschale für jeden vollen **Kilometer der Entfernung** zwischen Wohnung und erster Tätigkeitsstätte von **0,30 €** angesetzt. Angefangene Kilometer werden nicht berücksichtigt.

Die **Entfernungspauschale** gilt unabhängig von der Art des benutzten Verkehrsmittels (Pkw, öffentliche Verkehrsmittel, Fahrrad etc.) oder den tatsächlich entstandenen Aufwendungen, somit also auch für Fußgänger. Die Entfernungspauschale kann für **jeden Arbeitstag nur einmal** angesetzt werden, auch wenn der Weg zwischen Wohnung und erster Tätigkeitsstätte mehrfach zurückgelegt wird. Bei Arbeitnehmern, die in **mehreren Dienstverhältnissen** stehen und denen Aufwendungen für die Wege zu mehreren auseinander liegenden ersten Tätigkeitsstätten entstehen, ist die Entfernungspauschale für jeden Weg zur ersten Tätigkeitsstätte anzusetzen, wenn der Arbeitnehmer am Tag zwischenzeitlich in die Wohnung zurückkehrt.

Wird an einem Tag lediglich ein Hin- oder Rückweg ausgeführt, weil sich z.B. an den Hinweg eine Auswärtstätigkeit anschließt, die in der Wohnung des Arbeitnehmers endet, ist die Entfernungspauschale für diesen Tag nur mit der **Hälfte** anzusetzen. Fallen die Hin- und Rückfahrt zur ersten Tätigkeitsstätte auf verschiedene Arbeitstage, kann unterstellt werden, dass die Fahrten an einem Arbeitstag durchgeführt wurden.

Es ist ein **Höchstbetrag 4 500 €** im Kalenderjahr zu beachten, der jedoch nicht gilt, soweit der Arbeitnehmer einen eigenen oder ihm zur Nutzung überlassenen **Kraftwagen** benutzt. Im Zweifel muss der Arbeitnehmer einen solchen Fall dem Finanzamt glaubhaft machen, dass tatsächlich der eigene oder zur Nutzung überlassene Kraftwagen und nicht z.B. öffentliche Verkehrsmittel benutzt worden sind. Ein Nachweis der tatsächlichen Aufwendungen für den Kraftwagen ist für den Ansatz eines höheren Betrages als 4 500 € jedoch nicht erforderlich.

Die Entfernungspauschale wird jedem Teilnehmer einer **Fahrgemeinschaft** gewährt.

Die Entfernungspauschale vermindert sich um **pauschal versteuerte Zuschüsse** des Arbeitgebers zu den Fahrtaufwendungen (→ Rz. 505 *Fahrtkostenzuschüsse, Fahrtkosten* und → Rz. 668).

Abgegolten sind durch die Entfernungspauschale z.B. Parkgebühren für das Abstellen des Kraftfahrzeugs während der Arbeitszeit, Finanzierungskosten, Beiträge zu Kraftfahrerverbänden, Versicherungsbeiträge für einen Insassenunfallschutz, Aufwendungen infolge Diebstahls, die Kosten eines Austauschmotors anlässlich eines Motorschadens auf einer Fahrt zwischen Wohnung und erster Tätigkeitsstätte sowie eine bei Leasingbeginn zu erbringende Sonderzahlung. **Unfallkosten** können als außergewöhnliche Aufwendungen neben der Entfernungspauschale berücksichtigt werden (→ Rz. 165 *Unfallkosten*).

Die Entfernungspauschale gilt nicht für **Flugstrecken** und Strecken mit steuerfreier **Sammelbeförderung** (→ Rz. 460 *Sammelbeförderung*); in diesen Fällen sind die tatsächlichen Aufwendungen des Arbeitnehmers (z.B. Aufwendungen für das Flug-Ticket, Zuzahlungsbetrag an den Arbeitgeber) anzusetzen.

Eine **Fährverbindung** ist, soweit sie zumutbar erscheint und wirtschaftlich sinnvoll ist, mit in die Entfernungsberechnung einzubeziehen. Die Fahrtstrecke der Fähre selbst ist dann jedoch nicht Teil der maßgebenden Entfernung. An ihrer Stelle können die **tatsächlichen Fährkosten** berücksichtigt werden. Gebühren für die Benutzung eines **Straßentunnels** oder einer **mautpflichtigen Straße** dürfen dagegen nicht neben der Entfernungspauschale berücksichtigt werden, weil sie nicht für die Benutzung eines Verkehrsmittels (siehe unten) entstehen.

Für die Bestimmung der Entfernung ist die **kürzeste Straßenverbindung** zwischen Wohnung und erster Tätigkeitsstätte maßgebend; eine andere als die kürzeste Straßenverbindung kann zu Grunde gelegt werden, wenn diese offensichtlich verkehrsgünstiger ist und vom Arbeitnehmer regelmäßig für die Wege zwischen Wohnung und erster Tätigkeitsstätte benutzt wird. „Offensichtlich" verkehrsgünstiger ist die vom Arbeitnehmer gewählte Straßenverbindung, wenn sich jeder unvoreingenommene, verständige Verkehrsteilnehmer unter den gegebenen Verkehrsverhältnissen für die Benutzung der Strecke entschieden hätte.

Unter den **Rabattfreibetrag** (→ Rz. 553 *Preisnachlässe, Personalrabatte*) fallende steuerfreie Sachbezüge für Fahrten zwischen Wohnung und erster Tätigkeitsstätte mindern den abziehbaren Betrag (z.B. wenn ein Mietwagenunternehmer seinen Arbeitnehmern einen Mietwagen für die Fahrten zwischen Wohnung und erster Tätigkeitsstätte überlässt). Ist der Arbeitgeber selbst der Verkehrsträger, ist dafür der Preis anzusetzen, den ein dritter Arbeitgeber an den Verkehrsträger zu entrichten hat. Auch unter die **44 €-Freigrenze** (→ Rz. 553 *Preisnachlässe, Personalrabatte*) fallende Sachbezüge für die Wege zwischen Wohnung und erster Tätigkeitsstätte mindern die Entfernungspauschale.

Hat ein Arbeitnehmer **mehrere Wohnungen**, sind die Wege von einer Wohnung, die nicht der ersten Tätigkeitsstätte am nächsten liegt, nur zu berücksichtigen, wenn sie den Mittelpunkt der Lebensinteressen des Arbeitnehmers bildet und nicht nur gelegentlich aufgesucht wird.

Auch bei Benutzung **öffentlicher Verkehrsmittel** wird die Entfernungspauschale angesetzt. Übersteigen die Aufwendungen für die Benutzung öffentlicher Verkehrsmittel die anzusetzende Entfernungspauschale, können diese angesetzt werden, soweit sie den im Kalenderjahr insgesamt als Entfernungspauschale abziehbaren Betrag übersteigen. Da die Vergleichsrechnung jahresbezogen vorzunehmen ist, scheidet eine tageweise Prüfung, inwieweit die tatsächlichen Aufwendungen für öffentliche Verkehrsmittel die Entfernungspauschale übersteigen, aus.

Behinderte Menschen,

1. deren Grad der Behinderung mindestens 70 beträgt,
2. deren Grad der Behinderung weniger als 70, aber mindestens 50 beträgt und die in ihrer Bewegungsfähigkeit im Straßenverkehr erheblich beeinträchtigt sind,

können an Stelle der Entfernungspauschale die **tatsächlichen Aufwendungen** für die Wege zwischen Wohnung und erster Tätigkeitsstätte ansetzen. Die Voraussetzungen der Nummern 1 und 2 sind vom Arbeitnehmer durch amtliche Unterlagen nachzuweisen. Bei Benutzung eines privaten Fahrzeugs können die Fahrtkosten ohne Einzelnachweis mit den pauschalen Kilometersätzen angesetzt werden. Bei Benutzung eines eigenen oder zur Nutzung überlassenen Kraftwagens kann danach ohne Einzelnachweis der Kilometersatz von **0,30 € je gefahrenen Kilometer** angesetzt werden. → Rz. 165 *Unfallkosten*, die auf einer Fahrt zwischen Wohnung und erster Tätigkeitsstätte entstanden sind, können neben dem pauschalen Kilometersatz berücksichtigt werden.

Werden die Wege zwischen Wohnung und erster Tätigkeitsstätte mit verschiedenen Verkehrsmitteln zurückgelegt, kann das Wahlrecht – Entfernungspauschale oder tatsächliche Kosten – für beide zurückgelegten **Teilstrecken** nur einheitlich ausgeübt werden.

Sammelpunkt

Liegt **keine erste Tätigkeitsstätte** vor und bestimmt der Arbeitgeber durch dienst- oder arbeitsrechtliche Festlegung, dass der Arbeitnehmer sich dauerhaft typischerweise arbeitstäglich an einem **festgelegten Ort**, der die Kriterien für eine erste Tätigkeitsstätte nicht erfüllt, einfinden soll, um von dort seine unterschiedlichen eigentlichen Einsatzorte aufzusuchen oder von dort seine berufliche Tätigkeit aufzunehmen (z.B. Treffpunkt für einen betrieblichen Sammeltransport, das Busdepot, der Fährhafen), werden die Fahrten des Arbeitnehmers von der Wohnung zu diesem vom Arbeitgeber festgelegten Ort wie Fahrten zu einer ersten Tätigkeitsstätte behandelt; für diese Fahrten dürfen Fahrtkosten nur im Rahmen der **Entfernungspauschale** angesetzt werden.

Weiträumiges Tätigkeitsgebiet

Soll der Arbeitnehmer auf Grund der Weisungen des Arbeitgebers seine berufliche Tätigkeit typischerweise arbeitstäglich in einem weiträumigen Tätigkeitsgebiet ausüben (**z.B. Zusteller, Hafenarbeiter und Forstarbeiter**; nicht jedoch z.B. Bezirksleiter und Vertriebsmitarbeiter, die verschiedene Niederlassungen betreuen oder mobile Pflegekräfte, die verschiedene Personen in deren Wohnungen in einem festgelegten Gebiet betreuen, sowie Schornsteinfeger), findet für die Fahrten von der Wohnung zu diesem Tätigkeitsgebiet ebenfalls die **Entfernungspauschale** Anwendung. Wird das weiträumige Tätigkeitsgebiet immer von **verschiedenen Zugängen** aus betreten oder befahren, ist die Entfernungspauschale aus Vereinfachungsgründen bei diesen Fahrten nur für die kürzeste Entfernung von der Wohnung zum nächstgelegenen Zugang anzuwenden. Für alle Fahrten innerhalb des weiträumigen Tätigkeitsgebietes sowie für die zusätzlichen Kilometer bei den Fahrten von der Wohnung zu einem weiter entfernten Zugang können die tatsächlichen Aufwendungen oder der maßgebliche pauschale Kilometersatz angesetzt werden. Auf die Berücksichtigung von **Verpflegungspauschalen** oder Übernachtungskosten als Werbungskosten sowie den steuerfreien Arbeitgeberersatz hat diese Festlegung „tätig werden in einem weiträumigen Tätigkeitsgebiet" **keinen Einfluss**.

Zu den Familienheimfahrten im Rahmen einer **doppelten Haushaltsführung** → Rz. 139 *Doppelte Haushaltsführung*.

Zu **weiteren Einzelheiten** siehe BMF-Schreiben v. 31.10.2013, IV C 5 – S 2351/09/10002 :002, BStBl I 2013, 1376).

Auswärtstätigkeit

Mit dem **Gesetz zur Änderung und Vereinfachung der Unternehmensbesteuerung und des steuerlichen Reisekostenrechts** vom 20.2.2013 (BGBl. I 2013 S. 285, BStBl I 2013 S. 188) wurden die bisherigen steuerlichen Bestimmungen zum steuerlichen Reisekostenrecht umfangreich umgestaltet. Im Einzelnen gilt ab 1.1.2014 Folgendes: **129**

Eine Auswärtstätigkeit liegt vor, wenn der Arbeitnehmer vorübergehend **außerhalb** seiner **Wohnung** und ersten Tätigkeitsstätte (→ Rz. 141 *Erste Tätigkeitsstätte*) beruflich tätig wird. Eine Auswärtstätigkeit liegt ebenfalls vor, wenn der Arbeitnehmer bei seiner individuellen beruflichen Tätigkeit typischerweise

- nur an **ständig wechselnden Tätigkeitsstätten** (→ Rz. 156 *Ständig wechselnde Tätigkeitsstätten* oder
- **auf einem Fahrzeug** tätig wird (→ Rz. 160 *Tätigkeiten auf einem Fahrzeug*).

Eine weitere Differenzierung nach Art der Auswärtstätigkeit (Dienstreise, Fahrtätigkeit, Einsatzwechseltätigkeit) wird grds. nicht vorgenommen.

Bei einer so gut wie ausschließlich beruflich veranlassten Auswärtstätigkeit können folgende → Rz. 154 *Reisekosten* als Werbungskosten geltend gemacht werden:

- Fahrtkosten,
- Verpflegungsmehraufwendungen,
- Übernachtungskosten und
- Reisenebenkosten.

Eine beruflich veranlasste Auswärtstätigkeit ist auch der **Vorstellungsbesuch** eines Stellenbewerbers. Erledigt der Arbeitnehmer im Zusammenhang mit der beruflich veranlassten Auswärtstätigkeit auch in einem mehr als geringfügigen Umfang

private Angelegenheiten, sind die beruflich veranlassten von den privat veranlassten Aufwendungen zu trennen. Ist das nicht – auch nicht durch Schätzung – möglich, gehören die gesamten Aufwendungen zu den nicht abziehbaren Aufwendungen für die Lebensführung. Aufwendungen, die nicht so gut wie ausschließlich durch die beruflich veranlasste Auswärtstätigkeit entstanden sind (z.B. Bekleidungskosten oder Aufwendungen für die Anschaffung von Koffern und anderen Reiseausrüstungen), sind **keine Reisekosten**. Die **berufliche Veranlassung** der Auswärtstätigkeit, die **Reisedauer** und den **Reiseweg** hat der Arbeitnehmer aufzuzeichnen und anhand geeigneter Unterlagen, z.B. Fahrtenbuch, Tankquittungen, Hotelrechnungen, Schriftverkehr, nachzuweisen oder glaubhaft zu machen .

Berufsausbildung

130 Aufwendungen für die **erstmalige Berufsausbildung** oder für ein **Erststudium**, das zugleich eine **Erstausbildung** vermittelt, sind Kosten der Lebensführung und nur als **Sonderausgaben** (→ Rz. 176 *Berufsausbildung*) abziehbar.

Werbungskosten liegen dagegen vor, wenn die **erstmalige Berufsausbildung** oder das **Erststudium**, das zugleich eine Erstausbildung vermittelt, Gegenstand eines **Dienstverhältnisses** (Ausbildungsdienstverhältnis, z.B. Ausbildung eines Lehrlings) ist. Ist einer Berufsausbildung oder einem Studium eine abgeschlossene erstmalige Berufsausbildung oder ein abgeschlossenes Erststudium vorausgegangen (**weitere Berufsausbildung** oder **weiteres Studium**), handelt es sich bei den durch die weitere Berufsausbildung oder das weitere Studium veranlassten Aufwendungen um Werbungskosten, wenn ein hinreichend konkreter, objektiv feststellbarer Zusammenhang mit späteren im Inland steuerpflichtigen Einnahmen aus der angestrebten beruflichen Tätigkeit besteht. Entsprechendes gilt für ein Erststudium nach einer abgeschlossenen nichtakademischen Berufsausbildung.

Zur Berücksichtigung der **Aufwendungen** im Zusammenhang mit einer auswärtigen Ausbildungsstätte finden die Erläuterungen zu den → Rz. 154 *Reisekosten*, den → Rz. 128 *Aufwendungen für die Wege zwischen Wohnung und erster Tätigkeitsstätte* und der → Rz. 139 *Doppelten Haushaltsführung* sinngemäß Anwendung.

Zu beachten ist, dass eine Bildungseinrichtung, die außerhalb eines Dienstverhältnisses zum Zwecke eines Vollzeitstudiums oder einer vollzeitigen Bildungsmaßnahme aufgesucht wird, seit 1.1.2014 immer eine **erste Tätigkeitsstätte** ist. Zu den weiteren Einzelheiten → Rz. 141 *Erste Tätigkeitsstätte*.

Aufwendungen für das **Erlernen der deutschen Sprache** werden nicht berücksichtigt, und zwar auch dann nicht, wenn ausreichende Deutschkenntnisse für einen angestrebten Ausbildungsplatz förderlich sind.

Siehe auch → Rz. 131 *Berufsfortbildung*, → Rz. 163 *Umschulung*, → Rz. 176 *Berufsausbildung* zum Sonderausgabenabzug und BMF-Schreiben vom 22.9.2010, IV C 4 – S 2227/07/10002 :002, BStBl I 2010, 721[1].

Berufsfortbildung

131 Die Aufwendungen für die **Fortbildung** in einem bereits erlernten Beruf sind als **Werbungskosten** abziehbar. Das gilt auch für die Aufwendungen für ein **weiteres Studium**, wenn dieses in einem hinreichend konkreten objektiv feststellbaren Zusammenhang mit späteren steuerpflichtigen Einnahmen aus der angestrebten beruflichen Tätigkeit steht. Aufwendungen während des **Erziehungsurlaubs**/der **Elternzeit** können vorab entstandene Werbungskosten im Rahmen der Berufsfortbildung sein; jedoch ist der berufliche Verwendungsbezug darzulegen, wenn er sich nicht bereits aus den Umständen von Umschulungs- und Qualifizierungsmaßnahmen ergibt. Aufwendungen für den Erwerb eines **Privatflugzeugführerscheins** führen regelmäßig nicht zu Werbungskosten; dies gilt jedoch nicht, wenn Aufwendungen für den Erwerb eines Verkehrsflugzeugführerscheins im Rahmen einer Fachausbildung anfallen und die Fachausbildung auch den Erwerb eines Privatflugzeugführerscheins einschließt. Aufwendungen von Lehrern für **Snowboardkurse** können als Werbungskosten bei den Einkünften aus nichtselbständiger Arbeit abziehbar sein, wenn ein konkreter Zusammenhang mit der Berufstätigkeit besteht; dies ist im Rahmen einer Gesamtwürdigung aller Umstände des Einzelfalls zu bestimmen. Auch Aufwendungen von Führungskräften für **Seminare zur Persönlichkeitsentfaltung** können Berufsfortbildungskosten sein.

Zur Berücksichtigung der Aufwendungen im Zusammenhang mit einer **auswärtigen Fortbildungsstätte** finden die Erläuterungen zu den → Rz. 154 *Reisekosten*, den → Rz. 128 *Aufwendungen für die Wege zwischen Wohnung und erster Tätigkeitsstätte* und der → Rz. 139 *Doppelten Haushaltsführung* sinngemäß Anwendung. Danach sind die **Grundsätze für Auswärtstätigkeiten** (→ Rz. 129 *Auswärtstätigkeit*) maßgebend, wenn ein Arbeitnehmer als Ausfluss eines Dienstverhältnisses zu Fortbildungszwecken vorübergehend eine außerhalb seiner ersten Tätigkeitsstätte (→ Rz. 141 *Erste Tätigkeitsstätte*) im Betrieb des Arbeitgebers gelegene Fortbildungsstätte aufsucht. Ist die Bildungseinrichtung eine erste Tätigkeitsstätte, gelten für die Ermittlung der Aufwendungen die Erläuterungen zu den → Rz. 128 *Aufwendungen für die Wege zwischen Wohnung und erster Tätigkeitsstätte* und der → Rz. 139 *Doppelten Haushaltsführung*.

Die Aufwendungen für Reisen (z.B. **Auslandsgruppenreisen**), die der beruflichen Fortbildung dienen, sind als Werbungskosten abziehbar, wenn sie unmittelbar **beruflich veranlasst** sind (z.B. das Aufsuchen eines Kunden des Arbeitgebers, das Halten eines Vortrags auf einem Fachkongress oder die Durchführung eines Forschungsauftrags) und die **Verfolgung privater Interessen** nicht den Schwerpunkt der Reise bildet. Ein Werbungskostenabzug ist nicht möglich (kein unmittelbarer beruflicher Anlass), wenn der Arbeitnehmer mit der Teilnahme an einer Auslandsgruppenreise eine allgemeine Verpflichtung zur beruflichen Fortbildung erfüllt oder die Reise von einem Fachverband angeboten wird. Die Grundsätze zur Aufteilung **gemischt veranlasster Aufwendungen** bei auch beruflicher Veranlassung sind zu beachten.

Siehe auch → Rz. 130 *Berufsausbildung*, → Rz. 155 *Sprachkurs*, → Rz. 163 *Umschulung* und → Rz. 176 *Berufsausbildung* zum Sonderausgabenabzug

1) Das BMF-Schreiben berücksichtigt noch nicht die Gesetzesänderungen nach Verabschiedung des Beitreibungsrichtlinie-Umsetzungsgesetzes und die jüngere BFH-Rechtsprechung, soweit letztere nach der Reform des steuerlichen Reisekostenrechts ab 1.1.2014 nicht schon überholt ist.

Berufskleidung

Aufwendungen für typische Berufskleidung **sind Werbungskosten**. Dazu gehören Kleidungsstücke, die 132

- als **Arbeitsschutzkleidung** auf die jeweils ausgeübte Berufstätigkeit zugeschnitten sind oder
- nach ihrer z.B. uniformartigen Beschaffenheit oder dauerhaft angebrachten Kennzeichnung durch ein Firmenemblem objektiv eine **berufliche Funktion** erfüllen,

wenn ihre private Nutzung so gut wie ausgeschlossen ist. Normale Schuhe und Unterwäsche sind z.B. keine typische Berufskleidung. Zu den Aufwendungen für typische Berufskleidung zählen auch die Reinigungskosten in privaten Waschmaschinen.

Aufwendungen für bürgerliche Kleidung (z.B. Anzüge) sind auch bei außergewöhnlich hohen Aufwendungen keine Berufskleidung und daher **nicht** als **Werbungskosten** abziehbar.

Berufsverbände

Beiträge an Berufsverbände sind **als Werbungskosten abzugsfähig**. Dazu gehören Beiträge zu berufsständischen Verbänden, wenn der Zweck nicht auf einen wirtschaftlichen Geschäftsbetrieb gerichtet ist (z.B. Gewerkschaftsbeiträge). Darüber hinaus sind als Werbungskosten auch die Aufwendungen anzusetzen, die einem Arbeitnehmer aus einer ehrenamtlichen Tätigkeit für den Berufsverband entstehen (z.B. Reisekosten bei Teilnahme an gewerkschaftlichen Sitzungen und Tagungen); der Schwerpunkt der Reise darf aber nicht allgemeintouristischen Zwecken dienen. 133

Bewerbungskosten

Bewerbungskosten sind als Werbungskosten abzugsfähig. Zu den Bewerbungskosten gehören insbesondere Kosten für Inserate, Telefon, Porto, Fotokopien, Präsentationsmappen, Briefpapier und Reisen anlässlich einer Vorstellung (→ Rz. 154 *Reisekosten*). Ob die Bewerbung letztlich Erfolg hat, ist für den Werbungskostenabzug unerheblich. Erstattungen – insbesondere der Reisekosten – sind gegenzurechnen. 134

Bewirtungskosten

Bewirtungskosten anlässlich persönlicher Ereignisse sind **grundsätzlich nicht** als **Werbungskosten** abziehbar. Bewirtungskosten können jedoch auch Werbungskosten sein. Für einen Werbungskostenabzug sind zu den Umständen der Bewirtung (wie Anlass der Feier, Ort der Veranstaltung, Teilnehmer, sonstige Begleitumstände) schriftliche Angaben zu machen; hat die Bewirtung in einer Gaststätte stattgefunden, so genügen Angaben zu Anlass und Teilnehmern der Bewirtung; die Rechnung über die Bewirtung ist beizufügen. Der Werbungskostenabzug ist grds. auf **70 %** der Bewirtungskosten beschränkt. 135

Computer

Aufwendungen für einen privat angeschafften und beruflich genutzten Computer (z.B. → Rz. 120 *Abschreibung*), Verbrauchsmaterial wie Druckerpatronen/-toner, Papier, CD/DVD-Rohlinge, USB-Sticks) und für den Internetzugang (z.B. Verbindungsentgelte, DSL-Anschluss [→ Rz. 162 *Telekommunikationsaufwendungen*]) können als **Werbungskosten** abgezogen werden. 136

Die **Peripheriegeräte** einer PC-Anlage (Monitor, Drucker, Scanner etc.) sind i.d.R. nicht selbständig nutzungsfähig und damit **keine geringwertigen Wirtschaftsgüter**; die Anschaffungskosten können daher nicht im Jahr der Anschaffung in voller Höhe geltend gemacht werden, auch wenn die Aufwendungen für das einzelne Gerät 410 € nicht übersteigen (→ Rz. 126 *Arbeitsmittel*).

Die Kosten eines privat angeschafften und sowohl **beruflich** als auch **privat** genutzten Computers sind im Hinblick auf den **Anteil** der beruflichen Nutzung als **Werbungskosten** absetzbar und fallen insoweit **nicht** unter das **Aufteilungs- und Abzugsverbot** des § 12 Nr. 1 Satz 2 EStG, denn es gibt **keine generelle Vermutung** dafür, dass ein privat angeschaffter und in der privaten Wohnung aufgestellter Computer weit überwiegend privat genutzt wird. Kann der Arbeitnehmer gegenüber dem Finanzamt eine nicht unwesentliche berufliche Nutzung des Gerätes **nachweisen** oder zumindest **glaubhaft** machen, sind die Aufwendungen **anteilig** zu berücksichtigen. Bei einer **privaten Mitbenutzung** von **nicht mehr als etwa 10 %** können die **gesamten Aufwendungen** steuerlich geltend gemacht werden. Gegebenenfalls muss der berücksichtigungsfähige Umfang der beruflichen Nutzung auch geschätzt werden. Dabei kann unter bestimmten Voraussetzungen von einer **hälftigen privaten bzw. beruflichen Nutzung** ausgegangen werden.

Darlehensverlust

Nach Hingabe eines Darlehens durch einen Arbeitnehmer an den Arbeitgeber ist als Werbungskosten der Verlust der Darlehensforderung zu berücksichtigen, wenn der Arbeitnehmer das Risiko des Darlehensverlustes aus **beruflichen Gründen** bewusst auf sich genommen hat. Indiz für die Annahme beruflicher Gründe ist, dass ein Außenstehender – insbesondere eine Bank – mit Rücksicht auf die Gefährdung der Darlehensforderung das Darlehen nicht gewährt hätte. Ob im konkreten Einzelfall berufliche Gründe vorliegen, ist vielmehr durch Abwägung aller Umstände zu entscheiden. Der Annahme einer beruflichen Veranlassung steht nicht entgegen, dass im Rahmen der Darlehensgewährung eine normale Zinshöhe vereinbart war (→ Rz. 170 *Zinsen*). 137

Dienstreise

Seit 2008 wird statt des Begriffs „Dienstreise" der umfassende Begriff → Rz. 129 *Auswärtstätigkeit* verwendet. 138

Doppelte Haushaltsführung

Mit dem **Gesetz zur Änderung und Vereinfachung der Unternehmensbesteuerung und des steuerlichen Reisekostenrechts** vom 20.2.2013 (BGBl. I 2013 S. 285, BStBl I S. 188) wurden die bisherigen steuerlichen Bestimmungen zum steuerlichen Reisekostenrecht umfangreich umgestaltet. Im Einzelnen gilt ab 1.1.2014 Folgendes: 139

Eine doppelte Haushaltsführung im steuerlichen Sinne führt nur, wer
- außerhalb des Ortes seiner ersten Tätigkeitsstätte einen eigenen Hausstand unterhält und
- auch am Ort der ersten Tätigkeitsstätte wohnt. Die Anzahl der Übernachtungen ist dabei unerheblich.

Aufwendungen für die Wege vom Ort der ersten Tätigkeitsstätte zum Ort des eigenen Hausstands und zurück (Familienheimfahrt) können jeweils nur für **eine Familienheimfahrt wöchentlich** abgezogen werden. Zur Abgeltung der Aufwendungen für eine Familienheimfahrt ist grds. eine **Entfernungspauschale** von **0,30 €** für jeden vollen Kilometer der Entfernung zwischen dem Ort des eigenen Hausstandes und dem Ort der ersten Tätigkeitsstätte anzusetzen. Aufwendungen für Familienheimfahrten mit einem dem Arbeitnehmer überlassenen Kraftfahrzeug werden nicht berücksichtigt.

Aufwendungen eines Arbeitnehmers für eine Zweitwohnung an einem auswärtigen Beschäftigungsort sind aber auch dann wegen doppelter Haushaltsführung als Werbungskosten abziehbar, wenn der Arbeitnehmer **zugleich am Ort seines Hausstands beschäftigt** ist.

Wird die doppelte Haushaltsführung aus beruflichem Anlass begründet, können die hierdurch entstehenden **notwendigen Mehraufwendungen** als Werbungskosten abgesetzt werden. Der berufliche **Veranlassungszusammenhang** einer doppelten Haushaltsführung wird jedoch nicht allein dadurch beendet, dass ein Arbeitnehmer seinen **Familienhausstand** innerhalb desselben Ortes **verlegt**. Eine aus beruflichem Anlass begründete doppelte Haushaltsführung kann auch dann vorliegen, wenn ein Arbeitnehmer seinen **Haupthausstand aus privaten Gründen** vom Beschäftigungsort **wegverlegt** und er darauf in einer Wohnung am Beschäftigungsort einen Zweithaushalt begründet, um von dort seiner bisherigen Beschäftigung weiter nachgehen zu können. In den Fällen, in denen bereits zum Zeitpunkt der Wegverlegung des Lebensmittelpunkts vom Beschäftigungsort ein **Rückumzug** an den Beschäftigungsort geplant ist oder feststeht, handelt es sich hingegen nicht um eine doppelte Haushaltsführung.

Das Vorliegen eines **eigenen Hausstands** setzt das Innehaben einer Wohnung aus eigenem Recht als **Eigentümer** oder **Mieter** bzw. aus einem gemeinsamen oder abgeleiteten Recht als Ehegatte, Lebenspartner oder Lebensgefährte sowie Mitbewohner voraus. Außerdem muss sich der Arbeitnehmer finanziell an den **Kosten der Lebensführung** (laufende Kosten der Haushaltsführung) **beteiligen**. Es genügt nicht, wenn der Arbeitnehmer z.B. im **Haushalt der Eltern** lediglich ein oder mehrere Zimmer unentgeltlich bewohnt oder wenn dem Arbeitnehmer eine Wohnung im Haus der Eltern unentgeltlich zur Nutzung überlassen wird. Die finanzielle Beteiligung an den Kosten der Haushaltsführung ist darzulegen und kann auch bei volljährigen Kindern, die bei ihren Eltern oder einem Elternteil wohnen, nicht generell unterstellt werden. Eine finanzielle Beteiligung an den Kosten der Haushaltsführung mit Bagatellbeträgen ist nicht ausreichend. Betragen die Barleistungen des Arbeitnehmers mehr als **10 %** der monatlich regelmäßig anfallenden laufenden Kosten der Haushaltsführung (z.B. Miete, Mietnebenkosten, Kosten für Lebensmittel und andere Dinge des täglichen Bedarfs) ist von einer finanziellen Beteiligung oberhalb der **Bagatellgrenze** auszugehen. Liegen die Barleistungen darunter, kann der Arbeitnehmer eine hinreichende finanzielle Beteiligung auch auf andere Art und Weise darlegen. Bei Ehegatten oder Lebenspartnern mit den Steuerklassen III, IV oder V kann eine finanzielle Beteiligung an den Kosten der Haushaltsführung ohne entsprechenden Nachweis unterstellt werden. Die Wohnung muss außerdem der auf Dauer angelegte **Mittelpunkt des Lebensinteresses** des Arbeitnehmers sein. Unterhält ein **Alleinstehender**, der am Beschäftigungsort wohnt, an einem anderen Ort einen eigenen Hausstand, besteht mit zunehmender Dauer besonderer Anlass zu prüfen, wo sich sein **Lebensmittelpunkt** befindet. Im Rahmen einer Gesamtwürdigung aller Umstände ist zu klären, ob ein allein stehender Arbeitnehmer einen eigenen Hausstand unterhält oder in einem fremden Haushalt eingegliedert ist; er muss sich in jedem Fall an den Kosten auch finanziell beteiligen. Für das Vorliegen einer doppelten Haushaltsführung kommt es nicht darauf an, ob die dem Arbeitnehmer am Ort des Lebensmittelpunkts zur ausschließlichen Nutzung zur Verfügung stehenden Räumlichkeiten den bewertungsrechtlichen Anforderungen an eine Wohnung gerecht werden.

Eine doppelte Haushaltsführung wird bei **verheirateten Arbeitnehmern** auch dann anerkannt, wenn die Ehegatten außerhalb des Ortes ihres gemeinsamen Hausstands an verschiedenen Orten beschäftigt sind und am jeweiligen Beschäftigungsort eine Zweitwohnung beziehen; Entsprechendes gilt für Lebenspartnerschaften. Eine beruflich veranlasste doppelte Haushaltsführung liegt i.Ü. auch in den Fällen vor, in denen der eigene Hausstand nach der **Eheschließung/Begründung einer Lebenspartnerschaft** am Beschäftigungsort des ebenfalls berufstätigen Ehegatten/Lebenspartners begründet oder wegen der Aufnahme einer Berufstätigkeit des Ehegatten/Lebenspartners an dessen Beschäftigungsort verlegt und am Beschäftigungsort eine Zweitwohnung des Arbeitnehmers begründet worden ist.

Arbeitnehmer **ohne** eigenen Hausstand außerhalb des Beschäftigungsortes können die Voraussetzungen für eine **doppelte Haushaltsführung nicht** erfüllen. Gleichwohl können die **Heimfahrten** an den bisherigen Wohnort als Fahrten zwischen Wohnung und erster Tätigkeitsstätte mit der Entfernungspauschale (siehe unten und → Rz. 128 *Aufwendungen für die Wege zwischen Wohnung und erster Tätigkeitsstätte*) geltend gemacht werden, wenn sich der Lebensmittelpunkt weiterhin am bisherigen Wohnort befindet.

Mehraufwendungen wegen einer aus beruflichem Anlass begründeten doppelten Haushaltsführung sind mit Ausnahme der Verpflegungsmehraufwendungen (s. unten) **zeitlich unbegrenzt** abzugsfähig.

Die folgenden Aufwendungen sind bei einer doppelten Haushaltsführung abziehbar:

- Die tatsächlichen Kosten für die **erste Fahrt zum neuen Beschäftigungsort** und für die **letzte Fahrt vom Beschäftigungsort** zurück zum Ort des Hausstands.
  Wird ein eigener Kraftwagen benutzt, können die Aufwendungen ohne Einzelnachweis durch die Anwendung des Kilometersatzes von 0,30 €/Kilometer, der auch bei Auswärtstätigkeiten anerkannt wird (→ Rz. 154 *Reisekosten*), ermittelt werden.
- Die Kosten für eine **Familienheimfahrt** pro Woche.
  Es wird zur Abgeltung der Aufwendungen für eine Familienheimfahrt eine **Entfernungspauschale** (→ Rz. 128 *Aufwendungen für die Wege zwischen Wohnung und erster Tätigkeitsstätte*) von **0,30 €** für jeden vollen Kilometer der Entfernung zwischen dem Ort des eigenen Hausstands und dem Beschäftigungsort angesetzt. Die Entfernungspauschale gilt aber nicht für **Flugstrecken** und Strecken mit **steuerfreier Sammelbeförderung** (→ Rz. 560 *Sammelbeförderung*); hierfür sind

die tatsächlichen Aufwendungen anzusetzen. Die Begrenzung der Entfernungspauschale auf 4 500 € gilt nicht für Familienheimfahrten. Aufwendungen für Heimfahrten mit einem vom Arbeitgeber überlassenen Dienstwagen sind nicht abziehbar.

Soweit die Aufwendungen für die Benutzung **öffentlicher Verkehrsmittel** den als Entfernungspauschale abziehbaren Betrag übersteigen, können diese angesetzt werden.

Wegen des Abzugs der tatsächlichen Aufwendungen bei **behinderten Menschen** → Rz. 128 *Aufwendungen für die Wege zwischen Wohnung und erster Tätigkeitsstätte*. Tritt der den doppelten Haushalt führende Ehegatte/Lebenspartner die wöchentliche Familienheimfahrt aus privaten Gründen nicht an, sind die Aufwendungen für die stattdessen durchgeführte **Besuchsfahrt des anderen Ehegatten/Lebenspartners** zum Beschäftigungsort **keine Werbungskosten**.

- Als **Unterkunftskosten** für eine doppelte Haushaltsführung **im Inland** werden die dem Arbeitnehmer tatsächlich entstandenen Aufwendungen für die Nutzung der Wohnung oder Unterkunft höchstens **bis** zu einem nachgewiesenen Betrag von **1 000 € im Monat** anerkannt. Auf die Notwendigkeit, die Angemessenheit und die Zahl der Wohnungsbenutzer (Angehörige) kommt es nicht an. Steht die Zweitwohnung oder -unterkunft im Eigentum des Arbeitnehmers, sind die tatsächlichen Aufwendungen (z.B. AfA, Schuldzinsen, Reparaturkosten, Nebenkosten) bis zum Höchstbetrag von 1 000 € monatlich zu berücksichtigen. Der Höchstbetrag umfasst sämtliche entstehenden Aufwendungen wie Miete, Betriebskosten, Kosten der laufenden Reinigung und Pflege der Zweitwohnung oder -unterkunft, AfA für notwendige Einrichtungsgegenstände (ohne Arbeitsmittel), Zweitwohnungsteuer, Rundfunkbeitrag, Miet- oder Pachtgebühren für Kfz-Stellplätze, Aufwendungen für Sondernutzung (wie Garten), die vom Arbeitnehmer selbst getragen werden. Wird die Zweitwohnung oder -unterkunft **möbliert** angemietet, sind die Aufwendungen bis zum Höchstbetrag berücksichtigungsfähig. Auch Aufwendungen für einen separat angemieteten **Garagenstellplatz** sind in den Höchstbetrag einzubeziehen und können nicht als „sonstige" notwendige Mehraufwendungen zusätzlich berücksichtigt werden. Soweit der monatliche Höchstbetrag von 1 000 € nicht ausgeschöpft wird, ist eine **Übertragung** des nicht ausgeschöpften Volumens **in andere Monate** des Bestehens der doppelten Haushaltsführung im selben Kalenderjahr **möglich**. Erhält der Arbeitnehmer **Erstattungen** z.B. für Nebenkosten, mindern diese Erstattungen im Zeitpunkt des Zuflusses die Unterkunftskosten der doppelten Haushaltsführung. Ein **häusliches Arbeitszimmer** in der Zweitwohnung am Beschäftigungsort ist bei der Ermittlung der abziehbaren Unterkunftskosten nicht zu berücksichtigen; der Abzug der hierauf entfallenden Aufwendungen richtet sich nach den Regelungen für → Rz. 127 *Arbeitszimmer*. Der 1 000 €-Höchstbetrag ist nicht auf einen Kalendertag umzurechnen. Beziehen **mehrere berufstätige Arbeitnehmer** (z.B. beiderseits berufstätige Ehegatten, Lebenspartner, Lebensgefährten, Mitglieder einer Wohngemeinschaft) am gemeinsamen Beschäftigungsort eine gemeinsame Zweitwohnung, handelt es sich jeweils um eine doppelte Haushaltsführung, so dass **jeder Arbeitnehmer** den **Höchstbetrag** für die tatsächlich von ihm getragenen Aufwendungen jeweils für sich beanspruchen kann. Bei doppelter Haushaltsführung im **Ausland** sind die Aufwendungen in **tatsächlicher Höhe** abziehbar, soweit sie die ortsübliche Miete für eine nach Lage und Ausstattung durchschnittliche Wohnung am Ort der ersten Tätigkeitsstätte mit einer Wohnfläche bis zu **60 qm** nicht überschreiten; der **1 000 € Höchstbetrag greift hier nicht**. Unterkunftskosten sind immer nur unter der Voraussetzung abziehbar, dass die Unterkunft nicht vom Arbeitgeber gestellt wird. Ist in dem Zahlungsbeleg für die Aufwendungen (insbesondere Hotelrechnung) nur ein Gesamtpreis für Unterkunft und Frühstück ausgewiesen, ist der Gesamtpreis zur Ermittlung der Unterkunftskosten bei einer Übernachtung im **Inland** um **20 %** des Pauschbetrags für Verpflegungsmehraufwendungen bei einer Auswärtstätigkeit mit einer Abwesenheitsdauer von mindestens 24 Stunden zu kürzen, d.h. im Inland von 24 €.

  Anfallende **Umzugskosten** anlässlich der Begründung, Beendigung oder des Wechsels einer doppelten Haushaltsführung gehören grds. zu den abziehbaren Kosten der Unterkunft; die Pauschalen nach dem Bundesumzugskostengesetz (→ Rz. 164 *Umzugskosten*) gelten jedoch nicht für einen Umzug im Rahmen der doppelten Haushaltsführung. Kosten des Rückumzugs sind ebenfalls abziehbar.

Für einen Zeitraum von **drei Monaten** nach Bezug der Wohnung am neuen Beschäftigungsort werden **Verpflegungsmehraufwendungen** anerkannt und zwar für jeden Kalendertag der Abwesenheit von der Wohnung am Lebensmittelpunkt mit den für Auswärtstätigkeit geltenden Pauschalen (→ Rz. 154 *Reisekosten*). Liegt der Beschäftigungsort im Inland, können demnach bis zu 24 € je Kalendertag abgezogen werden. Ist der Tätigkeit am Beschäftigungsort eine Auswärtstätigkeit an diesen Ort unmittelbar vorausgegangen, ist deren Dauer auf die Drei-Monats-Frist anzurechnen. Zu den Verpflegungsmehraufwendungen bei einer doppelten Haushaltsführung im Ausland siehe BMF-Schreiben vom 11.11.2013, IV C 5 – S 2353/08/10006 :004, BStBl I 2013, 1467).

Zu **weiteren Einzelheiten** s. BMF-Schreiben vom 30.9.2013, IV C 5 – S 2353/13/10004, BStBl I 2013, 1279.

Einsatzwechseltätigkeit

Seit 2008 wird statt des Begriffs „Einsatzwechseltätigkeit" der umfassende Begriff → Rz. 129 *„Auswärtstätigkeit"* verwendet. 140

→ Rz. 156 *Ständig wechselnde Tätigkeitsstätten*

Erste Tätigkeitsstätte

Mit dem **Gesetz zur Änderung und Vereinfachung der Unternehmensbesteuerung und des steuerlichen Reisekostenrechts** vom 20.2.2013 (BGBl. I 2013 S. 285, BStBl I 2013 S. 188) wurden die bisherigen steuerlichen Bestimmungen zum steuerlichen Reisekostenrecht umfangreich umgestaltet. Zentraler Punkt der **ab 1.1.2014** in Kraft getretenen **Neuregelungen** ist die gesetzliche Definition der **ersten Tätigkeitsstätte**, die künftig an die Stelle der regelmäßigen Arbeitsstätte tritt. 141

Der Begriff der **„Erste Tätigkeitsstätte"** spielt eine Rolle bei

- den → Rz. 128 *Aufwendungen für die Wege zwischen Wohnung und erster Tätigkeitsstätte*,
- den → Rz. 129 *Auswärtstätigkeiten*, wozu auch die Tätigkeiten an → Rz. 156 *Ständig wechselnden Tätigkeitsstätten* und die → Rz. 160 *Tätigkeiten auf einem Fahrzeug* gehören,
- einer → Rz. 139 *Doppelten Haushaltsführung*.

Die Bestimmung der ersten Tätigkeitsstätte erfolgt **vorrangig** anhand der **dienst- oder arbeitsrechtlichen Festlegungen** durch den Arbeitgeber. Sind solche nicht vorhanden oder sind die getroffenen Festlegungen nicht eindeutig, werden **hilfs-**

weise quantitative Kriterien herangezogen. Voraussetzung ist zudem, dass der Arbeitnehmer in einer **ortsfesten betrieblichen Einrichtung** des Arbeitgebers oder eines Dritten **dauerhaft** tätig werden soll. **Im Einzelnen gilt Folgendes:**

Erste Tätigkeitsstätte ist die **ortsfeste betriebliche Einrichtung** des Arbeitgebers, eines verbundenen Unternehmens (§ 15 AktG) oder eines vom Arbeitgeber bestimmten Dritten (z.B. die eines Kunden), der der Arbeitnehmer **dauerhaft** zugeordnet ist. Die Zuordnung wird durch die **dienst- oder arbeitsrechtlichen Festlegungen** sowie die diese ausfüllenden Absprachen und Weisungen bestimmt. Von einer dauerhaften Zuordnung ist insbesondere auszugehen, wenn der Arbeitnehmer **unbefristet**, für die **Dauer des Dienstverhältnisses** oder über einen Zeitraum von **48 Monaten** hinaus an einer solchen Tätigkeitsstätte tätig werden soll. **Fehlt** eine solche dienst- oder arbeitsrechtliche **Festlegung** auf eine Tätigkeitsstätte oder ist sie nicht eindeutig, ist erste Tätigkeitsstätte die betriebliche Einrichtung, an der der Arbeitnehmer

- typischerweise **arbeitstäglich** tätig werden soll oder
- je Arbeitswoche **zwei volle Arbeitstage** oder **mindestens ein Drittel** seiner vereinbarten regelmäßigen Arbeitszeit tätig werden soll.

Allein ein regelmäßiges Aufsuchen der betrieblichen Einrichtung, z.B. für kurze Rüstzeiten, zur Berichtsfertigung, zur Vorbereitung der Zustellroute, zur Abholung oder Abgabe von Kundendienstfahrzeugen, Material, Auftragsbestätigungen, Stundenzetteln, Krankmeldungen und Urlaubsanträgen führt hier noch nicht zu einer Qualifizierung der betrieblichen Einrichtung als erste Tätigkeitsstätte.

Der Arbeitnehmer kann je Dienstverhältnis **höchstens eine erste Tätigkeitsstätte**, ggf. aber auch keine erste, sondern nur auswärtige Tätigkeitsstätten haben. Liegen die zuvor genannten Voraussetzungen für mehrere Tätigkeitsstätten vor, ist diejenige Tätigkeitsstätte erste Tätigkeitsstätte, die der Arbeitgeber bestimmt. Dabei muss es sich nicht um die Tätigkeitsstätte handeln, an der der Arbeitnehmer den zeitlich überwiegenden oder qualitativ bedeutsameren Teil seiner beruflichen Tätigkeit ausüben soll. Fehlt es an dieser Bestimmung oder ist sie nicht eindeutig, ist die der Wohnung örtlich am nächsten liegende Tätigkeitsstätte die erste Tätigkeitsstätte; die Fahrten zu weiter entfernt liegenden Tätigkeitsstätten werden in diesem Fall als → Rz. 129 *Auswärtstätigkeit* qualifiziert. Ein Arbeitnehmer mit **mehreren Dienstverhältnissen** kann auch **mehrere erste Tätigkeitsstätten** haben (je Dienstverhältnis jedoch höchstens eine).

Als erste Tätigkeitsstätte gilt auch eine **Bildungseinrichtung**, die **außerhalb** eines **Dienstverhältnisses** zum Zwecke eines **Vollzeitstudiums** oder einer **vollzeitigen Bildungsmaßnahme** aufgesucht wird. Durch diese Regelung ist die Rechtsprechung des BFH, wonach es sich bei vollzeitig besuchten Bildungseinrichtungen nicht um regelmäßige Arbeitsstätten handelt, überholt. Ein Studium oder eine Bildungsmaßnahme findet insbesondere dann **außerhalb eines Dienstverhältnisses** statt, wenn

- diese nicht Gegenstand des Dienstverhältnisses sind, auch wenn sie seitens des Arbeitgebers durch Hingabe von Mitteln, wie z.B. eines Stipendiums, gefördert werden oder
- diese ohne arbeitsvertragliche Verpflichtung absolviert werden und die Beschäftigung lediglich das Studium oder die Bildungsmaßnahme ermöglicht.

Ein **Vollzeitstudium** oder eine **vollzeitige Bildungsmaßnahme** liegt insbesondere vor, wenn der Steuerpflichtige im Rahmen des Studiums oder im Rahmen der Bildungsmaßnahme für einen Beruf ausgebildet wird und daneben entweder **keiner Erwerbstätigkeit** nachgeht oder während der gesamten Dauer des Studiums oder der Bildungsmaßnahme eine Erwerbstätigkeit mit durchschnittlich **bis zu 20 Stunden regelmäßiger wöchentlicher Arbeitszeit** oder in Form eines **geringfügigen Beschäftigungsverhältnisses** ausübt.

Fahrzeuge, Flugzeuge, Schiffe oder **Tätigkeitsgebiete ohne ortsfeste betriebliche Einrichtungen** sind **keine Tätigkeitsstätten.**

Das **häusliche** → Rz. 127 *Arbeitszimmer* des Arbeitnehmers ist keine betriebliche Einrichtung des Arbeitgebers oder eines Dritten und daher auch **keine erste Tätigkeitsstätte**. Dies gilt auch, wenn der Arbeitgeber vom Arbeitnehmer einen oder mehrere Arbeitsräume anmietet, die der Wohnung des Arbeitnehmers zuzurechnen sind. Zur Abgrenzung, welche Räume der Wohnung des Arbeitnehmers zuzurechnen sind, ist auf das Gesamtbild der Verhältnisse im Einzelfall abzustellen (z.B. unmittelbare Nähe zu den privaten Wohnräumen).

Zu **weiteren Einzelheiten** s. BMF-Schreiben vom 30.9.2013, IV C 5 – S 2353/13/10004, BStBl I 2013, 1279.

Fachliteratur

142 Bücher und Zeitschriften stellen als Arbeitsmittel Werbungskosten dar, wenn sichergestellt ist, dass die erworbenen Bücher und Zeitschriften ausschließlich oder ganz überwiegend beruflichen Zwecken dienen (z.B. Steuergesetzbuch für einen, Literatur zur Unterrichtsvorbereitung für einen Lehrer).

Familienpflegezeitversicherung

143 Hat der Arbeitnehmer eine Familienpflegezeitversicherung abgeschlossen und zahlt er die Versicherungsprämie direkt an das Versicherungsunternehmen, liegen bei ihm Werbungskosten vor.

FCPE

144 Bei Mitarbeiterbeteiligungsprogrammen mittels Einschaltung eines Fonds Commun de Placement d'Entreprise (FCPE) nach französischem Recht und in gleich gelagerten Fällen erfolgt eine Besteuerung des geldwerten Vorteils erst im Zeitpunkt der Auflösung des Programms und Überweisung eines Geldbetrags an den Arbeitnehmer bzw. der Zuwendung anderer Vorteile (z.B. Tausch in Aktien); → Rz. 587 *Vermögensbeteiligung*. Erhält der Arbeitnehmer weniger, als er ursprünglich aufgewendet hat, liegen **vergebliche Erwerbsaufwendungen** vor, die als **Werbungskosten** im Rahmen der Veranlagung zur Einkommensteuer abziehbar sind.

Geldbußen und -auflagen

Geldbußen sind **nicht** als **Werbungskosten** abziehbar. Dies gilt auch für Geldauflagen, soweit die Auflagen nicht der Wiedergutmachung des durch die Tat verursachten Schadens dienen. 145

Geschenke

Geschenke eines Arbeitnehmers anlässlich persönlicher Feiern sind **nicht** als **Werbungskosten** abziehbar. 146

Heimarbeit

Bei Heimarbeitern stellen Aufwendungen, die unmittelbar durch die Heimarbeit veranlasst sind, z.B. Miete und Aufwendungen für Heizung und Beleuchtung der Arbeitsräume, Aufwendungen für → Rz. 126 *Arbeitsmittel* und Zutaten sowie für den Transport des Materials und der fertig gestellten Waren, **Werbungskosten** dar, soweit sie die steuerfrei gezahlten Heimarbeiterzuschläge übersteigen. → Rz. 127 *Arbeitszimmer* und → Rz. 161 *Telearbeit* 147

Kinderbetreuungskosten

Seit 2012 sind Kinderbetreuungskosten **einheitlich** als **Sonderausgaben** abziehbar. Zu den Einzelheiten → Rz. 182 *Kinderbetreuungskosten*. 148

Kontoführungsgebühren

Kontoführungsgebühren werden insoweit als **Werbungskosten** anerkannt, als sie durch Buchungen von Gutschriften für Einnahmen aus dem Dienstverhältnis und durch beruflich veranlasste Überweisungen entstanden sind. Die berufliche Veranlassung wird unterstellt, wenn der Arbeitnehmer für Kontoführungsgebühren nicht mehr als **16 €** jährlich als Werbungskosten geltend macht. 149

Kostenbeteiligung bei Kraftfahrzeuggestellung

Der **BFH** sieht **Zuzahlungen** zu den Anschaffungskosten eines dem Arbeitnehmer zur privaten Nutzung überlassenen betrieblichen Kraftfahrzeugs als **Werbungskosten** bei den Einkünften aus nichtselbständiger Arbeit an (Urteil v. 18.10.2007, VI R 59/06, BStBl II 2009, 200); es handelt es sich um Aufwand, der wie Anschaffungskosten eines **Nutzungsrechts** zu behandeln ist, so dass **AfA** für das Nutzungsrecht wie für ein materielles Wirtschaftsgut vorgenommen werden kann. Die Anschaffungskosten des Nutzungsrechts sind laut BFH über die voraussichtliche Gesamtdauer des Nutzungsrechts **linear abzuschreiben**. Die **Verwaltung** wendet das Urteil über R 8.1 Abs. 9 Nr. 4 LStR jedoch nicht an. Die Verwaltung sieht in Höhe der selbst getragenen Zuzahlungen des Arbeitnehmers zu den Anschaffungskosten eines ihm auch zur privaten Nutzung überlassenen betrieblichen Kraftfahrzeugs **keine Werbungskosten**, sondern eine **Minderung des geldwerten Vorteils**. Nach der Anrechnung im Zahlungsjahr verbleibende Zuschüsse können in den darauf **folgenden Kalenderjahren** auf den privaten Nutzungswert für das jeweilige Kraftfahrzeug angerechnet werden. 150

Des Weiteren hat der BFH entschieden (Urteil v. 18.10.2007, VI R 57/06, BStBl II 2009, 199), dass bei der Ermittlung des geldwerten Vorteils nach der Fahrtenbuchmethode in die Gesamtkosten eines dem Arbeitnehmer vom Arbeitgeber zur privaten Nutzung überlassenen Kraftfahrzeugs auch **vom Arbeitnehmer selbst getragene Aufwendungen** eingehen; diese Aufwendungen sind **Werbungskosten**. Eine Berücksichtigung der selbst getragenen Aufwendungen als Werbungskosten kommt dagegen laut BFH bei der 1 %-Regelung nicht in Betracht. Auch dieses Urteil wendet die Verwaltung nicht an. Nach Auffassung der Verwaltung fließen vom Arbeitnehmer selbst getragene Aufwendungen **nicht** in die **Gesamtkosten** ein und erhöhen nicht den individuell zu ermittelnden geldwerten Vorteil. Bei der 1 %-Regelung mindern vom Arbeitnehmer selbst getragene Aufwendungen nicht den pauschal ermittelten geldwerten Vorteil; sie stellen auch kein Nutzungsentgelt dar.

Körperpflege und Kosmetika

Aufwendungen für Körperpflege und Kosmetika sind auch bei außergewöhnlich hohen Aufwendungen **nicht** als **Werbungskosten** abziehbar. 151

Nachträgliche Werbungskosten

Werbungskosten können auch im Hinblick auf ein früheres Dienstverhältnis entstehen. 152

Regelmäßige Arbeitsstätte

Ab 1.1.2014 → Rz. 141 *Erste Tätigkeitsstätte.* 153

Reisekosten

Reisekosten sind 154

- Fahrtkosten,
- Verpflegungsmehraufwendungen,
- Übernachtungskosten und
- Reisenebenkosten.

anlässlich einer → Rz. 129 *Auswärtstätigkeit*, wozu auch die Tätigkeiten an → Rz. 156 *ständig wechselnden Tätigkeitsstätten* und die → Rz. 160 *Tätigkeiten auf einem Fahrzeug* gehören.

Reisekosten können als Werbungskosten berücksichtigt werden, wenn diese durch eine so gut wie ausschließlich beruflich veranlasste → Rz. 129 *Auswärtstätigkeit* des Arbeitnehmers außerhalb seiner Wohnung und seiner ersten Tätigkeitsstätte (→ Rz. 141 *Erste Tätigkeitsstätte*) veranlasst sind und soweit sie nicht vom Arbeitgeber ersetzt wurden.

Fahrtkosten können ohne Einzelnachweis als Werbungskosten mit folgenden Kilometersätzen (höchste Wegstreckenentschädigung nach dem Bundesreisekostengesetz für das jeweils benutzte Beförderungsmittel) berücksichtigt werden:

- Kraftwagen, z.B. Pkw **0,30 €**,
- andere motorbetriebene Fahrzeuge, z.B. Motorrad/Motorroller **0,20 €**.

Für **Fahrräder** gibt es keine Kilometersätze mehr.

Die o.g. Kilometersätze gelten für jeden gefahrenen Kilometer und nicht für die Entfernungskilometer. Mit diesen Sätzen sind alle Fahrtkosten, einschließlich der durch die Mitnahme von Gepäck verursachten Aufwendungen und einer bei einem Fahrzeugleasing ggf. bei Leasingbeginn zu erbringenden Sonderzahlung, abgegolten. Dagegen können z.B. Park- und Straßenbenutzungsgebühren, außergewöhnliche Kosten (nicht vorhersehbare Aufwendungen für Reparaturen, die nicht auf Verschleiß oder die auf Unfallschäden [→ Rz. 165 *Unfallkosten*] beruhen, oder Aufwendungen infolge Diebstahls) sowie Aufwendungen für Insassen- und Unfallversicherungen neben den Kilometersätzen berücksichtigt werden. Eine Mitnahmeentschädigung (früher z.B. bei der Kraftwagenbenutzung und Mitnahme einer weiteren Person an der Auswärtstätigkeit 0,02 €) gibt es nicht mehr. Ab 1.1.2014 ist im Übrigen beim Werbungskostenabzug der Fahrtkosten eine unzutreffende Besteuerung nicht mehr zu prüfen (früher: kein Ansatz der Kilometersätze bei einer Fahrleistung von mehr als 40 000 km).

Statt der festen Kilometersätze kann auch auf Grund der für einen Zeitraum von zwölf Monaten ermittelten Gesamtkosten **errechnete Kilometersatz** angesetzt werden, und zwar so lange, bis sich die Verhältnisse wesentlich ändern. Dabei ist von einem Abschreibungssatz für den Pkw i.H.v. 12,5 %, d.h. von einer achtjährigen (Gesamt)Nutzungsdauer, auszugehen. Zu den **Gesamtkosten** eines Fahrzeugs gehören die Betriebsstoffkosten, die Wartungs- und Reparaturkosten, die Kosten einer Garage am Wohnort, die Kraftfahrzeugsteuer, die Aufwendungen für die Halterhaftpflicht- und Fahrzeugversicherungen, die Absetzungen für Abnutzung, wobei Zuschüsse nach der Kraftfahrzeughilfe-Verordnung für die Beschaffung eines Kraftfahrzeugs oder den Erwerb einer behinderungsbedingten Zusatzausstattung die Anschaffungskosten mindern, sowie die Zinsen für ein Anschaffungsdarlehen.

Bei **öffentlichen Verkehrsmitteln** ist der entrichtete Fahrpreis einschließlich etwaiger Zuschläge abziehbar.

Verpflegungsmehraufwendungen

Verpflegungsmehraufwendungen werden als Werbungskosten einheitlich in Höhe folgender Pauschbeträge berücksichtigt:

- für einen Kalendertag, an dem der Arbeitnehmer **24 Stunden** von seiner Wohnung **abwesend** ist 24 €
- für einen **An- und Abreisetag**, wenn der Arbeitnehmer an diesem, einem anschließenden oder vorhergehenden Tag außerhalb seiner Wohnung übernachtet 12 €
- für einen Kalendertag, an dem der Arbeitnehmer ohne Übernachtung außerhalb seiner Wohnung **mehr als 8 Stunden** von seiner Wohnung und der ersten Tätigkeitsstätte **abwesend** ist; beginnt die auswärtige berufliche Tätigkeit an einem Kalendertag und endet am nachfolgenden Kalendertag ohne Übernachtung, werden 12 Euro für den Kalendertag gewährt, an dem der Arbeitnehmer den überwiegenden Teil der insgesamt mehr als 8 Stunden von seiner Wohnung und der ersten Tätigkeitsstätte abwesend ist 12 €

Bei einer längerfristigen vorübergehenden Tätigkeit an derselben Tätigkeitsstätte ist der pauschale Abzug grds. auf die ersten drei Monate beschränkt (sog. **Dreimonatsfrist**). Eine **Unterbrechung** dieser beruflichen Tätigkeit an derselben Tätigkeitsstätte führt zu einem **Neubeginn**, wenn die Unterbrechung **mindestens vier Wochen** dauert. Der Grund der Unterbrechung ist unerheblich. Die Dreimonatsfrist gilt auch, wenn die Unterbrechung der beruflichen Tätigkeit schon vor dem 1.1.2014 begonnen hat. Eine berufliche Tätigkeit an derselben Tätigkeitsstätte liegt nur vor, wenn der Arbeitnehmer an dieser mindestens an **drei Tagen** wöchentlich tätig wird. Die Dreimonatsfrist beginnt daher nicht, solange die auswärtige Tätigkeitsstätte an nicht mehr als zwei Tagen wöchentlich aufgesucht wird. Die Dreimonatsfrist gilt nicht bei der Tätigkeit in einem weiträumigen Tätigkeitsgebiet. Die Regelungen zu den Verpflegungspauschalen sowie die Dreimonatsfrist gelten i.Ü. auch im Rahmen einer doppelten Haushaltsführung (→ Rz. 139 *Doppelte Haushaltsführung*).

Zu den **Besonderheiten** bei Fahrtätigkeiten → Rz. 160 *Tätigkeiten auf einem Fahrzeug*.

Bei Auswärtstätigkeiten **im Ausland** treten an die Stelle des Pauschbetrags für den vollen Kalendertag länderweise unterschiedliche Pauschbeträge (Auslandstagegelder), die vom BMF bekannt gemacht werden (siehe z.B. BMF-Schreiben vom 11.11.2013, IV C 5 – S 2353/08/10006 :004, BStBl I 2013, 1467 für Auswärtstätigkeiten ab 1.1.2014).

Wird dem Arbeitnehmer anlässlich oder während einer Tätigkeit außerhalb seiner ersten Tätigkeitsstätte vom Arbeitgeber oder auf dessen Veranlassung von einem Dritten eine **Mahlzeit** zur Verfügung gestellt, sind die Verpflegungspauschalen **zu kürzen:**

- für **Frühstück** um **20 %**,
- für **Mittag- und Abendessen** um jeweils **40 %**,

von 24 € (Inland) bzw. **vom Auslandstagegeld** für einen vollen Kalendertag (Ausland).

Dies gilt auch, wenn Reisekostenvergütungen wegen der zur Verfügung gestellten Mahlzeiten einbehalten oder gekürzt werden oder die **Mahlzeiten pauschal besteuert** werden. Hat der Arbeitnehmer für die Mahlzeit ein Entgelt gezahlt, mindert dieser Betrag den Kürzungsbetrag. Erhält der Arbeitnehmer **steuerfreie Erstattungen** für Verpflegung, ist ein **Werbungskostenabzug insoweit ausgeschlossen**.

Übernachtungskosten

Unterkunfts- bzw. Übernachtungskosten sind **tatsächliche Aufwendungen**, die dem Arbeitnehmer für die persönliche Inanspruchnahme einer Unterkunft zur Übernachtung entstehen. Hierzu zählen zum Beispiel Kosten für die Nutzung eines

Hotelzimmers, Mietaufwendungen für die Nutzung eines (ggf. möblierten) Zimmers oder einer Wohnung sowie Nebenleistungen (z.B. Kultur- und Tourismusförderabgabe, Kurtaxe/Fremdenverkehrsabgabe, bei Auslandsübernachtungen die besondere Kreditkartengebühr bei Zahlungen in Fremdwährungen). Im Rahmen des Werbungskostenabzugs können **keine Pauschalen**, sondern lediglich die tatsächlich entstandenen Übernachtungskosten berücksichtigt werden. Sie müssen grundsätzlich im Einzelnachweis **nachgewiesen** werden; dies gilt bei In- und Auslandsreisen. Die von der Finanzverwaltung für Auslandsreisen festgelegten „Pauschbeträge für Übernachtungskosten" (s. BMF-Schreiben vom 11.11.2013, IV C 5 – S 2353/08/10006 :004, BStBl I 2013, 1467) haben beim Werbungskostenabzug keine Bedeutung. Die Übernachtungskosten können jedoch geschätzt werden, wenn sie dem Grunde nach zweifelsfrei entstanden sind (z.B. bei einem Fernfahrer, der in der Schlafkabine seines LKW übernachtet). Die Möglichkeit des Arbeitgebers, für jede Übernachtung im Inland ohne Einzelnachweis einen Pauschbetrag von 20 € steuerfrei zu zahlen, bedeutet ebenfalls nicht, dass auch pauschal 20 € als Werbungskosten abgesetzt werden können.

Aus der Rechnung für die Übernachtung sind die Kosten herauszurechnen, die nicht zu den Übernachtungskosten gehören. Wird durch Zahlungsbelege (z.B. Hotelrechnung) nur ein **Gesamtpreis für Unterkunft und Verpflegung** nachgewiesen und lässt sich der Preis für die Verpflegung nicht feststellen (z.B. Tagungspauschale), ist der Gesamtpreis zur Ermittlung der Übernachtungskosten wie folgt zu **kürzen**:

1. für Frühstück um 20 %,
2. für Mittag- und Abendessen um jeweils 40 %

des für den Unterkunftsort maßgebenden Pauschbetrags für Verpflegungsmehraufwendungen bei einer Auswärtstätigkeit mit einer Abwesenheitsdauer von mindestens 24 Stunden, d.h. bei einer Auswärtstätigkeit im Inland von 24 €.

Ist in der Rechnung die Beherbergungsleistung gesondert ausgewiesen und daneben ein **Sammelposten für Nebenleistungen**, ohne dass der Preis für die Verpflegung zu erkennen ist, so ist die Kürzungsregelung sinngemäß auf den Sammelposten für Nebenleistungen anzuwenden; der verbleibende Teil des Sammelpostens ist als Reisenebenkosten (s. unten) zu behandeln, wenn die Bezeichnung des Sammelpostens für die Nebenleistungen keinen Anlass gibt für die Vermutung, darin seien steuerlich nicht anzuerkennende Nebenleistungen enthalten (Minibar etc.).

Für die Berücksichtigung von Unterkunftskosten anlässlich einer Auswärtstätigkeit wird – anders als bei der doppelten Haushaltsführung – **nicht vorausgesetzt**, dass der Arbeitnehmer eine **Wohnung aus eigenem Recht oder als Mieter** innehat und eine finanzielle Beteiligung an den Kosten der Lebensführung leistet. Es genügt, wenn der Arbeitnehmer z.B. im Haushalt der Eltern ein Zimmer bewohnt. Ist die Unterkunft am auswärtigen Tätigkeitsort jedoch die einzige Wohnung/ Unterkunft des Arbeitnehmers, liegt kein beruflich veranlasster Mehraufwand vor. Nicht abziehbar sind Mehrkosten, die auf Grund der Mitnutzung der Übernachtungsmöglichkeit durch eine **Begleitperson** entstehen, insbesondere wenn die Begleitung privat und nicht beruflich veranlasst ist. Bei Mitnutzung eines Mehrbettzimmers (z.B. **Doppelzimmer**) können die Aufwendungen angesetzt werden, die bei Inanspruchnahme eines Einzelzimmers im selben Haus entstanden wären.

Ab 2014 kann bei einer längerfristigen beruflichen Tätigkeit an derselben Tätigkeitsstätte im Inland, die nicht erste Tätigkeitsstätte ist, nach Ablauf von **48 Monaten** die tatsächlich entstehenden Unterkunftskosten **höchstens** noch bis zur Höhe von **1 000 € im Monat** als Werbungskosten abgezogen. Bei Übernachtungen im **Ausland** im Rahmen einer längerfristigen gelten die Grundsätze zur beruflichen Veranlassung und Notwendigkeit der entstandenen Aufwendungen; die Höchstgrenze von 1 000 € gilt hier nicht. Eine berufliche Tätigkeit an derselben Tätigkeitsstätte liegt nur vor, wenn der Arbeitnehmer an dieser mindestens an **drei Tagen** wöchentlich tätig wird. Die 48-Monatsfrist beginnt daher nicht, solange die auswärtige Tätigkeitsstätte nur an zwei Tagen wöchentlich aufgesucht wird. Eine **Unterbrechung** von **mindestens sechs Monaten**, z.B. wegen Urlaub, Krankheit, beruflicher Tätigkeit an einer anderen Tätigkeitsstätte, führt zu einem **Neubeginn** der 48-Monatsfrist. Maßgeblich für den Beginn der 48-Monatsfrist ist der jeweilige Beginn der längerfristigen beruflichen Tätigkeit an derselben Tätigkeitsstätte im Inland; dies gilt auch, wenn dieser vor dem 1.1.2014 liegt.

Reisenebenkosten

Reisenebenkosten können als Werbungskosten abgezogen werden, soweit sie nicht vom Arbeitgeber steuerfrei erstattet werden.

Zu den Reisenebenkosten gehören die tatsächlichen Aufwendungen z.B. für

- die Beförderung und Aufbewahrung von Gepäck,
- Ferngespräche und Schriftverkehr beruflichen Inhalts mit dem Arbeitgeber oder dessen Geschäftspartner,
- Straßen- und Parkplatzbenutzung,
- die Schadensbeseitigung infolge von Verkehrsunfällen, wenn die jeweils damit verbundenen Fahrtkosten als Reisekosten anzusetzen sind,
- den Verlust von auf der Reise abhanden gekommener oder beschädigter Gegenstände, die der Arbeitnehmer auf der Reise verwenden musste (nicht Geld oder Schmuck),
- Beiträge zu Unfallversicherungen, soweit sie Berufsunfälle bei einer Reisetätigkeit abdecken sowie
- private Telefongespräche, soweit sie der beruflichen Sphäre zugeordnet werden können.

Die Reisenebenkosten sind durch geeignete Unterlagen nachzuweisen bzw. glaubhaft zu machen. Regelmäßig wiederkehrende Reisenebenkosten können zur Vereinfachung über einen **repräsentativen Zeitraum** von **drei Monaten** im Einzelnen **nachgewiesen** werden und dann in der Folgezeit mit dem täglichen **Durchschnittsbetrag** angesetzt werden. **Keine Reisenebenkosten** in diesem Sinne sind die Aufwendungen z.B. für Massagen, Minibar oder Pay-TV.

Sprachkurs

Aufwendungen für einen Sprachkurs (Kursgebühren, → Rz. 154 *Reisekosten* etc.) sind **Werbungskosten**, wenn eine berufliche 155
Veranlassung vorliegt. Das kann auch der Fall sein, wenn nur **Grundkenntnisse** oder allgemeine Kenntnisse in einer Fremd-

sprache vermittelt werden, diese aber für die berufliche Tätigkeit ausreichen. Der Ort, an dem der Sprachkurs durchgeführt wird, kann ein Indiz für eine **private Mitveranlassung** sein. Die **Reisekosten** sind dann grundsätzlich in Werbungskosten und Kosten der privaten Lebensführung **aufzuteilen**. Dabei kann auch ein anderer als der **zeitliche Aufteilungsmaßstab** anzuwenden sein. Dass ein Sprachkurs in einem anderen Mitgliedstaat der Europäischen Union, in Island, in Liechtenstein, in Norwegen oder in der Schweiz stattgefunden hat, steht dem Werbungskostenabzug nicht entgegen.

Ständig wechselnde Tätigkeitsstätten

156 Wird ein Arbeitnehmer bei seiner individuellen beruflichen Tätigkeit typischerweise nur an ständig wechselnden Tätigkeitsstätten tätig, liegt grds. eine → Rz. 129 *Auswärtstätigkeit* vor, denn der Arbeitnehmer hat grds. keine erste Tätigkeitsstätte (→ Rz. 141 *Erste Tätigkeitsstätte*). Zum Werbungskostenabzug → Rz. 154 *Reisekosten*.

Bestimmt der Arbeitgeber jedoch durch dienst- oder arbeitsrechtliche Festlegung, dass der Arbeitnehmer sich dauerhaft typischerweise arbeitstäglich an einem **festgelegten Ort**, der die Kriterien für eine erste Tätigkeitsstätte nicht erfüllt, einfinden soll, um von dort seine unterschiedlichen eigentlichen Einsatzorte aufzusuchen oder von dort seine berufliche Tätigkeit aufzunehmen (z. B. Treffpunkt für einen betrieblichen Sammeltransport), werden die Fahrten des Arbeitnehmers von der Wohnung zu diesem vom Arbeitgeber festgelegten Ort wie Fahrten zu einer ersten Tätigkeitsstätte behandelt; für diese Fahrten dürfen Fahrtkosten nur im Rahmen **Entfernungspauschale** (→ Rz. 128 *Aufwendungen für die Wege zwischen Wohnung und erster Tätigkeitsstätte*) angesetzt werden.

Die Bestimmung des Arbeitgebers, dass der Arbeitnehmer sich dauerhaft typischerweise arbeitstäglich an einem festgelegten Ort einfinden soll, hat keinen Einfluss auf die Berücksichtigung der Verpflegungspauschalen. Beim Abzug der **Verpflegungspauschalen** ist i.Ü. zu beachten, dass die **Dreimonatsfrist** für den Abzug der Verpflegungspauschalen (→ Rz. 154 *Reisekosten* unter „Verpflegungsmehraufwendungen") **keine Anwendung** findet.

Statusfeststellungsverfahren

157 Bestehen Zweifel hinsichtlich der sozialversicherungsrechtlichen Einordnung einer Erwerbstätigkeit als selbständige Tätigkeit oder abhängige Beschäftigung, verschafft das sog. Statusfeststellungsverfahren nach § 7a SGB IV hierüber Rechtssicherheit für die Beteiligten. Entsprechende Aufwendungen sind als **Werbungskosten** zu berücksichtigen.

Steuerberatungskosten

158 Arbeitnehmer können Steuerberatungskosten als Werbungskosten geltend machen, soweit sie bei der **Ermittlung der Einkünfte** aus nichtselbständiger Arbeit anfallen. Zu den Steuerberatungskosten können dabei auch Fahrtkosten zum Steuerberater, Aufwendungen für Fachliteratur und sonstige Hilfsmittel (z.B. Software) sowie Unfallkosten gehören. Steuerberatungskosten sind im Übrigen auch Beiträge zu Lohnsteuerhilfevereinen.

Soweit die Steuerberatungskosten **privat veranlasst** sind → Rz. 195 *Steuerberatungskosten*.

Im Übrigen gelten **folgende Besonderheiten**: Steuerberatungskosten, die für Steuern entstehen, die sowohl beruflich als auch privat verursacht sein können, sind anhand ihrer **Veranlassung** den Aufwendungen zuzuordnen (z.B. Zweitwohnungssteuer); als Aufteilungsmaßstab dafür ist grundsätzlich die Gebührenrechnung des Steuerberaters heranzuziehen. Entstehen **Aufwendungen**, die **sowohl beruflich als auch privat** veranlasst sind, wie z.B. Beiträge an Lohnsteuerhilfevereine, Anschaffungskosten für Steuerfachliteratur zur Ermittlung der Einkünfte und des Einkommens, Beratungsgebühren für einen Rechtsstreit, der sowohl die Ermittlung von Einkünften als auch z.B. den Ansatz von außergewöhnlichen Belastungen umfasst, ist im Rahmen einer **sachgerechten Schätzung** eine Zuordnung zu den Werbungskosten oder nicht abziehbaren Kosten der Lebensführung vorzunehmen. Dies gilt auch in den Fällen einer **Vereinbarung einer Pauschalvergütung** nach § 14 der Steuerberatergebührenverordnung (StBGebV). Bei Beiträgen an **Lohnsteuerhilfevereine**, Aufwendungen für **steuerliche Fachliteratur** und **Software** wird es von der Finanzverwaltung nicht beanstandet, wenn diese Aufwendungen i.H.v. **50 %** den **Werbungskosten** zugeordnet werden. Dessen ungeachtet wird aus Vereinfachungsgründen der Zuordnung des Arbeitnehmers bei Aufwendungen für **gemischte Steuerberatungskosten** bis zu einem Betrag von **100 €** im Veranlagungszeitraum gefolgt.

Beispiel:

Der Arbeitnehmer zahlt in 2014 einen Beitrag an einen Lohnsteuerhilfeverein i.H.v. 120 €. Davon ordnet er 100 € den Werbungskosten zu. Diese Zuordnung wird nicht beanstandet.

Studienreisen, Fachkongresse

159 Aufwendungen für eine Studienreise oder den Besuch eines Fachkongresses können Werbungskosten sein. Abziehbar sind z.B.

- Fahrtkosten,
- Verpflegungsmehraufwendungen,
- Übernachtungskosten,
- Tagungspauschalen/Eintrittskarten für einzelne Veranstaltungen.

Aufwendungen für die Teilnahme an Studienreisen/Fachkongressen sind nur abziehbar, wenn der Arbeitnehmer nachweist, dass er auch an den Veranstaltungen teilgenommen hat. An den **Nachweis** der Teilnahme stellt die Finanzverwaltung **strenge Anforderungen**. Der Nachweis muss sich auf **jede Einzelveranstaltung** beziehen, braucht jedoch nicht in jedem Fall durch Anwesenheitstestat geführt zu werden.

Bei **gemischt veranlassten Aufwendungen** besteht kein generelles Aufteilungs- und Abzugsverbot mehr. Gemischte Aufwendungen können grundsätzlich in als Werbungskosten abziehbare sowie in privat veranlasste und damit nicht abziehbare Teile **aufgeteilt** werden, soweit nicht gesetzlich etwas anderes geregelt ist oder es sich um Aufwandspositionen handelt, die durch das steuerliche Existenzminimum abgegolten oder als Sonderausgaben oder als außergewöhnliche Belastungen abziehbar sind (s. auch BMF-Schreiben vom 6.7.2010, IV C 3 – S 2227/07/10003 :002, BStBl I 2010, 614). Bei einer untergeordneten **beruflichen Mitveranlassung (< 10 %)** sind die Aufwendungen in vollem Umfang **nicht** als Werbungskosten **abziehbar**; bei einer untergeordneten **privaten Mitveranlassung (< 10 %)** sind die Aufwendungen **in vollem Umfang** als Werbungskosten **abziehbar**.

Tätigkeiten auf einem Fahrzeug

Wird ein Arbeitnehmer bei seiner individuellen beruflichen Tätigkeit typischerweise auf einem Fahrzeug tätig, liegt grds. eine → Rz. 129 *Auswärtstätigkeit* vor, denn Fahrzeuge, Flugzeuge, Schiffe etc. sind regelmäßig keine ersten Tätigkeitsstätten (→ Rz. 141 *Erste Tätigkeitsstätte*). Zum Werbungskostenabzug → Rz. 154 *Reisekosten*. **160**

Bestimmt der Arbeitgeber jedoch durch dienst- oder arbeitsrechtliche Festlegung, dass der Arbeitnehmer sich dauerhaft typischerweise arbeitstäglich an einem **festgelegten Ort**, der die Kriterien für eine erste Tätigkeitsstätte nicht erfüllt, einfinden soll, um von dort seine unterschiedlichen eigentlichen Einsatzorte aufzusuchen oder von dort seine berufliche Tätigkeit aufzunehmen (z.B. das Busdepot, der Fährhafen), werden die Fahrten des Arbeitnehmers von der Wohnung zu diesem vom Arbeitgeber festgelegten Ort wie Fahrten zu einer ersten Tätigkeitsstätte behandelt; für diese Fahrten dürfen Fahrtkosten nur im Rahmen **Entfernungspauschale** (→ Rz. 128 *Aufwendungen für die Wege zwischen Wohnung und erster Tätigkeitsstätte*) angesetzt werden.

Der Einsatz eines Arbeitnehmers auf einem Fahrzeug auf dem **Betriebsgelände** bzw. unter Tage im Bergwerk des Arbeitgebers ist keine Fahrtätigkeit.

Die Bestimmung des Arbeitgebers, dass der Arbeitnehmer sich dauerhaft typischerweise arbeitstäglich an einem festgelegten Ort einfinden soll, hat keinen Einfluss auf die Berücksichtigung der Verpflegungspauschalen. Beim Abzug der **Verpflegungspauschalen** bei einer Fahrtätigkeit ist i.Ü. zu beachten, dass die **Dreimonatsfrist** für den Abzug der Verpflegungspauschalen (→ Rz. 154 *Reisekosten* unter „Verpflegungsmehraufwendungen") **keine Anwendung** findet; dies gilt u.a. auch bei Tätigkeit in einem Flugzeug oder auf einem Schiff.

Telearbeit

Aufwendungen im Zusammenhang mit der Telearbeit sind als Werbungskosten abzugsfähig; dies gilt jedoch nicht, soweit sie vom Arbeitgeber steuerfrei ersetzt wurden. Für den Werbungskostenabzug in Betracht kommen hier insbesondere Aufwendungen für das → Rz. 127 *Arbeitszimmer*, für → Rz. 126 *Arbeitsmittel*, → Rz. 120 *Abschreibung*, → Rz. 136 *Computer* und für → Rz. 162 *Telekommunikationsaufwendungen*. Bezüglich der Aufwendungen eines Telearbeiters für ein **häusliches Arbeitszimmer** gilt, dass bei einem Arbeitnehmer, der eine in qualitativer Hinsicht gleichwertige Arbeitsleistung wöchentlich an drei Tagen an einem häuslichen Telearbeitsplatz und an zwei Tagen im Betrieb seines Arbeitgebers zu erbringen hat, der Mittelpunkt der gesamten beruflichen Betätigung im häuslichen Arbeitszimmer liegt; der Werbungskostenabzug ist somit uneingeschränkt möglich. **161**

Telekommunikationsaufwendungen

Telekommunikationsaufwendungen sind Werbungskosten, soweit sie beruflich veranlasst sind. Wird der berufliche Anteil der beruflich veranlassten Aufwendungen an den Gesamtaufwendungen für einen Zeitraum von **drei Monaten** im Einzelnen **nachgewiesen**, kann dieser berufliche Anteil für den gesamten Veranlagungszeitraum zu Grunde gelegt werden. Dabei können die Aufwendungen für das Nutzungsentgelt der Telefonanlage sowie für den Grundpreis der Anschlüsse entsprechend dem beruflichen Anteil der Verbindungsentgelte an den gesamten Verbindungsentgelten (Telefon und Internet) abgezogen werden. Fallen erfahrungsgemäß beruflich veranlasste Telekommunikationsaufwendungen an, können aus Vereinfachungsgründen ohne Einzelnachweis bis zu **20 %** des Rechnungsbetrags, jedoch höchstens **20 €** monatlich als Werbungskosten anerkannt werden. Der monatliche Durchschnittsbetrag, der sich aus den Rechnungsbeträgen für einen repräsentativen Zeitraum von drei Monaten ergibt, kann auch für den gesamten Veranlagungszeitraum zu Grunde gelegt werden. **162**

Umschulung

Aufwendungen für die einen **Berufswechsel** vorbereitenden **Umschulungsmaßnahmen** sind unabhängig vom Bestehen eines Dienstverhältnisses als **Werbungskosten** abziehbar. Dies gilt z.B. für Aufwendungen für eine Umschulungsmaßnahme, die die Grundlage dafür bildet, von einer Berufsart oder Erwerbsart zu einer anderen überzuwechseln, wenn sie in einem hinreichend konkreten, objektiv feststellbaren Zusammenhang mit späteren Einnahmen stehen und die Ausbildung für den neuen Beruf der **Überwindung oder Vermeidung von Arbeitslosigkeit** dient. **163**

Zur Berücksichtigung der Aufwendungen im Zusammenhang mit einer **auswärts durchgeführten Umschulung** finden die Erläuterungen zu den → Rz. 154 *Reisekosten* sinngemäß Anwendung. Ist die Bildungseinrichtung eine → Rz. 141 *Erste Tätigkeitsstätte*, gelten für die Ermittlung der Aufwendungen die Erläuterungen zu den → Rz. 128 *Aufwendungen für die Wege zwischen Wohnung und erster Tätigkeitsstätte* und der doppelten Haushaltsführung (→ Rz. 139 *Doppelte Haushaltsführung*) sinngemäß.

Siehe im Übrigen auch → Rz. 130 *Berufsausbildung*, → Rz. 131 *Berufsfortbildung* und → Rz. 176 *Berufsausbildung* zum Sonderausgabenabzug.

Umzugskosten

Als Werbungskosten abzugsfähig sind alle Kosten, die einem Arbeitnehmer durch einen beruflich bedingten Umzug an einen anderen Ort – z.B. Antritt der ersten bzw. einer neuen Arbeitsstelle – entstehen. Ein Wohnungswechsel ist auch **beruflich veranlasst**, wenn **164**

- durch ihn die Entfernung zwischen Wohnung und Tätigkeitsstätte erheblich verkürzt wird und die verbleibende Wegezeit im Berufsverkehr als normal angesehen werden kann,
- er im ganz überwiegenden betrieblichen Interesse des Arbeitgebers durchgeführt wird oder

- er das Beziehen oder die Aufgabe der Zweitwohnung im Zusammenhang mit einer beruflich veranlassten doppelten Haushaltsführung (→ Rz. 139 *Doppelte Haushaltsführung*) betrifft.

Eine **erhebliche Verkürzung der Entfernung** zwischen Wohnung und Tätigkeitsstätte ist anzunehmen, wenn sich die Dauer der täglichen Hin- und Rückfahrt insgesamt wenigstens zeitweise um **mindestens eine Stunde** verringert. Fahrzeitersparnisse beiderseits berufstätiger Ehegatten bzw. Lebenspartner sind nicht zusammenzurechnen; sie sind also weder zu addieren noch zu saldieren. In überwiegend betrieblichem Interesse ist im Übrigen insbesondere das Beziehen oder Räumen einer Dienstwohnung.

Die berufliche Veranlassung des Umzugs wird nicht dadurch beeinträchtigt, dass der Wechsel der Familienwohnung erst im Anschluss an eine längere doppelte Haushaltsführung durchgeführt wird.

Die privaten Motive für die Auswahl der neuen Wohnung sind im Fall der beruflichen Veranlassung des Umzugs grundsätzlich unbeachtlich.

Die Kosten eines Umzugs werden im Allgemeinen ohne weitere Nachprüfungen in der Höhe anerkannt, die nach dem Bundesumzugskostengesetz und der Auslandsumzugskostenverordnung als Umzugskostenvergütung höchstens gezahlt werden können (siehe auch BMF-Schreiben vom 1.10.2012, IV C 5 – S 2353/08/10007, BStBl I 2012, 942 für Umzüge ab 1.8.2013).

Als Umzugskosten kommen insbesondere in Betracht:

- Beförderungsauslagen für das Umzugsgut;
- → Rz. 154 *Reisekosten*: Verpflegungsmehraufwendungen werden jedoch nur bis zur Höhe der steuerlichen Pauschbeträge anerkannt;
- Mietentschädigung für die alte Wohnung, solange die Miete wegen bestehender Kündigungsfristen neben der Miete für die neue Wohnung gezahlt werden muss;
- Wohnungsvermittlungsgebühren;
- Auslagen für den durch den Umzug bedingten zusätzlichen Unterricht der Kinder bei Beendigung des Umzugs ab dem 1.8.2013 i.H.v. **1 752 €**;
- Pauschalen für sonstige Umzugsauslagen bei Beendigung des Umzugs ab dem 1.8.2013 i.H.v. **1 390 €** (Verheiratete/ Lebenspartner), **695 €** (Ledige) bzw. **306 €** (jede weitere im Haushalt lebende Person mit Ausnahme des Ehegatten/ Lebenspartners).

Aufwendungen für die **Ausstattung der neuen Wohnung** und **Maklergebühren** für die Anschaffung einer eigenen Wohnung sind – auch bei einem beruflich veranlassten Umzug – nicht als Werbungskosten abziehbar. Ein **Mietausfall** (= entgangene Einnahme) ist ebenfalls nicht berücksichtigungsfähig.

Unfallkosten

165 Ein Arbeitnehmer kann **Unfallkosten** u.a. geltend machen, wenn diese durch einen Verkehrsunfall während einer → Rz. 129 *Auswärtstätigkeit* oder einer Fahrt im Rahmen eines beruflich veranlassten **Umzugs** (→ Rz. 164 *Umzugskosten*) entstanden sind. Abziehbar sind die Unfallkosten, die vom Arbeitnehmer selbst getragen werden müssen. Der Abzug ist neben den Kilometersätzen (0,30 € bei Benutzung eines Pkw) möglich; auf die Höhe der Unfallkosten kommt es dabei nicht an. Voraussetzung für den Werbungskostenabzug ist, dass für den Unfall nicht private Gründe ursächlich waren, z.B. absichtlich herbeigeführter Unfall, Alkoholgenuss, Wettfahrt mit anderen Verkehrsteilnehmern o.Ä.

Ebenfalls abziehbar sind Unfallkosten, die durch einen Verkehrsunfall während einer **Fahrt zwischen Wohnung und erster Tätigkeitsstätte** (→ Rz. 128 *Aufwendungen für die Wege zwischen Wohnung und erster Tätigkeitsstätte*) oder einer **Familienheimfahrt** im Rahmen einer doppelten Haushaltsführung (→ Rz. 139 *Doppelte Haushaltsführung*) entstanden sind. Unfallkosten für entsprechende Fahrten werden als außergewöhnliche Aufwendungen neben der Entfernungspauschale berücksichtigt.

Zu den **abziehbaren Unfallkosten** gehören neben den reinen Reparaturaufwendungen auch Absetzungsbeträge für die durch den Unfall eingetretene außergewöhnliche Abnutzung. Lässt der Arbeitnehmer das unfallbeschädigte Fahrzeug z.B. bei einem Totalschaden nicht reparieren, so wird als Werbungskosten nur die **Wertminderung** anerkannt, die sich ergibt, wenn vom fiktiven Buchwert des Fahrzeugs **vor dem Unfall** (Anschaffungskosten abzüglich linearer Absetzungsbeträge für Abnutzung) der Zeitwert des Fahrzeugs **nach dem Unfall** abgezogen wird. Der sog. **merkantile Minderwert** eines reparierten und weiterhin benutzten Fahrzeugs wird **nicht** als Werbungskosten anerkannt. Schadensersatzleistungen, die der Arbeitnehmer selbst getragen hat, gehören ebenfalls zu den abziehbaren Unfallkosten. Der Verzicht auf Geltendmachung eines dem Arbeitnehmer zustehenden Anspruchs auf Ersatz der Unfallkosten steht ihrem Abzug als Werbungskosten nicht entgegen. Aus diesem Grunde sind vom Arbeitnehmer getragene Unfallkosten am Kraftfahrzeug des Unfallgegners auch dann als Werbungskosten abziehbar, wenn der Arbeitnehmer von seiner Haftpflichtversicherung Ersatz verlangen konnte, dies jedoch zur Erhaltung eines Schadensfreiheitsrabatts unterlassen hat. Zu den als Werbungskosten abziehbaren Unfallkosten gehören auch die **Unfallfolgekosten**, wie Krankheitskosten, Prozesskosten, Kosten für Telefonate, Fernschreiben, Porto und Taxi.

Ersatzleistungen Dritter (z.B. aus einer Haftpflichtversicherung) werden auf die Unfallkosten angerechnet.

Unfallversicherung

166 a) Versicherungen des Arbeitnehmers

Aufwendungen des Arbeitnehmers für eine Versicherung ausschließlich gegen Unfälle, die mit der **beruflichen Tätigkeit** in unmittelbarem Zusammenhang stehen (einschließlich der Unfälle auf dem Weg von und zur regelmäßigen Arbeitsstätte), sind **Werbungskosten** (s. auch BMF-Schreiben v. 28.10.2009, IV C 5 – S 2332/09/10004, BStBl I 2009, 1275). Aufwendungen des Arbeitnehmers für eine Unfallversicherung, die das Unfallrisiko sowohl im beruflichen als auch im außerberuflichen Bereich abdeckt, sind zum einen Teil Werbungskosten und zum anderen Teil Sonderausgaben (→ Rz. 197.1 *Unfallversicherung*); dabei kann der Gesamtbeitrag im Verhältnis **50:50** aufgeteilt werden, wenn keine andere Angaben des Versicherungsunternehmens vorliegen.

Vom Arbeitgeber übernommene Beiträge des Arbeitnehmers sind als Werbungskosten abzugsfähig, soweit sie auf den beruflichen Bereich entfallen und nicht als Vergütungen für Reisenebenkosten steuerfrei waren; auch → Rz. 579 *Unfallversicherung, freiwillige)*.

b) Versicherungen des Arbeitgebers

Der Arbeitnehmer kann auch bei einer vom Arbeitgeber abgeschlossenen Unfallversicherung die Beiträge als Werbungskosten abziehen, soweit sie auf den beruflichen Bereich entfallen und nicht als Vergütungen für Reisenebenkosten steuerfrei waren; auch → Rz. 579 *Unfallversicherung, freiwillige*.

Versorgungsausgleich

Ausgleichzahlungen, die ein zum Versorgungsausgleich verpflichteter Beamter an seinen auf den Versorgungsausgleich verzichtenden Ehegatten leistet, um Kürzungen seiner Versorgungsbezüge zu vermeiden, sind sofort abziehbare Werbungskosten. Werden die Ausgleichszahlungen fremdfinanziert, können die dadurch entstehenden **Schuldzinsen** ebenfalls als **Werbungskosten** bei den Einkünften aus nichtselbständiger Arbeit abgezogen werden. 167

Vertragsstrafe

Die Zahlung einer in einem Ausbildungsverhältnis begründeten Vertragsstrafe kann zu Erwerbsaufwendungen (**Werbungskosten** oder Betriebsausgaben) führen. 168

Werbungskosten-Pauschbetrag bei Versorgungsbezügen

Von den Einnahmen aus nichtselbständiger Arbeit wird, soweit es sich um **Versorgungsbezüge** handelt (→ Rz. 256 *Versorgungsfreibetrag*), ein Pauschbetrag für Werbungskosten von **102 €** abgezogen. Der Pauschbetrag darf jedoch nur bis zur Höhe der um den Zuschlag zum Versorgungsfreibetrag geminderten Einnahmen abgezogen werden. 169

Zinsen

Beruflich veranlasste Zinsaufwendungen (z.B. auf Grund der Anschaffung von → Rz. 126 *Arbeitsmitteln*) sind als **Werbungskosten** bei den Einkünften aus nichtselbständiger Arbeit abziehbar. Schuldzinsen für Darlehen, mit denen Arbeitnehmer den Erwerb von Gesellschaftsanteilen an ihrer Arbeitgeberin finanzieren, um damit die arbeitsvertragliche Voraussetzung für die Erlangung einer höher dotierten Position zu erfüllen, sind regelmäßig Werbungskosten bei den Einkünften aus **Kapitalvermögen**. → Rz. 137 *Darlehensverlust*, → Rz. 167 *Versorgungsausgleich*. 170

7. ABC der Sonderausgaben

Sonderausgaben sind bestimmte, im Einkommensteuergesetz abschließend aufgezählte Aufwendungen der privaten Lebensführung, die die **steuerliche Leistungsfähigkeit mindern** und deshalb bei der Einkommensermittlung vom Gesamtbetrag der Einkünfte abgezogen werden dürfen. Durch den Sonderausgabenabzug werden aber auch bestimmte Aufwendungen aus besonderen **sozial- oder gesellschaftspolitischen Gründen** steuerlich begünstigt. 171

Bei **Ehegatten**, die zusammen zur Einkommensteuer veranlagt werden, kommt es für den Abzug von Sonderausgaben nicht darauf an, ob sie der Ehemann oder die Ehefrau bzw. geleistet hat ; bei Lebenspartnerschaften gilt dies entsprechend. 172

Aufwendungen sind für das **Kalenderjahr** als Sonderausgaben abzuziehen, in dem sie **geleistet** worden sind. 173

Aufwendungen können nur in der Höhe als Sonderausgaben abgezogen werden, in der sie die **erstatteten** oder **gutgeschriebenen Beträge** der gleichen Art (z.B. erstattete Kirchensteuer, rückvergütete Versicherungsbeiträge) übersteigen. 174

Übersteigen bei den als Sonderausgaben abziehbaren Altersvorsorgeaufwendungen, den Beiträgen für eine Basiskrankenversicherung und die gesetzliche Pflegeversicherung sowie den weiteren sonstigen Vorsorgeaufwendungen (→ Rz. 180 *Höchstbeträge für Vorsorgeaufwendungen* und → Rz. 202 *Vorsorgeaufwendungen*) die im Veranlagungszeitraum erstatteten Aufwendungen die geleisteten Aufwendungen (**Erstattungsüberhang**), ist der Erstattungsüberhang mit anderen im Rahmen der jeweiligen Nummer des § 10 EStG anzusetzenden Aufwendungen zu **verrechnen**. Ein **verbleibender Betrag** des sich bei den Beiträgen für eine Basiskrankenversicherung und die gesetzliche Pflegeversicherung sowie der → Rz. 183 *Kirchensteuer* ergebenden Erstattungsüberhangs wird dem **Gesamtbetrag der Einkünfte** (→ Rz. 101 f.) **hinzugerechnet**. Erhält der Stpfl. für die von ihm für einen anderen Veranlagungszeitraum geleisteten Aufwendungen einen **steuerfreien Zuschuss**, wird dieser den erstatteten Aufwendungen **gleichgestellt**.

Altersvorsorgebeitrag

Der Aufbau einer kapitalgedeckten freiwilligen Altersversorgung bei Personen, die von der Absenkung des Rentenniveaus in der gesetzlichen Rentenversicherung oder der Absenkung des Besoldungsniveaus betroffen sind (z.B. in der inländischen **gesetzlichen Rentenversicherung** versicherte **Arbeitnehmer**, **Beamte** mit inländischer Besoldung, beurlaubte Beamte; nicht jedoch z.B. in einem berufsständischen Versorgungswerk versicherte Arbeitnehmer), wird steuerlich besonders gefördert. Gefördert werden Beiträge zu Rentenversicherungen sowie Anlagen in Investmentfonds- und Banksparpläne, die mit laufenden Auszahlungen und mit einer Absicherung für das hohe Alter verbunden sind. Dazu können auch Direktversicherungen, Pensionskassen und Pensionsfonds (betriebliche Altersversorgung) gehören, zu denen Beiträge aus dem individuell versteuerten Arbeitslohn des Arbeitnehmers geleistet werden. Auch die selbst genutzten eigenen Wohnimmobilien und selbst genutzten Genossenschaftswohnungen im Rahmen der sog. Riester-Renten werden gefördert (sog. Wohn-Riester). 175

Die konkreten Fördervoraussetzungen enthält das Altersvorsorgeverträge-Zertifizierungsgesetz. Die Vertragsanbieter bzw. deren Unternehmensverbände können von der Bundesanstalt für Finanzdienstleistungsaufsicht in Bonn für entsprechende

Muster- oder Einzelverträge ein Zertifikat erhalten, in dem bescheinigt wird, dass ihr Produkt den gesetzlichen Förderkriterien entspricht und damit steuerlich gefördert werden kann. Der Anbieter eines zertifizierten Altersvorsorgevertrages ist i.Ü. verpflichtet, dem Verbraucher vor Vertragsabschluss ein **Produktinformationsblatt** zur Verfügung zu stellen; dieses ermöglicht dem Verbraucher einen Produktvergleich in gebündelter, leicht verständlicher und standardisierter Form. Produkte der betrieblichen Altersversorgung (s. oben) müssen nicht zertifiziert werden.

Die Förderung besteht aus einer **Zulage** und ggf. einem zusätzlichen **Sonderausgabenabzug**. Die Zulage setzt sich aus einer Grund- und einer Kinderzulage zusammen. Die **Grundzulage** beträgt **154 €** und die **Kinderzulage** für jedes Kind, für das dem Zulageberechtigten Kindergeld ausgezahlt wird, **185 €**. Für nach dem 31.12.2007 geborene Kinder wird eine erhöhte Kinderzulage von **300 €** gewährt. Für Zulageberechtigte, die zu Beginn des Beitragsjahrs das 25. Lebensjahr noch nicht vollendet haben, erhöht sich die Grundzulage um einmalig **200 €** (sog. Berufseinsteiger-Bonus).

Die Zulagen für das Jahr 2014 werden gekürzt, wenn in 2014 nicht mindestens 4 % der in 2013 erzielten rentenversicherungspflichtigen Einnahmen oder der in 2013 bezogenen Besoldung, **maximal 2 100 €, vermindert um die zustehenden Zulagen**, in einen Altersvorsorgevertrag gezahlt werden. Als **Sockelbetrag** ist ein Betrag von 60 € zu leisten.

Auch ein grundsätzlich nicht begünstigter Ehegatte bzw. Lebenspartner (z.B. Selbständiger, in einem berufsständischen Versorgungswerk versicherter Arbeitnehmer) kann eine Zulage erhalten, wenn er auf seinen Namen einen Altersvorsorgevertrag abgeschlossen hat und der andere Ehegatte bzw. Lebenspartner zum begünstigten Personenkreis gehört (**mittelbarer/ abgeleiteter Zulagenanspruch**). In diesem Fall ist Voraussetzung für die Förderung, dass der mittelbar Begünstigte zu Gunsten seines Altersvorsorgevertrags **mindestens 60 € geleistet** hat.

Die Zulage ist nach amtlich vorgeschriebenem Vordruck bis zum Ablauf des zweiten Kalenderjahrs, das auf das Beitragsjahr folgt, bei dem Anbieter seines Vertrags zu beantragen. D. h., die Zulage für das Jahr 2014 muss bis spätestens 31.12.2016 beantragt werden. Es gibt bei der Beantragung die Möglichkeit des vereinfachten Antragsverfahrens (**Dauerzulageantrag**). Bei diesem Verfahren kann der Zulageberechtigte den Anbieter seines Vertrags schriftlich bevollmächtigen, für ihn die Zulage für jedes Beitragsjahr zu beantragen. Der Zulageberechtigte wird dadurch nicht mit dem jährlichen Zulageantrag belastet. Er ist jedoch verpflichtet, Änderungen, die sich auf den Zulageanspruch auswirken (z.B. Beendigung der Zugehörigkeit zum berechtigten Personenkreis, Familienstand, Anzahl der Kinder, Zuordnung der Kinder, Zuordnung bei mehreren Verträgen), dem Anbieter unverzüglich mitzuteilen.

Im Rahmen der **Einkommensteuerveranlagung** wird auf Antrag geprüft, ob der besondere Sonderausgabenabzug der Altersvorsorgeaufwendungen unter Berücksichtigung der Freibeträge für Kinder günstiger als die Zulage (ohne Berufseinsteiger-Bonus i.H.v. 200 €) ist. Ist dies der Fall, wird die Altersvorsorgezulage der tariflichen Einkommensteuer hinzugerechnet und dadurch die Steuerminderung auf den Mehrbetrag beschränkt. Maximal als Sonderausgaben abzugsfähig sind jährlich **2 100 €** (Altersvorsorgebeiträge zuzüglich der Zulage). Der Höchstbetrag von 2 100 € **erhöht** sich um **60 €** in den Fällen des **mittelbaren/abgeleiteten Zulagenanspruchs** (s. oben). Der Sonderausgabenabzug wird nur vorgenommen, wenn dem Anbieter eine **Einwilligung zur Datenübermittlung** der Altersvorsorgebeiträge an die zentrale Stelle vorliegt; in bestimmten Fällen gilt die Einwilligung als erteilt.

Soweit eine Förderung erfolgte, werden die späteren Versorgungs-/Rentenleistungen **nachgelagert besteuert** (→ Rz. 82).

Zu den **weiteren Einzelheiten** siehe BMF-Schreiben vom 24.7.2013, IV C 3 – S 2015/11/10002 / IV C 5 – S 2333/09/10005 (BStBl I 2013, 1022).

Berufsausbildung

176 Aufwendungen für die **erstmalige Berufsausbildung** oder ein **Erststudium**, das zugleich eine Erstausbildung vermittelt, sind keine Betriebsausgaben und auch keine Werbungskosten, es sei denn, die Bildungsmaßnahme findet im Rahmen eines Dienstverhältnisses statt (Ausbildungsdienstverhältnis). **Aufwendungen für die eigene Berufsausbildung**, die nicht Werbungskosten darstellen, können **bis zu 6 000 €** im Kalenderjahr als **Sonderausgaben** abgezogen werden. Der Höchstbetrag von 6 000 € gilt bei der Zusammenveranlagung von Ehegatten/Lebenspartnern **für jeden Ehegatten/Lebenspartner** gesondert. Beim Abzug von Berufsausbildungskosten als Sonderausgaben sind die beim Betriebsausgaben-/Werbungskostenabzug geltenden Beschränkungen für Arbeitsmittel, häusliche Arbeitszimmer, Kfz-Fahrten, doppelte Haushaltsführung und Verpflegung anzuwenden. Erhält der Stpfl. zur unmittelbaren Förderung seiner Berufsausbildung steuerfreie Bezüge, mit denen die Aufwendungen abgegolten werden, entfällt insoweit der Sonderausgabenabzug. Das gilt auch dann, wenn die zweckgebundenen steuerfreien Bezüge erst nach Ablauf des betreffenden Kalenderjahrs gezahlt werden. Staatlich gestundete Studienbeiträge, die erst nach Abschluss des Studiums gezahlt werden (sog. nachlaufende Studiengebühren) sind im Jahr der Tilgung der gestundeten Beiträge und somit auch nach Abschluss der Berufsausbildung als Sonderausgaben abziehbar.

Aufwendungen für die Berufsausbildung können aber auch Werbungskosten sein (→ Rz. 130 *Berufsausbildung*). Siehe im Übrigen auch → Rz. 131 *Berufsfortbildung* → *Sprachkurs* und → Rz. 163 *Umschulung* sowie BMF-Schreiben vom 22.9.2010, IV C 4 – S 2227/07/10002 :002, BStBl I 2010, 721[1].

Direktversicherung

177 Beiträge für eine Direktversicherung können in bestimmten Fällen als **Sonderausgaben** abgezogen werden (→ Rz. 202 *Vorsorgeaufwendungen*, → Rz. 180 *Höchstbeträge für Vorsorgeaufwendungen*).

Führerschein

178 Aufwendungen für den Erwerb des Führerscheins Klasse 3 (bei Umtausch: insbes. B, BE, C1, C1E) sind i.d.R. nicht als **Berufsausbildungskosten** (→ Rz. 130 *Berufsausbildung*) abzugsfähig. Die Kosten für den Erwerb einer Fahrerlaubnis für eine Fahrzeugklasse, die im privaten Alltagsleben nicht üblich ist, können hingegen Werbungskosten sein.

1) Das BMF-Schreiben berücksichtigt noch nicht die Gesetzesänderungen nach Verabschiedung des Beitreibungsrichtlinie-Umsetzungsgesetzes und die jüngere BFH-Rechtsprechung, soweit letztere nach der Reform des steuerlichen Reisekostenrechts ab 1.1.2014 nicht schon überholt ist.

Hausratversicherung

Die Beiträge sind **keine** Sonderausgaben. 179

Höchstbeträge für Vorsorgeaufwendungen

Altersvorsorgeaufwendungen werden grundsätzlich bis zu **20 000 €** berücksichtigt. Bei zusammenveranlagten **Ehegatten/ Lebenspartnern** verdoppelt sich der Höchstbetrag auf **40 000 €**. Der Höchstbetrag wird aber bei bestimmten nicht rentenversicherungspflichtigen Personen (z.B. bei Beamten) um einen fiktiven Gesamtbetrag (Arbeitgeber- und Arbeitnehmeranteil) zur allgemeinen Rentenversicherung gekürzt. Im Kalenderjahr **2014** werden **78 %** (in 2013: 76 %) der ermittelten Vorsorgeaufwendungen angesetzt, also höchstens 15 600 € (in 2013: 76 % x 20 000 = 15 200 €) bzw. 31 200 € (in 2013: 76 % x 40 000 = 30 400 €). Der sich ergebende Betrag vermindert sich dann noch um den steuerfreien Arbeitgeberanteil zur gesetzlichen Rentenversicherung, einen diesem gleichgestellten steuerfreien Zuschuss des Arbeitgebers und im Zusammenhang mit einer geringfügigen Beschäftigung vom Arbeitgeber erbrachte pauschale Beiträge zur Rentenversicherung, wenn der Arbeitnehmer im letztgenannten Fall die Hinzurechnung dieser Beiträge zu den Vorsorgeaufwendungen beantragt hat. Der **Höchstbetrag** von 78 % (in 2013: 76 %) **erhöht** sich in den folgenden Kalenderjahren **bis** zum Kalenderjahr **2025** um je **2 %-Punkte** je Kalenderjahr. 180

Beiträge zu **Basiskrankenversicherungen** (für sich oder eine unterhaltsberechtigte Person, z.B. Ehegatten, Kinder, eingetragene Lebenspartner) sind grds. in unbegrenzter Höhe abziehbar. Dies gilt für die gesetzliche und die private Krankenversicherung. Beitragsanteile, die auf das Krankengeld und Komfortleistungen entfallen, werden nicht berücksichtigt. Ergibt sich aus den Beiträgen zur gesetzlichen Krankenversicherung ein Anspruch auf **Krankengeld** wird der jeweilige Beitrag pauschal um **4 % vermindert**. Beiträge zu **gesetzlichen Pflegeversicherungen** (soziale Pflegeversicherung und private Pflege-Pflichtversicherung) werden daneben in voller Höhe berücksichtigt. Es können im Übrigen auch die im Rahmen der Unterhaltsverpflichtung getragenen eigenen Beiträge eines Kindes berücksichtigt werden, für das ein Anspruch auf einen Freibetrag für Kinder oder auf Kindergeld besteht; ob das Kind über eigene Einkünfte verfügt, ist insoweit ohne Bedeutung. Für geschiedene oder dauernd getrennt lebende Ehegatten gibt es Sonderregelungen ; bei Lebenspartnern gilt dies entsprechend. Entsprechende Vorsorgeaufwendungen werden nur berücksichtigt, wenn gegenüber dem Versicherungsunternehmen, dem Träger der gesetzlichen Kranken- und Pflegeversicherung oder der Künstlersozialkasse in eine **Datenübermittlung** eingewilligt wurde; die Einwilligung gilt als erteilt, wenn die Beiträge mit einer elektronischen Lohnsteuerbescheinigung oder einer Rentenbezugsmitteilung übermittelt werden. **Steuerfreie Zuschüsse** zu einer Kranken- und Pflegeversicherung werden von den Basiskranken- und Pflegeversicherungsbeiträgen abgezogen.

Weitere sonstige Vorsorgeaufwendungen – das sind Beiträge zu Kranken- und Pflegeversicherungen (inkl. Komfortleistungen und Krankengeldanteil), Beiträge zu Versicherungen gegen Arbeitslosigkeit, zu bestimmten Erwerbs- und Berufsunfähigkeitsversicherungen, zu Unfall- und Haftpflichtversicherungen sowie zu Risikoversicherungen –, die nur für den Todesfall eine Leistung vorsehen, können je Kalenderjahr insgesamt **bis 2 800 €** abgezogen werden; Beiträge zu bestimmten Renten- und Kapitalversicherungen werden hier ebenfalls berücksichtigt (auch → Rz. 202 *Vorsorgeaufwendungen*). Der Höchstbetrag beträgt **1 900 €**, wenn ein Anspruch auf Erstattung oder Übernahme von Krankheitskosten besteht (z.B. bei Beamten und Beamtenpensionären wegen des eigenen Beihilfeanspruchs) oder steuerfreie Leistungen für eine Krankenversicherung erbracht werden (z.B. bei sozialversicherungspflichtigen Arbeitnehmern, bei Rentnern, die aus der gesetzlichen Rentenversicherung steuerfreie Zuschüsse zur Krankenversicherung erhalten, und bei Personen, für die steuerfreie Leistungen der Künstlersozialkasse erbracht werden). Für Angehörige, die in der gesetzlichen Krankenversicherung ohne eigene Beiträge familienversichert sind, beträgt der Höchstbetrag ebenfalls 1 900 €. Bei **zusammenveranlagten Ehegatten/Lebenspartner** bestimmt sich der gemeinsame Höchstbetrag aus der Summe der jedem Ehegatten/Lebenspartner zustehenden Höchstbeträge. Ein Abzug dieser weiteren sonstigen Vorsorgeaufwendungen kommt nur in Betracht, wenn der Abzug der Vorsorgeaufwendungen für die **Basiskrankenversicherung** und die **gesetzlichen Pflegeversicherungen** (siehe oben) nicht günstiger ist.

Um Schlechterstellungen in der Übergangsphase bis zur vollständigen Freistellung der Altersvorsorgeaufwendungen zu vermeiden, werden im Wege einer **Günstigerprüfung bis zum Jahr 2019** mindestens so viele Vorsorgeaufwendungen bei der Ermittlung der einkommensteuerrechtlichen Bemessungsgrundlage berücksichtigt, wie dies nach dem bis einschließlich 2004 geltenden Recht möglich ist. Allerdings wird bei der Günstigerprüfung **seit 2011** der bisherige **Vorwegabzug** schrittweise **abgesenkt**.

Bei bestimmten Personengruppen (z.B. bei ledigen Selbständigen, die nicht in einer berufsständischen Versorgungseinrichtung pflichtversichert sind) würde die „einfache" Günstigerprüfung in besonders gelagerten Fällen dazu führen, dass eine zusätzliche Beitragszahlung zu Gunsten einer Basisrente die als Sonderausgaben zu berücksichtigenden Beträge nicht erhöht. Deshalb gibt es hier einen **Erhöhungsbetrag**. Mit dem Erhöhungsbetrag wirken sich die geleisteten Beiträge zu Gunsten einer Basisrente mindestens mit dem o.g. Prozentsatz (2014: 78 %; in 2013: 76 %) als Sonderausgaben aus, sofern für die geleisteten Beiträge noch ein entsprechendes Abzugsvolumen vorhanden ist.

Zu den **weiteren Einzelheiten** siehe BMF-Schreiben vom 19.8.2013, IV C 3 – S 2221/12/10010:004 / IV C 5 – S 2345/08/ 0001, BStBl I 2013, 1087.

Kaskoversicherung

Die Beiträge sind **keine** Sonderausgaben. 181

Kinderbetreuungskosten

Kinderbetreuungskosten werden i.H.v. **zwei Drittel** der Aufwendungen (**höchstens 4 000 € je Kind**) als Sonderausgaben berücksichtigt für ein steuerlich zu berücksichtigendes Kind (→ Rz 106 ff.), das 182

- zum Haushalt des Stpfl. gehört und
- das 14. **Lebensjahr** noch nicht vollendet hat oder

- wegen einer vor Vollendung des 25. Lebensjahres eingetretenen körperlichen, geistigen oder seelischen **Behinderung** außer Stande ist, sich selbst zu unterhalten. Zur Übergangsregelung wegen der **Absenkung der Altersgrenze** behinderter Kinder ab 2007 siehe § 52 Abs. 24a EStG.

Aufwendungen für **Unterricht** (z.B. Schulgeld, Nachhilfe-, Fremdsprachenunterricht), die **Vermittlung besonderer Fähigkeiten** (z.B. Musikunterricht, Computerkurse) sowie für sportliche und andere **Freizeitbetätigungen** (z.B. Mitgliedschaft in Sportvereinen oder anderen Vereinen, Tennis-, Reitunterricht usw.) werden nicht berücksichtigt.

Voraussetzung für den Abzug ist, dass der Stpfl. für die Aufwendungen eine **Rechnung** erhalten hat und die **Zahlung auf das Konto** des Erbringers der Leistung erfolgt ist. Bei **Kindern im Ausland** sind die Verhältnisse im Wohnsitzstaat zu beachten (siehe BMF-Schreiben vom 18.11.2013, IV C 4 – S 2285/07/0005 :013, BStBl I 2013, 1462).

Zu **weiteren Einzelheiten** siehe BMF-Schreiben vom 14.3.2012, IV C 4 – S 2221/07/0012 :012, BStBl I 2012, 307.

Kirchensteuer

183 Die im Veranlagungszeitraum gezahlte **Kirchensteuer** und gezahlte **Kirchenbeiträge** sind abzugsfähig. Dazu gehören nicht die freiwilligen Beiträge, die an öffentlich-rechtliche Religionsgemeinschaften oder an andere religiöse Gemeinschaften entrichtet werden. Die im Veranlagungszeitraum **erstatteten Aufwendungen** sind gegenzurechnen. Im Übrigen sind auch Kirchensteuerzahlungen an Religionsgemeinschaften, die in einem anderen **EU-Mitgliedstaat** oder in einem **EWR-Staat** belegen sind und die bei Inlandsansässigkeit als Körperschaften des öffentlichen Rechts anzuerkennen wären, als Sonderausgabe abziehbar. **Kirchenbeiträge**, die nicht wie Kirchensteuer als Sonderausgaben abgezogen werden, können im Rahmen des Abzugs von **Zuwendungen zur Förderung steuerbegünstigter Zwecke** (→ Rz 194 *Steuerbegünstigte Zwecke*) berücksichtigt werden.

Ein Sonderausgabenabzug ist ausgeschlossen für **Kirchensteuer auf Kapitalerträge**, die dem gesonderten Steuertarif des § 32d Abs. 1 EStG (sog. Abgeltungsteuer) unterlegen haben; dies gilt i.Ü. auch, wenn der besondere Steuersatz erst vom Finanzamt angewandt wird.

Krankentagegeldversicherung

184 Krankentagegeldversicherungen gehören zu den Krankenversicherungen und sind Vorsorgeaufwendungen (→ Rz. 202 *Vorsorgeaufwendungen*). Beiträge zu Krankentagegeldversicherungen gehören jedoch **nicht** zu den **Basiskrankenversicherungsbeiträgen** (→ Rz. 180 *Höchstbeträge für Vorsorgeaufwendungen*).

Pensionskasse

185 Beiträge an eine Pensionskasse können in bestimmten Fällen als Sonderausgaben abgezogen werden (→ Rz. 202 *Vorsorgeaufwendungen*, → Rz. 180 *Höchstbeträge für Vorsorgeaufwendungen*).

Pflegerenten-/Pflegekrankenversicherung

186 Die Beiträge sind Vorsorgeaufwendungen (→ Rz. 202 *Vorsorgeaufwendungen*, → Rz. 180 *Höchstbeträge für Vorsorgeaufwendungen*).

Politische Parteien

187 Abzugsfähig sind Zuwendungen an politische Parteien bis zu einem Betrag von **1 650 €** bzw. bei der Zusammenveranlagung von Ehegatten bis zu **3 300 €**. In gleicher Höhe werden vorab Zuwendungen an politische Parteien sowie unabhängige Wählervereinigungen jeweils zur Hälfte nach § 34g EStG von der tariflichen Einkommensteuer abgezogen (→ Rz. 37).

Renten und dauernde Lasten

188 Abzugsfähig sind Renten und dauernde Lasten, die auf besonderen Verpflichtungen beruhen und nicht mit Einkünften in wirtschaftlichem Zusammenhang stehen; bei Leibrenten kann nur der sog. Ertragsanteil (→ Rz. 94) abgezogen werden. Dies gilt jedoch nur noch für auf besonderen Verpflichtungsgründen beruhenden Renten und dauernden Lasten, die auf **vor dem 1.1.2008 vereinbarten Vermögensübertragungen** beruhen.

Zur Regelung bei Versorgungsleistungen, die auf **nach dem 31.12.2007 vereinbarten Vermögensübertragungen** beruhen, → Rz. 201 *Versorgungsleistungen*.

Sachversicherung

189 Die Beiträge sind **keine** Sonderausgaben.

Schulgeld

190 **30 %** des Entgelts, **höchstens 5 000 €**, das der Stpfl. für jedes Kind, für das er Anspruch auf einen Freibetrag für Kinder oder auf Kindergeld hat, für dessen Besuch einer Schule in freier Trägerschaft oder einer überwiegend privat finanzierten Schule entrichtet, können als Sonderausgaben abgezogen werden. Schulgeldzahlungen sind auch dann abziehbar, wenn das unterhaltsberechtigte **Kind** volljährig und daher **selbst Vertragspartner** der Schule ist. Das Entgelt für Beherbergung, Betreuung und Verpflegung wird nicht berücksichtigt. Voraussetzung für den Sonderausgabenabzug ist, dass die Schule in einem Mitgliedstaat der Europäischen Union oder in einem Staat belegen ist, auf den das Abkommen über den Europäischen Wirtschaftsraum Anwendung findet, und die Schule zu einem von dem zuständigen inländischen Ministerium eines Landes, von der Kultusministerkonferenz der Länder oder von einer inländischen Zeugnisanerkennungsstelle anerkannten bzw. einem inländischen Abschluss als gleichwertig anerkannten allgemein bildenden oder berufsbildenden Schul-, Jahrgangs- oder Berufsabschluss führt. Danach sind u.a. Schulgeldzahlungen für den Besuch einer Bildungsstätte im EU-/EWR-Raum abziehbar, wenn der Besuch mit dem **„International Baccalaureate"** (Internationales Abitur) abschließen soll. Der Besuch einer anderen Einrichtung, die auf einen Schul-, Jahrgangs- oder Berufsabschluss ordnungsgemäß vorbereitet, steht einem Schul-

besuch gleich. Der Besuch einer Deutschen Schule im Ausland steht dem Besuch einer solchen Schule gleich, unabhängig von ihrer Belegenheit. Der Höchstbetrag von 5 000 € wird für jedes Kind, bei dem die Voraussetzungen vorliegen, **je Elternpaar nur einmal** gewährt.

Zu den **weiteren Einzelheiten** siehe BMF-Schreiben vom 9.3.2009, IV C 4 – S 2221/07/0007, BStBl I 2009, 487.

Selbst genutzte Baudenkmale

Abzugsfähig sind Aufwendungen der Eigentümer selbst genutzter Baudenkmale oder Gebäude, die in Sanierungsgebieten 191
oder städtebaulichen Entwicklungsbereichen gelegen sind. Die Aufwendungen können im Kalenderjahr des Abschlusses der Baumaßnahmen und in den neun folgenden Kalenderjahren jeweils bis zu **9 %** als Sonderausgaben abgezogen werden.

Selbst genutzte Wohnungen

Seit 2008 werden die selbst genutzten eigenen Wohnungen (Wohnungen im eigenen Haus und Eigentumswohnungen) und 192
selbst genutzten Genossenschaftswohnungen im Rahmen der sog. Riester-Renten steuerlich gefördert (sog. **Wohn-Riester**). → Rz. 175 *Altersvorsorgebeiträge*.

Sonderausgaben-Pauschbetrag

Für bestimmte Sonderausgaben wird ein Pauschbetrag von **36 €** gewährt (Sonderausgaben-Pauschbetrag), wenn nicht 193
höhere Aufwendungen nachgewiesen werden. Folgende Sonderausgaben fallen unter den Sonderausgaben-Pauschbetrag:

- Unterhaltsleistungen an den geschiedenen oder dauernd getrennt lebenden Ehegatten (→ Rz. 198 *Unterhaltsleistungen an den geschiedenen oder dauernd getrennt lebenden Ehegatten*);
- Renten und dauernde Lasten (→ Rz. 188 *Renten und dauernde Lasten*);
- bestimmte Versorgungsleistungen (→ Rz. 201 *Versorgungsleistungen*);
- Kirchensteuer (→ Rz. 183 *Kirchensteuer*);
- Kinderbetreuungskosten (→ Rz. 182 *Kinderbetreuungskosten*);
- Kosten der eigenen Berufsausbildung (→ Rz. 176 *Berufsausbildung*);
- Schulgeld (→ Rz. 190 *Schulgeld*);
- Aufwendungen für steuerbegünstigte Zwecke (→ Rz. 194 *Steuerbegünstigte Zwecke*).

Bei der Zusammenveranlagung von **Ehegatten/Lebenspartnern** verdoppelt sich der Betrag auf **72 €**.

Steuerbegünstigte Zwecke

Abzugsfähig sind Zuwendungen (**Spenden** und **Mitgliedsbeiträge**) zur Förderung **steuerbegünstigter Zwecke** i.S.d. §§ 52 194
bis 54 AO. Der Abzug beträgt insgesamt bis zu

1. **20 %** des Gesamtbetrags der Einkünfte oder
2. **vier Promille** der Summe der gesamten Umsätze und der im Kalenderjahr aufgewendeten Löhne und Gehälter.

Abziehbar sind **auch** Mitgliedsbeiträge an Körperschaften, die Kunst und Kultur fördern, soweit es sich nicht um Mitgliedsbeiträge an Körperschaften handelt, die kulturelle Betätigungen fördern, die in erster Linie der Freizeitgestaltung dienen, auch wenn den Mitgliedern Vergünstigungen gewährt werden.

Nicht abziehbar sind Mitgliedsbeiträge an Körperschaften, die

1. den Sport,
2. kulturelle Betätigungen, die in erster Linie der Freizeitgestaltung dienen,
3. die Heimatpflege und Heimatkunde oder
4. Zwecke i.S.d. § 52 Abs. 2 Nr. 23 AO (Förderung der Tierzucht, der Pflanzenzucht, der Kleingärtnerei etc.)

fördern.

Abziehbare Zuwendungen, die die Höchstbeträge überschreiten oder die den um die Beträge nach § 10 Abs. 3 und 4, § 10c und § 10d EStG verminderten Gesamtbetrag der Einkünfte übersteigen, sind im Rahmen der Höchstbeträge in den **folgenden Veranlagungszeiträumen** als Sonderausgaben abzuziehen.

Steuerberatungskosten

Es wirkt sich nur der Teil der Steuerberatungskosten steuerlich aus, der Werbungskosten oder Betriebsausgaben darstellt (→ 195
auch Rz. 158 *Steuerberatungskosten*). Der andere Teil (z.B. für die Beratung in Tarif- und Veranlagungsfragen, die Erstellung der Einkommensteuererklärung) führt zu nicht abziehbaren Kosten der privaten Lebensführung; ein Sonderausgabenabzug ist ausgeschlossen. Zu **weiteren Einzelheiten** siehe auch BMF-Schreiben vom 21.12.2007, IV B 2 – S 2144/07/0002, BStBl I 2008, 256).

Steuerfachliteratur

Die Beiträge gehören zu den **nicht** abziehbaren Steuerberatungskosten (→ Rz. 158 *Steuerberatungskosten*) oder Werbungs- 196
kosten (→ Rz. 142 *Fachliteratur*).

Stiftungen

Spenden in den **Vermögensstock einer Stiftung** können im Veranlagungszeitraum der Zuwendung und in den folgenden 197
neun Veranlagungszeiträumen bis zu einem Gesamtbetrag von **1 Mio. €** zusätzlich zu den unter → Rz. 194 *Steuerbegünstigte Zwecke* genannten Höchstbeträgen als Sonderausgaben abgezogen werden. Der besondere Abzugsbetrag bezieht sich dabei auf den gesamten Zehnjahreszeitraum und kann der Höhe nach innerhalb dieses Zeitraums nur einmal in Anspruch

genommen werden. Hinsichtlich des Kreises der betroffenen Stiftungen gelten die Erläuterungen unter → Rz. 194 *Steuerbegünstigte Zwecke* entsprechend.

Unfallversicherung

197.1 Aufwendungen der Arbeitnehmer für Unfallversicherungen, die auch das Unfallrisiko im beruflichen Bereich abdecken, sind **teilweise Werbungskosten** (auch → Rz. 166 *Unfallversicherung*). Es ist eine **Aufteilung** zwischen den Sonderausgaben und den Werbungskosten vorzunehmen, entweder anhand der Angaben des Versicherungsunternehmens oder durch eine Aufteilung **50:50**.

Unterhaltsleistungen an den geschiedenen oder dauernd getrennt lebenden Ehegatten

198 Abgezogen werden können Unterhaltsleistungen an den geschiedenen oder dauernd getrennt lebenden unbeschränkt einkommensteuerpflichtigen Ehegatten bis zu einem Betrag von **13 805 €** jährlich, wenn der Unterhaltleistende dies mit **Zustimmung des Empfängers** beantragt. In diesem Fall hat der Empfänger die Unterhaltsleistungen als sonstige Einkünfte zu versteuern; der Sonderausgabenabzug führt also zum sog. **Realsplitting**. Der Höchstbetrag von 13 805 € erhöht sich um den Betrag der für die Absicherung des geschiedenen oder dauernd getrennt lebenden unbeschränkt einkommensteuerpflichtigen Ehegatten aufgewandten **Basiskranken- und Pflegeversicherungsbeiträge** (→ Rz. 180 *Höchstbeträge für Vorsorgeaufwendungen*); eine grundsätzliche Zustimmung zum Abzug von Unterhaltsleistungen als Sonderausgaben wirkt auch für die Erhöhung des Höchstbetrags. Der Empfänger kann seine Zustimmung nur mit Wirkung für die Zukunft **widerrufen.**

Es ist unerheblich, ob die Unterhaltsleistungen freiwillig oder auf Grund gesetzlicher Unterhaltspflicht erbracht werden. Auch als Unterhalt erbrachte Sachleistungen sind zu berücksichtigen.

Die beschriebenen Regelungen gelten für **Lebenspartner** entsprechend.

Verlustabzug

199 Abzugsfähig sind negative Einkünfte, die bei der Ermittlung des Gesamtbetrags der Einkünfte nicht ausgeglichen werden und deren Ausgleich oder Abzug nicht nach anderen Vorschriften ausgeschlossen ist. Sie können wahlweise zunächst in das unmittelbar vorangegangene Jahr bis zu **1 Mio. €**[1] **(bei Ehegatten/Lebenspartnern** , die zusammen veranlagt werden, bis zu **2 Mio. €**) zurückgetragen werden; soweit dies nicht geschieht, sind sie – zeitlich unbeschränkt – auf die Folgejahre vorzutragen. Nicht ausgeglichene negative Einkünfte können dabei in den folgenden Veranlagungszeiträumen bis zu einem Gesamtbetrag der Einkünfte von **1 Mio. € (bei Ehegatten/Lebenspartnern** , die zusammen veranlagt werden, bis zu **2 Mio. €)** unbeschränkt, darüber hinaus bis zu **60 %** des 1 Mio. € bzw. 2 Mio. € übersteigenden Gesamtbetrags der Einkünfte abgezogen werden. Der Verlustabzug wird bei der Ermittlung des Einkommens berücksichtigt (→ Rz. 33 und 102).

Versorgungsausgleich

200 Abzugsfähig sind Leistungen auf Grund eines **schuldrechtlichen** Versorgungsausgleichs, soweit die ihnen zu Grunde liegenden Einnahmen beim Ausgleichsverpflichteten der Besteuerung unterliegen, wenn die ausgleichsberechtigte Person unbeschränkt einkommensteuerpflichtig ist. Die Änderungen durch das Gesetz zur Strukturreform des Versorgungsausgleichs (VAStrRefG) sind zu beachten. Zu den **Einzelheiten** siehe BMF-Schreiben vom 9.4.2010, IV C 3 – S 2221/09/10024, BStBl I 2010, 323.

Versorgungsleistungen

201 Abzugsfähig sind bei **nach dem 31.12.2007 vereinbarten Vermögensübertragungen** – i.d.R. zur vorweggenommenen Erbfolge – auf besonderen Verpflichtungsgründen beruhende, lebenslange und wiederkehrende Versorgungsleistungen, die nicht mit Einkünften in wirtschaftlichem Zusammenhang stehen, die bei der Veranlagung außer Betracht bleiben, wenn der Empfänger unbeschränkt einkommensteuerpflichtig ist. Dies gilt nur für bestimmte Versorgungsleistungen im Zusammenhang mit der Übertragung von Mitunternehmeranteilen an Personengesellschaften, von Betrieben oder Teilbetrieben sowie GmbH-Anteilen.

Zur Regelung bei Versorgungsleistungen, die auf **vor dem 1.1.2008 vereinbarten Vermögensübertragungen** beruhen, → Rz. 188 *Renten und dauernde Lasten*. Zu den **weiteren Einzelheiten** siehe BMF-Schreiben vom 11.3.2010, IV C 3 – S 2221/09/10004, BStBl I 2010, 227.

Vorsorgeaufwendungen

202 Zu den berücksichtigungsfähigen Vorsorgeaufwendungen, die in 2014bis zu einem **Höchstbetrag** von **15 600 €** (20 000 € x 78 %) berücksichtigungsfähig sind (→ Rz. 180 *Höchstbeträge für Vorsorgeaufwendungen*), gehören folgende **Altersvorsorgeaufwendungen**:

- Beiträge zu den **gesetzlichen Rentenversicherungen**,
- Beiträge zur **landwirtschaftlichen Alterskasse**,
- Beiträge zu den **berufsständischen Versorgungseinrichtungen**, die den gesetzlichen Rentenversicherungen vergleichbare Leistungen erbringen,
- Beiträge zur sog. **Basis- oder „Rürup"-Rente**. Das sind Beiträge
  - –– zum Aufbau einer **eigenen kapitalgedeckten Altersversorgung**, wenn der Vertrag nur die Zahlung einer monatlichen lebenslangen **Leibrente** nicht vor Vollendung des **60. Lebensjahres** (für Vertragsabschlüsse nach dem 31.12.2011: „nicht vor Vollendung des 62. Lebensjahres") oder zusätzlich die ergänzende Absicherung des Eintritts der Berufsunfä-

1) Der Höchstbetrag ist erstmals anzuwenden auf negative Einkünfte, die bei der Ermittlung des Gesamtbetrags der Einkünfte des Veranlagungszeitraums 2013 nicht ausgeglichen werden können.

higkeit (Berufsunfähigkeitsrente), der verminderten Erwerbsfähigkeit (Erwerbsminderungsrente) oder von Hinterbliebenen (Hinterbliebenenrente) vorsieht,

-- für die Absicherung gegen den Eintritt der **Berufsunfähigkeit** oder der **verminderten Erwerbsfähigkeit** (Versicherungsfall), wenn der Vertrag nur die Zahlung einer monatlichen lebenslangen Leibrente für einen Versicherungsfall vorsieht, der bis zur Vollendung des **67. Lebensjahres** eingetreten ist.

Die Ansprüche des Stpfl. aus dieser Altersversorgung dürfen nicht vererblich, nicht übertragbar, nicht beleihbar, nicht veräußerbar und nicht kapitalisierbar sein und es darf neben den genannten Auszahlungsformen kein weiterer Anspruch auf Auszahlungen bestehen.

Zu den Beiträgen gehört auch der **steuerfreie Arbeitgeberanteil** zur gesetzlichen Rentenversicherung und ein diesem gleichgestellter **steuerfreier Zuschuss des Arbeitgebers.** Auf **Antrag** des Arbeitnehmers werden auch im Zusammenhang mit einer **geringfügigen Beschäftigung** erbrachte, pauschale Beiträge zur Rentenversicherung berücksichtigt; dies kann vorteilhaft sein, wenn der Arbeitnehmer im Rahmen des geringfügigen Beschäftigungsverhältnisses die Regelbeiträge zur Sozialversicherung entrichtet.

Basiskrankenversicherungsbeiträge, die an die gesetzliche Krankenversicherung oder für eine private Krankenversicherung entrichtet werden, stellen grds. in voller Höhe Vorsorgeaufwendungen dar (→ Rz. 180 *Höchstbeträge für Vorsorgeaufwendungen*). Es handelt sich um Beiträge, soweit diese zur Erlangung eines durch das SGB XII bestimmten sozialhilfegleichen Versorgungsniveaus erforderlich sind und sofern auf die Leistungen ein Anspruch besteht . Auf das **Krankengeld** entfallende Beitragsanteile werden nicht berücksichtigt. Wenn sich aus den Beiträgen für die gesetzliche Krankenversicherung ein Anspruch auf Krankengeld oder ein Anspruch auf eine Leistung, die anstelle von Krankengeld gewährt wird, ergeben kann, wird der jeweilige Beitrag pauschal um 4 % gemindert. Ein eventuell an die gesetzliche Krankenversicherung geleisteter **Zusatzbeitrag** wird steuerlich berücksichtigt. Beiträge für **Wahl- bzw. Zusatztarife** werden steuerlich nicht berücksichtigt. Beiträge zu **gesetzlichen Pflegeversicherungen** (soziale Pflegeversicherung und private Pflege-Pflichtversicherung) werden in diesem Zusammenhang in voller Höhe angesetzt. Die Basiskranken- und Pflegeversicherungsbeiträge werden auch im Rahmen der weiteren sonstigen Vorsorgeaufwendungen berücksichtigt (siehe unten).

Zu den **weiteren sonstigen Vorsorgeaufwendungen**, die bis zu 2 800 € bzw. 1 900 € je Kalenderjahr berücksichtigt werden können (→ Rz. 180 *Höchstbeträge für Vorsorgeaufwendungen*), gehören **folgende Vorsorgeaufwendungen**:

- Beiträge zur **Kranken- und Pflegeversicherungen** (auch zu → Rz. 186 *Pflegerenten-/Pflegekrankenversicherung*), wenn es sich nicht schon um Basiskranken- und Pflegeversicherungsbeiträge handelt (siehe oben),
- Beiträge zur **Arbeitslosenversicherung**,
- Beiträge zu bestimmten **Erwerbs- und Berufsunfähigkeitsversicherungen**,
- Beiträge zu **Unfall- und Haftpflichtversicherungen**,
- Beiträge zu **Risikoversicherungen**, die nur für den Todesfall eine Leistung vorsehen,
- Beiträge zu **Rentenversicherungen ohne Kapitalwahlrecht**, wenn die Versicherung vor dem 1.1.2005 begonnen hat und bis zum 31.12.2004 mindestens ein Versicherungsbeitrag entrichtet wurde,
- Beiträge zu **Rentenversicherungen mit Kapitalwahlrecht** gegen laufende Beitragsleistungen i.H.v. **88 %**, wenn die Auszahlung des Kapitals innerhalb von **zwölf Jahren** seit Vertragsabschluss ausgeschlossen ist, und wenn die Versicherung vor dem 1.1.2005 begonnen hat und bis zum 31.12.2004 mindestens ein Versicherungsbeitrag entrichtet wurde,
- Beiträge zu **Kapitalversicherungen** gegen laufende Beitragsleistungen mit Sparanteil i.H.v. **88 %**, wenn der Vertrag für die Dauer von mindestens **zwölf Jahren** abgeschlossen worden ist und wenn die Versicherung vor dem 1.1.2005 begonnen hat und bis zum 31.12.2004 mindestens ein Versicherungsbeitrag entrichtet wurde.

Fondsgebundene Lebensversicherungen sind vom Sonderausgabenabzug ausgeschlossen. **Renten- und Kapitalversicherungen,** die vor dem 1.1.2005 begonnen haben und bei denen bis zum 31.12.2004 mindestens ein Versicherungsbeitrag entrichtet wurde, sind von der steuerlichen Förderung ausgeschlossen, wenn sie zur **Tilgung oder Sicherung von Darlehen** eingesetzt werden. Steuerunschädlich ist jedoch der Einsatz von Lebensversicherungen zur Finanzierung des selbst genutzten Wohneigentums und zur Sicherung von Investitionsdarlehen, die für die Anschaffung oder Herstellung von Wirtschaftsgütern des betrieblichen Anlagevermögens bzw. von vergleichbaren Wirtschaftsgütern bei den Überschusseinkünften aufgenommen werden. Dabei ist unbeachtlich, wenn das Investitionsdarlehen die Anschaffungs- oder Herstellungskosten oder wenn die eingesetzten Versicherungsansprüche das Investitionsdarlehen jeweils um bis zu 2 556 € übersteigen. Bei einer insgesamt nur drei Jahre dauernden Sicherung betrieblich veranlasster Darlehen ist das Abzugsverbot für die Versicherungsbeiträge auf die Veranlagungszeiträume beschränkt, in denen Anspruch aus diesen Versicherungsverträgen der Darlehenssicherung dienten.

Allgemeine Voraussetzung für den Sonderausgabenabzug von Vorsorgeaufwendungen ist, dass die Aufwendungen **nicht** in unmittelbarem wirtschaftlichen **Zusammenhang** mit **steuerfreien Einnahmen** stehen, und

- an **Versicherungsunternehmen**, die ihren Sitz oder ihre Geschäftsleitung in einem Mitgliedstaat der EU oder einem anderen Vertragsstaat des EWR haben und das Versicherungsgeschäft im Inland betreiben dürfen, und Versicherungsunternehmen, denen die Erlaubnis zum Geschäftsbetrieb im Inland erteilt ist.
- an **berufsständische Versorgungseinrichtungen**,
- an einen **Sozialversicherungsträger** oder
- an **Anbieter von Altersvorsorgeverträgen**, Pensionsfonds, Pensionskassen oder Lebensversicherungsunternehmen (bei Direktversicherungen)

geleistet werden. Steuerfreie Zuschüsse zu einer **Kranken- oder Pflegeversicherung** stehen im Übrigen insgesamt in unmittelbarem wirtschaftlichen Zusammenhang mit den Basiskranken- und Pflegeversicherungsbeiträgen (s.o.).

Es gibt einige **ausländische Sozialversicherungen**, in denen – bezogen auf die Beitragsleistung – nicht wie in Deutschland nach den verschiedenen Sozialversicherungszweigen unterschieden und ein einheitlicher Sozialversicherungsbeitrag (**Global-**

beitrag) erhoben wird. Für eine zutreffende steuerliche Berücksichtigung ist der an die ausländische gesetzliche Sozialversicherung vom Arbeitnehmer mitgetragene Globalbeitrag auf die einzelnen Versicherungszweige **aufzuteilen** (s. BMF-Schreiben vom 8.10.2013, IV C 3 – S 2221/09/10013 :001, BStBl I 2013, 1266, für den Veranlagungszeitraum 2014).

Zu den **weiteren Einzelheiten** siehe BMF-Schreiben vom 19.8.2013, IV C 3 – S 2221/12/10010:004 / IV C 5 – S 2345/08/0001, BStBl I 2013, 1087.

Vorsorgepauschale

203 Stpfl. mit **Einkünften aus nichtselbständiger Arbeit** wird eine Vorsorgepauschale gewährt. Diese hat den Zweck, die typischen Vorsorgeaufwendungen der Arbeitnehmer abzugelten.

Im Veranlagungsverfahren erfolgt ein Sonderausgabenabzug ausschließlich entsprechend der tatsächlich geleisteten Vorsorgeaufwendungen (→ Rz. 202 *Vorsorgeaufwendungen*, → Rz. 180 *Höchstbeträge für Vorsorgeaufwendungen*). Eine Vorsorgepauschale wird hier nicht gewährt.

Bezüglich der **Einzelheiten** zur Vorsorgepauschale im Lohnsteuerabzugsverfahren → Rz. 5 ff., 348 ff. und BMF-Schreiben vom 26.11.2013, IV C 5 – S 2367/13/10001, BStBl I 2013, 1532.

Zukunftssicherungsleistungen

204 Beiträge des Arbeitgebers für die Zukunftssicherung des Arbeitnehmers (z.B. für eine Direktversicherung, Unfallversicherung) kann dieser unter den übrigen Voraussetzungen als **Sonderausgaben** abziehen (→ Rz. 202 *Vorsorgeaufwendungen*, → Rz. 180 *Höchstbeträge für Vorsorgeaufwendungen*), wenn die Versicherungsbeiträge des Arbeitgebers dem **Lohnsteuerabzug unterworfen** wurden.

8. ABC der Außergewöhnlichen Belastungen

205 Außergewöhnliche Belastungen sind Aufwendungen, die auf Grund besonderer Umstände zwangsläufig anfallen, z.B. die Ausgaben, die durch Krankheit, Behinderung, Todesfall, Unwetterschäden oder Ehescheidung entstehen.

Adoption

206 Die Kosten einer Adoption sind nicht zwangsläufig und deshalb **nicht abzugsfähig**.

Behinderte Menschen

207 Wegen der außergewöhnlichen Belastung, die behinderten Menschen

- für die Hilfe bei den gewöhnlichen und regelmäßig wiederkehrenden Verrichtungen des täglichen Lebens,
- für die Pflege sowie
- für einen erhöhten Wäschebedarf

erwachsen, kann an Stelle der Steuerermäßigung für außergewöhnliche Belastungen allgemeiner Art ein **Behinderten-Pauschbetrag** geltend gemacht werden. Das Wahlrecht kann für die genannten Aufwendungen im jeweiligen Veranlagungszeitraum nur einheitlich ausgeübt werden. Der Pauschbetrag beträgt:

bei einem **Grad der Behinderung** von

25 und 30	310 €
35 und 40	430 €
45 und 50	570 €
55 und 60	720 €
65 und 70	890 €
75 und 80	1 060 €
85 und 90	1 230 €
95 und 100	1 420 €.

Bei einem Grad der Behinderung von weniger als 50, aber mindestens 25, wird der Pauschbetrag jedoch nur gewährt, wenn

- dem behinderten Menschen wegen seiner Behinderung nach gesetzlichen Vorschriften Renten (z.B. Unfallrenten, nicht aber aus der gesetzlichen Rentenversicherung) oder andere laufende Bezüge zustehen oder
- die Behinderung zu einer dauernden Einbuße der körperlichen Beweglichkeit geführt hat oder auf einer typischen Berufskrankheit beruht.

Blinde sowie **hilflose behinderte Menschen** erhalten einen Pauschbetrag von **3 700 €**. Die Voraussetzungen „blind" und „hilflos" sind durch den Schwerbehindertenausweis mit den Merkmalen „Bl" bzw. „H", einen entsprechenden Bescheid oder durch einen Bescheid über die Einstufung in die Pflegestufe III nachzuweisen.

Steht der Behinderten-Pauschbetrag einem **Kind** zu, für das der Stpfl. Anspruch auf einen Freibetrag für Kinder oder auf Kindergeld hat, kann der Pauschbetrag vom Stpfl. geltend gemacht werden, wenn das Kind den Pauschbetrag nicht selbst in Anspruch nimmt. Dabei ist der Pauschbetrag grundsätzlich auf beide **Elternteile je zur Hälfte** aufzuteilen, es sei denn, der Kinderfreibetrag wurde auf den anderen Elternteil übertragen. Auf gemeinsamen Antrag der Eltern ist eine andere Aufteilung möglich. Zur Aufteilung des Behinderten-Pauschbetrags eines Kindes bei der Übertragung auf die Eltern s. auch BMF-Schreiben vom 28.6.2013, IV C 4 – S 2282-a/10/10002, BStBl I 2013, 845. Unabhängig von einer Übertragung des Behinderten-Pauschbetrags, können Eltern ihre eigenen zwangsläufigen Aufwendungen für ein behindertes Kind nach § 33 EStG abziehen.

Neben dem Behinderten-Pauschbetrag können außergewöhnliche Belastungen allgemeiner Art (z.B. Operationskosten sowie Heilbehandlungen, Kuren, Arznei- und Arztkosten, Fahrtkosten) geltend gemacht werden.

Behindertengerechte Ausstattung

Mehraufwendungen für die notwendige behindertengerechte Gestaltung des individuellen Wohnumfelds sind außergewöhnliche Belastungen. Die Erlangung eines etwaigen Gegenwerts tritt hier regelmäßig in den Hintergrund. Es ist nicht erforderlich, dass die Behinderung auf einem nicht vorhersehbaren Ereignis beruht und deshalb ein schnelles Handeln des Stpfl. oder seiner Angehörigen geboten ist. Auch die Frage nach zumutbaren Handlungsalternativen stellt sich in solchen Fällen nicht. Darüber hinaus können Aufwendungen für **medizinische Hilfsmittel** (→ Rz. 222 *Medizinische Hilfsmittel*) im engeren Sinne (z.B. Treppenschräglift) abgezogen werden. 208

Bestattung

Die Kosten der Bestattung eines Angehörigen können abgezogen werden, **soweit** sie den **Nachlass** und etwaige Ersatzleistungen **übersteigen** (z.B. Sterbegeld der Krankenkassen und andere Versicherungsleistungen). Es können aber nur Kosten berücksichtigt werden, die mit der Bestattung unmittelbar zusammenhängen (z.B. für Grabstätte, Sarg, Blumen, Kränze, Todesanzeigen). Die Kosten für die Trauerkleidung und die Bewirtung der Trauergäste sowie Reisekosten anlässlich der Bestattung werden nicht anerkannt. Die zumutbare Belastung ist zu beachten (→ Rz. 236 *Zumutbare Belastung*). 209

Besuchsfahrten

Fahrtkosten, die lediglich wegen der **allgemeinen Pflege verwandtschaftlicher Beziehungen** entstehen, sind keine außergewöhnlichen Belastungen. Das gilt auch bei Aufwendungen für Besuchsfahrten zu in Kur befindlichen Angehörigen. 210

Diätverpflegung

Die Aufwendungen für eine Diätverpflegung sind **keine außergewöhnlichen Belastungen**. 211

Ehescheidung

Die **unmittelbaren und unvermeidbaren Kosten** des Scheidungsprozesses sind als zwangsläufig erwachsen anzusehen und deshalb als außergewöhnliche Belastung abziehbar. Dies sind die → Rz. 228 *Prozesskosten* für die Scheidung und den Versorgungsausgleich. Die zumutbare Belastung ist zu beachten (→ Rz. 236 *Zumutbare Belastung*). 212

Aufwendungen für die **Auseinandersetzung gemeinsamen Vermögens** anlässlich einer Scheidung sind dagegen nicht als außergewöhnliche Belastung zu berücksichtigen, unabhängig davon, ob die Eheleute die Vermögensverteilung selbst regeln oder die Entscheidung dem Familiengericht übertragen.

Fahrtkosten, allgemein

Unumgängliche Fahrtkosten, die dem Grunde nach als außergewöhnliche Belastung zu berücksichtigen sind, sind bei Benutzung eines Pkw nur in Höhe der **Kosten** für die Benutzung eines **öffentlichen Verkehrsmittels** abziehbar, es sei denn, es bestand keine zumutbare öffentliche Verkehrsverbindung. Siehe auch → Rz. 217 *Kraftfahrzeugkosten behinderter Menschen* und → Rz. 210 *Besuchsfahrten*. 213

Haushaltshilfe

Aufwendungen für eine Haushaltshilfe werden nicht als außergewöhnliche Belastung, sondern in Form des Abzugs von der Steuerschuld berücksichtigt; → Rz. 253 *Steuerermäßigung für haushaltsnahe Beschäftigungsverhältnisse/Dienstleistungen und Handwerkerleistungen*. 214

Heim- oder Pflegeunterbringung

Aufwendungen für die Heim- oder Pflegeunterbringung, soweit darin Kosten für Dienstleistungen enthalten sind, die mit denen einer Hilfe im Haushalt vergleichbar sind, werden nicht als außergewöhnliche Belastung, sondern in Form des **Abzugs von der Steuerschuld** berücksichtigt; → Rz. 253 *Steuerermäßigung für haushaltsnahe Beschäftigungsverhältnisse/Dienstleistungen und Handwerkerleistungen*. Auch Aufwendungen eines nicht pflegebedürftigen Stpfl., der mit seinem pflegebedürftigen Ehegatten in ein **Wohnstift** übersiedelt, sind nicht als außergewöhnliche Belastung abziehbar. Bei einem durch Krankheit veranlassten Aufenthalt in einem Seniorenheim sind dagegen die Kosten für die Unterbringung außergewöhnliche Belastungen; der Aufenthalt kann auch krankheitsbedingt sein, wenn keine zusätzlichen Pflegekosten entstanden sind und kein Merkmal „H" oder „Bl" im Schwerbehindertenausweis festgestellt ist. Kosten für die behinderungsbedingte Unterbringung in einer sozial-therapeutischen Einrichtung können ebenfalls außergewöhnliche Belastungen sein. 215

Hinterbliebene

Hinterbliebenen wird ein Pauschbetrag von **370 €** jährlich gewährt. Hinterbliebene sind Personen, denen laufende Hinterbliebenenbezüge bewilligt worden sind (z.B. nach dem Bundesversorgungsgesetz oder nach der gesetzlichen Unfallversicherung). Der Pauschbetrag wird auch gewährt, wenn das Recht auf die Bezüge ruht oder der Anspruch auf die Bezüge durch Zahlung eines Kapitalbetrags abgefunden worden ist. 216

Steht der Hinterbliebenen-Pauschbetrag einem **Kind** zu, für das der Stpfl. Anspruch auf einen Freibetrag für Kinder oder auf Kindergeld hat, kann der Pauschbetrag vom Stpfl. geltend gemacht werden, wenn das Kind den Pauschbetrag nicht selbst in Anspruch nimmt. Dabei ist der Pauschbetrag grundsätzlich auf beide **Elternteile je zur Hälfte** aufzuteilen, es sei denn, der Kinderfreibetrag wurde auf den anderen Elternteil übertragen. Auf gemeinsamen Antrag der Eltern ist eine andere Aufteilung möglich.

Kraftfahrzeugkosten behinderter Menschen

217 Kraftfahrzeugkosten können geltend gemacht werden für durch die Behinderung veranlasste und **unvermeidbare Fahrten** von Personen mit einem Grad der Behinderung von mindestens 80 oder von Personen, deren Grad der Behinderung mindestens 70 beträgt und die zugleich geh- und stehbehindert sind (Merkzeichen „G"). Ohne Nachweis der Kosten werden im Allgemeinen **900 €** (3 000 km zu 0,30 €) anerkannt.

Bei **außergewöhnlich Gehbehinderten**, die sich außerhalb des Hauses nur mit Hilfe eines Kraftfahrzeugs bewegen können (Merkzeichen „aG"), bei Personen mit dem Merkzeichen „H" oder „Bl" und Personen, die in Pflegestufe III eingestuft sind, werden in angemessenem Rahmen (regelmäßig bis zu 15 000 km jährlich) alle private Fahrten anerkannt. Die tatsächliche Fahrleistung ist nachzuweisen oder glaubhaft zu machen. Ein höherer **Kilometersatz** als **0,30 €** wird vom Finanzamt nicht berücksichtigt, weil er unangemessen ist. Das gilt auch dann, wenn sich der höhere Aufwand wegen einer nur geringen Jahresfahrleistung ergibt. Die zumutbare Belastung ist zu beachten (→ Rz. 236 *Zumutbare Belastung*).

Krankheitskosten

218 Krankheitskosten sind außergewöhnliche Belastungen, soweit sie nicht von dritter Seite (z.B. einer Krankenkasse) steuerfrei ersetzt worden sind oder noch ersetzt werden. Die **Zwangsläufigkeit** der Aufwendungen ist **nachzuweisen**; die Einzelheiten hierzu sind in § 64 der EStDV geregelt. So kann der Nachweis z.B. erbracht werden durch die Verordnung eines Arztes für Arznei-, Heil- und Hilfsmittel, ein amtsärztliches Gutachten oder eine ärztliche Bescheinigung eines Medizinischen Dienstes der Krankenversicherung. Der zu erbringende Nachweis muss **vor Beginn** der **Heilmaßnahme** oder dem **Erwerb des medizinischen Hilfsmittels** ausgestellt worden sein. Bei Aufwendungen für eine **Augen-Laser-Operation** ist die Vorlage eines amtsärztlichen Attests i.Ü. nicht erforderlich; → Rz. 229 *Sehhilfe*. Die zumutbare Belastung ist bei den Krankheitskosten zu beachten (→ Rz. 236 *Zumutbare Belastung*).

Künstliche Befruchtung

219 Die Aufwendungen einer **homologen künstlichen Befruchtung** können außergewöhnliche Belastungen sein, nicht jedoch die Aufwendungen einer **heterologen künstlichen Befruchtung**. Aufwendungen für eine künstliche Befruchtung (In-vitro-Fertilisation), die infolge veränderter Lebensplanung wegen einer früher freiwillig zum Zweck der Empfängnisverhütung vorgenommenen **Sterilisation** erforderlich werden, sind keine außergewöhnliche Belastung. Aufwendungen einer **nicht verheirateten** empfängnisunfähigen Frau für Maßnahmen zur Sterilitätsbehandlung durch sog. In-vitro-Fertilisation ist als außergewöhnliche Belastung **abziehbar**, wenn die Maßnahmen in Übereinstimmung mit den Richtlinien der ärztlichen Berufsordnungen vorgenommen werden, insbesondere eine festgefügte Partnerschaft vorliegt und der Mann die Vaterschaft anerkennen wird. Sind die Aufwendungen berücksichtigungsfähig, ist die zumutbare Belastung zu beachten (→ Rz. 236 *Zumutbare Belastung*).

Kur

220 Kurkosten werden als außergewöhnliche Belastung berücksichtigt, wenn die Notwendigkeit der Kur durch Vorlage eines vor Kurbeginn ausgestellten **amtsärztlichen Zeugnisses** oder vergleichbaren Zeugnisses nachgewiesen wird. Ein entsprechender Nachweis ist nicht erforderlich, wenn feststeht, dass eine gesetzliche Krankenkasse die Notwendigkeitsprüfung vorgenommen und positiv beschieden hat. Besondere Nachweispflichten gelten bei Bade- oder Heilkuren, Vorsorgekuren und Klimakuren. Die zumutbare Belastung ist zu beachten (→ Rz. 236 *Zumutbare Belastung*).

Legasthenie

221 Hat eine Lese- und Rechtschreibschwäche Krankheitswert, können die Aufwendungen für die Behandlung **außergewöhnliche Belastungen** sein (Nachweis durch amtsärztliches Attest). Die zumutbare Belastung ist zu beachten (→ Rz. 236 *Zumutbare Belastung*).

Medizinische Hilfsmittel

222 Aufwendungen für medizinische Hilfsmittel können **außergewöhnliche Belastungen** sein. Medizinische Hilfsmittel, die als allgemeine Gebrauchsgegenstände des täglichen Lebens anzusehen sind, ist die Vorlage eines amtsärztlichen Gutachtens etc. erforderlich. Die zumutbare Belastung ist zu beachten (→ Rz. 236 *Zumutbare Belastung*).

Mietzahlungen

223 Mietzahlungen für eine ersatzweise angemietete Wohnung können zeitlich begrenzt als außergewöhnliche Belastung zu berücksichtigen sein, wenn eine Nutzung der bisherigen eigenen Wohnung wegen Einsturzgefahr amtlich untersagt ist.

Opfergrenze

224 Unterhaltsleistungen (→ Rz. 233 *Unterhaltsaufwendungen*) werden nur anerkannt, wenn sie in einem angemessenen **Verhältnis zum Nettoeinkommen** des Leistenden stehen und noch angemessene **Mittel zum Lebensbedarf** für den Leistenden sowie gegebenenfalls für seine Ehefrau und seine Kinder verbleiben (sog. Opfergrenze). Bei einer bestehenden **Haushaltsgemeinschaft** mit der unterhaltenen Person (sozialrechtliche Bedarfsgemeinschaft) ist die Opfergrenze nicht anzuwenden. Zu den weiteren **Einzelheiten** s. auch BMF-Schreiben vom 7.6.2010, IV C 4 – S 2285/07/0006 :001, BStBl I 2010, 582.

Pflegekosten

225 Pflegekosten sind grds. als außergewöhnliche Belastung abziehbar. Ob die Pflegebedürftigkeit bei einem Heimaufenthalt bereits vor Beginn des Heimaufenthalts oder erst später eingetreten ist, ist ohne Bedeutung. Aufwendungen wegen Pflegebedürftigkeit sind nur insoweit zu berücksichtigen, als die Pflegekosten die Leistungen der Pflegepflichtversicherung und das aus einer ergänzenden Pflegekrankenversicherung bezogene Pflege(tage)geld übersteigen. → Rz. 214 *Haushaltshilfe*, →

Rz. 215 *Heim- und Pflegeunterbringung* und → Rz. 253 *Steuerermäßigung für haushaltsnahe Beschäftigungsverhältnisse/ Dienstleistungen und Handwerkerleistungen*.

Pflege-Pauschbetrag

Aufwendungen, die durch die persönliche Pflege einer hilflosen Person (Merkzeichen „H" im Schwerbehindertenausweis oder Pflegestufe III) entstehen, werden pauschal mit **924 €** jährlich anerkannt, wenn der Pflegende für die Pflege keine Einnahmen erhält, wobei zu den Einnahmen unabhängig von der Verwendung nicht das von den Eltern eines behinderten Kindes für diese Kind empfangene Pflegegeld zählt. Wird ein Pflegebedürftiger von mehreren Stpfl. gepflegt, wird der Pauschbetrag nach der Zahl der Pflegepersonen, geteilt. Die Pflege muss entweder in der Wohnung des Pflegenden oder des Pflegebedürftigen persönlich durchführt und diese Wohnung in einem Mitgliedstaat der EU oder in einem Staat belegen sein, auf den das EWR-Abkommen anzuwenden ist. Höhere Aufwendungen werden nur bei Nachweis und nach Anrechnung der zumutbaren Belastung (→ Rz. 236 *Zumutbare Belastung*) berücksichtigt. 226

Privatschule

Für ein behindertes Kind **kann** das Schulgeld für eine Privatschule als außergewöhnliche Belastung geltend gemacht werden, wenn eine geeignete öffentliche Schule oder eine schulgeldfreie Privatschule nicht zur Verfügung steht. Der **Nachweis** der Erforderlichkeit des Besuchs der Privatschule muss durch Vorlage einer Bestätigung der zuständigen Landesbehörde erfolgen. Die zumutbare Belastung ist zu beachten (→ Rz. 236 *Zumutbare Belastung*). Außergewöhnliche Belastungen liegen nicht vor, wenn ein Kind ausländischer Eltern, die sich nur vorübergehend im Inland aufhalten, eine fremdsprachliche Schule besucht. 227

Prozesskosten

Prozesskosten sind grundsätzlich **nicht** als außergewöhnliche Belastungen **abziehbar**, da es regelmäßig am Merkmal der Zwangsläufigkeit fehlt; das gilt unabhängig davon, ob der Stpfl. Kläger oder Beklagter ist. Ein Abzug kommt ausnahmsweise in Betracht, wenn der Stpfl. ohne den Rechtsstreit Gefahr liefe, seine Existenzgrundlage zu verlieren und seine lebensnotwendigen Bedürfnisse im üblichen Rahmen nicht mehr befriedigen zu können. Die zumutbare Eigenbelastung ist zu beachten (→ Rz. 236 *Zumutbare Belastung*). → Rz. 212 *Ehescheidung*, → Rz. 232 *Umgangsrecht*, → Rz. 234 *Vaterschaftsfeststellungsprozess*. 228

Sehhilfe

Aufwendungen für eine Sehhilfe (z.B. Brille) sind eine **außergewöhnliche Belastung** (→ Rz. 218 *Krankheitskosten*). Wurde die Notwendigkeit einer Sehhilfe einmal durch einen Augenarzt festgestellt, genügt als Nachweis gegenüber dem Finanzamt auch die Folgerefraktionsbestimmung durch einen **Augenoptiker**. Als Nachweis reicht grds. auch die Vorlage der Erstattungsmitteilung einer privaten Krankenversicherung oder eines Beihilfebescheids. Die zumutbare Belastung ist zu beachten (→ Rz. 236 *Zumutbare Belastung*). Bezüglich einer Augen-Laser-Operation → Rz. 218 *Krankheitskosten*. 229

Sonderbedarf bei Berufsausbildung

Zur Abgeltung des Sonderbedarfs eines sich in Berufsausbildung befindenden Kindes kommt ein Freibetrag i.H.v. **924 €** jährlich in Betracht, wenn das Kind das **18. Lebensjahr** vollendet hat und **auswärts untergebracht** ist. Voraussetzung für den Abzug des Freibetrags ist, dass für das Kind ein Anspruch auf einen Freibetrag für Kinder oder Kindergeld besteht. 230

Unter Berufsausbildung ist auch die (Hoch-)Schulausbildung (z.B. Studium an einer Universität) zu verstehen. Die Tätigkeit im Rahmen eines freiwilligen sozialen Jahres ist dagegen grundsätzlich nicht als Berufsausbildung zu beurteilen.

Sind die Eltern geschieden oder verheiratet, aber dauernd getrennt lebend, wird der Freibetrag **jedem Elternteil**, dem Aufwendungen für die Berufsausbildung des Kindes entstehen, zur Hälfte zuerkannt. Gleiches gilt bei Eltern nichtehelicher Kinder. Auf gemeinsamen Antrag der Eltern ist eine andere Aufteilung möglich.

Studiengebühren

Gebühren für die Hochschulausbildung eines Kindes sind **nicht** als außergewöhnliche Belastung **abziehbar**. 231

Umgangsrecht

Unter engen Voraussetzungen sind die Kosten eines entsprechenden Prozesses (→ Rz. 228 *Prozesskosten*) als **außergewöhnliche Belastungen** abziehbar. Die zumutbare Eigenbelastung ist zu beachten (→ Rz. 236 *Zumutbare Belastung*). 232

Unterhaltsaufwendungen

Unterhaltsleistungen sind bis zum **Höchstbetrag** von **8 354 €** jährlich abziehbar, wenn der Empfänger gegenüber dem Stpfl. gesetzlich unterhaltsberechtigt ist oder wenn mit Rücksicht auf die Unterstützungsleistungen öffentliche Mittel, die der Empfänger für den Unterhalt erhält, gekürzt werden oder – bei einem entsprechenden Antrag – gekürzt würden. Der Höchstbetrag von 8 354 € **erhöht** sich um den Betrag, der für die Absicherung von **Krankheits- und Pflegerisiko** der unterhaltsberechtigten Person aufgewandten Beiträge; dies gilt nicht für Kranken- und Pflegeversicherungsbeiträge, die als Sonderausgaben anzusetzen sind; dabei ist es nicht notwendig, dass die Beiträge tatsächlich von dem Unterhaltsverpflichteten gezahlt oder erstattet wurden. Voraussetzung für die Anerkennung der Unterhaltsleistungen ist, dass niemand Anspruch auf Freibeträge für Kinder oder auf Kindergeld für die unterstützte Person hat und diese kein oder nur ein geringes Vermögen besitzt; ein angemessenes Hausgrundstück bleibt unberücksichtigt. Dem Grunde nach gesetzlich unterhaltsberechtigt sind neben dem Ehegatten Verwandte in gerader Linie wie Kinder, Eltern und Großeltern. Aber auch Unterhaltsleistungen an den eingetragenen Lebenspartner können berücksichtigt werden; die gesetzliche Unterhaltsverpflichtung ergibt sich aus § 5 des Lebenspartnerschaftsgesetzes. Auf den Höchstbetrag von 8 354 €, bzw. den erhöhten Höchstbetrag, jährlich werden die **eigenen Einkünfte und Bezüge** der unterhaltenen Person angerechnet, soweit sie 624 € jährlich übersteigen. Die Höchstbeträge vermindern sich außerdem um Ausbildungsbeihilfen, die die unterstützte Person aus öffentlichen Mitteln oder von Förderungseinrichtungen bezieht, die für diese Zwecke öffentliche Mittel erhalten. 233

Lebt die unterhaltene Person im **Ausland**, können sich der Höchstbetrag und der anrechnungsfreie Betrag um ein Viertel, ein Halb oder drei Viertel ermäßigen; s. auch BMF v. 18.11.2013, IV C 4 – S 2285/07/0005 :013, BStBl I 2013, 1462.

Allgemeine Hinweise zur Berücksichtigung von Unterhaltsaufwendungen als außergewöhnliche Belastung finden sich im BMF-Schreiben vom 7.6.2010, IV C 4 – S 2285/07/0006 :001, BStBl I 2010, 582). Zur Berücksichtigung von Aufwendungen für den Unterhalt von Personen im Ausland als außergewöhnliche Belastung siehe BMF-Schreiben vom 7.6.2010, IV C 4 – S 2285/07/0006 :001, BStBl I 2010, 588).

→ Rz. 224 *Opfergrenze*

Vaterschaftsfeststellungsprozess

234 Die → Rz. 228 *Prozesskosten* im Rahmen einer Vaterschaftsfeststellung sind in bestimmten Fällen als **außergewöhnliche Belastung** abziehbar. Die zumutbare Eigenbelastung ist zu beachten (→ Rz. 236 *Zumutbare Belastung*).

Wiederbeschaffungskosten

235 Kosten der Wiederbeschaffung für lebensnotwendige Vermögensgegenstände, wie Hausrat und Kleidung, die durch ein **unabwendbares Ereignis** (z.B. Brand oder Hochwasser) beschädigt oder zerstört wurden, sind außergewöhnliche Belastungen. Sie können jedoch nicht steuermindernd als außergewöhnliche Belastung berücksichtigt werden, wenn der Geschädigte es unterlassen hat, eine allgemein übliche und zumutbare Versicherung (z.B. eine Hausratversicherung) abzuschließen. Die zumutbare Belastung ist zu beachten (→ Rz. 236 *Zumutbare Belastung*).

Zumutbare Belastung

236 Es wird davon ausgegangen, dass eine **außergewöhnliche Belastung selbst getragen** werden kann, soweit bestimmte Beträge nicht überschritten werden. Diese zumutbare Belastung beträgt (Angaben in % des Gesamtbetrags der Einkünfte [→ Rz. 101])

	bei einem Gesamtbetrag der Einkünfte		
	bis 15 340 €	über 15 340 € bis 51 130 €	über 51 130 €
– bei Ledigen oder dauernd getrennt Lebenden ohne Kinder	5	6	7
– bei zusammenveranlagten Ehegatten/Lebenspartnern	4	5	6
– wenn ein oder zwei Kinder zu berücksichtigen sind	2	3	4
– wenn drei oder mehr Kinder zu berücksichtigen sind	1	1	2

9. ABC der Sonstigen Freibeträge, Freigrenzen, Pauschbeträge, Abzugsbeträge

237 Neben den Werbungskosten (→ Rz. 119), Sonderausgaben (→ Rz. 171 ff.) und außergewöhnlichen Belastungen (→ Rz. 205 ff.) haben noch **andere Beträge** im Lohn- und Einkommensteuerrecht **Bedeutung**. Im nachfolgenden ABC sind die **wichtigsten Beträge** zusammengestellt. Wegen der Freibeträge etc., die eine besondere Bedeutung bei der Ermittlung des dem Lohnsteuerabzug unterliegenden Arbeitslohns haben → auch Rz. 339 ff.

Altersentlastungsbetrag

238 Der Altersentlastungsbetrag soll bei **über 64 Jahre** alten Personen (für Kalenderjahr 2014: vor dem 2.1.1950 geborene Stpfl.) einen Ausgleich schaffen für Einkünfte, die nicht wie Renten und Pensionen begünstigt besteuert werden. Die Regelungen zum Altersentlastungsbetrag wurden ab 2005 geändert, weil der Altersentlastungsbetrag keine Rechtfertigung mehr hat, wenn in der Endstufe der nachgelagerten Besteuerung die Renten und Versorgungsbezüge zu 100 % besteuert werden (Übergang zur nachgelagerten Besteuerung durch das Alterseinkünftegesetz ab 2005).

Im Einzelnen gilt **Folgendes:**

Der Altersentlastungsbetrag ist bis zu einem **Höchstbetrag** im Kalenderjahr ein nach einem **Vomhundertsatz** ermittelter Betrag des Arbeitslohns und der **positiven Summe der Einkünfte**, die nicht solche aus nichtselbständiger Arbeit sind. Versorgungsbezüge i.S.d. § 19 Abs. 2 EStG, Einkünfte aus Leibrenten i.S.d. § 22 Nr. 1 Satz 3 Buchst. a EStG, Einkünfte i.S.d. § 22 Nr. 4 Satz 4 Buchst. b EStG, Einkünfte i.S.d. § 22 Nr. 5 Satz 1 EStG, soweit § 52 Abs. 34c EStG anzuwenden ist, Einkünfte i.S.d. § 22 Nr. 5 Satz 2 Buchst. a EStG und Kapitalerträge, die dem gesonderten Steuertarif für Einkünfte aus Kapitalvermögen unterliegen (→ Rz. 92), bleiben bei der Bemessung des Betrags außer Betracht. Im Fall der **Zusammenveranlagung von Ehegatten/Lebenspartnern** zur Einkommensteuer sind die Regelungen zum Altersentlastungsbetrag für jeden Ehegatten/Lebenspartner gesondert anzuwenden. Der maßgebende Vomhundertsatz und der Höchstbetrag des Altersentlastungsbetrags sind einer **Tabelle** in § 24a EStG zu entnehmen. Mit der Tabelle wird sichergestellt, dass für den einzelnen Bezieher von Alterseinkünften die Besteuerungssituation in dem auf die Vollendung des 64. Lebensjahrs folgenden Jahr „eingefroren" wird.

So beträgt der Altersentlastungsbetrag in **2014** bei einem Stpfl., der im Jahr 2013 das 64. Lebensjahr vollendet hat, **25,6 %** der Einkünfte, **höchstens jedoch 1 216 €**. Für diesen Stpfl. werden der in 2014 anzuwendende Vomhundertsatz und der Höchstbetrag **zeitlebens** berücksichtigt.

Arbeitnehmer-Pauschbetrag

239 Der Arbeitnehmer-Pauschbetrag beträgt **1 000 €**. Zu den Einzelheiten → Rz. 124 *Arbeitnehmer-Pauschbetrag*.

Außerordentliche Holznutzungen

240 Außerordentliche Holznutzungen, das sind Holznutzungen, die aus volks- oder staatswirtschaftlichen Gründen erfolgt sind, oder Holznutzungen infolge höherer Gewalt (**Kalamitätsnutzungen** durch Eis-, Schnee-, Windbruch oder Windwurf, Erdbeben, Bergrutsch, Insektenfraß, Brand etc.) werden grds. mit dem **halben durchschnittlichen Steuersatz** besteuert. Aus

sachlichen Billigkeitsgründen können **niedrigere Steuersätze** festgelegt werden bei Naturkatastrophen größeren Ausmaßes, wenn eine Einschlagsbeschränkung nicht angeordnet wurde.

Begünstigungsbetrag bei nicht entnommenen Gewinnen

Sind in dem zu versteuernden Einkommen nicht entnommene Gewinne aus Land- und Forstwirtschaft, Gewerbebetrieb oder selbständiger Arbeit enthalten, wird die Einkommensteuer für diese Gewinne (Begünstigungsbetrag) auf Antrag des Stpfl. ganz oder teilweise mit einem **Steuersatz** von **28,25 %** berechnet. Soweit der begünstigt besteuerte Gewinn in späteren Jahren vom Stpfl. entnommen wird, entfällt der Begünstigungsgrund und es wird insoweit eine Nachversteuerung i.H.v. 25 % vorgenommen. Im Übrigen gibt es weitere Gründe für eine Nachversteuerung (z.B. Aufgabe oder Veräußerung eines Betriebes oder Mitunternehmeranteils, Antrag des Stpfl.). 241

Betriebsausgabenpauschale

Bei der Ermittlung der Einkünfte aus **selbständiger Arbeit** kann bei hauptberuflicher selbständiger, schriftstellerischer oder journalistischer Tätigkeit, bei wissenschaftlicher, künstlerischer und schriftstellerischer Nebentätigkeit sowie bei nebenamtlicher Lehr- und Prüfungstätigkeit an Stelle der tatsächlichen Betriebsausgaben eine Betriebsausgabenpauschale abgezogen werden. Die Betriebsausgabenpauschale beträgt: 242

- bei hauptberuflicher selbständiger, schriftstellerischer oder journalistischer Tätigkeit **30 %** der Betriebseinnahmen aus dieser Tätigkeit, höchstens jedoch 2 455 € jährlich;
- bei wissenschaftlicher, künstlerischer und schriftstellerischer Nebentätigkeit (auch Vortrags- oder nebenberufliche Lehr- und Prüfungstätigkeit), soweit es sich nicht um eine Tätigkeit i.S.d. § 3 Nr. 26 EStG (→ Rz. 577 *Übungsleiterpauschale*) handelt, **25 %** der Betriebseinnahmen aus dieser Tätigkeit, höchstens jedoch 614 € jährlich. Der Höchstbetrag von 614 € wird für alle Nebentätigkeiten, die unter die Vereinfachungsregelung fallen, nur einmal gewährt.

Freibetrag für Land- und Forstwirtschaft

Einkünfte aus Land- und Forstwirtschaft werden bei der Ermittlung des Gesamtbetrags der Einkünfte (→ Rz. 101) nur berücksichtigt, soweit sie **670 €** bzw. bei Zusammenveranlagung von Ehegatten/Lebenspartnern **1 340 €** übersteigen. 243

Der gewährte Freibetrag ist nicht **betriebsbezogen**; er steht dem Stpfl. nur einmal zu, auch wenn er an mehreren Betrieben der Land- und Forstwirtschaft beteiligt ist. Andererseits steht er jedem Beteiligten an einem land- und forstwirtschaftlichen Betrieb zu. Der Freibetrag wird ungeschmälert gewährt, auch wenn im Laufe eines Veranlagungszeitraums ein Betrieb der Land- und Forstwirtschaft übernommen, veräußert oder aufgegeben wird.

Voraussetzung für die Anwendung des Freibetrags ist jedoch, dass die Summe der Einkünfte (→ Rz. 96 ff.) **30 700 €** bzw. bei Zusammenveranlagung von Ehegatten/Lebenspartnern **61 400 €** nicht übersteigt.

Freigrenze bei privaten Veräußerungsgeschäften

Gewinne aus privaten Veräußerungsgeschäften (Veräußerung von Grundstücken und anderen Wirtschaftsgütern, nicht aber Finanzanlagen [siehe 3. Absatz]) bleiben steuerfrei, wenn der aus den privaten Veräußerungsgeschäften erzielte Gesamtgewinn im Kalenderjahr weniger als **600 €** betragen hat. Veräußerungen von Gegenständen des täglichen Gebrauchs (z.B. Gebrauchtfahrzeuge) werden dabei steuerlich nicht erfasst. Es handelt sich bei dem Betrag i.H.v. 600 € nicht um einen Freibetrag, d.h., bei einem Gesamtgewinn von z.B. 700 € ist der gesamte Gewinn i.H.v. 700 € zu versteuern. 244

Haben beide zusammenveranlagten Ehegatten/Lebenspartner Veräußerungsgewinne erzielt, steht jedem Ehegatten/Lebenspartne die Freigrenze – höchstens jedoch bis zur Höhe seines Gesamtgewinns aus privaten Veräußerungsgeschäften – zu.

Gewinne aus der Veräußerung von **Finanzanlagen** (z.B. Aktien, Investmentfonds) gehören bei Anschaffungen nach dem 31.12.2008 zu den Einkünften aus Kapitalvermögen (→ Rz. 92); es greift die **Abgeltungsteuer.** Die Freigrenze von 600 € ist bei Finanzanlagen nicht mehr maßgeblich; hier greift der → Rz. 249 *Sparer-Pauschbetrag*.

Freigrenze für Geschenke

Aufwendungen für Geschenke an Personen, die nicht Arbeitnehmer des Stpfl. sind, dürfen nicht als Betriebsausgaben abgezogen werden, wenn die Anschaffungs- oder Herstellungskosten der dem Empfänger im Wirtschaftsjahr zugewendeten Gegenstände insgesamt **35 €** übersteigen. Es handelt sich bei dem Betrag i.H.v. 35 € nicht um einen Freibetrag, d.h., bei Aufwendungen für ein Geschenk i.H.v. z.B. 50 € ist der gesamte Betrag nicht abziehbar. 245

Für die Frage, ob die Freigrenze i.H.v. 35 € überschritten ist, ist von den Anschaffungs- oder Herstellungskosten abzüglich eines darin enthaltenen Vorsteuerbetrags, also vom reinen Warenpreis ohne Vorsteuer (Nettowert), auszugehen, wenn der Vorsteuerbetrag umsatzsteuerrechtlich abziehbar ist. Ist die Vorsteuer umsatzsteuerrechtlich nicht abziehbar, ist vom Warenpreis einschließlich der Umsatzsteuer auszugehen.

Grundfreibetrag

Bis zur Höhe des Grundfreibetrags wird keine Einkommensteuer erhoben. Der Grundfreibetrag ist dabei in die Formel zur Berechnung der Einkommensteuer eingearbeitet (§ 32a EStG). 246

Der Grundfreibetrag beträgt ab **2014**

- für Ledige und dauernd getrennt lebende Ehegatten/Lebenspartner **8 354 €** und
- für zusammenveranlagte Ehegatten/Lebenspartnern **16 708 €**.

Härteausgleich

Bei der Veranlagung von Arbeitnehmern zur Einkommensteuer wird ein Freibetrag in Höhe der Einkünfte, die nicht der Lohnsteuer unterlegen haben, vom Einkommen abgezogen, wenn diese Einkünfte insgesamt nicht mehr als **410 €** betragen 247 haben. Haben sie mehr als 410 € betragen, wird als Freibetrag vom Einkommen der Betrag abgezogen, um den die Einkünfte den Betrag von **820 €** unterschritten haben. Soweit diese Einkünfte zum Abzug des → Rz. 238 *Altersentlastungsbetrags* oder des → Rz. 243 *Freibetrags für Land- und Forstwirtschaft* geführt haben, vermindert sich jedoch der Freibetrag um den Anteil des Altersentlastungsbetrags, der auf ihn entfällt, sowie um den Freibetrag für Land- und Forstwirte.

Sonderausgaben-Pauschbetrag

248 Für bestimmte Sonderausgaben wird ein Pauschbetrag von **36 €** gewährt (Sonderausgaben-Pauschbetrag), wenn nicht höhere Aufwendungen nachgewiesen werden. Wegen der Einzelheiten → Rz. 248 *Sonderausgaben-Pauschbetrag*. Bei der Zusammenveranlagung von **Ehegatten/Lebenspartnern** verdoppelt sich der Betrag auf **72 €**.

Sparer-Pauschbetrag

249 Seit **2009** gelten die Regelungen zur **Abgeltungsteuer** (→ Rz. 92). Der Sparer-Pauschbetrag wird für Werbungskosten abgezogen und beträgt **801 €**; der Nachweis und Abzug der **tatsächlichen Werbungskosten** ist seit 2009 **nicht** mehr **möglich**.

Ehegatten/Lebenspartner, die zusammen veranlagt werden, wird ein gemeinsamer Sparer-Pauschbetrag von **1 602 €** gewährt. Der gemeinsame Sparer-Pauschbetrag wird bei der Einkunftsermittlung bei jedem Ehegatten/Lebenspartner **je zur Hälfte** abgezogen; sind die Kapitalerträge eines Ehegatten/Lebenspartners niedriger als 801 €, ist der anteilige Sparer-Pauschbetrag insoweit, als er die Kapitalerträge dieses Ehegatten/Lebenspartners übersteigt, **bei dem anderen Ehegatten/Lebenspartner** abzuziehen.

Steuerermäßigung bei ausländischen Einkünften

250 Bei unbeschränkt Stpfl., die mit ausländischen Einkünften in dem Staat, aus dem die Einkünfte stammen, zu einer der deutschen Einkommensteuer entsprechenden Steuer herangezogen werden, wird die festgesetzte und gezahlte und um einen entstandenen Ermäßigungsanspruch gekürzte ausländische Steuer auf die deutsche Einkommensteuer **angerechnet**, die auf die Einkünfte aus diesem Staat entfällt. Statt einer Anrechnung wird die ausländische Steuer auf Antrag bei der Ermittlung der Einkünfte **abgezogen**.

Steuerermäßigung bei Belastung mit Erbschaftsteuer

251 Sind bei der Ermittlung des Einkommens Einkünfte berücksichtigt worden, die im Veranlagungszeitraum oder in den vorangegangenen vier Veranlagungszeiträumen als Erwerb von Todes wegen der Erbschaftsteuer unterlegen haben, so wird auf Antrag die um sonstige Steuerermäßigungen gekürzte tarifliche **Einkommensteuer**, die auf diese Einkünfte entfällt, um einen bestimmten Prozentsatz **ermäßigt**. Die Regelung verringert eine **Doppelbelastung** mit Erbschaftsteuer und Einkommensteuer. Sie ist beschränkt auf Fälle, in denen beim Erben Einkünfte tatsächlich mit Einkommensteuer belastet werden, die zuvor als Vermögen oder Bestandteil von Vermögen bereits der Erbschaftsteuer unterlagen.

Die Regelung **gilt nicht**, soweit Erbschaftsteuer als Sonderausgabe abgezogen wird (→ Rz. 201 *Versorgungsleistungen*).

Steuerermäßigung bei Einkünften aus Gewerbetrieb

252 Die tarifliche Einkommensteuer ermäßigt sich, soweit sie anteilig auf im zu versteuernden Einkommen enthaltene gewerbliche Einkünfte entfällt, bei Einkünften aus gewerblichen Unternehmen um **das 3,8-fache** des festgesetzten **Gewerbesteuer-Messbetrags**, bei Mitunternehmern und persönlich haftenden Gesellschaftern einer Kommanditgesellschaft auf Aktien um das 3,8-fache des festgesetzten anteiligen Gewerbesteuer-Messbetrags. Der Abzug des Steuerermäßigungsbetrags ist auf die tatsächlich zu zahlende Gewerbesteuer beschränkt.

Steuerermäßigung für haushaltsnahe Beschäftigungsverhältnisse/Dienstleistungen und Handwerkerleistungen

253 **Für haushaltsnahe Beschäftigungsverhältnisse**, bei denen es sich um eine **geringfügige Beschäftigung** i.S.d. § 8a SGB IV handelt, ermäßigt sich die tarifliche Einkommensteuer, vermindert um die sonstigen Steuerermäßigungen, um **20 %**, **höchstens 510 €**, der Aufwendungen des Stpfl.

Für **andere haushaltsnahe Beschäftigungsverhältnisse** oder für die **Inanspruchnahme von haushaltsnahen Dienstleistungen**, die nicht Handwerkerleistungen sind, ermäßigt sich die tarifliche Einkommensteuer, vermindert um die sonstigen Steuerermäßigungen, um **20 %, höchstens 4 000 €**, der Aufwendungen des Stpfl. Die Steuerermäßigung kann auch in Anspruch genommen werden für die Inanspruchnahme von **Pflege- und Betreuungsleistungen** sowie für Aufwendungen, die wegen der Unterbringung in einem **Heim** oder zur **dauernden Pflege** erwachsen, soweit darin **Kosten für Dienstleistungen** enthalten sind, die mit denen einer Hilfe im Haushalt vergleichbar sind.

Für die Inanspruchnahme von **Handwerkerleistungen** für Renovierungs-, Erhaltungs- und Modernisierungsmaßnahmen ermäßigt sich die tarifliche Einkommensteuer, vermindert um die sonstigen Steuerermäßigungen, auf Antrag um **20 %**, **höchstens 1 200 €**, der Aufwendungen. Dies gilt nicht für öffentlich geförderte Maßnahmen, für die zinsverbilligte Darlehen oder steuerfreie Zuschüsse in Anspruch genommen werden. Der Abzug von der tariflichen Einkommensteuer gilt nur für **Arbeitskosten**.

Die Steuerermäßigung i.H.v. bis zu 510 €, 4 000 € und 1 200 € kann nur in Anspruch genommen werden, wenn das Beschäftigungsverhältnis, die Dienstleistung oder die Handwerkerleistung in einem **in der Europäischen Union** oder dem **Europäischen Wirtschaftsraum** liegenden Haushalt des Stpfl. oder bei Pflege- und Betreuungsleistungen in einem Haushalt der gepflegten oder betreuten Person ausgeübt oder erbracht wird. In den Fällen der Inanspruchnahme von Pflege- und Betreuungsleistungen sowie für Aufwendungen, die wegen der Unterbringung in einem Heim oder zur dauernden Pflege erwachsen, ist Voraussetzung, dass das **Heim** oder der **Ort der dauernden Pflege** in der Europäischen Union oder dem Europäischen Wirtschaftsraum liegt.

Die Steuerermäßigungen i.H.v. bis zu 510 €, 4 000 € und 1 200 € können nur in Anspruch genommen werden, soweit die Aufwendungen nicht Betriebsausgaben oder Werbungskosten darstellen und soweit sie nicht als Sonderausgaben

(→ Rz. 171 ff.) oder außergewöhnliche Belastungen (→ Rz. 205) berücksichtigt worden sind; für Aufwendungen, die dem Grunde nach als Kinderbetreuungskosten zu berücksichtigen sind (→ Rz. 182 *Kinderbetreuungskosten*), ist eine Inanspruchnahme ebenfalls ausgeschlossen. Voraussetzung für die Inanspruchnahme der Steuerermäßigung für **haushaltsnahe Dienstleistungen i.H.v. bis zu 4 000 €** oder für **Handwerkerleistungen** ist, dass der Stpfl. für die Aufwendungen eine **Rechnung** erhalten hat und die **Zahlung auf das Konto** des Erbringers der Leistung erfolgt ist; **Barzahlungen** sind nicht begünstigt. Leben **zwei Alleinstehende** in einem Haushalt zusammen, können sie die Höchstbeträge insgesamt jeweils **nur einmal** in Anspruch nehmen.

Zu den **weiteren Einzelheiten** siehe BMF-Schreiben vom 15.2.2010, IV C 4 – S 2296-b/07/0003, BStBl I 2010, 140.

Steuerermäßigung bei Zuwendungen an politische Parteien und an unabhängige Wählervereinigungen

Die tarifliche Einkommensteuer ermäßigt sich bei Zuwendungen an politische Parteien und bestimmte Vereine ohne Parteicharakter um **50 %** der Ausgaben, höchstens **825 €**, im Fall der Zusammenveranlagung von **Ehegatten/Lebenspartnern** höchstens **1 650 €**. → Rz. 37 und → Rz. 187 *Politische Parteien*. 254

Veräußerungsfreibetrag

Für Gewinne aus der Veräußerung 255

- eines ganzen Gewerbebetriebs oder eines Teilbetriebs,
- eines Anteils eines Gesellschafters, der als Unternehmer (Mitunternehmer) eines Betriebs anzusehen ist, oder
- eines Anteils eines persönlich haftenden Gesellschafters einer Kommanditgesellschaft auf Aktien

wird ein Freibetrag i.H.v. **45 000 €** gewährt, wenn der Stpfl. das 55. Lebensjahr vollendet hat oder er im sozialversicherungsrechtlichen Sinn dauernd berufsunfähig ist. Als Veräußerung gilt auch die Aufgabe einer entsprechenden Tätigkeit. Der Freibetrag wird nur einmal (im Leben) gewährt. Er ermäßigt sich um den Betrag, um den der Veräußerungsgewinn den Betrag von **136 000 €** übersteigt. Bei der Veräußerung des Vermögens oder eines selbständigen Teils des Vermögens oder eines Anteils am Vermögen, das der **selbständigen Arbeit** dient, gilt die Freibetragsregelung entsprechend. Gleiches gilt bei Aufgabe einer selbständigen Tätigkeit.

Versorgungsfreibetrag

Von Versorgungsbezügen bleiben ein **Versorgungsfreibetrag** und ein **Zuschlag zum Versorgungsfreibetrag** steuerfrei. Der Versorgungsfreibetrag ist dabei ein nach einem **Vomhundertsatz** ermittelbarer, auf einen **Höchstbetrag** begrenzter Betrag. 256

Versorgungsbezüge sind Bezüge aus einem früheren Dienstverhältnis, die nach den Beamten-(Pensions-)Gesetzen oder entsprechenden Regelungen oder in anderen Fällen wegen Erreichens einer Altersgrenze, Eintritts der Berufs- oder Erwerbsunfähigkeit oder als Hinterbliebenenbezüge gewährt werden.

Der maßgebende Vomhundertsatz, der Höchstbetrag des Versorgungsfreibetrags und der Zuschlag zum Versorgungsfreibetrag werden aus einer **Tabelle** in § 19 Abs. 2 EStG entnommen. So beträgt bei einem Versorgungsbeginn in 2014 der Versorgungsfreibetrag **25,6 %** (in 2013: 27,2 %) der Versorgungsbezüge, **höchstens** aber **1 920 €** (in 2013: 2 040 €), und der Zuschlag zum Versorgungsfreibetrag **576 €** (in 2013: 612 €). Die genannten Beträge werden **bis zum Jahr 2040 auf 0 % bzw. 0 €** abgeschmolzen.

Bemessungsgrundlage für den Versorgungsfreibetrag ist bei Versorgungsbeginn vor 2005 das Zwölffache des Versorgungsbezugs für Januar 2005 und bei Versorgungsbeginn ab 2005 das Zwölffache des Versorgungsbezugs für den ersten vollen Monat, jeweils zuzüglich voraussichtlicher Sonderzahlungen im Kalenderjahr, auf die zu diesem Zeitpunkt ein Rechtsanspruch besteht. Der einmal berechnete Versorgungsfreibetrag und Zuschlag zum Versorgungsfreibetrag gelten für die **gesamte Laufzeit** des Versorgungsbezugs. **Regelmäßige Anpassungen** des Versorgungsbezugs führen nicht zu einer Neuberechnung. Allerdings sind der Versorgungsfreibetrag und der Zuschlag zum Versorgungsfreibetrag **neu zu berechnen**, wenn sich der Versorgungsbezug wegen Anwendung von Anrechnungs-, Ruhens-, Erhöhungs- oder Kürzungsregelungen erhöht oder vermindert. Für jeden **vollen Kalendermonat**, für den **keine Versorgungsbezüge** gezahlt werden, werden der Versorgungsfreibetrag und der Zuschlag zum Versorgungsfreibetrag in diesem Kalenderjahr um je **ein Zwölftel ermäßigt**. Zu weiteren Einzelheiten und Besonderheiten siehe BMF-Schreiben v. 19.8.2013, IV C 3 – S 2221/12/10010:004 / IV C 5 – S 2345/08/0001, BStBl I 2013, 1087.

Werbungskosten-Pauschbetrag bei bestimmten sonstigen Einnahmen

Von bestimmten **sonstigen Einnahmen** wird ein Werbungskosten-Pauschbetrag von **102 €** jährlich abgezogen, wenn nicht höhere Werbungskosten nachgewiesen werden. Der Pauschbetrag darf nur bis zur Höhe der Einnahmen abgezogen werden. **Folgende Einnahmen** sind vom Werbungskosten-Pauschbetrag betroffen: 257

- Einnahmen aus wiederkehrenden Bezügen (z.B. die Altersrente aus der gesetzlichen Rentenversicherung, Renten wegen verminderter Erwerbsfähigkeit oder Witwen- und Witwerrenten);
- Einnahmen aus Unterhaltsleitungen an den geschiedenen oder dauernd getrennt lebenden Ehegatten, soweit sie vom Geber als Sonderausgaben abgezogen werden können;
- Einkünfte aus Versorgungsleistungen, soweit beim Zahlungsverpflichteten die Voraussetzungen für den Sonderausgabenabzug erfüllt sind;
- Einkünfte aus Ausgleichszahlungen im Rahmen des schuldrechtlichen Versorgungsausgleichs, soweit bei der ausgleichspflichtigen Person die Voraussetzungen für den Sonderausgabenabzug erfüllt sind;
- Leistungen aus Altersvorsorgeverträgen, Pensionsfonds, Pensionskassen und Direktversicherungen.

VIII. Steuererhebungsformen/Einkommensteuer-Vorauszahlungen

258 Die **Einkommensteuer** wird grundsätzlich nach Ablauf des Kalenderjahrs (Veranlagungszeitraums) nach dem Einkommen veranlagt, das der Stpfl. in diesem **Veranlagungszeitraum** bezogen hat, soweit nicht Einkünfte aus nichtselbständiger Arbeit sowie Einkünfte aus Kapitalvermögen vorliegen und eine Veranlagung unterbleibt. Von den Lohn- und Kapitaleinkünften erhebt der Fiskus die Einkommensteuer im sog. Quellenabzug. Daneben kann er Einkommensteuer-Vorauszahlungen festsetzen.

1. Einkünfte aus nichtselbständiger Arbeit (Lohnsteuer)

259 Bei Einkünften aus nichtselbständiger Arbeit wird die Einkommensteuer durch **Abzug vom Arbeitslohn** erhoben (Lohnsteuer). Der Arbeitgeber hat vom Bruttoarbeitslohn des Arbeitnehmers die Lohnsteuer zu berechnen, sie einzubehalten und an das Finanzamt abzuführen (→ Rz. 265 ff.). Die vom Arbeitgeber laut elektronischer Lohnsteuerbescheinigung oder besonderer Lohnsteuerbescheinigung einbehaltene Lohnsteuer wird **auf** die festgesetzte **Einkommensteuer angerechnet**.

Pauschal besteuerter Arbeitslohn und die darauf entfallende pauschale Lohnsteuer bleiben bei einer Einkommensteuerveranlagung jedoch grds. unberücksichtigt. Ausnahme ist hier die Pauschalbesteuerung mit einem Steuersatz von 20 % bei Arbeitslohnzahlungen auf Grund von tarifvertraglichen Ansprüchen des Arbeitnehmers gegen einen Dritten (z.B. gegenüber den Sozialkassen des Baugewerbes); → Rz. 417 vorletzter und letzter Absatz.

2. Einkünfte aus Kapitalvermögen (Abgeltungsteuer – eigentl. Kapitalertragsteuer)

260 Für Kapitaleinkünfte gilt eine **Abgeltungsteuer** (Kapitalertragsteuer mit abgeltender Wirkung; auch → Rz. 92). Zinsen, Dividenden und Fondsausschüttungen etc., aber auch **Kurs- und Währungsgewinne** werden pauschal mit **25 % zzgl. Solidaritätszuschlag** (→ Rz. 694 ff.) und ggf. **Kirchensteuer** (→ Rz. 712 ff.) besteuert. Die Abgeltungsteuer fällt allerdings nur dann an, wenn die Kapitalerträge höher sind als der **Sparer-Pauschbetrag von 801 €** (Alleinstehende) bzw. **1 602 €** (Verheiratete). **Werbungskosten** werden **nicht** berücksichtigt. Zur Berücksichtigung des Sparer-Pauschbetrags kann beim Kreditinstitut ein **Freistellungsauftrag** erteilt werden.

Die Abgeltungsteuer wird **direkt** von den Banken, Bausparkassen etc., bei denen die Kapitalanlagen gehalten werden, **einbehalten** und an das Finanzamt abgeführt. Für die Kapitalerträge gilt also ähnlich wie bei der Lohnsteuer ein **Quellenabzugsverfahren**. Durch einen **Freistellungsauftrag** (Berücksichtigung des Sparer-Pauschbetrags, → Rz. 249 *Sparer-Pauschbetrag*) oder eine **Nichtveranlagungs-Bescheinigung** kann die Einbehaltung der Abgeltungsteuer vermieden werden. Sofern keine Sonderfälle geltend gemacht werden, sind bei der **Einkommensteuererklärung** die Kapitaleinkünfte **nicht** gesondert **anzugeben** (Ausnahme z.B.: unterbliebener Kirchensteuerabzug [→ Rz. 725]). Bezüglich der Einzelfragen zur Abgeltungsteuer siehe auch BMF-Schreiben vom 9.10.2012, IV C 1 – S 2252/10/10013, BStBl I 2012, 953).

Für die Abgeltungsteuer gilt das sog. **Veranlagungswahlrecht**, d.h., es kann die Einbeziehung der Kapitaleinkünfte bei der Einkommensteuerveranlagung beantragt werden. Liegt der individuelle (Grenz-)Steuersatz über 25 %, ist grds. die Abgeltungsteuer günstiger. Liegt der (Grenz-)Steuersatz unter 25 %, ist grds. die Besteuerung mit dem individuellen Steuersatz günstiger; die einbehaltene Abgeltungsteuer wird in diesem Fall angerechnet. Bei der Günstigerprüfung im Rahmen der Abgeltungsteuer wird aber nicht allein auf die festgesetzte Einkommensteuer, sondern auf die gesamte Steuerbelastung einschließlich Zuschlagsteuern (z.B. Solidaritätszuschlag) abgestellt.

3. Einkommensteuer-Vorauszahlung

Der Stpfl. hat am **10. März**, **10. Juni**, **10. September** und **10. Dezember** eines Jahres Vorauszahlungen auf die Einkommensteuer zu entrichten, die er für dieses Jahr voraussichtlich schulden wird. Die Vorauszahlungen bemessen sich grundsätzlich nach der Einkommensteuer, die sich nach Anrechnung der Steuerabzugsbeträge bei der letzten Veranlagung ergeben hat. Vorauszahlungen werden nur festgesetzt, wenn sie mindestens **400 €** im Kalenderjahr und mindestens **100 €** für einen Vorauszahlungszeitpunkt betragen. 261

Einkommensteuer-Vorauszahlungen müssen insbesondere Stpfl. entrichten, die Einkünfte aus Gewerbebetrieb, selbständiger Arbeit, Land- und Forstwirtschaft und Vermietung und Verpachtung erzielen. **Arbeitnehmer**, die neben ihren Einkünften aus nichtselbständiger Arbeit keine weiteren Einkünfte erzielen, brauchen i.d.R. keine Einkommensteuer-Vorauszahlungen zu leisten, weil die Lohneinkünfte bereits dem Lohnsteuerabzug unterliegen; jedoch ist das Finanzamt nicht gehindert, Einkommensteuer-Vorauszahlungen festzusetzen, auch wenn ausschließlich Einkünfte aus nichtselbständiger Arbeit erzielt werden (z.B. 262

- bei einem Steuerabzug nach Steuerklasse III [→ Rz. 314] und einer anschließenden Einzelveranlagung [→ Rz. 71 ff.],
- bei Ehegatten, die beide Arbeitnehmer sind, mit der Steuerklassenkombination III/V oder
- bei einer im Einzelfall zu hohen Vorsorgepauschale [→ Rz. 5 ff., 348 ff.]).

Erzielt ein Arbeitnehmer neben seinen Einkünften aus nichtselbständiger Arbeit weitere Einkünfte (z.B. aus Vermietung und Verpachtung), kann das Finanzamt ebenfalls Einkommensteuer-Vorauszahlungen festsetzen.

Einkommensteuer-Vorauszahlungen können vom Finanzamt auch nachträglich erhöht werden. Ist dies der Fall, wird die letzte Vorauszahlung für den Veranlagungszeitraum angepasst. Festgesetzte Vorauszahlungen werden aber nur nachträglich erhöht, wenn sich der **Erhöhungsbetrag** auf **mindestens 5 000 €** beläuft. 263

Die für einen Veranlagungszeitraum entrichteten Einkommensteuer-Vorauszahlungen werden auf die festgesetzte Einkommensteuer **angerechnet**. 264

C. Lohnsteuer

I. Begriffsdefinitionen

265 Der Fiskus hat dem Staatsbürger vielfältige Pflichten auferlegt. Eine der bedeutendsten Obliegenheiten trifft den Arbeitgeber. Er hat auf Grund öffentlich-rechtlicher Verpflichtung grundsätzlich bei jeder Lohnzahlung an seine Mitarbeiter die dafür fällige **Lohnsteuer** zu ermitteln, sie einzubehalten und zu den gesetzlich bestimmten Terminen dem Finanzamt anzumelden und dorthin abzuführen (→ Rz. 362 f.). Dies gilt auch für die Kirchensteuer und den Solidaritätszuschlag.

Die **einheitliche Pauschsteuer** i.H.v. 2 % des Arbeitsentgelts geringfügig Beschäftigter ist hingegen an die Deutsche Rentenversicherung Knappschaft-Bahn-See (Kurzbezeichnung: Minijob-Zentrale) in Essen anzumelden und abzuführen (→ Rz. 616 f.). Hierfür hat der Arbeitgeber den Beitragsnachweis zu verwenden (→ Rz. 617). Für Privathaushalte als Arbeitgeber sind die Sonderregelungen des **Haushaltsscheckverfahrens** zu beachten (→ Rz. 617).

266 Seit dem Kalenderjahr 2006 ist grundsätzlich jeder Arbeitgeber gesetzlich verpflichtet, die **Lohnsteuerbescheinigung** der Finanzverwaltung **elektronisch** zu übermitteln (→ Rz. 374); Ausnahme: für eine geringfügige Beschäftigung im Privathaushalt wird die Lohnabrechnung nicht maschinell durchgeführt (→ Rz. 377). Bei elektronischer Übermittlung ist dem Arbeitnehmer ein nach amtlich vorgeschriebenem Muster gefertigter Ausdruck der elektronischen Lohnsteuerbescheinigung auszuhändigen oder elektronisch bereitzustellen. Dieser Ausdruck darf nicht mit einer vom Finanzamt für 2014 ausgestellten Bescheinigung für den Lohnsteuerabzug, z.B. für sog. Härtefälle und für Arbeitnehmer ohne steuerliche Identifikationsnummer, verbunden werden. Gleiches gilt, wenn für den in 2013 begonnenen und in das Jahr 2014 hineinreichenden Einführungszeitraum Anfang 2014 zulässigerweise noch angewendete Papierverfahren evtl. die Bescheinigungen für den Lohnsteuerabzug 2011, 2012, 2013 oder die für das Kalenderjahr 2010 ausgestellte Lohnsteuerkarte vorliegen. Hat der Arbeitgeber den Arbeitslohn **pauschal** versteuert, ist weder eine Lohnsteuerbescheinigung zu übermitteln noch ein Ausdruck zu erstellen.

267 Wer ist lohnsteuerlicher **Arbeitgeber** und **Arbeitnehmer**, welche Zahlungen und Vorteile rechnen zum **Arbeitslohn** und wie regelt das Einkommensteuergesetz die Abführung der **Lohnsteuer** an das Finanzamt? Die folgenden Abschnitte geben Antworten auf diese Fragen und erläutern ergänzend die steuerlichen Pflichten von Arbeitgeber und Arbeitnehmer (→ Rz. 270 ff.).

1. Lohnsteuer-Anmeldung

268 Der inländische Arbeitgeber hat die bei der Lohnzahlung (→ Rz. 362 f.) einzubehaltende und „zu übernehmende" **Lohnsteuer** dem Betriebsstättenfinanzamt anzumelden und an dessen Finanzkasse abzuführen (zu überweisen, → Rz. 366). Ist der Arbeitgeber ausnahmsweise **nicht** zur **elektronischen Übermittlung** der Lohnsteuer-Anmeldung verpflichtet (→ Rz. 364), hält die Finanzverwaltung einen auf Papier zu übermittelnden Erklärungsvordruck bereit, die Lohnsteuer-Anmeldung. Diese Anmeldung kann an das Finanzamt auch per Telefax (Papierform) übermittelt werden.

Abhängig von der Höhe der abzuführenden Lohnsteuer des vorangegangenen Kalenderjahres sieht das Einkommensteuergesetz drei verschiedene **Anmeldungszeiträume** vor (→ Rz. 364). Mit der Umschreibung „zu übernehmende Lohnsteuer" ist die vom Arbeitgeber zu tragende pauschale Lohnsteuer gemeint. Zu den **Ausnahmen** bei der Lohnsteuer-Pauschalierung mit der einheitlichen Pauschsteuer i.H.v. 2 % des Arbeitsentgelts → Rz. 265, 611 ff. und zum Haushaltsscheckverfahren → Rz. 265, 617.

Die auf Papier zu übermittelnde Lohnsteuer-Anmeldung (Vordruck) ist wie jede Steuererklärung zu unterschreiben, wobei die **Unterschrift** des Arbeitgebers gesetzlich nicht verlangt wird. Stattdessen kann auch eine mit der Lohnabrechnung beauftragte Person, z.B. ein Mitarbeiter, diese Anmeldung unterschreiben. 269

Seit dem Kalenderjahr 2013 ist die Verpflichtung zu beachten, wonach Lohnsteuer-Anmeldungen (sowie Umsatzsteuer-Voranmeldungen) nur noch mit **elektronischem Zertifikat** an die Finanzverwaltung übermittelt werden können (Authentifizierung). Hierfür ist die Registrierung am ElsterOnline-Portal erforderlich. Sollten Arbeitgeber diese Authentifizierung vergessen oder zu spät beantragt haben, empfiehlt es sich, dennoch die Lohnsteuer-Anmeldungen elektronisch zu übermitteln. Steuerliche Dienstleister (z.B. Lohnbüros oder Steuerberater) müssen sich nur einmal registrieren. Mit dem so erhaltenen Zertifikat können Übermittlungen für alle Mandanten in deren Auftrag ausgeführt werden.

2. Arbeitgeber

Arbeitgeber sind Gewerbetreibende, Freiberufler, Personenvereinigungen und Körperschaften usw., die natürliche Personen im Rahmen eines Dienstverhältnisses beschäftigen oder die an Personen Arbeitslohn auf Grund eines derzeitigen, früheren oder im Hinblick auf ein zukünftiges Dienstverhältnis zahlen. Arbeitgeber können auch nicht rechtsfähige Personenzusammenschlüsse (z.B. OHG und KG) oder gemeinnützige Vereine wie z.B. Sportvereine sein. So kann ein Sportverein Arbeitgeber der eingesetzten Amateursportler sein, falls er ihnen eine Vergütung zahlt. Arbeitgeber ist derjenige, dem der Arbeitnehmer die Arbeitsleistung schuldet. 270

Arbeitgeber ist auch, wer als **Verleiher** einem Dritten Arbeitnehmer zur Arbeitsleistung überlässt. Seit dem Kalenderjahr 2004 kann nach Zustimmung des Finanzamts auch ein Dritter die Pflichten des Arbeitgebers im eigenen Namen erfüllen (Dienstleister, studentische Arbeitsvermittlungen, § 38 Abs. 3a EStG).

Zum Lohnsteuerabzug sind nur inländische Arbeitgeber bzw. inländische Vertreter ausländischer Arbeitgeber oder Verleiher verpflichtet. **Inländischer** Arbeitgeber ist derjenige, der in Deutschland „zu Hause" bzw. ansässig ist. Steuertechnisch heißt dies, wer im Inland seinen Wohnsitz (→ Rz. 50), den gewöhnlichen Aufenthalt (→ Rz. 51) seine Geschäftsleitung (→ Rz. 274) oder seinen Firmensitz bzw. seine Betriebsstätte (→ Rz. 274 f.) hat. Inländischer Arbeitgeber ist deshalb auch ein im **Ausland** ansässiger Arbeitgeber, der im Inland eine Betriebsstätte oder einen ständigen Vertreter hat und hier Arbeitnehmer beschäftigt. 271

Abweichend hiervon hat ein ausländischer **Verleiher**, der seine Arbeitnehmer zur Arbeitsleistung im Inland gewerbsmäßig überlässt, für die im Inland eingesetzten Arbeitnehmer auch dann die Arbeitgeberpflichten zu übernehmen, wenn er 272 im Inland weder einen Sitz noch eine Betriebsstätte oder einen gewöhnlichen Aufenthalt hat. Führt der ausländische Verleiher keine Lohnsteuer ab, haftet der **Entleiher**, also der Auftraggeber, gegenüber dem Finanzamt für die abzuführende Lohnsteuer der für ihn tätigen Arbeitnehmer.

Bei erlaubter **Arbeitnehmerüberlassung** (§ 1 Arbeitnehmerüberlassungsgesetz) haftet der Entleiher nicht (R 42 d.2 Abs. 4 Satz 4 LStR). Im Falle einer **unerlaubten** Arbeitnehmerüberlassung scheidet die Haftung des Entleihers aus, wenn dieser über das Vorliegen einer Arbeitnehmerüberlassung ohne Verschulden irrte. Haben weder ein inländischer Arbeitgeber noch ein ausländischer Arbeitnehmerverleiher für einen ausländischen Arbeitnehmer den Lohnsteuerabzug vorgenommen, kann die von ihm geschuldete Einkommensteuer auch durch eine Einkommensteuerveranlagung erhoben werden.

273 Entsendet eine im **Ausland** ansässige **Kapitalgesellschaft** bzw. Obergesellschaft eines Konzerns (Organträger) die von ihr eingestellten Arbeitnehmer an eine inländische Tochtergesellschaft (internationale Arbeitnehmerentsendung), ist die inländische Tochtergesellschaft bzw. das im Inland ansässige Unternehmen für den Lohnsteuereinbehalt inländischer Arbeitgeber, wenn sie den Arbeitslohn für die bei ihr geleistete Arbeit wirtschaftlich trägt. Hierfür ist nicht entscheidend, ob das inländische Unternehmen dem Arbeitnehmer den Arbeitslohn im eigenen Namen und für eigene Rechnung auszahlt.

274 Unter der **Geschäftsleitung** wird der Mittelpunkt der geschäftlichen Oberleitung verstanden (§ 10 AO). Den **Sitz** hat eine Körperschaft, Personenvereinigung oder Vermögensmasse an dem Ort, der durch Gesetz bzw. Gesellschaftsvertrag, Satzung, Stiftungsgeschäft oder dergleichen bestimmt ist (§ 11 AO).

275 Die lohnsteuerliche **Betriebsstätte** ist der Betrieb oder Teilbetrieb des Arbeitgebers, in dem der für die Durchführung des Lohnsteuerabzugs maßgebende Arbeitslohn ermittelt wird. Dies ist der Ort, an dem der Arbeitgeber die für den Lohnsteuereinbehalt bedeutsamen Lohnteile oder bei maschineller Lohnabrechnung die Eingabewerte zusammenfasst. Unerheblich ist z.B., wo die in 2014 abgerufenen elektronischen Lohnsteuerabzugsmerkmale gespeichert oder evtl. vom Finanzamt ausgestellte (jahresbezogene) Bescheinigungen für den Lohnsteuerabzug aufbewahrt werden. Wird der maßgebende Arbeitslohn nicht in dem Betrieb oder einem Teilbetrieb oder nicht im Inland ermittelt, so gilt als Betriebsstätte der Mittelpunkt der geschäftlichen Leitung des Arbeitgebers im Inland. Die lohnsteuerliche Betriebsstätte kann eine andere sein als die, die sich nach der Abgabenordnung (§ 12 AO) ergeben würde.

Erfüllt bei einer **Wohnungseigentümergemeinschaft** der Verwalter sämtliche Arbeitgeberpflichten, befindet sich an seinem Sitz der Ort der geschäftlichen Leitung bzw. die lohnsteuerliche Betriebsstätte der Gemeinschaft.

276 Ein **ausländischer Arbeitgeber** unterhält eine inländische Betriebsstätte insbesondere dann, wenn er einzelne oder mehrere ohne Unterbrechung aufeinander folgende Bauausführungen oder Montagen durchführt, die länger als sechs Monate dauern (§ 12 Satz 2 Nr. 8 AO). Ständiger Vertreter eines ausländischen Arbeitgebers kann eine Person sein, welche die Aufsicht über einen Bautrupp ausübt. In beiden Fällen gilt der ausländische Arbeitgeber lohnsteuerlich als inländischer Arbeitgeber, und zwar unabhängig vom Betriebsstättenbegriff eines Abkommens zur Vermeidung der Doppelbesteuerung (DBA). Werden mehrere Arbeitnehmerkolonnen eingesetzt oder wechselt eine Kolonne ihren Einsatzort ständig, wird regelmäßig jedes Finanzamt, in dessen Bezirk die Leiharbeitnehmer tätig werden, als Betriebsstättenfinanzamt anzusehen sein.

Der Arbeitgeber trägt im Lohnsteuerabzugs-Verfahren das Risiko für zu wenig einbehaltene Lohnsteuer und kann dafür vom Finanzamt als **Haftungsschuldner** in Anspruch genommen werden. In diesem Fall muss er die zu gering einbehaltene bzw. nicht übernommene Lohnsteuer an das Finanzamt zahlen und ggf. vom Arbeitnehmer einfordern, der sie im Rahmen der Einkommensteuererklärung anrechnen lassen kann (→ Rz. 59 ff.). Arbeitsrechtlich ist der Arbeitgeber verpflichtet, vom Lohn des Mitarbeiters die zutreffende Lohnsteuer einzubehalten. 277

3. Arbeitnehmer

a) Arbeitnehmereigenschaft

Steuerlich gehören zu diesem Personenkreis zunächst einmal alle Beschäftigten, die mit dem Abschluss eines Arbeitsvertrags ein Dienstverhältnis eingegangen sind. Der Vertrag kann sowohl mündlich, durch konkludente Handlung oder schriftlich abgeschlossen sein. Ferner sind solche Personen **Arbeitnehmer**, die Arbeitslohn auf Grund eines früheren Dienstverhältnisses beziehen (z.B. Werkspensionäre). 278

Arbeitnehmer sind auch Witwen und Waisen, die als **Rechtsnachfolger** auf Grund eines früheren Arbeitsverhältnisses des Ehemanns/Lebenspartners bzw. Vaters (Erblassers) von dessen ehemaligen Arbeitgeber Werksrenten oder Bezüge erhalten. In diesen Fällen ist der Bezug von Arbeitslohn für die steuerliche Einstufung entscheidend. Zahlt der Arbeitgeber an Erben oder Hinterbliebene des verstorbenen Arbeitnehmers Hinterbliebenenbezüge (Arbeitslohn), hat er seit 2013 auch sie bei der Finanzverwaltung als Arbeitnehmer „anzumelden“, damit die Finanzverwaltung ihre ELStAM bilden und zum Abruf bereitstellen kann (→ Rz. 298). Bis dahin haben die Hinterbliebenen Papierbescheinigungen des Finanzamts vorzulegen.

Ein steuerliches Dienstverhältnis („Arbeitsverhältnis") liegt dann vor, wenn der Beschäftigte dem Auftraggeber seine Arbeitskraft schuldet, d.h., wenn er bei Ausführung seiner Tätigkeit unter der Leitung des Auftraggebers steht oder in dessen geschäftlichen Organismus (Betrieb) eingegliedert und dabei dessen Vorgaben und Anweisungen zu folgen verpflichtet ist. Die **arbeitsrechtliche** Fiktion eines Dienstverhältnisses ist steuerrechtlich nicht maßgebend. 279

Für eine Arbeitnehmereigenschaft sprechen insbesondere folgende Kriterien: 280

- persönliche Abhängigkeit, Weisungsgebundenheit hinsichtlich Ort, Zeit, Umfang und Inhalt der Tätigkeit;
- feste Arbeitszeiten;
- feste Bezüge;
- Urlaubsanspruch;
- Anspruch auf Sozialleistungen und Fortzahlung der Bezüge im Krankheitsfall;
- Vergütungsanspruch für geleistete Überstunden;
- Unselbständigkeit des Einzelnen in der Organisation und Durchführung der Tätigkeit;
- Eingliederung des Einzelnen in den Betrieb des Arbeitgebers;
- fehlendes Unternehmerrisiko, keine Unternehmerinitiative, kein Kapitaleinsatz;

- keine Verpflichtung zur Beschaffung von Arbeitsmitteln für die Tätigkeit;
- Schulden der Arbeitskraft und nicht eines Arbeitserfolgs;
- Ausführung von einfachen Tätigkeiten, bei denen ein Weisungsrecht des Auftraggebers/Arbeitgebers die Regel ist.

281 Die im **Sozialversicherungsrecht** zu beachtenden Regelungen zur Abgrenzung der Selbständigkeit von der Arbeitnehmereigenschaft sind nicht stets in das Steuerrecht übertragbar. Hierdurch kann es vorkommen, dass eine steuerlich selbständige (z.B. freiberufliche) Tätigkeit sozialversicherungsrechtlich als Arbeitnehmertätigkeit eingestuft wird.

282 Unterhält ein **ausländischer Arbeitnehmer** keinen Wohnsitz im Inland oder hält er sich hier nicht mehr als sechs Monate bzw. 183 Tage auf, ist er mit seinen aus einer Tätigkeit in Deutschland stammenden Einkünften aus nichtselbständiger Tätigkeit beschränkt einkommensteuerpflichtig (→ Rz. 51, 55). Im Inland bezogener Arbeitslohn (Inlandseinkünfte, § 49 Abs. 1 Nr. 4 EStG) ausländischer Arbeitnehmer wird nicht in Deutschland, sondern im Ansässigkeitsstaat des Arbeitnehmers besteuert, wenn

- der Arbeitnehmer sich im Inland nicht länger als 183 Tage während eines Kalenderjahres (Veranlagungszeitraum) aufgehalten hat (Art. 15 Abs. 2a OECD-Musterabkommen zur Vermeidung der Doppelbesteuerung auf dem Gebiet der Steuern vom Einkommen und vom Vermögen) und
- die Vergütungen von einem Arbeitgeber oder für einen Arbeitgeber gezahlt werden, der nicht im Inland ansässig ist (Art. 15 Abs. 2b OECD-Musterabkommen) und
- die Vergütungen nicht von einer inländischen Betriebsstätte des Arbeitgebers getragen werden (Art. 15 Abs. 2c OECD-Musterabkommen).

283 In Fällen, in denen ein **ausländischer Arbeitnehmer** in einer **Betriebsstätte** des ausländischen (Werkvertrags-)Unternehmers/Arbeitgebers in Deutschland i.S.d. Art. 5 OECD-Musterabkommens bzw. des Doppelbesteuerungsabkommens zwischen dem Sitzstaat des **ausländischen Arbeitgebers** und der Bundesrepublik Deutschland tätig wird, erfolgt eine Besteuerung der Einkünfte aus nichtselbständiger Tätigkeit des Arbeitnehmers im Inland nach § 49 Abs. 1 Nr. 4 EStG.

Eine inländische Betriebsstätte eines **ausländischen** Unternehmers/Arbeitgebers liegt bei **Bauausführungen** und **Montagen** regelmäßig dann vor, wenn diese die Dauer von zwölf Monaten (Regelfall) bzw. sechs Monaten (z.B. Luxemburg und Portugal) oder neun Monaten (z.B. Belgien) übersteigen. Soweit eine Betriebsstätte besteht, werden die Vergütungen regelmäßig von ihr getragen. Der **ausländische Arbeitgeber** ist in diesen Fällen zur Durchführung des Lohnsteuerabzugs verpflichtet. Die Lohnsteuer ist nach der Steuerklasse I oder, wenn der Arbeitnehmer die Bescheinigung des Betriebsstättenfinanzamts für den Lohnsteuerabzug (§ 39c Abs. 2 Satz 2 EStG) schuldhaft nicht vorlegt, nach der Steuerklasse VI zu bemessen.

284 Die Frage, ob eine Person **selbständig** oder **nichtselbständig** ist, kann in Grenzfällen **zweifelhaft** sein. Oft sprechen bestimmte Merkmale für die Selbständigkeit und andere Gesichtspunkte für die Unselbständigkeit. In solchen Fällen ist das **Gesamtbild** maßgebend, d.h., die für und gegen die Unselbständigkeit (Arbeitnehmereigenschaft) sprechenden Tatsachen sind gegeneinander abzuwägen. Die jeweils gewichtigeren Umstände sind für die Entscheidung ausschlaggebend.

Zusammenfassend lässt sich sagen, dass das entscheidende Merkmal einer Arbeitnehmertätigkeit in der persönlichen **Abhängigkeit** vom Arbeitgeber und in der Weisungsgebundenheit, der Verpflichtung zu einer **Arbeitsleistung** sowie dem **Anspruch** auf Arbeitslohn zum Ausdruck kommen.

Arbeitgeber und Arbeitnehmer können zur Absicherung ihrer Auffassung beim Betriebsstättenfinanzamt eine **Anrufungsauskunft** (→ Rz. 383 f.) darüber einholen, ob steuerlich eine Arbeitnehmereigenschaft zu bejahen ist oder nicht. 285

b) Aushilfstätigkeit, Nebentätigkeit

Ob eine Aushilfstätigkeit oder Nebentätigkeit in einem Dienstverhältnis oder selbständig ausgeübt wird, ist nach den allgemeinen Abgrenzungsmerkmalen zu entscheiden (→ Rz. 278 ff.). Dabei ist die Aushilfs- oder Nebentätigkeit i.d.R. für sich allein zu beurteilen. Die Art einer etwaigen **Haupttätigkeit** ist für die Beurteilung der weiteren Tätigkeit nur dann wesentlich, wenn beide unmittelbar zusammenhängen. Dies ist insbesondere dann zu prüfen, wenn bei einem Arbeitgeber sowohl eine Haupt- als auch eine Aushilfs- oder Nebentätigkeit ausgeübt wird; zur Lohnsteuer-Pauschalierung → Rz. 644 ff. 286

Die Frage nach einer **Abgrenzung** zwischen der hauptberuflichen und einer nebenberuflichen Tätigkeit für einen Arbeitgeber stellt sich insbesondere für die Anwendung des steuerfreien sog **Übungsleiterpauschbetrags** (§ 3 Nr. 26 EStG, seit 2013 2 400 €/Kalenderjahr) sowie des allgemeinen **Ehrenamtspauschbetrags** (§ 3 Nr. 26a EStG, seit 2013 720 €/Kalenderjahr). Betroffen hiervon können sein nebenberufliche Not- bzw. Rettungsärzte sowie nebenberufliche Tätigkeiten im Kranken- und Altenpflegedienst.

Hierzu gilt der **Grundsatz**, dass zwei nichtselbständige Beschäftigungen beim **selben** Arbeitgeber **nicht stets** zu einem Dienstverhältnis **zusammenzufassen** sind (insoweit „Abkehr" von früherem allgemeinen lohnsteuerlichen Grundsatz). Folglich kann ein im Verwaltungsbereich eingesetzter Arbeitnehmer den steuerfreien Übungsleiterpauschbetrag beanspruchen, wenn er für denselben Arbeitgeber nebenberuflich eine der begünstigten Tätigkeiten ausübt.

Nicht gleichartige Tätigkeiten für einen Arbeitgeber sind jedoch steuerlich dann zu einer Einheit zusammenzufassen, wenn sie nach der Verkehrsanschauung eine Einheit darstellen.

c) Dienstverhältnis zwischen Familienangehörigen/Lebenspartnern

Dienstverhältnisse können auch zwischen **Eheleuten**/Lebenspartnern als Arbeitgeber und Arbeitnehmer vereinbart werden. Solche Dienstverhältnisse werden steuerlich jedoch nur dann anerkannt, wenn sie ernsthaft vereinbart und entsprechend der Vereinbarung tatsächlich durchgeführt werden. Ferner müssen die **folgenden Voraussetzungen** vorliegen: 287

- Das Dienstverhältnis muss ernsthaft vereinbart und tatsächlich durchgeführt werden;
- wegen erhöhter Anforderungen an den Nachweis der Ernsthaftigkeit des Arbeitsverhältnisses sind eindeutige Vereinbarungen (regelmäßig Schriftform) erforderlich;
- die vertraglichen Gestaltungen und ihre Durchführung müssen auch unter Dritten üblich sein;
- durch die Arbeit des Ehegatten/Lebenspartners wird eine fremde Arbeitskraft ersetzt (nicht nur gelegentliche Hilfeleistungen);
- die Höhe des Arbeitslohns muss eindeutig und zweifelsfrei festgelegt sein;

- der Arbeitslohn muss i.d.R. zu den üblichen Lohnzahlungszeitpunkten tatsächlich und in voller Höhe gezahlt werden;
- aus dem Dienstverhältnis müssen alle damit zusammenhängenden Folgerungen gezogen werden (z.B. die Einbehaltung und Abführung von Steuern und Sozialabgaben);
- unbare Lohnzahlungen sollten auf ein eigenes Konto des Arbeitnehmers überwiesen werden; zumindest auf ein „Oder-Konto" (ein gemeinschaftliches Konto der Eheleute/Lebenspartner, über das jeder Partner allein verfügungsberechtigt ist). Eine Überweisung auf das Konto des Arbeitgeber-Ehegatten, über das der Arbeitnehmer-Ehegatte nur ein Mitverfügungsrecht besitzt, kann bei der Gesamtbeurteilung der Abgrenzungskriterien gegen die steuerliche Anerkennung des Arbeitsverhältnisses sprechen.

288 Auch bei einem steuerlich anzuerkennenden Dienstverhältnis zwischen Eheleuten/Lebenspartnern kann die Vergütung an den Arbeitnehmer-Ehegatten nur insoweit als Arbeitslohn behandelt werden, als sie angemessen ist und nicht den Betrag übersteigt, den ein fremder Arbeitnehmer für eine gleichartige Tätigkeit erhalten würde (Fremdvergleich).

289 Arbeitsverträge über Hilfsleistungen der **Kinder** im elterlichen Betrieb werden steuerlich nicht anerkannt, wenn die Tätigkeit wegen ihrer Geringfügigkeit oder Eigenart üblicherweise nicht auf arbeitsvertraglicher, sondern auf familienrechtlicher Grundlage geleistet werden, z.B. gelegentliche Hilfeleistungen. Für die bürgerlich-rechtliche Wirksamkeit eines Arbeits- oder Ausbildungsvertrags mit einem minderjährigen Kind ist die Bestellung eines Ergänzungspflegers nicht erforderlich. Arbeitsverhältnisse mit Kindern unter 15 Jahren verstoßen jedoch im Allgemeinen gegen das Jugendarbeitsschutzgesetz; sie sind nichtig und können deshalb auch steuerrechtlich nicht anerkannt werden.

Mit Urteil vom 17.7.2013 (X R 31/12) hat der BFH die Maßstäbe präzisiert, die für den steuermindernden Abzug von Betriebsausgaben für die Vergütung von Arbeitsleistungen naher Angehöriger gelten. Im Urteilfall haben die Eltern im Betrieb ihres Kindes Bürohilfstätigkeiten im Umfang von 10 bzw. 20 Wochenstunden erbracht. In seiner Entscheidung bestätigt der BFH die Anwendung des Fremdvergleichs. Dabei hänge die Intensität der Prüfung auch vom Anlass des Vertragsschlusses ab. Vor allem sei aber der Umstand, dass beide Elternteile „unbezahlte Mehrarbeit" geleistet haben sollen, für die steuerrechtliche Beurteilung nicht von wesentlicher Bedeutung. Entscheidend für den Betriebsausgabenabzug ist, dass der Angehörige für die an ihn gezahlte Vergütung die vereinbarte Gegenleistung (Arbeitsleistung) tatsächlich erbringt. Dies ist auch dann der Fall, wenn er seine arbeitsvertraglichen Pflichten durch Leistung von Mehrarbeit übererfüllt.

II. Lohnsteuerverfahren

1. Lohnkonto

290 Der Arbeitgeber hat am **Ort der Betriebsstätte** für jeden Arbeitnehmer und jedes Kalenderjahr ein Lohnkonto zu führen. Dies gilt seit dem Kalenderjahr 2000 auch dann, wenn keine Lohnsteuer einzubehalten ist (z.B. auf Grund eines beim Lohnsteuerabzug zu berücksichtigenden Freibetrags oder wegen des geringen Arbeitslohns). Zum Abschluss des Lohnkontos → Rz. 373 ff.

291 Die **Form des Lohnkontos** und die **Art der Führung** (z.B. in Kartei- oder Buchform, elektronische Form etc.) stehen im Ermessen des Arbeitgebers. In das Lohnkonto sind alle abgerufenen elektronischen Lohnsteuerabzugsmerkmale sowie die für den Lohnsteuerabzug erforderlichen Merkmale aus einer vom Finanzamt ausgestellten Bescheinigung für den Lohnsteuerabzug zu übernehmen (z.B. die persönlichen Daten des Arbeitnehmers wie Vor- und Familienname, Identifikationsnummer, Tag der Geburt, Wohnort, Steuerklasse, Zahl der Kinderfreibeträge, Konfession, die beim Lohnsteuerabzug zu berücksichtigenden Freibeträge und der Hinzurechnungsbetrag).

Bei jeder Lohnzahlung **sind** der Tag der Lohnzahlung, der 292
Lohnzahlungszeitraum und die Höhe des Bruttoarbeitslohns sowie die einbehaltene Lohnsteuer, der Solidaritätszuschlag und die Kirchensteuer aufzuzeichnen. Ebenso sind im Lohnkonto die steuerfreien Gehaltsteile sowie die pauschal besteuerten Bezüge zu vermerken. Eine **Ausnahme** bilden die steuerfreien geldwerten Vorteile, die dem Arbeitnehmer durch die private Nutzung betrieblicher Datenverarbeitungsgeräte und Telekommunikationsgeräte (betriebliche Personalcomputer, Telefongeräte, Mobiltelefone etc.) sowie deren Zubehör, aus zur privaten Nutzung überlassenen System- und Anwendungsprogrammen, die der Arbeitgeber auch in seinem Betrieb einsetzt, und aus den im Zusammenhang mit diesen Zuwendungen erbrachten Dienstleistungen entstehen, sowie steuerfreie Trinkgelder.

Des Weiteren **sind** aufzuzeichnen: Vergütungen für eine 293
mehrjährige Tätigkeit, ermäßigt besteuerte (Entlassungs-) Entschädigungen, Sachbezüge und die vom Arbeitgeber auszuzahlenden Lohnersatzleistungen (z.B. das Kurzarbeitergeld – einschließlich Saison-Kurzarbeitergeld –, der Zuschuss zum Mutterschaftsgeld, ein Zuschuss bei Beschäftigungsverboten nach beamtenrechtlichen Vorschriften und Aufstockungsbeträge nach dem Altersteilzeitgesetz oder beamtenrechtlichen Vorschriften); ferner ist aufzuzeichnen der Großbuchstabe „U", wenn wegen Krankheit der Anspruch des Arbeitnehmers auf Arbeitslohn für mindestens fünf zusammenhängende Arbeitstage im Wesentlichen entfallen war. Des Weiteren ist zusätzlich der Großbuchstabe „S" zu vermerken, wenn in einem ersten Dienstverhältnis die Lohnsteuer von einem sonstigen Bezug ohne Berücksichtigung des Arbeitslohns aus früheren Dienstverhältnissen berechnet wurde und der Großbuchstabe „M", wenn der Arbeitgeber oder auf dessen Veranlassung ein Dritter dem Arbeitnehmer während seiner beruflichen Tätigkeit außerhalb seiner Wohnung und seiner ersten Tätigkeitsstätte oder im Rahmen einer doppelten Haushaltsführung eine mit dem amtlichen Sachbezugswert zu bewertende Mahlzeit zur Verfügung gestellt hat.

In bestimmten Fällen lassen sich oftmals bei **pauschal be-** 294
steuerten Bezügen die auf den einzelnen Arbeitnehmer entfallenden Beträge nicht ohne weiteres ermitteln (Pauschalierung bei Nacherhebung wegen nicht vorschriftsmäßigem Einbehalt → Rz. 652, Mahlzeiten → Rz. 654 ff. und 662, Betriebsveranstaltung → Rz. 662, Erholungsbeihilfen → Rz. 663.1, Personalcomputer, Zubehör sowie Internetzugang → Rz. 665 ff.). Es wird in diesen Fällen zugelassen, den Arbeitslohn in einem Sammelkonto (**Sammellohnkonto**) anzuschreiben. Das Sammelkonto muss die **folgenden Angaben** enthalten: Tag der Zahlung, Zahl der bedachten Arbeitnehmer, Summe der insgesamt gezahlten Bezüge, Höhe der Lohnsteuer sowie Hinweise auf die als Belege zum Sammelkonto aufzubewahrenden Unterlagen, insbesondere Zahlungsnachweise, Bestätigung des Finanzamts über die Zulassung der Lohnsteuer-Pauschalierung.

Nicht im Lohnkonto **zu vermerken** sind nichtsteuerbare Zah- 295
lungen des Arbeitgebers (z.B. Zuwendungen an eine Unter-

stützungskasse, → Rz. 582 *Unterstützungskasse*) oder Beiträge für eine Rückdeckungsversicherung (→ Rz. 557 *Rückdeckungsversicherung*), die vom Arbeitgeber abgeschlossen wird und die nur dazu dient, dem Arbeitgeber die Mittel zur Leistung einer dem Arbeitgeber zugesagten Versorgung zu verschaffen).

296 Ändern sich im Laufe des Jahres die in einer „Bescheinigung für den Lohnsteuerabzug" eingetragenen allgemeinen **Besteuerungsmerkmale** (→ Rz. 302), ist auch der **Zeitpunkt** anzugeben, von dem an die Änderungen gelten.

2. Lohnsteuerabzugsmerkmale

a) Allgemeines

297 Ab 2013 hat sich das Lohnsteuerabzugsverfahren grundlegend geändert. Der Verfahrensweg von der Ausstellung der Lohnsteuerkarte durch die Gemeinden bis zur Aushändigung an den Arbeitnehmer bzw. Arbeitgeber wurde durch das Verfahren der **e**lektronischen **L**ohn**st**euer**a**bzugs**m**erkmale (**ELStAM**) ersetzt.

Zu den **weiteren Einzelheiten** des neuen Verfahrens s. auch BMF-Schreiben vom 25.7.2013, IV C 5 – S 2363/13/10003, BStBl I 2013, 943, sog. „ELStAM-Einführungsschreiben" und vom 7.8.2013, IV C 5 – S 2363/13/10003, BStBl I 2013, 951, sog. „ELStAM-Anwendungsschreiben".

298 Den Arbeitgebern werden von der Finanzverwaltung (Bundeszentralamt für Steuern) die ELStAM für die Arbeitnehmer **maschinell verwertbar** zum **Abruf** zur Verfügung gestellt. Der Arbeitgeber hat die ELStAM abzurufen, in das Lohnkonto zu übernehmen (→ Rz. 290 ff.) und sie für die Dauer des Dienstverhältnisses **anzuwenden**. Etwaige **Änderungen** stellt die Finanzverwaltung dem Arbeitgeber zum **Abruf** bereit. Bei **Beendigung des Dienstverhältnisses** hat der Arbeitgeber der Finanzverwaltung den Tag der Beendigung des Dienstverhältnisses unverzüglich durch Datenfernübertragung mitzuteilen. Der Arbeitgeber ist verpflichtet, die vom Bundeszentralamt für Steuern bereitgestellten Mitteilungen und elektronischen Lohnsteuerabzugsmerkmale **monatlich anzufragen** und **abzurufen**. Da sich die Lohnsteuerabzugsmerkmale der Arbeitnehmer in einer Vielzahl von Fällen nicht in jedem Monat ändern, hat die Finanzverwaltung einen **E-Mail-Mitteilungsservice** eingerichtet. Erfährt der Arbeitgeber durch eine E-Mail, dass sich für einen Lohnzahlungszeitraum keine Änderungen bei den ELStAM seiner Arbeitnehmer ergeben haben, ist er für diesen Zeitraum von der Verpflichtung zum Abruf befreit. Wird ihm dagegen mitgeteilt, dass neue bzw. geänderte ELStAM zum Abruf bereitstehen, bleibt er zum Abruf verpflichtet.

299 Der Arbeitgeber darf die Lohnsteuerabzugsmerkmale nur für die **Einbehaltung** der Lohn- und Kirchensteuer verwenden. Er darf sie ohne Zustimmung des Arbeitnehmers nur **offenbaren**, soweit dies **gesetzlich zugelassen** ist.

300 Die Lohnsteuerabzugsmerkmale sind vom **Arbeitgeber** in der üblichen **Lohnabrechnung anzugeben**. Die ELStAM teilt das **zuständige Finanzamt** dem Arbeitnehmer aber auch auf Antrag mit oder stellt sie elektronisch bereit (Vordruck „Anträge zu den elektronischen Lohnsteuerabzugsmerkmalen – ELStAM –").

301 Der Arbeitnehmer kann beim zuständigen Finanzamt den Arbeitgeber benennen, der zum Abruf von ELStAM berechtigt ist (**Positivliste**) oder nicht berechtigt ist (**Negativliste**), die Bildung oder die Bereitstellung der elektronischen Lohnsteuerabzugsmerkmale **allgemein sperren** oder **allgemein freischalten** lassen (Vordruck „Anträge zu den elektronischen Lohnsteuerabzugsmerkmalen – ELStAM –").

Die Teilnahme am **ELStAM-Verfahren** ist für den Arbeitgeber **verpflichtend**. Auf Antrag des Arbeitgebers kann das Betriebsstättenfinanzamt jedoch zulassen, dass der Arbeitgeber zur Vermeidung unbilliger Härten **nicht** am Abrufverfahren **teilnimmt** (jährlicher Antrag mittels Vordruck „Antrag des Arbeitgebers auf Nichtteilnahme am Abrufverfahren der elektronischen Lohnsteuerabzugsmerkmale (ELStAM) für 201x"). Eine unbillige Härte liegt insbesondere bei einem Arbeitgeber vor, der nicht über die technischen Möglichkeiten der Kommunikation über das Internet verfügt oder für den eine solche Kommunikationsform wirtschaftlich oder persönlich unzumutbar ist. Dem Antrag eines Arbeitgebers **ohne maschinelle Lohnabrechnung**, der ausschließlich Arbeitnehmer im Rahmen einer **geringfügigen Beschäftigung** in seinem **Privathaushalt** beschäftigt, wird hier immer stattgegeben. An Stelle der ELStAM tritt dann eine „Bescheinigung für den Lohnsteuerabzug" in Papierform. Ist einem Arbeitnehmer **keine Identifikationsnummer** zugeteilt, hat das Wohnsitzfinanzamt auf Antrag ebenfalls eine „Bescheinigung für den Lohnsteuerabzug" für die Dauer eines Kalenderjahrs auszustellen; an Stelle der Identifikationsnummer tritt hier das vom Finanzamt gebildete lohnsteuerliche Ordnungsmerkmal, die sog. **eTIN**. 302

Für **geringfügig Beschäftigte** und **Aushilfskräfte** (→ Rz. 606 ff.), für die die Lohnsteuer pauschal erhoben wird, erfolgt die Erhebung der Lohnsteuer ohne die Berücksichtigung von Lohnsteuerabzugsmerkmalen. 303

Die Lohnsteuerabzugsmerkmale sowie die ELStAM werden für die Durchführung des Lohnsteuerabzugs **auf Veranlassung des Arbeitnehmers** – wenn auch regelmäßig automatisiert – **gebildet**. Grundlage hierfür sind die von den Meldebehörden an die Finanzverwaltung übermittelten **melderechtlichen Daten**. Für die **(erstmalige) Bildung** der Lohnsteuerabzugsmerkmale stehen folgende beiden Möglichkeiten zur Verfügung: 304

- erstmalige Bildung der Lohnsteuerabzugsmerkmale zu Beginn eines Dienstverhältnisses durch eine **Anmeldung des Arbeitgebers** bei der Finanzverwaltung mit dem Ziel, die ELStAM des Arbeitnehmers abzurufen (Regelfall),
- **konkreter Antrag** des Arbeitnehmers **beim Finanzamt**, wenn Lohnsteuerabzugsmerkmale nicht automatisiert gebildet werden oder davon abweichend zu bilden sind (z.B. wg. Freibeträgen oder Steuerklassen nach antragsgebundenem Steuerklassenwechsel).

Bezieht ein Arbeitnehmer **nebeneinander von mehreren Arbeitgebern Arbeitslohn**, werden für jedes weitere Dienstverhältnis ELStAM gebildet.

Der **Arbeitnehmer** hat dem Arbeitgeber seine von der Finanzverwaltung zugeteilte **Identifikationsnummer** und sein **Geburtsdatum mitzuteilen**. Darüber hinaus hat er mitzuteilen, ob es sich um das **erste** oder ein **weiteres Dienstverhältnis** handelt und ob und in welcher Höhe ein **festgestellter Freibetrag** (→ Rz. 339 ff.) abgerufen werden soll. 305

Der Arbeitnehmer kann beim Finanzamt auch **beantragen**, dass abweichend von der zutreffenden automatisierten Bildung der Lohnsteuerabzugsmerkmale eine für ihn **ungünstigere Steuerklasse** (z.B., wenn der Arbeitnehmern dem Arbeitgeber nicht über die Lohnsteuerabzugsmerkmale den aktuellen Familienstand mitteilen möchten) oder **geringere Zahl der Kinderfreibeträge** als Lohnsteuerabzugsmerkmale gebildet werden (Vordruck „Anträge zu den elektronischen Lohnsteuerabzugsmerkmalen – ELStAM –"). 306

b) Lohnsteuerabzugsmerkmale im Einzelnen

307 Es gibt **folgende Lohnsteuerabzugsmerkmale**:

1. Steuerklasse (→ Rz. 311 ff.) und Faktor (→ Rz. 325 ff.),
2. Zahl der Kinderfreibeträge bei den Steuerklassen I bis IV (→ Rz. 330 ff.),
3. Freibetrag und Hinzurechnungsbetrag (→ Rz. 339 ff.),
4. Höhe der Beiträge für eine private Krankenversicherung und für eine private Pflege-Pflichtversicherung für die Dauer von zwölf Monaten, wenn der Arbeitnehmer dies beantragt (→ Rz. 352 ff.),
5. Mitteilung, dass der von einem Arbeitgeber gezahlte Arbeitslohn nach einem Abkommen zur Vermeidung der Doppelbesteuerung von der Lohnsteuer freizustellen ist, wenn der Arbeitnehmer oder der Arbeitgeber dies beantragt (→ Rz. 282 f.).

Die Lohnsteuerabzugsmerkmale unter **Nr. 4 und 5** werden erst zu einem **späteren Zeitpunkt** abrufbar sein. Dies teilt die Finanzverwaltung dann in einem gesonderten BMF-Schreiben mit.

c) Änderung der Lohnsteuerabzugsmerkmale

308 Treten bei einem Arbeitnehmer die Voraussetzungen für eine für ihn **ungünstigere Steuerklasse** (→ Rz. 311 ff.) oder **geringere Zahl der Kinderfreibeträge** (→ Rz. 330 ff.) ein, ist der Arbeitnehmer **verpflichtet**, dem Finanzamt dies **mitzuteilen** und die Steuerklasse und die Zahl der Kinderfreibeträge umgehend ändern zu lassen. Dies gilt z.B., wenn die Voraussetzungen für die Berücksichtigung des **Entlastungsbetrags für Alleinerziehende**, für die die Steuerklasse II zur Anwendung kommt (→ Rz. 313 ff. und Rz. 118 ff.), entfallen. Im Fall des **dauernden Getrenntlebens** ist mittels des Vordrucks „Erklärung zum dauernden Getrenntleben" eine entsprechende Anzeige zu machen. Ändern sich die Daten, die von den **Meldebehörden** zu übermitteln sind, erfolgt **automatisch** eine **Anpassung** der Lohnsteuerabzugsmerkmale; ein Antrag des Arbeitnehmers (z.B. nach der Geburt eines Kindes) ist nicht erforderlich. Kommt der Arbeitnehmer seiner Verpflichtung nicht nach, ändert das Finanzamt die Steuerklasse und die Zahl der Kinderfreibeträge von Amts wegen. Unterbleibt die Änderung der Lohnsteuerabzugsmerkmale, fordert das Finanzamt zu wenig erhobene Lohnsteuer vom Arbeitnehmer nach, wenn diese **10 €** übersteigt.

309 Ändern sich die Voraussetzungen für die Steuerklasse (→ Rz. 311 ff.) oder für die Zahl der Kinderfreibeträge (→ Rz. 330 ff.) **zu Gunsten** des Arbeitnehmers, **kann** dieser beim Finanzamt die Änderung der Lohnsteuerabzugsmerkmale **beantragen**. Eine Pflicht hierzu besteht nicht. So kann z.B. im Fall der **Wiederaufnahme einer ehelichen Gemeinschaft** nach einer Trennung mittels des Vordrucks „Erklärung zur Wiederaufnahme der ehelichen Gemeinschaft" eine entsprechende Anzeige gemacht und darin die Steuerklasse III beantragt werden.

d) Einbehaltung der Lohnsteuer ohne Lohnsteuerabzugsmerkmale

310 Solange der Arbeitnehmer dem Arbeitgeber zum Zweck des Abrufs der ELStAM die ihm zugeteilte Identifikationsnummer sowie den Tag der Geburt **schuldhaft nicht mitteilt** oder der Arbeitnehmer eine Übermittlung der ELStAM an den Arbeitgeber bzw. beim Finanzamt die Bildung der ELStAM **hat sperren lassen**, hat der Arbeitgeber die Lohnsteuer nach der **Steuerklasse VI** (→ Rz. 317) zu ermitteln. Kann der Arbeitgeber die ELStAM wegen **technischer Störungen** nicht abrufen oder hat der **Arbeitnehmer** die fehlende Mitteilung der ihm zuzuteilenden Identifikationsnummer **nicht zu vertreten**, hat der Arbeitgeber für die Lohnsteuerberechnung die **voraussichtlichen Lohnsteuerabzugsmerkmale** längstens für die Dauer von **drei Kalendermonaten** zu Grunde zu legen. Hat nach Ablauf der drei Kalendermonate der Arbeitnehmer die Identifikationsnummer sowie den Tag der Geburt nicht mitgeteilt oder ersatzweise die Bescheinigung für den Lohnsteuerabzug nicht vorgelegt, ist rückwirkend die Steuerklasse VI anzuwenden. Sobald dem Arbeitgeber die ELStAM vorliegen, sind die Lohnsteuerermittlungen für die vorangegangenen Monate zu **überprüfen** und falls erforderlich zu **ändern**. Diese Änderungen können nur für bis zu **drei** zurückliegende **Kalendermonate** durchgeführt werden. Die zu wenig oder zu viel einbehaltene **Lohnsteuer** ist jeweils bei der nächsten Lohnabrechnung **auszugleichen**.

e) Steuerklasse als Lohnsteuerabzugsmerkmal

aa) Steuerklassensystem

Durch das System der Steuerklassen wird erreicht, dass unterschiedliche **Einkommensteuertarife** (Grund- und Splittingtarif) sowie verschiedene **Frei- und Pauschbeträge** bei der Lohnsteuerberechnung berücksichtigt werden können. 311

Die **Steuerklasse I** gilt für **unbeschränkt einkommensteuerpflichtige** Arbeitnehmer, wenn sie 312

- ledig sind,
- verheiratet, verpartnert, verwitwet oder geschieden sind und bei denen die Voraussetzungen für die Steuerklasse III oder IV nicht erfüllt sind

Die Steuerklasse I gilt auch für **beschränkt einkommensteuerpflichtige** Arbeitnehmer. Wird eine **Ehe/Lebenspartnerschaft aufgehoben**, wird ab dem 1.1. des Folgejahres die Steuerklasse I gebildet.

Die **Steuerklasse II** erhalten die in der Steuerklasse I aufgeführten unbeschränkt einkommensteuerpflichtigen Arbeitnehmer, wenn ihnen der Entlastungsbetrag für Alleinerziehende zusteht (→ Rz. 116 ff.). 313

Die **Steuerklasse III** gilt in 2014 u.a. für 314

- verheiratete unbeschränkt einkommensteuerpflichtige Arbeitnehmer, die nicht dauernd getrennt leben und bei denen nur ein Ehegatte Arbeitslohn bezieht oder der andere Partner zwar arbeitet, aber in der Steuerklasse V eingestuft ist, und für
- verwitwete Arbeitnehmer, wenn der Ehegatten nach dem 31.12.2012 verstorben ist und wenn beide im Zeitpunkt des Todes unbeschränkt einkommensteuerpflichtig waren und nicht dauernd getrennt lebten (ob ein Kind zu berücksichtigen ist, spielt für die Eingliederung in diese Steuerklasse keine Rolle).

Die Regelungen gelten für **Lebenspartner** entsprechend.

Haben Arbeitnehmer im Laufe des Kalenderjahres **geheiratet**, soll im Rahmen der automatisierten Bildung der Lohnsteuerabzugsmerkmale die Steuerklasse III gebildet werden, wenn der **Ehegatte/Lebenspartner** des Arbeitnehmers **keinen Arbeitslohn** bezieht; dies wird aber erst in einer späteren programmtechnische Ausbaustufe des neuen ELStAM-Verfahrens der Fall sein. Um in 2014 die **Steuerklasse III** zu erhalten, müssen die Ehegatten/Lebenspartner beim Finanzamt einen **Antrag** stellen und die Steuerklasse III wählen; wird kein Antrag gestellt, erfolgt die Einreihung der Ehegatten in die **Steuerklasse IV**.

Im Fall einer Scheidung/Aufhebung einer Partnerschaft wird ab dem 1.1. des Folgejahres die Steuerklasse I gebildet.

315 Die **Steuerklasse IV** gilt für verheiratete/verpartnerte Arbeitnehmer, die beide unbeschränkt einkommensteuerpflichtig sind, nicht dauernd getrennt leben und beide Arbeitslohn beziehen. Zum Faktorverfahren → Rz. 325 ff. Haben Arbeitnehmer im Laufe des Kalenderjahres **geheiratet** bzw. eine **Lebenspartnerschaft begründet**, soll im Rahmen der automatisierten Bildung der Lohnsteuerabzugsmerkmale für beide Ehegatten/Lebenspartner die Steuerklasse IV gebildet werden, wenn die **Ehegatten/Lebenspartner beide Arbeitslohn** beziehen. Bis dies programmtechnisch umgesetzt ist, wird nach einer Heirat jedoch vorerstimmer automatisch die Steuerklasse IV zugeteilt. Eine programmgesteuerte Bildung der für Ehegatten möglichen Steuerklassenkombinationen für Lebenspartner ist im ELStAM-Verfahren generell noch nicht möglich.

316 Die **Steuerklasse V** tritt für einen Ehegatten/Lebenspartner an die Stelle der Steuerklasse IV, wenn der andere Ehegatten/Lebenspartner in die Steuerklasse III eingestuft ist.

317 Die **Steuerklasse VI** gilt für einen Arbeitnehmer, der gleichzeitig Arbeitslohn von mehreren Arbeitgebern bezieht. Die Steuerklasse VI kann im Einführungszeitraum 2013 des neuen ELStAM-Verfahrens und im Kalenderjahr 2014 auch maßgeblich sein, wenn bei einem einheitlichen Dienstverhältnis eine abweichende Behandlung als Bezüge aus unterschiedlichen Dienstverhältnissen erfolgt (Nichtbeanstandungsregelung nach dem BMF-Schreiben vom 25.7.2013, IV C 5 – S 2363/13/10003, BStBl I 2013, 943). Zur Einbehaltung der Lohnsteuer ohne Lohnsteuerabzugsmerkmale nach der Steuerklasse VI → Rz. 310.

bb) Steuerklassenwahl

318 Berufstätige **Ehepaare/Lebenspartner** werden grundsätzlich gemeinsam besteuert. Der Arbeitgeber kann jedoch die Lohnsteuer jeweils nur von dem Lohn berechnen, den einer der Ehegatten/Lebenspartner bei ihm verdient. Damit Ehegatten/Lebenspartner mit ihren Steuerabzügen aber dem Betrag, den sie auf Grund ihres gemeinsamen Einkommens im Jahr zu zahlen haben, möglichst nahe kommen, können sie zwischen zwei **Steuerklassenkombinationen** wählen. Dabei gilt die Faustregel (→ Rz. 35 ff.):

- bei etwa gleich hohen Einkommen: Steuerklassenkombination IV/IV,
- bei unterschiedlich hohen Einkommen: Steuerklassenkombination III/V.

Zum Faktorverfahren → Rz. 325 ff.

319 Bei der Steuerklassenkombination IV/IV kann es grundsätzlich **nicht** vorkommen, dass – gemessen an der Jahressteuer beider Ehegatten/Lebenspartner – **zu wenig Lohnsteuer** einbehalten wird, die vom Finanzamt nachgefordert werden müsste. Daher werden Ehegatten/Lebenspartner mit dieser Steuerklassenkombination nicht zur Einkommensteuer veranlagt, es sei denn, die Ehegatten/Lebenspartner müssen aus anderen Gründen zur Einkommensteuer veranlagt werden, z.B. weil sie neben ihrem Arbeitslohn noch andere Einkünfte (z.B. aus Vermietung und Verpachtung oder selbständiger Arbeit) haben, oder sie beantragen die Veranlagung zur Einkommensteuer.

320 Bei **unterschiedlich hohen Einkommen** zahlen Eheleute/Lebenspartner dagegen regelmäßig zu viel Lohnsteuer, die dann erst im folgenden Jahr erstattet wird. Daher ist hier die Kombination III/V besser, bei der der mehr Verdienende in die Steuerklasse III, der andere Partner in die Steuerklasse V eingestuft wird. Bei dieser Steuerklassenkombination muss allerdings nach einer Faustformel dann mit Nachzahlungen gerechnet werden, wenn der Partner mit Steuerklasse V weniger als **40 %** des gemeinsamen Jahreseinkommens verdient. Das Finanzamt führt deshalb für Ehegatten/Lebenspartner mit der Steuerklassenkombination III/V stets eine Einkommensteuerveranlagung durch. Es kann so die zu wenig abgezogene Lohnsteuer nachträglich noch hereinholen und zudem – je nach der Höhe der Nachforderung – Vorauszahlungen festsetzen. Andererseits kann es bei einer möglichen Überzahlung den entsprechenden Betrag erstatten.

Das Bundesministerium der Finanzen gibt i.d.R. alljährlich ein **Merkblatt zur Steuerklassenwahl** heraus, das insbesondere Tabellen zur Erleichterung der Wahl enthält (→ Rz. 27 ff.).

Bei der Wahl der Steuerklasse sollte man einen Aspekt nicht 321
vergessen: Viele **Sozialleistungen** richten sich nach dem Netto-Arbeitsentgelt (z.B. Mutterschaftsgeld, Arbeitslosengeld I, Elterngeld), so dass die Steuerklassenkombination auch Auswirkungen auf die Höhe solcher Leistungen haben kann. Die Leistungsgesetze sehen allerdings Einschränkungen für den Fall vor, dass die gewählte Steuerklasseneinteilung nicht dem Verhältnis der Arbeitslöhne entspricht.

Arbeitnehmer-Ehegatten/Lebenspartner haben die Möglich- 322
keit, das Lohnsteuerabzugsmerkmal **„Steuerklasse"** mit Wirkung ab 1.1.2014 vom Wohnsitzfinanzamt **ändern** zu lassen bzw. **erstmals zu wählen**. Ein **Steuerklassenwechsel** (Vordruck „Antrag auf Steuerklassenwechsel bei Ehegatten/Lebenspartnern") im Laufe des Jahres 2014 kann i.d.R. nur einmal, und zwar spätestens bis zum 30.11.2014, beantragt werden. Der Steuerklassenwechsel erfolgt frühestens mit Wirkung vom Beginn des Kalendermonats, der auf die Antragstellung folgt. Nur in den Fällen, in denen im Laufe des Jahres 2014 der Ehegatte/Lebenspartner aus dem Dienstverhältnis ausscheidet oder verstirbt, kann das Wohnsitzfinanzamt bis zum 30.11.2014 auch noch **ein weiteres Mal** einen **Steuerklassenwechsel** vornehmen. Das Gleiche gilt, wenn ein Ehegatte/Lebenspartner nach vorangegangener Arbeitslosigkeit wieder ein Dienstverhältnis eingeht oder wenn sich die Ehegatten/Lebenspartner im Laufe des Jahres auf Dauer getrennt haben. Eine im Kalenderjahr 2013 mit Wirkung **ab dem 1.1.2014** vorgenommene Steuerklassenänderung ist **kein Steuerklassenwechsel** in diesem Sinne; dies gilt auch für die erstmalige Änderung der Steuerklassen im Kalenderjahr 2014 aus Anlass der **Eheschließung/Verpartnerung**.

Zu den Trennungs- und Scheidungsfällen → Rz. 308 und 314. 323
Es kann aber auch sofort ein Steuerklassenwechsel beantragt werden (→ Rz. 322).

Wird eine Ehe durch **Tod** aufgelöst, wird beim anderen Ehe- 324
gatten/Lebenspartner mit Wirkung vom Beginn des ersten auf den Todestag des Ehegatten folgenden Kalendermonats an als Lohnsteuerabzugsmerkmal die **Steuerklasse III** gebildet. Voraussetzung ist, dass der Arbeitnehmer und sein verstorbener Ehegatte/Lebenspartner zu Beginn oder im Laufe des Kalenderjahrs unbeschränkt einkommensteuerpflichtig waren und nicht dauernd getrennt gelebt haben. Im Folgejahr bleibt die Steuerklasse III bestehen (Auswirkung des sog. Verwitweten-Splittings). Im danach folgenden (zweiten) Jahr wird dann mit Wirkung ab dem 1.1. die Steuerklasse I gebildet.

cc) Faktorverfahren bei Ehegatten/Lebenspartnern

Durch das Faktorverfahren soll die als hoch empfundene Be- 325
steuerung in Steuerklasse V (→ Rz. 316 und 320) reduziert

und damit die Hemmschwelle für eine Beschäftigungsaufnahme beseitigt werden. Das Faktorverfahren tritt dabei **an die Stelle** der Steuerklassenkombination **III/V** (→ Rz. 318 und 320). Im Einzelnen gilt Folgendes:

326 Das Finanzamt bildet auf Antrag beider Ehegatten/Lebenspartner als Lohnsteuerabzugsmerkmal zur Ermittlung der Lohnsteuer jeweils die **Steuerklasse IV** i.V.m. einem **Faktor** ein. Der Faktor ist dabei stets **kleiner 1** und wird mit **drei Nachkommastellen ohne Rundung** berechnet. Zur Ermittlung des Faktors im Einzelnen → Rz. 15.

327 Für die Einbehaltung der Lohnsteuer vom Arbeitslohn hat der Arbeitgeber die **Steuerklasse IV** und den **Faktor** anzuwenden (→ Rz. 32 mit ausführlichem Beispiel).

328 Die Regelungen zum **Steuerklassenwechsel** (→ Rz. 322) gelten entsprechend. Das Faktorverfahren ist nach **amtlich vorgeschriebenem Vordruck** zu beantragen, jedoch nur, wenn bei der Faktorermittlung zugleich andere Beträge als Freibetrag beim Lohnsteuerabzug berücksichtigt werden sollen (→ Rz. 339 ff.). Nach Anwendung des Faktorverfahrens darf der Arbeitgeber **keinen Lohnsteuer-Jahresausgleich** durchführen (→ Rz. 680 ff.). Das Faktorverfahren ist mit einer **Pflichtveranlagung** verbunden (→ Rz. 58). Es wird im Übrigen auch bei der Berechnung der **Kirchensteuer** (→ Rz. 724) und des **Solidaritätszuschlags** (→ Rz. 702) berücksichtigt.

f) Andere Lohnsteuerabzugsmerkmale

aa) Allgemeines

329 Möchte der Arbeitnehmer steuermindernde **Freibeträge** als **Lohnsteuerabzugsmerkmale** berücksichtigt haben (→ Rz. 297 ff.), ist beim zuständigen Finanzamt ein **besonderer, eigenhändig unterschriebener Antrag** zu stellen. Hierdurch können z.B. Freibeträge für Werbungskosten, Pauschbeträge für behinderte Menschen und Hinterbliebene, Hinzurechnungsbeträge, Freibeträge für Kinder über 18 Jahre sowie Kinder mit Wohnsitz im Ausland ergänzend berücksichtigt werden.

Die **Geltungsdauer** des Freibetrags, der bei der Lohnsteuererhebung insgesamt zu berücksichtigen und abzuziehen ist, sowie eines Hinzurechnungsbetrags ist grds. **auf ein Kalenderjahr begrenzt**. Pauschbeträge für behinderte Menschen und Hinterbliebene sind hiervon ausgenommen.

Der Arbeitnehmer kann aber künftig (erstmalige Anwendung nach Mitteilung der Verwaltung) auch beantragen, dass ein im Lohnsteuerabzugsverfahren zu berücksichtigender Freibetrag für **zwei Kalenderjahre** statt für ein Kalenderjahr gilt. Auch in den Fällen der zweijährigen Geltungsdauer eines Freibetrags ist die vereinfachte Beantragung eines Freibetrags für das Folgejahr möglich (→ Rz. 343). Der Arbeitnehmer kann eine **Änderung** des Freibetrags innerhalb dieses Zweijahreszeitraums **beantragen**, wenn sich die Verhältnisse zu seinen Gunsten ändern. Ändern sich die Verhältnisse zu seinen Ungunsten, ist er **verpflichtet**, dies dem Finanzamt umgehend **anzuzeigen**.

Die **Frist** für die Antragstellung beginnt am **1.10. des Vorjahres**, für das der Freibetrag gelten soll. Werden Anträge auf Lohnsteuer-Ermäßigung bereits vor dem 1.10. des Vorjahres gestellt, lehnt das Finanzamt diese Anträge aber nicht aus formalen Gründen ab; diese Anträge werden dann mit Start des Lohnsteuerermäßigungsverfahrens bearbeitet. Die Antragsfrist endet am **30.11. des Kalenderjahres**, in dem der Freibetrag gilt.

bb) Kinder

Die **Freibeträge für Kinder** werden im Lohnsteuerverfahren bei der Berechnung der Lohnsteuer grundsätzlich **nicht berücksichtigt**. Die Lohnsteuer ist daher für Arbeitnehmer mit und ohne Kinder gleich. 330

Die Freibeträge für Kinder haben aber Bedeutung für die sog. **Annexsteuern** (Kirchensteuer und Solidaritätszuschlag) und werden deshalb als Lohnsteuerabzugsmerkmal berücksichtigt (→ Rz.297 ff.). Bei der Berechnung dieser Steuern wird nicht die tatsächlich gezahlte Lohnsteuer zu Grunde gelegt, sondern eine **fiktive Lohnsteuer** (sog. Maßstabssteuer). Für die Steuerberechnung wird in allen Fällen – auch wenn das Kindergeld günstiger ist – die Lohnsteuer ermittelt, die sich ergibt, wenn die Freibeträge für Kinder abgezogen werden. Für die Ermittlung der Bemessungsgrundlage für Zuschlagsteuern (Solidaritätszuschlag und Kirchensteuer) werden dabei aus Vereinfachungsgründen sowohl beim Lohnsteuer-Jahresausgleich des Arbeitgebers als auch im Veranlagungsverfahren des Arbeitnehmers immer die **Freibeträge für ein volles Jahr** angesetzt, selbst wenn das Kind nur für einen kürzeren Zeitraum des Jahres berücksichtigt werden kann (z.B. bei Beendigung der Berufsausbildung im Laufe des Jahres). 331

Jedes zu berücksichtigende Kind wird als Lohnsteuerabzugsmerkmal mit dem **Zähler 0,5** (jährlicher Freibetrag: 2 184 € + 1 320 €) berücksichtigt. Der **Zähler** erhöht sich auf **1** (jährlicher Freibetrag: 4 368 € + 2 640 €), wenn 332

- die unbeschränkt einkommensteuerpflichtigen leiblichen Eltern oder Pflegeeltern eines Kindes miteinander verheiratet sind und nicht dauernd getrennt leben,
- nicht dauernd getrennt und unbeschränkt einkommensteuerpflichtige Ehegatten ein Kind gemeinsam adoptiert haben,
- der andere leibliche Elternteil oder Adoptivelternteil eines Kindes vor 2014 verstorben ist,
- der Arbeitnehmer oder sein nicht dauernd getrennt lebender Ehegatte allein das Kind adoptiert hat,
- der Wohnsitz des anderen Elternteils nicht zu ermitteln ist,
- der Vater des Kindes amtlich nicht feststellbar ist (z.B. weil die Mutter den Namen des Vaters nicht bekannt gegeben hat) oder
- der andere Elternteil während des gesamten Jahres nicht unbeschränkt einkommensteuerpflichtig ist und keinen Anspruch auf einen Kinderfreibetrag für das Kind hat.

Für **Kinder unter 18 Jahren** werden die Zähler regelmäßig ab der Geburt des Kindes bis es 18 Jahre alt wird als elektronische Lohnsteuerabzugsmerkmale automatisiert gebildet und entsprechend berücksichtigt werden. Die Datengrundlage hierfür bilden die durch die Meldebehörden an das Bundeszentralamt für Steuern übermittelten Daten der Melderegister. Ein Antrag des Steuerpflichtigen ist hierfür grundsätzlich nicht erforderlich. 333

Insbesondere **Kinder ab 18 Jahren** sowie Pflegekinder werden nur auf Antrag des Arbeitnehmers berücksichtigt. Darüber hinaus können die Kinderfreibeträge für mehrere Jahre gebildet werden, wenn nach den vorliegenden Verhältnissen zu erwarten ist, dass die Voraussetzungen für die Berücksichtigung der Kinderfreibeträge bestehen bleiben. 334

Steht bei einem im Inland ansässigen Elternpaar jedem Elternteil nur der Zähler 0,5 zu, kann ein Elternteil den **Zähler** des anderen Elternteil auf sich **übertragen** lassen, wenn voraussichtlich nur er, nicht jedoch der andere Elternteil seiner 335

Unterhaltspflicht gegenüber dem Kind für das Kalenderjahr im Wesentlichen nachkommt oder der andere Elternteil mangels Leistungsfähigkeit nicht unterhaltspflichtig ist, eine Übertragung scheidet jedoch für Zeiträume aus, in denen Unterhaltsleistungen nach dem Unterhaltsvorschussgesetz gezahlt werden.

336 Die Kinderfreibetragszahl kann auch auf einen **Stiefelternteil** oder auf die **Großeltern** übertragen werden, wenn diese das Kind in seinen Haushalt aufgenommen hat oder dieser einer Unterhaltspflicht gegenüber dem Kind unterliegt. Für die Übertragungsfälle hält das Finanzamt einen besonderen Vordruck (Anlage K) bereit.

337 Die Summe der Zähler wird als Lohnsteuerabzugsmerkmal **„Zahl der Kinderfreibeträge bei den Steuerklassen I bis IV (§ 38b Abs. 2)"** berücksichtigt.

Kinder im **Ausland** werden bei der Kinderfreibetragszahl nur berücksichtigt, wenn die dortigen Lebenshaltungskosten in etwa denen im Inland entsprechen (Berücksichtigung ausländischer Verhältnisse durch Ländergruppeneinteilung; s. auch BMF-Schreiben v. 18.11.2013, IV C 4 – S 2285/07/0005 :013, BStBl I 2013, 1462). Freibeträge für Kinder, die in Ländern mit niedrigeren Lebenshaltungskosten leben, werden bei der Berechnung des Solidaritätszuschlags und der Kirchensteuer erst nach Ablauf des Kalenderjahres im Rahmen der Einkommensteuerveranlagung berücksichtigt.

338 Zu den Fällen, in denen bei einem Arbeitnehmer die Voraussetzungen für eine **geringere Zahl der Kinderfreibeträge** eintreten → Rz. 308. Zu den Fällen, in denen sich die Voraussetzungen für die Zahl der Kinderfreibeträge **zu Gunsten** des Arbeitnehmers ändern → Rz. 309. Zur Verpflichtung des Arbeitnehmers, die **Steuerklasse II** ändern zu lassen, wenn im Laufe des Jahres die Voraussetzungen für die Berücksichtigung des Entlastungsbetrags für Alleinerziehende entfallen (→ Rz.116 ff.).

Zu der steuerlichen Behandlung von Kindern im Allgemeinen auch → Rz. 104 ff.

cc) Freibeträge bei Werbungskosten etc.

339 Der Steuerabzug, den der Arbeitgeber bei der Lohn- bzw. Gehaltszahlung abziehen muss, wird niedriger, wenn als Lohnsteuerabzugsmerkmal (→ Rz. 297 ff.) ein Freibeträge berücksichtigt wird. Der Antrag auf Lohnsteuerermäßigung ist auf **amtlichem Vordruck** zu stellen und eigenhändig zu unterschreiben. Die Frist für die Antragstellung beginnt am 1.10. des Vorjahres, für das der Freibetrag gelten soll; sie endet am 30.11. des Kalenderjahres, in dem der Freibetrag gilt. Danach kann ein Antrag für das Kalenderjahr 2014 bis zum 30.11.2014 beim Finanzamt eingereicht werden.

340 **Unabhängig von ihrer Höhe** können als Freibetrag berücksichtigt werden:

- Pauschbetrag für behinderte Menschen und Hinterbliebene (→ Rz. 207 *Behinderte Menschen*, → Rz. 216 *Hinterbliebene*);
- Verluste aus anderen Einkunftsarten, insbesondere aus Vermietung und Verpachtung, sowie die Beträge, die für die eigengenutzte Wohnung als Sonderausgaben abgezogen werden können (→ Rz. 192 *Selbst genutzte Wohnungen);*
- die in einen Freibetrag umgerechnete Steuerermäßigung für haushaltsnahe Beschäftigungsverhältnisse/Dienstleistungen und Handwerkerleistungen (→ Rz. 253 *Steuerermäßigung für haushaltsnahe Beschäftigungsverhältnisse/ Dienstleistungen und Handwerkerleistungen*).

Eine Berücksichtigung von Freibeträgen wegen 341

- Werbungskosten (→ Rz. 119 ff.),
- Sonderausgaben (→ Rz. 171 ff.),
- allgemeiner außergewöhnlichen Belastungen (→ Rz. 205 ff.),
- außergewöhnlicher Belastungen in Sonderfällen (→ Rz. 205 ff.) und
- des Entlastungsbetrags für Alleinerziehende bei Verwitweten (→ Rz. 117)

ist dagegen nur möglich, wenn die Aufwendungen bzw. die abziehbaren Beträge insgesamt eine **Antragsgrenze von 600 €** überschreiten. Für die Feststellung, ob die Antragsgrenze überschritten wird, dürfen die Werbungskosten nicht in voller Höhe, sondern nur mit dem Betrag angesetzt werden, der den Arbeitnehmer-Pauschbetrag von 1 000 € übersteigt. Für Sonderausgaben sind die tatsächlichen Aufwendungen anzusetzen, auch wenn diese Aufwendungen geringer als der Sonderausgaben-Pauschbetrag (→ Rz. 193 *Sonderausgaben-Pauschbetrag*) sind. Bei außergewöhnlichen Belastungen allgemeiner Art sind die Aufwendungen (ohne Kürzung um die zumutbare Belastung) und bei außergewöhnlichen Belastungen in besonderen Fällen die abziehbaren Beträge maßgebend. **Verheiratete/verpartnerte Arbeitnehmer** können den Antrag stellen, wenn die hiernach zu berücksichtigenden Aufwendungen bzw. die abziehbaren Beträge beider Ehegatten/Lebenspartner zusammen mehr als 600 € betragen.

Der Freibetrag wird mit **Wirkung** vom 1.1.2014 an berücksichtigt, wenn der Antrag vor dem 1.2.2014 gestellt wird. 342
Ansonsten wirkt der Freibetrag erst mit Beginn des auf die Antragstellung folgenden Monats. Der monatliche Freibetrag wird ermittelt, indem der Jahresfreibetrag gleichmäßig auf die folgenden Monate des Kalenderjahres gleichmäßig verteilt wird. Falls erforderlich erfolgt eine Aufteilung in Wochen- und Tagesfreibeträge.

In bestimmten Fällen muss nur der **vereinfachte zweiseitige Antragsvordruck** ausgefüllt werden und zwar, wenn der Arbeitnehmer höchstens den Freibetrag beantragt, der für das vorangegangene Kalenderjahr ermittelt wurde, und versichert, dass sich die maßgebenden Verhältnisse nicht wesentlich geändert haben. 343

Wird auf Grund eines Antrags auf Lohnsteuerermäßigung ein Steuerfreibetrag gewährt – ausgenommen Behinderten-/Hinterbliebenen-Pauschbetrag oder Änderungen bei der Zahl der Kinderfreibeträge – und übersteigt der im Kalenderjahr 2014 insgesamt erzielte Arbeitslohn 10 700 €, bei zusammenveranlagten Ehegatten/Lebenspartnern der von den Ehegatten insgesamt erzielte Arbeitslohn 20 200 €, besteht die **Pflicht**, für das Kalenderjahr 2014 bis spätestens zum 28.5.2015 eine **Einkommensteuererklärung** abzugeben (→ Rz. 58). 344

Werbungskosten können als Freibetrag nur berücksichtigt werden, soweit sie den beim Lohnsteuerabzug berücksichtigten Arbeitnehmer-Pauschbetrag (→ Rz. 124 *Arbeitnehmer-Pauschbetrag*) von 1 000 € jährlich übersteigen. 345

Sonderausgaben (→ Rz. 171 ff.) sind bestimmte, im Gesetz abschließend aufgezählte Aufwendungen. Bei diesen Ausgaben ist zu unterscheiden zwischen Vorsorgeaufwendungen (→ Rz. 348) und den übrigen Sonderausgaben. Ein Freibetrag kann für Vorsorgeaufwendungen nicht berücksichtigt werden, da diese sich im Lohnsteuerabzug bereits durch die 346

Vorsorgepauschale steuermindern auswirken. Die übrigen Sonderausgaben werden als Freibetrag berücksichtigt, soweit sie den Sonderausgaben-Pauschbetrag von 36 € bei allein stehenden Arbeitnehmern und von 72 € bei nicht dauernd getrennt lebenden Ehegatten/Lebenspartnern übersteigen. Bei Ehegatten/Lebenspartnern werden die Sonderausgaben gemeinsam ermittelt; insbesondere ist es gleichgültig, welcher der Ehegatten/Lebenspartner sie geleistet hat.

347 Entstehen einem Arbeitnehmer größere Aufwendungen als der überwiegende Mehrzahl der Stpfl. gleicher Einkommens- oder Vermögensverhältnisse sowie gleichen Familienstands, sind sie als **außergewöhnliche Belastung** (→ Rz. 205) abziehbar, wenn sich der Stpfl. diesen Aufwendungen aus rechtlichen, tatsächlichen oder sittlichen Gründen nicht entziehen kann. Ein Abzug sowie die Berücksichtigung eines Freibetrags kommen nur insoweit in Betracht, als die Aufwendungen den Umständen nach notwendig sind, einen angemessenen Betrag nicht übersteigen und außerdem höher sind als die anzurechnende zumutbare Belastung. In bestimmten Fällen außergewöhnlicher Belastungen werden Aufwendungen nur bis zur Höhe genau festgelegter Höchstbeträge bzw. Freibeträge berücksichtigt, u.a.

- Unterhaltsaufwendungen,
- Sonderbedarf bei Berufsausbildung,
- Pauschbeträge für behinderte Menschen, Hinterbliebene und Pflegepersonen.

Die Kürzung um die zumutbare Belastung entfällt in den genannten Fällen.

Beispiel:

Ein lediger Arbeitnehmer wird im Kalenderjahr 2014 voraussichtlich an 220 Arbeitstagen mit seinem Pkw zur Arbeitsstätte fahren. Die kürzeste Straßenverbindung zwischen Wohnung und Arbeitsstätte beträgt 40 Kilometer. Die zu zahlende Kirchensteuer wird voraussichtlich 500 € betragen. Im Januar 2014 stellt er beim Finanzamt einen Antrag auf Berücksichtigung eines Freibetrags als Lohnsteuerabzugsmerkmal.

1. Schritt (Prüfung, ob die 600 €-Antragsgrenze überschritten ist):

Werbungskosten		
(Entfernungspauschale: 220 Tage x 40 km x 0,30 €)	2 640 €	
abzüglich Arbeitnehmer-Pauschbetrag	./. 1 000 €	
verbleiben		1 640 €
Sonderausgaben		500 €
zusammen		2 140 €

Da die Grenze von 600 € überschritten ist, kann grundsätzlich die Berücksichtigung eines Freibetrags erfolgen.

2. Schritt (Ermittlung der Höhe des Freibetrags):

Werbungskosten (siehe oben)	2 640 €	
abzüglich Arbeitnehmer-Pauschbetrag	./. 1 000 €	
verbleiben		1 640 €
Sonderausgaben	500 €	
abzüglich Sonderausgaben-Pauschbetrag	./. 36 €	
verbleiben		464 €
zusammen		2 104 €

Als Lohnsteuerabzugsmerkmal wird ein Jahresfreibetrag von 2 104 € berücksichtigt. Der Monatsfreibetrag beträgt bei einer Antragstellung bis zum 1.2.2014 aufgerundet 176 € (2 104 €/12 Monate).

dd) Vorsorgeaufwendungen

Für Vorsorgeaufwendungen kann **kein Freibetrag** berücksichtigt werden, da die Vorsorgeaufwendungen beim Lohnsteuerabzug bereits durch die **Vorsorgepauschale** (→ Rz. 5 ff. und 203 *Vorsorgepauschale*) berücksichtigt werden. Deshalb können auch Beiträge für eine sog. Riester-Rente oder eine sog. Rürup-Rente erst bei der Veranlagung zur Einkommensteuer berücksichtigt werden. Die beim Lohnsteuerabzug zu berücksichtigende Vorsorgepauschale setzt sich aus einzelnen **Teilbeträgen** zusammen: 348

- einem Teilbetrag für die **Rentenversicherung**, wenn Versicherungspflicht in der gesetzlichen Rentenversicherung oder wegen der Versicherung in einer berufsständischen Versorgungseinrichtung eine Befreiung von der gesetzlichen Rentenversicherung vorliegt,
- einem Teilbetrag für die **Krankenversicherung** und
- einem Teilbetrag für die **Pflegeversicherung.**

Ob die Voraussetzungen für den Ansatz der einzelnen Teilbeträge vorliegen, ist jeweils gesondert zu prüfen; hierfür ist immer der Versicherungsstatus am Ende des jeweiligen Lohnzahlungszeitraums maßgebend und das Dienstverhältnis nicht auf Teilmonate aufzuteilen. Die Teilbeträge sind separat zu berechnen; die Summe aller Teilbeträge ergibt die anzusetzende Vorsorgepauschale.

Bemessungsgrundlage für die Berechnung dieser einzelnen Teilbeträge der neuen Vorsorgepauschale ist der Arbeitslohn. Entschädigungen werden hier nicht als Arbeitslohnbestandteil berücksichtigt. Die jeweilige Beitragsbemessungsgrenze ist bei allen Teilbeträgen der Vorsorgepauschale zu beachten. Bei den Rentenversicherungsbeiträgen ist folglich auch zwischen der sog. Beitragsbemessungsgrenze West und der Beitragsbemessungsgrenze Ost zu unterscheiden. 349

Für die **Rentenversicherung** beträgt im Kalenderjahr 2014 der zu berücksichtigende Anteil 56 % (in 2013: 54 %) des Arbeitnehmeranteils. Der berücksichtigungsfähige Teilbetrag der Vorsorgepauschale für die Rentenversicherung steigt parallel zum Sonderausgabenabzug der Rentenversicherungsbeiträge (→ Rz. 180 *Höchstbeträge für Vorsorgeaufwendungen*). Der Prozentsatz steigt bis zum Jahr 2024 in jedem Kalenderjahr um 4 %-Punkte. 350

Der Teilbetrag für die **gesetzliche Krankenversicherung** und **soziale Pflegeversicherung** wird bei Arbeitnehmern angesetzt, die in der gesetzlichen Krankenversicherung versichert sind; dies gilt für pflichtversicherte und freiwillig versicherte Arbeitnehmer. Es wird hier ein fiktiver Arbeitnehmeranteil berücksichtigt. 351

Bei **privat versicherten Arbeitnehmern** werden die als Sonderausgabenabzug abziehbaren privaten Basiskranken- und Pflege-Pflichtversicherungsbeiträge berücksichtigt (→ Rz. 202 *Vorsorgeaufwendungen*). Steuerfreie Arbeitgeberzuschüsse zu einer privaten Kranken- und Pflegeversicherung werden gegengerechnet. Der Arbeitgeber kann die entsprechenden Daten für die eigene private Krankenversicherung und private Pflegepflichtversicherung des Arbeitnehmers einschließlich der Beiträge für mitversicherte, nicht dauernd getrennt lebende, unbeschränkt einkommensteuerpflichtige Ehegatten, Lebenspartner und Kinder aus der **ELStAM-Datenbank** (→ Rz. 297 ff.) abrufen und diese beim Lohnsteuerabzug berücksichtigen. Eine Speicherung in der ELStAM-Datenbank erfolgt allerdings nur auf Antrag des Stpfl. und erst zu einem späteren Zeitpunkt; diesen teilt die Finanzverwaltung später in einem gesonderten BMF-Schreiben mit. Bis die Daten mittels ELStAM zur Verfügung stehen, 352 können die Arbeitnehmer mit entsprechenden **Beitragsrechnungen** gegenüber dem Arbeitgeber die als Sonderausgaben abziehbaren privaten Basiskranken- und Pflege-Pflichtversicherungsbeiträge mitteilen.

Der Arbeitgeber hat **folgende Beitragsbescheinigungen** des Versicherungsunternehmens im Rahmen des Lohnsteuerabzugs zu berücksichtigen:

- eine bis zum 31. März 2014 vorgelegte Beitragsbescheinigung über die voraussichtlichen privaten Basiskranken- und Pflege-Pflichtversicherungsbeiträge des Kalenderjahres 2013,
- eine Beitragsbescheinigung für die voraussichtlichen privaten Basiskranken- und Pflege-Pflichtversicherungsbeiträge des Kalenderjahres 2014 oder
- eine Beitragsbescheinigung über die nach § 10 Absatz 2a Satz 4 Nummer 2 EStG übermittelten Daten für das Kalenderjahr 2013.

Eine dem Arbeitgeber bereits **vorliegende Beitragsbescheinigung** ist auch im Rahmen des Lohnsteuerabzugs des Kalenderjahres 2014 (weiter) zu berücksichtigen, wenn keine neue Beitragsbescheinigung vorgelegt wird.

353 Für die Krankenversicherung und Pflegeversicherung wird eine **Mindestvorsorgepauschale** gewährt. Sie beträgt **12 %** des Arbeitslohns, höchstens **1 900 €** in den Steuerklassen I, II, IV, V, VI bzw. höchstens **3 000 €** in der **Steuerklasse III**. Sind die tatsächlich geleisteten und abziehbaren Beiträge für die Kranken- und Pflegeversicherung höher als die Mindestvorsorgepauschale, werden die höheren Beiträge berücksichtigt. Neben der Mindestvorsorgepauschale wird der Teilbetrag der Vorsorgepauschale für die **Rentenversicherung** (s.o.) berücksichtigt, wenn die entsprechenden Voraussetzungen vorliegen.

Weitere, detaillierte Erläuterungen zur Berücksichtigung der Vorsorgepauschale im Lohnsteuerabzugsverfahren finden sich im BMF-Schreiben vom 26.11.2013, IV C 5 – S 2367/09/10001, BStBl I 2013, 1532.

ee) Freibetrag/Hinzurechnungsbetrag bei Steuerklasse VI

354 **Arbeitnehmer mit mehreren Dienstverhältnissen** haben für den Arbeitslohn aus dem zweiten oder jedem weiteren Dienstverhältnis Lohnsteuer auch dann zu entrichten, wenn der Arbeitslohn sehr gering ist und zusammen mit dem Arbeitslohn aus dem ersten Dienstverhältnis zu keiner Belastung mit Einkommensteuer führt. Um in diesen Fällen die nach dem Gesamtergebnis nicht berechtigte Steuerbelastung bereits im Lohnsteuerabzugsverfahren zu vermeiden, kann der Arbeitnehmer als Lohnsteuerabzugsmerkmal einen **Freibetrag** für das Dienstverhältnis mit der Steuerklasse VI ermitteln lassen, wenn für den Arbeitslohn aus dem ersten Dienstverhältnis noch keine Lohnsteuer anfällt. Zum Ausgleich wird allerdings vom Finanzamt als Lohnsteuerabzugsmerkmal ein entsprechend hoher Betrag als **Hinzurechnungsbetrag** für das erste Dienstverhältnis ermittelt. Soll für das erste Dienstverhältnis auch **aus anderen Gründen** ein **Freibetrag** ermittelt werden, wird nur der diesen Freibetrag **übersteigende Betrag** als Hinzurechnungsbetrag berücksichtigt; ist der Freibetrag höher als der Hinzurechnungsbetrag, wird nur der den Hinzurechnungsbetrag übersteigende Freibetrag berücksichtigt.

355 Die Höhe des Freibetrags/Hinzurechnungsbetrags kann der Arbeitnehmer im Rahmen folgender Höchstbeträge bestimmen, die von der für das erste Dienstverhältnis maßgebenden Steuerklasse und von der Höhe der Vorsorgepauschale (→ Rz. 348 ff.) abhängen. Die Höchstbeträge entsprechen den Arbeitslöhnen, für die bei der jeweiligen Steuerklasse keine Lohnsteuer anfällt; sie betragen z.B. in 2014:

in der Steuerklasse im ersten Dienstverhältnis	Höchstbetrag bei	
	sozialversicherungspflichtigen Arbeitnehmern	Empfängern von Betriebsrenten und Versorgungsempfängern[1)]
I/IV	11 362 €	14 090 €
II	12 944 €	15 577 €
III	21 473 €	23 593 €
V	1 262 €	2 179 €

Eine Beschränkung dahingehend, dass nur die nicht ausgeschöpfte Eingangsstufe übertragen werden kann, gibt es aus Vereinfachungsgründen nicht. Wer vermeiden möchte, dass wegen des Hinzurechnungsbetrags Lohnsteuer für den Arbeitslohn aus dem ersten Dienstverhältnis erhoben wird, sollte den Freibetrag begrenzen, und zwar auf den Betrag, um den der maßgebende Höchstbetrag den voraussichtlichen Jahresarbeitslohn aus dem ersten Dienstverhältnis übersteigt. 356

Beispiel:

Ein Arbeitnehmer bezieht aus einem ersten Dienstverhältnis monatlich 600 € und aus einem zweiten Dienstverhältnis monatlich 200 €. Der Arbeitnehmer ist in allen Sozialversicherungszweigen versichert (Allgemeine Lohnsteuer-Tabelle bei manueller Berechnung der Lohnsteuer). Im ersten Dienstverhältnis ist die Steuerklasse I maßgeblich.

Jahresarbeitslohn aus dem ersten Dienstverhältnis (600 € x 12)	7 200 €
Jahresarbeitslohn aus dem zweiten Dienstverhältnis (200 € x 12)	2 400 €
Der für die Steuerklasse I maßgebende Höchstbetrag in 2014 beträgt	11 362 €
und überschreitet den voraussichtlichen Jahresarbeitslohn aus dem ersten Dienstverhältnis von um	7 200 €
	4 162 €

Der Freibetrag für die Steuerklasse VI und der Hinzurechnungsbetrag für die Steuerklasse I sollten auf 4 162 € begrenzt werden.

Auch die Berücksichtigung eines Freibetrags/Hinzurechnungsbetrags hat zur Folge, dass der Arbeitnehmer zur Einkommensteuer veranlagt werden muss und verpflichtet ist, für 2014 unaufgefordert bis zum 31.5.2015 eine Einkommensteuererklärung abzugeben (→ Rz. 58). 357

ff) Freibetrag bei Verlusten aus anderen Einkunftsarten

Negative Einkünfte, die neben dem Arbeitslohn voraussichtlich entstehen (z.B. aus Gewerbebetrieb, aus selbständiger Arbeit oder aus Vermietung) können ebenfalls berücksichtigt werden. In die Ermittlung eines Freibetrags wegen negativer Einkünfte sind sämtliche Einkünfte aus Land- und Forstwirtschaft, Gewerbebetrieb, selbständiger Arbeit, Vermietung und Verpachtung und die sonstigen Einkünfte, die der Arbeitnehmer und sein von ihm nicht dauernd getrennt lebender 358

1) Bei der Ermittlung der Beträge wurde davon ausgegangen, dass der Versorgungsbeginn vor 2005 liegt und sich die Höhe der Betriebsrente seit 2005 nicht verändert hat (keine Differenz zwischen der Bemessungsgrundlage der Freibeträge für Versorgungsbezüge und der aktuellen Betriebsrente).

unbeschränkt einkommensteuerpflichtiger Ehegatte/Lebenspartner voraussichtlich erzielen werden; negative Einkünfte aus Kapitalvermögen werden nur berücksichtigt, wenn sie nicht unter das Verlustausgleichsverbot nach § 20 Abs. 6 Satz 2 EStG fallen. Das bedeutet, dass sich der Betrag der negativen Einkünfte des Arbeitnehmers z.B. um die positiven Einkünfte des Ehegatten/Lebenspartners vermindert. Außer Betracht bleiben stets die Einkünfte aus nichtselbständiger Arbeit und positive Einkünfte aus Kapitalvermögen.

359 Negative Einkünfte aus **Vermietung und Verpachtung** eines Gebäudes können grundsätzlich erst für das Kalenderjahr berücksichtigt werden, das auf das Kalenderjahr der Fertigstellung oder der Anschaffung des Gebäudes folgt. Das Objekt ist angeschafft, wenn der Kaufvertrag abgeschlossen ist und Besitz, Nutzen, Lasten und Gefahr auf den Erwerber übergangen sind. Das Objekt ist fertig gestellt, wenn es nach Abschluss der wesentlichen Bauarbeiten bewohnbar ist; die Bauabnahme ist nicht erforderlich. Wird ein Objekt vor der Fertigstellung angeschafft, ist der Zeitpunkt der Fertigstellung maßgebend.

gg) Freibetrag bei haushaltsnahen Beschäftigungsverhältnissen/Dienstleistungen und Handwerkerleistungen

360 Die Steuerermäßigung bei Aufwendungen für **haushaltsnahe Beschäftigungsverhältnisse** und für die Inanspruchnahme **haushaltsnaher Dienstleistungen** sowie **Handwerkerleistungen** (→ Rz. 253 *Steuerermäßigung für haushaltsnahe Beschäftigungsverhältnisse/Dienstleistungen und Handwerkerleistungen*) kann bei Arbeitnehmern vom Finanzamt als Lohnsteuerabzugsmerkmal ein als vom Arbeitslohn abzuziehender Freibetrag ermittelt werden, damit sich die Steuerermäßigung bereits im Laufe des Jahres auswirkt. Da es sich bei der Steuerermäßigung um einen Abzugsbetrag von der Steuerschuld und nicht von der Bemessungsgrundlage handelt, wird sie durch **Vervierfachung** in einen Freibetrag umgerechnet.

hh) Freibetrag für den Entlastungsbetrag für Alleinerziehende bei Verwitweten

361 Erfüllen **verwitwete Arbeitnehmer** die Voraussetzungen für den Abzug des Entlastungsbetrags für Alleinerziehende (→ Rz. 116 ff.), können sie sich im **Todesjahr** des Ehegatten/Lebenspartners und im **Folgejahr** für diesen Entlastungsbetrag als Lohnsteuerabzugsmerkmal einen **Freibetrag** ermitteln lassen. Diese Möglichkeit besteht, weil der Entlastungsbetrag für Alleinerziehende bei verwitweten Arbeitnehmern nicht über das Steuerklassensystem berücksichtigt werden kann. Der Entlastungsbetrag für Alleinerziehende wird grundsätzlich mit der **Steuerklasse II** berücksichtigt (→ Rz. 313); für **verwitwete Arbeitnehmer** ist jedoch im Kalenderjahr des Todes des Ehegatten/Lebenspartners und für das folgende Kalenderjahr das Splittingverfahren möglich und damit insbesondere die **Steuerklasse III** (→ Rz. 314).

3. Lohnsteuerabzug, Anmeldung und Abführung der Lohnsteuer

362 Der Arbeitgeber hat die **Lohnsteuer** bei jeder Lohnzahlung vom Arbeitslohn **einzubehalten**.

Für die Einbehaltung der Lohnsteuer vom laufenden Arbeitslohn hat der Arbeitgeber die Höhe des Arbeitslohns und den Zeitraum festzustellen, für den der Lohn gezahlt wird (**Lohnzahlungszeitraum**).

Die Lohnsteuer ist seit 2001 primär elektronisch zu berechnen (→ Rz. 2). Sie kann aber auch mittels Tabellen manuell ermittelt werden (→ Rz. 3 f.). Ausgehend von den Lohnsteuerabzugsmerkmalen (→ Rz. 297 ff.) und dem ermittelten steuerpflichtigen Arbeitslohn (→ Rz. 385 ff.) kann in der für den Lohnzahlungszeitraum maßgebenden **Lohnsteuer-/Gesamtabzug-Tabelle** (Monats- oder Tages-Tabelle) der jeweils einzubehaltende Lohnsteuerbetrag abgelesen werden. Für Lohnzahlungszeiträume, für die Lohnsteuer-/Gesamtabzug-Tabellen nicht aufgestellt sind, ergibt sich die Lohnsteuer aus den mit der Zahl der Kalendertage dieser Zeiträume vervielfachten Beträgen der Tages-Tabelle. 363

Der Arbeitgeber muss die bei der Lohn- bzw. Gehaltszahlung erhobene Lohnsteuer **monatlich**, **vierteljährlich** oder **einmal im Jahr anmelden** und **abführen**, je nachdem, wie hoch der Lohnsteuerbetrag im Vorjahr war, wobei die Lohnsteuer-Anmeldung nach amtlich vorgeschriebenem Datensatz durch Datenfernübertragung nach Maßgabe der Steuerdaten-Übermittlungsverordnung zu übermitteln ist. Zu beachten ist, dass die elektronische Abgabe von Lohnsteuer-Anmeldungen **seit** dem **1.9.2013** nur noch mit **Authentifizierung** zulässig ist; das entsprechende Zertifikat erhält der Arbeitgeber durch eine Registrierung im ElsterOnline-Portal (https://www.elsteronline.de/eportal/). Auf Antrag kann das Finanzamt zur Vermeidung unbilliger Härten auf eine elektronische Übermittlung verzichten; in diesem Fall ist die Lohnsteuer-Anmeldung nach amtlich vorgeschriebenem **Vordruck** in Papierform oder per Fax sowie unterschrieben einzureichen. Bestehen mehrere Betriebsstätten, sind für diese jeweils gesonderte Lohnsteuer-Anmeldungen zu übermitteln oder abzugeben. 364

Lohnsteuer-Anmeldungszeitraum ist:

- der **Kalendermonat**, wenn die abzuführende Lohnsteuer im vorangegangenen Kalenderjahr **mehr als 4 000 €** betragen hat;
- das **Kalendervierteljahr**, wenn die abzuführende Lohnsteuer im vorangegangenen Kalenderjahr **mehr als 1 000 €**, aber **nicht mehr als 4 000 €** betragen hat;
- das **Kalenderjahr**, wenn die abzuführende Lohnsteuer im vorangegangenen Kalenderjahr **nicht mehr als 1 000 €** betragen hat.

Die für den Lohnsteuer-Anmeldungszeitraum maßgebende abzuführende Lohnsteuer ist die **Summe der** von sämtlichen Arbeitnehmern einbehaltenen und übernommenen **Lohnsteuer** (pro Betrieb/-sstätte). 365

Wenn die Betriebsstätte im vorangegangenen Kalenderjahr noch nicht bestanden hat, ist die auf einen Jahresbetrag umgerechnete, für den ersten vollen Kalendermonat nach der Eröffnung der Betriebsstätte abzuführende Lohnsteuer maßgebend.

Spätestens am **10. Tag** nach Ablauf des Anmeldungszeitraums sind dem Betriebsstättenfinanzamt die abzuführende Lohnsteuer sowie der Solidaritätszuschlag und ggf. die Kirchensteuer durch die Lohnsteuer-Anmeldung **mitzuteilen** und an die Finanzkasse zu **überweisen**. Ergibt sich kein Zahlbetrag, ist eine sog. Nullmeldung abzugeben. Der Arbeitgeber braucht erst dann keine weiteren Lohnsteuer-Anmeldungen mehr zu übermitteln oder abzugeben, wenn er Mitarbeiter, für die er Lohnsteuer einzubehalten oder zu übernehmen hat, nicht mehr beschäftigt oder er keine Lohnsteuer einzubehalten oder zu übernehmen hat, weil der Arbeitslohn nicht steuerbelastet ist, und er dies dem Betriebsstättenfinanzamt auch mitgeteilt hat. 366

Das **Betriebsstättenfinanzamt** ist für den Privathaushalt als Arbeitgeber regelmäßig das für die Veranlagung zur Einkommensteuer zuständige (Wohnsitz-)Finanzamt; für andere Arbeitgeber das Finanzamt, in dessen Bezirk sich der Betrieb bzw. die Betriebsstätte befindet.

Zur **Änderung der Lohnsteuer-Anmeldung** zu Gunsten des Arbeitgebers nach Übermittlung oder Ausschreibung der Lohnsteuerbescheinigung s. BMF-Schreiben vom 7.11.2013, IV C 5 – S 2378/0-07, BStBl I 2013, 1474.

4. Änderung des Lohnsteuerabzugs

367 Was ist zu tun, wenn **zu viel** oder **zu wenig Lohnsteuer abgezogen** wurde, wenn man z.B. erst nach einiger Zeit erkennt, dass man bisher nicht vorschriftsmäßig vorgegangen ist, oder wenn für einen Mitarbeiter Lohnsteuerabzugsmerkmale zum Abruf zur Verfügung gestellt werden, die sich rückwirkend auch auf frühere Lohnzahlungszeiträume beziehen?

368 Solange ein Arbeitgeber noch keine Lohnsteuerbescheinigung übermittelt oder ausgeschrieben hat (→ Rz. 374), **darf er** den Steuerabzug **neu berechnen** und bei der folgenden Lohnzahlung entweder bisher zu wenig abgezogene Lohnsteuer nachträglich einbehalten oder zu viel einbehaltene Lohnsteuer erstatten. Das gilt selbstverständlich nur, wenn der Arbeitgeber noch bei ihm beschäftigt ist und Arbeitslohn bezieht, und im Übrigen nur insoweit, als die geänderten Lohnsteuerabzugsmerkmale nicht auf einen Zeitpunkt vor Beginn des Dienstverhältnisses zurückwirken. In den Fällen der nicht vorschriftsmäßigen Einbehaltung der Lohnsteuer und bei rückwirkender Gesetzesänderung ist der Arbeitgeber im Übrigen **verpflichtet**, den Lohnsteuerabzug zu ändern, wenn ihm dies wirtschaftlich zumutbar ist.

Zu den Fällen, in denen auch **nach** Übermittlung und Ausstellung einer Lohnsteuerbescheinigung, der **Lohnsteuerabzug geändert** werden darf s. BMF-Schreiben vom 7.11.2013, IV C 5 – S 2378/0-07, BStBl I 2013, 1474.

369 Die **zurückzuzahlende Lohnsteuer** ist dabei dem Gesamtbetrag der vom Arbeitgeber in demselben Lohnzahlungszeitraum einbehaltenen Lohnsteuer zu **entnehmen**. Sollte die **Erstattung** aus dem Gesamtbetrag nicht gedeckt werden können, ersetzt das Finanzamt dem Arbeitgeber auf Antrag den Fehlbetrag.

370 Eine etwaige Erstattung zu viel einbehaltener Lohnsteuer nach Ablauf des Kalenderjahrs ist jedoch nur im Wege des **Lohnsteuer-Jahresausgleichs** (→ Rz. 370 ff.) zulässig, also nur bei den Arbeitnehmern, für die der Arbeitgeber einen Lohnsteuer-Jahresausgleich durchführen darf.

5. Anzeigepflichten

371 Erkennt der Arbeitgeber, dass er zu wenig Lohnsteuer einbehalten hat, und will oder kann er dies nicht korrigieren, muss er diese Fälle seinem **Betriebsstättenfinanzamt anzeigen**. Diese Anzeige über die zu geringe Einbehaltung der Lohnsteuer ist ggf. auch für die zurückliegenden vier Jahre zu erstatten – ohne Rücksicht auf die Verjährung eines Steueranspruchs. Eine Anzeigepflicht des Arbeitgebers besteht auch, wenn der Arbeitnehmer seiner Anzeigepflicht beim Erhalt von Bezügen von Dritten nicht nachkommt oder erkennbar unrichtige Angaben macht.

372 Eine rechtzeitige Anzeige schließt die **Haftung** des Arbeitgebers (→ Rz. 378 ff.) aus (es ist zu empfehlen, einen Durchschlag der Anzeige bei den Lohnkontounterlagen abzuheften). Für die Anzeige gibt es bei den Finanzämtern entsprechende Vordrucke.

6. Abschluss des Lohnsteuerabzugs

Bei Beendigung des Dienstverhältnisses oder am Ende des 373
Kalenderjahrs hat der Arbeitgeber das **Lohnkonto** des Arbeitnehmers (→ Rz. 290 ff.) **abzuschließen**.

Bei Beendigung eines Dienstverhältnisses oder am Ende des 374
Kalenderjahrs hat der **authentifizierte** Arbeitgeber spätestens bis zum **28. Februar** des Folgejahrs nach amtlich vorgeschriebenem Datensatz auf elektronischem Weg nach Maßgabe der Steuerdaten-Übermittlungsverordnung eine **elektronische Lohnsteuerbescheinigung** zu übermitteln. Lohnsteuerbescheinigungen sind sowohl für **unbeschränkt** als auch für **beschränkt einkommensteuerpflichtige** Arbeitnehmer zu übermitteln. Diese elektronische Lohnsteuerbescheinigung muss u.a. folgende Angaben enthalten:

- Name, Vorname, Tag der Geburt, Anschrift und Identifikationsnummer des Arbeitnehmers, die abgerufenen ELStAM oder die auf der entsprechenden Bescheinigung für den Lohnsteuerabzug eingetragenen Lohnsteuerabzugsmerkmale, die Bezeichnung und die Nummer des Finanzamts, an das die Lohnsteuer abgeführt worden ist, sowie die Steuernummer des Arbeitgebers;
- Dauer des Dienstverhältnisses während des Kalenderjahres sowie die Anzahl der vermerkten Großbuchstaben „U“;
- Art und Höhe des gezahlten Arbeitslohns sowie den vermerkten Großbuchstaben „S“;
- einbehaltene Lohnsteuer, Solidaritätszuschlag und Kirchensteuer;
- u.a. Kurzarbeitergeld einschließlich Saison-Kurzarbeitergeld, der Zuschuss zum Mutterschaftsgeld, der Zuschuss bei Beschäftigungsverbot für die Zeit vor oder nach einer Entbindung sowie für den Entbindungstag während der Elternzeit nach beamtenrechtlichen Vorschriften, die Verdienstausfallentschädigung nach dem Infektionsschutzgesetz, Aufstockungsbeträge und Altersteilzeitzuschläge;
- pauschal besteuerte Arbeitgeberleistungen für Fahrten zwischen Wohnung und Arbeitsstätte;
- für eine dem Arbeitnehmer während seiner beruflichen Tätigkeit außerhalb seiner Wohnung und seiner ersten Tätigkeitsstätte oder im Rahmen einer doppelten Haushaltsführung zur Verfügung gestellten und mit dem amtlichen Sachbezugswert zu bewertende Mahlzeit den Großbuchstabe „M“;
- für die steuerfreie Sammelbeförderung den Großbuchstaben „F“;
- steuerfrei gezahlte Verpflegungszuschüsse und Vergütungen bei doppelter Haushaltsführung;
- Beiträge zu den gesetzlichen Rentenversicherungen und an berufsständische Versorgungseinrichtungen, jeweils getrennt nach Arbeitgeber- und Arbeitnehmeranteil;
- die steuerfrei gezahlten Zuschüsse zur Kranken- und Pflegeversicherung (getrennt nach gesetzlicher und privater Krankenversicherung sowie gesetzlicher Pflegeversicherung)
- die Beiträge des Arbeitnehmers zur gesetzlichen Krankenversicherung und zur sozialen Pflegeversicherung; bei freiwillig versicherten Arbeitnehmern ist der gesamte Beitrag zu bescheinigen, wenn der Arbeitgeber die Beiträge an die Krankenkasse abführt (sog. Firmenzahler); in den sog. Selbstzahler-Fällen, sind keine Eintragungen vorzunehmen;

- die Beiträge des Arbeitnehmers zur Arbeitslosenversicherung;
- der tatsächlich im Lohnsteuerabzugsverfahren berücksichtigte Teilbetrag der Vorsorgepauschale für eine private Basis-Krankenversicherung und private Pflege-Pflichtversicherung, ggf. auch die Mindestvorsorgepauschale.

Als Arbeitslohn ist der Gesamtbetrag des Bruttoarbeitslohns, einschließlich des Werts eventueller Sachbezüge, zu bescheinigen. **Bruttoarbeitslohn** ist die Summe aus dem **laufenden Arbeitslohn**, der für Lohnzahlungszeiträume gezahlt worden ist, die im Kalenderjahr geendet haben, und den **sonstigen Bezügen**, die dem Arbeitnehmer im Kalenderjahr zugeflossen sind. Zum Bruttoarbeitslohn gehören auch Urlaubsgeld, Weihnachtszuwendungen sowie vermögenswirksame Leistungen (→ Rz. 744). Der Bruttobetrag darf nicht um den Versorgungsfreibetrag (→ Rz. 256 *Versorgungsfreibetrag*), den Zuschlag zum Versorgungsfreibetrag oder den Altersentlastungsbetrag (→ Rz. 238 *Altersentlastungsbetrag*) gekürzt werden. Auch beim Lohnsteuerabzug berücksichtigte Freibeträge (→ Rz. 339 ff.) dürfen nicht abgezogen werden, ein berücksichtigter Hinzurechnungsbetrag (→ Rz. 354 ff.) darf nicht hinzugerechnet werden. Netto gezahlter Arbeitslohn ist mit dem umgerechneten Bruttobetrag anzusetzen. Sofern bei Sachbezügen der **Rabattfreibetrag** (→ Rz. 553 *Preisnachlässe, Personalrabatte*) anzuwenden ist, ist nur der steuerpflichtige Teil der Sachbezüge zu bescheinigen.

375 Der Arbeitgeber hat dem Arbeitnehmer die elektronische Lohnsteuerbescheinigung mit Angabe der **steuerlichen Identifikationsnummer** auszuhändigen oder elektronisch bereitzustellen. Eine Verwendung der sog. **eTIN** (vom Arbeitgeber aus dem Namen, Vornamen und Geburtsdatum des Arbeitnehmers gebildete Nummer) ist nur noch zulässig, wenn

- eine steuerliche Identifikationsnummer für den Arbeitnehmer nicht vergeben wurde und auch auf einer „Bescheinigung für den Lohnsteuerabzug" keine Identifikationsnummer eingetragen ist und
- der Arbeitnehmer seine Identifikationsnummer nicht mitgeteilt hat oder
- in Fällen der bloßen Korrektur einer mit eTIN unrichtig übermittelten Lohnsteuerbescheinigung.

376 Mit der Einführung des neuen Verfahrens ELStAM (→ Rz. 297 ff.) kann der Arbeitgeber im Übrigen nicht ausgehändigte **Lohnsteuerkarten 2010** ohne Lohnsteuerbescheinigungen und auch die Ersatzbescheinigungen für den Lohnsteuerabzug 2011, 2012 bzw. 2013 **vernichten**. Nicht ausgehändigte Lohnsteuerkarten 2010 **mit Lohnsteuerbescheinigungen** hat der Arbeitgeber dem Betriebsstättenfinanzamt **einzureichen**.

377 Ist der Arbeitgeber **nicht** zur **elektronischen Übermittlung** der elektronischen Lohnsteuerbescheinigung verpflichtet, hat er nach Ablauf des Kalenderjahrs oder wenn das Dienstverhältnis vor Ablauf des Kalenderjahrs beendet wird, eine **„Besondere Lohnsteuerbescheinigung"** auszustellen. Dies gilt auch für Arbeitgeber **ohne maschinelle Lohnabrechnung**, die ausschließlich Arbeitnehmer im Rahmen einer geringfügigen Beschäftigung im **Privathaushalt** beschäftigen und keine elektronische Lohnsteuerbescheinigung erteilen. Der Arbeitgeber hat dem Arbeitnehmer die Besondere Lohnsteuerbescheinigung auszuhändigen. Dass der Arbeitnehmer zur Einkommensteuer veranlagt wird, ist hierfür nicht Voraussetzung. In den übrigen Fällen hat der Arbeitgeber die Lohnsteuerbescheinigung dem Betriebsstättenfinanzamt einzureichen.

7. Haftung

Das Finanzamt überwacht durch **Lohnsteuer-Außenprüfungen** und **die Lohnsteuer-Nachschau** die Einbehaltung und Abführung der Lohnsteuer. Diese Prüfungen betreffen auch den Solidaritätszuschlag und die Kirchensteuer. 378

Wenn die Finanzbehörden dabei eine Steuerschuld (mehr als 10 €) errechnen, werden der Arbeitgeber, u.U. aber auch der Arbeitnehmer, zur Kasse gebeten. Denn es besteht eine **Gesamtschuldnerschaft**.

Der Arbeitgeber haftet 379

- für die richtige Einbehaltung der Lohnsteuer und für ihre richtige Abführung,
- für die Lohnsteuer, die er beim Lohnsteuer-Jahresausgleich zu Unrecht erstattet hat,
- für die Lohn- oder Einkommensteuer, die dem Arbeitnehmer auf Grund fehlerhafter Angaben im Lohnkonto oder in der Lohnsteuerbescheinigung vom Finanzamt zu viel erstattet – oder die bei der Einkommensteuerveranlagung zu niedrig festgesetzt – wird, sowie
- für die Lohnsteuer, die ein Dritter zu übernehmen hat.

Der Arbeitgeber haftet auch dann, wenn ein **Dritter** die Pflichten trägt.

Neben dem Arbeitgeber haftet unter bestimmten Voraussetzungen auch derjenige, dem von einem Verleiher Arbeitnehmer gewerbsmäßig zur Arbeitsleistung überlassen werden (**Entleiher**). Näheres → Rz. 272.

Der Arbeitgeber haftet nicht, wenn 380

- der Arbeitnehmer seinen Anzeigepflichten zur Änderung der Lohnsteuerabzugsmerkmale nicht nachgekommen ist, und deshalb zu wenig Lohnsteuer einbehalten wurde,
- zu wenig Lohnsteuer einbehalten wurde, weil ein Freibetrag unzutreffend als Lohnsteuerabzugsmerkmal ermittelt wurde,
- der Arbeitnehmer seiner Verpflichtung, dem Arbeitgeber Lohnsteuerfehlbeträge zur Verfügung zu stellen, nicht nachkommt und der Arbeitgeber dies dem Betriebsstättenfinanzamt anzeigt,
- der Arbeitgeber dem Finanzamt angezeigt hat, dass dem Arbeitnehmer von einem Dritten Bezüge gewährt wurden, der Arbeitnehmer aber dazu keine oder erkennbar unrichtige Angaben macht.

Der **Arbeitnehmer** kann im Rahmen der Gesamtschuldnerschaft grundsätzlich stets in Anspruch genommen werden, und zwar durch einen Nachforderungsbescheid oder im Rahmen der Einkommensteuerveranlagung. Ausgenommen sind lediglich die Fälle, in denen der Arbeitgeber die Lohnsteuer einbehalten, aber nicht an das Finanzamt gemeldet hat und der Arbeitnehmer von der fehlenden Anmeldung keine Kenntnis hatte. 381

Das Finanzamt muss die Wahl, an welchen Gesamtschuldner es sich halten will, nach **pflichtgemäßem Ermessen**, nach **Recht und Billigkeit** und unter **verständiger Abwägung der Interessen** aller Beteiligten treffen. 382

8. Anrufungsauskunft

Ist sich der Arbeitgeber über die steuerliche Behandlung bestimmter Sachverhalte nicht im Klaren, kann er sich an das für ihn zuständige **Betriebsstättenfinanzamt** wenden. Dieses Finanzamt ist verpflichtet, auf Anfrage **Auskunft** darüber zu 383 erteilen, ob und inwieweit die Vorschriften über die Lohnsteuer in dem vorgetragenen Fall anzuwenden sind. Die Anfrage sollte schriftlich gestellt werden. Auch der Arbeitnehmer kann sich mit einer Anrufungsauskunft an das Betriebsstättenfinanzamt wenden. Die schriftlich und ggf. befristet erteilte Auskunft ist für das Lohnsteuerabzugsverfahren verbindlich, nicht jedoch für die Einkommensteuerveranlagung des Arbeitnehmers. Verbindliche Auskünfte des Finanzamts sind grundsätzlich gebührenpflichtig (§ 89 AO); eine Lohnsteuer-Anrufungsauskunft ist jedoch gebührenfrei.

384 Sind für einen Arbeitgeber **mehrere Betriebsstättenfinanzämter** zuständig, weil er mehrere lohnsteuerliche Betriebsstätten hat, erteilt das Betriebsstättenfinanzamt die Auskunft, in dessen Bezirk sich die Geschäftsleitung des Arbeitgebers befindet. Befindet sich am Sitz der Geschäftsleitung keine lohnsteuerliche Betriebsstätte, ist das Betriebsstättenfinanzamt zuständig, in dessen Bezirk sich die lohnsteuerliche Betriebsstätte mit den meisten Arbeitnehmern befindet.

III. Arbeitslohn

1. Einnahmen, Arbeitslohn

385 In diesem Abschnitt wird zunächst erläutert, nach welchen Regeln der Arbeitslohn festzustellen, mit welchen Berechnungsmethoden davon die Lohnsteuer zu ermitteln ist und welche Besonderheiten dabei zu beachten sind. Daran anschließend wird die steuerliche Behandlung einzelner Lohnteile im ABC des Arbeitslohns kommentiert (→ Rz. 447 ff.).

386 Als Einkünfte aus **nichtselbständiger Arbeit** werden steuerlich sämtliche Einnahmen erfasst, die ein Arbeitnehmer für eine Beschäftigung (aus einem Dienstverhältnis) erhält (Arbeitslohn). Dabei spielt es keine Rolle, unter welcher Bezeichnung und in welcher Form ihm Einnahmen zufließen (Bar- oder Sachleistungen, → Rz. 387 ff.). Es ist auch unbeachtlich, ob die Einnahmen auf Grund des gegenwärtigen, eines früheren oder für ein zukünftiges Dienstverhältnis geleistet werden, ob sie einmalig oder laufend gezahlt werden oder ein Rechtsanspruch auf sie besteht.

387 Nach dem Einkommensteuergesetz sind **Einnahmen** sowohl Bar- und Sachbezüge als auch sonstige Vorteile. Dies können Geldbeträge in bar oder unbar, Waren, (Sach-)Geschenke oder Dienstleistungen sein, z.B. Lohnzuschläge für Mehrarbeit, Erschwerniszuschläge, Entschädigungen für nicht genommenen Urlaub, Urlaubs- und Weihnachtsgeld, Personalrabatte, von Dritten gegebene Belohnungen oder Lohnteile, z.B. Rabatte oder Vorteile aus Aktienoptionen im Konzernverbund; **ausgenommen** sind freiwillige Trinkgelder, die in voller Höhe steuerfrei sind.

Wird der Arbeitslohn in einer gängigen **ausländischen Währung** gezahlt, sind dies Einnahmen in Geld und kein Sachbezug (keine 44 €-Freigrenze für Sachbezüge). **Umrechnungsmaßstab** ist der auf den Umrechnungszeitpunkt bezogene Euro-Referenzkurs der Europäischen Zentralbank. Solche Lohnzahlungen sind – wie üblich – im Zeitpunkt des Zuflusses Arbeitslohn und bei Zufluss anhand der von der Europäischen Zentralbank veröffentlichten monatlichen Durchschnittsreferenzkurse umzurechnen, denen die im BStBl I veröffentlichten Umsatzsteuer-Umrechnungskurse entsprechen. Für Währungen, die in der Veröffentlichung der Umsatzsteuer-Umrechnungskurse nicht enthalten sind, können die monatlichen Durchschnittsreferenzkurse der Europäischen Zentralbank unter http://www.bundesbank.de/statistik/statistik_devisen.php abgerufen werden.

Aus Vereinfachungsgründen lässt die Finanzverwaltung zu, dass der in ausländischer Währung gezahlte Bruttoarbeitslohn anhand eines jahresbezogenen Umrechnungskurses für das Kalenderjahr auf Basis der gesamten monatlichen Durchschnittsreferenzkurse der Europäischen Zentralbank ermittelt, in Euro umgerechnet und das Ergebnis auf volle 50 Cent abgerundet wird. Nach diesem Durchschnittskurs kann der Jahresarbeitslohn angesetzt werden.

Steuerlicher **Arbeitslohn** ist regelmäßig der arbeitsvertraglich festgelegte und gezahlte Bruttolohn. Leistet der Arbeitgeber freiwillig zusätzlich Sonderzahlungen oder Sachbezüge, sind diese für die Lohnsteuerermittlung dem vereinbarten Arbeitslohn hinzuzurechnen.

-ArbeitslohnNicht zum Arbeitslohn rechnen **Sachleistungen** 388
des Arbeitgebers, die auch im gesellschaftlichen Verkehr üblicherweise ausgetauscht werden, zu keiner ins Gewicht fallenden Bereicherung des Arbeitnehmers führen und allgemein als **Aufmerksamkeiten** (→ Rz. 468) angesehen werden (z.B. Blumen, Genussmittel, Bücher oder CDs, die dem Arbeitnehmer oder seinen Angehörigen aus Anlass eines besonderen persönlichen Ereignisses zugewendet werden, falls der Wert der Sachleistungen pro Anlass **40 €** nicht übersteigt. Zu den Aufmerksamkeiten gehören auch Getränke und Genussmittel (keine Mahlzeiten), die der Arbeitgeber den Arbeitnehmern zum Verzehr im Betrieb bzw. am Arbeitsplatz bereitstellt, und Speisen bis zu einem Wert von 40 €, die der Arbeitgeber den Arbeitnehmern anlässlich und während eines **außergewöhnlichen Arbeitseinsatzes** (z.B. während der Inventur) überlässt.

2. Sachbezüge

Als **Sachbezüge** rechnen auch vom Arbeitgeber kostenlos 389
oder verbilligt gestellte Mahlzeiten und Unterkünfte sowie bestimmte Vorteile durch Betriebsveranstaltungen und der zur privaten Nutzung überlassene Geschäftswagen zum Arbeitslohn. Belohnungen Dritter für die Arbeitsleistung des Arbeitnehmers sind z.B. Incentive-Reisen sind ebenso steuerpflichtiger Arbeitslohn.

Für bestimmte Sachbezüge, wie kostenlos oder verbilligt gestellte bzw. überlassene **Mahlzeiten** und **Unterkünfte** (z.B. möblierte Zimmer, Sammelunterkünfte), ist der Wert nach der amtlichen **Sozialversicherungsentgeltverordnung** zu ermitteln. Die Sachbezugswerte gelten auch für Arbeitnehmer, die nicht der gesetzlichen Rentenversicherungspflicht unterliegen. Werden vorgesehene Sachbezüge durch eine Barvergütung abgegolten, ist der Barlohn zu versteuern. Für **andere Sachbezüge** ist aus Vereinfachungsgründen der steuerliche Wert mit 96 % des ortsüblichen Endpreises des Sachbezugs anzusetzen (§ 8 Abs. 3 EStG, R 8.1 Abs. 2 Satz 9 LStR 2013). Hinweis auf → Rz. 540 *Mahlzeiten*, → Rz. 558 *Sachbezüge*, → Rz. 553 *Preisnachlässe*, → Rz. 654 ff.

Die Sachbezugswerte für das **Kalenderjahr 2014** betragen bundesweit:

Freie Verpflegung

Personenkreis		Frühstück	Mittagessen	Abendessen	Verpflegung insgesamt
		€	€	€	€
Arbeitnehmer einschließlich	mtl.	49,00	90,00	90,00	229,00
Jugendliche u. Auszubildende	ktgl.	1,63	3,00	3,00	7,63

Freie Unterkunft

Sachverhalt		alte und neue Bundesländer einschließlich Berlin	
Unterkunft belegt mit		Unterkunft allgemein	Aufnahme im Arbeitgeberhaushalt/Gemeinschaftsunterkunft
		€	€
volljährige Arbeitnehmer			
1 Beschäftigtem	mtl.	221,00	187,50
	ktgl.	7,37	6,26
2 Beschäftigen	mtl.	132,60	99,45
	ktgl.	4,42	3,32
3 Beschäftigten	mtl.	110,50	77,35
	ktgl.	3,68	2,58
mehr als	mtl.	86,40	55,25
3 Beschäftigten	ktgl.	2,95	1,84
Jugendliche/Auszubildende			
1 Beschäftigtem	mtl.	187,50	154,70
	ktgl.	6,26	5,16
2 Beschäftigen	mtl.	99,45	66,30
	ktgl.	3,32	2,21
3 Beschäftigten	mtl.	77,35	44,20
	ktgl.	2,58	1,47
mehr als	mtl.	55,25	22,10
3 Beschäftigten	ktgl.	1,84	0,74

Eine **Aufnahme in den Arbeitgeberhaushalt** liegt vor, wenn der Arbeitnehmer sowohl in die Wohnungs- als auch in die Verpflegungsgemeinschaft des Arbeitgebers aufgenommen wird. Bei ausschließlicher Zurverfügungstellung von Unterkunft liegt dagegen keine „Aufnahme" in den Arbeitgeberhaushalt vor, so dass der ungekürzte Unterkunftswert anzusetzen ist.

Eine **Gemeinschaftsunterkunft** stellen z.B. Lehrlingswohnheime, Schwesternwohnheime, Kasernen etc. dar. Charakteristisch für Gemeinschaftsunterkünfte sind gemeinschaftlich zu nutzende Wasch- bzw. Duschräume, Toiletten und ggf. Gemeinschafts-Küche oder eine Kantine. Allein eine Mehrfachbelegung einer Unterkunft hat dagegen nicht die Bewertung als Gemeinschaftsunterkunft zur Folge; vielmehr wird der Mehrfachbelegung bereits durch gesonderte Abschläge beim Sachbezugswert Rechnung getragen.

Für **freie Wohnung** ist kein amtlicher Sachbezugswert festgesetzt. Vielmehr ist für freie Wohnung grundsätzlich der **ortsübliche Mietpreis** anzusetzen.

Eine **Wohnung** ist im Gegensatz zur Unterkunft eine in sich geschlossene Einheit von Räumen, in denen ein selbständiger Haushalt geführt werden kann. Wesentlich ist, dass eine Wasserversorgung und -entsorgung, zumindest eine einer Küche vergleichbare Kochgelegenheit sowie eine Toilette vorhanden sind.

Danach stellt z.B. ein Einzimmerappartement mit Küchenzeile und WC als Nebenraum eine Wohnung dar, während bei Mitbenutzung von Bad, Toilette und Küche lediglich eine **Unterkunft** vorliegt. Wird **mehreren Arbeitnehmern** eine Wohnung zur gemeinsamen Nutzung (Wohngemeinschaft) zur Verfügung gestellt, liegt insoweit nicht freie Wohnung, sondern lediglich freie Unterkunft vor.

Ist die Feststellung des ortsüblichen Mietpreises mit außerordentlichen Schwierigkeiten verbunden, kann die Wohnung in **sämtlichen Bundesländern** einschließlich West-Berlin im Kalenderjahr 2014 mit 3,88 € monatlich je Quadratmeter bzw. bei einfacher Ausstattung (ohne Sammelheizung oder ohne Bad oder Dusche) mit 3,17 € monatlich je Quadratmeter bewertet werden.

Bei der Gewährung von unentgeltlichen oder verbilligten **Mahlzeiten im Betrieb** (§ 40 Abs. 2 Satz 1 Nr. 1 EStG) sind sowohl für volljährige Arbeitnehmer als auch für Jugendliche und Auszubildende für 2014 nachstehende Beträge anzusetzen:

- Frühstück 1,63 €
- Mittag-/Abendessen 3,00 €

3. Leistungen Dritter

390 Damit steuerlich der gesamte Ertrag aus der nichtselbständigen Tätigkeit als Arbeitslohn erfasst wird, sind grundsätzlich auch **Leistungen von Dritten** (anderen Personen als dem Arbeitgeber) als Arbeitslohn zu erfassen. Dies gilt insbesondere dann, wenn der Arbeitgeber an der Verschaffung des Sachbezugs mitgewirkt hat (z.B. durch Inkassotätigkeit). Voraussetzung dafür ist, dass es sich hierbei um Leistungen im Zusammenhang mit dem Arbeitsverhältnis handelt (Ausfluss der Tätigkeit). Hierunter fallen z.B. Sachbezüge bei konzernmäßiger Verflechtung zwischen Arbeitgeber und Drittem (Aktienoptionen), Incentive-Reisen sowie Rabatte und Preisnachlässe Dritter (z.B. mit dem Arbeitgeber verbundenes Unternehmen, Konzern-Rabatte). **Bestechungsgelder** sind kein Arbeitslohn, sondern als steuerpflichtige Einnahmen der Einkunftsart „sonstige Einkünfte" anzusetzen.

4. Erfassung als Arbeitslohn

391 Der gezahlte **Arbeitslohn** ist regelmäßig **steuerpflichtig**, d.h., der Arbeitgeber hat davon Lohnsteuer, Solidaritätszuschlag und ggf. Kirchensteuer einzubehalten. Zum Arbeitslohn gehören auch **versehentliche Überweisungen** des Arbeitgebers, die dieser zurückfordern kann. Hingegen führen **eigenmächtige** Überweisungen des Arbeitnehmers und **hinterzogener** Arbeitslohn nicht zu einem Lohnsteuerabzug; diese Gelder/Vermögensmehrungen rechnen nicht zum Arbeitslohn (BMF-Schreiben v. 7.11.2013, BStBl I 2013, 1474).

Zahlt der Arbeitnehmer Arbeitslohn **zurück**, ist dies erst im Zeitpunkt des tatsächlichen **Abflusses** arbeitslohn- bzw. einkünftemindernd zu berücksichtigen. Arbeitslohn kann jedoch **steuerfrei** gezahlt werden, wenn er nach den Regelungen des Einkommensteuergesetzes nicht der Besteuerung unterliegt; z.B. die Zuschläge für Nacht- und Feiertagsarbeit bis zu bestimmten Prozentsätzen, Verpflegungspauschalen.

Hiervon zu unterscheiden ist die **steuerunbelastete** Auszahlung von steuerpflichtigem Arbeitslohn, falls bzw. solange für diesen noch keine Lohnsteuer anfällt, sowie Zuwendungen des Arbeitgebers, die nicht zum Arbeitslohn rechnen, z.B. **Aufmerksamkeiten**, übliche Betriebsveranstaltungen und betriebseigene Sozialräume (→ Rz. 447).

392 **Steuerfreier** Arbeitslohn wird bei der Berechnung der Lohnsteuer nicht berücksichtigt. Eine **Übersicht** über **steuerpflichtige** und **steuerfreie** sowie der nicht zum Arbeitslohn rechnenden Lohnbestandteile gibt das **ABC des Arbeitslohns** (→ Rz. 447 ff.). Hat der Arbeitgeber zu Unrecht keine oder zu wenig Lohnsteuer einbehalten, ist dies zu korrigieren. Ansonsten haftet er für die zu gering einbehaltene und abgeführte Lohnsteuer (→ Rz. 277).

5. Lohnzahlungszeitraum, Zufluss

393 Für den Lohnsteuereinbehalt ist neben den ab 2013 anzuwendenden (elektronischen) Lohnsteuerabzugsmerkmalen (→ Rz. 297 f.) der **Lohnzahlungszeitraum** entscheidend.

Über den Beginn und das Ende dieses Zeitraums entscheidet der Arbeitsvertrag. Üblicherweise ist der Kalendermonat der Lohnzahlungszeitraum. Die Höhe der Lohnsteuer richtet sich nach dem im Lohnzahlungszeitraum bezogenen Arbeitslohn.

394 Der **laufende Arbeitslohn** (→ Rz. 398 ff.) gilt unabhängig vom tatsächlichen Zufluss mit Beendigung des Lohnzahlungs- oder Lohnabrechnungszeitraums als bezogen. Den Begriff des „Beziehens" versteht das Steuerecht nicht im Sinne eines tatsächlichen Vorgangs, sondern als eine **zeitliche Zuordnung** (→ Rz. 396). Durch diese Regelung ist der Arbeitgeber z.B. von der Pflicht enthoben, bei Lohnzahlungen für kalenderjahrübergreifende Lohnzahlungszeiträume die Arbeitslöhne nach ihrem wirtschaftlichen Gehalt auf das abgelaufene und das begonnene Kalenderjahr aufzuteilen.

395 Durch diese zeitraumbezogene Zuordnung wird für die Lohnsteuer vom **Zuflussprinzip** des § 11 EStG abgewichen. Diese Abweichung betrifft jedoch – wie bereits erläutert – nur die zeitliche Zuordnung des Arbeitslohns als **Bemessungsgrundlage** für die Lohnsteuer. Hingegen wird nicht der Zufluss selbst fingiert.

Für die **Besteuerung** des Arbeitslohns ist stets der tatsächliche Zufluss, also die Erlangung der wirtschaftlichen Verfügungsmacht, Grundvoraussetzung. Auch für die Beantwortung der Fragen, wann die Lohnsteuerschuld entsteht, zu welchem Zeitpunkt sie vom Arbeitgeber einzubehalten und abzuführen ist, gilt diese Fiktion nicht. Vielmehr kommt es hierbei darauf an, wann der Arbeitslohn dem Arbeitnehmer **zugeflossen** ist.

Arbeitslohn ist dem Arbeitnehmer dann **zugeflossen**, wenn er darüber **verfügen** kann (z.B. bei Entgegennahme der Barzahlung, eines Schecks oder Verrechnungsschecks; bei einer Gehaltsüberweisung dann, wenn der Arbeitgeber die Überweisungsträger an das Kreditinstitut gegeben hat).

Arbeitslohn fließt auch dann zu, wenn der Arbeitgeber an Stelle der Auszahlung (Überweisung) eine mit dem Arbeitnehmer getroffene **Lohnverwendungsabrede** (konstitutive Verwendungsauflage) erfüllt. Zur Frage des Zuflusses bei der Gutschrift in einem Arbeitszeitkonto und der Zahlung aus einem Arbeitszeitkonto bzw. Zeitwertguthaben → Rz. 447 *Arbeitszeitkonto*.

Keinen Arbeitslohn erhält der Arbeitnehmer hingegen, wenn er auf ihm zustehende(n) Lohn(teile) **verzichtet** und keine Bedingungen an die Verwendung der frei gewordenen Mittel knüpft.

396 Wie zuvor erläutert, ist üblicherweise der Kalendermonat der **Lohnzahlungszeitraum**. Mitunter werden für die Lohnzahlung jedoch auch kürzere Zeiträume vereinbart (z.B. eine Woche oder einzelne Tage bei Aushilfsbeschäftigungen). Ist kein Lohnzahlungszeitraum feststellbar, so tritt an seine Stelle die Summe der tatsächlichen Arbeitstage oder der tatsächliche Arbeitswochen. Solange das Dienstverhältnis fortbesteht, sind auch in den Lohnzahlungszeitraum fallende Arbeitstage mitzuzählen, für die der Arbeitnehmer keinen Lohn erhält. Der Lohnzahlungszeitraum kann sich auch über zwei Kalenderjahre erstrecken (z.B. vom 15. Dezember bis zum 13. Januar des Folgejahres).

Beispiele zum Lohnzahlungszeitraum:

1. Ein Monatsgehalt wird für die Zeit vom ersten bis zum letzten Tag eines Monats gezahlt. Das Dezembergehalt 2013 wird erst am 10.1.2014 (Folgejahr) ausgezahlt. Da laufender Arbeitslohn vorliegt und der Lohnzahlungszeitraum am 31.12.2013 endete, ist das Dezembergehalt dem Kalenderjahr 2013 zuzuordnen. Es gilt als in dem Kalenderjahr bezogen, in dem der Lohnzahlungszeitraum endete.
2. Ein Monatsgehalt wird für die Zeit vom ersten bis zum letzten Tag eines Monats gezahlt. Das Gehalt für den Januar 2014 wird bereits am 30.12.2013 ausgezahlt. Da laufender Arbeitslohn vorliegt und der Lohnzahlungszeitraum am 31.1.2014 endet, ist das Januargehalt dem Kalenderjahr 2014 zuzuordnen.
3. Auf Arbeitslohn für den Monat Dezember 2013 wird am 20.12.2013 eine Abschlagszahlung geleistet. Die Abrechnung des Monatslohns und Auszahlung des Restbetrags erfolgen am 15.1.2014. Der gesamte Arbeitslohn für den Monat Dezember 2013 einschließlich des in 2014 ausgezahlten Restbetrags stellt Arbeitslohn des Kalenderjahres 2013 dar.
4. Ein Monatsgehalt wird für die Zeit vom ersten bis zum letzten Tag eines Monats gezahlt. Das Dezembergehalt 2013 wird erst am 1.2.2014 ausgezahlt. Der Arbeitslohn ist nicht dem Kalenderjahr 2013 zuzurechnen, weil die Auszahlung nicht innerhalb von drei Wochen nach Ablauf des Lohnzahlungszeitraums erfolgte und demzufolge kein laufender Arbeitslohn angenommen wird (→ Rz. 401). Hierdurch können sich für die Praxis vor dem Hintergrund geplanter Steuersatzsenkungen interessante Gestaltungsmöglichkeiten ergeben.

In den Beispielen Nr. 1 bis 3 ist stets die für laufenden Arbeitslohn aufgestellte Fiktion zu beachten, wonach dieser in dem Kalenderjahr als bezogen gilt, in dem der Lohnzahlungszeitraum, für den er gezahlt wird, endet.

6. Lohnsteuereinbehalt

Entsprechend der üblichen Lohnzahlungszeiträume gibt der Verlag **Tabellen** zur Ermittlung der Lohnsteuer vom **Monatslohn** und **Tageslohn** heraus. Bei nicht monatlicher Beschäftigung ist für die Lohnsteuerermittlung die Tageslohnsteuer-Tabelle entsprechend der Beschäftigungsdauer anzuwenden. 397

Für die **Lohnsteuerermittlung** hat der Arbeitgeber stets die aktuellen steuerlichen Verhältnisse des jeweiligen Beschäftigungsverhältnisses zu berücksichtigen. Dies sind die vom Finanzamt abgerufenen elektronischen Lohnsteuerabzugsmerkmale (→ Rz. 297 f.) oder die auf der vom Finanzamt ausgestellten Bescheinigungen für den Lohnsteuerabzug eingetragenen persönlichen Merkmale des Arbeitnehmers (Lohnsteuerabzugsmerkmale), die für den Tag gelten, an dem der Lohnzahlungszeitraum endet. Übt der Arbeitnehmer bei anderen Arbeitgebern noch eine (oder ggf. mehrere) weitere Beschäftigung(en) aus, ist dies vom Arbeitgeber für den Lohnsteuerabzug und die Ermittlung der Lohnsteuer nicht zu berücksichtigen.

Reichen die dem Arbeitgeber zur Verfügung stehenden Geldmittel zur **Zahlung** des vollen vereinbarten Arbeitslohns nicht aus, und erhält deshalb der Arbeitnehmer einen **geringeren** Betrag, ist die Lohnsteuer von dem tatsächlich **ausgezahlten** Arbeitslohn zu berechnen und einzubehalten.

Einwendungen gegen den Lohnsteuerabzug muss der **Arbeitnehmer** sofort beim Arbeitgeber vortragen; andernfalls ist gegen die Lohnsteuer-Anmeldung der Einspruch beim Finanzamt möglich. Hat der Arbeitnehmer dies versäumt, kann er eine Korrektur nicht dadurch verlangen, indem er die Lohnsteuerbescheinigung angreift und deren Berichtigung verlangt.

7. Laufender Arbeitslohn

Nach der Festlegung des steuerpflichtigen Arbeitslohns, dessen Wertansatzes und des Lohnzahlungszeitraums hat der Arbeitgeber als nächsten Schritt die Lohnsteuer zu ermitteln. 398

Das Steuerrecht unterscheidet für die Lohnsteuerermittlung zwischen dem sog. **laufenden Arbeitslohn** (→ Rz. 401 ff.) und dem **sonstigen Bezug** (→ Rz. 410 ff.). Die Unterscheidung zwischen laufend gezahltem Arbeitslohn und einem sonstigen Bezug ist für die zutreffende Lohnsteuerermittlung erforderlich.

399 Für **fortlaufend** gezahlten Arbeitslohn ist die Lohnsteuer entsprechend dem Lohnzahlungszeitraum (→ Rz. 393 ff.) aus der dafür vorgesehenen **Lohnsteuer-Tabelle** (→ Rz. 5 ff.) abzulesen. Diese Lohnsteuer-Tabellen unterstellen, dass der Arbeitslohn im Kalenderjahr stets in gleich bleibender Höhe zufließt. Deshalb wird der Lohn des Lohnzahlungszeitraums lohnsteuertechnisch auf einen Jahreslohn hochgerechnet, z.B. Monatslohn × 12, und die so ermittelte Jahreslohnsteuer durch die Anzahl der Lohnzahlungszeiträume dividiert, z.B. Jahreslohnsteuer : 12 = Monatslohnsteuer.

Ein **sonstiger Bezug** wird einmalig und nicht regelmäßig wiederkehrend gezahlt. Folglich wird er zur Lohnsteuerermittlung nicht dem laufenden Arbeitslohn, sondern dem voraussichtlichen Jahresarbeitslohn hinzugerechnet.

400 Würde z.B. zur **Lohnsteuerermittlung** ein Weihnachtsgeld i.H.v. 1 000 € dem monatlichen laufend gezahlten Arbeitslohn zugerechnet, ergäbe dies regelmäßig eine unzutreffende Lohnsteuer.

Beispiel zum Vergleich der Lohnsteuerbeträge:

Ein Arbeitnehmer erhält im Kalenderjahr 2014 einen monatlichen Arbeitslohn von 3 200 €. Für die Steuerklasse I (keine Kinder) sind monatlich 514,16 € Lohnsteuer zu zahlen. Dies ergibt eine jährliche Lohnsteuer von 12 x 514,16 € = 6 169,92 €.

Würde das im Juni gezahlte Urlaubsgeld i.H.v. 1 000 € dem monatlich laufend gezahlten Arbeitslohn zugerechnet, ergäbe dies eine Lohnsteuer von 818,08 €.

Als Jahressteuer ergäben sich 11 x 514,16 € + 818,08 € = 6 473,84 €.

Bei zutreffender Behandlung als sonstiger Bezug ergibt sich jedoch folgende jährliche Lohnsteuer:

12 x 514,16 € =	6 169,92 €
zzgl. Lohnsteuer für den sonstigen Bezug	282,– €
Summe	6 451,92 €
Es ergibt sich ein Unterschiedsbetrag i.H.v.	21,92 €

Deshalb wird die Lohnsteuer für **sonstige Bezüge** nach einem besonderen Berechnungsverfahren ermittelt (→ Rz. 412 ff.). Wie das Beispiel zeigt, wird die Lohnsteuer für einen sonstigen Bezug regelmäßig mit einem höheren Prozentsatz als für den laufenden Arbeitslohn erhoben. Gleichwohl ergibt das besondere Berechnungsverfahren einen niedrigeren Steuerbetrag als beim Zuschlag zum laufenden Arbeitslohn (→ Rz. 401 ff.).

401 Was versteht das Lohnsteuerrecht unter laufendem Arbeitslohn? Der Begriff **laufender Arbeitslohn** wird im Einkommensteuergesetz nicht näher definiert. Er wird in den Lohnsteuer-Richtlinien jedoch beschrieben als Arbeitslohn, der dem Arbeitnehmer regelmäßig fortlaufend zufließt (z.B. Monatsgehälter, Wochen- und Tagelöhne, Mehrarbeitsvergütungen, Zuschläge und Zulagen). Hierzu zählen auch

- Nachzahlungen und Vorauszahlungen, wenn sich diese ausschließlich auf Lohnzahlungszeiträume beziehen, die im Kalenderjahr der Zahlung enden, sowie
- Arbeitslohn für Lohnzahlungszeiträume des abgelaufenen Kalenderjahres, wenn dieser innerhalb der ersten **drei Wochen** des nachfolgenden Kalenderjahres zufließt (Beispiel → Rz. 396, Beispiel 4).

402 Entscheidend sind die Verhältnisse des einzelnen Kalenderjahres. So stellen Bezüge, die im Kalenderjahr nur einmal gezahlt werden (z.B. Urlaubsgeld), keinen laufenden Arbeitslohn, sondern einen **sonstigen Bezug** dar, selbst wenn sie sich in den aufeinander folgenden Jahren wiederholen.

Regelmäßig gezahlte Bezüge bzw. Arbeitslohn(teile), deren **Höhe** schwankt, weil sie sich z.B. nach einer nicht gleich bleibenden Bemessungsgrundlage richtet (z.B. erzielte Umsätze), rechnen auch zum laufenden Arbeitslohn. Erhält z.B. ein Außendienstmitarbeiter ein monatliches Fixum von 3 000 € und zuzüglich 2 % des Umsatzes, rechnet der so ermittelte Betrag (2 % des Umsatzes) ebenfalls zum laufenden Arbeitslohn. 403

Zum **laufenden** Arbeitslohn gehören auch regelmäßig zufließende **Sachbezüge** wie z.B. geldwerte Vorteile durch die private Nutzung eines überlassenen betrieblichen Kraftfahrzeugs (der Nutzungswert), der Wert für unentgeltlich oder verbilligt erhaltene Mahlzeiten sowie für eine vom Arbeitgeber gestellte Unterkunft. 404

Zahlt der Arbeitgeber laufenden Arbeitslohn **im Voraus** oder im **Nachhinein** für einen im **Kalenderjahr** der Zahlung endenden Lohnzahlungszeitraum, so ist die Vorauszahlung oder Nachzahlung für die Berechnung der Lohnsteuer den Lohnzahlungszeiträumen zuzurechnen, für die sie geleistet werden (laufender Arbeitslohn). Die Voraus- oder Nachzahlung ist auf die Zahlungsmonate (Lohnzahlungszeiträume) zu **verteilen**, für die sie geleistet wird. Wird also im August Arbeitslohn für die Monate Januar bis April nachgezahlt, ist der Gesamtbetrag aufzuteilen, und die einzelnen Beträge dem jeweiligen Monat zuzuordnen. 405

Beispiel zur Berechnung der Lohnsteuer bei Nachzahlungen: 406

Ein Arbeitnehmer mit einem laufenden Bruttoarbeitslohn von 2 300 € monatlich erhält im September 2014 eine Nachzahlung von 400 € für die Monate Januar bis August.

Von dem Monatslohn von 2 300 € ist nach der maßgebenden Steuerklasse I eine Lohnsteuer von 280,33 € einzubehalten. Von dem um die anteilige Nachzahlung erhöhten Monatslohn (der Monate Januar bis August) von 2 350 € ist eine Lohnsteuer von 292,66 € einzubehalten.

Auf die anteilige monatliche Nachzahlung von 50 € entfällt mithin eine Lohnsteuer von 12,33 €. Dieser Betrag, vervielfacht mit der Zahl der in Betracht kommenden Monate, ergibt dann die Lohnsteuer für die Nachzahlung (12,33 € x 8 = 98,64 €).

Alternativ können Nachzahlungen und Vorauszahlungen aus Vereinfachungsgründen als sonstige Bezüge behandelt werden. In diesen Fällen hat der Arbeitgeber die Lohnsteuer im Lohnzahlungszeitraum des Zuflusses einzubehalten.

8. Abschlagszahlung

Von dem Grundsatz, bei jeder Lohnzahlung ist vom Arbeitslohn die Lohnsteuer einzubehalten, gibt es für **Abschlagszahlungen** eine Ausnahme. Leistet der Arbeitgeber zunächst Arbeitslohn für den üblichen Lohnzahlungszeitraum nur in ungefährer Höhe (Abschlagszahlung), und nimmt er die genaue Lohnabrechnung später für einen längeren Zeitraum vor, so braucht er die Lohnsteuer erst bei dieser Lohnabrechnung einzubehalten. Dieser gewählte Abrechnungszeitraum ist dann der Lohnzahlungszeitraum. 407

Voraussetzung hierfür ist, dass der **Lohnabrechnungszeitraum fünf** Wochen nicht übersteigt und die **Lohnabrechnung** innerhalb von **drei** Wochen nach Ablauf des Lohnabrechnungszeitraums erfolgt. Lohnzahlungszeitraum und Lohnabrechnungszeitraum fallen insoweit auseinander. In diesen Fällen kann die Monatstabelle nur dann angewandt werden, wenn der Abrechnungszeitraum auch tatsächlich einen Monat umfasst. Ansonsten ist die Lohnsteuer nach der Tagestabelle zu berechnen.

408 Die **Lohnabrechnung** gilt als abgeschlossen, wenn der Zahlungsbeleg den Bereich des Arbeitgebers verlassen hat. Auf den zeitlichen Zufluss des Arbeitslohns beim Arbeitnehmer kommt es nicht an (→ Rz. 395). Wird die Lohnabrechnung für den letzten Abrechnungszeitraum des abgelaufenen Kalenderjahres erst im **nachfolgenden** Kalenderjahr, aber noch innerhalb der **Drei-Wochen-Frist** (→ Rz. 401) vorgenommen, so handelt es sich um Arbeitslohn und einbehaltene Lohnsteuer dieses Lohnabrechnungszeitraums (→ Rz. 407). Dieser Arbeitslohn und die darauf entfallende Lohnsteuer sind deshalb im **Lohnkonto** und in der **Lohnsteuerbescheinigung** des abgelaufenen Kalenderjahres zu erfassen (→ Rz. 374, 377).

Die einbehaltene **Lohnsteuer** ist aber für die **Anmeldung** und **Abführung** an das Finanzamt als Lohnsteuer des Kalendermonats bzw. Kalendervierteljahres (Lohnsteuer-Anmeldungszeitraum) zu erfassen, in dem die Lohnabrechnung tatsächlich vorgenommen wird (mit Beendigung des Lohnabrechnungszeitraums).

Beispiele zum Zeitpunkt des Lohnsteuereinbehalts bei Abschlagszahlungen:

1. Ein Arbeitgeber mit kalendermonatlichen Abrechnungszeiträumen leistet jeweils am 20. eines Monats eine Abschlagszahlung. Die Lohnabrechnung wird am 10. des folgenden Monats mit der Auszahlung von Spitzenbeträgen vorgenommen.
   Der Arbeitgeber ist berechtigt, auf den Lohnsteuereinbehalt bei Zahlung des Abschlags zu verzichten und die Lohnsteuer erst bei der Schlussabrechnung einzubehalten.
2. Ein Arbeitgeber mit kalendermonatlichen Abrechnungszeiträumen leistet jeweils am 28. für den laufenden Monat eine Abschlagszahlung und nimmt die Lohnabrechnung am 28. des folgenden Monats vor.
   Die Lohnsteuer ist bereits von der Abschlagszahlung einzubehalten, da die Abrechnung nicht innerhalb von drei Wochen nach Ablauf des Lohnabrechnungszeitraums erfolgt. War die Abrechnung zunächst innerhalb der Drei-Wochen-frist geplant, ändert die nun planwidrig spätere Abrechnung nichts an dem vorgenannten Ergebnis.
3. Auf den Arbeitslohn für Dezember werden Abschlagszahlungen geleistet. Die Lohnabrechnung erfolgt am 15. Januar des folgenden Jahres.
   Der Lohnzahlungszeitraum ist der Kalendermonat, die Lohnabrechnung erfolgt innerhalb von drei Wochen nach Ablauf des Lohnzahlungszeitraums. Die einzubehaltende Lohnsteuer ist spätestens am 10. Februar als Lohnsteuer des Monats Januar anzumelden und abzuführen (bei monatlichem Lohnsteuer-Anmeldungszeitraum). Sie gehört gleichwohl zum Arbeitslohn des abgelaufenen Kalenderjahres und ist in die Lohnsteuerbescheinigung für das abgelaufene Kalenderjahr aufzunehmen.

409 Neben dieser Lohnsteuerermittlung nach den Lohnzahlungszeiträumen kann der Arbeitgeber die Lohnsteuer auch durch einen **permanenten Lohnsteuer-Jahresausgleich** (→ 391 ff.) ermitteln.

9. Sonstige Bezüge

a) Begriff

410 **Sonstige Bezüge** sind solche dem Arbeitnehmer aus einem Dienstverhältnis zufließende Lohnteile, die nicht zum laufenden Arbeitslohn rechnen. Sonstige Bezüge werden dem Arbeitnehmer demnach nicht regelmäßig oder laufend gezahlt, sondern nur **einmalig** oder **wenige** Male im Kalenderjahr. Dies sind z.B.

- das dreizehnte und vierzehnte Monatsgehalt,
- Urlaubs- und Weihnachtsgeld,
- nicht fortlaufend gezahlte Gratifikationen und Tantiemen,
- Vergütungen für Erfindungen,
- Jubiläumszuwendungen sowie
- nur einmalig gezahlte Abfindungen und Entschädigungen.

Auch **Nachzahlungen** und **Vorauszahlungen** des Arbeitslohns rechnen dazu, wenn sich der Gesamtbetrag oder ein Teilbetrag der Nachzahlung oder der Vorauszahlung auf solche Lohnzahlungszeiträume bezieht, die in einem anderen Jahr als dem der Zahlung enden. Nachzahlungen in diesem Sinne liegen auch dann vor, wenn Arbeitslohn für Lohnzahlungszeiträume des abgelaufenen Kalenderjahres später als drei Wochen nach Ablauf dieses Jahres zufließt.

Die zeitliche Zuordnung der sonstigen Bezüge für den Lohnsteuereinbehalt richtet sich ausschließlich nach dem **Zuflussprinzip** des § 11 EStG (→ Rz. 395). Werden sonstige Bezüge und laufender Arbeitslohn zusammen ausgezahlt, müssen die Beträge auseinander gerechnet und entsprechend – ggf. dem jeweiligen Kalenderjahr – zugeordnet werden. 411

b) Lohnsteuerermittlung

Für sonstige Bezüge ist die Lohnsteuer stets zu dem Zeitpunkt einzubehalten, an dem der Arbeitslohnteil dem Arbeitnehmer zufließt. Der sonstige Bezug erhöht bei Zahlung also den Arbeitslohn des Lohnzahlungszeitraums. Diese Sonderregelung ist unabhängig von der Höhe des sonstigen Bezugs zu beachten. Für die Lohnsteuerermittlung sind ab 2014 die als elektronische Lohnsteuerabzugsmerkmale (→ Rz. 297 f.) abgerufenen oder – falls das ELStAM-Verfahren noch nicht angewendet wird – die auf der vom Finanzamt ausgestellten Bescheinigung für den Lohnsteuerabzug eingetragenen Merkmale maßgebend, die für den Tag des **Lohnzuflusses** gelten. 412

Für sonstige Bezüge ist die **Lohnsteuer** nach einem besonderen gesetzlich vorgeschriebenen Verfahren zu ermitteln (§ 39b Abs. 3 EStG). Dazu wird zunächst die Jahreslohnsteuer für den **Jahresarbeitslohn** ohne sonstigen Bezug berechnet und anschließend die sich für den Jahresarbeitslohn einschließlich des sonstigen Bezugs ergebende Jahreslohnsteuer. Die **Differenz** beider Steuerbeträge ist die Lohnsteuer, die für den sonstigen Bezug einzubehalten ist. Danach erfolgt die Berechnung der Lohnsteuer in drei Schritten. 413

1. Schritt 414

Zunächst hat der Arbeitgeber den **voraussichtlichen Jahresarbeitslohn** des Arbeitnehmers ohne sonstigen Bezug und die darauf entfallende Lohnsteuer zu ermitteln. Bei der Ermittlung des voraussichtlichen Jahresarbeitslohns sind auch zuvor gezahlte sonstige Bezüge im Kalenderjahr zu berücksichtigen. Deshalb ist der laufende Arbeitslohn für die im Kalenderjahr bereits abgelaufenen Lohnzahlungszeiträume und die im Kalenderjahr bereits gezahlten sonstigen Bezüge mit dem Betrag **zusammenzurechnen**, der voraussichtlich als laufender Arbeitslohn für die verbleibenden Monate des Kalenderjahres gezahlt werden wird. **Künftige sonstige Bezüge**, die bis zum Jahresende noch erwartet werden, z.B. das 13. oder 14. Monatsgehalt oder Weihnachtsgeld, sind bei der Feststellung des voraussichtlichen Jahresarbeitslohns **nicht** zu berücksichtigen. Zu Besonderheiten für Zahlungen nach **Beendigung** des Dienstverhältnisses → Rz. 420 ff.

Eine Ermittlung des Jahresarbeitslohns ist dann erschwert, wenn der Arbeitnehmer im Kalenderjahr zunächst bei einem anderen Arbeitgeber beschäftigt war. In diesen Fällen hat der Arbeitgeber zwei Möglichkeiten: Entweder die Einbeziehung und Berücksichtigung des vom früheren Arbeitgeber gezahlten Arbeitslohns oder die Hochrechnung auf Grund des gegenwärtigen Arbeitslohns. Für die erste Variante muss der Arbeitnehmer die Besondere Lohnsteuerbescheinigung oder den Ausdruck der elektronisch übermittelten Lohnsteuerbescheinigung des bzw. der früheren Arbeitgeber/s vorlegen. Die darin enthaltenen Angaben (Höhe des Arbeitslohn und der einbehaltenen Lohnsteuer) sind im Lohnkonto aufzuzeichnen. Liegen die Lohnsteuerbescheinigungen früherer Arbeitgeber nicht vor, z.B. auf Grund der elektronisch übermittelten Lohnsteuerbescheinigung (→ Rz. 374), ist bei der Ermittlung des voraussichtlichen Jahresarbeitslohns der Arbeitslohn für Beschäftigungszeiten bei früheren Arbeitgebern mit dem Betrag anzusetzen, der sich ergibt, wenn der **laufende** Arbeitslohn im Monat der **Zahlung** des sonstigen Bezugs entsprechend der Beschäftigungsdauer bei früheren Arbeitgebern hochgerechnet wird (§ 39b Abs. 3 Satz 2 EStG).

Beispiel zur Ermittlung des Arbeitslohns:

Am 1.12.2014 wird ein sonstiger Bezug gezahlt; der laufende Arbeitslohn im Dezember beträgt 3 500 €. Der Arbeitnehmer war vom 1.1.2014 bis 31.5. 2014 bei einem anderen Arbeitgeber beschäftigt; der dort bezogene Arbeitslohn ist nicht bekannt.

Für die Monate Januar bis Mai 2014 ist der im Dezember gezahlte laufende Arbeitslohn i.H.v. 3 500 € anzusetzen, also 3 500 € × 5 = 17 500 €.

Im Regelfall dürfte der Ansatz des **hochzurechnenden Arbeitslohns** unproblematisch sein. Es stellt sich jedoch die Frage, ob der aktuelle Arbeitslohn auch dann anzusetzen ist, wenn er erkennbar niedriger ist als der zuvor bezogene Arbeitslohn, z.B. durch aktuelle Fehlzeiten, Krankheit oder Teilzeitbeschäftigung. Weil auch in den Lohnsteuer-Richtlinien diese Sonderfälle nicht angesprochen sind, und von der Finanzverwaltung keine andere Ausnahmeregelung angeboten bzw. gebilligt wird, ist für solche Monate der Vorbeschäftigung der im Monat der Zahlung des sonstigen Bezugs zufließende laufende Arbeitslohn anzusetzen (§ 39b Abs. 3 Satz 2 EStG, H 39b.6 LStH 2014). Weist der Arbeitnehmer Zeiten mit **Arbeitslosigkeit** nach, wird dafür kein fiktiver Arbeitslohn angesetzt.

Ein unzutreffender Lohnsteuereinbehalt kann im Rahmen einer Einkommensteuerveranlagung korrigiert werden, da der Arbeitnehmer in Fällen der Hochrechnung des Arbeitslohns zur Abgabe einer **Einkommensteuererklärung** verpflichtet ist (§ 46 Abs. 2 Nr. 5a EStG).

Hat der Arbeitnehmer den **früher bezogenen Arbeitslohn** mitgeteilt, ist dieser für die Ermittlung des voraussichtlichen Jahresarbeitslohns maßgebend. War der Arbeitnehmer zuvor **nicht beschäftigt**, z.B. wegen Studiums oder Schulausbildung, bleiben diese Zeiten unberücksichtigt (keine frühere Beschäftigung). Hat der frühere Arbeitgeber die Lohnsteuer nicht maschinell ermittelt, ist der auf der besonderen Lohnsteuerbescheinigung oder dem Ausdruck der elektronisch übermittelten Lohnsteuerbescheinigung eingetragene Arbeitslohn sowie die dafür einbehaltene Lohnsteuer (wie bisher) anzusetzen.

Anschließend sind die lohnsteuerlich abziehbaren Beträge wie der Versorgungsfreibetrag, der Zuschlag zum Versorgungsfreibetrag, der Altersentlastungsbetrag und der vom Finanzamt mitgeteilte Jahresfreibetrag festzustellen und von dem voraussichtlichen Jahresarbeitslohn **abzuziehen.** Ein eventueller Hinzurechnungsbetrag (vom Finanzamt mitgeteilt) ist ebenfalls zu berücksichtigen und dem voraussichtlichen Jahresarbeitslohn **hinzuzurechnen.** Der sich so ergebende Betrag ist der **maßgebende Jahresarbeitslohn.**

Statt der **Prognose**, welchen Arbeitslohn der Arbeitnehmer im Kalenderjahr noch erhalten wird, kann der voraussichtlich im Kalenderjahr **noch zu zahlende** laufende Arbeitslohn durch die Umrechnung des bisher zugeflossenen laufenden Arbeitslohns berechnet werden.

Bereits im Kalenderjahr **gezahlte** ermäßigt besteuerte sonstige Bezüge wie Entlassungsentschädigungen, Entschädigungen und Vergütungen für eine mehrjährige Tätigkeit (i.S.d. § 34 Abs. 1 und 2 Nr. 2 und 4 EStG) sind nur mit einem Fünftel des Gesamtbetrags anzusetzen (→ Rz. 427 ff.).

Anders verhält es sich bei Entschädigungen, die **nicht ermäßigt** besteuert werden können. Sie sind als **üblicher** und nach den allgemeinen Regelungen zu besteuernder sonstiger Bezug zu behandeln. Aus Vereinfachungsgründen wird es nicht beanstandet, wenn dieser sonstige Bezug bei der Ermittlung der **Vorsorgepauschale** (nach § 39b Abs. 2 Satz 5 Nr. 3 Buchst. a bis c EStG) berücksichtigt wird.

2. Schritt 415

Für den so berechneten **maßgebenden Jahresarbeitslohn** hat der Arbeitgeber die Jahreslohnsteuer aus der Allgemeinen oder Besonderen Tabelle (→ Rz. 5 ff.) für sonstige Bezüge abzulesen. Dabei ist ab 2014 die als elektronisches Lohnsteuerabzugsmerkmal abgerufene (→ Rz. 297 f.) Steuerklasse oder – falls das ELStAM-Verfahren nicht angewendet wird – die als Merkmal auf der Finanzamt für den Lohnsteuerabzug ausgestellten Bescheinigung eingetragene Steuerklasse maßgebend.

Anschließend ist die Jahreslohnsteuer für den maßgebenden Jahresarbeitslohn **zuzüglich** des sonstigen Bezugs festzustellen.

3. Schritt 416

Der **Unterschiedsbetrag** zwischen der Lohnsteuer für den maßgebenden Jahresarbeitslohn mit dem sonstigen Bezug und der Lohnsteuer für den maßgebenden Jahresarbeitslohn ohne den sonstigen Bezug ist die für den sonstigen Bezug einzubehaltende Lohnsteuer.

Des Weiteren sind im Lohnsteuerabzugs-Verfahren auch der **Solidaritätszuschlag** und die **Kirchensteuer** von sonstigen Bezügen zu erheben (Einzelheiten → Rz. 694 ff., → Rz. 712 ff.).

Beispiel zur Lohnsteuerermittlung:

Der Arbeitgeber A zahlt einem rentenversicherungspflichtigen Arbeitnehmer (AN) mit der Steuerklasse I im August 2014 einen sonstigen Bezug von 2 500 €. Aus den (freiwillig) vorgelegten Ausdrucken der elektronischen Lohnsteuerbescheinigungen 2014 des AN ergeben sich für die Vormonate folgende Eintragungen:

1. Dienstverhältnis vom 1. Januar bis 31. Mai bei Arbeitgeber B, Arbeitslohn 15 000 €;
2. Dienstverhältnis vom 1. Juni bis 30. Juni bei Arbeitgeber C, Arbeitslohn 3 500 €.

Das Dienstverhältnis bei Arbeitgeber A besteht ab 1. Juli. Für den Monat Juli und die späteren Monate wird jeweils ein Gehalt von 3 500 € gezahlt. Außerdem erhält der Arbeitnehmer im Dezember ein 13. Monatsgehalt.

Die Lohnsteuer für den sonstigen Bezug von 2 500 € im Monat August errechnet sich wie folgt:

Arbeitslohn vom 1.1.–31.5.	15 000 €
Arbeitslohn vom 1.6.–30.6.	3 500 €
Arbeitslohn vom 1.7.–31.12.	21 000 €

das 13. Monatsgehalt ist ein künftiger sonstiger Bezug und deshalb nicht anzusetzen		0 €
voraussichtlicher Jahresarbeitslohn		39 500 €
Bemessungsgrundlage I		
(= maßgebender Jahresarbeitslohn ohne sonstigen Bezug)		39 500 €
zzgl. sonstiger Bezug		2 500 €
Bemessungsgrundlage II		
(= maßgebender Jahresarbeitslohn + sonstiger Bezug)		42 000 €

Lohnsteuer nach Steuerklasse I der Allgemeinen Tabelle **„Sonstige Bezüge"**

	Lohnsteuer	**SolZ**
für 42 000 € (Bemessungsgrundlage II)	7 193 €	395,61 €
für 39 500 € (Bemessungsgrundlage I)	./. 6 482 €	./. 356,51 €
Lohnsteuer für den sonstigen Bezug	711 €	
Solidaritätszuschlag (SolZ) für den sonstigen Bezug		39,10 €

Anmerkung: Ist der Arbeitslohn der Vorarbeitgeber nicht bekannt, z.B. weil der Arbeitnehmer den Ausdruck der elektronischen Lohnsteuerbescheinigungen 2014 nicht vorgelegt hat, ist dieser Betrag „hochzurechnen" (→ Rz. 414). Basis ist der aktuelle Monatslohn bei Zahlung des sonstigen Bezugs; im Beispielsfall wären anzusetzen:
3 500 € × 6 = 21 000 €

c) Höhe der Lohnsteuer

417 Der Lohnsteuerabzug für den sonstigen Bezug wird regelmäßig als sehr hoch kritisiert. Weshalb ergibt sich ein solch relativ hoher Abzugsbetrag, und weshalb liegt der prozentuale (Lohnsteuer-)Satz über dem des laufenden Arbeitslohns? Ursache dafür ist der **progressiv** ansteigende **Einkommensteuertarif** (→ Rz. 25 f.), der Grundlage für die Lohnsteuerermittlung ist, sowie die **abweichende** Lohnsteuerermittlung für laufenden Arbeitslohn und für sonstige Bezüge (→ Rz. 400, 412 ff.).

Die Lohnsteuerberechnung für den **laufenden** Arbeitslohn unterstellt, dass ein solch hoher Arbeitslohn zwölfmal im Kalenderjahr bezogen wird. Zudem werden die anzusetzenden Grund- und Freibeträge anteilig steuermindernd berücksichtigt (z.B. der Grundfreibetrag, Arbeitnehmer-Pauschbetrag für Werbungskosten und die Vorsorgepauschale für begrenzt abzugsfähige Sonderausgaben).

Hingegen ist für einen **sonstigen Bezug** eine besondere Lohnsteuerermittlungsvorschrift (→ Rz. 412 ff.) maßgebend. Für solche Arbeitslohnteile wird die Lohnsteuer nicht nach der Monatslohnsteuer-Tabelle, sondern nach dem Jahresbetrag (siehe die vom Verlag herausgegebene Lohnsteuer-Tabelle „Sonstige Bezüge") ermittelt. Durch dieses Berechnungsverfahren ist sichergestellt, dass die dem Arbeitnehmer zustehenden Frei- und Pauschbeträge – soweit möglich – bereits bei der Besteuerung des laufenden Arbeitslohns – also monatlich – ausgeschöpft werden. Der sonstige Bezug wird auf den Jahresarbeitslohn hingegen „aufgesattelt", Freibeträge werden regelmäßig nicht mehr berücksichtigt. Dies führt i.d.R. zu einer Besteuerung mit einem hohen progressiven Steuersatz. Demgemäß unterliegen die sonstigen Bezüge einer höheren durchschnittlichen Steuerbelastung als der laufende Arbeitslohn. Bezogen auf den **Jahresarbeitslohn** wird jedoch unabhängig vom Verhältnis des laufenden Arbeitslohns zu den sonstigen Bezügen regelmäßig die zutreffende Jahreslohnsteuer erhoben.

Seit dem Kalenderjahr 2004 ist auch ein **Dritter**, der unmittelbar gegen sich gerichtete **tarifvertragliche Arbeitslohnansprüche** in Geld erfüllt, zum **Lohnsteuerabzug** verpflichtet. Damit wird für Sonderfälle die Steuerabzugsverpflichtung eingeführt, in denen z.B. ein drittes Unternehmen (z.B. **Sozialkassen des Baugewerbes**) zentral tarifliche Teilleistungen zahlt, die Arbeitslohn (aus gegenwärtigen oder früheren Dienstverhältnissen bei zahlreichen Arbeitgebern) sind. Dieser Dritte kann die Lohnsteuer für sonstige Bezüge mit einem **festen Steuersatz** von **20 %** erheben.

Voraussetzung für diesen Steuersatz (20 %) ist, dass der von dem Dritten für den Arbeitnehmer gezahlte Jahresarbeitslohn einschließlich des sonstigen Bezugs 10 000 € nicht übersteigt (§ 39c Abs. 3 EStG). Weil es sich hier nicht um eine „übliche" pauschale Lohnsteuer handelt, ist der gezahlte Arbeitslohn im Rahmen einer **Einkommensteuerveranlagung** als **Einnahme anzusetzen** und die einbehaltene **Steuer** (20 %) auf die Einkommensteuerschuld **anzurechnen**.

d) Besonderheiten bei der Lohnsteuerermittlung von sonstigen Bezügen

aa) Besonderheiten bei Jahresfreibeträgen

Der Arbeitgeber hat auch bei der Lohnsteuerermittlung in 2014 einen **Jahresfreibetrag** zu berücksichtigen. Wendet er in 2014 das ELStAM-Verfahren an, sind ausschließlich die abgerufenen elektronischen Lohnsteuerabzugsmerkmale (→ Rz. 297 f.) maßgebend. 418

Ergibt sich bei der Berechnung ein voraussichtlicher Jahresarbeitslohn, der geringer als dieser Jahresfreibetrag ist, führt dies zu einem **negativen** maßgebenden Arbeitslohn (§ 39b Abs. 3 Satz 3 und 4 EStG), der mit dem sonstigen Bezug zu verrechnen ist (R 39b.6 Abs. 1 Satz 3 LStR 2013). Dieser Betrag mindert den anzusetzenden sonstigen Bezug.

Ebenso ist zu verfahren für verbleibende, also beim voraussichtlichen Jahresarbeitslohn nicht berücksichtigte Teile des **Versorgungsfreibetrags**, des maßgebenden Zuschlags zum Versorgungsfreibetrag und des **Altersentlastungsbetrags**. Auch diese Beträge sind von den steuerpflichtigen sonstigen Bezügen abzuziehen, soweit sie beim angesetzten voraussichtlichen Jahresarbeitslohn nicht berücksichtigt werden konnten.

Eine Kürzung um die vorgenannten Beträge kommt jedoch nicht in Betracht, wenn es sich um einen sonstigen Bezug handelt, für den die Lohnsteuer nach der **Fünftelungsregelung** (→ Rz. 427 ff.) berechnet wird. Dies sind Vergütungen für eine mehrjährige Tätigkeit und Entlassungsgelder bzw. -entschädigungen (§ 39b Abs. 3 Satz 6 EStG). 419

Beispiel zur Lohnsteuerermittlung:

Ein Arbeitgeber zahlt im April 2014 einem 65-jährigen Arbeitnehmer mit der Steuerklasse I einen sonstigen Bezug (Umsatzprovision für das vorangegangene Kalenderjahr) i.H.v. 2 500 €. Der Arbeitnehmer ist am 28.2.2014 in den Ruhestand getreten. Der Arbeitslohn betrug bis dahin monatlich 3 500 €. Seit dem 1.3.2014 erhält der Arbeitnehmer neben dem Altersruhegeld aus der gesetzlichen Rentenversicherung Versorgungsbezüge i.S.d. § 19 Abs. 2 EStG von monatlich 900 €. Der Arbeitnehmer ist damit einverstanden, dass zur Vermeidung etwaiger späterer Nachzahlungen die Lohnsteuer nach der Besonderen Tabelle „Sonstige Bezüge" erhoben wird.

Der maßgebende Jahresarbeitslohn, der zu versteuernde Teil des sonstigen Bezugs und die einzubehaltende Lohnsteuer sind wie folgt zu ermitteln:

1. **Arbeitslohn** für die Zeit vom 1.1. bis 28.2.2014 (2 x 3 500 € =) 7 000 €
   Versorgungsbezüge (beginnend ab dem 1.3. 2014 werden voraussichtlich gezahlt (10 x 900 € =) 9 000 €
   voraussichtlicher Jahresarbeitslohn 16 000 €
2. Vom voraussichtlichen Jahresarbeitslohn sind folgende Beträge abzuziehen:
   a) der zeitanteilige **Versorgungsfreibetrag** i.H.v. 25,6 % der im voraussichtlichen Jahresarbeitslohn enthaltenen Versorgungsbezüge, höchstens 1 920 €, und der zeitanteilige Zuschlag zum Versorgungsfreibetrag, höchstens 576 €,
   25,6 % von 10 800 €[1)] =
   2 764,80 €, höchstens 1 920 €
   zuzüglich 576 € 576 €
   2 496 €
   davon 10/12 2 080 €
   b) der **Altersentlastungsbetrag** i.H.v. 25,6 % des voraussichtlichen Jahresarbeitslohns (7 000 €) ohne die Versorgungsbezüge, höchstens 1 216 €, unabhängig von der Höhe des bisher berücksichtigten Betrags (25,6 % von 7 000 € = 1 792 €, höchstens) 1 216 €
   Gesamtabzugsbetrag somit 3 296 €
3. **Bemessungsgrundlage I**
   (= maßgebender Jahresarbeitslohn ohne sonstigen Bezug) 16 000 € ./. 3 296 € = 12 704 €
4. Sonstiger Bezug 2 500 €
   abzgl. Altersentlastungsbetrag i.H.v. 25,6 %, höchstens jedoch der Betrag, um den der Jahreshöchstbetrag von 1 216 € den bei der Ermittlung des maßgebenden Jahresarbeitslohns bereits abgezogenen Betrag überschreitet (25,6 % von 7 000 €, höchstens 1 216 € abzgl. 1 216 €), mithin ./. 0 €
   zu versteuernder Teil des sonstigen Bezugs 2 500 €
   Bemessungsgrundlage II
   (= maßgebender Jahresarbeitslohn zzgl. sonstiger Bezug) 12 704 € + 2 500 € = 15 204 €

Lohnsteuer nach Steuerklasse I der Besonderen Tabelle **„Sonstige Bezüge"**

	Lohnsteuer	**SolZ**
für 15 204 € (Bemessungsgrundlage II)	717,– €	39,43 €
für 12 704 € (Bemessungsgrundlage I)	./. 282,– €	./. 15,51 €
Lohnsteuer für den sonstigen Bezug	435,– €	
Solidaritätszuschlag (SolZ) für den sonstigen Bezug		23,92 €

bb) Ausscheiden aus dem Dienstverhältnis

420 Ist der Arbeitnehmer bei Zahlung des sonstigen Bezugs nicht mehr beim Arbeitgeber beschäftigt, werden für die Lohnsteuerberechnung des sonstigen Bezugs dennoch die im ELStAM-Verfahren mitgeteilten oder in der vom Finanzamt für 2014 ausgestellten Bescheinigungen für den Lohnsteuerabzug eingetragenen Lohnsteuerabzugsmerkmale benötigt. Deshalb ist zu **unterscheiden**, ob der Arbeitnehmer beim Zufluss des sonstigen Bezugs noch im Betrieb tätig ist oder ob er bei einem anderen Arbeitgeber in einem Dienstverhältnis steht.

1) Maßgebend ist der erste Versorgungsbezug: 900 € x 12 Monate ergibt 10 800 € als Bemessungsgrundlage.

Ist der Arbeitnehmer **noch** im **Betrieb** beschäftigt, sind die aktuell vorliegenden und maßgebenden Lohnsteuerabzugsmerkmale anzuwenden.

• Lohnzahlungen nach Beendigung des Dienstverhältnisses

Grundsätze

Nachzahlung laufender Arbeitslohn

Zahlt der Arbeitgeber nach Beendigung des Dienstverhältnisses nachträglich laufenden Arbeitslohn (R 39b.2 Abs. 1 LStR), sind der Besteuerung die Lohnsteuerabzugsmerkmale zum Ende des Lohnzahlungszeitraums zu Grunde zu legen, für den die Nachzahlung erfolgt.

Nachzahlung sonstiger Bezug

Handelt es sich dagegen um sonstige Bezüge (R 39b.2 Abs. 2 LStR), sind für die Besteuerung die (elektronischen) Lohnsteuerabzugsmerkmale zum Ende des Lohnzahlungszeitraums des Zuflusses des sonstigen Bezugs maßgebend.

Diese Unterscheidungen sind insbesondere für das (seit 2013 gestartete) Verfahren der elektronischen Lohnsteuerabzugsmerkmale (→ Rz. 297 f.) von Bedeutung.

• Keine weitere Beschäftigung

Ist der Arbeitnehmer zum Zahlungszeitpunkt nicht bei einem anderen Arbeitgeber beschäftigt, so liegen dem früheren Arbeitgeber regelmäßig die Lohnsteuerabzugsmerkmale für ein erstes Dienstverhältnis (Steuerklassen I bis V) vor. In diesem Fall erfolgt die Lohnsteuerermittlung für den sonstigen Bezug nach den (elektronischen) Lohnsteuerabzugsmerkmalen und den allgemeinen Regelungen. 421

Der voraussichtliche Jahresarbeitslohn ist dann auf Grund der Angaben des Arbeitnehmers zu ermitteln. Macht der Arbeitnehmer keine Angaben, ist der beim bisherigen Arbeitgeber ggf. zugeflossene Arbeitslohn auf einen Jahresbetrag hochzurechnen.

Die zuvor beschriebene Hochrechnung ist nicht erforderlich, wenn mit dem Zufließen von weiterem Arbeitslohn im Laufe des Kalenderjahres, z.B. wegen Alters oder Erwerbsunfähigkeit des Arbeitnehmers, nicht zu rechnen ist. 422

Ist – in einem Ausnahmefall – aber gleichwohl anzunehmen, dass dem Arbeitnehmer künftig Arbeitslohn in nicht unerheblichem Umfang (also ein größerer Betrag) zufließen wird, so hat der Arbeitgeber den voraussichtlichen Jahresarbeitslohn zu schätzen. Diese Schätzung bzw. Berechnung ist im Lohnkonto (Lohnunterlagen) zu dokumentieren. 423

• Weiteres Beschäftigungsverhältnis

Bezieht der Arbeitnehmer im Zeitpunkt der Zahlung des sonstigen Bezugs von einem anderen Arbeitgeber Arbeitslohn, so werden seinem früheren Arbeitgeber für die Besteuerung des sonstigen Bezugs die Lohnsteuerabzugsmerkmale für ein weiteres Dienstverhältnis (Steuerklasse VI) vorliegen. In diesen Fällen hat der Arbeitgeber den voraussichtlichen Jahresarbeitslohn des Arbeitnehmers nicht zu berücksichtigen. Die Lohnsteuer ist allein für den sonstigen Bezug nach der Jahreslohnsteuer-Tabelle zu ermitteln. 424

Legt der Arbeitnehmer weder die für den Abruf der elektronischen Lohnsteuerabzugsmerkmale erforderliche Identifikationsnummer (und das Geburtsdatum) noch eine vom Finanzamt ausgestellte Bescheinigung für den Lohnsteuerabzug vor, ist die Lohnsteuer für den sonstigen Bezug nach der 425

Steuerklasse VI zu ermitteln (wegen schuldhafter Nichtvorlage der erforderlichen Angaben). In diesem Fall hat der Arbeitgeber eine besondere Lohnsteuerbescheinigung (→ Rz. 377) zu übermitteln bzw. auszustellen, falls er nicht zur elektronischen Übermittlung verpflichtet ist (hier unter Angabe der eTIN statt der Identifikationsnummer).

• **Wechsel der Art der Steuerpflicht**

426 Hat der Arbeitnehmer nach der Beendigung des Arbeitsverhältnisses seinen inländischen **Wohnsitz aufgegeben**, endet regelmäßig die unbeschränkte Einkommensteuerpflicht des Arbeitnehmers. Die Nachzahlung von sonstigen Bezügen, z.B. Bonuszahlungen, führt dann zur beschränkten Steuerpflicht dieses Arbeitnehmers. Gleichwohl ist Lohnsteuerabzug nach den allgemeinen Grundsätzen vorzunehmen (wie bei einem unbeschränkt steuerpflichtigen Arbeitnehmer). Hierfür stellt das Finanzamt eine besondere Bescheinigung aus; ein Abruf der elektronischen Lohnsteuerabzugsmerkmale ist voraussichtlich auch in 2014 (noch) nicht möglich.

Bei der **Berechnung** der Lohnsteuer für einen solchen sonstigen Bezug ist der während der Zeit der unbeschränkten Steuerpflicht gezahlte Arbeitslohn im Jahresarbeitslohn zu berücksichtigen.

e) Ermäßigter Steuersatz bei Bezügen für Entschädigungen und eine mehrjährige Tätigkeit

aa) Fünftelungsregelung

427 Sonstige Bezüge sind für die Lohnsteuerermittlung grundsätzlich in Höhe des zugeflossenen Betrags anzusetzen, und zwar unabhängig davon, ob sie zum laufenden Kalenderjahr (Zahlungsjahr) oder ob sie zu mehreren Kalenderjahren gehören. Diese Besteuerung bei Zufluss kann mitunter zu einer erhöhten Steuerbelastung führen. Denn es ergäbe sich z.B. regelmäßig eine niedrigere Steuer, wenn der Arbeitgeber eine Jubiläumszahlung über mehrere Kalenderjahre verteilt auszahlt statt in einem Einmalbetrag (gleich bleibenden Jahresarbeitslohn unterstellt). Um für Einmalzahlungen eine überhöhte Steuerbelastung zu vermeiden, sieht das Einkommensteuergesetz die Steuerberechnung nach der sog. Fünftelungsregelung vor (§ 34 Abs. 1 EStG), die auch im Lohnsteuerabzugs-Verfahren zu berücksichtigen ist (§ 39b Abs. 3 Satz 9 EStG).

Diese Fünftelungsregelung kommt in Betracht für Entschädigungen und Vergütungen für eine mehrjährige Tätigkeit (z.B. für den steuerpflichtigen Teil einer **Entlassungsabfindung** oder für eine **Jubiläumszuwendung**). Eine Tätigkeit ist dann „mehrjährig", wenn sie sich über zwei Kalenderjahre (Veranlagungszeiträume) erstreckt; auf die Dauer, z.B. mindestens zwölf Monate, kommt es nicht an.

428 Bei einer (Entlassungs-)**Abfindung** ist jedoch weitere Voraussetzung, dass die Zahlung als Einmalbetrag beim Arbeitnehmer zu einer Zusammenballung von Einkünften führt. **Zusammenballung** bedeutet: Die (steuerpflichtige) Abfindung/Entschädigung fließt in einem Kalenderjahr zu und dieser Betrag übersteigt den Arbeitslohn, den der Arbeitnehmer ansonsten (bei ungestörter Fortsetzung des Dienstverhältnisses) im Kalenderjahr bekommen hätte.

Der Zufluss **mehrerer Teilbeträge** im Kalenderjahr ist unschädlich. Ebenso verhält es sich, wenn mehrere Teilbeträge in anderen Kalenderjahren zufließen und es sich hierbei um geringe Zahlungen/Beträge handelt; maximal 5 % der Hauptleistung. Dies **gilt nicht**, wenn der Arbeitslohn des Vorjahres durch außergewöhnliche Ereignisse geprägt war; z.B. durch eine außergewöhnliche Einmalzahlung.

Übersteigt die Abfindung/Entschädigung den bis zum Jahresende wegfallenden Arbeitslohn nicht, ist eine weitere Prüfung erforderlich. Dazu ist die Abfindung/Entschädigung mit dem im Kalenderjahr bezogenen und dem **voraussichtlich** noch zu zahlenden Arbeitslohn zusammenzurechnen. Liegt der so ermittelte Betrag über dem Jahresarbeitslohn, den der Arbeitnehmer bei ungestörter Fortsetzung des Dienstverhältnisses insgesamt bezogen hätte, liegt ebenfalls ein Zusammenballung i.S.d. § 34 EStG vor. Weil der Jahresarbeitslohn bei vorzeitiger Beendigung des Dienstverhältnisses regelmäßig unbekannt ist, wird der Jahresarbeitslohn des Vorjahres herangezogen.

Weitere Erläuterungen zur Frage, unter welchen Voraussetzungen der Arbeitgeber bei Entlassungsentschädigungen eine Zusammenballung annehmen kann, sowie zur Berücksichtigung einer lebenslangen Betriebsrente und späteren Zahlungen aus Gründen der sozialen Fürsorge, enthält das BMF-Schreiben v. 24.5.2004, BStBl I 2004, 505 (mit Berichtigung auf BStBl I 2004, 633 und Anpassung durch BMF-Schreiben v. 17.1.2011, BStBl I 2011, 39); zu Zweifelsfragen im Zusammenhang mit der ertragsteuerlichen Behandlung von Entlassungsentschädigungen (§ 34 EStG) nimmt das neue BMF-Schreiben Stellung (v. 1.11.3013, IV C 4 - S 2290/13/10002, BStBl I 2013, 1326).

Wie ist die Lohnsteuer nach der Fünftelungsregelung zu be- 429
rechnen? Bei der Fünftelungsregelung ist der sonstige Bezug mit einem Fünftel des steuerpflichtigen Gesamtbetrags anzusetzen. Für dieses Fünftel ist die Lohnsteuer nach den Regeln für sonstige Bezüge zu ermitteln (→ Rz. 413 ff.). Dieser Lohnsteuerbetrag ist mit fünf zu multiplizieren, so dass der fünffache Steuerbetrag der auf das Arbeitslohn-Fünftel entfallenden Lohnsteuer einzubehalten ist.

Ergibt sich hierbei ein **negativer** anzusetzender maßgebender Jahresarbeitslohn, ist seit dem Kalenderjahr 2004 zunächst der volle sonstige Bezug hinzuzurechnen. Der so erhöhte (und deshalb regelmäßig positive) Arbeitslohn wird durch fünf geteilt, die Lohnsteuer dafür berechnet und mit fünf vervielfacht.

Bei **Jubiläumszuwendungen** ist die Fünftelungsregelung 430
stets dann – also ohne weitere Prüfung einer Zusammenballung – anzuwenden, wenn der Arbeitnehmer voraussichtlich nicht vor dem Ende des Kalenderjahres aus dem Dienstverhältnis ausscheidet (BMF-Schreiben v. 10.1.2000, BStBl I 2000, 138).

**Vergleichsrechnung, Ansatz des niedrigeren Lohnsteuer- 431
betrags:** die Fünftelungsregelung kann bei niedrigen sonstigen Bezügen mitunter zu einer höheren Lohnsteuer führen als die Regelbesteuerung mit dem vollen Betrag (als sonstiger Bezug). Weil die Lohnsteuer nach dem Gesetzeswortlaut jedoch zu ermäßigen ist, darf nach Auffassung der Finanzverwaltung der Arbeitgeber die Fünftelungsregelung in diesen Fällen nicht anwenden (BMF-Schreiben v. 10.1.2000, BStBl I 2000, 138).

Um den niedrigsten Lohnsteuerabzug vorzunehmen, hat der Arbeitgeber eine **Vergleichsrechnung** durchzuführen. Dazu ist zunächst die Lohnsteuer nach der Fünftelungsregelung und anschließend ohne diese Sonderregelung zu ermitteln. Anzusetzen ist der niedrigere Lohnsteuerbetrag. Details zur Günstigerprüfung enthält das BMF-Schreiben v. 10.1.2000, BStBl I 2000, 138 (siehe auch H 39b.6 LStH 2014).

Entsprechend dem so gefundenen Ergebnis ist der sonstige Bezug auf der Besonderen Lohnsteuerbescheinigung oder in der elektronischen Lohnsteuerbescheinigung entweder als laufend gezahlter Bruttoarbeitslohn im Eintragungsfeld Nr. 3 auszuweisen oder als ermäßigt besteuerter Arbeitslohn für mehrere Kalenderjahre bzw. ermäßigt besteuerte Entschädigungen im Eintragungsfeld Nr. 10. Bei elektronischer Übermittlung der Lohnsteuerbescheinigung sind die Beträge in den Datensatz aufzunehmen und auf dem für den Arbeitnehmer bestimmten Ausdruck (nach amtlichem Muster) auszuweisen.

432 Kann der Arbeitgeber die Voraussetzungen für die **Zusammenballung** des Arbeitslohns im Kalenderjahr nicht feststellen, so ist die Lohnsteuer vom sonstigen Bezug ohne Fünftelungsregelung zu ermitteln. In diesen Fällen kann der Arbeitnehmer die Anwendung der Fünftelungsregelung im Rahmen einer Einkommensteuerveranlagung beim Finanzamt beantragen. Daraufhin prüft das Finanzamt stets die günstigste Besteuerungsform.

433 Hat der Arbeitgeber von einem sonstigen Bezug die ermäßigte Lohnsteuer einbehalten, ist der Arbeitnehmer verpflichtet, eine Einkommensteuererklärung abzugeben.

434 Bei **beschränkt** einkommensteuerpflichtigen Arbeitnehmern ist ebenfalls der ermäßigte Steuersatz nach § 34 EStG anzuwenden.

bb) Ermittlung des Vorwegabzugsbetrags bei der Fünftelungsregelung – Vorsorgepauschale

435 Die als Sonderausgaben (→ Rz. 171 ff.) abzugsfähigen Vorsorgeaufwendungen (z.B. Beiträge zu Kranken-, Pflege-, Unfall- und Haftpflichtversicherungen, zur **gesetzlichen** Rentenversicherung sowie zu Lebensversicherungen) werden beim **Lohnsteuerabzug** durch den Ansatz der (ggf. gekürzten) Beiträge zur Rentenversicherung, Krankenversicherung und Pflegeversicherung oder einer prozentualen Vorsorgepauschale berücksichtigt (→ Rz. 174).

Arbeitnehmer, die in einer **privaten Krankenkasse** versichert sind, können hierfür dem Arbeitgeber die Bescheinigung der Krankenkasse vorlegen. Auch in 2014 gilt die für 2010 vorgelegte Bescheinigung fort, falls der Arbeitnehmer dies wünscht und er keine aktuelle Bescheinigung vorlegt. Die **Vorsorgepauschale** ist für die Steuerklassen I bis V in die Lohnsteuer-Tabellen eingearbeitet und wird dort jeweils nur in der Höhe berücksichtigt, die dem Arbeitslohn der jeweiligen Tabellenstufe entspricht. Weil seit 2010 nur Entlassungsabfindungen und ähnliche Zahlungen (Entschädigungen i.S.d. § 24 Nr. 1 EStG) bei der Ermittlung der Vorsorgepauschale nicht berücksichtigt werden, kann sich die **Fünftelungsregelung** weiterhin auf die Ermittlung der Vorsorgepauschale sowie der Sonderausgaben auswirken.

436 Weil nach dem gesetzlichen Berechnungsmodus bei Anwendung der Lohnsteuer-Tabelle nur ein Fünftel der außerordentlichen Einkünfte (→ Rz. 435) angesetzt wird, kann auch nur die diesem Arbeitslohn entsprechende Vorsorgepauschale berücksichtigt werden. Folglich ergibt sich in bestimmten Fällen ein etwas zu geringer Abzugsbetrag. Abweichend hiervon erfolgt die Berechnung im Rahmen der Einkommensteuerveranlagung. Dort werden für die Feststellung des Vorwegabzugsbetrags die außerordentlichen Einkünfte in voller Höhe als Einnahmen berücksichtigt, wodurch sich mitunter Abweichungen vom Lohnsteuerabzug ergeben können.

437 Diese abweichende Berechnung der Vorsorgepauschale ist bei Anwendung von **Lohnsteuer-Tabellen** unvermeidlich. Solche Abweichungen sind auch möglich, wenn die Lohnsteuerberechnung von dem um einen persönlichen Freibetrag (lt. mitgeteiltem Lohnsteuerabzugsmerkmal geminderten Arbeitslohn oder einem Hinzurechnungsbetrag (→ Rz. 17) erhöhten Arbeitslohn vorzunehmen ist.

Aus Gründen einer einheitlichen Lohnsteuerberechnung war in früheren Jahren die zutreffende Ermittlung der Vorsorgepauschale in dem amtlichen Programmablaufplan für die maschinelle Berechnung der Lohnsteuer nicht vorgesehen. Seit dem Kalenderjahr 2001 räumt das Einkommensteuergesetz jedoch der **maschinellen Lohnsteuerberechnung** den Vorrang ein. Deshalb können sich seit dem Kalenderjahr 2001 abweichende Lohnsteuerbeträge in Freibetrags- und Hinzurechnungsfällen ergeben (→ Rz. 17); abhängig davon, ob die Lohnsteuer nach Lohnsteuertabelle oder maschinell ermittelt worden ist. 438

cc) Ermäßigte Steuersätze für sonstige Bezüge

Trifft ein „üblicher" sonstiger Bezug i.S.d. § 39b Abs. 3 Satz 1 bis 7 EStG (z.B. Urlaubs- oder Weihnachtsgeld) mit einem sonstigen Bezug i.S.d. § 39b Abs. 3 Satz 9 EStG (z.B. für eine mehrjährige Tätigkeit, Jubiläumszuwendungen, Entlassungsabfindungen und Entschädigungen) zusammen, so ist zunächst die Lohnsteuer für den üblichen sonstigen Bezug i.S.d. § 39b Abs. 3 Satz 1 bis 7 EStG und anschließend die Steuer für den anderen sonstigen Bezug zu ermitteln. 439

Beispiel für Fünftelungsregelung:

Ein rentenversicherungspflichtiger Arbeitnehmer mit der Steuerklasse I erhält neben seinem laufenden Jahresarbeitslohn von 40 000 € im November 2014 ein Weihnachtsgeld von 3 000 € und daneben eine Jubiläumszuwendung i.H.v. 2 000 €, die nach § 39b Abs. 3 Satz 9 i.V.m. § 34 Abs. 1 und 2 Nr. 4 EStG zu besteuern ist.

Ermittlung der Lohnsteuer nach der Allgemeinen Tabelle **„Sonstige Bezüge"**:

		Arbeitslohn	Lohnsteuer
1.	Jahresarbeitslohn	40 000 €	
	zzgl. Weihnachtsgeld	3 000 €	
		43 000 €	
	Lohnsteuer für den Jahresarbeitslohn zzgl. Weihnachtsgeld (43 000 €)	7 486 €	
	Lohnsteuer für den Jahresarbeitslohn ohne Weihnachtsgeld (40 000 €)	./. 6 625 €	
	Lohnsteuer für das Weihnachtsgeld		861 €
2.	Jahresarbeitslohn zzgl. Weihnachtsgeld	43 000 €	
	zzgl. 1/5 der Jubiläumszuwendung	400 €	
		43 400 €	
	Lohnsteuer für Jahresarbeitslohn zzgl. Weihnachtsgeld und 1/5 der Jubiläumszuwendung	7 603 €	
	Lohnsteuer für Jahresarbeitslohn zzgl. Weihnachtsgeld	./. 7 486 €	
	Lohnsteuer für 1/5 der Jubiläumszuwendung	117 €	
	anzusetzen ist das Fünffache dieses Betrags (117 € x 5 =)		585 €
3.	Lohnsteuer insgesamt für die beiden sonstigen Bezüge		1 446 €

10. Nettoarbeitslohn

a) Nettolohnvereinbarung

440 Der Arbeitgeber kann mit dem Arbeitnehmer an Stelle eines Bruttolohns auch einen auszuzahlenden **Nettolohn** vereinbaren. In diesem Fall hat der Arbeitgeber die Lohnabzüge (Lohnsteuer, Kirchensteuer, Solidaritätszuschlag und ggf. den Arbeitnehmeranteil der Sozialversicherungsbeiträge) zu übernehmen. Bei solch einer Vereinbarung braucht sich der Arbeitnehmer die Steuerabzugsbeträge sowie die Sozialversicherungsbeiträge nicht anrechnen zu lassen. Eine Nettolohnvereinbarung muss aber arbeitsvertraglich eindeutig vereinbart sein. Der Hinweis des Arbeitgebers, dass bestimmte Arbeitslohnteile steuerfrei verbleiben, ist noch keine Nettolohnvereinbarung.

441 Bei einer Nettolohnvereinbarung sind lohnsteuerliche Besonderheiten zu beachten. Da der Arbeitgeber neben dem Nettolohn noch weitere Beträge (Lohnabzüge, Arbeitnehmerbeiträge zur Sozialversicherung) übernimmt, sind auch diese für die Bemessung der Lohnsteuer als Arbeitslohn zu berücksichtigen. Die Lohnsteuer ist folglich nicht für den Nettolohn, sondern auch von den übernommenen Beträgen zu ermitteln. Die gesetzlichen Arbeitgeberbeiträge zur Sozialversicherung sind jedoch auch bei diesen Vereinbarungen steuerfrei. Bei einer Nettolohnvereinbarung die Lohnsteuer wie Folgt zu berechnen:

b) Nettolohn als laufender Arbeitslohn

442 Weil der Arbeitgeber den steuerlichen Gesamtarbeitslohn zunächst noch nicht kennt, sind für die Lohnsteuerberechnung mehrere Arbeitsschritte erforderlich. Zunächst hat der Arbeitgeber für den vereinbarten Nettoarbeitslohn die darauf entfallenden Steuerbeträge zu ermitteln. Dafür maßgebend sind die Lohnsteuerabzugsmerkmale des Arbeitnehmers (z.B. die Lohnsteuerklasse und Zahl der Kinder). Insoweit besteht kein Unterschied zur üblichen Lohnsteuerermittlung. Anschließend werden der Nettoarbeitslohn und die Steuerbeträge zusammengerechnet und ergeben so den Bruttoarbeitslohn. In weiteren Berechnungsschritten wird nun geprüft, ob die für den so ermittelten neuen (höheren) Bruttoarbeitslohn einzubehaltende Lohnsteuer mit der zuvor ermittelten Lohnsteuer übereinstimmt. Falls dies so ist, ist mit einer abschließenden Berechnung zu prüfen, ob sich aus dem gefundenen Bruttoarbeitslohn abzüglich der Steuerbeträge der vereinbarte Nettoarbeitslohn ergibt.

Bei dieser Berechnung sind aus Vereinfachungsgründen vor der Steuerberechnung vom Nettolohn der auf den Lohnzahlungszeitraum entfallende Anteil der Freibeträge für Versorgungsbezüge (Versorgungsfreibetrag, Zuschlag zum Versorgungsfreibetrag) und des Altersentlastungsbetrags abzuziehen, falls die Voraussetzungen für den Abzug dieser Beträge jeweils erfüllt sind. Im Anschluss daran ist der als elektronisches Lohnsteuerabzugsmerkmal abgerufene oder in der vom Finanzamt für 2014 ausgestellten Bescheinigungen für den Lohnsteuerabzug ausgewiesene Freibetrag vom Nettolohn abzuziehen. Ein Hinzurechnungsbetrag erhöht hingegen den vereinbarten Nettoarbeitslohn. Weil sich so der maßgebende Arbeitslohn und die Lohnsteuer durch ein „Herantasten" ergeben, wird diese Berechnungsmethode lohnsteuerlich **Abtastverfahren** genannt (R 39b.9 LStR 2013). 443

c) Nettolohn als sonstiger Bezug

Mitunter möchte der Arbeitgeber Sonderzuwendungen (→ Rz. 410 f.) als Nettobeträge auszahlen. Auch in diesen Fällen sind die auf den sonstigen Bezug entfallende Lohnsteuer, Kirchensteuer und der Solidaritätszuschlag ggf. einschließlich des Arbeitnehmeranteils an den Sozialversicherungsbeiträgen als zusätzlicher Arbeitslohn anzurechnen. Die Lohnsteuer für den sonstigen Bezug ist ebenfalls im sog. Abtastverfahren mit der Lohnsteuer-Tabelle „Sonstige Bezüge" zu ermitteln. Das Berechnungsschema zur Ermittlung der Steuerabzugsbeträge gleicht dem für laufenden Arbeitslohn. 444

Bei der Lohnsteuerberechnung von **netto gezahlten sonstigen Bezügen** sind für die Ermittlung des maßgebenden Jahresarbeitslohns sowohl der voraussichtlich netto gezahlte laufende Jahresarbeitslohn als auch die zuvor netto gezahlten sonstigen Bezüge mit den entsprechenden Bruttobeträgen anzusetzen. 445

d) Lohnkonto, Lohnsteuerbescheinigung

Im Lohnkonto und in der regelmäßig elektronischen Lohnsteuerbescheinigung sind in den Fällen der Nettolohnzahlungen der jeweilige Bruttoarbeitslohn sowie die berücksichtigten Steuerbeträge zu vermerken bzw. anzugeben. Bei Streitigkeiten über die in der Lohnsteuerbescheinigung ausgewiesenen bzw. auszuweisenden Beträge von Arbeitslohn und Lohnsteuer kann eine Änderung auf dem Finanzrechtsweg nicht erreicht werden. Dies kann regelmäßig nur im Rahmen einer Veranlagung zur Einkommensteuer erreicht werden. Dort hat das Finanzamt die – ggf. fiktiv – gesetzlich einzubehaltende und abzuführende Lohnsteuer anzusetzen. Durch Einwendungen gegen die Lohnsteuerbescheinigung kann eine Berichtigung nicht verlangt werden. 446

11. ABC des Arbeitslohns (steuerpflichtig, steuerfrei, steuerbegünstigt)

Die folgende **Übersicht** erläutert, welche Lohnteile und Bezüge steuerpflichtig bzw. steuerfrei sind oder als steuerpflichtiger Arbeitslohn durch eine Freigrenze oder einen pauschalen Steuersatz begünstigt werden. Dazu sind die Lohnteile und Bezüge in alphabetischer Reihenfolge mit den zu beachtenden Voraussetzungen, mitunter werden ergänzend die maßgeblichen gesetzlichen Vorschriften sowie die dazu ergangenen Verwaltungsanweisungen stichwortartig genannt. 447

Freigrenze bedeutet, dass bis zu dem genannten Betrag keine Lohnsteuer zu erheben ist. Übersteigt die Zahlung oder der Vorteil diesen Grenzbetrag (z.B. Freigrenze für Sachbezüge) nur um 1 Cent, ist der gesamte Betrag anzusetzen und bei Steuerpflicht ggf. Lohnsteuer einzubehalten.

Bei einigen dieser Leistungen ist zu beachten, dass sie **zusätzlich** zum ohnehin geschuldeten Arbeitslohn gezahlt werden müssen. Dies bedeutet, dass nur derjenige Arbeitnehmer eine solche Zahlung (z.B. einen Kindergartenzuschuss) erhalten kann, der sie zu dem begünstigten Zweck verwendet. Als weitere Voraussetzung darf der vereinbarte Lohn anlässlich der zusätzlichen Leistung nicht herabgesetzt werden. Zu weiteren Details → Rz. 671 ff.

Abfindung

448 Die Steuerbefreiung für Abfindungen wegen einer vom Arbeitgeber veranlassten oder gerichtlich ausgesprochenen Auflösung des Dienstverhältnisses wurde für Kündigungen seit dem 1.1.2006 aufgehoben; Abfindungszahlungen sind stets steuerpflichtig.

Liegt im Auszahlungsjahr der Abfindung eine **Zusammenballung** vor und bezieht der Arbeitnehmer keine weiteren Einkünfte, ist bei der Einordnung als außerordentliche Einkünfte die Fünftelungsregelung (→ Rz. 427 ff.) anzuwenden.

Abschlagszahlung

449 Abschlagszahlungen auf den Arbeitslohn sind ebenso wie Teilzahlungen oder Vorauszahlungen grundsätzlich steuerpflichtig. Zum Lohnsteuereinbehalt → Rz. 405 ff.

Aktienoptionen

450 Bei vom Arbeitgeber eingeräumten **nicht handelbaren Aktienoptionen** fließt dem Arbeitnehmer ein geldwerter Vorteil (als steuerpflichtiger sonstiger Bezug; → Rz. 410 ff.) nicht bereits bei Einräumung des Optionsrechts auf den späteren Erwerb von Aktien zu einem bestimmten Übernahmepreis zu, sondern erst bei preisgünstigem **Erwerb der Aktien nach Ausübung der Option**. Nichts anderes gilt, wenn dem Arbeitnehmer ein **handelbares Optionsrecht** eingeräumt wird. Auch in diesem Fall erlangt er mit der Einräumung der Option lediglich eine steuerlich unerhebliche Chance.

Ob bei **handelbaren Aktienoptionen** etwas anderes gilt, wenn der **Arbeitgeber nicht** die Funktion eines **Stillhalters** innehat, er demzufolge nicht als Optionsgeber eigene Aktien bei Umwandlung überträgt, sondern sich am Markt Optionsrechte gegenüber einem Dritten verschafft hat, ist **höchstrichterlich** noch **nicht entschieden. Ohne Optionsausübung** fließt auch beim Verkauf einer **handelbaren Option** Arbeitslohn zu.

Der Vorteil aus einem vom Arbeitgeber eingeräumten **Aktienoptionsrecht** fließt dem Arbeitnehmer auch zu, wenn der Arbeitnehmer das Recht **anderweitig verwertet**. Eine solche anderweitige Verwertung liegt insbesondere vor, wenn der Arbeitnehmer das **Recht auf einen Dritten überträgt**.

Geldwerte Vorteile aus einem Aktienoptionsprogramm bilden im Regelfall als Anreizlohn eine Vergütung für eine **mehrjährige Tätigkeit**, wenn die Laufzeit zwischen Einräumung und Ausübung der Optionsrechte mehr als zwölf Monate beträgt und der Arbeitnehmer in dieser Zeit auch bei seinem Arbeitgeber beschäftigt ist. Als Vergütung für eine mehrjährige Tätigkeit unterliegen die geldwerten Vorteile aus einem Aktienoptionsprogramm der geltenden **Tarifermäßigung** (Fünftelungsregelung, → Rz.427 ff.); diese ist grds. auch im Lohnsteuerabzugsverfahren zu berücksichtigen. Bezogen auf die Anwendung der Tarifermäßigung ist es nicht erforderlich, dass Aktienoptionen, die auf der Grundlage eines **einheitlichen Optionsplans** gewährt wurden, vollständig in einem einzigen Veranlagungszeitraum ausgeübt werden.

Zeitpunkt des Zuflusses ist der Tag der **Erfüllung des Anspruchs** des Arbeitnehmers auf Verschaffung der **wirtschaftlichen Verfügungsmacht** über die Aktien. Ein Zufluss liegt allerdings nicht vor, solange dem Arbeitnehmer eine Verfügung über die Aktien rechtlich unmöglich ist.

Im Zuflusszeitpunkt liegt zu versteuernder Arbeitslohn vor in Höhe der **Differenz** zwischen dem **Wert** der überlassenen Aktie am maßgebenden Bewertungsstichtag (i.d.R. der Kurswert) und den **Aufwendungen** des Arbeitnehmers für die überlassenen Aktien. Bei der Übertragung des Aktienoptionsrechts auf einen Dritten bemisst sich der Vorteil nach dem Wert des Rechts im Zeitpunkt der Verfügung darüber.

Aktienoptionen sind keine Vermögensbeteiligungen i.S.d. Fünften Vermögensbildungsgesetzes. Eine **Steuerbefreiung** nach § 3 Nr. 39 EStG oder § 19a EStG i.V.m. § 52 Abs. 35 EStG (→ Rz. 587 *Vermögensbeteiligung*) **scheidet** daher **aus**. Eine Steuerbefreiung ist jedoch für die verbilligt überlassenen Aktien möglich, wenn die übrigen Voraussetzungen für die Steuerbefreiung vorliegen.

Werden einem Arbeitnehmer vom Arbeitgeber oder einem Dritten im Hinblick auf das Dienstverhältnis **Aktienankaufs- oder Vorkaufsrechte** eingeräumt, fließt dem Arbeitnehmer ein geldwerter Vorteil zu, wenn er gegen Zahlung eines Geldbetrags auf die Aktienankaufs- oder Vorkaufsrechte **verzichtet**. Der geldwerte Vorteil fließt hier aber nicht bereits zum Zeitpunkt der Rechtseinräumung zu, sondern erst zum **Zeitpunkt des entgeltlichen Verzichts**. → Rz. 587 *Vermögensbeteiligung*, → Rz. 594 *Wandeldarlehen.*

Altersrenten

451 Altersrenten, die vom früheren Arbeitgeber gezahlt werden, sind steuerpflichtiger Arbeitslohn (z.B. Werkspensionen). Hat der Arbeitnehmer das 63. Lebensjahr bzw. als Schwerbehinderter das 60. Lebensjahr vollendet, kommen seit dem Kalenderjahr 2005 der Versorgungsfreibetrag sowie der Zuschlag zum Versorgungsfreibetrag zum Ansatz (→ Rz. 237). Auch → Rz. 568 *Sozialversicherungsrente*.

Amtseinführung

452 Übliche Sachleistungen des Arbeitgebers aus Anlass der Diensteinführung, eines Amts- oder Funktionswechsels oder der Verabschiedung eines Arbeitnehmers sind keine Gegenleistung für die individuelle Arbeitskraft und damit **nicht** als Arbeitslohn anzusehen. Liegen die Aufwendungen des Arbeitgebers einschließlich Umsatzsteuer jedoch über **110 €** je teilnehmender Person, so sind die Aufwendungen dem Arbeitslohn des Arbeitnehmers hinzuzurechnen; Geschenke bis zu einem Gesamtwert von **40 €** sind in die 110 €-Grenze einzubeziehen (→ Rz. 482 *Betriebsveranstaltungen*).

Anwesenheitsprämie

453 Vom Arbeitgeber geleistete Zahlungen sind stets steuerpflichtig.

Arbeitgeberbeiträge

Arbeitgeberbeiträge zur **gesetzlichen Sozialversicherung** des Arbeitnehmers sind nicht steuerbar, soweit sie auf Grund gesetzlicher Verpflichtung geleistet werden. Bei versicherungspflichtigen Arbeitnehmern hat der Arbeitgeber regelmäßig die Hälfte der Beiträge zur Renten-, Kranken-, Pflege- und Arbeitslosenversicherung zu tragen. Steuerfrei sind auch die pauschalen Renten- und Krankenversicherungsbeiträge i.H.v. 15 % bzw. 5 % und 13 % bzw. 5 % des Arbeitsentgelts für eine geringfügige Beschäftigung sowie die Arbeitnehmeranteile am Gesamtsozialversicherungsbeitrag, die der Arbeitgeber wegen der gesetzlichen Beitragslastverschiebung nachzuentrichten und zu übernehmen hat. 454

Die vom Arbeitgeber **übernommenen Arbeitnehmerbeiträge** zur Sozialversicherung sind Arbeitslohn (z.B. bei Nettolohnvereinbarung), es sei denn, der Arbeitgeber ist gesetzlich verpflichtet, die gesamten Beiträge allein zu entrichten (z.B. bei Geringverdienern nach § 249b SGB V oder bei der Nachentrichtung von Sozialversicherungsbeiträgen). Der **Beitragszuschlag** i.H.v. 0,25 % in der sozialen Pflegeversicherung und der ggf. erhobene **zusätzliche Krankenversicherungsbeitrag** können vom Arbeitgeber nicht steuerfrei erstattet werden.

Übernimmt der Arbeitgeber bei Altersteilzeit des Arbeitnehmers **zusätzliche Höherversicherungsbeiträge** zur gesetzlichen **Rentenversicherung** i.S.d. § 3 Abs. 1 Nr. 1 sowie Aufwendungen i.S.d. § 4 Abs. 2 Altersteilzeitgesetz, sind diese steuerfrei, wenn die Voraussetzungen des § 2 Altersteilzeitgesetz (z.B. Vollendung des 55. Lebensjahres, Verringerung der tariflichen regelmäßigen wöchentlichen Arbeitszeit auf die Hälfte) vorliegen (auch → Rz. 469 *Aufstockungsbeträge*).

Vom Arbeitgeber zur Höherversicherung übernommene Beiträge i.S.d. **§ 187a SGB VI** an die **Rentenversicherung** sind steuerfrei bis zu 50 % der geleisteten Gesamtbeiträge (§ 3 Nr. 28 2. Alt. EStG). Diese Steuerfreiheit setzt kein Altersteilzeitarbeitsverhältnis voraus.

Zu Arbeitgeberbeiträgen zur **betrieblichen Altersversorgung** → Rz. 479 *Betriebliche Altersversorgung*, → Rz. 490 *Direktversicherung*, → Rz. 491 *Direktzusage*, → Rz. 549 *Pensionsfonds*, → Rz. 550 *Pensionskasse*, → Rz. 582 *Unterstützungskasse*.

Arbeitgeberzuschüsse

Arbeitgeberzuschüsse zur Krankenversicherung für von der Versicherungspflicht befreite Arbeitnehmer, zu Beiträgen auf Grund freiwilliger Versicherung in der gesetzlichen Rentenversicherung oder einer befreienden Lebensversicherung sind steuerfrei bis zur Höhe des bei einer Versicherungspflicht des Arbeitnehmers in Betracht kommenden Arbeitgeberbeitrags, höchstens jedoch bis zur Hälfte der vom Arbeitnehmer gezahlten Beträge. 455

Arbeitnehmererfindung

Besondere Zahlungen des Arbeitgebers für Erfindungen des Arbeitnehmers im Rahmen des Dienstverhältnisses sind steuerpflichtiger Arbeitslohn. 456

Arbeitnehmerjubiläum

Besondere Zahlungen des Arbeitgebers aus Anlass eines Betriebs- oder Arbeitnehmerjubiläums sind steuerpflichtiger Arbeitslohn. Als Bezüge für mehrere Kalenderjahre ist die Lohnsteuer regelmäßig nach der Fünftelungsregelung (→ Rz. 427 ff.) einzubehalten. Zu üblichen Sachleistungen des Arbeitgebers aus Anlass eines runden Arbeitnehmerjubiläums → Rz. 452 *Amtseinführung*, → Rz. 519 *Geschenke*. 457

Arbeitnehmer-Sparzulagen

Arbeitnehmer-Sparzulagen nach § 13 des 5. VermBG (→ Rz. 751 ff.) zahlt das Finanzamt aus; sie sind **keine steuerpflichtigen Einnahmen** i.S.d. Einkommensteuergesetzes. Zum **5. VermBG im Einzelnen** siehe BMF-Schreiben v. 9.8.2004, IV C 5 – S 2430 – 18/04, BStBl I 2004, 717 mit Änderungen durch das BMF-Schreiben v. 16.3.2009, IV C 5 – S 2430/09/10001, BStBl I 2009, 501), das BMF-Schreiben v. 4.2.2010, IV C 5 – S 2430/09/10002, BStBl I 2010, 195 und das BMF-Schreiben v. 2.12.2011, IV C 5 – S 2430/11/10002, BStBl I 2011, 1252.[1] 458

Arbeitsbedingungen

Aufwendungen des Arbeitgebers zur Verbesserung der Arbeitsbedingungen, wie die Bereitstellung von Aufenthalts- und Erholungsräumen sowie von betriebseigenen Dusch- und Badeanlagen, werden der Belegschaft als Gesamtheit und damit im überwiegend betrieblichen Interesse zugewendet; diese Vorteile sind **kein** Arbeitslohn. 459

Arbeitsförderung

Arbeitsförderungsleistungen nach dem SGB III (z.B. Arbeitslosengeld, Teilarbeitslosengeld, Saison-Kurzarbeitergeld, Arbeitslosenhilfe, Übergangsgeld, Unterhaltsgeld, Eingliederungshilfe) und die übrigen Leistungen nach dem SGB III und den entsprechenden Programmen des Bundes und der Länder sind **steuerfrei**, soweit sie Arbeitnehmern oder Arbeitsuchenden oder zur Förderung der Aus- oder Fortbildung der Empfänger gewährt werden. Diese steuerfreien Leistungen unterliegen jedoch überwiegend dem Progressionsvorbehalt nach § 32b EStG (→ Rz. 64). 460

Arbeitslohn

Als Arbeitslohn bezeichnet das Steuerrecht die Summe aller Einnahmen in Geld oder Geldeswert, die durch ein individuelles Dienstverhältnis veranlasst sind. Ein Veranlassungszusammenhang zwischen Einnahmen und einem Dienstverhältnis ist anzunehmen, wenn die Einnahmen dem Empfänger nur mit Rücksicht auf das **Dienstverhältnis** zufließen und sich als Ertrag seiner nichtselbständigen Arbeit darstellen. Die letztgenannte **Voraussetzung** ist erfüllt, wenn sich die Einnahmen im weitesten Sinne als Gegenleistung für das Zurverfügungstellen der individuellen Arbeitskraft erweisen. 461

1) Eine redaktionelle Zusammenfassung der BMF-Schreiben mit dem Ausfertigungsdatum 5.1.2012 kann unter www.stotax-first.de oder www.bundesfinanzministerium.de aufgerufen werden.

Eine solche Gegenleistung liegt **nicht** vor, wenn die Vergütungen die mit der Tätigkeit zusammenhängenden Aufwendungen nur unwesentlich übersteigen (z.B. im Rahmen einer ehrenamtlichen Tätigkeit). Ebenfalls keine Gegenleistung sind Vorteile, die sich bei objektiver Würdigung aller Umstände nicht als Entlohnung, sondern lediglich als notwendige Begleiterscheinung **betriebsfunktionaler** Zielsetzungen erweisen. Im Ergebnis handelt es sich dann um Leistungen des Arbeitgebers, die er im ganz überwiegenden betrieblichen Interesse erbringt. Die jeweiligen Leistungen des Arbeitgebers sind dabei im Rahmen einer **Gesamtwürdigung** einheitlich zu beurteilen; eine Aufteilung zwischen Arbeitslohn und Zuwendungen im betrieblichen Interesse ist grundsätzlich nicht zulässig.

Ein ganz **überwiegendes betriebliches** Interesse muss über das an jeder Lohnzahlung bestehende betriebliche Interesse deutlich hinausgehen. Gemeint sind Fälle, in denen ein Vorteil der Belegschaft als Gesamtheit zugewendet wird oder in denen dem Arbeitnehmer ein Vorteil **aufgedrängt** wird, ohne dass ihm eine Wahl bei der Annahme des Vorteils bleibt und ohne dass der Vorteil eine Marktgängigkeit besitzt (z.B. das Angebot, kostenlos Duschmöglichkeiten zu nutzen, → Rz. 459 *Arbeitsbedingungen*). Zum Arbeitslohn auch → Rz. 386 ff.

Ein **Nachwuchsförderpreis** rechnet ebenfalls zum **Arbeitslohn**, wenn der Preis für die fachlichen Leistungen und nicht für die Persönlichkeit des Arbeitnehmers vergeben worden ist; z.B. der angestellte Marktleiter eines Lebensmitteleinzelhandels erhält vom Händlerverband, dem auch der Arbeitgeber des Marktleiters angehört, einen Nachwuchsförderpreis in der Kategorie Marktleiter.

Arbeitslohnzuschläge für Sonntags-, Feiertags- oder Nachtarbeit

462 **Steuerfrei** sind Zuschläge zu dem sonst üblichen und vertraglich vereinbarten Stundenlohn (Grundlohn) in folgender Höhe (§ 3b EStG, R 3b LStR 2013):

- für Sonntagsarbeit bis zu 50 %
- für Feiertagsarbeit bis zu 125 %
- für die Weihnachtsfeiertage, den 24. Dezember ab 14 Uhr und den 1. Mai bis zu 150 %
- für Nachtarbeit zwischen 20 Uhr und 6 Uhr bis zu 25 %
- bei Nachtarbeit mit Arbeitsbeginn vor 0 Uhr für die Zeit zwischen 0 Uhr und 4 Uhr bis zu 40 %

des Grundlohns.

Der anzusetzende **Grundlohn** ist auf höchstens **50 €** begrenzt. Liegt der tatsächliche Grundlohn darüber, sind die steuerfreien Zuschläge von 50 € zu berechnen; zu beachten ist die abweichende sozialversicherungsrechtliche Grenze des Grundlohns i.H.v. 25 €. Somit ist die Zahlung steuerfreier Lohnzuschläge nach wie vor möglich.

Beispiel 1: Ermittlung der Zuschlagssätze

Ein Arbeitnehmer beginnt seine Nachtschicht am Sonntag, dem 1.5. um 22 Uhr und beendet sie am 2.5. um 7 Uhr.

Für diesen Arbeitnehmer sind Zuschläge zum Grundlohn bis zu folgenden Sätzen steuerfrei:

- 175 % für die Arbeit am 1.5. in der Zeit von 22 Uhr bis 24 Uhr (25 % für Nachtarbeit und 150 % für Feiertagsarbeit),
- 190 % für die Arbeit am 2.5. in der Zeit von 0 Uhr bis 4 Uhr (40 % für Nachtarbeit und 150 % für Feiertagsarbeit),
- 25 % für die Arbeit am 2.5. in der Zeit von 4 Uhr bis 6 Uhr.

Zahlt der Arbeitgeber für die Arbeit nach 6 Uhr einen Zuschlag, ist dieser nicht steuerfrei, sondern (als laufender Arbeitslohn) steuerpflichtig.

Beispiel 2: Abgrenzung Spätarbeitszuschlag - andere Lohnzuschläge

Auf Grund tarifvertraglicher Vereinbarung erhält ein Arbeitnehmer für die Arbeit in der Zeit von 18 bis 22 Uhr einen Spätarbeitszuschlag und für die in der Zeit von 19 bis 21 Uhr verrichteten Arbeiten eine Gefahrenzulage.

Der für die Zeit von 20 bis 22 Uhr gezahlte Spätarbeitszuschlag ist ein begünstigter Zuschlag für Nachtarbeit.

Die Gefahrenzulage wird nicht für die Arbeit zu einer bestimmten Zeit gezahlt und ist deshalb auch insoweit kein begünstigter Nachtarbeitszuschlag, als sie für die Arbeit in der Zeit von 20 bis 21 Uhr gezahlt wird.

Als Sonntags- und Feiertagsarbeit **gilt auch** die Arbeit in der Zeit von 0 Uhr bis 4 Uhr des auf den Sonntag oder Feiertag folgenden Tages. Zur vereinbarten und vergüteten Arbeitszeit gehörende Waschzeiten, Schichtübergabezeiten und Pausen gelten als begünstigte Arbeitszeit i.S.d. § 3b EStG, soweit sie in den begünstigten Zeitraum fallen. Die tatsächlich geleistete Sonntags-, Feiertags- oder Nachtarbeit ist grundsätzlich im Einzelfall nachzuweisen.

Maßgeblich für den **Feiertagszuschlag** sind stets die Regelungen an der **ersten Tätigkeitsstätte** des Arbeitnehmers. Hat ein Arbeitnehmer (z.B. als Außendienstmitarbeiter) einen Auftrag an einem auswärtigen Tätigkeitsort zu erledigen, an dem kein Feiertag ist, und rechnet dieser Tag an seiner ersten Tätigkeitsstätte zu den Feiertagen, bleiben etwaige Feiertagszuschläge steuerfrei.

Zahlt der Arbeitgeber monatlich gleichbleibende Zuschläge für Nacht- und Sonntagsarbeitsstunden, ohne krankheits- oder urlaubsbedingte Fehlzeiten zu berücksichtigen und ohne Aufzeichnungen über die tatsächlich geleistete Arbeit zu führen, so sind die Zuschläge **nicht steuerfrei**.

Die Steuerfreiheit setzt voraus, dass **neben** dem **Grundlohn** auch ein Zuschlag für Sonntags-, Feiertags- oder Nachtarbeit gezahlt wird, der z.B. in einem Tarifvertrag, einer Betriebsvereinbarung oder einem Einzelarbeitsvertrag geregelt sein kann. Unschädlich ist es, wenn neben einem Zuschlag für die begünstigten Zeiten, die gleichzeitig Mehrarbeit ist, keine gesonderte Mehrarbeitsvergütung oder ein Grundlohn gezahlt wird, mit dem die Mehrarbeit bereits abgegolten ist. Auf die Bezeichnung der Lohnzuschläge kommt es grundsätzlich nicht an. Steuerfreie Zuschläge können auch gezahlt werden für Arbeitslöhne, die nach § 40a EStG mit 2 %, 5 %, 20 % oder 25 % pauschal versteuert werden (→ Rz. 604 ff.).

Steuerfrei sind nur Zuschläge, die für **tatsächlich** geleistete Sonntags-, Feiertags- oder Nachtarbeit gezahlt werden. In diesen Fällen ist es unschädlich, wenn der Arbeitgeber zur **Glättung** von Lohnschwankungen die steuerfreien Zahlungen in einen „durchschnittlichen" Steuersatz einkalkuliert und bei geringen steuerfreien Zuschlägen einen steuerpflichtigen **Lohn-**

ausgleich gewährt. Mit einem solchen Modell kann der Arbeitgeber z.B. einen festen monatlichen Arbeitslohn garantieren und gleichwohl steuerfreie Zuschläge für tatsächliche Arbeit zu begünstigten Zeiten zahlen.

Soweit Zuschläge gezahlt werden, **ohne** dass der Arbeitnehmer in der begünstigten Zeit gearbeitet hat, z.B. bei Lohnfortzahlung im Krankheits- oder Urlaubsfall, bei Lohnfortzahlung an von der betrieblichen Tätigkeit freigestellten Betriebsratsmitglieder oder für Beträge, die in dem nach § 11 MuSchG gezahlten Mutterschutzlohn enthalten sind, sind sie **steuerpflichtig**.

Wird ein Zuschlag für Sonntags-, Feiertags- oder Nachtarbeit von weniger als einer **Stunde** gezahlt, so ist bei der Ermittlung des steuerfreien Zuschlags für diesen Zeitraum der Grundlohn entsprechend zu kürzen.

Arbeitnehmer können aus verfassungsrechtlicher Sicht nicht fordern, die Steuerbefreiung für Arbeitslohnzuschläge für Sonntags-, Feiertags- oder Nachtarbeit auf Gefahrenzulagen und Zulagen im Kampfmittelräumdienst auszudehnen (BFH-Urteil v. 15.9.2011, BStBl II 2012, 144).

Barabgeltungen eines Freizeitanspruchs oder eines Freizeitüberhangs (z.B. auf Grund von Sonntagsarbeit, Zuschlägen wegen Mehrarbeit oder bestimmten Erschwernissen) sind keine begünstigten Lohnzuschläge. Bei **zeitversetzter** Auszahlung (z.B. Arbeitszeitkonto) bleibt die Steuerfreiheit nur für den Zuschlag als solchen erhalten. Eine darauf beruhende Verzinsung oder Wertsteigerung ist hingegen nicht steuerfrei.

Grundlohn ist der Anspruch auf laufenden Arbeitslohn pro Arbeitsstunde, den der Arbeitnehmer im jeweiligen Lohnzahlungszeitraum für seine regelmäßige Arbeitszeit erwirbt. Zum Grundlohn gehören auch die nach § 3 Nr. 63 EStG steuerfreien Arbeitgeberbeiträge, soweit es sich um laufenden Arbeitslohn handelt.

Nicht zum Grundlohn gehören Ansprüche auf Vergütungen für Überstunden (Mehrarbeitsvergütungen), Zuschläge für Sonntags-, Feiertags- oder Nachtarbeit in den begünstigten Zeiten, und zwar auch insoweit, als sie wegen Überschreitens der gesetzlichen Zuschlagsätze steuerpflichtig sind. Ebenfalls kein Grundlohn sind steuerfreie Lohnteile und Bezüge, die nach § 40 EStG pauschal besteuert werden (→ Rz. 645, 653 ff.).

Wird an Sonntagen und Feiertagen oder in der zu diesen Tagen gehörenden Zeit Nachtarbeit geleistet, kann die Steuerbefreiung für Sonntags- und Feiertagsarbeit neben der für Nachtarbeit in Anspruch genommen werden. Dazu ist der steuerfreie Zuschlagsatz für Nachtarbeit mit dem steuerfreien Zuschlagssatz für Sonntags- oder Feiertagsarbeit auch dann zusammenzurechnen, wenn nur ein Zuschlag gezahlt wird. Ist ein Sonntag zugleich Feiertag, kann ein Zuschlag nur bis zur Höhe des jeweils in Betracht kommenden Feiertagszuschlags steuerfrei gezahlt werden. Dies gilt auch dann, wenn nur ein Sonntagszuschlag gezahlt wird.

Arbeitslosengeld

Arbeitslosengeld I und Arbeitslosengeld II sind **steuerfrei**; Arbeitslosengeld I unterliegt dem Progressionsvorbehalt nach **463**
§ 32b EStG (→ Rz. 64).

Arbeitsmittel

Vorteile durch Arbeitsmittel, die der Arbeitgeber dem Arbeitnehmer zum Gebrauch am Arbeitsplatz gestellt oder überlässt, **464**
sind **kein** Arbeitslohn; auch → Rz. 599 *Werkzeuggeld*.

Arbeitszeitkonto

a) Allgemeines zu Zeitwert(Arbeitszeit)konten **465**

Bei Zeitwertkonten (andere Begrifflichkeiten: Arbeitszeitkonten, Lebensarbeitszeitkonten) vereinbaren Arbeitgeber und Arbeitnehmer, dass der Arbeitnehmer **künftig fällig werdenden Arbeitslohn** nicht sofort ausbezahlt erhält, sondern dieser Arbeitslohn beim Arbeitgeber nur **betragsmäßig erfasst** wird, um ihn im Zusammenhang mit einer vollen oder teilweisen **Freistellung** von der Arbeitsleistung während des noch fortbestehenden Dienstverhältnisses auszuzahlen. In der Zeit der Arbeitsfreistellung wird das angesammelte Guthaben um den Vergütungsanspruch gemindert, der dem Arbeitnehmer in der Freistellungsphase gewährt wird. Der **steuerliche Begriff** des Zeitwertkontos entspricht dem Begriff der Wertguthabenvereinbarungen i.S.v. § 7b SGB IV.

b) Besteuerungszeitpunkt

Weder die **Vereinbarung** eines Zeitwertkontos noch die **Wertgutschrift** auf diesem Konto führen zum Zufluss von Arbeitslohn, sofern die getroffene Vereinbarung den Vorgaben der Finanzverwaltung entspricht (s. BMF-Schreiben vom 17.6.2009, IV C 5 – S 2332/07/0004, BStBl I 2009, 1286). Erst die **Auszahlung** des Guthabens während der Freistellung löst **Zufluss von Arbeitslohn** und damit eine Besteuerung aus.

c) Weitere Fragen/Besonderheiten

Bei weiteren Fragen sollte auf das o.g. BMF-Schreiben zurückgegriffen werden. In dem Erlass finden sich die detaillierten Regelungen u.a. zur Verwendung des Guthabens zu Gunsten der betrieblichen Altersversorgung, zum begünstigten Personenkreis, zu den Modellinhalten, zur steuerlichen Behandlung der Zinsen, die das Guthaben erhöhen, zur Zuführung von steuerfreiem Arbeitslohn, zur Zeitwertkontengarantie, zur planwidrigen Verwendung und zu den Möglichkeiten bei der Beendigung des Dienstverhältnisses.

Ärztliche Betreuung

Eine ärztliche Betreuung durch Werks- oder Betriebsärzte stellt **keinen** Arbeitslohn dar → Rz. 592 *Vorsorgeuntersuchungen*. **466**

Auflassungsvergütungen

Auflassungsvergütungen an Notariatsangestellte, die als Auflassungsbevollmächtigte tätig sind, rechnen zum steuerpflichti- **467**
gen Arbeitslohn.

Aufmerksamkeit

468 Aufmerksamkeiten des Arbeitgebers sind **kein** Arbeitslohn. Hierzu rechnen Sachleistungen des Arbeitgebers, die auch im gesellschaftlichen Verkehr üblicherweise ausgetauscht werden, zu keiner ins Gewicht fallenden Bereicherung der Arbeitnehmer führen und allgemein als Aufmerksamkeiten angesehen werden (z.B. Blumen, Genussmittel, ein Buch, eine CD oder ein Videofilm), wenn sie dem Arbeitnehmer oder seinen Angehörigen aus Anlass eines besonderen persönlichen Ereignisses zugewendet werden, falls der Wert der Sachleistungen **40 €** nicht übersteigt (Freigrenze) auch → Rz. 519 *Geschenke*.

Zu den Aufmerksamkeiten gehören auch Getränke und Genussmittel (keine Mahlzeiten), die der Arbeitgeber den Arbeitnehmern zum **Verzehr** im Betrieb bzw. am Arbeitsplatz bereitstellt, sowie Speisen bis zu einem Wert von 40 €, wenn die der Arbeitgeber seinen Arbeitnehmern anlässlich und während eines außergewöhnlichen Arbeitseinsatzes überlässt (z.B. während einer **außergewöhnlichen betrieblichen** Besprechung oder **Inventur**).

Aufstockungsbeträge

469 Aufstockungsbeträge und zusätzliche Beiträge des Arbeitgebers zur gesetzlichen Rentenversicherung i.S.d. § 3 Abs. 1 Nr. 1 Altersteilzeitgesetz sowie Aufwendungen i.S.d. § 4 Abs. 2 Altersteilzeitgesetz sind nach wie vor **steuerfrei**, wenn die Voraussetzungen des § 2 Altersteilzeitgesetzes (z.B. Vollendung des 55. Lebensjahres, Verringerung der tariflichen regelmäßigen wöchentlichen Arbeitszeit auf die Hälfte) vorliegen. Die Einstellung der arbeitsrechtlichen Förderung seit 2010 ist unbeachtlich.

Die Vereinbarung über die **Arbeitszeitverminderung** muss sich zumindest auf die Zeit erstrecken, bis der Arbeitnehmer eine Rente wegen Alters beanspruchen kann. Dafür ist nicht erforderlich, dass diese Rente ungemindert ist. Der frühestmögliche Zeitpunkt, zu dem eine Altersrente in Anspruch genommen werden kann, ist die Vollendung des 60. Lebensjahres. Die Steuerfreiheit kommt nicht mehr in Betracht mit Ablauf des Kalendermonats, in dem der Arbeitnehmer die Altersteilzeitarbeit beendet oder die für ihn geltende gesetzliche Altersgrenze für die Regelaltersrente erreicht hat (i.d.R. das 65. (67.) Lebensjahr) (§ 5 Abs. 1 Nr. 1 Altersteilzeitgesetz). Die Steuerbefreiung gilt **auch für ab** dem **1.1.2010 beginnende** Altersteilzeit.

Durch eine vorzeitige **Beendigung** der Altersteilzeit (sog. **Störfall**) ändert sich der Charakter der bis dahin steuerfrei erbrachten Arbeitgeberleistungen nicht. Die Steuerfreiheit der Aufstockungsbeträge bleibt daher bis zum Eintritt des Störfalls erhalten.

Die **Steuerfreiheit** der Aufstockungsbeträge ist der Höhe nach begrenzt. Sie sind insoweit steuerfrei, als sie zusammen mit dem während der Altersteilzeit bezogenen Nettoarbeitslohn monatlich 100 % des maßgebenden Arbeitslohns nicht übersteigen. Maßgebend ist bei laufendem Arbeitslohn der Nettoarbeitslohn, den der Arbeitnehmer im jeweiligen Lohnzahlungszeitraum ohne Altersteilzeit üblicherweise erhalten hätte. Bei sonstigen Bezügen ist abzustellen auf den Arbeitslohn unter Berücksichtigung des voraussichtlichen Jahresnettoarbeitslohns unter Einbeziehung der sonstigen Bezüge bei einer unterstellten Vollzeitbeschäftigung. Unangemessene Erhöhungen vor oder während der Altersteilzeit sind dabei nicht zu berücksichtigen. Aufstockungsbeträge in Form von Sachbezügen (z.B. die weitere private Nutzung des betrieblichen Pkw) sind steuerfrei, wenn die Aufstockung betragsmäßig in Geld festgelegt und außerdem vereinbart ist, dass der Arbeitgeber an Stelle der Geldleistung Sachbezüge erbringen darf.

Die Aufstockungsbeträge unterliegen dem Progressionsvorbehalt nach § 32b EStG (→ Rz. 64).

Aufwandsentschädigungen

470 Erhalten öffentliche Dienste leistende Personen (hierzu rechnen regelmäßig auch ehrenamtlich Tätige) aus öffentlichen Kassen eine Aufwandsentschädigung, richtet sich deren steuerliche Behandlung nach § 3 Nr. 12 EStG und R 3.12 LStR 2013. Danach sind **steuerfrei** aus einer Bundeskasse oder Landeskasse gezahlte Bezüge, die in einem Bundesgesetz oder Landesgesetz oder einer auf bundesgesetzlicher oder landesgesetzlicher Ermächtigung beruhenden Bestimmung oder von der Bundesregierung oder einer Landesregierung als Aufwandsentschädigung festgesetzt sind und als Aufwandsentschädigung im Haushaltsplan ausgewiesen werden. Nach § 3 Nr. 12 Satz 2 EStG gilt das Gleiche für andere Bezüge, die als Aufwandsentschädigung aus öffentlichen Kassen an öffentliche Dienste leistende Personen gezahlt werden, soweit nicht festgestellt wird, dass sie für Verdienstausfall oder Zeitverlust gewährt werden oder den Aufwand, der dem Empfänger erwächst, offenbar übersteigen.

Öffentliche Dienste leisten grundsätzlich alle Personen, die im Dienst einer juristischen Person des öffentlichen Rechts stehen und hoheitliche (einschl. schlichter Hoheitsverwaltung) Aufgaben ausüben, die nicht der Daseinsvorsorge zuzurechnen sind, z.B. Versichertenälteste. Keine öffentlichen Dienste im Sinne dieser Vorschrift leisten hingegen Personen, die in der fiskalischen Verwaltung tätig sind.

Von den aus öffentlichen Kassen gezahlten Aufwandsentschädigungen i.S.d. § 3 Nr. 12 Satz 2 EStG bleiben seit dem Kalenderjahr 2013 für alle in Betracht kommenden Personen regelmäßig steuerfrei:

- Für durch **Gesetz oder Rechtsverordnung** bestimmte Aufwandsentschädigungen monatlich ein Drittel, mindestens 200 €. Diese Regelung ist u.a. für kommunale Mandatsträger bedeutend, für die darüber hinaus weitere landesspezifische steuerliche Sonderregelungen gelten, sowie für bestimmte Gruppen der freiwilligen Feuerwehrleute;
- für nicht durch Gesetz oder Rechtsverordnung dem Grunde und der Höhe nach bestimmte (festgelegte) Aufwandsentschädigungen monatlich bis zu 200 €.

Liegt die monatliche Vergütung über dem steuerfrei bleibenden Höchstbetrag von 200 €, können weitere Steuerbefreiungsvorschriften zur Anwendung kommen. Insbesondere kann für Zahlungen an aktive Mitglieder der freiwilligen Feuerwehr die Übungsleiterpauschale oder allgemeine Ehrenamtspauschale in Betracht kommen (→ Rz. 577 *Übungsleiterpauschale*, → Rz. 494 *Ehrenamt*).

Geförderter Personenkreis: **Begünstigt** sind regelmäßig Personen, die im kommunalen Bereich, für die öffentliche Verwaltung oder im kirchlichen Bereich ein Ehrenamt ausüben (z.B. ehrenamtliche Feuerwehrleute, sachkundige Bürger in der Kommunalverwaltung, ehrenamtliche Schöffen und Laienprediger; nicht jedoch Pflegekräfte in kirchlichen Vereinen, die im Rahmen der Nachbarschaftshilfe tätig sind).

Öffentliche Kassen sind die Kassen der inländischen juristischen Personen des öffentlichen Rechts und solche Kassen, die einer Dienstaufsicht und Prüfung der Finanzgebarung durch die inländische öffentliche Hand unterliegen. Hierzu gehören insbesondere die Kassen des Bundes, der Länder, der Gemeinden und die Kassen der öffentlich-rechtlichen Religionsgemeinschaften (auch H 3.11 LStH 2014).

Übertragung nicht ausgeschöpfter steuerfreier Monatsbeträge

Soweit der steuerfreie Monatsbetrag i.H.v. 200 € nicht ausgeschöpft werden kann (z.B. weil die Einnahmen schwanken), besteht nach R 3.12 Abs. 3 Satz 8 und 9 LStR 2013 die Möglichkeit der Übertragung des nicht ausgeschöpften Volumens in andere Tätigkeitsmonate im selben Kalenderjahr. Maßgebend für die Ermittlung der Anzahl der in Betracht kommenden Monate ist die Dauer der ehrenamtlichen Funktion bzw. Amtsausübung im Kalenderjahr. Hierbei zählen angefangene Kalendermonate als volle Monate. Die Dauer des tatsächlichen Einsatzes im Ehrenamt ist für die Bestimmung dieses Zeitraums unbeachtlich.

Berücksichtigung der Übertragungsmöglichkeit beim Lohnsteuerabzug

Sind die Aufwandsentschädigungen den Einkünften aus nichtselbständiger Arbeit zuzuordnen, unterliegen sie dem Lohnsteuerabzug (§ 38 EStG). Es bestehen keine Bedenken, einen nicht ausgeschöpften steuerfreien Monatsbetrag mit steuerpflichtigen Aufwandsentschädigungen anderer Lohnzahlungszeiträume dieser Tätigkeit im Kalenderjahr zu verrechnen. Eine Verrechnung mit abgelaufenen Lohnzahlungszeiträumen ist zulässig; sie kann auch bei Beendigung der Tätigkeit oder zum Ende des Kalenderjahres für die Dauer der ehrenamtlichen Funktion bzw. Amtsausübung im Kalenderjahr vorgenommen werden. Bei mehreren Tätigkeiten für eine Körperschaft sind die Aufwandsentschädigungen für die Anwendung der Mindest- und Höchstbeträge zusammenzurechnen (R 3.12 Abs. 3 Satz 6 LStR 2013).

Ausbildungsbeihilfen /-vergütungen

eines privaten Arbeitgebers rechnen zum steuerpflichtigen Arbeitslohn; ebenso Ausbildungsvergütungen. 471

Auslagenersatz

Auslagenersatz des Arbeitnehmers und durchlaufende Gelder können vom Arbeitgeber **steuerfrei** ersetzt werden, falls die 472
Ausgaben für und auf Rechnung des Arbeitgebers getätigt werden. Über die ausgelegten Beträge ist im Einzelnen abzurechnen. In diesen Fällen ist es gleichgültig, ob der Arbeitnehmer die Beträge im Namen des Arbeitgebers verauslagt oder im eigenen Namen (z.B. wessen Name auf der Rechnung vermerkt ist). Pauschaler Auslagenersatz führt regelmäßig zu Arbeitslohn.

Pauschaler Auslagenersatz kann jedoch steuerfrei gezahlt werden, wenn er regelmäßig wiederkehrt und der Arbeitnehmer die entstandenen Aufwendungen für einen repräsentativen Zeitraum von drei Monaten im Einzelnen nachweist. Der pauschale Auslagenersatz bleibt grundsätzlich so lange steuerfrei, bis sich die Verhältnisse wesentlich ändern (z.B. durch eine Änderung der Berufstätigkeit). Ersetzt der Arbeitgeber (z.B. eine Kommune) auf Grund einer tarifvertraglichen Verpflichtung dem als Orchestermusiker beschäftigten Arbeitnehmer die Kosten der Instandsetzung des dem Arbeitnehmer gehörenden Musikinstruments, so handelt es sich dabei um steuerfreien Auslagenersatz (BFH-Urteil v. 28.3.2006, VI R 24/03, BStBl II 2006, 473).

Für **Telekommunikationsaufwendungen** sehen die Lohnsteuer-Richtlinien 2013 eine Sonderregelung vor, falls erfahrungsgemäß beruflich veranlasste Telekommunikationsaufwendungen entstehen. Ist dies so, können aus Vereinfachungsgründen **ohne** Einzelnachweis bis zu 20 % des Rechnungsbetrags, höchstens 20 € monatlich, **steuerfrei** ersetzt werden. Ermittelt der Arbeitnehmer einen monatlichen Durchschnittsbetrag für einen repräsentativen Zeitraum von drei Monaten, bleibt dieser grundsätzlich so lange steuerfrei, bis sich die Verhältnisse wesentlich ändern. Zu den Telekommunikationsaufwendungen rechnen auch das Nutzungsentgelt einer Telefonanlage sowie der Grundpreis der Anschlüsse. Der Aufteilungsmaßstab ergibt sich aus dem beruflichen Anteil der Verbindungsentgelte an den gesamten Verbindungsentgelten (Telefon und ggf. Internet).

Auslösungen

Als Auslösungen werden Arbeitgeberzahlungen an den Arbeitnehmer auf Grund einer beruflich veranlassten Auswärtstätigkeit 473
→ Rz. 129 *Auswärtstätigkeit* bezeichnet. Diese besonderen Vergütungen sollen die entstehenden Mehrkosten ersetzen. In Betracht kommen **steuerfreier** Fahrtkostenersatz, steuerfreie Verpflegungspauschalen sowie steuerfreier Ersatz tatsächlicher Übernachtungskosten und bestimmter Nebenkosten. Ersetzt der Arbeitgeber nicht sämtliche Aufwendungen des Arbeitnehmers, kann dieser in der Einkommensteuererklärung die Differenz als Werbungskosten ansetzen, soweit das Steuerrecht nicht bestimmte Höchstbeträge vorsieht.

Auswärtstätigkeit zur Begriffserläuterung und den Voraussetzungen, wann der Arbeitnehmer eine solche Tätigkeit ausübt, → Rz.129 *Auswärtstätigkeit*. Übt der Arbeitnehmer eine Auswärtstätigkeit aus, kann der Arbeitgeber steuerfreie → Rz. 555 *Reisekosten* zahlen.

BahnCard

Der Arbeitgeber kann dem Arbeitnehmer die Aufwendungen für den Erwerb einer sog. BahnCard **steuerfrei** erstatten, wenn 474
die erstatteten Aufwendungen für die BahnCard und die ermäßigt abgerechneten dienstlichen Fahrten insgesamt unter den Fahrtkosten liegen, die ohne Einsatz der BahnCard entstanden wären.

Dieser Grundsatz ist auch für die **BahnCard 100** anzuwenden. Erstattungen für die BahnCard 100 sind nur dann steuerfrei, wenn die – andernfalls für die Dienstreise entstehenden – Kosten für die dienstlichen Bahnfahrten den Kaufpreis für die Karte übersteigen (Vergleichsrechnung). Hierbei wird regelmäßig die Prognose des Arbeitgebers von dem Kauf der BahnCard entscheidend sein. Sollte die (ernsthaft durchgeführte) Prognose in der Nachschau nicht eintreten, z.B. wegen Krankheit oder nicht vorhersehbarem Wechsel des Arbeitnehmers in ein anderes Tätigkeitsgebiet, bleibt es regelmäßig bei dem angenommenen Nutzungsverhältnis der BahnCard zum Zeitpunkt der Prognose bzw. Anschaffung.

Ein ggf. steuerpflichtiger Vorteil fließt insgesamt bei Überlassung der BahnCard an den Arbeitnehmer (BFH-Urteil v. 12.4.2007, BStBl II 2007, 719).

Beitragszuschlag

475 Der Beitragszuschlag für Kinderlose in der sozialen Pflegeversicherung i.H.v. 0,25 % ist vom Arbeitnehmer allein zu tragen und kann deshalb vom Arbeitgeber nicht steuerfrei erstattet werden.

Belohnungen

476 Belohnungen des Arbeitgebers oder eines Dritten an den Arbeitnehmer für dessen Tätigkeit sind grundsätzlich steuerpflichtiger Arbeitslohn (z.B. Incentives); Ausnahmen → Rz. 468 *Aufmerksamkeit*, → Rz. 575 *Trinkgelder.*

Bergmannsprämien

477 Bergmannsprämien sind steuerpflichtig. Die für verfahrene volle Schichten vor dem 1.1.2009 gezahlten Bergmannsprämien nach dem Gesetz über Bergmannsprämien waren steuerfrei.

Berufskleidung

478 Gestellt oder übereignet der Arbeitgeber typische Berufskleidung, ist der sich daraus ergebende Vorteil **steuerfrei**. Zur **typischen** Berufskleidung gehören Kleidungsstücke, die als Arbeitsschutzkleidung auf die jeweils ausgeübte Berufstätigkeit zugeschnitten sind oder nach ihrer z.B. uniformartigen Beschaffenheit oder dauerhaft angebrachten Kennzeichnung durch Firmenemblem o. Ä. objektiv eine berufliche Funktion erfüllen. Die private Nutzung der Kleidungsstücke muss so gut wie ausgeschlossen sein.

Typische Berufskleidung ist z.B. Kleidung, die nach Unfallverhütungsvorschriften, Tarifvertrag oder Betriebsvereinbarung vorgeschrieben ist (z.B. Sicherheitsschuhe, Kittel). Üblicherweise getragene Schuhe und Unterwäsche sind keine typische Berufskleidung. Erhält der Arbeitnehmer die Berufskleidung ohne Anrechnung auf seinen Arbeitslohn – also zusätzlich –, ist nach den Lohnsteuer-Richtlinien (R 3.31 LStR 2013) regelmäßig anzunehmen, dass es sich um typische Berufskleidung handelt – es sei denn, das Gegenteil ist offensichtlich.

Gestellt der Arbeitgeber einheitliche, während der Arbeitszeit zu tragende **bürgerliche** Kleidung, ergibt sich für den Arbeitnehmer dann kein steuerpflichtiger Vorteil, wenn das betriebliche Interesse des Arbeitgebers im Vordergrund steht (BFH-Urteil v. 22.6.2006, BStBl II 2006, 915); anders regelmäßig bei Überlassung hochwertiger Kleidung (BFH-Urteil v. 11.4.2006, BStBl II 2006, 691).

An Stelle der Sachzuwendung kann der Arbeitgeber auch die **Aufwendungen** des Arbeitnehmers für die Anschaffung sowie den Unterhalt (z.B. Reinigung) steuerfrei **erstatten**. Voraussetzung ist, dass der Arbeitnehmer nach Unfallverhütungsvorschriften, Tarifvertrag oder Betriebsvereinbarung typische Berufskleidung zu tragen hat, er einen Anspruch auf Gestellung von typischer Berufskleidung hat und die Beschaffung der Kleidungsstücke durch den Arbeitnehmer für den Arbeitgeber vorteilhafter ist.

Pauschale **Zahlungen** für den Einsatz der Berufskleidung bleiben steuerfrei, soweit sie die regelmäßigen Abschreibungen für die Abnutzung und die üblichen Instandhaltungs- und Instandsetzungsarbeiten der typischen Berufskleidung abgelten.

Betriebliche Altersversorgung

479 Für die betriebliche Altersversorgung sieht das maßgebliche Betriebsrentengesetz folgende **fünf Durchführungswege** vor:

- Direktzusage;
- Unterstützungskasse;
- Pensionskasse;
- Pensionsfonds;
- Direktversicherung.

Wann der **steuerliche Zufluss von Arbeitslohn** vorliegt, richtet sich grundsätzlich nach dem Durchführungsweg. Bei der Versorgung über eine Direktzusage und Unterstützungskasse fließt Arbeitslohn erst im Zeitpunkt der Zahlung der (Alters)Versorgungsleistungen zu. Bei der Versorgung im Rahmen der anderen Durchführungswege (Pensionskasse, Pensionsfonds, Direktversicherung) liegt Zufluss von Arbeitslohn bereits im Zeitpunkt der Zahlung der Beiträge durch den Arbeitgeber an die entsprechende Versorgungseinrichtung oder das Versicherungsunternehmen vor.

Die steuerlichen Folgen werden auch gezogen, wenn es sich um Beiträge handelt, die durch eine steuerlich anerkannte **Entgeltumwandlung** (→Rz. 498 *Entgeltumwandlung zu Gunsten einer betrieblichen Altersversorgung*) finanziert werden.

Arbeitgeberbeiträge an eine **Pensionskasse**, einen **Pensionsfonds** oder für eine **Direktversicherung** sind bis zu bestimmten Höchstbeträgen steuerfrei. Zu den Einzelheiten siehe → Rz. 550 *Pensionskasse*, → Rz. 549 *Pensionsfonds* und → Rz. 490 *Direktversicherung*.

Zuwendungen an eine **Pensionskasse** und Beiträge für eine **Direktversicherung** können unter bestimmten Voraussetzungen und bis zu bestimmten Höchstbeträgen auch **pauschal besteuert** werden (→Rz. 550 *Pensionskasse*, →Rz. 490 *Direktversicherung* und → Rz. 633 ff.).

Zu den Beiträgen des Arbeitgebers für eine **Rückdeckungsversicherung** → Rz. 557 *Rückdeckungsversicherung* und an eine **Unterstützungskasse** → Rz. 582 *Unterstützungskasse*.

Betriebsrenten

480 Betriebsrenten, die vom früheren Arbeitgeber gezahlt werden, sind steuerpflichtiger Arbeitslohn (auch → Rz. 479 *Betriebliche Altersversorgung*). Hat der Arbeitnehmer das 63. Lebensjahr bzw. als Schwerbehinderter das 60. Lebensjahr vollendet, kommen der Versorgungsfreibetrag und der Zuschlag zum Versorgungsfreibetrag zum Ansatz (→ Rz. 256 *Versorgungsfreibetrag*).

Betriebssport

Die Überlassung betriebseigener Sportanlagen und Sportgeräte an die Arbeitnehmer liegt dann im überwiegend betrieblichen Interesse des Arbeitgebers und stellt **keinen** Arbeitslohn dar, wenn deren Nutzung allen Mitarbeitern möglich ist. Dies gilt insbesondere für die Mannschaftssportarten. Mietet der Arbeitgeber jedoch Sportanlagen für sog. Einzelsportarten zur Nutzung an (z.B. Tennis- oder Squashplätze), so führt dies regelmäßig zu steuerpflichtigem Arbeitslohn für die spielenden bzw. nutzenden Arbeitnehmer, weil sie sich insoweit die Platzmiete ersparen. Gleiches gilt, wenn der Arbeitgeber die vom Arbeitnehmer getragenen Mieten (z.B. für Tennis- und Squashplätze) oder Vereinsbeiträge übernimmt sowie für den Ersatz der Aufwendungen des Arbeitnehmers zur Ausübung des Betriebssports (z.B. Fahrtkosten, Verpflegungsmehraufwendungen, Nebenkosten). So auch, wenn der Arbeitgeber die Beiträge für eine Mitgliedschaft in einem Golfclub übernimmt (BFH-Urteil v. 21.3.2013, BStBl II 2013, 700). 481

Ausnahmen gelten dann, wenn Arbeitnehmer vom Arbeitgeber in „offizieller" Funktion als Repräsentant des Unternehmens zur Organisation und Durchführung von regionalen bzw. überregionalen Betriebssportveranstaltungen abgeordnet werden.

Betriebsveranstaltungen

Aufwendungen des Arbeitgebers für Betriebsveranstaltungen gehören als Leistungen im ganz überwiegenden betrieblichen Interesse des Arbeitgebers **nicht** zum Arbeitslohn, wenn es sich um herkömmliche (übliche) Betriebsveranstaltungen und um bei diesen Veranstaltungen übliche Zuwendungen handelt. 482

Betriebsveranstaltungen sind Veranstaltungen auf betrieblicher Ebene, die gesellschaftlichen Charakter haben und an denen alle Betriebsangehörigen teilnehmen können (z.B. Betriebsausflüge, Weihnachtsfeiern, Jubiläumsfeiern). Veranstaltungen für nur einen beschränkten Kreis von Arbeitnehmern sind dann steuerliche Betriebsveranstaltungen, wenn die Begrenzung des Teilnehmerkreises nicht eine Bevorzugung bestimmter Arbeitnehmergruppen darstellt. Betriebsveranstaltungen sind deshalb auch z.B. Feiern

- nur für alle Arbeitnehmer einer Organisationseinheit des Betriebs,
- nur für alle im Ruhestand befindlichen früheren Arbeitnehmer des Unternehmens (Pensionärstreffen),
- nur für solche Arbeitnehmer, die bereits im Unternehmen ein rundes (z.B. 10- oder 50-jähriges) Arbeitnehmerjubiläum gefeiert haben oder i.V.m. der Betriebsveranstaltung feiern (Jubilarfeiern).

Eine nur für **Führungskräfte** eines Unternehmens vorbehaltene Abendveranstaltung ist mangels Offenheit keine Betriebsveranstaltung. Die Ehrung eines einzelnen Jubilars oder eines einzelnen Arbeitnehmers bei dessen Ausscheiden aus dem Betrieb, auch unter Beteiligung weiterer Arbeitnehmer, ist keine Betriebsveranstaltung; Sachzuwendungen aus Anlass einer solchen Feier sind Arbeitslohn.

Die Teilnahme an bis zu **zwei Veranstaltungen** jährlich führt nicht zu Arbeitslohn (Freigrenze beachten); auf die Dauer der einzelnen Veranstaltung kommt es hierbei nicht an; begünstigt ist auch eine zweitägige Veranstaltung. Leistet der Arbeitnehmer einen (Bar-)Zuschuss in die Gemeinschaftskasse der Arbeitnehmer für einen Betriebsausflug, ist dies kein Arbeitslohn, wenn die Voraussetzungen 110 €-Grenze und höchstens zweitägige Dauer vorliegen.

Bei einer gemischt veranlassten Betriebsveranstaltung, z.B. tagsüber Betriebsversammlung auf einem Dampfschiff mit nachfolgendem abendlichen Betriebsfest (ggf. in einem Hotel), können die Aufwendungen des Arbeitgebers entsprechend zugeordnet werden. Gemischt veranlasste Aufwendungen, die sowohl Elemente einer Betriebsveranstaltung als auch einer sonstigen betrieblichen Veranstaltung enthalten, sind grundsätzlich aufzuteilen. Soweit sie auf die Betriebsveranstaltung entfallen, sind sie in die Prüfung der Freigrenze einzubeziehen.

Die Aufwendungen des **Arbeitgebers** einschließlich Umsatzsteuer für die Betriebsveranstaltung dürfen pro teilnehmendem Arbeitnehmer nicht mehr als **110 € je Veranstaltung** betragen (Freigrenze). Der anteilige Betrag ist zu ermitteln aus den Gesamtaufwendungen, die nach Köpfen den teilnehmenden Personen zuzurechnen sind. Liegt der dem Arbeitnehmer zugerechnete Betrag darüber (z.B. weil der Arbeitnehmer von einer nicht beim Arbeitgeber beschäftigten Person begleitet wurde), ist der Gesamtbetrag steuerpflichtig.

Beispiel:

An einem Betriebsausflug nehmen 40 Personen teil, davon 20 Arbeitnehmer ohne Partner und 10 Arbeitnehmer mit Partner. Die Aufwendungen für den Betriebsausflug betragen 3 600 € einschl. Umsatzsteuer. Auf jeden Teilnehmer entfallen folglich (3 600 € : 40 =) 90 €.

Steuerliche Behandlung:

- auf die 20 Arbeitnehmer ohne Partner entfällt jeweils kein steuerpflichtiger Arbeitslohn
- auf die 20 Arbeitnehmer mit Partner entfällt jeweils (90 € x 2=) 180 €
  Folge: Die Freigrenze ist überschritten, folglich sind jeweils 180 € als Arbeitslohn zu versteuern.
  Eine Pauschalversteuerung mit 25 % ist möglich → Rz. 662.

In die **Betragsgrenze** von 110 € gehören insbesondere folgende vom Arbeitgeber getragene Zuwendungen: Speisen, Getränke, Tabakwaren und Süßigkeiten, Übernachtungs- und Fahrtkosten, Eintrittskarten für kulturelle und sportliche Veranstaltungen, wenn sich die Betriebsveranstaltung nicht im Besuch einer kulturellen oder sportlichen Veranstaltung erschöpft, Aufwendungen für den äußeren Rahmen (z.B. für Räume, Musik, Kegelbahn, für künstlerische und artistische Darbietungen, wenn die Darbietungen nicht der wesentliche Zweck der Betriebsveranstaltung sind) sowie Geschenke. Hierzu gehört auch die nachträgliche Überreichung der Geschenke an solche Arbeitnehmer, die aus betrieblichen oder persönlichen Gründen nicht an der Betriebsveranstaltung teilnehmen konnten.

Änderungen durch die aktuelle Rechtsprechung des BFH

In zwei Entscheidungen vom 16.5.2013 (VI R 94/10 und VI R 7/11) hat der BFH seine Rechtsprechung zu der Frage fortentwickelt, unter welchen Voraussetzungen die Teilnahme an Betriebsveranstaltungen bei Arbeitnehmern zu einem steuerbaren Lohnzufluss führt, welche Aufwendungen zum Arbeitslohn rechnen und wie die Freigrenze von 110 € pro Person anzuwenden ist. Danach gelten folgende Grundsätze:

- Der Wert der den Arbeitnehmern zugewandten Leistungen kann anhand der Kosten geschätzt werden, die der Arbeitgeber dafür seinerseits aufgewendet hat. Diese Kosten sind grundsätzlich zu gleichen Teilen sämtlichen Teilnehmern an der Betriebsveranstaltung zuzurechnen.
- Als Arbeitslohn sind nur solche Leistungen anzusetzen, die von den teilnehmenden Arbeitnehmern unmittelbar konsumiert werden können. Dies sind vor allem Speisen, Getränke sowie Musikdarbietungen.
- Aufwendungen des Arbeitgebers, welche die Ausgestaltung der Betriebsveranstaltung betreffen (z.B. Mieten für ein Fußballstadion sowie Kosten für die Beauftragung eines Eventveranstalters), bereichern die teilnehmenden Arbeitnehmer nicht und bleiben deshalb bei der Ermittlung der maßgeblichen Kosten unberücksichtigt.

In einem weiteren Urteil vom 16.5.2013 (VI R 7/11) hat der BFH entschieden, dass

- die Kosten der Betriebsveranstaltung nicht nur auf die Arbeitnehmer, sondern auf alle Teilnehmer (z.B. auch Familienangehörige) zu verteilen sind. Der danach auf Begleitpersonen entfallende Anteil der Kosten ist den Arbeitnehmern bei der Berechnung der Freigrenze nicht als eigener Vorteil zuzurechnen.

Nehmen also auch Familienangehörige und sonstige Begleitpersonen des Arbeitnehmers an einer Betriebsveranstaltung teil, sind die auf sie entfallenden Kosten dem Arbeitnehmer nicht zuzurechnen.

Ferner hat der BFH festgestellt, dass eine Anpassung der Freigrenze i.H.v. 110 € an die Geldentwertung nicht Aufgabe der Gerichte ist.

Es bleibt abzuwarten, ob und ggf. in welchem Umfang die Finanzverwaltung diese drei Urteile anwenden wird. Falls sie vollumfänglich angewendet werden, wird sich die Frage der Erhöhung der 110 €-Grenze wohl nicht mehr stellen. Denn dann wären als Arbeitslohn regelmäßig nur noch Speisen, Getränke sowie Musikdarbietungen anzusetzen. Abweichend von der dann bisherigen Verwaltungsauffassung würden die Aufwendungen des Arbeitgebers für den äußeren Rahmen ebenso wenig dem teilnehmenden Arbeitnehmer mehr zuzurechnen sein wie die auf seine Begleitperson(en) entfallenden Aufwendungen.**Barzuwendungen** (Geldgeschenke) sind stets Arbeitslohn, es sei denn, sie werden als Zehrgelder an Stelle der zuvor genannten üblichen Sachzuwendungen gewährt und ihre zweckentsprechende Verwendung ist sichergestellt (BFH-Urteil v. 7.2.1997, BStBl II 1997, 365).

Ist der auf den Arbeitnehmer entfallende Vorteil **steuerpflichtig**, kann die Lohnsteuer dafür nach den allgemeinen Vorschriften oder pauschal erhoben werden (→ Rz. 653, 662). Das gilt auch für nicht übliche Zuwendungen (z.B. Geschenke, deren Gesamtwert 40 € übersteigt) oder Zuwendungen an einzelne Arbeitnehmer aus Anlass – nicht nur bei Gelegenheit – der Betriebsveranstaltung.

Gewinne aus einer **Verlosung**, die während einer Betriebsveranstaltung durchgeführt wurde, gehören zum Arbeitslohn, wenn an der Verlosung nicht sämtliche an der Betriebsveranstaltung teilnehmenden Arbeitnehmer beteiligt werden, sondern diese Verlosung nur einem bestimmten (z.B. herausgehobenen) Personenkreis vorbehalten ist → Rz. 539 *Losgewinne*.

Lädt ein Arbeitgeber anlässlich eines **runden Geburtstags** des Arbeitnehmers Geschäftsfreunde, Repräsentanten des öffentlichen Lebens, Vertreter von Verbänden und Berufsorganisationen sowie Mitarbeiter zu einem Empfang ein (Geburtstagsfeier), ist nach Auffassung des BFH unter Berücksichtigung aller Umstände des Einzelfalls zu entscheiden, ob es sich um ein Fest des Arbeitgebers (betriebliche Veranstaltung) oder um ein privates Fest des Arbeitnehmers handelt (R 19.3 Abs. 2 Nr. 4 LStR 2013, BFH v. 28.1.2003, BStBl II 2003, 724).

Für ein **Fest** des **Arbeitgebers** kann sprechen, wenn dieser als Gastgeber auftritt, er die Gästeliste nach geschäftsbezogenen Gesichtspunkten bestimmt, in seine Geschäftsräume einlädt und wenn das Fest den Charakter einer betrieblichen Veranstaltung und nicht einer privaten Feier des Arbeitnehmers aufweist. Bei einer solchen betrieblichen Veranstaltung stellen die Sachleistungen des Arbeitgebers für den Arbeitnehmer (Jubilar) keinen Arbeitslohn dar. Die anteiligen Aufwendungen des Arbeitgebers, die auf den Arbeitnehmer selbst, seine Familienangehörigen sowie private Gäste des Arbeitnehmers entfallen, gehören jedoch zum steuerpflichtigen Arbeitslohn, wenn die Aufwendungen des Arbeitgebers mehr als 110 € je teilnehmender Person betragen; auch Geschenke bis zu einem Gesamtwert von 40 € sind in die 110 €-Grenze einzubeziehen.

Incentive-Reisen, die der Arbeitgeber veranstaltet, sind keine Betriebsveranstaltungen (→ Rz. 524 *Incentive-Reisen*).

Betriebsversammlung

483 Kostenerstattungen des Arbeitgebers aus Anlass einer Betriebsversammlung gehören zum steuerpflichtigen Arbeitslohn; bei Betriebsversammlungen außerhalb des Betriebs können die anfallenden Fahrtkosten steuerfrei ersetzt werden.

Bewirtung

484 Mahlzeiten, die der Arbeitgeber im ganz überwiegenden betrieblichen Interesse an die Arbeitnehmer abgibt, gehören **nicht** zum Arbeitslohn. Dies sind Mahlzeiten im Rahmen üblicher Betriebsveranstaltungen, für ein sog. Arbeitsessen (Wert jeweils nicht über 40 €) sowie für die Beteiligung von Arbeitnehmern an einer geschäftlich veranlassten Bewirtung i.S.d. § 4 Abs. 5 Satz 1 Nr. 2 EStG (→ Rz. 468 *Aufmerksamkeit*).

Business-Seats

485 Überlässt der Arbeitgeber den Arbeitnehmern unentgeltlich oder verbilligt sog. Business-Seats zur privaten Verwendung, ist der lohnsteuerliche Vorteil als Arbeitslohn zu erfassen. Für die Lohnbesteuerung gelten dieselben Grundsätze wie für → Rz. 591 *VIP-Logen*.

D&O-Versicherung

486 Die Vorteile für eine Directors&Officers-Versicherung (D&O-Versicherung) liegen im überwiegend betrieblichen Interesse und sind **nicht** steuerpflichtig, falls folgende Voraussetzungen erfüllt sind:

- Es handelt sich um eine Vermögensschaden-Haftpflichtversicherung, die in erster Linie der Absicherung des Unternehmens oder des Unternehmenswertes gegen Schadensersatzforderungen Dritter gegenüber dem Unternehmen dient, die ihren

Grund in dem Tätigwerden oder Untätigbleiben der für das Unternehmen verantwortlich handelnden und entscheidenden Organe und Leitungsverantwortlichen haben;

- die D&O-Verträge enthalten besondere Klauseln zur Firmenhaftung oder zum sog. Company Reimbursement, die im Ergebnis dazu führen, dass der Versicherungsanspruch aus der Versicherungsleistung dem Unternehmen als Versicherungsnehmer zusteht;
- regelmäßig ist das Management als Ganzes versichert, der Versicherungsschutz kommt für einzelne Personen nicht in Betracht;
- Basis der Prämienkalkulation sind nicht individuelle Merkmale der versicherten Organmitglieder, sondern Betriebsdaten des Unternehmens, wobei die Versicherungssummen deutlich höher sind als typischerweise das Privatvermögen der Versicherten.

Ein überwiegend betriebliches Interesse ist hingegen zu verneinen, wenn Risiken versichert werden, die üblicherweise durch eine individuelle Berufshaftpflichtversicherung abgedeckt werden. S. ergänzend Verfg. FinMin Niedersachsen v. 25.1.2002 – S 2332 - 161 - 35/S 2245 - 21 - 31 2 –, Beiträge zu Directors & Officers-Versicherungen (D&O-Versicherung).

Darlehen, Wohnungsfürsorgemittel

Gewährt der Arbeitgeber oder auf Grund des Dienstverhältnisses ein Dritter dem Arbeitnehmer unverzinsliche oder im Vergleich zum niedrigsten Marktangebot zinsverbilligte Darlehen, so sind die Zinsvorteile steuerpflichtiger Arbeitslohn. **487**

Keine Arbeitgeberdarlehen sind insbesondere Reisekostenvorschüsse, ein **vorschüssige**r Auslagenersatz, als Arbeitslohn zufließende **Lohnabschläge** und Lohnvorschüsse, sofern es sich bei Letzteren nur um eine abweichende Auszahlungsvereinbarung handelt.

Zinsvorteile sind **nur dann steuerpflichtig**, wenn die Summe der noch nicht getilgten Darlehen am Ende des Lohnzahlungszeitraums **2 600 €** übersteigt. Die 44 €-Freigrenze (→ Rz. 558 *Sachbezüge, Freigrenze*) ist anwendbar.

Vergibt der Arbeitgeber **geschäftsmäßig gleichartige** Darlehen am Markt (z.B. Banken), ist der geldwerte Vorteil nach § 8 Abs. 3 EStG zu bewerten und nicht nach den folgenden Grundsätzen; dafür kommt der Rabattfreibetrag i.H.v. 1 080 € (→ Rz. 553 *Preisnachlässe, Personalrabatte*) zur Anwendung.

In **anderen Fällen** sind Zinsvorteile als Sachbezüge zu versteuern. Bei verbilligten oder zinslosen Arbeitgeberdarlehen bemisst sich der geldwerte Vorteil nach dem **Unterschiedsbetrag** zwischen dem Maßstabszinssatz für vergleichbare Darlehen am Abgabeort und dem Zinssatz, der im konkreten Einzelfall vereinbart ist. Dies gilt für jede Kreditart gesondert, wie z.B. Wohnungsbaukredit, Konsumenten-/Ratenkredit oder Überziehungskredit sowie hinsichtlich der Laufzeit des Darlehens und der Dauer der Zinsfestlegung. Diese Kriterien müssen im Wesentlichen übereinstimmen.

Für Arbeitgeberdarlehen mit Zinsfestschreibung ist für die gesamte Vertragslaufzeit der Maßstabszinssatz bei Vertragsabschluss maßgeblich. Nach Ablauf der Zinsfestschreibung ist der Zinsvorteil ggf. neu zu ermitteln. Bei variablem Zinssatz ist für die Ermittlung des geldwerten Vorteils der jeweils aktuelle Maßstabszinssatz heranzuziehen. Die Grundlagen für den ermittelten Zinsvorteil sind als Belege zum Lohnkonto zu nehmen.

Weil der Arbeitgeber das (niedrigste) Marktangebot kaum ermitteln kann, lässt die Finanzverwaltung eine vereinfachte Ermittlung **des Maßstabszinssatzes** zu. Näheres wird im BMF-Schreiben vom 1.10.2008, BStBl I 2008, 892 erläutert.

Nach neuer Rechts- und Verwaltungsauffassung können Arbeitgeber und Arbeitnehmer entscheiden, nach welchen Grundsätzen der Zinsvorteil zu ermitteln ist (wahlweise mit **„günstigstem Preis am Markt“** ohne Bewertungsabschlag und ohne Rabattfreibetrag nach § 8 Abs. 2 EStG oder mit diesen Abschlägen auf Grundlage des **tatsächlichen** Endpreises des Arbeitgebers nach § 8 Abs. 3 EStG).

Der Arbeitgeber kann die Bewertungsmethode im Lohnsteuerabzugsverfahren selbst wählen. Allerdings darf der Arbeitnehmer i.R. seiner Einkommensteuerveranlagung eine davon abweichende Methode wählen, z.B. den geldwerten Vorteil anhand des günstigsten Preises am Markt bewerten; zu näheren Erläuterungen und Beispielen vgl. BMF-Schreiben v. 16.5.2013, IV C 5 – S 2334/07/0011, BStBl I 2013, 729.

→ Rz. 553 *Preisnachlässe, Personalrabatte*

Zinsersparnisse und Aufwendungszuschüsse aus **Wohnungsfürsorgemitteln** für Angehörige des **öffentlichen Dienstes** bleiben **steuerfrei**, wenn sie nur gegen Einräumung eines Besetzungsrechts oder unter Verzicht auf einen Teil der Miete bei Fremdvermietung gewährt werden.

Diebstahl

Ersetzt der Arbeitgeber dem Arbeitnehmer den Wert gestohlener Gegenstände, die aus beruflicher Veranlassung mitzuführen waren, weil er sie beruflich benötigte (z.B. auf einer Auswärtstätigkeit), ist dies **kein** Arbeitslohn (berufsspezifische Gefährdung). **488**

Dienstantritt eines Arbeitnehmers

Zu üblichen Sachleistungen des Arbeitgebers aus Anlass des Dienstantritts des Arbeitnehmers im Betrieb → Rz. 452 *Amtseinführung*. **489**

Direktversicherung

Beiträge des Arbeitgebers für eine Direktversicherung führen zum **Zufluss** von Arbeitslohn (→ Rz. 385 ff.). **490**

Beiträge des Arbeitgebers aus dem **ersten Dienstverhältnis** für eine Direktversicherung zum Aufbau einer **kapitalgedeckten betrieblichen Altersversorgung** sind jedoch bis zur Höhe von **4 %** der Beitragsbemessungsgrenze in der **allgemeinen Rentenversicherung** steuerfrei (in 2014 bis zur Höhe von 2 856 € [71 400 €[1] × 4 %]), wobei auch für Arbeitnehmer in den

1) Änderung auf Grund der Sozialversicherungs-Rechengrößenverordnung 2014, die Zustimmung des Bundesrats stand bei Redaktionsschluss noch aus.

neuen Ländern und Ost-Berlin die Beitragsbemessungsgrenze (West) maßgeblich ist. Voraussetzung für die Steuerfreiheit ist, dass bei der Direktversicherung eine Auszahlung der zugesagten Alters-, Invaliditäts- oder Hinterbliebenenversorgungsleistungen in Form einer **Rente** oder eines **Auszahlungsplans** vorgesehen ist; die Möglichkeit, später eine Einmalkapitalzahlung zu wählen, steht der Steuerfreiheit aber noch nicht entgegen. Der Höchstbetrag i.H.v. 4 % der Beitragsbemessungsgrenze erhöht sich um **1 800 €**, wenn die Beiträge auf Grund einer **Versorgungszusage** geleistet werden, die **nach dem 31.12.2004 erteilt** wurde (sog. Neuzusage).

Aus Anlass der **Beendigung des Dienstverhältnisses** geleistete Beiträge für eine Direktversicherung sind steuerfrei, soweit sie 1 800 € vervielfältigt mit der Anzahl der Kalenderjahre, in denen das Dienstverhältnis des Arbeitnehmers zu dem Arbeitgeber bestanden hat, nicht übersteigen. Der vervielfältigte Betrag vermindert sich allerdings um die steuerfreien Beiträge, die der Arbeitgeber in dem Kalenderjahr, in dem das Dienstverhältnis beendet wird, und in den sechs vorangegangenen Kalenderjahren erbracht hat. Kalenderjahre vor 2005 werden dabei jeweils nicht berücksichtigt.

Der Arbeitgeber kann die Beiträge für eine Direktversicherung unter bestimmten Voraussetzungen und bis zu bestimmten Grenzen auch **pauschal** mit 20 % zzgl. Solidaritätszuschlag und ggf. Kirchensteuer **besteuern** (→ Rz. 633 ff.).

Werden **Anwartschaften** aus einer Direktversicherung **abgefunden**, ist dies **steuerfrei**, soweit das Altersvorsorgevermögen zugunsten eines zertifizierten Altersvorsorgevertrags geleistet wird.

Direktzusage

491 Eine Direktzusage (Pensionszusage) des Arbeitgebers führt erst im Zeitpunkt der Zahlung der (Alters)Versorgungsleistungen zum Zufluss von Arbeitslohn. In der „Aktivphase" ist kein zusätzlicher Arbeitslohn zu versteuern. Zur steuerlichen Behandlung der Versorgungsleistungen auch → Rz. 256 *Versorgungsfreibetrag*.

Steuerfrei sind in diesem Zusammenhang Beiträge in den Fällen der **Insolvenzsicherung, Einstellung der Betriebstätigkeit** und **Liquidation** sowie der **Erwerb von Ansprüchen** durch den Arbeitnehmer gegenüber einem Dritten im Falle der Eröffnung des Insolvenzverfahrens oder in gleichgestellten Fällen, soweit der Dritte neben dem Arbeitgeber für die Erfüllung von Ansprüchen auf Grund bestehender Versorgungsverpflichtungen oder Versorgungsanwartschaften gegenüber dem Arbeitnehmer und dessen Hinterbliebenen einsteht; dies gilt entsprechend, wenn der Dritte für Wertguthaben aus einer Vereinbarung über die Altersteilzeit nach dem Altersteilzeitgesetz oder auf Grund von Wertguthaben aus einem → *Arbeitszeitkonto* einsteht (§ 3 Nr. 65 EStG).

Doppelte Haushaltsführung

492 Zu den steuerlichen Voraussetzungen für das Führen eines doppelten Haushalts → Rz. 492 *Doppelte Haushaltsführung*.

Bei Arbeitnehmern, die auf Grund ihrer individuellen Tätigkeit typischerweise nur an ständig **wechselnden Tätigkeitsstätten** eingesetzt werden oder eine Fahrtätigkeit ausüben, richtet sich die Erstattung der Aufwendungen nach Reisekostengrundsätzen (→Rz. 555 *Reisekosten*). Dieser Personenkreis führt keinen doppelten Haushalt.

Einen doppelten Haushalt können auch ausländische Arbeitnehmer (z.B. Erntehelfer) führen; für **Seeleute** und bei Auswärtstätigkeit → Rz. 555 *Reisekosten*.

Der Arbeitgeber kann bei einer doppelten Haushaltsführung des Arbeitnehmers **steuerfrei zahlen**:

- **Fahrtkosten** aus Anlass des Wohnungswechsels zu Beginn und am Ende der doppelten Haushaltsführung (An- und Abreise); bei Fahrt mit dem eigenem Pkw können pauschal bis zu 0,30 € pro gefahrenem Kilometer steuerfrei gezahlt werden.
- Mehraufwendungen für **Verpflegung** (Verpflegungspauschalen)Als **Verpflegungspauschale** kann bei einer Abwesenheit von der Familienwohnung von 24 Stunden bis zu 24 € pro Tag steuerfrei gezahlt werden, längstens für die ersten drei Monate der Abwesenheit vom Lebensmittelpunkt bzw. der doppelten Haushaltsführung.

  Ab 2014 können bei einer Abwesenheit von weniger als 24, aber über 8 Stunden bis zu 12 € steuerfrei gezahlt werden. Die Staffelung mit weniger als 14 aber mindestens 8 Stunden (6 €) ist entfallen.

  Neu ist ab 2014 weiter, dass bei einer mehrtägigen Auswärtstätigkeit mit Übernachtung außerhalb der Wohnung für den **An- und Abreisetag** jeweils eine Pauschale von 12 € angesetzt werden kann. Auf die Abwesenheitsdauer kommt es dann nicht (mehr) an.

  Im zuvor beschriebenen **Wegverlegungsfall** vom Beschäftigungsort liegen notwendige Verpflegungsmehraufwendungen nur vor, wenn und soweit der Arbeitnehmer am Beschäftigungsort zuvor nicht bereits drei Monate gewohnt hat. Die Dauer eines unmittelbar der Begründung des Zweithaushalts am Beschäftigungsort vorausgegangenen Aufenthalts am Ort des Zweithaushalts ist auf die Dreimonatsfrist anzurechnen.
- Kosten der **Zweitwohnung**, **Übernachtungskosten:** Steuerfrei gezahlt werden können die **tatsächlichen** Übernachtungskosten am Beschäftigungsort; z.B. nachgewiesene Monatsmiete. Hierbei ist die Anzahl der tatsächlichen Übernachtungen unmaßgeblich.

  Als Unterkunftskosten im Inland können ab 2014 die tatsächlichen Aufwendungen für die Nutzung der Unterkunft, begrenzt auf höchstens 1 000 € im Monat, angesetzt werden. Die Prüfung der Notwendigkeit und Angemessenheit entfällt nun. Der Höchstbetrag umfasst sämtliche entstehenden Aufwendungen, wie Miete, Betriebskosten, Kosten der laufenden Reinigung und Pflege der Wohnung/Zweitwohnung/Unterkunft, AfA für notwendige Einrichtungsgegenstände, Zweitwohnungssteuer, Rundfunkbeitrag, Miet- oder Pachtgebühren für Kfz-Stellplätze usw. Wird die Zweitwohnung oder -unterkunft möbliert angemietet, sind die Aufwendungen bis zum Höchstbetrag berücksichtigungsfähig. Soweit der monatliche Höchstbetrag von 1 000 € nicht ausgeschöpft wird, ist eine Übertragung des nicht ausgeschöpften Volumens in andere Monate des Bestehens der doppelten Haushaltsführung im selben Kalenderjahr möglich; z.B. für Nachzahlung von Nebenkosten. Erhält der Arbeitnehmer Erstattungen zu hoher Vorauszahlungen, z.B. für Nebenkosten, mindern diese Erstattungen im Zeitpunkt des Zuflusses die Unterkunftskosten der doppelten Haushaltsführung.

Statt der tatsächlichen Aufwendungen kann der Arbeitgeber die Unterkunft kostenlos zur Verfügung stellen oder, falls der Arbeitnehmer die Unterkunft selbst bezahlt, **pauschal 20 €** pro Übernachtung im Inland in den ersten drei Monaten der Abwesenheit von der Familienwohnung bzw. der doppelten Haushaltsführung an den Arbeitnehmer zahlen. Nach Ablauf der drei Monate können bis zu 5 € pro Übernachtung steuerfrei gezahlt werden, solange der doppelte Haushalt fortgeführt wird.

Bei Übernachtung im **Ausland** dürfen die Übernachtungskosten ohne Einzelnachweis der tatsächlichen Aufwendungen mit Pauschbeträgen (Übernachtungsgelder) steuerfrei erstattet werden; die Pauschbeträge werden vom BMF bekannt gegeben (→ Rz. 555 *Reisekosten*). Im Übrigen gelten die bisherigen Grundsätze unverändert weiter. Danach sind nur notwendige Aufwendungen in tatsächlicher Höhe erstattungsfähig. Notwendig bedeutet: soweit sie die ortsübliche Miete für eine nach Lage und Ausstattung durchschnittliche Wohnung am Ort der ersten Tätigkeitsstätte mit einer Wohnfläche bis zu 60 qm nicht überschreiten.

- **Familienheimfahrten**

  Von den Aufwendungen des Arbeitnehmers für wöchentliche **Heimfahrten** an den Ort des eigenen Hausstands kann der Arbeitgeber einen Betrag bis zur Höhe der Entfernungspauschale von **0,30 €** pro Entfernungskilometer für jeweils eine mit dem Kraftfahrzeug tatsächlich durchgeführte Heimfahrt wöchentlich steuerfrei ersetzen.
  Die Entfernungspauschale gilt **nicht** für **Flugstrecken**; hier sind vorbehaltlich der Angemessenheit die tatsächlichen Aufwendungen anzusetzen.

  Aufwendungen für Fahrten mit einem im Rahmen des Dienstverhältnisses zur Nutzung **überlassenen Kraftfahrzeug** (Firmenwagen) können nicht steuerfrei erstattet werden; im Gegenzug ist kein steuerpflichtiger geldwerter Vorteil anzusetzen.

  Werden **öffentliche Verkehrsmittel** genutzt, kann der Arbeitgeber die tatsächlichen Aufwendungen steuerfrei ersetzen.

Eine beruflich bedingte doppelte Haushaltsführung wird für unbegrenzte Zeit steuerlich anerkannt. Bei Arbeitnehmern in den Steuerklassen III, IV oder V kann der Arbeitgeber ohne weiteres unterstellen, dass sie einen eigenen Hausstand haben. Bei anderen Arbeitnehmern darf der Arbeitgeber einen eigenen Hausstand nur dann anerkennen, wenn sie schriftlich erklären, dass sie neben einer Zweitwohnung am Beschäftigungsort außerhalb des Beschäftigungsortes **einen eigenen Hausstand** unterhalten, und die Richtigkeit dieser Erklärung durch Unterschrift bestätigen. Diese Erklärung ist als Beleg zum Lohnkonto aufzubewahren.

Für die steuerfreie Erstattung hat der Arbeitnehmer dem Arbeitgeber die Belege über die entstandenen Kosten sowie die entsprechenden Reisekostenabrechnungen usw. vorzulegen. Der Arbeitgeber hat diese Unterlagen als Belege zum **Lohnkonto** aufzubewahren.

Durchlaufende Gelder

Durchlaufende Gelder, die der Arbeitnehmer vom Arbeitgeber erhält, um sie für ihn auszugeben, sind **kein** Arbeitslohn; 493
darüber hinaus sind sie steuerfrei gestellt (→Rz. 472 *Auslagenersatz*).

Ehrenamt

Im Einkommensteuerrecht gibt es keine besonderen Vorschriften für eine „ehrenamtliche" Tätigkeit, so dass die allgemeinen 494
steuerlichen Regelungen auch für ehrenamtlich Tätige gelten. Wird eine ehrenamtliche Tätigkeit **unentgeltlich** ausgeübt, so ist dies einkommensteuerlich ohne Bedeutung, da es in diesen Fällen an einem Zufluss von Einnahmen auf Seiten des ehrenamtlich Tätigen fehlt und der Tatbestand der Einkunftserzielung nicht erfüllt ist. Der Einkommensteuer unterliegen nur diejenigen Einkünfte, die einer der in § 2 Abs. 1 EStG genannten Einkunftsarten zuzuordnen sind (→ Rz. 82 f.).

Erhalten die Betroffenen für ihre Tätigkeit einen **finanziellen Ausgleich** (Vergütung) – auch wenn dieser als Aufwandsentschädigung bezeichnet wird –, so kann es sich – je nach Art und rechtlicher Ausgestaltung der Tätigkeit – um Einkünfte aus selbständiger Arbeit (§ 18 EStG), nichtselbständiger Arbeit (§ 19 EStG) oder um sonstige Einkünfte (§ 22 Nr. 3 EStG) handeln.

Werden hingegen nur die **tatsächlich angefallenen Aufwendungen** im steuerlichen Sinn erstattet, liegen keine einkommensteuerrelevanten Einkünfte vor, da kein Gewinn bzw. Überschuss der Einnahmen über die Ausgaben angestrebt bzw. erzielt wird (→ Rz. 85). Für Arbeitnehmer wird ein Gewinn aus freiberuflicher ehrenamtlicher Tätigkeit bis zu 410 € dann einkommensteuerlich nicht angesetzt, wenn ansonsten keine weiteren Einkünfte erzielt werden.

Der Gesichtspunkt, dass die gezahlte Entschädigung bei der Umrechnung einen **geringen Stundenlohn** ergibt, spricht nicht gegen die Steuerpflicht. Erhalten öffentliche Dienste leistende Personen Aufwandsentschädigungen aus öffentlichen Kassen, → Rz. 470 *Aufwandsentschädigungen*. S. auch → Rz. 495 *Ehrenamtsfreibetrag*, → Rz. 577 *Übungsleiterpauschale*.

Ehrenamtsfreibetrag

Seit 2013 kann der **neue** allgemeine **Freibetrag** für Einnahmen aus **nebenberuflichen Tätigkeiten** (Ehrenamtsfreibetrag) in 495
EU- oder EWR-Staaten im gemeinnützigen, mildtätigen oder kirchlichen Bereich i.H.v. **720 €** im Kalenderjahr angesetzt werden (§ 3 Nr. 26a EStG). Er setzt im Gegensatz zur → Rz. 577 *Übungsleiterpauschale* keine Begrenzung auf bestimmte Tätigkeiten im gemeinnützigen Bereich voraus. Diese Regelung ergänzt die Vorschriften zur Übungsleiterpauschale.

Begünstigt sind z.B. Tätigkeiten in Sportvereinen als Mitglied des Vorstands, Kassierer, Bürokraft, Platzwart, Aufsichtspersonal, oder Reinigungskraft für das Waschen der Wettkampfkleidung sowie Betreuer nach dem Betreuungsrecht. **Amateursportler** sind **nicht** begünstigt.

Dieser Freibetrag kann nicht in Anspruch genommen werden, wenn für die Einnahmen aus derselben Tätigkeit ganz oder teilweise eine Steuerbefreiung als → Rz. 470 *Aufwandsentschädigungen* aus öffentlichen Kassen gewährt wird oder als sog. → Rz. 577 *Übungsleiterpauschale* gewährt wird oder gewährt werden könnte.

Der Freibetrag von 720 € ist ein Jahresbetrag. Er wird auch dann nur einmal gewährt, wenn mehrere begünstigte Tätigkeiten ausgeübt werden. Wird eine begünstigte Tätigkeit nicht das gesamte Kalenderjahr ausgeübt, ist er nicht zeitanteilig aufzuteilen. Der Freibetrag kann bereits beim **Lohnsteuerabzug** angesetzt werden, so dass Zahlungen des Arbeitgebers bis zu 720 € im Kalenderjahr steuerfrei bleiben.

Mit dem Ehrenamtsfreibetrag wird der **Aufwand**, der solchen nebenberuflich tätigen Personen durch ihre Beschäftigung entsteht, pauschal abgegolten. Übersteigen die als Betriebsausgaben oder Werbungskosten abziehbaren Aufwendungen den Freibetrag, sind die gesamten Aufwendungen dem Finanzamt nachzuweisen oder glaubhaft zu machen. Wird das Ehrenamt als Dienstverhältnis ausgeübt, wird der Arbeitnehmer-Pauschbetrag angesetzt, soweit er nicht bei anderen Dienstverhältnissen verbraucht ist. Näheres zur Berücksichtigung des Freibetrags beim Lohnsteuerabzug → Rz. 577 *Übungsleiterpauschale*. → Rz. 509 *Freibetrag für Betreuer*

Ein-Euro-Job

496 Die als Mehraufwand gezahlte Vergütung ist **steuerfrei**, wenn dem Beschäftigten als Entschädigung lediglich die Zuschüsse der Agentur für Arbeit gezahlt bzw. diese weitergeleitet werden. Die Zahlungen unterliegen nicht dem Progressionsvorbehalt nach § 32b EStG (→ Rz. 64).

Eintrittskarten

497 Eintrittskarten, die der Arbeitgeber verbilligt oder kostenlos überlässt, sind grundsätzlich steuerpflichtiger Arbeitslohn. Zu beachten ist jedoch die Freigrenze für Sachbezüge i.H.v. 44 € monatlich (→Rz. 558 *Sachbezüge, Freigrenze*); als Teil einer Betriebsveranstaltung ggf. steuerfrei → Rz. 482 *Betriebsveranstaltungen*, → Rz. 591 *VIP-Logen*.

Entgeltumwandlung zu Gunsten einer betrieblichen Altersversorgung

498 Vereinbaren Arbeitgeber und Arbeitnehmer, **künftige Arbeitslohnansprüche** zu Gunsten einer betrieblichen Altersversorgung **herabzusetzen**, liegt eine arbeitnehmerfinanzierte betriebliche Altersversorgung (Entgeltumwandlung) vor (→Rz. 479 *Betriebliche Altersversorgung*). Die steuerlichen Folgen richten sich nach dem Durchführungsweg. Eine Vereinbarung zur Entgeltumwandlung wird steuerlich anerkannt, wenn noch nicht fällig gewordene Anteile des Arbeitslohns umgewandelt werden. Dies gilt auch, wenn eine **Einmal**- oder **Sonderzahlung** einen Zeitraum von mehr als einem Jahr betrifft.

Bei einer Herabsetzung laufenden Arbeitslohns zu Gunsten einer betrieblichen Altersversorgung wird eine Entgeltumwandlung steuerlich auch dann anerkannt, wenn der bisherige **ungekürzte Arbeitslohn** weiterhin **Bemessungsgrundlage** für künftige Erhöhungen des Arbeitslohns oder andere Arbeitgeberleistungen (wie z.B. Weihnachtsgeld, Tantieme, Jubiläumszuwendungen, betriebliche Altersversorgung) bleibt, die Gehaltsminderung zeitlich begrenzt oder vereinbart wird, dass der Arbeitnehmer oder der Arbeitgeber sie für künftigen Arbeitslohn einseitig ändern können.

Entschädigungen

499 Entschädigungen sind steuerpflichtige Zahlungen an den Stpfl., um eine finanzielle Einbuße ausgleichen. Eine Entschädigung setzt voraus, dass an Stelle der bisher geschuldeten Leistung eine andere tritt. Diese andere Leistung muss auf einem anderen, eigenständigen Rechtsgrund beruhen. Keine Entschädigungen sind demnach Zahlungen, die nicht an die Stelle weggefallener Einnahmen treten, sondern sich aus dem bestehenden Rechtsverhältnis ergeben.

Für steuerpflichtige Entschädigungen als Ersatz für entgangene oder entgehende Einnahmen kommt die ermäßigte Besteuerung nach der Fünftelungsregelung für außerordentliche Einkünfte (→ Rz. 427 f.) in Betracht; auch → Rz. 448 *Abfindung*.

Erfolgsbeteiligungen, Ergebnisbeteiligungen

500 sind steuerpflichtige Arbeitslöhne.

Erholungsbeihilfen

501 Erholungsbeihilfen sind steuerpflichtiger Arbeitslohn, der unter bestimmten Voraussetzungen pauschal versteuert werden kann (→ Rz. 653, 663).

Erschwerniszuschläge

502 Erschwerniszuschläge sind steuerpflichtiger Arbeitslohn; auch → Rz. 462 *Arbeitslohnzuschläge für Sonntags-, Feiertags- oder Nachtarbeit*.

Existenzgründungszuschuss

503 Der bis zum 31.3.2012 nach § 421l SGB III zahlbare Existenzgründungszuschuss ist steuerfrei; er unterliegt nicht dem Progressionsvorbehalt. Gleiches gilt für den neuen Gründungszuschuss nach § 93 SGB III.

Fahrtkosten als Reisekosten bei Auswärtstätigkeiten

504 Bei (beruflich veranlassten) **Auswärtstätigkeiten** kann der Arbeitgeber die Aufwendungen des Arbeitnehmers für folgende Fahrten als **Reisekosten** steuerfrei ersetzen:

1. Fahrten zwischen Wohnung bzw. erster Tätigkeitsstätte und auswärtiger Tätigkeitsstätte oder Unterkunft i.S.d. Nummer 3 einschließlich sämtlicher Zwischenheimfahrten; eine Dreimonatsfrist ist nicht zu beachten.
2. Innerhalb desselben Dienstverhältnisses Fahrten zwischen mehreren auswärtigen Tätigkeitsstätten, oder innerhalb eines weiträumigen Arbeitsgebietes und
3. Fahrten zwischen einer Unterkunft am Ort der auswärtigen Tätigkeitsstätte oder in ihrem Einzugsbereich und der auswärtigen Tätigkeitsstätte.
4. Fahrten zu nicht dem Betrieb des Arbeitgebers oder Kunden zuzurechnenden gleichbleibenden Treffpunkten bei anschließender Auswärtstätigkeit.

Wechselt der **Tätigkeitsort** des Arbeitnehmers **ständig**, können diese Fahrtkosten ebenso als Reisekosten steuerfrei gezahlt werden.

Die Höhe der steuerfreien Erstattung richtet sich nach dem benutzten **Beförderungsmittel**. Benutzt der Arbeitnehmer **öffentliche Verkehrsmittel** (z.B. Bahn), Flugzeug oder Taxi, kann der Arbeitgeber den entrichteten (Fahr-)Preis einschließlich etwaiger Zuschläge steuerfrei ersetzen.

Verwendet der **Arbeitnehmer** sein **Fahrzeug**, kann der Arbeitgeber die vom Arbeitnehmer

- a) nachgewiesenen tatsächlichen Aufwendungen oder
- b) pauschale Beträge bis zu den steuerlichen Kilometersätzen (→ Pauschale Kilometersätze)

steuerfrei zahlen. Stellt hingegen der **Arbeitgeber** für die Auswärtstätigkeit ein (betriebliches) Kraftfahrzeug zur Verfügung, können die pauschalen Kilometersätze nicht steuerfrei erstattet werden (auch nicht teilweise).

a) Einzelnachweis, Ermittlung der Aufwendungen für ein **Kraftfahrzeug**

Als tatsächliche Aufwendungen ist der Teilbetrag der jährlichen **Gesamtkosten** des vom Arbeitnehmer gestellten (genutzten) Fahrzeugs anzusetzen, der dem Anteil der zu berücksichtigenden Fahrten an der Jahresfahrleistung entspricht (= Gesamtkosten Fahrzeug/ Jahresfahrleistung = Kilometersatz der tatsächliche Aufwendungen).

Die Gesamtkosten des Kraftfahrzeugs und die Fahrleistung sind für einen Zeitraum von zwölf Monaten zu ermittelten. Der errechnete Kilometersatz darf so lange angesetzt werden, bis sich die Verhältnisse wesentlich ändern, z.B. bis zum Ablauf des Abschreibungszeitraums oder bis zum Eintritt veränderter Leasingbelastungen für das Fahrzeug.

Zu den **Gesamtkosten** gehören folgende Aufwendungen:

- die Betriebskosten, die Wartungs- und Reparaturkosten, Aufwendungen für Treibstoff, die Kosten einer Garage am Wohnort, die Kraftfahrzeugsteuer, die Aufwendungen für die Halterhaftpflicht- und Fahrzeugversicherungen, die Absetzungen für Abnutzung des Fahrzeugs, die Zinsen für ein Anschaffungsdarlehen, nicht jedoch Aufwendungen infolge von Verkehrsunfällen (→Rz. 530 *Kraftwagengestellung*).
- bei einem **geleasten** Fahrzeug gehört eine Leasingsonderzahlung im Kalenderjahr der Zahlung in voller Höhe zu den Gesamtkosten.

Nicht zu den Gesamtkosten gehören z.B. Park- und Straßenbenutzungsgebühren, Aufwendungen für Insassen- und Unfallversicherungen, Verwarnungs-, Ordnungs- und Bußgelder sowie die Unfallkosten. Diese Aufwendungen sind mit Ausnahme der Verwarnungs-, Ordnungs- und Bußgelder sowie der Unfallkosten als → Rz. 556 *Reisenebenkosten* abziehbar. Ein Teilnachweis der tatsächlichen Gesamtkosten ist möglich.

Für die Berechnung der **Absetzungen für Abnutzung** (AfA) ist bei Personenkraftwagen und Kombifahrzeugen grundsätzlich eine Nutzungsdauer von sechs Jahren zu Grunde zu legen, wenn das Fahrzeug nach dem 31.12.2000 angeschafft wurde. Bei einer hohen Fahrleistung kann auch eine kürzere Nutzungsdauer angesetzt werden. Bei Kraftfahrzeugen, die im Zeitpunkt der Anschaffung nicht neu gewesen sind, ist die entsprechende Restnutzungsdauer unter Berücksichtigung des Alters, der Beschaffenheit und des voraussichtlichen Einsatzes des Fahrzeugs zu schätzen.

b) Pauschale Kilometersätze

Setzt der **Arbeitnehmer** für beruflich veranlasste Auswärtstätigkeiten sein **Fahrzeug** ein, kann der Arbeitgeber ohne Einzelnachweis an den Arbeitnehmer die folgenden pauschalen **Kilometersätze** (Höchstbeträge) pro gefahrenen **Kilometer** steuerfrei zahlen:

- bei Benutzung eines Kraftwagens, z.B. Pkw, 0,30 €
- bei Benutzung eines anderen motorbetriebenen Kraftfahrzeugs wie Motorrad, Motorroller, Moped, Mofa, E-Bike (falls als Kraftfahrzeug eingeordnet) 0,20 €

s. auch → Rz. 505 *Fahrtkostenzuschüsse, Fahrtkostenersatz*

Für nicht motorbetriebene private Kraftahrzeuge sind ab 2014 grundsätzlich die tatsächlichen Kosten anzusetzen. Ein Ansatz der früheren Pauschale vom 0,05 €/Kilometer bei Nutzung eines **Fahrrads** ist nicht zulässig. Ebenso sind die pauschalen Zuschläge bei Mitnahme von anderen Reisenden weggefallen.

Die steuerfreie Erstattung der pauschalen Kilometersätze ist **nicht** zulässig, wenn der Arbeitgeber dem Arbeitnehmer für die Auswärtstätigkeit ein Kraftfahrzeug zur Verfügung stellt. Erstattet der Arbeitgeber die pauschalen Kilometersätze, hat er nicht zu prüfen, ob dies zu einer unzutreffenden Besteuerung führt.

Mit den pauschalen Kilometersätzen ist auch eine **Leasingsonderzahlung** abgegolten **Neben** den Kilometersätzen können etwaige **außergewöhnliche Kosten** angesetzt werden, wenn diese durch Fahrten entstanden sind, für welche die Kilometersätze anzusetzen sind. Außergewöhnliche Kosten sind nur die nicht voraussehbaren Aufwendungen für Reparaturen, welche nicht auf Verschleiß oder die auf Unfallschäden beruhen, und Absetzungen für außergewöhnliche technische Abnutzung und Aufwendungen infolge eines Schadens, der durch den Diebstahl des Fahrzeugs entstanden ist. Dabei sind entsprechende Schadensersatzleistungen auf die Kosten anzurechnen.

Fahrtkostenzuschüsse, Fahrtkostenersatz

Fahrtkostenzuschüsse bzw. Fahrtkostenersatz des Arbeitgebers für die Fahrten des Arbeitnehmers zwischen Wohnung und 505
erster Tätigkeitsstätte sind **steuerpflichtiger** Arbeitslohn, soweit die Leistungen nicht Reisekosten (→Rz. 555 *Reisekosten*) darstellen oder es sich nicht um eine unentgeltliche oder verbilligte Sammelbeförderung (→Rz. 560 *Sammelbeförderung*) handelt.

Als **Fahrtkostenzuschüsse** für die arbeitstäglichen Fahrten zwischen Wohnung und erster Tätigkeitsstätte kommen folgende Möglichkeiten der **pauschal besteuerungsfähigen** Lohnzahlung bzw. Erstattung der Aufwendungen des Arbeitnehmers in Betracht:

- **Fahrten mit eigenem Kraftfahrzeug**
  Fährt der Arbeitnehmer mit einem Pkw oder einem anderen eigenen Transportmittel zur ersten Tätigkeitsstätte, können zusätzlich zum ohnehin geschuldeten Arbeitslohn geleistete Fahrtkostenzuschüsse mit einer pauschalen Lohnsteuer i.H.v. 15 % versteuert werden. Pro Arbeitstag kann zwar ein Zuschuss pro Hin- und Rückfahrt gezahlt werden, steuerlich bemisst sich der Höchstbetrag jedoch nach den **Entfernungskilometern** (einfache Entfernung), wobei der pauschalierungsfähige Höchstbetrag ab dem ersten Entfernungskilometer zu ermitteln ist. Folgende Höchstbeträge können **ab 2014** gezahlt und pauschal versteuert werden:

Fahrt mit	pro Entfernungskilometer (ab dem ersten km) zwischen Wohnung und Betrieb
– einem Kraftwagen, z.B. Pkw,	0,30 €
– einem anderem motorbetriebenen Fahrzeug, z.B. Motorrad, Motorroller, Moped, Mofa (mit Geschwindigkeit über 25 km/h)	0,20 €

  Zu den motorbetriebenen Fahrzeugen rechnen auch Elektrofahrräder, die verkehrsrechtlich als Kraftfahrzeug einzuordnen sind (so gelten z.B. Elektrofahrräder, deren Motor auch Geschwindigkeiten über 25 km/h unterstützt, als Kraftfahrzeuge). Näheres → Rz. 668 ff.

- **Job-Ticket, Fahrkarte öffentliche Verkehrsmittel**
  Erstattet der Arbeitgeber die Kosten des Arbeitnehmers für die Fahrten zwischen Wohnung und erster Tätigkeitsstätte mit öffentlichen Verkehrsmitteln (im Linienverkehr), ist eine Pauschalversteuerung mit 15 % bis zur Höhe der tatsächlichen Aufwendungen des Arbeitnehmers möglich. Näheres → Rz. 668 ff.

  Überlässt der Arbeitgeber ein Job-Ticket oder eine andere Fahrberechtigung, ist die 44 €-Freigrenze anzuwenden → Rz. 558 *Sachbezüge, Freigrenze*. Dies gilt auch bei der monatlichen Überlassung einer Monatsmarke oder monatlichen Fahrberechtigung für ein Job-Ticket, das für einen längeren Zeitraum gilt; Näheres → Rz. 668 ff.

Siehe auch → Rz. 129 *Auswärtstätigkeit*.

Fehlgeldentschädigungen (Mankogelder)

506 An Arbeitnehmer, die im Kassen- und (Geld-)Zähldienst beschäftigt sind, kann für ein eventuell vom ihm auszugleichendes Fehlgeld ein **steuerfreier** Lohnzuschlag gezahlt werden. Steuerfrei ist eine Fehlgeldentschädigung von höchstens 16 € pro Kalendermonat. Ersetzt der Arbeitgeber nur die jeweils konkreten Kassenfehlbestände oder verzichtet er auf einen Ausgleich durch den Arbeitnehmer, ist dies steuerfrei bzw. regelmäßig kein Arbeitslohn.

Forderungsverzicht

507 Verzichtet der Arbeitgeber auf Forderungen gegenüber seinen Arbeitnehmern, ist der Verzicht grundsätzlich steuerpflichtiger Arbeitslohn. Aus Vereinfachungsgründen braucht kein Arbeitslohn angesetzt zu werden, wenn die Forderung auf einem Unfall mit dem Firmen-Pkw beruht und der Arbeitnehmer den Schaden als Werbungskosten ansetzen kann; auch → Rz. 506 *Fehlgeldentschädigungen*, → Rz. 561 *Schadensersatzleistungen*.

Fort- und Weiterbildung

508 Berufliche Fort- oder Weiterbildungsleistungen des Arbeitgebers führen **nicht** zu Arbeitslohn, wenn diese Bildungsmaßnahmen im ganz überwiegenden betrieblichen Interesse durchgeführt werden. Diese Voraussetzung liegt vor, wenn die Einsatzfähigkeit des Arbeitnehmers im Betrieb des Arbeitgebers erhöht werden soll. Dabei ist es gleichgültig, ob die Bildungsmaßnahmen am Arbeitsplatz, in zentralen betrieblichen Einrichtungen oder in außerbetrieblichen Einrichtungen durchgeführt werden. Begünstigt sind auch sprachliche Bildungsmaßnahmen, wenn sie für die Tätigkeit erforderlich sind; hierunter fallen auch Deutschkurse für ausländische Mitarbeiter; weitere Bildungsmaßnahmen sind z.B. Rhetorik- und Computerkurse.

Auch wenn die Fort- oder Weiterbildungsleistungen nach den vorstehenden Regelungen nicht zu Arbeitslohn führen, sind die Aufwendungen des Arbeitgebers, die zwar durch die Teilnahme des Arbeitnehmers an der Bildungsveranstaltung veranlasst sind, jedoch neben den Kosten für die eigentliche Fort- oder Weiterbildungsmaßnahme anfallen (z.B. Reisekosten), nach den dafür maßgebenden steuerlichen Vorschriften zu behandeln, z.B. steuerfrei, -pflichtig (dann ggf. Werbungskosten).

Fährt der Arbeitnehmer zur ersten Tätigkeitsstätte, um sich freiwillig fortzubilden, z.B. außerhalb der Arbeitszeit, sind die Fahrten zwischen Wohnung und erster Tätigkeitsstätte keine Dienstreisen (Ansatz der Entfernungspauschale). Führt ein vollbeschäftigter Arbeitnehmer i.R. seines Dienstverhältnisses eine längerfristige, jedoch vorübergehende berufliche Bildungsmaßnahme durch, wird der Veranstaltungsort im Allgemeinen nicht zu einer weiteren regelmäßigen ersten Tätigkeitsstätte.

(S. auch → Rz. 572 *Studiengebühren*)

Freibetrag für Betreuer

509 Stpfl., die als ehrenamtliche Vormünder (§§ 1793 ff. BGB), als ehrenamtliche rechtliche Betreuer (§§ 1896 ff BGB) oder als ehrenamtliche Pfleger (§§ 1909 ff. BGB) tätig sind, erhalten regelmäßig eine Aufwandsentschädigung (nach § 1835a BGB). Hiervon bleibt seit 2013 ein Betrag von 2 400 € im Kalenderjahr **steuerfrei** (§ 3 Nr. 26b EStG). Hierbei ist zu beachten, dass bei einer evtl. weiteren ehrenamtlichen Tätigkeit als Übungsleiter, Ausbilder usw. insgesamt nur einmal bis zu 2 400 € steuerfrei bleiben. → Rz. 577 *Übungsleiterpauschale*

Führerschein

510 Übernimmt der Arbeitgeber die Kosten für den Erwerb eines Pkw-Führerscheins durch den Arbeitnehmer, ist dies regelmäßig ein steuerpflichtiger geldwerter Vorteil bzw. Arbeitslohn. Ausgenommen hiervon ist ein eigenbetriebliches Interesse des Arbeitgebers, z.B. bei Polizeibeamten und Feuerwehrleuten.

Die Übernahme der Aufwendungen für den Erwerb des Führerscheins der Klasse B im Rahmen der Straßenwärterausbildung sowie der Klasse C 1/C von Feuerwehrleuten durch Gemeinden usw. wird ebenfalls nicht als steuerpflichtiger Arbeitslohn angesehen.

Funktionswechsel eines Arbeitnehmers

Zu üblichen Sachleistungen des Arbeitgebers aus Anlass eines Funktionswechsels des Arbeitnehmers im Betrieb → Rz. 452 *Amtseinführung*. **511**

Gebrauchtwagen, verbilligter Erwerb Firmenwagen

Erwirbt der Arbeitnehmer vom Arbeitgeber einen Firmenwagen, liegt steuerpflichtiger Arbeitslohn vor, wenn der gezahlte Kaufpreis unter dem üblichen Endpreis (Marktpreis) des Fahrzeugs liegt. Üblicher Endpreis des Fahrzeugs ist nicht der Händlereinkaufspreis, sondern auf den Preis, den das Fahrzeug auf dem Gebrauchtwagenmarkt tatsächlich erzielen würde. Schätzungen nach den im Gebrauchtwagenhandel anerkannten Preisübersichten, z.B. sog. Schwackeliste, sind möglich. **512**

Geburtsbeihilfen

Geburtsbeihilfen des Arbeitgebers anlässlich der Geburt eines Kindes der Arbeitnehmerin/des Arbeitnehmers sind steuerpflichtiger Arbeitslohn. **513**

Gefahrenzulage

Lohnzuschläge als Gefahrenzulagen und Zulagen im Kampfmittelräumdienst sind steuerpflichtiger Arbeitslohn. Von Verfassungs wegen ist eine Steuerbefreiung nicht geboten (BFH v. 15.9.2011, BStBl II 2012, 144). **514**

Gehaltsverzicht

Gehaltsverzicht liegt vor, wenn der Arbeitnehmer auf ihm zustehende Bezahlung verzichtet und keine Bedingungen für die Verwendung der verzichteten Gehaltsteile stellt, z.B. bei betrieblicher Notlage, Zahlung in einen Solidaritätsfonds für Arbeitslose (bedingungsfreier Gehaltsverzicht). Diese Gehaltsteile stellen keinen Arbeitslohn dar; steuerpflichtig ist dann der neu vereinbarte niedrigere Arbeitslohn. **515**

Ist der Gehaltsverzicht bzw. die Gehaltskürzung mit einer Verwendungsauflage verknüpft, ändert sich der steuerpflichtige Arbeitslohn nicht, z.B. Tantiemeverzicht für Leistungen des Arbeitgebers zur betrieblichen Altersversorgung oder bei Geistlichen.

Zur Frage, ob ein bedingungsfreier Gehaltsverzicht oder eine lohnsteuerpflichtige Gehaltskürzung unter Verwendungsauflage vorliegt → Rz. 537 *Lohnverwendungsabrede* und → Rz. 498 *Entgeltumwandlung zu Gunsten einer betrieblichen Altersversorgung*.

Geldstrafen

Geldstrafen und Geldauflagen, z.B. § 153a Strafprozessordnung, § 17 OWiG, die der Arbeitgeber für den Arbeitnehmer übernimmt (zahlt), sind **steuerpflichtiger** Arbeitslohn. **516**

Übernimmt ein Arbeitgeber aus eigenbetrieblichem Interesse die Zahlung von Verwarnungsgeldern, die gegen seine Fahrer verhängt worden sind, weil sie das Halteverbot verletzt haben, liegt **kein** Arbeitslohn vor (BFH-Urteil v. 7.7.2004, BStBl II 2005, 367). Im Urteilsfall waren in einem Paketzustelldienst angestellte Fahrer gehalten, ihre Fahrzeuge in unmittelbarer Nähe zum Kunden und notfalls auch in Fußgängerzonen und im Halteverbot abzustellen, um die vorgegebenen Lieferzeiten einzuhalten. Wurden die Fahrer deswegen mit Verwarnungsgeldern belegt, zahlte diese der Arbeitgeber aus überwiegend eigenbetrieblichem Interesse.

Genussmittel

Genussmittel sind regelmäßig kein Arbeitslohn (→ Rz. 468 *Aufmerksamkeit*). **517**

Geringfügiges Beschäftigungsverhältnis

Das gezahlte Arbeitsentgelt ist stets **steuerpflichtig** und unterliegt dem Lohnsteuerabzug. Der Arbeitgeber kann die Lohnsteuer pauschal oder nach den abgerufenen elektronischen Lohnsteuerabzugsmerkmalen bzw. nach einer vom Finanzamt ausgestellten Bescheinigung für den Lohnsteuerabzug erheben. Einzelheiten zu den gesetzlichen Regelungen → Rz. 611 ff. **518**

Geschenke

Geschenke und Aufmerksamkeiten, die der Arbeitnehmer aus persönlichen Anlässen erhält, sind steuerfrei, wenn der Warenwert (einschließlich Umsatzsteuer) 40 € nicht übersteigt. Gemeint sind Sachgeschenke, die anlässlich Geburtstag, Hochzeit oder anderer persönlicher Ereignisse des Arbeitnehmers oder seiner Familienangehörigen zugewendet werden; auch → Rz. 468 *Aufmerksamkeit*; Lose als Geschenke → Rz. 538 *Lose*. **519**

Getränke

Getränke, die der Arbeitgeber den Arbeitnehmern zur Verfügung stellt, sind regelmäßig kein Arbeitslohn; auch → Rz. 468 *Aufmerksamkeit*. **520**

Gewinnbeteiligungen

Gewinnbeteiligungen, die dem Arbeitnehmer ausgezahlt oder gutgeschrieben werden, sind steuerpflichtiger Arbeitslohn. **521**

Heimarbeiterzuschläge

522 Heimarbeiterzuschläge können an Heimarbeiter i.S.d. Heimarbeitergesetzes als Lohnzuschlag i.H.v. bis zu 10 % des Grundlohns steuerfrei gezahlt werden (R 9.13 Abs. 2 LStR 2013).

Heiratsbeihilfen

523 Heiratsbeihilfen des Arbeitgebers anlässlich der Heirat der Arbeitnehmerin/des Arbeitnehmers sind steuerpflichtiger Arbeitslohn.

Incentive-Reisen

524 Veranstaltet der Arbeitgeber sog. Incentive-Reisen, um bestimmte Arbeitnehmer für besondere Leistungen zu belohnen und zu weiteren Leistungssteigerungen zu motivieren, so erhalten die Arbeitnehmer damit einen **steuerpflichtigen** geldwerten Vorteil (Arbeitslohn), wenn auf den Reisen ein Besichtigungsprogramm angeboten wird, das einschlägigen Touristikreisen entspricht, und der Erfahrungsaustausch zwischen den Arbeitnehmern demgegenüber zurücktritt. Dieser Grundsatz gilt selbst dann, wenn ein Arbeitnehmer bei einer von seinem Arbeitgeber veranstalteten sog. Händler-Incentive-Reise Betreuungsaufgaben hat, falls der Arbeitnehmer auf der Reise von seinem Ehegatten begleitet wird.

Ein geldwerter Vorteil entsteht jedoch **nicht**, wenn die Betreuungsaufgaben das Eigeninteresse des Arbeitnehmers an der Teilnahme des touristischen Programms in den Hintergrund treten lassen (BFH-Urteil v. 5.2.2006, BStBl II 2007, 312).

Die Vorteile für den Arbeitnehmer (z.B. in Form einer Auslandsreise) sind im Rahmen der Gesamtwürdigung einheitlich zu beurteilen. Eine Aufteilung in Arbeitslohn und Leistungen im betrieblichen Interesse ist grundsätzlich nicht zulässig. Ausnahmsweise kann eine Aufteilung zwischen Arbeitslohn und Zuwendungen im betrieblichen Interesse in Betracht kommen, wenn sich die Kosten für die betriebsfunktionalen Elemente leicht und eindeutig von sonstigen Zuwendungen mit Entlohnungscharakter abgrenzen lassen.

Veranstaltet der Arbeitgeber oder auf Grund von Geschäftsbeziehungen ein Dritter (z.B. Lieferant des Arbeitgebers) eine solche Reise, um bestimmte Arbeitnehmer für besondere Leistungen zu entlohnen und zu weiteren Leistungen zu motivieren, ist der Vorteil ebenfalls steuerpflichtiger Arbeitslohn und keine Betriebsveranstaltung (→ Rz. 482 *Betriebsveranstaltungen*).

Da es sich stets um einen Sachbezug handelt, ist die pauschale Besteuerung mit dem betriebsindividuellen Pauschsteuersatz (→ Rz. 645 ff.) oder mit 30 % (→ Rz. 679) möglich.

Insolvenzgeld

525 Insolvenzgeld nach § 165 SGB III (vor 1.4.2012 § 183 Abs. 3 SGB III) ist steuerfrei; es unterliegt jedoch dem Progressionsvorbehalt nach § 32b EStG (→ Rz. 64). Leistet der Arbeitgeber auf Grund des gesetzlichen **Forderungsübergangs** (§ 115 SGB X) eine Lohnnachzahlung unmittelbar an die **Arbeitsverwaltung**, ist die Zahlung als **Arbeitslohn** des Arbeitnehmers anzusehen und ggf. Lohnsteuer einzubehalten (R 3.2 LStR 2013, H 3.2 LStH 2014).

Jubiläumszuwendungen

526 Jubiläumszuwendungen als Sonderzahlungen des Arbeitgebers für Firmen- und Arbeitnehmerjubiläen sind steuerpflichtiger Arbeitslohn. Soweit es sich um Vergütungen für mehrjährige Tätigkeiten handelt, kommt eine Besteuerung als außergewöhnliche Einkünfte nach § 34 EStG (Fünftelungsregelung → Rz. 427 ff.) in Betracht.

Kaufkraftausgleich

527 Kaufkraftausgleich kann als Zuschlag zum Arbeitslohn an Arbeitnehmer, die sich vorübergehend im Ausland aufhalten, **steuerfrei** gezahlt werden. Der steuerfreie Kaufkraftausgleich soll für den privaten Dienst den im öffentlichen Dienst steuerfrei gezahlten Kaufkraftzuschlag ausgleichen. Die Höhe der steuerfrei zahlbaren Prozentsätze vom Arbeitslohn werden vom BMF vierteljährlich bekannt gegeben (die Gesamtübersicht zum 1.1.2014 wird im entsprechend der üblichen Verfahrensweise im Januar 2014 per BMF-Schreiben veröffentlicht werden; Anpassungen werden in 2014 folgen).

Kindergartenbeiträge

528 Zuschüsse des Arbeitgebers an Arbeitnehmer zur Unterbringung und Betreuung von nicht (grund-)schulpflichtigen Kindern in Kindergärten oder vergleichbaren Einrichtungen sind **steuerfrei**.

Es muss sich um Arbeitgeberleistungen für ein Kind des Arbeitnehmers handeln; der Arbeitnehmer braucht die Aufwendungen für die Kinderbetreuung nicht selbst zu tragen. Danach sind Arbeitgeberleistungen für die Betreuung des gemeinsamen Kindes eines unverheirateten Elternpaares auch dann steuerfrei, wenn der nicht beim Arbeitgeber beschäftigte Elternteil die Betreuungsaufwendungen trägt. Begünstigt sind auch Beiträge für den Besuch einer Vorschule und von Vorklassen.

Die Kindergartenzuschüsse müssen zusätzlich zum ohnehin geschuldeten Arbeitslohn gezahlt werden (→ Rz. 671 ff.). Der Arbeitgeber muss die sachgerechte Verwendung der Zuschüsse nachweisen können (z.B. durch Vorlage der vom Arbeitnehmer zur Verfügung gestellten Quittungen bzw. durch Überweisungsformulare der monatlichen Zahlungen an den Kindergarten oder Träger der Einrichtung). Diese Nachweise müssen im Original als Beleg zum Lohnkonto des Arbeitnehmers aufbewahrt werden.

Seit 2013 ist die steuerliche Berücksichtigung der Kinderbetreuungskosten wie Betriebsausgaben/Werbungskosten oder als Sonderausgaben sowie die Unterscheidung zwischen beruflich und privat bedingt, entfallen. Die Kinderbetreuungskosten werden seit 2012 als Sonderausgaben behandelt, soweit die nicht steuerfrei erstattet wurden.

Kontoführungsgebühren

529 Kontoführungsgebühren, die der Arbeitgeber an den Arbeitnehmer zahlt, sind steuerpflichtiger Arbeitslohn.

Kraftwagengestellung

Überlässt der Arbeitgeber oder auf Grund des Dienstverhältnisses ein Dritter dem Arbeitnehmer ein **Kraftfahrzeug** unentgeltlich (oder verbilligt) zur privaten Nutzung, liegt hierin ein **steuerpflichtiger** geldwerter Vorteil (Sachbezug für private Nutzung), der als Arbeitslohn zu erfassen ist. Dieser Vorteil kann anhand gesetzlich festgelegter **Pauschalen** oder durch **Einzelnachweis** der auf die Privatfahrten entfallenden Aufwendungen ermittelt werden. 530

Bei der Privatnutzung ist zu unterscheiden zwischen **Privatfahrten**, Fahrten zwischen **Wohnung** und erster Tätigkeitsstätte und den **Heimfahrten** i.R. einer doppelten Haushaltsführung. Allein aus der **beruflichen Gestellung** eines **Werkstattwagens** kann eine Privatnutzung nicht unterstellt werden, BFH-Urteil v. 18.12.2008, VI R 34/07, BStBl II 2009, 381).

Kein steuerpflichtiger Vorteil (weil steuerfrei) ist anzusetzen für folgende Fahrten des Arbeitnehmers:

- Fahrten anlässlich von beruflich veranlassten **Auswärtstätigkeiten** (Dienstreisen) einschl. Fahrten zwischen Wohnung und erster **Tätigkeitsstätte** (Betrieb), wenn dadurch die Dienstreise an der Wohnung begonnen oder beendet wird;
- Fahrten von der Wohnung bzw. erster Tätigkeitsstätte zu den (ständig wechselnden) Einsatzstellen bei Auswärtstätigkeiten, auch wenn der Arbeitnehmer auswärts übernachtet → Rz. 555 *Reisekosten*, → siehe auch Rz. 154;
- Fahrten anlässlich des Wohnungswechsels zu Beginn und am Ende der doppelten Haushaltsführung;
- wöchentliche Heimfahrten (Familienheimfahrten) anlässlich einer doppelten Haushaltsführung; 1 × pro Woche, soweit (alternativ) ein Werbungskostenansatz möglich wäre;
- Sammelbeförderung für mehrere Arbeitnehmer → Rz. 560 *Sammelbeförderung*;
- wenn der Arbeitnehmer das Firmenfahrzeug ausschließlich an den Tagen für die Fahrten zwischen Wohnung und erster Tätigkeitsstätte erhält, an denen es erforderlich werden kann, dass er die dienstliche Fahrt von der Wohnung aus antritt, z.B. bei Bereitschaftsdienst in Versorgungsunternehmen.

Steuerpflichtig sind die sich aus der Nutzung eines Kraftwagens für andere Fahrten ergebenden Vorteile, die wie folgt zu berechnen sind:

a) Ermittlung des privaten Nutzungswerts durch Pauschalierung

Vereinbaren Arbeitgeber und Arbeitnehmer für die Ermittlung des privaten Nutzungswerts die gesetzlichen **Pauschalen**, ist der geldwerte Vorteil nach den folgenden Grundsätzen zu ermitteln:

Der Arbeitgeber hat den Nutzungswert für die **Privatnutzung** mit **monatlich** 1 % des inländischen Listenpreises des Kraftfahrzeugs (Listenpreis) anzusetzen. Dieser Wert gilt unabhängig davon, in welchem Umfang/Verhältnis Privatfahrten durchgeführt werden; Unfallkosten sind nicht anzusetzen. Mit dem nach der 1 %-Regelung als Einnahme anzusetzende Betrag werden sämtliche geldwerten Vorteile abgegolten, die sich aus der Möglichkeit einer privaten Nutzung des betrieblichen Fahrzeugs ergeben.

Trägt der Arbeitnehmer bei Wahl der 1 %-Regelung die **Treibstoffkosten selbst**, **mindert** dies **weder** den Nutzungswert **noch** können sie als Werbungskosten angesetzt werden, s. auch BMF-Schreiben v. 19.4.2013, BStBl I 2013, 513. S. nachfolgendes Beispiel und unter Zuzahlungen.

Die Regelungen des Amtshilferichtlinie-Umsetzungsgesetzes zur Minderung der Bemessungsgrundlage für Kraftfahrzeuge mit Elektromotor oder Hybridantrieb durch einen Abschlag bei der Ermittlung des privaten Nutzungswerts sollen auch im Arbeitnehmerbereich angewandt werden. Für die Frage, wie die Neuregelungen in der Praxis anzuwenden sind, wird ein erläuterndes BMF-Schreiben erwartet.

Kann das Kraftfahrzeug auch zu Fahrten zwischen **Wohnung** und erster Tätigkeitsstätte genutzt werden, so ist für diese Nutzungsmöglichkeit zusätzlich ein **monatlicher** Betrag i.H.v. **0,03 %** des Listenpreises für jeden Entfernungskilometer zwischen Wohnung und erster Tätigkeitsstätte dem Arbeitslohn zuzurechnen; dies gilt auch bei Nutzung eines Werkstattwagens.

Die **Monatswerte** für die Privatnutzung und für Fahrten zwischen Wohnung und erster Tätigkeitsstätte sind auch dann anzusetzen, wenn das Kraftfahrzeug dem Arbeitnehmer im Kalendermonat nur zeitweise zur Verfügung steht; die tatsächliche Nutzung ist nicht entscheidend.

Nutzt der Arbeitnehmer das betriebliche Kraftfahrzeug für die Fahrten von der Wohnung zu einem **weiträumigen Tätigkeitsgebiet**, ist ebenso ein geldwerter Vorteil anzusetzen. Wird das weiträumige Tätigkeitsgebiet immer von verschiedenen Zugängen aus betreten oder befahren, ist als Stecke aus Vereinfachungsgründen bei diesen Fahrten nur für die kürzeste Entfernung von der Wohnung zum nächstgelegenen Zugang maßgebend.

Für die Fahrten zwischen Wohnung und erster Tätigkeitsstätte ist die **einfache**, auf den nächsten vollen Kilometerbetrag abgerundete **Entfernung** anzusetzen. Maßgebend ist die kürzeste benutzbare Straßenverbindung. Der pauschale Nutzungswert ist nicht zu erhöhen, wenn der Arbeitnehmer das Kraftfahrzeug an einem Arbeitstag mehrmals zwischen Wohnung und erster Tätigkeitsstätte benutzt.

Setzt der Arbeitnehmer das ihm überlassene Kraftfahrzeug bei den Fahrten zwischen Wohnung und erster Tätigkeitsstätte oder bei Familienheimfahrten nur für eine Teilstrecke ein, weil er regelmäßig die andere **Teilstrecke** mit öffentlichen Verkehrsmitteln zurücklegt, so ist der Ermittlung des pauschalen Nutzungswerts grundsätzlich die gesamte Entfernung zu Grunde zu legen. Die **mit dem Kraftfahrzeug tatsächlich zurückgelegte Strecke** kommt nur in Betracht, wenn das Kraftfahrzeug vom Arbeitgeber **nur** für diese Teilstrecke zur Verfügung gestellt worden ist und der Arbeitgeber die Einhaltung des Verbots **überwacht**. Nach dem BMF-Schreiben vom 23.10.2008, BStBl I 2008, 961, kann jedoch aus Billigkeitsgründen der pauschale Nutzungswert auch dann nach der mit dem Kraftfahrzeug tatsächlich zurückgelegten Entfernung ermittelt werden, wenn ein Nachweis für die Benutzung eines anderen Verkehrsmittels erbracht wird, z.B. in Park-and-Ride-Fällen, wenn für die restliche Teilstrecke z.B. eine auf den Arbeitnehmer ausgestellte Jahres-Bahnfahrkarte vorgelegt wird.

Der Nutzungswert für die Privatnutzung und Fahrten zwischen Wohnung und erster Tätigkeitsstätte braucht nicht angesetzt zu werden

- für volle Kalendermonate, in denen dem Arbeitnehmer **kein** betriebliches Kraftfahrzeug zur **Verfügung** steht, oder
- wenn dem Arbeitnehmer das Kraftfahrzeug aus besonderem Anlass nur **gelegentlich** (von Fall zu Fall) für nicht mehr als fünf Kalendertage im Kalendermonat überlassen wird. In diesem Fall ist die Nutzung zu Privatfahrten und zu Fahrten zwischen Wohnung und erster Tätigkeitsstätte je Fahrtkilometer mit 0,001 % des inländischen Listenpreises des Kraftfahrzeugs zu bewerten (Einzelbewertung). Zum Nachweis der Fahrtstrecke müssen die Kilometerstände festgehalten werden.

Nutzt der Arbeitnehmer das Kraftfahrzeug im Rahmen einer doppelten Haushaltsführung zu **mehr** als einer **Familienheimfahrt** wöchentlich, erhöht sich der zu versteuernde Nutzungswert für **jeden Kilometer** der Entfernung zwischen dem Beschäftigungsort/Tätigkeitsstätte und dem Ort des eigenen Hausstands um **0,002 %** des Listenpreises **pro Familienheimfahrt** → Rz. 118 *Doppelte Haushaltsführung*. Solch ein Wert ist demnach anzusetzen für die zweite und jede weitere Heimfahrt innerhalb einer Woche.

Listenpreis im Sinne dieser Vorschrift ist die auf volle hundert Euro abgerundete unverbindliche Preisempfehlung des Herstellers für das genutzte Kraftfahrzeug im Zeitpunkt seiner Erstzulassung im Inland einschließlich der Zuschläge für Sonderausstattungen und der Umsatzsteuer.

Seit 2011 liegt eine einzubeziehende **Sonderausstattung** des Fahrzeugs nur **noch dann** vor, wenn das Fahrzeug bereits **werkseitig** im Zeitpunkt der Erstzulassung damit ausgestattet ist. **Nachträglich** eingebaute unselbständige Ausstattungsmerkmale sind durch den Nutzungswert abgegolten und können **nicht** zusätzlich angesetzt werden.

Für **reimportierte** Fahrzeuge ist der inländische Listenpreis des Kraftfahrzeugs im Zeitpunkt seiner Erstzulassung maßgebend. Nicht im Listenpreis erfasste Sonderausstattung ist werterhöhend, eine geringerwertige Ausstattung ist wertmindernd zu berücksichtigen. Ist ein Kraftwagen aus **Sicherheitsgründen** gepanzert, kann der Listenpreis des leistungsschwächeren Fahrzeugs zu Grunde gelegt werden, das dem Arbeitnehmer zur Verfügung gestellt würde, wenn seine Sicherheit nicht gefährdet wäre.

Beispiel:

Ermittlung des steuerpflichtigen geldwerten Vorteils für die private Kfz-Nutzung durch Pauschalierung

a) Privatnutzung

Der Brutto-Listenpreis des vom Arbeitnehmer privat genutzten betrieblichen Kfz beträgt im Zeitpunkt der Erstzulassung 38 000 €. Das Kfz wird im Kalenderjahr 2014 neben den Privatfahrten auch an 230 Tagen für Fahrten zwischen Wohnung und erster Tätigkeitsstätte genutzt. Die einfache Entfernung beträgt 20 km. Die steuerpflichtigen Jahresbeträge sind wie folgt zu ermitteln:

1 % von 38 000 € × 12 Monate = 4 560 €

Der steuerpflichtige Sachbezug für die private Pkw-Nutzung beträgt 4 560 €.

b) Wege zwischen Wohnung und erster Tätigkeitsstätte

0,03 % von 38 000 € × 20 km x 12 Monate = 2 736 €

Der steuerpflichtige Sachbezug für die Fahrten zwischen Wohnung und erster Tätigkeitsstätte beträgt 2 736 €. Anzusetzen ist ein steuerpflichtiger Jahresbetrag i.H.v. 7 296 €.

Die vorgenannten Grundsätze, insbesondere zum Ansatz des Bruttolistenpreises im Zeitpunkt der Erstzulassung, gelten auch bei **gebraucht** erworbenen oder **geleasten** Fahrzeugen.

Der pauschale Nutzungswert kann die dem Arbeitgeber für das Fahrzeug insgesamt entstandenen Kosten übersteigen. Wird dies im Einzelfall nachgewiesen, so ist der Nutzungswert höchstens mit dem Betrag der Gesamtkosten des Kraftfahrzeugs anzusetzen, wenn nicht auf Grund des Nachweises der Fahrten durch ein Fahrtenbuch ein geringerer Wertansatz in Betracht kommt (**Begrenzung** des pauschalen Nutzungswerts).

Gestellt der Arbeitgeber dem Arbeitnehmer das Kraftfahrzeug mit Fahrer zur Verfügung, ist der anzusetzende Nutzungswert um 50 % zu erhöhen (BMF-Schreiben v. 28.5.1996, BStBl I 1996, 654). Der BFH vertritt im Urteil vom 15.5.2013 (VI R 44/11) die Auffassung, eine Fahrergestellung für Fahrten zwischen Wohnung und erster Tätigkeitsstätte führe zu einem beachtlichen geldwerten Vorteil. Weil die Finanzverwaltung dieses Urteil bisher nicht veröffentlicht hat, bleibt abzuwarten, ob es insoweit anzuwenden ist oder ob die (günstigen) Zuschlagssätze nach R 8.1 Abs. 10 LStR 2013 beibehalten werden.

b) Fahrzeugpool

Übersteigt die Zahl der Nutzungsberechtigten die in einem **Fahrzeugpool** zur Verfügung stehenden Kraftfahrzeuge, so ist bei pauschaler Nutzungswertermittlung für Privatfahrten der geldwerte Vorteil mit **monatlich** 1 % der Listenpreise aller Kraftfahrzeuge zu ermitteln und die Summe entsprechend der Zahl der Nutzungsberechtigten aufzuteilen.

Für Fahrten zwischen Wohnung und erster Tätigkeitsstätte ist der geldwerte Vorteil mit 0,03 % der Listenpreise aller Kraftfahrzeuge zu ermitteln und die Summe durch die Zahl der **Nutzungsberechtigten** zu teilen. Dieser Wert ist beim einzelnen Arbeitnehmer mit der Zahl seiner zurückgelegten Entfernungskilometer zu multiplizieren.

Nutzung des Kraftfahrzeugs durch mehrere Arbeitnehmer

Wird **ein** Kraftfahrzeug von **mehreren** Arbeitnehmern genutzt, so ist bei pauschaler Nutzungswertermittlung für Privatfahrten der monatliche geldwerte Vorteil i.H.v. 1 % des Listenpreises entsprechend der Zahl der Nutzungsberechtigten aufzuteilen. Für Fahrten zwischen Wohnung und erster Tätigkeitsstätte ist bei jedem Arbeitnehmer der monatliche geldwerte Vorteil mit 0,03 % des Listenpreises je Entfernungskilometer zu ermitteln und dieser Wert durch die Zahl der Nutzungsberechtigten zu teilen.

Bitte beachten: Bei Poolfahrzeugen ist Voraussetzung für den Ansatz einer privaten Nutzung des Kraftfahrzeugs bzw. des geldwerten Vorteils, dass dem Arbeitnehmer ein Fahrzeug tatsächlich zur privaten Nutzung überlassen wird. Ist eine Privatnutzung schriftlich untersagt, braucht somit kein geldwerter Vorteil angesetzt werden (bei Überwachung bzw. Schlüsselabgabe). Allein die Zurverfügungstellung von Poolfahrzeugen zu betrieblichen Fahrten reicht nicht aus.

c) Ermittlung des privaten Nutzungswerts durch Fahrtenbuchmethode

Anstelle der pauschalen Ermittlung kann der Arbeitgeber den geldwerten Vorteil für die **Privatnutzung** anhand der **tatsächlichen** Fahrleistung (Privatnutzung zuzüglich Fahrten zwischen Wohnung und erster Tätigkeitsstätte sowie Familienheimfahrten) und der darauf entfallenden Aufwendungen für das Kraftfahrzeug ermittelt werden. Dabei bleiben seit dem Kalenderjahr 2011 vom Arbeitnehmer selbst getragene Aufwendungen (Kosten) außer Ansatz (R 8.1 Abs. 9 Nr. 2 Satz 8 LStR 2013). Maßgebend ist das Verhältnis der privaten zu den übrigen Fahrten; sie sind durch ein ordnungsgemäßes Fahrtenbuch nachzuweisen (**Fahrtenbuchmethode**). Dabei sind die dienstlich und privat zurückgelegten Fahrtstrecken gesondert und laufend im Fahrtenbuch nachzuweisen. Für dienstliche Fahrten sind grundsätzlich die folgenden Angaben erforderlich (strenge Formvorschriften der Finanzverwaltung beachten!, H 8.1 (9-10) [Ordnungsgemäßes Fahrtenbuch] LStH 2014):

- Datum und Kilometerstand zu Beginn und am Ende jeder einzelnen Auswärtstätigkeit, z.B. Dienstreise,
- Reiseziel und bei Umwegen auch die Reiseroute,
- Reisezweck und aufgesuchte Geschäftspartner.

Für **Privatfahrten** genügen jeweils Kilometerangaben; für Fahrten zwischen Wohnung und erster Tätigkeitsstätte genügt jeweils ein kurzer Vermerk im Fahrtenbuch. Die Führung des Fahrtenbuchs kann nicht auf einen repräsentativen Zeitraum beschränkt werden, selbst wenn die Nutzungsverhältnisse keinen größeren Schwankungen unterliegen. Anstelle des Fahrtenbuchs kann ein Fahrtenschreiber eingesetzt werden, wenn sich daraus dieselben Erkenntnisse gewinnen lassen.

Der private **Nutzungswert** ist der Anteil an den Gesamtkosten des Kraftwagens, der dem Verhältnis der Privatfahrten zur Gesamtfahrtstrecke entspricht.

Zu den **Gesamtkosten** gehören nur solche Kosten, die dazu bestimmt sind, unmittelbar dem Halten und dem Betrieb des Kraftfahrzeugs zu dienen und im Zusammenhang mit seiner Nutzung typischerweise entstehen. Hierzu gehören z.B. Betriebsstoffkosten, Wartungs- und Reparaturkosten, Kraftfahrzeugsteuer, Halterhaftpflicht- und Fahrzeugversicherungen, Leasing- und Leasingsonderzahlungen (anstelle der Absetzung für Abnutzung), Garagen-/Stellplatzmieten, Aufwendungen für Anwohnerparkberechtigungen. Sie sind als Summe der Nettoaufwendungen (**ohne Unfallkosten**) zuzüglich Umsatzsteuer und Absetzungen für Abnutzung zu ermitteln.

Den Absetzungen für Abnutzung sind die tatsächlichen Anschaffungs- oder Herstellungskosten einschließlich der Umsatzsteuer zu Grunde zu legen. Als voraussichtliche Nutzungsdauer ist von einer **achtjährigen** (Gesamt-)Nutzungsdauer auszugehen. Für gebraucht erworbene Kraftfahrzeuge kommt eine entsprechend kürzere Nutzungsdauer in Betracht.

Nicht zu den Gesamtkosten gehören z.B. Beiträge für einen auf den Namen des Arbeitnehmers ausgestellten Schutzbrief, Straßen- oder Tunnelbenutzungsgebühren, Aufwendungen für Insassen- und Unfallversicherungen, Verwarnungs-, Ordnungs-/Bußgelder und Unfallkosten.

Außergewöhnliche Aufwendungen, z.B. durch Unfall, gehören **nicht** mehr zu den Gesamtkosten. Dabei ist es unerheblich, ob sich der Unfall auf einer privaten oder beruflichen Fahrt ereignete. **Verbleiben** nach Erstattungen durch Dritte **Unfallkosten** bis zur Höhe von 1 000 € (zzgl. Umsatzsteuer) je Schaden, ist es aber nicht zu beanstanden, wenn diese als Reparaturkosten in die Gesamtkosten einbezogen werden.

Ist der Arbeitnehmer gegenüber dem Arbeitgeber wegen Unfallkosten nach allgemeinen zivilrechtlichen Regeln **schadensersatzpflichtig**, z.B. bei Unfall auf Privatfahrten oder Trunkenheitsfahrten, und verzichtet der Arbeitgeber (z.B. durch arbeitsvertragliche Vereinbarungen) auf diesen Schadensersatz, so liegt in Höhe des Verzichts ein gesonderter geldwerter Vorteil vor. Erstattungen durch Dritte, z.B. durch eine Versicherung, sind unabhängig vom Zahlungszeitpunkt zu berücksichtigen, so dass der geldwerte Vorteil regelmäßig in Höhe des vereinbarten Selbstbehalts anzusetzen sein wird (R 8.1 Abs. 9 Nr. 2 LStR 2013).

Hat der Arbeitgeber auf den Abschluss einer **Versicherung verzichtet**, ist aus Vereinfachungsgründen so zu verfahren, als bestünde eine Versicherung mit einem Selbstbehalt i.H.v. **1 000 €**, wenn es bei bestehender Versicherung zu einer Erstattung gekommen wäre. Liegt keine Schadensersatzpflicht des Arbeitnehmers vor, z.B. Fälle höherer Gewalt, Verursachung des Unfalls durch einen Dritten, oder ereignet sich der Unfall auf einer beruflich veranlassten Fahrt (Auswärtstätigkeit oder Fahrt zwischen Wohnung und erster Tätigkeitsstätte), liegt kein geldwerter Vorteil vor; vorausgesetzt der Arbeitnehmer ist gegenüber dem Arbeitgeber nicht schadensersatzpflichtig (R 8.1 Abs. 9 Nr. 2 Satz 12 ff. LStR 2013).

Dem geldwerten Vorteil kann aus Vereinfachungsgründen ein möglicher Werbungskostenabzug bereits im Lohnsteuerabzugsverfahren **gegengerechnet** werden (dann keine Besteuerung).

Beispiel:

Ermittlung des steuerpflichtigen geldwerten Vorteils für die private Kfz-Nutzung nach Fahrtenbuchmethode

Arbeitnehmer und Arbeitgeber haben sich für die individuelle Bewertung des geldwerten Vorteils für das von der Firma für Privatfahrten und Fahrten zwischen Wohnung und erster Tätigkeitsstätte überlassene Kfz im Wert von 30 000 € entschieden. Die Entfernung Wohnung – erste Tätigkeitsstätte beträgt 8 km. Die gesamten Aufwendungen für das Kfz einschließlich AfA betragen im Kalenderjahr 8 000 €. Aus dem Fahrtenbuch ergibt sich, dass der Arbeitnehmer 2 200 km zwischen Wohnung und Tätigkeitsstätte sowie 9 600 km privat und außerdem 13 200 km für die Firma gefahren ist.

Die Aufwendungen betragen somit 8 000 €: 25 000 Km = 0,32 € je km. Der geldwerte Vorteil für dieses Kalenderjahr errechnet sich folgendermaßen:

für Privatnutzung (9 600 × 0,32 € =)	3 072 €
zuzüglich für Fahrten zwischen Wohnung und erster Tätigkeitsstätte (2 200 × 0,32 € =)	704 €
steuerpflichtiger Jahresbetrag	3 776 €

Der Arbeitgeber muss in **Abstimmung** mit dem Arbeitnehmer die Anwendung eines der beiden Verfahren für jedes **Kalenderjahr** festlegen; das Verfahren darf bei demselben Kraftfahrzeug während des Kalenderjahres nicht gewechselt werden. Soweit die genaue Erfassung des privaten Nutzungswerts nach der Fahrtenbuchmethode nicht möglich ist, kann für die Erhebung der Lohnsteuer monatlich ein Zwölftel des Vorjahresbetrags zu Grunde gelegt werden. Nach Ablauf des Kalenderjahres oder nach Beendigung des Dienstverhältnisses ist der tatsächlich zu versteuernde Nutzungswert zu ermitteln und eine etwaige

Lohnsteuerdifferenz auszugleichen (§§ 41c, 42b EStG). Bei der Veranlagung zur **Einkommensteuer** ist der Arbeitnehmer für den Werbungskostenansatz nicht an das für die Lohnsteuererhebung gewählte Verfahren gebunden.

d) Zuzahlungen

Zahlt der Arbeitnehmer an den Arbeitgeber oder auf dessen Weisung an einen Dritten zur Erfüllung einer Verpflichtung des Arbeitgebers (abgekürzter Zahlungsweg) für die außerdienstliche Nutzung (Nutzung zu privaten Fahrten, zu Fahrten zwischen Wohnung und erster Tätigkeitsstätte und zu Heimfahrten im Rahmen einer doppelten Haushaltsführung) eines betrieblichen Kraftfahrzeugs ein **Nutzungsentgelt**, mindert dies den Nutzungswert (R 8.1 Abs. 9 Nr. 4 Satz 1 LStR 2013). Dabei ist es **gleichgültig**, ob das Nutzungsentgelt **pauschal** oder entsprechend der tatsächlichen Nutzung des Kraftfahrzeugs **bemessen** wird (BMF-Schreiben v. 19.4.2013, BStBl I 2013, 513).

Zuzahlungen des Arbeitnehmers zu den Anschaffungskosten, z.B. für Sonderausstattung, eines ihm auch zur privaten Nutzung überlassenen betrieblichen Kraftfahrzeugs **können nicht nur** im Zahlungsjahr, sondern **auch** in den darauf **folgenden Kalenderjahren** auf den geldwerten Vorteil angerechnet werden (R 8.1 Abs. 9 Nr. 2 Satz 8 LStR 2013). Voraussetzung ist, dass die Zuzahlungen nicht bereits beim Ansatz der **Anschaffungskosten** berücksichtigt wurden, da dies einen geringeren Betrag für die Abschreibung (AfA) ergibt.

Zahlt der Arbeitgeber **Zuzahlungen** an den Arbeitnehmer **zurück**, sind sie als Arbeitslohn **steuerpflichtig**, soweit sie den Arbeitslohn (regelmäßig den geldwerten Vorteil) gemindert haben.

e) Ergänzende Vorschriften

Kann das Kraftfahrzeug auch im Rahmen einer **anderen Einkunftsart** genutzt werden, ist diese Nutzungsmöglichkeit mit dem 1 %-Wert abgegolten.

Übernimmt der Arbeitgeber die Beiträge für einen auf seinen Arbeitnehmer ausgestellten **Schutzbrief** und die **Straßenbenutzungsgebühr** (Maut) für die mit dem Firmenwagen unternommenen Privatfahrten des Arbeitnehmers, ist dies Arbeitslohn (geldwerter Vorteil), der nicht von der 1 %-Regelung erfasst wird.

Verbot der privaten Nutzung eines betrieblichen Kraftfahrzeugs

Umstritten in der Praxis ist oft, wie der Arbeitgeber das Verbot der privaten Nutzung eines betrieblichen Kraftfahrzeugs durch den Arbeitnehmer bzw. die Einhaltung eines solchen Verbots dem Finanzamt nachweisen kann und soll. Für die Fälle, dass Nachweise nicht vorliegen oder von der Finanzverwaltung nicht anerkannt werden, gibt es nun drei aktuelle Entscheidungen des BHF (BFH vom 21.3.2013, VI R 42/12 sowie VI R 46/11 und vom 18.4.2013, VI R 23/12), in denen er klarstellt:

- Über die Frage, ob und welches betriebliche Fahrzeug dem Arbeitnehmer auch zur privaten Nutzung überlassen worden ist, muss bei fehlendem Nachweis ggf. unter Berücksichtigung sämtlicher Umstände des Einzelfalls entschieden werden;
- steht nicht fest, dass der Arbeitgeber dem Arbeitnehmer einen Dienstwagen zur privaten Nutzung überlassen hat, kann auch der Beweis des ersten Anscheins diese fehlende Feststellung nicht ersetzen.

Diese Grundsätze gelten auch für einen angestellten Geschäftsführer einer GmbH sowie eines Familienunternehmens. Auch in einem solchen Fall lässt sich kein allgemeiner Erfahrungssatz des Inhalts feststellen, dass ein Privatnutzungsverbot nur zum Schein ausgesprochen ist oder der (Allein-)Geschäftsführer ein Privatnutzungsverbot generell missachtet.

Nutzt ein Gesellschafter-Geschäftsführer den betrieblichen PKW allerdings unbefugt privat, so liegt kein Arbeitslohn, sondern eine verdeckte Gewinnausschüttung vor.

Überlassung mehrerer Kfz zur privaten Nutzung

Überlässt der Arbeitgeber dem Arbeitnehmer mehr als ein Kfz auch zur privaten Nutzung, so ist der in der Überlassung des Fahrzeugs zur privaten Nutzung liegende geldwerte Vorteil grundsätzlich für jedes Fahrzeug nach der 1 %-Regelung zu berechnen. Diese Rechtsauffassung stellt der BFH in seinem jüngsten Urteil nochmals klar (BFH v. 13.6.2013, VI R 17/12). Gleichwohl schließt sich der BFH der Rechtsauffassung der Finanzverwaltung zur Anwendung der sog. „Junggesellenregelung" an und verweist auf die Regelungen in den LStH 2014 zu § 8 EStG (H 8.1. (9-10), Überlassung mehrerer Kraftfahrzeuge). Danach kann weiterhin dem privaten Nutzungswert der Listenpreis des überwiegend genutzten Kraftfahrzeugs zugrunde gelegt werden, wenn die Nutzung der Fahrzeuge durch andere zur Privatsphäre des Arbeitnehmers gehörende Personen so gut wie ausgeschlossen ist.

Fahrergestellung

Stellt der Arbeitgeber dem Arbeitnehmer neben dem Firmenwagen für die **Privatfahrten** auch einen **Fahrer** zur Verfügung, ist dies ein als Arbeitslohn zu erfassender geldwerter Vorteil. Für Fahrten zwischen Wohnung und erster Tätigkeitsstätte und für Familienheimfahrten (mit Fahrer) ist der entsprechende Nutzungswert um 50 % zu erhöhen.

Steht der Fahrer für andere Privatfahrten zur Verfügung, so ist der private Nutzungswert des Kraftfahrzeugs zu erhöhen

- um 50 %, wenn der Fahrer überwiegend in Anspruch genommen wird,
- um 40 %, wenn der Arbeitnehmer das Kraftfahrzeug häufig selbst steuert, oder
- um 25 %, wenn der Arbeitnehmer das Kraftfahrzeug weit überwiegend selbst steuert.

Diese Prozentsätze sind sowohl bei der pauschalen Nutzungswertermittlung als auch bei der Fahrtenbuchmethode anzusetzen. S.a. unter Abschnitt „Privatnutzung".

Wird dem Arbeitnehmer aus **Sicherheitsgründen** ein sondergeschütztes (gepanzertes) Kraftfahrzeug mit Fahrer zur Verfügung gestellt, ist kein geldwerter Vorteil für die Fahrergestellung anzusetzen, wenn das Kraftfahrzeug zum Selbststeuern nicht geeignet ist. Hierfür ist die Einordnung des Arbeitnehmers in eine Gefährdungsstufe nicht erforderlich (R 8.1 Abs. 10 LStR 2013).

Zahlungen für Garage

Zahlungen, die der Arbeitgeber an die Arbeitnehmer dafür leistet, dass sie ihren Dienstwagen in der **eigenen Garage** (oder der des Ehepartners) unterstellen (Garagengeld), sind regelmäßig kein Arbeitslohn (BFH-Urteil v. 7.6.2002, BStBl II 2002,

829, H 19.3 LStH 2014 analog). Solche Zahlungen sind als Einkünfte aus Vermietung und Verpachtung zu erfassen. Die Garagengestellung ist kein zusätzlicher Vorteil.

Hat der Arbeitnehmer eine Garage selbst **angemietet**, kann der Arbeitgeber die Garagenmiete als Auslagenersatz steuerfrei erstatten (→Rz. 472 *Auslagenersatz*). Ein Vorteil für die Übernahme der Garagenmiete bzw. der Pkw-Unterstellung ist bei der 1 %-Methode nicht zu erfassen.

Zahlungen für Wagenpflege

Zahlt der Arbeitgeber seinen Mitarbeitern eine pauschale Vergütung für die Pflege des betrieblichen Kraftfahrzeugs (sog. Wagenpflegepauschale), ist diese grundsätzlich steuerpflichtig. Gleiches gilt, wenn eine solche Zahlung für das private Kraftfahrzeug geleistet wird. Das BFH-Urteil v. 26.7.2001 (BStBl II 2001, 844) zur **Wagenpflegepauschale** ist nach Auffassung der Finanzverwaltung begrenzt auf die dort genannten Zahlungen – soweit sie noch geleistet werden – anzuwenden. Will der Arbeitgeber die Aufwendungen des Arbeitnehmers für die Pflege des Firmenkraftfahrzeugs (z.B. Wagenwäsche, Lackpflege) steuerfrei ersetzen, ist dies nur als pauschaler **Auslagenersatz** nach R 3.50 LStR 2013 möglich → Rz. 472 *Auslagenersatz*.

Krankheitskosten, Unterstützungen

Krankheitskosten, die der Arbeitgeber dem Arbeitnehmer ersetzt, sind grundsätzlich Arbeitslohn. **531**

Steuerfrei sind jedoch die aus **öffentlichen Mitteln** geleistete Beihilfen in Krankheits-, Geburts- und Todesfällen nach den Beihilfevorschriften des Bundes und der Länder sowie Unterstützungen in besonderen Notfällen, die aus öffentlichen Kassen gezahlt werden, sowie entsprechende Zahlungen an Arbeitnehmer von Körperschaften, Anstalten und Stiftungen des öffentlichen Rechts auf Grund von Beihilfevorschriften (Beihilfegrundsätzen) und Unterstützungsvorschriften (Unterstützungsgrundsätzen) des Bundes oder der Länder oder entsprechender Regelungen.

Die von **privaten Arbeitgebern** an einzelne Arbeitnehmer gezahlten **Unterstützungen** sind ebenfalls steuerfrei, wenn die Unterstützungen dem Anlass nach gerechtfertigt sind (z.B. in Krankheits- und Unglücksfällen). Voraussetzung für die Steuerfreiheit ist:

1. Die Unterstützungen werden aus einer mit eigenen Mitteln des Arbeitgebers geschaffenen, aber von ihm unabhängigen und mit ausreichender Selbständigkeit ausgestatteten Einrichtung (z.B. Unterstützungskasse oder Hilfskasse für Fälle der Not und Arbeitslosigkeit) gewährt.
2. Die Unterstützungen werden aus Beträgen gezahlt, die der Arbeitgeber dem Betriebsrat oder sonstigen Vertretern der Arbeitnehmer zu dem Zweck überweist, aus diesen Beträgen Unterstützungen an die Arbeitnehmer ohne maßgebenden Einfluss des Arbeitgebers zu gewähren.
3. Die Unterstützungen werden vom Arbeitgeber selbst erst nach Anhörung des Betriebsrats oder sonstiger Vertreter der Arbeitnehmer gewährt oder nach einheitlichen Grundsätzen, denen der Betriebsrat oder sonstige Vertreter der Arbeitnehmer zugestimmt haben, bewilligt.

Die Voraussetzungen der Nummern 1 bis 3 brauchen nicht vorzuliegen, wenn weniger als fünf Arbeitnehmer beschäftigt werden.

Die Steuerfreiheit dieser Unterstützungen ist auf einen Betrag von 600 € je Kalenderjahr begrenzt. Der 600 € **übersteigende** Betrag gehört nur dann nicht zum steuerpflichtigen Arbeitslohn, wenn er aus **Anlass eines besonderen Notfalls** gewährt wird. Bei der Beurteilung, ob ein solcher **Notfall** vorliegt, sind auch die Einkommensverhältnisse und der Familienstand des Arbeitnehmers zu berücksichtigen. Drohende oder bereits eingetretene Arbeitslosigkeit begründet für sich keinen besonderen Notfall (i. S. dieser Vorschrift).

Steuerfrei sind auch Leistungen des Arbeitgebers zur Aufrechterhaltung und Erfüllung eines **Beihilfeanspruchs** nach beamtenrechtlichen Vorschriften sowie zum Ausgleich von Beihilfeaufwendungen früherer Arbeitgeber im Fall der Beurlaubung oder Gestellung von Arbeitnehmern oder des Übergangs des öffentlich-rechtlichen Dienstverhältnisses auf den privaten Arbeitgeber, wenn Versicherungsfreiheit in der gesetzlichen Krankenversicherung nach § 6 Abs. 1 Nr. 2 SGB V besteht.

Kreditkarten

Vorteile durch eine Kreditkarte, die der Arbeitgeber seinem Arbeitnehmer unentgeltlich zur betrieblichen Verwendung gestellt, **532**
z.B. wegen einer umfangreichen Reisetätigkeit, führen zu keinem Arbeitslohn, wenn die Kreditkarte nicht oder nur in ganz geringem Umfang privat eingesetzt wird.

Kurkosten

Eine Übernahme der Kurkosten durch den Arbeitgeber ist grundsätzlich steuerpflichtiger Arbeitslohn (→ Rz. 501 *Erholungsbei-* **533**
hilfen).

Kurzarbeitergeld, Saison-Kurzarbeitergeld

(Konjunkturelles) Saison-Kurzarbeitergeld ist als Leistung nach § 101 SGB III (→ Rz. 460 *Arbeitsförderung*) steuerfrei, sie **534**
unterliegen jedoch dem Progressionsvorbehalt nach § 32b EStG (→ Rz. 64). Gleiches galt für das zuvor gezahlte Kurzarbeitergeld.

Leistungsprämien

Leistungsprämien sind steuerpflichtiger Arbeitslohn. **535**

Lohnsteuer

536 Vom Arbeitgeber übernommene Lohnsteuer ist steuerpflichtiger Arbeitslohn, mit Ausnahme der vom Arbeitgeber zu übernehmenden pauschalen Lohnsteuer (→ Rz. 632). Bei den ohne entsprechende Nettolohnvereinbarung übernommenen Lohnsteuerbeträgen handelt es sich um Arbeitslohn des Kalenderjahres, in dem der Arbeitgeber (nach Zahlung an das Finanzamt) auf den Ausgleichsanspruch gegen den Arbeitnehmer verzichtet. Entsprechendes gilt für übernommene(n) Solidaritätszuschlag und Kirchensteuer. Zur vom Arbeitgeber getragenen Lohnsteuer bei einer Nettolohnvereinbarung → Rz. 440 ff.

Lohnverwendungsabrede

537 Arbeitslohn fließt auch dann zu, wenn der Arbeitgeber an Stelle der Auszahlung (Überweisung) eine mit dem Arbeitnehmer getroffene Lohnverwendungsabrede (konstitutive Verwendungsauflage) erfüllt. Keinen Lohn erhält der Arbeitnehmer hingegen dann, wenn der Arbeitnehmer auf Lohn verzichtet und keine Bedingungen an die Verwendung der freigewordenen Mittel knüpft → Rz. 515 *Gehaltsverzicht*.

Lose

538 Erhält der Arbeitnehmer vom Arbeitgeber ein Los (**Geschenklos**) für die Teilnahme an einer von einem **fremden Dritten** durchgeführten Lotterie, so ist für den Arbeitnehmer die Schenkung ein geldwerter Vorteil, der mit dem Kaufpreis des Loses anzusetzen ist. Weil es sich um einen Sachbezug handelt, kommt die Freigrenze von 44 € zum Ansatz, → Rz. 558 *Sachbezüge, Freigrenze*. Ein etwaiger Lotteriegewinn steht nicht im Zusammenhang mit dem Arbeitsverhältnis, es erfolgt kein Ansatz als Arbeitslohn.

Losgewinne

539 Losgewinne, die der Arbeitgeber als Belohnung für die Arbeitstätigkeit finanziert, sind grundsätzlich steuerpflichtiger Arbeitslohn. Ausnahmen sind übliche Geschenke als Aufmerksamkeiten (→ Rz. 468 *Aufmerksamkeit*) und anlässlich von Betriebsveranstaltungen, falls alle teilnehmenden Arbeitnehmer gewinnberechtigt sind (→ Rz. 482 *Betriebsveranstaltungen*). Hat der Arbeitnehmer für den Loserwerb auf Arbeitslohn **verzichtet** (Einbehalt) oder es bezahlt, rechnet der Gewinn **nicht** zum Arbeitslohn.

Mahlzeiten

540 Für die steuerliche Behandlung von Mahlzeiten, die der Arbeitgeber dem Arbeitnehmer zur üblichen Beköstigung kostenlos oder verbilligt zukommen lässt, ist der Anlass der Gestellung entscheidend. Grundsätzlich rechnet der geldwerte Vorteil einer kostenlos oder verbilligt erhaltenen Mahlzeit zum Arbeitslohn; der Wertansatz erfolgt regelmäßig nach den Vorschriften der Sozialversicherungsentgeltverordnung (→ Rz. 389, 654 ff.).

Übliche Mahlzeiten bei Auswärtstätigkeit

Gestellt der Arbeitgeber seinem Arbeitnehmer anlässlich einer beruflichen Auswärtstätigkeit eine übliche Mahlzeit, sind **ab 2014** die folgenden wesentliche Neuerungen für die steuerliche Erfassung des sich ergebenden geldwerten Vorteils zu beachten.

- Nun gilt eine Mahlzeit als „üblich", wenn ihr Preis **60 €** nicht übersteigt. Hierbei sind auch die zur Mahlzeit eingenommenen Getränke einzubeziehen.
- Eine vom Arbeitgeber während einer beruflich veranlassten **Auswärtstätigkeit** zur Verfügung gestellte „übliche" Mahlzeit wird mit dem amtlichen **Sachbezugswert** nach § 2 SvEV bewertet. Entsprechendes gilt für die im Rahmen einer beruflich veranlassten **doppelten Haushaltsführung** vom Arbeitgeber zur Verfügung gestellten „üblichen" Mahlzeiten.
- Mahlzeiten mit einem Preis von **über** 60 € dürfen nicht mit dem amtlichen Sachbezugswert bewertet werden. Bei einer solchen Mahlzeit wird typisierend unterstellt, dass es sich um ein „Belohnungsessen" (→Rz. 558 *Sachbezüge*, arbeitstägliche Mahlzeiten → Rz.653 ff.) handelt. Belohnungsessen sind mit dem tatsächlichen Preis als Arbeitslohn anzusetzen. Die monatliche Freigrenze von 44 € → Rz. 558 *Sachbezüge, Freigrenze* ist zwar anwendbar, kann aber nur bei Zuzahlung des Arbeitnehmers eine Besteuerung vermeiden.

Für die Prüfung der 60 €-Grenze kommt es auf den Preis der Mahlzeit (einschl. Umsatzsteuer) an, den der Dritte dem Arbeitgeber in Rechnung stellt. Zuzahlungen des Arbeitnehmers sind bei der Prüfung der 60 €-Grenze nicht zu berücksichtigen.

Keine Versteuerung des Sachbezugswerts bei Auswärtstätigkeit

Ein Ansatz der gestellten Mahlzeit als Arbeitslohn (Sachbezugswert) unterbleibt, wenn dem Arbeitnehmer für die betreffende **Auswärtstätigkeit** dem Grunde nach eine Verpflegungspauschale als Werbungskosten zustehen würde. Für diesen Verzicht auf die Besteuerung solcher Mahlzeiten (mit Sachbezugswert) möchte das Steuerrecht dem Arbeitgeber kein Wahlrecht einräumen. Lt. BMF-Schreiben v. 30.9.2013, BStBl I 2013, 1279, zum Reisekostenrecht ab 1.1.2014 ist in diesen Fällen eine Versteuerung stets ausgeschlossen.

Ob letztlich und in welcher Höhe der Arbeitnehmer tatsächlich eine Verpflegungspauschale als Werbungskosten ansetzen kann, ist unbeachtlich; z.B. wenn die Verpflegungspauschale aufgrund gestellter Mahlzeiten auf den Betrag von 0 € zu kürzen ist. Die Verpflegungspauschale ist auch dann kürzen, wenn der Arbeitgeber die dem Arbeitnehmer zustehende Reisekostenvergütung lediglich gekürzt ausbezahlt. Gleiches gilt, wenn nicht die volle Verpflegungspauschale als steuerfreie Reisekostenerstattung angesetzt wird.

Somit **unterbleibt** die steuerliche Erfassung der mit dem Sachbezugswert bewerteten Mahlzeit immer dann, wenn der Arbeitnehmer

- innerhalb der 3-Monatsfrist (→ Rz. 555 *Reisekosten*) nachweislich mehr als 8 Stunden von seiner Wohnung und der ersten Tätigkeitsstätte abwesend ist, oder

- sich auf einer beruflich veranlassten mehrtägigen Auswärtstätigkeit mit Übernachtung befindet.

Beispiel:

Arbeitnehmer A besucht auf Veranlassung seines Arbeitgebers ein zweitägiges Seminar mit Übernachtung. Die Hotelrechnung ist auf den Arbeitgeber ausgestellt. Der Arbeitgeber erstattet die vom Arbeitnehmer verauslagten Übernachtungskosten von 100 € inkl. 20 € für ein Frühstück. Die auf den Arbeitgeber ausgestellte Rechnung des Seminarveranstalters (Übernachtungskosten 100 € inkl. 20 € für ein Frühstück) hat A unmittelbar bezahlt. Im Rechnungspreis ist für beide Seminartage jeweils ein für Veranstaltungen typisches Mittagessen enthalten.

Folge:

A erhält sowohl das Frühstück als auch die beiden Mittagessen auf Veranlassung seines Arbeitgebers. Für den An- und den Abreisetag steht ihm grundsätzlich jeweils eine Verpflegungspauschale i.H.v. 12 € zu.

Obgleich der Preis der Mittagessen in der Rechnung des Seminarveranstalters nicht beziffert ist, kann auf Grund der Art und Durchführung der Seminarveranstaltung von einer üblichen Beköstigung ausgegangen werden, deren Preis 60 € nicht übersteigt.

Die Mahlzeiten sind daher nicht als Arbeitslohn zu erfassen und die Verpflegungspauschale des Arbeitnehmers sind auf Grund der zur Verfügung gestellten Mahlzeiten zu kürzen.

Zuzahlungen des Arbeitnehmers sind jeweils vom Kürzungsbetrag derjenigen Mahlzeit abzuziehen, für die der Arbeitnehmer das Entgelt zahlt. Ab 2014 gilt als Bezahlung einer Mahlzeit nur noch

- eine tatsächliche Zahlung des Arbeitnehmers an den Arbeitgeber oder einen Dritten

  oder

- die Kürzung des Nettolohns durch den Arbeitgeber (Verrechnung).

Übersteigt das vom Arbeitnehmer für die Mahlzeit gezahlte Entgelt den Kürzungsbetrag, entfällt für diese Mahlzeit die Kürzung des Werbungskostenabzugs. Eine Verrechnung etwaiger Überzahlungen des Arbeitnehmers mit Kürzungsbeträgen für andere Mahlzeiten ist nicht zulässig.

Beispiel:

Arbeitnehmer A zahlt für das vom Arbeitgeber gestellte Mittag- und Abendessen auf einer dreitägigen Auswärtstätigkeit je 10 €.

Folge:

Die vom Arbeitgeber anzusetzenden Kürzungsbeträge i.H.v. 9,60 € sind um 10 € zu mindern; es verbleibt kein Kürzungsbetrag.

Versteuerung der üblichen Mahlzeit

Die Gestellung einer üblichen Mahlzeit durch den Arbeitgeber ist als Arbeitslohn zu erfassen, wenn der Arbeitnehmer keine Verpflegungspauschale beanspruchen kann. Dies gilt insbesondere bei

- Auswärtstätigkeiten von weniger als 8 Stunden und
- nach Ablauf der 3-Monatsfrist bei auswärtiger Tätigkeit oder doppelter Haushaltsführung.

Diese Mahlzeiten sind als Arbeitslohn zu erfassen und mit dem Sachbezugswert zu versteuern. Auch in diesen Fällen mindern Zuzahlungen des Arbeitnehmers den steuerpflichtigen Sachbezug.

Voraussetzungen für Mahlzeitengestellung

Die Gestellung einer Mahlzeit ist vom Arbeitgeber veranlasst, wenn er Tag und Ort der Mahlzeitengestellung bestimmt. Das ist insbesondere dann der Fall, wenn

- er die Verpflegungskosten im Hinblick auf die beruflich veranlasste Auswärtstätigkeit des Arbeitnehmers dienst- oder arbeitsrechtlich erstattet und
- die Rechnung auf den Arbeitgeber ausgestellt ist (R 8.1 Abs. 8 N. 2 Satz 6 LStR 2013) oder es sich um eine Kleinbetragsrechnung i.S.d. § 14 UStG i.V.m. § 33 UStDV handelt, die im Original beim Arbeitgeber vorliegt.

Bewirtung, Arbeitsessen

Die Vorteile aus der Teilnahme des Arbeitnehmers an einer **geschäftlich** veranlassten Bewirtung (i.S.d. § 4 Abs. 5 Satz 1 Nr. 2 EStG) gehören weiterhin **nicht** zum Arbeitslohn (R 8.1 Abs. 8 Nr. 1 LStR 2013).

Entsprechendes gilt für die im ganz **überwiegenden** eigenbetrieblichen Interesse des Arbeitgebers abgegebenen Mahlzeiten. Hierzu gehören insbesondere die Teilnahme an einem **Arbeitsessen** (R 19.6 Abs. 2 Satz 2 LStR 2013 unter Beachtung der weiter geltenden 40 €-Grenze) sowie die im Rahmen einer üblichen **Betriebsveranstaltung** (R 19.5 LStR 2013) abgegebenen Mahlzeiten.

Ferner rechnen nicht zum Arbeitslohn Genussmittel und Getränke (falls nicht im Zusammenhang mit einer Mahlzeit) sowie Mahlzeiten (Speisen) aus besonderem Anlass bzw. eines außergewöhnlichen Arbeitseinsatzes → *Aufmerksamkeit*, Mahlzeiten aus Anlass einer Betriebsveranstaltung → Rz. 482 *Betriebsveranstaltungen*, → Rz. 482 *Betriebsveranstaltung*, → Rz. 457 *Arbeitnehmerjubiläum* sowie Mahlzeiten anlässlich einer geschäftlichen Bewirtung von Geschäftspartnern und Kunden des Arbeitgebers → Rz. 591 *VIP-Logen*.

Als **Mahlzeit** bezeichnet das Steuerrecht sämtliche Speisen und Lebensmittel, die üblicherweise der Ernährung dienen einschl. der dazugehörenden Getränke. Dies können z.B. belegte Brötchen, ein Salat, eine Suppe (Zwischenmahlzeit) oder auch eine Mahlzeit mit mehreren Gängen sein.

Metergeld

Metergeld im Speditions- und Transportgewerbe ist steuerpflichtiger Arbeitslohn. 541

Mietvorteile

542 Mietvorteile durch verbilligt oder unentgeltlich überlassenen Wohnraum sind grundsätzlich steuerpflichtige Sachbezüge, die nach dem ortsüblichen Mietpreis zu bewerten sind. In Ausnahmefällen und bei Gestellung einer Unterkunft sind die maßgebenden Werte der Sozialversicherungsentgeltverordnung anzusetzen.

Steuerfrei sind jedoch:

- Mietvorteile, die im Rahmen eines Dienstverhältnisses gewährt werden und die auf der Förderung nach dem Zweiten Wohnungsbaugesetz, dem Wohnraumförderungsgesetz oder dem Wohnungsbaugesetz für das Saarland oder den Landesgesetzen zur Wohnraumförderung beruhen;
- Mietvorteile, die sich aus dem Einsatz von Wohnungsfürsorgemitteln aus öffentlichen Haushalten ergeben.

Bei einer Wohnung, die ohne Mittel aus öffentlichen Haushalten errichtet worden ist, gilt Folgendes:

Die Mietvorteile im Rahmen eines Dienstverhältnisses sind steuerfrei, wenn die Wohnung im Zeitpunkt ihres Bezugs durch den Arbeitnehmer für eine Förderung mit Mitteln aus öffentlichen Haushalten in Betracht gekommen wäre. Die Steuerfreiheit kommt deshalb nur bei Wohnungen in Betracht, die im Geltungszeitraum der genannten Wohnungsbaugesetze errichtet worden sind, d.h. auf Baujahrgänge ab 1957. Es muss nicht geprüft werden, ob der Arbeitnehmer nach seinen Einkommensverhältnissen als Mieter einer geförderten Wohnung in Betracht kommt. Der Höhe nach ist die Steuerbefreiung auf die Mietvorteile begrenzt, die sich aus der Förderung nach den genannten Wohnungsbaugesetzen ergeben würden (BMF-Schreiben v. 10.10.2005, BStBl I 2005, 959).

Ist der Förderzeitraum abgelaufen, sind die Mietvorteile steuerpflichtig. Ist der Förderzeitraum im Zeitpunkt des Bezugs der Wohnung durch den Arbeitnehmer noch nicht abgelaufen, ist ein Mietvorteil bis zur Höhe des Teilbetrags steuerfrei, auf den der Arbeitgeber gegenüber der Vergleichsmiete verzichten müsste, wenn die Errichtung der Wohnung nach den Wohnungsbaugesetzen gefördert worden wäre. Dieser steuerfreie Teilbetrag verringert sich in dem Maße, in dem der Arbeitgeber nach den Förderregelungen eine höhere Miete verlangen könnte. Mit Ablauf der Mietbindungsfrist läuft auch die Steuerbefreiung aus. Soweit später zulässige Mieterhöhungen (z.B. nach Ablauf des Förderzeitraums) im Hinblick auf das Dienstverhältnis unterblieben sind, sind sie in den steuerpflichtigen Mietvorteil einzubeziehen.

Mitgliedsbeiträge

543 Mitgliedsbeiträge, die der Arbeitgeber für den Arbeitnehmer übernimmt, sind steuerpflichtiger Arbeitslohn. Dies gilt selbst dann, wenn die Mitgliedschaft des Arbeitnehmers im Interesse des Arbeitgebers besteht (z.B. Beiträge einer angestellten Rechtsanwältin an den deutschen Anwaltsverein „Kammerbeiträge" oder an einen Sportverein, Tennis- oder Golf-Club).

Mutterschutz

544 Die Leistungen nach dem Mutterschutzgesetz sind **steuerfrei**, unterliegen jedoch dem Progressionsvorbehalt nach § 32b EStG (→ Rz. 64).

Outplacement-Beratung

545 Pauschale Zahlungen des Arbeitgebers an ein Dienstleistungsunternehmen, das sich verpflichtet, alle Arbeitnehmer des Auftraggebers kostenlos in persönlichen und sozialen Angelegenheiten zu beraten und zu betreuen, sind **kein** Arbeitslohn. Hierzu gehören z.B. eine Outplacement-Beratung oder die Übernahme der Vermittlung von Betreuungspersonen für Familienangehörige. Individuell vereinbarte Beratungs- und Betreuungsaufwendungen des Arbeitgebers zur beruflichen Neuorientierung des Arbeitnehmers wegen der Auflösung des Dienstverhältnisses sind regelmäßig steuerpflichtiger Arbeitslohn.

Parkgebühren

546 Parkgebühren, die der Arbeitgeber auf Grund einer Dienstreise erstattet, sind **steuerfreie** Reisenebenkosten. Werden sie arbeitstäglich für die Fahrten zwischen Wohnung und erster Tätigkeitsstätte erstattet, sind sie steuerpflichtiger Arbeitslohn.

Parkplätze

547 Parkplätze, die der Arbeitgeber den Mitarbeitern allgemein zur Verfügung stellt, führen zu **keinem** steuerpflichtigen Vorteil. Dieser ist erst **dann** anzunehmen, wenn der Arbeitnehmer einen bestimmten angemieteten Parkplatz zur ausschließlichen Nutzung erhält.

Payback-Gutschrift

548 Vorteile aus dienstlich erworbenen Payback-Punkten sind steuerpflichtiger Arbeitslohn, der bereits bei Gutschrift der Punkte auf dem privaten Punktekonto zufließt und nicht erst bei deren Einlösung. Für den Lohnsteuerabzug sind die auf dem privaten Punktekonto gutgeschriebenen Payback-Punkte dem dienstlichen Bereich und dem privaten Bereich zuzuordnen und aufzuteilen; hilfsweise kommt ggf. eine sachgerechte Schätzung in Betracht.

Sofern sich ein steuerpflichtiger Betrag ergibt, hat der Arbeitgeber auf Grund der Mitteilung des Arbeitnehmers den Lohnsteuerabzug vorzunehmen; bei (geplanter späterer) Wahl eines Sachbezugs kommt die monatliche Freigrenze für Sachbezüge von 44 € (→ Rz. 558 *Sachbezüge*) zur Anwendung. Die Pauschalierungsmöglichkeit für Kundenbindungsprogramme (§ 3 Nr. 38 EStG), z.B. Miles und More, ist nicht möglich.

Pensionsfonds

549 Beiträge, die der Arbeitgeber an einen Pensionsfonds leistet, führen zum **Zufluss** von Arbeitslohn (→ Rz. 385 ff.). Zahlungen des Arbeitgebers zur Erfüllung der Solvabilitätsvorschriften nach § 114 des Versicherungsaufsichtsgesetzes und Zahlungen des Arbeitgebers in der Rentenbezugszeit nach § 112 Abs. 1a des Versicherungsaufsichtsgesetzes gehören dagegen nicht zu den Einkünften aus nichtselbständiger Arbeit.

Die Beiträge des Arbeitgebers aus dem **ersten Dienstverhältnis** an einen Pensionsfonds zum Aufbau einer **kapitalgedeckten betrieblichen Altersversorgung** sind bis zur Höhe von **4 %** der Beitragsbemessungsgrenze in der **allgemeinen Rentenversicherung** steuerfrei (in 2014 bis zur Höhe von 2 856 € [71 400 €[1] × 4 %]), wobei auch für Arbeitnehmer in den neuen Ländern und Ost-Berlin die Beitragsbemessungsgrenze (West) maßgeblich ist. Der Höchstbetrag i.H.v. 4 % der Beitragsbemessungsgrenze erhöht sich um **1 800 €**, wenn die Beiträge auf Grund einer **Versorgungszusage** geleistet werden, die **nach dem 31.12.2004 erteilt** wurde (sog. Neuzusage).

Aus Anlass der **Beendigung des Dienstverhältnisses** geleistete Beiträge an einen Pensionsfonds sind steuerfrei, soweit sie 1 800 € vervielfältigt mit der Anzahl der Kalenderjahre, in denen das Dienstverhältnis des Arbeitnehmers zu dem Arbeitgeber bestanden hat, nicht übersteigen. Der vervielfältigte Betrag vermindert sich allerdings um die steuerfreien Beiträge, die der Arbeitgeber in dem Kalenderjahr, in dem das Dienstverhältnis beendet wird, und in den sechs vorangegangenen Kalenderjahren erbracht hat. Kalenderjahre vor 2005 sind dabei jeweils nicht zu berücksichtigen.

Der Arbeitgeber kann die Beiträge an einen Pensionsfonds nicht pauschal besteuern.

Werden **Anwartschaften** aus einem Pensionsfonds **abgefunden**, ist dies **steuerfrei**, soweit das Altersvorsorgevermögen zu Gunsten eines zertifizierten Altersvorsorgevertrags geleistet wird.

Pensionskasse

Beiträge, die der Arbeitgeber an eine Pensionskasse leistet, führen grds. zum **Zufluss** von Arbeitslohn (→ Rz. 385 ff.). Zahlungen des Arbeitgebers zur Erfüllung der Solvabilitätsvorschriften nach § 53c des Versicherungsaufsichtsgesetzes gehören dagegen nicht zu den Einkünften aus nichtselbständiger Arbeit. 550

Die Beiträge des Arbeitgebers aus dem **ersten Dienstverhältnis** an eine Pensionskasse zum Aufbau einer **kapitalgedeckten betrieblichen Altersversorgung** sind bis zur Höhe von **4 %** der Beitragsbemessungsgrenze in der **allgemeinen Rentenversicherung** steuerfrei (in 2014 bis zur Höhe von 2 856 € [71 400 €[2] × 4 %]), wobei auch für Arbeitnehmer in den neuen Ländern und Ost-Berlin die Beitragsbemessungsgrenze (West) maßgeblich ist. Voraussetzung für die Steuerfreiheit ist, dass eine Auszahlung der zugesagten Alters-, Invaliditäts- oder Hinterbliebenenversorgungsleistungen in Form einer **Rente** oder eines **Auszahlungsplans** vorgesehen ist; die Möglichkeit, später eine Einmalkapitalzahlung zu wählen, steht der Steuerfreiheit aber noch nicht entgegen. Der Höchstbetrag i.H.v. 4 % der Beitragsbemessungsgrenze erhöht sich um **1 800 €**, wenn die Beiträge auf Grund einer **Versorgungszusage** geleistet werden, die **nach dem 31.12.2004 erteilt** wurde (sog. Neuzusage).

Aus Anlass der **Beendigung des Dienstverhältnisses** geleistete Beiträge an eine Pensionskasse sind steuerfrei, soweit sie 1 800 € vervielfältigt mit der Anzahl der Kalenderjahre, in denen das Dienstverhältnis des Arbeitnehmers zu dem Arbeitgeber bestanden hat, nicht übersteigen. Der vervielfältigte Betrag vermindert sich allerdings um die steuerfreien Beiträge, die der Arbeitgeber in dem Kalenderjahr, in dem das Dienstverhältnis beendet wird, und in den sechs vorangegangenen Kalenderjahren erbracht hat. Kalenderjahre vor 2005 sind dabei jeweils nicht zu berücksichtigen.

Der Arbeitgeber kann die Zuwendungen an eine Pensionskasse unter bestimmten Voraussetzungen und bis zu bestimmten Grenzen auch **pauschal** mit 20 % zzgl. Solidaritätszuschlag und ggf. Kirchensteuer **besteuern** (→ Rz. 633 ff.), wenn er mehr als 4 % der Beitragsbemessungsgrenze leistet.

Werden **Anwartschaften** aus einer Pensionskasse **abgefunden**, ist dies **steuerfrei**, soweit das Altersvorsorgevermögen zu Gunsten eines zertifizierten Altersvorsorgevertrags geleistet wird.

Bei der **umlagefinanzierten betrieblichen Altersversorgung** gibt es des Weiteren folgende Besonderheiten:

Zu den Einkünften aus nichtselbständiger Arbeit gehören auch **Sonderzahlungen**, die der Arbeitgeber neben den laufenden Beiträgen und Zuwendungen an eine solche Versorgungseinrichtung leitet, mit **Ausnahme** von **Sanierungsgeldern**.

Sonderzahlungen des Arbeitgebers sind danach insbesondere Zahlungen an eine Pensionskasse anlässlich

(1) seines Ausscheidens aus einer nicht im Wege der Kapitaldeckung finanzierten betrieblichen Altersversorgung oder

(2) des Wechsels von einer nicht im Wege der Kapitaldeckung zu einer anderen nicht im Wege der Kapitaldeckung finanzierten betrieblichen Altersversorgung.

Von **Sonderzahlungen** i.S.d. Buchstaben b ist bei laufenden und wiederkehrenden Zahlungen entsprechend dem periodischen Bedarf jedoch nur auszugehen, soweit die Bemessung der Zahlungsverpflichtungen des Arbeitgebers in das Versorgungssystem nach dem Wechsel die Bemessung der Zahlungsverpflichtung zum Zeitpunkt des Wechsels übersteigt. **Sanierungsgelder**, die nicht zu den Einkünften aus nichtselbständiger Arbeit gehören, sind Sonderzahlungen des Arbeitgebers an eine Pensionskasse anlässlich der Systemumstellung einer nicht im Wege der Kapitaldeckung finanzierten betrieblichen Altersversorgung auf der Finanzierungs- oder Leistungsseite, die der Finanzierung der zum Zeitpunkt der Umstellung bestehenden Versorgungsverpflichtungen oder Versorgungsanwartschaften dienen; bei laufenden und wiederkehrenden Zahlungen entsprechend dem periodischen Bedarf ist nur von Sanierungsgeldern auszugehen, soweit die Bemessung der Zahlungsverpflichtungen des Arbeitgebers in das Versorgungssystem nach der Systemumstellung die Bemessung der Zahlungsverpflichtung zum Zeitpunkt der Systemumstellung übersteigt.

Zahlungen des Arbeitgebers anlässlich der **Umstellung** der Finanzierung auf **Kapitaldeckung** führen nicht zum Zufluss von Arbeitslohn.

Nach § 3 Nr. 56 EStG sind Zuwendungen des Arbeitgebers aus dem ersten Dienstverhältnis an eine Pensionskasse zum Aufbau einer **nicht kapitalgedeckten betrieblichen Altersversorgung** (Umlagezahlungen), bei der eine Auszahlung der zugesagten Alters-, Invaliditäts- oder Hinterbliebenenversorgung in Form einer Rente oder eines Auszahlungsplans vorgesehen ist, steuerfrei, soweit diese Zuwendungen im Kalenderjahr **1 %** der **Beitragsbemessungsgrenze** in der **allgemeinen Rentenversicherung** (in 2014 1 428 € [71 400 €[3] × 2 %]) nicht übersteigen. Der genannte Höchstbetrag erhöht sich ab

1) Änderung auf Grund der Sozialversicherungs-Rechengrößenverordnung 2014, die Zustimmung des Bundesrats stand bei Redaktionsschluss noch aus.
2) Änderung auf Grund der Sozialversicherungs-Rechengrößenverordnung 2014, die Zustimmung des Bundesrats stand bei Redaktionsschluss noch aus.
3) Änderung auf Grund der Sozialversicherungs-Rechengrößenverordnung 2014, die Zustimmung des Bundesrats stand bei Redaktionsschluss noch aus.

1.1.2020 auf 3 % und ab 1.1.2025 auf 4 %. Die Beträge sind jedoch jeweils um die nach § 3 Nr. 63 Satz 1, 3 oder 4 steuerfreien Beträge zu mindern.

Zu **Pauschalierung bei Sonderzahlungen** → Rz. 640.

Pflegegelder

551 Pflegegelder des **Jugendamts** sowie aus der **Pflegeversicherung** an Angehörige oder sittlich Verpflichtete für die Grundpflege oder hauswirtschaftliche Versorgung und Betreuung der pflegebedürftigen Person sind **steuerfrei**. Zur steuerlichen Behandlung von (Geld-)Leistungen nach dem SGB VIII für die Kindertages- und Vollzeitpflege vgl. BMF-Schreiben v. 21.4.2011, IV C 3 – S 2342/07/0001 :126, BStBl I 2011, 487.

Ferner sind **steuerfrei** Vergütungen an die Gastfamilie für die Aufnahme eines behinderten Menschen für die Pflege, Unterbringung, Betreuung und Verpflegung, wenn sie von einem Leistungsträger nach dem SGB stammen (§ 3 Nr. 10 EStG). Daneben sind die im Rahmen der Vollzeit-/Bereitschafts- und Kindertagespflege gezahlten Erstattungen für Versicherungsbeiträge der Pflegepersonen steuerfrei.

Prämien

552 Prämien und Preise, die der Arbeitgeber oder ein Dritter für eine Arbeitsleistung zahlt, sind als Sach- oder Geldleistungen grundsätzlich steuerpflichtiger Arbeitslohn (→ Rz. 524 *Incentive-Reisen*, → Rz. 539 *Losgewinne*, → Rz. 558 *Sachbezüge, Freigrenze*, → Rz. 559 *Sachprämien*, → Rz. 575 *Trinkgelder*, Nachwuchsförderpreis → Rz. 461 *Arbeitslohn*).

Preisnachlässe, Personalrabatte

553 Preisnachlässe und Personalrabatte beim Bezug von Waren, die im Betrieb nicht überwiegend für den Bedarf der Mitarbeiter hergestellt oder vertrieben werden, sind nach der gängigen Berechnungsmethode bis zu einem Jahresbetrag von 1 080 € **steuerfrei** (Rabattfreibetrag). Dabei ist der **Personalrabatt** (geldwerter Vorteil) für den Sachbezug wie folgt zu ermitteln:

– 96 % des üblichen Verkaufspreises an fremde Dritte (Endpreis)

  abzüglich

– der (eventuellen) Zahlung des Arbeitnehmers (§ 8 Abs. 3 EStG, R 8.2 LStR 2013).

Von dem so ermittelten Betrag ist der Rabattfreibetrag abzuziehen. Der verbleibende positive Betrag ist der anzusetzende steuerpflichtige Arbeitslohn.

Für den Ansatz des **Rabattfreibetrags** kommt es darauf, ob der Arbeitgeber die mit Rabatt an den Arbeitnehmer abgegebenen Waren oder Leistungen auch am Markt tatsächlich erbringt. Sie müssen zur **Produktpalette** des Arbeitgebers gehören und (durch das Unternehmen selbst oder über Dritte) Fremden angeboten werden; die Abgabe an die Belegschaft darf nicht überwiegen. Hierbei ist nicht entscheidend, ob die verbilligte Ware bzw. Leistung für den Betrieb des Arbeitgebers typisch ist. Unter den Rabattfreibetrag fällt auch die verbilligte Abgabe von Medikamenten an die Belegschaft eines Krankenhauses, wenn Medikamente dieser Art zumindest im gleichen Umfang an die Patienten abgegeben werden. Ebenso Waren, die der Arbeitgeber im Auftrag und nach den Plänen und Vorgaben eines anderen produziert (z.B. Zeitungs- und Zeitschriftendruck).

Liegen die vorgenannten Voraussetzungen vor, kann der dem Arbeitnehmer zuzurechnende geldwerte Vorteil um den Rabattfreibetrag gekürzt werden. Kommt die Rabattregelung **nicht** zur Anwendung, ist die Lohnversteuerung nach § 8 Abs. 2 EStG (Vergleich mit üblichem Endpreis und Anwendung der 44 €-Freigrenze) durchzuführen (→ Rz. 558 *Sachbezüge, Freigrenze*).

Für **Arbeitgeberdarlehen** an Mitarbeiter kann der Rabattfreibetrag angesetzt werden, wenn der Arbeitgeber **solche Darlehen am Markt** – abgesehen vom Zinssatz – zu den gleichen Konditionen (z.B. Laufzeit, Zinsfestlegung, Sicherung) anbietet und überwiegend an Dritte vergibt (BFH-Urteil v. 9.10.2002, BStBl II 2003, 373).

Deshalb kommt für Verbraucherkredite, die eine Hypothekenbank oder eine Bausparkasse ihren Arbeitnehmern einräumt, und für Baudarlehen, die ein Kreditinstitut ausschließlich oder überwiegend nur seinen Arbeitnehmern gewährt, der Rabattfreibetrag nicht in Betracht (BMF-Schreiben v. 21.7.2003, BStBl I 2003, 391). Ebenso können Mitarbeiter der Deutschen Bundesbank und der Landeszentralbanken bei verbilligten Arbeitgeberdarlehen den Rabattfreibetrag nicht in Anspruch nehmen, weil solche Kredite im Leistungskatalog dieser Banken nicht enthalten sind.

Wahlrecht zwischen tatsächlichem Endpreis mit Bewertungsabschlag und Rabattfreibetrag oder Ansatz des „günstigsten Marktpreises“

Nunmehr können Arbeitgeber und Arbeitnehmer entscheiden, nach welchen Grundsätzen der (ggf. steuerpflichtige) Preisnachlass ermittelt werden soll. Entweder auf der Grundlage

– des **tatsächlichen Endpreises** des Arbeitgebers mit Bewertungsabschlag und Rabattfreibetrag (nach § 8 Abs. 3 EStG) oder

– des **„günstigsten Preises** am Markt“ ohne den vorgenannten Abschlag und ohne Rabattfreibetrag (nach § 8 Abs. 2 EStG).

Der Arbeitgeber darf die Bewertungsmethode im Lohnsteuerabzugsverfahren selbst wählen. Allerdings kann der Arbeitnehmer i.R. seiner Einkommensteuerveranlagung eine davon abweichende Methode wählen, z.B. den geldwerten Vorteil anhand des günstigsten Preises am Markt berechnen.

Beispiel:

Der Arbeitnehmer A erwirbt von seinem Arbeitgeber (Möbelhaus) im Januar eine Schrankwand zu 3 000 € und im Februar eine Sitzgarnitur zu 3 000 €. Der lt. Preisauszeichnung im Möbelhaus angegebene Endpreis beträgt jeweils 5 000 €. Das Möbelhaus gewährt seinen Kunden auf diese Möbelstücke durchschnittlich 10 % Rabatt. Ein anderes inländisches Möbelhaus bietet diese Sitzgarnitur im Februar auf seiner Internetseite für 4 000 € an.

Der Arbeitgeber hat die geldwerten Vorteile jeweils mit Anwendung des Rabattfreibetrags (§ 8 Abs. 3 Satz 1 EStG) bewertet. Der Arbeitnehmer beantragt im Rahmen seiner Einkommensteuerveranlagung die Bewertung des geldwerten Vorteils für die Sitzgarnitur anhand des günstigsten Preises am Markt (§ 8 Abs. 2 Satz 1 EStG) und legt dem Finanzamt einen Ausdruck des günstigeren Angebots vor.

1. Steuerliche Behandlung im Lohnsteuerabzugsverfahren:

Schrankwand

Endpreis i.S.d. § 8 Abs. 3 Satz 1 EStG ist der für die Schrankwand am Ende von Verkaufsverhandlungen durchschnittlich angebotene Preis des Arbeitgebers i.H.v. 4 500 € (= 5 000 € abzgl. durchschnittlichem Rabatt von 10 %). Zur Ermittlung des geldwerten Vorteils aus dem Verkauf der Schrankwand ist der Endpreis um 180 € (= 4 % v. 4 500 €) zu kürzen. So ergibt sich nach Anrechnung des vom Arbeitnehmer gezahlten Entgelts von 3 000 € ein Arbeitslohn von 1 320 € (4 500 € – 180 € – 3 000 €). Dieser Arbeitslohn überschreitet den Rabatt-Freibetrag von 1 080 € um 240 €, so dass dieser Betrag für Januar zu versteuern ist.

Sitzgarnitur

Zur Ermittlung des geldwerten Vorteils aus dem Verkauf der Sitzgarnitur ist der Endpreis (s.o.) von 4 500 € um 180 € (= 4 %) zu kürzen, so dass sich nach Anrechnung des vom Arbeitnehmer gezahlten Entgelts von 3 000 € erneut ein Arbeitslohn von 1 320 € ergibt. Der Rabatt-Freibetrag kommt nicht mehr in Betracht, da er bereits bei der Ermittlung des geldwerten Vorteils beim Kauf der Schrankwand berücksichtigt wurde. Daher ist ein Arbeitslohn von 1 320 € für Februar zu versteuern.

2. Steuerliche Behandlung im Veranlagungsverfahren:

Als Endpreis für die Sitzgarnitur ist der nachgewiesene günstigste Preis i.H.v. 4 000 € anzusetzen (§ 8 Abs. 2 Satz 1 EStG). Zur Ermittlung des geldwerten Vorteils aus der Übereignung der Sitzgarnitur ist der Endpreis nicht zu kürzen, so dass sich nach Anrechnung des vom Arbeitnehmer gezahlten Entgelts (3 000 €) ein Arbeitslohn von 1 000 € (statt bisher 1 320 €) ergibt. Die monatliche Freigrenze für Sachbezüge von 44 € (§ 8 Abs. 2 Satz 11 EStG) ist überschritten, so dass ein Arbeitslohn von 1 000 € zu versteuern ist. Der bisher versteuerte Jahresarbeitslohn (lt. Zeile 3 des Ausdrucks der elektronischen Lohnsteuerbescheinigung) ist durch das Finanzamt um 320 € zu mindern.

Für vertiefte Erläuterungen mit Beispiel vgl. BMF-Schreiben v. 16.5.2013, IV C 5 – S 2334/07/0011, BStBl I 2013, 729.

Reisegepäckversicherung

Prämien des Arbeitgebers für eine auf den Arbeitnehmer abgeschlossene Reisegepäckversicherung sind regelmäßig Arbeits- **554**
lohn, wenn dem Arbeitnehmer der Anspruch gegen die Versicherung zusteht. Ist der Versicherungsschutz auf Dienstreisen beschränkt, rechnen die Arbeitgeberleistungen zum steuerfreien Reisekostenersatz. Bezieht sich der Versicherungsschutz auf sämtliche Reisen des Arbeitnehmers, kann die Gesamtprämie in einen beruflich und einen privat veranlassten Anteil aufgeteilt werden, falls die Versicherung den Prozentsatz (oder ggf. die Kalkulation) mitteilt.

Reisekosten

Als Reisekosten kann der Arbeitgeber seinem Arbeitnehmer bei einer → Rz. 129 *Auswärtstätigkeit* **555**

- → Rz. 504 *Fahrtkosten als Reisekosten bei Auswärtstätigkeiten*, → Rz. 588 *Verpflegungsmehraufwendungen als Reisekosten bei Auswärtstätigkeit* sowie
- → Rz. 576 *Übernachtungskosten als Reisekosten bei Auswärtstätigkeiten* und → Rz. 556 *Reisenebenkosten*

steuerfrei zahlen (§ 3 Nr. 13, 16 EStG, R 3.13, 3.16 und 9.4 ff. LStR 2013), wenn diese durch eine so gut wie ausschließlich beruflich veranlasste **Auswärtstätigkeit** des Arbeitnehmers entstehen.

Einzelheiten zum steuerfreien Arbeitgebersatz bei einer beruflich bedingten **doppelten Haushaltsführung** des Arbeitnehmers → Rz. 492 *Doppelte Haushaltsführung*.

Aufwendungen, die **nicht** so gut wie ausschließlich durch die beruflich veranlasste Auswärtstätigkeit entstanden sind, z.B. Bekleidungskosten sowie Aufwendungen für die Anschaffung von Koffern und anderen Reiseausrüstungen, rechnen **nicht** zu den Reisekosten.

Der **Arbeitgeber** hat von dem Arbeitnehmer **Unterlagen** zu verlangen, aus denen die Voraussetzungen für die steuerfreie Zahlung ersichtlich sein müssen; z.B. berufliche Veranlassung, Reisedauer und Reiseweg sowie Belege über die Ausgaben wie Tankquittungen und Hotelrechnungen. Diese Unterlagen sind als Belege zum **Lohnkonto** aufzubewahren.

Ersetzt der Arbeitgeber nicht die gesamten beruflich veranlassten Aufwendungen, kann der Arbeitnehmer in seiner Einkommensteuererklärung die Differenz als **Werbungskosten** ansetzen unter Beachtung der steuerlichen Höchstbeträge und Pauschalen.

Reisenebenkosten

Reisenebenkosten sind die tatsächlichen Aufwendungen für **556**

- die Beförderung und Aufbewahrung von Gepäck, für Telefongespräche und Schriftverkehr beruflichen Inhalts mit dem Arbeitgeber oder dessen Geschäftspartner sowie
- die Straßen- und Parkplatzbenutzung (Maut) sowie für Schadensersatzleistungen infolge von Verkehrsunfällen, wenn die jeweils damit verbundenen Fahrtkosten als Reisekosten anzusetzen sind.

Der **Arbeitgeber** kann die tatsächlichen Reisenebenkosten **steuerfrei** erstatten. Regelmäßig wiederkehrende Reisenebenkosten können zur Vereinfachung über einen repräsentativen Zeitraum von drei Monaten im Einzelnen nachgewiesen werden und dann in der Folgezeit mit dem täglichen Durchschnittsbetrag angesetzt werden.

Diese Vereinfachungsregelung gilt insbesondere für die Aufwendungen der Kraft-/LKW-Fahrer, die in der Schlafkabine des LKW übernachten. Einzelheiten, wie solche Aufwendungen vereinfachend festzustellen und gegenüber dem Finanzamt bzw. dem Arbeitgeber nachgewiesen werden können, regelt das BMF-Schreiben v. 4.12.2012, IV C 5 – S 2353/12/10009, BStBl I 2012, 1249.

Rückdeckungsversicherung

Zahlt der Arbeitgeber Beiträge für eine Rückdeckungsversicherung, um sich die Mittel zur Leistung einer dem Arbeitnehmer **557**
zugesagten Versorgung (Durchführungswege: → Rz. 491 *Direktzusage* und → Rz. 582 *Unterstützungskasse*) zu verschaffen, liegt **kein steuerlicher Lohnzufluss** vor.

Sachbezüge, Freigrenze

558 Sachbezüge, die nicht unter den Rabattfreibetrag nach § 8 Abs. 3 EStG i.H.v. **1 080 €** (→ Rz. 553 *Preisnachlässe, Personalrabatte*) fallen und nicht nach Durchschnittswerten (z.B. Sachbezugswerte nach der Sozialversicherungsentgeltverordnung) zu bewerten sind, bleiben bis zu einer monatlichen **Freigrenze** von 44 € **steuerfrei** (§ 8 Abs. 2 Satz 11 EStG i.d.F. 2014).

Hierunter fallen z.B. Fahrkarten für öffentliche Verkehrsmittel, Belohnungsessen und Geschenke, die nicht bereits als Annehmlichkeiten steuerfrei sind (→ Rz. 468 *Aufmerksamkeit*) sowie Vorteile aus der Überlassung eines zinslosen oder zinsverbilligten Arbeitgeberdarlehens. Begünstigt sind Lohnteile, die nach § 8 Abs. 2 Satz 1 EStG mit dem um übliche Preisnachlässe geminderten üblichen Endpreis am Abgabeort zu bewerten sind.

Für die Feststellung, ob die Freigrenze überschritten ist, sind die in einem Kalendermonat zufließenden und in die Freigrenze einzubeziehenden Vorteile auch dann zusammenzurechnen, soweit hierfür Lohnsteuer einbehalten worden ist.

Zu beachten ist, dass bei Überschreiten der Freigrenze der **Gesamtbetrag** als steuerpflichtiger Arbeitslohn zu erfassen ist; auch → Rz. 596 *Warengutscheine*, → Rz. 553 *Preisnachlässe, Personalrabatte*.

Zur Frage, ob und ggf. wann bei einem **Personalverkauf** der übliche (Listen-) Verkaufspreis an fremde Dritte und der Rabattfreibetrag oder aber der tatsächliche Marktpreis anzusetzen ist und wie der Arbeitnehmer dem Finanzamt gegenüber einen anderen Wertnachweis führen kann, s. unter → Rz. 553 *Preisnachlässe, Personalrabatte*.

Auf **zweckgebundene Geldleistungen**, z.B. Zuschüsse des Arbeitgebers für Mitgliedsbeiträge des Arbeitnehmers an einen Sportverein oder Fitnessclub, ist die Freigrenze nicht anzuwenden. Lohnzahlungen in einer gängigen **ausländischen Währung** sind Einnahmen in Geld und kein Sachbezug.

Sachprämien

559 Erhält der Arbeitnehmer auf Grund seiner Berufsausübung durch Kundenbindungsprogramme von einem Dritten Sachprämien (z.B. Bonusmeilen), so rechnen diese Vorteile zum beruflichen Bereich, wenn der Arbeitgeber die Aufwendungen getragen hat (z.B. Erstattung der Reisekosten). Werden die so erworbenen Prämien für **berufliche** Zwecke eingesetzt, entstehen **keine** steuerlich zu erfassenden geldwerten Vorteile. **Verzichtet** der Arbeitgeber auf den arbeitsrechtlichen Herausgabeanspruch, ist die private Verwendung der Sachprämie bzw. des Vorteils insoweit **steuerpflichtiger** Arbeitslohn, als der jährliche Freibetrag i.H.v. 1 080 € überschritten ist.

Nicht begünstigt sind z.B. Rückvergütungen, Preisnachlässe, sie mindern die steuerfrei erstattungsfähigen Reisekosten. → Rz. 548 *Payback-Gutschrift*

Darüber hinaus kann das **prämiengewährende** Unternehmen den Prämienwert pauschal mit 2,25 % **versteuern** mit der Folge, dass kein Arbeitslohn anzusetzen ist. Durch Freibetrag und Pauschalierung ist der mit der Inanspruchnahme der Sachprämie zufließende geldwerte Vorteil oftmals nicht als steuerpflichtiger Arbeitslohn anzusetzen.

Nicht steuerpflichtig sind Sachprämien, die außerhalb der beruflichen Tätigkeit erworben wurden.

Sammelbeförderung

560 Die unentgeltliche oder verbilligte Sammelbeförderung von Mitarbeitern zwischen Wohnung und /erster oder weiteren Tätigkeitsstätte oder zwischen verschiedenen Tätigkeitsstätten durch arbeitgebereigene oder vom Arbeitgeber gestellte Fahrzeuge ist **steuerfrei. Voraussetzung** hierfür ist, dass diese Beförderung wegen des betrieblichen Einsatzes bzw. aus betrieblichen Gründen erforderlich ist.

Die Sammelbeförderung muss regelmäßig durch den **Arbeitgeber veranlasst** oder organisiert sein und darf nicht auf einem Entschluss des Arbeitnehmers beruhen. Das Vorliegen einer Sammelbeförderung bedarf grundsätzlich einer besonderen Rechtsgrundlage, z.B. Tarifvertrag oder Betriebsvereinbarung. Allein die Beförderung weiterer Kollegen im auch zur privaten Nutzung überlassenen Firmenwagen stellt – ohne Vereinbarung zw. Arbeitgeber und Arbeitnehmer – keine unentgeltliche oder verbilligte Sammelbeförderung dar.

Schadensersatzleistungen

561 Schadensersatzleistungen des Arbeitgebers an seine Mitarbeiter sind **kein** Arbeitslohn, soweit der Arbeitgeber zur Leistung gesetzlich verpflichtet ist oder einen zivilrechtlichen Schadensersatzanspruch des Arbeitnehmers wegen schuldhafter Verletzung arbeitsvertraglicher Fürsorgepflichten erfüllt, z.B. nach dem Allgemeinen Gleichbehandlungsgesetz (AGG).

Erlässt der Arbeitgeber jedoch dem Arbeitnehmer eine Schadensersatzforderung, ist dies steuerpflichtiger Arbeitslohn im Zeitpunkt des wirksamen Verzichts. Ausgenommen sind Fälle, in denen der Schadensersatz beim Arbeitnehmer zu Werbungskosten führen würde.

Schichtzulagen

562 Schichtzulagen sind steuerpflichtig, es sei denn, es handelt sich um Zuschläge für Sonntags-, Feiertags- und Nachtarbeit (→ Rz. 462 *Arbeitslohnzuschläge für Sonntags-, Feiertags- oder Nachtarbeit*).

Schmiergelder

563 Schmiergelder sind steuerpflichtig. Sie werden jedoch weder als Arbeitslohn noch als → Rz. 575 *Trinkgelder* erfasst; sie sind sonstige Einkünfte nach § 22 Nr. 3 EStG.

Schutzbrille

564 Gestellt der Arbeitgeber nach den Unfallverhütungsvorschriften, z.B. dem ArbSchG, erforderliche Schutzbrillen, rechnet dies **nicht** zum Arbeitslohn.

Gleiches gilt für die vom Arbeitgeber auf Grund gesetzlicher Verpflichtung übernommenen angemessenen Kosten für eine spezielle **Sehhilfe**, wenn auf Grund einer Untersuchung der Augen und des Sehvermögens durch eine fachkundige Person i.S.d. § 6 Abs. 1 BildscharbV die spezielle Sehhilfe notwendig ist, um eine ausreichende Sehfähigkeit in den Entfernungsbereichen des Bildschirmarbeitsplatzes zu gewährleisten.

Sicherheitsaufwendungen

Vom Arbeitgeber **getragene** oder ersetzte Aufwendungen für Maßnahmen zum Schutz des Arbeitnehmers vor Übergriffen 565
Dritter und Diebstahl seines Privateigentums sind grundsätzlich Arbeitslohn. Ausnahmen gelten für Personen, die auf Grund ihrer beruflichen Position den Angriffen gewaltbereiter politisch motivierter Personen ausgesetzt sind (Positionsgefährdung). Unter diesen Voraussetzungen können **steuerfrei** sein:

- Aufwendungen für das ausschließlich mit dem Personenschutz des Arbeitnehmers befasste Personal.
- Aufwendungen für den Einbau von Sicherheitseinrichtungen (Grund- und Spezialschutz) in eine Mietwohnung oder in ein selbstgenutztes Wohneigentum zum Schutz positionsgefährdeter Arbeitnehmer, wobei sich die Steuerfreiheit nach dem Maß der Gefährdung des Arbeitnehmers richtet. Es ist unerheblich, ob die Sicherheitseinrichtungen in das Eigentum des Arbeitnehmers übergehen oder nicht. Die Höhe der steuerfrei bleibenden Beträge richtet sich nach der von der Gefährdungsanalyse zuständigen Behörde (Sicherheitsbehörde) eingeschätzten Gefährdungsstufe.

Ersetzt der Arbeitgeber dem Arbeitnehmer Aufwendungen für Sicherheitseinrichtungen oder mit diesen Einrichtungen verbundene laufende Betriebs- oder Wartungskosten, ist der Ersatz unter den vorgenannten Voraussetzungen ebenfalls kein steuerpflichtiger Arbeitslohn, ggf. jedoch nur anteilig nach dem Verhältnis des nicht steuerpflichtigen Anteils an den Gesamteinbaukosten. Dies gilt allerdings nur dann, wenn die Aufwendungen in zeitlichem Zusammenhang mit dem Einbau bzw. der Zahlung durch den Arbeitnehmer ersetzt werden; andernfalls ist der Aufwendungsersatz steuerpflichtiger Arbeitslohn.

Näheres zu **steuerfreien** Zahlungen des Arbeitgebers regelt das BMF-Schreiben v. 30.6.1997, IV B 6 – S 2334 – 148/97, BStBl I 1997, 696.

Soziale Leistungen

Maßnahmen zur Verbesserung der Arbeitsbedingungen → Rz. 459 *Arbeitsbedingungen*, → Rz. 592 *Vorsorgeuntersuchungen,* 566
Vorsorgeleistungen

Sozialversicherungsbeiträge

Arbeitnehmerbeiträge zur gesetzlichen Sozialversicherung sind steuerpflichtig und aus dem Nettolohn zu entrichten; auch 567
→ Rz. 454 *Arbeitgeberbeiträge*, → Rz. 455 *Arbeitgeberzuschüsse*.

Sozialversicherungsrente

Ab 2012 sind so genannte Sozialversicherungsrenten an Empfänger, die als Verfolgte nach § 1 BEG anerkannt sind, steuerfrei 568
(§ 3 Nr. 8a EStG); auch → Rz. 451 *Altersrenten*.

Steuerübernahme

Vom Arbeitgeber getragene (Lohn- und Kirchen-)Steuern sind Arbeitslohn; → Rz. 536 *Lohnsteuer*, Rz. 385 und Rz. 440 ff. 569
Dieser Grundsatz gilt nicht für die pauschale Lohnsteuer, die der Arbeitgeber als Steuerschuldner zu übernehmen hat.

Stipendium

Stipendien sind nach § 3 Nr. 44 EStG **steuerfrei**, wenn sie unmittelbar oder mittelbar aus öffentlichen Mitteln geleistet werden. 570
Insbesondere bleiben indirekte Zahlungen aus EU-Förderprogrammen steuerfrei.

Streikunterstützungen

Streikunterstützungen und Aussperrungsunterstützungen sind kein Arbeitslohn; sie gehören keiner Einkunftsart an. 571

Studiengebühren

Übernimmt der Arbeitgeber im Rahmen eines **Ausbildungsdienstverhältnisses** die vom studierenden Arbeitnehmer geschul- 572
deten Studiengebühren für ein **berufsbegleitendes** Studium, z.B. an einer Berufsakademie, liegt auf Grund des ganz überwiegenden betrieblichen Interesses des Arbeitgebers **kein Arbeitslohn** (Vorteil mit Arbeitslohncharakter) vor, wenn sich der Arbeitgeber arbeitsvertraglich zur Übernahme der Studiengebühren verpflichtet. Voraussetzung hierfür ist, dass die Teilnahme an dem berufsbegleitenden Studium zu den Pflichten des Arbeitnehmers aus dem Dienstverhältnis gehört.

Ist der Arbeitgeber im Rahmen eines Ausbildungsdienstverhältnisses Schuldner der Studiengebühren, wird ein ganz überwiegend betriebliches Interesse des Arbeitgebers unterstellt und steuerrechtlich **kein** Vorteil mit Arbeitslohncharakter angenommen. Ferner sind auch Studiengebühren **kein Arbeitslohn**, die der Arbeitgeber bei einer im dualen System durchgeführten Ausbildung auf Grund einer Vereinbarung mit der Bildungseinrichtung als unmittelbarer Schuldner trägt, z.B. auf Grund eines Kooperationsvertrags mit einer **Berufsakademie**.

Für weitere Einzelheiten zur steuerlichen Behandlung von Studiengebühren für ein berufsbegleitendes Studium sowie die Folgen bei Übernahme der Studiengebühren durch den Arbeitgeber vgl. BMF-Schreiben v. 13.4.2012, IV C 5 – S 2332/07/0001, BStBl I 2012, 531.

Telearbeit

Erledigt der Mitarbeiter einen Teil seiner beruflichen Arbeiten mit Zustimmung des Arbeitgebers in der privaten Wohnung, 573
sog. Telearbeit, stellt sich die Frage nach den zu beachtenden steuerlichen Regelungen.

1. **Der Arbeitgeber gestellt die Teleplatzausstattung**
   Schafft der **Arbeitgeber** das Mobiliar (Schränke, Schreibtisch usw.) einschl. der Telekommunikationsgeräte (PC, Fax-, Kopiergerät, Telefon usw.) an, und stellt er dies dem Arbeitnehmer ausschließlich für die Dauer der Telearbeit **zur Verfügung**, ergeben sich regelmäßig **keine** lohnsteuerlichen Folgerungen.
   Nutzt der **Arbeitnehmer** das Mobiliar gelegentlich (in geringem Umfang) **privat**, ist dies von untergeordneter Bedeutung. Falls ein betriebliches **Kopiergerät** auch privat genutzt werden kann, sollte sich der Arbeitgeber die Kosten für privat erstellte Kopien erstatten lassen. Ansonsten wäre die private Nutzung der Freigrenze für **Sachbezüge** i.H.v. monatlich 44 € zuzuordnen, falls diese nicht schon anderweitig ausgeschöpft ist, → *Sachbezüge*.
   Die **private** Nutzung des betrieblichen PC sowie solcher Telekommunikationsgeräte ist **steuerfrei**. Gleiches gilt für die vom Arbeitgeber getragenen Verbindungsentgelte und anfallenden Telekommunikationsgebühren für die berufliche und private Nutzung (→ Rz. 574 *Telekommunikation/-kommunikationsgeräte, Personalcomputer, Verbindungsentgelte des Arbeitnehmers*).
   Das vom Arbeitgeber zur Verfügung gestellte Büromaterial (Schreibpapier, Kugelschreiber usw.) ist steuerlich unbeachtlich.
2. **Der Arbeitgeber übereignet die Teleplatzausstattung**
   Falls der Arbeitgeber die Teleplatzausstattung dem Arbeitnehmer übereignet, stellt dies einen geldwerten Vorteil dar, der als **Arbeitslohn** zu erfassen ist.
   Die Vorteile für die PC-Übereignung einschl. des Zubehörs sind grundsätzlich nach den abgerufenen elektronischen Lohnsteuerabzugsmerkmalen oder nach den auf einer vom Finanzamt für den Lohnsteuerabzug ausgestellten Bescheinigung eingetragenen **Lohnsteuerabzugsmerkmalen** des Arbeitnehmers zu versteuern. Stattdessen können sie aber auch **pauschal** mit 25 % (zzgl. Solidaritätszuschlag und ggf. Kirchensteuer) versteuert werden, → Rz. 665 ff.
3. **Der Arbeitgeber stellt die Teleplatzausstattung zur Verfügung**
   Nutzt der Arbeitnehmer eigenes Mobiliar sowie die Telekommunikationsausstattung, kann der Arbeitgeber die Telekommunikationsaufwendungen sowie die Betriebskosten der Telekommunikationsgeräte (Strom) als Auslagenersatz **steuerfrei** ersetzen, → Rz. 472 *Auslagenersatz*. Nach Auffassung der Finanzverwaltung ist dies für das zur Verfügung gestellte Mobiliar nicht möglich.
   Pauschal gezahlte **Nutzungsentschädigungen** o.Ä. sind als **Arbeitslohn** zu erfassen.
4. **Zahlungen für das Telearbeitszimmer**
   Mietet der **Arbeitgeber** das Arbeitszimmer als Telearbeitsplatz an, ist die Prüfung für die Erfassung der Zahlungen als Arbeitslohn einerseits oder als Einkünfte aus Vermietung und Verpachtung andererseits danach vorzunehmen, in wessen **vorrangigem** Interesse die Nutzung des Büros erfolgt.
   Dient die Nutzung in erster Linie den **Interessen** des Arbeitnehmers, so ist davon auszugehen, dass die Zahlungen des Arbeitgebers (im weitesten Sinne) als Gegenleistung für das Zurverfügungstellen der individuellen Arbeitskraft des Arbeitnehmers erfolgen. Die Einnahmen sind dementsprechend als **Arbeitslohn** zu erfassen. So verhält es sich regelmäßig, wenn der Arbeitnehmer im Betrieb des Arbeitgebers über einen weiteren Arbeitsplatz verfügt und die Nutzung des häuslichen Arbeitszimmers vom Arbeitgeber lediglich gestattet bzw. geduldet wird.
   Ein **häuslicher** Telearbeitsplatz ist keine betriebliche Einrichtung des Arbeitgebers oder eines Dritten. Er rechnet regelmäßig zur Wohnung des Arbeitnehmers und kann daher keine erste Tätigkeitsstätte sein.
   Wird der betreffende Raum jedoch v.a. im betrieblichen Interesse des **Arbeitgebers** genutzt und geht dieses Interesse – objektiv nachvollziehbar – über die Entlohnung des Arbeitnehmers bzw. über die Erbringung der jeweiligen Arbeitsleistung hinaus, so ist anzunehmen, dass die betreffenden Zahlungen auf einer neben dem Dienstverhältnis **gesondert** bestehenden **Rechtsbeziehung** beruhen.
   Anhaltspunkte für ein betriebliches Interesse des **Arbeitgebers** können sich beispielsweise daraus ergeben, dass der Arbeitgeber entsprechende Rechtsbeziehungen zu gleichen Bedingungen auch mit fremden Dritten, die nicht in einem Dienstverhältnis zu ihm stehen, eingegangen ist. Doch handelt es sich insoweit lediglich um ein Indiz, nicht um eine zwingende Voraussetzung. Haben die Beteiligten eine ausdrückliche, schriftliche Vereinbarung über die Bedingungen der Nutzung des überlassenen Raumes getroffen, so kann dies ebenfalls ein Indiz für ein besonderes, über das Dienstverhältnis hinausgehendes betriebliches Interesse sein (BFH-Urteil v. 16.9.2004, VI R 25/02, BStBl II 2006, 10).
   Eindeutige **Kriterien** sind u.a. räumliche Trennung von der Wohnung (separater Eingang) und ein unbeschränktes Zutrittsrecht des Arbeitgebers. Liegen diese Voraussetzungen vor, sind die Mietzahlungen regelmäßig als Einkünfte aus Vermietung und Verpachtung zu behandeln.
   In anderen Fällen ist nach den einschlägigen Urteilen des BFH und den dort genannten Kriterien zu entscheiden, z.B. bei Anmietung eines Raumes von dem als **Außendienstmitarbeiter** tätigen Arbeitnehmer. In diesem Fall sind die Mietzahlungen dann nicht dem **Lohnsteuerabzug** zu unterwerfen, wenn der Arbeitgeber gleich lautende Mietverträge auch mit fremden Dritten abschließt und die Anmietung des Raumes im betrieblichen Interesse des Arbeitgebers erfolgt (Außendienstmitarbeiterbüro, BFH-Urteil v. 19.10.2001, BStBl II 2002, 300 sowie v. 20.3.2003, BStBl II 2003, 519 zu einem im Kellergeschoss des Hauses gelegenen Büroraums).
   In **anderen** Fällen sind die sog. Mietzahlungen dem Arbeitslohn zuzurechnen. Die vorgenannten Grundsätze gelten auch, wenn der Arbeitgeber die anfallenden Betriebskosten des Telearbeitszimmers (Heizung, Strom usw.) übernimmt. Ggf. kann der Arbeitnehmer jedoch den Werbungskostenabzug in Anspruch nehmen → Rz. 573 *Telearbeit*.

Telekommunikation/-kommunikationsgeräte, Personalcomputer, Verbindungsentgelte des Arbeitnehmers, System- und Anwendungsprogramme sowie Zubehör

574 **Private Nutzung betrieblicher Geräte, Erstattung der Verbindungsentgelte des Arbeitnehmers**

Nutzt der Arbeitnehmer die vom Arbeitgeber gestellten betrieblichen Datenverarbeitungsgeräte (einschl. Personalcomputer), Telekommunikationsgeräte und Mobiltelefone (Handys) auch privat, ist diese Nutzung einschließlich der vom Arbeitgeber getragenen Verbindungsentgelte für Privatgespräche **unabhängig** vom **Umfang** der beruflichen Nutzung dieser Geräte **steu-**

erfrei (§ 3 Nr. 45 EStG). Steuerfrei sind auch Vorteile für die zur privaten Nutzung überlassenen System- und Anwendungsprogramme, wenn sie der Arbeitgeber auch in seinem Betrieb einsetzt.

Begünstigt sind u.a.:

Laptop, Smartphone, Tablets, Autotelefon, System- und Anwendungsprogramme wie Betriebssystem, Browser, Virenscanner, Softwareprogramm (z. B. Home-Use-Programme, Volumenlizenzvereinbarung), Monitor, Drucker, Beamer, Scanner, Modem, Netzwerkswitch, Router, Hub, Bridge, ISDN-Karte, Sim-Karte, UMTS-Karte, LTE-Karte, Ladegeräte und Transportbehältnisse. Begünstigt ist insbesondere die Installation oder Inbetriebnahme der begünstigten Geräte und Programme (i.S.d. § 3 Nr. 45 EStG) durch einen IT-Service des Arbeitgebers.

Die Steuerfreiheit ist nicht auf die private Nutzung im Betrieb beschränkt, sondern gilt z.B. auch für Geräte im betrieblichen oder privaten Pkw oder in der Wohnung des Arbeitnehmers. Es kommt nicht darauf an, wo sich das betriebliche Gerät im Zeitpunkt der Privatnutzung durch den Arbeitnehmer befindet. **Steuerfrei** ist auch die Nutzungsüberlassung von Zubehör und Software bei betrieblichem PC.

Regelmäßig **nicht begünstigt** sind Smart TV, Konsole, iPod, MP3-Player, Spielautomat, E-Book-Reader, Gebrauchsgegenstand mit eingebautem Mikrochip, Digitalkamera und digitaler Videocamcorder, weil es sich regelmäßig nicht um betriebliche Geräte des Arbeitgebers handelt. Gleiches gilt für ein vorinstalliertes Navigationsgerät im Pkw (BFH-Urteil v. 16.2.2005, BStBl II 2005, 563) und mangels Einsatz im Betrieb des Arbeitgebers u.a. Computerspiele.

Voraussetzung für die **Steuerfreiheit** ist die Nutzungsüberlassung der Geräte durch den Arbeitgeber oder auf Grund des Dienstverhältnisses durch einen Dritten. In diesen Fällen sind auch die vom Arbeitgeber getragenen privaten Verbindungsentgelte (Grundgebühr und sonstige laufende Kosten) des Arbeitnehmers, die durch die Nutzung der betrieblichen Geräte entstehen, steuerfrei. Für die Steuerfreiheit kommt es nicht darauf an, ob die Vorteile zusätzlich zum ohnehin geschuldeten Arbeitslohn oder auf Grund einer Vereinbarung über die Herabsetzung von Arbeitslohn erbracht werden.

Die kostenlose oder verbilligte **Übereignung** von betrieblichen Datenverarbeitungsgeräten (z.B. Personalcomputern), sonstiger PC-Hardware, technischem Zubehör, Software (Sachzuwendungen) und eines Internetanschlusses sowie vom Arbeitgeber getragene **Verbindungsentgelte** für **private** Geräte sind **steuerpflichtiger** Arbeitslohn.

Zur **Pauschalierung** der Lohnsteuer für diese Arbeitslohnteile mit einem Pauschsteuersatz von 25 % → Rz. 665 ff.

Trinkgelder

Von Dritten freiwillig und ohne Verpflichtung für eine Dienstleistung des Arbeitnehmers gezahlte Trinkgelder sind seit dem 575
Kalenderjahr 2002 in voller Höhe steuerfrei. Incentives und Zahlungen aus dem Spielbanktronc sind keine (steuerfreien) Trinkgelder.

Übernachtungskosten als Reisekosten bei Auswärtstätigkeiten

Werden **Übernachtungskosten** aus **öffentlichen Kassen** gezahlt (z.B. durch Bund, Länder und Gemeinden), ist die Erstat- 576
tung durch den Arbeitgeber steuerfrei (§ 3 Nr. 13 EStG).

Andere/**private Arbeitgeber** haben Folgendes zu beachten:

Der Arbeitgeber kann für jede Übernachtung des Arbeitnehmers anlässlich einer beruflich veranlassten Auswärtstätigkeit die **tatsächlichen Aufwendungen steuerfrei ersetzen** (als Reisekosten). Weiterhin erfordert die steuerfreie Zahlung von Unterkunftskosten, dass der Arbeitnehmer noch eine andere Wohnung innehat, die seinen Lebensmittelpunkt bildet. Im Gegensatz zur → Rz. 492 *Doppelten Haushaltsführung* muss jedoch kein eigener Hausstand vorliegen.

Benutzt der Arbeitnehmer ein Mehrbettzimmer **gemeinsam** mit Personen, die nicht Arbeitnehmer des Arbeitgebers sind, so können die Aufwendungen steuerfrei ersetzt werden, die bei Inanspruchnahme eines Einzelzimmers im selben Haus entstanden wären. Dementsprechend sind auch die Mehraufwendungen auszuscheiden, wenn der Arbeitnehmer ein Haus oder eine Wohnung gemeinsam mit Personen benutzt, die zu seinem Arbeitgeber in keinem Dienstverhältnis stehen.

a) Begrenzung der Unterkunftskosten auf 1 000 € im Monat

Zur ansatzfähigen Höhe der Unterkunftskosten im Inland und ihrer Berücksichtigungsdauer sind ab 2014 die folgenden Neuregelungen zu beachten:

- Nach Ablauf von 48 Monaten einer längerfristigen beruflichen Auswärtstätigkeit können Unterkunftskosten nur noch bis zu **1 000 €** im Monat angesetzt werden.
- Eine **Unterbrechung** der beruflichen Tätigkeit an derselben Tätigkeitsstätte führt nur dann zu einem Neubeginn der 48-Monatsfrist, wenn die Unterbrechung mindestens **sechs Monate** dauert.

Die 48-Monatsfrist beginnt mit der ersten Übernachtung auf Grund der beruflichen Auswärtstätigkeit. Für Übernachtungen im **Ausland** gilt die Höchstgrenze von 1 000 € nicht.

Übergangsregelung

Die neue 48-Monatsfrist beginnt nicht erst ab dem Kalenderjahr 2014. Sie rechnet stets ab dem Beginn der zu beurteilenden bzw. noch andauernden Auswärtstätigkeit und gilt somit auch für Auswärtstätigkeiten, die vor 2014 begonnen haben. Aus Vereinfachungsgründen beginnt die Begrenzung auf 1 000 € erst ab dem ersten vollen Kalendermonat nach Beendigung der 48-Monatsfrist.

b) Kostenarten

Seit 2010 hat sich die Reisekostenerstattung bei Übernachtungen im Inland auf Grund der **unterschiedlichen Mehrwertsteuersätze** für Übernachtung (Beherbergung) und das gestellte Frühstück verkompliziert. Regelmäßig wird das Frühstück gesondert oder als bzw. im Sammelposten für Nebenleistung(en) ausgewiesen. Wird das **Frühstück gesondert** ausgewiesen, erübrigt sich eine Kürzung; die Aufwendungen für Übernachtung und das Frühstück stehen fest; weshalb der Arbeitgeber die Kostenarten Übernachtung und Frühstück zweifelsfrei erkennen kann.

Wird in der Hotelrechnung (dem Zahlungsbeleg) nur ein **Gesamtpreis** für Unterkunft und Frühstück bzw. eine Tagespauschale nachgewiesen, und lässt sich der Preis für das Frühstück oder weitere Essen nicht feststellen, so ist der Gesamtpreis zur Ermittlung der Übernachtungskosten wie folgt **zu kürzen**:

- bei einer Übernachtung im Inland und im Ausland **um 20 %** des für den Unterkunftsort maßgebenden **Pauschbetrags für Verpflegungsmehraufwendungen** bei einer Dienstreise mit einer Abwesenheitsdauer von mindestens 24 Stunden (Inland 4,80 €); für ein Mittag- und Abendessen um jeweils **40 %** (Inland 9,60 €).

Ist in der Rechnung die Beherbergungsleistung gesondert ausgewiesen und daneben ein **Sammelposten für Nebenleistungen** ohne dass sich der Preis für die Verpflegung feststellen lässt, so ist die vorgenannte prozentuale Kürzung auf den Sammelposten für Nebenleistungen möglich; für das Frühstück 20 % des maßgebenden Pauschbetrags für Verpflegungsmehraufwendungen = 4,80 € (BMF Schreiben v. 5.3.2010, BStBl I 2010, 259, Teil II).

Der verbleibende Teil des Sammelpostens ist als **Reisenebenkosten** zu behandeln, wenn die Bezeichnung des Sammelpostens für die Nebenleistungen keinen Anlass gibt für die Vermutung, darin seien steuerlich nicht anzuerkennende Nebenleistungen enthalten. **Keine** Reisenebenkosten in diesem Sinne sind die Aufwendungen für private Ferngespräche, Massagen, Minibar oder Pay-TV.

Beispiel:

Der Übernachtungspreis für das Hotelzimmer im Inland beträgt 150 € zzgl. 30 € für das sehr umfangreiche Frühstücksbüffet.

Hat das Hotel vor 2010 den Preis für das Frühstück gesondert ausgewiesen, waren lediglich die Übernachtungskosten i.H.v. 150 € ansetzbar. War in der Hotelrechnung jedoch der Gesamtpreis i.H.v. 180 € für die Übernachtung und das Frühstück angegeben, konnte der Arbeitgeber diesen Betrag für den Frühstücksanteil um 20 % von 24 € kürzen (= 4,80 €). Folglich waren steuerfrei ersetzbar: 180 € ./. 4,80 € = 175,20 €.

Möchte der Arbeitgeber dem Arbeitnehmer neben den Unterkunftskosten auch die von ihm gestellten → Rz. 540 *Mahlzeiten* steuerfrei erstatten, ist es auf Grund der neuen Kürzungsregelungen nicht zwingend erforderlich, dass die Hotelrechnung zwischen Übernachtung und Preis der Mahlzeiten unterscheidet.

Für weitere Einzelheiten sowie Erläuterungen zum neuen Reisekostenrecht ab 1.1.2014 wird auf das BMF-Schreiben v. 30.9.2013, BStBl I 2013, 1279, hingewiesen sowie auf den vom Verlag herausgegebenen Berater „Reisekosten 2014 – Private Wirtschaft"

Ohne den **Nachweis** der tatsächlichen Aufwendungen für die Übernachtung/Unterkunft darf der Arbeitgeber für **jede Übernachtung** des Arbeitnehmers im Inland einen **Pauschbetrag** bis zu 20 € steuerfrei zahlen. Dies gilt nicht, wenn der Arbeitnehmer die Unterkunft vom Arbeitgeber oder auf Grund seines Dienstverhältnisses von einem Dritten unentgeltlich oder teilentgeltlich erhalten hat.

Bei Benutzung eines **Schlafwagens** oder einer **Schiffskabine** darf der Pauschbetrag nur dann steuerfrei gezahlt werden, wenn die Übernachtung in einer anderen Unterkunft begonnen oder beendet worden ist. Die steuerfreie Zahlung des Pauschbetrags bzw. eines Übernachtungsgeldes für eine Übernachtung im Fahrzeug, z.B. im Lkw, ist nicht zulässig.

Zu den mit Übernachtungskosten vergleichbaren Aufwendungen der **Kraftfahrer** mit **Fahrtätigkeit** → Rz. 556 *Reisenebenkosten*.

Bei Übernachtungen im **Ausland** kann der Arbeitgeber für Übernachtungskosten ohne einen Einzelnachweis der tatsächlichen Aufwendungen die vom BMF veröffentlichten Pauschbeträge (Übernachtungsgelder) steuerfrei zahlen. Diese wurden für das Kalenderjahr 2014 mit gesondertem BMF-Schreiben bekannt gemacht (BMF-Schreiben v. 11.11.2013, IV C 5 – S 2353/08/10006: 004, BStBl I 2013, 1467).

Übungsleiterpauschale

577 Übungsleiter und die anderen begünstigten **nebenberuflich** Tätigen können von ihren Einnahmen die Übungsleiterpauschale i.H.v. 2 400 € (vor 2013 2 100 €) als Betriebsausgaben bzw. Werbungskosten abziehen und zwar gleichgültig, ob sie steuerlich als Selbständiger oder als Arbeitnehmer tätig sind. Bis zur Höhe der Übungsleiterpauschale bleiben **steuerfrei** die Einnahmen von Personen, die im Dienst oder Auftrag einer juristischen Person des öffentlichen Rechts, die in der EU oder im EWR-Raum belegen ist, oder einer gemeinnützigen Körperschaft tätig sind und

- eine nebenberufliche Tätigkeit als **Übungsleiter, Ausbilder, Erzieher, Betreuer** bzw. eine vergleichbare nebenberufliche Tätigkeit ausüben, oder
- eine nebenberufliche **künstlerische** Tätigkeit ausüben, oder
- nebenberuflich **alte, kranke** oder **behinderte** Menschen pflegen.

Unbeachtlich ist, ob diese Tätigkeit selbständig oder unselbständig ausgeübt wird.

Zu den **begünstigten Tätigkeiten** gehören z.B. die Tätigkeit eines Sporttrainers, eines Chorleiters oder Orchesterdirigenten, die Lehr- und Vortragstätigkeit im Rahmen der allgemeinen Bildung und Ausbildung (z.B. Kurse und Vorträge an Schulen und Volkshochschulen, Mütterberatung, Erste-Hilfe-Kurse, Schwimm-Unterricht) oder im Rahmen der beruflichen Ausbildung und Fortbildung. Ebenso begünstigt sind juristische Personen des öffentlichen Rechts in EU/EWR-Mitgliedsstaaten; z.B. Zahlungen einer **französischen** Universität für eine nebenberufliche Lehrtätigkeit.

Die **Pflege** alter, kranker oder behinderter Menschen umfasst außer der Dauerpflege auch Hilfsdienste bei der häuslichen Betreuung durch ambulante Pflegedienste (z.B. Unterstützung bei der Grund- und Behandlungspflege), bei häuslichen Verrichtungen und Einkäufen, beim Schriftverkehr, bei der Altenhilfe entsprechend § 75 des Bundessozialhilfegesetzes (z.B. Hilfe bei der Wohnungs- und Heimplatzbeschaffung), in Fragen der Inanspruchnahme altersgerechter Dienste und bei Sofortmaßnahmen gegenüber Schwerkranken und Verunglückten (z.B. durch Rettungssanitäter und Ersthelfer).

Nicht begünstigt sind z.B. die in einem gemeinnützigen Verein tätigen Vereinsvorsitzende, Schriftführer, Geräte- und Platzwarte, Hausmeister, Kassierer und Reinigungskräfte; für sie kommt der allgemeine Ehrenamtsfreibetrag in Betracht → Rz. 494 *Ehrenamt*.

Die Pauschale ist ein **Jahresbetrag** und unabhängig davon, wie lange und wie viele Tätigkeiten als Übungsleiter ausgeübt wurden. Übersteigen die tatsächlichen Werbungskosten bzw. Betriebsausgaben diesen Freibetrag, können sie mit dem übersteigenden Betrag von den Einnahmen abgezogen werden. Ist der Übungsleiter (oder eine andere unter § 3 Nr. 26 EStG fallende Person) steuerlich als Arbeitnehmer einzustufen, ist es unseres Erachtens im Auslegungsweg der Regelungen des § 39b Abs. 1 EStG vertretbar, auf den Abruf von elektronischen Lohnsteuerabzugsmerkmalen oder die Vorlage einer vom Finanzamt ausgestellten Bescheinigung für den Lohnsteuerabzug zu verzichten, wenn **ausschließlich steuerfreie** Einnahmen gezahlt werden.

Eine Tätigkeit wird **nebenberuflich** ausgeübt, wenn sie – bezogen auf das Kalenderjahr – nicht mehr als ein Drittel der Arbeitszeit eines vergleichbaren Vollzeiterwerbs in Anspruch nimmt. Es können deshalb auch solche Personen nebenberuflich tätig sein, die im steuerrechtlichen Sinne keinen Hauptberuf ausüben (z.B. Hausfrauen, Vermieter, Studenten, Rentner oder Arbeitslose). Übt ein Stpfl. mehrere verschiedenartige Tätigkeiten i.S.d. § 3 Nr. 26 EStG aus, ist die Nebenberuflichkeit für jede Tätigkeit getrennt zu beurteilen. Mehrere gleichartige Tätigkeiten sind zusammenzufassen, wenn sie sich nach der Verkehrsanschauung als Ausübung eines einheitlichen Hauptberufs darstellen (z.B. Unterricht von jeweils weniger als dem dritten Teil des Pensums einer Vollzeitkraft in mehreren Schulen). Eine Tätigkeit wird **nicht** nebenberuflich ausgeübt, wenn sie als Teil der Haupttätigkeit anzusehen ist.

Der **Freibetrag** wird nur gewährt, wenn die Tätigkeit im Dienst oder im Auftrag einer der in § 3 Nr. 26 EStG genannten Personen erfolgt. Dies sind

1. juristische Personen des öffentlichen Rechts, die in einem EU- oder EWR-Land belegen ist, z.B. Bund, Länder, Gemeinden, Gemeindeverbände, Industrie- und Handelskammern, Handwerkskammern, Rechtsanwaltskammern, Steuerberaterkammern, Wirtschaftsprüferkammern, Ärztekammern, Universitäten oder die Träger der Sozialversicherung in Betracht.
2. Einrichtungen i.S.d. § 5 Abs. 1 Nr. 9 KStG, z.B. Körperschaften, Personenvereinigungen, Stiftungen und Vermögensmassen, die nach der Satzung oder dem Stiftungsgeschäft und nach der tatsächlichen Geschäftsführung ausschließlich und unmittelbar gemeinnützige, mildtätige oder kirchliche Zwecke verfolgen (z.B. Sport- und Musikvereine, Einrichtungen der Wohlfahrtspflege). Die Begriffe der gemeinnützigen, mildtätigen und kirchlichen Zwecke ergeben sich aus den §§ 52 bis 54 AO. Eine Tätigkeit dient auch dann der selbstlosen Förderung begünstigter Zwecke, wenn sie diesen Zwecken nur mittelbar zugutekommt. Wegen weiterer Einzelheiten siehe R 3.26 LStR 2013.

Nicht zu den begünstigten Einrichtungen gehören z.B. Berufsverbände (Arbeitgeberverband, Gewerkschaft) oder Parteien. Fehlt es an einem begünstigten Auftraggeber/Arbeitgeber, so kann der Steuerfreibetrag nicht in Anspruch genommen werden.

Bei höheren Lohnzahlungen kann der Freibetrag bereits beim **Lohnsteuerabzug** angesetzt werden. Hierdurch bleiben Zahlungen des Arbeitgebers bis zu 2 400 € im Kalenderjahr steuerfrei. Eine zeitanteilige Aufteilung des steuerfreien Höchstbetrags von 2 400 € jährlich ist nicht erforderlich; das gilt auch dann, wenn feststeht, dass das Dienstverhältnis nicht bis zum Ende des Kalenderjahres besteht. Der Arbeitnehmer hat dem Arbeitgeber jedoch schriftlich zu **bestätigen**, dass die Steuerbefreiung nicht bereits in einem anderen Dienst- oder Auftragsverhältnis berücksichtigt worden ist oder berücksichtigt wird. Diese Erklärung ist zum Lohnkonto zu nehmen; → Rz. 494 *Ehrenamt*.

Umzugskosten

Umzugskosten des Arbeitnehmers wegen eines **beruflich veranlassten Wohnungswechsels** können durch den Arbeitgeber **steuerfrei** erstattet werden bis zu den Beträgen, die als Werbungskosten abziehbar wären (→ Rz. 119). Hierfür hat der Arbeitnehmer seinem Arbeitgeber Unterlagen vorzulegen, aus denen die tatsächlichen Aufwendungen ersichtlich sind. Der Arbeitgeber hat diese Unterlagen als Belege zum Lohnkonto aufzubewahren. 578

Steuerfrei sind grundsätzlich Erstattungsleistungen bis zur Höhe der Beträge, die nach dem Bundesumzugskostengesetz (BUKG) und der Auslandsumzugskostenverordnung (ausgenommen §§ 11, 12 AUV) als Umzugskostenvergütung höchstens gezahlt werden könnten, sowie Maklergebühren für die Vermittlung der eigenen Wohnung.

Weist der Arbeitnehmer höhere Umzugskosten nach, so ist insgesamt zu prüfen, ob und inwieweit diese Aufwendungen Werbungskosten oder nicht abziehbare Kosten der Lebensführung sind (z.B. bei Aufwendungen für die Neuanschaffung von Einrichtungsgegenständen). Für bestimmte Kosten sind Pauschalen vorgesehen (z.B. die Pauschvergütung nach § 10 BUKG für sonstige Umzugsauslagen; Beträge ab 2013 siehe BMF-Schreiben v. 1.10.2012, IV C 5 – S 2353/08/10007, DOK 2012/0899967, BStBl I 2012, 942); im Kalenderjahr 2014 ist mit Erhöhungen zu rechnen.

Die Steuerfreiheit der **Verpflegungspauschalen** richtet sich nach den Grundsätzen für Dienstreisen (→ Rz. 555 *Reisekosten*, → Rz. 588 *Verpflegungsmehraufwendungen als Reisekosten bei Auswärtstätigkeit*).

In folgenden Fällen ist ein Wohnungswechsel **beruflich** veranlasst:

- wenn durch ihn eine erhebliche Verkürzung der Entfernung zwischen Wohnung und erster Tätigkeitsstätte eintritt und die verbleibende Wegezeit im Berufsverkehr als normal angesehen werden kann. Es ist nicht erforderlich, dass der Wohnungswechsel mit einem Wohnortwechsel oder mit einem Arbeitsplatzwechsel verbunden ist;
- wenn er im ganz überwiegenden betrieblichen Interesse des Arbeitgebers durchgeführt wird, insbesondere beim Beziehen oder Räumen einer Dienstwohnung, die aus betrieblichen Gründen bestimmten Arbeitnehmern vorbehalten ist, z.B. um deren jederzeitige Einsatzmöglichkeit zu gewährleisten;
- wenn er aus Anlass der erstmaligen Aufnahme einer beruflichen Tätigkeit durchgeführt wird;
- wenn der eigene Hausstand zur Beendigung einer doppelten Haushaltsführung an den Beschäftigungsort verlegt wird.

Eventuell **private** Motive für die Auswahl der neuen Wohnung sind grundsätzlich unbeachtlich. Erfolgt ein Umzug aus Anlass einer Eheschließung von getrennten Wohnorten in eine gemeinsame Familienwohnung, so ist die berufliche Veranlassung des Umzugs eines jeden Ehegatten/Lebenspartners gesondert zu beurteilen.

Eine erhebliche **Verkürzung** der Entfernung zwischen Wohnung und erster Tätigkeitsstätte ist anzunehmen, wenn sich die Dauer der täglichen Hin- und Rückfahrt insgesamt wenigstens zeitweise um mindestens **eine Stunde** ermäßigt. Dazu sind die Änderungen der Fahrzeiten (positive und negative) beider berufstätigen Ehegatten nicht zu saldieren. Steht bei einem Umzug eine arbeitstägliche Fahrzeitersparnis von mindestens einer Stunde fest, sind private Gründe (z.B. Gründung eines gemeinsamen Haushalts aus Anlass einer Eheschließung/Lebenspartnerschaft) unbeachtlich.

Unfallversicherung, freiwillige

579 **a) Versicherungen des Arbeitnehmers**

Vom Arbeitgeber **übernommene Beiträge** für eine freiwillige Unfallversicherung des Arbeitnehmers sind **steuerpflichtiger Arbeitslohn** (→ Rz. 385 ff.). Das gilt **nicht**, soweit Beiträge zu Versicherungen gegen berufliche Unfälle und Beiträge zu Versicherungen gegen alle Unfälle auch das Unfallrisiko bei Auswärtstätigkeiten (→ Rz. 555 *Reisekosten*) abdecken. Beiträge zu Unfallversicherungen sind als Reisenebenkosten steuerfrei, soweit sie Unfälle bei einer Auswärtstätigkeit abdecken.

Bei der Aufteilung des auf den **beruflichen Bereich** entfallenden Beitrags/Beitragsanteils in steuerfreie Reisekostenerstattungen (→ Rz. 555 *Reisekosten*) und steuerpflichtigen Werbungskostenersatz (z.B. Unfälle auf Fahrten zwischen Wohnung und erster Tätigkeitstätte [→ Rz. 505 *Fahrtkostenzuschüsse, Fahrtkostenersatz*) kann der auf **steuerfreie Reisekostenerstattungen** entfallende Anteil auf **40 %** geschätzt werden. Der auf den **beruflichen Bereich** entfallende Beitrag/Beitragsanteil kann wiederum mit **50 %** des Gesamtbeitrags geschätzt werden. Der Beitragsanteil, der als Werbungskostenersatz dem Lohnsteuerabzug zu unterwerfen ist, gehört zu den Werbungskosten des Arbeitnehmers (→ Rz. 166 *Unfallversicherung*).

b) Versicherungen des Arbeitgebers

Bei vom Arbeitgeber abgeschlossenen Unfallversicherungen seiner Arbeitnehmer, bei denen die Ausübung der **Rechte** aus dem Versicherungsvertrag **ausschließlich dem Arbeitgeber** zusteht, stellen die Beiträge im Zeitpunkt der Zahlung durch den Arbeitgeber **keinen Arbeitslohn** dar.

Erhält ein Arbeitnehmer **Leistungen** aus einem entsprechenden Vertrag, führen die bis dahin entrichteten, auf den Versicherungsschutz des Arbeitnehmers entfallenden **Beiträge** im Zeitpunkt der Auszahlung oder Weiterleitung der Leistung an den Arbeitnehmer zu **Arbeitslohn** in Form von **Barlohn**, begrenzt auf die dem Arbeitnehmer ausgezahlte Versicherungsleistung; das gilt unabhängig davon, ob der Unfall im beruflichen oder außerberuflichen Bereich eingetreten ist, und ob es sich um eine Einzelunfallversicherung oder eine Gruppenunfallversicherung handelt. Bei einer **Gruppenunfallversicherung** ist der auf den einzelnen Arbeitnehmer entfallende Teil der Beiträge ggf. zu schätzen. Es kann sich bei den im Zuflusszeitpunkt zu versteuernden Beiträgen um eine Vergütung für eine **mehrjährige Tätigkeit** (→ Rz. 427 ff.) handeln. Zu weiteren Besonderheiten → BMF-Schreiben vom 28.10.2009, IV C 5 – S 2332/09/10004, BStBl I 2009, 1275. Der auf das Risiko **beruflicher Unfälle** entfallende Anteil der Beiträge ist zum Zeitpunkt der Leistungsgewährung steuerfreier Reisekostenersatz (→ Rz. 555 *Reisekosten*) oder steuerpflichtiger Werbungskostenersatz des Arbeitgebers. Für die Aufteilung und Zuordnung gilt die oben unter Buchstabe a genannte Aufteilung entsprechend. Versicherungsleistungen aus einer entsprechenden Unfallversicherung können ausnahmsweise auch **Entschädigungen** für entgangene oder entgehende Einnahmen sein; dann liegen zusätzliche steuerpflichtige Einkünfte aus nichtselbständiger Arbeit (steuerpflichtiger Arbeitslohn) vor. Bei den Leistungen kann es sich im Übrigen auch um eine **Leibrente** handeln, die mit dem Ertragsanteil steuerpflichtig ist (→ Rz. 94).

Kann der **Arbeitnehmer** den Versicherungsanspruch bei einer vom Arbeitgeber abgeschlossenen Unfallversicherung **unmittelbar** gegenüber dem Versicherungsunternehmen **geltend machen**, sind die Beiträge nach Verwaltungsauffassung (s.o.) bereits im Zeitpunkt der Zahlung durch den Arbeitgeber als → Rz. 204 *Zukunftssicherungsleistungen* Arbeitslohn in Form von **Barlohn**. Das gilt unabhängig davon, ob es sich um eine Einzelunfallversicherung oder eine Gruppenunfallversicherung handelt; Beiträge zu **Gruppenunfallversicherungen** sind ggf. nach der Zahl der versicherten Arbeitnehmer auf diese aufzuteilen. **Steuerfrei** sind Beiträge, die das Unfallrisiko bei Auswärtstätigkeiten abdecken und deshalb zu den steuerfreien Reisekostenerstattungen gehören (→ Rz. 555 *Reisekosten*). Für die **Aufteilung** eines auf den beruflichen Bereich entfallenden Gesamtbetrags in steuerfreie Reisekostenerstattungen und steuerpflichtigen Werbungskostenersatz gilt das oben Gesagte entsprechend. Leistungen aus einer entsprechenden Unfallversicherung gehören nur zu den Einkünften aus nichtselbständiger Arbeit (steuerpflichtiger Arbeitslohn), soweit sie **Entschädigungen** für entgangene oder entgehende Einnahmen darstellen, der Unfall im beruflichen Bereich eingetreten ist und die Beiträge ganz oder teilweise Werbungskosten bzw. steuerfreie Reisenebenkostenerstattungen waren.

c) Arbeitgeber als Versicherer

Gewährt ein Arbeitgeber als Versicherer Versicherungsschutz, handelt es sich um **Sachleistungen** (→ Rz. 553 *Preisnachlässe, Personalrabatte*). Der **Rabattfreibetrag** i.H.v. 1 080 € kommt zur Anwendung.

d) Lohnsteuerabzug von Beitragsleistungen

Soweit die Beiträge zu Unfallversicherungen steuerpflichtiger Arbeitslohn sind, sind sie im Zeitpunkt ihres Zuflusses dem Lohnsteuerabzug nach den **allgemeinen Regelungen** zu unterwerfen, wenn nicht eine **Pauschalbesteuerung** mit einem Steuersatz von **20 %** (→ Rz. 642) erfolgt.

Unfallversicherung, gesetzliche

580 **Beiträge** des Arbeitgebers zur gesetzlichen Unfallversicherung und **Leistungen** aus der gesetzlichen Unfallversicherung sind **steuerfrei**.

Unterstützungen

581 Unterstützungsleistungen des Arbeitgebers an Arbeitnehmer anlässlich besonderer persönlicher Anlässe oder Notsituationen können **steuerfrei** sein → Rz. 531 *Krankheitskosten, Unterstützungen*.

Unterstützungskasse

582 Die Versorgung über eine Unterstützungskasse führt erst im Zeitpunkt der Zahlung der (Alters)Versorgungsleistungen zum Zufluss von Arbeitslohn. In der „Aktivphase" ist kein zusätzlicher Arbeitslohn zu versteuern, auch wenn der Arbeitgeber

Zuwendungen an die Unterstützungskasse leistet, die der Zukunftssicherung des Arbeitnehmers dienen. → *Betriebliche Altersversorgung*. Zur steuerlichen Behandlung der Versorgungsleistungen auch → Rz. 237 *Versorgungsfreibetrag*.

Urlaubsansprüche

Die Barabgeltung von Urlaubsansprüchen ist steuerpflichtiger Arbeitslohn; auch → Rz. 501 *Erholungsbeihilfen*. **583**

VBL

Die Versorgungsanstalt des Bundes und der Länder (VBL), die den Arbeitern und Angestellten des öffentlichen Dienstes eine Zusatzversorgung gewährt, ist im steuerrechtlichen Sinne eine Pensionskasse. Zur steuerlichen Behandlung, d.h. dem Zufluss von Arbeitslohn und der seit 2009 greifenden Steuerbefreiungsvorschrift → Rz. 185 *Pensionskasse*, zur Pauschalbesteuerung → Rz.633 ff. **584**

Verabschiedung eines Arbeitnehmers

Zur steuerlichen Behandlung der üblichen Sachleistungen des Arbeitgebers aus einem solchen Anlass → Rz. 452 *Amtseinführung*. **585**

Verbesserungsvorschläge

Zahlungen des Arbeitgebers für Verbesserungsvorschläge des Arbeitnehmers sind steuerpflichtiger Arbeitslohn; auch → Rz. 456 *Arbeitnehmererfindung*. **586**

Vermögensbeteiligung

Übereignet der Arbeitgeber dem Arbeitnehmer unentgeltlich oder verbilligt Unternehmensanteile (z.B. Aktien, Genussscheine und Anteile an Investmentfonds), führt dies zu einem geldwerten Vorteil beim Arbeitnehmer. Der Vorteil ist – mit Ausnahme von Fällen, der Überlassung von Anteilen an Investmentfonds – **steuerfrei**, soweit er insgesamt **360 €** im Kalenderjahr nicht übersteigt. **Voraussetzung** für die Steuerfreiheit ist, dass die Beteiligung mindestens **allen Arbeitnehmern** offensteht, die im Zeitpunkt der Bekanntgabe des Angebots **ein Jahr** oder länger ununterbrochen in einem gegenwärtigen **Dienstverhältnis** zum Unternehmen stehen. Auch die Entgeltumwandlung ist zulässig. **587**

Als Unternehmen des Arbeitgebers in diesem Sinne gilt auch ein Unternehmen i.S.d. § 18 AktG. Als Wert der Vermögensbeteiligung ist der **gemeine Wert** anzusetzen.

Nach einer **Übergangsregelung** in § 52 Abs. 35 EStG greift noch die „alte" Steuerbefreiungsvorschrift des § 19a EStG (Steuerfreiheit bis zu 135 €, begrenzt auf den halben Wert der Beteiligung), wenn

- die Vermögensbeteiligung **vor dem 1.4.2009** überlassen wird oder
- auf Grund einer am **31.3.2009** bestehenden **Vereinbarung** ein Anspruch auf die unentgeltliche oder verbilligte Überlassung einer Vermögensbeteiligung besteht sowie die Vermögensbeteiligung **vor dem 1.1.2016 überlassen** wird

und der Arbeitgeber bei demselben Arbeitnehmer im Kalenderjahr nicht die „neue" Steuerbefreiungsvorschrift des § 3 Nr. 39 EStG anzuwenden hat.

Zu den **weiteren Einzelheiten** siehe BMF-Schreiben vom 8.12.2009, IV C 5 – S 2347/09/10002, BStBl I 2009, 1513.[1)]

Verpflegungsmehraufwendungen als Reisekosten bei Auswärtstätigkeiten

Entstehen dem Arbeitnehmer anlässlich beruflich veranlasster **Auswärtstätigkeiten Verpflegungsmehraufwendungen**, kann der Arbeitgeber bis zu den gesetzlichen Pauschbeträgen steuerfreie Zahlungen leisten. Höherer Verpflegungsmehraufwendungen können nicht steuerfrei gezahlt werden. **588**

a) Inland

In 2014 ist weiterhin zwischen ein- und mehrtägigen Auswärtstätigkeiten zu unterscheiden. Jedoch sind nur noch zwei Verpflegungspauschalen zu beachten (12 € und 24 € im Inland).

Eintägige Auswärtstätigkeiten

Für eintägige Auswärtstätigkeiten ohne Übernachtung kommt ab einer Abwesenheit von mehr als 8 Stunden eine

- Verpflegungspauschale von **12 €** zum Ansatz.

Die frühere Staffelung mit 8 und 14 Stunden Abwesenheit für die Pauschalen von 6 € bzw. 12 € entfällt.

Diese Abwesenheitsdauer von mehr als 8 Stunden gilt auch für die sog. Nachtfahrerregelung, wenn eine eintägige auswärtige berufliche Tätigkeit ohne Übernachtung über die Mitternachtsgrenze hinaus ausgeübt wird. Die Abwesenheitsdauer ist für den Tag mit den meisten Abwesenheitsstunden zuzurechnen.

Mehrtägige Auswärtstätigkeiten

Bei mehrtägigen beruflich veranlassten Auswärtstätigkeiten sind ab 2014 zwei Verpflegungspauschalen zu beachten:

- für den An- und Abreisetag jeweils 12 €,
- für die Kalendertage mit 24 stündiger Abwesenheit 24 €.

Maßgebend sind weiterhin die Kalendertage, an denen der Arbeitnehmer außerhalb seiner Wohnung und ersten Tätigkeitsstätte beruflich tätig ist (auswärtige berufliche Tätigkeit).

Neu ist, dass der Ansatz von 12 € für den An- und Abreisetag einer mehrtägigen Auswärtstätigkeit keine bestimmte Abwesenheitsdauer mehr voraussetzt. Weder der Arbeitgeber noch der Arbeitnehmer haben eine Mindestabwesenheitsdauer zu

1) Das BMF-Schreiben ist teilweise überholt.

prüfen. Folglich sind insoweit auch keine Aufzeichnungen im Lohnkonto erforderlich. Weiterhin ist es nicht entscheidend, ob der Arbeitnehmer die Reise von der Wohnung, der ersten oder einer anderen Tätigkeitsstätte aus angetreten hat.

Für zwischen An- und Abreise gelegene Tage mit einer 24-stündiger Abwesenheit von der Wohnung und der ersten Tätigkeitsstätte (sog. Zwischentage) können weiterhin 24 € angesetzt werden.

Maßgebend für die Berechnung der Abwesenheitszeiten ist die Dauer der Abwesenheit von der Wohnung und der ersten Tätigkeitsstätte am jeweiligen Kalendertag.

Beispiel:

Ein in B wohnender Arbeitnehmer verlässt am Montag um 17.00 Uhr seine erste Tätigkeitsstätte und reist beruflich nach M. Die Rückreise beendet er am Donnerstag um 22.00 Uhr an seiner Wohnung in B.

Folge:

Als Verpflegungspauschalen sind ansetzbar:

Abreisetag	12 €
Zwischentage (Di, Mi) 2 x 24 €	48 €
Rückreisetag	12 €
Summe	72 €

Diese Verpflegungspauschalen darf der Arbeitgeber steuerfrei zahlen. Alternativ kann der Arbeitnehmer sie i.R. einer Veranlagung zur Einkommensteuer als Werbungskosten geltend machen. Erhält der Arbeitnehmer steuerfreie Verpflegungspauschalen vom Arbeitgeber, ist ein Werbungskostenabzug insoweit ausgeschlossen.

b) Ausland

Auch für mehrtägige beruflich veranlasste Tätigkeiten im Ausland sind ab 2014 nur noch zwei Verpflegungspauschalen zu beachten. Als Verpflegungspauschalen werden länderweise unterschiedliche Pauschbeträge festgesetzt, die sog. Auslandstagegelder. Diese wurden für das Kalenderjahr 2014 mit gesondertem BMF-Schreiben bekannt gemacht (BMF-Schreiben v. 11.11.2013, IV C 5 – S 2353/08/10006 :004, BStBl I 2013, 1467).

Für die in der Bekanntmachung **nicht erfassten** Länder ist der für Luxemburg geltende Pauschbetrag maßgebend; für die nicht erfassten **Übersee**- und Außengebiete eines Landes ist der für das Mutterland geltende Pauschbetrag anzusetzen.

Werden an einem Kalendertag Auswärtstätigkeiten im In- **und** Ausland durchgeführt, ist für diesen Tag das entsprechende Auslandstagegeld selbst dann maßgebend, wenn die überwiegende Zeit im Inland verbracht wird.

Bei **Flugreisen** gilt ein Land in dem Zeitpunkt als erreicht, in dem das Flugzeug dort landet; Zwischenlandungen bleiben unberücksichtigt, es sei denn, dass durch sie Übernachtungen notwendig werden. Erstreckt sich eine Flugreise über mehr als zwei Kalendertage, so ist für die Tage, die zwischen dem Tag des Abflugs und dem Tag der Landung liegen, das für Österreich geltende Tagegeld anzusetzen. Bei Schiffsreisen ist das für Luxemburg geltende Tagegeld und für die Tage der Einschiffung und Ausschiffung das für den Hafenort geltende Tagegeld maßgebend. Für das Personal auf deutschen Staatsschiffen sowie für das Personal auf Schiffen der Handelsmarine unter deutscher Flagge auf Hoher See gilt das Inlandstagegeld.

c) Dreimonatsfrist

Die steuerfreie Erstattung des Verpflegungspauschbetrags ist auf die ersten drei Monate derselben Auswärtstätigkeit beschränkt. Nach Ablauf dieser Dreimonatsfrist kommt die Steuerfreiheit nicht mehr in Betracht.

Unterbricht der Arbeitnehmer jedoch seine berufliche Tätigkeit an der auswärtigen Tätigkeitsstätte für mindestens vier Wochen, führt dies ab 2014 stets zu einem Neubeginn der 3-Monatsfrist. Der Grund für die Unterbrechung ist nun unerheblich. Ausschlaggebend ist allein die Unterbrechungsdauer.

Gestaltungshinweis:

Eine Unterbrechung von vier Wochen liegt z.B. vor, wenn ein Arbeitnehmer die auswärtige Tätigkeitsstätte wegen eines dreiwöchigen Urlaubs und einer sich daran anschließenden einwöchigen Tätigkeit in der Firmenzentrale (erste Tätigkeitsstätte) nicht aufsucht.

Folge:

Nach Rückkehr zur auswärtigen Tätigkeitsstätte beginnt die Dreimonatsfrist für die steuerfreie Zahlung von Verpflegungspauschalen (12 €/24 €) erneut.

d) Kürzung der Verpflegungspauschalen

Auch in 2014 hat der Arbeitgeber die Verpflegungspauschalen zu kürzen, wenn er oder auf seine Veranlassung ein Dritter dem Arbeitnehmer eine übliche Mahlzeit gestellt. Die in Betracht kommende Verpflegungspauschale ist zu kürzen

- um 20 % für ein Frühstück und
- um jeweils 40 % für ein Mittag- und Abendessen

der für die 24-stündige Abwesenheit geltenden höchsten Verpflegungspauschale. Bei einer Auswärtstätigkeit im Inland ergeben sich somit Kürzungsbeträge von 4,80 € für ein Frühstück und jeweils 9,60 € für ein Mittag- oder Abendessen.

Zu kürzen ist die jeweils für den Reisetag zustehende Verpflegungspauschale. Ein sich dabei ergebender Minusbetrag ist nicht anzusetzen (kein Vor- oder Rücktrag). Gestellt der Arbeitgeber sämtliche Mahlzeiten, können daneben keine steuerfreien Verpflegungspauschalen gezahlt werden.

Beispiel:

Arbeitnehmer B ist auf einer 2-tägigen Auswärtstätigkeit. Der Arbeitgeber hat für den Arbeitnehmer in einem Hotel zwei Übernachtungen mit Abendessen am Anreisetag sowie Frühstück und Mittagessen am zweiten Tag (Rückreisetag) gebucht und bezahlt.

Folge:

Der Arbeitgeber kann folgende Verpflegungspauschalen steuerfrei zahlen:

Abreisetag	12 €
abzügl. Abendessen	9,60 €
verbleiben	2,40 €
Rückreisetag	12 €
abzügl.	
Frühstück	4,80 €
Mittagessen	9,60 €
verbleiben	0 €

Diese Regelung gilt wie bisher für die Ermittlung der steuerfrei zahlbaren Arbeitgebererstattung.

Die **Kürzung** gilt daher auch für die Teilnahme des Arbeitnehmers an einer **geschäftlich** veranlassten Bewirtung (i.S.d. § 4 Abs. 5 Satz 1 Nr. 2 EStG) oder an einem außerhalb der ersten Tätigkeitsstätte gewährten **Arbeitsessen** (R 19.6 Abs. 2 Satz 2 LStR 2013), wenn der Arbeitgeber oder auf dessen Veranlassung ein Dritter die Mahlzeit zur Verfügung stellt. Es kommt nicht darauf an, ob Vorteile aus der Gestellung derartiger Mahlzeiten zum Arbeitslohn zählen. Eine Kürzung der Verpflegungspauschale ist auch dann vorzunehmen, wenn der Arbeitgeber den amtlichen Sachbezugswert der Mahlzeit **pauschal besteuert** hat (→ Rz. 540 *Mahlzeiten*, → Rz. 653 f., 662) .

Nimmt der Arbeitnehmer an der **geschäftlich veranlassten Bewirtung durch einen Dritten oder einem Arbeitsessen eines Dritten teil,** handelt es sich regelmäßig **nicht um eine** durch den Arbeitgeber gestellte Mahlzeit. In diesem Fall ist die Verpflegungspauschale nicht zu kürzen.

Versorgungsausgleich

Durch Steuerbefreiungsvorschriften in § 3 Nr. 55a und Nr. 55b EStG wird sichergestellt, dass sich durch den ab 2009 neu **589**
geregelten Versorgungsausgleich bei **Ehescheidung** für die betroffenen Personen **keine belastenden steuerlichen Konsequenzen** ergeben. Dies gilt für die **interne Teilung** nach § 10 des Versorgungsausgleichsgesetzes – VersAusglG – (d.h. Teilung jedes Anrechts innerhalb des Versorgungssystems) und die **externe Teilung** nach § 14 VersAusglG (Zahlung eines Ausgleichswerts).

Bei **Leistungen,** die die ausgleichsberechtigte Person auf Grund der internen oder externen Teilung später aus einer → Rz. 491 *Direktzusage* oder von einer → Rz. 582 *Unterstützungskasse* erhält, handelt es sich i.Ü. um **Einkünfte aus nichtselbständiger Arbeit.** Bei der ausgleichspflichtigen Person liegen Einkünfte aus nichtselbständiger Arbeit nur hinsichtlich der verbleibenden Leistungen vor.

Zur **laufenden Versorgung** in Form eines Versorgungsbezugs i.S.d. § 19 EStG als schuldrechtliche Ausgleichzahlung siehe BMF-Schreiben vom 9.4.2010, IV C 3 – S 2221/09/10024, BStBl I 2010, 323). Vgl auch → Rz. 167 *Versorgungsausgleich* und → Rz. 200 *Versorgungsausgleich.*

Verwarnungsgelder

Zu den Verwarnungsgeldern vgl. die Hinweise bei → Rz. 516 *Geldstrafen.* **590**

VIP-Logen

Nimmt der Arbeitnehmer an einer Veranstaltung in einer vom Arbeitgeber angemieteten VIP-Loge oder Operngala (z.B. in **591**
Sportstätten oder einem sog. Business-Seat) aus privaten Gründen unentgeltlich oder verbilligt teil, rechnet der sich dadurch ergebende geldwerte Vorteil zum **Arbeitslohn.** Dieser Vorteil ist grundsätzlich als **Sachbezug** zu bewerten, die Freigrenze für Sachbezüge i.H.v. 44 € monatlich ist anwendbar (→ Rz. 558 *Sachbezüge, Freigrenze*). Für VIP-Logen und Business-Seats hat der Arbeitgeber die Möglichkeit, den auf eigene Arbeitnehmer entfallenden Vorteil mit einem Pauschsteuersatz i.H.v. 30 % zu versteuern; → Rz. 676 f.

Der Vorteil gehört **nicht** zum steuerpflichtigen Arbeitslohn, wenn der Besuch der VIP-Loge/die Nutzung des Business-Seats bzw. die Teilnahme an der dortigen Veranstaltung beruflich erforderlich ist bzw. sie im ganz überwiegenden betrieblichen Interesse erfolgt, z.B. Teilnahme als Arbeitszeit zur Betreuung von Geschäftskunden oder der Arbeitgeber lädt seine leitenden Angestellten anlässlich eines Geschäftsabschlusses neben den Geschäftspartnern zur Teilnahme ein. Ebenso liegt kein Arbeitslohn vor, wenn die VIP-Loge/der Business-Seat für eine übliche Betriebsveranstaltung angemietet wurde (→ Rz. 482 *Betriebsveranstaltungen*).

Vorsorgeuntersuchungen, Vorsorgeleistungen

Trägt der Arbeitgeber die Kosten für Vorsorgeuntersuchungen (z.B. für leitende Angestellte), ist dies kein Arbeitslohn → Rz. 466 **592**
Ärztliche Betreuung.

Seit 2008 sind Dienstleistungen und Barzuschüsse des **Arbeitgebers** zur **Verbesserung** des allgemeinen **Gesundheitszustands** des Arbeitnehmers sowie zur betrieblichen **Gesundheitsförderung** steuerfrei. Gleiches gilt für entsprechende extern durchgeführte Maßnahmen. Insgesamt sind im Kalenderjahr bis zu **500 €** je Arbeitnehmer **steuerfrei** (Höchstbetrag).

Begünstigt sind z.B.

- betriebliche Gesundheitsförderung (Vorbeugung und Reduzierung arbeitsbedingter Belastungen des Bewegungsapparats),
- Maßnahmen zur Verbesserung des allgemeinen Gesundheitszustands (Prävention), der Bewegungsgewohnheiten (Reduzierung von Bewegungsmangel,
- Vorbeugung und Reduzierung gesundheitlicher Risiken durch verhaltens- und gesundheitsorientierte Bewegungsprogramme),

- des Ernährungsverhaltens (Vermeidung von Mangel- und Fehlernährung sowie von Übergewicht einschl. Reduktion),
- zur Stressbewältigung und Entspannung sowie gegen Suchtmittelkonsum (Raucherentwöhnungskurse, gesundheitsgerechter Umgang mit Alkohol).

Eine **Anrechnung** auf den vereinbarten Arbeitslohn oder Lohnumwandlungen sind nicht zulässig; → Rz. 671 ff. Bezuschusst der Arbeitgeber vergleichbare, vom Arbeitnehmer extern gebuchte Kurse/Seminare, hat der Arbeitnehmer Nachweise vorzulegen, die der Arbeitgeber im Lohnkonto aufzubewahren hat.

Waisengelder

593 Zahlt der Arbeitgeber eines verstorbenen Arbeitnehmers an dessen Hinterbliebene Waisengelder, ist dies steuerpflichtiger Arbeitslohn, für den Lohnsteuer zu erheben ist.

Maßgebend für die Lohnsteuererhebung sind die abgerufenen elektronischen Lohnsteuerabzugsmerkmale oder die in einer vom Finanzamt ausgestellten Bescheinigung für den Lohnsteuerabzug ausgewiesenen Lohnsteuerabzugsmerkmale.

Wandeldarlehen

594 Gewährt ein Arbeitnehmer dem Arbeitgeber ein Darlehen, das mit einem Wandlungsrecht zum Bezug von Aktien ausgestattet ist (**Wandeldarlehen**), fließt dem Arbeitnehmer **nicht** bereits bei **Hingabe** des Darlehens Arbeitslohn zu. Ein geldwerter Vorteil aus dem Bezug von Aktien zu einem unter dem Kurswert liegenden Übernahmepreis fließt dem Arbeitnehmer im Falle der **Ausübung** des Wandlungsrechts grundsätzlich zu, wenn dem Arbeitnehmer durch Erfüllung des Anspruchs das **wirtschaftliche Eigentum an den Aktien** verschafft wird. Der geldwerte Vorteil bemisst sich im Falle der Ausübung des Wandlungsrechts aus der **Differenz** zwischen dem Börsenpreis der Aktien an dem Tag, an dem der Arbeitnehmer die wirtschaftliche Verfügungsmacht über die Aktien erlangt, und den Erwerbsaufwendungen. **Überträgt** der Arbeitnehmer das Darlehen nebst Wandlungsrecht dagegen gegen Entgelt auf einen Dritten, fließt dem Arbeitnehmer ein geldwerter Vorteil im Zeitpunkt der Übertragung zu. Wird ein **Wandeldarlehen veräußert**, ist der Gewinn ein geldwerter Vorteil, soweit sich die bis dahin latent bestehende Möglichkeit zum verbilligten Aktienerwerb verwirklicht. → Rz. 450 *Aktienoptionen,* → Rz. 587 *Vermögensbeteiligung* und → Rz. 595 *Wandelschuldverschreibung*.

Wandelschuldverschreibung

595 Wird einem Arbeitnehmer im Rahmen seines Arbeitsverhältnisses durch Übertragung einer **nicht handelbaren Wandelschuldverschreibung** ein Anspruch auf die Verschaffung von Aktien eingeräumt, fließt dem Arbeitnehmer (noch) kein Arbeitslohn zu. Ein geldwerter Vorteil fließt grundsätzlich erst im Falle der **Ausübung** des Wandlungsrechts durch den Arbeitnehmer zu, wenn dem Arbeitnehmer durch Erfüllung des Anspruchs das wirtschaftliche Eigentum an den Aktien verschafft wird. Dies gilt unabhängig davon, dass der Arbeitnehmer die Aktien auf Grund einer Sperrfrist nicht veräußern kann oder zur Rückübertragung verpflichtet ist, wenn das Arbeitsverhältnis während der Sperrfrist aufgelöst wird. → Rz. 450 *Aktienoptionen*, → Rz. 587 *Vermögensbeteiligung* und → Rz. 594 *Wandeldarlehen*.

Warengutscheine, Einkaufsgutscheine

596 An Stelle einer konkreten Ware kann der Arbeitgeber dem Arbeitnehmer auch einen Warengutschein aushändigen mit dem Ziel, die **Freigrenze** für Sachbezüge → Rz. 558 *Sachbezüge, Freigrenze* auszuschöpfen nach § 8 Abs. 2 Satz 11 EStG i.d.F. 2014 i.H.v. 44 €. Der bei einem Dritten einzulösende Warengutschein muss die bestimmte Ware oder Dienstleistung nach Art und Menge konkret bezeichnen (z.B. der Titel eines Buches) oder einen (aufgedruckten) Geldbetrag ausweisen.

Aufgrund der BFH-Urteile vom 11.11.2010 (VI R 21/09, VI R 27/09, VI R 41/10, BStBl II 2011, 383, 386, 389) zur einkommensteuerrechtlichen Behandlung von Tankkarten, Tankgutscheinen und Geschenkgutscheinen ist es zulässig, neben der Ware/ Dienstleistung auf dem Gutschein einen anzurechnenden Betrag oder Höchstbetrag anzugeben.

Nunmehr ist die Frage, ob Barlöhne oder **Sachbezüge** vorliegen, nach dem **Rechtsgrund** der Zahlung bzw. des Zuflusses zu entscheiden. Und zwar auf Grundlage der **arbeitsvertraglichen Vereinbarungen**, in denen geregelt ist, welche Leistung der Arbeitnehmer vom Arbeitgeber beanspruchen kann. Die Unterscheidung ist nach der Art des arbeitgeberseitig zugesagten und daher arbeitnehmerseitig zu beanspruchenden Vorteils selbst und nicht durch die Art und Weise der Erfüllung des Anspruchs durch den Arbeitgeber zu treffen.

Kann der **Arbeitnehmer** lediglich die **Sache** selbst beanspruchen, kommt eine Steuerbefreiung für Sachbezüge innerhalb der 44 €-Freigrenze in Betracht. Dabei ist es auch unerheblich, ob der Arbeitgeber zur Erfüllung dieses Anspruchs selbst tätig wird, oder er dem Arbeitnehmer gestattet, auf seine Kosten die Sachen bei einem Dritten zu erwerben.

Deshalb liegen **Sachbezüge** auch dann vor, wenn der Arbeitgeber einen Warengutschein mit aufgedrucktem Geldbetrag oder als Zahlung an den Arbeitnehmer mit der Auflage verbindet, den empfangenen Geldbetrag nur in einer bestimmten Weise (Erwerb von Sachen/Gütern) zu verwenden.

Ist der Gutschein bei einem Dritten einzulösen, **fließt** der Arbeitslohn mit Hingabe des Gutscheins an den Arbeitnehmer zu. Ist der Gutschein zur Einlösung beim Arbeitgeber bestimmt, liegt **Arbeitslohnzufluss** erst bei Einlösung des Gutscheins vor.

Die **Umwandlung** von Barlohn in Sachlohn (Gehaltsumwandlung) ist möglich. Sie setzt voraus, dass der Arbeitnehmer unter Änderung des Anstellungsvertrags auf einen Teil seines Barlohns verzichtet und dass ihm der Arbeitgeber stattdessen Sachlohn gewährt.

Beispiele für Sachbezug und Warengutscheine

In sämtlichen Fällen hat der Arbeitnehmer nach den arbeitsvertraglichen Vereinbarungen einen Sachanspruch; eine Auszahlung als Barlohn ist ausgeschlossen.

Sachbezug ist u.a.:

- Eine Zahlung des Arbeitgebers an den Arbeitnehmer, die mit der Auflage verbunden ist, den empfangenen Geldbetrag nur in bestimmter Weise zu verwenden,

- ein dem Arbeitnehmer durch den Arbeitgeber eingeräumtes Recht, bei einer Tankstelle zu tanken,
- ein Gutschein über einen in Euro lautenden Höchstbetrag für Warenbezug.

Beispiel für Warengutscheine:

Der Arbeitgeber räumt seinem Arbeitnehmer das Recht ein, einmalig zu einem beliebigen Zeitpunkt bei einer Tankstelle auf Kosten des Arbeitgebers gegen Vorlage einer Tankkarte bis zu einem Betrag von 44 € zu tanken. Der Arbeitnehmer tankt im Februar für 46 €; dieser Betrag wird vom Konto des Arbeitgebers abgebucht.

Unter der Voraussetzung, dass der Arbeitnehmer von seinem Arbeitgeber nicht anstelle der ausgehändigten Tankkarte Barlohn verlangen kann, liegt im Februar ein Sachbezug in Höhe der zugesagten 44 € vor. Er ist steuerfrei (nach § 8 Abs. 2 Satz 11 EStG i.d.F. 2014, 44 €-Freigrenze), wenn dem Arbeitnehmer in diesem Monat keine weiteren Sachbezüge gewährt werden und der Arbeitgeber die übersteigenden 2 € vom Arbeitnehmer einfordert.

Der Bewertungsabschlag von 4 % (nach R 8.1 Abs. 2 Satz 9 LStR 2013) ist nicht zulässig, da der Sachbezug durch eine (zweckgebundene) Geldleistung des Arbeitgebers verwirklicht wird (oder wenn ein Warengutschein mit Betragsangabe hingegeben wird).

Kann der Arbeitnehmer anstelle der Sachleistung die Zahlung von Barlohn verlangen, handelt es sich nicht um einen Sachbezug.

Werbungskostenersatz

Werbungskostenersatz des Arbeitgebers ist steuerpflichtiger Arbeitslohn; auch → Rz. 472 *Auslagenersatz,* → Rz. 599 *Werkzeuggeld*. **597**

Werkspensionen

Werkspensionen des früheren Arbeitgebers, sind steuerpflichtiger Arbeitslohn. Hat der Arbeitnehmer das 63. Lebensjahr bzw. als Schwerbehinderter das 60. Lebensjahr vollendet, mindern der Versorgungsfreibetrag und der Zuschlag zum Versorgungsfreibetrag den steuerpflichtigen Arbeitslohn (→ Rz. *Versorgungsfreibetrag*). **598**

Werkzeuggeld

Benutzt der Arbeitnehmer selbst angeschaffte Werkzeuge für seine berufliche Tätigkeit (z.B. im Betrieb, auf der Baustelle), ist die Erstattung der dem Arbeitnehmer dafür entstandenen Aufwendungen **steuerfrei**. **599**

Als **Werkzeuge** werden allgemein nur Handwerkzeuge angesehen, die zur leichteren Handhabung, Herstellung oder zur Bearbeitung eines Gegenstands verwendet werden.

Steuerfrei gezahlt werden können die jeweiligen Aufwendungen des Arbeitnehmers für die Anschaffung des Werkzeugs. Bei Anschaffungskosten über **410 €** sind diese Kosten und Zahlungen auf die betriebsgewöhnliche Nutzungsdauer zu verteilen. Steuerfreie pauschale Zahlungen sind möglich für die Abschreibung der Werkzeuge, für die üblichen Betriebs-, Instandhaltungs- und Instandsetzungskosten sowie die Beförderung zwischen der Wohnung des Arbeitnehmers und dem Betrieb.

Wintergeld

Mehraufwands- sowie Zuschuss-Wintergeld (§ 102 SGB III), das an Arbeiter im Baugewerbe aus Mitteln der Bundesagentur für Arbeit zur Abgeltung der witterungsbedingten Mehraufwendungen bei Arbeit in der witterungsungünstigen Jahreszeit gezahlt wird, ist steuerfrei; sie unterliegen nicht dem Progressionsvorbehalt. **600**

Winterbeihilfen in der Bauwirtschaft sind hingegen steuerpflichtiger Arbeitslohn.

Witwengelder

Vom Arbeitgeber eines verstorbenen Arbeitnehmers an dessen Hinterbliebene gezahlte Witwengelder sind steuerpflichtiger Arbeitslohn (→ Rz. 278). **601**

Zukunftssicherungsleistungen

Leistungen des Arbeitgebers für die Zukunftssicherung des Arbeitnehmers sind regelmäßig Arbeitslohn (→ Rz. 385 ff.). Unter Umständen sind sie begünstigt durch Steuerfreiheit (→ Rz. 454 *Arbeitgeberbeiträge*; → Rz. 455 *Arbeitgeberzuschüsse*; → Rz. 469 *Aufstockungsbeträge*; → Rz. 479 *Betriebliche Altersversorgung*; → Rz. 579 *Unfallversicherung, freiwillige*, → Rz. 580 *Unfallversicherung, gesetzliche*) oder einen pauschalen Steuersatz → Rz. 633 ff. **602**

Zusatzbeitrag zur Krankenversicherung

Der ggf. als Festbetrag zu zahlende Zusatzbeitrag zur Krankenversicherung ist vom Arbeitnehmer allein zu tragen und kann deshalb vom Arbeitgeber nicht steuerfrei erstattet werden. **603**

IV. Pauschalierung der Lohnsteuer

604 Bisher wurde erläutert, wie der Arbeitgeber den Arbeitslohn ermittelt, welche Vorschriften für den Lohnsteuereinbehalt zu beachten sind, und wie die Lohnsteuer auf Grund der persönlichen Lohnsteuerabzugsmerkmale des Arbeitnehmers aus der Lohnsteuer-Tabelle abzulesen ist.

Das Einkommensteuergesetz bietet daneben aber auch die Möglichkeit, die Lohnsteuer nach bestimmten festen Pauschsteuersätzen zu erheben (**pauschale Lohnsteuererhebung**). Diese Möglichkeit besteht

- bei Aushilfs-, kurzfristigen und geringfügigen Beschäftigungen,
- für Zukunftssicherungsleistungen und
- in besonderen Fällen für bestimmte Arbeitslohnteile.

Bei der Lohnsteuer-Pauschalierung übernimmt der Arbeitgeber die (pauschale) Lohnsteuer zuzüglich Solidaritätszuschlag und ggf. der Kirchensteuer. Der pauschal besteuerte Arbeitslohn und die pauschale Lohnsteuer bleiben bei einer Veranlagung des Arbeitnehmers zur Einkommensteuer und **605** beim betrieblichen Lohnsteuer-Jahresausgleich **außer Ansatz** (→ Rz. 679 ff.).

Die pauschale Lohnsteuer ist weder in der elektronisch zu übermittelnden Lohnsteuerbescheinigung noch auf dem Papierausdruck dazu oder in der Besonderen Lohnsteuerbescheinigung auszuweisen.

Die **Pauschalierung** der Lohnsteuer für einen **sonstigen Bezug** mit 20 % bei **Lohnzahlungen Dritter** (→ Rz. 417) rechnet **nicht** zu den hier beschriebenen Formen der Lohnsteuer-Pauschalierung.

1. Teilzeitbeschäftigungen

606 Das Einkommensteuergesetz kennt drei verschiedene **Formen** von Teilzeitbeschäftigungen mit jeweils unterschiedlichen Pauschsteuersätzen (§ 40a EStG):

1. die **kurzfristige Beschäftigung**, mit einem Pauschsteuersatz von 25 % des Arbeitslohns (→ Rz. 608 f.),
2. die zu einem **unvorhersehbaren** Zeitpunkt **sofort erforderliche** kurzfristige Beschäftigung mit einem Pauschsteuersatz von 25 % des Arbeitslohns (→ Rz. 610);
3. **geringfügige Beschäftigungen** i.S.d. Sozialversicherungsrechts (Minijob, § 8 Abs. 1 Nr. 1 oder § 8a SGB IV) mit einem (einheitlichen) Pauschsteuersatz von 2 % oder 20 % des Arbeitslohns (Arbeitsentgelts, → Rz. 611 ff.);
4. die Tätigkeit als **Aushilfskraft** in **land- und forstwirtschaftlichen Betrieben** mit ebensolchen typischen Tätigkeiten. Bei dieser Beschäftigungsform beträgt der Pauschsteuersatz 5 % des Arbeitslohns (→ Rz. 618 f.).

607 **Voraussetzung** für eine Lohnsteuer-Pauschalierung nach den Nummern 1 bis 4 ist, dass die beschäftigte Person nicht noch für eine andere Beschäftigung bei demselben Arbeitgeber Arbeitslohn erhält, für den die Lohnsteuer nach den elektronischen Lohnsteuerabzugsmerkmale (→ Rz. 297 f.) oder den auf der vom Finanzamt ausgestellten Bescheinigungen für den Lohnsteuerabzug eingetragenen Lohnsteuerabzugsmerkmale des Arbeitnehmers (Regelverfahren) ermittelt wird (zu ermitteln ist). Der Arbeitgeber braucht nicht zu prüfen, ob diese Kraft in einem weiteren Dienstverhältnis bei einem anderen Arbeitgeber beschäftigt ist.

Die Pauschalierung ist hingegen **zulässig** für teilzeitbeschäftigte **Vorruheständler**, die bei ihrem früheren Arbeitgeber tätig sind und von diesem lohnsteuerpflichtige Vorruhestandsgelder oder Ruhestandsbezüge (z.B. eine Werkspension) erhalten.

a) Kurzfristige Beschäftigung

608 Der Arbeitgeber kann bei Arbeitnehmern, die nur kurzfristig beschäftigt werden, die Lohnsteuer mit einem Pauschsteuersatz von 25 % des Arbeitslohns (zzgl. Solidaritätszuschlag und ggf. Kirchensteuer) erheben. Nach dem Steuerrecht liegt eine **kurzfristige Beschäftigung** vor, wenn der Arbeitnehmer bei dem Arbeitgeber gelegentlich, d.h. nicht regelmäßig wiederkehrend, beschäftigt wird. Dabei darf die jeweilige Beschäftigungsdauer 18 zusammenhängende **Arbeitstage** nicht übersteigen. Hierzu gehören auch solche Tage, für die der Arbeitslohn wegen Urlaubs, Krankheit oder gesetzlicher Feiertage fortgezahlt wird.

Nach den Lohnsteuer-Richtlinien ist entscheidend, dass die Beschäftigung ohne feste Wiederholungsabsicht ausgeübt wird. Tatsächlich kann es jedoch zu wiederholten Beschäftigungen kommen. In diesen Fällen ist entscheidend, dass die erneute Tätigkeit nicht bereits von vornherein vereinbart worden ist. Liegen diese Voraussetzungen vor, kommt es für die Beurteilung nicht darauf an, wie oft die Aushilfskraft im Laufe des Kalenderjahres tatsächlich beschäftigt wird.

Die **sozialversicherungsrechtliche** Einordnung als kurzfristige Beschäftigung ist für die Pauschalierung mit 25 % nicht entscheidend.

Ferner darf während der Beschäftigungsdauer der Arbeitslohn **durchschnittlich** je Arbeitstag 62 € nicht übersteigen; 609
der durchschnittliche Arbeitslohn je Arbeitsstunde ist auf durchschnittlich höchstens 12 € begrenzt (→ Rz. 621 ff.). Für die weiter zu beachtenden Regelungen → Rz. 620 ff.

b) Unvorhersehbare sofort erforderliche kurzfristige Beschäftigung

Eine unvorhersehbare und sofort erforderliche kurzfristige Beschäftigung setzt voraus, dass das Dienstverhältnis für 610
den **akuten Bedarf** einer zusätzlichen oder den Ersatz einer ausgefallenen Arbeitskraft abgeschlossen wird. Hierzu rechnet grundsätzlich **nicht** die Beschäftigung von Aushilfen, deren Einsatz schon längere Zeit zuvor feststeht (z.B. bei Volksfesten, Inventur oder Ausstellungsmessen).

Anders ist es jedoch, wenn die Aushilfskraft entgegen dem vorhersehbaren Bedarf zusätzlich beschäftigt werden muss, z.B. im Hotel- oder Gaststättengewerbe wegen unerwartet starkem Ausflugsverkehr oder wegen Krankheit einer Aushilfskraft.

Bei dieser (kurzfristigen) Beschäftigungsform ist die Arbeitslohngrenze von durchschnittlich 62 € je Arbeitstag nicht zu beachten; der Pauschsteuersatz beträgt 25 % des Arbeitslohns (zzgl. Solidaritätszuschlag und ggf. Kirchensteuer). Für die weiter zu beachtenden Regelungen → Rz. 620 ff.

c) Besteuerung des Arbeitsentgelts für geringfügig entlohnte Beschäftigungen

Allgemeine Voraussetzung für eine geringfügig entlohnte Beschäftigung i.S.d. Sozialversicherungsrechts ist, dass die 611
monatliche Arbeitsentgeltgrenze von 450 € (seit 2013, zuvor 400 €) nicht überschritten wird. Eine **Stundenlohnbegrenzung** ist nicht zu beachten.

Für die **Lohnsteuer-Pauschalierung** bei geringfügig Beschäftigten ist zu unterscheiden zwischen 612

- der **einheitlichen Pauschsteuer** i.H.v. **2 %** (§ 40a Abs. 2 EStG) und
- der **pauschalen Lohnsteuer** mit einem Steuersatz i.H.v. **20 %** des Arbeitsentgelts (§ 40a Abs. 2a EStG).

Beide Möglichkeiten der Lohnsteuer-Pauschalierung setzen **eine geringfügige Beschäftigung** (Minijob i.S.d. § 8 Abs. 1 Nr. 1 oder § 8a SGB IV einschl. Minijobs nach der Übergangsregelung des § 276a SGB VI für vor 2013 bereits geringfügig Beschäftigte) voraus. Das Steuerrecht knüpft damit an die Einordnung der Sozialversicherung (nach dem SGB IV) an. Jedoch erfolgt im Steuerrecht **keine** Zusammenrechnung mit weiteren geringfügigen Beschäftigungen bei anderen Arbeitgebern. D. h. die Geringfügigkeit ist stets für die jeweilige Beschäftigung zu prüfen.

Bemessungsgrundlage für die Lohnsteuer-Pauschalierung ist das sozialversicherungsrechtliche **Arbeitsentgelt**, unabhängig davon, ob dies steuerpflichtiger oder steuerfreier Arbeitslohn wäre (BFH-Urteil v. 29.5.2008, VI R 57/05, BStBl II 2009, 147). Dies gilt jedoch nur für die **Frage** der Geringfügigkeit (sozialversicherungsrechtliches „Entstehungsprinzip").

Der Einkommensteuer unterliegt jedoch auch bei einer geringfügigen Beschäftigung nur der tatsächlich zugeflossene (und steuerpflichtige) Arbeitslohn (steuerfreier Arbeitslohn stellt regelmäßig auch kein Arbeitsentgelt dar, zudem gilt das „Zuflussprinzip").

Für Arbeitslohnteile, die **nicht** zum sozialversicherungsrechtlichen Arbeitsentgelt gehören, ist die Lohnsteuer-Pauschalierung nicht zulässig; sie unterliegen dem üblichen Lohnsteuerabzug im Regelverfahren. Eine solch „gesplittete" Lohnsteuererhebung ist z.B. möglich, wenn neben dem sozialversicherungsrechtlichen Arbeitsentgelt eine Entlassungsabfindung gezahlt wird. Weil Entlassungsabfindungen nicht der Sozialversicherung unterliegen, kommt für sie nur eine Lohnsteuererhebung im Regelverfahren in Betracht.

aa) Einheitliche Pauschsteuer i.H.v. 2 %

613 Der Arbeitgeber kann die Lohnsteuer **einschließlich** Solidaritätszuschlag und Kirchensteuer

- für das Arbeitsentgelt aus einer geringfügigen Beschäftigung i.S.d. § 8 Abs. 1 Nr. 1 (geringfügig entlohnte Beschäftigung) oder des § 8a SGB IV (geringfügig entlohnte Beschäftigung im Privathaushalt),
- für das er die pauschalen Beiträge zur gesetzlichen Rentenversicherung[1] i.H.v. 15 % oder 5 % nach § 168 Abs. 1 Nr. 1b oder 1c (geringfügig versicherungspflichtig Beschäftigte) oder nach § 172 Abs. 3 oder 3a (geringfügig versicherungsfrei Beschäftigte) SGB VI zu entrichten hat,

mit einem einheitlichen **Pauschsteuersatz** i.H.v. insgesamt 2 % des Arbeitsentgelts erheben (einheitliche Pauschsteuer, § 40a Abs. 2 EStG). Diese Pauschalierungsmöglichkeit gilt auch für die seit 2013 mögliche Übergangsregelung, wonach der Arbeitgeber Sozialversicherungsbeiträge nach § 276a Abs. 1 SGB VI zu entrichten hat.

Weil alleinig die sozialversicherungsrechtliche Einordnung der Beschäftigung maßgebend ist, braucht eine gesonderte steuerliche Arbeitslohngrenze nicht geprüft zu werden.

In dieser einheitlichen Pauschsteuer sind neben der Lohnsteuer auch der Solidaritätszuschlag und die Kirchensteuer enthalten. Der Steuersatz i.H.v. 2 % ist auch anzuwenden, wenn der Arbeitnehmer keiner erhebungsberechtigten Religionsgemeinschaft angehört.

bb) Pauschale Lohnsteuer i.H.v. 20 %

614 Hat der Arbeitgeber für das Arbeitsentgelt einer geringfügig entlohnten Beschäftigung i.S.d. Sozialversicherungsrechts den pauschalen Beitrag zur gesetzlichen Rentenversicherung i.H.v. 15 % oder 5 % nicht zu entrichten, kann er die **pauschale Lohnsteuer** mit einem Steuersatz i.H.v. 20 % des Arbeitsentgelts erheben. Hinzu kommen der Solidaritätszuschlag (5,5 % der Lohnsteuer → Rz. 703 f.) und die Kirchensteuer nach dem jeweiligen Landesrecht (→ Rz. 721 ff.).

Bei einer **kurzfristigen Beschäftigung** i.S.d. Sozialversicherung ist diese Pauschalierung **nicht** zulässig.

cc) Lohnsteuer im Regelverfahren

615 Wählt der Arbeitgeber die pauschale Lohnversteuerung mit 2 % oder 20 % **nicht**, so ist die Lohnsteuer im Regelverfahren nach den Lohnsteuerabzugsmerkmalen des Arbeitnehmers zu erheben. Die Höhe des Lohnsteuerabzugs hängt dann von der Lohnsteuerklasse ab.

Bei den Lohnsteuerklassen I (Alleinstehende), II (bestimmte Alleinerziehende mit Kind) oder III und IV (verheiratete Arbeitnehmer/innen, Lebenspartner) fällt für das Arbeitsentgelt einer geringfügigen Beschäftigung (höchstens 450 € monatlich) keine Lohnsteuer an. Bei den Lohnsteuerklassen V oder VI ist jedoch stets der Lohnsteuerabzug zu prüfen.

Zu beachten ist, dass das ein (lohn-)steuerunbelastet gezahltes Arbeitsentgelt i. R. einer Veranlagung zur Einkommensteuer als **steuerpflichtiger** Arbeitslohn angesetzt wird. Dies kann bei weiteren Einkünften zu einer **Einkommensteuerschuld** führen, soweit der Arbeitslohn 1 000 € (Werbungskosten- bzw. Arbeitnehmer-Pauschbetrag) übersteigt.

cc) Anmeldung und Abführung der Lohnsteuer

Das Verfahren für die Anmeldung und die Abführung der Lohnsteuer (→ Rz. 362 ff.) bei geringfügig entlohnter Beschäftigung richtet sich danach, ob die einheitliche Pauschsteuer i.H.v. 2 % erhoben wird oder nicht. 616

Für die Anmeldung und Abführung der **einheitlichen Pauschsteuer** i.H.v. 2 % vom Arbeitsentgelt ist stets – wie für die pauschalen Beiträge zur gesetzlichen Renten- und Krankenversicherung – die Deutsche Rentenversicherung Knappschaft–Bahn–See (Minijob-Zentrale) in 45115 Essen zuständig. Das gilt sowohl für den Privathaushalt als auch für andere (gewerbliche) Arbeitgeber.

Privathaushalte haben als Arbeitgeber einer geringfügig entlohnten Beschäftigung zur Abwicklung der einheitlichen Pauschsteuer den **Haushaltsscheck** zu verwenden. Auf dem Haushaltsscheck hat der Arbeitgeber das Arbeitsentgelt anzugeben und ob die Lohnsteuer mit der einheitlichen Pauschsteuer erhoben werden soll. Die Deutsche Rentenversicherung Knappschaft-Bahn-See berechnet nach diesen Angaben ggf. die einheitliche Pauschsteuer und zieht sie zusammen mit den pauschalen Beiträgen zur gesetzlichen Sozialversicherung jeweils zum 15. Juli des laufenden Jahres und zum 15. Januar des Folgejahrs vom Arbeitgeber ein. 617

Andere Arbeitgeber, z.B. Betriebe, berechnen die einheitliche Pauschsteuer und teilen den Betrag der Deutschen Rentenversicherung Knappschaft-Bahn-See im elektronischen **Beitragsnachweis** mit.

Wird die Lohnsteuer nicht mit der einheitlichen Pauschsteuer, sondern **pauschal** i.H.v. **20 %** des Arbeitsentgelts oder im Regelverfahren nach den Lohnsteuerabzugsmerkmalen des Arbeitnehmers erhoben, so ist stets das Betriebsstättenfinanzamt zuständig. Diese Lohnsteuer ist ggf. mit weiteren Lohnsteuerbeträgen getrennt nach pauschaler und nach der im Regelverfahren erhobenen Lohnsteuer in der (elektronischen) Lohnsteuer-Anmeldung anzugeben und an das Betriebsstättenfinanzamt abzuführen (zur Abgabe der elektronischen Lohnsteuer-Anmeldung → Rz. 362 ff.).

Als **Betriebsstättenfinanzamt** wird das Finanzamt bezeichnet, in dessen Bezirk sich die lohnsteuerliche Betriebsstätte des Arbeitgebers befindet. Für einen privaten Haushalt ist es das Wohnsitzfinanzamt, bei dem die Einkommensteuererklärung abzugeben ist.

d) Aushilfskräfte in der Land- und Forstwirtschaft

Für Aushilfskräfte, die in Betrieben der Land- und Forstwirtschaft i.S.d. § 13 Abs. 1 EStG ausschließlich mit **typisch** land- oder forstwirtschaftlichen Arbeiten beschäftigt werden, 618

1) Das Sozialversicherungsrecht bezeichnet den Arbeitgeberbeitrag zur Rentenversicherung für geringfügig entlohnte Beschäftigte statt Pauschalbeitrag nun als Beitrag in Höhe des Pauschalbeitrags.

kann die Lohnsteuer mit dem **Pauschsteuersatz** von **5 %** des Arbeitslohns erhoben werden.

Aushilfskräfte im Sinne dieser Vorschrift sind Personen, die für typisch land- und forstwirtschaftliche Arbeiten, die nicht ganzjährig anfallen, beschäftigt werden. Keine Aushilfskräfte sind Arbeitnehmer, die zu den land- und forstwirtschaftlichen Fachkräften gehören.

619 Eine Beschäftigung der Aushilfskraft mit **anderen**, also mit **nicht typisch** land- und forstwirtschaftlichen Arbeiten, ist jedoch unschädlich, wenn deren Dauer 25 % der Gesamtbeschäftigungsdauer der Aushilfskraft nicht überschreitet. Wird die Aushilfskraft hingegen an mehr als **180 Tagen** im Kalenderjahr beschäftigt, ist die Lohnsteuer-Pauschalierung mit 5 % nicht zulässig.

Für Aushilfskräfte, die in einem **Gewerbebetrieb** i.S.d. § 15 EStG tätig sind, kommt diese Lohnsteuer-Pauschalierung auch dann **nicht** in Betracht, wenn sie mit typisch land- und forstwirtschaftlichen Arbeiten beschäftigt werden. Dies gilt jedoch nicht, wenn ein Betrieb, der Land- und Forstwirtschaft betreibt, ausschließlich wegen seiner Rechtsform als Gewerbebetrieb gilt. Für die weiter zu beachtenden Regelungen → Rz. 620 ff.

e) Ergänzende Regelungen

620 Die Lohnsteuer-Pauschalierung kann sowohl bei unbeschränkt als auch bei **beschränkt einkommensteuerpflichtigen** Aushilfskräften, kurzfristig oder geringfügig Beschäftigten gewählt werden.

Der Arbeitgeber braucht **nicht** zu prüfen, ob die Aushilfs- oder Teilzeitkraft noch in einem Dienstverhältnis zu einem anderen Arbeitgeber steht. Die Lohnsteuer-Pauschalierung muss nicht einheitlich für sämtliche in Betracht kommenden Arbeitnehmer durchgeführt werden; der Arbeitgeber kann die Pauschalierung auf bestimmte Arbeitnehmer oder Tätigkeiten beschränken.

Pauschalierungsgrenzen

621 Für die Lohnsteuer-Pauschalierung mit **25 %** und **5 %** ist die jeweilige Arbeitslohnhöhe entscheidend. Sie sollte stets besonders sorgfältig geprüft werden. Als weitere Voraussetzung für diese beiden Pauschalierungen ist zu beachten, dass der Arbeitslohn **durchschnittlich 12 €** pro **Arbeitsstunde** nicht übersteigen darf.

Für die Ermittlung der Arbeitslohngrenze ist die Arbeitsstunde mit 60 Minuten (Zeitstunde) anzusetzen. Wird der Arbeitslohn für **kürzere** Zeiteinheiten gezahlt (z.B. für 45 Minuten), ist der Lohn zur Prüfung der Pauschalierungsgrenze von 12 € entsprechend auf 60 Minuten **umzurechnen**. Zahlt der Arbeitgeber z.B. pro 45 Minuten Tätigkeit 10 € und für die anschließende Pausenzeit keinen Arbeitslohn, ergibt dies einen Stundenlohn i.H.v. 10 €/45*60 = 13,33 €; eine Lohnsteuerpauschalierung ist nicht zulässig.

Beispiel:

Eine kurzfristig beschäftige Aushilfe erhält für ihre Tätigkeit von 5,5 Stunden 65 € ausgezahlt. Der Arbeitgeber möchte die pauschale Lohnsteuer i.H.v. 25 % des Arbeitslohns erheben. Weil sie nicht zum gezahlten Arbeitslohn zählt, ist die pauschale Lohnsteuer für die Prüfung der Arbeitslohngrenze nicht zu berücksichtigen.

Der Stundenlohn beträgt: 65 € : 5,5 Std. = 11,82 € (gerundet).

Eine Lohnsteuerpauschalierung ist damit zulässig.

Der **durchschnittliche** Stundenlohn ergibt sich aus dem im Lohnzahlungszeitraum bzw. der Beschäftigungsdauer gezahlten Arbeitslohn und den geleisteten Arbeitsstunden. So kann eine höhere Stundenvergütung (z.B. für Tätigkeiten bei Schlechtwetter mit über 12 €) durch einen geringeren Lohn (z.B. für andere Witterungszeiten mit unter 12 €) ausgeglichen werden.

Als **Arbeitstag** ist grundsätzlich der Kalendertag zu verstehen. Der Arbeitstag kann jedoch auch eine über die Mitternachtsgrenze hinausgehende und somit auf zwei Kalendertage fallende durchgehende Nachtschicht sein.

Die **weiteren** Voraussetzungen gelten für jede der vier zuvor genannten Beschäftigungsformen (→ Rz. 606). 622

Zum **Arbeitslohn** der Aushilfskräfte, kurzfristig und geringfügig Beschäftigten gehören sämtliche steuerpflichtigen Einnahmen, die dem unbeschränkt oder beschränkt einkommensteuerpflichtigen Arbeitnehmer aus der Beschäftigung zufließen. Bei Verwendung des **Haushaltsschecks** (→ Rz. 617) wird als Besonderheit jedoch nicht in Geld gewährter Arbeitslohn (z.B. Sachbezüge) bei der Ermittlung des (maßgebenden) Arbeitsentgelts **nicht** berücksichtigt.

Direktversicherungsbeiträge des Arbeitgebers sind bei der Prüfung der Pauschalierungsgrenzen selbst dann zu berücksichtigen, wenn sie bereits nach § 40b EStG mit 20 % pauschal besteuert wurden (→ Rz. 624). Frei- und Pauschbeträge (z.B. der Altersentlastungsbetrag) dürfen vom pauschal zu versteuernden Arbeitslohn und Arbeitsentgelt nicht abgezogen werden.

Steuerfreie Einnahmen bleiben für die Lohnsteuer-Pauschalierung und die Prüfung der Arbeitslohngrenzen stets außer Betracht; in Sonderfällen ggf. abweichend beim sozialversicherungsrechtlichen Arbeitsentgelt. Auf die Pauschalierungsgrenzen werden auch nicht angerechnet die mit 15 % pauschal besteuerten Arbeitgeberzuschüsse für Fahrten zwischen Wohnung und erster Tätigkeitsstätte (→ Rz. 668 ff.). 623

Bei der Prüfung der Pauschalierungsgrenzen sind nicht zum laufenden Arbeitslohn gehörende **sonstige Bezüge** (Sonderzahlungen) rechnerisch gleichmäßig auf die Lohnzahlungs- oder Lohnabrechnungszeiträume zu verteilen, in denen die Arbeitsleistung erbracht wird, für welche die Zahlungen eine Belohnung darstellen. Weihnachtsgeld, Urlaubsgeld und Einmalbeiträge für eine Direktversicherung sind deshalb i.d.R. auf die gesamte Beschäftigungszeit des Kalenderjahres zu verteilen. Werden dadurch im Lohnzahlungs- oder Lohnabrechnungszeitraum die monatlichen Pauschalierungsgrenzen nicht überschritten, so kann in diesem Zeitraum der Arbeitslohn pauschal besteuert werden. 624

Werden **Sonderzahlungen** (sonstige Bezüge) hingegen erst **nach Ablauf** des Kalenderjahres geleistet, in dem die entsprechende Arbeitsleistung erbracht wurde, sind sie nur bei der Pauschalierungsgrenze des Lohnzahlungs- oder Lohnabrechnungszeitraums zu berücksichtigen, in dem die Sonderzahlung zugeflossen ist/geleistet worden ist. 625

Für die Erhebung der pauschalen Lohnsteuer von dem sonstigen Bezug ist die Lohnhöhe im Monat der Zahlung entscheidend.

Unzulässig ist, für einen Arbeitnehmer im Laufe des Kalenderjahres zwischen der Regelbesteuerung und der Pauschalbesteuerung **nur deshalb** zu wechseln, um hierdurch die mit der Arbeitslohnbesteuerung verbundenen Frei- und Pauschbeträge auszuschöpfen (z.B. Werbungskostenpauschbetrag).

626 Für die Beurteilung der **Beschäftigungsdauer** ist der Lohnzahlungs- bzw. Lohnabrechnungszeitraum maßgebend. Zur Beschäftigungsdauer gehören auch solche Zeiträume, in denen der Arbeitslohn wegen Urlaub, Krankheit oder gesetzlicher Feiertage fortgezahlt wird.

Sind in einem Zeitraum die Pauschalierungsgrenzen (Monats-, Tages- oder Stundenlohn) überschritten, so kann für ihn die Lohnsteuer nicht pauschal erhoben werden. Stattdessen ist für diesen Lohnzahlungszeitraum der Arbeitslohn nach den allgemeinen Grundsätzen im Regelverfahren (nach den dann beim Finanzamt anzufordernden Lohnsteuerabzugsmerkmalen des Arbeitnehmers (→ Rz. 290 ff.) zu erheben. In den anderen Zeiträumen kann die Lohnsteuer jedoch pauschal erhoben werden.

627 Der Arbeitgeber darf die Pauschalbesteuerung wählen und **nachholen** (z.B. am Jahresende), solange noch keine Lohnsteuerbescheinigung ausgeschrieben bzw. an die Finanzverwaltung elektronisch übermittelt worden ist, eine Lohnsteuer-Anmeldung für das jeweilige Kalenderjahr noch berichtigt werden kann und falls noch keine Festsetzungsverjährung eingetreten ist.

Hat der Arbeitgeber den Arbeitslohn **zu Unrecht** (fehlerhaft) pauschaliert, bindet dies nicht das Finanzamt, das die Veranlagung des Arbeitnehmers durchführt. Es kann den Arbeitslohn im Rahmen einer Einkommensteuerveranlagung ansetzen.

628 Der Arbeitgeber hat **Aufzeichnungen** zu den Teilzeitbeschäftigungen zu führen. So sind im **Lohnkonto** der Aushilfs- oder Teilzeitkraft folgende Angaben zu vermerken: Name und Anschrift des Beschäftigten, Beschäftigungsdauer, Näheres zur Lohnzahlung (z.B. Tag der Zahlung, Höhe des Arbeitslohns/Arbeitsentgelts) und bei Arbeitskräften im land- und forstwirtschaftlichen Betrieb zusätzlich noch die Art der Beschäftigung.

629 Als Beschäftigungsdauer ist jeweils die Zahl der tatsächlichen **Arbeitsstunden** (bezogen auf 60 Minuten) in dem jeweiligen Lohnzahlungs- oder Lohnabrechnungszeitraum **aufzuzeichnen**.

Diese Aufzeichnungen bzw. **Lohnunterlagen** sollen die Voraussetzungen für die Lohnsteuer-Pauschalierung belegen. Für Bezüge, die auf das Kalenderjahr zu verteilen sind (→ Rz. 624), muss deren Verteilung auf die Beschäftigungszeit im Lohnkonto vermerkt werden.

Kann der Arbeitgeber dem Finanzamt keine Aufzeichnungen zu den Aushilfs- oder Teilzeitbeschäftigten vorlegen oder sind die Aufzeichnungen fehlerhaft, ist die Pauschalierung nur zulässig, wenn die **Pauschalierungsvoraussetzungen** in anderer Weise (z.B. durch Arbeitsnachweise, Zeitkontrollen, Zeugenaussagen) nachgewiesen oder glaubhaft gemacht werden können. Das Risiko einer verstärkten Nachweispflicht für zurückliegende Jahre sollte jedoch besser vermieden werden.

630 In der Vereinbarung über eine Lohnsteuer-Pauschalierung liegt nicht zugleich eine **Nettolohnvereinbarung**. Deshalb kann diese bei einer fehlgeschlagenen Pauschalierung nicht unterstellt werden. D.h., der Arbeitnehmer muss den Lohnsteuerabzug vom vereinbarten (Brutto-)Lohn dulden. Hat das Finanzamt den Arbeitslohn im Rahmen einer Einkommensteuerveranlagung angesetzt, muss der Arbeitnehmer die darauf entfallende Einkommensteuer tragen; die pauschale Lohnsteuer wird hierauf nicht angerechnet.

631 Neben der pauschalen Lohnsteuer ist der **Solidaritätszuschlag** stets i.H.v. 5,5 % der pauschalen Lohnsteuer zu erheben, ggf. zzgl. der Kirchensteuer (→ Teil E) (Ausnahme: nicht bei einheitlicher Pauschsteuer i.H.v. 2 %, → Rz. 613).

Der pauschal besteuerte Arbeitslohn und die pauschale Lohnsteuer bleiben bei einer **Veranlagung** des Arbeitnehmers zur **Einkommensteuer** außer Ansatz. Dies hat zur Folge, dass für diese Tätigkeiten der **Werbungskostenansatz ausgeschlossen** ist, und die pauschale Lohnsteuer weder auf die Jahreslohnsteuer noch auf die Einkommensteuerschuld angerechnet werden kann.

Der Arbeitgeber ist **Steuerschuldner** der von ihm zu übernehmenden pauschalen Lohnsteuer einschließlich des darauf entfallenden Solidaritätszuschlags und der Kirchensteuer. 632

Dies schließt jedoch nicht aus, dass arbeitsrechtlich die pauschalen Steuerbeträge im Innenverhältnis vom Arbeitnehmer übernommen werden können. Trägt der Arbeitnehmer die **pauschale Lohnsteuer** (sog. Abwälzung), mindert dies nicht die Bemessungsgrundlage (den Arbeitslohn) für die Pauschsteuer bzw. bei der Besteuerung von Zukunftssicherungsleistungen mit 20 % oder Sonderzahlungen mit 15 % (§ 40b EStG) den individuell zu versteuernden Arbeitslohn. Vielmehr gilt die **abgewälzte** Lohnsteuer als zugeflossener Arbeitslohn, d.h., der Arbeitnehmer hat sie aus dem Nettolohn zu zahlen. Die **Übernahme** der pauschalen Lohnsteuer kann für den Arbeitnehmer u.U. günstiger sein als die Lohnversteuerung nach seinem individuellen Einkommensteuersatz.

Wer ausführlichere Einzelheiten über die **Lohnsteuer-Pauschalierungsmöglichkeiten** für Aushilfs- und Teilzeitbeschäftigungen wissen möchte, sollte sich anhand des hierzu von Stollfuß Medien herausgegebenen Ratgebers „Mini-Jobs/Aushilfen/Teilzeit 2014" informieren. Dieser Ratgeber informiert leicht verständlich über die gesetzlichen Regelungen und beantwortet mit praxisnahen Beispielen sämtliche Fragen zur Lohnsteuer-Pauschalierung, zum Solidaritätszuschlag, zur Kirchensteuer und zu vermögenswirksamen Leistungen. Darüber hinaus werden auch Möglichkeiten zum **Steuersparen** aufgezeigt. Weitere Teile zum **Sozialversicherungsrecht**, **Arbeitsrecht** und zur **Kirchensteuer** sowie ergänzende Praxisfragen und Antworten einschließlich entsprechender **Übersichten** runden diesen Ratgeber ab.

2. Zukunftssicherungsleistungen

Ab 2005 wurde für Beiträge, die zum Aufbau einer **kapitalgedeckten betrieblichen Altersversorgung** für eine **Direktversicherung** oder an eine **Pensionskasse** geleistet werden, grundsätzlich die Möglichkeit der **Pauschalbesteuerung aufgehoben**. Es können nunmehr von den Beiträgen des Arbeitgebers für eine Direktversicherung und von den Zuwendungen des Arbeitgebers an eine Pensionskasse die Lohnsteuer nur noch mit einem festen Pauschsteuersatz von **20 %** (zzgl. Solidaritätszuschlag [→ Rz. 703] und ggf. Kirchensteuer [→ Rz. 721 f.]) erhoben werden, wenn 633

- es sich um eine **nicht kapitalgedeckte betriebliche Altersversorgung** handelt, d.h. um die umlagefinanzierte Zusatzversorgung des öffentlichen Dienstes (zur Besonderheit bei Sonderzahlungen → Rz. 640),
- die Beiträge und Zuwendungen auf Grund einer **Versorgungszusage** geleistet werden, die **vor dem 1.1.2005 erteilt** wurde (sog. **Altzusage**). Sofern die Beiträge für eine Direktversicherung die Voraussetzungen der Steuerfreiheit nach § 3 Nr. 63 EStG erfüllen, ist eine Pauschalbesteuerung nur möglich, wenn der Arbeitnehmer gegenüber dem Arbeitgeber für diese Beiträge auf die Steuerfreiheit verzichtet hat.

In einer Vielzahl von Fällen der betrieblichen Altersversorgung ist somit auch nach 2004 noch eine Pauschalierung der Lohnsteuer mit dem festen Pauschsteuersatz möglich.

Beispiel 1:

Für einen in allen Sozialversicherungszweigen versicherten Arbeitnehmer, der in der Pflegeversicherung einen Beitragszuschlag für Kinderlose zahlt, mit einer Versorgungszusage, die vor dem 1.1.2005 erteilt wurde, und einem Monatsgehalt von 4 000 € überweist der Arbeitgeber monatlich Beiträge i.H.v. 146 € zu Gunsten einer Direktversicherung. Die Direktversicherung sieht ausschließlich eine Einmalkapitalauszahlung vor; die Beiträge sind somit nicht nach § 3 Nr. 63 EStG steuerfrei. Für den Arbeitgeber gilt die Steuerklasse I, es sind keine Kinderfreibeträge zu berücksichtigen. Der Arbeitnehmer gehört keiner Religionsgemeinschaft an.

Bei einem Lohnsteuerabzug anhand der individuellen Lohnsteuerabzugsmerkmale ergibt sich in 2014 Folgendes:

lfd. Monatsgehalt		4 000,– €
zzgl. Direktversicherungsbeitrag		146,– €
steuerpflichtiger Arbeitslohn		4 146,– €
Lohnsteuer		799,08 €
Solidaritätszuschlag (5,5 %)		43,94 €
zusammen	**843,02 €**	

Pauschaliert der Arbeitgeber dagegen die Lohnsteuer für die Zukunftssicherungsleitung, ergibt sich in 2014 Folgendes:

lfd. Monatsgehalt	4 000,– €
Lohnsteuer	749,83 €
Solidaritätszuschlag (5,5 %)	41,24 €
zusammen (vom Arbeitslohn einzubehalten)	**791,07 €**
Direktversicherungsbeitrag	146,– €
pauschale Lohnsteuer i.H.v. 20 %	29,20 €
Solidaritätszuschlag (5,5 %)	1,60 €
zusammen (an das Finanzamt abzuführen)	**30,80 €**

634 Bei den Beiträgen des Arbeitgebers kann es sich auch um Beiträge handeln, die aus einer **Entgeltumwandlung** stammen, d.h., Arbeitgeber und Arbeitnehmer haben vereinbart, Arbeitslohnansprüche zu Gunsten einer betrieblichen Altersversorgung herabzusetzen.

635 Bei Beiträgen an eine **Pensionskasse** ist zu beachten, dass Arbeitgeberbeiträge an eine Pensionskasse bis zu **4 %** der Beitragsbemessungsgrenze in der allgemeinen Rentenversicherung (West) **steuerfrei** sind. Eine Pauschalierung der Lohnsteuer ist grundsätzlich nur möglich, soweit die Steuerfreiheit betragsmäßig ausgeschöpft ist.

636 Die Pauschalierung ist nur möglich, wenn die Zukunftssicherungsleistungen aus einem **ersten Dienstverhältnis** bezogen werden; sie ist demnach bei Arbeitnehmern in der Steuerklasse VI nicht anwendbar. Gegenüber dem Finanzamt muss der **Arbeitgeber** die pauschale Lohnsteuer für die Zukunftssicherungsleistungen übernehmen; er ist **Schuldner der pauschalen Lohnsteuer**. Das bedeutet jedoch nicht, dass der Arbeitgeber in jedem Fall durch die pauschale Lohnsteuer belastet ist. Im Innenverhältnis kann zwischen Arbeitgeber und Arbeitnehmer vereinbart sein, dass die pauschale Lohnsteuer vom Arbeitnehmer getragen wird (Abwälzung der pauschalen Lohnsteuer). Die abgewälzte pauschale Lohnsteuer gilt jedoch als zugeflossener Arbeitslohn und mindert nicht die Bemessungsgrundlage für die individuelle Lohnbesteuerung.

Beispiel 2:

Ein in allen Sozialversicherungszweigen versicherter Arbeitnehmer, der in der Pflegeversicherung einen Beitragszuschlag für Kinderlose zahlt, mit einer Versorgungszusage, die vor dem 1.1.2005 erteilt wurde, und einem Monatsgehalt von 4 146 € vereinbart mit seinem Arbeitgeber, dass monatlich 146 € zu Gunsten einer Direktversicherung verwendet werden (Entgeltumwandlung) und die Lohnsteuer – soweit möglich – pauschaliert wird. Die pauschale Lohnsteuer und den Solidaritätszuschlag soll der Arbeitnehmer tragen. Die Direktversicherung sieht ausschließlich eine Einmalkapitalauszahlung vor; die Beiträge sind somit nicht nach § 3 Nr. 63 EStG steuerfrei. Für den Arbeitgeber gilt die Steuerklasse I, es sind keine Kinderfreibeträge zu berücksichtigen. Der Arbeitnehmer gehört keiner Religionsgemeinschaft an.

Bezüglich des Lohnsteuerabzugs ergibt sich in 2014 Folgendes:

lfd. Monatsgehalt	4 146,– €
abzgl. Direktversicherungsbeitrag	./. 146,– €
anhand der individuellen Lohnsteuerabzugsmerkmale zu versteuernder Arbeitslohn	4 000,– €
Lohnsteuer	749,83 €
Solidaritätszuschlag (5,5 %)	41,24 €
zusammen (vom Arbeitslohn einzubehalten)	791,07 €
Direktversicherungsbeitrag	146,– €
pauschale Lohnsteuer von 20 %	29,20 €
Solidaritätszuschlag (5,5 %)	1,60 €
zusammen (wird vom Nettolohn abgezogen und an das Finanzamt abgeführt)	**30,80 €**

Der Arbeitnehmer hat durch die Pauschalierung der Lohnsteuer für die Zukunftssicherungsleistung gegenüber der individuellen Versteuerung des gesamten steuerpflichtigen Arbeitslohns von 4 146 € (siehe Beispiel 1) in 2014 einen steuerlichen Vorteil von monatlich **21,15 €** (843,92 € ./. 791,07 € ./. 30,80 €).

Die pauschale Lohnsteuer bemisst sich grundsätzlich nach den tatsächlichen Beiträgen, die der Arbeitgeber für den einzelnen Arbeitnehmer erbringt. Wird für **mehrere Arbeitnehmer** gemeinsam ein pauschaler Versicherungsbeitrag geleistet und kann der auf die einzelnen Arbeitnehmer entfallende Teil nicht festgestellt werden, ist dem einzelnen Arbeitnehmer der Anteil zuzurechnen, der sich bei einer Aufteilung des Gesamtbeitrags nach der Zahl der begünstigten Arbeitnehmer ergibt. Werden Leistungen des Arbeitgebers für die tarifvertragliche Zusatzversorgung der Arbeitnehmer mit einem Prozentsatz der Bruttolohnsumme des Betriebs erbracht, ist die Arbeitgeberleistung Bemessungsgrundlage der pauschalen Lohnsteuer. 637

Die Lohnsteuer-Pauschalierung ist auf Leistungen von bis zu **1 752 €** jährlich je Arbeitnehmer begrenzt. Die Pauschalierungsgrenze kann auch dann voll ausgeschöpft werden, wenn dem Arbeitnehmer bereits aus einem vorangegangenen Dienstverhältnis im selben Kalenderjahr pauschal besteuerte Zukunftssicherungsleistungen zugeflossen sind. Soweit der Grenzbetrag von 1 752 € überschritten wird, sind die Beiträge dem normalen Lohnsteuerabzug zu unterwerfen. Sind mehrere Arbeitnehmer gemeinsam in einem Direktversicherungsvertrag (z.B. in einer Gruppenversicherung) oder einer Pensionskasse versichert, ist für die Feststellung der Pauschalierungsgrenze eine **Durchschnittsberechnung** anzustellen. Arbeitnehmer, für die Beiträge und Zuwendungen von mehr als **2 148 €** im Kalenderjahr geleistet werden, sind in diese Durchschnittsberechnung nicht einzubeziehen. 638

Erbringt der Arbeitgeber für den Arbeitnehmer aus Anlass der **Beendigung des Dienstverhältnisses** entsprechende Zukunftssicherungsleistungen, vervielfältigt sich der Höchstbetrag von 1 752 € mit der Anzahl der Kalenderjahre, in denen das Dienstverhältnis des Arbeitnehmers zu dem Arbeitgeber bestanden hat. Wurden in dem Kalenderjahr, in dem das Dienstverhältnis beendet wird, und in den sechs vorangegangenen Kalenderjahren Zukunftssicherungsleistungen pauschaliert, vermindert sich der vervielfältigte Höchstbetrag. 639

Beispiel:

Der seit 2004 bei einem Arbeitgeber beschäftigte Arbeitnehmer hat eine betriebliche Altersversorgung in Form einer Direktversicherung erhalten. Die Beiträge für die Direktversicherung (Rentenversicherung ohne Kapitalwahlrecht) wurden jeweils im Dezember erbracht und pauschal besteuert. Im Januar 2005 erklärt der Arbeitnehmer gegenüber dem Arbeitgeber, dass er auf die Steuerfreiheit nach § 3 Nr. 63 EStG verzichtet (→ Rz. 633). Am 1.7.2014 scheidet der Arbeitnehmer wegen Erreichens der Altersgrenze aus dem Dienstverhältnis aus. Arbeitgeber und Arbeitnehmer vereinbaren, dass die Abfindung in die Direktversicherung fließt und soweit wie möglich pauschal besteuert wird.

Der Arbeitgeber kann die Abfindung in folgender Höhe mit 20 % (zzgl. Solidaritätszuschlag und ggf. Kirchensteuer) pauschal besteuern:

10 Kalenderjahre × 1 752 €	17 520 €
Minderung um 6 Jahre × 1 752 €	– 10 521 €
Pauschalbesteuerung möglich bis	**6 999 €**

Die laufenden Leistungen aus der Rentenversicherung werden als sonstige Einkünfte lediglich mit dem Ertragsanteil besteuert (→ Rz. 94).

640 Bestimmte Sonderzahlungen des Arbeitgebers an Pensionskassen (z.B. die Gegenwertzahlung nach § 23 Abs. 2 der Satzung der Versorgungsanstalt des Bundes und der Länder – **VBL** –) werden im Einkommensteuergesetz per Legaldefinition als steuerpflichtiger Arbeitslohn bestimmt (→ Rz. 447 *Pensionskasse*). Daneben gibt es eine **Pauschalbesteuerungspflicht** des Arbeitgebers mit einem Steuersatz von **15 %.** Diese Pflicht zur Pauschalbesteuerung mit **Abgeltungscharakter** dient zum einen dazu, die Durchführung der Besteuerung wesentlich zu vereinfachen. Zum anderen wird dadurch der Tatsache Rechnung getragen, dass hierdurch vorrangig die Sicherung der bereits bestehenden, nicht aber der Erwerb neuer Ansprüche finanziert wird und der Arbeitgeber die Sonderzahlung auslöst. Die **Überwälzung** der Pauschalsteuer auf den Arbeitnehmer ist – wie auch in den anderen Fällen der Pauschalbesteuerung – grundsätzlich möglich.

Im Gegensatz zu den mit 15 % zu pauschalierenden Sonderzahlungen sind die laufenden, **regelmäßig wiederkehrenden Zahlungen** des Arbeitgebers mit **20 %** pauschal oder aber individuell zu besteuern.

641 Zu **weiteren Einzelheiten/Besonderheiten** siehe BMF-Schreiben vom 24.7.2013, IV C 3 – S 2015/11/10002/IV C 5 – S 2333/09/10005, BStBl I 2013, 1022).

642 Beiträge für eine **Unfallversicherung** des Arbeitnehmers (→ Rz. 447 *Unfallversicherung, freiwillige*) kann der Arbeitgeber ebenfalls pauschal mit **20 %** (zzgl. Solidaritätszuschlag und ggf. Kirchensteuer) der Beiträge besteuern, wenn mehrere Arbeitnehmer gemeinsam in einem Unfallversicherungsvertrag versichert sind, und der Teilbetrag, der sich bei einer Aufteilung der gesamten Beiträge nach Abzug der Versicherungssteuer durch die Zahl der begünstigten Arbeitnehmer ergibt, **62 €** im Kalenderjahr nicht übersteigt. Sofern der Durchschnittsbetrag 62 € übersteigt, ist er dem normalen Lohnsteuerabzug zu unterwerfen.

643 Eine Pauschalierung der Lohnsteuer bei Zukunftssicherungsleistungen kann – wie bei den anderen Pauschalierungsmöglichkeiten auch – **nicht** mehr im Rahmen einer **Veranlagung zur Einkommensteuer** des Arbeitnehmers erfolgen/nachgeholt werden.

3. Lohnsteuer-Pauschalierung in besonderen Fällen

644 Neben der üblichen Ermittlung der Lohnsteuer im Regelverfahren (nach den persönlichen Lohnsteuerabzugsmerkmalen der Arbeitnehmer) oder der alternativen Pauschalbesteuerung bei Aushilfskräften, kurzfristig oder geringfügig Beschäftigten lässt das Einkommensteuergesetz für bestimmte Lohnteile die Lohnsteuererhebung mit besonderen Pauschsteuersätzen zu.

Hierbei sind zwei Möglichkeiten zu unterscheiden:

- Lohnsteuer-Pauschalierung mit einem durchschnittlichen Steuersatz für **sonstige Bezüge** und **Nacherhebungsfälle**, z.B. nach einer Lohnsteuer-Außenprüfung,
- Lohnsteuer-Pauschalierung für **bestimmte Lohnteile** mit festen Steuersätzen von 25 % und 15 %.

a) Lohnsteuer-Pauschalierung mit durchschnittlichem Steuersatz

Zur Erleichterung des Lohnsteuerverfahrens kann Arbeitgeber die Lohnsteuer für bestimmte Arbeitslohnteile mit einem **durchschnittlichen** oder auch sog. **betriebsindividuellen** Pauschsteuersatz erheben. Diese Pauschalierung ist dann möglich, wenn 645

- der Arbeitgeber in einer größeren Zahl von Fällen **sonstige Bezüge** an Arbeitnehmer zahlt (§ 40 Abs. 1 Satz 1 Nr. 1 EStG) und er ggf. die pauschale Lohnsteuer tragen möchte oder
- die Lohnsteuer in einer größeren Zahl von Fällen nachzuerheben ist, weil der Arbeitgeber sie nicht vorschriftsmäßig einbehalten hat (§ 40 Abs. 1 Satz 1 Nr. 2 EStG). In solchen **Nacherhebungsfällen** (z.B. auf Grund einer Lohnsteuer-Außenprüfung) ist die Pauschalierung auch für laufenden Arbeitslohn zulässig.

aa) Lohnsteuer-Pauschalierung für besondere Arbeitslohnzahlungen als sonstige Bezüge

Möchte der Arbeitgeber die Lohnsteuer von **sonstigen Bezügen** insgesamt, also ohne Zurechnung zum Arbeitnehmer, erheben und ggf. selbst tragen, muss das Betriebsstättenfinanzamt zustimmen (Ermessensentscheidung). Voraussetzung ist ein formfreier **Antrag** des Arbeitgebers, dem die Berechnung des pauschalen Steuersatzes beizufügen ist. Der Arbeitgeber ist nach der Zustimmung des Finanzamts jedoch nicht verpflichtet, die pauschale Versteuerung auch durchzuführen. 646

Mit einer **größeren** Zahl von Fällen meint das Lohnsteuerrecht die Anzahl der Arbeitnehmer, deren besondere Arbeitslohnteile pauschal besteuert werden sollen. Nach den Lohnsteuer-Richtlinien 2013 ist eine solch größere Zahl von Fällen ohne weitere Prüfung dann anzunehmen, wenn mindestens 20 Arbeitnehmer in die Pauschalbesteuerung einbezogen werden. Wird ein Antrag auf Lohnsteuer-Pauschalierung für weniger als 20 Arbeitnehmer gestellt, so kann das Finanzamt im Einzelfall dennoch dem Antrag zustimmen. Entscheidend für die Lohnsteuer-Pauschalierung mit dem betriebsindividuellen durchschnittlichen Pauschsteuersatz ist die sich dadurch ergebende Arbeitserleichterung. 647

Für den Arbeitgeber ist zu beachten, dass die Pauschalierung pro Arbeitnehmer nur für sonstige Bezüge bis zu **1 000 €** im **Kalenderjahr** zulässig ist. Diese Voraussetzung ist vom Arbeitgeber vor jedem Pauschalierungsantrag zu prüfen. Übersteigt der zu zahlende sonstige Bezug zusammen mit den bisher pauschal besteuerten sonstigen Bezügen den Betrag von 1 000 €, so ist insoweit die Lohnsteuerermittlung nach den allgemeinen Regelungen für sonstige Bezüge durchzuführen. 648

Bei der Berechnung des **Pauschsteuersatzes** ist zu berücksichtigen, dass nach dem Gesetzestext die vom Arbeitgeber getragene Pauschalsteuer ein geldwerter Vorteil für den Arbeitnehmer ist, weil er den Arbeitslohn ohne weitere Abzüge erhält. Deshalb ist der ermittelte betriebsindividuelle Steuersatz ein Bruttosteuersatz, der in einen Nettosteuersatz umzurechnen ist. Diese Berechnungsformel lautet:

100 x Bruttosteuersatz : (100 ./. Bruttosteuersatz) = Nettosteuersatz.

Beispiel:

Der nach → Rz. 649 ermittelte betriebsindividuelle Pauschsteuersatz beträgt 25 %. Dieser Wert ergibt nach der vorstehenden Berechnungsformel folgenden Nettosteuersatz:

100 x 25 % : (100 ./. 25 %) = 33,33 % oder aber:

100 x ¼ x : (100 ./. ¼) = 1/3

649 Wie hat der Arbeitgeber diesen durchschnittlichen (betriebsindividuellen) Steuersatz zu ermitteln? Der durchschnittliche Steuersatz ist auf Grund der durchschnittlichen Jahresarbeitslöhne und der sich daraus ergebenden Jahreslohnsteuer für diejenigen Arbeitnehmer zu **ermitteln**, die diese Bezüge erhalten. Berechnungsdetails hierfür legt das Einkommensteuergesetz nicht fest; eine exemplarische Möglichkeit wird jedoch in den Lohnsteuer-Richtlinien aufgezeigt. Danach kann der durchschnittliche Steuersatz folgendermaßen ermittelt werden.

Beispiel: Ermittlung der Ausgangswerte

1. **Durchschnittsbetrag** der pauschal zu versteuernden Bezüge;
2. **Zahl** der Arbeitnehmer, denen die sonstigen Bezüge gezahlt werden und zwar getrennt nach drei oder vier Gruppen:
   a) Arbeitnehmer mit den Steuerklassen I, II und IV;
   b) Arbeitnehmer in der Steuerklasse III;
   c) Arbeitnehmer mit den Steuerklassen V und VI. Weil seit 2010 auch in der Lohnsteuerklasse V die Vorsorgepauschale berücksichtigt wird, sollten anstelle dieser einen Gruppe zwei Gruppen, jeweils getrennt für die Steuerklassen V und VI gebildet werden;
3. **Summe** der **Jahresarbeitslöhne** der betroffenen Arbeitnehmer: Dabei sind für jeden Arbeitnehmer ggf. der Versorgungsfreibetrag, der Zuschlag zum Versorgungsfreibetrag, der Altersentlastungsbetrag, ein auf als Lohnsteuerabzugsmerkmal mitgeteilter Jahresfreibetrag und der Entlastungsbetrag für Alleinerziehende bei Steuerklasse II sowie ein eventueller Hinzurechnungsbetrag durch Ab- bzw. Hinzurechnung zu berücksichtigen. Die Verrechnung der Lohnsteuer mit Kindergeld und die Berücksichtigung von Kinderfreibeträgen ist nicht zulässig (BFH-Urteil v. 26.7.2007, VI R 48/03, BStBl II 2007, 844).

Ebenso braucht ein als Lohnsteuerabzugsmerkmal mitgeteilter (abgerufener) **„Faktor"** (→ Rz. 32) nicht berücksichtigt zu werden.

Werden die sonstigen Bezüge an Arbeitnehmer gezahlt, deren Lohnsteuer teilweise nach der Allgemeinen Tabelle (→ Rz. 5 ff.) und teilweise nach der Besonderen Tabelle (→ Rz. 8 f.) ermittelt wird, so **kann** der durchschnittliche Steuersatz für jeweils **beide** Gruppen gesondert ermittelt und angewendet werden.

Anstelle der beiden Gruppen kann aus Vereinfachungsgründen davon ausgegangen werden, dass die betroffenen Arbeitnehmer in **allen Zweigen** der Sozialversicherung **versichert** sind und keinen Beitragszuschlag für Kinderlose (§ 55 Abs. 3 SGB XI) leisten (Bildung nur einer Gruppe mit Lohnsteuer nach der Allgemeinen Tabelle).

Zur Festsetzung eines Pauschsteuersatzes für das laufende Kalenderjahr können für die Ermittlung der **Summe** der **Jahresarbeitslöhne** auch die Verhältnisse des Vorjahres zu Grunde gelegt werden.

Aus dem nach **Nummer 3** (s. voriges Beispiel) ermittelten Betrag (Summe der Jahresarbeitslöhne) hat der Arbeitgeber den durchschnittlichen Jahresarbeitslohn der erfassten Arbeitnehmer zu berechnen.

Für jede der nach **Nummer 2** (s. voriges Beispiel) gebildeten Gruppe hat der Arbeitgeber sodann den **Steuerbetrag** zu ermitteln, dem der Durchschnittsbetrag der pauschal zu versteuernden Bezüge unterliegt, wenn er dem durchschnittlichen Jahresarbeitslohn hinzugerechnet wird. Dabei sind für die Gruppe der Nummer 2 Buchstabe a die **Steuerklasse I**, für die der Nummer 2 Buchstabe b die **Steuerklasse III** und für die der Nummer 2 Buchstabe c die **Steuerklasse V** maßgebend.

Der **Durchschnittsbetrag** der pauschal zu besteuernden Bezüge ist auf den nächsten durch 216 ohne Rest teilbaren Euro-Betrag aufzurunden.

Durch **Multiplikation** der **Steuerbeträge** mit der Zahl der in der entsprechenden Gruppe erfassten Arbeitnehmer und Division der sich hiernach ergebenden Summe der Steuerbeträge durch die Gesamtzahl der Arbeitnehmer und den Durchschnittsbetrag der pauschal zu besteuernden Bezüge ist hiernach die **durchschnittliche** Steuerbelastung zu berechnen, der die pauschal zu besteuernden Bezüge unterliegen.

Beispiel

1. Der Arbeitgeber ermittelt für rentenversicherungspflichtige Arbeitnehmer
   a) den durchschnittlichen Betrag der pauschal zu besteuernden Bezüge mit ... 550 €
   b) die Zahl der betroffenen Arbeitnehmer
   in den Steuerklassen I, II und IV mit ..., 20
   in der Steuerklasse III mit ... und 12
   in den Steuerklassen V und VI mit ..., 3
   c) die Summe der Jahresarbeitslöhne der betroffenen Arbeitnehmer nach Abzug aller Freibeträge mit 610 190 €; dies ergibt einen durchschnittlichen Jahresarbeitslohn von (610 190 € : 35 =) 17 434 €
2. Die Erhöhung des durchschnittlichen Jahresarbeitslohns um den von 550 € auf 648 € aufgerundeten Durchschnittsbetrag der pauschal zu besteuernden Bezüge ergibt für diesen Betrag folgende Jahreslohnsteuerbeträge:
   in der Steuerklasse I = 160 €
   in der Steuerklasse III = 80 €
   in der Steuerklasse V = 180 €
3. Die durchschnittliche Steuerbelastung der pauschal zu besteuernden Bezüge ist hiernach wie folgt zu berechnen:
   20 x 160 + 12 x 80 + 3 x 180 = 35 x 648 20,7 %
4. Der Pauschsteuersatz beträgt demnach
   100 x 20,7 % = 100 - 20,7 26,1 %

Es ist üblicherweise **Aufgabe des Finanzamts**, den Pauschsteuersatz nach dieser Steuerbelastung so **zu berechnen**, dass unter Berücksichtigung der Übernahme der pauschalen Lohnsteuer durch den Arbeitgeber insgesamt nicht zu wenig Lohnsteuer erhoben wird. Dazu sind die Prozentsätze der durchschnittlichen Steuerbelastung und des Pauschsteuersatzes mit einer Dezimalstelle anzusetzen, die nachfolgenden Dezimalstellen sind fortzulassen.

Weil diese Berechnungsmethode recht aufwendig ist, lassen 650
die Lohnsteuer-Richtlinien eine **weitere Vereinfachung** zu. Danach kann für die Ermittlung der in → Rz. 649, Nummer 2 und 3 beschriebenen Anzahl und Beträge auch eine repräsentative Auswahl der in die Pauschalierung einzubeziehenden Arbeitnehmer zu Grunde gelegt werden. Wegen weiterer Details siehe R 40.1 LStR 2013 und H 40.1 LStH 2014.

651 Diese zuvor beschriebenen Berechnungsmethoden werden von Arbeitgeberseite oft **kritisiert**, weil sie einen zu hohen Steuersatz ergeben sollen. Gleichwohl ist diese Berechnungsmethode die wohl übersichtlichste. Der Arbeitgeber kann aber auch verfeinerte Berechnungsmodelle wählen, die einen für ihn günstigeren – also niedrigeren – Steuersatz ergeben. So konnte der Arbeitgeber bisher schon die Summe der Jahresarbeitslöhne aus mehr als drei Gruppen bilden, z.B. für jede Steuerklasse eine Gesamtsumme.

bb) Pauschalierung bei Nacherhebung wegen nicht vorschriftsmäßigen Einbehalts

652 Die Pauschalierungsmöglichkeit wegen **nicht vorschriftsmäßiger Einbehaltung** der Lohnsteuer durch den Arbeitgeber wird regelmäßig nach einer Lohnsteuer-Außenprüfung oder Lohnsteuer-Nachschau angewandt. Die Lohnsteuer ist nicht vorschriftsgemäß einbehalten worden, wenn der Einbehalt nicht dem geltenden Recht entspricht. Weil die Gesetzesvorschrift keine bestimmte Arbeitslohnform und auch keine Höchstgrenze für den zu pauschalierenden Arbeitslohn nennt, können nicht nur Fehler bei der Einbehaltung der Lohnsteuer vom laufenden Arbeitslohn oder bei der Besteuerung von sonstigen Bezügen korrigiert werden, sondern auch bei unzulässigerweise pauschal erhobener Lohnsteuer oder für fälschlicherweise nicht besteuerte Lohnteile.

Der **anzuwendende Steuersatz** ist, wie in → Rz. 649 ff. beschrieben, zu berechnen. Die **Pauschalierungsgrenze** von 1 000 € ist bei dieser Art der Lohnsteuer-Pauschalierung nicht zu beachten.

Der Außerprüfer bzw. das Finanzamt kann diese Pauschalierung im Rahmen einer Lohnsteuer-**Außenprüfung** nur mit Zustimmung des Arbeitgebers wählen.

b) Fester Pauschsteuersatz für bestimmte Arbeitslohnteile

653 Eine weitere Möglichkeit, die Lohnsteuer für bestimmte Arbeitslohnteile mit einem Pauschsteuersatz zu erheben, wird im folgenden Abschnitt beschrieben. Für die Anwendung der gesetzlich festgelegten Pauschsteuersätze ist die zuvor genannte 1 000 €-Grenze nicht zu beachten.

Mit dem **Pauschsteuersatz** von **25 %** bzw. **15 %** kann die Lohnsteuer für die folgenden Arbeitslohnzahlungen erhoben werden:

- **Arbeitstägliche Mahlzeiten**, die im Betrieb unentgeltlich oder verbilligt an die Arbeitnehmer abgegeben werden oder Barzuschüsse, die der Arbeitgeber an ein anderes Unternehmen zahlt, das seinerseits arbeitstäglich Mahlzeiten an die Arbeitnehmer unentgeltlich oder verbilligt abgibt. Voraussetzung für die Pauschalierung ist, dass die Mahlzeiten nicht als Lohnbestandteile vereinbart sind (→ Rz. 654 ff.); Pauschsteuersatz **25 %**;
- **Mahlzeiten**, die dem Arbeitnehmer während einer Auswärtstätigkeit unentgeltlich oder verbilligt zur Verfügung gestellt werden, wenn deren Wert mit dem Sachbezugswert versteuert werden muss (→ Rz. 662); Pauschsteuersatz **25 %**;
- Arbeitslohn (Sachzuwendungen oder zweckgebundene Zehrgelder), den der Arbeitnehmer anlässlich einer **Betriebsveranstaltung** erhält, soweit die Arbeitgeberleistungen nicht steuerfrei sind (→ Rz. 662); Pauschsteuersatz **25 %**;
- **Erholungsbeihilfen**, falls diese zusammen mit bereits erhaltenen Erholungsbeihilfen im selben Kalenderjahr folgende Beträge nicht übersteigen: Für den Arbeitnehmer 156 €, für dessen Ehegatte/Lebenspartner 104 € und 52 € für jedes Kind (→ Rz. 663); Pauschsteuersatz **25 %**;
- **Verpflegungspauschalen** für eine Auswärtstätigkeit des Arbeitnehmers, soweit die Pauschalen den anzusetzenden steuerfreien Betrag übersteigen, bis zur Höhe dieses Freibetrags (→ Rz. 664); Pauschsteuersatz **25 %**;
- Vorteile durch unentgeltlich oder verbilligt überlassene **Datenverarbeitungsgeräte** (z.B. Personalcomputer), Zubehör und Software (PC-Programme) sowie einen **Internetzugang** oder für Zuschüsse zu den Aufwendungen des Arbeitnehmers zur **Internetnutzung**, falls der Arbeitnehmer diese Vorteile bzw. Zahlungen zusätzlich zum ohnehin geschuldeten Arbeitslohn erhält (→ Rz. 665 ff.); Pauschsteuersatz 25 %;

  Zur Erläuterung des Begriffs Datenverarbeitungsgeräte s. Rz. 574 → *Telekommunikation/-kommunikationsgeräte, Personalcomputer, Verbindungsentgelte des Arbeitnehmers ...*
- Arbeitgeberzuschüsse zu den Aufwendungen des Arbeitnehmers für **Fahrten** zwischen **Wohnung und erster Tätigkeitsstätte**, falls die Zahlungen zusätzlich zum ohnehin geschuldeten Arbeitslohn geleistet werden (→ Rz. 668 ff.); Pauschsteuersatz **15 %**.

aa) Arbeitstägliche Mahlzeiten im Betrieb

Der als Arbeitslohn anzusetzende Wert für verbilligt oder kostenlos erhaltene arbeitstägliche Mahlzeiten im Betrieb kann pauschal mit einem Lohnsteuersatz von 25 % (zzgl. Solidaritätszuschlag und ggf. Kirchensteuer) versteuert werden. Für diese Mahlzeiten sind besondere Wertermittlungsvorschriften zu beachten. 654

Der geldwerte Vorteil für vom Arbeitgeber in einer **selbst betriebenen Kantine**, Gaststätte oder vergleichbaren Einrichtung (im Betrieb) kostenlos oder verbilligt abgegeben arbeitstäglichen Mahlzeit ist mit dem maßgebenden amtlichen Sachbezugswert nach der Sozialversicherungsentgeltverordnung zu bewerten. 655

Für das Kalenderjahr 2014 betragen die **Sachbezugswerte**
- für ein Frühstück 1,63 €,
- für ein Mittag- und Abendessen je 3,00 €.

Kein Sachbezugswert, sondern der um 4 % geminderte tatsächliche Wert (übliche Endpreis) ist anzusetzen, wenn die Mahlzeiten überwiegend nicht für die Arbeitnehmer zubereitet werden; z.B. Speisen und Menüs, die Angestellte eines Restaurants vom Arbeitgeber erhalten. In diesen Fällen ist zunächst die Berücksichtigung des Rabattfreibetrags (→ Rz. 553 *Preisnachlässe*) zu prüfen.

Zum Betrieb rechnen auch die Niederlassungen bzw. Betriebsteile des Arbeitgebers außerhalb der regelmäßigen Arbeitsstelle des Arbeitnehmers, d.h., der Arbeitgeber kann den Vorteil auch dann in die Pauschalierung einbeziehen, wenn der Arbeitnehmer auf Dienstreisen in einem auswärtigen Betriebsteil unentgeltliche oder verbilligte Kantinenmahlzeiten erhält. 656

Gibt der Arbeitgeber Mahlzeiten in einer **nicht selbst betriebenen Kantine**, Gaststätte oder vergleichbaren Einrichtung ab, ist ebenfalls der amtliche Sachbezugswert anzusetzen, wenn der Arbeitgeber auf Grund vertraglicher Vereinbarung durch Barzuschüsse oder andere Leistungen an die die Mahlzeiten vertreibende Einrichtung zur Verbilligung der Mahlzei- 657 ten beiträgt (z.B. durch verbilligte Überlassung von Räumen, Energie oder Einrichtungsgegenständen).

658 **Zahlt** der Arbeitnehmer für die Mahlzeit etwas **zu**, ist der anzusetzende geldwerte Vorteil (Sachbezugswert) um diese Zuzahlung zu mindern. Lohnsteuerlicher Arbeitslohn ist nur ein **verbleibender** positiver Betrag.

Gibt der Arbeitgeber **Essenmarken** zur Einlösung **im Betrieb** aus, ist deren **Verrechnungswert** anzusetzen, falls der Essenmarkenwert unter dem Sachbezugswert der Mahlzeit liegt und der sich durch die Zuzahlung des Arbeitnehmers ergebende Betrag den Sachbezugswert der Mahlzeit nicht übersteigt.

Übersteigen die Zuzahlung und der Wert der Essenmarke den Sachbezugswert, ist die Differenz zwischen Sachbezugswert und Zuzahlung als geldwerter Vorteil anzusetzen.

Beispiel 1:

Ein Arbeitnehmer erhält eine Essenmarke mit einem Wert von 1 €. Die Mahlzeit kostet 2 €.

Preis der Mahlzeit	2,00 €
abzgl. Wert der Essenmarke	./. 1,00 €
Zahlung des Arbeitnehmers	1,00 €
Sachbezugswert der Mahlzeit (2014)	3,00 €
abzgl. Zahlung des Arbeitnehmers	./. 1,00 €
verbleibender Wert	2,00 €

Anzusetzen ist der niedrigere Wert der Essenmarke (1,00 €).

Beispiel 2:

Ein Arbeitnehmer erhält eine Essenmarke mit einem Wert von 3 €. Die Mahlzeit kostet 3 €.

Preis der Mahlzeit	3,00 €
abzgl. Wert der Essenmarke	./. 3,00 €
Zahlung des Arbeitnehmers	0,00 €
Sachbezugswert der Mahlzeit (2014)	3,00 €
abzgl. Zahlung des Arbeitnehmers	./. 0,00 €
verbleibender Wert	3,00 €

Anzusetzen ist der Sachbezugswert (3,00 €).

659 Gibt der Arbeitgeber an Stelle von Mahlzeiten Essenmarken (Essensgutscheine, Restaurantschecks) aus, die **außerhalb des Betriebs** von einer Gaststätte oder vergleichbaren Einrichtung (Annahmestelle) in Zahlung genommen werden, ist ebenfalls der Sachbezugswert für die entsprechende Mahlzeit anzusetzen, wenn der Essenmarkenwert höchstens um 3,10 € über dem Sachbezugswert der jeweiligen Mahlzeit liegt (für 2014 bis zu 4,73 € für ein Frühstück und bis zu 6,10 € für ein Mittag-/Abendessen).

660 Essenmarken an Arbeitnehmer auf einer Auswärtstätigkeit sind stets mit dem Verrechnungswert anzusetzen. Eine pauschale Versteuerung mit 25 % ist in diesem Fall nicht möglich.

661 Will der Arbeitgeber den auf sämtliche Mahlzeiten entfallenden und für die Pauschalierung maßgebenden geldwerten Vorteil (Arbeitslohn) ermitteln, ist der Wert dieser ausgegebenen Mahlzeiten zu ermitteln. Das kann mitunter sehr aufwendig sein. Deshalb lassen die Lohnsteuer-Richtlinien Vereinfachungen zu.

Gibt der Arbeitgeber unterschiedliche Speisen zu verschiedenen Preisen ab, kann dafür ein **Durchschnittspreis** als geldwerter Vorteil der Pauschalbesteuerung zu Grunde gelegt werden. Diese Durchschnittsermittlung pro Mahlzeit ist jedoch nur zulässig, wenn der geldwerte Vorteil pauschal besteuert wird. Wird der geldwerte Vorteil für die Mahlzeit dem Arbeitnehmer individuell zugeordnet bzw. versteuert, ist der jeweilige Vorteil pro Mahlzeit zu erfassen. Der Durchschnittspreis kann wie folgt ermittelt werden.

Beispiel 1: Pauschale Lohnsteuer vom Sachbezugswert

Ein Arbeitgeber bietet in der selbst betriebenen Kantine als Mittagessen verschiedene Menüs unentgeltlich an. Im Monat Januar 2014 werden insgesamt 220 Menüs ausgegeben. Der geldwerte Vorteil wird pauschal versteuert.

Der Wert für die erhaltene Mahlzeit ist mit dem Sachbezugswert anzusetzen; er beträgt im Kalenderjahr 2014 pro Mittagessen 3,00 €. Der Pauschalbesteuerung ist der amtliche Sachbezugswert zu Grunde zu legen, d.h. pro Mahlzeit 3,00 €. Weil die Arbeitnehmer keine Zuzahlungen leisten, ist dieser Betrag nicht zu kürzen. Insgesamt entsteht im Januar 2014 ein geldwerter Vorteil von 660,00 € (220 x 3,00 €).

Die pauschale Lohnsteuer ist wie folgt zu berechnen:

Lohnsteuer (25 % von 660,00 €)	165,00 €
Solidaritätszuschlag (5,5 % von 165,00 €)	9,07 €
pauschale Kirchensteuer (6 % von 165,00 €)	9,90 €
insgesamt	183,97 €

Beispiel 2: Sachbezugswert abzüglich Eigenbeitrag

Sachverhalt wie in Beispiel 1, aber der Arbeitgeber hat mit seinen Arbeitnehmern vereinbart, dass sie pro Mahlzeit 1 € zuzahlen. Durch die Zuzahlung vermindert sich der geldwerte Vorteil pro Mahlzeit, so dass ein Betrag von 2,00 € zu versteuern ist (Sachbezugswert 3,00 € ./. 1,00 €). Dies ergibt im Januar 2014 einen steuerpflichtigen geldwerten Vorteil von 440,00 € (220 Mittagessen × 2,00 €). Hierfür sind die pauschalen Steuern wie in Beispiel 1 dargestellt zu ermitteln.

Der Arbeitgeber hat folgende Beträge zu zahlen:

Lohnsteuer (25 % von 440,00 €)	110,00 €
Solidaritätszuschlag (5,5 % von 110,00 €)	6,05 €
pauschale Kirchensteuer (6 % von 110,00 €)	6,60 €
insgesamt	122,65 €

Beispiel 3: Arbeitnehmer tragen die pauschale Lohnsteuer

Abwandlung von Beispiel 2. Der Arbeitgeber hat mit seinen Arbeitnehmern vereinbart, dass sie die pauschale Lohnsteuer einschließlich Solidaritätszuschlag und Kirchensteuer übernehmen.

Die **Übernahme** der pauschalen Lohnsteuer durch den Arbeitnehmer mindert nicht die steuerliche Bemessungsgrundlage (→ Rz. 632). Die Pauschalsteuer wird somit wie in Beispiel 1 vom **Sachbezugswert** 3,00 € ermittelt mit der Folge, dass die in Beispiel 2 beschriebene **Minderung** der steuerlichen Bemessungsgrundlage und dadurch auch der Steuerbelastung **nicht** erfolgt.

Der Arbeitgeber hat vom Arbeitslohn jedes Arbeitnehmers pro Mahlzeit einen Betrag i.H.v. 0,81 € (25 % Lohnsteuer von 3,00 = 0,73 €, Solidaritätszuschlag 0,04 € und Kirchensteuer 0,04 €) einzubehalten.

Diese Betrachtungsweise führt zu dem **ungewöhnlichen** Ergebnis, dass trotz **Zuzahlung** des Arbeitnehmers zur Mahlzeit die steuerliche Belastung **unverändert hoch** ist. Dieses Beispiel verdeutlicht, wie wichtig im steuerlichen Bereich die **zutreffende Sachverhaltsgestaltung** ist.

Beispiel 4: Berechnung eines Durchschnittswerts pro Menü

Ein Arbeitgeber gibt in einer selbst betriebenen Kantine verschiedene Menüs zu verschiedenen Preisen ab (Zahlung der Arbeitnehmer). Im Monat Januar 2014 (Lohnzahlungszeiträume sind die Kalendermonate 2014) hat er folgende Essen abgegeben:

Menüart	Preis	Anzahl der Essen	Insgesamt
Menü I	1,00 €	200	200,– €
Menü II	2,50 €	150	375,– €
Menü III	4,– €	200	800,– €
Salatteller	1,50 €	100	150,– €
Zahl der verbilligten Essen		650	
Essenspreis für alle Arbeitnehmer			1 525,– €

Der Durchschnittswert aller Menüs errechnet sich wie folgt:

$$\frac{\text{Menüpreis für alle Arbeitnehmer}}{\text{Anzahl der insgesamt ausgegebenen Menüs}} = \frac{\text{........€}}{\text{x}} = \text{........€}$$

Im Beispiel beträgt der Durchschnittswert also 1 525 € : 650 Essen = 2,35 €.

Für den Monat Januar 2014 ist pro Mahlzeit zu versteuern die Differenz zwischen dem maßgebenden Sachbezugswert und dem von den Arbeitnehmern gezahlten Durchschnittspreis der Mahlzeit, also 0,65 € (3,00 € ./. 2,35 €) je Essen. Bei 650 abgegebenen Mahlzeiten ergibt sich ein Betrag von 422,50 €.

Die Pauschalsteuer beträgt

Lohnsteuer (25 % von 422,50 €)	105,62 €
Solidaritätszuschlag (5,5 % von 105,62 €)	5,80 €
pauschale Kirchensteuer (6 % von 105,62€)	6,33 €
Insgesamt	117,75 €

bb) Während Auswärtstätigkeiten gestellte Mahlzeiten

662 Erhält der Arbeitnehmer von seinem Arbeitgeber oder auf dessen Veranlassung von einem Dritten während einer Auswärtstätigkeit Mahlzeiten unentgeltlich oder verbilligt zur Verfügung gestellt, können diese mit dem Sachbezugswert versteuert werden, wenn

- der Arbeitnehmer ohne Übernachtung nicht mehr als acht Stunden auswärts tätig ist,
- der Arbeitgeber die Abwesenheitszeit nicht überwacht, nicht kennt oder
- die Voraussetzungen für eine steuerfreie Gestellung (Dreimonatsfrist) abgelaufen ist.

Ab 2014 hat der Arbeitgeber die Möglichkeit, solche Mahlzeiten mit einem Lohnsteuersatz von 25 % (zzgl. Solidaritätszuschlag und ggf. Kirchensteuer) pauschal zu versteuern. Voraussetzung ist, dass es sich um übliche Mahlzeiten handelt, die mit dem Sachbezugswert anzusetzen sind (§ 8 Abs. 2 Satz 8 EStG 2014).

Damit sind **nicht** mir 25 % pauschal besteuerbar

- sog. Belohnungsessen mit einem Preis von mehr als 60 € (Versteuerung im Regelverfahren),
- Mahlzeiten, die im überwiegend eigenbetrieblichen Interesse des Arbeitgebers abgegeben werden (z.B. sog. Arbeitsessen oder bei Beteiligung von Arbeitnehmern an einer geschäftlich veranlassten Bewirtung), da insoweit kein steuerpflichtiger Arbeitslohn vorliegt.

cc) Betriebsveranstaltung

663 Ergeben sich anlässlich einer Betriebsveranstaltung steuerpflichtige Lohnteile, kann der Arbeitgeber dafür die pauschale Lohnversteuerung mit 25 % vornehmen.

Stpfl. Arbeitslohn kommt nur in Betracht, wenn der auf den Arbeitnehmer entfallende Anteil der Aufwendungen für eine (übliche) Betriebsveranstaltung 110 € übersteigt (Freigrenze) oder falls der Arbeitnehmer an mehr als zwei Betriebsveranstaltungen im Kalenderjahr teilnimmt (Steuerpflicht ab dritter Veranstaltung). In diesen Fällen ist stets der auf den Arbeitnehmer entfallende Teil der Gesamtaufwendungen für die Betriebsveranstaltung (lohn-)steuerpflichtig.

Nimmt der Arbeitnehmer mit einer nicht beim Arbeitgeber beschäftigten Person an der Betriebsveranstaltung teil, ist ihm der darauf entfallende Teil der Aufwendungen zuzurechnen; die **Freigrenze** von 110 € erhöht sich deshalb nicht (→ Rz. 447 *Betriebsveranstaltungen*, mit Beispiel und Hinweis auf die aktuellen Entscheidungen des BFH vom 16.5.2013).

Pauschalierungsfähig sind nur Vorteile, die sämtliche Arbeitnehmer erhalten. Deshalb ist für **Goldmünzen**, die der Arbeitgeber i. R. einer Betriebsveranstaltung einzelnen Arbeitnehmern überreicht, die Pauschalierungsmöglichkeit ausgeschlossen. Hierfür kann ggf. die Lohnsteuer-Pauschalierung mit durchschnittlichem Steuersatz (→ Rz. 645 *Lohnsteuer-Pauschalierung mit durchschnittlichem Steuersatz)* gewählt werden.

dd) Erholungsbeihilfen

Vom **Arbeitgeber** gezahlte Erholungsbeihilfen sind Arbeitslohn, von dem unter bestimmten Voraussetzungen die Lohnsteuer mit 25 % pauschal erhoben werden kann. Dabei ist zu beachten, dass sie entsprechend der Bestimmung für die Erholung des Arbeitnehmers und seiner Angehörigen verwendet werden müssen. Deshalb sind sie im **Zusammenhang** mit dem Jahresurlaub des Arbeitnehmers zu zahlen. 663.1

Pauschalierungsfähig sind folgende **Jahreshöchstbeträge**:

- 156 € für den Arbeitnehmer,
- 104 € für dessen Ehegatte/Lebenspartner und
- 52 € für jedes Kind.

Diese Beträge sind stets personenbezogen und nicht familienbezogen zu prüfen. Übersteigen die Erholungsbeihilfen im Einzelfall den maßgebenden Jahreshöchstbetrag, so sind für diese Person die gesamten Beihilfezahlungen als sonstige Bezüge nach den allgemeinen Regelungen zu besteuern.

ee) Verpflegungspauschalen

Zahlt der Arbeitgeber anlässlich einer beruflichen Auswärtstätigkeit Verpflegungsmehraufwendungen, die über den steuerfreien Verpflegungspauschalen liegen, ist der Mehrbetrag steuerpflichtiger Arbeitslohn (→ Rz. 588 *Verpflegungsmehraufwendungen als Reisekosten bei Auswärtstätigkeiten*). 664

Der die steuerfreien Pauschalen **übersteigende** Betrag kann sich auch aus der Zusammenfassung der einzelnen Aufwendungsarten, z.B. Wegstreckenentschädigung, ergeben. Aus Vereinfachungsgründen kann der den steuerfreien Vergütungsbetrag übersteigende Betrag einheitlich als Verpflegungsmehraufwendungen behandelt werden.

Für diesen steuerpflichtigen Teil kann der Arbeitgeber eine pauschale Lohnversteuerung i.H.v. 25 % wählen.

Der pauschalierungsfähige Betrag ist jedoch **begrenzt** auf die für die Abwesenheit steuerfrei zahlbare Verpflegungspauschale. Dies sind ab dem Kalenderjahr 2014 bei Dienstreisen/Auswärtstätigkeiten im Inland mit (mindestens) 24-stündiger Abwesenheit 24 €, bei über 8-stündiger Abwesenheit 12 € und für die An- und Abreisetage bei mehrtägiger Dienstreise/Auswärtstätigkeit (mit Übernachtung) unabhängig von der Abwesenheitsdauer 12 €. Demnach kann der Arbeitgeber für eine über 8-stündige **Dienstreise** des Arbeitnehmers im Inland an Verpflegungspauschalen **steuerbegünstigt zahlen**: 12 € steuerfrei und bis zu 12 € mit pauschaler Lohnsteuererhebung i.H.v. 25 % (zzgl. Solidaritätszuschlag und ggf. Kirchensteuer).

Nicht pauschalierungsfähig sind steuerpflichtige Verpflegungspauschalen bei **doppelter Haushaltsführung**.

ff) Datenverarbeitungsgeräte, Zubehör sowie Internetzugang

Pauschalierungsfähig mit einer Lohnsteuer von 25 % sind Vorteile durch die unentgeltliche oder verbilligte Übereignung von Datenverarbeitungsgeräten (z.B. Personalcomputern) und für die Internetnutzung einschließlich sonstiger PC-Hardware, technischem Zubehör und Software. Hierzu rechnet auch die Übereignung von Geräten als Erstausstattung oder als Ergänzung, Aktualisierung und Austausch eines bereits vorhandenen Datenverarbeitungsgeräts (z.B. PC-Anlage). Für Telekommunikationsgeräte, die nicht Zubehör eines Datenverarbeitungsgeräts/Personalcomputers sind oder nicht für die Internetnutzung verwendet werden können, ist die Pauschalierung ausgeschlossen. 665

Hat der Arbeitnehmer einen **Internetzugang**, sind auch Lohnzahlungen (Barzuschüsse) des Arbeitgebers für die Internetnutzung des Arbeitnehmers pauschalierungsfähig. Zu solchen Aufwendungen rechnen die **laufenden Kosten** (Grundgebühr für den Internetzugang, laufende Gebühren für die Internetnutzung, Flatrate) und die Kosten für die **Einrichtung** des Internetzugangs (z.B. ein ISDN-Anschluss sowie die dafür erforderlichen Geräte wie Modem und Personalcomputer).

666 Falls der Arbeitgeber einen Lohnteil (Barzuschuss) für die private Internetnutzung zahlen möchte, reicht die **Mitteilung** des Arbeitnehmers über seine Aufwendungen für die laufende Internetnutzung im Monat aus. Voraussetzung hierfür ist, dass die Arbeitgeberzahlungen 50 € im Monat nicht übersteigen.

Sollen **höhere** Zuschüsse für die Internetnutzung pauschal besteuert werden, hat der Arbeitnehmer seine Aufwendungen dem Arbeitgeber nachzuweisen. Dazu kann der **Nachweis** für einen repräsentativen Zeitraum von drei Monaten geführt werden. Bis zur Höhe des sich hiernach ergebenden monatlichen Betrags kann der Arbeitgeber dann so lange die Barzuschüsse pauschal versteuern, bis sich die Verhältnisse des Arbeitnehmers wesentlich ändern.

Zum **steuerfeien** Auslagenersatz von Datenverarbeitungsgeräten, Telekommunikationsaufwendungen (Gebühren für Telefon- und Internet) s. Rz. 574 → *Telekommunikation/-kommunikationsgeräte, Personalcomputer, Verbindungsentgelte des Arbeitnehmers*.

667 Voraussetzung für die Pauschalierung ist, dass diese Leistungen (Sachleistungen oder Barzuschüsse) **zusätzlich** zum ohnehin geschuldeten Arbeitslohn gezahlt werden (→ Rz. 671 ff.).

gg) Fahrten zwischen Wohnung und erster Tätigkeitsstätte, Sammelpunkt, weiträumigem Tätigkeitsgebiet

668 Zahlt der Arbeitgeber Zuschüsse zu den Aufwendungen des Arbeitnehmers für Fahrten zwischen Wohnung und erster Tätigkeitsstätte, kann die Lohnsteuer ab dem ersten Entfernungskilometer **pauschal mit 15 %** (zzgl. Solidaritätszuschlag und ggf. Kirchensteuer) erhoben werden. Gleiches gilt für die aus einer unentgeltlichen oder verbilligten **Gestellung** eines Kraftfahrzeugs an den Arbeitnehmer für die Fahrten zwischen Wohnung und erster Tätigkeitsstätte entstehende Vorteile.

Pauschalierungsvoraussetzung ist jeweils, dass diese Arbeitgeberleistungen **zusätzlich zum ohnehin geschuldeten** Arbeitslohn gezahlt werden (→ Rz. 671 ff.).

Pauschalierungsfähig sind **höchstens** folgende – als Werbungskosten (→ Rz. 128) abziehbare – Beträge:

- Für den geldwerten Vorteil durch die unentgeltliche oder verbilligte **Gestellung** eines **Kraftwagens** (z.B. Firmen-Pkw)
  - bei behinderten Arbeitnehmern i.S.d. § 9 Abs. 2 EStG die tatsächlichen Kosten in vollem Umfang,
  - bei anderen Arbeitnehmern bis zur Höhe der Entfernungspauschale (0,30 € für jeden vollen Entfernungskilometer) für jeden Arbeitstag, an dem der Kraftwagen für die Fahrten zwischen Wohnung und erster Tätigkeitsstätte benutzt wird. Aus Vereinfachungsgründen kann die Kfz-Nutzung an 15 Arbeitstagen im Kalendermonat unterstellt werden;
- für den **Ersatz** von **Aufwendungen** des **Arbeitnehmers** für Fahrten zwischen Wohnung und erster Tätigkeitsstätte (**Fahrtkostenzuschüsse**)
  - bei behinderten Arbeitnehmern i.S.d. § 9 Abs. 2 EStG die tatsächlichen Kosten in vollem Umfang,
  - bei anderen Arbeitnehmern bei Benutzung eines **eigenen** oder zur Nutzung überlassenen **Kraftfahrzeugs** mit Ausnahme der o. g. Alternative die Aufwendungen des Arbeitnehmers bis zur Höhe der Entfernungspauschale (0,30 € für jeden vollen Entfernungskilometer pro Arbeitstag).

    Bei ausschließlicher Benutzung **öffentlicher Verkehrsmittel** Beträge bis zur Höhe der **nachgewiesenen** (ggf. auch über der Entfernungspauschale) liegenden tatsächlichen Aufwendungen (Fahrkarte) des Arbeitnehmers.

    Bei Benutzung des **Flugzeugs** Beträge bis zur Höhe der tatsächlichen Aufwendungen des Arbeitnehmers (→ Rz. 128).

Beispiele

1. Nutzung des eigenen Pkw

Der Arbeitnehmer nutzt den eigenen Pkw für die Fahrten zwischen Wohnung und erster Tätigkeitsstätte, die kürzeste Entfernung beträgt 35 km (einfache Strecke). **Pro Arbeitstag** ist folgender Betrag pauschalierungsfähig:

35 km (tatsächliche Entfernungs-km) × 0,30 € = 10,50 € (**pauschalierungsfähiger Höchstbetrag**)

1.1 Der Arbeitgeber zahlt einen Fahrtkostenzuschuss ab dem 21. Entfernungskilometer i.H.v. 0,30 €. Der Zuschuss beträgt: 35 km – 20 km = 15 km, 15 km × 0,30 € = **4,50 €**.

Der Fahrtkostenzuschuss übersteigt den pauschalierungsfähigen Höchstbetrag nicht, der Fahrtkostenzuschuss kann mit 15 % pauschal besteuert werden.

1.2 Der Arbeitgeber zahlt einen Fahrtkostenzuschuss i.H.v. 0,20 € pro Entfernungskilometer. Der Zuschuss beträgt: 35 km × 0,20 € = 7,00 €.

Der Fahrtkostenzuschuss übersteigt den pauschalierungsfähigen Höchstbetrag (0,30 €/km) nicht, der Fahrtkostenzuschuss kann mit 15 % pauschal besteuert werden.

2. Nutzung öffentlicher Verkehrsmittel

Nutzt der Arbeitnehmer für die Fahrten zwischen Wohnung und erster Tätigkeitsstätte ausschließlich öffentliche Verkehrsmittel, kann der Arbeitgeber die (ggf. über der Entfernungspauschale liegenden – höheren –) Aufwendungen des Arbeitnehmers für die Fahrkarte ansetzen (Nachweis). Allein eine Zahlung von 0,30 €/km ist nicht zulässig.

2.1 Zuschuss bis zum Fahrkartenpreis

Wie Beispiel 1.1:

Ein Arbeitnehmer fährt mit der U-Bahn zur ersten Tätigkeitsstätte. Einschließlich der Fußwege und der U-Bahnfahrt beträgt die zurückgelegte Entfernung 15 km. Die kürzeste Straßenverbindung beträgt 10 km. Die **tatsächlichen Aufwendungen** für die Bahnfahrten betragen monatlich 83 €. Der Arbeitgeber möchte den höchstmöglichen Fahrtkostenzuschuss zahlen und die darauf entfallende Lohnsteuer pauschalieren.

Für die Ermittlung der **Entfernungspauschale** ist eine Entfernung von 10 km anzusetzen. Dies ergibt eine monatliche Pauschale i.H.v. 10 km × 0,30 € × 20 Arbeitstage = 60 €.

Weil die **tatsächlichen** Aufwendungen für die benutzte U-Bahn höher sind, kann der Arbeitgeber auch für den die Pauschale übersteigenden Betrag die pauschale Lohnsteuer erheben; pauschalierungsfähiger **Höchstbetrag**: 83 €.

Als Zahlbetrag ergeben sich:

Pauschale Lohnsteuer:	15 % von 83 €	= 12,45 €
Solidaritätszuschlag:	5,5 % von 12,45 €	= 0,68 €
		13,13 €

ggf. zzgl. Kirchensteuer nach Landesrecht

2.2 Zuschuss übersteigt Fahrkartenpreis

Ein Arbeitnehmer fährt mit der U-Bahn zur ersten Tätigkeitsstätte. Die kürzeste Straßenverbindung beträgt 20 km. Die tatsächliche Aufwendungen für die Bahnfahrten betragen monatlich 83 €. Der Arbeitgeber möchte den höchstmöglichen Fahrtkostenzuschuss zahlen und die darauf entfallende Lohnsteuer pauschalieren.

Für die Ermittlung der Entfernungspauschale ist eine Entfernung von 20 km anzusetzen. Dies ergibt eine monatliche Pauschale i.H.v. 20 km × 0,30 € × 20 Arbeitstage = 120 €.

Weil die tatsächlichen Aufwendungen für die benutzte U-Bahn **unter** der anzusetzenden Entfernungspauschale liegen, kann der Arbeitgeber für nur einen Fahrtkostenzuschuss **bis zu** 86 € die pauschale Lohnsteuer erheben.

Nähere Einzelheiten enthält das BMF-Schreiben v. 31.10.2013, IV C 5 - S 2351/09/10002 :002, BStBl I 2013, 1376, mit der ab 2014 zu beachtenden neuen Rechtslage; für die Jahre davor s. BMF-Schreiben v. 3.1.2013, IV C 5 – S 2351/09/10002, BStBl I 2013, 215.

Nutzt der Arbeitnehmer eine **steuerfreie Sammelbeförderung** → Rz. 560 kann der Arbeitgeber keine pauschal besteuerten Fahrtkostenzuschüsse zahlen.

Anders verhält es sich, wenn der Arbeitnehmer für die Sammelbeförderung einen eigenen Beitrag zu leisten hat; dieser ist pauschalierungsfähig.

Die vom Arbeitgeber zu tragenden **Unfallkosten** bzw. die Lohnteile, die er zur Behebung des Unfallschadens verwendet, können nicht der pauschalen Lohnsteuer unterworfen werden.

669 Hat der Arbeitnehmer keine erste Tätigkeitsstätte und bestimmt der Arbeitgeber durch dienst- oder arbeitsrechtliche Festlegung, dass der Arbeitnehmer sich **dauerhaft** typischerweise arbeitstäglich an einem festgelegten Ort (**Sammelpunkt**), der die Kriterien für eine erste Tätigkeitsstätte nicht erfüllt, einfinden soll, um von dort seine unterschiedlichen eigentlichen Einsatzorte aufzusuchen oder von dort seine berufliche Tätigkeit aufzunehmen, werden die Fahrten des Arbeitnehmers von der Wohnung zu diesem vom Arbeitgeber festgelegten Ort **wie** Fahrten zu einer ersten Tätigkeitsstätte behandelt.

Solche **Sammelpunkte** können z.B. ein Treffpunkt für einen betrieblichen Sammeltransport, ein Busdepot oder der Fährhafen sein. Für diese Fahrten dürfen ab 2014 Fahrtkosten nur noch i.H.d. Entfernungspauschale angesetzt werden.

Betritt oder befährt der Arbeitnehmer ein **weiträumiges Tätigkeitsgebiet** immer von verschiedenen Zugängen aus, ist die Entfernungspauschale bei diesen Fahrten nur für die kürzeste Entfernung von der Wohnung zum nächstgelegenen Zugang anzuwenden.

670 Zu beachten ist, dass **pauschal besteuerte** Fahrtkostenzuschüsse die abziehbaren **Werbungskosten** für die Fahrten zwischen Wohnung und erster Tätigkeitsstätte (→ Rz. 128) bzw. zum Sammelpunkt/weiträumigem Tätigkeitsgebiet **mindern**.

Die Möglichkeit der Lohnsteuer-Pauschalierung besteht auch für **Aushilfs**- und **Teilzeitbeschäftigte** i.S.d. § 40a EStG (→ Rz. 606 ff.), wobei die pauschal besteuerten Fahrtkostenzuschüsse in die Prüfung der für die Pauschalierung maßgebenden Arbeitslohngrenzen (Stundenlohn 12 €, Tageslohn 62 €) nicht einzubeziehen sind (→ Rz. 623).

Für **geringfügige** Beschäftigungen ist die monatliche Arbeitsentgeltgrenze von 450 € nach den sozialversicherungsrechtlichen Vorschriften zu prüfen.

hh) Merkmal „Zusätzlich zum ohnehin geschuldeten Arbeitslohn"

Mitunter ist Voraussetzung für die Pauschalierung der Lohnsteuer oder für steuerfreie Lohnzahlungen, dass diese Leistungen (Sachleistungen oder Barzuschüsse) **zusätzlich zum ohnehin geschuldeten Arbeitslohn** gezahlt werden. Das gilt z.B. für 671

- die **Steuerfreiheit**
  - -- von Arbeitgeberleistungen zur Unterbringung und Betreuung von nicht schulpflichtigen Kindern in Kindergärten und
  - -- bestimmter Arbeitgeberleistungen zur Verbesserung des allgemeinen Gesundheitszustands und der betrieblichen Gesundheitsförderung;
- die Pauschalierung von Fahrtkostenzuschüssen des Arbeitgebers für Fahrten zwischen Wohnung und erster Tätigkeitsstätte mit 15 %.

Diese Regelung setzt voraus, dass die zweckbestimmte Leistung zu dem Arbeitslohn hinzukommt, den der Arbeitgeber arbeitsrechtlich schuldet (Zusätzlichkeitsvoraussetzung). Der ohnehin geschuldete Arbeitslohn ist regelmäßig der arbeitsrechtlich geschuldete; entweder durch Vereinbarung oder etwa durch eine dauernde betriebliche Übung. **Entscheidend** ist deshalb nicht der hypothetische Umstand, ob der Arbeitgeber ansonsten die Leistung erbracht hätte, sondern, ob er sie als „geschuldet" hätte erbringen müssen (vgl. R 3.33 Abs. 5 Satz 1 LStR 2013). Nur Gehaltsumwandlungen sind danach schädlich. 672

Wird eine zweckbestimmte Leistung jedoch unter **Anrechnung** auf den **vereinbarten** arbeitsrechtlich geschuldeten Arbeitslohn oder durch dessen Umwandlung gewährt, liegt **keine** zusätzliche Leistung vor.

Eine **zusätzliche** Leistung liegt auch dann vor, wenn sie unter Anrechnung auf eine andere **freiwillige** Sonderzahlung, z.B. freiwillig geleistetes Weihnachtsgeld, erbracht wird. Unschädlich ist es, wenn der Arbeitgeber verschiedene zweckgebundene Leistungen zur Auswahl anbietet oder die übrigen Arbeitnehmer die freiwillige Sonderzahlung erhalten.

Beispiel:

Eine Arbeitnehmerin hat einen arbeitsrechtlichen Anspruch auf einen Arbeitslohn von 2 000 € monatlich. Im Juli 2014 vereinbart sie mit ihrem Arbeitgeber, dass ab 1.8.2014 der Arbeitslohn um 150 € gemindert wird (1 850 €) und zzgl. ein monatlicher Kindergartenzuschuss i.H.v. 150 € gezahlt wird.

Der ab August 2014 gezahlte Kindergartenzuschuss ist nicht steuerfrei, weil er durch Umwandlung des vom Arbeitgeber arbeitsrechtlich geschuldeten Arbeitslohns vereinbart wurde; er wird folglich nicht zusätzlich zum ohnehin geschuldeten Arbeitslohn gezahlt. Es liegt eine „schädliche" Gehaltsumwandlung vor.

Die von der bisherigen Verwaltungsauffassung abweichende und einengende BFH-Rechtsprechung aus dem Jahr 2012 (BFH v. 9.9.2012, VI R 54/11, BStBl II 2013, 395 und VI R 55/11, BStBl II 2013, 398) wendet die Finanzverwaltung aus Gründen des Vertrauensschutzes und der Kontinuität der Rechtsanwendung nicht an. Nähere Erläuterungen zum unveränderten Begriff des ohnehin geschuldeten Arbeitslohns enthält das BMF-Schreiben v. 22.5.2013, IV C 5 – S 2388/11/10001-02, BStBl I 2013, 728).

Es ist jedoch unschädlich, wenn der Arbeitgeber verschiedene zweckgebundene Leistungen zur **Auswahl** anbietet 673 oder ein **Teil** der Arbeitnehmer keine freiwilligen Sonderzahlungen erhalten (z.B. Zuschüsse zur Betreuung der Kinder im Kindergarten, zur Gesundheitsförderung oder zu den Aufwendungen für die Fahrten zwischen Wohnung und erster Tätigkeitsstätte). Kann ein Arbeitnehmer keine dieser zusätzlichen Leistungen mehr in Anspruch nehmen, darf er dafür nicht – zum „gerechten" Ausgleich – einen entsprechend höheren Arbeitslohn bekommen.

Beispiel:

Der Arbeitgeber zahlt seinen Arbeitnehmern freiwillig eine jährliche Sonderzahlung, die mit einer möglichst geringen Lohnsteuer belastet sein soll. Diese Sonderzahlung kommt zu dem Arbeitslohn hinzu, den der Arbeitgeber arbeitsrechtlich schuldet. Folglich prüft er, ob die Arbeitnehmer steuerfreie Leistungen oder einen pauschalierungsfähigen Fahrtkostenzuschuss erhalten können.

Soweit dies nicht möglich ist, zahlt er den Restbetrag als üblichen Arbeitslohn aus und erhebt die Lohnsteuer im Regelverfahren nach den individuellen Lohnsteuerabzugsmerkmalen. Somit wird Arbeitnehmern, die keine begünstigten Lohnteile erhalten können, die Sonderzahlung in voller Höhe steuerpflichtig ausgezahlt.

Die **Zusätzlichkeitsvoraussetzungen** sind erfüllt, da die begünstigten Sonderzahlungen zu dem Arbeitslohn hinzukommen, den der Arbeitgeber arbeitsrechtlich schuldet. Unschädlich ist, dass ein Teil der Arbeitnehmer die freiwillige Sonderzahlung in voller Höhe steuerpflichtig erhalten.

ii) Anrechnung von begünstigten Lohnteilen auf die Werbungskosten

674 Soweit die pauschal besteuerten oder **steuerfreien** Lohnteile (Sachbezüge bzw. Geldleistungen) auf Werbungskosten entfallen, ist der **Werbungskostenabzug** grundsätzlich ausgeschlossen.

675 Eine Ausnahmeregelung sehen die Lohnsteuer-Richtlinien für die pauschal besteuerten **Arbeitgeberzuschüsse** zur privaten **Internetnutzung** des Arbeitnehmers vor. Zu Gunsten des Arbeitnehmers werden die pauschal besteuerten Arbeitgeberzuschüsse zunächst auf den **privat** veranlassten Teil der Aufwendungen **angerechnet**, so dass nur der übersteigende Teilbetrag den als Werbungskosten berücksichtigungsfähigen Betrag mindert. Aus Vereinfachungsgründen **unterbleibt** jedoch stets eine Anrechnung auf die Werbungskosten, falls die monatlichen Arbeitgeberzuschüsse 50 € nicht übersteigen.

c) Besonderer Pauschsteuersatz für Sachzuwendungen

aa) VIP-Logen

676 Nutzt der Arbeitnehmer eine vom Arbeitgeber angemietete **VIP-Loge**, z.B. in einer Sportstätte, während einer Veranstaltung aus privaten Gründen unentgeltlich oder verbilligt, rechnet der sich dadurch ergebende geldwerte Vorteil zum Arbeitslohn (→ Rz. 591 *VIP-Logen*). Der geldwerte Vorteil ist grundsätzlich mit den üblichen Endpreisen am Abgabeort zu bewerten, die Freigrenze für Sachbezüge i.H.v. 44 € im Kalendermonat (→ Rz. 558 *Sachbezüge, Freigrenze*) ist anwendbar.

Unter Aufwendungen für **VIP-Logen** in Sportstätten versteht die Finanzverwaltung **Aufwendungen** eines **Arbeitgebers** (Stpfl.) anlässlich sportlicher Veranstaltungen, für die er vom Empfänger der „gesponserten" Veranstaltung bestimmte Gegenleistungen mit Werbecharakter erhält. Neben den üblichen Werbeleistungen (z.B. Werbung über Lautsprecheransagen, auf Videowänden, in Vereinsmagazinen) werden dem sponsernden Unternehmer auch Eintrittskarten für VIP-Logen überlassen, die nicht nur zum Besuch der Veranstaltung berechtigen, sondern auch die Möglichkeit der Bewirtung des Arbeitgebers und Dritter (z.B. Geschäftsfreunde, Arbeitnehmer) beinhalten. Regelmäßig werden diese Maßnahmen in einem **Gesamtpaket vereinbart**, wofür dem Sponsor (Arbeitgeber) ein Gesamtbetrag in Rechnung gestellt wird.

Für **VIP-Logen in Sportstätten** hat der Arbeitgeber aus Vereinfachungsgründen die Möglichkeit, einen auf die bei ihm beschäftigten **Arbeitnehmer** entfallenden steuerpflichtigen Vorteil mit dem Pauschsteuersatz i.H.v. 30 % zu versteuern (stets der auf sämtliche Arbeitnehmer entfallende Gesamtbetrag). Bemessungsgrundlage für diesen Pauschsteuersatz ist der sich für die Arbeitnehmer ergebende Anteil am Gesamtbetrag der Aufwendungen für die Bewirtung und Geschenke (BMF-Schreiben v. 22.8.2005, BStBl I 2005, 845, Tz. 14 und 19).

Danach kann der **leistende** Unternehmer bzw. Arbeitgeber den **betrieblich** veranlassten **Gesamtbetrag** der Aufwendungen für die **VIP-Loge** (Werbeleistungen, Bewirtung, Eintrittskarten usw.) pauschal **aufteilen** in 40 % für Werbung, 30 % für die **Bewirtung** und 30 % für **Geschenke**, wobei die Geschenkaufwendungen ohne Nachweis je zur Hälfte den Geschäftsfreunden und den eigenen Arbeitnehmern zugerechnet werden können. An Stelle dieser 50 : 50-Aufteilung der Geschenkaufwendungen kann der Arbeitgeber eine andere Zuordnung nachweisen.

Sind im **Gesamtbetrag** der Aufwendungen **nur** die Leistungen **Werbung** und **Eintrittskarten** enthalten, und liegt für die Bewirtung eine Einzelabrechnung vor, z.B. bei Vertrag mit externem Caterer, ist die Vereinfachungsregelung im Hinblick auf die Pauschalaufteilung 40 : 30 : 30 **nicht** anwendbar. In diesem Fall ist für den Werbeanteil und den Ticketanteil ein anderer **angemessener** Aufteilungsmaßstab (sachgerechte Schätzung) zu finden; der Bewirtungsanteil steht fest. Eine Pauschalbesteuerung mit 30 % für den auf die eigenen Arbeitnehmer entfallenden geldwerten Vorteil durch den Arbeitgeber ist möglich.

bb) Business-Seats

Überlässt der Unternehmer bzw. Arbeitgeber sog. **Business-Seats**, bei denen im Gesamtbetrag der Aufwendungen nur 677
die Leistungen Eintrittskarten und Rahmenprogramm (steuerliche Zuwendung) sowie Bewirtung enthalten sind, ist der in Rechnung gestellte **Gesamtbetrag** sachgerecht aufzuteilen; ggf. pauschale Aufteilung entsprechend der vorgenannten Grundsätze mit 50 % für Geschenke und 50 % für Bewirtung. Gleiches gilt, wenn im Gesamtbetrag auch Werbeleistungen enthalten sind (Anteil für Werbung 40 %). Findet eine **andere Veranstaltung**, z.B. kultureller Art, Operngala, in einer Sportstätte statt, können die vorstehenden Regelungen angewendet werden (Pauschsteuersatz 30 %); ebenso bei Veranstaltungen **außerhalb von Sportstätten**; zu Einzelheiten vgl. BMF-Schreiben v. 22.8.2005, BStBl I 2005, 845, sowie v. 11.7.2006, BStBl I 2006, 447.

Weil die Höhe des Pauschsteuersatzes von 30 % typisierend berücksichtigt, dass der Arbeitgeber diese Zuwendungen an einen Teil seiner Arbeitnehmer im ganz überwiegend betrieblichen Interesse erbringt und die Vorteile folglich nicht als Arbeitslohn anzusetzen sind, ist insoweit eine weitere Aufteilung der anzusetzenden Beträge für die Bewirtung und Geschenke nicht zulässig. Wegen weiterer Einzelheiten vgl. BMF-Schreiben v. 22.8.2005, BStBl I 2005, 845 sowie BMF-Schreiben v. 29.4.2008, BStBl I 2008, 566.

678 Der Arbeitgeber ist gegenüber dem Fiskus **Schuldner** der pauschalen Lohnsteuer (→ Rz. 632) für diese Sachzuwendungen. Dies gilt unabhängig von evtl. privatrechtlichen Vereinbarungen zwischen Arbeitgeber und Arbeitnehmer, wonach der Arbeitnehmer im Innenverhältnis die pauschale Lohnsteuer zu übernehmen hat.

d) Pauschale Lohnsteuer von 30 % für betriebliche Sachzuwendungen

679 Als weitere Möglichkeit können Arbeitgeber bzw. Unternehmen die geldwerten Vorteile für die aus betrieblicher Veranlassung gegebenen **Sachzuwendungen** (einschl. Leistungen) an **Kunden**, **Geschäftsfreunde** und **deren** Familienangehörige und Arbeitnehmer sowie an die selbst beschäftigten Arbeitnehmer pauschal mit 30 % besteuern (Pauschalierung der Einkommensteuer bei Sachzuwendungen, § 37b EStG). Die Zuwendungsempfänger können auch Unternehmen sein, einschl. Organmitglieder.

Diese Pauschalierung ist nur **einheitlich** möglich für alle innerhalb eines Wirtschaftsjahres gewährten betrieblich veranlassten Sachzuwendungen, die zusätzlich zur ohnehin vereinbarten Leistung oder Gegenleistung erbracht werden, und für steuerliche Geschenke (§ 4 Abs. 5 Satz 1 Nr. 1 EStG). Demnach müssen die Sachzuwendungen an die selbst beschäftigten **Arbeitnehmer zusätzlich** zum ohnehin geschuldeten Arbeitslohn erbracht werden (keine Lohnumwandlung).

Als Sachzuwendungen kommen in **Betracht** z.B. Incentive-Reisen, steuerpflichtige Arbeitsessen, Zinsvorteile bei einem Arbeitgeberdarlehen mit ermäßigtem Steuersatz, steuerpflichtige Sachzuwendungen aus Anlass eines Geburtstages, Eintrittskarten für Opern- und Fußballspiele.

Voraussetzung für diese Pauschalierung ist, dass die Bewertung der Sachbezüge nach dem üblichen Wert erfolgt und nicht nach besonderen Bewertungsvorschriften erfolgt. Demnach sind **ausgeschlossen**: die Firmenwagenbesteuerung, amtliche Sachbezugswerte, Arbeitslohnteile mit Rabattfreibetrag sowie Pauschalierungsfälle mit gesetzlichem Pauschsteuersatz nach § 40 Abs. 2 EStG (→ Rz. 653 bis 670).

Eine **Einbeziehung** der Sachbezüge, die mit dem durchschnittlichen Pauschsteuersatz (nach § 40 Abs. 1 Satz 1 EStG, → Rz. 644 ff.) besteuert werden können, ist zulässig, jedoch nicht erforderlich.

Der **Pauschsteuersatz** beträgt **30 %** zzgl. Solidaritätszuschlag und ggf. Kirchensteuer. **Bemessungsgrundlage** sind die Aufwendungen des Arbeitgebers/Unternehmens einschl. der Umsatzsteuer. Bei Zuwendungen an Arbeitnehmer in verbundenen Unternehmen ist als Bemessungsgrundlage zumindest der übliche Angebots-/Endpreis am Abgabeort (nach § 8 Abs. 3 Satz 1 EStG) anzusetzen.

Die Pauschalierung ist ausgeschlossen, soweit die Aufwendungen je Empfänger und Wirtschaftsjahr den Betrag von 10 000 € übersteigen oder wenn die Aufwendungen für die einzelne Zuwendung diesen Betrag übersteigen.

Das **Wahlrecht** zur Pauschalierung kann für alle Zuwendungen (auch an die selbst beschäftigten Arbeitnehmer) im Wirtschaftsjahr nur **einheitlich** ausgeübt werden. Es wird durch die Anmeldung der Pauschalsteuer ausgeübt und kann nicht widerrufen werden.

Die pauschal besteuerten Sachzuwendungen bleiben bei der **Einkünfteermittlung** des Empfängers **außer Ansatz**; ebenso die pauschale Einkommensteuer, die der Arbeitgeber/das Unternehmen zu übernehmen hat. Sie gilt als Lohnsteuer und ist in der Lohnsteuer-Anmeldung nach den allgemeinen Regelungen zu erklären und abzuführen (→ Rz. 362 ff.).

Die Arbeitnehmer/Empfänger sind über die Pauschalierung zu **benachrichtigen**, z.B. Aushang am „Schwarzen Brett" oder Hinweis in der Lohnabrechnung. Nähere Erläuterung enthält das BMF-Schreiben v. 29.4.2008, BStBl I 2008, 566.

V. Lohnsteuer-Jahresausgleich durch den Arbeitgeber, Einkommensteuerveranlagung

Während des Kalenderjahres ist die Lohnsteuer von dem im Lohnzahlungszeitraum (→ Rz. 393 ff.) gezahlten Arbeitslohn einzubehalten. Mit Ablauf des Kalenderjahres wird die Lohnsteuer jedoch zu einer Jahressteuer. Deshalb ist der Arbeitgeber gesetzlich verpflichtet, das Lohnsteuerabzugs-Verfahren nach Ablauf des Kalenderjahres grundsätzlich mit dem betrieblichen **Lohnsteuer-Jahresausgleich** abzuschließen. 680

Für den Jahresausgleich ist die im Kalenderjahr einbehaltene Lohnsteuer mit der auf den Jahresarbeitslohn entfallenden Jahreslohnsteuer zu vergleichen. Ergibt sich eine Differenz, hat der Arbeitgeber den Steuerbetrag grundsätzlich zu korrigieren (→ Rz. 690). Gleiches gilt für den Solidaritätszuschlag (→ Rz. 694 ff.) und die Kirchensteuer (→ Rz. 712 ff.). Abweichende Steuerbeträge können sich z.B. auf Grund schwankender monatlicher Arbeitslöhne ergeben, weil zur Lohnsteuerermittlung der jeweilige Monatslohn zunächst auf einen Jahresarbeitslohn hochgerechnet wird (Multiplikation mit 12). Von diesem fiktiven Jahresarbeitslohn wird die Jahreslohnsteuer ermittelt, die auf eine Monatslohnsteuer umgerechnet wird (Division durch 12).

1. Lohnsteuer-Jahresausgleich

a) Verpflichtung, Voraussetzungen

Der Arbeitgeber ist gesetzlich **verpflichtet**, den betrieblichen Lohnsteuer-Jahresausgleich durchzuführen, wenn er am 31.12. des Kalenderjahres mindestens zehn Arbeitnehmer beschäftigt. Für diese Grenze sind auch solche Arbeitnehmer zu berücksichtigen, von deren Arbeitslohn keine Lohnsteuer einzubehalten war oder für die kein Lohnsteuer-Jahresausgleich in Betracht kommt. 681

Sind am Jahresende weniger als zehn Arbeitnehmer beschäftigt, kann der Arbeitgeber (freiwillig) dennoch für die Arbeitnehmer einen Lohnsteuer-Jahresausgleich durchführen. Dies ist die alleinige Entscheidung des Arbeitgebers.

Der Jahresausgleich ist für die **unbeschränkt** einkommensteuerpflichtigen Arbeitnehmer durchzuführen, die während des Ausgleichsjahres beim Arbeitgeber **ständig** in einem Dienstverhältnis gestanden haben und am 31. Dezember noch beim Arbeitgeber beschäftigt sind oder zu diesem Zeitpunkt von ihm Arbeitslohn für ein früheres Dienstverhältnis beziehen. 682

Seit 2012 ist der Jahresausgleich nicht mehr zulässig, wenn der Arbeitnehmer im Kalenderjahr bei einem anderen Arbeitgeber beschäftigt war. Im neuen Verfahren der elektronischen Lohnsteuerabzugsmerkmale sind dem Arbeitgeber stets nur die Lohnsteuerabzugsmerkmale des aktuellen Dienstverhältnisses bekannt. Er kann nicht mehr, wie beim früheren Papierverfahren, anhand einer weitergegebenen Lohnsteuerkarte die amtlichen Abzugsmerkmale erkennen, die ein anderer Arbeitgeber in einem früheren Lohnsteuerabzug zu

Grunde gelegt hat. Deshalb kann der aktuelle Arbeitgeber die Ausschlussfälle auf Grund eines Steuerklassenwechsels nicht mehr zweifelsfrei feststellen.

Weiterhin ist Voraussetzung, dass dem Arbeitgeber gültige elektronische Lohnsteuerabzugsmerkmale oder eine vom Finanzamt für den Lohnsteuerabzug des betreffenden Jahres ausgestellten Bescheinigung (noch) vorliegen.

Für die Frage, ob das Dienstverhältnis das gesamte Kalenderjahr bestanden hat, sind nur noch die Zeiträume einzubeziehen, für die der Arbeitnehmer Arbeitslohn im gegenwärtigen Dienstverhältnis erhalten hat.

Ruht das Arbeitsverhältnis, kann ein Jahresausgleich durchgeführt werden, wenn die übrigen Voraussetzungen dafür vorliegen.

683 **Kein Lohnsteuer-Jahresausgleich** ist durchzuführen:

- für Arbeitnehmer, die im Kalenderjahr nicht durchgängig beim selben Arbeitgeber beschäftigt waren;
- für Arbeitnehmer, die beantragt haben, den Jahresausgleich nicht vorzunehmen;
- für Arbeitnehmer, die im Ausgleichsjahr oder für einen Teil dieses Jahres nach der Steuerklasse V oder VI, oder nur für einen Teil des Ausgleichsjahres nach der Steuerklasse II, III oder IV zu besteuern waren;
- für Arbeitnehmer, die im Ausgleichsjahr Kurzarbeitergeld, steuerfreie Aufstockungsbeträge oder Zuschläge für Altersteilzeitarbeit nach dem Altersteilzeitgesetz oder dem Bundesbesoldungsgesetz, Zuschüsse zum Mutterschaftsgeld nach dem Mutterschutzgesetz oder Zuschüsse bei Beschäftigungsverboten für die Zeit vor oder nach einer Entbindung während der Elternzeit nach beamtenrechtlichen Vorschriften oder Entschädigungen für Verdienstausfall nach dem Infektionsschutzgesetz bezogen haben;
- für Arbeitnehmer, die Arbeitslohn bezogen haben, der im Ausgleichsjahr nach der Allgemeinen Lohnsteuer-Tabelle und nach der Besonderen Lohnsteuer-Tabelle zu besteuern war;
- für Arbeitnehmer, die im Ausgleichsjahr ausländische Einkünfte aus nichtselbständiger Arbeit bezogen haben, die nach einem Abkommen zur Vermeidung der Doppelbesteuerung oder unter Progressionsvorbehalt nach § 34c Abs. 5 EStG von der Lohnsteuer freigestellt waren;
- für Arbeitnehmer ohne gültige elektronische Lohnsteuerabzugsmerkmale oder für die keine vom Finanzamt für den Lohnsteuerabzug ausgestellte Bescheinigung (mehr) vorliegt;
- für Arbeitnehmer, bei deren Lohnsteuerberechnung ein Freibetrag oder ein Hinzurechnungsbetrag berücksichtigt worden ist oder ein als Lohnsteuerabzugsmerkmal mitgeteilter Faktor (→ Rz. 325 ff.) angewandt wurde;
- für Arbeitnehmer, in deren Lohnkonto oder Lohnsteuerbescheinigung mindestens ein Großbuchstabe U eingetragen ist.

b) Durchführung

684 Der Arbeitgeber nimmt den Jahresausgleich am besten im Zusammenhang mit einer Lohnabrechnung vor. **Frühestens** ist dies die Abrechnung für den letzten im Ausgleichsjahr endenden Lohnzahlungszeitraum (Dezember). Die **späteste Möglichkeit** für die Durchführung des Jahresausgleichs ist die Lohnabrechnung für den Lohnzahlungszeitraum, der im Monat März des folgenden Jahres endet. Der Arbeitgeber darf die in 2014 evtl. noch vorliegende Lohnsteuerkarte 2010/ Ersatzbescheinigung für 2011, 2012, 2013 oder die (Besondere) Bescheinigung für den Lohnsteuerabzug nicht vor Ende 2014 vernichten. Dies gilt auch dann, wenn der Arbeitgeber das Verfahren der elektronischen Lohnsteuerabzugsmerkmale (→ Rz. 297 ff.) bereits anwendet.

Weiter setzt die Durchführung des Jahresausgleichs voraus, dass die elektronische Lohnsteuerbescheinigung noch nicht übermittelt bzw. die Besondere Lohnsteuerbescheinigung noch nicht ausgestellt worden ist (→ Rz. 373 ff.).

Sind im Ausgleichsjahr die steuerlichen Vorschriften (z.B. das Einkommensteuergesetz) mit Rückwirkung geändert worden, so ist der Arbeitgeber gesetzlich verpflichtet, die neuen bzw. geänderten Regelungen auch für zurückliegende Lohnzahlungen, also für den gesamten Ausgleichszeitraum anwenden. 685

Folgende Schritte sind für den Jahresausgleich vorzunehmen:

1. **Ermittlung** des Jahresarbeitslohns sowie der Jahreslohnsteuer;
2. **Korrektur** der (Lohn-) Steuerabzüge und Abschlussbuchungen im Lohnkonto.

Zunächst ist anhand der Aufzeichnungen im Lohnkonto der **Jahresarbeitslohn** des Arbeitnehmers festzustellen. 686

Als Jahresarbeitslohn sind grundsätzlich sämtliche Einnahmen zu berücksichtigen, die der Arbeitnehmer im Ausgleichsjahr erhalten hat. 687

Nicht hinzuzurechnen sind **steuerfreie** Einnahmen, Bezüge für mehrjährige Tätigkeit und ermäßigt besteuerte Entschädigungen für entgangenen oder entgehenden Arbeitslohn (die außerordentlichen Einkünfte), es sei denn, der Arbeitnehmer beantragt die Einbeziehung dieser Arbeitslohnteile in den Jahresausgleich, sowie pauschal besteuerte Lohnteile (Bezüge). 688

Von dem so ermittelten Jahresarbeitslohn sind der in Betracht kommende **Versorgungsfreibetrag**, der Zuschlag zum Versorgungsfreibetrag und der **Altersentlastungsbetrag** abzuziehen.

Hat der Arbeitgeber nach den zuvor beschriebenen Schritten den **Jahresarbeitslohn** des Arbeitnehmers für das Ausgleichsjahr berechnet, ist dafür die **Jahreslohnsteuer** aus der vom Verlag herausgegebenen Tabelle „Lohnsteuer-Jahresausgleich" abzulesen. Sind im Ausgleichsjahr verschiedene Steuerklassen zu berücksichtigen, ist die zuletzt eingetragene Steuerklasse maßgebend. 689

Daran anschließend folgt der **Vergleich** mit der einbehaltenen Lohnsteuer. Zu vergleichen sind die im Kalenderjahr insgesamt einbehaltenen (Lohnsteuer-)Beträge und die zum Jahresarbeitslohn ausgewiesenen Beträge. Wurden zu viel Steuern einbehalten, ist dem Arbeitnehmer der entsprechende Betrag zu erstatten. 690

Für die Erstattung kann der Arbeitgeber die im Lohnzahlungszeitraum vom Arbeitslohn einbehaltenen Lohnsteuerbeträge verwenden. In diesen Fällen ist in der Lohnsteuer-Anmeldung nur der Differenzbetrag als abzuführende Lohnsteuer zu erklären. Sollte die zu erstattende Lohnsteuer größer sein als die einbehaltene Lohnsteuer und die an das Finanzamt abzuführende pauschale Lohnsteuer, ist der Erstattungsbetrag in der (elektronischen) Lohnsteuer-Anmeldung als Minus-Betrag zu kennzeichnen. In diesen Fällen ist die Lohnsteuer-Anmeldung ein Erstattungsantrag.

2. Abschlussbuchungen

691 Im Lohnkonto ist die im Lohnsteuer-Jahresausgleich erstattete Lohnsteuer gesondert einzutragen. Zudem sind die Berechnungsschritte bzw. die Berechnung des Jahresarbeitslohns darzustellen.

Auf der Besonderen Lohnsteuerbescheinigung bzw. in der elektronischen Lohnsteuerbescheinigung ist der sich nach Verrechnung der einbehaltenen mit der erstatteten Lohnsteuer ergebende Betrag als erhobene Lohnsteuer anzugeben.

3. Permanenter Lohnsteuer-Jahresausgleich

692 Unter den Voraussetzungen für die Durchführung des betrieblichen Lohnsteuer-Jahresausgleichs kann der Arbeitgeber **bereits** die Lohnsteuer für die **einzelnen Lohnzahlungszeiträume** nach dem voraussichtlichen Jahresarbeitslohn ermitteln. Durch diese Berechnungsart wird zu viel oder zu wenig gezahlte Lohnsteuer schon im jeweiligen Lohnzahlungszeitraum ausgeglichen, also nicht wie beim betrieblichen Lohnsteuer-Jahresausgleich erst zum Jahresende.

Der permanente Lohnsteuer-Jahresausgleich umfasst nur den **laufenden** Arbeitslohn und nicht die sonstigen Bezüge und wird wie folgt durchgeführt:

- Anhand dem bisher im Kalenderjahr bezogenen Arbeitslohns und dem aktuell abgerechneten erwarteten Arbeitslohn ist der Jahresarbeitslohn zu ermitteln; davon die Jahreslohnsteuer.
- Von dieser Jahreslohnsteuer ist der Teilbetrag zu berechnen, der auf den Arbeitslohn der abgelaufenen Lohnzahlungs-/-abrechnungszeiträume (→ Rz. 393 ff.; also **auch auf** den abgerechneten Zeitraum) entfällt.
- Der so ermittelte Teilbetrag ist um die bisher vom laufenden Arbeitslohn erhobene Lohnsteuer zu kürzen; der Unterschiedsbetrag ist die einzubehaltende Lohnsteuer.

Anders als der betriebliche kann der **permanente** Lohnsteuer-Jahresausgleich unabhängig von der Steuerklasse des Arbeitnehmers durchgeführt werden; ebenso bei einem Steuerklassenwechsel.

Voraussetzung für diese Lohnsteuerermittlungsmethode ist ein formloser Antrag des Arbeitgebers bei dem zuständigen Betriebsstättenfinanzamt, dem regelmäßig zugestimmt wird. Beachtet der Arbeitgeber jedoch die vorgenannten Voraussetzungen, so **gilt** die Genehmigung des Betriebsstättenfinanzamts grundsätzlich als **erteilt**, falls sie nicht im Einzelfall widerrufen wird (z.B. nach einer Lohnsteuer-Außenprüfung).

Hinweis: Ausführliche Erläuterungen zur Durchführung des jährlichen Lohnsteuer-Jahresausgleichs enthält die vom Verlag jeweils im September eines jeden Jahres herausgegebene Tabelle „Lohnsteuer-Jahresausgleich 201x", Art.Nr: 33 73.

4. Einkommensteuerveranlagung durch das Finanzamt

Unabhängig davon, ob der Arbeitgeber einen betrieblichen Lohnsteuer-Jahresausgleich durchgeführt hat, kann der Arbeitnehmer zur Erstattung zu viel gezahlter Lohnsteuer stets eine **Veranlagung** zur Einkommensteuer beantragen (→ Rz. 59 ff.). In vielen Fällen wird jedoch bereits eine gesetzliche Verpflichtung zur Abgabe einer Einkommensteuererklärung bestehen. 693

Im Rahmen dieser Einkommensteuerveranlagung können die Arbeitnehmer ebenso wie die anderen Stpfl. einkommensmindernde Aufwendungen wie Werbungskosten, Sonderausgaben und außergewöhnliche Belastungen geltend machen. Weil solche Aufwendungen die Bemessungsgrundlage für die festzusetzende Einkommensteuer mindern, können sie zu einer Einkommensteuerrückzahlung führen. In diesem Fall erstattet das Finanzamt die – gemessen am zu versteuernden Einkommen und der danach festgesetzten Einkommensteuer – zu viel einbehaltenen Lohnsteuerbeträge (einschließlich Solidaritätszuschlag und Kirchensteuer).

D. Solidaritätszuschlag

I. Rechtsgrundlagen

694 Die Erhebung des Solidaritätszuschlags ist im Solidaritätszuschlaggesetz 1995 v. 23.6.1993 (BGBl. I 1993, 944, 975; BStBl I 1993, 510, 523) geregelt. Für den Veranlagungszeitraum 2014 ist das Solidaritätszuschlaggesetz 1995 i.d.F. der Bekanntmachung v. 15.10.2002 (BGBl. I 2002, 4130; BStBl I 2002, 1154) und mit den Änderungen maßgebend, die es zuletzt durch das Gesetz zur Umsetzung der Beitreibungsrichtlinie sowie zur Änderung steuerlicher Vorschriften (Beitreibungsrichtlinie-Umsetzungsgesetz – BeitrRLUmsG) vom 7.12.2011 (BGBl. I 2011, 2592; BStBl I 2011, 1171) erfahren hat.

695 Der Solidaritätszuschlag wird als **Zuschlag zur Einkommensteuer** (und Körperschaftsteuer) erhoben; er ist eine Ergänzungsabgabe i.S.d. Art. 106 Abs. 1 Nr. 6 GG, deren Aufkommen in vollem Umfang dem Bund zufließen. Der Solidaritätszuschlag ist eine selbständige Steuer, die aus technischen Gründen an die Einkommensteuer (und Körperschaftsteuer) anknüpft. Dementsprechend werden dem Solidaritätszuschlag alle Einkommensteuerpflichtigen nach Maßgabe ihrer einkommensteuerlichen Leistungsfähigkeit unterworfen. Zur Frage der **Verfassungsmäßigkeit** hat der Bundesfinanzhof entschieden (Urteil vom 21.7.2011, II R 52/10, BStBl II 2012, 43), dass die Festsetzung des Solidaritätszuschlags zur Einkommen- und Körperschaftsteuer bis zum Jahr 2007 verfassungsmäßig war; auch nach einer Laufzeit von bis dahin 13 Jahren dient er noch zur Deckung des besonderen Finanzbedarfs des Bundes aus den Kosten der Wiederherstellung der deutschen Einheit. Zu einem dauerhaften Instrument der Steuerumverteilung darf der Solidaritätszuschlag nach Auffassung des Bundesfinanzhofs allerdings nicht werden. Zum Solidaritätszuschlag ist jedoch wieder eine **Verfassungsbeschwerde** beim Bundesverfassungsgericht in Karlsruhe anhängig (Aussetzung des Klageverfahren 7 K 143/08 durch den 7. Senat des Niedersächsischen Finanzgerichts nach Art. 100 Abs. 1 GG und Einholung einer Entscheidung des Bundesverfassungsgerichts darüber, ob die Regelungen im Solidaritätszuschlaggesetz verfassungswidrig sind).

II. Höhe des Solidaritätszuschlags

696 Der Solidaritätszuschlag beträgt grundsätzlich **5,5 %** der im Veranlagungsverfahren festgesetzten Einkommensteuer. Für Stpfl. mit Kindern ist jedoch die Einkommensteuer maßgebend, die unter Berücksichtigung der **Kinderfreibeträge** und der **Freibeträge für den Kinderbetreuungs- und Erziehungs- oder Ausbildungsbedarf** (sog. Bedarfsfreibetrag) festzusetzen wäre. Danach sind diese Freibeträge auch in den Fällen zu berücksichtigen, in denen sie bei der Festsetzung der Einkommensteuer nur deshalb nicht angesetzt werden, weil das Kindergeld für den Stpfl. günstiger ist.

697 Aus sozialen Gründen wird der Solidaritätszuschlag bis zu rund 50 € oder im Splitting-Verfahren bis zu rund 100 € nicht erhoben (sog. **Nullzone**). Deshalb ist der Solidaritätszuschlag von einkommensteuerpflichtigen Personen nur zu erheben, wenn die maßgebende Einkommensteuer **972 €** oder bei Anwendung des Splitting-Verfahrens **1 944 €** übersteigt. Zur Vermeidung eines Fallbeileffekts wird bei höheren Einkommensteuerbeträgen der Solidaritätszuschlag nur insoweit erhoben, als er 20 % des Unterschiedsbetrags zwischen der Bemessungsgrundlage und den maßgebenden Freigrenzen nicht übersteigt.

698 Der Solidaritätszuschlag auf die **Abgeltungsteuer** (→ Rz. 92) beträgt **stets 5,5 %**. Freibeträge für Kinder werden nicht berücksichtigt (→ Rz. 696); die Nullzone und die Milderungsregelung (→ Rz. 697) sind unbeachtlich. Auch bei einer Besteuerung mit **25 % im Veranlagungsverfahren** (§ 32d Abs. 3 und 4 EStG) sind die Nullzone und die Milderungsregelung nicht zu beachten; damit werden in Einzelfällen Schlechterstellungen vermieden.

III. Solidaritätszuschlag und Lohnsteuer

1. Allgemeines

699 Beim Lohnsteuerabzug **bemisst sich** der Solidaritätszuschlag **nach der Lohnsteuer**. Er ist von der Lohnsteuer für den laufenden Arbeitslohn und für sonstige Bezüge sowie von der pauschalen Lohnsteuer jeweils gesondert zu berechnen. Der einbehaltene und der ggf. vom Arbeitgeber übernommene Solidaritätszuschlag ist beim Betriebsstättenfinanzamt **anzumelden** und an dieses **abzuführen** (zur Besonderheit bei einer geringfügigen Beschäftigung → Rz. 704).

2. Berücksichtigung von Kindern

700 Sind beim Lohnsteuerabzug Kinderfreibeträge zu berücksichtigen (= Mitteilung des Lohnsteuerabzugsmerkmals „Zahl der Kinderfreibeträge bei den Steuerklassen I bis IV ..."), berechnet sich der Solidaritätszuschlag nicht nach der tatsächlichen Lohnsteuer. **Bemessungsgrundlage** ist vielmehr eine **fiktive Lohnsteuer**, die sich ergibt, wenn die entsprechenden Freibeträge für Kinder abgezogen werden. Für die Ermittlung der Bemessungsgrundlage für den Solidaritätszuschlag werden dabei aus Vereinfachungsgründen sowohl beim Lohnsteuer-Jahresausgleich des Arbeitgebers als auch im Veranlagungsverfahren immer die ungekürzten Freibeträge für Kinder angesetzt, selbst wenn das Kind nur für einen kürzeren Zeitraum des Jahres berücksichtigt werden kann (z.B. bei Beendigung der Berufsausbildung im Laufe des Jahres oder Geburt eines Kindes im Dezember des Jahres).

3. Milderung des Solidaritätszuschlags

Zur Lohnsteuer des laufenden Arbeitslohns wird ein Solidaritätszuschlag nur erhoben, wenn die Bemessungsgrundlage in Steuerklasse III monatlich **162 €**, wöchentlich **37,80 €** oder täglich **5,40 €** und in den anderen Steuerklassen monatlich **81 €**, wöchentlich **18,90 €** oder täglich **2,70 €** überschreitet. Im Anschluss an diese Nullzone wird in einem Übergangsbereich auf die Erhebung des vollen Satzes von 5,5 % stufenweise übergeleitet (→ Rz. 697). 701

4. Faktorverfahren bei Ehegatten und Lebenspartnern

Bei Anwendung des **Faktorverfahrens bei Ehegatten und Lebenspartnern** (→ Rz. 15 und 325 ff.) ist für die Berechnung des Solidaritätszuschlags beim Steuerabzug die Lohnsteuer zu Grunde zu legen, die sich bei **Anwendung des entsprechenden Faktors** ergibt. Dies gilt für laufenden Arbeitslohn und sonstige Bezüge. Beim laufenden Arbeitslohn ist die Besonderheit in den Fällen des mitgeteilten Lohnsteuerabzugsmerkmals „Zahl der Kinderfreibeträge bei den Steuerklassen I bis IV ..." zu beachten (→ Rz. 700). 702

Bei **maschineller** Berechnung der Lohnsteuer werden die Besonderheiten durch das Lohnsteuerberechnungsprogramm berücksichtigt.

Bei der **manuellen** Berechnung der Lohnsteuer mittels Lohnsteuertabellen ist die Ermittlung des Solidaritätszuschlags mit weiteren Besonderheiten – auch wegen der sog. Nullzone (→ Rz. 697) und der Milderungsregelung (→ Rz. 701) – verbunden. Hier gibt es grds. zwei Möglichkeiten:

Möglichkeit 1

Der Arbeitgeber berechnet den Solidaritätszuschlag mit 5,5 % der um den Faktor geminderten Lohnsteuer. Im Bereich der sog. Nullzone wird bei dieser Methode ein Solidaritätszuschlag erhoben, obwohl eigentlich kein Solidaritätszuschlag zu erheben wäre. In dem Bereich, in dem die Milderungsregelung greift, ist der Solidaritätszuschlag zu hoch, denn diese Methode berücksichtigt die Milderungsregelung nicht.

Beispiel

Für 2014 wurde als Lohnsteuerabzugsmerkmal des sozialversicherungspflichtigen Arbeitnehmers der Faktor 0,875 gebildet. Der monatliche Arbeitslohn beträgt 1 500 €.

Lohnsteuer nach Steuerklasse IV =	94,41 €
× 0,875 (Faktor) =	82,61 €
× 5,5 % (Solidaritätszuschlag) =	4,54 €

Möglichkeit 2

Der Arbeitgeber berechnet den Solidaritätszuschlag, indem er die Lohnsteuer aus der Lohnsteuertabelle heraussucht, die der mittels des Faktors ermittelten Lohnsteuer entspricht oder unmittelbar darüber liegt. Für diese Lohnsteuer liest er sodann den entsprechenden Solidaritätszuschlag ab.

Beispiel:

Für 2014 wurde als Lohnsteuerabzugsmerkmal des sozialversicherungspflichtigen Arbeitnehmers der Faktor 0,875 gebildet. Der monatliche Arbeitslohn beträgt 1 500 €.

Lohnsteuer nach Steuerklasse IV =	94,41 €
× 0,875 (Faktor) =	82,61 €
in der Lohnsteuertabelle abgelesener Solidaritätszuschlag bei einer Lohnsteuer von 82,75 € (unmittelbare Stufe über 82,61 €) =	0,35 €

Man erkennt, dass man sich im Bereich der Milderungsregelung befindet, denn bei einer Lohnsteuer von 82,61 € würde der Solidaritätszuschlag ohne Milderungsregelung 4,54 € betragen (82,61 € x 5,5 %).

Sind bei der Berechnung des Solidaritätszuschlags **Freibeträge für Kinder** zu berücksichtigen (→ Rz. 700), ist die Sache komplizierter. Hier ist in einem ersten Schritt die Bemessungsgrundlage für den Solidaritätszuschlag zu ermitteln. Dies geschieht am besten mittels der abgedruckten Kirchensteuer, weil hier die sog. Nullzone und die Milderungsregelung keine Rolle spielen. In einem zweiten Schritt sucht man die Lohnsteuer aus der Lohnsteuertabelle heraus, die der mittels des Faktors ermittelten Lohnsteuer entspricht oder unmittelbar darüber liegt. Für diese Lohnsteuer liest man sodann den entsprechenden Solidaritätszuschlag ab (allerdings ohne Berücksichtigung der Freibeträge für Kinder).

Beispiel:

Für 2014 wurde als Lohnsteuerabzugsmerkmal des sozialversicherungspflichtigen Arbeitnehmers mit drei Kindern der Faktor 0,875 gebildet. Der monatliche Arbeitslohn beträgt 4 000 €.

Lohnsteuer nach Steuerklasse IV =	749,83 €
× 0,875 (Faktor) =	656,10 €
Kirchensteuer bei einem Arbeitslohn von 4 000 € unter Berücksichtigung von drei Freibeträgen für Kinder bei 9 % =	18,01 €
Bemessungsgrundlage für die Zuschlagsteuern (18,01 €/9 x 100) =	200,11 €
× 0,875 (Faktor) =	175,10 €
in Lohnsteuertabelle abgelesener Solidaritätszuschlag ohne Berücksichtigung von Freibeträgen für Kinder bei einer Lohnsteuer von 175,66 € (unmittelbare Stufe über 175,10 €) =	9,66 €

Es ist davon auszugehen, dass die Finanzverwaltung keine der beiden Methoden beanstandet, weil in keinem Fall ein zu niedriger Solidaritätszuschlag erhoben wird.

5. Lohnsteuer-Pauschalierung/Sonstige Bezüge

703 Von der Lohnsteuer, die pauschal erhoben wird (→ Rz. 604 ff.), ist der Solidaritätszuschlag **gesondert zu berechnen**. Er beträgt in diesen Fällen **stets 5,5 %**, auch wenn der Arbeitslohn im Bereich der Nullzone oder des Übergangsbereichs (→ Rz. 697) liegt. Freibeträge für Kinder dürfen nicht berücksichtigt werden. Auch von der Lohnsteuer für sonstige Bezüge, die unter Berücksichtigung der entsprechenden Jahreslohnsteuer (bei manueller Ermittlung der Lohnsteuer mit Hilfe der Lohnsteuer-Tabelle „Sonstige Bezüge") ermittelt wird, ist der Solidaritätszuschlag stets mit 5,5 % zu erheben.

704 Wenn der Arbeitgeber unter Verzicht auf den Abruf von elektronischen Lohnsteuerabzugsmerkmalen die Lohnsteuer bei pauschal besteuertem Arbeitsentgelt aus einer **geringfügigen Beschäftigung** mit dem **einheitlichen Pauschalsteuersatz** i.H.v. 2 % erhebt (→ Rz. 611 ff.), ist kein zusätzlicher Solidaritätszuschlag zu erheben, weil in dem einheitlichen Pauschsteuersatz der Solidaritätszuschlag bereits mit einem Anteil von 5 % enthalten ist. Die einheitliche Pauschsteuer (inkl. Solidaritätszuschlag) wird beim Arbeitgeber zusammen mit den Sozialversicherungsbeiträgen von der Deutschen Rentenversicherung Knappschaft-Bahn-See eingezogen.

6. Abweichende Lohnzahlungszeiträume

705 Für andere als monatliche oder tägliche Lohnzahlungszeiträume ist die Lohnsteuer bei manueller Berechnung unter Anwendung der Lohnsteuer-Tabelle „Tag" zu berechnen. Für den Tageslohnsteuerbetrag ist der Solidaritätszuschlag abzulesen und sodann mit der Zahl der in den abweichenden Lohnzahlungszeitraum fallenden Kalendertage zu vervielfältigen.

7. Nettolohnvereinbarung

Übernimmt der Arbeitgeber bei der Nettolohnvereinbarung 706 (→ Rz. 440 ff.) neben der Lohnsteuer auch den Solidaritätszuschlag, ist die Lohnsteuer **aus dem Bruttoarbeitslohn zu berechnen**, der nach Abzug der Lohnsteuerabzüge einschließlich des Solidaritätszuschlags den ausgezahlten Nettobetrag ergibt. Bezieht sich eine Nettolohnvereinbarung auf die vor dem 1.1.1995 geltenden Lohnabzüge und wird der Solidaritätszuschlag vom Arbeitgeber nicht nachträglich übernommen, so bleibt dieser bei der Berechnung des Bruttoarbeitslohns außer Betracht. Der zur Lohnsteuer zu entrichtende Solidaritätszuschlag muss in diesem Fall den Nettolohn entsprechend mindern.

8. Änderung des Lohnsteuerabzugs

Macht der Arbeitgeber von seiner Berechtigung zur Ände- 707 rung des Lohnsteuerabzugs **Gebrauch** oder ist er dazu **verpflichtet** (→ Rz. 367 ff.), ist auch der **Solidaritätszuschlag neu zu ermitteln**. Unterschiedsbeträge zum bisher erhobenen Solidaritätszuschlag sind zu erstatten oder nachzuerheben.

Macht der Arbeitgeber von seiner Berechtigung zur Änderung des Lohnsteuerabzugs **keinen Gebrauch**, ist er verpflichtet, seinem Betriebsstättenfinanzamt eine **Anzeige** zu erstatten. Das Finanzamt **fordert** dann einen zu wenig erhobenen **Solidaritätszuschlag** vom Arbeitnehmer **nach**, wenn der nachzufordernde Betrag 10 € übersteigt.

9. Nachzahlungen und Vorauszahlungen von Arbeitslohn

Nachzahlungen oder Vorauszahlungen von Arbeitslohn ge- 708 hören **zum laufenden Arbeitslohn**, wenn sich der Gesamtbetrag der Nachzahlung oder Vorauszahlung ausschließlich auf Lohnzahlungszeiträume bezieht, die in dem Kalenderjahr der Zahlung enden. In diesen Fällen ist die Nachzahlung oder Vorauszahlung für die Berechnung der Lohnsteuer auf die Lohnzahlungszeiträume zu verteilen, für die sie geleistet werden. Die Lohnsteuer und der Solidaritätszuschlag für diese Lohnzahlungszeiträume sind neu zu berechnen.

Gehören Nachzahlungen oder Vorauszahlungen von Arbeitslohn **zu den sonstigen Bezügen**, weil sie ganz oder teilweise ein anderes Kalenderjahr betreffen, gehört die zu erhebende Lohnsteuer **zur Bemessungsgrundlage für den mit 5,5 % zu erhebenden Solidaritätszuschlag**. Dasselbe gilt, wenn Nachzahlungen oder Vorauszahlungen von Arbeitslohn zur Ermittlung der Lohnsteuer ohne Widerspruch des Arbeitnehmers als sonstige Bezüge behandelt werden, obwohl es sich dem Grunde nach um laufenden Arbeitslohn handelt.

10. Lohnsteuer-Jahresausgleich durch den Arbeitgeber

Wenn der Arbeitgeber für den Arbeitnehmer einen Lohn- 709 steuer-Jahresausgleich durchführt (→ Rz. 680 ff.), ist **auch für den Solidaritätszuschlag** ein Jahresausgleich vorzunehmen. **Bemessungsgrundlage** für den Solidaritätszuschlag ist die im Jahresausgleich festgestellte Jahreslohnsteuer. Dabei gelten sowohl eine **Nullzone** (→ Rz. 697) **als auch** eine

Überleitungsregelung, nach der der Solidaritätszuschlag stufenweise auf 5,5 % der Jahreslohnsteuer angehoben wird (→ Rz. 701). Ist die festgestellte Jahreslohnsteuer in der Steuerklasse III nicht höher als 1 944 € und in den übrigen Steuerklassen nicht höher als 972 €, beträgt der Solidaritätszuschlag 0 €. Übersteigt die Summe der einbehaltenen Solidaritätszuschläge den im Jahresausgleich errechneten Solidaritätszuschlag, ist der **Unterschiedsbetrag** dem Arbeitnehmer vom Arbeitgeber **zu erstatten**. Ist dagegen der im Jahresausgleich errechnete Solidaritätszuschlag höher als die Summe der einbehaltenen Solidaritätszuschlagsbeträge, ist der Unterschiedsbetrag vom Arbeitgeber **nicht nachträglich einzubehalten**. Die nachträgliche Einbehaltung des Unterschiedsbetrags durch den Arbeitgeber kommt nur in den Fällen einer Änderung des Lohnsteuerabzugs in Betracht.

11. Permanenter Lohnsteuer-Jahresausgleich

710 Das Betriebsstättenfinanzamt kann allgemein oder auf Antrag des Arbeitgebers zulassen, dass die Lohnsteuer nach dem **voraussichtlichen Jahresarbeitslohn** des Arbeitnehmers ermittelt wird (permanenter Lohnsteuer-Jahresausgleich, → Rz. 692). Die nach diesem Verfahren für den laufenden Arbeitslohn eines Lohnzahlungszeitraums ermittelte Lohnsteuer ist **auch Bemessungsgrundlage für den Solidaritätszuschlag**, wobei ebenfalls die Nullzone (→ Rz. 697) und die Überleitungsregelung (→ Rz. 701) gelten.

12. Aufzeichnung und Bescheinigung des Solidaritätszuschlags

Der Solidaritätszuschlag ist im **Lohnkonto** gesondert einzutragen und in der elektronischen **Lohnsteuerbescheinigung** gesondert neben der Lohnsteuer und ggf. der Kirchensteuer zu bescheinigen. 711

Soweit der Arbeitgeber nicht zur elektronischen Übermittlung der Lohnsteuerbescheinigung verpflichtet ist, hat er den Solidaritätszuschlag auf einer vom Finanzamt ausgestellten **Bescheinigung für den Lohnsteuerabzug** zu bescheinigen. Er hat dem Arbeitnehmer diese Bescheinigung auszuhändigen. Dass der Arbeitnehmer zur Einkommensteuer veranlagt wird, ist hierfür nicht Voraussetzung. Nicht ausgehändigte Bescheinigungen für den Lohnsteuerabzug mit Lohnsteuerbescheinigungen hat der Arbeitgeber dem Betriebsstättenfinanzamt einzureichen.

Der Solidaritätszuschlag ist auf der **Besonderen Lohnsteuerbescheinigung** zu bescheinigen, wenn der Arbeitgeber keine maschinelle Lohnabrechnung durchführt, ausschließlich Arbeitnehmer im Rahmen einer geringfügigen Beschäftigung in seinem Privathaushalt beschäftigt und keine elektronische Lohnsteuerbescheinigung erteilt. Der Arbeitgeber hat dem Arbeitnehmer die Besondere Lohnsteuerbescheinigung auszuhändigen. Dass der Arbeitnehmer zur Einkommensteuer veranlagt wird, ist hierfür nicht Voraussetzung.

E. Kirchensteuer

I. Einführung

712 Kirchensteuer sind die Geldleistungen, die von den als Körperschaft des öffentlichen Rechts anerkannten Religionsgemeinschaften auf Grund der bürgerlichen Steuerlisten zur Finanzierung kirchlicher Aufgaben nach Maßgabe landesrechtlicher Bestimmungen von ihren Mitgliedern erhoben werden können (Art. 140 GG i.V.m. Art. 137 Abs. 6 WRV). Sie sind echte Steuern i.S.d. Abgabenordnung (§ 3 AO). Die wichtigste Form ist die als Zuschlag zur Lohn-, Einkommen- und Kapitalertragsteuer.

II. Schuldner und Gläubiger der Kirchensteuer

1. Schuldner der Kirchensteuer

713 Schuldner der Kirchensteuer ist das Kirchenmitglied mit Wohnsitz bzw. gewöhnlichem Aufenthalt (§§ 8 f. AO) im Gebiet einer steuererhebenden Religionsgemeinschaft.

Kirchensteuerpflichtig sind in der Bundesrepublik Deutschland nur natürliche, unbeschränkt steuerpflichtige, einer steuererhebenden Religionsgemeinschaft angehörende Personen. Ausländer sind kirchensteuerpflichtig, wenn sie in der Bundesrepublik ihren Wohnsitz (§§ 8 f. AO) haben und sie einer steuererhebenden Kirche angehören, gleichgültig, ob in ihrem Heimatland Kirchensteuer erhoben wird oder nicht. Deutsche Auslandsbeamte sind – trotz unbeschränkter Steuerpflicht – nicht kirchensteuerpflichtig, sofern sie ihren einzigen Wohnsitz im Ausland haben.

2. Gläubiger der Kirchensteuer

Gläubiger der Kirchensteuer ist diejenige Religionsgemeinschaft, in deren Gebiet das Kirchenmitglied seinen Wohnsitz (§§ 8 f. AO) hat (→ Rz. 734, 737). 714

3. Kirchensteuerhebesatz

Die Kirchensteuer wird als Zuschlag zur Einkommen-, Lohn- und Kapitalertragsteuer mit folgendem **Hebesatz** erhoben: 715

- in Baden-Württemberg und Bayern 8 %;
- in den übrigen Bundesländern 9 %.

4. Korrekturen der Bemessungsgrundlage für die Berechnung der Kirchensteuer

Die Kirchensteuer wird bei zwei Fallgestaltungen abweichend berechnet. Sind Kinder vorhanden und/oder hat der Stpfl. Einkünfte i.S.v. § 3 Nr. 40 EStG (Teileinkünfte) bzw. solche aus Gewerbebetrieb (§ 35 EStG), wird die Bemessungsgrundlage korrigiert (§ 51a Abs. 2, 2a EStG). 716

a) Berücksichtigung von Kindern

Abweichend vom staatlichen Recht (vgl. § 31 EStG) werden für Zwecke der Berechnung der Kirchensteuer immer die Freibeträge nach § 32 Abs. 6 EStG mindernd berücksichtigt, selbst dann, wenn nach staatlichem Recht nur Kindergeld gezahlt wird (§ 51a Abs. 2, 2a EStG). Die Freibeträge (pro 0,5 Kind: Kinderfreibetrag: 2 184 €, Betreuungs-, Erzie- 717 hungs-, Ausbildungsfreibetrag: 1 320 €) sind in die Tabellen eingearbeitet.

Beispiel: Berechnung Kirchensteuer bei zwei Kindern

Zu versteuerndes Einkommen in €	35 000 €
Kinderfreibetrag nach § 32 Abs. 6 Satz 1 1. Hs. EStG (2 × 4 368 €)	./. 8 736 €
Freibetrag nach § 32 Abs. 6 Satz 1 2. Hs. EStG (2 × 2 640 €)	./. 5 280 €
Zu versteuerndes Einkommen (fiktiv)	20 984 €
Einkommensteuer (Splittingtabelle; fiktiv)	686 €
Kirchensteuer 9 %	61,20 €
ohne die Berücksichtigung der Kinder hätte die Kirchensteuer betragen:	355,86 €

b) Teileinkünfteverfahren und Anrechnung des Gewerbesteuermessbetrags

718 Im Rahmen der Veranlagung zur Einkommensteuer wird die Bemessungsgrundlage für die Berechnung der Kirchensteuer um die steuerfreien Teileinkünfte nach § 3 Nr. 40 EStG korrigiert (Hinzu- bzw. Abrechnung). Einzelheiten s. BVerwG-Urteil v. 20.8.2008, 9 C 9.07, HFR 2009, 193; BFH-Urteil v. 1.7.2009, I R 76/08, BStBl II 2010, 1061; BFH-Beschluss v. 15.9.2011, I R 53/10, HFR 2012, 71; vgl. Homburg, Das Halbeinkünfteverfahren und die Kirchensteuer, FR 2008, 153 ff.; ders., Neues zur Kirchensteuer, DStR 2009, 2179 passim; Petersen in K/S/M, § 51a Rz. C 9 ff.; ders., Kirchensteuer kompakt, S. 103 ff.

Der Gewerbesteuermessbetrag (§ 35 EStG) wird nicht angerechnet (Einzelheiten s. Petersen in K/S/M, § 51a Rz. C 51; ders., Kirchensteuer kompakt, S. 108).

§ 51a EStG wird auch bei der Berechnung der Mindestbetrags-Kirchensteuer (→ Rz. 720), bei der Kappung (→ Rz. 719), bei der Kirchensteuer in glaubensverschiedener (→ Rz. 729) und bei der Bemessungsgrundlage für das Kirchgeld in glaubensverschiedener Ehe (→ Rz. 729) berücksichtigt.

5. Begrenzung der Kirchensteuer (sog. Kappung)

719 Die Kirchensteuer beträgt 8 % oder 9 % der Einkommensteuer, jedoch nicht mehr als einen gewissen Prozentsatz (2,75 % bis 4 %) des – auf den vollen Euro-Betrag abgerundeten – zu versteuernden Einkommens. Die Kirchensteuer wird in diesen Fällen nicht auf Grund der Bemessungsgrundlage „Steuerschuld", sondern vom „zu versteuernden Einkommen" berechnet.

Bundesland	**KiSt-Satz** in % der Steuer	**Kappung** in % des zu versteuernden Einkommens	**Berücksichtigung**
Baden-Württemberg[1]	8	2,75 bzw. 3,5	auf Antrag
Bayern	8	–	keine Kappung
Berlin	9	3	VAw (von Amts wegen)
Brandenburg	9	3	VAw
Bremen	9	3,5	VAw
Hamburg[2]	9	3	VAw
Hessen[3]	9	3,5 bzw. 4	auf Antrag
Mecklenburg-Vorpommern	9	3	VAw
Niedersachsen[4]	9	3,5	VAw
Nordrhein-Westfalen[3]	9	3,5 bzw. 4	auf Antrag
Rheinland-Pfalz[3]	9	3,5 bzw. 4	auf Antrag
Saarland[3]	9	3,5 bzw. 4	auf Antrag
Sachsen	9	3,5	VAw
Sachsen-Anhalt	9	3,5	VAw
Schleswig-Holstein	9	3	VAw
Thüringen	9	3,5	VAw

1) Ev. Kirche Württemberg 2,75 %; Ev. Kirche Baden und kath. Diözesen 3,5 %.
2) Ev.-luth. Kirche in Norddeutschland (Nordkirche; ehemals Nordelbische Ev.-Luth Kirche): auch für die im Land Niedersachsen liegenden Gebietsteile.
3) Nur ev. Kirchen in diesen Bundesländern; kath. Diözesen 4 %.
4) Ev.-luth. Landeskirche Hannover: auch für die im Land Hamburg liegenden Gebietsteile.

Beispiel:

	2014
zu versteuerndes Einkommen	150 000 €
Einkommensteuer (Grundtabelle)	54 764 €
Kirchensteuer 9 %	4 928,76 €
Kirchensteuer bei Kappung 3 % des zvE	4 500 €
Kappungsvorteil	428,76 €

Beispiel: Beginn der Kappung bei einem zu versteuernden Einkommen von:

KiSt-Satz in %	Kappungssatz in % des zvE	Grundtabelle €	Splittingtabelle €
8	2,75	108 058	216 116
8	3,5	1 260 913	2 521 826
9	3	95 070	190 140
9	3,5	257 913	515 826
9	4	2 837 061	5 674 122

Je anzurechnendes Kind erhöht sich die Grenze um 3 504 € (0,5 Kind) bzw. 7 008 € (1,0 Kind).

Die Erlassanträge sind zu stellen an: Ev. Kirche von Westfalen bei den Kreiskirchenämtern, Ev. Kirche im Rheinland bei der Gemeinsamen Kirchensteuerstelle beim Landeskirchenamt, übrige Landeskirchen beim Landeskirchenamt; Kath. Kirche bei den Diözesen bzw. Generalvikariaten; andere Religionsgemeinschaften bei den Geschäftsstellen bzw. Gemeinden.

Die Kappungsmöglichkeit ist zwar auch bei einem auf das zu versteuernde Einkommen umgerechneten Monatslohn/-gehalt möglich. Da jedoch eine monatsweise Berücksichtigung der Kappung eine Nacherhebung auf die Jahreskirchensteuer nicht ausschließt, sollte sie beim monatlichen Kirchensteuerabzug unbeachtet bleiben. Die Kappung kommt bei der Kirchensteuer als Zuschlag zur Kapitalertragsteuer nicht zur Anwendung.

6. Mindestbetrags-Kirchensteuer

Mindestbetrags-Kirchensteuer wird erhoben, wenn unter 720
Beachtung von § 51a EStG auch Einkommensteuer festzusetzen oder Lohnsteuer einzubehalten ist (bzw. wäre), 8 % bzw. 9 % hiervon aber einen niedrigeren Betrag ergeben würde als den jeweils geltenden Mindestbetrag. Auf Kirchensteuer als Zuschlag zur Kapitalertragsteuer wird die Mindestbetrags-Kirchensteuer nicht erhoben.

Die Mindestbetrags-Kirchensteuer wird von den Kirchen in folgenden Bundesländern erhoben:

- Hamburg;
- Hessen;

- Mecklenburg-Vorpommern;[1]
- Sachsen;[2]
- Sachsen-Anhalt;[2]
- Schleswig-Holstein;
- Thüringen.[2]

1) Nur Erzbistum Hamburg und Erzbistum Berlin im Land Mecklenburg-Vorpommern
2) Nur ev. Kirche

In den übrigen Ländern bemisst sich die Kirchensteuer nach dem normalen Hebesatz. Übersicht über die Mindestbeträge → Rz. 741. Es steht zu erwarten, dass die Mindestbetrags-Kirchensteuer zum 1.1.2015 abgeschafft wird.

7. Kirchensteuer bei Lohnsteuerpauschalierung, einheitliche Pauschsteuer

721 Wird die Lohnsteuer pauschal erhoben (§§ 37a, 37b, 40, 40a Abs. 1, 2a und 3, 40b EStG, → Rz. 722), gilt dies auch für die Kirchensteuer. Schuldner ist in jedem Fall der Arbeitgeber. Da persönliche Besteuerungsmerkmale des Arbeitnehmers durch die Typik des Verfahrens nicht berücksichtigt werden können, wird gegenüber dem allgemeinen Hebesatz ein niedriger Steuersatz angewandt. Der geringere Steuersatz berücksichtigt, dass nicht alle Arbeitnehmer, für die der Arbeitgeber die Pauschalierung wählt, kirchensteuerpflichtig sind (vereinfachtes Verfahren). Der Arbeitgeber kann aber die Erhebung der Kirchensteuer in bestimmten Fällen durch Nachweis der Nichtzugehörigkeit vermeiden (Nachweisverfahren).

Der Arbeitgeber hat also zwei Möglichkeiten Kirchensteuer auf pauschale Lohnsteuer zu erheben, das vereinfachte Verfahren und das Nachweisverfahren (s. gleich lautende Ländererlasse v. 23.10.2012, BStBl I 2012, 1083 und v. 28.12.2006, BStBl I 2007, 76; R 41.1 Abs. 4 LStR 2013).

722 Beim **vereinfachten Verfahren** wird die Kirchensteuer bei pauschaler Lohnsteuer in einer Summe gesondert in der Lohnsteueranmeldung erfasst (Kennzahl 47 des Vordrucks) (Muster für die LSt-Anmeldung 2014, BStBl I 2013, 997).

Bundesland	**Pausch KiLSt in % vereinfachtes Verfahren**
Baden-Württemberg	6
Bayern	7
Berlin	5
Brandenburg	5
Bremen (Bremerhaven)	7
Hamburg	4
Hessen	7
Mecklenburg-Vorpommern	5
Niedersachsen	6
Nordrhein-Westfalen	7
Rheinland-Pfalz	7
Saarland	7
Sachsen	5
Sachsen-Anhalt	5
Schleswig-Holstein	6
Thüringen	5

Beim **Nachweisverfahren** kann er von der Erhebung der Kirchensteuer für diejenigen Arbeitnehmer absehen, die nachgewiesenermaßen keiner steuererhebenden Religionsgemeinschaft angehören. Als Beleg für die Nichtzugehörigkeit zu einer steuererhebenden Religionsgemeinschaft dienen in den Fällen des § 40 und § 40b EStG grundsätzlich die vom Arbeitgeber beim Bundeszentralamt für Steuern abgerufenen elektronischen Lohnsteuerabzugsmerkmale (ELStAM; §§ 39, 39e EStG) oder ein Vermerk des Arbeitgebers, dass der Arbeitnehmer seine Nichtzugehörigkeit zu einer steuererhebenden Religionsgemeinschaft mit der vom Finanzamt ersatzweise ausgestellten Bescheinigung für den Lohnsteuerabzug (§ 39 Abs. 3 EStG) nachgewiesen hat. Liegen dem Arbeitgeber diese amtlichen Nachweise nicht vor, bedarf es zumindest einer schriftlichen Erklärung des Arbeitnehmers nach amtlich vorgeschriebenen Muster; in den Fällen des § 40a Abs. 1, 2a und 3 EStG genügt als Nachweis eine Erklärung nach amtlich vorgeschriebenen Muster (s. Ziff. 2b gleich lautende Ländererlasse v. 23.10.2012, BStBl I 2012, 1083; in den Fällen der Pauschalierung nach § 40a Abs. 1, 2a und 3 EStG genügt als Nachweis eine Erklärung nach dem vorgeschriebenen Muster. Für die übrigen Arbeitnehmer ist die Kirchensteuer mit dem normalen Hebesatz (8 % oder 9 %) zu erheben, wobei § 51a EStG keine Anwendung findet.

Die Kirchensteuer wird getrennt nach Konfessionen abgeführt.

Der Arbeitgeber kann bei den sog. Minijobs die Besteuerung mittels einer **einheitlichen Pauschsteuer** durchführen. Nach § 40a Abs. 2 EStG kann der Arbeitgeber bei den sog. Minijobs (§§ 8 Abs. 1 Nr. 1, 8a SGB IV) unter Verzicht auf den Abruf von elektronischen Lohnsteuerabzugsmerkmalen oder die Vorlage einer Bescheinigung für den Lohnsteuerabzug die Lohnsteuer einschließlich Solidaritätszuschlag und Kirchensteuer (einheitliche Pauschsteuer) mit einem einheitlichen Pauschsteuersatz i.H.v. 2 % des Arbeitsentgelts erheben. Dies gilt auch, wenn der Arbeitnehmer keiner kirchensteuererhebenden Religionsgemeinschaft angehört. Für die Erhebung der einheitlichen Pauschsteuer nach § 40a Abs. 2 EStG ist die Deutsche Rentenversicherung Knappschaft-Bahn-See/Verwaltungsstelle Cottbus zuständig (§ 40a Abs. 6 EStG). 723

Auf diese Form der vom Bundesgesetzgeber beschlossenen (zusammengefassten) Steuer sind die vorgenannten Ausführungen zur Erhebung der Kirchensteuer bei Pauschalierung der Lohnsteuer nicht anzuwenden. Es handelt sich um eine staatliche Steuer mit gesetzlicher Verwendungsbestimmung.

8. Kirchensteuer nach dem Lohnsteuer-Faktorverfahren

Wird die Lohnsteuer auf Antrag der Ehegatten nach dem Faktorverfahren (§ 39f EStG) berechnet, bemisst sich die Kirchensteuer nach der in diesem Verfahren berechneten Lohnsteuer (§ 51a Abs. 2a Satz 3 EStG). 724

Beispiel:

Arbeitnehmer, Ehegatte 1, ev: 30 000 €, Lohnsteuerklasse IV: 4 005 €; Ehegatte 2, ev: 10 000 €, Lohnsteuerklasse IV: 0 €, Gesamtsteuer IV/IV: 4 005 € (X)

Gesamtsteuer nach Splittingverfahren: 3 800 € (Y) (wird vom Finanzamt ermittelt).

Faktor = Y/X = 3 800 €/4 005 € = 0,948. Der Faktor wird auf den Lohnsteuerkarten der Ehegatten jeweils neben Steuerklasse IV vom Finanzamt eingetragen.

	Bemessungs-grundlage	LSt × Faktor	Lohn-steuer	Kirchen-steuer 9 %
Ehegatte 1	30 000	4 005 × 0,948	3 796,74	341,70
Ehegatte 2	10 000	0 × 0,948	0,00	0,00

9. Kirchensteuer auf Kapitalertragsteuer (Abgeltungsteuer)

725 Die Kirchensteuer auf Kapitalertragsteuer für im Privatvermögen erzielte Kapitalerträge beträgt für Kirchensteuerpflichtige mit Wohnsitz in Bayern oder Baden-Württemberg höchstens 8 % und in den übrigen Bundesländern 9 % von (maximal) 25 % Kapitalertragsteuer; der Steuerabzug hat abgeltende Wirkung. Die Wirkung des Sonderausgabenabzugs ist bei der Berechnung der Kirchensteuer gleich berücksichtigt.

Beispiel vereinfacht		ESt gem. § 32a Abs. 5	2014
Kapitalerträge	100 000		
Einkommensteuer		25 560	
Kapitalertragsteuer 25 %[1])			24 450
Kirchensteuer 9 %		2 300,40	2 200

1) 24,45 % durch Sonderausgabenabzugswirkung

Sofern der persönliche Steuersatz unter 25 % liegt, erhält der Stpfl. im Rahmen der Veranlagung zu viel einbehaltene Kirchensteuer erstattet. Die bisher mögliche Steuerfreistellung von Kapitalerträgen (z.B. Sparer-Pauschbetrag, NV-Bescheinigung) bleibt erhalten.

Beispiel vereinfacht Günstigerprüfung		KapESt 25 %	ESt unter 25 %
Kapitalerträge	25 000		
Kapitalertragsteuer 25 %[1)]		6 112	
Kirchensteuer 9 %		550	
Einkommensteuer			4 039
Kirchensteuer 9 %			363,51
Erstattung Kirchensteuer			186,49

1) 24,45 % durch Sonderausgabenabzugswirkung

Beispiel vereinfacht Sparerpauschbetrag		KapESt 25 %
Kapitalerträge	750	
Sparerpauschbetrag	./. 810	
Verbleibt	0	
KapESt		0
Kirchensteuer		0

Für den Einbehalt der Kirchensteuer teilt das Kirchenmitglied der die Kapitalerträge auszahlenden Stelle, i.d.R. seiner Bank (Abzugsverpflichteter), seine Religionszugehörigkeit mit und die Bank behält die Kirchensteuer ein. Die Bank hält entsprechende Vordrucke bereit bzw. sendet sie dem Kunden zu. Maßgebend für den Einbehalt ist die Kenntnis der Bank von der Religionszugehörigkeit im Zeitpunkt des Zuflusses der Kapitalerträge. Die Regelungen der Mindestbetrags-Kirchensteuer und der Zwölftelung gelten hierfür nicht. Teilt das Kirchenmitglied gegenüber seiner Bank die Religionszugehörigkeit nicht mit, dann müssen die Kapitalerträge zur Festsetzung der Kirchensteuer erklärt werden. Dies geschieht im Rahmen einer isolierten Kirchensteuerveranlagung (§ 51a Abs. 2d EStG) oder bei der Einkommensteuerveranlagung (§ 32d Abs. 3, 4, 6 EStG).

Bei einem Wechsel der Religionszugehörigkeit ist dies der Bank anzuzeigen oder die Veranlagung zu wählen.

Ehegatten erklären gemeinschaftlich ihre Religionszugehörigkeit gegenüber der auszahlenden Stelle und den Anteil, mit dem sie an den gemeinschaftlichen Kapitaleinkünften beteiligt sind. Machen sie keine Angaben, wird ein hälftiger Anteil unterstellt.

Bei Personenmehrheiten (außer Ehegatten) wird die Kirchensteuer durch die auszahlende Stelle nur einbehalten, wenn alle Personen derselben Religionsgemeinschaft angehören; i.Ü. ist die Veranlagung durchzuführen.

Bei thesaurierenden Fonds ist ab 1.7.2011 durch das OGAW-IV-Umsetzungsgesetz (Art. 9 § 7 OGAW-IV-UmsG v. 25.6.2011, BGBl. I 2011, 1126) die Erhebung der Kapitalertragsteuer und damit auch die der Kirchensteuer auf die Kreditwirtschaft verlagert worden.

Zu den steuererhebenden Religionsgemeinschaften, die den Einbehalt der Kirchensteuer als Zuschlag zur Kapitalertragsteuer bei der Finanzverwaltung beantragt haben, vgl. z.B. Bekanntmachung über die Kirchensteuerbeschlüsse im Land Baden-Württemberg für das Kalenderjahr 2013 v. 29.4.2013, BStBl I 2013, 172; Bekanntmachung der Religionsgemeinschaften, für die Kirchensteuer (Kultussteuer) als Zuschlag zur Kapitalertragsteuer erhoben wird, v. 28.2.2011, ABl. Bbg. S. 528.

Zum 1.1.2015 werden den auszahlenden Stellen (Abzugsverpflichteten) auf der technischen Basis des elektronischen Lohnsteueranmeldeverfahrens (§ 39e EStG; ELStAM) das verkennzifferte Religionsmerkmal (z.B. für Ev.-Luth. Landeskirche Hannover nicht „lt" sondern „08") und der Kirchensteuer-Hebesatz unter Beachtung des Datenschutzes anonymisiert übermittelt (Abrufverfahren). Die Abzugsverpflichteten behalten nach den abgerufenen Merkmalen die Kirchensteuer ein und führen sie an die Religionsgemeinschaft ab, der der Stpfl. angehört. Bei Gemeinschaftskonten von Ehegatten wird ein hälftiger Anteil an den Kapitaleinkünften unterstellt. Einen abweichenden Anteil müssen sie i.R.d. Veranlagung erklären. Bei Konten von anderen Personenmehrheiten wird die Kirchensteuer nur i.R.d. Veranlagung erhoben.

Der Steuerpflichtige kann der Übermittlung seiner Religionszugehörigkeit an den Abzugsverpflichteten widersprechen (Sperrvermerk nach amtlichen Vordruck; s. auch: http://www.ekd.de/kirchenfinanzen/assets/kirchensteuer_kapitalinfoblatt_ertragsteuer.pdf), muss seine Kirchensteuer dann aber i.R.d. Veranlagung erklären. Für Stpfl., die keiner steuererhebenden Religionsgemeinschaft angehören, wird dem Abzugsverpflichteten ein neutraler Merker (0-Merker) geliefert.

Die Veranlagungsoption bei einem persönlichen Steuersatz unter 25 % bleibt erhalten.

Die rechtlichen Voraussetzungen sind durch das Gesetz zur Umsetzung der Beitreibungsrichtlinie sowie zur Änderung steuerlicher Vorschriften (v. 7.12.2011, BGBl. I 2011, 2592; BStBl I 2011, 1171), ergänzt durch das Gesetz zur Umsetzung der Amtshilferichtlinie sowie zur Änderung steuerlicher Vorschriften (v. 26.6.2013, BGBl. I 2013, 1809; BStBl I 2013, 802) geschaffen worden und werden in die Kirchensteuergesetze der Länder übernommen werden (weitere Einzelheiten s. Petersen in K/S/M, § 51a Rz. C 171 ff; ders., Kirchensteuer kompakt, S. 45 ff.; ders., Die Einbindung der Erhebung der Kirchensteuer als Zuschlag zur Kapitalertragsteuer in die Philosophie der Abgeltungsteuer – § 51a Abs. 2c und e EStG i.d.F. des BeitreibungsRL-Umsetzungsgesetzes, npor 2012, 108; ders., Die Einbindung der Erhebung der Kirchensteuer als Zuschlag zur Kapitalertragsteuer in die Philosophie der Abgeltungsteuer (2) – § 51a Abs. 2c und e EStG i.d.F. des Gesetzes zur Umsetzung der Amtshilferichtlinie sowie zur Änderung steuerlicher Vorschriften, npor 2013, 125. Vgl. auch BFH v. 18.1.2012, II R 49/10, DStR 2012, 283).

III. Besteuerung der Ehegatten/ eingetragenen Lebenspartnerschaften

726 Die Kirchensteuer knüpft an die persönliche Kirchenmitgliedschaft des Ehegatten an (Grundsatz der Individualbesteuerung). Bei verheirateten Arbeitnehmern ist daher zu unterscheiden:

727 In einer **konfessionsgleichen Ehe** gehören beide Ehegatten derselben steuererhebenden Religionsgemeinschaft an. Bei Zusammenveranlagung zur Einkommensteuer errechnet sich die Kirchensteuer aus der gemeinsam ermittelten Bemessungsgrundlage. Bei getrennter Veranlagung oder bei der gesonderten Veranlagung im Jahr der Eheschließung wird die Kirchensteuer aus der Einkommensteuerschuld eines jeden Ehegatten errechnet.

728 Bei einer **konfessionsverschiedenen Ehe** gehören die Ehegatten verschiedenen im betreffenden Bundesland steuererhebenden Religionsgemeinschaften an (z.B. ev/rk). Bei gemeinsamer Veranlagung werden sie auch gemeinsam zur Kirchensteuer herangezogen. Die Kirchensteuer wird für jeden Ehegatten berechnet und hälftig auf die Religionsgemeinschaften aufgeteilt (Halbteilungsgrundsatz) und an sie abgeführt. In Bayern wird von diesem Halbteilungsgrundsatz abgewichen, indem die volle Kirchensteuer des Stpfl. für die Religionsgemeinschaft einbehalten wird, der er angehört. Für Bremen und Niedersachsen gilt dies nur beim Einbehalt der Kirchenlohnsteuer. Die Ehegatten sind Gesamtschuldner der Kirchensteuer.

Beispiel Veranlagung:

Ehepaar, wohnhaft in Hamburg, Ehegatte 1 röm.-katholisch, Ehegatte 2 evangelisch. Gemeinsame Einkommensteuer (= Bemessungsgrundlage 8 500 €); rk Kirchensteuer Ehegatte 1 9 % aus (1/2 von 8 500 €) 4 250 € = 382,50 €; ev. Kirchensteuer Ehegatte 2 9 % aus (1/2 von 8 500 €) 4 250 € = 382,50 €.

Beispiel Lohnsteuerabzug:

Wohnort Hamburg	Ehegatte 1 rk		Ehegatte 2 ev	
Lohnsteuerklasse	III		V	
Bruttomonatslohn	4 500 €		2 500 €	
Lohnsteuer	583,66 €		600,50 €	
Kirchensteuer 9 %	52,52 €		54,04 €	
hälftiger Betrag	26,26 €		27,02 €	
Arbeitgeber führt ab	rk	ev	rk	ev
	26,26 €	26,26 €	27,02 €	27,02 €

Wohnort Bayern	Ehegatte 1 rk		Ehegatte 2 ev	
Lohnsteuerklasse	III		V	
Bruttomonatslohn	4 500 €		2 500 €	
Lohnsteuer	583,66 €		600,50 €	
Kirchensteuer 8 %	46,69 €		48,04 €	
Arbeitgeber führt ab	rk	ev	rk	ev
	46,69 €	–	–	48,04 €

729 Gehört nur ein Ehegatte einer in dem betreffenden Bundesland steuererhebenden Kirche an, der andere Ehegatte dagegen nicht, liegt eine **glaubensverschiedene Ehe** vor. Die monatliche Kirchenlohnsteuer wird nach den allgemeinen Grundsätzen vom Kirchensteuerpflichtigen einbehalten.

Im Rahmen der Veranlagung wird zur Feststellung des Kirchensteueranteils (im Beispiel Nr. 1) des kirchenangehörenden Ehemannes die Einkommensteuer beider Ehegatten (im Beispiel Nr. 2) im Verhältnis der Einkommensteuerbeträge aufgeteilt, die sich nach der Grundtabelle auf die Einkünfte eines jeden Ehegatten ergeben würde (im Beispiel Nr. 3).

		Ehemann	Ehefrau	Gesamt
	Gesamtbetrag der Einkünfte[1])	35 000 €	11 000 €	46 000 €
3	ESt lt. Grundtabelle	7 200 €	440 €	
3	Anteil daran	94,2 %	5,8 %	
	./. div. Hinzu-/Abzugsbeträge[2])			7 008 €
	Einkommen/zu versteuerndes Einkommen			38 992 €
2	ESt lt. Splittingtabelle = Bemessungsgrundlage für KiSt			5 004 €
1	Anteil Ehemann 94,2 % =	4 713,77 €		
1	KiSt Ehemann davon 9 % =	290,23 €		

1) Unter Berücksichtigung von Korrekturen wegen des Halb- bzw. Teileinkünfteverfahrens.
2) Im Beispiel Kinderfreibetrag nach § 32 Abs. 6 EStG für ein Kind.

Auch bei der Berechnung der Kirchensteuer in glaubensverschiedener Ehe werden die Freibeträge des § 32 Abs. 6 Satz 1 EStG berücksichtigt. Da die gemeinsame Einkommensteuer auf die Ehegatten nach deren Leistungsfähigkeit aufzuteilen ist, werden im Rahmen der Ermittlung der Anteile die dem Halb- bzw. Teileinkünfteverfahren unterworfenen Einkünfte bei den Ehegatten korrigiert. § 51a Abs. 2 Satz 2 EStG ist bei der Ermittlung der Einkünfte eines jeden Ehegatten entsprechend anzuwenden.

Das **Kirchgeld in glaubensverschiedener Ehe** (sog. besonderes Kirchgeld; vom BVerfG bestätigt s. BVerfG v. 28.10.2010, 2 BvR 591/06 u.a., NJW 2011, 365; Petersen, ZevKR 2011, 188; Hammer, KuR 2011, 108, 109) wird von dem der Kirche angehörenden nicht verdienenden oder – im Vergleich zum Ehepartner – geringer verdienenden Ehegatten erhoben. Hat das in einer glaubensverschiedener Ehe lebende Kirchenmitglied keine eigenen oder im Vergleich zum anderen Ehegatten geringere steuerpflichtige Einkünfte (bei höheren Einkünften → Rz. 728), so ist es nach Maßgabe seines „Lebensführungsaufwandes", ausgedrückt im gemeinsam zu versteuernden Einkommen – als Hilfsmaßstab zur Feststellung der wirtschaftlichen Leistungsfähigkeit der Eheleute – zu einem Kirchgeld in glaubensverschiedener Ehe (besonderes Kirchgeld) zu veranlagen. § 51a Abs. 2 und 2a EStG ist bei der Ermittlung der Bemessungsgrundlage anzuwenden. Die Erhebung und Festsetzung erfolgt im Rahmen der Vorauszahlungen und Steuerveranlagung. Bereits entrichtete Kirchenlohnsteuer wird angerechnet. 730

Das besondere Kirchgeld wird von den evangelischen und röm.-katholischen Kirchen sowie einigen kleineren steuererhebenden Religionsgemeinschaften nach folgender Tabelle erhoben:

Stufe	Bemessungsgrundlage (gemeinsam zu versteuerndes Einkommen nach § 2 Abs. 5 EStG) €	jährliches besonderes Kirchgeld*) €
1	30 000 – 37 499	96
2	37 500 – 49 999	156
3	50 000 – 62 499	276
4	62 500 – 74 999	396
5	75 000 – 87 499	540
6	87 500 – 99 999	696
7	100 000 – 124 999	840
8	125 000 – 149 999	1 200
9	150 000 – 174 999	1 560
10	175 000 – 199 999	1 860
11	200 000 – 249 999	2 220
12	250 000 – 299 999	2 940
13	300 000 und mehr	3 600

*) In Baden-Württemberg (nur ev), Bayern (nur ev), Berlin, Brandenburg, Bremen, Hamburg, Hessen (auch Freirel. Gemeinde Mainz u. Offenbach, jüd. Gemeinden Frankfurt, Bad Nauheim, Darmstadt, Fulda, Gießen, Kas-

sel, Offenbach), Meckl.-Vorpommern, Niedersachsen, Nordrhein-Westfalen (nur ev), Rh.-Pfalz (ev und Bistum Limburg, Mainz, Speyer, Trier, Freireligiöse Gemeinde Mainz), Saarland (ev und Bistum Speyer), Sachsen, Sachsen-Anhalt, Schl.-Holstein und Thüringen.

Beispiel:

gemeinsam zu versteuerndes Einkommen der Ehegatten	82 000 €
./. Kinderfreibeträge für 2 Kinder	14 016 €
Bemessungsgrundlage für das Kirchgeld	67 984 €
Kirchgeld lt. Tabelle Stufe 4	396 €
./. bereits entrichtete Kirchenlohnsteuer	240 €
verbleibende Kirchensteuer	156 €

Gehört ein Ehegatte einer Religionsgemeinschaft an, die eine Kirchensteuer oder damit vergleichbare (auch freiwillige – BFH-Urteil v. 16.5.2007, I R 38/06, BStBl I 2008, 202) Umlage erhebt, aber die Verwaltung nicht den Finanzbehörden übertragen hat (z.B. Mennoniten), kann das besondere Kirchgeld (evtl.) auf Antrag erstattet werden bzw. es wird erst gar nicht erhoben. Die Regelungen über das Ob und Wie sind in den einzelnen Bundesländern allerdings unterschiedlich. Neben den evangelischen Landeskirchen und röm.-kath. Bistümern wird diese Regelung teilweise auch von der Altkatholischen Kirche und jüdischen Gemeinden angewendet.

731 Kapitaleinkünfte werden mit der Einführung der Abgeltungsteuer grundsätzlich nicht mehr beim Gesamtbetrag der Einkünfte bzw. beim zu versteuernden Einkommen berücksichtigt. Die gesondert ermittelte Einkommensteuer/Kirchensteuer ist vielmehr dem kirchensteuerpflichtigen Ehegatten zuzurechnen, soweit die gesondert besteuerten Kapitaleinkünfte auf ihn entfallen (Einzelheiten s. Petersen, Kirchensteuer kompakt, S. 58 ff., 98 f.). Eine die Leistungsfähigkeit des kirchenangehörenden Ehegatten möglicherweise übersteigende Steuerbelastung durch die Hinzurechnung der Kirchensteuer auf gesondert besteuerte Einkünfte wird i.d.R. durch einen antragsgebundenen Erlass aus Billigkeitsgründen vermieden.

732 Nach § 2 Abs. 8 EStG i.d.F. des Gesetzes zur Änderung des Einkommensteuergesetzes in Umsetzung der Entscheidung des Bundesverfassungsgerichts vom 7. Mai 2013[1] sind die Regelungen zu Ehegatten auch auf eingetragene Lebenspartnerschaften anzuwenden. In Konsequenz des Akzessorietätsprinzips erstreckt sich dies auch auf die Kirchensteuer. Einzelheiten der rechtlichen und technischen Umsetzung lagen bei Redaktionsschluss noch nicht vor.

IV. Beginn und Ende der Kirchensteuerpflicht

733 Kirchensteuerpflichtig ist nur das Mitglied einer steuererhebenden Religionsgemeinschaft. Da die Kirchenmitgliedschaft durch die Taufe begründet wird, beginnt die Kirchensteuerpflicht frühestens zu diesem Zeitpunkt. I.Ü. **beginnt** sie bei **Zuzug** des Kirchenangehörigen mit dem Monat nach der Wohnsitznahme bzw. Begründung des gewöhnlichen Aufenthalts; beim **Kircheneintritt** (auch beim Wiedereintritt) mit Beginn des auf den Eintritt folgenden Monats; beim **Übertritt** aus einer anderen steuerberechtigten Religionsgemeinschaft mit Beginn des auf den Übertritt folgenden Monats, nicht jedoch vor dem Ende der bisherigen Kirchensteuerpflicht. Bei einem Wohnsitzwechsel innerhalb des Bundesgebietes in ein anderes Bundesland oder in das Erhebungsgebiet einer anderen Kirche innerhalb des Bundesgebiets bleibt die Kirchensteuerpflicht erhalten. Es kommt lediglich zu einem Wechsel der steuerberechtigten Kirche.

1) BGBl. I 2013, 2397; BStBl I 2013, 898.

Die Steuerpflicht **endet** bei **Tod** des Kirchenmitglieds mit Ablauf des Sterbemonats; durch **Wohnsitzwechsel** mit Ablauf des Kalendermonats, in dem der Wohnsitz im Gebiet der steuerberechtigten Religionsgemeinschaft aufgegeben wurde; durch **Kirchenaustritt** zu unterschiedlichen Zeitpunkten, die im Einzelnen in den kirchlichen Steuer- bzw. Kirchenaustrittgesetzen der Länder bestimmt sind (zu den formalen Anforderungen der Austrittserklärung s. BVerwG-Urteil v. 28.9.2012, 6 C 7/12, www.bundesverwaltungsgericht.de). Für die Austrittserklärung sind in den verschiedenen Bundesländern unterschiedliche Stellen zuständig (eine für den Kirchenaustritt erhobene staatliche Gebühr verletzt nicht die Grundrechte des Austretenden: BVerfG-Beschluss v. 2.7.2008, 1 BvR 3006/07, HFR 2008, 1068, NJW 2008, 2978). 734

	Ende der KiSt-Pflicht	Austritt zu erklären bei
Baden-Württemberg	Kalendermonat	Standesamt
Bayern	Kalendermonat	Standesamt
Berlin	Folgemonat	Amtsgericht
Brandenburg	Folgemonat	Amtsgericht
Bremen	Folgemonat	Kirchenkanzlei/ Standesamt
Hamburg	Folgemonat	Standesamt
Hessen	Folgemonat	Amtsgericht
Mecklenburg-Vorpommern	Folgemonat	Standesamt
Niedersachsen	Kalendermonat	Standesamt
Nordrhein-Westfalen	Kalendermonat	Amtsgericht
Rheinland-Pfalz	Kalendermonat	Standesamt
Saarland	Kalendermonat	Standesamt
Sachsen	Folgemonat	Standesamt
Sachsen-Anhalt	Kalendermonat	Amtsgericht
Schleswig-Holstein	Folgemonat	Standesamt
Thüringen	Folgemonat	Standesamt

Für den Arbeitgeber sind die Angaben aus den elektronischen Lohnsteuerabzugsmerkmalen (§§ 39, 39e EStG) oder der Bescheinigung für den Lohnsteuerabzug (§ 39 Abs. 3, § 39e Abs. 7 EStG) maßgebend. Es steht zu erwarten, dass die Kirchensteuerpflicht ab dem 1.1.2015 mit dem Monat endet, in dem der Austritt erklärt wird.

V. Zwölftelung der Kirchensteuer

Im Rahmen der Veranlagung wird die Kirchensteuer bei unterjähriger Kirchenzugehörigkeit (→ Rz. 443 f.) gezwölftelt. Bemessungsgrundlage für die Kirchensteuer ist dabei die auf die Dauer der Kirchenzugehörigkeit entfallende Jahreseinkommensteuer. Abweichend davon endet die Steuerpflicht beim Tod des Stpfl. am Todestag. 735

Beispiel:

Kirchensteuerpflicht besteht für sieben Monate. Bei einer Einkommensteuer i.H.v. 6 000 € beträgt die Kirchensteuer (6 000 × 7/12 × 9 % =) 315 €.

Da die Kirchensteuer eine Jahressteuer ist, wird auch ein nach dem Kirchenaustritt erzieltes höheres Einkommen, z.B. auf Grund einer Gehaltssteigerung, in die Berechnung nach der Zwölftelungsmethode einbezogen. Dies gilt z.B. auch für eine kurz nach dem Austritt im selben Jahr gezahlte Abfindung, denn sie wird für die vorfristige Beendigung eines Arbeitsverhältnisses gewährt und ist damit während der Kirchenzugehörigkeit angelegt (FG Köln, Urteil v. 16.2.2005, 11 K 2/04, EFG 2005, 898). Nur bei außerordentlichen, nach der Kirchenzugehörigkeit erzielten Einkommenszuwächsen gebietet im Einzelfall der Gleichheitsgrundsatz, die Kirchensteuer im Wege des Erlasses auf eine den Gesamtumständen Rechnung tragende, dem Stpfl. zuzumutende und deshalb angemessene Höhe zurückzuführen (BVerwG-Urteil v. 12.2.1988, 8 C 16.86, BVerwGE 79, 62).

Beispiel:

Der Stpfl. tritt mit Wirkung zum 30.6. aus der Kirche aus. Sein reguläres Einkommen beträgt 60 000 € p.a. Er erzielt am 15.12. einen steuerpflichtigen Veräußerungsgewinn i.H.v. 600 000 €. Bemessungsgrundlage für die Kirchensteuer kann 50 % (6/12) der auf 60 000 € entfallenden Einkommensteuer sein, sofern bei Einbezug des Veräußerungsgewinns die Grenze der Sachwidrigkeit überschritten ist (BVerwG-Urteil v. 12.2.1988, 8 C 16.86, BVerwGE 79, 62).

VI. Erlass der Kirchensteuer

736 Neben den Erlasstatbeständen des § 227 AO eröffnen die Kirchensteuergesetze der Länder den Religionsgemeinschaften einen Gestaltungsrahmen, über Anträge auf Erlass aus Billigkeitsgründen (sowie Anträge auf Stundung, Niederschlagung oder Erstattung), die nur die Kirchensteuer betreffen, unabhängig von der Maßstabsteuer zu entscheiden. Hierdurch werden kirchenspezifische Billigkeitsgründe anerkannt und abstrakt-gesetzlich normiert (vgl. z.B. Evangelische Kirche von Westfalen: Richtlinien gem. § 3 Abs. 3 Nr. 4 Finanzausgleichsgesetz für die Arbeit der Gemeinsamen Kirchensteuerstelle [RiLi GemKiStStelle], v. 23.6.2005, KiABl. 2005, 178; Evangelische Kirche der Pfalz; § 1 Abs. 1 Ziff. 3 Kirchensteuerbeschluss, v. 5.5.1999, ABl. 1999, 109, zuletzt geändert durch Änderungsbeschluss vom 12.11.2008, ABl. S. 206; Evangelische Kirche im Rheinland: www.ekir.de/www/ueber-uns/teilerlass-15322.php; Evangelische Kirche in Mitteldeutschland: Verwaltungsanordnung zum Erlass von Kirchensteuern bei außerordentlichen Einkünften (VAO KiSt-Erlass) v. 11.12.2012, KiABl. 2013, 7). Jede Religionsgemeinschaft entscheidet dabei autonom für ihren Bereich, ob und in welcher Höhe sie von Erlassmaßnahmen Gebrauch macht. Auf Grund der Mitgliederbezogenheit darf die Kirchenzugehörigkeit nicht nur für die Steuerpflicht als solche, sondern auch für deren Reduzierung maßgebend sein (BVerwG-Urteil v. 21.5.2003, 9 C 12.02, BVerwGE 118, 201, NJW 2003, 3001; BFH-Urteil v. 1.7.2009, I R 81/08, BStBl II 2011, 379).

Beispiel:

Ein Stpfl. erzielt Einkünfte aus Vermietung und Verpachtung i.H.v. 100 sowie außerordentliche Einkünfte (Abfindung) i.H.v. 600 wegen Verlusts seines Arbeitsplatzes. Zur Vermeidung von Belastung mit Kirchensteuer tritt er im Jahr der Zahlung der Abfindung aus der Kirche aus. Im Folgejahr stellt er den Antrag, die auf die Abfindung entfallende Kirchensteuer um 50 % zu erlassen. Da der Stpfl. nicht mehr der Kirche angehört, kann die Kirche den Erlassantrag ablehnen.

Der Hauptanwendungsfall des Erlasses (zu weiteren Erlasstatbeständen: Petersen, Kirchensteuer kompakt, S. 128 ff.) ist die Ermäßigung der Kirchensteuer bei außerordentlichen Einkünften nach § 34 Abs. 2 EStG. Hat der Kirchensteuerpflichtige Einkünfte nach § 34 Abs. 2 EStG, wird die hierauf entfallende Kirchensteuer i.d.R. – aber nicht von allen steuererhebenden Religionsgemeinschaften – auf Antrag um (bis zu) 50 % ermäßigt.

Beispiel: 50 %-Erlass Kirchensteuer bei Veräußerungsgewinn (vereinfacht):

	KiSt mit V-Gewinn (lt. ESt-Bescheid)	KiSt ohne V-Gewinn	
Einkünfte aus ...	50 000 €	50 000 €	
Veräußerungsgewinn	50 000 €		
Gesamtbetrag der Einkünfte	100 000 €	50 000 €	
div. Abzüge	5 000 €	5 000 €	
zvE	95 000 €	45 000 €	
ESt	31 661 €	10 801 €	
KiSt 9 %	2 849,49 €	972,09 €	
KiSt-Differenz			1 877,40 €
50 % Erlass	./. 938,70 €		938,70 €
Endgültig zu zahlende KiSt	1 910,79 €		

Berechnung nach der Einkommensteuer-Grundtabelle

Ein Erlass wird auf Antrag gewährt. Dem Antrag sind die notwendigen Unterlagen (z.B. Steuerbescheid, Bilanzen, GuV-Rechnungen etc.) beizufügen. Zuständig für einen Erlass ist grundsätzlich die Religionsgemeinschaft, in der der Stpfl. im Zeitpunkt der Antragstellung Mitglied ist. Die Erlassanträge sind zu stellen bei: Ev. Kirche von Westfalen bei den Kreiskirchenämtern, Ev. Kirche im Rheinland: gemeinsame Kirchensteuerstelle beim Landeskirchenamt, übrige ev. Landeskirchen beim Landeskirchenamt; röm.-kath. Kirche bei den Diözesen bzw. Generalvikariaten; übrige Religionsgemeinschaften bei den (Verbands-/Gemeinde-) Geschäftsstellen.

VII. Abzug der Kirchenlohnsteuer durch den Arbeitgeber

Die Kirchensteuer ist getrennt von der Lohnsteuer und getrennt nach Religionsgemeinschaften im Lohnkonto zu buchen. Sie wird zusammen mit der Lohnsteuer vom Arbeitgeber einbehalten und für jeden Lohnzahlungszeitraum an das Finanzamt der Betriebsstätte abgeführt. Die Abführung erfolgt getrennt nach Konfessionen. 737

Bei der Einbehaltung und Abführung der Kirchenlohnsteuer hat sich der Arbeitgeber nach den in den elektronischen Lohnsteuerabzugsmerkmalen (§§ 39, 39e, 52b EStG) oder der Bescheinigung für den Lohnsteuerabzug (§ 39 Abs. 3, § 39e Abs. 7 EStG) ausgewiesenen Religionszugehörigkeitsschlüsseln (z.B. ev, rk) zu richten (§ 4 Abs. 1 Nr. 1 und Abs. 2 Nr. 8 LStDV, R 41.1 Abs. 4 LStR 2011; H 39.1 LStH; Muster für die LSt-Anmeldung 2014, BStBl I 2013 S. 997; BMF-Schreiben v. 7.8.2013, BStBl I2013, 951). Diese Merkmale werden von den einzelnen Bundesländern mit Gültigkeit für ihren Bereich exakt festgelegt. Bei verheirateten Arbeitnehmern wird die Religionszugehörigkeit der Ehegatten nur noch bei konfessionsverschiedener Ehe nachgewiesen, in allen übrigen Fällen nur diejenige des Arbeitnehmers.

Religionszugehörigkeit		Nachweis
Arbeitnehmer	Ehegatte	Kirchensteuerabzug
ev	rk	ev rk
ev	ev	ev
rk	–	rk
–	ev	–
–	–	–

Aus den Angaben müssen die Religionsgemeinschaften erkennbar sein, die die Erhebung der Kirchensteuer den Finanzbehörden übertragen haben. Im Muster für die LSt-Anmeldung werden folgende Abkürzungen ausgewiesen:

lt	evangelisch-lutherisch, protestantisch
ev	evangelisch
fr	französisch-reformiert (evangelisch)
rf	evangelisch-reformiert
fa, fb, fm, fg oder fs	freireligiöse Gemeinde

ib, il, is, iw, ih	israelitisch
jd, jh	jüdisch
ak	alt-katholisch
rk	römisch-katholisch
--*)	kein Kirchensteuerabzug

*) Der Nachweis „--" besagt nur, dass keine Zugehörigkeit zu einer kirchensteuererhebenden Religionsgemeinschaft gegeben ist. Er besagt nicht, dass diese Person keiner Religionsgemeinschaft angehört (BVerfG v. 30.9.2002, 1 BvR 1744/02, HFR 2003, 79).

Das Kirchensteuermerkmal und die Kirchensteuer sind im Lohnkonto aufzuzeichnen. Die für die Anmeldung und Abführung der Lohnsteuer geltenden Angaben sind auch für die Kirchenlohnsteuer zu machen.

Für den Kirchenlohnsteuerabzug gilt in allen Bundesländern das Prinzip der Betriebsstättenbesteuerung. Danach hat der Arbeitgeber die Kirchenlohnsteuer auch für solche kirchensteuerpflichtigen Arbeitnehmer (mit dem am Sitz der Betriebsstätte geltenden Hebesatz) einzubehalten und abzuführen, die ihren Wohnsitz oder gewöhnlichen Aufenthalt in einem anderen Bundesland als dem der Betriebsstätte haben. Ist in einem Bundesland nur der Merker „ev" zugelassen, hat der Arbeitgeber die Kirchenlohnsteuer auch von den Arbeitnehmern einzubehalten und als „ev" abzuführen, die eine Lohnsteuerkarte mit den Merkern „lt", „rf" oder „fr" vorlegen (s. Muster für die LSt-Anmeldung 2014, BStBl I 2013, 997, expressis verbis bei Baden-Württemberg, Bayern, Brandenburg, Hessen, Niedersachsen und Saarland). In Niedersachsen, Nordrhein-Westfalen und Rheinland-Pfalz kann er beim Finanzamt beantragen, die Kirchensteuer mit dem am Wohnsitz des Arbeitnehmers geltenden Hebesatz einzubehalten. In den übrigen Bundesländern wird es von der Finanzverwaltung i.d.R. nicht beanstandet, wenn der Arbeitgeber entsprechend verfährt.

Sofern ein Dritter die Pflichten des Arbeitgebers übernommen hat (§ 38 Abs. 3a EStG, R 38.5 LStR 2011/2013), gilt dies auch für die Kirchensteuer.

Zur einheitlichen Pauschsteuer bei den sog. Minijobs nach § 40a Abs. 2 EStG → Rz. 723.

738 Bei **Einkommensteuerpflichtigen** wird die Kirchensteuer – auch das Kirchgeld in glaubensverschiedener Ehe (→ Rz. 730) – im Rahmen der Vorauszahlungen festgesetzt und ist zu den Vorauszahlungsterminen zu leisten. Zur Kirchensteuer auf Kapitalertragsteuer (Abgeltungsteuer) → Rz. 725. Die Veranlagung zur Kirchensteuer erfolgt durch die Finanzverwaltung; nur in Bayern durch die Steuerämter der steuererhebenden Religionsgemeinschaften.

VIII. Verwaltung der Kirchensteuer in den Bundesländern

739 Die Verwaltung der Kirchensteuer ist von folgenden Religionsgemeinschaften der Finanzverwaltung des Bundeslandes übertragen worden:

Bundesland	Religionsgemeinschaft
In allen Bundesländern	Evangelische, Lutherische, Reformierte Landeskirchen; Röm.-katholische (Erz-)Diözesen
Baden-Württemberg	Altkatholische Kirche; Israelitische Religionsgemeinschaft Württemberg; Israelische Religionsgemeinschaft Baden; Freireligiöse Landesgemeinde Baden
Bayern*)	Altkatholische Kirche; Israelitische Bekenntnissteuer (Landesverband der Israelitischen Kultusgemeinden)
Berlin	Altkatholische Kirche
Brandenburg	Altkatholische Kirche; Israelitische/Jüdische Kultussteuer; Freireligiöse Gemeinde Mainz; Israelitische Kultussteuer der kultussteuerberechtigten Gemeinde Hessen
Hamburg	Altkatholische Kirche; Jüdische Kultussteuer (Jüdische Gemeinde)
Hessen	Altkatholische Kirche; Israelitische Kultussteuer (Jüdische Gemeinde Frankfurt); Israelitische Kultussteuer der kultussteuerberechtigten Gemeinden (Jüdische Gemeinden Gießen, Kassel, Darmstadt, Bad Nauheim); Freireligiöse Gemeinden Mainz und Offenbach
Niedersachsen	Altkatholische Kirchengemeinden Hannover-Niedersachsen; Jüdische Gemeinde Hannover
Nordrhein-Westfalen	Altkatholische Kirche; Jüdische Kultussteuer (Jüdische Kultusgemeinden von Nordrhein, von Westfalen-Lippe, Synagogengemeinde Köln)
Rheinland-Pfalz	Altkatholische Kirche; Jüdische Kultussteuer (Jüdische Kultusgemeinde Koblenz); Freireligiöse Gemeinde Mainz; Freireligiöse Landesgemeinde Pfalz; Freie Religionsgemeinschaft Alzey
Saarland	Altkatholische Kirche; Israelitische Kultussteuer (Synagogengemeinde Saar)
Schleswig-Holstein	Altkatholische Kirche; Jüdische Kultussteuer (Jüdische Gemeinde)

*) In Bayern erfolgt nur der Kirchenlohnsteuereinzug durch die Finanzämter; ansonsten erfolgt die Verwaltung der Kirchensteuer durch die Kirchensteuerämter (→ Rz. 736)

IX. Kirchensteuer-Übersicht

1. Zusammenfassender Überblick nach Bundesländern 740

Bundesland	KiSt-Satz %	Kappung des zu versteuernden Einkommens[1]) %	KiSt-Satz bei pauschaler LSt %	Besonderes Kirchgeld in glaubensverschiedener Ehe €
Baden-Württemberg	8	2,75 bzw. 3,5 (auf Antrag)	6	96 – 3 600[2])
Bayern	8	–	7	96 – 3 600[2])
Berlin	9	3	5	96 – 3 600
Brandenburg	9	3	5	96 – 3 600
Bremen	9	3,5	7	96 – 3 600
Bremerhaven	9	3,5	7	96 – 3 600
Hamburg	9	3	4	96 – 3 600
Hessen	9	3,5 bzw. 4 (auf Antrag)	7	96 – 3 600
Mecklenburg-Vorpommern	9	3	5	96 – 3 600
Niedersachsen	9	3,5	6	96 – 3 600
Nordrhein-Westfalen	9	3,5 bzw. 4 (auf Antrag)	7	96 – 3 600[2])
Rheinland-Pfalz	9	3,5 bzw. 4 (auf Antrag)	7	96 – 3 600
Saarland	9	3,5 bzw. 4 (auf Antrag)	7	96 – 3 600[2])
Sachsen	9	3,5	5	96 – 3 600
Sachsen-Anhalt	9	3,5	5	96 – 3 600
Schleswig-Holstein	9	3	6	96 – 3 600
Thüringen	9	3,5	5	96 – 3 600

1) Zu den unterschiedlichen Kappungsregelungen bei den Kirchen im Einzelnen → Rz. 719.
2) Nur ev. Kirche und Bistum Speyer.

2. Mindestbetrags-Kirchensteuer

741 Nachfolgende Beträge gelten nicht für Kirchensteuer auf Kapitalertragsteuer.

	jährlich €	monatlich €	wöchentlich €	täglich €
Hamburg	3,60	0,30	0,07	0,00
Hessen	1,80	0,15	0,04	0,01
Mecklenburg-Vorpommern[1])	3,60	0,30	0,07	0,00
Sachsen[2])	3,60	0,30	0,07	0,01
Sachsen-Anhalt[2])	3,60	0,30	0,07	0,01
Schleswig-Holstein	3,60	0,30	0,07	0,00
Thüringen[2])	3,60	0,30	0,07	0,01

1) Nur Erzbistümer Hamburg und Berlin im Bundesland Mecklenburg-Vorpommern.
2) Nur ev. Kirche.

Es steht zu erwarten, dass die Mindestbetrags-Kirchensteuer zum 1.1.2015 abgeschafft wird.

X. Auskünfte in Kirchensteuerfragen

742 Bei Einzel- oder in Zweifelsfragen erteilen die örtlichen Finanzämter oder die folgenden Kirchenbehörden Auskunft:

Evangelische Landeskirchen

Evang.	Behörde	Str./Ort	Tel.	Fax
Anhalt	Landeskirchenrat der Ev. Kirche Anhalts	Friedrichstr. 22/24 06844 Dessau www.landeskirche-anhalts.de	0340 2526-0	2526-130
Baden	Ev. Oberkirchenrat Baden	Blumenstr. 1-7 76133 Karlsruhe www.ekiba.de	0721 9175-0	9175-550
Bayern	Landeskirchenamt der Ev.-Luth. Landeskirche in Bayern	Katharina-v.-Bora-Str. 11-13 80333 München www.bayern-evangelisch.de	089 5595-0	5595-444
Berlin-Brandenburg-schlesische Oberlausitz	Ev. Zentrum Berlin-Brandenburg-schlesische Oberlausitz	Georgenkirchstr. 69/70 10249 Berlin www.ekbo.de	030 24344-0	24344-500
Braunschweig	Landeskirchenamt der Ev.-luth. Landeskirche in Braunschweig	Dietr.-Bonhoeffer-Str. 1 38300 Wolfenbüttel www.landeskirche-braunschweig.de	05331 802-0	802-700
Bremen	Kirchenkanzlei der Bremischen Ev. Kirche	Franziuseck 2-4 28199 Bremen www.kirche-bremen.de	0421 5597-0	5597-265
Hannover	Landeskirchenamt der Ev.-Luth. Landeskirche Hannover	Rote Reihe 6 30169 Hannover www.landeskirche-hannover.de	0511 1241-0	1241-266
Hessen-Nassau	Kirchenverwaltung der Ev. Kirche in Hessen und Nassau	Paulusplatz 1 64285 Darmstadt www.ekhn.de	06151 405-0	405-440
Kurhessen-Waldeck	Landeskirchenamt der Ev. Kirche in Kurhessen-Waldeck	Wilhelmshöher Allee 330 34131 Kassel www.ekkw.de	0561 9378-0	9378-400
Lippe	Landeskirchenamt der Lippischen Landeskirche	Leopoldstr. 97 32756 Detmold www.lippische-landeskirche.de	05231 9766-0	976-8164
Mitteldeutschland[1)]	Landeskirchenamt der EKM	Michaelisstr. 39 99084 Erfurt www.ekmd.de	0361 51800-0	51800-198
Nordkirche[2)]	Landeskirchenamt der Ev.-Luth. Kirche in Norddeutschland	Dänische Str. 21/35 24103 Kiel www.nordkirche.de	0431 9797-0	9797-999
Oldenburg	Oberkirchenrat der Ev.-Luth. Kirche in Oldenburg	Philosophenweg 1 26121 Oldenburg www.ev-kirche-oldenburg.de	0441 7701-0	7701-299
Pfalz	Landeskirchenrat Ev. Kirche der Pfalz	Domplatz 5 67346 Speyer www.evpfalz.de	06232 667-0	667-199
Reformierte Kirche	Reformierter Synodalrat	Saarstr. 6 26789 Leer www.reformiert.de	0491 9198-0	9198-251
Rheinland	Landeskirchenamt der Ev. Kirche im Rheinland	H.-Böckler-Str. 7 40476 Düsseldorf www.ekir.de	0211 4562-0	4562-444
Sachsen (Landeskirche)	Landeskirchenamt der Ev.-Luth. Landeskirche Sachsens	Lukasstr. 6 01069 Dresden www.landeskirche-sachsen.de	0351 4692-0	4692-144
Schaumburg-Lippe	Landeskirchenamt der Ev.-Luth. Landeskirche Schaumburg-Lippe	Herderstr. 27 31675 Bückeburg www.landeskirche-schaumburg-lippe.de	05722 960-0	960-10
Westfalen	Landeskirchenamt der Ev. Kirche von Westfalen	Altstädter Kirchplatz 5 33602 Bielefeld www.ekvw.de	0521 594-0	594-129
Württemberg	Ev. Oberkirchenrat	Gänsheidestr. 2 70184 Stuttgart www.elk-wue.de	0711 2149-0	2149-236

1) Evangelischen Kirche in Mitteldeutschland (EKM): Zusammenschluss der Ev. Kirche der Kirchenprovinz Sachsen und der Ev.-Luth. Kirche in Thüringen zum 1.1.2009.
2) Ev.-Luth. Kirche in Norddeutschland: Zusammenschluss der Nordelbischen Ev.-Luth. Landeskirche, der Ev.-Luth. Landeskirche Mecklenburg und der Pommerschen Ev. Kirche zum 27.5.2012 (Sitz des Bischofs: Schwerin; Sitz der Verwaltung: Kiel).

Katholische Kirchen

(Erz-)Bistum	Str./Ort	Tel.	Fax
Aachen	Klosterplatz 7 52062 Aachen www.bistum-aachen.de	0241 452–0	452–496
Augsburg	Fronhof 4 86152 Augsburg www.bistum-augsburg.de	0821 3166–0	3166–209
Bamberg	Domplatz 1–5 96049 Bamberg www.erzbistum-bamberg.de	0951 502–0	502–279
Berlin	Niederwallstr. 8–9 10117 Berlin ww.erzbistumberlin.de	030 32684–0	32684–276
Dresden	Käthe-Kollwitz-Ufer 84 01309 Dresden www.bistum-dresden-meissen.de	0351 3364–6	3364–791
Eichstätt	Luitpoldstr. 2 85072 Eichstätt www.bistum-eichstaett.de	08421 50–0	50–209
Erfurt	Hermannsplatz 9 99084 Erfurt www.bistum-erfurt.de	0361 6572–0	6572–444
Essen	Zwolfling 16 45127 Essen www.bistum-essen.de	0201 2204–1	2204–507/570
Freiburg	Schoferstr. 2 79098 Freiburg www.erzbistum-freiburg.de	0761 2188–0	2188–505

(Erz-)Bistum	Str./Ort	Tel.	Fax
Fulda	Paulustor 5 36037 Fulda www.bistum-fulda.de	0661 87–0	87–578
Görlitz	C. v. Ossietzky-Str. 41 02826 Görlitz www.bistum-goerlitz.de	03581 4782–0	4782–12
Hamburg	Danziger Str. 52a 20099 Hamburg www.erzbistum-hamburg.de	040 24877– 0	24877–233
Hildesheim	Domhof 18 31134 Hildesheim www.bistum-hildesheim.de	05121 307–0	307–488
Köln	Marzellenstr. 32 50668 Köln www.erzbistum-koeln.de	0221 1642–0	1642–1700
Limburg	Roßmarkt 4 65549 Limburg www.bistumlimburg.de	06431 295–0	295–476
Magdeburg	Max-Josef-Metzger-Str. 1 39104 Magdeburg www.bistum-magdeburg.de	0391 5961–0	5961–100
Mainz	Bischofsplatz 2 55116 Mainz www.bistum-mainz.de	06131 253–0	253–401
München-Freising	Rochusstr. 5 80333 München www.erzbistum-muenchen-und-freising.de	089 2137–0	2137–1585
Münster	Domplatz 27 48143 Münster www.bistummuenster.de	0251 495–0	495–6086
Osnabrück	Hasestr. 40a 49074 Osnabrück www.bistum-osnabrueck.de	0541 318–0	318–117
Paderborn	Domplatz 3 33098 Paderborn www.erzbistum-paderborn.de	05251 125–0	125–1470
Passau	Residenzplatz 8 94032 Passau www.bistum-passau.de	0851 393–0	393–830
Regensburg	Niedermünstergasse 1 93043 Regensburg www.bistum-regensburg.de	0941 597–01	597–1055
Rottenburg-Stuttgart	Eugen-Bolz-Platz 1 72108 Rottenburg www.drs.de	07472 169–0	169–561
Speyer	Kleine Pfarrengasse 16 67346 Speyer www.bistum-speyer.de	06232 102–0	102–300
Trier	Hinter dem Dom 6 54290 Trier www.bistum-trier.de	0651 7105–0	7105–498
Vechta	Bahnhofstr. 6 49377 Vechta www.bistummuenster.de	04441 872–0	872-199
Würzburg	Domerschulstraße 2 97070 Würzburg www.bistum-wuerzburg.de	0931 386–0	386–334

Andere Religionsgemeinschaften

	Str./Ort	Tel.	Fax
Katholisches Bistum der Alt-Katholiken in Deutschland	Gregor-Mendel-Str. 28 53115 Bonn www.alt-katholisch.de	0228 232285	238314
Freie Religionsgemeinschaft Alzey	Am Rabenstein 14 55232 Alzey www.sb-az.de/gemeinde/index.htm	06731 2591	
Freireligiöse Landesgemeinde Baden	T 6, 26 68 161 Mannheim www.freireligioese-baden.de	0621 22805	28289
Freireligiöse Landesgemeinde Mainz	Gartenfeldstr. 1 55118 Mainz www.freireligioesegemeinde-mainz.de	06131 674940	611095
Freireligiöse Gemeinde Offenbach	Schillerplatz 1 63067 Offenbach www.freireligioese-offenbach.de	069 8008060	80080610
Freireligiöse Landesgemeinde Pfalz	Wörthstr. 6 a 67059 Ludwigshafen www.freireligioese-pfalz.de	0621 512582	626633
Israelitische Religionsgemeinschaft Baden	Gartenstr. 76–80 76135 Karlsruhe www.irg-baden.de	0721 972500	97250–20
Jüdische Gemeinde Bad-Nauheim	Karlstr. 34 61231 Bad Nauheim www.jg-badnauheim.de	06032 5605	938956
Landesverband der Israelitischen Kultusgemeinden (Bayern)	Effnerstr. 68 81925 München www.ikg-bayern.de	089 989442	9827354
Jüdische Gemeinde Darmstadt K.d.ö.R.	Wilhelm-Glässing-Str. 26 64283 Darmstadt	06151 28897	296320
Jüdische Gemeinde Frankfurt/M.	Westendstr. 43 60325 Frankfurt/M www.jg-ffm.de	069 7680360	768036149
Jüdische Gemeinde Gießen	Burggraben 4–6 35390 Gießen www.jg-giessen.de	0641 932890	9328925
Jüdische Gemeinde Hannover	Haeckelstr. 10 30173 Hannover http://jg-hannover.de/left/home	0511 810472	852983
Jüdische Gemeinde Hamburg	Grindelhof 30 20146 Hamburg http://www.jghh.org/de/	040 44094443	4108430
Landesverband der Jüdischen Gemeinden in Hessen	Hebelstr. 6 60318 Frankfurt/M. http://www.lvjgh.de/aktuelles	069 444049	431455
Jüdische Gemeinde Kassel	Bremer Str. 3 34117 Kassel	0561 7880930	78809312
Synagogengemeinde Köln	Ottostr. 85 50823 Köln-Ehrenfeld www.sgk.de	0221 716620	71662599
Landesverband der Jüdischen Kultusgemeinden von Nordrhein	Paul-Spiegel-Platz 1 40476 Düsseldorf www.zentralratdjuden.de/de/topic/59.html?landesverband=13	0211 446809	488401
Landesverband der Jüdischen Gemeinden Rheinland-Pfalz	Aspeltstr. 9 55118 Mainz www.zentralratdjuden.de/de/topic/59.html?landesverband=14	06131 616254	
Synagogengemeinde Saar	Lortzingstr. 8 66111 Saarbrücken www.synagogengemeinde-saar.de	0681 910380	9103813
Landesverband der Jüdischen Gemeinden von Westfalen-Lippe	Prinz-Friedrich-Karl-Str. 12 44135 Dortmund www.zentralratdjuden.de/de/topic/59.html?landesverband=19	0231 528495	5860372
Israelitische Religionsgemeinschaft Württemberg	Hospitalstr. 36 70174 Stuttgart www.irgw.de	0711 228360	2283618

F. Vermögensbildung

I. Allgemeines

743 Die Vermögensbildung der Arbeitnehmer durch vereinbarte vermögenswirksame Leistungen der Arbeitgeber wird nach den Vorschriften des **Fünften Vermögensbildungsgesetzes** v. 4.3.1994 (BGBl. I 1994, 406, BStBl I 1994, 237) geregelt, das zuletzt durch das Gesetz zur Anpassung des Investmentsteuergesetzes und anderer Gesetze an das AIFM-Umsetzungsgesetz (AIFM-Steueranpassungsgesetz – AIFM-StAnpG) geändert worden ist. Zur Anwendung des Fünften Vermögensbildungsgesetzes ab 2009 s. auch BMF-Schreiben v. 9.8.2004, IV C 5 – S 2430 – 18/04, BStBl I 2004, 717) mit Änderungen durch das BMF-Schreiben vom 16.3.2009, IV C 5 – S 2430/09/10001, BStBl I 2009, 501), das BMF-Schreiben vom 4.2.2010, IV C 5 – S 2430/09/10002, BStBl I 2010, 195 und das BMF-Schreiben vom 2.12.2011, IV C 5 – S 2430/11/10002, BStBl I 2011, 1252).[1]

744 Das Fünfte Vermögensbildungsgesetz gilt für **alle Arbeitnehmer** im arbeitsrechtlichen Sinne sowie für **Beamte, Richter und Soldaten**. Bei Arbeitnehmern muss das Arbeitsverhältnis grds. deutschem Arbeitsrecht unterliegen.

II. Vermögenswirksame Leistungen

745 **Vermögenswirksame Leistungen** sind Geldleistungen, die der Arbeitgeber für den Arbeitnehmer anlegt. Entweder kann es sich bei den vermögenswirksamen Leistungen um eine zusätzliche Zahlung des Arbeitgebers handeln, oder aber der Arbeitnehmer kann verlangen, dass der Arbeitgeber Teile des ohnehin geschuldeten Arbeitslohns vermögenswirksam anlegt. Vermögenswirksame Leistungen sind arbeitsrechtlich Bestandteil des Lohns oder Gehalts. Sie gehören zu den **steuerpflichtigen Einnahmen** i.S.d. Einkommensteuergesetzes bzw. zum Einkommen, Verdienst oder Entgelt (Arbeitsentgelt) i.S.d. Sozialversicherung.

746 Die **Anlagearten** sind vielfältig. So können vermögenswirksame Leistungen angelegt werden als:

- Sparbeiträge des Arbeitnehmers auf Grund eines Sparvertrags über Wertpapiere oder andere Vermögensbeteiligungen;
- Aufwendungen des Arbeitnehmers auf Grund eines Wertpapier-Kaufvertrags mit dem Arbeitgeber;
- Aufwendungen des Arbeitnehmers auf Grund eines Beteiligungs-Vertrags;
- Aufwendungen des Arbeitnehmers auf Grund eines Beteiligungs-Kaufvertrags mit dem Arbeitgeber;
- Aufwendungen des Arbeitnehmers nach dem Wohnungsbau-Prämiengesetz;
- Aufwendungen des Arbeitnehmers in Form der Verwendung zum Wohnungsbau;
- Sparbeiträge des Arbeitnehmers auf Grund eines Sparvertrags;
- Beiträge des Arbeitnehmers auf Grund eines Kapitalversicherungsvertrags.

747 Die vermögenswirksamen Leistungen können dabei z.B. **angelegt werden in**

- Aktien,
- Wandelschuldverschreibungen,
- Gewinnschuldverschreibungen,
- Investmentfondsanteile,
- Genussscheine,
- Beteiligungen an bestimmten Genossenschaften,
- GmbH-Beteiligungen,
- stille Beteiligungen an Unternehmen,
- Darlehensforderungen,
- Genussrechte,
- Bausparverträge.

Die vermögenswirksamen Leistungen hat der Arbeitgeber für den Arbeitnehmer **unmittelbar** an das Institut oder Unternehmen (Kreditinstitut, Kapitalanlagegesellschaft, Bausparkasse oder Versicherungsunternehmen) **zu leisten**, bei dem die Anlage erfolgen soll. Dies gilt nicht bei der Anlage vermögenswirksamer Leistungen auf Grund eines Wertpapier-Kaufvertrags, Beteiligungs-Vertrags und Beteiligungs-Kaufvertrags mit dem Arbeitgeber sowie bei Anlagen zum Erwerb von Grundstücken und zum Bau, Erwerb oder Ausbau von Wohneigentum. 748

Bei der Überweisung an das Institut oder Unternehmen hat der Arbeitgeber die vermögenswirksamen Leistungen als solche zu **kennzeichnen**. Bei der Überweisung im Januar oder Dezember ist außerdem anzugeben, welchem Kalenderjahr die vermögenswirksamen Leistungen zuzuordnen sind. 749

Bei der Anlage vermögenswirksamer Leistungen im eigenen Unternehmen muss der Arbeitgeber in Zusammenarbeit mit dem Arbeitnehmer Vorkehrungen zur **Absicherung** dieser Anlage für den Fall treffen, dass das Unternehmen innerhalb der Sperrfrist **zahlungsunfähig** wird. 750

III. Arbeitnehmer-Sparzulage

Die Anlage vermögenswirksamer Leistungen wird durch die Gewährung einer **Arbeitnehmer-Sparzulage** gefördert. Dies gilt jedoch nicht, wenn die vermögenswirksamen Leistungen als Sparbeiträge des Arbeitnehmers auf Grund eines Sparvertrags oder als Beiträge des Arbeitnehmers auf Grund eines Kapitalversicherungsvertrags angelegt werden (sog. Nullförderung). 751

Anspruch auf eine Arbeitnehmer-Sparzulage haben nur Arbeitnehmer, deren **Einkommen** folgende **Grenzen** nicht übersteigt: 752

1. Bei in Beteiligungen am Produktivkapital (z.B. Anlagen in einem Investmentsparplan) angelegten vermögenswirksamen Leistungen gilt eine erhöhte Einkommensgrenze von **20 000 €/40 000 €** (Ledige oder getrennt Lebende/zusammenveranlagte Ehegatten oder Lebenspartner).
2. Bei den übrigen geförderten Anlageformen (z.B. Bausparverträge, wohnungswirtschaftliche Verwendungen) gilt eine Einkommensgrenze von **17 900 €/35 800 €** (Ledige oder getrennt Lebende/zusammenveranlagte Ehegatten oder Lebenspartner).

Maßgeblich ist jeweils das **zu versteuernde Einkommen**. **Einkünfte aus Kapitalvermögen** bleiben bei der Ermittlung der maßgebenden Einkommensgrenzen grundsätzlich außer Betracht; nur in den Fällen, in denen Arbeitnehmer die Besteuerung ihrer Einkünfte aus Kapitalvermögen mit dem –

1) Eine konsolidierte Fassung der vier BMF-Schreiben kann unter www.stotax-first.de oder www.bundesfinanzministerium.de abgerufen werden.

günstigeren – individuellen Steuersatz beantragen (→ Rz. 92), fließen diese Einkünfte in das zu versteuernde Einkommen ein. Bei der Ermittlung des zu versteuernden Einkommens sind stets die in Betracht kommenden **Freibeträge für Kinder** (→ Rz. 104 ff. und 111) abzuziehen, auch wenn es beim auszuzahlenden Kindergeld (→ Rz. 104 ff. und 110) verbleibt; dabei sind stets die Freibeträge für das gesamte Sparjahr zu Grunde zu legen (z.B. bei Geburt eines Kindes im Dezember des Sparjahres oder Beendigung der Ausbildung im Juli des Sparjahres).

753 Die Arbeitnehmer-Sparzulage beträgt:

- für Beteiligungen am **Produktivkapital 20 %** der so angelegten vermögenswirksamen Leistungen, soweit diese **400 €** jährlich nicht überschreiten;
- für die **übrigen Anlageformen 9 %** der so angelegten vermögenswirksamen Leistungen, soweit diese **470 €** jährlich nicht übersteigen.

Werden beide Anlageformen bedient (→ Rz. 752), beträgt die Arbeitnehmer-Sparzulage bei zwei Verträgen höchstens

400 € × 20 %	80,– €
470 € × 9 % (aufgerundet)	+ 43,– €
	123,– €

754 Die Arbeitnehmer-Sparzulage wird nach Ablauf eines jeden Kalenderjahres auf Antrag des Arbeitnehmers durch dessen **Wohnsitzfinanzamt** festgesetzt. Der Antrag ist auf dem Vordruck der Einkommensteuererklärung zu stellen, und zwar auch dann, wenn keine Einkommensteuerveranlagung durchgeführt werden soll. Dem Antrag ist die **Anlage VL** beizufügen (s. auch Bekanntmachung der Anlage VL 2013 durch das BMF vom 13.08.2013, IV C 5 – S 2439/13/10001, BStBl I 2013, 995).

755 An Stelle der Anlage VL (in Papierform; → Rz. 754) tritt künftig die **elektronische Vermögensbildungsbescheinigung**. Die elektronische Vermögensbildungsbescheinigung ist spätestens bis zum **28. Februar** des der Anlage der vermögenswirksamen Leistungen folgenden Kalenderjahres zu übermitteln. Diese Daten sind dann nach einem entsprechenden Antrag des Arbeitnehmers Grundlage für die Festsetzung und Auszahlung der Arbeitnehmer-Sparzulage. Voraussetzung für die Gewährung der Arbeitnehmer-Sparzulage ist, dass der Arbeitnehmer gegenüber dem Mitteilungspflichtigen in die **Datenübermittlung eingewilligt** und ihm seine **Identifikationsnummer** (§ 139b AO) **mitgeteilt** hat. Werden die erforderlichen Daten trotz der vorliegenden Einwilligung nicht übermittelt, kann der Arbeitnehmer den Nachweis vermögenswirksam angelegter Leistungen in anderer Weise erbringen. Erfolgt jedoch trotz einer grundsätzlichen Einwilligung keine Datenübermittlung, weil der Arbeitnehmer seine Identifikationsnummer nicht mitgeteilt hat, ist ein Nachweis vermögenswirksam angelegter Leistungen in anderer Weise nicht möglich. In bestimmten Fällen kann vom Vorliegen einer Einwilligung ausgegangen werden.

Derzeit ist noch offen, wann die praktischen Vorbereitungen für die Übermittlung der elektronischen Vermögensbildungsbescheinigung abgeschlossen sein werden. Deshalb wurde geregelt, dass der **Zeitpunkt der erstmaligen Anwendung** der geänderten Vorschriften im Zusammenhang mit der elektronischen Vermögensbildungsbescheinigung durch ein im Bundessteuerblatt zu veröffentlichendes **BMF-Schreiben** mitgeteilt wird. Bis zum Zeitpunkt der erstmaligen Datenübermittlung gelten die derzeit bestehenden Regelungen fort, d.h. die Anlage VL ist von den Anbietern, Unternehmen, Instituten etc. in Papierform zu erteilen (→ Rz. 754).

Bei **Antrag** auf Festsetzung einer Arbeitnehmer-Sparzulage gelten die „normalen" Antragsfristen nach der Abgabenordnung, d.h. die **vierjährige Festsetzungsfrist**. Der Antrag auf Festsetzung einer Arbeitnehmer-Sparzulage für die in 2014 angelegten vermögenswirksamen Leistungen kann bis zum 31.12.2018 (31.12.2014 + vier Jahre) gestellt werden. Am 31.12.2014 läuft die Antragsfrist für die in 2010 angelegten vermögenswirksamen Leistungen ab (31.12.2010 + vier Jahre). **756**

Im Übrigen wird ein **Bescheid** über die **Ablehnung** der Festsetzung einer Arbeitnehmer-Sparzulage wegen Überschreitens der Einkommensgrenze **aufgehoben**, wenn der Einkommensteuerbescheid nach Ergehen des Ablehnungsbescheides zur Arbeitnehmer-Sparzulage geändert wird und dadurch **erstmals** festgestellt wird, dass die **Einkommensgrenze unterschritten** ist. Die Arbeitnehmer-Sparzulage wird dann vom Finanzamt **nachträglich festgesetzt**. Die **Frist** für die Festsetzung der Arbeitnehmer-Sparzulage endet in diesem Fall nicht vor Ablauf **eines Jahres** nach Bekanntgabe des geänderten Steuerbescheids. Die Nachholung der Festsetzung der Arbeitnehmer-Sparzulage wird **von Amts wegen** (grundsätzlich verbunden mit der Änderung der Einkommensteuerfestsetzung) vorgenommen. Ein erneuter Antrag des Arbeitnehmers auf Festsetzung der Arbeitnehmer-Sparzulage ist daher nicht erforderlich. Dies gilt entsprechend, wenn der geänderten Einkommensteuerfestsetzung **kein Bescheid** über die Ablehnung der Festsetzung einer Arbeitnehmer-Sparzulage vorangegangen ist, weil der Arbeitnehmer **wegen** der **Überschreitung** der Einkommensgrenze **keine Arbeitnehmer-Sparzulage beantragt** hat. Folglich kann bis zum Ablauf der entsprechend verlängerten Festsetzungsfrist nachträglich die Arbeitnehmer-Sparzulage beantragt und festgesetzt werden. Stand jedoch schon vor Ergehen des geänderten Einkommensteuerbescheids fest, dass die Einkommensgrenzen nicht überschritten wurden, verlängert sich die Festsetzungsfrist nicht; in diesen Fällen kann nur innerhalb der regulären Festsetzungsfrist von vier Jahren ein Antrag auf Festsetzung der Arbeitnehmer-Sparzulage gestellt werden. **757**

In Fällen, in denen für Aufwendungen, die vermögenswirksame Leistungen darstellen, ein Anspruch auf Arbeitnehmer-Sparzulage besteht, aber der Arbeitnehmer dennoch eine **Wohnungsbauprämie beantragt** hat (Hinweis: die Wohnungsbauprämie wird für vermögenswirksame Leistungen nur gewährt, wenn kein Anspruch auf die Arbeitnehmer-Sparzulage besteht), endet die Frist für die Festsetzung der Arbeitnehmer-Sparzulage nicht vor **Ablauf eines Jahres** nach Bekanntgabe der Mitteilung über die Änderung des Prämienanspruchs.

Das Finanzamt **sammelt** die jährlich festgesetzten Beträge **an** und **zahlt** sie in einer Summe **aus**, wenn **758**

- die für die Anlageform geltenden Sperr- oder Rückzahlungsfristen abgelaufen sind,
- vor Ablauf der Frist über die Anlage unschädlich verfügt worden ist oder
- der Bausparvertrag, auf den die vermögenswirksamen Leistungen eingezahlt worden sind, zugeteilt wird.

Unschädliche Verfügungen kommen in Betracht bei: **759**

- Tod und völliger Erwerbsunfähigkeit des Arbeitnehmers oder seines Ehegatten bzw. Lebenspartners,
- Heirat oder Begründung einer Lebenspartnerschaft,
- Arbeitslosigkeit,

- Verwendung zu Weiterbildungszwecken (eigene Weiterbildung oder Weiterbildung des Ehegatten bzw. Lebenspartners),
- Aufgabe der nichtselbständigen Arbeit und Aufnahme einer selbständigen Erwerbstätigkeit,
- Veräußerung festgelegter Wertpapiere und Wiederverwendung des Erlöses zum Erwerb anderer Wertpapiere.

Damit das Finanzamt bei vorzeitiger **unschädlicher Verfügung** die Arbeitnehmer-Sparzulage vor Ablauf von Sperrfristen auszahlen kann und um zu verhindern, dass bei **zulagenschädlicher Verfügung** vom Finanzamt festgesetzte Arbeitnehmer-Sparzulagen bei Eintritt der Fälligkeit zu Unrecht überwiesen werden, bestehen bestimmte **Anzeigepflichten** von Arbeitgebern, Anlageinstituten und Anlageunternehmen. Die Anzeigen sind an die **Zentralstelle der Länder in Berlin** zu richten. Die entsprechenden Anzeigen sind nach amtlich vorgeschriebenem **Vordruck** oder nach amtlich vorgeschriebenem **Datensatz** durch Datenfernübertragung für die innerhalb eines Kalendermonats bekannt gewordenen vorzeitigen Verfügungen der Zentralstelle der Länder jeweils spätestens bis zum **15. Tag des folgenden Kalendermonats** zuzuleiten. Das BMF hat mit Bekanntmachung vom 16.8.2011, IV C 5 – S 2439/10/10002, BStBl I 2011, 801) die **Vordruckmuster** für Anzeigen in Papierform (**VermB 12** und **VermB 13**) sowie die **Datensatzbeschreibung** für die Zuleitung der entsprechenden Anzeigen nach amtlich vorgeschriebenem Datensatz durch Datenfernübertragung bekannt gemacht.

In den Fällen **ohne Sperrfrist** (z.B. Anlage zum Erwerb von Grundstücken und zum Bau, Erwerb oder Ausbau von Wohneigentum) bzw., wenn die **Sperrfrist** bereits **abgelaufen** ist, erfolgt die Auszahlung jährlich. **760**

Die Arbeitnehmer-Sparzulage gilt – im Gegensatz zu den vermögenswirksamen Leistungen (→ Rz. 745) – **weder** als **steuerpflichtige Einnahme** i.S.d. Einkommensteuergesetzes **noch** als Einkommen, Verdienst oder Entgelt (**Arbeitsentgelt**) i.S.d. Sozialversicherung. **761**

Stichwortverzeichnis

Die Zahlen verweisen auf die Randziffer

H

I

J

K

W

Z